FUNDAMENTOS DE

Química Farmacêutica Medicinal

FUNDAMENTOS DE

Química Farmacêutica Medicinal

Editores

Elizabeth Igne Ferreira
Eliezer J. Barreiro
Jeanine Giarolla
Roberto Parise Filho

manole
editora

Produção editorial: Flávia Pereira e Rodrigo Botelho
Diagramação e produção de arte: Luargraf
Capa: Ricardo Yoshiaki Nitta Rodrigues
Imagem de capa: Istockphoto
Ilustração: Luargraf e os autores deste livro

CIP-BRASIL. CATALOGAÇÃO NA PUBLICAÇÃO
SINDICATO NACIONAL DOS EDITORES DE LIVROS, RJ

F977

Fundamentos de química farmacêutica medicinal / editores: Elizabeth Igne Ferreira, Eliezer J. Barreiro, Jeanine Giarolla, Roberto Parise Filho - 1. ed. - Santana de Parnaíba [SP] : Manole, 2022.

Inclui índice
ISBN 9786555762587

1. Química medicinal - Estudo e ensino. 2. Planejamento de fármacos. 3. Classes terapêuticas.

22-77872 CDD: 615.19
CDU: 615.011

Gabriela Faray Ferreira Lopes - Bibliotecária - CRB-7/6643

18/05/2022 20/05/2022

EDITORA MANOLE LTDA.
Alameda Rio Negro, 967 – cj. 717 – Alphaville
06454-000 – Barueri – SP – Brasil
Fone: (11) 4196-6000
www.manole.com.br | https://atendimento.manole.com.br/

Impresso no Brasil | *Printed in Brazil*

Editores

Elizabeth Igne Ferreira

Professora titular do Departamento de Farmácia da Faculdade de Ciências Farmacêuticas da Universidade de São Paulo (USP). Atua na área de química farmacêutica e medicinal para planejamento de fármacos para doenças negligenciadas.

Eliezer J. Barreiro

Farmacêutico formado pela Universidade Federal do Rio de Janeiro (UFRJ), mestre em Ciências pela mesma universidade, e doutor em Ciências pela Universidade de Grenoble, na França. É professor titular na UFRJ desde 1986 e, dentre vários prêmios, possui a comenda Grã-Cruz da Ordem Nacional do Mérito Científico do Brasil de 2010.

Jeanine Giarolla

Farmacêutica, mestre e doutora em Ciências, na área da Química Farmacêutica Medicinal. Professora doutora da Faculdade de Ciências Farmacêuticas da Universidade de São Paulo (USP). Sua linha de pesquisa inclui, principalmente, o planejamento e a síntese de novos fármacos para combater as doenças negligenciadas, sobretudo, utilizando a latenciação como método de modificação molecular, e os dendrímeros como transportadores de fármacos.

Roberto Parise Filho

Farmacêutico-Bioquímico, graduado na Universidade Federal de Alfenas (EFOA/Unifal), é pós-doutor em Síntese Orgânica pela Universidade Estadual de Campinas (Unicamp). É professor livre docente da Faculdade de Ciências Farmacêuticas da Universidade de São Paulo, onde coordena o Laboratório de Planejamento e Síntese de Substâncias Bioativas (LAPESSB). Tem experiência na área de Farmácia, com ênfase em Química Farmacêutica e Medicinal. Atua com o planejamento e a síntese de compostos bioativos, com foco no tratamento de câncer e de doenças infecciosas.

Autores

Adelia Emilia de Almeida

Doutora em Ciências Farmacêuticas pela Universidade Estadual Paulista "Júlio de Mesquita Filho" (Unesp) e pós-doutora em Análise Térmica pelo Instituto de Química da Unesp, onde também é professora assistente. Tem experiência na área de Farmácia, com ênfase em Análise Térmica, Planejamento e Desenvolvimento de Fármacos (pró-fármacos).

Bruno Junior Neves

Doutor em Medicina Tropical e Saúde Pública pela Universidade Federal de Goiás (UFG). Atualmente é professor adjunto na Faculdade de Farmácia da UFG. Tem experiência com métodos de quimioinformática, aprendizagem de máquina e modelagem molecular, atuando nos seguintes temas: quimiogenômica, descoberta de fármacos para doenças tropicais negligenciadas e ecotoxicologia computacional.

Carlos Alberto Manssour Fraga

Farmacêutico formado pela Universidade Federal do Rio de Janeiro (UFRJ), é mestre e doutor em Ciências pela mesma universidade. É professor titular do Instituto de Ciências Biomédicas da UFRJ desde 2012, onde exerce o cargo de diretor adjunto de pós-graduação e pesquisa e é responsável pela disciplina Farmacocinética e Farmacodinâmica Fundamental. É bolsista de produtividade em pesquisa 1A do CNPq e Cientista do Nosso Estado da FAPERJ.

Carlos Maurício Rabello de Sant'Anna

Professor titular do Instituto de Química da Universidade Federal Rural do Rio de Janeiro (UFRRJ). Graduado em Química pela Universidade Federal Fluminense (UFF), mestre em Ciência e Tecnologia de Polímeros e doutor em Química Orgânica pela Universidade Federal do Rio de Janeiro (UFRJ). Desenvolve pesquisas e orienta mestres e doutores há mais de 20 anos na área de Modelagem Molecular de compostos bioativos, tendo publicado mais de 95 artigos em periódicos nacionais e internacionais.

Carolina Horta Andrade

Professora associada da Faculdade de Farmácia da Universidade Federal de Goiás (UFG). Graduada em Farmácia pela UFG e doutora em Fármacos e Medicamentos pela Universidade de São Paulo, com doutorado sanduíche na Universidade do Novo México, EUA, sob a supervisão do Prof. Anton J. Hopfinger. Tem experiência na área de Química Farmacêutica Medicinal e Computacional, atuando principalmente nos temas: planejamento e descoberta de fármacos, QSAR, quimioinformática e toxicologia computacional. É membro afiliado da Academia Brasileira de Ciências.

Cauê Benito Scarim

Farmacêutico, graduado pela Unoeste em São Paulo. Mestre e doutor em Ciências Farmacêuticas pela Faculdade de Farmácia da Universidade Estadual Paulista

"Júlio de Mesquita Filho" (FCFar-Unesp), pós-doutor pela mesma universidade. Realizou doutorado sanduíche na Faculdade de doenças infecciosas e tropicais em Londres, Reino Unido, e pós-doc no Departamento de Biologia Celular e Molecular Arthur C. Guyton do Centro Médico da Universidade de Mississippi (UMMC), em Jackson, EUA.

Cecília Maria Simões de Queiroz Aranha

Bacharel em Farmácia pela Universidade Presbiteriana Mackenzie. Mestre em Ciências pelo Instituto de Ciências Químicas, Ambientais e Farmacêuticas da Unifesp. Desenvolve sua pesquisa na área de Química Medicinal com síntese e avaliação de ligantes de receptores histaminérgicos, dopaminérgicos e anticolinérgicos.

Chung Man Chin

Farmacêutica pela Faculdade de Ciências Farmacêuticas da Universidade Estadual Paulista (FCFar-Unesp). Mestre em Farmacologia pela Faculdade de Medicina da Universidade de São Paulo (FMRP-USP). Doutora em Fármacos e Medicamentos pela Faculdade de Ciências Farmacêuticas da USP. Foi professora livre docente na Faculdade de Farmácia da Unesp de Araraquara. Atualmente é voluntária na FCFar e coordenadora do Centro de Pesquisa Avançada em Medicina (CEPAM), Faculdade de Medicina, UNILAGO, SJRP, SP.

Cleverton Roberto de Andrade

Professor doutor assistente no Departamento de Fisiologia e Patologias da Faculdade de Odontologia de Araraquara da Universidade Estadual Paulista (Unesp). Mestre em Biologia e Patologia Buco Dental e doutor em Estomatopatologia.

Cristiane Aparecida e Silva

Farmacêutica formada pelo Centro Universitário UNA (Belo Horizonte-MG), Mestre em Ciências Farmacêuticas pela Universidade Federal de Minas Gerais (UFMG) e atualmente doutoranda do Programa de pós-graduação em Farmacologia e Química Medicinal na Universidade Federal do Rio de Janeiro (PPGFQM-UFRJ).

Daniel Fábio Kawano

Graduado em Farmácia Bioquímica, com mestrado em Ciências Farmacêuticas e doutorado em Ciências pela Faculdade de Ciências Farmacêuticas de Ribeirão Preto (FCFRP-USP). É docente da Faculdade de Ciências Farmacêuticas da Universidade Estadual de Campinas (Unicamp). Leciona disciplinas na área de Química Medicinal introdutória e aplicada.

Daniel Gedder Silva

Químico formado pela Unilavras, mestre em Ciências pela Universidade Federal de Lavras (UFLA) e doutor em Química Orgânica e Biológica pelo Instituto de Química de São Carlos da Universidade de São Paulo (IQSC-USP). É pós-doutorando na Faculdade de Ciências Farmacêuticas de Ribeirão Preto (USP) com estágio de pesquisa na Universidade de Münster.

Daniela Gonçales Galasse Rando

Farmacêutica bioquímica formada pela Universidade de São Paulo (USP), é doutora em Fármaco e Medicamentos pela mesma universidade. É professora associada da Universidade Federal de São Paulo, trabalhando com planejamento e síntese de compostos com potencial quimioterápico para tratamento da saúde humana e animal.

Diego Eidy Chiba

Farmacêutico pela Faculdade de Farmácia da Universidade Estadual Paulista (FCFAR-Unesp). Mestre, doutor e pós-doutor em Ciências Farmacêuticas pela mesma universidade. Realizou doutorado sanduíche na Universidade de Ohio. Professor de Farmacologia e Pesquisa Clínica na UNIP de Araraquara. Professor substituto de Química Farmacêutica e Medicinal na FCFAR.

Diogo Teixeira Carvalho

Graduado em Farmácia-Bioquímica pela Universidade Federal de Alfenas (Unifal). Mestre em Fármacos e Medicamentos pela Universidade de São Paulo (USP) e doutor em Ciências Farmacêuticas pela Universidade Federal de Minas Gerais (UFMG). Professor associado da Faculdade de Ciências Farmacêuticas da Unifal. Coordenador do Laboratório de Pesquisa em Química Farmacêutica (LQFar). Docente permanente do PPGCF da Unifal, orientando trabalhos relativos ao planejamento e síntese de substâncias bioativas derivadas de produtos naturais.

Ednir de Oliveira Vizioli

Farmacêutico pela Universidade de Marília (Unimar-SP). Possui mestrado e doutorado em Ciências Farmacêuticas pela Faculdade de Farmácia da Universidade Estadual Paulista (FCFAR-Unesp). Fez estágio pela Universidade de Freiburg na Alemanha e pós-doutorado também pela Unesp. Médico formado pela Universidade de Araraquara (UNIARA) e Cirurgião Geral pela FAMECA. Cirurgião do Aparelho Digestivo pela Unesp de Botucatu. Fez estágio no Hospital Mountain Sinai, NY, EUA. É professor da Fundação Educacional do Município de Assis (FEMA).

Eliezer J. Barreiro

Farmacêutico formado pela Universidade Federal do Rio de Janeiro (UFRJ), mestre em Ciências pela mesma universidade, e doutor em Ciências pela Universidade de Grenoble, na França. É professor titular na UFRJ desde 1986 e, dentre vários prêmios, possui a comenda Grã-Cruz da Ordem Nacional do Mérito Científico do Brasil de 2010.

Elizabeth Igne Ferreira

Professora titular do Departamento de Farmácia da Faculdade de Ciências Farmacêuticas da Universidade de São Paulo (USP). Atua na área de química farmacêutica e medicinal para planejamento de fármacos para doenças negligenciadas.

Fernando Fumagalli

Farmacêutico graduado pela Unioeste, mestre e doutor em Ciências pela Faculdade de Ciências Farmacêuticas de Ribeirão Preto (FCFRP-USP). Atualmente é professor na Universidade Federal de Santa Maria (UFSM), ministra as disciplinas de Química Farmacêutica e Síntese e Caracterização Estrutural de Fármacos.

Flavio da Silva Emery

Farmacêutico graduado e doutor em Química de Produtos Naturais pela Universidade Federal do Rio de Janeiro (UFRJ). Professor da Faculdade de Ciências Farmacêuticas de Ribeirão Preto (USP) e ex-presidente da Associação Brasileira de Ciências Farmacêuticas (2019-2020).

Gisele Barbosa

Farmacêutica com doutoramento em Farmacologia e Química Medicinal e suas principais linhas de pesquisa envolvem ensaios pré-clínicos de novos protótipos candidatos a fármacos.

Grace Gosmann

Professora titular da Faculdade de Farmácia da Universidade Federal do Rio Grande do Sul. Atua em química medicinal, química de produtos naturais e métodos de análise química (CLAE, IV, Massas, RMN).

Guilherme Felipe dos Santos Fernandes

Doutor em Química Medicinal pela Universidade Estadual Paulista (Unesp). Atualmente é pesquisador no Departamento de Química da University College em Londres. Os seus interesses de pesquisa concentram-se principalmente na descoberta de novos agentes antimicrobianos.

Gustavo Ariel Borges Fernandes

Bacharel em Farmácia pela Universidade Presbiteriana Mackenzie. Mestre em Ciências pelo Programa de pós-graduação em Ciência Farmacêuticas da Unifesp. Desenvolve pesquisa na área de Química Medicinal com síntese e avaliação de compostos ligantes de receptores histaminérgicos.

Ivone Carvalho

Graduada pela Faculdade de Ciências Farmacêuticas de Ribeirão Preto (USP) e doutora em Ciências pelo Instituto de Química da USP. É professora titular na Faculdade de Ciências Farmacêuticas de Ribeirão Preto (FCFRP-USP) desde 2009, atuando na área de Química Medicinal e envolvendo o planejamento, síntese e avaliação de substâncias bioativas.

Jean Leandro dos Santos

Graduado em Farmácia-Bioquímica, mestre e doutor em Ciências Farmacêuticas pela Faculdade de Ciências

Farmacêuticas (FCF-Unesp). Foi professor visitante na Universidade de Turin (Itália) e realizou pós-doutoramento na Universidade de Minessota (Estados Unidos). Atualmente é professor associado (livre docente) em Planejamento de Fármacos na FCF, onde ministra as disciplinas de Introdução ao Planejamento de Fármacos, Desenvolvimento de Fármacos e Cuidado Farmacêutico.

Jeanine Giarolla

Farmacêutica, mestre e doutora em Ciências, na área da Química Farmacêutica Medicinal. Professora doutora da Faculdade de Ciências Farmacêuticas da Universidade de São Paulo (USP). Sua linha de pesquisa inclui, principalmente, o planejamento e a síntese de novos fármacos para combater as doenças negligenciadas, sobretudo, utilizando a latenciação como método de modificação molecular, e os dendrímeros como transportadores de fármacos.

João Paulo dos Santos Fernandes

Graduado em Farmácia, mestre e doutor em Ciências. Atualmente é professor na Universidade Federal de São Paulo (Unifesp), campus Diadema, onde atua como docente no curso de graduação em Farmácia e na pós-graduação. Desenvolve projetos de pesquisa na área de Química Farmacêutica Medicinal, envolvendo o planejamento e avaliação de compostos multialvo ativos no sistema nervoso central, na inflamação e em doenças infecciosas. É membro efetivo da Associação Brasileira de Ciências Farmacêuticas (ABCF) e da Sociedade Europeia de Pesquisa em Histamina (EHRS).

João Vitor Silva

Graduado em Farmácia pela Universidade Paulista. Mestre em Ciências pela Faculdade de Ciências Farmacêuticas da Universidade de São Paulo e é doutorando na mesma instituição. Tem experiência na área de planejamento e síntese de dendrímeros peptídicos para doenças negligenciadas, especialmente chagas, febre Zika e dengue, e em docência nas disciplinas de Química Farmacêutica e Tecnologia Químico-Farmacêutica.

Joyce Villa Verde Bastos Borba

Doutora em Medicina Tropical e Saúde Pública pela Universidade Federal de Goiás (UFG). Atualmente é pesquisadora pós-doutora na Universidade Estadual de Campinas (Unicamp). Tem experiência em quimioinformática, bioinformática, modelagem molecular, construção de modelos de QSAR aplicados ao desenvolvimento de fármacos e toxicologia computacional focados em doenças tropicais negligenciadas.

Kátia Solange Cardoso Rodrigues dos Santos

Graduada em Farmácia pela Universidade Federal do Rio Grande do Norte. Doutora em Fármaco e Medicamentos pela Universidade de São Paulo (USP), com estágio realizado no Departamento de Engenharia Química da Faculdade de Ciências e Tecnologia da Universidade de Coimbra em Portugal. Atuou como docente na Universidade Federal de Campina Grande e na Universidade Federal do Rio Grande do Norte. É professora pesquisadora da Universidade Federal do Amazonas desde 2014, atuando no controle de qualidade de medicamentos e cosméticos e no desenvolvimento de sistemas microemulsionados para veiculação de fármacos

Lara Almida Zimmermann

Farmacêutica-Bioquímica formada pela Universidade Federal de Santa Catarina (UFSC), Mestre e doutora em Farmácia pela mesma universidade. Professora adjunta da Universidade Sociedade Educacional de Santa Catarina (UniSociesc).

Lídia Moreira Lima

Professora titular da Universidade Federal do Rio de Janeiro, possui doutoramento em Química Medicinal, e suas principais linhas de pesquisa envolvem a descoberta de novos protótipos de fármacos anti-inflamatórios, antitumorais e antiparasitários.

Lílian Sibelle Campos Bernardes

Farmacêutica-Bioquímica/Industrial formada pela Universidade Federal de Ouro Preto (UFOP-MG), Mestre e doutora em Ciências Farmacêuticas pela Faculdade de Ciências Farmacêuticas de Ribeirão Preto (FCFRP-USP). É professora associada da Universidade Federal de Santa Catarina (UFSC).

Luccas Missfeldt Sanches

Doutorando em Fármaco e Medicamentos pela Faculdade de Ciências Farmacêuticas da Universidade de

São Paulo. Atua no planejamento e síntese de pró-fármacos direcionados a eritrócitos infectados por malária.

Luciana Scotti

Farmacêutica-Bioquímica formada pela Universidade de São Paulo (USP). Mestre, doutora e pós-doutora em Modelagem Molecular pela mesma universidade. Possui a Comenda do Mérito Farmacêutico. É docente credenciada permanente voluntária do Programa de pós-graduação de Produtos Naturais e Sintéticos Bioativos da Universidade Federal da Paraíba (UFPB).

Magaly Girão Albuquerque

Professora do Instituto de Química da Universidade Federal do Rio de Janeiro (UFRJ) desde 1998 e, atualmente, é chefe do Departamento de Química Orgânica. Graduada em Farmácia pela Faculdade de Farmácia da UFRJ. Mestre e doutora em Química Orgânica pelo IQ-UFRJ, com doutorado sanduíche na Universidade de Illinois em Chicago, sob a supervisão do Prof. Anton J. Hopfinger.

Marcella Gabrielle Mendes Machado

Farmacêutica pela Universidade Federal dos Vales do Jequitinhonha e Mucuri (UFVJM-MG). Possui mestrado e doutorado em Ciências Farmacêuticas pela Faculdade de Farmácia da Universidade Estadual Paulista (FCFAR-Unesp). Tem experiência no planejamento e síntese de novos fármacos anti-inflamatórios. Atua no ensino EAD, na produção de materiais didáticos para os cursos de graduação da área de Ciências da Saúde.

Marcelo Fiori Marchiori

Graduado em Farmácia-Bioquímica pela Faculdade de Ciências Farmacêuticas de Ribeirão Preto da USP, instituição na qual também obteve seu título de mestre em Ciências. Atualmente está terminando o doutorado e tem experiência na área de Química Medicinal com ênfase em desenvolvimento de carboidratos e glicoconjugados com potenciais aplicações terapêuticas e diagnósticas em processos tumorais e infecciosos.

Marcus Tullius Scotti

Graduado em Engenharia Química pela Escola Politécnica da Universidade de São Paulo, pós-graduado em Administração Industrial pela Fundação Vanzolini (USP), mestre e doutor em Química Orgânica pelo Instituto de Química da USP. É professor associado III do Departamento de Química da Universidade Federal da Paraíba (UFPB). Tem experiência na área de Química, com ênfase em Química dos Produtos Naturais, atuando principalmente nos seguintes temas: quimioinformática, QSAR, descritores moleculares, quimiotaxonomia, bancos de dados de metabólitos secundários e triagem virtual.

Maria Letícia de Castro Barbosa

Farmacêutica, mestre e doutora em Química e professora da Faculdade de Farmácia da Universidade Federal do Rio de Janeiro, atuando como pesquisadora na área de Pesquisa e Desenvolvimento de Novos Fármacos para o tratamento de diversas doenças, e.g. câncer, doenças inflamatórias crônicas e neurodegenerativas.

Marina Candido Primi

Pesquisadora associada da Harvard Medical School e do Dana-Farber Cancer Institute. Atua na área de biologia estrutural aplicada ao desenvolvimento de fármacos antitumorais. Foi pesquisadora associada do The Scripps Research Institute, na área de biologia estrutural. Possui graduação em Farmácia. É mestre e doutora pela Universidade de São Paulo (USP), na área de Fármaco e Medicamentos com ênfase em Química Medicinal. Realizou doutorado sanduíche no Institute for Tuberculosis Research da Universidade de Illinois em Chicago, tendo contribuído no desenvolvimento de candidatos a fármacos para o tratamento da tuberculose.

Marina Themoteo Varela

Farmacêutica, mestre em Ciências pelo Instituto de Ciências Químicas, Ambientais e Farmacêuticas da Unifesp. Doutoranda em Medicina Translacional pela mesma universidade. Desenvolve pesquisa na área de descobrimento de fármacos para doenças tropicais negligenciadas, com foco em planejamento, síntese e análise da atividade de compostos bioativos.

Maurício Temotheo Tavares

Pesquisador associado junto ao The Scripps Research Institute, na área de Química Medicinal e *Drug Discovery*. É farmacêutico com mestrado e doutorado na área de fármaco e medicamentos, com ênfase em

Química Medicinal. Realizou mestrado sanduíche na Universidad de Granada e doutorado sanduíche na Universidade de Illinois, ambos com enfoque no desenvolvimento de potenciais fármacos com ação antitumoral. Atuou como docente das disciplinas Planejamento de Fármacos e Química Farmacêutica em diferentes universidades de São Paulo. Tem experiência em planejamento e síntese de compostos *drug-like* e proposição de relações estrutura-atividade (REA/*SAR*)

Micael Rodrigues Cunha

Bacharel em Farmácia pela Universidade Presbiteriana Mackenzie e doutor em Química Medicinal pela Universidade de São Paulo (USP), com estágio na Universidade de Berna, Suíça. Desde 2020 atua como pesquisador do Centro de Química Medicinal da Universidade Estadual de Campinas (Unicamp). Sua pesquisa se resume no planejamento, otimização e síntese de potenciais agentes medicinais que atuam em enzimas e receptores.

Michelle Fidelis Corrêa

Farmacêutica especialista em Farmacologia Clínica pelo Centro Universitário São Camilo. Mestre e doutora em Ciências pela Universidade Federal de São Paulo (Unifesp). Atua na área de ensino e pesquisa, com foco em desenvolvimento de moléculas bioativas e estudos de bioatividade.

Priscila Longhin Bosquesi

Farmacêutica pela UNIFEV. Mestre e doutora em Ciências Farmacêuticas pela Faculdade de Farmácia da Universidade Estadual Paulista (FCFAR-Unesp). Pós-doutora pela mesma universidade. Professora substituta em Química Farmacêutica e Medicinal e Química Farmacêutica I e II na FCFAR. É pesquisadora do Departamento de Medicina e Centro de Pesquisa Avançada em Medicina da UNILAGO (CEPAM), desde 2019.

Rafael da Rosa

Farmacêutico pela Universidade Federal de Santa Catarina (UFSC), Mestre e doutor em Farmácia pela mesma universidade. Trabalha com pesquisa de novos ativos inovadores oriundos da biodiversidade na Aché Laboratórios Farmacêuticos.

Ricardo Augusto Massarico Serafim

Farmacêutico formado pela Universidade Católica de Santos, mestre e doutor pela Faculdade de Ciências Farmacêuticas de Ribeirão Preto (FCF-USP), com período de estágio na Universidade da Pensilvânia nos Estados Unidos. Lecionou disciplinas de Química Medicinal e Planejamento de Fármacos na Faculdade Oswaldo Cruz e, em seguida, realizou pós-doutorado no Centro de Química Medicinal da Unicamp (CQMED). Atualmente é pesquisador na Universidade de Tübingen, Alemanha, tendo como principal foco de pesquisa o planejamento e síntese de inibidores de proteínas quinases.

Ricardo José Alves

Graduado em Farmácia pela Universidade Federal de Juiz de Fora, mestre em Química pela Universidade Federal de Minas Gerais e doutor em Química de Carboidratos Síntese Orgânica pela Université de Paris XI (Paris-Sud). É professor titular da Faculdade de Farmácia da Universidade Federal de Minas Gerais. É professor no curso de graduação em Farmácia da Universidade Federal de Minas Gerais e das disciplinas Síntese de Fármacos, Identificação espectrométrica de Fármacos, Fundamentos de Mecanismos em Química Orgânica e A química da célula – base molecular da vida, no Programa de Pós-graduação em Ciências Farmacêuticas da Faculdade de Farmácia da UFMG.

Roberta Tesch

Bacharel em Farmácia pela Universidade Estácio de Sá (UNESA), é mestre e doutora em Farmacologia e Química Medicinal pela Universidade Federal do Rio de Janeiro (UFRJ), com ênfase em modelagem molecular. Realizou pós-doutoramento na Universidade de Tübingen e no Structural Genomics Consortium (Frankfurt), na interface entre cristalografia de raios X e modelagem molecular. Atualmente é cientista computacional sênior da Bayer AG na Alemanha.

Roberto Parise Filho

Farmacêutico-Bioquímico, graduado na Universidade Federal de Alfenas (EFOA/Unifal), é pós-doutor em Síntese Orgânica pela Universidade Estadual de Campinas (Unicamp). É professor livre docente da Faculdade de Ciências Farmacêuticas da Universidade de São Paulo, onde coordena o Laboratório de Planejamento e Síntese de Substâncias Bioativas (LAPESSB). Tem experiência na área de Farmácia, com ênfase em Química Farmacêutica e Medicinal. Atua com o planejamento e a síntese de compostos bioativos, com foco no tratamento de câncer e de doenças infecciosas.

Rodrigo Vieira Gonzaga

Farmacêutico bioquímico formado pela Universidade Nove de Julho. Mestre em Ciências Farmacêuticas e doutorando pela Faculdade de Ciências Farmacêuticas da Universidade de São Paulo. Professor nas disciplinas de Química Farmacêutica, Química Orgânica, Química inorgânica e Farmacognosia.

Soraya da Silva Santos

Farmacêutica formada pela Universidade Católica de Santos. Mestre e doutora em Fármacos e Medicamentos pela Faculdade de Ciências Farmacêuticas da Universidade de São Paulo (USP). Pós-doutora em Química Orgânica pelo Instituto de Química da USP.

Tem experiência em Química Orgânica e Química Medicinal, com ênfase em Modelagem Molecular de Fármacos, atuando principalmente nos seguintes temas: análise conformacional, mapa farmacofórico, QSAR-3D/4D, docagem molecular e dinâmica molecular.

Thais Batista Fernandes

Graduada em Ciências Farmacêuticas e mestre e doutora em Química Farmacêutica e Medicinal. Lecionou no ensino superior de farmácia em várias instituições, ministrando disciplinas que incluem química orgânica e química farmacêutica. Atualmente está inserida na área de pesquisa clínica.

Thaís Fernanda Amorim Pavani

Licenciada em Química pela Universidade Estadual de Maringá, mestre em Ciências pelo programa de Ciências Farmacêuticas da Universidade Federal de São Paulo e, atualmente, é doutoranda pelo programa de Biologia Química na mesma instituição.

Thales Kronenberger

Biólogo, pesquisador, formado pela Universidade Federal do ABC e com pós-graduação pela Universidade de São Paulo. Seu estudo é focado na área de modelagem molecular e biologia estrutural, bem como no uso de ferramentas computacionais e bioinformáticas aplicadas à descoberta de novos medicamentos. Atualmente trabalha como pesquisador na Universidade de Tübingen, Alemanha, na área de descoberta de novos fármacos. Entusiasta da inter e multidisciplinaridade como paradigma de pesquisa.

Thayssa Tavares da Silva Cunha

Professora da disciplina de Farmacologia da Faculdade de Medicina de Petrópolis (FMP). Professora e curadora da disciplina de Farmacologia na empresa Jaleko Acadêmicos. Mestre e doutora em Farmacologia e Química Medicinal pelo Instituto de Ciências Biomédicas da Universidade Federal do Rio de Janeiro (ICB/UFRJ).

Vanessa Leiria Campo

Graduada em Farmácia-Bioquímica, mestre, doutora e pós-doutora em Ciências Farmacêuticas. Atualmente é docente e pesquisadora no Centro Universitário Barão de Mauá de Ribeirão Preto, onde atua nas áreas de Bioquímica, Química Medicinal e Glicoimunologia.

Veni Maria Andres Felli

Graduada em Farmácia e Bioquímica pela Universidade de São Paulo (USP), mestre em Fármacos e Medicamentos e doutora em Química Orgânica pela mesma universidade. É professora aposentada da Faculdade de Ciências Farmacêuticas da USP.

Vinícius de Medeiros Alves

Doutor em Inovação Farmacêutica pela Universidade Federal de Goiás. Tem experiência no desenvolvimento e aplicação de métodos de quimioinformática e modelagem molecular para planejamento de fármacos e ciências ambientais. Tem trabalhado empregando técnicas de aprendizado de máquina e ciência de dados para analisar e extrair conhecimento de dados quimiogenômicos complexos e priorizar compostos químicos a serem testados experimentalmente.

Wanda Pereira Almeida

Graduada em Farmácia pela Universidade Federal do Rio de Janeiro, onde obteve os títulos de mestre em Química de Produtos Naturais (NPPN-UFRJ) e de doutora em Ciências (Química Orgânica, IQ-UFRJ). Atualmente é professora associada da Faculdade de Ciências Farmacêuticas da Universidade Estadual de Campinas (Unicamp). É livre docente em Ciências Farmacêuticas pela Unicamp. Ministra as disciplinas de Fundamentos de Química Farmacêutica e Química Farmacêutica Aplicada.

Sumário

PARTE IV CLASSES TERAPÊUTICAS 231

Prefácio

A *International Union of Pure and Applied Chemistry* (IUPAC), em 1998, definiu Química Medicinal como "disciplina baseada na química, também envolvendo aspectos das ciências biológicas, médicas e farmacêuticas. Preocupa-se com a invenção, descoberta, planejamento, identificação e preparação de compostos biologicamente ativos, o estudo do seu metabolismo, a interpretação do seu modo de ação no plano molecular e a construção de relações entre estrutura química e atividade biológica". Um glossário extenso acompanhou as recomendações da Divisão de Química e Saúde Humana da IUPAC, seção de Química Medicinal, à época, presidida por C. G. Wermuth, da Faculté de Pharmacie, Université Louis Pasteur, Strasbourg, na França. A evolução foi de tal ordem desde essa definição, que as fronteiras entre a Química Medicinal clássica e as áreas associadas, especialmente as biológicas e as computacionais, ficaram indistintas, o que demandou a extensão expressiva do glossário de termos envolvidos.

Por sua definição, se depreende a importância dessa disciplina para o setor de Pesquisa, Desenvolvimento e Inovação, P&D&I, das Indústrias Farmacêuticas em direção à busca de novos fármacos, especialmente para as doenças que ainda hoje carecem de alternativas. Países em desenvolvimento, como o Brasil, necessitam de investimento nesse setor nas Indústrias Farmacêuticas, mormente, em recursos humanos adequadamente formados nas faculdades, nos níveis de graduação, pós-graduação e pós-doutorado. Tal formação passa pela existência de ferramentas teóricas e práticas fornecidas por boas obras da literatura científica relacionada.

No Brasil, a área de Química Farmacêutica Medicinal, ou de Química Farmacêutica, em passado não tão longínquo, de há muito necessitava um compêndio no vernáculo, que envolvesse não só as bases para o planejamento e a descoberta de novas moléculas, mas, também, as relações entre estrutura química e atividade biológica e os mecanismos de ação ao nível molecular das várias classes terapêuticas. O último livro em português, *Química Farmacêutica*, de autoria de Andrejus Korolkovas, professor titular da Faculdade de Ciências Farmacêuticas, USP, foi lançado em 1982, mereceu várias reimpressões e foi utilizado durante muitos anos, apesar do dinamismo e da evolução da área, que implica novos conhecimentos em curtos espaços de tempo e, portanto, de atualização frequente; a obra do Prof. Korolkovas foi fundamental para estabelecer as bases da Química Farmacêutica moderna em nosso país.

A ideia da publicação da presente obra foi concebida em um dos vários Encontros Nacionais de Professores de Química Farmacêutica, com o objetivo de envolver docentes da área em diferentes regiões deste país continente. Tarefa difícil, mas de alta relevância. Estratégias diversas foram traçadas ao longo do tempo, até que se encontrassem as condições adequadas para que se chegasse à consecução desse objetivo.

Fundamentos de Química Farmacêutica Medicinal é, portanto, uma obra que conta com a contribuição de professores e pós-graduandos de várias regiões do país e abrange os princípios do planejamento e desenvolvimento de fármacos, as principais classes terapêuticas, compreendendo os fármacos clássicos e seus mais novos representantes, temas discutidos ao longo dos 39 capítulos constantes do livro. Discorrendo sobre seus mecanismos de ação aos níveis molecular e eletrônico, quando possível, apresenta aspectos relevantes do metabolismo, além das relações entre estrutura-química e atividade biológica, bases para o planejamento de novos fármacos.

Esperamos que esse compêndio se constitua em referência de relevância para graduandos, pós-graduandos e profissionais da área, interessados em conhecer o fascinante mundo dos fármacos, desde sua descoberta e planejamento até o seu desenvolvimento e introdução na terapêutica. Sugestões serão sempre bem-vindas e, certamente, contribuirão para o aperfeiçoamento necessário de uma obra desse calibre. Que o longo tempo de espera para o seu nascimento seja compensado pela qualidade que os autores procuraram imprimir em suas contribuições.

A conclusão do presente compêndio não seria possível sem o empenho de todos os autores, que se esmeraram na elaboração de seus capítulos e que atenderam às solicitações incansáveis do Prof. Roberto Parise Filho e da Profa. Jeanine Giarolla, editores associados, aos quais dedicamos a nossa maior gratidão por compartilharem do nosso sonho em publicar os *Fundamentos de Química Farmacêutica Medicinal* e torná-lo realidade.

Elizabeth Igne Ferreira
Eliezer J. Barreiro
Editores

Apresentação

O lançamento da obra *Fundamentos de Química Farmacêutica Medicinal* é um marco na história da Química Farmacêutica Medicinal brasileira. Após o grandioso livro, *Química Farmacêutica*, do saudoso professor Andrejus Korolkovas, apresentamos uma nova obra didática relacionada ao tema que, certamente, contribuirá para a formação de muitos estudantes de farmácia, química e áreas afins. Particularmente, o texto em português promoverá maior alcance entre os leitores brasileiros. Ademais, a obra está organizada em capítulos divididos nas grandes áreas de planejamento de fármacos e no estudo da relação estrutura-atividade de selecionadas classes terapêuticas. Assim, estão descritos, por exemplo, os capítulos sobre propriedades físico-químicas de fármacos, fases de ação de fármacos, planejamento de fármacos, além da apresentação de diversificadas classes terapêuticas, como quimioterápicos, agentes cardiovasculares, agentes que atuam no sistema nervoso autônomo e sistema nervoso central, entre outros de equivalente relevância.

Devemos ressaltar os esforços de todos os autores, os quais foram peças fundamentais para que pudéssemos apresentar esse trabalho de estimável qualidade, comparável com as melhores literaturas estrangeiras. Os capítulos apresentam, assim, as principais informações dos objetos de estudos, com exemplos didáticos para facilitar a compreensão do leitor. Haverá, portanto, apreciável contribuição para o ensino brasileiro.

A Editora Manole, por sua vez, foi de extrema competência, tendo muito cuidado e zelo para que a obra representasse, de modo fidedigno, o empenho de todos os envolvidos.

Com muito apreço, destacamos a participação dos Editores Professor Eliezer J. Barreiro e Professora Elizabeth Igne Ferreira, os quais representam alguns dos grandes nomes da Química Farmacêutica Medicinal em nosso país. Suas competências são imensuráveis e estão claramente reproduzidas nesta obra.

Roberto Parise Filho
Jeanine Giarolla
Editores

PARTE I

Propriedades físico-químicas de fármacos

CAPÍTULO 1

Efeitos químicos de grupos funcionais

Ricardo José Alves

INTRODUÇÃO

Os fármacos são, em sua grande maioria, substâncias orgânicas de origem natural ou sintética. Os elementos químicos mais encontrados em sua composição são, em decorrência, carbono e hidrogênio. Esses dois elementos compõem o que se chama esqueleto de carbono das estruturas orgânicas. Além do esqueleto de carbono, que é constituído por cadeias alifáticas, anéis aromáticos e alicíclicos, bem como as ramificações, representadas pelos grupos alquila, os fármacos contêm diversos grupos funcionais que são de importância fundamental para suas propriedades físico-químicas e para sua atividade farmacológica. Os fármacos são, em geral, estruturalmente específicos, isto é, atuam ligando-se a receptores na superfície ou no interior das células ou a enzimas. Para que essas interações fármaco-alvo moleculares sejam efetivas, os grupos funcionais são fundamentais. Os elementos químicos comumente encontrados nos grupos funcionais dos fármacos, além de carbono e hidrogênio, são oxigênio, nitrogênio, enxofre e halogênios (flúor, cloro, bromo e iodo).[1] Outros elementos, tais como fósforo, boro e selênio, são encontrados na composição de fármacos ou candidatos a fármacos, embora menos frequentemente.[1,2,3] Na Figura 1 são mostradas as estruturas de alguns fármacos para exemplificar a variedade de elementos químicos presentes em sua estrutura.

A maioria dos fármacos disponíveis no arsenal terapêutico é de natureza heterocíclica, isto é, contêm anéis em que um ou mais átomos de carbono foram substituídos por oxigênio, enxofre ou nitrogênio, denominados heteroátomos. O nitrogênio é o heteroátomo mais comumente encontrado, seguido por oxigênio e enxofre, nessa ordem.[4] A presença dos heteroátomos contribui para a otimização de propriedades físico-químicas, com reflexo nas propriedades farmacocinéticas e farmacodinâmicas dos fármacos heterocíclicos que os contêm. Nos exemplos mostrados na Figura 1, com exceção de ibuprofeno e clorambucil, todos contêm heteroátomos em sua estrutura. Outros exemplos de fármacos contendo heteroátomos (fármacos heterocíclicos) em sua estrutura são mostrados na Figura 2.

Há uma considerável diversidade de grupos funcionais nos fármacos presentes no arsenal terapêutico, bem como nos milhares de substâncias bioativas, candidatas a fármacos, que são descobertas anualmente. Entretanto, alguns grupos funcionais (funções químicas) são mais comumente encontrados nas estruturas dessas substâncias como ácido carboxílico, amida, sulfonamida, aminas, álcoois, fenóis, éteres alquílicos e aril-alquílicos, cetonas.[5,6] Nas estruturas químicas mostradas nas Figuras 1 e 2 vários dos grupos funcionais mencionados estão presentes. Na Figura 3 são apresentadas as estruturas de alguns fármacos em que os grupos funcionais citados são destacados.

Em resumo, os fármacos são constituídos por um esqueleto de carbono e hidrogênio no qual são ligados diretamente diversos elementos químicos (como os heteroátomos e halogênios) e grupos funcionais de natureza ácida, básica ou neutra, além de grupos alquila e arila, que conferem ao fármaco suas propriedades físico-químicas, farmacocinéticas e farmacodinâmicas. Conhecer bem esses grupos funcionais, suas características químicas e sua contribuição para as propriedades dos fármacos é de fundamental importância em Química Farmacêutica Medicinal.

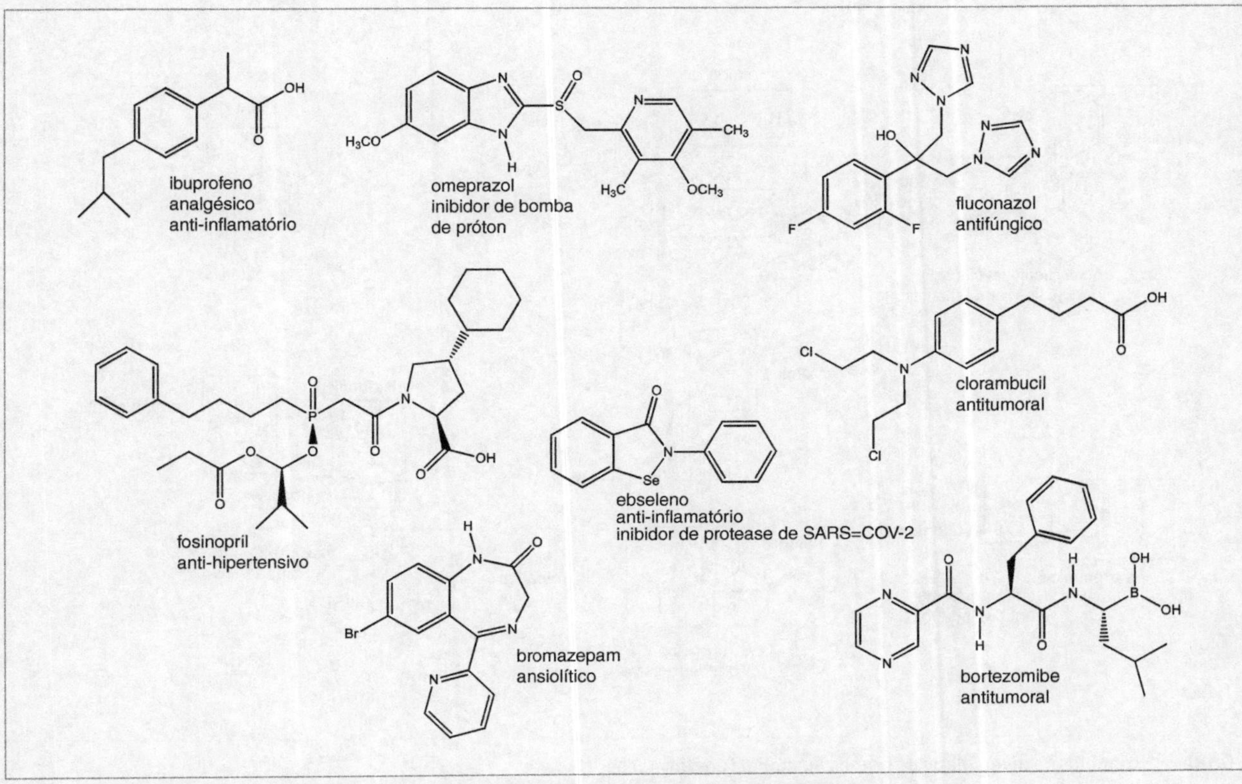

FIGURA 1 Estrutura química de fármacos com ênfase na diversidade de elementos químicos.

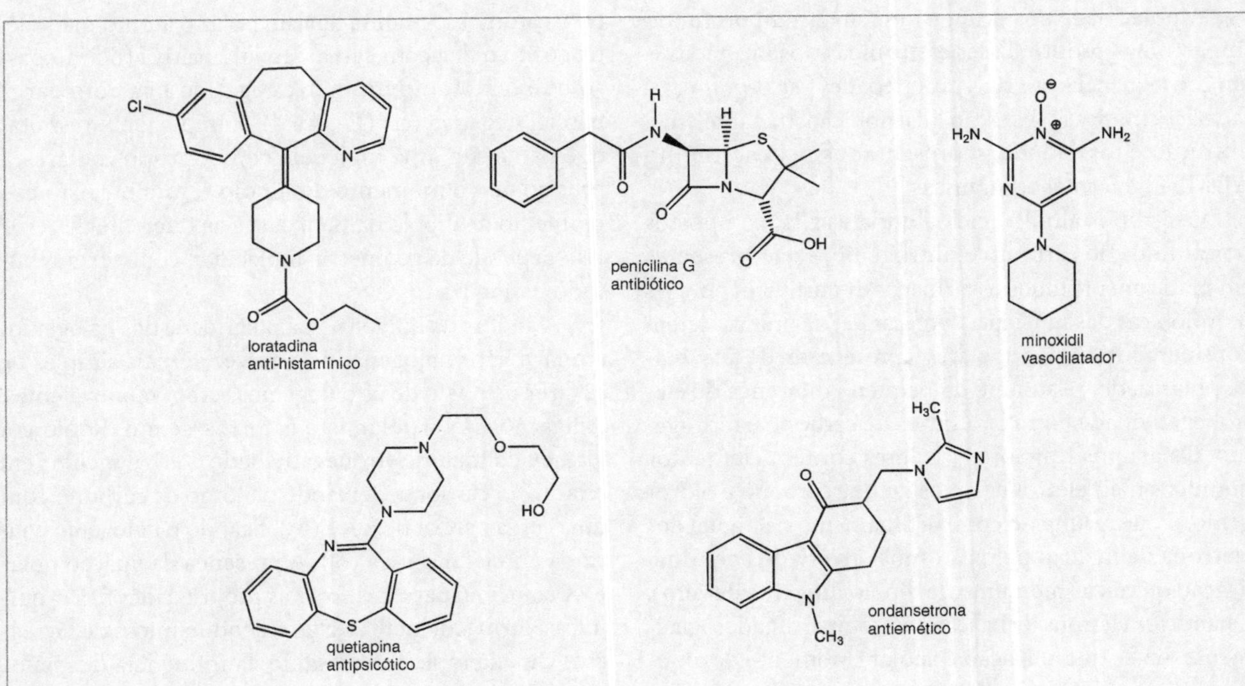

FIGURA 2 Estruturas adicionais de fármacos heterocíclicos.

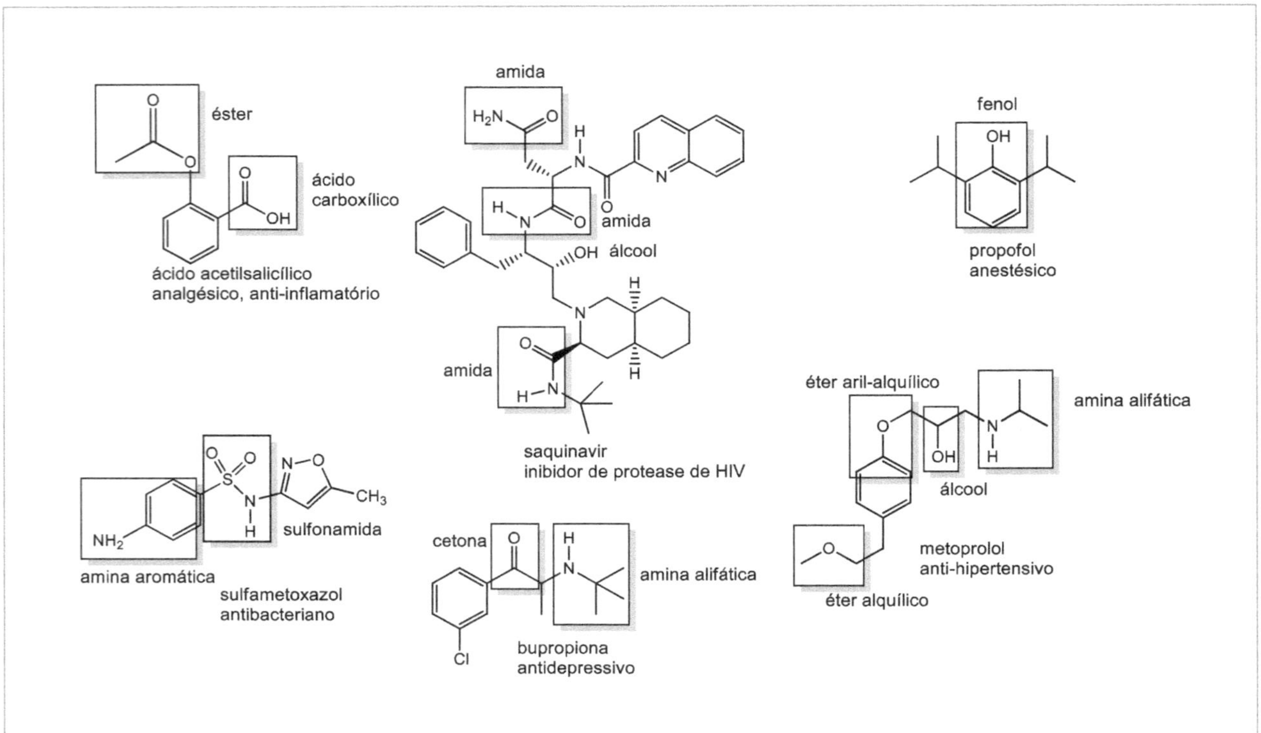

FIGURA 3 Exemplos da diversidade de grupos funcionais nos fármacos.

POLARIDADE DOS GRUPOS FUNCIONAIS

A polaridade dos grupos funcionais tem profundo impacto nas propriedades eletrônicas dos fármacos e, em consequência, em suas propriedades físico-químicas, farmacocinéticas (absorção, distribuição, metabolismo, excreção e toxicidade, representados pelo acrônimo ADMET) e farmacodinâmicas.[7]

Os grupos alquila, cicloalquila e arila, compostos por átomos de carbono e hidrogênio, estão presentes em praticamente todos os fármacos e constituem porções hidrofóbicas das moléculas. Apesar de, na prática, serem considerados grupos apolares, apresentam, de fato, baixa polaridade, resultante da pequena diferença de eletronegatividade entre os átomos de carbono e hidrogênio. Os grupos funcionais polares contêm elementos químicos mais eletronegativos do que carbono e hidrogênio, o que resulta no compartilhamento não igual dos elétrons de ligação pelos átomos envolvidos em uma ligação química (momento de dipolo diferente de zero). Quando os elétrons de ligação são compartilhados igualmente diz-se que a ligação é apolar (momento de dipolo igual a zero). O tipo clássico da ligação apolar é aquele entre dois átomos do mesmo elemento. Quando a ligação química é entre dois átomos diferentes, a ligação será polar e a polaridade dessa ligação será tanto maior quanto maior for a diferença de eletronegatividade entre os átomos. Em uma ligação polar o átomo mais eletropositivo fica com carga parcial positiva (δ^+), ao passo que o átomo mais eletronegativo fica com carga parcial negativa (δ^-) (Figura 4). É importante ressaltar que não basta uma molécula conter grupos polares, é preciso que o momento de dipolo resultante, isto é, o momento de dipolo da molécula seja diferente de zero.[8] Isso depende da geometria molecular, como exemplificado na Figura 4.

A análise da influência da polaridade dos halogênios em fármacos halogenados é, talvez, a mais simples de se fazer pelo fato de os halogênios serem monovalentes. A ligação C-X é polar, isto é, forma-se um dipolo em virtude da maior eletronegatividade dos halogênios em relação ao carbono, deixando o átomo de carbono com uma carga parcial positiva (δ^+), ficando o halogênio com carga parcial negativa (δ^-). A presença da ligação polar C-X contribui para melhorar as propriedades físico-químicas, farmacocinéticas e farmacodinâmicas de fármacos. Um exemplo interessante da influência dos halogênios nas propriedades físico-químicas de fármacos é o fluconazol, um bis-triazol fluorado, mais solúvel em água que seus análogos clorados obtidos no processo

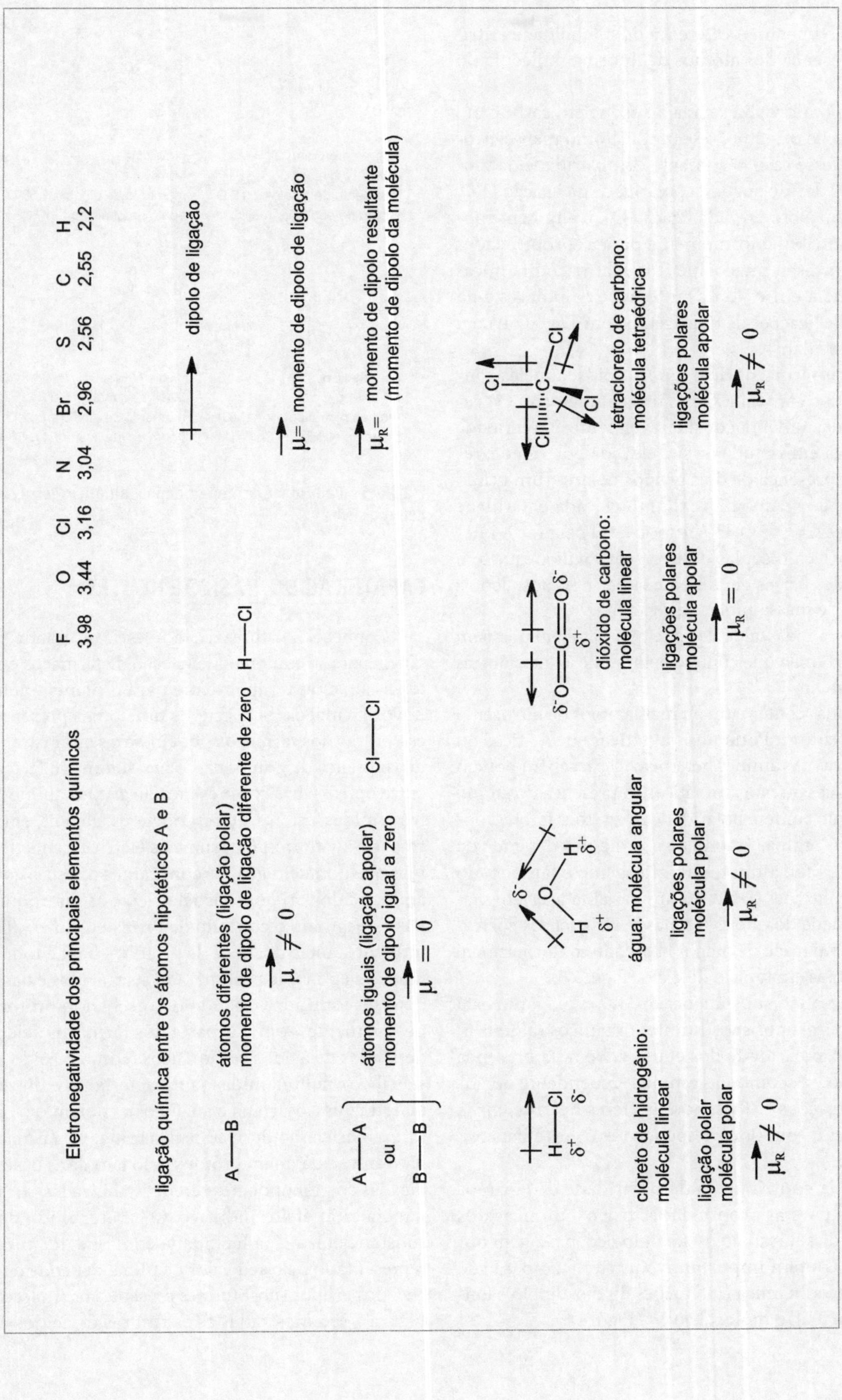

FIGURA 4 Polaridade das ligações químicas.

de desenvolvimento. A diferença de solubilidade é atribuída à presença dos átomos de flúor na molécula do fluconazol.[9]

O grupo hidroxila se liga ao esqueleto carbonado pelo átomo de oxigênio, o segundo átomo mais eletronegativo. Nesse caso, o aumento da polaridade da molécula não é devido apenas à polaridade da ligação C-O, mas também à presença da ligação O-H, altamente polar, que contribui enormemente para as propriedades físico-químicas, farmacocinéticas e farmacodinâmicas da substância em vista das interações dipolares e da formação de ligações de hidrogênio com a água ou com o alvo molecular.[10]

Entre os fármacos de natureza ácida, aqueles contendo o grupo carboxila são os mais numerosos. O grupo carboxila aumenta consideravelmente a polaridade da molécula em virtude de sua elevada polaridade, resultado da presença de dois grupos polares (um grupo carbonila e um grupo hidroxila). A elevada polaridade das ligações C=O e O-H é responsável pela forte interação entre as moléculas de ácido carboxílico, que tem propriedades físicas geralmente superiores aos álcoois e aldeídos de massa molar equivalente.[11]

Ésteres, amidas, aldeídos e cetonas também possuem o grupo carbonila que confere polaridade às substâncias que os contêm.

As aminas contêm um ou mais átomos de nitrogênio em sua estrutura. Podem ser alifáticas, aromáticas ou heterocíclicas. As aminas heterocíclicas também podem ser aromáticas ou não aromáticas. A presença do átomo de nitrogênio confere polaridade às ligações C-N. A polaridade das aminas (momento de dipolo) depende da natureza dos substituintes no nitrogênio e também do ângulo das ligações C-N.[12] As aminas alifáticas têm menor polaridade do que as aminas heterocíclicas correspondentes em razão da menor liberdade conformacional nessas últimas em função do ciclo (Figura 5).

Os éteres são substâncias em que o oxigênio está ligado a dois grupos substituintes orgânicos (alquila e/ou arila). A polaridade dos éteres advém da presença do oxigênio e é, como nas aminas, dependente do ângulo das ligações C-O, sendo os éteres heterocíclicos mais polares do que os correspondentes éteres alifáticos[12] (Figura 5).

Além da contribuição da polaridade dos grupos funcionais para as propriedades físico-químicas dos fármacos (dissolução no meio biológico, passagem por membranas), têm importante contribuição para sua ação farmacodinâmica (interações dipolo-dipolo e íon-dipolo com o alvo molecular)[13,14] (Figura 6).

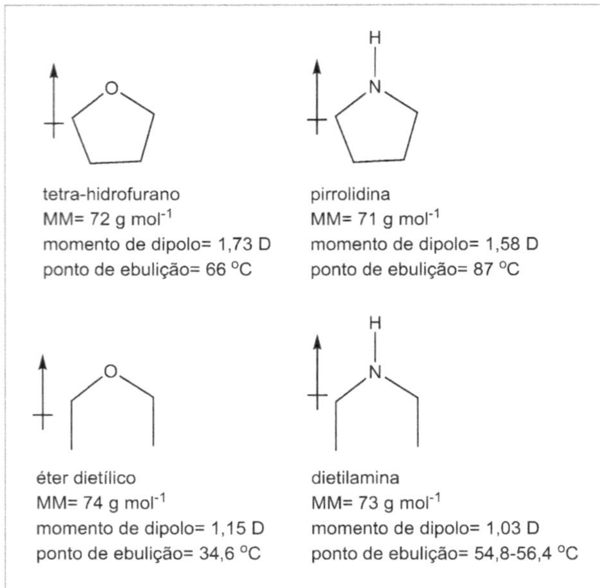

FIGURA 5 Polaridade de éteres e aminas alifáticos versus heterocíclicos.

CARÁTER ÁCIDO, BÁSICO E NEUTRO

Conhecer a natureza ácido-base é de grande importância para se compreender a ação de fármacos existentes no arsenal terapêutico e para o planejamento de novos fármacos.[15] Os grupos funcionais presentes nas estruturas dos fármacos podem apresentar caráter ácido (presença de grupos carboxila, sulfonamida, tetrazol, entre outros), básico (presença de grupos amino), neutro (amidas, ésteres, éteres, tioéteres, álcoois, entre outros) ou zwitteríon (substâncias eletricamente neutras, mas que possuem grupos com cargas opostas, como os aminoácidos no ponto isoelétrico e as fluoroquinolonas).[15] Segundo o conceito de Brønsted-Lowry, ácido é toda substância doadora de próton, e base é toda substância aceptora de próton.[16] Ou seja, ácidos e bases podem ser ionizados doando ou recebendo próton, respectivamente. A maior parte dos fármacos ácidos são derivados de ácidos carboxílicos (como o ácido acetilsalicílico), sulfonamidas (antibacterianas e diuréticas) ou tetrazóis (losartana e análogos), enquanto os de natureza básica são derivados de amina. Os fármacos de natureza ácida doam prótons pelo fato de as bases conjugadas correspondentes serem estabilizadas por ressonância e/ou efeito indutivo. O caráter ácido de uma substância, isto é, a facilidade com que doa próton, é representado pelo seu valor de pKa e depende da natureza dos grupos substituintes presentes na molécula. Na Figura 7 são mostradas as estruturas de ácidos carbo-

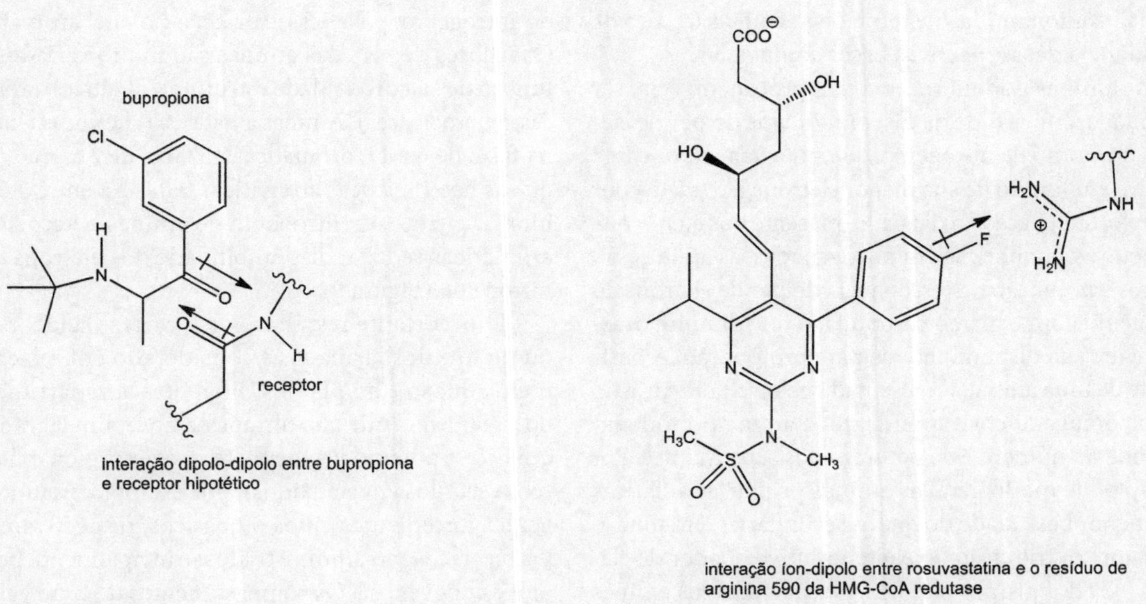

FIGURA 6 Interações envolvendo dipolo na interação fármaco-receptor.

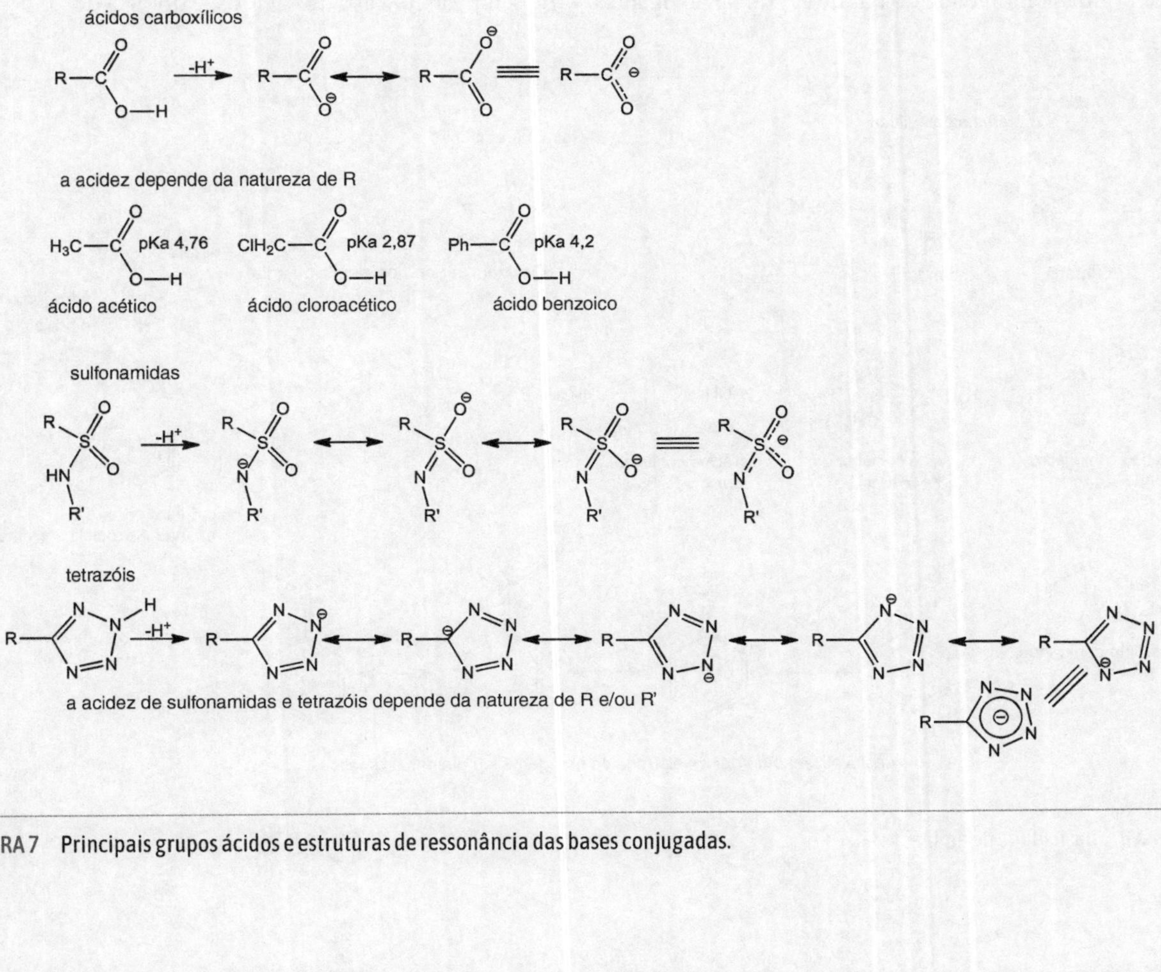

FIGURA 7 Principais grupos ácidos e estruturas de ressonância das bases conjugadas.

xílicos,[12] sulfonamidas[17] e tetrazóis,[18] com as formas de ressonância das respectivas bases conjugadas.

As aminas podem receber um próton, ou seja, ser protonada, em virtude da disponibilidade do par de elétrons do átomo de nitrogênio, que suporta melhor carga positiva em função de sua menor eletronegatividade, por exemplo, em relação ao oxigênio, presente nos éteres, que são neutros. Embora sejam nitrogenadas, as amidas são neutras, em função da ressonância do par de elétrons do nitrogênio com o grupo carbonila, o que diminui drasticamente sua disponibilidade para protonação. A basicidade de uma amina, representada pelo valor de pKa do ácido conjugado correspondente (a amina protonada) depende do número e da natureza dos substituintes. Por exemplo, de modo geral as aminas primárias alifáticas têm menor basicidade do que as secundárias, em função da maior contribuição do efeito indutivo doador de elétrons (+I) dos grupos alquila. A basicidade das aminas terciárias é mais difícil de se predizer, pois depende do tamanho dos grupos alquila ligados ao nitrogênio e da facilidade de hidratação do ácido conjugado formado (sal de amônio terciário). Aminas aromáticas são aquelas que contêm pelo menos um grupo arila ligado ao nitrogênio. São menos básicas do que as aminas alifáticas em função da menor disponibilidade do par de elétrons não ligantes do nitrogênio, pela deslocalização no anel aromático.[12] Os valores de pKa das aminas são muito variados, em função de sua diversidade estrutural (alifáticas, aromáticas, heterocíclicas). Aminas alifáticas e alicíclicas têm pKa na faixa de 6 a 11; aromáticas na faixa de 2 a 4; ao passo que as heterocíclicas aromáticas têm pKa entre 3 e 5. A hibridação sp^2 do nitrogênio de aminas heterocíclicas aromáticas reduz a disponibilidade dos elétrons nesse nitrogênio (Figura 8).

É importante ressaltar que o caráter ácido, básico ou neutro dos fármacos é considerado em relação ao meio aquoso e ao pH dos diferentes compartimentos do organismo, que não ultrapassa nove. Em laboratório químico é possível protonar éteres e desprotonar álcoois (convertê-los em alcóxidos), por exemplo, usando reagentes fortemente ácidos ou básicos, respectivamente. Os fármacos são administrados principalmente por via oral e endovenosa. Os compartimentos do trato gastrintestinal (estômago, duodeno, intestino delgado e intestino grosso), bem como o sangue, têm valores determinados de pH, o que resulta em maior ou menor grau de ionização de certo fármaco, dependendo de sua natureza ácido-base e do compartimento em que se encontra. A extensão da ionização de um fármaco depende de seu pKa, no caso dos ácidos, e do pKa do ácido con-

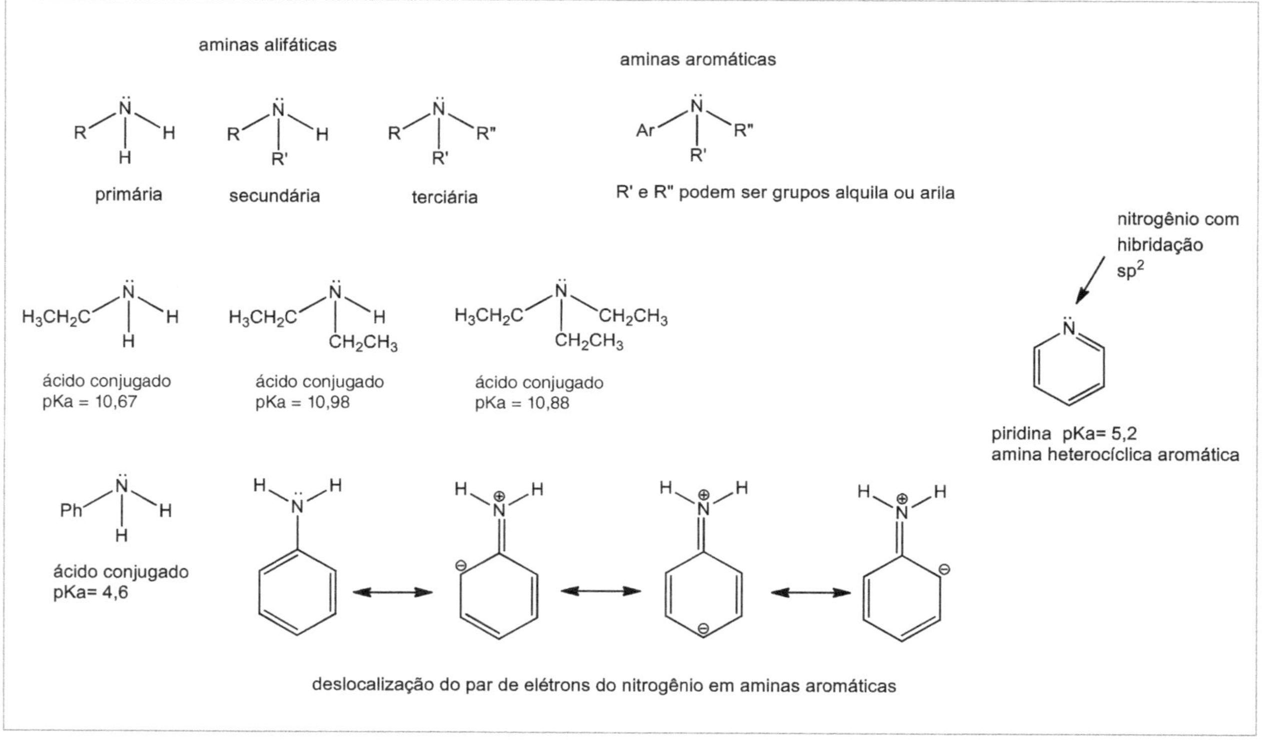

FIGURA 8 Basicidade de aminas.

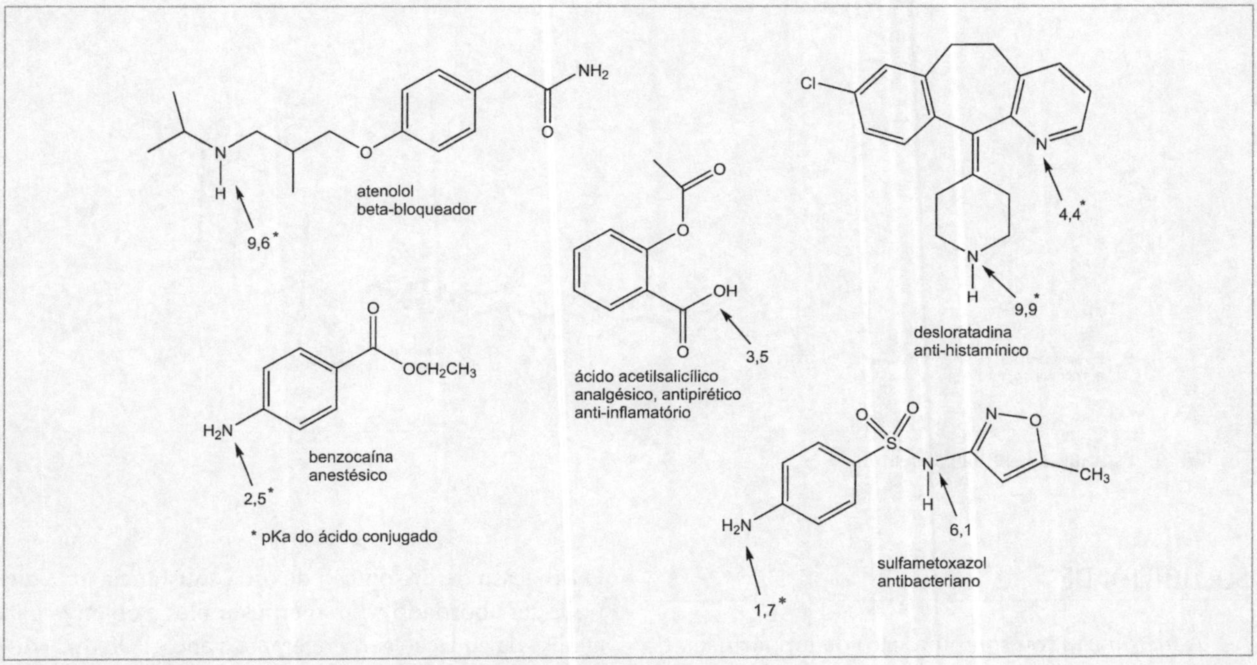

FIGURA 9 Estruturas de fármacos de natureza ácida e básica com valores de pKa.

jugado, no caso das bases, bem como do pH onde ele se encontra e pode ser determinada pela aplicação da equação de Henderson-Hasselbalch:[15,19]

Equação para ácidos

$$pH - pKa = \log \frac{[I]}{[NI]}$$

Equação para bases

$$pH - pKa = \log \frac{[NI]}{[I]}$$

[I] = concentração de formas ionizadas
[NI] = concentração de formas não ionizadas

A maioria dos fármacos é ácido ou base fraca, sendo geralmente pouco solúveis em água na forma não ionizada (NI) e solúveis na forma ionizada (I). A forma não ionizada (NI) atravessa as membranas celulares mais facilmente por transporte passivo, por ser comparativamente mais lipossolúvel do que a forma ionizada (I). Assim, a absorção de um fármaco após administração por via oral ou, por exemplo, a penetração no sistema nervoso central, vai depender, em parte, do grau de ionização. Os fármacos de natureza ácida em geral têm valores de pKa entre ~3 e 5 (aqui se refere aos ácidos carboxílicos e tetrazóis, sulfonamidas podem ter valores maiores de pKa) (Figura 9). Estarão predominantemente na forma não ionizada no estômago (pH ~1,5), sendo ionizados à medida que chegam no trato gastrintestinal (duodeno, pH ~5, intestino delgado pH ~6-7, intestino grosso, pH acima de 8). Considerando o pH do sangue ~7,2, os fármacos ácidos estarão predominantemente na forma ionizada na corrente sanguínea. Esse fato é interessante porque fármacos ionizados não penetram no SNC, ao menos por transporte passivo.[20]

Os fármacos de natureza básica têm extensa faixa de valores de pKa (entre ~2 e 11), em função da diversidade estrutural e grau de substituição do nitrogênio amínico[21] (Figura 9). De modo geral serão ionizados no estômago, via protonação do nitrogênio, o que favorece a sua dissolução, essencial no processo de absorção. As formas ionizadas são progressivamente convertidas nas formas não ionizadas à medida que o fármaco desce em direção ao duodeno e intestinos. Esses fármacos são geralmente absorvidos no intestino delgado.[22]

Com relação ao sangue, o grau de ionização de fármacos de natureza básica depende do pKa do ácido conjugado das aminas.

Os fármacos neutros não têm grupos ionizáves, ou seja, não têm caráter ácido-base. A absorção oral desses fármacos vai depender do grau de sua dissolução no trato gastrintestinal, que será em função de sua polaridade e possibilidade de formação de ligações de hidrogênio com a água. Carbamazepina (antiepiléptico) e digoxina (glicosídeo cardiotônico) são exemplos de fármacos neutros (Figura 10).

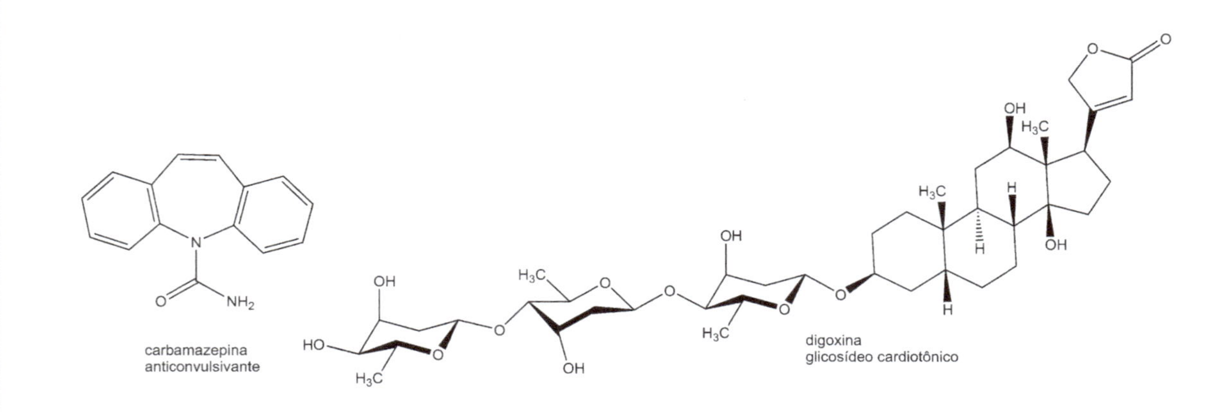

FIGURA 10 Estruturas de fármacos neutros.

SOLUBILIDADE

A dissolução (ou solubilização) de um fármaco no meio biológico é crucial para que ele possa atingir o local de ação e exercer sua atividade farmacológica. Como a principal via de administração de fármacos é a via oral, é imprescindível que estes tenham boa solubilidade no trato gastrintestinal, ou seja, que as partículas do fármaco se dispersem (dissolvam) no meio biológico, pois são as moléculas do fármaco que são absorvidas[23,24] (Figura 11).

Ressalte-se que para ser administrado por via endovenosa o fármaco deve estar solúvel no veículo do injetável. A baixa solubilidade em veículo aquoso dificulta enormemente o desenvolvimento de formulações injetáveis.

No desenvolvimento de fármacos, um dos problemas frequentemente encontrados já no início do processo é a baixa solubilidade aquosa dos candidatos a fármacos, que são, em sua vasta maioria, substâncias orgânicas.[25]

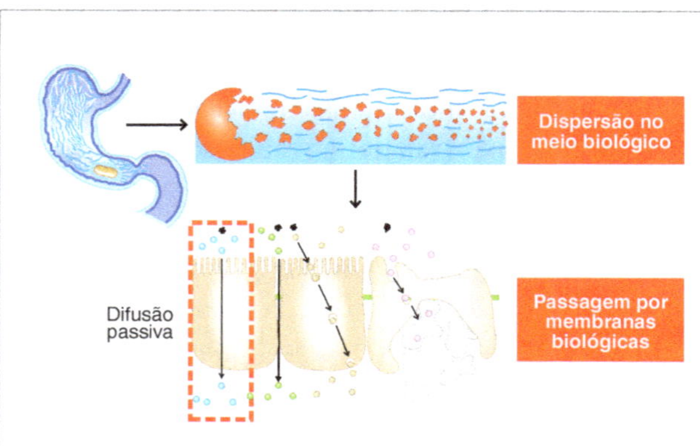

FIGURA 11 Dispersão do fármaco no meio biológico – essencial para a absorção.

O processo de dissolução de uma substância em água pode ser abordado de maneira simples e objetiva pela análise da equação geral referente à energia livre de dissolução (ΔG_{diss}) mostrada a seguir.

$$\Delta G_{diss} = \Delta H_{diss} - T\Delta S_{diss}$$

Como é possível observar, o segundo termo da equação está relacionado à temperatura e variação da entropia do sistema no processo de dissolução ($T\Delta S_{diss}$). Como, em geral, a dissolução é um processo entropicamente favorável (há um aumento da entropia), o segundo termo será negativo. Destarte, a variação da entalpia de dissolução (ΔH_{diss}) será decisiva para o processo. A variação da entalpia na equação acima pode ser desmembrada da seguinte forma:

$$\Delta H_{diss} = \Delta H_{s\text{-}S} - \Delta H_{s\text{-}s} - \Delta H_{S\text{-}S}$$

em que

$\Delta H_{s\text{-}S} =$ entalpia relacionada à interação entre as moléculas do soluto (s) e do solvente (S)

$\Delta H_{s\text{-}s} =$ entalpia relacionada à interação entre as moléculas do soluto

$\Delta H_{S\text{-}S} =$ entalpia relacionada à interação entre as moléculas do solvente

Com base na equação anterior e considerando a solubilidade em água, $\Delta H_{s\text{-}S}$ será tanto mais favorável (negativa) quanto mais eficiente for a interação das moléculas do soluto com as de água (solvatação). A molécula de água tem elevado dipolo, além da possibilidade da formação de ligações de hidrogênio. Portanto, grupos funcionais que confiram polaridade à molécula do soluto (fármaco), bem como grupos que possibilitem a formação de ligações de hidrogênio com as moléculas de água, contribuirão para a solubilidade aquosa deste. A presença de grupos funcionais na forma ionizada (p. ex., ácidos carboxílicos na forma de carboxilatos e bases na forma de sais de amônio) contribuem acentuadamente para aumentar a solubilidade em razão das interações íon-dipolo e das ligações de hidrogênio com as moléculas de água. Por outro lado, grupos alquila, cicloalquila ou arila, que apresentam baixa polaridade (constituídos apenas por ligações carbono-hidrogênio) interagem com as moléculas de água essencialmente via interações do tipo dipolo-dipolo induzido e não formam ligações de hidrogênio com a água, o que contribui pouco para a solubilidade em virtude do custo energético do rompimento das interações dipolo-dipolo e ligações de hidrogênio entre as moléculas de água ($\Delta H_{S\text{-}S}$). Por exemplo, o ácido acético é miscível com a água, já o ácido benzoico, que tem maior contribuição de grupo hidrofóbico, é pouco solúvel. O n-butanol, com cadeia carbônica maior do que a do etanol, é pouco solúvel em água. Por outro lado, o *terc*-butanol, isômero do n-butanol é miscível com a água, em decorrência do fato de ser uma molécula mais compacta, o que facilita a solvatação, evidenciando a importância da estrutura no processo (Figura 12). Um número considerável de fármacos de natureza ácida ou básica apresenta baixa solubilidade em água na forma não ionizada e, por isso, são convertidos em sais (carboxilatos, sais de amônio). Substâncias contendo vários grupos hidroxila apresentam, via de regra, boa solubilidade em água. Por exemplo, quando são comparadas as estruturas químicas de oseltamivir e zanamivir, dois fármacos anti-influenza, infere-se que o zanamivir é mais solúvel em água do que o oseltamivir. Zanamivir é administrado por inalação, por não ser bem absorvido quando administrado por via oral. O oseltamivir, por ser menos solúvel e mais lipofílico (maior presença de grupos alquila), é administrado na forma de cápsulas, por via oral (Figura 12). Entretanto, nem sempre substâncias poli-hidroxiladas apresentam boa solubilidade em água. Um exemplo é a quercetina, flavonoide bioativo que, apesar de possuir cinco grupos hidroxila em sua molécula e ter baixo peso molecular, é muito pouco solúvel em água (Figura 12).

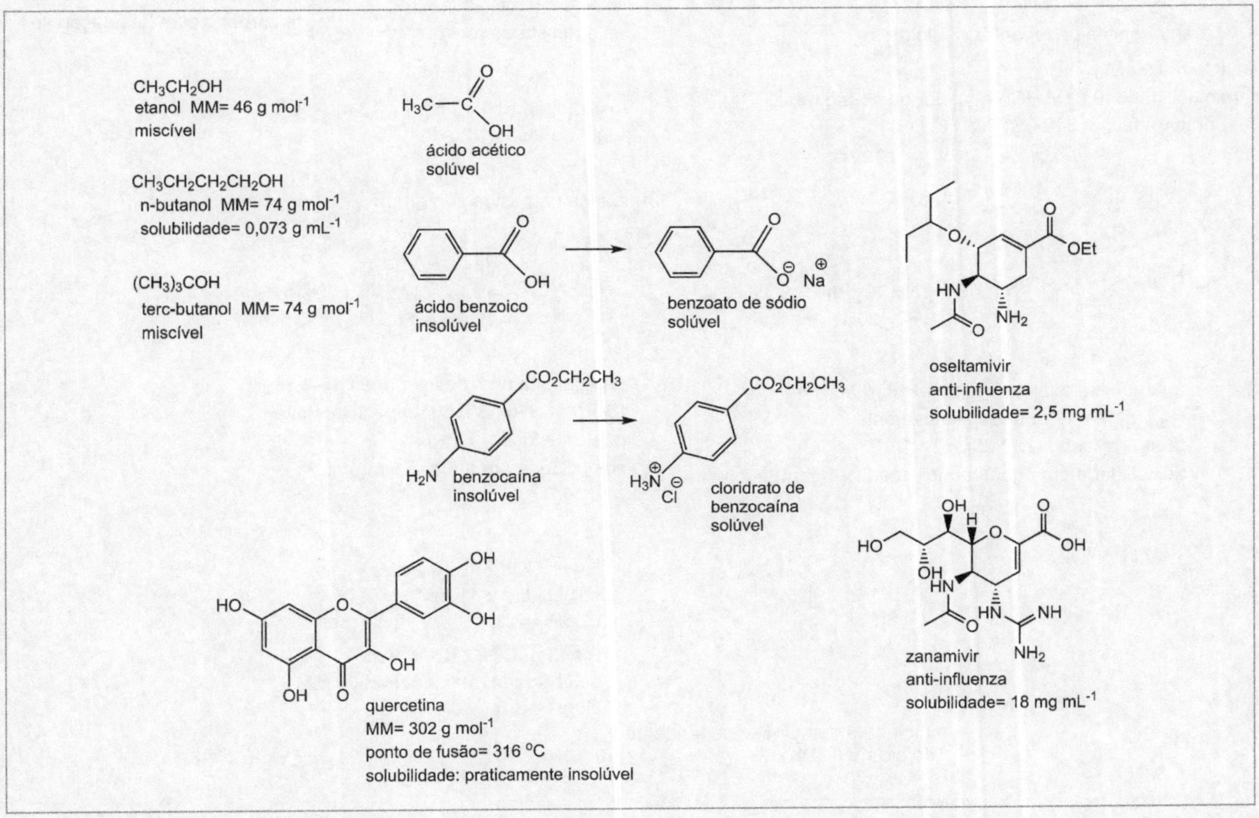

FIGURA 12 Solubilidade de substâncias orgânicas em água.

É importante ressaltar a contribuição do termo $\Delta H_{s\text{-}s}$ para a dissolução de fármacos em água. Quanto mais eficientes forem as interações entre as moléculas do soluto, maior será a energia necessária para separá-las. Aqui também os grupos funcionais são importantes, uma vez que contribuem, segundo sua natureza (mais ou menos polares, capazes de formação de ligação de hidrogênio, possibilidade de estarem ionizados), para maior ou menor interação entre as moléculas do soluto.

O ponto de fusão das substâncias é um indicativo da eficiência das interações intermoleculares. Substâncias orgânicas neutras ou em sua forma não ionizada que apresentam ponto de fusão elevado são, via de regra, pouco solúveis ou insolúveis em água, ainda que apresentem grupos funcionais que, em tese, deveriam contribuir para a solubilidade.[26] A quercetina, cuja estrutura é mostrada na Figura 12, é um exemplo.

A simetria e rigidez molecular influem no empacotamento cristalino, o que também afeta o ponto de fusão. Modificações químicas que diminuem a simetria molecular, via de regra, diminuem o ponto de fusão de substâncias, diminuindo, em consequência, ΔH_{ss}, o que contribui para aumentar a solubilidade, propriedade importante no processo de desenvolvimento de fármacos. Algumas das modificações moleculares usadas nesse sentido são: aumento do número de átomos de carbono com hibridação sp^3, variação da natureza ou posicionamento de grupos, introdução de grupos que perturbam a estrutura plana da molécula[27] (Figura 13).

Finalmente, outra estratégia para aumentar a solubilidade e melhorar as propriedades farmacocinéticas de substâncias no desenvolvimento de fármacos é a introdução de grupos solubilizantes, normalmente derivados de amina (Figura 14). O aumento da solubilidade decorre da ionização desses grupos no meio biológico.[28]

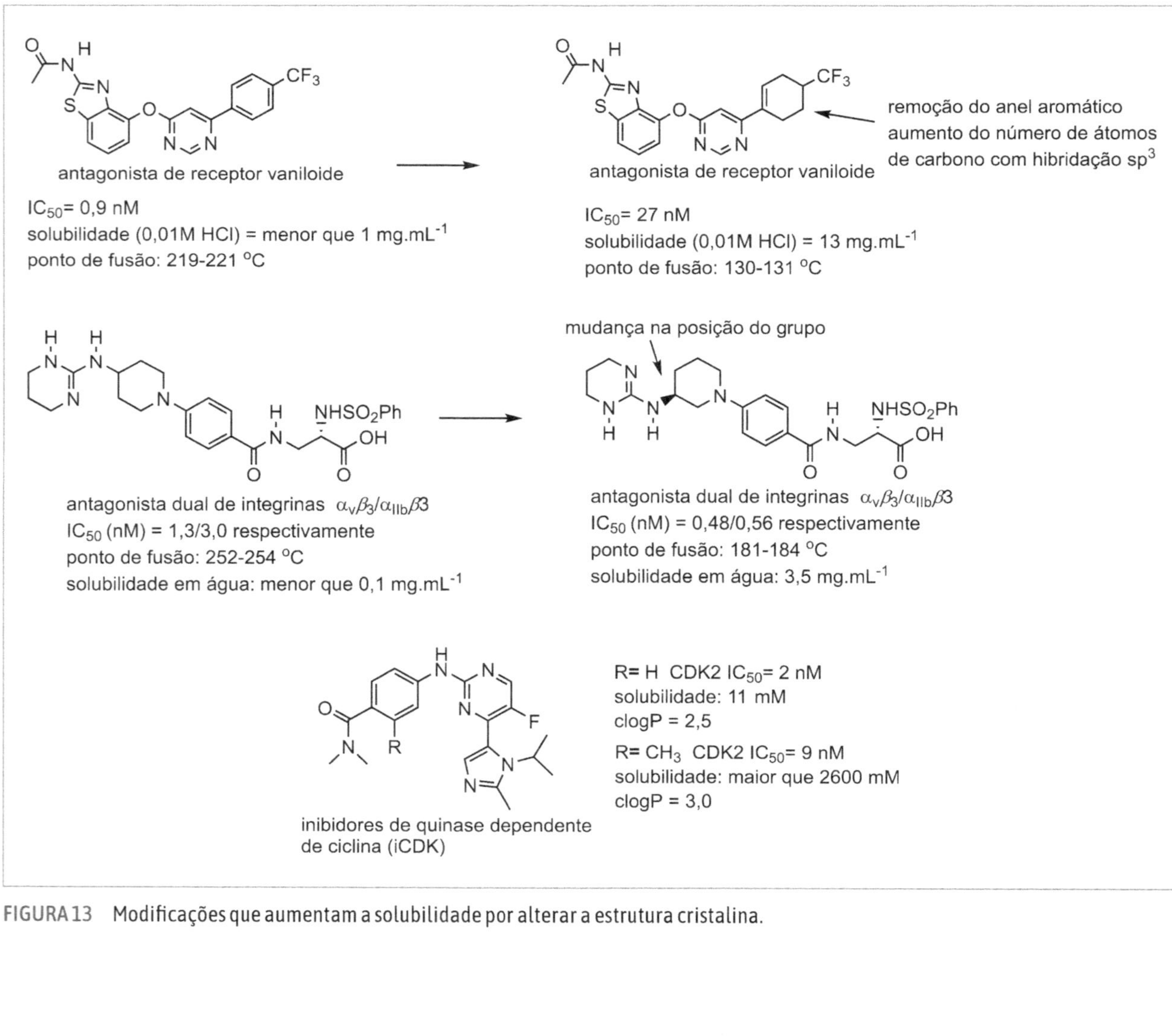

FIGURA 13 Modificações que aumentam a solubilidade por alterar a estrutura cristalina.

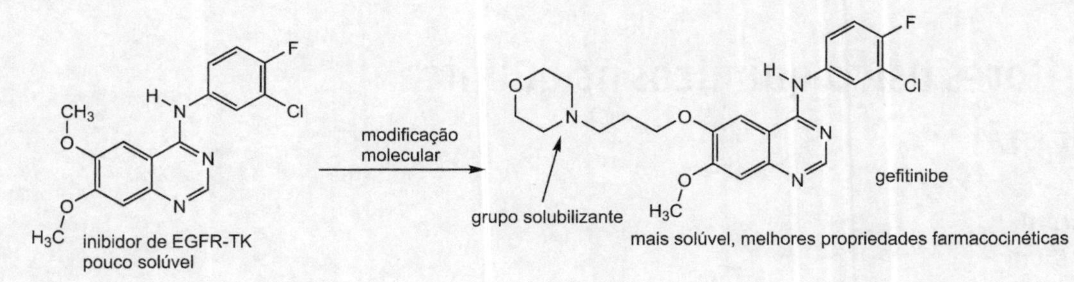

FIGURA 14 Introdução de grupo solubilizante em inibidor de tirosina quinase.

REFERÊNCIAS BIBLIOGRÁFICAS

1. Hayashi T, Smith FT, Lee K H. Antitumor agents. 89. Psychorubrin, a new cytotoxic naphthoquinone from Psychotria rubra and its structure-activity relationships J Med Chem. 1987; 30(11):2005-8.
2. Nascimento V, Cordeiro PS, Silva RC. Ebselen: a brief review of its antioxidant capacity and biological applications. Rev Virtual Quim. 2019; 11(6):1894-907.
3. Sies H, Parnham MJ. Potential therapeutic use of ebselen for COVID-19 and other respiratory viral infections. Free Radic Biol Med. 2020;156:107-112.
4. Gomtsyan A. Heterocycles in drugs and drug discovery. Chem Heterocycl Compd. 2012; 48(1):7-10.
5. Ertl P. An algorithm to identify functional groups in organic molecules. J Cheminform. 2017; 9(1):1-7.
6. Mao F, Ni W, Xu X, Wang H, Wang J, Ji M et al. Chemical structure-related drug-like criteria of global approved drugs. Molecules. 2016; 21(1):1-18.
7. Meanwell NA. Improving drug candidates by design: a focus on physicochemical properties as a means of improving compound disposition and safety. Chem Res Toxicol. 2011; 24(9):1420-56.
8. McMurry JE. Organic Chemistry. 9 th. CENGAGE Learning, editor. 2016. 1512 p. [Internet]. [acesso em: 2021 fev. 01] Disponível em: https://www.cengagebrain.com.mx/shop/isbn/9781305080485.
9. Kirk KL. Fluorine in medicinal chemistry: recent therapeutic applications of fluorinated small molecules. J Fluor Chem. 2006; 127(8):1013-29.
10. Cramer J, Sager CP, Ernst B. Hydroxyl groups in synthetic and natural-product-derived therapeutics: a perspective on a common functional group. J Med Chem. 2019; 62(20):8915-30.
11. DeRuiter J. Carboxylic acid structure and chemistry: Part 1. H The dipolar nature of acids. 2005; 1-11.
12. Streitwieser CHHEMKA. Introduction to organic chemistry. 2.ed. Mcmillan Coll Div, editor. Prentice Hall, 1992. 1256 p.
13. Daze K, Hof F. Molecular interaction and recognition. encyclopedia of physical organic chemistry, 5 Volume Set. 2016. p.1-51.
14. Istvan ES, Deisenhofer J. Structural mechanism for statin inhibition of HMG-CoA reductase. Science. 2001; 292(5519):1160-4.
15. Charifson PS, Walters WP. Acidic and basic drugs in medicinal chemistry: a perspective. J Med Chem. 2014; 57(23):9701-17.
16. Kauffman GB. Thumbnail sketches – The Brønsted-Lowry acid--base concept. J Chem Educ. 1988;65(1):28-31.
17. Thakur A. QSAR study on benzenesulfonamide dissociation constant pKa: physicochemical approach using surface tension. Arkivoc. 2005; 2005(14):49-58.
18. Koldobskii GI, Ostrovskii VA, Gidaspov B V. Tautomerism and acid-base properties of tetrazoles (review). Chem Heterocycl Compd. 1980 Jul; 16(7):665–74.
19. Po HN, Senozan NM. The Henderson-Hasselbalch equation: its history and limitations. J Chem Educ. 2001; 78(11):1499-503.
20. Manallack D. The pKa distribution of drugs: application to drug discovery. Dye Drugs. 2011; 80-102.
21. Campos M de M. Química orgânica volume 3. Edgard Blucher, 1979. 1556 p.
22. Hickman RJS, Neill J. Influence of pH on drug absorption from the gastrointestinal tract: a simple chemical model. J Chem Educ. 1997; 74(7):855-6.
23. Hens B, Tsume Y, Bermejo M, Paixao P, Koenigsknecht MJ, Baker JR et al. Low buffer capacity and alternating motility along the human gastrointestinal tract: implications for in vivo dissolution and absorption of ionizable drugs. Mol Pharm. 2017; 14(12):4281-94.
24. Lin L, Wong H. Predicting oral drug absorption: mini review on physiologically-based pharmacokinetic models. Pharmaceutics. 2017; 9(4).
25. Williams HD, Trevaskis NL, Charman SA, Shanker RM, Charman WN, Pouton CW et al. Strategies to address low drug solubility in discovery and development. Pharmacol Rev. 2013; 65(1):315-499.
26. Florence AT, Atwood D. Physicochemical principles of pharmacy. AT Florenc, 1998. 564 p.
27. Ishikawa M, Hashimoto Y. Improvement in aqueous solubility in small molecule drug discovery programs by disruption of molecular planarity and symmetry. J Med Chem. 2011; 54(6):1539-54.
28. Barker AJ, Gibson KH, Grundy W, Godfrey AA, Barlow JJ, Healy MP et al. Studies leading to the identification of ZD1839 (Iressa™): an orally active, selective epidermal growth factor receptor tyrosine kinase inhibitor targeted to the treatment of cancer. Bioorganic Med Chem Lett. 2001; 11(14):1911-4.

CAPÍTULO 2

Descritores físico-químicos na química medicinal

Luciana Scotti
Marcus T. Scotti

INTRODUÇÃO

Os métodos *in silico* ou CADD (planejamento de fármacos auxiliados por computador) estão sendo cada vez mais utilizados na indústria e nas universidades, e envolvem uma compreensão das interações moleculares tanto do ponto de vista qualitativo quanto quantitativo. A análise da estrutura molecular de um determinado sistema permite extrair informações relevantes e prever o potencial de compostos bioativos; isto é, os descritores moleculares.

Métodos quimiométricos, relações estrutura-atividade (SAR), modelagem molecular e relações quantitativas de atividade estrutura (QSAR) são alguns dos métodos *in silico* amplamente utilizados na química medicinal e representam uma tentativa de correlacionar descritores estruturais ou de propriedade de compostos a vários tipos de atividades biológicas. Este capítulo apresentará alguns descritores moleculares utilizados e as informações físico-químicas que eles representam nas predições computacionais da Química Farmacêutica Medicinal.

PROPRIEDADES MOLECULARES

Propriedades moleculares são indicadores úteis de vários tipos de moléculas (de fármacos, detergentes, semicondutoras utilizadas em materiais agrícolas, entre outras); por isso, muitos esforços têm sido feitos com o intuito de estimar ou computar as propriedades de uma molécula.

As propriedades da molécula podem ser macroscópicas, como o ponto de fusão de um material, e microscópicas, como a massa molecular. Também são classificadas como: físicas (termodinâmicas, estado físico e outras), químicas (reatividade, solubilidade, dentre outras) ou biológicas (como inibição enzimática, antagonismo, metabolismo). As propriedades moleculares, sejam elas macroscópicas ou microscópicas, podem ser computadas a partir de estruturas moleculares, de conformações individuais de moléculas, ou, ainda, ser estimadas.[1]

Métodos de estimativa ou de cálculo de propriedades moleculares podem ser divididos em:[1]

- Interpolação: a correlação é encontrada entre a propriedade desejada e outras propriedades ou características moleculares.
- Extrapolação: a correlação não inclui a molécula de interesse, mas extrapolando a correlação é possível estimar a propriedade desejada.
- Cálculos computacionais: em muitos casos são possíveis cálculos computacionais de propriedades com níveis diversos de variáveis. Regularmente, propriedades obtidas por cálculos computacionais podem substituir ou ser uma análise prévia de medidas experimentais.

As propriedades físico-químicas e também a atividade biológica de compostos orgânicos são reflexo de suas estruturas moleculares. Com a finalidade de se obter relações entre as estruturas químicas e as atividades biológicas utilizando abordagens computacionais, é necessário encontrar representações apropriadas da estrutura molecular e, a partir dessa geometria, calcular descritores moleculares. Esses descritores são os resultados finais lógicos obtidos por meio de um procedimento matemático, largamente utilizado em estudos de química, química medicinal, controle de qualidade e outras áreas da pesquisa científica. Esse procedimento transforma informações de uma determinada propriedade molecular em um valor numérico para posterior análise, o qual está correlacionado com várias propriedades moleculares, por exemplo, ponto de fusão, massa atômica, volume de van der Waals ou a atividade biológica. Porém essa correlação é complexa e nem sempre é bem compreendida.[2]

O mais importante para ser considerado é o fato de que os sistemas, em muitos casos, não são completamente conhecidos. Alguns descritores são obtidos a partir de átomos presentes na molécula, outros denominados topológicos analisam a estrutura bidimensional (2D), e descritores geométricos resultam da geometria molecular, ou seja, da estrutura tridimensional (3D). Para a análise e interpretação desses parâmetros, são necessários conhecimentos de álgebra, representação gráfica, química computacional, física, estatística, QSAR/QSPR e reatividade orgânica.[2]

DESCRITORES CLÁSSICOS

Os primeiros estudos de QSAR datam do século 19. Em 1863, A.F.A. Cros, da Universidade de Estrasburgo, observou que a toxicidade dos álcoois para os mamíferos aumentou à medida que a solubilidade em água dos álcoois diminuiu. Na década de 1890, Hans Horst Meyer, da Universidade de Marburg, e Charles Ernest Overton, da Universidade de Zurique, trabalhando de maneira independente, notaram que a toxicidade dos compostos orgânicos resultava de sua lipofilicidade.

Relações lineares de energia livre

Pouco desenvolvimento adicional de QSAR ocorreu até o trabalho de Louis Hammett (1894-1987), que correlacionou propriedades eletrônicas de ácidos e bases orgânicos com suas constantes de equilíbrio e reatividade. Considere a dissociação do ácido benzóico:

Hammett observou que a adição de substituintes ao anel aromático do ácido benzóico teve um efeito ordenado e quantitativo na constante de dissociação. Por exemplo:

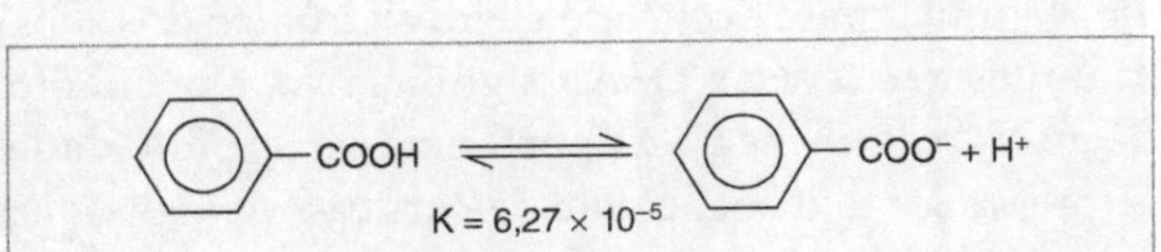

FIGURA 1

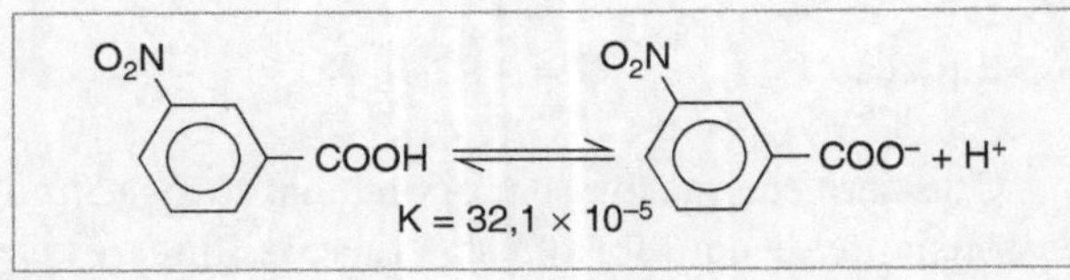

FIGURA 2

O grupo nitro na posição meta aumenta a constante de dissociação, isso porque o grupo nitro está retirando elétrons, estabilizando assim a carga negativa que é gerada. Considere agora o efeito de um grupo nitro na posição para:

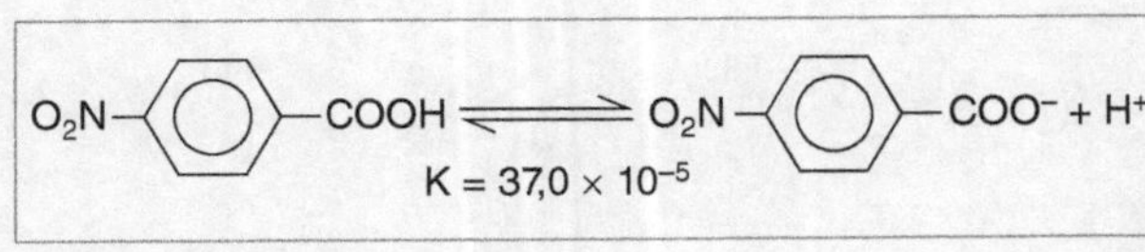

FIGURA 3

A constante de equilíbrio é ainda maior do que para o grupo nitro na posição meta, indicando uma retirada de elétrons ainda maior.

Agora considere o caso em que um grupo etila está na posição para:

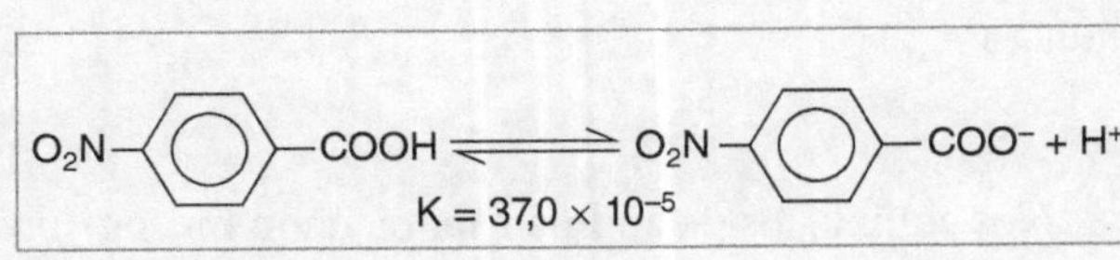

FIGURA 4

Neste caso, a constante de dissociação é menor do que para o composto não substituído, indicando que o grupo etil é doador de elétrons, desestabilizando a carga negativa que surge na dissociação.

Hammett também observou que os substituintes têm um efeito semelhante na dissociação de outros ácidos e bases orgânicos. Considere a dissociação de ácidos fenilacéticos. A retirada de elétrons pelo grupo nitro aumenta a dissociação, sendo o efeito menor para o substituinte meta do que para o substituinte para, assim como foi observado com o ácido benzóico. O grupo etil doador de elétrons diminui a constante de equilíbrio, como seria de esperar.

Essas relações desenvolvidas por Hammett são denominadas relações lineares de energia livre. Lembre-se da equação que relaciona a energia livre a uma constante de equilíbrio:

Equação 1 $\Delta G = -RT \ln K$

Ou seja, a energia livre é proporcional ao logaritmo da constante de equilíbrio. Estas relações lineares de energia livre são denominadas "extratermodinâmicas". Embora possam ser expressos em termos de parâmetros termodinâmicos, nenhum princípio termodinâmico afirma que as relações devam ser verdadeiras.

Para desenvolver uma melhor compreensão dessas relações, vamos considerar alguns valores de ρ e ϕ. Os valores de ρ são fornecidos abaixo:

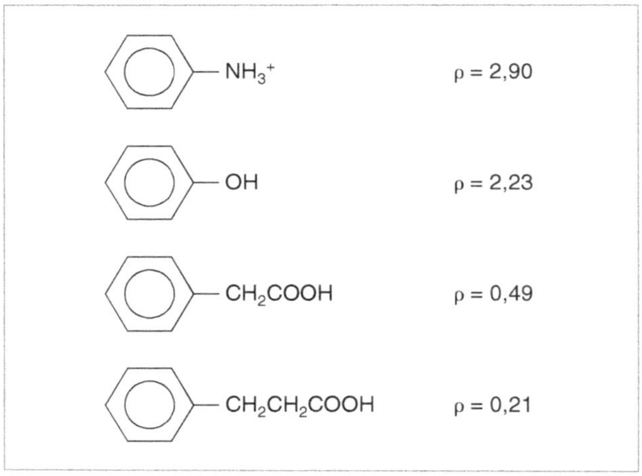

FIGURA 5

Nos equilíbrios de anilina e fenol, o íon hidrogênio que está se dissociando é um átomo removido do anel fenil, enquanto no equilíbrio de ácido benzóico há dois átomos removidos. Assim, substituintes são capazes de exercer um efeito maior na dissociação em anilina e fenol do que em ácido benzóico e o valor de $\rho > 1$. Nos ácidos fenilacético e fenilpropiônico, o íon hidrogênio dissociando é três e quatro átomos removidos, respectivamente, do fenil anel. Os substituintes são capazes de exercer um efeito menor no equilíbrio do que no equilíbrio do ácido benzóico e $\rho < 1$.

Alguns valores ilustrativos de substituintes nas posições meta e para são dados a seguir:

TABELA 1 Valores de substituintes

Substituintes	σm	σp
–H	0,0	0,0
$–NO_2$	0,71	0,78
–Cl	0,37	0,23
$–OCH_3$	0,12	–0,27

Por definição, ϕ para o hidrogênio é 0. Os valores positivos de ϕ para o grupo nitro indicam que ele é retirador de elétrons. Para entender os valores de ϕ para o grupo nitro nas posições meta vs. para, considere os mecanismos de retirada ou doação de elétrons. Para um grupo nitro na posição meta a retirada de elétrons é devido a um efeito indutivo produzido pela eletronegatividade dos átomos constituintes. Se apenas a indução funcionasse, seria de esperar que o efeito de retirada de elétrons de um grupo nitro na posição para fosse menor do que na posição meta. O maior valor para um grupo nitro para-substituído resulta da combinação de efeitos indutivos e de ressonância. Para o cloro, a eletronegatividade do átomo produz um efeito indutivo de retirada de elétrons, com a magnitude do efeito na posição para sendo menor do que na posição meta. Para cloro, apenas o efeito indutivo é possível. O grupo metoxi pode ser doador ou receptador de elétrons, dependendo da posição de substituição. Na posição meta, a eletronegatividade do oxigênio produz um efeito indutivo de retirada de elétrons. Na posição para, apenas um pequeno efeito indutivo seria esperado. Além disso, ocorre um efeito de ressonância de doação de elétrons para o grupo metoxi na posição para, dando um efeito geral de doação de elétrons. Em alguns casos, os valores sigma são geralmente aplicáveis a muitos equilíbrios diferentes. Em outros casos, valores sigma foram derivados para equilíbrios específicos, o que é particularmente verdadeiro quando se considera valores sigma para substituintes orto.

Análise Hansch

O QSAR baseado nas relações de Hammett utiliza propriedades eletrônicas como descritores de estruturas; porém, quando os pesquisadores tentaram aplicar relações do tipo Hammett a sistemas biológicos perceberam que outros descritores estruturais eram necessários.

Robert Muir, botânico do Pomona College, estudava a atividade biológica de compostos que se assemelhavam ao ácido indolacético e ao ácido fenoxiacético, que funcionam como reguladores do crescimento das plantas. Ao tentar correlacionar as estruturas dos compostos com suas atividades, ele consultou seu colega em química, Corwin Hansch. O uso de parâmetros sigma de Hammett para explicar o efeito eletrônico dos substituintes não levou a QSAR significativo. No entanto, Hansch reconheceu a importância da lipofilicidade, expressa como o coeficiente de partição octanol-água, na atividade biológica. Atualmente sabemos ser uma medida da biodisponibilidade dos compostos, que determinará, em parte, a quantidade do composto que chega ao local-alvo.

A abordagem extratermodinâmica ou de Hansch-Fujita[4] considera que a atividade biológica de um composto pode ser expressa pela contribuição das propriedades físico-químicas ou estruturais, identificadas como sendo responsáveis pela atividade ou resposta biológica.

A abordagem de Free-Wilson[5] é considerada um verdadeiro modelo de relação estrutura-atividade. Uma variável indicadora é gerada para cada característica estrutural que difere de um composto referência, escolhido arbitrariamente. Essa variável assume valores iguais a 1 e/ou a 0, indicando a presença/ausência desse substituinte ou dessa característica estrutural. Os valores dos coeficientes de regressão obtidos para cada variável indicadora são as contribuições relativas de cada elemento estrutural correspondente para a atividade biológica. "Modelo matemático", "modelo de aditividade" e "abordagem de novo" são sinônimos para o método de Free-Wilson.

A técnica dos estudos de QSAR foi, então, desenvolvida de modo que englobasse os parâmetros eletrônicos de Hammett, concentrações molares relativas à atividade do composto (IC_{50}, LD_{50}, entre outros) e medidas relacionadas ao volume e área molecular (polarizabilidade, efeitos estéricos, refratividade molar, hidrofobicidade).

Parâmetros físico-químicos, representando as propriedades físico-químicas importantes para a atividade biológica, foram introduzidos para o emprego em relações de QSAR clássicas, como a de Hansch. Assim, há parâmetros hidrofóbicos, como a constante de hidrofobicidade p, f, logP, Rm, k'; parâmetros eletrônicos, como s, pKa, HOMO (*Highest Occupied Molecular Orbital*), LUMO (*Lowest Unoccupied Molecular Orbital*), q, m, Ct, entre outros; parâmetros estéricos, como Es, Es^c, STERIMOL: L, B_1, B_2, B_3, B_4, B_5. A refratividade molar, RM, é parâmetro de polarizabilidade e, entre os topológicos, encontra-se a X, conectividade molecular.

No modelo multiparamétrico de Hansch e também no de Hansch-Free-Wilson, os parâmetros podem ser avaliados sob o ponto de vista do efeito que exercem em determinada atividade biológica, por meio da equação de Hansch:

Log 1/C = f1(parâmetros hidrofóbicos) + f2(parâmetros eletrônicos) + f3(parâmetros estéricos) + f4(outros parâmetros) + correção.

No modelo misto, de Hansch/Free-Wilson, além de parâmetros físico-químicos, são utilizadas variáveis indicadoras para uma determinada característica.

A validade do modelo e do seu caráter preditivo é avaliada estatisticamente.

Na literatura, Unger e Hansch[6] formularam regras para a obtenção de modelos válidos que, devido à sua validade geral, foram revistos anteriormente, apresentados no grupo e resumidos a seguir[7]:

- Seleção de variáveis independentes. Uma grande faixa de diferentes parâmetros deve ser testada, por exemplo, log P ou p (parâmetro hidrofóbico), s, MR e parâmetros estéricos. Os parâmetros obtidos por cálculos de orbitais moleculares e variáveis indicadoras não devem ser superestimados. Topliss[8] verificou que a probabilidade de obter um coeficiente de correlação maior que 0,9 não só aumenta com o número de variáveis incluídas na equação, como também com o número de variáveis das quais as diferentes combinações são selecionadas.
- Os parâmetros selecionados para a "melhor equação" devem apresentar correlação não significativa, ou seja, o coeficiente de intercorrelação r deve ser menor do que 0,6 – 0,7. Exceções são combinações dos termos lineares e quadráticos como log P e $(\log P)^2$, os quais são geralmente altamente intercorrelacionados, com $r > 0,9$.
- Justificativa da escolha das variáveis independentes. Todos os parâmetros devem ser validados pela análise de regressão, que é um procedimento estatístico adequado. A melhor equação é geralmente aquela com o menor desvio padrão e com todos os termos significativos (indicado pelos intervalos de confiança de 95% ou pelo teste sequencial F). Alternativamente, a equação com o maior valor de F pode ser selecionada como a melhor equação.
- Havendo mais de uma equação (aproximadamente) com mesmo nível de confiança estatística, a mais simples, com menos parâmetros, deve ser escolhida.
- Número de termos deve-se ter no mínimo 5 a 6 dados (compostos) por variável para se evitar correlações ao acaso. (Esta regra se aplica apenas a conjuntos de dados de tamanho intermediário; para conjuntos de dados pequenos, mais parâmetros podem ser permitidos se eles estiverem baseados em um modelo razoável. Para grandes conjuntos de dados, por exemplo $n > 30$, essa recomendação leva a equações as quais incluem muitas variáveis).
- É importante ter um modelo qualitativo que seja consistente com o processo físico-químico do processo em consideração. O método quantitativo desenvolvido é dependente da veracidade do qualitativo.

DESCRITORES BASEADOS NA REATIVIDADE QUÍMICA

A obtenção do valor de energia livre ($\Delta G_{C\text{-}R}$), a partir das estruturas químicas do ligante e do receptor (situação desejada que permitiria a determinação do valor da constante de dissociação do complexo ligante/receptor – logK), é ainda uma das etapas de objeto de estudos exaustivos de vários grupos de pesquisa.

Uma abordagem simplificada envolve o estabelecimento de Relações Lineares de Energia Livre, conhecida como a Análise de Hansch ou Abordagem Extratermodinâmica. Esta é proposta quando as variações de energia livre ($\Delta\Delta G_{C\text{-}R}$), causadas por mudanças estruturais do ligante, podem ser correlacionadas com os valores das afinidades relativas destes ligantes com o mesmo receptor[4]. Nessas correlações são utilizados parâmetros físico-químicos que são relacionados com as forças intermoleculares envolvidas na interação entre o ligante e o receptor (Tabela 2).

Além dos parâmetros físico-químicos, ou descritores clássicos, como os mencionados de forma resumida anteriormente, existem descritores estruturais holísticos e quânticos.

DESCRITORES HOLÍSTICOS

Dragon

O Dragon é um programa utilizado no cálculo de descritores moleculares, o qual foi desenvolvido por Milano Chemometrics and QSAR Research Group. Esses descritores são comumente utilizados para avaliar as relações quantitativas estrutura-atividade biológica (QSAR) e estrutura-propriedade (QSPR)[9].

Este programa utiliza as informações obtidas por um outro programa de modelagem molecular em arquivos com extensão .mol2, .hin, .mol, .ml2, .sm2, .sdf, .smi, .dat e .out. , em que as espécies neutras foram otimizadas.

O programa Dragon calcula 1.604 descritores moleculares subdivididos nos seguintes grupos: descritores constitucionais, *walk and path counts*, índices informacionais, *edge adjacency índices*, índices de carga topológica, perfis randômicos moleculares, grupos funcionais, descritores de carga, descritores topológicos, índices de conectividade, *Burden eigenvalues, eigenvalue-based índices*, descritores geométricos, autocorrelação 2D, WHIM, GETAWAY, RDF, 3D-MoRSE, fragmento do átomo central e propriedades moleculares.[2,10,13]

Segue sucinta explicação de cada uma dessas classes de descritores presente no programa Dragon:

- Descritores constitucionais: baseiam- se em tipos de átomos e de ligações, massa molecular e somatória do volume atômico de van der Waals. Compreendem 48 descritores.
- *Walk and path counts:* são descritores baseados na representação gráfica da molécula, analisando comprimentos de ligações e compreendem 47 descritores.
- Índices informacionais: são 47 descritores calculados a partir de informações contidas nas moléculas, como multiplicidade, índices de simetria, etc.
- *Edge adjacency índices:* são 107 descritores topológicos baseados na matriz de adjacência, que engloba a conectividade representada graficamente.
- Índices de carga topológica: são calculados por meio dos elementos de matriz quadrada T (onde as linhas e colunas representam os átomos), obtida a partir da matriz de adjacência e da matriz do quadrado do inverso das distâncias topológicas. Compreendem 21 descritores.

TABELA 2 Alguns exemplos de parâmetros físico-químicos/estruturais utilizados como descritores; as correspondentes propriedades moleculares e naturezas das interações ligante-receptor (alvo-biológico) envolvidas

	Interações ligante-alvo biológico	
Parâmetro descritor[a]	Propriedade molecular	Natureza da interação
σ_m; σ_p; $\mathfrak{I}$; $\mathfrak{R}$	Densidade eletrônica	Eletrostática
MR; V	Polarizabilidade	Dispersão
E_s; r_V	Topologia	Estérica
logP; π	Lipofilicidade	Hidrofóbica

[a] σ_m e σ_p são constantes eletrônicas de grupos substituintes de Hammet; $\mathfrak{I}$ e $\mathfrak{R}$ são as constantes eletrônicas de Swain e Lupton; MR é a refratividade molar; V é o volume; E_s é a constante estérica de Taft; r_V é o raio de van der Waals; logP é o coeficiente de partição; π é a constante hidrofóbica de substituinte de Hansch.

- Perfis randômicos moleculares: representam 41 descritores baseados na matriz de distância geométrica.
- Grupos funcionais: compreendem 154 descritores, representando fragmentos dos grupos funcionais.
- Descritores de carga: baseiam-se em cálculo de carga realizado em nível 3D na molécula otimizada. As cargas atômicas e densidades eletrônicas são importantes para avaliações de interações eletrostáticas e propriedades físico-químicas de compostos. Envolvem 14 descritores.
- Descritores topológicos: dependem da topologia, ou seja, das posições individuais dos átomos e das ligações entre eles, transformando as informações de propriedades físico-químicas das estruturas 3D em números para melhor interpretação e comparação. São calculados com base na matriz de adjacência e/ou na matriz de distância topológica de uma molécula representada em duas dimensões. Algumas características destes descritores são criticadas, como informações físico-químicas pouco claras, gerando grande degeneração destes descritores e alta probabilidade de correlação quando se usam variáveis altamente intercorrelacionadas. Porém, seu amplo uso é justificado pela rapidez de cálculo, por ser aplicável a todas as moléculas e pela abordagem multivariada permitida ou possível para a mesma molécula. Os descritores topológicos compreendem 119.
- Índices de conectividade: são 33 descritores topológicos calculados considerando-se os átomos como vértices, após a remoção de átomos de hidrogênio da molécula.
- *Burden eigenvalues*: são os descritores obtidos da matriz de adjacência quando os elementos nulos da diagonal são substituídos por características como massa atômica, volume de van de Waals, eletronegatividade e polarizabilidade. Compreendem 64 descritores.
- *Eigenvalue-based indices*: são descritores topológicos calculados a partir da matriz simétrica originada da representação gráfica da molécula. São 44 descritores.
- Descritores geométricos: baseados na distância geométrica entre os átomos. Alguns destes descritores calculam a distância entre átomos iguais. Existem 74 descritores geométricos.
- Descritores de autocorrelação 2D: representam a relação entre valores de uma única variável entre os átomos (considerando a distância topológica entre eles) em nível 2D. São os seguintes descritores: ATS (descritor de autocorrelação de uma estrutura topológica Broto-Moreau), MATS (*Moran autocorrelation*), GATS (*Geary autocorrelation*). Esta classe apresenta 96 descritores.
- Descritores WHIM (*Weighted Holistic Invariant Molecular)*: são obtidos por meio de análise de componentes principais (PCA) em uma matriz de coordenadas dos átomos da molécula em relação ao seu centro com geometria em três dimensões (matriz molecular) (Benigni et al., 1999). Estes descritores representam as informações importantes observadas em nível 3D, como: tamanho, forma, simetria e distribuição dos átomo da molécula. No processo de PCA, cada novo componente apenas engloba a quantidade de variância das variáveis independentes remanescentes, enquanto no PLS, os componentes são extraídos ao mesmo tempo, de ambas as séries de variáveis: dependente(s) e independentes. Adota-se no programa como variável dependente a atividade biológica e variaveis indepentes os descritores. Representam 99 descritores.
- Descritores Getaway (*Geometric Topology and Atom Weights Assembly*): são calculados por meio de uma matriz de influência molecular MIM (H) (Equação 2), na qual as linhas representam os átomos em relação ao centro da molécula com geometria em três dimensões (M), e as colunas as coordenadas x, y e z de cada átomo. A matriz de influência molecular é simétrica *A* X *A*, onde *A* representa o número de átomos. Estes descritores podem sofrer influência de propriedades atômicas como massa atômica, polarizabilidade, volume de van der Waals e eletronegatividade.

Equação 2 $$H = M \cdot (M^T \cdot M)^{-1} \cdot M^T$$

A partir da matriz de influência molecular (H), cria-se uma nova matriz R denominada matriz de influência em relação à distância. A matriz R utiliza elementos diagonais da matriz de influência de dois átomos quaisquer da molécula e a distância geométrica entre eles.

Os descritores Getaway estão representados em 197 tipos.

- Descritores RDF (*Radial Function Distribution): são* gerados a partir da distribuição radial calculada sobre as distâncias interatômicas da molécula. Independem do número de átomos da molécula, apresentam exatidão em relação à dimensão 3D e também invariância com relação à translação e rotação da molécula. São compostos por 150 descritores.

- Descritores 3D-MoRSE (*Molecule Representation of Structure based on Electron diffraction*): como os descritores RDF, estes também independem do número de átomos da molécula, apresentam exatidão em relação à dimensão 3D e também invariância com relação à translação e rotação da molécula. Representam a influência 3D em diferentes propriedades da molécula e dão informações sobre sua ramificação. São obtidos por meio da somatória dos produtos de propriedades atômicas: massa, eletronegatividade, volume de van der Waals e polarizabilidade. Representam 160 descritores.
- Fragmento de átomo central: este descritor se baseia em fragmentos moleculares relacionados com a atividade biológica. A estes fragmentos se atribui um átomo central e estuda-se como ele se relaciona com átomos vizinhos e os tipos de ligações envolvidas: simples, dupla, tripla, aromática. Esta classe apresenta 120 descritores.
- Propriedades moleculares: primeiro são calculados descritores do átomo centrado, identificando-se o fragmento polar da molécula e, posteriormente, calcula-se a área da superfície polar. Esta classe apresenta 29 descritores.

VolSurf

A competição no desenvolvimento de novos fármacos estimula constantes pesquisas visando aprimorar o conhecimento do ligante e sítio ativo, triagem em bancos de dados disponíveis e ensaios experimentais. Efeitos tóxicos e características farmacocinéticas inadequadas são os principais problemas em um novo fármaco. A fim de se atingir um perfil farmacocinético ideal (absorção, distribuição, metabolismo e excreção [ADME]), há necessidade de novas estratégias racionais. As probabilidades de sucesso nesta pesquisa, associando afinidade e seletividade pelo sítio ativo, foram aumentadas com a inclusão das metodologias de planejamento de fármacos auxiliado por computador (*Computer Aided Drug Design* - CADD) e química combinatória. A síntese de compostos da série planejada e as medidas experimentais de parâmetros, como lipofilicidade e avaliações biológicas, seguidas por análise quantitativa da relação estrutura-atividade (QSAR), fornecem informações úteis sobre as características físico-químicas e melhor perfil farmacocinético. Entretanto, embora esses estudos sejam de fundamental importância, requerem tempo e gastos significativos. A química computacional correlaciona estruturas moleculares com propriedades físico-químicas, economizando tempo e dinheiro. Um bom exemplo é a química combinatória (*Combinatorial Chemistry*), uma técnica que otimiza a pesquisa, alcançando resultados mais rápidos. Um conjunto de moléculas precursoras (*building blocks*) é combinado, resultando em um grande número de compostos ou misturas (*library*) que serão avaliados com relação às propriedades de interesse[14].

O programa de CADD denominado VolSurf interpreta a estrutura molecular 3D e gera descritores que serão posteriormente interpretados em procedimento computacional automatizado e rápido. Alguns parâmetros tradicionais usados em química medicinal, como lipofilicidade, ligações de hidrogênio ou regiões hidrofóbicas, direcionam a pesquisa ou geram índices topológicos que não conduzem à boa interpretação, particularmente em estudos de séries não congêneres. Além disso, frequentemente os confômeros que são gerados de uma determinada molécula não representam o equilíbrio conformacional na membrana biológica.

O VolSurf é capaz de gerar novos descritores, representando parâmetros físico-químicos calculados rapidamente e relacionados com a geometria estrutural molecular. A interação de uma molécula com a membrana biológica envolve diversas propriedades de superfícies, como ligações de hidrogênio, forças de van der Waals, eletrostáticas e hidrofóbicas.

Assim, o campo de força Grid, que calcula, em tempo rápido, sítio de interações energeticamente favoráveis, é geralmente selecionado.

O Grid é um programa que calcula energias de interação de grupos químicos (*probe*) e uma molécula em estudo, podendo ser desde macromoléculas, como proteínas, até moléculas pequenas, como a histamina. Nesse cálculo são consideradas forças eletrostáticas, ligações de hidrogênio e outras interações.[15-18]

O número de descritores possíveis que o programa VolSurf utiliza é dependente do *probe* selecionado. São gerados 40 descritores relacionados ao *probe* H_2O, 28 ligados ao DRY, 4 mistos e 6 outros que não dependem do campo de força GRID. Quando outro *probe* polar é adicionado, como oxigênio da carbonila, outras 16 variáveis são incluídas no cálculo, resultando em 94 descritores, e ainda a vantagem dos descritores do VolSurf é que para gerá-los não é necessário o alinhamento e descrevem tamanho, forma, regiões de hidrofílicas, hidrofóbicas, momentos de energia de interação, entre outros.

Na tabela 3 são apresentados os descritores moleculares calculados segundo os diferentes *probes* e as respectivas disponibilidades de opções de visualização gráfica disponível no programa VolSurf.

Os blocos de descritores moleculares contidos no VolSurf:

- Volume molecular (V) - é definido quando o *probe* água encontra a molécula de soluto e representa o volume (Å^3) de água deslocada.
- Superfície molecular (S) - representa a superfície (Å^2) necessária para o *probe* água interagir em 0,20 kcal/mol com a molécula-alvo de soluto.
- Raio volume/superfície (R) - medida de rugosidade molecular, quanto menor o raio, menor a rugosidade.
- Globularidade molecular (G) - definido por $S/S_{equivalente}$ e também se relaciona com a flexibilidade molecular. S é a área total e $S_{equivalente}$ é a área da esfera de volume (V). Globularidade é 1 para moléculas esféricas perfeitas.
- Regiões hidrofílicas (W1-W8) - calculadas em oito níveis de energia (-0,2, -0,5, -1,0, -2,0, -3,0, -4,0, -5,0 e -6,0 kcal/mol) e podem ser entendidas como as regiões moleculares atrativas para moléculas de água. Geralmente W1-4 contabiliza a polarizabilidade e forças de dispersão, e W5-8 mede ligações de hidrogênio, regiões doadoras e aceptoras de elétrons e polaridade.
- Melhores volumes (BV11, BV21, BV31, BV12, BV22 e BV32) - são seis novos descritores medidos entre -1 e -3 kcal/mol. Quando um átomo é responsável por dois ou mais pontos contíguos de interação entre a água e a molécula de soluto no campo de força Grid. No campo tridimensional ao redor da molécula, para um nível energético específico, os pontos podem ser identificados e seus volumes calculados.
- *Integy moments* (Iw1-Iw8) - são calculados em oito níveis de energia (-0,2, -0,5, -1,0, -2,0, -3,0, -4,0, -5,0 e -6,0 kcal/mol) e representam o desequilíbrio entre o centro de massa da molécula e o baricentro de

TABELA 3 Descritores moleculares, *probes* e respectivas visualizações gráficas no VolSurf

	H_2O	Dry	Misto	Polar	Alterado	MEP
Volume molecular (V)	Sim	-	-	-	-	Sim
Superfície molecular (S)	Sim	-	-	-	-	-
Regiões hidrofílicas (W1-W8)	Sim	-	Sim	Sim	Sim	Sim
Regiões hidrofóbicas (D1-D8)	-	Sim	-	-	-	-
Melhores volumes hidrofílicos	-	Sim	Sim	Sim	Sim	Sim
Melhores volumes hidrofóbicos	Sim	-	Sim	Sim	Sim	Sim
Integy moment (Iw1-Iw8)	Sim	-	-	-	-	Sim
Hydrophobic integy moment (ID1-ID8)	-	Sim	-	-	-	-
Fator de capacidade (Cw1-Cw8)	Sim	-	-	-	-	Sim
Raio volume/superfície (R)	Sim	-	-	-	-	-
Globularidade molecular (G)	Sim	-	-	-	-	-
Local hidrofílico de interação de energia mínima (Emin1-3)	Sim	-	-	-	-	-
Distâncias do local hidrofílico de interação de energia mínima (d12-d13-d23)	Sim	-	-	-	-	-
Local hidrofóbico de interação de energia mínima (Emin1-3)	-	Sim	-	-	-	-
Distâncias do local hidrofóbico de interação de energia mínima (d12-d13-d23)	-	Sim	-	-	-	-
Balanço hidrofílico-lipofílico (HL1-HL2)	-	Sim*	-	-	-	-
Momento anfifílico (A)	-	Sim*	-	-	-	-
Critical Packing (CP)	-	Sim*	-	-	-	-
Ligações de hidrogênio (HB1-HB8)	-	-	-	Sim*	-	-
Elongation (Elon-EEFR)	-	-	-	-	-	-
Difusividade	-	-	-	-	-	-
LogP	-	-	-	-	-	-
Total (max. número de variáveis para nível 8)	(10+8)x3	(4+8)x2	8	2x8	8	(1+3)x8

* - calculado quando também é selecionado o *probe* água. MEP: Mapa de Potencial Eletrostático.

regiões hidrofílicas. São vetores que partem do centro de massa de W1-W8. Se o *integy moment* é alto, as regiões hidratadas são claramente concentradas em apenas uma área da superfície molecular. São visualizados no espaço 3D por vetores vermelhos.

- Fator de capacidade (Cw1-Cw8) - também calculados em oito níveis de energia (-0,2, -0,5, -1,0, -2,0, -3,0, -4,0, -5,0 e -6,0 kcal/mol). Representa a relação entre os raios calculados das regiões hidrofílicas e da superfície molecular total.
- Regiões hidrofóbicas (D1-D8) - são definidas quando o *probe* DRY interage com a molécula em estudo. Indicam interações em oito níveis de energia, os quais são adaptados na escala de -0,2 ,-0,4 -0,6 -0,8 -1,0 -1,2 -1,4 a -1,6.
- *Hydrophobic integy moment* (ID1-ID8) - similares aos *integy moments,* mas são calculados a partir de interações 3D do *probe* DRY. Medem o desequilíbrio entre o centro de massa da molécula e as posições das regiões hidrofóbicas.
- Local de interação de energia mínima (Emin1-3) - representa as energias locais mínimas de interação entre os *probes* DRY, H_2O e a molécula .
- Distâncias do local de interação de energia mínima (d12-d13-d23) - representam as distâncias, para os *probes* DRY e H_2O, entre os mínimos locais de energia de interação quando o *probe* reage com a molécula em questão.
- Balanço hidrolipofílico (HL1-HL2) - é o raio medido entre regiões hidrofílicas calculadas entre -3 e -4 kcal/mol e regiões hidrofóbicas calculadas entre -0,6 e -0,8 kcal/mol.
- Momento anfifílico (A) - é um vetor do centro hidrofílico da molécula ao centro hidrofóbico. O comprimento do vetor é proporcional à força do momento anfifílico e representa a habilidade do composto de permear a membrana.
- *Critical Packing* (CP) - estes descritores são definidos como o raio entre as regiões hidrofílicas e lipofílicas da molécula. Diferem do balanço hidrolipofílico , referem-se ao formato da molécula e definem-se segundo a Equação:

Equação 3

$$CP = \left[\frac{\text{Volume (parte hidrofóbica}}{\text{Superfície (parte hidrofílica)} \neq \text{(comprimento da parte hidrofóbica)}} \right]$$

- Polarizabilidade (POL) - é calculado na média da polarizabilidade molecular, seguindo o método reportado por K. J. Miller. Esse método utiliza a estrutura dos compostos extraídos do Grid e é independente do número e tipos de *probes* usados.
- Ligações de hidrogênio (HB1-HB8) - representam a capacidade da molécula em formar ligações de hidrogênio, dependendo da polaridade do *probe* usado. São obtidas por meio da diferença dos volumes hidrofílicos (W1-W8) entre a água (H_2O) e/ou outro *probe* polar. O *probe* água tem capacidade de formar ligações de hidrogênio com a molécula como aceptor ou doador.
- *Elongation* (Elon - EEFR) - Elon representa a máxima extensão (*elongation*) que uma molécula pode desenvolver em uma propriedade determinada, como conformação e hidrofobicidade. Em adição, pode-se determinar uma parte fixa (*fixed elongation*) e calcular o raio entre *elongation* e *fixed elongation,* obtendo EEFR.
- *Diffusivity* (DIFF) - é calculado por meio de uma equação linear baseada em dados experimentais de difusão.
- LogP - é calculado por meio de uma equação linear baseada em dados experimentais obtidos no sistema *n*-octanol/água.

DESCRITORES QUÂNTICOS

Algumas propriedades, como: entalpia, energia de ativação, momento de dipolo, características de orbitais moleculares, eletrônicas, atômicas, de ligações, polarizabilidade, caráter hidrofóbico, coeficiente de partição (logP), refratividade molar (MR), dentre outras, podem ser originadas por meio de cálculos computacionais que incluem mecânica molecular, métodos semi-empíricos, cálculos *ab initio* e outros métodos empíricos.[1]

Uma das propriedades fundamentais das moléculas refere-se à energia nelas contida. Na tabela 4 são apresentados diferentes tipos de energia e os métodos disponíveis para suas determinações.[1]

Os três principais métodos teóricos para cálculos computacionais de propriedades moleculares podem ser classificados como métodos empíricos (mecânica molecular), métodos semi-empíricos e cálculos *ab initio*.[1]

Mecânica molecular e métodos semi-empíricos envolvem cálculos por meio de parâmetros apropriados ao estudo em questão, enquanto cálculos *ab initio* reproduzem um experimento sem utilizar aproximações. Os melhores resultados obtidos dos dois primeiros métodos são aplicados em interpolações com dados experimentais.[1]

TABELA 4 Opções de métodos de cálculo de energia[1]

Tipo de Energia	Observação/Método computacional
Energia eletrônica	Espectro ultravioleta, mecânica quântica (MQ)
Energia de protonação	pKa, captura de elétrons, MQ
Energia conformacional	Ressonância magnética nuclear (RMN), difração eletrônica, mecânica molecular (MM), QM
Energia de solvatação	RMN, termodinâmica, Monte Carlo (MC), Dinâmica molecular, MQ
Energia de sublimação	MQ, MM
Energia de cristalização	Medidas termodinâmicas, MM
Energia de ligação enzimática	Cinética enzimática (K_i), MM, MQ, energia livre de perturbação

DESCRITORES NA INTERAÇÃO LIGANTE-ALVO BIOLÓGICO

A atividade biológica de um composto é o resultado das interações biológicas deste com o sistema biológico.

As interações que ocorrem entre um composto e o sistema biológico são de diferentes intensidades e naturezas químicas. As interações envolvendo ligações covalentes apresentam energia de formação alta, sendo irreversíveis, não sendo importantes para a maioria dos fármacos de interesse terapêutico

A intensidade da interação entre um composto, ou ligante, com o sistema biológico na formação do complexo composto-receptor depende das complementaridades estéricas e eletrostáticas deles.

A variação da energia livre (ΔG), associada à formação do complexo ligante-receptor (LR), pode ser descrita como a somatória das variações de energia livre associada às interações de naturezas eletrostática, polar, não polar e hidrofóbica que ocorrem entre as moléculas do ligante e do receptor (Tabela 5).

O balanço líquido de energia livre ($\Delta G_{C\text{-}R}$), resultante das interações eletrostáticas e hidrofóbicas menos os custos energéticos associados às perdas de entropias rotacionais, translacionais e conformacionais, deve ser diretamente proporcional ao valor do logaritmo da constante de dissociação do complexo ligante/receptor ($\log K_{C\text{-}R}$) (equação 4).

Equação 4 $$\Delta G_{C\text{–}R} = -\,2{,}3RT \log K_{C\text{–}R}$$

Onde: $\Delta G_{C\text{–}R}$ representa a variação de energia livre da interação entre o ligante e o receptor;

R é o valor da constante universal dos gases;

T é o valor da temperatura (em graus Kelvin);

logK é o logaritmo da constante de equilíbrio da interação entre o ligante e o receptor.

TABELA 5 Principais tipos de interações entre um composto e o sistema biológico, um exemplo e as respectivas faixas de valores de energias envolvidas

Interação			Interação		
Tipo	Energia (kJ/mol)	Exemplo	Tipo	Energia (kJ/mol)	Exemplo
Covalente	170-160	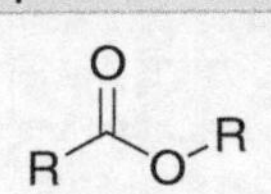	Ligação de hidrogênio	4-17	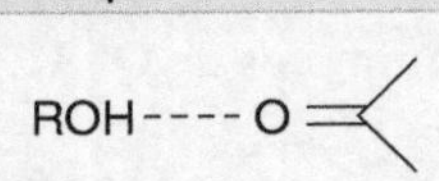
Iônica	40	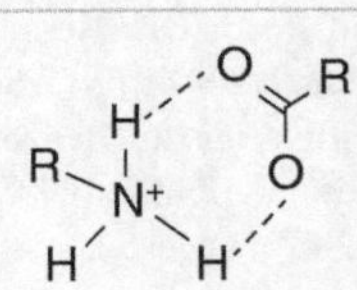	Transferência de carga	4-17	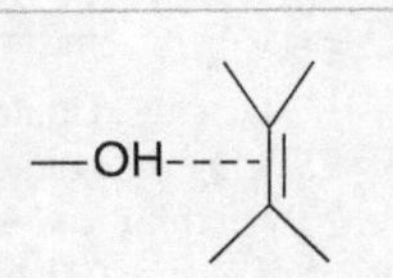
Íon-dipolo	4-17	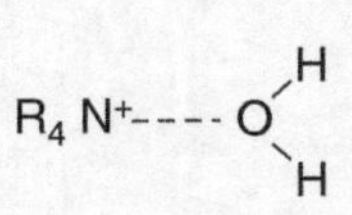	Hidrofóbica	4	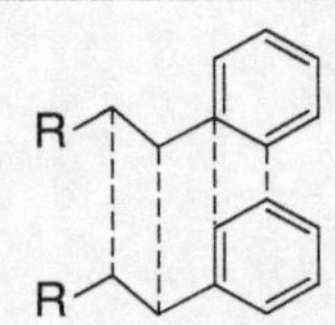
Dipolo-dipolo	4-17	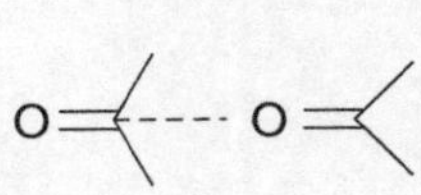	van der Waals	2-4	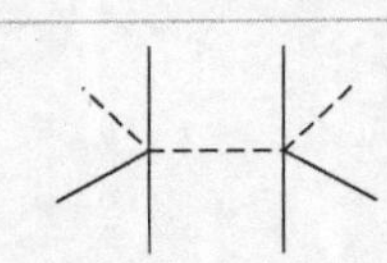

CONCLUSÃO

A atividade farmacológica acontece com a interação de uma molécula com um receptor biológico. Essa interação depende de fatores relacionados à estrutura química e, consequentemente, a propriedades físico-químicas, como: características eletrônicas, hidrofóbicas, estéricas, entre outras. Assim, dois fármacos estruturalmente semelhantes, diferenciando-se apenas por um átomo ou posição que este ocupa na molécula, podem apresentar diferenças quanto às propriedades físico-químicas e, consequentemente, quanto à atividade biológica, tanto do ponto de vista quantitativo como qualitativo.

As propriedades físico-químicas de compostos bioativos, decorrentes da estrutura química, podem ser descritas quantitativamente, sendo expressas por meio de parâmetros físico-químicos ou descritores estruturais adequados. Assim, com base nesse conceito, foi possível desenvolver nova área do conhecimento, que se preocupa com o estudo das relações entre a estrutura química e a atividade biológica: o QSAR.

Os estudos recentes de QSAR são desenvolvidos usando uma variedade de parâmetros como descritores das propriedades estruturais das moléculas. Os valores sigma de Hammett são frequentemente usados para parâmetros eletrônicos, mas os parâmetros eletrônicos derivados da mecânica quântica também podem ser usados. Outros descritores para explicar forma, tamanho, lipofilicidade, polarizabilidade e outras propriedades estruturais também foram criados e são amplamente utilizados. Um banco de dados QSAR foi estabelecido no Pomona College que resume mais de 6.000 conjuntos de dados biológicos e químicos de QSAR.

REFERÊNCIAS BIBLIOGRÁFICAS

1. Cohen NC. Guidebook on molecular modeling in drug design. San Diego: Academic Press, 1996, p. 361.
2. Todeschini R, Consonni V. Handbook of molecular descriptors. Weinheim: Chichester, Wiley-VCH, 2000. p. 667.
3. Hammett LP. Physical organic chemistry: reaction rates, equilibria, and mechanisms. 2.ed. New York: McGraw-Hill, 1970. 420p.
4. Hansch C, Fujita T. p-σ-π analysis. A method for the correlation of biological activity and chemical structure. Journal of the American Chemical Society. 1964;86(8):1616-1626.
5. Free SM, Wilson JW, Mathematical contribution to structure--activity studies, Journal of Medicinal Chemistry. 1964, 7(4):395-399.
6. Kuchar C. editor. QSAR inunger design of bioactive compunds: proceedings of the 1st Telesymposium on Medicinal Chemistry, february 29, 1984. Barcelona: J. R. Prous International, 1984.
7. Golbraikh A, Shen M, Xiao Z, Xiao Y.-D, Lee K.-H, Tropsha A, Rational selection of training and test sets for the development of validated QSAR models. Journal of Computer-Aided Molecular Design. 2003;17(2):241-253.
8. Topliss JG, Costello RJ., Chance correlations in structure-activity studies using multiple regression analysis, Journal of Medicinal Chemistry. 1972;15(10):1066-1068.
9. Dragon user manual. [internet] [acesso em: 2020 mai. 7] disponível em: http://www.telemacus.it/talete/DRAGONPLUS_Manual.pdf#search='dragon%20todeschini.
10. Lorenzo VP, Alves MF, Scotti L, dos Santos SG, Diniz M, Scotti MT. Computational Chemistry Study of Natural Alkaloids and Homemade Databank to Predict Inhibitory Potential Against Key Enzymes in Neurodegenerative Diseases. Current Topics in Medicinal Chemistry. 2017;17(26):2926-34.
11. Lorenzo VP, Barbosa JM, Scotti L, Scotti MT. Combined structure- and ligand-based virtual screening to evaluate caulerpin analogs with potential inhibitory activity against monoamine oxidase B. Revista Brasileira De Farmacognosia-Brazilian Journal of Pharmacognosy. 2015;25(6):690-7.
12. Montes RC, Perez A, Medeiros CI S, de Araujo MO, Lima ED, Scotti MT, et al. Synthesis, Antifungal Evaluation and In Silico Study of N-(4-Halobenzyl)amides. Molecules. 2016;21(12).
13. Rossini M, Scotti MT, Correia MV, Fokoue HH, Scotti L, Mendonca FJB, et al. Sesquiterpene Lactones with Anti-Hepatitis C Virus Activity Using Molecular Descriptors. Letters in Drug Design & Discovery. 2012;9(9):881-90.
14. Cruciani G, Crivori PA, Carrupt PA, Testa B. Molecular fields in quantitative structure–permeation relationships: the VolSurf approach, Journal of Molecular Structure (Theochem), 2000. 503(1):17-30.
15. Silva VB, Travassos DL, Nepel A, Barison A, Costa EV, Scotti L, et al. Synthesis and Chemometrics of Thymol and Carvacrol Derivatives as Larvicides against Aedes aegypti. Journal of Arthropod-Borne Diseases. 2017;11(2):315-30.
16. Viana JO, Scotti MT, Scotti L. Computer-aided Drug Design Investigations for Benzothiazinone Derivatives Against Tuberculosis. Combinatorial Chemistry & High Throughput Screening. 2020;23(1):66-82.

PARTE II

Fases de ação de fármacos

CAPÍTULO 3

Fase farmacêutica

Kátia Solange Cardoso Rodrigues dos Santos

INTRODUÇÃO

Os fármacos são moléculas com atividade terapêutica propositalmente introduzidas no nosso organismo por uma "porta", denominada via de administração. Existem inúmeras maneiras para administrar um medicamento ao paciente. A escolha do método de administração depende, entre outros fatores, das propriedades físico-químicas do fármaco, das limitações fisiológicas do sítio de absorção e da situação clínica do paciente. O critério mais adotado para classificar as vias de administração é o tipo de efeito desejado, se local ou sistêmico. Efeitos locais são obtidos por meio da aplicação direta do medicamento no local de ação desejado, ao qual o paciente ou a equipe médica tem fácil acesso, como pele, nariz, ouvido, olhos e outras mucosas (como retal e vaginal). Efeito sistêmico é alcançado quando o fármaco é administrado em um lugar conveniente (p. ex., a deglutição de um comprimido ou a injeção no músculo) e a absorção para a corrente sanguínea sistêmica o distribui ao longo de todo o organismo até que encontre o seu sítio de ação.

Há uma grande variedade de formas farmacêuticas que podem adaptar o medicamento às peculiaridades e exigências técnicas de cada via, assim como proporcionar ao fármaco diferentes velocidades de absorção ou melhorar a comodidade de administração em grupos específicos de pacientes, como pediátricos, idosos ou hospitalizados. A escolha da forma farmacêutica ideal deve considerar, além das características e exigências peculiares de cada fármaco, as limitações fisiológicas que as vias de administração impõem à sua absorção. Nesse sentido, é necessário conhecer as barreiras fisiológicas presentes em cada local de administração, de forma a desenvolver fármacos e formulações que, a despeito da presença dessas barreiras, sejam capazes de desencadear respostas terapêuticas eficazes.

VIAS DE ADMINISTRAÇÃO

Anatômica e fisiologicamente, a circulação sanguínea pode ser dividida em circulação pulmonar (ou pequena circulação) e circulação sistêmica (ou grande circulação). A circulação pulmonar é aquela que conduz sangue pobre em oxigênio e rico em gás carbônico do ventrículo direito do coração para os pulmões pelas artérias pulmonares, e devolve sangue oxigenado dos pulmões para o átrio esquerdo do coração pelas veias pulmonares. Na grande circulação, o sangue sai do ventrículo esquerdo do coração pela artéria aorta, circula por todos os sistemas do organismo (daí o nome de circulação sistêmica) e retorna ao átrio direito do coração pelas veias cavas superior e inferior. A dose do fármaco que alcançar a circulação sistêmica é dita biodisponível, pois poderá ser distribuída para todos os órgãos e tecidos do organismo. Entretanto, nem toda a fração da dose administrada pode ser considerada biodisponível, pois, antes de alcançar a circulação sistêmica, o fármaco recém-absorvido poderá enfrentar etapas prévias de metabolização e excreção em órgãos como intestino, fígado e pulmão. Por exemplo, se toda a dose do fármaco administrada for quantificada na circulação sistêmica, então a biodisponibilidade é de 100%, pois não houve incidência de metabolismo pré-sistêmico. Por outro lado, se logo no início da primeira volta do fármaco na circulação sanguínea ocorrer a passagem por órgãos metabolizadores (daí o nome de "efeito de primeira passagem"), parte da dose absorvida pode ser extraída, e a biodisponibilidade resultante não reflete o total da dose administrada. É importante destacar que a redução da biodisponibilidade pode se dar tanto em consequência de eventos metabolizadores quanto de eventos de excreção. Por esse motivo, considera-se o termo eliminação pré-sistêmica mais adequado e abrangente.

A forma como as vias de administração expõem os fármacos aos órgãos metabolizadores está diretamente relacionada, entre outros fatores, à porção da circulação sanguínea em que o fármaco será lançado depois de absorvido. A via nasal, por exemplo, é muito usada para tratar afecções tópicas da mucosa nasal, como coriza e congestão. Entretanto, o uso de descongestionantes nasais, indicado nessas situações, podem provocar taquicardia. Isso acontece porque o fármaco foi capaz de alcançar a microcirculação local e, assim, foi distribuído para todo o organismo pela corrente sanguínea. O potencial para provocar efeitos sistêmicos depende não apenas da vascularização tecidual e perfusão sanguínea do órgão, mas, também, da permeabilidade endotelial e da organização das células no tecido. A divisão das vias de administração quanto ao tipo de efeito que podem desencadear é uma tarefa difícil, uma vez que todas as vias têm potencial para apresentar tanto efeitos locais quanto efeitos sistêmicos. Dessa forma, este capítulo organiza as vias de administração, quanto ao local de aplicação, em vias enterais, parenterais e tópicas. As situações em que as vias possam apresentar os dois tipos de efeitos serão apresentadas e discutidas caso a caso, assim como a adequabilidade das formas farmacêuticas mais utilizadas para cada via de administração.

Vias enterais

São classificadas como vias enterais aquelas em que o local da administração ou da absorção do fármaco ocorre em qualquer porção do trato gastrintestinal (TGI). O trânsito pelo TGI começa na cavidade oral, passando pelo esôfago, estômago, intestino delgado (subdividido em duodeno, jejuno e íleo) e intestino grosso (ou cólon), até terminar no canal retal. As várias partes que compõem o TGI diferem umas das outras quanto à estrutura histológica (espessura da camada de células, grau de vascularização sanguínea); tipo de células epiteliais (variedade de enzimas metabolizadoras e presença de proteínas transportadoras de membrana para influxo e efluxo); tamanho, extensão, composição do fluido luminal (secreções, enzimas, pH); e todos esses fatores podem influenciar na absorção do fármaco por essas vias.

Oral ou perioral

A via oral (VO) é aquela em que a administração do medicamento se dá por deglutição, porém, a absorção ocorre no estômago e intestinos, uma vez que passa muito rapidamente pela cavidade oral e esôfago. O tempo de permanência do fármaco no lúmen estomacal é curto. Por isso, o principal papel do estômago é servir como local para a desintegração de formas farmacêuticas sólidas (p. ex., cápsulas e comprimidos) e facilitar a dissolução do fármaco, pois a permeação através das células gástricas, em geral, é modesta. Isso se explica pelo pequeno tamanho do órgão (pouca superfície de absorção) e pela pobre vascularização da camada de tecido conjuntivo da lâmina própria. Já o epitélio intestinal é histo e fisiologicamente estruturado para a absorção eficaz de nutrientes e, em consequência, também é a região mais importante para a absorção de fármacos administrados pela via oral, uma vez que as vilosidades e microvilosidades presentes nessa mucosa, se passíveis de serem "desdobradas", representariam cerca de 200 a 400 m^2 de área absortiva (1.500 a 2.000 vezes a superfície do estômago).[1] Além disso, todas as vilosidades são bem perfundidas por capilares sanguíneos, facilitando o rápido acesso do fármaco à circulação sanguínea. O tempo para o esvaziamento intestinal também é maior se comparado ao estômago, aumentando o tempo de residência do fármaco nesse órgão e favorecendo sua absorção, mesmo quando em velocidades mais lentas. Em geral, se uma grande quantidade de fármaco não é absorvida e atinge o intestino grosso, esta acaba sendo excretada nas fezes porque, apesar de estruturalmente similar ao intestino delgado, o cólon não apresenta vilosidades na superfície epitelial interna. A principal função absortiva do cólon é a absorção de água e eletrólitos e, desse modo, essa porção do TGI não costuma ser relevante para a absorção dos fármacos.

Outro fator que interfere na velocidade e na extensão da absorção de fármacos administrados pela via oral é a variação do pH de acordo com a porção do TGI. Na região da boca e do esôfago, o pH tende à neutralidade (6,5 a 7,5). Em virtude da presença das células parietais, secretoras de ácido clorídrico, o pH do estômago é extremamente ácido e varia de 1 (no jejum) a 4 (na presença de alimentos). As subsequentes porções do intestino delgado vão perdendo o efeito dessa acidez conforme distanciam-se do estômago, assumindo pHs que variam de 5 a 7,5, do duodeno ao íleo, respectivamente.[1] Alguns fármacos têm sua administração oral inviabilizada pela sua instabilidade no pH ácido do estômago. Quase 50% da dose de eritromicina administrada pela via oral é degradada pela acidez estomacal.[2] O mesmo acontece com omeprazol e lanzoprazol, que têm sua administração VO viabilizada pela administração em formas farmacêuticas sólidas com revestimentos gastrorresistentes.[3]

Em outros casos, a variação do pH interfere na velocidade de absorção, sem, necessariamente, interferir na extensão da absorção (ou seja, independentemente da velocidade, o resultado final do percentual de fármaco absorvido será o mesmo). Como já foi abordado no Capítulo 2, o grau de ionização de um fármaco varia de acordo com o pH do meio em que se encontra. Isso afeta a absorção pela via oral porque pHs que favorecem a forma molecular (não ionizada) tendem a aumentar a velocidade de absorção dos fármacos pelo mecanismo de difusão passiva. Quando a forma ionizada prevalecer, a absorção por difusão passiva será lenta, mas continuará acontecendo. Isso porque a grande área absortiva, associada ao longo período de residência do fármaco no intestino, compensa o grau de ionização desfavorável. Além disso, fármacos ionizados podem ser absorvidos por outros mecanismos, como transporte ativo ou difusão facilitada, desde que apresentem afinidade de ligação com proteínas de influxo celular, como os transportadores de cátions (OCT, do inglês *organic cation transporters*), transportadores de ânions (OAT, do inglês *organic anion transporters*) e os polipeptídeos transportadores de ânion orgânicos (OATP, do inglês *organic anion transporting polypeptides*). Alguns fármacos possuem afinidade por transportadores apicais de efluxo, por exemplo, glicoproteína-P (P-gp), proteína de resistência a multifármacos (MRP2, do inglês *multidrug resistance-associated protein 2*) ou proteína de resistência do câncer de mama (BCRP, do inglês *breast cancer resistance protein*). Nesses casos, as moléculas do fármaco que já penetraram a membrana biológica para o interior dos enterócitos podem ser lançadas novamente para o lúmen intestinal, o que também pode retardar a velocidade de absorção. Os efeitos da ionização da molécula e o mecanismo de transporte celular é mais bem discutido no Capítulo 4.

Muitas vezes, a prescrição médica recomenda que os medicamentos administrados pela VO sejam tomados junto das principais refeições (café da manhã, almoço e jantar) para incluir, ao máximo, o ato da medicação à rotina dos pacientes. Horários muito diversos aumentam as chances de esquecimento e prejudicam a adesão aos tratamentos. Entretanto, a presença de alimentos no TGI pode interferir favorável ou desfavoravelmente, tanto na velocidade quanto na extensão da absorção dos fármacos. No geral, os alimentos retardam o esvaziamento gástrico, atuam como barreira física e aumentam a viscosidade do meio, dificultando a difusibilidade das moléculas pelos fluidos do lúmen gastrintestinal e retardando a velocidade com que os fármacos são absorvidos. Mas as principais interferências são as interações químicas fármaco-alimento (quelação, adsorção) ou as respostas fisiológicas do TGI à ingestão dos alimentos (como alterações na motilidade gastrintestinal, na secreção gástrica ácida e na secreção de sais biliares).

Apesar de a ingestão de alimentos estimular a produção de ácido clorídrico pelas células parietais do estômago, a composição desses alimentos também contribui para a neutralização de parte dessa acidez. O valor do pH gástrico final interfere especialmente na velocidade de absorção de fármacos com caráter ácido. Contudo, em alguns casos, os alimentos podem, efetivamente, reduzir o percentual de fármaco absorvido. Quando o fármaco é absorvido por um transportador de membrana, pode haver competição pelo sítio de ligação entre o fármaco e o nutriente. A levodopa, por exemplo, compete com os aminoácidos provenientes da digestão das proteínas pela ligação aos transportadores de influxo celular. Há também ação sobre os transportadores transmembranares de efluxo (que transportam o fármaco recém-absorvido de volta para o lúmen intestinal), como a P-gp. A absorção de digoxina e ciclosporina aumenta pela ação inibidora da piperina (presente na pimenta-do-reino) sobre a P-gp.[4] O suco de toranja (um citrino híbrido derivado da laranja e do pomelo, muito comum nos Estados Unidos) possui substâncias (naringina e bergamotina) que também inibem a P-gp e aumentam a absorção de fármacos como saquinavir e psoralen.[5]

A quelação dos fármacos com certos componentes dos alimentos pode formar complexos insolúveis e indisponíveis para absorção. O alendronato de sódio, por exemplo, é um bifosfonato capaz de formar sais insolúveis com vários cátions polivalentes amplamente presentes nos alimentos (Ca^{+2}, Mg^{+2}, Al^{+3}, entre outros), daí a recomendação para ser administrado em jejum absoluto, ou seja, deve ser tomado ao acordar e o paciente só deve se alimentar 30 minutos depois da administração. O leite é outro agente quelante importante em decorrência de seu alto teor em cálcio (Ca^{+2}) e tem comprovado efeito na redução da biodisponibilidade de ciprofloxacino, norfloxacino e tetraciclina. Refeições com alto teor em fibras também reduzem a biodisponibilidade de fármacos propensos a sofrer adsorção à superfície das fibras (como digoxina e lovastatina), pois parte da dose administrada será eliminada pelas fezes.

Há situações, ainda, em que a presença dos alimentos é benéfica por favorecer a absorção dos fármacos. Refeições mais gordurosas melhoram a biodisponibilidade de fármacos mais lipofílicos por aumentar sua solubilidade no meio (albendazol, isotretinoína, mefloquina e saquinavir) ou por estimular a secreção biliar (griseofulvina e carbamazepina). Dessa forma, a administração dos medicamentos junto das refeições pode ou não ser clinicamente significativa e deve ser analisada caso a caso.[6]

Como mencionado anteriormente, a via de administração que mais expõe o fármaco a situações de eliminação pré-sistêmica é a via oral, e esta pode ocorrer em três níveis sequenciais: intestinal, hepático e pulmonar (Figura 1).

A biodisponibilidade (F) é calculada pela multiplicação entre a fração da dose que foi efetivamente absorvida (F_a), com as frações que escaparam dos metabolismos intestinal (F_i), hepático (F_h) e pulmonar (F_p). A somatória entre a fração do fármaco que foi extraído pelo órgão (E_x) e a fração que segue na circulação sanguínea (F_x) deve ser igual a 1 (que representa 100% da quantidade de fármaco que entrou no órgão). É importante salientar que a extração dos fármacos nesses órgãos pode ser fruto tanto de processos de metabolização quanto da excreção do fármaco (*in natura* ou na forma de metabólitos).

O metabolismo pré-sistêmico intestinal pode ter início ainda no lúmen, pela ação das enzimas digestivas ou pelas enzimas da microflora bacteriana (esterases, glicosidases e reações de desmetilação, desidroxilação e descarboxilação).[7] Peptidases presentes nos sucos intestinais e pancreáticos são capazes de clivar ligações peptídicas e inativar fármacos de natureza polipeptídica, inviabilizando o uso da via oral para sua administração.[8] O metronidazol é reduzido a acetamida (8,5 a 15,5%) e ácido *N*(2-hidroxietil) oxâmico (1,3 a 1,7%) por ação de enzimas bacterianas da microflora de ratos e por *Clostridium perfringens* em ensaio *in vitro*.[9] Carboxilesterases da microbiota também são responsáveis pela metabolização do ácido acetilsalicílico ao ácido salicílico, reduzindo a fração absorvível para 67% da dose administrada.[10]

Com a absorção das moléculas para o interior dos enterócitos, os fármacos ficam expostos a uma atividade metabólica intestinal mais intensa, uma vez que o citoplasma dessas células possuem enzimas capazes de catalisar reações de oxidação (complexo do CYP450 e monoaminoxidases), hidrólise (esterases, amidases e epóxido hidrolases), redução (álcool desidrogenase), acetilação (*N*-acetiltransferases), metilação (*S*-metiltransferases) e conjugação com ácido glicurônico (glicuronil transferase), sulfato (sulfotransferase) e glutationa (glutationa *S*-transferase).[8,11] Entre essas, a atividade oxidativa da CYP3A4 (isoforma da CYP450) é a mais relevante, uma vez que mais de 50% dos fármacos utilizados na terapêutica são substratos dessa enzima.[12] Além disso, 82% da CYP450 intestinal é representada pela CYP3A4, ao passo que, no fígado, representa 35%.[13]

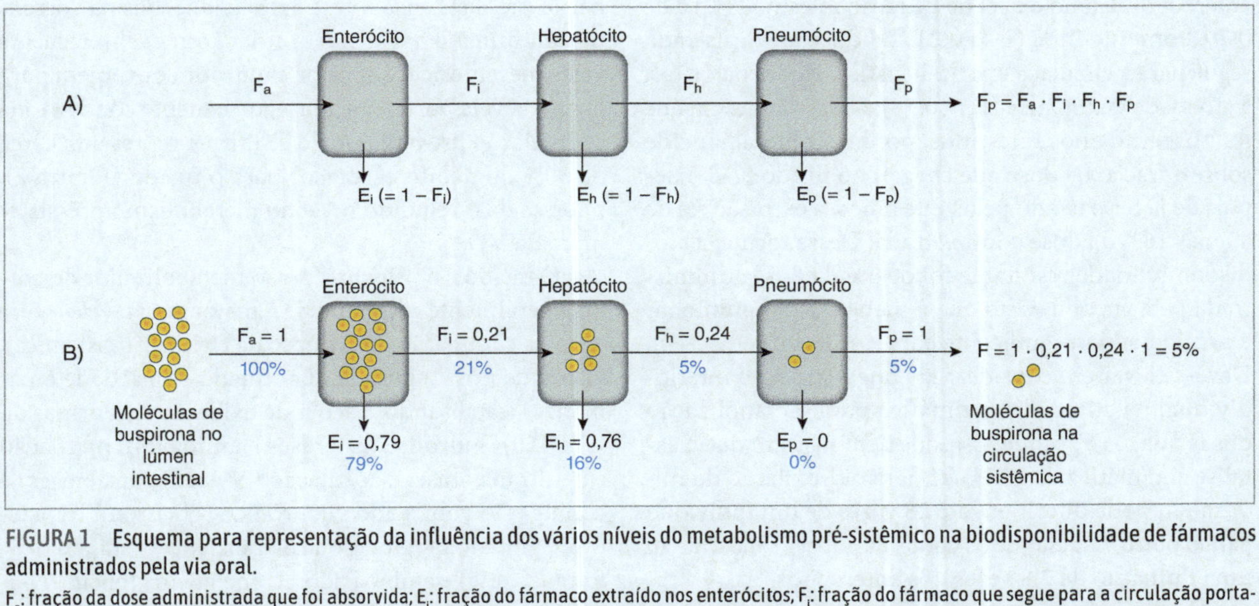

FIGURA 1 Esquema para representação da influência dos vários níveis do metabolismo pré-sistêmico na biodisponibilidade de fármacos administrados pela via oral.

F_a: fração da dose administrada que foi absorvida; E_i: fração do fármaco extraído nos enterócitos; F_i: fração do fármaco que segue para a circulação porta-hepática; E_h: fração do fármaco extraído nos hepatócitos; F_h: fração do fármaco que segue para a circulação pulmonar; E_p: fração do fármaco extraída nos pulmões; F_p: fração do fármaco que segue para a circulação sistêmica; F: fração da dose administrada que alcança a circulação sistêmica.

Isso explica por que os intestinos apresentam papel tão importante na redução da biodisponibilidade dos fármacos administrados pela via oral. Outro fator que corrobora para a alta atividade enzimática da CYP3A4 é que sua ação acontece de forma coordenada com a P-gp, uma proteína transportadora de efluxo que é capaz de expulsar o fármaco recém-absorvido novamente para o lúmen intestinal. A participação da P-gp colabora para a extração intestinal porque a repetição do ciclo "entra e sai" da célula aumenta a probabilidade de o fármaco encontrar as enzimas citoplasmáticas responsáveis por sua metabolização. Fármacos que são substratos comuns a essas duas proteínas, como dexametasona, etoposídeo, ciclosporina e midazolam, sofrem alta taxa de extração intestinal.[8,14]

A Tabela 1 mostra alguns fármacos metabolizados pela CYP3A4. O saquinavir, por exemplo, é cerca de 3 vezes mais metabolizado nos enterócitos ($E_i = 0{,}82$) do que nos hepatócitos ($E_h = 0{,}26$). A predominância do metabolismo intestinal também pode ser observada para atorvastatina (1,8 vez), sildenafila (1,9 vez), zolpidem (2,3 vezes), nisoldipino (3,3 vezes) e rifabutina (15,8 vezes). Em outros casos, a atividade enzimática está equiparada em ambos os órgãos, como para buspirona, felodipino e quinidina. Entretanto, mesmo quando a taxa de extração for igual nos dois órgãos, o percentual de fármaco metabolizado nos enterócitos acaba sendo mais representativo do que nos hepatócitos. Ver o caso da buspirona (Figura 1B). A sua absorção é completa ($F_a = 1$), então, 100% da dose administrada permeia os enterócitos. Como a taxa de extração intestinal (E_i) é de 0,79, somente 21% ($F_i = 0{,}21$) da dose administrada segue para a circulação porta-hepática. Nos hepatócitos, a atividade enzimática ($E_h = 0{,}76$) é quase a mesma que foi observada nos intestinos, porém, como ela incide sobre a fração da dose que chegou no fígado (21%) depois de já ter passado pelos intestinos, a extração foi de apenas 16% da dose administrada. Dessa forma, a biodisponibilidade resultante foi de 5% da dose administrada pela via oral, visto que o metabolismo pulmonar é considerado insignificante para esse fármaco ($E_p \sim 0$). Deve-se levar em consideração que a variação interindividual na atividade enzimática para metabolização dos fármacos é grande. Estudos demonstram que a catálise enzimática da CYP3A4 para hidroxilação do midazolam pode diferir em até 28 vezes de um indivíduo para o outro,[15] apesar de os dados da Tabela 1 mostrarem uma flutuação de 2,8 vezes nos enterócitos.

Entre as reações de fase II, a glicuronidação se destaca por atingir cerca de um terço dos fármacos comercialmente disponíveis, e se torna importante também nos intestinos pela expressão das isoformas UGT1A1, UGT1A3 e UGT2B7.[16] A glicuronidação da morfina é catalisada nos intestinos pela UGT2B7, porém, em taxas menores do que as observadas no fígado (estudos mostram variações de 1/2 a 1/10 da conjugação hepática).[8] Ezetimiba é convertida a seu metabólito glicuronado pela ação das UGTT1A1/3.[16] Outras reações de fase II também ocorrem nos intestinos. Por exemplo, a conjugação da terbutalina pela sulfotransferase é maior no citoplasma dos enterócitos do que no dos hepatócitos. Já o captopril é metabolizado pela *S*-metil transferase intestinal em níveis semelhantes aos que ocorrem no fígado.[15]

A eliminação pré-sistêmica é mais impactante sobre medicamentos administrados nas formas farmacêuticas líquidas ou sólidas de liberação imediata, pois a alta concentração do fármaco no lúmen aumenta a velocidade de absorção e, consequentemente, a concentração intracelular que entrará em contato com as enzimas metabolizadoras. Formas farmacêuticas de liberação prolongada liberam os fármacos mais lentamente, diminuindo o gradiente de concentração no lúmen e nos enterócitos, o que pode diminuir a incidência de metabolismo pré-sistêmico. Fármacos absorvidos por transporte paracelular são os que sofrem menor metabolismo intestinal, visto que escapam da ação das enzimas citosólicas.[14] Entretanto, esse não é um mecanismo de absorção comum pela VO.

As moléculas do fármaco que superaram a eliminação pré-sistêmica intestinal são lançadas na corrente sanguínea e caem na circulação mesentérica. As veias mesentéricas superior e inferior convergem para formar a veia porta, que obrigatoriamente conduz toda a circulação proveniente do TGI (que representa cerca de 30% do débito cardíaco) para o fígado (Figura 2), onde se dá o segundo nível do metabolismo pré-sistêmico da VO.

O fígado é o principal órgão metabolizador do corpo e geralmente responde pela maior taxa de *clearance* (que é a eliminação do fármaco da circulação sistêmica), visto que possui grande quantidade e variedade enzimáticas, catalisando reações de oxidação (isoformas do CYP450), hidrólise (esterases e amidases), metilação (metiltransferases), acetilação (*N*-acetiltransferases) e conjugação com ácido glicurônico (glicuronil transferase), glutationa (glutationa *S*-transferase), sulfato (sulfotransferase) e aminoácidos, como glicina (glicina *N*-acetiltransferase) e glutamina (glutamil transferase), entre outras. A Tabela 1 mostra exemplos da atividade

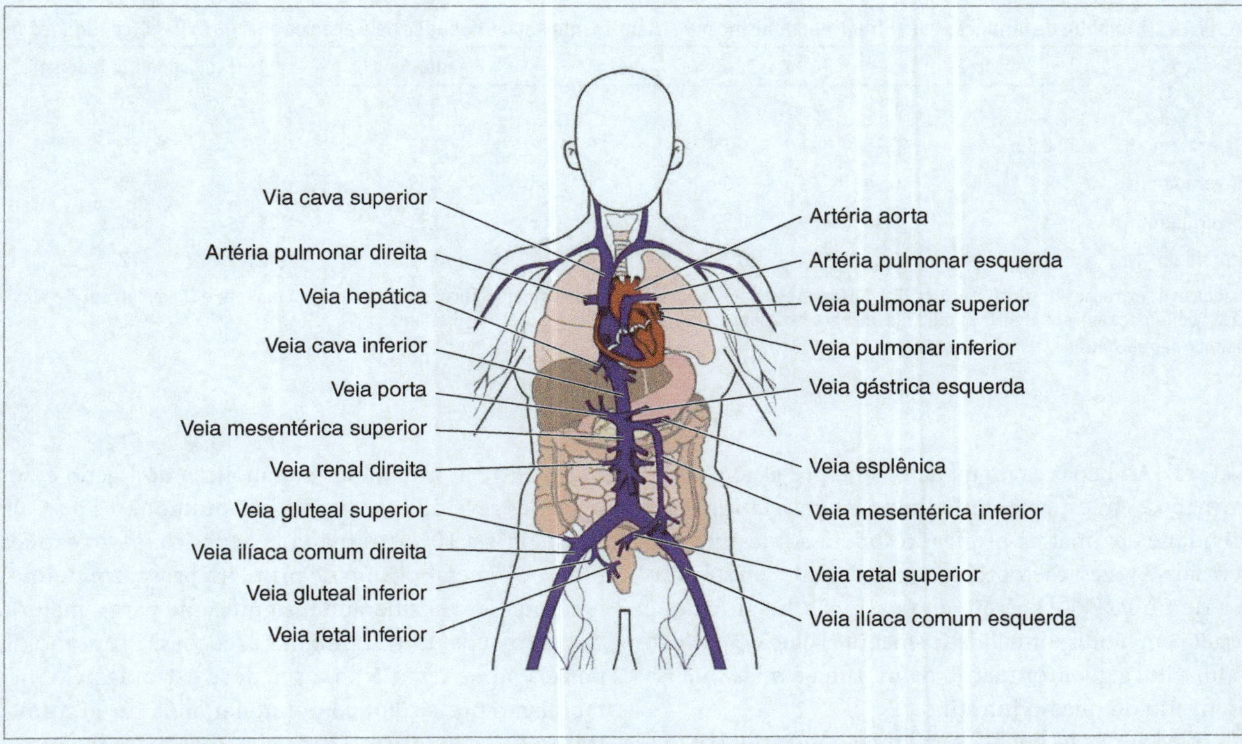

FIGURA 2 Influência da organização anatômica e da distribuição sanguínea na eliminação pré-sistêmica de fármacos.
Fonte: Kátia Solange Cardoso Rodrigues dos Santos e Cléber Paes.

TABELA 1 Exemplos de fármacos que sofrem metabolismo pré-sistêmico intestinal e hepático pela ação da enzima CYP3A4

Fármaco	Absorção	Intestinos		Fígado		Biodisponibilidade	
	F_a	E_i	F_i	E_h	F_h	F	%D
Alfentanila	1*	0,40	0,60	0,30	0,7	0,42	42
Alprazolam	0,92	0,06	0,94	0,03	0,97	0,84	84
Atorvastatina	1*	0,76	0,24	0,42	0,58	0,14	14
Buspirona	1,00	0,79	0,21	0,76	0,24	0,05	5
Ciclosporina	0,90	0,71	0,29	0,16	0,84	0,22	22
		0,32	0,68	0,41	0,59	0,36	36
Felodipino	1*	0,55	0,45	0,69	0,31	0,14	14
Midazolam	0,90	0,60	0,40	0,33	0,67	0,24	24
		0,21	0,79	0,42	0,58	0,41	41
Nifedipino	1*	0,22	0,78	0,47	0,53	0,41	41
Nisoldipino	1*	0,89	0,11	0,27	0,73	0,08	8
Quinidina	0,95	0,10	0,90	0,09	0,91	0,78	78
Rifabutina	1*	0,79	0,21	0,05	0,95	0,20	20
Saquinavir	0,30	0,82	0,18	0,26	0,74	0,04	4
Sildenafila	0,92	0,46	0,54	0,24	0,76	0,38	38
Sinvastatina	1,00	0,44	0,66	0,93	0,07	0,05	5
Tacrolimus	1*	0,86	0,14	0	1	0,14	14

(continua)

TABELA 1 Exemplos de fármacos que sofrem metabolismo pré-sistêmico intestinal e hepático pela ação da enzima CYP3A4 (*continuação*)

Fármaco	Absorção	Intestinos		Fígado		Biodisponibilidade	
	F_a	E_i	F_i	E_h	F_h	F	%D
Triazolam	0,85	0,25	0,75	0,14	0,86	0,55	55
R-verapamil	1*	0,34	0,66	0,41	0,59	0,39	39
S-verapamil	1*	0,48	0,52	0,69	0,31	0,16	16
Zolpidem	1*	0,21	0,79	0,09	0,91	0,72	72

Os índices de extração intestinal (E_i) e hepática (E_h) foram estimados por meio de modelos matemáticos propostos por Galetin et al. e Thummel et al.,[13,15] com base na diferença entre as biodisponibilidades alcançadas após administração pelas vias oral e IV, em humanos.

*quando não encontrado, assumiu-se como 1.

da CYP3A4 hepática no metabolismo pré-sistêmico de fármacos, em especial, nifedipino e sinvastatina, cuja atividade enzimática no fígado supera a intestinal em cerca de 2 vezes. Metoprolol e propafenona são substratos de CYP2D6 e sofrem alta extração hepática que resulta em biodisponibilidades menores que 50%. Como já foi dito, a glicuronidação da morfina é mais intensa no fígado do que no intestino.

A eliminação hepática, tal qual a intestinal, não é resultado exclusivo da ação metabólica das enzimas no decaimento da biodisponibilidade dos fármacos, mas, sim, a somatória da atividade enzimática com a fração da dose extraída por excreção juntamente com a secreção dos sais biliares.

A fração da dose administrada que venceu a eliminação pré-sistêmica hepática deixa o fígado pela veia hepática, segue em direção ao coração pela veia cava inferior e, pelas artérias pulmonares direita e esquerda, alcança os pulmões (Figura 2), onde pode, ou não, sofrer o terceiro nível do metabolismo pré-sistêmico. A atividade metabólica das células do endotélio pulmonar ainda não está bem estabelecida, uma vez que são muito recentes os avanços tecnológicos para a cultura *in vitro* de células pulmonares altamente purificadas.[17] O tecido pulmonar é composto por cerca de 40 tipos celulares (células ciliadas e células de clara nos bronquíolos e células endoteliais, pneumócitos do tipo I e tipo II nos alvéolos, entre outras) que diferem quanto à expressão de enzimas metabolizadoras. A literatura relata a presença de sulfotransferases, glicuronil transferases, glutationa *S*-transferases, esterases, peptidases, cicloxigenases, flavina monoxigenases e várias isoformas do complexo oxidativo CYP450. A isoforma mais abundante e ativa da CYP450 no fígado (CYP3A4) não é muito expressada nas células do epitélio alveolar. A isoforma CYP3A5 é a mais prevalente em todos os tipos celulares do pulmão.[18] A comparação entre as atividades metabólicas do fígado e dos pulmões revelou que as enzimas pulmonares da CYP possuem 1 a 10% da atividade hepática.[19] Isso explica por que o metabolismo de primeira passagem pulmonar pode ser considerado insignificante para a maioria dos fármacos. Entretanto, há exceções. Propranolol, por exemplo, teve 75% da sua dose extraída pelo metabolismo pré-sistêmico pulmonar após sua administração por cateterismo cardíaco, mas, para pacientes que já faziam uso crônico desse fármaco, a extração foi de 33%, o que indica ser este um processo saturável.[20] A administração de meperidina e fentanila em pacientes com cateter venoso central mostrou que o metabolismo pré-sistêmico pulmonar foi de, respectivamente, 81 e 87%.[21] Nesses casos, a via oral não foi usada para a administração dos fármacos em teste. A via IV foi intencionalmente empregada para determinar o papel do metabolismo pulmonar sem a interferência dos metabolismos intestinal e hepático. O acesso IV por veias da região do pescoço conduzem o sangue diretamente para a veia cava superior – coração – artérias pulmonares – pulmão (Figura 2), e é capaz de estimar apenas o metabolismo pré-sistêmico pulmonar, quando este acontecer. De fato, são necessários mais trabalhos nesse tema para compreender e comprovar a extração pulmonar tão bem quanto se conhece o papel das extrações intestinal e hepática no metabolismo pré-sistêmico.

Apesar de não ser adequada para a administração de fármacos instáveis à acidez estomacal, às enzimas digestivas ou à alta incidência de metabolismo pré-sistêmico, a via oral é a mais usada pelos pacientes por ser um procedimento natural (todo indivíduo instintivamente nasce apto a realizar o ato de deglutir), prático e conveniente (pode ser realizado a qualquer momento e em qualquer lugar pelo próprio paciente, sem necessidade de intervenção de equipe médica treinada), seguro (não requer condições estéreis para sua administração) e econômico (as formas farmacêuticas mais frequentemente usadas por essa via são de baixo custo de produção). Entretanto, o sucesso da administração depende da colaboração do paciente e só pode ser usada em pacientes inconscientes por meio de sondas nasogástrica ou nasoentérica. A Tabela 2 lista as situações que limitam o uso da via oral para a administração de medicamentos. Outra grande vantagem da via oral é a grande diversidade de formas farmacêuticas que podem ser empregadas, como soluções, xaropes, suspensões, emulsões, pós, granulados, cápsulas (duras e moles), comprimidos, drágeas, pastilhas e gomas de mascar, além de várias formas de liberação modificada.

É importante destacar que a via oral também pode ser usada como via de efeito local para tratamento de afecções do TGI, por exemplo, gastrite, úlcera, infecções microbianas e infestações parasitárias. Nessas situações, deseja-se que o fármaco permaneça no lúmen intestinal sem desencadear efeitos sistêmicos, uma vez que a absorção para a corrente sanguínea não é necessária. Mas como o TGI compõe o sistema responsável pela absorção dos nutrientes, parte do fármaco inevitavelmente pode entrar na circulação sanguínea e provocar reações adversas sistêmicas.

Retal

Na via retal, o medicamento é introduzido na porção distal do reto, logo acima do esfíncter anal interno e do anel anorretal. Apesar de a região retal ser bem vascularizada pelas veias retais inferior e superior, a superfície de absorção é bastante reduzida (18 cm^2 em crianças e 230 cm^2 em adultos). Tem pequeno conteúdo hídrico (1 a 3 mL) para a solubilização dos fármacos e valores de pH que variam em uma ampla faixa: 7 a 8 em adultos e 6 a 12 em crianças.[22] Portanto, a absorção dos fármacos costuma ser menor se comparada à VO, além de muito variável, pois a presença do bolo fecal também interfere de maneira imprevisível.[23] Por exemplo, a administração retal de supositórios de benoxaprofeno apresentou 83% da biodisponibilidade alcançada pela via oral; e os de cetoprofeno, 73 a 93%. Supositórios de pentobarbital alcançaram a mesma biodisponibilidade da via oral, porém, a absorção mais lenta resultou em um menor pico plasmático. A biodisponibilidade do metronidazol pela administração retal de supositórios foi 10% menor em relação à administração de comprimidos pela VO. Entretanto, outro estudo com o mesmo fármaco encontrou biodisponibilidade 47% menor,[24] o que demonstra o quão errática pode ser a absorção pela via retal.

A grande vantagem dessa via é que a taxa de metabolismo pré-sistêmico pode ser cerca de 50% menor em relação à VO.[23] Isso acontece pela presença da anastomose porto-cava. A circulação sanguínea da porção inferior da região anal é drenada diretamente para o coração pelo trajeto: veia retal inferior – veia gluteal inferior – veia ilíaca comum – veia cava. Já a porção superior do canal retal conduz o sangue a passar pelo metabolismo pré-sistêmico do fígado antes de chegar ao coração pela rota: veia retal superior – veia mesentérica inferior – veia esplênica – veia porta – veia hepática – veia cava (Figura 2). Dessa forma, a probabilidade de o fármaco absorvido passar pelo fígado é a mesma

TABELA 2 Condições relacionadas ao fármaco, à via e ao paciente, que podem limitar a administração do fármaco pela via oral

Fator	Limitação
Fármaco	Instável nos fluidos gastrintestinais (degradação catalisada pela acidez estomacal, ação de enzimas digestivas ou enzimas da microflora do TGI)
	Sabor desagradável quando em formulações líquidas, não mascarável por flavorizantes e edulcorantes
	Provoca irritação da mucosa gástrica ou intestinal
	Não possui características adequadas para absorção oral (lipofilicidade, hidrossolubilidade, grau de ionização, tamanho molecular, afinidade por proteínas carreadoras, entre outras)
Via	Exposição para interação fármaco-alimento
	Exposição do fármaco a todos os níveis de eliminação pré-sistêmica (intestinal, hepático e pulmonar)
Paciente	Distúrbios do TGI (náuseas, vômitos, diarreia)
	Uso corrente de outro medicamento incompatível com o fármaco a ser administrado
	Estado de inconsciência ou sem desejo de cooperação para a administração
	Dificuldade de deglutição (crianças e idosos)
	Necessidade de resposta imediata (a etapa de absorção oral retarda o início da ação quando o que se deseja é o atendimento emergencial)

de ser desviado diretamente ao coração sem sofrer metabolização hepática, e pode representar ganho na biodisponibilidade nos casos de fármacos que apresentam altas taxas de metabolização. A salicilamida, por exemplo, foi muito utilizada como analgésico e antitérmico. Quando administrada pela VO, sofre extenso metabolismo pré-sistêmico intestinal e hepático e 71,3% da dose é convertida nos metabólitos sulfatado e glicuronado. Entretanto, quando administrada pela via retal, essa biotransformação é de 45,6%.[25] A administração de lignocaína pela via retal tem metabolização 57% menor em relação à VO.[24]

Outras vantagens dessa via é que ela pode ser usada nas situações em que a VO não está indicada, como na administração de fármacos irritantes da mucosa estomacal ou instáveis na acidez gástrica, além de permitir a administração em pacientes com episódios de vômito, inconscientes ou com dificuldade de deglutição, como crianças e idosos. Entretanto, a via retal não tem seu emprego difundido por ser impopular e de administração desconfortável. Pode ocorrer irritação local e o paciente pode sentir necessidade de defecar, especialmente com o uso de supositórios. Por essas razões, é mais empregada como via de efeito local para tratamento de constipação, hemorroidas e prurido na região anal.[26] Vale salientar, ainda, que fármacos absorvidos por transporte dependente de proteínas carreadoras específicas dos intestinos não devem ser administrados pela via retal, visto que não serão absorvidos.

As formas farmacêuticas mais empregadas por essa via são supositórios, pomadas, cremes e apresentações líquidas (denominadas enema ou clister) com o fármaco em solução ou em suspensão no veículo. Formulações líquidas devem controlar a tonicidade em relação ao meio. Soluções hipertônicas favorecem a absorção sistêmica por aumentar o gradiente de concentração, porém, têm efeito irritante e desidratante da mucosa retal. Soluções hipotônicas são mais bem toleradas e adequadas para uso tópico por minimizar a absorção sistêmica.[22]

Sublingual

Como o próprio nome indica, na administração sublingual o medicamento é posicionado embaixo da língua e a absorção do fármaco é rápida porque a região dorsal é ricamente vascularizada pelas veias e artérias sublinguais. Além disso, a mucosa a ser transposta nessa região é uma barreira fina, de cerca de 100 a 200 μm de espessura de epitélio estratificado escamoso não queratinizado.[22] Uma das grandes vantagens dessa via em relação às demais vias entéricas é que os fármacos absorvidos pela região sublingual não sofrem metabolismo pré-sistêmico hepático, uma vez que não passam pela circulação porta-hepática. O fluxo sanguíneo é conduzido diretamente ao coração pelo trajeto: veia sublingual, veia lingual, veia facial comum, veia jugular interna, veia subclávia, veia braquiocefálica e veia cava superior. O rápido início da ação, e sem incidência de metabolismo pré-sistêmico, equipara a via sublingual à via endovenosa e explica seu uso para atendimento de emergência. Exemplo clássico é o emprego dos vasodilatadores coronarianos, como nitroglicerina e mononitrato de isossorbida, tanto para tratamento emergencial quanto para profilaxia em casos de angina do peito e insuficiência cardíaca, uma vez que apresentam ação efetiva 5 minutos após sua administração sublingual.[27] A via sublingual também é uma alternativa para a administração de fármacos com pobre biodisponibilidade pela via oral. A biodisponibilidade da asenapina pela via sublingual é de 35% ou 17,5 vezes maior que quando administrada pela via oral, que é de apenas 2%.

Os comprimidos sublinguais são a forma farmacêutica mais comum, mas soluções também podem ser usadas. Entretanto, nem todos os fármacos são candidatos a serem administrados por essa via. Substâncias com sabor desagradável não são toleradas pelo paciente. Além disso, é necessário que o fármaco possua alta hidrossolubilidade (para dissolver em pequenos volumes de saliva), e que seja ativo em pequenas concentrações (20 a 30 mg, para possibilitar a fabricação de comprimidos pequenos ou formulações líquidas com volume máximo de 0,5 mL). Dessa forma, fármacos candidatos a essa via devem ter massa molecular inferior a 500 g/mol, log P entre 2 e 4, e pKa de 4 a 9.[28]

Vias parenterais

O termo parenteral, que vem do grego *para* (ao lado) e *enteros* (intestino), significa "paralelo ao intestino", ou seja, reúne todas as outras vias de efeito sistêmico que não utilizam o TGI como local de administração ou de absorção de fármacos. São subdivididas em via parenteral direta e via parenteral indireta. Quando o local de administração é acessado por intermédio de uma seringa (injeção), a via é designada parenteral direta. Já a via parenteral indireta designa todas as demais vias de ação sistêmica que não usam nem o TGI nem injeção direta para a administração do fármaco.

A injeção de um fármaco pode ser efetuada diretamente na corrente sanguínea (intravasculares) ou pode ser injetado no interior de um tecido (extravasculares) a partir do qual possa ser absorvido para atingir a corrente sanguínea. O início da ação é rápido, variando de segundos (intravasculares) a minutos (extravasculares). Produzem níveis plasmáticos previsíveis (livres de metabolismo pré-sistêmico) e possibilitam a administração em pacientes inconscientes ou que não cooperam com o tratamento. Por isso, as vias parenterais diretas são as preferidas no atendimento em hospitais e emergências. Entretanto, algumas desvantagens devem ser observadas: é um método invasivo que causa estresse e sofrimento psíquico para alguns pacientes; após a administração, não há como retroceder para correção de algum erro de medicação; e possuem maior custo se comparadas à via oral (exige esterilidade das formulações e equipe técnica treinada para administração).

Intravenosa (IV)

Também chamada de via endovenosa, a administração do medicamento é feita em uma veia periférica por intermédio de uma seringa. Nesse caso, como o fármaco é injetado diretamente na circulação sistêmica, a biodisponibilidade resultante é denominada "absoluta" (100%), pois toda a dose administrada alcança com rapidez a corrente sanguínea sem etapas prévias de absorção ou metabolismo pré-sistêmico. Os medicamentos podem ser administrados por injeção em *bólus* (quando toda a dose do fármaco é injetada em tempo menor ou igual a 1 minuto) ou por infusão (também chamada de perfusão, quando a dose do fármaco é injetada lentamente – por minutos, horas ou dias – diluída em bolsa de soro).[1]

Medicamentos administrados pela via IV devem, necessariamente, ser formulações líquidas em que tanto o fármaco quanto o veículo se dissolvam completamente no sangue. As soluções aquosas e emulsões do tipo óleo em água (O/A) atendem a esse requisito e, portanto, são as formas farmacêuticas mais indicadas. Formulações oleosas ou com partículas em suspensão têm sua aplicação contraindicada por essa via, pois, ao circularem do local da aplicação até os vasos de menor calibre, como os capilares, podem bloquear o fluxo sanguíneo, causando embolia. Dependendo do volume injetado e da extensão dos vasos atingidos, a administração de formulações oleosas ou com partículas em suspensão pela via IV pode levar o paciente à morte.[29] Entretanto, em se tratando de nanopartículas, cujo diâmetro é inferior ao diâmetro dos capilares (5 μm), não há risco de obstrução dos vasos e, por isso, podem ser administradas com segurança.[30]

Intramuscular (IM)

Como o próprio nome indica, a via intramuscular corresponde à injeção dos medicamentos em alguns músculos específicos do corpo, como os glúteos (no quadrante superior externo ou na região ventrogluteal), o deltoide e o vasto lateral da coxa.[31] Esses músculos são ideais para a administração IM uma vez que, em virtude do seu arcabouço anatômico, é mínimo o risco de se atingir um nervo ou um vaso sanguíneo.

Ao contrário da via IV, a administração IM é extravascular e, por isso, o início da ação se dá quando os fármacos são absorvidos do tecido muscular para a circulação sistêmica. O início de ação é rápido para as soluções aquosas, uma vez que os fármacos já estão dissolvidos nos veículos e prontos para serem absorvidos. Entretanto, em se tratando de fármacos solúveis em água por estarem na forma de sais, o solvente deve ser tamponado para evitar a conversão do sal e a precipitação do fármaco no local da injeção. Essa recristalização deve ser evitada para formulações em que se deseja rápido início de ação, mas, por outro lado, pode ser uma estratégia útil para prolongar o tempo de absorção do fármaco e a duração do efeito terapêutico.[32] A via IM tolera a administração de suspensões ou soluções oleosas para a administração de fármacos insolúveis ou pouco solúveis em água, formando os depósitos (ou *depot*) no local da injeção. No caso das suspensões, o fármaco está no estado sólido e a etapa de dissolução prévia nas células musculares retarda sua absorção. Recomenda-se que o diâmetro das partículas não exceda 100 μm, pois dimensões superiores tornam a injeção difícil e dolorosa. No caso das soluções oleosas, a absorção do fármaco é limitada pela partição do fármaco do veículo oleoso para o tecido muscular, e é ainda mais lenta que a observada para as suspensões.[1] Quanto mais viscoso for o óleo, mais dolorosa é a injeção. Entretanto, a velocidade de absorção lenta proporcionada por essas formulações torna-se vantajosa para a liberação prolongada de fármacos, como no caso de antibióticos de dose única ou de contraceptivos mensais administrados por via IM. Porém, o volume de formulação que pode ser injetado no músculo, com segurança, varia de 2 a 5 mL.

Subcutânea (SC)

A administração é feita na hipoderme e, por ser uma região superficial, não tolera a administração de volumes maiores que 2 mL. A absorção dos fármacos pela via SC é, geralmente, mais lenta que pela via IM, uma vez que o tecido subcutâneo é menos perfundido pela circulação sanguínea do que os músculos. Moléculas de fármacos de baixa massa molecular tendem a ser absorvidas para os capilares sanguíneos, enquanto as de elevada massa molecular, para os vasos linfáticos. Todas as formas farmacêuticas empregadas para a via IM podem ser empregadas na via SC, acrescentando-se os implantes para liberação prolongada. Entre as injetáveis, a SC é a única que pode ser feita de forma autônoma pelo próprio paciente, como no caso da autoadministração de insulina.[1,29]

Outras vias parenterais injetáveis especializadas

Existem vários outros tipos de administração que usam a seringa para injetar o medicamento em determinados tecidos, com o intuito de centralizar uma ação local sem ocasionar grandes efeitos sistêmicos. Essa abordagem é benéfica porque reduz a dose que deveria ser administrada, sistemicamente, para produzir a mesma concentração tecidual obtida com a administração local. Como a dose administrada localmente é muito menor, a eliminação do fármaco para a circulação sistêmica também não produzirá grandes picos plasmáticos.

Na via intra-arterial, o medicamento é injetado diretamente em uma artéria. Possui as mesmas vantagens e desvantagens da via IV, exceto pelo fato de que o acesso às veias é mais fácil do que das artérias. Por isso, a via intra-arterial é empregada com menos frequência. A indicação principal dessa via é para a administração de agentes antitumorais, uma vez que a administração nas artérias conduz o fármaco diretamente para os tumores.[33]

Na via intradérmica, o fármaco é administrado dentro da derme, com a seringa posicionada em um ângulo de 10 a 15° em relação à pele para garantir a superficialidade da injeção. Na via intra-articular, o fármaco é injetado diretamente dentro de uma articulação. A via intratecal está destinada a administrar fármacos dentro do líquido cefalorraquidiano (LCR) ou em qualquer ponto do eixo cérebro-espinhal, incluindo a injeção nos ventrículos cerebrais. A via epidural administra os medicamentos, que geralmente são anestésicos, no espaço epidural, situado entre a dura-máter e o periósteo do canal vertebral. A via intracardíaca é usada apenas em situações de emergência para a administração de epinefrina no ventrículo esquerdo do coração. Existem, ainda, as vias intralinfálica, intraóssea, intravítrea (injeção na câmara vítrea ocular), intratimpânica (injeção no tímpano – ouvido médio), intracoclear (injeção na cóclea – ouvido interno), entre outras.

Nasal

A cavidade nasal tem 12 a 14 cm de comprimento, desde as narinas até a nasofaringe, mas sua área de absorção chega a 160 cm^2 graças às protuberâncias das conchas nasais.[34] Possui um pequeno conteúdo hídrico de revestimento da mucosa cujo pH varia de 5,5 a 7,4.[28] A mucosa nasal é composta por quatro tipos de arranjamentos celulares. Entre eles, o epitélio respiratório (Figura 3B) recobre 90% da cavidade nasal e responde pela absorção dos fármacos para a circulação sistêmica graças à sua alta permeabilidade. Isso porque, além de ser um epitélio pseudoestratificado (ou seja, possui apenas uma camada de células a ser transposta), possui microvilosidades na membrana apical que aumentam ainda mais a superfície absortiva. Também repousa sobre outra camada, denominada lâmina basal, constituída por tecido conjuntivo com farto suprimento sanguíneo. A região das conchas nasais (especialmente a concha nasal inferior) é ricamente vascularizada por anastomoses arteriovenosas e capilares sinusoides.[35] Esse arcabouço histológico permeável explica o rápido início de ação alcançado pela via nasal.[28,36] A absorção pode se dar por transporte paracelular ou transcelular. O transporte paracelular envolve a transposição das junções apertadas (do inglês *tight junctions*) por fármacos mais hidrofílicos e com massa molecular menor que 1.000 g/mol (uma vez que o diâmetro das junções apertadas nessa mucosa varia de 3,9 a 8,4 Å). Entretanto, a presença de muco e o movimento ciliar são barreiras a serem vencidas. Peptídeos terão dificuldades de absorção por apresentarem maior interação com a mucina (glicoproteína presente no muco) e fármacos hidrofílicos, mais solúveis no muco, sofrem maior aprisionamento pelo muco, com consequente excreção pelos movimentos ciliares.[36] Fármacos com massa molecular menor que 1.000 g/mol, log P entre 1 e 4 e presença de grupos ionizáveis com pKa variando entre 4 e 9 podem ser absorvidos por difusão simples ou endocitose.[28]

A via nasal não sofre metabolismo pré-sistêmico hepático. O retorno venoso da região nasal envolve as veias esfenopalatina, facial e oftálmica, que se conectam à veia jugular interna. Esta, por sua vez, conduz o sangue diretamente para o átrio direito do coração pelo trajeto veia subclávia – veia cava superior. Entretanto, um pseudometabolismo pré-sistêmico pode ocorrer localmente, uma vez que a mucosa nasal não é desprovida de atividade metabólica. Estudos recentes demonstram que a mucosa olfatória possui maior atividade enzimática da CYP450 do que no fígado, o que não acontece com a mucosa respiratória, cujos níveis de CYP450 são de apenas 5% dos observados nos hepatócitos. Isso demonstra que a taxa de metabolismo dos fármacos pode variar de acordo com a região da cavidade nasal. Outro ponto importante é que os metabólitos formados pela CYP450 nasal podem ser diferentes dos metabolizados no fígado. A testosterona, por exemplo, é biotransformada em 6β-OH-testosterona e androstenediona, tanto na mucosa nasal quanto no fígado, porém, os metabólitos 6β-, 15α- e 15β-OH-testosterona são catalisados apenas pela CYP2A3 da mucosa olfatória nasal. Entre as enzimas de fase II, a UDP-glicuronil transferase é a mais predominante, e a isoforma mais expressa pela mucosa olfatória (UGT2A1) não está presente nos hepatócitos. A UGT2A1 é responsável pela glicuronidação nasal de testosterona, morfina, ibuprofeno e ácido valproico. A enzima glutationa-*S*-transferase também é encontrada nos epitélios respiratório e olfatório e participa da biotransformação do fenobarbital. A membrana apical das células epiteliais nasais também possui atividade proteolítica de aminopeptidases em níveis comparáveis aos observados no intestino (íleo). Isso foi observado para a metionina encefalina (um peptídio analgésico endógeno que substitui o uso da morfina e seus derivados no alívio da dor), pois sua degradação na via nasal foi semelhante à da via oral. A vantagem da via nasal sobre a via oral, nesse caso, é que inibidores de proteases podem ser coadministrados para inibir a degradação dos peptídeos e aumentar a biodisponibilidade. Essa mesma abordagem na via oral pode ter efeitos adversos sobre a digestão normal de alimentos proteicos. A presença de proteínas transmembranares de influxo ou efluxo também é relatada na mucosa nasal e colabora para a diminuição da biodisponibilidade de fármacos. As proteínas mais expressadas são P-gp (mais prevalente no epitélio olfatório) e MRP1 (que só ocorre na mucosa respiratória).[36]

Estudos têm demonstrado grande potencial da via nasal para aumentar a biodisponibilidade de fármacos que atuam no sistema nervoso central (SNC). Esse mecanismo tem sido chamado de *nose-to-brain delivery*.

A microcirculação vascular do SNC é estruturada de forma a manter a homeostase encefálica e dificultar a entrada de moléculas, tanto endógenas quanto exógenas. Os capilares cerebrais possuem endotélio contínuo, que é caracterizado por células altamente aderidas umas às outras pelas junções apertadas. A face externa desses capilares é completamente recoberta pelos processos pedunculares dos astrócitos (células da glia em forma de estrela), que atuam como uma segunda camada de células e contribuem significativamente para a diminuição da permeabilidade. Esse arranjo celular é denominado barreira hematoencefálica (BHE).[37] A abundância de junções apertadas cria uma alta resistência elétrica transendotelial (1.500 a 2.000 $\Omega.cm^2$) se comparada à medida em outros vasos periféricos com menor presença dessas proteínas (3 a 30 $\Omega.cm^2$). Isso faz com que a BHE seja efetiva em restringir a difusão paracelular de compostos ionizados, e somente moléculas mais lipofílicas e de baixo peso molecular (menores que 600 g/mol) são capazes de permeá-la por difusão simples.[34]

Estudos recentes mostram que a via nasal é uma alternativa viável para evitar a BHE e aumentar a biodisponibilidade de fármacos no SNC, tornando-se a primeira escolha na administração de fármacos para tratamento de Alzheimer, Parkinson, esclerose múltipla, epilepsia e doenças psiquiátricas. O mecanismo pelo qual a via nasal aumenta a absorção de fármacos pelo SNC ainda não está completamente elucidado, mas já se sabe que os nervos olfatório e trigêmeo participam desse processo. O epitélio nasal tem uma característica peculiar em relação aos demais: a região olfatória é a única mucosa em que braços dendríticos de neurônios sensoriais olfativos ficam pareados com o ápice das células do epitélio e em contato direto com o lúmen (Figura 3C).

Após os fármacos permearem as células do epitélio pseudoestratificado colunar por mecanismo transcelular ou paracelular, eles alcançam o espaço perineural, de onde são distribuídos para o SNC por fluxo convectivo, onde as pulsações de artérias próximas criam "ondas" que impulsionam o fluido do espaço perivascular para as porções mais internas do cérebro.[36,38] Macromoléculas também podem ter sua biodisponibilidade cerebral aumentada por esse mecanismo.[38]

Parece haver correlação entre a região nasal, onde o medicamento é administrado, e o tipo de absorção que é alcançada. A mucosa da região olfatória mostra-se mais eficiente para a absorção de fármacos diretamente para o SNC, ao passo que a mucosa da região respiratória tem vasos sanguíneos mais permeáveis e em maior número, favorecendo a absorção do fármaco para a circulação sistêmica.[36,38]

O epitélio respiratório possui movimentos ciliares rápidos que limitam o tempo de residência da formulação em 20 a 30 minutos. O fármaco deve ser muito solúvel no veículo para favorecer a completa dissolução (doses de até 20 mg) em pequenos volumes de formulação (até 150 μL), uma vez que volumes excedentes fatalmente escoarão pelas narinas ou nasofaringe sem absorção.[28] As formas farmacêuticas mais comuns para a administração nasal são as formulações líquidas, sob a forma de aeros-

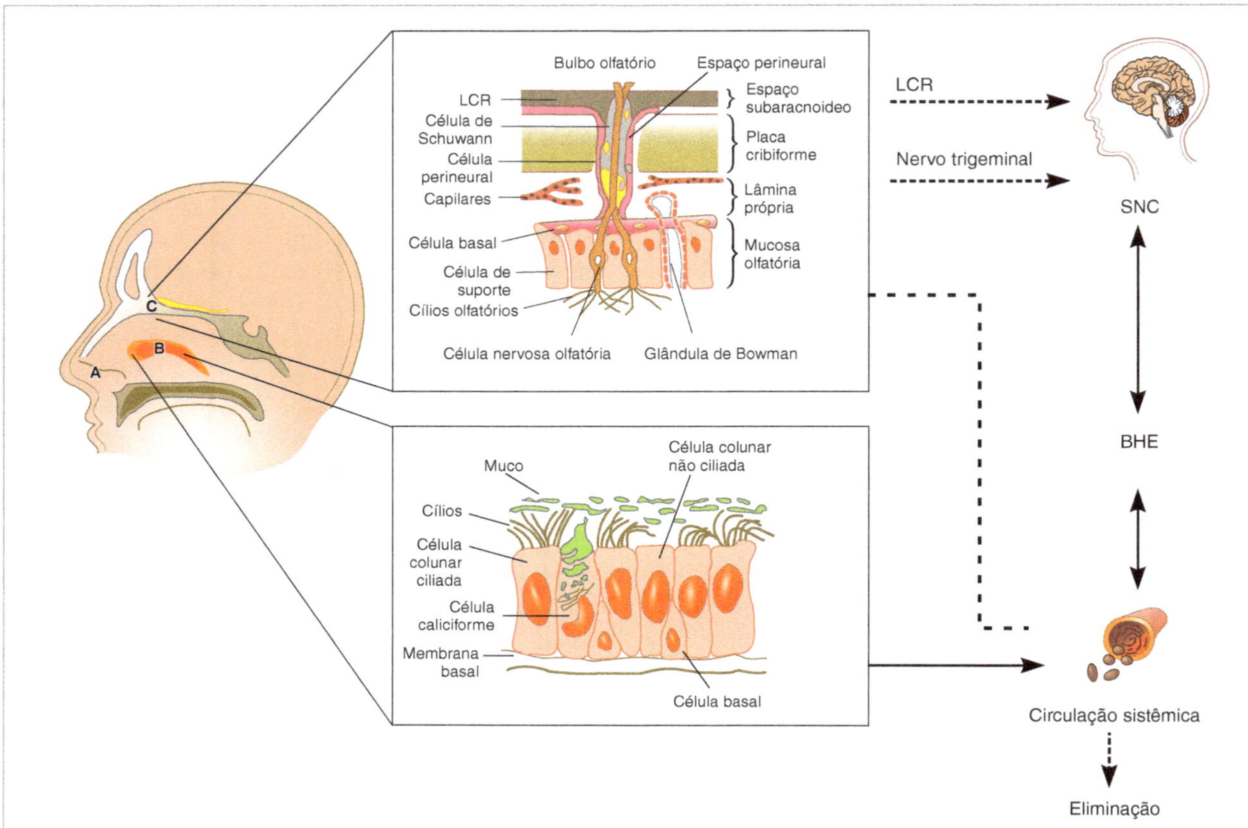

FIGURA 3 Corte longitudinal da cavidade nasal humana: (A) vestíbulo nasal; (B) região respiratória; (C) região olfatória; e representação esquemática das vias provavelmente envolvidas no transporte de fármacos do nariz para a corrente sanguínea e o cérebro. Amplificação de (B) representa os diferentes tipos de células constitutivas do epitélio respiratório nasal. Amplificação de (C) representa conexões anatômicas entre a mucosa olfativa, o líquido cefalorraquidiano (LCR) e o bulbo olfativo.

SNC – sistema nervoso central; BHE – barreira hematoencefálica.[36]

Fonte: adaptado de Oliveira P, Fortuna A, Alves G, Falcão A. Drug-metabolizing enzymes and efflux transportes in nasal epithelium: influence on the bioavailability of intranasally administered drugs. Curr Drug Metab. 2016;17(7):628-647.

sóis, *sprays* ou gotas. O uso de agentes viscosificantes e mucoadesivos pode melhorar a biodisponibilidade por diminuir o *clearance* mucociliar e aumentar o tempo de residência da formulação na cavidade nasal.

Algumas formulações em *spray* líquido para administração nasal e efeito sistêmico já estão disponíveis no mercado para o combate à enxaqueca, como sumatriptana (Sumax® – Libbs) e diidroergotamina (Dihydergot® – Novartis). Macromoléculas destinadas à administração nasal também já são uma realidade, por exemplo, desmopressina (Ddavp® – Ferring e genéricos), calcitonina sintética de salmão (Miacalcic® – Novartis) e nafarelina (Synarel® – Pfizer). Em 2019, foi lançada no mercado brasileiro a insulina em pó inalável Afrezza® (Biomm). Estudos demonstraram que a biodisponibilidade pela via nasal pode ser 2.000 vezes maior que a da via subcutânea.[38] Entretanto, o elevado custo ainda inviabiliza o acesso dos pacientes a esses produtos inovadores.

As formulações de efeito local concentram-se nos descongestionantes nasais à base de soluções salinas e vasoconstritores, como nafazolina, fenoxazolina, oximetazolina, fenilefrina e pseudoefedrina. A grande desvantagem do uso tópico desses vasoconstritores é a inevitável absorção, dada a alta permeabilidade da mucosa nasal, e desencadeamento de efeitos adversos sistêmicos, como taquicardia, arritmia, hipertensão e cefaleia. Todas as formulações nasais devem ser estéreis, isotônicas e tamponadas (pH entre 5,5 e 6,5).[29]

Inalatória (por via nasal ou oral)

A via inalatória também é chamada de via respiratória ou via pulmonar, uma vez que a administração do medicamento se dá mediante inalação profunda, através da boca ou nariz, para condução da formulação até os bronquíolos (efeito local) ou os alvéolos pulmonares (efeito sistêmico). A árvore bronquial começa com os brônquios primários (10 a 20 μm de diâmetro), que vão se ramificando em bronquíolos (3 a 5 μm de diâmetro) até terminarem nos sacos alveolares (menos de 2 μm de diâmetro).[1] Para limitar o uso da via inalatória ao efeito local, as partículas ou gotículas da formulação devem ter diâmetro superior a 5 μm para ficarem retidas nos bronquíolos. Diâmetros inferiores podem alcançar os alvéolos e serem absorvidos para a circulação sistêmica.

O epitélio alveolar é uma membrana muito propensa para a absorção sistêmica de fármacos. Constitui-se em uma barreira muito fina, com uma grande área de superfície (cerca de 100 m^2) e um extenso suprimento sanguíneo. Para garantir o efeito sistêmico, os fármacos são inalados na forma de partículas sólidas ou gotículas líquidas, que devem ser pequenas o suficiente para atingir os alvéolos. Estudos para o desenvolvimento de formulações inalatórias sistêmicas demonstram que a meia-vida de absorção (por difusão simples) é rápida, cerca de 1 minuto, para moléculas pouco lipofílicas (log P entre 0 e 2) e de massa molecular por volta de 1.000 g/mol (embora tolere massas moleculares de até 10.000 g/mol). Moléculas com área de superfície polar maior que 120 $Å^2$, e que em geral não são bem absorvidas pelo TGI e pela BHE, são prontamente absorvidas pelo epitélio pulmonar. Por outro lado, moléculas muito lipofílicas (log P maiores que 2) acabam sendo capturadas pela atividade tensoativa natural dos pulmões e podem ficar retidas nos alvéolos por horas, dias ou até semanas. Já para fármacos hidrofílicos (log P entre 0 e -1), a absorção é menor e mais lenta (meia-vida de 1 hora) e é mediada por transporte através de poro aquoso ou paracelular, em que o tamanho molecular e o grau de ionização também serão importantes. A rápida absorção de fármacos com moderada lipofilicidade demonstra a alta permeabilidade da mucosa pulmonar e o pequeno papel da atividade enzimática dos pneumócitos no metabolismo pré-sistêmico.[28] Entretanto, em mais de duas décadas desde o surgimento das discussões sobre o uso sistêmico da via pulmonar, poucos medicamentos foram lançados e nenhum obteve sucesso comercial para permanecer disponível no mercado. Foi o que aconteceu com o Exubera® (Pfizer), um dispositivo inalatório para liberação de insulina. Foi lançado no mercado mundial em 2006 e sua comercialização foi descontinuada um ano depois, pelo próprio fabricante, pois, segundo eles, o tamanho volumoso do dispositivo não convenceu os pacientes diabéticos a migrar da via subcutânea injetável para a via inalatória.[39] É fato que as formulações inalatórias estão entre os medicamentos mais difíceis de serem desenvolvidos, pois sua criação envolve combinar a formulação com dispositivos de administração, de forma que a dose liberada tenha aerolização reprodutível e rigorosidade posológica.[28]

Transdérmica

Na administração transdérmica, o objetivo é que fármacos aplicados sob a pele sejam capazes de permear as várias camadas celulares epidérmicas até alcançar os capilares da derme e, assim, desencadear um efeito sistêmico. Entretanto, a pele é uma barreira eficiente na proteção do corpo contra a entrada de microrganismos e xenobióticos. Áreas mais delgadas da pele (~ 40 μm) são indicadas para a aposição dos adesivos, mas, ainda assim, são mais espessas que as mucosas nasal, bucal e sublingual.

A pele é composta por três camadas principais: epiderme, derme e hipoderme. As células mortas e altamente queratinizadas da camada mais externa da epiderme, denominada estrato córneo, representam uma barreira (10 a 20 μm) altamente lipofílica para a absorção de fármacos. Se a molécula do fármaco for capaz de cruzar o estrato córneo, poderá facilmente percorrer o restante da epiderme e alcançar os capilares sanguíneos presentes na derme. A penetração através do estrato córneo pode se dar de forma intercelular (mais relevante), transcelular ou por meio dos canais de apêndices cutâneos, como folículos pilosos e glândulas sudoríferas. Entretanto, como os apêndices cutâneos representam apenas 0,1% da superfície cutânea, sua contribuição na permeação de fármacos é muito pequena, sendo relevante apenas para fármacos ionizados e de alta polaridade, como as macromoléculas peptídicas.[40] Para ser administrado por essa via e na forma de adesivo, o fármaco deve ser uma molécula pequena (até 500 g/mol) e lipofílica (log P entre 2 e 5, em estado não ionizado) para permear o estrato córneo por transporte passivo. Além disso, deve ser ativo em pequenas doses (menos de 20 mg) e ser facilmente solúvel em água, de forma que a dose se solubilize no menor volume de líquido possível (menos de 300 μL), pois adesivos não são grandes reservatórios. Cremes e *sprays* transdérmicos também podem ser empregados.[28]

A pele também apresenta atividade metabólica própria e possui algumas enzimas, como a álcool desidrogenase, que é de extrema importância para ajudar na eliminação de promotores de absorção, como o etanol. Quanto maior a cadeia carbônica do álcool, maior a atividade catalítica, mas o aumento de ramificações laterais na molécula do álcool diminui a afinidade pela aldeído desidrogenase. A flavina monoxigenase (FMO, do inglês *flavin-dependent monooxygenase*) é a principal enzima oxidativa e é mais expressada na pele do que a família do citocromo P450. Também é relatada a presença de aldeído desidrogenase e carboxilesterase.[41]

Uma das desvantagens da via transdérmica é o potencial para desenvolver irritação cutânea no local da aplicação, que exigirá imediata interrupção do tratamento, quando ocorrer. A propriedade oclusiva dos adesivos dificulta a evaporação de água e, consequentemente, aumenta o grau de hidratação do estrato córneo, tornando-o mais permeável, mas, também, mais irritável. Os promotores de absorção também podem ser acrescidos às formulações para aumentar o grau de permeabilidade, mas devem ser empregados com cautela, pois também aumentam o grau de irritação. Quando isso não ocorre, a via transdérmica é bem aceita pelos pacientes, uma vez que é um método não invasivo e conveniente para autoaplicação. Para minimizar o risco de irritação cutânea, recomenda-se alternar regularmente o local de aplicação.[23]

Como a absorção através da pele é um processo mais lento, a via transdérmica fica reservada para terapias de uso crônico e com liberação sustentada. A produção de adesivos envolve tecnologias mais caras e, por isso, sua escolha se justifica quando seu uso trouxer vantagens em relação à via oral. Por exemplo, algumas mulheres são sensíveis ao uso de contraceptivos orais porque os picos plasmáticos produzidos pela absorção oral induzem efeitos colaterais, como náuseas e vômitos. A liberação sustentada de pequenas doses ao longo do dia, proporcionada pelo adesivo, resulta em níveis plasmáticos estáveis ao longo de uma semana (quando o adesivo deve ser substituído) e não provoca os efeitos colaterais decorrentes do pico plasmático. O analgésico fentanila, quando administrado pela via oral, causa diminuição da motilidade gastrintestinal e do peristaltismo intestinal, causando forte constipação em alguns pacientes. A alteração para a via transdérmica com o uso de adesivos (liberação sustentada por 3 dias) elimina esses efeitos.[28]

Vias tópicas

Sempre que for possível administrar o fármaco próximo ou diretamente no sítio de ação, a administração de efeito sistêmico é preterida, uma vez que a absorção para a corrente sanguínea não é necessária. Isso não significa, entretanto, que a absorção não ocorra. Parte da dose administrada pode perfundir até capilares sanguíneos e provocar efeitos sistêmicos indesejados.

São consideradas vias tópicas aquelas em que o local em que se deseja concentrar a ação do fármaco é acessível pelo próprio paciente, como os olhos, a pele e as mucosas (bucal, retal, vaginal e auricular). Uma das vantagens das vias tópicas é que desencadeiam respostas farmacológicas em doses menores do que as requeridas pelas vias sistêmicas. Isso acontece porque é possível concentrar o fármaco no local de ação, ou muito próximo dele. Pelas vias sistêmicas, para que um fármaco alcance concentração tecidual equiparada à proporcionada pela via tópica, é necessário aumentar a dose administrada para compensar as perdas com o metabolismo pré-sistêmico, e, também, pela distribuição por outros órgãos e tecidos, uma vez que o sangue é distribuído para todo o organismo. Por exemplo, as apresentações de diclofenaco sódico para VO possuem doses que variam de 25 a 100 mg, ao passo que o creme dermatológico é comercializado em uma concentração muito inferior, de 1 mg/g.

Dermatológica

Na via dermatológica, o medicamento é aplicado na superfície cutânea para desencadear um efeito local sobre a pele ou seus anexos. Quando se tratar da região do couro cabeludo, a via é denominada capilar.

O estrato córneo, camada mais superficial da epiderme, é a principal barreira à permeação dos fármacos. O arranjo estrutural do estrato córneo pode ser metaforizado a uma parede de tijolos, onde os corneócitos (células mortas altamente queratinizadas) representam os tijolos e os lipídios intercelulares (mistura de colesterol e seus ésteres, ceramidas e ácidos graxos) mimetizam a argamassa que, juntos, formam uma barreira altamente lipofílica.[40]

A penetração de fármacos através da pele é afetada por vários fatores, como espessura da pele, componentes lipídicos, intensidade da presença de anexos cutâneos (folículos pilosos e glândulas sudoríferas), grau de hidratação e presença de doenças. As junções apertadas que unem as células umas às outras estão comprometidas quando a pele está inflamada ou acometida por doenças, como dermatite atópica, ictiose, psoríase e infecções. Nesses casos, a própria condição patológica colabora para a permeação do fármaco.[42]

Formas farmacêuticas semissólidas de base lipofílica, como pomadas oleaginosas e cremes do tipo A/O, tendem a apresentar maior emoliência e baixo poder de penetração e, por isso, concentram a ação dos fármacos nas camadas mais superficiais do estrato córneo. Por outro lado, seu efeito oclusivo também pode aumentar a hidratação dos corneócitos (uma vez que a oclusão impede a evaporação da água) e favorecer a penetração do princípio ativo. Cremes do tipo O/A têm maior poder de penetração e são mais adequados para a veiculação de fármacos para camadas mais profundas do estrato córneo, podendo, inclusive, alcançar os queratinócitos da epiderme. Géis hidrofílicos também têm baixa permeação cutânea.[43] Bases que apresentam equilíbrio entre as características hidrofílicas e lipofílicas dão origem aos veículos com melhores taxas de penetração epidérmica. Formas farmacêuticas sólidas (pós) e líquidas (soluções, suspensões, loções) também podem ser administradas por via dermatológica.

Bucal

Nessa via, a formulação é administrada na boca, ao nível da mucosa bucal (faces internas das bochechas, gengivas, lábios e palato) para tratamento de condições locais, como aftas, gengivite, candidíase oral e outros processos inflamatórios e infecciosos. Para reservar genuinamente a via bucal para uso tópico, a formulação não deve ser engolida, como no caso dos colutórios ou enxaguantes bucais, em que a solução é "bochechada" e desprezada, sem deglutição. Outras formas farmacêuticas, como pomadas, géis e pastilhas, podem aumentar o contato tópico com a mucosa bucal afetada, porém, sem evitar a deglutição e alguma absorção pela via oral.

Assim como a via sublingual, a via bucal também tem grande potencial para uso sistêmico e sem incidência de metabolismo pré-sistêmico. Como o epitélio da mucosa bucal é um pouco mais espesso (500 µm) que o da região sublingual, pode ocorrer redução da dose absorvida, porém o início de ação também é rápido. Os fármacos absorvidos pela mucosa bucal também escapam do metabolismo pré-sistêmico. A desvantagem é que o sucesso do tratamento depende da colaboração do paciente no sentido de manter a formulação em contato com a mucosa até a completa absorção, e o tempo necessário para que isso ocorra pode variar de acordo com as características físico-químicas de cada fármaco. Portanto, o consumo de alimentos e bebidas deve ser evitado durante todo o período da administração.[23] No caso de a via bucal ser empregada para desencadear efeito sistêmico, esta entra na categoria das vias enterais, uma vez que a absorção se dá em uma porção do sistema digestório.

Oftálmica

O objetivo da administração oftálmica, também chamada de via ocular, é concentrar a ação do fármaco no órgão de interesse. Entretanto, mesmo localizando a aplicação, a absorção ocular dos fármacos é um grande desafio porque o olho possui várias camadas, com características histológicas bastante discrepantes entre si, que funcionam como barreiras restritivas. O filme lacrimal que existe na superfície ocular é responsável pela eliminação de mais de 95% da dose instilada na forma de colírio. Fisiologicamente, o fluido lacrimal é ciclicamente renovado entre 2 a 3 minutos. O ducto nasolacrimal drena o volume excedente, de forma a manter apenas 7 a 10 µL na superfície. Dessa forma, as gotas oftálmicas contendo o fármaco são eliminadas pelo ducto nasolacrimal 15 a 30 segundos após a administração.[44]

Para tratar condições clínicas do segmento anterior do olho, o fármaco deve permear as membranas da córnea (via corneal) e/ou as da conjuntiva e esclera (via não corneal). A córnea é uma barreira composta por 3 camadas principais: epitélio, estroma e endotélio. O epitélio é do tipo pavimentoso, com 5 a 6 camadas de células altamente aderidas umas às outras por desmossomos, junções apertadas e junções comunicantes (do inglês *gap junction*). O estroma representa 90% da espessura da córnea e sua natureza hidrofílica se deve ao arranjo lamelar de fibras de colágeno altamente hidratadas. O endotélio é uma camada simples de células hexagonais frouxamente aderidas entre si, porém, com a presença de transportadores de membrana que participam do intercâmbio de substâncias. Fica evidente que, para ser absorvido pela via corneal, o fármaco deveria ter natureza anfipática para transitar por todas essas camadas com polaridades tão díspares entre si. Fármacos com valores de log P entre 2 e 3 são os que atendem melhor essa condição.[45]

O papel do metabolismo das células oculares na biotransformação local dos fármacos ainda é pouco conhecido, porém é de fundamental importância para o desenvolvimento de novos fármacos, especialmente quando a estratégia da latenciação vem obtendo sucesso e destaque pela via ocular. Ensaios *in vitro* com a fração S9 de tecido ocular humano demonstraram que levobunolol é reduzido ao metabólito diidroxilevobunolol em proporção equiparável à atividade da fração S9 hepática.[46] Outro estudo mostra que, entre os 11 metabólitos diferentes que o fígado é capaz de gerar a partir do cetoconazol, a fração S9 ocular metabolizou 10 deles, envolvendo reações de *N*- e *O*-desalquilação, oxidação e *N*-glicuronidação.[47] Esses estudos são recentes e mostram a capacidade metabólica ainda inexplorada dos tecidos oculares.

A melanina é uma proteína sintetizada nos melanócitos de tecidos pigmentados como pele, cabelos e olhos, cuja função é atenuar a penetração dos raios UV e proteger as células contra possíveis danos ao seu DNA. A melanina presente na úvea (segmento anterior) e no epitélio pigmentar da retina (segmento posterior) está para a biodisponibilidade ocular assim como a albumina está para a biodisponibilidade sistêmica: tem a capacidade de ligar-se reversivelmente aos fármacos e diminuir a fração livre circulante nos tecidos. Ou seja, fármacos com alta taxa de ligação à melanina necessitariam de doses maiores para gerar fração livre suficiente para interagir com os receptores farmacológicos.[46] A melanina pode apresentar-se sob a forma de eumelanina (de cor castanha a preta) e feomelanina (de cor amarela a avermelhada), e a taxa de ligação de fármacos à eumelanina é significativamente maior do que à feomelanina. Além disso, olhos castanhos possuem 1,5 vez mais melanina do que olhos azuis, o que faz com que haja muita variação individual na fração livre do fármaco. Também já foi demonstrado que moléculas ionizáveis têm maior taxa de ligação, especialmente as de natureza básica. Fármacos como fenotiazina, epinefrina, timolol, betaxolol e atropina ligam-se à melanina ocular. A concentração de betaxolol é 100 vezes maior nos tecidos pigmentados do que nos não pigmentados dos olhos após administração crônica, e a atropina concentra-se 4 vezes mais nos tecidos pigmentados após a administração de uma única dose.[46]

Formulações para administração tópica são preferidas para tratar doenças no segmento anterior dos olhos, como colírios (solução, suspensão ou emulsão) e pomadas. São vantajosas por minimizar o risco de efeitos adversos sistêmicos, principalmente em virtude da redução da dose necessária para uso local em comparação ao sistêmico. Entretanto, vários fatores limitam a absorção ocular por diminuir o tempo de residência do fármaco na mucosa, como a curvatura do globo ocular, o piscar das pálpebras e a maior secreção de conteúdo lacrimal em reflexo ao ato da administração. As emulsões de fase externa oleosa (A/O) permitem obter um contato com a mucosa de 2 a 3 horas, ao passo que as pomadas oftálmicas administradas nas bolsas entre as pálpebras e a superfície ocular (denominada fórnice da conjuntiva, saco conjuntival ou *cul-de-sac*) asseguram contato por até 24 horas,[1] apesar de ser desagradável o contato dos olhos com veículos oleosos. Por outro lado, o aumento da viscosidade do veículo ajuda a melhorar o contato com a mucosa e a adição de agentes viscosificantes pode melhorar a biodisponibilidade ocular de soluções aquosas fluidas. Emulsões de fase externa aquosa (O/A) são mais bem toleradas que as A/O. Suspensões também aumentam o tempo de residência porque as partículas finas do fármaco se depositam no saco conjuntival e não são rapidamente "lavadas" pela reposição lacrimal. A adição de agentes promotores de absorção afeta a integridade das junções apertadas e favorece a permeação por transporte paracelular, porém podem causar irritação na córnea e conjuntiva. Comprimidos também podem ser administrados topicamente e, nesse caso, são chamados de *inserts*. Eles são depositados no saco conjuntival e o fármaco é liberado aos poucos de uma matriz não erodível que precisa ser removida ao final do uso. Entretanto, são desconfortáveis (sensação permanente de ter um corpo estranho) e podem causar irritação, hiperemia e visão embaçada.[48] Formulações oftálmicas devem ser estéreis e ter pH e tonicidade idênticos aos sanguíneos para não causar irritação local após a administração. A irritação ocular provoca maior secreção lacrimal e aumenta a drenagem nasolacrimal do fármaco sem absorção.[49]

Otológica

Na via otológica, também conhecida por via auricular, a formulação é administrada no canal auricular para o tratamento de otites, que é uma designação genérica para doenças inflamatórias ou infecciosas que podem acometer porções mais externas do ouvido ou o ouvido médio. O ouvido interno também pode ser alvo de terapias para o combate de doenças diversas que comprometem a audição, mas a administração nessa porção do ouvido é extremamente difícil e realizada por meio de procedimentos cirúrgicos, por via intralabiríntica ou via intracoclear.

O ouvido externo compreende o canal auricular (ou meato auditivo) que direciona as ondas mecânicas sonoras em direção à membrana timpânica. O canal auricular é revestido por um epitélio escamoso estratificado queratinizado, tal qual a pele, cuja espessura vai diminuindo conforme se aproxima da membrana timpânica. A presença de condições ideais de calor, umidade e oferta nutricional propiciam o crescimento de microrganismos na região, cuja flora típica é caracterizada pela predominância de *Staphylococcus epidermidis* e *Corynebacterium* sp. A manutenção da integridade do epitélio e da flora normal é fator determinante na prevenção da otite externa.

O tratamento de otites do ouvido externo é facilmente alcançado. As soluções são mais frequentemente utilizadas, mas também existem medicamentos na forma de suspensões e pomadas. Os fármacos costumam ser solubilizados ou suspensos em veículos higroscópicos como glicerina e propilenoglicol, uma vez que recrutam a água do meio e diminuem a umidade disponível para a proliferação de microrganismos. O álcool isopropílico também ajuda a secar o canal auricular por favorecer a evaporação da água. Outra estratégia pode ser o uso de ácidos fracos, como acético e bórico, uma vez que a acidificação do meio inibe o crescimento bacteriano. O uso de veículos mais viscosos ou de formas farmacêuticas semissólidas, como as pomadas, aumentam o contato do fármaco com a mucosa e o tempo de residência da formulação dentro do ouvido externo.[29]

Vaginal

A administração vaginal consiste em introduzir o medicamento no canal vaginal para o tratamento de infecções locais, como vaginose bacteriana, candidíase e infecções sexualmente transmissíveis, ou para administração de hormônios para contracepção, reposição pós-menopausa ou amadurecimento cervical na indução do trabalho de parto. Recentemente, a via vaginal vem ganhando destaque no tratamento local de câncer cervical, uma vez que a liberação do quimioterápico diretamente no local de ação diminui a dose requerida, diminuindo, também, os efeitos adversos sistêmicos.[50]

A vagina é um tubo fibromuscular maleável (em formato de S) com numerosas pregas ao longo de seus 6 a 10 cm de extensão até o colo do útero, totalizando uma área de absorção de 66 a 107 cm^2. A parede vaginal é composta por três camadas: túnica interna (epitélio estratificado pavimentoso não queratinizado com lâmina própria de tecido conjuntivo frouxo e fibras elásticas), túnica média (tecido muscular liso) e túnica externa ou adventícia (tecido conjuntivo denso). A espessura dessa parede varia de 200 a 300 μm, de acordo com idade e nível hormonal, especialmente de estrogênios. Em virtude da alta vascularização, fármacos administrados por essa via podem entrar na circulação sistêmica por plexos venosos que desembocam na veia ilíaca interna que leva o sangue direto para o coração via veia cava inferior, sem passar pelo metabolismo pré-sistêmico hepático (Figura 2).

Apesar de o epitélio vaginal receber o nome de mucosa, não possui glândulas secretoras. O fluido vaginal é fruto da mistura entre o muco cervical com os fluidos provenientes do endométrio, tuba uterina, transudato vaginal e secreção das glândulas vestibular maior (de Bartholin) e de Skene.[51] A quantidade de fluido vaginal disponível para a solubilização dos fármacos é muito pequena, em torno de 0,5 a 0,75 g (produção diária total de 6 g), e diminui 50% com a menopausa. A microbiota vaginal normal de mulheres em idade reprodutiva é composta predominantemente por bactérias produtoras de ácido láctico, como *Lactobacillus* spp. Por isso, o pH vaginal de pacientes saudáveis varia de 3,5 a 4,5 e é utilizado como biomarcador, uma vez que a acidez vaginal é um mecanismo de defesa contra a proliferação de microrganismos patogênicos. A parede vaginal também detém atividade enzimática, especialmente proteases, que diminuem a eficácia terapêutica de fármacos de natureza proteica.[52,53] Formulações com características ideais para uso vaginal devem ter capacidade tamponante na faixa fisiológica do pH da vagina, além de serem isosmóticas (260-290 mosmol/kg).[54]

As formas farmacêuticas administradas por via vaginal envolvem formulações sólidas (cápsulas, comprimidos vaginais e óvulos) e semissólidas (géis, cremes e pomadas) administradas por intermédio de um aparato aplicador. Entre eles, os géis são os mais empregados em razão do maior conteúdo em água e efeito lubrificante, o que aumenta o conforto da paciente após a administração. Entretanto, estudos recentes revelam que as mulheres têm preferido a praticidade da administração de formas farmacêuticas sólidas que dispensam o uso de aplicador.[55]

Os óvulos são formas farmacêuticas que liberam o fármaco rapidamente no canal vaginal por fusão ou desintegração de seu excipiente. Os filmes são películas poliméricas finas e maleáveis que se dissolvem rapidamente quando em contato com os fluidos vaginais. Os comprimidos vaginais podem ser de dois tipos: sistemas de rápida desintegração e sistemas monolíticos para liberação controlada, e podem ser fabricados com excipientes bioadesivos para aumentar o tempo de retenção.[51] Como a maioria dos agentes antimicrobianos usados no tratamento de infecções vaginais é pobremente solúvel em meio aquoso, as formulações devem usar estratégias para o aumento da hidrossolubilidade, como micro e nanoemulsões e complexos de inclusão em ciclodextrinas.[53]

Para aumentar o tempo de contato das formulações com a mucosa vaginal, pode-se empregar os géis termorresponsíveis, pois são administrados em forma menos viscosa (que se espalha melhor pelas rugas do epitélio) que gelifica *in situ* quando em contato com a temperatura corporal. O uso de formulações bioadesivas também aumenta o tempo de retenção e, consequentemente, o tempo para dissolução do fármaco nos fluidos vaginais. Além disso, o uso de polímeros bioadesivos de natureza ácida, como poliacrilatos e policarbofil, ajudam na manutenção do pH ácido da vagina e na restauração da microflora natural. Gel de policarbofil (1 a 3%) é capaz de manter a acidez vaginal por 3 a 4 dias após uma única aplicação em mulheres menopausadas.[53] Formulações mucoadesivas também podem ser utilizadas com tempos de residência mais curtos que as bioadesivas, visto que se ligam à mucina e não às células epiteliais. Entretanto, mucoadesivos sofrem flutuação de eficácia de acordo com a quantidade de muco presente no momento da aplicação. Durante a primeira metade do ciclo menstrual (predominância de estrogênio), a produção de muco é pequena, diminuindo a adesividade, porém, aumentando a difusibilidade do fármaco pelos fluidos vaginais. As formulações mucoadesivas são favorecidas na segunda metade do ciclo menstrual (predominância de progesterona), quando a quantidade de muco produzido pelo colo é bem maior. O uso de hormônios contraceptivos aumenta a viscosidade do muco e modificações na microbiota provocam a diminuição de sua produção.[51]

A via vaginal tem potencial para absorção sistêmica de fármacos, porém, como é fortemente impactada por variações fisiológicas e intercurso sexual, não é empregada com frequência para esse propósito. A espessura da mucosa vaginal varia de acordo com o período do ciclo menstrual e altera a permeabilidade. Variações no volume de fluido vaginal afetam a dissolução de fármacos com baixa solubilidade, assim como flutuações no pH vaginal interferem no grau de ionização das moléculas. O principal mecanismo de absorção parece ser a difusão simples, uma vez que a permeabilidade vaginal é maior para esteroides lipofílicos (como progesterona e estrona) do que para esteroides hidrofílicos (hidrocortisona e testosterona).[52] Entretanto, há um exemplo de medicamento comercializado no Brasil destinado à absorção sistêmica pela via vaginal: um dispositivo de polímero flexível não erodível, em forma de anel (Nuvaring® – Schering-Plough) que deve ser introduzido pelo canal vaginal e posicionado próximo ao colo do útero. O dispositivo promove a liberação sustentada de hormônios contraceptivos (120 μg/dia de etonogestrel e 15 μg/dia de etinilestradiol) durante as 3 semanas de uso, quando deve ser removido para pausa de 1 semana antes de uma nova aplicação.

REFERÊNCIAS BIBLIOGRÁFICAS

1. LeBlanc PP, Aiache JM, Besner JG, Buri P, Lesne M et al. Tratado de biofarmácia e farmacocinética. Lisboa: Instituto Piaget, 1997.
2. Somogyi AA, Bochner F, Hetzel D, Williams DB. Evaluation of the intestinal absorption of erythromicyn in man: absolute bioavailability and comparison with enteric coated erythromycin. Pharm Res. 1995; 12(1):149-54.
3. Riedel A, Leopold CS. Degradation of omeprazole induced by enteric polymer solutions and aqueous dispersions: HPLC investigations. Drug Dev Ind Pharm. 2005; 31(2):151-60.
4. Deferme S, Augustijns P. The effect of food components on the absorption of P-gp substrates: a review. J Pharm Pharmacol. 2003; 55(2):153-62.
5. Wang EJ, Casciano CN, Clement RP, Johsson WW. Inhibition of P-glycoprotein transport function by grapefruit juice psoralen. Pharm Res. 2001; 18(4):432-8.
6. Schmidt LE, Dalhoff K. Food-drug interactions. Drugs. 2002; 62(10):1481-502.
7. Swanson HI. Drug metabolism by the host and gut microbiota: a partnership or rivalry? Drug Metab Dispos. 2015; 43(10):1499-504.
8. Gavhane YN, Yadav AV. Loss of orally administered drugs in GI tract. Saudi Pharm J. 2012; 20(4):331-44.
9. Koch RL, Chrystal EJ, Beaulieu BBJr, Goldman P. Acetamide – a metabolite of metronidazole formed by the intestinal flora. Biochem Pharmacol. 1979; 28(24):3611-5.
10. Wilkinson EM, Ilhan ZE, Herbst-Kralovetz MM. Microbiota-drug interactions: impact on metabolism and efficacy of therapeutics. Maturitas. 2018; 112:53-63.
11. Algahtani S, Bukhari I, Albassam A, Alenazi M. An update on the potential role of intestinal first-pass metabolism for the prediction of drug-drug interactions: the role of PBPK modeling. Expert Opin Drug Metab Toxicol. 2018; 14(6):625-34.
12. Teo Y, Ho HK, Chan A. Metabolism-related pharmacokinetic drug-drug interactions with tyrosine kinase inhibitors: current understanding, challenges and recommendations. Br J Clin Pharmacol. 2015; 73(2):241-53.
13. Galetin A, Gertz M, Houston JB. Potential role of intestinal first-pass metabolism in the prediction of drug-drug interactions. Expert Opin Drug Metab Toxicol. 2008; 4(7):909-22.
14. Doherty MM, Charman WN. The mucosa of the small intestine: how clinically relevant as an organ of drug metabolism? Clin Pharmacokinet. 2002; 41(4):235-53.
15. Thummel KE, Kunze KL, Shen DD. Enzyme-catalyzed processes of first-pass hepatic and intestinal drug extraction. Adv Drug Deliv Ver. 1997; 27(2-3):99-127.
16. Busch D, Fritz A, Partecke LI, Heidecke CD, Oswald S. LC-MS/MS method for the simultaneous quantification of intestinal CYP and UGT activity. J Pharm Biomed Anal. 2018; 155:194-201.
17. Liu G, Summer R. Cellular metabolism in lung health and disease. Annu Ver Physiol. 2019; 81:403-28.
18. Castell JV, Donato MT, Gómez-Lechón MJ. Metabolism and bioactivation of toxicants in the lung. The in vitro cellular approach. Exp Toxicol Pathol. 2005; 57(suppl1):189-204.
19. Somers GI, Lindsay N, Lowdon BM, Jones AE, Freathy C, Ho S et al. A comparison on the expression and metabolizing activities of phase I and phase II enzymes in freshly isolated human lung parenchymal cells and cryopreserved human hepatocytes. Drug Metab Dispos. 2007; 35(10):15-22.
20. Guedes DM, Nesbitt K, Traill T, Blackburn JP. First pass uptake of ^{14}C propranolol by the lung. Thorax. 1979; 34(6):810-3.
21. Roerig DL, Kotrly KJ, Vucins EJ, Ahlf SB, Dawson CA, Kampine JP. First pass uptake of fentanyl, meperidine and morphine in the human lung. Anesthesiology. 1987; 67(4)466-72.
22. Hua S. Advances in nanoparticulate drug delivery approaches for sublingual and buccal administration. Front Pharmacol. 2019; 10:article1328.
23. Kaminsky BM, Bostwick JR, Guthrie SK. Alternate routes of administration of antidepressant and antipsychotic medications. Ann Pharmacother. 2015; 49(7):808-17.

24. de Boer AG, Moolenaar F, de Leede LG, Breimer DD. Rectal drug administration: clinical pharmacokinetic considerations. Clin Pharmacokinet. 1982; 7(4):285-311.
25. de Boer AG, Breimer DD, Gubbens-Stibbe JM, Bosma A. First--pass elimination of salicylamide in man following oral and rectal administration. Biopharm Drug Dispos. 1983; 4(4):321-30.
26. van Hoogdalem E, de Boer AG, Breimer DD. Pharmacokinetics of rectal drug administration, Part I. General considerations and clinical applications of centrally acting drugs. Clin Pharmacokinet. 1991; 21(1):11-26.
27. Moreira AELC, Arie S, Costa EL, Campos LFA, Soares PR, Garcia DP. Ação do mononitrato-5 de isossorbida sublingual durante cinecoronariografia. Comparação com o uso de nitroglicerina sublingual. Arq Bras Cardiol. 1997; 69(4):247-50.
28. Mathias NR, Hussain MA. Non-invasive systemic drug delivery: development considerations for alternate routes of administration. J Pharm Sci. 2010; 99(1):1-20.
29. Allen Jr LV, Popovich NG, Ansel HC. Formas farmacêuticas e sistemas de liberação de fármacos. 9.ed. Porto Alegre: Artmed, 2013.
30. Wong J, Brugger A, Khare A, Chaubal M, Papadopoulos P, Rabonow B et al. Suspensions for intravenous (IV) injection: a review of development, preclinical and clinical aspects. Adv Drug Deliv Rev. 2008; 60(8):939-54.
31. Cocoman A, Murray J. Intramuscular injections: a review of best practice for mental health nurses. J. Psychiatr Ment Health Nurs. 2008; 15(5):424-34.
32. Ruiz ME, Montoto SS. Routes of drug administration. In: Talevi A, Quiroga PAM (eds). ADME processes in pharmaceutical sciences: dosage, design, and pharmacotherapy success. Gewerbestrasse: Springer Nature, 2018.
33. Burkhardt JK, Riina HA, Shin BJ, Moliterno JA, Hofstetter CP, Boockvar JA. Intra-arterial chemotherapy for malignant gliomas: a critical analysis. Interv Neuroradiol. 2011; 17(3):286-95.
34. Lochhead JJ, Thorne RG. Intranasal delivery of biologics to the central nervous system. Adv Drug Del Rev. 2012; 64(7):614-28.
35. Pignatari SSN, Anselmo-Lima WT. Tratado de otorrinolaringologia. 3.ed. Rio de Janeiro, Elsevier, 2018.
36. Oliveira P, Fortuna A, Alves G, Falcão A. Drug-metabolizing enzymes and efflux transportes in nasal epithelium: influence on the bioavailability of intranasally administered drugs. Curr Drug Metab. 2016; 17(7):628-47.
37. Rojas H, Ritter C, Pizzol FD. Mecanismos de disfunção da barreira hematoencefálica no paciente criticamente enfermo: ênfase no papel das metaloproteinases de matriz. Rev Bras Ter Intensiva. 2011; 23(2):222-7.
38. Ray L, Iliff JJ, Heys JJ. Analysis of convective and diffusive transport in the brain interstitium. Fluids Barriers CNS. 2019; 16(1):6.
39. Cipolla D. Will pulmonar drug delivery for systemic application ever fulfill its rich promise? Expert Opin Drug Del. 2016; 13(10):1337-40.
40. Ruela ALM, Perissinato AG, Lino MÊS, Mudrik PS, Pereira GR. Evaluation of skin absorption of drugs from topical and transdermal formulations. Braz J Pharm Sci. 2016; 53(3):527-44.
41. Pyo SM, Maibach HI. Skin metabolism: relevance of skin enzymes for rational drug design. Skin Pharmacol Physiol. 2019; 32(5):283-93.
42. Bäsler K, Bergamann S, Heisig M, Naegel A, Zorn-Kruppa M, Brandner JM. The role of tight junctions in skin barrier function and dermal adsorption. J Control Rel. 2016; 242:105-18.
43. Bermar KCO. Farmacotécnica: técnicas de manipulação de medicamentos. São Paulo, Érica, 2014.
44. Barar J, Javadzadeh AR, Omidi Y. Ocular novel drug delivery: impacts of membranes and barriers. Expert Opin Drug Deliv. 2008; 5(5):567-81.
45. Mannermaa E, Vellonen KS, Urtti A. Drug transport in corneal epithelium and blood-retina barrier: emerging role of the transportes in ocular pharmacokinetics. Adv Drug Deliv Rev. 2006; 58(11):1136-63.
46. Argikar UA, Dumouchel JL, Kramlinger VM, Cirello AL, Gunduz M, Dunne CE et al. Do we need to study metabolism and distribution in the eye: why, when, and are we there yet? J Pharm Sci. 2017; 106(9):2276-81.
47. Cirello AL, Dumouchell JL, Gunduz M, Dunne CE, Argikar UA. In vitro ocular metabolism and bioactivation of ketoconazole in rat, rabbit and human. Drug Metab Pharmacokinet. 2017; 32(2):121-6.
48. Gote V, Sikder S, Sicotte J, Pal D. Ocular drug delivery: presente innovations and future challenges. J Pharmacol Exp Ther. 2019; 370(3):602-24.
49. Agrahari V, Mandal A, Agrahari V, Trinh HM, Joseph M, Ray A et al. A comprehensive insight on ocular pharmacokinetics. Drug Deliv Transl Res. 2016; 6(6):735-54.
50. Major I, McConville C. Vaginal drug delivery for the localised treatment of cervical câncer. Drug Deliv Transl Res. 2017; 7(6):817-28.
51. Caramella CM, Rossi S, Ferrari F, Bonferoni MC, Sandri G. Mucoadhesive and thermogelling systems for vaginal drug delivery. Adv Drug Deliv Rev. 2015; 92:39-52.
52. Hussain A, Ahsan F. The vagina as a route for systemic drug delivery. J Control Rel. 2005; 103(2):301-13.
53. Palmeira-de-Oliveira R, Palmeira-de-Oliveira A, Martinez-de--Oliveira J. New strategies for local treatment of vaginal infections. Adv Drud Del Rev. 2015; 92:105-22.
54. Machado RM, Palmeira-de-Oliveira A, Martinez-de-Oliveira J, Palmeira-de-Oliveira R. Vaginal semisolid products: technological performance considering physiologic parameters. Eur J Pharm Sci. 2017; 109:556-68.
55. Weissmann-Brenner A, Bayevsky T, Yoles I. Compliance to vaginal treatment – tablets versus cream: a retrospective 9 years study. Menopause. 2017; 24(1):73-6.

CAPÍTULO 4

Fase farmacocinética

Wanda Pereira Almeida
Roberto Parise Filho

INTRODUÇÃO

A administração oral de um medicamento implica uma série de etapas até que o fármaco possa chegar a seu local de ação. Essas etapas estão esquematizadas na Figura 1, considerando uma forma farmacêutica sólida, por exemplo, um comprimido.

Na fase farmacêutica, os processos de desintegração e desagregação permitem a liberação do princípio ativo. Essas etapas dependem basicamente da forma farmacêutica. Um vez liberado, o princípio ativo deverá ser solubilizado no trato gastrintestinal para que ocorra a absorção. Uma vez absorvido, o fármaco é transportado até o fígado através do sistema porta, chegando ao coração pela veia cava. A pequena circulação transporta o fármaco até o pulmão, retornando ao coração, e a partir deste órgão ocorre a distribuição para que o tecido-alvo seja atingido para exercer o seu efeito. Ao longo desse percurso o fármaco pode sofrer uma série de reações de biotransformação, mediada por enzimas localizadas nos vários sítios, principalmente no fígado. O metabolismo pode inativar o fármaco, torná-lo mais ou menos ativo, ou até mesmo tóxico. O processo de eliminação pode ocorrer principalmente através do sistema urinário.

Com exceção da fase farmacêutica, é importante destacar que, embora a absorção, a distribuição, o metabolismo e a excreção sejam geralmente apresentados nessa ordem, isso não implica eventos necessariamente sequenciais. Por exemplo, fármacos que têm em sua estrutura grupamentos éster, amida e carbamatos são suscetíveis à hidrólise, mediada por enzimas do trato gastrintestinal, ou seja, antes de ser absorvido.[1] A lidocaína é um exemplo de fármaco que é inativado quando administrado por via oral.

A farmacocinética estuda como a concentração de um fármaco ou metabólitos varia com o tempo no organismo. Esse comportamento é medido por meio dos parâmetros farmacocinéticos – volume de distribuição (V_D), *clearance* ou depuração (C_L), tempo de meia-vida

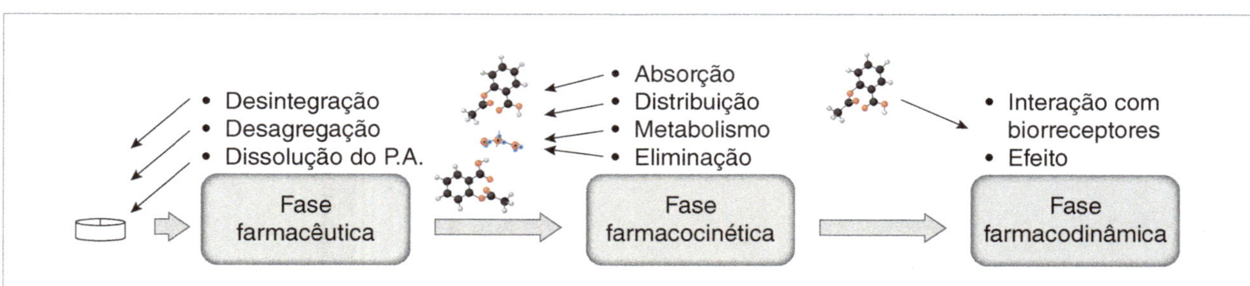

FIGURA 1 Fases da ação biológica, identificando os processos relacionados a cada uma delas: desintegração da forma farmacêutica e desagregação para liberação e dissolução do princípio ativo (fase farmacêutica); absorção, distribuição, metabolização e eliminação (fase farmacocinética), e posterior interação do fármaco com o seu biorreceptor e subsequente efeito farmacológico (fase farmacodinâmica).

($t_{1/2}$), área sobre a curva (AUC), concentração máxima ($C_{máx}$) e biodisponibilidade (Bd). Não é objetivo deste capítulo discutir esses parâmetros, mas é importante destacar que eles são bastante dependentes dos processos de absorção, distribuição, metabolismo e eliminação já citados. Esse perfil farmacocinético é resultante das propriedades físico-químicas do próprio fármaco e do ambiente em que ele se encontra.

As seções subsequentes serão destinadas à discussão dos fatores que afetam a fase farmacocinética.

ABSORÇÃO

A absorção é o processo pelo qual as moléculas dissolvidas do fármaco passam de um ambiente para outro, através de uma membrana biológica. O processo pode ser influenciado tanto por fatores relativos ao indivíduo quanto por outros relacionados ao fármaco. Considerando que há um capítulo dedicado às interações medicamentosas, o efeito de um fármaco sobre a absorção de outro não será discutido neste capítulo.

Fatores inerentes ao indivíduo

Os principais são: idade, estados patológicos e nutricional. Para um indivíduo idoso, a principal alteração se refere ao esvaziamento gástrico, que é mais lento, mas em geral não chega a impactar profundamente a absorção de fármacos. Entretanto, para os idosos que têm o hábito de se automedicar, principalmente com antiácidos e laxantes, a taxa de absorção pode alterar de forma significativa.[2] No caso de neonatos e crianças, pode haver grande variação na absorção, quando comparados a adultos. Os parâmetros responsáveis por essa variação são as diferenças de pH, que é mais alto logo após o nascimento, e diminui para 1-3, e a permeabilidade intestinal, que é mais alta do que a de um adulto.[3]

A existência de patologias que alteram a integridade das membranas, como lesões e tumores, também alteram a absorção. No caso de tumores, o efeito sobre a absorção depende do tipo. As doenças inflamatórias intestinais, como a doença de Crohn, a intolerância a glúten (doença celíaca) e lactose quando não diagnosticadas e controladas, além das infecções intestinais que provocam diarreias, contribuem para a diminuição da absorção de fármacos, dependendo da duração desses sintomas.[4]

A presença e o tipo de alimento ingerido impactam a absorção de fármacos de várias maneiras. A viscosidade do conteúdo do lúmen pode aumentar em virtude da presença do alimento e, consequentemente, o tempo de esvaziamento gástrico. O pH gástrico e o intestinal podem ser alterados pelo tipo de alimento e, dependendo do pKa do fármaco, a concentração de formas ionizadas poderá ser mais alta em comparação com a administração do fármaco em jejum, o que diminui a taxa de absorção.[5]

Fatores inerentes ao fármaco

A absorção intestinal pode ocorrer por permeação passiva ou captação, ou por transporte ativo, dependendo das características físico-químicas do fármaco. Embora a composição, tamanho do poro e composição da membrana epitelial sejam variáveis ao longo do TGI, de maneira geral, moléculas hidrofóbicas podem penetrar a membrana intestinal, enquanto as mais polares, dependendo do seu tamanho e carga, tendem a ser absorvidas na porção superior do intestino delgado.[6] O tamanho da molécula é um fator que poderá determinar o mecanismo pelo qual ela é absorvida. Moléculas pequenas e sem carga, polares ou não, podem passar através da membrana por difusão passiva, ao contrário de moléculas grandes, que estão limitadas a passar através da membrana por endocitose.

Absorção, pKa e solubilidade

A maioria dos fármacos é um ácido ou base fraca e o seu percentual de ionização depende do seu pKa e do pH do meio, impactando tanto a hidrossolubilidade quanto a permeabilidade. A solubilidade de uma substância é decorrente da solubilidade intrínseca das formas moleculares (não ionizadas) e das formas ionizadas, que, por serem mais polares, favorecem a interação com a água. A dissolução do fármaco tem impacto na absorção porque a quantidade de moléculas que estarão disponíveis na superfície celular, por unidade de tempo, será maior, afetando diretamente a biodisponibilidade oral. De maneira simplificada, a dissolução aumenta o fluxo de moléculas para o epitélio, a fim de possibilitar a absorção.

A solubilização de uma substância em água depende de vários fatores: concentração, energia de rede cristalina, quiralidade, tamanho e forma, mas, principalmente, da existência de grupos polares capazes de interagir com moléculas de água, por meio de ligações de hidrogênio e interações iônicas. Entretanto, no processo de desenvolvimento de um candidato a fármaco é importante lembrar que a presença de grupos polares, que por um lado aumenta a solubilidade e por outro diminui a lipofilicidade, pode dificultar a passagem pelas membranas biológicas. Essa observação exige do pesquisador uma busca pelo equilíbrio entre essas duas propriedades: solubilidade *versus* permeabilidade.

O trato gastrintestinal é um ambiente dinâmico no que se refere ao pH. Na condição de jejum, o pH gástrico é bem baixo (1-3), podendo chegar a 6 na presença de alimentos. Sujeito ao contato com o conteúdo gástrico após o esvaziamento, o pH no duodeno pode ser em torno de 6, porém esse valor vai aumentando até cerca de 8, no jejuno-íleo.[6]

Fármacos de caráter ácido podem ser parcialmente absorvidos no estômago em função de, no pH ácido, haver uma concentração maior de formas não ionizadas. Entretanto, tanto o tempo de permanência do fármaco no estômago, quanto a superfície de absorção desse órgão, são menores do que no intestino. Para fármacos de caráter básico, o estômago seria um sítio menos favorável para sua absorção, em função da maior ionização em seu pH ácido. Já no intestino, haveria a predominância de formas não ionizadas, favorecendo a absorção do fármaco. De forma global, o intestino é de fato o principal sítio de absorção.

Uma questão importante no que se refere à ionização é como as formas ionizadas são absorvidas. Considere a equação de ionização de um fármaco ácido (Equação 1, na Figura 2), na qual é possível visualizar o equilíbrio entre a forma não ionizada (HA) e a ionizada (A^-). A primeira é absorvida por difusão passiva, enquanto a segunda, se considerarmos apenas a sua afinidade pela membrana do epitélio (lipofílica), não seria absorvida. Entretanto, dois fatores atuarão sobre o seu processo de absorção: a existência de mecanismos de transporte ativo, com consumo de energia, e as leis que regem um equilíbrio químico. À medida que as formas não ionizadas vão sendo absorvidas, a sua concentração no meio extracelular fica menor e o equilíbrio é deslocado no sentido da formação, ou seja, o "produto", que corresponderia à forma ionizada é convertido em forma não ionizada para restabelecer o equilíbrio.

Absorção e coeficiente de partição

A lipofilicidade, compreendida como a tendência de uma substância de particionar entre uma matriz não polar e uma aquosa, tem um grande impacto sobre a farmacocinética de um fármaco. Essa propriedade, medida ou calculada, é comumente expressa pelo logaritmo do coeficiente de partição (Log P) de uma substância entre uma fase orgânica e uma aquosa, conforme a Equação 2, onde $[F]_o$ e $[F]_{aq}$ correspondem às concentrações do fármaco na fase orgânica e aquosa, respectivamente.

Equação 2

$$\text{Log P} = \frac{[F]_O}{[F]_{aq}}$$

Quanto maior o valor, maior afinidade do fármaco pela fase orgânica, o que pode ser traduzido por maior tendência em atravessar membranas lipofílicas, o que tem um impacto positivo sobre a absorção. Entretanto, esse parâmetro, na forma como está expresso,

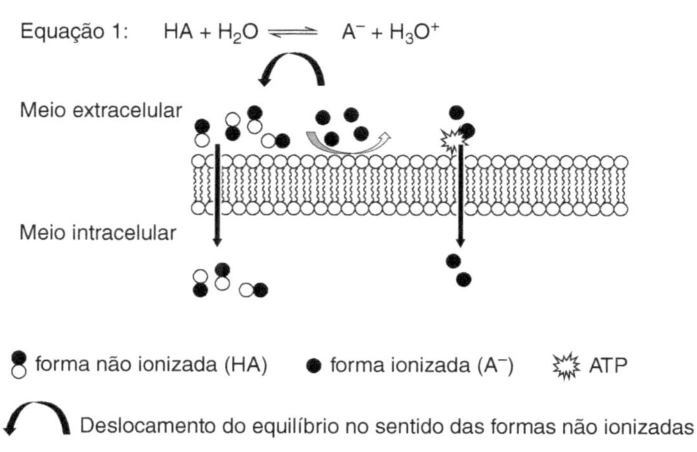

FIGURA 2 O processo de absorção de fármacos ionizáveis, esquematizado para um fármaco ácido, indicando a absorção de formas não ionizadas (HA) por difusão passiva, e o deslocamento do equilíbrio no sentido de sua formação em virtude do gradiente de concentração. As formas ionizadas (A-) podem também ser transportadas com consumo de energia (ATP).

não contempla a contribuição de formas ionizadas para os fármacos ácidos ou básicos. A presença dessas formas, ainda que em equilíbrio, leva a uma menor afinidade com a superfície de absorção, uma vez que se trata de estruturas polares. O conceito de coeficiente de distribuição (Log D) foi introduzido para contabilizar a contribuição dessas espécies, tornando-se o parâmetro mais indicado para expressar a lipofilicidade, em determinado pH. Em outras palavras, se um fármaco é ionizável (ácido ou básico), a partição dele para a fase aquosa será dependente do pH. A Figura 3 representa o processo de partição de um fármaco ionizado.

O valor de Log D no pH 7,4 (Log $D_{7,4}$) pode ser considerado como parâmetro para predição da permeabilidade e solubilidade de um fármaco ou candidato. A Tabela 1 mostra a relação entre Log D, permeabilidade e solubilidade, e seu impacto sobre a absorção. A absorção de substâncias com valores muito baixos de Log D (<1) é muito baixa porque, embora a solubilidade seja alta, a permeabilidade é baixa. A faixa de 1 a 3 é considerada a faixa ideal[6] em virtude de um equilíbrio entre permeabilidade e solubilidade, resultando na absorção adequada para uma boa biodisponibilidade. Na faixa de 3 a 5, a permeabilidade é boa, porém a solubilidade é baixa, resultando em uma absorção baixa a média, para valores muito próximos a 3. Já as substâncias com Log D > 5, são muito lipofílicas e com baixa solubilidade, comprometendo a sua absorção.

DISTRIBUIÇÃO

O volume de distribuição aparente (Vd) indica a razão entre a quantidade de fármaco no plasma (QP) e a quantidade total no organismo (C) e é o parâmetro que pode ser utilizado para medir a distribuição. Volumes de distribuição muito baixos indicam que a maior parte da dose do fármaco se encontra no sangue e não nos tecidos.

As moléculas de um fármaco são levadas aos tecidos pelo sistema circulatório, ligados, em sua maioria, a proteínas plasmáticas; e sua passagem dos capilares para os tecidos depende da dissociação do complexo fármaco-proteína (Figura 4). Esse processo é um equilíbrio dinâmico no qual, à medida que o fármaco passa para os tecidos, o complexo se dissocia gerando o fármaco livre. Assim, a ligação à proteína funciona como um processo que regula a liberação do fármaco para o tecido-alvo e, consequentemente, o seu efeito, principalmente se o fármaco se liga fortemente à proteína.

As principais proteínas envolvidas no transporte de fármacos são a albumina e α_1-glicoproteína ácida (orosomucoide).

A distribuição é afetada por alterações na concentração de proteínas séricas e no volume de água extra-

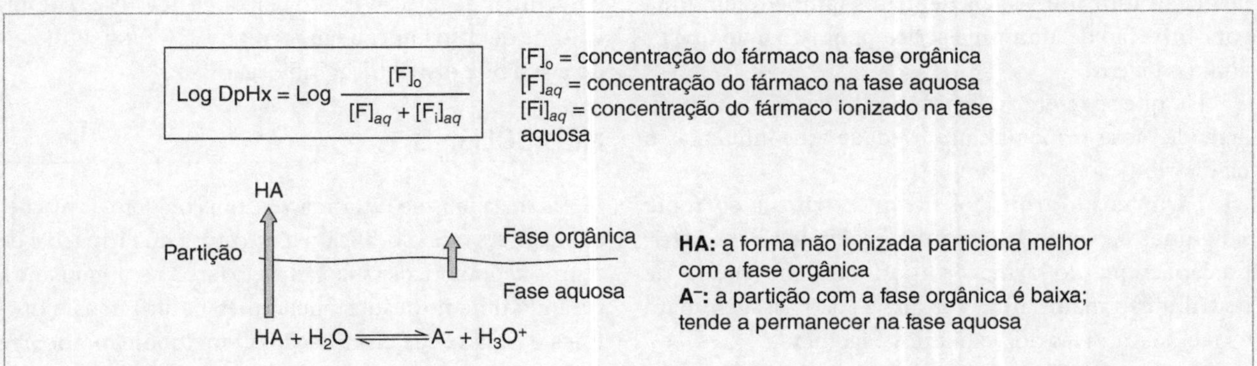

FIGURA 3 Na parte superior da figura, fórmula para o cálculo de Log D em determinado pH, indicando no denominador da fração a contribuição do fármaco ionizado na fase aquosa (Fi). Na parte inferior, esquema da partição de um fármaco F ionizável.

TABELA 1 Relação entre o coeficiente de distribuição no pH 7,4, permeabilidade, solubilidade e seu impacto na absorção

Faixa de Log D7,4	Permeabilidade	Solubilidade	Absorção
<1	Muito baixa	Alta	Baixa
1 < Log $D_{7,4}$ < 3	Adequada	Adequada	Adequada
3 < Log $D_{7,4}$ < 5	Média – Alta	Baixa	Média
Log $D_{7,4}$ > 5	Alta	Baixa	Baixa

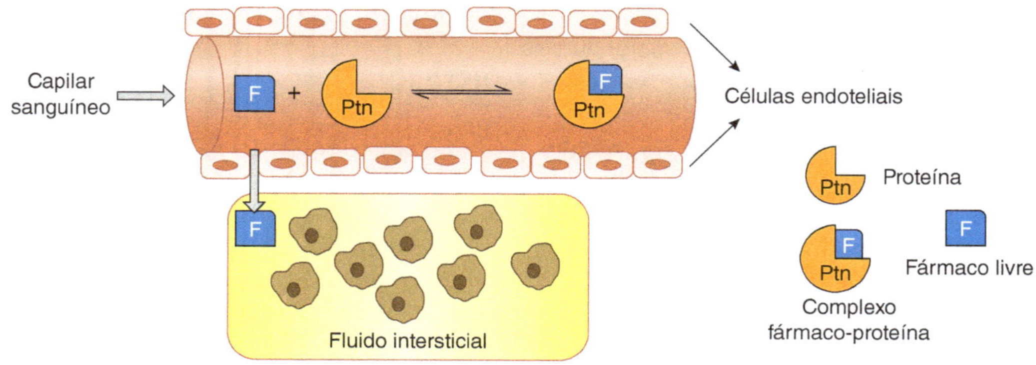

FIGURA 4 Representação esquemática do comportamento do fármaco no capilar. A fração ligada à proteína não passa para o líquido intersticial. Apenas o fármaco livre atravessa o endotélio, alcançando o tecido-alvo.

celular. Indivíduos idosos (60-80 anos) têm uma redução de 10-15% na concentração da albumina, em relação a adultos jovens (20-30 anos), porém, um aumento na concentração da orosomucoide.[2] Essas alterações podem exigir ajuste na dose desses fármacos ou troca da medicação. Para os neonatos, o volume de água extracelular corresponde a 40% do peso corporal, enquanto no adulto corresponde a aproximadamente 20%. Esse maior volume extracelular amplia a distribuição de fármacos para os tecidos, sendo particularmente importante para fármacos hidrofílicos. Os neonatos também têm uma concentração de albumina sérica mais baixa do que os adultos jovens.

No que se refere ao fármaco, a ionização e a lipofilicidade são as principais propriedades que influenciam na distribuição.

Fármacos hidrofílicos ficam restritos à corrente sanguínea e, portanto, têm um baixo volume de distribuição, enquanto fármacos lipofílicos têm volume de distribuição maior, uma vez que a sua passagem para os tecidos, através dos capilares, é facilitada.

A albumina é a proteína plasmática mais abundante e pelo menos três sítios de ligação a fármacos são reconhecidos. A sua estrutura primária apresenta numerosos resíduos de lisina, um aminoácido básico que, em função do pH plasmático, encontra-se preferencialmente ionizado, criando assim um ambiente carregado positivamente. Embora não seja uma regra, fármacos de caráter ácido podem se ligar a esse sítio, como a varfarina, o diclofenaco e o ácido valproico, com valores de pKa 5, 4,2 e 4,8, respectivamente. A albumina também se liga a fármacos neutros, por exemplo, o diazepam.[7]

A glicoproteína ácida ou orosomucoide é significativamente menos abundante que a albumina e, ao contrário desta, tem afinidade por substâncias de caráter básico.[8] Alguns exemplos conhecidos são a (-)-cloroquina e imipramina, com valores de pKa (ácido conjugado) de 10,1 e 9,1, respectivamente.

Fármacos fortemente ligados, assim como o anticoagulante oral varfarina (99% de ligação à albumina), tendem a ter um volume de distribuição baixo, ou seja, tendem a permanecer no plasma. Já a cloroquina, cujo percentual de ligação está na faixa de 46-74%, tem um volume de distribuição em torno de 230 L/kg, indicando a sua boa distribuição no organismo.[9]

METABOLISMO

O metabolismo de fármacos é um conjunto de reações enzimáticas que modificam a estrutura do fármaco e de outros xenobióticos (substância externa ao organismo), gerando uma nova substância (metabólito) mais hidrofílica e passível de eliminação. O metabolismo ocorre primariamente no fígado, mas pode acontecer também em sítios extra-hepáticos, incluindo intestino (lúmen e mucosa), rins, pulmão, tecido nervoso e plasma.

O metabolismo é dividido em duas fases: a fase I, conhecida também como biofase, e a fase II, denominada conjugação. A Figura 5 apresenta um esquema da metabolização de um fármaco. Na fase I, a estrutura é modificada, por reações de oxidação, redução ou hidrólise, formando uma nova substância de caráter mais polar (metabólito). Esse metabólito, se for suficientemente hidrofílico, pode ser eliminado diretamente, mas,

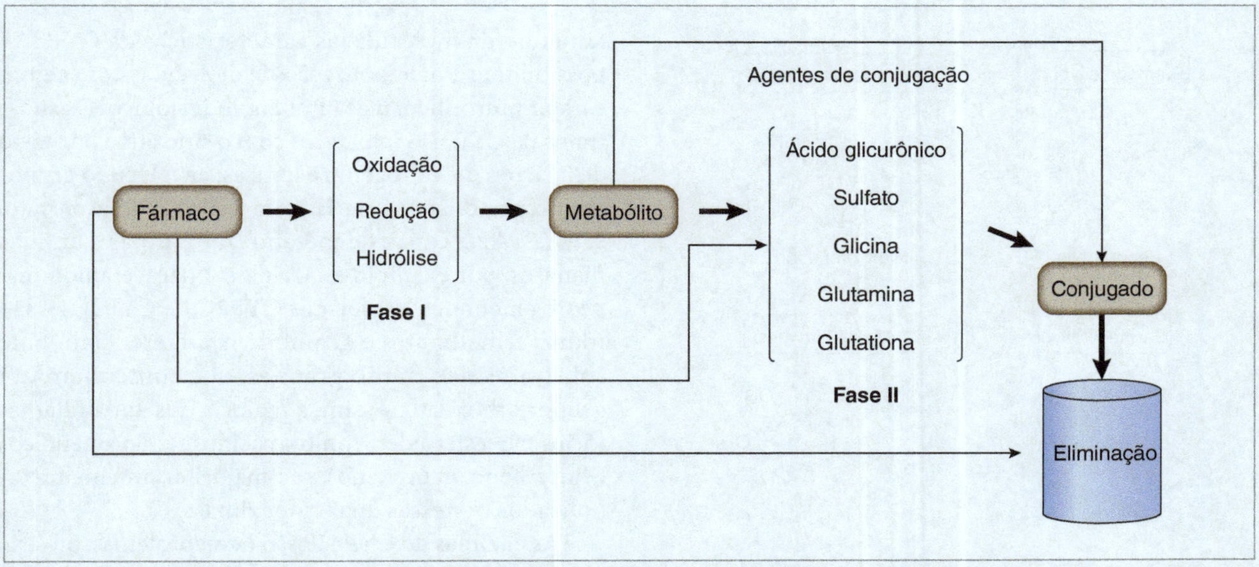

FIGURA 5 Esquema geral da metabolização de um fármaco: passagem pelas fases I e II; formação de um conjugado polar que é eliminado. Alguns fármacos são eliminados diretamente, assim como alguns metabólitos da Fase I.

na grande maioria dos casos, reage com agentes de conjugação, cuja função é transformar esse metabólito em um conjugado, que é muito hidrofílico, para ser eliminado. Há casos em que o fármaco já possui um grupamento funcional suscetível à conjugação, e, assim, não passa pela fase I. Embora não seja comum, alguns fármacos podem ser diretamente eliminados, por exemplo, o atenolol – um bloqueador β_1 de segunda geração, que é cerca de 90% eliminado sem metabolização.

A biotransformação de um fármaco pode acarretar diferentes efeitos na atividade biológica. A Figura 6 apresenta alguns exemplos. O metabólito formado na Fase I pode ser destituído de atividade, como exemplificado pelo fenobarbital e seu metabólito; pode reter a atividade farmacológica, se a modificação ocorrida em sua estrutura afetar o farmacóforo (diazepam e seu metabólito oxazepam, utilizado em clínica), ou o metabólito formado pode ser tóxico (paracetamol e seu metabólito NAPIQ). Se o xenobiótico for um pró-fármaco, como o antiviral oseltamivir, o fármaco ativo (carboxilato) será formado enzimaticamente na biofase.

Reações de Fase I

A Fase I também é conhecida como a fase das reações de síntese, que são classificadas como: oxidações, reduções e hidrólise. Nessa fase, o fármaco é alterado (transformado) pela introdução ou exposição de grupo funcional, como hidroxila (OH), amina (NH_2 e NH), ácido carboxílico (COOH) e sulfidrila (SH).

Reações de oxidação

As principais reações de Fase I do tipo oxidação podem ser divididas em microssomais e não microssomais, e as primeiras acontecem no retículo endoplasmático dos hepatócitos, por ação das enzimas do complexo citocromo P450 (CYPP450). Esse sistema responde pela maioria das reações de metabolização de xenobióticos, sendo capazes de biotransformar uma variedade de grupos funcionais; e as não microssomais são mais específicas.

Cada uma das isoformas possui uma seletividade diferenciada para xenobióticos com determinadas características estruturais (Tabela 2).

As principais isoformas metabolizadoras de fármacos são as CYP3A4 (lê-se enzima 4, da subfamília A, da família 3 do complexo citocromo), CYP2D6, CYP1A2 e CYP2C9.

As propriedades dos substratos para essas isoenzimas estão relacionadas a características dos seus sítios ativos e topologia da apoproteína. As isoformas que têm seu sítio ativo inserido na membrana só poderão metabolizar substâncias que consigam atravessá-la com certa facilidade. Assim, substratos hidrofílicos serão essencialmente metabolizados por isoformas com sítio ativo mais acessível. A Figura 7 mostra a estrutura química e propriedades dos fármacos citados como exemplos na Tabela 2. A isoforma CYP3A4 metaboliza quase 40% dos xenobióticos conhecidos. Seu sítio ativo acomoda substratos grandes, como o antineoplásico imatinibe. Além de não ter restrições quanto ao

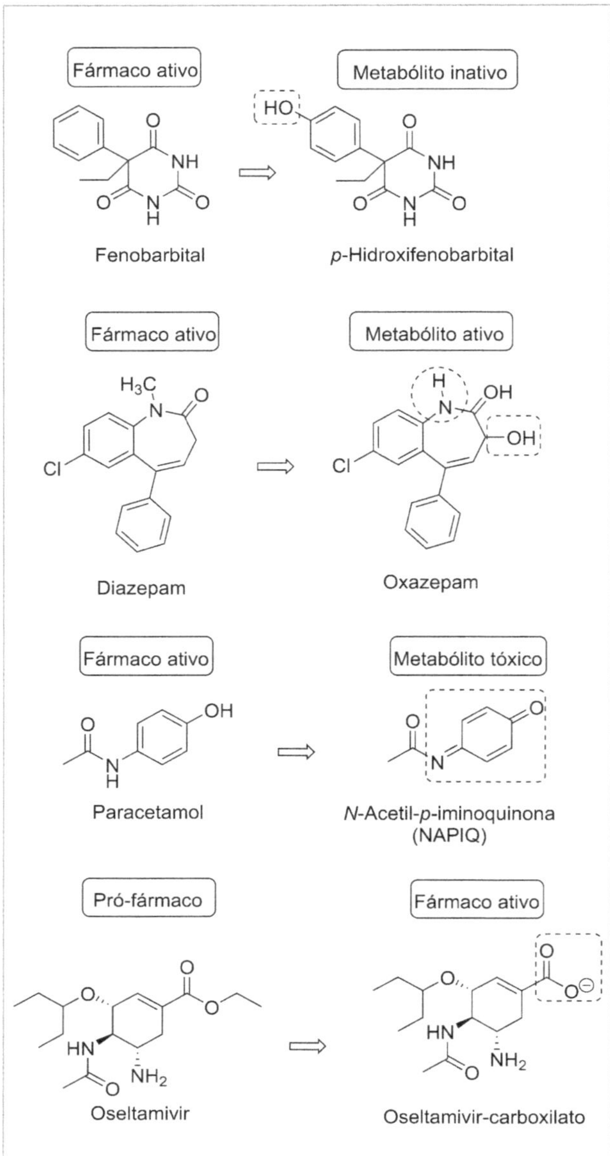

FIGURA 6 Classificação de fármacos e respectivos metabólitos quanto à atividade farmacológica. Em destaque, as modificações estruturais ocorridas na biofase.

TABELA 2 Principais isoformas P450 e especificidade para substratos[6]

Isoformas	Características	Log P	Exemplo
CYP3A4	Moléculas grandes	0,94–7,54	Imatinibe
CYP2D6	Básicas	0,75–5,04	Paroxetina
CYP1A2	Aminas planares e amidas	0,08–3,61	Tacrina, Paracetamol
CYP2C9	Ácidas	0,89–5,18	Ibuprofeno

tamanho da molécula, as características da CYP3A4 possibilitam a metabolização de moléculas com algum caráter hidrofílico, mas também hidrofóbico. Os substratos da CYP2D6 interagem com o sítio ativo por meio de ligações de hidrogênio e iônicas, envolvendo grupos amino protonados no pH 7,4 e um resíduo aspartato. A CYP1A2 é capaz de metabolizar aminas e amidas planares, por exemplo a tacrina e o paracetamol, respectivamente. As isoformas CYP2C9 e CYP2C19 são muito semelhantes e acomodam preferencialmente substratos não muito grandes, que contenham um grupo carboxilato. Assim, a maioria dos anti-inflamatórios não esteroides, como os ácidos fenilpropanoicos (ibuprofeno, naproxeno), são majoritariamente metabolizados por essas duas isoenzimas.

As enzimas do CYP450 são hemeproteínas, ou seja, proteínas cujo grupo prostético é uma porfirina ligada a um átomo de ferro (protoporfirina IX), que se liga à cadeia proteica por meio de um resíduo de cisteína proximal (Figura 8).

O ancoramento do fármaco no sítio ativo da enzima é favorecido por interações entre grupos presentes na estrutura do fármaco e resíduos de aminoácidos específicos de determinada isoforma, conforme representado para uma reação de hidroxilação (Figura 9, *etapa A*). Um dos mecanismos aceitos,[10] propõe que o Fe^{3+} ligado ao heme é inicialmente reduzido a Fe^{2+} por uma NADPH redutase ligada ao CYP (*etapa B*), e depois se liga ao oxigênio molecular (*etapa C*). O peroxi-ânion formado é reduzido (*etapa D*), gerando um superóxido que, por sua vez, sofre uma clivagem heterolítica, formando água (*etapa E*) e a espécie ferril-oxenoide, cujo átomo de oxigênio é altamente eletrofílico e que será transferido para o substrato (*etapa F*). A liberação do metabólito hidroxilado (R-OH) regenera o complexo CYP 450-Fe^{3+} (*etapa G*).

Reações de hidroxilação aromática, alifática e reações de desalquilação

As principais classes de reações de oxidação (Figura 10) são: hidroxilação de anéis aromáticos (a); reações de hidroxilação de cadeias alifáticas (b), e reações de *N*, *O* e *S*-desalquilação (c).

A hidroxilação aromática é favorecida pela presença de grupos doadores de elétrons para o anel e é regiosseletiva, ocorrendo preferencialmente na posição *para* ao grupo doador, conforme exemplificado pela

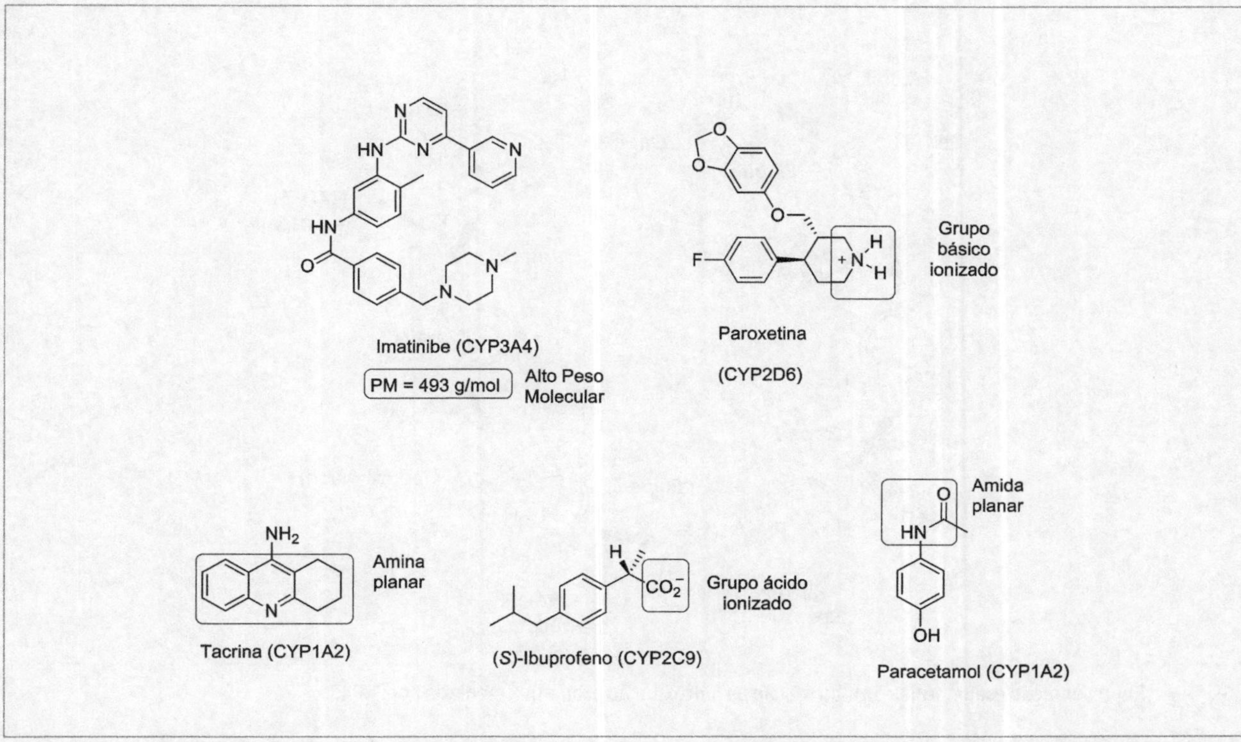

FIGURA 7 Exemplos de fármacos e respectivas isoformas CYP envolvidas na sua metabolização, destacando os grupos diferenciais para a formação do complexo enzima-substrato.

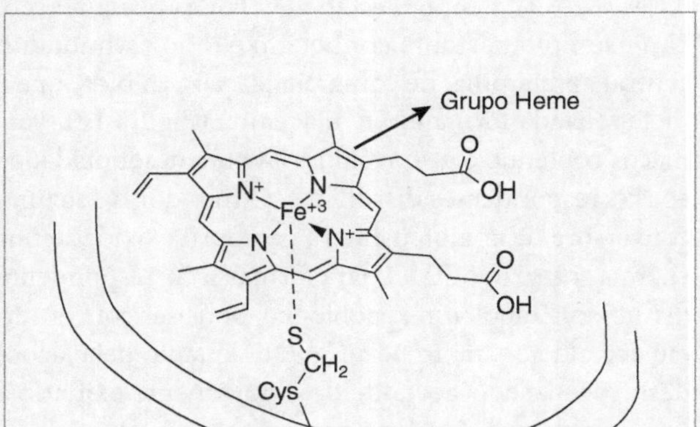

FIGURA 8 Grupo prostético das isoformas CYP450.

hidroxilação do propranolol (Figura 10, *a*): a oxidação ocorre no anel que apresenta o oxigênio como substituinte. O acesso à posição *orto* é dificultado por razões estéricas, embora eletronicamente seja possível. O intermediário dessas reações é um óxido de areno, que pode reagir com nucleófilos, com a glutationa, proteínas e ácidos nucleicos, sendo potencialmente tóxico. Fármacos que contêm anéis aromáticos substituídos com grupos fortemente retiradores de elétrons não sofrem esse tipo de reação.

A formação de álcoois, principalmente secundários, é também uma reação de oxidação bastante comum para sistemas alifáticos. O hipoglicemiante para uso oral glimepirida (Figura 10, *b*) tem como principal metabólito o álcool secundário originado da hidroxilação do grupo cicloexila.

O terceiro grupo de reações de oxidação é o de reações de desalquilação. A perda do grupo alquila ligado a heteroátomos – O, N, S, ocorre pela oxidação do grupo alquila, que sai na forma de um composto carbonilado. Nos exemplos apresentados na Figura 10 (*c*), temos as reações de *N*-desalquilação, *O*- desalquilação e a *S*-desalquilação da imipramina (antidepressivo tricíclico), da prazosina (bloqueador adrenérgico α_1) e da 6-metilmercaptopurina (antineoplásico), respectivamente. Em todos os casos, o grupo metila ligado ao heteroátomo é eliminado na forma de formaldeído. Grupos etila e isopropila também são suscetíveis a essas reações, porém são menos reativos.

A epoxidação é outro tipo de oxidação, classicamente representada pela biotransformação da carbamazepi-

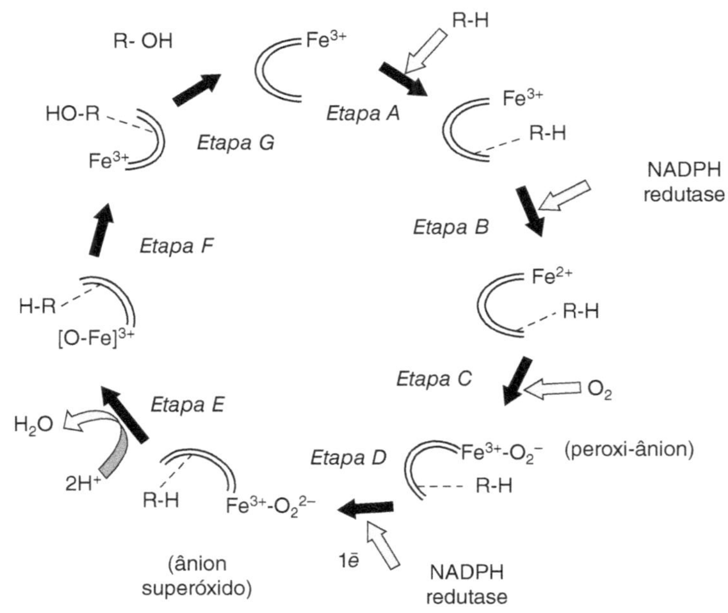

FIGURA 9 Representação esquemática de uma reação de hidroxilação aromática mediada por CYP450.

na, um anticonvulsivante, que é convertida pela CYP3A4 ao correspondente epóxido, um metabólito ativo (*d*).

Além das reações citadas, outras oxidações também são conhecidas, como as exemplificadas na Figura 11; destas, as principais são a *N* e *O*-oxidações (*a*, *b*). O *N*-óxido de clozapina é um importante metabólito desse antipsicótico (*a*), assim como os correspondentes sulfóxidos (*b*) do antiulcerogênico ranitidina e da tioridazina também são metabólitos importantes. A tioridazina é uma fenotiazina utilizada nos estados psicóticos, atuando como antagonista dos receptores dopaminérgicos D1 e D2. A mais importante reação de biotransformação é a de sulfoxidação. O sulfóxido resultante é comercializado por ser mais seletivo para o subtipo D2. Essas reações são catalisadas por isoenzimas do grupo flavinamonoxigenases (FMOs). Essas enzimas são mais específicas que as da CYP450, oxidando nucleófilos moles, sendo nitrogênio e enxofre os mais comuns em fármacos.[11] Elas têm como cofator o NADPH, e a oxidação ocorre pelo ataque nucleofílico do fármaco (grupo amino ou sulfeto) ancorado no seu sítio ativo, a um hidroperóxido formado pela reação entre oxigênio molecular e a flavina.

Outras reações de oxidação

Os grupos amino podem ser removidos e convertidos a cetonas por oxidação por meio de uma reação de desaminação, catalisada, geralmente, pela CYP450. Outras enzimas, no entanto, como as monoamino oxidases (MAO), também estão envolvidas nessa reação. Um exemplo bastante conhecido é o do estimulante central anfetamina, de comercialização proibida, que é metabolizada formando fenilacetona (Figura 12). Fármacos contendo o grupo sulfidrila podem ser oxidados aos correspondentes dissulfetos. O inibidor da enzima conversora da angiotensina II, captopril é oxidado por enzimas do grupo FMO para formar o correspondente dissulfeto. Etanol, um xenobiótico, pode ser convertido em acetaldeído, tanto pela CYP2E1 quanto pela álcool desidrogenase. O acetaldeído é novamente oxidado a acetato por uma desidrogenase mitocondrial.

Reações de redução

As reações de redução podem ser catalisadas por redutases inespecíficas, que reduzem aldeídos e cetonas, ou por redutases específicas: as nitrorredutases e as azorredutases, que reduzem grupos nitro e azo, respectivamente. A Figura 13 apresenta alguns exemplos de reações de redução.

Acetoexamida é uma sulfonilureia de primeira geração, tendo indicação terapêutica como hipoglicemiante oral. A carbonila cetônica é reduzida por uma desidrogenase citosólica, formando a hidroxiexamida, metabólito mais potente que o fármaco. Embora não

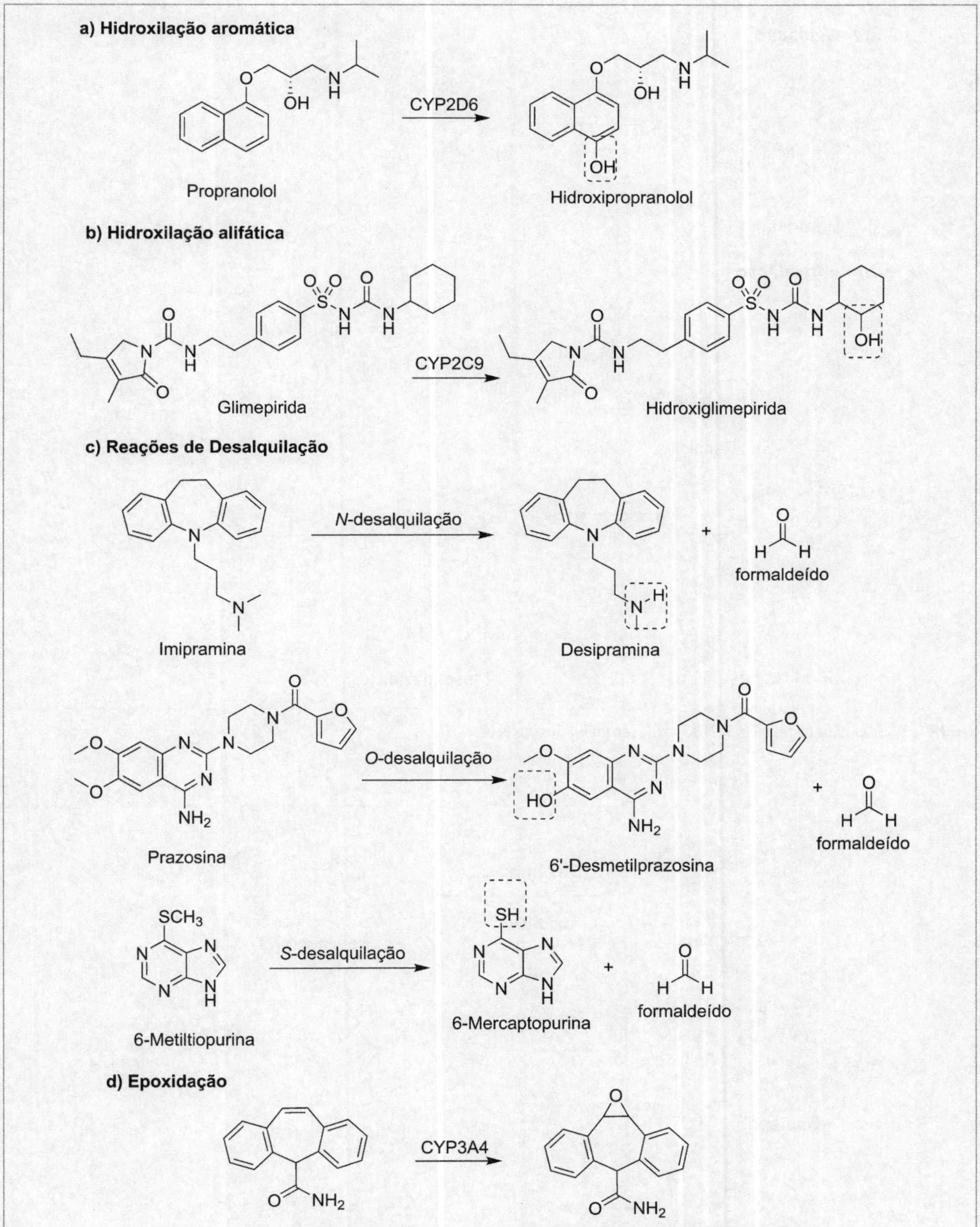

FIGURA 10 Principais reações de oxidação mediadas por CYP450, com destaque para o grupo resultante da metabolização.

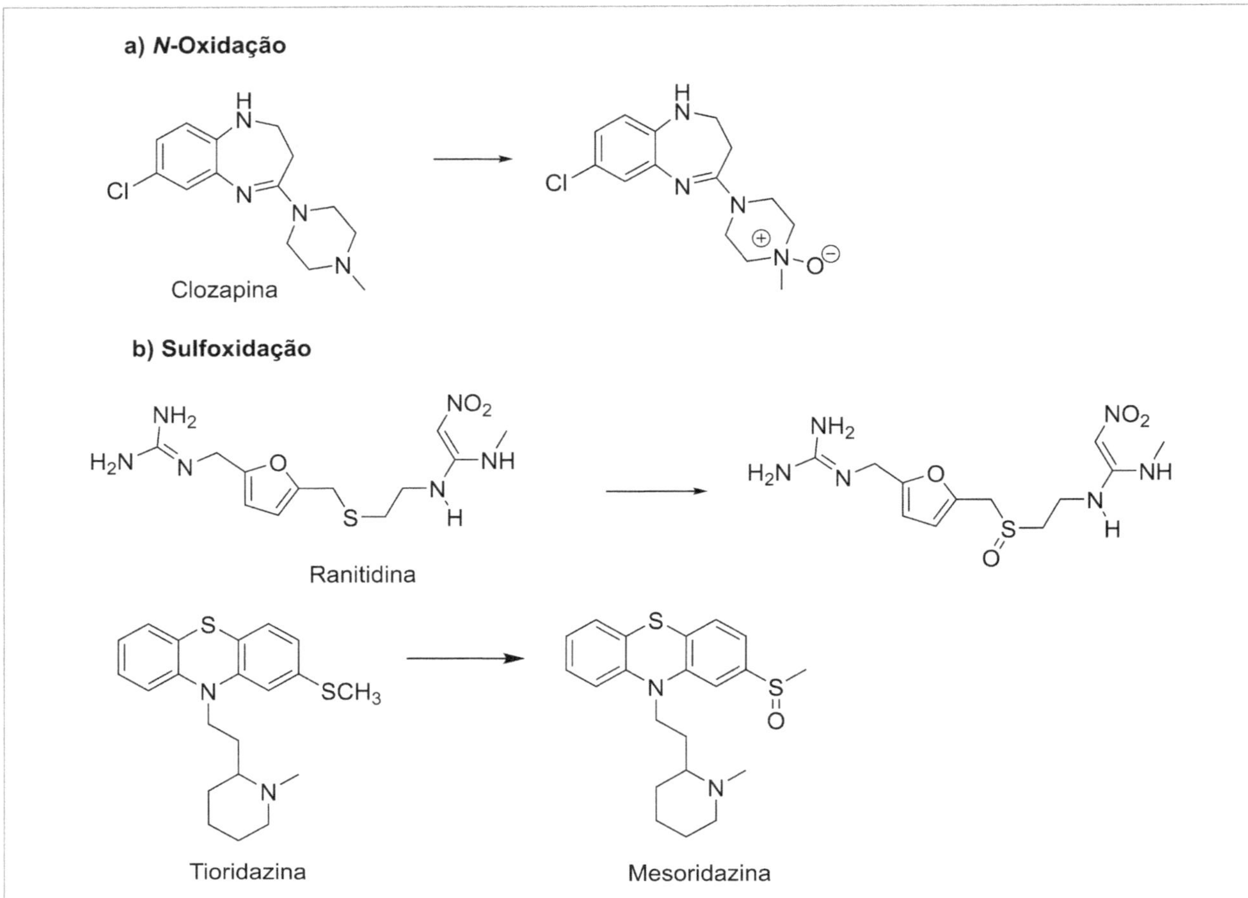

FIGURA 11 Exemplos de reações de *N* e *S*-oxidação mediadas por FMOs.

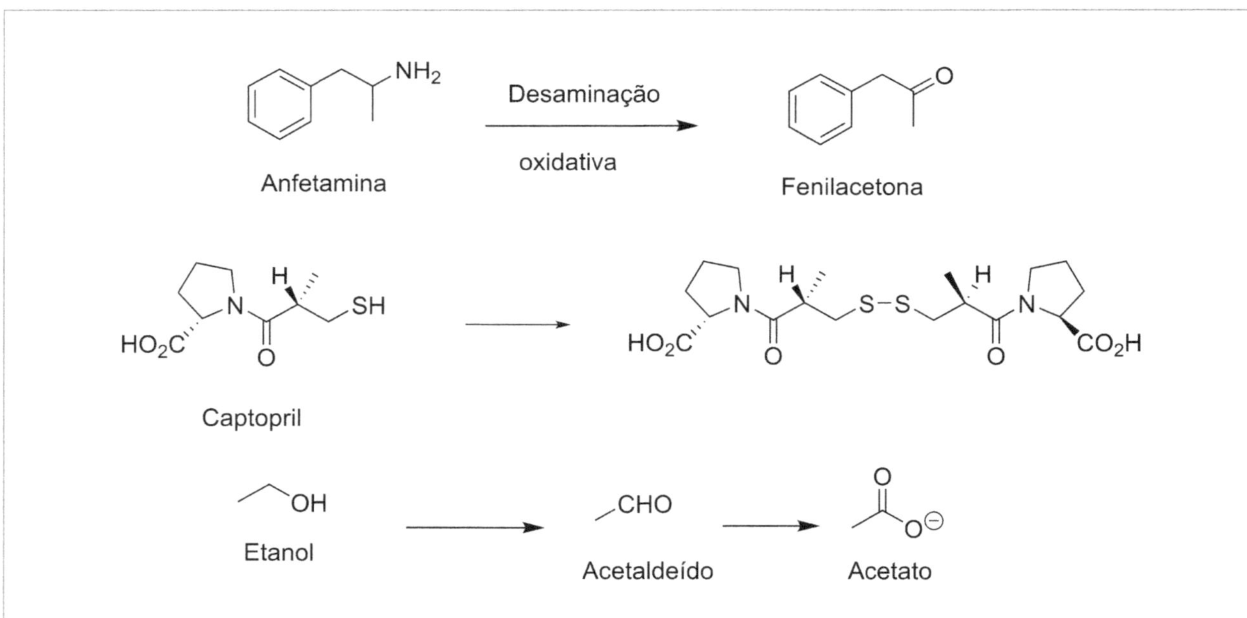

FIGURA 12 Exemplos de outras reações de oxidação.

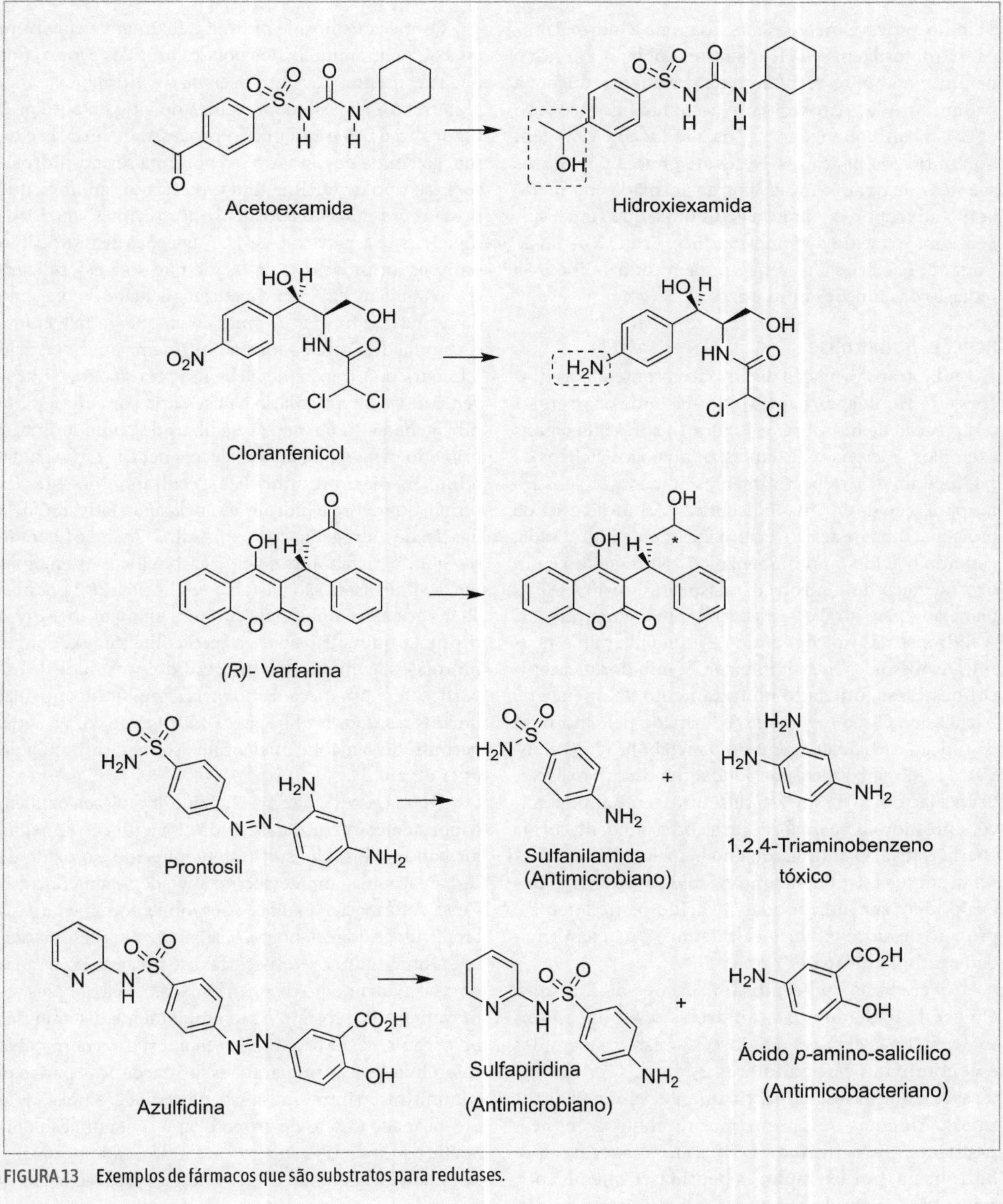

FIGURA 13 Exemplos de fármacos que são substratos para redutases.

seja a via preferencial, a (*R*)-varfarina é metabolizada para formar álcoois diastereoisoméricos inativos resultantes da redução da carbonila cetônica. A redutase não reconhece o isômero (*S*) do anticoagulante, que é comercializado como uma mistura racêmica. O enantiômero (*S*)-varfarina é metabolizado por oxidação. O antimicrobiano cloranfenicol é substrato para uma NADPH-citocromo P450 redutase, que reduz o grupo nitro a amino, provavelmente via nitrosamina e hidroxilamina.[12] Prontosil tem seu efeito antimicrobiano, em razão de um metabólito resultante de uma azorredução, a sulfanilamida. A toxicidade associada ao produto (1,2,4-triaminobenzeno), após a redução e clivagem homolítica da ligação N-N, levou à busca por outros agentes que pudessem ser biotransformados no metabólito ativo, por exemplo, a azulfidina, que gera a sulfapiridina e o ácido *p*-amino-salicílico. Estudos demonstram que bactérias anaeróbias podem contribuir para a redução das funções nitro e azo.

Reações de hidrólise

A biotransformação de fármacos contendo as funções éster, amida, carbamato e imina pode ocorrer por uma reação de hidrólise. A Figura 14 apresenta alguns exemplos. Lactonas e lactamas, os análogos cíclicos de ésteres e amidas, respectivamente, também são substratos para ação de enzimas hidrolíticas. A função éster da procaína, um anestésico local, é facilmente hidrolisada, gerando o ácido *p*-aminobenzoico. O progabido é um pró-fármaco do neurotransmissor inibitório GABA, planejado para atravessar a barreira hematoencefálica. A hidrólise das funções amida e imina liberam o neurotransmissor. A rivastigmina é um inibidor da acetilcolinesterase, utilizado no tratamento da doença de Alzheimer. O seu metabólito é formado pela hidrólise da função carbamato, gerando o metabólito NAP 226-90 e o ácido carbâmico, que pode sofrer descarboxilação. O anel lactônico da sinvastatina, um agente antilipêmico, sofre hidrólise para fornecer a correspondente forma aberta e ativa. O antimicrobiano benzilpenicilina apresenta em sua estrutura a função amida e lactama, e ambas podem ser hidrolisadas. O ácido peniciloico é o produto de hidrólise do anel lactâmico e não tem atividade antimicrobiana.

As enzimas que catalisam reações de hidrólise em geral são denominadas hidrolases. O subconjunto de enzimas capazes de hidrolisar ésteres e amidas é denominado carboxiesterases, mas os termos esterases e amidases, respectivamente, são mais utilizados. Algumas dessas enzimas recebem nomes específicos para indicar o tipo de substrato que hidrolisam, por exemplo, as peptidases que hidrolisam a função amida presente em ligações peptídicas. A classificação dessas depende da região da cadeia que é clivada: endopeptidases (meio da cadeia) e exopeptidases, sendo essas últimas subdivididas em amino e carboxipeptidases, que hidrolisam a cadeia nas porções N e C terminal, respectivamente.

Os mecanismos de hidrólise enzimática envolvem dois ou mais aminoácidos polares próticos e ionizados negativamente, tais como serina, histidina, cisteína, glutâmico e aspártico, presentes no sítio catalítico. A Figura 15 é um esquema do processo de hidrólise da função amida de um fármaco por uma serino-hidrolase. Esse tipo de enzima tem uma tríade catalítica que nessa representação é formada por serina (Ser), histidina (His) e aspártico (Asp). As ligações de hidrogênio entre os aminoácidos da tríade não só a estabilizam como também aumentam a nucleofilicidade do oxigênio da serina. De forma resumida, o ataque do oxigênio à carbonila do fármaco forma o primeiro intermediário tetraédrico. A transferência de um próton para o nitrogênio desse intermediário é necessária para que a parte nitrogenada do fármaco seja liberada como amina, o primeiro metabólito, uma molécula neutra. Em seguida, o intermediário re-hibridiza, resultando no éster da serina, que agora é hidrolisado pela água "ativada" pela ligação de hidrogênio com a histidina. Assim é liberado o segundo metabólito, o ácido carboxílico. As enzimas serino-hidrolases são bastante conhecidas, e é possível citar vários exemplos, tais como as enzimas digestivas tripsina e quimotripsina, e a acetilcolinesterase. Outras hidrolases, como as que utilizam dois resíduos de aspártico, têm um mecanismo mais simplificado, no qual um dos resíduos faz ligação de hidrogênio com a água, permitindo o ataque nucleofílico sobre a carbonila do éster ou amida.

Outra classe de enzima (epóxido-hidrolase), também conhecida como hidratase, hidrolisa a função epóxido, formando dióis. Um substrato conhecido é o óxido de carbamazepina, um metabólito ativo desse anticonvulsivante. A formação do diol correspondente aumenta a hidrofilicidade do metabólito, facilitando a sua eliminação.

Outras hidrolases específicas são bastante exploradas no desenvolvimento de pró-fármacos. As fosfatases removem grupos fosfato e são amplamente distribuídas no organismo. O propofol é um anestésico com baixa solubilidade, e as preparações farmacêuticas para sua administração intravenosa são, na verdade, emulsões. O pró-fármaco fosfato de propofol apresenta uma solubilidade aquosa muito superior e é hidrolisado por fosfatases séricas, liberando o anestésico. Lipases são enzimas que hidrolisam ésteres de ácidos graxos e, assim como as fosfatases, têm sua atividade explorada na liberação de fármacos ativos a partir de pró-fármacos. Um exemplo que pode ser citado é o palmitato de cloranfenicol, que melhora as propriedades organolépticas do fármaco, que é liberado após a hidrólise por lipases intestinais.

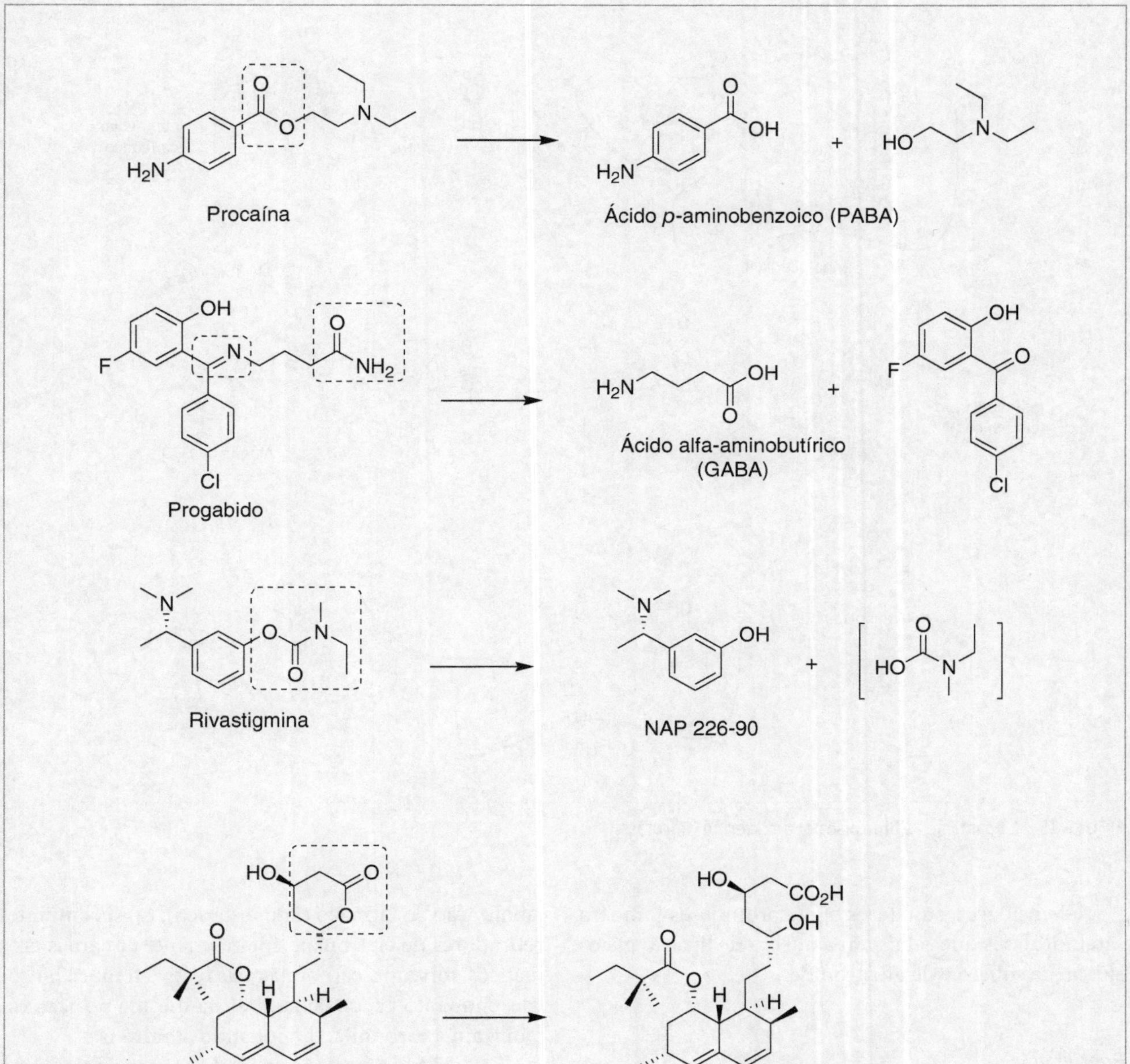

FIGURA 14 Exemplos de fármacos e pró-fármacos metabolizados por hidrólise, com destaque para o grupo funcional hidrolisado e seus metabólitos.

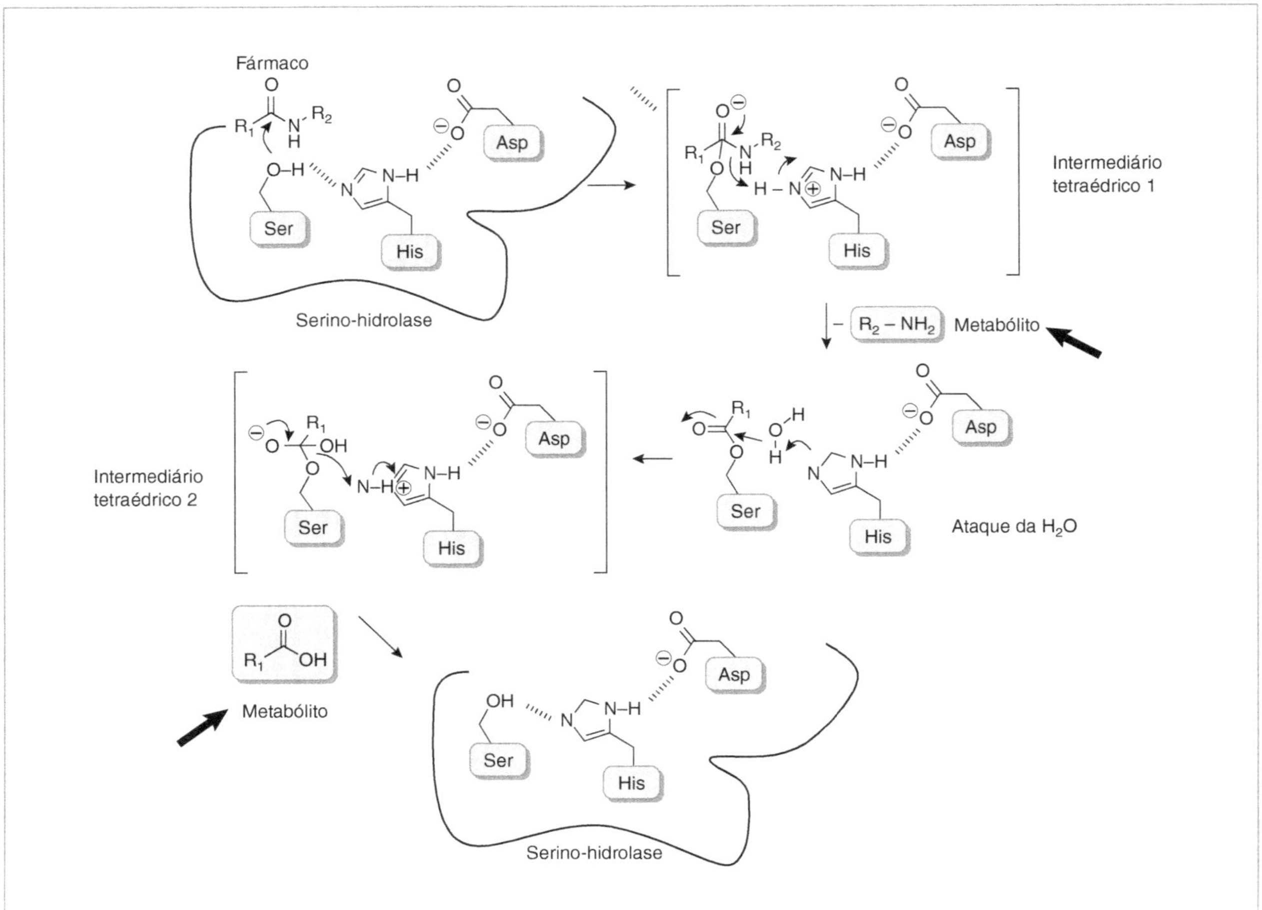

FIGURA 15 Mecanismo de hidrólise por uma serino-hidrolase.

Glicosidases, sulfatases e glucoronidases também são hidrolases que catalisam a quebra de ligação glicosídica, de sulfato e de glicuronídeos.

Reatividade

Fatores estereoeletrônicos podem afetar a biotransformação dos fármacos por hidrólise e alguns padrões gerais de reatividade podem ser postulados:[1,12] (a) fármacos contendo a função éster são melhores substratos para hidrolases do que análogos contendo (a função amida, uma vez que a carbonila desta última é menos eletrofílica; (b) ésteres alifáticos hidrolisam mais facilmente que os correspondentes aromáticos, pelo efeito de conjugação da carbonila com o anel aromático, acontecendo o mesmo com as amidas; (c) a função éster/amida na parte terminal da estrutura é mais facilmente hidrolisada do que no meio da cadeia (fator estérico); (d) substituintes volumosos próximos à carbonila ou ao oxigênio/amina ligados a ela diminuem a taxa de metabolização do fármaco (fator estérico); (e) substituintes retiradores de elétrons, principalmente em anéis aromáticos, tornam a carbonila mais reativa frente à hidrólise, enquanto grupos doadores na mesma posição estabilizam a carbonila, dificultando a hidrólise.

Essas diferenças de reatividade são consideradas no planejamento de análogos estruturais com maior estabilidade e também na seleção do grupo transportador no desenvolvimento de pró-fármacos.

Reações de Fase II

Quando analisamos as reações da Fase I, é possível observar que a biotransformação introduz grupos polares e nucleofílicos na estrutura do xenobiótico, possibilitando que o metabólito participe de reações de conjugação (Fase II). Nessa fase, enzimas da classe das transferases catalisam a reação entre esses metabólitos e resíduos de ácido glicurônico, sulfato, aminoácido (glicina ou glutamina) ou, ainda, glutationa (GSH) na estrutura do fármaco ou metabólito, formando um novo metabólito, conhecido como conjugado, que é mais hidrofílico do que os correspondentes metabólitos formados na biofase, favorecendo a excreção pela urina ou bile. Para uma visão geral do processo, reveja o esquema apresentado na Figura 5. Nos próximos tópicos, serão discutidos alguns detalhes importantes dessas reações de conjugação.

Glicuronidação

Os conjugados conhecidos como glicuronídeos são os mais frequentemente formados, tanto pela disponibilidade do agente de conjugação quanto pelo fato de a espécie reativa ser suscetível à reação com vários tipos de nucleófilos, o que não é verdade para as demais formas de conjugação. A formação do glicuronídeo requer a formação da espécie reativa, que é a uridina-difosfato-ácido glicurônico, mais conhecida pela sigla UDPGA (**u**ridine-5′-**d**i**p**hospho-**g**licuronic **a**cid), e só depois há transferência do resíduo correspondente ao ácido glicurônico para a molécula do fármaco ou metabólito.[13] A formação da espécie reativa está esquematizada na Figura 16. A glicose-6-fosfato, que é a primeira forma ativada da glicose, é convertida sucessivamente em glicose-1-fosfato (G-1-P) e glicosil-uridina-difosfato. A ação de uma desidrogenase solúvel sobre a glicosil-uridina-difosfato (UDPG) leva à formação da espécie reativa, UDPGA. A configuração α do carbono anomérico do anel glicosídico é retida em todos os intermediários que levam ao UDPGA. Entretanto, a reação de conjugação com o substrato ocorre com total inversão de configuração na posição 1, liberando o conjugado e UDP. Uma questão frequentemente levantada pelos estudantes é por que a G-1-P não é diretamente utilizada como eletrófilo, uma vez que o grupo fosfato é um bom grupo de saída. Devemos lembrar que a G-1-P é um intermediário da biossíntese do glicogênio, porém a formação dessa biomacro-

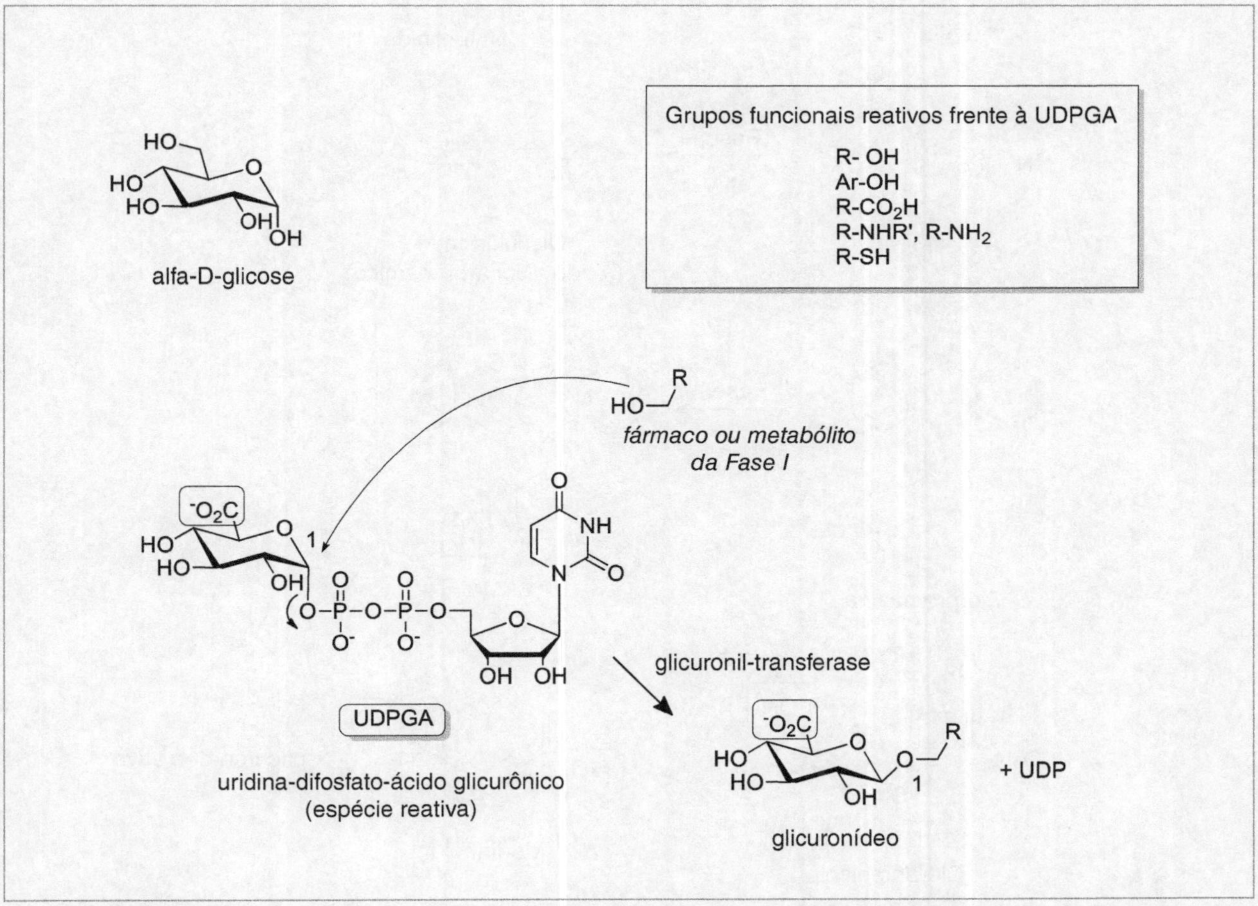

FIGURA 16 Reação da UDPGA e conjugação com um grupo hidroxila de um fármaco ou metabólito hipotético da Fase I. No canto direito da figura estão representados os grupos funcionais reativos à UDPGA.

molécula e fosfato inorgânico, partindo da G-1-P não é termodinamicamente favorável em condições fisiológicas ($\Delta G > 0$), o que exige a inclusão na via de alguma etapa exergônica para compensar. Isso é possível, então, convertendo a G-1-P em UDPG, com a concomitante formação de pirofosfato.

A Figura 17 apresenta alguns exemplos de fármacos que são excretados como glicuronídeos, destacando-se as funções orgânicas presentes na estrutura do fármaco ou metabólito I que participam da reação de conjugação como nucleófilos. A nateglinida, um agente hipoglicemiante oral, pode ser conjugada de duas formas: diretamente, por meio do grupo carboxila, ou a partir de seu metabólito M1, e o antagonista dopaminérgico clorpromazina que gera um *N*-glicosídeo após reação de *N*-desmetilação na Fase I. Um dos raros exemplos de formação de *S*-glicuronídeo é o formado na metabolização do dissulfiram, utilizado para desestimular o consumo de álcool. O ácido ditiocarbâmico é o metabólito formado na Fase I, que reage com a UDPGA para formar o *S*-glicuronídeo. O antimicrobiano cloranfenicol é conjugado diretamente para formar o *O*-glicuronídeo correspondente à reação da hidroxila primária.

A maioria dos glicuronídeos não apresenta atividade biológica, mas alguns casos de atividade são relatados. O mais conhecido é o da morfina, um analgésico de

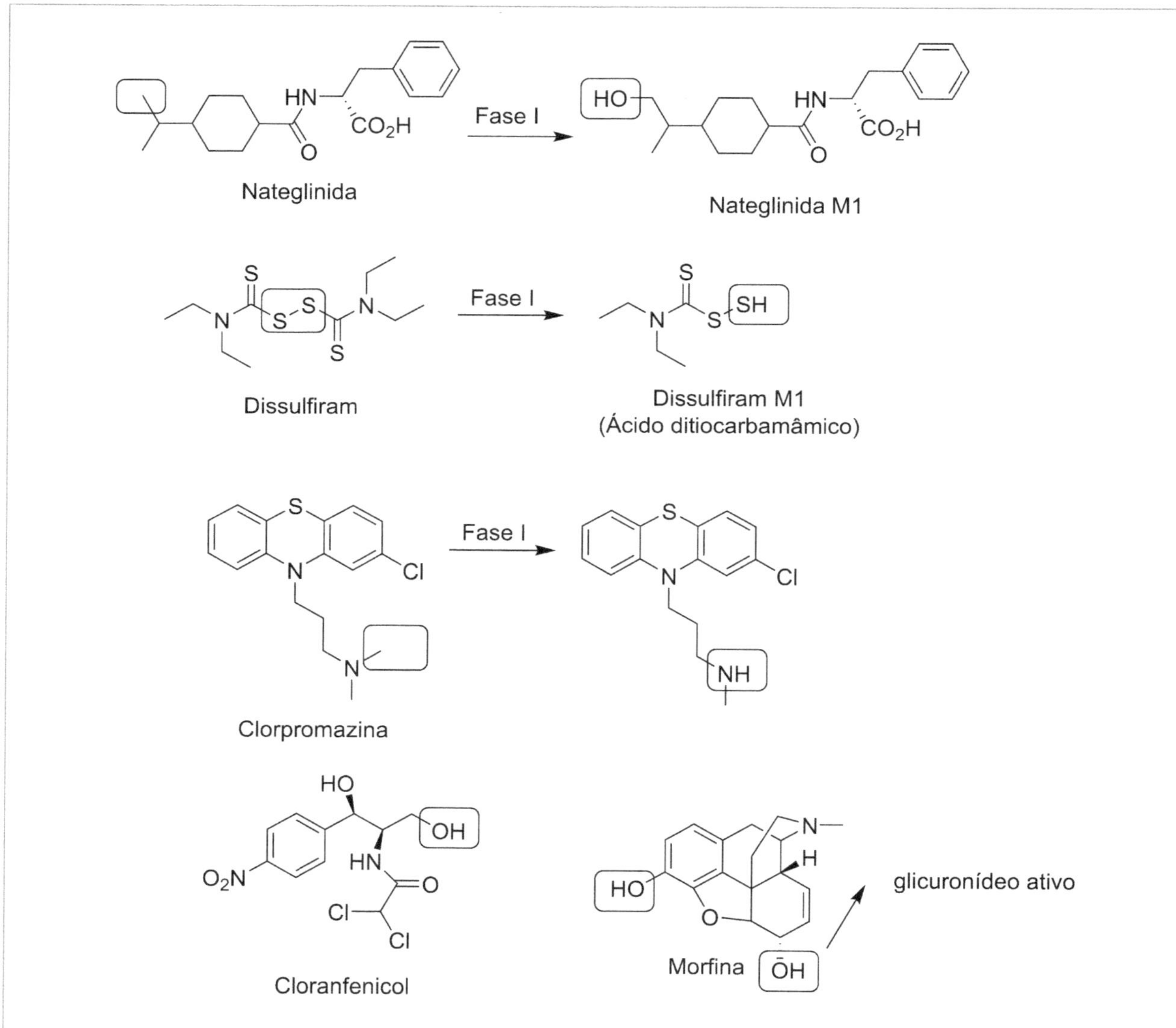

FIGURA 17 Exemplos de fármacos e sítios que formam glicuronídeos.

ação central, que pode formar dois glicuronídeos, originários da conjugação com a hidroxila fenólica e da conjugação com a hidroxila alílica. O primeiro é um fraco antagonista do receptor opiode μ (MOP), enquanto o glicuronídeo em C6 tem afinidade pelo receptor μ maior do que o álcool livre, contribuindo muito para a atividade analgésica da morfina.[12]

Conjugação com sulfato

A transferência de sulfato ocorre preferencialmente com fármacos ou metabólitos da Fase I que contêm uma hidroxila fenólica. A baixa disponibilidade de sulfato inorgânico, comparada à de UDPGA, que vem do metabolismo da glicose, não permite que esse processo de conjugação predomine, ocorrendo apenas em concentrações baixas do xenobiótico. A Figura 18 mostra o mecanismo da formação de sulfatos a partir de fenóis. O cofator 3′-fosfoadenosil-5′-fosfossulfato (PAPS), formado pela reação entre sulfato inorgânico e trifosfato de adenosina (ATP), sofre um ataque nucleofílico da hidroxila sobre o átomo de enxofre, formando o sulfato do xenobiótico (ou do metabólito de Fase I). Essa reação também pode ocorrer com hidroxilas alcóolicas, embora seja menos frequente.

A acomodação do fenol e do sulfato no sítio ativo da sulfotransferase responsável pela formação do conjugado é favorecida para um substrato cujo centro reativo (OH) está em uma região planar, proporcionada

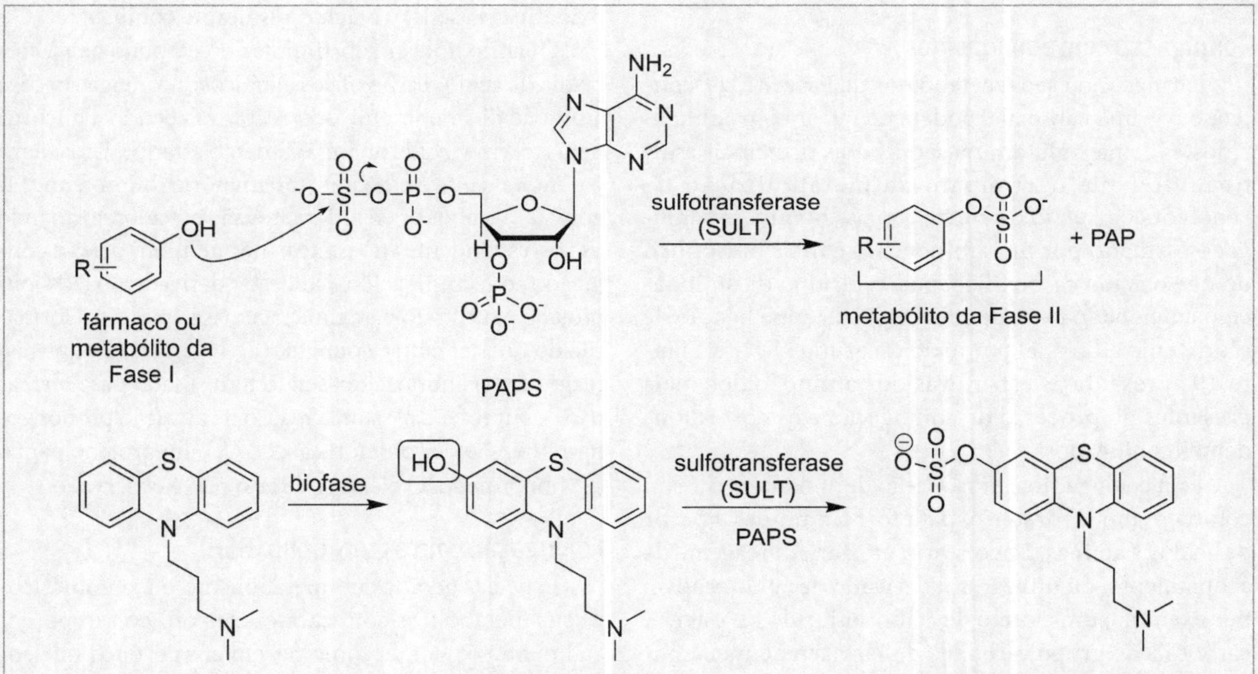

FIGURA 18 Mecanismo da reação de sulfatação. Os valores de Log P calculados (miLog P) para o fármaco, o metabólito de Fase I (M1) e do conjugado da clorpromazina ilustram a diminuição da partição com fases orgânicas. Exemplo de sulfatação de esteroide natural (estradiol) e sintético (etinilestradiol).

pelo anel aromático. Essa acomodação não é favorável com hidroxilas ligadas a carbonos sp^3.

Duas famílias de sulfotransferases (SULT1 e 2) catalisam reações de sulfatação de xenobióticos. As subfamílias predominam no fígado e no intestino. Algumas dessas enzimas – SULT 1A1, 1A2 e 1A3 – têm especificidade para um determinado tipo de substrato. A conjugação de estrógenos com sulfato é catalisada pelas SULT 1A1 e 1A2. Os conjugados formados não são ativos, ou nem ao menos se ligam a receptores de esteroides. Entretanto, o processo de conjugação com sulfato facilita o transporte do esteroide conjugado para o tecido-alvo através do plasma. O esteroide é regenerado pela ação de sulfatases presentes nesses tecidos. A sulfatação de aminas aromáticas *N*-oxigenadas gera espécies eletrofílicas capazes de causar danos ao DNA e a proteínas.

Conjugação com aminoácidos

Fármacos ou seus metabólitos da Fase I (M1), contendo o grupo carboxila, podem conjugar com aminoácidos. Glicina e glutamina são os dois principais aminoácidos que participam da metabolização de xenobióticos, sendo o primeiro mais comum. O conjugado formado por um aminoácido é mais hidrofílico do que o ácido carboxílico, pois o resíduo de aminoácido adicionado permite a formação de uma ligação de hidrogênio adicional por meio do grupo N-H. A Figura 19 apresenta as estruturas dos aminoácidos mais presentes no processo de conjugação e os correspondentes conjugados.

Essa conjugação é uma reação de amidação, e assim como em um laboratório, para formar amidas a partir de ácidos e aminas, é necessário utilizar um reagente de acoplamento, ou utilizar um derivado de ácido reativo, por exemplo, um cloreto de ácido, anidrido ou éster. A carbonila do grupo carboxila do fármaco ou metabólito M1 precisa ser convertida em um derivado de ácido mais reativo. Para a conjugação de fármacos, o grupo carboxila é convertido a um anidrido misto (Figura 20), que é reativo para uma substituição nucleofílica no carbono carbonílico pela coenzima A (CoASH), formando um tioéster derivado da coenzima A (tioéster acil-CoA). Esse processo ocorre nas mitocôndrias de células hepáticas e renais e não é diferente, na sua essência, da ativação de ácidos graxos para a β-oxidação. Uma aminoacil-transferase catalisa a reação de substituição nucleofílica no tioéster pelo aminoácido.

A conjugação com aminoácidos ocorre preferencialmente com ácidos carboxílicos aromáticos, mas alifáticos podem conjugar, como o ácido salicílico e o diclofenaco, respectivamente (Figura 21). Alguns fármacos contendo grupos amino na sua estrutura, por exemplo, a difenidramina, podem sofrer desaminação oxidativa (Fase I), e o ácido resultante conjuga.

Quando houver substituintes no carbono alfa à carboxila de ácidos carboxílicos alifáticos, a conjugação com aminoácidos raramente ocorre, prevalecendo a glicuronidação, em virtude do impedimento estérico. Um exemplo interessante é o do anti-inflamatório ibuprofeno (Figura 22). Ambos os enantiômeros são ativados, formando os correspondentes tioésteres, mas nenhum deles é conjugado com aminoácido. O tioéster derivado do (*R*) -ibuprofeno é substrato para uma racemase, que leva à formação do tioéster com a configuração invertida (*S*), que não reage com o aminoácido, sendo hidrolisado para formar o (*S*) -ibuprofeno. Assim, a reação de ativação proporciona a inversão de configuração, do (*R*) -ibuprofeno para o (*S*) -ibuprofeno. O efeito contrário não é observado.

Conjugação com a glutationa (GSH)

Espécies geradas no metabolismo ou xenobióticos e seus metabólitos com caráter eletrofílico são potencialmente tóxicos se combinarem com grupos nucleofílicos presentes na estrutura de ácidos nucleicos (bases

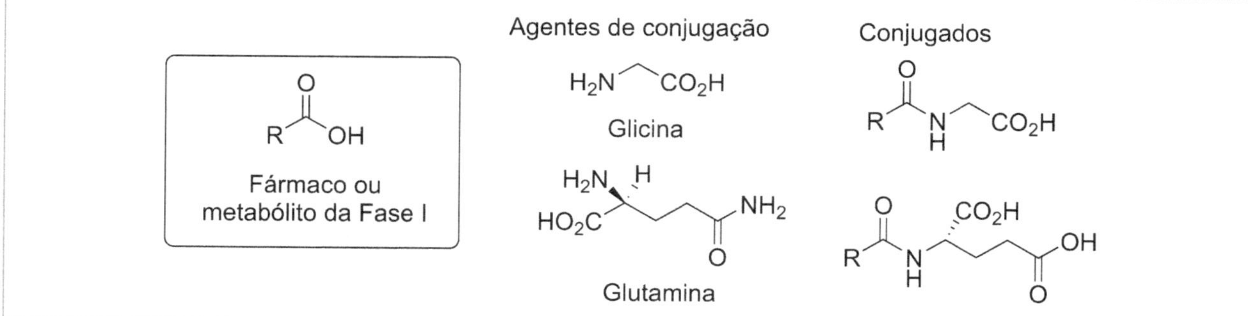

FIGURA 19 Conjugação de ácidos carboxílicos com aminoácidos.

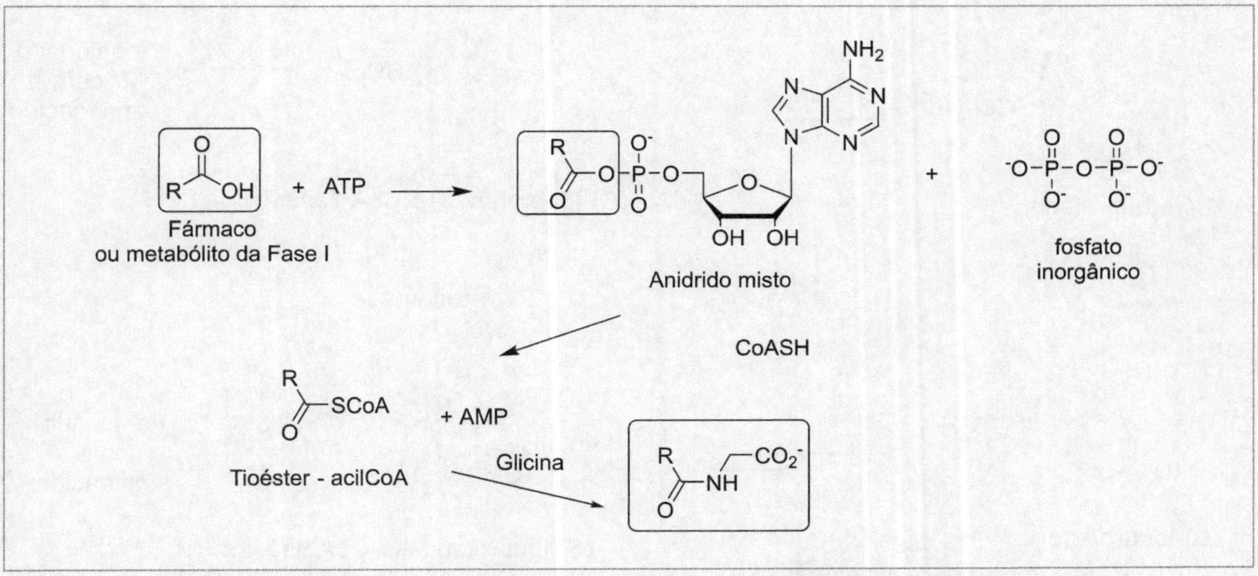

FIGURA 20 Mecanismo da ativação de ácidos carboxílicos para formar conjugados com a glicina ou glutamina.

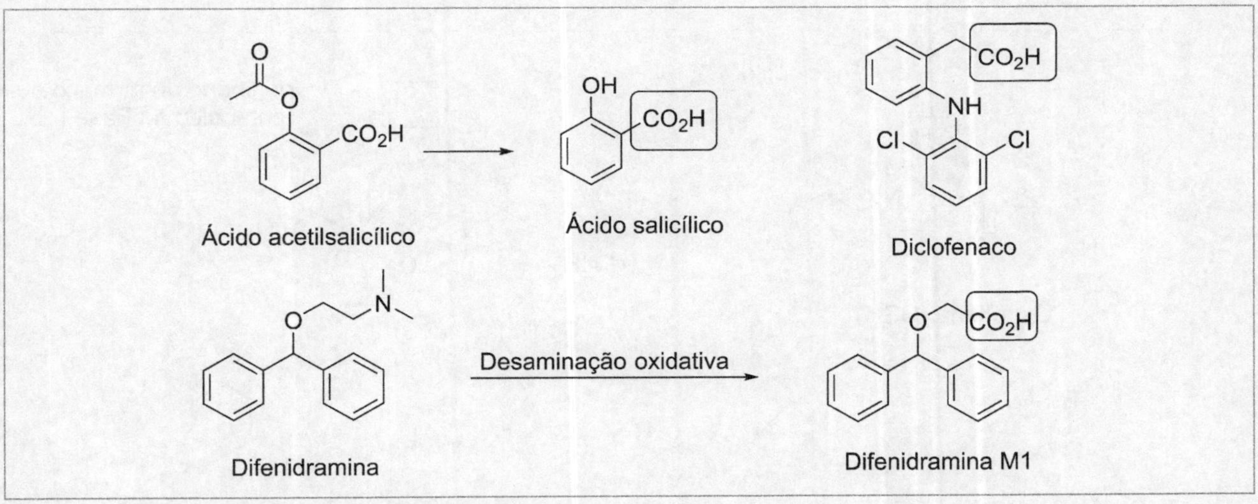

FIGURA 21 Exemplos de conjugação com aminoácidos.

nitrogenadas) e proteínas. O tripeptídio glutationa (GSH) é o principal agente capaz de proteger biomacromoléculas do efeito dessas espécies.[14] Por meio do grupo sulfidrila, a GSH pode reagir com uma variedade de eletrófilos, sendo a maioria carbonos eletrofílicos contendo substituintes retiradores de elétrons e bons grupos de saída. Óxidos de arenos e outros epóxidos também sofrem abertura de anel proporcionada pelo ataque nucleofílico do grupo sulfidrila da GSH (Figura 23).

Nem todas as reações de conjugação com a GSH dependem de catálise enzimática, mas algumas isoformas da família glutationa transferase (GSTs), participam da conjugação. A Figura 24 apresenta alguns exemplos de xenobióticos que conjugam com a GSH, indicando o centro reativo: o diurético ácido etacrínico, a azatioprina (imunossupressor) e o inseticida paration.[13]

Outras reações: metilação e acetilação

As reações de acetilação e de metilação, embora não levem à formação de metabólitos mais hidrofílicos, serão brevemente abordadas, pois são vias importantes para a terminação da atividade de neurotransmissores,

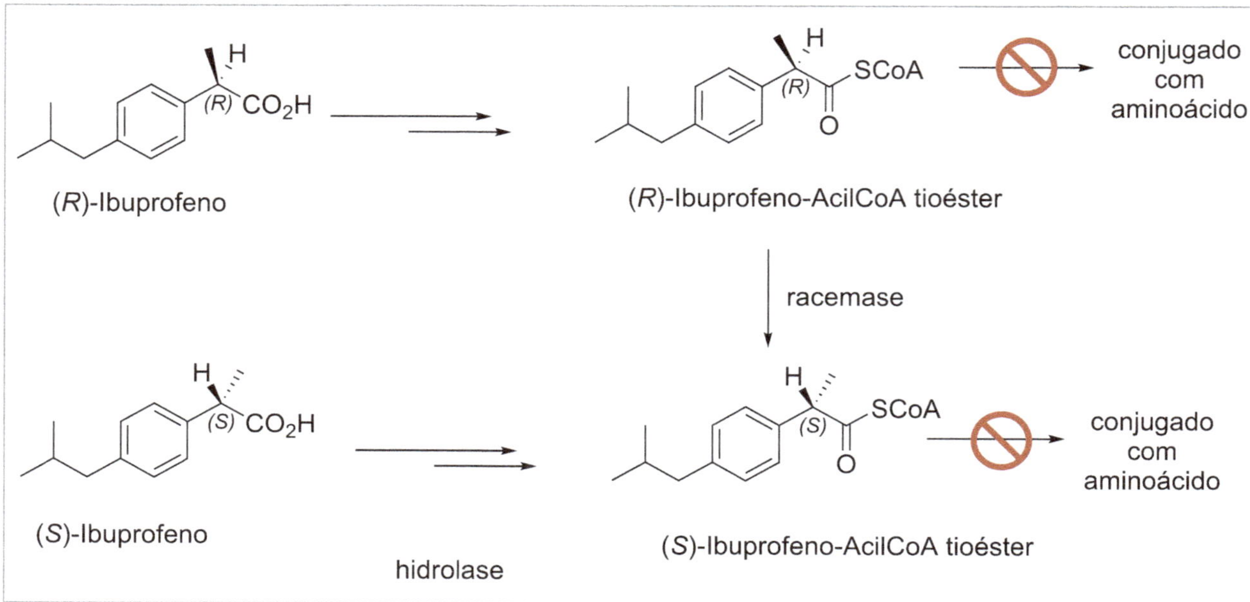

FIGURA 22 Esquema da inversão de configuração do (*R*) e (*S*) ibuprofeno.

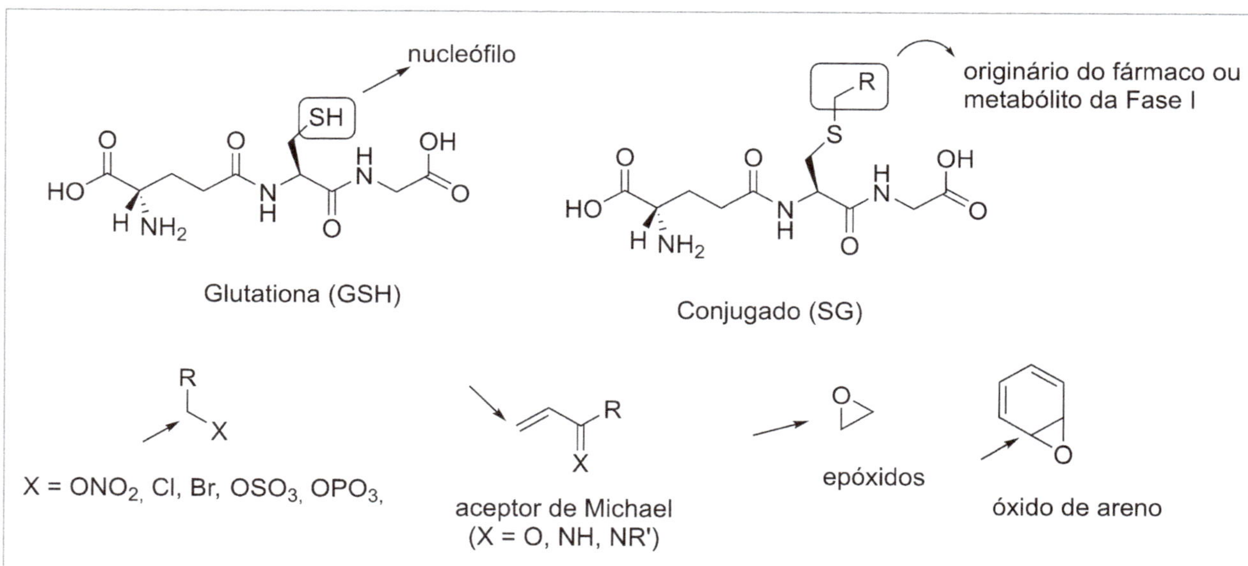

FIGURA 23 Estrutura da glutationa, destacando o grupo sulfidrila e alguns exemplos de grupos funcionais que sofrem ataque nucleofílico pela GSH.

principalmente, e podem também ocorrer com fármacos e seus metabólitos de Fase I.

Reações de metilação

A reação de metilação é catalisada por metiltransferases, utilizando uma forma ativada da S-metionina, que é a *S*-adenosilmetionina (SAM). Algumas metiltransferases são específicas para a *N*-metilação, como a feniletanolamina *N*-metiltransferase (PNMT), que catalisa, por exemplo, a formação de epinefrina a partir da norepinefrina. Apesar da grande variedade de grupos que podem ser metilados, o grande destaque dessas reações é no metabolismo de catecolaminas. A reação de *O*-metilação, catalisada pela catecolamina O-metiltransferase (COMT) ocorre regiosseletivamente na hi-

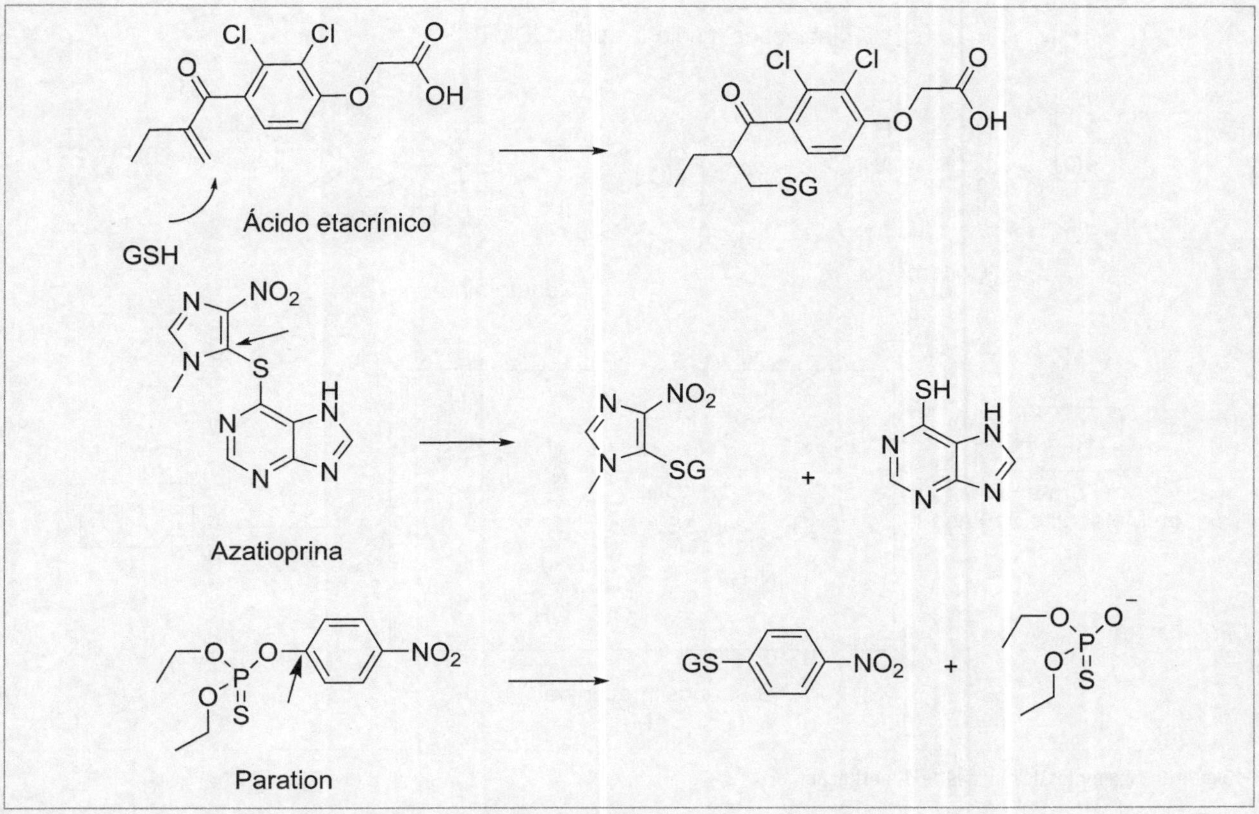

FIGURA 24 Exemplos de reações de conjugação de xenobióticos com a GSH.

droxila da posição meta à cadeia etanolamina, e o metabólito não tem atividade. Xenobióticos tendo catecolaminas como protótipos, como o antiasmático colterol e o cardioestimulante dobutamina também são substratos para a COMT (Figura 25).

Reações de acetilação

A reação de *N*-acetilação pode ocorrer com a maioria dos fármacos que contêm grupos amino, quer sejam aminas primárias, alifáticas e aromáticas, sulfonamidas, hidrazinas e hidrazidas. A acetil-CoA é a fonte de grupos acetila, mas, apesar de sua abundância no organismo, a reação de acetilação não é a via preferencial de metabolização, geralmente prevalecendo a reação de desaminação oxidativa, no caso de aminas alifáticas. A Figura 26 apresenta alguns exemplos de fármacos que podem sofrer reações de *N*-acetilação.

O tuberculostático isoniazida (Figura 27) é outro substrato para uma *N*-acetiltransferase (NAT). Duas isoformas, NAT1 e NAT2 são conhecidas, e esta última participa ativamente da acetilação de fármacos. O metabólito acetilado é suscetível à hidrólise, gerando o ácido nicotínico e a *N*-acetil-hidrazina, que é novamente um substrato para a *N*-acetiltransferase (Figura 27). A diacetil-hidrazina é apontada como principal promotora de acidose metabólica ou de hepatite crônica, face ao tratamento prolongado. A *N*-acetil-hidrazina pode ainda sofrer reação de hidroxilação mediada pela FMO ou pela CYP450, formando uma *N*-hidroxi-hidrazida, gerando espécies eletrofílicas (íon acílio ou a espécie radicalar equivalente), que se combinam com biomacromoléculas.

Polimorfismo genético, associado a etnias, pode resultar em diferenças de velocidade nas reações de acetilação mediada pela NAT2, sendo o metabolismo da isoniazida o mais conhecido. Os acetiladores lentos podem sofrer com os efeitos adversos do uso desse fármaco, pois o tempo de meia-vida ($t_{½}$) praticamente triplica se comparado a acetiladores rápidos. Com o aumento da concentração de isoniazida, nefrite periférica e sintomas de lúpus eritematoso podem acometer os acetiladores lentos. Já para os rápidos, $t_{½}$ em torno de 45 minutos, os metabólitos tóxicos da isoniazida, por exemplo, a diacetil-hidrazina, podem causar hepatite crônica, com uma frequência muito maior do que para acetiladores padrão.

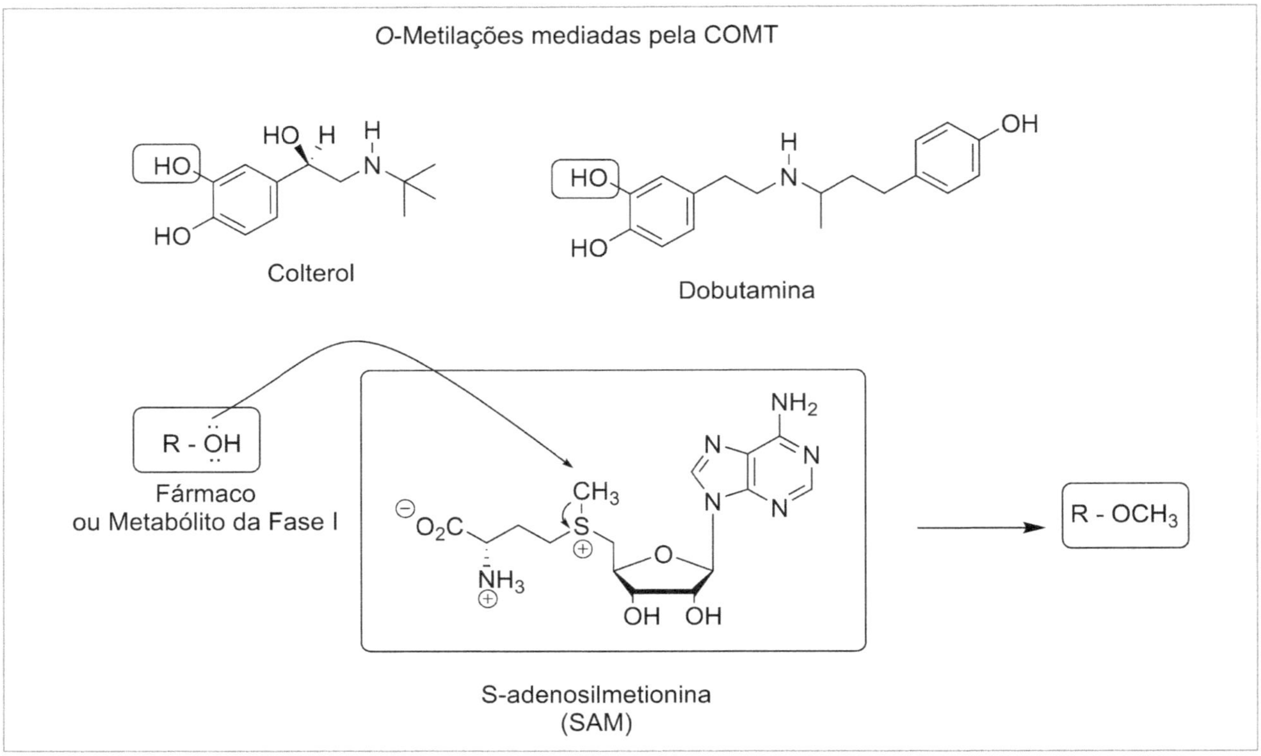

FIGURA 25 Exemplos de reações de O-metilação.

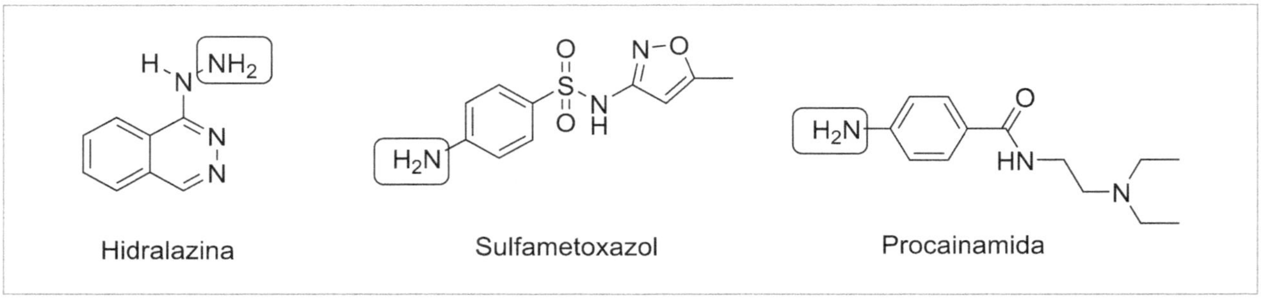

FIGURA 26 Exemplos de fármacos e seus respectivos sítios de acetilação.

ELIMINAÇÃO

Fármacos podem ser eliminados por depuração biliar ou êntero-hepática, porém a eliminação por via urinária é mais importante.

A idade é o fator inerente ao indivíduo que mais impacta a eliminação de fármacos. Fármacos dependentes de eliminação renal são depurados lentamente em neonatos e nas primeiras semanas de vida, em decorrência de uma taxa glomerular baixa, comparada a de crianças e adultos jovens. O declínio da capacidade renal associado ao envelhecimento é bastante importante; e a diminuição da função renal nesse grupo, associada à perda de massa muscular é responsável pelo tempo de meia-vida aumentado de fármacos.[2]

A eliminação de fármacos e metabólitos na urina pode ocorrer por filtração glomerular ou através da secreção tubular. Na filtração, moléculas e íons pequenos podem ser eliminados no filtrado, enquanto a eliminação das maiores depende do processo de secreção tubular, por transporte ativo.

A reabsorção tubular responde pelo retorno de água e outras moléculas essenciais ao organismo para a circulação sanguínea, mas os fármacos também podem

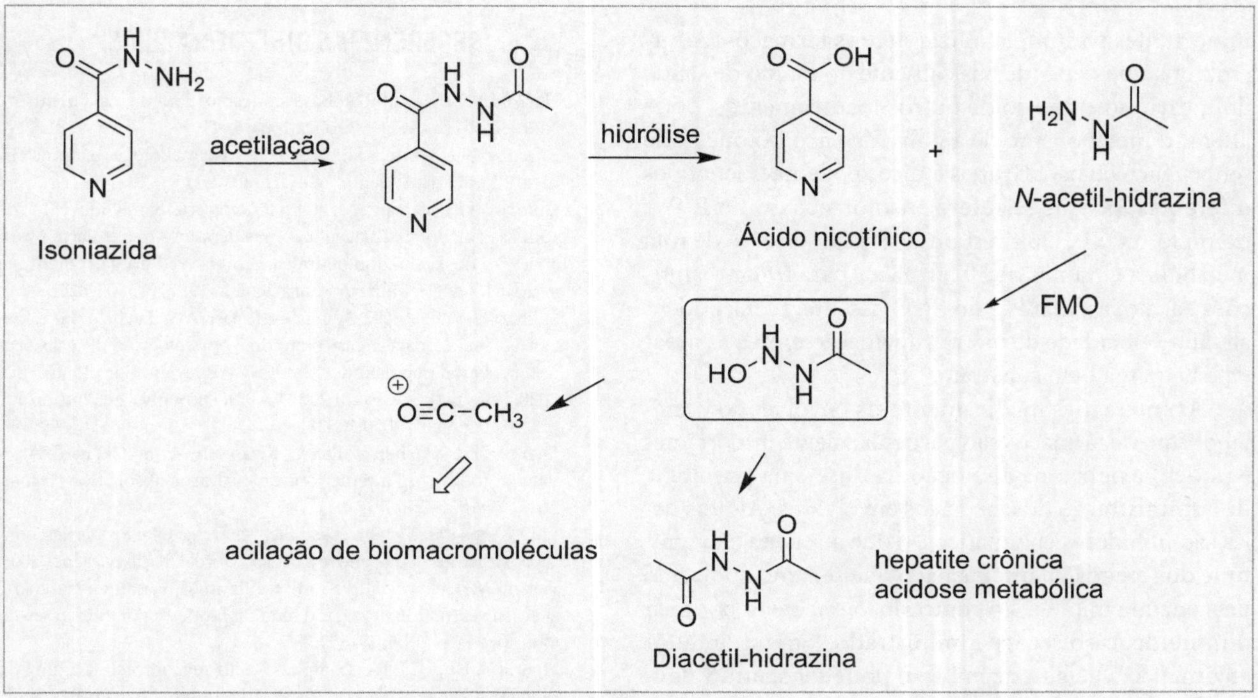

FIGURA 27 *N*-acetilação da isoniazida e a formação de metabólitos tóxicos.

retornar ao plasma. O mecanismo de reabsorção de fármacos está intrinsicamente relacionado à sua lipofilicidade e à sua ionização, o que, por sua vez, depende do pH urinário.

Fármacos muito lipofílicos tendem a ser reabsorvidos através da membrana do túbulo renal por difusão passiva. Se, por outro lado, o fármaco for polar, como os aminoglicosídeos, a sua concentração no filtrado será bastante elevada em função da baixa permeabilidade tubular.

Um fármaco de caráter básico terá sua protonação na urina dependente do pH desta. O pH baixo no túbulo irá inibir a sua reabsorção em virtude da existência das formas protonadas. Ao contrário, o fármaco ácido, que estará predominantemente na sua forma não ionizada, estará sujeito à reabsorção.

O conhecimento dessa relação entre ionização do fármaco e pH urinário é uma das manobras para debelar intoxicações medicamentosas. Por exemplo, a alcalinização da urina provoca uma extensiva ionização de fármacos ácidos, que assim podem ser eliminados. A alcalinizaçao da urina com bicarbonato de sódio até o pH 7,5 ou mais, considerando um volume urinário de 3 mL/kg/h, para um paciente adulto, é uma prática comum para fenobarbital, salicilatos e sulfonamidas.[15] Embora o uso de doses múltiplas de carvão ativado seja mais eficaz, essa manobra exige a cooperação do paciente, o que nem sempre é possível em casos de intoxicação. A estratégia de aumento da eliminação por alteração do pH urinário pode ser aplicada a fármacos de caráter básico, por exemplo, anfetaminas, que seriam eliminadas mais facilmente com uma acidificação ainda maior da urina, porém pode ocorrer precipitação de mioglobina nos túbulos renais e não reduzir a toxicidade.

CONSIDERAÇÕES FINAIS

As propriedades físico-químicas de fármacos – associadas a fatores característicos dos indivíduos – impactam de modo significativo a fase farmacocinética. A absorção pode ser afetada pela solubilidade e permeabilidade do fármaco; a distribuição depende fortemente do caráter hidrofílico/hidrofóbico do fármaco, bem como do seu grau de ligação a proteínas plasmáticas, uma vez que apenas a forma livre exerce seu efeito. Entre os processos de ADME, o metabolismo de fármacos sem dúvida alguma é o que mais afeta a farmacocinética e é de extrema importância clínica. O metabolismo pode ser diferente em indivíduos com idades diferentes, podendo ser mais lento em idosos, e recém-nascidos podem não ter disponibilidade de algumas enzimas importantes para metabolizar alguns fármacos. A microbiota, que depende basicamente do estado de saúde do indivíduo e do uso de outros medicamentos, pode alterar o metabolismo de alguns fármacos, o que pode ser benéfico ou não. Grupos étnicos podem ter fenótipos diferentes, no que se refere a isoformas do CYP. Por exemplo, a CYP2D6 é responsável pelo "desvio" de rota metabólica em mais de 30 fármacos para tratar disfunções cardiovasculares e do SNC. As alterações podem afetar a velocidade de biotransformação e/ou a afinidade da enzima pelo substrato.

As interações medicamentosas envolvendo o metabolismo de fármacos são particularmente importantes e podem exigir uma alteração na dose e na posologia de administração dos fármacos envolvidos. Alguns deles são inibidores enzimáticos, o que aumenta a magnitude dos efeitos de um fármaco que seja metabolizado pela enzima inibida. Ao contrário, o seu efeito pode ser diminuído, caso seja coadministrado com um indutor enzimático. O efeito de inibição pode ser sentido algumas horas após a administração, enquanto os efeitos indutores demoram a surgir, tendo mais importância em tratamentos prolongados.

As características estruturais – presença de grupos ácidos/básicos e geometria – podem ser determinantes para que o fármaco ou o candidato a fármaco seja substrato para uma determinada isoforma do CYP. Além disso, a sua reatividade frente a enzimas metabólicas, determinada por fatores estereoeletrônicos é fundamental para proporcionar estabilidade metabólica.

Essas reflexões nos levam a considerar a importância da ADME, tanto para a farmacoterapia quanto para o desenvolvimento de fármacos. Por meio da manipulação de algumas propriedades físico-químicas, esses parâmetros – absorção, distribuição e metabolismo – podem ser otimizados e aumentar as chances de sucesso no desenvolvimento.

REFERÊNCIAS BIBLIOGRÁFICAS

1. Harrold MW, Zavod RM. Basic concepts in medicinal chemistry. 1.ed. Betsheda, ASHP Publications, 2013.
2. Katzung BG, Masters SB, Trevor AT. Farmacologia básica e clínica. 12.ed. Porto Alegre, AMGH, 2013.
3. Guimaraes M, Statelova M, Holm R, Reppas C, Symilllides M, Vertzoni M et al. Biopharmaceutical considerations in paediatrics with a view to the evaluation of orally administered drug products – a PEARRL review. J Pharm Pharmacol. 2019; 71(4):603-42.
4. Stillhart C, Vučićević K, Augustijns P, Basit AW, Batchelor H, Flanagan TR et al. Impact of gastrointestinal physiology on drug absorption in special populations – An UNGAP review. Eur J Pharm Sci, 2020. [internet] [acesso em 2021 fev 03]. Disponível em: https://doi.org/10.1016/j.ejps.2020.105280.
5. Deng J, Zhu X, Chen Z, Fan C, Kwan HS, Wong CH et al. A review of food-drug interactions on oral drug absorption. Drugs. 2017; 77:1833-55.
6. Li D, Kerns EH. Metabolic stability. In: Drug-Like Properties: concepts, structure, design and methods. Oxford, UK, Elsevier Inc., 2008.
7. Fasano M, Curry S, Terreno E, Galliano M, Fanali G, Narciso P et al. The extraordinary ligand binding properties of human serum albumin. Life. 2005; 57(12):787-96.
8. Huang Z, Ung T. Effect of alpha-1-acid-glycoprotein binding on pharmacokinetics and pharmacodynamics. Curr Drug Metab. 2013; 14(2):226-38.
9. Drugbank. Chloroquine. [internet] [acesso em 2021 abr 02]. Disponível em: https://www.drugbank.ca/drugs/DB00608.
10. Meunier B, de Visser SP, Shaik S. Mechanism of oxidation reactions catalyzed by cytochrome P450 enzymes. Chem Rev. 2004; 104(9):3947-80.
11. Krueger SK, Williams DE. Mammalian flavin-containing monooxygenases: structure/function, genetic polymorphisms and role in drug metabolism. Pharmacol Ther. 2005; 106(3):357-87.
12. Williams DA. Drug metabolism. In: Lemke TL, Williams DA, Roche VF, Zito SW. Foye's Principles of Medicinal Chemistry. 7.ed. Baltimore, Lippincott Williams and Wilkins, 2013.
13. Silverman RB. The organic chemistry of drug design and drug action. 2.ed. San Diego, Elsevier Academic Press, 2004.
14. Huber PC, de Fatima A, Almeida WP. Glutationa e enzimas relacionadas: papel biológico e importância em processos patológicos. Quim Nova. 2008; 31(5):1170-9.
15. Pedroso JAR, Mello da Silva CA. O nefrologista como consultor ante a intoxicação aguda: epidemiologia das intoxicações graves no Rio Grande do Sul e métodos de aumento da depuração renal. J Bras Nefrol. 2010; 32(4):342-51.

CAPÍTULO 5

Fase farmacodinâmica

Thayssa Tavares da Silva Cunha
Roberta Tesch
Carlos Alberto Manssour Fraga

ALVOS MOLECULARES

A fase farmacodinâmica de um fármaco se relaciona ao mecanismo molecular de ação associado ao efeito terapêutico promovido. Atualmente os fármacos podem ser classificados em duas grandes famílias: *estruturalmente inespecíficos,* quando sua ação é dependente de suas características físico-químicas, ou *estruturalmente específicos,* quando sua ação é governada pela interação direta com um ou mais alvos moleculares. O exemplo mais clássico de fármacos estruturalmente inespecíficos são os anestésicos gerais, cuja ação e duração anestésica estão relacionadas ao grau de lipofilicidade desses compostos.

Atualmente, o pilar central da Química Farmacêutica Medicinal envolve a compreensão das razões moleculares da ação de fármacos em seus respectivos alvos. Nesse contexto, faz-se importante conhecer: i) a teoria dos receptores, ii) a classificação dos quatro principais tipos de alvos moleculares endereçados por fármacos e, por fim, iii) o que é a farmacoabilidade de um alvo molecular.

Teoria dos receptores

A importância de conhecer o alvo molecular se deu a partir da concepção da *teoria do receptor*, desenvolvida paralelamente por Paul Ehrlich (1854-1915) e John Newport Langley (1852-1925).[1,2]

Em 1897 Ehrlich publica a *Teoria da cadeia lateral* para explicar as bases da interação entre as toxinas bacterianas e os anticorpos formados pelo organismo humano. A interação de toxinas com as cadeias laterais do então chamado "protoplasma celular" degenerava as funções fisiológicas das células. Para superar esse obstáculo, a célula projetava mais cadeias laterais e as liberava no sangue para interagir com as toxinas na forma de anticorpos ou antitoxinas.[3]

Somente em 1900 Ehrlich muda a nomenclatura de *cadeias laterais* para o termo *receptor,* que, no entanto, foi inicialmente utilizado somente no contexto da imunologia.[3]

Apesar da descrição de Ehrlich, foram os trabalhos de Langley que lhe permitiram formular em 1905 o conceito de "substâncias receptivas" e caracterizar evidências sobre o modo de ação de compostos bioativos. Nesses estudos, experimentos demonstrando a ação antagônica entre a pilocarpina e a atropina e entre a nicotina e o curare o fizeram crer que o resultado da combinação desses antagonistas mútuos dependia da afinidade desses compostos pelas células alvo e de sua concentração no sítio de ação. Além disso, Langley propôs que a adrenalina (Figura 1) atuava em "substâncias protoplasmáticas acessórias" e que diferenças intrínsecas dessas substâncias poderiam explicar a eficácia da adrenalina em diferentes tecidos.[4]

A teoria de Paul Ehrlich e John Newport Langley se tornou o cerne da Farmacologia e o Santo Graal do que viria a ser a Química Farmacêutica Medicinal contemporânea, no entanto se manteve especulativa até 1948, quando Raymond P. Ahlquist (1914-1983) distinguiu os receptores adrenérgicos em alfa e beta. A descoberta de Ahlquist impulsionou o desenvolvimento de fármacos seletivos para cada subtipo desses receptores, levando ao desenvolvimento do primeiro betabloqueador de sucesso no mercado, i.e., o propranolol (Figura 1). Esse fármaco, desenvolvido por *Sir* James Black (1924-2010),

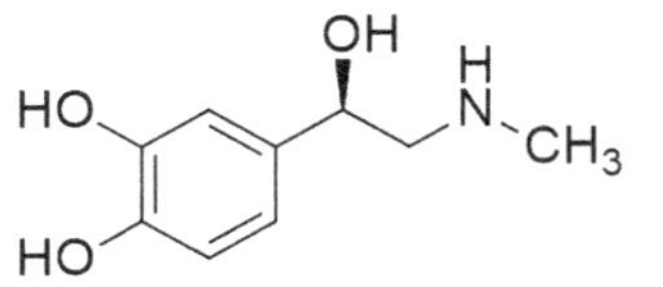

Adrenalina
(agonista endógeno α e β adrenérgico)

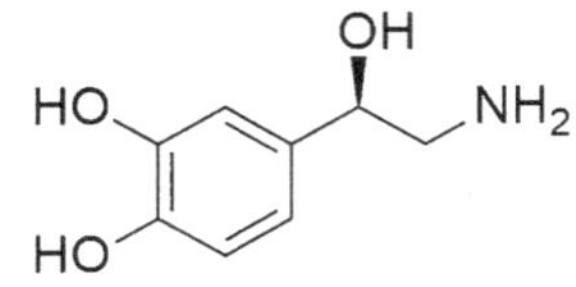

Noradrenalina
(agonista endógeno α e β adrenérgico)

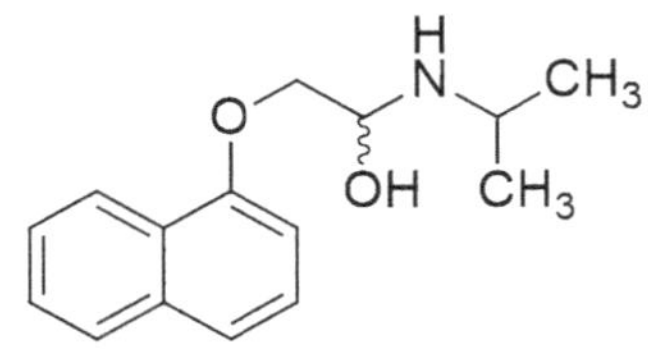

Propranolol
(antagonista β adrenérgico)

FIGURA 1 Estruturas em 2D dos agonistas endógenos dos receptores adrenérgicos e o propranolol, primeiro antagonista adrenérgico de sucesso na clínica.

trouxe a teoria do receptor às práticas da inovação farmacêutica, impactando de maneira imensurável o que viria ser a Química Farmacêutica Medicinal moderna.[5,6]

A aceitação da existência de diversos biorreceptores, hoje generalizados também como alvos moleculares, fez decolar o desenvolvimento de fármacos baseados em suas estruturas (SBDD, do termo em inglês *structure-based drug design*).

No entanto, mais recentemente a farmacoabilidade (tradução direta do termo *druggability*) tem sido considerada um importante critério para o desenvolvimento de novos fármacos, especialmente visando minimizar os riscos de insucesso durante etapas de triagem clínica por falta de eficácia em seres humanos. Quando um alvo molecular é modulado por um protótipo ou fármaco, este possui farmacoabilidade. Quando não se conhece qualquer substância que module determinado alvo molecular descoberto, é necessário estudar se este possui ou não a capacidade de ser modulado e a relevância dessa modulação na terapia da doença alvo.[7]

Classificação dos principais alvos moleculares

Considerando a ação de fármacos estruturalmente específicos, os alvos moleculares geralmente são divididos em quatro grandes classes: canais iônicos transmembranares, receptores transmembranares acoplados à proteína G, receptores transmembranares catalíticos e receptores intracelulares citoplasmáticos/nucleares.[8,9]

A ação das moléculas endógenas sobre essas diferentes classes de receptores leva, em sua maioria, a uma cascata de sinalização que culmina em uma resposta efetora final. Um exemplo é a ação da noradrenalina (Figura 1) no músculo liso dos vasos sanguíneos, ativando receptores alfa-adrenérgicos e promovendo como resposta efetora final a vasoconstrição dos vasos. A cascata de ativação/inibição vai depender da classe à qual pertence o alvo molecular em questão e de sua localização tecidual.

Apesar de a grande maioria das substâncias endógenas ativar seus alvos moleculares, é possível também que moléculas endógenas inibam certos alvos. Um exemplo clássico é a modulação negativa da enzima hexocinase por altas concentrações de ADP, regulando a fosforilação de moléculas de glicose durante a glicólise.

Fármacos podem ativar ou inibir seus alvos moleculares e, dependendo do seu mecanismo de ação, receberão nomenclaturas específicas (descritas no tópico "Mecanismo de ação dos fármacos" deste capítulo).

Receptores acoplados à proteína G

Os receptores acoplados à proteína G (GPCR, do inglês *G-protein coupled receptor*), conhecidos também como metabotrópicos, são a maior classe de receptores descritos e possuem mais de mil representantes identificados até o momento. Estruturalmente, são proteínas caracterizadas por apresentar 7 domínios transmembranares dispostos em alfa-hélice e conectados por 3 alças ou *loops* extracelulares (ECL1, ECL2 e ECL3) contendo o segmento aminoterminal e 3 alças intracelulares (ICL1, ICL2 e ICL3) contendo o segmento carboxiterminal (Figura 2).[10]

Na região intracelular de um GPCR encontra-se o sítio de interação com a proteína G, uma estrutura heterotrimérica composta pelas subunidades alfa, beta e gama. As proteínas G são classificadas em 13 tipos e divididas em 4 famílias, G_s, G_i, G_q e G_{12}. São as características da subunidade alfa que designam a qual família determinada proteína G pertence. O mecanismo generalizado de ativação de um GPCR é demonstrado na Figura 3.[10]

No estado inativado de um GPCR, a subunidade G-alfa da proteína G encontra-se associada ao dímero G-beta-gama e a uma molécula de guanosina difosfato (GDP). A ativação do GPCR por uma molécula endógena promove uma mudança conformacional que permite a dissociação da molécula de GDP da subunidade G-alfa. A molécula de GDP é substituída por uma molécula de guanosina trifosfato (GTP), e com sua ligação ocorre a dissociação da subunidade G-alfa do dímero G-beta-gama.[11]

A subunidade G-alfa, dissociada do dímero, consegue agora interagir com uma proteína alvo, resultando em sua ativação ou inibição. É importante salientar que o retorno para o estado inativo de um GPCR é mediado pela ação catalítica da subunidade G-alfa sobre o GTP, desfosforilando-o a uma nova molécula de GDP e restaurando a associação do trímero.[11]

As proteínas alvos da subunidade G-alfa são reguladoras da cascata de sinalização por meio da produção de segundos mensageiros. Dependendo da família da proteína G, o mecanismo de ativação de um GPCR promoverá a ativação ou inibição dessas proteínas alvos. Consequentemente, o aumento ou diminuição da produção dos segundos mensageiros é o que irá reger a cascata que resultará na resposta celular observada.

As principais proteínas alvos relacionadas à modulação pela subunidade G-alfa são proteínas ligadas à membrana plasmática, adenilato ciclase (AC), guanilato ciclase (GC) e fosfolipase C (PLC). Proteínas Gs ativam a enzima AC ou GC, que convertem uma molécula de adenosina trifosfato (ATP) ou guanosina trifosfato (GTP) respectivamente em adenosina monofosfato cíclico (AMPc) ou guanosina monofosfato cíclico (GMPc). Estas atuam como segundos mensageiros, ativando proteínas cinases dependentes de sua formação e por fim desencadeando a ativação de outras proteínas que são dependentes de fosforilação. Por sua vez, a inibição da enzima AC, por exemplo, é mediada pela subunidade Gi, e o esquema de modulação de AC via proteínas Gs pode ser visto na Figura 4.[10,11]

A ativação de GPCR acoplados à proteína Gq ativam a enzima PLC, que hidroliza um fosfolipídeo de membrana, fosfatidilinositol-4,5-bifosfato (PIP_2), em duas moléculas, diacilglicerol (DAG) e inositol trifosfato (IP_3). Esses segundos mensageiros atuam separadamente em duas vias: enquanto o DAG ativa proteínas cinases como a proteína cinase C (PKC), o segundo mensageiro IP_3

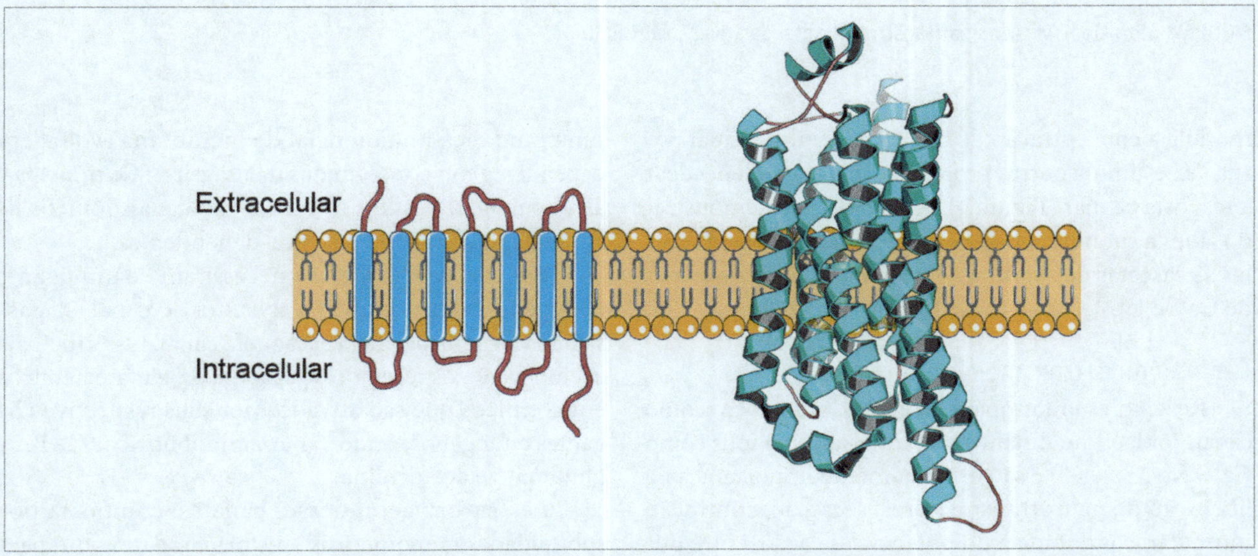

FIGURA 2 Estruturas em 2D (esquerda) e 3D (direita) de um GPCR. As partes em rosa representam as alças extra e intracelulares, e as partes em azul representam as alfa-hélices transmembranares (PDB ID 2Y03).

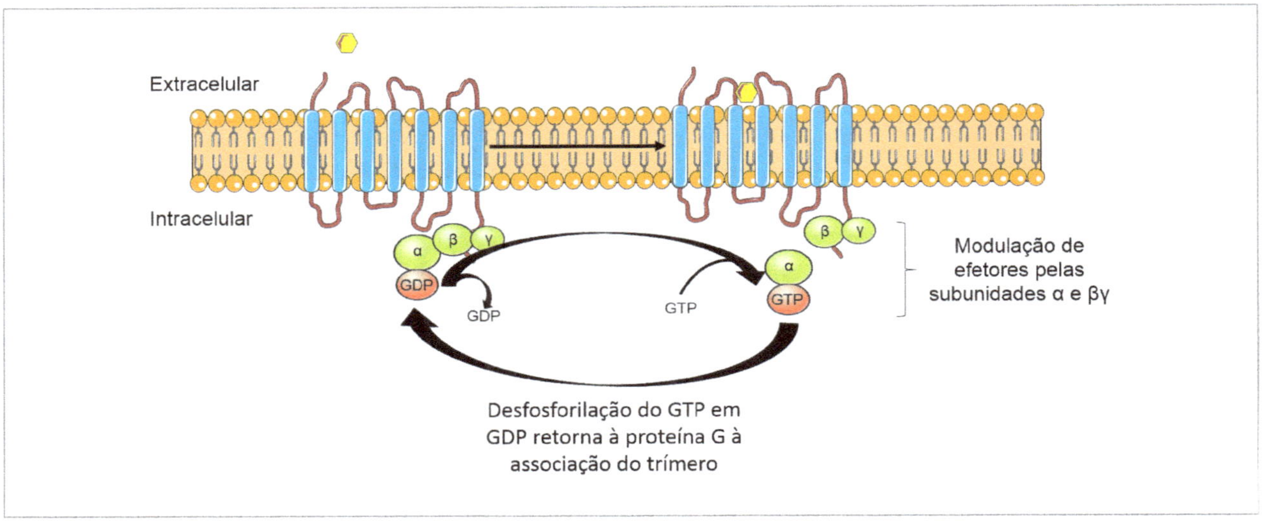

FIGURA 3 Esquematização da ativação de um GPCR e as modificações da proteína G.

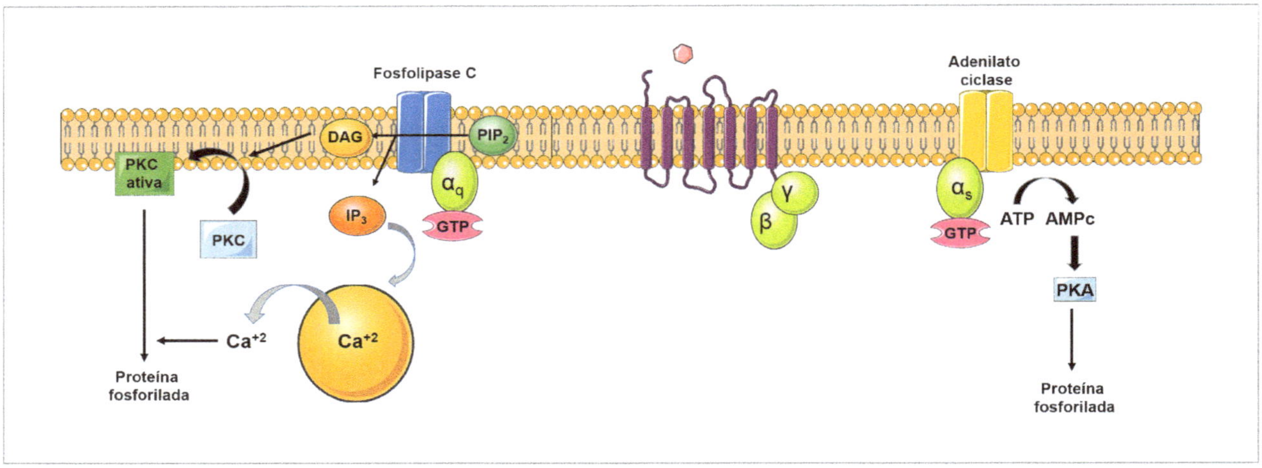

FIGURA 4 Principais vias de sinalização resultantes da ativação de GPCR.

modula a concentração de Ca^{+2} intracelular, a qual por sua vez estimula outras proteínas cinases a desencadear a resposta celular (Figura 4). Apesar de não demonstrado, aqui a subunidade G-beta-gama também pode afetar as cascatas de sinalização pela modulação de canais de Ca^{+2} e K^{+}.[11]

Canais iônicos transmembranares

Receptores ionotrópicos, conhecidos também como canais iônicos, modulam a entrada e saída de íons como Ca^{+2}, Na^{+}, K^{+} e Cl^{-} e são extremamente importantes na liberação de neurotransmissores, secreção, contração muscular, condutância do potencial de ação, entre outros. Os canais iônicos podem ser controlados mediante a interação de um ligante (ligante dependente), por uma mudança no potencial de membrana (voltagem dependente) ou por segundos mensageiros. Os principais alvos moleculares dos fármacos são canais iônicos ligante dependentes e voltagem-dependentes.[12]

Diversos canais iônicos necessitam de um ligante endógeno para promover a abertura do canal e a passagem dos íons permeáveis àquele canal. Os principais exemplos são os receptores gabaérgicos, glutamatérgicos e nicotínicos que são ativados por seus respectivos ligantes endógenos, ácido gama-aminobutírico (GABA), glutamato e acetilcolina.

A estrutura geral desses canais é composta por subunidades monoméricas que formarão um poro para permitir a passagem dos íons. Dependendo da constituição proteica de cada monômero, a estrutura dos canais pode ser denominada por letras gregas para sua diferenciação. No entanto, deve-se ressaltar que uma subunidade alfa de um receptor gabaérgico não necessariamente será igual à subunidade alfa de um receptor nicotínico.

A interação do ligante endógeno permite uma mudança conformacional que leva à abertura ou estabiliza a forma fechada do canal. Fármacos que atuam nesses alvos podem interagir no mesmo sítio do ligante endógeno, promovendo sua ativação/inativação, ou em sítios alostéricos (ver o tópico "Mecanismo de ação dos fármacos" deste capítulo). Um exemplo clássico são os fármacos benzodiazepínicos que atuam no receptor gabaérgico em um sítio de ligação diferente do sítio de interação do neurotransmissor inibitório GABA (Figura 5). Os benzodiazepínicos atuam nesse caso potencializando a ação do GABA sobre o receptor, promovendo a abertura do canal e o influxo de íon Cl^-. A resposta final observada é o aumento de íons Cl^- dentro da célula e a consequente hiperpolarização da membrana, que promove maior tempo de inibição da propagação do potencial de ação.[13]

Receptores intracelulares citoplasmáticos (enzimas)

Enzimas são um grupo de proteínas que desempenham papel catalítico na conversão de substratos em produtos. O produto de uma reação enzimática pode advir de uma reação de transferência de um grupo metila (metiltransferases), da cisão de uma ligação peptídica (peptidases), da adição de grupamentos fosfato (cinases), entre outras mais. Atualmente o comitê de nomenclatura da União Internacional de Bioquímica e Biologia Molecular (IUBMB) classifica as enzimas em seis grandes famílias, a saber: oxidorredutases, transferases, hidrolases, liases, isomerases e ligases. O conhecimento acerca do mecanismo catalítico de uma enzima auxilia no desenvolvimento de fármacos com ações específicas sobre o alvo. Um importante ponto a considerar quando um fármaco atua por meio da inibição de uma enzima são os eventuais efeitos resultantes da acumulação do substrato alvo da ação catalítica original.[8,14]

Receptores intracelulares nucleares

Os receptores nucleares são uma superfamília de fatores de transcrição, que regulam, no nível genético, a função da célula. Dessa maneira, a disfunção da sinalização mediada por receptores nucleares está relacionada a doenças reprodutivas, proliferativas e metabólicas. A principal característica estrutural de todos os receptores nucleares é sua constituição, possuindo entre 5 e 6 domínios homólogos, que recebem a nomenclatura das letras A até F. Os domínios A/B contêm a função de ativação transcricional AF-1. Outras regiões, como a de ligação ao ligante, possuem a função de ativação AF-2, importante no contexto da Química

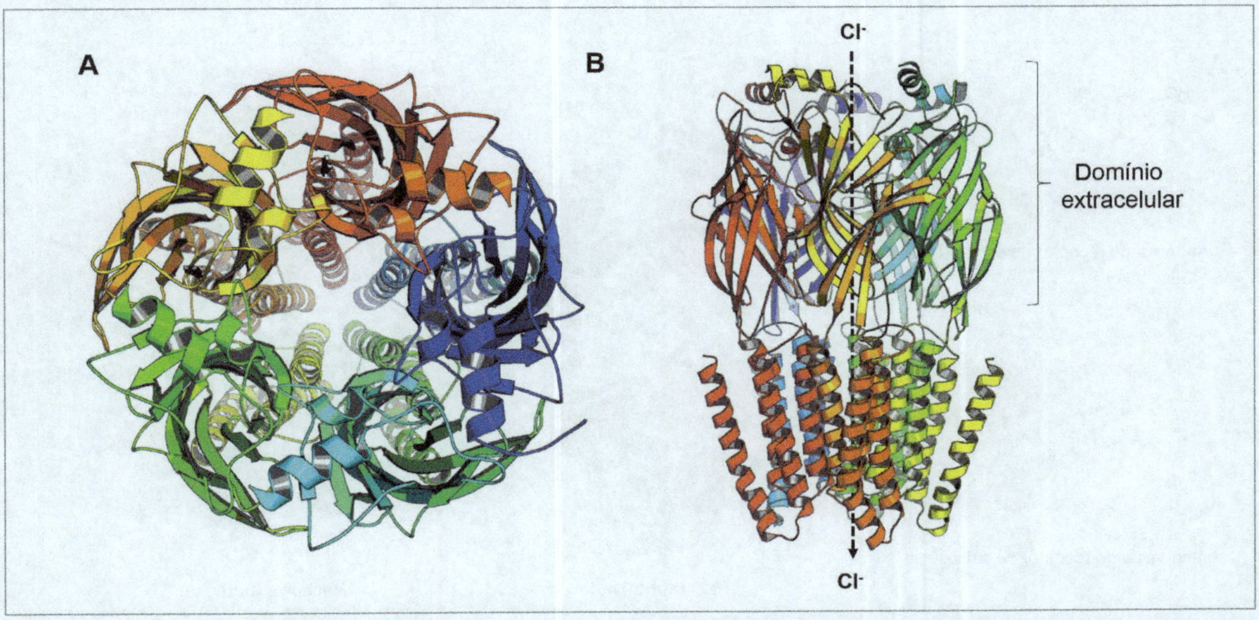

FIGURA 5 Estrutura tridimensional do canal GABA. A: vista do topo. B: vista lateral. No domínio extracelular encontram-se os sítios de interação distintos do agonista endógeno GABA e dos benzodiazepínicos.

Farmacêutica Medicinal no que tange ao desenvolvimento de candidatos a fármacos que atuam sobre essa região. Certos ligantes permitem uma interação de hidrogênio direta com a região AF-2, mantendo sua conformação ativa. Ligantes com grupamentos volumosos tendem a não se acomodar na região e impedem que a região AF-2 adote uma conformação ativa, como ilustra a Figura 6 para agonistas e antagonistas dos receptores de estrogênio.[15]

Receptores transmembranares catalíticos

Além das classes já apresentadas, os receptores transmembranares catalíticos se mostram potenciais alvos da farmacoterapia. Assim como os GPCR, necessitam de um ligante endógeno para promover uma mudança conformacional com posterior ativação da via catalítica relacionada. Os receptores transmembranares catalíticos atravessam uma única vez a membrana celular e são classificados de acordo com a atividade catalítica intracelular promovida.[9]

A primeira classe corresponde aos receptores com domínio tirosina cinase, no qual a interação de um ligante na região extracelular permite a oligomerização de dois receptores. Após a formação do dímero, o domínio intracelular desses receptores catalisa a transferência de grupos fosfatos para resíduos de tirosina do próprio receptor, caracterizando um mecanismo de *autofosforilação*. A autofosforilação ativa o domínio tirosina cinase para transferir grupos fosfato para outras proteínas citossólicas, desencadeando a sinalização celular.[16]

O domínio intracelular pode ainda ser dotado de uma atividade serina/treonina cinase, correspondendo à transferência de um grupo fosfato para resíduos serina ou treonina do receptor. Após sua ativação, o domínio catalítico pode fosforilar esses mesmos aminoácidos em proteínas citossólicas, desencadeando mais uma vez a sinalização celular. A terceira classe de receptores possui um domínio com uma atividade tirosina fosfatase, e nesse caso catalisa a remoção de grupos fosfatos de proteínas citossólicas.

Outra classe importante interage com tirosinas cinases não receptoras, ou seja, o domínio do receptor transmembranar não é dotado de atividade catalítica, mas sua ativação pelo ligante leva ao agrupamento de proteínas tirosinas cinases que são ativadas para fosforilar outras proteínas citossólicas.

A última classe desses receptores possui atividade guanilato ciclase intrínseca, permitindo a conversão de uma molécula de GTP em GMPc diferentemente de um GPCR, que possui uma proteína G para desempenhar essa função. A Figura 7 ilustra esquematicamente os mecanismos de ativação das cinco classes de receptores transmembranares catalíticos discutidos anteriormente.[9]

Um exemplo clássico de receptores com atividade catalítica são os receptores do fator de crescimento epidermal (EGFR), classificados como receptores

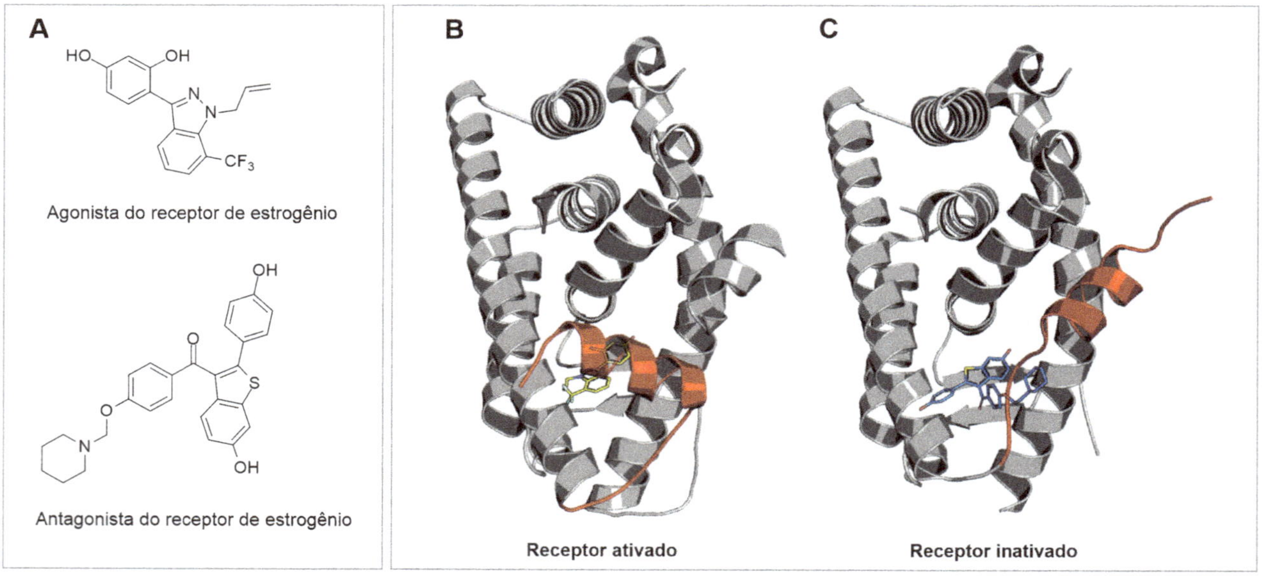

FIGURA 6 A: estrutura em 2D de um agonista e antagonista do receptor de estrogênio. Pode-se observar a mudança conformacional da hélice 12 dependendo da interação com um agonista (demonstrado em B) ou antagonista (demonstrado em C).

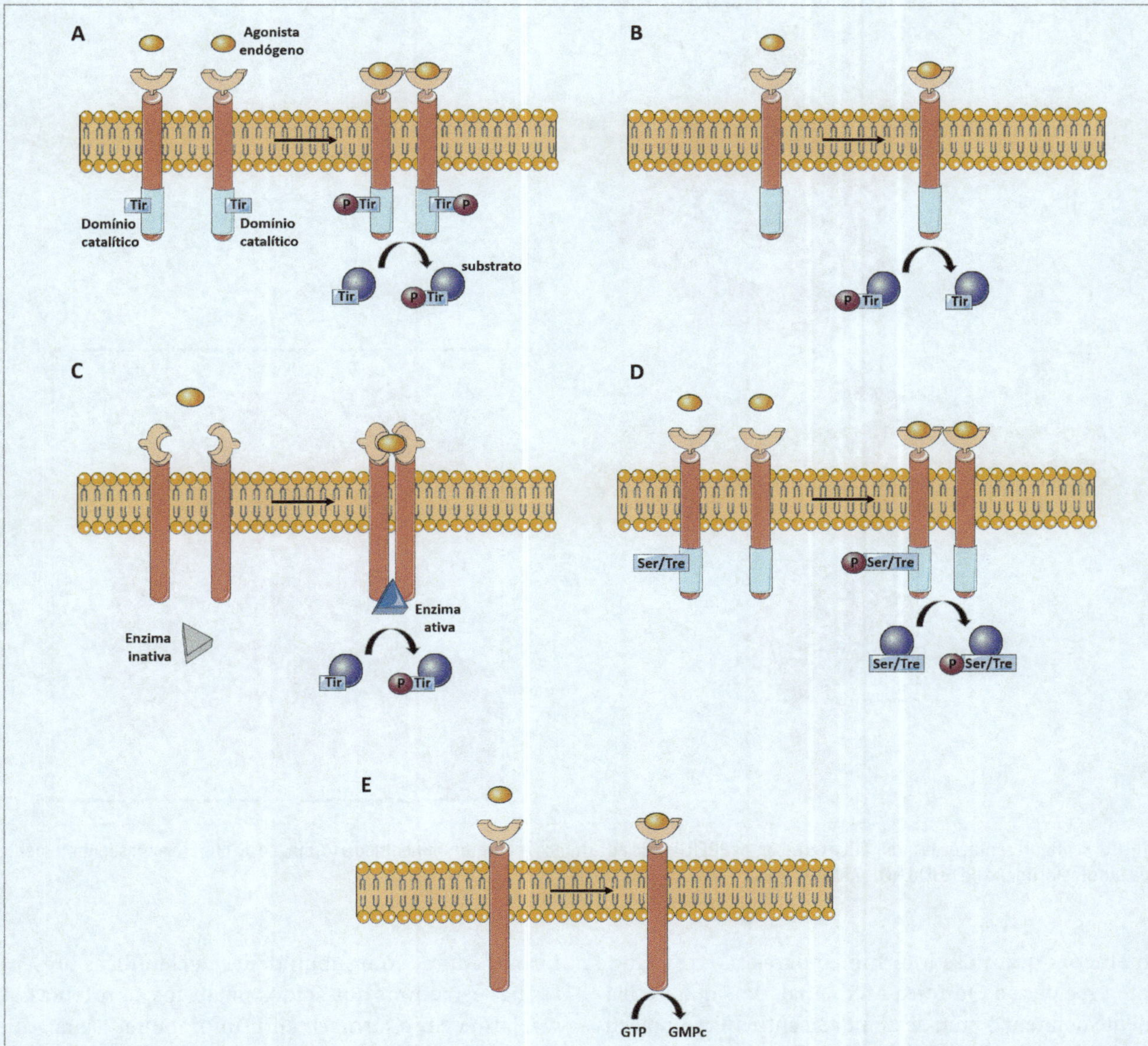

FIGURA 7 Principais tipos de receptores transmembranares catalíticos. A: receptores tirosina cinases. B: receptores tirosina fosfatase. C: receptores que ativam enzimas citosólicas. D: receptores serina/treonina cinase. E: receptores com atividade guanilato-ciclase. Esferas amarelas representam o agonista endógeno; esferas roxas representam o substrato que sofrerá fosforilação dos domínios catalíticos.

tirosina cinase. Esses receptores se ligam à família de fatores de crescimento epidermal (EGF), se heterodimerizam e seus domínios cinases se autofosforilam, recrutando proteínas ligadoras à fosfotirosina do EGFR, que se complexam e traduzem o sinal da cascata. São altamente expressos em várias formas de câncer, como o câncer de pulmão de pequenas células. Fármacos como o erlotinibe se ligam de forma reversível ao domínio cinase, competindo pelo sítio de ligação do ATP e impedindo a dimerização do receptor (Figura 8).[17,18]

FORÇAS INTERMOLECULARES QUE REGEM A INTERAÇÃO FÁRMACO-ALVO

A atividade farmacológica de um fármaco ou de uma substância bioativa em geral é determinada a partir de suas interações no nível molecular com o biorreceptor alvo. Essas interações são resultantes do balanço entre forças atrativas e repulsivas e contribuem para a estabilidade do complexo formado, participando assim do processo de reconhecimento entre fármaco e biorreceptor. O estudo e conhecimento da natureza dessas

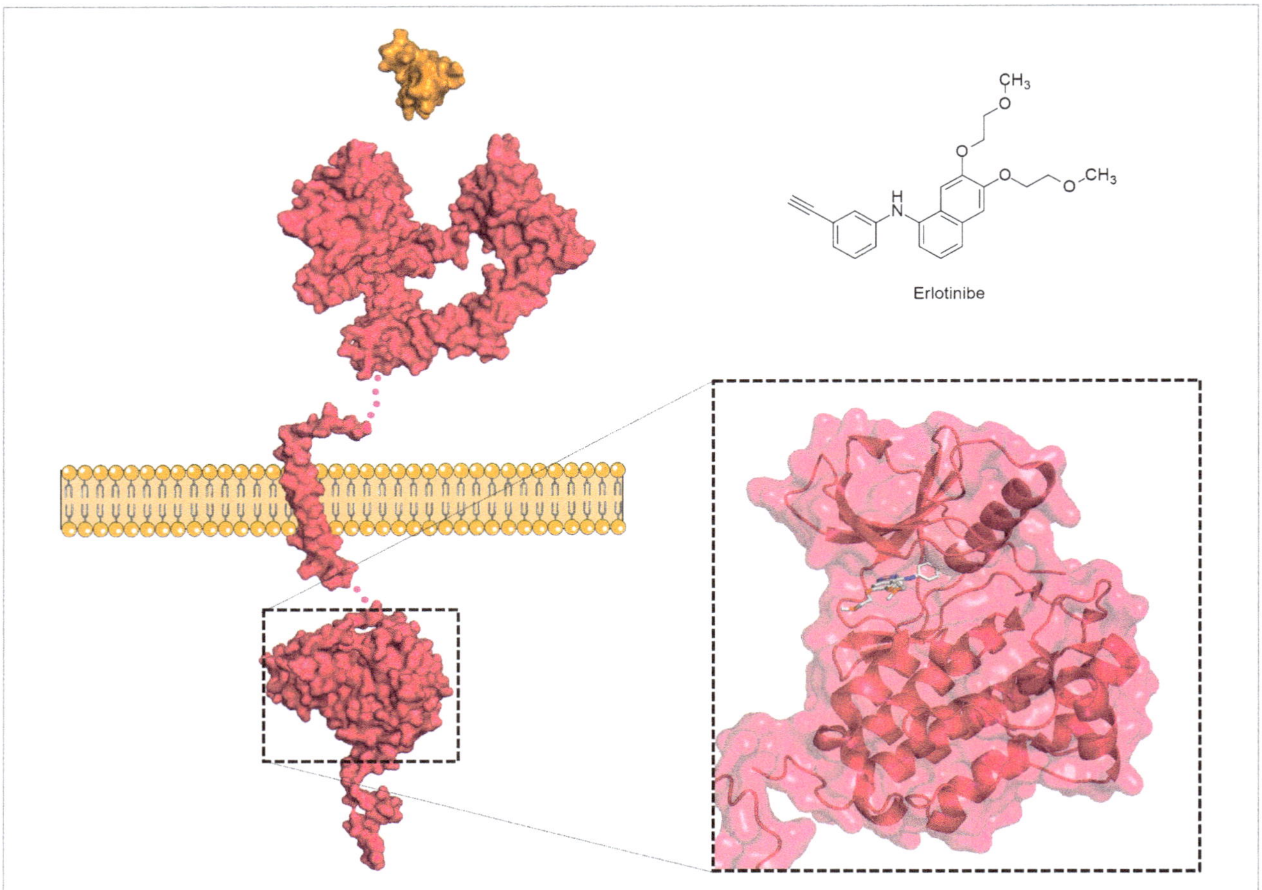

FIGURA 8 Representação esquemática do receptor EGFR ligado ao fármaco erlotinibe, impedindo a formação do dímero e consequentemente sua autofosforilação (PDB ID 1NQL, 2JWA e 1M17).

interações químicas intermoleculares são de grande interesse para a Química Medicinal, pois qualitativamente definem o grau de afinidade entre micromolécula e biomacromolécula.[7,19]

Ligação covalente

As ligações covalentes envolvem o compartilhamento de elétrons entre dois átomos, atingindo uma configuração eletrônica estável, e são ditas direcionais, pois, como os orbitais possuem formato e simetria definidos, a maior força da ligação depende da geometria adotada. Os valores de energia envolvidos nesse tipo de ligação são bastante elevados (cerca de 80 kcal/mol), por isso ligações dessa natureza em complexos fármaco-biorreceptores dificilmente serão desfeitas e usualmente resultam em uma inibição irreversível. Fármacos capazes de realizar esse tipo de ligação com o biorreceptor normalmente possuem grupos com caráter eletrofílico e, portanto, podem formar adutos com subunidades nucleofílicas presentes nas estruturas dos ácidos nucleicos e proteínas. A cisplatina é um fármaco antitumoral que forma adutos com o DNA, ligando-se covalentemente às bases nitrogenadas, principalmente entre a posição N-7 de guaninas adjacentes, formando ligações cruzadas que impedem os processos de replicação e transcrição (Figura 9).[20]

O ácido acetilsalicílico (AAS), fármaco anti-inflamatório e analgésico, inibe a enzima prostaglandina endoperóxido sintase (PGHS) a partir de uma ligação covalente com o resíduo de aminoácido serina, na posição 530. Essa ligação ocorre por meio de um ataque nucleofílico da hidroxila da serina ao grupamento acetila do AAS. Entretanto, atualmente esse processo de inibição é considerado pseudoirreversível, pois a ligação formada é hidrolisada de maneira tempo-dependente (Figura 10).[21]

De maneira geral, ligações de natureza covalente não são usualmente exploradas no contexto do plane-

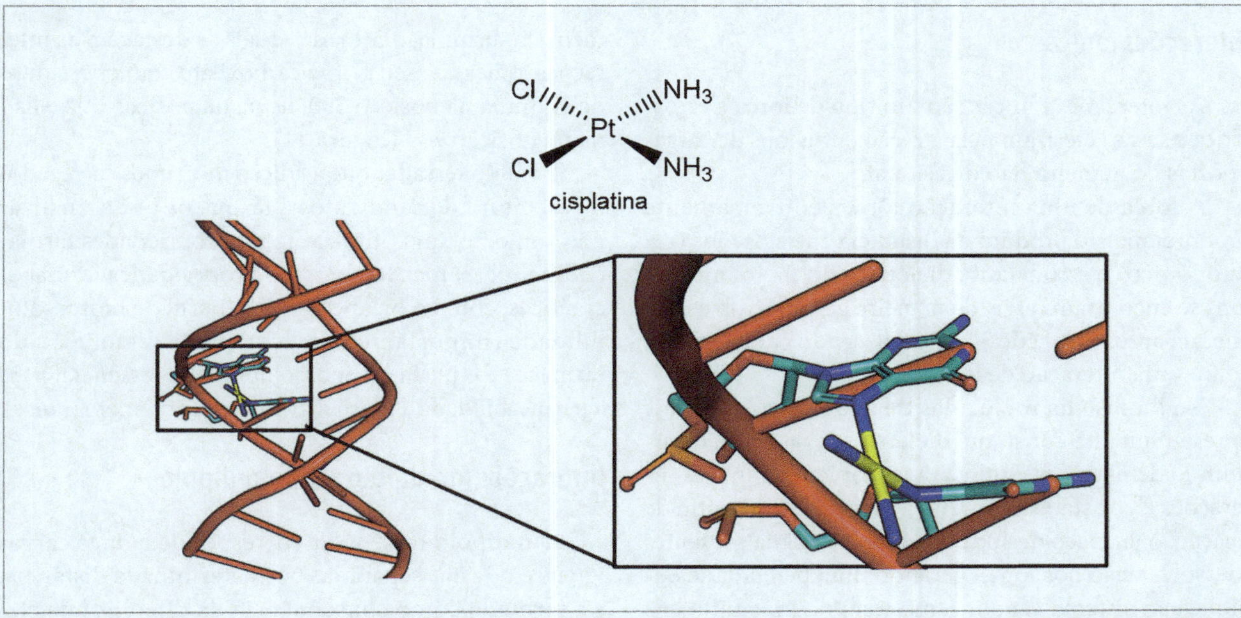

FIGURA 9 Formação de adutos entre a cisplatina (amarelo) e o DNA (vermelho) a partir de ligações covalentes nas posições N-7 de guaninas adjacentes (azul) (PDB ID 3LPV).

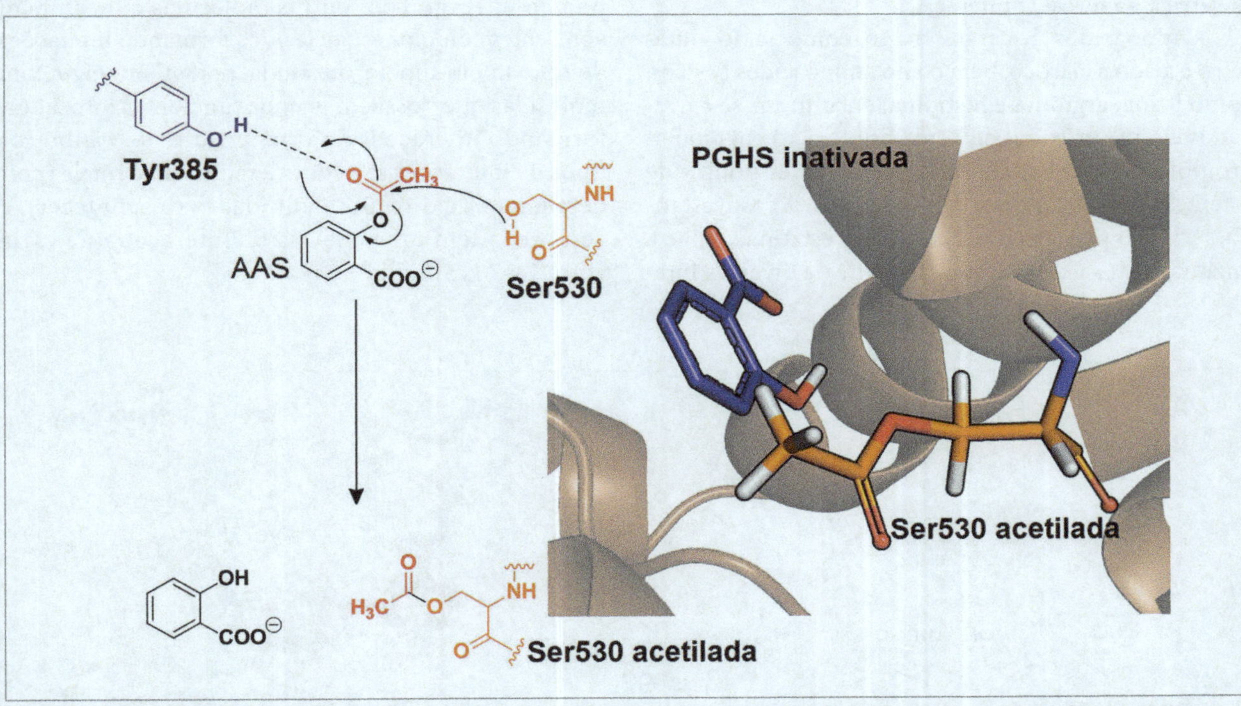

FIGURA 10 Mecanismo proposto para a inibição da enzima PGSH pelo AAS (azul) via acetilação da Ser530 (laranja) com formação de ligação covalente (PDB ID 1PTH).

jamento de fármacos devido a sua difícil reversibilidade e aos efeitos potencialmente tóxicos relacionados à grande reatividade dos grupos eletrofílicos envolvidos. Porém, esse tipo de interação vem sendo utilizado com sucesso no planejamento de fármacos quimioterápicos, que atuam em alvos ditos exógenos, como aqueles pertencentes a bactérias, vírus e parasitas, ou, ainda, para o planejamento de fármacos antitumorais.

Interações iônicas

As interações iônicas são um tipo de força eletrostática e se caracterizam pela atração entre íons de cargas opostas de maneira não direcional.

A força de uma interação iônica é inversamente proporcional ao produto da distância entre os íons (r = raio iônico) e a constante dielétrica do meio onde os íons se encontram (ε_0) e, de maneira geral, envolve uma energia aproximada de 5 kcal/mol, sendo caracterizada como uma interação de longo alcance.[19]

Na biofase há moléculas de água livres, as quais apresentam alta constante dielétrica (ε_0 = 78,4), diminuindo de maneira significativa a força referente às interações eletrostáticas. Porém, ao entrar em seu sítio de ligação, o fármaco desloca moléculas de água presentes (dessolvatação dos íons), gerando uma penalidade entálpica ao sistema e, ao mesmo tempo, um ganho entrópico resultante das interações entre as moléculas de água livres. Esse processo antecede a interação iônica e proporciona uma diminuição dos efeitos da constante dielétrica na força de interação.

Aminoácidos de caráter ácido, como ácido glutâmico e ácido aspártico, bem como aminoácidos básicos, como lisina, arginina e histidina, encontram-se carregados em pH próximo de 7 (pH fisiológico) em biomacromoléculas, representando importantes pontos de interação iônica com diversos fármacos. A rosuvastatina, fármaco pertencente à classe das estatinas, inibe a enzima HMG-CoA redutase a partir de diversas interações intermoleculares, das quais se destacam as interações iônicas de seu grupo carboxilato com os resíduos de arginina na posição 590, lisina na posição 692 e lisina na posição 735 (Figura 11).

É válido ressaltar que a adição de grupos carregados na estrutura de candidatos a fármacos pode sinalizar não somente uma otimização de propriedades farmacodinâmicas, mas também de propriedades farmacocinéticas, como o balanço entre o perfil de hidrossolubilidade (importante para a etapa de dissolução do fármaco) e o perfil de lipossolubilidade (essencial para a permeabilidade do fármaco através de biomembranas).

Interações íon-dipolo e dipolo-dipolo

Um dipolo molecular corresponde a duas cargas iguais e opostas separadas por determinada distância, e é formado como consequência da diferença de eletronegatividade entre os átomos constituintes da molécula em questão. Moléculas nas quais há essa polarização entre átomos adjacentes ou grupos funcionais podem interagir com outras moléculas que também apresentem dipolos estabelecidos formando interações do tipo dipolo-dipolo, ou, ainda, podem interagir com moléculas que possuem grupos funcionais ionizados, formando interações do tipo íon-dipolo. Ambos os tipos de interações são considerados direcionais (pois dependem de direções definidas para acontecer), e compreendem uma energia de interação que varia entre 1 e 7 kcal/mol.[19]

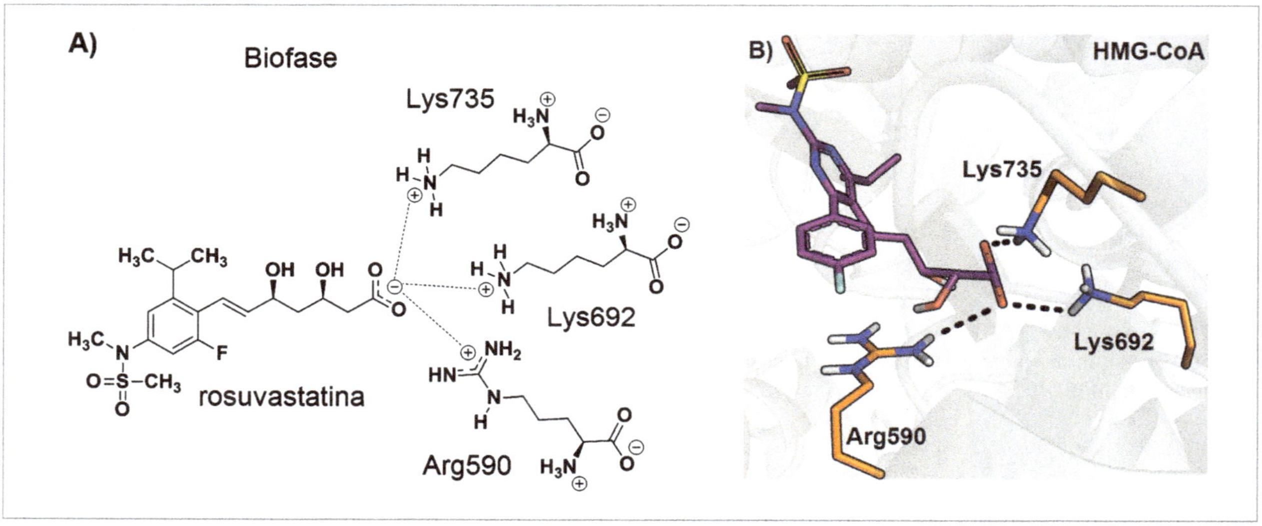

FIGURA 11 Interações iônicas entre a rosuvastatina e os resíduos de aminoácidos Arg590, Lys692 e Lys735 no sítio ativo da enzima HMG-CoA redutase. A: interações em 2D; B: interações em 3D (rosuvastatina em roxo e aminoácidos em laranja) (PDB ID 1HWL).

É importante perceber que nos dois casos, i.e., dipolo-dipolo e íon-dipolo, os valores de energia são mais sensíveis às variações de distância quando comparados à interação iônica, por isso essas interações são consideradas mais fracas.

O fluconazol é um fármaco antifúngico que, além dessa atividade, também é capaz de diminuir a biossíntese de ergosterol em parasitas como *Trypanosoma cruzi*, a partir da inibição da enzima 14-alfa-demetilase ou CYP51. Essa inibição ocorre a partir de uma interação do tipo íon-dipolo entre o átomo de nitrogênio na posição 7 do anel triazólico do fluconazol e o átomo de ferro do grupamento prostético heme (Figura 12).[22]

Sistemas cíclicos aromáticos também podem interagir por esse tipo de força eletrostática, participando assim do reconhecimento fármaco-biorreceptor, e, nesse contexto, cabe destacar três tipos de interações: empilhamento-pi ou pi-*stacking*, empilhamento-T e cátion-pi. As duas primeiras interações são dipolo-dipolo e a última do tipo íon-dipolo.[23]

Interações do tipo empilhamento-pi ou empilhamento-T ocorrem a partir da atração entre dois sistemas aromáticos, um com alta densidade eletrônica e outro com baixa densidade eletrônica. Cabe ressaltar que as interações do tipo empilhamento-pi podem se apresentar de duas maneiras, com os anéis aromáticos paralelos (interação sanduíche) ou com os anéis aromáticos paralelamente deslocados, e as interações do tipo cátion-pi ocorrem entre sistemas aromáticos com alta densidade eletrônica e grupos carregados positivamente, ou seja, cátions (Figura 13).[23]

A linagliptina é um fármaco da classe dos antidiabéticos inibidores da enzima dipeptidil-peptidase 4 (DPP-4) que demonstra interações do tipo empilhamento-pi entre a subunidade imidazopiridina e o resíduo de aminoácido tirosina 457, e entre a subunidade quinazolínica e o resíduo de aminoácido triptofano na posição 629 (Figura 14).[24]

Nos últimos anos, compostos contendo halogênios como cloro, bromo e iodo foram identificados como participantes de fortes interações com grupos aceptores de elétrons. Nessas interações, o átomo de halogênio funcionaria como um ácido de Lewis. Esses contatos são do tipo dipolo-dipolo e foram denominados "interações de halogênio",[25] formando-se a partir de uma região carregada positivamente conhecida como sigma-*role*, situada no lado posterior do halogênio e ao longo da ligação R-X (Figura 15-A). Essa carga positiva se deve à anisotropia da densidade eletrônica no átomo de halogênio.[26] Esse tipo de fenômeno foi mais tarde também identificado em calcogênios de alta polarizabilidade, como enxofre e selênio, levando à caracterização geral dessas interações como "de cavidade sigma".[27]

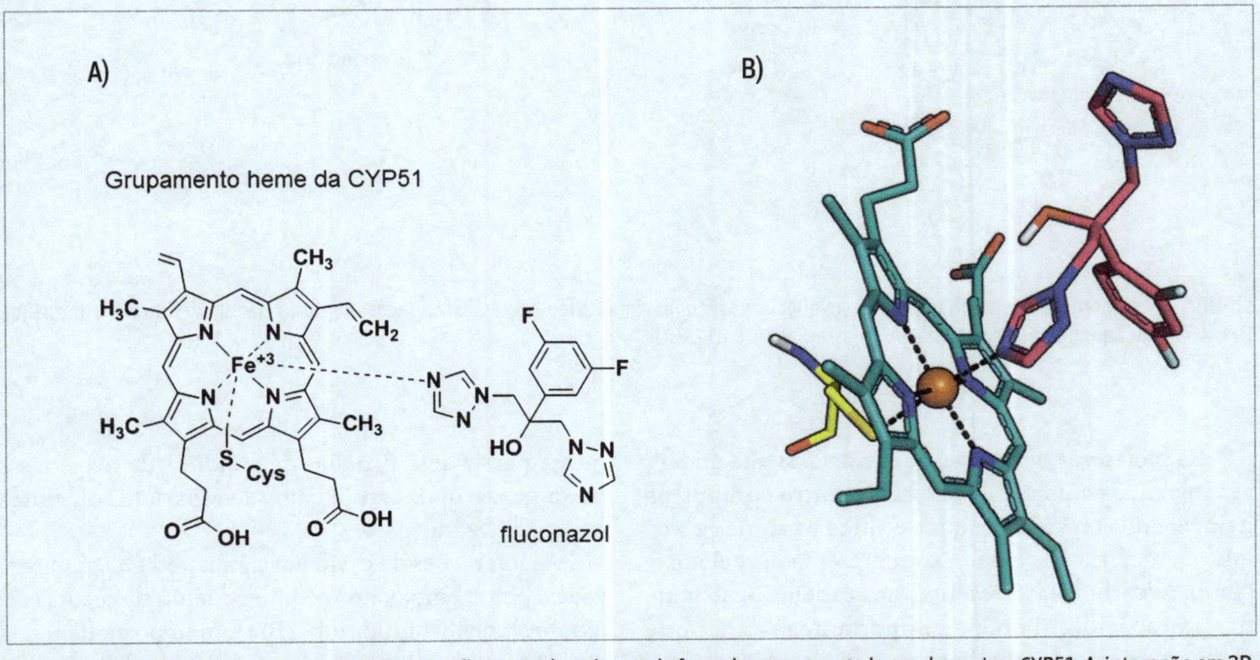

FIGURA 12 Interação íon-dipolo entre o fármaco fluconazol e o átomo de ferro do grupamento heme da enzima CYP51. A: interação em 2D. B: interação em 3D (fluconazol em magenta, grupo heme em azul claro e resíduo de cisteína em amarelo) (PDB ID 2WX2).

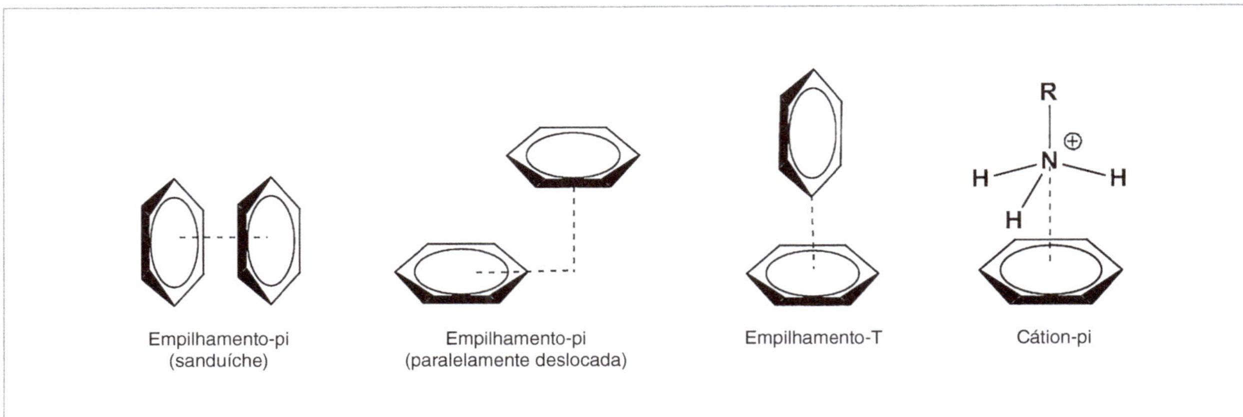

FIGURA 13 Representação esquemática das interações dipolo-dipolo entre anéis aromáticos (empilhamento-pi e empilhamento-T) e cátion-pi.

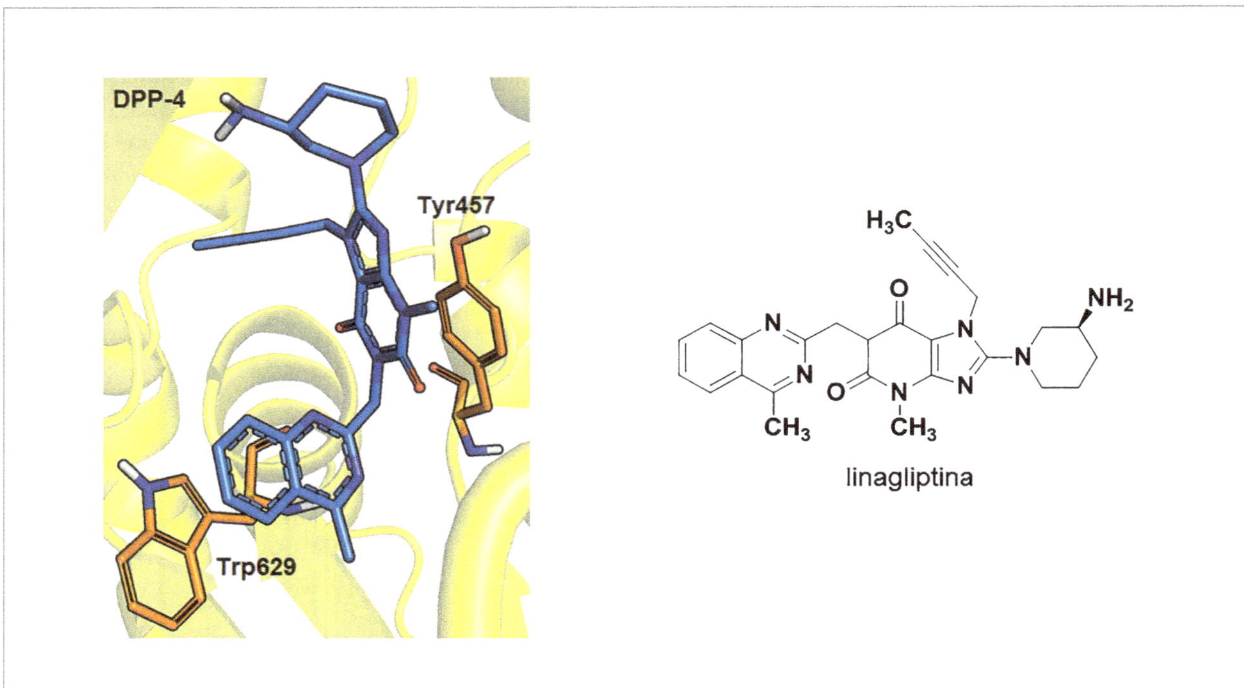

FIGURA 14 Interações de empilhamento-pi envolvidos no reconhecimento molecular do fármaco linagliptina (azul) no sítio ativo da enzima DPP-4, com os aminoácidos Tyr457 e Trp629 (laranja) (PDB ID 2RGU).

Na biofase, as interações de cavidade sigma podem ser formadas a partir da interação entre compostos halogenados ou calcogenados e sítios bases de Lewis, que, na maioria dos casos, são representadas pelo oxigênio de carbonilas presentes nas cadeias principais dos aminoácidos. Porém, é importante ressaltar que alguns aminoácidos também podem estabelecer interações de cavidade sigma através de suas cadeias laterais, a partir de hidroxilas de resíduos de tirosinas e treoninas, grupos carboxilatos de aspartatos ou glutamatos, entre outros.

As interações de cavidade sigma podem ser observadas, por exemplo, no reconhecimento molecular do tetrabromobenzoimidazol (TBI), um importante inibidor de proteína caseína cinase 2 (CK2), pela interação dos átomos de bromo nas posições 5 e 6 e os resíduos

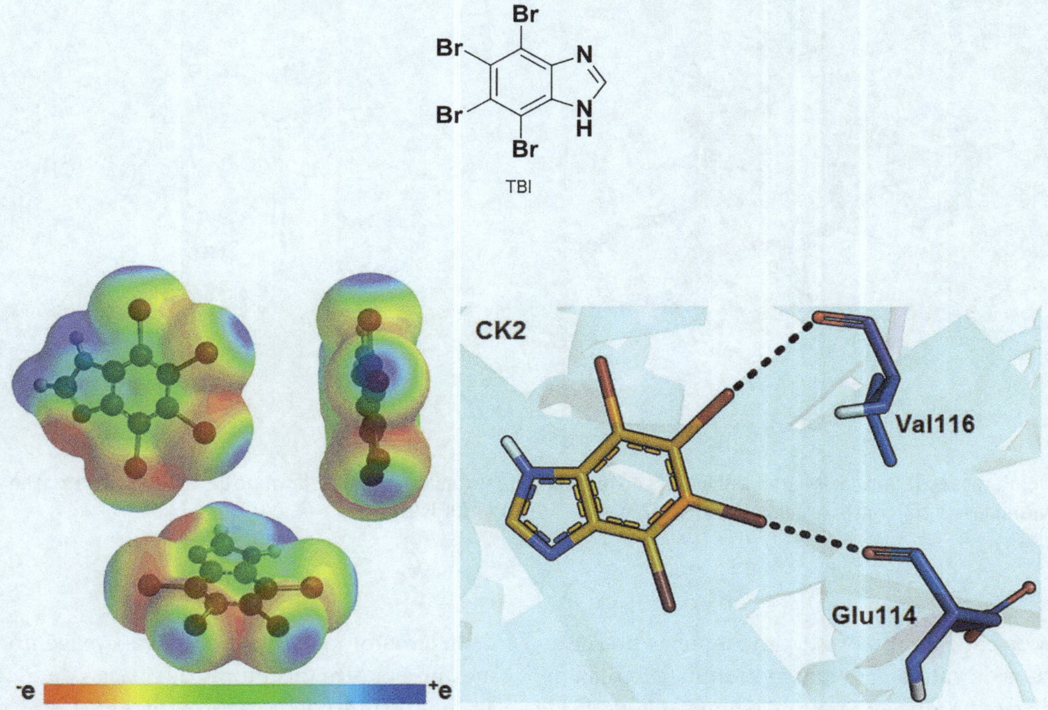

FIGURA 15 Mapa do potencial eletrostático do inibidor TBI, mostrando as regiões carregadas positivamente (sigma-role), em azul (A), e interações de halogênio realizadas pelo inibidor TBI, em laranja, com os resíduos de aminoácidos Glu114 e Val116 (azul) (PDB ID 2OXY).

de glutamato e valina, respectivamente, nas posições 114 e 116 (Figura 15-B).[28]

Forças de dispersão de London

As forças de dispersão de London ou interações de Van der Waals têm caráter atrativo e são formadas a partir da indução de uma assimetria na nuvem eletrônica de um átomo pelo núcleo do átomo adjacente, ambos pertencentes a moléculas apolares, ou seja, essas interações ocorrem devido à polarizabilidade. Esse processo é equivalente à formação de um dipolo. A atração entre dipolos induzidos é local e temporária, variando substancialmente em função da distância entre os dipolos formados. Essas interações possuem energia variando entre 0,5 e 1 kcal/mol sendo, portanto, consideradas fracas. Entretanto, usualmente são cumulativas, e sua magnitude depende do tamanho da cadeia hidrocarbônica envolvida.

O oseltamivir é um pró-fármaco que possui em sua estrutura um grupamento éster que é clivado por esterases no trato gastrointestinal e no fígado, transformando-se no carboxilato ativo. Esse carboxilato possui atividade antiviral por inibir as enzimas neuraminidases dos vírus da influenza A e B. Essa inibição ocorre por meio de diversos tipos de interações intermoleculares, dentre as quais se destacam interações de Van der Waals com os resíduos de aminoácidos Ile222, Arg224 e Ala246, no sítio ativo da enzima (Figura 16).[29,30]

Interações hidrofóbicas

O conceito atualmente utilizado para interações hidrofóbicas foi formulado em 1959 por Walter Kauzmann, que demonstrou a importância desse tipo de interação na estabilização das estruturas terciárias de proteínas, bem como no transporte de moléculas hidrofóbicas por proteínas plasmáticas, e a ligação de esteroides com seus receptores.[19]

A estrutura tridimensional de proteínas é caracterizada por apresentar, em sua região interna, uma predo-

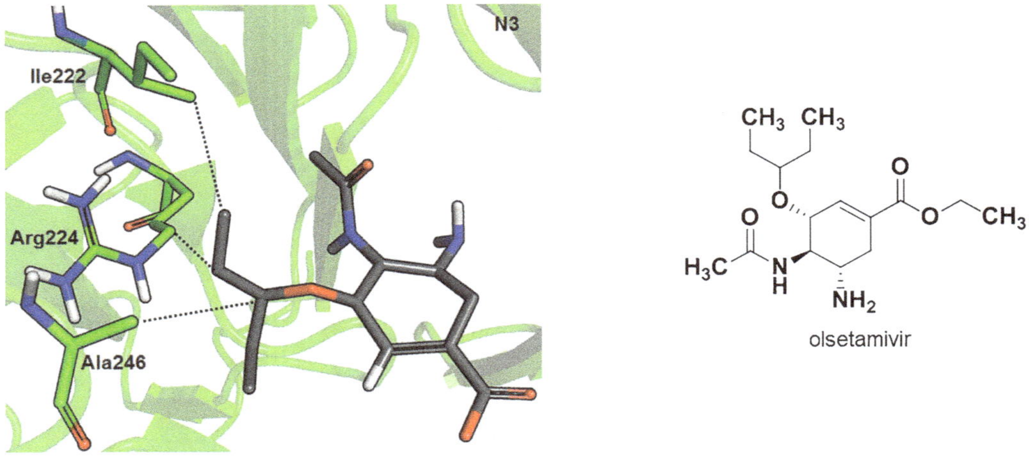

FIGURA 16 Interações de Van der Waals participantes do reconhecimento molecular do carboxilato de oseltamivir (cinza) no sítio ativo da enzima neuramidase 3 (N3) com os resíduos Ile222, Arg224 e Ala246 (verde) (PDB ID 4HZX).

minância de cadeias apolares, como aquelas presentes nos resíduos de valina, leucina, metionina e fenilalanina. Isso ocorre porque, em um meio aquoso, ou seja, de alta constante dielétrica, o enovelamento de proteínas é guiado pela forte coesão entre as moléculas de água, que leva à formação de aglomerados de grupos hidrofóbicos, gerando uma conformação termodinamicamente estável, na qual as cadeias laterais apolares ficam imersas e as cadeias polares ficam expostas à superfície. Nesse contexto, as moléculas de água estão altamente organizadas, formando uma espécie de rede ao redor dessas regiões hidrofóbicas.[31]

A aproximação entre duas entidades químicas apolares (p. ex., um fármaco e o sítio de ligação de um biorreceptor) provoca o deslocamento de moléculas de água e, consequentemente, um aumento da entropia do sistema.

Após a formação do complexo fármaco-biorreceptor, as moléculas de água se reorganizam, porém não mais com o mesmo número de interações anteriormente realizadas, mantendo o ganho entrópico e, portanto, a estabilidade do complexo formado, como ilustra a Figura 17. As interações hidrofóbicas são fracas se consideradas individualmente, e envolvem energias da ordem de 1 kcal/mol de energia.

Ligações de hidrogênio

As ligações de hidrogênio compreendem um tipo de interação eletrostática entre pares de elétrons livres de heteroátomos, como nitrogênio, oxigênio, flúor e até mesmo enxofre (aceptores de ligação de hidrogênio) e átomos de hidrogênio deficientes em elétrons (doadores de ligação de hidrogênio), como aqueles presentes em hidroxilas e grupos amina. É importante destacar que grupos hidroxilas podem, ao mesmo tempo, funcionar como aceptores de ligação de hidrogênio, devido à alta eletronegatividade do átomo de oxigênio, e também como doadores de ligação de hidrogênio, a partir do átomo de hidrogênio ligado ao heteroátomo. A Figura 18 mostra alguns exemplos de grupos aceptores e doadores de hidrogênio. Esse tipo de interação é considerado direcional e preferencialmente linear, envolvendo uma energia em torno de 5 kcal/mol. De maneira geral, as ligações de hidrogênio isoladas são consideradas de baixa magnitude, porém, quando consideradas conjuntamente na formação do complexo fármaco-biorreceptor, sua relevância é amplificada.[32]

Biologicamente, as ligações de hidrogênio têm extrema importância, participando da determinação da estrutura secundária de proteínas e, ainda, sendo responsáveis pela interação entre os pares de bases dos ácidos nucleicos.

O reconhecimento molecular da grande maioria dos fármacos por seus alvos é feito com intensa participação das ligações de hidrogênio. É o caso da espironolactona, um fármaco antagonista de receptores mineralocorticoides com efeito diurético, o qual é reconhecido a partir de ligações de hidrogênio com os

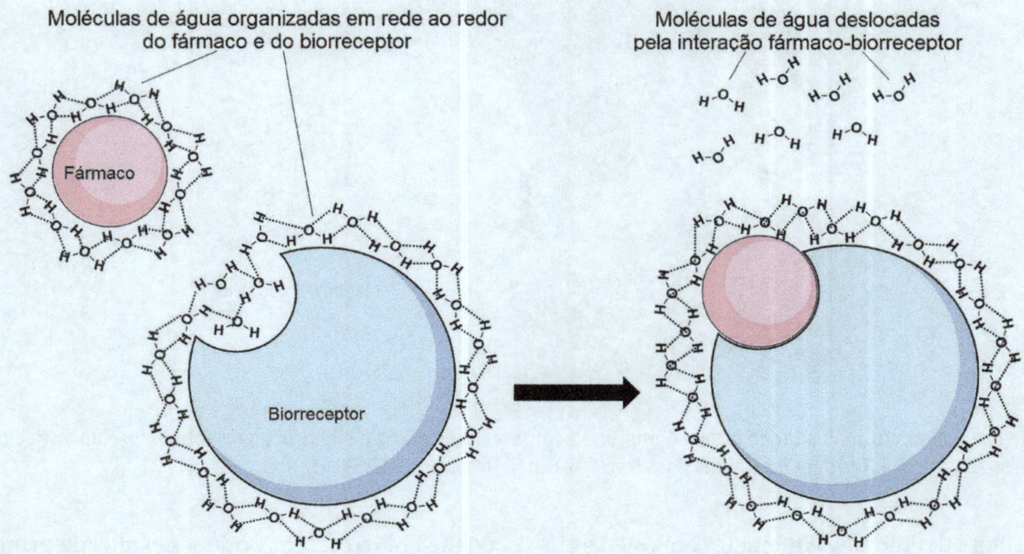

FIGURA 17 Modelo esquemático demonstrando o processo de formação das interações hidrofóbicas entre um fármaco (rosa) e um biorreceptor (azul).

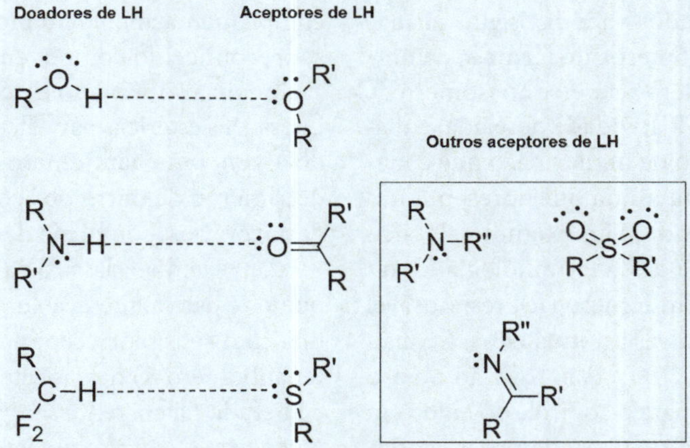

FIGURA 18 Exemplos de grupamentos químicos que atuam como doadores e/ou aceptores de ligações de hidrogênio.

resíduos de aminoácidos asparagina 770 e glutamina 776 (Figura 19).[33]

ESTEREOQUÍMICA NA INTERAÇÃO FÁRMACO-BIORRECEPTOR

Enantiômeros de um fármaco ou outra substância bioativa quiral podem ser reconhecidos diferenciadamente por macromoléculas quirais, como as proteínas, resultando na formação de complexos fármaco-receptores capazes de traduzir diferentes propriedades farmacodinâmicas e farmacocinéticas.[34,35] Isso acontece porque grande parte das macromoléculas endógenas é formada a partir de blocos de construção quirais, como os aminoácidos no caso das proteínas e os açúcares no caso dos ácidos nucleicos, apresentando por isso confi-

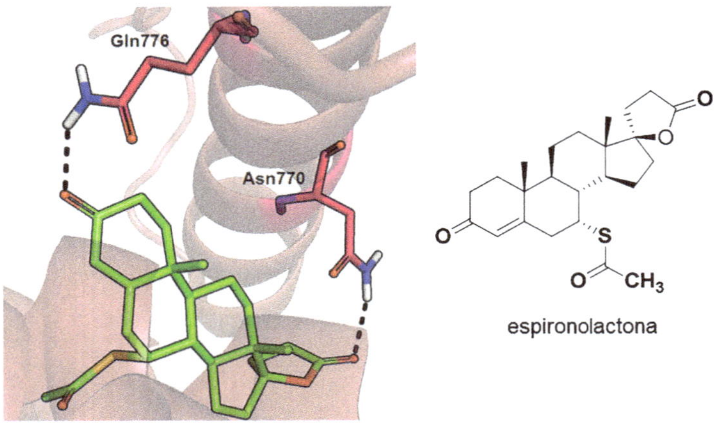

FIGURA 19 Reconhecimento molecular do fármaco espironolactona (verde) no sítio de ligação do receptor mineralocorticoide a partir de ligações de hidrogênio com os resíduos de aminoácidos Asn770 e Gln776 (rosa) (PDB ID 3VHU).

guração absoluta definida. Ao interagir com os enantiômeros de um fármaco quiral, formam-se dois complexos fármaco-biorreceptores de natureza diastereoisomérica, ou seja, com energia e estabilidade distintas, em função de os diferentes arranjos tridimensionais adotados por seus grupos funcionais resultarem em um distinto conjunto de interações atrativas e/ou repulsivas com o biorreceptor alvo. Nesse contexto, é importante destacar dois termos bastante utilizados para distinguir farmacologicamente dois enantiômeros de fármacos: eutômeros e distômeros. Eutômero refere-se ao isômero de um fármaco que apresenta a atividade desejada, e distômero refere-se ao isômero de um fármaco que é inativo, de menor atividade ou ainda que apresenta um perfil de atividade indesejado. Um exemplo clássico capaz de ilustrar a aplicação dessa terminologia é a talidomida, fármaco cujo enantiômero (*R*), responsável por suas propriedades sedativas e antináuseas, é considerado o eutômero (Figura 20).[7,35] A aprovação e o uso do racemato da talidomida para o controle do enjoo em mulheres grávidas nos anos 1960 resultaram no nascimento de crianças com malformações congênitas decorrentes do efeito do teratogênico promovido por seu distômero, apresentando configuração absoluta (*S*). Esse episódio relacionado ao uso da talidomida alertou as agências que regulam a aprovação de novos fármacos e medicamentos quanto à importância de avaliar, no caso de substâncias que apresentam centros estereogênicos, o perfil farmacodinâmico, farmacocinético e de toxicidade dos enantiômeros isoladamente e de forma comparativa com a respectiva mistura racêmica.

A compreensão da importância da estereosseletividade no processo de reconhecimento de um fármaco por seu biorreceptor pode ser explicada primeiramente pelo modelo de três pontos de interação,[36] proposto por Easson e Stedman em 1933. Esse modelo propõe que um enantiômero de uma substância quiral irá interagir com seu biorreceptor através de no mínimo três sítios de interação, e que seu antípoda não reconhecerá esses mesmos sítios, como demonstrado na Figura 21-A. Dessa maneira, somente o enantiômero que se encaixa complementarmente no modelo de três pontos deverá ser reconhecido como o eutômero. Outra maneira de racionalizar o modelo é por meio da contribuição de interações estéricas para alcançar essa seletividade. Sendo assim, um enantiômero pode ser desfavorecido em detrimento de outro por conta de interações estéricas desfavoráveis, conforme demonstra a Figura 21-B.[37]

Um exemplo clássico da aplicação do modelo de três pontos é para a interação da adrenalina e da noradrenalina com seus biorreceptores. Apenas a forma levogira (enantiômero *R*) dessas catecolaminas é biossintetizada e liberada na corrente sanguínea, sendo 10 vezes mais potente que o correspondente antípoda dextrogiro (enantiômero *S*). A Figura 22 demonstra o modelo de três pontos para ambos os enantiômeros da noradrenalina.

O conhecimento sobre a estereoquímica da noradrenalina e da adrenalina foi o começo para o desenvolvimento tanto de agonistas seletivos para receptores beta-adrenérgicos como a isoprenalina, cujo eutômero é o enantiômero *R*, de mesma configuração absoluta que os agonistas endógenos,[38] como de fármacos antagonistas beta-adrenérgicos da classe das ariloxipropanolaminas, como o propranolol, cujo eutômero apresenta a configuração absoluta *S*. É possível observar a importância estrutural da aplicação do conhecimento

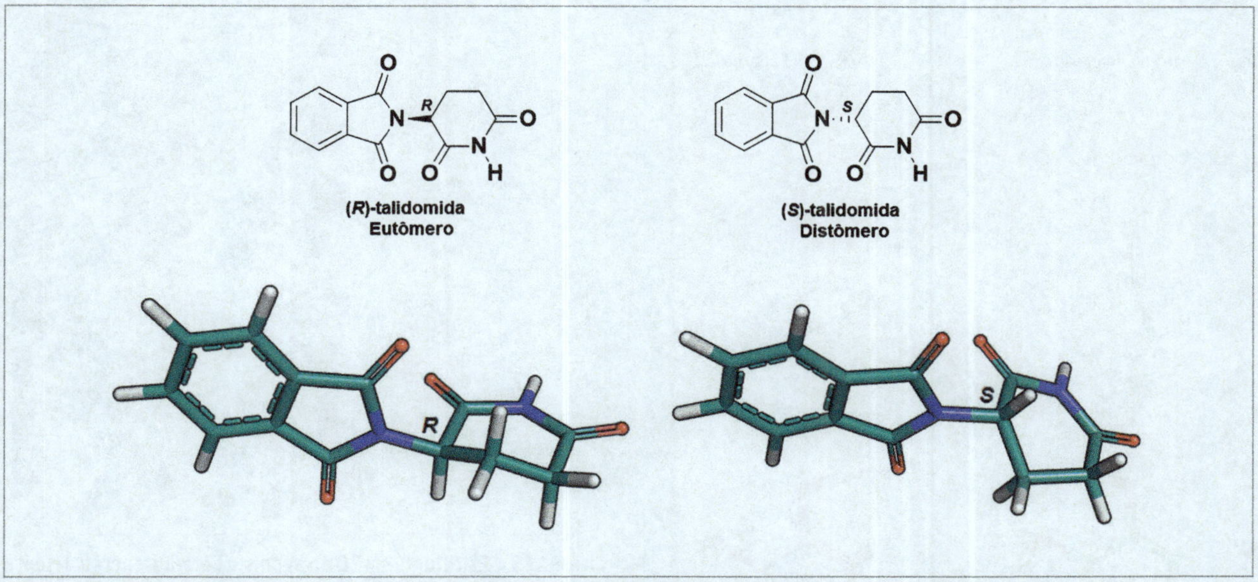

FIGURA 20 Configurações absolutas para os enantiômeros da talidomida, destacando-se o eutômero e o distômero.

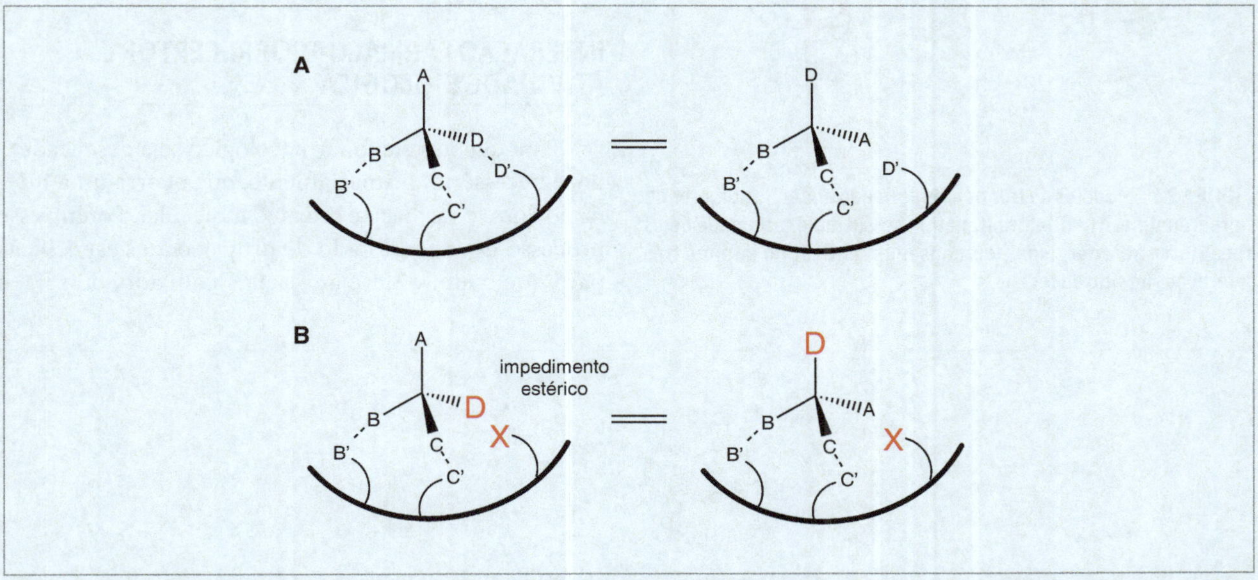

FIGURA 21 Representação esquemática do modelo de três pontos. A: somente um enantiômero é reconhecido completamente pelo sítio do biorreceptor. B: contribuição de interações estéricas para a estereosseletividade.

da estereoquímica quando se compara o agonista beta-adrenérgico isoprenalina e o antagonista beta-adrenérgico cianopindolol, como ilustra a Figura 23.

A discriminação entre eutômeros e distômeros não se aplica somente a compostos com centros quirais. A configuração relativa pode ser determinante para atividade de uma família de compostos naturais estilbênicos isolados do arbusto *Combrettum caffrum*. Dentre esses produtos naturais, a combretastatina A4 (CA-4) se destaca por possuir potente atividade citotóxica em linhagens tumorais por sua interação reversível com a beta-tubulina, no mesmo sítio de interação da colchicina. O espaçador etilênico divide as subunidades aromáticas da CA-4, e um dos limitantes de sua utilização como fármaco não é somente sua baixa solubilidade, mas o fato de ocorrer isomerização de sua ligação dupla com configuração relativa *Z* para *E* (Figura 24).

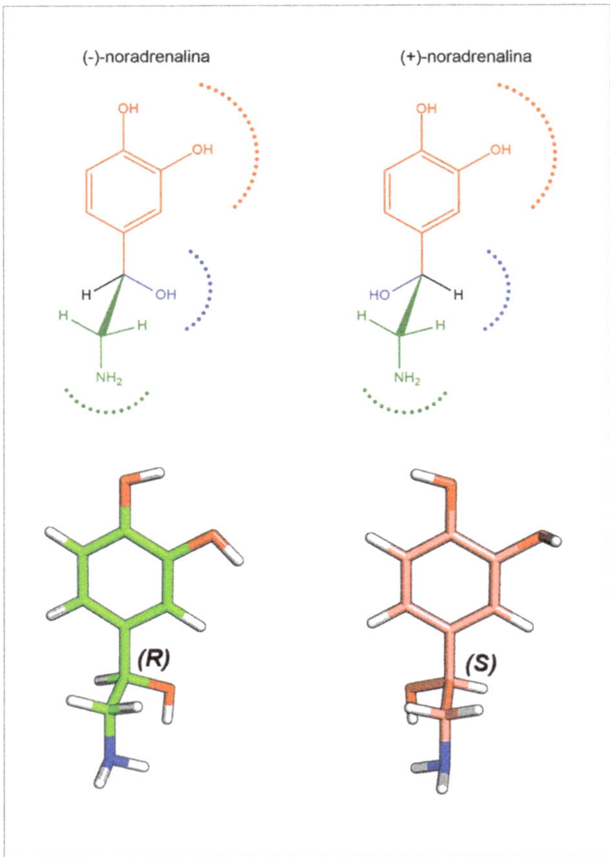

FIGURA 22 Modelos de três pontos aplicado aos enantiômeros da noradrenalina. A (-)-(R)-noradrenalina possui maior afinidade pelos receptores adrenérgicos, pois consegue realizar no mínimo três interações no sítio do receptor.

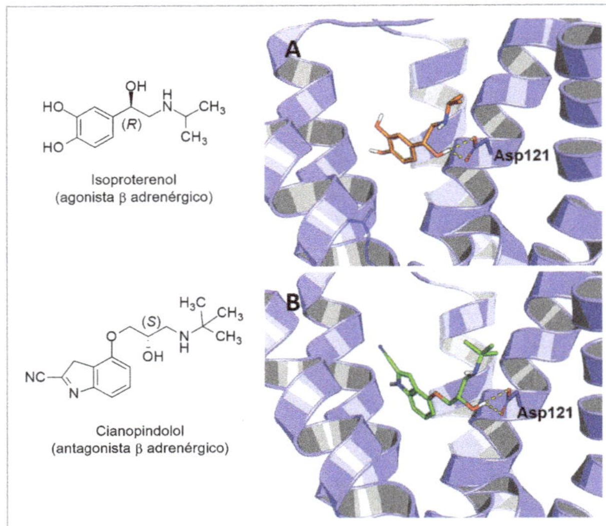

FIGURA 23 Estruturas em 2D do agonista beta-adrenérgico isoproterenol e do antagonista beta-adrenérgico cianopindolol e o reconhecimento molecular dos enantiômeros R e S respectivamente pelo receptor beta-1-adrenérgico (PDB ID 2YCY e 2Y03).

INTERAÇÃO FÁRMACO-BIORRECEPTOR E ATIVIDADE BIOLÓGICA

Para que um efeito farmacológico seja desencadeado, é necessário, primariamente, que ocorra uma interação entre o fármaco e seu alvo molecular. Porém, esse processo deve ser dotado de propriedades específicas para que o efeito desejado seja alcançado, ou seja, é

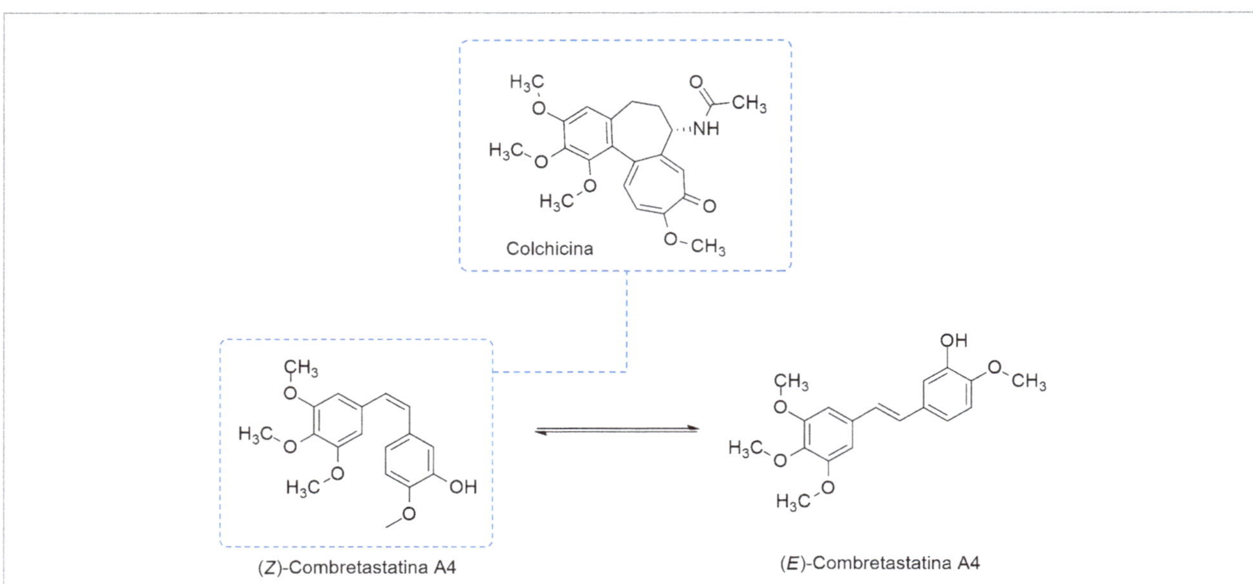

FIGURA 24 Estrutura da colchicina e dos isômeros E e Z da combretastatina A4. O isômero Z possui um arranjo espacial similar ao da colchicina, no entanto sofre isomerização *in vivo* ao isômero apresentando configuração relativa E.

preciso que haja complementaridade molecular entre as entidades químicas envolvidas. Esse conceito, derivado do modelo chave-fechadura proposto por Emil Hermann Fischer em 1890, é extensamente utilizado pelos químicos medicinais para o planejamento de novos candidatos a fármacos.

Farmacóforo, grupos farmacofóricos e grupos auxofóricos

O conceito de farmacóforo foi descrito inicialmente por Paul Ehrlich em 1909 como estruturas moleculares responsáveis pela atividade biológica de um fármaco, ou seja, regiões nas quais sutis alterações poderiam alterar substancialmente a atividade do fármaco. Com base nesse conceito, diversos modelos farmacofóricos foram construídos manualmente entre as décadas de 1960 e 1970, visando ao planejamento de candidatos a fármacos, como exemplificado na Figura 25, que mostra o primeiro modelo farmacofórico publicado em 1963 para receptores muscarínicos.[39,40]

Mais tarde, com a crescente complexidade e diversidade das estruturas moleculares, foi necessário o desenvolvimento de programas computacionais altamente sofisticados que possibilitassem a manipulação e a determinação de aspectos conformacionais dessas substâncias. Com a possibilidade de construir modelos farmacofóricos tridimensionais atentou-se para a necessidade de ampliação do conceito de farmacóforo, melhorando seu entendimento. Dessa forma, o conceito atualmente utilizado foi elaborado pela International Union of Pure and Applied Chemistry (IUPAC), e considera que "um farmacóforo é um conjunto de características estéricas e eletrônicas que são necessárias para garantir interações supramoleculares ideais com uma estrutura específica de um alvo biológico para desencadear (ou bloquear) sua resposta biológica". Em outras palavras, para planejar um fármaco que tenha atividade para determinado alvo molecular, deve-se atender a requisitos específicos, e o conjunto desses requisitos denomina-se farmacóforo.[41]

Uma maneira bastante clara de ilustrar a definição de farmacóforo seria observar o exemplo da daidzina e seus análogos. Esse composto é um isoflavonoide, inibidor seletivo da enzima aldeído desidrogenase 2 (ALDH-2). O uso de ferramentas *in silico* possibilitou a construção de um modelo farmacofórico a partir do alinhamento das estruturas da daidzina e seus análogos, apontando os requisitos específicos para a inibição da ALDH-2, como grupos aceptores ou doadores de ligação de hidrogênio na região F1, grupos hidrofóbicos aromáticos na região F2, grupos hidrofóbicos na região F3 e grupos aceptores de ligação de hidrogênio na região F4. Esse conjunto de características representa o farmacóforo para a inibição de ALDH-2 (Figura 26).[42]

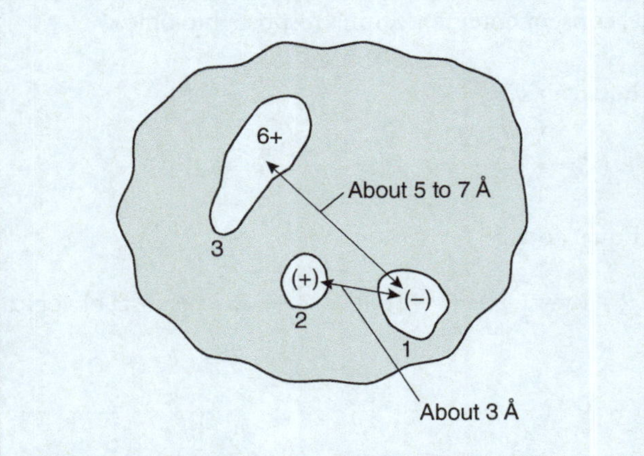

FIGURA 25 Modelo farmacofórico muscarínico publicado em 1963. Os pesquisadores responsáveis pela sua construção, propuseram uma distância de cerca de 3 Å entre um centro aniônico e um centro catiônico e uma distância de 5 a 7 Å entre o centro aniônico e uma região dipolar carregada positivamente que pudesse acomodar oxigênios de grupos éter, hidroxila ou carbonila (para a muscarina, acetilcolina e derivados furânicos).

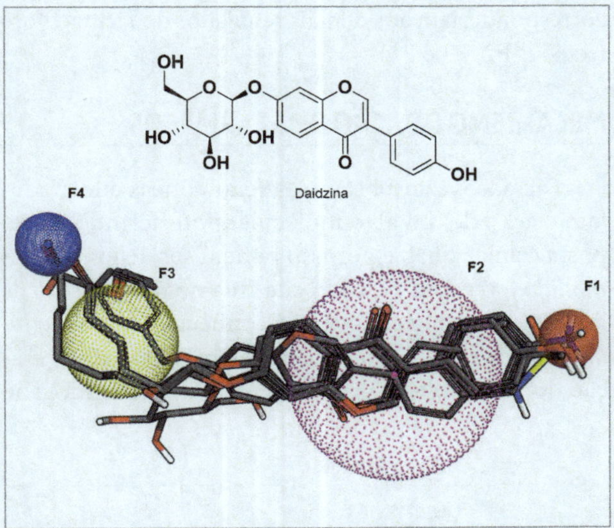

FIGURA 26 Mapa farmacofórico construído a partir de inibidores de ALDH-2. A esfera em vermelho indica grupos aceptores ou doadores de ligação de hidrogênio na região F1; a esfera lilás indica grupos hidrofóbicos aromáticos volumosos na região F2; a esfera amarela indica grupos hidrofóbicos aromáticos ou não na região F3, e a esfera azul indica grupos aceptores de ligação de hidrogênio na região F4. Fonte: adaptada de Ferreira e Fraga.

Ainda nesse mesmo exemplo, podemos também ilustrar o conceito de grupo farmacofórico. No processo de síntese dos análogos, ao trocar a hidroxila fenólica presente na daidzina por uma metila houve perda substancial de atividade, sendo o composto resultante praticamente inativo em testes *in vitro*, mostrando que o grupo hidroxila é essencial para a atividade inibitória da daidzina em face da enzima ALDH-2. Dessa forma, podemos definir grupo farmacofórico como um grupamento ou subunidade estrutural essencial à atividade de um composto perante determinado alvo molecular (Figura 27). É válido ressaltar que, com a substituição explicitada anteriormente, um dos requisitos apontados pelo farmacóforo deixou de ser atendido, que foi a necessidade de grupo aceptor ou doador de ligação de hidrogênio na região F1, apontada pelo modelo farmacofórico.[43]

Como é possível perceber, os grupos farmacofóricos são os requisitos mais importantes exigidos pelo farmacóforo para que um composto tenha atividade perante o biorreceptor-alvo. Porém, não é o único, existindo portanto outros grupos na estrutura molecular que, apesar de não serem essenciais para a atividade do composto, são importantes para sua afinidade pela biomacromolécula alvo e, se retirados, não resultam em perda total de atividade. Esses grupos são denominados auxofóricos e, a partir de suas interações com o biorreceptor, auxiliam no processo de reconhecimento molecular. No exemplo dado anteriormente, os grupos auxofóricos corresponderiam aos demais requisitos do farmacóforo (regiões F2, F3 e F4).

MECANISMO DE AÇÃO DOS FÁRMACOS

Fármacos são substâncias xenobióticas que modulam a ação de um alvo molecular, interferindo na reposta celular final, e por isso podem ser denominados *moduladores*. Um fármaco que atua no mesmo sítio de ligação do ligante endógeno é conhecido como *modulador ortostérico*. Da mesma maneira, o sítio de interação do alvo molecular com o qual o ligante endógeno interage é conhecido como *sítio ortostérico*. Adicionalmente, existem fármacos que atuam em sítios distintos do sítio de interação com o ligante endógeno (sítio alostérico). Uma modulação, quer seja *ortostérica* ou *alostérica*, pode ser positiva, ou seja, no mesmo fluxo do mecanismo de ação fisiológico do alvo ou negativa, no contrafluxo desse mecanismo.

Uma segunda classificação importante está relacionada à ação em enzimas ou receptores metabotrópicos e ionotrópicos. Fármacos que atuam em enzimas podem ser classificados primariamente como *inibidores* ou *ativadores* e fármacos que atuam em receptores são classificados como *agonistas totais*, *agonistas parciais*, *agonistas inversos* e *antagonistas*. Combinando as duas principais classificações é possível reconhecer fármacos agonistas/antagonistas ortostéricos/alostéricos ou inibidores/ativadores ortostéricos/alostéricos (Figura 28). A seguir serão abordados em maior profundidade os diferentes aspectos dos possíveis mecanismos de ação dos fármacos.[9]

Aspectos cinéticos da ação dos fármacos sobre o alvo molecular: o conceito de afinidade

Dependendo do alvo molecular, a expressão cinética de sua reação fisiológica com seus substratos/ligantes pode ser dada por duas equações simplificadas. A Equação 1.1 relaciona a interação básica de uma enzima (E) e seu substrato (S) para a partir do complexo enzima-substrato (ES) gerar um produto (P). Já a reação 1.2 relaciona a interação básica de um ligante endógeno (L) com seu receptor (R) para gerar o complexo ligante-receptor (RL) e, consequentemente, uma resposta biológica.[6]

Equação 1.1

$$E + S \xrightleftharpoons{Kd\ (ou\ K_m)} [ES] \xrightleftharpoons{\mathrm{K_{cat}}} \mathrm{E + P}$$

Equação 1.2

$$R + L \xrightleftharpoons[K_{associação}]{K_{associação}} [ES] \xrightleftharpoons{} \text{resposta biológica}$$

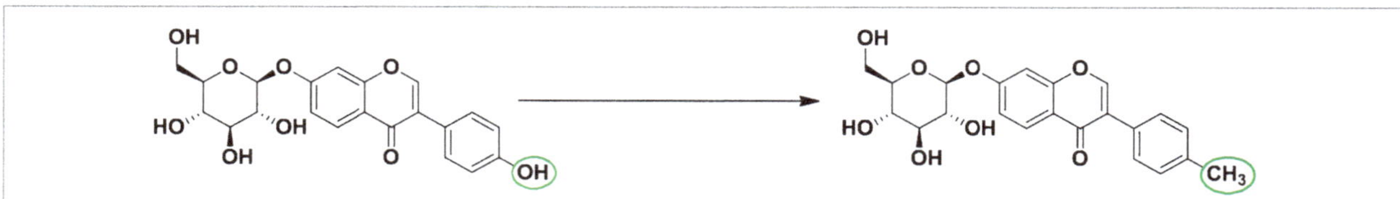

FIGURA 27 Exemplo ilustrativo do conceito de grupo farmacofórico, apontando a substituição da hidroxila fenólica da daidzina por uma metila, dando origem a um de seus análogos, considerado inativo por testes *in vitro*.

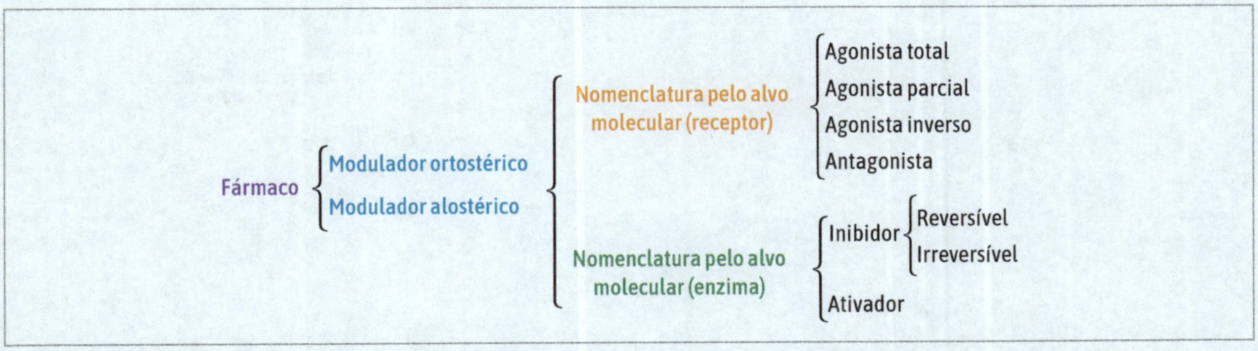

FIGURA 28 Classificação dos fármacos quanto ao local de ação e ao mecanismo de modulação do biorreceptor-alvo.

Independentemente da natureza bioquímica do alvo molecular, o complexo ES ou RL pode resultar da interação com fármacos ou outras substâncias bioativas de maneira competitiva, não competitiva ou acompetitiva. Uma interação competitiva remete à exclusão mútua entre o substrato/ligante endógeno e o fármaco, ou seja, ao aumentar a concentração do substrato, exclui-se o ligante, e vice-versa. A interação fármaco-alvo desloca o equilíbrio de formação do complexo binário ligante-alvo [AL]; no entanto, dependendo da concentração do ligante endógeno [L], este poderá deslocar o equilíbrio de formação do complexo alvo-fármaco [AF], como demonstra a Equação 1.3.[44]

Equação 1.3

$$A + L + F \rightleftharpoons \begin{cases} [AL] + F \xleftrightarrow{\uparrow [F]} [AF] + L \\ [AF] + L \xleftrightarrow{\uparrow [L]} [AL] + F \end{cases}$$

Interações não competitivas ou acompetitivas estão relacionadas a sítios alostéricos do alvo molecular, no qual o aumento da concentração do ligante ou fármaco não desloca o equilíbrio de nenhum complexo binário. Uma interação não competitiva pode ocorrer sem a presença do ligante endógeno, no qual o fármaco interage em um sítio alostérico do alvo molecular. No entanto, uma interação acompetitiva necessita primeiramente da formação do complexo binário ligante-alvo para que o fármaco possa interagir no sítio alostérico desse complexo binário. A Equação1.4 mostra a esquematização de uma interação acompetitiva.[44]

Equação 1.4

$$A + L \rightleftharpoons [AL] \xrightleftharpoons{+F} \overset{\displaystyle F}{\underset{}{|}}\!\!\!\!\![AL]$$

A compreensão sobre a cinética de interação de fármacos traduz o conceito de *afinidade*, pois se remete primeiramente à formação dos complexos ES e RL. Dentro do contexto enzimático, a maioria dos fármacos atua como inibidor, podendo ser considerados reversíveis (quando a atividade da enzima é restaurada) ou irreversíveis (quando a atividade enzimática não é recuperada após a reação com o fármaco, geralmente por ligação covalente).[44]

Inibidores enzimáticos que são reversíveis competem geralmente pelo mesmo sítio de ligação com o substrato. Um exemplo clássico são as enzimas cinases que utilizam como cofator uma molécula de adenosina trifosfato (ATP) para fosforilar seu substrato. Essas enzimas podem fosforilar resíduos de aminoácidos do substrato, inibindo sua cascata de sinalização ou ativando-a, e são classificadas de acordo com o aminoácido que podem fosforilar, *i.e.*, serina/treonina cinases ou tirosina cinases.

O desenvolvimento de inibidores reversíveis de cinases visa à interação no sítio de ligação do ATP, no entanto determinadas cinases possuem dois tipos de conformação, uma ativa (DFG-*in*) e outra inativa (DFG-*out*). A conformação DFG está relacionada ao posicionamento dos aminoácidos aspartato (D), fenilalanina (F) e glicina (G) da alça de ativação da enzima.[45]

Quando a enzima se encontra na conformação ativa (DFG-*in*), pode utilizar o ATP para fosforilar o substrato. Isso porque o resíduo de aminoácido aspartato estabiliza os grupos fosfato do ATP, permitindo sua transferência (Figura 29-A) para o substrato. Na conformação inativa (DFG-*out*) (Figura 29-B), a alça de ativação muda a conformação da enzima, fazendo com que o aminoácido aspartato não se encontre próximo à região de interação dos grupos fosfatos.[45]

Além disso, o resíduo de fenilalanina próximo a essa região não permite a interação com a molécula de ATP

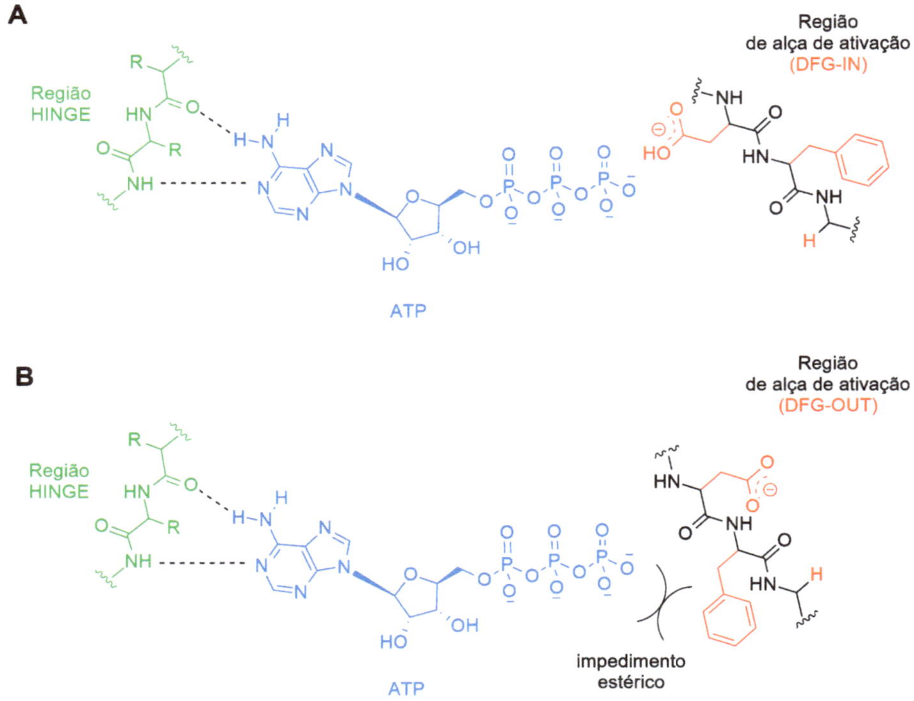

FIGURA 29 Esquematização da interação do cofator ATP no sítio de ligação de uma proteína cinase. A subunidade adenina do ATP interage com a região denominada hinge e os grupos fosfatos interagem com a alça de ativação. A) Esquematização da interação do ATP na conformação DFG-in, no qual pode-se observar que o aminoácido aspartato fica próximo aos grupos fosfatos, estabilizando-os e permitindo sua transferência para o substrato. B) A mudança de conformação da alça de ativação redireciona a enzima para conformação DFG-out, não permitindo a interação do ATP no sítio de ligação.

por conta do impedimento estérico promovido. Sendo assim, na conformação inativa de uma cinase não há ligação do cofator ATP.

Um exemplo clássico de fármaco que interage com a conformação inativa (DFG-*out*) de uma enzima é o imatinibe, primeiro inibidor da enzima Brc-Abl aprovado para o tratamento da leucemia mieloide crônica (LMC). Ao comparar com a interação que o ATP faz, é possível observar interações em comum na região do *hinge*. Por inibir a conformação DFG-*out*, o imatinibe interage em uma região hidrofóbica específica e não na região da interação dos grupos fosfatos do ATP, como ilustra a Figura 30.[46]

Aspectos dinâmicos da ação dos fármacos sobre o alvo molecular

Levando em conta a Equação 2, a medida dos parâmetros cinéticos se dá a partir do deslocamento do ligante endógeno pelo fármaco e da quantificação do ligante deslocado, podendo expressar a *afinidade* do fármaco por um receptor.

No entanto, no contexto dos receptores, um fármaco pode receber a classificação de acordo com sua capacidade de gerar uma resposta biológica, quer seja ativando ou inibindo determinado alvo molecular. A base para a farmacologia de receptores é estabelecida por curvas dose-resposta, e a resposta máxima varia de acordo com a variação da concentração do fármaco, como é demonstrado na Figura 31-A. Como a faixa de concentração de um fármaco é muito alta em um gráfico dose-resposta, opta-se por usar um gráfico com uma faixa logarítmica, e por isso a curva se mostra como uma sigmoide (Figura 31-B). A partir desse gráfico é possível encontrar a potência do fármaco, *i.e.*, a concentração que produz 50% da resposta fisiológica (concentração efetiva ou EC_{50}).[9]

A *eficácia* de um fármaco demonstra sua capacidade de gerar a reposta biológica e pode ser compreendida na Figura 32-A. A comparação entre os EC_{50} de fármacos permite evidenciar qual deles é mais potente, i.e., produz 50% da resposta biológica máxima em menores concentrações (Figura 32-B).[9]

Ensaios bioquímicos e celulares de fármacos e seus alvos moleculares são, na maioria das vezes, baseados

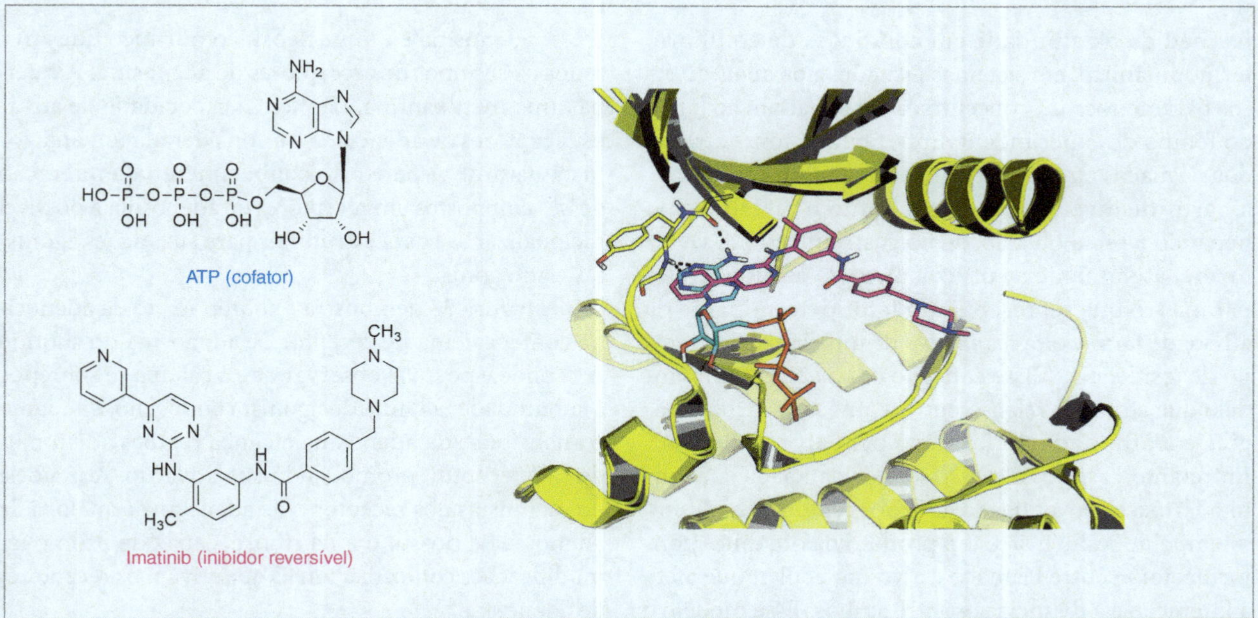

FIGURA 30 Comparação das conformações bioativas do ATP (azul) e do imatinibe (rosa) na enzima Bcr-Abl. Interações em comum na região do hinge são mostradas em linhas traçadas (PDB ID 2G2F e 3GVU – a alça de ativação foi removida para melhor visualização).

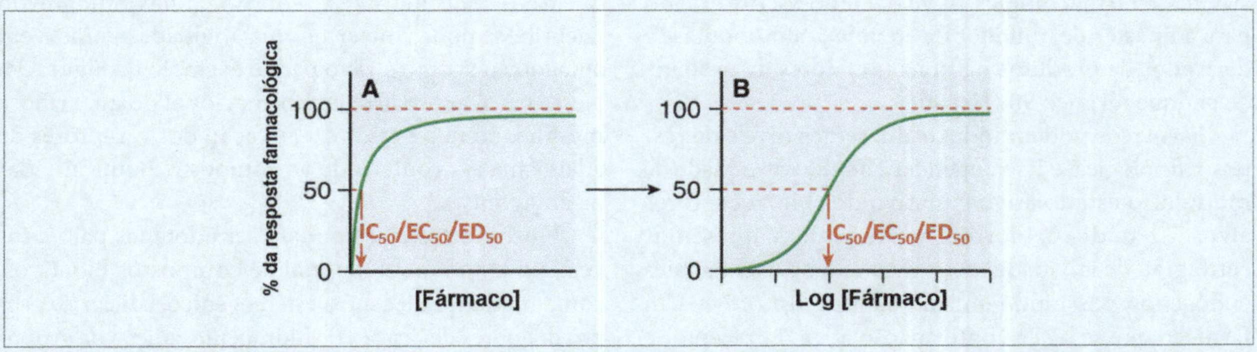

FIGURA 31 A: gráfico de dose-resposta de um fármaco. À medida que a concentração do fármaco aumenta, a reposta biológica também, até alcançar seu valor máximo. B: gráfico dose-resposta de um fármaco na escala logarítmica no eixo x, a curva se mostra como uma sigmoide.

Fonte: retirada de Goodman e Gilman. As bases farmacológicas da terapêutica, 12ª ed., capítulo 3.

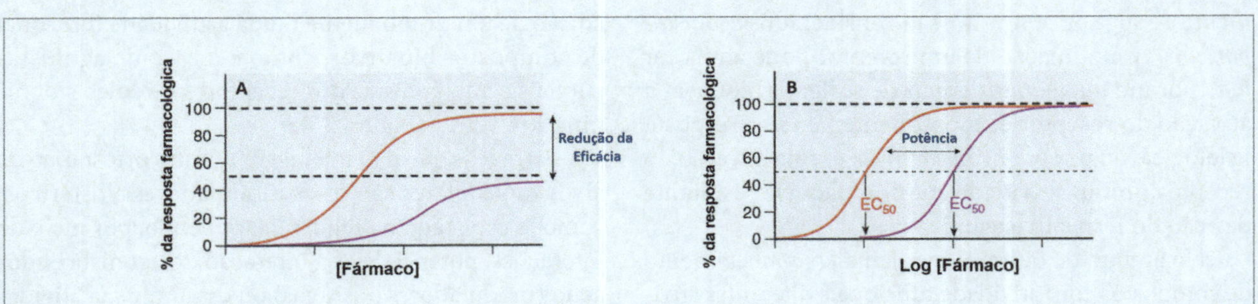

FIGURA 32 A: gráfico dose-resposta comparando a eficácia de dois fármacos, no qual é possível observar que o fármaco B (curva roxa) possui menor eficácia que o fármaco A (curva vermelha). B: gráfico dose-resposta comparando os EC50 de dois fármacos que possuem a mesma eficácia, porém com potências diferentes. O fármaco B é mais potente que o fármaco A, pois atinge sua eficácia máxima em uma concentração menor que a do fármaco Y.

Fonte: adaptada de Goodman e Gilman. As bases farmacológicas da terapêutica, 12ª ed., capítulo 3.

na medida da afinidade em condições de equilíbrio termodinâmico, em sistemas fechados nos quais diversos parâmetros, *i.e.*, concentração, não variam ao longo do tempo de experimento. Entretanto, a concentração dos fármacos em nosso corpo está em fluxo constante, a partir de diversos processos como o metabolismo hepático e renal ou a absorção gastrointestinal. Dessa forma, atualmente se utiliza, além da afinidade, um parâmetro que representa um fator determinante da atividade farmacológica *in vivo* de um fármaco: o tempo de residência.[47] Esse conceito baseia-se em um modelo que admite a relação entre a atividade farmacológica e a afinidade do fármaco pelo alvo molecular. Entretanto, essa atividade só será evidenciada enquanto o fármaco estiver ligado ao biorreceptor-alvo. Assim, o tempo de residência é um produto da dinâmica conformacional entre fármaco e alvo molecular, que afeta a interação e a dissociação entre ambos. Esse modelo é baseado em dados experimentais, que indicam que dinâmicas lentas para ligação e dissociação fármaco-alvo poderiam ser um antecedente molecular crítico para a atividade farmacológica *in vivo*, como foi observado para a finasterida, inibidor da enzima 5-alfa-redutase e derivados de produtos naturais inibidores da proteína de choque térmico 90 (Hsp90).

Fármacos podem induzir diferentes níveis de resposta fisiológica, e isso dependerá de sua capacidade de modular o estado ativo e inativo dos biorreceptores alvos. Além disso, biorreceptores podem apresentar certo grau de atividade mesmo na ausência de ligantes endógenos, possuindo uma *atividade constitutiva*. Um fármaco que se liga à conformação ativa do receptor e gera a resposta máxima é considerado um *agonista*, assim como o ligante endógeno é classificado como agonista endógeno. Fármacos que ativam os receptores, mas não estimulam a resposta máxima, independentemente de sua concentração, são considerados *agonistas parciais*. A modulação de um receptor pode ainda ser feita por um *antagonista*, capaz de se ligar e bloquear a ativação do receptor e, consequentemente, a resposta fisiológica, ou por um *agonista inverso*, cuja ativação do receptor produz atividade contrária àquela resultante da ação do respectivo agonista.[9]

No âmbito da química medicinal, o conhecimento de compostos com atividade funcionais diferentes auxilia no planejamento de fármacos a partir de modificações estruturais diversas. Um exemplo clássico da racionalização da atividade funcional de compostos bioativos são os agonistas e antagonistas dos diferentes subtipos de receptores de adenosina, *i.e.*, A_1, A_{2A}, A_{2B} e A_3.

A adenosina é um nucleosídeo purínico que ativa todos os subtipos dos receptores de adenosina. A cafeína, uma metilxantina, não tem a capacidade de ativar os receptores de adenosina e é considerada um antagonista natural. A partir do conhecimento da interação desses compostos em receptores de adenosina é possível racionalizar as bases estruturais para suas ações agonistas e antagonistas.

A Figura 33 demonstra a sobreposição da adenosina com a cafeína no receptor de adenosina do subtipo A_{2A}, onde é possível observar que a cafeína se sobrepõe à subunidade adenina do agonista endógeno, enquanto o anel ribose da adenosina alcança regiões adicionais do biorreceptor, promovendo sua ativação. A maioria dos agonistas dos receptores de adenosina é análoga da adenosina e possui o anel ribose, capaz de promover modificações conformacionais que ativam os receptores de adenosina.[48,49]

Modificações estruturais podem mudar a atividade funcional (eficácia) de compostos, e outro exemplo pode ser relacionado aos receptores de adenosina, nesse caso do subtipo A_3. A redução da flexibilidade do anel ribose pode converter uma atividade agonista em antagonista, como é visto para o exemplo da Figura 34. Nesse caso, a restrição conformacional do anel ribose modificado não permite a ativação dos receptores de adenosina A_3, conferindo ao composto 2 uma atividade antagonista.[50]

Outras estratégias podem ser adotadas para converter a atividade funcional de compostos bioativos, como mudança do centro estereogênico, adição de grupos doadores de ligação de hidrogênio, adição de grupos aromáticos, entre outros. Em certos casos, como de compostos que atuam nos receptores opioides, mudanças de posição dos substituintes podem converter uma ação antagonista em agonista.[51] Em outros, a simples adição de um grupo metila muda a atividade funcional de compostos bioativos, como é o caso de agonistas parciais e antagonistas dos receptores de colecistoquinina 2 (CCK 2) (Figura 35).[52]

Fármacos que não interagem no sítio ortostérico de alvos moleculares são ditos moduladores alostéricos, como já explicado na Figura 28, podendo, por meio de interações, potencializar a interação do agonista endógeno (moduladores positivos) ou diminuir sua atividade (moduladores negativos), trazendo nesse contexto a noção de *cooperatividade*.

Apesar de a ideia de alosterismo ser primeiro identificada e ilustrada para a classe das enzimas, e ser bem documentada para receptores ionotrópicos[53] (como os

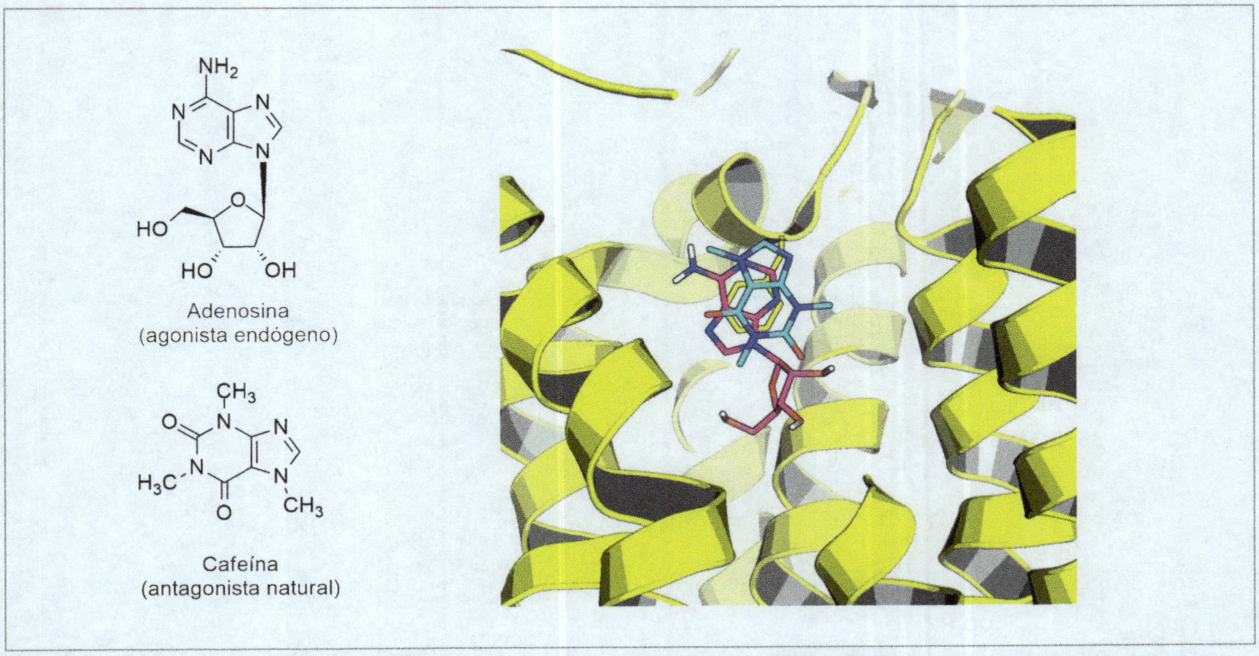

FIGURA 33 Exemplo de um agonista e antagonista e de como suas diferenças estruturais impactam na interação com o alvo molecular. A adenosina é um agonista endógeno dos receptores de adenosina, e a cafeína é um antagonista natural desses receptores (PDB ID 2YDO e 3RFM).

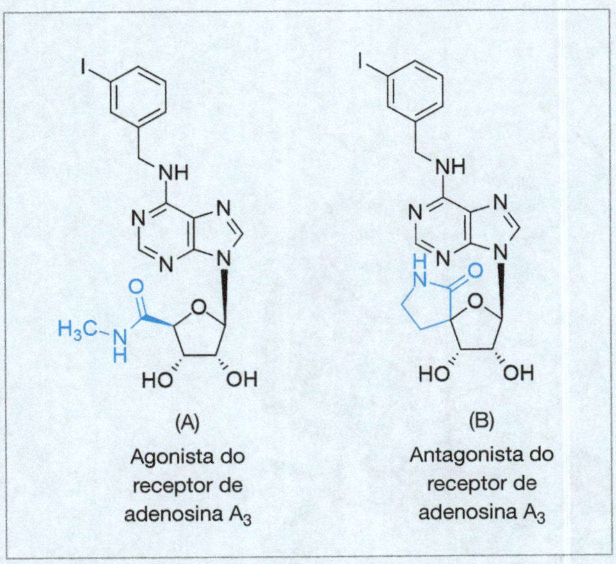

FIGURA 34 Restrição conformacional como estratégia na modificação da eficácia de compostos bioativos.

receptores gabaérgicos), recentemente a modulação alostérica de receptores metabotrópicos (GPCRs) vem sendo alvo para o desenvolvimento de novos fármacos. Um exemplo muito recente é a descrição da modulação de receptores de adenosina e outros GPCR por íons Na^+.[54] Técnicas de cristalização de proteínas e difração de raios x permitiram identificar o sítio de interação alostérica e propor o modo de interação do modulador alostérico amilorida (Figura 36).

Moduladores alostéricos podem trazer uma grande vantagem no desenvolvimento de fármacos no que tange à seletividade de compostos entre subtipos de GPCR, minimizando eventuais efeitos adversos. Mesmo com essa vantagem ainda há alvos nos quais não se conhece esses sítios adjacentes, e cada vez mais técnicas como a cristalização de proteínas com micromoléculas ou fragmentos auxiliam na identificação desses sítios alostéricos.

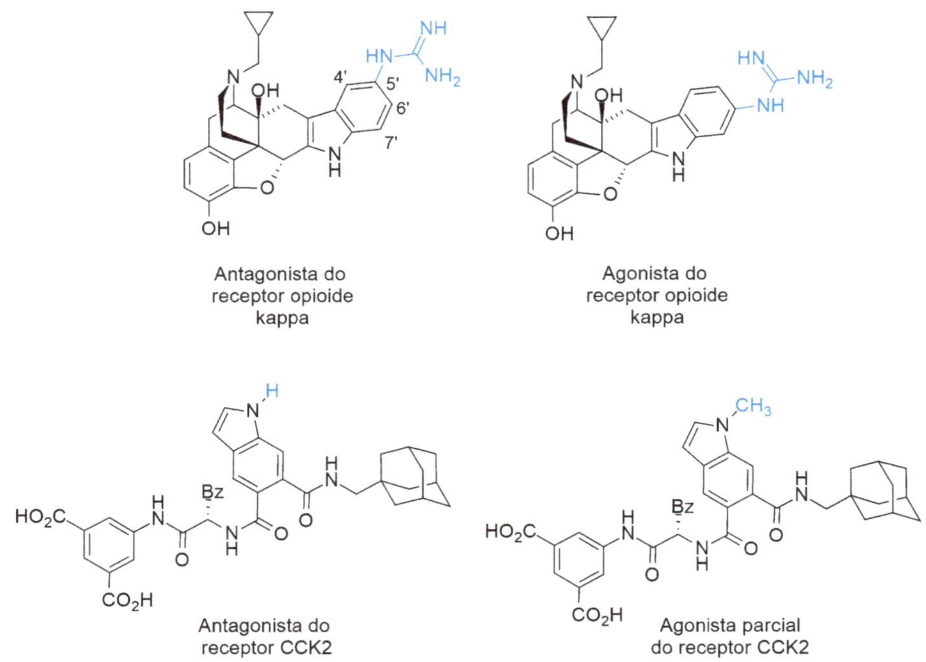

FIGURA 35 Exemplo de conversões de eficácia de compostos promovidas por pequenas modificações de posição ou adição de grupos funcionais.

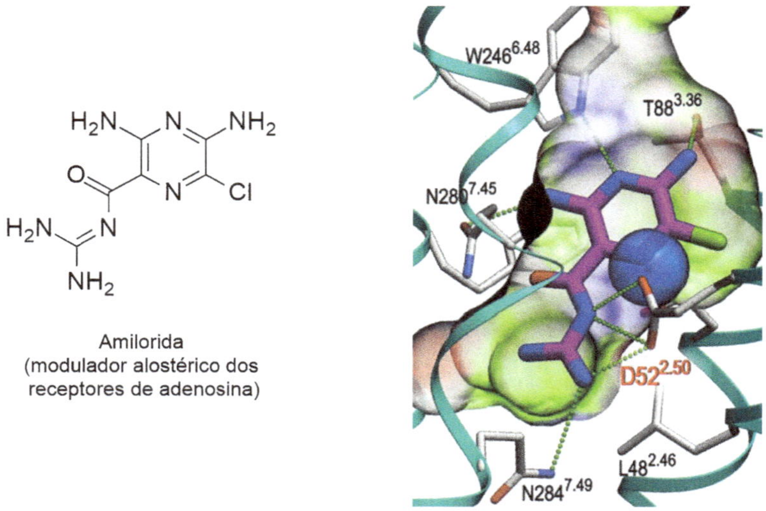

FIGURA 36 Estrutura 2D do modulador alostérico amilorida e pose predita para sua interação no sítio da modulação de íons sódio nos receptores de adenosina A2A. O sódio é mostrado como uma esfera azul, e os aminoácidos são nomeados de acordo com sua numeração sequencial. O aspartato 52 (D52) é destacado em vermelho, pois pode apresentar possíveis interações de hidrogênio com a amilorida.

Fonte: adaptada de Liu W.[54]

REFERÊNCIAS BIBLIOGRÁFICAS

1. Parascandola J, Jasensky R. Origins of the receptor theory of drug action. Bull Hist Med. 1974;48(2):199-220.
2. Maehle AH, Prüll CR, Halliwell RF. The emergence of the drug receptor theory. Nature Rev Drug Discov. 2002;1(8):637-41.
3. Prüll CR. Part of a scientific masterplan? Paul Ehrlich and the origins of his receptor concept. Med Hist. 2003;47:332-56.
4. Maehle, A. H. "Receptive substances": John Newport Langley (1852-1925) and his path to a receptor theory of drug action. Med Hist. 2004;48(2):153-74.
5. Quirke V. Putting theory into practice: James Black, receptor theory and the development of the beta-blockers at ICI, 1958-1978. Med Hist. 2006;50(1):69-92.
6. Rang HP. The receptor concept: pharmacology's big idea. Br J Pharmacol. 2006;147(Suppl 1):S9-16.
7. Barreiro EJ, Fraga CAM. Aspectos gerais da ação dos fármacos. In: Química medicinal: as bases moleculares da ação do fármacos. 3.ed. Porto Alegre, Artmed; 2015. p. 1-42.
8. Imming P. Medicinal chemistry: definitions and objectives, drug activity phases, drug classification system. In: Wermuth CG (ed.). The practice of medicinal chemistry. 3rd ed. Amsterdam, Elsevier/Academic Press; 2008. p. 63-72.
9. Blumenthal DK. Pharmacodynamics: molecular mechanisms od drug action. In: Brunton LL (ed.). Goodman & Gilman's the pharmacological basis of therapeutics. 13th ed. New York, McGraw-Hill Education; 2018. p. 31-54.
10. Vauquelin G, Mentzer BV (eds.). G protein-coupled receptors: molecular pharmacology. 1st ed. Chichester: John Wiley & Sons; 2008. p. 1-264.
11. Weis WI, Kobilka BK. The molecular basis of G protein-coupled receptor activation. Ann Rev Biochem. 2018;87(1):897-919.
12. Moreau A, Gosselin-Badaroudine P, Chahine M. Biophysics, pathophysiology, and pharmacology of ion channel gating pores. Front Pharmacol. 2014;5:53.
13. Miller PS, Aricescu AR. Crystal structure of a human GABAA receptor. Nature. 2014;512(7514):270-5.
14. Imming P, Sinning C, Meyer A. Drugs, their targets and the nature and number of drug targets. Nature Rev Drug Discov. 2006;5:821-34.
15. Bruning JB, Parent AA, Gil G, Zhao M, Nowak J, Pace MC, et al. Coupling of receptor conformation and ligand orientation determine graded activity. Nature Chem Biol. 2010;6(11):837-43.
16. Bocharov EV, Mineev KS, Volynsky PE, Ermolyuk YS, Tkach EN, Sobol AG, et al. Spatial structure of the dimeric transmembrane domain of the growth factor receptor ErbB2 presumably corresponding to the receptor active state. J Biol Chem. 2008;283(11):6950-6.
17. Ferguson KM, Berger MB, Mendrola JM, Cho HS, Leahy DJ, Lemmon MA. EGF activates its receptor by removing interactions that autoinhibit ectodomain dimerization. Mol Cell. 2003;11(2):507-17.
18. Stamos J, Sliwkowski MX, Eigenbrot C. Structure of the epidermal growth factor receptor kinase domain alone and in complex with a 4-anilinoquinazoline inhibitor. J Biol Chem. 2002;277(48):46265-72.
19. Atkins P, Jones L (eds.). Líquidos e sólidos. In: Princípios de química: questionando a vida moderna e o meio ambiente. 5ª ed. Porto Alegre: Bookman; 2010. p. 171-204.
20. Todd RC, Lippard SJ. Structure of duplex DNA containing the cisplatin 1,2-{Pt(NH3)2}2+-d(GpG) cross-link at 1.77: a resolution. J Inorg Biochem. 2010;104(9):902-8.
21. Loll PJ, Picot D, Garavito RM. The structural basis of aspirin activity inferred from the crystal structure of inactivated prostaglandin H2 synthase. Nature Struct Biol. 1995;2(8):637-43.
22. Chen CK, Leung SSF, Guilbert C, Jacobson MP, McKerrow JH, Podust LM. Structural characterization of CYP51 from Trypanosoma cruzi and Trypanosoma brucei bound to the antifungal drugs posaconazole and fluconazole. PLoS Negl Trop Dis. 2010;4(4):e651.
23. Fokoue, HH, Pinheiro PSM, Fraga CAM, Sant'Anna CMR. Há algo novo no reconhecimento molecular aplicado à química medicinal? Quim Nova. 2020;43(1):78-89.
24. Eckhardt M, Langkopf E, Mark M, Tadayyon M, Thomas L, Nar H, et al. 8-(3-(R)-aminopiperidin-1-yl)-7-but-2-ynyl-3-methyl-1-(4-methyl-quinazolin-2-ylmethyl)-3,7-dihydropurine-2,6-dione (BI 1356), a highly potent, selective, long-acting, and orally bioavailable DPP-4 inhibitor for the treatment of type 2 diabetes. J Med Chem. 2007;50(26):6450-3.
25. Desiraju GR, Ho PS, Kloo L, Legon AC, Marquardt R, Metrangolo P, et al. Definition of the halogen bond (IUPAC Recommendations 2013). Pure Appl Chem. 2013;85(8):1711-3.
26. Wilcken R, Zimmermann MO, Lange A, Joerger AC, Boeckler FM. Principles and applications of halogen bonding in medicinal chemistry and chemical biology. Journal of Medicinal Chemistry. 2013;56(4):1363-88.
27. Beno BR, Yeung KS, Bartberger MD, Pennington LD, Meanwell NA. A survey of the role of noncovalent sulfur interactions in drug design. J Med Chem. 2015;58(11):4383-438.
28. Battistutta R, Mazzorana M, Cendron L, Bortolato A, Sarno S, Kazimierczuk Z, et al. The ATP-binding site of protein kinase CK2 holds a positive electrostatic area and conserved water molecules. Chem Bio Chem. 2007;8(15):1804-9.
29. Li Q, Qi J, Wu Y, Kiyota H, Tanaka K, Suhara Y, et al. Functional and structural analysis of influenza virus neuraminidase N3 offers further insight into the mechanisms of oseltamivir resistance. J Virol. 2013;87(18):10016-24.
30. Singh KD, Kirubakaran P, Nagamani S, Karthikeyan M. Binding mode analysis of anti-influenza drugs in H1N1 (2009) and H5N1 influenza A virus and designing of potential H1N1 inhibitors. Int J Comput Biol Drug Des. 2015;8(1):1-18.
31. Grigera JR, Mccarthy AN. The behavior of the hydrophobic effect under pressure and protein denaturation. Biophys J. 2010;98(8):1626-31.
32. Oliveira BG. O estado da arte da ligação de hidrogênio. Quím Nova. 2015;38(10):1313-22.
33. Hasui T, Matsunaga N, Ora T, Ohyabu N, Nishigaki N, Imura Y, et al. Identification of benzoxazin-3-one derivatives as novel, potent, and selective nonsteroidal mineralocorticoid receptor antagonists. J Med Chem. 2011;54(24):8616-31.
34. Lima VLE. Os fármacos e a quiralidade: uma breve abordagem. Quím Nova. 1997;20(6):657-63.
35. Brooks HW, Guida WC, Daniel KG. The significance of chirality in drug design and development. Curr Top Med Chem. 2011;11(7):760-70.
36. Davankov VA. The nature of chiral recognition: is it a three-point interaction? Chirality. 1997;9(2);99-102.
37. Moukhametzianov R, Warne T, Edwards PC, Serrano-Vega MJ, Leslie AGW, Tate CG, et al. Two distinct conformations of helix 6 observed in antagonist-bound structures of a 1-adrenergic receptor. Proc Nat Acad Sci. 2011;108(20):8228-32.
38. Sundaresan V, Abrol R. Towards a general model for protein-substrate stereoselectivity. Protein Sci. 2002;11(6):1330-9.
39. Nogrady T, Weaver DF (ed.). Basic principles of drug design II: receptors: structure and properties. In: Medicinal chemistry: a

molecular and biochemical approach. 3rd ed. New York: Oxford University Press; 2005. p. 67-105.
40. Güner OF, Bowen JP. Setting the record straight: the origin of the pharmacophore concept. J Chem Inf Model. 2014;54(5):1269-83.
41. Sippl W. Pharmacophore identification and pseudo-receptor modeling. In: Wermuth CG (ed.). The practice of medicinal chemistry. 3rd ed. Amsterdam: Elsevier/Academic Press; 2008. p. 572-86.
42. Ferreira TTSC, Fraga CAM. Understanding the structural basis of ALDH-2 inhibition by molecular docking. Med Chem. 2016;12(6):506-12.
43. Lowe ED, Gao GY, Johnson LN, Keung WM. Structure of daidzin, a naturally occurring anti-alcohol-addiction agent, in complex with human mitochondrial aldehyde dehydrogenase. J Med Chem. 2008;51(15):4482-87.
44. Palmer M, Chan A, Dieckmann T, Honek J (ed.). Notes to biochemical pharmacology. Chichester: John Wiley & Sons; 2013.
45. Pauli FP, Barreiro EJ, Barbosa MLC. Características estruturais das proteínas cinases e seus inibidores em uso clínico. Rev Virtual Quim. 2018;10(5):1280-303.
46. Levinson NM, Kuchment O, Shen K, Young MA, Koldobskiy M, Karplus M, et al. A Src-like inactive conformation in the Abl tyrosine kinase domain. PLoS Biology. 2006;4(5):e144.
47. Copeland RA. The drug-target residence time model: a 10-year retrospective. Nature Rev Drug Disc. 2015;15(2):87-95.
48. Gao ZG, Kim SK, Biadatti T, Chen W, Lee K, Barak D, et al. Structural determinants of A_3 adenosine receptor activation: nucleoside ligands at the agonist/antagonist boundary. J Med Chem. 2002;45(20):4471-84.
49. Lebon G, Warne T, Edwards PC, Bennett K, Langmead CJ, Leslie AGW, et al. Agonist-bound adenosine A2A receptor structures reveal common features of GPCR activation. Nature. 2011;474(7352):521-5.
50. Doré AS, Robertson N, Errey JC, Ng I, Hollenstein K, Tehan B, et al. Structure of the adenosine A2A receptor in complex with ZM241385 and the xanthines XAC and caffeine. Structure. 2011;19(9):1283-93.
51. Sharma SK, Jones RM, Metzger TG, Ferguson DM, Portoghese PS. Transformation of a κ-opioid receptor antagonist to a κ-agonist by transfer of a guanidinium group from the 5'- to 6'-position of naltrindole. J Med Chem. 2001;44(13):2073-9.
52. Kalindjian SB, Dunstone DJ, Low CMR, Pether MJ, Roberts SP, Tozer MJ, et al. Nonpeptide cholecystokinin-2 receptor agonists. J Med Chem. 2001; 44(8):1125-33.
53. Jin R, Banke TG, Mayer ML, Traynelis SF, Gouaux E. Structural basis for partial agonist action at ionotropic glutamate receptors. Nature Neurosci. 2003;6(8):803-10.
54. Liu W, Chun E, Thompson AA, Chubukov P, Xu F, Katritch V, et al. Structural basis for allosteric regulation of GPCRs by sodium ions. Science. 2012;337(6091):232-6.

CAPÍTULO 6

Interações medicamentosas

Chung Man Chin
Ednir de Oliveira Vizioli

Neste capítulo serão abordadas de forma integrativa as potencialidades das interações medicamentosas, sem a intenção de esgotar o assunto, tendo em vista sua extensão e complexidade.

É possível definir a interação medicamentosa como o efeito de um fármaco exercido por qualquer produto quando associado a ele. Assim, em uma interação fármaco x fármaco (DDI, do inglês *drug-drug interactions*), a presença de um segundo fármaco altera a natureza, magnitude ou duração do efeito de uma dada dose de um primeiro fármaco.[1]

As interações que resultam em uma pequena alteração podem ter um potencial lesivo baixo, sem importância clínica. Porém, no caso inverso, em uma alteração alta, o potencial lesivo poderá ser alto, levando à letalidade pela própria toxicidade do fármaco ou pela sua ineficácia, podendo provocar a progressão da doença.

Vários fatores influenciam a suscetibilidade para as interações, como idade, funções renal e hepática e comorbidades, consumo de álcool, tabagismo, alimentos, fatores ambientais e genéticos.

As interações medicamentosas representam 1-4% dos problemas relacionados com fármacos, porém, ao levar em consideração a população afetada, o índice poderá atingir mais de 60%, por exemplo, com idosos.[2-6] O fármaco pode interagir com outros fármacos, excipientes, alimentos, suplementos, produtos naturais, poluentes, drogas de abuso e doenças, o que pode dar-se de várias maneiras:

- Por meio das reações químicas e alterações físico-químicas: reações ácido-base, de hidrólise e oxidação, de precipitação, modificações de pH e solubilidade.
- Por alterações na farmacocinética, por interferência nos sistemas de absorção, distribuição, metabolismo, de excreção (ADME).
- Por competição pelos mesmos receptores ou por efeitos farmacodinâmicos antagônicos.

INCOMPATIBILIDADES QUÍMICAS E FÍSICO-QUÍMICAS ENTRE FÁRMACOS

As reações químicas e físico-químicas podem ocorrer durante o processo de manipulação do fármaco (incluindo na mistura de injetáveis ou soluções de infusão lenta), em reações com materiais, entre outros. Essas reações podem, também, ocorrer após a administração dos medicamentos.

As reações sólido-sólido constituem um fator importante na estabilidade de formulações. Muitas reações podem ocorrer não somente entre fármaco-fármaco, mas com o excipiente, veículo, material de embalagem. Nas indústrias farmacêuticas, estudos de pré-formulação e estabilidade são condições obrigatórias na elaboração da formulação final. As reações de Maillard e com estearato de magnésio são as mais comuns e mais estudadas.[7-10] A seguir serão apresentadas algumas dessas reações, como a reação de Maillard, a transacilação e as reações ácido-base.

Reação de Maillard

De mecanismo cinético complexo, pode ser resumida como uma reação de escurecimento que ocorre entre aminas e carboidratos redutores formando glicosilaminas. Assim, a lactose, amplamente utilizada como excipiente farmacêutico, tem alta potencialidade de reação de incompatibilidade com fármacos, contendo em sua estrutura aminas (primárias e secundárias). A Figura 1 mostra a reação entre a lactose e a alfa-metildopa, proposta por pesquisadores.[9] A amina primária da metildopa provoca o ataque à lactose, o qual, na presença de água, forma a

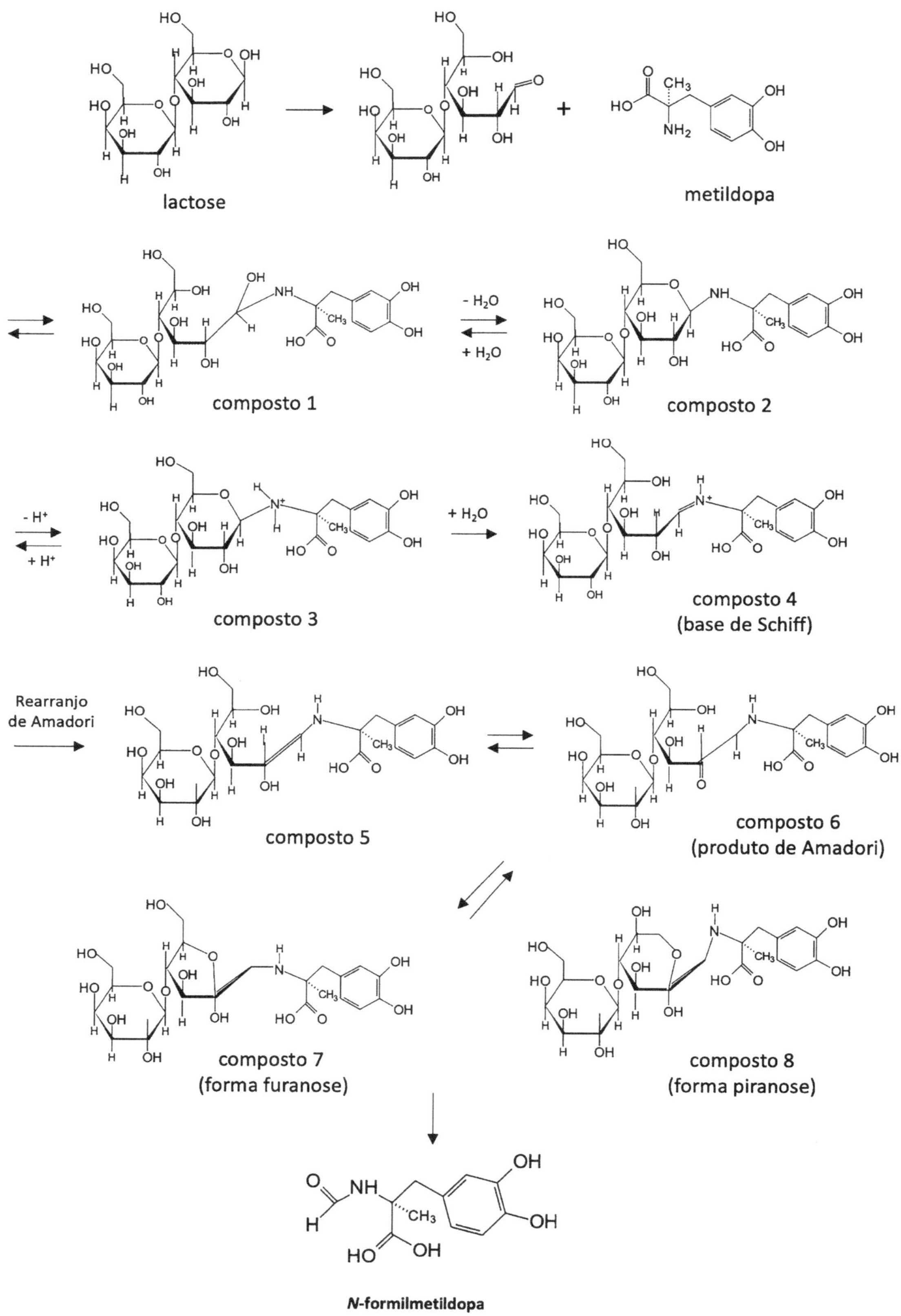

FIGURA 1 Reação de Maillard entre lactose e alfa-metildopa.[9]

base de Schiff (composto 4), que sofre um rearranjo de Amadori (composto 5) para formar um produto de Amadori (composto 6), para na sequência se obter dois derivados, furanose (composto 7) e piranose (composto 8), ao final, formar-se a *N*-formilmetildopa.

Experimentos com metoclopramida e lactose observaram a degradação de 25% do fármaco, por meio da reação de Maillard, com 100 °C, após 200 horas e com perdas acima de 75% em 50 horas, quando a mistura foi submetida a 115 °C.[11] No caso de xaropes, um estudo de estabilidade com metoclopramida demonstrou que a estocagem a 40 °C por 6 meses leva à degradação em 50% do teor do fármaco, independentemente da concentração de açúcar utilizada na preparação do xarope.[12] A Figura 2 mostra as estruturas dos produtos de Amadori da reação de Maillard com lactose.

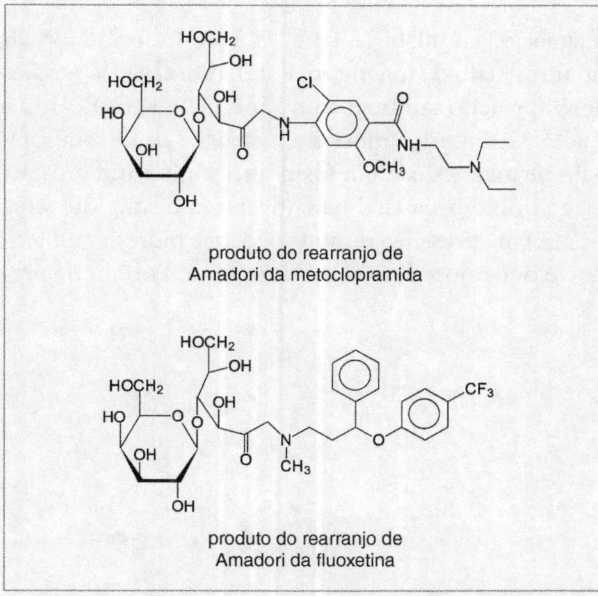

FIGURA 2 Estrutura dos produtos de rearranjo de Amadori obtidos da interação de metoclopramida e fluoxetina com lactose.[11,13]

Reação de transacetilação

Reações de transacetilação foram observadas com ácido acetilsalicílico e fármacos como fenilefrina, paracetamol e codeína,[7] conforme observado na Figura 3.

Reações ácido-base

A mistura de uma solução de caráter ácido com outra de caráter básico forma sal e água. Essa reação pode passar despercebida, por exemplo, na mistura de dois injetáveis, se não houver qualquer alteração visual perceptível. Porém, sentir aquecer ou o resfriar a seringa (solução) mostra que houve reações exotérmicas ou endotérmicas, respectivamente, e, portanto, alguma modificação química.

No caso de mistura de sólidos, também podem ocorrer alterações, por exemplo, quando se utiliza carbonato como base, como em comprimidos efervescentes que contêm ácidos como ácido cítrico ou tartárico. Estes, ao contato com a água, liberam dióxido de carbono. Reação foi relatada com ibuprofeno e óxido de

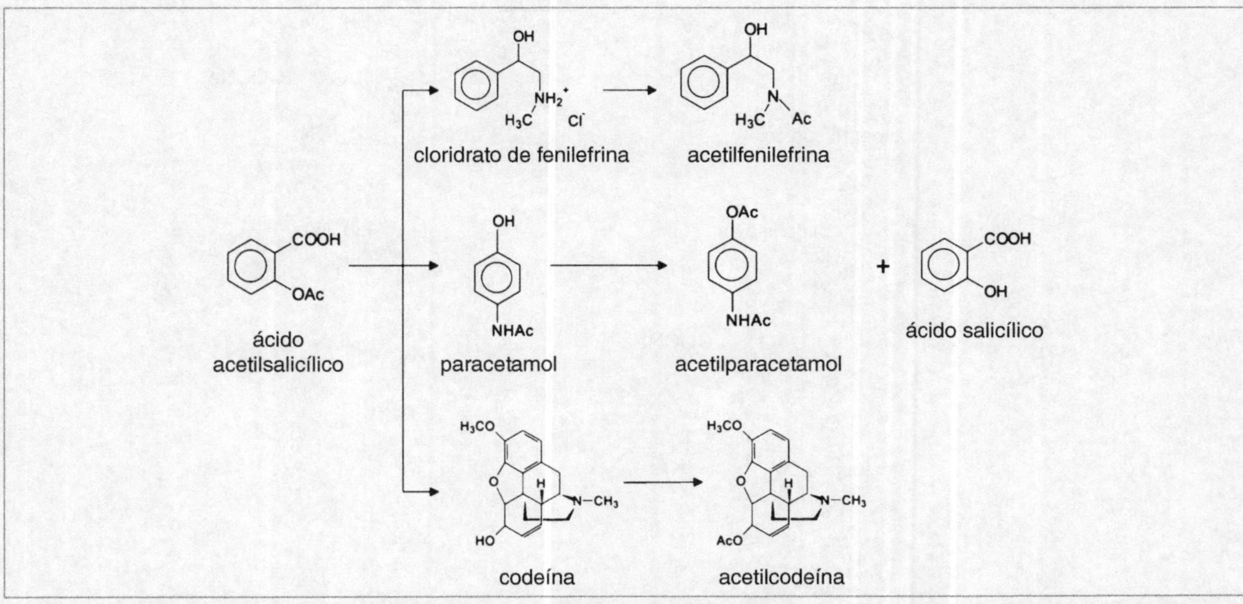

FIGURA 3 Reação da ácido acetilsalicílico com cloridrato de fenilefrina, paracetamol e codeína, formando os respectivos derivados acetilados e ácido salicílico.

magnésio, em misturas 1:1 e 2:1 a 55 °C, formando di-ibuprofenato de magnésio. Foram observadas reações de ibuprofeno também com Na_2HCO_3, K_2CO_3, H_2O e CaO.[7,14] A Figura 4 mostra a formação de di-ibuprofenato de magnésio. Com fosinopril sódico, um pró-fármaco inibidor da enzima conversora de angiotensina (IECA), na presença de água ocorre a hidrólise, obtendo-se o fosinoprilato (a), forma ativa. Porém, na presença de estearato de magnésio ocorre uma reação de degradação, obtendo-se metabólitos inativos.[7,15]

Na prática hospitalar, interações medicamentosas podem ocorrer ao se administrar o medicamento no mesmo horário, ao associar substâncias na mesma solução e, principalmente, quando se utilizam dispositivos com múltiplas vias, as extensões em Y.[16] Esta última circunstância pode facilitar uma interação físico-quí-

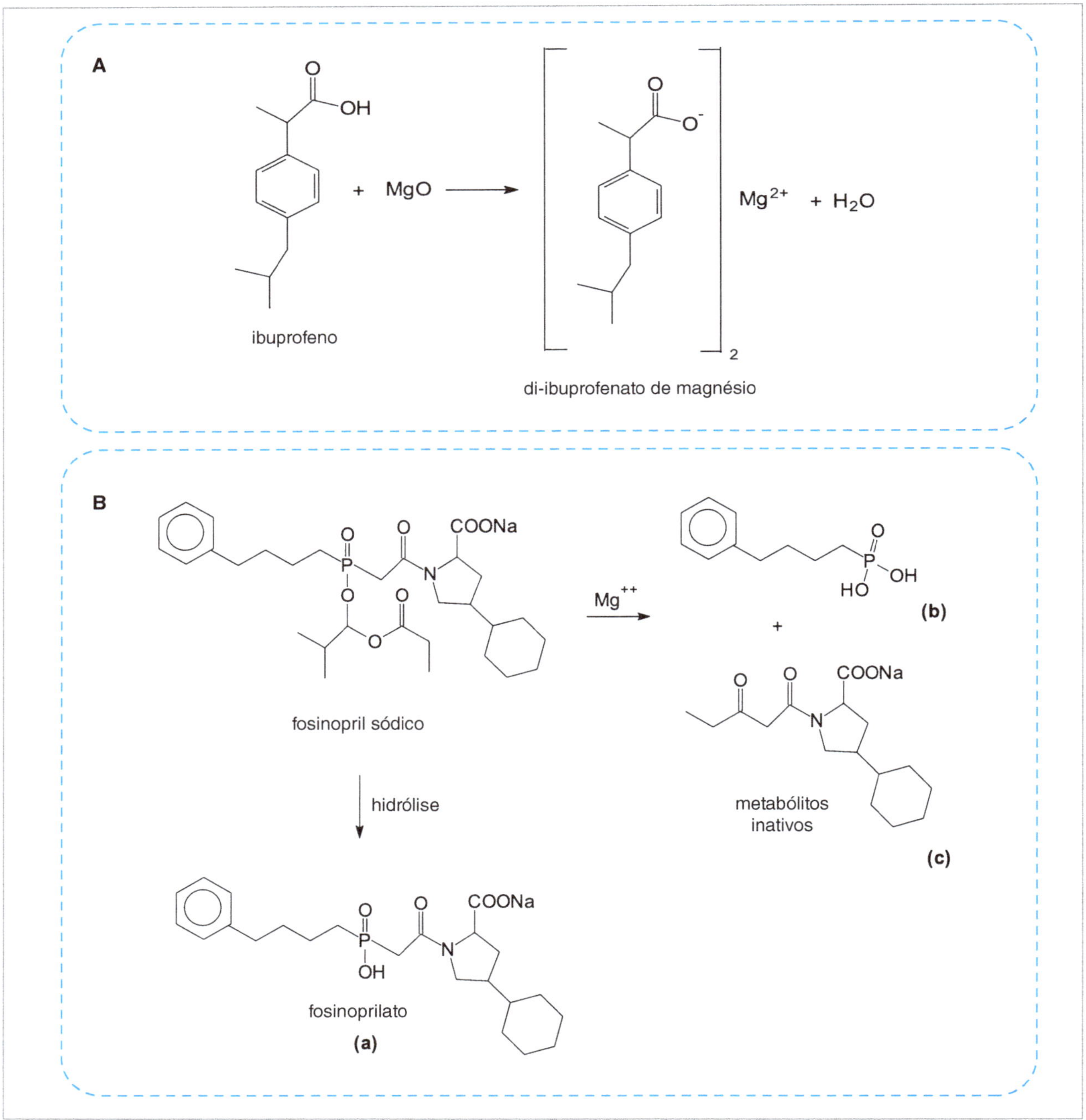

FIGURA 4 Reações ácido-base. A: formação de di-ibuprofenato de magnésio a partir da reação de ibuprofeno com óxido de magnésio. B: hidrólise fosinopril, formando fosinoprilato e decomposição em metabólitos inativos, com a reação em presença de estearato de magnésio.[7,14,15]

mica não intencional, que pode ocorrer no próprio dispositivo ou logo na entrada para a corrente sanguínea. A Figura 5 mostra algumas incompatibilidades de fármacos com soluções de infusão contínua.[16]

No caso de soluções ácidas como a adrenalina e a noradrenalina (pH 3-4), amitriptilina (pH 4,5), ácido ascórbico (pH 6) e prometazina (pH 5-6), não devem ser misturadas com soluções básicas como a furosemida (pH 8,8-9,3) ou a aminofilina (pH 7- 9,5), pois podem ser inativadas, pela formação de sal e água.

Embalagens devem ser levadas em consideração, tendo em vista que fármacos como nitroglicerina, amiodarona e nimodipina podem ser adsorvidos pela embalagem de cloridrato de polivinila (PVC), diminuindo sua biodisponibilidade.[16]

INTERAÇÕES MEDICAMENTOSAS

No organismo, a interação medicamentosa pode modificar o perfil farmacocinético do fármaco, gerando alterações nas concentrações plasmáticas, como mostrado na Figura 6.

Interações com alimentos

Alimento é uma palavra genérica que abrange diversos tipos de substâncias utilizadas como fonte de energia para a manutenção da vida de um indivíduo. Assim, a alimentação pode ser composta de diversos elementos, e a quantidade também é variável para cada pessoa. Os fármacos, em seu desenvolvimento, são testados sem alimentos, devido à variedade de componentes destes, que podem alterar respostas. Por exemplo, alimentos ricos em fibras podem retardar a absorção de fármacos, enquanto alimentos gordurosos podem acelerar esse processo. Assim, de maneira geral, os medicamentos devem ser administrados longe das refeições. Aquele que necessitar de algum alimento terá sua indicação alertada nas orientações de uso para o paciente, pela empresa farmacêutica que o desenvolveu, bem como se houver necessidade de jejum, para exercer a atividade.

Reações físico-químicas com chá ou café

As reações químicas e físico-químicas de inativação do fármaco também podem ocorrer no organismo, por exemplo, gerando precipitação no estômago, dificultando a absorção. Exemplo desse caso pode ocorrer com neurolépticos e chá ou café. Um experimento realizado por Cheeseman e Neal demonstrou que a mistura de clorpromazina precipita as soluções padronizadas de chá (+++) e café (+), mas não de ácido tânico ou cafeína.[16] Seguindo a mesma ideia, pesquisadores[17] realizaram um experimento com outros neurolépicos e vários tipos de bebidas, e os resultados estão resumidamente expressos na Tabela 1.

Em estudo envolvendo risperidona com várias bebidas, foi observada precipitação do fármaco em torno de 11% (chá-verde), 61% (chá-preto) e 77% (chá Oolong) imediatamente após a mistura, atingindo 21% (chá-verde), 84% (chá-preto) e 80,7% (chá Oolong), após 24 horas da mistura, quando comparado à água mineral, na qual foi

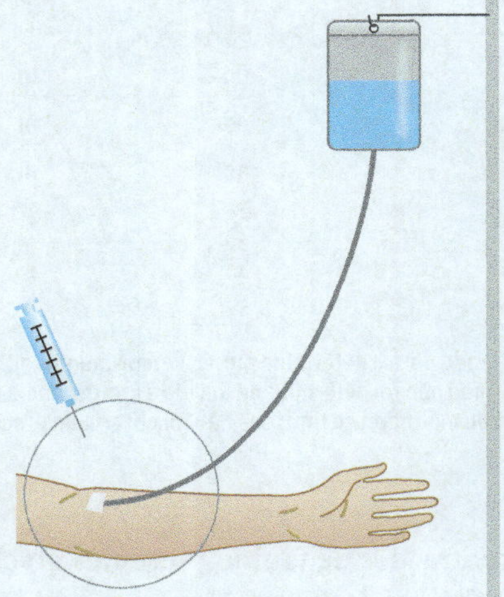

(A) infusão contínua	(B)
dobutamina, dopamina	bicarbonato de sódio
dobutamina	diazepam, furosemida
heparina	diazepam, aminoglicosídeo
sulfato de morfina	furosemida, fenitoína
verapamil	anfotericina B, metronidazol, ampicilina

FIGURA 5 Incompatibilidade química entre fármacos de infusão contínua.

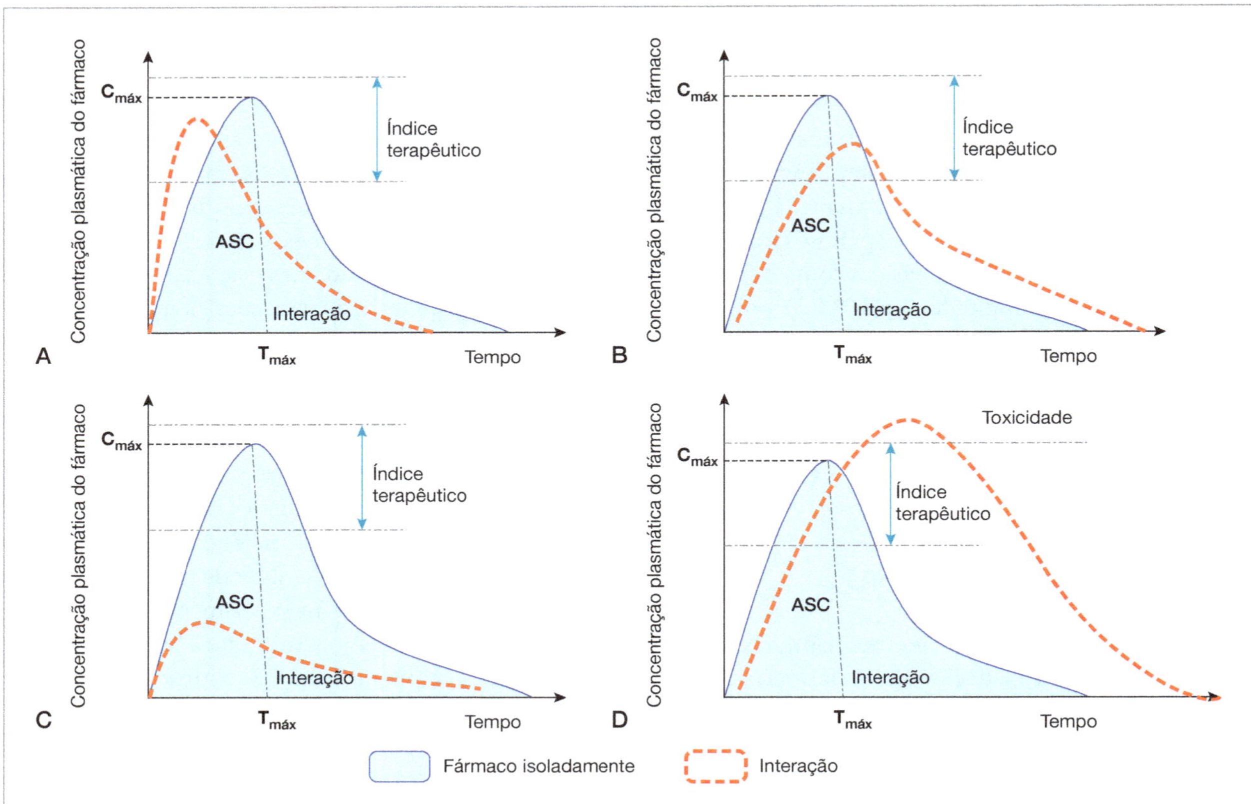

FIGURA 6 Perfil das concentrações plasmáticas do fármaco após a interação medicamentosa. A e B: o perfil farmacocinético se altera, sem ou com baixas implicações clínicas. C: a atividade farmacológica se perde por não atingir a concentração terapêutica. D: a interação promove aumento da concentração plasmática do fármaco, levando à toxicidade.

TABELA 1 Interações físico-químicas de neurolépticos e antidepressivos com ácido galotânico, chá, café e ácido gálico. Porcentagem de precipitação

FÁRMACO	Ácido galotânico 20 mg/mL | 2 mg/mL	Chá 20 mg/mL | 2 mg/mL	Café	Ácido gálico
Amitriptilina*	43 ± 2 (5) | nd	12 ± 1 | nd	nd	nr
Clorpromazina	91 ± 1 (6) | 69 ± 1	51 ± 2 | 69 ± 1	19 ± 2	+
Haloperidol	41 ± 4 (6) | nd	3 ± 1 | nd	nd	nr
Imipramina	64 ± 1 (6) | 54 ± 1	62 ± 1 | nd	nd	nr
Loxapina*	80 ± 5 (6) | 72 ± 4	nd | nd	nd	nr
Proclorperazina*	98 ± 1 (5) | 84 ± 1	84 ± 1 | 94 ± 1	65 ± 1	+
Tioridazina*	91 ± 1 (4) | 76 ± 2	71 ± 1 | 78 ± 1	55 ± 1	+
Trifluoperazina*	88 ± 1 (6) | 61 ± 1	51 ± 2 | 80 ± 1	31 ± 1	+

*Cloridrato. Experimento realizado em triplicata. O número entre parênteses indica o pH utilizado para a determinação. Os comprimentos de onda variaram de 245 a 312 nm, dependendo do composto. A sigla nd significa que a porcentagem de precipitado não foi determinada devido à interferência dos componentes do café ou chá; nr: não foi observado precipitado. Para os compostos cloridrato de molindona e tiotixene não foi observada precipitação em nenhum dos ensaios.[17]

detectada 99,5% de risperidona imediatamente após a mistura e 98,3%, após 24 horas. Com leite ou suco de laranja não ocorre essa precipitação. Não se observa alteração na coloração das misturas ao longo do experimento.[18] As concentrações de tanino presentes no chá avaliado (mg/mL) foram de 56,8 ± 2 (chá-verde), 37 ± 4,3 (chá-preto) e 32,0 ± 5,8 (chá Oolong), sugerindo a participação de outros componentes na reação de precipitação.[18]

Interações com cálcio e leite

Interações com alimentos como leite ocorrem devido à presença de Ca^{2+}. Um exemplo clássico é o da tetraciclina, o qual reage com Ca^{2+}, formando um complexo insolúvel, o qual diminui a absorção (em concentrações que variam de 40 a 60%),[19,20] consequentemente, promovendo a ineficácia antimicrobiana do antibiótico.

No entanto, a tetraciclina tem a capacidade de não reagir apenas com o Ca^{2+} do leite, mas, mesmo sem esse alimento, liga-se ao Ca^{2+} dos ossos e dentes em formação, causando alterações ósseas em fetos, bem como em crianças em fase de crescimento, sendo contraindicada na gravidez e em crianças em fase de crescimento. Reações semelhantes ocorrem com as fluorquinolonas, com menor potencialidade.

Em 1999, a farmacêutica Jill Burkiewicz, da Universidade da Califórnia (EUA), relatou a incompatibilidade de ceftriaxona com solução Ringer Lactato.[21] Ela observou a formação de partículas sólidas ao longo do equipo após 35 minutos da mistura de 1 g de ceftriaxona com 75 mL da solução (13 mg/mL), durante o processo de infusão da solução no paciente.

Em 2007, o FDA reportou casos fatais em neonatos de interações com ceftriaxona e produtos contendo cálcio, por precipitação, quando administrados por via intravenosa. Nenhum caso foi observado com a administração oral de cálcio e injeção intramuscular de ceftriaxona, sugerindo que o risco de precipitação deva ser menor.[22,23] Assim, soluções contendo cálcio não devem ser administradas nas primeiras 48 horas após a última administração de ceftriaxona para evitar eventos cardiopulmonares e a fatalidade.[22,23] A Figura 7 mostra as estruturas da tetraciclina, ciprofloxacino e ceftriaxona, quelados com metais. As reações podem ocorrer com outros metais, como Fe^{2+}, Zn^{2+}, $Se^{2}+$ e com antiácidos contendo $Mg^{2}+$ e Al^{3+}.

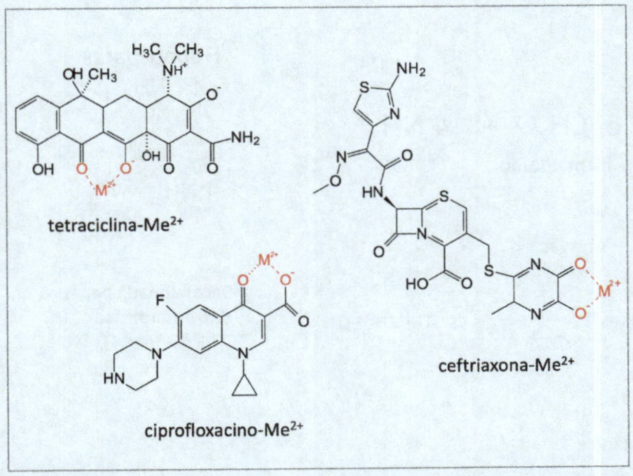

FIGURA 7 Estrutura da tetraciclina, ciprofloxacino e ceftriaxona quelado com metais (Me^{2+}).

O leite exerce uma função importante: alimentar. Porém, há uma crença popular de que poderia ser utilizado para antagonizar quadros de intoxicações ou envenenamentos. Esse efeito não existe, e sendo o leite um alimento que possui proteínas e gorduras em sua composição, estas podem atuar como carreadores do agente tóxico pelo caráter lipofílico, aumentando a absorção e consequentemente a toxicidade. A crença popular é também de que o leite poderia antagonizar os efeitos gastrintestinais ("as queimações") do estômago gerados pelos medicamentos, o que também não é verídico.

No caso de anti-inflamatórios não esteroides, o mecanismo de gastrotoxicidade é causado pela inibição da enzima COX-1, sendo a antagonização da acidez pelo leite momentânea. Sua ingestão, por ser um alimento, promove uma cascata de eventos no sistema digestório, incluindo a liberação de enzimas digestivas e HCl,[24] gerando, em um segundo momento, efeito rebote de ácido, piorando o quadro de gastrotoxicidade.

Anticolinérgicos e antissépticos urinários

Anticolinérgicos são fármacos antiespasmódicos, utilizados para o relaxamento da musculatura lisa. Podem promover visão turva, boca seca e diminuição do peristaltismo do estômago e intestino, alterações de memória, sonolência, alucinações, confusão mental e delírio.[25]

É uma classe de fármacos amplamente utilizada por mulheres no tratamento de cólicas menstruais em jovens e de bexiga hiperativa em mulheres idosas.[25] Esses fármacos podem promover a antagonização dos inibidores de colinesterase como a rivastigmina, galantamina ou o agravamento de um quadro de neurodegeneração em idosos. Para o estudo do uso inapropriado de fármacos e potencialidades de interações em idosos, consultar a *AGS Beers Criteria*®, organizada pela American Geriatrics Society, com orientações atualizadas a cada 3 anos.[26]

Os anticolinérgicos podem, também, aumentar o tempo de permanência de outros fármacos no estômago, degradando-os ou retardando sua absorção.

O uso desses medicamentos em mulheres com cólicas menstruais pode promover um relaxamento da musculatura uterina,[25] provocando um acúmulo de sangue, que deveria estar sendo expulso pelo processo da menstruação. Esse acúmulo pode promover um aumento do processo inflamatório e um aumento do espasmo como ação para a eliminação do sangue, como rebote.

Esses medicamentos podem mascarar o aumento da vontade de micção, sintoma clássico de cistite, pelo relaxamento da musculatura detrusora da bexiga e pela contração do esfíncter interno na uretra, tornando a infecção urinária "assintomática" e podendo provocar o acúmulo de bactérias, levando a um quadro mais grave, de pielonefrite.

A metenamina é um pró-fármaco utilizado como antisséptico urinário,[26,27] o qual promove sua atividade após a quebra da molécula, liberação de formaldeído, nas vias urinárias (Figura 8). Esse fármaco não deve ser associado com medicamentos antimicrobianos contendo o grupo sulfonilamida, como sulfametoxazol, amplamente utilizado para infecções urinárias, devido à cristalização da metenamina nos rins, provocada pela acidez do formaldeído.

Além disso, os sais de metenamina podem provocar a formação de cristais de urato e piorar quadros de gota, bem como aumento de pedras de ácido úrico nos rins, de pacientes predispostos.[28] Outra condição que deve ser avaliada são os pacientes hepatopatas, que já apresentam aumento de amônio causado pela doença. A metabolização da metenamina aumenta a concentração de amônia, que pode provocar aumento das enzimas transaminases, bem como piorar quadros de encefalopatia hepática (Figura 8).

IBP, H_2RA e vitamina B_{12}

O uso prolongado de fármacos que promovem a proteção gastrintestinal, como os inibidores de bomba protônica (IBP, omeprazol, esomeprazol, lansoprazol, pantoprazol, rabeprazol) e os antagonistas dos receptores de H_2 (H_2RA, ranitidina, cimetidina, nizatidina, famotidina), depletam a vitamina B_{12}.[29] O mecanismo proposto é o aumento do pH, tornando o estômago mais alcalino, o que dificulta a atividade da pepsina, enzima necessária para promover a liberação da vitamina B_{12} de sua forma ligada à proteína, adquirida da alimentação. Essa vitamina é importante na síntese de DNA e, principalmente, na regulação das funções hematopoiética e neurológica. Sua deficiência pode causar principalmente a anemia megaloblástica e distúrbios neuropsiquiátricos, como a demência. A Figura 9 mostra um resumo de interações envolvendo IBP e H_2RA, diminuição de vitamina B_{12} e outros fármacos, como metformina, estrógeno, corticoides e antibióticos.

O uso de IBP é amplamente difundido na terapêutica, com benefícios no tocante à diminuição de quadros gastrointestinais provocados por medicamentos, principalmente Aine. Entretanto, o uso crônico dos IBP está, também, correlacionado com a diminuição da função renal, o que pode levar o indivíduo ao quadro de nefrite intersticial aguda (NIA), podendo evoluir para insuficiência renal aguda (IRA) e doença crônica renal.[30] Nos pacientes portadores de diabetes mellitus tipos 1 e 2, pode acelerar quadros de renopatia.

Em idosos, esse grupo de fármacos pode causar perda óssea, levando a um aumento de fraturas. Em mulheres na menopausa, devido à diminuição de estrógeno, essa condição pode ser potencializada e agravada caso o indivíduo receba tratamento com glicocorticoides.

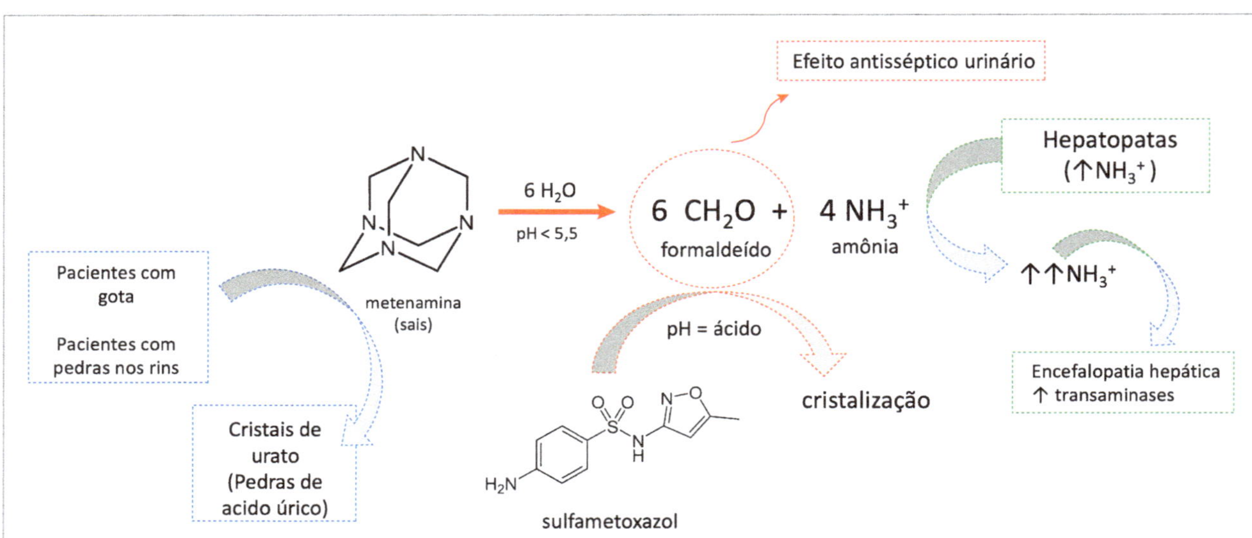

FIGURA 8 Interações medicamentosas com metenamina e sulfametoxazol.

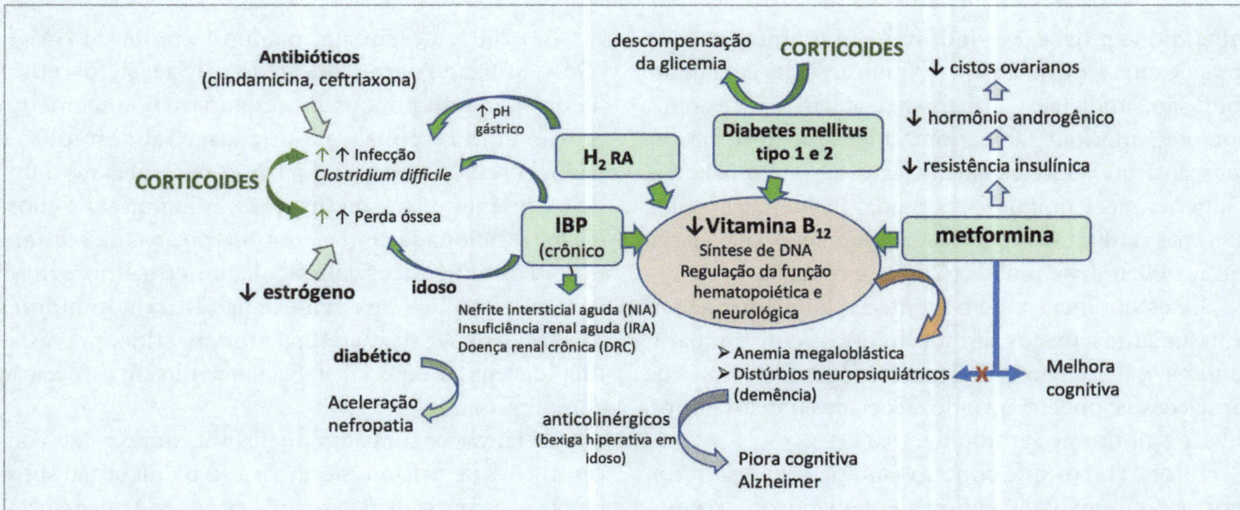

FIGURA 9 Interações medicamentosas com IBP, H_2RA, metformina com a vitamina B^{12} e condições correlacionadas.

O uso prolongado de IBP e H_2RA, devido ao aumento do pH gastrintestinal, promove alteração de microbiota, o que favorece a infecção por *Clostridium difficile*.[31,32] Esse quadro pode ser facilitado pelo uso de antibióticos, principalmente clindamicina e ceftriaxona. Nesse contexto, a administração concomitante de glicocorticoide também gera diminuição do processo imunológico, o que pode potencializar quadros infecciosos.

A metformina, aprovada para o controle da glicemia em pacientes portadores de diabetes tipo 2, tem sido amplamente estudada, observando-se diversas atividades benéficas, incluindo a modulação no processo neoplásico, na redução do peso, melhora cardiovascular, ovário policístico e na doença de Alzheimer.[33-35] Entretanto, em seu uso prolongado tem sido relatada deficiência de vitamina B_{12}, podendo causar anemia megaloblástica, mas não se potencializa o declínio cognitivo.[36,37] Estudos demonstram que a metformina é capaz de causar o efeito inverso, isto é, melhora cognitiva, em pacientes diabéticos, pois diminui a potencialidade da doença micro e macrovascular, deposição da proteína beta-amiloide, fosforilação da proteína TAU e neuroinflamação, responsáveis pela neurodegeneração[37,38] (Figura 10); entretanto, o mecanismo exato ainda é incerto.

Interações medicamentosas com potencialidade para provocar síndrome serotoninérgica

A associação de fármacos que promovem o aumento da concentração de serotonina (5HT, 5-hidroxitripta-

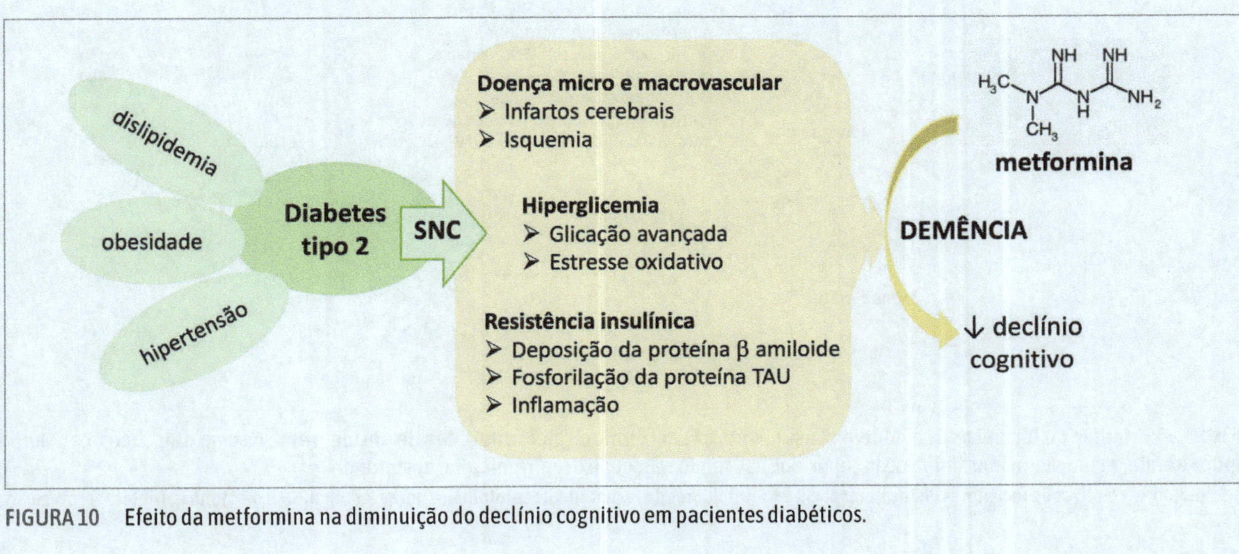

FIGURA 10 Efeito da metformina na diminuição do declínio cognitivo em pacientes diabéticos.

mina) pode provocar a síndrome serotoninérgica, que compõe uma série de sintomas, como ansiedade, agitação, confusão, inquietação, hipomania, alucinações e coma, tremores, mioclonias, hipertonia, hiper-reflexia e incoordenação, febre, sudorese intensa, náusea, vômitos, diarreia e hipertensão. Complicações agudas incluem febre alta, arritmias cardíacas, convulsões, rabdomiólise, coagulação intravascular disseminada (CIVD) e coma.[39]

Esses sintomas podem acontecer, também, quando se associam fármacos serotoninérgicos com simpatomiméticos.[39] A Figura 11 apresenta alguns exemplos de fármacos que podem, quando associados uns aos outros, causar a síndrome serotoninérgica.

Fitoterápicos que contêm *Hipericum perforatum* (erva-de-são-joão) devem ser atentamente observados. Eles têm a capacidade de interferir no metabolismo de vários fármacos e, associados com fármacos serotoninérgicos, causar a síndrome serotoninérgica.[40]

Em 2001, a cerivastatina, um inibidor de HMG-CoA, utilizado para redução do colesterol, foi retirada do mercado poucos meses após seu lançamento por ter sido responsável por causar rabdomiólise e falência renal, sendo fatal para 52 pacientes no mundo e centenas de hospitalizações. A maioria das mortes foi relacionada com a administração concomitante com antilipêmicos (fibratos) como a genfibrozila.[41] Apesar de seguros, pacientes que utilizam inibidores de HMG-CoA (sinvastatina, atorvastatina, pravastatina) devem ter especial atenção quando em associação com fibratos.

Os fármacos simpatomiméticos incluindo altas concentrações de café ou mesmo o uso da nicotina, substâncias que provocam vasoconstrição, podem, associados a fármacos serotoninérgicos (triptofano, agonistas de 5HT, alcaloides do *ergot*), ter potencial para provocar a síndrome serotoninérgica.[41]

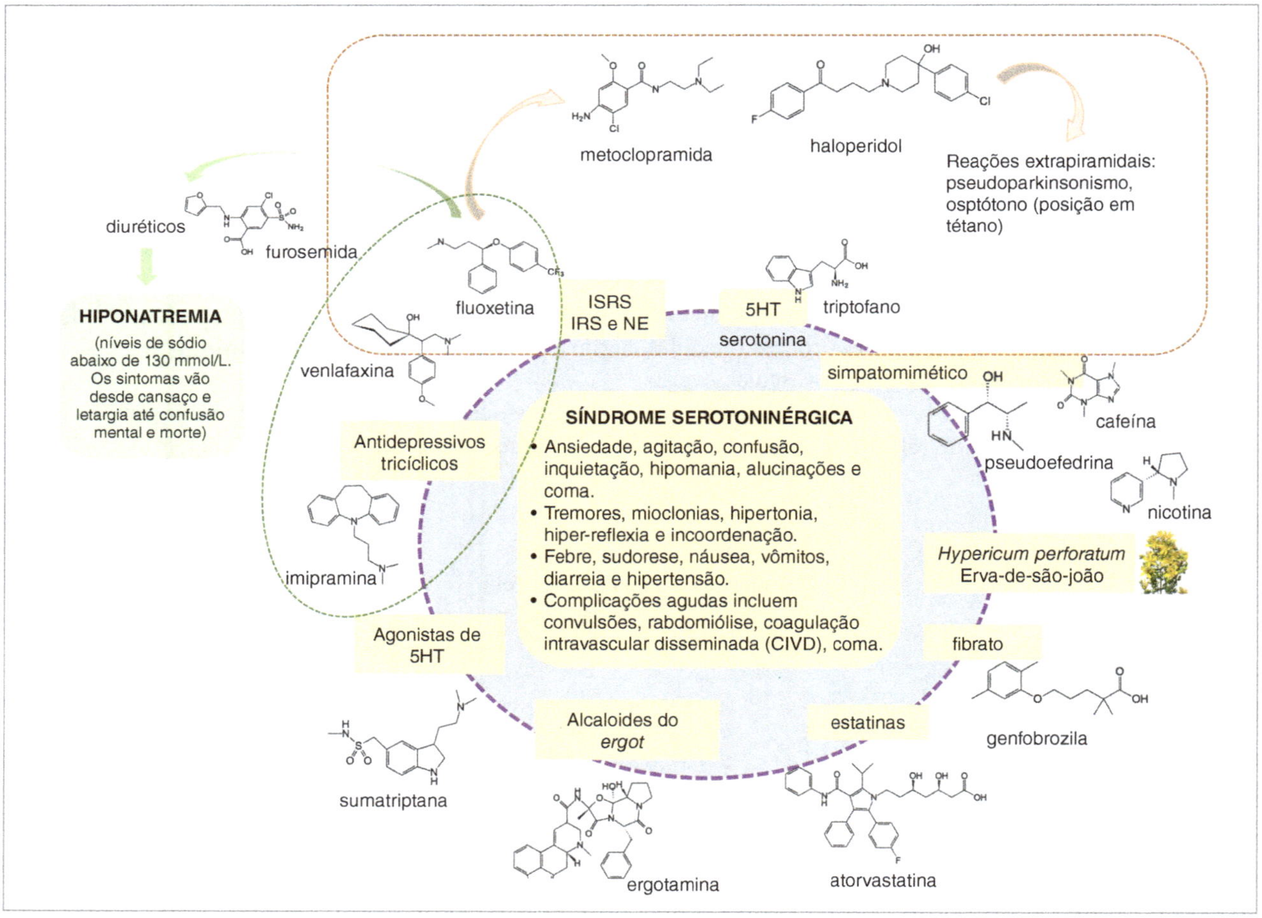

FIGURA 11 Classe de fármacos que podem causar síndrome serotoninérgica. Interação de antidepressivos com diuréticos, causando hiponatremia, e com metoclopramida ou haloperidol, causando reações extrapiramidais e opstótono.

ISRS: inibidores seletivos de receptores de serotonina; ISR e NE: inibidores de receptores de serotonina e noradrenalina; 5HT: serotonina; triptofano: precursor de 5HT.

Um dos efeitos adversos da furosemida é a capacidade de provocar a hiponatremia, caracterizada pela condição de concentrações de sódio abaixo de 130 mmol/L, causando desde cansaço até letargia, confusão mental e podendo ser letal. Os antidepressivos como imipramina, amitriptilina, clomipramina, carbamazepina, ISRS e venlafaxina também podem causar quadros de hiponatremia, principalmente em idosos.[42-44] Assim, esses antidepressivos associados a diuréticos podem levar ao quadro de hiponatremia mais facilmente.

As reações extrapiramidais foram observadas com antidepressivos, venlafaxina, bupropiona, duloxetina, mirtazapina, citalopram, paroxetina, sertralina e fluoxetina.[44,45] Associados a fármacos que também provocam esse efeito, incluindo metoclopramida e antipsicóticos como haloperidol e clorpropramida, podem potencializar os efeitos extrapiramidais e opstótono (rigidez similar ao tétano). Esse efeito adverso é muito observado em crianças por intoxicação de metoclopramida.

Interações medicamentosas envolvendo o sistema CYP450 e aldeído desidrogenase

As enzimas do citocromo P450 (CYP450) são hemoproteínas ligadas às membranas que desempenham papel central na biotransformação de fármacos, possuindo importância fundamental na interação medicamentosa. O fígado é o maior órgão de metabolismo e as citocromos são compostas por várias isoenzimas, como CYP1A2, CYP2B6, CYP2C8, CYP2C9, CYP2C19, CYP2D6, CYP2E1, CYP3A4, esta última responsável pela metabolização de mais de 60% de todos os fármacos da terapêutica.[46,47]

Os fármacos podem ser substratos, indutores ou inibidores dessas enzimas. Assim, um fármaco indutor (F_{ind}) de determinada isoenzima poderá acelerar o metabolismo de outro fármaco (F_s), substrato daquela, diminuindo o efeito terapêutico. Caso esse segundo fármaco (F_{inib}) iniba essa isoenzima, impedirá a metabolização de F_s, causando um aumento em sua concentração e podendo levar à toxicidade.

Para melhor análise, a *Drug Interactions Flockhart Table*™ foi projetada por David A. Flockhart na Indiana University School of Medicine (EUA), como ferramenta para o estudo de possíveis interações baseadas no metabolismo. Disponível no endereço eletrônico https://drug-interactions.medicine.iu.edu/MainTable.aspx, a tabela contém as isoenzimas e fármacos, com respectivos inibidores e indutores.[47]

A Figura 12 mostra o exemplo da amitriptilina, substrato da CYP1A2. A utilização concomitante de

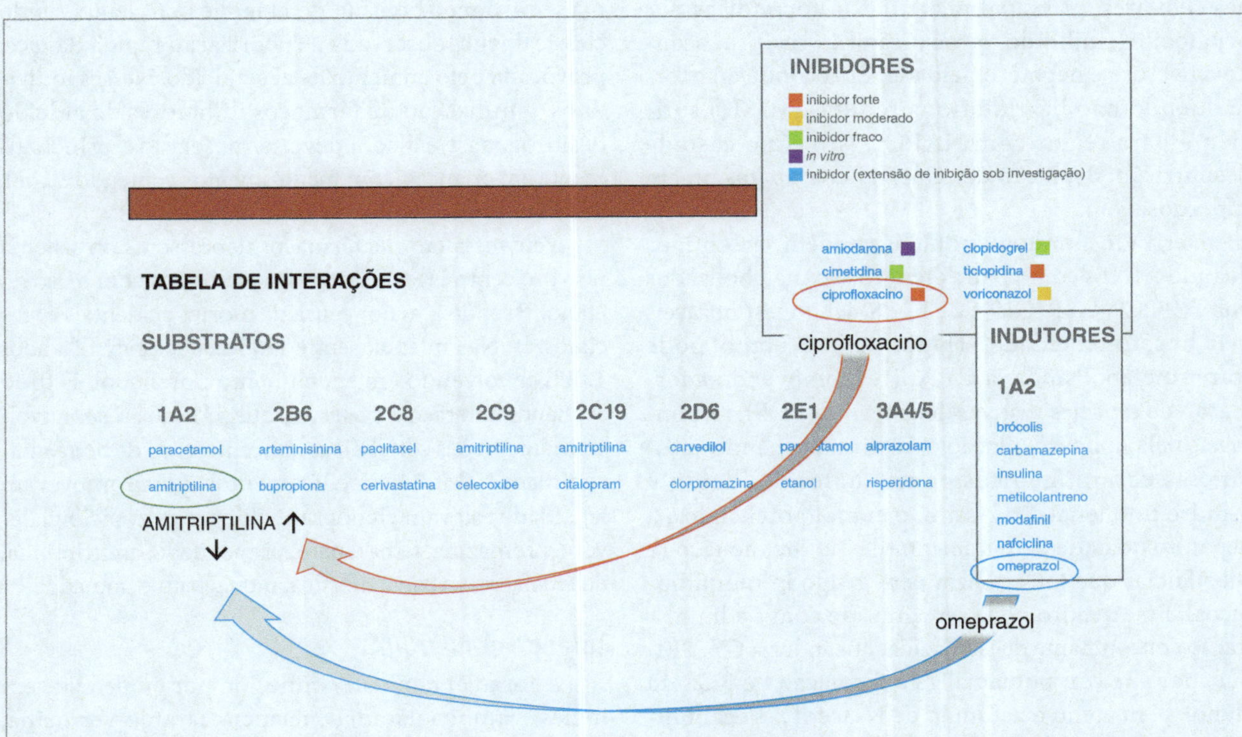

FIGURA 12 Interação medicamentosa baseada em metabolismo envolvendo CYP utilizando a tabela de Flockhart.

um inibidor dessa isoenzima, como ciprofloxacino, promove a inibição da metabolização de amitriptilina, podendo causar toxicidade. Por outro lado, a administração de omeprazol poderá levar ao aumento da atividade enzimática, acelerando o processo de metabolização de amitriptilina e diminuindo sua eficácia.

Parte da população possui variante da isoenzima, isto é, apresenta polimorfismo genético e alterações epigenéticas nos genes CYP que podem ser responsáveis por variações nas respostas a determinados fármacos em atividade metabólica diferente. Um exemplo é a enzima CYP2D6 polimórfica, existente em uma pequena proporção da população, que possui baixa atividade, sendo descrita como metabolizadores fracos ou lentos. Ocorre entre 5-10% em caucasianos, até 2% em asiáticos e afrodescendentes, o que explica o aparecimento de toxicidade (em interação ou não) para alguns pacientes e outros não.[47,48]

Interações com paracetamol

O paracetamol é biotransformado obtendo metabólitos sulfatados, glicuronidados e conjugados com glutationa e, assim, eliminado. Entretanto, a metabolização utilizando a via CYP2E1 forma o derivado N-acetil *p*-benzoiminoquinônico (NAPQI), o qual se liga covalentemente com grupos cisteínicos das proteínas celulares, principalmente das mitocôndrias dos hepatócitos, inibindo a troca respiratória, provocando a necrose e hepatotoxicidade. Essa condição ocorre quando não há glutationa redutase (GSH) suficiente para reagir com NAPQI, isto é, no caso de desnutrição, depleção de (GSH), hepatopatas ou em superdosagem.[49]

Derivados iminoquinônicos também são obtidos quando AINEs como o diclofenaco são metabolizados por CYP2C9, CYP2C19 e CYP2C8, sendo responsáveis pela hepatotoxicidade[45] (Figura 13). O etanol pode sofrer metabolismo via CYP2E1, promovendo a formação de espécies reativas de oxigênio (ROS), responsáveis pela lipoperoxidação oxidativa, formando substâncias carcinogênicas como malondialdeído e 4-hidroxinonenal.[50-52] Assim, o etanol potencializa a hepatotoxicidade de paracetamol e do diclofenaco (e substâncias que metabolizam em grupo iminoquinônicos). Esse quadro pode ser agravado com a administração concomitante de isoniazida, que induz a CYP2E1, que, por sua vez, potencializa a formação de ROS do etanol, bem como o acúmulo de N-acetil *p*-benzoiminoquinônico (Figura 13).

Interações medicamentosas envolvendo aldeído desidrogenase e álcool

A conversão de etanol em acetato no fígado[55] ocorre principalmente pela via NAD^+-dependente, catalisada pela enzima aldeído desidrogenase, que compõe uma classe de isoenzimas que diferem em localização subcelular, mobilidade eletroforética, ponto isoelétrico, tamanho molecular e especificidade do substrato. Os localizados em mitocôndrias e citosol são os mais importantes.

O dissulfiram é um fármaco que inibe a aldeído desidrogenase, provocando o acúmulo de acetaldeído[56] na ingestão concomitante de álcool (Figura 14), causando mal-estar, rubefação, cefaleia, náuseas e vômitos, taquicardia. Esse fármaco foi introduzido na terapêutica para o tratamento do alcoolismo em 1948. Quanto aos efeitos provocados por fármacos que inibem essa enzima, convencionou-se chamá-los de efeitos dissulfiram-*like* quando ingeridos com etanol, que incluem alguns antimicrobianos, antifúngicos, antidiabéticos.

Apesar de alguns trabalhos contestarem essa inibição pelo metronidazol,[56,57] em 2019 foi reportada uma reação dissulfiram-*like*, incluindo dores abdominais, causada por metronidazol com prednisona em solução contendo 30% de etanol, em criança de 14 anos.[58]

Indivíduos asiáticos apresentam, geneticamente, menor concentração de aldeído desidrogenase.[59] Dessa maneira, o metabolismo do etanol é mais lento, sendo classicamente observada a ruborização rápida da face, provocada pelo aumento de acetaldeído. Nesses indivíduos, a utilização de fármacos inibidores de aldeído desidrogenase e álcool deve ser observada, principalmente em crianças, com medicamentos contendo álcool, mesmo em pequenas concentrações.

Vale ressaltar que fármacos depressores do sistema nervoso central (SNC) são potencializados com o uso do etanol,[60] sendo a maior causa de mortes acidentais e suicídios.[61,62] Na Finlândia, entre 1995-2000, foram relatados 1.006 envolvendo envenenamento por álcool. Estudo avaliando interações observou que 53% dos casos envolviam interações com baixas concentrações de benzodiazepínicos.[61] Entre os medicamentos que promoveram letalidade estavam citalopram, diltiazem, zopiclona, levomepromazina, temazepam, propoxifeno, amitriptilina, doxepina, promazina, morfina, nitrazepam e tramadol.[61,62]

Toranja (*grapefruit*)

A toranja, também conhecida por *grapefruit* (em inglês), jamboa, laranja-melancia, laranja-vermelha, laranja-romã, entre outros, originou-se provavelmente

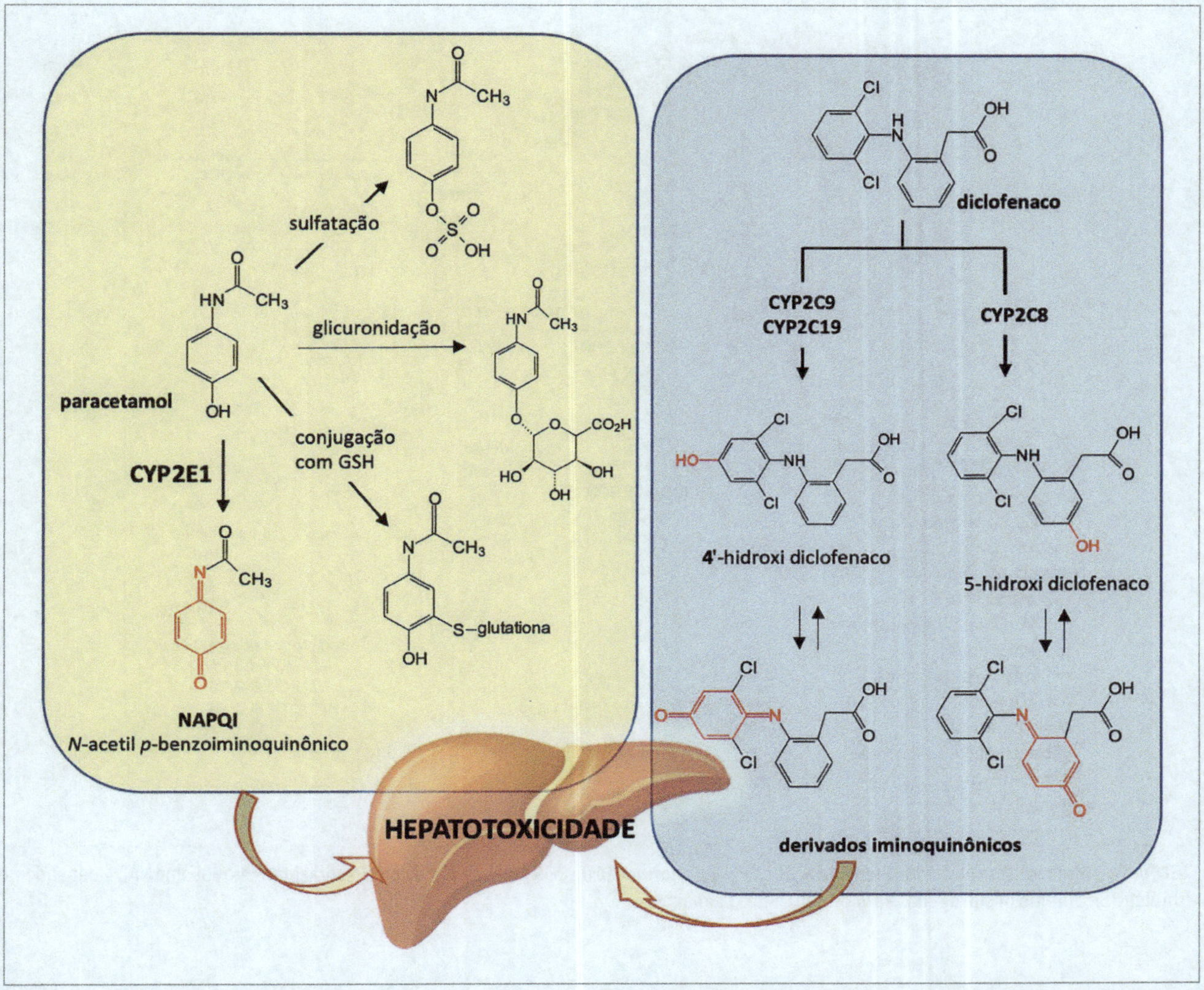

FIGURA 13 Formação de metabólitos iminoquinônicos do paracetamol, pela ação de CYP2E1, e do diclofenaco, pela ação de CYP2C9, CYP2C19 e CYP2C8.

em Barbados e é fonte de vitamina C, quesito em que perde para a laranja e o limão, tendo sido difundida para o Ocidente, inclusive para o Brasil.

Em pesquisa para avaliar possível interação medicamentosa entre etanol e felodipino com di-hidropiridina, a toranja foi utilizada para o mascaramento do sabor do álcool. Os resultados demonstraram um aumento surpreendente na concentração de felodipino, bem como efeitos hipotensores, para os quais não havia qualquer explicação. Após vários ensaios, observou-se que o suco era o responsável por tal atividade.[63]

Essa descoberta incidental levou a uma série de estudos com a toranja e medicamentos, tendo sido observada uma redução de 47% de CYP3A4 nos enterócitos, quatro horas depois de o paciente beber um copo de suco de toranja.[63-65]

Estudos demonstraram que o suco foi capaz de promover aumento na biodisponibilidade dos medicamentos após administração oral. Quando a administração foi por via intravenosa, a mesma quantidade de suco não alterou os parâmetros farmacocinéticos nem farmacodinâmicos, sugerindo que as enzimas CYP3A4 intestinais são afetadas e não as hepáticas. Parece, ainda, que o mecanismo de inibição é pós-transcricional, por meio da degradação facilitada da enzima, além de inibir outros sistemas de transporte, como glicoproteína P (P-gp) e transportadores de ânions orgânicos (OATP).[64,65,67]

A toranja possui entre seus componentes flavonoides não presentes na laranja, como a 6,7-di-hidroxibergamotina e a bergamotina, furanocumarinas responsáveis pela inibição enzimática de CYP3A4 dos enterócitos e naringina e naringenina, responsáveis

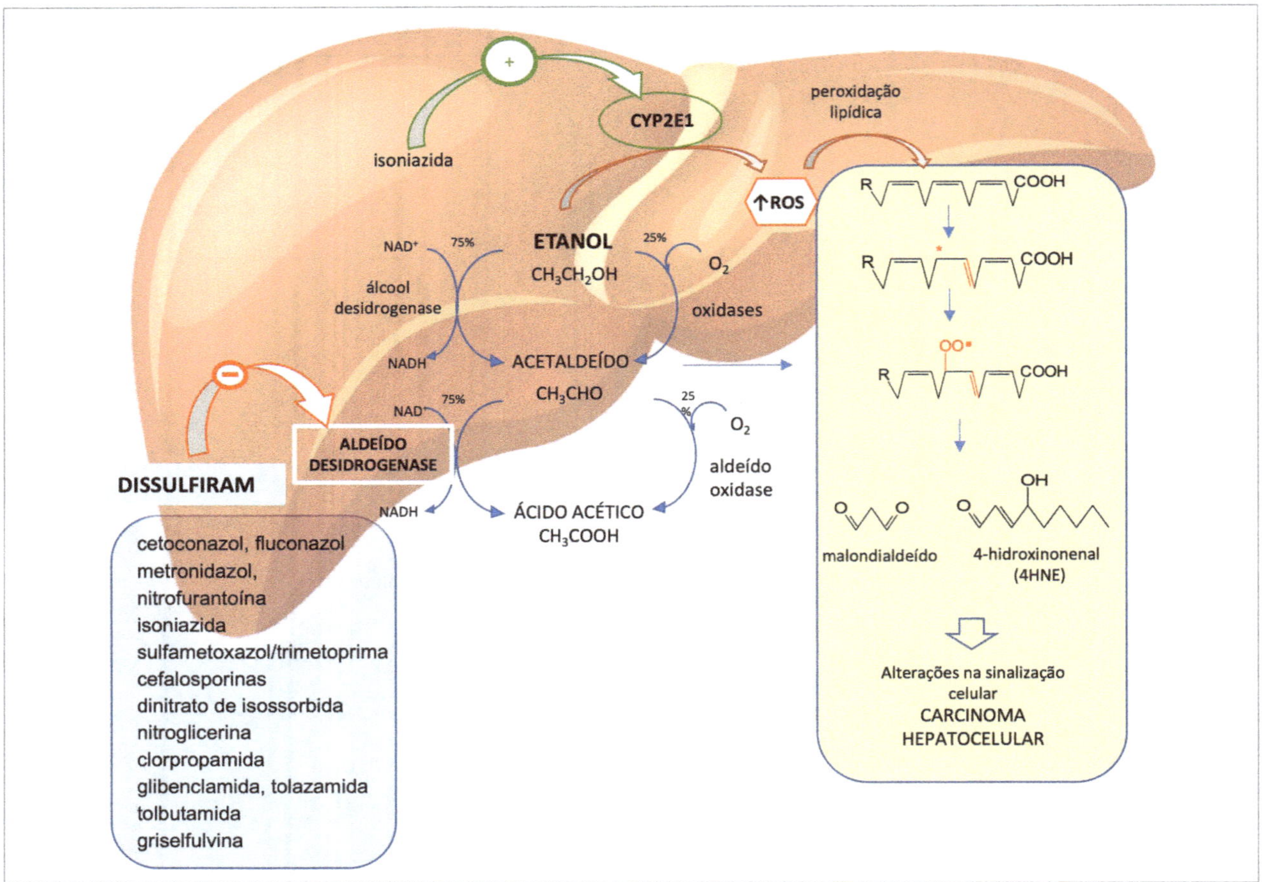

FIGURA 14 Metabolismo do álcool. Efeito da ação CYP2E1, na formação de ROS potencializado pela isoniazida. Metabolismo NAD+-dependente e inibição de aldeído desidrogenase por dissulfiram e fármacos.

pela inibição do metabolismo da inibição OATP1A2.[68] Há um alerta da Food and Drug Administration (FDA) quanto ao uso da toranja com medicamentos; apesar dos benefícios da fruta, a agência não recomenda a associação.[69] A Figura 15 mostra as estruturas dos flavonoides da toranja com "tarja preta", em uma analogia com os medicamentos controlados, incluindo alguns fármacos com potenciais efeitos, e o balanço entre efeitos benéficos e adversos causados pelas interações medicamentosas.

Proteínas plasmáticas e interações medicamentosas

A ligação de fármacos com as proteínas plasmáticas é um dos fatores que influenciam os processos conhecidos como ADME. Entre os constituintes sanguíneos em que os fármacos se ligam encontram-se os dois mais importantes, albumina e glicoproteína ácida alfa-1, por meio de ligações eletrostáticas, hidrofóbicas, sendo saturadas e reversíveis. A porção livre do fármaco é a responsável pela atividade biológica.

A albumina é a proteína mais abundante do plasma humano (em torno de 60% da concentração proteica plasmática total). Sua função primária fisiológica é a manutenção do pH sanguíneo, bem como a pressão osmótica e o transporte de moléculas para o organismo. Liga-se preferencialmente a ânions orgânicos (p. ex., ácidos carboxílicos, fenóis) e também, com intensidade, a fármacos básicos e neutros. Apesar de o caráter lipofílico ser importante, parece que, no caso da albumina, outras propriedades, como fator de reconhecimento molecular, são relevantes para garantir essa ligação.[70]

As glicoproteínas ácidas alfa-1, produzidas durante o estado inflamatório, ligam-se com fármacos básicos (p. ex., aminas, como a bupivacaína e a clindamicina).

Os complexos de proteínas plasmáticas-fármaco são como um reservatório de fármacos, porém esse concei-

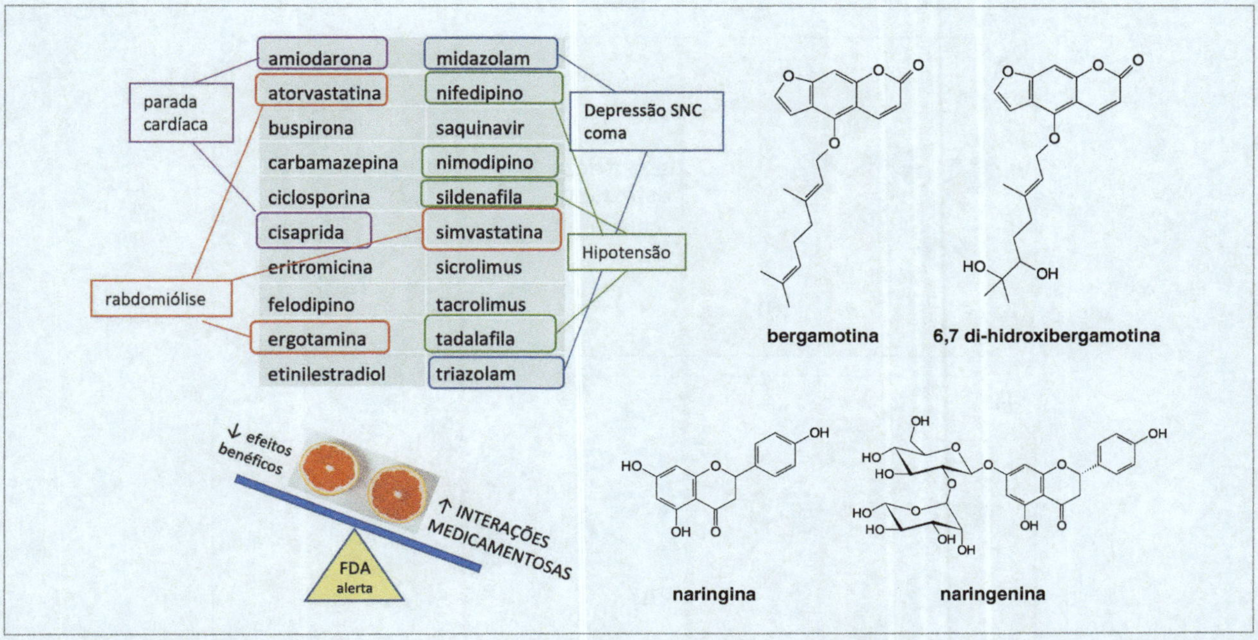

FIGURA 15 Potenciais interações com a toranja, estrutura química das furanocumarinas e naringinas e o imbalanço dos benefícios da fruta "com tarja preta".

to não deve ser considerado para o planejamento de novos fármacos como sistema de liberação lenta, tendo em vista a variação individual e o difícil controle. Doenças como desnutrição e câncer podem causar um aumento da concentração do fármaco, tendo em vista a baixa concentração de proteínas.

Fármacos que se ligam às proteínas, quando associados a outros fármacos que possuem alta afinidade pela mesma proteína, devem ser levados em consideração, pois podem alterar a cinética e gerar toxicidade. Caso um fármaco A se ligue 99% à proteína, isso significa que apenas 1% representa a porção livre, ativa, responsável pela atividade farmacológica. Outro fármaco, B, que também se liga às mesmas proteínas, pode alterar o complexo A-proteína, por competição, liberando mais 1% de A na corrente sanguínea, que, somado à concentração de 1% inicial, totaliza 2% de A, o que representa 200% em atividade farmacológica, podendo causar toxicidade do fármaco A (Figura16).

Nesse caso, a ordem da administração faz diferença. Caso o fármaco B tenha sido administrado primeiro, ao associar A, o deslocamento irá ocorrer, liberando B para a corrente sanguínea, causando toxicidade de B.

Um exemplo clínico é a elevação dos valores de INR (razão normalizada internacional) em cerca de 69% dos pacientes usuários de varfarina após a utilização de sulfametoxazol/tripmetoprima (SMZ/TMP) e metronidazol, necessitando de adequação da dose do anticoagulante.[71,72] A ligação com proteínas do sulfametoxazol é de 66%, trimetoprima 41,5%, metronidazol 11,1% e varfarina 99%. A Tabela 2 mostra alguns fármacos que possuem alta ligação com proteínas.[70]

Interações medicamentosas benéficas

Várias associações medicamentosas são benéficas, por exemplo, ácido clavulânico (inibidor de penicilinase) e amoxicilina (antibiótico beta-lactâmico), carbidopa (inibidor da descarboxilase), entacapona (inibidor de catecol-O-metil-transferase) e levodopa (precursor da dopamina), protocolos de tratamento de doenças, com fluxogramas em que os medicamentos são associados e não retirados, para melhor eficácia terapêutica devido ao avanço da doença (p. ex., diabetes, hipertensão). A seguir serão apresentados dois exemplos, entre muitos.

Assim como o uso prolongado de IBP pode provocar deficiência de vitamina B_{12}, outros medicamentos também podem provocar doenças ou piorar quadros previamente existentes. A Figura 17 mostra a síntese de colesterol,[73] de forma resumida, e o efeito decorrente da utilização de estatinas na diminuição da síntese de colesterol, dolicol e ubiquinona (coenzima Q-10, CoQ10).

A CoQ10 atua como cofator essencial na fosforilação oxidativa nas mitocôndrias, exercendo um papel fundamental na formação de ATP, na transferência de elétrons. Além disso, possui atividade antioxidante na prevenção de peroxidação lipídica, estabilizan-

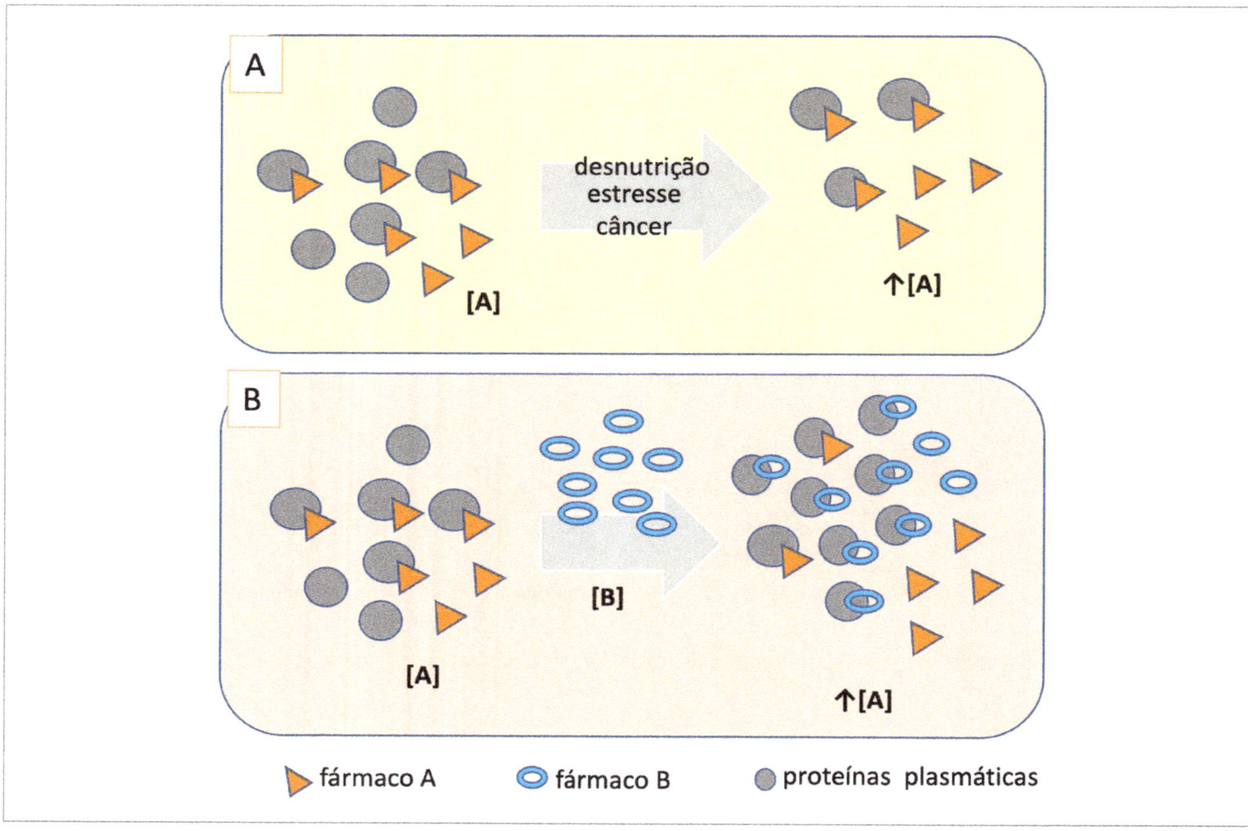

FIGURA 16 Aumento da concentração do fármaco A por ligação com proteínas plasmáticas. A: em condições de desnutrição, estresse e câncer. B: em associação com outro fármaco, B, que se liga às mesmas proteínas de A.

TABELA 2 Fármacos que se ligam extensivamente às proteínas (% de ligação)

Ácido salicílico (95)	Doxiciclina (90,5)	—
Ácido valproico (93)	Duloxetina (95)	Nimesulida (99)
Amiodarona (99,98)	Etinil estradiol (95-98)	Nortriptilina (93,5)
Anfotericina B (> 90)	Etodolac (99,1)	Omeprazol (95)
Budesonida (88)	Etoposido (96)	Oxazepam (98,4)
Bupivacaína (95)	Fenilbutazona (97,8)	Oxifenbutazona (99)
Buprenorfina (96)	Fenitoína (91)	Paclitaxel (95-98)
Camptotecina (98)	Fenoprofeno (99)	Prazosina (95 ± 1)
Cefazolina (87)	Fluoxetina (94)	Prednisolona (90-95)
Cefoperazona (98)	Flurazepam (96,6)	Propofol (95-99)
Ceftriaxona (94)	Flurbiprofeno (99)	Propranolol (87 ± 6)
Cetoconazol (99)	Furosemida (98,4)	Quinapril (97)
Cetoprofeno (99,2)	Glipizida (98,4)	Quinidina (87 ± 3)
Clordiazepóxido (96,5 ± 1,8)	Halofenato (99,5)	Quinina (93)
Clorpromazina (97,8)	Haloperidol (92)	Rifampina (89 ± 1)
Clorpropamida (96)	Ibuprofeno (99)	Risperidona (89)
Clofibrato (96.5 ± 0,30	Imipramina (92,6)	Selegilina (94)
Clonazepam (86 ± 0,5)	Indometacina (90)	Sertralina (99)

(continua)

TABELA 2 Fármacos que se ligam extensivamente às proteínas (% de ligação) *(continuação)*

Clozapina (95)	Isotretinoína (99,9)	Sinvastatina (94)
Desipramina (86)	Loratadina (97)	Sulindaco (93,5)
Desmetildiazepam (97,5)	Lorazepam (91 ± 2)	Sulfisoxazol (91,4)
Diazepam (99)	Lovastatina (95)	Tamoxifeno (> 98)
Diclofenaco (99,5)	Mefloquina (98,2)	Temazepam (96,8)
Digitoxina (93,5)	Melfalano (90 ± 0,5)	Tetra-hidrocanabinol (95)
Disopiramida (89)	Midazolam (95)	Triazolam (90)
Diflunisal (99)	Mifepristona (98)	Varfarina (99)
Doxazosina (99)	Naproxeno (99,4)	Verapamil (90 ± 2)

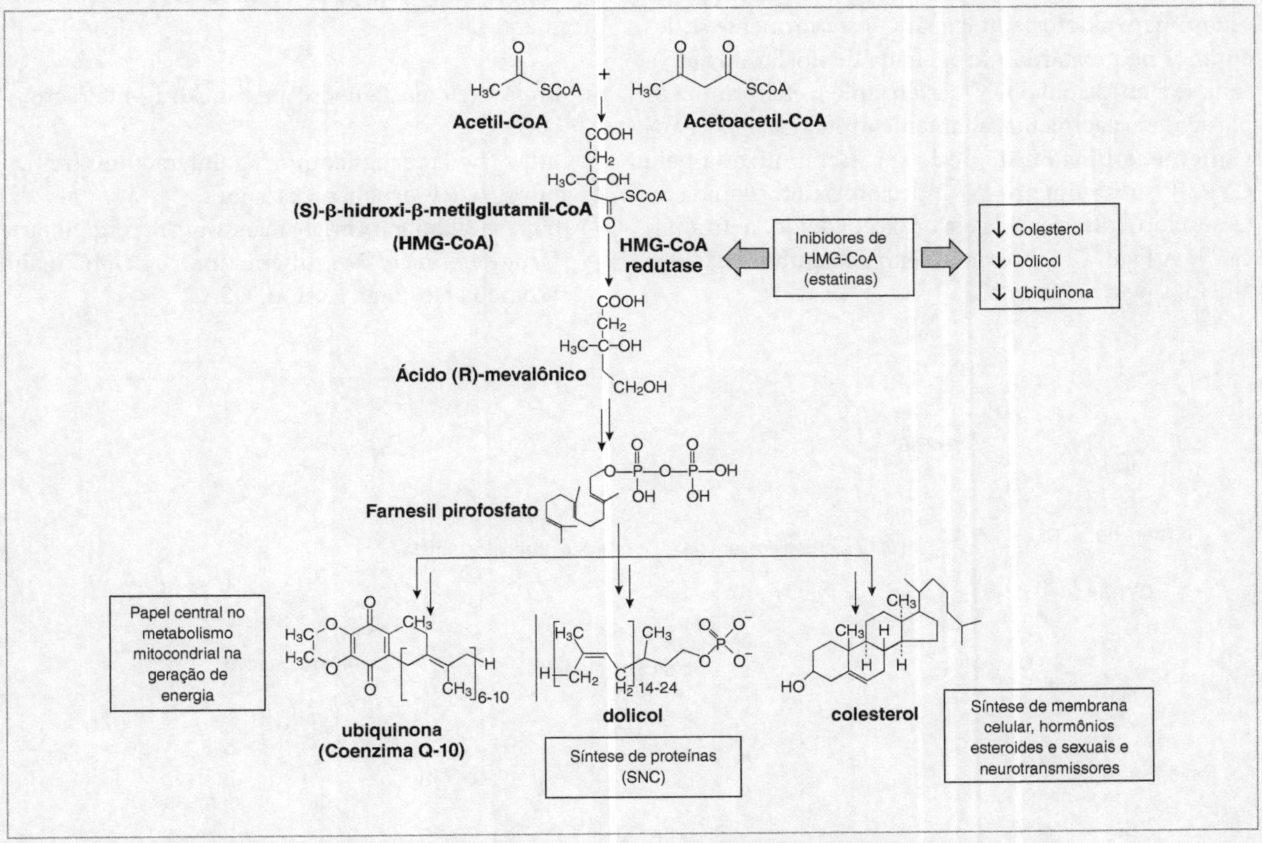

FIGURA 17 Efeito dos inibidores de HMG-CoA na diminuição do colesterol, dolicol e ubiquinona (coenzima Q-10).

do as partículas de LDL (*low density lipoprotein*), colaborando na manutenção da saúde cardiovascular.[74,75] Apresenta atividade anti-inflamatória, via expressão do gene NF-kappaB1-dependente, diminuindo o fator de necrose tumoral alfa (TNF-alfa), mas não a proteína reativa C (PCR). Estudos clínicos demonstraram a eficácia da CoQ10 em doenças cardiovasculares, miopatias mitocondriais e doenças neurodegenerativas.[76,77]

Pacientes com insuficiência cardíaca suplementados com CoQ10 têm mostrado melhora nos parâmetros de fração de ejeção, volume e débito cardíaco e acidente vascular cerebral, além de diminuir a mortalidade.[75]

Assim, de forma paradoxal, uma vez que as estatinas são medicamentos que, por diminuir os níveis de colesterol, são cardioprotetores, recomenda-se a associação com CoQ10 para evitar doenças cardiovasculares.[75]

O gasto energético da musculatura de atletas aumenta a síntese de CoQ10. A suplementação desse nutriente torna-se mais importante quando o atleta é usuário de estatina e idoso.[78]

Na quimioterapia do câncer, a utilização de mesna, 2-mercaptoetano sulfonato de sódio é benéfica em associação com a ifosfamida ou ciclofosfamida para evitar a urotoxicidade. Atua como um *scavanger*, captando a acroleína, metabólito tóxico obtido do metabolismo do quimioterápico.[79-81] A ifosfamida é um pró-fármaco quiral, que sofre metabolismo predominantemente mediado pelo CYP3A4, produzindo o metabólito reativo 4-hidroxi-ifosfamida, o qual forma espontaneamente seu isômero aldofosfamida, para posteriormente se decompor na mostarda nitrogenada de ifosfamida ativa (que se alquila com o DNA, exercendo o efeito antineoplásico) e na acroleína, altamente urotóxica. Alternativamente, a ifosfamida pode ser metabolizada pela CYP2B6, nos isômeros (S)-2-decloroestilifosfamida ou (S)-3-cloroetilfosfamida e cloroacetaldeído, nefrotóxica.[79-82] A Figura 18 mostra o efeito da neutralização dos aldeídos pelo mesna.

CONSIDERAÇÕES FINAIS

O tema interações medicamentosas é inesgotável. Atualmente existem vários aplicativos e *sites* gratuitos de checagem das potencialidades de interações medicamentosas, porém nenhum deles responderá todas as questões com 100% de certeza. Isso porque cada indivíduo é único, e a condução e conclusão dos resultados ainda são de responsabilidade do profissional da saúde, de sua capacidade em integrar conhecimentos.

Sugestão de *sites* (bancos de dados) gratuitos que podem ser utilizados para o estudo de interações medicamentosas:

- https://reference.medscape.com/drug-interaction-checker.
- https://www.drugs.com/drug_interactions.html.
- https://www.drugbank.ca/about.
- http://healthlibrary.brighamandwomens.org/Library/DrugReference/DrugInteraction/ – Brigham and Women's Hospital, Boston, USA.

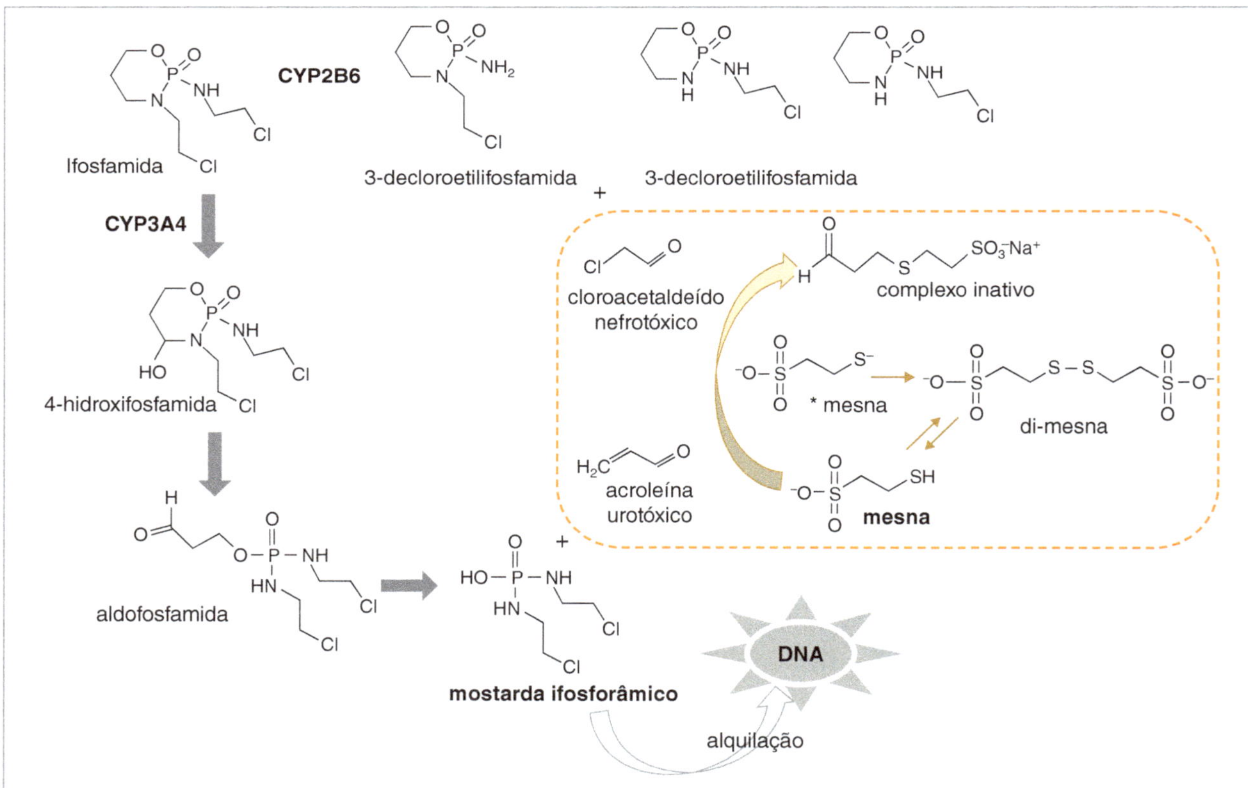

FIGURA 18 Metabolismo de ifosfamida, por ação de CYP3A4 (via principal) e formação de acroleína (urotóxico), e de CYP2B6, formando cloroacetaldeído (nefrotóxico). Neutralização dos aldeídos pelo mesna, formando complexo inativo.

- https://drug-interactions.medicine.iu.edu/ – Universidade de Indiana.

Para pacientes com condições especiais (Universidade de Liverpool):

- https://www.hiv-druginteractions.org/checker.
- https://www.hep-druginteractions.org/checker.
- https://cancer-druginteractions.org/checker.

REFERÊNCIAS BIBLIOGRÁFICAS

1. Preston SH, Flockhart, D. Guide to psychiatric drug interaction. Primary Psichiatry. 2009;16(12):15-74.
2. Magro L, Moretti U, Leone R. Epidemiology and characteristics of adverse drug reactions caused by drug-drug interactions. Expert Opin. Drug Saf. 2012;11:83-94.
3. Rancourt C, Moisan J, Baillargeon L, Verreault R, Laurin D, Grégoire J-P. Potentially inappropriate prescriptions for older patients in long-term care. BMC Geriatr. 2004;4:1-9.
4. Gujjarlamudi HB. Polytherapy and drug interactions in elderly. J. Midlife Health. 2016;7(3):105-107.
5. Shetty V, Chowta MN, Nithyananda Chowta, K, Shenoy A, Kamath A, Kamath P. Evaluation of potential drug-drug interactions with medications prescribed to geriatric patients in a tertiary care hospital. J Aging Res. 2018; Article ID 5728957.
6. Rodrigues MCS, Oliveira C. Drug-drug interactions and adverse drug reactions in polypharmacy among older adults: an integrative review. Rev Latino-Am Enfermagem. 2016;24:e2800.
7. Bharate S, Bharate SB, Bajaj AN. Incompatibilities of pharmaceutical excipients with active pharmaceutical ingredients: a comprehensive review. J Excipients Food Chem. 2010;(1)3:3-26.
8. Siahi Shadbad MR, Ghaderi F, Hatami L, Monajjemzadeh F. Investigation of possible maillard reaction between acyclovir and dextrose upon dilution prior to parenteral administration. AAPS PharmSciTech. 2016;17:1491-9.
9. Siahi MR, Rahimi S, Farnaz Monajjemzadeh F. Analytical investigation of the possible chemical interaction of methyldopa with some reducing carbohydrates used as pharmaceutical excipients. Adv Pharm Bull. 2018;8(4):657-66.
10. Byrn SR, Xu W, Newman AW. Chemical reactivity in solid-state pharmaceuticals: formulation implications. Advanced Drug Delivery Reviews. 2001;48(1):115-36.
11. Qiu Z, Stowell JG, Morris KR, Byrn SR, Pinal, R. Kinetic study of the Maillard reaction between metoclopramide hydrochloride and lactose. Int J Pharm. 2005;303(1-2):20-30.
12. Freitas, BR, Magalhães, JF. Avaliação de xaropes contendo cloridrato de metoclopramida, pelo método de Bratton-Marshall. Rev Bras Cienc Farm. 2005;41(2):191-8.
13. Wirth DD, Baertschi SW, Johnson RA, Maple SR, Miller MS, Hallenbeck DK, et al. Maillard reaction of lactose and fluoxetine hydrochloride, a secondary amine. J Pharm Sci. 1998;87(1):31-9.
14. Kararli TT, Needham TE, Seul CJ, Finnegan PM. Solid state interaction of magnesium oxide and ibuprofen to form a salt. Pharm Res. 1989;6:804-8.
15. Serajuddin ATM, Thakur AB, Ghosal RN, Fakes MG, Ranadive SA, Morris KR, et al. Selection of solid dosage form composition through drug-excipient compatibility testing. J Pharm Sci. 1999;88:696-704.
16. Secoli SR. Interações medicamentosas: fundamentos para a prática clínica da enfermagem. Rev Esc Enferm USP. 2001;35(1):28-34.
17. Cheeseman HJ, Neal MJ. Interaction of chlorpromazine with tea and coffee. Br J Clin Pharmac. 1981;12:165-9.
18. Lasswell WL Jr, Weber SS, Wilkins JM. In vitro interaction of neuroleptics and tricylic antidepressants with coffee, tea, and gallotannic acid. Journal of Pharmaceutical Sciences. 1984;(73)8:1056-8.
19. Ikeda H, Moriwaki H, Matsubara T, Yukawa M, Iwase Y, Yukawa E, Aki H. Mechanism of interaction between risperidone and tea catechin (2) influence of presence of galloyl group in catechin on insoluble complex formation with risperidone. Yakugaku Zasshi. 2012;132(1):145-53.
20. Tatro DS. Tetracycline-antacid interactions JAMA. 1972;220(4):586.
21. Burkiewicz JS. Incompatibility of ceftriaxone sodium with lactated Ringer's injection. Am J Health Syst Pharm. 1999;56(4):384.
22. Bradley JS, Wassel RT, Lee L, Sumathi, N. intravenous ceftriaxone and calcium in the neonate: assessing the risk for cardiopulmonary adverse events. Pediatrics. 2009;123(4):e609-e613.
23. Donnelly PC, Sutich RM, Easton R, Adejumo OA, Lee TA, Logan LK. Ceftriaxone-associated biliary and cardiopulmonary adverse events in neonates: a systematic review of the literature. Pediatr Drugs. 2007;19:21-34.
24. Patricia JJ, Dhamoon AS. Physiology, Digestion. [Updated 2019 Jul 7]. In: Stat Pearls. Treasure Island (FL): Stat Pearls Publishing; 2020. Disponível em: https://www.ncbi.nlm.nih.gov/books/NBK544242/; acessado em: 28 de abril de 2020.
25. Geller EJ, Andrea K, Crane MD, Ellen C, Wells MD, Barbara L, et al. Effect of anticholinergic use for the treatment of overactive bladder on cognitive function in post-menopausal women. Clin Drug Investig. 2012;32(10):697-705.
26. American Geriatrics Society 2019 updated AGS Beers criteria® for potentially inappropriate medication use in older adults by the 2019 American Geriatrics Society Beers Criteria® Update Expert Panel. J Am Geriatr Soc. 2019;00:1- 21.
27. Lee BS, Bhuta T, Simpson JM, Craig JC. Methenamine hippurate for preventing urinary tract infections. Cochrane Database Syst Rev. 2012;10(10):CD003265.
28. Lo TS, Hammer KD, Zegarra M, Cho WC. Methenamine: a forgotten drug for preventing recurrent urinary tract infection in a multidrug resistance era. Expert Rev Anti Infect Ther. 2014;12(5):549-54.
29. Hiprex (methenamine) disease interactions. Drugs.com. Disponível em: https://www.drugs.com/disease-interactions/methenamine,hiprex.html; acessado em: 28 de abril de 2020.
30. Qorraj-Bytyqi H, Hoxha R, Sadiku S, Bajraktari IH, Sopjani M, Thaçi K, et al. Proton pump inhibitors intake and iron and vitamin B12 status: a prospective comparative study with a follow up of 12 months. Open Access Maced J Med Sci. 2018;6(3):442-6.
31. Nochaiwong S, Ruengorn C, Awiphan R, Koyratkoson K, Chaisai C, Noppakun K et al. The association between proton pump inhibitor use and the risk of adverse kidney outcomes: a systematic review and meta-analysis. Nephrol Dial Transplant. 2018;33(2):331-42.
32. Trifan A, Stanciu C, Girleanu I, Stoica OC, Singeap AM, Maxim R et al. Proton pump inhibitors therapy and risk of clostridium difficile infection: systematic review and meta-analysis. World J Gastroenterol. 2017;23(35):6500-15.
33. Kourelis TV, Siegel RD. Metformin and cancer: new applications for an old drug. Med Oncol. 2012;29(2):1314-27.
34. Lashen H. Role of metformin in the management of polycystic ovary syndrome. Ther Adv Endocrinol Metab. 2010;1(3):117-28.

35. Aroda VR, Edelstein SL, Goldberg RB, Knowler WC, Marcovina SM, Orchard TJ, et al. diabetes prevention program research group long-term metformin use and vitamin B12 deficiency in the diabetes prevention program outcomes study. J Clin Endocrinol Metab. 2016;101(4):1754-61.
36. Ko SH, Ko SH, Ahn YB, Song KH, Han KD, Park YM, et al. Association of vitamin B_{12} eficiency and metformin use in patients with type 2 diabetes. J Korean Med Sci. 2014;29(7):965-72.
37. Khattar D, Khaliq F, Vaney N, Madhu SV. Is metformin-induced vitamin B12 deficiency responsible for cognitive decline in type 2 diabetes? Indian J Psychol Med. 2016;38(4):285-90.
38. Campbell JM, Stephenson MD, de Courten B, Chapman I, Bellman SM, Aromataris E. Metformin use associated with reduced risk of dementia in patients with diabetes: a systematic review and meta-analysis. J Alzheimers Dis. 2018;65(4):1225-36.
39. Volpi-Abadie J, Kaye AM, Kaye AD. Serotonin syndrome Ochsner. J 2013;13(4):533-40.
40. Cordeiro CHG, Chung MC, Sacramento LVS. Interações medicamentosas de fitoterápicos e fármacos: Hypericum perforatum e Piper methysticum. Rev Bras Farmacogn. 2005;15(3):272-8.
41. Furberg CD, Pitt B. Withdrawal of cerivastatin from the world market. Curr Control Trials Cardiovasc Med. 2001;2(5):205-7.
42. R Colgate. Hyponatraemia and inappropriate secretion of antidiuretic hormone associated with the use of imipramine. Br J Psychiatry. 1993;163:819-22.
43. Fabian TJ, Amico JA, Kroboth PD, Mulsant BH, Corey SE, Begley AE, et al. Paroxetine-induced hyponatremia in older adults: a 12-week prospective study. Arch Intern Med. 2004;164(3):327-32.
44. Marcolin MA, Cantarelli MG, Garcia Junior M. Interações farmacológicas entre medicações clínicas e psiquiátricas. Rev Psiq Clín. 2004;31(2);70-81.
45. Guo MY, Etminan MP, Procyshyn RM. Drug-related EPSs with antidepressants. Journal of Clinical Psychopharmacology. 2018;38(4):349-56.
46. Cascorbi I. Drug Interactions: Principles, Examples and Clinical Consequenceseblatt. Dtsch Arztebl Int. 2012;109(33-34):546-56.
47. Flockhart DA. Drug interactions: cytochrome P450 drug interaction table. Indiana University School of Medicine (2007). Disponível em: https://drug-interactions.medicine.iu.edu; acessado em: 14 de abril de 2020.
48. Wilkinson GR. Drug metabolism and variability among patients in drug response. N Engl J Med. 2005;352:2211-21.
49. Paraná R, Waksman JC. Mecanismos de hepatotoxicidade medicamentosa: o exemplo do acetaminofen/paracetamol. GED Gastroenterol Endosc Dig. 2011;30(Supl.1):6-47.
50. Tang W. The Metabolism of diclofenac: enzymology and toxicology perspectives. Curr Drug Metab. 2003;4(4):319-29.
51. Cui YL, Xu F, Wu R. Molecular dynamics investigations of regioselectivity of anionic/aromatic substrates by a family of enzymes: a case study of diclofenac binding in CYP2C isoforms. Phys Chem Chem Phys. 2016;18(26):17428-39.
52. Ayala A, Muñoz MF, Argüelles S. Lipid peroxidation: production, metabolism, and signaling mechanisms of malondialdehyde and 4-hydroxy-2-nonenal oxidative medicine and celular longevity. 2014; article ID 360438. Disponível em: http://downloads.hindawi.com/journals/omcl/2014/360438.pdf; acessado em: 27 de abril de 2020.
53. Koppaka V, Thompson DC, Chen Y, Ellermann M, Nicolaou KC, Juvonen RO, et al. Aldehyde dehydrogenase inhibitors: a comprehensive review of the pharmacology, mechanism of action, substrate specificity, and clinical application. Pharmacol Rev. 2012;64(3):520-39.
54. Karamanakos PN, Pappas P, Boumba VA, Thomas C, Malamas M, Vougiouklakis T, et al. Pharmaceutical agents known to produce disulfiram-like reaction: effects on hepatic ethanol metabolism and brain monoamines. Int J Toxicol. 2007;26(5):423-32.
55. Ehrig T, Bosron WF, Li TK. Alcohol and aldehyde dehydrogenase alcohol. Alcohol. 1990;25(2-3):105-16.
56. Karamanakos PN, Pappas P, Boumba VA, Thomas C, Malamas M, Vougiouklakis T, et al. Pharmaceutical agents known to produce disulfiram-like reaction: effects on hepatic ethanol metabolism and brain monoamines. Int J Toxicol. 2007;26(5):423-32.
57. Paauw DS. Alcohol and metronidazole interaction: real or fake? Medscape Pharmacist. 2019 Aug. Disponível em: https://www.medscape.com/viewarticle/917065_2; acessado em: 28 de abril de 2020.
58. Alonzo MM, Lewis TV, Miller JL. Disulfiram-like reaction with metronidazole: an unsuspected culprit. J Pediatr Pharmacol Ther. 2019 Sep-Oct;24(5):445-9.
59. Goldman, D. Aldehyde dehydrogenase deficiency as cause of facial flushing reaction to alcohol in Japanese. Alcohol Health Res World. 1995;19(1):48-9.
60. Andrade JDS, Rocha CE, Maciel MAV, Santana DCAS, Santana FJM. Prevalence and risk of potentially adverse drug interactions in the treatment of acute alcohol poisoning. Braz J Pharm Sci. 2016 Jan/Mar;52(1), São Paulo.
61. Koski A, Ojanperä I, Vuori E. Interaction of alcohol and drugs in fatal poisonings. Hum Exp Toxicol. 2003;22(5):281-7.
62. Jones AW, Kugelberg FC, Holmgren A, Ahlner J. Drug poisoning deaths in Sweden show a predominance of ethanol in mono-intoxications, adverse drug-alcohol interactions and poly-drug use. Forensic Science International. 2011;206(1-3):43-51.
63. Bailey DG, Spence JD, Edgar B, Bayliff CD, Arnold JM. Ethanol enhances the hemodynamic effects of felodipine. Clin Invest Med. 1989;12:357-62.
64. Bailey DG, Dresser G, Malcolm J, Arnold O. Grapefruit – medication interactions: forbidden fruit or avoidable consequences? CMAJ. 2013;185(4):309-16.
65. Bailey DG, Arnold JMO, Spence JD. Grapefruit juice: drug interactions. Br J Clin Pharmacol. 1998;46:101-10.
66. Lundahl J, Regardh CG, Edgar B, Johnsson G Relationship between time of intake of grapefruit juice and its effect on pharmacokinetics and pharmacodynamics of felodipine in healthy subjects. Eur J Clin Pharmacol. 1995;49:61-7.
67. Stieger B, Hagenbuch B. Organic anion transporting polypeptides. Curr Top Membr. 2014;73:205-32.
68. Bailey DG, Dresser GK, Leake BF, Kim RB. Naringin is a major and selective clinical inhibitor of organic anion-transporting polypeptide 1A2 (OATP1A2) in grapefruit juice. Clin Pharmacol Ther. 2007;81(4):495-502.
69. FDA. Grapefruit juice and some drugs don't mix. Disponível em: https://www.fda.gov/consumers/consumer-updates/grapefruit-juice-and-some-drugs-dont-mix; acessado em: 28 de abril de 2020.
70. Zhang F, Xue J, Shao J, Jia L. Compilation of 222 drugs' plasma protein binding data and guidance for study designs. Drug Discovery Today. 2012; 17(9-10):475-85.
71. Wanat K. Biological barriers, and the influence of protein binding on the passage of drugs across them. Molecular Biology Reports. 2020;47:3221-31.
72. Ahmed A, Stephens JC, Kaus CA, Fay WP. Impact of preemptive warfarin dose reduction on anticoagulation after initiation of trimethoprim-sulfamethoxazole or levofloxacin. J Thromb Thromb. 2008;26:44-8.

73. Powers A, Loesch EB, Weiland A, Fioravanti N, Lucius D. Preemptive warfarin dose reduction after initiation of sulfamethoxazole-trimethoprim or metronidazole J Thromb Thrombolysis. 2017;44(1):88-93.
74. Cerqueira NMFSA, Oliveira EF, Gesto DS, Santos-Martins D, Moreira C, Moorthy HN. Cholesterol biosynthesis: a mechanistic overview biochemistry. 2016;55:5483-506.
75. Weant KA, Smith KM. The role of coenzyme Q10 in heart failure. Ann Pharmacother. 2005;39(9):1522-6.
76. DiNicolantonio JJ, Bhutani J, McCarty MF, O'Keeffe JH. Coenzyme Q10 for the treatment of heart failure: a review of the literature. Open Heart 2015;2:e000326. Disponível em: https://openheart.bmj.com/content/2/1/e000326; acessado em: 28 de abril de 2020.
77. Schmelzer C, Lindner I, Rimbach G, Niklowitz P, Menke T, Döring F. Functions of coenzyme Q10 in inflammation and gene expression biofactors. 2008;32(1-4):179-83.
78. Zhai J, Bo Y, Lu Y, Liu C, Zhang L. Effects of coenzyme Q10 on markers of inflammation: a systematic review and meta-analysis. PLoS ONE. 2017;12(1):e0170172.
79. Deichmann RE, Lavie CJ, Dornelles AC. Impact of coenzyme Q-10 on parameters of cardiorespiratory fitness and muscle performance in older athletes taking statins. Phys Sportsmed. 2012;40:88-95.
80. Jeelani R, Jahanbakhsh S, Kohan-Ghadr HR, Thakur M, Khan S, Aldhaheri SR, et al. Mesna (2-mercaptoethane sodium sulfonate) functions as a regulator of myeloperoxidase. Free Radic Biol Med. 2017;110:54-62.
81. Chang TK, Weber GF, Crespi CL, Waxman DJ. Differential activation of cyclophosphamide and ifosphamide by cytochromes P-450 2B and 3A in human liver microsomes. Cancer Res. 1993;53:5629-37.
82. Walker D, Flinois JP, Monkman SC, Beloc C, Boddy AV, Cholerton S, et al. Identification of the major human hepatic cytochrome P450 involved in activation and N-dechloroethylation of ifosfamide. Biochem Pharmacol. 1994;47:1157-63.
83. Siu LL, Moore MJ. Use of mesna to prevent ifosfamide-induced urotoxicity. Support Care Cancer. 1998;6:144-54.

PARTE III

Planejamento de fármacos

CAPÍTULO 7

Desenvolvimento de fármacos

Elizabeth Igne Ferreira
Eliezer J. Barreiro

A introdução de novos fármacos na terapêutica envolve diferentes fases, que vão da descoberta dos novos *hits*, ligantes e líderes até a fase de desenvolvimento, que abrange os ensaios pré-clínicos, clínicos e, finalmente, os aspectos regulatórios, que variam de acordo com o país.[1-5] Nos EUA, essa fase está a cargo do Food and Drug Administration (FDA); na Europa, é de responsabilidade da European Medicines Agency (EMA), e, no Brasil, cabe à Agência Nacional de Vigilância Sanitária (ANVISA) o registro de medicamentos para uso no país.

A escolha da doença para a qual se destina o fármaco faz parte da estratégia da indústria farmacêutica ou do grupo de pesquisa da academia. Como parte dessa estratégia, além da prioridade da indústria farmacêutica, está a resposta a algumas perguntas básicas, como: a doença é disseminada? Ela afeta países desenvolvidos? Há fármacos no mercado para essa doença? Há vantagens e desvantagens para sua aplicação? Quais seriam as necessidades médicas para a nova terapia? O retorno dos investimentos é a principal questão para a decisão da indústria, apesar de os fatores ligados aos medicamentos também entrarem em jogo a esse respeito.[1]

Ante as estratégias estabelecidas, as classes terapêuticas que têm suscitado maior interesse não são as doenças negligenciadas, embora, diante da migração de pessoas dos países subdesenvolvidos ou em desenvolvimento para os países mais ricos, aumentem as parcerias com entidades filantrópicas e o desenvolvimento nessas áreas. As doenças raras constituem tema que merece ser explorado e cujo interesse vem aumentando, do ponto de vista do setor farmacêutico.[6] A Figura 1 mostra as classes terapêuticas que despertaram maior interesse no plano mundial no período de 1996 a 2020,[7] e se observa que as doenças raras, ou órfãs, correspondem a 24% dos que despertaram maior interesse nesse período.

Observa-se, portanto, que os fármacos lançados no mercado farmacêutico no período de 1996 a 2020 se concentram em anti-infecciosos e oncológicos, com porcentagem razoável de fármacos órfãos, para doenças raras. Do ponto de vista do tipo de molécula, a maior porcentagem, 47%, refere-se a pequenas moléculas de uso tradicional, seguidas de perto por moléculas pequenas usadas para doenças crônicas, raras, de origem genética. Os biofármacos utilizados para essas doenças seguem em importância, 15%, sendo 12% correspondentes a fármacos biológicos de uso tradicional.[7]

Após a escolha da doença, é importante que se identifiquem os alvos moleculares, o que nem sempre é tarefa fácil, tendo em vista que há necessidade de conhecer as bases moleculares da doença.[8] Trata-se do *planejamento genotípico*, que sucede *o planejamento fenotípico*, embora, em alguns casos, sejam efetuados em paralelo. O planejamento fenotípico, muito aplicado no passado, por sua vez, prioriza o efeito final dos compostos bioativos, para, posteriormente, investir no conhecimento do mecanismo de ação e na relação entre estrutura química e atividade biológica. Há uma tendência atual a valorizar mais o planejamento fenotípico, considerando a dificuldade, em muitos casos, de conhecer a abordagem fisiológica da doença e, portanto, os alvos moleculares envolvidos.

Há que se levar em conta, no caso dos alvos, a possibilidade de determinada molécula interagir com vários alvos ao mesmo tempo, ou seja, a *polifarmacologia*,[9-11] que se soma aos grandes desafios da introdução de novos fármacos na terapêutica. Ante a polifarmacologia, a máxima de "um fármaco um alvo", que fundamentou

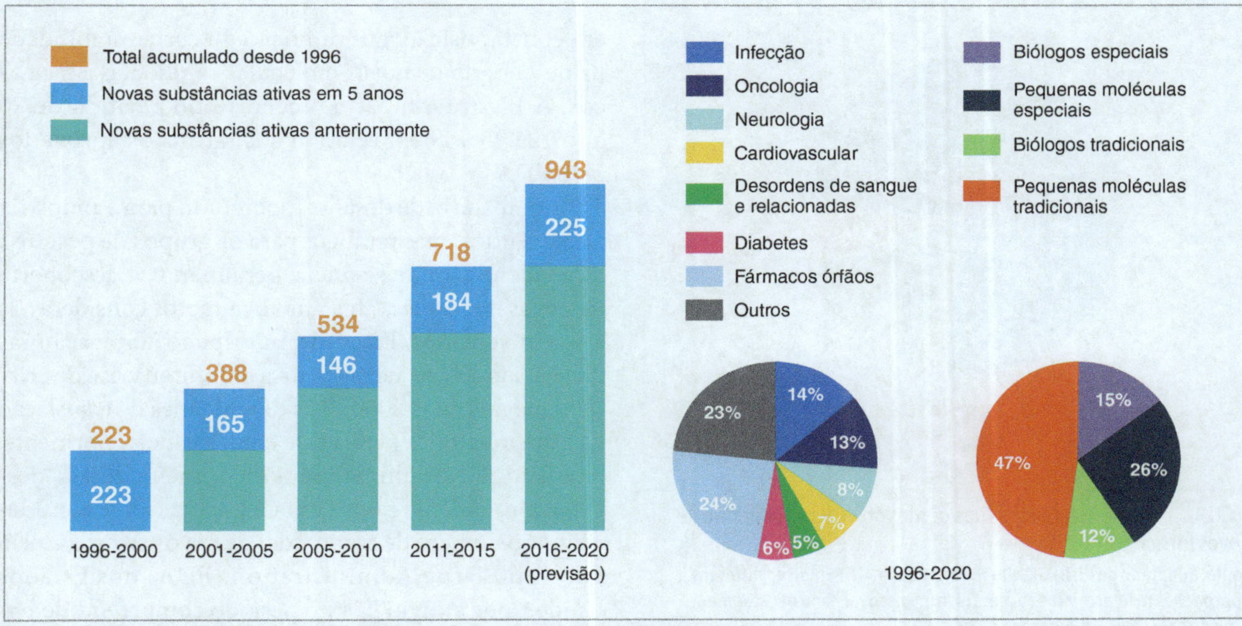

FIGURA 1 Classes terapêuticas que despertaram maior interesse entre 1996 e 2020.[7]
Fonte: adaptado de IMS Institute for Healthcare Informatics. The global use of medicines, 2020.

a teoria da "bala mágica", de Paul Ehrlich, Prêmio Nobel de Medicina em 1908, tornou-se obsoleta, embora tenha sido um paradigma no desenvolvimento de novos fármacos ao longo de décadas no século XX.

Descoberta, planejamento e desenvolvimento constituem o fluxograma geral de introdução de fármacos no mercado terapêutico.[12] A Figura 2 mostra essas etapas.

O processo é complexo e cercado de alguns entraves, que se constituem nas principais causas de perdas no desenvolvimento de novos fármacos.[13] A Figura 3 mostra a distribuição porcentual dessas causas.

Eficácia (52%) e segurança (24%) são as causas responsáveis pela maior perda (Figura 3), determinando o aumento dos investimentos no aprimoramento con-

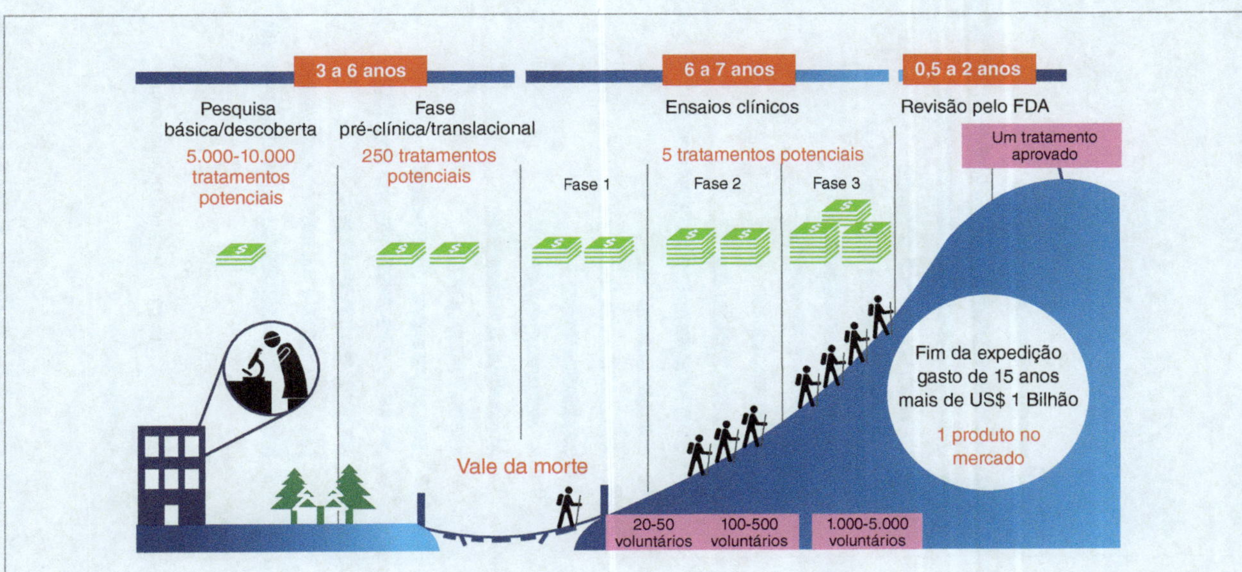

FIGURA 2 Etapas da introdução de fármacos na terapêutica.[12]
Fonte: adaptado de Brightfocus. Disponível em: https://www.brightfocus.org/search/node.

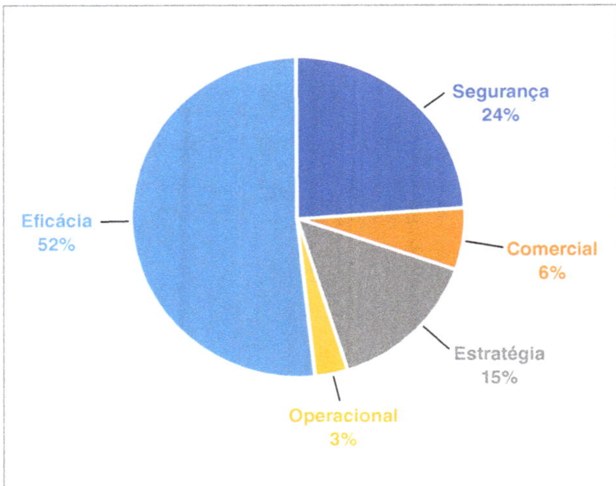

FIGURA 3 Principais causas das perdas no desenvolvimento de novos fármacos.[13]

Fonte: adaptado de Kiriri GK, Njogu PM, Mwang AN. Exploring different approaches to improve the success of drug discovery and development projects: a review. Fut J Pharm Sci. 2020;6:27.

tínuo dos processos capazes de assegurar menores riscos e maior efetividade na introdução de fármacos inovadores na terapêutica.[13]

O investimento em pesquisas científicas pelas indústrias farmacêuticas tem aumentado expressivamente, em contraposição à diminuição ou certa estabilidade na descoberta de novas moléculas candidatas a fármacos. A Figura 4 mostra o cenário no período de 20 anos, 1995 a 2015, relativo aos fármacos aprovados pelo FDA.[14]

Em matéria de desafios, sobretudo para a indústria farmacêutica, mas também para os grupos de pesquisa da academia, onde se inicia, geralmente, a descoberta de novas moléculas,[15] há, ainda, números consideráveis a serem vencidos. Estes dizem respeito à inovação radical – a indústria farmacêutica enfrentou crise de criatividade nos anos 2000,[16a] às dificuldades de translação da fase pré-clínica para a fase clínica e, posteriormente, terapêutica. Nos últimos anos da primeira década deste terceiro milênio houve uma recuperação, se considerarmos o número de aprovações de novos fármacos pelo Food and Drug Administration (FDA) dos Estados Unidos, que atingiu 274 no período compreendido entre 2011-2019, sendo 80 aprovados no biênio 2018-2019.[16b] Para enfrentar a crise de produtividade, a introdução e o fortalecimento da inovação aberta, em seus vários tipos, têm sido caminho explorado.[16a] A polifarmacologia, que se insere na busca das bases moleculares da doença multifatorial,[9-11] e a busca e a validação de novos alvos[17] também se constituem em grandes desafios, ainda não completamente superados, e dependem,

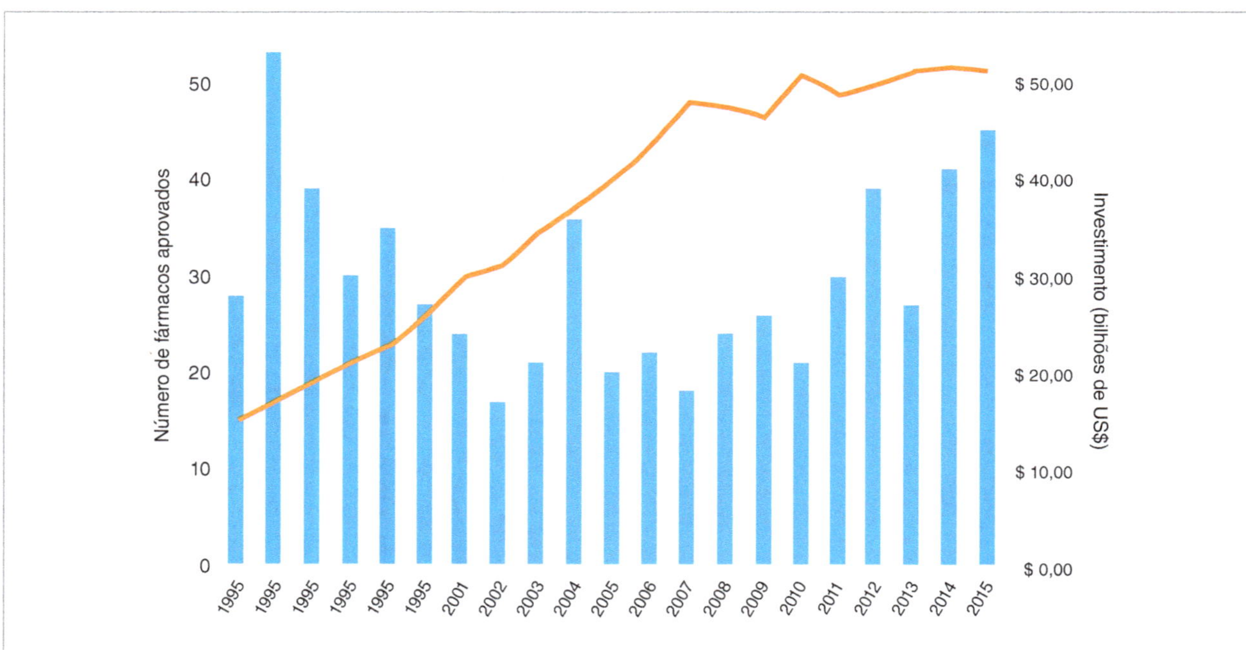

FIGURA 4 Investimento em desenvolvimento de fármacos pelas companhias membros da PhRMA em relação ao número de fármacos aprovados pelo FDA de 1995 a 2015.[14]

Fonte: adaptado de: DrugPatentWatch – Make Better Decisions. Business Intelligence on Biologic and Small Molecule Drugs.

também, do sucesso na busca por novos métodos e estratégias, como o emprego de fármacos multialvos,[9] que permitam superá-los.

É importante salientar que, não obstante o número expressivo de ferramentas disponíveis para a descoberta e o desenvolvimento de novos fármacos, a intuição química e a criatividade, por parte dos químicos medicinais, é cada vez mais essencial ao êxito na tarefa de descoberta de novos fármacos.[18] Esta provê as bases para as decisões em face da grande quantidade de dados, de moléculas, de parâmetros, de propriedades, para mencionar algumas informações, que necessitam de gerenciamento ágil e ordenado.

Vale ressaltar que a área de descoberta, planejamento e desenvolvimento de novos fármacos é eminentemente multidisciplinar, tendo à frente os químicos medicinais, cada vez mais essenciais ao sucesso no processo de inovação farmacêutica.[18]

DESCOBERTA, ENSAIOS PRÉ-CLÍNICOS, ENSAIOS CLÍNICOS E ASPECTOS REGULATÓRIOS

Fase de pesquisa básica/descoberta

As fontes de novas moléculas são, basicamente, as sintéticas, incluindo aqui a síntese tradicional e a combinatória;[19] aquelas naturais, provenientes de plantas, microrganismos e de organismos marinhos, esta última, a menos explorada. Produtos naturais como fontes de fármacos são discutidos em outro capítulo neste compêndio. Ressalte-se sua importância no contexto, considerando as várias estruturas básicas, do inglês *scaffolds*, que advêm da natureza.[20] Além dessas, há as fontes virtuais, que envolvem número substancial de processos compreendidos no CADD, do inglês *computer assisted drug design*,[21] e a triagem experimental de grandes coleções, bibliotecas de moléculas, como o HTS, do inglês *high-throughput screening*.[22]

A fase de descoberta, que corresponde à pesquisa básica, tem como objetivo a busca de novos *hits* nas fontes mencionadas e, em seguida, sua otimização aos ligantes do alvo terapêutico eleito quando as concentrações efetivas devem atingir a escala nanomolar (μM), representando estágio mais avançado e anterior aos *leads*, ou líderes, que, uma vez otimizados por meio dos ensaios pré-clínicos, em etapa translacional, passam aos ensaios clínicos, que correspondem ao desenvolvimento propriamente dito.[12]

Muitos dos cientistas laureados com o Prêmio Nobel de Medicina e Fisiologia ou Química tiveram esse reconhecimento científico consolidado pela descoberta de importantes fármacos, inovadores, em seu tempo, como o propranolol, cimetidina e aciclovir, por exemplo, que foram desenvolvidos em laboratórios de pesquisas industriais. Pode-se citar, nesse particular, Gertrude Ellion e George Hitchings, da Burroughs-Welcome, e James Black, da ICI, Prêmios Nobel de 1988. Após esse período, as premiações nessas mesmas áreas do conhecimento científico migraram para a academia, basicamente atribuídos a cientistas que atuavam nos estudos das bases fisiológicas das doenças. Edwin E. Krebs e Edmund H. Fischer, ganhadores do Prêmio Nobel de Medicina em 1985, foram reconhecidos por seus estudos em proteínas quinases. Esses resultados evidenciaram seu potencial terapêutico como alvos, viabilizando o desenho, o planejamento, a descoberta e o desenvolvimento de inibidores de tirosina-quinases, representados pelos "tinibes".

Hits são compostos com nível de atividade suficiente para prosseguir no processo de descoberta, geralmente na marca de corte de até 10 μM. *Leads* ou líderes são compostos com número de características atraentes, como atividade biológica/farmacológica desejável, comprovadas em modelos de doença *in vivo*, apesar de apresentar algumas características desejáveis.

Os *hits* podem ser selecionados a partir de diferentes métodos, entre eles a triagem virtual, ou *virtual screening*,[22] processo computacional, discutido em outro capítulo deste compêndio. A triagem pode levar em conta grupos farmacofóricos ou interação com os sítios de ligação de um alvo conhecido. Os compostos selecionados devem passar, obrigatoriamente, por testes experimentais de atividade biológica.

Outro processo utilizado para a descoberta de *hits* é o *high throughput screening*, ou HTS, que consiste em realizar a triagem experimental de bibliotecas de moléculas, normalmente de forma automatizada.[22] Ademais, os *hits* podem ser selecionados por meio de *fragment-based drug design*, FBDD,[23] método que se tem mostrado como tendência atual para seleção menos complexa do que o HTS, por usar bibliotecas menores de fragmentos de baixa massa molecular.

Ademais, existem os processos de planejamento com base na estrutura do alvo – SBDD, do inglês *structure-based drug design*,[24] ou na estrutura dos ligantes – LBDD, do inglês *ligand-based drug design*.[21] Ambos os métodos podem ser utilizados em triagem virtual,[2] dando origem ao SBVS – *structure-based virtual screening*, ou ao LBVS – *ligand-based virtual screening*.[21,25] Esses métodos estão descritos em capítulo específico neste compêndio.

Vale ressaltar a importância, para o planejamento racional de bibliotecas, das *estruturas privilegiadas*, definidas como estruturas moleculares, capazes de dar origem a ligantes, com potencial para interagir com vários receptores, uma vez submetidas a modificações moleculares adequadas.[26]

É interessante mencionar que a *inteligência artificial* (IA) tem sido cada vez mais aplicada na descoberta e no planejamento de novos fármacos, embora exista certo ceticismo a respeito de seu impacto na área.[27] Há cinco questões importantes que devem ser respondidas para que o emprego da IA seja bem-sucedido: 1. obtenção de dados adequados; 2. geração de novas hipóteses; 3. otimização de objetivos múltiplos; 4. redução de tempo e 5. mudar a cultura em pesquisa e a mentalidade. Apesar do interesse em sua aplicação, deve-se ter cautela, em decorrência da complexidade que caracteriza o processo de desenvolvimento de fármacos para a terapêutica. A *máquina de aprender* é um ramo da IA, que pode aprimorar a descoberta e as decisões, com base em dados de alta qualidade. É interessante que todas as fases de desenvolvimento de fármacos poderiam se beneficiar dessa ferramenta: a validação de alvos, a identificação de biomarcadores e a análise digital de dados da patologia em ensaios clínicos são alguns exemplos. Há, no entanto, algumas limitações que exigem atenção, como a deficiência na interpretação e reprodutibilidade dos resultados gerados. De toda forma, há potencialidade em diminuir o tempo da descoberta e desenvolvimento de novos fármacos, reduzindo, inclusive, as possibilidades de falhas no processo.

O *reposicionamento de fármacos*, embora se constitua em processo já antigo, vem ganhando interesse na presente década,[28] sobretudo em razão das altas taxas de insucesso, custos elevados e tempo alto no desenvolvimento de novos fármacos por processos tradicionais. Esse processo, que apresenta vários sinônimos, entre eles redescoberta, redirecionamento e reformulação de fármacos, consiste em encontrar novos usos fora do escopo da indicação médica original de fármacos existentes ou desenvolver novas indicações para fármacos novos ou mesmo de candidatos a novos fármacos. As novas indicações podem ser identificadas ao acaso, exemplo clássico da sildenafila, cujo emprego original em problemas cardiovasculares foi reposicionado para fármaco contra disfunção erétil.[6] Informações e plataformas analíticas também podem ser utilizadas como forma de identificação de oportunidade de reposicionamento. A bioinformática, a quimioinformática e a prospecção de grande coleção de dados podem ser empregadas como estratégia para tal processo.[29] As vantagens inerentes a esse método são: aprovação prévia do composto de partida; biodisponibilidade conhecida; perfil de segurança conhecido; rotas de formulação e de fabricação previamente conhecidas e farmacologia caracterizada. Essas vantagens respondem pela diminuição do risco do desenvolvimento, entrada mais rápida na fase clínica – não raro dependendo da classe de fármacos e dos estudos pré-clínicos, o fármaco/composto bioativo em análise pode entrar na fase clínica II, o que reduz o tempo de reintrodução do fármaco no mercado. Ademais, há a redução de custos:[29] o processo tradicional de desenvolvimento de um novo fármaco consome mais de 1 bilhão de dólares, e o reposicionamento, em média, 300 mil dólares. Há, no entanto, barreiras para a aplicação do processo, representadas, especialmente, pelas dificuldades possíveis no patenteamento para o segundo uso. Modelos de negócios alternativos em reposicionamento podem testar mais de uma aplicação na fase clínica III,[30] o que otimiza o processo. O emprego do reposicionamento é importante, sobretudo em determinadas classes terapêuticas que não despertam interesse significativo no desenvolvimento de novos fármacos, como é o caso das doenças negligenciadas. As doenças raras podem ser outro polo de exploração com vistas à aplicação desse processo.[6]

Após a descoberta, os *hits* passam por otimização em direção à obtenção dos *leads, ou líderes,* e esse tem sido o grande desafio no contexto de projetos de descoberta de novas moléculas.[2,3] Processos computacionais, como modelagem molecular, podem minimizar os problemas dessa otimização e permitir que se chegue a líderes com mais facilidade. Esse processo envolve modificações moleculares, discutida em capítulo específico, a fim de que os *hits* tenham aprimorada sua interação com os alvos, transformando-se, assim, em líderes. Os líderes que sobrevivem ao "vale da morte"[31] dão origem aos candidatos a fármacos, que prosseguem em sua jornada rumo aos ensaios clínicos e introdução na terapêutica como fármacos.

Fase pré-clínica/translacional

A fase pré-clínica/translacional consiste em série de etapas que, ao final, dão origem a candidatos a fármacos em direção à fase clínica.[32] A Figura 5 mostra as etapas básicas para a transformação dos líderes em compostos que podem prosseguir para a fase clínica. Ensaios de estabilidade metabólica, de permeabilidade, farmacocinéticos e de aprofundamento do estudo do metabolismo se complementam com ensaios de toxicidade, que corresponde a um fator decisivo na transformação desse líder em candidato a fármaco e, portanto, não se transformam em candidatos promissores a prosseguir para a fase clínica e, posteriormente, de registro.

Os ensaios constantes da fase pré-clínica, para a passagem do *hit* ao *líder*, assim como a otimização do líder e a identificação de candidato a fármaco, encontram-se na Figura 5. Trata-se de um modelo tradicional, em um programa típico de descoberta de fármacos.[32]

A passagem do *hit* ao *líder* envolve estudos *in vitro*, que permitem a melhor escolha, em termos de potência, características físico-químicas, como solubilidade, logD (pH 7,4), permeabilidade e estabilidade metabólica. Os primeiros estudos podem fornecer bases importantes para a estabilidade e a formulação mais adequada. Pode-se estabelecer, também, a correlação *in vitro/in vivo* para os estudos farmacocinéticos posteriores, na fase de *otimização do líder*. Se for possível o estabelecimento de relação estrutura-atividade com base no ADME/DMPK (Absorção, Distribuição, Metabolismo, Eliminação/Metabolismo e Farmacocinética), facilita-se essa fase. Nesta, conduzem-se os estudos de inibição da CYP, que podem ser efetuados ainda na fase inicial, de passagem do *hit* ao líder, com base na avaliação da interação fármaco-fármaco, fornecendo bases para a interpretação do potencial para a inibição *in vivo*.

O conhecimento do metabolismo pode ser efetuado em estágios iniciais, com o auxílio de *softwares* específicos, o que permite auxiliar na passagem para outras fases, uma vez que possibilita a decisão de como modificar estruturalmente a molécula com vistas ao aumento de sua estabilidade. Conhecer a toxicidade dos metabólitos também é importante. O teste de inibição do hERG[33] para a cardiotoxicidade se presta a identificar possíveis riscos de arritmia. Estes podem ser efetuados, inicialmente, *in vitro*, em condições BPL (boas práticas de laboratório), e, confirmadas, posteriormente, por estudos regulamentados por agências, como FDA, com base na medida de prolongamento do intervalo QT. A fase de *seleção de candidato a fármaco* compreende desde o estudo de dose-resposta (PK/PD) e do conhecimento do transporte e do efluxo, com interação na proteína G, até os estudos de segurança toxicológica, *in vivo*, como a toxicidade aguda, comumente efetuados em ratos e cães, sem BPL, identificando-se a dose que induz

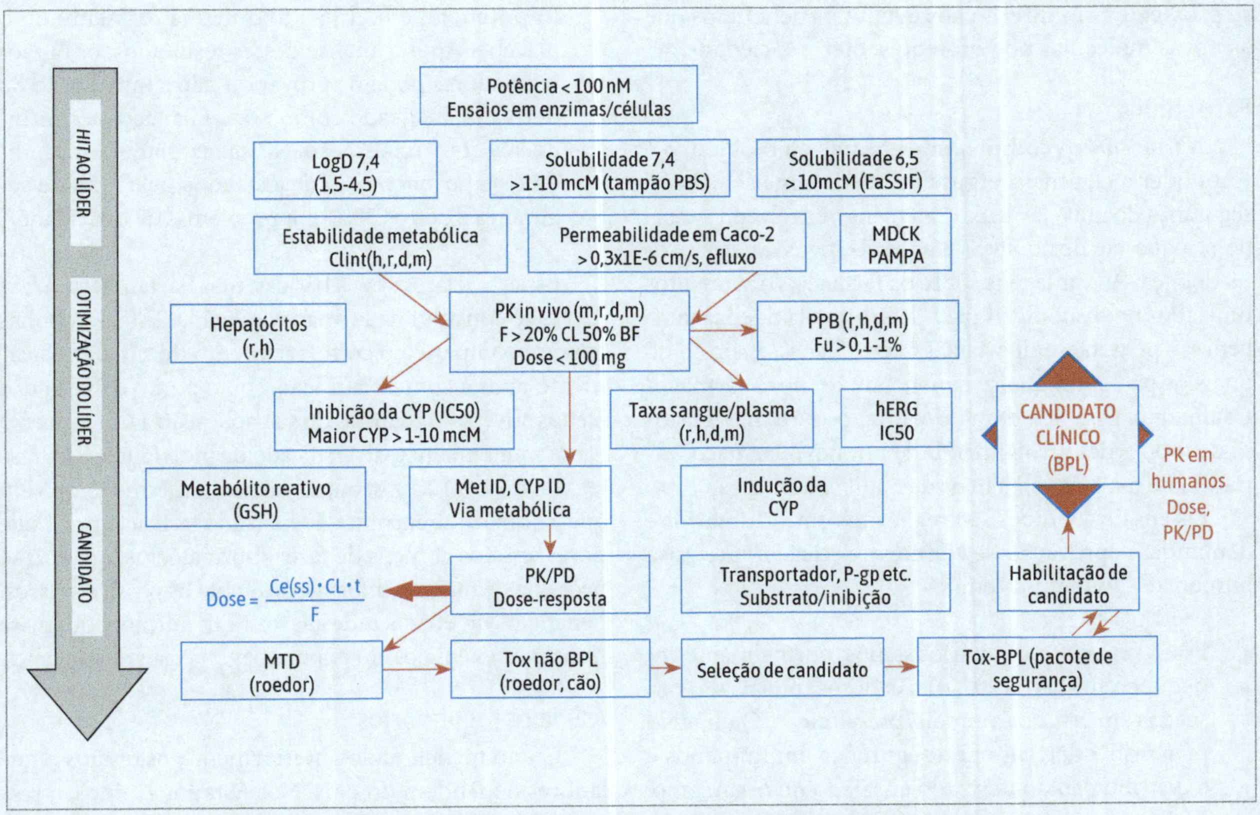

FIGURA 5 Fases pré-clínicas para a passagem de *hit* a líder, otimização de líder e candidatos a fármacos.[32]
Fonte: adaptado de Waring MW, Johnstone C. A quantitative assessment of hERG liability as a function of lipophilicity. Bioorg Med Chem Lett. 2007;17:1759-64.

os efeitos tóxicos mínimos, ou margem de segurança. As doses utilizadas nesses testes se baseiam na dose mínima eficaz e na dose máxima tolerada. Outros parâmetros são envolvidos e resultam em bases para a decisão de prosseguir ou não com BPL nos estudos de toxicidade e chegar à categoria de *novo fármaco em investigação*. Ao fim dessa fase, duas importantes questões devem ser feitas em relação à segurança para os humanos e a eficácia para os pacientes. Trata-se da *pesquisa translacional*, que, por essas questões, compreende a fase biomédica de todo o processo.[34] O termo surgiu pela primeira vez no *PubMed*, em 1993, mas se concretizou pela sua relevância e pela mudança de paradigma das primeiras etapas do processo de introdução de novos fármacos, estimulada pelo desenvolvimento da biologia molecular, a partir de 2000. A pesquisa translacional deve evidenciar que a molécula em estudo pode ser traduzida em tratamento para pessoas que apresentam determinada doença. Constitui-se, portanto, em um dos maiores desafios para se chegar à fase clínica. Nesse contexto, o "vale da morte" representa uma lacuna entre a fase de pesquisa/descoberta e os ensaios clínicos.[31,35,36] Atravessar essa barreira – em torno de 70% desses líderes sucumbem ao "vale da morte" – é o grande objetivo para se prosseguir em direção aos eventuais benefícios que as novas moléculas podem representar à sociedade.[36,37]

Fase clínica

A fase clínica compreende ensaios cujo objetivo é responder a algumas perguntas fundamentais[13] sobre a segurança do novo fármaco/tratamento, envolvendo, também, a questão de possíveis efeitos positivos ou negativos na doença. As vantagens sobre os fármacos/tratamentos utilizados ou disponíveis para determinada doença também são perguntas importantes a serem feitas, assim como quais os pacientes que se beneficiam do novo fármaco/tratamento. Essa fase dura de 6 a 7 anos e é a mais custosa de todo o desenvolvimento de um novo fármaco, variando de mais de mil a mais de 5 mil voluntários.

Os ensaios clínicos são realizados em voluntários e demandam aprovação de comitês de ética em pesquisa humana.[13] Dividem-se em:

- Fase 1: envolve voluntários sadios, normalmente em pequeno número (20-50). As doses iniciais são baseadas em estudos animais, pré-clínicos. O objetivo primário é determinar a segurança em humanos e a distribuição do derivado ensaiado no organismo. Efeitos adversos são monitorados com respeito à sua natureza e à respectiva gravidade. Os resultados são, então, submetidos a órgãos reguladores, que aprovam ou não a passagem para os testes da fase 2.
- Fase 2: envolve pacientes da doença sob análise, em número maior que o da primeira fase (100-500). Os objetivos dessa fase são determinar a dose e a efetividade do derivado/tratamento ensaiado. Em geral, compreendem grupos aos quais se administra o tratamento em investigação comparativamente a outro correntemente utilizado. Caso não haja outro tratamento, utiliza-se um grupo placebo. A permissão para a passagem à fase 3 depende da aprovação dos órgãos reguladores, que analisam se o tratamento em estudo é ou não melhor do que os grupos controles, sejam eles o fármaco utilizado correntemente ou o placebo, e, também, se este acelera a doença ou causa reações inesperadas.
- Fase 3: envolve pacientes voluntários em maior número (1.000-5.000) e tem o objetivo de analisar se o novo fármaco/tratamento é efetivo e seguro para uma ampla variedade de pessoas. Da mesma forma que no grupo 2, há grupos controle em que se administra outro fármaco/tratamento de uso corrente ou o placebo. Também nessa fase se avalia se há ou não aceleração da doença e se o novo tratamento potencial é melhor do que o já existente ou o placebo. Após a análise desses resultados, os órgãos reguladores podem aprovar ou não a introdução do derivado analisado como novo fármaco, permitindo sua comercialização. Nessa fase, 30% dos candidatos a fármacos são descartados pela falta de segurança e outros 30%, por problemas de toxicidade.[36]

Essas três fases são as básicas, mas há, também, a fase 4, que se constitui na farmacovigilância. Esta, em linhas gerais, acompanha o comportamento do novo medicamento após a comercialização, sob o ponto de vista dos efeitos adversos advindos de sua aplicação a um universo agora muito maior e diversificado de indivíduos. Essa fase leva de meio a 10 anos, ou, ao menos, o mesmo tempo em que o fármaco se encontra no mercado farmacêutico. Pode haver ensaios clínicos de fase 4 obrigatórios, quando se necessita de maiores informações sobre os possíveis riscos, benefícios ou efeitos indesejáveis. Em adição, podem-se realizar esses ensaios em populações especiais de pacientes.

Aspectos regulatórios

Como mencionado anteriormente, os órgãos reguladores dependem do país. Nos Estados Unidos, a responsabilidade é do FDA; na Europa, está a cargo da EMA, e, no Brasil, cabe à ANVISA[38] o registro de medicamentos para uso no país. Esses órgãos apresentam estrutura organizacional semelhante e harmonização técnica e regulatória, o que é importante, sobretudo do ponto de vista da internacionalização dos medicamentos e produtos. Vale mencionar que o conceito de medicamento é igual para os vários países, diferindo apenas quanto a políticas públicas de cada um deles.[39]

A ANVISA[38] foi criada pelo artigo 3º da Lei n. 9.782, de 1999, com a seguinte redação:

> Art. 3º Fica criada a Agência Nacional de Vigilância Sanitária – ANVISA, autarquia sob regime especial, vinculada ao Ministério da Saúde, com sede e foro no Distrito Federal, prazo de duração indeterminado e atuação em todo o território nacional.
>
> Parágrafo único. A natureza da autarquia especial conferida à Agência é caracterizada pela independência administrativa, estabilidade de seus dirigentes e autonomia financeira.

O campo de atuação da ANVISA[38] envolve todos os setores relacionados a produtos e serviços que podem afetar a saúde da população brasileira.[39] Compreende, assim, tanto a regulação sanitária quanto a econômica do mercado. Entre os vários produtos e bens submetidos ao controle da Agência estão os medicamentos de uso humano, suas substâncias ativas e demais insumos, processos e tecnologias. Os produtos veterinários não são abrangidos nas competências da ANVISA, ficando a cargo do MAPA (Ministério da Agricultura, Pecuária e Abastecimento).

O registro sanitário de um medicamento consiste na avaliação, pelo órgão regulador, de vários aspectos dos medicamentos,[39] como: químicos, clínicos, via de administração, forma farmacêutica, formulação, posologia, além da respectiva biodisponibilidade. A capacidade de produção da empresa também é levada em conta com respeito à comercialização. A Lei n. 6.360, de 1976, estabelece que todo produto submetido à vigilância sanitária só pode ser industrializado, comercializado ou consumido se for registrado pela agência competente, a partir de 1999, da ANVISA.[38]

A Biblioteca de Medicamentos, publicada pela ANVISA e atualizada em setembro de 2020,[40] reúne todas as normas vigentes acerca desse tema. As competências dessa Agência, na área de medicamentos, compreendem: registro, autorização de funcionamento e inspeção de laboratórios farmacêuticos e demais empresas da cadeia farmacêutica, análise de pedidos de patentes de produtos e processos farmacêuticos, além de regulação de preços, a cargo da Câmara de Regulação do Mercado de Medicamentos (CMED). Tanto os aspectos pré-clínicos quanto os clínicos são regulamentados no registro. Nestes, inclui-se a regulamentação dos registros e pós-registros de medicamentos sintéticos e semissintéticos novos (item 1.7 do Boletim). Estes envolvem, portanto, as pesquisas pré-clínicas e clínicas.

Ensaios pré-clínicos

Os ensaios pré-clínicos requeridos pela ANVISA[38] podem ser divididos em fase I, que compreende: ensaios de segurança farmacológica, do ponto de vista dos sistemas nervoso central, cardiovascular e respiratório; toxicidade aguda, envolvendo genotoxicidade inicial, toxicidade reprodutiva inicial, tolerância local e estudos farmacocinéticos; fases II e III, que abrangem estudos de genotoxicidade completa, toxicidade reprodutiva completa, em machos e fêmeas, toxicidade em doses repetidas (extensão) e extensão dos estudos farmacocinéticos. A fase III contempla os fármacos para uso crônico: toxicidade crônica (roedores e não roedores), carcinogenicidade e estudos adicionais específicos.

Ensaio clínicos

Os ensaios clínicos realizados no Brasil para fins regulatórios devem ter a anuência da ANVISA[38] previamente ao seu início, a não ser que se destinem ao estudo exclusivamente científico ou acadêmico. Nesses casos, há a necessidade de autorização dos comitês de ética.

O papel da ANVISA[38] nas pesquisas clínicas consiste, basicamente, em: regulamentá-las, com o objetivo de garantir a segurança e a validade dos dados, além das BPC, ou boas práticas clínicas, levando-se em conta as diretrizes internacionais; avaliar o protocolo e autorizar a realização dos estudos clínicos, fases I, II e III; avaliar a qualidade e a segurança do medicamento experimental e inspecionar os centros de pesquisa no que refere à aplicação das BPC nos estudos desenvolvidos.

A regulamentação, por meio das várias normas da ANVISA, encontra-se na Biblioteca de Medicamentos.[40]

REFERÊNCIAS BIBLIOGRÁFICAS

1. Patrick GL. An introduction to medicinal chemistry. 6.ed. Oxford: Oxford University Press; 2016.
2. Barreiro EJ, Fraga CAM. Química medicinal: bases moleculares da ação dos fármacos. 3.ed. Porto Alegre: Artmed; 2015.
3. Wermuth CG, Aldous D, Raboisson P, Rognan D (eds.). The practice of medicinal chemistry. 4.ed. Amsterdam: Academic Press; 2015.

4. Lemke TL, Williams DA, Roche VF, Zito, WS (eds.). Foye's principles of medicinal chemistry. 7.ed. Philadelphia: Lippincot Williams & Wilkins; 2013.
5. Sinha S, Vohora D. Drug discovery and development: an overview. In: Vohora D, Singh G. Pharmaceutical medicine and translational clinical research. Amsterdam: Academic Press; 2018. p. 19-32.
6. Sardana D, Zhu C, Zhang M, Gudivada RC, Yang L, Jegga AG. Drug repositioning for orphan diseases. Briefings in Bioinformatics. 2011;12:346-56.
7. IMS Institute for Healthcare Informatics. The global use of medicines, 2020. New Jersey: IMS; 2015.
8. Schenone M, Dancík V, Wagner BR, Clemons PA. Target identification and mechanism of action in chemistry biology and drug discovery. Nat Chem Biol. 2013;9:232-40.
9. Bolognesi ML, Cavalli A. Multitarget drug discovery and polypharmacology. Chem Med Chem. 2016;11:1190-2.
10. Zhang W, Bai Y, Wang Y, Xiao W. Polypharmacology in drug discovery: a review from systems pharmacology perspective. 2016;22:3171-81.
11. Tan Z, Chaudhai R, Zhang S. Polypharmacology in drug development: a minireview of current technologies. Chem Med Chem. 2016;11:1211-8.
12. Brightfocus. Disponível em: https://www.brightfocus.org/search/node.
13. Kiriri GK, Njogu PM, Mwang AN. Exploring different approaches to improve the success of drug discovery and development projects: a review. Fut J Pharm Sci. 2020;6:27.
14. DrugPatentWatch – Make Better Decisions. Business Intelligence on Biologic and Small Molecule Drugs.
15. Dahlin JL, Inglese J, Walters MA. Mitigating risk in academic preclinical drug discovery. Nat Rev Drug Discov. 2015;14:279-94.
16. (a) Schumacher A, Germann P-G, Trill H, Gassmann O. Models for open innovation in the pharmaceutical industry. Drug Disc Today. 2013;18:1133-7; Hunter J, Stephens S. Is open innovation the way forward for big pharma? Nature Rev Drug Discov. 2010;9:87-8. (b)Mullard A, 2019 FDA drug approvals. Nat Rev Drug Discov. 2020;19:79-84.
17. Hughes JP, Rees S, Kalindjian SB, Philpott, KL. Principles of early drug discovery. 2011;162:1239-49.
18. Pedreira JGB, Franco LS, Barreiro EJ. Chemical intuition in drug design and discovery. Curr Top Med Chem. 2019;19:1679-93.
19. Dolle BE. Comprehensive survey of combinatorial library synthesis: 2005. J Comb Chem. 2005;8:597-635.
20. Alves FRS, Barreiro EJ, Fraga CAM. From nature to drug discovery: the indole scaffold as a "privileged structure". Mini-Rev Med Chem. 2009;9:782-93.
21. Macalino SJY, Gosyu V, Hong S, Chou S. Role of computer-aided drug design in modern drug design. Arch Pharm Res. 2015;38:1686-701.
22. Ferreira RS, Oliva G, Andricopulo AD. Integração das técnicas de triagem virtual e triagem biológica automatizada em alta escala: oportunidades e desafios em P&D de fármacos. Quím Nova. 2011;34:1770-8.
23. Kirsch P, Hartman AM, Hirsch AKH, Empting M. Concepts and core principles of fragment-based drug design. Molecules. 2019;24:4309.
24. Ferreira LG, Dos Santos RN, Oliva G, Andricopulo AD. Molecular docking and structure-based drug design strategies. Molecules. 2015;20:13384-421.
25. Guido RVC, Oliva G, Andricopulo AD. Virtual screening and its integration with modern drug design technologies. Curr Med Chem. 2008;15:37-46.
26. Duarte CD, Barreiro EJ, Fraga CAM. Privileged structures: a useful concept for the rational design of new lead drug candidates. Mini-Rev Med Chem. 2007;7:1108-19.
27. Schneider P, Walters WP, Plowright AT, Sieroka N, Listgarten J, Goodnow Jr, RA, et al. Rethinking drug design in the artificial intelligence era. Nat Rev Drug Disc. 2019;19:353-64.
28. Pushpakom S, Iorio F, Eyers PA, Escott KJ, Hopper S, Wells A, et al. Drug repurposing: progress, challenges and recommendations. Nat Rev Drug Disc. 2019;18:42-53.
29. Bellera CL, Sbaraglini ML, Talevi A. Modern approaches for the discovery of anti-infectious drugs for the treatment of neglected diseases. Curr Top Med Chem. 2018;18:369-81.
30. Novac N. Challenges and opportunities of drug repositioning. Trends Pharmacol Sci. 2013;34:267-72; Aubé J. Drug repurposing and the medicinal chemist. ACS Med Chem Lett. 2012;3:442-4.
31. Butler D. Crossing the valley of death. Nature. 2008;453:840-2.
32. Wan H. What ADME tests should be conducted for preclinical studies? ADMET& DMPK. 2013;1:19-28.
33. Waring MW, Johnstone C. A quantitative assessment of hERG liability as a function of lipophilicity. Bioorg Med Chem Lett. 2007;17:1759-64.
34. Calza F, Ferretti M, Panetti E, Parmentola A. Moving drug discoveries beyond the valley of death: the role of innovation ecosystems. Eur J Innov Manag. 2020; Vol. ahead-of-print No. ahead-of-print. https://doi.org/10.1108/EJIM-11-2019-0342.
35. Coller BS, Califf RM. Traversing the valley of death: a guide to assessing prospects for tanslational success. Sci Trans Med. 2009;1:1-5.
36. Parrish M, Tan YJ, Grimes KV, Mochly-Rosen D. Surviving in the valley of death: opportunities and challenges in translating academic drug discoveries. Annu Rev Pharmacol Toxicol. 2019;59:405-21.
37. Kola I, Landis J. Can the pharmaceutical industry reduce attrition rates? Nat Rev Drug Discov. 2004:3:711-5.
38. ANVISA. Disponível em: https://www.anvisa.org.br.
39. Bellan N. Diretrizes para o processo de registro sanitário de medicamentos [dissertação]. São Paulo: Universidade de São Paulo – USP; 2013.
40. ANVISA. Biblioteca de Medicamentos, 2020. Brasília, DF: ANVISA, 2020.

CAPÍTULO 8

Produtos naturais e a descoberta de fármacos

Eliezer J. Barreiro

INTRODUÇÃO

A importância dos produtos naturais na terapêutica é reconhecida desde tempos imemoriais.[1-3] Desde sempre, o homem utilizou-se, principalmente, das plantas para buscar sua satisfação, prazer e cura de mal-estares. Aprendeu, paulatinamente, a servir-se desse quase infinito cardápio natural em diversidade molecular para aplacar suas dores, aguçar seus sabores e apurar seus odores. Há um enorme parentesco entre os produtos naturais e a Química farmacêutica medicinal, que se dedica a descobrir novos fármacos.[4]

O conhecimento das plantas com propriedades alucinógenas data dos índios amazônidas, que as empregavam em seus ritos pagãos para atrair as chuvas, em tempos de seca, por meio de danças rituais exaustivas (*e.g.*, mescalina; 1). Aprenderam a identificar outras plantas, com propriedades afrodisíacas, integrantes de poções utilizadas em festividades em prol dos deuses da fecundidade (*e.g.*, ioimbina, 2), além daquelas úteis para emprego na caça e pesca, devido a suas propriedades paralisantes como o curare, preparadas a partir de distintas espécies vegetais combinadas pela sabedoria empírica acumulada pelos pajés ao longo do tempo, como se fossem os pioneiros das formulações galênicas posteriores.[5]

De fato, o uso das plantas acompanha o homem desde milênios, e são inúmeras as obras que combinam a Química de Produtos Naturais ou a Fitoquímica/Farmacognosia com a Química Medicinal ou a Química Farmacêutica Medicinal.[3]

Neste capítulo serão exemplificados alguns dos mais relevantes componentes químicos naturais, com ênfase nos produtos naturais vegetais, mas ilustrando também uns marinhos e outros de espécies animais terrestres, de impacto na terapêutica.

O DECANO DOS PRODUTOS NATURAIS: DIGOXINA (3)

Apesar de apresentar reduzido índice terapêutico, os glicosídeos de Digitalis são empregados até hoje como medicamentos cardiotônicos. Podem ser considerados como "os decanos" dos produtos naturais de origem vegetal com aplicações terapêuticas.[6] Existem relatos que atribuem a William Whitering, célebre botânico inglês, a primeira menção às plantas do gênero Digitalis, em 1785.

Essa classe secular de produto natural, terapeuticamente útil, diferencia-se entre si pela natureza da subunidade lactônica α, β-insaturados em C-17, do esqueleto tetracíclico do sistema ciclopentanoperidrofenantreno (CP-PHF), com a função C-3 oxigenada e substituída por uma sequência de três açúcares, resultando na molécula do glicosídeo bioativo, cujo principal representante é a digoxina (3), isolada de *Digitalis lanata*, em 1930, que pode ser considerada o primeiro glicosídeo cardiotônico descrito por Johann Schmiedeberg (1838-1921). O mecanismo farmacológico de ação (MoA) somente foi descrito em 1965, no nível da enzima Na^+/K^+-ATPase. A digoxina (3) tem peculiaridades moleculares que merecem relato.[6] Possui o mesmo padrão tetracíclico dos hormônios esteroides, tendo sua aglicona o sistema CP-PHF com junções do tipo *cis* caracterizando um arranjo conformacional distinto da progesterona (4), um dos principais hormônios femininos com as junções do tipo A/B-*trans* e C/D-*trans*, o que introduz enorme diferença conformacional entre as duas classes de substâncias: os hormônios esteroides e os glicosídeos cardíacos. Também cabe menção ao fato de uma substância tão antiga como a digoxina (3) ainda ser frequente nas páginas recentes de periódicos científicos, com a descrição de novos efeitos biológicos, como bloquear o fator indutor de hipóxia-1[7] e atuar como antagonista de RORγt, fator de transcrição que regula a expressão de IL-17.[8]

TERPENOS

Inúmeras são as classes químicas dos produtos naturais, muitas vezes agrupadas de acordo com a natureza de suas vias biossintéticas.

Os terpenos, classe de maior diversidade estrutural, apresentando apenas C, H e O em suas moléculas quirais, têm inúmeros exemplos de substâncias bioativas. Na natureza se encontram diversos padrões moleculares oriundos da via do isopreno, contemplando mono-, di-, sesqui- e triterpenos, com 10, 15, 20 e 30 átomos de carbono, respectivamente, com variado padrão de oxigenação, geralmente orientados pela natureza da biossíntese do seu esqueleto, pela via do isopreno.

Podemos mencionar nessa classe de enorme diversidade molecular substâncias ativas tais como colforsina (5); *Coleus forskohlii* (Labiatae/Lamiaceae),[9] gincolido B (6)[10] e artemisinina (7),[11] empregadas como fármacos *per se* ou inspiradores de estruturas análogas com perfil farmacológico otimizado.

O primeiro exemplo que podemos destacar é representante da subclasse dos derivados sesquiterpênicos, especialmente a helenalina (8)[12] – responsabilizada pelos efeitos da arnica (e.g., *Arnica montana*), que compõe as alfametilenofamabutirolactona (a), derivados com propriedades anticâncer e anti-inflamatória. Essa classe de sesquiterpeno-lactonas naturais foi exaustivamente estudada por S. Morris Kupchan, da Universidade de Wisconsin, nos EUA, que atribuiu seu efeito anticâncer à natureza aceptora de Michael das insaturações conjugadas presentes na helenalina (8). A classe de sesquiterpeno-lactonas naturais, bioativas, é bastante comum em plantas do gênero das Compostas, muito difundidas no Brasil, e foi objeto de estudos fitoquímicos do Professor Benjamin Gilbert, no então denominado Núcleo de Pesquisas de Produtos Naturais (NPPN), da Universidade Federal do Rio de Janeiro, um de seus fundadores junto do Professor Walter B. Mors, nos idos dos anos 60 do século passado.

Mais recentemente, foram descritas para a helenalina (8) propriedades inibidoras de telomerase *in vitro*.[13]

A medicina tradicional chinesa desde há muito tempo tem contribuído para a descoberta de novos produtos naturais bioativos. Um exemplo clássico dessa importante contribuição pode ser ilustrado pelo isolamento de sesquiterpenos polioxigenados do extrato da árvore *Artemisia annua*, conhecida há vários séculos. Por volta do início dos anos 1970, no âmbito de um programa de pesquisas para identificação de substâncias antimalárica, Tu Youyou identificou a artemisinina (7),[14,15] um sesquiterpeno natural com padrão estrutural muito peculiar. Sua natureza estrutural despertou grande interesse na comunidade científica de químicos de produtos naturais, intrigados com a presença de funções orgânicas tidas como lábeis, e.g., endoperóxido cíclico, integrado e conjugado com subunidades cetálicas, além de uma lactona.[16] Verificou-se que algumas plantas de *Artemisia annua* produzem tanto quanto 1% de artemisinina, mas o rendimento normalmente é muito menor, da ordem de 0,05 a 0,2%.

A validação estrutural da artemisinina e sua possível atividade antimalárica mobilizaram diversos grupos de pesquisa no mundo, tendo sido ambas confirmadas por Daniel L. Klaymanm,[17] do Walter Reed Army Institute, EUA, que confirmou a estrutura química por dados inequívocos obtidos por técnicas de difração de raios x, vindo a ser essa substância natural de exótico padrão molecular o primeiro agente antimalárico desprovido de átomos de nitrogênio.

A preparação de inúmeros derivados da artemisinina por semissíntese evidenciou a natureza farmacofórica do sistema representado pelo anel 1,2,4-trioxânico (7a), contendo a função endoperóxido. Posteriormente, foi evidenciado que essa subunidade molecular gera espécies radicalares, por interações com heme, responsáveis pela ação plasmodicida.

Em 2011, Tu Youyou recebeu o prestigioso prêmio Lasker-DeBakey, nos EUA, pela descoberta e desenvolvimento da artemisinina. Em 2015, ela recebeu metade do prêmio Nobel de Fisiologia ou Medicina daquele ano, compartilhando a outra metade com William C. Campbell (Irlanda) e Satoshi Ōmura (Japão) pela descoberta da avermectina B1 (9),[14] um macrólido isolado de *Streptomyces sp.*, com potentes propriedades anti-helmínticas, de amplo espectro de ação, sendo recomendado, inclusive, para o combate ao *Schistosoma mansoni*.

A elucidação do MoA da artemisina (7) e o reconhecimento do grupamento farmacofórico como a

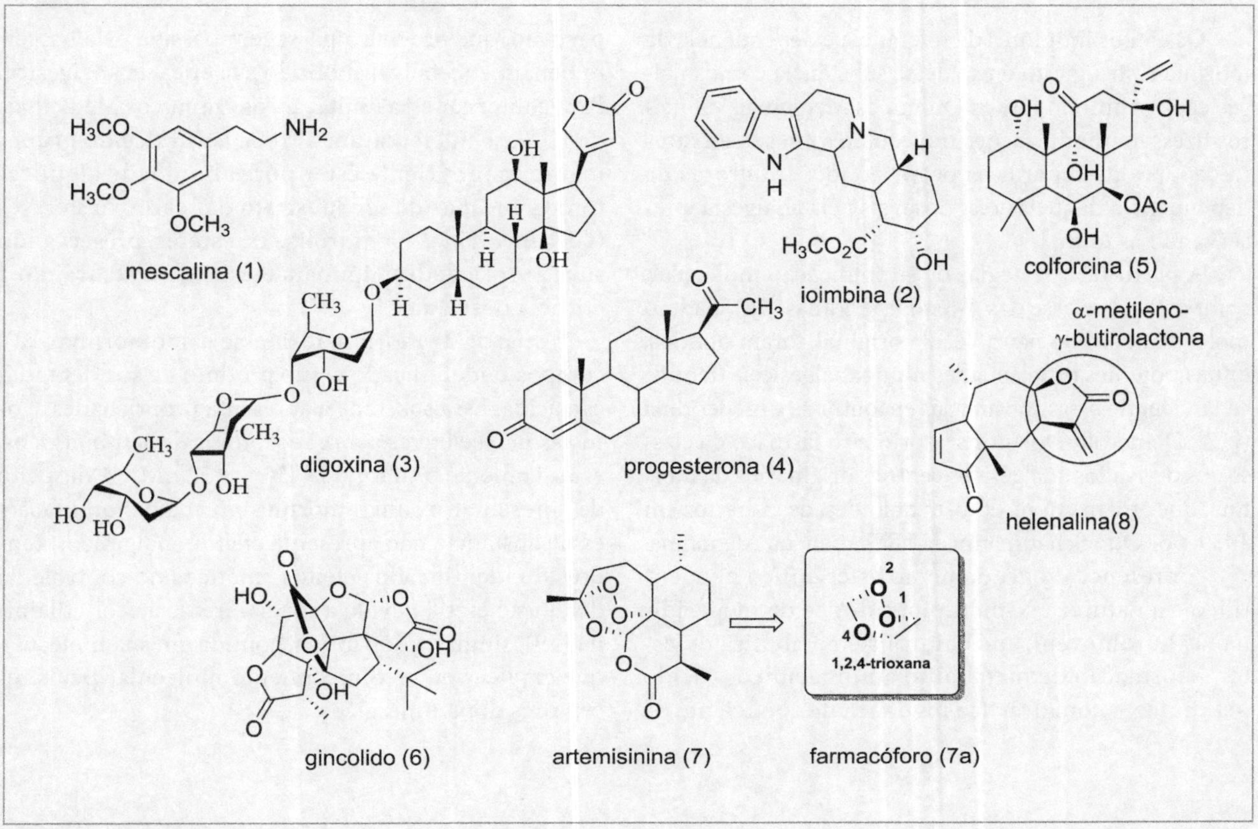

FIGURA 1 Estruturas 1 a 8.

subunidade 1,2,4-trioxana,[16] contendo um peróxido, tornaram possível compreender as propriedades antimaláricas no composto natural yingzhaosu A (10),[18] isolado de *Artabotrys hexapetalus* (Annonaceae), também da flora chinesa, dada a presença em sua estrutura de um anel endoperóxido, cíclico, mimetizando o farmacóforo 1,2,4-trioxânico de (7).

ALCALOIDES

Uma classe de produtos naturais de grande importância biológica é sem dúvida a dos alcaloides. Essa classe compreende os produtos naturais de caráter alcalino, propriedade que inspirou o nome da classe. Talvez seja a classe de produtos naturais mais relevante na inspiração de novos fármacos, muitos descobertos por transformações químicas utilizadas em processos de degradação química em sua elucidação estrutural, ou motivadas pela necessidade de otimizar propriedades biológicas relevantes, identificadas na substância original, como ilustraremos a seguir.[19]

Da morfina (11) às 4-fenilpiperidinas (16)

O primeiro a ser mencionado é a morfina (11), oriunda do ópio (*Papaver somniferum*), trazida em tempos idos ao Ocidente por Marco Polo. Relatos na literatura indicam que já havia menção às propriedades analgésicas de tinturas de ópio, desde Galeno. A natureza benzil-tetra-hidroquinolínica (12) dos precursores biossintéticos da morfina pode produzir, por meio de processos de acoplamento oxidativo de fenóis, inúmeros alcaloides estruturalmente aparentados presentes em *P. somniferum*, como a tebaína (13) e a codeína (14), substâncias com propriedades analgésicas inferiores à morfina (11). Esses alcaloides se diferenciam entre si pela presença ou não de grupamentos metila, guardando a similaridade molecular do sistema tetracíclico. A identificação de seu MoA, relativo a suas propriedades hipnoanalgésicas centrais, contribuiu para esclarecer a dependência química promovida pelo uso contínuo de alguns derivados mais lipofílicos, esterificados nas hidroxilas como a diacetil-morfina (*e.g.*, heroína 15).

Os efeitos indutores de tolerância e dependência da morfina restringiram o uso dessa substância como analgésico, permitindo que os Químicos Medicinais pioneiros fizessem modificações moleculares em sua estrutura capazes de separar as propriedades indutoras da dependência daquelas responsáveis pela analgesia, preservando as últimas.

A partir de estratégias de simplificação molecular, compostos da classe das 4-fenilpiperidinas (16), padrão molecular contido na molécula original, foram obtidos, e suas potentes propriedades hipnoanalgésicas identificadas. Dentre essas substâncias encontra-se a meperidina ([17], Demerol[R], Dolantina[R]), primeiro fármaco da classe dos derivados analgésicos centrais originários da morfina, que atuam em receptores opioides, descobertos em 1939, por Otto Schaumann, da IG Farben, na Alemanha.

A presença do grupamento éster etílico neopentílico e a natureza *N*-metilpiperidínica da meperidina (17) promovem, após hidrólise metabólica do éster, a formação de metabólito aminoacídico – ácido petidínico – com drástica mudança de coeficiente de partição, que previne a passagem passiva pela barreira hematoencefálica, abolindo sua eficácia analgésica. Para contornar essa limitação, os Químicos Medicinais da IG Farben efetuaram a troca isostérica do grupamento monovalente éster por subunidade alquilcetônica, incapaz de ser substrato das carboxiesterases (CE) envolvidas na hidrólise de ésteres, preservando suas propriedades hipnoanalgésicas e restaurando a eficácia desejada.

A partir da morfina forma-se a apomorfina (18), composto identificado como produto de sua degradação ácida. Essa substância apresenta propriedades agonistas não seletivas sobre receptores dopaminérgicos, especialmente o subtipo D_2 (IC_{50} = 52 nM). A despeito de apresentar o sufixo morfina em sua denominação, essa substância não apresenta efeitos analgésicos, tendo sido identificados efeitos eméticos no controle da disfunção erétil, devido a sua natureza catecol-etilamina (19), similar à dopamina, contida em sua molécula, que explica seu reconhecimento molecular pelos receptores dopaminérgicos.

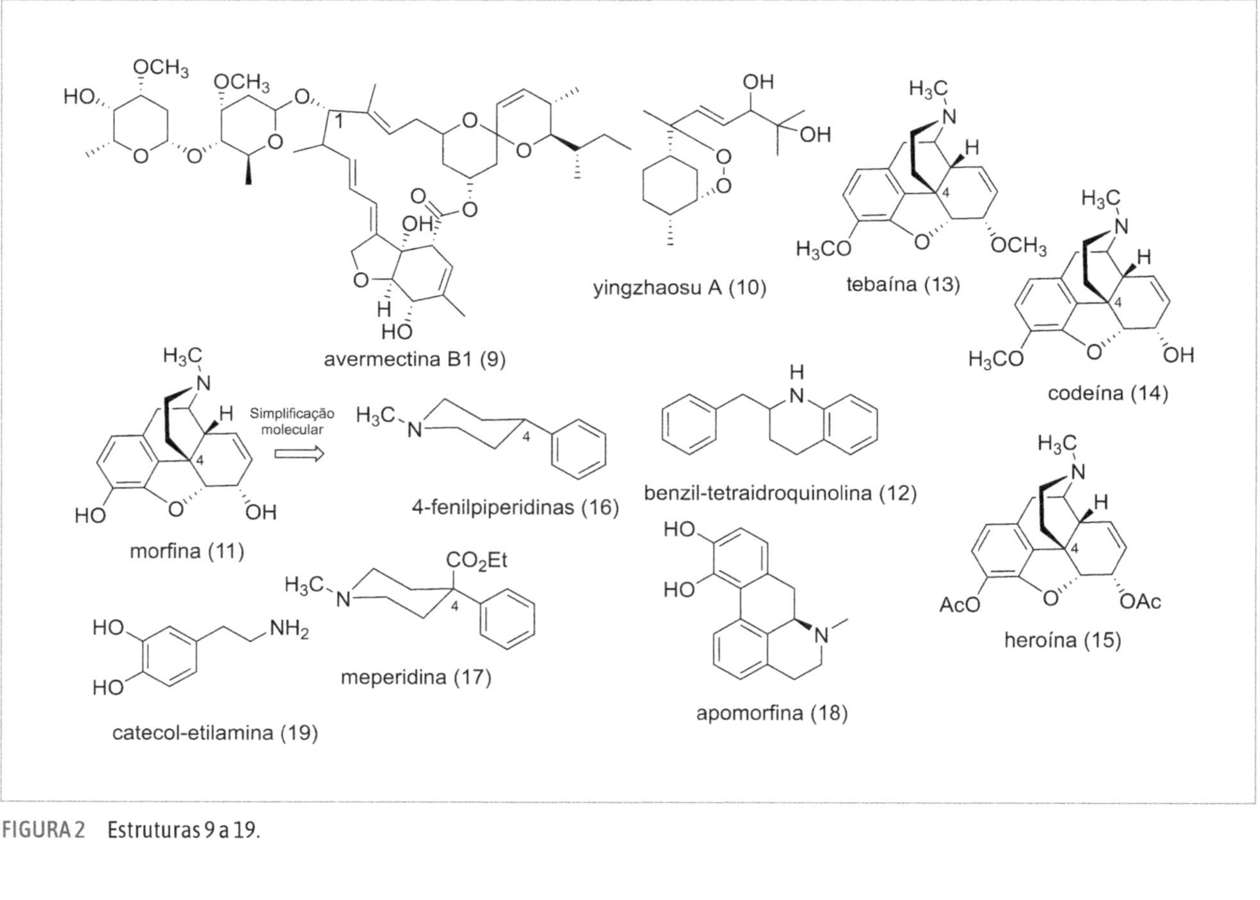

FIGURA 2 Estruturas 9 a 19.

Outros alcaloides vegetais

Muitos outros alcaloides, com propriedades biológicas importantes, originaram diversos fármacos, de distintas categorias terapêuticas, como a quinina (20), isolada de planta latino-americana (*Cinchona officinalis*) que originou uma série de fármacos antimaláricos[20] das classes 4-aminoquinolinícos (cloroquina, 21), 8-aminoquinolínicos (primaquina, 22), acridínicos (mepacrina, 23), e a mefloquina (24),[21] desenvolvida no Walter Reed Army Institute, EUA.

A flora brasileira forneceu a pilocarpina (25), alcaloide imidazólico, isolado do jaborandi (*Pilocarpus microphyllus*), que foi introduzida na terapêutica como fármaco antiglaucoma, devido a seus efeitos sobre receptores muscarínicos do subtipo 3 (M_3).

A papaverina (26), um alcaloide isoquinolínico que foi largamente empregado como vasodilatador cerebral, contribuiu para o conhecimento da fisiopatologia da disfunção erétil, que veio a resultar na descoberta do sildenafila (27; Viagra[R]).[22,23]

Esse fármaco, desenvolvido pela Pfizer em 1989, foi a primeira opção de tratamento da disfunção erétil (DE) administrado por via oral, motivo principal dessa inovação terapêutica que identificou a fosodiesterase-5 (PDE-5) como alvo terapêutico. Foi originalmente desenhado a partir da estrutura do zaprinast (28),[24] derivado triazolo-pirimidinônico, contendo o sistema *N*-heterocíclico similar ao padrão adenosínico típico do substrato da enzima. A PDE-5 é uma das 11 isoformas de PDE, específica para o monofosfato de 3',5'-guanosina (GMP), vindo da teofilina (29), 1,3-dimetilxantina natural com propriedades inibidoras de PDE. Os pesquisadores da Pfizer, na época, objetivavam identificar um fármaco para o tratamento da angina, modulando a ação da PDE-3. Ao longo dos estudos de fase clínica evidenciou-se o mecanismo pelo qual atuava o sildenafila (27), no nível da isoforma 5, sem efeitos significativos sobre aquela pretendida. Esse fármaco possui como núcleo central o sistema pirazolo-pirimidinônico, isóstero daquele do zaprinast (28), protótipo que o inspirou. Após sua validação terapêutica como eficaz inibidor seletivo de PDE-5, o sildenafila (27) inspirou outros fármacos *me-too,* sendo o vardenafila (30, Levitra[R]) o segundo inibidor de PDE-5 com indicação para a DE, descoberto pela GSK e pela Bayer, em 2005. A diferença estrutural entre esses dois inibidores seletivos de PDE-5 reside apenas na posição de um dos átomos de nitrogênio do sistema heterocíclico, representando um novo padrão isostérico do anel heterocíclico do sildenafila, além de apresentar um substituinte *N*-alquila, homólogo à metila presente no anel piperazínico de (27).

Um segundo fármaco *me-too* estruturalmente relacionado a 27 foi desenvolvido, em 2009, por uma em-

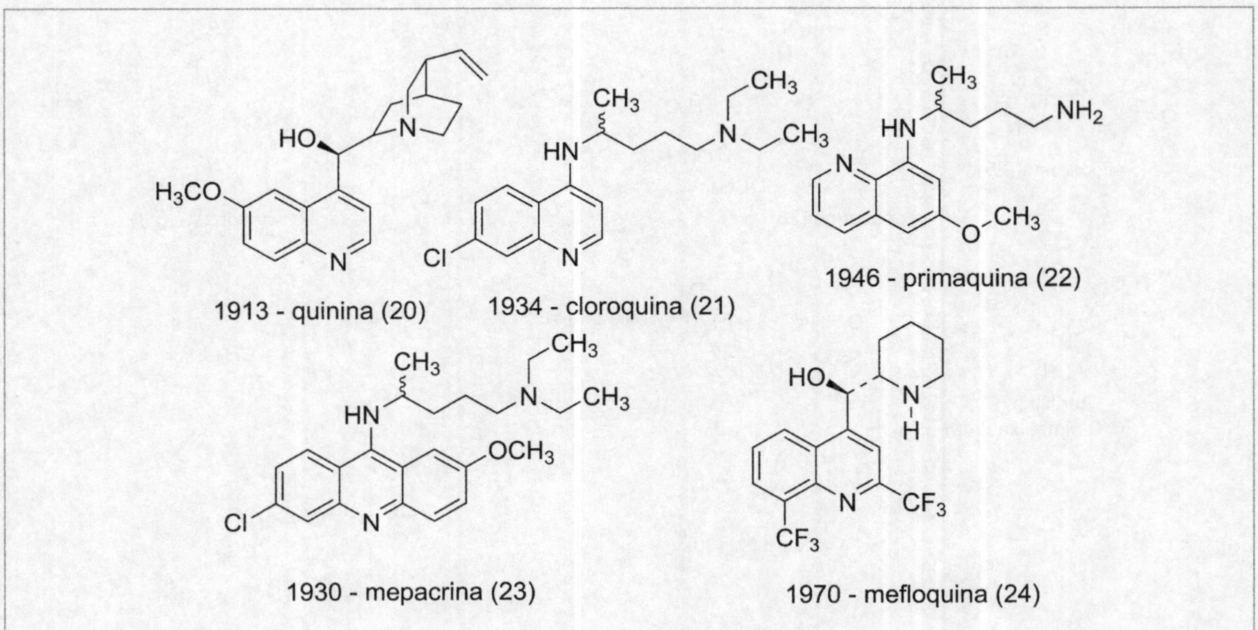

FIGURA 3 Estruturas 20 a 24.

presa farmacêutica sul-coreana (Dong-A Pharmaceutical), que o denominou udenafila (31).[25] Essa substância mantém o padrão heterocíclico tetranitrogenado, sendo um isômero posicional da insaturação presente no anel do sildenafila. Adicionalmente, a subunidade sulfonil-piperazina de 27 foi estruturalmente modificada pela abertura do anel piperazínico, preservando dois de seus átomos de carbono saturados e substituindo o metileno final por um anel *N*-metilpirrolidínico, para produzir a molécula do udenafila (31).

A sildenafila veio a ser reposicionada para o tratamento, também, da hipertensão arterial pulmonar (PAH),[26] logrando ter uma segunda indicação terapêutica relevante: pode ser útil como adjuvante no controle da doença pulmonar obstrutiva crônica (DPOC), segundo indicam estudos recentes.

Camptotecina (32)

Outro alcaloide de expressiva importância terapêutica é a camptotecina (32), derivado pentacíclico funcionalizado do grupo quinolínico, isolado de *Camptotheca acuminata* (Nyssacea), planta conhecida da medicina tradicional chinesa. Sua história data de 1960, quando dois pesquisadores do Research Triangle Institute (RTI) na Carolina do Norte, EUA, Monroe E. Wall e Mansukh C. Wani, desenvolvem um intenso projeto de pesquisas sobre plantas com princípios ativos quimioterápicos.[27] A equipe de pesquisa envolvida se dedicou à identificação, isolamento e caracterização de produtos naturais com propriedades anticâncer. Após acumularem centenas de extratos etanólicos ativos, foram premiados pela identificação da camptotecina (32; CPT), em 1963, a partir de 20 kg de material botânico. Em 1966, Wall, Wani e colaboradores publicaram sua estrutura, contendo um sistema quinolínico com uma subunidade alfa-hidroxigamalactônica (anel E), caracterizando uma biossíntese mista com iridoides. A forma lactônica mostrou-se lábil, em equilíbrio com a forma aberta (CPT, 32a), predominando em dependência do pH do meio, apresentando *ca.* 10% da atividade, em vários modelos farmacológicos.

Por volta de 1985, pesquisadores da Smith Klyne French (SKF), nos EUA, evidenciaram o MoA da CPT no nível do complexo enzimático envolvendo a topoisomerase-1, que atua no funcionamento do DNA celu-

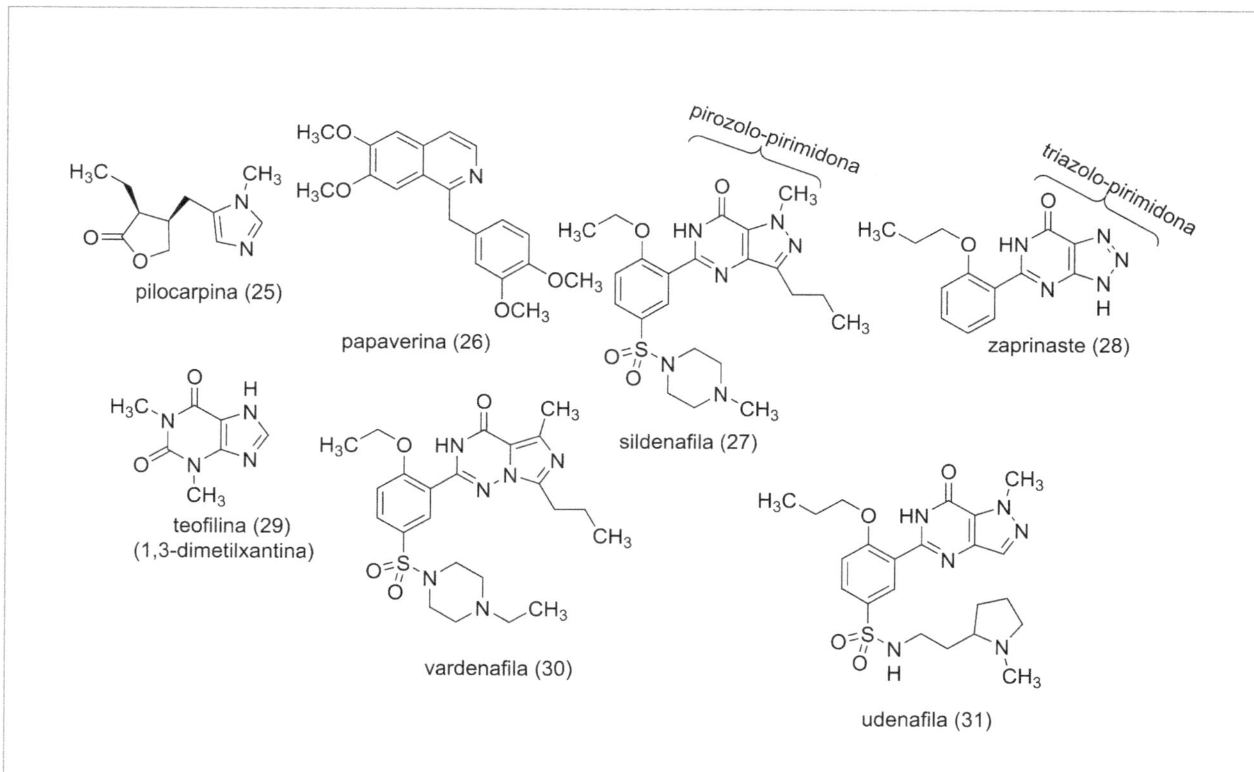

FIGURA 4 Estruturas 25 a 31.

lar, modulando a proliferação das células. Essa descoberta motivou novos grupos de pesquisas a desenvolver análogos modificados da CPT, capazes de apresentar melhor perfil farmacocinético. Em 1996, após aprovação pelo Food & Drug Administration (FDA) dos EUA, surgem os derivados topotecano (33; SmithKlyne Beecham)[28] e irinotecano (34; Pharmacia Upjohn),[29] ambos com melhor perfil farmacocinético e farmacodinâmico, produzindo metabólitos que preservam a função lactona e são bioativos, sendo que a natureza da função carbamato, presente em (34), produz, após ação de carboxiesterases (CE), o metabólito hidroxilado ativo, sendo um exemplo de pró-fármaco.

Inúmeros análogos da CPT são disponíveis no arsenal terapêutico, merecendo menção o lurtotecano (35; descontinuado em 2016),[29] o exatecano (36),[30] o cositecano (37) – derivado do 7-trimetilsililetil-CPT –, o gimatecano (38) – com uma função *O-tert*-butil-éter de oxima em C-7 do sistema da CPT –, o silatecano (39),[31] outro derivado sililado em C-7 do sistema CPT, que representa a terceira geração de tecanos, o difluomotecano (40)[32] e o elomotecano (41; BN-80927),[32,33] estes dois últimos sendo derivados homólogos do anel lactônico (E).

Muitos outros exemplos de alcaloides oriundos de plantas poderiam ser incluídos aqui.

FLORIZINAS (INIBIDORES DE SGLT2)

Cabe menção de destaque à contribuição dada à terapêutica por um *O*-glicosídeo natural, a florizina (42), que possui como aglicona uma di-hidrochalcona – denominada floretina (43). Isolada em 1834 por Geiger a partir das raízes da macieira, a florizina teve suas propriedades glicosúricas identificadas, e estudos subsequentes levaram à elucidação de seu MoA envolvendo a inibição de proteínas de transporte de glicose, especificamente o transportador de sódio-glicose-2 (SGLT2).

A partir da florizina, uma série de inibidores SGLT2 foi desenvolvida, a saber: dapagliflozina (44),[34] canagliflozina (45)[35] e empagliflozina (Boehringer Ingelheim e Eli Lilly & Company; 46),[36] entre outros. Esses fármacos são C-glicosídicos, inspirados na formação inesperada desse tipo de glicosídeo, quando se efetuaram reações de glicosilação da florizina.

A dapagliflozina (44; Forxiga[R])[34] foi desenvolvida em parceria pela BMS e AstraZeneca, tendo sido aprovada pelo FDA em 2010 e algum tempo depois para uso em associação com metformina para o tratamento do diabete tipo-2.

A canagliflozina (45)[35] foi desenvolvida originalmente no Japão pelo braço farmacêutico da Mitsubishi e lançada em 2013. A comparação das estruturas de 44 e 45 indica uma clássica relação bioisostérica de anel entre o anel fenila (B) de 44 e o tiofeno (B) em 45, enquanto o substituinte haleto do anel A de 44 foi modificado para um grupamento *orto*metila em 45, além da inclusão de um substituinte *para*fluorfenila em 45, no lugar do grupamento *para*etoxila de 44.

A empagliflozina (46)[36] foi lançada em 2014, sendo um fármaco *me-too* da dapaflozina (44) no qual a função etoxila em *para-* no anel B do sistema fenilbenzílico foi trocada por 3-oxitetraidrofurano, em um exemplo de troca bioisostérica de grupo *O*-alquila linear por *O*-cicloalquila oxigenado.

DIVERSIDADE MOLECULAR DOS PRODUTOS NATURAIS NÃO VEGETAIS

Diversos produtos naturais com importantes propriedades farmacológicas foram caracterizados em diversas espécies de fungos, nos quais se identificaram inúmeros agentes quimioterápicos, inclusive a penicilina-G, molécula pioneira do primeiro antibiótico da classe identificado em cepas de *Aspergillus sp.*

Antibióticos betalactâmicos

Os antibióticos, autênticos fármacos "salva-vidas", observaram um desenvolvimento ímpar desde a descoberta da penicilina-G (47), por *Sir* Alexander Fleming.

Graças a uma série de fatores fortuitos e à sagacidade de *Sir* Alexander Fleming, então diretor do Departamento de Inoculação do Hospital St. Mary em Paddington, Londres, a ação antibiótica da penicilina-G (47) foi reconhecida por volta de 1930. Sua descoberta ilustra a importância inegável do "acaso" na descoberta de fármacos, assim como registra a importância da serendipidade que caracterizou o achado de *Sir* Fleming.[37]

Em setembro de 1928, ao retornar de férias, Fleming recebia um visitante em seu laboratório quando observou algumas placas de cultura esquecidas sobre sua bancada. Essas placas apresentavam-se contaminadas, com reduzido crescimento de colônias de estafilococus que haviam sido semeados no início do verão.

A observação da inibição do crescimento dessas cepas e o reconhecimento da presença de metabólitos do fungo *Penicillum notatum* com propriedades antibacterianas conduziram Fleming a descrever, em uma publicação datada de 1932, as propriedades antibacte-

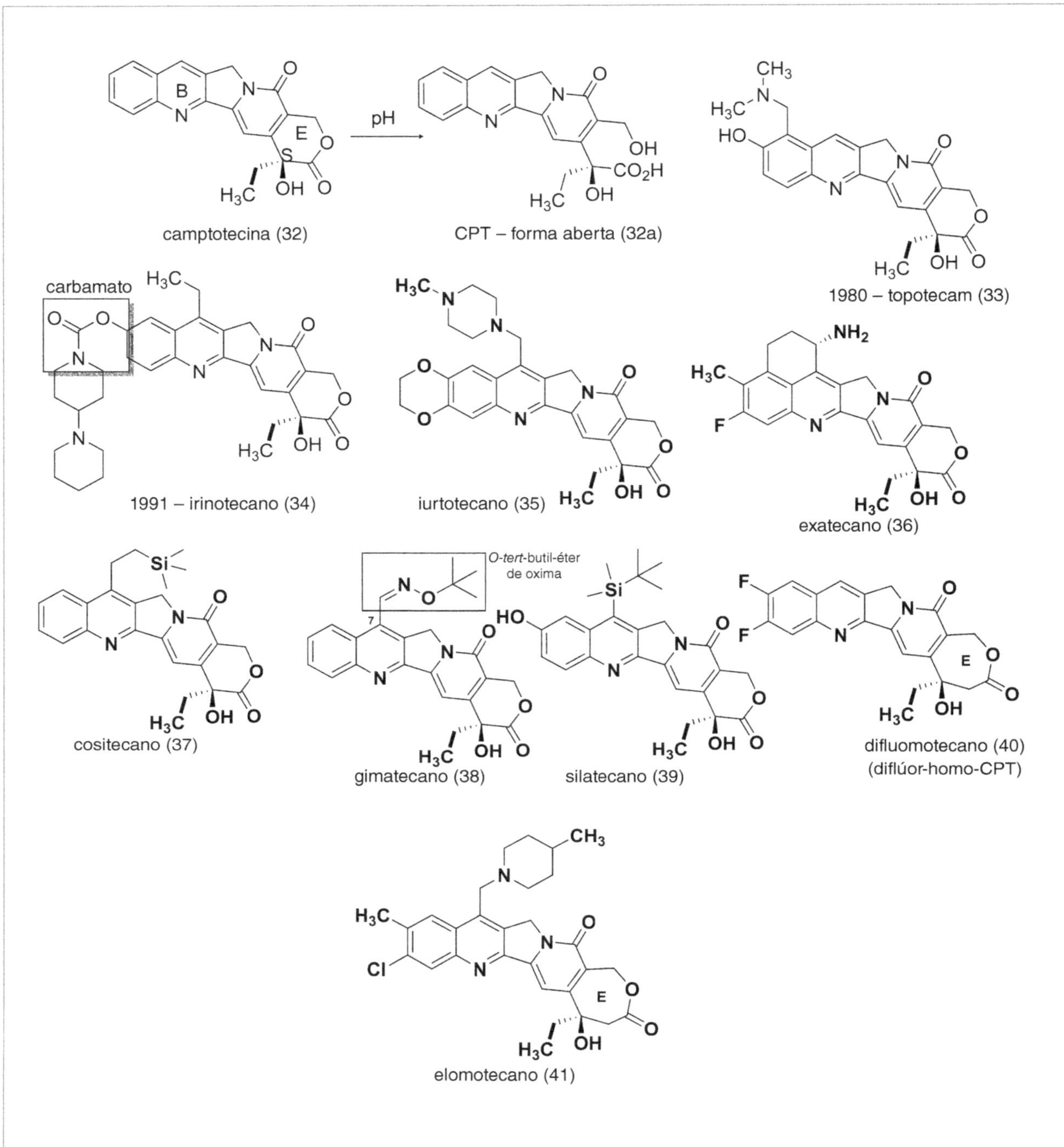

FIGURA 5 Estruturas 32 a 41.

rianas de metabólitos desse fungo que lograram a identificação da penicilina-G. Em meados de 1940, o processo de isolamento da penicilina foi finalmente desenvolvido por *Sir* Ernst Chain e Lord Howard Florey, em Oxford, estimulados pela então recente descoberta do prontosil (48), derivado sintético com propriedades antibacterianas, precursor das sulfonamidas (*e.g.*, sulfatiazola, 49). Em 1936, foi isolada a penicilina-G e comprovadas, em animais de laboratório, suas propriedades antimicrobianas, por injeção endovenosa, em ratos.[37]

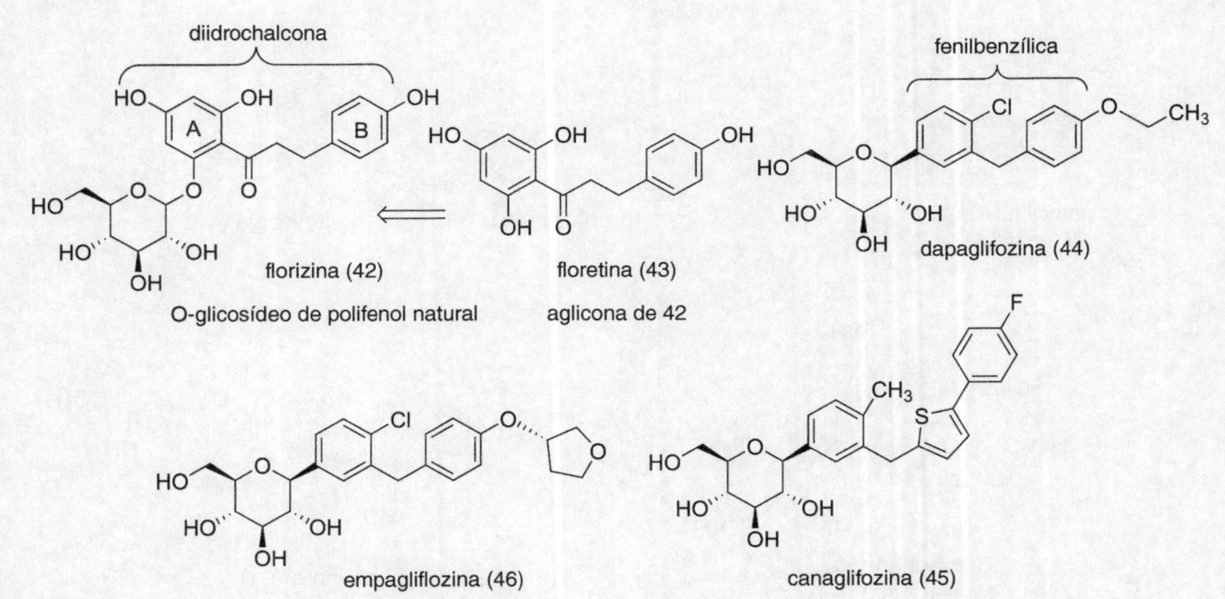

FIGURA 6 Estruturas 42 a 46.

A descoberta da penicilina iniciou a "época de ouro" da química de produtos naturais, que observou seu ápice nos idos dos anos 50 do século passado.

Inúmeras modificações estruturais foram introduzidas no esqueleto betalactâmico, modulando suas propriedades físico-químicas e viabilizando seu emprego por via oral, tendo sido preparados por hemissíntese ou síntese total centenas de milhares de derivados betalactâmicos, exemplificados pela estrutura do aztreonam (50, Azactam^{R}),[38] derivado introduzido em 2006, representando a classe dos monobactâmicos, quando o anel betalactama não se encontra condensado com nenhum outro núcleo (*e.g.*, nocardicina A, 51),[39] descoberta em 1986, nos laboratórios Squibb. A simples inspeção de sua estrutura (51) evidencia a diferença molecular daquela das penicilinas originais (*e.g.*, 47).

Alcaloide analgésico de origem animal epibatidina (52)

Outro alcaloide com potentes propriedades analgésicas que suplantam a morfina é a epibatidina (52), apresentando um anel nortropano, isolado por John W. Daly, da Universidade de Maryland, EUA, das glândulas produtoras do veneno do sapo equatoriano *Epipedobates tricolor*, em 1974.[40,41] A epibatidina (52) teve sua estrutura elucidada apenas em 1992, devido a sua ínfima ocorrência natural e também pela presença de peculiaridades em sua estrutura que dificultaram sobremaneira essa tarefa. Foi o primeiro alcaloide a apresentar uma subunidade 6-cloropiridina em sua estrutura, conectado ao sistema 7-aza-biciclo[2.2.1]heptano. Essa substância contém, nesse sistema bicíclico, um anel pirrolidínico internalizado, como aquele da estrutura da nicotina (53), o que permitiu aos químicos medicinais do grupo de Daly identificar a *similaridade molecular* entre as substâncias, sugerindo que os receptores nicotínicos da acetil-colina (*n*-AChR) seriam o alvo responsável pelos potentes efeitos analgésicos de 52, *ca.* 200 vezes maiores que a morfina, padrão de referência que atua por outro MoA. A impossibilidade de selecionar os receptores de *n*-AChR não permitiu o emprego de 52 na terapêutica, mas inspirou diversos grupos de pesquisas no desenho de análogos capazes de controlar a dor neuropática, atuando por esse novo MoA. Os esforços de pesquisa dos laboratórios Abbott levaram à substância sintética tebaniclína (54, ABT-594),[42] agonista de n-AChR, ligando-se à subunidade alfa-4-beta-2. Essa substância analgésica foi desenhada a partir da epibatidina (52) pela ruptura da ligação C-C (a, 52), e pela troca isostérica clássica de um metileno (-CH_2-) restante por um oxigênio, além da homologação inferior do

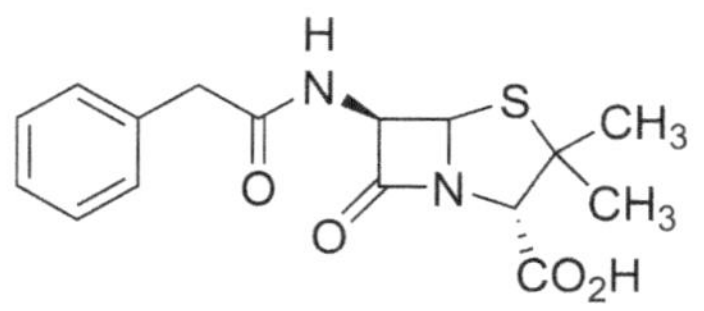

penicilina-G (47)

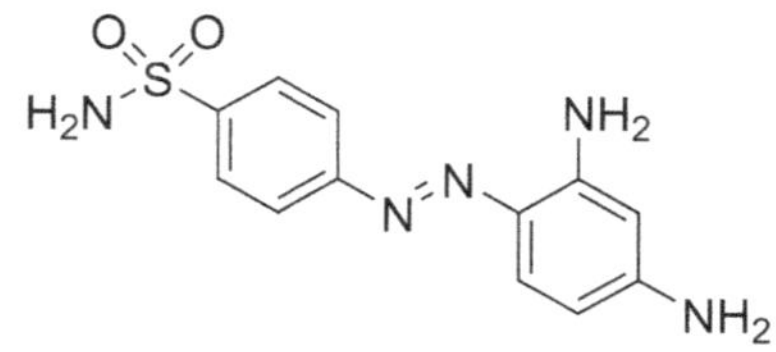

prontosil (48)

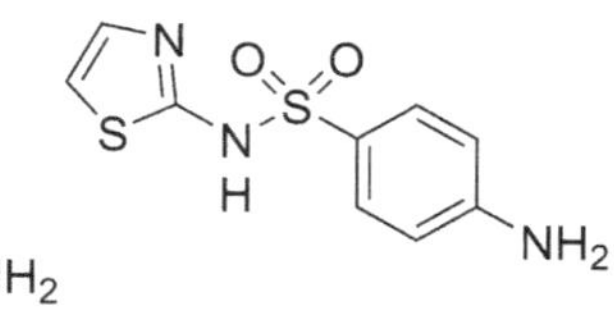

sulfatiazola (49)

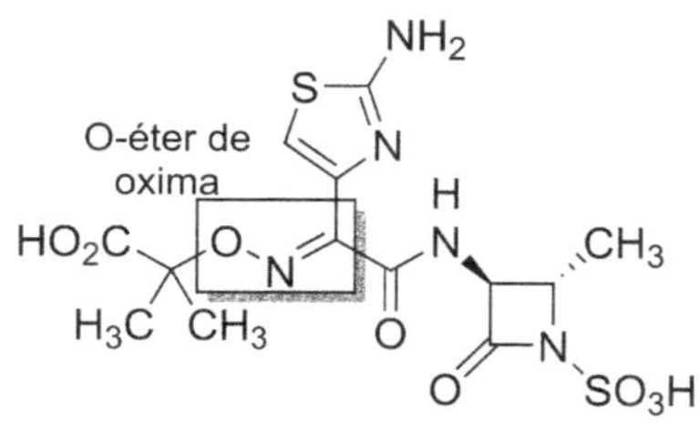

aztreonan (50)

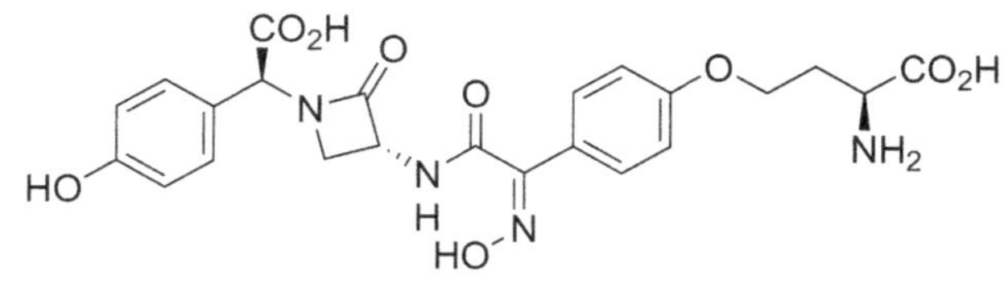

nocardicina A (51)

FIGURA 7 Estruturas 47 a 51.

anel pirrolidínico (ciclo-C5) para azetidínico (ciclo-C4). A substância resultante, ABT-594 (54), foi posteriormente descartada pela Abbott, em fase 2 de ensaios clínicos, devido aos severos efeitos gastroirritantes que foram identificados.

Epotilonas

As epotilonas A (55) e B (56) foram isoladas de caldos fermentativos da micobactéria *Sorangium cellulosum*, em 1996, por Gerth, Reichenbach e Höfle,[44] do Gesellschaft Biotecnologishe Forschung (GBF), na Alemanha, e tiveram suas estruturas elucidadas por métodos de cristalografia de raios x. Quando bioensaiadas, por pesquisadores da Merck[45] ou do NCI,[46] constataram-se suas propriedades estabilizantes dos microtúbulos em testes de inibição do crescimento celular, semelhantes àquelas identificadas no paclitaxel (58, Taxol[R]),[27] este isolado de plantas (*i.e.*, *Taxus brevifolia*).

As epotilonas são representantes dos macrolidos de 16 membros, que se diferenciam entre si pela presença em 56 de um único substituinte metila no anel macrocíclico, ao pé do epóxido, ausente em 55. Outras variações estruturais foram identificadas nessa classe de macrólidos e se referem ao grau de oxidação da metila ligada ao sistema tiazólico, que em alguns representantes ocorre sob a forma de hidroximetileno.[47]

Essa classe de produtos naturais ilustra a importância da Química Medicinal no planejamento racional de modificações moleculares capazes de modular grupos funcionais vulneráveis à biofase, permitindo a obtenção de análogos viáveis para o uso terapêutico. A ixabepilona (59, BMS 247550, Ixempra[R]) é um fármaco semissintético dessa classe de macrólidos, lançado em 2007, como o primeiro dessa classe de produtos naturais. Esse fármaco (58) foi inventado pelos químicos medicinais dos laboratórios da Bristol Meyers Squiib (BMS) e se originou na epotilona B (56), pela troca bioisostérica da função éster da macrociclolactona de 56 por uma amida, levando ao novo sistema macrociclolactâmico de 16 membros, resistente às esterases. Embora o produto natural 56 tenha sido bastante potente em bioensaios *in vitro*, inclusive atuando em linhagens celulares resistentes aos taxanos, apresentou apenas modesta atividade *in vivo*, devido a sua labilidade metabólica. A substituição da função éster da epotilona B (56) pelo grupamento amida na ixabepilona (59) permitiu a atividade anticâncer em mais de vinte linhas de células cancerosas com IC_{50} = 1,4-34,5 nM, constituindo-se em um fármaco indicado para o tratamento de câncer de mama.[48]

Vários análogos sintéticos da epotilona-B, estruturalmente modificados, foram descritos, evidenciando o caráter farmacofórico da função epóxido na subunidade de origem biossintética policetídea, já indicado pela baixa

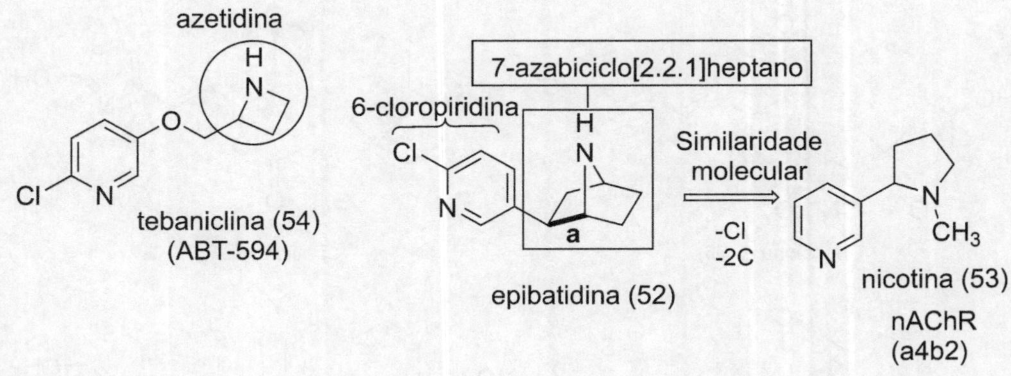

FIGURA 8 Estruturas 52 a 54.

atividade da epotilona C (57), na qual essa função é substituída por uma insaturação. Trabalhos conduzidos nos laboratórios de Karl-Heinz Altmann, do Swiss Federal Institute of Technology (ETH), em Zurique, Suíça, evidenciaram que a substituição da subunidade metiltiadiazólica-insaturada, que introduz um caráter alílico na função lactona, exacerbando sua reatividade metabólica, por um grupo dimetil-benzoimidazólico, assegura um perfil de atividade anticâncer semelhante ao da epotilona-B, mesmo sem a presença do grupo metila em C-12, e contendo o anel lactônico, agora estável metabolicamente.[49]

PRODUTOS NATURAIS DE ORIGEM MARINHA

Os produtos naturais marinhos têm enorme diversidade química e complementam praticamente todas as classes tratadas até aqui.[50] Os corais *Plexaura homomalla*, abundantes no mar do Caribe, forneceram importantes quantidades de prostaglandinas A_2 (PGA_2) (60),[51] que se tornaram matéria-prima para a hemissíntese de PGE_2 (61) e de $PGF_{2\text{-alfa}}$ (62), consideradas as PG primárias de maior importância fisiológica em mamíferos. Graças a essa fonte natural abundante, estudos hemissintéticos viabilizaram a obtenção de quantidades suficientes de PG primárias, necessárias aos estudos farmacológicos que evidenciaram as importantes propriedades fisiológicas desses potentes mediadores celulares. Os estudos estimularam a obtenção de análogos modificados de interesse terapêutico como o misoprostol (63; Citotec^R^),[52] fármaco empregado no tratamento da úlcera gástrica, e o gemeprost (64), derivado prostanoidal estruturalmente relacionado à PGE_1 (65) com propriedades abortivas.

A zidovudina (AZT, 66), importante recurso quimioterápico pioneiro no combate ao vírus da síndrome da imunodeficiência adquirida (do inglês HIV), foi descoberta a partir das propriedades identificadas em nucleosídeos naturais, também isolados de algas marinhas.

Os laboratórios Welcome, na Inglaterra, desenvolviam, na época da síntese do AZT, programa de pesquisas para avaliação das propriedades antivirais de nucleosídeos naturais de fontes marinhas e derivados modificados, visando, particularmente, ao herpes vírus. O AZT (66) foi obtido em 1964 e bioensaiado, mas não se mostrou eficaz contra esse tipo de vírus. Com a descoberta do HIV, tempos depois, essa substância foi reavaliada e manifestou atividade no nível da enzima transcriptase-reversa (TR) viral, tornando-se um dos primeiros recursos quimioterápicos contra esse tipo de retrovírus.

O mais espetacular exemplo de complexidade molecular em um produto natural não proteico é a palitoxina (67), isolada de corais *Palythoa tuberculosa*. Essa substância natural tem fórmula molecular $C_{129}H_{223}N_3O_{54}$, com peso molecular de 2.680 unidades de massa atômica, nada menos do que 40 hidroxilas e 64 centros assimétricos, além de 8 insaturações em sua estrutura. Em concentrações picomolares, a palitoxina é capaz de modificar significativamente a permeabilidade de cátions na membrana celular, atuando, aparentemente, no nível de uma ATPase de membrana, inibindo a bomba de Na+/K+.

Considerando as concentrações molares tóxicas de 67, pode-se eleger essa substância natural como uma das mais bioativas conhecidas. A despeito de sua complexidade estrutural, a palitoxina teve sua síntese total descrita por Yoshito Kishi et al.,[53] da Universidade de Harvard, EUA, em 1989.

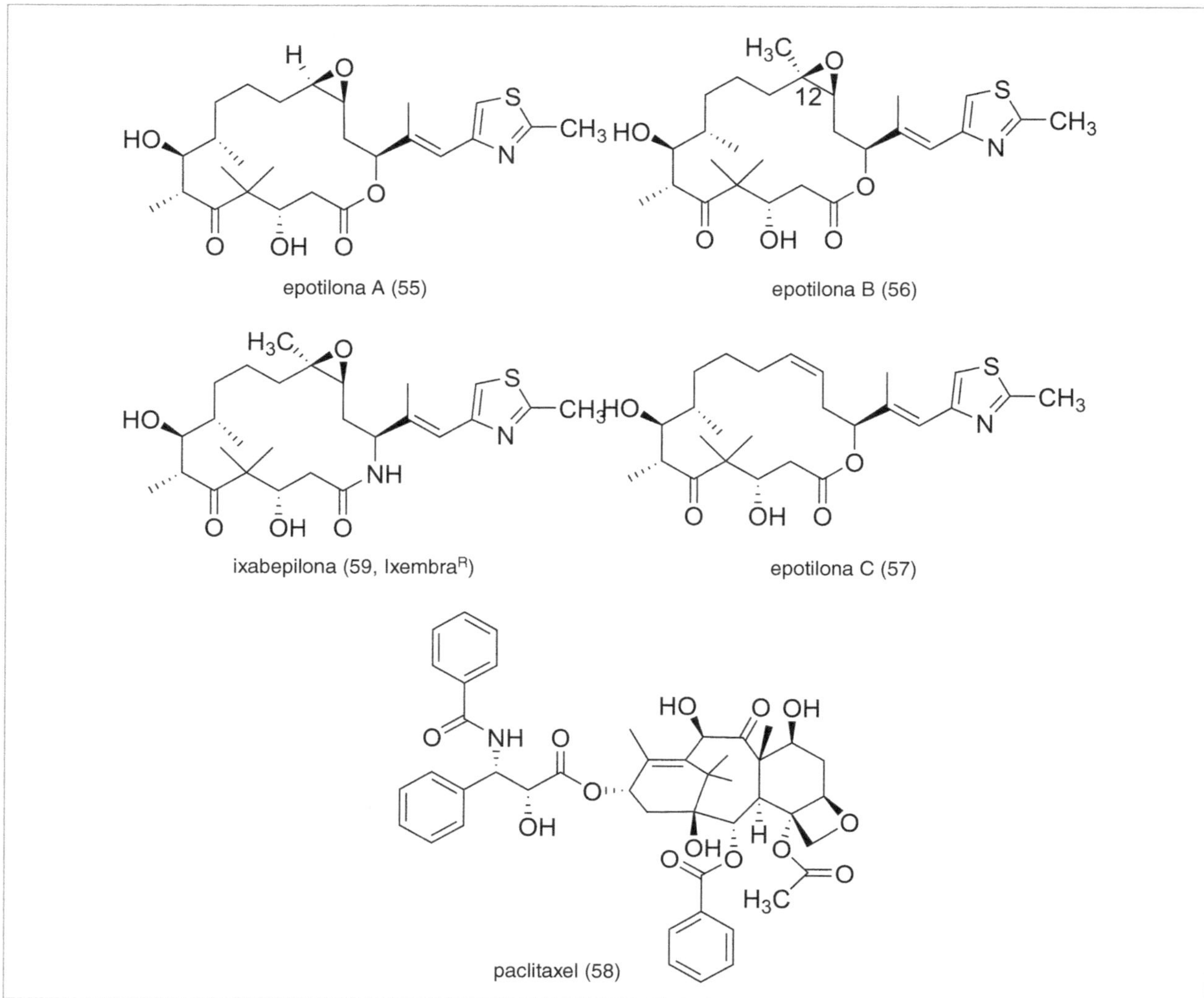

FIGURA 9 Estruturas 57 a 59.

DO BOLOR ÀS ESTATINAS

A importância dos produtos naturais como bióforos para a descoberta de fármacos inovadores pode ser comprovada nos agentes antilipêmicos, denominados estatinas.

A relação patogênica entre o índice de colesterol sanguíneo e o risco de acidentes coronarianos está bem estabelecida, sendo terapeuticamente útil o emprego de inibidores da biossíntese de colesterol para esse tratamento. A biossíntese do colesterol (68) é um processo complexo que envolve aproximadamente 26 etapas e pode ser interrompido pela inibição da hidroximetilglutaril Co-A redutase (HMGCo-AR). Essa enzima biocatalisa a redução do substrato em mevalonato, envolvendo o NADPH. Sua inibição não leva a efeitos tóxicos decorrentes de acúmulo de seu substrato, em contraste com a inibição da biossíntese do colesterol em estágios mais avançados em que efeitos nocivos decorrem do acúmulo do intermediário, e.g., desmosterol (69).

Durante um programa de *screening* de produtos naturais originários de fungos, como potenciais inibidores da biossíntese de esteroides, pesquisadores japoneses da empresa Sankyo Company, em Tóquio, Japão, liderados por Akira Endo, identificaram e isolaram de *Penicillum citrinum*, em 1973, um potente inibidor de HMGCo-AR, de natureza terpênica, denominado mevastatina (70; também denominado compactina, ML-236B).[54] Esses resultados incentivaram mais estudos na empresa japonesa, e, em 1980, foi identificada a pravastatina (71), metabólito de (70), apresentando uma beta-hidroxila em C-3 do sistema decalínico, diênico,

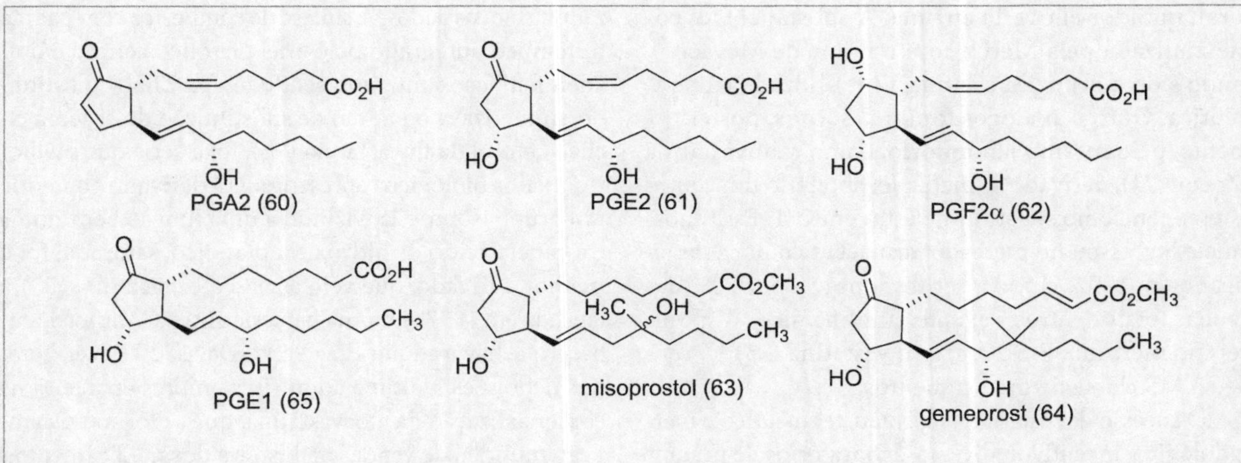

FIGURA 10 Estruturas 60 a 65.

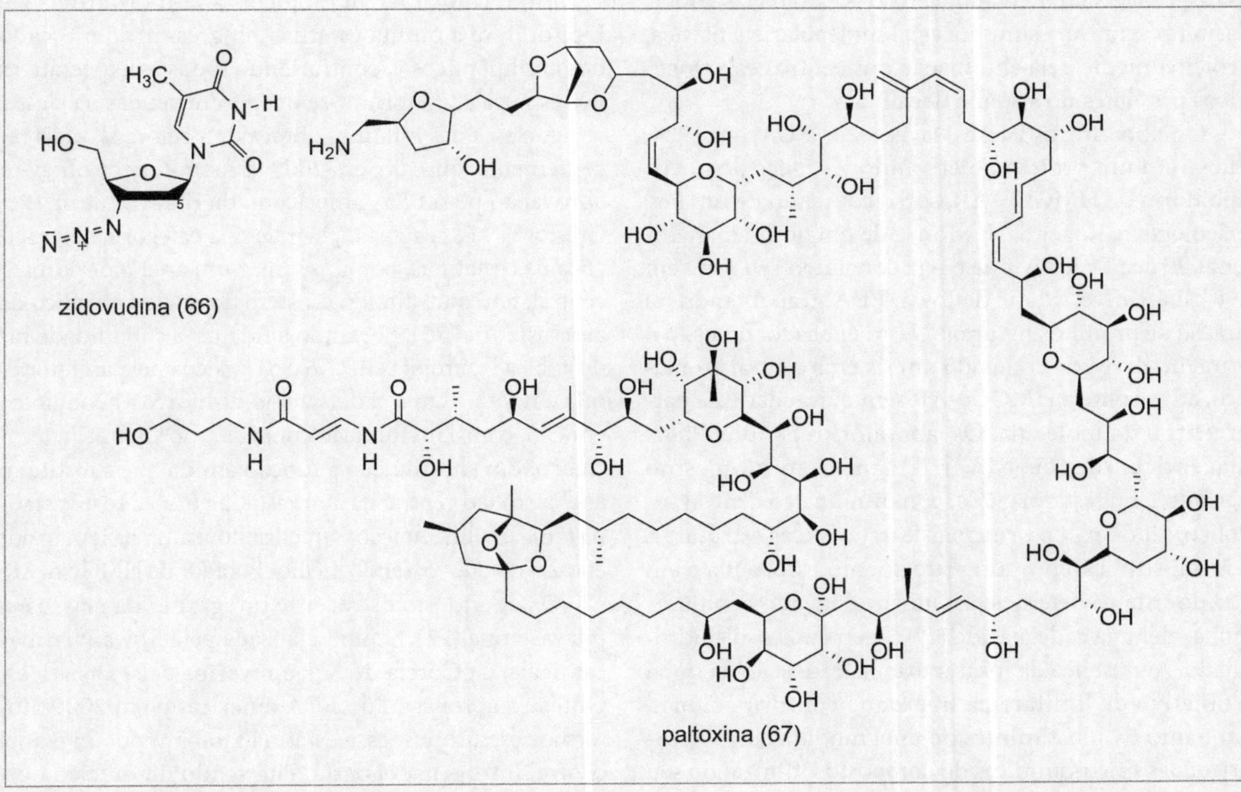

FIGURA 11 Estruturas 66 e 67.

da mevastatina e uma cadeia ácido di-hidroxilcarboxilada no lugar da forma lactônica terminal. Essa foi a primeira estatina não lactônica a apresentar atividade inibidora de HMGCo-AR, comercializada em 1991, por uma parceria da Sankyo com a BMS americana.

Alguns poucos anos antes, em 1987, pesquisadores da Merck Co., liderados por Arthur A. Patchett, identificaram as propriedades de novo ligante dessa enzima, agora o derivado metilado, homólogo à compactina (70), isolado de cepas de *Aspergillus terreus,* que foi denominado lovastatina (72).[55] Essa substância (72) possui uma alfametila em C-3 e o sistema gamalactona, aparentado à estrutura do produto de redução da HMGCo-AR, e foi considerado um pró-fármaco natural, inibidor eficaz da enzima. A substância foi comercializada pela Merck com o nome de Mevacor^R, tendo sido a primeira estatina a ser utilizada na terapêutica. Outros análogos foram descritos, posteriormente, pelo mesmo laboratório, como a sinvastatina (Zocor^R; 73), derivado 2'-metilado, abolindo um centro estereogênico no substituinte éster em C-1. Essa substância ingressou no mercado farmacêutico norte-americano em 1992, vindo a ser responsável por 70% das vendas totais dentre os agentes antilipêmicos disponíveis no mercado. Em 2004, a sinvastatina (73)[56,57] rendeu à MS classe de medicamentos.

O sucesso das estatinas até então, terapêutico e mercadológico, incentivou diversos laboratórios de pesquisa de empresas a buscar novos inibidores potentes da HMGCo-AR, de perfil farmacêutico competitivo com os disponíveis no mercado. Uma das estratégias adotadas representava a simplificação molecular e sintética, principalmente pela eliminação dos centros estereogênicos presentes no sistema decalínico.

Os laboratórios Parke-Davis e Co., EUA, em 1984, iniciaram um projeto objetivando a síntese de novos inibidores de HMGCo-AR, sob o comando de um farmacologista, Roger S. Newton, e de um químico medicinal, Bruce D. Roth, que havia concluído seu PhD em 1981, na Universidade de Iowa, EUA, trabalhando na síntese de produtos naturais. Nessa época foi descrito o primeiro derivado contendo um sistema central aromático, ativo sobre a HMGCo-AR sem quiralidade na parte central da molécula. Os laboratórios Sandoz Pharmaceutical (depois Novartis) lançaram no mesmo período a fluvastatina (74), com um núcleo central indólico, tendo como principais caraterísticas estruturais a *N*-substituição por um grupamento isopropila e em C-3 do sistema heterocíclico um grupamento *para*fluorfenila, além da cadeia ácido (*E*)-6-heptenoico-di-hidroxilado. A presença da insaturação na cadeia ácida tinha o objetivo de limitar sua liberdade conformacional, enquanto os substituintes do anel modulavam as propriedades físico-químicas do composto, otimizando seu perfil de atividade, entretanto a insaturação introduziu um caráter alílico na função hidroxila da cadeia ácida, aumentando sua reatividade em pH ácido e reduzindo significativamente sua estabilidade, o que se tornou uma severa limitação para o uso dessa estatina.[59]

Posteriormente, Bruce Roth et al. foram desafiados para otimizar o perfil de derivados pirrólicos, substituídos que tinham apresentado aceitável potência de ação sobre a HMGCo-AR, sintetizados em seu grupo, na Parke-Davis. Inúmeros análogos foram planejados, sintetizados e bioensaiados. A síntese de compostos com padrão terfenílico, integrado pelo anel pirrólico central e dois anéis fenílicos contíguos, sendo um *para*flúor substituído, mimetizava o padrão de substituição do sistema cíclico central da fluvastatina (74); foi a série que melhor resultados biológicos apresentou. O derivado contendo um grupo isopropila, vizinho a uma função benzamida e à cadeia ácido di-hidroxi-heptanoico, saturada, foi o melhor derivado, que veio a ser a atorvastatina (75),[59] lançada em 1997, em uma parceria entre a Warner-Lambert (que havia adquirido a Parke-Davis) e a Pfizer. Tempos depois, esta última adquiriu a empresa parceira na comercialização da atorvastatina, que se tornou o campeão mundial de vendas na história dos medicamentos, rendendo à Pfizer. US$ 150 bilhões, ao longo da vigência de sua patente, vencida no Brasil em 2011.

Em termos mercadológicos, a atorvastatina (75; Lipitor^R) foi a quinta estatina a ingressar no mercado dos antilipêmicos e, contrariando todas as expectativas dos especialistas, tornou-se o *top* 1 em vendas na classe.

A classe das estatinas obteve dois reforços, mais recentemente, quando, em 2003, a AstraZeneca obteve a aprovação pelo FDA americano da rosuvastatina (76; Crestor^R).[59] Essa substância integra a categoria heterocíclica das estatinas, por apresentar um anel piperidínico central, tetrassubstituído, isóstero do núcleo pirrólico da atorvastatina (75), portando ainda uma subunidade hidrofóbica isopropila em C-6 e o clássico anel parafluorfenila em C-4. Tem a cadeia ácido di-hidroxi-heptenoico em C-5, com a insaturação conjugada ao sistema heterocíclico. Em substituição à função amida que substitui o anel pirrólico central da atorvastatina (75), a rosuvastatina (76) tem uma função *N*-metilsulfonilamina. Tem maior eficácia do que 75, sendo melhor inibidor de HMGCo-AR.

O segundo mais recente integrante da classe é a pitavastatina (77),[59] comercializada pela Kowa Pharmaceuticals, da Coreia do Sul, em vários países asiáticos. Obteve a aprovação do FDA americano em 2009. Em termos estruturais, essa estatina também possui o anel central nitrogenado, desta feita sendo um núcleo quinolínico, trissubstituído. Na posição 2 do anel heterocíclico possui uma subunidade ciclopropila, provavelmente inspirada nos substituintes isopropílicos de outras estatinas, por anelação molecular. O clássico substituinte 4-fluorfenila está localizado em C-4, enquanto a cadeia ácido di-hidroxi-heptenoico está localizada em C-3. Essa estatina tem melhor afinidade pela HMGCo-AR do que todas as estatinas, tendo sido mais bem tolerada quanto aos eventuais efeitos miopáticos apresentados por essa classe de medicamentos antilipêmicos.

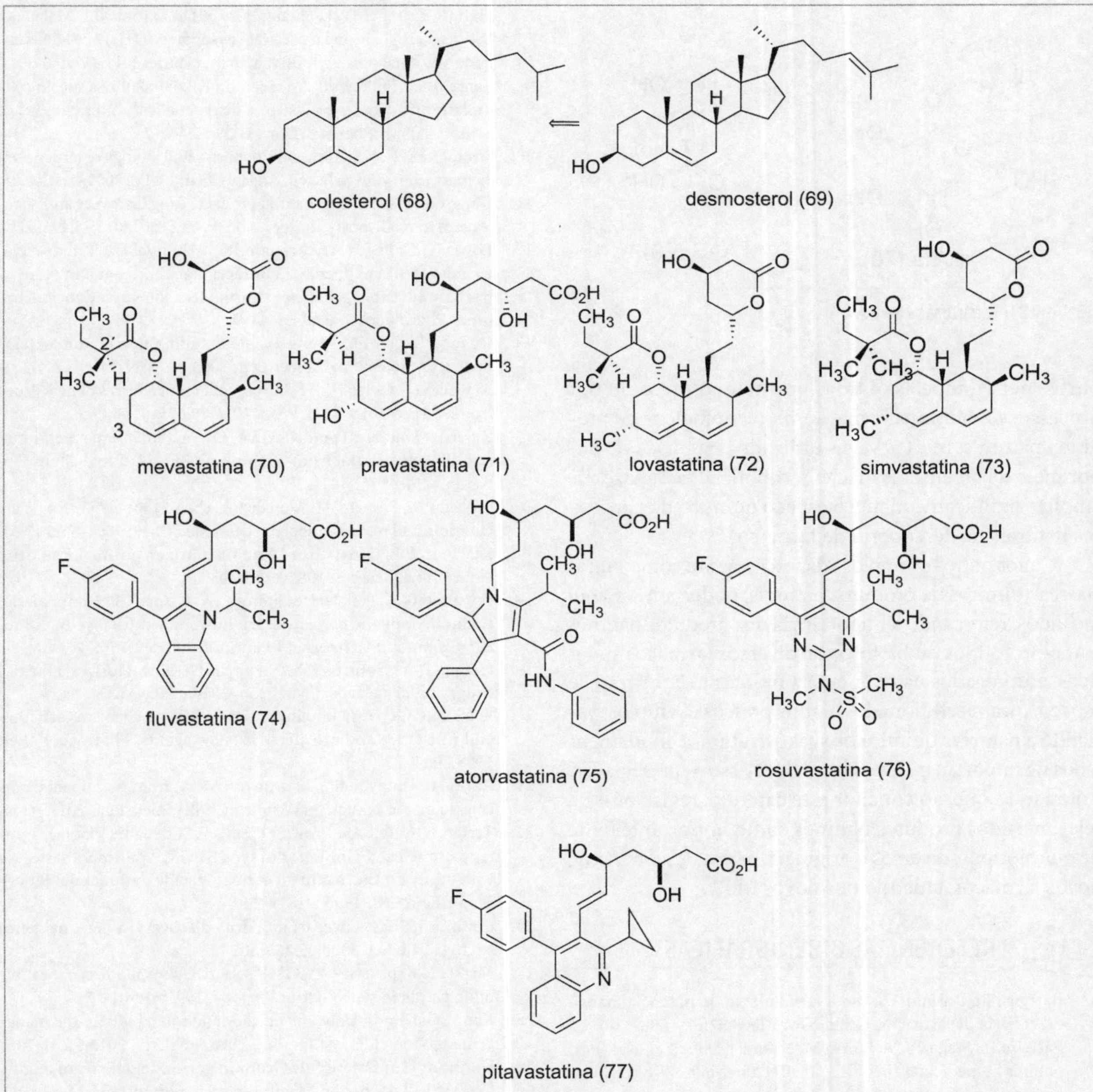

FIGURA 12 Estruturas 68 a 77.

CONSIDERAÇÕES FINAIS

Neste capítulo procurou-se evidenciar a importância efetiva e ainda atual dos produtos naturais, de diferentes origens, como inspiração molecular para a descoberta de novos fármacos,[60] demonstrando também a relevância da contribuição dos químicos medicinais nesse processo de descoberta/invenção de fármacos, que não raramente atuam por MoA inovadores (*e.g.*, irinotecano, 34; ixabepilona, 58).

Não havia como reservar espaço neste capítulo para desenvolver os conceitos sobre a importância histórica do processo de "domesticação" molecular de produtos naturais, como a menção à salicilina (78), precursor do ácido acetilsalicílico (79; AAS), por isso preferiu-se incluir exemplos menos comentados, como a "domesticação" da florizina (42), muitas vezes preterida em revisões do tema por muitos autores. Além disso, não nos foi possível tratar dos estudos de identificação de *hits/leads* pelo emprego de coleções de extratos ou mesmo de produtos naturais

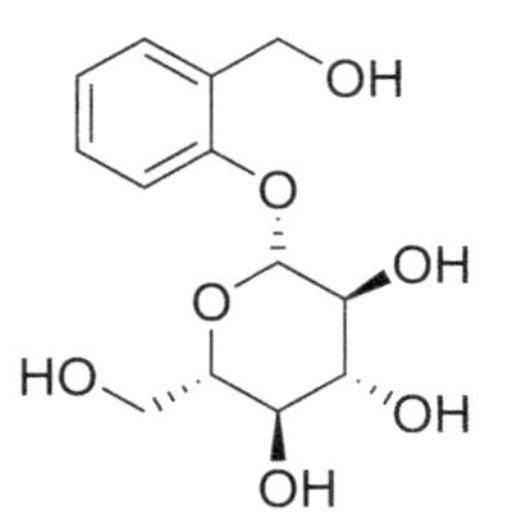

salicina (78)

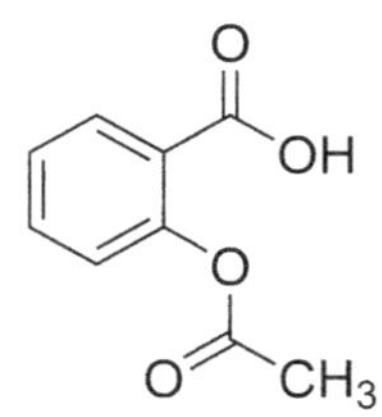

AAS (79)

FIGURA 13 Estruturas 78 e 79.

puros, nem daquelas obtidas por hemissíntese ou por processos de biotransformação/biotecnológicos de produtos naturais, muitas vezes utilizados na busca de *hits* por meio de bioensaios maciços, robotizados, capazes de ampliar significativamente o espaço químico dos produtos naturais na descoberta de fármacos.[61]

Muitos outros exemplos adicionais, assim como outras classes químicas de produtos naturais, poderiam ser aqui incluídos, reforçando a importância dos produtos naturais como protótipos ou bióforos de diversos fármacos sintéticos, empregados na terapêutica moderna. Por razão de espaço, foram selecionados alguns poucos exemplos, variando a natureza química de suas estruturas e fundamentados na importância terapêutica das classes representadas. Entende-se que, ao concluir este capítulo, registrou-se a relevância dos produtos naturais como importante fonte de quimiotipos, diversos e originais, para a descoberta de novos fármacos, atuando por novos MoA.

REFERÊNCIAS BIBLIOGRÁFICAS

1. Barreiro EJ, Bolzani VS. Biodiversidade: fonte potencial para a descoberta de fármacos. Quim Nova. 2009;32:679-688.
2. Barreiro EJ, Fraga CAM, Lima LM. Natural products as lead compounds in medicinal chemistry. In: Cechinel-Filho V (ed.). Plant bioactives and drug discovery: principles practice and perspective. New York: Wiley; 2012. p.81-126.
3. Barreiro EJ. What is hidden in the biodiversity? An Acad Bras Ciênc. 2019;91(Suppl. 3):e20190306.
4. Chast F. A history of drug discovery. In: Wermuth CG (ed.). Kubinyi, H (section ed.). The practice of medicinal chemistry. 3.ª ed. London: Academic Press; 2008. p.3-62.
5. Bernardini S, Tiezzi A, Laghezza Massi V, Ovidi E. Natural products for human health: an historical overview of the drug discovery approaches. Nat Prod Res. 2018;32:1926-50.
6. Fraga, CAM, Barreiro, EJ. Cardiotônicos: histórico & perspectivas de uma antiga e importante classe de agentes terapêuticos. Quím Nova. 1996;19:182-9.
7. Zhang H, Qian DZ, Tan YS, Lee K, Gao Ping, Ren YR, et al, Digoxin and other cardiac glycosides inhibit hypoxia inducible factor-1 (HIF-1α) synthesis and block tumor growth. Proc Nat Acad Sci. 2008;105:19579-861.
8. Huh JR, Leung, MWL, Huang P, Ryan DA, Krout MR, Malapaka RRV, et al, Digoxin and its derivatives suppress T(H)17 cell differentiation by antagonizing RORγt activity. Nature. 2011;472:486-90.
9. Laurenza A, Sutkowski EM, Seamon KB. Forskolin: a specific stimulator of adenylyl cyclase or a diterpene with multiple sites of action? Trends Pharmacol Sci. 2009;10:442-7.
10. Stromgaard, K, Nakanishi, K. Chemistry and biology of terpene trilactones from *Ginkgo Biloba*. Angew Chem Int Ed. 2009;43:1640-58.
11. Kingston DGI. Modern natural products drug discovery and its relevance to biodiversity conservation. J Nat Prod. 2011;74:496-511.
12. Powis G, Gallegos A, Abraham RT, Ashendel CL, Zalkow LH, Grindey GB, et al. Increased intracellular Ca2+ signaling caused by the antitumor agent helenalin and its analogues. Cancer Chemoth Pharmacol. 1994;34:344-50.
13. Huang PR, Yeh YM, Wang TC. Potent inhibition of human telomerase by helenalin. Cancer Lett. 2005;227:169-74.
14. Newman DJ, Cragg GM. Natural products as sources of new drugs from 1981 to 2014. J Na. Prod. 2016;79:629-61.
15. Ziffer H, Highet RJ and Klayman DL. Artemisinin: an endoperoxidic antimalarial from *Artemisia annua, L.* Prog Chem Org Nat Prod. 1997;72:121-214.
16. O'Neill PM, Posner GH. A medicinal chemistry perspective on artemisinin and related endoperoxides, J Med Chem 2004 47:2945-64.
17. Klayman DL. Qinghaosu (Artemisinin): an antimalarial drug from China. Science. 1985;228:1049-55.
18. Borstnikalk K, Paik I-H, Shapirob, TA, Posner GH. Antimalarial chemotherapeutic peroxides: artemisinin, yingzhaosu A and related compounds. Internat J Parasitol. 2002;32:1661-7.
19. Cragg GM, Grothaus PG, Newman DJ. New Horizons for old drugs and drug leads. J Nat Prod. 2014;3:703-23.
20. Foley M, Tilley L. Quinoline antimalarials: mechanisms of action and resistance and prospects for new agents. Pharmacol Ther. 1998;79:55-87.
21. Ravina E. The evolution of drug discovery: from traditional medicines to modern drugs. In: Weinheim. Wiley, Alemanha, 2011. p.136.
22. Terrett NK, Bell AS, Brown D, Elllis P. Sildenafil (Viagra), a potent and selective inhibitor of type 5 cGMP phosphodiesterase with utility for the treatment of male erectile dysfunction. Bioorg Med Chem Lett. 1996;6:1819-24.
23. Campbell, SF. Science, art and drug discovery: a personal perspective, Clin Sci. 2000;99:255-60.
24. Merkel L. Zaprinast – A cGMP-selective phosphodiesterase inhibitor. Cardiovascular. Drug Reviews. 1993;11:501-15.
25. Kang SG, Kim JJ. Udenafil: efficacy and tolerability in the management of erectile dysfunction. Ther Adv Urol. 2013;5:101-10.
26. Ghofrani HA, Osterloh F. Grimminger, Sildenafil: from angina to erectile dysfunction to pulmonary hypertension and beyond, Nature Rev Drug Discov. 2006;5:689-693
27. Wall ME, Wani MC. Camptothecin and taxol: from discovery to clinic. J Ethnopharmacol. 1996;51:239-54; Kingston DGI, Newman DJ. Natural products as anticancer agents in natural products in chemical biology. Ed. Civjan, N. Wiley, Hoboken, NJ; 2012. p.325-49.
28. Haglof K. Recent developments in the clinical activity of topoisomerase-1 inhibitors. Update on Cancer Therapeut. 2006;1:117-45.
29. Fang FG, Bankston DD, Huie EM, Johnson MR, et al. Convergent catalytic asymmetric synthesis of camptothecin analog GI147211C. Tetrahedron. 1997;53:10953-70.
30. Abou-Alfa GK, Letourneau R, Harker G, Modiano M, Hurwitz H, Tchekmedyian NS, et al. Randomized phase III study of exatecan and gemcitabine compared with gemcitabine alone in untreated advanced pancreatic cancer. J Clin Oncol. 2006;24:4441-7.
31. Bom D, Curran DP, Kruszewski S, Zimmer SG, et al. The novel silatecan 7-tert-butyldimethylsilyl-10-hydroxycamptothecin dis-

plays high lipophilicity, improved human blood stability, and potent anticancer activity. J Med Chem. 2000;43:3970-80.

32. Demarquay D, Huchet M, Coulomb H, Lesueur-Ginot L. BN80927: a novel homocamptothecin that inhibits proliferation of human tumor cells in vitro and in vivo. Cancer Res. 2004;64:4942-9.
33. Avendaño C, Menéndez JC (eds.). Medicinal chemistry of anticancer drugs. Amsterdam: Elsevier; 2008. p.231.
34. McMurray JJ, Solomon SD, Inzucchi SE, Kober L, Kosiborod MN, Martinez FA, et al. Dapagliflozin in patients with heart failure and reduced ejection fraction. New Engl J Medicine. 2019;381:1995-2008.
35. Balis DA, Tong C, Meininger G. Effect of canagliflozin, a sodium--glucose cotransporter 2 inhibitor, on measurement of serum 1,5-anhydroglucitol. J Diabetes. 2014;6:378-80.
36. Anderson JE, Wright EE, Shaefer CF. Empagliflozin: role in treatment options for patients with type 2 diabetes mellitus. Diabetes Ther. 2017;8:33-53.
37. Gaynes R. The discovery of penicillin: new insights after more than 75 years of clinical use. Emerg Infect Dis. 2017;23:849-53.
38. Sykes RB, Bonner DP. Discovery and development of the monobactams. Rev Infect Dis. 1985;7(Suppl 4):S579-93.
39. Aoki H, Sakai H, Kohsaka M, Konomi T, Hosoda J. Nocardicin A, a new monocyclic beta-lactam antibiotic. I. Discovery, isolation and characterization. J Antibiot. 1976;29:492-500.
40. Daly JW. Thirty years of discovering arthropod alkaloids in amphibian skin. J Nat Prod. 1998;61:162-72.
41. Daly JW. Ernest Guenther award in chemistry of natural products. Amphibian skin: a remarkable source of biologically active arthropod alkaloids. J Med Chem. 2003;46:445-52.
42. Bannon AW, Decker MW, Holladay MW, Curzon P, Donnelly--Roberts D, Puttfarcken PS, et al. Broad-spectrum, non-opioid analgesic activity by selective modulation of neuronal nicotinic acetylcholine receptors. Science. 1998;279:77-81.
43. Hofle G, Bedorf N, Steinmetz H, Schumburg D, Gerth K, Reichenbach H. Epothilone A and B: novel 16-membered macrolides with cytotoxic activity: isolation, crystal structure, and conformation in solution. Angew Chem Int Ed Engl. 1996;35:1567-9.
44. Gerth K, Bedorf N, Höfle G, Irschik H, Reichenbach H. Epothilons A and B: antifungal and cytotoxic compounds from *Sorangium cellulosum* (Myxobacteria): production, physico-chemical and biological properties. J Antibiot. 1996;49:560-3.
45. Bollag DM, McQueney PA, Zhu J, Hensens O, Koupal L, Liesch J, et al. Epothilones, a new class of microtubule-stabilizing agents with a taxol-like mechanism of action. Cancer Res. 1995;55:2325-33.
46. Kowalski RJ, Giannakakou P, Hame E. Activities of the microtubule-stabilizing agents epothilones A and B with purified tubulin and in cells resistant to paclitaxel (Taxol®). J Biol Chem. 1997;272:2534-41.
47. Gerth K, Bedorf N, Höfle G, Irschik H, Reichenbach H. Epothilons A and B: antifungal and cytotoxic compounds from Sorangium cellulosum (Myxobacteria): production, physico-chemical and biological properties. J Antibiot. 1996;49:560-3.
48. Cobham MV, Donovan D. Ixabepilone: a new treatment option for the management of taxane-resistant metastatic breast cancer. Cancer Manag Res. 2009;1:69-77.
49. Gougaz FZ, Chicca A, Redondo-Orcajo M, Barosoain I. Synthesis, microtubule-binding affinity, and antiproliferative activity of new epothilone analogs and of an EGFR-targeted epothilone--peptide conjugate. Int J Mol Sci. 2019;5:20.
50. Costa-Lotufo LV, Wilke DV, Jimenez PC, Epifanio RA. Organismos marinhos como fonte de novos fármacos: histórico & perspectivas. Quím Nova. 2009;32:703-16.
51. Weinheimer AJ, Sppraggins RL. The occurrence of two new prostaglandin derivatives (15-epi-PGA2 and its acetate, methyl ester) in the gorgonian Plexaura homomalla chemistry of coelenterates. Tetrahedron Lett. 1969;5185-8.
52. Collins PW. Misoprosto. In: Chronicles of drug discovery. ACS, Washigton, DC; 1993. v.3, p.101-24.
53. Suh EM, Kishi Y. Synthesis of palytoxin from palytoxin carboxylic acid. J Am Chem Soc. 1994;116:11205-6.
54. Endo A, Kuroda M, Tsujita Y. ML-236A, ML-236B, and ML-236C, new inhibitors of cholesterogenesis produced by Penicillium citrinium. J Antibiot. 1976;29:1346-8.
55. Tobert JA. Lovastatin and beyond: the history of the. HMG-CoA reductase inhibitors. Nature Rev Drug Discov. 2003;2:517-26.
56. Patchett AA. Excursions in drug discovery. J Med Chem. 1993;36:2051-8.
57. Patchett AA. Alfred Burger award address in medicinal chemistry. Natural products and design: interrelated approaches in drug discovery. J Med Chem. 2002;45:5609-16.
58. Li JJ. Triumph of the heart: the story of statins. Oxford University Press. Oxford; 2009.
59. Alapi EM, Fischer J. Table of selected analogue classes. In: Fischer J, Ganellin CR, IUPAC (eds.). Analogue-based drug discovery. New York: John Wiley & Sons; 2006. v.1. p. 443-552.
60. Calixto JB. The role of natural products in modern drug discovery. An Acad Bras Ciênc. 2019;91(supl.3):e20190105.
61. Li F, Wang Y, Li D, Chen Y, Ping-Dou Q. Are we seeing a resurgence in the use of natural products for new drug discovery? J Exp Op Drug Discov. 2019;14:417-20.

CAPÍTULO 9

Considerações sobre a síntese de fármacos

Daniel Gedder Silva
Fernando Fumagalli
Flavio da Silva Emery

INTRODUÇÃO

A síntese orgânica desempenha papel crucial em várias etapas do desenvolvimento de um novo fármaco e se situa no centro desse processo. Com a síntese orgânica é possível preparar substâncias bioativas tanto nas etapas iniciais, ao gerar bibliotecas de compostos com padrões moleculares diversos, quanto durante fases mais avançadas de desenvolvimento, por meio de modificações estruturais pontuais em compostos com atividades biológicas promissoras.[1] A busca de candidatos a fármacos envolve a utilização de diferentes estratégias sintéticas, que são empregadas em um ciclo constante de modificações estruturais e avaliação de seus efeitos sobre a atividade biológica desejada (Figura 1), passando pela obtenção em larga escala que possibilite os estudos em fases clínicas e a comercialização.

Na visão químico-medicinal existem alguns parâmetros ideais para que um composto orgânico consiga se tornar um fármaco. Nesse cenário, a síntese orgânica permite construir e modificar padrões estruturais para atender esses critérios. Um candidato a fármaco promissor, em linhas gerais, precisa de: i) boa atividade biológica *in vitro*, em ensaios bioquímicos e celulares, e *in vivo*, em modelos animais; ii) baixa toxicidade; iii) propriedades farmacocinéticas que permitam que esse composto seja absorvido por via oral, eficientemente distribuído, e consiga atingir o sítio de ação em quantidades suficientes

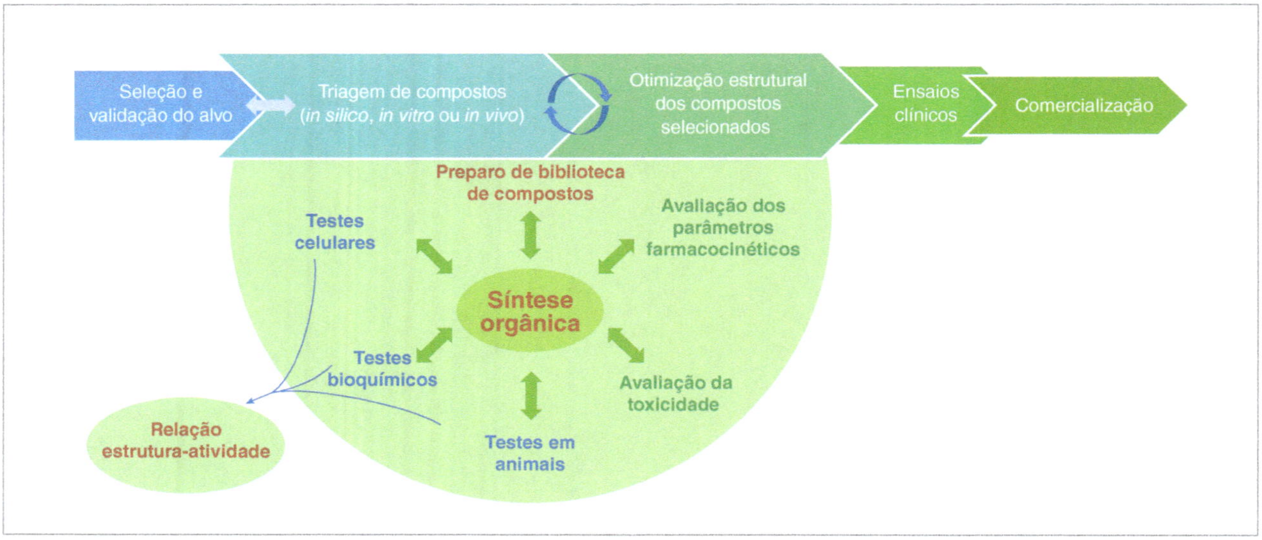

FIGURA 1 Destaque da síntese orgânica no desenvolvimento de fármacos.

para desempenhar a atividade biológica desejada. Para tanto, informações sobre metabolismo e excreção dos compostos em avaliação também são essenciais.

Nas etapas iniciais de desenvolvimento de fármacos a busca por novos compostos bioativos geralmente ocorre com a geração de bibliotecas de compostos orgânicos, que podem ser de origem natural ou sintética. Historicamente, produtos naturais são fontes de inspiração para o desenvolvimento de fármacos e de estratégias sintéticas inovadoras,[2-4] e muitas vezes são modificados quimicamente para fornecer novos candidatos terapêuticos (semissíntese), com melhores propriedades farmacológicas.[6,7]

Na criação de uma biblioteca de compostos, normalmente são utilizadas rotas sintéticas previamente descritas na literatura, com modificações sutis em procedimentos para obtenção de compostos bioativos de interesse, de forma rápida e prática para que sejam testadas as hipóteses previamente elaboradas.[8] Esses processos sintéticos podem visar à diversidade estrutural (*diversity-oriented synthesis* – síntese orientada pela diversidade)[9] ou ser planejados com bases em uma estrutura definida (*target-oriented synthesis* – síntese orientada pelo alvo), que pode ser um produto natural, um fármaco ou mesmo coleção dedicada (biblioteca focada em um padrão estrutural).[10,11]

Na otimização de um possível candidato a fármaco, o ideal é evitar altos investimentos, como reagentes caros, dispêndio de tempo e sínteses exploratórias desnecessárias, o que pode garantir um futuro sucesso comercial. Além disso, para atingir esse sucesso, as propostas de síntese de compostos bioativos devem conter simplicidade estrutural – com possibilidade de modificações, visando ao aprimoramento de seu perfil farmacoterapêutico – e ser membro de uma série congênere para a construção de um estudo de relação entre a estrutura química e a atividade biológica.[12]

Apesar de muitas informações disponíveis na literatura e organizadas em bancos de dados, a tarefa de desenvolver uma nova entidade química para que alcance os ensaios clínicos não é um processo trivial. A maioria dos trabalhos de pesquisa e desenvolvimento de fármacos ainda carece de novas metodologias sintéticas, para concepção de compostos de interesse.[13] Desafios significativos de sínteses surgem do fato de que moléculas bioativas normalmente contêm aminas livres e ou heterociclos com átomos de nitrogênio, por exemplo, assim como grupos polares desprotegidos, os quais são bastante reativos e podem produzir subprodutos não desejados.

Por isso, a experiência em Química Orgânica, somada às diversas ferramentas da Química Farmacêutica Medicinal, sejam essas experimentais ou teóricas, são primordiais para concluir a árdua tarefa de desenvolvimento de um composto como fármaco. Entusiasticamente, nos últimos anos, foram desenvolvidos novos catalisadores para reações de acoplamento cruzado, ativação direta da ligação C–H e métodos de funcionalização de pequenas moléculas. Esses avanços em novas estratégias sintéticas permitiram explorar estruturas químicas que antes eram inacessíveis ou dificilmente acessíveis, o que resultou no aumento do espaço químico medicinal.[1,14-17]

Considerando que a maior parte dos fármacos comercializados é de origem sintética ou passa por algum processo de síntese ou semissíntese orgânica,[18] neste capítulo será fornecida ao leitor uma visão geral de aspectos envolvendo a síntese orgânica de fármacos.

SÍNTESE ORGÂNICA APLICADA A FÁRMACOS

Aspectos gerais de síntese orgânica

A síntese orgânica é uma ferramenta que permite construir e modificar compostos de interesse farmacêutico, em escala laboratorial ou industrial, dependendo da etapa de desenvolvimento e produção do candidato a fármaco.

Para a escolha da estratégia sintética, uma técnica denominada *retrossíntese* auxilia no reconhecimento das principais reações que podem ser utilizadas na síntese de um fármaco. Moléculas mais complexas são antecipadas por meio de precursores sintéticos menores e mais simples. Realiza-se esse processo repetidas vezes com os precursores, até encontrar compostos de partidas disponíveis comercialmente.[19] No entanto, aspectos como quimiosseletividade (ordem/sequência da reação), regiosseletividade (região/posição da molécula) e a estereoquímica da reação (estereosseletividade) necessitam sempre ser levados em consideração ao planejar uma síntese orgânica, especialmente de fármacos (Figura 2).[19]

Na síntese do fármaco salmefamol, a utilização em sequência de três agentes redutores permite a redução de forma *quimiosseletiva* de diferentes grupos funcionais presentes no composto. Na síntese do fármaco cloranfenicol, o ataque *regiosseletivo* do ânion azida ao grupo epóxido leva à formação do estereoisômero de interesse.[20] A hidrogenação assimétrica do alceno resulta na formação *estereosseletiva* do isômero-chave na síntese do fármaco candoxatril.[21]

Na sequência do capítulo, serão vistos diversos exemplos de síntese de fármacos que expõem os conceitos anteriormente mencionados.

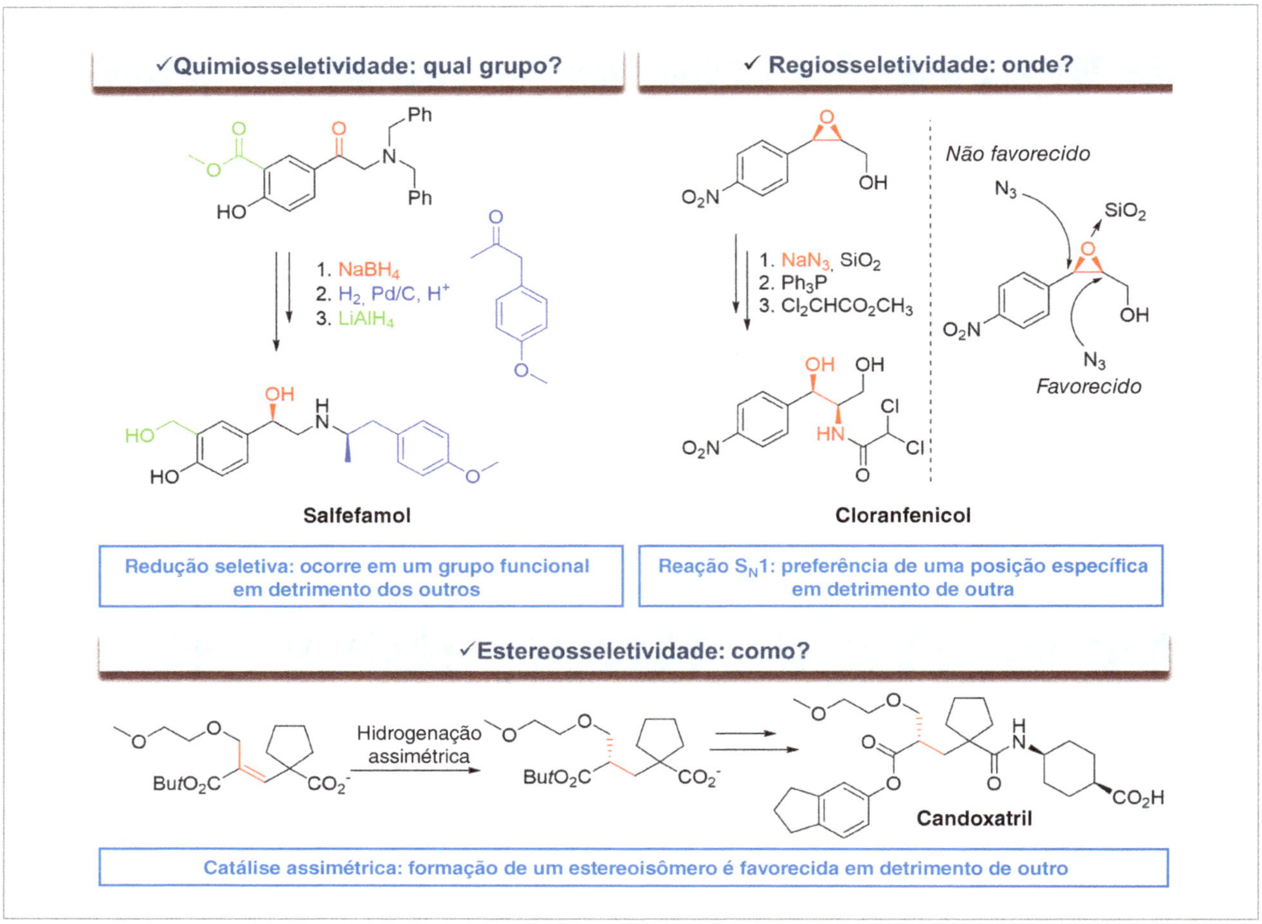

FIGURA 2 Quimio-, regio- e estereosseletividade na síntese de fármacos.

Principais reações utilizadas em química medicinal e síntese de fármacos

Embora com diversos avanços em química orgânica, um número limitado de reações domina o cenário químico medicinal moderno, que resulta na superpopulação de certos padrões estruturais. Figuram entre as reações mais frequentemente utilizadas em química medicinal a formação de ligações amida; o acoplamento cruzado do tipo Suzuki-Miyaura; e as reações de substituição nucleofílica aromática (SN_{Ar}), possivelmente devido à disponibilidade comercial de reagentes e à alta quimiosseletividade dessas estratégias sintéticas. Essas reações se somam às diversas reações de proteção e desproteção, que juntas representam uma porção considerável das estratégias sintéticas empregadas, tanto em processos laboratoriais quanto industriais.[22]

Um exemplo dessas reações é visto na preparação de fármacos peptídicos e peptideomiméticos, mais especificamente na formação de ligações do tipo amida (peptídica). Na síntese do peptideomimético Captopril, processos de proteção e desproteção do grupo tiol com grupamento acetil direcionam a reação de formação da amida **II**, intermediário-chave para a obtenção desse fármaco inibidor da enzima conversora de angiotensina (Figura 3).[23,24]

Muitas estratégias sintéticas para a formação de ligação peptídica estão disponíveis além do cloreto de ácido anteriormente demonstrado. Elas costumam utilizar reagentes de acoplamento, tais como carbodinildi-imidas, anidridos, entre outros.[25,26] Porém, na síntese dessa classe de fármacos são inevitáveis etapas adicionais de proteção e desproteção, principalmente de grupos amina. Existem vários grupos protetores de amina utilizados em síntese orgânica, por exemplo, os grupamentos protetores Fmoc (fluorenilmetiloxicarbonil) e Boc (*terc*-butilcarbonil), este último utilizado na síntese do antineoplásico palbociclibe (Figura 3).[27,28] O grupamento Boc (*terc*-butilcarbonil), neste caso, protege a porção piperazina de reações paralelas e permite obter quimiosseletividade na formação do produto de interesse.

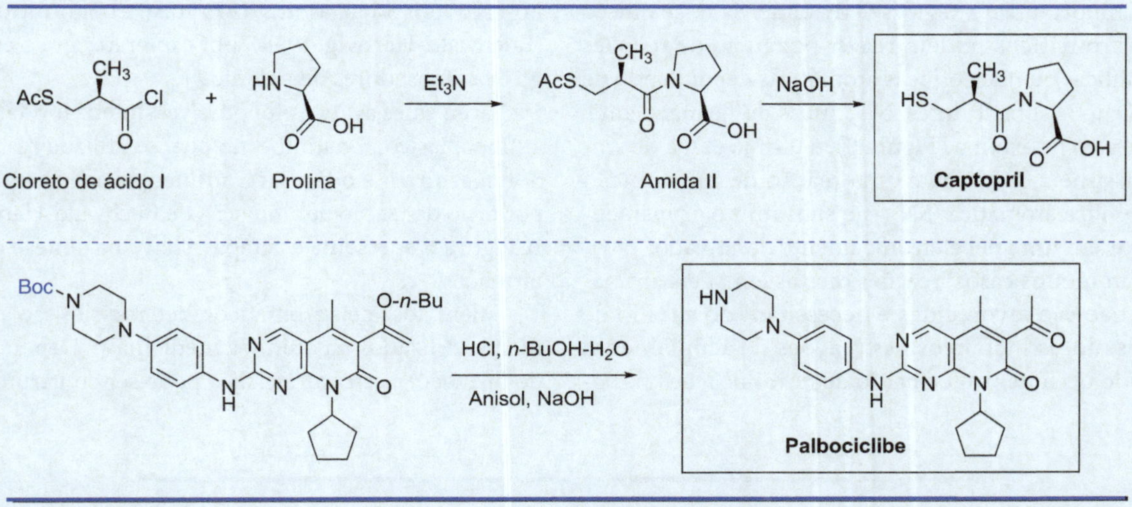

FIGURA 3 Estratégias sintéticas para os fármacos captopril e palbociclibe.

Os fármacos nucleotídicos e os que possuem algum açúcar/carboidrato em sua estrutura comumente necessitam de reações de proteção e desproteção para sua obtenção.[29,30] A preparação sintética do fármaco antiviral oseltamevir (Figura 4) baseia-se em um processo de semissíntese a partir de um composto natural estereoquimicamente complexo, o ácido xiquímico.[31] Para o controle da estereoquímica são necessárias reações de proteção das hidroxilas e uma abertura redutiva regiosseletiva da porção metilenodioxi. A hidroxila liberada é então ativada em uma reação de Mitsunobu, na qual ocorre substituição nucleofílica S_N2, e a configuração *S* do C-4 é invertida com sucesso para a configuração *R*. Outras quatro etapas são necessárias até a obtenção do fármaco, em que a reação de Mitsunobu novamente é empregada e a inversão da estereoquímica ocorre agora em C-5.

O controle da estereoquímica na síntese de fármacos para obtenção da substância enatiomericamente pura é essencial para a atividade biológica e/ou redução de efeitos colaterais.[32]

A presença de anéis aromáticos em fármacos é muito comum.[33] Quando se considera sua reatividade, um

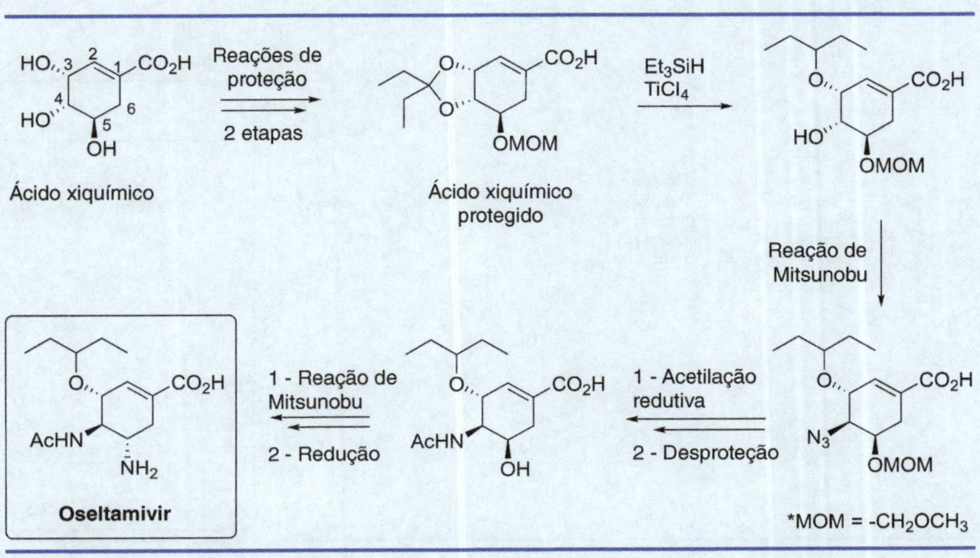

FIGURA 4 Estratégia sintética simplificada para o fármaco oseltamivir.

fator importante é a regiosseletividade. Sabe-se que os anéis aromáticos podem reagir por meio de reações eletrofílicas ou nucleofílicas aromáticas dependendo de seus grupos substituintes. Na síntese do fármaco antidepressivo fluoxetina (Figura 5), a última etapa da síntese assimétrica envolve uma reação de substituição nucleofílica aromática (SN_{Ar}) ao substituir o grupamento flúor em um anel eletronicamente desativado.[34]

Em muitos casos, reações diretas em anéis aromáticos não são favorecidas e necessitam do auxílio de catalisadores metálicos. As reações de acoplamento cruzado permitem a formação de novas ligações carbono-carbono (Sonogashira, 1975) ou carbono-nitrogênio (Buchwald-Hartwig, 1994), por exemplo, com o emprego de catalisadores de paládio.

Com esses avanços foi possível sintetizar o fármaco antineoplásico ponatinibe, no qual se utilizou reação de Sonogashira;[35] e o fármaco antineoplásico venetoclax, por meio da reação de aminação de Buchwald-Hartwig.[36] A Figura 6 apresenta as etapas-chave na síntese desses fármacos.

Além dos anéis aromáticos, heterociclos são amplamente utilizados na química medicinal.[33] Dependendo do fármaco, a estrutura cíclica pode ser construída por

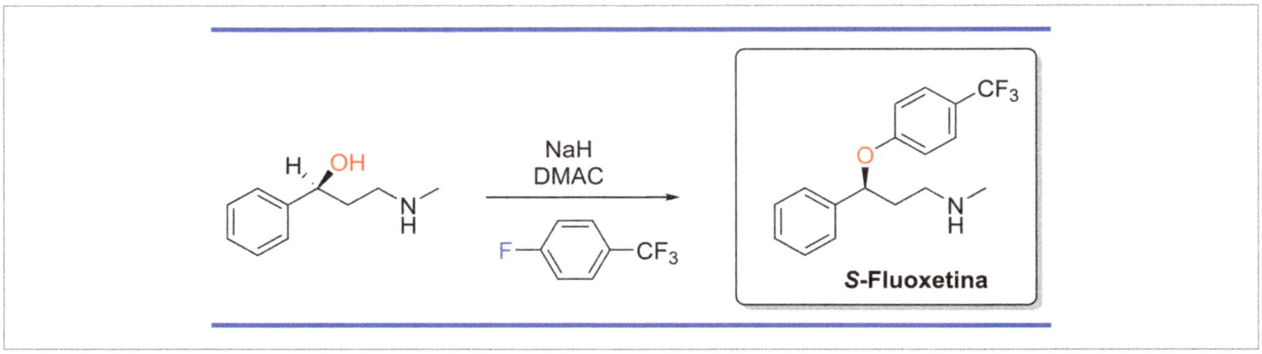

FIGURA 5 Última etapa na síntese da fluoxetina.

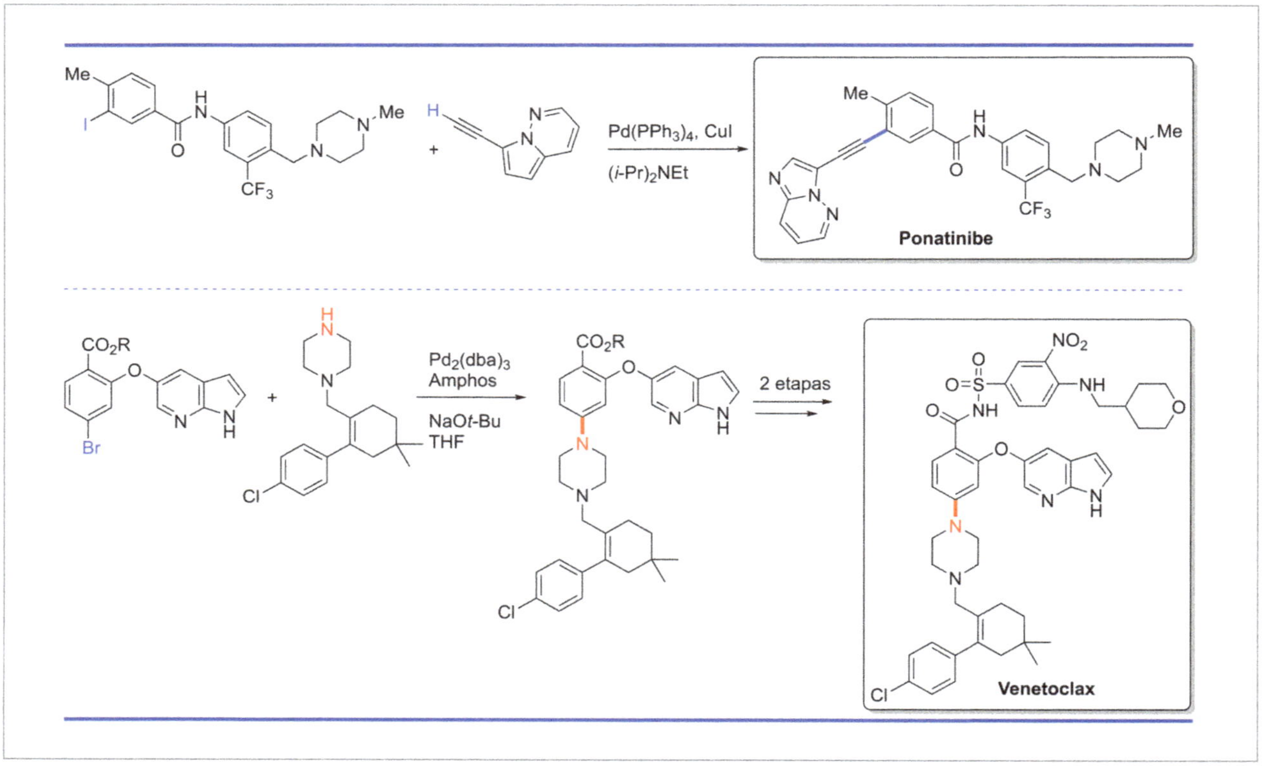

FIGURA 6 Demonstração das etapas sintéticas de acoplamento catalisado por paládio dos fármacos ponatinibe e venetoclax.

um processo de heterociclização, ou mesmo funcionalizada quando já está presente no composto orgânico de partida. Na síntese do fármaco antirretroviral efavirenz,[37,38] a primeira etapa explora a reatividade da carbonila, e, posteriormente, a utilização da estratégia de heterociclização forma o anel benzoxazinona (Figura 7).

No preparo do enoxacino,[39] antimicrobiano da classe das fluorquinolonas, além da reação de heterociclização na etapa 4 (Figura 8), diversas outras reações de funcionalização do anel heterocíclico foram empregadas.

Nas etapas 1 a 3 é possível verificar reações de substituição nucleofílica aromática de maneira regiosseletiva no anel piridina eletronicamente desativado. Por fim, na última etapa sintética desse fármaco ocorre outra funcionalização de anel heterocíclico com a alquilação do nitrogênio da 1,4-piridazona.

Síntese em escala laboratorial e escala industrial

As pesquisas realizadas na academia envolvendo o desenvolvimento de novos fármacos nem sempre estão alinhadas aos procedimentos industriais. Esse é um dos motivos de muitas vezes haver um grande intervalo de tempo (considerado o vale da morte – *valley of death*) entre uma descoberta científica básica (geralmente realizado nas universidades em escala laboratorial) e a decisão de investir recursos para avançar com o desenvolvimento desse candidato a fármaco (quase sempre financiado pela indústria).

Motivada primariamente pela qualificação de recursos humanos, a academia não prioriza aspectos financeiros de processos que são muito importantes para a indústria, a qual é geralmente movida pelo lucro. Em

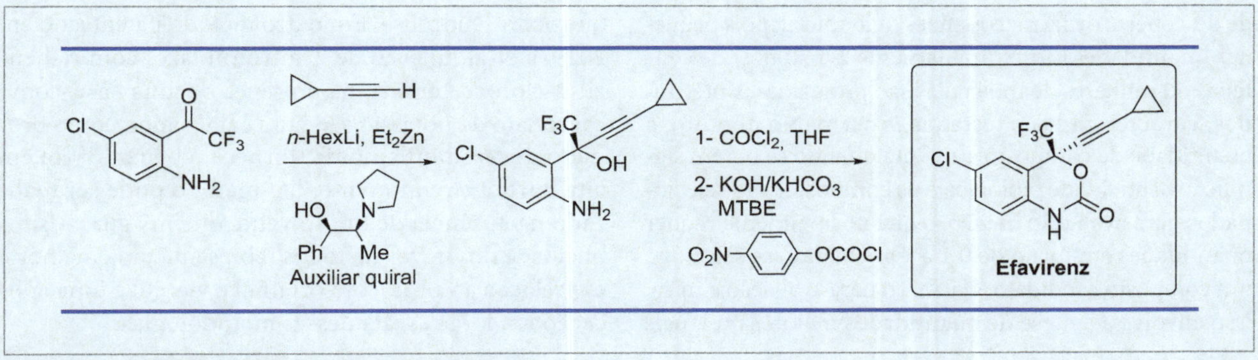

FIGURA 7 Estratégia sintética para o fármaco efavirenz.

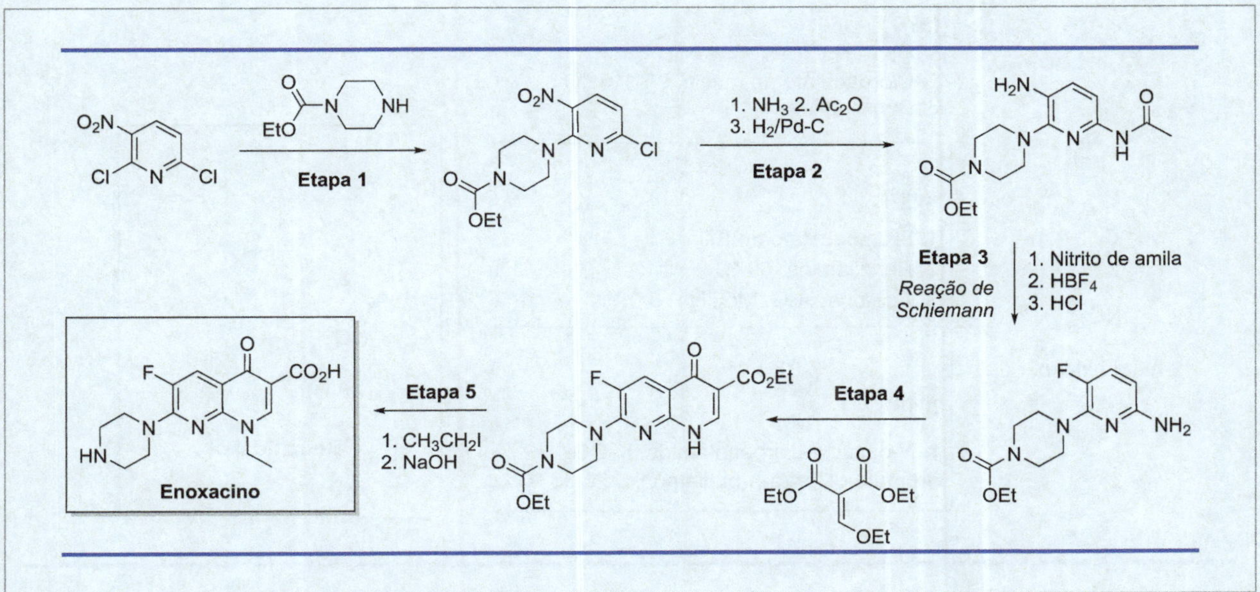

FIGURA 8 Estratégia sintética para o antimicrobiano enoxacino.

uma tentativa de aproximação indústria-academia, esforços vêm sendo feitos no sentido de utilizar estratégias sintéticas nas etapas iniciais de desenvolvimento de fármacos que sejam escalonáveis e passíveis de serem empregadas pelas indústrias farmacêuticas.

Historicamente, a pesquisa acadêmica introduz novas possibilidades sintéticas para que a indústria aplique esse novo conhecimento na produção de novos fármacos. Nesse contexto, um dos fatores que podem interessar à indústria é a redução de custos em reagentes e em etapas de purificação, priorizando sempre estratégias sintéticas com menor número de etapas, com maior rendimento global e, de preferência, utilizando os reagentes e os processos mais seguros.

Metodologias sintéticas com escopo mais amplo, em termos de compatibilidade das condições reacionais em relação a substratos e produtos que contenham grupos funcionais, também serão sempre preferíveis nos projetos de descoberta de fármacos em estágio inicial, pois pequenas quantidades (aproximadamente 2 a 20 mg) de centenas ou milhares de moléculas são projetadas, sintetizadas, caracterizadas e testadas *in vitro*. No entanto, a quantidade de composto aumenta quando se obtém significativa atividade biológica e os compostos são selecionados para avaliação *in vivo*, o que normalmente requer quantidades em torno de 0,1 a 1 g. Quando se seleciona um composto candidato a fármaco para avaliação clínica, isso envolve a síntese de quantidades maiores ou iguais a 1 kg. Na sequência serão apresentados exemplos de processos sintéticos de fármacos que passaram por melhorias nas estratégias sintéticas incialmente utilizadas.

O fármaco benznidazol (Figura 9), descoberto há mais de 50 anos, tem propriedades anti-infecciosas contra o parasita *Trypanosoma cruzi*, causador da doença de Chagas.[40] Sua síntese original (1970) foi aprimorada; a patente publicada em 2017[41] descreve uma nova rota com um processo altamente eficiente que evita o isolamento de intermediários e introduz um procedimento para cristalizar de forma limpa o produto final em larga escala.[40]

No protocolo original (1970) para a síntese do benznidazol era empregado DMF e metóxido de sódio a temperaturas superiores a 100 °C.[42] No novo protocolo (Figura 9, 2017) as condições reacionais estabelecidas permitem a alquilação do 2-nitroimidazol, resultando no intermediário de reação acetilado sem que ocorra hidrólise. Em outro método patenteado em 2019, a *N*-alquilação de 2-nitroimidazol com *N*-benzil-2-cloroacetamida, na presença de uma base, como carbonato de potássio, e de um catalisador, como brometo de *terc*-butilamônio, fornece o benznidazol em alta pureza e rendimento.[43] O método pode ser realizado na ausência de um solvente ou em água. A simplicidade dos novos métodos representa uma melhoria em relação ao protocolo original e viabiliza uma aplicação em larga escala dessas metodologias.

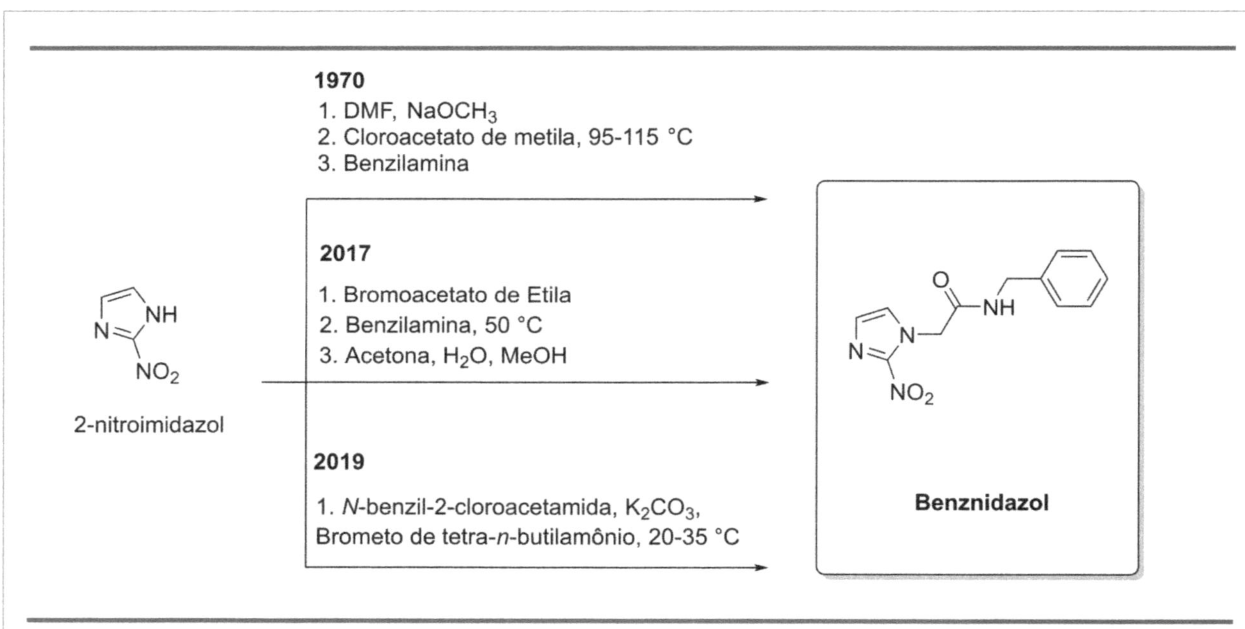

FIGURA 9 Protocolos para a síntese do fármaco benznidazol.

O flurbiprofeno, produzido e comercializado como uma mistura racêmica, constitui uma classe de fármacos com propriedades anti-inflamatórias não esteroides (Aine). Originalmente, na síntese descrita em 1964, o reagente comercial brometo de benzila foi utilizado para obter o intermediário acetato de etila após sete etapas. A finalização dessa rota sintética ocorre em mais três etapas subsequentes com a utilização do intermediário-chave etil 2-{2-flúor-[1,1'-bifenil]-4-il}acetato (Figura 10). Mais recentemente, em 2009, foi descrita a aplicação de catalisadores de níquel (Figura 10) em reações de acoplamento seletivo de um enolato no carbono ligado ao iodo e não no sulfonato de um anel aromático. Na sequência foi realizada a reação de Suzuki-Miyaura (reação de acoplamento cruzado, incialmente desenvolvida em 1981) na fração sulfamato, catalisada por outro reagente de níquel, seguida de hidrólise mediada por ácido para fornecer o flurbiprofeno.[44]

Comumente, na síntese dos anti-inflamatórios não esteroides arilpropiônicos são observadas estratégias de proteção e desproteção em uma porção ácida. Para isso, geralmente o ácido carboxílico é convertido em éster antes da alfa-arilação e depois convertido de volta no ácido na última etapa da rota sintética (Figura 10, 1964 e 2009). No entanto, um protocolo descrito em 2019 possibilita a alfa-arilação direta de ácidos carboxílicos em derivados de brometos de arila; a reação é catalisada por quantidades mínimas de paládio em uma única etapa.[45] Essa metodologia de alfa-arilação foi aplicada a uma ampla gama de grupos funcionais em posições variadas. Além do flurbiprofeno, outros quatro fármacos comerciais (Ibuprofeno, Naproxeno, Fenoprofeno e Cetoprofeno) foram preparados por esse método em uma única etapa e com rendimentos entre 81 e 96%.

A redução no número de etapas sintéticas pode ser verificada nos recentes avanços do preparo do antirretroviral Fumarato de Tenofovir Desoproxila (TDF). O processo tradicional de preparação desse pró-fármaco (Figura 11) inicia-se com duas reações de substituição nucleofílica via reação S_N2 para obter o intermediário

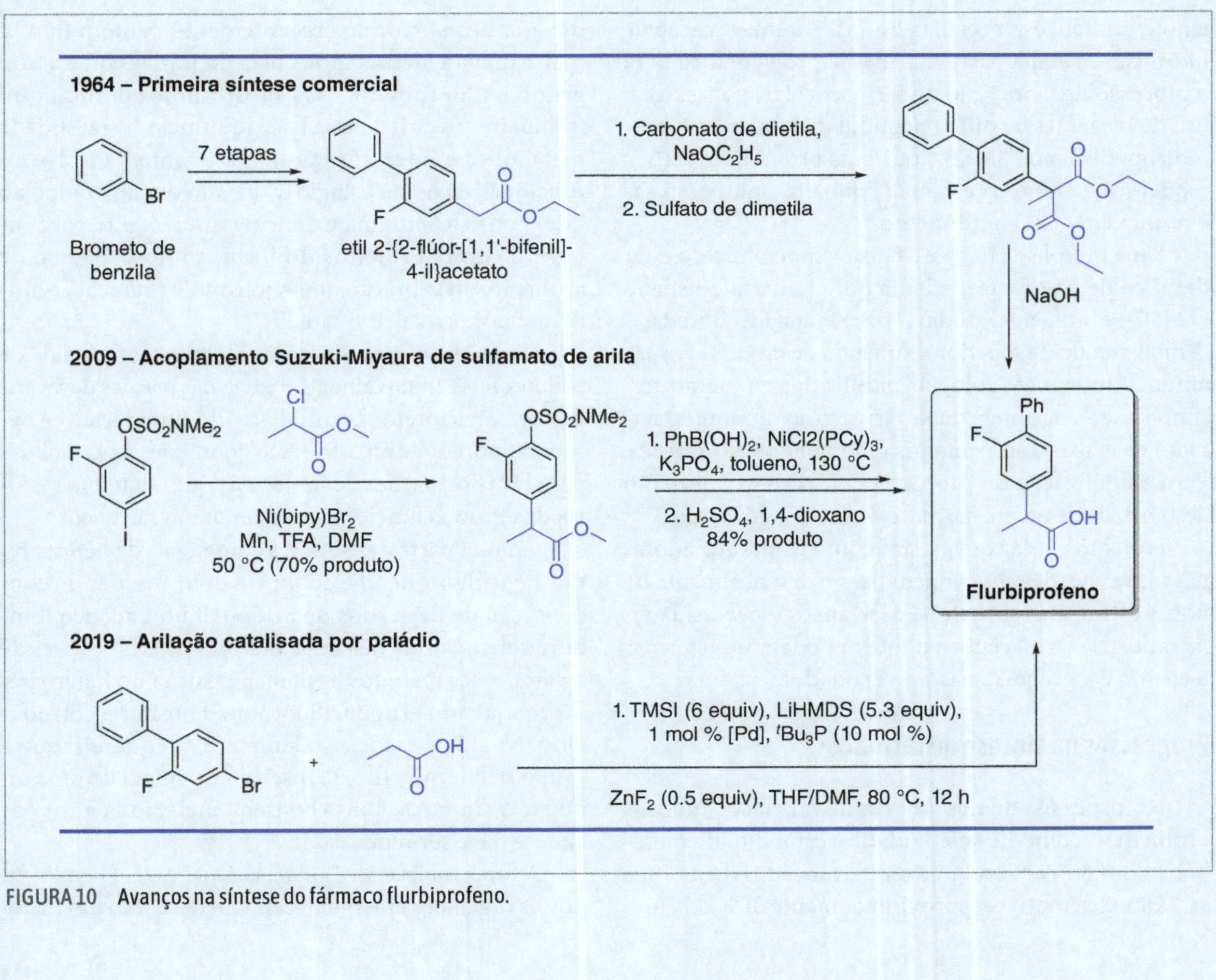

FIGURA 10 Avanços na síntese do fármaco flurbiprofeno.

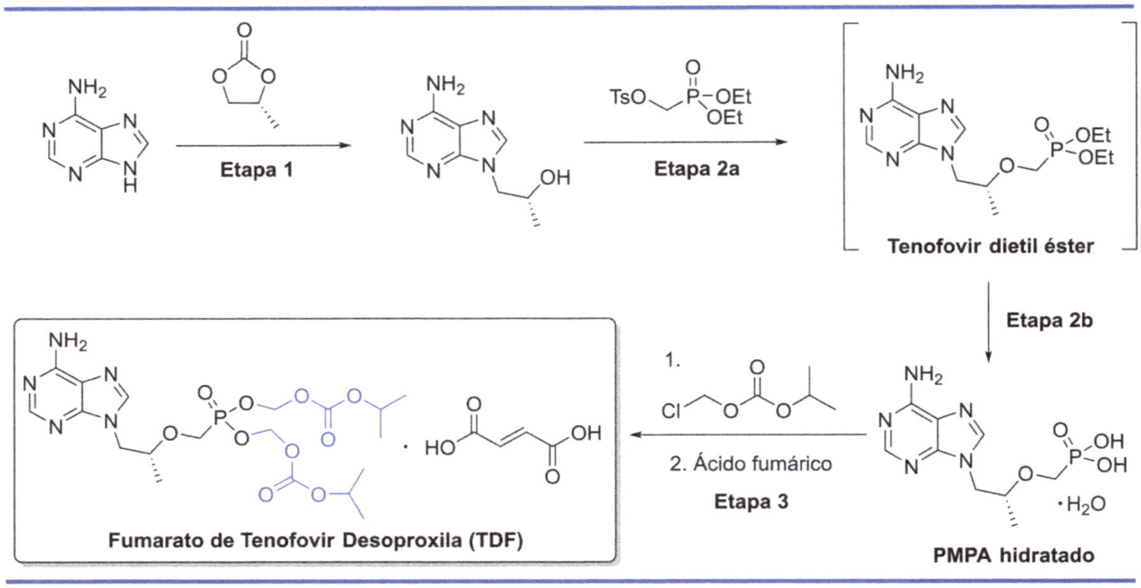

FIGURA 11 Avanços na síntese do fármaco Fumarato de Tenofovir Desoproxila (TDF).

tenofovir dietil éster (etapas 1 e 2a). Porém, a reação de hidrólise é a etapa particularmente problemática para o processo de fabricação do fármaco TDF, pois exige o uso de reagentes de difícil manipulação, tais como bromotrimetilsilano (TMSBr) ou ácido bromídrico (HBr), requer longo tempo reacional com altas temperaturas e resulta em baixo rendimento.

Uma hidrólise rápida e a baixa temperatura do éster dietílico de tenofovir mediada por clorotrimetilsilano (TMSCl) e brometo de sódio (NaBr) foram identificadas,[46] demonstrando-se superior ao método de produção usual; ainda, outras metodologias publicadas na literatura[47] simplificaram a síntese desse fármaco ao diminuir o número de etapas e aumentar os rendimentos das reações. Para a finalização do preparo do TDF, o grupamento desoproxila desse pró-fármaco é adicionado (etapa 3).[48]

Podemos notar que, assim como os pesquisadores nas universidades contribuem para o descobrimento de novas estratégias sintéticas, os avanços e necessidades na indústria farmacêutica também podem transformar o ensino e a pesquisa nas universidades.

Progressos na síntese de fármacos

No processo de descoberta de fármacos, muitos problemas, como de seletividade e estabilidade metabólica, surgem em estágios mais avançados da pesquisa. Por esses motivos, aproximadamente 30% dos medicamentos aprovados recentemente contêm flúor e quase metade dessas moléculas fluoradas contém um grupo trifluorometil.[49] Os substituintes fluoroalquil modulam propriedades físico-químicas, estabilidade metabólica e interações proteína-ligante.[50] Por isso, a funcionalização no estágio avançado de um composto líder consiste em uma estratégia interessante para superar eventuais efeitos do fármaco no processo de absorção, distribuição, metabolismo e excreção, e ainda melhorar a seletividade.[17,51,52]

No entanto, a maioria das sínteses comerciais de trifluorometilarenos ainda se baseia nas reações de Swarts de benzotricloretos com HF (ácido fluorídrico) e SF_5 (pentafluoreto de enxofre), em condições inadequadas para transformações de moléculas que contêm a maioria dos grupos funcionais presentes em fármacos.

Grande parte das sínteses comerciais de heteroarenos de trifluorometil é conduzida por reações de condensação de derivados do ácido trifluoroacético. Embora sejam condições mais brandas que as reações de Swarts, esses métodos limitam a posição no heteroareno em que um grupo trifluorometil possa ser introduzido. Nos dois casos, esses métodos requerem que o grupo trifluorometil seja inserido no início de uma sequência sintética; como consequência, toda a rota de síntese deve ser repensada.[53]

A funcionalização direta das ligações C–H em compostos orgânicos emergiu recentemente como um método poderoso e ideal para a formação de ligações carbono-carbono e carbono-heteroátomo.[52] Nessa estratégia, consegue-se diversificar rapidamente compostos líderes sem a necessidade de ressintetizar intermediários de reação já pré-funcionalizados.[54-59]

Ocorreram avanços impressionantes nos acoplamentos sp^2–sp^3 e sp^3–sp^3 nos últimos anos.[54-59] Porém, funcionalizar regioquimicamente uma molécula polar estruturalmente complexa de maneira previsível ainda permanece um desafio científico significativo.[1]

Para apresentar os desafios sintéticos e estratégias de estágio avançado de funcionalização C–H, considere-se o fármaco antipsicótico aripiprazol. Na Figura 12 estão destacadas as ligações C–H passíveis de funcionalização com base em padrões de seletividade conhecidos para muitos tipos de reação. A escolha dos reagentes e condições afeta significativamente a regiosseletividade ou a estereosseletividade do produto. Em seguida, deve-se pensar em quais grupos funcionais podem ser inseridos nessa estrutura química. No entanto, é primordial considerar se as novas moléculas propostas como produtos finais têm propriedades benéficas para melhorar a estabilidade metabólica, a biodisponibilidade e interações proteína-ligantes. Ainda, as transformações usadas devem ser robustas para obtenção dos produtos desejados, em poucas etapas e de fácil purificação.[5]

O aripiprazol é metabolizado principalmente por três vias de biotransformação: desidrogenação, hidroxilação e *N*-desalquilação. Uma estratégia interessante e barata, para aumentar a estabilidade metabólica, consiste na sililação de C–H catalisada por irídio, seguida da conversão em um grupo CF_3 no anel diclorofenil presente no fármaco aripiprazol. As condições dessa reação foram otimizadas para tolerar a inserção do grupo CF_3 em diversos tipos de anéis aromáticos ou heterociclos.[53]

Piperazinas, frequentemente utilizadas como ligante polar por químicos medicinais, podem ser oxidadas em posições endocíclicas para formar 2,3-dicetopiperazinas (DCP) ou ureias. Nessa estratégia os grupos retiradores de elétrons no anel aromático da piperazina protegem as ligações endocíclicas C–H da oxidação.

Essas técnicas de rápida obtenção de metabólitos de fármacos auxiliam na compreensão do mecanismo de ação, na previsão do resultado terapêutico e também para explicar a toxicidade de dado fármaco, bem como a obtenção de novos análogos, que podem ter suas atividades biológicas avaliadas.[60] No entanto, décadas de atividades sintéticas intensas produziram pouquíssimos sistemas catalíticos para a conversão direta de aminas em amidas ou em seus produtos de *N*-desalquilação.[61]

Outro avanço consiste no uso de catálise fotoredox, um método cada vez mais poderoso de geração eficiente de radicais para síntese orgânica.[15] O desenvolvimento de um método para a hidroximetilação de C–H à temperatura ambiente de heteroarenos é relatado na Figura 13. Um avanço importante nesse trabalho foi alcançado com a implementação da catálise de fotoredox mediada por luz visível.[62] O método provou-se aplicável a muitas classes de heteroarenos e tolerante a diversos grupos funcionais encontrados em moléculas semelhantes a fármacos.

A introdução do grupo funcional hidroximetil ($-CH_2OH$) é particularmente desejável em química medicinal, pois pode alterar propriedades físicas como log P e solubilidade.[15] Consequentemente, por meio de interações de ligação de hidrogênio, altera-se o modo de interação do farmacóforo. Nesse sentido, vários fármacos incorporaram esse grupo funcional, tais como pirbuterol e losartana (Figura 13). Além disso, um grupo hidroximetil pode ser usado como um ponto versátil de diversificação para acessar outros compostos alvo.[62]

Embora tenham sido discutidos aqui os diversos avanços em estratégias sintéticas empregadas na química medicinal, ainda permanecem vários desafios que estão apresentados de forma resumida no Quadro 1.

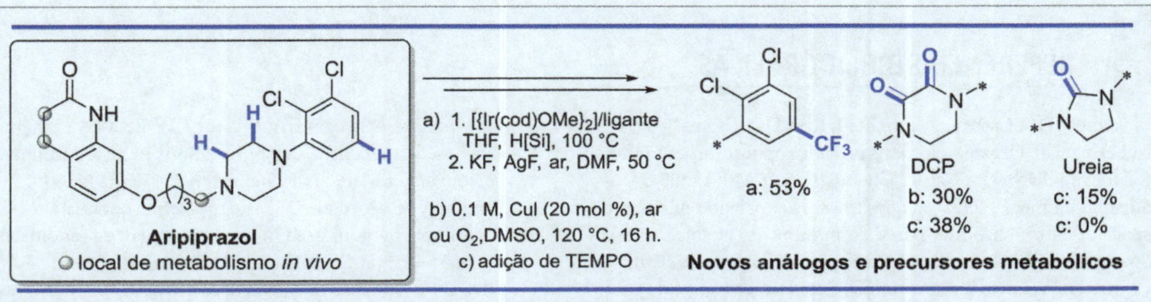

FIGURA 12 Estratégias de estágio avançado de funcionalização C–H para o fármaco aripiprazol.

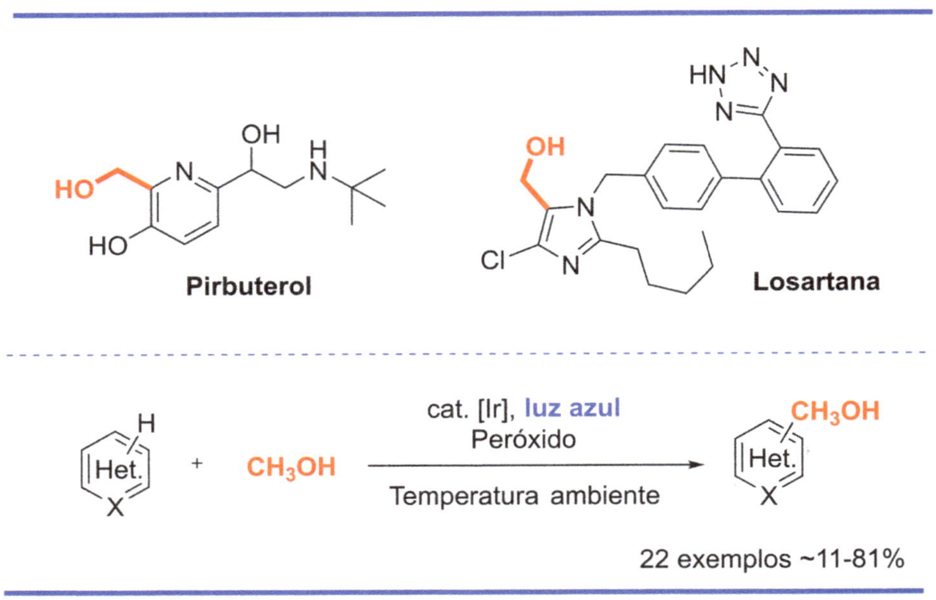

FIGURA 13 Catálise foto redox para a hidroximetilação de C–H de heteroarenos.

QUADRO 1 Futuro da síntese orgânica medicinal

Os anéis heterocíclicos estão presentes em muitos fármacos, mas muitas vezes é um grande desafio introduzir pequenas modificações estruturais seletivas nesses fragmentos para torná-los biologicamente ativos. Novas maneiras de acessar estereosseletivamente derivados substituídos são necessárias ao otimizar a atividade biológica ou para estudos de relação estrutura-atividade, seja por substituições em anéis alifáticos existentes ou por nova síntese de anéis a partir de precursores alifáticos. Portanto, novas reações são necessárias, tais como reações de ativação da ligação C−H e funcionalização de fármacos em estágio avançado de descoberta; síntese de novos compostos heterocíclicos alifáticos ou aromáticos estereosseletivamente substituídos; formação de ligações C−C e C−X (X: Me, OMe, CH_2OH, NH_2, OH, CF_3, CHF_2).[1]
Ainda existe uma lacuna de novas metodologias mais abrangentes que permitam a fluoração seletiva em qualquer posição nos sistemas aromáticos mais usados e nos átomos de carbono sp^3. A utilização de técnicas experimentais para determinar e otimizar rapidamente o escopo da reação consiste em uma solução potencial para minimizar esses problemas. Por exemplo, a criação de programas computacionais capazes de avaliar eficientemente a compatibilidade de grupos funcionais pelo uso de vários reagentes, ligantes e solventes, aliada à triagem experimental em escala nanomolar para identificar catalisadores ideais e condições de reação que possam ser altamente eficazes. A síntese assistida por computadores e a inteligência artificial para o planejamento da síntese têm o potencial de revolucionar a descoberta de fármacos e possibilitar uma rápida exploração da relação estrutura-atividade.[5] Além disso, o recente renascimento da química fotoredox, reações radicalares e novos avanços em transformações enzimáticas inspiraram pesquisadores da área a imaginar novas maneiras de funcionalizar moléculas orgânicas sem a necessidade da utilização de metais para catalisar reações de acoplamento.[1,5] O impacto positivo final dos avanços futuros na metodologia sintética orgânica será sobre a saúde humana, cuja melhoria provavelmente dependerá fortemente da química medicinal em todas as suas diversas formas.

REFERÊNCIAS BIBLIOGRÁFICAS

1. Blakemore DC, Castro L, Churcher I, Rees DC, Thomas AW, Wilson DM, et al. Organic synthesis provides opportunities to transform drug discovery. Nature Chemistry. 2018;10(4):383-94.
2. Silva DG, Emery FdS. Strategies towards expansion of chemical space of natural product-based compounds to enable drug discovery. Brazilian Journal of Pharmaceutical Sciences. 2018;54.
3. Palmer N, Peakman TM, Norton D, Rees DC. Design and synthesis of dihydroisoquinolones for fragment-based drug discovery (FBDD). Organic & Biomolecular Chemistry. 2016;14(5):1599-610.
4. Johnson CN, Erlanson DA, Murray CW, Rees DC. Fragment-to-lead medicinal chemistry publications in 2015: miniperspective. Journal of Medicinal Chemistry. 2017;60(1):89-99.
5. Roughley SD, Jordan AM. The medicinal chemist's toolbox: an analysis of reactions used in the pursuit of drug candidates. Journal of Medicinal Chemistry. 2011;54(10):3451-79.
6. Silva DG. Modelagem racional de novos dipeptídeos modificados como inibidores da enzima conversora de angiotensina [master]: Universidade Federal de Lavras; 2013.

7. Kubinyi H. Drug research: myths, hype and reality. Nature Reviews Drug Discovery. 2003;2(8):665-8.
8. Zhen G, Guoping H, Qiang L, Zhiguo L, Fei W, Xuejin Z, et al. Compound libraries: recent advances and their applications in drug discovery. Current Drug Discovery Technologies. 2017;14(4):216-28.
9. Galloway WRJD, Isidro-Llobet A, Spring DR. Diversity-oriented synthesis as a tool for the discovery of novel biologically active small molecules. Nature Communications. 2010;1(1):80.
10. Schreiber SL. Target-oriented and diversity-oriented organic synthesis in drug discovery. Science. 2000;287(5460):1964.
11. Schreiber SL. Target-oriented and diversity-oriented organic synthesis in drug discovery. Science. 2000;287(5460):1964-9.
12. Oprea TI, Davis AM, Teague SJ, Leeson PD. Is there a difference between leads and drugs? A historical perspective. J Chem Inf Comput Sci. 2001;41(5):1308-15.
13. Silva DG. Planejamento, síntese e avaliação de inibidores da enzima cruzaína e de agentes tripanossomicidas derivados de imidazopiridina: USP; 2017.
14. Zhang X, MacMillan DWC. Alcohols as latent coupling fragments for metallaphotoredox catalysis: sp3-sp2 cross-coupling of oxalates with aryl halides. Journal of the American Chemical Society. 2016;138(42):13862-5.
15. Prier CK, Rankic DA, MacMillan DWC. Visible light photoredox catalysis with transition metal complexes: applications in organic synthesis. Chemical Reviews. 2013;113(7):5322-63.
16. Romero NA, Nicewicz DA. Organic photoredox catalysis. Chemical Reviews. 2016;116(17):10075-166.
17. Cernak T, Dykstra KD, Tyagarajan S, Vachal P, Krska SW. The medicinal chemist's toolbox for late stage functionalization of drug-like molecules. Chemical Society Reviews. 2016;45(3):546-76.
18. Newman DJ, Cragg GM. Natural products as sources of new drugs over the last 25 years. Journal of Natural Products. 2007;70(3):461-77.
19. Warren S. Organic synthesis: the disconnection approach. John Wiley & Sons; 2007.
20. Cruz SV, Mirón CE, García PC. Fundamentos de síntesis de fármacos: Edicions Universitat Barcelona; 2005.
21. Cornils B, Herrmann WA, Beller M, Paciello R. Applied homogeneous catalysis with organometallic compounds: a comprehensive handbook in four volumes. John Wiley & Sons; 2017.
22. Brown DG, Bostrom J. Analysis of past and present synthetic methodologies on medicinal chemistry: where have all the new reactions gone? Miniperspective. Journal of Medicinal Chemistry. 2016;59(10):4443-58.
23. Stawikowski M, Fields GB. Introduction to peptide synthesis. Current Protocols in Protein Science. 2012;69(1):18.1. 1-.1. 3.
24. Petrou C, Sarigiannis Y. Peptide synthesis: methods, trends, and challenges. Peptide Applications in Biomedicine, Biotechnology and Bioengineering. Elsevier; 2018. p.1-21.
25. El-Faham A, Albericio F. Peptide coupling reagents, more than a letter soup. Chemical Reviews. 2011;111(11):6557-602.
26. Jang DO, Park DJ, Kim J. A mild and efficient procedure for the preparation of acid chlorides from carboxylic acids. Tetrahedron Letters. 1999;40(29):5323-6.
27. Orain D, Ellard J, Bradley M. Protecting groups in solid-phase organic synthesis. Journal of Combinatorial Chemistry. 2002;4(1):1-16.
28. Kocienski P. Synthesis of palbociclib. Synfacts. 2016;12(10):1012.
29. Roy B, Depaix A, Perigaud C, Peyrottes S. Recent trends in nucleotide synthesis. Chemical Reviews. 2016;116(14):7854-97.
30. Galan MC, Benito-Alifonso D, Watt GM. Carbohydrate chemistry in drug discovery. Organic & Biomolecular Chemistry. 2011;9(10):3598-610.
31. Kim H-K, Park K-JJ. A new efficient synthesis of oseltamivir phosphate (Tamiflu) from (−)-shikimic acid. Tetrahedron Letters. 2012;53(13):1561-3.
32. Waldeck B. Biological significance of the enantiomeric purity of drugs. Chirality. 1993;5(5):350-5.
33. Taylor RD, MacCoss M, Lawson AD. Rings in drugs: miniperspective. Journal of Medicinal Chemistry. 2014;57(14):5845-59.
34. Wenthur CJ, Bennett MR, Lindsley CW. Classics in chemical neuroscience: fluoxetine (Prozac). ACS Chemical Neuroscience. 2014;5(1):14-23.
35. Reddy VP. Chapter 9 – Organofluorine compounds as anticancer agents. In: Reddy VP (ed.). Organofluorine compounds in biology and medicine. Amsterdam: Elsevier; 2015. p.265-300.
36. Ku Y-Y, Chan VS, Christesen A, Grieme T, Mulhern M, Pu Y-M, et al. Development of a Convergent large-scale synthesis for venetoclax, a first-in-class BCL-2 selective inhibitor. The Journal of Organic Chemistry. 2019;84(8):4814-29.
37. Zheng Y, Zhang L, Meggers E. Catalytic enantioselective synthesis of key propargylic alcohol intermediates of the anti-HIV drug efavirenz. Organic Process Research & Development. 2018;22(1):103-7.
38. Grabowski EJJ. Enantiopure drug synthesis: from methyldopa to imipenem to efavirenz. Chirality. 2005;17(S1):S249-S59.
39. Vardanyan RS, Hruby VJ. 33 – Antimicrobial drugs. In: Vardanyan RS, Hruby VJ (eds.). Synthesis of essential drugs. Amsterdam: Elsevier; 2006. p.499-523.
40. Flick AC, Leverett CA, Ding HX, McInturff E, Fink SJ, Helal CJ, et al. Synthetic Approaches to the new drugs approved during 2017. Journal of Medicinal Chemistry. 2019;62(16):7340-82.
41. Watson L. Making benznidazole. WO 2017205622A1. 2017.
42. Beaman AG, Duschinsky R, Tautz WP. 2-nitro-imidazolyl-1-acetamides. Google Patents; 1970.
43. Ear HV, Carmen De Merlos CEC, Carpio AKS, Mestra DAS, Manuel M. Manufacturing method for benznidazole production and the industrial scaling thereof, 2018.
44. Quasdorf KW, Riener M, Petrova KV, Garg NK. Suzuki-Miyaura coupling of aryl carbamates, carbonates, and sulfamates. Journal of the American Chemical Society. 2009;131(49):17748-9.
45. He Z-T, Hartwig JF. Palladium-catalyzed α-arylation of carboxylic acids and secondary amides via a traceless protecting strategy. Journal of the American Chemical Society. 2019;141(30):11749-53.
46. Houghton SR, Melton J, Fortunak J, Brown Ripin DH, Boddy CN. Rapid, mild method for phosphonate diester hydrolysis: development of a one-pot synthesis of tenofovir disoproxil fumarate from tenofovir diethyl ester. Tetrahedron. 2010;66(41):8137-44.
47. Clososki GC, Soldi RA, Silva RMd, Guaratini T, Lopes JNC, Pereira PRR, et al. Tenofovir disoproxil fumarate: new chemical developments and encouraging in vitro biological results for SARS-CoV-2. Journal of the Brazilian Chemical Society. 2020;31:1552-6.
48. Arimilli AN, Cundy KC, Dougherty JP, Kim CU, Oliyai R, Stella VJ. Nucleotide analogs, 1996.
49. Zhou Y, Wang J, Gu Z, Wang S, Zhu W, Aceña JL, et al. Next generation of fluorine-containing pharmaceuticals, compounds currently in phase II: III clinical trials of major pharmaceutical companies: new structural trends and therapeutic areas. Chemical Reviews. 2016;116(2):422-518.
50. Purser S, Moore PR, Swallow S, Gouverneur V. Fluorine in medicinal chemistry. Chemical Society Reviews. 2008;37(2):320-30.

51. Wencel-Delord J, Glorius F. C–H bond activation enables the rapid construction and late-stage diversification of functional molecules. Nature Chemistry. 2013;5(5):369-75.
52. Yamaguchi J, Yamaguchi AD, Itami K. C–H bond functionalization: emerging synthetic tools for natural products and pharmaceuticals. Angewandte Chemie International Edition. 2012;51(36):8960-9009.
53. Morstein J, Hou H, Cheng C, Hartwig JF. Trifluoromethylation of arylsilanes with [(phen)CuCF3]. Angewandte Chemie International Edition. 2016;55(28):8054-7.
54. Fox JC, Gilligan RE, Pitts AK, Bennett HR, Gaunt MJ. The total synthesis of K-252c (staurosporinone) via a sequential C–H functionalisation strategy. Chemical Science. 2016;7(4):2706-10.
55. Kim Y, Park J, Chang S. A direct access to 7-aminoindoles via iridium-catalyzed mild C–H amidation of N-pivaloylindoles with organic azides. Organic Letters. 2016;18(8):1892-5.
56. Calleja J, Pla D, Gorman TW, Domingo V, Haffemayer B, Gaunt MJ. A steric tethering approach enables palladium-catalysed C–H activation of primary amino alcohols. Nature Chemistry. 2015;7(12):1009-16.
57. O'Hara F, Blackmond DG, Baran PS. Radical-based regioselective C–H functionalization of electron-deficient heteroarenes: scope, tunability, and predictability. Journal of the American Chemical Society. 2013;135(32):12122-34.
58. Liao K, Negretti S, Musaev DG, Bacsa J, Davies HML. Site-selective and stereoselective functionalization of unactivated C–H bonds. Nature. 2016;533(7602):230-4.
59. Zhang Z, Tanaka K, Yu J-Q. Remote site-selective C–H activation directed by a catalytic bifunctional template. Nature. 2017;543(7646):538-42.
60. 60. Pereira DG. Importância do metabolismo no planejamento de fármacos. Química Nova. 2007;30:171-7.
61. Genovino J, Sames D, Hamann LG, Touré BB. Accessing drug metabolites via transition-metal catalyzed C–H oxidation: the liver as synthetic inspiration. Angewandte Chemie International Edition. 2016;55(46):14218-38.
62. Huff CA, Cohen RD, Dykstra KD, Streckfuss E, DiRocco DA, Krska SW. Photoredox-catalyzed hydroxymethylation of heteroaromatic bases. The Journal of Organic Chemistry. 2016;81(16):6980-7.

CAPÍTULO 10

Planejamento de fármacos baseado na estrutura do receptor e do ligante

Carlos Mauricio R. Sant'Anna

INTRODUÇÃO

Um dos conceitos fundamentais da Química Medicinal é o de que a atividade dos fármacos está intrinsecamente relacionada à estrutura molecular. Uma simples inversão de configuração em um centro quiral, por exemplo, pode abolir a atividade de dada molécula bioativa e até mesmo resultar em efeitos adversos, sendo o caso dos enantiômeros da talidomida o exemplo clássico.

Desde a proposta original feita em 1894 por E. Fischer de que enzimas e seus substratos apresentam complementaridade estrutural, no que ficou conhecido como modelo chave-fechadura,[1] estava implícita a importância da estrutura molecular de moléculas pequenas (ligantes) para a atividade de biomacromoléculas – e em sua possível modulação com a construção de ligantes específicos, com potencial ação farmacológica.

Esse papel central da estrutura molecular na atividade logo mostrou aos químicos medicinais a importância da determinação da estrutura como instrumento para auxiliar o planejamento efetivo de moléculas bioativas. Quando se pensa em proteínas e seus complexos com ligantes, essa determinação pode ser feita experimentalmente no estado sólido por técnicas como a cristalografia de raios x e a microscopia eletrônica de transmissão (TEM, do inglês *transmission electron microscopy*); em solução, a ressonância magnética nuclear (RMN) vem sendo explorada de modo crescente. No entanto, a determinação experimental dessas estruturas depende de equipamentos caros e é geralmente um processo longo, no qual a macromolécula-alvo deve ser produzida em quantidades relativamente grandes e purificada. Para a cristalografia de raios x, o alvo deve ser cristalizado e o cristal resultante deve difratar com resolução suficiente. Na RMN, a proteína também deve ser produzida em grandes quantidades para se obter soluções altamente concentradas.

Uma alternativa aos métodos experimentais de determinação da estrutura é a modelagem molecular. As bases para a determinação teórica da estrutura molecular foram lançadas ainda nas primeiras décadas do século XX com o desenvolvimento da mecânica quântica,[2] embora sua aplicação para a previsão da estrutura de moléculas com um número grande de átomos tenha tido que esperar o surgimento de computadores, devido à complexidade da resolução das equações envolvidas em cálculos quânticos. De fato, o crescimento do uso da modelagem molecular está intimamente relacionado com a disponibilidade de computadores cada vez mais rápidos e com a maior capacidade de armazenamento de dados.

Os métodos quânticos não são, no entanto, a única aproximação teórica desenvolvida para a determinação da estrutura molecular. Nos chamados métodos de campo de força, como a mecânica molecular, as equações da mecânica quântica que preveem a relação entre estrutura e energia são substituídas por um conjunto de equações da Física Clássica, de solução mais simples e rápida.[3] Essa aproximação clássica também é a base da dinâmica molecular, um método capaz de descrever a evolução no tempo da estrutura molecular e de sua energia, o que possibilita a descrição de trajetórias e não somente dos estados estacionários que são obtidos por meio dos procedimentos de minimização de energia geralmente usados pelos métodos quânticos e pela mecânica molecular.

Cada um desses métodos tem vantagens e limitações cuja discussão detalhada vai além do escopo de caráter introdutório deste capítulo, sendo parte do trabalho do pesquisador interessado em explorá-los como ferramentas para a determinação da estrutura molecular escolher aquele que é o mais adequado para seu interesse de pesquisa, levando em consideração o tipo da informação relevante, a precisão necessária e o custo computacional envolvido em sua obtenção. O leitor interessado na discussão da teoria e nos aspectos matemáticos de cada método aplicado à modelagem molecular pode encontrar excelentes textos sobre o assunto na literatura.[4-6]

Outro aspecto a ser considerado é a escolha dos programas a serem usados para os cálculos de modelagem molecular. Muitos programas de modelagem molecular de ótima qualidade estão disponíveis, alguns comerciais e outros gratuitos para o uso com fins acadêmicos; bons guias podem ser encontrados para auxiliar os interessados, como o sítio www.click2drug.org/.

Especificamente no campo da Química Medicinal, a modelagem molecular é usada na abordagem chamada planejamento de fármacos auxiliado por computadores (CADD, do inglês *computer assisted drug design*).[7,8] O CADD pode ser empregado desde os estágios de identificação até a otimização estrutural de compostos protótipo. Em comparação aos métodos tradicionais de descoberta de medicamentos, os orientados de planejamento podem trazer uma redução no tempo e no custo envolvidos no processo de desenvolvimento de novos medicamentos.

As estratégias empregadas para o CADD são divididas em dois grandes grupos, o planejamento de fármacos baseado nos ligantes (LBDD, do inglês *ligand based drug design*) e o planejamento de fármacos baseado na estrutura do alvo (SBDD, do inglês *structure based drug design*). Alguns dos principais métodos usados nessas estratégias serão discutidos neste capítulo.

É importante ainda destacar que os métodos empregados no CADD vão além dos usados para a determinação da estrutura, incluindo também procedimentos para determinar e propor a otimização de outros fatores importantes para o projeto de novos candidatos a fármacos, como o perfil de absorção, distribuição, metabolismo, excreção e toxicidade (ADME-Tox) de moléculas selecionadas,[9] mas que não serão abordados aqui.

PLANEJAMENTO DE FÁRMACOS BASEADO NA ESTRUTURA DO ALVO (SBDD)

A aplicação dos métodos de SBDD requer a disponibilidade da estrutura 3D do alvo, em geral uma enzima ou um receptor celular, cuja modulação foi identificada como importante para o tratamento de uma patologia. Mais comumente, a estrutura do alvo ou de seu complexo com ligantes é determinada por técnicas experimentais, como a cristalografia de raios x, a TEM ou a RMN.

Estruturas 3D de proteínas podem ser adquiridas, por exemplo, no sítio de domínio público do *Protein Data Bank* (PDB, https://www.rcsb.org/), no qual, no início de 2020, encontravam-se disponíveis mais de 160 mil estruturas obtidas por diferentes técnicas. No entanto, o potencial do uso de estruturas 3D de proteínas em projetos de SBDD é muito maior do que esse número, visto que a velocidade com que se determinam as sequências de aminoácidos (estruturas primárias) das proteínas é muito maior, estando disponíveis atualmente mais de 560 mil sequências revisadas no sítio de domínio público *Swiss-Prot* e mais de 177.750.000 estruturas ainda não revisadas no sítio de domínio público *TrEMBL*, ambos reunidos no sítio *UniProtKB* (https://www.uniprot.org/). Um meio de explorar esse potencial é a modelagem de proteínas.

Modelagem de proteínas

É possível usar as estruturas primárias das proteínas para prever suas respectivas estruturas terciárias. Como acontece com moléculas pequenas, a estrutura das proteínas também pode ser prevista por métodos de modelagem molecular. Porém, enquanto para estas últimas um procedimento de minimização de energia produz em geral bons resultados, para as proteínas métodos de modelagem específicos tiveram de ser desenvolvidos devido à complexidade muito maior de suas estruturas, principalmente no aspecto conformacional. O método de modelagem de proteínas mais explorado atualmente é o que emprega a comparação estrutural a estruturas 3D conhecidas, chamado modelagem comparativa ou por homologia.[10] Um exemplo de servidor de acesso público para a modelagem comparativa de proteínas *on-line* é o *Swiss-Model* (https://swissmodel.expasy.org/).

Para ser possível o uso do método, normalmente a proteína molde deve apresentar no mínimo 30% de identidade com a sequência da proteína-alvo. Em linhas gerais, o processo de modelagem comparativa de proteínas é composto pelas seguintes etapas: (i) identificação de proteínas homólogas com estruturas 3D conhecidas para servir como moldes; (ii) alinhamento das sequências de proteínas alvo e molde; (iii) geração de modelo para o alvo com base na estrutura 3D do molde e no alinhamento; (iv) refinamento (aplicando-se a minimização de energia por um método rápido, em geral, como a mecânica molecular), e, por fim, (v) a validação do modelo.[10,11]

A modelagem comparativa depende da existência de ao menos uma proteína molde adequada. Na ausência desta, é possível em muitos casos criar modelos usando uma metodologia chamada modelagem de proteínas *ab initio* (ou *de novo*). Em geral, a modelagem *ab initio* realiza uma análise conformacional orientada por uma função de energia específica. Esse procedimento costuma gerar várias conformações possíveis, e os modelos finais são selecionados a partir delas. Assim, a modelagem *ab initio* bem-sucedida depende de três fatores: (i) uma função de energia precisa, para a qual a estrutura nativa de uma proteína corresponda ao estado mais estável, em comparação a todas as conformações possíveis; (ii) um método de busca eficiente para identificar rapidamente os estados de baixa energia por meio da análise conformacional; (iii) uma estratégia para selecionar modelos quase nativos de um conjunto de conformações possíveis.[12]

As funções de energia usadas em modelagem *ab initio* podem ser divididas em dois grupos: funções de energia baseadas nas leis físicas e funções de energia baseadas no conhecimento, nas quais se faz uso de estatísticas das estruturas 3D de proteínas depositadas em bancos de dados como o PDB. A modelagem *ab initio* bem-sucedida de estruturas de proteínas depende da disponibilidade de um método poderoso de busca de conformação que possa encontrar com eficiência a estrutura de energia mínima global na superfície de energia potencial da proteína, que é muito complexa. O método de Monte Carlo e a dinâmica molecular (discutidos mais adiante) são muito usados na exploração do espaço conformacional de proteínas.

Atualmente, o procedimento tem uma probabilidade razoável de prever a estrutura 3D de proteínas relativamente pequenas. A previsão da estrutura 3D para proteínas maiores exigirá algoritmos melhores e recursos computacionais maiores, como os oferecidos por supercomputadores ou projetos de computação distribuída, por exemplo, *Folding@home* (https://foldingathome.org/) e *Rosetta@home* (https://boinc.bakerlab.org/).

A partir da disponibilidade de uma estrutura 3D da proteína-alvo com qualidade adequada, quer seja obtida experimentalmente ou por métodos teóricos, os métodos de SBDD podem ser aplicados. Em geral, o que se busca é avaliar como ligantes interagem com essa estrutura e daí extrair informações que possam auxiliar na identificação de novos ligantes ou na otimização estrutural destes. Essas informações podem ser somente estruturais, por exemplo, quais interações específicas foram estabelecidas, ou energéticas, quando dizem respeito à energia de interação entre os ligantes e a proteína-alvo. A energia de interação é um parâmetro de grande importância na previsão da atividade de um ligante, visto que essa energia reflete a estabilidade termodinâmica do complexo, um fator relacionado com medidas experimentais da atividade de dado ligante, como a constante de inibição K_i de inibidores enzimáticos.

O desafio que se coloca neste ponto é prever como cada ligante interage com a estrutura do alvo. Quando se pensa na forma como um ligante se encaixa em uma proteína, graus de liberdade translacionais, rotacionais e conformacionais precisam ser considerados. Os sítios de interação podem ser relativamente largos, contendo diferentes pontos de interação em potencial, de modo que muitas formas de interação alternativas para os ligantes são possíveis. Duas metodologias para o tratamento do problema se destacam, discutidas a seguir.

Docagem molecular

A docagem molecular (também chamada de ancoramento, acoplamento, atracamento ou mesmo *docking*) é a solução de menor custo computacional e, consequentemente, de maior rapidez para definir a orientação e a conformação (que definem a chamada "pose") do ligante ao interagir com a proteína-alvo. Há muitos programas e servidores disponíveis para o uso gratuito do método, como o servidor *DockThor* (https://www.dockthor.lncc.br/v2/).

As proteínas contêm muitas cavidades, e a primeira tarefa é descobrir o sítio de interação mais provável. Em geral, isso é auxiliado por informações experimentais, como estruturas cristalográficas contendo ligantes cocristalizados, ou por meio de estudos de mutagênese. Na ausência destas, métodos como a docagem exploratória (*blind docking*) podem ser empregados para encontrar e classificar as várias cavidades de interação possíveis. Muitos programas e servidores usados para a docagem oferecem essa opção, alguns inclusive de acesso público, como o programa *AutoDock* e o servidor *SwissDock* (http://www.swissdock.ch/).

Segundo a teoria do encaixe induzido, proposta por Koshland,[13] o processo de interação entre um ligante e sua proteína-alvo causa mudanças conformacionais em ambos. No entanto, para simplificar o problema e reduzir o custo computacional, a maior parte dos programas adota o modelo chave-fechadura e efetua a chamada docagem rígida, na qual ocorrem apenas mudanças conformacionais nos ligantes durante a busca de poses. Certos programas também efetuam uma docagem semirrígida, na qual se dá algum nível de liberdade conformacional às cadeias laterais ou a fragmentos da cadeia polipeptídica considerados mais relevantes para a interação.

Além dessa primeira simplificação, a rapidez do método de docagem também é resultante do uso de algoritmos altamente eficientes para a busca de soluções de problemas que envolvem muitas variáveis, os chamados algoritmos de busca. Os mais simples são baseados em critérios puramente geométricos, ou seja, no melhor encaixe entre o ligante e a proteína, enquanto outros incluem alguma medida da interação entre o ligante e a proteína, como a energia envolvida. Entre os mais usados estão os algoritmos estocásticos, que realizam mudanças aleatórias para explorar as poses do ligante no interior da proteína.

Método de Monte Carlo

Um exemplo é o método de Monte Carlo, para o qual foram desenvolvidos diferentes algoritmos, sendo o mais usado o algoritmo de Metropolis.[14] Nele, as poses são geradas alterando-se aleatoriamente a orientação e a conformação do ligante. Cada pose gerada tem sua energia de interação comparada com a energia da pose anterior. Se esta for menor, a pose é aceita e usada como ponto de partida para a geração de uma nova pose. Se a energia for maior, aplica-se um algoritmo de decisão e ela pode ser aceita ou rejeitada, dependendo de uma fórmula de probabilidade que leva em consideração tanto a energia quanto a temperatura assumida para o sistema.

A temperatura é inicialmente alta e gradualmente reduzida à medida que o processo avança. Isso permite que poses de maior energia sejam aceitas com maior frequência no início, evitando-se que o espaço de busca (o espaço onde se definem as conformações e orientações) fique limitado à região inicial. Esse procedimento aumenta as chances de que regiões de menor energia sejam encontradas fora da região inicial, melhorando a amostragem do espaço de busca.

Algoritmo genético

Outro algoritmo bastante usado é o algoritmo genético, uma técnica de busca de soluções que mimetiza o processo de evolução natural.[15] Cada indivíduo (nesse caso, uma pose) recebe um cromossomo, que contém informações sobre sua posição no espaço de busca. Os indivíduos formam uma população inicial, gerada aleatoriamente no espaço de busca, que é submetida a uma série de operações genéticas, como mutações (mudanças aleatórias no cromossomo) e cruzamentos (misturas dos cromossomos de indivíduos, que podem ser mais do que dois), produzindo-se uma nova geração. Após um processo de seleção, os indivíduos mais aptos da nova geração em comparação aos da antiga os substituirão. Dessa forma, a população vai evoluindo na direção da melhor aptidão, que no caso representa a melhor solução no espaço de busca. O procedimento é concluído após o desenvolvimento de um número adequado de gerações, que pode ser controlado pelo operador.

Para ser feita a seleção dos mais aptos, é necessário classificar os indivíduos por meio de funções específicas, chamadas funções de aptidão (ou funções de pontuação).[16] Há funções com base em campos de força, que avaliam a energia de interação entre determinada pose e a proteína por meio de termos de potencial semelhantes aos usados na mecânica molecular, como o potencial eletrostático e o potencial de Van der Waals. As chamadas funções empíricas foram projetadas para reproduzir conjuntos de informações experimentais sobre a interação entre ligantes e proteínas, como energias de interação derivadas de dados de afinidade. As funções com base no conhecimento têm por objetivo reproduzir geometrias observadas experimentalmente em complexos proteína/ligante, avaliadas estatisticamente.

Deve ser destacado que os métodos de docagem têm como principal objetivo a previsão dos modos de interação entre o ligante e a proteína; não necessariamente os resultados das funções de pontuação refletem a ordem de dados experimentais como a atividade, por exemplo. Isso ocorre porque a atividade é dependente de uma série de fatores além da energia de interação.

Uma alternativa interessante é selecionar os resultados mais promissores e submetê-los a um refinamento por meio de cálculos de maior qualidade para que se obtenham melhores estruturas e, consequentemente, energias de interação mais bem previstas. Esses cálculos podem incluir, por exemplo, modelos empíricos de previsão da energia livre de interação, em que termos termodinâmicos associados ao processo de interação são calculados separadamente e somados para se obter uma previsão da energia final, após uma calibração com dados experimentais de atividade.[17]

Dinâmica molecular

Nos métodos de docagem molecular descritos, a estratégia usada na exploração do espaço de busca é estatística. Na dinâmica molecular (DM), a estratégia é determinística: cada estrutura é gerada a partir de uma anterior por meio da aplicação de equações da Física Clássica ao sistema molecular, produzindo uma trajetória através do espaço de busca.[18] Essas equações são aplicadas à totalidade do sistema, ou seja, todos os graus de liberdade são incluídos na DM tanto para o ligante quanto para a proteína, assim como para quaisquer outras moléculas incluídas no sistema, como as de solvente. Essa é uma das razões de a DM ter um custo computacional bem mais elevado do que a docagem molecular.

Em um cálculo de DM, a energia potencial é determinada com base em equações similares às dos campos de força da mecânica molecular, mas a energia cinética também é incluída, e depende da temperatura assumida para o sistema. No início do processo, os átomos recebem aleatoriamente parcelas dessa energia cinética. Como os átomos agora têm velocidade, podem acontecer colisões, transformando a energia cinética dos átomos em energia potencial, o que possibilita ao sistema migrar entre mínimos de energia potencial dentro do intervalo de tempo considerado. A resolução das equações de movimento da DM representa a evolução no tempo dos movimentos moleculares, a trajetória, e pode ser usada para o estudo de propriedades que dependam do tempo, tais como a difusão, o enovelamento de cadeias moleculares de proteínas, a distribuição de moléculas de solvente ao redor de um soluto e a interação entre um ligante e sua proteína-alvo.

O cálculo dos movimentos moleculares é bastante complexo, pois cada momento da simulação envolve o cálculo da força, da aceleração e da velocidade dos átomos do sistema, determinando-se com isso suas novas posições. O intervalo de tempo de cada etapa da trajetória deve ser pequeno o suficiente para que a aceleração seja considerada constante nesse intervalo, mas não muito pequeno, pois tornaria o tempo de cálculo da trajetória proibitivo. Em geral, o intervalo usado é da ordem de 0,5 a 1 fs (1 fs = 10^{-15} s).

Os átomos, após alcançarem as velocidades necessárias, devem passar por um *período de equilibração*, para que a redistribuição da energia assegure a estabilidade do sistema. As velocidades precisam ser recalculadas periodicamente para o sistema ser trazido de volta à temperatura de interesse. Isso ocorre porque, como o sistema começa geralmente com uma geometria previamente otimizada, sua energia potencial é um mínimo. Pelo princípio da equipartição de energia, à medida que o cálculo procede, a energia cinética é redistribuída para a energia potencial, ou seja, enquanto a energia potencial sobe, a energia cinética (e a temperatura) diminui.

Nos sistemas com solvente, as moléculas dos solutos são imersas em uma caixa de moléculas de solvente. O problema é que, ao contrário das moléculas do interior da caixa, que estão submetidas a interações por todos os lados, as moléculas situadas nas faces da caixa estão no vácuo de um dos lados desta. Essa assimetria é resolvida com as chamadas condições periódicas de contorno: a caixa é circundada por imagens dela própria, formando uma grade. Assim, as moléculas da face estão presentes em um ambiente mais homogêneo, pois podem interagir com as moléculas-imagem das caixas vizinhas.

Uma das principais vantagens da DM sobre simulações de Monte Carlo é que propriedades dependentes do tempo podem ser calculadas. Informações detalhadas sobre a energia também são imediatamente disponíveis após a simulação de dinâmica. As principais mudanças em um sistema são facilmente identificadas em um gráfico da energia potencial em função do tempo.

Triagem virtual baseada na estrutura do alvo

Nos anos 1990, a indústria farmacêutica começou a explorar um novo procedimento experimental chamado triagem de alto rendimento (HTS, do inglês *high throughput screening*), um processo empregado para a descoberta de novos candidatos a fármacos. A HTS se baseia no teste automatizado de um grande número de compostos químicos ou biológicos sobre alvos biológicos específicos, aproveitando a robótica e a automação para testar rapidamente suas atividades biológicas ou bioquímicas.[19]

O equivalente *in silico* da HTS é a triagem virtual, uma estratégia baseada em algoritmos e modelos computacionais para selecionar os compostos candidatos a fármacos a partir de uma biblioteca química (quimioteca) virtual.[20] Duas estratégias principais podem ser usadas na triagem virtual: a triagem virtual baseada na estrutura do alvo (SBVS, do inglês *structure based virtual screening*) e a triagem virtual baseada nos ligantes (LBVS, do inglês *ligand based virtual screening*), que será discutida mais adiante.

Independentemente da abordagem, o que é comum a todos os procedimentos de triagem virtual é o uso de bancos de dados de estruturas químicas de ligantes, as quimiotecas virtuais. Há muitos exemplos dessas quimiotecas virtuais, que podem ter centenas de milhões de estruturas, algumas disponíveis gratuitamente, enquanto outras apenas comercialmente.[20]

A quimioteca virtual deve apresentar, em geral, uma boa diversidade estrutural, mas o nível de diversidade necessária depende da fase da descoberta do fármaco em que a pesquisa será feita. Na fase de identificação se deseja que os compostos triados sejam estruturalmente diversos, para que novos *hits* possam ser identificados, enquanto na fase de otimização se deseja a triagem de compostos estruturalmente semelhantes a um ligante bioativo conhecido para facilitar a construção de um bom modelo que correlacione estrutura e atividade.

Existem quimiotecas disponíveis que podem ser pré-filtradas usando-se critérios de classificação como propriedades físico-químicas baseadas em regras empíricas (como a regra dos cinco de Lipinski)[21] ou propriedades ADME/Tox.[22] O objetivo do uso de filtros é disponibilizar conjuntos de compostos com propriedades similares às de fármacos, ou seja, com boa farmacoabilidade predita. Desse modo, terão maior chance de não falhar nos estágios posteriores do desenvolvimento.

As técnicas de SBVS têm como ponto de partida a estrutura do alvo biológico e utilizam a docagem molecular como principal estratégia para a seleção dos compostos mais promissores. Os resultados obtidos por meio da docagem são, em geral, uma série de pontuações que devem ser usadas como parâmetro para a construção de um modelo de previsão de atividade. Como qualquer modelo, é necessário submetê-lo a uma validação prévia antes de sua utilização na triagem virtual.

A validação do modelo é o processo pelo qual a confiabilidade e a significância de um procedimento são estabelecidas para uma finalidade específica; portanto, são necessários métodos de validação para estabelecer a capacidade de previsão de um modelo antes de seu uso para a triagem. A validação interna é feita com o grupo de compostos empregados para desenvolver o modelo (o conjunto de treinamento) e inclui técnicas como ajuste de mínimos quadrados, validação cruzada, randomização em *y*, entre outros.[23] A validação externa é feita em um grupo de compostos que não foi usado no desenvolvimento do modelo (o conjunto de testes).

Nos modelos classificatórios, os resultados podem ser agrupados em quatro categorias: compostos ativos classificados corretamente (verdadeiros positivos), compostos ativos classificados como inativos (falsos negativos), compostos inativos classificados corretamente (verdadeiros negativos) e compostos inativos classificados como ativos (falsos positivos). A partir desses dados de classificação, é possível extrair dois parâmetros de validação, conhecidos como especificidade e sensibilidade.[24] A sensibilidade mostra a capacidade do método de selecionar compostos verdadeiramente positivos, ou seja, compostos ativos. A especificidade mostra a capacidade do método para descartar compostos verdadeiramente negativos, ou seja, compostos inativos. Nesse sentido, diferentes métricas são usadas para avaliar o desempenho dos modelos de triagem virtual, incluindo fatores de enriquecimento, curvas ROC (do inglês *receiver operating characteristic*),[24] entre outros.

PLANEJAMENTO DE FÁRMACOS BASEADO NOS LIGANTES (LBDD)

Métodos de SBDD não podem ser usados quando dados sobre o alvo envolvido não estão disponíveis ao se iniciar uma campanha para a busca de novos fármacos. Estudos baseados em ensaios fenotípicos, envolvendo células ou organismos inteiros, nos quais qualquer uma das biomacromoléculas presentes pode representar um potencial alvo, ou quando a estrutura 3D do alvo não pôde ser obtida por métodos experimentais ou teóricos, são exemplos dessa situação.

No entanto, desde que estejam disponíveis dados sobre a estrutura e a atividade de um conjunto de compostos bioativos, outros métodos podem ser explorados, os quais compõem a estratégia geral chamada LBDD.

Relações quantitativas entre a estrutura e a atividade

As relações quantitativas entre a estrutura e a atividade (QSAR, do inglês *quantitative structure activity relationship*) estão entre os métodos mais explorados no LBDD, tendo como objetivo a busca de modelos que permitam correlacionar a estrutura com a atividade, para dado conjunto de compostos.[25] Entende-se por estrutura quaisquer descritores que possam caracterizar essa estrutura. A construção de modelos de QSAR segue três etapas: (i) obtenção de descritores a partir da estrutura molecular dos compostos, (ii) seleção daqueles que são informativos no contexto da atividade analisada e, por fim, (iii) definição de um mapeamento que correlacione os valores dos descritores com a atividade.

A correlação entre a atividade e os descritores pode ser expressa por meio de equações, como as equações de Hansch, em que a variável dependente, a atividade biológica, é função linear de uma série de descritores físico-químicos, como as constantes de substituintes de Hammett (σ_p e σ_m), as constantes estéricas de Taft (E_s), as constantes de hidrofobicidade de substituintes (π) e a refratividade molar (*RM*), entre outros. Os descritores são multiplicados por fatores que expressam a influência relativa de cada um deles sobre a variável dependente, que são ajustados por métodos estatísticos. Uma vez construída e validada estatisticamente uma equação de Hansch para um conjunto de compostos com atividade biológica e descritores determinados, esta poderá ser empregada para a previsão da atividade de uma nova série de compostos.

O tipo de descritor usado na construção do modelo de QSAR determina sua dimensionalidade. Assim, se os descritores são propriedades da molécula como um todo, como a massa molecular e o coeficiente de partição octanol/água (log*P*), o tipo de modelo é definido como QSAR-1D (QSAR unidimensional). Descritores topológicos dependem da definição de quais átomos estão presentes nas estruturas e como eles se encontram conectados, sendo usados na construção dos modelos QSAR-2D (QSAR bidimensional).

A facilidade de geração de estruturas tridimensionais dos ligantes por meio da modelagem molecular logo levou ao surgimento dos métodos de QSAR-3D, nos quais parâmetros tridimensionais das estruturas são explorados como descritores moleculares.[26] Como as moléculas interagem umas com as outras por meio de propriedades que aparecem a partir de suas superfícies e não em seus esqueletos moleculares, foram desenvolvidos métodos nos quais as correlações exploram campos moleculares gerados ao redor da estrutura molecular e não a estrutura molecular diretamente.

Um desses métodos é a análise comparativa dos campos moleculares (CoMFA, do inglês *comparative molecular field analysis*), na qual os campos avaliados são de duas naturezas: estérica e eletrostática.[27] Para aplicar o método, inicialmente se dividem os compostos com atividades conhecidas no conjunto de treinamento, que será usado para a construção do modelo de predição, e no conjunto de teste, que será usado para a validação externa. Como não se dispõe de informações sobre o modo de interação com o alvo, deve-se alinhar as estruturas moleculares dos compostos segundo algum critério, geralmente usando átomos propostos como parte do farmacóforo da série estudada. Em seguida, define-se uma grade 3D ao redor das estruturas dos compostos e calculam-se as energias estéricas e eletrostáticas em cada ponto da grade em relação a um átomo-sonda, por exemplo, um carbocátion com hibridação sp^3. As energias são calculadas por meio de funções similares às usadas em campos de força da mecânica molecular.

As energias em cada ponto da grade são os descritores do método CoMFA. Visto que há muitos pontos de grade, cujo espaçamento pode ser menor do que as distâncias de ligação, o número de variáveis independentes geradas (os descritores) é muito maior do que o número de variáveis dependentes (as atividades biológicas). A análise por regressão linear múltipla, usada na construção de equações de Hansch, não é suficiente para tratar o problema. Em vez disso, pode ser usada a regressão por mínimos quadrados parciais (PLS, do inglês *partial least squares*), uma técnica que reduz os descritores a um conjunto menor de componentes não correlacionados e efetua uma regressão de mínimos quadrados para esses componentes no lugar dos dados originais.

Além da validação externa, os programas usam outros procedimentos estatísticos para a validação das correlações obtidas. No procedimento de validação cruzada conhecido como *leave-one-out* (LOO), um composto é retirado antes da construção do modelo. Quando o modelo é obtido, a atividade desse composto é predita e incluída na busca por um novo modelo, mas retirando-se antes outro composto do conjunto. O procedimento é repetido até que todos os compostos do conjunto sejam retirados, gerando-se por fim parâmetros estatísticos para a equação de predição final que servem para quantificar sua previsibilidade.

Nos programas de QSAR-3D, os resultados estatísticos são representados graficamente como mapas de contorno. Os contornos representam as distribuições tridimensionais dos campos com contribuição significativa para o modelo. Contribuições estéricas e eletrostáticas são mostradas separadamente em contornos com cores específicas. Há uma cor para representar contribuições estéricas favoráveis e outra para as desfavoráveis sobre a atividade; no caso da participação eletrostática, cores diferentes indicam onde cargas negativas e onde cargas positivas contribuem para a atividade. Desse modo, pela análise visual dos mapas é possível inferir quais mudanças estruturais poderiam melhorar o perfil de atividade de uma molécula. Portanto, o objetivo principal do método é levar melhorias a uma série de ligantes já conhecida, e não propor estruturas inovadoras.

Outros métodos baseados no conceito de campos moleculares foram propostos, como a análise comparativa dos índices de similaridade molecular (CoMSIA, do inglês *comparative molecular similarity indices analysis*), na qual as funções para o cálculo das energias estérica e eletrostática do método CoMFA são substituídas, com vantagens, por funções gaussianas.[28] Além disso, um número maior de potenciais é empregado: estérico, eletrostático, hidrofóbico e de ligação de hidrogênio. Alternativamente, alguns programas de QSAR-3D usam propriedades moleculares intrínsecas em vez de campos de propriedades projetadas sobre suas superfícies para construir as correlações; um exemplo é o método CoMMA (do inglês *comparative molecular moment analysis*).

O método QSAR-3D tem como base mínimos de energia obtidos para as estruturas dos ligantes. A inclusão da flexibilidade conformacional é feita no método QSAR-4D, no qual cada estrutura é submetida a um procedimento de DM. Assim, não se considera apenas o mínimo de energia como no método QSAR-3D, mas uma coleção de conformações. Cada átomo é classificado de acordo com uma série de tipos, relacionados com propriedades físico-químicas, como suas polaridades e a capacidade de participar de ligações de hidrogênio. Os descritores usados nas correlações são as frequências de ocupação dos diferentes tipos de átomos nas células da grade 3D durante a trajetória da DM.

Triagem virtual baseada nos ligantes (LBVS)

A LBVS é uma abordagem que consiste em pesquisar quimiotecas virtuais com o objetivo de encontrar moléculas que tenham propriedades semelhantes a compostos conhecidos usados como estruturas de referência. A busca pode adotar diferentes critérios, como discutido a seguir.

LBVS por similaridade

A LBVS foi desenvolvida inicialmente a partir da busca de similaridade entre os compostos. Para facilitar essa tarefa, foi necessário criar algum tipo de representação da estrutura molecular. A representação mais comumente usada na LBVS é a chamada "impressão digital". As impressões digitais representam um conjunto de características moleculares específicas, geradas pela transformação da estrutura química em uma sequência de *bits*. Cada *bit* pode indicar a presença ou ausência de uma característica estrutural específica da molécula (como grupos funcionais, p. ex.). Se o composto A é conhecido por sua atividade em uma patologia específica e o composto B faz parte da quimioteca escolhida, quanto mais similares forem as sequências de *bits* de ambos, em princípio maior a chance de o composto B apresentar a mesma atividade do composto A. Existem muitos tipos de impressões digitais moleculares 2D, dependendo do método pelo qual a estrutura molecular é transformada em uma sequência de *bits*. Cada tipo representa um aspecto diferente da molécula, o que pode afetar consideravelmente o desempenho da pesquisa.[29]

Após obter a sequência de *bits*, é necessário empregar um padrão de medição, conhecido como coeficiente de similaridade. O coeficiente de similaridade é usado para comparar duas moléculas e quantificar o grau de similaridade entre elas. Na Tabela 1 são apresentados alguns coeficientes de medida. Nos coeficientes de similaridade, o termo "a" representa o número de características presentes em uma molécula A e ausente na molécula B, o termo "b" representa o número de características presentes em B, mas ausente em A, e o termo "c" representa o número de características comuns a A e B. Alguns coeficientes de similaridade usam outros termos, como o "d", que corresponde ao número de características ausentes nos dois compostos, e o coeficiente "m", correspondente à quantidade total de *bits* presentes nas impressões digitais.[29]

LBVS por modelo farmacofórico

Um procedimento alternativo se baseia no conceito de farmacóforo. As funcionalidades químicas necessárias para um composto inibir ou ativar determinado alvo biológico podem ser representadas por modelos farmacofóricos. Um modelo farmacofórico pode ser desenvolvido para uma classe de ligantes e usado como modelo na triagem de novos protótipos que atendem aos requisitos moleculares responsáveis pela atividade biológica. Nos modelos farmacofóricos, o modo de in-

TABELA 1 Expressão de alguns coeficientes de similaridade

Coeficiente de similaridade	Expressão
Tanimoto/Jaccard	$\frac{c}{(a+b-c)}$
Euclidean distance	$\sqrt{a+b-2c}$
Rogers/Tanimoto	$\frac{(c+d)}{(2a+2b+c+d)}$
Forbes	$\frac{cm}{ab}$
Distância de Soergel	$\frac{(a+b-2c)}{(a+b-c)}$
Dice	$\frac{2c}{(a+b)}$
Distância de Hamming	$a+b+2c$
Baroni-Urbani/Buser	$\frac{(\sqrt{cd}+c)}{(\sqrt{cd}+a+b+c)}$
Kulczynski-2	$\frac{1}{2}\left(\frac{c}{a+c}+\frac{c}{b+c}\right)$

teração entre a molécula bioativa e seu alvo é representado pelo arranjo 3D, e os tipos de interações são definidos por propriedades em vez de grupos funcionais específicos.[30] As propriedades responsáveis pela atividade biológica a ser explorada durante o desenvolvimento do modelo farmacofórico representam funcionalidades químicas, como aceptores de ligações de hidrogênio, doadores de ligações de hidrogênio, regiões hidrofóbicas, grupos carregados positiva e negativamente e sítios de coordenação de metais.

Para aplicar o método, estruturas tridimensionais (3D) de moléculas bioativas são alinhadas, e, em seguida, as características farmacofóricas comuns são identificadas. Nessa abordagem, todas as características comuns devem ser consideradas essenciais. Geralmente, conjuntos de dados contendo compostos ativos e inativos conhecidos são utilizados com o objetivo de avaliar a qualidade dos modelos desenvolvidos. Os modelos obtidos precisam ser refinados na maioria dos casos para facilitar a recuperação dos compostos ativos e a exclusão dos compostos inativos durante a validação. Basicamente, as metodologias de refinamento incluem a exclusão ou adição de características farmacofóricas e a adaptação do volume.

A principal vantagem da LBVS baseada em farmacóforo em comparação às abordagens baseadas em similaridade reside na capacidade de exibir em um único modelo uma grande variedade de moléculas ativas com estruturas químicas totalmente diferentes.

REFERÊNCIAS BIBLIOGRÁFICAS

1. Fischer E. Einfluss der Configuration auf die Wirkung der Enzyme. Berichte der Deutschen Chemischen Gesellschaft zu Berlin. 1894;27:2985-993.
2. Hawking S. (ed.) The dreams that stuff is made of: the most astounding papers of quantum physics: and how they shook the scientific world. Philadelphia: Running Press; 2011.
3. Rappe AK, Casewi CJ. Molecular mechanics across chemistry. Sausalito: University Science Books; 1997.
4. Leach AR. Molecular modelling: principles and applications. Prentice Hall; 2001.
5. Jensen JH. Molecular modeling basics. Boca Raton: CRC Press.
6. Hinchliffe A. Molecular modelling for beginners. Manchester: John Wiley & Sons, 2008.
7. Merz Jr KM, Ringe D, Reynolds CH (eds.). Drug design: structure- and ligand-based approaches. Cambridge: Cambridge University Press; 2010.
8. Sant'Anna CMR. Uma introdução à modelagem molecular aplicada à química medicinal. In: Barreiro EJ, Fraga CAM (eds.). Química medicinal: as bases moleculares da ação dos fármacos. Porto Alegre: Artmed; 2014.
9. Alqahtani S. In silico ADME-tox modeling: progress and prospects. Expert Opin Drug Metab Toxicol. 2017;13:1147-58.
10. Santos Filho OA, Alencastro RB. Modelagem de proteínas por homologia. Quím Nova. 2003;26:253-9.
11. Khan FI, Wei D-Q, Gu, K-R, Hassan MI, Tabrez S. Current updates on computer aided protein modeling and designing. Int J Biol Macromol. 2016;85:48-62.
12. Lee J, Wu S, Zhang Y. Ab initio protein structure prediction. In: Rigden DJ (ed.). From protein structure to function with bioinformatics. Dordrecht: Springer; 2009.
13. Koshland DE. The key-lock theory and the induced fit theory. Angew Chem Int Ed Engl. 1994;33:2375-8.
14. Liu M, Wang S. MCDOCK: a Monte Carlo simulation approach to the molecular docking problem. J Comp-Aided Mol Des. 1999;13:435-51.
15. Jones G, Willett P, Glen RC, Leach AR, Taylor R. Development and validation of a genetic algorithm for flexible docking. J Mol Biol 1997;267:727-48.
16. Kitchen DB, Decornez H, Furr JR, Bajorath J. Docking and scoring in virtual screening for drug discovery: methods and applications. Nat Rev Drug Discov. 2004;3:935-49.
17. Oliveira FG, Sant'Anna CM, Caffarena ER, Dardenne LE, Barreiro EJ. Molecular docking study and development of an empirical binding free energy model for phosphodiesterase 4 inhibitors. Bioorg Med Chem. 2006;14: 6001-11.
18. Rapaport DC. The art of molecular dynamics simulation. Cambridge: Cambridge University Press; 2004.
19. Macarron R, Banks M, Bojanic D, Burns DJ, Cirovic DA, Garyantes T, et al. Impact of high-throughput screening in biomedical research. Nat. Rev. Drug Discov. 2011;10:188-95.
20. Rocha SFLS, Olanda CG, Fokoue HH, Sant'Anna CMR. Virtual screening techniques in drug discovery: review and recent applications. Curr Top Med Chem. 2019;19:1-20.
21. Lipinski CA. Drug-like properties and the causes of poor solubility and poor permeability. J Pharmacol Toxicol Methods. 2000;44:235-49.
22. van de Waterbeemd H, Gifford E. ADMET in silico modelling: towards prediction paradise? Nat Rev Drug Discov. 2003;2:192-204.
23. Veerasamy R, Rajak H, Jain A, Sivadasan S, Varghese CP, Agrawal RK. Validation of QSAR models: strategies and importance. Int J Drug Des Disc. 2011;2:511-9.
24. Triballeau N, Acher F, Brabet I, Pin J-P, Bertrand HO. Virtual screening workflow development guided by the "receiver operating characteristic" curve approach: application to high through-put docking on metabotropic glutamate receptor subtype 4. J Med Chem. 2005;48:2534-47.
25. K Roy, S Kar, RN Das. Understanding the basics of QSAR for applications in pharmaceutical science and risk assessment. Oxford: Academic Press; 2011.
26. Kubinyi H (ed.). 3D QSAR in drug design. Volume 1: Theory methods and applications. Dordrecht: Kluwer Academic Publishers; 2000.
27. Cramer III RD, Patterson DE, Bunce JD. Comparative molecular field analysis (CoMFA) 1: effect of shape on binding of steroids to carrier proteins. J Am Chem Soc. 2002;110:5959-67.
28. Klebe G. Comparative molecular similarity indices: CoMSIA. In: Kubinyi H, Folkers G, Martin YC (eds.). 3D QSAR in drug design 3. Dordrecht: Kluwer Academic Publishers; 2002.
29. Cereto-Massagué A, Ojeda MJ, Valls C, Mulero M, Garcia-Vallvé S, Pujadas G. Molecular fingerprint similarity search in virtual screening. Methods. 2015;71:58-63.
30. Qing X-Y, Lee S, Raeymaecker J, Tame JRH, Zhang KYJ, Voet A. Pharmacophore modeling: advances, limitations, and current utility in drug discovery. J Rec Lig Chan Res. 2014;7:81-92.

CAPÍTULO 11

Relações quantitativas entre estrutura química e atividade biológica

Bruno Junior Neves
Vinicius M. Alves
Joyce Villa Verde Bastos Borba
Magaly Girão Albuquerque
Anton J. Hopfinger (*in memoriam*)
Carolina Horta Andrade

INTRODUÇÃO

Nas últimas décadas, a capacidade de coletar, analisar e armazenar todos os tipos de informações químicas e biológicas cresceu e evoluiu rapidamente. Técnicas modernas, como a química combinatória e os ensaios de alto desempenho (HTS/HCS, do inglês, *high-throughput/content screening*), levaram ao acúmulo de informações químicas e biológicas em bases de dados públicas. Atualmente, conjuntos de dados contendo milhares de compostos testados em pelo menos um ensaio biológico são disponibilizados para a comunidade científica em bases de dados como ChEMBL[1] e PubChem.[2]

As informações de bioensaios nessas bases de dados ou reportadas individualmente na literatura podem representar um valioso recurso para a construção e validação de modelos computacionais em um campo de estudo conhecido como planejamento de fármacos auxiliado por computador (CADD, do inglês, *computer-assisted drug design*).[3,4] A técnica conhecida como relações quantitativas entre estrutura química e atividade/propriedade (QSAR/QSPR, do inglês, *quantitative structure-activity/property relationships*) tem sido uma das abordagens de CADD bastante difundida e utilizada na descoberta de fármacos e em estudos de toxicidade de compostos químicos.

As principais aplicações de estudos de QSAR em Química Farmacêutica Medicinal consistem na identificação e otimização de novos compostos bioativos[5] e na predição e priorização de compostos com propriedades farmacocinéticas, toxicológicas e físico-químicas desejáveis ainda nas fases iniciais de pesquisa e descoberta de fármacos,[6,7] evitando, assim, falhas posteriores nas fases de estudos pré-clínicos e clínicos. Um número considerável de fármacos foi desenvolvido com o auxílio de QSAR, e dentre eles se destaca a donepezila,[8] um inibidor de acetilcolinesterase utilizado no tratamento de pacientes com a doença de Alzheimer, e a norfloxacina,[9] uma fluoroquinolona com atividade antibacteriana. Além dos fármacos supracitados, essa metodologia também teve impacto significativo para a descoberta do ipconazol,[10] um antifúngico de uso agrícola.

Além da aplicação no planejamento e descoberta de fármacos, outras aplicações recentes de QSAR têm sido desenvolvidas, como em nanotecnologia e planejamento de novas formulações (misturas e nanopartículas),[11] materiais e biomateriais,[12] na predição do impacto ecotoxicológico de contaminantes e agrotóxicos[13,14] e na avaliação do risco toxicológico de ingredientes de formulação de cosméticos e produtos de degradação de medicamentos,[15,16] destacando-se a importância do conhecimento de métodos robustos de modelagem molecular.

A abordagem de QSAR baseia-se no pressuposto de que a estrutura química de um composto (ou seja, sua topologia geométrica junto às propriedades estéricas e eletrônicas) possui as características responsáveis por sua atividade biológica (resposta ou propriedade ou reatividade, dependendo do contexto). Metodologicamente, o QSAR pode ser definido como uma abordagem estatística de análise de dados para desenvolver modelos matemáticos que possam predizer corretamente determinada propriedade biológica utilizando apenas a informação da estrutura química.[17]

A atividade biológica pode ser uma medida quantitativa contínua, como afinidades de ligação (*e.g.*, K_i e K_D) ou atividades inibitórias (e.g., IC_{50}, ED_{50} e LC_{50}). Geralmente, a medida (*e.g.*, IC_{50} em unidade molar) da atividade biológica é convertida para escala logarítmica negativa (–Log) quando o objetivo é gerar modelos de QSAR capazes de predizer medidas de atividade com variações quantitativas em uma escala numérica. Essa medida também pode ser categórica, utilizando um limiar para separar os compostos em classes (*e.g.*, ativo e inativo, tóxico e não tóxico) quando o intuito é gerar modelos de QSAR classificatórios.[18]

O processo de desenvolvimento e validação de modelos de QSAR está ilustrado esquematicamente na Figura 1. Dois tipos de informação são necessários para a geração de um modelo de QSAR: um conjunto de compostos e seus respectivos valores de atividade biológica experimental. Geralmente, dependendo do número de compostos disponíveis, esse conjunto de compostos, também chamado de conjunto de modelagem, é dividido em dois subconjuntos: (a) conjunto de treinamento e (b) conjunto teste. O conjunto de treinamento, geralmente constituído por 70 a 80% dos compostos do conjunto total, é utilizado na construção e validação interna dos modelos de QSAR. Por outro lado, os compostos do conjunto teste são utilizados para avaliar a capacidade preditiva dos modelos de QSAR, *i.e.*, na validação externa, não sendo utilizados na geração dos modelos. O conjunto total de compostos também pode ser dividido em um conjunto treinamento (~80%), subdividido novamente em treinamento e teste, e um conjunto de avaliação externa (~20%).[18,19]

Em QSAR, a variável dependente (Y) são os valores da atividade biológica dos compostos, e as variáveis independentes (X) são os valores dos descritores provenientes das estruturas químicas dos compostos. Assim, tanto os valores de atividade biológica quanto os valores dos descritores são organizados em uma tabela de dados. Esses dados serão utilizados para gerar equações de regressão (modelos de QSAR contínuos) ou de classificação (modelos de QSAR classificatórios). Nas equações de QSAR, o peso atribuído a cada descritor indica a contribuição do descritor na predição da atividade biológica,[17] conforme representado genericamente na Equação 1.

$$Ab = a(desc_1) + b(desc_2) - c(desc_3) \dots + d(desc_n)$$

Equação 1, onde *Ab* representa a atividade biológica e *a*, *b*, *c*, *d* representam os pesos atribuídos aos descritores ($desc_1$, $desc_2$, $desc_3$, ..., $desc_n$). Os sinais + (positivo) e – (negativo) correspondem a contribuições que implicam o aumento ou a diminuição da atividade biológica, respectivamente. Ao final da etapa de geração do modelo, este deve ser validado, fazendo-se a predição da atividade para compostos com atividade biológica conhecida, mas que não foram utilizados na construção dos

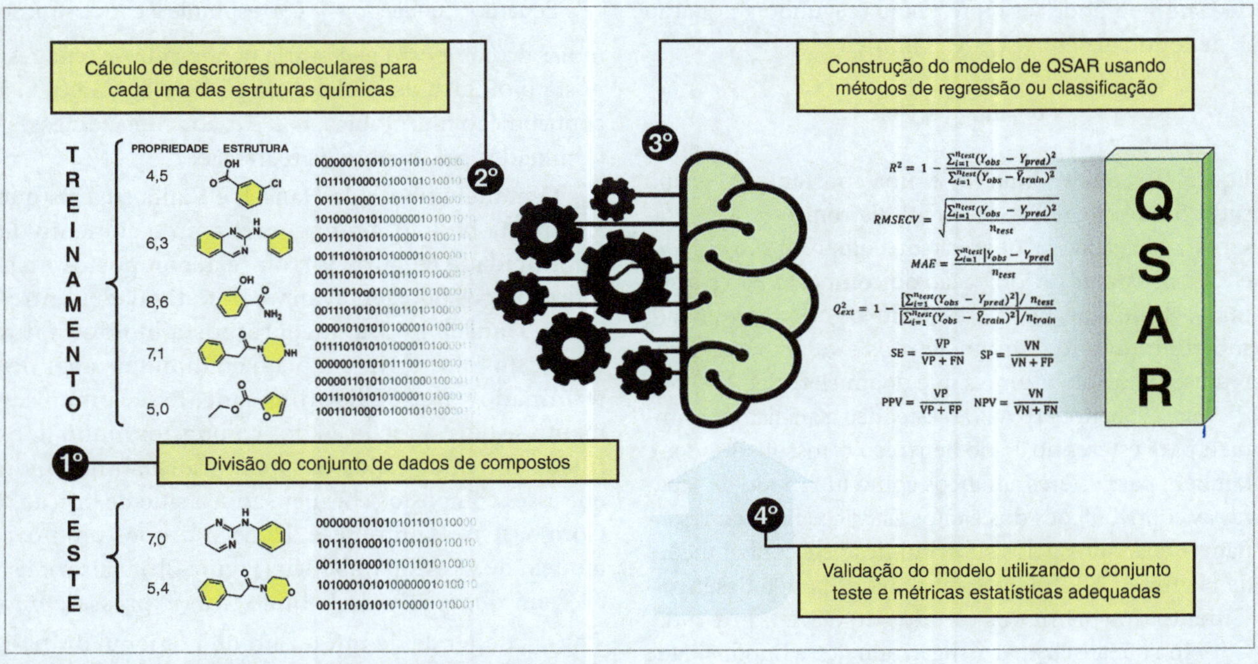

FIGURA 1 Etapas envolvidas na geração de um modelo de QSAR.

modelos (conjunto teste). É necessário que essas predições passem por um rigoroso critério de avaliação de qualidade, utilizando métricas estatísticas adequadas. Assim, o modelo só deverá ser aplicado na predição da atividade biológica de novos compostos caso apresente resultados de validação estatística (preditividade e robustez) adequados.

BREVE EVOLUÇÃO HISTÓRICA DO QSAR

Há mais de um século e meio, Alexander Crum-Brown e Thomas R. Fraser[20,21] propuseram que a atividade farmacológica de uma substância em um determinado sistema biológico (Φ) era uma função (*f*) de sua constituição química (*C*), conforme descrito pela Equação 2, e que uma alteração na constituição química (ΔC) seria refletida por uma alteração na propriedade biológica (ΔΦ).

$$\Phi = fC$$

Em meados de 1900, Hans H. Meyer[22] e Charles E. Overton[23] sugeriram de forma independente que a habilidade de uma substância produzir narcose ou anestesia era governada por seu coeficiente de partição óleo/água.

Na década de 1930, Louis P. Hammett estudou os efeitos de diversos grupos funcionais como substituintes nas posições *para* ou *meta* do ácido benzoico sobre o potencial de ionização em água a 25 °C.[24,25] A análise de Hammett pode ser representada segundo a Equação 3, denominada equação de Hammett.

$$\sigma = \text{Log}\,(K_x - K_0)$$

Equação 3, onde sigma (σ) é uma constante do grupo substituinte que reflete seu efeito eletrônico, *x*; K_x representa a constante de ionização do composto substituído; e K_0, a constante de ionização do composto não substituído. Nesse sentido, valores positivos de σ representam substituintes que retiram elétrons e valores negativos representam substituintes que doam elétrons.[24,25]

Em 1952, Robert W. Taft estendeu a análise de Hammett para ésteres do ácido benzoico ortossubstituídos e também para ésteres alifáticos como um modo de separar as contribuições dos efeitos estérico (Es) e de ressonância exercidos pelos substituintes.[26] As contribuições de Hammett e Taft lançaram as bases para o desenvolvimento dos primeiros estudos de QSAR. Em 1962, Corwin H. Hansch et al.[27] sugeriram que a lipofilicidade (expressa como o coeficiente de partição, P, de uma substância entre octanol e água em escala logarítmica) poderia ser um fator determinante na atividade biológica de uma substância, e, assim, descreveram a constante pi (π) de Hansch-Fujita, em analogia à constante σ de Hammett. Essa constante representa a contribuição lipofílica de um substituinte como sendo a relação logarítmica entre o coeficiente de partição octanol/água de um composto substituído e o coeficiente de partição de seu análogo não substituído, descrita pela Equação 4.[27]

$$\pi = \text{Log}\,(P_x - P_0)$$

Equação 4, onde π é a constante que reflete a contribuição lipofílica do grupo substituinte, *x*; Px, o coeficiente de partição do composto substituído; e P_0 o coeficiente de partição do composto não substituído.

Então, em 1964, Corwin Hansch e Toshio Fujita[28] publicaram o primeiro estudo de QSAR da história. É importante ressaltar que, naquela época, as análises de regressão foram realizadas com o auxílio de um computador rudimentar.[29] O modelo de Hansch e Fujita[28] tratava de uma equação linear capaz de correlacionar as constantes eletrônica (σ) e lipofílica (π) de Hammett de séries congêneres de compostos com atividade biológica (*e.g.*, antibacteriana, larvicida, inseticida e carcinogênica), conforme destacado na Equação 5.

$$\text{Log}\,\frac{1}{C} = a\sigma + b\pi + c$$

Equação 5, onde $\text{Log}\,\frac{1}{C}$ corresponde à concentração molar do composto necessária para produzir uma resposta biológica definida; σ, ao efeito eletrônico; π, à contribuição hidrofóbica; *a*, *b* e *c*, aos coeficientes determinados pela análise de regressão.

O modelo linear de Hansch e Fujita sugeria que a resposta biológica aumentava com o aumento da lipofilicidade (Figura 2a), ou seja, compostos mais hidrofóbicos apresentavam maior atividade. Entretanto, Hansch notou que a resposta biológica dos compostos alcançava um platô ou diminuía após determinado valor de lipofilicidade. Esse comportamento se deve à retenção dos compostos muito lipofílicos nos interstícios das membranas, impedindo que esses compostos cheguem ao seu sítio de ligação.[30] Com base nessa hipótese, Hansch propôs um novo modelo de QSAR parabólico (Figura 2b) mais robusto,[30] em que a atividade biológica, expressa como $\text{Log}\,\frac{1}{C}$, depende de um termo de LogP quadrático, conforme estabelece a Equação 6.

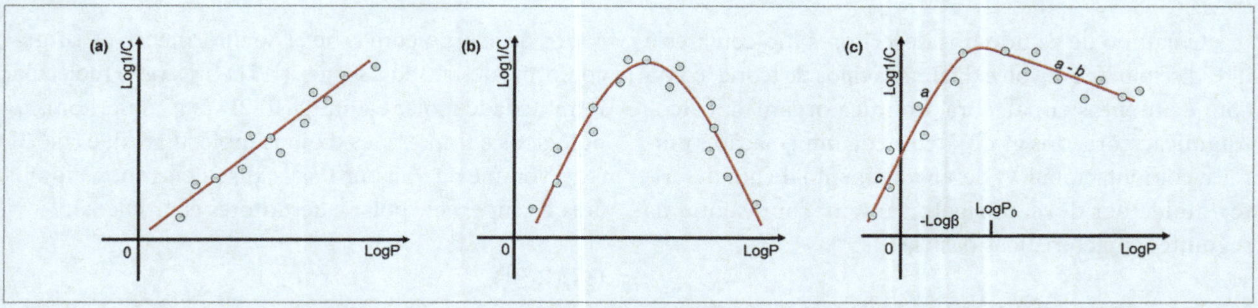

FIGURA 2 Representação gráfica dos modelos (a) linear de Hansch e Fujita, (b) parabólico de Hansch e (c) bilinear de Kubinyi.

$$\text{Log}\,\frac{1}{C} = (\text{LogP})^2 + b(\text{LogP}) + c$$

Além da abordagem de Hansch, outros pesquisadores buscaram desenvolver modelos de QSAR utilizando diferentes tipos de conceito. Em 1964, Spencer M. Free e James W. Wilson[31] desenvolveram um modelo de QSAR partindo do pressuposto de que a atividade biológica de uma substância pode ser descrita como a soma das contribuições individuais dos constituintes de sua estrutura molecular (*i.e.*, subestruturas, como um núcleo comum e seus substituintes), conforme descrito pela Equação 7.

$$\text{Log}\,\frac{1}{C} = \mu + a(R_1) + b(R_2) + c(R_3)$$

Equação 7, onde Log $\frac{1}{C}$ representa a atividade biológica; μ representa a atividade biológica teórica de um composto de referência (geralmente, o composto onde todos os substituintes R = H); R_1, R_2 e R_3 representam a presença (1) ou ausência (0) (i.e., variáveis indicadoras ou descritores binários de Free-Wilson) de determinado substituinte nas posições R_1, R_2 e R_3 de uma molécula,[31] sendo esse método conhecido como análise de Free-Wilson.[31]

Na década de 1970, Hugo Kubinyi desenvolveu um modelo bilinear (Figura 2c) na tentativa de otimizar o modelo parabólico de Hansch.[32] Conforme descrito na Equação 8, o modelo de Kubinyi propunha uma dependência não linear da atividade biológica sobre o caráter hidrofóbico, ajustando-se com eficiência a valores baixos e altos de LogP.

$$\text{Log}\,\frac{1}{C} = a(LogP) + bLog\,(\beta P + 1) + c$$

Nesse caso, um vetor β foi implementado na equação para descrever o movimento da molécula em sistemas multicompartimentados da biofase,[32] representando a passagem pelas membranas no organismo; P representa a lipofilicidade e *a*, *b* e *c* são os respectivos coeficientes determinados por análise de regressão.

Esses estudos de QSAR pioneiros, denominados em conjunto como QSAR clássico, promoveram impacto significativo na área da descoberta de fármacos, por introduzir a ideia multiparamétrica correlacionando a estrutura química com a atividade biológica. Entretanto, sua disseminação e evolução nos anos seguintes podem ser atribuídas também ao rápido e extenso desenvolvimento de recursos computacionais que permitiram introduzir novos métodos de cálculo de propriedades moleculares (*i.e.*, descritores moleculares) e novas técnicas estatísticas para a geração dos modelos.

REPRESENTAÇÃO MOLECULAR

A representação molecular de uma substância química é um dos conceitos mais importantes no desenvolvimento de modelos de QSAR e nos campos da quimioinformática e da modelagem molecular em geral. Em princípio, as propriedades físico-químicas de uma substância são inerentes a sua organização molecular (*e.g.*, tipos de átomos, número de elétrons, volume molecular e tipos de ligação). Como consequência de sua complexidade, uma estrutura química não pode ser representada por um modelo formal único, uma vez que várias representações moleculares podem ser obtidas para a mesma estrutura, dependendo do nível da abordagem teórica subjacente.[33]Diante do exposto, a pesquisa em QSAR avançou com vistas ao desenvolvimento de novos tipos de representação molecular, i.e., os descritores moleculares. De acordo com Todeschini e Consonni,[33] o descritor molecular é definido como o resultado final de um procedimento lógico e matemático que transforma informações químicas codificadas dentro de uma representação simbólica de uma molécula em um número útil ou o resultado de algum experimento padronizado.

O campo de estudo dos descritores moleculares é interdisciplinar e envolve diferentes tipos de teoria, como conhecimentos em álgebra, química orgânica, físico-química, teoria dos grafos, teoria da informação e química computacional. O desenvolvimento de um descritor molecular deve, obrigatoriamente, apresentar as seguintes características básicas:[33]

1. Invariância em relação à rotulagem e numeração dos átomos.
2. Invariância em relação à roto-translação da estrutura química.
3. Uma definição algorítmica computacionalmente não ambígua.
4. Valores em um intervalo numérico adequado para o conjunto de compostos onde é aplicável.

No que diz respeito à escolha adequada dos tipos de descritores moleculares a serem usados na modelagem de QSAR, as seguintes características são relevantes:[33]

1. Apresentar conceitos estruturais familiares.
2. Boa correlação com pelo menos uma propriedade.
3. Nenhuma correlação trivial com outros descritores moleculares.
4. Suscetibilidade a mudanças graduais em seus valores com mudanças graduais na estrutura química.
5. Não incluir em sua definição propriedades experimentais.
6. Não ser restrito a uma classe específica de estruturas químicas.
7. Preferencialmente, ter algum poder de discriminação entre isômeros.
8. Preferencialmente, não ser de forma trivial incluído na definição de outros descritores moleculares.
9. Preferencialmente, permitir a decodificação reversível (transformação do descritor na estrutura química).

Os descritores moleculares podem ser classificados de diversas formas, por exemplo, quanto à abrangência, como globais (*i.e.*, relativo a molécula como um todo, *e.g.*, LogP, solubilidade em água) ou locais (*i.e.*, relativo a átomos ou grupos de átomos, *e.g.*, σ e π); quanto à origem, como experimentais ou calculados (*i.e.*, teóricos). Os descritores experimentais são obtidos a partir de medições experimentais (*e.g.*, ponto de fusão e refratividade molar), enquanto os descritores teóricos são derivados de uma representação estrutural simbólica da molécula (*e.g.*, número de átomos de oxigênio e área da superfície polar). Além disso, os descritores moleculares podem ser agrupados de acordo com o nível de informação estrutural, conforme destacado a seguir: (i) 1D (*e.g.*, peso molecular, refratividade molar e LogP); (ii) 2D (*e.g.*, descritores topológicos e impressões digitais moleculares); e (iii) 3D (*e.g.*, volume de Van der Waals, distâncias entre átomos, área da superfície polar e descritores eletrônicos).[34]

QSAR-3D

No início da década de 1980, com o desenvolvimento de recursos computacionais, o cálculo de descritores a partir da estrutura tridimensional (3D) das moléculas se tornou prático, e diversos algoritmos e metodologias computacionais foram desenvolvidos. Em 1980/1981, Anton J. Hopfinger desenvolveu um método denominado análise da forma molecular (MSA, do inglês, *molecular shape analysis*), que implementou a análise conformacional para a seleção de uma conformação bioativa hipotética de um composto de referência para a obtenção de descritores tridimensionais (3D) da forma molecular.[35,36]

Os descritores MSA deram origem à primeira abordagem de QSAR-3D.[35,36] O processo de geração de um modelo de QSAR-3D utilizando o método MSA para um conjunto de dados (*i.e.*, compostos e respectivos valores de atividade biológica) pode ser resumido em sete etapas: (i) construção das estruturas 3D e análise conformacional; (ii) seleção de uma conformação bioativa hipotética; (iii) seleção de um composto de referência da forma molecular; (iv) sobreposição por alinhamento com o composto de referência da forma molecular; (v) cálculo dos descritores MSA; (vi) cálculo de outros descritores; e (vii) construção e validação do modelo de QSAR, especificando a conformação a ser usada para cada composto.[35,36] Infelizmente, nem todas as operações do método MSA podem ser realizadas de maneira que leve a um modelo QSAR reprodutível ou não ambíguo. Em particular, as etapas de seleção de uma conformação bioativa hipotética, de seleção do composto de referência da forma molecular e de superposição molecular são geralmente problemáticas devido ao grande número de combinações possíveis.[37]

Um dos maiores avanços em QSAR-3D foi a técnica de análise comparativa de campos moleculares (CoMFA, do inglês, *comparative molecular field analysis*), desenvolvida por Richard D. Cramer et al. em 1988.[38] A técnica de CoMFA utiliza os campos de interação moleculares (MIF, do inglês, *molecular interaction fields*) gerados a partir do cálculo das energias estéricas (descritas como função do potencial de Lennard-Jones) e eletrostáticas (descritas como função do potencial de

Coulomb) como descritores moleculares. Em tese, os MIF mimetizam possíveis interações intermoleculares de um conjunto de compostos no sítio de ligação de uma macromolécula alvo.[38,39] O processo de geração de um modelo de CoMFA, em analogia com o método MSA, pode ser resumido em cinco etapas (Figura 3A):

1. Construção das estruturas 3D e análise conformacional.
2. Cálculo das cargas atômicas parciais, necessárias para o cálculo do campo eletrostático, utilizando métodos de mecânica molecular, semiempíricos ou *ab initio*.
3. Sobreposição por alinhamento utilizando: a subestrutura comum a todos os compostos, uma hipótese farmacofórica, a conformação bioativa de um ligante cocristalizado com a macromolécula alvo ou uma pose oriunda de um estudo de ancoramento (do inglês, *docking*) molecular.
4. Inserção das moléculas alinhadas em uma caixa 3D reticulada, representando o sítio de ligação, para o cálculo dos MIF com uma sonda virtual ou átomo-prova (*e.g.*, átomo de carbono sp^3 carregado positivamente) que percorre todos os pontos da caixa reticulada. Para evitar valores de energia extremamente elevados, a determinação dos potenciais é restringida às regiões do raio de Van der Waals, empregando-se um valor arbitrário de exclusão.
5. Organização dos MIF e dos valores de atividade biológica em uma tabela e construção do modelo de CoMFA utilizando o método de regressão de mínimos quadrados parciais (PLS, do inglês, *partial least squares*).

Ao final do processo de geração do modelo de CoMFA, é possível realizar a avaliação visual dos padrões estruturais relacionados à variação da atividade biológica em investigação pela análise dos mapas de contorno. Esses mapas evidenciam as regiões estéricas e eletrostáticas ao redor de uma molécula que contribuem de modo favorável ou desfavorável para a atividade biológica.[38,39]

Apesar de seu impacto no campo de QSAR, a geração de modelos de CoMFA apresenta algumas limitações, sendo lenta e limitada apenas a conjuntos de compostos com baixa diversidade estrutural, ou seja, séries congêneres. Além disso, o protocolo de alinhamento e cálculo de cargas atômicas parciais, bem como a seleção da conformação bioativa e a orientação de cada ligante na caixa 3D, produzem mudanças significativas nos valores dos descritores (MIFs).[40] Nesse sentido, os valores das energias de interação estérica e eletrostática podem apresentar uma considerável variação em regiões próximas à superfície do raio de Van der Waals.[40]Na tentativa de contornar as limitações de CoMFA, uma abordagem semelhante denominada análise comparativa dos índices de similaridade molecular (CoMSIA, do inglês, *comparative molecular similarity indices analysis*) foi desenvolvida na década de 1990.[40] Nessa abordagem, as moléculas também são inseridas separadamente em uma caixa 3D e submetidas ao cálculo de MIF usando uma sonda molecular. Entretanto, a técnica de CoMSIA utiliza uma função do tipo Gaussiana, menos sensível ao alinhamento estrutural quando comparada aos potenciais de Lennard-Jones e Coulomb para calcular cinco tipos de energias de interação: estéricas, eletrostáticas, hidrofóbica e de doador e aceptor de ligação de hidrogênio. Dessa forma, não é necessário utilizar um valor arbitrário de exclusão de energia, tendo em vista que a função gaussiana atenua o erro de cálculo dos MIF em regiões próximas à superfície do raio de Van der Waals.[40]

Assim como no método de CoMFA, ao final do processo de construção do modelo de CoMSIA, também é possível realizar a interpretação gráfica do modelo pelos mapas de contorno de similaridade. Entretanto, o nível de interpretação da relação estrutura-atividade nessa abordagem é maior, visto que é possível investigar informações adicionais como campos hidrofóbico e de doadores e aceptores de ligação de hidrogênio.[40]

QSAR-4D/5D/6D

Em 1997, Hopfinger et al. propuseram o método de QSAR-4D,[41] na tentativa de desenvolver modelos de QSAR-3D cada vez mais preditivos. A grande vantagem do método de QSAR-4D está em sua habilidade para incorporar liberdade conformacional e de alinhamento ao sistema em estudo (i.e., ligantes ou complexos ligante-macromolécula), gerando uma amostragem conformacional que é considerada a "quarta dimensão", em vez de usar uma única conformação para o cálculo dos descritores moleculares, como é o caso, por exemplo, dos métodos de QSAR-3D CoMFA/CoMSIA.

Quando apenas a estrutura 3D dos ligantes é considerada, *i.e.*, quando a estrutura 3D da macromolécula alvo não é incluída no estudo de QSAR, o método é denominado "independente do receptor" (RI, do inglês, *receptor independent*), cujo formalismo e aplicações foram apresentados em 1997, por Hopfinger et al.[41] Por outro lado, quando a estrutura 3D da macromolécula alvo é incluída no desenvolvimento do modelo, o método é denominado "dependente do receptor" (RD, do inglês, *receptor dependent*), cujo formalismo e aplicações foram apresentados em 2003 por Pan, Tseng e Hopfinger.[42] Geralmente, quando o mecanismo de ação dos compostos a serem investigados não é totalmente compreendido, é recomendado iniciar os estudos de QSAR com a estratégia RI, mesmo que a estrutura 3D da macromolécula esteja disponível em bancos de dados como o PDB (do inglês, *Protein Data Bank*).[41]

Em termos metodológicos, a construção de um modelo QSAR-4D (Figura 3b) é semelhante aos métodos de CoMFA e CoMSIA, tendo em vista a necessidade de alinhamento estrutural de moléculas e sua posterior inserção em uma caixa virtual. Entretanto, no QSAR-4D, os descritores moleculares são gerados a partir de um conjunto de conformações obtidas a partir de simulações por dinâmica molecular (MD, do inglês, *molecular dynamics simulations*) para cada sistema, *i.e.*, para cada ligante no QSAR-4D(RI) ou para cada complexo ligante-macromolécula no QSAR-4D(RD). Assim, é possível gerar uma "quarta dimensão", que é a amostragem conformacional (ao invés de uma única conformação) obtida por dinâmica molecular durante o tempo de simulação computacional. A frequência de ocupação de diferentes tipos de átomos nas células unitárias da caixa virtual (GCODs, do inglês, *grid cell occupancy descriptors*) para cada um dos confôrmeros de cada um dos compostos do conjunto de dados são os descritores do QSAR-4D.[41]

Durante o processo de cálculo dos descritores GCOD, os tipos de átomos são definidos pelos elementos de interação farmacofórica, denominados IPE (do inglês, *interaction pharmacophore elements*). Os IPE podem ser classificados em A (qualquer tipo de átomo), HA (aceptor de ligação de hidrogênio), HB (doador de ligação de hidrogênio), Ar (aromático), NP (não polar), P+ (polar com carga positiva), P– (polar com carga negativa) e correspondem às interações que podem ocorrer no sítio de interação com a proteína. Assim, os IPE estão relacionados com a natureza dos descritores GCOD.

Em 2000, outra abordagem de QSAR-4D, denominada *Quasar*, foi apresentada por Angelo Vedani et al., e nela a "quarta dimensão" corresponde à possibilidade de representar múltiplas conformações, orientações (ali-

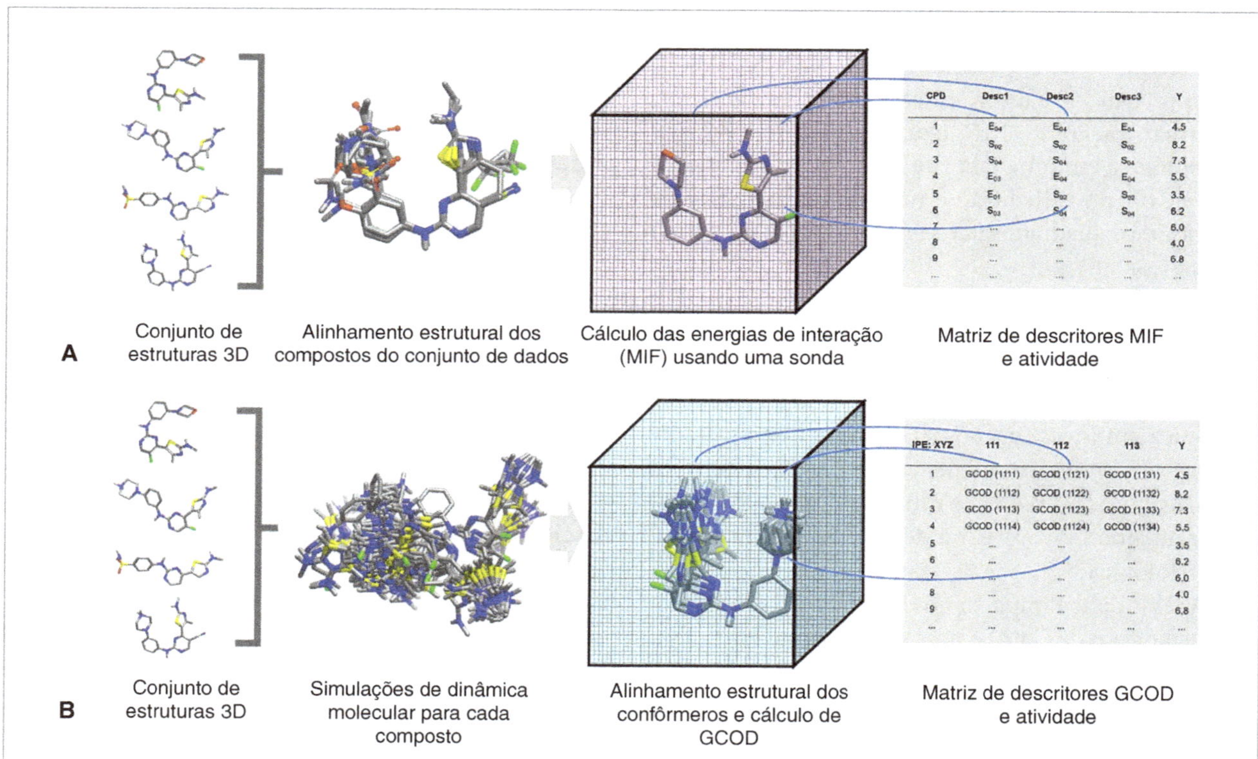

FIGURA 3 Representação das etapas envolvidas no cálculo de descritores 3D. (a): MIF em CoMFA a partir de uma conformação para cada composto. (b): GCOD em QSAR-4D a partir de múltiplas conformações para cada composto.

nhamentos) e estados de ionização dos ligantes.[43] O caráter multidimensional do QSAR-4D levou ao desenvolvimento de novos métodos com "dimensões" adicionais, conforme pode ser observado no Quadro 1. Em 2002, no QSAR-5D *Quasar*, proposto por Angelo Vedani e Max Dobler, foi implementada uma pseudodimensão adicional ao QSAR-4D *Quasar*, i.e., a "quinta dimensão", que corresponde a uma representação múltipla da topologia quase atomística do receptor, permitindo a simulação do encaixe induzido dos ligantes no sítio de ligação.[44] Segundo Vedani, Dobler e Zbinden (1998), um modelo de receptor "quase atomístico" corresponde a uma superfície de receptor 3D mapeada com propriedades atomísticas (*e.g.*, interações do tipo ligação de hidrogênio, iônica, hidrofóbica e solvatação).[45] Em 2005, Vedani et al. apresentaram o QSAR-6D *Quasar*, uma extensão do QSAR-5D *Quasar*, que permite a representação de múltiplos modelos de solvatação que corresponde a uma "sexta dimensão".[46] Entretanto, é importante ressaltar que o aumento da dimensionalidade em QSAR não implica melhor qualidade estatística (preditividade) e modelabilidade. Além disso, métodos de QSAR-4D/5D/6D também apresentam maior custo computacional, uma vez que simulações por dinâmica molecular, por exemplo, são necessárias para o cálculo dos descritores.

Em 2009, Jaroslaw Polanski propôs uma classificação sistemática para os métodos de QSAR multidimensionais (3D em diante), ou QSAR-*m*,[47] em que a dimensão *m* pode corresponder a uma única representação estática do ligante (i.e., única conformação) (3D); a múltiplas representações do ligante (i.e., múltiplas conformações, orientações e estados de ionização) (4D); receptores ou pseudorreceptores baseados no ligante para testar interações hipotéticas ligante-receptor (*e.g.*, encaixe induzido) (5D); múltiplos cenários de solvatação (6D); e modelos de receptor reais ou virtuais baseado na macromolécula alvo (7D). Nesta última classificação, QSAR-7D, estariam agrupados todos os métodos de QSAR-3D dependentes do receptor (*e.g.*, receptor real atomístico, pseudorreceptor e modelo quase atomístico do receptor), como o método do campo de força de energia livre de Tokarski e Hopfinger (1997), conhecido como FEFF-QSAR-3D (FEFF, do inglês, *free energy force field*),[48] e o próprio QSAR-4D(RD) de Pan, Tseng e Hopfinger (2003),[42] ambos exemplos de receptor real atomístico.

Os avanços recentes na área da computação, com a disponibilidade de computadores com unidades de processamento gráfico (GPU, do inglês, *graphics processing unit*), permitiram um aceleramento dos cálculos e uma redução considerável no tempo necessário para realizar simulações de dinâmica molecular de complexos proteína-ligante, por exemplo.[49] Em 2019, Ash e Fourches reportaram uma nova abordagem para explorar múltiplas trajetórias de MD de amostragens conformacionais de complexos ligante-receptor para calcular descritores a partir da conformação e do tempo, para gerar modelos de QSAR.[50] No entanto, diferentemente da metodologia de QSAR-4D(RD) proposta por Hopfinger et al.,[42] essa abordagem tem a vantagem dos avanços tecnológicos de computadores com aceleração por GPU, que permitiu a condução de simulações de MD muito mais longas, para conjuntos de dados maiores de complexos proteína-ligante. Além disso, o estudo demostrou a vantagem de utilizar descritores clássicos 2D e 3D em conjunto com descritores de trajetórias MD, para gerar modelos de QSAR altamente preditivos.[50]

BOAS PRÁTICAS DE DESENVOLVIMENTO E VALIDAÇÃO

Com o uso indiscriminado dos métodos de QSAR, foram publicados diversos artigos questionando e alertando sobre a qualidade e a capacidade preditiva dos inúmeros modelos de QSAR publicados na literatura.[51,52]

QUADRO 1 Classificação do QSAR conforme a dimensionalidade

Método	Níveis de representação estrutural	Dependente do receptor?
QSAR-1D	Propriedades físico-químicas dos ligantes (e.g., Es, LogP, σ, π)	Não
QSAR-2D	Topologia 2D dos ligantes (e.g., conectividade, farmacóforo 2D)	Não
QSAR-3D	Estruturas 3D dos ligantes (e.g., CoMFA/CoMSIA e QSAR-4D)	Não
QSAR-4D	Estruturas 3D dos ligantes são representadas como uma amostragem de conformações	Possível
QSAR-5D	QSAR-4D + representação explícita de modelos de encaixe induzido	Sim
QSAR-6D	QSAR-5D + representação de solvatação	Sim
QSAR-7D	QSAR-6D + modelos de receptor reais ou virtuais	Sim

Es: efeito estérico; LogP: log do coeficiente de partição octanol/água; σ: sigma; π: pi; CoMFA: análise comparativa de campos moleculares; CoMSIA: análise comparativa dos índices de similaridade molecular.

Diante desses questionamentos, foram propostas diretrizes e recomendações de boas práticas de desenvolvimento e validação de modelos de QSAR.[6,17,53,54] Em 2004, foi publicado pela OECD (do inglês, *Organization for Economic Co-operation and Development*) um conjunto de princípios para validação de modelos de QSAR para uso na regulamentação de compostos químicos. Esses princípios são: (i) atividade biológica ou propriedade definida; (ii) algoritmo claro; (iii) domínio de aplicabilidade (DA) definido; (iv) avaliação apropriada da robustez e preditividade; (v) e interpretação mecanística (quando aplicável), ou seja, aprofundar o conhecimento químico sobre a relação estrutura-atividade em estudo.[55] Diante do exposto, vários desses elementos-chave serão discutidos nas seções a seguir.[6,17,53]

Preparo químico e biológico do conjunto de dados

A qualidade e a reprodutibilidade dos dados experimentais de bioensaios publicados na literatura têm impacto direto na qualidade estatística dos modelos de QSAR.[56] Registros químicos e biológicos problemáticos ou com erros podem ser frequentemente encontrados em bases de dados ou artigos científicos. Por exemplo, Olah et al.[57] demonstraram que, para cada conjunto de compostos depositado no banco de dados WOMBAT,[57,58] duas estruturas químicas eram anotadas erroneamente. Da mesma forma, Young et al.[59] encontraram taxas de erro significativas para estruturas químicas em vários bancos de dados públicos e comerciais. Por outro lado, observando a precisão dos dados biológicos, Prinz et al.[60] mostraram que apenas 20 a 25% dos resultados de bioensaios publicados na literatura eram consistentes com os achados internos da Bayer. Em paralelo, Kramer et al.[61] analisaram a incerteza experimental de 7.667 medições independentes para 2.540 sistemas ligante-receptor e observaram um desvio padrão de 0,54 unidades de pKi.

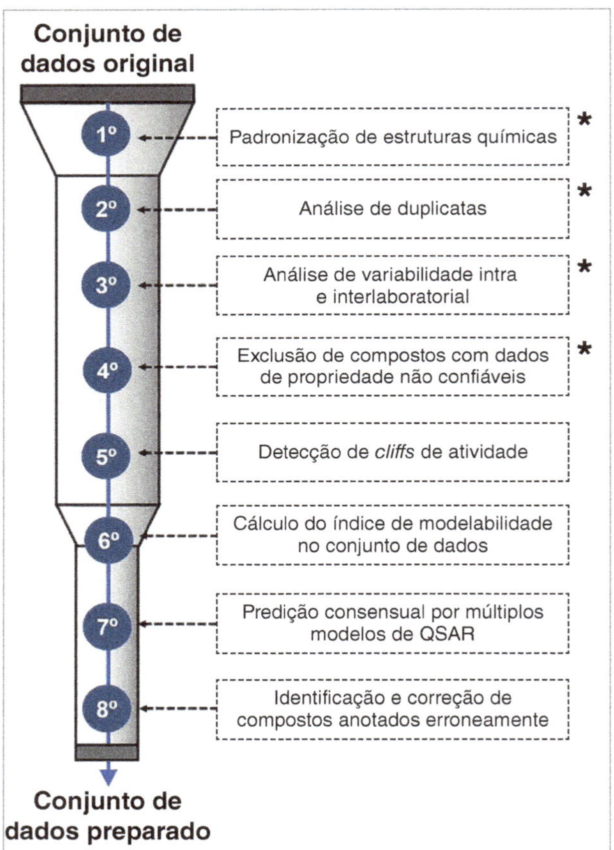

FIGURA 4 Fluxograma geral das principais etapas envolvidas no preparo de conjuntos de dados. As etapas marcadas com um asterisco (*) são obrigatórias, enquanto as demais são opcionais.

É indispensável haver um preparo minucioso do conjunto de dados, que inclui as estruturas químicas e os valores de atividade biológica para estimar a qualidade do conjunto de dados e evitar que potenciais erros interfiram na preditividade dos modelos de QSAR.[62] A Figura 4 apresenta as principais etapas do protocolo padrão de preparo dos dados químicos e biológicos.[62-64]

Na primeira etapa do processo de preparo dos dados, todas as estruturas químicas são desenhadas, inspecionadas e corrigidas, visando à identificação e correção de potenciais erros de valência. Nessa etapa, todas as estruturas químicas também devem ser padronizadas. A padronização estrutural envolve a remoção de compostos inorgânicos, organometálicos, misturas de componentes e sais. Tais quimiotipos promovem erros durante o cálculo de descritores moleculares, uma vez que a maioria dos programas não tem parametrização para esses tipos de átomos e/ou moléculas. Em seguida, todas as estruturas químicas são neutralizadas, grupos funcionais com ligações π são deslocalizados (*e.g.*, nitro e anéis aromáticos) e estruturas que podem apresentar formas tautoméricas são padronizadas para quimiotipos específicos.[63] O processo de padronização estrutural é considerado essencial para a execução da segunda etapa do protocolo, que envolve a identificação de estruturas químicas presentes duas ou mais vezes (*i.e.*, duplicatas) no conjunto de dados.[63,64] A análise estatística rigorosa de qualquer conjunto de dados assume que cada composto é único e, portanto, estruturalmente diferente de todos os outros compostos. No entanto, duplicatas estruturais estão frequentemente presentes em conjuntos de dados de compostos. Os modelos de QSAR gerados para esses conjuntos de dados podem apresentar *performance* estatística superestimada, mesmo que um conjunto de dados possua apenas uma pequena porcentagem de duplicatas. Como consequência, as duplicatas devem ser removidas antes de qualquer estudo de modelagem.

A terceira e a quarta etapas do processo de preparação são dedicadas à análise de concordância experimental intra e interlaboratorial dos valores de atividade biológica das duplicatas identificadas previamente e sua posterior remoção do conjunto de dados de compostos. O procedimento deve ser realizado com o intuito de estimar a qualidade do conjunto de dados e auxiliar na tomada de decisão sobre quais compostos podem ser utilizados na construção do modelo de QSAR. Duplicatas com atividades discordantes (i.e., de classes diferentes ou valores de atividade com diferença > 0,2 unidades logarítmicas) geralmente são oriundas de erros experimentais ou de compilação e, portanto, devem ser removidas do conjunto de dados ou corrigidas manualmente. Por outro lado, caso as duplicatas apresentem registros concordantes (*i.e.*, mesma classe ou valores de atividade com diferença ≤ 0,2 unidades logarítmicas), uma das amostras deve ser mantida no conjunto de dados, e os demais registros devem ser excluídos.[62,64] A quinta e a sexta etapas consistem na análise dos *cliffs* de atividade, ou seja, moléculas estruturalmente semelhantes com valores de atividade muito distintos[65] (quinta etapa), e no cálculo e ajuste do índice de modelabilidade[66] do conjunto de dados (sexta etapa), que estima a viabilidade de obter modelos preditivos de QSAR (taxa de classificação correta acima de 70%) para um conjunto de dados binários de compostos bioativos. A sétima etapa consiste na análise de predição consensual utilizando múltiplos modelos de QSAR. Nessa etapa, as predições obtidas a partir de múltiplos modelos de QSAR independentes, desenvolvidos com descritores moleculares e/ou algoritmos diferentes, são analisadas com o intuito de identificar compostos com atividades preditas e experimentais discordantes. Uma vez constatada uma predição discordante para um composto (oitava etapa), sua estrutura química e sua atividade biológica experimental devem ser revisadas manualmente na fonte original (*e.g.*, artigo, patente ou base de dados) e corrigidas, caso necessário.[62,64]

Detecção de amostras atípicas ou anômalas (outliers)

Compostos que apresentam valores de atividade predita discrepantes da observada, não se encaixando em um modelo de QSAR, são considerados amostras atípicas ou *outliers*. Esse comportamento atípico pode ser proveniente de erros experimentais (*e.g.*, nos testes biológicos, na elucidação experimental da estrutura química), de erros na estrutura química do próprio estudo de QSAR, podem representar *cliffs* de atividade ou indicar uma limitação do próprio modelo de QSAR.[65,67,68] Em um estudo de QSAR de Verma e Hansch (2005), por exemplo, os autores sugerem que os *outliers* detectados no estudo podem estar agindo por um mecanismo de ação diferente ou interagindo com o receptor por um modo de ligação diferente. A remoção de *outliers* dos conjuntos de dados de QSAR foi realizada de forma indiscriminada no passado, visando melhorar os parâmetros estatísticos de modelos de QSAR. Todavia, essas amostras atípicas não devem ser removidas sem explicação do conjunto treinamento, visto que sua remoção pode ser considerada manipulação estatística, e consequentemente, levar ao superajuste do modelo de QSAR. Nesse caso, o modelo de QSAR se ajusta muito bem ao conjunto treinamento, levando à melhora dos parâmetros estatísticos, mas se mostra ineficaz para prever corretamente a propriedade biológica de novas moléculas.[17] A presença de *outliers* no conjunto de dados reforça a necessidade de preparo e inspeção minuciosos desses compostos, visando identificar possíveis erros de anotação em suas estruturas químicas e valores de propriedade.[64] Por outro lado, se o composto representar um *cliff* de atividade, sua predição pelo modelo de QSAR precisa ser interpretada e discutida.[6]

Validação dos modelos

A qualidade de um modelo de QSAR/QSPR é avaliada por sua capacidade de predizer determinada atividade/propriedade biológica com elevada taxa de acerto. O mecanismo de validação serve para analisar a robustez e a preditividade de um modelo de QSAR. A validação é dividida em interna e externa. A robustez de um modelo é avaliada na validação interna com o conjunto de treinamento, medindo a capacidade de reproduzir suas predições. A validação externa consiste em aplicar um conjunto de dados (conjunto teste) que não foi utilizado em sua construção, validação interna e seleção, para avaliar sua preditividade externa.[69,70] A validação interna é realizada, geralmente, pela retirada exaustiva de um (*leave-one-out*) ou mais (*leave-many-out*) compostos do conjunto de treinamento. Assim, gera-se um modelo e os valores de atividade dos compostos retirados são, então, preditos. Essa prática é realizada por determinado número de vezes. Já a validação externa é realizada com o conjunto teste (cerca de 20 a 30% do conjunto total). Um método ainda mais rigoroso de validação externa consiste no método de validação externa *n*-fold (*n*-vezes), que consiste em dividir o conjunto total de dados em *n* subconjuntos do mesmo tamanho. A partir daí, um subconjunto é utilizado para a validação (conjunto teste) e os subconjuntos (conjunto treinamento) restantes são utilizados para a geração do modelo. Esse processo é realizado *n*-vezes, alternando de forma circular o subconjunto de teste. Ao final, é realizada a média entre as predições finais. A diferença entre a validação interna e a externa é que, na interna, o modelo final utiliza todos os compostos que foram utilizados para validação, ao passo que na validação externa os compostos do conjunto de validação externa não são usados para gerar os modelos.[71,72]Um modelo de QSAR é considerado validado quando atinge os requisitos mínimos de validação interna e externa. Os principais parâmetros de validação dos modelos contínuos são dados pelas Equações 9 e 10, enquanto os parâmetros de validação de modelos binários são dados pelas Equações 11, 12 e 13.

$$R^2 = 1 - \frac{\sum_{i=1}^{n\ teste} (Y_{observado} - Y_{observado})^2}{\sum_{i=1}^{n\ teste} (Y_{observado} - \bar{Y}_{observado})^2}$$

Equação 9.

$$Q^2_{ext} = 1 - \frac{\left[\sum_{i=1}^{n\ teste} (Y_{observado} - Y_{predito})^2\right]/n\ teste}{\left[\sum_{i=1}^{n\ teste} (Y_{observado} - \bar{Y}_{treino})^2\right]/n\ treino}$$

Equação 10, onde $Y_{obsevado}$ e $Y_{predito}$ são os valores reais e estimados, respectivamente; Y_{treino} é a média da atividade observada dos compostos do conjunto treinamento; n *teste* é o número de compostos no conjunto teste e n *treino* é o número de compostos no conjunto treinamento.

Equação 11. $$SE = \frac{VP}{VP + FN}$$

Equação 12. $$SP = \frac{VN}{VN + FP}$$

Equação 13. $$CCR = \frac{SE + SP}{2}$$

Nas Equações 11, 12 e 13, *SE* indica a sensibilidade do modelo, ou a capacidade do modelo de predizer compostos ativos corretamente; *SP* indica a especificidade, ou a capacidade do modelo de predizer inativos corretamente; e *CCR*, ou taxa de classificação correta, avalia a capacidade do modelo de predizer ativos e inativos corretamente. *VP* corresponde aos verdadeiros positivos; *VN* corresponde aos verdadeiros negativos; *FP* corresponde aos falsos positivos; e *FN* corresponde aos falsos negativos.

Geralmente, modelos de QSAR contínuos são considerados preditivos quando apresentam um coeficiente de correlação (R^2) ≥ 0,7 e um coeficiente de correlação por validação cruzada externa (Q_{ext}^2) ≥ 0,6, representado pela Equação 10.[72] Modelos categóricos são considerados preditivos quando apresentam taxa de classificação correta, sensibilidade e especificidade ≥ 0,6.[73,74]

Em geral, no caso de modelos de QSAR multidimensionais, nos quais o conjunto de dados é composto por milhares de variáveis independentes (e.g., CoMFA/CoMSIA, QSAR-4D), é possível obter bons modelos em função da probabilidade estatística de correlação. Para investigar essa possibilidade e ao mesmo tempo reter as propriedades de distribuição do conjunto de dados reais, Klopman e Kalos (1985) sugerem trocar aleatoriamente a ordem dos valores da variável dependente *Y* (*i.e.*, atividade biológica). Esse procedimento empregado na validação de modelos de QSAR é conhecido como randomização-Y (do inglês, Y-*randomization*) e consiste em randomizar os valores de atividade biológica (variável dependente *Y*).[75] Nesse procedimento, a variável Y dos compostos do conjunto de treinamento é aleatorizada e um novo modelo de QSAR é gerado. O resultado do modelo de QSAR original é, então, comparado ao modelo obtido com a variável *Y* randomizada. Caso o novo modelo apresente valores estatísticos semelhantes ou melhores que o modelo original, esse modelo deve ser descartado, uma vez que pode existir apenas uma correlação numérica entre os descritores da estrutura química (variáveis independentes *X*) e os valores da atividade biológica (variável dependente Y), mas que não traduz uma relação causa-efeito (*i.e.*, estrutura-atividade).[76] O processo de randomização-Y e suas variantes são discutidos por Rücker, Rücker e Meringer (2007).[77]A escolha correta da abordagem estatística e a validação externa especialmente rigorosa são extremamente importantes em qualquer estudo de QSAR. Entretanto, pesquisadores experientes têm direcionado a pesquisa em QSAR para um "ciclo estatístico vicioso". Nesses casos, o modelo de QSAR perde a aplicabilidade para predizer a atividade de novas moléculas, e o único objetivo do estudo passa a ser a validação dos modelos de QSAR usando o maior número de métricas possível.[5]

Domínio de aplicabilidade

Recentemente, Alves et al.[78] demonstraram que modelos de QSAR desenvolvidos utilizando o espaço químico de fármacos podem ser usados para predizer propriedades biológicas de cosméticos e pesticidas. Contudo, é imprescindível que antes seja verificado se a molécula a ser predita pelo modelo de QSAR esteja dentro do domínio de aplicabilidade (DA). O conceito de DA foi introduzido por Golbraikh et al.[79] para avaliar a probabilidade de uma molécula sob investigação estar dentro do espaço químico do conjunto de dados usados para modelagem de QSAR.[80-82] Os métodos mais comuns para descrever o DA consideram a distância euclidiana (calculada por meio de descritores moleculares) entre a molécula investigada e as demais moléculas do conjunto treinamento. Um limite de distância do DA é definido pelo tamanho e diversidade estrutural do conjunto utilizado para desenvolver o modelo de QSAR, e é empregado para determinar o limite de aplicabilidade de um modelo de QSAR para compostos que carecem de dados experimentais.[17] Se a distância da molécula sob investigação exceder um limiar de distância estabelecido, a molécula ficará fora do DA e a predição realizada pelo modelo de QSAR poderá ser considerada menos confiável.[17]

APLICAÇÃO DE QSAR EM TRIAGEM VIRTUAL

A triagem virtual (VS, do inglês, *virtual screening*) (Figura 5) consiste na utilização de modelos computacionais como filtros para a triagem de bibliotecas de compostos virtuais (10^5 a 10^7 compostos químicos) com a finalidade de priorizar um subconjunto de compostos (10^1 a 10^3 compostos químicos) com propriedades biológicas e físico-químicas desejadas para seguirem para avaliação experimental.[83-85]

A estratégia de VS requer pouco investimento em tempo e infraestrutura, na medida em que o estudo é conduzido utilizando computadores e apenas um subconjunto de compostos é submetido à avaliação biológica experimental. Além disso, essa abordagem permite a integração de diferentes tipos de métodos computacionais (*e.g.*, filtros de propriedades indesejáveis e propriedades *drug-likeness*, modelos farmacofóricos e ancoramento molecular), e o QSAR é uma ferramenta essencial nesse processo.[5] Propriedades *drug-likeness* podem ser definidas como a soma de propriedades características de fármacos conhecidos.[86] Essas propriedades foram propostas para encontrar compostos semelhantes a fármacos, que sejam biodisponíveis por administração oral. Fazem parte das propriedades de *drug-likeness*: a regra dos 5 de Lipinski (Ro5, do inglês, *rule of* 5)[87] (peso molecular ≤ 500 Da, LogP ≤ 5, número de doadores de ligação hidrogênio ≤ 5; número de aceptores de ligação hidrogênio ≤ 10), além de outras propriedades como solubilidade aquosa, número de anéis, número de ligações rotacionáveis e área de superfície polar (PSA). Essas propriedades são usadas para rotular um composto como semelhante a fármaco ou *drug-like.*[86] A integração de diferentes tipos de filtros moleculares na VS melhora a taxa de acerto nas predições e favorece a priorização multiparamétrica de novos compostos, quando filtros de propriedades físico-químicas, farmacocinéticas e/ou toxicológicas são utilizados. A Figura 5 apresenta uma representação genérica das principais etapas de uma VS.

Geralmente as taxas de acerto nas predições típicas de VS variam entre 1 e 40%, enquanto as taxas de acerto em plataformas experimentais de alta vazão (HTS ou HCS) variam entre 0,01 e 0,14%.[88-90] Todavia, a expectativa de que o QSAR e outros métodos computacionais possam substituir completamente os ensaios experimentais é otimista e especulativa. Portanto, a validação experimental deve representar a etapa final de qualquer estudo de VS.[91]

APLICAÇÃO DE QSAR PARA FINS REGULATÓRIOS

A utilização de QSAR em aspectos regulatórios envolve a avaliação do risco toxicológico de contaminantes, impurezas e novos produtos químicos de acordo com critérios formais.[92] Para abordar um ou mais desses diferentes objetivos regulatórios, os métodos de QSAR podem, em princípio, ser usados de várias maneiras, a saber: (a) para direcionar o tipo de avaliação a ser realizada; (b) complementar o uso de dados experimentais em abordagens de peso de evidência; e (c) substituir a necessidade de dados experimentais (especialmente animais). Na prática, as maneiras pelas quais os métodos QSAR são usados dependem das possibilidades previstas pela estrutura regulatória (algumas são mais conservadoras que outras) e do contexto específico (que inclui a disponibilidade de outras informações e as possíveis consequências de confiar em uma previsão incorreta).[93]Tradicionalmente, o uso de QSAR para fins regulatórios tem sido conservador e geralmente dentro do contexto de avaliações de peso de evidência nas quais os dados QSAR são combinados com outras informações (especialmente dados provindos de testes).[94] Esse con-

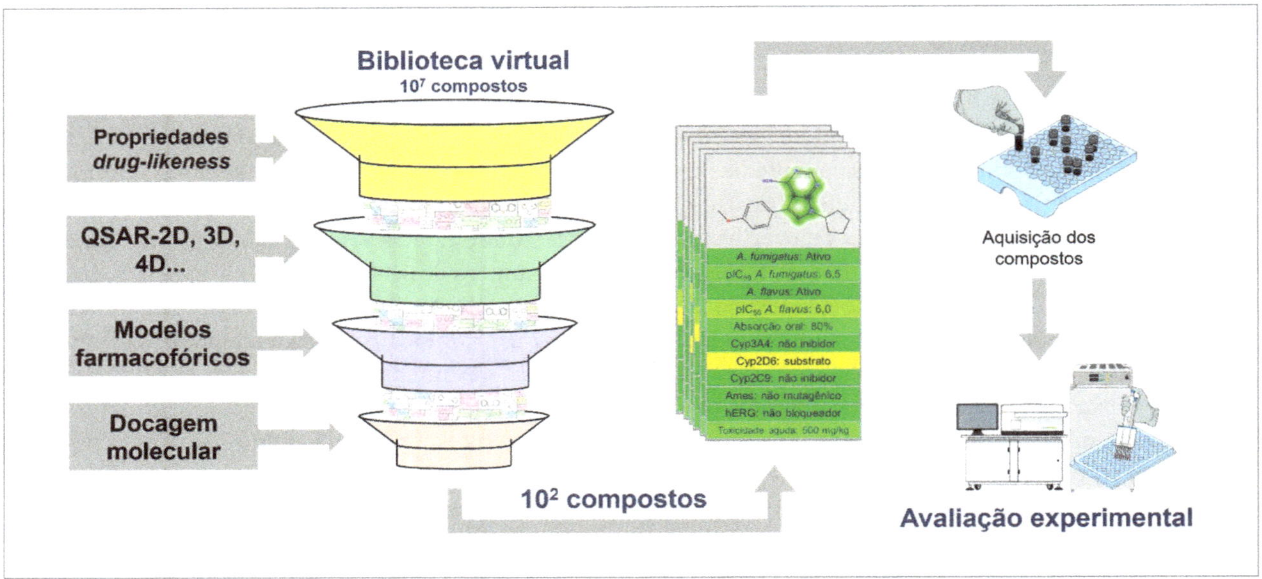

FIGURA 5 Representação genérica das principais etapas de uma triagem virtual.

texto vem mudando, principalmente após a implementação da regulamentação europeia de controle de substâncias químicas, formalmente denominada REACH (do inglês, *Registration, Evaluation, Authorisation & restriction of CHemicals*). A REACH é uma lei que obriga indústrias a fornecerem informação detalhada dos produtos químicos produzidos, comercializados ou importados em uma escala de mais de uma tonelada por ano.[95] Além disso, a partir de 2009, a Europa e outros países proibiram o uso de animais para testes de avaliação de toxicidade de produtos cosméticos. Por consequência, o uso de QSAR e de outros métodos alternativos para avaliação de toxicidade de compostos químicos tem sido uma estratégia bastante encorajada.

A REACH fornece uma estrutura flexível para o uso de métodos alternativos (*in vitro*) e métodos de não teste (QSAR, *read across*, entre outros). Em princípio é possível usar dados de modelos de QSAR em vez de dados experimentais, se cada uma das quatro condições principais for atendida: (i) o modelo usado se mostra cientificamente válido; (ii) o modelo utilizado é aplicável ao produto químico de interesse; (iii) a previsão (resultado) é relevante para a finalidade regulatória; e (iv) é fornecida documentação apropriada sobre o método e o resultado.[95] A validade e a aplicabilidade dos modelos de QSAR são avaliadas seguindo as boas práticas da OECD,[55] discutidas previamente neste capítulo.

A relevância do modelo de QSAR, em alguns casos, é evidente, pois ele é construído para predizer o próprio aspecto regulatório (p. ex., toxicidade aquática aguda). Entretanto, muitos modelos de QSAR têm o foco de predizer mecanismos relacionados ao aspecto regulatório, no qual é necessária uma estrapolação adicional para relacionar o parâmetro modelado (p. ex., reatividade nucleofílica de proteínas) para o parâmetro de interesse regulatório (p. ex., sensibilização cutânea).[93] Nos termos da REACH, não existe um processo formal de adoção de QSAR e também não há uma lista oficial de modelos juridicamente aceitos.[96] Os dados de QSAR são utilizados, juntamente com outras informações relatadas às autoridades no dossiê de registro, para decidir se as informações sobre a substância, tomadas em conjunto, são adequadas para a finalidade regulatória.[93] Além da REACH, outras diretrizes foram elaboradas para melhorar a padronização, harmonização e adoção de métodos *in silico* pelas autoridades reguladoras,[97] incluindo a diretriz M7 do Conselho Internacional sobre Harmonização de Requisitos Técnicos em Produtos Farmacêuticos para Uso Humano (ICH, do inglês, *International Council for Harmonisation of Technical Requirements for Pharmaceuticals for Human Use*), que regula a avaliação e o controle de impurezas mutagênicas em produtos farmacêuticos;[98] a Lei de Controle de Substâncias Tóxicas (TSCA, do inglês, *Toxic Substances Control Act*) dos Estados Unidos, revisada pelo Ato de Segurança Química para o Século XXI para incluir modelos preditivos e a revisão de especialistas como parte de uma avaliação geral;[99] o guia de resíduos da Autoridade Europeia para a Segurança dos Alimentos, que regulamenta o uso de QSAR para a avaliação de genotoxicidade de metabólitos em plantas e animais;[100] o Plano de Gerenciamento de Produtos Químicos do Canadá, para substâncias novas e existentes sob a Lei de Proteção Ambiental do Canadá de 1999, que permite o uso de modelos computacionais como peso de evidência para avaliação de substâncias químicas;[101] a orientação emitida pelo Centro para Dispositivos e Saúde Radiológica do FDA, que regulamenta a utilização de QSAR para predição de carcinogenicidade e materiais de dispositivos médicos na ausência de informações experimentais.[102]

Atualmente, os guias do Comitê Científico de Segurança do Consumidor da Europa discutem que os modelos de QSAR devem ser aplicados, sempre que possível, para obter estimativas de toxicidade antes que qualquer teste experimental seja considerado.[96] Entretanto, a área de estudo de QSAR ainda carece de padronização de procedimentos para avaliação *in silico* de parâmetros toxicológicos. A falta de tais procedimentos ou protocolos tem levado a uma inconsistência na aplicação e no uso de ferramentas *in silico* em diferentes organizações, indústrias e agências regulatórias.[103] Consequentemente, um consórcio internacional foi estabelecido para desenvolver uma estratégia geral para uso de métodos *in silico* que futuramente será expandida para *endpoints* ou parâmetros específicos como genotoxicidade, toxicidade aguda, entre outros. A implementação desses protocolos dependerá da disponibilidade de ferramentas computacionais, educação e colaboração entre as organizações para incentivar sua adoção global.[97]

NOVAS ABORDAGENS EM QSAR

Aprendizado de máquina

O aprendizado de máquina (do inglês, *machine learning*) representa um subcampo da inteligência artificial que evoluiu do estudo de reconhecimento de padrões e da teoria do aprendizado computacional. Conceitualmente, o aprendizado de máquina permite aos computadores a habilidade de aprender com dados (*e.g.*, bioensaios) sem serem explicitamente programados.[104,105] O sistema de aprendizado representa um algoritmo que toma decisões com base em experiências acumuladas por meio da solução bem-sucedida de problemas anteriores.

Os métodos de aprendizado de máquina podem ser classificados como supervisionados e não supervisionados, conforme ilustrado na Figura 6. A aprendizagem não supervisionada (Figura 6a) permite abordar problemas utilizando variáveis independentes (*i.e.*, descritores moleculares), sem qualquer informação sobre a propriedade biológica (variável dependente). Consequentemente, suas principais aplicações estão voltadas para a análise de padrões e o estudo do espaço químico.[106,107]

Os métodos supervisionados (Figura 6b) utilizam a variável dependente como exemplos de entrada e saída desejados durante o aprendizado com um conjunto de variáveis independentes.[6] A implementação de métodos de aprendizado de máquina em QSAR consiste

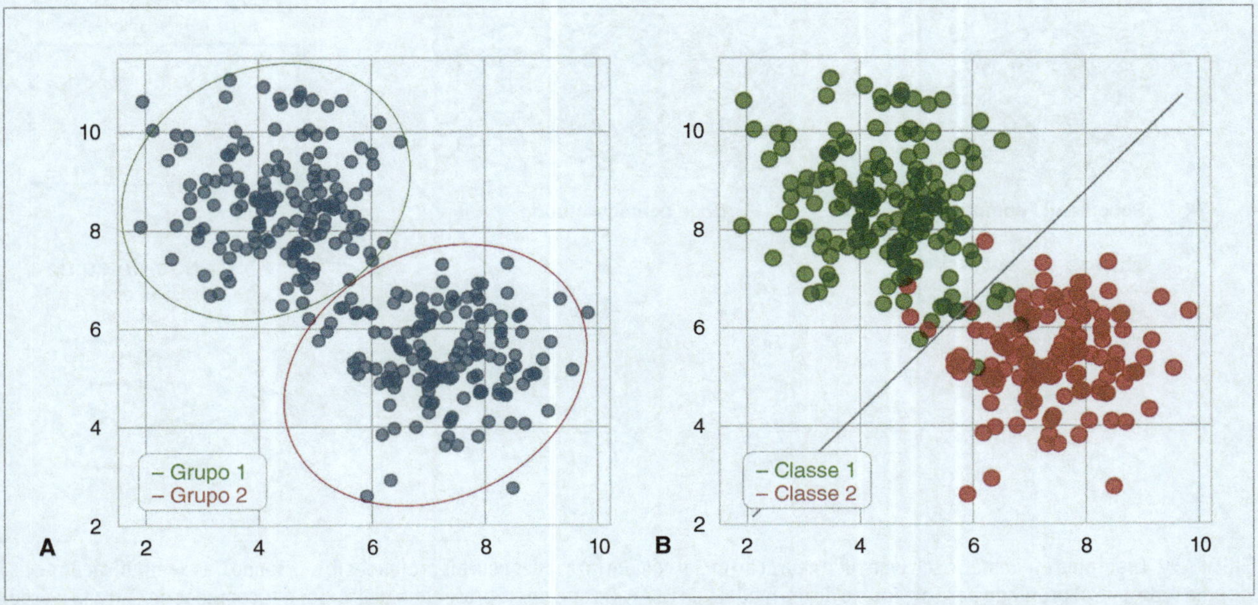

FIGURA 6 Exemplo simples de como métodos não supervisionados (a) e supervisionados (b) separam os dados. Pontos fora dos grupos 1 e 2 ou classificados erroneamente são considerados amostras anômalas (*outliers*).

em gerar uma hipótese capaz de estabelecer e otimizar uma relação dos descritores (x) com a propriedade biológica (variável dependente Y).[108,109]

$$Y(x) = a + bx$$

Equação 14. Supondo que a variável Y investigada é descrita em função de um único descritor molecular x, essa hipótese poderia ser representada por meio de ajustes nos parâmetros a e b utilizando um algoritmo de aprendizado de máquina.[108,110]

Atualmente, os algoritmos *Random Forest* (RF)[111] e *Support Vector Machines* (SVM)[112] são os métodos de aprendizado de máquina mais difundidos e utilizados na modelagem de QSAR. Esses métodos apresentam *performance* estatística superior aos métodos de regressão clássicos, como regressão linear múltipla (MLR, do inglês, *multiple linear regression*) e mínimos quadrados parciais (PLS, do inglês, *partial least squares*), e são capazes de modelar conjuntos de dados estruturalmente diversos.

Aprendizado profundo

Na última década, vários avanços tecnológicos contribuíram significativamente para o desenvolvimento da pesquisa em QSAR.[113] Isso inclui a disponibilidade de algoritmos mais fáceis de modelar e de computadores mais rápidos com aceleração por GPU, combinados com a disponibilidade de conjuntos de dados maiores (do inglês, *big data*) em bases de dados. Em particular, esses avanços possibilitaram a geração de modelos de aprendizado profundo (do inglês, *deep learning*).[113] O termo "aprendizado profundo" refere-se a qualquer sistema de aprendizado de máquina supervisionado, semissupervisionado ou não supervisionado, composto por redes neurais com múltiplas camadas de processamento não lineares capazes de aprender representações de dados.[113] Atualmente, os métodos de aprendizado profundo são amplamente aplicados em outros campos de pesquisa, incluindo desenvolvimento de veículos autônomos, análise de imagens médicas, reconhecimento facial e comércio eletrônico.[114,115]

A arquitetura desse algoritmo é representada por "neurônios" ou nós interconectados que computam dados de entrada e liberam dados de saída transformados (Figura 7). O aprendizado profundo, ou redes neurais profundas (do inglês, *deep neural networks*), consistem em redes neurais com mais de uma camada.[113] As vantagens teóricas dos métodos de aprendizado profundo são conhecidas há décadas, mas os pesquisadores

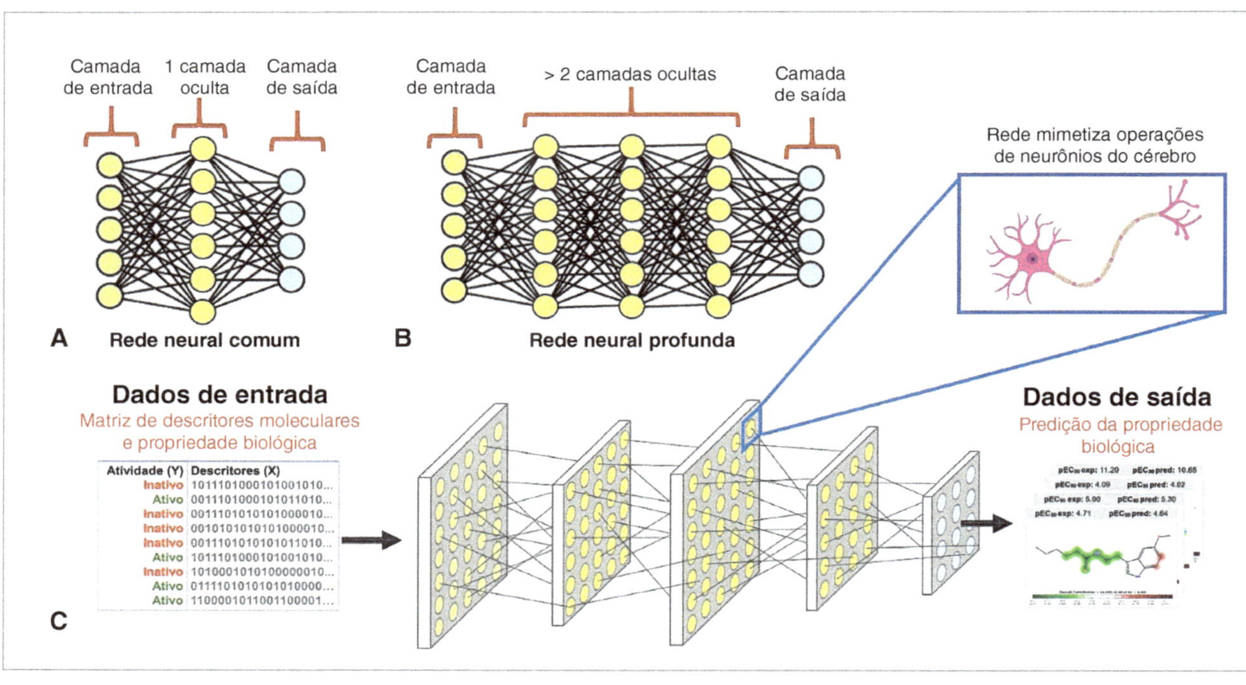

FIGURA 7 Diagrama esquemático de uma rede neural artificial comum (a) e redes neurais profundas (b e c), sendo C a exemplificação do uso de uma rede neural profunda para a geração de um modelo de QSAR. Os círculos representam neurônios nas camadas de entrada (verde), camadas ocultas (amarelo) e camadas de saída (azul). A arquitetura das redes neurais artificiais é tipicamente organizada em camadas, com unidades que podem estar conectadas às unidades da camada posterior, inspiradas nas operações dos neurônios no cérebro.

geralmente não conseguiam gerá-los devido a seu nível de complexidade, problemas de sobreajuste e dependência de dados.[114,115]

As representações do aprendizado profundo são inspiradas nas operações de neurônios no cérebro. O neurônio recebe numerosos sinais de entrada e passa os sinais de saída para os outros neurônios subsequentes conectados. No entanto, as redes neurais profundas são capazes de fazer várias transformações não lineares usando diversas camadas ocultas (Figura 7), conforme descrito a seguir:[116-118]

1. Camada de entrada: fornece elementos iniciais da rede, ou seja, os descritores moleculares e a propriedade biológica investigada.
2. Camadas ocultas: responsáveis pelo processamento da matriz de descritores e propriedade biológica. Cada neurônio da camada oculta aceita um valor de entrada da camada de entrada e o mapeia para uma função não linear. A maioria dos modelos de redes neurais possui alguma regra de aprendizado, em que os pesos de suas conexões são ajustados de acordo com os padrões apresentados. Em outras palavras, elas aprendem por meio de exemplos. Adicionando uma ou mais camadas de neurônios ocultos, é possível tornar a rede capaz de extrair estatísticas mais elaboradas. O resultado dessa função é usado como entrada para a camada de saída.
3. Camada de saída: corresponde ao valor final da predição.

Embora os métodos de aprendizado profundo estejam cada vez mais sendo empregados para a geração de modelos de QSAR, seu uso demanda um tempo significativo para otimização e estrutura em termos de *hardware*. A seleção dos tipos de infraestrutura e algoritmos mais adequados para cada conjunto de dados não são prontamente previsíveis. Além disso, a geração de modelos de aprendizado profundo requer um número relativamente grande de compostos (*big data*) para generalizar hipóteses em comparação aos algoritmos tradicionais de aprendizado de máquina.[119]

Outras abordagens inovadoras

Nos últimos anos, duas abordagens inovadoras têm recebido prestígio na comunidade científica para modelar conjuntos de dados compostos: aprendizado ativo (do inglês, *active learning*) e modelos generativos.

O aprendizado ativo consiste em um método que consulta interativamente uma fonte de informação para rotular os dados com predições desejadas.[120] A fonte de informação pode ser o usuário, contudo o que normalmente se faz é permitir que o algoritmo consulte os dados experimentais. Esse método pode ser combinado a qualquer tipo de algoritmo de aprendizado de máquina (*Random Forest*, *Support Vector Machines*, aprendizado profundo, entre outros). Normalmente o processo de modelagem inicia com uma parte pequena do conjunto de dados. O modelo gerado interroga os dados originais e usa essa informação para predizer uma nova quantidade do conjunto de dados. Esse exercício é repetido *N* vezes até que apenas uma pequena parte do conjunto de dados (~10-20%) seja mantida para validação do modelo (conjunto teste).[121] O aprendizado ativo tem sido considerado uma solução para resolver problemas de dimensionalidade na descoberta de compostos bioativos.[122]

Modelos de QSAR convencionais são, por natureza, modelos discriminativos, ou seja, são desenvolvidos para predizer determinada propriedade biológica *Y*, dadas as observações *X* disponíveis de descritores moleculares. Nesse caso, após gerar um modelo de QSAR, esses modelos podem ser aplicados na triagem virtual para predizer compostos com estrutura conhecida, mas que não possuem atividade biológica definida. Os modelos generativos, por outro lado, são gerados para predizer (ou gerar) a estrutura química de compostos para que se atinja uma propriedade *Y* desejada. Nesse caso, o modelo tenta, então, planejar novas estruturas químicas com alta afinidade. Diversos grupos têm desenvolvido métodos semelhantes nos últimos anos, utilizando principalmente aprendizado por reforço (do inglês, *reinforcement learning*) associado com redes neurais profundas. Um desses exemplos é o ReLeaSE (do inglês, *Reinforcement Learning for Structural Evolution*),[123] que integra duas redes neurais, uma generativa e uma preditiva, para gerar bibliotecas de compostos químicos com potenciais propriedades químicas ou biológicas desejadas.

CONCLUSÃO E CONSIDERAÇÕES FINAIS

Uma das mais importantes contribuições dos fundadores do QSAR, Hansch e Fujita (1964) e Free e Wilson (1964), tendo como base o conhecimento científico acumulado ao longo de quase cem anos, além do próprio formalismo do método, é a introdução de descritores moleculares calculados (*e.g.*, π de Hansch-Fujita e indicadores binários 0/1 de Free-Wilson) no lugar de propriedades experimentais (*e.g.*, LogP), o que permitiu a predição da atividade para compostos não sintetizados (*i.e.*, idealizados ou virtuais). Essencialmente, o QSAR não mudou: variações na atividade biológica podem ser quantitativamente correlacionadas com variações estruturais. O QSAR clássico usa propriedades experimentais – que são consequência da estrutura 3D, mas não podem ser obtidas para compostos virtuais – e/ou descritores calculados a partir da estrutura 2D – que podem ser calculados para compostos virtuais, mas não traduzem qualquer informação da estrutura 3D. Assim, quando a estrutura 3D se tornou prática rotineira, na década de 1980, ocorreu a incorporação natural de descritores 3D ao QSAR, dando origem ao QSAR-3D e, em seguida, aos métodos de QSAR multidimensionais. Entre esses métodos, o QSAR-4D, de Hopfinger et al. (1997, 2003), inovou ao calcular descritores 3D a partir de uma amostragem conformacional (a quarta dimensão) do ligante (ou do complexo ligante-alvo), obtida por simulações de dinâmica molecular, em vez de usar uma conformação única (*e.g.*, QSAR-3D CoMFA/CoMSIA), permitindo a abordagem independente (RI) e dependente (RD) da estrutura do receptor (*i.e.*, a macromolécula alvo). Além disso, assim como os populares CoMFA/CoMSIA, a visualização gráfica dos resultados sobre as estruturas moleculares permite ao pesquisador inferir a relação estrutura-atividade na proposição de modificações estruturais para a síntese de novos candidatos a fármacos. Na última década, vários avanços tecnológicos contribuíram significativamente para o desenvolvimento da pesquisa em QSAR, como a disponibilidade de algoritmos mais fáceis de modelar e de computadores mais rápidos com aceleração por GPU, combinados com a disponibilidade de conjuntos de dados maiores (*big data*) em bases de dados. Assim, o uso de inteligência artificial com métodos de aprendizado de máquina e aprendizado profundo, e outras abordagens inovadoras como aprendizado ativo e modelos generativos, têm se destacado na geração de modelos de QSAR na atualidade. No entanto, é importante ressaltar que, conforme já antecipado pelo saudoso Tony Hopfinger, independentemente do algoritmo para geração dos modelos a ser utilizado, a combinação de diferentes descritores químicos (*i.e.*, 1D até *n*D) deve ser considerada na construção de um modelo de QSAR. O uso de descritores de somente uma classe pode resultar em perda de informação sobre as características dos ligantes e de suas interações com o receptor.

REFERÊNCIAS BIBLIOGRÁFICAS

1. Gaulton A, Bellis LJ, Bento AP, Chambers J, Davies M, Hersey A, et al. ChEMBL: a large-scale bioactivity database for drug discovery. Nucleic Acids Res. 2012 Jan;40(Database issue):D1100-7.
2. Wang Y, Xiao J, Suzek TO, Zhang J, Wang J, Zhou Z, et al. PubChem's BioAssay Database. Nucleic Acids Res. 2012 Jan;40(Database issue):D400-12.
3. Xie X-QS. Exploiting PubChem for virtual screening. Expert Opin Drug Discov. 2010 Dec;5(12):1205-20.
4. Van Noorden R. Chemistry's web of data expands. Nature. 2012 Apr 5;484(7392):20.
5. Neves BJ, Braga RC, Melo-Filho CC, Moreira-Filho JT, Muratov EN, Andrade CH. QSAR-based virtual screening: advances and applications in drug discovery. Front Pharmacol. 2018 Nov;9(-Nov):1-7.
6. Cherkasov A, Muratov EN, Fourches D, Varnek A, Baskin II, Cronin M, et al. QSAR modeling: here have you been? Where are you going to? [Internet] [acesso em: 2022 jun. 3]. Journal of Medicinal Chemistry. 2014;57:4977-5010. Disponível em: http://www.ncbi.nlm.nih.gov/pubmed/24351051.
7. Alves VM, Muratov EN, Capuzzi SJ, Politi R, Low Y, Braga RC, et al. Alarms about structural alerts. Green Chem. 2016;18(16):4348-60.
8. Cardozo MG, Kawai T, Iimura Y, Sugimoto H, Yamanishi Y, Hopfinger AJ. Conformational analyses and molecular-shape comparisons of a series of indanone-benzylpiperidine inhibitors of acetylcholinesterase. J Med Chem. 1992 Feb;35(3):590-601.
9. Koga H, Itoh A, Murayama S, Suzue S, Irikura T. Structure-activity relationships of antibacterial 6,7- and 7,8-disubstituted 1-alkyl-1,4-dihydro-4-oxoquinoline-3-carboxylic acids. J Med Chem. 1980 Dec;23(12):1358-63.
10. Chuman, H., Ito, A., Saishoji, T. and Kumazawa, S. (1995). QSARs and 3 Dimensional Shape Studies of Fungicidal Azolylmethylcyclopentanols Molecular Design of Novel Fungicides Metconazole and Ipconazole. ACS Symp.Ser., 606,171-185.
11. Alves VM, Hwang D, Muratov E, Sokolsky-Papkov M, Varlamova E, Vinod N, et al. Cheminformatics-driven discovery of polymeric micelle formulations for poorly soluble drugs. Sci Adv. 2019 Jun;5(6):eaav9784.
12. Muratov EN, Bajorath J, Sheridan RP, Tetko I V, Filimonov D, Poroikov V, et al. QSAR without borders. Chem Soc Rev. 2020.
13. Kar S, Roy K, Leszczynski J. Impact of pharmaceuticals on the environment: risk assessment using QSAR modeling approach. In: Nicolotti O (ed.). Computational toxicology. New York: Humana Press; 2018. p. 395-443.
14. Gramatica P, Papa E, Sangion A. QSAR modeling of cumulative environmental end-points for the prioritization of hazardous chemicals. Environ Sci Process Impacts. 2018;20(1):38-47.
15. International Conference on Harmonisation. ICH M7 Assessment and control of DNA reactive (mutagenic) impurities in pharmaceuticals to limit potential carcinogenic risk. 2017. p. 1-110.
16. Agência Nacional de Vigilância Sanitária. Resolução da Diretoria Colegiada – RDC nº 53 de 04/12/2015. Diário Oficial da União. Brazil; 2015. p. 1-13.
17. Tropsha A. Best practices for QSAR model development, validation, and exploitation. [internet] [acesso em: 2022 jun. 3]. Mol Inform. 2010 Jul 6;29(6-7):476-88. Disponível em: http://doi.wiley.com/10.1002/minf.201000061.
18. Kubinyi H. QSAR: Hansch analysis and related approaches. Manhold R, Larsen PK, Timmerman H (eds.). Methods and principles in medicinal chemistry. Weinheim: VCH; 1993. 1-13 p.

19. Martin TM, Harten P, Young DM, Muratov EN, Golbraikh A, Zhu H, et al. Does rational selection of training and test sets improve the outcome of QSAR modeling? [internet] [acesso em: 2022 jun. 3] J Chem Inf Model. 2012 Oct 22;52(10):2570-8. Disponível em: http://www.ncbi.nlm.nih.gov/pubmed/23030316.
20. Brown AC, Fraser TR. V.: On the connection between chemical constitution and physiological action. Part I.: On the physiological action of the salts of the ammonium bases, derived from strychnia, brucia, thebaia, codeia, morphia, and nicotia. Trans R Soc Edinburgh. 1868 Jan;25(01):151-203.
21. Crum-Brown A, Fraser TR. On the onection between chemical constitution and phisiological action. Part II. On the physiological action of the salts of ammonium bases derived from atropia and conia. Trans R Soc Edinburgh. 1869;25:693-739.
22. Meyer HH. Zur théorie der Alkoholnarkose. Erste mittheilung, welche eigenschaft der anasthetica bedingt ihre narkotiste wirkung. Arch Exp Pathol Pharmakol. 1899;42:109.
23. Overton CE. Studien über die Narkose, zugleich ein Beitrag zur allgemeinen Pharmakologie. Fischer VG, editor. Germany: Jena; 1901.
24. Hammett LP. The effect of structure upon the reactions of organic compounds: benzene derivatives. J Am Chem Soc. 1937 Jan;59(1):96-103.
25. Hammett LP. Some relations between reaction rates and equilibrium constants. Chem Rev. 1935 Aug;17(1):125-36.
26. Taft RW. Polar and steric substituent constants for aliphatic and o-benzoate groups from rates of esterification and hydrolysis of esters 1. J Am Chem Soc. 1952 Jun;74(12):3120-8.
27. Hansch C, Maloney PP, Fujita T, Muir RM. Correlation of biological activity of phenoxyacetic acids with Hammett substituent constants and partition coefficients. Nature. 1962;194(4824):178-80.
28. Hansch C, Fujita T. p-σ-π analysis: a method for the correlation of biological activity and chemical structure. J Am Chem Soc. 1963;86(8):1616-26.
29. Martin YC. How medicinal chemists learned about log P. J Comput Aided Mol Des. 2018 Aug;32(8):809-19.
30. Hansch C. Quantitative approach to biochemical structure-activity relationships. Acc Chem Res. 1969 Aug;2(8):232-9.
31. Free SM, Wilson JW. A mathematical contribution to structure--activity studies. J Med Chem. 1964;7(4):395-9.
32. Kubinyi H. Quantitative structure-activity relationships. V. A simple simple algorithm for Fujita-Ban and Free-Wilson analyses. Arzneimittelforschung. 1977 Jan;27(4):750-8.
33. Todeschini R, Consonni V. Handbook of molecular descriptors. Wiley-VCH; 2000.
34. Xue L, Bajorath J. Molecular descriptors in chemoinformatics, computational combinatorial chemistry, and virtual screening. Comb Chem High Throughput Screen. 2000 Oct;3(5):363-72.
35. Hopfinger AJ. A QSAR investigation of dihydrofolate reductase inhibition by Baker triazines based upon molecular shape analysis [internet] [acesso em: 2022 jun. 3]. J Am Chem Soc. 1980 Sep;102(24):7196-206. Disponível em: http://pubs.acs.org/doi/abs/10.1021/ja00544a005.
36. Hopfinger AJ. Inhibition of dihydrofolate reductase: structure-activity correlations of 2,4-diamino-5-benzylpyrimidines based upon molecular shape analysis. J Med Chem. 1981 Jul;24(7):818-22.
37. Hopfinger AJ, Patel HC. Application of Genetic Algorithms to the General QSAR problem and to guiding molecular diversity experiments. In: Genetic algorithms in molecular modeling. Elsevier; 1996. p.131-57.
38. Cramer RD, Patterson DE, Bunce JD. Comparative molecular field analysis (CoMFA). 1. Effect of shape on binding of steroids to carrier proteins [internet] [acesso em: 2022 jun. 3]. J Am Chem Soc. 1988;110(18):5959-67. Disponível em: http://www.ncbi.nlm.nih.gov/pubmed/22148765.
39. Cramer RD, Patterson DE, Bunce JD. Recent advances in comparative molecular field analysis (CoMFA). Prog Clin Biol Res. 1989 Jan;291:161-5.
40. Klebe G, Abraham U, Mietzner T. Molecular similarity indices in a comparative analysis (CoMSIA) of drug molecules to correlate and predict their biological activity. J Med Chem. 1994 Nov;37(24):4130-46.
41. Hopfinger AJ, Wang S, Tokarski JS, Jin B, Albuquerque M, Madhav PJ, et al. Construction of 3D-QSAR models using the 4D-QSAR analysis formalism. J Am Chem Soc [Internet]. 1997 Oct;119(43):10509-24. Disponível em: http://pubs.acs.org/doi/abs/10.1021/ja9718937; acessado em: 4 de agosto de 2013.
42. Pan D, Tseng Y, Hopfinger AJ. Quantitative structure-based design: formalism and application of receptor-dependent RD-4D-QSAR analysis to a set of glucose analogue inhibitors of glycogen phosphorylase. J Chem Inf Comput Sci. 2003 Sep;43(5):1591-607.
43. Vedani A, Briem H, Dobler M, Dollinger H, McMasters DR. Multiple-conformation and protonation-state representation in 4D-QSAR: the neurokinin-1 receptor system. J Med Chem. 2000 Nov;43(23):4416-27.
44. Vedani A, Dobler M. 5D-QSAR: the key for simulating induced fit? J Med Chem. 2002 May;45(11):2139-49.
45. Vedani A, Dobler M, Zbinden P. Quasi-atomistic receptor surface models: a bridge between 3-D QSAR and receptor modeling. J Am Chem Soc. 1998 May;120(18):4471-7.
46. Vedani A, Dobler M, Lill MA. Combining protein modeling and 6D-QSAR: simulating the binding of structurally diverse ligands to the estrogen receptor. J Med Chem. 2005 Jun;48(11):3700-3.
47. Polanski J. Receptor dependent multidimensional QSAR for modeling drug: receptor interactions. Curr Med Chem. 2009 Sep;16(25):3243-57.
48. Tokarski JS, Hopfinger AJ. Prediction of ligand-receptor binding thermodynamics by free energy force field (FEFF) 3D-QSAR analysis: application to a set of peptidometic renin inhibitors. J Chem Inf Comput Sci [Internet]. 1997;37(4):792-811. Disponível em: http://www.ncbi.nlm.nih.gov/pubmed/9254912.
49. Fourches D, Ash J. 4D- quantitative structure-activity relationship modeling: making a comeback. Expert Opin Drug Discov. 2019 Dec;14(12):1227-35.
50. Ash J, Fourches D. Characterizing the chemical space of ERK2 kinase inhibitors using descriptors computed from molecular dynamics trajectories. J Chem Inf Model. 2017 Jun;57(6):1286-99.
51. Scior T, Medina-Franco J, Do Q-T, Martinez-Mayorga K, Yunes Rojas J, Bernard P. How to recognize and workaround pitfalls in QSAR studies: a critical review. Curr Med Chem. 2009 Nov;16(32):4297-313.
52. Zhao L, Wang W, Sedykh A, Zhu H. Experimental errors in QSAR modeling sets: what we can do and what we cannot do. ACS Omega. 2017.
53. Dearden JC, Cronin MTD, Kaiser KLE. How not to develop a quantitative structure-activity or structure-property relationship (QSAR/QSPR) [internet] [acesso em: 2022 jun. 3]. SAR QSAR Environ Res. 2009 Jan;20(3-4):241-66. Disponível em: http://www.ncbi.nlm.nih.gov/pubmed/19544191.
54. Piir G, Kahn I, García-Sosa AT, Sild S, Ahte P, Maran U. Best practices for QSAR model reporting: physical and chemical properties, ecotoxicity, environmental fate, human health, and toxicokinetics endpoints. Environ Health Perspect. 2018 Dec;126(12):126001.
55. OECD. OECD principles for the validation, for regulatory purposes, of (quantitative) structure-activity relationship models. 2004. p.1-2.

56. Frye S V, Arkin MR, Arrowsmith CH, Conn PJ, Glicksman MA, Hull-Ryde EA, et al. Tackling reproducibility in academic preclinical drug discovery. Nat Rev Drug Discov. 2015 Sep;14(11):733-4.
57. Olah M, Mracec M, Ostopovici L, Rad RF, Bora A, Hadaruga, et. al. WOMBAT: World of Molecular Bioactivity. In Cheminformatics in Drug DiscoVery; Oprea, T. I., Ed.; Wiley -VCH: New York, 2005; pp 223-239
58. Olah M, Rad R, Ostopovici L, Bora A, Hadaruga N, Hadaruga D, et al. WOMBAT and WOMBAT-PK: bioactivity databases for lead and drug discovery. In: Chemical Biology [Internet]. Wiley--VCH Verlag GmbH; 2008. p.760-86. Disponível em: http://dx.doi.org/10.1002/9783527619375.ch13b.
59. Young D, Martin T, Venkatapathy R, Harten P. Are the chemical structures in your QSAR correct? QSAR Comb Sci. 2008 Dec;27(11-12):1337-45.
60. Prinz F, Schlange T, Asadullah K. Believe it or not: how much can we rely on published data on potential drug targets? Nat Rev Drug Discov. 2011;10(9):712.
61. Kramer C, Kalliokoski T, Gedeck P, Vulpetti A. The experimental uncertainty of heterogeneous public K i data. J Med Chem. 2012;55(11):5165-73.
62. Fourches D, Muratov E, Tropsha A. Curation of chemogenomics data. Nat Chem Biol. 2015 Jul;11(8):535.
63. Fourches D, Muratov E, Tropsha A. Trust, but verify: on the importance of chemical structure curation in cheminformatics and QSAR modeling research [internet] [acesso em: 2022 jun. 3]. J Chem Inf Model. 2010 Jul 26;50(7):1189-204. Disponível em: https://pubmed.ncbi.nlm.nih.gov/20572635/.
64. Fourches D, Muratov EN, Tropsha A. Trust, but verify II: a practical guide to chemogenomics data curation. J Chem Inf Model. 2016 Jun; Doi:10.1021/acs.jcim.6b00129.
65. Maggiora GM. On outliers and activity cliffs: why QSAR often disappoints. J Chem Inf Model [Internet]. 2006;46(4):1535. Disponível em: http://www.ncbi.nlm.nih.gov/pubmed/16859285.
66. Golbraikh A, Muratov E, Fourches D, Tropsha A. Data set modelability by QSAR. J Chem Inf Model. 2014 Jan;Epub ahead.
67. Verma RP, Hansch C. An approach toward the problem of outliers in QSAR. Bioorg Med Chem. 2005 Aug;13(15):4597-621.
68. Guha R, Van Drie JH. Structure: activity landscape index: identifying and quantifying activity cliffs. J Chem Inf Model. 2008 Mar;48(3):646-58.
69. Golbraikh A, Tropsha A. Beware of q2! [internet] [acesso em: 2022 jun. 3] J Mol Graph Model. 2002 Jan;20(4):269-76. Disponível em: http://www.ncbi.nlm.nih.gov/pubmed/11858635.
70. Gramatica P. Principles of QSAR models validation: internal and external. QSAR Comb Sci. 2007 May;26(5):694-701.
71. Tropsha A, Gramatica P, Gombar VK. The importance of being earnest: validation is the absolute essential for successful application and interpretation of QSPR models. QuantStructActRelatCombSci. 2003 Apr;22(1):69-77.
72. Chirico N, Gramatica P. Real external predictivity of QSAR models: how to evaluate it? Comparison of different validation criteria and proposal of using the concordance correlation coefficient. [internet] [acesso em: 2022 jun. 3]. J Chem Inf Model. 2011 Sep 26;51(9):2320-35. Disponível em: http://www.ncbi.nlm.nih.gov/pubmed/21800825.
73. Wang XS, Tang H, Golbraikh A, Tropsha A. Combinatorial QSAR modeling of specificity and subtype selectivity of ligands binding to serotonin receptors 5HT1E and 5HT1F. J Chem Inf Model. 2008 May;48(5):997-1013.
74. Altman DG, Bland JM. Diagnostic tests. 1: Sensitivity and specificity. BMJ. 1994 Jun;308(6943):1552.
75. Klopman G, Kalos AN. Causality in structure? Activity studies. J Comput Chem. 1985 Oct;6(5):492-506.
76. Kuz'min VE, Muratov EN, Artemenko AG, Varlamova EV, Gorb L, Wang J, et al. Consensus QSAR modeling of phosphor-containing chiral AChE inhibitors. QSAR Comb Sci [Internet]. 2009 Jul;28(6-7):664-77. Disponível em: http://doi.wiley.com/10.1002/qsar.200860117
77. Rücker C, Rücker G, Meringer M. y-Randomization and its variants in QSPR/QSAR. J Chem Inf Model. 2007;47(6):2345-57.
78. Alves VM, Muratov EN, Zakharov A, Muratov NN, Andrade CH, Tropsha A. Chemical toxicity prediction for major classes of industrial chemicals: is it possible to develop universal models covering cosmetics, drugs, and pesticides? Food Chem Toxicol. 2018;112:526-534.
79. Golbraikh A, Shen M, Xiao Z, Xiao Y-D, Lee K-H, Tropsha A. Rational selection of training and test sets for the development of validated QSAR models. J Comput Aided Mol Des. 2003;17(2-4):241-53.
80. Gadaleta D, Mangiatordi GF, Catto M, Carotti A, Nicolotti O. Applicability domain for QSAR Models. Int J Quant Struct Relationships. 2016 Jan;1(1):45-63.
81. Netzeva TI, Worth A, Aldenberg T, Benigni R, Cronin MTD, Gramatica P, et al. Current status of methods for defining the applicability domain of (quantitative) structure-activity relationships: the report and recommendations of ECVAM Workshop 52. Altern Lab Anim. 2005 Apr;33(2):155-73.
82. Mathea M, Klingspohn W, Baumann K. Chemoinformatic classification methods and their applicability domain. Mol Inform. 2016 May;35(5):160-80.
83. Tanrikulu Y, Krüger B, Proschak E. The holistic integration of virtual screening in drug discovery. [internet] [acesso em: 2022 jun. 3]. Drug Discov Today. 2013 Apr;18(7-8):358-64. Disponível em: http://www.ncbi.nlm.nih.gov/pubmed/23340112.
84. Kar S, Roy K. How far can virtual screening take us in drug discovery? [internet] [acesso em: 2022 jun. 3]. Expert Opin Drug Discov. 2013 Mar;8(3):245-61. Disponível em: http://www.ncbi.nlm.nih.gov/pubmed/23330660.
85. Schneider G. Virtual screening: an endless staircase? Nat Rev Drug Discov. 2010 Apr;9(4):273-6.
86. Ursu O, Rayan A, Goldblum A, Oprea TI. Understanding drug-likeness. WIREs Comput Mol Sci. 2011 Sep;1(5):760-81.
87. Lipinski CA, Lombardo F, Dominy BW, Feeney PJ. Experimental and computational approaches to estimate solubility and permeability in drug discovery and development settings. Adv Drug Deliv Rev. 1997 Jan;23(1-3):3-25.
88. Truchon J-F, Bayly CI. Evaluating virtual screening methods: good and bad metrics for the "early recognition" problem. [internet] [acesso em: 2022 jun. 3] J Chem Inf Model. 2007;47(2):488-508. Disponível em: http://www.ncbi.nlm.nih.gov/pubmed/17288412.
89. Forli S. Charting a path to success in virtual screening. Molecules. 2015 Oct;20(10):18732-58.
90. Clark DE. What has virtual screening ever done for drug discovery? Expert Opin Drug Discov. 2008 Aug;3(8):841-51.
91. Neves BJ, Muratov E, Machado RB, Andrade CH, Cravo PVL. Modern approaches to accelerate discovery of new antischistosomal drugs. Expert Opin Drug Discov. 2016;11(6):557-67.
92. Raunio H. In silico toxicology: non-testing methods. Front Pharmacol. 2011 Jan;2(June):33.
93. Worth AP. The role of QSAR methodology in the regulatory assessment of chemicals. In: Puzyn T, Leszczynski J, Cronin MT (eds.). Recent advances in QSAR studies. Dordrecht: Springer Netherlands; 2010. p.367-82. (Challenges and advances in computational chemistry and physics; vol.8).

94. Kostal J, Voutchkova-Kostal A. Going all in: a strategic investment in in silico toxicology. Chem Res Toxicol. 2020.
95. EU. Regulation (EC) No 1907/2006 of the European Parliament and of the Council of 18 December 2006 Concerning the Registration, Evaluation, Authorisation and Restriction of Chemicals (REACH). 2006.
96. SCCS. SCCS Notes of guidance for the testing of cosmetic ingredients and their safety evaluation 10th revision. SCCS/1602/18. 2018.
97. Myatt GJ, Ahlberg E, Akahori Y, Allen D, Amberg A, Anger LT, et al. In silico toxicology protocols. Regul Toxicol Pharmacol. 2018.
98. ICH. ICH M7(R1): Assessent and control of DNA reactive (mutagenic) impurities in pharmaceuticals to limit potential carcinogenic risk. 2017.
99. US Congress. The Frank R. Lautenberg Chemical Safety for the 21st Century Act. Pub. L. No. 114-182. 2016.
100. EFSA. Guidance on the establishment of the residue definition for dietary risk assessment. EFSA J. 2016 Dec;14(12).
101. Canada. Chemicals Management Plan. Government of Canada. 2016.
102. FDA. Use of International Standard ISO 10993-1. Biological evaluation of medical devices – Part 1: Evaluation and testing within a risk management process. Guidance for industry and food and drug administration staff. Center for Devices and Radiological Health. 2016.
103. Bower D, Cross KP, Escher S, Myatt GJ, Quigley DP. In silico toxicology: an overview of toxicity databases, prediction methodologies, and expert review. In: Richardson RJ, Johnson DE (eds.). Computational systems pharmacology and toxicology. Cambridge: Royal Society of Chemistry; 2017. p.209-42. (Issues in toxicology.)
104. Tetko I V, Engkvist O, Chen H. Does "big data" exist in medicinal chemistry, and if so, how can it be harnessed? Future Med Chem. 2016 Oct;8(15):1801-6.
105. Fourches D. Cheminformatics: at the crossroad of eras. In: Gorb L, Kuz'min V, Muratov E (eds.). Application of computational techniques in pharmacy and medicine. Dordrecht: Springer Netherlands; 2014. p.539-46.
106. Downs GM, Barnard JM. Clustering methods and their uses in computational chemistry. In: Lipkowitz KB, Boyd DB (eds.). Reviews in computational chemistry. Hoboken: John Wiley & Sons, Inc.; 2003. p.1-40.
107. Mercier D. Clustering large datasets. Electronic review – Linacre College. 2003.
108. Welling M. A first encounter with machine learning. Irvine, CA.: University of California; 2011. 1-93 p.
109. Lavecchia A. Machine-learning approaches in drug discovery: methods and applications. Drug Discov Today [Internet]. 2014;20(3):318-31. Disponível em: http://linkinghub.elsevier.com/retrieve/pii/S1359644614004176.
110. Mitchell JBO. Machine learning methods in chemoinformatics. Wiley Interdiscip Rev Comput Mol Sci. 2014;4(5):468-81.
111. Breiman LEO. Random forests. Mach Learn [Internet]. 2001;45:5-32. Disponível em: http://www.springerlink.com/content/u0p06167n6173512/.
112. Cortes C, Vapnik V. Support-vector networks. Mach Learn. 1995 Sep;20(3):273-97.
113. LeCun Y, Bengio Y, Hinton G. Deep learning. Nature. 2015 May;521(7553):436-44.
114. Ekins S. The next era: deep learning in pharmaceutical research. Pharm Res. 2016;2594-603.
115. Chen H, Kogej T, Engkvist O. Cheminformatics in drug discovery, an industrial perspective. Mol Inform. 2018 Sep;37(9-10):1800041.
116. Chen H, Engkvist O, Wang Y, Olivecrona M, Blaschke T. The rise of deep learning in drug discovery. Drug Discov Today. 2018 Jun;23(6):1241-50.
117. Lo Y-C, Rensi SE, Torng W, Altman RB. Machine learning in chemoinformatics and drug discovery. Drug Discov Today. 2018 Aug;23(8):1538-46.
118. Ekins S, Puhl AC, Zorn KM, Lane TR, Russo DP, Klein JJ, et al. Exploiting machine learning for end-to-end drug discovery and development. Nat Mater [Internet]. 2019 May 18;18(5):435-41. Disponível em: http://www.nature.com/articles/s41563-019-0338-z.
119. Yang X, Wang Y, Byrne R, Schneider G, Yang S. Concepts of artificial intelligence for computer-assisted drug discovery. Chem Rev. 2019 Sep;119(18):10520-94.
120. Reker D, Schneider G. Active-learning strategies in computer--assisted drug discovery. Drug Discov Today [Internet]. 2014;20(4):458-65. Disponível em: http://linkinghub.elsevier.com/retrieve/pii/S1359644614004735.
121. Ilhan HO, Amasyalı MF. Active learning as a way of increasing accuracy. Int J Comput Theory Eng. 2014;6(6):460-5.
122. Murphy RF. An active role for machine learning in drug development. Vol.7, Nature chemical biology. Nature Publishing Group; 2011. p.327-30.
123. Popova M, Isayev O, Tropsha A. Deep reinforcement learning for de novo drug design. Sci Adv. 2018 Jul;4(7):eaap7885.

CAPÍTULO 12

Modificação molecular: simplificação molecular, restrição conformacional e latenciação

Jeanine Giarolla

INTRODUÇÃO

A modificação molecular é uma estratégia extremamente importante para a otimização de *hits*, líderes, bem como de fármacos já disponíveis na terapêutica. Assim, uma vez descoberto o farmacóforo, ou seja, o esqueleto molecular responsável pela atividade biológica, modificações químicas podem melhorar propriedades desse farmacóforo, tais como farmacêuticas, farmacocinéticas e/ou farmacodinâmicas. Obtêm-se, então, derivados otimizados, os quais poderão aprimorar as interações com o alvo molecular, resultando em aumento da atividade biológica e da seletividade, além da diminuição da toxicidade. Ademais, sabe-se que derivados sinteticamente mais simples podem ser obtidos, representando uma grande vantagem nas etapas de introdução de um novo fármaco no mercado. Uma vez sintetizado, purificado e cuidadosamente caracterizado, o composto líder pode seguir para os estudos pré-clínicos. O sucesso dessa etapa garantirá o passo seguinte, os estudos clínicos em seres humanos. Em face do exposto, como estratégias de modificações moleculares, têm-se: introdução e/ou substituição de grupo alquila, adição de grupos volumosos, contração da cadeia carbônica e/ou de anéis, variação e/ou fusão de anéis, bioisosterismo, hibridação molecular (estes dois últimos serão discutidos no capítulo Modificação molecular: bioisosterismo e hibridação molecular), simplificação molecular, restrição conformacional e latenciação.[1,2] Os três últimos métodos serão apresentados neste capítulo.

A adição de grupo volumoso, por exemplo, é uma estratégia interessante para a obtenção de interações extras com alvos biológicos, podendo ser, também, aplicada ao planejamento de antagonistas a partir de um agonista. Assim, regiões do alvo antes não ocupadas podem ser exploradas para a melhoria da resposta biológica. Na Figura 1a, pode-se observar o planejamento do enalaprilato (2) a partir da succinil prolina (1). Destaca-se o sítio de ligação do receptor (*S1 pocket*) não ocupado. O enalaprilato (2), por sua vez, possui um grupo volumoso aromático, que interage com essa cavidade, melhorando a atividade. Houve, ainda, a adição de uma metila para ocupar o *S1' pocket*. Já na Figura 1b, pode-se verificar que a introdução do grupo volumoso transformou a acetilcolina (3) (agonista de receptores colinérgicos) na atropina (4) (antagonista de receptores muscarínicos colinérgicos).[1]

Já a simples introdução de um grupo alquila, por exemplo, uma metila, pode interferir sobremaneira na atividade biológica.[3] A Figura 2 mostra um exemplo clássico da introdução de grupo alquila e da otimização da ação no organismo humano. A epinefrina (5), hormônio liberado pela glândula adrenal, é capaz de interagir com receptores do sistema nervoso autônomo dos tipos alfa e beta. Sabe-se que o receptor beta, por sua vez, possui uma cavidade hidrofóbica, não observada no tipo alfa. Diante dessa informação, planejou-se o salbutamol (6), que possui um grupo *t*-butila. Esse substituinte é capaz de se acomodar nessa cavidade lipofílica, proporcionando, assim, ação agonista seletiva.[1]

É importante mencionar que as diferentes formas de modificações moleculares atraem a atenção da indústria farmacêutica para o lançamento de um novo fármaco no mercado. Pode-se obter, por exemplo, os chamados fármacos *me-too*, nos quais pequenas alterações nas estruturas químicas do protótipo originam compostos semelhantes, com manutenção da atividade farmacológica. O termo *me-better* também pode ser encontrado, demonstrando que, de fato, existe melhoria

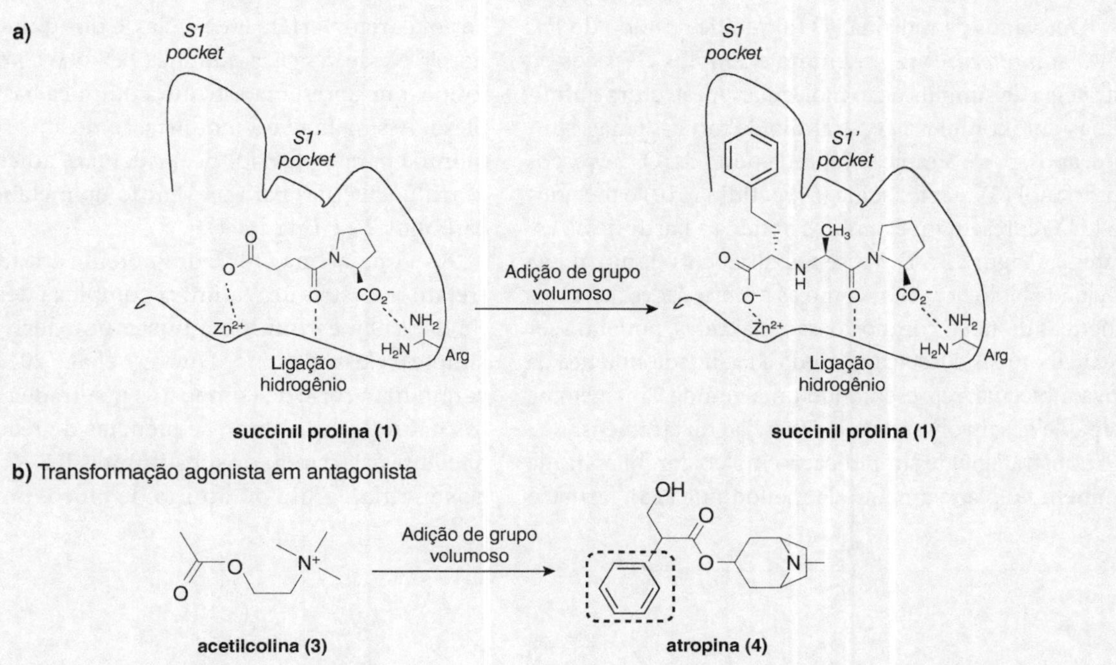

FIGURA 1 Representações do processo de modificação molecular "introdução de grupo volumoso". Em (a) destaca-se o planejamento enalaprilato, o qual possui grupo volumoso que ocupa cavidade hidrofóbica do alvo molecular. Em (b), a transformação da acetilcolina (agonista) em atropina (antagonista).

Fonte: adaptada de Patrick, 2013.

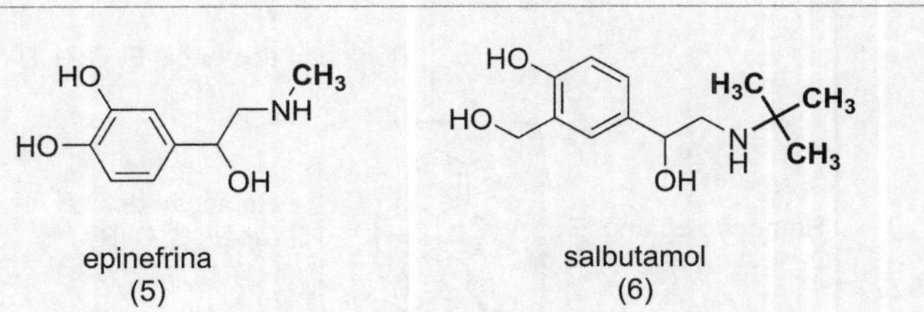

FIGURA 2 Representação esquemática do planejamento do salbutamol. Destaca-se a introdução do grupo t-butila, responsável por promover ação agonista seletiva.

Fonte: adaptada de Patrick, 2013.

nas propriedades terapêuticas. Compostos *me-too* são, portanto, estratégia interessante para o planejamento de novas moléculas, pois se evita a restrição de patente.[1,4,5]

SIMPLIFICAÇÃO MOLECULAR

A simplificação molecular, como o próprio nome diz, representa uma estratégia de modificação molecular em que moléculas estruturalmente complexas são transformadas em derivados mais simples. Trata-se de um método bastante difundido na comunidade científica para o planejamento de novos fármacos. Assim, com base em dados sobre a relação estrutura-atividade de uma série de compostos, torna-se possível a determinação do farmacóforo. Diante dessa informação, os grupos não essenciais podem ser, então, racionalmente removidos. Uma das principais vantagens desse método consiste na acessibilidade sintética, uma vez que centros quirais ou anéis quimicamente complexos podem ser retirados. Ademais, a nova molécula pode apresentar melhorias nas propriedades farmacêuticas, farmacocinéticas e farmacodinâmicas, bem como pode ser mais segura.[1,6,7]

Derivados da morfina (7) (alcaloide retirado do *Papaver somniferum*) representam exemplos clássicos da estratégia de simplificação molecular. A estrutura química bastante complexa desse alcaloide torna-se mais simples, após, por exemplo, a retirada de anéis. Os fármacos butorfanol (8), pentazocina (9), petidina (10) e metadona (11) representam exemplos obtidos a partir dessa estratégia (Figura 3). Deve-se ressaltar, entretanto, que a atividade biológica, bem como as propriedades farmacocinéticas do novo composto, são mantidas, podendo ser até melhoradas. Destaca-se ainda a facilidade sintética da nova molécula, representando uma grande vantagem na etapa de desenvolvimento e produção de fármacos.[7]

A estratégia de simplificação molecular foi aplicada também no planejamento da mefloquina (13), fármaco antimalárico pertencente à classe dos quinolinometanóis.[6,8] Nesse *design*, a quinina (12) foi o composto protótipo, que apresenta estrutura química bastante complexa. Assim, houve a modificação do anel rubânico da quinina para o piperidínico. Ademais, adicionaram-se as trifluormetilas para prevenção do metabolismo dos carbonos 2 e 8 (Figura 4).[6]

A vimblastina (14) é um potente atitumoral.[9] Entretanto, a estrutura química complexa desse alcaloide da vinca estimulou a busca por derivados mais simples. Nesse sentido, Duckert et al. (2012)[10] sintetizaram uma série de compostos inspirados em produtos naturais, utilizando sequências de reações muito eficientes, variando os substituintes R1-R6, com grupos metila, fenila ou átomo de cloro, por exemplo

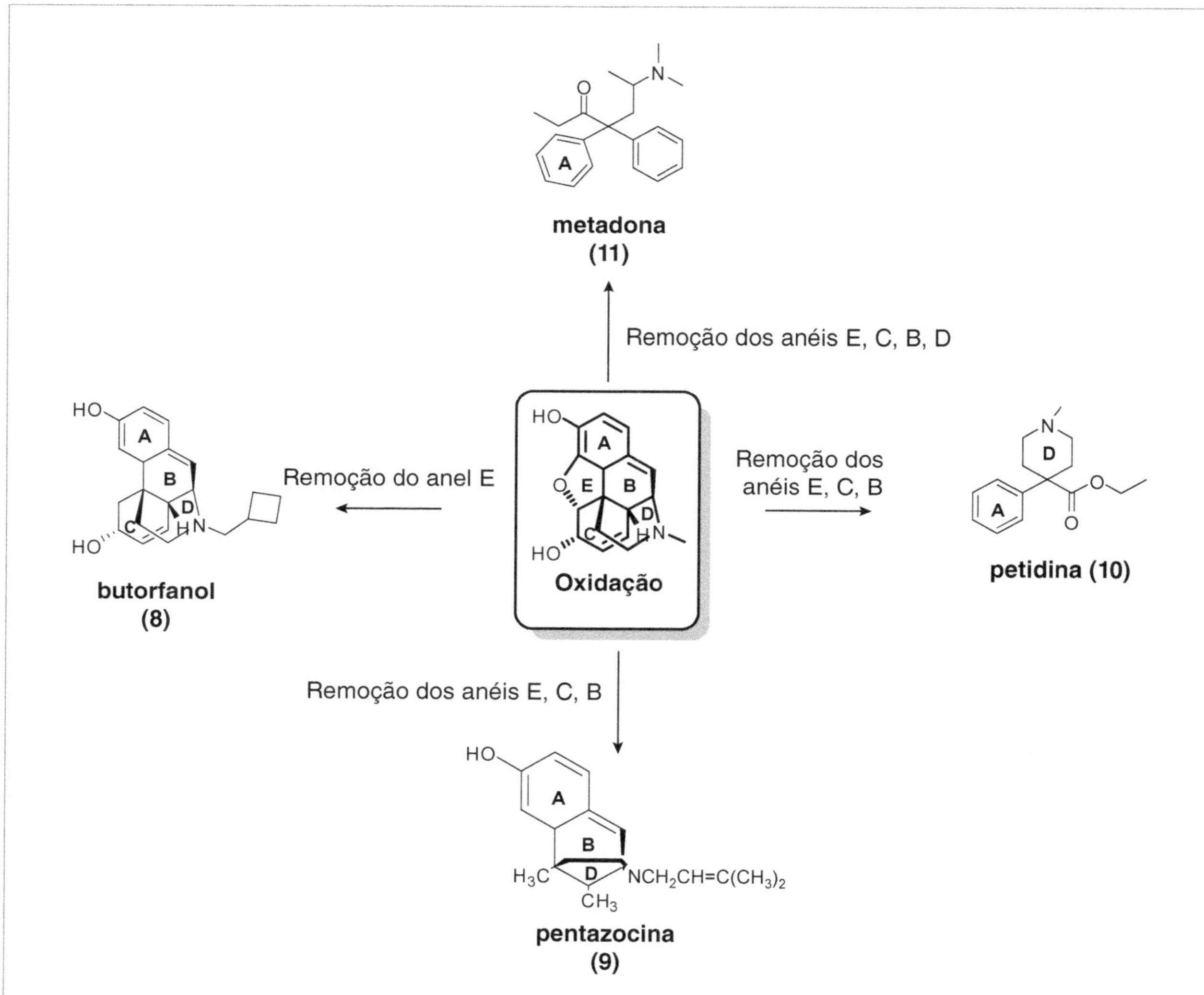

FIGURA 3 Fármacos obtidos a partir da simplificação molecular da morfina.
Fonte: adaptada de Wanga et al., 2019.

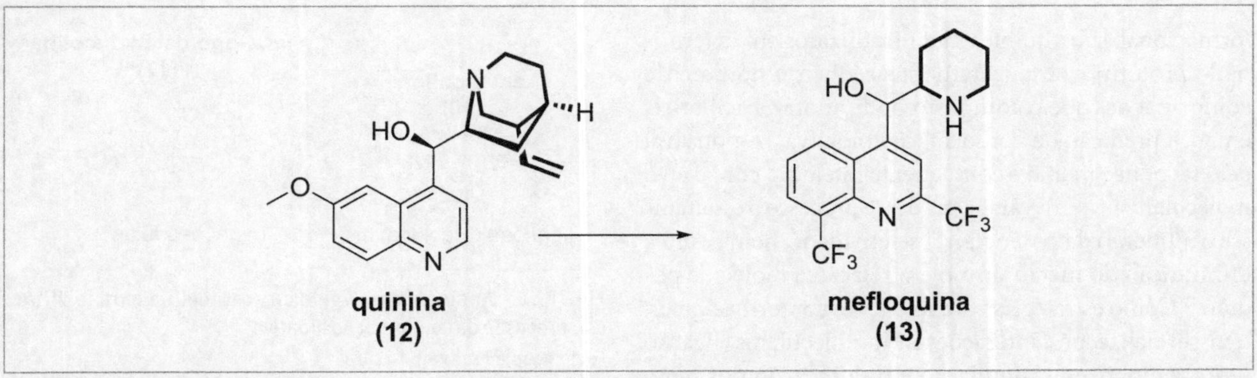

FIGURA 4 Simplificação molecular da quinina originando a mefloquina.
Fonte: Barreiro, 2002.

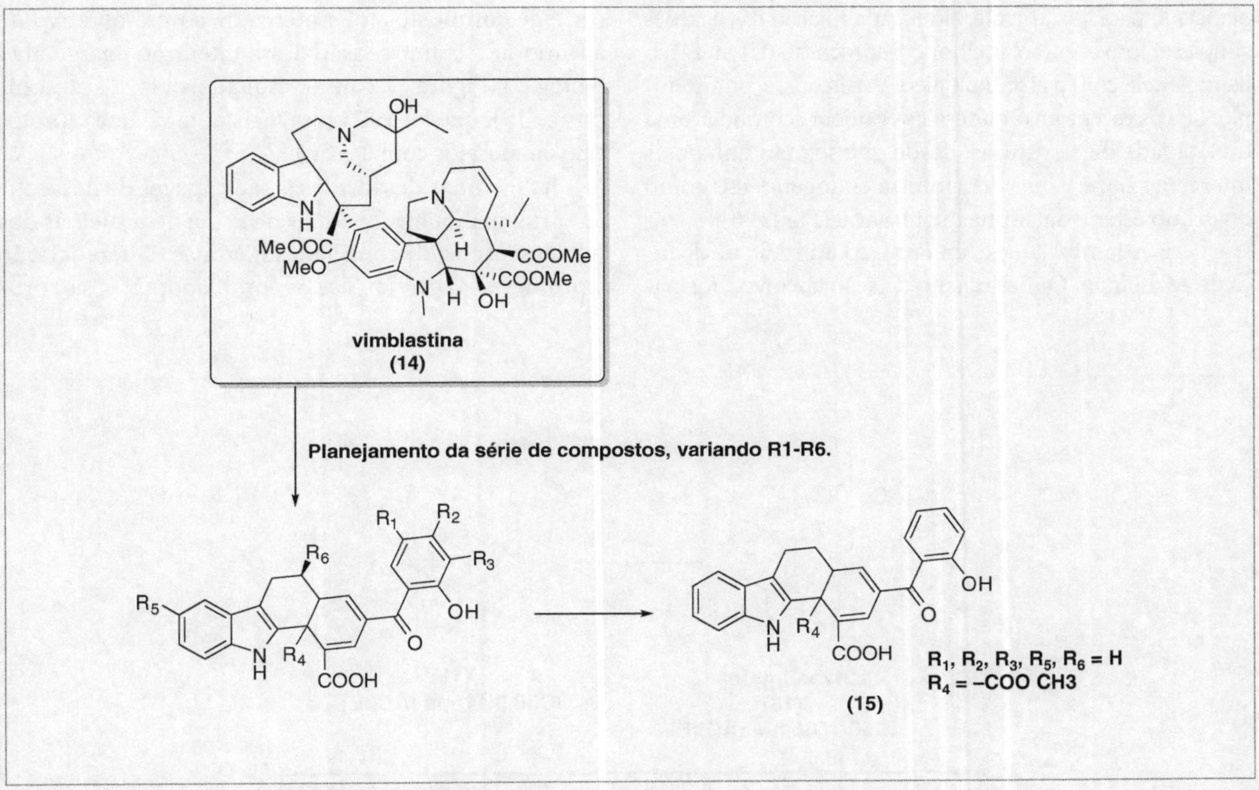

FIGURA 5 Planejamento de compostos a partir da vimblastina, destacando-se o derivado 15.[9]
Fonte: adaptada de Wanga, 2019.

(Figura 5). O composto (15), estruturalmente mais simples, apresentou atividade promissora, envolvendo, por exemplo, a proteína nucleofosmina associada a centrossomas e receptor de exportação nuclear. Trata-se, portanto, de um bom líder para o planejamento de futuras plataformas de candidatos a fármacos com ação antineoplásica.[10]

RESTRIÇÃO CONFORMACIONAL

Existem moléculas que apresentam rotação livre em torno das ligações químicas, originando diversos confôrmeros. A previsão da conformação ativa representa, portanto, um grande desafio. Nesse contexto, no método de modificação molecular denominado restrição conformacional, substituintes são introduzidos em determinado protótipo para, justamente, reduzir o número de conformações que o composto pode adotar. Facilita-se, então, a predição da conformação bioativa, responsável pelo reconhecimento e consequente interação com o alvo molecular.[1,11] Como vantagens desse processo, ressaltam-se o aumento da potência, da seletividade, bem como a diminuição do metabolismo em relação à molécula padrão.[12] Como estratégias para restrições conformacionais, têm-se: ciclizações, interações intramoleculares (ligação hidrogênio, p. ex.), alquilação e rigidificação por meio da introdução de duplas ou triplas ligações.[11,12]

A acetilcolina (16), neurotransmissor do sistema nervoso colinérgico, é um exemplo clássico de molécula extremamente flexível. O análogo mais rígido (17) foi planejado para, justamente, bloquear a rotação das ligações simples. Houve, então, melhor compreensão da interação da molécula com o alvo biológico. Verificou-se, por exemplo, que os receptores colinérgicos podem acomodar uma diversidade de estruturas, desde que se mantenham as interações observadas do agonista endógeno, tais como do grupo éster e da amina quaternária (Figura 6).[1]

A rivastigmina (18) é um fármaco utilizado na doença de Alzheimer. O mecanismo de ação envolve a formação de uma ligação covalente entre a enzima acetilcolinesterase (AChE) e o grupo carbamato do composto. Com base no método de restrição conformacional, uma série de compostos foi sintetizada com o objetivo de aprimorar a compreensão dessa interação ligante-alvo biológico (Figura 7). Como resultado, obteve-se o composto (19), que foi 192 vezes mais potente que o protótipo em ensaios com a AChE.[13]

As histonas desacetilases são capazes de desacetilar, principalmente, resíduos de lisina de proteínas dos nucleossomos, denominadas histonas. Diferenciação e proliferação celular, assim como apoptose, são pro-

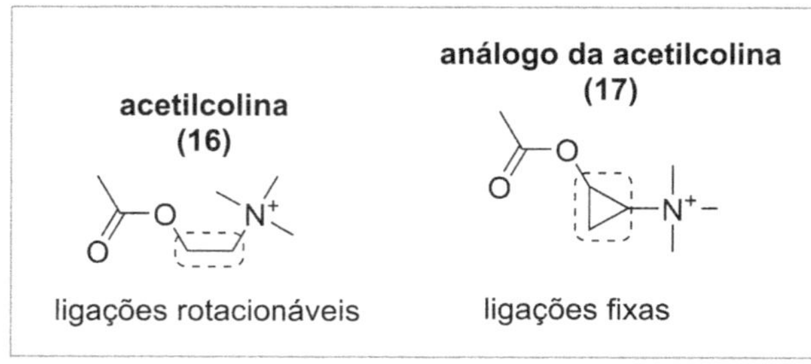

FIGURA 6 Análogo mais rígido da acetilcolina para facilitar a compreensão da conformação bioativa.
Fonte: adaptada de Patrick, 2013.

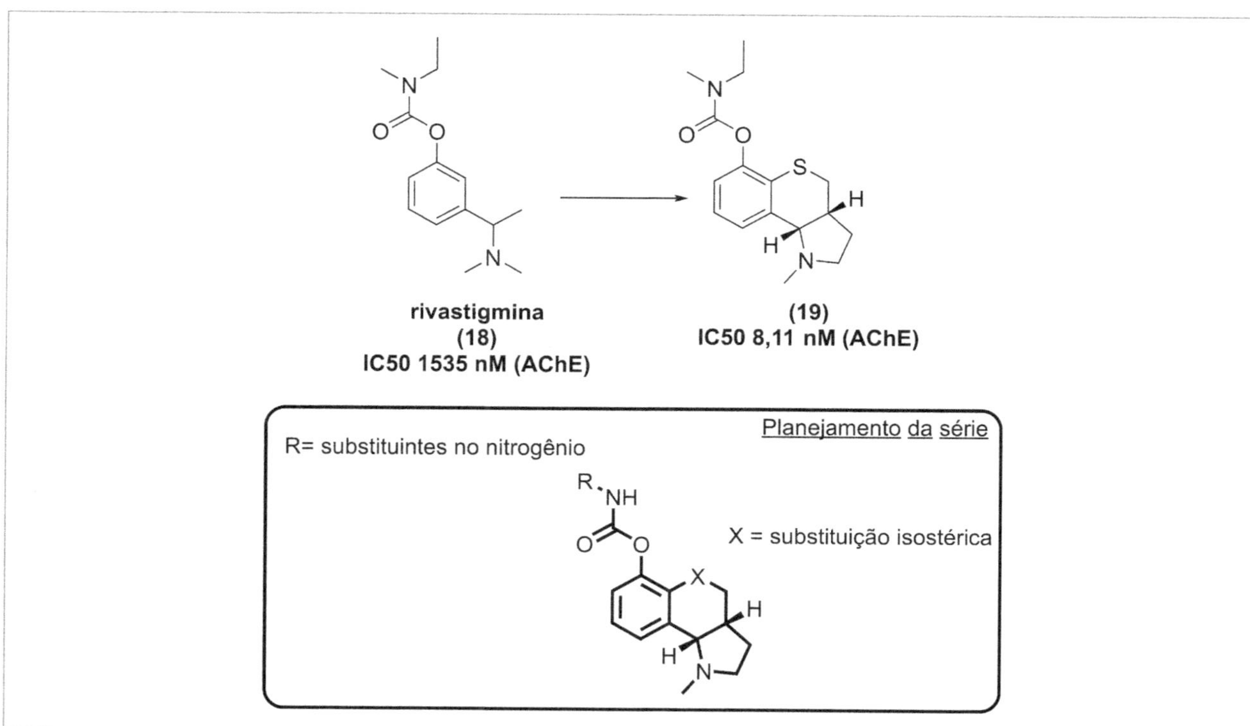

FIGURA 7 Planejamento de compostos com restrição conformacional a partir da rivastigmina.
Fonte: adaptada de De Sena et al., 2019.

cessos relacionados com essa enzima.[11,14,15] Compostos planejados para interagir com esse alvo molecular podem ser úteis, por exemplo, para o tratamento de câncer.[11] Com o intuito de conseguir moléculas específicas para essas enzimas, analisou-se uma biblioteca de compostos contendo aminas secundárias e terciárias.[16] Como achados, destacaram-se os compostos (20), (21) e (22) (Figura 8). É importante mencionar que o *design* do (21) envolveu o método de restrição conformacional com a introdução do anel tetra-hidroxiquinolina substituído em C1, almejando diminuir a entropia da porção benzila. Houve um incremento da atividade biológica do composto (20) para o (21) (IC_{50} 1.400 nm para 950 nm, respectivamente). O derivado (22), contudo, foi o mais promissor, com valor de IC50 de 55 nm. Está evidente, portanto, que a introdução de um anel foi importante para esses resultados.[16]

Outro exemplo da utilização do método de restrição conformacional no planejamento de fármacos pode ser visto na Figura 9. Para esse *design* de compostos, utilizaram-se os alcaloides clatrodina (23), himenidina (24) e oroidina (25) como protótipos.[17] O bloqueio da conformação, obtido com a introdução de um anel aromático entre as porções 2-aminoimidazol e pirrol, originou derivados interessantes. É importante mencionar que não houve modificação no tamanho da cadeia entre os heterocíclicos. A série contendo análogos indólicos apresentou resultados de atividade biológica superiores aos alcaloides, com valores de EC_{50} de 13 mcM (composto (27), que contém um átomo de flúor), quando comparado com clatrodina, himenidina e oroidina (todos com EC_{50} > 50 mcM). Já os isósteros (26) e (28) tiveram valores de EC_{50} de 18 e 16 mcM, respectivamente. O derivado de indol não substituído (29) apresentou EC_{50} de 20 mcM.

LATENCIAÇÃO

Dentre os métodos de modificação molecular, destaca-se a latenciação. Nessa estratégia, fármacos ou compostos ativos são transformados em derivados inativos (ou menos ativos), quando comparados aos respectivos protótipos. O fármaco (ou composto ativo) acopla-se,

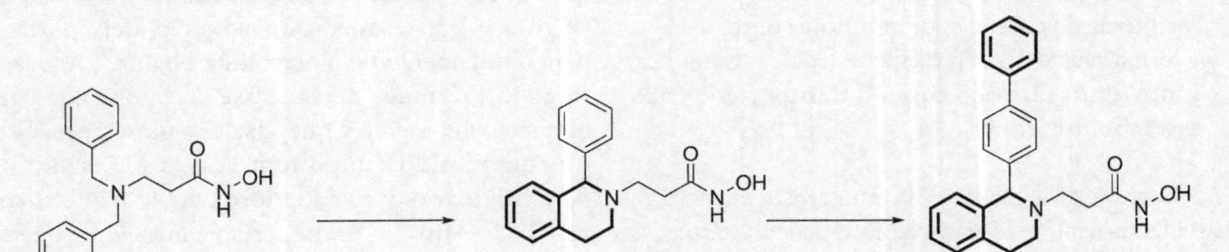

(20) **IC50 = 1400 nM**

(21) **IC50 = 950 nM**

(22) **IC50 = 55 nM**

FIGURA 8 Otimização de compostos a partir da restrição conformacional.
Fonte: adaptada de De Sena et al., 2019.

clatrodina (23) - R1 = H, R2 = H, EC50 maior que 50 uM
himenidina (24) - R1 = H, R2 = Br, EC50 maior que 50 uM
oroidina (25) - R1 = Br, R2 = Br, EC50 maior que 50 uM

(26) R3 = H, R4 = OMe, EC50 = 18 uM
(27) R3 = H, R4 = F, EC50 = 13 uM
(28) R3 = H, R4 = Cl, EC50 = 16 uM
(29) R3 = Me, R4 = H, EC50 = 20 uM

FIGURA 9 Otimização de alcaloides utilizando o método de restrição conformacional, destacando-se o composto 27.
Fonte: De Sena et al., 2019.

então, ao transportador, por meio de ligação covalente hidrolisável. Obtêm-se, dessa maneira, os pró-fármacos (ou formas latentes), os quais representam compostos biorreversíveis que, mediante reação química ou enzimática *in vivo*, liberam os compostos ativos nos locais de ação ou próximos dele (Figura 10).[18-27]

A latenciação é útil, portanto, para vencer barreiras biológicas, exemplificadas por propriedades físico-químicas, biofarmacêuticas e farmacocinéticas. É importante mencionar que, de modo indireto, há incremento na farmacodinâmica, uma vez que o composto estará mais disponível para interagir como alvo biológico (Figura 11).[20-22,24-27]

O planejamento da forma latente deve considerar alguns critérios, destacados a seguir:[21]

- Existência de grupos funcionais no fármaco/composto ativo, bem como no transportador, para que seja possível a formação de uma ligação covalente hidrolisável.
- Existência mandatória de um mecanismo de hidrólise *in vivo*, que deve liberar o fármaco/composto ativo em quantidades suficientes para o efeito biológico desejável.
- Facilidade de obtenção de composto puro.
- A forma latente deve apresentar estabilidade química.
- Tanto o pró-fármaco como o transportador não devem ser tóxicos.

O interesse pela utilização da estratégia de latenciação fica evidente diante do cenário de aprovações de fármacos pela Agência Federal do Departamento de Saúde e Serviços Humanos dos Estados Unidos – Food and Drug Administration (FDA). Entre 2008 a 2017, por exemplo, o número total de novas entidades químicas aprovadas foi de 249, dos quais 31 eram pró-fármacos. É importante mencionar que, nesse intervalo de tempo, em 2016, não houve aprovação de forma latente alguma. Em 2012, apenas uma. Já nos demais anos (entre 2008 e 2017) houve uma média de duas aprovações por ano.[27] Destaca-se o ano de 2015, quando o FDA aprovou sete pró-fármacos, representando cerca de 20% dos compostos, quando comparados com as denominadas *small molecules* (do inglês pequenas moléculas), bem como 15% do total, se forem considerados todos os medicamentos aprovados.[28]

CLASSIFICAÇÕES DOS PRÓ-FÁRMACOS

Em 1984, Wermuth[29] classificou as formas latentes em cinco categorias distintas: (1) bioprecursores, (2) pró-fármacos clássicos; (3) pró-fármacos recíprocos; (4) pró-fármacos mistos; e (5) fármacos dirigidos, os quais serão definidos a seguir conforme dados das referências.[1,2,20-23,29,30]

Bioprecursores

Bioprecursores são formas latentes que não apresentam um grupo transportador. São moléculas inativas que, obrigatoriamente, necessitam ser biotransformadas, *in vivo*, para exercer o efeito biológico. A metabolização ocorre, principalmente, por reações de oxidorredução, originando o metabólito ativo.

O prasugrel (30), por exemplo, é utilizado no tratamento de síndrome coronariana aguda[31] e, quando administrado, é inativo. Trata-se, portanto, de um bioprecursor. Ao ser metabolizado, o composto liga-se, de modo irreversível, aos receptores purinérgicos (P2Y12). O mecanismo de ativação envolve a hidrólise do éster, originando a tiolactona (31) e, na sequência, o derivado tiol (32), sendo este último o metabólito ativo (Figura 12).[2]

A biossíntese do colesterol envolve a 3-hidroxi-3-metilglutaril-CoA redutase (HMGCo-A redutase), que pode ser inibida por fármacos da classe das estatinas (Figura 10). Esses medicamentos são úteis, portanto, para o tratamento de hipercolesterolemia.[32] A lovastatina (33), fármaco dessa classe, é classificada como bioprecursor, uma vez que a lactona presente na estrutura química do composto necessita sofrer hidrólise para originar o derivado hidroxiácido não cíclico, o metabólito ativo (34). É importante mencionar que esse metabólito hidroxiácido apresenta semelhança estrutural com um intermediário presente na biossíntese do colesterol, justificando, portanto, a afinidade pela enzima (ver Figura 13).[22]

Ainda com relação aos bioprecursores, têm-se o aciclovir (35), antiviral útil no tratamento de herpes-vírus.[33] Para se tornar ativo, esse fármaco precisa sofrer três fosforilações nas células infectadas (36). A primeira fosforilação acontece no vírus, com ação da timidina quinase. A afinidade por essa enzima viral é cem vezes superior a dos mamíferos, justificando sua baixa toxicidade. Já a segunda e terceira fosforilações ocorrem em ambiente celular, originando o composto ativo (36) (Figura 14).[22]

Pró-fármacos clássicos

Os pró-fármacos clássicos possuem transportador, ou seja, os fármacos e/ou compostos ativos são acoplados a um grupo químico, com o objetivo de aprimorar

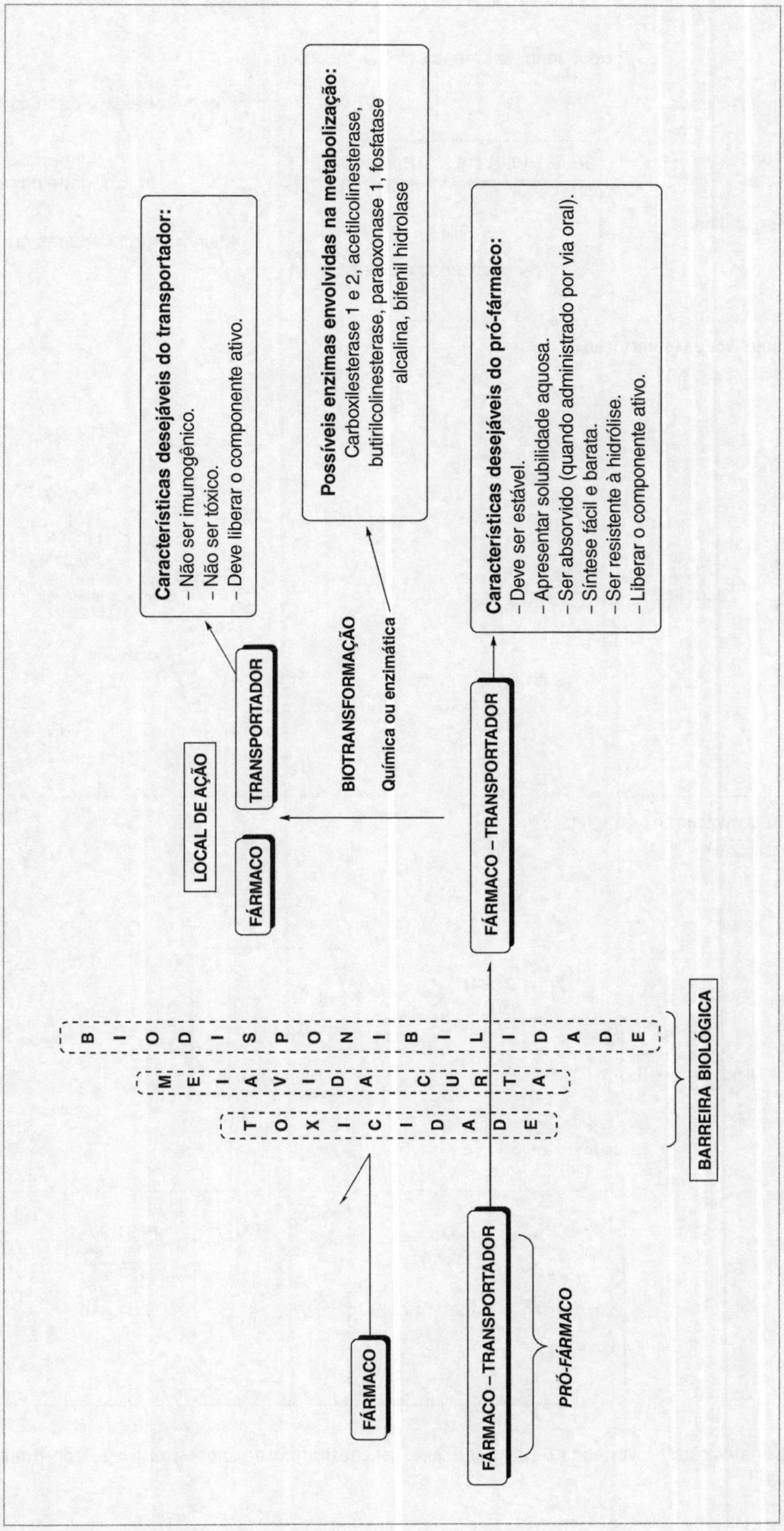

FIGURA 10 Representação esquemática do método de modificação molecular latenciação.

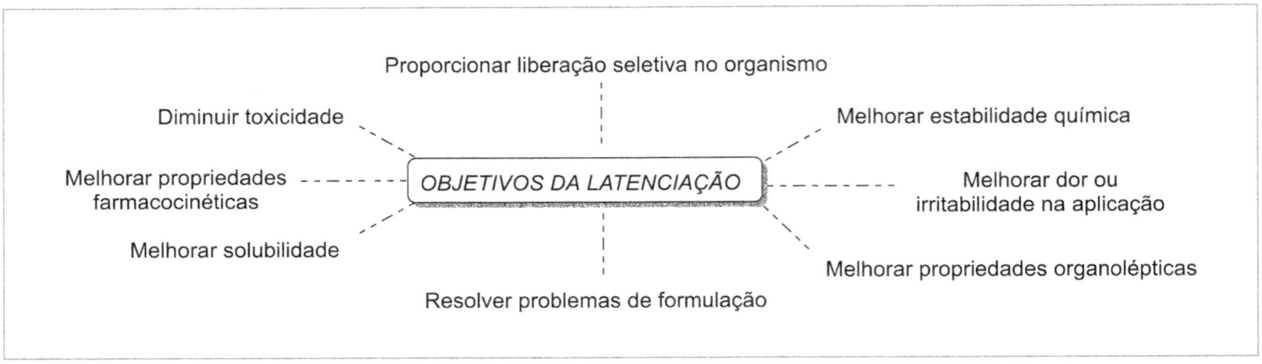

FIGURA 11 Principais objetivos da latenciação.
Fonte: adaptada de Wermuth, Lesuisse, 2015.

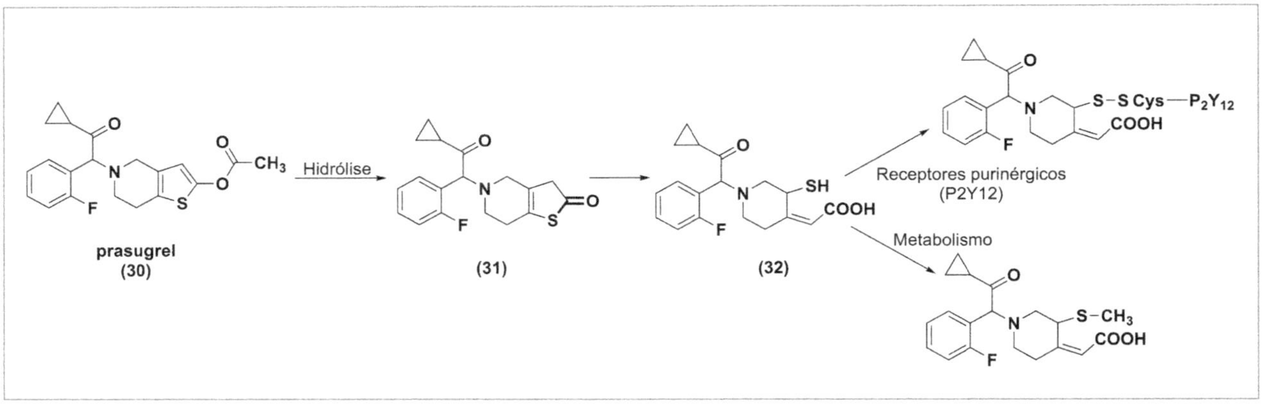

FIGURA 12 Mecanismo de ativação do prasugrel.
Fonte: adaptada de Lemke et al., 2013.

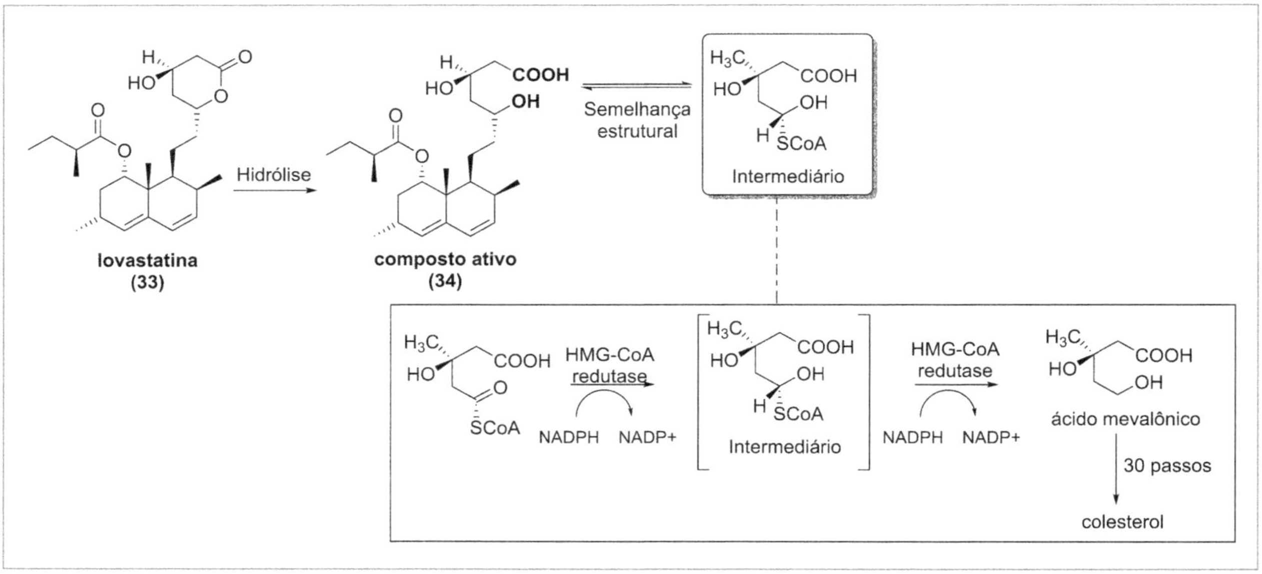

FIGURA 13 Mecanismo de ativação da lovastatina. Destaca-se a semelhança estrutural do composto ativo (26) com o intermediário presente na biossíntese do colesterol.
Fonte: Parise Filho et al., 2010.

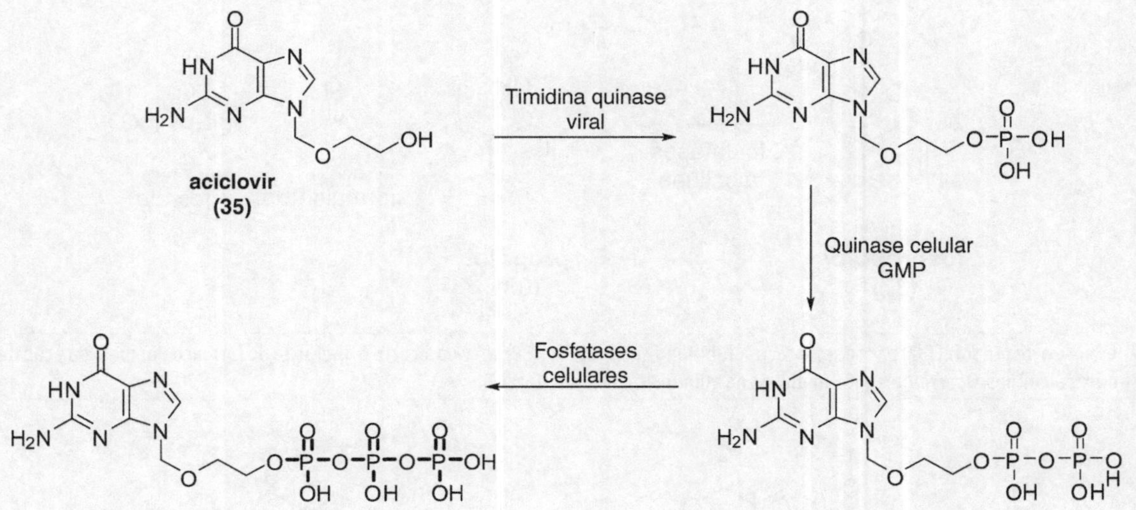

FIGURA 14 Etapas de ativação do aciclovir.
Fonte: Parise Filho et al., 2010.

propriedades farmacêuticas, farmacocinéticas e, de modo indireto, as farmacodinâmicas. Como exemplos, pode haver incremento da biodisponibilidade, melhoria de propriedades organolépticas e prolongamento de ação. Na Figura 15 estão apresentados alguns pró-fármacos clássicos, com os respectivos objetivos da latenciação.

Pró-fármacos recíprocos

Assim como os pró-fármacos clássicos, os recíprocos possuem transportador. Deve-se ressaltar, entretanto, que, nos recíprocos, o transportador também apresenta atividade biológica. Obtêm-se, portanto, formas latentes que, quando hidrolisadas no organismo, liberam compostos com ação terapêutica, semelhantes ou distintas. Esse modelo de planejamento é especialmente útil para a obtenção de sinergismo de ação biológica. Nota-se, ainda, que um composto funcionará como transportador do outro. Dois exemplos de pró-fármacos recíprocos estão apresentados na Figura 16.

Pró-fármacos mistos

Os pró-fármacos mistos, como o próprio nome diz, compreendem um misto de pró-fármaco clássico e bioprecursor, presentes na mesma forma latente. O sistema *chemical delivery system* representa esse tipo de planejamento. Nesse sistema, o fármaco contendo grupos funcionais hidroxila, amina ou ácido carboxílico acopla-se ao transportador, o ácido nicotínico (ou derivado). Como exemplo dessa estratégia, tem-se a zidovudina acoplada ao transportador 1,4-di-hidrotrigonelina (49). Esse pró-fármaco clássico é capaz de atravessar a barreira hematoencefálica, e, em seguida, ocorre a oxidação do transportador, modificando o di-hidrotrigonelinato lipofílico no sal de trigonelinato hidrossolúvel, que é impermeável à membrana (50). Dessa maneira, há o acúmulo do composto no tecido cerebral. A ruptura da ligação lábil é a etapa seguinte, liberando a zidovudina (51) no local desejado (Figura 17).[20]

Fármacos dirigidos

Assim como os pró-fármacos clássicos e os pró-fármacos recíprocos, os fármacos dirigidos possuem um transportador. A diferença dessa forma latente consiste na seletividade de ação, ou seja, o transportador é planejado para dirigir o fármaco/composto ativo para um local específico do organismo. Como objetivo principal, tem-se o aumento da seletividade e, consequentemente, da atividade biológica e a diminuição da toxicidade. Assim, o reconhecimento do ambiente celular é funda-

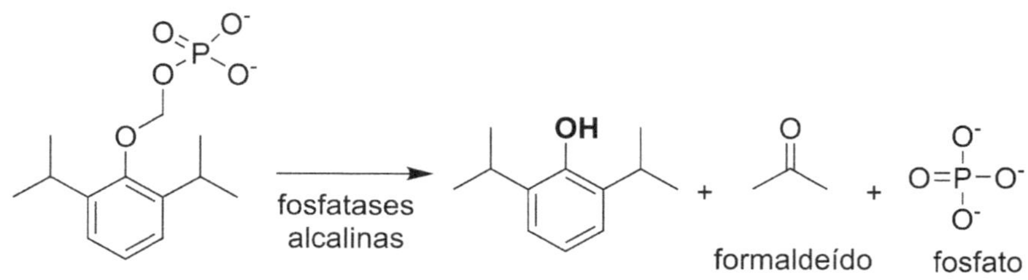

fospropofol (37) **propofol (38)**

- Planejou-se o fospropofol (37) para aumentar a solubilidade do propofol (38).[2] *In vivo*, ocorre a liberação do fármaco por meio da ação de fosfatases alcalinas. Ocorre, portanto, melhoria na administração parenteral.[25]

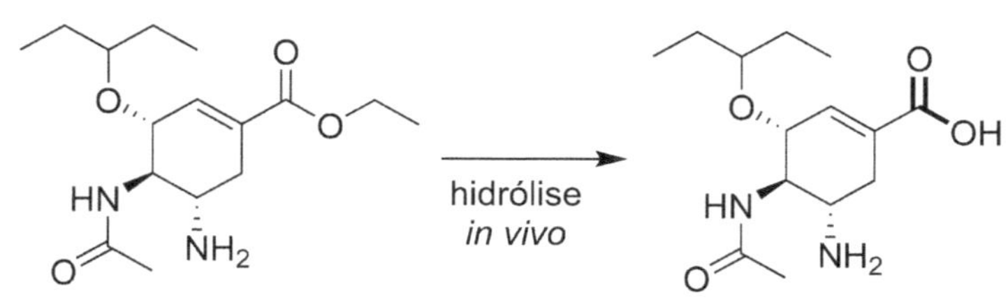

oseltamivir (39) **Carboxilato de oseltamivir Composto ativo (40)**

- Houve aumento da lipofilicidade e biodisponibilidade com o planejamento do pró-fármaco clássico oseltamivir (39), o qual, *in vivo*, libera o composto ativo, o carboxilato de oseltamivir (40).[25]

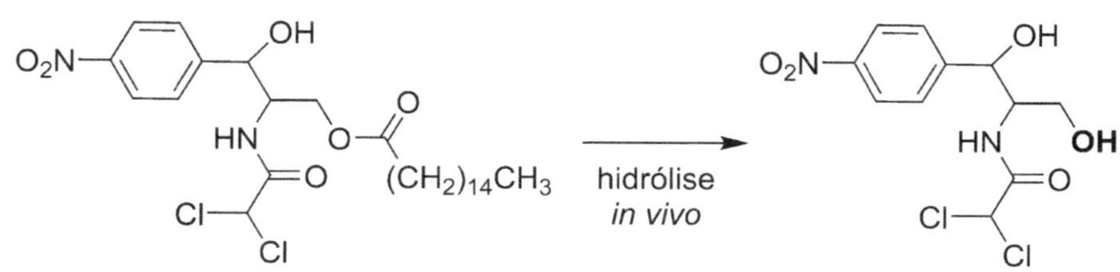

palmitato de cloranfenicol (41) **cloranfenicol (42)**

- O palmitato de cloranfenicol (41) diminui o gosto insípido do cloranfenicol (42). Ocorre, portanto, a diminuição da hidrossolubilidade com o planejamento do pró-fármaco (41), que não se dissolve na língua.[22]

FIGURA 15 Exemplos de pró-fármacos clássicos e os respectivos objetivos dos planejamentos.

mental nessa estratégia, para que haja interação específica com sítios do alvo biológico. A ativação do fármaco dirigido pode acontecer após a internalização pelo processo de endocitose, e, posteriormente, hidrolases clivam a ligação entre o fármaco/composto ativo e o transportador. Os transportadores podem ser polímeros e substratos enzimáticos, tais como os carboidratos, peptídeos, antígenos e compostos químicos com seletividade por um dado alvo.

Como exemplo de fármaco dirigido, tem-se o composto (52) (Figura 18). Sabe-se que: (1) tecidos tumorais superexpressam receptores de folato e (2) o ácido fólico é um ligante desse receptor. Assim, utilizando um espaçante, acoplou-se um inibidor de histona desacetilase ao ácido fólico, por meio de ligação dissulfeto. O ácido fólico funcionará, então, como um grupo diretor. Uma vez orientado para o alvo desejado, haverá, então, a clivagem da ligação dissulfeto e a liberação do componente bioativo.[35]

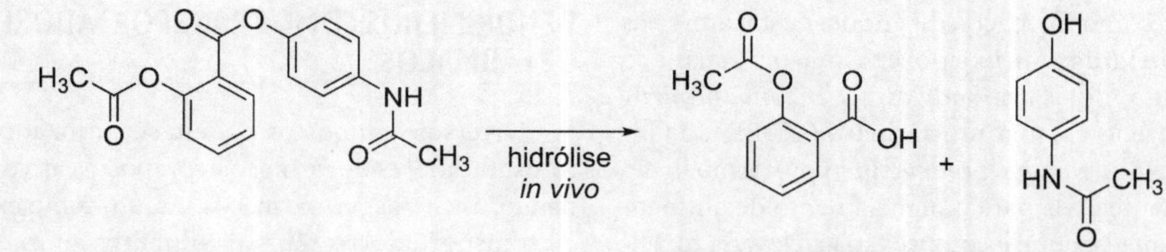

benorilato (43) **ácido acetilsalicílico (44)** **paracetamol (45)**

• O pró-fármaco recíproco benorilato (43), ao sofrer metabolização *in vivo*, libera os fármacos ácido acetilsalicílico (44) e paracetamol (45).[34]

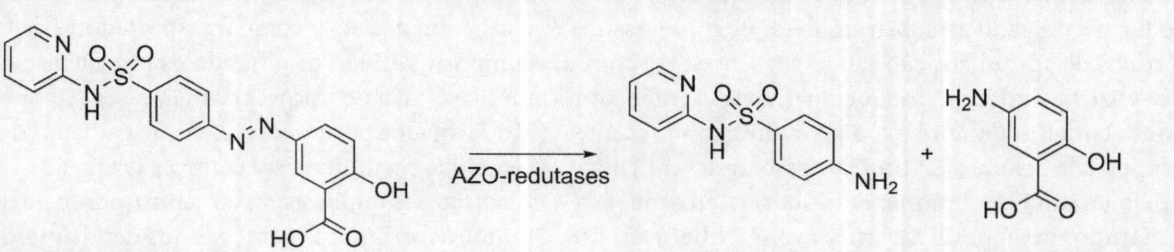

sulfassalazina (46) **sulfapiridina (47)** **ácido aminossalicílico (48)**

• A sulfassalazina (46), ao sofrer ação das enzimas AZO-redutase, libera a sulfapiridina (47) e o ácido aminossalicílico (48).[21]

FIGURA 16 Exemplos de pró-fármacos recíprocos.

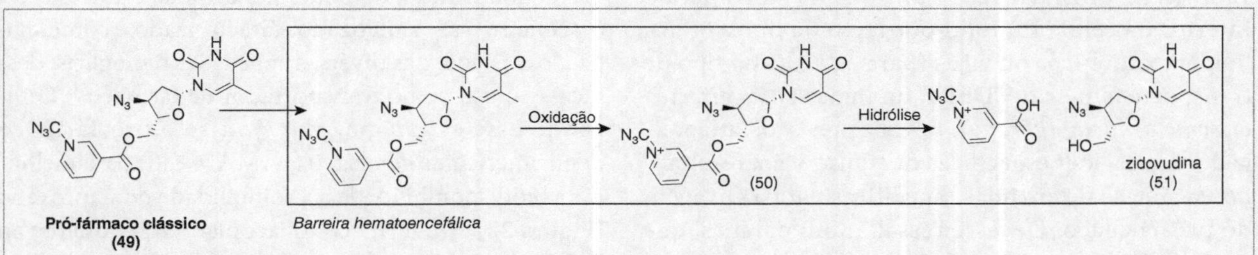

FIGURA 17 Representação esquemática do *chemical delivery system*.
Fonte: João Vitor da Silva.

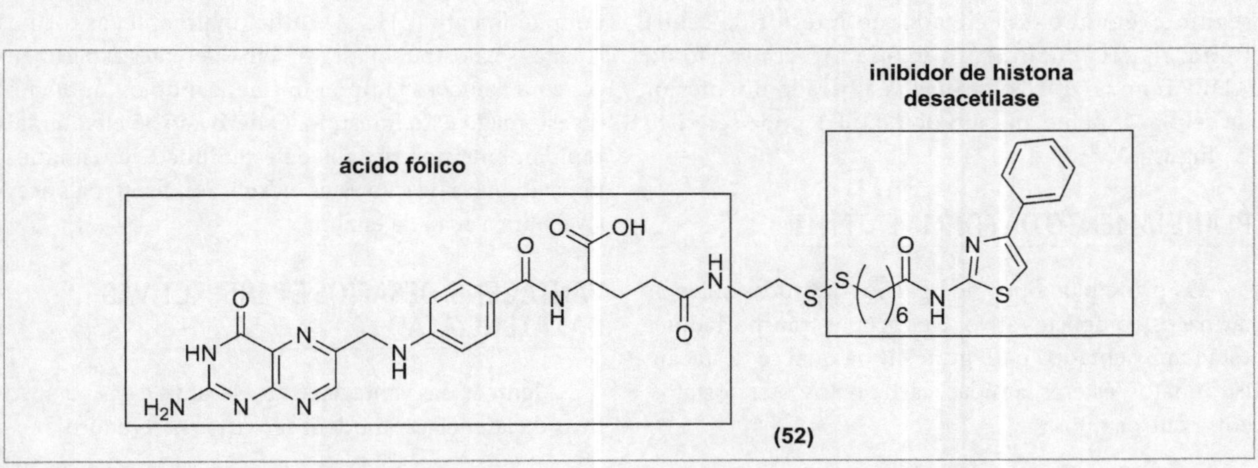

FIGURA 18 Planejamento de um fármaco dirigido.

Ainda como fármacos dirigidos, destacam-se as terapias dirigidas anticorpo-enzima-pró-fármaco (ADEPT, do inglês *antibody direct enzyme prodrug therapy*) e gene-enzima-pró-fármaco (GDPET, do inglês *gene direct enzyme prodrug therapy*). Ambas são extremamente úteis para o planejamento de antineoplásicos, uma vez que é comprovada a elevada toxicidade da terapia contra o câncer.[36] No ADEPT, utiliza-se, preferencialmente, enzima não existente no organismo, a qual estará acoplada a um anticorpo monoclonal. Existe, ainda, o pró-fármaco, que é formado pelo fármaco ligado ao substrato dessa enzima. Assim, as ordens de administração são as seguintes: (1) complexo enzima-anticorpo monoclonal. Existe, então, um reconhecimento do anticorpo pelo antígeno presente na superfície celular; (2) pró-fármaco, que será clivado pela enzima do complexo anticorpo-enzima, administrado na etapa 1. Assim, haverá a liberação do fármaco próximo à célula tumoral, o qual deve ser rapidamente transportado para o interior. Nessa estratégia não há internalização do pró-fármaco. O esquema de planejamento do ADEPT pode ser visto na Figura 19.[21,37]

Já no GDEPT, genes que codificam enzimas ativadoras de pró-fármacos são transportados para o interior da célula tumoral por meio de lipossomos, lipídeos catiônicos ou vírus (para este último tipo de transporte tem-se o VDEPT, do inglês *virus directed enzyme prodrug therapy*). Esses genes são, então, ligados em regiões específicas de transcrição, resultando na síntese de enzimas específicas para a clivagem do pró-fármaco. Deve-se ressaltar, no entanto, que essas enzimas são superexpressas no tumor, conferindo seletividade para a metabolização da forma latente. A administração do pró-fármaco será a etapa seguinte, em que será clivado, no interior da célula tumoral, pela enzima produzida. Ao contrário do ADEPT, no GDEPT o fármaco é liberado no interior da célula. O planejamento do GDEPT pode ser visto na Figura 20.[21,38]

PLANEJAMENTO DA FORMA LATENTE

Os principais tipos de ligações químicas entre os fármacos/compostos ativos e os grupos transportadores estão apresentados na Figura 21, na qual se destacam carbonatos, ésteres, amidas, carbamatos, éter, fosfatos, entre outros tipos.[39]

DENDRÍMEROS COMO TRANSPORTADORES DE FÁRMACOS

Diversos compostos podem ser utilizados como transportadores de fármacos/compostos ativos, originando, assim, os pró-fármacos. Assim, como exemplos de transportadores, têm-se polímeros, aminoácidos, polissacarídeos, proteínas, polietilenoglicol, moléculas contendo grupos ácidos e álcoois (cadeias carbônicas curtas, longas, aromáticas, heteroaromáticas etc.), entre outros.[40] Recentemente, entretanto, os dendrímeros receberam destaque como transportadores de fármacos/compostos ativos, originando os pró-fármacos dendriméricos.[41] Na definição original, esses nanocompostos são formados por um foco central, camadas de ligações repetidas partindo desse centro e grupos de superfície. A adição das ramificações ao centro, por meio de reações químicas, origina as gerações dos dendrímeros. Quanto maior a geração, maior o número de grupos funcionais de superfície.[42] Os componentes ativos podem, então, estar acoplados à superfície[41,43-45] ou às próprias ramificações.[46] Dessa maneira, propriedades farmacêuticas, farmacocinéticas e, de modo indireto, farmacodinâmicas podem ser aprimoradas.

O dendrímero de poliamidoamina (PAMAM) foi o primeiro a ser sintetizado, caracterizado e comercializado.[42] Diante das diversas aplicações biológicas, destaca-se o uso como transportador de fármaco.[47] Utilizando essa estratégia, planejou-se o pró-fármaco dendrimérico de geração 0 (PAMAM-G0) para melhorar a biodisponibilidade e a solubilidade do naproxeno (Figura 22).[43] O fármaco foi acoplado diretamente ao PAMAM (53), ou por meio dos espaçantes ácido lático (54) e dietilenoglicol (55). Os resultados demonstraram melhora na solubilidade em ensaios com 1-octanol e tampão fosfato (pH 7,4). Adicionalmente, as formas latentes se mostraram estáveis em diferentes experimentos com soluções tampões mimetizando os ambientes do estômago e do intestino. O derivado 55 clivou mais rapidamente nos ensaios de estabilidade enzimática, uma vez que a ligação éster hidrolisável ficou mais acessível para a ação da enzima.

VANTAGENS, DESAFIOS E PERSPECTIVAS DA LATENCIAÇÃO

Algumas das vantagens, dos desafios e das perspectivas da latenciação podem ser vistas no Quadro 1.

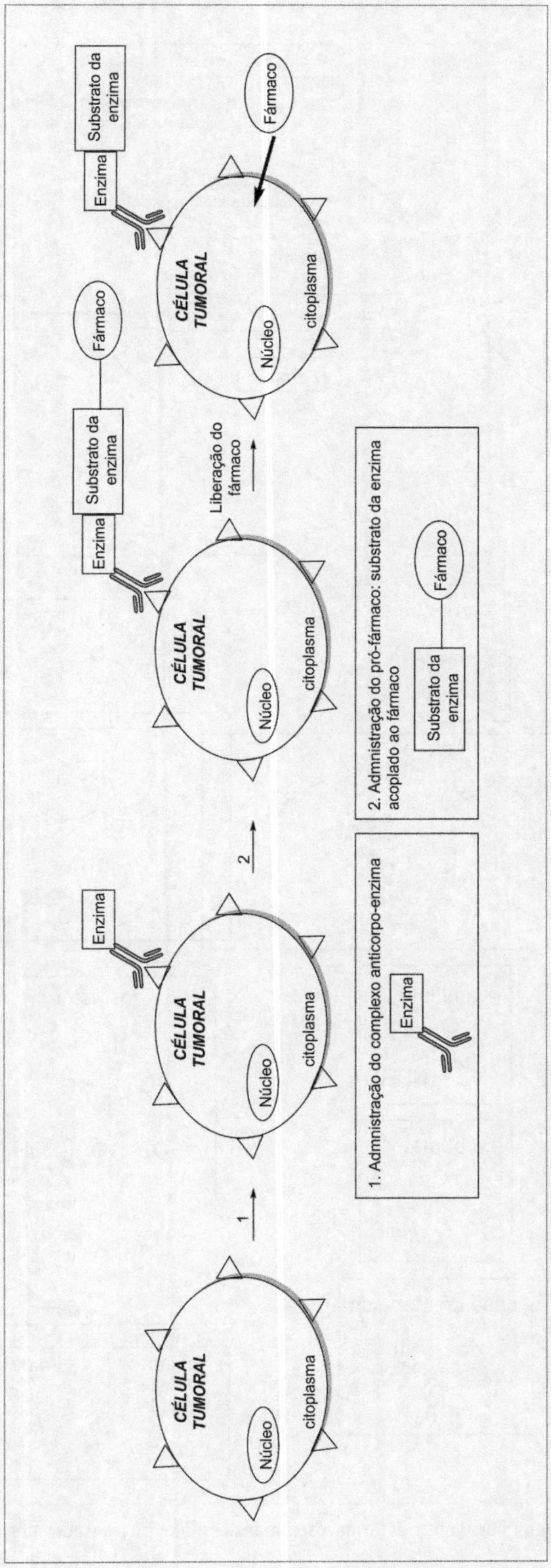

FIGURA 19 Representação esquemática dos estágios que compõe o ADEPT.

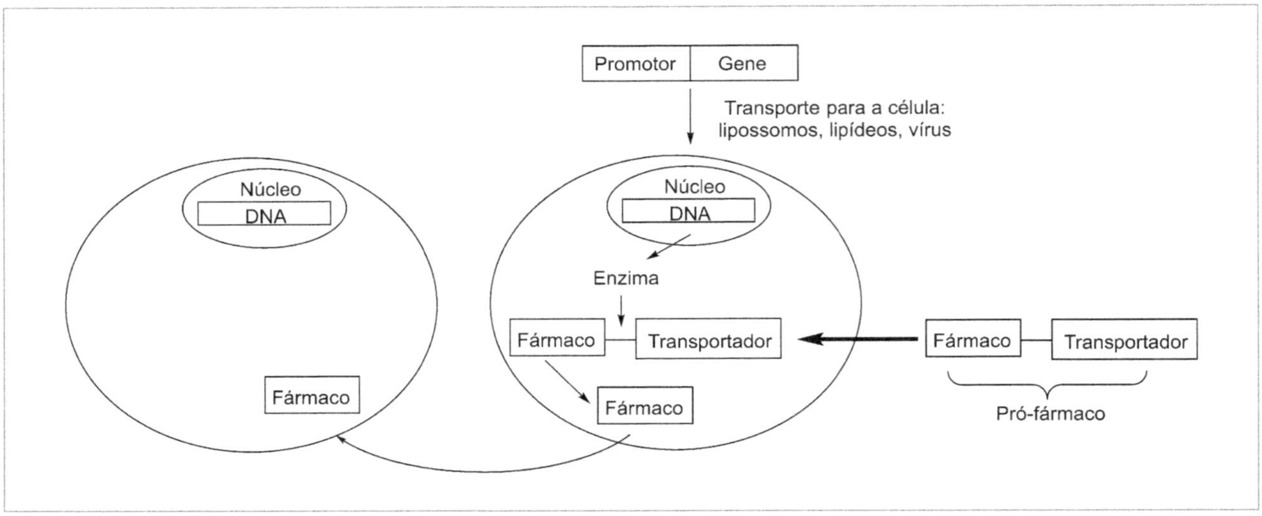

FIGURA 20 Planejamento do GDEPT.

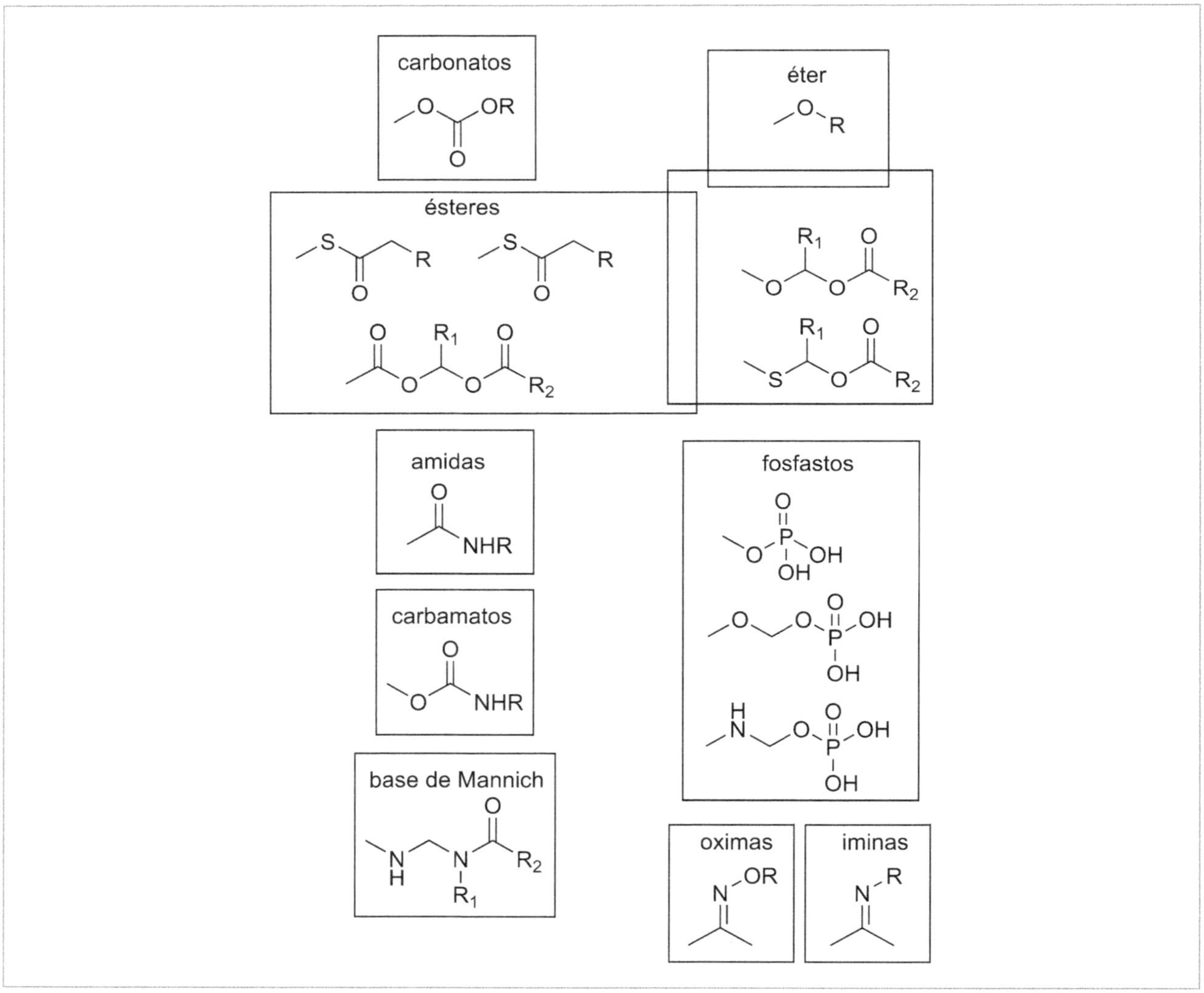

FIGURA 21 Principais tipos de ligações químicas entre os fármacos/compostos ativos e o transportador.
Fonte: adaptada de Zawilska et al., 2013.

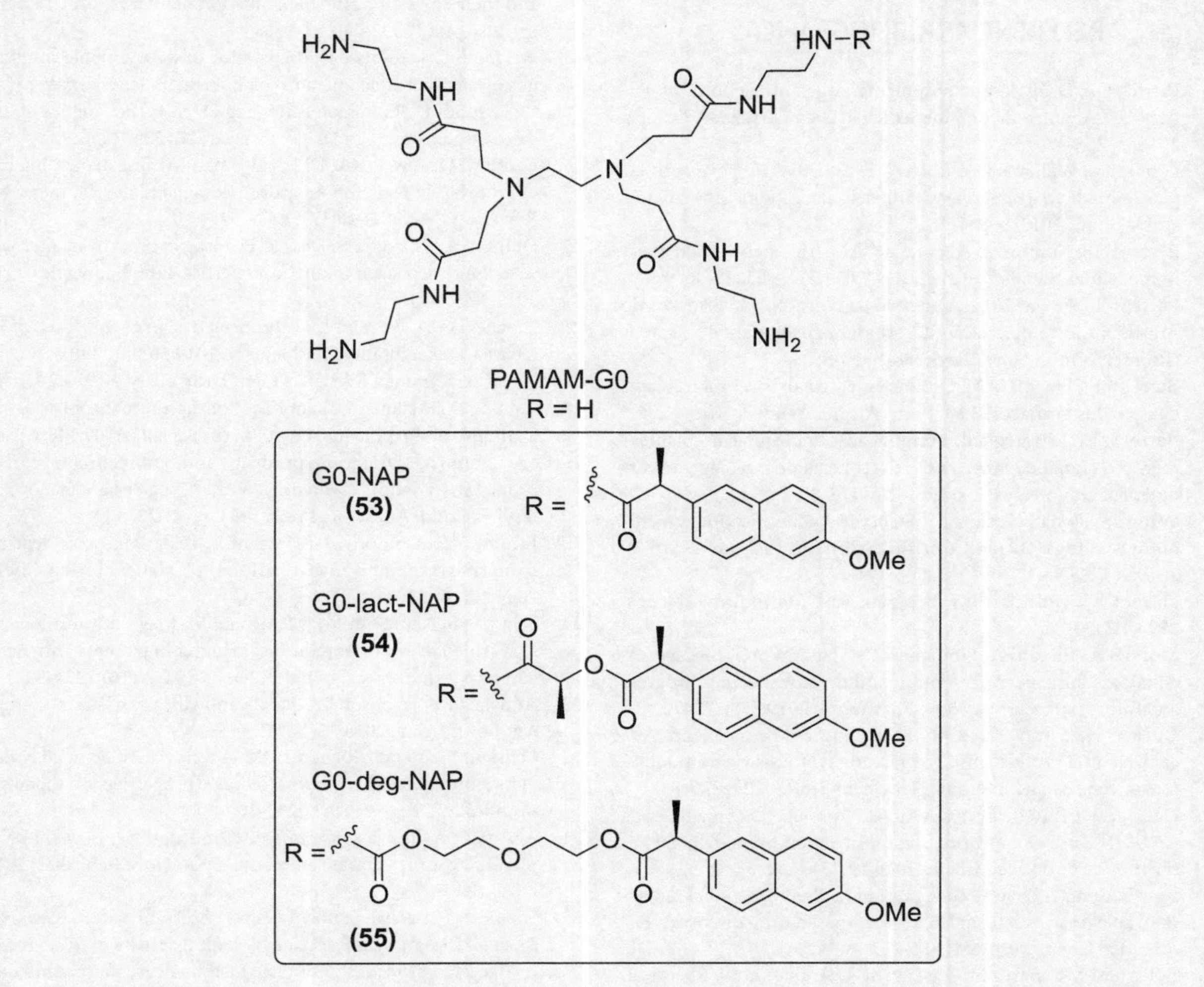

FIGURA 22 Pró-fármaco dendrimérico planejado para melhorar a solubilidade e biodisponibilidade do naproxeno.
Fonte: Najlah et al. 2006.

QUADRO 1 Vantagens, desafios e perspectivas da latenciação

<table>
<tr><th>Vantagens</th><th>Desafios[24]</th></tr>
<tr><td>1. Facilidade de obtenção de novos compostos.
2. Os produtos são patenteáveis.
3. Economia de tempo e de custo.
4. Reintrodução de fármacos na terapêutica descartados por propriedades indesejáveis.
5. Aprimoramento de compostos antes de lançá-los na terapêutica.</td><td>1. Controle do metabolismo.
2. Interpretação dos resultados pré-clínicos, uma vez que existe mais de um composto derivado da clivagem.
3. Controlar a toxicidade, não só do componente ativo, mas também do transportador.
4. O pró-fármaco deve ser estável.</td></tr>
<tr><th colspan="2">Perspectivas</th></tr>
<tr><td colspan="2">1. Seletividade de ação obtida, por exemplo, com: hepdirect prodrugs[48] e antibody-drug conjugates.[49]
2. Liberação controlada obtida, por exemplo, com: enzyme triggered prodrugs;[50] ativação específica pela via biossintética da coenzima A;[51] click and release approaches[52] e com photosensitizer prodrugs.[53]
3. Auxílio em problemas farmacotécnicos.
4. Transportadores lipídicos.[54]
5. Transportadores poliméricos.[55]</td></tr>
</table>

REFERÊNCIAS BIBLIOGRÁFICAS

1. Patrick GL. Drug design: optimizing target interactions. In: Patrick GL. An introduction to medicinal chemistry. 5thed. Oxford; 2013, p. 215-47.
2. Lemke TL, Williams DA, Roche VF, Zito, SW. In: Foye's principles of medicinal chemistry. Philadelphia: Lippincott Williams and Wilkins; 2013. p. 841-76.
3. Barreiro EJ, Kummerle AE, Fraga CAM. The methylation effect in medicinal chemistry. Chem Rev. 2012;111(9):5215-46.
4. Barreiro EJ, Fraga CAM. A questão da inovação em fármacos no Brasil: proposta de criação do programa nacional de fármacos (Pronfar). Quím Nova. 2005;28(4):S53-S63.
5. Barreiro EJ, Fraga, CAM. Química medicinal: bases moleculares da ação dos fármacos. 3.ed. Porto Alegre: Artmed; 2015.
6. Barreiro EJ. Estratégia de simplificação molecular no planejamento racional de fármacos: a descoberta de novo agente cardioativo. Quím Nova. 2002;25(6B):1172-80.
7. Wanga S, Donga G, Sheng S. Structural simplification: an efficient strategy in lead optimization. Acta Pharm Sin B. 2019;9(5):880e901.
8. Palmer KJ, Holliday SM, Brogden RN. Mefloquine. Drugs. 1993,45:430-75.
9. Mondal A, Gandhi A, Fimognari C, Atanasov AG, Bishayee A. Alkaloids for cancer prevention and therapy: current progress and future perspectives. Eur J Pharmacol. 2019;858:172472.
10. Duckert H, Pries V, Khedkar V, Menninger S, Bruss H, Bird AW, et al. Natural product-inspired cascade synthesis yields modulators of centrosome integrity. Nat Chem Biol. 2012;8:179e84.
11. De Sena MPP, Rodrigues DA, do Couto Maia R, Thota S, Fraga CAM. The use of conformational restriction in medicinal chemistry. Curr Top Med Chem. 2019;19(19):1712-33.
12. Fang Z, Song Y, Zhan P, Zhang Q, Liu X. Conformational restriction: an effective tactic in "follow-on"-based drug discovery. Future Med Chem. 2014;6(8):885-901.
13. Bolognesi ML, Bartolini M, Cavalli A, Andrisano V, Rosini M, Miranini A, et al. Design, synthesis, and biological evaluation of conformationally restricted rivastigmine analogues. J Med Chem. 2004;47(24):5945-52.
14. Johnstone RW. Histone-deacetylase inhibitors: novel drugs for the treatment of cancer. Nat Rev Drug Discov. 2002;1(4):287-99.
15. Witt O, Deubzer HE, Milde T, Oehme I. HDAC family: what are the cancer relevant targets? Cancer Lett. 2009;277(1):8-21.
16. Taha TY, Aboukhatwa SM, Knopp RC, Ikegaki N, Abdelkarim H, Neerasa J, et al. Design, synthesis, and biological evaluation of tetrahydroisoquinoline-based histone deacetylase 8 selective inhibitors. ACS Med Chem Lett. 2017;8(8):824-9.
17. Tomasic T, Nabergoj D, Vrbek S, Zidar N, Jakopin Z, Zula A, et al. Analogues of the marine alkaloids oroidin, clathrodin, and hymenidin induce apoptosis in human HepG2 and THP-1 cancer cells. Med Chem Comm. 2015;6(1):105-10.
18. Albert A. Chemical aspects of selective toxicity. Nature Rev Drug Discov. 1958;182(16):421-3.
19. Harper NJ. Drug latentiation. J. Med Chem. 1959;1(5):467-500.
20. Chung MC, Ferreira EI. O processo da latenciação no planejamento de fármacos. Quím Nova. 1999;22:75-84.
21. Chung MC, Silva ATA, Castro LF, Güido RVC, Nassute JC, Ferreira EI. Latenciação e formas avançadas de transporte de fármacos. Rev Bras Ciênc Farm. 2005;41(2):155-80.
22. Parise Filho R, Polli MC, Barberato Filho S, Garcia M, Ferreira EI. Prodrugs available on the Brazilian pharmaceutical market and their corresponding bioactivation pathways. Braz J Pharm Sci. 2010;46(3):393-420.
23. Wermuth CG, Lesuisse D. Preparation of water-soluble compounds by covalent attachment of solubilizing moieties. In: Wermuth CG, Aldous D, Raboisson P, Rognan D (ed.). The practice of medicinal chemistry. San Diego: Elsevier; 2015. p. 723-45.
24. Rautio J, Meanwell NA, Di L, Hageman MJ. The expanding role of prodrugs in contemporary drug design and development. Nat Rev Drug Discov. 2018;17(8):559-87.
25. Dhingra AK, Chopra B, Dass R. Prodrug approach: an alternative to improve pharmacokinetic properties. Int J Bioorganic Chem. 2019;4(1):7-13.
26. Sanches BMA, Ferreira EI. Is prodrug design an approach to increase water solubility? Int J Pharm. 2019;568:118498.
27. Najjar A, Karaman R. Expert Opin Drug Deliv. 2019;16(1):1-5.
28. Rautio J, Kärkkäinen J, Sloan KB. Prodrugs: recent approvals and a glimpse of the pipeline. Eur J Pharm Sci. 2017:109:146-61.
29. Wermuth CG. Designing prodrugs and bioprecursors: carrier prodrugs. In: Jolle G, Wooldrige KRM. Drug design: fact or fantasy? London: Academic Press; 1984. p. 47-72.
30. Ettmayer P, Amidon GL, Clement B, Testa B. Lessons learned from marketed and investigational prodrugs. J Med Chem. 2004;47(10):2393-404.
31. Schüpke S, Neumann F-J, Menichelli M, Mayer K, Bernlochner I, Wörhle J, et al. Ticagrelor or prasugrel in patients with acute coronary syndromes. N Engl J Med. 2019;381(16):1524-34.
32. Adhyaru BB, Jacobson TA. Safety and efficacy of statin therapy. Nat Rev Cardiol. 2018;15(12):757-69.
33. O'Brien JJ, Campoli-Richards DM. Acyclovir. An updated review of its antiviral activity, pharmacokinetic properties and therapeutic efficacy. Drugs. 1989:37:233-309.
34. Abu-jaish A, Jumaa S, Karaman R. Prodrugs overview. In: Karaman R. Prodrugs design: a new era. USA: Nova Publisher; 2014. p. 77-102.
35. Suzuki T, Hisakawa S, Itoh Y, Suzuki N, Takahashi K, Kawahata M, et al. Design, synthesis, and biological activity of folate receptor-targeted prodrugs of thiolate histone deacetylase inhibitors. Bioorg Med Chem Lett. 2007;17(15):4208-212.
36. Wellstein A, et al. Agentes citotóxicos. In: As bases farmacológicas e terapêuticas de Goodman & Gilman. São Paulo: Artmed; 2019. p.1433-78.
37. Sharma SK, Bagshawe KD. Antibody directed enzyme prodrug therapy (ADEPT): trials and tribulations. Adv Drug Deliv Rev. 2017;1(118):2-7.
38. Walther R, Rautio J, Zelikin AN. Prodrugs in medicinal chemistry and enzyme prodrug therapies. Adv Drug Deliv Rev. 2017;118:65-77.
39. Zawilska JB, Wojcieszak J, Olejniczak AB. Prodrugs: a challenge for the drug development. Pharmacol Rep. 2013;65(1):1-14.
40. Gandhi PM, Chabukswar AR, Jagdale SC. Carriers for prodrug synthesis: a review. Indian J Pharm Sci. 2019;81(3):406-14.
41. Santos SS, Ferreira EI, Giarolla J. Dendrimer prodrugs. Molecules. 2016;21(6):pii:E686.
42. Tomalia DA, Baker H, Dewald J, Hall M, Kallos G, Martin S, et al. A new class of polymers: starburst dendritic macromolecules. Polym J. 1985;17:117-32.
43. Najlah M, Freeman S, Attwood D, D'Emanuele A. Synthesis, characterization and stability of dendrimer prodrugs. Int J Pharm. 2006;308(1-2):175-82.
44. Najlah M, Freeman S, Attwood D, D'Emanuele A. In vitro evaluation of dendrimer prodrugs for oral drug delivery. Int J Pharm. 2007;336(1):183-90.

45. Najlah M, Freeman S, Khoder M, Attwood D, D'Emanuele A. In vitro evaluation of third generation PAMAM dendrimer conjugates. Molecules. 2017;22(10):pii:E1661.
46. Giarolla J, Ferreira EI. Pró-fármaco dendrimérico, processo para sua preparação e composições contendo os mesmos. Protocolo de n. 018070068714 junto à delegacia do INPI. 2009.
47. Araújo RV, Santos SS, Ferreira EI, Giarolla J. New advances in general biomedical applications of PAMAM dendrimers. Molecules. 2018;23(11):E2849.
48. Erion MD, van Poelje PD, Mackenna DA, Colby TJ, Montag AC, Fujitaki JM, et al. Liver-targeted drug delivery using HepDirect prodrugs. J Pharmacol Exp Ther. 2005;312(2):554-60.
49. Lerchen HG, Stelte-Ludwig B, Berndt S, Sommer A, Dietz L, Rebstock A-S, et al. Antibody-prodrug conjugates with KSP inhibitors and legumain-mediated metabolite formation. Chemistry. 2019;25(35):8208-13.
50. Hamada Y. Recent progress in prodrug design strategies based on generally applicable modifications. Bioorg Med Chem Lett. 2017;27(8):1627-32.
51. Duncan D, Auclair K. The coenzyme A biosynthetic pathway: a new tool for prodrug bioactivation. Arch Biochem Biophys. 2019;672:108069.
52. Ji X, et al. Click and release: bioorthogonal approaches to "on-demand" activation of prodrugs. Chem Soc Rev. 2019;48(4):1077-94.
53. Sansaloni-Pastor S, Bouilloux J, Lange N. The dark side: photosensitizer prodrugs. Pharmaceuticals (Basel). 2019;12(4):pii:E148.
54. Markovic M, Ben-Shabat S, Keinan S, Aponick A, Zimmermann EM, Dahan A. Lipidic prodrug approach for improved oral drug delivery and therapy. Med Res Rev. 2019;39(2):579-607.
55. Girase ML, Patil PG, Ige PP. Polymer-drug conjugates as nanomedicine: a review. Int J Polym Mater. 2019:69:990-2014.

CAPÍTULO 13

Modificação molecular: bioisosterismo e hibridação molecular

Eliezer J. Barreiro

INTRODUÇÃO

A Química Farmacêutica Medicinal ou Química Medicinal tem observado contínuo avanço científico ao longo dos últimos quarenta anos.[1]

Esse desenvolvimento provocou a troca dos ensaios *in vivo* de novas moléculas candidatas a novos fármacos pelo emprego de bioensaios *in vitro*, realizados em células ou alvos, modificando os paradigmas do processo de descoberta de novos fármacos, missão primordial da Química Medicinal.[2]

A Figura 1 ilustra de forma simplificada o processo da descoberta de candidatos a fármacos, que se caracteriza por sua natureza transdisciplinar. A origem de novas moléculas de interesse terapêutico deixou de ser a aplicação de abordagens dirigidas pela doença de interesse – abordagem fisiológica – para estratégias de desenho molecular baseadas na estrutura dos biorreceptores (SBDD – *structure-based drug design*) envolvidos em processos fisiopatológicos, ou de seus ligantes (LBDD – *ligand-based drug design*). Surge o uso da tecnologia *high-throughput screening* (HTS), capaz de processar milhares de moléculas em diferentes alvos terapêuticos potenciais – *screening* maciço –, que viabilizou o emprego de coleções de moléculas (quimiotecas), de diversas categorias, virtuais ou físicas. O avanço tecnológico, concomitantemente, popularizou o emprego de técnicas de ancoragem molecular (*binding*), seja *in vitro* ou *in silico*. Introduziu-se uma nova dinâmica nos estudos da relação entre a estrutura química e a atividade (*structure-activity relationship;*

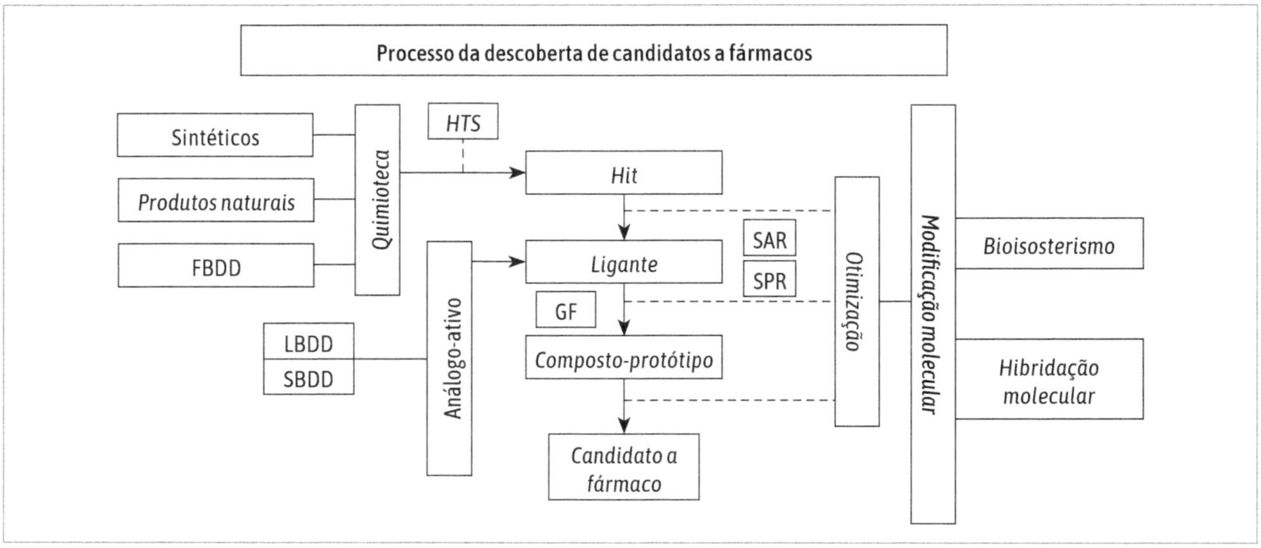

FIGURA 1 Processo da descoberta de candidatos a fármacos.

SAR), como também das propriedades (*structure-properties relationship*; SPR), de maneira a permitir o estudo, muitas vezes concomitante, entre as propriedades farmacodinâmicas (PD). Nesse processo, a Química Medicinal tem papel central, com suas estratégias de modificação molecular desempenhando papel de vital relevância na otimização molecular das novas substâncias em estudo, seja quanto ao perfil PD/PK.[3]

Pode ser observado na Figura 1 que, a partir de quimiotecas de estruturas/moléculas ou de fragmentos moleculares (*fragment-based drug design* – FBDD), podem-se identificar compostos-*hit* (< 10 M) que, uma vez validados e otimizados em potência (IC_{50} nM), são classificados como ligantes. Em seguida se procede à verificação do perfil farmacocinético dos ligantes de uma série congênere – derivados estruturalmente relacionados – para identificar aqueles de melhor biodisponibilidade potencial que seguirão para a etapa seguinte de ensaios fenotípicos *in vivo* (ED_{50}) e poderão ser classificados como compostos-protótipos.[4]

Concomitantemente a essa etapa, ensaios precoces do potencial de citotoxicidade devem ser realizados – especialmente aqueles destinados a verificar efeitos cardiotóxicos agudos e o potencial de indução de arritmias por ação sobre os canais *hERG* – gene que codifica uma proteína conhecida como $K_v11.1$, a subunidade-alfa de um canal de íon potássio. Assegurada a ausência desse tipo de toxicidade aguda, a série congênere deve ser ampliada de forma a assegurar maior diversidade química do padrão molecular encontrado, para compreensão/otimização da SAR/SPR e propiciar a mais segura proteção patentária possível.[5]

Neste capítulo serão abordadas duas estratégias de modificação molecular da Química Medicinal: bioisosterismo[6] e hibridação molecular.[7] Ambas as estratégias são amplamente empregadas nas etapas de desenho e otimização de *hits*, ligantes e protótipos de candidatos a novos fármacos.

Cabe registro de que seu emprego combinado pode ampliar significativamente seu impacto para otimização de protótipos para diferentes indicações terapêuticas, sejam candidatos a fármacos monoalvo ou multialvo.[8]

ASPECTOS DA MODIFICAÇÃO MOLECULAR EM QUÍMICA MEDICINAL

A *modificação molecular* se caracteriza pela introdução de alteração química na estrutura de uma substância conhecida (e.g., *hit*; ligante), em estudo, ou de um composto protótipo, previamente caracterizado, com o objetivo de otimizar suas propriedades farmacodinâmicas (PD: reconhecimento molecular pelo biorreceptor) ou farmacocinéticas (PK: relacionadas a absorção, distribuição, metabolismo e eliminação – Adme).[9]

Por meio da modificação molecular de um protótipo ativo sobre determinado alvo terapêutico – enzima ou biorreceptor propriamente dito – é possível sua otimização, reduzindo eventuais efeitos *off-target*. Por outro lado, pode ser necessário introduzir modificações moleculares em sua estrutura para alterar determinada subunidade com potencial toxicidade – conhecida como grupamento toxicofórico (GT) – ou para modular sua labilidade metabólica, ajustando grupamentos lábeis (*soft-spots*) ao metabolismo, especialmente aqueles reativos em face do complexo oxidativo hepático dependente de CYP450.

A modificação molecular propicia ainda a possibilidade de modular as propriedades físico-químicas de um composto protótipo, relacionadas com a lipofilicidade (coeficiente de partição P), a permeabilidade membranar, a solubilidade em água (área de superfície polar – PSA), entre outros.

Várias estratégias são descritas na literatura para quantificar a maior ou menor viabilidade dos compostos em estudos em dada série congênere. A mais clássica é conhecida como a regra de Lipinsky,[10] segundo a qual:

1. Um composto não deve ter mais do que cinco doadores de ligação hidrogênio (ligação-H).
2. Um composto não deve ter mais do que dez aceptores de ligação-H.
3. O peso molecular (PM) não deve exceder 500 Da.
4. O logP não deve ser superior a 5.

Uma segunda regra também empregada é a regra de Veber,[11] muito próxima da primeira, considerando:

1. O total de ligação-H (doadores e aceptores) do composto não deve ser superior a 12.
2. A área de superfície polar (PSA) do composto não deve ser maior que 140 ligações $(A)^2$.
3. Número de ligações com rotações livres < 10.

Essa regra tem sido empregada predominantemente na avaliação de compostos-*hits* e em triagens a partir de coleções de fragmentos moleculares.

Alguns autores descreveram métricas para serem utilizadas em ligantes – compostos com potência superior aos *hits* – e orientarem sua otimização e a de compostos-protótipos. Uma é a eficiência do ligante (LE),[12] que é uma métrica que avalia as contribuições de átomos ou fragmentos moleculares para a afinidade, potência e lipofilicidade. Essa regra determina a média entre a massa molecular (MM) da molécula comparada com sua afinidade, expressa preferencialmente em Kd ou Ki ou IC_{50} ou ED_{50}, e é definida pela energia livre de ligação para cada átomo diferente do hidrogênio na molécula, como a contagem de átomos pesados (HAC). Para que um candidato a fármaco possa ser ativo por via oral, deverá ter MM < 500 e Kd ou Ki ou IC_{50} ou ED_{50} < 10 nM, o que remete a LE > 0,3.

Um exemplo prático do emprego da métrica de LE pode ser ilustrado se considerarmos dois dados compostos com IC_{50} = 10 nM. Um composto A, com 30 átomos diferentes do hidrogênio (HAC), enquanto B com 40 átomos desse tipo, sendo IC_{50} = 18,4 para ambos. Dessa forma: composto A, LE = 0,36 e B LE = 0,27, o que indicaria o composto A como aquele que seguiria no processo de descoberta de novo candidato a fármaco.

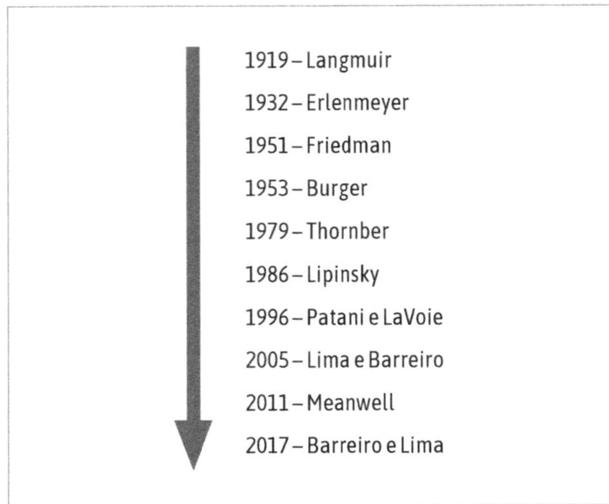

FIGURA 2 Linha do tempo da evolução do bioisosterismo.

BIOISOSTERISMO COMO ESTRATÉGIA DE MODIFICAÇÃO MOLECULAR

Definição

Um bioisóstero é um composto resultante da troca isostérica de simples átomos (H x D; C x Si) ou subunidades moleculares por outras isostéricas, i.e., equivalentes em distribuição eletrônica, volume molecular ou propriedades físico-químicas, capazes de permitir seu reconhecimento molecular pelo mesmo biorreceptor do composto original. Essas propriedades similares referem-se ao reconhecimento molecular pelo mesmo biorreceptor, mas com eventual atividade intrínseca distante, podendo manifestar efeitos agonistas ou antagonistas, independentes do original.[13]

Cronologia histórica

A cronologia histórica do bioisosterismo indica que essa estratégia de modificação molecular evoluiu continuamente (Figura 2) desde que o físico norte-americano Irving Langmuir (1881-1957)[14] criou o conceito de isosterismo, em 1919, quando comparou as propriedades físicas, comportamento químico e reatividade de moléculas com átomos ou grupos com a mesma valência, i.e., isoeletrônicos. Por sua excelente contribuição científica, Langmuir recebeu o Prêmio Nobel de Química em 1932. Posteriormente, Erlenmeyer, da Universidade de Basel, Suíça, em 1936, empregou o termo "isosterismo", aplicando-o a átomos do mesmo grupo da tabela periódica.

O termo "bioisosterismo" surgiu, em 1950, em uma reunião científica organizada pelo Conselho Nacional de Ciências norte-americano, denominado *First Symposium on Chemical-Biological Correlation*, que visava agrupar biólogos e químicos, quando Harris L. Friedman o utilizou em uma comunicação plenária e em sua memória.[15]

No ano seguinte, o Professor Alfred Burger, da Universidade de Virgínia, EUA – criador do *Journal of Medicinal Chemistry*, 1958 –, empregou o termo bioisosterismo em uma publicação, consolidando-o. Adotou a classificação em duas categorias distintas, bioisosterismo clássico e não clássico (Figura 3). A primeira se refere à valência de átomos e grupos, podendo ser mono, di, tri e tetravalentes. Quanto à categoria não clássicos, Burger os agrupou pela semelhança em propriedades físico-químicas.[6c]

Bioisosterismo na natureza

Na natureza identificamos vários exemplos de isosterismo como forma de ampliar sua quimiodiversidade, dentre os quais se destaca a relação bioisostérica clássica existente entre os aminoácidos essenciais serina (1) e cisteína (2): comparando-se suas estruturas, observa-se que diferem entre si pela presença de uma hidroxila (-OH) em 1 e do grupamento tiol (-SH) em 2, sendo uma troca do elemento O por S, ambos os átomos do mesmo grupo (6A) da tabela periódica.

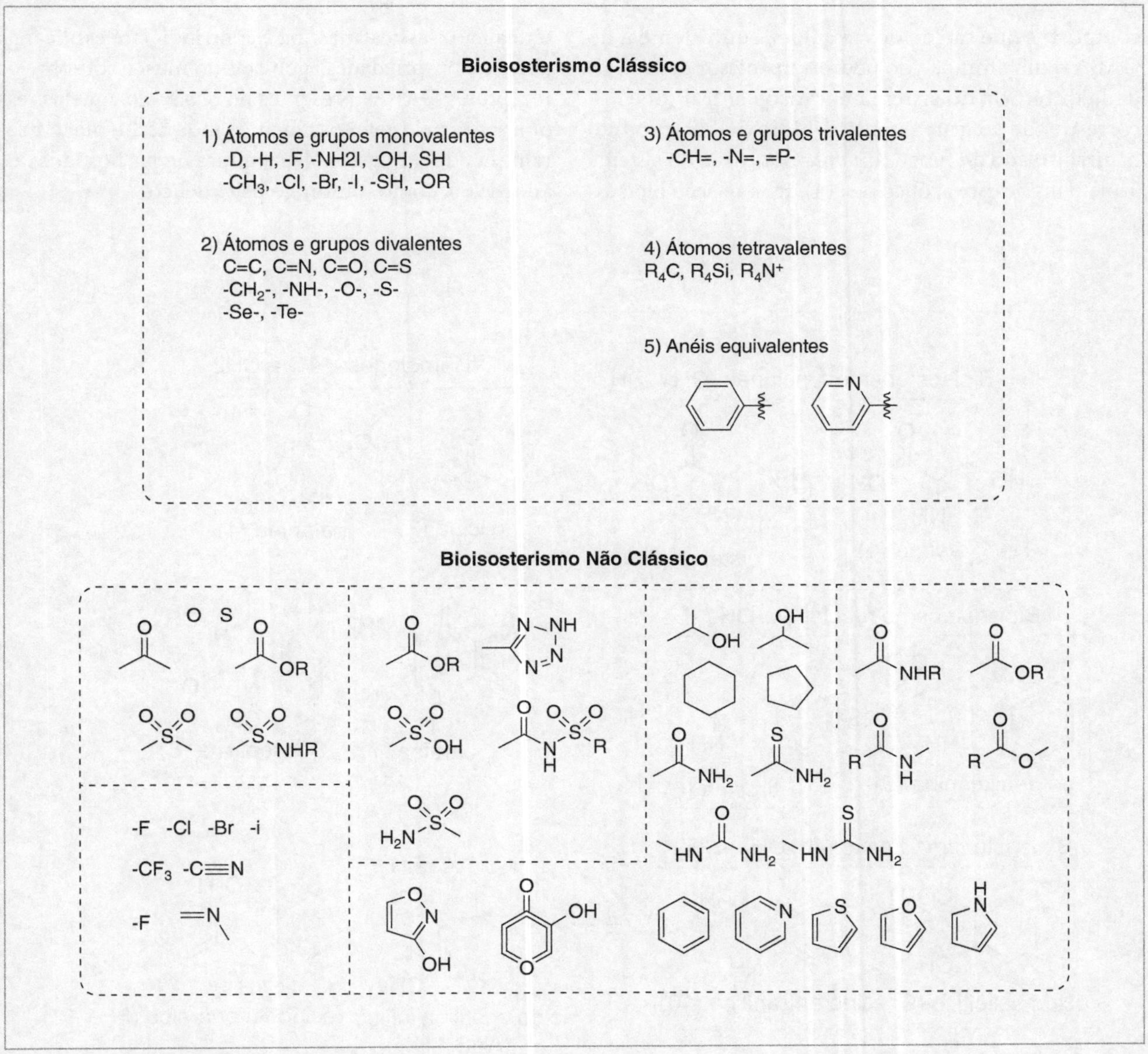

FIGURA 3 Classificação do bioisosterismo.[18]

Quando se comparam as estruturas de glicina (3) e alanina (4), temos uma relação bioisostérica regida pela homologação, a inclusão de um grupamento metila na glicina (3) para resultar na alanina (4), seu homólogo superior, ou, ao inverso, a retirada do grupamento metila deste último para a glicina, seu homólogo inferior[16]. Entre a fenilalanina (5) e a tirosina (6), temos a troca de H por OH, na posição *para* do anel aromático benzênico, sendo ambos os grupamentos monovalentes. Entre as xantinas, cafeína (7; *Coffea sp*) e teofilina (6; *Camellia sinensis*), temos outro exemplo de bioisosterismo por homologação, encontrado em alcaloides naturais.[6c] Entre os ácidos salicílico (9; *Salix alba*) e antranílico (10; precursor biossintético do triptofano), temos outro exemplo que a natureza nos propicia de bioisosterismo funcional entre grupos OH e NH_2. Esses produtos naturais foram os inspiradores de duas classes de fármacos anti-inflamatórios não esteroides (Aine), i.e., salicilatos (11, AAS) e fenamatos (12, ácido mefenâmico), respectivamente. Outro exemplo encontrado na natureza, agora do bioisosterismo não clássico, existe entre o GABA (13; ácido gama-aminobutírico) e o musminol (14, *Amanita muscaria*). Pode-se observar o padrão de similaridade molecular entre ambos os compostos que são ácidos: a acidez equivalente à do GABA – um aminoácido neurotransmissor com atividade inibitória do sistema nervoso central (SNC) – corresponde ao grupamento 3-hidroxila, no produto natural isolado do fungo *Amanita muscaria*, do sistema 5-metilamino-isoxazólico de (14). Essa relação bioisostérica não clássica antecipa e contribui para explicar as potentes propriedades agonistas do muscimol sobre os receptores $GABA_A$ presentes no SNC; são aquelas responsáveis pelos efeitos alucinógenos de 14, que o fizeram ser adotado pela contracultura *hippie* nos idos dos anos 1960, como um fungo psicodélico.

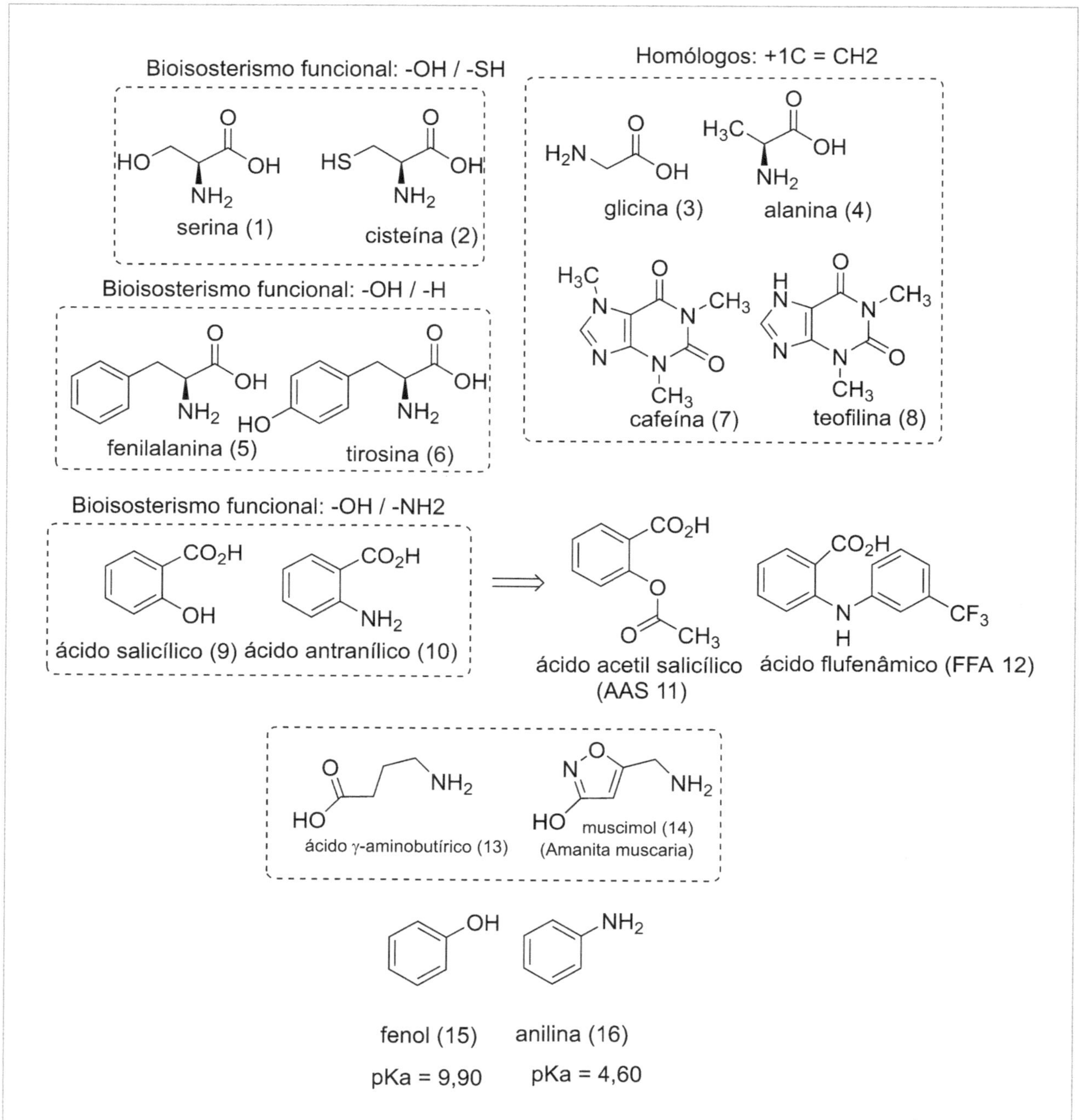

FIGURA 4 Estruturas de 1 a 16.

Bioisosterismo funcional clássico

Alguns grupamentos funcionais monovalentes isósteros modificam as propriedades físico-químicas das substâncias e sua atividade farmacológica. Isso pode ser facilmente compreendido pela substituição isostérica de um grupamento –OH por um –NH_2 – um exemplo de isosterismo clássico por se tratar de fragmentos monovalentes e alterar substancialmente as propriedades ácido-base dos compostos resultantes, dependendo do quimiotipo onde se verifica a troca isostérica. Considerando essa troca bioisostérica em um composto aromático (*e.g.*, anilina [16] *versus* fenol [15]), a alteração causada no nível do pKa dos compostos é drástica, sendo praticamente opostas. O fenol (15) é substância ácida (pKa = 9,5), enquanto a anilina (16) é básica. Caso essa troca isostérica se dê em quimiotipo alquila, *e.g.*, metanol (MeOH) e metilamina ($MeNH_2$), não se observam mudanças tão drásticas de propriedades, pois ambos os compostos terão as mesmas possibilidades de interações por ligações H, embora o primeiro seja neutro e o segundo, básico.

Um exemplo pioneiro do bioisosterismo funcional clássico pode ser atribuído a Larsen e Lish,[17] que publicaram, em 1964, os resultados de seus estudos sobre a substituição isostérica de hidroxilas fenólicas (PhOH), presentes no análogo fenólico (17) da adrenalina (18), pelo grupamento metilsulfonilamida (-SO_2NH-Ar).[18] Esse tipo de bioisosterismo pode ser enquadrado como funcional, envolvendo dois grupamentos ácidos. O derivado (19, Esquema 1) possui o grupamento metilsulfonilamina (Me-SO_2NHPh), tendo na posição *para-* do anel aromático a cadeia hidroxietilamina de derivados adrenérgicos. Os resultados da avaliação biológica evidenciaram que ambos os compostos apresentaram as mesmas respostas, caracterizando a relação bioisostérica. Ambos os compostos possuem uma acidez comparável, com pKa dos grupamentos funcionais, *i.e.*, 9,5 (17) e 9,1 (19), respectivamente.

Bioisosterismo funcional não clássico

Um exemplo de bioisosterismo funcional não clássico, envolvendo o fenol, pode ser representado pela sua troca por derivados *N*-heterocíclicos, como antagonistas do receptor de *N*-metil-*D*-aspartato ($NMDA_R$) descrita por Wrigth et al.[19] (Esquema 2). Nesse caso os autores visavam à labilidade metabólica do composto original (20) e a aumentar a biodisponibilidade oral. O derivado bioisostérico da classe benzoimidazolona (21e; $NMDA_R$ IC_{50} = 0,09 mcM) apresentou atividade desejada em ratos, por via oral, em modelo para doença de Parkinson, mostrando-se o mais potente da série com ED_{50} = 10 mg/kg.

Outro tipo de bioisosterismo funcional não clássico envolve a função catecol (22) e benzoimidazola (23) (Esquema 3). A possível tautomeria do anel imidazólico explica essa possibilidade.[20]

A Tabela 1 ilustra a diversidade do bioisosterismo funcional não clássico, observando-se que a função ácido carboxílico é aquela de maior variedade.[6b]

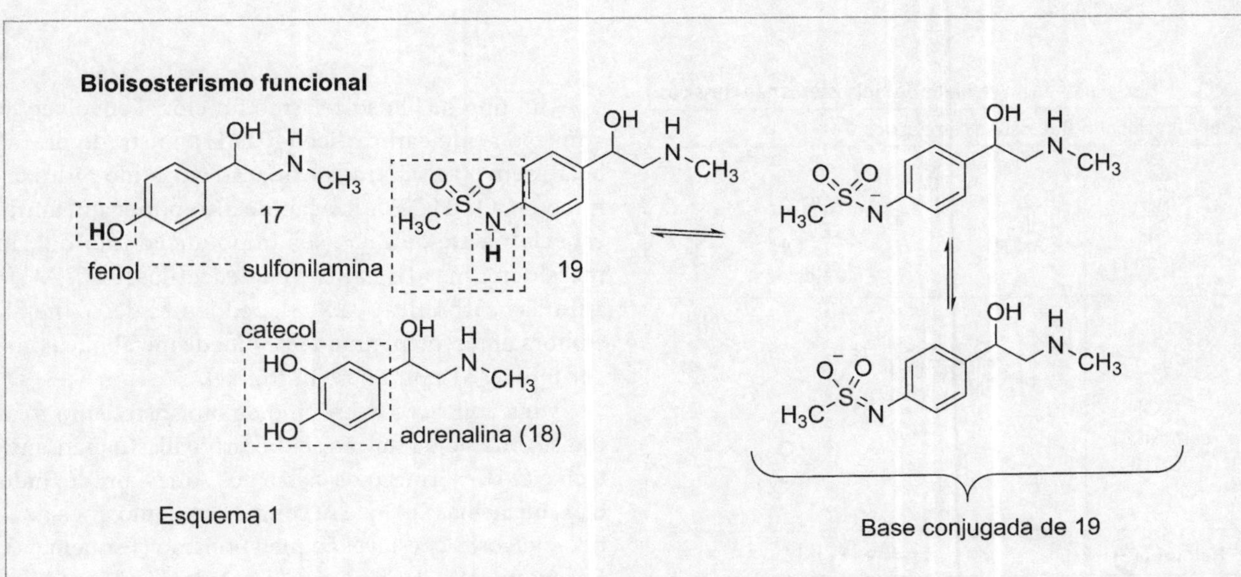

FIGURA 5 Esquema 1.

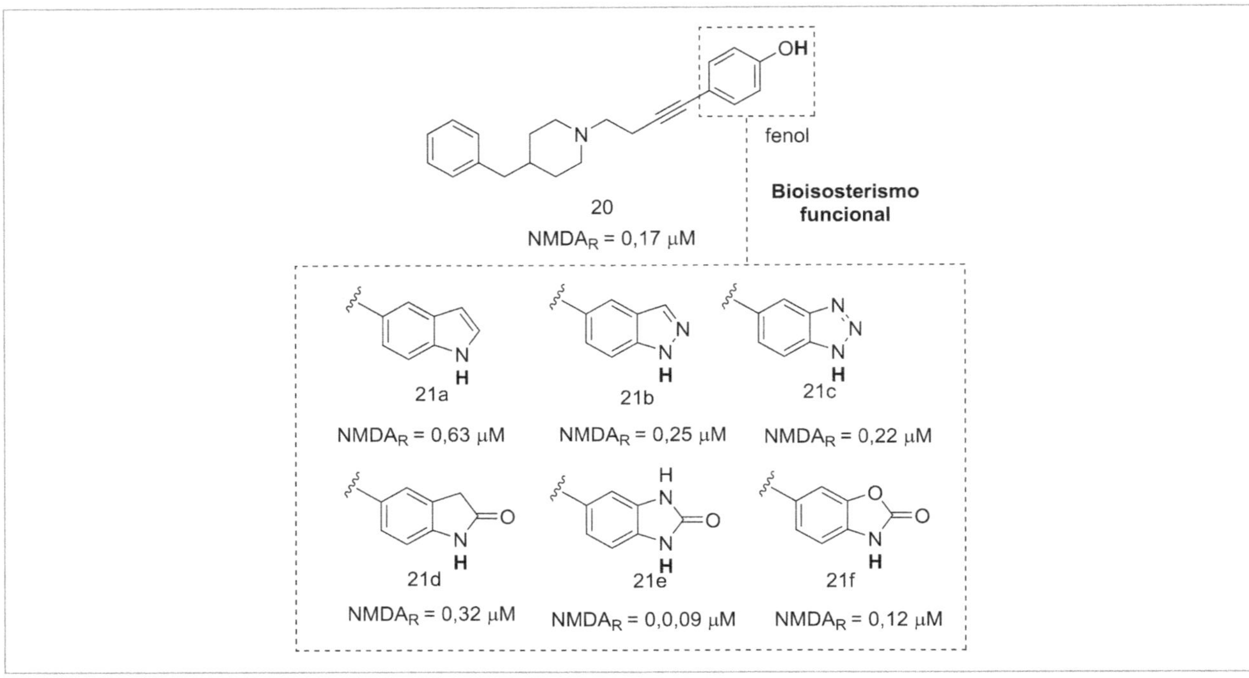

FIGURA 6 Esquema 2.

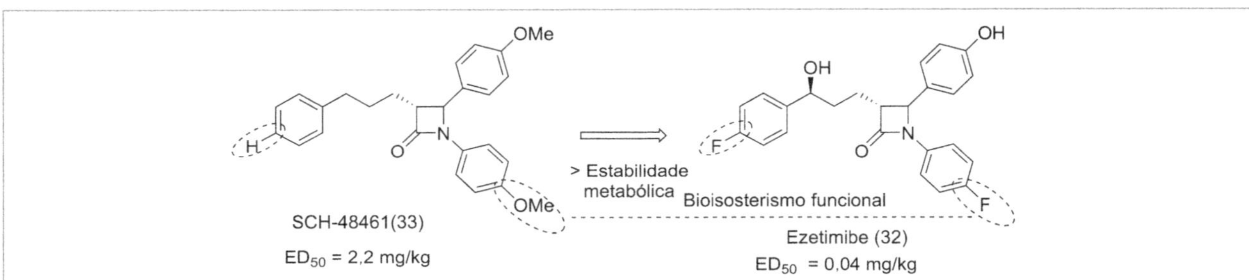

FIGURA 7 Esquema 3.

TABELA 1 Exemplos da diversidade de bioisósteros não clássicos

Grupo funcional	Bioisóstero não clássico
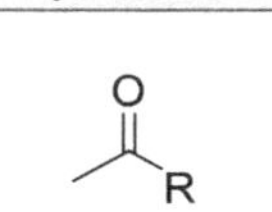 R = H, alquila	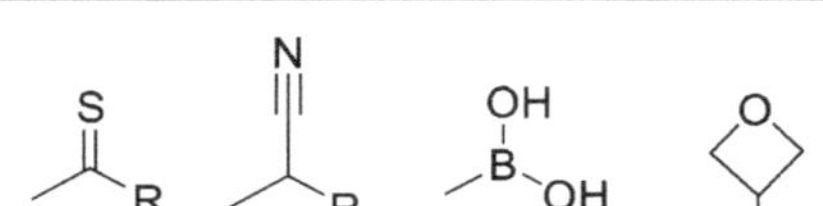 (de aldeído)
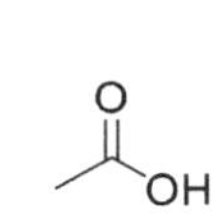 carboxila (-COOH i.e.)	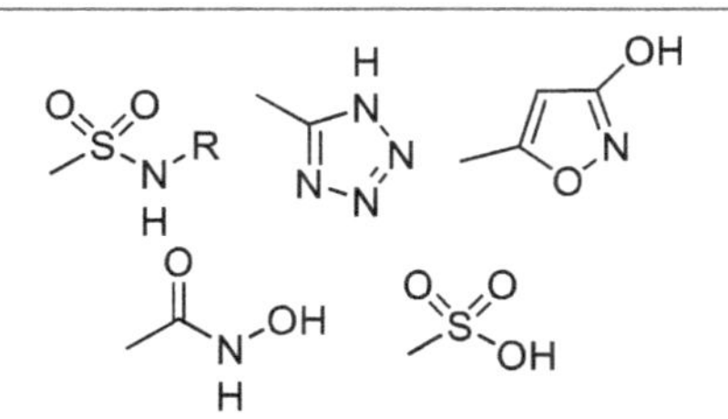
Haleto (-CF3)	—≡N -CF3
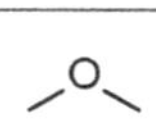	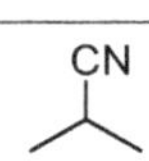

Um tipo de bioisosterismo funcional envolvendo a função ácido carboxílico (-CO_2H), ilustrado na Tabela 1, envolve sua transformação em ácido hidroxâmico (-CONHOH), função de alto poder quelante, especialmente de Zn^{++}, sendo potencial inibidor de metaloenzimas (*e.g.*, histona deacetilase -HDAC,[21] anidrase carbônica – CA) dependentes desse metal, embora apresentem grande labilidade metabólica (glicorunidação) e química (hidrólise).

Uma aplicação desse tipo de bioisosterismo foi a transformação da função ácido carboxílico da indometacina (24) – fármaco da classe dos Aine – produzindo o oxametacina (25), que se comportou como um autêntico bioisóstero, estável ao metabolismo (Esquema 4). Recentemente, derivados ácidos hidroxâmicos foram descritos como inibidores de histona deacetilase (HDAC), com propriedades antiproliferativas.[22]

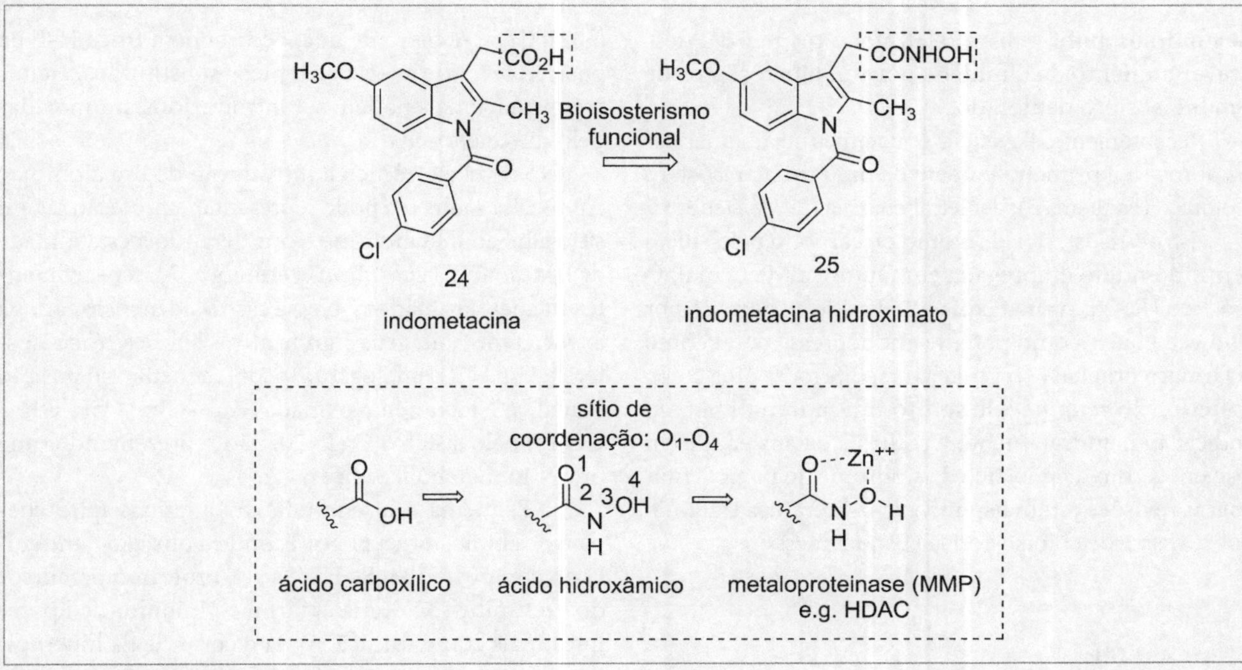

FIGURA 8 Esquema 4.

Bioisosterismo isotópico clássico: H x D e C x Si

Inúmeros exemplos da aplicação desse tipo de bioisosterismo estão relatados na literatura,[23] na qual se substituiu H por D, na maioria dos casos como bloqueador de sítios lábeis ao metabolismo. No trabalho publicado por Schneider et al.[24] foram descritos derivados multideuterados de sildenafila (26) (Esquema 5). O derivado pentadeuterado (27; $-OC_2D_5$) e o octadeuterado (28) no sistema piperazínico foram preparados e avaliados sobre a PDE-5 e PDE-6. O composto pentadeuterado (27; BDD-10406) foi mais seletivo que o próprio sildenafila para PDE-5, com 1,5 vez maior potência (IC_{50} = 6nM) que o fármaco.

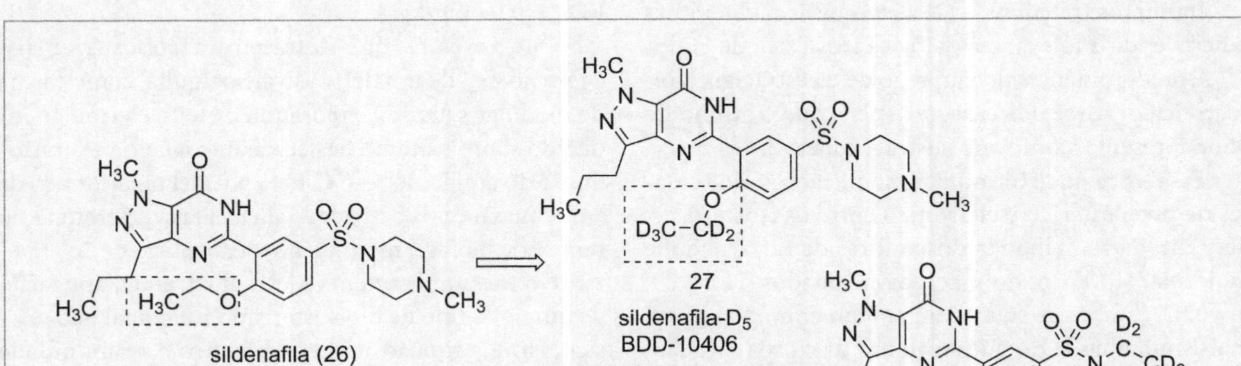

FIGURA 9 Esquema 5.

Segundo os autores, esse relato foi o primeiro a descrever aumento da afinidade por um biorreceptor de um bioisóstero deuterado.

Recentemente, a agência de patentes norte-americana aprovou a primeira patente de um fármaco isóstero isotópico (Esquema 5), deutetrabenazina (29; Austedo®).[25]

A troca isostérica de átomo de carbono pelo silício tem sido muito empregada em Química Medicinal. O isóstero (*R*)-sila-venlafaxina (30; Pristiq®), descrito por Showell et al.[26] como potente antidepressivo, tal como o fármaco original (31, venlafaxina, Effexor®), atua como inibidor do *reuptake* de serotonina-adrenalina com indicação para tratamento e controle da ansiedade em pacientes com diagnóstico de síndrome do pânico. Inúmeras revisões estão disponíveis na literatura tratando sobre essa troca bioisostérica (Esquema 6).

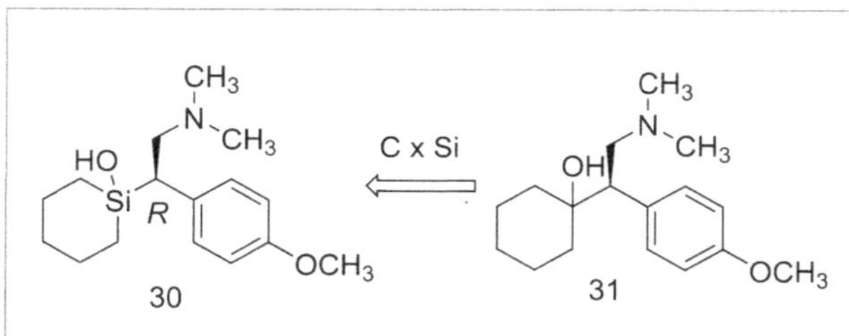

FIGURA 10 Esquema 6.

Bioisosterismo clássico flúor-hidrogênio

Inúmeros trabalhos estão disponíveis na literatura descrevendo a relevância da troca isostérica de H por F.[27] A predominância do emprego dessa estratégia bioisostérica decorre das características que o átomo de flúor apresenta, conforme ilustra a Tabela 2.

Essa troca pode introduzir modificações moleculares de nível estérico e eletrônico entre os isósteros. A despeito da semelhança dos valores de refratividade molecular (RM) dos dois átomos envolvidos (H = 1,03; F = 0,92), ambos se equivalem em tamanho, sendo o F mais similar ao H do que ao átomo de cloro (*e.g.*, Cl = 6,03). Cabe registro de que, ocorrendo a troca H-F na posição *orto-* de anéis benzênicos substituídos, efeitos conformacionais podem ser introduzidos, promovidas pelo dito efeito-*orto*.

TABELA 2 Isosterismo flúor-hidrogênio

Parâmetro	H	F
Raio atômico	0,29	0,64
Raio de van der Waals	1,2	1,35
Refratividade molecular	1,03	0,92
Efeito eletrônico (σ–para)	0	0,06

No nível eletrônico a introdução de um átomo de F em dada molécula pode representar a proteção de um sítio lábil ao metabolismo, considerando a estabilidade da ligação C-F (*vide infra*: ezetimibe, 32), especialmente em anéis aromáticos. Nesse caso vale mencionar que a troca tem vantagens significativas sobre a troca isostérica H/CH_3 (homologação),[16] pois a metila em posição benzílica é facilmente oxidada (*e.g.*, -CH_3 – CH_2OH – CO_2H) pelo sistema CYP450, não representando uma proteção metabólica eficaz.

O Esquema 7, a seguir, ilustra algumas aplicações da troca bioiostérica H por F, onde a posição *para*fenila do composto (33; SCH-48461), protótipo precursor do ezetimibe (32; Zetia®), fármaco inibidor de lipases intestinais com indicação para o controle da hiperlipidemia primária. Seu protótipo (33) apresentou modesta biodisponibilidade oral com ED_{50} = 2,2 mg/kg. Para superar essa limitação, os químicos medicinais dos laboratórios Schering-Plough introduziram um átomo de flúor na posição *para*fenila do anel terminal da cadeia propílica e concomitantemente introduziram uma hidroxila na posição benzílica. Um segundo átomo-F está presente na molécula de 32, desta feita em substituição à metoxila do anel *N*-fenila de (33), caracterizando outra troca isostérica de grupos funcionais monovalentes. O ezetimibe (32) apresentou no mesmo modelo animal ED_{50} = 0,04 mg/kg.

Outro exemplo que ilustra a troca bioisostérica H-F, agora no C_{sp3} de um derivado cicloalquila, como forma de modular seu pKa explorando o efeito eletrônico induzido sobre o átomo básico de nitrogênio pela introdução do átomo de F no C-beta no anel piperidínico de 34. A mudança da basicidade altera a taxa de protonação no pH da biofase, modificando a absorção de 35.

No mesmo Esquema 8 está ilustrada a aplicação de um novo tipo de bioisosterismo funcional não clássico, entre a função ácido carboxílico e a subunidade 2,6-difluorfenol. Esse exemplo ilustra os resultados relatados por Demopoulos et al.,[28] que substituíram na molécula do derivado ácido *N*-pirrolilacético (36) sua subunidade terminal -CH_2CO_2H pelo grupamento previamente identificado no mesmo grupo de pesquisas 2,6-difluorfenol (**a**), levando ao composto (37), que teve potencializada sua atividade inibidora de aldose redutase (AR) e ajustada sua lipofilicidade no derivado bioisostérico 37.

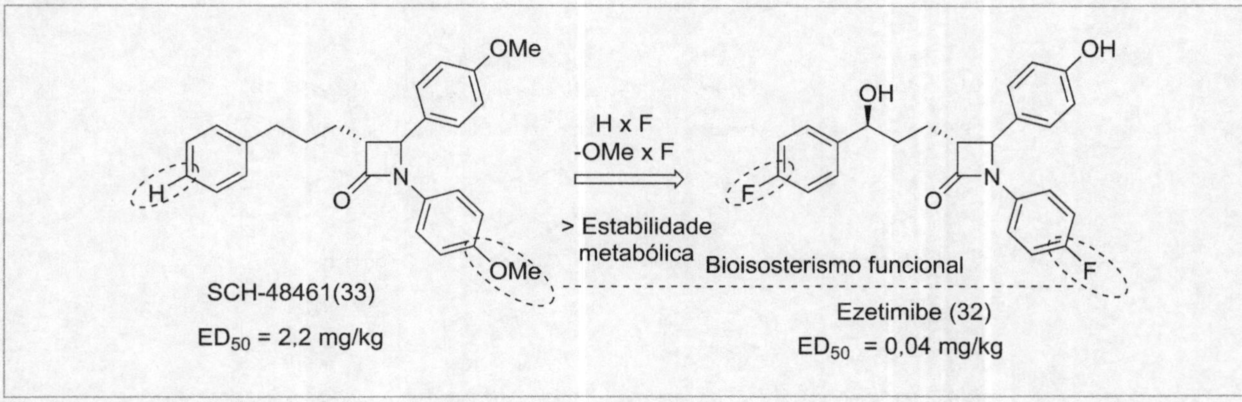

FIGURA 11 Esquema 7.

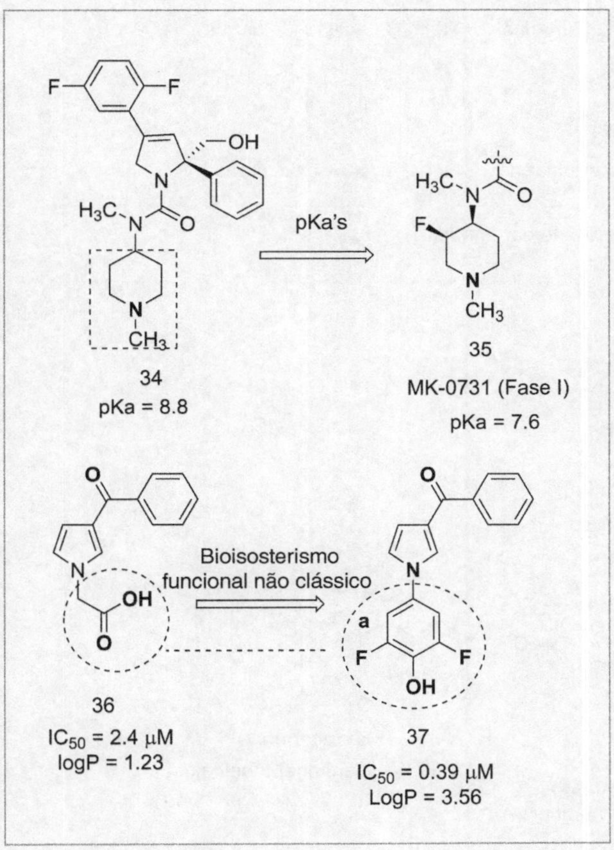

FIGURA 12 Esquema 8.

Bioisosterismo clássico de anéis

Inúmeros exemplos do sucesso da aplicação do bioisosterismo como estratégia de modificação molecular são descritos na literatura,[6] especialmente entre as trocas isostéricas de sistemas aromáticos. Alguns autores consideram que são os anéis aromáticos os grupos funcionais predominantemente presentes (> 50%) nas moléculas dos fármacos. De fato, são raras as substâncias de interesse terapêutico alicíclicas, sendo mais comumente policíclicas e, neste caso, com mais de um anel, na maioria *N*-heterocíclicos (Figura 4).[29]

A Figura 4 ilustra sucintamente as possibilidades de troca isostérica entre anéis aromáticos nitrogenados.[30]

A classe dos fármacos Aine exemplifica bem a aplicação do isosterismo clássico de anéis (Esquema 9). O piroxicam (38; Esquema 9) foi o primeiro fármaco da classe dos oxicams a ser lançado. É um derivado benzotiazínico desenvolvido na Pfizer sob a liderança de Joseph G. Lombardino e lançado em 1980. Esse fármaco foi o primeiro representante da categoria, com um grupamento farmacofórico representado por uma subunidade molecular de propriedade ácida correspondendo à forma enólica de um sistema 1,3-dicarbonilado.[31] O piroxicam (38) apresentou, como desejado, potentes propriedades anti-inflamatórias e analgésicas em modelos farmacológicos clássicos, com perfil reduzido de efeitos gastroirritantes.

Esse perfil terapêutico inspirou as empresas farmacêuticas concorrentes a desenvolverem análogos, ou cópias terapêuticas, ditos *me-too*. Os laboratórios Warner-Lambert, dos EUA, lançaram em 1983 o isoxicam (39), bioisóstero do piroxicam no qual o anel piridínico terminal (A) de 38 foi substituído por um núcleo heteroaromático do tipo 5-metilisoxazola, levando ao fármaco 39 (Esquema 9). A presença da metila nesse núcleo heterocíclico 1,2-oxanitrogenado tem a função de proteger, estericamente, o sistema heterocíclico da oxidação metabólica hepática, prevenindo a bioformação de derivados hidroxilados de potencial tóxico. O principal metabólito hepático de 39 foi identificado como sendo o composto hidroxilado na metila (40, Esquema 9).[32]

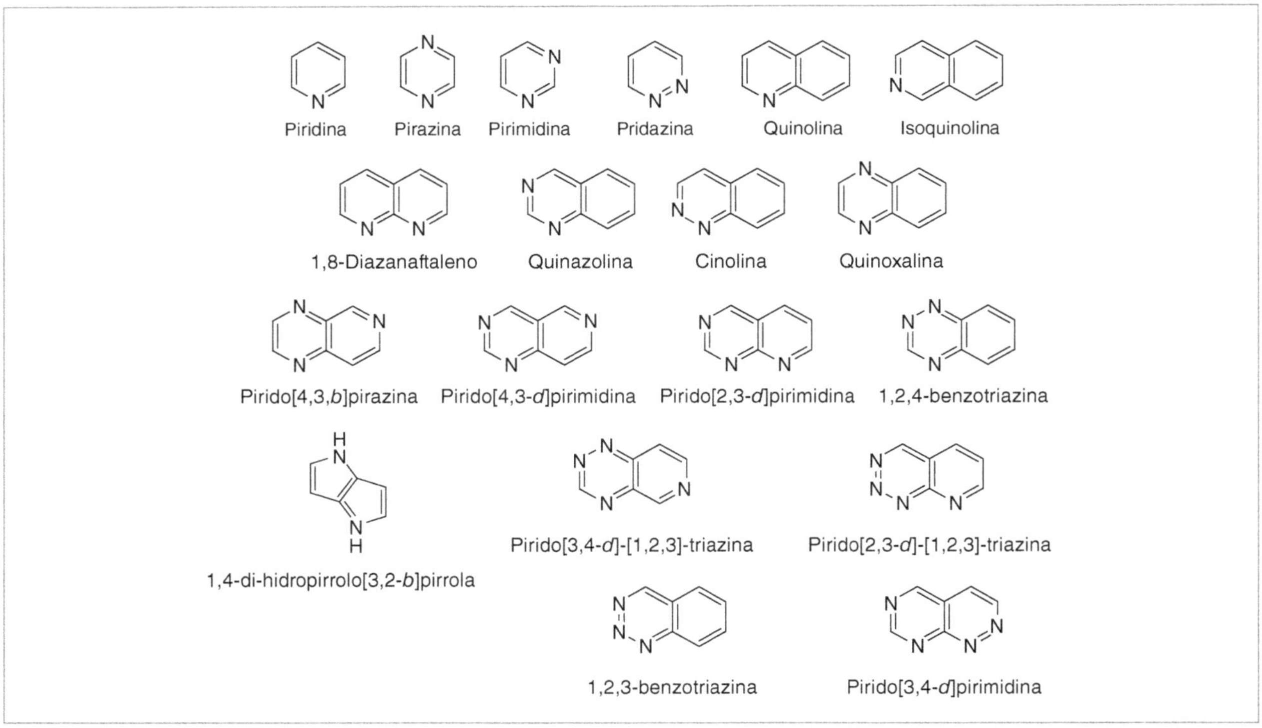

FIGURA 13 Alguns padrões moleculares de isósteros clássicos de anéis *N*-heteroaromáticos.

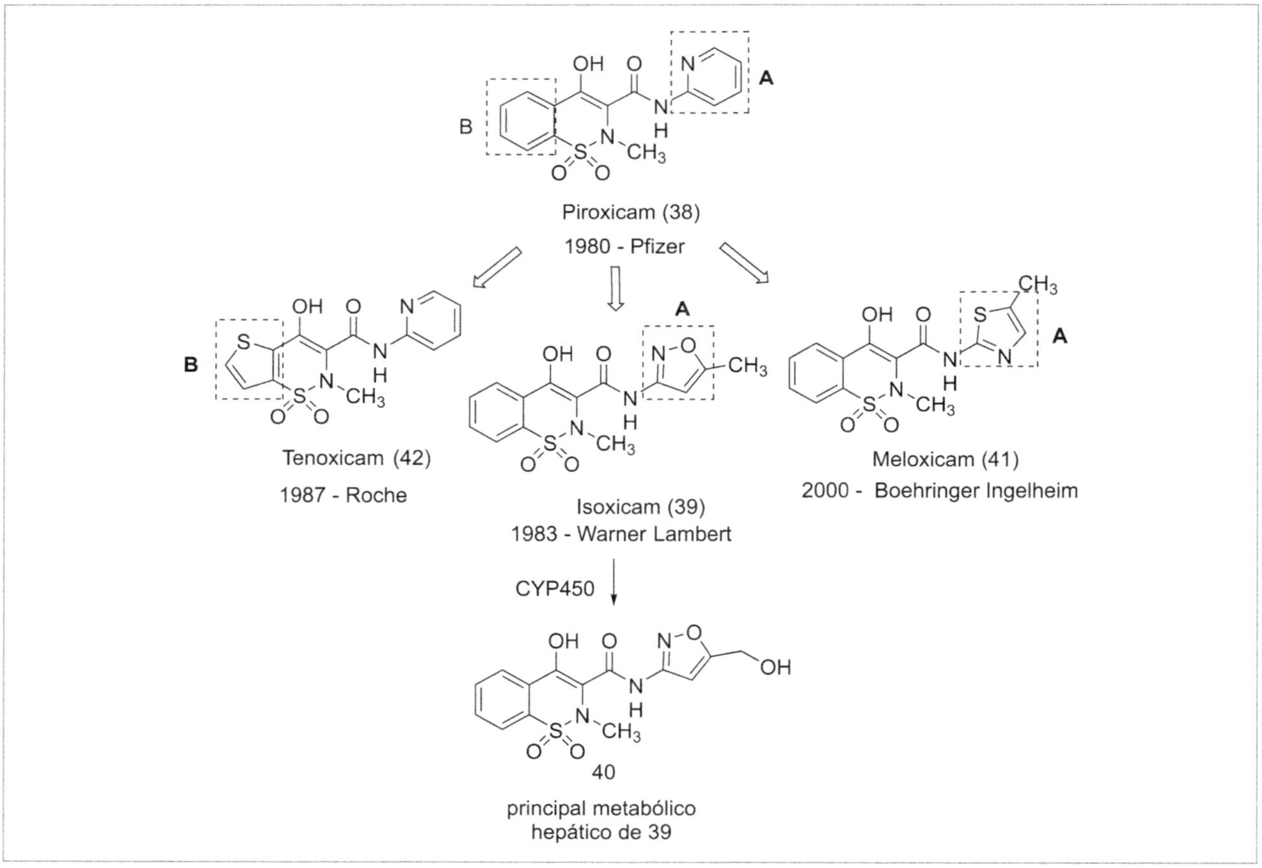

FIGURA 14 Esquema 9.

Na mesma linha do isoxicam (39), foi desenvolvido o meloxicam (41), pelo laboratório alemão Boehringer Ingelheim, e lançado no mercado em 2000. Desta feita o anel piridínico (A) de (38) foi trocado pelo sistema 5-metiltiazolíco em 41. Da mesma maneira que em 39, o substituinte metila em C-5 do anel heterocíclico foi incluído pelas mesmas razões, para orientar o metabolismo oxidativo hepático para essa posição do tipo benzílica, reativa ao CYP2C9, isoforma responsável por sua metabolização (Esquema 9).

Em 1987, o laboratório Roche, de Basel, na Suíça, introduziu uma troca isostérica no sistema benzotiazínico de (38), desta feita trocando seu anel benzênico (B) pelo isóstero tiofeno, levando ao sistema tienotiazínico do tenoxicam (42) (Esquema 9).

O sildenafil (26; Viagra®) é provavelmente o melhor exemplo de fármaco que foi descoberto graças à identificação de seus efeitos colaterais. Originalmente desenvolvido pela Pfizer para o tratamento da angina, em Sandwich, na Inglaterra, sob a coordenação de *Sir* Simon Campbell, esse fármaco foi capaz de revolucionar o tratamento da disfunção erétil (DA) e de ter essa nova indicação terapêutica inesperada, originalmente, e identificada durante os ensaios de fase clínica para seu uso no tratamento de anginas. Essa substância (26) atua por via oral como inibidor seletivo de fosfodiesterase-5 (PDE-5).

O aspecto inovador do sildenafil (26) e seu sucesso mercadológico levaram a que uma parceria formada por GSK e Bayer desenvolvesse o vardenafil (43; Levitra®), lançado no mercado em 2005, como um autêntico fármaco *me-too* do sildenafil (26). Hanning et al.[33] descreveram o caminho percorrido por essa parceria empresarial para identificar o melhor sistema heterocíclico central, isóstero daquele do sildenafil e que fosse o melhor bioisóstero: eficaz, seletivo e com suficiente grau de patenteabilidade (Esquema 10). Inúmeros derivados foram sintetizados e ensaiados como inibidores de PDE-5, contendo uma dezena de sistemas isostéricos *N*-heterocíclicos funcionalizados (Esquema 10) emergindo então o padrão 3*H*-imidazo[5,1-*f*][1,2,4]triazin-4-ona de 43, substituído analogamente a 26, exceto pela homologação do grupamento alquila *N*-substituinte do seu anel piperazínico.

A descoberta do vardenafil (43) propiciou a identificação de uma nova relação bioisostérica de sistemas bicíclicos tetranitrogenados, representada no Esquema 10 (44a-44b).

Esse exemplo de sucesso ilustra a importância do bioisosterismo de anéis como estratégia de modificação molecular, inclusive para fins de competição empresarial.

Retroisosterismo

Um tipo de bioisosterismo não clássico bem difundido e bastante empregado na Química Medicinal para realizarem-se modificações moleculares com sucesso é a *inversão de funcionalidade*, geralmente envolvendo ésteres, amidas, sulfonamidas, carbamatos, é denominado *retroisosterismo*.

O desenvolvimento do nilotinibe (45) pela Novartis é talvez o mais marcante exemplo do sucesso no emprego do retroisosterismo de amidas (Esquema 11).[35]

O imatinibe (46; Gleevec®) foi desenvolvido por uma equipe de pesquisadores da Novartis e lançado em 2001, promovendo uma autêntica revolução no tratamento de determinados tipos de câncer por ser o primeiro a atuar como inibidor de quinases, por via oral. Sua descoberta permitiu a validação desse tipo de enzima como alvo terapêutico.

A descoberta do imatinibe (46)[35] se inicia a partir de ensaios de HTS utilizando como alvo uma quinase de fácil acesso (PKC) e uma quimioteca selecionada de diarilanilinas. Nesse *screening* foi identificado um *hit* representado por um singelo derivado do tipo 2-pirimidinil-anilina (47) que foi subsequentemente modificado molecularmente até o composto (48), precursor de 46. A título de curiosidade, cabe mencionar que a introdução do bioisosterismo de homologação – inclusão do grupamento metila na posição *orto-* do sistema 4-fenil-2-pirimidinil-anilina funcionalizado para a obtenção de 48, precursor do protótipo de (46) – introduziu efeitos conformacionais favoráveis ao reconhecimento molecular pela Abl-quinase, seu alvo terapêutico principal para o controle da leucemia mieloide crônica.

Muito prematuramente se identificaram linhagens celulares resistentes ao imatinibe (46), tendo sido possível compreender o gene que induzia a uma mutação de aminoácidos específicos no sítio de reconhecimento molecular desse fármaco, provocando a resistência dessas linhagens celulares. Conhecendo o mecanismo molecular dessa resistência e estudando-o por modelagem molecular, o grupo de pesquisa da Novartis foi capaz de desenvolver em curto período de tempo o nilotinibe (45), no qual o principal precursor foi o derivado 49 retroisóstero da função amida de (46), preservando o grupamento metila agora na posição *para-* ao grupamento carbonila da amida em vez do átomo de nitrogênio da amida de 46. Ajustes das propriedades PK/PD desse protótipo aplicando-se o bioisosterismo clássico

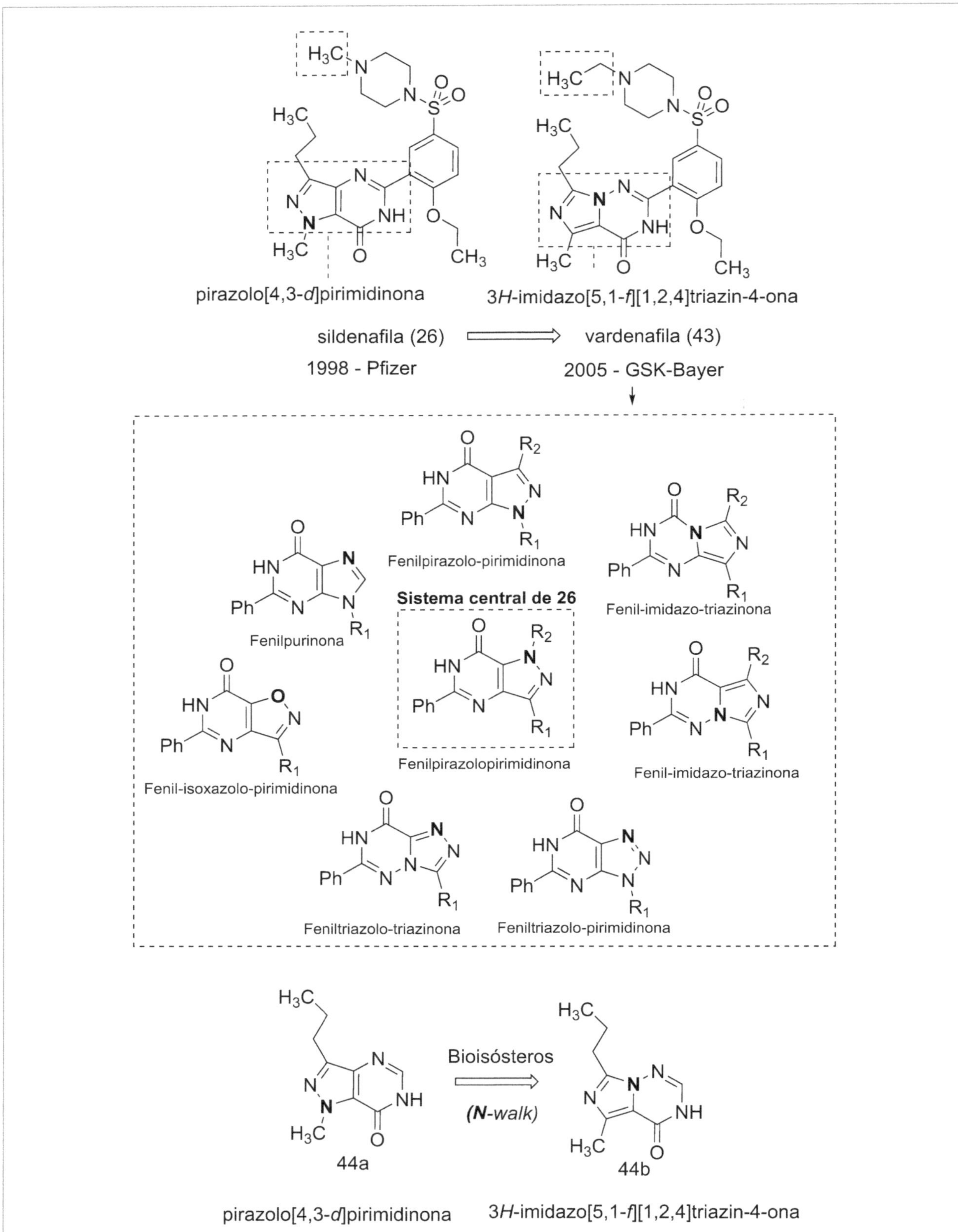

FIGURA 15 Esquema 10.

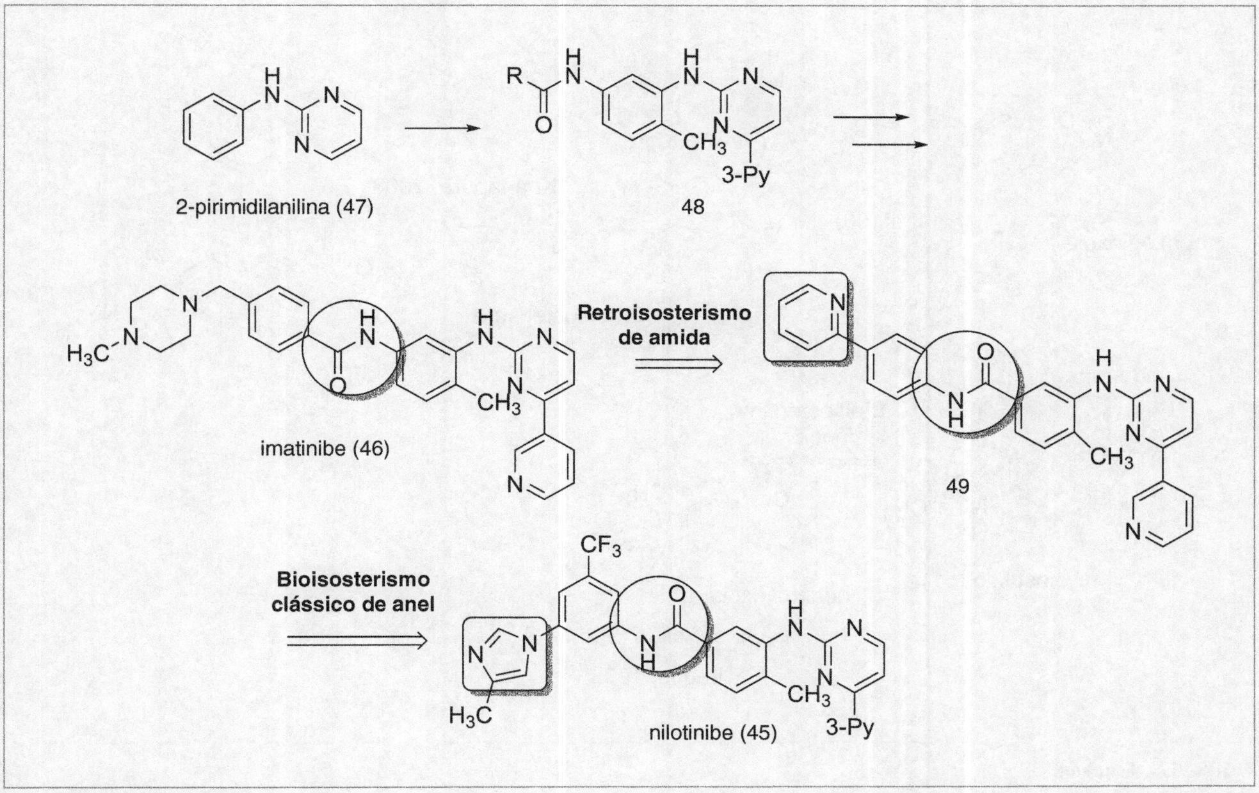

FIGURA 16 Esquema 11.

de anel levaram ao nilotinibe (45), bioisóstero com atividade em linhagens celulares resistentes ao imatinibe (Esquema 11).

Bioisosterismo no LASSBio

Antes de concluir esta breve revisão sobre o papel do bioisosterismo como estratégias de modificação molecular na Química Medicinal, o Esquema 12 ilustra alguns resultados obtidos no Laboratório de Avaliação e Síntese de Substâncias Bioativas (LASSBio) da Universidade Federal do Rio de Janeiro (UFRJ) tratando da identificação de novas relações bioisostéricas.

O Esquema 12 mostra uma nova relação bioisostérica identificada entre sistemas heterocíclicos oxigenados, indanona (A) e benzodioxola (B), de derivados anti-inflamatórios, descrito em 1998 por Lages et al. O sistema benzodioxola, presente no safrol (50), produto natural abundante estudado na época como bióforo para a obtenção de novos compostos de interesse medicinal,[36] foi investigado como isóstero do anel indanônico do flosulido (51), substância descrita como anti-inflamatório, ligante de COX-2.[37] Os autores obtiveram os derivados (52) e (53), retroisósteros entre si da função sulfonilamina (-$NHSO_2CH_3$), após verificarem por modelagem molecular a similaridade entre (51) e (52). A troca isostérica clássica -O- por -CH_2- entre esses compostos aboliu o caráter diaril-éter do flosulido (51), originando o safrolido (52), de propriedades anti-inflamatórias potentes.[37] Algum tempo depois, Khanapure descreveu o fenilógo de 53, relatando seu perfil inibidor de COX-2 (Esquema 12).[38]

O Esquema 13 ilustra novas relações bioisostéricas identificadas no LASSBio, desta feita entre o anel hetrazepínico do WEB-2086 (55),[39] potente antagonista de receptores do fator de agregação plaquetária (PAF), e o anel pirazolo[3,4-*b*]piridina funcionalizado de LASSBio-601 (56)[40] e do sistema quinolínico da tacrina (57), fármaco inibidor de AChE com indicações no controle da doença de Alzheimer[41] e esse mesmo sistema *N*-heterocíclico em 58 (Esquema 13).[42]

Finalmente, devem ser mencionados relatos recentes da literatura[13] sobre várias aplicações do bioisosterismo na busca de novos padrões moleculares bioativos (*scaffold hopping*),[43] a partir da utilização de técnicas de ancoragem molecular de ligantes conhecidos de alvos

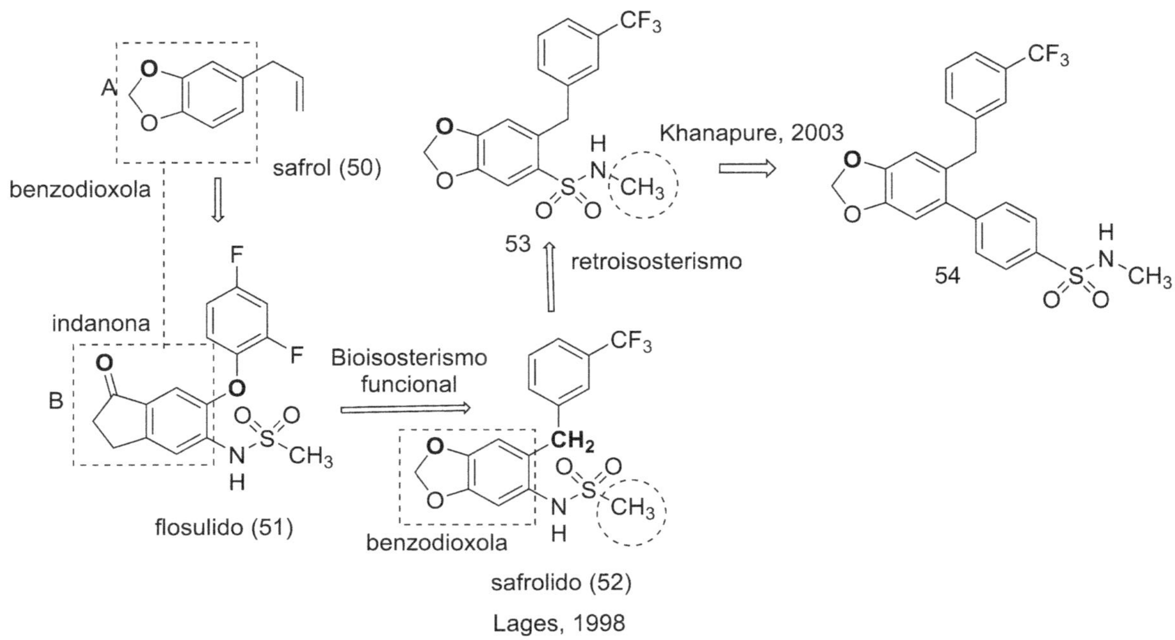

FIGURA 17 Esquema 12.

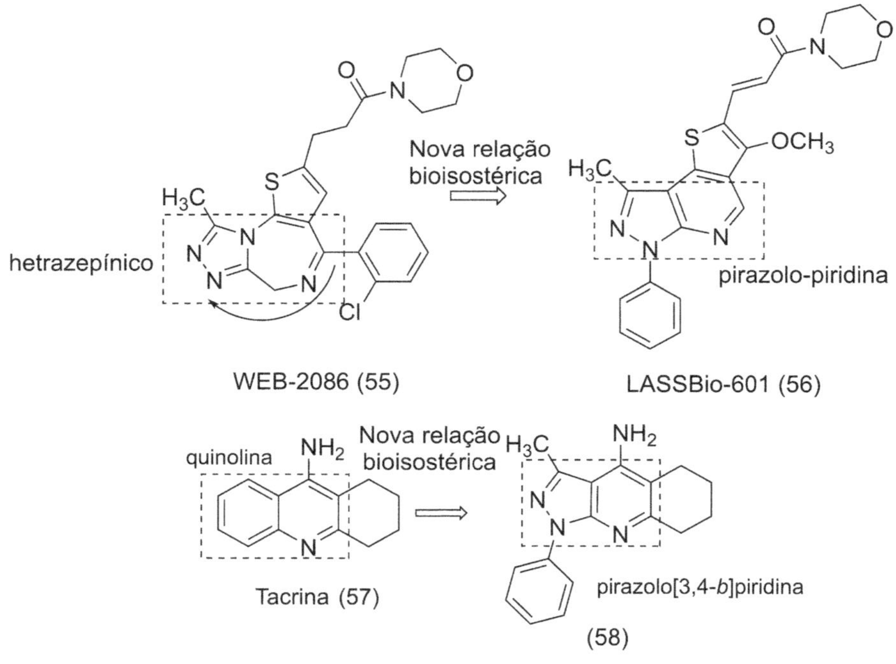

FIGURA 18 Esquema 13.

de interesse terapêutico, com modificações moleculares guiadas por resultados obtidos em determinações de difração de raios x de cocristais do ligante-receptor.

O emprego da inteligência artificial por meio de banco de dados de padrões moleculares bioisostéricos entre si em *softwares* comerciais (*e.g.*, Bioster®)[44] também pode servir na orientação e escolha de subunidades moleculares úteis, potenciais isósteros úteis para o desenho de novas moléculas bioativas.

HIBRIDAÇÃO COMO ESTRATÉGIA DE MODIFICAÇÃO MOLECULAR

Dentre as estratégias úteis ao químico medicinal para o planejamento, desenho e modificação molecular de compostos protótipos, a *hibridação molecular*[7,45] tem sido largamente empregada, com sucesso, para o desenho de novos candidatos a fármacos, principalmente para atuar em multirreceptores.

Essa estratégia de modificação molecular compreende a reunião de características estruturais de dois compostos distintos em uma única nova molécula, que poderá apresentar as atividades das estruturas originais. Nesse caso, a *hibridação molecular* permite a obtenção de um novo composto híbrido, denominado *dual*, *misto* ou *duplo*, capaz de ser reconhecido por dois diferentes biorreceptores, representando uma inovação terapêutica atraente para o tratamento de determinadas fisiopatologias de etiologia multifatoriais (Figura 5).

Diversos autores têm dedicado atenção a esse tema[45] adotando diferentes terminologias, e nesta parte do

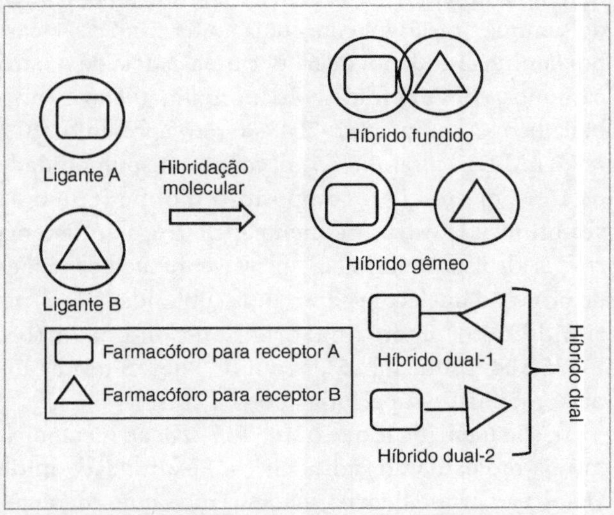

FIGURA 19 Esquematização da hibridação molecular como estratégia de modificação molecular de dois ligantes.

capítulo será abordada a hibridação molecular, considerada a reunião de dois farmacóforos, provenientes de duas entidades químicas bioativas distintas, cada uma sendo ligante de um determinado biorreceptor. Outras abordagens possíveis, como aquelas que se dedicam à mera combinação molecular de dois ligantes ou protótipos e que geralmente envolvem uma subunidade como *linker*, produzindo *híbridos-gêmeos*, não serão tratadas aqui. Em geral o *linker* mencionado, quando útil, representa uma ligação covalente biolábil, capaz de liberar *in vivo* ambas as substâncias de origem.[7,46]

Nessa abordagem da hibridação molecular, ênfase será dada àquela baseada no conhecimento (*knowledge-based drug design* – KBDD), explorando informações cientificamente disponíveis e não dedicando espaço às outras possíveis abordagens, como otimização dos efeitos *off-target* de dada molécula.

A hibridação molecular será abordada com o objetivo de permitir a obtenção de ligantes/candidatos a fármacos que representem novos quimiotipos, diferentes daqueles obtidos por simples combinação de duas moléculas, mas que sejam úteis para combater doenças não transmissíveis degenerativas, em geral crônicas, multifatoriais, controladas por polifarmacologia, *e.g.*, oncologia, doenças metabólicas (diabetes), alergias, neuropatologias (Parkinson, Alzheimer), entre outras. Considerando-se como híbridos duais, o grande desafio suplementar dessa abordagem reside no ajuste da afinidade do novo quimiotipo pelos distintos alvos, condição *sine qua non* para o eventual êxito dessa nova entidade química, que, em geral, exige otimização.

Exemplos da hibridação molecular na modificação molecular: anti-inflamatórios

A combinação de farmacóforos de dois ligantes em uma nova molécula permitiu a descoberta das propriedades farmacológicas de uma classe de substâncias até então inexploradas. A inibição de enzimas da cascata do ácido araquidônico, como a cicloxigenase (COX), a 5-lipoxigenase (5-LOX) e tromboxana sintase (TxS), representava intervenção terapêutica útil para o controle de processos inflamatórios agudos, condições asmáticas e cardiovasculares, respectivamente, sugerindo que a identificação de agentes duais poderiam ser superior à simples inibição única.

Os derivados CBS-1108 (59)[47] e BW-755c (60) foram descritos como frágeis ligantes de 5-lipoxigenase (5-LOX).[47] A simplicidade estrutural desses inibidores (Esquema 14) motivou Freitas et al. a proporem a ob-

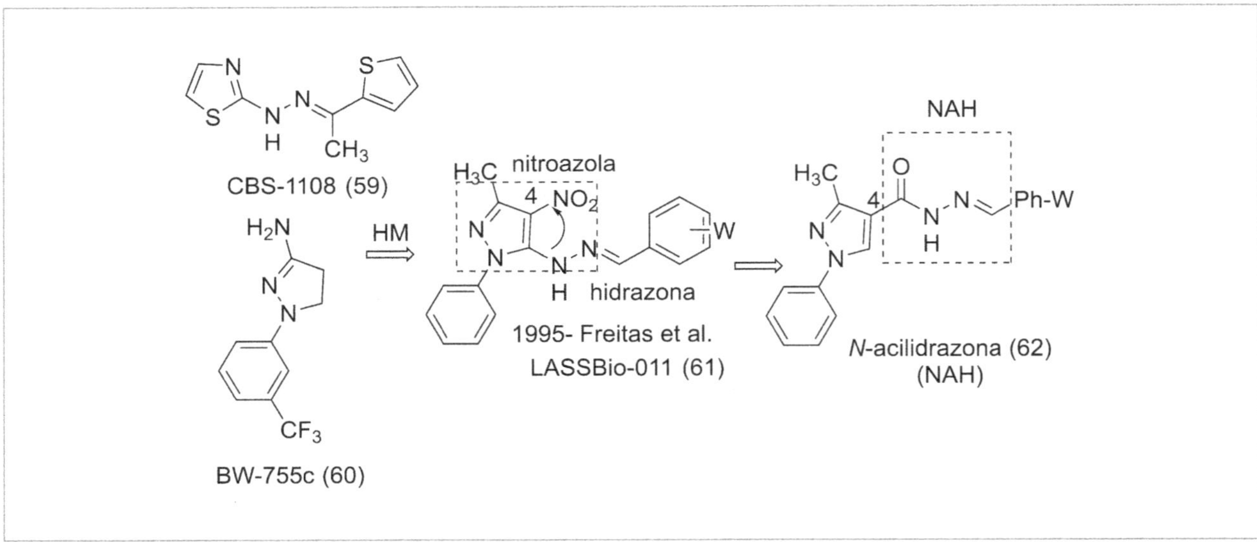

FIGURA 20 Esquema 14.

tenção de híbridos como ilustrado pelo derivado hidrazônico LASSBio-011 (61) (Esquema 14), que apresentou potentes propriedades anti-inflamatórias em modelos farmacológicos *in vivo*.

A natureza nitro-azola de 61 antecipava um possível potencial tóxico para essa substância pela presença de grupamento toxicofórico em sua estrutura (Esquema 14). Dessa forma, a cadeia hidrazônica de 61 foi rearranjada para C-4 do sistema pirazólico, mantendo um grupamento elétron atrator como -C=O, produzindo derivados *N*-acilidrazônicos (NAH), exemplificado por 62, que preservou o perfil anti-inflamatório (Esquema 14). Esses resultados deram origem a inúmeros estudos realizados no LASSBio/UFRJ, desde então, que resultaram na descoberta do perfil farmacológico de derivados NAH, até então inexplorados.[48]

A hibridação molecular na descoberta do indinavir (63)

A estratégia de *hibridação molecular* foi aquela empregada por Joseph Vacca et al. nos laboratórios da Merck, EUA, para a descoberta do indinavir (63, L-L-735,52; Crixivan®),[49] inibidor seletivo de aspartato proteases retrovirais com indicação para tratamento de infecções provocadas pelo HIV.

Em 1987, iniciaram-se na Merck estudos para a síntese de derivados peptídeo-miméticos visando identificar novos inibidores de proteases do HIV. Inúmeros derivados foram objeto de ensaios, selecionando-se o derivado L-689.502 (64, Esquema 15), que apresentou atividade com IC_{50} de 0,45 nM e sofrível nível de concentração plasmática, com *ca.* 5% de biodisponibilidade.

Objetivando superar essas limitações, o grupo de pesquisadores da Merck voltou-se para o saquinavir (65, Esquema 15), derivado descrito pelos laboratórios Hoffmann-La Roche com bom perfil de atividade inibitória sobre aspartato protease e com boa biodisponibilidade, explorando a estrutura 3D descrita para essa enzima e aplicando a estratégia de hibridação molecular e técnicas de modelagem molecular para realizarem estudos de sobreposição de L-689.502 (64 e 65). A partir desses estudos, identificaram o híbrido L-704.486 (66), no qual a subunidade *cis*-peridroisoquinolina funcionalizada com a *tert*-butilcarboxiamida do saquinavir (65) foi conectada ao término *cis*-1-carboxiamino-2-indanol de 64 por uma cadeia de quatro carbonos, com um fragmento hidroximetileno e outro benzílico. O composto L-704.486 (66) apresentou IC_{50} = 7,8 nM nos ensaios *in vitro*, com biodisponibilidade de 15% em cães. Esse composto-protótipo (66), uma vez otimizado estruturalmente, pela troca do sistema *cis*-peridroisoquinolínico – provavelmente por razões de proteção intelectual – por uma subunidade 4-(3-pirimidilmetil)piperazina, originou o indinavir (63, L-735,524; Esquema 15),[49] com IC_{50} de 0,3 nM e biodisponibilidade superior a 70% em cães.[50]

Cabe mencionar que o sítio *soft-spot* ao metabolismo na molécula do indinavir (63) é a função amida vizinha ao grupo benzila, evidenciando que, aparentemente, o grupo *tert*-butila terminal tem melhor efeito estérico protetor dessa amida à hidrólise.

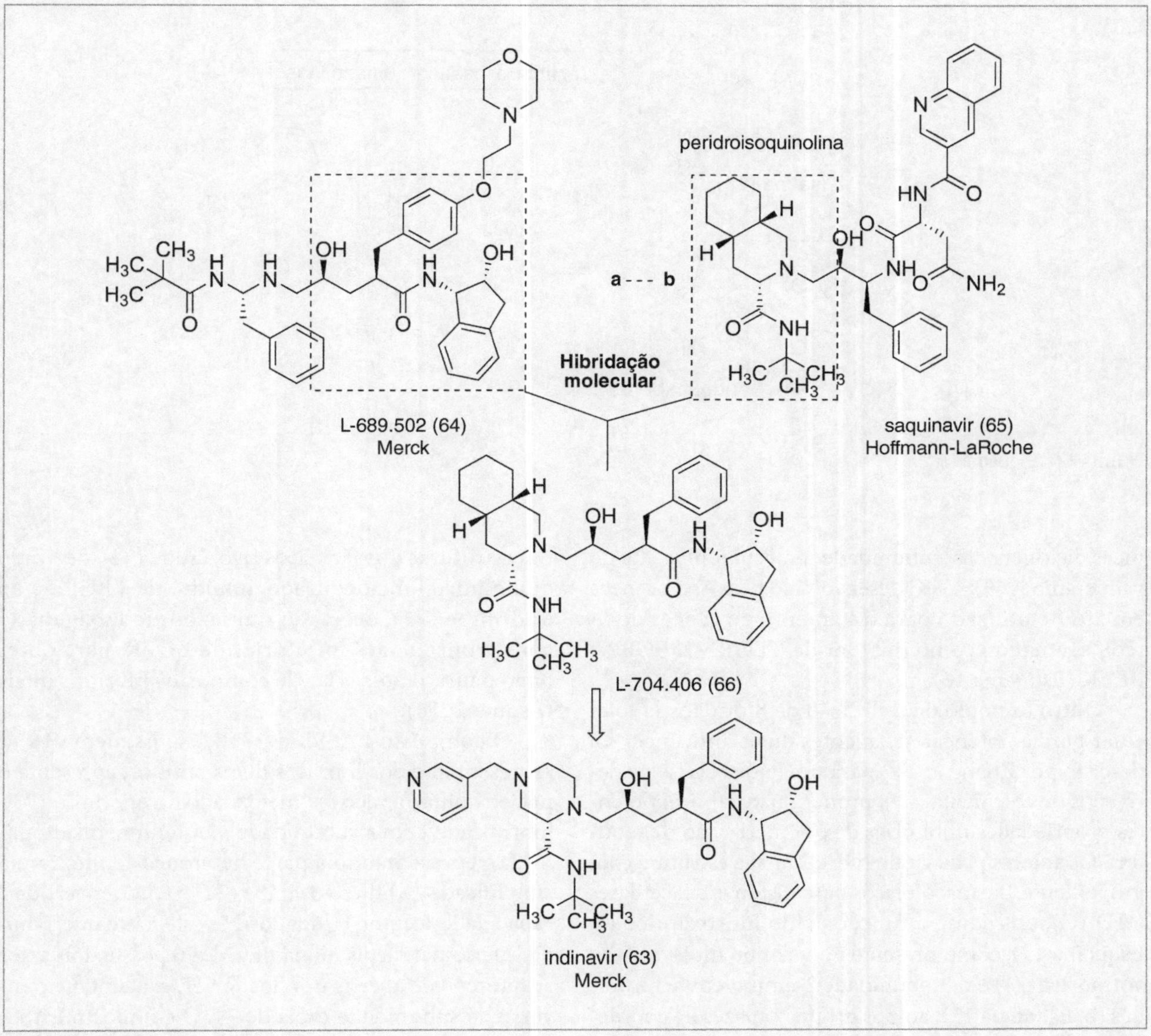

FIGURA 21 Esquema 15.

Exemplos da hibridação molecular na modificação molecular: agentes anticâncer duais

Inúmeros autores têm comentado sobre a importância de obterem-se ligantes duais, capazes de serem reconhecidos por dois alvos terapêuticos distintos, envolvidos em determinada patologia multifatorial. São bastante numerosos os exemplos disponíveis na literatura[51,52] para diversas indicações terapêuticas em que sobressaem os agentes oncolíticos. Na sequência deste capítulo, serão apresentados exemplos da aplicação da hibridação molecular nesse domínio.

O primeiro exemplo refere-se ao trabalho de Abdel-Aziz et al.[53] descrevendo híbridos isatina-quinazolícos (67; Esquema 16) planejados no intuito de investigar a contribuição da subunidade isatina (68) combinada com o núcleo quinazolíco oxigenado do vandetanibe (69), como novos análogos de inibidores de tirosina-quinase (TKi).

Os autores exploraram a reatividade bastante bem conhecida da isatina (68),[54] muito estudada pelo grupo de pesquisas do saudoso Professor Ângelo C. Pinto, do Instituto de Química da Universidade Federal do Rio de Janeiro, para obter diversos padrões de inibidores de VEGRF e EGFR como o derivado (67).[55] Variando o substituinte em C-5 do núcleo da isatina (68, W = H, F, Cl), os autores construíram diversidade química para os produtos de condensação com hidrazinas quinazolí-

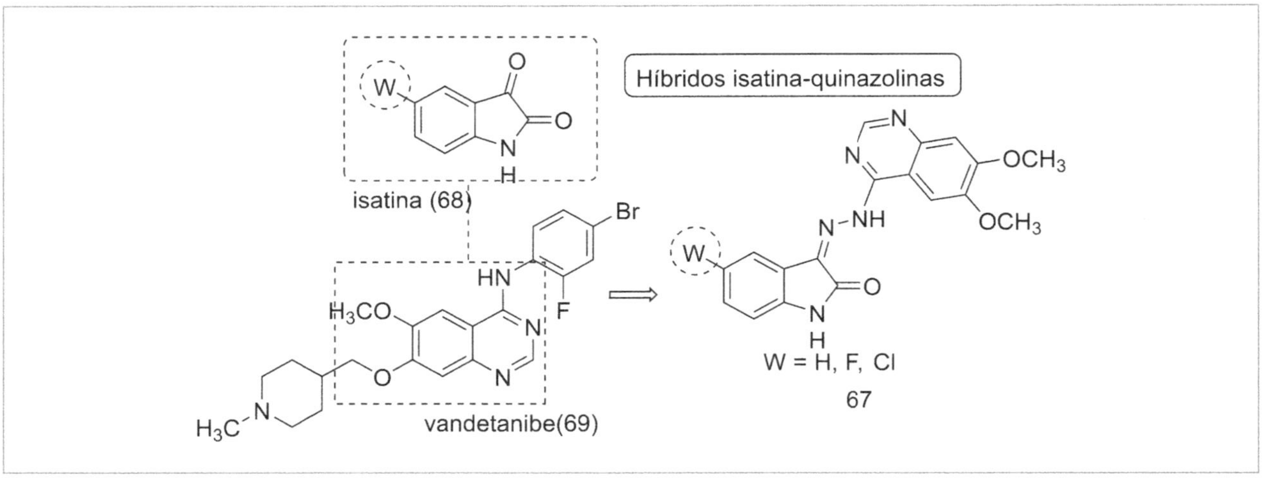

FIGURA 22 Esquema 16.

nicas dioxigenadas, subunidade molecular presente no vandetanibe (69),[56] TKi desenvolvido pela AstraZeneca em 2011 e utilizado para tratamento do câncer de tireoide, atuando como inibidor de VEGRF-2, EGFR e RETK (Esquema 16).

Outro exemplo da utilização da hibridação molecular para a obtenção de agentes duais anticâncer foi descrito por Zhang et al.[57] para uma nova classe de derivados de colchicina (70), produto natural com potentes propriedades inibitórias da polimerização da tubulina. Os autores planejaram hibridizar sua estrutura com grupamentos farmacofóricos para histonas deacetilases (HDAC), tais como a função ácido hidroxâmico (a, Esquema 17), como presente no término molecular do vorinostat (71) e da subunidade 2-aminofenilbenzamidas (b, Esquema 17), ambos grupos capazes de coordenar com Zn^{++} para obter híbridos inibidores duplos de tubulina e HDAC, os derivados 72 e 73, respectivamente (Esquema 17).[57]

A avaliação biológica desses híbridos, que incluíram a subunidade farmacofórica para HDAC no substituinte amida da colchicina (70) com um espaçador de dois átomos de carbono no caso do grupo ácido hidroxâmico e *para*benzil-2-aminofenilbenzamidas, evidenciou as propriedades como inibidor duplo de HDAC e da polimerização da tubulina; a série do ácido hidroxâmico (72) foi mais efetiva para as isoformas de HDAC-1,2,3, e a série 2-aminofenilbenzamidas (73), mais ativa na polimerização de tubulinas.

Outro interessante exemplo do emprego da hibridação molecular no desenho de novos candidatos a protótipos de fármacos inibidores duais de TK foi descrito por Barbosa et al.[58] Os autores basearam-se nas estruturas dos fármacos tivozanibe (74), derivado quinolínico funcionalizado, inibidor de VEGFR e do erlotinibe (75), derivado quinazolínico oxigenado com propriedades inibitórias de EGFR, para obter novo padrão molecular de compostos híbridos duais (Esquema 18).

O composto LASSBio-1816 (76; Esquema 18),[58] representante dos híbridos duais obtidos, apresenta o núcleo quinazolínico *bis*-metoxilado do erlotinibe (75), hibridizado com a subunidade *para*fenilmetilsulfonamida, representando a parte heteroaril-feniloxiureia simplificada (A) do tivozanibe (74) e tendo invertida a capacidade aceptor-H/doador-H deste, visto que a unidade terminal metilsulfonamida de 76 possui dois sítios aceptores-H e apenas um doador-H, exatamente o inverso da subunidade ureia de 74. O composto LASSBio-1816 apresentou o perfil dual de atividade desejada no nível dos receptores de EGFR e VEGFR, com efeitos redundantes na angiogênese de magnitude comparável indicada no Esquema 18.

CONCLUSÕES

As estratégias de *modificação molecular* da Química Medicinal representadas pelo *bioisosterismo* e pela *hibridação molecular* oferecem eficientes recursos racionais aos químicos medicinais para o desenho de novos quimiotipos bioativos, candidatos a compostos protótipos de novos fármacos, atuando inclusive como ligantes duplos de dois receptores. Inúmeros exemplos ilustraram o emprego com sucesso de cada uma dessas estratégias, de forma isolada, podendo-se ampliar significativamente sua abrangência se utilizadas de forma combinada.

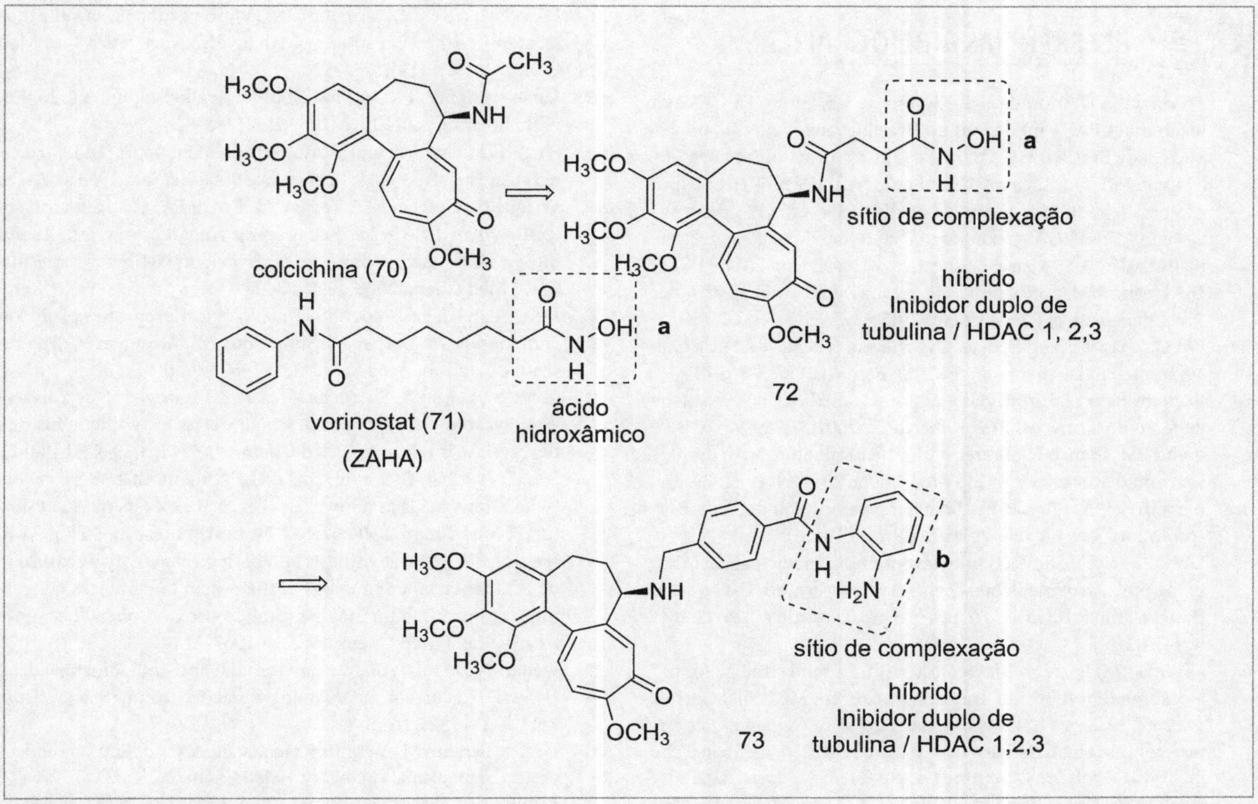

FIGURA 23 Esquema 17.

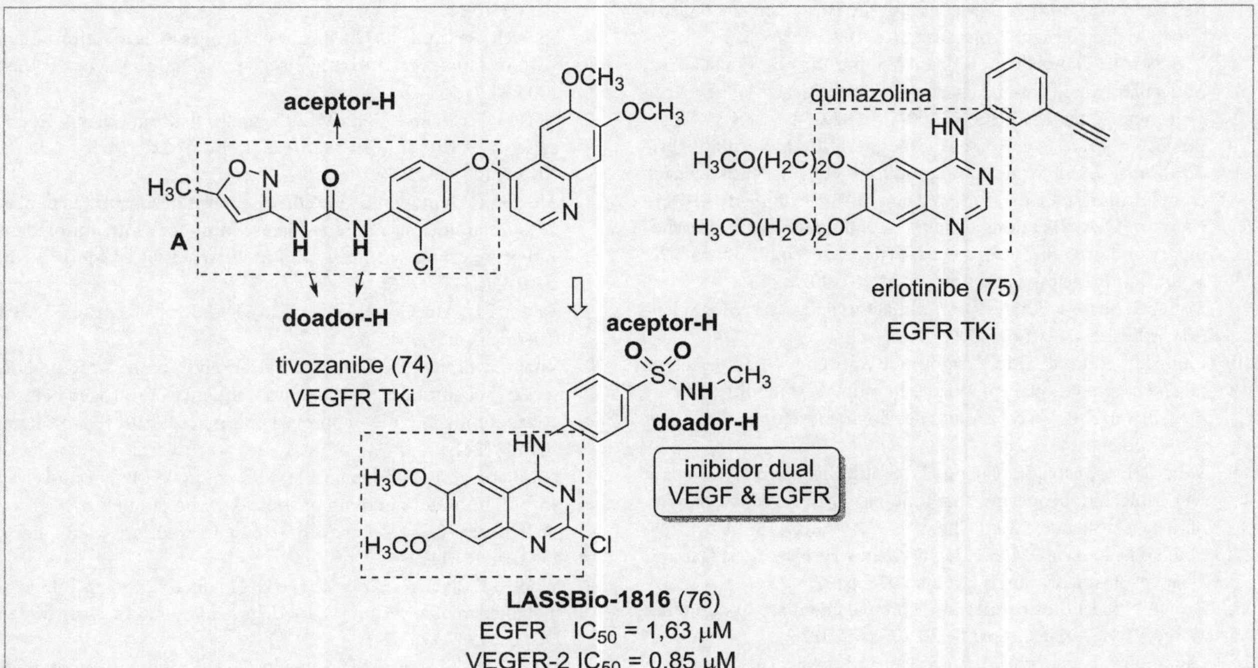

FIGURA 24 Esquema 18.

REFERÊNCIAS BIBLIOGRÁFICAS

1. a) Amaral AT, Andrade CH, Kümmerle AE, Guido RVC. A evolução da química medicinal no Brasil: avanços nos 40 anos da Sociedade Brasileira de Química. Quím Nova; 2017;40:694-700; b) Lima LM. Química medicinal moderna: desafios e contribuição brasileira. Quím Nova. 2007;30(6):1456-68; c) Walters WP, Green J, Weiss JR, Murcko MA. What do medicinal chemists actually make? A 50-year retrospective. J Med Chem. 2011;54:6405-16; d) Murck MA. What makes a great medicinal chemist? A personal perspective. J Med Chem. 2018;61:7419-24.
2. Wu G, Zhao T, Kang D, et al. Overview of recent strategic advances in medicinal chemistry. J Med Chem. 2019;62:9375-414.
3. Barreiro EJ, et al. Estratégias em química medicinal para o planejamento de fármacos. Braz J Pharm Sc. 2001;37:269-92; JGB Pedreira JGP, Franco LS, Barreiro EJ. Chemical intuition in drug design and discovery. Curr Top Med Chem. 2019;19(19):1679-93.
4. Barreiro EJ. A química medicinal e o paradigma do composto-protótipo. Rev Virtual Quim. 2009;1(1):18-26.
5. Luthi R, Brice C. Protection of inventions in medicinal chemistry in the practice of medicinal chemistry. In: Wermuth C-G, Aldous D, Raboisson P, Rognan D (eds.). New York: Academic Press; 2015. p. 843-62.
6. a) Lima LM, Barreiro EJ. Bioisosterism: a useful strategy for molecular modification and drug design. Current Medicinal Chemistry. 2005;12:23-49; b) Lima LM, Barreiro EJ. Beyond bioisosterism: new concepts in drug discovery in comprehensive medicinal chemistry III – volume 1. Martinez A, Gil C (eds.). Amsterdam: Elsevier, p. 186-210; c) Barreiro EJ, Fraga CAM. Bioisosterismo como estratégia de planejamento, desenho, modificação molecular e otimização de ligantes e compostos-protótipos. In: Química medicinal: as bases moleculares da ação dos fármacos. 3.ed. Porto Alegre: Artmed. Capítulo 8. p. 347-406; d) Barreiro EJ. Bioisosterismo... Rev Bras Farm. 1991;72:2-34; e) Burger A. Isosterism and bioisosterism in drug design. Progr Drug Res. 1991;37:287-371.
7. Viegas-Jr C, Danuello A, Bolzani VS, Barreiro EJ, Fraga CAM. Molecular hybridization: a useful tool in the design of new drug prototypes. Curr Med Chem. 2007;14:1829-52; Ivasiv V, Albertini C, Gonçalves AE, Rossi M, Bolognesi ML. Molecular hybridization as a tool for designing multitarget drug candidates for complex diseases. Curr Top Med Chem. 2019;19(19):1694-711.
8. Cannon JG. Analog design, chapter 19, Burger's medicinal, chemistry and drug discovery. 5th ed. Wiley: ME Wolf Editor; 1995. Volume 1: Principles, and practice. p. 783-802.
9. Bishop T, Sham P. Analysis of multifactorial diseases. Bios Scientific Publishers. Oxford; 2000.
10. Lipinski CA, Lombardo F, Dominy BW, Feeney PJ. Experimental and computational approaches to estimate solubility and permeability in drug discovery and development settings. Adv Drug Deliv ver. 2001;46:3-26.
11. Veber DF, Johnson SR, Cheng HY, Smith BR, Ward KW, Kopple KD. Molecular properties that influence the oral bioavailability of drug candidates. J Med Chem. 2002;45(12):2615-23.
12. Dunlap N, Huryn DM. Medicinal chemistry. New York: Garland Science, Taylor & Francis Group; 2018. p. 87.
13. Brown N (ed.) Bioisosteres in medicinal chemistry. Weinheim: Wiley-VCH Verlag GmbH & Co. KGaA; 2012.
14. Langmuir I, Isomorphism, isosterism and covalence. J Am Chem Soc. 1919;41:1543-59.
15. Friedman HL. Influence of isosteric replacements upon biological activity. National Academy of Science. 1951;191:206-95.
16. Lima LM, Alves MA, Amaral DN. Homologation: a versatile molecular modification strategy to drug discovery. Curr Topi Med Chem. 2019.19(19):1734-50.
17. Larsen AA, Lish PM. A new Bioisostere: alkylsulphonamidophenethanolamines., Nature. 1964;203:1283-84.
18. Shatz VB. Isosterism and Bioisosterism. In: Burger A (ed.). Medicinal chemistry. New York: Interscience Publisher Inc.; 1963. p. 72-88.
19. Wrigth JL, Gregory TF, Kesten SR, Boxer PA, et al. Subtype-selective *N*-methyl-*d*-aspartate receptor antagonists: synthesis and biological evaluation of 1-(heteroarylalkynyl)-4-benzylpiperidines. J Med Chem. 2000;43(18):3408-19.
20. Fessenden RJ, Fessenden JS. The biological properties of silicon compounds. In: Harper NJ, Simmonds AB. Advances in drug research. London: Academic Press; 1967. v.4, p. 95-132.
21. a) Massa S, Mai A, Sbardella G, et al. 3-(4-aroyl-1H-pyrrol-2-yl)-*N*-hydroxy-2-propenamides: a new class of synthetic histone deacetylase inhibitors. J Med Chem. 2001;44:2069-72; b) Lu Q, Yang Y-T, Chen C-S, et al. Zn2+-chelating motif-tethered short-chain fatty acids as a novel class of histone deacetylase inhibitors. J Med Chem. 2004;47:467-74; c) Almquist RG, Chao WR, Jennings-White C. Synthesis and biological activity of carboxylic acid replacement analogs of the potent angiotensin converting enzyme inhibitor 5(*S*)-benzamido-4-oxo-6-phenylhexanoyl-*L*-proline. J Med Chem. 1985;28:1067-71.
22. Demay F, De Sy J. A new non-steroidal anti-inflammatory drug (NSAID) in current rheumatologic practice (oxamethacin). Curr Ther Res. 1982;31:113-8.
23. Pirali T, Serafini M, Cargnin S, Genazzani AA. Applications of deuterium in medicinal chemistry. J Med Chem. 2019;62(11):5276-97.
24. Scheneider F, Mattern-Dogru E, Hillgenberg M, ALken R-G. Changed phosphodiesterase selectivity and enhanced in vitro efficacy by selective deuteration of sildenafil. Arzmittell Forschung Drug Research. 2007;57:293-8.
25. Schmidt C. First deuterated drug approved. Nature Biotechnol. 2017;35(6):493-4.
26. Showell GA, Mills JS. Chemistry challenges in lead optimization: silicon isosteres in drug discovery. Drug Discov Today. 2003;8(12):551-6.
27. Gills EP, Eastman KJ, Hill MD, Donnely DJ, Meanwell NA. Applications of fluorine in medicinal chemistry, J Med Chem. 2015;58(21):8315-59.
28. Alexiou P, Demopoulus V. A diverse series of substituted benzenesulfonamides as aldose reductase inhibitors with antioxidant activity: design, synthesis, and in vitro activity. J Med Chem. 2010;53(21):7756-66.
29. Taylor RD, MacCoss M, Lawson ADG. Rings in drugs. J Med Chem. 2014;57:5845-59.
30. Vitaku E, Smith DT, Njardarson JT. Analysis of the structural diversity, substitution patterns, and frequency of nitrogen heterocycles among U.S. FDA approved pharmaceuticals. J Med Chem. 2014;57(24):10257-74.
31. Lombardino JG, Wiseman EH, McLamore WM. Synthesis and antiinflammatory activity of some 3-carboxamides of 2-alkyl-4-hydroxy-2H-1,2-benzothiazin1e, l-dioxide. J Med Chem. 1971;14(12):1171-5.
32. Woolf TF, Black A, Hicks JL, Lee H, Huang CC, Chang T. In vivo metabolism of isoxicam in rats, dogs, and monkeys. Drug Metab Dispos. 1989;17:662-8.
33. Haning H, Niewöhner U, Schenke T, et al. Comparison of different heterocyclic scaffolds as substrate analog PDE5 inhibitors. Bioorg Med Chem Lett. 2005;15(17):3900-7.
34. Keating GM, Scott LJ. Vardenafil. Drugs. 2003;63:2673-702.

35. Capdeville R, Buchdunger E, Zimmermann J, Matter A. Glivec (STI571, imatinib), a rationally developed, targeted anticancer drug. Nat Rev Drug Discov. 2002;1:493-502.
36. *Inter-alia:* a) Barreiro EJ, Fraga CAM. A utilização do safrol, principal componente químico do óleo de sassafrás, na síntese de substâncias bioativas na cascata do ácido araquidônico: anti-inflamatórios, analgésicos e antitrombóticos. Quím Nova 1999;22(5):744-59; b) Barreiro EJ, Lima MEF. The synthesis and anti-inflammatory properties of a new sulindac analogue synthesized from natural safrole. J Pharm Sci. 1992;81(12):1219-22; b) Lima PC, Lima LM, Silva KCM, Léda PHO, et al. Synthesis and analgesic activity of novel N-acylarylhydrazones and isosters, derived from natural safrole. Eur J Med Chem. 2000;35(2):187-203; c) Bezerra-Neta HJ, Lacerda DI, Miranda ALP, Alves HM, et al. Design and synthesis of 3,4-methylenedioxy-6-nitrophenoxyacetylhydrazone derivatives obtained from natural safrole: new lead-agents with analgesic and antipyretic properties. Bioorg Med Chem. 2006;14(23):7924-35; d) Rodrigues APC, Costa LMM, Santos BRL, Maia RC, et al. Novel furfurylidene N-acylhydrazones derived from natural safrole: discovery of LASSBio-1215, a new potent antiplatelet prototype. J Enz Inhibit Med Chem., 2012;27(1):101-9; e) Lima LM. Safrole and the versatility of a natural biophore. Rev Virtual Quim. 2015;7(2):495-538.
37. Lages AS, Silva KCM, Miranda ALP, Fraga CAM, Barreiro EJ. Synthesis and pharmacological evaluation of new flosulide analogues, synthesized from natural safrole. Bioorg Med Chem Lett. 1998;8(2):183-8.
38. Khanapure SP, Garvey DS, Young DV, Ezawa M, et al. Synthesis and structure-activity relationship of novel, highly potent metharyl and methcycloalkyl cyclooxygenase-2 (COX-2) selective inhibitors. J Med Chem. 2003;46:5484-504; b) Khanapure SP, Augustyniak ME, Earl RA, et al. 3-[4-(methylsulfonyl)phenyl]-5-(-trifluoromethyl) (2-pyridyl) phenyl ketone as a potent and orally active cyclooxygenase-2 selective inhibitor: synthesis and biological evaluation. J Med Chem. 2005;48:3930-34.
39. Casals-Stenzel J, Muacevic G, Weber KH, Pharmacological actions of WEB 2086, a new specific antagonist of platelet activating fator. J Pharmacol Exp Ther. 1987;241(3):974-81.
40. Carvalho AS, Fraga CAM, Silva KCM, Miranda ALP, Barreiro EJ. Synthesis and anti-platelet evaluation of new tricyclic PAF antagonists, designed as structurally related to hetrazepine class – Web 2086. J Braz Chem Soc. 1996;7:247-56.
41. Dias KST, Paula CT, Riquiel MM, Lago STL, et al. aplicações recentes da abordagem de fármacos multialvo para o tratamento da doença de Alzheimer. Rev Virtual Quim. 2015;7:609-48.
42. Barreiro EJ, Câmara CA, Verli H, et al. Design, synthesis and pharmacological profile of new tacrine isosteres: a new class of potent and selective acetylcholonesterase inhibitors. J Med Chem. 2003;46:1144-52.
43. Brown N (ed.). Scaffold hopping in medicinal chemistry. Weinheim: Wiley-VCH Verlag GmbH & Co. KGaA; 2013.
44. a) Ujváry I, Bioster. A database of structurally analogous compounds, pesticide science, extended summaries – SCI Meeting 1997. p. 92-4; b) Schuffenhauer A, Gillet VJ, Willet P. Similarity searching in files of three-dimensional chemical structures: analysis of the Bioster database using two-dimensional fingerprints and molecular field descriptors. J Chem Inf Comput Sci. 2000;40(2):295-307.
45. a) Bérubé G. An overview of molecular hybrids in drug discovery. Expert Opinion on Drug Discovery. 2016;11:281-305; b) Fraga CAM. Drug hybridization strategies: before or after lead identification? Expert Opin Drug Discov. 2009;4(6):605-9; c) Bosquesi PL, Melo TRF, Vizioli EO, Santos JL, Chung MC. Anti-inflammatory drug design using a molecular hybridization approach. Pharmaceuticals. 2011;4:1450-74.
46. Bourguignon J-J. Identical and nonidentical twin drugs. In: Wermuth CG (ed.). The practice of medicinal chemistry. London: Academic Press; 1996. Chapter 15. p.261-93.
47. Barreiro EJ, Freitas ACC. Synthesis of pyrazole derivatives as potential bioisosteres of thromboxane-synthetase inhibitors. J Heterocyclic Chem. 1992;29:407-11.
48. a) Fraga CAM, Barreiro EJ. Medicinal chemistry of N-acylhydrazones: new lead-compounds of analgesics, antiinflammatory and antithrombotic drugs. Curr Med Chem. 2006;13:67-198; b) Hernández P, Cabrera M, Lavaggi ML, Celano L. Discovery of new orally effective analgesic and anti-inflammatory hybrid furoxanyl N-acylhydrazone derivatives. Bioorg Med Chem. 2012;20:2158-71.
49. Dorsey BD, Levin RB, McDaniel SL, Vacca JP, et al. L-735,524: the design of a potent and orally bioavailable HIV protease inhibitor. J Med Chem. 1994;37:3443-51.
50. Lin JH, Ostovic D, Vacca JP. The integration of medicinal chemistry, drug metabolism, and pharmaceutical research and development in drug discovery and development: the story of Crixivan, an HIV protease inhibitor, em integration of pharmaceutical and discovery and development: case histories. Borchardt RT, Freidinger RM, Sawer TK, Smith PL (eds.). New York: Plenum Press; 1998. p. 233-55.
51. Csermely P, Ágoston V, Pongor S. The efficiency of multi-target drugs: the network approach might help drug design. Trends in Pharmacological Sciences. 2005;26:178-82.
52. a) Fraga CAM, Barreiro EJ. New insights for multifactorial disease therapy: the challenge of the symbiotic drugs. Current Drug Therapy. 3(1):1-13; b) Bolognesi ML, Cavalli A. Multitarget drug discovery and polypharmacology. Chem Med Chem. 2016;11(12):1190-2; c) Barbosa MLC. Doenças multifatoriais e os desafios no planejamento de fármacos multialvos: a contribuição do Laboratório de Avaliação e Síntese de Substâncias Bioativas – LASSBio. Rev Virtual Quim. 2015;7(2):576-93.
53. Abdel-Aziz HA, Eldehna WM, Keeton AB, Piazza GA, et al. Isatin-benzoazine molecular hybrids as potential antiproliferative agents: synthesis and in vitro pharmacological profiling. Drug Design, Development and Therapy. 2017;11:2333-46.
54. Martinez ST, Ferreira VF. As isatinas do Professor Angelo. Rev Virtual Quim. 2017;9(3):1154-83.
55. Fares M, Eldehna WM, Abou-Seri SM, et al. Phase I, design, synthesis and in vitro antiproliferative activity of novel isatin-quinazoline hybrids. Arch Pharm Chem Life Sci. 2015;348(2):144-54.
56. Sim MW, Cohen MS. The discovery and development of vandetanib for the treatment of thyroid cancer. Expert Opin Drug Discov. 2014;9:105-14.
57. Zhang X, Kong Y, Zhang J, Su M. Design, synthesis and biological evaluation of colchicine derivatives as novel tubulin and histone deacetylase dual inhibitors. Eur J Med Chem. 2015;95:127-35.
58. Barbosa MLC, Lima LM, Tesch R, Sant'Anna CMR, et al. Novel 2-chloro-4-anilino-quinazoline derivatives as EGFR and VEGFR-2 dual inhibitors. Eur J Med Chem. 2014;71:1-14.

PARTE IV

Classes terapêuticas

CAPÍTULO 14

Anestésicos

Thais Batista Fernandes
Veni Maria Andres Felli

INTRODUÇÃO

Segundo a Associação Internacional do Estudo da Dor (2011), a dor pode ser definida como "uma experiência sensorial e emocional desagradável, associada a uma lesão tecidual real ou potencial, ou descrita em termos de tal lesão".[1,2] A dor é um fenômeno complexo e multifatorial, relacionado a aspectos fisiológicos e psicológicos e capaz de influenciar a resposta do paciente a estímulos nocivos. Nesse sentido, emerge o medo da dor, como um sentimento universal e limitante no que se refere à adesão dos pacientes a intervenções cirúrgicas.[3,4]

Nesse contexto, a anestesia surge como um processo que permite contornar a dor durante vários procedimentos médicos e odontológicos e favorecer que o indivíduo consinta em submeter-se a eles, representando, portanto, um dos mais importantes adventos médicos da história.[5]

A anestesia envolve a perda parcial ou total da sensibilidade, induzida por uma substância anestésica, a fim de evitar a dor. O uso da anestesia se aplica no alívio e prevenção da dor durante e após procedimentos cirúrgicos, obstétricos, terapêuticos e diagnósticos, ou até mesmo para dores agudas, crônicas ou relacionadas ao câncer.[6]

Até o desenvolvimento dos fármacos anestésicos, vários métodos foram descritos e aplicados com o intuito de diminuir a sensibilidade durante as cirurgias, desde o uso de baixas temperaturas (como aplicação de gelo no local) e de compressão do tecido, até a ingestão de álcool. Felizmente, foram descobertos os anestésicos, agentes muito mais eficazes para essa finalidade, que permitiram grandes avanços na medicina. Esses agentes anestésicos podem se enquadrar em duas categorias: anestésicos gerais e anestésicos locais. Os primeiros utilizados foram os anestésicos gerais voláteis, que datam de cerca de 1800. Os anestésicos locais tiveram seu uso difundido apenas 80 anos depois, com a descoberta das propriedades anestésicas da cocaína.[7]

ANESTÉSICOS GERAIS

Os anestésicos gerais são fármacos depressores do sistema nervoso central (SNC) e produzem insensibilidade à dor, que pode ser acompanhada de perda de consciência. Essa propriedade torna esses fármacos úteis em diversos procedimentos cirúrgicos.[8]

A escolha do anestésico está relacionada com a potência, *onset* (início de ação), duração da anestesia e toxicidade. A profundidade da anestesia necessária para cada tipo de procedimento cirúrgico está relacionada com a quantidade de anestésico que chega ao seu sítio de ação no SNC. Essa profundidade pode ser avaliada pelas respostas fisiológicas observadas no paciente e pode ser dividida em quatro fases ou estágios, como mostrado a seguir.[9]

- Fase 1 – analgesia: esta fase se inicia com a administração do anestésico, ocorrendo uma leve depressão dos centros corticais superiores responsáveis pelo estímulo da dor, e pode ser utilizada para pequenos procedimentos cirúrgicos que não requerem grande relaxamento muscular. Nem todos os anestésicos causam analgesia, e a insensibilidade à dor pode ser decorrente da perda de consciência.

- Fase 2 – delírio: após a perda de consciência pode ocorrer uma fase de excitação que é decorrente da depressão dos centros motores corticais e resulta em possível atividade involuntária. Essa fase pode ser acompanhada de movimentos musculares involuntários e descoordenados associados com delírio, incontinência urinária, movimentos respiratórios irregulares e outras alterações relacionadas. Essa fase de excitação e atividade involuntária nem sempre ocorre nesse estágio da anestesia.
- Fase 3 – anestesia cirúrgica: esta é a fase em que ocorre a maior parte das cirurgias, sendo caracterizada por respiração involuntária e regular, movimento do globo ocular e ausência de certos reflexos. Quando ocorre aprofundamento da anestesia, esses sinais físicos mudam progressivamente, diferenciando os quatro planos da anestesia cirúrgica.
- Fase 4 – paralisia respiratória: fase indesejável relacionada com os efeitos tóxicos ou superdose levando à paralisia respiratória e vasomotora. Caso essa fase ocorra, a respiração do paciente deverá ser assistida até o desaparecimento completo dos efeitos do anestésico. Esses sintomas clínicos de toxicidade dos anestésicos voláteis não se manifestam com frequência, pois são usados em situações controladas e por curto espaço de tempo.

Nem todos os anestésicos gerais, entretanto, apresentam todas essas fases claramente. Alguns deles podem apresentar uma fase de indução muito rápida, por exemplo. Muitas vezes também é necessário complementar a ação do anestésico com outro agente para causar indução ou com um relaxante muscular, conforme a necessidade, fato que está relacionado com o tipo de cirurgia a ser executada.[10]

Os anestésicos gerais são divididos, segundo a via de administração, em anestésicos inalatórios e anestésicos intravenosos. Vários fármacos são utilizados, ainda, como adjuntos da anestesia, complementando a ação do anestésico.[11]

Mecanismo de ação

Os mecanismos relacionados à anestesia geral, especialmente dos anestésicos inalatórios, ainda não foram completamente elucidados, embora muito se saiba a respeito dos efeitos fisiológicos causados pelos anestésicos gerais. No início do século XX, a teoria mais aceita era a de que os anestésicos gerais atuavam sobre a bicamada lipídica, causando alterações nas propriedades físicas das membranas celulares. Nesse contexto, a potência anestésica era correlacionada à lipossolubilidade do anestésico, uma vez que compostos com maior solubilidade lipídica requeriam menores concentrações para produzir anestesia.[12]

Entretanto, a ideia de que anestésicos gerais podem agir em vias neuronais específicas é difícil de conceber sem que esse mecanismo envolva uma ação seletiva no nível molecular. Adicionalmente, foi observado que anestésicos voláteis, como o isoflurano, que possuem carbono quiral, podem apresentar enantiômeros que diferem entre si no que se refere à potência anestésica. Isso reforça a hipótese de que os anestésicos gerais teriam seu efeito baseado na interação com um receptor proteico.[13]

Nesse contexto, muitos alvos têm sido propostos e estudados, entre enzimas, canais iônicos e receptores, com o intuito de explicar a atividade dos anestésicos gerais. Atualmente, tem-se que a anestesia geral envolve múltiplos alvos celulares e moleculares, uma vez que não se conhece um alvo único capaz de explicar a complexidade do estado anestesiado e todos os efeitos causados por todos os anestésicos gerais. Entre os principais alvos mais estudados e aceitos estão os receptores $GABA_A$ (ácido gama-aminobutírico), os receptores NMDA (*N*-metil-D-aspartato) e os canais de K^+ com domínios de dois poros.[4]

Receptores $GABA_A$

Os receptores GABA são encontrados na maioria dos neurônios dos seres humanos e são capazes de diminuir a excitabilidade da membrana neuronal. O GABA é o principal neurotransmissor inibitório do SNC em mamíferos e se liga ao seu respectivo receptor pós-sináptico, causando uma resposta inibitória a partir da alteração na condutância de canais de cloreto, causando uma corrente de saída seletiva. Ou seja, ocorre uma abertura dos canais de cloreto para induzir o influxo de Cl^-, resultando na hiperpolarização da membrana celular.[14]

A maioria dos anestésicos gerais, incluindo agentes inalatórios halogenados e muitos intravenosos, como propofol, barbituratos, etomidato e neuroesteroides, é capaz de potencializar as correntes de íons cloreto induzidas por GABA e, em concentrações mais elevadas, ativar diretamente os receptores $GABA_A$ na ausência de GABA.[15]

Receptores NMDA

Alguns anestésicos inalatórios, particularmente o xenônio e o óxido nitroso, apresentam pouco ou nenhum efeito sobre os receptores $GABA_A$. Esses agentes apresentam atividade sobre outro tipo de receptor, o NMDA (rNMDA). Outros anestésicos gerais, como a cetamina e o propofol, também são capazes de inibir esse receptor, reduzindo a transmissão sináptica na medula espinhal.[16]

O NMDA é um receptor ionotrópico glutamatérgico pós-sináptico excitatório. Quando em repouso, íons Mg^{++} entram no poro do receptor, impedindo o trânsito de outros cátions pelo canal. Esse receptor é ativado pelo seu agonista endógeno, o glutamato, e por um cofator, a glicina, que ao se ligarem ao rNMDA causam uma despolarização da membrana, com abertura do canal iônico. Os íons Mg^{++} são liberados, desbloqueando o canal e permitindo o influxo de Na^+ e de Ca^{++} e o efluxo de K^{++}.[17]

Canais de K_+ com domínios de dois poros

Outro alvo conhecido dos anestésicos inalatórios são os canais de K^+ com domínios de dois poros (canais K_{2P}). Esses canais consistem em proteínas complexas que formam poros seletivos para K^+ nas membranas biológicas. A ativação desses canais pelos anestésicos gerais causa diminuição da concentração de K^+ intracelular, provocando hiperpolarização dos neurônios. Xenônio, óxido nitroso e ciclopropano são exemplos de anestésicos gerais que atuam sobre esses canais, além dos vapores halogenados.[18]

Anestésicos inalatórios

Também chamados de anestésicos voláteis, podem ser gases ou líquidos voláteis. Eles penetram na corrente sanguínea pelos pulmões e rapidamente alcançam órgãos do SNC, que são bastante irrigados. Entre os gases estão o ciclopropano, o etileno e o óxido nitroso, alguns não mais utilizados. Entre os líquidos voláteis estão os éteres (éter etílico e éter vinílico) e, de maior interesse clínico atualmente, os hidrocarbonetos halogenados (halotano) e os éteres halogenados (enflurano, isoflurano, sevoflurano).[19] Apresentam a vantagem de que a profundidade da anestesia pode ser alterada pela mudança na concentração inalada e a ausência de depressão respiratória pós-operatória devido a sua eliminação rápida.[20]

A potência dos anestésicos voláteis é expressa pela concentração alveolar mínima (MAC – *minimum alveolar concentration*), e corresponde à dose capaz de inibir os movimentos em uma incisão cirúrgica em 50% dos indivíduos.[21] Se observarmos a potência analgésica dos anestésicos inalatórios, na forma dos valores de MAC, e sua solubilidade lipídica, expressa pelo coeficiente de partição óleo/gás, obteremos uma proporcionalidade quase direta (Tabela 1). Entretanto, a eficácia dos anestésicos inalatórios não se deve unicamente à lipofilicidade. Em vez disso, os efeitos dos vários anestésicos dependem de diferentes fatores, que serão discutidos a seguir.[22]

Óxido nitroso (N_2O)

O óxido nitroso (Figura 1) é um gás anestésico pouco potente, com excelentes início de ação e tempo de recuperação. Pode ser utilizado sozinho em procedimentos odontológicos e obstétricos, porém não apresenta atividade relaxante muscular e causa anóxia, por isso é usado frequentemente em combinação com outro anestésico mais potente, diminuindo a dose requerida e a toxicidade deste. Normalmente é administrado em uma mistura gasosa que contém 70% de N_2O e 30% de O_2. Ele reduz o MAC de outros anestésicos inalatórios, de maneira que doses menores desses agentes combinados com óxido nitroso causam menores depressão respiratória e queda da pressão arterial e recuperação mais rápida. Ademais, o óxido nitroso é rapidamente eliminado no gás expirado e pequena quantidade através da pele.[23]

TABELA 1 Coeficiente de partição, MAC e metabolismo de anestésicos voláteis

Anestésico	Coeficiente de partição		MAC (%)			Metabolismo (%)
	Oleo/gás	Sangue/gás	Sem N_2O	Com N_2O	Acordado	
N_2O	1,4	0,47	104	–	60	–
Desflurano	19	0,42	6	2,83	2,4	0,02
Sevoflurano	53	0,60	1,71	0,66	0,6	5
Isoflurano	97	1,4	1,15	0,50	0,4	0,17
Enflurano	99	1,9	91,7	0,60	0,4	2,4
Halotano	224	2,3	0,77	0,29	0,4	20
Metoxiflurano	970	12	0,16	0,07	–	50

MAC: minimum alveolar concentration.

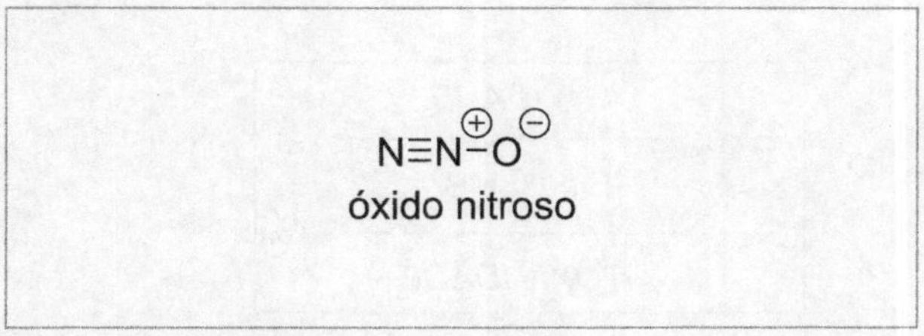

FIGURA 1 Estrutura química do óxido nitroso.

Hidrocarbonetos halogenados

O clorofórmio foi um dos primeiros anestésicos gerais introduzidos na terapêutica. Porém, a alta toxicidade relacionada a esse anestésico impossibilitou seu uso, bem como de outros anestésicos, como o tricloroetileno, sendo substituídos por outros hidrocarbonetos, como o halotano, o teflurano e o halopropano (Figura 2).[24]

O halotano foi o primeiro agente fluorado introduzido, com potência moderada. A presença de três átomos de flúor confere-lhe estabilidade extremamente alta. Como o halotano tem coeficiente de partição sangue/gás relativamente baixo,[2,3] seu tempo de indução e recuperação não é muito longo. A adição de átomos de halogênio à molécula do hidrocarboneto diminui ou elimina sua inflamabilidade e muitas vezes aumenta sua volatilidade e potência anestésica, que também tende a aumentar à medida que se aumenta a cadeia.[9]

Éteres halogenados

Éteres de baixo peso molecular apresentam atividade anestésica (Figura 3). Entretanto, são inflamáveis e formam misturas explosivas, o que limita seu uso, apesar da grande potência, como no caso do éter etílico. A adição de átomos de halogênio à molécula dos éteres aumenta a lipofilicidade da molécula, diminui ou elimina sua inflamabilidade e frequentemente aumenta sua potência anestésica.[25]

Embora em menor grau quando comparados a outros anestésicos inalantes, problemas de toxicidade são ainda associados a esses fármacos, que podem ser favorecidos dependendo do halogênio presente. A potência anestésica também pode variar de acordo com o halogênio. Em resumo, atividade superior está associada ao flúor, seguido do cloro e bromo. Em contrapartida, o bromo está relacionado com maior toxicidade, enquanto o flúor seria considerado menos tóxico.[22,25-29]

Os estudos de relação estrutura-atividade nos éteres halogenados resultaram também nas seguintes observações:

1. A introdução unicamente de átomos de bromo e iodo torna os compostos instáveis e com baixa volatilidade.
2. O átomo de flúor é consideravelmente mais eletronegativo que o átomo de hidrogênio e forma com o átomo de carbono uma ligação forte, difícil de ser atingida por processos enzimáticos.
3. A substituição de H por halogênio causa progressivo aumento no ponto de ebulição dos compostos, entretanto a substituição de todos os átomos de H por F reduz em demasia o ponto de ebulição do composto, tornando-o extremamente volátil, o que dificulta a manutenção da anestesia.
4. Hidrocarbonetos unicamente fluorados não apresentam potência narcótica. No mínimo um átomo de hidrogênio deve estar presente.
5. Os dimetiléteres halogenados são de síntese difícil e instáveis, enquanto os dietiléteres causam convulsões e arritmia respiratória. Os éteres etilmetil-halogenados têm sido usados clinicamente porque são estáveis do ponto de vista químico, não causam arritmias cardíacas e excepcionalmente excitam o SNS.

Metabolismo e toxicidade

Estudos metabólicos mostraram que os anestésicos halogenados são parcialmente metabolizados. A halogenação normalmente dificulta a biotransformação, sendo a velocidade de metabolização inversamente relacionada à energia de ligação carbono-halogênio. Assim, a velocidade do metabolismo está na seguinte ordem dos subs-

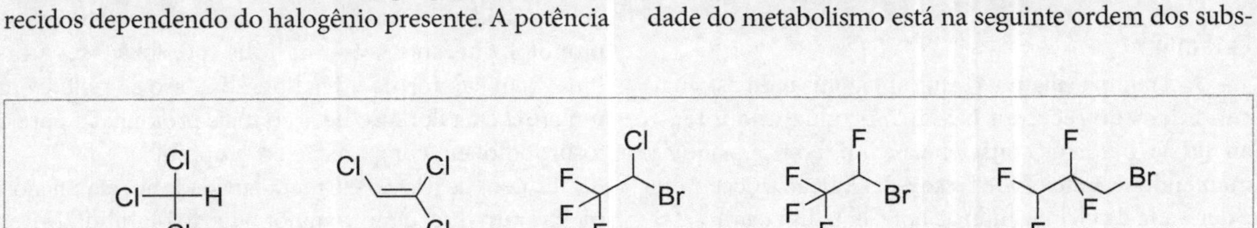

FIGURA 2 Estrutura química dos anestésicos hidrocarbonetos halogenados.

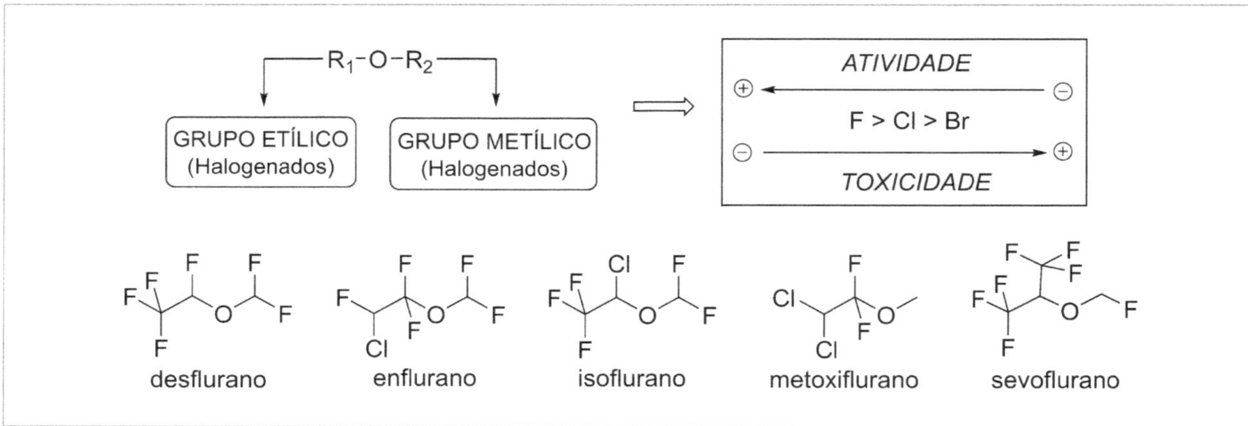

FIGURA 3 Estrutura dos éteres halogenados e relação estrutura-atividade.

tituintes: Br > Cl > F. Alguns metabólitos dos anestésicos halogenados voláteis podem se ligar covalentemente a proteínas hepáticas, causando hepatotoxicidade.[29]

O metabolismo de todos os anestésicos fluorados resulta na liberação de fluoretos inorgânicos, e os níveis sanguíneos e/ou urinários de fluoreto são utilizados como medida de metabolização do anestésico. Os altos níveis de fluoreto sérico estão relacionados com dano renal. Outro metabólito frequentemente encontrado é o ácido trifluoracético ou um derivado ácido alfassubstituído, que também serve para quantificar o metabolismo dos anestésicos e está relacionado com a hepatotoxicidade destes.[30]

Anestésicos intravenosos

Os anestésicos intravenosos são geralmente empregados em combinação com outros anestésicos. Nessa classe encontram-se cetamina, etomidato, tiopental e di-isopropilfenois. Fármacos pertencentes a outras classes podem ser empregados como adjuvantes da anestesia, como benzodiazepínicos, esteroides e agonistas alfa-2-adrenérgicos, abordados em outros capítulos.

Cetamina

A cetamina (Figura 4) atua antagonizando os canais catiônicos do receptor NMDA, produzindo intensa analgesia, perda de consciência e indiferença psíquica, mantendo os reflexos de tosse e deglutição. A cetamina é derivada da cicloexanona e apresenta um centro assimétrico, de modo que o isômero *S*(+) é três a cinco vezes mais potente que seu enantiômero. Entretanto, o custo elevado para o isolamento dificulta o uso do seu isômero puro e inviabiliza seu comércio.[31]

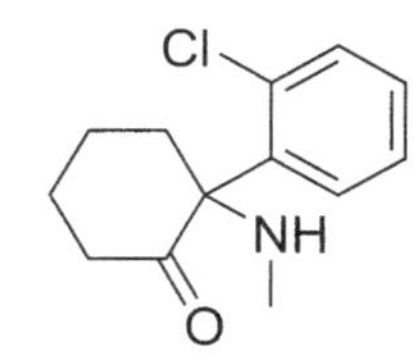

FIGURA 4 Estrutura química da cetamina.

Di-isopropilfenóis

Os di-isopropilfenóis (ou alquilfenóis), representados pelo propofol e pelo fospropofol (Figura 5), são agentes que atuam potencializando neurotransmissão gabaérgica. O propofol é administrado como injeção intravenosa e pode ser usado tanto para indução como para manutenção da anestesia, tendo a vantagem de produzir pouca êmese e rápida recuperação. Devido a sua baixa hidrossolubilidade, é geralmente veiculado em formulações emulsivas.[32]

Devido à baixa solubilidade aquosa do propofol, foi desenvolvido seu pró-fármaco, um éster fosfato, o fospropofol, que, após sofrer hidrólise por fosfatases alcalinas, tem sua forma ativa liberada. Isso se reflete em um *onset* e na duração de ação mais prolongada para o fospropofol em comparação ao propofol.[33]

Estudos de relação estrutura-atividade nos alquilfenóis mostraram que, quanto maior a lipossolubilidade dos compostos, mais lenta é a cinética. A potência anestésica está relacionada com o impedimento estérico na molécula, estando esta na sequência *di-sec*-alquilfenóis > *n*-alquilfenóis, *sec*-alquilfenóis > *di-n*-alquilfenóis.[34]

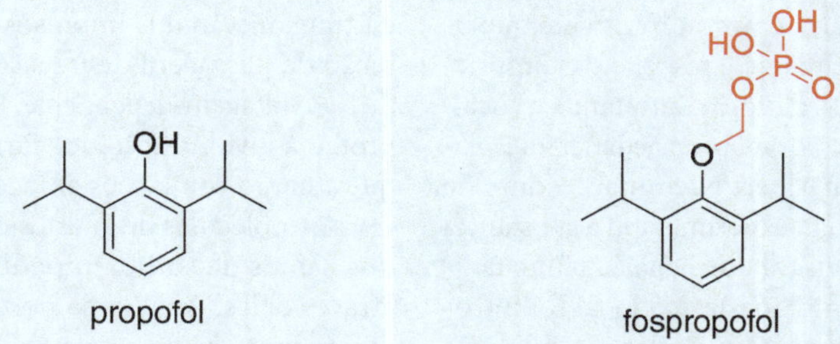

FIGURA 5 Estrutura química dos di-isopropilfenóis.

Etomidato

O etomidato é um derivado imidazólico (Figura 6) e um potente agente hipnótico não barbitúrico de ação ultracurta, ampla margem de segurança e isento de propriedades analgésicas, sendo utilizado na indução e manutenção da anestesia. Atua nos receptores GABA e apresenta propriedades anticonvulsivantes. Não altera de maneira significativa as funções cardiovasculares e pulmonares, o que representa uma de suas vantagens. Normalmente sua indução é seguida pela administração de um analgésico, um relaxante muscular e/ou um anestésico inalatório.[35,36]

O etomidato possui um átomo de carbono quiral e existe na forma de dois enantiômeros, de modo que o isômero *R*(+) representa o isômero ativo. O enantiômero *S*(−) mostra um efeito 20 vezes menor. A dose letal do etomidato *R*(+) em experimentos com ratos é 26 vezes maior que a dose efetiva, caracterizando uma amplitude terapêutica não alcançada por nenhum outro hipnótico.[37]

ANESTÉSICOS LOCAIS

Anestesia local é definida como perda da sensibilidade em uma área circunscrita do corpo, causada pela diminuição da excitação nas terminações nervosas ou pela inibição do processo de condução dos nervos periféricos. É importante destacar que a anestesia local consiste em um processo de perda de sensibilidade sem indução de perda de consciência, o que a diferencia drasticamente da anestesia geral.[38]

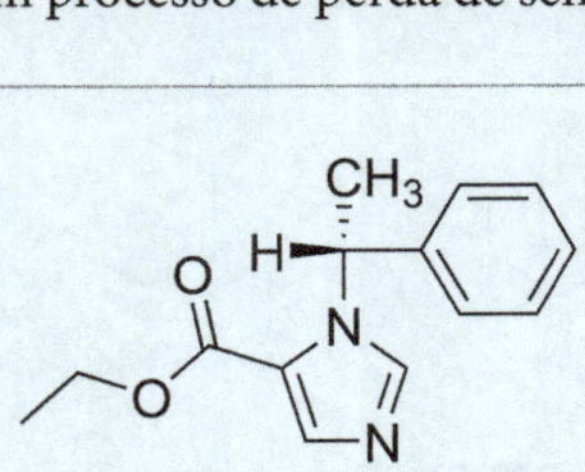

FIGURA 6 Estrutura química do etomidato.

Algumas características são esperadas para um anestésico local, entre elas:[39]

- Não deve ser irritante ao tecido onde é aplicado.
- Não deve causar qualquer alteração permanente na estrutura nervosa.
- Apresentar baixa toxicidade sistêmica.
- Deve ser efetivo independentemente de ser injetado no tecido ou aplicado na membrana da mucosa.
- O *onset* (tempo de início de ação) deve ser o menor possível.
- A duração da ação deve ser longa o suficiente para permitir a completa realização do procedimento cirúrgico, porém não tão longa que requeira uma recuperação prolongada.

O emprego dos anestésicos locais inclui anestesia tópica das mucosas do nariz, boca e garganta, além da árvore traqueobrônquica, esôfago e trato geniturinário, onde são utilizadas principalmente a tetracaína e a lidocaína. Bupivacaína, lidocaína e procaína são agentes bastante utilizados na anestesia por infiltração. Outros tipos de anestesia podem ser utilizados, como anestesia por bloqueio regional, anestesia por bloqueio nervoso, anestesia regional intravenosa, anestesia espinal e anestesia epidural.[6]

Os primeiros anestésicos utilizados foram os anestésicos gerais voláteis, que datam de cerca de 1800. Os anestésicos locais, entretanto, tiveram seu uso difundido apenas 80 anos depois, com a descoberta das propriedades anestésicas da cocaína. Há vários séculos o extrato alcalino de folhas de coca (*Erythroxylon coca*) é utilizado pelos andinos pelas suas propriedades estimulantes e euforizantes. Além de gerar uma sensação de bem-estar e de reduzir a fome, saliva contendo folhas mascadas de coca era utilizada para aliviar feridas dolorosas. Com o descobrimento da América, não demorou muito até que os europeus tivessem conhecimento a respeito das propriedades anestésicas das folhas de coca. Entretanto, a cocaína, substância responsável por tal propriedade, foi isolada somente em 1860, por Albert Niemman. Como de costume na época, Niemman experimentou a substância isolada, e observou que causava dormência na língua.[40]

O uso da cocaína como anestésico local foi introduzido na década de 1880 por Carl Koller, um oftalmologista que observou que a cocaína aplicada em seu próprio fórnix conjuntival causava insensibilidade ao toque e ferimentos. Com a introdução da cocaína como anestésico local, muitas outras substâncias, com propriedades otimizadas, foram desenvolvidas. A partir de estratégias de simplificação molecular, foi possível desenvolver anestésicos locais que podem ser facilmente sintetizados em laboratório, dos quais um dos primeiros foi a procaína (1898) (Figura 7). A cocaína, entretanto, foi removida da terapêutica, principalmente devido à dependência associada a seu uso.[41]

A anestesia local pode ser aplicada para diferentes finalidades clínicas, incluindo bloqueio da condução nervosa, síndrome de dor neuropática, em procedimentos de laringoscopia, tratamento de arritmias cardíacas, vasoconstrição da mucosa, epilepsia, e como ferramenta diagnóstica para apneia e tratamento de asma.[42]

Mecanismo de ação

A sensação de dor está relacionada com a ativação de fibras nervosas sensoriais por estímulos nocivos, ou seja, estímulos que poderiam causar lesão nos tecidos, como frio ou calor intensos, perturbações mecânicas ou substâncias químicas agressivas.[3]

A transmissão de impulsos causados por estímulos externos para o SNC se dá através dos neurônios aferentes. Os neurônios aferentes relacionados com a dor são chamados de nocirreceptores, que podem transmitir a informação de dor pela condução de corrente elétrica a partir de um potencial de ação.[43] Nesse contexto, os anestésicos locais têm sua ação baseada no bloqueio da transmissão dos impulsos nervosos a partir da inibição da passagem de íons sódio pelos canais iônicos de Na^+ voltagem-dependente. Esse canal tem papel como proteína alvo da ação dos fármacos anestésicos locais, que atuarão como seus antagonistas.[44]

As moléculas de anestésicos locais causam oclusão dos canais de sódio, impedindo o fluxo de íons Na^+ através deles. A falha na permeabilidade de sódio aumenta lentamente o grau de despolarização, de modo que o limiar do potencial de ação não é alcançado, logo não há propagação do potencial de ação.[45]

Deve ser ressaltado que esse bloqueio da condução do potencial de ação ocorre tanto nas fibras nervosas aferentes como nas eferentes, no sistema nervoso periférico. Dessa forma, além de inibir a transmissão de estímulos sensoriais, como a dor, para o cérebro, há também inibição dos impulsos motores enviados do SNC para a periferia, o que explica o relaxamento muscular.[46]

Os canais de sódio consistem em proteínas com um grande poro capaz de conduzir sódio. Esses canais podem estar em diferentes conformações, que incluem em repouso, aberto e inativo (Figura 8). Na membrana do nervo em repouso, os canais de sódio são distribuídos em equilíbrio entre os estados inativo e de repouso. Os anestésicos locais podem se ligar ao canal em todos os seus estados, embora o estado de repouso tenha menor afinidade por esses fármacos enquanto os outros estados exibem alta afinidade. Ao se ligar aos canais de sódio no estado inativo, as moléculas de anestésico local estabilizam o canal nessa conformação e evitam que passe para os estados de repouso e, por consequência, aberto.[42]

Para que os anestésicos locais exerçam sua ação, é necessário primeiramente que atravessem a membrana celular, para que então se liguem ao canal de sódio e bloqueiem a geração e a condução do impulso nervoso. Para tanto, o fármaco precisa estar em sua forma molecular, a fim de ser possível atravessar a bicamada lipídica e acessar o canal de sódio pela entrada intracelular. A base conjugada, por sua vez, tem maior afinidade ao sítio de ligação no canal iônico, que está localizado em seu poro.[44]

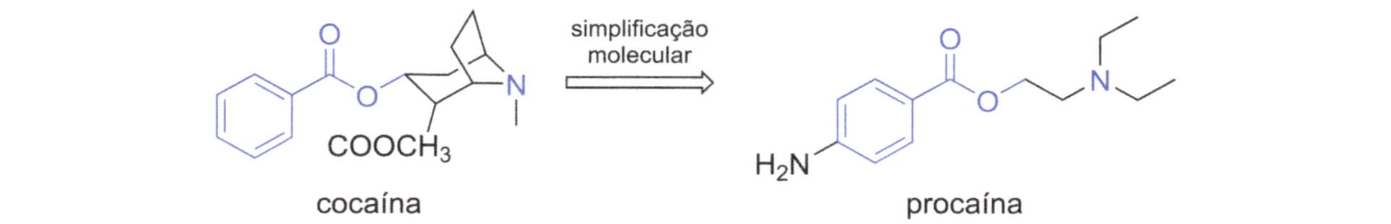

FIGURA 7 Obtenção da procaína a partir da simplificação molecular da cocaína.

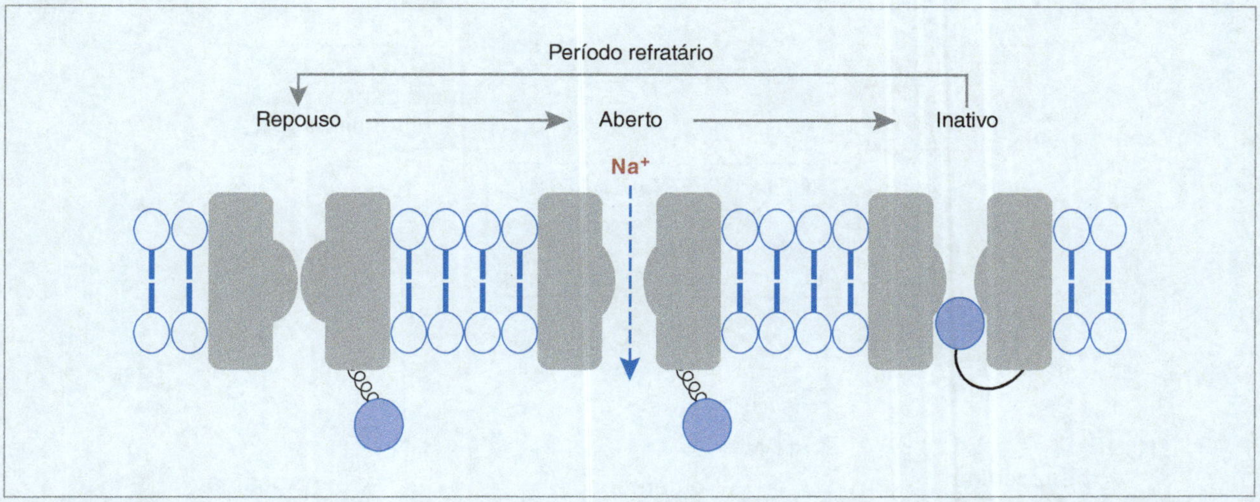

FIGURA 8 Representação esquemática dos canais de sódio voltagem-dependente nas conformações em repouso, aberta e inativa. A despolarização da membrana resulta em uma alteração conformacional do canal em repouso, fazendo com que ele se abra e permita o influxo de Na^+. Após alguns milissegundos, ocorre novamente uma mudança conformacional, na qual certos aminoácidos "tampam" o canal aberto, o que corresponde à conformação inativa. Quando a membrana é repolarizada, o canal volta então para o estado de repouso. O período entre os estados inativo e de repouso é chamado de "período refratário", durante o qual não é possível haver abertura do canal.

Relação estrutura-atividade

A estrutura geral dos anestésicos locais consiste basicamente em um anel aromático lipofílico conectado a um grupo amino hidrofílico através de uma cadeia intermediária contendo um grupo amida ou éster (Figura 9). Cada um desses grupos apresenta um papel distinto, porém essencial para a atividade da molécula, e serão discutidos a seguir.[47]

Sistema aromático

O sistema aromático lipofílico, ligado a um grupo éster ou amida, é essencial para a interação do fármaco com resíduos hidrofóbicos do canal iônico. Essa interação hidrofóbica explica a atividade de alguns anestésicos locais, como a benzocaína, que não apresentam a porção básica, e teriam sua atividade baseada principalmente nessa interação.[48]

Grupos doadores de elétrons, como grupos metil (lidocaína), alcóxi (propoxicaína) e amino (tetracaína), nas posições *orto* e/ou *para*, aumentam a densidade eletrônica do anel aromático por efeitos indutivo e de ressonância, e, como consequência, aumentam a potência do fármaco. Grupos retiradores de elétrons, como nitro, por outro lado, reduzem a atividade da molécula, enquanto substituintes em *meta* não contribuem para a potência anestésica. A introdução dos substituintes na posição *para* é relevante especialmente no que se refere a efeitos eletrônicos. O grupo *para*-amino, por exemplo, pode favorecer a formação de uma forma zwiteriônica da molécula, em que os elétrons do grupo amino podem ser delocalizados por ressonância sobre o oxigênio da carbonila (Figura 10), o que se acredita resultar em maior afinidade com o sítio de ligação dos canais de Na^+.[49]

O grupo *n*-butil ligado ao grupo amino da tetracaína torna-a dez vezes mais potente que a procaína. Explicações para potência superior estão relacionadas com o aumento da lipofilicidade, porém é possível que exista relação com a propriedade doadora de elétrons do grupo *N*-butil via efeito indutivo, a qual indiretamente aumenta a densidade eletrônica do grupo *p*-amino, que por sua vez favorece a formação da forma zwiteriônica disponível para interação com o sítio de ligação da proteína.[50,51]

Substituintes na posição *orto* são particularmente importantes do ponto de vista estérico. A introdução de grupo *o*-metil ou *o*-propóxi nos anestésicos locais, como a lidocaína e a propoxicaína, respectivamente, protege o grupo hidrolisável (amida ou éster) da ação enzimática, o que aumenta a meia-vida do fármaco e a duração da sua ação.[49]

Cadeia intermediária

É importante que o sistema aromático descrito anteriormente esteja ligado diretamente à carbonila do éster, ou ligado à carbonila da amida por meio do nitrogênio. A introdução de carbonos (p. ex., metileno) entre o anel aromático e tais funções orgânicas reduz a potência anes-

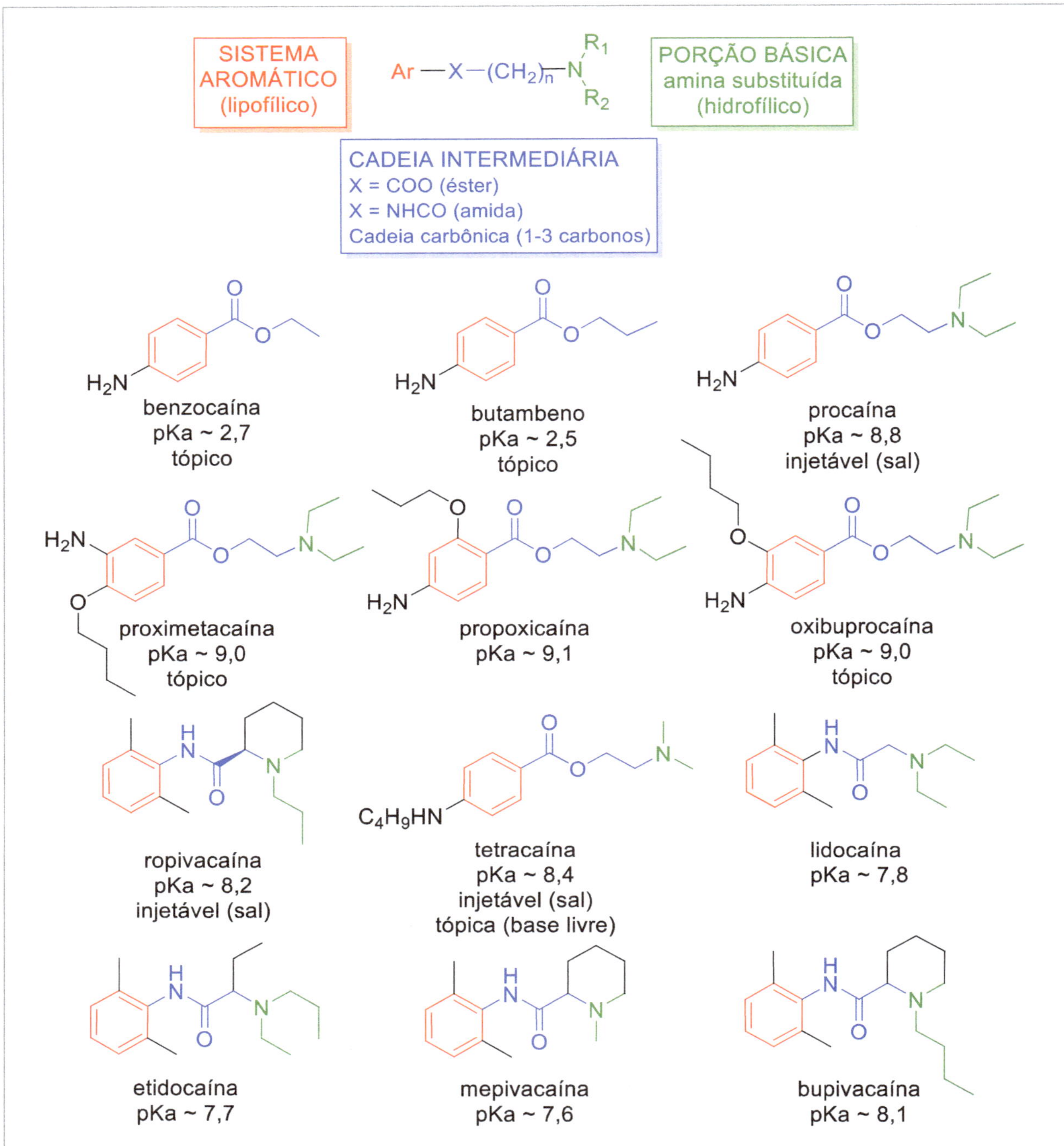

FIGURA 9 Estrutura geral dos anestésicos locais e principais representantes da classe. Sistema aromático (vermelho): substituintes doadores de elétrons favorecem a ressonância do sistema, permitindo a forma zwiteriônica do composto (ionização da carboxila e da amina), importante para a atividade biológica. Substituintes na posição *orto* protegem os grupos éster ou amida da hidrólise enzimática. Cadeia intermediária (azul): éster/amida é importante para a interação com o canal iônico. Amida apresenta maior estabilidade em comparação ao éster, que implica maiores meia-vida, duração de ação e potencial para toxicidade. Grupos (ramificação) vizinhos ao éster/amida protegem esse grupo da hidrólise enzimática. Porção básica (verde): o aumento da cadeia alquílica da região intermediária da molécula pode implicar aumento do pKa do nitrogênio da amina. Um menor valor de pKa desse nitrogênio aumenta a potência do fármaco, pois sua ionização é importante para a interação com o alvo. Substituintes lipofílicos podem favorecer a absorção e, consequentemente, a ocorrência de efeitos adversos. Esses substituintes protegem o nitrogênio do metabolismo. Maior solubilidade lipídica dos anestésicos locais está associada com maior potência.

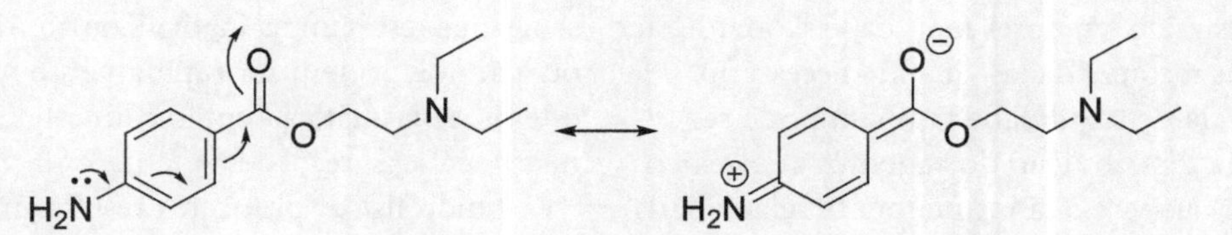

FIGURA 10 Formas canônicas dos anestésicos locais, representados pela procaína.

tésica, o que pode ser explicado pelo fato de que tal modificação impede a formação do zwiterion, e reforça a importância dessa espécie para a atividade da molécula.[9]

Em geral, as amidas são mais resistentes à hidrólise que ésteres, portanto apresentam maior duração de ação e potencial para toxicidade. A introdução de pequenos grupos alquílicos ao redor da função éster ou amida (p. ex., mepricaína, etidocaína) também dificulta a hidrólise enzimática.[42,52]

Alguns anestésicos locais, como ropivacaína, bupivacaína e prilocaína, apresentam um centro opticamente ativo na porção alquílica da cadeia intermediária. No que se refere aos anestésicos locais, esses isômeros apresentam eficácia anestésica e são geralmente comercializados em misturas racêmicas. Entretanto, tais isômeros podem se diferenciar no que se refere às propriedades biológicas, a exemplo da bupivacaína. Foi demonstrado que a *R*-bupivacaína apresenta maior potencial para causar toxicidade cardíaca, o que justifica a comercialização do isômero isolado, a levobupivacaína.[40,53]

O tamanho da cadeia alquílica na região intermediária da molécula é também um aspecto importante, uma vez que influencia o pKa do nitrogênio. A lidocaína, por exemplo, que apresenta pKa ao redor de 7,8, pode ter seu pKa aumentado para 9 ou 9,5 ao se introduzir mais um ou dois carbonos, respectivamente. Esse aumento no pKa reduz a ionização do fármaco no organismo e sua interação com a proteína alvo.[39,44]

Porção básica

Em geral, os anestésicos locais possuem uma amina alquílica, com pKa entre 7 e 9, capaz de formar sais hidrossolúveis com ácidos minerais, o que é fundamental para o desenvolvimento de formulações injetáveis.[54,55] A ausência desse grupo em anestésicos locais potentes como a benzocaína torna questionável sua importância para a interação com o receptor. Entretanto, estudos demonstraram que anestésicos locais em diferentes valores de pH tinham sua atividade reduzida em pH 8 quando comparado com pH 7, em que a fração ionizada é superior. Os resultados reforçam que a ionização da amina alquílica é um fator importante para a atividade biológica do fármaco.[56,57] Esse é um dado clinicamente importante, pois tecidos inflamados são frequentemente ácidos, portanto a eficácia do anestésico local pode ficar comprometida quando é aplicado em uma área inflamada.[58]

A ausência da porção básica no fármaco (p. ex., benzocaína, butambeno) dificulta seu uso em soluções injetáveis, sendo então empregados para uso tópico em geral. Embora a benzocaína apresente uma amina na porção aromática, esse nitrogênio apresenta um valor de pKa muito baixo (2,78), que impossibilita seu uso por via parenteral.[55,59]

Os grupos alquílicos ligados ao nitrogênio afetam uma diversidade de propriedades do fármaco. Estes aumentam sua lipofilicidade, implicando o aumento da potência e absorção.[51] Também podem, por efeito estérico, reduzir sua biotransformação, aumentando a duração da ação anestésica e a toxicidade. Eletronicamente, esses grupos podem afetar o pKa da amina e, por conseguinte, sua capacidade de ionização, que influencia na interação com o alvo, conforme previamente discutido, e na absorção, visto que menores valores de pKa implicam maior fração não ionizada nos fluidos biológicos, favorecendo a absorção sistêmica.[54]

Toxicidade

As manifestações clínicas de toxicidade sistêmica são muito raras e geralmente neurológicas, cardíacas ou de ambas as origens, estando relacionadas principalmente com a quantidade absorvida do anestésico. À medida que o fármaco é absorvido a partir do sítio de injeção, sua concentração na corrente sanguínea aumenta, o que pode favorecer a ocorrência de efeitos adversos. Tal absorção é influenciada, principalmente, pelo sítio de injeção (p. ex., grau de vascularização da região), características físico-químicas do anestésico administrado e pelo uso de vasoconstritores.[39]

O uso de vasoconstritores tem por finalidade reduzir a perfusão do local onde a anestesia é injetada. Com isso ocorre uma diminuição da absorção, o que permite a eficácia do anestésico em doses mais baixas, ou utilizar doses acima das recomendadas, quando necessário.[60]

A ocorrência de toxicidade também pode ser influenciada pela distribuição dos agentes anestésicos locais, que por sua vez está intimamente relacionada ao grau de ligação às proteínas plasmáticas. Fármacos com alta capacidade de ligação, como a bupivacaína, têm menor fração de fármaco livre disponível para efeitos sistêmicos.[61]

Reações de hipersensibilidade aos anestésicos locais

Reações alérgicas, no que se refere aos anestésicos locais, geralmente são atribuídas a conservantes (parabenos) ou antioxidantes (sulfitos) contidos na formulação. Porém, eventualmente, os anestésicos locais podem causar reações de hipersensibilidade por meio de mecanismos de alergenicidade cruzada. Esse mecanismo consiste na combinação do fármaco com outras moléculas que atuam como carreadores para induzir uma resposta alérgica. Por exemplo, o anel fenílico substituído por grupo amino ou hidroxila, presente nos antibióticos sulfonamídicos, metilparabenos e alguns anestésicos locais derivados de ésteres (Figura 11), seria responsável pela formação do complexo imunogênico.[55]

É importante ressaltar que a ocorrência de reações de hipersensibilidade por fármacos anestésicos locais tem sido atribuída principalmente à formação de metabólitos derivados do ácido *p*-aminobenzoico (PABA) a partir dos fármacos que contêm grupo éster. Por essa razão, os mesmos estão mais associados a esse tipo de efeito adverso quando comparados com os anestésicos locais amídicos, o que também justifica o uso mais difundido das amidas atualmente.[55]

Metabolismo

Os principais metabólitos dos anestésicos locais são os produtos da hidrólise do éster ou amida neles presente, que resultam na inatividade do composto. O éster ou a amida podem ser rapidamente hidrolisados por esterases plasmáticas, como colinesterase, ou por enzimas hepáticas, respectivamente.

A hidrólise da prilocaína resulta em um metabólito importante, *o*-toluidina (Figura 12), que, além de carcinogênico, pode oxidar o ferro na hemoglobina de ferroso (Fe^{2+}) para férrico (Fe^{3+}), gerando meta-hemoglobina, que, quando em frações superiores a 1%, caracteriza um quadro tóxico de meta-hemoglobinemia. Esse quadro, no entanto, é muito improvável quando o fármaco é administrado nas doses recomendadas.[62,63]

Estudos sugerem que a toxicidade ao SNC causada pela lidocaína pode estar relacionada com a formação de metabólitos *N*-desalquilados pela CYP1A2, mais especificamente a monoetilglicinaxilidida.[9]

PERSPECTIVAS

Todos os anestésicos gerais disponíveis atualmente na terapêutica foram desenvolvidos há mais de 30 anos, embora possam causar uma série de efeitos adversos como depressão respiratória e queda da pressão arterial. A falta de avanços no desenvolvimento de novos anestésicos gerais se deve, em grande parte, ao limitado conhecimento sobre o mecanismo de ação aos níveis celular e molecular desses fármacos. Atualmente se tem buscado desenvolver novos agentes a partir de estratégias de modificação molecular para melhorar as proprieda-

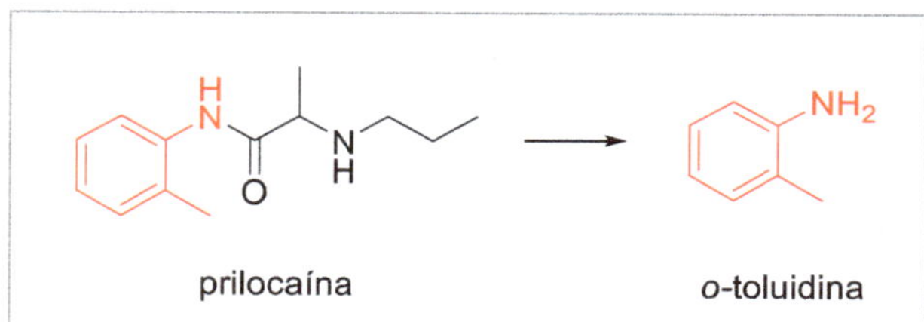

FIGURA 12 Estrutura química da prilocaína e seu metabólito, o-toluidina.

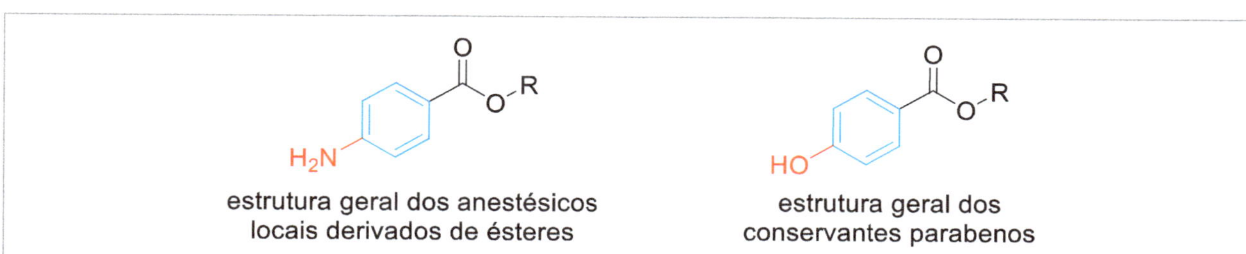

FIGURA 11 Estrutura geral de alguns anestésicos locais e conservantes parabenos. Tais substâncias contêm um anel fenílico substituído, capaz de se complexar com carreadores imunogênicos e, assim, causar reações alérgicas cruzadas.

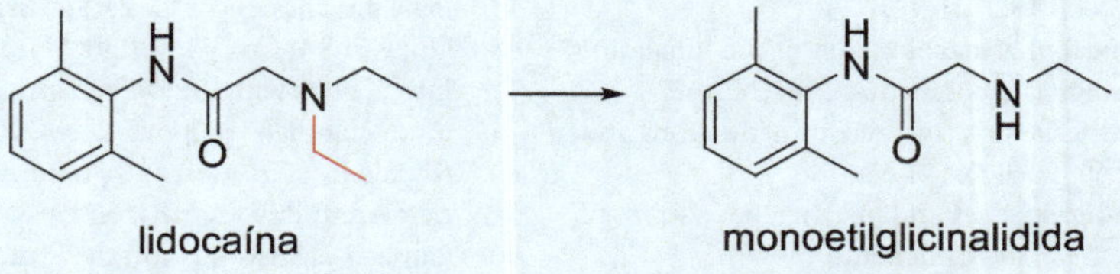

FIGURA 13 Estrutura química da lidocaína e seu metabólito, monoetilglicinaxilidida.

des farmacocinéticas e farmacodinâmicas dos fármacos existentes. Nesse contexto, análogos do propofol e etomidato, como o PF0713 e o ciclopropilmetoxicarbonil-etomidato (MOC-etomidato), respectivamente, têm sido desenvolvidos.[64]

Os anestésicos locais disponíveis atualmente são bastante eficazes na indução do bloqueio reversível dos nervos periféricos. Portanto, para uma nova molécula ser capaz de competir com os fármacos já existentes, é necessário que apresente propriedades de bloqueio superiores e menor potencial para efeitos secundários indesejáveis e reações adversas. As pesquisas mais recentes buscam o desenvolvimento de novos agentes que apresentem maior seletividade aos canais de sódio, que poderiam ser empregados em quadros de dor neuropática. Entretanto, os principais avanços dos últimos tempos estão relacionados com a otimização das formulações para anestésicos locais. Os avanços na área da nanotecnologia e da farmacotécnica permitiram a elaboração de medicamentos vantajosos, como formulações lipossomais, capazes de melhorar, por exemplo, propriedades farmacocinéticas. Combinações de diferentes anestésicos em uma mesma formulação também têm sido alvo de estudos.[65]

REFERÊNCIAS BIBLIOGRÁFICAS

1. Merskey H, Bogduk N. Part III: pain terms, a current list with definitions and notes on usage. In: Classification of chronic pain. 2nd ed. Seattle: IASP Press; 1994. p. 209-14.
2. Pain IA for the S of. Pain. IASP Terminology. 2017. [internet] [acesso em: 2020 jun. 6]. Disponível em: https://www.iasp-pain.org/Education/Content.aspx?ItemNumber=1698#Anesthesiadolorosa.
3. Khalid S, Tubbs RS. Neuroanatomy and neuropsychology of pain. [internet]#[acesso em: 2020 jun. 6]. Cureus. 2017;9(10):1-14.
4. Brown EN, Pavone KJ, Naranjo M. Multimodal general anesthesia: theory and practice. Anesth Analg. 2018;127(5):1246-58.
5. Weaver JM. The history of the specialty of dental anesthesiology. Anesth Prog. 2019;66(2):61-8.
6. Pardo M, Miller R. Basics of anesthesia. 7th ed. Philadelphia: Elsevier; 2017.
7. Zorab J. History of anaesthesia: early forms of local anaesthesia. Eur J Anaesthesiol. 2014;31(1):1-12.
8. Franks NP. General anaesthesia: from molecular targets to neuronal pathways of sleep and arousal. Nat Rev Neurosci. 2008;9(5):370-86.
9. Roche V, Zito WS, Lemke T, Williams DA. Foye's principles of medicinal chemistry. 8th ed. Philadelphia: Wolters Kluwer Health; 2019. 1168 p.
10. Anestesiologia SB de. Anestesia venosa total para sedação. Projeto Diretrizes Associação Médica Brasileira e Conselho Federal de Medicina. 2009.
11. Brunton LL, Ilal-Dandan R, Knollmann BC. As bases farmacológicas da terapêutica de goodman e gilman. 13th ed. Porto Alegre: Artmed; 2018.
12. Stachnik J. Inhaled anesthetic agents. Am J Heal Pharm. 2006;63(7):623-34.
13. Weiskopf RB, Nau C, Strichartz GR. Drug chirality in anesthesia. Anesthesiology. 2002;97(2):497-502.
14. Masiulis S, Desai R, Uchański T, Martin IS, Karia D, Malinauskas T, et al. GABAA receptor signalling mechanisms revealed by structural pharmacology. Nature. 2019;565(7740):454-9.
15. Akeju O, Hamilos AE, Song AH, Pavone KJ, Purdon PL, Brown EN. GABAA circuit mechanisms are associated with ether anesthesia-induced unconsciousness. Clin Neurophysiol. 2016;127(6):2472-81.
16. Khan KS, Hayes I, Buggy DJ. Pharmacology of anaesthetic agents I: intravenous anaesthetic agents. Contin Educ Anaesthesia, Crit Care Pain. 2014;14(3):100-5.
17. Hansen KB, Yi F, Perszyk RE, Furukawa H, Wollmuth LP, Gibb AJ, et al. Structure, function, and allosteric modulation of NMDA receptors. J Gen Physiol. 2018;150(8):1081-105.
18. Gruss M, Bushell TJ, Bright DP, Lieb WR, Mathie A, Franks NP. Two-pore-domain K+ channels are a novel target for the anesthetic gases xenon, nitrous oxide, and cyclopropane. Mol Pharmacol. 2004;65(2):443-52.
19. Miller AL, Theodore D, Widrich J. Inhalational Anesthetic. [atualizado em 2022 mai 8]. In: StatPearls [Internet]. Treasure Island (FL): StatPearls Publishing; 2022 Jan. Disponível em: https://www.ncbi.nlm.nih.gov/books/NBK554540/
20. Kim HY, Lee JE, Kim HY, Kim J. Volatile sedation in the intensive care unit: a systematic review and meta-analysis. Medicine (Baltimore). 2017;96(49):1-14.
21. Aranake A, Mashour GA, Avidan MS. Minimum alveolar concentration: ongoing relevance and clinical utility. Anaesthesia. 2013;68(5):512-22.
22. Deile M, Damm M, Heller AR. Inhalative Anästhetika. Anaesthesist. 2013;62(6):493-504.
23. Zafirova Z, Sheehan C, Hosseinian L. Update on nitrous oxide and its use in anesthesia practice. Best Pract Res Clin Anaesthesiol. 2018;32(2):113-23.
24. Huang L, Sang CN, Desai MS. Beyond ether and chloroform: a major breakthrough with halothane. J Anesth Hist. 2017;3(3):87-102.

25. Bovill JG. Inhalation anaesthesia: from diethyl ether to xenon. Handb Exp Pharmacol. 2008;182:121-42.
26. Dale O, Brown BR. Clinical pharmacokinetics of the inhalational anaesthetics. Clinical Pharmacokinetics. 1987;145-67.
27. Dodds C. General anaesthesia: practical recommendations and recent advances. Drugs. 1999;58(3):453-67.
28. Eger EI. Physicochemical properties and pharmacodynamics of desflurane. Anaesthesia. 1995;50(Suplemento):3-8.
29. Fee JPH, Thompson GH. Comparative tolerability profiles of the inhaled anaesthetics. Drug Saf. 1997;16(3):157-70.
30. Hoggard A, Shienbaum R, Mokhtar M, Singh P. Gaseous anesthetics. StatPearls [Internet]. 2020;12-4. Disponível em: http://www.ncbi.nlm.nih.gov/pubmed/30969702.
31. Peltoniemi MA, Hagelberg NM, Olkkola KT, Saari TI. Ketamine: a review of clinical pharmacokinetics and pharmacodynamics in anesthesia and pain therapy. Clin Pharmacokinet. 2016;55(9):1059-77.
32. Feng AY, Kaye AD, Kaye RJ, Belani K, Urman RD. Novel propofol derivatives and implications for anesthesia practice. J Anaesthesiol Clin Pharmacol. 2017;33(1):9-15.
33. Garnock-Jones KP, Scott LJ. Fospropofol. Adis Drug Profile. 2010;70(4):469-77.
34. Trapani G, Altomare C, Sanna E, Biggio G, Liso G. Propofol in anesthesia: mechanism of action, structure-activity relationships, and drug delivery. Curr Med Chem. 2012;7(2):249-71.
35. Robert Sneyd J. Novel etomidate derivatives. Curr Pharm Des. 2012;18(38):6253-6.
36. Erdoes G, Basciani RM, Eberle B. Etomidate: a review of robust evidence for its use in various clinical scenarios. Acta Anaesthesiol Scand. 2014;58(4):380-9.
37. Dumps C, Bolkenius D, Halbeck E. Etomidate for intravenous induction of anaesthesia. Anaesthesist. 2017;66(12):969-80.
38. Ogle OE, Mahjoubi G. Local anesthesia: agents, techniques, and complications. Dent Clin North Am. 2012;56(1):133-48.
39. Moore PA, Hersh EV. Local anesthetics: pharmacology and toxicity. Dent Clin North Am. 2010;54(4):587-99.
40. Ruetsch Y, Boni T, Borgeat A. From cocaine to ropivacaine: the history of local anesthetic drugs. Curr Top Med Chem. 2005;1(3):175-82.
41. Guo Z. The modification of natural products for medical use. Acta Pharm Sin B. 2017;7(2):119-36.
42. Columb MO, Hartley R. Local anaesthetic agents. Anaesth Intensive Care Med. 2014;15(2):83-7.
43. Malamed SF. Handbook of local anesthesia. 6th ed. Saint Louis: Elsevier; 2013.
44. McLure HA, Rubin AP. Review of local anaesthetic agents. Minerva Anestesiol. 2005;71(3):59-74.
45. Flood P, Rathmell JP, Shafer S. Stoelting's pharmacology & physiology in anesthetic practice. 5th ed. Philadelphia: Lippincott Williams & Wilkins; 2014.
46. Odedra D, Lyons G. Local anaesthetic toxicity. Curr Anaesth Crit Care. 2010;21(1):52-4.
47. Edgcombe H, Hocking G, Brinhosa MED, Nerone G. Farmacologia dos anestésicos locais. Soc Bras Anestesiol. 2013;Tutorial:1-6.
48. Godwin SA, Cox JR, Wright SN. Modeling of benzocaine analog interactions with the D4S6 segment of Na V4.1 voltage-gated sodium channels. Biophys Chem. 2005;113(1):1-7.
49. Ritchie JM, Greengard P. On the mode of action of local anesthetics. Annu Rev Pharmacol. 1966;6:405-30.
50. Gupta S. QSAR (quantitative structure-activity relationship) studies on local anesthetics. Chem Rev. 1991;91(6):1109-19.
51. Jalili S, Saeedi M. Study of procaine and tetracaine in the lipid bilayer using molecular dynamics simulation. Eur Biophys J. 2017;46(3):265-82.
52. Vegh V, Cizmarik J, Hahnenkamp K. Is there a place for local anesthetics structurally different from classical amid or ester local anesthetics? Curr Opin Anaesthesiol. 2006;19(5):509-15.
53. Biscoping J, Bachmann-Mennenga MB. Lokalanasthetika: Vom Ester zum Isomer. Anasthesiol Intensivmed Notfallmedizin Schmerztherapie. 2000;35(5):285-92.
54. Strichartz GR, Sanchez V, Arthur GR, Chafetz R, Martin D. Fundamental properties of local anesthetics. II. Measured octanol: buffer partition coefficients and pK(a) values of clinically used drugs. Anesth Analg. 1990;71(2):158-70.
55. Becker DE, Reed KL. Local anesthetics: review of pharmacological considerations. Anesth Prog. 2012;59(2):90-102.
56. Hille B. Local anesthetics: hydrophilic and hydrophobic pathways for the drug-receptor reaction. J Gen Physiol. 1977;69(4):497-515.
57. Hille B. The pH-dependentt rate of action of local anesthetics on the node of Ranvier. J Gen Physiol. 1977;69:475-96.
58. Lirk P, Picardi S, Hollmann MW. Local anaesthetics: 10 essentials. Eur J Anaesthesiol. 2014;31(11):575-85.
59. Young KD. Topical anaesthetics: What's new? Arch Dis Child – Educ Pract Ed. 2014;100(2):105-10.
60. Prabhakar A, Lambert T, Kaye RJ, Gaignard SM, Ragusa J, Wheat S, et al. Adjuvants in clinical regional anesthesia practice: a comprehensive review. Best Pract Res Clin Anaesthesiol. 2019;33(4):415-23.
61. Tucker GT. Plasma binding and deposition of local anesthetics. pdf. Int Anesthesiol Clin. 1975;13(4):33-59.
62. Gaber K, Harr UA, Matthias C, Kleinsasser NH, Richter E. Hemoglobin adducts of the human bladder carcinogen o-toluidine after treatment with the local anesthetic prilocaine. Toxicology. 2007;229(1-2):157-64.
63. Higuchi R, Fukami T, Nakajima M, Yokoi T. Prilocaine- and lidocaine-induced methemoglobinemia is caused by human carboxylesterase-, CYP2E1-, and CYP3A4-mediated metabolic activation. Drug Metab Depos. 2013;41(6):1220-30.
64. Chitilian H V, Eckenhoff RG, Raines DE. Anesthetic drug development: novel drugs and new approaches. Surg Neurol Int. 2013;4(Suppl 1):S2-10.
65. Shah J, Votta-Velis EG, Borgeat A. New local anesthetics. Best Pract Res Clin Anaesthesiol. 2018;32(2):179-85.

CAPÍTULO 15

Fármacos colinérgicos e anticolinérgicos

Daniel Fábio Kawano

INTRODUÇÃO

Organismos unicelulares como as amebas são capazes de desempenhar todas as funções necessárias para garantir sua sobrevivência. Estas podem, por exemplo, absorver os nutrientes do ambiente, controlar as reações metabólicas, excretar resíduos e se mover livremente no ambiente, realizando, assim, uma série de ajustes comportamentais simples. Em organismos multicelulares complexos como os seres humanos, as várias células se especializaram em órgãos e tecidos de modo a desempenhar funções específicas, como a digestão e a absorção dos alimentos, respiração, circulação do sangue para transportar o oxigênio, reprodução e assim por diante. Nesses organismos, o sistema nervoso e o endócrino (o qual em grande parte é regulado pelo próprio sistema nervoso) desempenham conjuntamente a função de controlar a comunicação, tanto entre os vários órgãos e tecidos do corpo como entre o organismo e o ambiente externo.[1]

Do ponto de vista anatômico, o sistema nervoso é organizado em sistema nervoso central (SNC, que é composto pelo cérebro e pela medula espinal) e sistema nervoso periférico (SNP), que representa todos os demais nervos fora do SNC. Entendam-se por nervos feixes de fibras compostas por neurônios. Já do ponto de vista funcional, o sistema nervoso pode ser subdividido em sistema nervoso autônomo (que, como o próprio nome sugere, controla todas as funções involuntárias e essenciais à nossa sobrevivência, como a respiração, a circulação do sangue, o controle da temperatura corporal e a digestão) e sistema nervoso somático, responsável pelas ações voluntárias, como nossa movimentação, por exemplo.[2]

Independentemente das divisões anatômicas ou funcionais do sistema nervoso, sua principal função é transmitir sinais a longas distâncias de forma muito rápida e precisa, sendo estes os principais atributos das células que o compõem, os neurônios.[3] Para analisar a ação do SNP, imagine a situação: um coelho, próximo à sua toca, avista uma onça ao longe (Figura 1). Para sua sobrevivência, o cérebro do coelho deve ser capaz de transmitir a ordem para que seus músculos se movimentem e este corra até a toca de maneira quase tão rápida quanto se acende a lâmpada do quarto tocando no interruptor. Já dentro da toca, a ação tem de ser desligada imediatamente para que o coelho fique imóvel em seu esconderijo e, com sorte, a onça não perceba sua presença.

Vamos analisar essa situação mais de perto. Uma vez que o olho capta a imagem da onça, a informação é transmitida ao cérebro pelos nervos sensoriais, que, como o próprio nome sugere, são responsáveis por enviar informações sensoriais ao cérebro. Este interpreta a informação e dispara, via medula espinal, a ordem para que os nervos motores periféricos levem até o músculo a informação para que comecem a se mover. É importante ressaltar que os nervos motores periféricos conduzem mensagens do SNC para várias partes do corpo, não apenas para o músculo esquelético (SN somático), mas também para os músculos liso, cardíaco e as glândulas (SN autônomo).

Agora, se você imaginar que os neurônios são como fios elétricos, que transmitem quase que instantaneamente o impulso do cérebro até o músculo, resta ainda uma questão: como o neurônio se comunica com o músculo para fazê-lo se movimentar? Na realidade, não

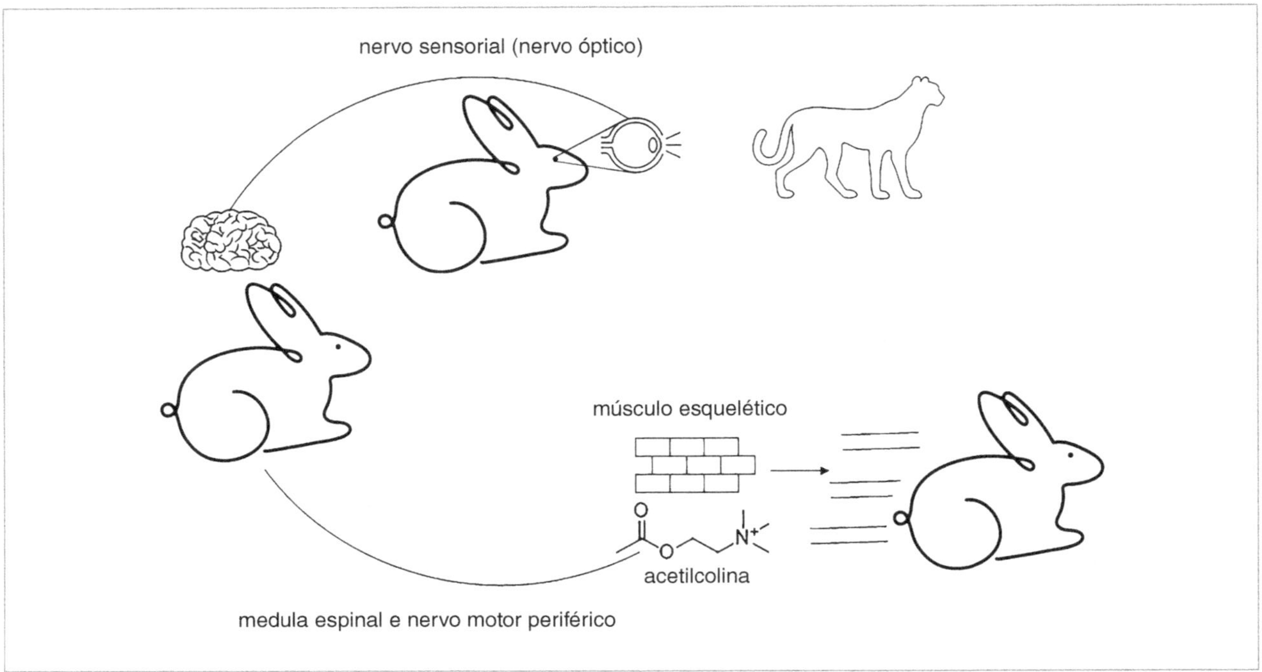

FIGURA 1 Ativação do músculo esquelético via sistema nervoso periférico.

existe uma ligação direta entre o neurônio motor e o músculo esquelético, e sim uma pequena fenda com cerca de 500 Å que separa as duas células. Portanto, o neurônio tem de liberar nessa fenda um mensageiro químico, um neurotransmissor, neste caso a acetilcolina, que se difunde para ativar receptores específicos (colinérgicos) na célula do músculo esquelético, transmitindo, assim, a ordem do cérebro para que este entre em movimento.[4]

De modo geral, já ficou entendido como o sinal é transmitido pelo SNP. No caso específico do músculo esquelético (SNP somático), um único nervo liga diretamente o SNC (medula espinal) ao órgão final, sendo essa comunicação mediada pela acetilcolina. Já para o SNP autônomo, os nervos não comunicam diretamente a medula espinal ao órgão final, mas sim de forma indireta: um primeiro neurônio deixa o SNC e, no meio do caminho, este apresenta uma junção (sinapse) com um segundo neurônio, que se comunica com o órgão final, por exemplo, o músculo cardíaco, liso ou determinada glândula.[2]

Usando a analogia dos fios elétricos, no caso do SNP somático, um único fio (inteiriço) ligaria a medula espinal ao órgão final, enquanto no SNP autônomo o caminho seria semelhante, mas com uma "emenda" entre dois pedaços de fio no meio do caminho. Embora o neurotransmissor nessa "emenda" seja sempre a acetilcolina em todos os casos, haverá nervos que utilizarão outro tipo de neurotransmissor para comunicação com o órgão final, a noradrenalina (também chamada de norepinefrina).[2] A esse conjunto de nervos que utiliza a noradrenalina (ou adrenalina, quando secretada na circulação pela medula adrenal) dá-se o nome de sistema nervoso simpático, que será o objeto de estudo no próximo capítulo. Já aqueles nervos periféricos que utilizam a acetilcolina como mediador final chamam-se sistema nervoso parassimpático, que será estudado em detalhes neste capítulo.

Pelo discutido até agora, pode-se imaginar que os fármacos que atuam sobre o sistema nervoso parassimpático podem apresentar utilidade clínica em desordens relacionadas ao músculo esquelético, como a de neutralizar os distúrbios de movimento causados pela doença de Parkinson, ou no relaxamento muscular necessário aos procedimentos cirúrgicos (p. ex., intubação endotraqueal). Ademais, os principais usos clínicos de fármacos colinérgicos e anticolinérgicos incluem inibir a ação do trato gastrintestinal e urinário durante cirurgias, tratar cólicas dos tratos gastrintestinal e geniturinário, promover a constrição da pupila durante exames oftálmicos, tratamento do glaucoma, bem como broncodilatadores para pacientes asmáticos e no retardo do declínio cognitivo associado à doença de Alzheimer.[5]

OS RECEPTORES COLINÉRGICOS E A ENZIMA ACETILCOLINESTERASE

É interessante pensar que uma molécula tão pequena como a acetilcolina (Figura 2) controla tantas funções diferentes no organismo como a dilatação/contração da pupila e dos brônquios pulmonares, o trânsito intestinal ou mesmo o tônus de diferentes músculos. Com o passar do tempo, os cientistas perceberam que alguns produtos naturais eram capazes de mimetizar as ações da acetilcolina em cobaias de laboratório, mas com uma ação um pouco mais restrita. A nicotina (Figura 2), extraída do tabaco, apresenta atividade em receptores colinérgicos presentes no músculo esquelético e nas sinapses do SNP autônomo. Já a muscarina (Figura 2), alcaloide isolado a partir de cogumelos venenosos, atua sobre receptores colinérgicos dos músculos liso e cardíacos.[6]

A partir de então foram definidas as duas principais classes de receptores colinérgicos, os receptores nicotínicos e os muscarínicos. Por estarem distribuídos em diferentes locais e tecidos, estes podem ser seletivamente ativados ou inibidos para tratar condições clínicas específicas de modo a reduzir a ocorrência de reações adversas. Embora a acetilcolina se ligue e ative ambos os subtipos de receptores, estes possuem requisitos estruturais mínimos diferentes.

No caso dos receptores muscarínicos, é essencial haver uma carga positiva, responsável por estabelecer ligações do tipo cátion-pi com resíduos de aminoácidos no alvo, separado de um grupo aceptor de ligação de hidrogênio por uma distância de 4,4 Å. Esse grupo aceptor de ligação de hidrogênio corresponde ao oxigênio vizinho à carbonila na acetilcolina e ao oxigênio do tetraidrofurano na muscarina (Figura 2). Já para receptores nicotínicos, a mesma carga positiva continua sendo essencial (interações íon-dipolo e cátion-pi), mas agora a uma distância de 5,9 Å do grupo aceptor de ligação de hidrogênio, que corresponde ao oxigênio da carbonila na acetilcolina e ao nitrogênio piridínico na nicotina (Figura 2).[7]

Embora esses dois subtipos de receptores tenham como ligante comum a acetilcolina, do ponto de vista estrutural eles são completamente diferentes. O receptor nicotínico é um canal iônico (Figura 3A), composto por cinco subunidades proteicas, duas alfa (idênticas entre si), uma beta, uma gama e uma sigma. Essas subunidades formam uma espécie de barril que atravessa a membrana plasmática e, quando a acetilcolina se liga, o centro desse cilindro se abre para permitir a passagem de íons, especialmente Na^+ e K^+. Portanto, a ação da acetilcolina sobre o músculo esquelético e as sinapses do SNP autônomo se dá, em última análise, por mudanças na polarização das membranas.[7]

Já os receptores muscarínicos pertencem à classe dos chamados receptores acoplados à proteína G (GPCRs, sigla em inglês para *G-protein-coupled receptors*), os quais possuem sete alfa-hélices embebidas na membrana celular. Para visualizar a estrutura de um GPCR, pense na imagem de um dragão chinês, no qual as porções mais retas do corpo corresponderiam às alfa-hélices que estão em contato com a membrana celular, enquanto as curvas acima e abaixo destas representariam as porções intra e extracelulares (parte superior da Figura 3B).

Quando a acetilcolina se liga aos receptores, estes mudam de conformação, e a proteína G ligada à superfície interna da membrana celular (parte inferior da Figura 3B) se dissocia para dar continuidade ao processo intracelular de transdução de sinal nos músculos liso e cardíacos.[6]

Existe ainda outra forma de modular a ação da acetilcolina no organismo, ativando receptores nicotínicos e muscarínicos. Conforme já vimos, para podermos realizar os processos necessários à sobrevivência, nosso organismo deve "desligar" a ação da acetilcolina quase tão rapidamente quanto apagamos uma lâmpada. Vimos também que a acetila presente na estrutura da acetilco-

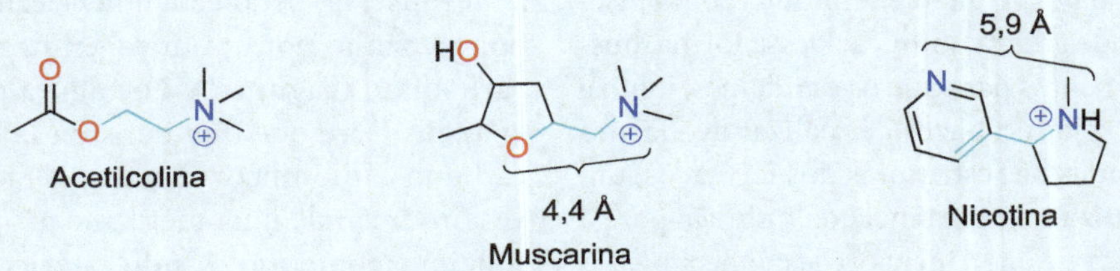

FIGURA 2 Estruturas dos agonistas de receptores colinérgicos acetilcolina, muscarina e nicotina.

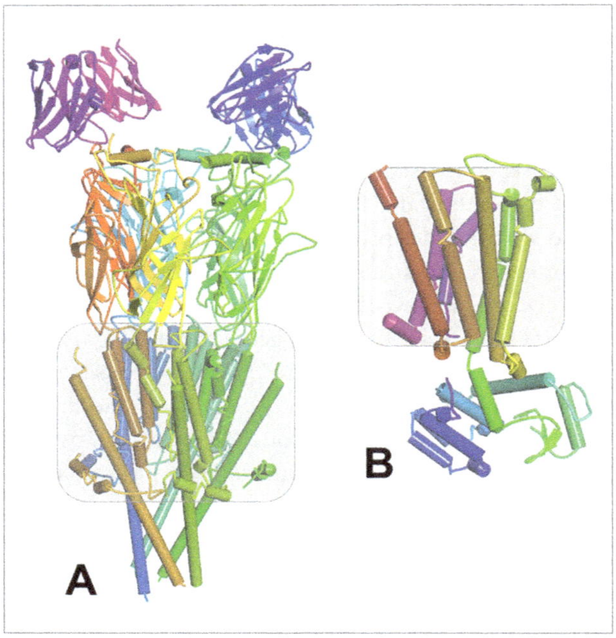

FIGURA 3 Estruturas 3-D dos receptores colinérgicos nicotínico (A: código PDB 6PV7) e muscarínico (B: código PDB 4DAJ). As regiões de contato com a membrana celular estão destacadas em cinza.

lina desempenha um papel fundamental na interação com os receptores colinérgicos por meio da realização de ligações de hidrogênio (Figura 2), de modo que nosso organismo consegue neutralizar a ação da acetilcolina sobre seus receptores ao clivar (separar) a acetila da colina. Portanto, inibidores da enzima que catalisa esse processo, a acetilcolinesterase, impedem que a acetilcolina seja destruída, exercendo assim o mesmo efeito biológico de um agonista colinérgico.

AGONISTAS DE RECEPTORES COLINÉRGICOS

Embora sejam inúmeros os compostos descritos na literatura capazes de antagonizar ou estimular os receptores nicotínicos e muscarínicos, bem como os inibidores da enzima acetilcolinesterase, o enfoque neste capítulo será o de discutir apenas fármacos atualmente em uso clínico no Brasil e não compostos organofosforados, por exemplo, os que são normalmente utilizados como inseticidas ou agentes de guerra química. Dessa forma, busca-se fornecer elementos para que os estudantes, junto a seus professores, sejam capazes de realizar avaliações terapêuticas baseadas nas estruturas dos fármacos, um conceito que enfatiza a importância da química para a prática farmacêutica e exige a inclusão de conhecimentos químicos na tomada de decisões terapêuticas importantes para a prestação da assistência farmacêutica.[8]

Essa abordagem está em linha com as recomendações da American Association of Colleges of Pharmacy (AACP), que estabelece como objetivos e resultados educacionais principais da química farmacêutica na formação do profissional farmacêutico a capacitação do estudante em adquirir, compreender, aplicar, analisar, sintetizar e avaliar as informações sobre a estrutura química dos fármacos e de suas classes a fim de projetar, implementar, monitorar, avaliar e ajustar os planos de assistência farmacêutica, os quais devem ser específicos para o paciente e baseados em evidências clínicas.[9]

Com base na Figura 2, entendemos que os grupos mais importantes para a ação da acetilcolina em seus receptores são a amina positivamente carregada e os oxigênios da acetila, portanto a remoção destes grupos na elaboração de novos agonistas colinérgicos deve ser evitada. A cadeia etílica espaçadora entre esses grupos (na Figura 2) precisa ser mantida, já que, ao encurtá-la ou estendê-la, seriam deslocadas a acetila e a amina para longe das posições ideais necessárias para a interação com os aminoácidos correspondentes nos receptores. Estudos adicionais sugerem ainda que substituir a metila da acetila ou as ligadas ao grupo amino por grupos maiores também tende a reduzir a atividade biológica.[10] Portanto, os esforços dos químicos medicinais se concentraram em modificar a estrutura da acetilcolina não para aumentar a afinidade dos análogos pelos receptores, e sim para prolongar a duração da ação desses compostos, tornando-os mais resistentes à hidrólise da acetila.

A primeira ideia foi a de evitar uma das conformações da acetilcolina que favorece a hidrólise na qual o nitrogênio positivamente carregado da acetilcolina é atraído pela densidade eletrônica sobre o oxigênio carbonílico (Figura 4), "dissipando" assim parte da carga negativa sobre o átomo. Isso aumenta ainda mais a deficiência eletrônica no carbono carbonílico vizinho, favorecendo o ataque nucleofílico da água e a consequente clivagem da acetila.[11]

Para reduzir a deficiência eletrônica sobre o carbono carbonílico, aumentando assim a estabilidade à hidrólise, no betanecol houve a substituição do carbono vizinho por um nitrogênio, gerando assim um carbamato (Figura 4), que agora possui um par de elétrons livre que doa densidade eletrônica para o carbono carbonílico vizinho. Ao mesmo tempo, houve a inserção de uma metila no grupo espaçador, que funciona como um escudo estérico, dificultando assim a aproximação de enzimas que possam prover a hidrólise, como as esterases sanguíneas.[11] O betanecol

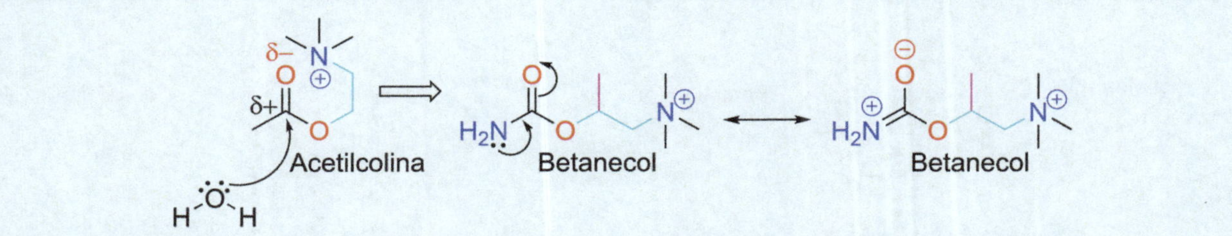

FIGURA 4 Estratégia para o desenvolvimento do betanecol a partir da acetilcolina.

(medicamento de referência Liberan®) é utilizado no tratamento da retenção urinária aguda no pós-operatório e no pós-parto.[12]

Ao contrário do carbacol, os demais agonistas colinérgicos foram baseados na estrutura da nicotina ou da muscarina, de forma a obter agonistas seletivos. Como exemplo temos o agonista de receptores nicotínicos vareniclina (Champix®), indicado para quem deseja parar de fumar.[12] Esse fármaco foi desenvolvido com base na estrutura da citisina (Figura 5), inseticida natural presente na *Cytisus laburnum* (chuva-de-ouro), quando se observou que o contato com o composto inibia a vontade de fumar. A citisina é comercializada na Bulgária como adjuvante no combate ao tabagismo (Tabex®).[13]

Apesar das estruturas mais complexas, tanto a vareniclina quanto a citisina apresentam o grupo positivamente carregado e o aceptor de ligações de hidrogênio em posicionamentos semelhantes aos grupos correspondentes na estrutura da nicotina, respeitando assim o farmacóforo definido para a interação com receptores nicotínicos (Figura 2). Com relação a agonistas de receptores muscarínicos, o principal exemplo de uso clínico é a pilocarpina (Pilocarpina Allergan®), utilizada na forma de colírio no tratamento do glaucoma e das hipertensões oculares.[12] A comparação com a muscarina permite notar que o farmacóforo necessário para a interação com receptores muscarínicos (grupo iônico e doador de ligação de H) é mantido (Figura 6).

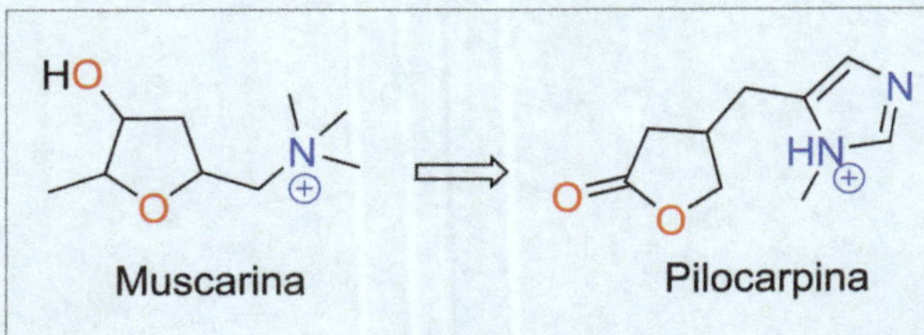

FIGURA 6 Desenvolvimento da pilocarpina a partir da muscarina.

INIBIDORES DA ENZIMA ACETILCOLINESTERASE

Apesar da utilidade da vareniclina e da pilocarpina em algumas situações clínicas específicas, a forma mais empregada para estimular os receptores colinérgicos é simplesmente aumentar a disponibilidade da acetilcolina nas sinapses ao inibir sua degradação pela enzima acetilcolinesterase (AChE). Análise do mecanismo de hidrólise da acetilcolina pela enzima (Figura 7) demonstra que os resíduos mais importantes do sítio catalítico são uma serina, que age como nucleófilo no ataque ao carbono carbonílico do neurotransmissor, e uma histidina, que aumenta a nucleofilicidade da serina ao atuar como catalisador ácido-base. Dois resíduos apolares, um triptofano e uma fenilalanina, auxiliam no correto posicionamento do substrato ao interagir com a porção colina do substrato, realizando interações do tipo cátion-pi e Van der Waals, respectivamente. Enquanto a enzima estiver acetilada, ela não pode se ligar a uma nova molécula de acetilcolina, devendo sofrer hidrólise rápida da acetila para regenerar a forma ativa da AChE e uma molécula de ácido acético.[14]

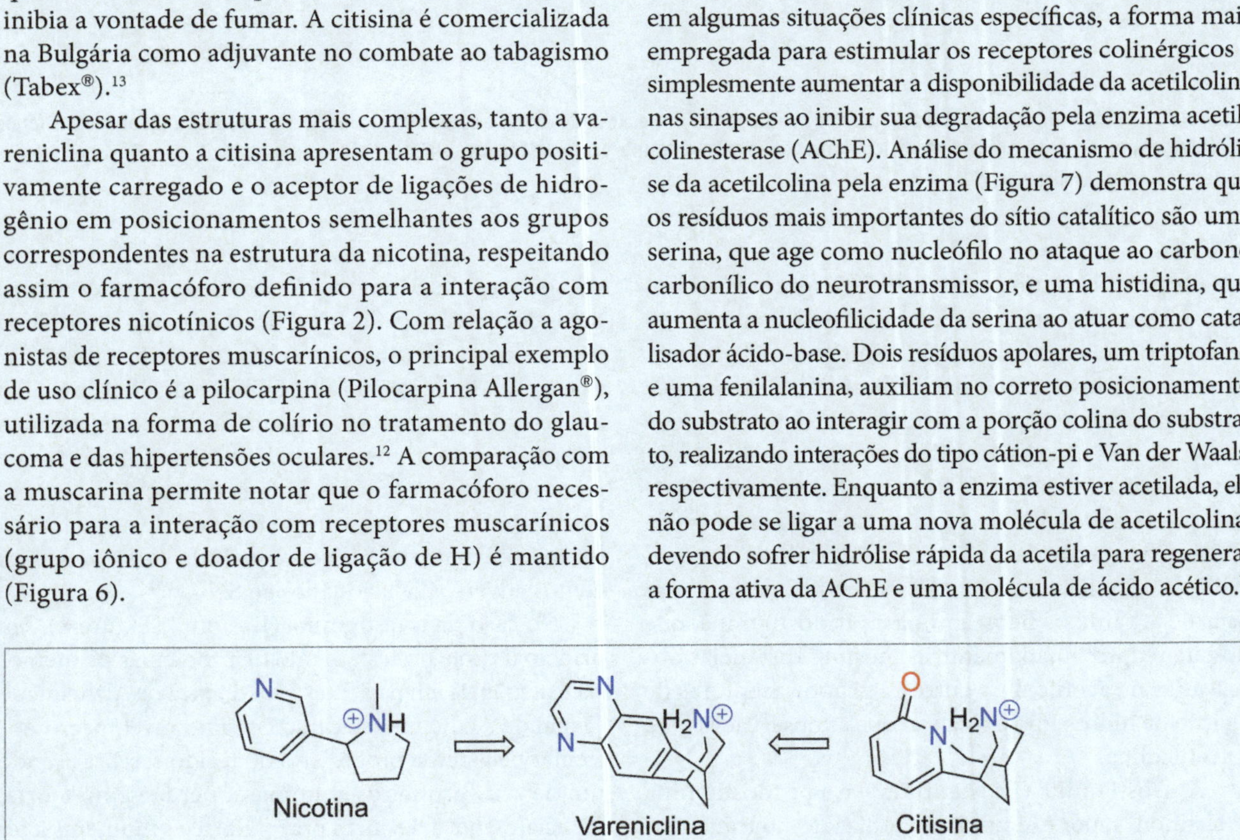

FIGURA 5 Desenvolvimento da vareniclina a partir da nicotina e citisina.

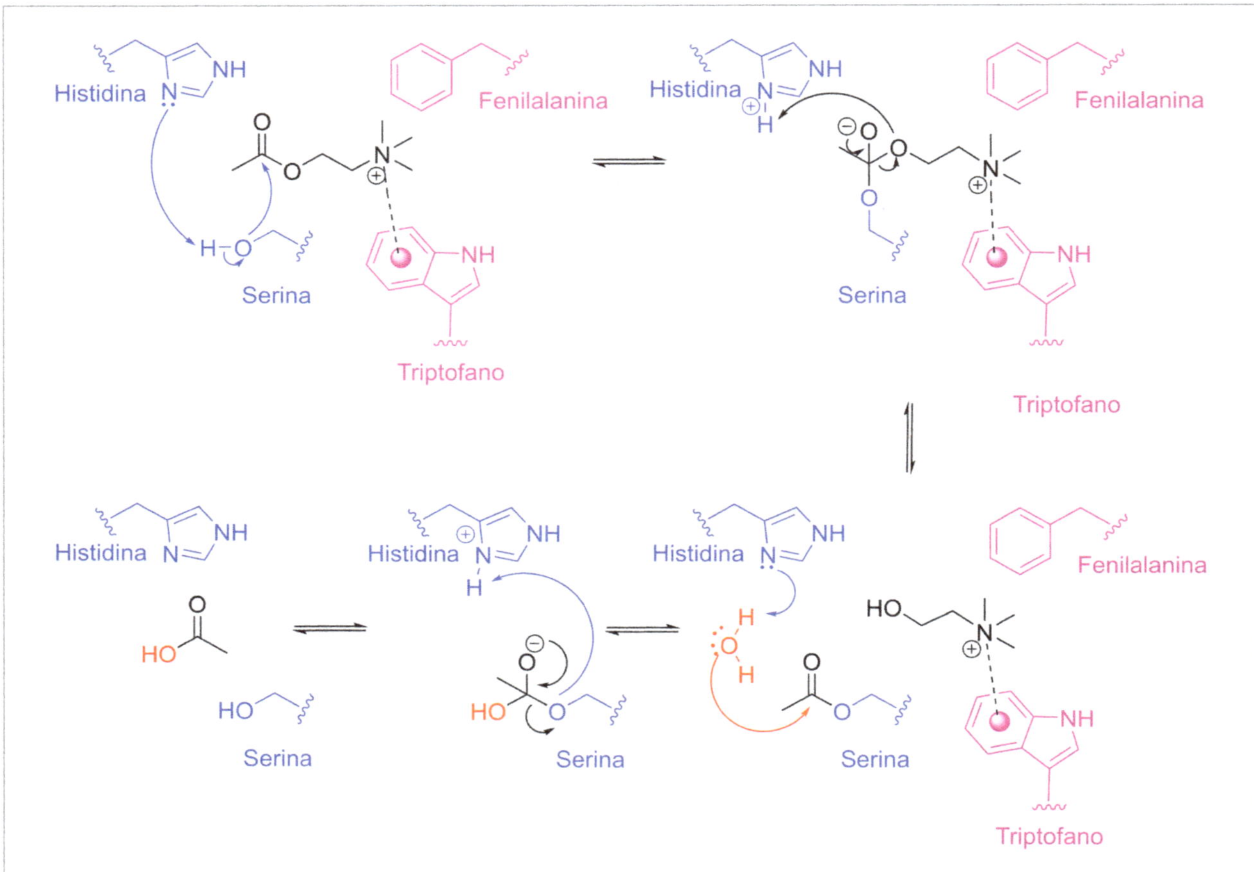

FIGURA 7 Hidrólise da acetilcolina pela enzima acetilcolinesterase. Resíduos do sítio catalítico são mostrados em azul enquanto os resíduos apolares, os quais mantêm o correto posicionamento da porção colina, estão destacados em magenta.
Fonte: adaptada de Lemke et al., 2013.

Os primeiros inibidores da AChE foram baseados na fisiostigmina, um alcaloide isolado de sementes venenosas do feijão de calabar (*Physostigma venenosum*). Embora a fisiostigmina não seja utilizada na prática clínica por conta da alta toxicidade, ela demostrou que o resíduo de serina carbamilado do sítio catalítico (Figura 8) sofre hidrólise de forma extremamente lenta (tempo de meia-vida de 15 minutos), ao contrário da acetilação promovida pela acetilcolina (tempo de meia-vida de 0,2 milissegundos). Nesse sentido, destacam-se os aril carbamatos neostigmina e piridostigmina, que possuem aproximadamente as mesmas distâncias observadas na acetilcolina entre os grupos aceptores de ligação de hidrogênio e o cátion que as observadas para a acetilcolina.[14]

A neostigmina (Prostigmine®) e a piridostigmina (Mestinon®), por exemplo, são utilizadas no tratamento da miastenia *gravis*, doença autoimune na qual o corpo produz anticorpos contra seus próprios receptores colinérgicos. Como o número de receptores nicotínicos diminui, a sinalização para o músculo esquelético fica prejudicada, causando fraqueza e fadiga muscular graves, sendo que maior disponibilidade da acetilcolina alivia esses sintomas ao aumentar a chance de ativar os receptores nicotínicos que ainda restam. Note ainda que a neostigmina e a piridostigmina possuem uma carga positiva permanente, que as impede de atravessar a barreira hematoencefálica, reduzindo assim possíveis efeitos adversos relacionados ao SNC.[11,12]

No caso da rivastigmina (Exelon®) (Figura 8), seu principal uso é no tratamento de problemas de memória e demência em pacientes com doença de Alzheimer.[12] O mal de Alzheimer se caracteriza no nível macromolecular pela perda progressiva do tecido cerebral, sendo um de seus primeiros sintomas a perda de memória, especialmente a de curto prazo. Entre as inúmeras alterações provocadas por essa destruição tecidual está também a destruição progressiva da rede colinérgica no

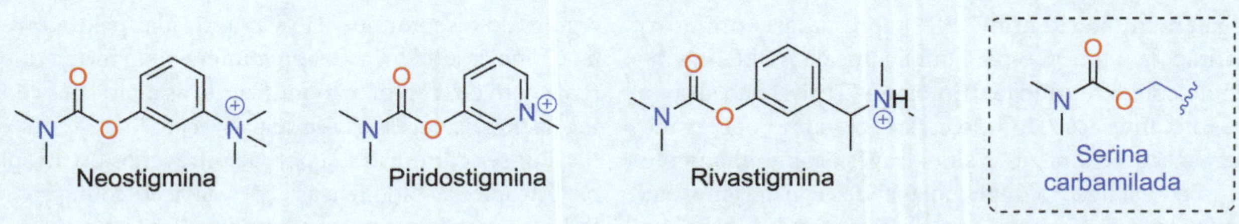

FIGURA 8 Desenvolvimento de carbamatos como inibidores da enzima AChE.

SNC, fazendo com que a quantidade total de receptores colinérgicos fique abaixo do necessário para manter a neurotransmissão.[15]

Nos seres humanos, o sistema colinérgico está relacionado a muitos aspectos da cognição, incluindo a divisão dos recursos cerebrais entre a atenção, memória de trabalho, inibição de informações irrelevantes e à melhoria do desempenho em tarefas mais complexas. Consequentemente, pacientes com doença de Alzheimer em estado moderado apresentam dificuldade para realizar tarefas que exijam atenção, como preparar refeições, por exemplo. Assim, inibidores da AChE prolongam a permanência da acetilcolina nas sinapses, ativando assim os poucos receptores colinérgicos que ainda restam nesses pacientes.[16] Trata-se, portanto, de uma terapia paliativa, que busca estender a qualidade de vida do paciente pelo maior tempo possível, sendo que esses fármacos representam a principal ferramenta terapêutica no manejo da doença.

A rivastigmina possui uma amina terciária (Figura 8), que na forma neutra permite a passagem pela barreira hematoencefálica, mas que também é capaz de se protonar (ionizar) para, teoricamente, permitir a interação com os resíduos de aminoácidos da AChE, conforme observado para a acetilcolina. Contudo, as Figuras 7 e 8 mostram que a distância entre o cátion e os grupos aceptores de ligação de hidrogênio nesse fármaco parece maior do que em todas as estruturas estudadas até agora. Se você pensou isso está certo(a). Embora a rivastigmina possa ter sido desenvolvida como um análogo da acetilcolina, seu modo de interação com a AChE é diferente, sendo que seu nitrogênio está voltado para os resíduos de serina e histidina que realizam a hidrólise da acetila da acetilcolina e não para os resíduos de triptofano e fenilalanina, como seria de esperar (Figura 9).

Nesse sentido, novos inibidores da AChE como a galantamina e a donepezila (Figura 10) foram desenvolvidos, estendendo assim o número de interações observadas com resíduos de aminoácidos da AChE quando comparados à rivastigmina (Figura 9). Assim,

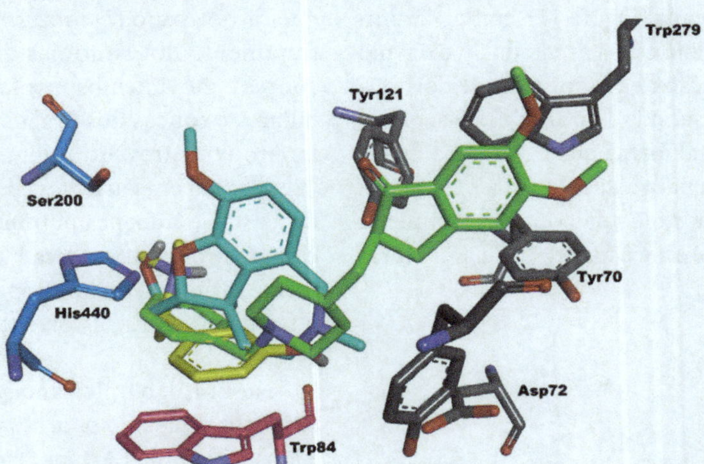

FIGURA 9 Comparação entre os modos de ligação com a AChE da rivastigmina (átomos de carbono em amarelo; código PDB 1GQR), galantamina (átomos de carbono em ciano; código PDB 1DX6) e donepezila (átomos de carbono em ciano; código PDB 1EVE). O resíduo de fenilalanina (Phe330), que corresponde ao ilustrado na Figura 6, não é mostrado para facilitar a visualização dos ligantes. Resíduos do sítio aniônico periférico são mostrados em cinza.

a galantamina (Reminyl ER®) apresentaria um novo padrão de interações para um ligante da AChE, interagindo com o resíduo de triptofano (Trp84) não através de uma interação do tipo cátion-pi, como observado para a acetilcolina, mas sim através de empilhamento pi-pi com a ligação dupla no anel de ciclo-hexeno. Sua amina terciária faria também uma ligação de hidrogênio com um resíduo de aspartato (Asp72) e a hidroxila livre com um resíduo de glutamato (Glu199).[17]

Já no caso da donepezila (Eranz®), a estrutura do fármaco foi estendida de maneira que sua porção bicíclica (5,6-dimetóxi-indanona) pudesse interagir com aminoácidos em uma nova cavidade da AChE, chamada de sítio aniônico periférico, composta pelos resíduos Tyr70, Asp72, Tyr121, Trp279 e Tyr334 (Figura 9).[18,19] Embora a donepezila seja o mais potente dentre os inibidores da AChE em uso clínico,[20] na prática os três compostos promovem uma melhora estatisticamente significativa na função cognitiva em pacientes com a doença de Alzheimer,[15] podendo assim ser considerados igualmente úteis no manejo dos sintomas relacionados à destruição progressiva da rede colinérgica na doença.

ANTAGONISTAS DE RECEPTORES COLINÉRGICOS

A maioria dos antagonistas de receptores muscarínicos de uso clínico se baseia na atropina, presente nas raízes da *Atropa belladonna*. Na Idade Média, as mulheres italianas usavam extratos da raiz dessa planta para dilatar suas pupilas de modo a parecerem mais atraentes, daí o nome beladona.[11]

Na estrutura da atropina (Figura 11), embora a amina positivamente carregada esteja separada do oxigênio do éster (aceptor de ligação de H) por mais de dois carbonos, a conformação assumida pelo anel bicíclico orienta esses dois grupos de tal forma que a distância final é semelhante à observada para a acetilcolina.[14] Contudo, como a atropina é uma molécula consideravelmente maior que a acetilcolina, ela é capaz de se ligar a outras regiões do receptor que não são utilizadas pelo agonista. Como resultado, a atropina interage de forma diferente com o receptor, não induzindo as alterações conformacionais necessárias a sua ativação.[11]

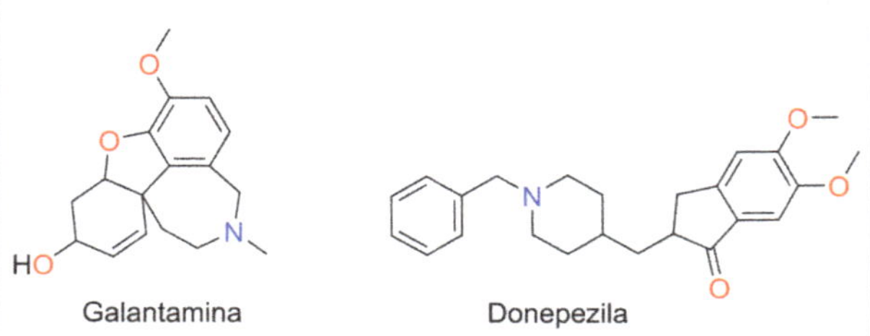

FIGURA 10 Estruturas dos inibidores da AchE, galantamina e donepezila.

Por ser administrada por via intravenosa, a atropina (Atropion®) bloqueia as ações da acetilcolina sobre todos os receptores muscarínicos no organismo, como os presentes: 1) no coração, daí sua utilidade no tratamento de arritmias, bradicardia sinusal severa; 2) na mucosa gástrica e no intestino, daí o uso como coadjuvante no tratamento de úlcera péptica, doenças do trato gastrintestinal e biliar; 3) no músculo liso em geral, como no tratamento de cólicas durante a menstruação, no tratamento sintomático de doenças do aparelho geniturinário (p. ex.: no alívio de cólicas ureterais e renais, na incontinência urinária, no espasmo da musculatura uterina) e 4) como medicação pré-anestésica, para diminuir a salivação e a secreção do trato respiratório e para bloquear o reflexo inibitório vagal no coração durante a indução da anestesia.[12]

A homatropina (Novatropina®) é um análogo da atropina com pequenas modificações estruturais (Figura 11), dentre as quais a substituição do grupo hidroximetil – vizinho do anel aromático – por uma hidroxila e, principalmente, pela conversão da amina terciária em um grupo permanentemente carregado, evitando assim o acesso do fármaco ao SNC. A homatropina é empregada no alívio dos espasmos na musculatura lisa do trato gastrintestinal, na forma isolada ou em associação à dimeticona (Flagass baby®). Já a hioscina ou escopolamina (Buscopan®) (Figura 11), isolada a partir da figueira-do-diabo (*Datura stramonium*), é indicada no tratamento dos sintomas de cólicas gastrintestinais, cólicas e movimentos involuntários anormais das vias biliares e cólicas dos órgãos sexuais e urinários.[12] Já o ipratrópio (Atrovent®) (Figura 11) é administrado por nebulização em pacientes com broncoespasmo associado à asma e à doença pulmonar obstrutiva crônica, incluindo bronquite crônica.[12] O nitrogênio permanentemente carregado no ipratrópio faz com que, mesmo que o fármaco chegue à corrente sanguínea, não consiga acessar o SNC.

No Brasil, o único antagonista de receptores muscarínicos projetado para atuar especificamente no SNC é a triexifenidila (Artane®), que ameniza os distúrbios de movimento causados pela doença de Parkinson. Contudo, a estratégia utilizada no desenvolvimento desse fármaco se torna mais clara quando consideramos a estrutura de outro fármaco, um análogo da atropina que é utilizado no tratamento do Parkinson nos EUA, a

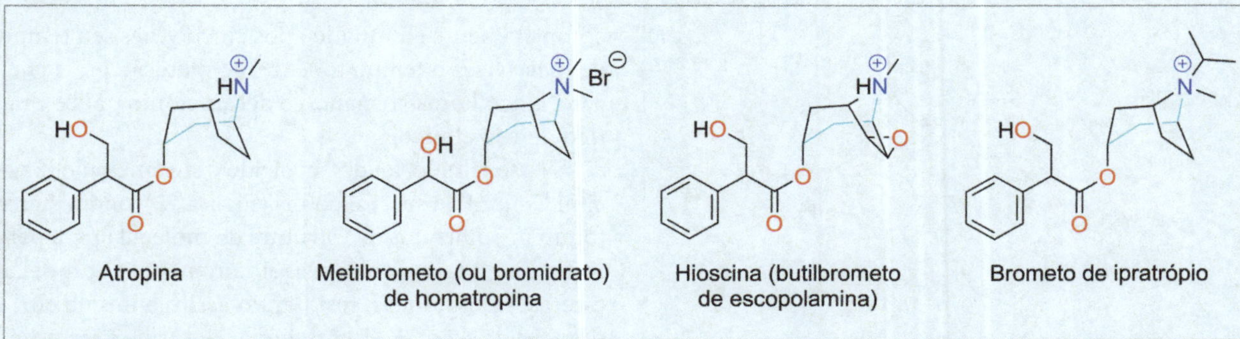

FIGURA 11 Estruturas dos antagonistas de receptores muscarínicos análogos à atropina em uso clínico no Brasil.

benzotropina (Cogentin®) (Figura 12). É possível perceber que a triexifenidila apresenta uma estrutura mais simples que a benzotropina, já que seu desenvolvimento foi realizado com base no conceito de simplificação estrutural, o qual preconiza que, uma vez que os grupos essenciais para a ação já tenham sido identificados (farmacóforo), é possível descartar as partes não essenciais na estrutura sem perder a atividade biológica.[11] A triexifenidila também apresenta semelhança com o ciclopentolato (Cicloplégico®), antagonista de receptores muscarínicos estruturalmente mais próximo da acetilcolina, que é usado na forma de colírio em exames oculares e no tratamento de distúrbios inflamatórios dos olhos.[12]

Os antagonistas dos receptores colinérgicos nicotínicos de uso clínico agem sobre os receptores nicotínicos presentes nas junções neuromusculares, sendo conhecidos como agentes bloqueadores neuromusculares. O precursor dos compostos dessa classe foi a tubocurarina, isolada em 1939 a partir do curare, um conjunto de compostos orgânicos venenosos usados nas flechas de índios da Amazônia brasileira.[21] Apesar de a tubocurarina antagonizar os efeitos da acetilcolina sobre os receptores nicotínicos presentes nas junções neuromusculares, apenas uma pequena porção dessa molécula se sobrepõe ao sítio de ligação da acetilcolina (Figura 13).

Isso fica bastante evidente quando comparamos o modo de ligação do agonista de receptores nicotínicos vareniclina (Figura 5) com a tubocurarina (Figura 14). Portanto, não será possível aplicar o que foi aprendido até o momento sobre as relações estrutura-atividade dos agonistas de receptores colinérgicos para essa classe de fármacos, já que a maior parte das interações se dá, na realidade, em regiões distintas do receptor nicotínico. Como as interações mais importantes realizadas entre a tubocurarina e o receptor estão relacionadas a seus dois nitrogênios positivamente carregados, o farmacóforo para a classe desses bloqueadores neuromusculares consiste em dois grupos positivamente carregados separados por uma distância de ~11 Å (Figura 14).

Não é difícil imaginar que o primeiro impulso dos químicos medicinais foi o de simplificar ao máximo a estrutura da tubocurarina. Assim, surgiu o decametônio (Figura 15), dois grupos amônio quaternário separados por dez (*deca* = dez) átomos de carbono, o que, na conformação estendida, provê uma distância de ~11 Å entre os grupos. Pelo fato de seus nitrogênios serem

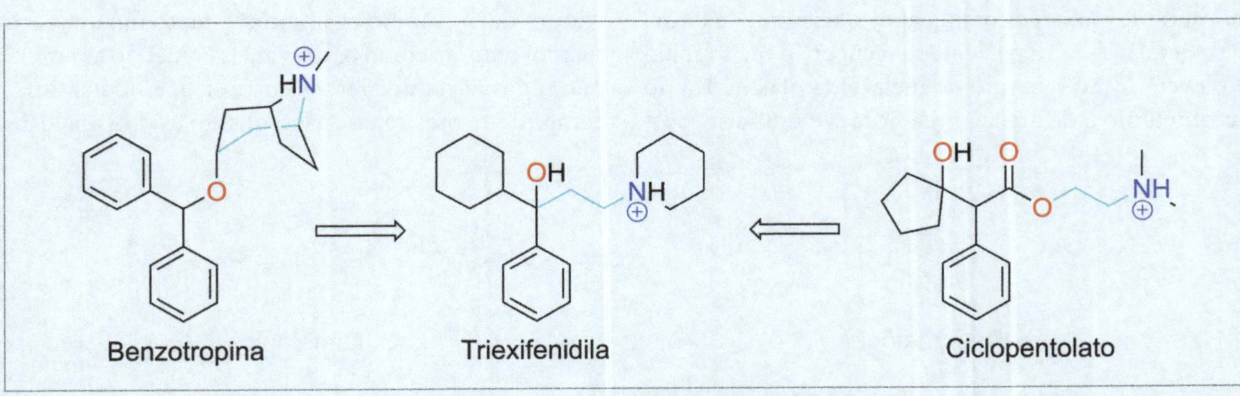

FIGURA 12 Comparação da estrutura da triexifenidila com as dos antagonistas de receptores muscarínicos benzotropina e ciclopentolato.

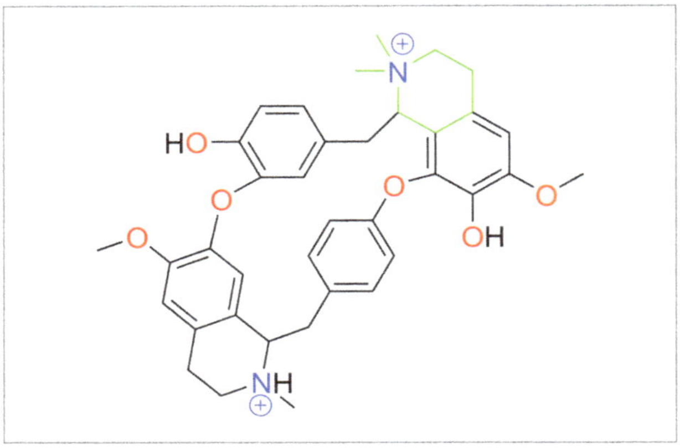

FIGURA 13 Estrutura da tubocurarina. A região do composto que ocupa o mesmo sítio da acetilcolina no receptor nicotínico está destacada em verde.

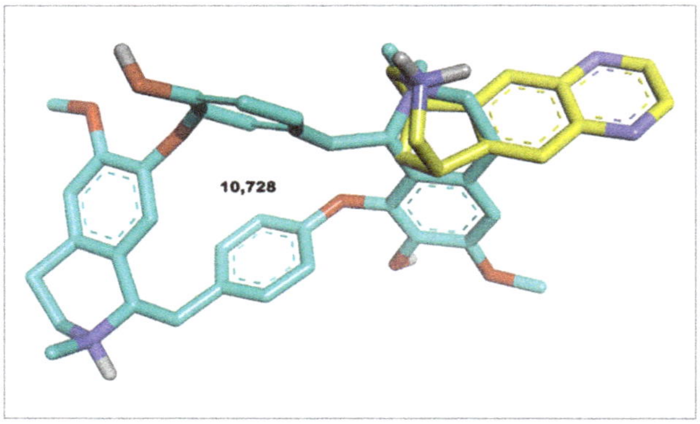

FIGURA 14 Comparação entre os modos de ligação do agonista de receptores nicotínicos vareniclina (átomos de carbono em amarelo; código PDB 4AFT) com o antagonista tubocurarina (átomos de carbono em ciano; código PDB 3PMZ). A distância entre os dois grupos positivamente carregados da tubocurarina corresponde a 10,728 Å.

permanentemente carregados, o fármaco não acessa o SNC, sendo então perfeito para relaxar os músculos dos pacientes durante cirurgias. Isso é quase perfeito, já que o médico precisa manter o relaxamento muscular apenas durante o procedimento; após o término da cirurgia é desejável que o paciente se recupere o mais rápido possível. Como o tempo de meia-vida plasmática do decametônio é de meia a uma hora,[22] e um fármaco é completamente eliminado após cinco vezes seu tempo de meia-via,[23] o tempo total de recuperação pode chegar a cinco horas, tornando o decametônio pouco prático no uso clínico.

Nesse sentido, foi desenvolvido o suxametônio (Succinil Colin®) ou succinilcolina (Figura 15), onde ésteres foram introduzidos na estrutura da molécula para permitir que o fármaco seja rapidamente clivado pelas esterases sanguíneas, resultando assim em uma curta duração de ação (5 a 10 minutos). Note que o farmacóforo é preservado, já que o espaçamento de dez átomos continua o mesmo. Por ter uma estrutura muito simples, o fármaco acaba sendo pouco específico, tendo efeito sobre os receptores colinérgicos no coração, o que leva ao aumento da frequência cardíaca e a quedas na pressão arterial.[11]

Como resolver o problema da seletividade? A inspiração mais uma vez veio de um produto natural, a malouetina (Figura 16), um alcaloide isolado de *Malouetia* spp. com atividade bloqueadora neuromuscular.[24] Contudo, na malouetina a distância entre os grupos positivamente carregados é de ~12 Å, um pouco acima do estabelecido para o farmacóforo dessa classe. De qualquer modo, percebeu-se que o núcleo esteroide poderia ser uma boa alternativa para gerar antagonistas mais seletivos para os receptores nicotínicos presentes nas junções neuromusculares, sendo que o reposicionamento dos cátions nesta estrutura trouxe a distância entre os grupos para a faixa ótima, de 11 Å.

Perceba que na estrutura do pancurônio (Pancuron®) e do vecurônio (Norcuron®) existem duas subestruturas de acetilcolina, com dois átomos de carbono separando a acetila da amina. Isso ocorre porque, na época em que esses compostos foram desenvolvidos, acreditava-se que os cátions se ligavam a dois sítios ativos da acetilcolina em receptores nicotínicos vizinhos, o que sabemos pela discussão sobre a tubocurarina não ser o caso.[25] Na estrutura do rocurônio (Esmeron®), tanto uma das acetilas foi omitida como os dois anéis contendo as aminas não são mais equivalentes entre si, e, ainda assim, o composto se mostra tão viável quanto os dois análogos.

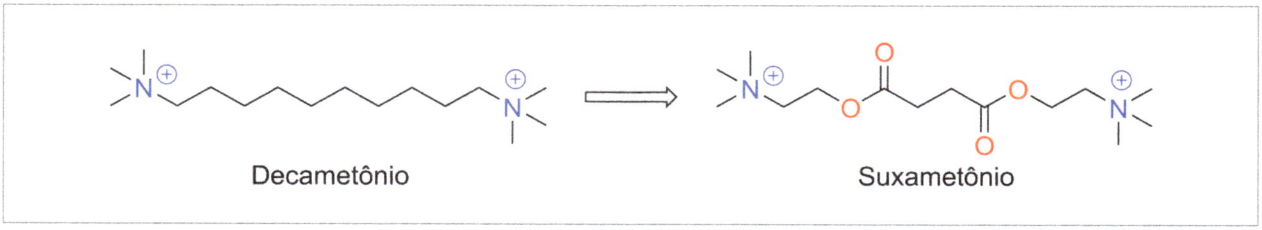

FIGURA 15 Desenvolvimento do suxametônio a partir do decametônio.

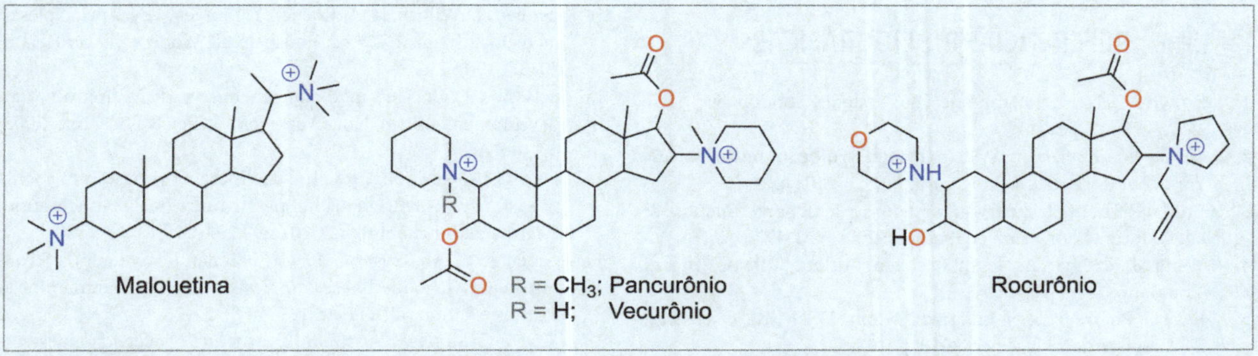

FIGURA 16 Desenvolvimento do pancurônio, vencurônio e rocurônio a partir da estrutura da malouetina.

Apesar de não possuírem os problemas de seletividade do suxametônio, a duração de ação dos três compostos agora sobe de poucos minutos para quase uma hora,[11] sendo que o desenvolvimento de novos análogos se mostrou necessário.

A partir das experiências clínicas com o suxametônio, constatou-se que uma em cada 2 mil pessoas não possui as esterases plasmáticas necessárias para hidrolisar o fármaco, de modo que os químicos medicinais decidiram empregar uma estratégia diferente para reduzir a duração de ação dos novos bloqueadores neuromusculares a serem planejados, a eliminação de Hofmann (Figura 17).[11] Os fármacos atracúrio (Tracrium®) e mivacúrio (Mivacron®) são comercializados em solução injetável estéril de pH ácido (entre 3,5 e 5,5) na qual os fármacos são estáveis. Quando os fármacos entram em contato com o pH mais alcalino da corrente sanguínea (7,4), o hidrogênio *beta* ao grupo amônio quaternário é abstraído, o qual tem sua acidez aumentada pela presença do grupo éster vizinho. Como resultado, o mivacúrio tem uma duração de ação total de 15 minutos contra 30 minutos do atracúrio, o que faz dos fármacos excelentes alternativas terapêuticas no relaxamento da musculatura esquelética.[11]

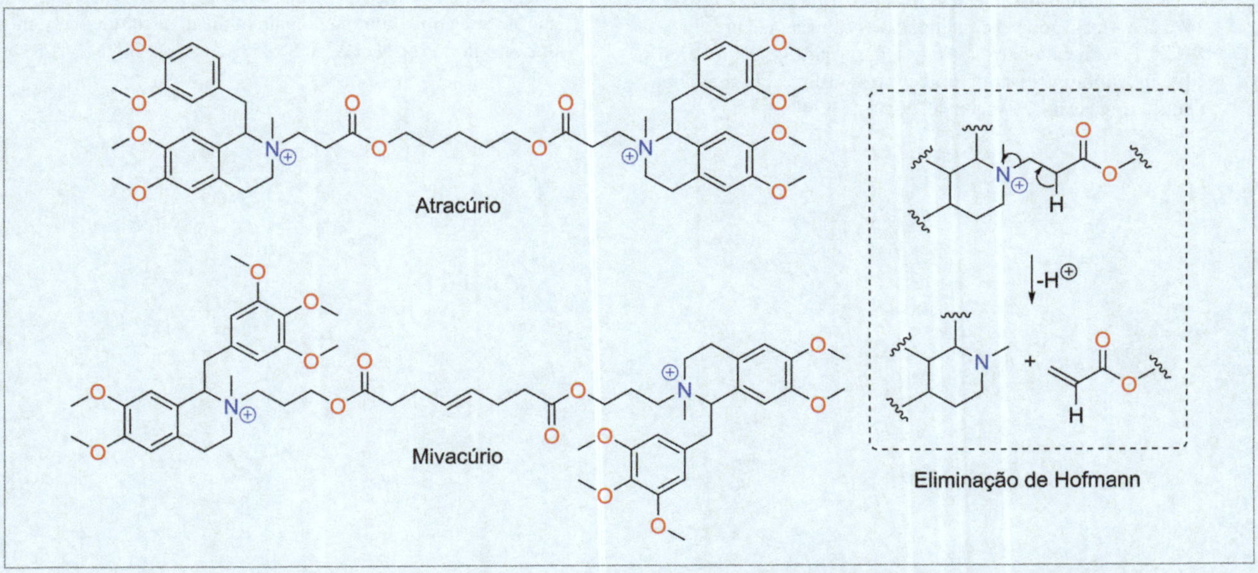

FIGURA 17 Inativação dos novos bloqueadores neuromusculares atracúrio e mivacúrio com base em eliminação de Hofmann.
Fonte: adaptada de Patrick, 2013.

REFERÊNCIAS BIBLIOGRÁFICAS

1. Brown AG. Nerve cells and nervous systems. London: Springer--Verlag; 2001. p. 1-14.
2. Oleksy W. The nervous system: insider's guide to the body. New York: The Rosen Publishing Group, Inc.; 2001. p. 12-7.
3. Brodal P. The central nervous system: structure and function. 3ª ed. Oxford: Oxford University Press; 2004. p. 1-17.
4. Wang M, Freeman A. Neural function. Boston: Little Brown and Company; 1986. p. 1-35.
5. Page C. Pharmacology. In: Naish J, Court DS. Medical sciences. 3.ed. Amsterdam: Elsevier; 2019. p. 103-52.
6. Rockhold RW. The chemical basis for neuronal communication. In: Haines DE. Fundamental neuroscience for basic and clinical applications. 4ª ed. Amsterdam: Elsevier; 2013. p. 52-62.
7. Petty HR. Molecular biology of membranes. New York: Plenum Press; 1993. p. 223-96.
8. Alsharif NZ, Destache CJ, Roche VF. Teaching medicinal chemistry to meet outcome objectives for pharmacy students. Am J Pharm Educ. 1999;63:34-40.
9. Medicinal chemistry supplemental educational outcomes based on CAPE 2004. Arlington: American Association of Colleges of Pharmacy – Center for the Advancement of Pharmaceutical Education (CAPE), 2004. [internet] [acesso em: 2020 mar. 31]. Disponível em: https://www.aacp.org/node/1447.
10. Cutler SJ. Cholinergic drugs and related agents. In: Beale Jr JM, Block JH. Wilson and Gisvold's textbook of organic medicinal and pharmaceutical chemistry. 12th ed. Baltimore, Lippincott Williams & Wilkins; 2011. p. 558-606.
11. Patrick GL. An introduction to medicinal chemistry. 5th ed. Oxford: Oxford University Press; 2013. p. 578-608.
12. BulasMed – referências completas de medicamentos. Juiz de Fora: Centralx Sistemas Inteligentes em Saúde. [internet] [acesso em: 2020 abr. 4]. Disponível em: https://www.bulas.med.br.
13. Xi ZX. Preclinical pharmacology, efficacy and safety of Varenicline in smoking cessation and clinical utility in high risk patients. Drug Healthc Patient Saf. 2010:10:39-48.
14. Lemke TL, Williams DA, Roche VF, Zito SW. Foye's principles of medicinal chemistry. 7th ed. Philadelphia: Wolters Kluwer Health; 2013. p. 309-39.
15. Selassie CD. Burger's medicinal chemistry, drug discovery and development. 6th ed. Nova York: John Wiley & Sons, Inc.; 2003. p. 39-166.
16. Dumas JA, Newhouse PA. The cholinergic hypothesis of cognitive aging revisited again: cholinergic functional compensation. Pharmacol Biochem Behav. 2011:99:254-261.
17. Greenblatt HM, Kryger G, Lewis T, Silman I, Sussman JL. Structure of acetylcholinesterase complexed with (−)-galanthamine at 2.3 A resolution. FEBS Lett. 1999:463:321-26.
18. Kryger G, Silman I, Sussman JL. Structure of acetylcholinesterase complexed with E2020 (Aricept): implications for the design of new anti-Alzheimer drugs. Structure. 1999:7:297-307.
19. Bajda M, Więckowska A, Hebda M, Guzior N, Sotriffer CA, Malawska B. Structure-based search for new inhibitors of cholinesterases. Int J Mol Sci. 2013:14:5608-32.
20. Jackisch R, Förster S, Kammerer M, Rothmaier AK, Ehret A, Zentner J, Feuerstein TJ. Inhibitory potency of choline esterase inhibitors on acetylcholine release and choline esterase activity in fresh specimens of human and rat neocortex. J Alzheimers Dis. 2009:16:635-47.
21. Sneader W. Drug discovery: a history. Chichester: John Wiley and Sons; 2005. p. 88-105.
22. Troy DB, Hauber MJ, O'Brien, MA. Remington's pharmaceutical sciences. 21st ed. Philadelphia: Lippincott Williams & Wilkins; 2005. p. 1411-21.
23. Toutain PL, Bousquet-Mélou A. Plasma terminal half-life. J Vet Pharmacol Ther. 2004:27:427-39.
24. Ellis GP, West GB. Progress in medicinal chemistry. Amsterdam: Elsevier North-Holland Biomedical Press; 1979. v. 16. p. 35-150.
25. Spurny R1, Debaveye S, Farinha A, Veys K, Vos AM, Gossas T, et al. Molecular blueprint of allosteric binding sites in a homologue of the agonist-binding domain of the α7 nicotinic acetylcholine receptor. Proc Natl Acad Sci USA. 2015:112:E2543-E2552.

CAPÍTULO 16

Adrenérgicos e antiadrenérgicos

Wanda Pereira Almeida
Daniel Fábio Kawano

INTRODUÇÃO

Este capítulo é dedicado ao estudo dos fármacos que afetam a transmissão adrenérgica, mimetizando ou antagonizando, direta ou indiretamente, a ação da noradrenalina (NA) (norepinefrina).

A Figura 1 apresenta esquematicamente a organização do sistema nervoso autônomo, e seus dois componentes: o sistema nervoso simpático (SNS) e o parassimpático (SNPA), que apresentam diferenças morfofisiológicas. No SNPA, o neurônio pré-ganglionar está localizado fora do sistema nervoso central (SNC), na região craniossacral. A fibra pré-ganglionar é longa e se conecta ao neurônio pós-ganglionar, localizado próximo ou dentro de um órgão. A sinalização do SNPA é mediada pelo neurotransmissor acetilcolina (ACh). Já no SNS, o neurônio pré-ganglionar tem o corpo localizado no SNC (região toracolombar), conectado a um segundo neurônio cujo corpo está localizado longe das vísceras. A fibra pré-ganglionar é curta, enquanto a pós-glanglionar é longa. A sinalização é mediada pela acetilcolina (ACh), liberada pelo neurônio pré-ganglionar, e pela NA, pelo neurônio pós-ganglionar. O equilíbrio entre a atividade simpática e a parassimpática é fundamental para a homeostase de glândulas e vísceras inervadas por esses sistemas.

A interação dos neurotransmissores com receptores distribuídos em diferentes órgãos desencadeia uma série de efeitos que são responsáveis pelo pleno funcio-

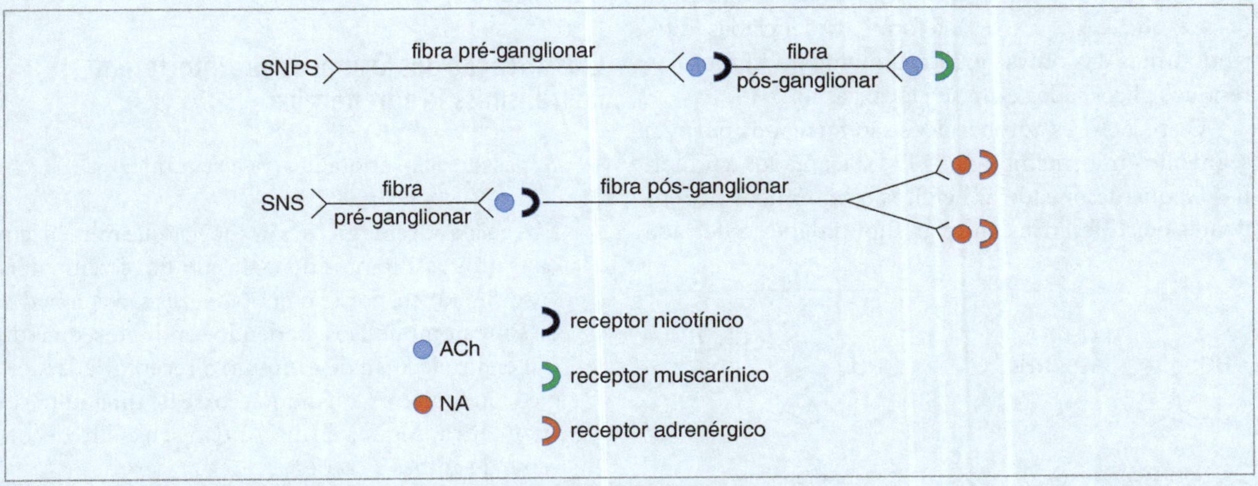

FIGURA 1 Esquema das inervações autonômica parassimpática (SNPS) e simpática (SNS).
SNPS: sistema nervoso parassimpático; SNS: sistema nervoso simpático; ACh: acetilcolina; NA: noradrenalina.
Fonte: adaptada de Patrick, 2013.

namento do organismo, o que exige muitas vezes a intervenção farmacológica para o restabelecimento da homeostase, quer seja pelo estímulo a esses receptores, quer seja pelo bloqueio destes. Como o universo de funções afetadas é muito amplo, neste capítulo serão destacados os fármacos envolvidos no controle de doenças cardiovasculares e respiratórias.

A transmissão adrenérgica

A transmissão nervosa do SNS é mediada pela NA, também denominada norepinefrina, cuja estrutura está representada na Figura 2. A NA tem uma ação mais local, enquanto a epinefrina é transportada pela circulação, interagindo com receptores adrenérgicos localizados em diversos tecidos. Quimicamente, a adrenalina, também chamada de epinefrina, é o derivado *N*-metilado da NA, produzida na medula adrenal.

A NA sintetizada nas terminações nervosas é estocada em vesículas ligadas à membrana. O conteúdo é liberado quando o potencial de ação do axônio chega à porção terminal, abrindo canais iônicos. O consequente influxo de cálcio promove a fusão das vesículas com a membrana neuronal, liberando seu conteúdo na fenda sináptica. A NA se difunde por essa fenda, atingindo os receptores pós-sinápticos.

Em 1948, ao estudar a ação de catecolaminas sobre o músculo liso, Ahlquist definiu dois tipos de receptores, com base nos efeitos excitatórios e inibitórios, de catecolaminas chamando-os de α e β, respectivamente. A existência de subtipos desses receptores foi proposta posteriormente: dois subtipos principais para o receptor α (α_1 e α_2) e três para o β (β_1, β_2 e β_3). Outras subclassificações (α_{1A}, α_{1B}, α_{1D} e α_{2A}, α_{2B}, α_{2C}) já foram evidenciadas, diferindo umas das outras principalmente no número de resíduos glicosilados e em sua localização.

Os receptores adrenérgicos são formados por sete segmentos transmembrana (7TM), acoplados a proteínas G, que desencadeiam efeitos bioquímicos dependentes das diferenças entre as subunidades α de cada uma. Dentre os segmentos transmembrana, TM3, TM5 e TM6 fazem parte do chamado sítio ligante.[1] Os resíduos de ácido aspártico (Asp113), presentes no segmento TM3, os de serina (Ser204 e Ser207) no TM5 e o de fenilalanina (Phe290) no TM6 estão diretamente envolvidos na interação com os mensageiros. O resíduo Asp113 está presente em todos os outros receptores conhecidos cujos ligantes são aminas biógenas. A Figura 3 mostra as interações entre a NA e o receptor adrenérgico β_2: ligação iônica entre o Asp113 e o grupo amino da NA; ligações de hidrogênio entre as Ser204 e 207 e as hidroxilas do sistema catecólico, além da interação hidrofóbica com o resíduo Phe290.

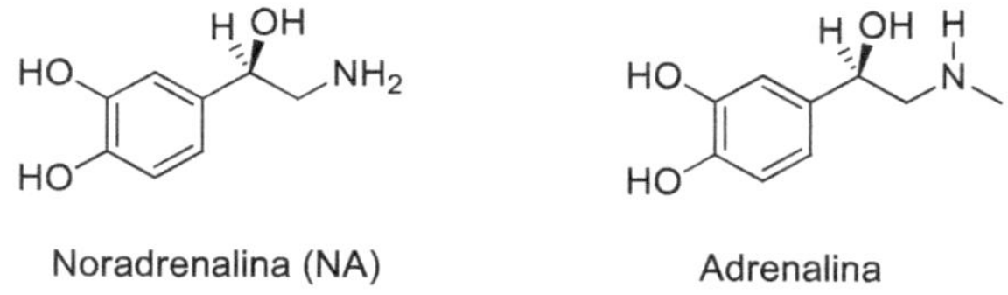

FIGURA 2 Estruturas químicas dos neurotransmissores noradrenalina (ou norepinefrina) e adrenalina (ou epinefrina).

Os receptores adrenérgicos estão distribuídos em vários tecidos e órgãos, havendo predominância de uma determinada população de subtipos. Eles medeiam importantes ações biológicas por meio do estímulo simpático. No coração, por exemplo, predominam os receptores β_1, que, estimulados, levam ao aumento da frequência cardíaca e da força contrátil do miocárdio; nos pulmões, o estímulo β_2 leva à broncodilatação, enquanto seu estímulo nas arteríolas de músculos esqueléticos leva à vasodilação. Em alguns locais, por exemplo, nos olhos, há dois subtipos predominantes, o α_1 e β_2, cujo estímulo leva à midríase (dilatação da pupila) e ao relaxamento do músculo ciliar, respectivamente. Os receptores β_3 ainda permanecem em investigação, porém o Mirabegron foi aprovado em 2012 para o tratamento da incontinência urinária,[3] apresentando-se como alternativa aos antagonistas muscarínicos. Outros análogos continuam em investigação, mas o estudo desses receptores não será abordado neste capítulo.

Classificação dos fármacos que interferem na transmissão adrenérgica

A classificação adotada será a seguinte:

- **Fármacos adrenérgicos:** são aqueles que mimetizam os efeitos resultantes do estímulo do sistema nervoso simpático, por isso muitas vezes são chamados de simpatomiméticos, podendo ser diretos, quando seu efeito decorre de estímulo a receptor adrenérgico, ou indiretos, quando decorre de uma inibição enzimática. Alguns fármacos têm seu efeito decorrente de ambas as ações.
- **Fármacos antiadrenérgicos:** são aqueles que bloqueiam a transmissão adrenérgica, por isso são conhecidos também por agentes simpatolíticos, ou

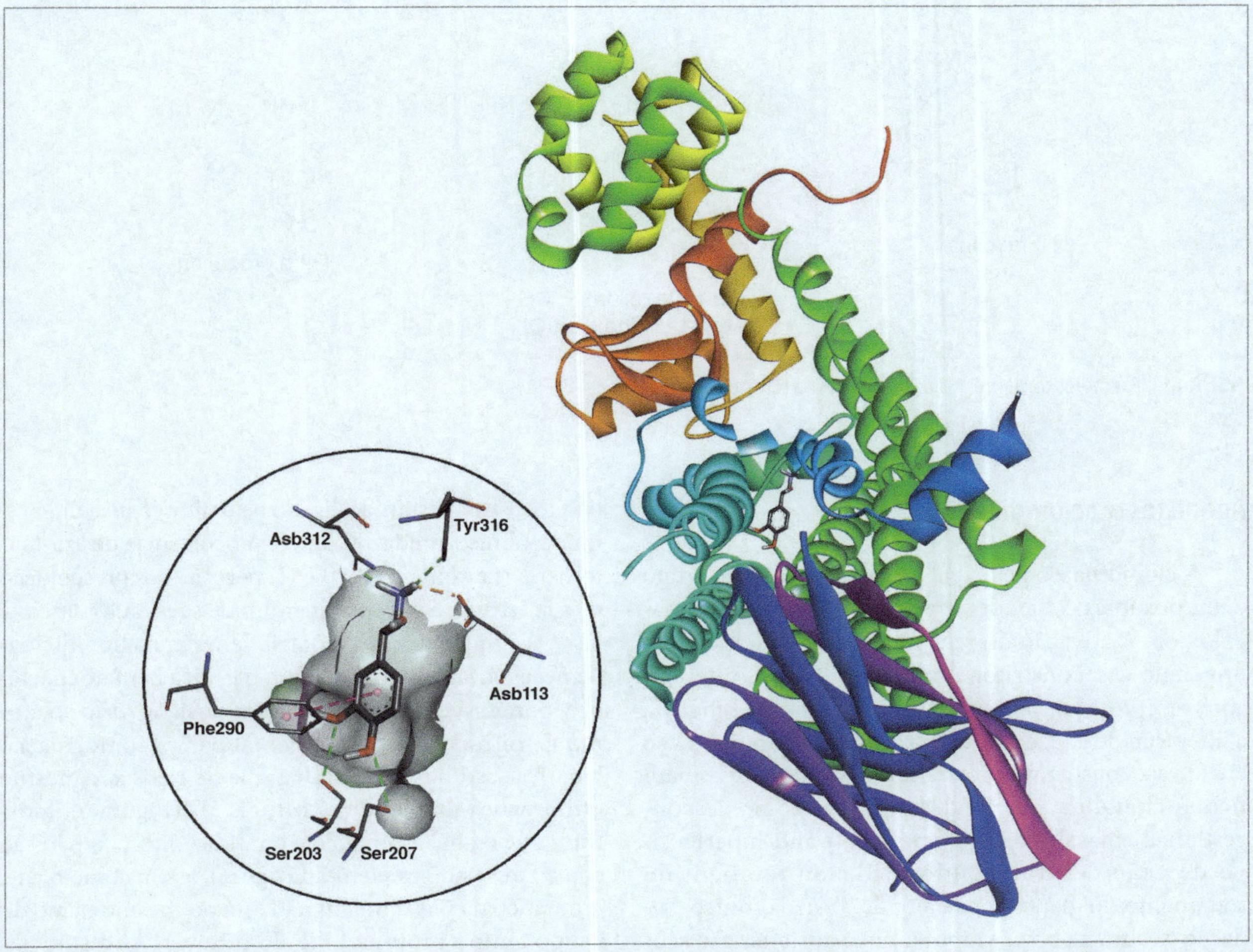

FIGURA 3 Noradrenalina posicionada no sítio ligante do receptor adrenérgico β2. Estrutura depositada no Protein Data Bank (PDB) com o código 4LDO.[2]
Fonte: Protein Data Bank.

bloqueadores adrenérgicos, uma vez que sua interação com os receptores adrenérgicos bloqueiam a ação da NA e da epinefrina.

Em todo o capítulo, a menção à seletividade de determinado fármaco não implica total incapacidade de estimular outro subtipo ou tipo de receptor, e sim a existência de uma afinidade consideravelmente maior por um dos receptores.

FÁRMACOS ADRENÉRGICOS

Agonistas α_1

O receptor α_1 é do tipo 7TM, acoplado à proteína G_Q, e, quando estimulado, há produção de diacilglicerol (DAG) e trifosfato de inositol (IP_3). Diacilglicerol ativa a proteína quinase C (PKC), que migra para o interior da célula, catalisando a fosforilação de resíduos de serina e treonina presentes em enzimas citoplasmáticas. Já o IP_3, uma substância hidrofílica que se move no citoplasma, promove a liberação de Ca^{2+}, que, juntamente com a proteína calmodulina, ativa a miosina quinase. Essa enzima fosforila a miosina, proteína contrátil do tecido muscular. Assim, observa-se um efeito de constrição quando esses receptores são estimulados.

Quimicamente, os agonistas α_1 com aplicação terapêutica são as imidazolinas, indicadas como descongestionantes nasais. Esses agonistas, que têm alta afinidade pelo receptor α_1,[4] caracterizam-se pela presença de um anel imidazolínico ligado a um anel aromático, tendo como espaçador um grupo metilênico ou metínico, destacado na Figura 4.

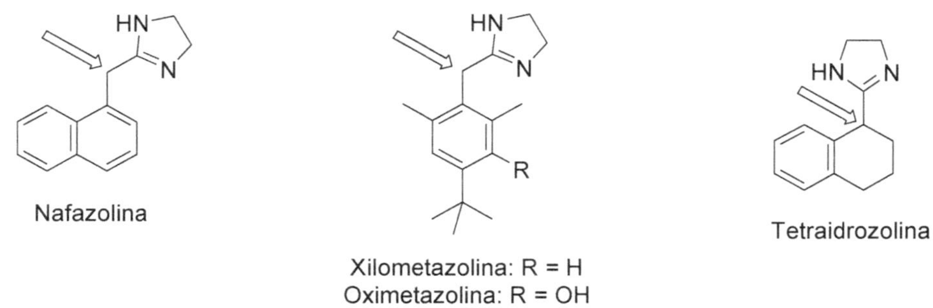

FIGURA 4 Exemplos de agonistas α_1 utilizados na terapêutica.

Agonistas α_2: clonidina

A clonidina é o principal representante deste grupo e um dos mais estudados em face de seu perfil farmacológico. A ativação do receptor α_2 pós-sináptico tem um efeito vasoconstritor, porém, no SNC, ao interagir com receptores α_2 pré-sinápticos, a clonidina bloqueia a liberação de NA, e esse efeito acaba se sobrepondo ao efeito vasoconstritor decorrente do estímulo pós-sináptico. A clonidina, que foi desenvolvida como descongestionante nasal, é um potente agente anti-hipertensivo de ação central, sendo utilizada também no tratamento do glaucoma de ângulo aberto crônico. Sedação, secura na boca e hipotensão ortostática são seus principais efeitos adversos.

A estrutura química da clonidina está apresentada na Figura 5 e se caracteriza pela presença de um anel aromático 1,2,3-trissubstituído, ligado pelo nitrogênio a um anel imidazolínico/imidazolidínico. A ocorrência de aza-tautomeria (tautômeros A, B e C) permite a representação de sua estrutura por qualquer um de seus tautômeros.

Os átomos de cloro contribuem para a lipofilicidade necessária para atravessar a barreira hematoencefálica, porém sua presença nas duas posições *orto* ao átomo de nitrogênio é fundamental para a conformação bioativa. Estudos de cristalografia de raios x, e mesmo otimizações simples de estruturas 3D (Figura 6), mostram que o anel aromático e o imidazolidínico não são coplanares (lado esquerdo da figura), assim como o anel aromático da NA também não está no mesmo plano do grupo amino protonado (lado direito). As distâncias entre alguns grupos acabam sendo equivalentes àquelas existentes na molécula de NA. Como exemplo, o nitrogênio protonado do anel imidazolidínico da clonidina

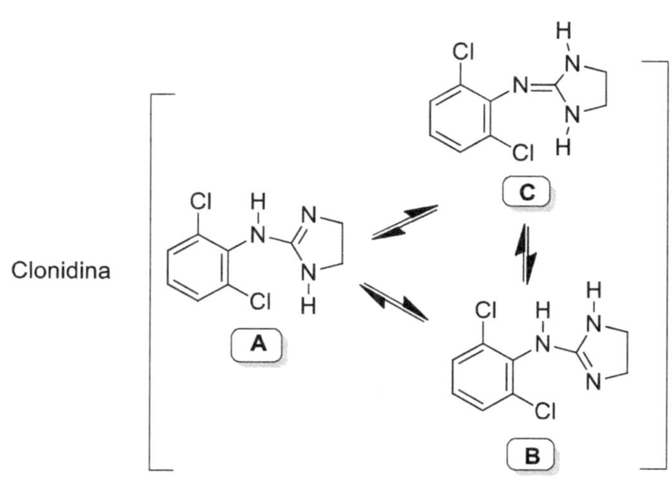

FIGURA 5 Representação dos tautômeros da clonidina.

dista cerca de 5 Å de seu anel aromático. Essa distância equivale à medida envolvendo o nitrogênio protonado da NA e seu anel aromático. Essa correlação auxilia a compreensão da ativação de receptores α_2 adrenérgicos, mimetizando a ação da NA.[5]

Relações estrutura-atividade da clonidina

Em função de seus efeitos adversos, análogos estruturais da clonidina foram estudados,[6] visando otimizar sua atividade agonista α_2. As principais modificações estruturais foram: padrão de substituição do anel aromático e natureza do substituinte; substituição do nitrogênio exocíclico (bioisosterismo clássico) e abertura do anel imidazolínico. A Figura 7 resume essas modificações.

A troca do anel benzênico por heteroaromáticos (pirrol, tiofeno e isoxazola) foi investigada, e o efeito anti-hipertensivo é mantido.

Em relação ao padrão de substituição no anel aromático e à natureza do substituinte, a potência é máxima quando as duas posições *orto* ao átomo de nitrogênio anilínico têm substituintes. Entretanto, esses substituintes devem ter um tamanho suficiente para impor uma restrição conformacional à molécula, para que não haja coplanaridade entre os anéis aromático e imidazolidínico. Em outras palavras, substituintes pequenos, como o flúor, não são bons para que o análogo tenha atividade anti-hipertensiva comparável à clonidina.

O efeito anti-hipertensivo dos bioisósteros clássicos da clonidina também foi investigado e houve uma redução significativa na atividade, sendo que o análogo oxigenado foi considerado inativo. Uma das explicações possíveis para as diferenças observadas entre a clonidina e seus bioisósteros é que a substituição do nitrogênio por qualquer um dos grupos elimina a possibilidade de tautomeria envolvendo o heteroátomo exocíclico e os nitrogênios do anel, como acontece com a clonidina. Essa observação sugere a importância do tautômero imina para a atividade.

Em relação ao anel imidazolidínico, a expansão de anel foi uma das modificações testadas, resultando na diminuição ou perda da atividade hipotensora. Guanabenzo e a guanfacina, análogos acíclicos estruturalmente relacionados à clonidina, são agonistas α_2, podendo ser utilizados como anti-hipertensivos, em monoterapia ou em terapia combinada com outros anti-hipertensivos. A guanfacina também vem sendo utilizada no déficit de atenção com transtorno hiperativo.[7]

Mais recentemente, o efeito anti-hipertensivo da clonidina foi reconhecido como resultante da ativação do receptor α_2, situado no núcleo *coeruleus* e no núcleo *tractussolitarius* (NTS) no SNC, e também ao estímulo de receptores imidazolínicos (I), subtipo 1, presente na porção rostral da medula ventrolateral (RVLM), região que controla a atividade simpática.[8] Outros dois subtipos, I_2 e I_3, foram identificados, porém o estímulo dos receptores I_1 inibe a atividade do SNP, pela diminuição da liberação de NA das vesículas de armazenamento em neurônios pré-sinápticos, levando à diminuição da pressão arterial.

O ligante natural para esse receptor é a agmatina, produto de descarboxilação da arginina. A restrição conformacional de seu grupo guanido gera o anel imidazolínico, presente na clonidina e na moxonidina (Figura 8), agonista I_1 seletivo que está disponível no

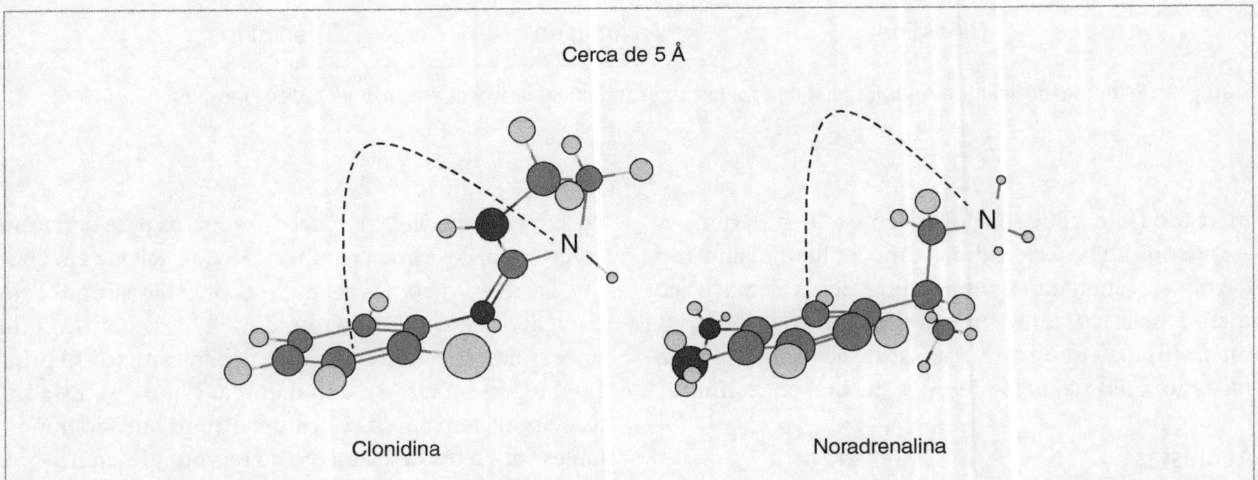

FIGURA 6 Representação das estruturas 3D da clonidina (esquerda) e da noradrenalina (direita), destacando a equivalência entre a distância do anel aromático e o nitrogênio imidazolínico da clonidina e a do grupo amino da noradrenalina para seu anel aromático.

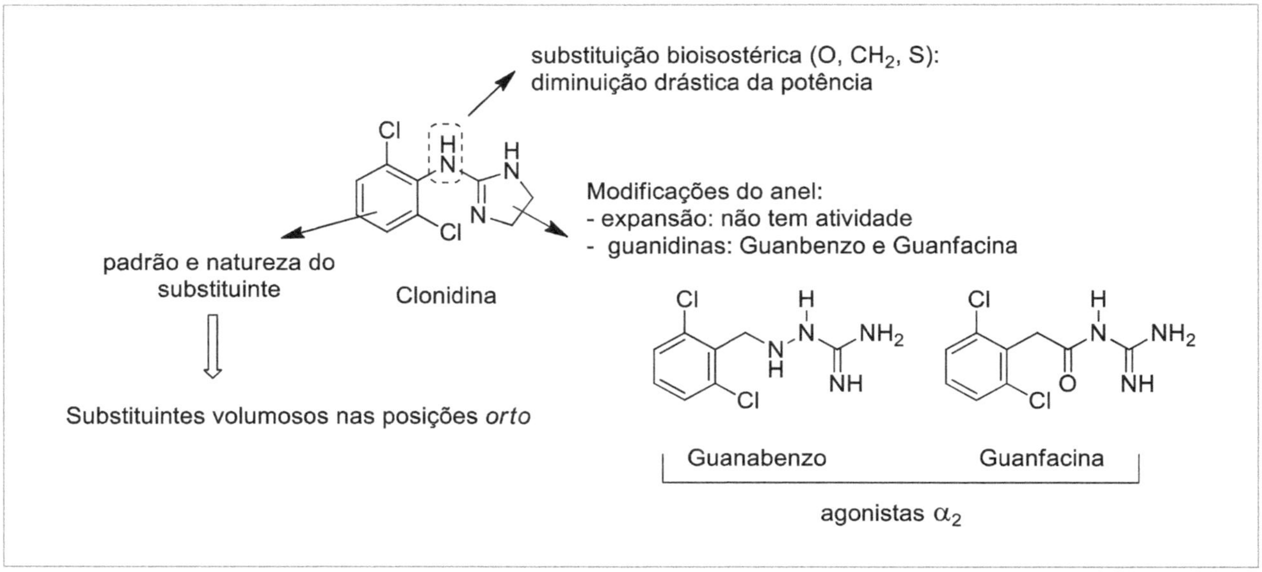

FIGURA 7 Estrutura da clonidina, indicando os pontos importantes para as modificações estruturais. Destaque para guanidinas estruturalmente relacionadas: guanabenzo e guanfacina.

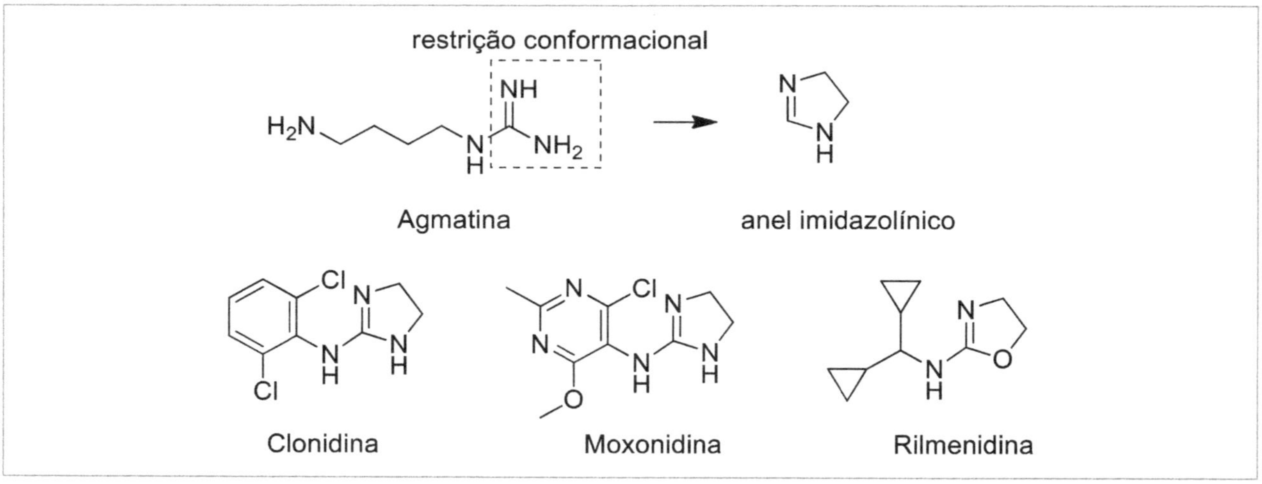

FIGURA 8 Estruturas do ligante I_1 natural agmatina e dos fármacos anti-hipertensivos que são agonistas desse receptor.

mercado farmacêutico como agente anti-hipertensivo. A moxonidina e a clonidina compartilham o anel imidazolínico, enquanto a rilmenidina, outro fármaco agonista I_1 seletivo, também utilizado no tratamento da hipertensão, tem uma relação isostérica com a clonidina e moxonidina, pela presença do anel oxazolínico.[9]

Agonistas β_1

Os receptores β_1 estão situados no coração, e seu estímulo aumenta a força contrátil do miocárdio, além do aumento do débito cardíaco. Agonistas β_1 se destacam como fármacos para a recuperação do paciente em choque cardiogênico. Os receptores β_1 estão situados no coração, e seu estímulo aumenta a força contrátil do miocárdio, além do aumento do débito cardíaco. O principal representante é a dobutamina (Figura 9). Essa catecolamina tem em sua estrutura grupos que são importantes para o reconhecimento do receptor β-adrenérgico, porém a ausência da hidroxila na posição benzílica em sua estrutura diminui a afinidade pelo receptor β_2, tornando-a um fármaco mais seletivo para β_1.

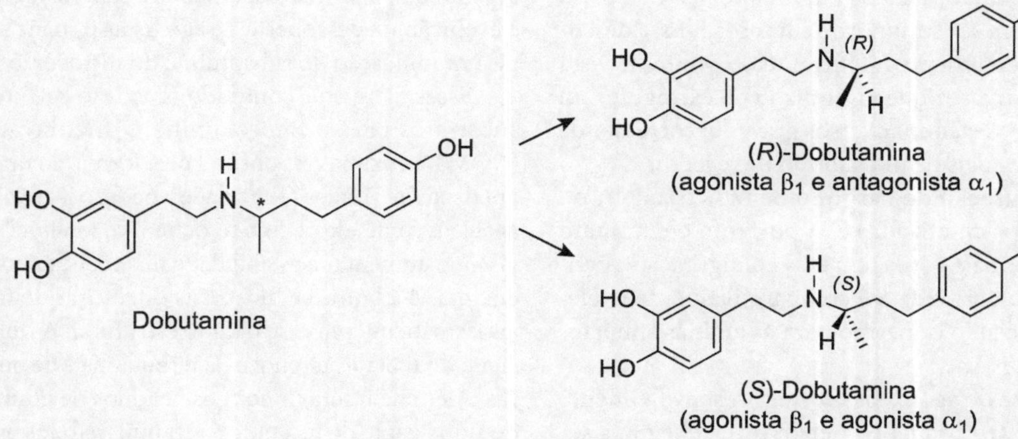

FIGURA 9 Estrutura da dobutamina, indicando seus enantiômeros.

A dobutamina tem um centro estereogênico, mas ambos os enantiômeros estimulam o receptor β_1. O enantiômero *R*, além de ser agonista β_1, é também um antagonista do receptor α_1. O bloqueio α_1 desencadeia um efeito anti-hipertensivo, que é oposto ao desejado para uma substância cardioestimulante. Entretanto, esse efeito é compensado pelo enantiômero *S*, que estimula não só o receptor β_1, mas também o α_1.[10]

Agonistas β_2

Os receptores β_2 estão acoplados à proteína G_s, e seu estímulo leva ao aumento dos níveis de AMP cíclico, ativando então a proteína quinase A. Nos pulmões existe uma grande população de receptores β_2, e seu estímulo resulta no relaxamento da musculatura lisa dos brônquios. Agonistas β_2 são bastante importantes em clínica como fármacos antiasmáticos.

As aminas simpatomiméticas são o grupo mais representativo dos fármacos simpatomiméticos, incluindo tanto as que são seletivas para determinado tipo ou subtipo de receptor quanto as que não o são. Quimicamente, elas são chamadas de feniletilaminas, ou, ainda, fenetilaminas, por apresentarem um anel aromático ligado a um grupo amino por uma cadeia etilênica, hidroxilada ou não. A Figura 10 apresenta a estrutura básica dessas aminas e regiões passíveis de modificações que impactam na seletividade para receptores adrenérgicos: substituinte da posição benzílica (R_1) e substituinte do átomo de nitrogênio (R_2).

A epinefrina, sendo o ligante natural para esses receptores, não apresenta seletividade para os receptores adrenérgicos, e seu efeito é decorrente da interação com a população de receptores predominante em determinado órgão ou tecido. Variando apenas o volume do substituinte no nitrogênio (metila→ isopropila→ terc-butila), observa-se que alguma seletividade pode ser alcançada. O grupo isopropila (Isoprenalina) já torna desprezível a interação com receptores α, embora pelos subtipos de receptores β seja praticamente a mesma (β_1/β_2 ~1). O colterol, que apresenta atividade agonista β_2, tem um substituinte terc-butila. Nos receptores α, o resíduo Asp113 (presente em todos os receptores adrenérgicos), que interage com o grupo amino protonado

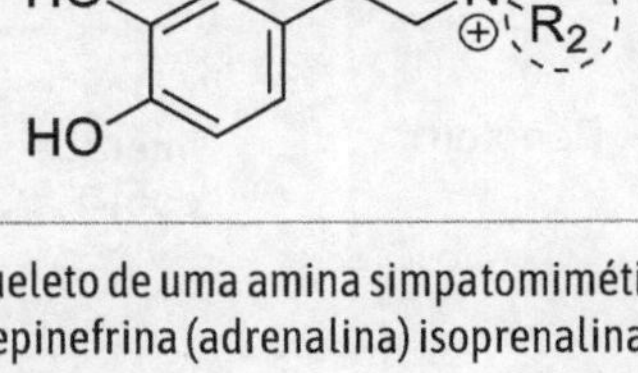

Adrenalina: R_1 = OH; R_2 = CH_3; (α, β_1 e β_2)
Isoprenalina: R_1 = OH; R_2 = $CH(CH_3)_2$; (β_1, β_2)
Colterol: R_1 = OH; R_2 = $C(CH_3)_3$; (β_2)

FIGURA 10 Esqueleto de uma amina simpatomimética, com destaque para as regiões relacionadas à seletividade para receptores adrenérgicos da epinefrina (adrenalina) isoprenalina e colterol.

da catecolamina, localiza-se em uma região de acesso mais difícil para substituintes volumosos.[11] Essa descoberta foi extremamente importante do ponto de vista terapêutico, uma vez que minimizou ou extinguiu, em muitos casos, os efeitos adversos graves decorrentes da interação com mais de um subtipo de receptor.

A configuração do carbono benzílico da NA ou epinefrina biossintetizadas é *R*, portanto o eutômero (enantiômero mais ativo) tem essa configuração. A atividade do seu antípoda *S* é comparativamente irrelevante, acontecendo o mesmo para as aminas simpatomiméticas da NA.

Essa classe de agonistas teve seu desenvolvimento baseado na estrutura da epinefrina, que chegou a ser utilizada na forma injetável, para promover o relaxamento dos brônquios, mas, sendo o neurotransmissor natural, obviamente interagia com todos os receptores adrenérgicos, levando ao aparecimento de uma variedade de efeitos adversos, além de uma ação muito curta. A isoprenalina ou isoproterenol foi a primeira substância sintética a apresentar efeito agonista β_2, porém é destituída de seletividade, estimulando também receptores β_1. Na busca por agonistas β_2 seletivos, a principal modificação que resultou no aumento de seletividade foi o aumento do tamanho do substituinte do nitrogênio. Conforme comentado anteriormente, o aumento do substituinte do nitrogênio aumenta a seletividade para o receptor β_2. Na Figura 11, epinefrina, isoprenalina e colterol representam a evolução na descoberta de agonistas β_2 mais seletivos, pela modificação do substituinte do nitrogênio.

Esses agonistas contendo o padrão catecólico são substratos para a catecolamina *O*-metil transferase (COMT), enzima responsável pela formação dos correspondentes derivados *O*-metilados, que são inativos. Assim, análogos contendo padrão resorcinólico foram planejados, visando aumentar a estabilidade metabólica perante essa enzima. A Figura 12 mostra as estruturas de fármacos antiasmáticos com esse padrão estrutural. A duração do efeito do metaproterenol e da terbutalina é de quatro horas. Além de interagir com os resíduos de aminoácidos do sítio ligante do receptor β_2, comuns a todos os agonistas dessa classe, o fenoterol tem uma interação adicional com um resíduo de tirosina (Tyr308), através do anel aromático hidroxilado presente no substituinte do nitrogênio. Entretanto, seu efeito tem duração de cerca de 120 minutos, e sua biodisponibilidade oral é muito baixa, devido ao intenso efeito de primeira passagem.

Um fato que sempre chamou a atenção é que os adrenérgicos com o padrão de substituição 1,3,5 no anel aromático não são substratos para a COMT, apesar de terem também uma hidroxila fenólica na posição meta à cadeia etilamina. O modo de interação de agonistas adrenérgicos catecólicos e resorcinólicos com a COMT está esquematizado na Figura 13. O ancoramento do

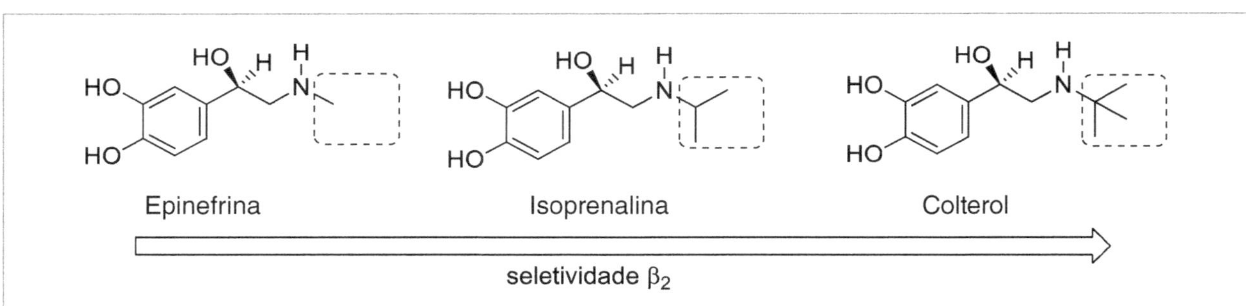

FIGURA 11 Geração de agonistas β2 seletivos, a partir da epinefrina, pelo aumento do tamanho do substituinte.

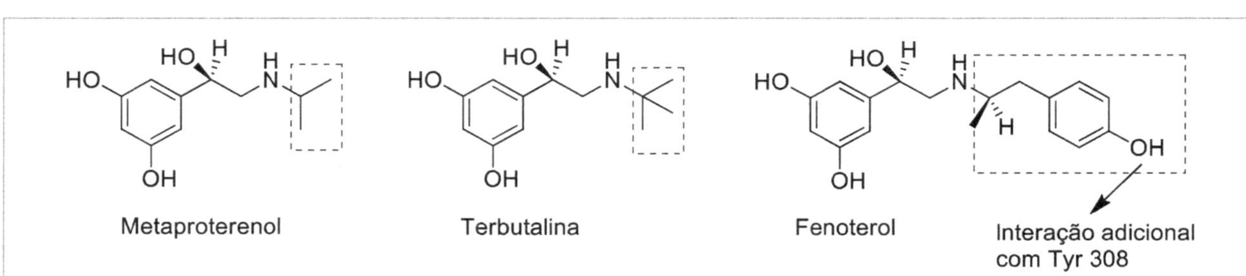

FIGURA 12 Fármacos antiasmáticos com o padrão resorcinólico.

substrato catecólico no sítio catalítico da COMT envolve um cátion Mg^{2+}, que se liga simultaneamente às duas hidroxilas do sistema catecólico. Essa interação diminui o pKa da hidroxila na posição meta à cadeia lateral, possibilitando então sua desprotonação pela Lys144 e possibilitando o ataque do oxigênio sobre a metila da *S*-adenosilmetionina (SAM). Já no sistema resorcinólico (lado direito da figura), o Mg^{2+} se coordena a um único oxigênio, o que não contribui significativamente para a diminuição do pKa da hidroxila e subsequente desprotonação pela Lys144.

O conhecimento do processo de biotransformação de catecolaminas foi de crucial importância para o desenvolvimento dos antiasmáticos modernos. Salbutamol e pirbuterol apresentam na posição meta à cadeia etilamina um grupo hidroximetila (Figura 14). Malbuterol e soterenol foram desenvolvidos com base nos mesmos princípios, ou seja, conferir estabilidade em face da COMT, mantendo a seletividade para o receptor. Salmeterol e salmefamol são bastante lipofílicos, o que contribui para sua deposição do fármaco no tecido pulmonar. O salmefamol, além de lipofílico, faz uma interação adicional com o quarto segmento transmembrana (TM4) do receptor β_2 adrenérgico.[13]

Pró-fármacos de agonistas adrenérgicos β2

Várias abordagens no desenvolvimento de pró-fármacos alvo-dirigidos a partir de fármacos matrizes com atividade agonista β_2 foram desenvolvidos. Acetatos e ésteres mais impedidos, por exemplo, pivaloatos, foram investigados como pró-fármacos. Outros tipos de ésteres, como benzoatos, foram também investigados. Benzoatos e carbamatos também foram desenvolvidos com sucesso.[14] Alguns exemplos estão apresentados na Figura 15.

Relação estrutura-atividade de agonistas β-adrenérgicos

Diante do que foi discutido tanto para agonistas β_1 quanto para β_2, neste tópico as características estruturais relacionadas à atividade adrenérgica podem ser racionalizadas (Figura 16) com base em quatro pontos de substituição:

1. Quanto ao substituinte do nitrogênio (R_1): à medida que o tamanho do grupo aumenta, a seletividade para o receptor β_2 aumenta; quando esse substituinte R_1 tem um grupo aceptor para fazer ligação de hidrogênio adicional com o receptor, a afinidade é ainda maior, e a lipofilicidade do grupo favorece o acúmulo do fármaco no tecido pulmonar.
2. Quanto ao substituinte no carbono alfa ao nitrogênio (R_2): leva ao aumento da estabilidade metabólica do adrenérgico, devido ao impedimento estérico à metabolização pela monoamino oxidase (MAO).
3. A presença de hidroxila na posição benzílica (R_3): permite uma interação adicional com o receptor β_2. A configuração desse centro estereogênico deve ser R.
4. Quanto à substituição no anel aromático (R_4): o sistema catecólico é o melhor para a interação com os

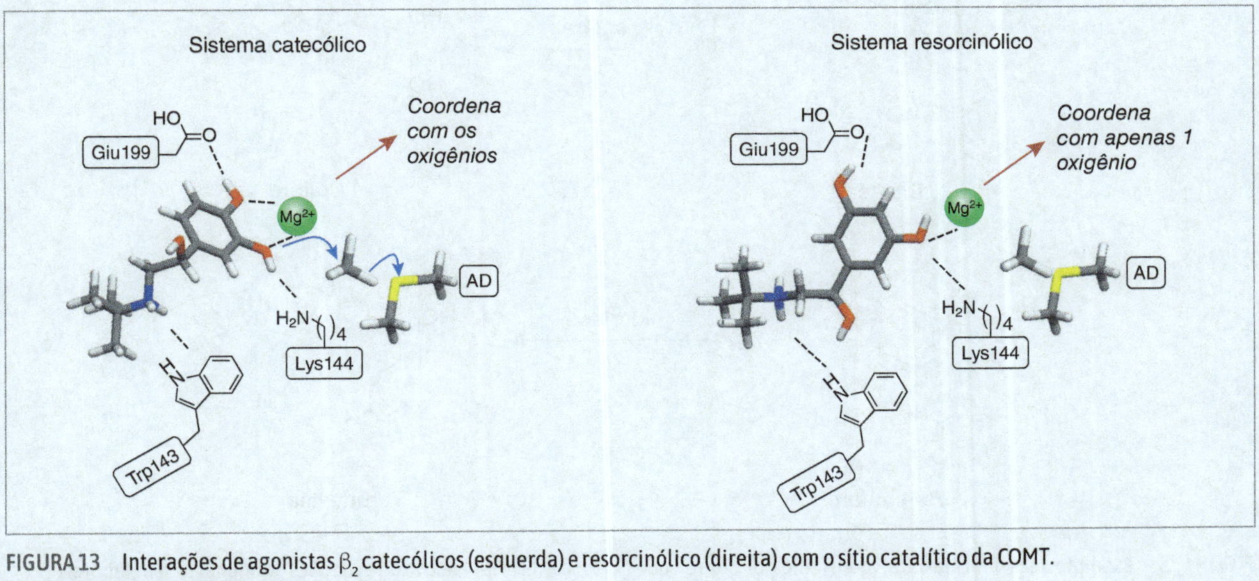

FIGURA 13 Interações de agonistas β_2 catecólicos (esquerda) e resorcinólico (direita) com o sítio catalítico da COMT.
COMT: catecolamina O-metil transferase.

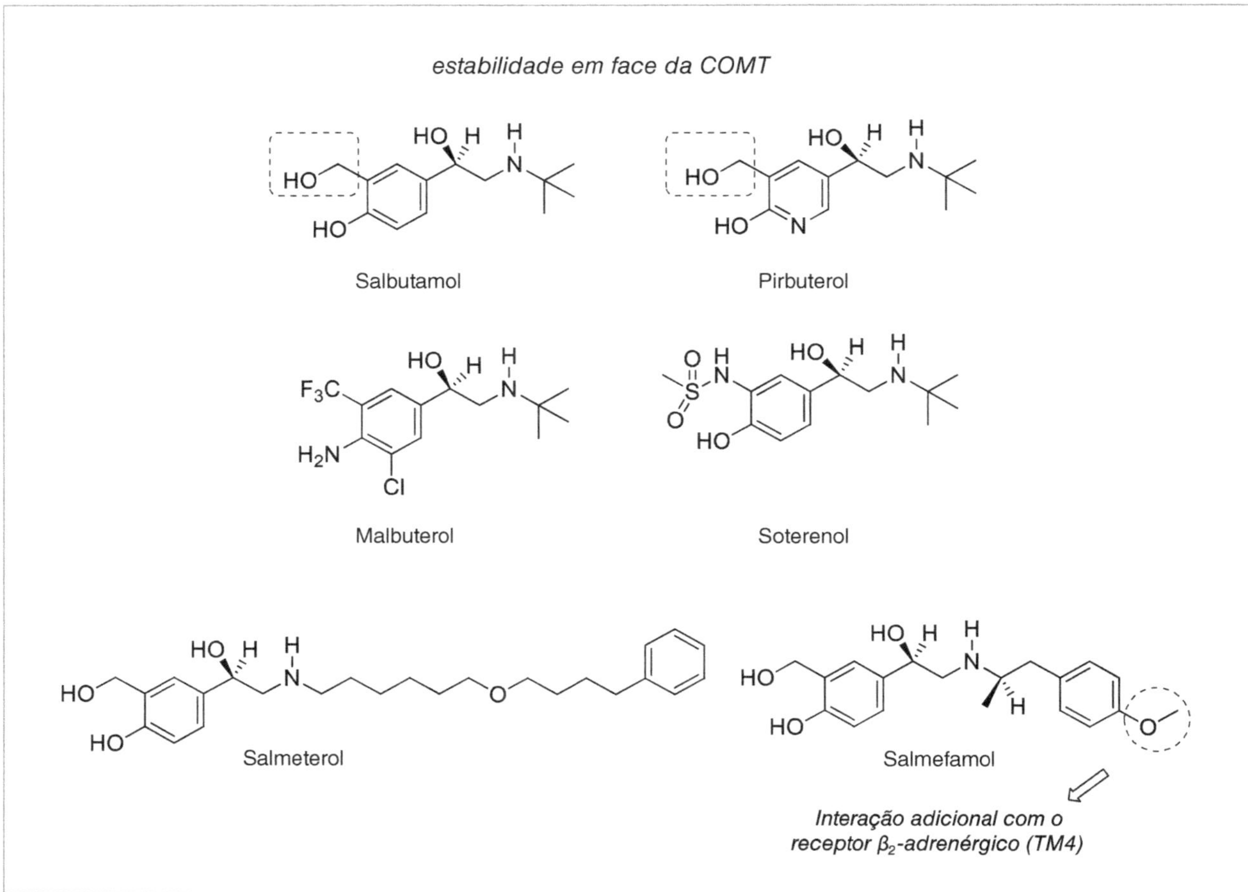

FIGURA 14 Agonistas β_2 com estabilidade em face da COMT, gerados pela modificação da hidroxila catecólica na posição meta à cadeia lateral. COMT: catecolamina *O*-metil transferase.

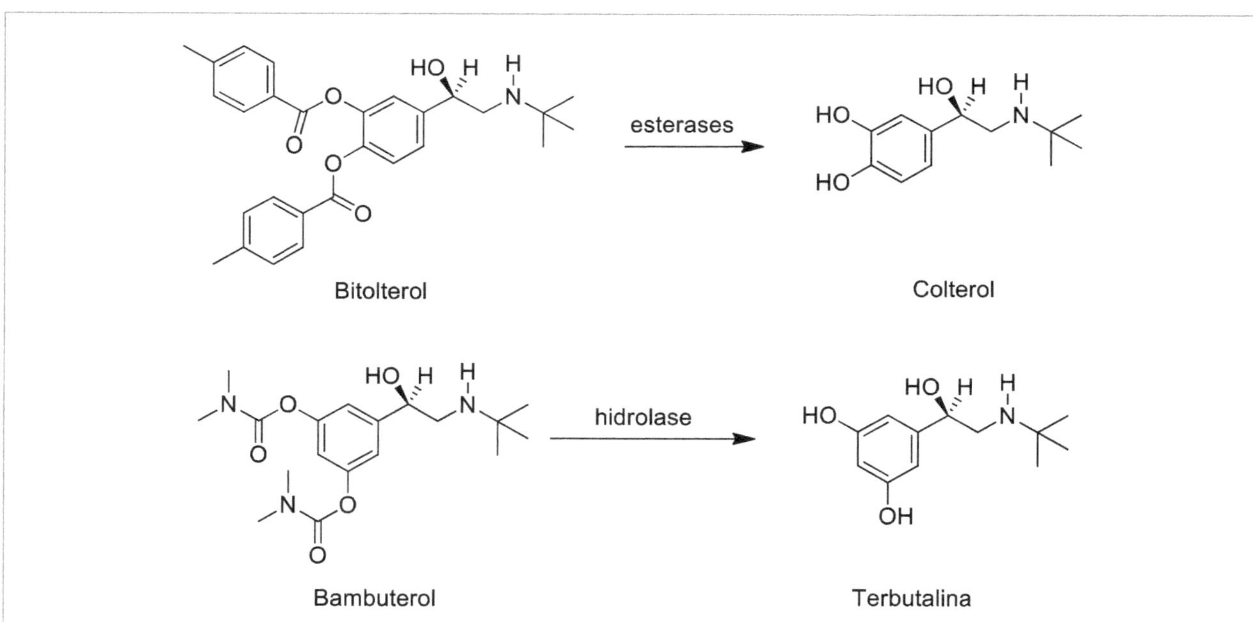

FIGURA 15 Exemplo de pró-fármacos alvo-dirigidos: bitolterol, que gera o colterol, pela ação de esterases pulmonares, e bambuterol, pró-fármaco da terbutalina.

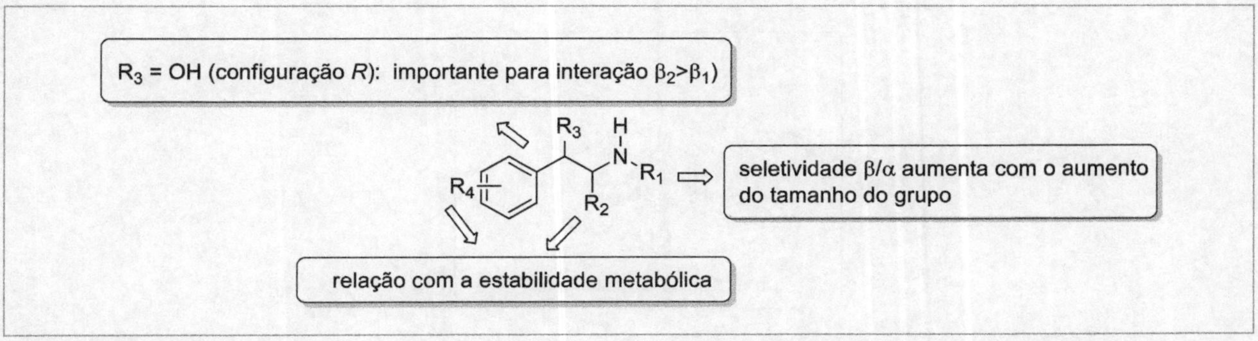

FIGURA 16 Esqueleto de uma fenetilamina adrenérgica, destacando a relação entre a posição que é alvo de substituição e o impacto na seletividade e no metabolismo.

receptores adrenérgicos, porém a hidroxila na posição *meta* à COMT, formando metabólitos inativos. Para aumentar a exposição do organismo ao fármaco, muitos agonistas adrenérgicos têm um grupo polar que não é metilado enzimaticamente, em substituição a essa hidroxila.

FÁRMACOS ANTIADRENÉRGICOS

Bloqueadores α_1-adrenérgicos

O estímulo de receptores α_1 na musculatura lisa dos vasos sanguíneos pelas catecolaminas endógenas leva à contração da musculatura lisa vascular (vasoconstrição). Assim, fármacos capazes de diminuir a função vasopressora da NA pelo bloqueio de sua ligação ao receptor α_1 são uma alternativa para o tratamento da hipertensão.

Os primeiros bloqueadores utilizados clinicamente foram a fentolamina e a tolazolina (Figura 17), mas não apresentavam seletividade α_1/α_2. A fentolamina, administrada por via intracavernosa, ou por via oral na forma de seu mesilato, mostrou eficácia em cerca de 40% de pacientes com disfunção erétil. Entretanto, a ocorrência

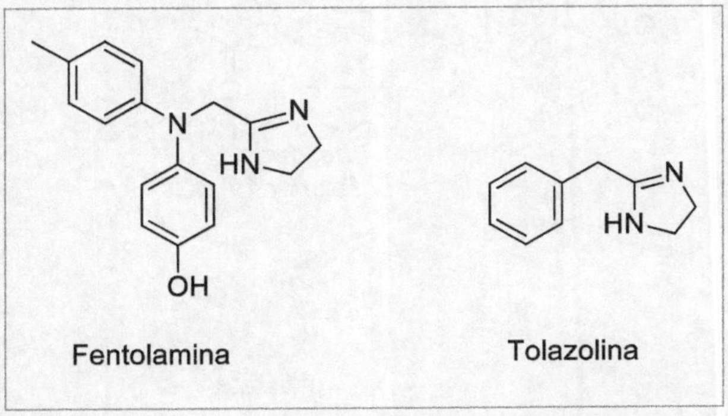

FIGURA 17 Estruturas dos bloqueadores α_1 adrenérgicos não seletivos fentolamina e tolazolina.

de vários efeitos adversos, associada à descoberta de outros medicamentos para tratamento da disfunção erétil, restringiu o seu uso. A tolazolina é um bloqueador α, porém estimula receptores histaminérgicos e colinérgicos. Sua principal aplicação terapêutica é na hipertensão pulmonar persistente do recém-nascido.

As piperazinilquinonazolinas (Figura 18) são uma classe de bloqueadores α_1 em uso no protocolo anti-hipertensivo. O receptor α_1 tem populações bastante heterogêneas de sítios ligantes, dando origem aos vários subtipos.[15] Na musculatura lisa vascular predominam os subtipos α_{1B} e α_{1D}, que estão envolvidos na contração dos vasos. Assim, os bloqueadores levam à vasodilatação, tanto arteriolar quanto venosa. A vasodilatação diminui a resistência periférica e contribui para a diminuição da pressão arterial. O retorno venoso também diminui, e um dos efeitos indesejados dos bloqueadores α_1 é a hipotensão ortostática, ou seja, ocorre uma queda brusca de pressão quando o paciente se levanta. As estruturas das primeiras quinazolinas apresentando bloqueio seletivo para o receptor α_1 estão representadas na Figura 18.

O protótipo da série é a prazosina, introduzida no mercado na década de 1960, e, a partir de modificações no grupo ligado à função amida, foram lançadas no mercado a terazosina e a doxazosina, com significativo impacto na biodisponibilidade e no tempo de meia-vida, mantendo-se equivalência na potência.

A variação na biodisponibilidade deriva principalmente de metabolização pela CYP3A4, visto que, dentre elas, a prazosina é a que é mais extensivamente metabolizada. Em geral, as principais reações são de *O*-desmetilação e hidrólise da função amida. A terazosina e a doxazosina formam metabólitos ativos.

A presença do anel piperazínico mostrou ser fundamental, além do grupo amino ligado ao sistema quinazolínico, para a interação com os subtipos α_{1B} e α_{1D} presentes em veias e artérias. A substituição do anel por uma

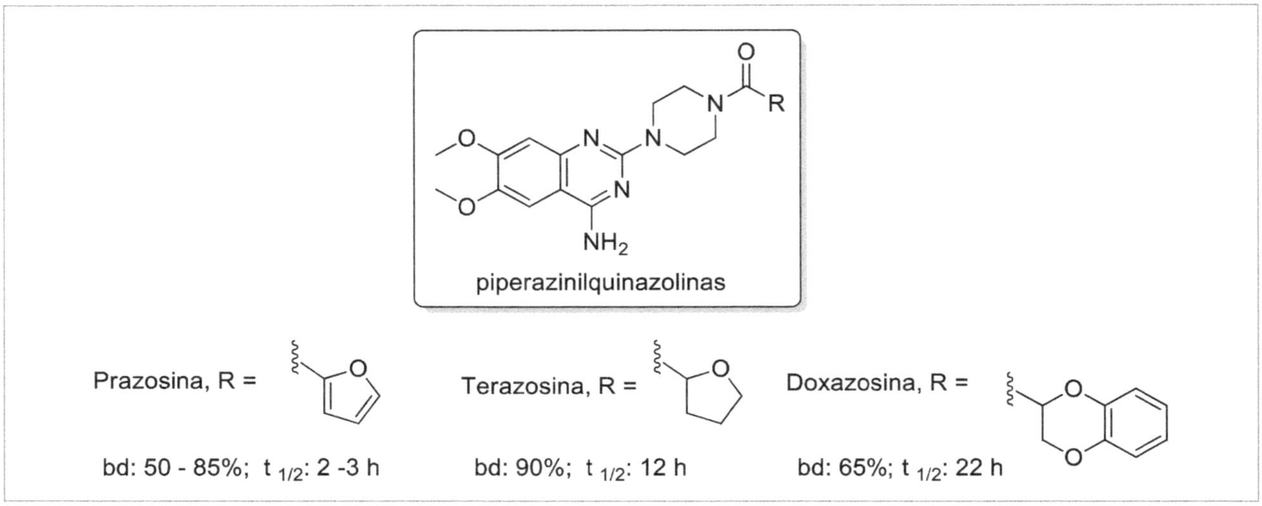

FIGURA 18 Bloqueadores α_1 seletivos da classe das piperazinilquinazolinas, respectivas biodisponibilidades (bd) e tempos de meia-vida ($t_{1/2}$).

cadeia aberta leva à perda de afinidade por esses dois subtipos, prevalecendo o bloqueio α_{1A}, subtipo predominante na próstata. Essa descoberta levou ao desenvolvimento da alfusozina, para o tratamento da hiperplasia benigna da próstata (HBP). A Figura 19 apresenta um esquema desse desenvolvimento. Com essas descobertas, acredita-se que espaçadores conformacionalmente restringidos (piperazina) entre a função amida e o núcleo quinazolínico resulta na conformação bioativa para o bloqueio α_{1B} e α_{1D}. Outros bloqueadores foram posteriormente desenvolvidos, mas o tema não é do escopo deste capítulo.

Bloqueadores α_2-adrenérgicos

Os bloqueadores do receptor α_2 têm pouca aplicação terapêutica. Destaca-se ioimbina (Figura 20), um alcaloide indólico obtido das cascas da árvore *Pausinystalia yohimbe*, planta da África Central, relatada por seus efeitos midriáticos (dilatador da pupila) e também para tratar a impotência. Entretanto, com a descoberta de fármacos mais seguros, a ioimbina tem seu uso limitado em estudos farmacológicos e para reverter o efeito anestésico da xilazina, um agonista α_2 de uso veterinário.

Bloqueadores β_1

A ativação de receptores β_1 pela epinefrina e pela NA promove o aumento do débito cardíaco e da força contrátil do miocárdio. Substâncias capazes de impedir a ligação total ou parcial dessas catecolaminas aos receptores e, portanto, de inibir os efeitos normais no sistema nervoso simpático são denominadas antagonistas ou bloqueadores

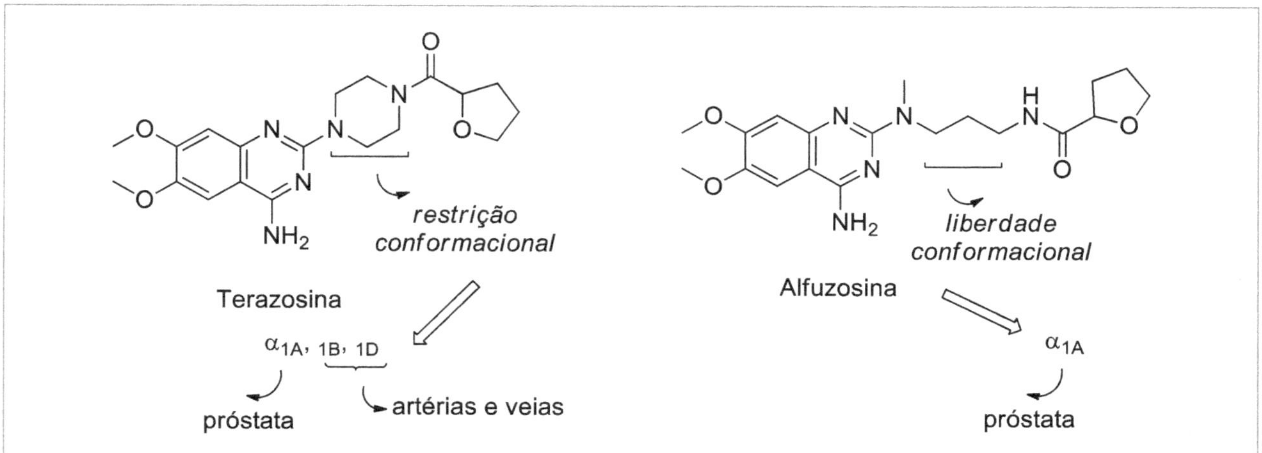

FIGURA 19 Quinazolinas e a implicação da restrição conformacional sobre a seletividade para os diferentes subtipos do receptor α_1.

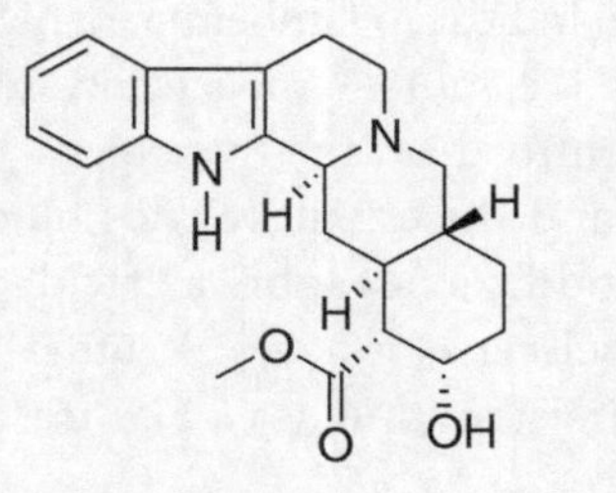

FIGURA 20 Estrutura química da Ioimbina, bloqueador α_2.

β_1. Além da atividade anti-hipertensiva, bloqueadores β_1 podem atuar como antiarrítmicos, antianginosos, no tratamento do glaucoma e, o propranolol, o primeiro bloqueador β_1 a entrar no mercado para o tratamento da hipertensão, vem sendo utilizado para a enxaqueca, devido à interação com alguns receptores serotoninérgicos. Os bloqueadores β_2 não têm aplicação clínica, em função da larga distribuição desses receptores no organismo, o que poderia acarretar efeitos severos e generalizados.

Bloqueadores β_1 de primeira geração

O primeiro bloqueador β_1 a entrar no mercado foi o pronetalol, em 1962, porém o seu potencial carcinogênico fez com que fosse retirado no ano seguinte. Entretanto, foi o protótipo para um fármaco mais seguro, o propranolol, pioneiro dos β_1-bloqueadores de primeira geração.[1] A Figura 21 apresenta suas estruturas e as de outros bloqueadores. A presença de um espaçador oximetilênico, entre o grupo etilamina e um anel aromático ou heteroaromático, forma o conjunto de características estruturais que constituem o grupo farmacofórico dos bloqueadores β_1.

Esses bloqueadores são fármacos lipofílicos e sua seletividade para o receptor β_1, que é dose-dependente, não é alta a ponto de serem seguros para pacientes asmáticos, uma vez que a população de receptores que predomina nos pulmões é a β_2. Outro grupo de pacientes que deve ser alertado para o risco de crise hipoglicêmica é o dos diabéticos fazendo uso de hipoglicemiantes. O bloqueio dos receptores β_2 hepáticos diminui a glicogenólise, o que contribui para a diminuição da disponibilidade de glicose.

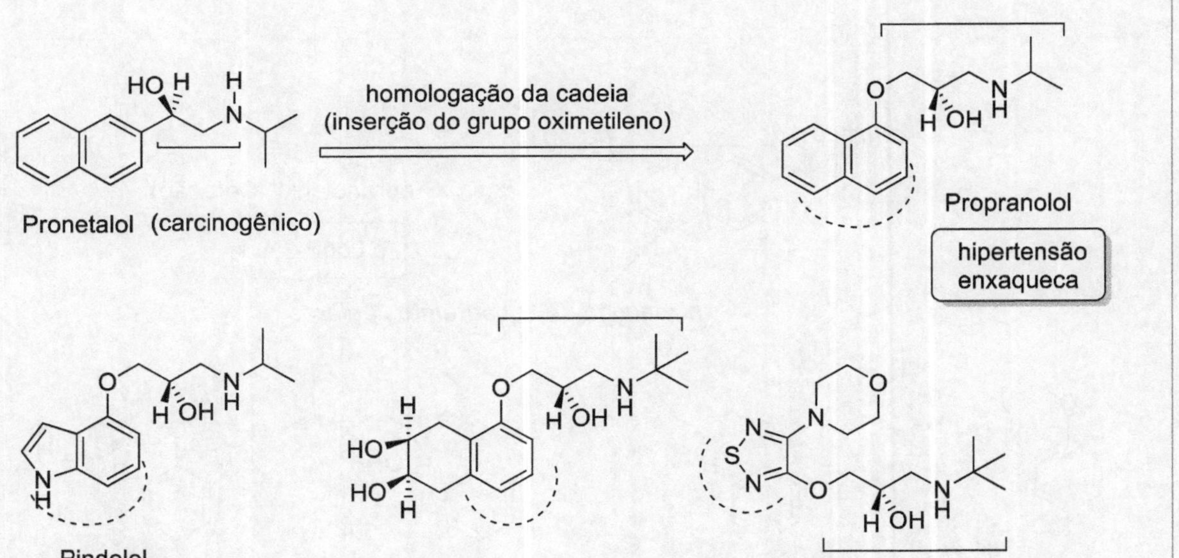

FIGURA 21 Desenvolvimento do propranolol, a partir do pronetalol. Estruturas de bloqueadores β_1 de primeira geração.

Bloqueadores β_1 de segunda geração

Esses bloqueadores são mais hidrossolúveis que os de primeira geração e mais seletivos para os receptores β_1, de modo que os efeitos decorrentes da interação com a população β_2 praticamente não são observados. Em função de sua maior seletividade, atualmente estão presentes na maior parte das prescrições de anti-hipertensivos, geralmente em terapias combinadas. Na Figura 22 é mostrada a estratégia na geração desses bloqueadores e as estruturas de alguns deles e seu uso clínico. A principal modificação estrutural em sua gênese foi a substituição do sistema naftalênico presente no propranolol, por um anel aromático contendo substituintes polares. Os valores calculados de coeficientes de partição ilustram a diminuição da lipofilicidade desses bloqueadores em relação ao propranolol. O atenolol combina características bem interessantes, que envolvem custo e seletividade. Entretanto, para pacientes que têm algum tipo de insuficiência renal ou outro tipo de problema nefrológico, é necessário ficar atento ao estresse renal, e muitas vezes é preciso fazer um ajuste de dose. Isso acontece devido ao fato de esse fármaco ser excretado por via renal, sem sofrer biotransformação. O metoprolol é bastante utilizado, tem poucas restrições e os custos não são elevados. Betaxolol tem indicação também para hipertensão ocular, enquanto o esmolol é mais utilizado na fibrilação atrial, para controlar a taxa ventricular.

Comparando as estruturas dos bloqueadores e o efeito das modificações sobre a atividade biológica é possível estabelecer as relações estrutura-atividade análogos estruturais, resumidas na Figura 23.

Aspectos estereoquímicos de bloqueadores β-adrenérgicos

As ariloxipropanolaminas apresentam em sua estrutura um centro estereogênico, o que admite a existência de dois enantiômeros, sendo que um deles é o reconhecido pelo receptor adrenérgico desencadeando a ação β-bloqueadora esperada (eutômero). No caso das catecolaminas, o eutômero é o enantiômero *R*, enquanto, para os β-bloqueadores, o eutômero tem a configuração *S*. Essa mudança de prioridade é explicada pelas regras de Cahn-Ingold-Prelog. Seguindo essas regras, em ambas as estruturas a hidroxila tem maior prioridade, e o hidrogênio, a menor. Assim, a sequência de prioridades (1→ 4) é no sentido horário direto para feneti-

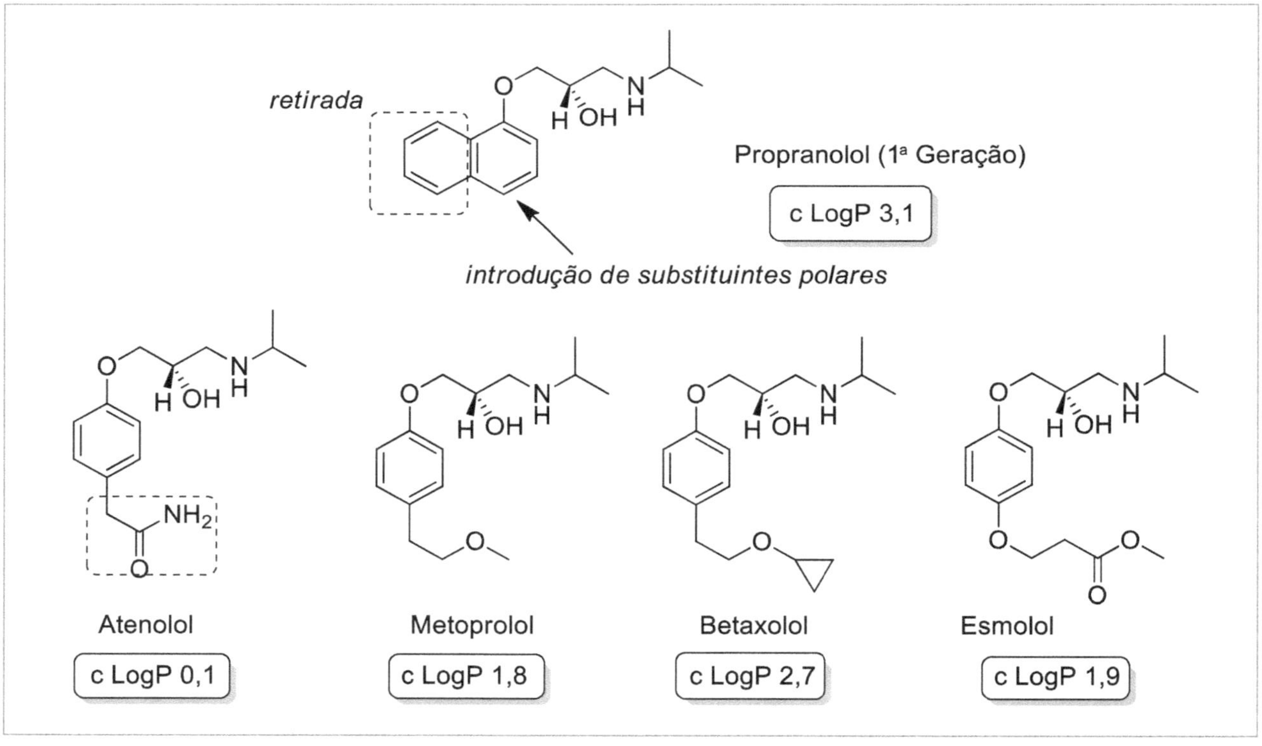

FIGURA 22 Propranolol como protótipo para o desenvolvimento de bloqueadores β1 de segunda geração. Os valores de cLog P ilustram a diminuição da lipofilicidade.

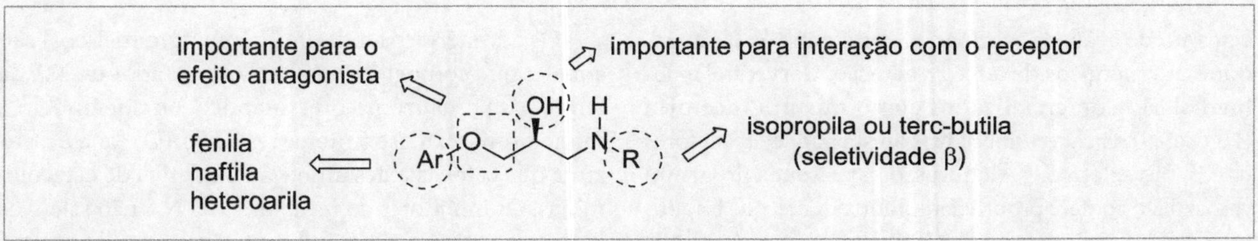

FIGURA 23 Esqueleto básico de uma ariloxipropilamina indicando os pontos passíveis de modificação.

laminas, enquanto para os bloqueadores é o oposto (Figura 24). O impacto da configuração do carbono benzílico na atividade β-bloqueadora é variável, e a mistura racêmica é comercializada. A maior diferença observada é para o (*S*)-metoprolol, que é 270 vezes mais potente que seu enantiômero *R*, enquanto o (S)-atenolol é cerca de dez vezes mais potente que o (*R*)-atenolol.[16]

Outros bloqueadores adrenérgicos

Alguns bloqueadores β-adrenérgicos são também bloqueadores α, e o efeito global é a diminuição da pressão arterial. O labetalol (Figura 25) tem dois centros estereogênicos, ou seja, tem quatro diastereoisômeros, porém apenas os isômeros *R,R* e *R,S* têm atividade adrenérgica. O primeiro bloqueia os receptores α_1 e β (baixa seletividade β_1/β_2), o que responde pelo efeito anti-hipertensivo, enquanto o diastereoisômero *R,S* bloqueia apenas o α_1, sendo então anti-hipertensivo.[17] A seletividade global β/α é cerca 3.

Outros dois bloqueadores adrenérgicos foram lançados no mercado e recebem destaque pelo fato de seu efeito anti-hipertensivo ser atribuído a mais de um me-

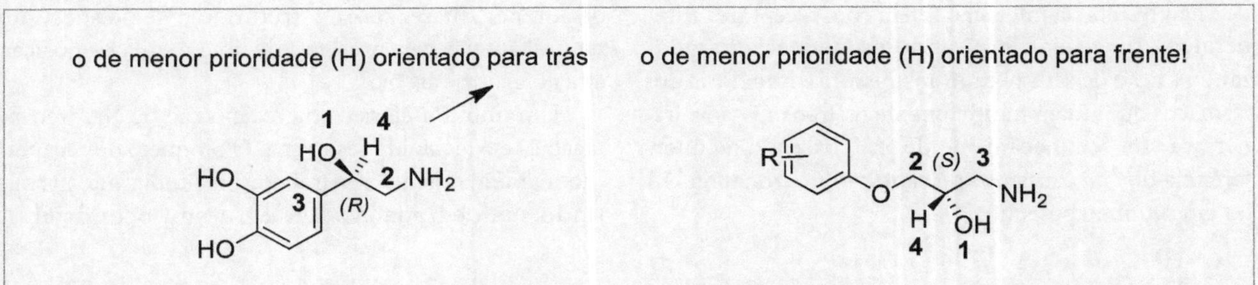

FIGURA 24 Comparação das orientações dos substituintes do centro estereogênico de uma feniletilamina e uma ariloxipropanolamina, de acordo com as regras de Cahn-Ingold-Prelog.

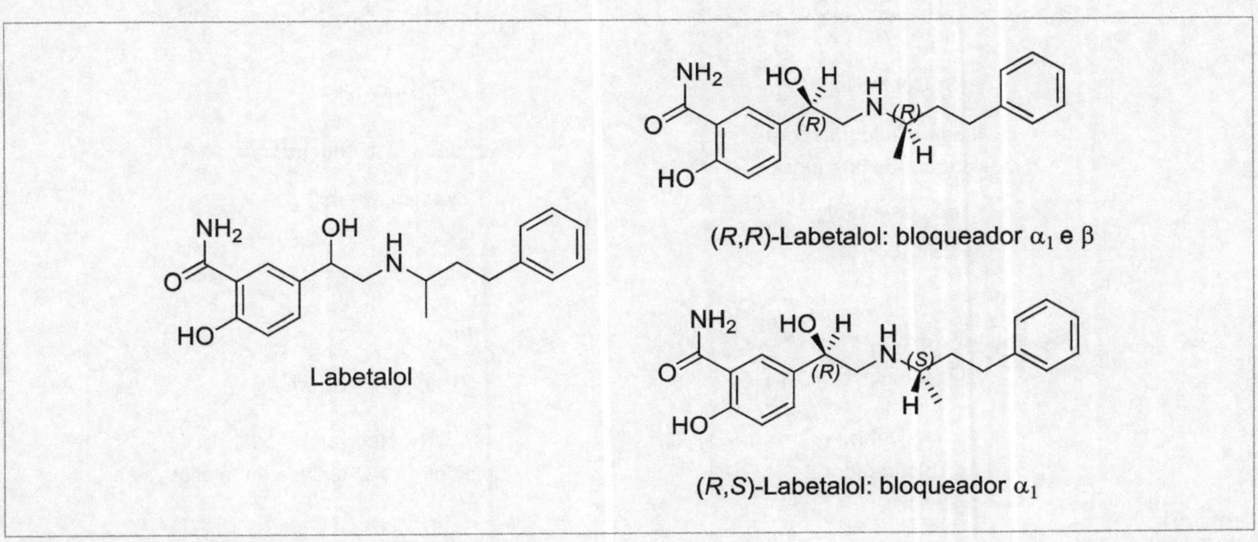

FIGURA 25 Labetalol e seus isômeros configuracionais ativos.

canismo de ação, denominados por alguns de bloqueadores adrenérgicos de terceira geração. Carvedilol e nebivolol são comercializados como mistura racêmica (Figura 26). O carvedilol é antagonista para os receptores α_1 e β não seletivo.[18] Além disso, a presença do grupo carbazólico confere propriedade antioxidante, que é apontada como cardioprotetora. Nebivolol é um agente anti-hipertensivo, cujo efeito é decorrente de uma ação sinérgica de seus isômeros configuracionais representados na Figura 26. O (+)-nebivolol tem ação seletiva no bloqueio β_1, enquanto o enantiômero correspondente pouco contribui para o efeito β-bloqueador, porém é um inibidor da óxido nítrico-sintase endotelial, o que leva ao aumento da disponibilidade de óxido nítrico (NO), e consequentemente ao relaxamento da musculatura lisa dos vasos e à diminuição da resistência periférica. Assim, o nebivolol é comercializado como uma mistura racêmica.[19]

FÁRMACOS DE AÇÃO INDIRETA

Esse grupo engloba os fármacos cujo efeito terapêutico não resulta da interação direta com receptores adrenérgicos, quer seja bloqueando-os, quer seja mimetizando a ação de seus neurotransmissores. A maioria dos fármacos que atuam indiretamente na transmissão adrenérgica tem seu mecanismo de ação baseado na interferência dos mecanismos de captação neuronal da NA ou em seu metabolismo.

Os adrenérgicos indiretos (simpatomiméticos) são aqueles que competem com o transportador da NA da fenda para o neurônio pré-sináptico, ou que inibem a monoamino oxidase (inibidores da MAO), que é a enzima que catalisa a desaminação oxidativa de catecolaminas. Os inibidores da recaptação da NA não seletivos para essa catecolamina, inibindo também a da serotonina, e junto dos inibidores da MAO, são utilizados em clínica como antidepressivos. Alguns exemplos são mostrados na Figura 27.

Os antiadrenérgicos indiretos (simpatolíticos) são aqueles que diminuem a transmissão adrenérgica por meio da inibição da biossíntese de neurotransmissores, ou que bloqueiam a captação da NA pelo seu transportador, para dentro da vesícula de armazenamento. Os exemplos estão mostrados na Figura 28.

O principal inibidor da biossíntese de catecolaminas é a (*S*)-metirosina, que inibe a tirosina hidroxilase, enzima que catalisa uma etapa irreversível da biossíntese de NA. A (*S*)-metirosina, indicada como anti-hipertensivo nos casos de feocromocitoma, um tipo de tumor de adrenal, diferencia-se estruturalmente do substrato natural apenas pela presença de uma metila na posição alfa ao grupo carboxila.

Um inibidor clássico da recaptação de NA (recaptação 2) é o alcaloide reserpina. O bloqueio da recaptação mantém o neurotransmissor no citoplasma, permitindo sua degradação pela MAO mitocondrial. A

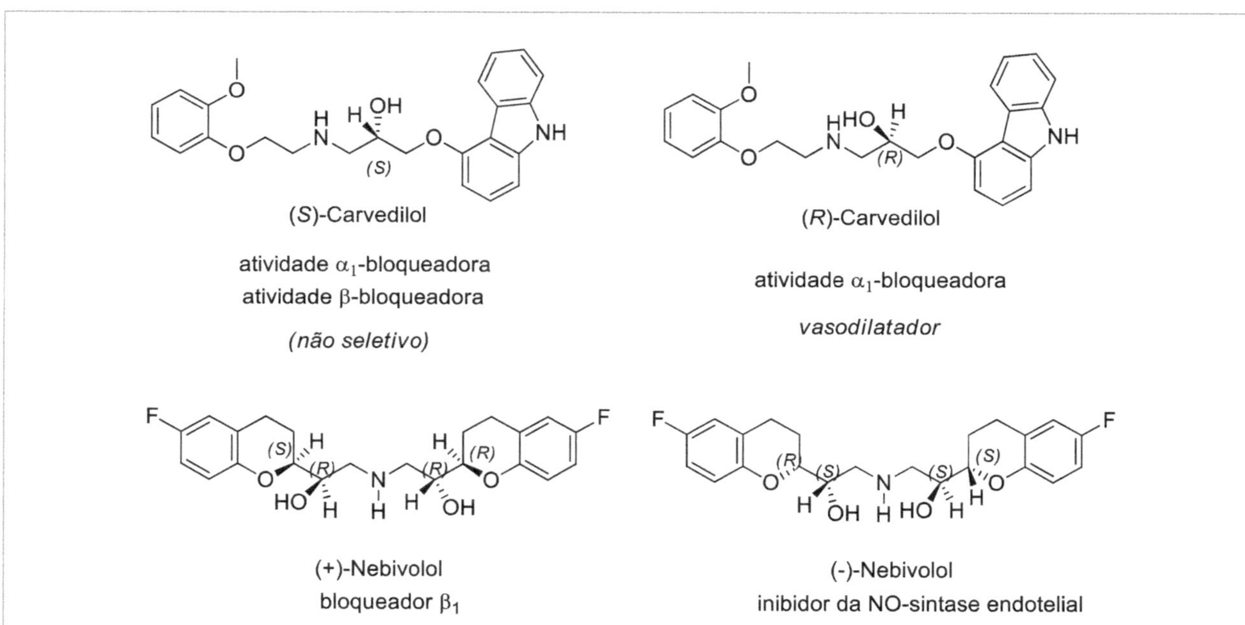

FIGURA 26 Isômeros configuracionais do carvedilol e do nebivolol, e seus correspondentes efeitos cardiovasculares.

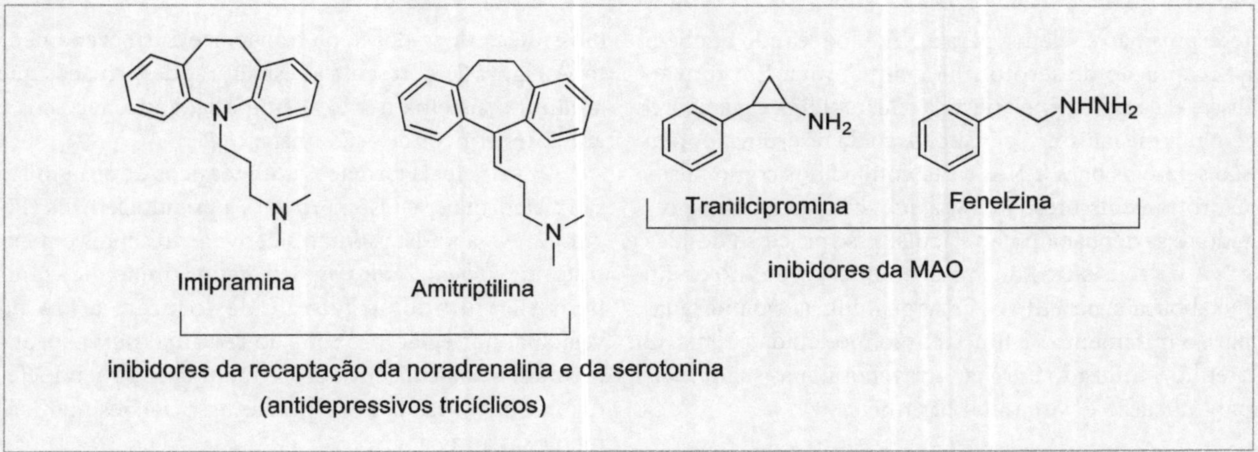

FIGURA 27 Exemplos de adrenérgicos indiretos: inibidores da recaptação da noradrenalina e serotonina e inibidores da MAO. MAO: metabolização pela monoamino oxidase.

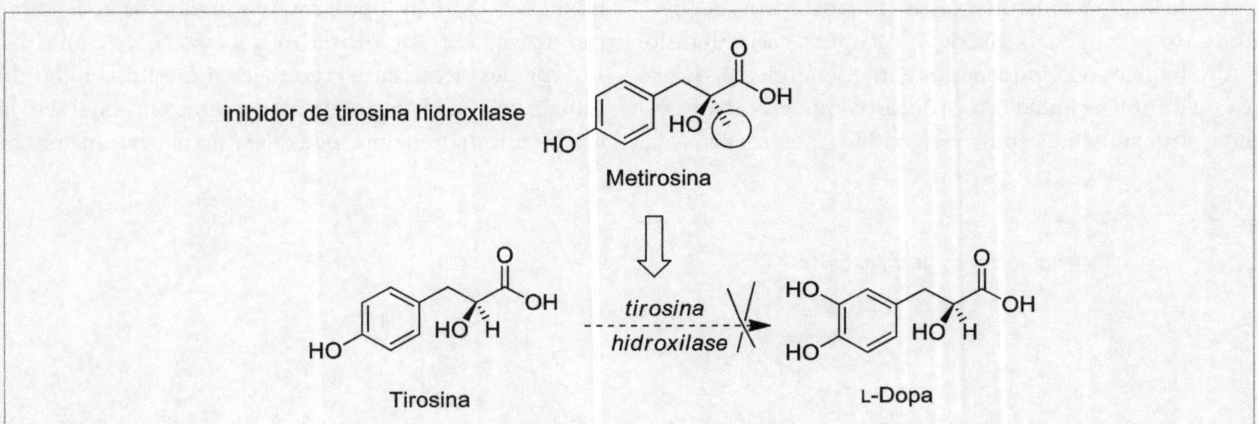

FIGURA 28 Antiadrenérgicos indiretos: o inibidor de tirosina hidroxilase metirosina, e os inibidores da recaptação de noradrenalina (reserpina, bretílio, guanetidina e guanadrel).

reserpina não é seletiva para a NA, bloqueando também a recaptação de serotonina e dopamina. Em função disso, ela é raramente utilizada. Guanetidina e guanadrel têm um mecanismo semelhante ao da reserpina, porém são seletivos para a NA, e são conhecidos como falsos neurotransmissores, uma vez que se ligam ao transportador e se depositam na vesícula. Esse processo desloca a NA de seus sítios de armazenamento, sendo então metabolizada pela MAO. Essas guanidinas são indicadas para o tratamento da hipertensão moderada e renal. O bretílio é utilizado por via intravenosa, mas sua principal indicação é para tratar arritmias.

FÁRMACOS DE AÇÃO MISTA

Esse grupo é representado por fármacos que têm mais de um mecanismo de ação. Eles exercem seu efeito tanto por ligação direta ao receptor, estimulando (adrenérgico) ou bloqueando (antiadrenérgicos), quanto pela interferência em processos que envolvam os neurotransmissores epinefrina ou NA, quer seja em sua biossíntese, degradação ou transporte e armazenamento. A Figura 29 apresenta as estruturas de fármacos que atuam no sistema nervoso simpático: adrenérgicos e antiadrenérgicos de ação mista.

Os principais fármacos adrenérgicos de ação mista são a efedrina e seu isômero *anti*, a pseudoefedrina (Figura 29A), agonistas β não seletivos, presentes em extratos de *Ephedra vulgaris*. Seu efeito adrenérgico também é atribuído ao fato de deslocarem a NA da vesícula, na região próxima ao terminal nervoso, aumentando sua concentração. Atualmente a pseudoefedrina é encontrada em algumas associações medicamentosas antigripais.

O principal fármaco antiadrenérgico de ação mista é o metildopa (Figura 29B), que é um agonista adrenérgico α_2 e também substrato da enzima L-dopadescarboxilase.[20] O metildopa é muito semelhante ao levodopa, um precursor biossintético da NA. A enzima L-dopa descarboxilase reconhece o metildopa, dando sequência à via biossintética, formando no final da via a α-metilnoradrenalina, que difere do neurotransmissor

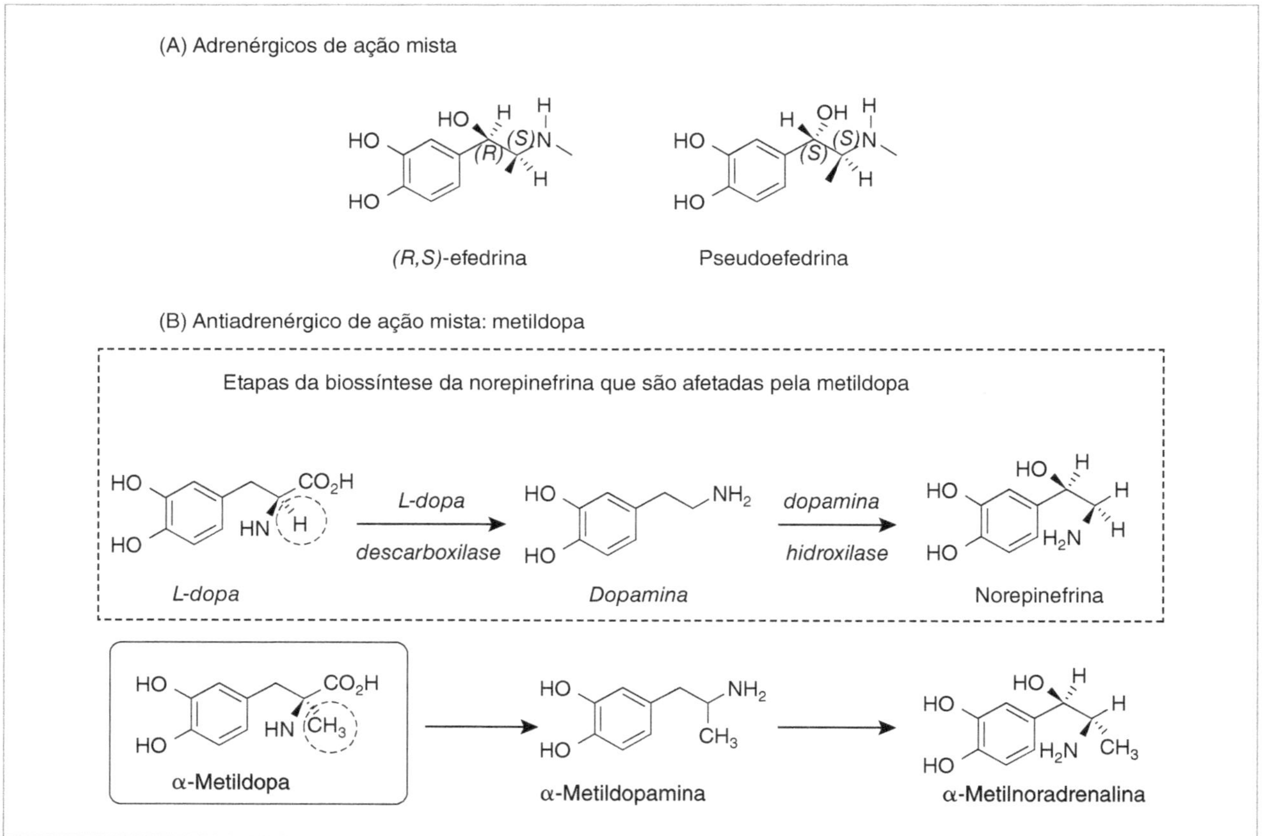

FIGURA 29 Representação parcial da biossíntese da norepinefrina (direita) e do α-metildopa (esquerda) como substrato para as enzimas dessa via.

pela presença de um grupo metila. Esse "falso neurotransmissor" é armazenado nas vesículas, deslocando a NA dos sítios de ligação, que então é metabolizada. Além disso, a metilnoradrenalina também é reconhecida pelos receptores pós-sinápticos. Assim, a combinação do efeito agonista α_2 e seu papel de substrato enzimático na cascata de reações de biossíntese da NA resulta no efeito anti-hipertensivo. A α-metildopa é empregada principalmente no controle da hipertensão gestacional.

PERSPECTIVAS

No que se refere ao desenvolvimento de fármacos que interferem no sistema adrenérgico, os esforços se concentram na descoberta de fármacos seletivos, com o mínimo de efeitos colaterais. Novas vias de aplicação, dos medicamentos que têm como princípio ativo esses fármacos, também vêm sendo exploradas, com base no conhecimento de seu processo de metabolização.

Embora existam muitos desafios relacionados ao desenvolvimento de fármacos simpatomiméticos e simpatolíticos, é preciso compreender que existem muitas lacunas no conhecimento da atuação do sistema nervoso simpático e de todas as implicações quando sua atividade é modulada ou estimulada.

REFERÊNCIAS BIBLIOGRÁFICAS

1. Patrick G. An Introduction to medicinal chemistry. 5th ed. London: Oxford University Press; 2013.
2. Ring AM, Manglik A, Kruse AC, Enos MD, Weis WI, Garcia KC, et al. Structure of beta2 adrenoceptor bound to adrenaline and an engineered nanobody. Worldwide Protein data bank. 9 ago. 2017. [internet] [acesso em: 2022 jun. 6]. Disponível em: https://www.wwpdb.org/pdb?id=pdb_00004ldo
3. Food and Drug Administration. [internet] [acesso em 2020 abr 6]. Disponível em: https://www.accessdata.fda.gov/scripts/cder/daf/index.cfm?event=overview.process&varApplNo=202611.
4. Piascik MT, Perez DM. a1-adrenergic receptors: new insights and directions. J Pharmacol Exp Ther. 2001;298(2):403-10.
5. Wermuth CG. The practice of medicinal chemistry. 3rd ed. Amsterdam; 2008.
6. Malta E, Ong JS, Raper C, Tawa PE, Vaughan GN. Structure-activity relationships of clonidine-and tolazoline-like compounds at histamine and alpha-adrenoceptor sites. Br J Pharmacol. 1988;69(4):679-88.
7. De Groof C, De La Marche W, Danckaets M. Effectiveness of guanfacin on comorbid disorders in children and adolescents with adha. Tijdschr Psychiatr. 2019;61(12):845-53.
8. Remko M, Stuart M, Bickelhaupt MS. Theoretical study of structure, p*Ka*, lipophilicity, solubility, absorption, and polar surface area of some centrally acting antihypertensives. Bioorg Med Chem. 2006;14(6):1715-28.
9. Ferreira RB, de Oliveira MG, Antunes E, Ibrahim BM, Abdel-Rahman AA, Almeida WP. Eur J Pharmacol. 2016;791:803-10.
10. Ruffolo RR Jr, Spradlin TA, Pollock GD, Waddell JE, Murphy PJ. Alpha and beta adrenergic effects of the stereoisomers of dobutamine. J Pharmacol Exp Ther. 1981;219(2):447-52.
11. Liu S. Adrenergic agents. In: Beale Jr. JM, Block JH. Wilson and Gisvold's textbook of organic medicinal and pharmaceutical chemistry. 12th ed. Baltimore: Lippincott Williams and Wilkins; 2011.
12. Ma Z, Hongming L, Wu B. Structure-based drug design of cathecol-O-methyltransferase inhibitors for CNS disorders. Br J Clin Pharmacol. 2013;77(3):410-20.
13. Jacobsen J R. Third-generation long-acting β2-adrenoceptor agonists: medicinal chemistry strategies employed in the identification of once-daily inhaled β2-adrenoceptor agonists. Future Med Chem. 2011;3(13):1607-22.
14. Rautio J, Kumpulainen H, Heimbach T, Oliyai R, Oh D, Järvinen T, Savoleinen J. Prodrugs design and clinical applications. Nat Rev Drug Discov. 2008;7:261-70.
15. Du L, Li M. Modeling the interactions between α1-adrenergic receptors and their antagonists. Current Computer-Aided Drug Des. 2010;6(3):165-78.
16. Sheldon RA. Chirality and biological activity. In: Chirotechnology: industrial synthesis of optically active compounds. New York: Marcel Dekker Inc.; 1993.
17. Katzung BG, Masters SB, Trevor AT. Farmacologia básica e clínica. 12ª ed. Porto Alegre: AMGH; 2013.
18. Bartsch W, Sponer G, Strein K, Müller-Beckmann B, Kling L, Böhm E, Martin U, Borbe HO. Pharmacological characteristics of the stereoisomers of Carvedilol. Eur J Clin Pharmacol. 1990;38:S104-S107.
19. Van Peer A, Snoeck E, Woestenborghs R, Van de Velde V, Mannens G, Meuldermans W, Heykants J. Clinical pharmacokinetics of nebivolol. Drug Invest. 1991;3:25-30.
20. Lemke TL, Williams DA, Roche VF, Zito SW. Foye's principles of medicinal chemistry. 7th ed. Baltimore: Lippincott Williams and Wilkins; 2013.

CAPÍTULO 17

Anti-hipertensivos

Rafael da Rosa
Lara Almida Zimmermann
Lílian Sibelle Campos Bernardes

INTRODUÇÃO

A hipertensão arterial sistêmica é considerada uma doença crônica, caracterizada pelos níveis elevados da pressão sanguínea arterial e considerada um dos principais fatores de risco que favorecem a ocorrência de doenças cardiovasculares, por exemplo, acidente vascular cerebral, doenças ateroscleróticas, infarto do miocárdio e morte cardíaca súbita, além de contribuir para aneurisma arterial e insuficiência renal e cardíaca. Seu diagnóstico se dá quando ocorre um aumento dos valores da pressão arterial sistólica (máxima) ≥ 140 mmHg e pressão arterial diastólica (mínima) ≥ 90 mmHg. Embora seja um fator de risco modificável, apresenta alta prevalência e baixas taxas de controle, tornando-se um problema de saúde pública.[1-3]

A relação entre a hipertensão arterial e o risco de eventos cardiovasculares é independente de outros fatores de risco, porém é potencializada quando se tem a presença concomitante de diabetes, LDL elevado e tabagismo. Portanto, a detecção, o tratamento e o controle são fundamentais para diminuir os riscos cardiovasculares. A redução da pressão sanguínea pode ser alcançada por meio de um esquema de tratamento não medicamentoso, como uma mudança no estilo de vida (alimentação saudável, consumo controlado de sódio e álcool, combate ao sedentarismo e tabagismo) associado ao tratamento farmacológico, favorecendo a diminuição da morbimortalidade por doenças vasculares.[3,4]

Considerando que os anti-hipertensivos podem ser divididos em diferentes classes terapêuticas de acordo com seus locais/modos de ação, neste capítulo serão abordados os fármacos que atuam no sistema renina-angiotensina, fármacos bloqueadores dos canais de cálcio e fármacos diuréticos.

FÁRMACOS QUE ATUAM NO SISTEMA RENINA-ANGIOTENSINA

O sistema renina-angiotensina é composto por enzimas, peptídeos e receptores responsáveis pelo balanço hídrico e eletrolítico, sendo o principal sistema fisiológico de controle da pressão arterial.

O precursor das ações do sistema renina-angiotensina é uma proteína sintetizada no fígado chamada angiotensinogênio. A clivagem da porção *N*-terminal dessa proteína pela enzima renina dá origem ao decapeptídeo angiotensina I. Por sua vez, a angiotensina I é convertida ao octapeptídeo angiotensina II pela enzima conversora da angiotensina (ECA). A angiotensina II, de forma direta e indireta, é a efetora das ações mediadas pelo sistema renina-angiotensina.[5]

A atuação da angiotensina II sobre receptores nos vasos sanguíneos e canais iônicos nos rins leva à vasoconstrição e ao aumento da reabsorção de sódio, provocando aumento da pressão arterial. Além disso, a angiotensina II estimula a secreção de hormônios como a vasopressina e a aldosterona, que também contribuem para a retenção de eletrólitos e vasoconstrição. Em situações normais, o sistema renina-angiotensina é altamente regulado e essencial para a manutenção da homeostase. No entanto, disfunções em alguma das etapas do sistema podem levar ao desenvolvimento de doenças cardiovasculares, como a hipertensão.[6,7] Assim, a inibição de componentes do sistema renina-angiotensina é um mecanismo utilizado por três classes de fármacos para tratamento da hipertensão arterial: (i) inibidores da renina, (ii) inibidores da enzima conversora da angiotensina e (iii) antagonistas dos receptores AT_1 da angiotensina II. Os aspectos químicos relacionados aos alvos moleculares e aos fármacos integrantes dessas classes serão discutidos a seguir.

Inibidores da renina

A renina é secretada por células renais quando uma diminuição na pressão arterial ou na concentração plasmática de sódio é detectada, fazendo com que a concentração da enzima seja baixa em condições fisiológicas normais. Dessa forma, a conversão do angiotensinogênio em angiotensina I é a etapa limitante do sistema renina-angiotensina, o que aumentou o interesse no desenvolvimento de inibidores da renina. A procura de inibidores como um tratamento em potencial para a hipertensão vem sendo investigada desde a década de 1960, no entanto apenas em 2007 o primeiro fármaco inibidor da renina, chamado alisquireno, chegou ao mercado (Figura 1).

Estrutura do alvo molecular

A renina é uma enzima aspartato protease cuja estrutura é dividida em dois domínios. Localizado na interface entre esses dois domínios está o sítio ativo da enzima, onde ocorre a clivagem do angiotensinogênio, dando origem à angiotensina I. A hidrólise ocorre entre os aminoácidos Leu10 e Val11 do angiotensinogênio, e o mecanismo envolve dois resíduos de aspartato e uma molécula de água. Assim como em outras aspartato proteases, o sítio ativo da renina é dividido nos subsítios S_1–S_4 e S_1'–S_3'. Outro subsítio, nomeado S_3^{sp}, também é encontrado na renina e é um dos mais relevantes para a interação dos fármacos com o alvo molecular, juntamente com as regiões S_1, S_3, S_1' e S_2'.[8]

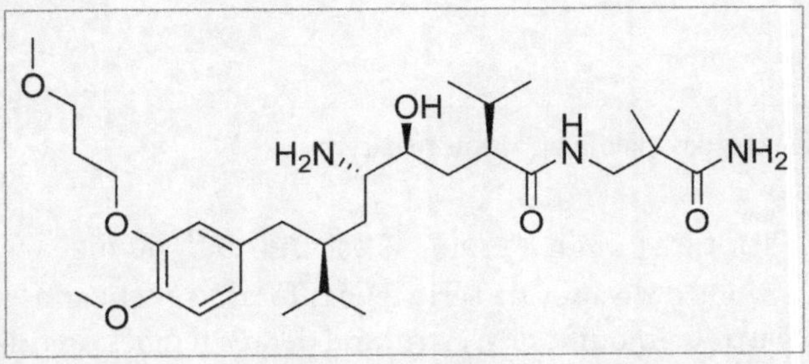

FIGURA 1 Estrutura química do primeiro fármaco inibidor da renina, o alisquireno.

Desenvolvimento dos primeiros inibidores

Os primeiros inibidores da renina descritos foram moléculas peptídicas e peptidomiméticas, análogas do estado de transição da hidrólise catalisada pela enzima. Isto é, essas moléculas apresentavam uma região não hidrolisável com características químicas e eletrônicas semelhantes àquelas da região hidrolisável do angiotensinogênio. Esses compostos eram ativos em modelos animais, no entanto a transição deles para ensaios clínicos era limitada pela baixa biodisponibilidade e rápida metabolização associada aos peptídeos e peptidomiméticos.

A docagem molecular e a modelagem de proteínas por homologia tiveram papel importante na concepção dos primeiros inibidores não peptidomiméticos. Essas técnicas computacionais, inovadoras na época, foram utilizadas porque a estrutura cristalográfica da renina ainda não era conhecida. Elas permitem simular a interação entre inibidores e seu alvo molecular, tornando possível predizer com certa segurança a conformação bioativa do inibidor, as interações intermoleculares entre inibidor e enzima, entre outros aspectos. A molécula que até então estava em fases mais avançadas de estudo pré-clínico era o composto peptidomimético CGP38560. A análise desse composto por docagem molecular indicou uma possível interação com a renina por meio dos subsítios S_1–S_4 e algumas ligações de hidrogênio. Com esses dados em mente, foi sugerido que fragmentos do composto CGP38560, importantes para a interação com o alvo, poderiam ser mantidos e ligados entre si por meio de conectores que não tivessem características peptídicas. Dessa forma, era esperado que a biodisponibilidade oral dos novos compostos fosse aceitável para que, eventualmente, estudos clínicos pudessem ser realizados (Figura 2). Para o planejamento desses novos compostos, um dos principais critérios avaliados foi a semelhança entre a conformação bioativa deles (avaliada por docagem molecular) e a conformação bioativa do composto CGP38560.[9]

O planejamento em combinação com a docagem molecular e a avaliação *in vitro* e *in vivo* levaram à identificação de quatro séries de potentes inibidores não peptídicos, ativos por via oral, nomeadas indol, salicilamida, tetraidroquinolina e fenóxi. A partir dos primeiros compostos, outros derivados contendo o núcleo principal de cada série foram sintetizados com o objetivo de identificar aqueles que tivessem um equilíbrio satisfatório entre suas propriedades farmacodinâmicas (p. ex., potência e seletividade) e farmacocinéticas (p. ex., biodisponibilidade).[9] Exemplos de compostos pertencentes a cada série são apresentados na Figura 3.

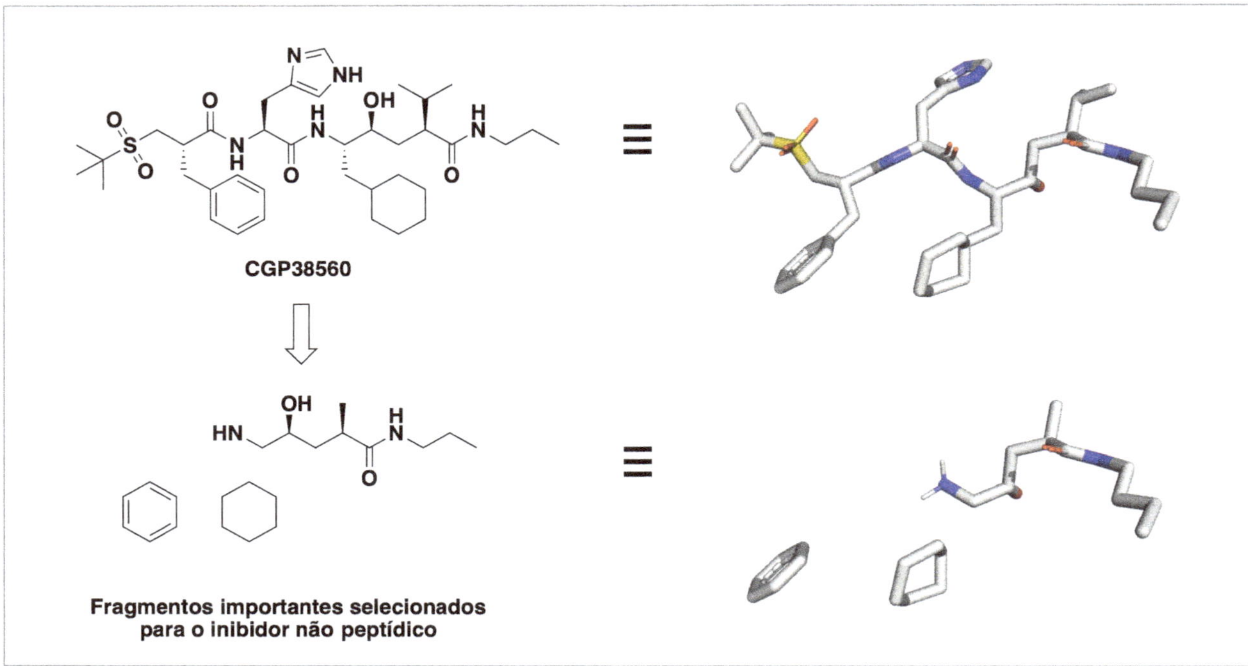

FIGURA 2 Inibidor peptidomimético CGP38560 e seus fragmentos mais importantes para a interação com o alvo molecular, usados para o planejamento de um inibidor não peptídico. A representação da conformação bioativa em 3D foi extraída do complexo cristalográfico da enzima com o inibidor (1RNE).

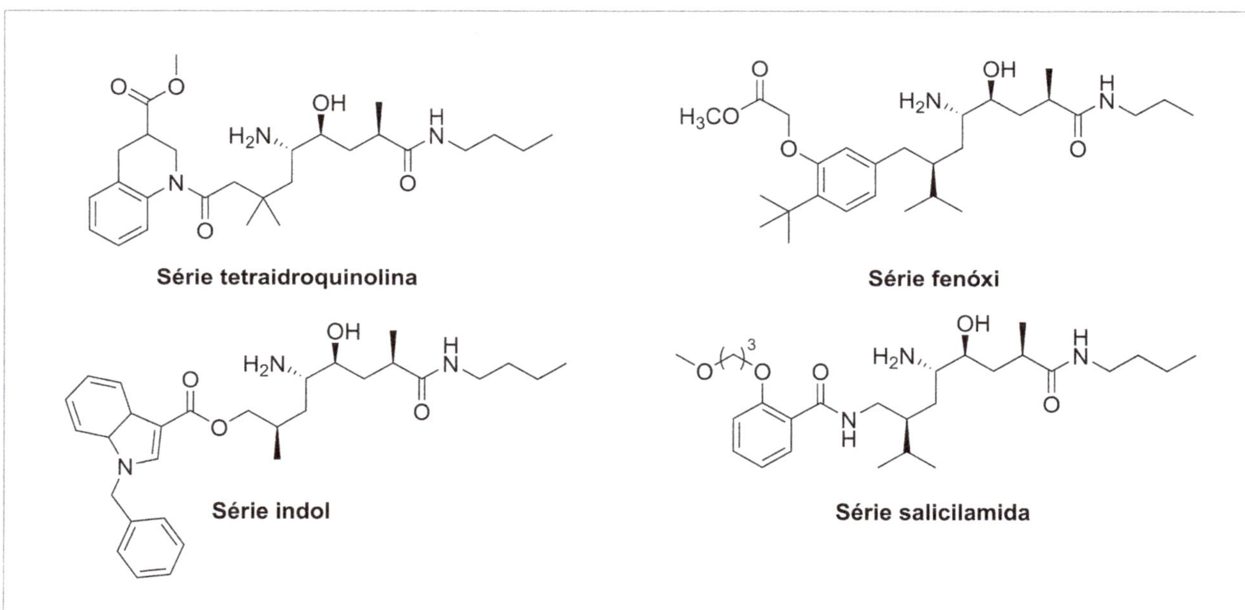

FIGURA 3 Derivados das quatro séries de compostos não peptídicos identificados como inibidores da renina.

O fármaco alisquireno é um dos derivados da série fenóxi. Seu desenvolvimento é um caso de sucesso que ilustra a importante contribuição que a quimioinformática pode oferecer para o planejamento de novas moléculas bioativas.

Estrutura química e relação estrutura-atividade

Os derivados da série fenóxi foram sintetizados a partir da modificação estrutural de três regiões do primeiro composto identificado. Os substituintes do anel aromático e a amida na cadeia lateral foram os principais pontos de modificação. A Figura 4 destaca essas regiões na molécula e traz alguns dos derivados sintetizados até a identificação do alisquireno.

O alisquireno interage com cinco subsítios da renina (Figura 5). Os subsítios S_1, S_3 e S_3^{sp} são majoritariamente compostos por aminoácidos hidrofóbicos, o que explica a boa interação com o anel aromático e o aumento da atividade após a substituição do metil éster pelo substituinte metoxipropila (Figura 4). Por outro lado, os subsítios S_1' e S_2' contêm diversos aminoácidos polares que interagem por meio de ligações de hidrogênio com a porção polar do alisquireno. Interações com as regiões S_1, S_3, S_1' e S_2' são observadas na maioria dos inibidores da renina. Além de interagir com essas regiões, o alisquireno e outros inibidores não peptídicos também interagem com o subsítio S_3^{sp} (Figura 5). Como o subsítio S_3^{sp} não é encontrado em outras aspartato proteases, os compostos que interagem com essa região têm alta seletividade de ação na renina.[10,11]

Inibidores da enzima conversora da angiotensina

A enzima conversora da angiotensina (ECA) é a responsável pela conversão da angiotensina I em angio-

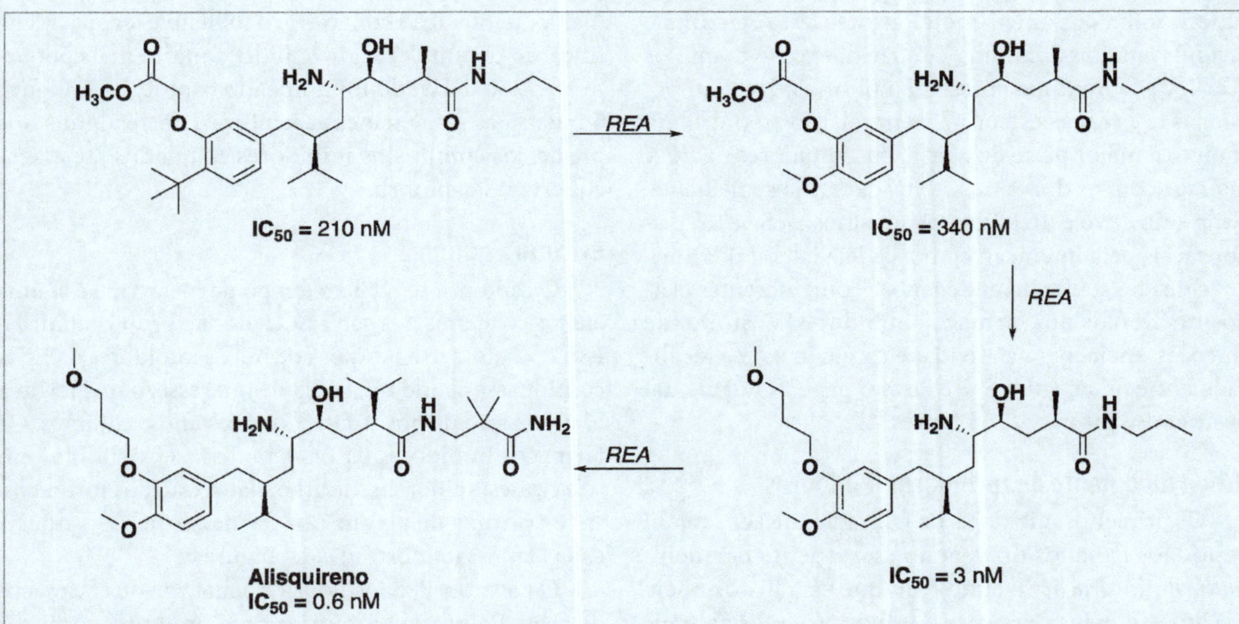

FIGURA 4 Alguns derivados da série fenóxi que foram sintetizados até a identificação do alisquireno.

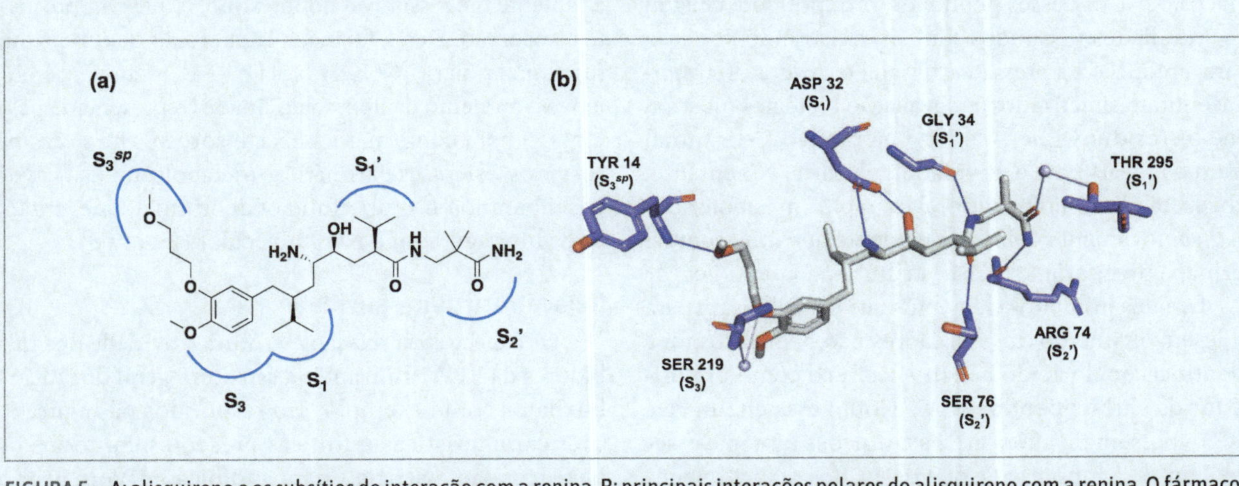

FIGURA 5 A: alisquireno e os subsítios de interação com a renina. B: principais interações polares do alisquireno com a renina. O fármaco é representado em cinza, enquanto os aminoácidos são representados em lilás. Os aminoácidos SER219 e THR295 fazem uma ligação de hidrogênio por intermédio de uma molécula de água.

tensina II. Dessa forma, a inibição desse processo faz com que os efeitos diretos e indiretos da angiotensina II sobre a pressão arterial sejam diminuídos. O primeiro fármaco inibidor da ECA a chegar ao mercado foi o captopril, na década de 1980. Outros fármacos inibidores, como enalapril, lisinopril e fosinopril, foram lançados nos anos seguintes e hoje a classe é amplamente utilizada como primeira linha de tratamento da hipertensão arterial.[12,13]

Estrutura do alvo molecular

A ECA é uma peptidil-dipeptidase pertencente à superfamília das zinco-metaloproteases. A enzima é dividida em dois domínios, conhecidos como domínios C e N. Cada domínio apresenta um sítio ativo com pequenas diferenças estruturais em relação ao outro, no entanto a maior parte dos fármacos inibidores da ECA interage com os dois sítios ativos de forma semelhante. Cada sítio ativo é dividido nos subsítios S_1, S_1' e S_2', responsáveis pela interação com a cadeia lateral dos aminoácidos no substrato endógeno, e com diferentes grupos funcionais nos fármacos inibidores. O átomo de zinco, essencial para a atividade da enzima, fica localizado entre os subsítios S_1 e S_1' e tem papel fundamental na ação dos fármacos inibidores.[14,15]

Desenvolvimento dos primeiros inibidores

Os primeiros inibidores da ECA identificados foram peptídeos isolados do veneno da serpente brasileira *Bothrops jararaca*, fazendo com que essa história seja um dos exemplos clássicos do uso de produtos naturais como inspiração para o desenvolvimento de novos fármacos.[16-18] Um desses peptídeos, o trepotídeo, chegou a ser avaliado em estudos clínicos, mostrando-se eficaz para a redução da pressão arterial. Derivados do trepotídeo foram sintetizados, e a avaliação biológica mostrou que os resíduos Phe–Ala–Pro na porção C-terminal eram os ideais para a atividade inibitória. No entanto, a baixa biodisponibilidade oral e a rápida metabolização *in vivo* novamente deixaram evidente que um eventual fármaco precisaria ter uma estrutura não peptídica.[19]

Um dos primeiros elementos que contribuíram para o desenvolvimento dos inibidores não peptídicos foi a identificação do ácido benzil-succínico como um inibidor da carboxipeptidase A.[20] Como essa enzima e a ECA apresentam sítios ativos e funções biológicas semelhantes, a hipótese de que derivados do ácido benzil-succínico pudessem também inibir a ECA foi investigada e levou à identificação de um primeiro inibidor: a succinil-prolina. Outro derivado, a 2-metil-succinil-prolina, demonstrou ser mais potente e ativo por via oral, solucionando um dos problemas associados aos compostos peptídicos.[21]

Com base na estrutura da 2-metil-succinil-prolina e do alvo molecular, foi sugerido que um dos carboxilatos do inibidor coordenava com o átomo de zinco presente no sítio ativo da enzima. Isso foi confirmado a partir de outros derivados que não apresentavam atividade inibitória; neles o carboxilato havia sido substituído por grupos funcionais incapazes de manter a coordenação. Dessa forma, um *screening* em novos derivados contendo grupos funcionais que pudessem manter a interação com o zinco foi feito e levou à identificação de um derivado sulfidrila muito mais potente.[22,23] Esse derivado foi nomeado captopril. A Figura 6 mostra as semelhanças estruturais entre alguns dos primeiros compostos inibidores estudados até a descoberta do captopril.

Estrutura química

O captopril tem baixo tempo de meia-vida e alguns efeitos colaterais que são associados ao grupo sulfidrila. Isso fez com que a pesquisa de novos inibidores da ECA continuasse sendo uma área de interesse, o que levou à identificação de novos fármacos nos anos seguintes. Os fármacos inibidores da ECA podem ser divididos em três classes: sulfidrilas, dicarboxilatos e ácidos fosfínicos. As estruturas de alguns dos fármacos pertencentes a cada classe são mostradas na Figura 7.

O zofenopril, o fosinopril e a maioria dos fármacos dicarboxilatos são administrados como pró-fármacos (Figura 7, $R^3 \neq -H$). A forma ativa desses fármacos é altamente hidrossolúvel no intestino, o que compromete a absorção. Dessa forma, a latenciação de um grupo funcional polar (–COOH, –SH e $-PO_2$) tem como objetivo o aumento da lipossolubilidade (representada pelo $\log D_{9,0}$) para contornar a baixa absorção. Uma vez absorvidos, esterases plasmáticas metabolizam os fármacos, liberando o grupo funcional original, que, então, pode interagir com o alvo molecular (Figura 8).

Relação estrutura-atividade

Os aspectos da relação estrutura-atividade dos inibidores da ECA, utilizando a estrutura geral dos dicarboxilatos como exemplo, são resumidos na Figura 9. Três características químicas presentes em todos os fármacos são essenciais para a inibição: (i) um grupo carboxilato ligado ao sistema de anéis *N*-heterocíclico, para interação iônica com um resíduo do subsítio S_2' da

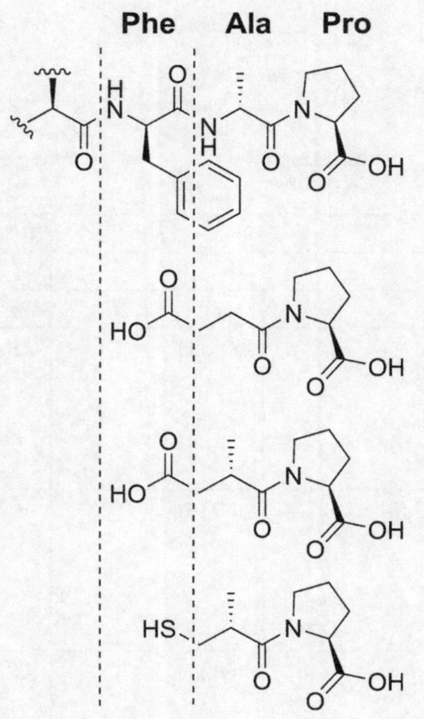

FIGURA 6 Estrutura química de alguns dos primeiros compostos inibidores da enzima conversora da angiotensina. A região pontilhada indica a porção das moléculas que interage com o átomo de zinco no sítio ativo da enzima.

enzima; (ii) um grupo carbonílico para interação de hidrogênio com o alvo molecular; e (iii) um grupo capaz de coordenar com o átomo de zinco presente no sítio ativo da enzima.

A sulfidrila, o carboxilato e o ácido fosfínico são os grupos funcionais responsáveis, em suas respectivas classes, pela coordenação com o zinco no sítio ativo da enzima. É importante lembrar que, no caso dos pró-fármacos, o grupamento que interage com o zinco é aquele que está latenciado. Nesses casos, a metabolização é necessária para que haja a interação com o alvo molecular (Figura 8).

Nos dicarboxilatos e ácidos fosfínicos, a presença do substituinte hidrofóbico $-R^2$ permite a interação com o subsítio S_1 da ECA. O subsítio S_1 não é explorado pelas sulfidrilas, o que confere a elas menor afinidade pelo alvo molecular em comparação às outras duas classes. Na maioria dos fármacos, com exceção do lisinopril, o substituinte $-R^1$ é uma metila. Essa metila é análoga ao resíduo de alanina presente nos primeiros inibidores peptídicos e interage com o subsítio S_1' da ECA. No lisinopril e no benazepril, a interação com o subsítio S_1' é feita pela cadeia *n*-butilamina e por parte do anel heterocíclico, respectivamente. Outra característica importante para a atividade dos inibidores da ECA dicarboxilatos é a estereoquímica, uma vez que apenas compostos com a configuração 3-(*S*)-5-(*S*) são ativos.[24]

Antagonista dos receptores AT_1 da angiotensina II

A angiotensina II é o produto final do sistema renina-angiotensina e exerce sua ação por meio da interação com dois receptores: AT_1 (receptor **A**ngiotensina II **T**ipo **1**) e AT_2 (receptor **A**ngiotensina II **T**ipo **2**). Estruturalmente, ambos os receptores são acoplados à proteína G e possuem sete domínios transmembranares. O receptor AT_1 é expresso em várias células e tecidos, principalmente nas células renais, endoteliais e nos cardiomiócitos. Sua ativação leva à vasoconstrição, retenção de sódio e líquidos, estimula a liberação de vasopressina e aldosterona, entre outros.[25] Os receptores AT_2, por sua vez, exercem funções complexas e ainda não totalmente caracterizadas. Evidências sugerem que a ativação dos receptores AT_2 resulta em efeitos contrários àqueles causados pela ativação dos receptores AT_1. Dentre esses efeitos, destaca-se o vaso-relaxamento, a

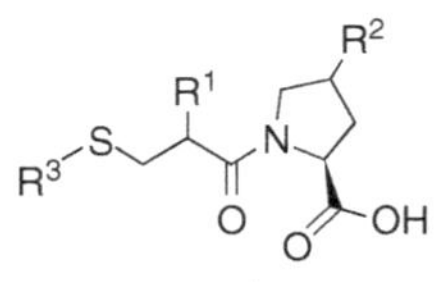

Sulfidrilas

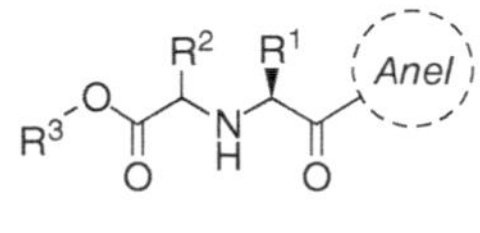

Dicarboxilatos

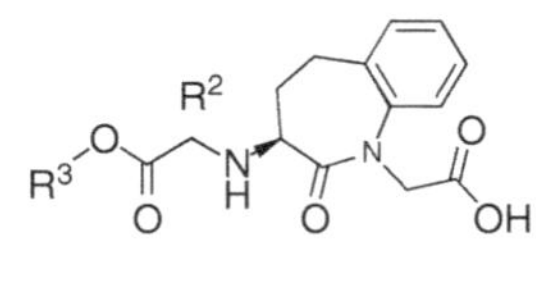

Benazepril
Dicarboxilato

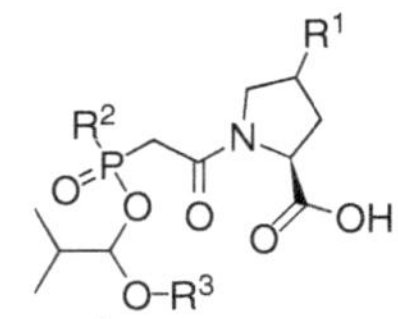

Ácidos fosfínicos

Classe	Nome	Anel	R^1	R^2	R^3[a]
Sulfidrilas	Captopril	–	$-CH_3$	–H	–H
	Zofenopril	–	$-CH_3$	–SPh	–Bz
Dicarboxilatos	Enalapril	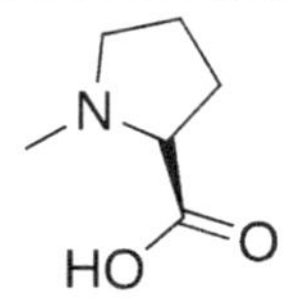	$-CH_3$	$-(CH_2)_2Ph$	$-CH_2CH_3$
	Lisinopril	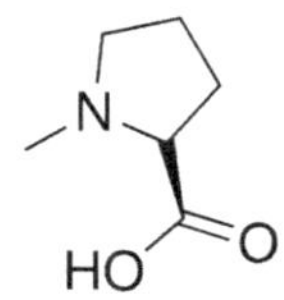	$-(CH_2)_4NH_2$	$-(CH_2)_2Ph$	–H
	Imidapril	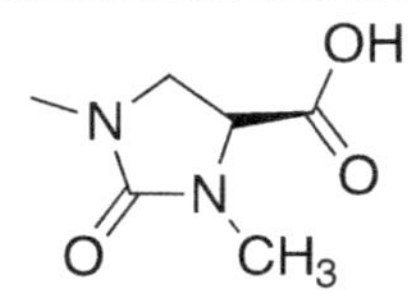	$-CH_3$	$-(CH_2)_2Ph$	$-CH_2CH_3$
	Perindopril	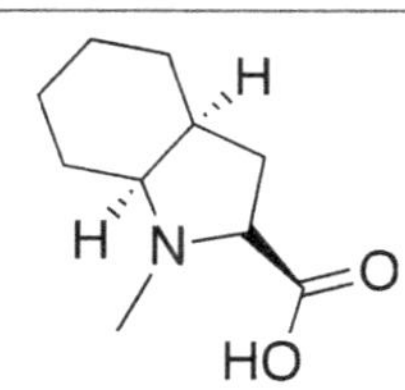	$-CH_3$	$-(CH_2)_2CH_3$	$-CH_2CH_3$
	Quinapril	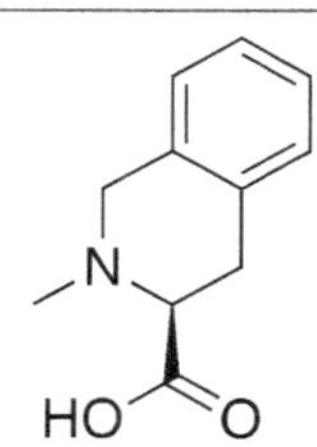	$-CH_3$	$-(CH_2)_2Ph$	$-CH_2CH_3$
	Espirapril	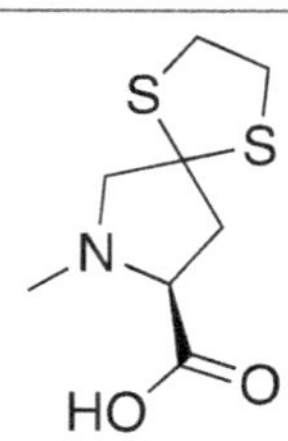	$-CH_3$	$-(CH_2)_2Ph$	$-CH_2CH_3$
	Benazepril	–	–	$-(CH_2)_2Ph$	$-CH_2CH_3$
Ácidos fosfínicos	Fosinopril	–	–Cy	$-(CH_2)_4Ph$	$-COCH_2CH_3$

FIGURA 7 Estrutura química de alguns fármacos inibidores da ECA utilizados no tratamento da hipertensão arterial.
[a]Compostos em que este substituinte é diferente de –H são pró-fármacos.

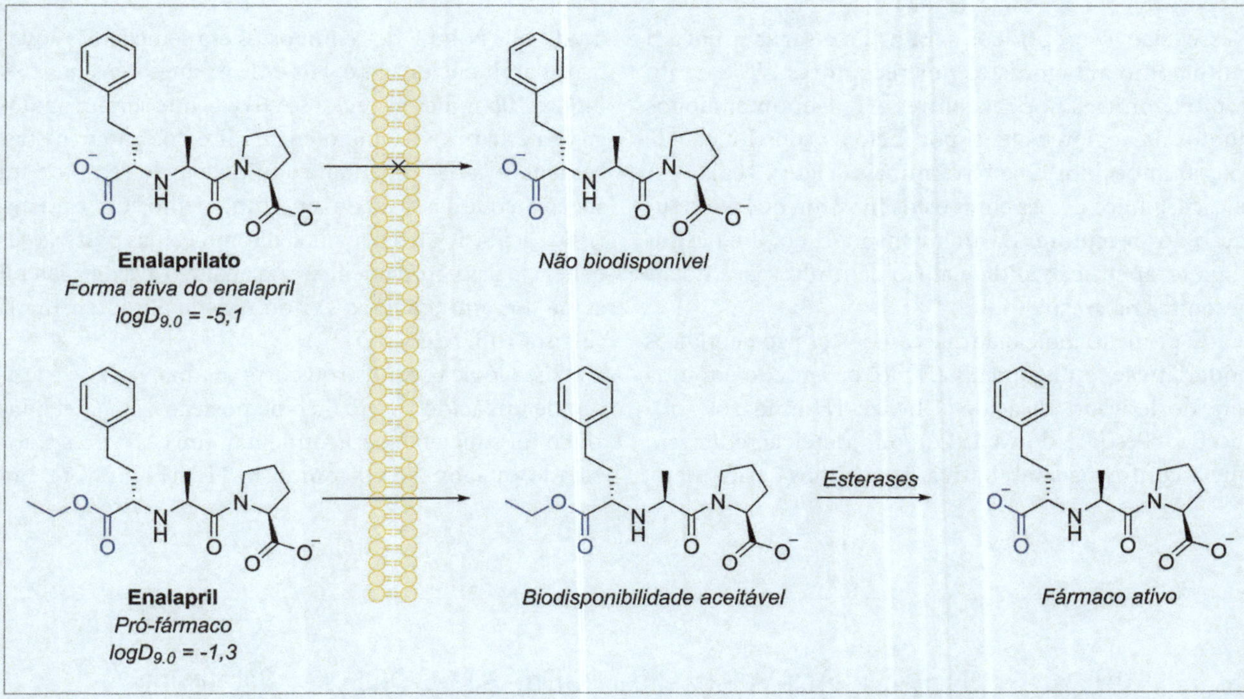

FIGURA 8 Absorção intestinal do enalaprilato (fármaco ativo) e do enalapril (pró-fármaco). Enquanto o enalaprilato não é absorvido, o enalapril pode ser absorvido e bioativado após a absorção. O grupo funcional carboxilato, alvo da latenciação, é destacado em azul.

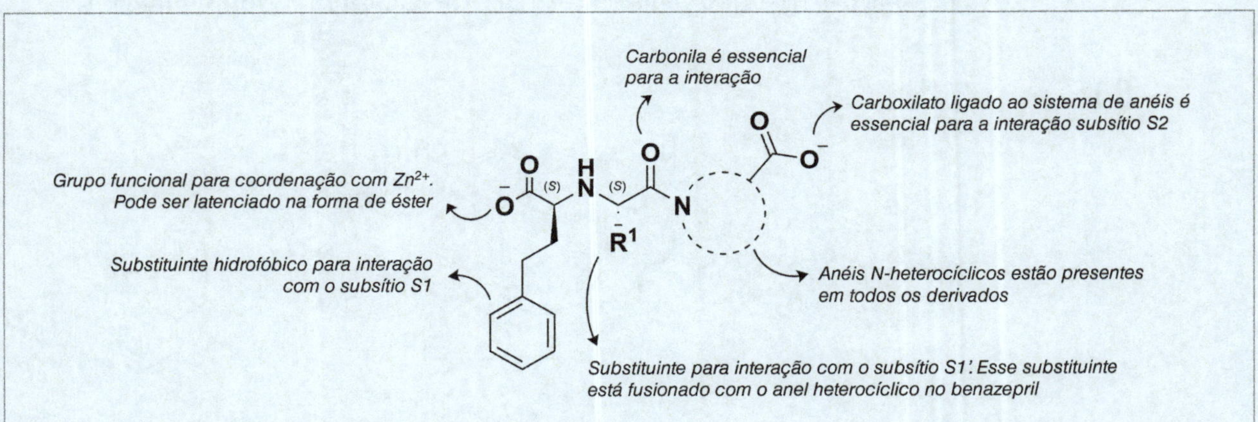

FIGURA 9 Relação estrutura-atividade dos fármacos inibidores da enzima conversora da angiotensina.

contribuição para o reparo tecidual no sistema cardiovascular e o papel no desenvolvimento e funcionamento adequado do sistema urinário.[26,27]

Como apontado anteriormente, o sistema renina-angiotensina é essencial para homeostase, no entanto disfunções em seu funcionamento contribuem para o desenvolvimento de doenças como a hipertensão. Dessa forma, fármacos antagonistas do receptor AT_1 podem ser utilizados para minimizar os efeitos que levam ao aumento da pressão arterial. Em 1995, a losartana foi o primeiro fármaco lançado com esse mecanismo de ação. Agonistas do receptor AT_2 também poderiam ter efeitos similares, porém nenhum composto já teve sua eficácia avaliada em ensaios clínicos.[28]

Desenvolvimento dos primeiros antagonistas

Não é mais surpresa que os primeiros inibidores do sistema renina-angiotensina foram compostos peptídicos.

Nesse caso, os peptídeos saralasina e sarila atuavam tanto como antagonistas nos receptores AT_1 quanto como agonistas nos receptores AT_2 e eram análogos diretos da angiotensina II por meio da substituição de seus aminoácidos C- e N-terminais (Figura 10a).[29,30] A eficácia clínica desses compostos mostrou que a modulação dos receptores da angiotensina II era uma estratégia terapêutica válida e abriu caminho para novas pesquisas na área.[31,32]

O primeiro indício de que compostos não peptídicos poderiam ser antagonistas AT_1 foi observado em uma série de derivados do ácido (1-benzil-1*H*-imidazol-5-il)-acético. Pesquisadores da DuPont Merck acreditavam que a conformação bioativa dos grupos carboxilato, imidazol e *N*-butil dos compostos era semelhante àquela dos aminoácidos Phe, His e Ile na angiotensina II. A Figura 10b indica as regiões A, B e C que seriam análogas na estrutura da angiotensina II e dos antagonistas. Na tentativa de aumentar a afinidade pelo receptor, foi sugerido que a adição de um grupamento com característica ácida ao anel benzílico das moléculas poderia ser benéfica. Esse grupamento seria análogo à cadeia lateral ácida dos aminoácidos Tyr ou Asp da angiotensina II (Figura 10B, regiões D e E).

Essa lógica se mostrou correta, uma vez que a adição de um ácido carboxílico na posição 4 no anel benzílico foi suficiente para aumentar em 12,5 vezes a atividade antagonista do composto 11A (Figura 11). Em

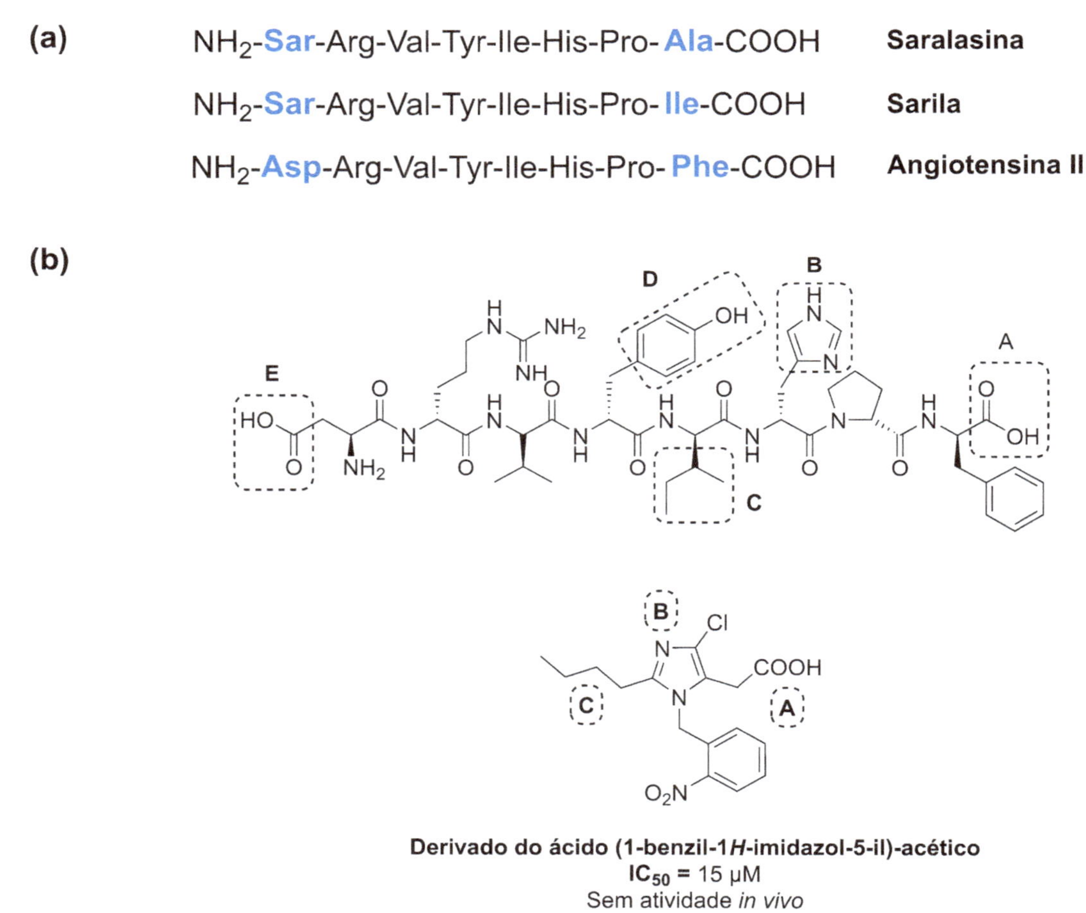

FIGURA 10 A: sequência de aminoácidos dos peptídeos saralasina, sarila e angiotensina II. B: estrutura química da angiotensina II e de um dos primeiros antagonistas AT1 não peptídicos identificado. As caixas indicam regiões análogas entre as duas moléculas. As porções C e D viriam a ser mimetizadas nas próximas séries de derivados desenvolvidas.

outras séries de compostos contendo um segundo anel aromático ligado através de diferentes conectores (como –NHCO–, –CO–, –O–, –OCH_2–), derivados ainda mais potentes foram identificados.[33,34] O composto 11B (Figura 11), por exemplo, é cerca de 1.250 vezes mais ativo que o primeiro inibidor identificado, além de ter uma boa potência *in vivo*. No entanto, a atividade *in vivo* deste e de outros derivados dependia da rota de administração, que precisava ser endovenosa.

De forma a contornar a ausência de biodisponibilidade oral de compostos semelhantes ao 11A e ao 11B (Figura 11), derivados mais lipofílicos foram sintetizados. No entanto, era importante que o aumento da lipofilicidade (representada pelo $logD_{7,4}$) não influenciasse no caráter ácido daquela porção da molécula, visto que ele foi essencial para o aumento da atividade antagonista. Os compostos 11C e 11D (Figura 11) são exemplos desses compostos mais lipofílicos. No composto 11C, por exemplo, os anéis tetrazólicos foram utilizados em substituição aos ácidos carboxílicos do composto 11A, em uma estratégia de modificação molecular conhecida como bioisosterismo. Esses dois grupos, apesar de visualmente diferentes, apresentam características químicas e eletrônicas semelhantes e muitas vezes podem ser utilizados de forma intercambiável para modulação da atividade biológica. No composto 11D, a adição da trifluormetilsulfonamida em substituição ao ácido sulfônico do composto 11B também teve resultados positivos quanto ao aumento da lipofilicidade. Ambos os derivados, 11C e 11D, apresentaram atividade por via oral que, apesar de baixa, mostrou que o desenvolvimento caminhava na direção correta.[33]

A primeira série de compostos com uma boa atividade por via oral foi a série bifenílica, representada pelo composto 12A (Figura 12). A série bifenílica é aquela da qual a losartana, o primeiro fármaco antagonista AT_1, é diretamente derivada.

Estrutura química

Além da losartana, outros fármacos são utilizados como antagonistas do receptor AT_1 (Figura 13). A estrutura geral desses fármacos é composta por um anel *N*-heterocíclico (ou um bioisóstero, como na valsartana) ligado a um sistema bicíclico. Conectados ao anel *N*-heterocíclico, o substituinte –X é uma cadeia alifática enquanto o substituinte –Y pode ser outro anel *N*-heterocíclico, um ácido carboxílico ou um éster. Já no sistema bicíclico, o substituinte –Z é um grupamento com característica ácida.

Pró-fármacos, como a olmesartana, candesartana e azilsartana, contêm ésteres na posição –Y. Uma vez que o composto é absorvido no intestino, esterases plasmáticas o hidrolisam e liberam o fármaco ativo.

Relação estrutura-atividade

A partir de dezenas de compostos sintetizados, diferentes parâmetros de relação estrutura-atividade puderam ser determinados para os antagonistas AT_1: (i) o substituinte da posição 2 do anel *N*-heterocíclico deve ser alquílico e linear, o comprimento de quatro carbonos maximiza a atividade; (ii) diferentes substituintes (–I, –Br, –H, –NO_2) são tolerados na posição 4 do anel *N*-heterocíclico, porém o substituinte –Cl leva à melhor atividade; (iii) os substituinte hidroximetila e carboxilato na posição 5 do anel *N*-heterocíclico são os ideais para

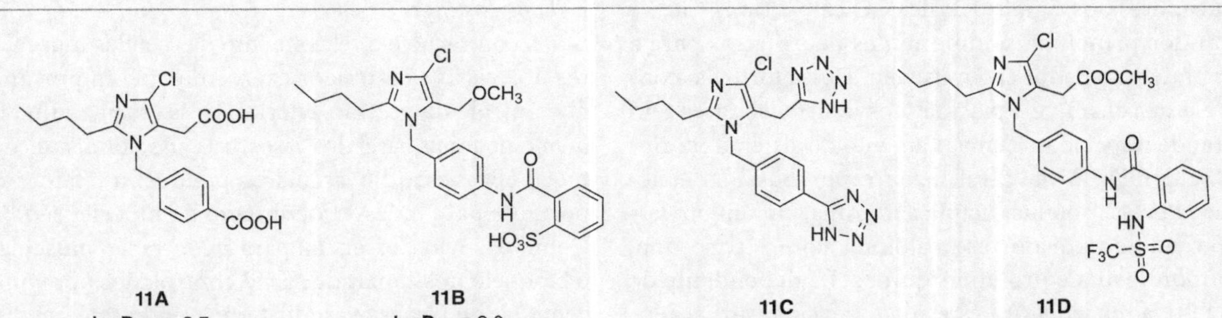

11A	**11B**	**11C**	**11D**
$logD_{7,4}$ = -2,7	$logD_{7,4}$ = 2,0	$logD_{7,4}$ = -0,4	$logD_{7,4}$ = 4,7
IC_{50} = 1,2 μM	IC_{50} = 0,012 μM	IC_{50} = 1,2 μM	IC_{50} = 0,05 μM
ED_{30} = 10 mg/kg (EV)	ED_{30} = 0,2 mg/kg (EV)	Baixa atividade via oral	Baixa atividade via oral
Sem atividade via oral	Sem atividade via oral		

FIGURA 11 Alguns dos antagonistas AT_1 avaliados de forma pré-clínica. Enquanto os compostos 11A e 11B não têm atividade via oral, os compostos 11C e 11D têm baixa atividade via oral.
EV: via endovenosa.

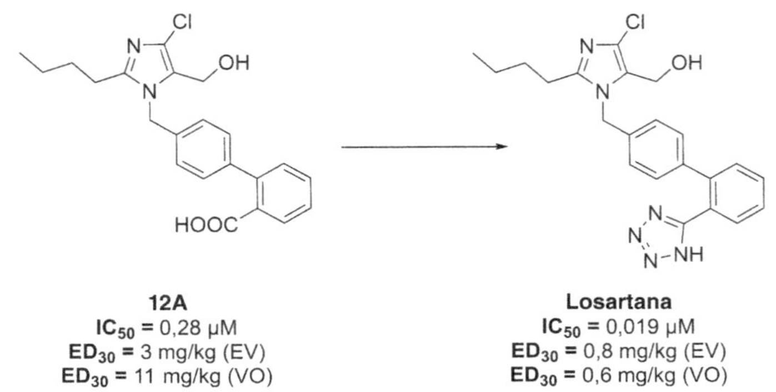

FIGURA 12 Estrutura química de um dos derivados bifenílicos que levaram ao desenvolvimento do fármaco losartana. EV: via endovenosa, VO: via oral.

a atividade biológica; e (iv) é essencial que um substituinte com caráter ácido esteja na posição *orto* do sistema bifenílico.[35] A Figura 14 resume esses aspectos de relação estrutura-atividade utilizando a estrutura química da losartana como exemplo.

Ainda, na losartana o substituinte hidroximetila na posição 5 do anel imidazol é metabolizado pelo citocromo P450 *in vivo*. O metabólito ácido carboxílico formado é ativo e responsável por parte da atividade do fármaco.[36]

FÁRMACOS BLOQUEADORES DOS CANAIS DE CÁLCIO

Outra classe utilizada como primeira linha no tratamento da hipertensão arterial é a dos fármacos bloqueadores dos canais de cálcio. O cálcio (íons Ca^{2+}) é um dos principais componentes necessários para a manutenção da função muscular. Dessa forma, o controle de seus níveis plasmáticos e intracelulares tem grande impacto no funcionamento do sistema cardiovascular. De forma geral, a contração muscular é mediada pelas proteínas actina e miosina, em um processo regulado por outras proteínas (como troponina, tropomiosina e proteínas quinase) e dependente de ATP. Na musculatura estriada e estriada cardíaca, os íons Ca^{2+} se ligam na proteína troponina levando a mudanças conformacionais nos filamentos de actina-tropomiosina. A mudança na conformação permite que haja interação entre a actina e a miosina e faz com que o músculo contraia.[37,38] Na musculatura lisa que compõe os vasos sanguíneos, a interação entre a actina e a miosina é controlada por proteínas quinase que são ativadas por um complexo dos íons Ca^{2+} com a proteína calmodulina.[39,40]

A concentração extracelular de cálcio é estimada entre 2 e 4 mM, enquanto a concentração citosólica é na ordem de nanomolares. Nas células musculares, reservas de cálcio são mantidas no retículo sarcoplástico e podem ser mobilizadas em situações específicas por meio de canais ativados por ligantes. Além disso, canais de cálcio ativados por voltagem presentes na membrana plasmática permitem o fluxo de cálcio do meio extracelular para o meio intracelular. Cinco subtipos (L, P/Q, N, R e T) de canais de cálcio ativados por voltagem são conhecidos e apresentam uma distribuição tecido-específica. Nas células musculares lisas, esqueléticas e cardíacas, o influxo de cálcio é feito pelos canais do tipo L (*Long-lasting*).[41]

A contração e o relaxamento das células musculares dos vasos sanguíneos exercem papel importante no controle da pressão arterial. Dessa forma, um aumento no tônus basal dos vasos, causado por disfunções metabólicas e cardiovasculares, pode ser um fator importante para o desenvolvimento da hipertensão.[39,40] Como o cálcio é essencial para a contração muscular, o bloqueio dos canais de cálcio controlados por voltagem do tipo L causa vasodilatação, sendo esse um mecanismo que pode ser explorado para o tratamento de indivíduos hipertensos. Atualmente, três classes de fármacos são utilizadas clinicamente como bloqueadoras dos canais de cálcio: (i) 1,4-diidropiridinas, (ii) fenilalquilaminas e (iii) benzotiazepinas. A classe das 1,4-diidropiridinas contém vários fármacos que são

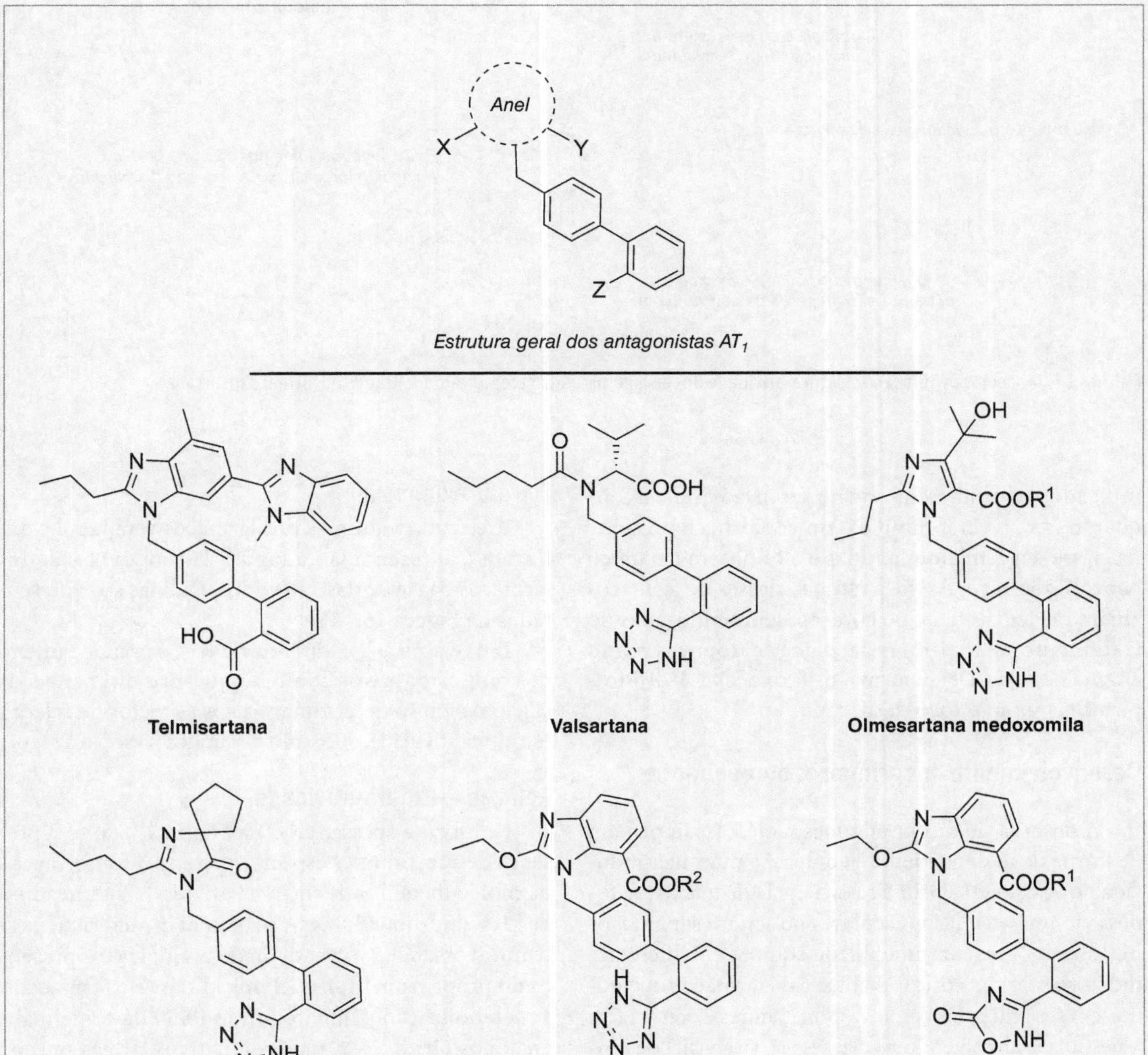

FIGURA 13 Estrutura de alguns fármacos e pró-fármacos antagonistas do receptor AT_1 utilizados no tratamento da hipertensão arterial. Os substituintes $-R_1$ e $-R_2$ – representam os ésteres que são hidrolisados após a absorção dos pró-fármacos.

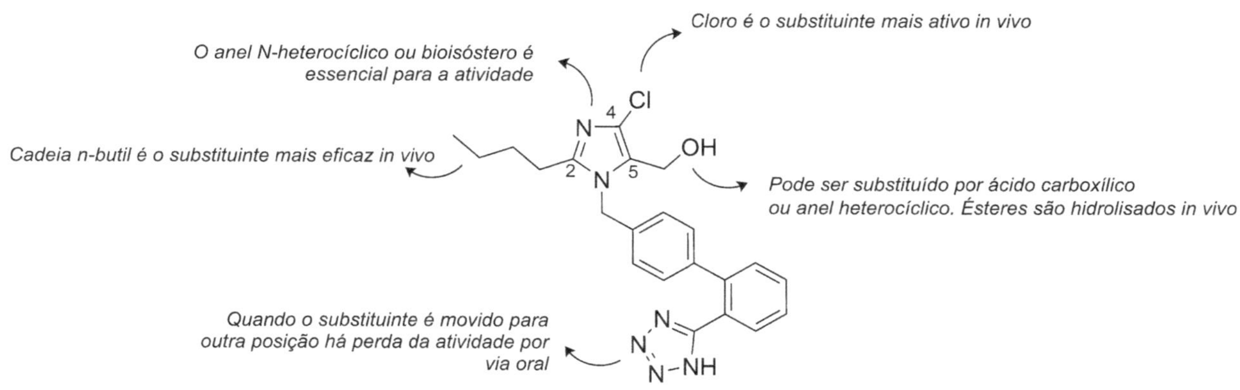

FIGURA 14 Aspectos de relação estrutura-atividade dos antagonistas do receptor AT_1, ilustrados no fármaco losartana.

utilizados no tratamento da hipertensão arterial. Enquanto isso, o verapramil é o único fármaco presente na classe das fenilalquilaminas e o diltiazem é o único benzotiazepínico. As duas últimas classes de fármacos atuam principalmente no coração, sendo utilizadas no tratamento de arritmias cardíacas e doenças como angina *pectoris*. Dessa forma, os fármacos 1,4-di-idropiridinas serão o foco deste capítulo.

Desenvolvimento dos primeiros bloqueadores

A observação de que algumas moléculas impediam de forma dose-dependente a contração muscular induzida por cálcio foi a primeira evidência de que os efeitos desse íon nas células musculares poderiam ser antagonizados. A descoberta mobilizou equipes em diferentes indústrias farmacêuticas na busca de fármacos que pudessem ser utilizados como vasodilatadores e deu origem a pesquisas envolvendo as classes (i), (ii) e (iii) de bloqueadores dos canais de cálcio. Os primeiros bloqueadores dos canais de cálcio que chegaram ao mercado foram o nifedipino e o verapamil, em 1981, seguidos do diltiazem, em 1982.[42]

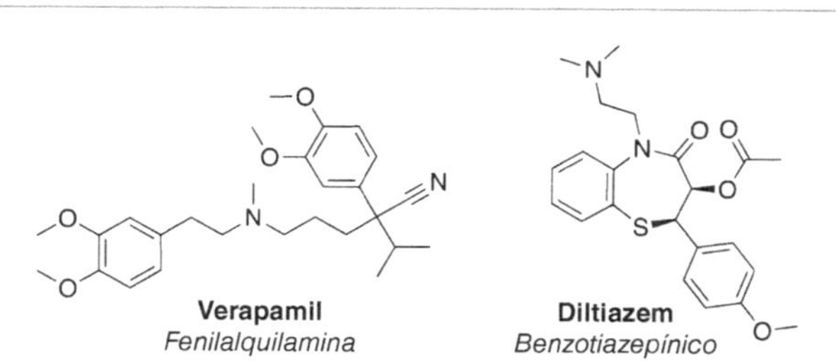

FIGURA 15 Estrutura química dos fármacos verapamil e diltiazem.

Estrutura química

A estrutura química dos fármacos verapamil e diltiazem é apresentada na Figura 15, enquanto alguns fármacos da classe das 1,4-diidropiridinas são apresentados na Figura 16.

Em relação às 1,4-diidropiridinas, o grande número de compostos ativos como bloqueados dos canais de cálcio permitiu determinar vários aspectos de relação estrutura-atividade, que serão discutidos na seção a seguir.

Relação estrutura-atividade

Conforme apresentado na Figura 17, tanto a presença de substituintes específicos como a conformação da molécula têm influência na atividade bloqueadora das 1,4-diidropiridinas. A principal característica estrutural essencial para atividade biológica é a presença do próprio anel 1,4-diidropiridinas. Nos fármacos, a metabolização pelo citocromo P450 dá origem aos análogos piridínicos, que são inativos.[43,44] Da mesma forma, derivados sintéticos contendo o anel piperidina em substituição ao anel 1,4-diidropiridinas não atuam como bloqueadores. Os anéis 1,4-diidropiridinas, piperidina e piridina adotam diferentes conformações bioativas (Figura 17a, b e c), que é o que sugere a necessidade de uma conformação específica para a atividade biológica.[45]

Os substituintes ligados ao anel 1,4-diidropiridinas também têm influência na atividade biológica: (i) Todos os fármacos possuem metilas nas posições 2 e 6 do anel, com exceção do anlodipino, que apresenta outro substituinte na posição 2. A maior potência do anlodipino em relação aos outros fármacos sugere que a alteração do grupo pode ser utilizada na modulação da atividade. (ii) A presença de grupamentos éster na posição 3 e 5

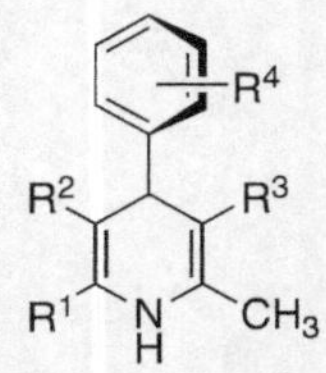

Fármaco	R[1]	R[2]	R[3]	R[4]
Nifedipino	$-CH_3$	$-COOCH_3$	$-COOCH_3$	$2\text{-}NO_2$
Anlodipino	$-CH_2O(CH_2)_2NH_2$	$-COOCH_2CH_3$	$-COOCH_3$	2-Cl
Felodipino	$-CH_3$	$-COOCH_2CH_3$	$-COOCH_3$	2,3-Cl
Nimodipino	$-CH_3$	$-COO(CH_2)_2OCH_3$	$-COOCH(CH_3)_2$	$3\text{-}NO_2$
Nisoldipino	$-CH_3$	$-COOCH_3$	$-COOCH_2CH(CH_3)_2$	$2\text{-}NO_2$
Nitrendipino	$-CH_3$	$-COOCH_3$	$-COOCH_2CH_3$	$3\text{-}NO_2$

FIGURA 16 Estrutura química de alguns fármacos da classe das 1,4-di-idropiridinas utilizados no tratamento da hipertensão arterial.

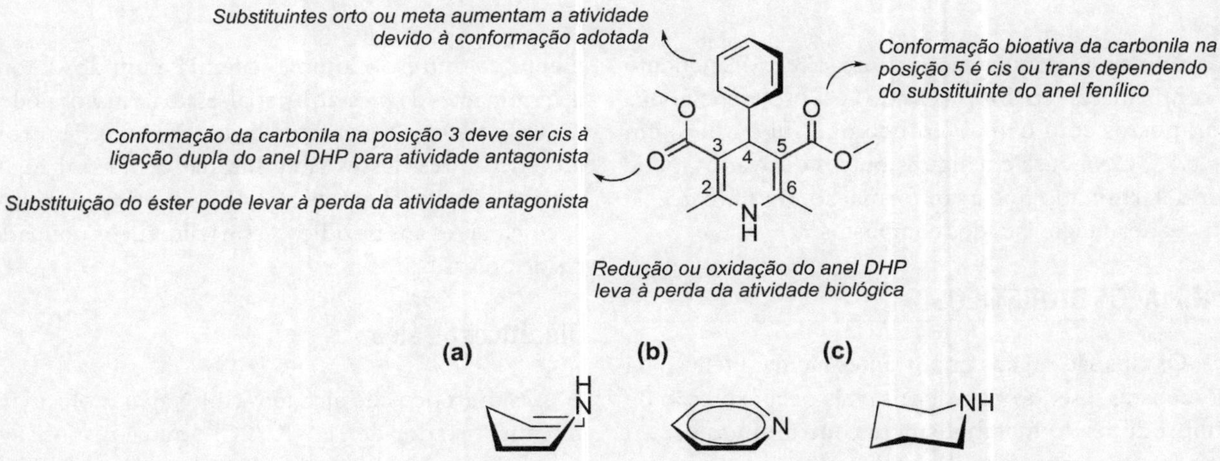

FIGURA 17 Principais aspectos de relação estrutura-atividade relacionados às 1,4-di-idropiridina. As estruturas A, B e C representam as conformações de menor energia adotadas pelos anéis 1,4-DHP, piridina e piperidina, respectivamente.

do anel é essencial para a atividade bloqueadora. A substituição do éster ligado na posição 3 do anel por –H, –CH_3, –CN ou –NO_2 faz com que o composto adquira atividade agonista. (iii) Anéis fenílicos são os substituintes ideais para a posição 4 do anel 1,4-diidropiridinas. A presença de substituintes na posição *orto* ou *meta* do anel fenílico é essencial.[46]

Além disso, alguns parâmetros conformacionais relacionados aos substituintes se somam aos efeitos conformacionais do próprio anel 1,4-diidropiridinas na contribuição para a atividade biológica (Figura 18). O substituinte fenílico no carbono 4 pode adotar as conformações *pseudo*axial ou *pseudo*equatorial em relação ao anel 1,4-diidropiridinas, sendo que a primeira leva a uma melhor atividade antagonista. Ainda em relação ao anel fenílico, o substituinte em *orto* ou *meta* pode ser syn- ou antiperiplanar em relação ao hidrogênio na posição 4 do anel 1,4-diidropiridinas (Figura 18A). Entre os dois, o isômero syn-periplanar é termodinamicamente mais estável em solução e no estado sólido, o que sugere que essa é a conformação adotada pelos fármacos na interação com o alvo molecular. Por último, as carbonilas dos ésteres podem adotar a conformação *cis* ou *trans* em relação às ligações duplas do anel 1,4-diidropiridinas (Figura 18B). As carbonilas de compostos com um substituinte em *orto* no anel fenílico adotam prefe-

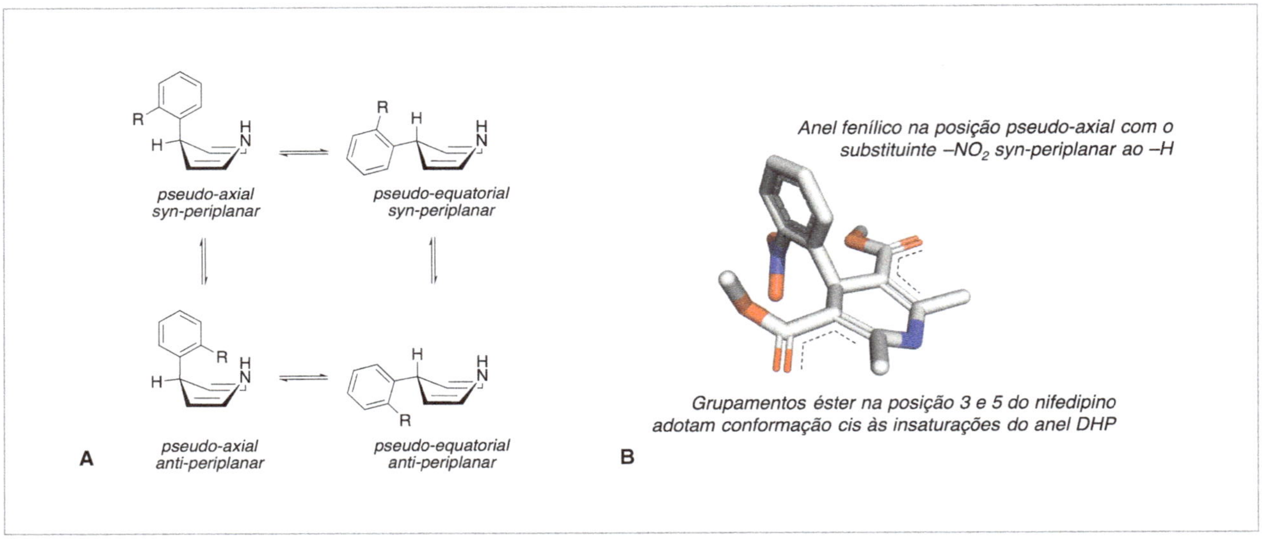

FIGURA 18 A: representação dos quatro principais confôrmeros do substituinte fenílico das 1,4-DHP. Os substituintes nas posições 2, 3, 5 e 6 foram omitidos para facilitar a compreensão. B: representação 3D da conformação bioativa do fármaco nifedipino, extraída do complexo cristalográfico com o canal de cálcio (6JP5).

rencialmente a conformação *cis*/*cis* (C3/C5), enquanto a conformação *cis*/*trans* (C3/C5) é a preferencial nos compostos com o anel fenílico não substituído em *orto*.[47,48] Com base em alguns outros derivados, pôde ser determinado que a conformação 3-*cis* favorece a atividade antagonista dos compostos.

FÁRMACOS DIURÉTICOS

Os rins são órgãos importantes na manutenção da homeostase, sendo os responsáveis pela excreção de subprodutos do metabolismo e contribuindo para o balanço acido-básico, hídrico e eletrolítico. As unidades funcionais dos rins são os néfrons, que são divididos em corpúsculo e túbulo renal. O corpúsculo renal, composto pelo glomérulo e pela cápsula de Bowman, é a região onde ocorre a filtração sanguínea e a formação do filtrado glomerular, que contém água, íons e pequenas moléculas como glicose, ureia e ácido úrico. O túbulo renal é dividido em túbulo contorcido proximal, alça de Henle, túbulo contorcido distal e ducto coletor. Cada uma dessas partes contém canais iônicos e transportadores específicos que são responsáveis pela reabsorção de parte dos componentes do filtrado glomerular. Após a reabsorção ao longo do túbulo renal, a parte excedente que chega ao ducto coletor é o que chamamos de urina.[49]

Os fármacos diuréticos inibem a função dos canais iônicos e transportadores localizados nos túbulos renais. Dessa forma, há a redução da volemia por meio do aumento da diurese. Como a volemia é um dos fatores determinantes da pressão arterial, esses fármacos podem ser utilizados no tratamento da hipertensão.[50] Entre os diuréticos, três classes são utilizadas como anti-hipertensivos: (i) diuréticos de alça, (ii) diuréticos tiazídicos e semelhantes aos tiazídicos e (iii) diuréticos poupadores de potássio.

Diuréticos de alça

Os diuréticos de alça têm como alvo molecular o cotransportador de $Na^+/K^+/2Cl^-$, que é responsável pela reabsorção de cerca de 20% do sódio do filtrado glomerular e fica localizado no ramo ascendente da alça de Henle. Além de aumentar a excreção de Na^+, K^+ e Cl^-, a inibição do cotransportador também leva ao aumento da excreção de Mg^{2+}, Ca^{2+} e H^+.[51-53] Devido ao local de ação no túbulo renal, essa classe causa um potente efeito diurético, fazendo com que os fármacos sejam amplamente utilizados no tratamento de edema pulmonar ou periférico e no tratamento da hipertensão arterial.[54]

Estrutura química

Os diuréticos de alça são classificados como derivados do ácido sulfamoil-aminobenzoico (furosemida, bumetanida e piretanida), do ácido fenoxiacético (ácido etacrínico) ou como sulfonilureias (torasemida).[55,56] A Figura 19 traz a estrutura de alguns dos fármacos pertencentes à classe.

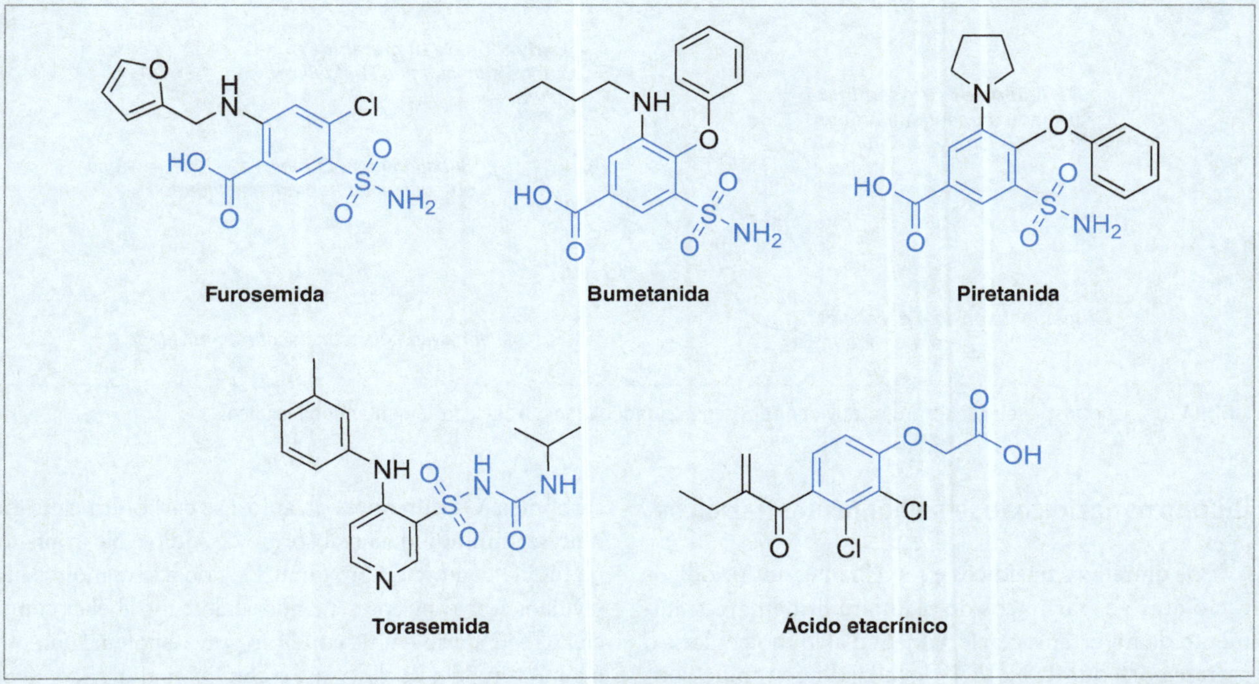

FIGURA 19 Estrutura de alguns diuréticos de alça que podem ser utilizados no tratamento da hipertensão arterial. A região destacada em azul nas estruturas indica a característica química utilizada na classificação do fármaco.

Os fármacos diferem em eficácia, duração do efeito, propriedades farmacocinéticas e perfil de segurança. A furosemida é um dos fármacos da classe mais utilizados, apesar de outros como a bumetanida e piretanida serem eficazes em doses mais baixas.[55]

Relação estrutura-atividade

Quatro características são essenciais para a atividade biológica dos fármacos derivados do ácido sulfamoil-aminobenzoico: (i) a presença de um grupamento ácido na posição C1, (ii) a presença do grupo sulfonamida na posição C5, (iii) a presença de um "grupo ativador" na posição C4 e (iv) a presença de um grupamento amino secundário nas posições C2 ou C3.[57-59] A Figura 20 ilustra esses aspectos de relação estrutura-atividade.

O grupo carboxilato em C1 faz com que os compostos tenham uma ótima atividade diurética. Derivados em que esse grupo foi substituído pelo seu bioisóstero tetrazol também apresentam boa atividade. O grupo ácido em C1, em combinação com a sulfonamida em C5, levam ao aumento da polaridade da molécula, fazendo com que os fármacos sejam direcionados para os rins. Na posição C4 os compostos podem ser substituídos por um grupo –Cl ou $-CF_3$, de forma semelhante ao observado nos diuréticos tiazídicos. No entanto, observou-se melhor atividade inibitória nos compostos substituídos com grupamentos –*O*-fenil, –*O*-alquil, –*N*-fenil ou –benzil.

Compostos derivados da furosemida contêm um grupo amino na posição C2 (Figura 20, $-R^2$), enquanto compostos derivados da bumetanida possuem um grupo amino na posição C3 (Figura 20, $-R^3$). Nos derivados da furosemida, a atividade diurética aumenta na ordem *N*-tienilmetil < *N*-benzil < *N*-2-furfuril. Por outro lado, nos derivados da bumetanida o grupo 3-amino pode ser substituído por uma variedade de grupos alquílicos sem que haja muita mudança na atividade.[60-62]

Em pacientes que apresentam hipersensibilidade às sulfonamidas, o ácido etacrínico é um dos diuréticos indicados. Esse fármaco apresenta o grupo ativador –Cl nas posições 2 e 3 e um grupo acriloíla, que deve estar na posição *para* ao ácido fenoxiacético. A redução ou epoxidação da ligação dupla do grupo acriloíla produz compostos com pouca ou nenhuma atividade diurética. Além disso, o grupo acriloíla atua como aceptor em reações de adição nucleofílica, o que faz com que ele reaja com resíduos de cisteína que fazem parte da estrutura do alvo molecular. O produto da adição da cisteína parece ser uma forma ativa do fármaco.[54,63]

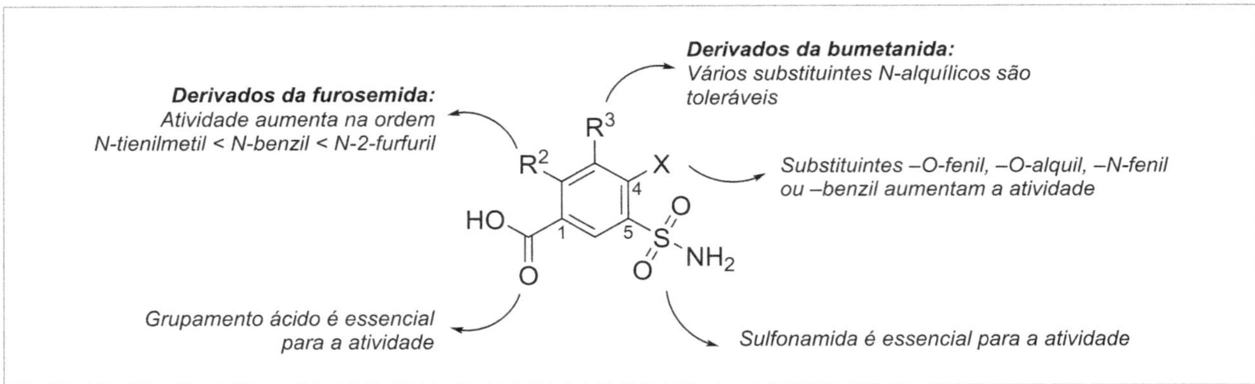

FIGURA 20 Aspectos de relação estrutura-atividade dos compostos derivados do ácido sulfamoil-aminobenzoico.

Diuréticos tiazídicos e semelhantes aos tiazídicos

Os diuréticos tiazídicos e semelhantes aos tiazídicos estão entre os fármacos de primeira linha para tratamento da hipertensão arterial.[13] Seu alvo molecular é o cotransportador de Na^+/Cl^-, localizado no túbulo contorcido distal. Dessa forma, o uso dos diuréticos impede que a reabsorção mediada pelo cotransportador ocorra e leve ao aumento da excreção de Na^+ e Cl^-.

Desenvolvimento dos primeiros inibidores

Um dos passos iniciais da pesquisa que levou aos diuréticos tiazídicos foi a constatação de que compostos com o grupo funcional sulfonamida eram diuréticos, propriedade essa observada nos fármacos inibidores da anidrase carbônica. Os inibidores da anidrase carbônica causam diurese, diminuindo a reabsorção de sódio e bicarbonato no túbulo contorcido proximal. Devido a isso, muitos indivíduos acabavam apresentando acidose metabólica como efeito secundário – uma condição grave e potencialmente fatal. Assim, ficava claro que o composto diurético ideal seria aquele que tivesse pouco efeito sobre a homeostase do bicarbonato, impedindo preferencialmente a reabsorção de cloreto de sódio (Na^+Cl^-), cujos níveis já vinham sendo relacionados com a hipertensão.

O primeiro composto promissor identificado foi o ácido 4-sulfamoilbenzoico 21A (Figura 21). Esse composto aumentava um pouco a excreção de cloreto em comparação aos inibidores da anidrase carbônica. No entanto, o efeito que ele causava na excreção de bicar-

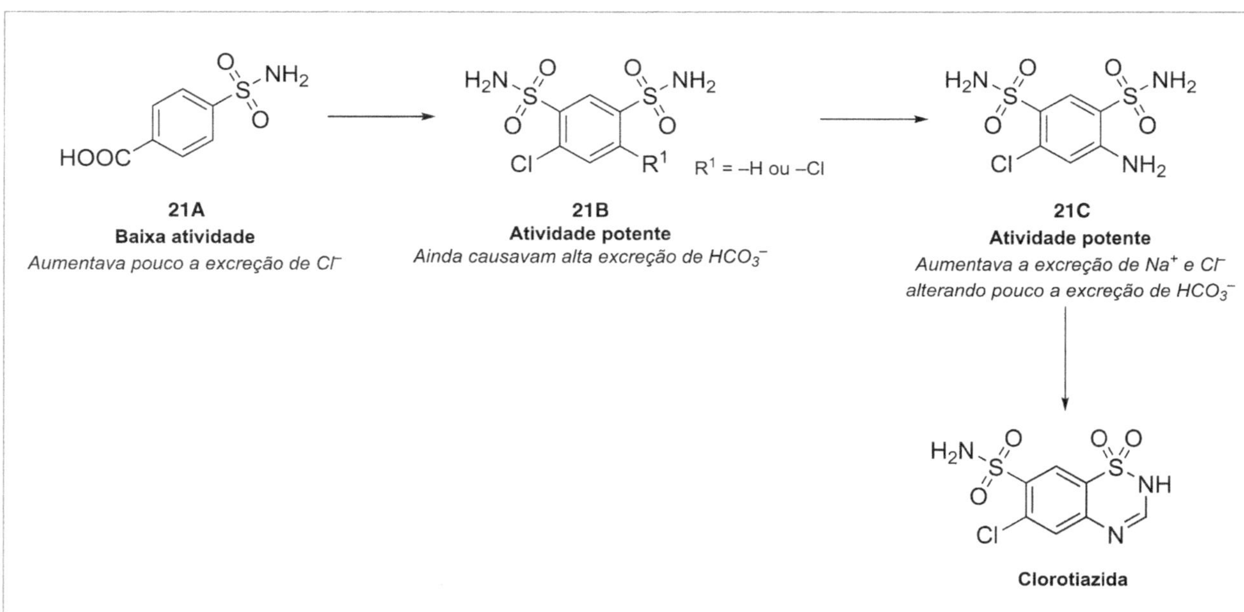

FIGURA 21 Estrutura química de alguns dos derivados sintetizados até a descoberta da clorotiazida.

bonato ainda era considerado inadequado. A seguir, alguns compostos que causavam alta diurese foram identificados. Esses compostos continham grupos sulfonamida nas posições 1 e 3 do anel aromático. A adição de átomos de cloro nas moléculas aumentava ainda mais a atividade diurética, no entanto parte dela ainda era causada pela alta excreção de bicarbonato (21B, Figura 21).

O primeiro composto que induzia diurese pelo aumento da excreção de cloreto de sódio, com pouco efeito na excreção de bicarbonato, foi a 2,4-disulfamoil-5-cloro-anilina 21C (Figura 21). A partir dessa descoberta, procurou-se desenvolver uma molécula com propriedades ideais para que viesse a se tornar uma candidata a fármaco. A 2,4-disulfamoil-5-cloro-anilina se tornou o intermediário principal para a síntese de novos derivados, e um deles, obtido após a ciclização da molécula, foi nomeado clorotiazida e se tornou o primeiro diurético da classe a chegar ao mercado.[64]

Estrutura química

Os primeiros diuréticos inibidores do cotransportador de Na^+ e Cl^- foram derivados da clorotiazida, apresentando o núcleo principal benzotiadiazina (conhecido como "tiazídico"). Nos anos seguintes, outros compostos com o mesmo mecanismo de ação, mas com uma pequena variação estrutural, foram descritos. Esses novos compostos não continham o núcleo tiazídico, apenas uma porção 2-clorobenzenosulfonamida, semelhante à da clorotiazida. Dessa forma, enquanto os derivados diretos da clorotiazida são conhecidos como "tiazídicos", os outros compostos desenvolvidos posteriormente, como a indapamida, são conhecidos como "semelhantes aos tiazídicos". A Figura 22 traz o núcleo principal dessas duas classes de moléculas, assim como alguns exemplos de fármacos.

Relação estrutura-atividade

A Figura 23 resume os aspectos de relação estrutura-atividade dos diuréticos tiazídicos. A principal característica química essencial para a atividade biológica dos compostos é a presença da sulfonamida primária. Alguns compostos nos quais esse grupo funcional havia sido alquilado chegaram a apresentar atividade diurética. No entanto, foi determinado que essa atividade era dependente da *N*-desalquilação que ocorria *in vivo*. Além disso, foi observado que: (i) substituintes ligados ao N2 geralmente aumentam a duração de ação do fármaco. Diuréticos semelhantes aos tiazídicos possuem substituintes em uma região análoga da molécula e, de forma geral, têm maior tempo de meia-vida que os diuréticos tiazídicos. (ii) A presença de substituintes na posição 3 aumenta a excreção de cloreto em relação aos outros íons. (iii) A redução da ligação dupla, como na hidroclorotiazida, aumenta a afinidade pelo cotransportador de Na^+ e Cl^- e também a eficácia clínica. Por último, (iv) o substituinte –Cl em C7 pode ser substituído por outros, o que faz com que a atividade possa ser modulada. No entanto, a substituição do –Cl por –H faz o composto perder a atividade.[65]

Diuréticos poupadores de potássio

A classificação "poupadores de potássio" engloba duas classes de diuréticos: (i) antagonistas da aldosterona e (ii) inibidores do canal de sódio epitelial. Com o uso desses fármacos há um aumento do nível sérico de potássio, o que acabou dando origem ao nome da classe. Os mecanismos moleculares do aumento da diurese e da retenção de potássio serão discutidos a seguir.

Antagonistas da aldosterona

A aldosterona é um hormônio mineralocorticoide sintetizado pela glândula adrenal. Sua liberação na corrente sanguínea é modulada por outros hormônios, como a adrenalina, o peptídeo natriurético atrial e, principalmente, a angiotensina II. A ativação do receptor mineralocorticoide nos rins leva ao aumento na expressão e atividade de canais e transportadores responsáveis pela reabsorção de íons. Os principais alvos da modulação pela aldosterona são o cotransportador de Na^+/Cl^-, os canais de sódio epiteliais e a bomba de sódio e potássio ATPase; localizados nas células epiteliais da parte ascendente da alça de Henle, do túbulo contorcido distal e do ducto coletor dos néfrons.[66-68]

Após a identificação do receptor de mineralocorticoides e da definição do seu papel na patologia de algumas doenças, vários esforços foram feitos na busca de compostos que pudessem antagonizar a ação da aldosterona no receptor. A ação diurética causada por esses antagonistas encontrou aplicação, especialmente, no tratamento da hipertensão arterial resistente.[69] A espironolactona e a eplerenona são dois dos diuréticos antagonistas da aldosterona.

Estrutura química

Todos os fármacos dessa classe são compostos esteroides, assim como a aldosterona (Figura 24). No entanto, o núcleo esteroide não é um pré-requisito para a afinidade pelo receptor e nem para a atividade antagonista. Outros compostos estruturalmente diversos, como

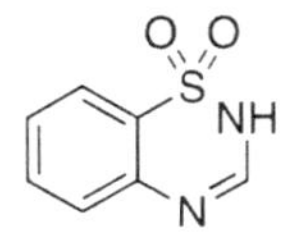

Diuréticos tiazídicos

Possuem o núcleo benzotiadiazina

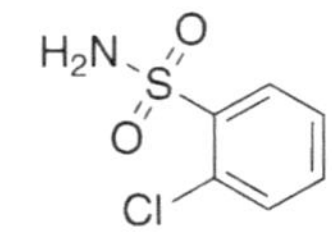

Diuréticos semelhantes aos tiazídicos

Possuem o anel 2-clorobenzenossulfonamida

Classe	Mecanismo de ação	Estrutura química	Exemplos de fármacos
Tiazídicos	Inibição do cotransportador de Na^+/Cl^-	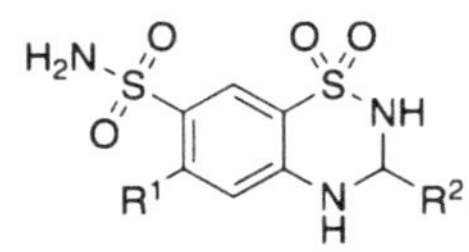	Hidroclorotiazida (R^1=–Cl, R^2=–H)
			Meticlotiazida (R^1=–Cl, R^2=–CH_2Cl)
			Bendroflumetiazida (R^1=–CF_3, R^2=–Bz)
		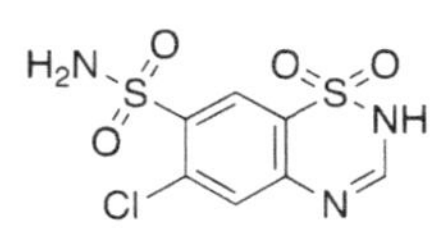	Clorotiazida
Semelhantes aos tiazídicos		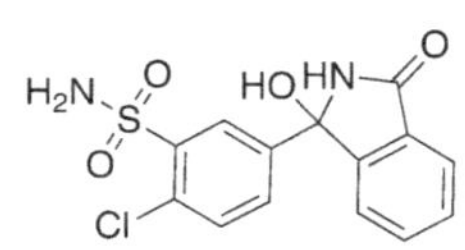	Clortalidona
		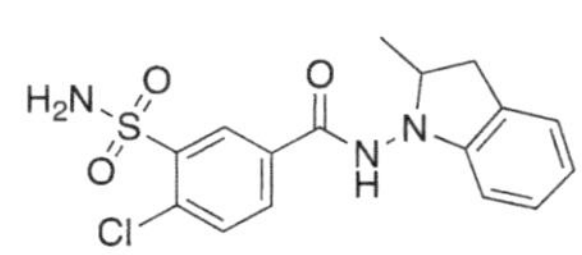	Indapamida
		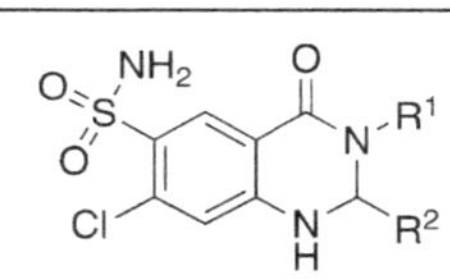	Metolazona (R^1=–2-tolil, R^2=–CH_3)
			Quinetazona (R^1=–H, R^2=–CH_2CH_3)

FIGURA 22 Núcleo químico e exemplos de fármacos diuréticos classificados como tiazídicos e semelhantes aos tiazídicos.

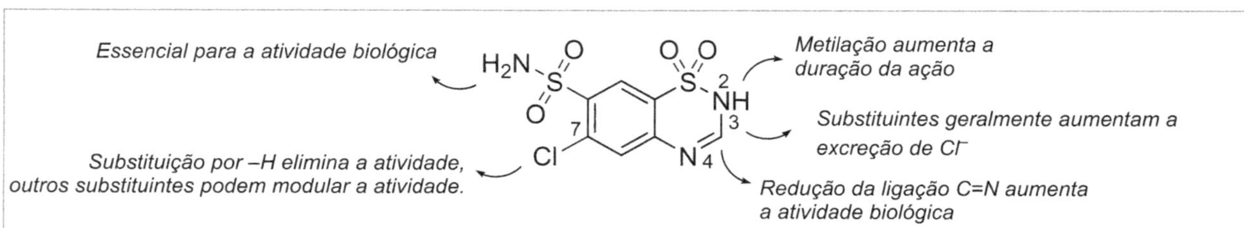

FIGURA 23 Principais aspectos da relação estrutura-atividade relacionados aos diuréticos tiazídicos.

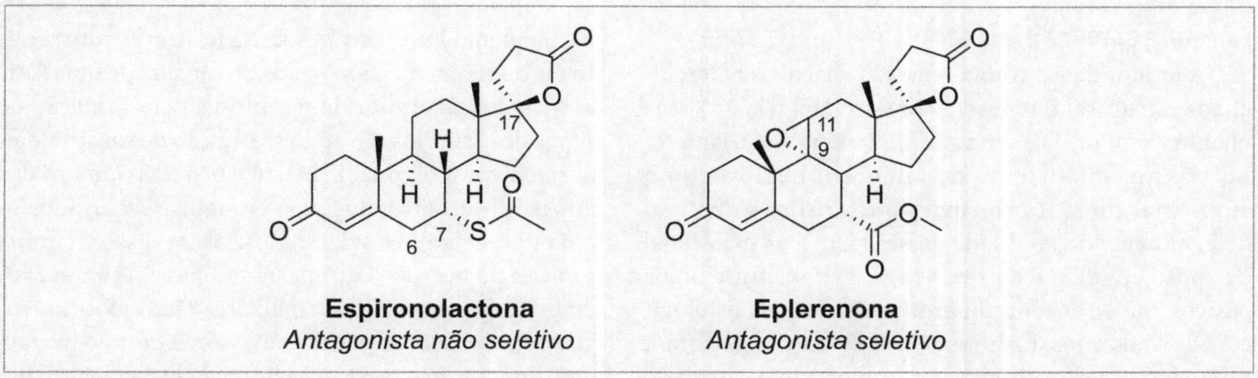

FIGURA 24 Estrutura química dos fármacos espironolactona e eplerenona.

derivados 1,4-diidropiridinas, também atuam como antagonistas do receptor de mineralocorticoides. Alguns desses compostos não esteroides se encontram em ensaios clínicos para o tratamento de insuficiência cardíaca e doença renal crônica.[70,71]

Relação estrutura-atividade

A espironolactona, aprovada em 1959, foi o primeiro fármaco antagonista da aldosterona. Duas regiões da molécula são as principais na modulação da afinidade pelo receptor: (i) o anel γ-lactônico na posição C17 e (ii) o tioacetato na posição C7. Em relação à γ-lactona, a remoção da carbonila do anel com substituição por $-CH_2-$ não tem impacto na afinidade do composto pelo receptor. Por outro lado, a adição de uma ligação dupla ou a hidrólise, esta última dando origem aos ácidos carboxílicos hidrossolúveis, são responsáveis por uma diminuição na atividade biológica. Em relação ao grupo tioacetato, sua substituição por –H diminui em cerca de 50% a afinidade do fármaco pelo receptor.[72] É interessante notar que, *in vivo*, a espironolactona é encontrada em equilíbrio entre a forma lactônica, mais ativa, e a forma ácida, menos ativa. A eliminação do tioacetato também ocorre *in vivo*, dando origem à canronenona, que possui uma insaturação entre os carbonos 6 e 7 e menor afinidade pelo receptor mineralocorticoide.[73,74]

A espironolactona tem baixa seletividade para os receptores de mineralocorticoides, o que faz com que também haja antagonismo da testosterona (um andrógeno) mesmo nas doses recomendadas para o tratamento da hipertensão. Esse antagonismo da testosterona limita o uso clínico da espironolactona, devido aos efeitos colaterais observados em alguns pacientes. Entre alguns derivados da aldosterona sintetizados, foi observado que a presença de um epóxido entre os carbonos 9 e 11 aumentava a seletividade, favorecendo a atividade antimineralocorticoide. A adição do grupo epóxido causa uma mudança conformacional no composto, fazendo com que a conformação bioativa se afaste daquela adotada pela testosterona, o que diminui a afinidade pelo receptor androgênico.[75,76] A eplerenona é um desses derivados epóxido que é utilizado como fármaco. A eplerenona é cerca de 60 vezes mais seletiva para os receptores de mineralocorticoides do que para os receptores androgênicos.[77]

Inibidores do canal de sódio epitelial

Os canais de sódios epiteliais são um dos tipos de canais iônicos que têm a expressão aumentada pela ação da aldosterona. Esses canais estão presentes na face apical das células do túbulo contorcido distal e do ducto coletor, e permitem a passagem de parte do sódio presente no filtrado glomerular. O aumento da concentração intracelular de sódio leva ao aumento da atividade da bomba de sódio e potássio ATPase, com o objetivo de transportar o íon pela face basolateral até a corrente sanguínea. No entanto, o efluxo de sódio pela bomba é acompanhado do influxo de potássio que, devido ao gradiente, é secretado no filtrado glomerular.[66,78-80]

O canal de sódio epitelial é o alvo molecular dos fármacos amilorida e trianereno. A inibição do canal pelos fármacos causa diminuição da reabsorção de sódio e da secreção de potássio no filtrado glomerular. A eficácia da amilorida e do triantereno na diminuição da pressão arterial ainda não é bem caracterizada. Alguns estudos mostram que o aumento do efeito diurético na terapia combinada com outros fármacos não é significativo. No entanto, o uso pode ser benéfico para evitar a hipocalemia associada ao uso de outros fármacos.[81-83]

Estrutura química e relação estrutura-atividade

A amilorida e o triantereno são fármacos heterocíclicos estruturalmente relacionados (Figura 25). Enquanto a amilorida é uma aminopirazina, e o triantereno possui um sistema de anéis conhecido como aminopteridina. A principal característica estrutural determinante da afinidade desses fármacos pelo canal de sódio epitelial é a presença de grupos funcionais básicos, que se encontram protonados em pH fisiológico. Derivados nos quais esses grupos funcionais foram removidos ou substituídos por grupos não básicos não mais apresentaram afinidade pelo canal. O fato de a amilorida ($pK_a = 8,7$) ser mais básica que o triantereno ($pK_a = 6,2$) pode explicar a maior potência do primeiro fármaco em relação ao segundo.[84]

Enquanto informações sobre a relação estrutura-atividade do triantereno são escassas, a análise de uma série de análogos da amilorida permitiu a determinação de alguns dos aspectos. Entre eles, a adição de substituintes hidrofóbicos (como fenil, benzil e benzetil) em um dos nitrogênios terminais do grupo guanidina leva ao aumento da potência desses derivados. Além disso, a amina primária na posição 5 do anel aminopirazina é o substituinte ideal para a atividade inibitória. Derivados contendo aminas secundárias ou terciárias nessa posição tiveram uma diminuição considerável da atividade biológica. Por último, –Cl e –Br na posição 6 do anel aminopirazina levam a derivados com a mesma afinidade pelos canais de sódio epiteliais. A substituição por –H, –F ou –I é responsável pela diminuição da atividade biológica.[85]

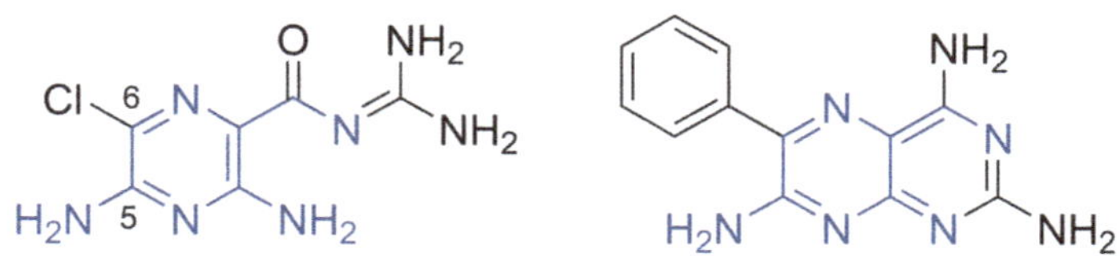

Amilorida
$pK_a = 8,7$

Triantereno
$pK_a = 6,2$

FIGURA 25 Estrutura química e pK_a dos fármacos amilorida e triantereno. As regiões análogas nas duas moléculas estão destacadas em azul.

REFERÊNCIAS BIBLIOGRÁFICA

1. World Health Organization. A global brief on hypertension: silent killer, global public health crisis: World Health Day. 2013. Documento número: WHO/DCO/WHD/2013.2, 2013. Disponível em: www.who.int.
2. Mancia G, Fagard R, Narkiewicz K, Redon J, Zanchetti A, Bohm M, et al. ESH/ESC guidelines for the management of arterial hypertension: the Task Force for the Management of Arterial Hypertension of the European Society of Hypertension (ESH) and of the European Society of Cardiology (ESC). Eur Heart J. 2013;34:2159-219. https://doi.org/10.1093/eurheartj/eht151.
3. Sociedade Brasileira de Cardiologia/Sociedade Brasileira de Hipertesnão/Sociedade Brasileira de Nefrologia. VI diretrizes brasileiras de hipertensão. Arq Bras Cardiol. 2010;95(1 supl.1):1-51.
4. Rosendorff C, Lackland DT, Aronow WS, Blumenthal RS, Lemos JÁ, Findeiss L, et al. Treatment of hypertension with coronary artery disease: a scientific statement from the American Heart Association, American College of Cardiology and American Society of Hypertesnion. Circulation. 131:e435-e470. https://doi.org/10.1161/CIR.0000000000000207.
5. Mirabito Colafella KM, Bovée DM, Danser AHJ. The renin-angiotensin-aldosterone system and its therapeutic targets. Exp Eye Res. 2019;186:107680. https://doi.org/10.1016/j.exer.2019.05.020.
6. Ames MK, Atkins CE, Pitt B. The renin-angiotensin-aldosterone system and its suppression. J Vet Intern Med. 2019;33:363-82. https://doi.org/10.1111/jvim.15454.
7. Patel S, Rauf A, Khan H, Abu-Izneid T. Renin-angiotensin-aldosterone (RAAS): the ubiquitous system for homeostasis and pathologies. Biomed Pharmacother. 2017;94:317-25. https://doi.org/10.1016/j.biopha.2017.07.091.
8. Rahuel J. The crystal structures of recombinant glycosylated human renin alone and in complex with a transition state analog inhibitor. J Struct Biol. 1991;107:227-36. https://doi.org/10.1016/1047-8477(91)90048-2.
9. Cohen NC. Structure-based drug design and the discovery of Aliskiren (Tekturna): perseverance and creativity to overcome a R&D pipeline challenge. Chem Biol Drug Des. 2007;70:557-65. https://doi.org/10.1111/j.1747-0285.2007.00599.x.
10. Rahuel J, Rasetti V, Maibaum J, Rüeger H, Göschke R, Cohen NC, et al. Structure-based drug design: the discovery of novel nonpeptide orally active inhibitors of human renin. Chem Biol. 2000;7:493-504. https://doi.org/10.1016/S1074-5521(00)00134-4.
11. Wood JM, Maibaum J, Rahuel J, Grütter MG, Cohen NC, Rasetti V, et al. Structure-based design of aliskiren, a novel orally effective renin inhibitor. Biochem Biophys Res Commun. 2003;308:698-705. https://doi.org/10.1016/S0006-291X(03)01451-7.
12. Burnier M, Vuignier Y, Wuerzner G. State-of-the-art treatment of hypertension: established and new drugs. Eur Heart J. 2014;35:557-62. https://doi.org/10.1093/eurheartj/eht465.

13. Wright JM, Musini VM, Gill R. First-line drugs for hypertension. Cochrane Database Syst Rev. 2018. https://doi.org/10.1002/14651858.CD001841.pub3.
14. Natesh R, Schwager SLU, Sturrock ED, Acharya KR. Crystal structure of the human angiotensin-converting enzyme: lisinopril complex. Nature. 2003;421:551-4. https://doi.org/10.1038/nature01370.
15. Sturrock ED, Natesh R, van Rooyen JM, Acharya KR. Structure of angiotensin I-converting enzyme. Cell Mol Life Sci C. 2004;61:2677-86. https://doi.org/10.1007/s00018-004-4239-0.
16. Ferreira SH, Bartelt DC, Greene LJ. Isolation of bradykinin-potentiating peptides from Bothrops jararaca venom. Biochemistry. 1970;9:2583-93. https://doi.org/10.1021/bi00815a005.
17. Ondetti MA, Williams NJ, Sabo E, Pluscec J, Weaver ER, Kocy O. Angiotensin-converting enzyme inhibitors from the venom of Bothrops jararaca: isolation, elucidation of structure, and synthesis. Biochemistry. 1971;10:4033-9. https://doi.org/10.1021/bi00798a004.
18. Cheung HS, Cushman DW. Inhibition of homogeneous angiotensin-converting enzyme of rabbit lung by synthetic venom peptides of Bothrops jararaca. Biochim Biophys Acta – Enzymol. 1973;293:451-63. https://doi.org/10.1016/0005-2744(73)90352-5.
19. Ondetti MA. From peptides to peptidases: a chronicle of drug discovery. Annu Rev Pharmacol Toxicol. 1994;34:1-17. https://doi.org/10.1146/annurev.pa.34.040194.000245.
20. Byers LD, Wolfenden R. Binding of the by-product analog benzylsuccinic acid by carboxypeptidase A. Biochemistry. 1973;12:2070-8. https://doi.org/10.1021/bi00735a008.
21. Cushman DW, Ondetti MA. Design of angiotensin converting enzyme inhibitors. Nat Med. 1999;5:1110-2. https://doi.org/10.1038/13423.
22. Cushman DW, Cheung HS, Sabo EF, Ondetti MA. Design of potent competitive inhibitors of angiotensin-converting enzyme: carboxyalkanoyl and mercaptoalkanoyl amino acids. Biochemistry. 1977;16:5484-91. https://doi.org/10.1021/bi00644a014.
23. Ondetti M, Rubin B, Cushman D. Design of specific inhibitors of angiotensin-converting enzyme: new class of orally active antihypertensive agents. Science (80-). 1977;196:441-4. https://doi.org/10.1126/science.191908.
24. Regulska K, Stanisz B, Regulski M, Murias M. How to design a potent, specific, and stable angiotensin-converting enzyme inhibitor. Drug Discov Today. 2014;19:1731–43. https://doi.org/10.1016/j.drudis.2014.06.026.
25. Dasgupta C, Zhang L. Angiotensin II receptors and drug discovery in cardiovascular disease. Drug Discov Today. 2011;16:22-34. https://doi.org/10.1016/j.drudis.2010.11.016.
26. Kaschina E, Namsolleck P, Unger T. AT2 receptors in cardiovascular and renal diseases. Pharmacol Res. 2017;125:39-47. https://doi.org/10.1016/j.phrs.2017.07.008.
27. Sumners C, de Kloet AD, Krause EG, Unger T, Steckelings UM. Angiotensin type 2 receptors: blood pressure regulation and end organ damage. Curr Opin Pharmacol. 2015;21:115-21. https://doi.org/10.1016/j.coph.2015.01.004.
28. Hallberg M, Sumners C, Steckelings UM, Hallberg A. Small-molecule AT2 receptor agonists. Med Res Rev. 2018;38:602-24. https://doi.org/10.1002/med.21449.
29. Guimond M-O, Hallberg M, Gallo-Payet N, Wallinder C. Saralasin and Sarile Are AT 2 Receptor Agonists. ACS Med Chem Lett. 2014;5:1129-32. https://doi.org/10.1021/ml500278g.
30. Pals DT, Masucci FD, Denning GS, Sipos F, Fessler DC. Role of the pressor action of angiotensin II in Experimental hypertension. Circ Res. 1971;29:673-81. https://doi.org/10.1161/01.RES.29.6.673.
31. Case D, Wallace J, Keim H, Sealey J, Laragh J. Usefulness and limitations of saralasin, a weak competitive agonist of angiotensin II, for evaluating the renin and sodium factors in hypertensive patients. Am J Med. 1976;60:A20. https://doi.org/10.1016/0002-9343(76)90902-5.
32. Hata T, Ogihara T, Mikami H, Nakamura M, Maruyama A, Mandai T, et al. Comparison of the biological effects of two angiotensin II analogues in hypertensive patients with sodium depletion. Life Sci. 1978;22:1955-62. https://doi.org/10.1016/0024-3205(78)90483-6.
33. Duncia J V., Chiu AT, Carini DJ, Gregory GB, Johnson AL, Price WA, et al. The discovery of potent nonpeptide angiotensin II receptor antagonists: a new class of potent antihypertensives. J Med Chem. 1990;33:1312-29. https://doi.org/10.1021/jm00167a007.
34. Carini DJ, Duncia JV, Johnson AL, Chiu AT, Price WA, Wong PC, et al. Part VI. Nonpeptide angiotensin II receptor antagonists: N-(benzyloxy)benzyl.imidazoles and related compounds as potent antihypertensives. J Med Chem. 1990;33:1330-6. https://doi.org/10.1021/jm00167a008.
35. Carini DJ, Duncia J V., Aldrich PE, Chiu AT, Johnson AL, Pierce ME, et al. Nonpeptide angiotensin II receptor antagonists: the discovery of a series of N-(biphenylylmethyl)imidazoles as potent, orally active antihypertensives. J Med Chem. 1991;34:2525-47. https://doi.org/10.1021/jm00112a031.
36. Sica DA, Gehr TWB, Ghosh S. Clinical pharmacokinetics of losartan. Clin Pharmacokinet. 2005;44:797-814. https://doi.org/10.2165/00003088-200544080-00003.
37. Gomes AV, Potter JD, Szczesna-Cordary D. The role of troponins in muscle contraction. IUBMB Life. 2002;54:323-33. https://doi.org/10.1080/15216540290114676.
38. Eisner DA, Caldwell JL, Kistamás K, Trafford AW. Calcium and excitation-contraction coupling in the heart. Circ Res. 2017;121:181-95. https://doi.org/10.1161/CIRCRESAHA.117.310230.
39. Touyz RM, Alves-Lopes R, Rios FJ, Camargo LL, Anagnostopoulou A, Arner A, et al. Vascular smooth muscle contraction in hypertension. Cardiovasc Res. 2018;114:529-39. https://doi.org/10.1093/cvr/cvy023.
40. Zhu Y, Qu J, He L, Zhang F, Zhou Z, Yang S, et al. Calcium in vascular smooth muscle cell elasticity and adhesion: novel insights into the mechanism of action. Front Physiol. 2019;10:1-8. https://doi.org/10.3389/fphys.2019.00852.
41. Clapham DE, Julius D, Montell C, Schultz G. International Union of Pharmacology. XLIX. Nomenclature and Structure-Function Relationships of Transient Receptor Potential Channels. Pharmacol Rev. 2005;57:427-50. https://doi.org/10.1124/pr.57.4.6.
42. Godfraind T. Discovery and development of calcium channel blockers. Front Pharmacol. 2017;8:1-25. https://doi.org/10.3389/fphar.2017.00286.
43. Raemsch KD, Sommer J. Pharmacokinetics and metabolism of nifedipine. Hypertension. 1983;5. https://doi.org/10.1161/01.HYP.5.4_Pt_2.II18.
44. Chung M, Reitberg DP, Gaffney M, Singleton W. Clinical pharmacokinetics of nifedipine gastrointestinal therapeutic system. Am J Med. 1987;83:10-4. https://doi.org/10.1016/0002-9343(87)90630-9.
45. Fossheim R, Svarteng K, Mostad A, Roemming C, Shefter E, Triggle DJ. Crystal structures and pharmacological activity of calcium channel antagonists: 2,6-dimethyl-3,5-dicarbomethoxy-4-(unsubstituted, 3-methyl-, 4-methyl-, 3-nitro-, 4-nitro-, and 2,4-dinitrophenyl)-1,4-dihydropyridine. J Med Chem. 1982;25:126-31. https://doi.org/10.1021/jm00344a007.

46. Triggle DJ. The chemistry of calcium channel agonists and antagonists. Calcium Drug Actions. Handb Exp Pharmacol. Berlin, Heidelberg: Springer. 1988, p.115-33. https://doi.org/10.1007/978-3-642-71806-9_6.
47. Rovnyak GC, Kimball SD, Beyer B, Cucinotta G, DiMarco JD, Gougoutas J, et al. Calcium entry blockers and activators: conformational and structural determinants of dihydropyrimidine calcium channel modulators. J Med Chem. 1995;38:119-29. https://doi.org/10.1021/jm00001a017.
48. Goldmann S, Stoltefuss J. 1,4-dihydropyridines: effects of chirality and conformation on the calcium antagonist and calcium agonist activities. Angew Chemie Int Ed English. 1991;30:1559-78. https://doi.org/10.1002/anie.199115591.
49. Hall JE, Guyton AC. V. The Body Fluids and Kidneys. Guyt Hall Textb Med Physiol. 13th ed. Elsevier; 2015, p.305-440.
50. Roush GC, Sica DA. Diuretics for Hypertension: a review and update. Am J Hypertens. 2016;29:1130-7. https://doi.org/10.1093/ajh/hpw030.
51. Haas M, Iii BF. The Na-K-Cl cotransporters mark. J Bioenerg Biomembr. 1998;30:161-72. https://doi.org/https://doi.org/10.1023/A:1020521308985.
52. Castrop H, Schießl IM. Physiology and pathophysiology of the renal Na-K-2Cl cotransporter (NKCC2). Am J Physiol Physiol. 2014;307:F991-1002. https://doi.org/10.1152/ajprenal.00432.2014.
53. Hannaert P, Alvarez-Guerra M, Pirot D, Nazaret C, Garay R. Rat NKCC2/NKCC1 cotransporter selectivity for loop diuretic drugs. Naunyn Schmiedebergs Arch Pharmacol. 2002;365:193-9. https://doi.org/10.1007/s00210-001-0521-y.
54. Ellison DH. Clinical pharmacology in diuretic use. Clin J Am Soc Nephrol. 2019;14:1248-57. https://doi.org/10.2215/CJN.09630818.
55. Hampel P, Römermann K, MacAulay N, Löscher W. Azosemide is more potent than bumetanide and various other loop diuretics to inhibit the sodium-potassium-chloride-cotransporter human variants hNKCC1A and hNKCC1B. Sci Rep. 2018;8:9877. https://doi.org/10.1038/s41598-018-27995-w.
56. Malha L, Mann SJ. Loop diuretics in the treatment of hypertension. Curr Hypertens Rep. 2016;18:27. https://doi.org/10.1007/s11906-016-0636-7.
57. Feit PW, Bruun H, Nielsen CK. Aminobenzoic acid diuretics. 1. 4-Halogeno-5-sulfamylmetanilic acid derivatives. J Med Chem. 1970;13:1071-5. https://doi.org/10.1021/jm00300a012.
58. Feit PW, Nielsen OBT, Bruun H. Aminobenzoic acid diuretics. 6. 4-Substituted 3-alkylthio-5-sulfamoylbenzoic and 5-sulfamoylthiosalicylic acids. J Med Chem. 1974;17:572-8. https://doi.org/10.1021/jm00252a002.
59. Nielsen OBT, Bruun H, Bretting C, Feit PW. Aminobenzoic acid diuretics. 7. 3-substituted 4-phenyl-, 4-arylcarbonyl-, and 4-arylmethyl-5-sulfamoylbenzoic acids and related compounds. J Med Chem. 1975;18:41-50. https://doi.org/10.1021/jm00235a010.
60. Greger R, Wangemann P. Loop diuretics. Ren Physiol. 1987;10:174-183400.
61. Lykke K, Töllner K, Römermann K, Feit PW, Erker T, MacAulay N, et al. Structure-activity relationships of bumetanide derivatives: correlation between diuretic activity in dogs and inhibition of the human NKCC2A transporter. Br J Pharmacol. 2015;172:4469-80. https://doi.org/10.1111/bph.13231.
62. Nielsen OBT, Feit PW. Structure-activity relationships of aminobenzoic acid diuretics and related compounds (1), 1978. p.12-23. https://doi.org/10.1021/bk-1978-0083.ch002.
63. Molnar J, Somberg JC. The clinical pharmacology of ethacrynic acid. Am J Ther. 2009;16:86-92. https://doi.org/10.1097/MJT.0b013e318195e460.
64. Beyer KH. Discovery of the thiazides: where biology and chemistry meet. Perspect Biol Med. 1977;20:410-20. https://doi.org/10.1353/pbm.1977.0048.
65. Beyer KH, Baer JE. Physiological basis for the action of newer diuretic agents. Pharmacol Rev. 1961;13:517-62.
66. Kusche-Vihrog K, Callies C, Fels J, Oberleithner H. The epithelial sodium channel (ENaC): mediator of the aldosterone response in the vascular endothelium? Steroids. 2010;75:544-9. https://doi.org/10.1016/j.steroids.2009.09.003.
67. Hermidorff MM, de Assis LVM, Isoldi MC. Genomic and rapid effects of aldosterone: what we know and do not know thus far. Heart Fail Rev. 2017;22:65-89. https://doi.org/10.1007/s10741-016-9591-2.
68. Kim G-H, Masilamani S, Turner R, Mitchell C, Wade JB, Knepper MA. The thiazide-sensitive Na-Cl cotransporter is an aldosterone-induced protein. Proc Natl Acad Sci 1998;95:14552-7. https://doi.org/10.1073/pnas.95.24.14552.
69. Sternlicht H, Bakris GL. Spironolactone for resistant hypertension: hard to resist? Lancet. 2015;386:2032-4. https://doi.org/10.1016/S0140-6736(15)00264-0.
70. Pitt B, Kober L, Ponikowski P, Gheorghiade M, Filippatos G, Krum H, et al. Safety and tolerability of the novel non-steroidal mineralocorticoid receptor antagonist BAY 94-8862 in patients with chronic heart failure and mild or moderate chronic kidney disease: a randomized, double-blind trial. Eur Heart J. 2013;34:2453-63. https://doi.org/10.1093/eurheartj/eht187.
71. Katayama S, Yamada D, Nakayama M, Yamada T, Myoishi M, Kato M, et al. A randomized controlled study of finerenone versus placebo in Japanese patients with type 2 diabetes mellitus and diabetic nephropathy. J Diabetes Complications. 2017;31:758-65. https://doi.org/10.1016/j.jdiacomp.2016.11.021.
72. Funder JW, Feldman D, Highland E, Edelman IS. Molecular modifications of anti-aldosterone compounds: effects on affinity of spirolactones for renal aldosterone receptors. Biochem Pharmacol. 1974;23:1493-501. https://doi.org/10.1016/0006-2952(74)90386-4.
73. Karim A. Spironolactone: disposition, metabolism, pharmacodynamics, and bioavailability. Drug Metab Rev. 1978;8:151-88. https://doi.org/10.3109/03602537808993782.
74. Varin F, Tu TM, Benoît F, Villeneuve J-P, Théorêt Y. High-performance liquid chromatographic determination of spironolactone and its metabolites in human biological fluids after solid-phase extraction. J Chromatogr B Biomed Sci Appl. 1992;574:57-64. https://doi.org/10.1016/0378-4347(92)80097-A.
75. Grob J, Boillaz M, Schmidlin J, Wehrli H, Wieland P, Fuhrer H, et al. Steroidal, Aldosterone Antagonists: Increased selectivity of 9α,11-epoxy derivatives. Helv Chim Acta 1997;80:566-85. https://doi.org/10.1002/hlca.19970800220.
76. de Gasparo M, Joss U, Ramjoué HP, Whitebread SE, Haenni H, Schenkel L, et al. Three new epoxy-spirolactone derivatives: characterization in vivo and in vitro. J Pharmacol Exp Ther. 1987;240:650-6.
77. Garthwaite SM, McMahon EG. The evolution of aldosterone antagonists. Mol Cell Endocrinol. 2004;217:27-31. https://doi.org/10.1016/j.mce.2003.10.005.
78. Valinsky WC, Touyz RM, Shrier A. Aldosterone, SGK1, and ion channels in the kidney. Clin Sci. 2018;132:173-83. https://doi.org/10.1042/CS20171525.
79. Shibata S. Context-dependent mechanisms modulating aldosterone signaling in the kidney. Clin Exp Nephrol. 2016;20:663-70. https://doi.org/10.1007/s10157-016-1232-5.
80. Epstein M, Lifschitz MD. Potassium homeostasis and dyskalemias: the respective roles of renal, extrarenal, and gut sensors in

potassium handling. Kidney Int Suppl. 2016;6:7-15. https://doi.org/10.1016/j.kisu.2016.01.006.

81. Canessa CM, Schild L, Buell G, Thorens B, Gautschi I, Horisberger J-D, et al. Amiloride-sensitive epithelial Na+ channel is made of three homologous subunits. Nature. 1994;367:463-7. https://doi.org/10.1038/367463a0.
82. Heran BS, Chen JM, Wang JJ, Wright JM. Blood pressure lowering efficacy of potassium-sparing diuretics (that block the epithelial sodium channel) for primary hypertension. Cochrane Database Syst Rev. 2012. https://doi.org/10.1002/14651858.CD008167.pub3.
83. Maronde RF. Response of thiazide-Induced hypokalemia to amiloride. JAMA J Am Med Assoc. 1983;249:237. https://doi.org/10.1001/jama.1983.03330260055032.
84. Busch AE, Suessbrich H, Kunzelmann K, Hipper A, Greger R, Waldegger S, et al. Blockade of epithelial Na+ channels by triamterenes: underlying mechanisms and molecular basis. Pflügers Arch – Eur J Physiol. 1996;432:760-6. https://doi.org/10.1007/s004240050196.
85. Kleyman TR, Cragoe EJ. Amiloride and its analogs as tools in the study of ion transport. J Membr Biol. 1988;105:1-21. https://doi.org/10.1007/BF01871102.

CAPÍTULO 18

Cardiotônicos

Marina Candido Primi
Rodrigo Vieira Gonzaga

INTRODUÇÃO

Agentes cardiotônicos, também conhecidos como digitálicos, podem ser definidos como fármacos que atuam no aumento da força contrátil miocárdica (inotropismo positivo). Dessa forma, promovem elevação do volume de sangue ejetado e, consequentemente, alteram o aporte de oxigênio e nutrientes aos tecidos e órgãos periféricos. Po isso, essa é a classe terapêutica de escolha no tratamento da insuficiência cardíaca congestiva (ICC).[1]

Durante muito tempo a ICC foi definida como síndrome relacionada à incapacidade do coração em proporcionar o aporte de sangue de forma a atender às necessidades metabólicas dos tecidos. Isso ocorre em consequência da redução na contratilidade dos músculos cardíacos, especialmente dos músculos ventriculares e/ou elevada pressão de enchimento no repouso ou esforço. Embora esse conceito esteja correto, a ICC é muito mais complexa. Insuficiência cardíaca é agora mais amplamente definida como uma síndrome caracterizada por dispneia e fadiga, em repouso ou com esforço, devido a anormalidades em estruturas e/ou no funcionamento do coração.[2]

Há um descompasso entre o débito cardíaco (que está reduzido na ICC) e o retorno venoso, gerando acúmulo de sangue no coração, que causa redução na pressão arterial e no fluxo sanguíneo renal e periférico. Essa redução é causa frequente no desenvolvimento de edema periférico e pulmonar. Outros sintomas observados são: fadiga, baixa tolerância e dispneia aos pequenos esforços.[3] Além disso, não raramente surgem mecanismos compensatórios, que envolvem desde alterações morfológicas, como a hipertrofia cardíaca, até o aumento dos níveis plasmáticos de catecolaminas. Essas alterações geram elevação da frequência cardíaca (cronotropismo positivo) e aumento do tônus por vasoconstrição arterial. Existem também respostas compensatórias secundárias, associadas à participação de diversos mediadores neuro-hormonais.[3,4]

Estima-se que a ICC atinja cerca de 26 milhões de pessoas no mundo atualmente e milhões de novos casos são registrados anualmente, com rápido crescimento da prevalência devido ao envelhecimento da população.[4-7] A fim de tratar os sintomas e complicações supracitados, algumas estratégias terapêuticas devem ser destacadas. Neste capítulo serão abordados os seguintes grupos de fármacos com ação cardiotônica: glicosídeos cardiotônicos, inibidores seletivos da fosfodiesterase 3 (PDE-3) e agonistas de receptores beta-adrenérgicos.

CLASSES TERAPÊUTICAS

Glicosídeos cardiotônicos

Os glicosídeos cardiotônicos são fármacos de origem natural, os quais apresentam efeitos cardíacos benéficos no tratamento da ICC e no edema associado à ICC, porém também causam efeitos tóxicos. A utilização de extratos vegetais, os quais contêm glicosídeos cardiotônicos, data desde 1500 a.C.[8,9] A descrição botânica da digital foi publicada em 1542 por Fuchsis, que a denominou *Digitalis purpurea*. Porém, foi apenas a partir da monografia *An account of the foxglove and some of its medical uses*, publicada por William Withering em 1785, que o emprego de glicosídeos cardiotônicos tornou-se mais racional.[10-13]

O primeiro extrato purificado das folhas de *Digitalis purpurea* foi preparado em 1835 por Homolle. Após 30 anos, Nativelle obteve a digitalina cristalizada, e, em 1875, Schiedeberg isolou a digitoxina da digital, demonstrando que esta seria quimicamente idêntica à digitalina previamente cristalizada. Já o estrofanto (*Strophanthus gratus*) teve seus efeitos cardiotônicos observados em 1980 por Fraser. Esses efeitos foram verificados quando se estudava o veneno presente nas flechas de certas tribos africanas, fato este que já demonstra a elevada toxicidade dos glicosídeos cardiotônicos.[14]

A elucidação estrutural e o esclarecimento do perfil farmacológico dos glicosídeos cardiotônicos ocorreram apenas no início do século XX. Atualmente, sabe-se que essa classe apresenta baixo índice terapêutico. Apesar disso, os glicosídeos cardiotônicos são considerados uma das mais importantes classes disponíveis para o tratamento da ICC. As preparações de glicosídeos cardiotônicos utilizadas na terapêutica incluem extrato seco, glicosídeos puros isolados e derivados semissintéticos. Extrato bruto e preparações galênicas não são utilizados devido à alta toxicidade e falta de reprodutibilidade dos efeitos biológicos.[15]

Estrutura geral

Os glicosídeos cardiotônicos são compostos orgânicos de origem natural. Sua estrutura química pode ser dividida em duas regiões, as quais devem ser observadas a fim de se verificar a relação entre sua estrutura química e sua atividade cardiotônica. As referidas regiões são: a) porção glicosídica; b) porção não glicosídica, chamada de aglicona ou genina (Figura 1).

A região aglicona apresenta um núcleo esteroide muito singular, denominado ciclopentanoperidrofenantreno. Como característica básica, este apresenta uma ligação *cis* entre os anéis A-B e C-D, e configuração *trans* entre os anéis B-C. Essas fusões e a estereoisomeria entre os anéis conferem ao núcleo esteroide o formato de arco (Figura 2), o qual torna a porção aglicona, dos glicosídeos cardiotônicos, diferente de todos os esteroides endógenos conhecidos.[14]

Na maioria das vezes, o núcleo esteroide apresenta dois grupos metila angulares no carbono 10 (C-10) e no carbono 13 (C-13) e dois grupos hidroxila nas posições C-3 e C-14 (Figura 1A). A porção glicosídica dos glicosídeos cardiotônicos se liga à porção aglicona pela hidroxila C-3, ao passo que a hidroxila C-14 normalmente não é substituída. Grupos hidroxilas adicionais podem ser encontrados nas posições C-12 e C-16. A ausência ou presença desses grupos é o que distingue as geninas entre si, sendo estas denominadas digitoxigenina, digoxigenina e gitoxigenina (Figura 1A).[14,15]

A natureza do anel heterocíclico presente na posição C-17, o qual apresenta tamanho e grau de instauração

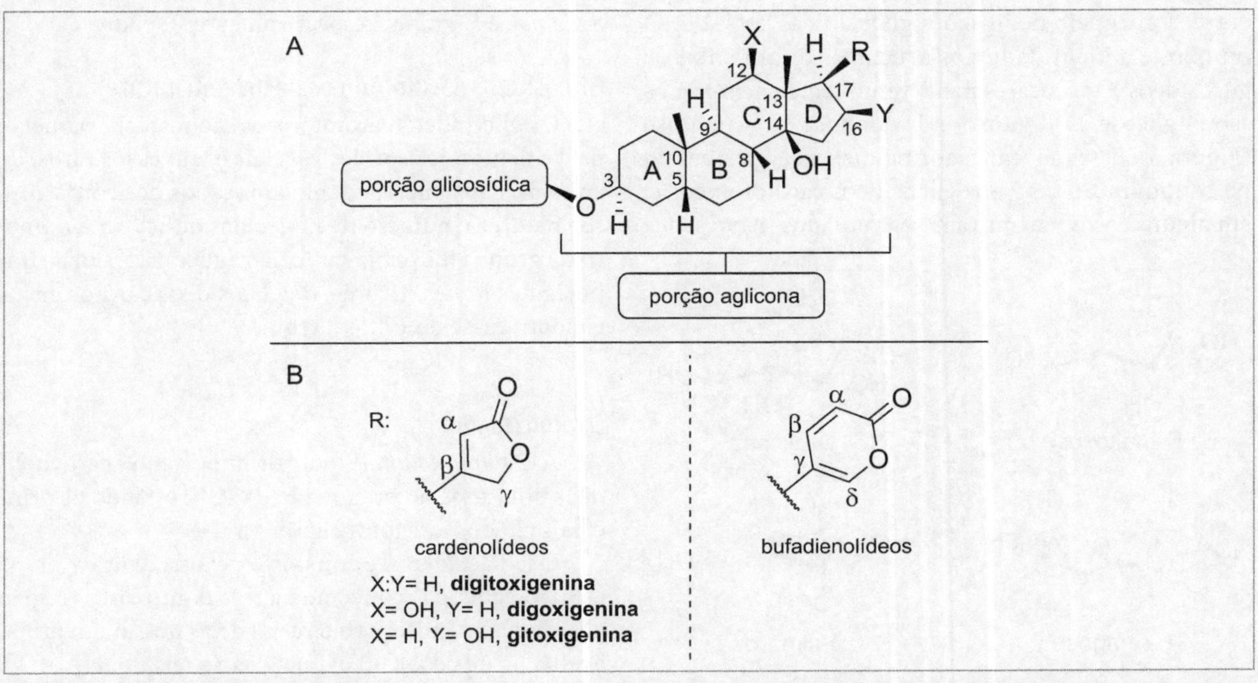

FIGURA 1 Estrutura geral dos glicosídeos cardiotônicos. A: região aglicona. B: anel lactônico, que varia a depender da origem glicosídica. Os cardenolídeos, de origem vegetal, e os bufadienolídeos, de origem animal.

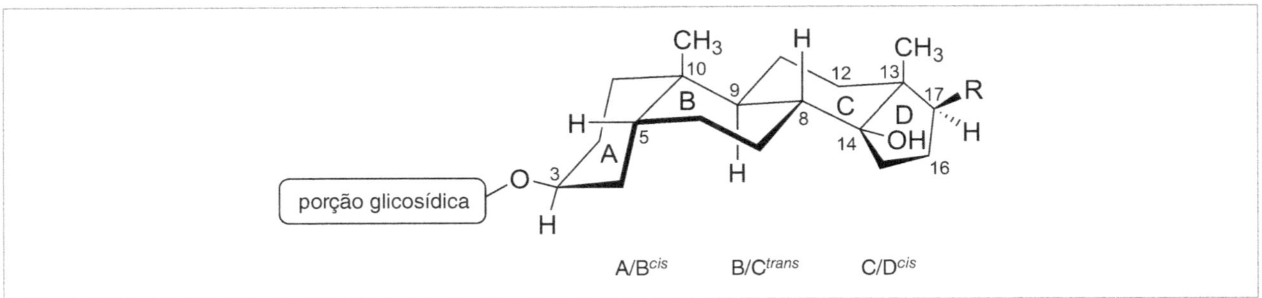

FIGURA 2 Conformação do núcleo esteroide presente na região aglicona dos glicosídeos cardiotônicos.

variando de acordo com a fonte glicosídica, classifica os glicosídeos cardiotônicos em dois grandes grupos (Figura 1B). Os glicosídeos de origem vegetal, considerados o principal grupo de digitálicos empregados na terapêutica, são denominados cardenolídeos e possuem um anel lactônico de 5 membros alfa-beta insaturado (gamalactona-alfa,beta-insaturada). No caso dos glicosídeos de origem animal, são denominados bufadienolídeos e estão presentes em algumas espécies vegetais das famílias *Crassulaceae, Ranunculaceae, Hyacinthaceae, Santalaceae, Melianthaceae* e *Iridaceae*.[16] Esses glicosídeos possuem um anel lactônico de seis membros, que contém duas ligações duplas conjugadas, geralmente sendo referido como alfapirona.[17]

A região glicosídica dos cardiotônicos digitálicos pode ser composta de monossacarídeos ou polissacarídeos (1 a 4 resíduos de hexoses), os quais interagem entre si por meio de ligações glicosídicas beta-1,4. O número e a identidade dos açúcares variam entre os glicosídeos. Os açúcares mais comumente encontrados são D-glicose, D-digitoxose, L-ramnose e D-cimarose (Figura 3). Esses açúcares normalmente se apresentam na configuração beta nos glicosídeos cardiotônicos e, em alguns casos, encontram-se acetilados. A presença

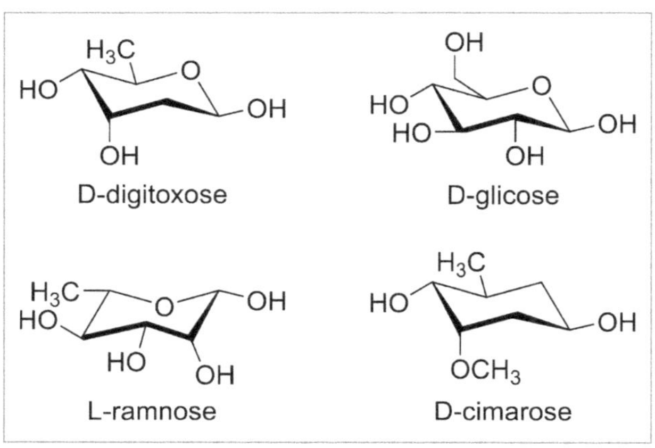

FIGURA 3 Monossacarídeos comumente encontrados nos glicosídeos cardiotônicos.

de um grupo *O*-acetila na região glicosídica afeta suas características lipofílicas e farmacocinéticas.[14-16]

Os principais glicosídeos cardiotônicos são obtidos por meio de hidrólise química e/ou enzimática de glicosídeos provenientes das espécies dos gêneros *Digitalis* e *Strophanthus*. As preparações de glicosídeos cardiotônicos utilizadas na terapêutica são majoritariamente obtidas de *Digitalis purpurea* e *Digitalis lanata*. Esses glicosídeos são conhecidos como glicosídeos digitálicos, glicosídeos cardiotônicos ou cardenolídeos. Atualmente, os glicosídeos provenientes de *Strophanthus* não são utilizados na terapêutica, porém, quando eram utilizados, a administração desses fármacos era feita por via intravenosa, devido a sua absorção pobre por via oral. A digitoxina, a digoxina e a gitoxina são obtidas a partir das folhas de *D. lanata* e *D. purpurea*, enquanto a estrofantina-k e a estrofantina-g são obtidas das sementes de *S. kombe* e *S. gratus*, respectivamente (Quadro 1).[16,17]

Glicosídeos cardiotônicos de origem natural

Os glicosídeos cardiotônicos são majoritariamente provenientes de espécies vegetais e, em casos raros, de animais. São genericamente nomeados de acordo com sua natureza, número de moléculas de açúcar e número de grupos hidroxila na região aglicona. As mais importantes fontes naturais de glicosídeos cardiotônicos encontram-se descritas a seguir.[13]

Digitalis lanata

A *Digitalis lanata* é fonte de importantes cardenolídeos utilizados no tratamento da ICC, estando os principais citados a seguir (Figura 4).

O lanatosídeo A é composto de uma digitoxigenina (região aglicona) conectada a três digitoxoses (região glicosídica), sendo que a terceira delas possui um grupo acetila na posição C-3 e uma glicose terminal.

O lanatosídeo B possui região glicosídica idêntica ao lanatosídeo A, porém sua região aglicona é denomi-

QUADRO 1 Glicosídeos cardiotônicos naturais e suas fontes

Fonte	Glicosídeo	Aglicona	Glicosídeo
Digitalis lanata (folha)	Lanatosídeo A	Digitoxigenina	Gli-ActDit-Dit-Dit
	Lanatosídeo B	Gitoxigenina	Gli-ActDit-Dit-Dit
	Lanatosídeo C	Digoxigenina	Gli-ActDit-Dit-Dit
Digitalis purpurea (folha)	Glicosídeo purpúreo A	Digitoxigenina	Gli-Dit-Dit-Dit
	Glicosídeo purpúreo B	Gitoxigenina	Gli-Dit-Dit-Dit
Strophanthus kombe (sementes)	Estrofantina-k	Estrofantidina	Gli-Gli-Cim
Strophanthus gratus (sementes)	Estrofantina-g	Oubagenina	Ram

Dit: D-digitoxose; Gli: D-glicose; ActDit: D-digitoxose acetilada na posição 3; Ram: L-ramnose; Cim: D-cimarose.

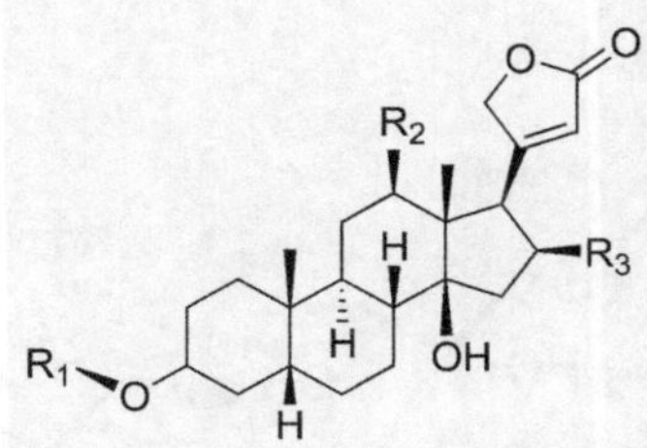

Glicosídeo cardiotônico	Região aglicona (genina)	R_1	R_2	R_3
Glicosídeo purpúreo A	Digitoxigenina	Gli-Dit-Dit-Dit	H	H
Glicosídeo purpúreo B	Gitoxigenina	Gli-Dit-Dit-Dit	H	OH
Lanatosídeo A	Digitoxigenina	Gli-ActDit-Dit-Dit	H	H
Lanatosídeo B	Gitoxigenina	Gli-ActDit-Dit-Dit	H	OH
Lanatosídeo C	Digoxigenina	Gli-ActDit-Dit-Dit	OH	H

FIGURA 4 Estrutura geral dos lanatosídeos e dos glicosídeos purpúreos.
Dit: D-digitoxose; Gli: D-glicose; ActDit: D-digitoxose acetilada na posição 3.

nada gitoxigenina e apresenta um grupo hidroxila adicional na posição C-16.

O lanatosídeo C apresenta a mesma região glicosídica encontrada nos lanatosídeos A e B. Sua região aglicona é bastante semelhante à do lanatosídeo A, diferenciada apenas por um grupo hidroxila adicional na posição C-12. Esse cardenolídeo é denominado digoxigenina.

Uma hidrólise parcial da região glicosídica do lanatosídeo A e do grupo acetato presente no lanatosídeo C origina os importantes glicosídeos cardiotônicos digitoxina e digoxina, respectivamente.[13,15]

Digitalis purpurea

Os glicosídeos purpúreos A e B possuem estruturas quase idênticas às dos lanatosídeos A e B, porém não apresentam grupo acetila na terceira digitoxose. Esses também são denominados desacetil-digilanídeos.

Strophanthus gratus e *Strophanthus kombe*

Os glicosídeos extraídos da *Strophanthus gratus* e da *Strophanthus kombe* são denominados estrofantina-g (ou ouabaína) e estrofantina-k (Figura 5), respectivamente. A aglicona presente na estrofantina-g é a oubagenina e

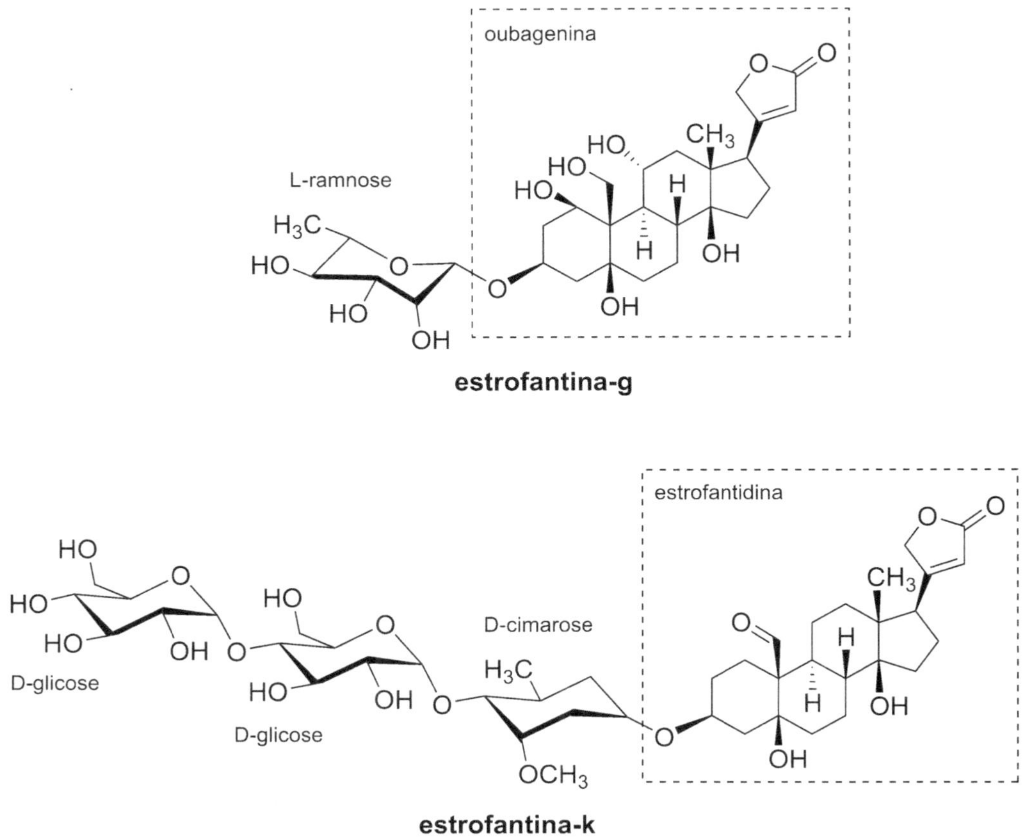

FIGURA 5 Estrutura química dos glicosídeos extraídos de espécies do gênero *Strophanthus*.

na estrofantina-k a estrofantidina. A oubagenina possui um núcleo esteroide poli-hidroxilado, encontrando-se conjugada a uma molécula de L-ramnose. Já a estrofantidina possui um grupo aldeído angular em C-10, substituindo o grupo metila comumente encontrado nessa posição, estando conjugada à D-cimarose que, por sua vez, está ligada a duas moléculas de D-glicose.[15,17]

Derivados sintéticos

Os derivados sintéticos dos glicosídeos cardiotônicos foram desenvolvidos a fim de otimizar o perfil de absorção observado para a digoxina. Dentre os derivados desenvolvidos, merecem destaque a metildigoxina, a alfa-acetildigoxina e a beta-acetildigoxina (Figura 6).[18-20]

A metildigoxina, que é comercializada somente na comunidade europeia, possui um grupo metila ligado à hidroxila da posição 4 da D-digitoxose terminal. Sua maior vantagem com relação à digoxina é a rápida e completa absorção após a administração oral. Após a administração, verifica-se a ocorrência de *O*-desmetilação da metildigoxina. Porém, cerca de 60% da dose inicial, seja por via oral, seja por via intravenosa, é excretada na urina em sua forma inalterada.[21]

Os derivados alfa e beta-acetildigoxina são obtidos a partir da acetilação das hidroxilas 3 e 4 da D-digitoxose terminal, respectivamente. Ambos são pró-fármacos, que apresentam melhor absorção, eficácia e tolerância quando comparados a seu protótipo, a digoxina[19] (Figura 6).

Relação estrutura-atividade

Até o início da década de 1970, todos os glicosídeos cardiotônicos eram avaliados com base em sua toxicidade cardíaca e não quanto ao potencial terapêutico. Isso ocorreu por se acreditar que a toxicidade apresentada era uma extensão da ação cardiotônica. Por esse motivo, avaliavam-se as preparações cardiotônicas de acordo com a quantidade necessária para causar parada cardíaca nos animais utilizados para testes. Esses métodos utilizados inicialmente para verificar a atividade dos glicosídeos cardiotônicos, e a não definição do alvo

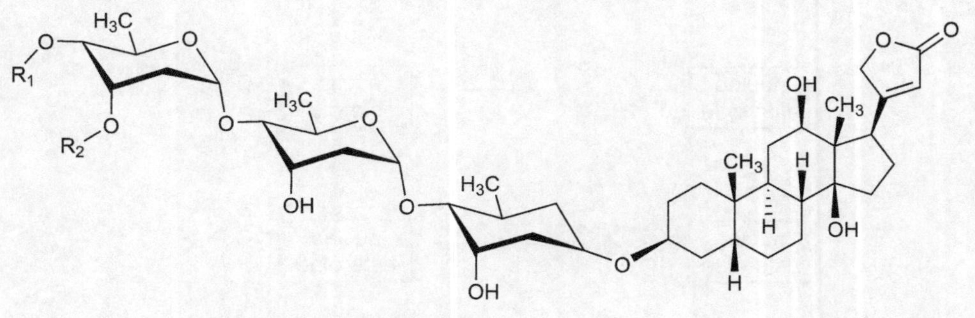

FIGURA 6 Estrutura química da digoxina e de seus derivados sintéticos.

de ação desses compostos, tornaram difícil a definição de um modelo de relação estrutura-atividade (REA). Atualmente, a maioria dos estudos de REA baseia-se, ao menos inicialmente, em resultados obtidos em tecidos cardíacos. Nesses modelos pode-se verificar a atividade inotrópica e de contração cardíaca. Além disso, ao se reconhecer a enzima Na^+/K^+-ATPase como o provável alvo dos glicosídeos cardiotônicos, a inibição dessa enzima tornou-se um critério importante na avaliação da atividade desses compostos.[13]

Estudos baseados na toxicidade dos glicosídeos cardiotônicos sugeririam a importância do núcleo esteroide e da lactona insaturada na posição C-17 para a atividade. Outros estudos verificaram a interação dos glicosídeos cardiotônicos com a Na^+/K^+-ATPase, a qual se assume ser o alvo desses compostos. Análogos semissintéticos dos glicosídeos cardiotônicos demonstraram a importância da insaturação no anel lactônico, já que análogos saturados mostraram atividades reduzidas.[22,23] Ao se verificar análogos nos quais o anel lactônico foi substituído por grupos de cadeia aberta, com variadas propriedades eletrônicas e estéricas, observou-se que o anel lactônico alfa-beta insaturado não é essencial para a atividade, ainda que derivados lactônicos saturados apresentem prejuízos na atividade.[22,23]

Grupos substituintes que possuem cadeia aberta alfa-beta insaturada apresentaram pequena ou nenhuma redução na atividade. Como exemplo, podem ser citados análogos cujo substituinte na posição C-17 é um grupo nitrila (Figura 7A), que apresentaram elevada atividade cardiotônica.[22,23,24] Dessa forma, muitas teorias atuais sugerem que o oxigênio carbonílico, ou o nitrogênio do grupo nitrila, são importantes para o processo de reconhecimento molecular dos compostos pelo sítio de interação da Na^+/K^+-ATPase e requerem parâmetros eletrônicos, espaciais e estéricos específicos, de forma a viabilizar a interação entre fármaco e alvo (Figura 7B).[24-27]

Apesar da importância aparente da lactona na posição C-17, o núcleo esteroide é considerado a estrutura essencial na atividade dos glicosídeos cardiotônicos. Observa-se que lactonas, na ausência do grupo esteroide, não apresentam ação inibitória sobre Na^+/K^+-ATPase. Anteriormente, acreditava-se que a hidroxila em C-14 e as ligações *cis* entre os anéis A-B e C-D eram essenciais para a atividade dos glicosídeos cardiotônicos. Porém, atualmente se acredita que a hidroxila na posição 14 seja dispensável para a atividade. Considera-se que a hipótese anteriormente defendida seria errônea, pois os análogos que não possuem o grupo hidroxila na posição 14 geralmente apresentam insaturação no anel D, o que altera a distribuição eletrônica do grupo substituinte no C-17.[13,17]

Atualmente, defende-se que a atividade deva ser atribuída à manutenção dos caracteres sp^3 e *cis* dos anéis C-D.[25] A ligação *cis* entre os anéis A-B também não parece ser crucial para a atividade. Porém, essa característica estrutural está presente em todos os glicosídeos cardiotônicos disponíveis na terapêutica, e a conversão dessa configuração para *trans* reduz a atividade dos compostos, a não ser que essa redução de atividade seja compensada por modificações estruturais em outras regiões da molécula. A ligação *cis* entre os anéis C-D mostrou-se crítica para a ação de compostos que possuem o grupo galalactona-alfa,beta-insaturado na posição 17, podendo ser uma consequência da mudança de orientação espacial do substituinte na posição C-17, o qual passa a não mais ser capaz de explorar seus pontos de interação (Figuras 2 e 7).[13]

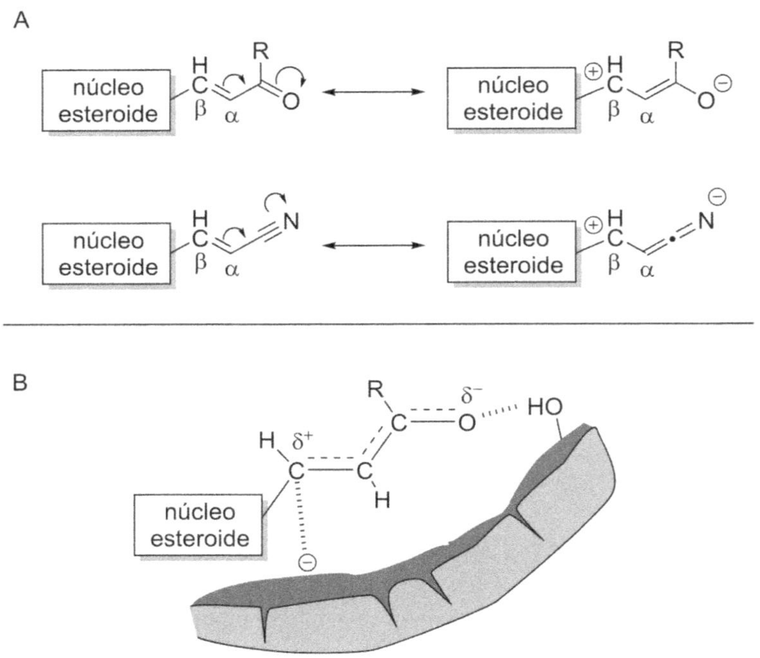

FIGURA 7 A: estruturas gerais das cadeias abertas alfa-beta insaturadas que podem substituir o anel lactônico na posição C-17. B: modelo da interação entre a cadeia aberta alfa-beta insaturada em C-17 e o receptor digitálico proposto por Thomas et al. A interação ocorre, supostamente, mediante uma ligação de hidrogênio e uma interação íon-dipolo com a enzima Na+/K+-ATPase.

De forma geral, observou-se que ocorre redução na atividade inotrópica com a introdução de grupos funcionais oxigenados (hidroxilas, cetonas, aldeídos e éteres), ou insaturações na estrutura dos glicosídeos cardiotônicos.[22,28] A síntese de derivados monossacarídicos e dissacarídicos da digitoxigenina[29] contribuiu para a determinação de REA da região osídica dos glicosídeos cardiotônicos. Os glicosídeos são mais potentes que as respectivas agliconas, e isso se deve ao fato de que a hidroxila em C-3 se encontra protegida de reações de metabolismo, além de favorecer a solubilidade. Derivados gerados por esterificação ou por glicosilação das hidroxilas presentes na região glicosídica possuem atividade inotrópica reduzida. Isso pode ser um indício de que os grupos citados contribuem para a interação com o alvo biológico.[29]

Mecanismo de ação farmacológico

Os glicosídeos cardiotônicos afetam o coração de maneira direta e indireta. O sinergismo gerado pela combinação desses efeitos causa alteração nas propriedades eletrofisiológicas do coração, incluindo alteração da contratilidade, frequência cardíaca, excitabilidade, condutividade e período refratário. A resposta do coração aos glicosídeos cardiotônicos é dose-dependente e varia consideravelmente entre corações normais e corações que sofrem de ICC. A administração de baixas doses é terapêutica, enquanto a administração de doses elevadas causa cardiotoxicidade. Em alguns casos, utiliza-se uma dose inicial elevada, também chamada de dose de ataque, para que se atinja a faixa terapêutica no sangue e tecido cardíaco de forma rápida. Dependendo do quadro clínico do paciente, a dose de ataque pode ser muito próxima à dose que causa cardiotoxicidade. Assim que o efeito desejado é atingido, utilizam-se doses de manutenção da ação terapêutica.[14]

Os efeitos dos glicosídeos cardiotônicos na musculatura cardíaca e em diferentes regiões de condução estão resumidos no Quadro 2. Conforme dito anteriormente, os glicosídeos cardiotônicos aumentam a força contrátil e a frequência de contração do miocárdio (efeito inotrópico positivo).[3] Essas alterações geram efeitos relevantes para a ICC, como aumento do débito cardíaco, diminuição da pressão diastólica e prolongamento do período refratário do nodo atrioventricular (AV).

Os efeitos indiretos estão relacionados com a redução de hiperatividade simpática e o aumento do débito cardíaco. Também estão relacionados ao aumento da atividade do nervo vago (atividade parassimpática), que resulta da sensibilização dos barorreceptores presentes nas

QUADRO 2 Efeito dos glicosídeos cardiotônicos na musculatura cardíaca

	Átrio	Fibras de Purkinje	Fibras AV	Nodo SA
Contrabilidade (inotropismo)	↑	↑	n/d	n/d
Excitabilidade (batmotropismo)	s/a	variável	↑	n/d
Condutibilidade (dromotropismo)	↑	↑	↓	↓
Período refratário	↓	↓	↑	↑
Automaticidade (cronotropismo)	n/d	n/d	↑	n/d

AV: atrioventricular; SA: sinoatrial; ↑ aumento da ação; n/d: dados não disponíveis; s/a: sem ação; ↓ diminuição da ação.

paredes do seio carotídeo, gânglio nodoso e núcleos vagais centrais. O efeito vagal elevado sem compensação simpática gera redução na frequência cardíaca e da resistência vascular periférica, o que causa decréscimo da frequência cardíaca (cronotropismo negativo) e da pressão venosa. Também ocorre aumento da velocidade de perfusão renal, o que eleva a diurese e causa redução de edema. Dessa forma, os glicosídeos cardiotônicos são capazes de reverter a maioria dos sintomas associados à ICC, elevando a contração dos músculos cardíacos, reduzindo frequência cardíaca, edema tecidual e tamanho do miocárdio.[3]

Mecanismo de ação bioquímico

Durante muitos anos buscou-se à exaustão o mecanismo pelo qual os glicosídeos cardiotônicos causam efeito inotrópico positivo e mudanças eletrofisiológicas. Apesar disso, esse mecanismo ainda não é completamente elucidado.[30,31] Muitos mecanismos já foram propostos, sendo que a hipótese mais aceita envolve a habilidade dos glicosídeos cardiotônicos de interagir, especificamente e com alta afinidade, com receptores de membrana em células miocárdicas.[32]

O processo de despolarização e repolarização da membrana é de grande importância na contração muscular. Esse processo é majoritariamente controlado pelo trânsito de três íons (Na^+, K^+ e Ca^{2+}) para o meio intra e extracelular. Durante o repouso, a concentração de Na^+ é alta no meio extracelular. Quando ocorre a despolarização da membrana, há influxo de íons Na^+, elevando o potencial de ação da célula cardíaca. A elevação dos níveis de Na^+ intracelular promove a entrada lenta de Ca^{2+}, seja por influxo, seja pela mobilização de íons Ca^{2+} armazenados em retículos sarcoplasmáticos (Figura 8).[33] A entrada de Ca^{2+} resulta no efluxo de íons K^+ das células miocárdicas. Posteriormente, ocorre a troca de íons Na^+ (do interior da célula) por íons K^+ (do meio extracelular), que leva o potencial de membrana de volta a seu nível basal.[34]

A troca entre íons Na^+/K^+ exige gasto de energia e é catalisada pela enzima Na^+/K^+-ATPase. Propõe-se que os glicosídeos cardiotônicos inibam a Na^+/K^+-ATPase, resultando na redução da troca de Na^+/K^+. Acredita-se que os glicosídeos cardiotônicos interajam com a subunidade alfa da enzima e promovam uma alteração conformacional que impede a troca dos íons. Conforme dito anteriormente, a concentração intracelular de Na^+ estimula o influxo de Ca^{2+} e a liberação do mesmo dos retículos sarcoplasmáticos, que gera, consequentemente, a elevação da concentração intracelular de Ca^{2+}. O aumento da concentração desses íons nas proximidades das miofibrilas ativa o processo de contração miocárdica, que é induzido por meio do complexo formado por filamentos de actina e miosina, complexo este dependente de ATP (efeito inotrópico positivo).[35,36]

O mecanismo que relaciona a ação dos glicosídeos cardiotônicos com a Na^+/K^+-ATPase se baseia no fato de que a inibição dessa enzima gera perda de K^+ intracelular e redução do potencial transmembrânico celular, o que explica as alterações eletrofisiológicas observadas com o uso desses fármacos.

Absorção e metabolismo

Os efeitos terapêuticos na musculatura cardíaca, promovidos pelos glicosídeos cardiotônicos, são similares, porém suas propriedades farmacocinéticas variam muito. Estas são grandemente influenciadas pelo caráter lipofílico dos glicosídeos. Dessa forma, a absorção gastrointestinal desses compostos pode ser quantificada pelo cálculo do coeficiente de partição (P). Os glicosídeos que apresentam caráter mais lipofílico são absorvidos mais rapidamente e apresentam ação prolongada devido à excreção urinária mais lenta.[13,17]

A lipofilicidade dos glicosídeos cardiotônicos é diretamente influenciada pelo número de moléculas de açúcar e pelo número de grupos hidroxila presentes na região aglicona (Quadro 3). Pode-se citar, por exemplo, o lanatosídeo C e a acetildigoxina, os quais se diferenciam por uma glicose terminal na porção glicosídica, mas que apresentam coeficiente de partição (P) igual a 16,2 e 98, respectivamente.[13] Como resultado, observa-se melhor per-

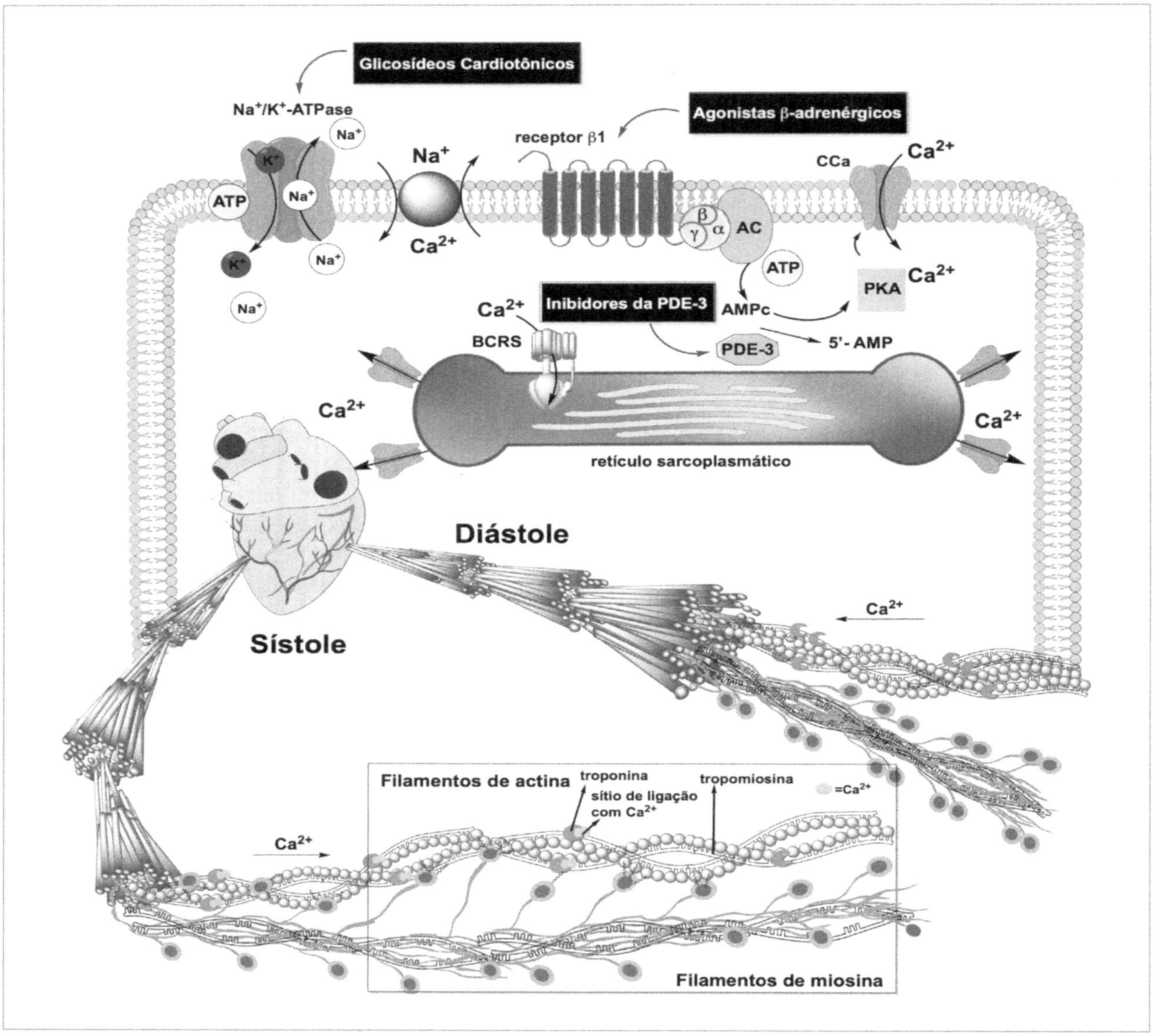

FIGURA 8 Mecanismo de ação dos principais agentes cardíacos inotrópicos.

AC: adenilato ciclase; AMP: monofosfato de adenosina; ATP: trifosfato de adenosina; Ca^{2+}: íons cálcio; AMPc: monofosfato cíclico de adenosina; PDE-3: enzima fosfodiesterase 3; CCa: canais de Ca^{2+}; PKA: proteína quinase A; BCRS: bomba de cálcio do retículo sarcoplasmático.

QUADRO 3 Efeito da estrutura química dos glicosídeos sobre o coeficiente de partição (P)

Glicosídeo cardiotônico	Aglicona	Glicosídeo*	Coeficiente de partição (P)**
Lanatosídeo C	Digoxigenina	Gli-ActDit-Dit-Dit	16,2
Digoxina	Digoxigenina	Dit-Dit-Dit	81,5
Digitoxina	Digitoxigenina	Dit-Dit-Dit	96,5
Acetildigoxina	Digoxigenina	ActDit-Dit-Dit	98
Estrofantina-g	Oubagenina	Ram	Muito baixo

*Dit: D-digitoxose; Gli: D-glicose; ActDit: D-digitoxose acetilada na posição 3; Ram: L-ramnose. **Coeficiente de partição (*P*) determinado em um sistema clorofórmio (fase orgânica) e solução aquosa de metanol a 16% ($CHCl_3$/aq. MeOH 16%).

fil de absorção oral para a acetildigoxina, se comparada ao perfil apresentado pelo lanatosídeo C.[13,17,18]

Ao comparar as estruturas da digitoxina com a digoxina, observa-se que elas diferem entre si apenas pela presença de um grupo hidroxila na digoxina em C-12. Essa diferença não causa grande alteração no coeficiente de partição, 96,5 para a digitoxina e 81,5 para a digoxina, porém gera diferenças significativas em seus perfis farmacocinéticos. Já o glicosídeo estrofantina-g (ouabaína) apresenta caráter lipofílico bastante reduzido, devido à presença de cinco grupos hidroxila ligados ao núcleo esteroide da região aglicona. Nesse sentido, a administração oral da estrofantina-g resulta em valores desprezíveis de absorção e consequente ausência de efeito terapêutico, tornando obrigatória a administração intravenosa desse fármaco.[17,18]

A digoxina é o glicosídeo cardiotônico mais utilizado. Sua absorção no trato gastrointestinal é um processo passivo que depende da solubilidade, dissolução e capacidade de permear membranas. A digoxina tem taxa de ligação a proteínas plasmáticas de apenas 30%, e sua meia-vida ($t_{1/2}$), em pacientes com função renal normal, é de 1,5 a 2 dias. A biodisponibilidade da digoxina varia entre 70 e 85% da dose administrada. Essa variação está associada tanto ao efluxo quanto à eliminação renal modulados pela glicoproteína-P. A digoxina não sofre extensivo metabolismo hepático, sendo em parte eliminada em sua forma inalterada nas fezes, por meio de efluxo também mediado pela glicoproteína-P. Por fim, há evidências de que os metabólitos da digoxina também são substratos da glicoproteína-P, o que favorece a depuração deles. Já a digitoxina possui meia-vida de 5 a 7 dias, por apresentar circulação entero-hepática, e é extensivamente metabolizada, originando uma grande variedade de metabólitos. Por esses motivos, foi descontinuada.[17,18]

Toxicidade

As preparações de glicosídeos cardiotônicos apresentam o potencial de causar toxicidade, pois a dose mínima que causa efeitos tóxicos é apenas 2 a 3 vezes maior que a dose terapêutica. Ou seja, os efeitos adversos dos glicosídeos advêm de seu baixo índice terapêutico (IT). Dessa forma, a intoxicação decorrente do uso de glicosídeos cardiotônicos é muito comum.[37]

A toxicidade leve ou moderada causada por esses fármacos apresenta sintomas de anorexia, náusea, fraqueza muscular, bradicardia e contração ventricular prematura. A toxicidade severa pode causar visão embaçada, desorientação, diarreia, taquicardia e fibrilação ventricular.[3,37,38]

Acredita-se que a toxicidade dos glicosídeos cardiotônicos resulte da inibição da Na^+/K^+-ATPase. A hipocalemia, que pode ser causada pelo uso de alguns medicamentos (p. ex., diuréticos), pode ser um fator importante para o início de uma resposta tóxica. Durante essa resposta ocorre o aumento dos níveis extracelulares de íons K^+, os quais são excretados normalmente devido ao aumento da diurese. Em pacientes estáveis, que fazem o uso prolongado de glicosídeos cardiotônicos, a Na^+/K^+-ATPase encontra-se parcialmente inibida e causa aumento de Na^+ intracelular, que leva à elevação dos níveis intracelulares de Ca^{2+}. Essa elevação é responsável pela arritmia muito característica dos efeitos tóxicos dos glicosídeos cardiotônicos. A fim de tratar os efeitos tóxicos dos glicosídeos cardiotônicos, sua administração deve ser suspensa e deve ser administrado um sal de potássio, com o intuito de estimular a ação da Na^+/K^+-ATPase.[3,38]

Interações medicamentosas também podem causar toxicidade relacionada ao uso de glicosídeos cardiotônicos. Dentre as interações mais relevantes, merecem destaque a observação de bradicardia excessiva com uso concomitante de glicosídeos cardiotônicos e betabloqueadores. Também se pode verificar toxicidade ocasionada por hipocalemia, a qual se desencadeia pelo uso de fármacos que alteram o equilíbrio eletrolítico, como depletores de potássio, diuréticos tiazídicos, inibidores da anidrase carbônica, mineralocorticoides e anfotericina B. Alimentos e medicamentos ricos em cálcio também podem afetar a atividade dos glicosídeos cardiotônicos, como leite, gluconato de cálcio, fosfato de cálcio dibásico ou tribásico. Estes podem promover hipercalcemia e potencializar os efeitos cardíacos dos glicosídeos cardiotônicos, gerando toxicidade.[38,39]

Inibidores da fosfodiesterase 3 (PDE-3)

Ao se observar a correlação entre os níveis intracelulares de 3', 5'-adenosina-monofosfato-cíclico (AMPc) e de íons Ca^{2+}, pesquisas científicas foram geradas a fim de verificar se a modulação da concentração de AMPc nas células da musculatura cardíaca geraria efeito na força de contração cardíaca. Com isso, mostrou-se que a estimulação da enzima adenilato ciclase (AC) em células miocárdicas produzia aumento da concentração de AMPc, com efeito inotrópico positivo (Figura 8). Essa estimulação pode ser proveniente do estímulo beta-adrenérgico, da ação direta de fármacos específicos ou da inibição da enzima fosfodiesterase 3 (PDE-3). Essas observações permitiram que novos fármacos fossem desenvolvidos com base em seu mecanismo de ação, resultando na descoberta de novas classes de agentes inotrópicos não relacionados aos glicosídeos cardiotônicos. Dentre essas classes devem ser citados os inibidores seletivos de fosfodiesterase 3 (PDE-3) e os agonistas beta-adrenérgicos, os quais serão apresentados adiante neste capítulo.[40]

A modulação da concentração intracelular de AMPc[40] é realizada pela enzima citoplasmática fosfodiesterase 3.[40] O mecanismo da contração cardíaca envolve uma cascata de transdução de sinal modulada por receptores acoplados à proteína G do tipo estimulante (G_s), que regula a concentração de íons Ca^{2+} intracelular. A ativação da proteína G_s gera a formação de AMPc como segundo mensageiro via adenilato ciclase. O aumento da concentração de AMPc leva à liberação de cálcio das vesículas estoque presentes no retículo sarcoplasmático e à consequente elevação da concentração intracelular de Ca^{2+}, que, consequentemente, estimula a contração cardíaca. Quando o AMPc liberado é hidrolisado pela PDE-3, ocorre a formação de 5'-adenosina-monofosfato (5'-AMP) (Figura 8) e o relaxamento do músculo cardíaco. Dessa forma, a inibição da PDE-3 impede a degradação do AMPc intracelular, promovendo vasodilatação do músculo liso vascular, apesar de causar contração muscular.[41]

Os efeitos de estimulação cardíaca e de vasodilatação tornam os inibidores da fosfodiesterase úteis no tratamento da ICC, já que o relaxamento do músculo liso vascular reduz o estresse da parede ventricular e a demanda de oxigênio. Triagens clínicas demonstraram que o tratamento em longo prazo com inibidores da fosfodiesterase eleva a taxa de mortalidade em pacientes com ICC, por isso eles não são utilizados para tratamento crônico. Apesar disso, eles são muito utilizados no tratamento agudo ou temporário. Porém, estes não são usados como monoterapia; em vez disso, são utilizados em conjunto com outros fármacos, como diuréticos, inibidores da enzima conversora de angiotensina, antagonistas do receptor beta-adrenérgico ou glicosídeos cardiotônicos.[40,41]

Os efeitos de estimulação cardíaca e vasodilatação tornam os inibidores da PDE-3 úteis no tratamento da ICC, já que o relaxamento da musculatura lisa vascular reduz o estresse da parede ventricular e a demanda de oxigênio. Triagens clínicas demonstraram que o tratamento em longo prazo com inibidores da PDE-3 eleva a taxa de mortalidade em pacientes com ICC, por isso eles não são utilizados para tratamento crônico. Apesar disso, eles são muito utilizados no tratamento agudo ou temporário. No entanto, não são usados em monoterapia; em vez disso, são utilizados em associação a outros fármacos, como diuréticos, inibidores da enzima conversora de angiotensina (ECA), antagonistas de receptor beta-adrenérgico ou glicosídeos cardiotônicos.[40,41]

O efeito adverso mais comum decorrente do uso de inibidores de PDE-3 é a arritmia ventricular, que em alguns casos pode levar à morte. Outros efeitos adversos menores podem ser citados, como dores de cabeça e hipotensão.

Observou-se que algumas metilxantinas, como a teofilina, exerciam acentuada atividade antitrombótica, mediada pela inibição da fosfodiesterase plaquetária AMPc-dependente (Figura 8).[42] Essa atividade produz aumento da concentração de AMPc e consequente inibição da liberação de mediadores químicos. Essa observação, associada ao conhecimento de que diferentes isoformas da enzima fosfodiesterase se distribuem em tecidos específicos, gerou diversas pesquisas relacionadas ao desenvolvimento de substâncias estruturalmente relacionadas com a estrutura do AMPc, capazes de inibir seletivamente a isoforma 3 da PDE, majoritariamente localizada no miocárdio.[31]

A anrenona (Figura 9), que foi introduzida na terapêutica em 1978, é considerada resultado direto dos esforços para obtenção de inibidores de PDE-3, sendo o primeiro fármaco dessa nova classe de agentes cardiotônicos aprovado para uso clínico.[43] Em 1984, a anrenona começou a ser empregada especificamente no tratamento da ICC, sendo administrada tanto por via intravenosa quanto por via oral. Seu uso prolongado apresenta efeitos adversos graves, como distúrbios gastrointestinais, trombocitopenia e danos à função hepática.[43] Estratégias de modificação molecular, como o bioisosterismo, utilizando a anrenona como protótipo, originaram diversos análogos desta, por exemplo, a milrinona (Figura 9).

Inamrinona e milrinona

A anrenona (ou inamrinona) e a milrinona são bipiridinas inibidoras seletivas da PDE-3. Ambas possuem efeito inotrópico e vasodilatador, sendo indicadas para o controle rápido da ICC. A administração delas é realizada por via intravenosa em pacientes que previamente não responderam bem ao tratamento com glicosídeos cardiotônicos, diuréticos e/ou vasodilatadores, também podendo ser administradas por via oral.[13,44,45]

O efeito vasodilatador da inamrinona é dependente da concentração, e, apesar de apresentar efeitos inotrópicos positivos semelhantes aos observados para os

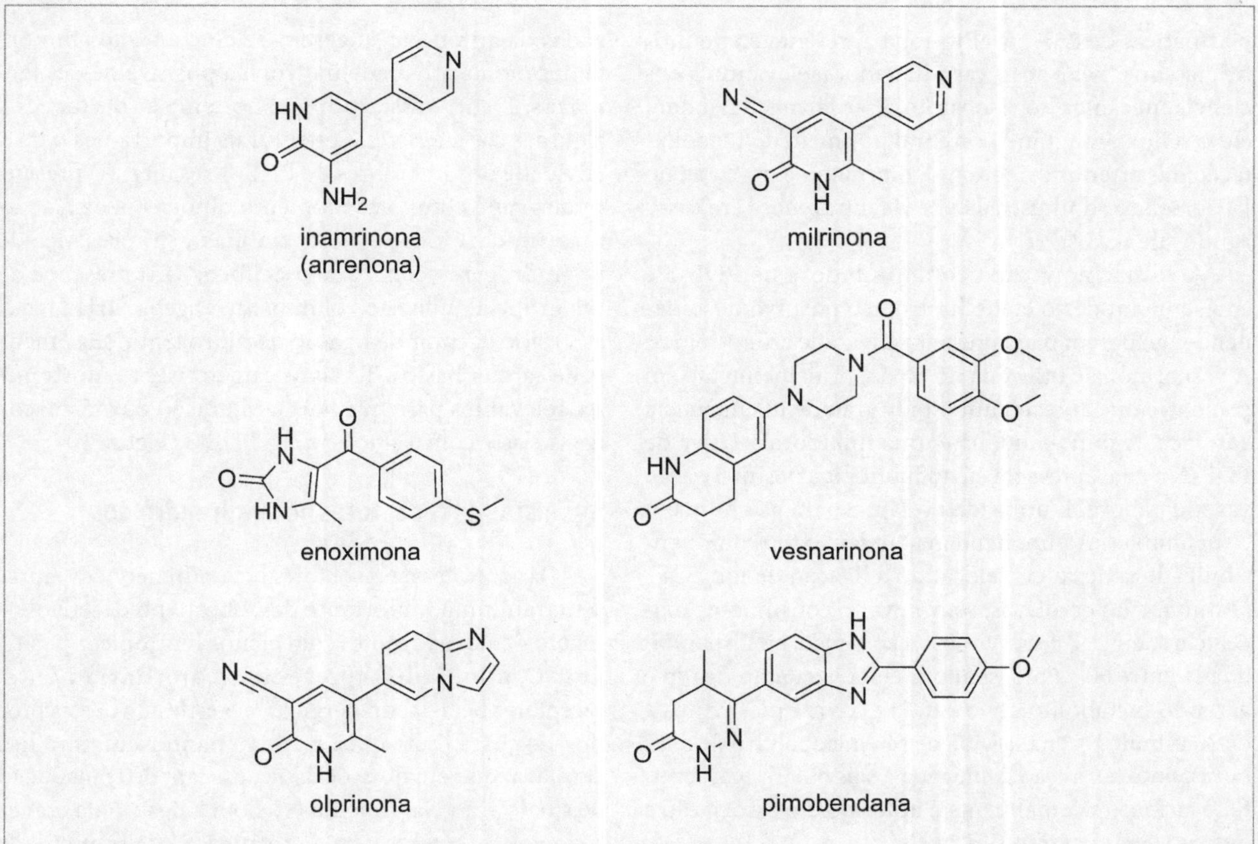

FIGURA 9 Estrutura dos inibidores de PDE-3.

glicosídeos cardiotônicos, sua ação inotrópica envolve a inibição da enzima PDE-3. É digno de nota que pacientes tratados com inamrinona por via oral apresentaram uma série de efeitos adversos, fato este que reduziu sua utilização. Esses efeitos incluem distúrbios gastrointestinais, trombocitopenia e prejuízo da função renal. Sua meia-vida é de aproximadamente 3 a 4 horas, sendo que em pacientes que apresentam ICC a meia-vida aumenta aproximadamente 50%. Cerca de 63% da inamrinona é eliminada na urina inalterada e 18% é eliminada nas fezes. Pacientes idosos, por terem mais risco de apresentar reduzida função renal, podem necessitar de ajuste na dose.[13]

A milrinona, desenvolvida devido às limitações da inamrinona, é o fármaco de escolha entre os inibidores de PDE-3 disponíveis na terapêutica atualmente. É considerada o fármaco de escolha por ser o inibidor de PDE-3 mais seletivo até então, que possui menor meia-vida (30 a 60 minutos) e menos efeitos adversos. Observa-se que a milrinona é dez vezes mais potente que a inamrinona e não causa trombocitopenia e distúrbios gastrointestinais, observados com o uso de sua precursora. A milrinona é majoritariamente excretada inalterada na urina (83%). Sendo assim, pacientes com função renal prejudicada podem necessitar de ajuste na dose. Observa-se que 12% dela é eliminada na forma de seu metabólito *O*-glicuronídeo na urina. Sua meia-vida de administração intravenosa é de 2 a 3 horas.[13,44,45]

Enoximona, olprinona, vesnarinona e pimobendana

Enoximona, olprinona, vesnarinona e pimobendana (Figura 9) são inibidores da PDE-3 não aprovados pela agência sanitária norte americana Food and Drug Administration (FDA), mas que receberam aprovação de agências sanitárias de outros países. A enoximona é uma inibidora seletiva de PDE-3, que causa vasodilatação e efeito inotrópico positivo, não ocasionando alteração no consumo de oxigênio pelo miocárdio. Não é recomendada para uso em longo prazo e apresenta efeitos adversos ao sistema nervoso central (SNC). Esse fármaco é utilizado no Reino Unido, apresentando biodisponibilidade de 50% e taxa de ligação a proteínas plasmáticas de 85%. A olprinona apresenta efeito inotrópico positivo e ação vasodilatadora, elevando a eficiência mecânica do miocárdio. Esse fármaco também eleva o fluxo sanguíneo cerebral por meio de vasodilatação das artérias cerebrais. A olprinona é utilizada no Japão, sendo administrada por via intravenosa em casos agudos de ICC.[13,46]

A vesnarinona atua como inibidora de PDE-3 e apresenta modesto efeito inotrópico positivo dose-dependente, porém não apresenta atividade cronotrópica. A vesnarinona é utilizada no Japão, principalmente em pacientes que apresentam o pior grau de insuficiência cardíaca. A pimobendana é uma inibidora seletiva de PDE-3, a qual apresenta efeito inotrópico positivo e ação vasodilatadora. É utilizada no Japão para uso humano e em animais. A pimobendana também atua como sensibilizadora de cálcio, elevando a ligação de íons Ca^{2+} às miofibrilas cardíacas, sem elevar o consumo de oxigênio e energia. Apresenta absorção rápida, biodisponibilidade entre 60 e 65%, sendo metabolizada no fígado e gerando metabólito ativo. Sua meia-vida plasmática é de 30 minutos e a meia-vida de seu metabólito é de duas horas. Sofre excreção conjugada a sais biliares nas fezes. Esse fármaco normalmente é utilizado em associação a outros agentes cardiotônicos.[13,46,47]

Relação estrutura-atividade

Em linhas gerais, a estrutura dos inibidores de PDE-3 pode ser associada ao arcabouço molecular do AMPc, substrato natural da enzima. Assim, é possível traçar uma correlação entre a estrutura química e a atividade cardiotônica desses fármacos. Ademais, a partir do desenvolvimento de séries congêneres derivadas da anrenona, sugerem-se cinco pontos importantes para a atividade inotrópica positiva desses fármacos. Dentre esses pontos, podem ser destacados algumas características estruturais importantes para a atividade dos inibidores de PDE-3, a saber: (i) presença de grupo com forte momento dipolar (p. ex., lactamas, imidazolonas e piridazinonas), (ii) presença de um hidrogênio com caráter acídico,[9] (iii) presença de um grupo alquila não volumoso, (iv) geometria planar e (v) sítio aceptor de ligação de hidrogênio, geralmente de caráter básico. Todas as características mostram-se relevantes para que haja a interação dos fármacos dessa classe com o sítio ativo da PDE-3 (Figura 10).[26,46,47]

Agonistas de receptores beta-adrenérgicos

Os agonistas de receptores beta-adrenérgicos representaram uma importante descoberta no desenvolvimento de novos agentes com efeitos inotrópicos positivos. O miocárdio apresenta, majoritariamente, receptores beta-1-adrenérgicos, e o estímulo destes produz resposta inotrópica positiva na musculatura lisa cardíaca, que envolve a clássica cascata de transdução de sinalização via proteína G_s. Com a ligação da epinefrina aos receptores beta-1, há ativação da subunidade alfa da proteína G, que por sua vez ativa a enzima adenilatociclase, provocando aumento dos níveis intracelulares de AMPc, que, conforme explicado anteriormente, gera uma cascata de eventos que levam ao aumento de Ca^{2+} intracelular, e consequente contração miocárdica.[48]

O aumento dos níveis intracelulares de AMPc, gerado pela ativação da adenilatociclase, causado por estímulo adrenérgico, causa ativação de uma proteína

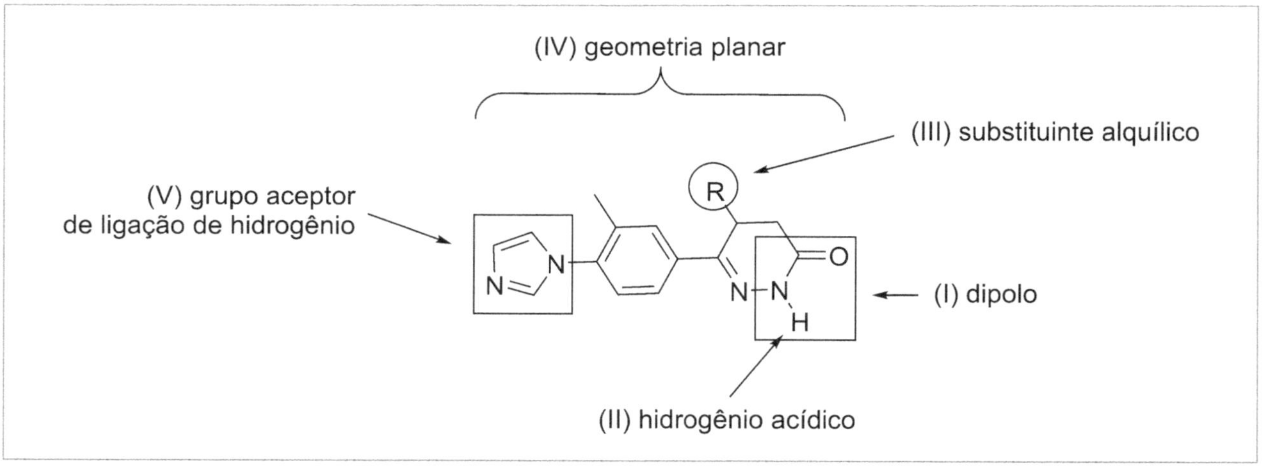

FIGURA 10 Modelo geral utilizando o composto CI-930, análogo da anrenona, para ilustração dos fatores importantes para a atividade inotrópica positiva dos inibidores da PDE-3.

quinase AMPc dependente. Esta por sua vez é responsável pela catálise da fosforilação de substratos intracelulares que promovem o influxo de íons Ca^{2+}, além de promoverem a liberação de íons Ca^{2+} estocados no retículo sarcoplasmático. Conforme citado anteriormente, a resposta fisiológica gerada pelas altas concentrações intracelulares de Ca^{2+} é o aumento da força contrátil do tecido miocárdico (Figura 8).[3,48]

Apesar de muitos fármacos apresentarem atividade agonista em receptores beta-adrenérgicos, os efeitos adversos observados tornam a maioria deles inapropriados para o tratamento de ICC. A exemplo têm-se as catecolaminas, como epinefrina, norepinefrina, isoprenalina e dopamina (Figura 11), potentes agonistas não seletivos de receptores adrenérgicos, mas que apresentam uso limitado no tratamento de ICC, visto que possuem baixa seletividade e podem produzir efeitos cronotrópicos positivos indesejáveis, como arritmia exacerbada e vasoconstrição.[3,34]

Dessa forma, agonistas beta-1-adrenérgicos de origem sintética são preferencialmente utilizados no tratamento da ICC. Nesse sentido, nas últimas décadas buscou-se introduzir na terapia agonistas beta-1-adrenérgicos com ação inotrópica positiva. Porém, observa-se que grande parte dos agonistas beta-1-adrenérgicos estudados apresentou resultados desfavoráveis em ensaios clínicos. Pode-se citar como exemplo o xamoterol, agonista parcial de receptores beta-1, que gera melhora hemodinâmica e consequente redução dos sintomas da ICC. Porém, em estudo randomizado publicado em 1990, observou-se aumento do risco de morte dos pacientes tratados com xamoterol.[34,49,50]

Dentre os agonistas beta-1-adrenérgicos sintéticos que compõem essa classe terapêutica no tratamento da ICC, devem ser destacados os derivados da dopamina, como a dobutamina.

Dobutamina

Os derivados da dopamina estão entre os agonistas de receptores beta-1-adrenérgicos mais promissores para o tratamento da ICC. A dopamina é um potente estimulador de receptores beta-1, possuindo diversos efeitos adversos. Os análogos desenvolvidos a partir dela mantêm sua potente ação inotrópica, com a vantagem de apresentarem efeitos adversos reduzidos no que se refere ao tônus vascular e à arritmia.[13,48,49]

A dobutamina (Figura 12) é um potente agonista de receptores beta-1 do miocárdio, que causa um conjunto de efeitos no coração e nos vasos periféricos. Ela apresenta atividade apenas quando administrada por via intravenosa, uma vez que sofre rápido e extenso metabolismo de primeira passagem pela ação da enzima catecol-*O*-metiltransferase (COMT). Além disso, é utilizada apenas em casos graves de ICC.[34,48]

Devido ao sucesso da dobutamina por meio de administração intravenosa, buscou-se o desenvolvimento de fármacos que atuassem no mesmo alvo e que pudessem ser administrados por via oral. Porém, observaram-se limitações relacionadas à dessensibilização dos receptores beta-1 do miocárdio, o que causa redução na resposta dos referidos receptores.[49]

Relação estrutura-atividade

O estudo da relação entre a estrutura química e a atividade biológica dos agonistas beta-1-adrenérgicos, como dobutamina e xamoterol (Figura 12), sugere que a presença de substituintes volumosos no nitrogênio da cadeia alquílica desses compostos é imprescindível para a atividade seletiva em beta-1. Isso ocorre porque essa isoforma de receptores adrenérgicos é a única capaz de comportar compostos com substituintes cujos encaixes induzidos em outras isoformas são estericamente impedidos.[14,50]

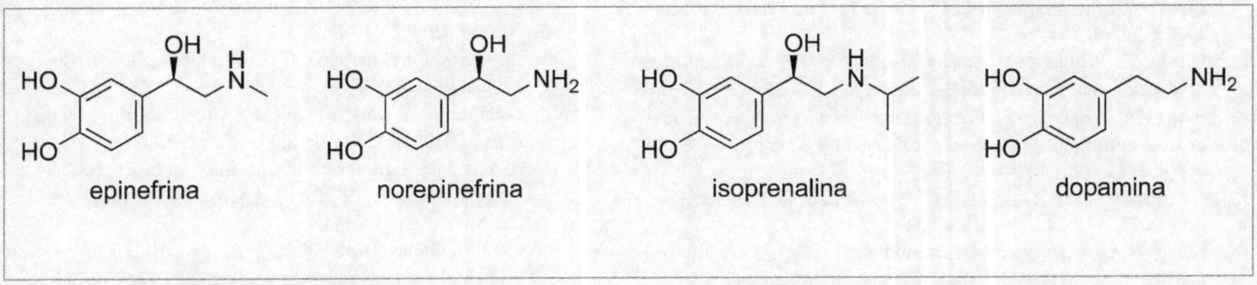

FIGURA 11 Estrutura das catecolaminas.

dobutamina xamoterol

FIGURA 12 Estrutura dos agonistas beta-1-adrenérgicos sintéticos dobutamina e xamoterol, ambos administrados como mistura racêmica.

REFERÊNCIAS BIBLIOGRÁFICAS

1. Korolkovas A. Essentials of medicinal chemistry. 2nd ed. New York: Wiley; 2008.
2. Francis GS, Tang WW. Pathophysiology of congestive heart failure. Rev Cardiovasc Med. 2019;4(S2):14-20.
3. Purdy RE, Boucek RJ. Manual de terapêutica em cardiologia. Rio de Janeiro: Medsi; 1990.
4. Nogueira PR, Rassi S, Corrêa KS. Perfil epidemiológico, clínico e terapêutico da insuficiência cardíaca em hospital terciário. Arq Bras Cardiol. 2010;95(3):392-8.
5. Fernandes AD, Fernandes GC, Mazza MR, Knijnik LM, Fernandes G, Vilela A. Insuficiência cardíaca no Brasil subdesenvolvido: análise e tendência de dez anos. Arq Bras Cardiol. 2020;114(2):222-31.
6. Savarese G, Lund LH. Global public health burden of heart failure. Card Fail Rev. 2017;3(1):7-11.
7. Ambrosy AP, Fonarow GC, Butler J, Chioncel O, Greene SJ, Vaduganathan M, et al. The global health and economic burden of hospitalizations for heart failure: lessons learned from hospitalized heart failure registries. J Am Coll Cardiol. 2014;63(12):1123-33.
8. Brunton L, Knollmann B, Hilal-Danfan R. The pharmacological basis of therapeutics. 13th ed. New York: McGraw-Hill Education; 2017.
9. Barreiro EJ. Produtos Naturais bioativos de origem vegetal e o desenvolvimento de fármacos. Quim Nova. 1990;13(1):29-39.
10. Smith TW, Antman EM, Friedman PL, Blatt CM, Marsh JD. Digitalis glycosides: mechanisms and manifestations of toxicity. Part II. Prog Cardiovasc Dis. 1984;26(6):495-540.
11. Smith TW, Antman EM, Friedman PL, Blatt CM, Marsh JD. Digitalis glycosides: mechanisms and manifestations of toxicity. Part III. Prog Cardiovasc Dis. 1984;27(1):21-56.
12. Rietbrock N, Woodcock BG. Two hundred years of foxglove therapy Digitalis purpurea 1785-1985. Trends Pharmacol Sci. 1985;6:267-9.
13. Lemke TL, Williams DA, Roche VF, Zito SW. Foye's principles of medicinal chemistry. 7th ed. Baltimore: Wolters Kluwer; 2013.
14. Fraga CAM, Barreiro EJ. Cardiotônicos: histórico e perspectivas de uma antiga e importante classe de agentes terapêuticos. Quím Nova. 1995;19(2):182-9.
15. Bartnik M, Facey P. Glycosides. Pharmacognosy. Elsevier: London; 2017.
16. Morsy N. Cardiac glycosides in medicinal plants. Aromatic and medicinal plants – back to nature. London: Intechopen; 2017.
17. Wu WY, Fan TY, Li NG, Duan JA, Shi ZH. Total synthesis, chemical modification and structure-activity relationship of bufadienolides. Eur J Med Chem. 2020;189:1120-38.
18. Pauli-Magnus C, Mürdter T, Godel A, Mettang T, Eichelbaum M, Klotz U, Fromm MF. P-glycoprotein-mediated transport of digitoxin, α-methyldigoxin and β-acetyldigoxin. Naunyn Schmied Arch Pharmacol. 2001;363(3):337-43.
19. Dengler H, Bodem G, Gilfrich H. Cardiac glycosides. New York: Springer; 1978.
20. Das G. Beta-methyl digoxin: a better absorbable digoxin. Int J Clin Pharmacol Ther Toxicol. 1989;27(11):521-5.
21. Kimura E, Sakuma A. Effect of metildigoxin (β-methyldigoxin) on congestive heart failure as evaluated by multiclinical double blind study. Jpn Heart J. 1980;21(1):47-57.
22. Thomas R, Boutagy J, Gelbart A. Synthesis and biological activity of semisynthetic digitalis analogs. J Pharm Sci. 1974;63(11):1649-83.
23. Abraham D. Burger's Medicinal Chemistry. 7th ed. New York: Wiley; 2010.
24. Ren Y, Tan Q, Heath K, Wu S, Wilson JR, Ren J, et al. Cytotoxic and non-cytotoxic cardiac glycosides isolated from the combined flowers, leaves, and twigs of Streblus asper. Bioorg Med Chem. 2020;28(4):115301.
25. Repke K. New developments in cardiac glycoside structure-activity relationships. Trends Pharmacol Sci. 1985;6:275-8.
26. Fullerton DS, Griffin JF, Rohrer DC, From AHL, Ahmed K. Using computer graphics to study cardiac glycoside-receptor interactions. Trends Pharmacol Sci. 1985;6:279-82.
27. Colacino JM, Kaul, PN, Kolb VM, Treherne JM, Wang QM. Progress in drug research. 2nd ed. Basel: Springer; 2012.
28. Thomas R, Boutagy J, Gelbart A. Cardenolide analogs. V. Cardiotonic activity of semisynthetic analogs of digitoxigenin. J of Pharmacol Exp Ther. 1974;191(2):219-31.
29. Hashimoto T, Rathore H, Satoh D, Griffin JF, From AHL, Ahmed K, Fullerton DS. Cardiac glycosides. 6. Gitoxigenin C16 acetates, formates, methoxycarbonates, and digitoxosides. Synthesis and Na+,K+-ATPase inhibitory activities. J Med Chem. 1986;29(6):997-1003.
30. Rathore H, From AHL, Ahmed K, Fullerton DS. Cardiac glycosides. 7. Sugar stereochemistry and cardiac glycoside activity. J Med Chem. 1986;29(10):1945-52.
31. Korolkovas A, Burckhalter JH. Química farmacêutica. Rio de Janeiro: Guanabara; 1988.
32. Chackalamannil S, Rotella D, Ward S. Comprehensive medicinal chemistry III. 3rd ed. New York: Elsevier; 2017.
33. Langer GA. Stimulation by adriamycin of rat heart and liver microsomal NADPH-dependent lipid peroxidation. Biochem Pharmacol. 1981;30(24):3261-4.
34. Rayson BM, Gupta RK. Na,K-ATPase regulation in Dahl sensitive and Dahl resistant rats. J Biol Chem. 1985;260:12740-3.
35. Ahmad T, Miller PE, McCullough M, Desai NR, Riello R, Psotka M, et al. Why has positive inotropy failed in chronic heart failure? Lessons from prior inotrope trials. Eur J Heart Fail. 2019;21(9):1064-78.

36. Cloix JF, Devynck MA, Meyer P. Isolation and purification of a human digitalis-like compound: its physiological and pathological roles. Adv Med Phytochem. 1986;49(2):117-22.
37. Heller M. Cardiac glycosides: new/old ideas about old drugs. Biochem Pharmacol. 1990;40(5):919-25.
38. Kelly RB, Daniels EG, Spaulding LB. Cytotoxicity of cardiac principles. J Med Chem. 1965;8(4):547-8.
39. Marcus FI. Pharmacokinetic interactions between digoxin and other drugs. J Am Coll Cardiol. 1985;5:82A-90A.
40. Simões CMO, Schenkel EP, de Mello JCP, Mentz LA, Petrovick PR. Farmacognosia: do produto natural ao medicamento. São Paulo: Artmed; 2016.
41. Bristol JA, Sircar I, Moos WH, Evans DB, Weishaar RE. Cardiotonic agents. 1. 4,5-dihydro-6-[4-(1H-imidazol-1-yl)phenyl]-3(2H)-pyridazinones: novel positive inotropic agents for the treatment of congestive heart failure. J Med Chem. 1984;27(9):1099-101.
42. Xiong Y, Westhead EW, Slakey LL. Signaling properties of mouse and human corticotropin-releasing factor (CRF) receptors: decreased coupling efficiency of human type II CRF receptor. Biochem J. 1995;305(15):627-33.
43. Mills DCB, Smith JB. The influence on platelet aggregation of grugs that affect the accumulation of adenosine 3':5'-cyclic monophosphate in platelets. Biochem J. 1971;121(2):185-96.
44. Goldberg ME. Pharmacological and biochemical properties of drug substances. Washington DC: American Pharmaceutical Association; 1982.
45. Colucci WS, Wright RF, Braunwald E. New positive inotropic agents in the treatment of congestive heart failure. 1. Mechanisms of action and recent clinical developments. N Engl J Med. 1986;314:290-9.
46. Colucci WS, Wright RF, Braunwald E. New positive inotropic agents in the treatment of congestive heart failure. Mechanisms of action and recent clinical developments. N Engl J Med. 1986;314:349-58.
47. Moos WH, Humblet CC, Sircar I, Rithner C, Weishaar RE, Bristol JA, et al. Cardiotonic agents. 8. Selective inhibitors of adenosine 3', 5'-cyclic phosphate phosphodiesterase III. Elaboration of a five-point model for positive inotropic activity. J Med Chem. 1987;30(11):1963-72.
48. Erhardt PW, Chou Y-L. A topographical model for the c-AMP phosphodiesterase III active site. Life Sci. 1991;49(8):553-68.
49. Brunton L, Lazo T, Barker K. Goodman & Gilman's the Pharmacological basis of therapeutics. 11th ed. New York: McGraw-Hill; 2006.
50. Ikram H, Crozier IG. Xamoterol in severe heart failure. Lancet. 1990;336(8706):1-6.

CAPÍTULO 19

Antilipêmicos

Ivone Carvalho
Marcelo Fiori Marchiori
Vanessa Leiria Campo

INTRODUÇÃO

De acordo com a Organização Mundial de Saúde (OMS), as doenças cardiovasculares (DCVs) são as principais causas de morte em todo o mundo, estimadas em 17,6 milhões de pessoas em 2016 (31% do número total de óbitos), sendo classificadas em doenças (i) cardíaca coronariana, (ii) cerebrovascular, (iii) arterial periférica, (iv) cardíaca reumática, (v) cardíaca congênita e (vi) trombose de veias profundas e embolismo pulmonar.

As dislipidemias são as principais causas de doença coronariana, cerebrovascular e arterial periférica devido aos índices de lipídeos sanguíneos, principalmente relacionados a níveis elevados de LDL-colesterol (LDL-C) e reduzidos de HDL-colesterol (HDL-C). Tais fatores conduzem à formação e ao depósito de placas ateroscleróticas, o que diminui o lúmen das artérias, reduzindo sua elasticidade e, consequentemente, evoluindo para formação de trombo com oclusão do vaso sanguíneo.[1,2] Fatores comportamentais, como dieta inadequada, sedentarismo, obesidade, uso de tabaco e álcool, somados a fatores de risco, como distúrbios genéticos, histórico familiar de doença cardiovascular prematura, hipertensão, diabetes mellitus tipo 2 e idade avançada, estão envolvidos no desenvolvimento de doenças cardiovasculares.[3]

Apesar da relação direta entre colesterol e o desenvolvimento de placas ateroscleróticas ter sido estabelecida desde 1913 por Anistschkow, somente em 1960 foi estabelecida uma correlação direta entre altos níveis de colesterol sérico e infarto do miocárdio como resultado dos estudos realizados pelo Framingham Heart Study e Multiple Risk Factor Intervention Trial (MRFIT). Assim, as dislipidemias, denominadas como hiperlipidemias ou hiperlipoproteinemias, são caracterizadas pelo excesso da concentração plasmática de lipídeos, que está associada a proteínas e ao colesterol livre (CL) ou esterificado (CE), triglicerídeos (TGL) e fosfolipídeos (FLP) transportados pelo sangue na forma de lipoproteínas macromoleculares solúveis. O aumento de lipoproteínas de alta densidade (HDL) e a diminuição dos níveis de colesterol da lipoproteína de baixa densidade (LDL) são os fatores essenciais para prevenção primária de coronariopatias.[4]

Segundo a Sociedade Brasileira de Cardiologia, os valores desejáveis referenciais do perfil lipídico de adultos maiores de 20 anos, com jejum de 12 horas, expressos em mg/dL, são:

- <190 para o colesterol total; >40 HDL-C; <150 triglicerídeos e categorias de risco baixo e intermediário.
- <130 e <100 para LDL-C.
- <160 e <130 para colesterol não-HDL (subtração do HDL-C do colesterol total).

Para indivíduos com risco cardiovascular alto e muito alto, os índices de LDL-C deve ser <70 e <50, respectivamente[5].

Os cuidados com a dieta, substituindo, por exemplo, a ingestão de ácidos graxos saturados por insaturados, cessação do tabagismo, controle do peso corporal, atividade física, uso de antiplaquetários, controle da pressão arterial e dos níveis de glicose são fundamentais para a manutenção dos níveis desejados de colesterol.[1] No entanto, a prevenção primária, a regressão de placas ateroscleróticas e a diminuição do risco de ataques coronarianos agudos em pacientes com doença vascular periférica ou coronariana preexistente, observadas como forma de prevenção secundária, requerem o uso de fármacos antilipêmicos como monoterapia ou associação de algumas classes químicas.

O uso de estatinas antilipêmicas, por exemplo, tem como objetivo reduzir os riscos de eventos cardiovasculares ateroscleróticos, incluindo infarto do miocárdio e acidente vascular cerebral, além de regredir placas ateroscleróticas (não fibrosas ou calcificadas) já existentes, diminuindo o índice de mortalidade em geral.[1,6] Para esse propósito, o guia American College of Cardiology/American Heart Association (ACC/AHA) de 2014 recomenda o uso de doses fixas de estatinas em pacientes de risco para prevenção primária e secundária, com o ajuste da dose e frequência de estatinas e redução de LDL-C, em função dos riscos a eventos cardiovasculares.[1,5]

Os fármacos antilipêmicos usados no tratamento de dislipidemias pertencem às classes de inibidores de hidroximetilglutaril-CoA redutase (HMG-CoA redutase), denominados estatinas, derivados de ácido fíbrico (fibratos), ácido nicotínico (niacina), resinas sequestradoras de ácido biliar, inibidores da absorção de colesterol, inibidores da pró-proteína convertase subtilisina/kexin tipo 9 (PCSK9), das enzimas de proteína de transferência de ésteres de colesterol (CETP) e adenosina trifosfato citrato-liase (ACL), da síntese de apoB e da proteína microsomal de transferência de triglicérides (MTP). As indicações terapêuticas, como monoterapia ou em associação de dois fármacos, por exemplo, de estatinas com fibratos, agentes sequestradores, niacina ou ezetimiba, são realizadas quando os pacientes não respondem adequadamente à diminuição de lipoproteínas por meio de regimes alimentares, exercícios físicos ou a outros métodos não-farmacológicos.[4]

LIPOPROTEÍNAS E TRANSPORTE DE LIPÍDEOS

Os lipídeos desempenham diversas funções no organismo e são fundamentais em diversas vias metabólicas, podendo atuar como âncoras para proteínas de membrana (ácidos graxos covalentemente ligados, grupos prenila e fosfatidilinositol), hormônios (derivados da vitamina D, hormônios sexuais), pigmentos (retinal, caroteno), cofatores (vitamina K), detergentes (sais biliares) e transportadores (dolicóis).[7] Os lipídeos presentes no organismo podem ser obtidos na dieta e absorvidos pelo intestino ou podem ser sintetizados no fígado e tecido adiposo; em ambos os casos, precisam ser transportados aos órgãos e tecidos para armazenamento e utilização como fonte de energia. Contudo, os lipídeos, altamente insolúveis em água, não podem ser transportados na forma livre no plasma, caracteristicamente aquoso e, por essa razão, os lipídeos não polares (triglicerídeos e ésteres de colesterol) se associam a lipídeos anfipáticos (fosfolipídeo e colesterol) e a proteínas para formar lipoproteínas solúveis no sangue, prevenindo o acúmulo de agregados insolúveis no plasma.

As lipoproteínas presentes no plasma podem ser divididas em diversas classes, pois apresentam densidade, composição de lipídeos e conteúdo de proteínas diferentes. De acordo com resultados obtidos em técnicas de separação por ultracentrifugação do plasma, são obtidas frações de lipoproteínas denominadas: (i) quilomícron, formado a partir da absorção intestinal de triglicerídeos da dieta; (ii) lipoproteína de densidade muito baixa (VLDL), formada pelo fígado para transporte de triglicerídeos; (iii) lipoproteína de densidade intermediária (IDL), produzida a partir de VLDL; (iv) lipoproteína de baixa densidade (LDL), representando um estágio final do catabolismo de VLDL, via IDL; e (v) lipoproteína de alta densidade (HDL), envolvida no metabolismo de VLDL, quilomícron e na remoção de colesterol dos tecidos (Figura 1).

Algumas lipoproteínas típicas, como quilomícron e VLDL, possuem núcleo formado por moléculas de triglicerídeos e ésteres de colesterol não polares, revestido por camada de fosfolipídeo e moléculas de colesterol com grupos polares (-OH) que é orientada para o meio externo. Triglicerídeos são os lipídeos predominantes em quilomícron e VLDL, enquanto colesterol e fosfolipídeos são os principais lipídeos, respectivamente, em LDL e HDL (Figura 1). Na camada externa das lipoproteínas existe, ainda, a presença de proteínas, as quais são denominadas apoproteínas, como apoA (apoA-I, apoA-II, apoA-IV), apoB (apoB-48, apoB-100), apoC (apoC-I, apoC-II e apoC-III) e apoE. As apoproteínas possuem várias funções, como: (i) ser cofatores ou ativadores de enzimas que regulam o metabolismo de lipoproteínas, como apoC-II para lipoproteína lipase e apoA-I para lecitina-colesterol aciltransferase; (ii) ser ligantes de receptores celulares, que determinam o destino metabólico das lipoproteínas nos tecidos, como apoB-100 e apoE para receptores de LDL e apoA-I para receptores de HDL; e, ainda, (iii) participar na formação intracelular das partículas lipoproteicas (apoB-100 e B-48). A principal apoproteína de LDL é a apoB-100, também observada em quilomícron, VLDL e IDL. No entanto, apoB de quilomícron (B-48) é menor que apoB

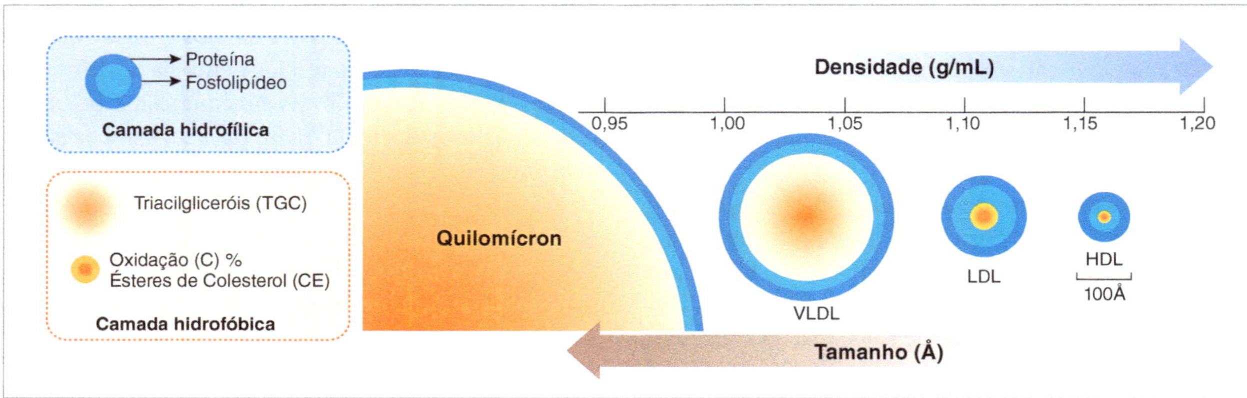

FIGURA 1 Representação das lipoproteínas plasmáticas de acordo com seus constituintes e variações de densidade e tamanho.
HDL: lipoproteína de alta densidade; LDL: lipoproteína de baixa densidade; VLDL: lipoproteína de densidade muito baixa.
Fonte: adaptado de Bioquímica Ilustrada, 5ª ed, Cap. 18, p. 227, 2012.[7]

de LDL, IDL e VLDL (B-100). Adicionalmente, lipoproteínas que contêm apoB-100 transportam lipídeos endógenos (biossintetizados) do fígado para os tecidos não hepáticos, enquanto os quilomícrons contendo apoB-48 transportam lipídeos provenientes da dieta, do intestino para os tecidos periféricos e hepático. Por outro lado, lipoproteínas que possuem apoA-I (HDL) auxiliam na transferência de lipídeos entre lipoproteínas e no transporte reverso de colesterol dos tecidos periféricos de volta para o fígado. As apoproteínas podem estar presentes em alta concentração na superfície das lipoproteínas, como em até 60% em HDL, ou em quantidade reduzida, como 1% no quilomícron.

A VLDL nascente é sintetizada no fígado a partir da combinação de apoB-100, triglicerídeos biossintetizados, colesterol proveniente da síntese *de novo* ou captado pelo plasma e fosfolipídeos. Adicionalmente, VLDL também pode ser formada no fígado a partir de dieta rica em ácidos graxos e colesterol, convertidos em triglicerídeos e ésteres de colesterol. A transferência de triglicerídeos para apoB para formação de VLDL é realizada pela proteína intracelular MTP. Os mecanismos de transporte de quilomícron e VLDL na corrente sanguínea são bastante semelhantes (Figura 2). VLDL são primeiramente metabolizados e hidrolisados pela ação da enzima lipoproteína lípase (LL), estimulada pela apoC-II e inibida pela apoC-III, e presente na superfície das células do endotélio capilar, em tecidos extra-hepáticos (tecido adiposo, músculo). Nessa etapa, ocorre grande perda do conteúdo de triglicerídeos (90% no caso de quilomícron) e são liberados ácidos graxos livres (AGL) e glicerol que são lançados na corrente circulatória. Os ácidos graxos liberados podem ser captados pelo tecido adiposo, onde são reesterificados e armazenados como triglicerídeos, ou pelo músculo, onde são oxidados para produzir energia.

A perda de triglicerídeos de VLDL leva à formação de IDL (ou remanescentes de VLDL) que ainda sofre posterior remoção de triglicerídeos para dar origem à LDL, contendo maior proporção de colesterol, ésteres de colesterol, apoB-100 e pequena proporção de triglicerídeos. A formação de LDL permite que o colesterol seja transportado para os tecidos extra-hepáticos, os quais possuem receptores de membrana (receptores LDL) capazes de reconhecer apoB-100 e regular a absorção de colesterol e ésteres de colesterol. Durante o catabolismo dessas lipoproteínas ocorrem trocas de triglicerídeos por ésteres de colesterol entre VLDL, HDL e LDL devido à ação da CETP. LDL não consumida no tecido extra-hepático é removida pelo fígado via receptores de LDL presentes na membrana plasmática dos hepatócitos. Nas células, colesterol livre pode ser esterificado pela ação da enzima acil-CoA:colesterol aciltransferase (ACAT) para armazenamento ou convertido a ácidos biliares.

A PCSK9, recentemente identificada, é produzida pelo fígado, intestino e rins e tem a função de diminuir o processo de reciclagem de receptores LDL junto à membrana celular e, por essa razão, causa a diminuição do número de receptores e o aumento dos níveis plasmáticos de LDL.[5]

A via de transporte de colesterol, envolvendo a formação de VLDL até a recaptação de LDL pelo fígado, é denominada via endógena, enquanto a via entero-hepática envolve a liberação de ácidos biliares, os quais são transportados para a vesícula biliar e depois para o intestino delgado, onde desempenha a função de emulsificar as gorduras da dieta para maior absorção dos lipídeos. No intestino, os ácidos biliares são reabsorvidos pelos enterócitos e transportados de volta para o fígado (Figura 2).

O quilomícron é formado nas células epiteliais que recobrem o intestino delgado (enterócitos) e representa a maior e menos densa lipoproteína devido ao elevado conteúdo de triglicerídeos. As gorduras obtidas da dieta são processadas por lipases pancreáticas no lúmen intestinal, convertendo os triglicerídeos em ácidos graxos livres, monoglicerídeos (MGL) e diglicerídeos. Para facilitar a absorção, os ácidos biliares emulsificam esses e outros lipídeos obtidos da dieta e da circulação entero-hepática, dando origem a micelas mais solúveis e com maior superfície para interação com lipases digestivas.

Na membrana apical do enterócito, o conteúdo de colesterol das micelas é absorvido com auxílio de uma proteína transportadora de colesterol, denominada proteína Niemann-Pick C1-like 1 (NPC1-L1), enquanto a absorção de lisofosfolipídeos (LFLP), ácidos graxos e monoglicerídeos são absorvidos por transporte passivo ou, no caso dos dois últimos, também absorvidos com o auxílio de proteínas como CD36 e Fatty Acid Transport Protein 4 (FATP4). No interior dos enterócitos, os lipídeos são reesterificados por diversas enzimas, como monoacilglicerol aciltransferases (MGATs), diacilglicerol aciltransferases (DGATs) e acil-CoA colesterol aciltransferases (ACATs) para originar novamente triglicerídeos, ésteres de colesterol e fosfolipídeos. Os lipídeos formados são empacotados como pré-quilomícron (ou permanecem como gotículas lipídicas), e a MTP atua para associá-los a apoB-48, de forma semelhante à VLDL quando ligada à apoB-100.

Após maturação, o quilomícron maduro, contendo apoB-48, apoE e apoC-II, é liberado por exocitose, transportado pelo sistema linfático para alcançar a corrente sanguínea, via veia subclávia esquerda, e ser absorvido por diversos órgãos.[8] Nos capilares do tecido adiposo, no coração, no músculo esquelético e na glândula mamária, a apoC-II de quilomícron ativa a lipoproteína lipase (LL) para liberação de ácidos graxos livres (AGL), assim serão consumidos ou armazenados para produção de energia. Os quilomícrons não absorvidos pelos diversos tecidos são transportados pela corrente sanguínea até o fígado, onde são captados por endocitose pelos receptores de apoE hepático, liberando seu conteúdo de colesterol. Todo o caminho metabólico envolvendo a absorção de lipídeos da dieta até a liberação de colesterol no fígado é conhecida como a via exógena (Figura 2).

Adicionalmente às vias endógenas e exógenas, há também o transporte reverso de colesterol envolvendo o transporte do colesterol dos tecidos para o fígado, realizado pela lipoproteína HDL. As partículas de HDL, contendo apoA-I e apoA-II, são formadas no fígado e no intestino delgado. O colesterol livre de HDL nascente, removido dos tecidos, é esterificado pela ação da lecitina-colesterol-aciltransferase (LCAT) devido à presença de apoA-I de HDL, que atua como cofator dessa reação. Pela ação de LCAT, o colesterol e o fosfatidilcolina dos remanescentes de quilomícron e VLDL da corrente sanguínea são convertidos em ésteres de colesterol que promovem maior estabilização e transporte de HDL maduro no plasma. O complexo ATP binding cassette A1 (ABC-A1) facilita o transporte de HDL, que é captado pelo fígado pelos receptores de SR-B1. O HDL tem, ainda, outras funções, como proteção do vaso sanguíneo contra a aterogênese, remoção de lipídeos oxidados de LDL, inibição da fixação de moléculas de adesão e monócitos ao endotélio, além da ativação de liberação de óxido nítrico.[5]

INIBIDORES DE HMG-COA REDUTASE: ESTATINAS

Os inibidores da enzima 3-hidroxi-3-metilglutaril-coenzima A redutase (HMG-CoA redutase) possuem a propriedade de bloquear a conversão de HMG-CoA em ácido mevalônico e reduzir a biossíntese de colesterol. Esses compostos, denominados "estatinas", podem ser divididos em naturais e sintéticos e diferem fundamentalmente em termos de potência, perfil farmacocinético, interação farmacológica e efeito indesejado relacionado à miotoxicidade.

Histórico

Após intensa investigação envolvendo mais de 6.000 espécies de microrganismos, a mevastatina (ou compactina) foi o primeiro inibidor de HMG-CoA redutase descoberto em 1976, originalmente isolado de culturas de *Penicillium citrinum*, que mostrou 10.000 vezes maior afinidade pela enzima comparada ao substrato natural.[9] A lovastatina (ou mevinolina) foi isolada posteriormente de culturas de *Aspergillus terreus* e *Monascus ruber* com estrutura semelhante à mevastatina (grupo 6-metílico adicional), mas com potência superior. Em 1987, a lovastatina foi aprovada pelo Food and Drug Administration (FDA), enquanto a mevastatina teve seu uso terapêutico descontinuado devido à constatação de problemas na morfologia intestinal de cachorros. Na sequência, a sinvastatina foi introduzida como derivado semissintético da lovastatina em 1988, enquanto pra-

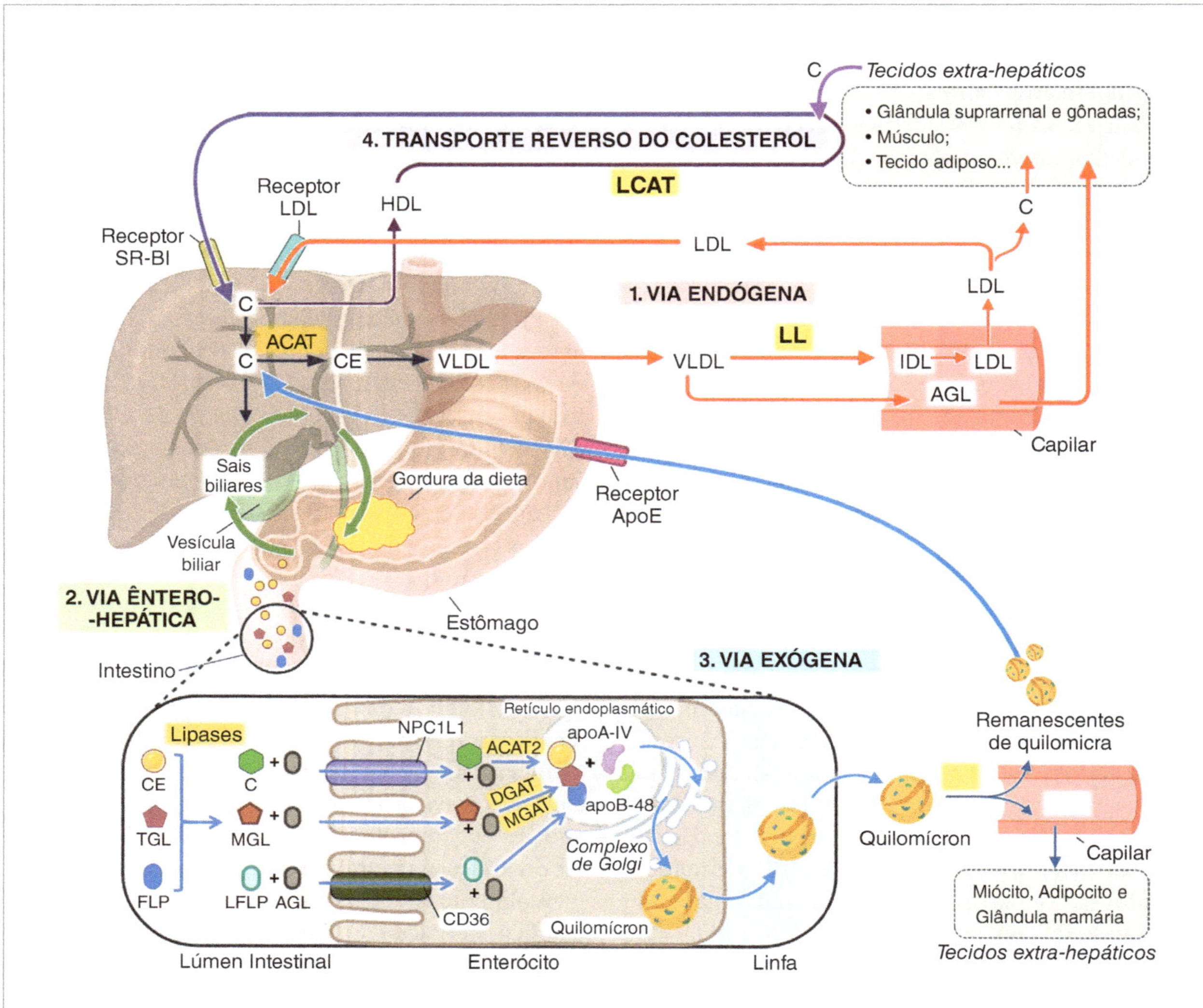

FIGURA 2 Lipoproteínas e transporte dos lipídeos. (1) Via endógena (setas vermelhas): os lipídeos sintetizados ou empacotados no fígado são distribuídos aos tecidos periféricos pela VLDL; a extração gradual dos lipídeos da VLDL, associada à perda de parte das apolipoproteínas e ácidos graxos livres (AGL), a converte em IDL e subsequentemente em LDL, que transporta o colesterol para os tecidos extra-hepáticos e pequena proporção de LDL não consumido volta para o fígado. O fígado capta LDL por endocitose mediada por receptor de LDL; (2) Processamento dos lipídeos da dieta – via entero-hepática (setas verdes): os sais biliares emulsificam as gorduras da dieta, facilitando a ação de lipases pancreáticas no lúmen do intestino; (3) Via exógena (setas azuis): as lipases promovem a quebra de colesterol esterificado (CE) em colesterol (C) e ácidos graxos livres (AGL), de triglicerídeos (TGC) em monoglicerídeos (MGL) e AGL e de fosfolipídeos (FLP) em lisofosfolipídeos (LFLP) e AGL. Enterócitos absorvem esses compostos com auxílio de transportadores (NPC1L1 e CD36) ou por transporte passivo. No interior dessas células, os lipídeos são reesterificados por diversas enzimas, como monoacilglicerol aciltransferase (MGAT), diacilglicerol aciltransferases (DGAT) e acil-CoA colesterol aciltransferases (ACATs) para originar novamente triglicerídeos, ésteres de colesterol e fosfolipídeos. Estes são direcionados para o retículo endoplasmático onde são empacotados junto à apoA-IV e apoB-100 como pré-quilomícron. Após maturação no complexo de Golgi, quilomícron maduro é liberado por exocitose para ser transportado pelo sistema linfático até alcançar a corrente sanguínea e ser absorvido por diversos órgãos após liberação de AGL pela ação da lipase lipoproteica (LL). Os quilomicra não absorvidos (remanescentes de quilomícron) pelos diversos tecidos são transportados pela corrente sanguínea até o fígado, onde são captados por endocitose pelos receptores de apoE hepático, liberando seu conteúdo de colesterol; (4) Transporte reverso do colesterol (setas roxas): HDL nascente é convertida em HDL madura pela captação de colesterol/fosfatidilcolina de células extra-hepáticas ricas em colesterol (inclusive células espumosas) e de outras lipoproteínas pela ação da enzima LCAT; a HDL madura então retorna ao fígado, onde o colesterol é descarregado por meio do receptor SR-BI.

Fonte: adaptada de Lehninger, 7ª ed. 2018 e Ko C-W et al, Nat Rev Gastroenterol Hepatol, 2020.[7,8]

vastatina alcançou o mercado farmacêutico em 1991, completando a série de estatinas de primeira geração, ou tipo I.

A complexidade estrutural e os efeitos indesejáveis desses fármacos levaram à introdução de novos derivados sintéticos do tipo II das estatinas, como fluvastatina (Lescol®, 1994), atorvastatina (Lipitor®, 1996) e cerivastatina (Baycon®, 1997). No entanto, em 2001, a Bayer retirou a cerivastatina do mercado devido à incidência de mais de 100 casos de rabdomiólise fatal, relacionado ao dano severo da musculatura esquelética, envolvendo a alteração das células musculares, liberação de mioglobina e, frequentemente, acompanhado de problemas renais.[10] A maioria desses casos foi observada em tratamentos com doses excessivas de cerivastatina ou em doses normais associadas ao uso de genfibrosila, fármaco da classe dos fibratos, empregados no tratamento das hipertrigliceridemias.[11]

Em 2001, a atorvastatina foi o fármaco mais vendido no mundo, rendendo para a Pfizer cerca de US$ 10 bilhões em 2010.[9] Rosuvastatina (AstraZeneca, 2003) e pitavastatina (Kowa Pharmaceuticals, 2009) também concorrem atualmente por este mercado, com grande eficácia em reduzir os níveis de LDL-C (30 a 50%) e aumentar HDL com doses diárias, respectivamente, de 5-10 mg e 2-4 mg, e ação similar ou superior a atorvastatina (10-20 mg).[1,12]

Fármacos

De forma geral, os fármacos naturais e sintéticos possuem grupo lipofílico ligado a uma cadeia lateral comum, representada por unidade de ácido 3R,5R-di--hidroxiheptanoico (3R,5R-di-hidroxivalérico), com grande analogia estrutural ao substrato natural HMG-CoA da enzima HMG-CoA redutase e ao produto da ação enzimática, ácido mevalônico (Figura 3A).[13] No momento, diversas estatinas são empregadas clinicamente, como: lovastatina (Mevacor®), pravastatina (Pravachol®), sinvastatina (Zocor®) e fluvastatina (Lescol®), primeiro agente totalmente sintético, derivado de mevalonolactona e produzido na forma racêmica,[14] além da nova geração de estatinas sintéticas, enantiomericamente puras, representada por atorvastatina (Lipitor®), rosuvastatina (Crestor®) e pitavastatina (Livalo®) (Figura 3B).

Relação Estrutura-Atividade (REA)

Pravastatina é usada na forma de hidroxi-ácido livre, enquanto mevastatina, lovastatina e sinvastatina são usadas como pró-farmacos na forma de lactonas, as quais serão enzimaticamente convertidas aos correspondentes hidroxi-ácidos ativos pela ação de esterases para inibição de HMG-CoA redutase. Vale ressaltar que há necessidade de preservar a estereoquímica absoluta do ácido 3*R*,5*R*-di-hidroxi-heptanoico ligado ao anel central e que as estatinas mais potentes devem possuir grupos carboxilato e hidroxílicos não substituídos. O derivado 5-cetônico, por sua vez, representa uma exceção ao possuir uma potência similar ao derivado hidroxílico. Contudo, isso se deve à redução do grupo carbonílico a álcool por enzimas *in vivo*.

Pravastatina é o metabólito ativo de mevastatina, enquanto sinvastatina é análogo de lovastatina com grupo metílico adicional na cadeia lateral. A pravastatina é mais hidrossolúvel que os demais pró-fármacos (lovastatina e sinvastatina), assim possui baixa penetração em células não hepáticas, maior seletividade para inibição de HMG-CoA redutase hepática, menores efeitos adversos e início de ação mais rápido, atingindo picos de concentração em apenas uma hora.

A elevada potência das estatinas como inibidores competitivos da HMG-CoA redutase é representada por valores de constante de inibição (K_i) na faixa de nanomolar (0,1 a 2,3 nM). A finidade de mevastatina e lovastatina, por exemplo, é 7.140 e 16.700 vezes superior à do substrato natural, respectivamente. Assim, foi confirmada a existência de duas regiões de ligação fundamentais no sítio ativo enzimático, uma para ligação do grupo hidroximetilglutaril, no qual o substrato ou grupo de ácido 3R,5R-di-hidroxi-heptanoico de estatinas interage em uma região adjacente hidrofóbica para complexação do grupo volumoso presente nas estatinas.[15]

Pontes de grupo etil ou (*E*)-etenil fornecem a melhor distância entre a região polar das estatinas (3R,5R-di-hidroxi-heptanoico) e a porção lipofílica de decalina das estatinas tipo I, enquanto a cadeia lateral de lovastatina, contendo grupo éster 2(S)-metilbutírico [$CH_3CH_2CH(CH_3)CO_2^-$], pode sofrer pequena modificação, como a introdução de grupo metílico adicional na posição α. Essa variação deu origem à sinvastatina [$CH_3CH_2C(CH_3)_2CO_2^-$], cerca de 2,5 vezes mais ativa que lovastatina.[15] Modificações do grupo lipofílico, como substituição de decalina (mevinolina, lovastatina, sinvastatina e pravastatina) por anéis heterocíclicos centrais substituídos, como indol (fluvastatina), pirrol (atorvastatina), pirimidina (rosuvastatina) e quinolina (pintavastatina), conduzem a derivados que preservam a atividade hipolipêmica.[14] Esses heterociclos possuem substituintes volumosos, como grupos 4-fluorofenila, não coplanar

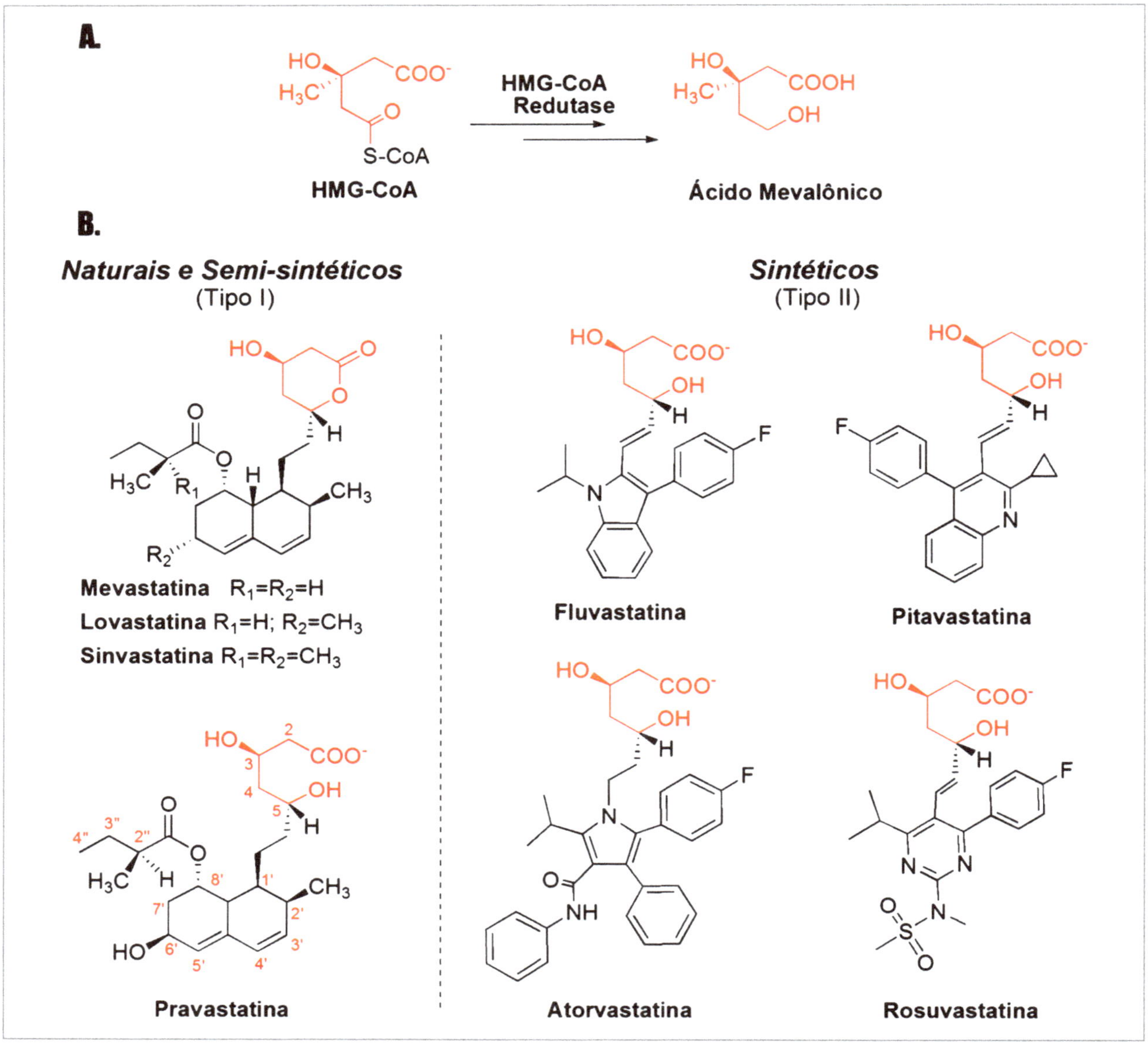

FIGURA 3 (A) Conversão do precursor HMG-CoA em ácido mevalônico catalisado pela enzima HMG-CoA redutase. (B) Estruturas químicas das estatinas de origem natural ou semissintética, tipo I, e sintéticas, tipo II. A unidade de ácido 3R,5R-di-hidroxi-heptanoico e análogos estão coloridos em vermelho no substrato natural (HMG-CoA), no produto da ação enzimática (ácido mevalônico) e em todas as estatinas.

ao anel central, e diisopropílico ou seu isóstero ciclopropila, comuns a todas as estatinas sintéticas que, adicionalmente, preservam grupo de ácido di-hidroxílico livre de pravastatina. Todos esses grupos volumosos adotam diferentes conformações no sítio ativo que conduzem a fortes interações hidrofóbicas. Assim como a pravastatina, a rosuvastatina é menos hidrofóbica que as outras estatinas e ainda mais potente. Seu grupo sulfonamido, ligado ao anel central pirimidínico, além de aumentar a solubilidade, também contribui para o maior número de interações no sítio ativo da enzima.[9]

A molécula de mevinolina, assim como as estatinas clássicas, possui sete centros assimétricos, mas estudos de Relação Estrutura-Atividade (REA) têm mostrado que pelo menos cinco desses centros quirais, presentes na porção hexa-hidronaftalênica (decalina) e cadeia lateral, são desnecessários para inibição efetiva de HMG-CoA redutase. Por outro lado, a configuração do carbono C-5 dos derivados lactônicos ou hidroxiácidos é importante, pois o epímero de lovastatina não apresenta qualquer atividade hipolipêmica. Atorvastatina, rosuvastatina e pitavastatina são exemplos de estatinas que preservam a função de ácido di-hidroxílico livre e apenas dois centros assimétricos de pravastatina e, ainda assim, são potentes inibidores enzimáticos.[14] Segundo a International Union of Pure and Applied Chemistry (IUPAC), em termos de nomenclatura, atorvastatina, por exemplo, pode ser descrita como ácido (3*R*,5*R*)-7-[2-(4-fluorofenil)-3-fenil-4-(fenilcarbamoil)-5-propan-2-ilpirrol-1-il]-3,5-di-hidroxi-heptanoico. Um resumo da REA de duas estatinas, tipos I e II, pode ser observado na Figura 4.

Mecanismo de ação

Colesterol é um componente esteroide essencial para manutenção da integridade e permeabilidade da membrana celular, bem como precursor importante dos hormônios andrógenos, estrogênios, progesterona e adrenocorticoides da vitamina D e dos ácidos biliares, sendo obtido por meio da dieta ou sintetização pelas células. O fígado é o principal órgão responsável pela homeostasia do colesterol devido à biossíntese *de novo*, remoção de lipoproteínas colesterol pelos receptores LDL, liberação de lipoproteína, armazenamento pela esterificação de colesterol, degradação e conversão a ácidos biliares para excreção de colesterol, além da regulação da absorção intestinal de lipídeos.[16]

A primeira etapa da biossíntese de colesterol no organismo é realizada pela associação de três moléculas de acetil-Coenzima A (acetil-CoA) para formação de 3-hidroxi-3-metilglutaril CoA (HMG-CoA). A conversão seguinte de HMG-CoA em ácido mevalônico é catalisada pela enzima HMG-CoA redutase (Figura 5). Na sequência, a condensação de três moléculas de pirofosfato de isopentenila (C_5), gerado a partir de ácido mevalônico (C_6), fornece o intermediário pirofosfato de farnesila contendo estrutura de 15 átomos de carbono. A reação entre duas moléculas do intermediário isoprenoide C_{15} gera o derivado esqualeno (C_{30}). Esqualeno sofre ciclização devido à reação inicial de epoxidação, movimentação de elétrons e migração de dois grupos metilas, originando lanosterol. A conversão de lanosterol em colesterol ocorre em vinte etapas, a partir da

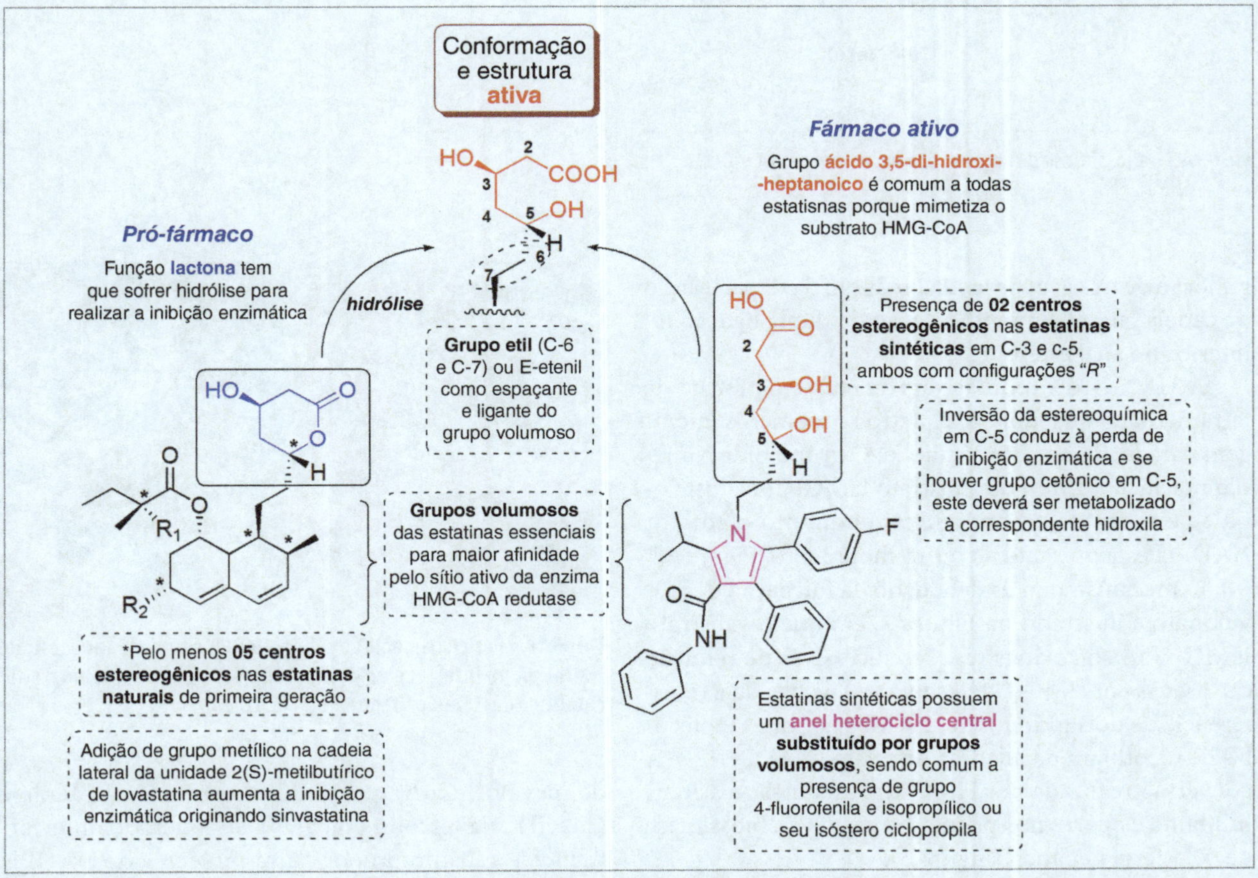

FIGURA 4 Relação estrutura-atividade de duas estatinas, uma natural relacionada à lovastatina R_1= H, R_2=CH_3 (esquerda), e outra sintética relativa à atorvastatina (direita).

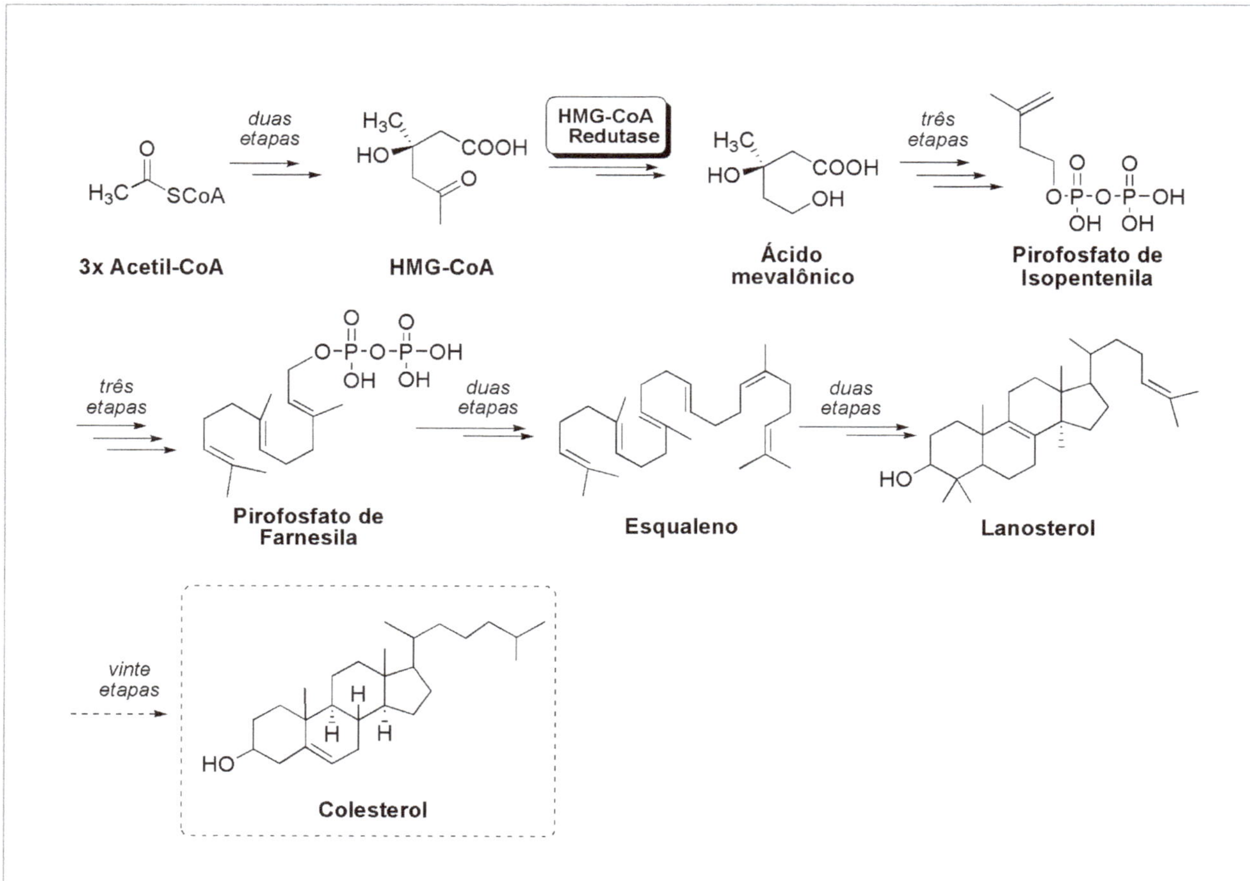

FIGURA 5 Biossíntese de colesterol a partir de acetil-CoA.

remoção de três grupos metila, redução da dupla ligação da cadeia lateral e movimentação de dupla ligação no interior do anel esteroide.[17]

A HMG-CoA redutase apresenta-se na forma de tetrâmero, no qual dois dos quatro monômeros interagem para formar o sítio catalítico. O grupo hidroximetilglutarilíco (HMG) do substrato HMG-CoA posiciona-se em um dos monômeros, enquanto o cofator NADPH está presente no outro monômero, Figura 6.[18]

O mecanismo mais detalhado da formação de mevalonato é ilustrado na Figura 7, em que o substrato HMG-CoA sofre duas reações sucessivas de redução catalisadas por HMG-CoA redutase, envolvendo a transferência de dois hidretos, fornecidos por duas moléculas de nicotinamida adenina difosfato (NADPH).[19,20] A conversão realizada por HMG-CoA redutase é a etapa limitante e ocorre nos primeiros passos da biossíntese de colesterol hepático (Figura 5).

A primeira reação de redução, na presença de NADPH, envolve a formação do intermediário hemi-acetal de mevaldil-CoA, que se decompõe a mevaldeído e CoASH. Na terceira etapa, $NADP^+$, gerado anteriormente, é substituído por outra molécula de NADPH para promover a segunda reação de redução, ou seja, conversão de mevaldeído a mevalonato. O mecanismo

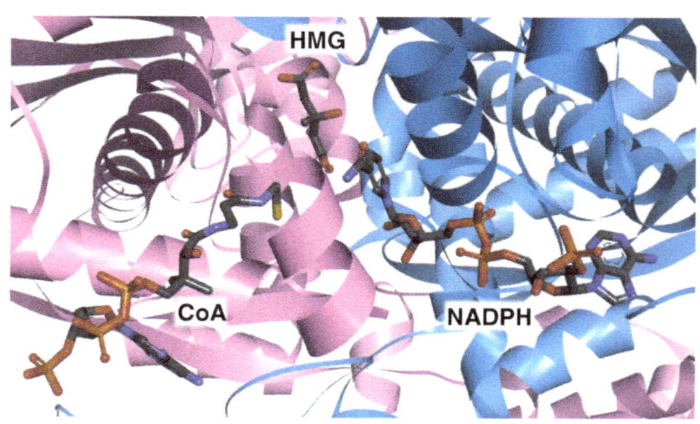

FIGURA 6 Posicionamento do cofator NADPH em relação ao substrato HMG-CoA na interface de dois monômeros que compõem o sítio catalítico da HMG-CoA redutase (PDB: 1DQA).

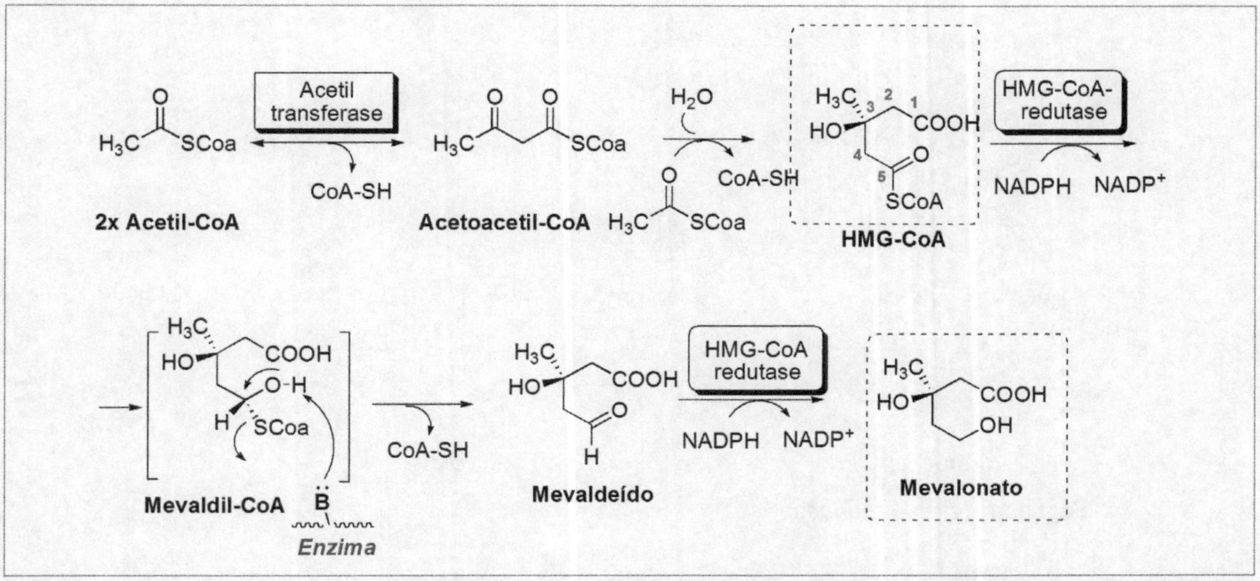

FIGURA 7 Biossíntese de mevalonato a partir de acetil-CoA, primeira etapa na biossíntese *de novo* de colesterol. As estatinas inibem competitivamente a enzima HMG-CoA redutase.

de ação molecular de redução do substrato, na presença de NADPH, é mostrado na Figura 8, dando destaque às etapas de transferência de hidreto e aos aminoácidos do sítio catalítico envolvidos na reação.[21]

A enzima flexível permite que a HMG-CoA interaja no sítio ativo realizando fortes interações com os resíduos Lys735, pela formação de ligação iônica com o grupo carboxilato do substrato, Asp690 e Ser684, os quais interagem com a função hidroxila por ligação de hidrogênio, além da Lys691 que forma ligação de hidrogênio com o grupo carbonílico da função tioéster de HMG-CoA. O resíduo positivamente carregado de Lys691 tem dupla função, polarizar a carbonila do substrato para o ataque do hidreto, transferido a partir de NADPH, e estabilizar a carga negativa do oxigênio da espécie mevaldil-CoA por ligações de hidrogênio e iônica (Etapa A), contribuindo para a formação do estado de transição enzimático. A introdução do primeiro ânion hidreto é seguida pela saída de Coenzima A, facilitada pela doação de próton (catálise ácida) a partir do resíduo His866 (Etapa B). Glu559 também participa do processo de catálise fornecendo um próton na etapa final de conversão de mevaldeído a mevalonato (Etapa C). Adicionalmente, a proximidade do resíduo Asp767 contribui para que os resíduos de Lys691 e Glu559 sejam mantidos nas formas positivamente carregada e neutra, respectivamente (Etapa D).[9,18-22]

A Figura 9A ilustra as interações moleculares mais relevantes do grupo HMG do substrato no sítio catalítico (complexo PDB 1DQA).[18] Outras interações são observadas entre o substrato, a base adenina e grupo fosfato da molécula de NADPH, mas a Figura 10 se refere apenas às interações relevantes do sítio catalítico. Por outro lado, a Figura 9B mostra, comparativamente, as interações da região polar do inibidor atorvastatina complexada no sítio catalítico da enzima (complexo PDB 1HWK).[19] Apesar das estatinas ligarem-se de forma semelhante à HMG-CoA em relação à região polar, elas interagem mais fortemente por ligações hidrofóbicas devido à presença de grupos volumosos e, adicionalmente, por mimetizar melhor o estado de transição enzimático relacionado à mevaldil-CoA (Figura 9), mas não sofrem a reação de catálise enzimática porque não possuem o grupo abandonador -SCoA do substrato.[9]

A cavidade de interação do grupo volumoso hidrofóbico das estatinas (Figura 10) é gerada no momento em que elas se aproximam da enzima devido a uma mudança conformacional na região flexível C-terminal, que permite a acomodação dos inibidores, aumentando as interações hidrofóbicas com a enzima e contribuindo para a elevada potência apresentada pelas estatinas.

As estatinas sintéticas possuem o grupo 4-fluorofenil, que participa de interações adicionais através do anel aromático e do átomo de flúor com o grupo guanidínico do resíduo Arg590. Por outro lado, o grupo isopropílico das estatinas tipo II ocupam regiões hidrofóbicas no sítio catalítico semelhantes ao grupo decalina das estatinas do tipo I, interagindo com os resíduos

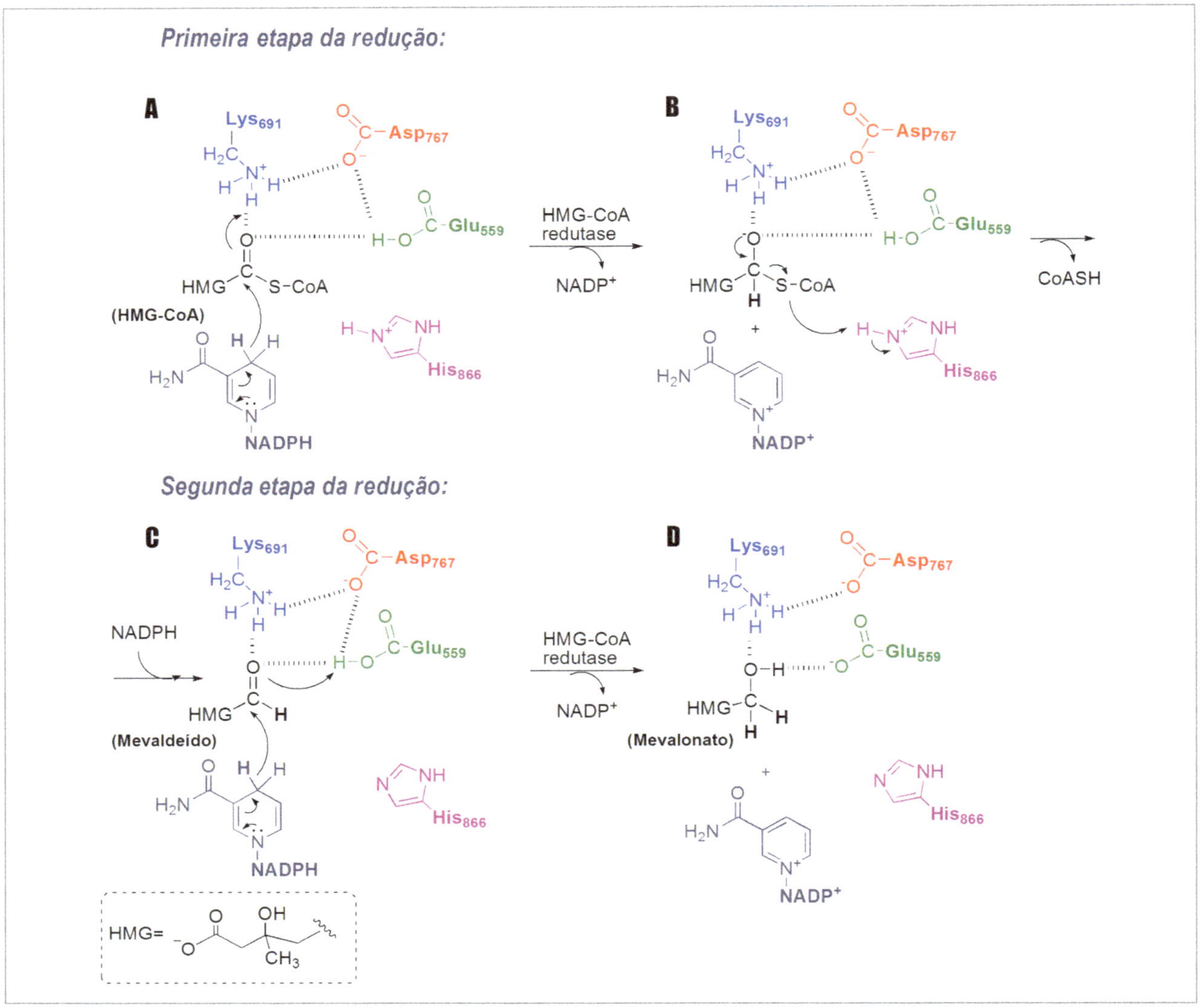

FIGURA 8 Mecanismo molecular e principais interações do substrato HMG-CoA e mevaldeído com aminoácidos do sítio catalítico da enzima, na presença de duas moléculas de NADPH, envolvidos na transferência de quatro elétrons para formação de ácido mevalônico.

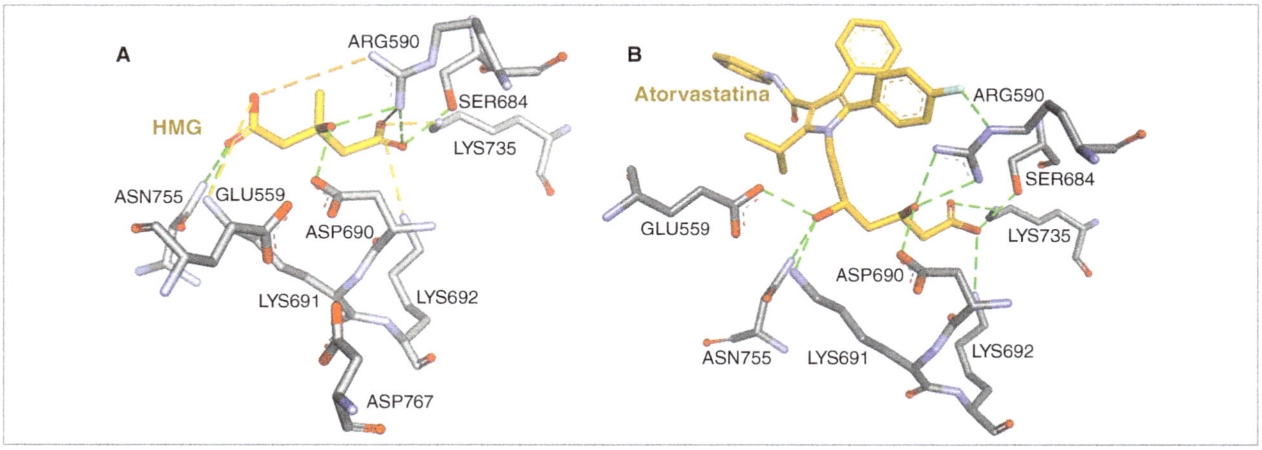

FIGURA 9 (A) Interações do substrato natural HMG complexado no sítio catalítico da enzima HMG-CoA redutase (PDB: 1DQA). (B) Interações da unidade ácido 3,5-di-hidroxi-heptanoico do inibidor atorvastatina complexado no sítio catalítico da enzima HMG-CoA redutase (PDB: 1HWK).

de Leu853 e His752.[7] Além dessas interações, atorvastatina e rosuvastatina contêm uma cadeia lateral polar com grupo carbonila ou sulfonamida, respectivamente, que realiza interação por ligação de hidrogênio com o resíduo de Ser565 (Figura 10). Somente rosuvastatina realiza interação polar com o resíduo de Arg568, pela interação com grupo sulfonamido.[19]

Metabolismo

Lovastatina e sinvastatina são extensivamente biotransformadas *in vivo* e *in vitro* e produzem derivados como 6' β-hidroxi, 3'-hidroxi e 6'-exometilênico na fase I do metabolismo oxidativo, permanecendo parcialmente ativos.[4] Em roedores, a forma acídica livre de lovastatina e sinvastatina sofrem reações de β-oxidação e dão origem ao derivado de ácido pentanoico e conjugados taurinos, inativos em relação à enzima HMG-CoA redutase. O metabolismo oxidativo destas e de atorvastatina ocorre pela ação de CYP3A4, sendo alguns metabólitos de atorvastatina, como aqueles contendo grupos hidroxílicos nas posições *orto* e *para* do anel aromático, tão ativos quanto o fármaco original. Por outro lado, rosuvastatina é metabolizada parcialmente pela CYP2C9 para fornecer o derivado N-desmetílico, menos potente, enquanto o metabolismo de pitavastatina por essa isoenzima leva à formação de derivado lactônico inativo. Interessantemente, fluvastatina é metabolizada pelas duas isoenzimas a derivados hidroxílicos inativos. Em adição, pravastatina não é significativamente metabolizada pela ação do citocromo P450, sendo excretada na forma não modificada na urina.

Fluvastatina sódica possui maior solubilidade em água, liga-se em grande proporção à proteína plasmática, sendo rapidamente excretada. De forma geral, as estatinas, após administração oral, são moderadamente absorvidas (cerca de 30%) e tanto os pró-fármacos e hidroxiácidos são ligados extensivamente às proteínas plasmáticas (>95%); cerca de 70 a 80% são eliminadas nas fezes e 10 a 20% são eliminadas na urina.

Efeitos terapêuticos

As estatinas têm sido usadas por diversos anos em prevenção primária e secundária, para diminuição dos níveis de LDL-C plasmático e redução dos riscos de doença cardíaca coronariana, arterial periférica e acidente vascular encefálico, diminuindo a formação de placas ateroescleróticas.[23] Atualmente, diversos dados da literatura mostram que as estatinas não só promovem a diminuição de LDL-C e aumento de HDL-C, como também conduzem à diminuição dos níveis de triglicerídeos, mas este efeito parece ser observado apenas em pacientes hipertrigliceridêmicos. Os valores praticamente constantes obtidos da relação triglicerídeos/LDL-C nesses estudos mostram que quanto maior a ativi-

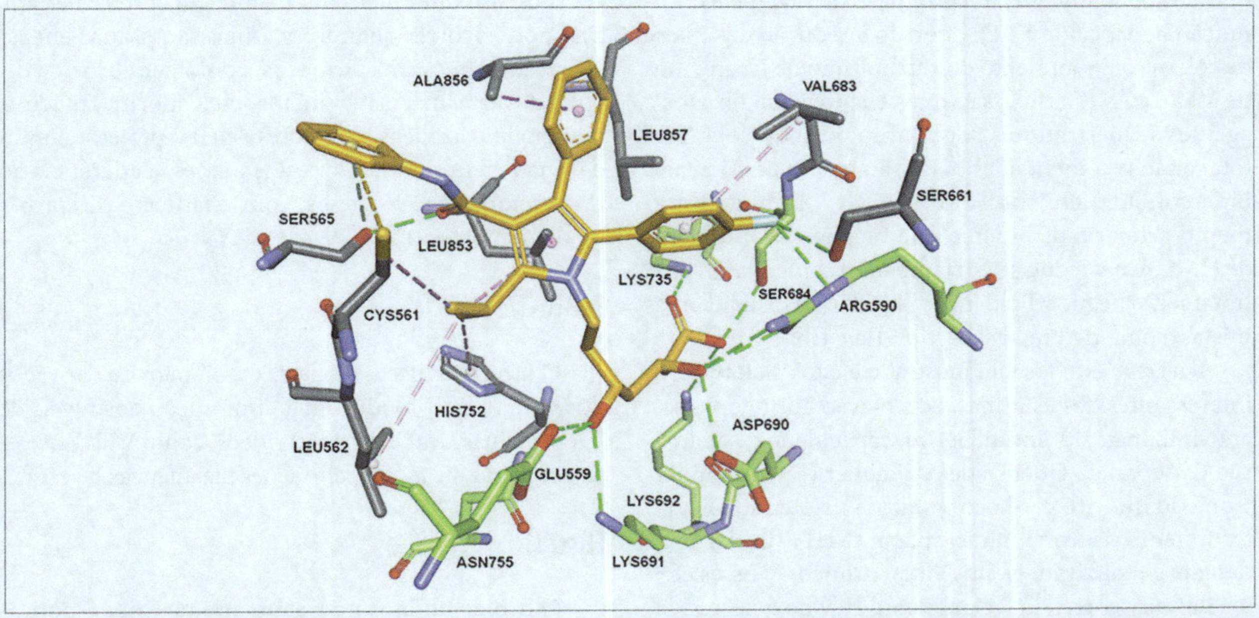

FIGURA 10 Interações totais do inibidor Atorvastatina (em laranja) complexado no sítio catalítico da enzima HMG-CoA redutase (PDB: 1HWK). Os resíduos de aminoácidos destacados em verde são aqueles que interagem com a unidade ácido 3-hidroxi-metilglutarílico deste inibidor.

dade de estatina para diminuir o LDL-C, maior será o efeito na diminuição dos níveis de triglicerídeos.[24] No entanto, lovastatina não deve ser indicada para tratamento de hipertrigliceridemias.[4] Atorvastatina e rosuvastatina apresentam meia-vida mais longa e podem ser administradas a qualquer hora do dia, diferentemente das outras estatinas, que devem ser ingeridas à noite.

A diminuição de colesterol plasmático é, em parte, devido à inibição da enzima HMG-CoA redutase, que conduz à redução dos níveis de colesterol hepático. Apesar da importância desse mecanismo no efeito hipocolesterolêmico, as estatinas também induzem o aumento de receptores LDL, onde a lipoproteína LDL é fixada no tecido hepático, ocorrendo depuração de partículas com apoB-100, por endocitose. Esse aumento da expressão de receptores de LDL ocorre devido à liberação de fatores transcricionais estimulados pela depleção intracelular de colesterol. O aumento de atividade dos receptores de LDL hepático é um dos fatores mais importantes para diminuição dos níveis de LDL plasmático, além das interações também realizadas com VLDL e quilomicra remanescentes. Por essa razão, os inibidores de HMG-CoA redutase possuem dupla ação, diminuem a biossíntese de colesterol e causam aumento do número de receptores LDL hepático, aumentando a remoção de IDL e LDL circulante. A redução significante de LDL-C leva, paralelamente, a reduções do colesterol total, triglicerídeos, apoproteínas apoB, C e E, com aumento modesto em HDL-C, apoA e lipoproteína A-I. As estatinas parecem também influenciar a produção de LDL pela diminuição hepática de VLDL, devido à redução da síntese de colesterol,[1] e aumento do catabolismo de fragmentos de VLDL. As estatinas são mais eficazes que fibratos e agentes sequestradores para diminuição do colesterol total e são recomendadas para tratamento de pacientes hipercolesterolêmicos Tipo IIa e IIb.[25] Além do tratamento primário de hipercolesterolemias, os inibidores de HMG-CoA redutase são também recomendados para tratamento de hiperlipidemias familiar ou dislipidemias mistas, como de Fredrickon tipo IIa e IIb.

Diversos estudos têm mostrado efeitos pleiotrópicos interessantes das estatinas, como ação antineoplásica, anti-inflamatória, antidiabética, capacidade de atenuação da sepse, da Doença de Alzheimer (DA), da hipertrofia do miócito cardíaco induzida pelo endotélio, no tratamento da asma, na terapia anti-HIV, no vírus da dengue e reduziram efeitos antiarrítmicos.[26] Esses efeitos devem ocorrer, principalmente, devido à necessidade de muitos metabólitos celulares produzidos a partir de mevalonato no processo de proliferação celular. Por exemplo, pirofosfato de farnesila, intermediário da biossíntese de colesterol (Figura 5) é um componente importante da membrana celular e desempenha função importante na ativação de proteínas de sinalização, como Ras, na ativação da divisão celular, além de outros constituintes, como ubiquinona (transporte de elétrons na mitocôndria) e dolicol fosfato (biossíntese de N-glicoproteínas envolvidas no reconhecimento celular). Como consequência, a diminuição desses metabólitos celulares, via diminuição da biossíntese de mevalonato por inibidores de HMG-CoA, conduzirá a uma diminuição da proliferação celular.[4]

Reações adversas

As estatinas são bem toleradas com boa margem de segurança durante a utilização prolongada. Os efeitos colaterais não são frequentes, mas um dos mais sérios está relacionado ao efeito hepatotóxico, com possível aumento das enzimas aspartato (AST) e alanina transaminases (ALT), que acontece em cerca de 1% dos pacientes. Aproximadamente 10% dos pacientes apresentam desconforto muscular;[5] miopatias e mialgia (0,1 a 0,2%) são raras e estão associadas ao aumento dos níveis de creatina fosfoquinase. A inibição do catabolismo de estatinas e maior risco de miopatias estão associadas a fatores como idade avançada, disfunção hepática e renal, hipotireodismo não tratado e período perioperatório. A evolução de miopatias a rabdomiólises (necrose muscular com insuficiência renal) é rara, mas pode ocorrer quando estatinas são usadas em associação com outros fármacos, como genfibrozila, digoxina, varfarina, eritromicina, ciclosporina, niacina, antifúngicos azólicos, inibidores de HIV protease, amiodarona e nefazodona. Por essas razões, a aderência ao tratamento longo (6 meses) com estatinas é de aproximadamente de 50%.[6]

FIBRATOS

O uso de fármacos da classe dos fibratos ou derivados do ácido fíbrico conduzem a diminuição dos níveis de lipoproteínas ricas em triglicerídeos, como VLDL, e eleva parcialmente as concentrações plasmáticas de HDL.

Histórico

O uso de fibratos no tratamento das hiperlipoproteinemias teve início em torno de 1967, após uma investigação randômica com derivados do ácido ariloxi-

-isobutírico. O composto que apresentou uma resposta desejada em termos de redução do colesterol plasmático e lipídeo total foi o derivado de p-clorofenóxi-isobutirato de etila, posteriormente denominado clofibrato. No entanto, em 1978 o seu uso terapêutico foi restringido apesar de ter promovido a diminuição dos níveis de colesterol em 9%. Clofibrato foi, posteriormente, usado como protótipo para o desenvolvimento de novos fibratos a partir de modificações moleculares que conduziram a derivados mais eficazes na redução dos níveis plasmáticos de triglicerídeos e aumento de HDL. Como resultado, genfibrosila e fenofibrato foram introduzidos na terapêutica em 1981 e 1998, respectivamente, seguidos por ciprofibrato e bezafibrato, todos com maior eficácia que o precursor clofibrato (Figura 11).[4]

Fármacos

Um estudo comparativo entre clofibrato e genfibrosila mostrou reduções de 32% e 51% nos níveis de triglicerídeos séricos, respectivamente. Ademais, a utilização de genfibrosila pelo Helsinki Heart Study permitiu uma redução de 34% na incidência de doença coronariana, com aumento de 25% nas concentrações de HDL. Além desses efeitos benéficos, a administração de genfibrosila em pacientes hipertrigliceridêmicos idosos causou aumento do fluxo sanguíneo cerebral e melhora na capacidade cognitiva. No entanto, assim como clofibrato, genfibrosila causou apenas um pequeno aumento ou nenhuma alteração nos níveis de LDL-C em pacientes com hipertrigliceridemia branda. O clofibrato foi descontinuado devido aos resultados obtidos em estudos clínicos, os quais demonstraram maior morbidade e mortalidade não relacionada a problemas cardíacos (disfunções de vesícula biliar, pancreatite e colelitíase).[11]

Diversos pró-fármacos na forma de ésteres e sais de ácido clofíbrico foram preparados (Figura 12). A grande maioria dessas substâncias apresentam o mesmo perfil de atividade hipolipêmica que o ácido clofíbrico, mostrando, em alguns casos, diferenças nas propriedades farmacocinéticas. A aplicação de estratégias de latenciação, empregando ácido clofíbrico e ácido nicotínico, outro agente antilipêmico, possibilitou a preparação de diversos fármacos, como etofibrato, binifibrato e ronafibrato. O etofibrato, pró-fármaco recíproco, libera no organismo ácido clofíbrico e ácido nicotínico, com atuação sobre os níveis de colesterol e triglicerídeos, diminuindo a proporção LDL-C:HDL. Por outro lado, a duplicação molecular de ácido clofíbrico permitiu a preparação dos fármacos simifibrato, tiafibrato e clinofibrato.[4,27]

Relação Estrutura-Atividade (REA)

Os fibratos são análogos do ácido fenóxi-isobutírico e possuem a estrutura geral representada por um anel aromático diretamente ligado à função ácido isobutírico, essencial para a atividade biológica, ou contendo grupo espaçante n-propílico (genfibrosila) (Figura 13). A função ácida da cadeia lateral possui grupos α,α-dimetílicos (clofibrato, bezafibrato, ciprofibrato e genfibrosila) ou α-metil-α-etílicos (beclobrato e fenofibrato).[27]

O grupo ácido carboxílico pode estar na forma livre (genfibrosila) ou de éster etílico (clofibrato), no entanto, os ésteres neutros sofrem hidrólise no organismo e dão origem aos ácidos carboxílicos correspondentes e são, portanto, considerados como pró-fármacos. O ácido carboxílico livre possui pK_a em torno de 3,5 e, assim, encontra-se ionizado no pH fisiológico.

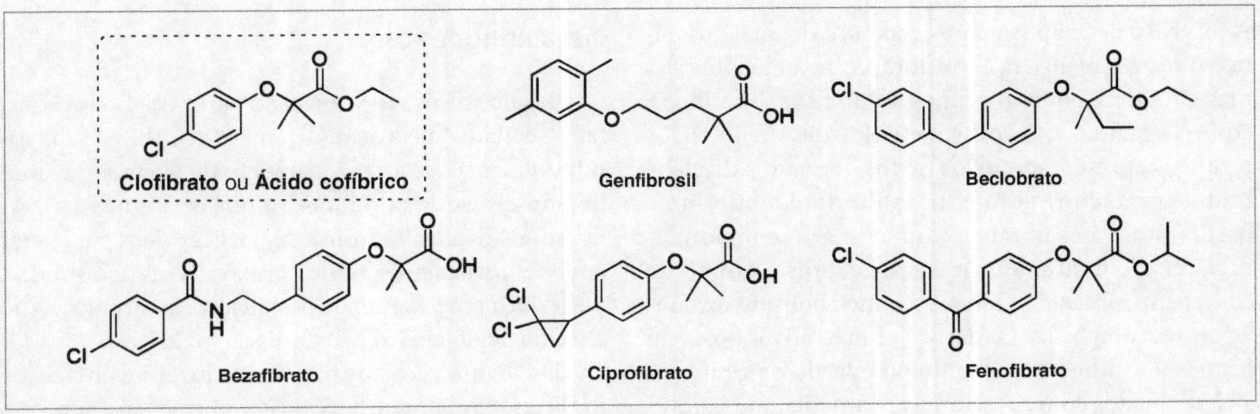

FIGURA 11 Estrutura química de fibrados derivados do ácido clofíbrico.

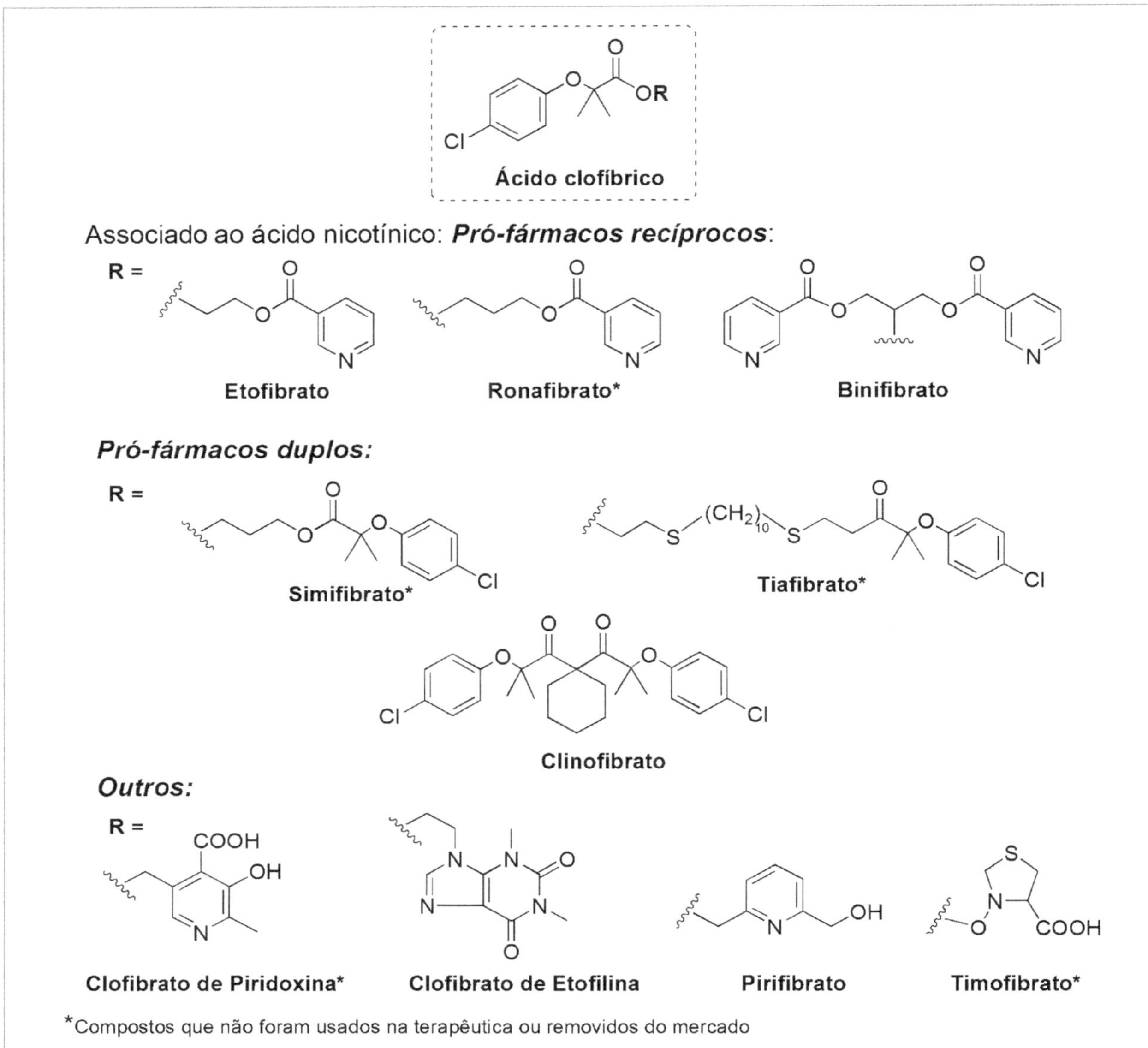

FIGURA 12 Pró-farmacos duplos e recíprocos de ácido clofíbrico.

A inserção de grupos na posição *para* do anel aromático pode ser realizada com cloro, como em clofibrato, mas a maioria contém grupos volumosos, lipofílicos, como benzílico, benzoílico, etilbenzamida ou ciclopropila, representado pelos novos derivados de clofibrato, como ciprofibrato, bezafibrato, fenofibrato e beclobrato. Esses fibratos, contendo grupo *p*-clorofenila, apresentam maior meia-vida, pois o átomo de cloro *para*-substituído bloqueia o metabolismo oxidativo desses compostos. Os derivados mais ativos possuem grupos 2,5-dimetílicos, como observado na genfibrosila; derivados com substituintes trimetila, metilalquila ou clorometila são menos ativos.

Mecanismo de ação

Triglicerídeos são formados a partir de glicerol 3-fosfato e acilados pela ação da enzima acil-CoA, constituindo formas de armazenamento de energia metabólica no citosol das células adiposas (Figura 14). As lipases realizam a hidrólise de triglicerídeos para gerar energia, fornecendo ácidos graxos livres que sofrem, posteriormente, reação de β-oxidação, incorporação no ciclo do ácido cítrico e fosforilação oxidativa.

De forma geral, os fibratos reduzem os níveis de triglicerídeos por dois mecanismos principais: aumento do catabolismo de partículas ricas em triglicerídeos e

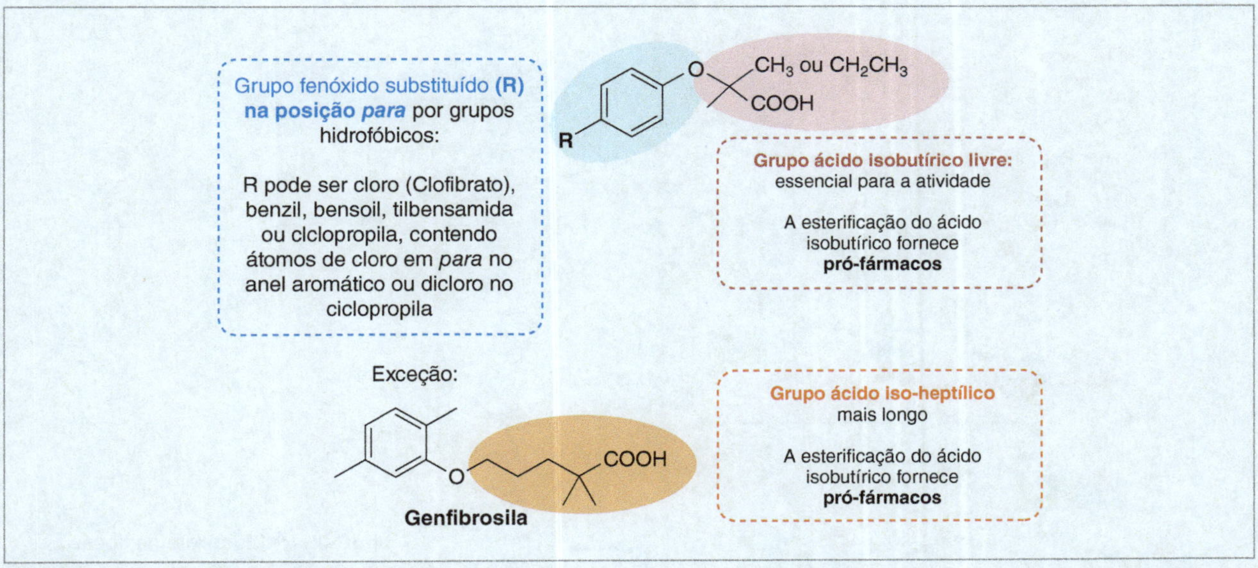

FIGURA 13 Principais características estruturais de fibratos.

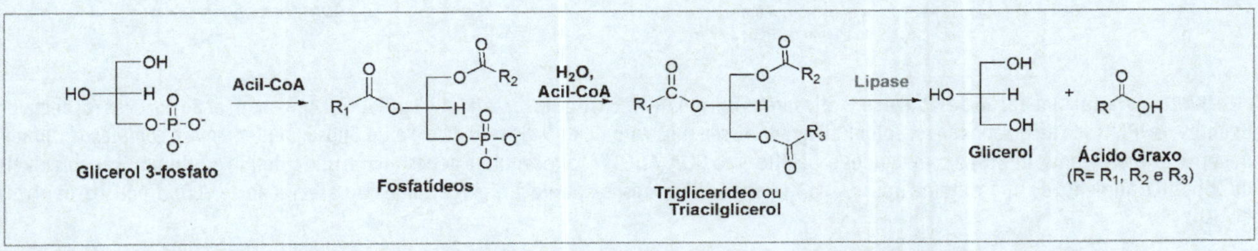

FIGURA 14 Biossíntese e metabolismo de triglicerídeos pela ação das enzimas acil-CoA e lipases, respectivamente.

redução da secreção de VLDL (Figura 2). Fibratos são capazes de regular o metabolismo de lipoproteínas pela indução de fatores de transcrição de genes específicos da superfamília de receptor de hormônio nuclear, denominado receptor ativado por proliferador de peroxisomo α (do inglês *peroxisome proliferator-activated receptors α* [PPARα]). Os receptores nucleares PPARs e retinoico (RXR) são ligados a elementos de resposta específica, denominados *peroxisome proliferator response elements* (PPREs) e controlam a expressão de genes que codificam proteínas envolvidas no metabolismo e regulação de HDL, lipoproteínas ricas em triglicerídeos e ácidos graxos. Como resultado, os fibratos induzem a síntese das principais apoproteínas de HDL, ApoA-I e ApoA-II e ATP *binding cassette transporter* A1 (ABCA) ou *Cholesterol Efflux Regulatory Protein* (CERP), levando ao aumento do transporte reverso de colesterol via HDL.

Fibratos também promovem a expressão de genes que codificam a lipoproteína lipase, envolvida na remoção de triglicerídeos de VLDL plasmático, diminuindo a síntese de VLDL, além da redução da expressão de apoC-III, envolvida na inibição da lipoproteína lipase e marcador do aumento do risco de aterogênese. A absorção de ácidos graxos livres por proteínas transportadoras hepáticas e geração de ésteres acil-CoA também parece ser estimulada pelos fibratos. Adicionalmente a esses efeitos, o aumento da β-oxidação de ácidos graxos e redução da atividade de acetil-CoA carboxilase e ácido graxo sintase determinam o maior catabolismo do que a síntese de triglicerídeos (Figura 15).[27-29] A influência dos fibratos sobre o perfil lipídico é baseada no conjunto desses mecanismos de regulação lipídica, mas variam de intensidade dependendo do fármaco.[5]

Uma nova abordagem envolvendo a preparação de ligantes duplos de receptores ativados por proliferador de peroxissoma PPARα e PPARγ, denominados glitazares, tem sido explorada para tratamento de pacientes com comorbidades relacionadas à diabetes mellitus tipo 2 e hipertrigliceridemia, também conhecida como dislipidemia diabética.[28] Fármacos com capacidade de atuar

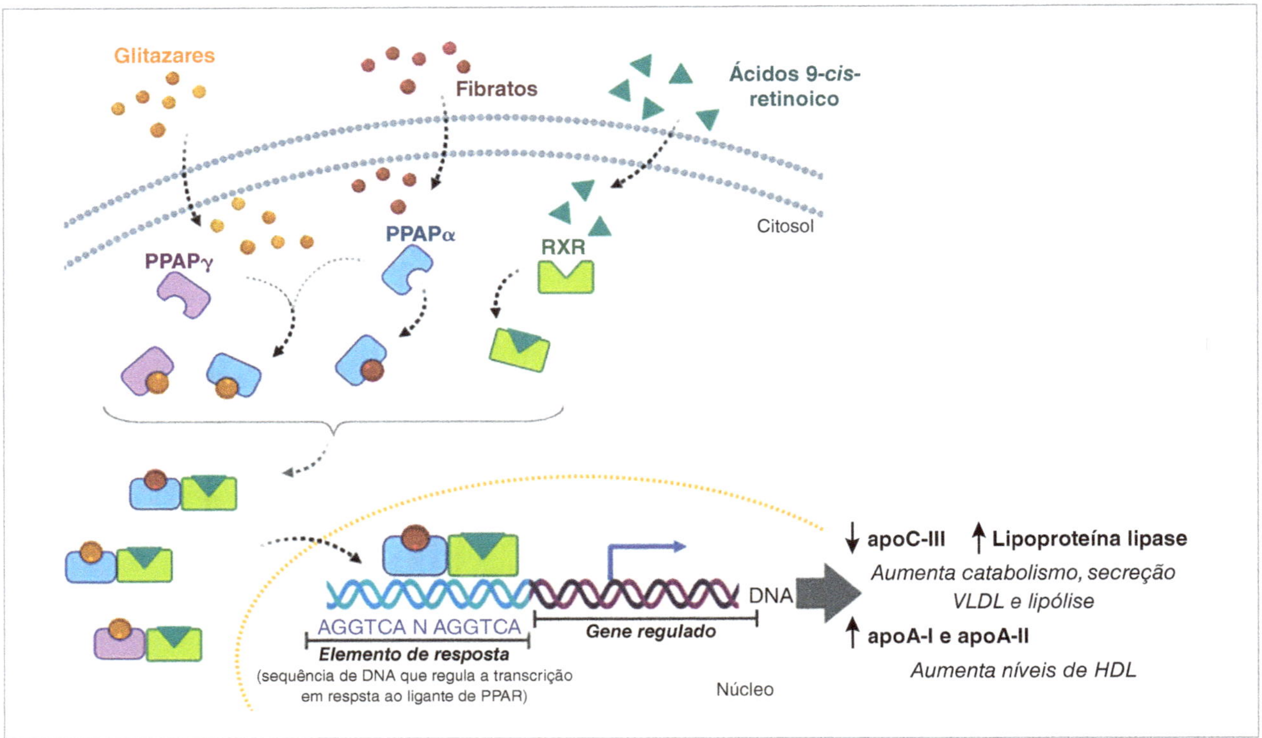

FIGURA 15 Via de sinalização de PPAR e seus ativadores fibratos (PPARα) e glitazares (PPARα e PPARα). Após a ativação por seus respectivos ligantes, os PPARs são associados ao receptor RXR ligado ao seu substrato, ácido 9-cis-retinoico (9cRA). Subsequentemente, o complexo formado penetra no núcleo, onde interage com regiões específicas do DNA (AGGTCA) que regulam genes-alvo, o que culmina em diminuição dos níveis de apoC-III e aumento de lipoproteína lipase, apoA-I e apoA-II. Tais respostas elevarão o catabolismo e secreção de VLDL, lipólise e os níveis de HDL.

sobre os dois receptores PPAR poderiam apresentar efeito sinérgico ou de redução dos efeitos adversos, considerando a ativação de receptores PPARγ do tecido adiposo para aumentar a sensibilidade das células à insulina (como observado nas glitazonas ou tiazolidinadionas) e PPARα, como discutido para os fibratos no metabolismo lipídico. Alguns estudos mostraram que, de fato, os pacientes tratados com esses ativadores duplos de PPAR apresentam uma melhora nos níveis lipídicos e de glicemia, além de apresentar menores efeitos adversos decorrentes do uso de glitazonas.[4,9] A Figura 16 mostra dois ativadores duplos de PPARα e PPARγ, saroglitazar, introduzido na terapêutica na Índia em 2013, e ragaglitazar, descontinuado devido a efeitos carcinogênicos em roedores.

Efeitos terapêuticos

Fibratos ou derivados de ácido clofíbrico são fármacos de escolha para tratamento de hipertrigliceridemias devido aos seus efeitos de reduzir fragmentos aterogênicos de lipoproteínas ricas em triglicerídeos. Adicionalmente, são também empregados para o tratamento de hipoalfalipoproteinemia, relacionada ao baixo índice de HDL plasmático, que, assim como as hipertrigliceridemias, estão também envolvidas com a ocorrência de doenças coronarianas. O tratamento de pacientes com diabetes mellitus não dependente de insulina e dislipidemia com fibratos leva à diminuição do colesterol plasmático, triglicerídeos, VLDL e IDL. Eventualmente, pacientes com hiperlipoproteinemias tipos IIa, IIb, IV e V também podem ser tratados com derivados de ácido clofíbrico. Os efeitos dos fibratos sobre as concentrações de LDL dependem dos índices de lipoproteína do paciente anteriores ao tratamento e do agente usado; o emprego de genfibrosila, em pacientes hipertrigliceridêmicos, promove aumento dos níveis de LDL, enquanto o uso da nova geração de fibratos, fenofibrato, bezafibrato e ciprofibrato (Figura 11) causa sua redução.[29,30]

De forma geral, os novos fármacos atuam com o mesmo padrão de atividade hipotrigliceridêmica de clofibrato, mas apresentam algumas vantagens em casos de hiperlipidemias familiares tipo IIa e IIb, como a ca-

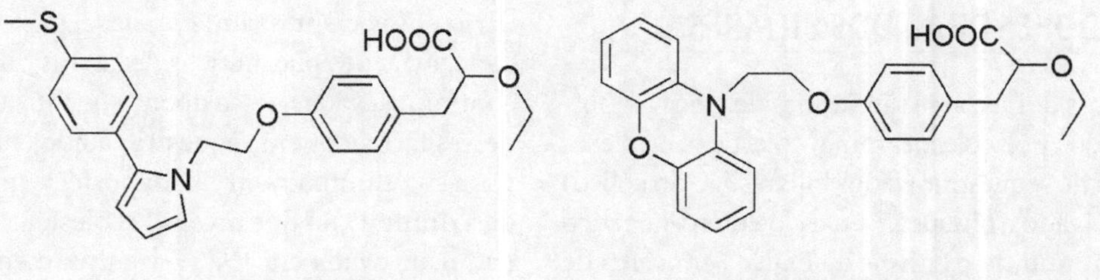

FIGURA 16 Exemplos de dois ativadores duplos de PPARα e PPARγ, explorados para tratamento simultâneo de dislipidemias e diabetes tipo 2 ou dislipidemia diabética.

pacidade de reduzir os níveis de LDL em 15% a 20%. Ciprofibrato e fenofibrato reduzem o colesterol total, LDL-C, VLDL-C e concentrações de apoB; adicionalmente, ciprofibrato possui maior meia-vida e eleva mais os níveis de HDL-C e apoA em pacientes com dislipidemia tipo II do que fenofibrato. Genfibrosila, quando comparada a fenofibrato, produz menores índices de triglicerídeos séricos, e maiores elevações no HDL-C. Atualmente, bezafibrato e fenofibrato têm sido empregados em diversos estudos de prevenção de doença coronariana em pacientes hipercolesterolêmicos. Apesar dos fibratos não serem fármacos de escolha para o tratamento de pacientes com hipercolesterolemia primária, a nova geração de fibratos promove a redução efetiva de LDL-C plasmático.[31]

A maioria dos fibratos também diminui o fibrinogênio plasmático, reduzindo agregação plaquetária, fator benéfico para o controle de aterosclerose. A participação de triglicerídeos como fator independente de risco em eventos cardíacos é ainda matéria de debate, pois diversos estudos epidemiológicos não foram capazes de estabelecer uma relação entre os níveis de triglicerídeos plasmáticos e doença coronariana, uma vez que estes estão sujeitos a grandes variações diárias, à heterogeneidade de lipoproteínas ricas em triglicerídeos e à associação de dislipoproteinemias com hipertrigliceridemias. Alguns estudos mostram que as hipertrigliceridemias, representadas pelo aumento de fragmentos aterogênicos de lipoproteínas ricas em triglicerídeos, contendo apoproteínas B, C-III e/ou E, estão associadas ao maior risco prematuro da doença, independentemente da concentração de HDL-C. Por outro lado, tem sido observado que alguns pacientes com hipertrigliceridemia familiar não apresentam esse risco.[31]

Pacientes hipercolesterolêmicos que não respondem adequadamente à dieta balanceada podem ser tratados com fibratos associados a outros fármacos, como agentes sequestradores de ácido biliar, estatinas e/ou ácido nicotínico. Essas combinações produzem efeitos aditivos ou sinérgicos, vantajosos para maior redução de hiperlipoproteinemias. Apesar dos problemas observados na associação entre cerivastatina e genfibrosila, a terapia combinada entre estatinas e fibratos pode ser empregada em casos especiais, mais resistentes ao tratamento convencional.

Metabolismo

O metabolismo de fibratos, de modo geral, conduz à formação de derivado glicurônico e a produtos decorrentes de oxidação da fase I, como fenol, álcool benzílico e ácido benzoico, pela ação da isoenzima CYP3A4.[32] Por exemplo, quando administrado na forma oral, fenofibrato é rapidamente absorvido e hidrolisado por esterases a ácido fenofíbrico. No processo metabólico, o ácido clofíbrico é extensivamente conjugado ao ácido glicurônico e eliminado na urina.

Reações adversas

Os fibratos são bem tolerados pela grande maioria dos pacientes, mas podem provocar desconforto gastrointestinal, dermatites, miopatias, diarreia, flatulência, dor de cabeça, anemia e leucopenia. Quadros severos de miopatias, como rabdomiólise, acompanhada de insuficiência renal, podem ser observados durante terapias combinadas de genfibrosila com estatinas, ácido nicotínico ou outros fibratos.[10,11] O uso de genfibrosila deve ser evitado em associação com estatinas, principalmente sinvastatina. Genfibrosila e clofibrato potencializam as ações de anticoagulantes orais; ácido clofíbrico bloqueia a liberação de ácido araquidônico a partir da membrana fosfolipídica das plaquetas e age como inibidor da biossíntese de prostaglandina *in vitro*. Adicionalmente, pacientes com problemas renais crônicos devem usar fibratos com cautela e monitoramento.[5]

SEQUESTRADORES DE ÁCIDOS BILIARES

Os fármacos desta classe são resinas de troca aniônica, representados por colestiramina, colestipol e colesevelam, capazes de sequestrar ácidos biliares (ácido cólico) no intestino delgado e bloquear seu ciclo entero-hepático (Figura 2), diminuindo os níveis de LDL-C em cerca de 20% a 35%.[2] No Brasil, somente a colestiramina está disponível. A associação de colestiramina e estatina pode ser recomendada quando o uso apenas de estatinas não alcança a redução desejada do nível de LDL-C.[5]

Histórico

Os fármacos desta classe foram desenvolvidos em torno de 1960 visando ao tratamento de prurido secundário em pacientes com colestase, para diminuição das concentrações plasmáticas de ácidos biliares que se encontram elevadas nessa doença hepática. A propriedade desses fármacos em sequestrar ácidos biliares e promover a sua eliminação fecal foi posteriormente relacionada à diminuição dos níveis de colesterol. A colestiramina foi aprovada em 1973 para tratamento de pacientes hipercolesterolêmicos, enquanto colestipol e colesevelam foram introduzidos em 1977 e 2000, respectivamente.[4]

Fármacos

Colestiramina, colestipol e colesevelam (Figura 17) são quimicamente classificadas como resinas positivamente ionizadas com pK_a na faixa de 9,0 a 10,5, ionizadas no pH intestinal e capazes de interagir seletivamente

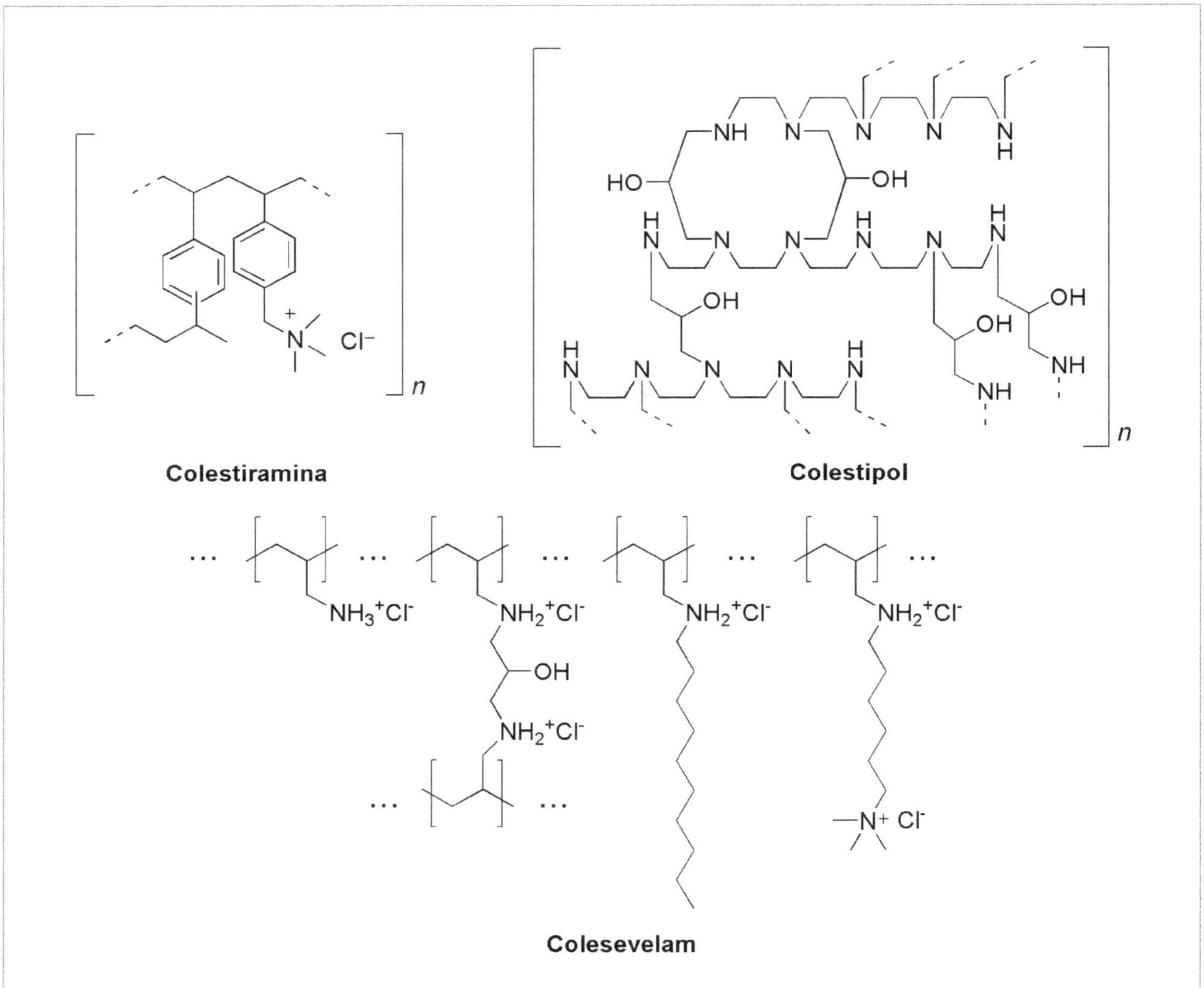

FIGURA 17 Estrutura dos agentes sequestradores de ácidos biliares, representando a estrutura polimérica das resinas de troca iônica.

com moléculas contendo átomos negativamente ionizados e trocar os ânions presentes em suas estruturas. Esses fármacos não são absorvidos e agem apenas na cavidade intestinal interferindo na reabsorção de ácidos biliares.[27]

Colestiramina é uma resina de alto peso molecular (>1.000.000), comercializada na forma de cloreto, fortemente básica, capaz de trocar o seu íon cloreto por ânions, com alta afinidade pelo grupo positivamente carregado de amônio quaternário da resina. Sua estrutura é composta por copolímero de estireno, grupos de vinilbenzeno e amônio quaternário. Todos os sítios de ligação da resina são normalmente preenchidos com ácido biliar, mas o tamanho reduzido da partícula de resina pode ser fundamental para aumentar a taxa de ligação.

Colestipol é também uma resina sequestradora, estruturalmente relacionada a copolímero de alto peso molecular de tetraetilenopentamina e epicloridrina. Os grupos sequestradores de colestipol são aminas secundárias e terciárias que, assim como colestiramina, são ligados a ânions como ácido biliar. Contudo, mesmo possuindo maior proporção de nitrogênio que colestiramina, o colestipol é mais dependente do pH intestinal, assim apresenta menor capacidade de absorção de sais biliares. Além disso, ambas as resinas são sensíveis à presença de fármacos dissociados na forma aniônica, como aspirina, glicosídeos digitálicos, tiroxina, anticoagulantes, propanolol, os quais poderiam ser ligados aos grupos ativos dessas resinas.

Adicionalmente, colesevelam é uma polialilamina contendo ligações cruzadas de epicloridrina e alquilada com 1-bromodecano e brometo de (6-bromoexil)-trimetilamônio, similar a colestipol, que mostrou alta atividade e propriedade em diminuir LDL em concentrações menores do que os fármacos sequestradores tradicionais, com menores efeitos sobre outros fármacos.[27]

Mecanismo de ação

O colesterol é metabolizado por dois caminhos envolvendo as enzimas desmolase e 7α-hidroxilase. Pregnenolona é o produto da reação de clivagem oxidativa do colesterol pela ação de desmolase, que atua como intermediário comum na biossíntese de todos os outros esteroides endógenos. Colesterol pode também ser convertido a ácidos e sais biliares pela atuação da enzima 7α-hidroxilase, representando o mecanismo mais importante do catabolismo de colesterol. Ácido cólico e seus derivados constituem 99% desses sais biliares e podem ser conjugados a moléculas de glicina ou taurina. Esses compostos são sintetizados no fígado, armazenados na vesícula e liberados no intestino delgado para emulsificar lipídeos da dieta e vitaminas lipossolúveis, promovendo a absorção desses compostos através da mucosa intestinal. Sais biliares são predominantemente reabsorvidos pela circulação entero-hepática e retornam ao fígado para exercer um controle de *feedback* negativo sobre a enzima 7α-hidroxilase e regular o metabolismo de colesterol.

As resinas, após a ingestão, permanecem insolúveis no trato gastrintestinal e trocam íons cloreto pelo ácido biliar, que são excretados na forma de sais biliares nas fezes. Os principais ácidos biliares que se ligam às resinas são os ácidos glicólico e taurocólico. Esse efeito leva ao aumento da conversão de colesterol a ácido biliar pela autorregulação da atividade da enzima 7α-hidroxilase. Como consequência, há aumento da necessidade de colesterol no fígado, parcialmente alcançada pela remoção hepática de LDL circulante por meio dos seus receptores. As concentrações reduzidas de colesterol hepático são acompanhadas de aumento da síntese de receptores LDL hepáticos.[27] Esses fatores levam a uma diminuição do LDL plasmático, mesmo frente ao efeito oposto observado pela indução de HMG-CoA redutase e aumento da biossíntese de colesterol. A diminuição da reabsorção de ácidos biliares também conduz ao aumento de VLDL devido à maior biossíntese de triglicerídeos, e em pacientes com quadro de hipertrigliceridemia os níveis elevados de VLDL podem persistir devido a problemas metabólicos.

Efeitos terapêuticos

Os agentes sequestradores são empregados no tratamento de hipercolesterolemia primária Tipo IIa. Normalmente não ocorre alteração dos níveis de triglicerídeos e HDL-C, e a colestiramina é capaz de regredir lesões coronarianas, como a aterosclerose.[1,2,4] Esses agentes não alteram a remoção de LDL plasmático por mecanismos não mediados por receptores e, por essa razão, são ineficazes no tratamento de hipercolesterolemia homozigoto familiar.[4] Além disso, esses fármacos não devem ser utilizados para tratar pacientes com hipertrigliceridemias, sendo frequentemente associadas a fármacos anti-hiperlipidêmicos, como lovastatina, genfibrosila, clofibrato, ácido nicotínico e probucol. A combinação com estatinas ou niacina pode levar a redução de até 50% dos níveis de LDL sérico.

Efeitos adversos

Os agentes sequestradores são fármacos razoavelmente seguros porque não são absorvidos pelo trato gastrointestinal, no entanto, podem provocar desconforto abdominal e obstipação, que podem ser revertidos com dietas ricas em fibras ou emprego de laxativos.[1,5] Pode também ocorrer aumento de triglicerídeos em pacientes com elevada hipertrigliceridemia. A recomendação desses agentes para pacientes com doença renal deve ser restringida devido à possibilidade de acidose hiperclorêmica, relacionada à liberação de íons cloreto. Pacientes com problemas de coagulação sanguínea também requerem cuidados especiais devido à possibilidade de os agentes sequestradores ligarem-se à vitamina K da dieta e causar hipoprotrombinemia e sangramento.[5]

INIBIDOR DA ABSORÇÃO DE COLESTEROL – EZETIMIBA

Ezetimiba é um fármaco usado para tratar pacientes com hipercolesterolemia e outras dislipidemias, sendo associado frequentemente às estatinas em regimes dietéticos para redução de colesterol. Esse fármaco inibe a absorção de colesterol proveniente da dieta e de conjugados aos ácidos biliares por meio de receptores expressos na membrana das células intestinais.

Histórico

O fármaco ezetimiba foi descoberto ao acaso durante os estudos de novos inibidores da enzima acil-CoA colesterol aciltransferase (ACAT), responsável pela transferência de ácido graxo de acil-CoA para o grupo hidroxílico de colesterol para transporte aos tecidos. O índice de diminuição do colesterol plasmático causado por um dos precursores de ezetimiba acima do esperado conduziu à síntese de novos derivados para exploração dos aspectos de relação estrutura-atividade que culminou com a preparação de ezetimiba, desprovido de qualquer inibição sobre ACAT. A ezetimiba foi aprovada pelo FDA em 2002.[33]

Fármaco e características estruturais

A ezetimiba possui um anel central β-lactâmico trisubstituído por grupos arílicos e alquilarílico contendo substituintes na posição *para* dos anéis aromáticos, relacionados a flúor e hidroxila. O grupo hidroxila na posição *para* de um dos anéis aromáticos é importante para equilibrar as propriedades físico-químicas e manter o fármaco localizado no lúmen intestinal onde exerce seu efeito. Adicionalmente, os dois átomos de flúor presentes nos outros dois anéis aromáticos têm a função de impedir o metabolismo oxidativo de primeiro passo. Esse fármaco apresenta dois centros estereogênicos em relação *trans*, importante para o encaixe no receptor NPC1L1.

Vale ressaltar que a ezetimiba (Zetia®) difere do fármaco orlistate (Xenical®), utilizado no tratamento da obesidade tanto em questões de mecanismo de ação como em estrutura química. Mesmo que ambos os fármacos diminuam a absorção de lipídeos no intestino, o primeiro age no transporte de colesterol, ao passo que o orlistate inibe lipases pancreáticas que clivam triglicerídeos no intestino e, assim, impedem sua absorção. Estruturalmente, o último contém um anel central de lactona dissubstituído por duas cadeias alquílicas, sendo uma cadeia funcionalizada com grupo 2-formamido-4-pentanoato de metila (Figura 18).

Mecanismo de ação

A inibição da absorção e transporte de colesterol por ezetimiba ocorre devido à sua ligação a proteínas transportadoras específicas localizadas na borda em escova do intestino delgado, que não interferem na absorção de triglicerídeos e vitaminas lipofílicas. Como resultado da diminuição da absorção de colesterol intestinal, ocorre a absorção de LDL pelos receptores hepáticos. O efeito reverso compensatório de aumentar a biossíntese de colesterol não é suficiente para neutralizar o efeito de redução de LDL causado por ezetimiba, de forma semelhante à observada para as resinas sequestradoras.

A inibição da absorção intestinal de colesterol ocorre devido à elevada afinidade de ezetimiba por receptores denominados Niemann-Pick C1-like 1 (NPC1L1) localizados na membrana apical de enterócitos do jejuno e íleo proximal e responsáveis pela internalização de colesterol para o interior dos enterócitos (via exógena, Figura 2), via endocitose regulada por clatrina (proteína que desempenha um importante papel no processo de formação de vesículas de membrana no interior das células). A ezetimiba impede a ligação específica de NPC1L1 a vesículas de clatrina/AP2, sua internalização e consequente endocitose de colesterol.

NPC1L1 é também expresso no fígado onde parece prevenir a perda excessiva de colesterol, transportando o colesterol biliar do canalículo biliar de volta para o hepatócito, sem alterar o mecanismo reverso realizado pelo

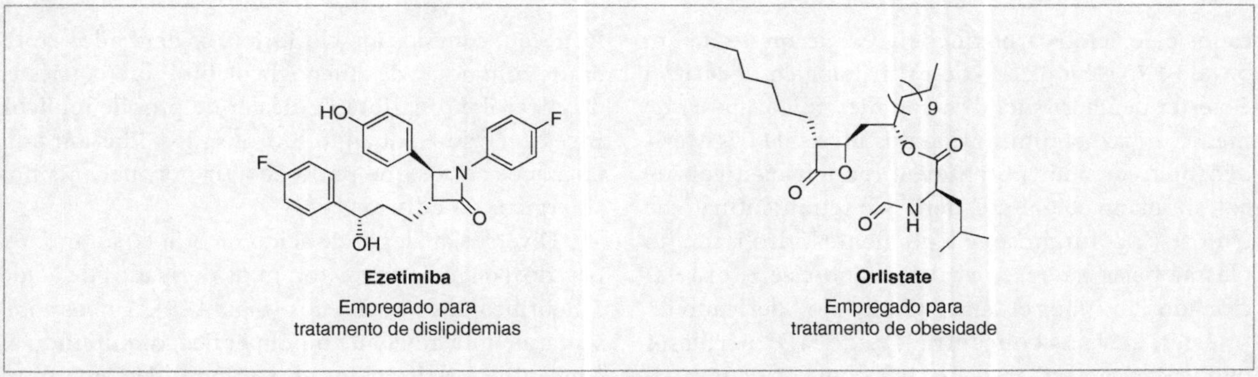

FIGURA 18 Estrutura de ezetimiba, com propriedade de inibir a absorção de colesterol.

transportador de efluxo de colesterol, denominado ATP--binding cassette transporter G5 and G8 (ABCG5),[8] transportador também presente nos enterócitos desempenhando a função de limitar a absorção total de colesterol. Existem evidências que a ezetimiba diminui a reciclagem de colesterol no fígado, aumentando sua absorção da corrente sanguínea para os hepatócitos via receptores LDL.[34]

Efeitos terapêuticos

A ezetimiba é indicada para redução do colesterol total, LDL-C e apoB em pacientes com hipercolesterolemia primária (heterozigoto familiar e não familiar), sitosterolemia homozigoto familiar ou hipercolesterolemia homozigoto familiar. Alguns exames clínicos têm demonstrado a diminuição de 18% de LDL-colesterol em monoterapia, no entanto, a associação a estatinas tem conduzido à diminuição de 25% a 65%,[4] valor bem acima daquele observado apenas com o uso de sinvastatina, 35%.[27]

Alguns estudos indicam que alterações no metabolismo de colesterol e sua absorção por receptores NPC1L1 podem estar relacionadas não apenas às dislipidemias, como também a diabetes, obesidade, aterosclerose coronariana e esteatose hepática não alcoólica.

Metabolismo

A ezetimiba é metabolizada no fígado e intestino ao derivado glicuronídeo, que ainda preserva o efeito de inibição da absorção de colesterol.

Efeitos adversos

Os principais efeitos adversos são dor abdominal, diarreia, artralgia, tosse, faringite, sinusite, fatiga e maior propensão à infecção viral.

ÁCIDO NICOTÍNICO E ANÁLOGOS

Ácido nicotínico, conhecido como niacina ou vitamina B3 ou PP, e nicotinamida (niacinamida) foram inicialmente introduzidos na terapêutica como vitamina do complexo B hidrossolúvel para prevenção de pelagra. Durante o tratamento, foi observado que altas doses de niacina diminuía os níveis de colesterol (15%) e de triglicerídeos (30%). A niacina é encontrada em vários tecidos animais e vegetais e possui propriedades pelagra-curativas, vasodilatadoras e antilipêmicas e, assim como a nicotinamida, são precursoras de importantes coenzimas, como NAD^+ e $NADP^+$, que desempenham funções importantes no metabolismo energético da célula e reparo do DNA.[1-4]

Histórico

A niacina foi primeiramente descrita em 1873 por Hugo Weidel, obtida a partir da oxidação de nicotina. As ações farmacológicas e bioquímicas do ácido nicotínico foram descobertas em 1937, quando foram observados seus efeitos na prevenção de pelagra. Em 1955, foi observado que o ácido nicotínico diminuía os níveis de colesterol em seres humanos por mecanismo diferente da sua atividade vitamínica. Novos estudos mostraram que ele também era capaz de diminuir os níveis de triglicerídeos, com ampla atividade sobre diversos tipos de hiperlipoproteinemias.[4]

Fármacos

A estrutura de ácido nicotínico (Figura 19) foi usada para preparação de diversos ésteres pró-fármacos de ácido nicotínico, no sentido de diminuir os efeitos de rubor facial, prurido e arritmias provocados pelo ácido carboxílico livre, que apresenta um pK_a de 4,76 e é ionizado no pH fisiológico. Niceritrol é o éster pentaeritritol de ácido nicotínico; apesar de menos eficaz na diminuição dos níveis de triglicerídeos, parece mais potente em reduzir os níveis de colesterol em coelhos. O derivado tetranicotinato de frutose (nicofuranose) é lentamente hidrolisado no plasma pelas esterases e causa menores efeitos relacionados ao rubor cutâneo. O nicomol, derivado tetraéster, eleva as concentrações de HDL sérico. A duplicação molecular de niacina é observada no análogo etanolamina 2-(N-isopropil-N-nicotinoil)-etilnicotinato, e sua atividade e toxicidade são melhores que as do ácido nicotínico, cuja associação molecular forneceu, com o ácido clofíbrico, os derivados etofibrato, com ponte de etilenoglicol, binifibrato, triéster de glicerol e ronafibrato, diéster de propilenoglicol. Esses derivados, quando hidrolisados, liberam dois fármacos ativos que poderão agir por mecanismos sinérgicos ou aditivos.[4]

Diversos análogos de ácido nicotínico foram preparados; os mais ativos foram os derivados de ácido 5-fluornicotínico e acipimox (Figura 19). Ambos apresentaram alta atividade hipolipêmica, diminuindo as concentrações de ácidos graxos livres. No entanto, o efeito final de diminuição dos níveis de VLDL e LDL séricos foram semelhantes aos da niacina. O acipimox parece ser mais bem tolerado que a niacina.

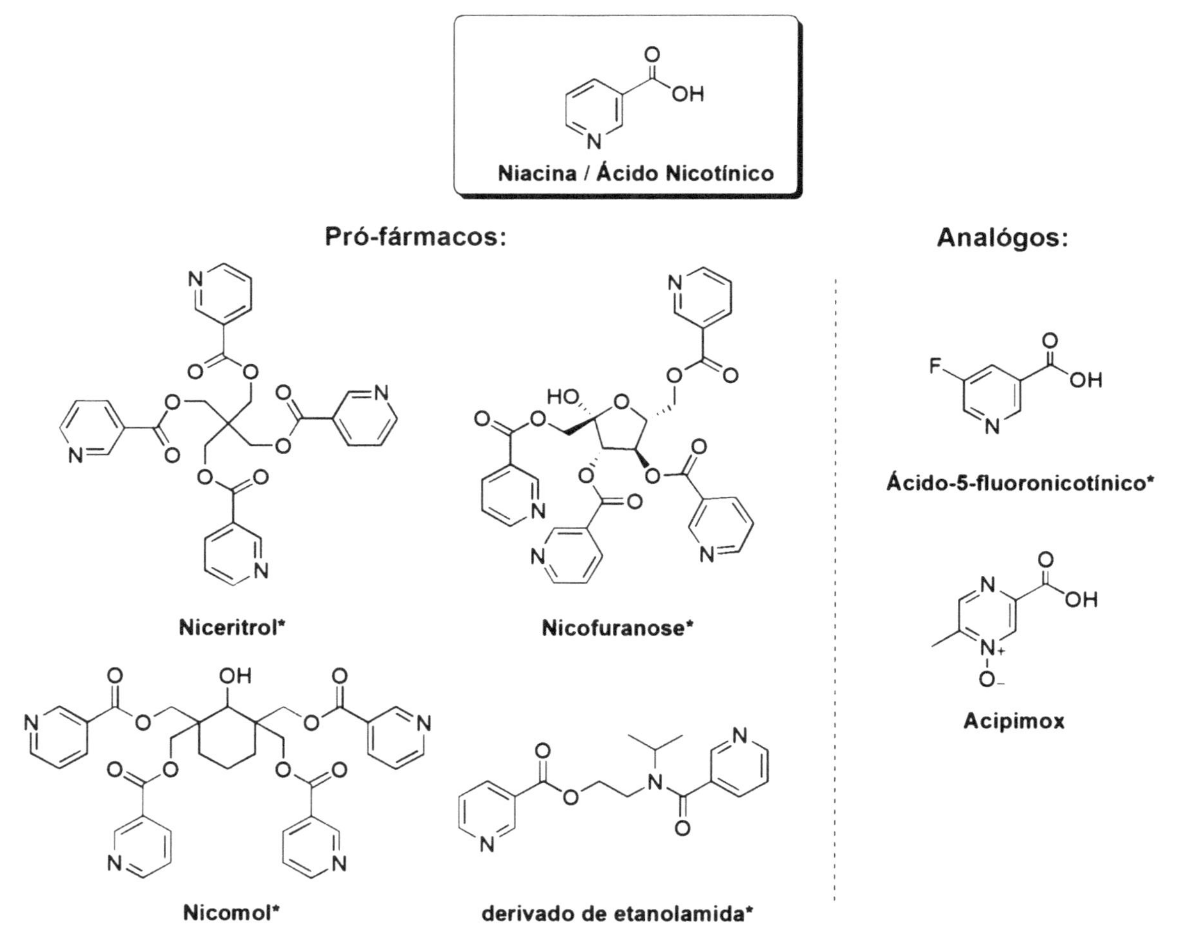

*Compostos que não foram usados na terapêutica ou removidos do mercado

FIGURA 19 Estrutura química da niacina ou ácido nicotínico, pró-fármacos e análogos.

Mecanismo de ação

Ácido nicotínico reduz a síntese de VLDL e, consequentemente, seus produtos metabólitos IDL, LDL e os níveis plasmáticos de triglicerídeos (Figura 2). Os efeitos antilipêmicos de niacina parecem ser devido à propriedade de inibição da lipólise, impedindo a liberação de ácidos graxos livres (FFA) e glicerol a partir do tecido adiposo. Esses efeitos são parcialmente mediados por receptores denominados receptores de niacina 1 (NIACR1) e niacina 2 (NIACR2), ambos acoplados à proteína G e mais expressos em tecido adiposo, baço, células do sistema imunológico e queratinócitos.[35] Esses receptores, quando ativados por niacina, inibem a produção de AMPc e, consequentemente, a quebra de lipídeos no tecido adiposo que conduz à menor proporção de ácidos graxos livres para a produção hepática de triglicerídeos e VLDL e, portanto, LDL.[36] Essa redução é ainda mais acentuada pela inibição da enzima diacilglicerol aciltransferase-2 (DGAT-2) pela niacina nos microssomas hepáticos. Adicionalmente, o uso de niacina conduz à redução da eliminação de apoA-I, menor absorção de HDL hepático e eleva, portanto, os níveis de HDL plasmático.[4]

A estimulação da lipoproteína lipase e o aumento no catabolismo de apoB parecem também contribuir para a redução dos níveis plasmáticos de VLDL e, consequentemente, a diminuição da produção de LDL, não interferindo na biossíntese ou catabolismo de colesterol. Adicionalmente, niacina diminui a Lp(a), lipoproteína aterogênica capaz de interferir na fibrinólise e com alta afinidade pelo endotélio arterial.

Efeitos terapêuticos

Niacina é indicada como monoterapia ou em combinação com estatinas ou resinas sequestradoras para tratar hiperlipidemia primária e dislipidemias em geral, além de quadros de hipertrigliceridemia severa. Estudos sobre os efeitos de niacina na prevenção primária e secundária de eventos cardiovasculares são controversos, mas resultados de ensaios clínicos recentes mostraram que ela não foi capaz de reduzir o número de mortes por infarto do miocárdio e acidente vascular cerebral.[37] Niacina é também recomendada como suplemento alimentar na prevenção de pelagra e como auxiliar na terapia de doenças vasculares periféricas e circulatórias, mas é contraindicado para pacientes com doença hepática e úlcera péptica e deve ser usado com cautela em pacientes com predisposição a diabetes mellitus e gota. A niacina pode ser usada em combinação com agentes sequestradores, fibratos e estatinas.

Metabolismo

O ácido nicotínico é convertido à nicotinamida, NAD^+ e $NADP^+$, sendo um componente essencial para formação de coenzimas que participam de diversas reações bioquímicas. Ácido nicotinúrico e derivados *N*-metilados também são formados como produtos inativos no metabolismo de ácido nicotínico. O uso excessivo dessa vitamina no tratamento das hiperlipidemias conduz à eliminação na forma não modificada e ocorre preferencialmente nos rins.

Efeitos adversos

Os efeitos adversos mais comuns são dose-dependentes e estão relacionados à vasodilatação cutânea, intolerância gastrointestinal (flatulência, vômito e diarreia) e disfunção hepática. O uso de ácido nicotínico associado à estatina deve ser evitado devido à possibilidade de desenvolvimento de miopatia e toxicidade hepática.[37]

OUTROS AGENTES ANTILIPÊMICOS

Inibidores da pró-proteína convertase subtilisina/Kexin tipo 9 (PSCK9)

A pró-proteína convertase subtilisina/Kexin tipo 9, também conhecida como PCSK9, é uma proteína codificada pelo gene PCSK9, sendo sintetizada como zimogênio solúvel que sofre processamento autocatalítico intramolecular no retículo endoplasmático, com formação da proteína PCSK9 madura e ativa.[38,39] A PCSK9 desempenha um papel importante no metabolismo de lipoproteínas de baixa densidade (LDLs-C), sendo seu mecanismo de ação diretamente relacionado à sua ligação nos receptores das lipoproteínas de baixa densidade (LDL-R).[39,40] A principal via para remoção de LDLs-C do plasma é através de receptores de LDLs presentes na superfície dos hepatócitos, de forma que LDLs-C do plasma são ligadas a LDLs-R com formação de complexos endocitados pela célula. Assim, o pH mais ácido do meio intracelular favorece a dissociação de LDLs-C dos correspondentes receptores (LDLs-R), os quais são reciclados de volta à superfície celular. As LDLs-C dissociadas, por sua vez, ao adentrarem no compartimento lisossômico são degradadas e liberam colesterol, o qual é, então, distribuído na célula (Figura 20A),[39-41] no entanto, quando uma partícula de LDL interage com um receptor de LDL ao qual a proteína PCSK9 está ligada, não há reciclagem desse receptor para a superfície do hepatócito. Isso ocorre porque o complexo formado, constituído por PCSK9, LDL-C e LDL-R, entra na célula, porém a PCSK9 impede que o LDL-C se dissocie do LDL-R, e todo o complexo (incluindo LDL-R) é direcionado aos lisossomos para degradação. Como consequência, isso impede que os LDL-R sejam reciclados novamente à superfície do hepatócito, reduzindo assim o número de receptores de LDL na superfície celular, com concomitante aumento da concentração plasmática de LDL-C (Figura 20B).[39-41]

Dessa forma, a superexpressão de PCSK9 em humanos está associada ao desenvolvimento de hipercolesterolemia, e indivíduos com perda de função de PCSK9 por mutação genética apresentam baixas concentrações de LDL e risco reduzido de doenças coronarianas. Portanto, o desenvolvimento de novos agentes terapêuticos capazes de reduzir a função de PCSK9 representa uma importante estratégia para o tratamento de hipercolesterolemias.[39,41]

Dentre os principais agentes terapêuticos para inibição de PCSK9 estão os anticorpos monoclonais (mAbs) com afinidade a PCSK9, bloqueando sua interação com o receptor de LDR e neutralizando sua atividade (Figura 20B). Os anticorpos monoclonais anti-PCSK9 humanos disponíveis no mercado são alirocumab (Praluent®) e evolocumab (Repatha®), os quais apresentaram supressão máxima de PCSK9 circulante dentro de 4 a 8 horas após a administração, com reduções de LDL-C em torno de 65% para pacientes saudáveis e de 60% a 80% para pacientes com hipercolesterolemia.[39,41,42] Outras estratégias terapêuticas para inibição de PCSK9 são representadas por RNAs de interferência (siRNAs) e oligonucleotídeos antisense (Inclisiran), direcionados à síntese e ao processamento de PCSK9, tendo como alvo o mRNA.[39,41] Assim o Inclisiran é o primeiro siRNA de longa ação com capacidade de inibir a síntese de PCSK9, por meio da supressão da translação de RNA mensageiros específicos e a produção dos correspondentes produtos gênicos.[43]

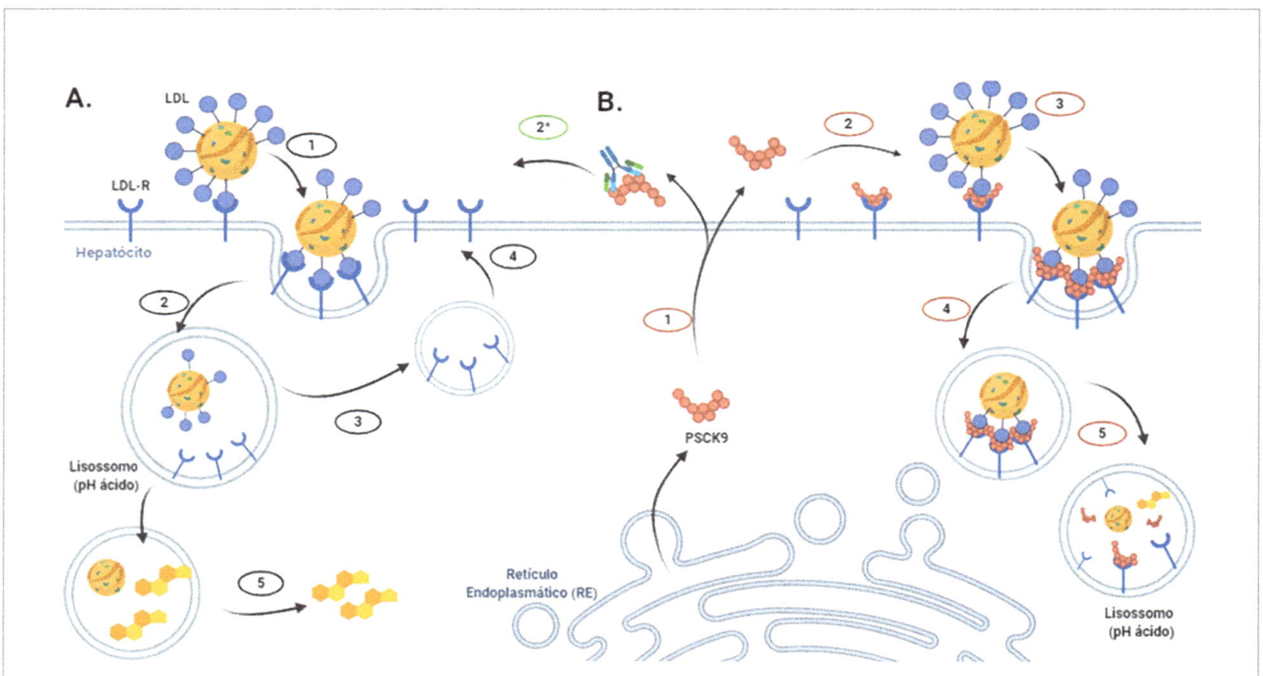

FIGURA 20 O papel da proteína PCSK9 no metabolismo de LDLs-C e LDL-R: (A) Baixos níveis de PSCK9 ou presença de mAb's anti-PCSK9: (1) ligação e entrada de LDL-C via fusão de membrana, (2) endocitose do complexo LDL/LDL-R, (3) dissociação do complexo LDL/LDL-R no pH ácido do lisossomo, (4) LDL-R são reciclados de volta à superfície do hepatócito, (5) colesterol liberado e distribuído para a célula. (B) Altos níveis de PSCK9: (1) PSCK9 é sintetizada no RE e exportada para o meio extracelular, (2) formação do complexo PSCK9/LDL-R, (3) formação do complexo PSCK9/LDL-R/LDL, (4) o complexo PSCK9/LDL-R/LDL é endocitado, (5) o complexo PSCK9/LDL-R/LDL não se dissocia e todos os seus componentes são degradados, não reciclando LDL-R. (2*) mAbs anti-PCSK9 são ligados a essa proteína e inibem sua interação com LDL-R, neutralizando sua atividade.

Inibidores de Proteína de transferência de Ésteres de Colesterol (CETP)

A CETP é uma glicoproteína, sintetizada principalmente no fígado, que tem função de mediar uma troca recíproca de ésteres de colesterol e triglicerídeos entre as lipoproteínas plasmáticas, proporcionando um equilíbrio entre as frações de lipídeos dessas lipoproteínas. Conforme apresentado na Figura 21, o colesterol livre de tecidos extra-hepáticos é transferido para as HDLs, onde é esterificado pela ação da enzima lecitina-colesterol acil-transferase (LCAT). Subsequentemente, os ésteres de colesterol formados podem ser enviados ao fígado por uma via direta, mediada por receptor hepático B1, ou indireta, por meio da qual os ésteres de colesterol são transferidos pela CETP às frações de VLDL/LDL para então serem captados pelo fígado via ligação das LDLs aos receptores hepáticos de LDL. Assim, esse processo mediado pela CETP pode resultar em aumento da concentração de LDL-C e diminuição na concentração de HDL-C, de forma que a inibição de CETP pode resultar em efeito contrário, elevando as taxas de HDL-C e reduzindo os níveis de LDL-C.[40]

O inibidor de CETP anacetrapibe (Merck) (Figura 22) desencadeou redução de LDL-C de até 40% e aumento de HDL-C de até 138%, sem, no entanto, interferir no processo de transporte reverso de colesterol envolvendo CETP, mediante o qual HDL promove um efluxo de co-

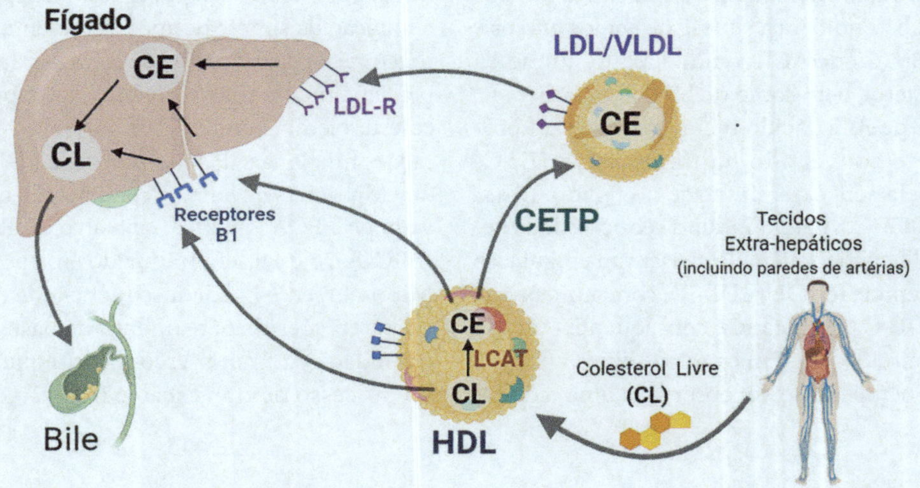

FIGURA 21 Papel da glicoproteína CETP no transporte de colesterol esterificado (CE) no plasma e controle do equilíbrio entre as frações de lipídeos nas HDLs e LDL/VLDLs.

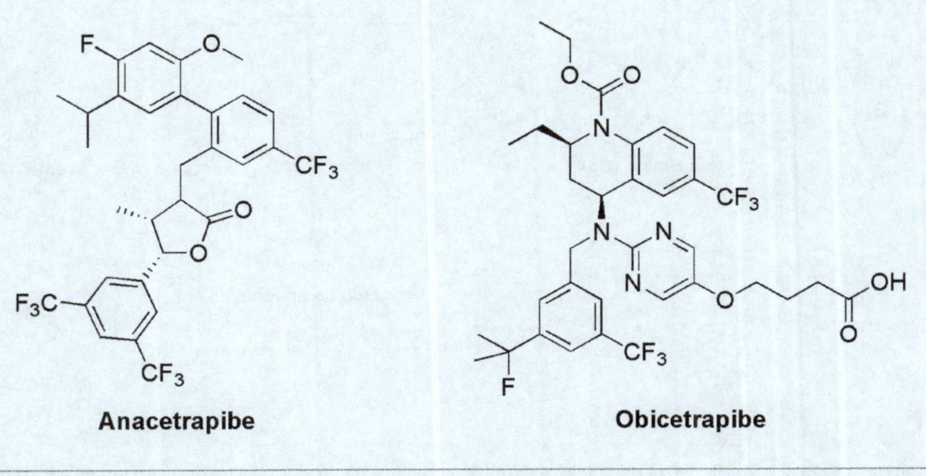

FIGURA 22 Estruturas químicas dos inibidores de CETP anacetrapibe e obicetrapibe.

lesterol a partir de células espumosas (macrófagos). Em 2017, seu desenvolvimento foi abandonado pela Merck. Outro inibidor de CETP mais recente e ainda sob investigação em ensaio clínico é representado por obicetrapibe (TA8995), o qual apresentou efeitos de redução de LDL-C (45-63%) e aumento de HDL-C (157.5%) próximos ao anacetrapibe.[43]

Inibidores de Adenosina trifosfato citrato-liase (ACL)

A ACL é uma enzima citosólica expressa no fígado e tecido adiposo que catalisa a formação de oxaloacetato e acetil-CoA a partir de citrato e CoA, sendo este último convertido em HMG-CoA pela enzima HMG-CoA redutase, alvo das estatinas (Figura 23). Considerando que acetil-CoA é substrato para a síntese de ácidos graxos e colesterol, a inibição de ACL resulta na diminuição da síntese de colesterol, bem como de LDL-C e apoB.[40]

O inibidor de ACL, ácido bempedoico, é um pró-fármaco que é convertido na forma ativa (ETC-1002-CoA) pela acil-CoA sintetase no fígado. Dessa forma, ETC-1002-CoA ativo induz a redução da síntese do colesterol hepático, além de causar uma regulação positiva do receptor de LDL (LDL-R), com aumento de captação de LDL-C pelo fígado e consequente redução de seus níveis circulantes. Em estudos clínicos (fases 2 e 3) com ácido bempedoico, foi observada uma redução de LDL-C de 30% quando utilizado como monoterapia e de 50% quando utilizado em combinação com ezetimiba em pacientes com hipercolesterolemia. Ainda, a utilização desse inibidor é favorável, pois evita os efeitos colaterais de miotoxicidade relacionados à síntese anormal do colesterol, uma vez que a enzima acil-CoA sintetase, que converte ácido bempedoico em sua forma ativa (ETC-1002-CoA), não está presente em células do músculo esquelético e tecido adiposo, sendo restrita ao fígado e rins.[44]

Inibidores de síntese de Apolipoproteína B (ApoB)

ApoB é o principal componente proteico de ambas as lipoproteínas VLDLs e LDLs, pois na ausência de apoB essas lipoproteínas não podem ser formadas. Dessa forma, a inibição da síntese de apoB representa uma importante estratégia para a redução dos níveis de VLDLs e LDLs, principalmente para indivíduos que apresentam hipercolesterolemia familiar (HoFH), caracterizada por alterações funcionais dos receptores de LDL.[41,45]

Mipomersen é um oligonucleotídeo antisense aprovado pela FDA em 2013, cujo alvo é o RNA mensageiro (mRNA), o qual será traduzido em apoB. Dessa forma, Mipomersen é ligado à sequência de mRNA de apoB via interações de pareamento de bases, resultando na degradação do mRNA, com consequente interrupção do processo de translação e inibição da produção de

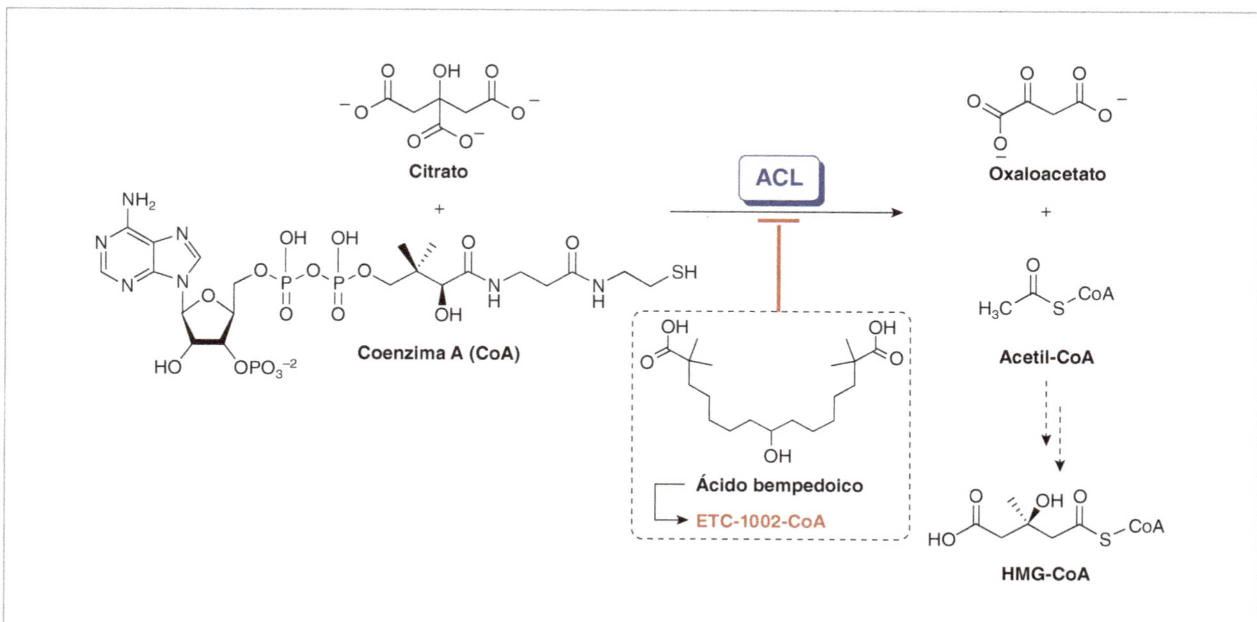

FIGURA 23 Resumo da biossíntese do HMG-CoA pela ação enzimática da ACL a partir dos substratos coenzima A e do citrato, bem como sua inibição pelo composto ativo ETC-1002-CoA, derivado do ácido bempedoico.

apoB. No fígado, a inibição da síntese de apoB por Mipomersen resulta na redução de produção da lipoproteína VLDL, além de outras contendo apoB.[40,45] Em estudos clínicos de fase III, envolvendo pacientes com HoFH, foi verificada redução dos níveis de LDL-C (25% a 28%) após tratamento com Mipomersen, e, ainda, efeitos benéficos foram observados em pacientes que não responderam adequadamente às estatinas.[46]

Inibidores da Proteína Microsomal de Transferência de Triglicérides (MTP)

MTP é uma proteína localizada no retículo endoplasmático e catalisa a transferência de triglicérides para apoB em hepatócitos e células intestinais no processo inicial de formação de VLDLs e quilomícrons. Dessa forma, a inibição de MTP representa uma estratégia para a redução dos níveis de lipoproteínas que contêm apoB (VLDL, LDL e quilomícrons), especialmente em indivíduos que apresentam HoFH e não respondem a outros agentes antilipêmicos, como estatinas e inibidores de PCSK9.[40]

Lomitapida (Juxtapid®- EUA; Lojuxta®- Europa) (Figura 24) inibe a proteína MTP, bloqueando a síntese de quilomícrons no intestino e de VLDL no fígado, o que resulta na redução dos níveis plasmáticos de LDL-C.[47] No entanto, a inibição de MTP pode resultar em efeitos colaterais, tais como aumento nos níveis intracelulares de triglicérides nos enterócitos e de colesterol livre nas células hepáticas e intestinais, o que pode causar esteatorreia e sintomas gastrointestinais, além do aumento nas transaminases plasmáticas.[45,47] Dessa forma, lomitapida foi aprovada pelo FDA em 2012 para uso exclusivo em pacientes portadores de HoFH, em associação com outros fármacos antilipêmicos.[47]

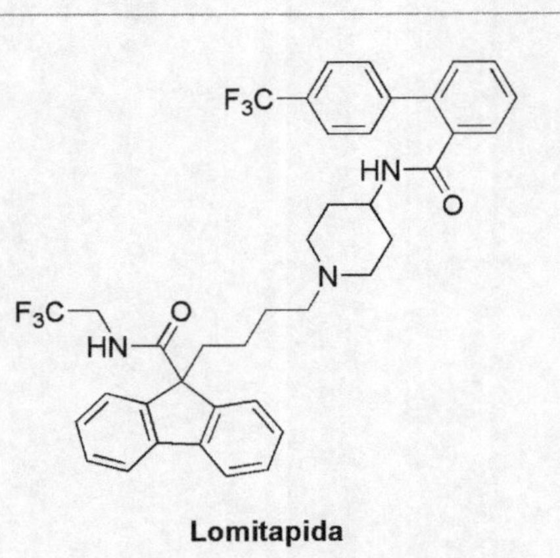

FIGURA 24 Estrutura química do inibidor de MTP, lomitapida.

REFERÊNCIAS BIBLIOGRÁFICAS

1. Gurgle HE, Blumenthal DK. Farmacoterapia das dislipidemias. In: Brunton LL & Knollmann BC. As bases farmacológicas da terapêutica de Goodman e Gilman; 13. ed. Porto Alegre: Artmed Editora. 2018, p. 605-618.
2. Cutler SJ. Antihyperlipidemic. In: Wilson and Gisvold's Textbook of Organic Medicinal and Pharmaceutical Chemistry. 12th ed. Philadelfia: Lippincott Williams & Wilkins, 2011, p. 647-653.
3. World Health Organization (WHO) [internet] [acesso em: 2021 jun. 11]. Disponível em: https://www.who.int/en/news-room/fact-sheets/detail/cardiovascular-diseases-(cvds).
4. Harrold M. Antihyperlipoproteinemics and inhibitors of cholesterol biosynthesis. In: Foye's Principles of Medicinal Chemistry. 7th ed. Lemke TL, Williams DA., Roche VF, Zito SW, [S.l.]: 2013; p. 815-840.
5. Faludi AA, Izar MCDO, Saraiva JFK, Chacra APM, Bianco HT, Afiune Neto A, et al. Atualização da diretriz brasileira de dislipidemias e prevenção da aterosclerose–2017. Arq Bras Cardiol. 2017;109(2):1-76.
6. Ariel H, Cooke JP. Cardiovascular Risk of Proton Pump Inhibitors. Methodist Debakey Cardiovasc J. 2019;15(3):214-219.
7. Biossíntese de lipídeos (capítulo 21). In: Nelson DL, Cox MM. Princípios de bioquímica de Lehninger, 7. ed. Porto Alegre: Artmed Editora, 2018, p. 811.
8. Colesterol e Metabolismo dos Esteroides (Capítulo 18). In: Harley, RA; Ferrier, DR. Bioquímica Ilustrada. 5. ed. Porto Alegre: Artmed Editora, 2012, p. 219-250.
9. Ko C-W, Qu J, Black DD, Tso P. Regulation of intestinal lipid metabolism: current concepts and relevance to disease. Nat Rev Gastroenterol Hepatol. 2020;17(3):169-183.
10. Cardiovascular drugs (chapter 26). In: Graham, P. L. An introduction to medicinal chemistry. 6th ed. Oxford: University Press, 2017;p. 754-757.
11. Wierzbicki AS, Mikhailidis DP, Wray R, Schachter M, Cramb R, Simpson WG, Byrne CB. Statin-fibrate combination therapy for hyperlipidaemia: a review. Curr Med Res Opin. 2003;19(3):155-168.
12. Bakri R, Wang J, Wierzbicki AS, Goldsmith D. Cerivastatin monotherapy-induced muscle weakness, rhabdomyolysis and acute renal failure. Int J Cardiol. 2003; 91(1):107-109.
13. Kajinami K, Takekoshi N. Saito Y. Pitavastatin: Efficacy and safety profiles of a novel synthetic HMG-CoA reductase inhibitor. Cardiovasc Drug Rev. 2003;21(3):199-215.
14. Lea AP, Mc Tavish D. Atorvastatin: Review of its Pharmacology and Therapeutic Potential in the Management of Hiperlipidemias. Drugs. 1997;53(5):828-847.
15. Wermuth CG.; Ring transformation (chapter 9) and application strategies for primary structure-activity relationship exploration (chapter 12). In: Wermuth, CG, Aldous D, Raboisson P, Rognan D. (editors). The practise of medicinal chemistry. 4th ed. San Diego: Academic Press, 2015.
16. Silverman RB, Holladay MW. Enzyme inhibition and inactivation (chapter 5). In: The organic chemistry of drug, design and drug action. 3rd. ed. San Diego: Academic Press, 2014, p. 207-274.
17. Park SW. Intestinal and hepatic Niemann-Pick C1-Like 1. Diabetes Metab. 2013;37(4):240-248.
18. Botham KM, Mayes PA. Cholesterol synthesis, transport, and excretion (chapter 26). In: Rodwell VW, Bender DA, Botham KM, Kennelly PJ, Weil A (editors). Harper's Illustrated Biochemistry. 31st ed. [S.l.]: The McGraw-Hill Education, 2018, p. 219-230.
19. Istvan, ES, Palnitkar M, Buchanan SK, Deisenhofer J. Crystal structure of the catalytic portion of human HMG-CoA reducta-

se: insights into regulation of activity and catalysis. EMBO J. 2000;19(5):819-830.
20. Instvan ES, Deisenhofer J. Structural mechanism for statin inhibition of HMG-CoA reductase. Science. 2001;292(5519):1160-64.
21. Instvan ES. Structural mechanism for statin inhibition of 3-hydroxy-3-methylglutaryl coenzyme A reductase. Am Heart J. 2002;144(6 Suppl):S27-S32.
22. Instvan ES, Deisenhofer J. The structure of the catalytic portion of human HMG-CoA reductase. Biochim Biophys Acta. 2000;1529(1-3):9-18.
23. Holdgate GA, Ward WHJ, McTaggart F. Molecular mechanism for inhibition of 3-hydroxy-3-methylglutaryl CoA (HMG-CoA) reductase by rosuvastatin. Biochem Soc Trans. 2003;31(Pt 3):528-531.
24. Toth PP, Farnier M, Tomassini JE, Foody JM, Tershakovec AM. Statin combination therapy and cardiovascular risk reduction. Future cardiol. 2016;12(3):289-315.
25. Gudzune KA, Monroe AK, Sharma R, Ranasinghe PD, Chelladurai Y, Robinson KA. Effectiveness of combination therapy with statin and another lipid-modifying agent compared with intensified statin monotherapy: a systematic review. Ann Intern Med. 2014;160(7):468-476.
26. Williamson DR, Pharand C. Statins in the prevention of coronary heart disease. Pharmacotherapy, 1998;18(2):242-54.
27. Machado WM, Munhoz ACM, Fernandes D. Estatinas: efeitos pleiotrópicos. Statins: pleiotropic effects. Publicatio UEPG: Ciências Biológicas e da Saúde, 2010,17(2).
28. Sierra M. Antihyperlipidemic Agents. In: Abraham Dj (editor). Burger's medicinal chemistry and drug discovery. 6th. ed. New Jersey: Wiley-Interscience, 2003, 35, p.339-383.
29. Balakumar P, Mahadevan N, Sambathkumar R. A contemporary overview of PPARα/γ dual agonists for the management of diabetic dyslipidemia. Curr. Mol. Pharmacol. 2019;12(3):195-201.
30. Staels B, Dallongeville J, Auwerx J, Schoonjans K, Leitersdorf E, Fruchart JC. Mechanism of action of fibrates on lipid and lipoprotein metabolism. Circulation. 1998;98(19):2088-2093.
31. Jun M, Foote C, Lv J, Neal B, Patel A, Nicholls SJ, et al. Effects of fibrates on cardiovascular outcomes: a systematic review and meta-analysis. The Lancet. 2010;375(9729):1875-1884.
32. Shipman KE, Strange RC, Ramachandran S. Use of fibrates in the metabolic syndrome: a review. World J. Diabetes. 2016;7(5):74-88.
33. Lee TK. Fibrates in Perspective. Perspectives in Cardiology. 2003;38-43.
34. Sudhop T, Lütjohann D, Kodal A, Igel M, Tribble DL, Shah S, et al. Inhibition of intestinal cholesterol absorption by ezetimibe in humans. Circulation. 2002;106(15):1943-1948.
35. Park SW. Intestinal and hepatic niemann-pick c1-like 1. Diabetes Metab. 2013, 37(4), 240-248.
36. Soga T, Kamohara M, Takasaki J, Matsumoto SI, Saito T, Ohishi T, et al. Molecular identification of nicotinic acid receptor. Biochem Biophys Res Commun. 2003;303(1):364-369.
37. Wanders D, Judd RL. Future of GPR109A agonists in the treatment of dyslipidemia. Diabetes Obes Metab. 2011;13(8):685-691.
38. Schandelmaier S, Briel M, Saccilotto R, Olu KK, Arpagaus A, Hemkens LG, et al. Niacin for primary and secondary prevention of cardiovascular events. Cochrane Database Syst Rev. 2017;6(6):1-97.
39. Ferreira CES, Fonseca FAH, Mangueira CLP. A PCSK9 e sua relevância clínica com os novos alvos terapêuticos contra a dislipidemia. Einstein. 2012;10(4):526-527.
40. Hess CN, Low Wang CC, Hiatt WR. PCSK9 inhibitors: mechanisms of action, metabolic effects, and clinical outcomes. Annu. Rev. Med. 2018;69:133-145.
41. Barter PJ, Rye KA. New era of lipid-lowering drugs. Pharmacol. Rev. 2016;68(2):458-475.
42. He NY, Li Q, Wu CY, Ren Z, Gao Y, Pan LH, et al. Lowering serum lipids via PCSK9-targeting drugs: current advances and future perspectives. Acta Pharmacol. Sin. 2017;38(3):301-311.
43. Parhofer KG. New approaches to address dyslipidemia. Curr Opin Lipidol. 2017;28(6):452-457.
44. Filippatos TD, Liontos A, Christopoulou EC, Elisaf MS. Novel hypolipidaemic drugs: mechanisms of action and main metabolic effects. Curr. Vasc. Pharmacol. 2019;17(4):332-340.
45. Zagelbaum NK, Yandrapalli S, Nabors C, Frishman WH. Bempedoic acid (ETC-1002): ATP citrate lyase inhibitor: review of a first-in-class medication with potential benefit in statin-refractory cases. Cardiol Rev. 2019;27(1):49-56.
46. Gouni-Berthold I, Berthold HK. Mipomersen and lomitapide: two new drugs for the treatment of homozygous familial hypercholesterolemia. Atheroscler. Suppl. 2015;18:28-34.
47. Bruikman CS, Stoekenbroek RM, Hovingh GK, Kastelein JP. New drugs for atherosclerosis. Can J Cardiol. 2017;33(3):350-357.
48. Alonso R, Cuevas A, Mata P. Lomitapide: a review of its clinical use, efficacy, and tolerability. Core Evid. 2019;14:19-30.

CAPÍTULO 20

Antitrombóticos

Maria Letícia de Castro Barbosa
Gisele Barbosa
Lídia Moreira Lima

INTRODUÇÃO

As doenças cardiovasculares (DCVs) associadas a desordens tromboembólicas representam a principal causa de mortalidade na população mundial.[1] A Organização Mundial da Saúde (OMS)[2] estima que 17,9 milhões de pessoas morreram por DCVs no ano de 2016, totalizando aproximadamente 31% dos óbitos em nível global. Desses óbitos, estima-se que 7,4 milhões estão associados à cardiopatia isquêmica ou doença arterial coronariana (DAC) e 6,7 milhões aos acidentes vasculares cerebrais (AVCs).[2]

No Brasil, as DCVs também representam a principal causa de morte nas populações masculina e feminina, respondendo por cerca de 20% do total de óbitos em indivíduos acima dos 30 anos, com destaque para a DAC e os AVCs. Ademais, as DCVs estão relacionadas a uma expressiva morbidade e a um elevado impacto na qualidade de vida e produtividade da população brasileira adulta, consumindo parcela significativa dos recursos profissionais e financeiros do Sistema Único de Saúde (SUS).[3,4]

Nesse contexto, a busca por fármacos inovadores úteis no tratamento de DVCs, englobando os agentes anti-hipertensivos, antitrombóticos, anti-hiperlipidêmicos, cardiotônicos e antiarrítmicos, destaca-se no âmbito da pesquisa e do desenvolvimento de novas alternativas terapêuticas para o controle das elevadas taxas de morbidade e mortalidade mundiais associadas a essas enfermidades.

HEMOSTASIA E TROMBOSE

A hemostasia é um processo fisiológico que permite a interrupção da perda sanguínea em um vaso lesado, encontrando-se intimamente relacionada às propriedades fisiológicas fundamentais das plaquetas, incluindo a adesão ao endotélio e/ou agregação, e a secreção e/ou síntese de compostos mediadores desse processo.[5,6]

Durante a hemostasia primária, as plaquetas se aderem às macromoléculas nas regiões subendoteliais do vaso sanguíneo lesado e se agregam para formar o tampão hemostático primário. Eventos secundários estimulam a ativação local dos fatores de coagulação plasmática, levando à geração de um coágulo de fibrina, que reforça o agregado plaquetário. Posteriormente, à medida que ocorre a regeneração da superfície endotelial, o agregado de plaquetas e o coágulo de fibrina são biodegradados.[5,6]

A trombose, por sua vez, compreende a formação indesejada de um tampão hemostático, ou trombo, no interior de vasos sanguíneos. Esse trombo constitui condição fisiopatológica que leva ao desenvolvimento de várias desordens denominadas de tromboembólicas, as quais dão origem às DCVs, responsáveis por considerável número de óbitos/ano ao redor do mundo.[5,7]

Trombose arterial x Trombose venosa

De acordo com a localização do trombo, ou tampão hemostático, a trombose subdivide-se em arterial e venosa. A primeira é representada pelo crescimento desordenado do trombo no interior de vasos arteriais, após processo de lesão vascular, dificultando a passagem do fluxo sanguíneo. O principal agente desencadeador da trombose arterial consiste na ruptura de uma placa aterosclerótica. O trombo arterial é constituído basicamente por agregado plaquetário pobre em fibrina e conduz a processos de oclusão arterial que resultam no desenvolvimento de fisiopatologias graves, como necroses isquêmicas, DAC e infarto do miocárdio, e AVCs isquêmicos.[7,8,9]

A trombose venosa é caracterizada pelo crescimento ordenado de trombo no interior das veias, apresentando uma cauda trombótica de constituição rígida, o que facilita sua fragmentação. O trombo venoso pode ser formado na ausência de dano vascular e resulta em redução do fluxo sanguíneo e em uma amplificação da ativação das proteínas da cascata de coagulação, com consequente aumento na formação de fibrina. A principal complicação associada à trombose venosa é a embolia pulmonar, comumente denominada de tromboembolismo venoso, que representa a terceira principal causa de morte por DCVs.[10,11]

As distinções na gênese do processo trombótico, arterial ou venoso, não são absolutas, visto que a ativação plaquetária e a formação de fibrina são processos fisiológicos inseparáveis na formação do tampão hemostático. Entretanto, o conhecimento do constituinte majoritário do trombo arterial ou venoso permite a eleição de terapia antitrombótica que melhor se adapte a essas diferenças.

CLASSES TERAPÊUTICAS

A terapia antitrombótica compreende três principais classes de fármacos: os anticoagulantes, os antiplaquetários e os fibrinolíticos, popularmente conhecidos como trombolíticos. Em geral, a relação entre a eficácia e a segurança diante de diferentes aplicações terapêuticas deve ser considerada na seleção do agente antitrombótico mais apropriado para determinada condição clínica. Em termos gerais, o uso de antiplaquetários representa a terapia de escolha para o tratamento de doenças associadas à trombose arterial. Por sua vez, o tromboembolismo venoso é mais comumente tratado com fármacos anticoagulantes, levando-se em conta as conhecidas diferenças na natureza do processo trombótico arterial ou venoso.[11]

O principal fator limitante associado ao emprego dos antitrombóticos consiste no aumento do risco de sangramentos e hemorragia. Esforços de pesquisa são continuamente dedicados à busca de novos fármacos antitrombóticos mais seguros e eficazes, com propriedades farmacoterapêuticas mais favoráveis e com menores variações farmacocinéticas entre os pacientes tratados.[5]

Anticoagulantes

A cascata de coagulação foi proposta em 1964 pelos pesquisadores Macfarlane[12] e Davie & Ratnoff[13]. Essa cascata é constituída por uma série de reações de conversão de pró-enzimas em proteases ativas, que culminam na conversão final de uma proteína solúvel no plasma, o fibrinogênio, em um polímero de fibrina insolúvel, o qual, por sua vez, representa o principal componente proteico dos trombos, sendo responsável por sua estabilização. As pró-enzimas e enzimas envolvidas nesse processo são comumente denominadas fatores de coagulação (Figura 1).[12,13]

Durante o desencadeamento dessa sequência de reações, a ativação da chamada via extrínseca envolve a participação do fator tecidual (do inglês, *tissue factor* - TF), uma proteína que não está usualmente presente no espaço intravascular, sendo liberada mediante a ocorrência de lesões. Nessa via, o contato do TF com o sangue induz a sua complexação com o fator de coagulação VIIa, culminando na ativação da cascata de coagulação por meio da clivagem proteolítica dos fatores IX e X.[14,15]

Na via intrínseca, por outro lado, todos os componentes estão constitutivamente presentes no sangue, e sua ativação é mediada pelo contato do fator XII com uma superfície carregada negativamente, a exemplo da interação com o colágeno. Por fim, a ativação do fator Xa e a posterior formação de trombina (fator IIa), responsável pela etapa chave de conversão do fibrinogênio em fibrina, correspondem à via comum envolvida na coagulação sanguínea (Figura 1).[14,15]

A amplificação da cascata de coagulação sanguínea é controlada pela ação de anticoagulantes endógenos, notadamente a antitrombina III, a qual atua como inibidora da atividade protease dos fatores Xa e IIa (trombina)[14,15]. Ademais, após regeneração da superfície endotelial, a degradação do coágulo de fibrina é mediada pela ação da plasmina, em um processo denominado fibrinólise (Figura 1).[16]

Os fármacos anticoagulantes inibem diretamente ou indiretamente a atividade protease dos fatores da cascata de coagulação. Os representantes pioneiros dessa classe atuam por ação indireta, seja através da inibição da modificação pós-translacional dos fatores de coagulação, como no caso da varfarina e demais antagonistas de vitamina K, ou ainda através da potencialização da atividade da proteína anticoagulante endógena antitrombina III pela heparina e seus derivados. Por sua vez, os fármacos anticoagulantes mais modernos foram desenvolvidos como inibidores diretos e seletivos das proteases Xa e trombina (IIa).[5,16]

Os anticoagulantes representam a classe de antitrombóticos de escolha para o tratamento das DCVs associadas ao tromboembolismo venoso, além de serem úteis na prevenção a longo prazo de acidentes vasculares cerebrais (AVCs) em pacientes com fibrilação atrial.[16]

Heparina e derivados

O primeiro anticoagulante utilizado na terapêutica foi a heparina, um glicosaminoglicano natural isolado de tecido mamífero, o qual foi descoberto ao acaso com os trabalhos pioneiros de JayMcLean e William Howell,[17] realizados no início da década de 1920. Estudos posteriores demonstraram a capacidade desse polissacarídeo polianiônico em se ligar à proteína anticoagulante endógena antitrombina III, potencializando seu efeito inibitório frente à atividade serino-protease da trombina e do fator Xa da cascata de coagulação.[16,18,19]

Do ponto de vista químico, a heparina é um polissacarídeo aniônico da família dos glicosaminoglicanos com peso molecular na faixa de 3 a 30 kDa, sendo constituída por unidades de dissacarídeos sulfatados formados entre um ácido urônico, isto é, ácido *D*-glicurônico ou ácido *L*-idurônico, e uma glicosamina. A unidade dissacarídica mais comumente observada, IdoA,2S-GlcNS,6S (1), a qual compõe, aproximadamente, 80% da heparina isolada de pulmão bovino ou mucosa intestinal suína, está representada na Figura 2.[17,19,20]

Considerando a natureza polianiônica da heparina, a sua interação com o anticoagulante endógeno antitrombina III será mediada por ligações iônicas entre os ânions carboxilato e sulfato na estrutura do polissacarídeo e os resíduos de aminoácidos lisina (Lys) e arginina (Arg) carregados positivamente na proteína antitrombina. A heparina é capaz de acelerar a ligação da antitrombina com os fatores de coagulação trombina (IIa) e Xa em mais de 1.000 vezes, sendo utilizada na clínica na prevenção do tromboembolismo venoso desde 1937.[16,18,19]

A administração da heparina em sua forma não fracionada está, no entanto, associada à ocorrência de uma grave complicação, a síndrome da trombocitopenia induzida por heparina (TIH), a qual é caracterizada por elevadas taxas de trombose arterial e/ou venosa. Nessa síndrome, a administração desse fármaco estimula a produção de anticorpos específicos contra complexos

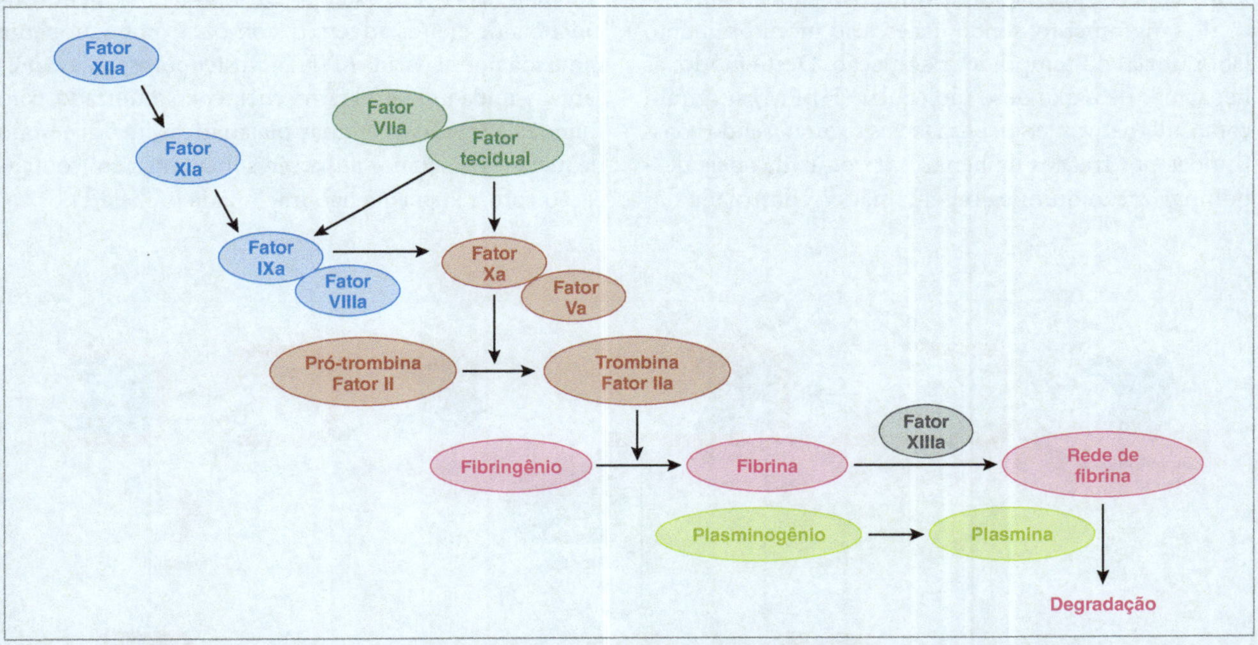

FIGURA 1 Esquema representativo da cascata de coagulação sanguínea. Na via de ativação extrínseca, destacada em verde, o contato do fator tecidual com o sangue induz a sua complexação com o fator de coagulação VIIa, culminando na ativação da cascata de coagulação através da clivagem proteolítica dos fatores IXa e Xa. Na via intrínseca, destacada em azul, todos os componentes estão constitutivamente presentes no sangue, e sua ativação é mediada pelo contato do fator XIIa com uma superfície carregada negativamente, a exemplo do colágeno. A ativação do fator Xa e a posterior formação de trombina (fator IIa), responsável pela etapa-chave de conversão do fibrinogênio em fibrina, correspondem à via comum envolvida na coagulação sanguínea. Por fim, após regeneração da superfície endotelial, a degradação do coágulo de fibrina é mediada pela ação da plasmina, durante o processo denominado fibrinólise.

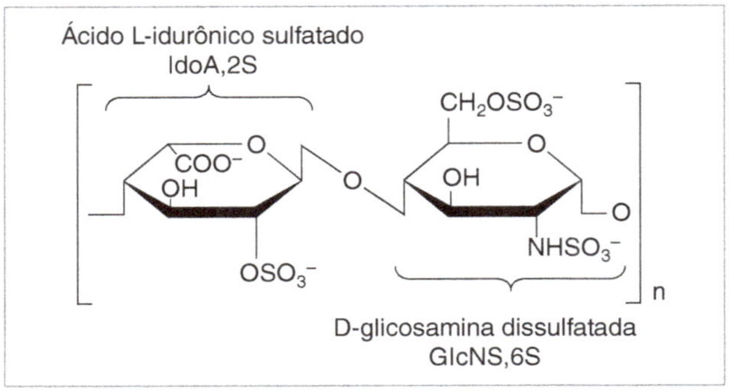

FIGURA 2 Principal unidade dissacarídica (IdoA,2S-GlcNS,6S, 1) observada na estrutura da heparina isolada a partir de pulmão bovino ou mucosa intestinal suína.

formados entre a heparina e o fator-4-plaquetário, uma proteína com elevada afinidade pela heparina. A interação antígeno-anticorpo resultante ocorre na superfície das plaquetas e células endoteliais, culminando em agregação e destruição plaquetária e lesão do endotélio vascular.[15,16]

Essa lesão ativa a cascata de coagulação, resultando no elevado risco de tromboembolismo. Ademais, outros efeitos adversos associados ao uso da heparina não fracionada incluem osteoporose, eosinofilia, reações cutâneas, alopecia, alterações da função hepática e alto risco de sangramento, sendo necessário monitoramento laboratorial do tempo de coagulação. Deste modo, as heparinas de baixo peso molecular (HBPM) surgiram como alternativas terapêuticas mais seguras, sendo constituídas por frações da heparina produzidas pela despolimerização química ou enzimática controlada das cadeias de polissacarídeos, a qual resulta na redução do peso molecular a uma faixa de 4 a 6 kDa.[15,16]

Assim como a heparina não fracionada, as HBPM atuam potencializando o efeito anticoagulante da antitrombina III. A interação com a antitrombina III é mediada por uma sequência polianiônica de pentassacarídeos que está distribuída de forma aleatória ao longo da cadeia polissacarídica da heparina, sendo por si só suficiente para potencializar a inibição do fator Xa pela antitrombina III. No entanto, para o efeito anticoagulante frente à trombina (fator IIa) é necessária a formação de um complexo ternário antitrombina III-longa cadeia de sacarídeos-trombina, a qual não é formada tão efetivamente com as HBPM por apresentarem cadeia polissacarídica mais curta que a heparina não fracionada. Portanto, as HBPM têm ação anticoagulante mais seletiva para atuação diante do fator Xa (Figura 3).[15,17]

Devido a essa maior seletividade para ação inibitória diante do fator Xa e uma inibição menos pronunciada da trombina, as HBPM são anticoagulantes mais seguros, com reduzido risco de sangramento em comparação com a heparina não fracionada, dispensando o monitoramento laboratorial durante o tratamento. Ademais, as HBPM estão associadas a uma menor incidência de efeitos adversos, como a trombocitopenia induzida por heparina (TIH) e a osteoporose. Elas apresentam ainda um perfil farmacocinético otimizado, com menor ligação às proteínas plasmáticas, maior tempo de meia-vida e maior absorção subcutânea em comparação com a heparina não fracionada (Tabela 1).[15,16]

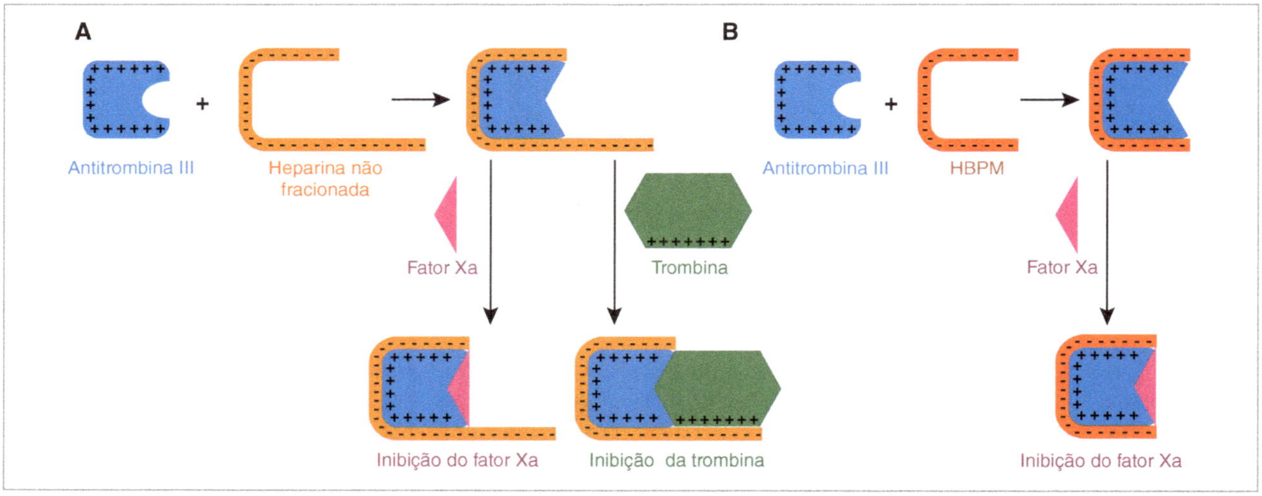

FIGURA 3 Esquema representativo do mecanismo de ação anticoagulante (A) da heparina não fracionada e (B) das heparinas de baixo peso molecular (HBPM).

TABELA 1 Propriedades da heparina não fracionada e das heparinas de baixo peso molecular (HBPM)

Fármacos	Nome comercial	PM médio (kDa)	Razão do efeito anti Xa:IIa	Absorção subcutânea média	Antigenicidade	Ligação a proteínas plasmáticas	Custo
Heparina não fracionada	Actparin, Hemofol, Hepamax-s, Heptar	15	1:1	~ 30%	++	+++	+
HBPM							
Ardeparina	Normiflo	5	2:1 a 4:1	~ 90%	+	+	+++
Dalteparina	Fragmin						
Enoxaparina	Clexane, Versa						
Nadroparina	Fraxiparina						

Posteriormente, análogos pentassacarídicos sintéticos, como o fondaparinux (2; Arixtra®, GlaxoSmithKline) e o idraparinux (3; Sanofi-Aventis), foram planejados a partir da sequência responsável pela interação da heparina (não fracionada e HBPM) com a antitrombina III, apresentando, portanto, uma alta afinidade de ligação com essa proteína. Esses pentassacarídeos são seletivos para a inibição do fator de coagulação Xa, não exercendo efeito sobre a atividade da trombina.[14,15,16]

Fondaparinux (2) apresenta excelente biodisponibilidade subcutânea (~100%), depuração renal, pouca afinidade pelas proteínas plasmáticas e um tempo de meia-vida de 17 horas, permitindo a administração em dose única diária e uma boa predição da sua atividade anticoagulante, dispensando monitoramento laboratorial. Por sua vez, o idraparinux (3), um pentassacarídeo de segunda geração, apresenta uma afinidade ainda mais elevada pela antitrombina III, resultando em um tempo de meia-vida similar ao dessa proteína de cerca de 80 horas. Como consequência dessa propriedade, o fármaco 3 é administrado por via subcutânea uma vez por semana (Figura 4).[16,21]

Antagonistas de vitamina K

Os fármacos conhecidos como antagonistas de vitamina K representam a primeira classe de anticoagulantes orais utilizados clinicamente. Esses fármacos foram introduzidos na terapêutica em meados da década de 1950, sendo empregados até os dias de hoje como terapia anticoagulante de longo prazo. O mecanismo de ação dos antagonistas de vitamina K consiste, na verdade, na inibição da enzima vitamina K epóxido-redutase, a qual participa do ciclo enzimático de modificação pós-traducional de diversos fatores de coagulação (II, VII, IX, X). A inibição da conversão

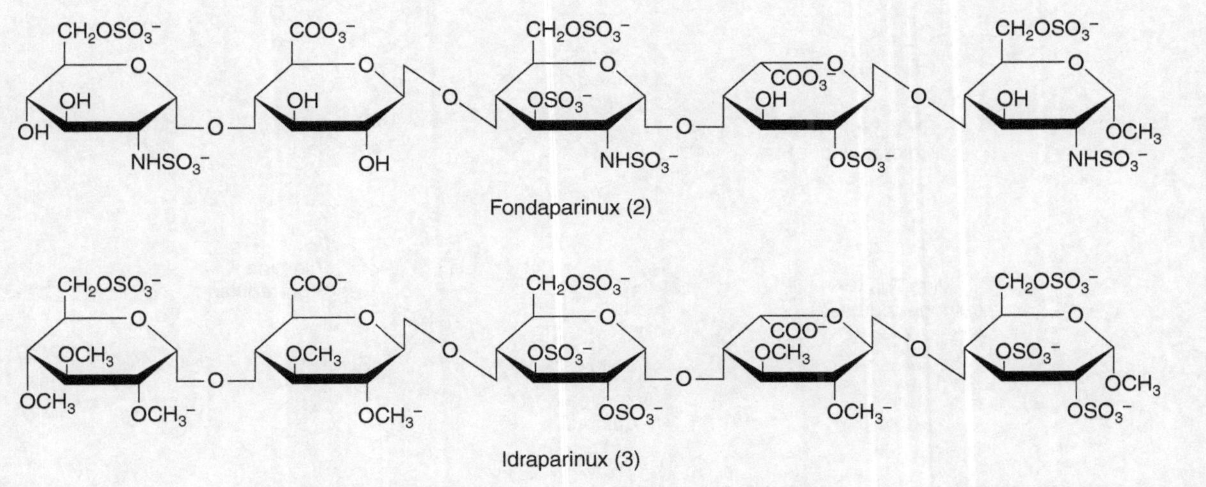

FIGURA 4 Estrutura química dos pentassacarídeos sintéticos fondaparinux (2) e idraparinux (3).

cíclica da vitamina K resulta na formação de fatores de coagulação descarboxilados ou parcialmente carboxilados, os quais apresentam atividade biológica restrita (Figura 5).[16,22]

A varfarina (4) é o principal representante desta classe, sendo amplamente empregada há décadas como anticoagulante oral. O fármaco 4 foi desenvolvido através da otimização estrutural do produto natural dicumarol (5), protótipo 4-hidroxi-cumarínico descoberto ao acaso na década de 20 a partir de episódios de mortes por hemorragia no gado causadas pelo consumo de feno produzido com a planta *Melilotus officinalis*. Duas décadas depois, foi demonstrado que tal efeito era proveniente do envelhecimento do feno, causando a oxidação da espécie química cumarina (6) a 4-hidroxi-cumarina, seguida de reação com formaldeído, originando o produto natural com efeito anticoagulante, o dicumarol (5), o qual chegou a ser empregado em humanos ainda na década de 40 (Figura 6)[5,18].

O análogo estrutural varfarina (4) foi sintetizado e descrito em 1948, sendo lançado no mercado em 1952, inicialmente como um potente raticida. A aprovação

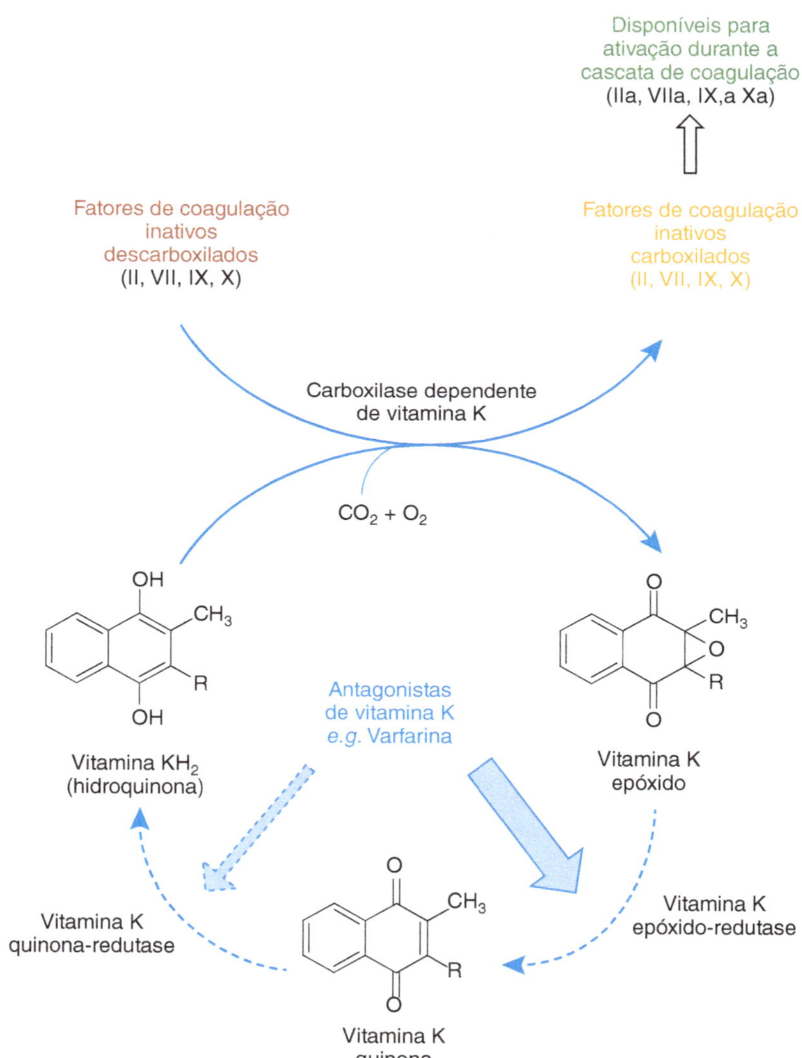

FIGURA 5 Mecanismo de ação dos fármacos antagonistas de vitamina K na inibição da modificação pós-traducional dos fatores de coagulação através da inibição da enzima vitamina K epóxido-redutase e, em menor grau, da enzima vitamina K quinona-redutase.

desse fármaco para uso em humanos ocorreu alguns anos depois, em 1954, e, desde então, a varfarina (4) tem sido amplamente empregada na prevenção e no tratamento do tromboembolismo venoso e na redução do risco de AVC em pacientes com fibrilação atrial.[22]

Embora seu uso terapêutico seja bastante difundido, o emprego desse fármaco está associado a diversas limitações e complicações que devem ser consideradas com cautela. O ajuste da dosagem individual ideal da varfarina (4) é feito com auxílio de monitoramento laboratorial da coagulação sanguínea, uma vez que o índice terapêutico do fármaco é estreito e as variações interindividuais são muito significativas. O uso concomitante de outras medicações ou até mesmo o perfil alimentar do paciente podem alterar o efeito farmacológico, além da elevada incidência de variantes genéticas capazes de interferir na atividade anticoagulante do fármaco 4. Deste modo, mesmo mediante monitoramento laboratorial cuidadoso, a incidência de sangramentos e hemorragias é de cerca de 1-3% nos pacientes tratados.[5,16,22]

A varfarina (4) é administrada por via oral como uma mistura racêmica, sendo o enantiômero *S* cerca de quatro vezes mais potente que o *R*. Ademais, sua metabolização oxidativa pelo sistema enzimático citocromo P450 (CYP450) também é enantiosseletiva. O enantiômero *S*-varfarina é metabolizado pela isoenzima CYP2C9, originando os produtos inativos de hidroxilação aromática nas posições 6 e 7 do anel cumarínico. Por sua vez, a *R*-varfarina é biotransformada em diferentes posições pelas isoenzimas CYP1A2, CYP2C19 e CYP3A4 (Figura 6). Portanto, a ocorrência de polimorfismos nos genes que codificam a isoenzima CYP2C9, responsável pela bioinativação do eutômero *S*-varfarina,

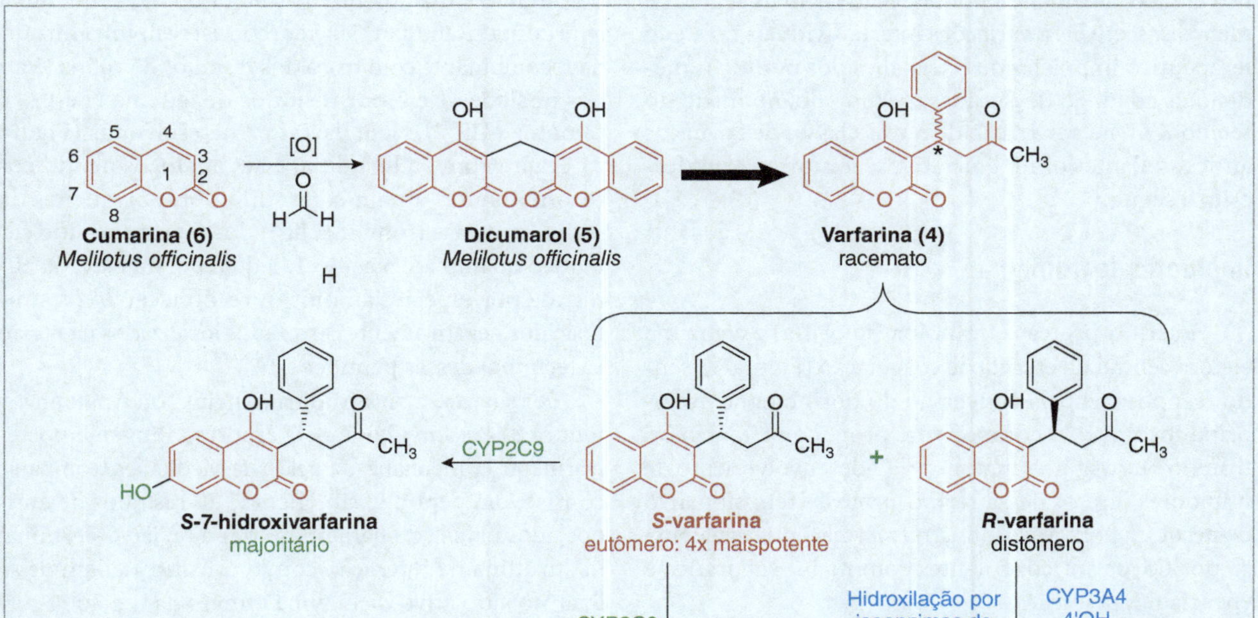

FIGURA 6 (A) Planejamento do fármaco cumarínico varfarina (4) a partir do produto natural anticoagulante dicumarol (5), o qual é formado na planta *Melilotus officinalis* como um derivado da cumarina (6); (B) Principais vias de metabolização oxidativa dos enantiômeros R e S do fármaco 4.

ou ainda nos genes que codificam a enzima-alvo vitamina K epóxido-redutase (VKORC1), respondem por mais de 50% dos casos de variação interindividual na resposta terapêutica à varfarina.[5,16,22]

Ademais, embora esse fármaco seja rapidamente e quase completamente absorvido pelo trato gastrointestinal, atingindo sua concentração plasmática máxima 1 hora após a ingestão, o pico não coincide com a manifestação do efeito farmacológico em virtude do seu mecanismo de ação. Considerando que a meia-vida dos fatores de coagulação é longa, *e.g.* 59 horas para a pró-trombina (fator II), o efeito anticoagulante só será observado após alguns dias do início do tratamento, e a reversão do efeito após suspensão do mesmo também é demorada.[5,22]

Portanto, embora o fármaco varfarina (4) tenha se popularizado mundialmente e se mantido durante mais de meio século como o único anticoagulante oral em uso clínico, a demanda por alternativas mais seguras e menos suscetíveis a variações interindividuais no efeito terapêutico impulsionou o trabalho dos químicos medicinais ao longo de décadas, resultando, no início do século XXI, na aprovação de novas classes de fármacos anticoagulantes oralmente ativos, conforme será descrito a seguir.[17]

Inibidores de trombina

A serino-protease trombina (fator IIa) é a enzima efetora central da cascata de coagulação (Figura 1), sendo responsável pela conversão do fibrinogênio em fibrina insolúvel, o componente proteico primário do trombo ou coágulo sanguíneo.[23] O desenvolvimento de inibidores diretos dessa serino-protease tem sido alvo de pesquisa por várias indústrias farmacêuticas na busca por novos anticoagulantes com maior segurança e eficácia terapêutica.

Essa enzima contém a tríade catalítica característica de uma serino-protease da família das tripsinas, constituída pelos resíduos de aspartato (Asp), histidina (His) e serina (Ser), e apresenta forte preferência para a clivagem de uma ligação peptídica precedida por um resíduo de arginina (Arg), comumente referido na literatura como resíduo P1. No sítio catalítico da trombina, a cavidade S1 contém um resíduo de Asp capaz de interagir por ligação iônica com resíduos de aminoácidos positivamente carregados, sendo responsável pelo reconhecimento da Arg P1.[24,25]

Ademais, o sítio ativo também abrange o subsítio S3, exposto ao solvente, e dois subsítios de natureza hidrofóbica, chamados de sítio S2 e sítio hidrofóbico distal ou S4. Além do sítio catalítico, a trombina também possui os exosítios 1 e 2, ricos em aminoácidos positivamente carregados com afinidade por compostos aniônicos, os quais são responsáveis pelo reconhecimento do fibrinogênio e da heparina, respectivamente.[24,25]

O primeiro inibidor direto dessa protease descrito na literatura consiste em um peptídeo de 65 resíduos de aminoácidos denominado hirudina, um produto natural isolado das glândulas salivares do sanguessuga *Hirudo medicinalis* (Figura 7).[26,27]

Após a determinação da sequência de aminoácidos da hirudina, alguns peptídeos análogos recombinantes desse produto natural foram obtidos visando a sua utilização como anticoagulantes injetáveis úteis no tratamento da trombocitopenia induzida por heparina (TIH). A desirudina (Revasc®, Canyon Pharmaceuticals GmbH) possui a mesma sequência de aminoácidos da hirudina, porém não sulfatada na tirosina (Tyr) 63, enquanto a lepirudina (Refludan®, Bayer) consiste em uma hirudina recombinante com troca dos resíduos de valina (Val) nas posições 1 e 2 por resíduos de leucina (Leu 1) e treonina (Thr 2), além da Tyr 63 não sulfatada (Figura 7). Assim como a hirudina, esses análogos peptídicos recombinantes atuam como inibidores bivalentes da serino-protease trombina, ligando-se tanto ao sítio catalítico quanto ao exosítio 1, o qual possui elevada afinidade por espécies aniônicas, reconhecendo os aminoácidos negativamente carregados localizados na região C-terminal desses peptídeos.[16,18]

Por sua vez, a bivalirudina (Angiox® ou Angiomax®, Figura 8), desenvolvida pela empresa Biogen e posteriormente comercializada pela The Medicines Company, consiste em peptídeo sintético de 20 resíduos de aminoácidos planejado para mimetizar a região C-terminal da hirudina na interação com o exosítio 1, além de se ligar no sítio ativo da enzima através da região *N*-terminal D-Phe-Pro-Arg.[25,28,29]

A afinidade da bivalirudina pela trombina é 1.000 vezes menor do que a da hirudina. O peptídeo bivalirudina atua como um inibidor bivalente reversível com efeito anticoagulante dose-dependente e de curta duração, uma vez que a trombina cliva a ligação peptídica entre os resíduos Arg 3 (P1) e Pro 4, resultando na degradação do inibidor e na rápida recuperação da atividade serino-protease do fator IIa. Esse fármaco peptídico sintético de ação curta foi aprovado em 2002 pela agência regulatória americana Food and Drug Administration (FDA) para emprego como antitrombótico durante o procedimento de angioplastia coronária.[25,28,29]

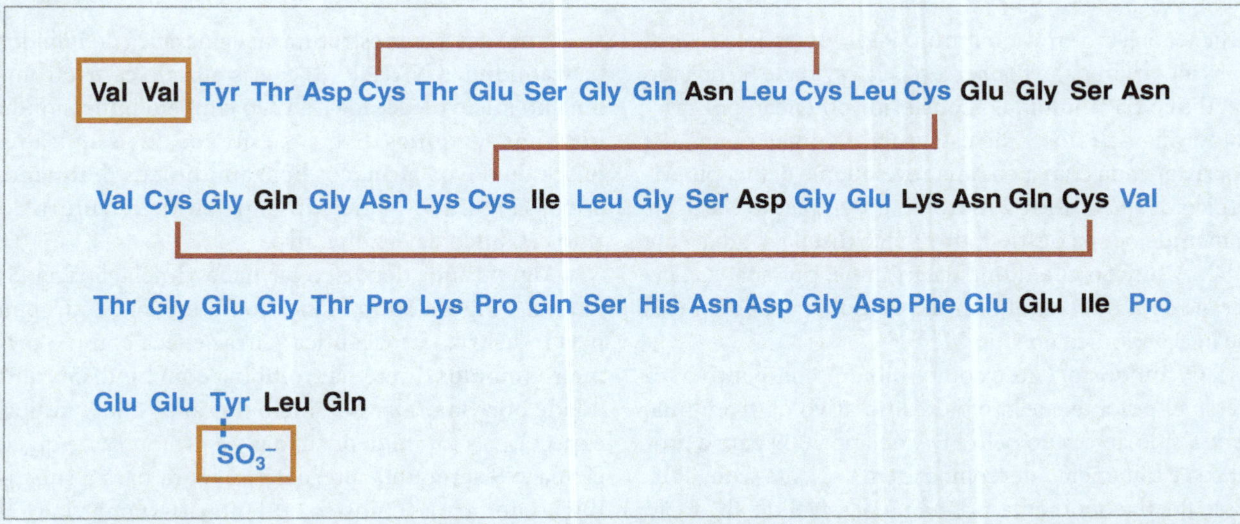

FIGURA 7 Sequência de aminoácidos do produto natural hirudina (variante 1 inicialmente descrita por Dodt et al., 1986), um potente inibidor de trombina. As ligações dissulfeto estão destacadas em vermelho e os resíduos conservados nas diferentes isoformas variantes da hirudina estão destacados em azul. As posições destacadas em laranja são aquelas modificadas nos análogos recombinantes, i.e. a desirudina (hirudina recombinante não sulfatada na Tyr 63) e a lepirudina (hirudina recombinante Leu 1, Thr 2 e Tyr 63-não sulfatada).
Fonte: adaptada de Dodt et al., 1984 e Müller et al., 2016.

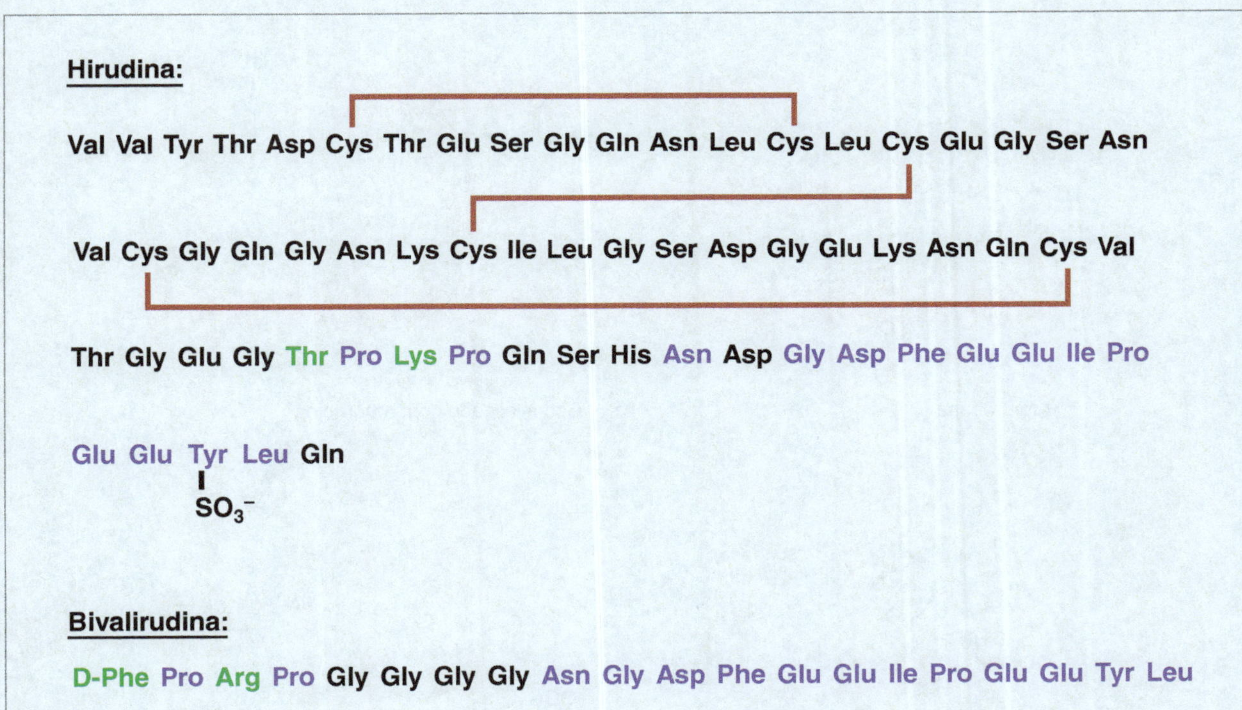

FIGURA 8 Sequência de aminoácidos do produto natural hirudina, um potente inibidor de trombina, e seu análogo sintético bivalirudina. Os aminoácidos idênticos estão destacados em lilás e os similares em verde.

A busca por micromoléculas capazes de atuar como inibidores diretos da trombina também foi alvo de estudo ao longo de décadas por pesquisadores da área Química Medicinal. O protótipo dessa classe de compostos anticoagulantes é a argatrobana (7; GlaxoSmithKline, Figura 9), um derivado sintético obtido por modificação estrutural no aminoácido de cadeia lateral básica L-arginina, reconhecido pela cavidade S1 do sítio catalítico da trombina. A posterior obtenção por cristalografia de raios X da estrutura da argatrobana (7) cocristalizada com a enzima revelou que o anel piperidínico ocupa o sítio S2 hidrofóbico, enquanto a arilsulfonamida ocupa o sítio hidrofóbico distal S4, adjacente à S2. A função guanidina da arginina, por sua vez, interage com o resíduo de aminoácido aspartato através de ligação iônica no sítio S1.[25,28,29]

O composto 7 atua como inibidor competitivo reversível potente e seletivo do sítio ativo da trombina, tendo sido aprovado pelo FDA no ano 2000 para a profilaxia e tratamento de trombose em pacientes com TIH. Esse fármaco, no entanto, não é passível de absorção por via oral, uma vez que possui dois sítios ionizáveis em sua estrutura, sendo administrado por via endovenosa como uma mistura dos estereoisômeros 21-*R* e 21-*S* na proporção 64:36, e o isômero *S* é cerca de duas vezes mais potente que o *R*.[18,23,30]

A publicação da estrutura cristalográfica do inibidor benzamidínico NAPAP (8) cocristalizado com a trombina no início da década de 1990 também impulsionou nos anos seguintes diversos esforços de pesquisa na busca de novos fármacos benzamidínicos oralmente ativos (Figura 9) planejados a partir da estrutura do sítio catalítico da enzima-alvo.[31]

Alguns anos depois, o fármaco ximelagatrana (9; Exanta®, Figura 10) foi lançado no mercado europeu pela indústria farmacêutica AstraZeneca como o primeiro inibidor direto da trombina com biodisponibilidade por via oral.[24] No início dos anos 2000, muitas expectativas foram depositadas na promessa de que o fármaco 9 seria uma alternativa segura para a substituição do fármaco anticoagulante ativo por via oral clássico, a varfarina (4), sem que houvesse necessidade de um monitoramento laboratorial. No entanto, a ximelagatrana (9) foi descontinuada em 2006 após evidências de hepatotoxicidade, antes mesmo de ser aprovada pelo FDA.[23]

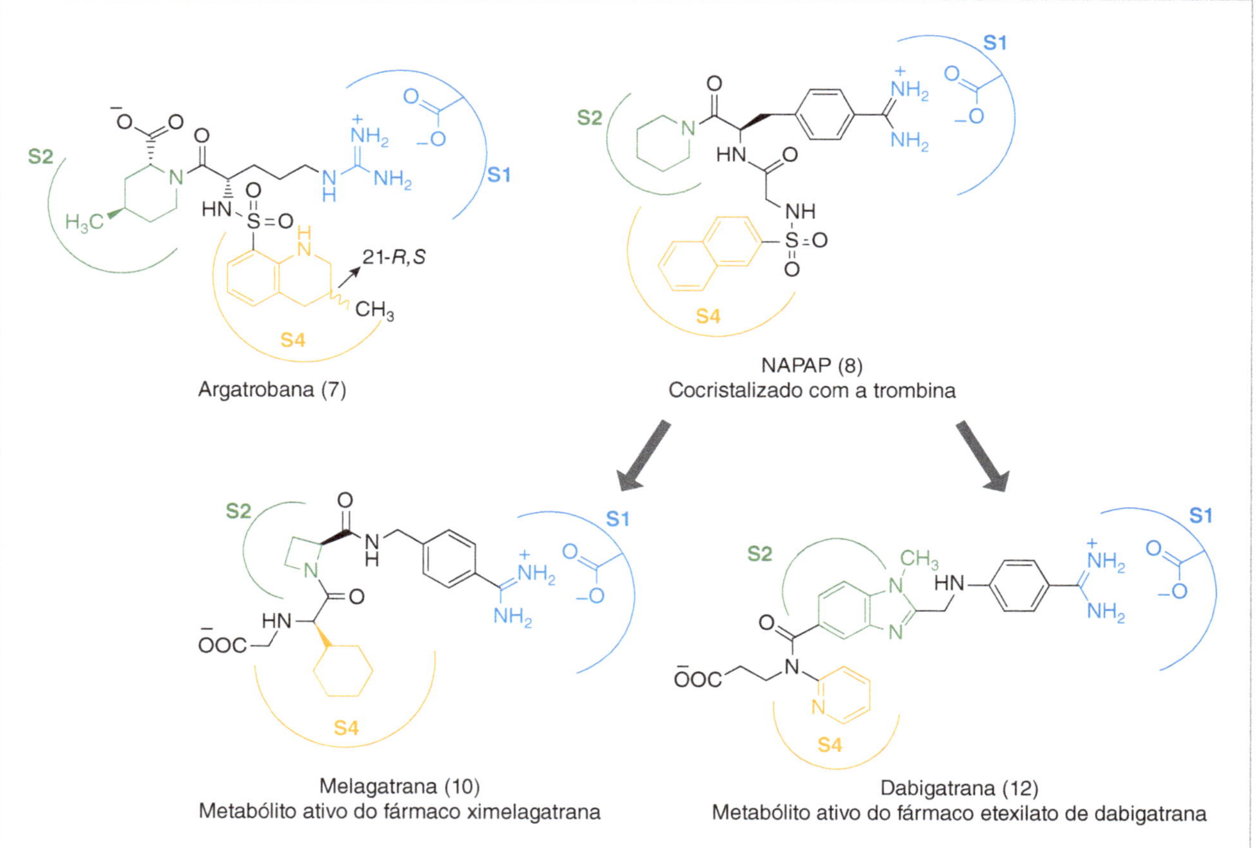

FIGURA 9 Micromoléculas inibidoras diretas e reversíveis do sítio catalítico da trombina. Os grupamentos catiônicos que interagem na cavidade S1 por ligação iônica com o resíduo de aspartato estão destacados em azul, e os grupamentos apolares reconhecidos por interações hidrofóbicas pelas cavidades S2 e S4 estão destacados nas cores verde e laranja, respectivamente.

O composto 9 é, na verdade, um pró-fármaco, o qual é convertido *in vivo* pela redução da amidoxima em amidina e hidrólise do éster em ácido carboxílico, originando o metabólito ativo melagatrana (10) (Figuras 9 e 10), um inibidor peptideomimético reversível de trombina planejado para mimetizar a sequência de aminoácidos responsável pelo reconhecimento da bivalirudina no sítio catalítico da trombina, isto é, D-Phe-Pro-Arg (Figura 8). O planejamento molecular desse novo análogo benzamidínico foi guiado pelas informações obtidas a partir da estrutura cristalográfica do sítio catalítico da enzima cocristalizada com o inibidor NAPAP (8). A função benzamidina mimetiza a cadeia lateral básica do aminoácido arginina no sítio S1, enquanto o resíduo azetidina 2-carboxilato mimetiza a prolina no sítio S2 e o anel cicloexil mimetiza a cadeia lateral hidrofóbica da fenilalanina no sítio S4 (Figura 9).[23,24,25]

Mais recentemente, em 2008, o fármaco etexilato de dabigatrana (11; Pradaxa®, Figura 10) foi lançado pela indústria farmacêutica Boehringer Ingelheim como o primeiro anticoagulante ativo por via oral disponível mundialmente após mais de meio século de aprovação do anticoagulante oral clássico varfarina (4). Embora muitos esforços de pesquisa tenham sido realizados paralelamente por diferentes empresas farmacêuticas, o fármaco 11 ainda é o único aprovado no mercado como inibidor de trombina oralmente ativo.[23,24]

Esse composto é um pró-fármaco da dabigatrana (12), um inibidor reversível potente da atividade catalítica do fator IIa, o qual foi também planejado a partir das informações estruturais obtidas pela cocristalização da benzamidina NAPAP (8) com a trombina (Figura 9). Após absorção oral, o etexilato de dabigatrana (11) é rapidamente convertido em seu metabólito ativo 12 pela ação das esterases plasmáticas (Figura 10).[24]

O fármaco etexilato de dabigatrana (11) está aprovado em mais de 70 países como alternativa terapêutica útil na prevenção de AVCs em pacientes com fibrilação atrial e na redução do risco de trombose após cirurgia ortopédica, representando uma alternativa eficaz e mais segura que a varfarina e as HBPM para o tratamento por períodos prolongados.[23,32]

Inibidores do fator Xa

Enquanto algumas empresas farmacêuticas dedicavam seus esforços científicos na busca por inibidores diretos do fator IIa, outras direcionaram sua pesquisa para a identificação de inibidores da etapa anterior da cascata de coagulação (Figura 10), selecionando como alvo terapêutico de interesse para modulação o fator Xa, responsável pela ativação da trombina. Esses estudos culminaram na aprovação recente de novos fármacos anticoagulantes ativos por via oral, como a rivaroxabana (13), a apixabana (14), a endoxabana (15), e a betrixabana (16) (Figura 11).[23,32]

O fator Xa, assim como a trombina, também é uma serino-protease da família das tripsinas, possuindo a tríade catalítica clássica Asp His Ser, com maior preferência para clivagem de uma ligação peptídica precedida por um resíduo de arginina (Arg). No entanto, algumas diferenças estruturais entre os sítios catalíticos dessas serino-proteases são conhecidas. A cavidade S2 no sítio catalítico do fator Xa possui volume limitado, reconhecendo preferencialmente resíduos de aminoácidos menores, como a glicina, enquanto na cavidade S2 da trombina são toleradas cadeias laterais hidrofóbicas maiores, como no caso da interação com resíduos de prolina e valina.[24]

Em ambas as enzimas, a chamada cavidade S3 está exposta ao solvente e o subsítio S4 possui natureza hidrofóbica, embora, no fator Xa, S4 possua mais resíduos com cadeias laterais aromáticas, fornecendo potencial para interações do tipo empilhamento T e/ou π. Adicionalmente, no fator Xa, a existência de um resíduo de glutamato em S4 permite que sejam reconhecidas não somente subunidades hidrofóbicas, mas também grupamentos funcionais positivamente carregados, realizando interações eletrostáticas do tipo iônica com o glutamato ou do tipo cátion-π com os resíduos de aminoácidos aromáticos.[24]

O desenvolvimento de inibidores diretos do fator Xa foi amplamente influenciado pela descrição do composto DX-9065a (17) pela empresa japonesa Daiichi Pharmaceutical no início da década de 1990. Estudos de relação estrutura-atividade demonstraram que o núcleo naftilamidina de 17 interage por ligação iônica com o resíduo de aspartato na cavidade S1, enquanto o anel pirrolidínico-amidínico, carregado positivamente, interage com o subsítio S4. Esse composto foi o protótipo de uma série de derivados dibásicos, *e.g.* YM-60828 (18), planejados para realizarem interações eletrostáticas com as cavidades S1 e S4 do sítio catalítico do fator Xa. Esses derivados dibásicos, no entanto, apresentavam como limitação a baixa biodisponibilidade por via oral, resultando no planejamento posterior de derivados menos básicos ou mesmo neutros visando à otimização do perfil farmacocinético dos candidatos a fármacos inibidores do fator Xa (Figura 11).[24,33]

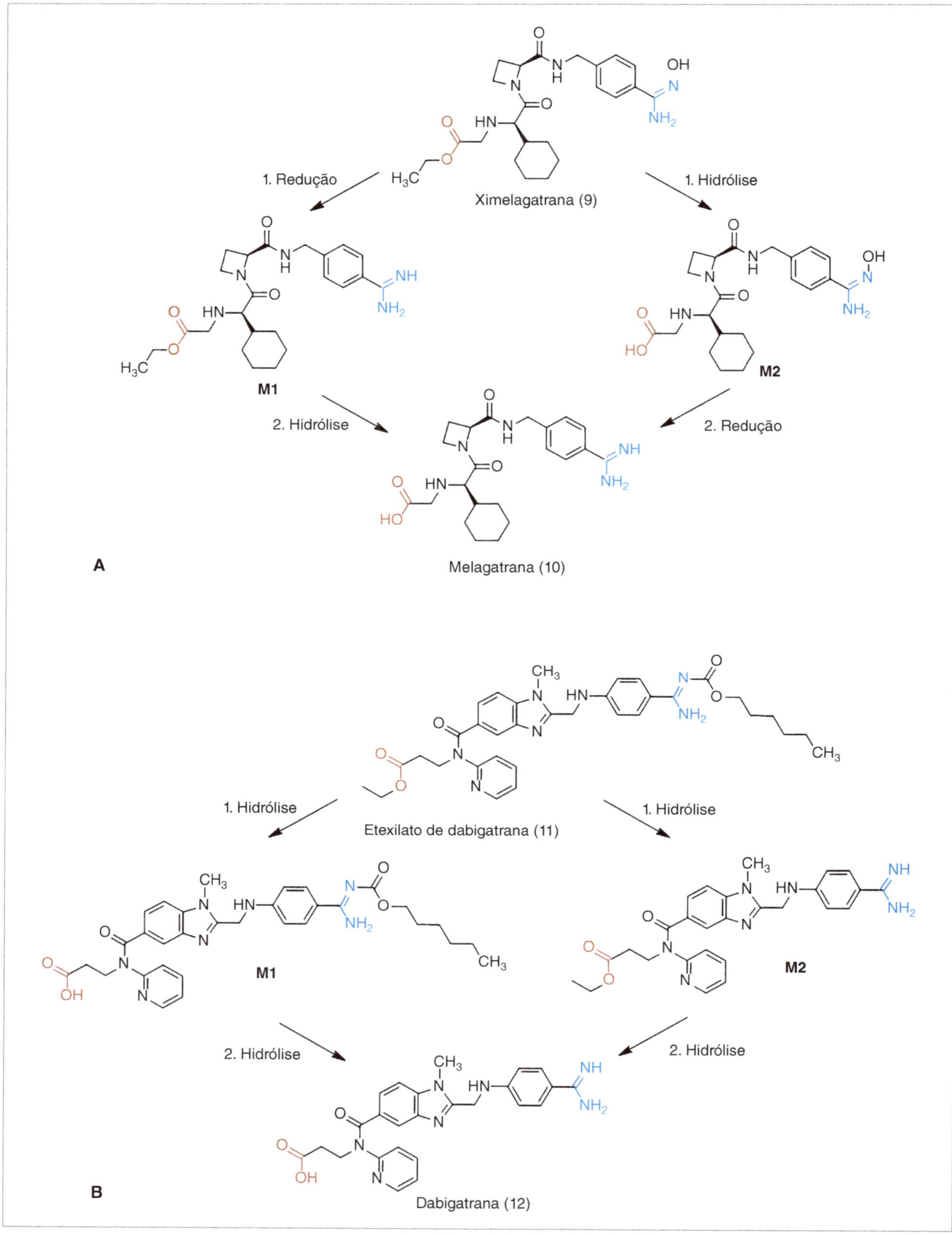

FIGURA 10 Bioativação *in vivo* dos pró-fármacos (A) ximelagatrana (9) e (B) etexilato de dabigatrana (11) nos seus metabólitos ativos inibidores de trombina 10 e 12, respectivamente.

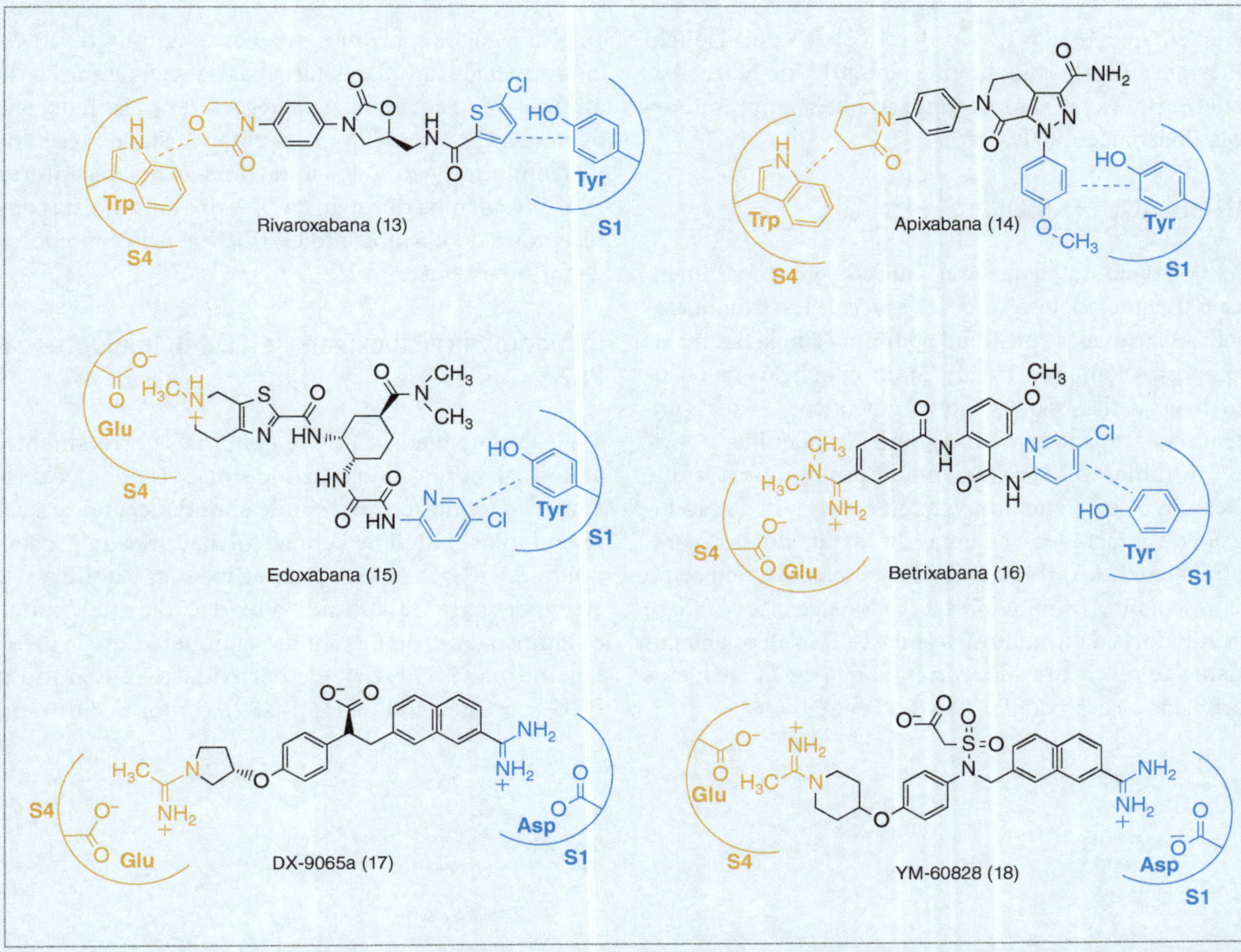

FIGURA 11 Micromoléculas inibidoras diretas e reversíveis do sítio catalítico do fator Xa. Os grupamentos que interagem na cavidade S1 estão destacados em azul e os grupamentos reconhecidos pelo subsítio S4 estão destacados em laranja.

Estudos posteriores com derivados contendo apenas um sítio básico para interação eletrostática demonstraram que esses compostos monobásicos apresentavam uma inesperada tendência a interagir com a proteína-alvo direcionando o grupamento carregado positivamente para a cavidade S4, e não para S1, sem resultar, no entanto, em perda pronunciada do efeito inibitório. Esse resultado inicialmente inesperado pôde ser posteriormente explicado pela existência de um importante resíduo de tirosina na cavidade S1, responsável por interagir de forma favorável com as subunidades neutras introduzidas nos compostos planejados, a exemplo do substituinte clorotiofeno na estrutura da rivaroxabana (13), do anel metoxi-arila na apixabana (14) e do anel cloro-piridínico presente nas estruturas da endoxabana (15) e da betrixabana (16).[24,33]

Esses compostos apresentaram efeito inibitório pronunciado e uma farmacocinética otimizada, sendo em seguida direcionados para a etapa de desenvolvimento clínico. Cabe observar ainda que, diferentemente da endoxabana (15) e da betrixabana (16), as quais utilizam grupamentos básicos ionizáveis para interação com a cavidade S4, os fármacos rivaroxabana (13) e apixabana (14) interagem com essa cavidade através de anéis alifáticos heterocíclicos, explorando a proximidade desses anéis com um resíduo de triptofano presente nesse subsítio (Figura 11).[24,33]

A rivaroxabana (13; Xarelto®), desenvolvida pela indústria farmacêutica Bayer, foi o primeiro fármaco inibidor direto do fator Xa, ativo por via oral, a ser aprovado para uso clínico pela agência americana FDA em 2011 na prevenção do tromboembolismo venoso e na redução do risco de AVC. Posteriormente, seguiram-se as aprovações em 2012 da apixabana (14; Eliquis®), comercializada por uma colaboração entre as empresas Bristol-Myers Squibb e Pfizer; em 2015 da endoxabana (15, Savaysa®), desenvolvida pela Daiichi Pharmaceutical; e, finalmente, em 2017, da betrixabana (16, Bevyxxa®), comercializada pela empresa Portola Pharmaceuticals.[32,33]

ANTIPLAQUETÁRIOS

A terapia antiplaquetária, indicada preferencialmente no tratamento de desordens associadas ao tromboembolismo arterial, é constituída por uma ampla família de compostos com propriedades antitrombóticas englobando diversas classes de agentes terapêuticos, os quais podem ser agrupados em duas grandes subfamílias. A primeira subfamília é representada por compostos que exercem o seu efeito antiplaquetário através da modulação de autacoides e enzimas da cascata do ácido araquidônico (CAA) (Figura 12). Essa subfamília tem como representantes os inibidores da ciclooxigenase (COX-i); os inibidores da tromboxana sintase (TXS-i); os antagonistas de receptores de tromboxana A_2 (TPant); e os fármacos de ação dupla, TXS-i e TPant.[1,5,7,16,34]

Na segunda subfamília estão os compostos bioativos cuja atividade antiplaquetária baseia-se na inibição da ativação das plaquetas para agregação por vias independentes da CAA, a exemplo dos antagonistas do receptor de trombina PAR-1; dos antagonistas dos receptores $P2Y_{12}$ de adenina difosfato (ADP); dos antagonistas dos receptores do fibrinogênio GPIIb/IIIa; e dos inibidores de fosfodiesterase.[1,5,7,16,34]

Inibidores da ciclooxigenase (COX-i)/ inibidores da PGHS

A ciclooxigenase (COX), ou, mais corretamente, a prostaglandina endoperóxido sintase (PGHS), é uma enzima encontrada em grande abundância no retículo endoplasmático de células formadoras de prostanoides. A PGHS possui duas atividades catalíticas, a ciclooxigenase, catalisando a oxidação do ácido araquidônico (AA) ao metabólito endoperóxido de prostaglandina G_2 (PGG_2), e a peroxidase, reduzindo o PGG_2 à prostaglandina H_2 (PGH_2), conforme ilustrado

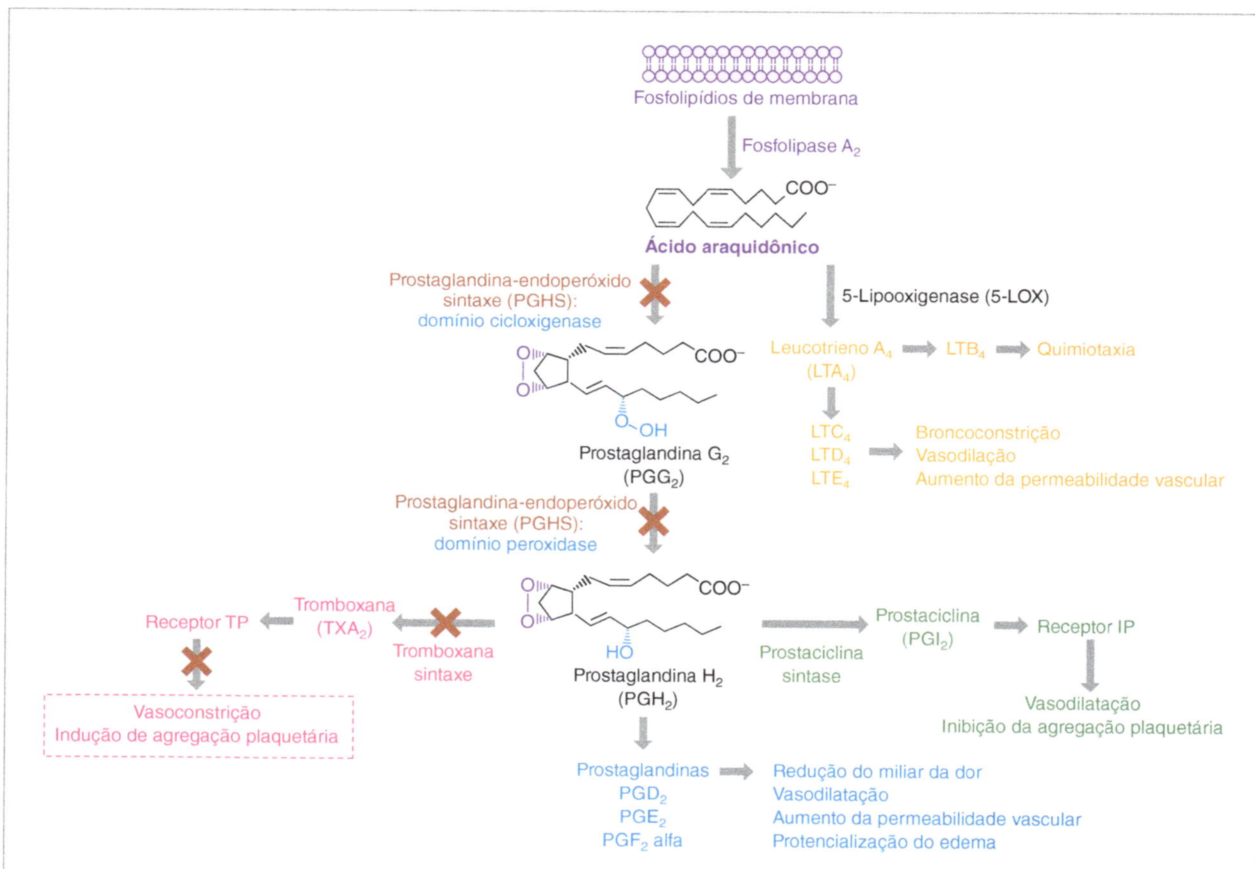

FIGURA 12 Cascata do ácido araquidônico e principais alvos de intervenção terapêutica por fármacos e protótipos antiplaquetários.

na Figura 12. Atualmente, três isoformas da enzima são conhecidas (PGHS-1, PGHS-2 e PGHS-3), dentre as quais a PGHS-1, encontrada em plaquetas, é implicada no controle da hemostasia.[35,36]

O primeiro fármaco da classe dos antiplaquetários conhecido por exercer seu efeito biológico através da inibição da enzima PGHS é o ácido acetilsalicílico (18, AAS, Aspirina®). O AAS (18) foi originalmente desenvolvido como um analgésico, anti-inflamatório e antipirético através de modificações moleculares sequenciais no produto natural glicosídico anti-inflamatório salicina (19), isolado, ainda no início do século XIX, a partir da casca do salgueiro branco (*Salix alba*). O químico alemão Felix Hoffmann foi o responsável pela obtenção sintética do AAS (18), o qual passou a ser comercializado pelos laboratórios Bayer a partir de 1899 (Figura 13).[18,34,36]

Entretanto, o efeito antitrombótico de 18 só foi descrito na década de 1950, tornando a Aspirina®, a partir da década seguinte, o principal fármaco antiplaquetário empregado na clínica no tratamento e prevenção das DCVs associadas ao tromboembolismo arterial, *e.g.* doença arterial coronariana (DAC) e infarto do miocárdio.[16,34]

O AAS (18) exerce seu efeito antitrombótico através da inibição da PGHS-1, resultando na modulação indireta da biossíntese do prostanoide tromboxana A_2 (TXA_2), um potente ativador plaquetário formado por ação enzimática da tromboxana sintase (TXS) sobre o bioprecursor PGH_2 (Figura 12).[1,16,36]

O emprego de dosagens diárias menores (100-300 mg) do que aquela usualmente empregada (≥ 500 mg) para a obtenção do efeito anti-inflamatório e analgésico é suficiente para que o paciente possa se beneficiar do seu efeito antiplaquetário. Como o AAS (18) é um inibidor mais potente da isoforma PGHS-1, presente nas plaquetas, seu efeito inibitório é seletivo para essa isoforma quando administrado em uma dosagem baixa. Adiciona-se a isso o fato de que a Aspirina® atua como um inibidor irreversível, promovendo a acetilação de um resíduo de serina localizado no sítio catalítico da PGHS-1 (Figura 14).[1,5,7]

Considerando a inibição permanente e irreversível da enzima-alvo e a incapacidade das plaquetas anucleadas em expressar novamente a PGHS-1, o uso contínuo de baixas doses do fármaco 18 resulta, assim, em

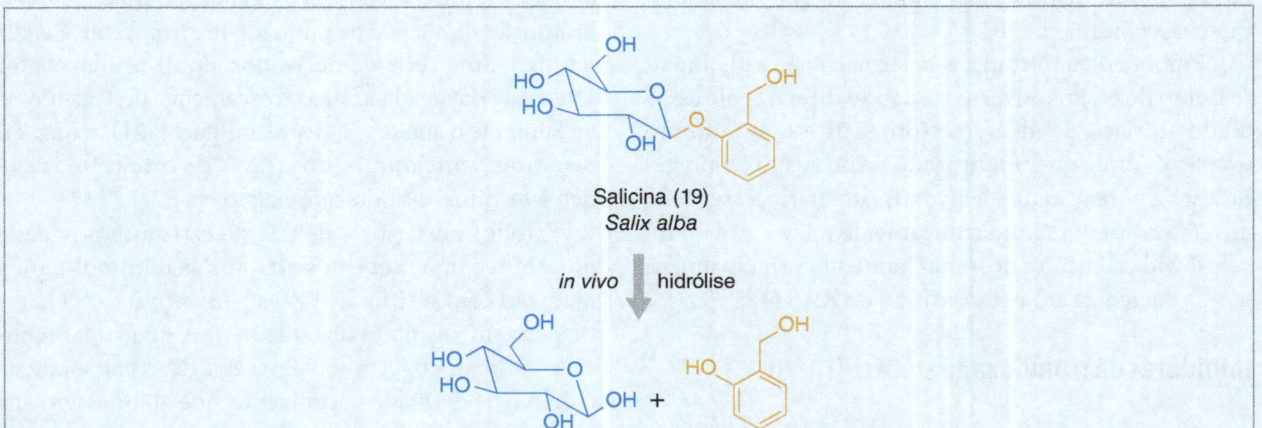

FIGURA 13 O ácido acetilsalicílico (18) foi originalmente desenvolvido como um analgésico, anti-inflamatório e antipirético através de modificações moleculares sequenciais no produto natural glicosídico anti-inflamatório salicina (19), isolado, ainda no início do século XIX, a partir da casca do salgueiro branco (*Salix alba*).

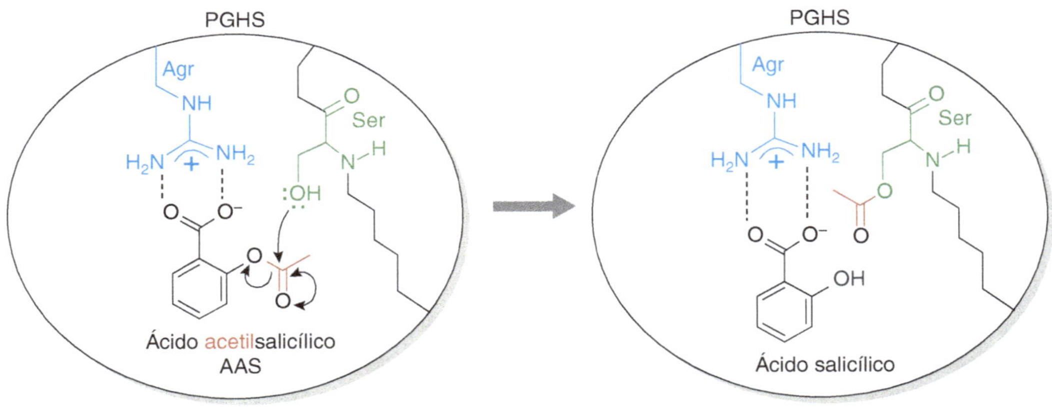

FIGURA 14 Inibição permanente e irreversível da PGHS-1 pelo ácido acetilsalicílico (18), através da acetilação de um resíduo de serina localizado no sítio catalítico da enzima-alvo.

uma inibição sustentada da produção de TXA_2 pelas plaquetas, cujo tempo de vida estimado é de 7-10 dias. Por sua vez, o retorno da função plaquetária normal após a interrupção do tratamento também demora alguns dias, devido à necessidade de que novas plaquetas sejam formadas.[1,5,7]

Embora bem tolerado, esse fármaco não é totalmente isento de efeitos adversos, estando diretamente associado ao risco de úlceras estomacais e sangramento gástrico. Ainda que minimizado na dosagem empregada para a obtenção do efeito antiplaquetário, esse efeito adverso continua sendo clinicamente relevante e merece a devida atenção e acompanhamento, principalmente nos pacientes em uso contínuo de AAS (18).[7,16]

Inibidores da tromboxana sintase (TXS-i)

A tromboxana sintase (TXS), uma hemeproteína da família citocromo P450 (CYP450) encontrada em plaquetas humanas, é a enzima responsável pela conversão do bioprecursor PGH_2 ao eicosanoide TXA_2, um mediador lipídico instável e de ação curta conhecido por sua capacidade de promover a ativação de células da circulação sanguínea e da musculatura lisa, causando a constrição dos vasos sanguíneos e da musculatura lisa do trato respiratório, e atuando como um importante indutor endógeno da agregação plaquetária (Figura 12).[37,38]

Concentrações elevadas de TXA_2 estão associadas a diversas DCVs, incluindo aterosclerose, infarto do miocárdio e tromboembolismo pulmonar,[38,39] e, portanto, a descoberta de inibidores da atividade catalítica da TXS foi considerada uma estratégia promissora para o tratamento dessas enfermidades em meados das décadas de 1970 e 1980.[38,40,41]

O primeiro composto descrito na literatura como um inibidor da TXS (TXS-i) foi o heterociclo imidazol (20). Em função da sua baixa afinidade relativa frente à enzima-alvo, uma série de derivados alquil-imidazóis foi sintetizada e avaliada farmacologicamente, destacando-se inicialmente o análogo 1-heptil-imidazol (21), o qual foi estruturalmente otimizado através da oxidação da sua metila terminal a ácido carboxílico em 22.[38,40]

Estudos posteriores de relação estrutura-atividade indicaram como requisitos estruturais mínimos para a interação com o sítio da TXS a presença de anel heterocíclico nitrogenado distante 8-10 Å do grupamento ácido carboxílico terminal. Em seguida, o planejamento de novos derivados otimizados que atendessem aos requisitos estruturais anteriormente apontados permitiu a identificação de diversos protótipos TXS-i que alcançaram a etapa de ensaios clínicos, a exemplo do derivado piridínico isbogrel (23) e do derivado imidazólico ozagrel (24), o qual chegou a ser licenciado como fármaco no Japão em 1992.[38,41,42,43]

No entanto, a despeito dos resultados promissores iniciais, os fármacos TXS-i não apresentam *in vivo* o perfil terapêutico desejado. A falta de eficácia observada para esses inibidores pôde ser posteriormente explicada pela observação de que o substrato natural da enzima-alvo TXS, a PGH_2, apresenta atividade agonista parcial sobre os receptores de tromboxana A_2. Deste modo, o acúmulo do substrato PGH_2, capaz de ativar

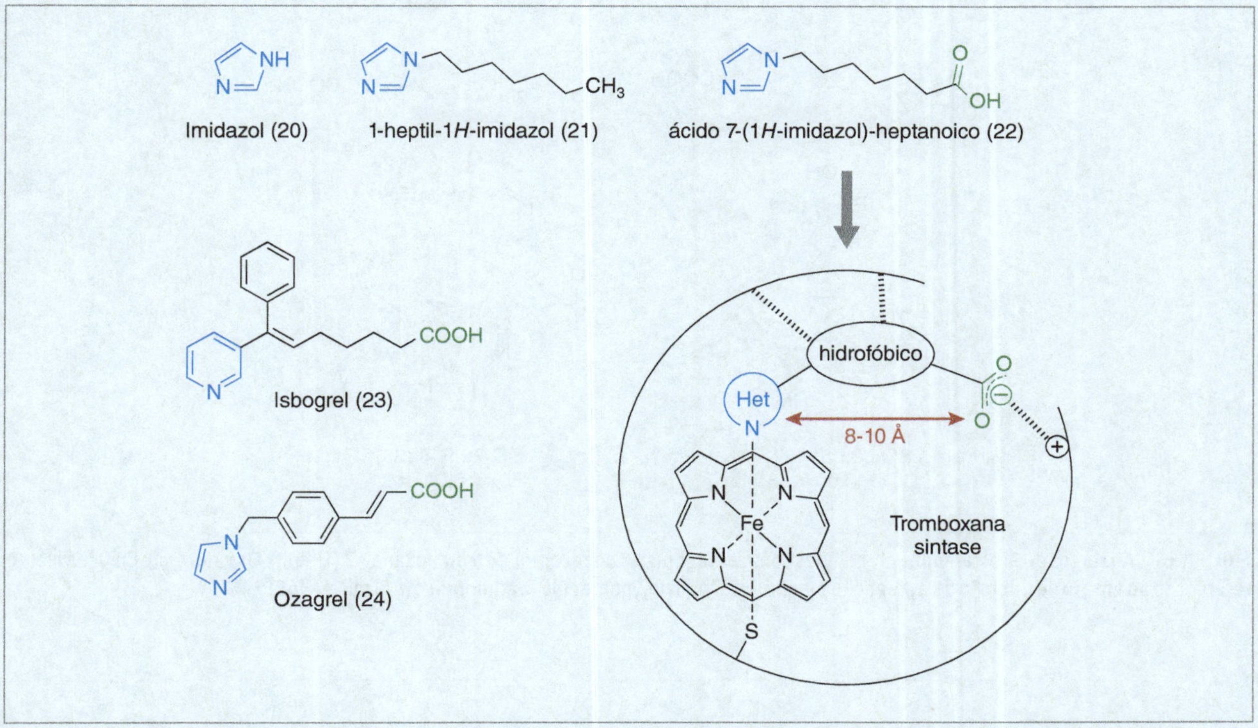

FIGURA 15 Requisitos estruturais mínimos descritos para inibição da enzima tromboxana sintase (TXS) por derivados heterocíclicos.

os receptores de TXA_2, culmina em um efeito farmacológico pró-agregante plaquetário indesejado.[38,42,43]

Antagonistas dos receptores de TXA2 (T-Pant)

A tromboxana A_2 (TXA_2) exerce seus efeitos fisiológicos atuando como agonista de receptores de prostanoides acoplados a proteína G, os quais são denominados receptores TP ou receptores de TXA_2/PGH_2. Duas isoformas desse receptor são conhecidas, TPα e TPβ, as quais são idênticas nos 328 primeiros resíduos de aminoácidos, diferindo apenas nas caudas citoplasmáticas C-terminais.[38,39,43]

Antagonistas da isoforma TPα, presente nas plaquetas, representam uma possível abordagem terapêutica para o tratamento de DCVs associadas a uma atividade aumentada do eicosanoide TXA_2. Em teoria, fármacos que atuam por esse mecanismo apresentariam vantagens farmacológicas em relação aos TXS-i, uma vez que, além de bloquear o efeito da TXA_2, seriam capazes de antagonizar outros ligantes eicosanoides do receptor TP, *e.g.* PGH_2.[38,43]

Baseando-se nessa premissa, diversos antagonistas do receptor TP (TP-ant) foram desenvolvidos desde o início da década de 1980. Os primeiros antagonistas descritos foram planejados como análogos dos agonistas prostanoides, *e.g.* PGH_2 (25), do receptor-alvo (Figura 16).[38,44,45,46]

Em seguida, derivados não prostanoides foram também planejados e identificados como potentes antagonistas do receptor TP. A sulotrobana (29) pode ser considerada o protótipo de uma série de análogos aril-sulfonamídicos descritos como TP-ant. O composto 29 foi descrito ainda na década de 1980 como um potente antiagregante plaquetário, capaz de prevenir a trombose arterial em modelos animais.[47]

A otimização estrutural da sulotrobana (29) originou antagonistas aril-sulfonamídicos mais potentes, como a daltrobana (30)[48] e a terutrobana (31).[49] (Figura 17). O protótipo tetraidronaftalênico 31 se destacou como um TP-ant competitivo, reversível, potente e seletivo, ativo por via oral, o qual alcançou no início dos anos 2000 a etapa de ensaios clínicos como candidato a fármaco para o tratamento de quadros aterotrombóticos. Porém, apesar de ter se mostrado eficaz, esse derivado não avançou além dos ensaios clínicos de fase III por não se apresentar superior ao fármaco de referência AAS (18).[43,49]

Desde então, diversas classes de candidatos a fármacos TP-ant têm sido estudadas. No entanto, o desenvolvimento clínico desses derivados tem se demonstrado desafiador, principalmente quando comparados aos

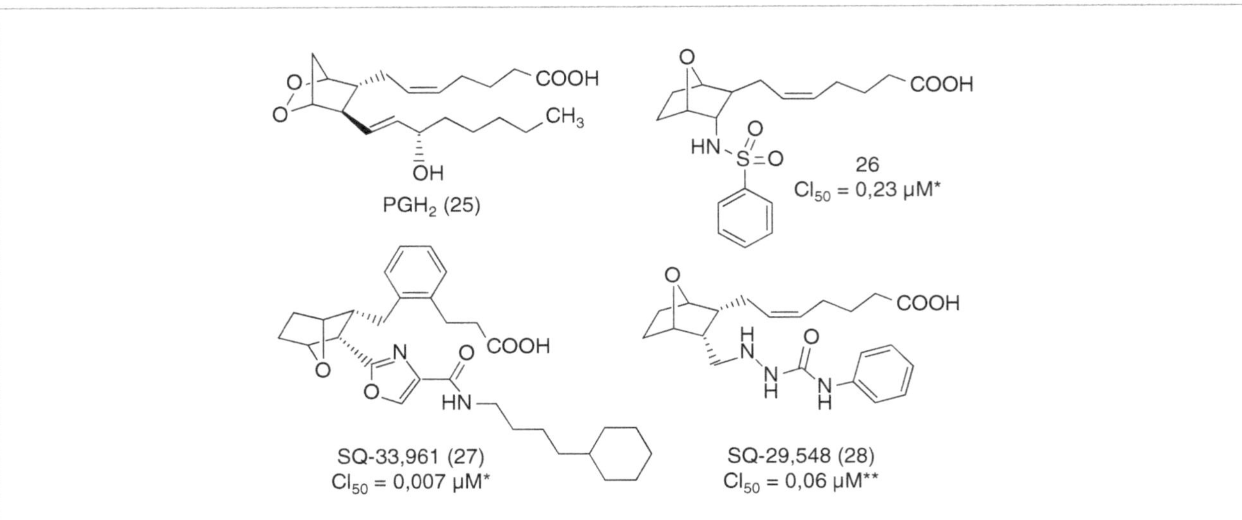

FIGURA 16 Análogos de prostanoides planejados como antagonistas do receptor de tromboxana A2 (TP-ant). Os valores de CI50 fornecidos referem-se ao ensaio de inibição da agregação plaquetária induzida por *ácido araquidônico (AA) ou **U-46619.

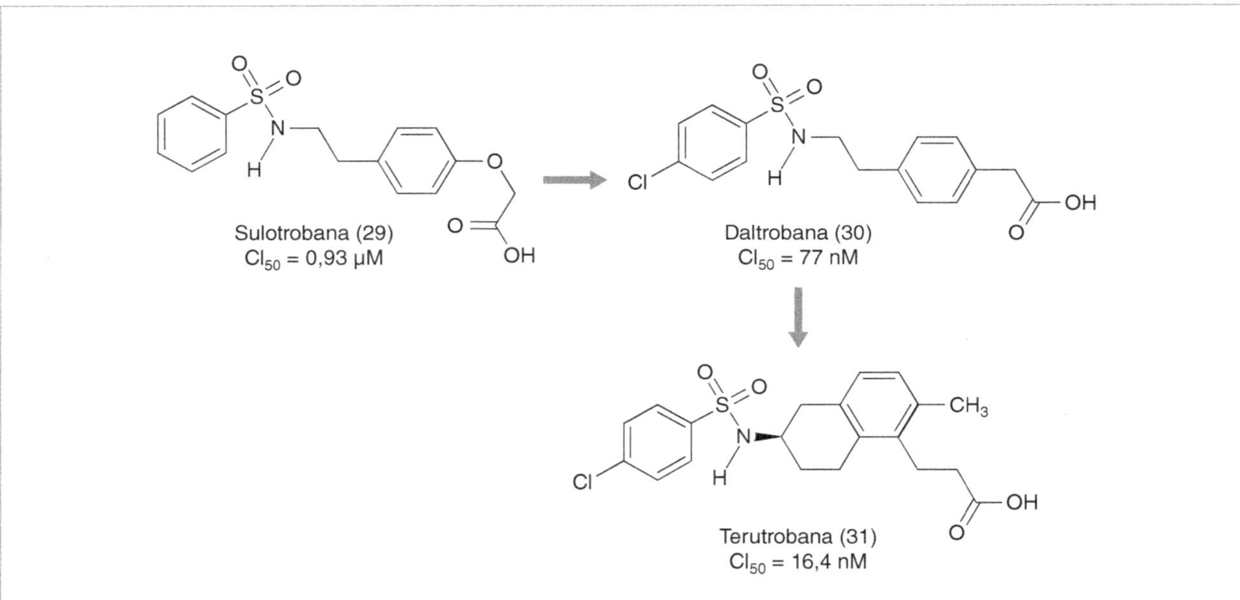

FIGURA 17 Derivados aril-sulfonamídicos não prostanoides descritos como antagonistas do receptor de tromboxana A2 (TP-ant).

fármacos antiplaquetários já consolidados, como o AAS, uma alternativa eficaz, barata e relativamente segura no tratamento e prevenção de diversas DCVs.[49]

Ação dual TXS-i e TP-ant

Baseando-se na evidência experimental de que a combinação de um inibidor de TXS (TXS-i) com um antagonista de receptores TP (TP-ant) resulta em efeito sinérgico para a inibição da agregação plaquetária, a hipótese de que um fármaco de ação dual TXS-i e TP-ant representaria uma promissora abordagem terapêutica se fortaleceu durante a década de 1990. Essa propriedade dual, *i.e.* TXS-i/TP-ant, em um único composto, permitiria maximizar o perfil antiagregante plaquetário, contornando as eventuais complicações decorrentes da administração de dois fármacos com perfis farmacocinéticos distintos, especialmente na profilaxia de longo prazo.[38,43,50]

O isbogrel (23), inicialmente descrito como TXS-i, teve sua ação TP-ant caracterizada posteriormente. Modificações moleculares na estrutura do protótipo piridínico 23 foram realizadas a partir da substituição da função alceno pela função isostérica éter de oxima (a), resultando na obtenção de um novo sítio de interação, através de ligação de hidrogênio, com os receptores TP, e na inserção de um substituinte *meta*-trifluormetila (b) no anel benzênico, originando o análogo estruturalmente otimizado ridogrel (32) (Figura 18), candidato a fármaco, que demonstrou ser um antiagregante plaquetário mais potente que o AAS (18) *in vitro*, seguindo para a fase de ensaios clínicos em pacientes acometidos por infarto agudo do miocárdio. No entanto, apesar dos resultados iniciais promissores, o composto 32 não se demonstrou clinicamente superior à Aspirina® após a conclusão dos estudos clínicos.[38,43,51]

Outro composto piridínico bioativo com conhecida ação dual TXS-i/TP-ant é a picotamida (33), desenvolvida pela indústria farmacêutica Novartis como um agente antiplaquetário útil no tratamento de diversas DCVs,[43,52] o qual, no entanto, nunca chegou a ser aprovado pela agência regulatória americana FDA ou no Brasil pela Agência Nacional de Vigilância Sanitária (ANVISA).

Antagonistas do receptor de trombina PAR-1

A trombina, além de seu papel central na cascata de coagulação, atua diretamente nas plaquetas através de dois diferentes receptores acoplados à proteína G, os receptores ativados por proteases PAR-1 e PAR-4, também conhecidos como receptores de trombina. A protease trombina é responsável por induzir a ativação das plaquetas através da clivagem desses receptores, promovendo a liberação de conteúdo granular e culminando no recrutamento e ativação de novas plaquetas para agregação. É importante ressaltar que, devido a este mecanismo singular de ativação por clivagem proteolítica, os receptores ativados por proteases (PARs) são degradados após ativação, uma vez que este processo é irreversível.[1,8,16,53]

Enquanto o receptor PAR-1 resulta em resposta plaquetária mesmo na presença de concentrações subnanomolares de trombina, a ativação de plaquetas mediada por PAR-4 só ocorre em concentrações bem mais elevadas e, embora ambos os receptores exerçam papel importante como pró-agregantes, estudos têm demonstrado uma maior relevância para o receptor PAR-1.[1,8,16,53]

O primeiro fármaco antagonista de PAR-1 em uso clínico, aprovado em 2014 para o tratamento de DCVs, como o infarto do miocárdio e a doença vascular periférica, é o vorapaxar (34; SCH530348, Zontivity®), descoberto pela indústria farmacêutica Schering-Plough e desenvolvido pela Merck. Esse fármaco consiste em um análogo sintético do produto natural himbacina (35), um alcaloide isolado da planta *Galbulimima baccata* com potente atividade antimuscarínica (Figura 19), no entanto é desprovido do efeito antagonista descrito para o produto natural 35 diante ao receptor muscarínico M_2.[5,7,8]

O vorapaxar (34), por sua vez, atua como um antagonista potente e seletivo do receptor PAR-1, se dissociando lentamente da interação com seu alvo terapêutico, o que resulta em um bloqueio pseudoirreversível.

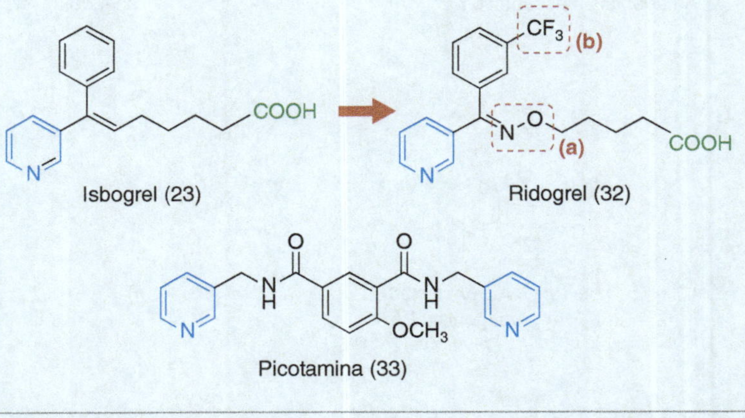

FIGURA 18 Derivados piridínicos descritos como candidatos a fármacos antiplaquetários com ação dual, atuando como inibidores de tromboxana sintase (TXS-i) e como antagonistas de receptores TP (TP-ant).

Esse fármaco é administrado por via oral, sendo rapidamente absorvido e lentamente eliminado, resultando em um elevado tempo de meia-vida. O vorapaxar (34) inibe de maneira dose-dependente a agregação plaquetária induzida por trombina, não apresentando efeito significativo diante ao processo de agregação induzido por outros estímulos, como a TXA_2, o ADP e o colágeno, ou mesmo frente à atividade da trombina na cascata de coagulação.[5,7,8]

No entanto, a ocorrência de sangramentos moderados a graves, resultando principalmente em AVCs hemorrágicos, exige precaução durante o tratamento com o fármaco 34. Partindo-se desta premissa, estudos mais recentes apontam que a identificação de antagonistas reversíveis de PAR-1 permitiria a manutenção dos efeitos terapêuticos observados para o vorapaxar (34), minimizando-se a incidência de sangramentos nos pacientes em tratamento.[54]

Neste contexto, a empresa japonesa Eisai desenvolveu o candidato a fármaco atopaxar (36; E5555) como um antagonista potente e seletivo de PAR-1, apresentando uma dissociação mais rápida do receptor que o fármaco 34, o que resulta em bloqueio reversível do alvo terapêutico (Figura 19).[7,8]

Antagonistas dos receptores P2Y12

O nucleotídeo difosfato de adenosina (ADP) é capaz de atuar como um potente indutor da adesão e agregação plaquetária através da ativação dos receptores acoplados a proteína G $P2Y_1$ e $P2Y_{12}$. Uma vez liberado a partir de hemácias e células endoteliais lesadas, o ADP ativa seu receptor-alvo, culminando na liberação de mais ADP armazenado no interior dessas células anucleadas, o que resulta em um processo de ativação em cadeia. Embora ambos os receptores P2Y plaquetários sejam relevantes neste processo, o $P2Y_{12}$ tem sido considerado um alvo terapêutico mais interessante para exploração clínica por apresentar uma distribuição tecidual limitada em comparação ao $P2Y_1$.[55,56]

Os primeiros antagonistas de $P2Y_{12}$ aprovados como fármacos antiplaquetários pertencem à classe química das tienopiridinas, a exemplo da ticlopidina (37; Ticlid®) e do clopidogrel (38; Plavix®). As tienopiridinas foram descobertas ao acaso na década de 1970 durante a realização

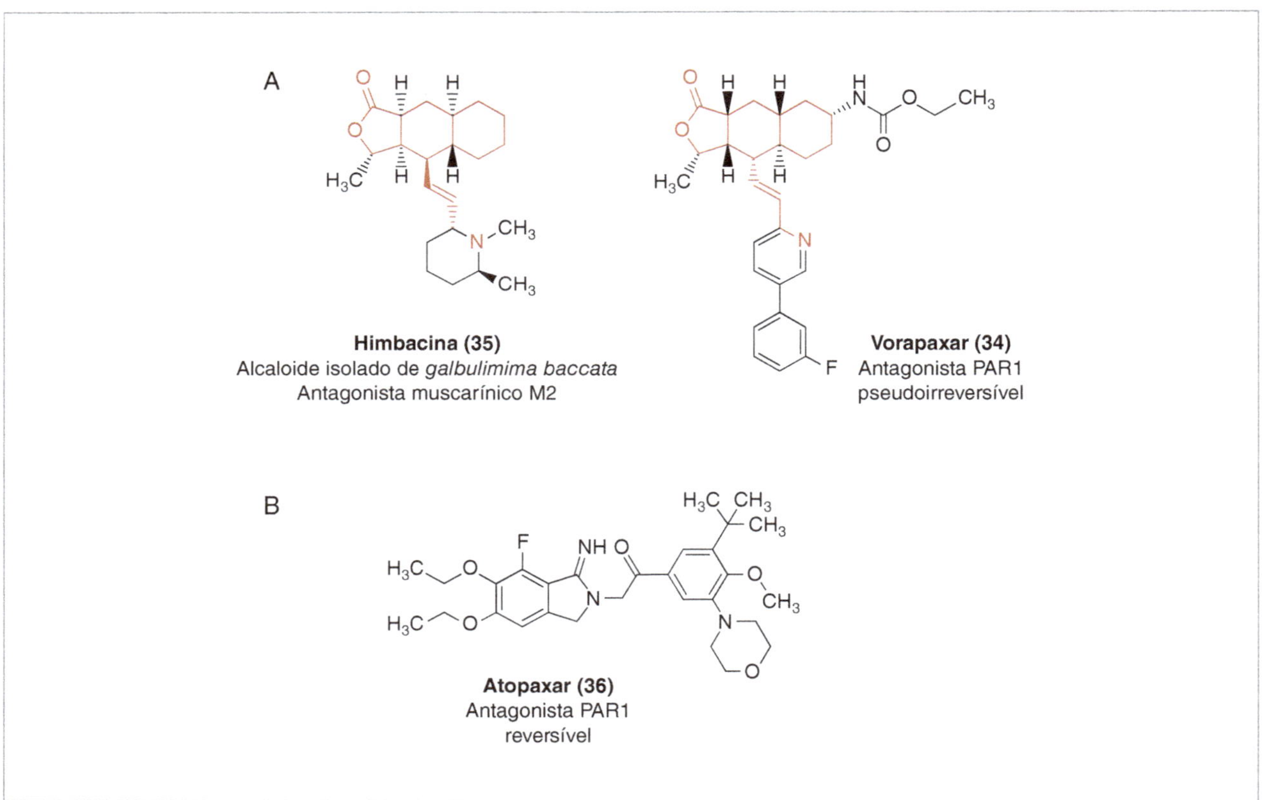

FIGURA 19 (A) Planejamento estrutural do fármaco antagonista pseudoirreversível de PAR-1 vorapaxar (34) a partir do produto natural himbacina (35), um alcaloide com potente atividade antimuscarínica. (B) Estrutura química do antagonista reversível de PAR-1 atopaxar (36).

de ensaios *in vivo* em murinos visando à avaliação das propriedades anti-inflamatórias de uma série de derivados dessa classe química, sendo fortuitamente observado o efeito antitrombótico da ticlopidina (37).[55]

Esse composto passou a ser posteriormente utilizado como fármaco antiplaquetário em humanos, induzindo, no entanto, uma série de efeitos adversos graves, como a leucopenia, a trombocitopenia e a agranulocitose, o que motivou diversos esforços de pesquisa na busca por análogos mais seguros. A introdução do grupamento acetato de metila no carbono benzílico de 37 resultou na obtenção do fármaco clopidogrel (38), comercializado mundialmente a partir de 1998 pelos laboratórios Bristol-Myers Squibb. Essa modificação resulta na introdução de um carbono assimétrico na estrutura de 38, sendo o *S*-clopidogrel o eutômero deste fármaco, isto é, o enantiômero responsável pelo efeito biológico observado.[56]

As tienopiridinas são, na verdade, pró-fármacos cuja ativação metabólica resulta na formação de um grupamento tiol livre, o qual seria capaz de se ligar covalentemente a resíduos de cisteína presentes no receptor-alvo (Figura 20). Tanto a ticlopidina (37) quanto o clopidogrel (38) dependem do metabolismo oxidativo microssomal catalizado pelas isoenzimas do sistema citocromo P450 (CYP450) para ativação metabólica.[7,56]

O mecanismo de ativação das tienopiridinas 37 e 38 está ilustrado na Figura 20 e envolve uma primeira etapa oxidativa para formação do intermediário 2-oxo (39a), seguida de uma etapa de abertura de anel, a qual dá origem ao metabólito ativo correspondente (40). Além do metabólito ativo, a hidrólise da função éster presente na estrutura do clopidogrel (38) resulta na formação de seu metabólito majoritário (41), o qual é desprovido de efeito antiplaquetário.[7,56]

Particularmente, o clopidogrel (38) corresponde a um dos fármacos mais utilizados ao redor do mundo no tratamento clínico de DCVs, sendo amplamente empregado em associação ao AAS (18) no tratamento de pacientes com doença arterial coronariana.[57] No entanto, esse fármaco apresenta diversas limitações, incluindo uma significativa demora no início do efeito terapêutico, restringindo seu emprego em condições clínicas de natureza aguda, além de um risco aumentado de sangramento e uma recuperação lenta da função plaquetária após interrupção do tratamento, ambos frutos da natureza irreversível da ligação ao receptor $P2Y_{12}$ em plaquetas, as quais, por serem anucleadas, não são capazes de expressá-lo novamente.[9,57]

Ademais, a principal limitação associada ao uso terapêutico do fármaco 38 consiste na ocorrência de uma ampla variabilidade interindividual na resposta ao

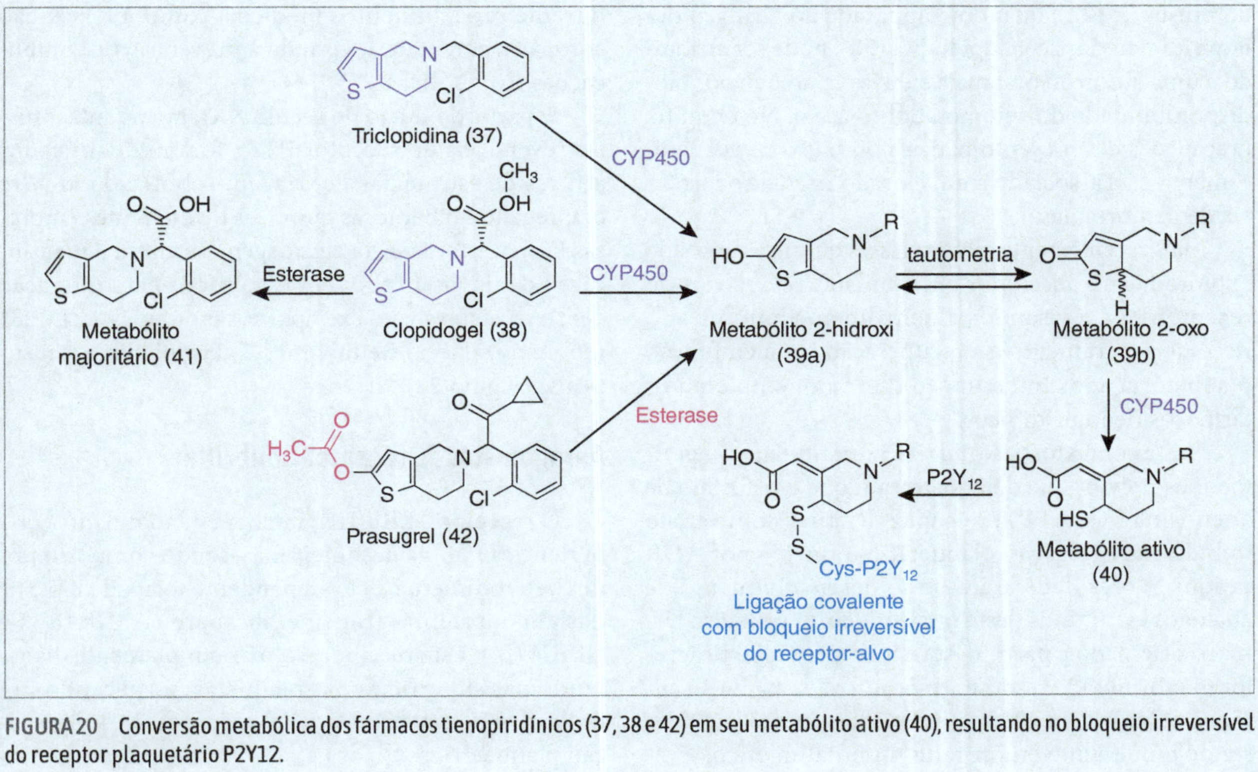

FIGURA 20 Conversão metabólica dos fármacos tienopiridínicos (37, 38 e 42) em seu metabólito ativo (40), resultando no bloqueio irreversível do receptor plaquetário P2Y12.

tratamento, resultando em falta de eficácia em cerca de 1/3 dos pacientes tratados. Os mecanismos associados a essa variabilidade são multifatoriais, abrangendo interações medicamentosas, fatores ambientais e comportamentais, e, principalmente, a incidência de polimorfismo em determinados genes. Cabe destacar que a absorção oral desse fármaco é limitada pela ação do transportador de efluxo da glicoproteína P presente no intestino. Após a absorção, a etapa oxidativa de ativação metabólica, por sua vez, é majoritariamente mediada nos hepatócitos pela ação da isoenzima CYP2C19 pertencente ao sistema enzimático microssomal CYP450. Desta feita, estudos apontaram que a ocorrência de polimorfismos nos genes codificadores da glicoproteína P, e, principalmente, da isoenzima CYP2C19 estariam associados às alterações interindividuais observadas.[5,57]

Neste contexto, o fármaco tienopiridínico otimizado prasugrel (42; Effient®), aprovado para uso clínico em 2009, foi idealizado visando à obtenção de uma resposta antiplaquetária mais reprodutível, rápida e eficaz. Diferentemente do que ocorre com as tienopiridinas 37 e 38, a conversão do prasugrel (42) ao metabólito 2-oxo (39b) é mediada pela ação de esterases intestinais e plasmáticas, conforme ilustrado na Figura 20, minimizando a variabilidade interindividual na resposta ao tratamento com esse fármaco.[7,9]

O efeito antiplaquetário mais rápido e pronunciado do prasugrel (42), quando comparado ao fármaco tienopiridínico clássico clopidogrel (38), pode ser atribuído a uma absorção oral mais efetiva e a uma maior biodisponibilidade do seu metabólito ativo. No entanto, precauções devem ser tomadas, pois o uso desse medicamento está associado a um elevado risco de ocorrência de hemorragias.[7,9]

Mais recentemente, novas classes químicas têm sido exploradas na busca por antagonistas reversíveis do receptor $P2Y_{12}$, visando principalmente minimizar o risco de sangramento e a recuperação lenta da função plaquetária após interrupção do tratamento com os fármacos tienopiridínicos.

Neste contexto, baseando-se em resultados experimentais prévios que demonstraram que o trifosfato de adenosina (43; ATP) era capaz de atuar como fraco inibidor da agregação plaquetária induzida por ADP, pesquisadores dedicaram-se ao desenvolvimento de análogos estruturais deste nucleotídeo. O primeiro fármaco originado a partir desta abordagem foi o ticagrelor (44; Brilinta®, AstraZeneca), aprovado para uso clínico na Europa em 2010 e nos Estados Unidos em 2011, sendo atualmente empregado mundialmente na prevenção de complicações trombóticas em pacientes com síndrome coronária aguda ou histórico de infarto do miocárdio (Figura 21).[9,55,56]

O fármaco ticagrelor (44) consiste em um derivado ciclopentil-triazolo-pirimidínico ativo por via oral, o qual atua como um antagonista seletivo reversível e não competitivo, se ligando a um sítio alostérico localizado na região transmembranar do receptor-alvo. Ademais, esse fármaco apresenta um perfil farmacocinético otimizado quando comparado às tienopiridinas. Após administração por via oral, observa-se um rápido início do efeito terapêutico, o qual é facilmente revertido após a interrupção do tratamento, além de não ser necessária ativação metabólica prévia, o que limita a variação interindividual. No entanto, alguns efeitos adversos estão associados, como dispneia, arritmia e elevação das taxas de ácido úrico e creatinina.[9,55,56]

Outro exemplo de fármaco desenvolvido por estratégia semelhante é o cangrelor (45; Kengreal®, The Medicines Company), um nucleotídeo planejado através de modificações moleculares na estrutura do ATP visando aumentar sua resistência ao metabolismo (Figura 21). Cangrelor (45), por sua vez, atua como um antagonista competitivo reversível de ação rápida, o qual é administrado por via endovenosa e apresenta um tempo de meia-vida bastante curto (< 5 minutos), tendo sido aprovado em 2015 para uso terapêutico durante procedimentos médicos, como intervenção coronária percutânea, visando à prevenção de complicações trombóticas.[7,9,56]

A partir do início do século XXI, novos antagonistas reversíveis do receptor $P2Y_{12}$ foram identificados através de estratégias de triagem robotizada *in vitro* empregando bibliotecas químicas de diferentes empresas farmacêuticas. Esta abordagem permitiu a identificação de novos arcabouços estruturais para interação com o receptor-alvo, a exemplo dos protótipos AZD1283 (46, AstraZeneca) e elinogrel (47, Portola Pharmaceuticals) (Figura 22).[56]

Antagonistas do receptor GpIIb/IIIa

O receptor GPIIb/IIIa, também denominado $a_{IIb}b_3$, pertence à família das integrinas, sendo composto por um heterodímero cálcio-dependente formado a partir das glicoproteínas transmembranares GPIIb (a_{IIb}) e GPIIIa (b_3). Este receptor é o mais amplamente distribuído nas superfícies das plaquetas, fornecendo um indicativo do seu papel crucial no processo de agregação plaquetária.[6,58,59]

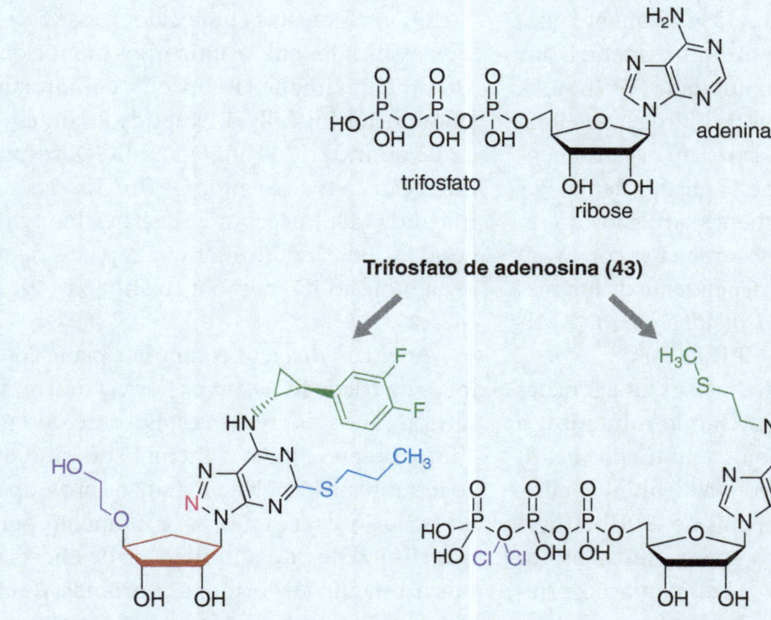

FIGURA 21 Planejamento estrutural dos fármacos antagonistas reversíveis do receptor plaquetário P2Y12 ticagrelor (44) e cangrelor (45) a partir da estrutura do trifosfato de adenosina (43).

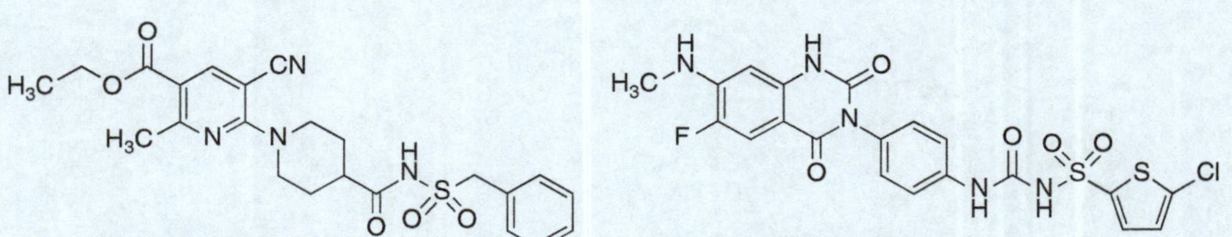

FIGURA 22 Antagonistas seletivos reversíveis (46 e 47) do receptor plaquetário P2Y12 desenvolvidos a partir da otimização estrutural de ligantes identificados por triagem robotizada *in vitro*.

A ativação das plaquetas por diferentes estímulos induz uma mudança conformacional significativa neste heterodímero, expondo o seu sítio de reconhecimento pelos ligantes pró-agregantes, como o fibrinogênio, fator de von Willebrand, fibronectina e vitronectina. Independentemente do agente desencadeador inicial do processo de agregação, a etapa final compreenderá a ligação dos receptores GPIIb/IIIa, na superfície de plaquetas ativadas, aos seus ligantes, em especial o fibrinogênio. A interação entre múltiplos receptores GPIIb/IIIa e uma única molécula de fibrinogênio consiste na etapa-chave para a ligação cruzada entre as plaquetas durante a formação e estabilização dos trombos.[6,58,59]

Neste contexto, a inibição da ligação do fibrinogênio aos receptores GPIIb/IIIa representa uma abordagem terapêutica de interesse no tratamento de desordens tromboembólicas. O fibrinogênio se liga ao GPIIb/IIIa através de três sítios de ligação: um sítio principal que corresponde ao g-dodecapeptídeo (HHLGGAKQAGDV), localizado na região C-terminal da sua cadeia g, e duas sequências de ligação auxiliares contendo o epítopo arginina-glicina-aspartato (Arg-Gly-Asp ou RGD) de reconhecimento por este receptor, o qual está presente também em outros ligantes, a exemplo do fator de von Willebrand.[6,7]

O reconhecimento de ligantes contendo uma tríade de aminoácidos RGD pelo receptor GPIIb/IIIa baseia-se em dois sítios de ligação principais. O grupamento guanidina protonado do resíduo de arginina interage por interações eletrostáticas com a subunidade GPIIb (a_{IIb}), principalmente através de ligações de hidrogênio e uma ligação iônica com um resíduo de aspartato negativamente carregado (Asp224) presente nesta glicoproteína. Por sua vez, a cadeia lateral negativamente carregada do resíduo de aspartato da tríade RGD coordena-se com o íon Mg^{+2} presente no sítio de adesão dependente de íon metálico (do inglês, *metal ion-dependent adhesion site* – MIDAS), localizado na subunidade GPIIIa (b_3).[6,60]

A partir destas informações, diversos antagonistas deste receptor foram planejados visando mimetizar a ligação da tríade RGD presente na estrutura dos ligantes endógenos, como o fator de von Willebrand e fibrinogênio. Três fármacos antagonistas de GPIIb/IIIa já foram aprovados para uso clínico, todos utilizados por via endovenosa para tratamentos de curta duração, principalmente em pacientes submetidos à intervenção coronária percutânea.[6,7,60]

Os antagonistas conhecidos desse receptor podem ser classificados em: i) anticorpos monoclonais, a exemplo do abciximabe (Reopro®), comercializado pelos laboratórios Eli-Lilly; ii) peptídeos contendo uma tríade de aminoácidos análoga à RGD, responsável pela interação com o receptor GPIIb/IIIa, a exemplo da eptifibatida (48; Integrilin®, Schering-Plough); e iii) antagonistas peptídeomiméticos capazes de mimetizar a sequência RGD, como a tirofibana (49; Aggrastat®, Merck).[6,16,59,60,61,62]

Ademais, diversos compostos planejados como análogos da tríade RGD ativos por via oral alcançaram nos últimos anos diferentes estágios de desenvolvimento clínico ou pré-clínico, a exemplo do candidato a fármaco lotrafibana (50). No entanto, os protótipos ativos por via oral não alcançaram, até o momento, aprovação para uso clínico devido a limitações de eficácia e/ou segurança, estando associados à ocorrência de efeitos adversos, como a trombocitopenia e a indução de sangramentos e hemorragia.[6,16,59,60,61,62]

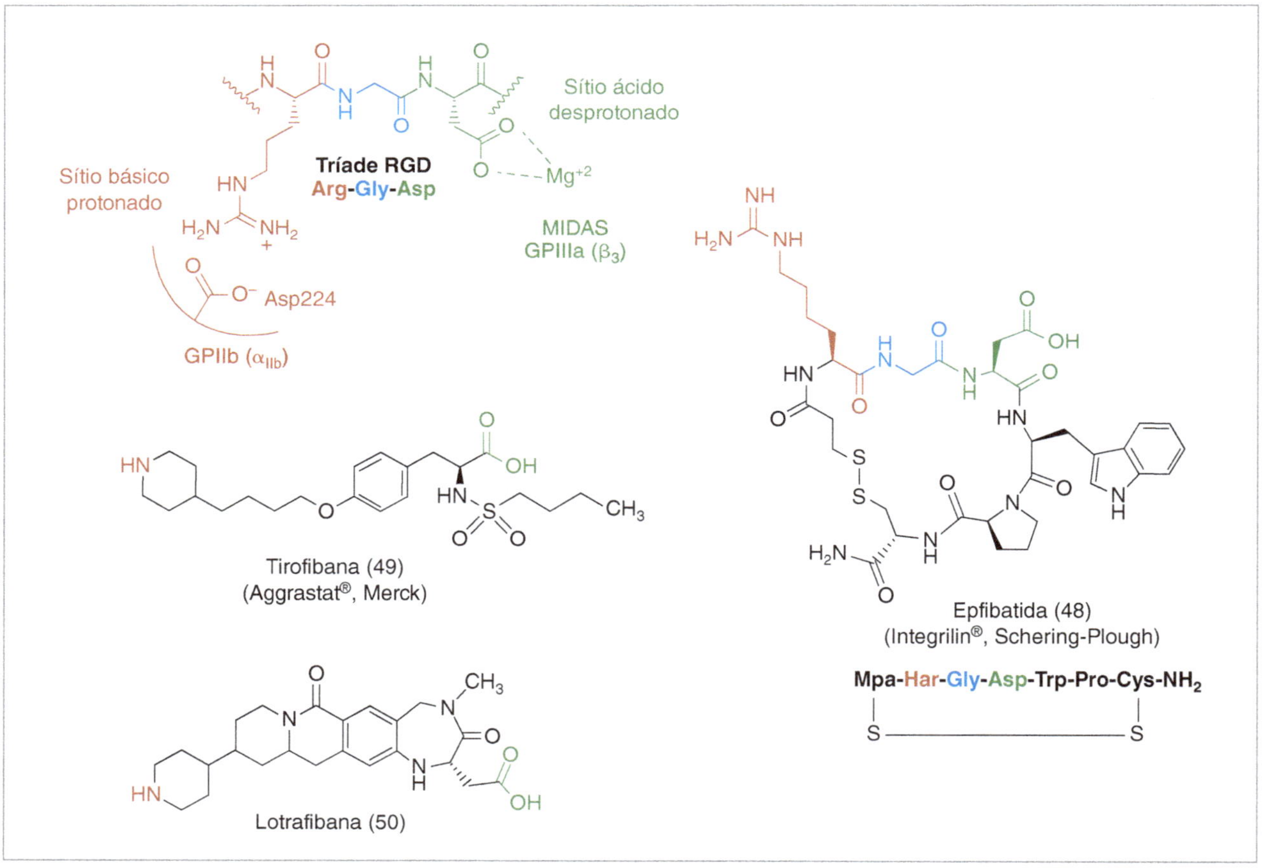

FIGURA 23 Reconhecimento da tríade de aminoácidos RGD pelo receptor GPIIb/IIIa e as estruturas de antagonistas deste receptor capazes de mimetizar o epítopo de ligação RGD.

INIBIDORES DE PDE

As fosfodiesterases de mamíferos (do inglês, *phosphodiesterases* – PDEs) representam importantes alvos de intervenção terapêutica para o tratamento de diversas enfermidades, a exemplo da disfunção erétil, hipertensão pulmonar e doença pulmonar obstrutiva crônica (DPOC). A superfamília das PDEs compreende 11 famílias de enzimas responsáveis pela hidrólise dos nucleotídeos monofostato cíclico de adenosina (AMPc) e monofosfato cíclico de guanosina (GMPc). Mais especificamente nas plaquetas, o AMPc é hidrolisado pelas isoenzimas PDE-2 e PDE-3, enquanto o GMPc é hidrolisado pelas PDE-2 e PDE-5. Particularmente, o AMPc exerce um papel central na inibição fisiológica da agregação plaquetária, sendo a isoenzima PDE-3 a mais relevante na hidrólise deste nucleotídeo cíclico em plaquetas.[1,7]

O AMPc ativa a proteína cinase A (do inglês, *protein kinase A* – PKA), a qual irá fosforilar diferentes proteínas efetoras, culminando na inibição dos processos de adesão e agregação plaquetária.[63] Deste modo, a inibição da PDE-3 representa uma estratégia útil na obtenção de atividade antiplaquetária, uma vez que resultará em aumento nos níveis de AMPc no interior das plaquetas.

O Cilostazol (51; Cebralat®, Libbs Farmacêutica – Brasil; Pletal®, Otsuka Pharmaceutical – EUA) foi desenvolvido como inibidor da degradação do AMPc em plaquetas através da inibição reversível e seletiva da PDE-3, tendo sido aprovado para uso clínico no alívio da claudicação intermitente (CI), um quadro sintomático caracterizado por dor e fraqueza nas pernas associado à doença vascular periférica. No entanto, a ocorrência de efeitos adversos, como cefaleia, palpitação e distúrbios gastrointestinais, limita a adesão ao tratamento com este fármaco. Outros inibidores de PDE-3 encontram-se atualmente em ensaios clínicos, a exemplo do derivado K-134 (52), desenvolvido pela empresa Kowa Pharmaceuticals para o tratamento da claudicação intermitente (CI) e aterosclerose.[1,5,8]

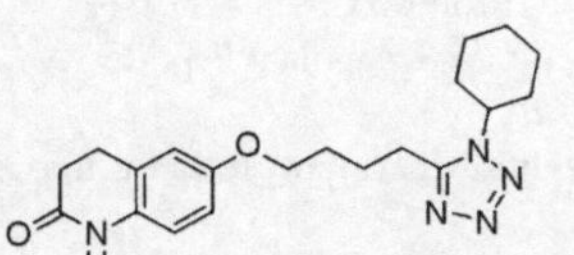

Cilostazol (51)

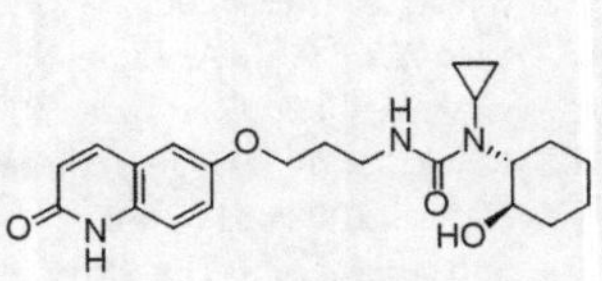

K-134 (52)

FIGURA 24 Estrutura química dos inibidores de PDE-3 com atividade antiplaquetária, o fármaco cilostazol (51) e o protótipo K-134 (52).

FIBRINOLÍTICOS

No processo normal de hemostasia, após a regeneração da lesão endotelial, o agregado de plaquetas e o coágulo de fibrina são biodegradados. A lise do coágulo sanguíneo é consequência da ação enzimática da plasmina, originando, consequentemente, os produtos de degradação da fibrina (Figura 1).[5,6]

Uma relevante abordagem terapêutica para o tratamento de eventos trombóticos agudos consiste na indução do sistema fibrinolítico para a degradação da fibrina. A classe terapêutica dos agentes fibrinolíticos, popularmente conhecidos como trombolíticos, é representada por fármacos que atuam diretamente neste sistema, promovendo a lise do trombo e/ou coágulo sanguíneo. No entanto, o momento da intervenção é crucial para o sucesso desta estratégia, a qual apresenta melhores resultados quando o tratamento é rapidamente iniciado. Por exemplo, em caso de infarto do miocárdio, o paciente geralmente se beneficiará do efeito dos fármacos fibrinolíticos quando introduzidos até 12 horas após o início dos sintomas.[16,6,66]

Exemplos de fármacos fibrinolíticos disponíveis na clínica incluem a estreptoquinase (Streptase®), a uroquinase (Aboquinase®), o ativador de plasminogênio tecidual (t-PA) recombinante (rt-PA), também conhecido como alteplase (Actilyse®), além de dois derivados recombinantes do t-PA contendo mutações pontuais ou de deleção, a tenecteplase (Metalyse®, Brasil; TNKase®, EUA) e a reteplase (Retavase®, EUA; Rapilysin®, Europa). Todos os fármacos mencionados atuam através da indução da conversão do plasminogênio em plasmina (Figura 1), ativando a fibrinólise.[18,65,66]

O primeiro fármaco fibrinolítico empregado terapeuticamente foi a estreptoquinase. Sua descoberta ocorreu ainda na década de 1930, quando pesquisadores descreveram a produção de um metabólito a partir de algumas cepas de estreptococos, o qual era capaz de promover rápida fibrinólise em coágulos humanos. Posteriormente, demonstrou-se que este componente era, na verdade, um ativador do sistema trombolítico e não uma enzima capaz de degradar diretamente a rede de fibrina.[18,65,66]

O uso humano da estreptoquinase para o tratamento do infarto agudo do miocárdio foi introduzido já na década de 1950, sendo, porém, associado a reações anafiláticas frequentes, uma vez que a estreptoquinase não era devidamente purificada. A partir da década de 1980, a estreptoquinase purificada a partir de cepas de estafilococos b-hemolíticos passou a ser clinicamente empregada por via endovenosa como ferramenta terapêutica útil no quadro de infarto agudo do miocárdio. As reações alérgicas ainda são observadas em aproximadamente 5% dos pacientes tratados, devendo ser evitada a sua reutilização por um período de 1 a 2 anos.[18,65]

Este fármaco é constituído por uma cadeia polipeptídica capaz de se ligar a uma molécula de plasminogênio, causando uma mudança conformacional nesta pró-enzima que resulta na formação de um complexo ativo responsável por clivar ligações peptídicas de outras moléculas de plasminogênio, levando à sua ativação em plasmina e culminando na ativação do sistema fibrinolítico. A estreptoquinase induz a geração de uma grande quantidade de plasmina sistêmica, resultando em degradação inespecífica de outras proteínas relacionadas ao plasminogênio, a exemplo do fibrinogênio, dos fatores de coagulação V, VIII, XII e do fator de von Willebrand.[18,65,66]

A uroquinase, por sua vez, consiste em uma serino-protease isolada a partir de culturas de células renais fetais humanas, a qual é capaz de catalisar diretamente a conversão de plasminogênio em plasmina através da clivagem da ligação peptídica Arg560-Val561. Diferentemente da estreptoquinase, a uroquinase raramente induz reações alérgicas nos pacientes tratados. Este fármaco não é comumente empregado no tratamento do infarto agudo do miocárdio, sendo mais frequentemente utilizado para tratamento da embolia pulmonar grave.[18,65]

O fármaco alteplase, que corresponde ao ativador de plasminogênio tecidual (t-PA) não modificado, consiste em uma serino-protease responsável pela conversão direta de plasminogênio em plasmina, atuando preferencialmente na presença de fibrina. Esta característica particular garante a este fármaco uma maior segurança, pois o efeito catalítico serino-protease é potencializado no local do trombo. Ademais, a plasmina formada na superfície da fibrina é protegida da rápida inibição pela ação da α_2-antiplasmina, uma vez que os locais de reconhecimento, ricos em lisina, estão ocupados pela interação com a fibrina. Este fármaco não é imunogênico e a principal complicação associada ao seu uso é a ocorrência de sangramentos, especialmente AVC hemorrágico em pacientes idosos.[18,65,67]

Por fim, a nova geração de fármacos fibrinolíticos é representada por derivados recombinantes do t-PA, como o tenecteplase e o reteplase. A reteplase consiste em um análogo recombinante do t-PA não-glicosilado, uma vez que é obtido a partir de culturas de *Escherichia coli*, resultando em incremento no tempo de meia-vida em comparação com a alteplase. A tenecteplase, por sua vez, consiste em uma variante do tPA com 3 mutações pontuais, resultando em otimização das características farmacocinéticas e farmacodinâmicas. Este fármaco, o qual não apresenta imunogenidade, atua como um ativador direto do plasminogênio com grande especificidade pela fibrina, além de apresentar um tempo de meia-vida superior à alteplase e ser resistente à inativação pelo inibidor da ativação do plasminogênio-1 (PAI-1).[18,65]

REFERÊNCIAS BIBLIOGRÁFICAS

1. Jung JH, Tantry US, Gurbel PA, Jeong Y-H. Current antiplatelet treatment strategy in patients with diabetes mellitus. Diabetes Metab J. 2015;39:95-113.
2. World Health Organization. Global Status Report on Noncommunicable Diseases 2020. [internet] [acesso em 2020 mar. 27]. Disponível em: <https://www.who.int/publications-detail/ncd-progress-monitor-2020>.
3. Mansur ADP, Favarato D. Mortalidade por doenças cardiovasculares no Brasil e na região metropolitana de São Paulo: atualização 2011. Arq Bras Cardiol. 2012;99:755–761.
4. Ministério da Saúde. Prevenção clínica de doenças cardiovasculares, cerebrovasculares e renais. [internet] [acesso em 2020 mar. 27]. Disponível em: <https://aps.saude.gov.br/biblioteca/visualizar/MTE5MQ==>.
5. Mega JL, Simon T. Pharmacology of antithrombotic drugs: an assessment of oral antiplatelet and anticoagulant treatments. Lancet. 2015;386:281-291.
6. Xie Z, Feng S, Wang Y, Cao C, Huang J, Chen Y, et al. Design, synthesis of novel tryptophan derivatives for antiplatelet aggregation activity based on tripeptide pENW (pGlu-Asn-Trp). Eur J Med Chem. 2015;102:363–374.
7. Tello-Montoliu A, Jover E, Rivera J, Valdés M, Angiolillo DJ, Marín F. New perspectives in antiplatelet therapy. Curr Med Chem. 2012; 19:406-427.
8. Ungerer M, Münch G. Novel antiplatelet drugs in clinical development. Thromb Haemost. 2013;110(5):868-875.
9. Sabouret P, Taiel-Sartral M. New antiplatelet agents in the treatment of acute coronary syndromes. Arch Cardiovasc Dis. 2014;107:178–187.
10. Bevis PM, Smith FCT. Deep vein thrombosis. Surgery. 2016;34(4):159–164.
11. Huang T, Li N, Gao J. Recent strategies on targeted delivery of thrombolytics. Asian J Pharm Sci. 2019;14(3):233-247.
12. Macfarlane RG. An enzyme cascade in the blood clotting mechanism, and its function as a biochemical amplifier. Nature. 1964;202:498–499.
13. Davie EW, Ratnoff OD. Waterfall sequence for intrinsic blood clotting. Science. 1964;145(3638):1310-1312.
14. Cimmino G, Fischetti S, Golino P. The Two Faces of Thrombosis: Coagulation Cascade and Platelet Aggregation. Are Platelets the Main Therapeutic Target? J Thrombo Cir. 2017;3:1-6.
15. Syed AA, Mehta A. Target Specific Anticoagulant Peptides: A Review. Int J Pept Res Ther. 2018;24:1-12.
16. Mackman N. Triggers, targets and treatments for thrombosis. Nature. 2008;451:914-8.
17. Subramanian S. The Story of Heparin. Indian J Vasc Endovasc Surg. 2017;29(4):198-200.
18. Lemke TL, Williams DA, Roche VF, Zito SW. Foye's Principles of Medicinal Chemistry: Seventh Edition. Wolters Kluwer Health Adis (ESP), 2013. 1500 p.

19. Mourier P, Anger P, Martinez C, Herman F, Viskov C. Quantitative compositional analysis of heparin using exhaustive heparinase digestion and strong anion exchange chromatography. Anal Chem Res. 2015;3:46-53.
20. Gatti G, Casu B, Hamer GK, Perlin AS. Studies on the conformation of heparin by 1H and 13C NMR spectroscopy. Macromolecules. 1979;12:1001-1007.
21. Weitz JI. New anticoagulants for treatment of venous thromboembolism. Circulation. 2004;110:I-19-I-26.
22. Teles JS, FukudaI EY, Feder D. Varfarina: perfil farmacológico e interações medicamentosas com antidepressivos. Einstein. 2012;10(1):110-115.
23. Van Ryn J, Goss A, Hauel N, Wienen W, Priepke H, Nar H, et al. The discovery of dabigatran etexilate. Front Pharmacol. 2013;4:1-8.
24. Nar H. The role of structural information in the discovery of direct thrombin and factor Xa inhibitors. Trends Pharmacol Sci. 2012;33(5):279-288.
25. Furtmann N, Häußler D, Scheidt T, Stirnberg M, Steinmetzer T, Bajorath J, et al. Limiting the Number of Potential Binding Modes by Introducing Symmetry into Ligands: Structure-Based Design of Inhibitors forTrypsin-Like Serine Proteases. Chem Eur J. 2016;22(2):610-625.
26. Dodt J, Muller H-P, Seemuller V, Chang J-Y. The complete amino acid sequence of hirudin, a thrombin specific inhibitor. FEBS Lett. 1984;165:180-183.
27. Müller C, Mescke K, Liebig S, Mahfoud H, Lemke S, Hildebrandt JP. More than just one: multiplicity of Hirudins and Hirudin-like Factors in the Medicinal Leech, Hirudo medicinalis. Mol Genet Genomics. 2016;291:227-240.
28. Bickmann JK, Baglin T, Meijers JCM, Renne T. Novel targets for anticoagulants lacking bleeding risk. Curr Opin Hematol. 2017;24(5):419-426.
29. Fischer PM. Design of Small-Molecule Active-Site Inhibitors of the S1A Family Proteases as Procoagulant and Anticoagulant Drugs. J Med Chem. 2018;61:3799-3822.
30. Bambrah RK, Pham DC, Rana F. Argatroban in heparin-induced thrombocytopenia: rationale for use and place in therapy. Ther Adv Chronic Dis. 2013;4(6):302-304.
31. Brandstetter H, Turk D, Hoeffken HW, Grosse D, Stürzebecher J, Martin PD, et al. Refined 2.3 A X-ray crystal structure of bovine thrombin complexes formed with the benzamidine and arginine-based thrombin inhibitors NAPAP, 4-TAPAP and MQPA. A starting point for improving antithrombotics. A starting point for improving antithrombotics. J Mol Biol. 1992; 226(4):1085-1099.
32. Fernandes CJCS, Alves Junior JL, Gavilanes F, Prada LF, Morigana LF, Souza R. Os novos anticoagulantes no tratamento do tromboembolismo venoso. J Bras Pneumol. 2016; 42:146–154.
33. Perzborn E, Roehrig S, Straub A, Kubitza D, Misselwitz F. The discovery and development of rivaroxaban, an oral, direct factor Xa inhibitor. Nat Rev Drug Discov. 2011;10(1):61-75.
34. Patrono C, Morais J, Baigent C, Collet JP, Fitzgerald D, Halvorsen S, et al. Antiplatelet Agents for the Treatment and Prevention of Coronary Atherothrombosis. J Am Coll Cardiol. 2017;70(14):1760-1776.
35. Duggan KC, Musee J, Marnett LJ. Peroxidase active site activity assay. Methods Mol Biol. 2010;644:55-65.
36. Ding K, Zhou Z, Hou S, Yuan Y, Zhou S, Zheng X, et al. Structure-based discovery of mPGES-1 inhibitors suitable for preclinical testing in wild-type mice as a new generation of anti-inflammatory drugs. Nature. 2018;8:5205.
37. Hamberg M, Svensson J, Samuelsson B. Thromboxanes: a new group of biologically active compounds derived from prostaglandin endoperoxides. Proc Natl Acad Sci U S A. 1975;72(8):2994-2998.
38. Smith TJ, Johnson JL, Habtewold A, Burmeister MA. Cardiovascular Risk Reduction: A Pharmacotherapeutic Update for Antiplatelet Medications. Crit Care Nurs Clin North Am. 2019;31(1):15-30.
39. Bambi-Nyanguile S-M, Hanson J, Ooms A, Alpan L, Kolh P, Dogné JM, Pirotte B.. Synthesis and pharmacological evaluation of 2-aryloxy/arylamino-5- cyanobenzenesulfonylureas as novel thromboxane A2 receptor antagonists. Eur J Med Chem. 2013;65:32-40.
40. Yoshimoto T, Yamamoto S, Hayaishi O. Selective inhibition of prostaglandin endoperoxide thromboxane isomerase by 1-carboxyalkylimidazoles. Prostaglandins. 1978;16(4):529-40.
41. Kato K, Ohkawa S, Terao S, Terashita Z, Nishikawa K. Thromboxane synthase inhibitors (TXSI). Design, synthesis, and evaluation of a novel series of omega-pyridylalkenoic acids. J Med Chem. 1985;28:287-294.
42. Gresele P, Arnout J, Deckmyn H, Huybrechts E, Pieters G, Vermylen J. Role of pro aggregatory and antiaggregatory prostaglandins in hemostasis. Studies with combined thromboxane synthase inhibition and thromboxane receptor antagonism. J Clin Invest. 1987;80(5):1435-1445.
43. Davi G, Santilli F, Vazzana N. Thromboxane receptors antagonists and/or synthase inibitors. Handb Exp Pharmacol. 2012;(210)261-286.
44. Ogletree ML, Harris DN, Greenberg R, Haslanger MF, Nakane M. Pharmacological actions of SQ 29,548, a novel selective thromboxane antagonist. J. Pharmacol. Exp. Ther. 1985;234(2):435-441.
45. Hagishita S, Seno K.Thromboxane A2 receptor antagonists. I. Synthesis and pharmacological activity of 7-oxabicyclo-(2.2.1) heptane derivatives with the benzenesulfonylamino group. Chem Pharm Bull. 1989;37:327-335.
46. Misra RN, Harris DN, Michel IM, et al. Interphenylene phenyl oxazoles: novel, potent thromboxane receptor antagonists. Bioorg Med Chem Lett. 1992;2:937-940.
47. Patscheke H, Stegmeier K. Investigations on a selective non-prostanoic thromboxane antagonist, BM 13.177, in human platelets. Thromb Res. 1984;33:277-288.
48. Bertolino F, Valentin JP, Maffre M, Grelac F, Bessac AM, Maclouf J, et al. Intrinsic activity of the non-prostanoid thromboxane A2 receptor antagonist, daltroban (BM 13,505), in human platelets in vitro and in the rat vasculature in vivo. Br J Pharmacol. 1995;115:210-6.
49. Wang X, Liu L, Huang L, Herbst-Robinson K, Cornec AS, James MJ, et al. Potent, long-acting cyclopentane-1,3-dione thromboxane (A2)-receptor antagonists. Med Chem Lett. 2014;5:1015-1020.
50. Hara S. Prostaglandin terminal synthases as novel therapeutic targets. Proc Jpn Acad Ser. B Phys Biol Sci. 2017;93(9):703-722.
51. Vanden Bossche H, Willemsens G, Bellens D, Janssen PA. Ridogrel: a selective inhibitor of the cytochrome P450-dependent thromboxane synthesis. Biochem Pharmacol. 1992;43(4):739-44.
52. Ratti S, Quarato P, Casagrande C, Fumagalli R, Corsini A. Picotamide, an anti thromboxane agent, inhibits the migration and proliferation of arterial myocytes. Eur J Pharmacol. 1998;355(1):77-83.
53. Zhang C, Srinivasan Y, Arlow DH, Fung JJ, Palmer D, Zheng Y. High-resolution crystal structure of human Protease-Activated Receptor 1. Nature. 2012;492:387-392.

54. Cui H, Tan W, Shi J, Xia Y. Recent development in thrombin receptor antagonist as novel antithrombotic agent. Open J Med Chem. 2012;2(4):112-118.
55. Nawarskas JJ, Clark SM. Ticagrelor: a novel reversible oral antiplatelet agent. Cardiol Ver. 2011;19(2):95-100.
56. Zetterberg F, Svensson P. State of affairs: Design and structure--activity relationships of reversible P2Y12 receptor antagonists. Bioorganic Med Chem Lett. 2016;26(12):2739-2754.
57. Sabatine MS, Mega JL. Pharmacogenomics of antiplatelet drugs. Hematology. 2014(1);343-347.
58. Askew BC, Bednar RA, Bednar B, Claremon DA, Cook JJ, McIntyre CJ, et al. Non-peptide glycoprotein IIb/IIIa inhibitors. 17. Design and synthesis of orally active, long-acting non-peptide fibrinogen receptor antagonists. J Med Chem. 1997;40:1779-1788.
59. Gomes MEW, Fabris C, Filho JLB, Dreher R, Rosito GA. Antagonistas do receptor plaquetário GPIIb/IIIa. Rev Assoc Med Bras. 2000;46(3):255–264.
60. Lin FY, Zhu J, Eng ET, Hudson NE, Springer TA. Beta-Subunit binding is sufficient for ligands to open the integrin Alpha IIb--beta3 headpiece. J Biol Chem. 2016;291(9):4537-4546.
61. Hashemzadeh M, Furukawa M, Goldsberry S, Movahed MR. Chemical structures and mode of action of intravenous glycoprotein IIb/IIIa receptor blockers: A review. Exp Clin Cardiol. 2008;13(4):192-197.
62. Liu C, Tan J-L, Xiao S-Y, Liao JF, Zou GR, Ai XX, et al. 1,4-Benzoxazine-3(4H)-ones as potent inhibitors of platelet aggregation: design, synthesis and structure-activity relations. Chem Pharm Bull. 2014; 62(9):915-920.
63. Smolenski A. Novel roles of cAMP/cGMP-dependent signaling in platelets. J Thromb Haemost. 2012;10(2):167-176.
64. Rashidi, R., Gorji Valokola, M., Kamrani Rad, S. Z., Etemad, L., & Roohbakhsh, A. Antiplatelet properties of snake venoms: a mini review. Toxin Reviews. 2018;14-23.
65. Longo D. Harrison's Hematology and Oncology. 3rd ed. Nova York: McGraw-Hill Education, 2016.
66. Ali M R, Hossain MS, Islam MA, Arman MSI, Raju GS, Dasgupta P, et al. Aspect of Thrombolytic Therapy: A Review. Sci World J. 2014; 586510.
67. Zhou J, Gao Y, Ma QL. Safety and efficacy of tirofiban in acute ischemic stroke patients not receiving endovascular treatment: a systematic review and meta-analysis. Eur Rev Med Pharmacol. 2020;24(3):1492-1503.

CAPÍTULO 21

Antidiabéticos

Maurício Temotheo Tavares

INTRODUÇÃO

Embora os primeiros registros de sinais e sintomas do diabetes tenham sido descritos nos Papiros de Ebers em cerca de 1550 a.C., a elucidação de sua etiologia e o desenvolvimento de terapia eficaz só ocorreram séculos mais tarde. O termo "diabetes" foi utilizado na Grécia por Areteu da Capadócia, no século II, e significa "passar por" ou "sifão". Esse termo foi utilizado devido à rápida passagem de líquidos pelo corpo dos pacientes e a presença de sede persistente. Em meados do século XVI, o termo "*mellitus*" – palavra em latim para "mel" ou "doce" – seria acrescentado à definição da doença, para descrever o caráter adocicado da urina de pacientes. No século XI, Avicena associou a gangrena ao diabetes e, em 1889, Oskar Minkowski relatou o surgimento de sintomas de diabetes *mellitus* em um cão, após a remoção de seu pâncreas.[1]

Em 1869, Paul Langerhans descreveu pequenos aglomerados celulares no tecido pancreático que não possuíam duto secretor. Posteriormente, Eugene Opie (1902) correlacionou tais aglomerados – as ilhotas de Langerhans – com o diabetes *mellitus*, postulando a existência de uma substância na secreção dessas ilhotas envolvida no desenvolvimento do diabetes – "insulina", "aquela proveniente da ínsula/ilha".[2] Neste sentido, até 1921, a única terapia de controle do diabetes era a utilização de extrato de pâncreas por pacientes acometidos pela doença. Em 1922, Banting e colaboradores isolaram a insulina humana,[3] cuja estrutura química só viria a ser elucidada em 1951, por Frederick Sanger.[4,5] A síntese total da insulina foi descrita por Katsoyannis e colaboradores, em 1963.[6] Atualmente, a obtenção da insulina pode ser semissintética, a partir da insulina porcina. A insulina também pode ser obtida a partir de tecnologia de DNA recombinante, que possibilita a obtenção segura desse hormônio por meio de microrganismos (como *Escherichia coli*) em alto grau de pureza, sem apresentar contaminantes proteicos antigênicos e/ou imunogênicos.[7]

A utilização de extratos vegetais com atividade hipoglicemiante foi registrada nas civilizações maia, asteca e inca, bem como na Europa Medieval. Dentre os extratos vegetais que reduzem a glicemia, destacam-se o extrato de barbatimão (*Stryphnodendron adstringens*), a *Coccínia indica*, cujas ações hipoglicemiantes são análogas à tolbutamida (Figura 1), e os alcaloides das folhas de *Tecoma stans*, tecomina e tecostamina (Figura 1). No Brasil, há registros de utilização das folhas do jambolão (*Syzygium jambolanum*) para o tratamento do diabetes, cuja ação hipoglicemiante é atribuída aos aminoácidos hipoglicina A e B (Figura 1). Os referidos aminoácidos também estão presentes nas folhas de pata-de-vaca (*Bauhinia fortificata*), amplamente utilizada em todo o interior do Brasil.[8]

A inconveniência da administração de insulina por via subcutânea levou pesquisadores à busca de fármacos hipoglicemiantes que permitissem administração oral. Em 1942, Janbon e colaboradores constataram atividade hipoglicemiante de compostos sulfoniltiadiazólicos, como o 2-(*para*-aminobenzenosulfonamida)-5-isopropiltiadiazol (2-PABS-5-IPTD, Figura 1).[9] Inúmeros derivados hipoglicemiantes foram obtidos a partir dessas moléculas, como as sulfonilureias. Antes da Segunda Guerra Mundial, a ação hipoglicemiante da guanidina foi observada, mas sua utilização clínica foi impedida devido aos graves efeitos adversos que promovia. Modificações na guanidina resultaram nas biguanidinas, como a fenformina e metformina (Figura 1), eficazes no controle da glicemia. Nas últimas décadas, novas classes de hipoglicemiantes orais têm sido introduzidas na terapêutica, como os inibidores de alfa-glicosidase, as meglitinidas e as tiazolidinodionas, permitindo o controle da doença em portadores de diabetes *mellitus* não insulino-dependentes (diabetes tipo 2).

EPIDEMIOLOGIA

O diabetes é um dos maiores problemas mundiais de saúde pública. Segundo os últimos levantamentos da Organização Mundial de Saúde (OMS), o número de portadores de diabetes mais que triplicou entre os anos 2000 e 2020, chegando a acometer, em 2019, mais de 460 milhões de pessoas entre 20 e 79 anos. Esse cenário é ainda mais preocupante em relação ao futuro, uma vez que é previsto o aumento do número de casos para 700 milhões em 2045.[10] Ademais, o diabetes possui grande prevalência entre adultos que vivem em países com baixa e média renda *per capita*, sendo que cerca de 80% dos adultos portadores de diabetes vivem em países em desenvolvimento.[10] As estimativas dão conta de que uma a cada cinco pessoas acima de 65 anos seja portadora da doença e que, para cada caso diagnosticado, um não recebe diagnóstico, totalizando mais de 230 milhões de pacientes sem detecção. Somente em 2019, o diabetes foi responsável por 4,2 milhões de mortes no mundo e gerou cerca de 760 bilhões de dólares em gastos com saúde por adultos entre 20 e 79 anos.[10] No Brasil, o diabetes também é um problema de saúde de grande magnitude. Em 2019, o país ocupou a quinta posição entre os países com maior número de diabéticos, com 16,8 milhões de casos entre indivíduos adultos entre 20 e 79 anos.[10] O envelhecimento da população, a crescente prevalência da obesidade, o sedentarismo e processos de urbanização estão entre os principais fatores responsáveis pelo aumento da incidência e prevalência do diabetes. Estima-se que o diabetes responde por 12% do total de hospitalizações não relacionadas a gestações e por mais de 15% dos custos hospitalares do Sistema Único de Saúde (SUS).[11] Dada a relevância epidemiológica do diabetes no Brasil, análises atualizadas são de extrema importância para o correto delineamento de programas nacionais de prevenção e combate ao diabetes.

BASES FISIOPATOLÓGICAS DO DIABETES

O alimento, ao ser ingerido, sofre diversos processos no organismo. Após a ingestão, este é absorvido, principalmente, sob a forma de glicose, triglicerídeos e aminoácidos, os quais geram a energia necessária à ampla variedade de fenômenos biológicos do organismo. A glicose é fonte essencial de energia para o funcionamento do cérebro, músculos em exercício e de células com pouca ou nenhuma mitocôndria, o que justifica a necessidade constante de glicose no sangue. O metabolismo energético é controlado por hormônios como insulina e glucagon, que promovem utilização ou armazenamento de energia.[12]

Atualmente, o diabetes *mellitus* pode ser entendido como uma síndrome metabólica que afeta o metabolismo de gorduras, carboidratos e proteínas, sendo caracterizado pelos altos níveis de glicose no sangue (hiperglicemia) e na urina (glicosúria). Essa hiperglicemia pode ocorrer como resultado da deficiência total – ou parcial – de insulina e/ou pela resistência do organismo à ação do hormônio (insulinorresistência). No entanto, recentes pesquisas têm apontado para a possibilidade de que a deficiência de insulina observada no diabetes – que explica a incapacidade de utilização da glicose –, associada à hipersecreção de glucagon – que eleva a

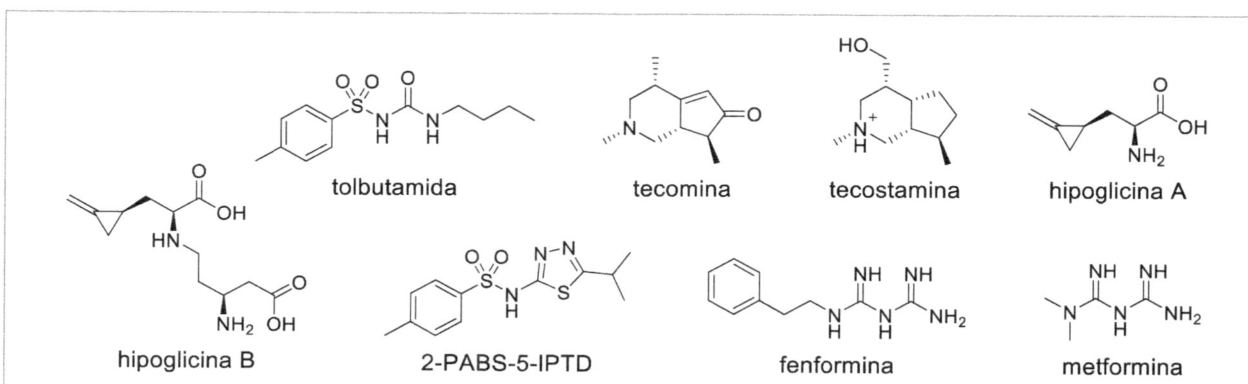

FIGURA 1 Compostos orgânicos de origem natural e sintética com ação hipoglicemiante.

produção hepática de glicose a quantidades superiores ao necessário –, leva à hiperglicemia.[12] Essa hipótese surgiu a partir da observação de que as hiperglicemias de jejum e pós-prandial eram atenuadas após a administração de somatostatina em pacientes diabéticos insulinodependentes (diabetes tipo 1).

A somatostatina, assim como a insulina e o glucagon, é um hormônio produzido pelas ilhotas de Langerhans do tecido pancreático, em células secretoras de somatostatina, denominadas células delta. As células secretoras de glucagon (células alfa) encontram-se majoritariamente na periferia das ilhotas, enquanto as secretoras de insulina (células beta) estão localizadas no interior destas. Esses hormônios apresentam entre si uma importante relação homeostática (Tabela 1). O glucagon estimula a secreção de insulina, que, por sua vez, exerce ação inversa à secreção daquele. Já a somatostatina inibe a secreção de ambos, mantendo o controle fisiológico dos níveis de glicose circulante.[13]

Além dos hormônios pancreáticos, é válido ressaltar que outras substâncias endógenas alteram o metabolismo da glicose. Os exemplos mais relevantes são a amilina, as incretinas, as catecolaminas, os glicocorticoides e o hormônio do crescimento (GH).[13]

A amilina (Tabela 1) é um peptídeo de 37 aminoácidos que, assim como a insulina, é produzido e secretado pelas células beta, em uma proporção de 1:100. Sua função está relacionada à redução da taxa de esvaziamento gástrico, o que controla a absorção da glicose evitando picos sanguíneos no período pós-prandial. Esse hormônio também suprime a secreção de glucagon, levando à supressão de gliconeogênese.[14] A amilina é um peptídeo altamente amiloidogênico, isto é, com alta tendência à formação de polímeros amiloides. Estudos relatam a presença de depósitos amiloides no tecido pancreático de pacientes portadores de diabetes tipo 2, sendo que o grau de deposição dos agregados é diretamente correlacionado à severidade e ao avanço da doença.[13,14]

TABELA 1 Efeito de hormônios sobre o controle da glicose sérica

Reguladores	Principais ações	Estímulos de secreção	Efeitos
Insulina	• Aumento da captação de glicose • Aumento da síntese de glicogênio • Inibição de glicogenólise • Inibição de gliconeogênese	• Aumento da concentração de glicose sanguínea	• Redução da concentração sanguínea de glicose
Amilina	• Redução da taxa de esvaziamento gástrico • Absorção de glicose lenta e controlada • Inibição da secreção de glucagon • Inibição de gliconeogênese	• Alimentação	• Aumento lento e gradual da concentração sérica de glicose
Somatostatina reguladora	• Inibição da ação do glucagon	• Aumento da concentração sanguínea de glucagon	• Inibição da secreção de glucagon
Incretinas (GIP e GLP-1)	• Aumento da síntese e secreção de insulina • Inibição da síntese de glucagon • Redução da taxa de esvaziamento gástrico	• Alimentação	• Secreção de insulina • Redução dos níveis de glucagon • Redução da concentração sanguínea de glicose
Contrarreguladores			
Glucagon	• Indução de glicogenólise • Indução de gliconeogênese	• Redução da concentração sanguínea de glicose	• Aumento da concentração de glicose sanguínea
Somatostatina contrarreguladora	• Inibição da ação da insulina	• Aumento da concentração de glicose sanguínea	• Inibição da secreção de insulina
Catecolaminas (epinefrina/norepinefrina)	• Indução de glicogenólise • Indução de gliconeogênese • Redução da captação de glicose sanguínea	• Eventos de estresse imediato • Resposta de "luta e fuga"	• Aumento da concentração de glicose sanguínea • Aumento da secreção de glucagon • Inibição da secreção de insulina

(continua)

TABELA 1 Efeito de hormônios sobre o controle da glicose sérica (*continuação*)

Reguladores	Principais ações	Estímulos de secreção	Efeitos
Glicocorticoides (cortisol e derivados)	• Indução de gliconeogênese • Redução de captação da glicose sanguínea	• Baixos níveis de glicose sanguínea • Eventos de estresse imediato e/ou prolongado • Resposta de "luta e fuga"	• Aumento da glicose sanguínea • Aumento da concentração de glicogênio
Hormônio do crescimento (GH)	• Indução de gliconeogênese • Redução de afinidade da glicose por transportadores insulinodependentes • Redução de afinidade da insulina para receptores de insulina (RI)	• Disfunções adeno-hipofisárias	• Aumento de concentração sanguínea da glicose • Aumento da produção hepática de glicose • Redução da captação de glicose pelos tecidos

Outra classe de hormônios que modulam a glicemia são as incretinas (Tabela 1), hormônios metabólicos produzidos no intestino que possuem diversas funções de sinalização, sendo uma das principais o estímulo à síntese e secreção de insulina. Dentre as principais incretinas estão o peptídeo semelhante ao glucagon 1 (GLP-1 – peptídeo de 30 aminoácidos) e o peptídeo insulinotrópico glicose-dependente (GIP – peptídeo de 42 aminoácidos). O GIP é secretado pelas células K, localizadas majoritariamente no duodeno, e foi a primeira incretina a ser descoberta e ter seu efeito insulinotrópico descrito.[15] O GLP-1 foi o segundo hormônio incretínico identificado, sendo produzido pelas células L do íleo distal e do cólon, após ingesta alimentar. Atualmente é considerado o principal hormônio incretínico que age nas ilhotas pancreáticas, tanto em células beta – estimulando a síntese de insulina – quanto em células alfa – inibindo a secreção de glucagon. Essa ação é dependente da glicemia, o que evita eventos hipoglicêmicos. Além disso, o GLP-1 reduz o esvaziamento gástrico por meio de ação local e hipotalâmica, melhorando a absorção da glicose e diminuindo o apetite (via ação hipotalâmica).[15]

O aumento da concentração sanguínea de glicose causada por hormônios glicocorticoides está associado a respostas de estresse metabólico e/ou ambiental.[16] O hormônio do crescimento (GH) age diretamente no fígado e em tecidos periféricos, pela interação com receptores de GH e, indiretamente, por induzir a produção do fator de crescimento 1 semelhante à insulina (IGF-1). Por também alterar o metabolismo de lipídeos e proteínas, o GH inibe a atividade de enzimas glicolíticas, a captação tecidual de glicose e promove resistência à ação da insulina no organismo. Neste sentido, pacientes que apresentam hiperprodução de GH – como portadores de acromegalia – comumente possuem alterações no metabolismo glicêmico e diabetes *mellitus* tipo 2.[17]

Anos de glicemia descompensada podem trazer diversas complicações micro e macrovasculares ao organismo. Os principais mecanismos associados à doença vascular em diabéticos são: glicosilação excessiva de proteínas teciduais e sanguíneas; alta produção de metabólitos superoxidantes; aumento da permeabilidade vascular induzida pela ativação de proteína quinase C; disfunção endotelial; aumento da biossíntese basal de hexoamina e polióis (que levam ao acúmulo tecidual de sorbitol); hipertensão arterial sistêmica (HAS); dislipidemia; microtrombose arterial; efeitos pró-inflamatórios e pró-trombóticos induzidos por hiperglicemia e hiperinsulinemia, que comprometem a autorregulação vascular.[18] Já as manifestações microvasculares mais comuns em diabéticos são a retinopatia, a nefropatia e a neuropatia diabética, sendo observadas alterações no perfil de cicatrização tecidual, sobretudo em membros inferiores.[19] As desordens macrovasculares mais notáveis são as cardiomiopatias (como aterosclerose), angina *pectoris*, infarto agudo do miocárdio, acidente vascular cerebral, isquemia transitória e doença arterial periférica, além do comprometimento imunológico, que se manifesta como efeito direto do estado constante de hiperglicemia, tornando pacientes diabéticos mais propensos a sofrerem infecções por fungos e bactérias.[18,19] Por fim, é válido ressaltar que o controle intensivo da glicemia pode prevenir e postergar várias dessas complicações, embora não seja capaz de revertê-las uma vez que já estiverem estabelecidas no organismo.[18-20]

A hiperglicemia leva ao aumento do volume sanguíneo (hipervolemia) e da urina (poliúria), o que desencadeia ajustes compensatórios. O aumento da ingestão de líquidos causa poliúria, podendo ocorrer desidratação do paciente. O limiar de reabsorção renal, ao ser excedido, resulta no aparecimento de glicose na urina (glicosúria). A deficiência de utilização da glicose faz com que o organismo lance mão de outras fontes de energia, o que aumenta o catabolismo de lipídeos e proteínas, que resultam no aumento de corpos cetônicos no sangue (cetonemia) e na urina (cetonúria).[19-20] Esses sintomas, no entanto, podem ser revertidos com o controle da doença, que envolve dieta adequada, atividade física e utilização de insulina ou hipoglicemiantes orais, segundo o tipo de diabetes em questão. Por outro lado, o diabetes mal controlado leva ao surgimento de complicações no decorrer do tempo, como ganho excessivo de peso; aumento do risco de doenças cardiovasculares; problemas de circulação sanguínea; perda de sensibilidade tátil em extremidades; nefropatia, neuropatia e retinopatia, podendo levar ao surgimento de catarata, glaucoma e cegueira.[19,20] A hipoglicemia também pode ser considerada uma complicação aguda decorrente do diabetes, que pode ocorrer em longos períodos de jejum e com a prática excessiva de atividade física. Ademais, a hipoglicemia pode ser causada pela administração de doses elevadas de medicação hipoglicemiante, exigindo assim o ajuste da dose conforme o perfil do paciente.[20]

Diagnóstico do diabetes

Segundo a OMS, o diagnóstico do diabetes pode ser obtido por meio de quatro testes, a saber: glicemia de jejum, teste oral de tolerância a glicose (TOTG), glicemia sem jejum (havendo sinais e sintomas de diabetes) e hemoglobina glicada (HbA_{1c}). De acordo com os padrões vigentes da OMS, são considerados diabéticos os indivíduos que apresentam glicemia de jejum ≥ 7,0 mmol/L (126 mg/dL), tolerância a glicose ≥ 11,1 mmol/L (200 mg/dL), glicemia sem jejum ≥ 11,1 mmol/L (200 mg/dL), e HbA_{1c} ≥ 6,5% (48 mmol/mol).[21] Notadamente, o perfil de HbA_{1c} é um marcador bastante relevante para o controle e a detecção do diabetes. Uma vez que a meia-vida ($t_{1/2}$) sanguínea de hemácias é de aproximadamente 120 dias, o valor de hemoglobina glicada reflete, com confiabilidade, o perfil glicêmico do paciente nos três meses anteriores à coleta. Atualmente, o perfil de HbA_{1c} é considerado o marcador bioquímico mais importante para o monitoramento do diabetes, bem como para o controle glicêmico.[22]

Formas de classificação do diabetes mellitus

Os dois tipos mais frequentes de diabetes são os chamados diabetes tipo 1 e tipo 2. Contudo, outros distúrbios hiperglicêmicos merecem destaque, a saber: i) diabetes gestacional; ii) diabetes juvenil de início tardio ou MODY (acrônimo de *maturity-onset diabetes of youth*); iii) formas secundárias de diabetes *mellitus*, originadas por outras doenças; iv) diabetes farmacologicamente induzido.[22]

Diabetes tipo 1

Também chamado de diabetes *mellitus* insulinodependente (DMID). O DMID é entendido como uma doença autoimune que resulta da completa destruição das células beta (insulite, Tabela 2), causada pelo sistema imunológico do paciente. Com a destruição das células beta, a concentração de insulina no organismo passa a ser insuficiente para o controle da glicemia, sendo necessária sua administração exógena.[23] Há evidências na literatura que suportam o fato de que essa resposta autoimune possui correlação com suscetibilidades genéticas ligadas a dois genes do cromossomo 6. Essa resposta imunológica pode ser disparada por certos fatores externos como toxinas (nitrosaminas), vírus (caxumba, rubéola, citomegalovírus, enterovírus, retrovírus e coxsackie B4) e por alimentos como cereais, glúten, leite bovino e proteínas. Contudo, até o momento, são incertos os mecanismos pelos quais esses gatilhos externos atuam em conjunto com a suscetibilidade genética de forma a manifestar a doença.[24] Dois genes do cromossomo 6 modulam a produção de dois antígenos leucocitários humanos – DR3 e DR4 –, presentes em mais de 90% dos portadores de diabetes tipo 1 (Tabela 2). O DMID normalmente possui longo período pré-clínico, com presença de marcadores imunológicos importantes como anticorpos anti-insulina e contra células de ilhotas – especialmente células beta –, que podem ser detectados de forma prematura e auxiliar na profilaxia da doença.[25] Os genes DR3 e DR4 são mais comuns em algumas populações, o que explica a prevalência mais elevada de diabetes tipo 1 em determinadas etnias, como povos escandinavos e sardos.[26]

Diabetes tipo 2

Denominado diabetes *mellitus* não insulino-dependente (DMNID), o diabetes tipo 2 compreende quase a totalidade (cerca de 95%) dos casos de diabetes desenvolvidos na idade adulta (Tabela 2). Trata-se de uma doença silenciosa, que se inicia com a resistência anormal dos tecidos – especialmente o fígado, músculos e tecido adiposo – à ação da insulina, que evolui até a completa deterioração das células beta e perda da capacidade de secreção de insulina pelo pâncreas.[27] Havendo resistência tecidual à insulina, há também aumento temporário da produção e secreção do hormônio (hiperinsulinemia), que ocorre como medida compensatória à baixa eficiência periférica e também como resposta aos altos níveis séricos de glicose. Com a degradação progressiva das células beta, os níveis de secreção de insulina decaem. Esse evento, combinado com a resistência do organismo à sua ação, resulta na incapacidade de captação de glicose pelos tecidos muscular e adiposo, bem como na perda da capacidade de supressão da produção de glicose pelo fígado, também modulada pela insulina.[28] É digno de nota que, nos estágios iniciais da doença, a degradação das células beta tem forte correlação com o estresse celular gerado pela hiperprodução de insulina.[29] A resistência hepática à ação da insulina, somada aos altos níveis de glucagon, resulta no aumento da produção hepática de glicose, o que explica os valores elevados de glicemia de jejum observados em pacientes DMNID.[27]

O surgimento da resistência à insulina é um processo patogênico complexo e multifatorial. Nesse sentido, diversas causas estão associadas à manifestação de resistência, como hiperinsulinemia, hipertensão arterial, dislipidemias, obesidade, estado pró-inflamatório e hipercoagulação, motivo pelo qual o diabetes tipo 2 pode ser entendido como uma síndrome metabólica.[27] O diabetes tipo 2 também pode ser mais frequente em determinadas raças/etnias, em indivíduos sedentários e/ou com histórico familiar pregresso. Porém, ainda que polimorfismos genéticos tenham sido observados, até o momento não foram identificados genes associados ao surgimento do diabetes tipo 2 (Tabela 2).[20]

Diabetes gestacional

Normalmente ocorre em pacientes com histórico familiar de diabetes, em gestantes obesas, ou ainda em certos grupos étnicos, como hispânicos, latinos, asiáticos, afro-americanos e indígenas. Trata-se de um quadro – normalmente – transitório, que retorna à normalidade após o parto, mas que pode levar a complicações fetais, neonatais e no desenvolvimento em longo prazo do neonato. São significativamente maiores as taxas de aborto espontâneo, morte intrauterina, morte durante o parto (natimorto), malformações congênitas, e morbidade/mortalidade perinatal entre filhos de mães com diabetes gestacional. Dentre as principais complicações neonatais estão a macrossomia fetal (recém-nascidos com peso superior a 4,0 kg), hipoglicemia neonatal, deficiência de ferro, alterações da função cardiorrespiratória, hiperbilirrubinemia, anormalidades neurológicas, hipocalcemia, hipomagnesemia e altos níveis de hemácias circulantes (policitemia).[30] Assim, o diagnóstico e o controle do diabetes gestacional são extremamente importantes para a prevenção de complicações neonatais.

TABELA 2 Principais características do *diabetes mellitus* tipo 1 e tipo 2

	Diabetes	
Característica	**Tipo 1**	**Tipo 2**
Idade de manifestação da doença	Comumente antes dos 30 anos	Normalmente após os 30 anos
Obesidade relacionada	Pouco comum	Muito comum
Propensão à cetoacidose, requerendo tratamento com insulina para controle	Sim	Não
Concentração plasmática de insulina endógena	Baixa ou indetectável	Variável. Pode ser baixa, normal ou elevada. Depende do estágio e grau de resistência à insulina
Concordância entre gêmeos homozigotos	≤ 50%	> 90%
Associado à antígeno específico (DR3 e DR4)	Sim	Não
Anticorpos pancreáticos detectáveis	Sim (podem estar ausentes)	Não
Aspecto patológico das ilhotas de Langerhans	Insulite (perda de células beta)	Ilhotas pequenas e deposição de amilina
Tendência ao desenvolvimento de complicações (retinopatia, nefropatia, neuropatia, doença vascular aterosclerótica)	Sim	Sim
Hiperglicemia é revertida com o uso de fármacos orais anti-hiperglicemiantes	Não	Sim

Diabetes juvenil de início tardio (*maturity-onset diabetes of youth* – MODY)

Consiste em uma forma bastante específica de diabetes tipo 2, que acomete 1-5% dos indivíduos portadores de DMNID. O MODY é uma doença rara, com certas peculiaridades que a diferenciam do diabetes tipo 2 clássico. Nesse tipo de diabetes não há evidencias de resistência tecidual à insulina, mas sim deficiências em sua secreção pelo pâncreas, o que tem relação com diversas alterações genéticas que comprometem a função normal das células beta. Observa-se histórico familiar de diabetes envolvendo três ou mais gerações consecutivas, compatível com um padrão autossômico dominante de transmissão hereditária. É sabido que as alterações genéticas relacionadas ao MODY ocorrem em seis regiões distintas da cromatina, mais especificamente nos cromossomos 2, 7, 12, 13, 17 e 20.[31,32] A forma mais comum de manifestação dos sintomas é a hiperglicemia (leve e assintomática) em crianças e adolescentes não obesos. Os pacientes podem apresentar discreta hiperglicemia de jejum durante anos. Porém, outros exibem graus variáveis de intolerância à glicose até a manifestação definitiva da doença.[33]

Diabetes induzido por outras doenças

Diversas doenças podem induzir secundariamente o diabetes. Em geral, doenças que acometem o tecido pancreático podem, potencialmente, resultar em distúrbios no metabolismo da glicose. Pacientes que passam por pancreatectomia – remoção parcial ou integral do pâncreas – comumente desenvolvem sintomas típicos de diabetes tipo 1, uma vez que têm a produção de insulina prejudicada.[34] Cerca de 15 a 30% dos pacientes portadores de fibrose cística apresentam o diabetes como principal complicação extrapulmonar da doença, fato que está relacionado a mutações genéticas que resultam na insuficiência da atividade pancreática exócrina, deficiência de glucagon, disfunção de polipeptídeos pancreáticos, alteração do *clearance* de insulina e disfunção hepática. A insulinopenia causada pela destruição de células beta é o principal mecanismo relacionado ao diabetes induzido por fibrose cística, embora a resistência à insulina também possa ser observada. Este tipo peculiar de diabetes possui características tanto do DMID quanto do DMNID, e se manifesta em torno dos 20 anos de idade.[35] De maneira semelhante, a pancreatite crônica e a hemocromatose também causam distúrbios no metabolismo glicêmico. A primeira está relacionada à perda gradual das funções exócrinas e endócrinas do pâncreas, ao passo que a segunda resulta da diminuição da secreção de insulina e do agravamento da insulinorresistência.[36] Endocrinopatias que afetam a biossíntese de hormônios antagonistas à insulina também podem gerar formas secundárias de diabetes.[34] São exemplos a síndrome de Cushing (excesso de produção de cortisol); aldosteronoma (tumor da glândula adrenal, que causa hiperprodução de aldosterona); acromegalia (excesso de produção de GH); glucagonoma (tumor de células alfa que causa hipersecreção de glucagon); somatostatinoma (tumor de células delta relacionado à hipersecreção de somatostatina); feocromocitoma (tumor da glândula adrenal que altera a síntese de cortisol e catecolaminas) e hipo ou hipertireoidismo (disfunções nos hormônios tireoidianos T_3 e T_4).[37]

Diabetes farmacologicamente induzido

Diversos fármacos e substâncias podem alterar os níveis sanguíneos de glicose, podendo levar pacientes predispostos a manifestar o diabetes prematuramente. A Tabela 3 reúne os principais fármacos e substâncias que afetam positiva ou negativamente os níveis de glicose no organismo.[38] É válido ressaltar que não existem evidências da capacidade de drogas de abuso em alterar de forma significativa os níveis de glicose.[39]

Certas toxinas também podem induzir quadros de diabetes. O exemplo clássico de diabetes induzido por intoxicação é o do piriminil, rodenticida análogo da nicotinamida que gera necrose das células beta. Além de danos severos ao sistema nervoso central e risco de morte, intoxicações por piriminil causam a perda irreversível da capacidade do organismo em produzir insulina, levando o indivíduo a um quadro permanente de DMID.[40] A estreptozotocina – produzida pela bactéria *Streptomyces achromogenes* – é uma nitrosoureia da classe das glicosaminas que apresenta elevada toxicidade às células beta. O elevado caráter alquilante das nitrosoureias faz com que a estreptozotocina, uma vez acumulada em células beta, ligue-se covalentemente a diversos substratos intracelulares, causando parada do ciclo celular e morte.[41] Com a morte gradual das células beta, há redução dos níveis circulantes de insulina, fazendo com que o quadro de hiperglicemia e diabetes seja observado. Apesar da elevada toxicidade, a estreptozotocina pode ser empregada na quimioterapia de carcinomas de células beta, além de ser utilizada em estudos de modelo animal (*in vivo*) como agente indutor de diabetes.[41]

TABELA 3 Fármacos e outras substâncias que alteram indiretamente o nível plasmático de glicose

Substância	Ação	
	Hiperglicemiante	Hipoglicemiante
Acetazolamida	√	
Ácido nicotínico (niacina)	√	
Antipsicóticos atípicos (clozapina, olanzapina, risperidona, ripirazol, etc.)	√	
Antirretrovirais inibidores de protease (indinavir, ritonavir, liponavir e darunavir)	√	
Antirretrovirais inibidores de protease (saquinavir)		√
Bloqueadores de canais de cálcio	√	
Bloqueadores beta-adrenérgicos	√	
Cafeína	√	
Clofibrato		√
Clonidina	√	
Cloranfenicol		√
Contraceptivos orais	√	
Diuréticos (tiazídicos, de alça e poupadores de K^+)	√	
Esteroides anabolizantes		√
Etanol		√
Fenitoína	√	
Fluoroquinolona (gatifloxacino)		√
Glicocorticoides (cortisona, dexametasona etc.)	√	
Haloperidol		√
Hormônios da tireoide (T_3 e T_4)	√	
Imunossupressor (interferon alfa, tacrolimus, ciclosporina)	√	
Inibidores da ECA*		√
Inibidores da HMG-CoA redutase** (atorvastatina e rosuvastatina)	√	
Inibidores da MAO***		√
Pentamidina		√
Quinina e quinidina		√
Rifampicina	√	
Trimetoprima		√
Varfarina (associada a fármacos hipoglicemiantes)		√

*ECA, enzima conversora de angiotensina; **HMG-CoA redutase, 3-hidroxi-3-metilglutaril-coenzima-A redutase; ***MAO, monoamino oxidase.

Mecanismo de reconhecimento da glicose ao nível molecular

Visto que a glicose é a fonte primária de energia celular, seu nível plasmático é extremamente controlado e mantido entre 65 e 104 mg/dL. Conforme citado anteriormente, a concentração sérica de glicose é controlada por hormônios reguladores e contrarreguladores (Tabela 1). Assim, é contraintuitivo pensar que um nutriente tão essencial ao organismo, como a glicose, não seja absorvido com grande facilidade pelo aparelho digestório, por tecidos e pelas células. Contudo, a glicose depende, obrigatoriamente, de transportadores específicos para atravessar a membrana plasmática das células. Os transportadores de glicose são glicoproteínas transmembrânicas divididas em dois grupos principais: os cotransportadores de sódio e glicose (SGLT) e os transportadores facilitadores para glicose (GLUT).[42]

Os SGLT (SGLT1-6) estão localizados em diversos tecidos, como fígado, cérebro, pulmão, coração, intestino e rins. O SGLT1 (Figura 2) encontra-se, majoritariamente, nas células epiteliais de absorção no intestino, ao passo que o SGLT2 é encontrado em células renais, sendo responsável pela reabsorção da glicose advinda da filtração glomerular.[43] O SGLT1 é composto por 664 aminoácidos, dispostos em 14 hélices transmembrânicas, cujas porções *N* e *C*-terminal estão voltadas ao meio extracelular, sendo o principal transportador envolvido na absorção de D-glicose e D-galactose.[42,44] Nos transportadores SGLT, o gradiente interno de íons sódio (Na^+) direciona o transporte de glicose para o interior da célula de forma ativa, isto é, independente da concentração intracelular de glicose. Primeiramente, dois íons Na^+ do meio extracelular se ligam ao transportador, o qual possui gradiente de carga eletrostática negativo. Com isso, uma molécula de glicose se liga ao transportador, no canal formado pelas hélices X-XIV (Figura 2). Então, tanto os íons Na^+ quanto a glicose são transportados pela membrana, havendo liberação citoplasmática do açúcar e dos íons Na^+. Essa ordem de liberação ocorre devido à baixa afinidade da glicose pelo transportador e à baixa concentração intracelular de Na^+. O transportador retorna então à conformação original em função do potencial negativo da membrana e da alta concentração extracelular de Na^+.[42-44]

Em contrapartida aos SGLT, os transportadores GLUT são independentes de sódio e possuem 12 hélices transmembrânicas, com as porções *N* e *C*-terminal voltadas ao meio intracelular (Figura 2). Os transportadores GLUT (GLUT1-12) são glicoproteínas que possuem entre 492 e 524 aminoácidos e diferentes especificidades para açúcares, a depender do subtipo em questão. Os transportadores GLUT1, 3 e 4 são específicos para D-glicose, enquanto os GLUT2 e 5, para D-frutose. Os transportadores GLUT1 e GLUT4 são os mais abundantes da família e são encontrados em diversas células e tecidos, como eritrócitos e cérebro (GLUT1), músculos esqueléticos, musculatura lisa, coração e tecido adiposo (GLUT4).[45] O transportador GLUT4 é o principal responsável pelo transporte de glicose estimulado por insulina. A passagem de glicose do meio extra ao meio intracelular nos transportadores GLUT ocorre pelas hélices transmembrânicas 7, 8 e 11 (Figura 2), cujo arranjo terciário forma um canal hidrofílico que viabiliza a passagem de glicose e água para o citosol. É importante destacar que a capacidade de internalização de glicose dos transportadores GLUT também é afetada pelo estado de glicosilação da proteína, mais precisamente no domínio I da alça 1-2 da proteína (Figura 2). Estudos apontam que transportadores GLUT glicosilados aumentam o aporte de glicose para as células, se comparados aos seus correspondentes não glicosilados.[45,46]

O receptor de insulina (RI), em sua forma ativa, é um dímero constituído de duas subunidades alfa e duas subunidades beta (Figura 3), ligadas entre si por quatro

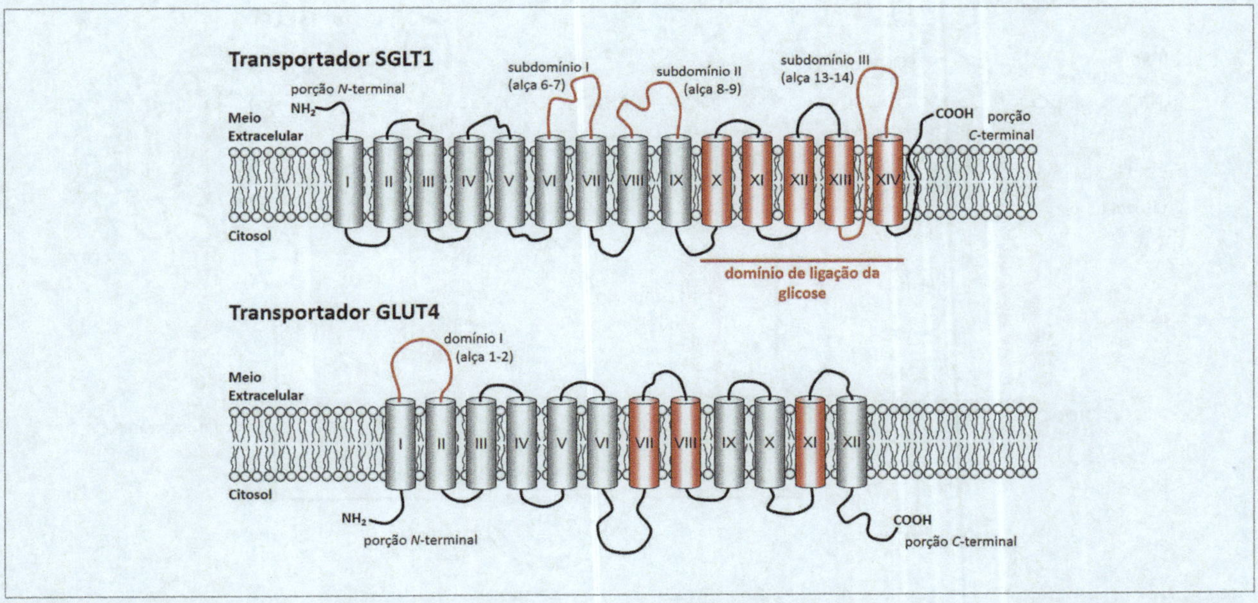

FIGURA 2 Representação esquemática do transportador SGLT1 e GLUT4. As hélices transmembrânicas X-XIV constituem o domínio de ligação da glicose no SGLT1. As hélices transmembrânicas VII, VIII e XI do GLUT4 constituem o canal hidrofílico de passagem da glicose para o interior da célula. O domínio I (alça 1-2) é reconhecido como o sítio de glicosilação do GLUT4.

ligações dissulfeto (R-S–S-R'). As subunidades alfa são expostas ao meio extracelular e, juntas, formam o sítio de ligação da insulina. Já as subunidades beta são transmembrânicas e possuem um domínio intracelular de fosforilação – domínio tirosina quinase – capaz de se autofosforilar quando ativado e também fosforilar substratos de receptor de insulina (SRI).[45,46] A atividade fosforilativa do domínio quinase das subunidades beta é regulada pela ação da enzima tirosina fosfatase 1B (PTP1B), que interrompe a ação quinase do domínio pela remoção dos grupos fosfato ligados às tirosinas (Figura 3).[46]

Com a ligação da insulina no receptor, há alteração conformacional das duas subunidades beta, tornando viável a ligação de duas moléculas de ATP no meio intracelular, uma em cada domínio quinase. Assim, é disparada uma série de eventos fosforilativos, nos quais os SRI1-4, ao serem fosforilados, atuam como mensageiros intracelulares que ativam múltiplas vias de sinalização, como a via da fosfatidilinositol-3-quinase (PI3K), a via das quinases Akt e mTOR, e/ou a via da proteína quinase B (PKB). Essas ativações resultam na liberação de GLUT4 de vesículas estoque e translocação destes à membrana. Com o aumento de transportadores GLUT4 na membrana, há aumento da captação tecidual de glicose, decréscimo da fração de glicose produzida a partir de glicogênio, lipídeos e proteínas e, assim, redução da concentração sérica de glicose.[45,46]

TRATAMENTO

A conduta terapêutica no diabetes depende, fundamentalmente, do tipo clínico em questão (DMID ou DMNID). Alguns pacientes DMNID não dependem

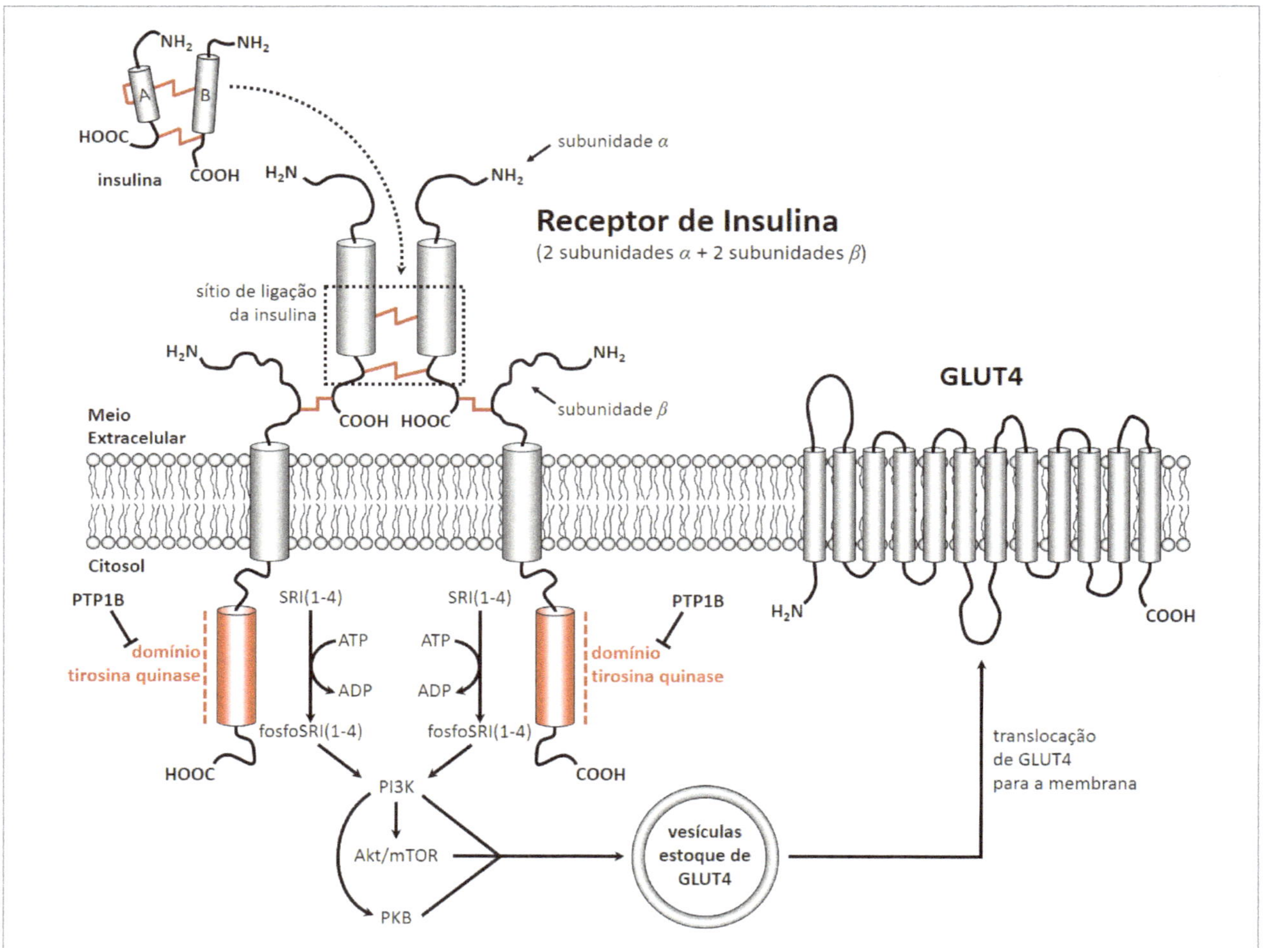

FIGURA 3 Representação esquemática do receptor de insulina (RI) e da via de sinalização para translocação de GLUT4 das vesículas estoque à membrana celular. Ligações dissulfeto (R-S–S-R') representadas como linhas sólidas em vermelho. SRI(1-4): substrato de receptor de insulina 1 a 4. FosfoSRI(1-4): substrato de receptor de insulina 1 a 4 fosforilado.

de tratamento medicamentoso, sendo a dieta e a prática regular de exercícios físicos suficientes para alcançar a normoglicemia. Contudo, outros DMNID não obtêm êxito com esta abordagem, necessitando do uso de hipoglicemiantes orais. Há ainda dois casos de DMNID que podem necessitar do uso de insulina.[47] Em um desses casos, a presença de doenças, como infecções bacterianas, situações de estresse físico/emocional ou intervenções cirúrgicas causam elevação da glicemia, que só é controlada após a administração de insulina. Vencida a eventual adversidade, a insulina passa a ser gradualmente suspensa, e o regime terapêutico original volta a ser capaz de proporcionar o controle glicêmico. No segundo caso, a necessidade de insulina é constante, podendo ou não ser associada a hipoglicemiantes orais, os quais não conseguem controlar o diabetes mesmo associados a dieta e exercício físico.[47,48] A administração de insulina em monoterapia está reservada aos portadores de DMID. A associação desta à dieta adequada e à prática de exercícios físicos regulares permite, muitas vezes, a redução da dose, mas não exclui a necessidade de sua administração constante. Atualmente, a existência de análogos de curta e longa duração da insulina permite múltiplas abordagens terapêuticas de administração basal ou prandial do hormônio. Com isso, o paciente pode regular a ingesta alimentar de acordo com a administração de insulina, de forma a evitar eventos de hipoglicemia, advinda da ação prematura do fármaco, ou hiperglicemia, proveniente da administração tardia deste. É válido ressaltar que a hipoglicemia é o efeito adverso mais comum causado pelo uso de insulina exógena e pode ser facilmente contornada com o emprego de doses adequadas de insulinas de ação rápida e prolongada.[49]

Classes terapêuticas para o tratamento do diabetes

Insulina

A síntese e a liberação da insulina são moduladas pelos níveis séricos de glicose, assim como pela ação de glucagon, aminoácidos (arginina e leucina), ácidos graxos, hormônios secretados pelo trato gastrintestinal, amilina e somatostatina, sendo que fármacos da classe das sulfonilureias e meglitinidas também interferem na liberação de insulina.[50] A molécula precursora de insulina é um polipeptídio de 110 aminoácidos denominado pré-pró-insulina (12 kDa), que, sofrendo ação enzimática proteolítica no retículo endoplasmático, perde 24 aminoácidos na porção *N*-terminal e dá origem à pró-insulina (9 kDa), constituída por 86 aminoácidos (Figura 4). Tanto a pré-pró-insulina quanto a pró-insulina possuem ação hormonal insignificante. Em fase final, a pró-insulina é clivada pelas convertases PC1 e PC2 do complexo de Golgi, entre os aminoácidos 30-33 e 63-66, liberando o peptídeo de conexão (peptídeo C, aminoácidos 33-63) e insulina (Figura 4). O peptídeo C tem por função alinhar os grupos sulfidrilas (-SH) de aminoácidos cisteína das cadeias A e B, de forma a viabilizar a formação das ligações dissulfeto (R-S–S-R') presentes no hormônio, o que evita a formação de isômeros por reações oxidativas. A insulina humana é constituída por duas cadeias polipeptídicas: a cadeia A, com 21 aminoácidos; e a cadeia B, com 30 aminoácidos, totalizando uma massa molecular de 5.734 Daltons, ou 5.7 kDa. Essas cadeias são dispostas paralelamente e ligadas entre si pelas ligações dissulfeto. As ligações dissulfeto intercadeia unem as cadeias laterais dos aminoácidos Cis_{A7} e Cis_{B7} e as cadeias Cis_{A20} e Cis_{B19}, enquanto a ligação intracadeia une as cadeias laterais Cis_{A6} e Cis_{A11} da cadeia A (Figura 4).[51]

Ação metabólica e fisiológica

A insulina influencia o metabolismo da glicose em praticamente todos os tecidos. É no fígado, entretanto, que ela exerce sua principal função: inibir a glicogenólise (transformação de glicogênio em glicose), assim como a gliconeogênese (síntese de glicose a partir de fontes não carboidratadas), ao mesmo tempo que induz o aumento na síntese de glicogênio. Tais eventos promovem a maior utilização de glicose (glicólise) e, por conseguinte, aumento das reservas de glicogênio. Nos músculos, a insulina facilita o transporte de glicose, aumenta a síntese de glicogênio e a glicólise. Nos tecidos adiposos, o metabolismo intracelular da glicose – cuja penetração é facilitada pela própria insulina – gera como produto final triglicerídeos. Ainda no tecido muscular, a insulina aumenta a concentração de aminoácidos e, consequentemente, a síntese de proteínas, além de diminuir o catabolismo e a oxidação de aminoácidos. Possivelmente, a insulina também está envolvida na síntese de outras enzimas e na regulação de crescimento.[52]

Terapia insulínica

A insulina é utilizada tanto na terapia do diabetes DMID quanto do diabetes DMNID. São utilizadas insulinas sintéticas ou de origem animal (bovina e porcina).

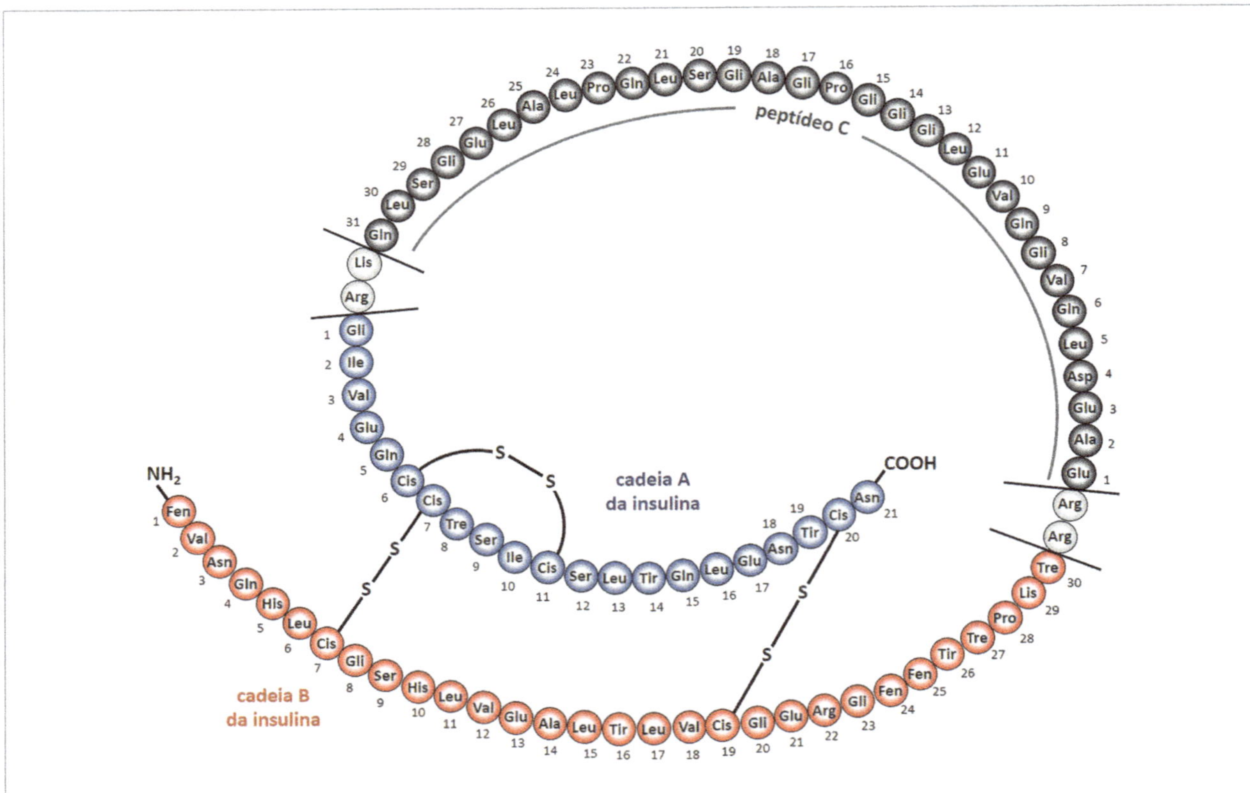

FIGURA 4 Estrutura polipeptídica da pró-insulina, de 86 aminoácidos. Com a remoção do peptídeo de conexão (peptídeo C), a pró-insulina é convertida em insulina. A cadeia A da insulina (azul) possui 21 aminoácidos, enquanto a cadeia B (vermelha) possui 30. A cadeia A forma duas ligações dissulfeto com a cadeia B (A7–B7; A20–B19) e uma ligação dissulfeto intramolecular (A6–A11). As linhas contínuas em preto dividindo as sequências peptídicas indicam os pontos de clivagem das convertases PC1 e PC2.

As insulinas de origem animal têm como inconveniente a indução de processos alérgicos e imunológicos, uma vez que diferem estruturalmente da humana. A insulina bovina difere em três aminoácidos, e a porcina, em um. A insulina humana, além de não apresentar esse inconveniente, é mais rapidamente absorvida. A insulina humana, de difícil obtenção até a década de 1990, atualmente é obtida com relativa facilidade graças a técnicas de DNA recombinante e uso de microrganismos como agentes de expressão. No DMID, a insulina é a única forma de manter o controle dos níveis séricos de glicose. O tratamento insulínico deve ocorrer por via subcutânea, visto que as enzimas do aparelho digestório degradam a insulina administrada por via oral. Em casos de emergência, pode-se optar por injeções intramusculares ou endovenosas. A dose de insulina é quantificada internacionalmente em unidades de insulina (UI). As insulinas são classificadas de acordo com o tempo necessário para exercerem efeito, como: i) de ação rápida; ii) ação curta; iii) ação intermediária; e iv) longa ação (Tabela 4). As insulinas solúveis, geralmente soluções tamponadas neutras, produzem efeito rápido e de ação curta, sendo, portanto, utilizadas em situações emergenciais por meio de injeções intravenosas. As insulinas de longa ação são preparadas por precipitação com zinco, ou protamina, formando sólidos amorfos ou cristais insolúveis que, sob a forma de suspensões, tornam sua absorção mais lenta, prolongando o tempo de ação.[53]

Precauções na utilização de insulina

Pacientes acima de 60 anos podem sofrer episódios de hipoglicemia, o que pode gerar confusão mental e mudança de comportamento. Os tratamentos prolongados devem ser monitorados periodicamente, com o intuito de acompanhar os níveis glicêmicos de insulina, potássio sérico e composição da urina. A dieta alimentar e os exercícios físicos afetam a quantidade de insulina necessária, devendo haver ajuste da posologia de acordo com o perfil do paciente. O médico responsável deve ser comunicado imediatamente caso o paciente apresente sintomas de hiperglicemia, como sonolência,

TABELA 4 Tipos de insulina disponíveis para o controle glicêmico

Insulina sintética	Início de ação	Pico	Duração efetiva	Duração máxima
Lispro	5-15 min	0,5-1,5 h	2-4 h	3-5 h
Regular	0,5-1 h	2-3 h	3-6 h	4-6 h
NPH	2-4 h	4-10 h	10-16 h	14-18 h
Lenta	3-4 h	4-12 h	12-18 h	20-24 h
Ultralenta	6-10 h	não possui	18-20 h	20-24 h
Insulina animal				
Regular	0,5-2 h	3-4 h	4-6 h	6-8 h
NPH	4-6 h	8-14 h	16-20 h	20-24 h
Lenta	4-6 h	8-14 h	16-20 h	20-24 h
Ultralenta	8-14 h	mínimo	24-36 h	24-36 h
Bovina Hypurin neutra	30-60 min	não possui	6-8 h	acima da média de variação
Bovina Hypurin isofana	até 2 h	não possui	18-24 h	6-12 h
Bovina Hypurin 100% lenta	até 2 h	não possui	acima de 30 h	8-12 h
Bovina protamina:zinco Hypurin 100% ultralenta	após 4-6 h	não possui	24-36 h	10-20 h
Porcina Hypurin neutra	até 60 min	não possui	6-8 h	acima da média de variação
Porcina Hypurin isofana	até 2 h	não possui	18-24 h	6-12 h
Porcina Hypurin bifásica:isofana 30:70 mix	até 2 h	não possui	acima de 24 h	4-12 h

pele seca, odor de fruta cítrica na expiração, aumento da diurese, perda de apetite e sede exagerada. A terapia insulínica deve ser mantida durante a gravidez, necessitando, muitas vezes, de ajuste da dose com vistas a evitar aborto e complicações gestacionais. É bom lembrar que a insulina interfere de modo significativo nos resultados de exames laboratoriais.[53]

Interações medicamentosas

A necessidade de administração de outros fármacos concomitantemente ao uso de insulina deve ser criteriosamente observada, visto que os efeitos de associações farmacológicas são variados. A interação da insulina com fármacos de outras classes terapêuticas pode resultar na potencialização ou redução de sua ação.[51] Exemplos de fármacos que potencializam o efeito da insulina são os antidiabéticos orais, fenilbutazona, inibidores da MAO, oxifenilbutazona, salicilatos, sulfas e tetraciclinas. Dentre os fármacos que diminuem o efeito da insulina estão os anticonvulsivantes, bloqueadores beta-adrenérgicos, contraceptivos orais, corticoides, diuréticos e hormônios tireoidianos. É digno de nota que drogas de abuso também afetam a ação da insulina. O álcool e a nicotina potencializam o efeito da insulina, podendo levar a quadro hipoglicêmico potencialmente indutor de danos cerebrais. A insulina associada à cocaína também pode causar danos cerebrais hipoglicêmicos, e a maconha reduz o efeito da insulina, levando à hiperglicemia.[54]

Hipoglicemiantes orais

Os hipoglicemiantes orais, em geral, são usados por portadores de DMNID para redução dos níveis séricos de glicose. Atualmente, os fármacos disponíveis pertencem a diversas classes, a saber: sulfonilureias, meglitinidas, biguanidinas, inibidores de alfaglicosidades, tiazolidinodionas (agonistas PPAR-gama), agonistas de GLP-1, gliptinas (inibidores de DPP-4), agonistas da amilina e gliflozinas (inibidores de SGLT2).[55]

Sulfonilureias

As sulfonilureias são prescritas a pacientes DMNID desde meados de 1950, sendo a medicação mais frequentemente prescrita. Pacientes que melhor respondem às sulfonilureias são: aqueles diagnosticados entre 30 e 40 anos; aqueles cuja doença foi diagnosticada há menos de cinco anos do início da terapia farmacológica; os bem nutridos, que se alimentam regularmente e sem omitir refeições; e os que mantêm a glicemia de jejum abaixo de 180 mg/dL.[56] Existem fatores que reduzem a eficácia das sulfonilureias, como aumento significativo de peso, sedentarismo, estresse, perda progressiva da função das células beta, aumento de resistência à insulina e presença de comorbidades. As sulfonilureias são contraindicadas em casos de cetoacidose diabética, infecção grave, coma diabético, trauma e queimaduras graves, cirurgia de grande porte, gravidez e lactação, geriatria e hipersensibilidade a essa classe de fármacos.[57,58] Cerca de dois terços dos pacientes que começam a utilizar sulfonilureias respondem bem ao tratamento, embora 20% deles eventualmente demandem medicação adicional. Após cerca de cinco anos de uso, metade dos pacientes que respondiam ao tratamento inicial passam a não responder. Poucos pacientes com a doença não controlada se beneficiam da substituição de sulfonilureias por hipoglicemiantes de outras classes.[56-58] As sulfonilureias disponíveis podem ser agrupadas em duas gerações: acetoexamida, clorpropamida, tolazamida e tolbutamida são sulfonilureias de primeira geração, enquanto glibenclamida, glipizida e glimepirida representam a segunda geração (Figura 5). São mínimas as diferenças no perfil de potência, efeitos adversos e propriedades farmacocinéticas das sulfonilureias, as quais apresentam o mesmo mecanismo de ação e similar eficácia em monoterapia, ou em associação a outros hipoglicemiantes.

A ação hipoglicemiante das sulfonilureias depende da existência de células beta funcionais, visto que estimulam a secreção de insulina por estas. Ao se ligarem a receptores de sulfonilureia (RSU) na membrana de células beta, há bloqueio de canais que promovem efluxo passivo de íons potássio (K^+) e controle da razão citoplasmática de ATP/ADP. A reduzida condutância de K^+ gera despolarização e ativação de canais de cálcio (Ca^{2+}) voltagem dependentes, que promovem influxo de Ca^{2+}.[59] O aumento de Ca^{2+} citosólico leva à translocação de grânulos secretores de insulina para sítios exocitóticos da membrana plasmática, liberando assim o hormônio na circulação. Outras ações também atribuídas às sulfonilureias incluem reversão da resistência periférica à insulina, diminuição da produção hepática de glicose, inibição da secreção de glucagon e redução da depuração hepática de insulina. A reversão da resistência à insulina, por afetar o número ou a afinidade dos receptores, resulta da ação direta desses agentes, ao passo que os demais efeitos estão relacionados à atividade pós-receptor, advinda da ação insulínica nos tecidos.[59]

As sulfonilureias são bem toleradas, e a hipoglicemia é o efeito adverso mais comum. A incidência de hipoglicemia tem sido mais frequente em pacientes idosos e com insuficiência renal. Existem estudos que sugerem que a glipizida, a tolazamida e a tolbutamida provocam menos incidência de hipoglicemia em idosos se comparadas à glibenclamida e à clorpropamida.[60] Outros efeitos incluem reações dermatológicas (eczemas, prurido, eritema, urticária, erupções morbiliformes ou maculopapulares, reações cutâneas e liquenáceas), hematológicas (leucopenia, trombocitopenia, anemia aplástica, agranulocitose, anemia hemolítica, pancitopenia) e gastrintestinais (náusea, plenitude gástrica, azia). Podem causar ainda fraqueza, fadiga, parestesia, tinido auditivo, tontura, vertigem, mal-estar e cefaleia.[61] As doses de sulfonilureias variam a depender do fármaco, devendo ser individualizadas (Tabela 5).

Em relação ao metabolismo, todas as sulfonilureias sofrem metabolismo hepático. Acetoexamida pode ser convertida em 4-(1-hidroxietil)acetoxamida (2,5 vezes mais ativa) e 4'-hidroxiacetoexamida (inativa), que são excretadas na urina (Figura 6). A tolbutamida é metabolizada a 4-hidroximetiltolbutamida, que retém cerca de 35% da atividade, mas é convertida rapidamente ao derivado inativo 4-carboxílico. A tolazamida também é oxidada a ácido carboxílico pelos mesmos dois processos e pode ainda gerar 4'-hidroxitolazamida, menos potente do que a tolazamida, porém mais potente do que a tolbutamida. A clorpropamida sofre biotransformação hepática lenta, o que contribui para o prolongamento da sua meia-vida ($t_{1/2}$), sendo eliminada por via renal inal-

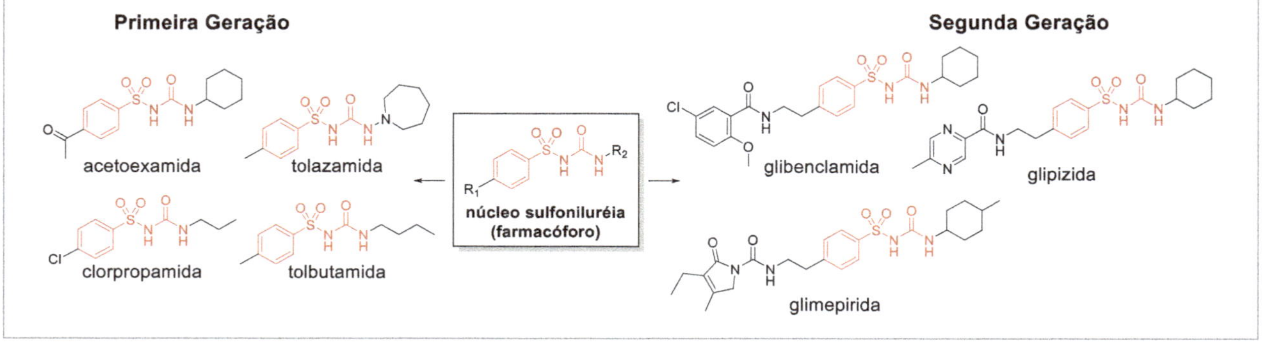

FIGURA 5 Sulfonilureias de primeira e segunda geração disponíveis no Brasil.

TABELA 5 Propriedades farmacocinéticas das sulfonilureias disponíveis no Brasil

	Dose (mg)	Ligação às proteínas plasmáticas (%)	Meia-vida (h)	Duração do efeito (h)	Excreção renal (%)
Primeira geração					
Acetoexamida	500	65-88	6-8	12-18	60
Clorpropamida	250	88-96	36	até 60	80-90
Tolazamida	250	94	7	12-14	85
Tolbutamida	1.000	95-97	4,5-6,5	6-12	100
Segunda geração					
Glibenclamida	5	99	1,5-3,0	até 24	50
Glimepirida	2	99	2-3	até 24	40
Glipizida	5	92-97	4	até 24	68

terada, ou sob a forma dos metabólitos 2'-hidroxi e 3'-hidroxiclorpropamida, ou 4-clorobenzenosulfonilureia (Figura 6). Os principais metabólitos da glibenclamida são a *cis*-3'-hidroxiglibenclamida, inativo, e a *trans*-4'-hidroxiglibenclamida, que retém 15% da atividade (Figura 6). A glipizida sofre a mesma biotransformação, mas pode sofrer clivagem do anel pirazínico, gerando o derivado *N*-acetilado, sendo que nenhum desses metabólitos exibem atividade. A glimepirida é totalmente metabolizada no fígado pela enzima CYP2C9, gerando o metabólito hidroximetílico, que retém certa atividade. Posteriormente, este metabólito é oxidado ao seu ácido carboxílico inativo (Figura 6). Dado seu metabolismo hepático, a glimepirida pode ser o fármaco de escolha para pacientes com insuficiência renal crônica.[62]

Meglitinidas

Assim como as sulfonilureias, as meglitinidas são agentes secretores de insulina, cujo principal representante é a repaglinida (Figura 7), análogo da meglitinida aprovado para o tratamento de DMNID em 1997 pela agência sanitária norte americana Food and Drug Administration (FDA). A repaglinida passou a ser comercializada em 1998 nos Estados Unidos e hoje também é comercializada no Brasil.[50] Estruturalmente, esse fármaco é o ácido carboxílico da porção não sulfonilureia da glibenclamida. Nesse sentido, esse agente insulinotrópico apresenta mecanismo de ação semelhante ao das sulfonilureias. Ao se ligar a receptores RSU (RSU1, 2A e 2B), a repaglinida estimula as células beta a secretarem insulina. Ademais, esse fármaco liga-se a outros dois receptores identificados por análises de *Western blot* não totalmente caracterizados até o momento.[50] A melhoria da secreção de insulina resulta do bloqueio de canais de potássio (K^+) sensíveis a ATP, em resposta aos elevados níveis séricos de glicose. O bloqueio dos canais de K^+ gera despolarização da membrana plasmática e influxo de Ca^{2+} (por canais de Ca^{2+} tipo L sensíveis à voltagem). Quando a concentração de Ca^{2+} atinge o limiar, há liberação de insulina pelas células beta.[63] Diferente das sulfonilureias, o modo de ação insulinotrópico da repaglinida é estritamente dependente dos níveis séricos de glicose, além de se ligar a um sítio diferente dos receptores RSU.[63] A nateglinida (Figura 7), análogo da meglitinida derivado do aminoácido D-fenilalanina, possui seletividade para receptores RSU1 de células beta. Por esta razão, possui menos efeitos extra pancreáticos quando comparada à repaglinida.[63]

O mecanismo de ação da nateglinida é similar ao da repaglinida, apresentando biodisponibilidade de 73% e taxa de ligação às proteínas plasmáticas de 98%. Possui ação seletiva no tecido pancreático e sofre metabolismo hepático pelas enzimas CYP3A4 (~30%) e CYP2C9 (~70%), que convertem o fármaco em seus metabólitos hidroxilados, os quais apresentam potência de três a seis vezes inferior ao fármaco original (Figura 8). A nateglinida sofre eliminação renal após conjugação com ácido glicurônico, sendo que cerca de 16% da fração biodisponível é eliminada em sua forma inalterada na urina.[64] Disponíveis para administração oral, as meglitinidas podem ser usadas em monoterapia ou em associação com biguanidinas (metformina). Os regimes posológicos podem envolver doses de 0,5 a 4 mg (repaglinida), ou 120 mg (nateglinida), administradas 15 a 30 minutos antes das refeições (de duas a quatro vezes ao dia), a depender do esquema de refeições do paciente. Os efeitos adversos das meglitinidas são similares aos das sulfonilureias, sendo hipoglicemia, infecção do trato respiratório superior e dor de cabeça os comumente

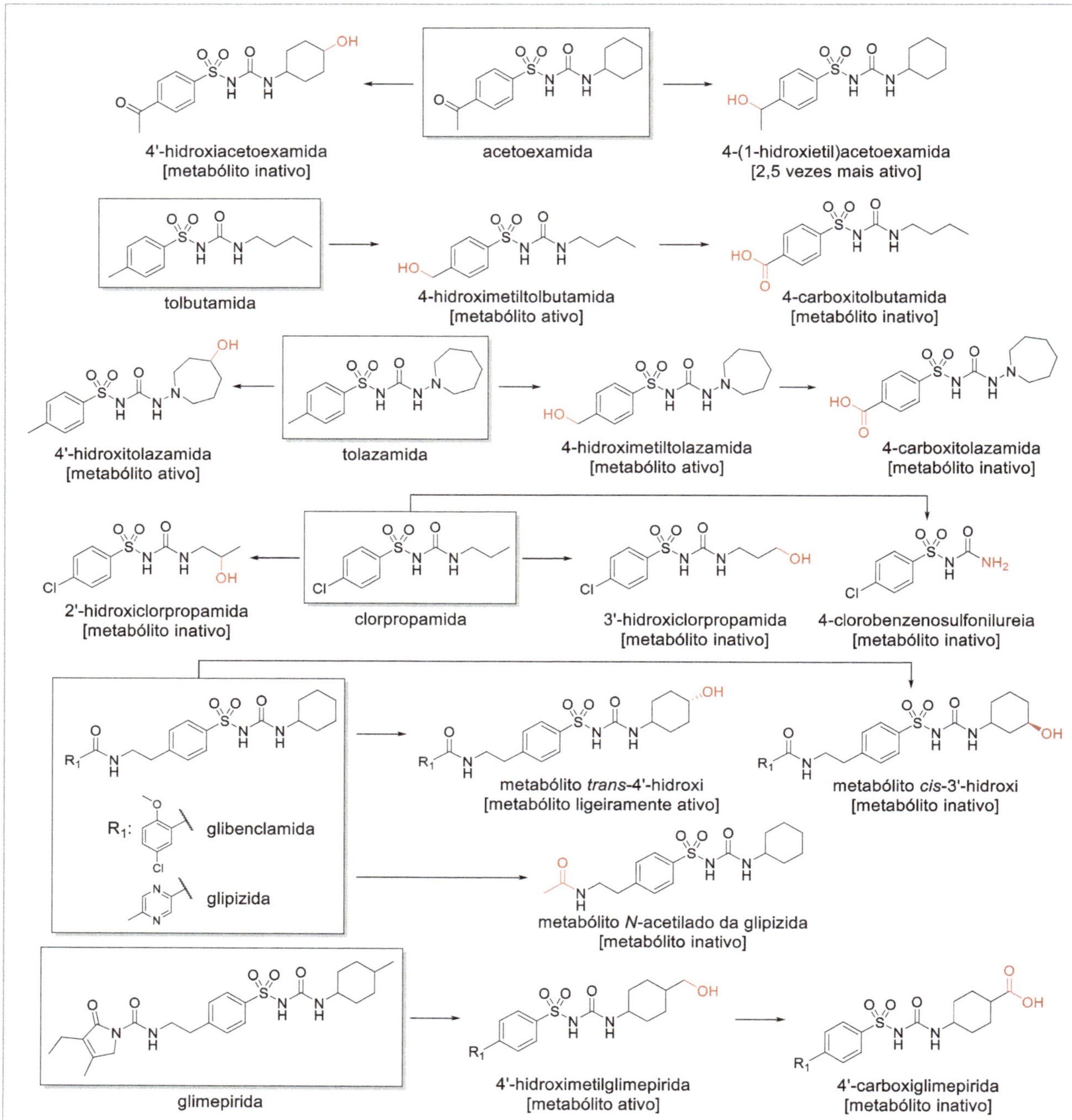

FIGURA 6 Metabolismo das sulfonilureias de primeira e segunda geração.

observados. Outros, como náusea, artralgia, diarreia, constipação, vômito, indigestão, rinite, sinusite e bronquite, podem ocorrer, e o risco de eventos cardiovasculares parece ser maior quando associadas à glibenclamida, possivelmente pelo efeito potencializado de ambos.[64] Embora interações com outros fármacos tenham sido registradas, são necessárias mais investigações para serem melhor estabelecidas. Cloranfenicol, inibidores da MAO, probenecida, sulfonamidas, cumarinas e fármacos com elevada taxa de conjugação às proteínas plasmáticas – como anti-inflamatórios não esteroides – aumentam o risco de hipoglicemia. Fenobarbital, carbamazepina, rifampicina e troglitazona podem aumentar o metabolismo das meglitinidas, encurtando o efeito. A eritromicina pode reduzir a depuração e prolongar a meia-vida ($t_{1/2}$) plasmática.[64,65]

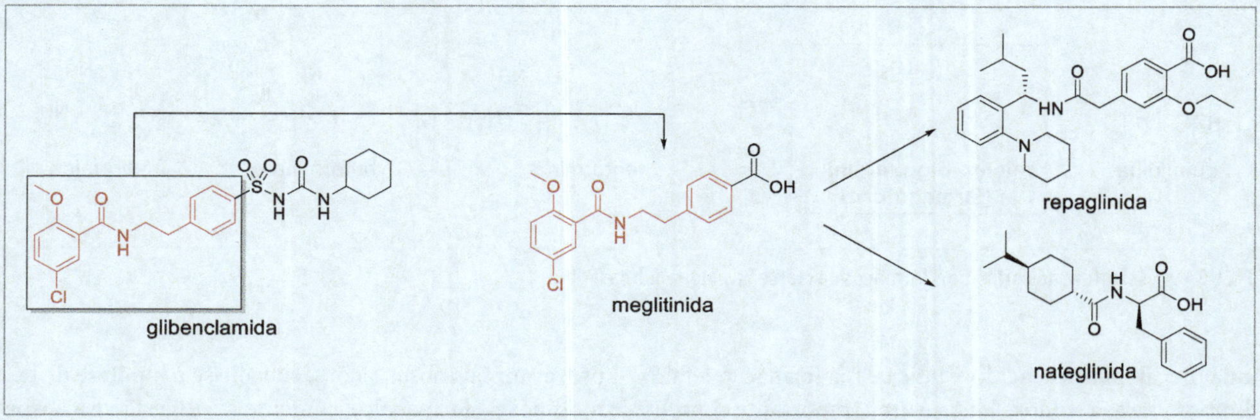

FIGURA 7 Estrutura da repaglinida e da nateglinida, derivados da meglitinida disponíveis no mercado brasileiro.

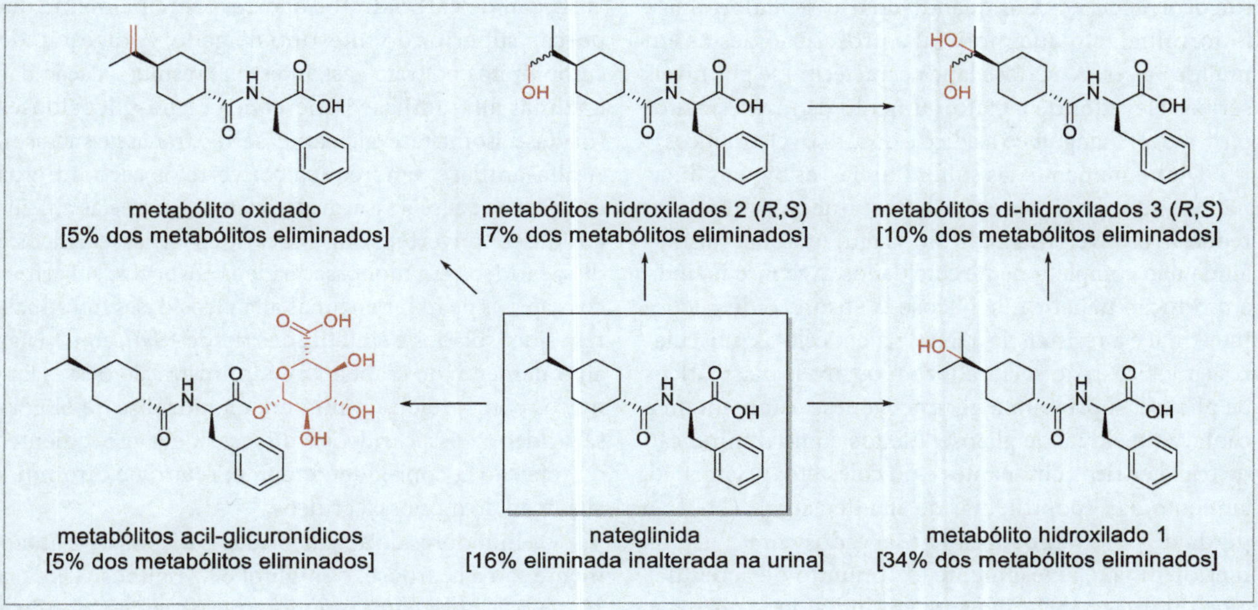

FIGURA 8 Vias metabólicas da nateglinida.

Biguanidinas

As biguanidinas apresentam a fórmula geral representada na Figura 9, em que se verifica a porção biguanidínica, derivada da duplicação molecular da guanidina, e os substituintes laterais R_1 e R_2, que diferenciam cada um dos derivados biguanidínicos.

A fenformina e a metformina são os principais representantes dessa classe, sendo a buformina o derivado menos utilizado na clínica. A metformina é mais amplamente utilizada, devido ao menor potencial de causar acidose lática, podendo ser usada em monoterapia ou em associação às sulfonilureias e à insulina. Esses fármacos são, particularmente, indicados a pacientes DMNID não cetósicos, cuja doença foi diagnosticada prematuramente, e que não respondem à dieta equilibrada ou à dieta combinada às sulfonilureias, ou a pacientes intolerantes às sulfonilureias. Por outro lado, são contraindicadas a mulheres portadoras de DMNID durante a gestação; pacientes que sofrem de alcoolismo agudo e crônico; com insuficiência renal e/ou hepática; pacientes com acidose metabólica aguda e crônica; com doença cardiovascular (insuficiência cardíaca congestiva, infarto do miocárdio etc.); e a pacientes com doenças respiratórias. Biguanidinas são, em linhas gerais, bem toleradas. Porém, há pacientes que podem apresentar distúrbios gastrintestinais, vômito, náusea, diarreia, dor abdominal, gosto metálico, anorexia e má absorção de vitamina B_{12} e ácido fólico, o que pode resultar em ane-

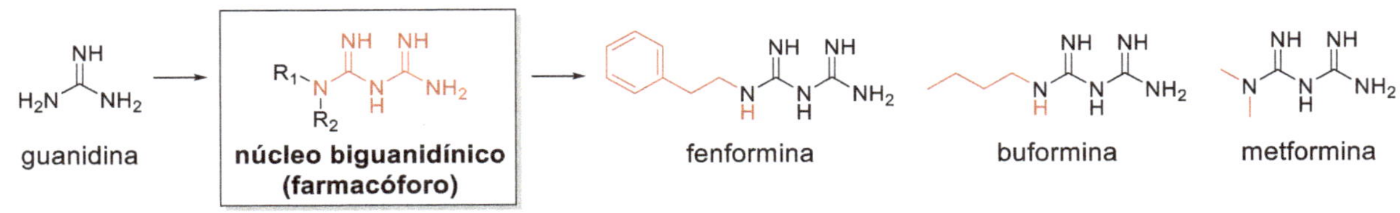

FIGURA 9 Estrutura dos principais fármacos da classe das biguanidinas.

mia megaloblástica, acidose lática e má formação fetal.[66] Embora rara, a acidose lática é uma importante complicação metabólica associada às biguanidinas. Quando ocorre, é fatal em cerca de 50% dos casos, e o risco de sua ocorrência é maior quando do uso de fenformina e buformina, fato que motivou a proscrição destas em muitos países. A acidose lática caracteriza-se por níveis séricos elevados de lactato, aumento da razão lactato/piruvato, pH sanguíneo acídico e distúrbios eletrolíticos.[66]

Diferentemente das sulfonilureias, as biguanidinas não estimulam a secreção de insulina, mas também reduzem os níveis de glicose no sangue, por mecanismos ainda não completamente elucidados. Agem reduzindo a produção hepática de glicose, a absorção de glicose intestinal e a resistência à insulina em células musculares (miócitos), ou seja, reduzem os níveis plasmáticos de glicose, suprimem a gliconeogênese e aumentam a captação tecidual de glicose. Efeitos como diminuição de triglicerídeos circulantes e do colesterol plasmático, aumento das lipoproteínas de alta densidade (HDL) e perda de peso também são observados com o uso de metformina. Curiosamente, o conjunto de ações das biguanidinas é insignificante em indivíduos normais, fazendo com que sejam mais bem denominadas como agentes antidiabéticos, em vez de hipoglicemiantes. O regime posológico da metformina capaz de promover o controle glicêmico consiste na administração de 500 mg, de três a quatro vezes ao dia, ou então 850 mg, duas vezes ao dia, devendo, em ambos os casos, ser ingerida com as principais refeições.[67]

Inibidores de alfaglicosidases

A função gastrintestinal pode ser modificada farmacologicamente para a compensação e melhoria da regulação metabólica. A absorção gastrintestinal de nutrientes, bem como a modulação da secreção de insulina e glucagon, pode ser influenciada tanto por fibras da dieta e hormônios circulantes como pela quantidade e frequência das refeições. A partir de ensaios que comprovavam tais observações, chegou-se à hipótese de que modificar – farmacologicamente – a digestão e a absorção de carboidratos poderia ser um método efetivo para o tratamento e controle do diabetes.[68] A digestão e a absorção de carboidratos ocorre, principalmente, na porção superior do intestino delgado. A digestão de carboidratos no trato gastrintestinal resulta da ação das enzimas alfa-amilase pancreática e alfa-glicosidases (maltase, isomaltase, glicoamilase, dextranase e sucrase). A alfa-amilase pancreática converte os carboidratos complexos em oligossacarídeos, ao passo que as alfaglicosidases convertem oligossacarídeos, trissacarídeos e dissacarídeos em monossacarídeos absorvíveis. Fármacos capazes de inibir enzimas alfaglicosidases intestinais têm sido isolados e sintetizados desde 1996, com vistas ao tratamento do diabetes. A administração desses fármacos com a refeição interfere na hidrólise de oligossacarídeos, trissacarídeos e dissacarídeos provenientes da refeição e, consequentemente, retarda e diminui a absorção de monossacarídeos.[69]

Os inibidores de alfaglicosidases disponíveis atualmente são a acarbose, o miglitol e a voglibose (Figura 10). A acarbose é um pseudotetrassacarídeo, obtido a partir de culturas de *Actinoplanes utahensis*. O miglitol é quimicamente derivado da 1-desoxinojirimicina e é produzido por diversas espécies do gênero *Bacillus*. A voglibose é obtida sinteticamente, pela aminação redutiva da valiolamina e da 1,3-dihidroxiacetona. Estes fármacos se ligam competitivamente aos sítios de ligação das alfa-glicosidases e alfa-amilase pancreática, prevenindo a hidrólise de carboidratos e sacarídeos.[70] Em pacientes diabéticos tipo 2, os inibidores de alfaglicosidases geram significante redução da hemoglobina glicada (HbA_{1c}), de glicemia pós-prandial e também da glicemia de jejum.[68]

A ação desses fármacos é similar, mas não idêntica. A acarbose não inibe betaglicosidases e inibe alfa-amilase em menor grau, em comparação com seu perfil de inibição para alfaglicosidases. Em relação à afinidade da acarbose às alfaglicosidases, a ordem de inibição é

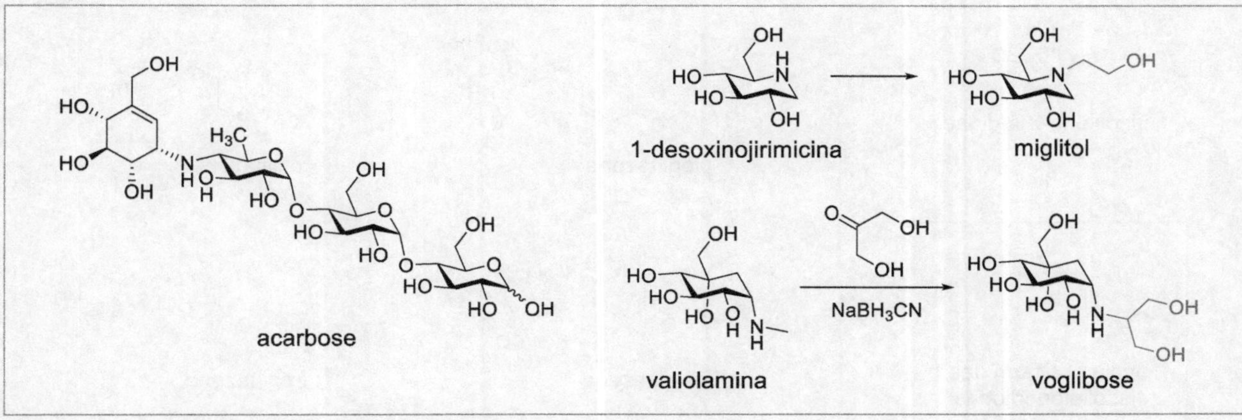

FIGURA 10 Inibidores de alfaglicosidases disponíveis na terapêutica.

disposta desta forma: glicoamilase > sucrase > maltase > dextranase. A voglibose é um potente inibidor de alfaglicosidases, mas tem pouco ou nenhum efeito inibitório sobre alfa-amilase.[71] O miglitol é um inibidor mais potente de sucrase e maltase, face à acarbose; inibe isomaltase, mas não tem efeito significativo sobre alfa-amilase.[72] Diferentemente da acarbose, o miglitol é rápida e completamente absorvido após administração oral, não sofre metabolismo hepático e não atinge o sistema nervoso central (SNC). Os inibidores de alfaglicosidases podem ser associados a biguanidinas e sulfonilureias, ou, ainda, podem ser usados em monoterapia, com excelente perfil de segurança. Não causam hipoglicemia e podem promover modesta redução nos níveis pós-prandiais de triglicerídeos. Os efeitos adversos mais comuns são flatulência, desconforto abdominal e inchaço, provenientes da maior taxa de fermentação de carboidratos (não digeridos) por bactérias da flora intestinal, especialmente na região do cólon. Tais efeitos podem ser contornados com o controle da dose administrada, sendo recomendado iniciar com doses baixas e fazer um ajuste de dose gradual (Tabela 6), até a obtenção do efeito terapêutico.[73] Esses fármacos devem ser administrados com as refeições e são contraindicados em casos de doença inflamatória do intestino, obstrução intestinal parcial, ulceração do cólon e outras desordens gastrintestinais.[73]

Tiazolidinodionas (agonistas de receptor proliferador-ativado do peroxissoma gama [PPAR-gama]) – Glitazonas

As tiazolidinodionas – ou glitazonas – reduzem as concentrações de glicose por melhorar a sensibilidade à insulina nos tecidos-alvo. O aumento da sensibilidade é obtida pelo fato desses compostos serem agonistas potentes e seletivos de receptores proliferador-ativado do peroxissoma subtipo gama (PPAR-gama). Esses fármacos diferem entre si pela natureza do grupo ligado ao núcleo tiazolidino-2,4-diona. Pioglitazona, ciglitazona, rosiglitazona e troglitazona são exemplares desta classe (Figura 11).[74] Embora o mecanismo de controle glicêmico não seja totalmente conhecido, as glitazonas são capazes de estimular a transcrição de determinados genes relacionados com a produção de proteínas que aumentam a sensibilidade das células à insulina, resultando em maior captação tecidual de glicose.[74]

Agonistas PPAR-gama melhoram a ação hepática da insulina, bem como na musculatura esquelética e tecido adiposo. Melhoram o metabolismo da glicose e reduzem a resistência à insulina em tecidos periféricos, aumentando a atividade de enzimas hepáticas que catalisam a glicogenólise, suprimem a gliconeogênese, bem como a atividade de enzimas que catalisam a glicogênese muscular. No tecido adiposo, as glitazonas aumentam o número de receptores de insulina e a glicose incorporada.[74]

TABELA 6 Esquema posológico para inibidores de alfaglicosidases

Semana	Dose	Frequência
1 e 2	25 mg	1 vez ao dia (jantar)
3 e 4	25 mg	2 vezes ao dia (desjejum e jantar)
5 a 12	25 mg	3 vezes ao dia (principais refeições)
>12	25, 50 ou 100 mg (fase de ajuste da dose)	3 vezes ao dia (principais refeições)

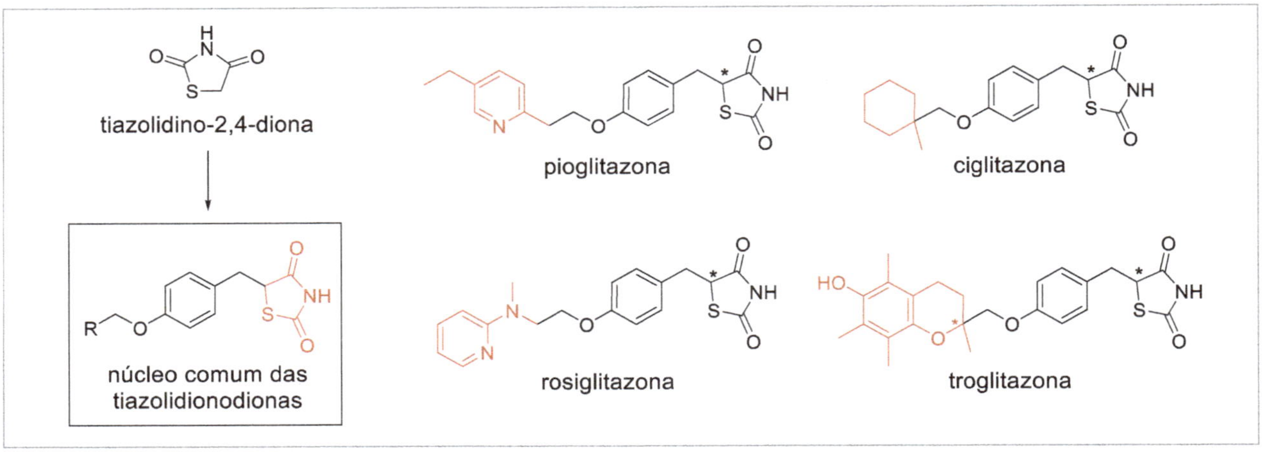

FIGURA 11 Estrutura química dos agonistas PPAR-gama. Carbonos quirais indicados com asterisco.

Por fim, os agonistas PPAR-gama promovem estímulo direto de receptores nucleares que levam ao aumento da transcrição de proteínas-chave, como transportadores GLUT1 e GLUT4, e também levam à redução da produção hepática de glicose.[74] Regimes terapêuticos envolvendo tiazolidinodionas podem ser monoterápicos ou em associação. No Brasil, os fármacos disponíveis são a pioglitazona e rosiglitazona, ambas com um centro quiral e comercializadas como misturas racêmicas. A troglitazona e rosiglitazona foram aprovadas pelo FDA em 1996 e 1999, respectivamente. No entanto, a troglitazona foi removida do mercado em março de 2000, devido a danos hepáticos observados com seu uso contínuo. As glitazonas são metabolizadas pelo fígado, por reações de oxidação e hidroxilação, formando metabólitos posteriormente conjugados com taurina, ácido glicurônico e sulfato, que são eliminados na urina (Figura 12).[75]

A dose inicial de rosiglitazona em monoterapia, ou em associação com metformina, é de 2 a 4 mg ao dia em dose única, ou dividida em duas administrações com ou sem refeição. Pode-se administrar 8 mg ao dia para pacientes que não estejam conseguindo obter redução da glicemia de jejum após 12 semanas de tratamento. A dose de pioglitazona, em monoterapia ou em associação é de 15-30 mg ao dia. A dose pode ser aumentada até o máximo de 45 mg ao dia, de acordo com a resposta clínica. O uso de insulina e pioglitazona permite redução da dose da primeira em 25% dos casos.[75] Tanto a rosiglitazona

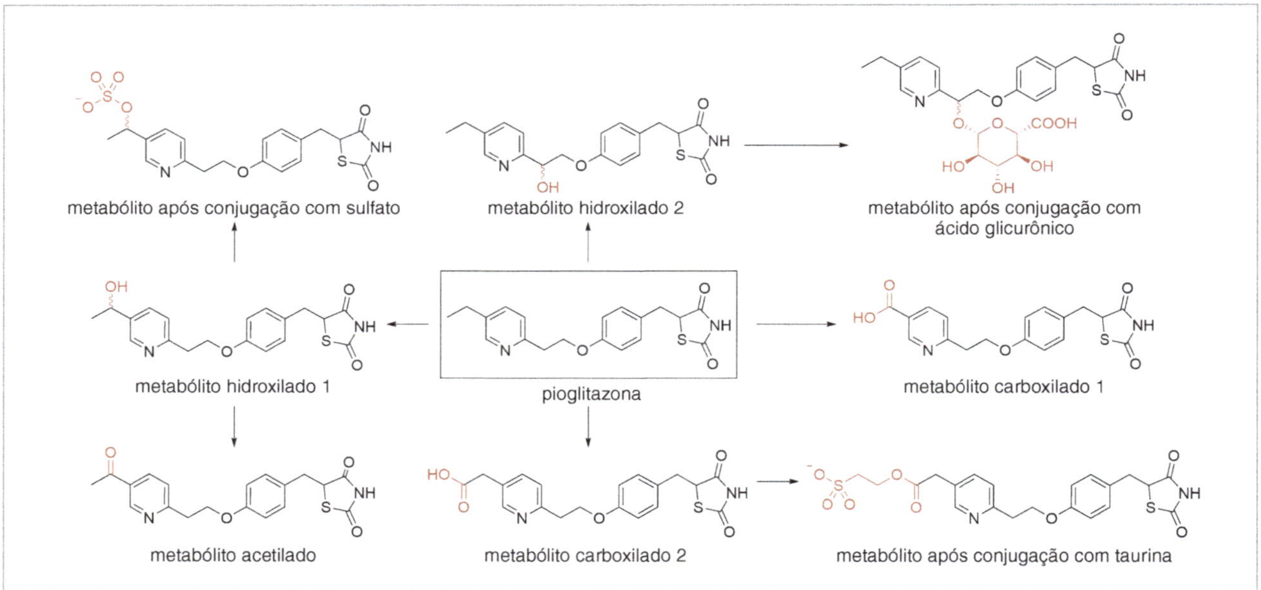

FIGURA 12 Vias metabólicas da pioglitazona.

quanto a pioglitazona apresentam ação similar e melhor perfil de segurança, se comparadas à troglitazona. Para a pioglitazona, recomenda-se efetuar quantificação das enzimas hepáticas antes do início do tratamento e a cada dois meses durante o primeiro ano. Após esse período, é recomendada a realização de avaliações periódicas. Adicionalmente, é necessário haver cuidado com a associação de glitazonas com fármacos que também sofrem biotransformação pelo citocromo P450 – especialmente pela enzima CYP3A4 – ou com fármacos inibidores desse sistema, o que poderia causar alterações no nível plasmático desses fármacos. As glitazonas são contraindicadas em casos de insuficiência hepática, gravidez, lactação, hipersensibilidade e para crianças.[75]

Agonistas do hormônio GLP-1

Conforme abordado anteriormente, o GLP-1 é o principal hormônio da classe das incretinas. O GLP-1 é um peptídeo de 30 aminoácidos, secretado pelas células L do intestino após ingesta alimentar. O metabolismo da glicose por células L leva ao bloqueio dos canais de K^+ sensíveis a ATP, resultando na despolarização da membrana e influxo de íons Ca^{2+}, que resulta na secreção de GLP-1. O GLP-1 age tanto em células beta (estimulando a síntese de insulina) quanto em células alfa (inibindo a secreção de glucagon), aumentando a captação de glicose pelos tecidos e controlando a glicemia.[76] O GLP-1 é metabolizado rapidamente pela enzima dipeptidil peptidase-4 (DPP-4), e possui meia-vida ($t_{1/2}$) de 2 minutos, sendo convertido em um peptídeo inativo de 28 aminoácidos, rapidamente eliminado na urina.[76] Sabe-se que a suscetibilidade do GLP-1 à DPP-4 está fortemente relacionada à presença de um aminoácido alanina na penúltima posição da porção *N*-terminal do peptídeo (Figura 13). Neste sentido, a exenatida foi o primeiro análogo do GLP-1 aprovado, em 2005, para o tratamento de DMNID.[76] Isolada da saliva de uma espécie de lagarto (*Heloderma suspectum*), esse peptídeo de 39 aminoácidos possui uma glicina substituindo a alanina do GLP-1 e 53% de homologia com este hormônio. Essa modificação confere maior meia-vida ao fármaco ($t_{1/2}$ = 3 horas) e similaridade estrutural suficiente para se ligar a receptores GLP-1.[76] Uma série de outros agonistas de GLP-1 estão em desenvolvimento. Dentre os mais promissores, pode ser citada a liraglutida, análogo do GLP-1 que possui uma arginina substituindo a antepenúltima lisina da porção *C*-terminal do peptídeo, além de um éster de glutamato de cadeia longa (16 carbonos), ligado à cadeia principal do fármaco (Figura 13). Essas modificações conferiram resistência à degradação pela DPP-4 e melhor perfil de

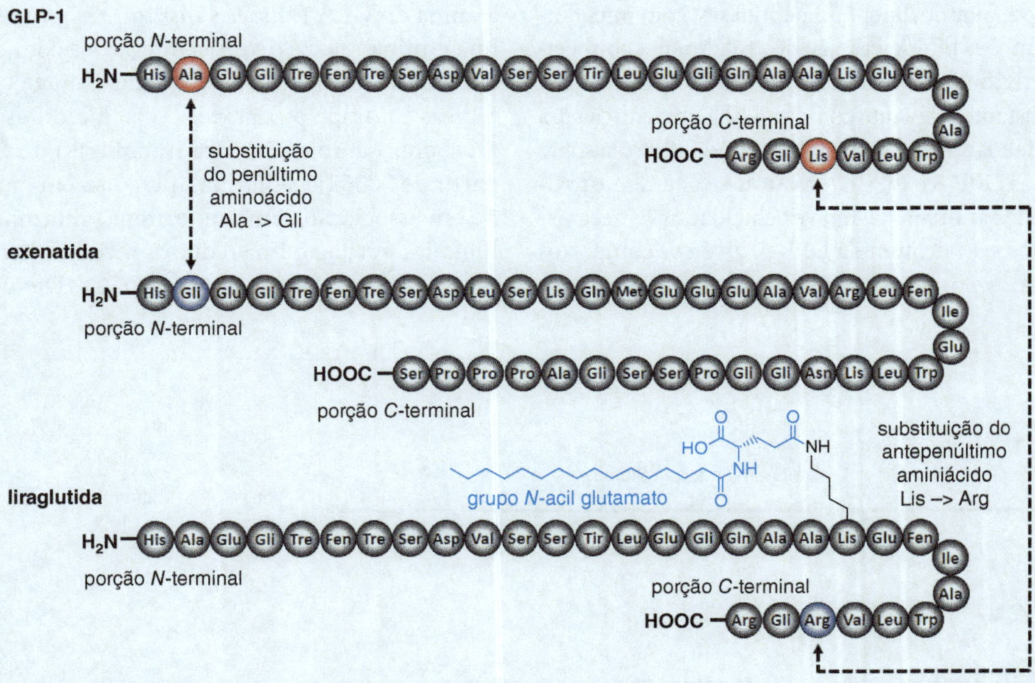

FIGURA 13 Estrutura esquemática do GLP-1 e de seus principais agonistas, exenatida e liraglutida. Os aminoácidos vermelhos e azuis indicam as substituições mais significativas entre cada peptídeo.

conjugação à albumina. Foi aprovada em 2010 e, além da redução da hiperglicemia, também inibe a secreção de glucagon e reduz a taxa de esvaziamento gástrico.[77]

A exenatida reduz os níveis de hemoglobina glicada (HbA_{1c}) em pacientes DMNID tratados com sulfonilureias e também promove perda de peso, provavelmente devido à diminuição de apetite.[77] Estudos em camundongos indicaram que a exenatida induziu o aumento populacional de células beta, além de retardar o início do diabetes, o que pode sugerir o uso de agonistas de GLP-1 como método profilático para pacientes pré-diabéticos. É válido ressaltar que a grande limitação dos agonistas de GLP-1 está relacionada à via subcutânea de administração, que pode dificultar a adesão de pacientes ao tratamento, além de possuir potencial imunogênico.[77,78]

Inibidores de dipeptidil peptidase-4 (DPP-4) – Gliptinas

Como o GLP-1 é bastante suscetível à inativação pela DPP-4, a hipótese de se desenvolver inibidores de DPP-4 passou a ser considerada uma nova abordagem para o tratamento do DMNID. A DPP-4 é uma protease de aminoácidos serina encontrada no plasma e ancorada à membrana plasmática de células. A DPP-4 é responsável pela degradação de uma série de substratos peptídicos, incluindo incretinas com ação hipoglicemiante (GLP-1 e GIP, Tabela 1). Devido ao fato de que a DPP-4 pertence a um grupo maior de dipeptidil peptidases, com integrantes cujas funções biológicas não são totalmente conhecidas, a seletividade de ação dos inibidores para DPP-4 torna-se bastante relevante como medida preventiva para possíveis efeitos adversos, visto que a ação inibitória sobre as isoformas DPP-8 e DPP-9 mostrou-se altamente tóxica em estudos animais.[79] Uma vez elucidados o mecanismo catalítico e a estrutura da DPP-4, diversos compostos foram obtidos por abordagens de *structure-based drug design* (SBDD), isto é, planejamento de fármacos baseado na estrutura do alvo biológico. A sitagliptina, vildagliptina, saxagliptina e linagliptina são os quatro inibidores de DPP-4 que receberam aprovação de agências regulatórias até o momento (Figura 14). Os três primeiros têm como arcabouço estrutural o núcleo alfa-aminoacilpirrolidínico, que possui um grupo amino (de natureza básica) essencial para ocupar a região do bolsão catalítico relativa à penúltima alanina da porção *N*-terminal do GLP-1. Adicionalmente, os inibidores derivados da alfa-aminoacilpirrolidina possuem substituintes eletrofílicos ligados ao anel de 5 ou 6 membros, como o grupo ciano (-CN) na posição 2 do anel pirrolidínico (saxagliptina e vildagliptina), ou a fusão do anel 3-trifluorometilpirazol e piperazina (sitagliptina).[80]

Notadamente, o caráter eletrofílico do grupo ciano da vildagliptina e da saxagliptina torna esses fármacos suscetíveis ao ataque nucleofílico da serina-630 do sítio catalítico da enzima, formando uma função carboximidato entre fármaco e enzima (Figura 15) que inibe irreversivelmente a DPP-4.[80] A linagliptina foi o primeiro inibidor de DPP-4 derivado da xantina. Trata-se de um inibidor potente e seletivo, que possui um anel quinazolínico ligado ao nitrogênio 1 da xantina, uma cadeia butinílica no nitrogênio 7 e um anel 3-aminopiperidínico ligado ao carbono 8, este último contendo o grupo amino básico, que ocupa a porção da enzima relativa à alanina do GLP-1. Esses substituintes permitem que a linagliptina realize diversas interações com o alvo (Figura 15), como ligações de hidrogênio, interações hidrofóbicas e do tipo *pi-stacking*.[80] Os inibidores de DPP-4 receberam aprovação para tratamento do DMNID a partir de 2006 (sitagliptina), para uso em monoterapia ou em associação com metformina, glitazonas e sulfonilureias. A sitagliptina reduz os níveis de hemoglobina glicada (HbA_{1c}) em pacientes DMNID e possui boa

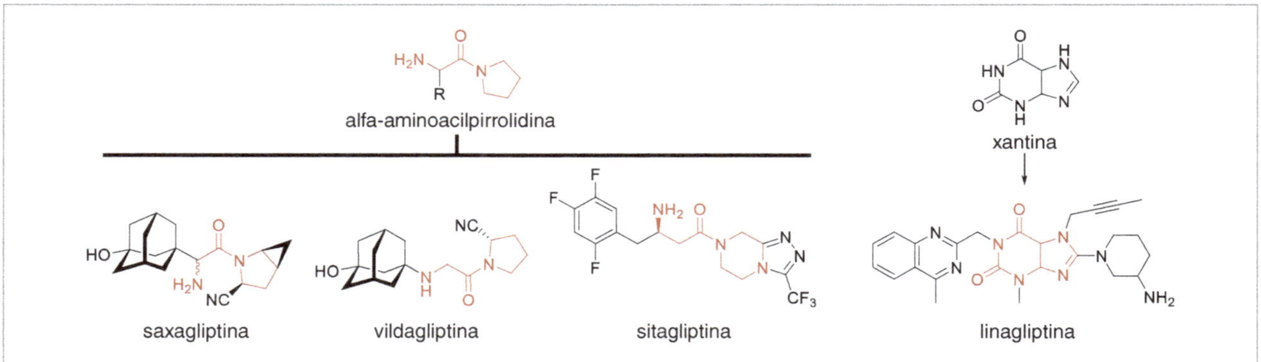

FIGURA 14 Inibidores de DPP-4 aprovados para uso clínico.

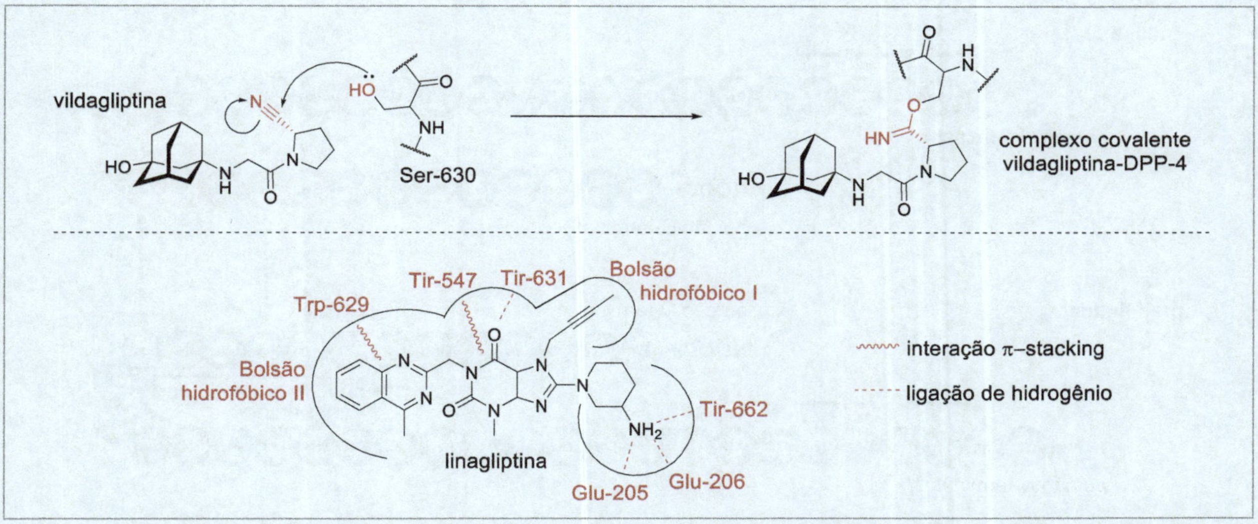

FIGURA 15 Mecanismo de formação do complexo covalente vildagliptina-DPP-4 (também aplicável à saxagliptina), e modo esquemático de interação da linagliptina com o sítio catalítico da enzima.

biodisponibilidade oral (87%), não havendo necessidade de ser ingerida com alimentos. Excluindo a linagliptina, os demais inibidores de DPP-4 possuem baixa taxa de ligação a proteínas plasmáticas (< 30%), e cerca de 80% da fração biodisponível é eliminada na urina na forma inalterada.[81] Curiosamente, a linagliptina é 85% eliminada inalterada nas fezes. Os principais efeitos adversos dos inibidores de DPP-4 incluem infecção do trato respiratório superior, náusea (quando associados à metformina), faringite, dor de cabeça, erupções cutâneas e inchaço dos membros inferiores, não devendo ser prescritos a pacientes que apresentam cetoacidose diabética.[81] A saxagliptina apresenta a maior potência inibitória sobre DPP-4 e é administrada em doses que variam entre 2,5 e 10 mg, reduzindo a taxa de HbA_{1c} sem causar ganho de peso aos pacientes.[82]

Agonistas da amilina

Conforme visto anteriormente, a amilina é um peptídeo de 37 aminoácidos produzido e secretado com a insulina pelas células beta. A amilina está envolvida no controle pós-prandial dos níveis séricos de glicose, reduz a taxa de esvaziamento gástrico, a secreção de glucagon e a gliconeogênese. O desenvolvimento de agonistas da amilina está relacionado ao fato de pacientes DMID e DMNID apresentarem deficiências na funcionalidade da amilina. É válido ressaltar que a amilina *per se* não possui viabilidade para emprego terapêutico devido à baixa solubilidade e a seu potencial amiloidogênico.[83] Nesse sentido, a pramlintida foi desenvolvida a partir de modificações moleculares feitas na sequência peptídica da amilina, que aumentaram sua solubilidade em água e reduziram o potencial de formação de agregados amiloides.[83] A substituição dos aminoácidos alanina-25, serina-28 e serina-29 por prolinas (Figura 16) aumentou a solubilidade da pramlintida e, por ter sido realizada na região amiloidogênica, também reduziu drasticamente o potencial de formação de agregados amiloides.[83] A pramlintida é administrada via subcutânea na dose de 15 µg (DMID) ou 60 µg (DMNID), exibindo pico máximo de concentração após 20 minutos, o que permite que o fármaco seja utilizado antes das refeições. Sua ação dura em torno de 2,5 horas e não apresenta acúmulo significativo com a administração de doses em série. Possui boa taxa de depuração renal (2 L/min) e meia-vida ($t_{1/2}$) de eliminação de 50 minutos. A pramlintida pode ser usada juntamente com a insulina em indivíduos que não respondem bem à monoterapia insulínica, auxiliando a manter níveis desejáveis de glicemia pós-prandial, e é capaz de reduzir a dose inicial de insulina em até 50%.[84] A pramlintida reduz o esvaziamento gástrico, inibe a secreção de glucagon e a gliconeogênese. Também promove supressão do apetite e demais efeitos anorexígenos, por mecanismos não totalmente elucidados, mas que podem ter relação com a ação do fármaco em receptores de amilina na região do núcleo *accumbens* e do complexo vagal dorsal.[85] Devido à diferença de pH existente entre a pramlintida (pH ~4,0) e a maioria dos derivados de insulina (pH ~7,8), a formulação única de ambos possui limitações farmacotécnicas e, nesse sentido, a aplicação deles com a mesma seringa não é reco-

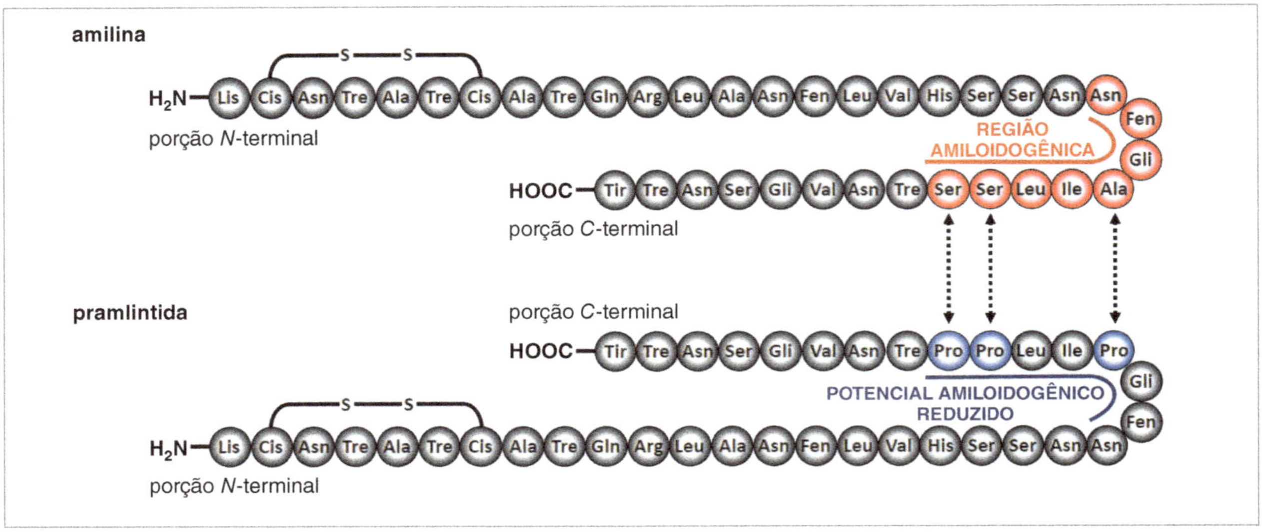

FIGURA 16 Estrutura esquemática da amilina e da pramlintida. A ligação dissulfeto existente entre os aminoácidos cisteína-2 e cisteína-7 segue representada por linhas contínuas (R-S-S-R').

mendada, devido a riscos de precipitação da formulação e de desnaturação das cadeias peptídicas.[86]

Inibidores de SGLT2 – Gliflozinas

Conforme abordado anteriormente, os cotransportadores de sódio e glicose subtipo 2 (SGLT2) estão majoritariamente presentes no tecido renal e são responsáveis por mais de 90% da reabsorção de glicose, proveniente da filtração glomerular.[87] Assim, a inibição de SGLT2 mostra-se uma importante estratégia de controle da glicemia para pacientes DMNID, visto que a ação hipoglicemiante não é obtida pela ação da insulina, mas sim pela indução de glicosúria (eliminação da glicose não reabsorvida na urina), além de favorecer perda de peso nos pacientes.[88] Diversos inibidores de SGLT2 foram aprovados para uso clínico nos últimos anos, como a canagliflozina, dapagliflozina, empagliflozina, ipragliflozina, tofogliflozina, ertugliflozina, sotagliflozina e luseogliflozina.[89] O primeiro inibidor de SGLT2 identificado foi o produto natural florizina, um *O*-aril glicosídeo que não avançou para estudos clínicos devido a uma série de efeitos adversos, péssimo perfil farmacocinético e suscetibilidade a inativação por enzimas glicosidases (Figura 17). A partir da florizina, o núcleo *C*-aril glicosídico – não suscetível às glicosidades – passou a ser explorado no desenvolvimento de inibidores de SGLT2, sendo encontrado na maioria das gliflozinas, embora tioglicosídeos e espiroglicosídeos também sejam explorados.[89,90]

As gliflozinas não são recomendadas a pacientes com doenças renais crônicas, dada a sobrecarga que esses fármacos geram ao tecido renal. Dentre os efeitos adversos provocados pelas gliflozinas estão a desidratação, náusea, síndrome de Fournier (fasciíte necrosante), cetoacidose diabética, infecções genitais e do trato urinário, constipação, hipotensão arterial e dores nas juntas.[91] A empagliflozina é a gliflozina com maior especificidade para SGLT2, causa moderada redução da pressão arterial, induz redução média de 5% no peso corporal dos pacientes e causa redução dos níveis de hemoglobina glicada (HbA_{1c}).[91] As gliflozinas podem ser utilizadas em monoterapia ou em associação à insulina, sulfonilureias e metformina.[92]

Fármacos em desenvolvimento

Dada a enorme relevância epidemiológica do diabetes, sua prevalência e gastos públicos com saúde, a busca por opções de tratamento é de extrema importância, seja frente a alvos já conhecidos, seja explorando novos alvos biológicos, fomentando a pesquisa de agentes hipoglicemiantes na academia e na indústria farmacêutica. Diversas moléculas e candidatos a fármacos encontram-se nos mais variados estágios de desenvolvimento, de etapas pré-clínicas a estudos clínicos. São exemplos os agonistas de insulina, os antagonistas de glucagon, os ativadores de glicoquinases, os inibidores de tirosina fosfatase (PTP1B) e os agonistas de canais de K^+ sensíveis a ATP.[55]

Antagonistas de glucagon

Conforme abordado neste capítulo, o glucagon é o principal hormônio contrarregulador do controle homeostático da glicemia, que aumenta a concentração de glicose no sangue, reduz a captação de glicose pelos

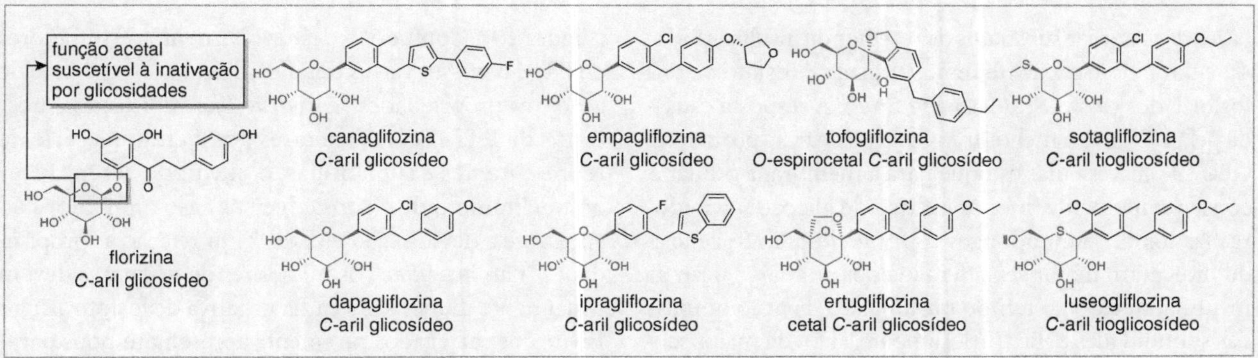

FIGURA 17 Estrutura da florizina e das gliflozinas inibidoras de SGLT2 aprovadas para uso clínico.

tecidos, induz glicogenólise e gliconeogênese (Tabela 1). O glucagon é um peptídeo de 29 aminoácidos, produzido a partir de seu precursor, a glicetina (69 aminoácidos).[93] No fígado, esse hormônio liga-se a receptores de glucagon acoplados à proteína G do tipo S, aumentando os níveis intracelulares de adenilato ciclase. O resultado dessa cascata sinalizadora é a elevação dos níveis séricos de glicose por meio da glicogenólise e gliconeogênese. Devido ao fato de pacientes diabéticos apresentarem níveis elevados de glucagon basal, o emprego de antagonistas de glucagon mostra-se promissor para o combate da hiperglicemia. Nos últimos anos, diversos antagonistas não peptídicos foram identificados (Figura 18). Atualmente, dois encontram-se em estudos clínicos, NNC-92-9955 e BAY-27-9955.[94] O mais promissor deles – BAY-27-9955 – possui concentração inibitória média (IC_{50}) para receptores de glucagon de 110 nmol/L (nM), sendo capaz de elevar os níveis intracelulares de monofosfato cíclico de adenosina (AMPc).[95] Com o sucesso nos estudos clínicos, eles podem vir a ser os primeiros antagonistas de receptores de glucagon introduzidos na terapêutica.

Inibidores da enzima tirosina fosfatase 1B (PTP1B)

Em linhas gerais, enzimas fosfatases são responsáveis por manter o equilíbrio fosforilativo intracelular, por se contraporem à ação de enzimas quinases ao remover grupos fosfato de substratos fosforilados (ação desfosforilativa). A enzima tirosina fosfatase 1B (PTP1B) é um regulador negativo da cascata de sinalização disparada via receptor de insulina (RI). A PTP1B, ao remover grupos fosfato de tirosinas fosforiladas, impede que os domínios tirosina quinase (das subunidades beta do RI) sejam ca-

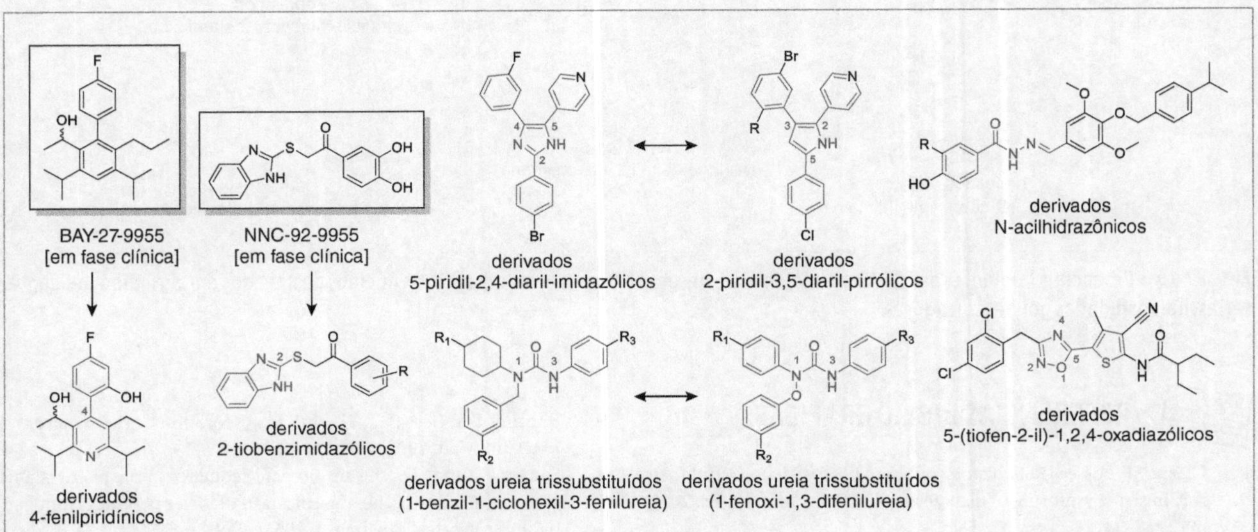

FIGURA 18 Compostos e candidatos a fármacos antagonistas de receptores de glucagon. Os núcleos destacados em vermelho indicam as principais séries em estudo.

pazes de fosforilar substratos de receptor de insulina (SRI1-4), e também é capaz de remover grupos fosfato de SRI fosforilados (fosfo-SRI(1-4), Figura 3). A resposta causada pela PTP1B é a menor translocação de transportadores GLUT4 das vesículas estoque para a membrana celular e, consequentemente, menor influxo de glicose.[96] Estudos realizados em camundongos com o gene *PTP1B* silenciado indicaram maior sensibilidade dos animais à ação da insulina, devido ao tempo prolongado da ação quinase das subunidades beta. Curiosamente, além da maior sensibilidade à insulina, esses animais não apresentaram ganho de peso com dietas supercalóricas e com alto teor de gorduras, fato que tem atraído a atenção de pesquisadores para o desenvolvimento de inibidores de PTP1B não só para o tratamento do DMNID, mas também para a obesidade.[97] Assim, inibidores de PTP1B podem aumentar o tempo de ação da insulina, bem como a sensibilidade tecidual a ela, especialmente no fígado, músculos e tecido adiposo. Uma série de compostos foram publicados nos últimos anos, e diversos seguem em desenvolvimento (Figura 19). Contudo, o desenvolvimento de inibidores de PTP1B possui vários desafios, como a seletividade de ação e as propriedades "não *drug-like*" típicas dos substratos da PTP1B. As fosfatases possuem uma série de representantes e subfamílias, o que pode desencadear grande número de efeitos adversos caso o inibidor não apresente a devida seletividade.[98] Em relação às propriedades "não *drug-like*", os inibidores de fosfatases devem usualmente mimetizar a carga negativa de fosfotirosinas. Fármacos carregados raramente apresentam bons parâmetros farmacocinéticos e normalmente são pouco absorvidos e mal distribuídos no organismo, resultando em baixa biodisponibilidade.[98] A solução encontrada foi a exploração de sítios próximos ao bolsão catalítico da PTP1B, que podem viabilizar o encaixe induzido de inibidores alostéricos da PTP1B.[99] Embora nenhum inibidor de PTP1B tenha atingido estudos clínicos até o momento, este alvo continua sendo extensivamente estudado por cientistas, e inibidores com perfil farmacocinético otimizado deverão atingir essa etapa em um futuro próximo.[100]

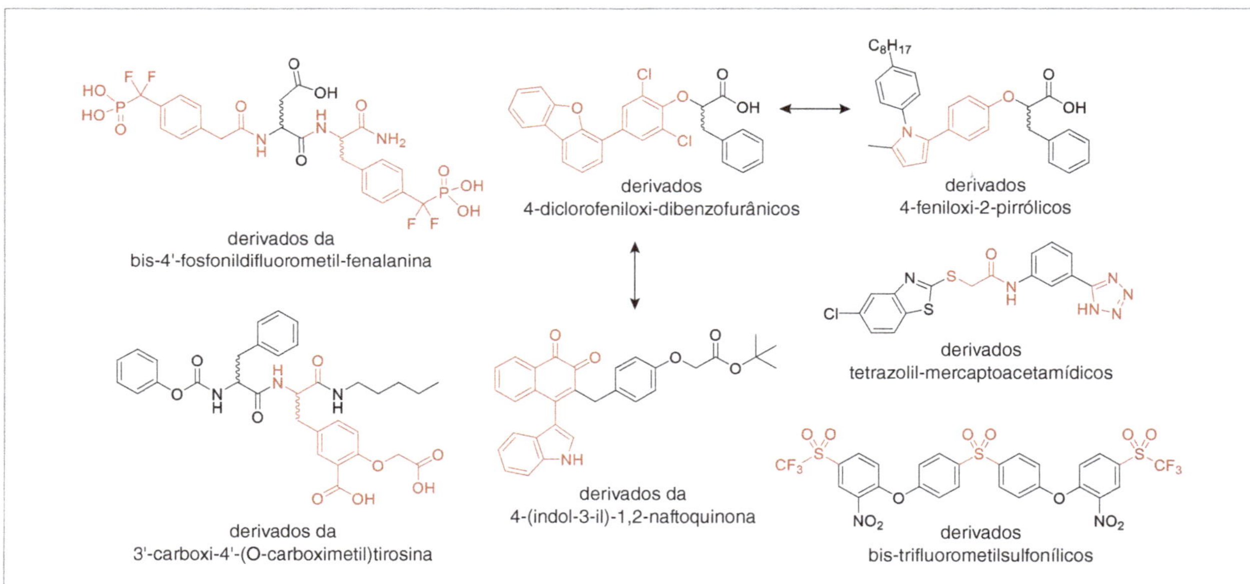

FIGURA 19 Potenciais inibidores de PTP1B atualmente em desenvolvimento e otimização. Os núcleos destacados em vermelho indicam as séries mais estudadas por pesquisadores.

REFERÊNCIAS BIBLIOGRÁFICAS

1. Clarke SF, Foster JR. A history of blood glucose meters and their role in self-monitoring of diabetes mellitus. Br J Biomed Sci. 2012; 69(2):83-93.
2. Ali H, Anwar M, Ahmad T, Chand N. Diabetes Mellitus from Antiquity to present scenario and contribution of Greco-Arab physicians. J Int Soc Hist Islam Med. 2006; 5:46-50.
3. Banting FG, Best CH. The internal secretion of the pancreas. J Lab Clin Med. 1922; 7(5):251-66.
4. Sanger F, Tuppy H. The amino-acid sequence in the phenylalanyl chain of insulin. 1. The identification of lower peptides from partial hydrolysates. Biochem J .1951; 49(4):463-81.
5. Sanger F, Tuppy H. The amino-acid sequence in the phenylalanyl chain of insulin. 2. The investigation of peptides from enzymic hydrolysates. Biochem J. 1951; 49(4):481-90.

6. Katsoyannis PG, Zalut C, Tometsko A, Tilak M, Johnson S, Trakatellis AC. Insulin peptides. XXI. Synthesis of the B chain of sheep (bovine, porcine) insulin and its isolation as the S-sulfonated derivative. J Am Chem Soc. 1971; 93(22):5871-7.
7. Goeddel D V, Kleid DG, Bolivar F, Heyneker HL, Yansura DG, Crea R, et al. Expression in Escherichia coli of chemically synthesized genes for human insulin. Proc Natl Acad Sci. 1979; 76(1):106-10.
8. Jaitak J, Jaitak V. A review on molecular mechanism of flavonoids as antidiabetic agents. Mini-Reviews Med Chem. 2019; 19(9):762-86.
9. Loubatières A. The hypoglycemic sulfonamides: history and development of the problem from 1942 to 1955. Ann N Y Acad Sci. 1957; 71(1):4-11.
10. International Diabetes Federation. IDF diabetes atlas 2019. 9.ed. Brussels, Belgium: International Diabetes Federation, 2019.
11. Rosa R, Nita ME' Rached R, Donato B, Rahal E, Rosa R, et al. Estimated hospitalizations attributable to Diabetes Mellitus within the public healthcare system in Brazil from 2008 to 2010: study DIAPS 79. Rev Assoc Med Bras. 2014; 60(3):222-30.
12. Nathan DM. The diabetes control and complications trial/epidemiology of diabetes interventions and complications study at 30 years: Overview. Diabetes Care. 2014; 37(1):9-16.
13. Setter SW, Cambell RK. Diabetes. In: Helms RA, Quan DJ, Herfindal ET, Gourley DR (eds). Textbook of therapeutics: drug and disease management. 7.ed. Baltimore: Lippincott Williams & Wilkins, 2006. p.1042-75.
14. Gedulin BR, Young AA. Hypoglycemia overrides amylin-mediated regulation of gastric emptying in rats. Diabetes. 1998; 47(1):93-7.
15. Marathe CS, Rayner CK, Jones KL, Horowitz M. Relationships between gastric emptying, postprandial glycemia, and incretin hormones. Diabetes Care. 2013; 36(5):1396-405.
16. The effect of intensive treatment of diabetes on the development and progression of long-term complications in Insulin-dependent diabetes mellitus. N Engl J Med. 1993; 329(14):977-86.
17. Costenaro F, Rodrigues T da C, Fedrizzi D, Oliveira MD, Czepielewski MA. Diabetes Melito e acromegalia : interações entre hormônio de crescimento e insulina. Rev HCPA. 2010; 30(4):321-6.
18. Carbone S, Del Buono MG, Ozemek C, Lavie CJ. Obesity, risk of diabetes and role of physical activity, exercise training and cardiorespiratory fitness. Prog Cardiovasc Dis. 2019; 62(4):327-33.
19. Vieira R, Souto SB, Sánchez-López E, Machado AL, Severino P, Jose S, et al. Sugar-lowering drugs for type 2 diabetes mellitus and metabolic syndrome – Review of classical and new compounds: Part-I. Pharmaceuticals. 2019; 12(4):152.
20. Arneth B, Arneth R, Shams M. Metabolomics of Type 1 and Type 2 Diabetes. Int J Mol Sci 2019; 20(10):2467.
21. Classification of diabetes mellitus. Geneva: World Health Organization, 2019.
22. American Diabetes Association. Diagnosis and classification of diabetes mellitus. Diabetes Care. 2010; 33(Supplement 1):S62-9.
23. Oki J, Isley WL. Diabetes Mellitus. In: DiPiro JT, Talbert RL, Yee GC, Matzke GR, Wells BG, Posey LM (eds). Pharmacotherapy: a pathophysiologic approach. New York: McGraw-Hill, 2002. p.1335-57.
24. Atkinson MA, Eisenbarth GS. Type 1 diabetes: new perspectives on disease pathogenesis and treatment. Lancet. 2001;358(9277):221-9.
25. Silva MER da, Mory D, Davini E. Marcadores genéticos e auto-imunes do diabetes melito tipo 1: da teoria para a prática. Arq Bras Endocrinol Metab. 2008; 52(2):166-80.
26. Daneman D. Type 1 diabetes. Lancet. 2006; 367(9513):847-58.
27. Alberti KGMM, Zimmet P, Shaw J. Metabolic syndrome-a new world-wide definition. A consensus statement from the International Diabetes Federation. Diabet Med. 2006; 23(5):469-80.
28. Kjær M. Hepatic glucose production during exercise. In: Skeletal muscle metabolism in exercise and diabetes. Boston, MA: Springer, 1998. p. 117-27.
29. Kaneto H, Nakatani Y, Kawamori D, Miyatsuka T, Matsuoka T, Matsuhisa M, et al. Role of oxidative stress, endoplasmic reticulum stress, and c-Jun N-terminal kinase in pancreatic β-cell dysfunction and insulin resistance. Int J Biochem Cell Biol. 2006; 38(5-6):782-93.
30. Amaral ACS, Andrade BP, Dias PFF, Fortuna RNI, Almeida-Junior RM, Tavares RM, et al. Complicações neonatais do diabetes mellitus gestacional – DMG. Rev Med Minas Gerais. 2012; 22(Supl 5):S40-2.
31. Das SK, Elbein SC. The genetic basis of type 2 diabetes. Cellscience. 2006; 2(4):100-31.
32. Triplitt C, Reasoner CA, Isley WL. Diabetes Mellitus. In: DiPiro JT, Talbert RL, Yee GC, Matzke GR, Wells BG, Posey LM (eds.). Pharmacotherapy: a pathopysiologic approach. New York: McGraw-Hill, 2008.
33. Gabbay M, Cesarini PR, Dib SA. Type 2 diabetes in children and adolescents: literature review. J Pediatr (Rio J). 2003; 79(3):201-8.
34. Sanzana G. MG, Durruty A. P. Otros tipos específicos de diabetes mellitus. Rev Médica Clínica Las Condes. 2016; 27(2):160-70.
35. Alves C de AD, Aguiar RA, Alves ACS, Santana MA. Diabetes melito: uma importante co-morbidade da fibrose cística. J Bras Pneumol. 2007; 33(2):213-21.
36. Gouveia S, Ribeiro C, Carrilho F. Sobrecarga de ferro e diabetes mellitus. Rev Port Endocrinol Diabetes e Metab. 2014; 9(1):74-8.
37. American Diabetes Association. 2. Classification and diagnosis of diabetes. Diabetes Care. 2015; 38(Supplement 1):S8-16.
38. Davis SN, Lamos EM, Younk LM. Hypoglycemia and hypoglycemic syndromes. In: Weir GC, Jameson JL, De Groot LJ (eds.). Endocrinology: adult and pediatric diabetes mellitus and obesity. 7.ed. Philadelphia, PA: Elsevier Saunders, 2016. p. 332-54.
39. Ojo O, Wang X-H, Ojo O, Ibe J. The effects of substance abuse on blood glucose parameters in patients with diabetes: a systematic review and meta-analysis. Int J Environ Res Public Health. 2018; 15(12):2691.
40. Berger AR, Schaumburg HH. Human toxic neuropathy caused by industrial agents. Peripher Neuropathy. 2005; 2:2505-25.
41. Graham ML, Janecek JL, Kittredge JA, Hering BJ, Schuurman H-J. The Streptozotocin-induced diabetic nude mouse model: differences between animals from different sources. Comp Med. 2011; 61(4):356-60.
42. Wright EM, Turk E. The sodium/glucose cotransport family SLC5. Arch Eur J Physiol. 2004; 447(5):510-8.
43. Wood IS, Trayhurn P. Glucose transporters (GLUT and SGLT): expanded families of sugar transport proteins. Br J Nutr. 2003; 89(1):3-9.
44. Raja M, Puntheeranurak T, Gruber HJ, Hinterdorfer P, Kinne RKH. The role of transporter ectodomains in drug recognition and binding: phlorizin and the sodium – glucose cotransporter. Medchemcomm. 2016; 7(6):1056-68.
45. Samih N, Hovsepian S, Notel F, Prorok M, Zattara-Cannoni H, Mathieu S, et al. The impact of N- and O-glycosylation on the functions of Glut-1 transporter in human thyroid anaplastic cells. Biochim Biophys Acta – Gen Subj. 2003; 1621(1):92-101.
46. Scapin G, Dandey VP, Zhang Z, Prosise W, Hruza A, Kelly T, et al. Structure of the insulin receptor-insulin complex by single-particle cryo-EM analysis. Nature. 2018; 556(7699):122-5.

47. Moneva MH, Dagogo-Jack S. Multiple Drug Targets in the Management of Type 2 Diabetes. Curr Drug Targets. 2002; 3(3):203-21.
48. The Diabetes Control and Complications Trial/Epidemiology of Diabetes Interventions and Complications (DCCT/EDIC) Study Research Group. Intensive Diabetes Treatment and Cardiovascular Disease in Patients with Type 1 Diabetes. N Engl J Med. 2005; 353(25):2643-53.
49. American Diabetes Association. Summary of Revisions: Standards of Medical Care in Diabetes – 2019. Diabetes Care. 2019; 42(Supplement 1):S4-6.
50. Malaisse W. Stimulation of insulin release by non-sulfonylurea hypoglycemic agents: the meglitinide family. Horm Metab Res. 1995; 27(06):263-6.
51. Zito SW. Therapeutic Classes of Drugs Used to Treat Diabetes: Insulin. In: Lemke TL, Williams DA, Roche VF, Zito SW (eds.). Foye's principles of medicinal chemistry. 7.ed. Philadelphia, PA: Lippincott Williams & Wilkins, 2012. p. 885-90.
52. Powers AD, Alessio D. Endocrine pancreas and pharmacotherapy of diabetes mellitus and hypoglycemia. In: Brunton L, Chabner BA, Knollman BC (eds.). Goodman and Gilman's The pharmacological basis of therapeutics. 12.ed. New York: McGraw-Hill; 2011.
53. Vivian EM, Olarte S V, Gutierrez AM. Insulin strategies for type 2 diabetes mellitus. Ann Pharmacother. 2004; 38(11):1916-23.
54. Davis JF, Choi DL, Benoit SC. Insulin, leptin and reward. Trends Endocrinol Metab. 2010 Feb; 21(2):68-74.
55. Dowarah J, Singh VP. Anti-diabetic drugs recent approaches and advancements. Bioorg Med Chem. 2020; 28(5):115263.
56. Mulder H, Schopman W, van der Lely AJ. Extrapancreatic insulin effect of glibenclamide. Eur J Clin Pharmacol. 1991; 40(4):379-81.
57. Meglasson MD, Matschinsky FM. Pancreatic islet glucose metabolism and regulation of insulin secretion. Diabetes Metab Rev. 1986; 2(3-4):163-214.
58. Thisted H, Johnsen SP, Rungby J. Sulfonylureas and the risk of myocardial infarction. Metabolism. 2006; 55(Supp 1):S16-9.
59. Meyer M, Chudziak F, Schwanstecher C, Schwanstecher M, Panten U. Structural requirements of sulphonylureas and analogues for interaction with sulphonylurea receptor subtypes. Br J Pharmacol. 1999; 128(1):27-34.
60. Lv W, Wang X, Xu Q, Lu W. Mechanisms and characteristics of sulfonylureas and glinides. Curr Top Med Chem. 2020; 20(1):37-56.
61. Panten U, Schwanstecher M, Schwanstecher C. Sulfonylurea receptors and mechanism of sulfonylurea action. Exp Clin Endocrinol Diabetes. 2009; 104(01):1-9.
62. Xu H, Murray M, McLachlan A. Influence of genetic polymorphisms on the pharmacokinetics and pharmacodynamics of sulfonylurea drugs. Curr Drug Metab. 2009; 10(6):643-58.
63. Nadi AB, Zhang TM, Malaisse WJ. Effects of the methyl esters of pyruvate, succinate and glutamate on the secretory response to meglitinide analogues in rat pancreatic islets. Pharmacol Res. 1996; 33(3):191-4.
64. Akiyoshi M, Kakei M, Nakazaki M, Tanaka H. A new hypoglycemic agent, A-4166, inhibits ATP-sensitive potassium channels in rat pancreatic beta-cells. Am J Physiol Metab. 1995; 268(2):E185-93.
65. Lins L, Brasseur R, Malaisse WJ. Conformational analysis of non-sulfonylurea hypoglycemic agents of the meglitinide family. Biochem Pharmacol. 1995; 50(11):1879-84.
66. Augusti KT, Sunil NP, Abraham A, Thomas S, Chemmanam V. A comparative study on the effects of diet and exercise, metformin and metformin+pioglitazone treatment on NIDDM patients. Indian J Clin Biochem. 2007; 22(2):65-9.
67. Bolen S, Feldman L, Vassy J, Wilson L, Yeh H-C, Marinopoulos S, et al. Systematic review: comparative effectiveness and safety of oral medications for type 2 diabetes mellitus. Ann Intern Med. 2007; 147(6):386-99.
68. Cheng AYY, Josse RG. Intestinal absorption inhibitors for type 2 diabetes mellitus: prevention and treatment. Drug Discov Today Ther Strateg. 2004; 1(2):201-6.
69. Bell DS. Type 2 diabetes mellitus: what is the optimal treatment regimen? Am J Med. 2004;116(5):23-9.
70. Inzucchi SE. Oral Antihyperglycemic therapy for type 2 diabetes. JAMA. 2002; 287(3):360-72.
71. Göke B, Fuder H, Wieckhorst G, Theiss U, Stridde E, Littke T, et al. Voglibose (AO-128) is an efficient α-glucosidase inhibitor and mobilizes the endogenous GLP-1 reserve. Digestion. 1995; 56(6):493-501.
72. Sels J-PJ, Huijberts MS, Wolffenbuttel BH. Miglitol, a new α-glucosidase inhibitor. Expert Opin Pharmacother. 1999;1(1):149-56.
73. Borges de Melo E, da Silveira Gomes A, Carvalho I. α- and β-glucosidase inhibitors: chemical structure and biological activity. Tetrahedron. 2006; 62(44):10277-302.
74. Bragt MCE, Popeijus HE. Peroxisome proliferator-activated receptors and the metabolic syndrome. Physiol Behav 2008; 94(2):187-97.
75. Schoonjans K, Auwerx J. Thiazolidinediones: an update. Lancet. 2000; 355(9208):1008-10.
76. Reimann F, Gribble FM. Glucose-sensing in glucagon-like peptide-1-secreting cells. Diabetes. 2002; 51(9):2757-63.
77. Buse JB, Henry RR, Han J, Kim DD, Fineman MS, Baron AD, et al. Effects of exenatide (exendin-4) on glycemic control over 30 weeks in sulfonylurea-treated patients with type 2 diabetes. Diabetes Care. 2004; 27(11):2628-35.
78. Wang Q, Brubaker P. Glucagon-like peptide-1 treatment delays the onset of diabetes in 8 week-old db/db mice. Diabetologia. 2002; 45(9):1263-73.
79. Rosenblum JS, Kozarich JW. Prolyl peptidases: a serine protease subfamily with high potential for drug discovery. Curr Opin Chem Biol. 2003; 7(4):496-504.
80. Eckhardt M, Langkopf E, Mark M, Tadayyon M, Thomas L, Nar H, et al. 8-(3-(*R*)-Aminopiperidin-1-yl)-7-but-2-ynyl-3-methyl-1-(4-methyl-quinazolin-2-ylmethyl)-3,7-dihydropurine-2,6-dione (BI 1356), a highly potent, selective, long-acting, and orally bioavailable DPP-4 inhibitor for the treatment of type 2 diabetes. J Med Chem. 2007; 50(26):6450-3.
81. Tahrani AA, Piya MK, Kennedy A, Barnett AH. Glycaemic control in type 2 diabetes: Targets and new therapies. Pharmacol Ther. 2010; 125(2):328-61.
82. Blech S, Ludwig-Schwellinger E, Gräfe-Mody EU, Withopf B, Wagner K. The metabolism and disposition of the oral dipeptidyl peptidase-4 inhibitor, linagliptin, in humans. Drug Metab Dispos. 2010; 38(4):667-78.
83. Ryan GJ, Jobe LJ, Martin R. Pramlintide in the treatment of type 1 and type 2 diabetes mellitus. Clin Ther. 2005; 27(10):1500-12.
84. Heptulla RA, Rodriguez LM, Bomgaars L, Haymond MW. The role of amylin and glucagon in the dampening of glycemic excursions in children with type 1 diabetes. Diabetes. 2005; 54(4):1100-7.
85. Owen SK. Amylin Replacement Therapy in patients with insulin-requiring type 2 diabetes. Diabetes Educ. 2006;32(suppl 3):105S-110S.
86. Singh-Franco D, Robles G, Gazze D. Pramlintide acetate injection for the treatment of type 1 and type 2 diabetes mellitus. Clin Ther. 2007; 29(4):535-62.
87. Santer R, Calado J. Familial Renal Glucosuria and SGLT2: From a Mendelian trait to a therapeutic target. Clin J Am Soc Nephrol. 2010; 5(1):133-41.

88. Wright EM, Loo DDF, Hirayama BA. Biology of human sodium glucose transporters. Physiol Rev. 2011; 91(2):733-94.
89. Opie LH. Sodium Glucose Co-transporter 2 (SGLT2) Inhibitors: new among antidiabetic drugs. Cardiovasc Drugs Ther. 2014; 28(4):331-4.
90. Storgaard H, Gluud LL, Bennett C, Grøndahl MF, Christensen MB, Knop FK, et al. Benefits and harms of sodium-glucose co-transporter 2 inhibitors in patients with type 2 diabetes: a systematic review and meta-analysis. PLoS One. 2016; 11(11):e0166125.
91. Faillie J-L. Pharmacological aspects of the safety of gliflozins. Pharmacol Res. 2017; 118:71-81.
92. McGovern A, Feher M, Munro N, de Lusignan S. Sodium-glucose co-transporter 2 (SGLT2) inhibitor: comparing trial data and real-world use. Diabetes Ther Res Treat Educ diabetes Relat Disord. 2017; 8(2):365-76.
93. Burcelin R, Katz EB, Charron MJ. Molecular and cellular aspects of the glucagon receptor: role in diabetes and metabolism. Diabetes Metab. 1996; 22(6):373-96.
94. Kurukulasuriya R, Link J. Progress towards glucagon receptor antagonist therapy for Type 2 diabetes. Expert Opin Ther Pat. 2005; 15(12):1739-49.
95. Petersen KF, Sullivan JT. Effects of a novel glucagon receptor antagonist (Bay 27-9955) on glucagon-stimulated glucose production in humans. Diabetologia. 2001; 44(11):2018-24.
96. Eleftheriou P, Geronikaki A, Petrou A. PTP1b inhibition, a promising approach for the treatment of diabetes type II. Curr Top Med Chem. 2019; 19(4):246-63.
97. Montalibet J, Kennedy BP. Therapeutic strategies for targeting PTP1B in diabetes. Drug Discov Today Ther Strateg. 2005; 2(2):129-35.
98. Zhang S, Zhang Z-Y. PTP1B as a drug target: recent developments in PTP1B inhibitor discovery. Drug Discov Today. 2007; 12(9-10):373-81.
99. Patankar SJ, Jurs PC. Classification of inhibitors of protein tyrosine phosphatase 1B using molecular structure based descriptors. J Chem Inf Comput Sci. 2003; 43(3):885-99.
100. Koren S, Fantus IG. Inhibition of the protein tyrosine phosphatase PTP1B: potential therapy for obesity, insulin resistance and type-2 diabetes mellitus. Best Pract Res Clin Endocrinol Metab. 2007; 21(4):621-40.

CAPÍTULO 22

Hormônios esteroides e anticoncepcionais

Diego Eidy Chiba
Marcella Gabrielle Mendes Machado
Jean Leandro dos Santos
Chung Man Chin

INTRODUÇÃO

Os anticoncepcionais hormonais são substâncias químicas que interferem no ciclo menstrual inibindo a ovulação e, consequentemente, previnem a gravidez. Para o entendimento do seu mecanismo de ação é necessária a compreensão das bases hormonais que envolvem o ciclo menstrual.

O sistema reprodutor feminino é formado pelos ovários, trompas de falópio (tubas uterinas), útero e vagina. A superfície externa do ovário é coberta pelo epitélio germinativo, que se diferencia em óvulos primordiais que migram, posteriormente, para o córtex ovariano. Cada óvulo recebe uma camada de células do estroma ovariano que se diferenciam em células da granulosa, formando o folículo primordial. Esse processo ocorre na fase fetal, com a produção de cerca de 400-500 destes folículos, os quais se desenvolverão na fase reprodutiva da mulher, liberando os óvulos, geralmente, um por mês. Em torno dos 50 anos de idade, a mulher entra no final do ciclo reprodutivo, com a degeneração dos folículos restantes, levando ao período da menopausa.[1] Esse processo é controlado por um mecanismo que envolve vários hormônios, entre os quais o hormônio liberador de gonadotropinas (GnRH), hormônio folículo-estimulante (FSH), o hormônio luteinizante (LH) e os hormônios sexuais femininos estrogênios, sendo os principais 17-beta-estradiol, estrona e estriol, e os progestogênios (ou progestinas), sendo o principal a progesterona.[1]

A produção e liberação de estrógenos e progesterona ocorre em resposta ao estímulo de outros hormônios, secretados pelo hipotálamo e pela hipófise. O hipotálamo é responsável pela liberação do GnRH, que estimula a hipófise (pituitária) a liberar os hormônios FSH e o LH. Os níveis de secreção desses hormônios são diferentes em cada fase do ciclo sexual feminino mensal (ciclo menstrual). O ciclo tem média de duração de 28 dias e envolve a liberação de apenas um óvulo, em condições normais, dos ovários e a preparação do endométrio uterino para a implantação do óvulo fertilizado.[1-3]

As alterações ovarianas que ocorrem durante o ciclo dependem dos hormônios gonadotrópicos FSH e LH, na ausência dos quais os ovários permanecem inativos. O FSH e o LH estimulam as células-alvo por meio da interação com receptores específicos. Quando esses receptores se ativam, geralmente pela ação do segundo mensageiro monofosfato de adenosina cíclico (AMPc), aumentam o perfil de secreção hormonal, assim como o crescimento e a proliferação celular.[1]

Durante os primeiros dias do ciclo, as concentrações de FSH e LH aumentam moderadamente, levando ao crescimento acelerado dos folículos primordiais. O efeito inicial é a rápida proliferação das células da granulosa, aumentando assim os números de camadas presentes. Além disso, ocorre o aparecimento de uma nova camada de células, denominada teca. Após a fase proliferativa, as células granulosas secretam o líquido folicular, que é constituído por altas concentrações de estrógeno, levando ao aparecimento do antro. Até esse ponto, o responsável por quase todo o estímulo de desenvolvimento é o FSH.[1]

O estrógeno secretado estimula as células da granulosa a expressar mais receptores de FSH, tornando as células ainda mais sensíveis ao FSH. A combinação de FSH e de estrógeno também promove a expressão de receptores de LH nas células da granulosa, o que aumenta ainda mais a secreção folicular. O aumento da concentração de estrógeno, aliado à grande quantidade de LH, promove a proliferação de células tecais, levando à maturação do folículo e consequente ovulação e formação do corpo lúteo. Ao mesmo tempo que ocorre a maturação do óvulo, no útero, sob a influência do estrógeno, ocorre a proliferação das células do endométrio para posterior recebimento do óvulo fecundado.[1,3]

Caso haja fecundação, o corpo lúteo se mantém funcional, promovendo o estímulo para a liberação de progesterona, o qual mantém o endométrio íntegro para o desenvolvimento da gravidez.[1,2] Ao contrário, quando não há fecundação, o corpo lúteo entra em degeneração, o que diminui a concentração de progesterona e, assim, promove a liberação da camada do endométrio (menstruação).[1,2] A modulação do ciclo menstrual ocorre através dos efeitos de *feedback* causados pelos próprios hormônios (Figura 1). No período pós-ovulatório, entre a ovulação e a menstruação, o corpo lúteo secreta grande quantidade de estrógeno, progesterona e o hormônio inibina, que causam, em conjunto, um efeito de *feedback* negativo, suprimindo a liberação de LH e FSH. Durante a menstruação, o corpo lúteo já está na sua forma inativa, ou seja, diminui a liberação dos hormônios femininos e da inibina,

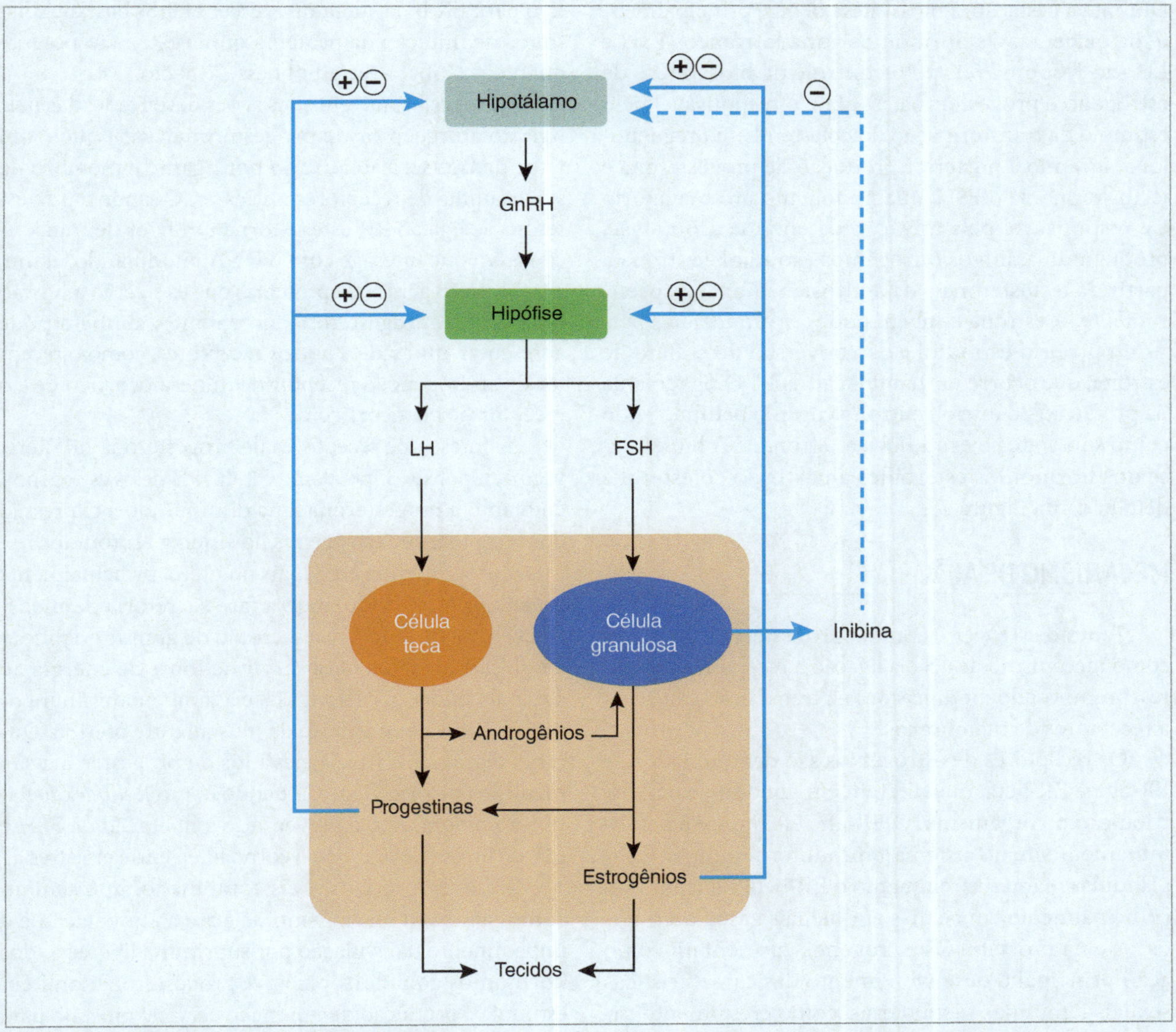

FIGURA 1 Perfil de controle da secreção hormonal.
FSH: hormônio folículo-estimulante; GnRH: hormônio liberador de gonadotropinas; LH: hormônio luteinizante.

liberando o hipotálamo e a hipófise do efeito de *feedback* negativo, começando a secretar novamente LH e FSH e levando à fase de crescimento folicular. Durante os primeiros dias desse crescimento, ocorre uma leve diminuição nos níveis dos hormônios gonadotrópicos, devido ao efeito de *feedback* negativo causado pelo estrógeno na hipófise.[1-3]

BIOSSÍNTESE

Os hormônios esteroides estrogênios, progesterona e os androgênios são produzidos a partir do colesterol. No sistema reprodutor feminino, esses hormônios são produzidos principalmente nos ovários, pelos folículos maduros e pelo corpo lúteo, no período pré-ovulatório. Durante a gestação, a biossíntese ocorre principalmente na placenta. Os hormônios gonadotrópicos FSH e LH são responsáveis pelo controle da biossíntese de estrógeno e progesterona. O LH é o responsável pelo estímulo da transformação do colesterol em pregnenolona, levando a posterior produção de progesterona e testosterona. Já o FSH atua no folículo pré-ovulatório e é responsável pela ativação da enzima aromatase, produzindo assim os estrogênios estradiol e estrona a partir da testosterona e da androstenediona, respectivamente. A estrona também pode ser produzida a partir do próprio estradiol e da conversão do sulfato de estrona, que ocorre na glândula adrenal. O fígado atua na produção do estriol, outro estrogênio natural, tendo como substratos o estradiol e a estrona.[1-3] A biossíntese dos hormônios esteroides a partir do colesterol é detalhada na Figura 2.

MECANISMO DE AÇÃO

Tanto o estrógeno como a progesterona possuem como mecanismo de ação a ligação a receptores nucleares, promovendo modificações na transcrição gênica ou a receptores de membranas.

Os receptores de estrogênios são denominados de ER-alfa e ER-beta, que diferem em tamanho e em distribuição no organismo. O ER-alfa encontra-se predominantemente no sistema reprodutor feminino e nas glândulas mamárias, enquanto o ER-beta é encontrado principalmente em células endoteliais vasculares, nos ossos e na próstata. Os estrógenos apresentam como ação principal o desenvolvimento das características sexuais femininas secundárias, como crescimento capilar, manutenção da pele mais macia, crescimento dos seios e acúmulo de gorduras em regiões específicas do corpo da mulher, além de estimular o desenvolvimento do sistema reprodutivo feminino. Durante a gravidez, o estrógeno promove o estímulo das glândulas mamárias. Devido ao importante papel desse hormônio no tecido mamário, diversos estudos demostraram que os estrógenos atuam como estimuladores no desenvolvimento de alguns tipos de câncer de mama. O estrógeno inibe a liberação do FSH via *feedback* negativo na adeno-hipófise, o que suprime o desenvolvimento do folículo (ciclo ovariano).[3,4]

Os estrógenos também podem se ligar a receptores de membrana, promovendo ações vasculares rápidas e outros efeitos estrogênicos. O 17-beta-estradiol provoca vasodilatação aguda mediada por óxido nítrico e um estrógeno de origem vegetal chamado genisteína (seletivo para ER-beta, além de exercer efeitos bastante distintos de inibição da proteína quinase C), tão potente quanto o 17-beta-estradiol nesse aspecto.[3]

A progesterona tem suas ações desencadeadas pela ligação ao receptor de progesterona (RP), que é um fator de transcrição ativado por ligante e membro da superfamília de receptores nucleares. Quando a progesterona se liga ao RP, este se torna um fator de transcrição ativo que interage com o DNA, modulando, assim, a transcrição gênica de proteínas que exercerão a função biológica. A progesterona, no entanto, também pode apresentar afinidade a outros receptores, como o receptor de andrógeno, o receptor de mineralocorticoide e o receptor de glicocorticoide.[2,4]

A síntese dos receptores de progesterona no útero, vagina, hipófise e hipotálamo é induzida pelos estrógenos, enquanto a progesterona atua diminuindo a expressão dos receptores de estrógenos no sistema reprodutor.[4]

A progesterona atua mais no útero, principalmente no endométrio, induzindo a fase secretória da menstruação, na qual ocorre a secreção de grande quantidade de carboidratos para servir de fonte de energia ao óvulo fecundado. Além disso, ela também diminuiu os movimentos de contração da musculatura uterina. Durante a gravidez, níveis elevados de progesterona são mantidos no organismo, atuando como *feedback* negativo ao hipotálamo e prevenindo a liberação de FSH e LH, de forma a evitar que o corpo lúteo entre em atresia.[2]

Os contraceptivos orais combinados apresentam como principal mecanismo de ação a anovulação e o impedimento da ovulação por suprimir a liberação dos hormônios gonadotrópicos. A progesterona também estimula a produção de um muco cervical inóspito para o esperma (menos suscetível à passagem deste). Portanto, quando usados em combinação, os contraceptivos

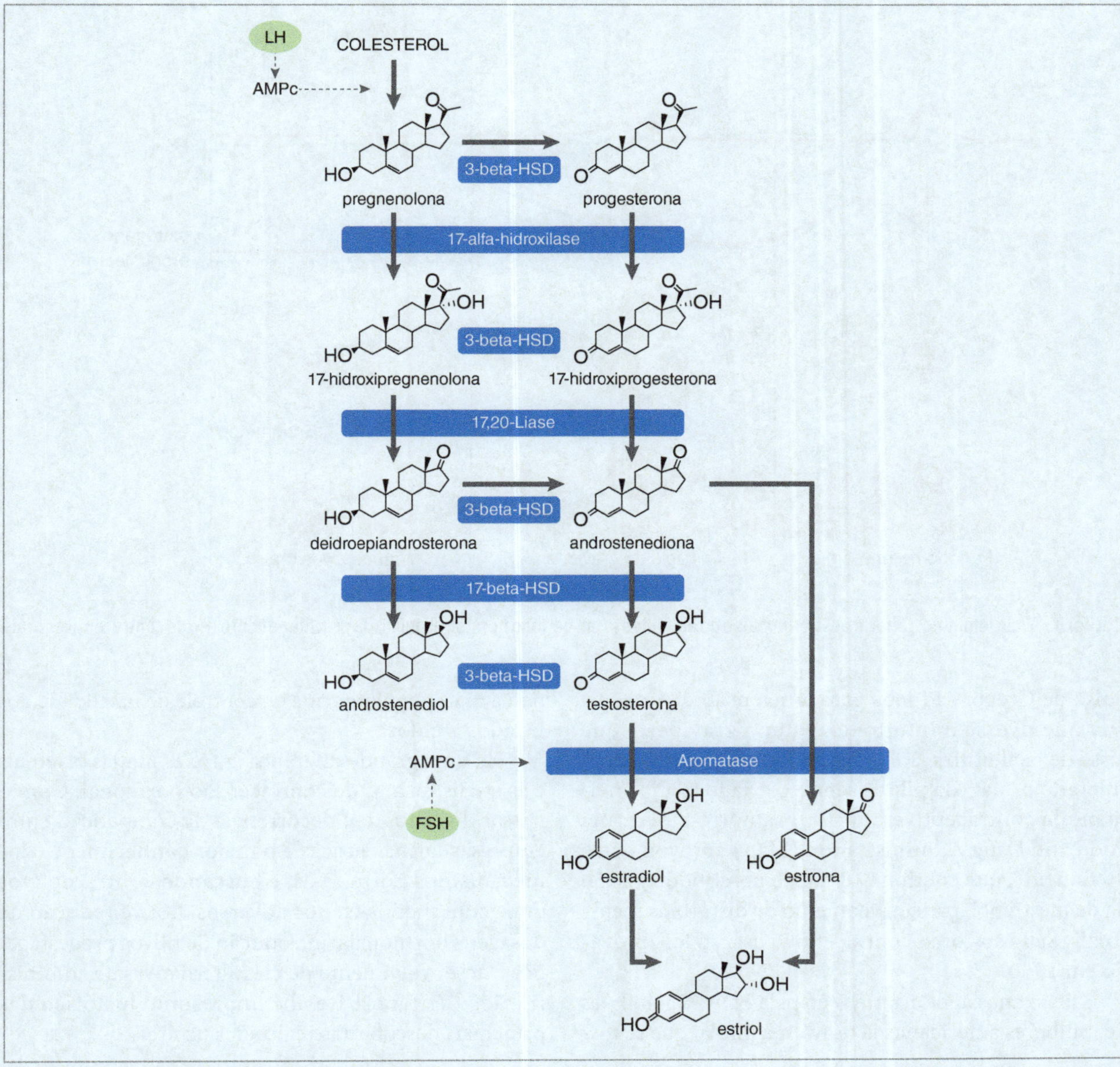

FIGURA 2 Biossíntese dos hormônios esteroides.
FSH: hormônio folículo-estimulante; LH: hormônio luteinizante; 3-beta-HSD: 3-beta-hidroxiesteroide desidrogenase; 17-beta-HDS: 17β-hidroxiesteroide desidrogenase.

orais, além de impedir a ovulação, mantêm o endométrio inapto para a implantação.[5] A Figura 3 ilustra as fases do ciclo menstrual normal, durante a gravidez e com a utilização de contraceptivos orais.

HISTÓRICO

Ludwig Haberlandt, considerado o "avô" da pílula, realizou um experimento em 1921 com coelhas e observou que estas se tornavam temporariamente estéreis após a implantação de ovários retirados de outras coelhas prenhas. Esse conhecimento levou os pesquisadores da época a concluir que a chave da contracepção poderia estar em secreções produzidas mensalmente pelos ovários, mais tarde identificadas como estrogênio e progesterona. Na década de 1930, a determinação das estruturas do estrogênio e da progesterona permitiram a reprodução sintética desses hormônios.[6,7]

Assim, a feminista Margaret Sanger, criadora da Liga Americana de Controle de Natalidade, uniu-se à milionária Katherine McCormick financiadora da pes-

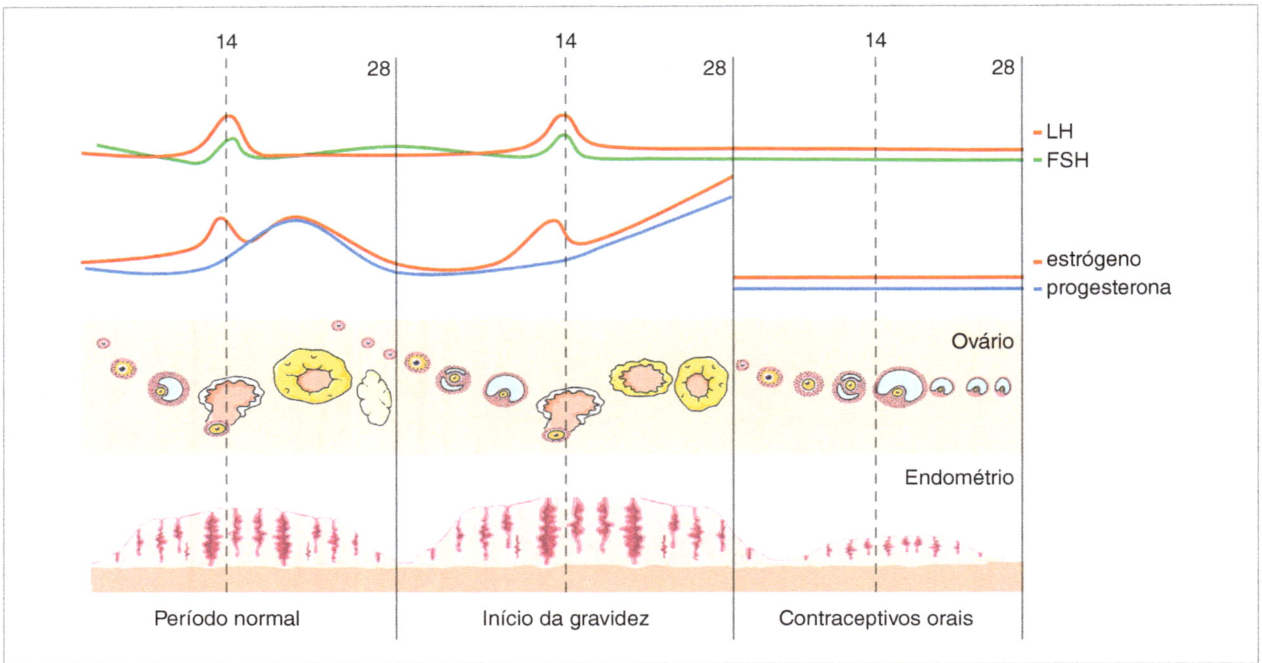

FIGURA 3 Ciclo feminino e alterações hormonais e do endométrio em período normal, no início da gravidez e com o uso de contraceptivos orais.

quisa de Gregory Pincus para a invenção de uma pílula que tivesse o intuito de evitar a gravidez e que fosse de fácil utilização. O pesquisador Pincus foi considerado o "pai" da pílula, sendo o criador da primeira pílula contraceptiva. Em 1957, a norte-americana Food and Drug Administration (FDA) aprovou o uso do Enovid®, que continha 10 mg de noretinodrel e 150 µg de mestranol, para o tratamento de distúrbios menstruais. Seu uso como contraceptivo oral só foi aprovado em 1960.[6,7]

Cinco anos após a aprovação pela FDA, 6,5 milhões de mulheres americanas já usavam a pílula, que se tornou a mais popular forma de controle de natalidade dos Estados Unidos.

Há uma grande diferença entre as pílulas originais e as atuais formas de contracepção hormonal. Com o passar dos anos, em decorrência da competição entre empresas farmacêuticas e o maior conhecimento dos mecanismos hormonais, e buscando contraceptivos orais com menos efeitos adversos, houve redução de dosagens hormonais, introdução de novos progestágenos e desenvolvimento de vias alternativas de administração.[6,7] A Tabela 1 exibe um resumo histórico das principais descobertas realizadas na área.

TABELA 1 Descobertas importantes na classe dos anticoncepcionais

Data	Descoberta	Pesquisador
1950	Síntese da noretisterona, hormônio sintético semelhante à progesterona	Carl Djerassi
1951	Síntese do noretinodrel (isômero da noretisterona)	Frank Colton
1957	Aprovação da pílula Enovid® (10 mg de noretinodrel e 150 µg de mestranol) apenas para o tratamento de desordens menstruais	Gregory Pincus
1960	Aprovação da pílula Enovid® (5 mg de noretinodrel e 75 µg de mestranol) para uso contraceptivo	Gregory Pincus
Década de 1960	Aprovação da pílula Anovlar® (4 mg de noretisterona e 50 µg de etinilestradiol) Aprovação da pílula Lyndiol® (2,5 mg de linestrenol e 75 µg de mestranol)	Schering Company Organon company
Década de 1970	Segunda geração de pílulas (levonorgestrel)	
1988	A pílula original Enovid® de alta dose (10 mg de noretinodrel e 150 µg de mestranol) é retirada do mercado devido aos efeitos adversos	

(continua)

TABELA 1 Descobertas importantes na classe dos anticoncepcionais (*continuação*)

Década de 1990	Terceira geração de pílulas (desogestrel, gestodeno)	
1997	Aprovação da pílula Ortho Tri-Cyclen® (norgestimato e etinilestradiol) para o tratamento da acne	Ortho Pharmaceuticals
Anos 2000	Quarta geração de pílulas (ciproterona, drospirenona)	
2003	Aprovação da pílula Seasonale® (levonorgestrel e etinilestradiol), regime que suspende a menstruação por três meses	Barr Pharmaceuticals
2007	Aprovação da pílula Lybrel® (levonorgestrel e etinilestradiol), regime que elimina a menstruação	Wyeth Pharmaceuticals

ESTROGÊNIOS

O estradiol é o estrógeno endógeno mais potente desde que administrado por via parenteral, uma vez que, se administrado por via oral, é rapidamente metabolizado. A adição de um grupo alcino no C-17 previne a oxidação da hidroxila ligada nesse mesmo carbono, o que melhora a biodisponibilidade oral. Os análogos sintéticos resultantes, como o etinilestradiol, são 80-200 vezes mais potentes que o estradiol na supressão do FSH. O mestranol é um pró-fármaco do etinilestradiol, sendo rapidamente convertido a etinilestradiol por metabolização hepática.[8,9]

Outra estratégia utilizada em modificações moleculares dos estrógenos é a formação de ésteres de estradiol, como o 17-beta-valerato e o 17-beta-cipionato de estradiol. O intuito desse tipo de modificação é aumentar a duração de ação, e os fármacos resultantes são normalmente administrados por via intramuscular. A hidrólise desses ésteres libera o estradiol lentamente, aumentando a duração de ação dos análogos.[8,9]

Metabolismo

O metabolismo de estrogênios é realizado principalmente no fígado, por oxidação, conjugação com ácido glicurônico e sulfatação. Os estrogênios também sofrem secreção biliar e reabsorção intestinal (circulação entero-hepática).[9,10]

A Figura 4 mostra as vias de biotransformação dos estrogênios. A estrona e o estradiol podem ser interconvertidos pela enzima 17-beta-hidroxiesteroide desidrogenase. Duas vias metabólicas são de maior importância na biotransformação dos estrogênios, com hidroxilações pela CYP1A2 e CYP3A4. Na primeira há uma hidroxilação em C2 para formar 2-hidroxiestrona, metabólito designado como "bom" por não favorecer a divisão celular e não promover a proliferação de células na mama ou no endométrio. A 2-hidroxiestrona é convertida em 2-metoxiestrona pela enzima catecol-*O*-metiltransferase (COMT).[9,10]

Na segunda via, ocorre a 16-alfa-hidroxilação na estrona para formar 16-alfa-hidroxiestrona, um metabólito potente e ativo que se une aos receptores de estrogênio e pode acelerar a multiplicação celular e a síntese de DNA. Níveis altos desse metabólito podem aumentar o risco de doenças como lúpus e câncer de mama, doenças dependentes dos estrogênios. Posteriormente, a 16-alfa-hidroxiestrona é convertida em estriol.[9,10]

Outras rotas de biotransformação de estrogênios incluem a formação de 16-epiestriol, 17-alfa-estradiol e estrogênios 6-hidroxilados.

Relação estrutura-atividade

Nos derivados estrogênicos, a presença do anel aromático A e a hidroxila na posição C-3 são essenciais para a atividade. Outros fortes contribuintes para a atividade estrogênica são o esqueleto hidrofóbico planar, a presença da hidroxila no C-17 na posição beta e a distância entre essa hidroxila e a hidroxila do C-3, que deve ser de 10,3 a 12,1 Å. Além disso, a inversão da configuração da hidroxila ligada ao C-17 também resulta em grande diminuição da afinidade.[11,12]

A presença de insaturações no anel B aumenta significantemente a atividade estrogênica, enquanto o aumento do tamanho do anel D resulta na diminuição dessa atividade.

A relação estrutura-atividade[9,11,12] quanto aos substituintes é apresentada na Figura 5.

PROGESTOGÊNIOS

A progesterona tem importante função na preparação do útero e do endométrio para a fecundação, além de atuar em todo o desenvolvimento pós-fecundação. Apresenta também papel inibitório na liberação dos hormônios gonadotrópicos, prevenindo a ovulação.[5]

Os progestogênios sintéticos podem ser classificados quanto à estrutura química de seu núcleo esteroide,

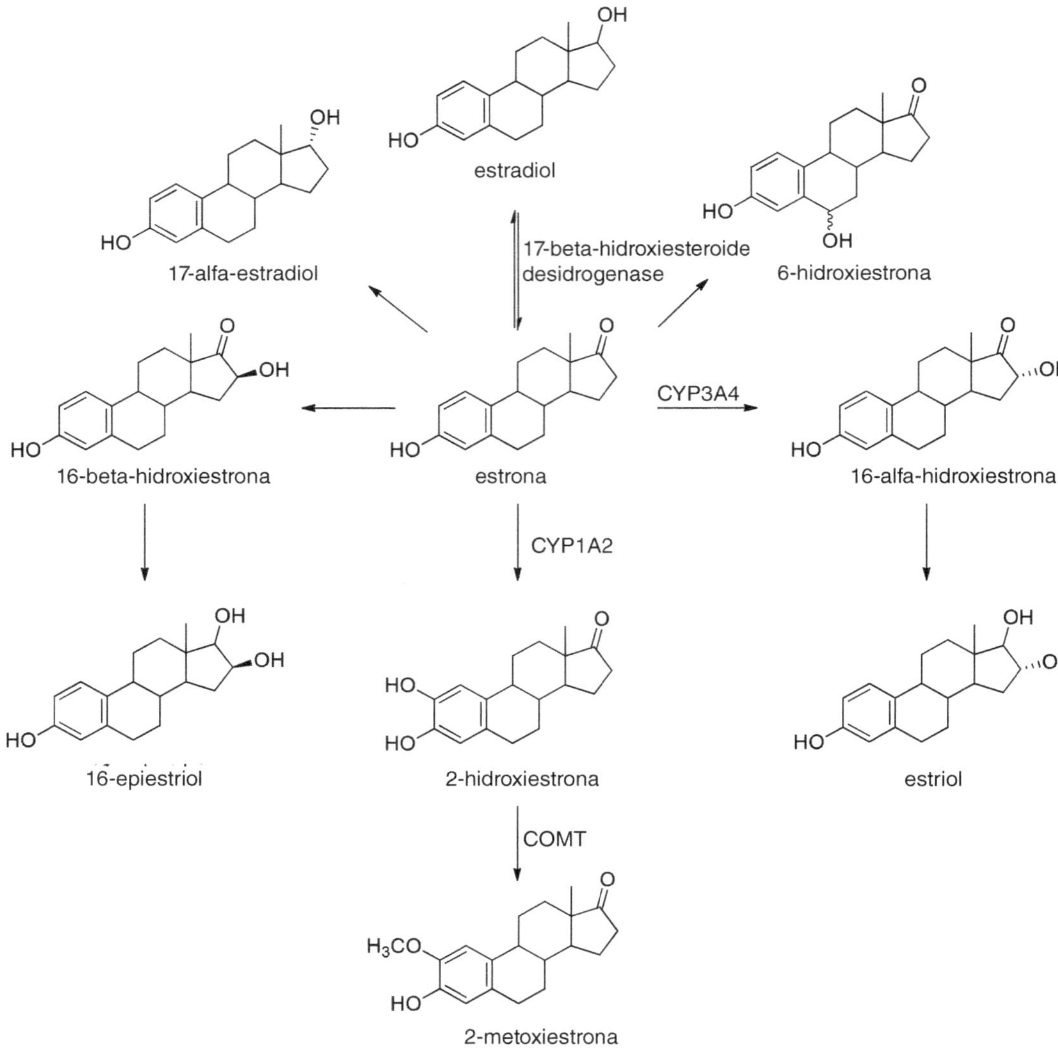

FIGURA 4 Biotransformação do estrogênio.

sendo classificados como androstanos e pregnanos. Incluem também os derivados sem a metila na posição 19, chamados de 19-norandrostanos e 19-norpregnanos (Figura 6).

Além da classificação química, os progestogênios sintéticos podem ser classificados quanto à sua geração (primeira, segunda, terceira e quarta geração), conforme a Figura 7.

As primeiras gerações foram desenvolvidas para atuar como contraceptivos, ou seja, atuavam apenas em receptores de progesterona. No entanto, além do receptor de progesterona, os derivados progestogênios podem apresentar afinidade por outros receptores, como os receptores de glicocorticoides, os receptores de mineralocorticoides e os receptores de androgênio, o que pode significar que alguns efeitos adversos estão relacionados à ligação a esses receptores.[2,9]

Metabolismo

A progesterona tem uma meia-vida curta, e seu metabolismo é relativamente simples. A redução pode ocorrer na dupla ligação entre C4 e C5 e nos grupos cetona nas posições 3 e 20. Outra rota metabólica é a C6α-hidroxilação.

O principal metabólito excretado pela urina é o conjugado glicuronídeo de 5β-pregnano-3-alfa,20-beta-diol (Figura 8).

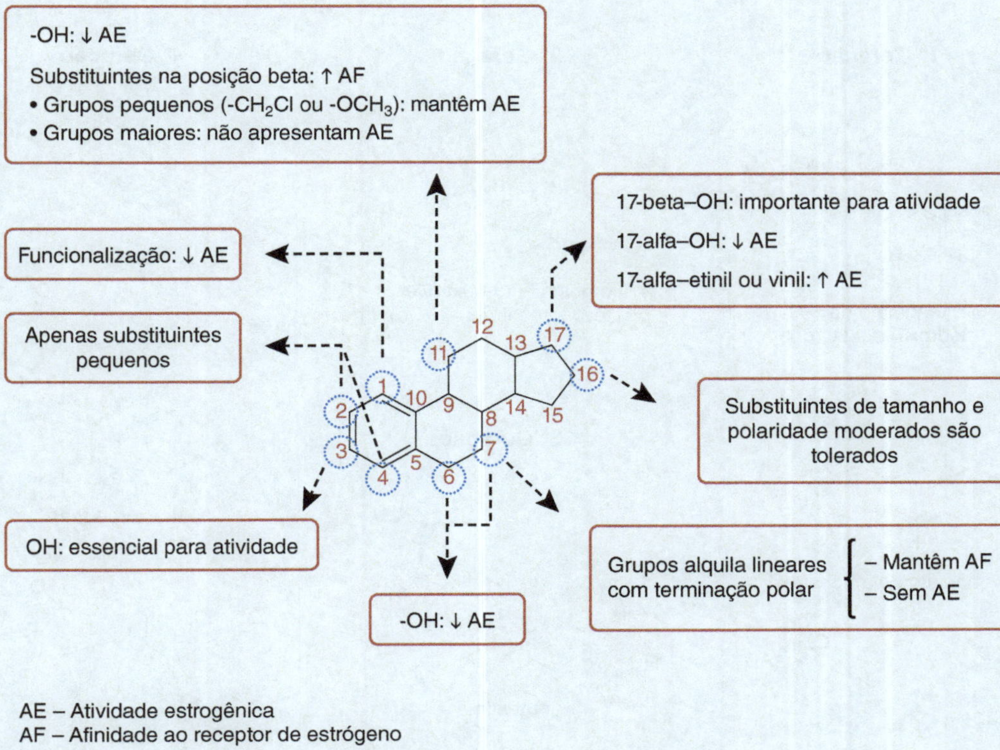

FIGURA 5 Relação estrutura-atividade dos estrógenos.

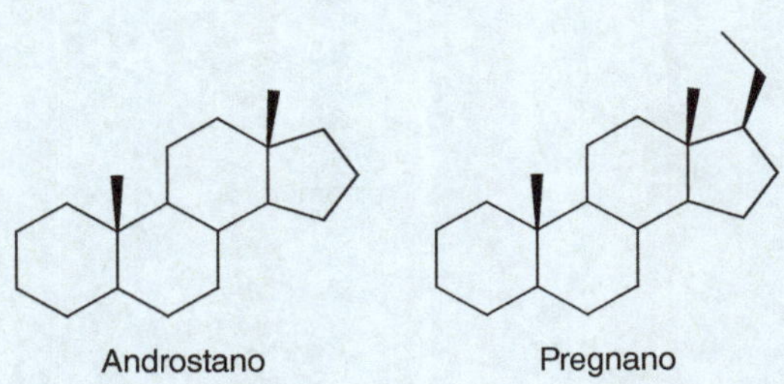

FIGURA 6 Núcleo esteroide de androstanos e pregnanos.

Relação estrutura-atividade

Os compostos que apresentam atividade progestogênica possuem o núcleo esteroide. Como já descrito anteriormente, além da divisão em gerações, os progestogênios podem ser divididos em pregnanos e androstranos. Dentro dessas classes se encontram os derivados 19-norpregnanos e 19-norandrostranos, que não apresentam a metila da posição 19. Ehrenstein (1944)[13] descobriu que esses derivados resultam em análogos com atividade igual ou superior à da progesterona.

Outras modificações estruturais podem contribuir com a atividade dos progestogênios sintéticos, como a introdução de instauração nos anéis B ou C do núcleo esteroide e a adição de substituintes na posição 6-alfa, bloqueando a hidroxilação pelo metabolismo nessa posição. Ademais, a introdução de substituintes alquila na posição 17-alfa, como o grupamento etinil, aumenta a atividade progestogênica por via oral, e a acetilação da 17-beta-hidroxila aumenta a duração de ação. A substituição do grupamento cetona na posição 3 aumenta a seletividade ao RP, diminuindo, dessa forma, os efeitos adversos androgênicos.

A relação estrutura-atividade[9,11] dos progestogênios está apresentada de maneira esquemática na Figura 9.

EFEITOS ADVERSOS DE CONTRACEPTIVOS ORAIS

A utilização de contraceptivos orais pode ocasionar alguns efeitos adversos relacionados aos estrógenos e progestogênios. Os estrógenos podem causar sensibilidade da mama, náusea, vômito, anorexia, retenção de fluido, risco aumentado de tromboembolia. Os progestogênios podem apresentar efeitos androgênicos (anabó-

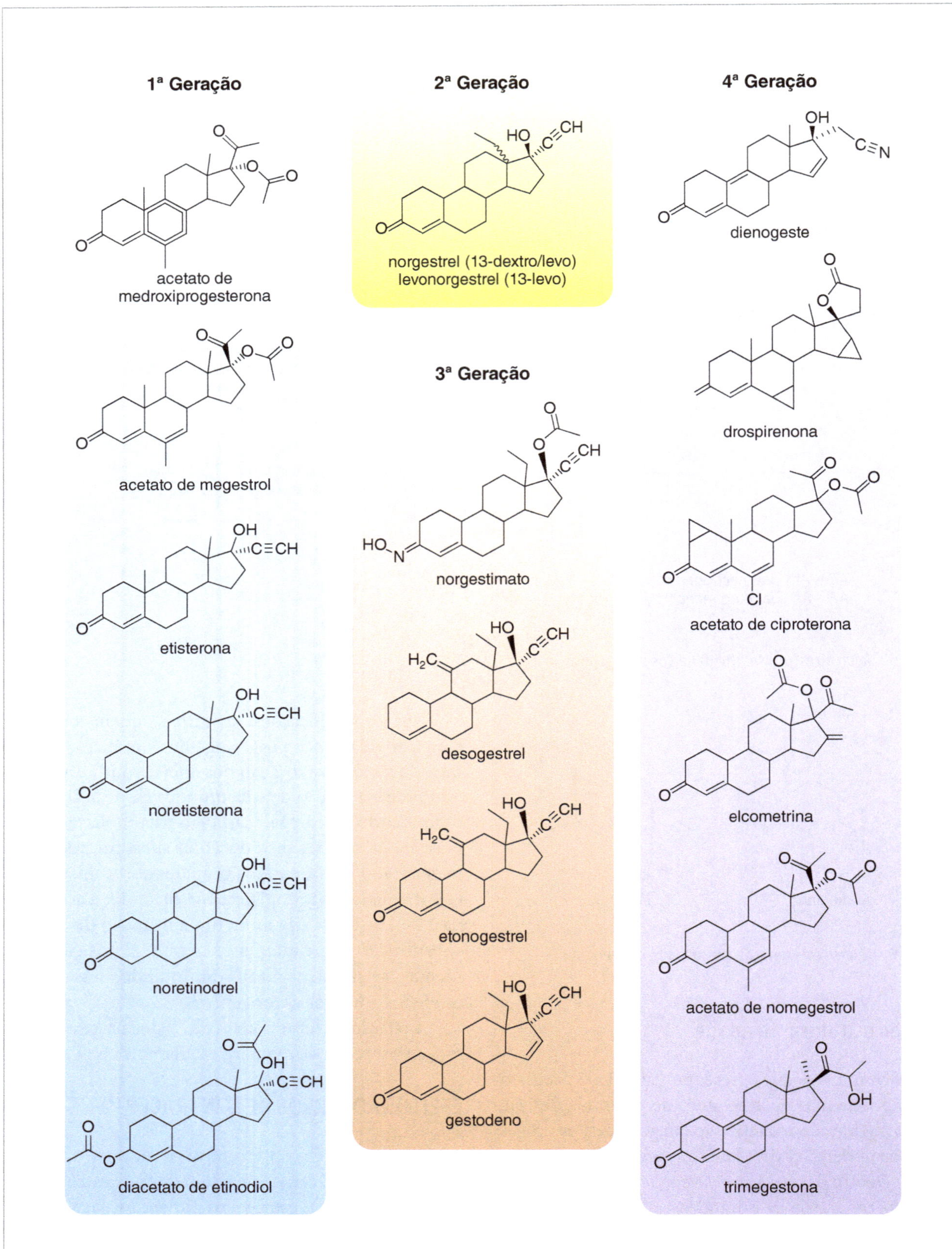

FIGURA 7 Classificação dos progestogênios sintéticos quanto a sua geração.

licos), mudanças na pele (acne e/ou aumento de pigmentação), retenção de líquido, ganho de peso, transtornos mentais (depressão e irritabilidade), mudança de libido, desconforto de mama, sintomas pré-menstruais, ciclos menstruais irregulares, sangramento e aumento de risco de tromboembolia.[5,9,11]

Em poucos casos a pressão arterial pode se elevar logo após o início do tratamento com contraceptivos orais. Os progestogênios de segunda e terceira geração apresentam risco de tromboembolia pequeno (15-25 por 100 mil usuários, respectivamente). Esse risco é aumentado por tabagismo, hipertensão e obesidade.[5]

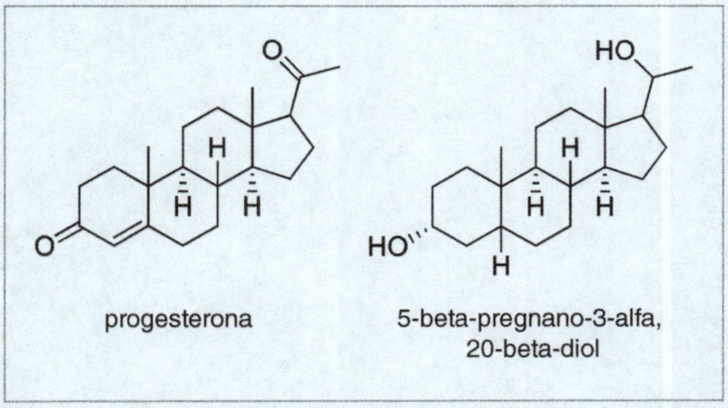

FIGURA 8 Estrutura da progesterona e do 5-beta-pregnano-3-alfa, 20-beta-diol.

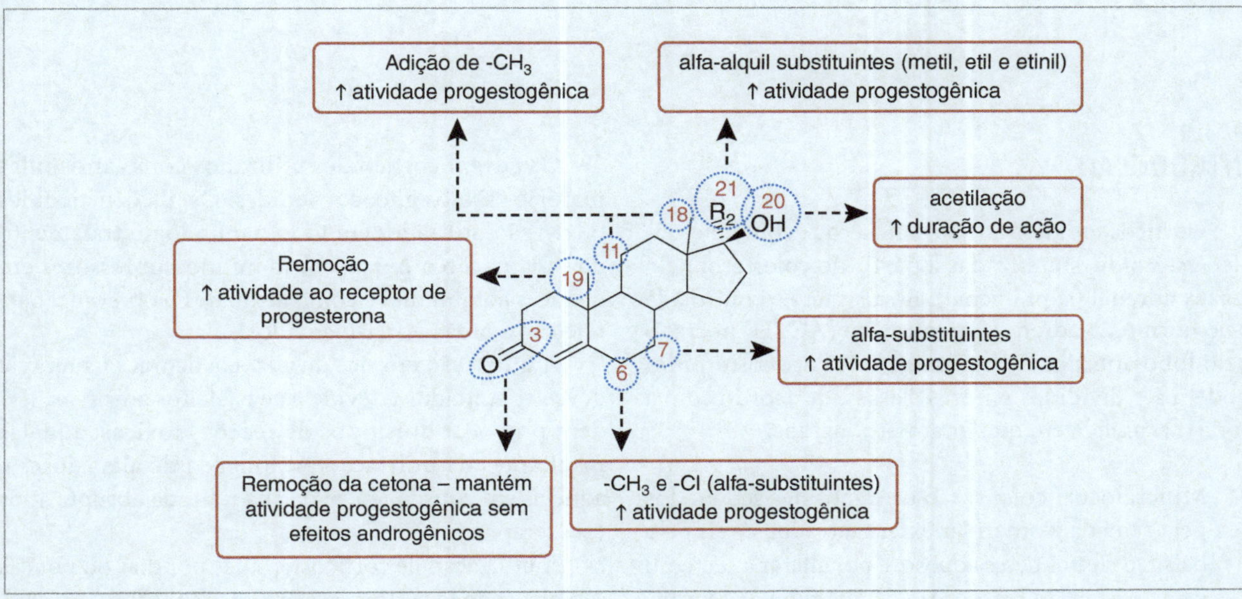

FIGURA 9 Relação estrutura-atividade dos progestogênios.

REFERÊNCIAS BIBLIOGRÁFICAS

1. Hall JE. Tratado de fisiologia médica. 12.ed. Rio de Janeiro: Elsevier, 2011.
2. Graham JD, Clarke CL. Physiological action of progesterone in target tissues. Endocrine Reviews. 1997 18(4):502-19.
3. Gruber CJ, Tschugguel W, Schneeberber C, Huber JC. Production and actions of estrogens. The New England Journal of Medicine. 2002; 346(5):340-52.
4. Kuhl H. Pharmacology of estrogens and progestogens: influence of different routes of administration. Climacteric 2005; 8(Suppl 1):3-63.
5. Sech LA, Mishell DRJ. Oral steroid contraception. Women's Health (London, England). 2015; 11(6):743-8.
6. Christin-Maitre S. History of oral contraceptive drugs and their use worldwide. Best Practice and Research: Clinical Endocrinology and Metabolism. 2013; 27(1):3-12.
7. Dhont M. History of oral contraception. The European Journal of Contraception & Reproductive Health Care. 2010; 15(Suppl 2):S12-8.
8. Borgna JL, Scali J. Differential interactions of estrogens and antiestrogens at the 17β-hydroxyl or counterpart fuction with the estrogen receptor. European Journal of Biochemistry. 1991; 199:575-85.
9. Lemke TL, Williams DA. Foye's principles of medicinal chemistry. 7.ed. Philadelphia: Lippincott Williams & Wilkins, 2013.
10. Grow DR. Metabolism of endogenous and exogenous reproductive hormones. Obstetrics and Gynecology Clinics of North America. 2002; 29(3):425-36.
11. Abraham DJ, Rotella DP. Burger's medicinal chemistry, drug discovery and development. 7.ed. v.5. New Jersey: John Wiley & Sons, Inc., 2010.
12. Anstead GM, Carlson KE, Katzenellenbogen JA. The estradiol pharmacophore: ligand structure-estrogen receptor binding affinity relationships and a model for the receptor binding site. Steroids. 1997; 62(3):268-303.
13. Ehrenstein M. Investigations on steroids. VIII. Lower homologs of hormones of the pregnane series: 10-nor-11-desoxy-corticosterone acetate and 10-norprogesterone. Journal of Organic Chemistry. 1944; 9:435-56.

CAPÍTULO 23

Anti-inflamatórios esteroides

Marcella Gabrielle Mendes Machado
Adelia Emilia de Almeida
Cleverton Roberto de Andrade
Jean Leandro dos Santos
Chung Man Chin

INTRODUÇÃO

Corticosteroides são substâncias que contêm o núcleo esteroide, sintetizadas a partir do colesterol pelo córtex adrenal (suprarrenal). Essa síntese é controlada pelo hormônio adrenocorticotrópico (ACTH) liberado pelo lobo anterior da hipófise.[1-6] Os corticosteroides podem ser divididos em três classes, de acordo com a zona ou camada em que foram produzidos:

- Mineralocorticoides: são os esteroides secretados pela camada glomerular externa, responsáveis pelo balanço eletrolítico e aquoso, e por alterar a secreção de K^+ e Mg^{2+} e a reabsorção de Na^+ tubular. O principal produto secretado é a aldosterona.
- Glicocorticoides: são sintetizados na camada fascicular média, produzem gliconeogênese e são responsáveis pelo metabolismo proteico, lipídico e do cálcio; apresentam atividade anti-inflamatória e outros efeitos biológicos. Certos glicocorticoides possuem também atividade mineralocorticoide. O representante desta classe é o cortisol ou hidrocortisona.
- Hormônios sexuais: são produzidos na zona reticular interna. A testosterona e o estradiol são os maiores representantes desta classe. Esses hormônios influenciam o sistema reprodutivo, assim como as características sexuais primárias e secundárias.

Os corticosteroides também são chamados de adrenocórticos, hormônios corticoides, corticoadrenais, adrenocorticoides ou adrenocorticosteroides.

Os adrenocorticoides utilizados como anti-inflamatórios são os glicocorticoides. Os glicocorticoides (GCs) são utilizados em todo o mundo no tratamento da inflamação crônica, como imunossupressores em doenças autoimunes e como auxiliares na prevenção da rejeição a órgãos transplantados.

A utilização crônica de glicocorticoides na terapia deve ser cuidadosa devido a seus efeitos adversos. Podem provocar dois tipos de reações tóxicas: aquelas resultantes da utilização prolongada de altas doses e aquelas em consequência da sua retirada abrupta após esta terapia.[2]

A utilização de corticosteroides por dias ou poucas semanas não leva à insuficiência adrenal após o término do tratamento. Entretanto, o uso prolongado pode resultar em hipercortismo, levando o paciente à supressão da função adrenal-pituitária e também ao aparecimento de cataratas, comuns quando o uso ultrapassa um ano, sendo dose e duração dependentes. As principais complicações que podem ocorrer após o uso prolongado são: distúrbios dos fluidos e eletrólitos, hipertensão, hiperglicemia, glicosureia, aumento da suscetibilidade a infecções, incluindo tuberculose e infecções por fungos e vírus, úlcera péptica, acne, estrias, hirsutismo. A administração intravenosa rápida de altas doses de corticosteroides pode provocar colapso cardíaco e, ainda, promover afinamento da pele, incluindo manchas púrpuras, ganho de peso, distúrbios do sono e mudanças de humor.

O glicocorticoide promove alteração no metabolismo de cálcio, levando a osteoporose com aumento do risco de fratura, osteonecrose, miopatia e efeito no desenvolvimento ósseo. A alteração na distribuição de gorduras promove a aparência cushingoide (face de meia-lua, síndrome de Cusching).[4]

Em pacientes diabéticos, a administração de glicocorticoide deve ser cuidadosa, tendo em vista a elevação nos níveis de glicemia, de difícil controle durante vários dias.

O indivíduo pode apresentar sintomas de febre, mialgia, artralgia, *malaise*, anorexia, náuseas, vômito e choque, que pode ser fatal quando o fármaco é retirado abruptamente após tratamento prolongado. Por essa razão, a Associação Médica Brasileira (AMB) recomenda o uso dos corticosteroides apenas em casos em que outros fármacos não sejam eficazes.

HISTÓRICO

A glândula adrenal foi caracterizada em 1563 por Bartolomeo Eustachi. Em 1855, Thomas Addison identificou o primeiro caso de insuficiência adrenal no homem.[1] Após essa data, iniciaram-se vários estudos da anatomia e fisiologia da adrenal. A Tabela 1 exibe um resumo histórico das principais pesquisas realizadas na área.

CLASSIFICAÇÃO

1. Mineralocorticoides: aldosterona, ciprocinomida, acetato de desoxicorticosterona, pivalato de desoxicorticosterona, acetato de fludrocortisona, fluoxonida, procinolida e desoxicortona.[3]
2. Antagonistas mineralocorticoides: canrenoato de potássio, canrenona, mespirenona, mexrenoato de potássio, prorrenoato de potássio e espironolactona.
3. Glicocorticoides: beclometasona, betametasona, clobetasona, clobetasol, deflazacorte, desonida, desoximetasona, dexametasona, acetonido de fluocinolona, fluometolona, fluocortolona, fluprednideno, halcinonida, hidrocortisona, metilprednisolona, prednicarbato, prednisolona, prednisona, triancinolona.
4. Antagonistas glicocorticoides: aminoglutetimida, azasteno, metirapona, mitotano e trilostano.

ESTRUTURA QUÍMICA DOS ESTEROIDES

Os esteroides apresentam esqueleto básico composto por quatro anéis fundidos (A, B, C e D), denominado ciclopentanoperidrofenantreno (Figura 1), contendo

TABELA 1 Descobertas importantes na classe dos corticosteroides

Data	Descobertas	Pesquisador
1855	Descrição da insuficiência adrenal primária (doença de Addison)	Addison
1909	Primeira descrição de quadro de hipoglicemia em paciente com Addison	Porges
1910	Hipoglicemia em paciente com tumor de hipófise	Cushing
1927	Primeiro extrato ativo de córtex adrenal (eficaz em manter vivos cães adrenalectomizados)	Hartman
1935-7	Isolamento e identificação dos princípios ativos	Wintersteiner, Kendall, Reichstein e cols.
1938	Síntese de desoxicorticosterona	Reichstein
1948	Síntese parcial da cortisona	Sarrett
1949	Primeira utilização da cortisona como anti-inflamatório	Hench/Kendall
1950	Síntese da hidrocortisona	Wendler e cols.
1952	Descoberta da aldosterona	Simpson/Tait
1954	Síntese do acetato de fludrocortisona	Fried e Sabo
1955	Preparação microbiológica da prednisolona	Nobile e cols.
1958	Síntese da dexametasona Síntese da betametasona	Arth e cols. Taub e cols.
1959	Síntese da desonida	Berstein e cols
1962	Síntese da beclometasona	Merck e cols.
1962	Síntese da flumetasona	Lincoln e cols.
1969	Síntese do clobetasol	Elks e cols.
1978	Síntese da budesonida	Thalén e Brattsand
1988	Síntese do furoato de mometasona	Pui-Ho Yuen e cols.
2006	Síntese da ciclesonida	Beate Schmidt e cols.

um anel de cinco membros, ciclopentano, e um anel fenantreno saturado, somando 17 átomos de carbono.[1]

O córtex adrenal sintetiza esteroides contendo 18, 19 e 21 átomos de carbono, denominados estranos, androstanos e pregnanos, respectivamente (Figura 2). Os androstanos são produzidos também pelos testículos, e os estranos, pelos ovários e apenas eventualmente pelas adrenais.

Na maior parte dos esteroides, a junção dos anéis C/D e B/C é trans (isto é, os átomos de H estão nas posições C8 e C9) e o H (C14) e o CH_3 (C18) estão acima ou abaixo do plano do sistema anelar. Os substituintes na posição acima do sistema anelar são denominados beta (linha cheia), e aqueles que se encontram abaixo, alfa (linhas tracejadas). A junção dos anéis A/B pode ser tanto *cis* quanto *trans*. Por convenção, os grupos metílicos angulares (C18 e C19) estão descritos como estando acima do plano dos anéis (isto é, configuração beta). Então, esteroides 5-alfa são aqueles cuja junção dos anéis A/B está na conformação *trans*; dessa forma,

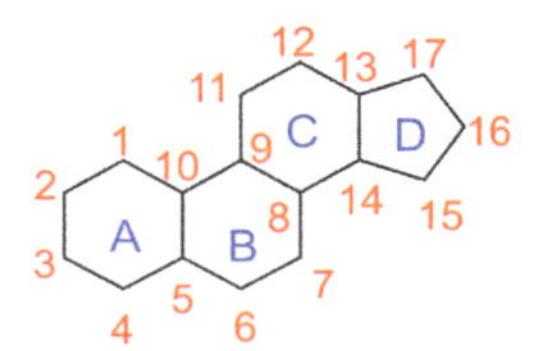

FIGURA 1 Estrutura geral dos esteroides (ciclopentanoperidrofenantreno).

os substituintes, no caso H, são α e *trans* em relação ao CH_3 ligado ao C10 (ou C19), enquanto na série 5-beta, a geometria dos anéis A/B é *cis* e o H apresenta configuração beta (Figura 3).

BIOSSÍNTESE E LIBERAÇÃO

Os esteroides suprarrenais são sintetizados e liberados de acordo com as necessidades, pois não são estocados como substâncias pré-formadas no organismo.

A síntese e a liberação de glicocorticoides ocorre através da ação da corticotrofina (ACTH ou hormônio adrenocorticotrófico), secretada pela adeno-hipófise. A corticotrofina, por sua vez, é controlada tanto pelo fator de liberação de corticotrofina (CRF), liberado pelo hipotálamo, quanto pela concentração de glicocorticoides no sangue (retroalimentação negativa). A liberação de mineralocorticoides, por sua vez, é regulada pelo sistema renina-angiotensina (Figura 4).[1]

O precursor dos adrenocorticoides é o colesterol. O colesterol das glândulas adrenais é convertido enzimaticamente a pregnenolona, na mitocôndria (Figura 5). A conversão do colesterol em pregnenolona envolve três etapas de oxidação, após as quais a pregnenolona é convertida por uma série de reações de oxidação enzimática e isomerização de dupla ligação, que ocorrem no retículo endoplasmático das células do córtex adrenal.[1]

O processo de biossíntese de adrenocorticoides (Figura 6) utiliza três enzimas (CYP11A1, adrenodoxina e adrenodozina redutase) do sistema do complexo en-

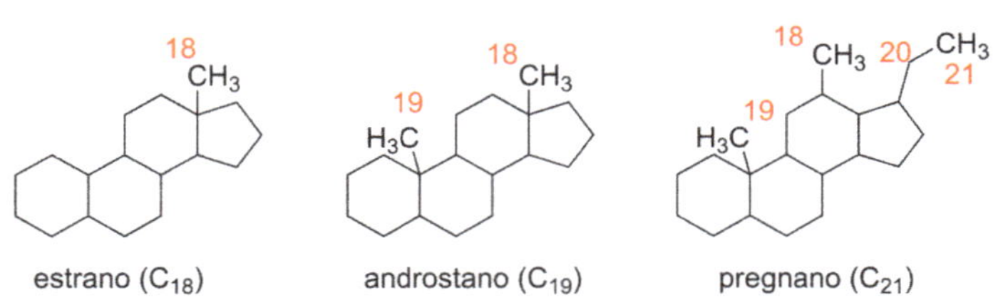

FIGURA 2 Estrutura molecular do estrano, androstano e pregnano.

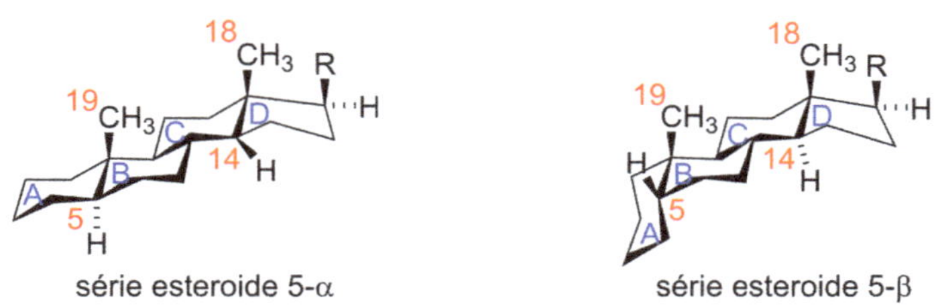

FIGURA 3 Estereoquímica das séries esteroides 5-alfa e 5-beta.

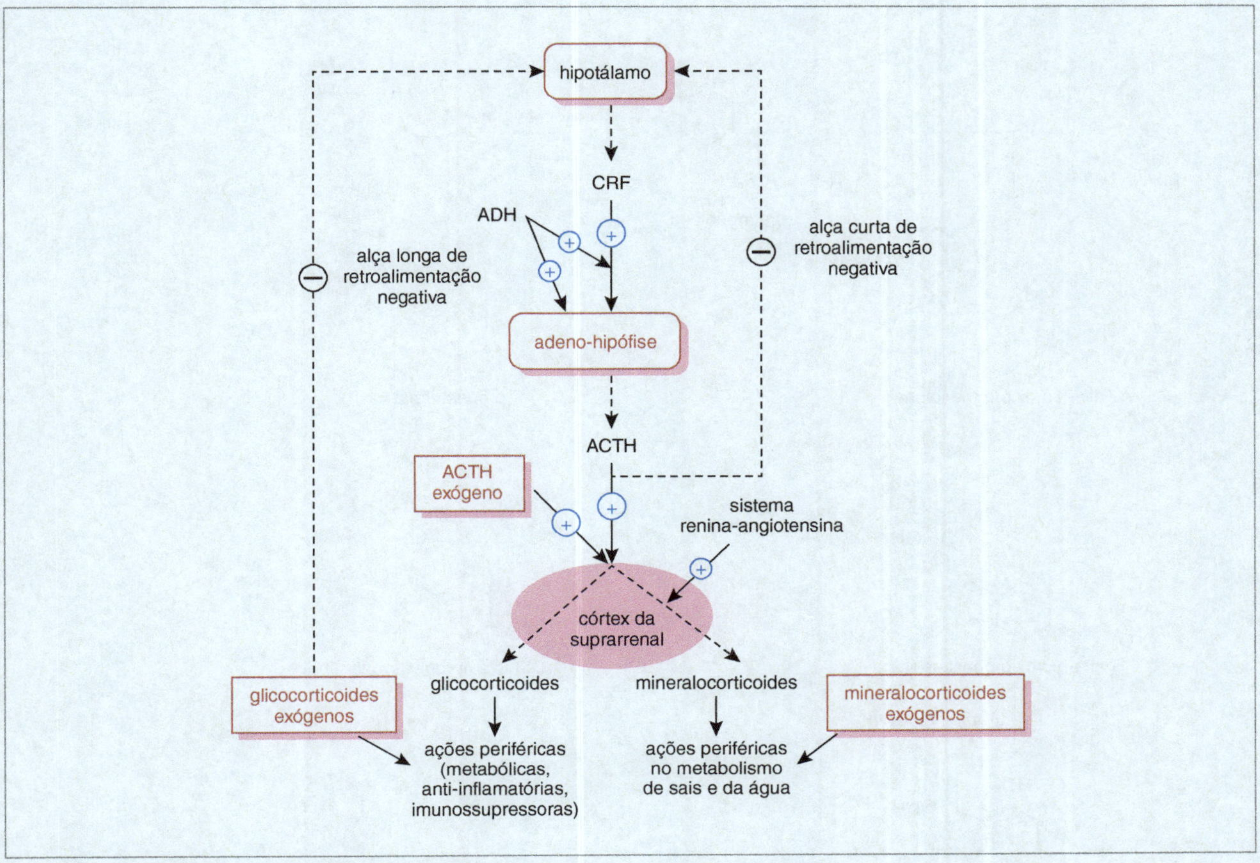

FIGURA 4 Regulação da síntese e secreção dos corticosteroides.
ACTH: corticotrofina; ADH: hormônio antidiurético; CRF: fator de liberação de corticotrofina.[7]

zimático citocromo P-450. Alterações no CYP11A1 levam à deficiência de glicocorticoides, feminização e hipertensão.

A pregnenolona é hidroxilada na posição 17 pela CYP17 (17-alfa-hidroxilase), produzindo 17-alfa-hidroxipregnenolona, a qual é oxidada ao derivado intermediário 3-ceto pela ação da enzima 5-ene-3-beta-hidroxiesteroide desidrogenase e isomerizada em 17-alfa-hidroxiprogesterona pela enzima 3-oxoesteroide-4,5-isomerase. Outra oxidação ocorre pela ação de 21-hidroxilase (CYP21) para fornecer 11-desoxicortisol. A deficiência de CYP21 impede a síntese de cortisol e desvia a 17-alfa-hidroxiprogesterona para uma ativação excessiva da biossíntese de testosterona. Na última etapa, a enzima mitocondrial CYP11B1 (11-beta-hidroxilase) converte 11-desoxicortisol em hidrocortisona (cortisol), sendo este o mais potente glicocorticoide secretado pelo córtex adrenal. Essa ação específica se dá, pois, nos receptores mineralocorticoides. Posteriormente, a hidrocortisona sofre oxidação do grupo 11-beta-hidroxílico pela enzima 11-beta-hidroxiesteroide desidrogenase, formando a cortisona, metabólito inativo nesses receptores. Esse processo protege esses receptores de altas concentrações de glicocorticoides circulantes. O organismo sintetiza, em média, 15-20 mg de hidrocortisona diariamente.[1]

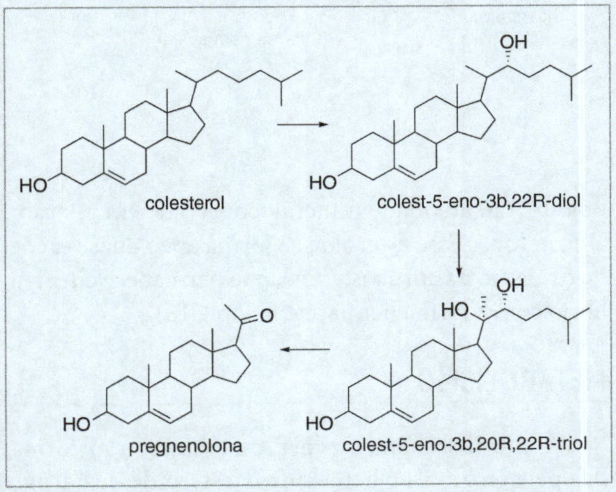

FIGURA 5 Biossíntese de pregnenolona a partir do colesterol.

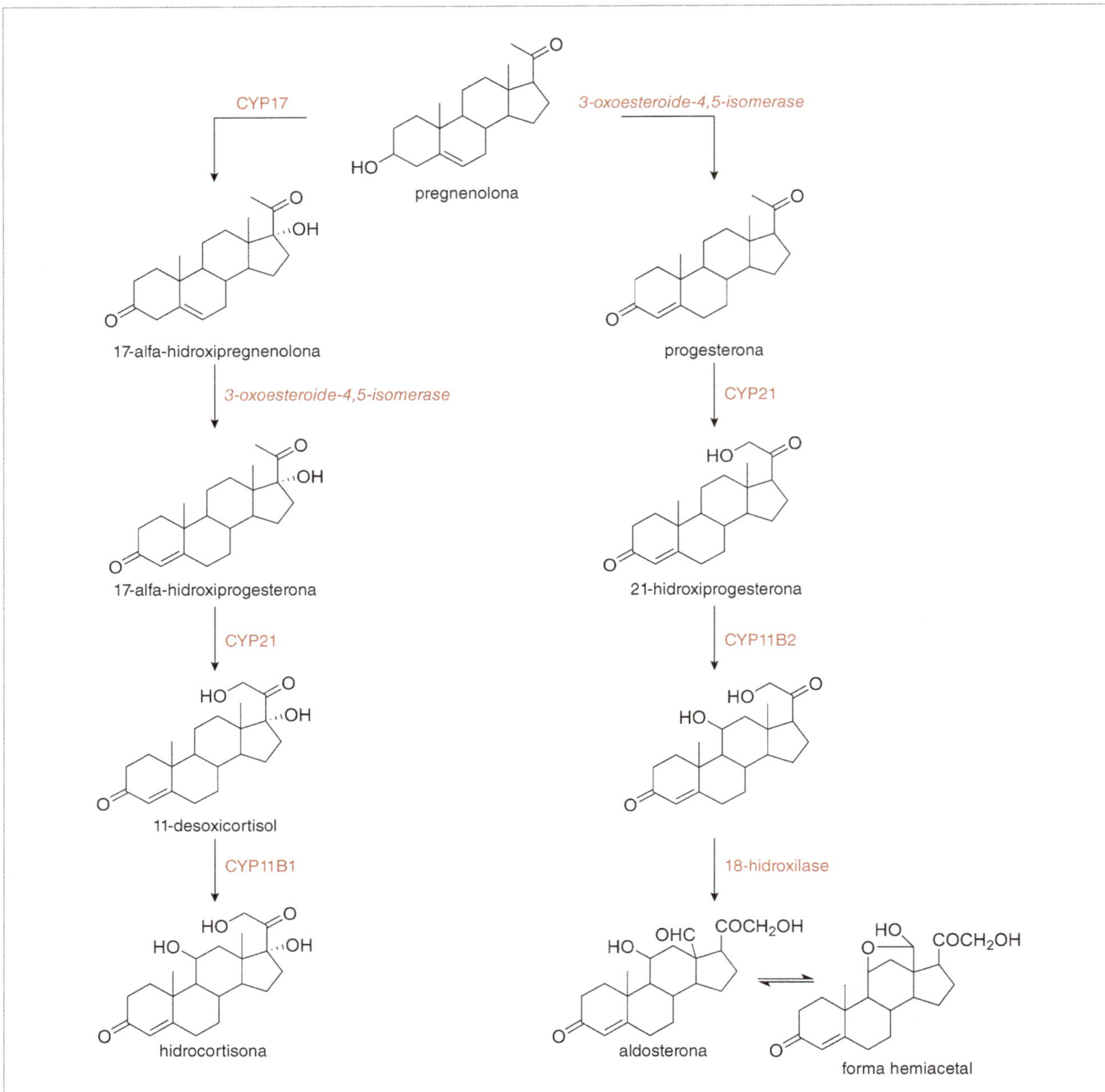

FIGURA 6 Biossíntese de adrenocorticoides a partir da pregnenolona.

A biossíntese da aldosterona envolve uma série de enzimas da biossíntese de hidroxicortisona. No retículo endoplasmático da célula, a pregnenolona é convertida em progesterona por meio da ação da enzima 5-eno-3-beta-hidroxiesteroide desidrogenase e 3-oxoesteroide-4-5-isomerase. Em seguida, ocorre a hidroxilação em C21 da progesterona pela 21-hidroxilase, resultando em 21-hidroxiprogesterona. Esta última, na mitocôndria, sob a ação da 11-beta-hidroxilase (CYP11B2), catalisa a conversão de desoxicorticosterona em corticosterona, a qual possui 1/20 atividade mineralocorticoide em relação à aldosterona. Esse esteroide se forma após duas reações de oxidação da corticosterona, que permanece em equilíbrio com a forma hemiaceatal (em C18).

METABOLISMO

A hidrocortisona e a cortisona são biotransformadas pela enzima 11-beta-hidroxiesteroide desidrogenase, no fígado, e excretadas, principalmente, pela urina, na forma inativa (conjugados ácido glicucrônico) e, também, como conjugados sulfatados de urocortisol, 5-beta-diidrocortisol e urocortisona (Figura 7). O metabolismo oxidativo hepático converte rapidamente vários glicocorticoides de uso sistêmico e tópico em metabólitos inativos, sendo este fator importante na proteção ao paciente, em relação à supressão do eixo HPA, na produção de esteroide endógeno. As excreções fecal e biliar contribuem pouco na eliminação de adrenocorticoides.[1]

O tetraidrocortisol é o maior metabólito formado e apresenta geometria 5-beta-pregnano e função 3-alfa-hidroxílica. Todos os adrenocorticoides biologicamente ativos apresentam em sua estrutura uma cetona na posição 3 e uma dupla ligação entre C4 e C5. A formação de metabólitos 5-beta da hidrocortisona é caracterizada pela redução dessa dupla ligação pela ação de 5-alfa ou 5-beta-redutase, gerando configuração *cis* (anéis A e B), ou pela redução de 3-cetona pela ação de 3-alfa ou 3-beta-hidroxiesteroide desidrogenase, gerando metabólito de configuração 3-alfa ou 3-beta-hidroxílico, respectivamente, sendo que essas reações constituem-se na maior via metabólica dos glicocorticoides.[1]

Oxidações reversíveis do grupo 11-beta-hidroxílico podem ocorrer em vários glicocorticoides (entre eles, a hidrocortisona, a prednisolona e a metilprednisolona, mas não em dexametasona e outros derivados 9-alfa-fluorados). Outras rotas de biotransformação incluem a 6-beta-hidroxilação pela CYP3A4 e a redução de 20-cetona para formar análogos 20-hidroxílicos, oxidações da cadeia lateral de 17-cetóis em 17-beta-ácidos carboxílicos ou, mesmo, a perda da cadeia, formando derivados 11-beta-hidroxi-17-ceto, C19 esteroides com geometria de 5-alfa ou 5-beta-androstanos. A taxa do metabólito 6-beta-hidroxiidrocortisona é utilizada como biomarcador na determinação dos níveis de supressão do eixo HPA e insuficiência adrenal.

MECANISMO DE AÇÃO

O organismo humano possui um complexo sistema de defesa contra agentes estranhos. Esse sistema pode ser divido em dois: o sistema imune adquirido, centrado em dois tipos celulares principais (linfócitos T e linfócitos B), que apresentam grande repertório para reconhecimento de antígenos específicos, propiciando resposta específica e eliminação do patógeno, além de memória imunológica contra reinfecções; e o sistema imune inato, que possibilita um robusto, imediato e não específico processo de defesa imunológica. Esse sistema envolve defesas mecânicas/químicas, celulares, microrganismos de microbiota normal e proteínas plasmáticas.

Dentre as defesas mecânicas/químicas, destacamos os epitélios, que impedem a entrada de patógenos no tegumento e em mucosas, o fluxo de ar e líquidos e os movimentos ciliares. Também existem muitas classes de moléculas pré-formadas presentes em líquidos ex-

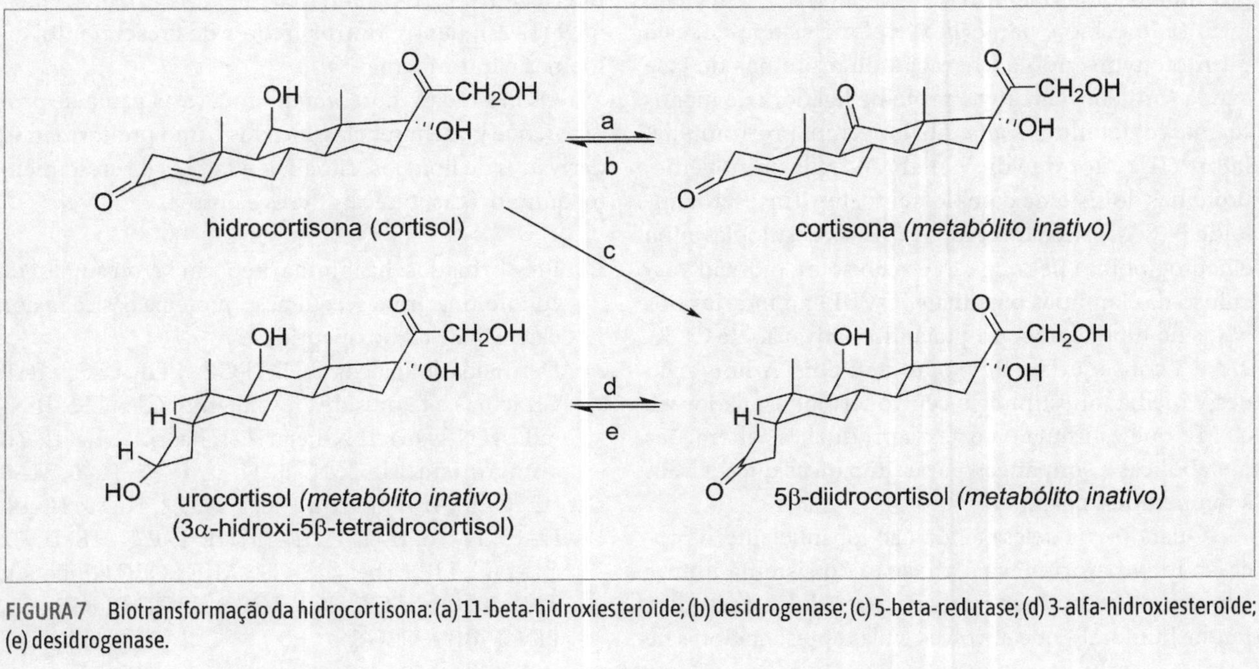

FIGURA 7 Biotransformação da hidrocortisona: (a) 11-beta-hidroxiesteroide; (b) desidrogenase; (c) 5-beta-redutase; (d) 3-alfa-hidroxiesteroide; (e) desidrogenase.

tracelulares, sangue e secreções glandulares que podem matar, enfraquecer ou dificultar a adesão de microrganismos. Dentre essas moléculas destacamos os peptídeos antimicrobianos (defensinas), as proteínas do sistema complemento (C3a, C3b, C5a, C56789[n=11-18]), as enzimas antimicrobianas (lizosimas), os ácidos e os mucopolissacarídeos.

O sistema complemento tem papel crucial no processo de defesa, pois apresenta interação com outros processos de defesa. Esse sistema produz três efeitos importantes no combate a agentes estranhos: o primeiro envolve a quimiotaxia para células de defesa; o segundo, a opsonização (a marcação de agentes estranhos para que sejam fagocitados); e o terceiro, o complexo de ataque à membrana. Esse sistema pode ser ativado por quatro vias distintas: via clássica (antígeno e anticorpo); via alternativa (hidrólise expontânea de C3); via de lectina (ligação ficolina ou proteína ligadora de manose a carboidratos específicos da superfície do patógeno); e via sistema de coagulação (serino-proteases/C3 e C5).[8] Dessas quatro vias de ativação, apenas a via clássica envolve imunidade adquirida dependente de imunoglobulinas produzidas (IgG e IgM). A quimiotaxia e a opsonização propiciadas pela ativação do sistema complemento auxiliam na migração de neutrófilos e monócitos para a região de infecção.

Outro sistema importante envolve a ativação de receptores Tipo *Toll* da membrana celular de vários tipos celulares envolvidos no processo inflamatório. Essa ativação leva à produção e à liberação de citocinas pró-inflamatórias (IL-1, IL-6, TNF-alfa) que têm efeito local (autócrino e parácrino) e efeito sistêmico, este último envolvendo a liberação de proteínas de fase aguda (proteína C reativa, proteína ligadora de manose, macroglobulina 2 alfa, fibrinogênio, protrombina, fator VIII, fator de von Willebrand, plasminogênio, proteínas do sistema complemento, ferritina, seroamiloide P (SAP), seroamiloide A (SAA), ceruloplasmina e haptoglobina) pelo fígado e ação sobre o órgão vasculoso das laminias terminais (OVLT) no interior dos vasos do hipotálamo, propiciando a ativação de COX-2/3 e a consequente liberação de PGE_2. A liberação desse mediador estimula o centro termorregulador via cAMP que estimula o córtex a produzir as alterações metabólicas e simpáticas/parassimpáticas que alteram a temperatura corpórea.[9-10]

Quando essa defesa ainda não for suficiente, o processo inflamatório leva à ativação do sistema imune adquirido (imunidade mediada por células e resposta imune humoral), que envolve células apresentadoras de antígeno, linfócitos T, linfócitos B e plasmócitos. O mecanismo de ativação propicia a produção de resposta humoral (anticorpos específicos) e celular, produzindo memória imunológica e resposta citotóxica.

Tanto na resposta imune inata quanto na específica, ocorre a ativação de mastócitos. Uma grande variedade de estímulos (receptores imunomediados, componentes do sistema complemento, receptores do tipo *Toll*, patógenos e seus produtos, peptídeos endógenos, citocinas e mediadores inflamatórios) são capazes de ativá-los, e muitos produtos pró-inflamatórios, anti-inflamatórios e/ou imunorreguladores podem ser liberados. Os mastócitos são células derivadas do sistema hematopoiético, amplamente distribuídas em tecidos vascularizados, particularmente dentro de epitélios em grande proximidade com vasos sanguíneos, nervos, células musculares lisas, glândulas mucosas e folículos. São particularmente proeminentes próximo de superfícies expostas ao ambiente, como a pele e os tratos respiratório e gastrointestinal. Os mastócitos são células de longa vida, e sua população local pode ser aumentada pelo aumento do recrutamento e/ou retenção e maturação local de células precursoras. Esse processo ocorre, especialmente, com parasitas helmínticos e durante o curso de uma variedade de respostas imunológicas, principalmente as de longa duração, e em muitos processos que são associados à inflamação persistente e/ou remodelação de tecidos. A regulação da sobrevida dos mastócitos, sua proliferação e modulação podem ser controladas por fatores como c-Kit, interleucina 3 (IL-3), interleucina 4 (IL-4), interleucina 9 (IL-9), dentre outros fatores de crescimento, citocinas e quimiocinas.[11-14]

Os mastócitos apresentam uma vasta gama de produtos, que podem ser classificados como pré-formados, derivados de lipídeos, citocinas e fatores de crescimento, quimiocinas, radicais livres e outros.

1. Pré-formados: histamina, heparina e/ou sulfato de condroitina, triptase, quimase, proteína básica maior, catepsina e carboxipeptidase A.
2. Derivados de lipídeos: PGD_2, PGE_2, LTB_4, LTC_4 e PAF.
3. Citocinas e fatores de crescimento: GM-CSF, IFN-alfa, IFN-gama, IFN-beta, IL-1alfa, IL1-beta, IL-1R antagonista, IL-2, IL-3, IL-4, IL-5, IL-6, IL-8 (CXCL8), IL-9, IL-10, IL-11, IL-12, IL-13, IL-14, IL-15, IL-16, IL-17E (IL-25), IL-17F, IL-18, IL-22 (IL-TIF), LIF, LTbeta, M-CSF, MIF, SCF, TGF-beta 1, TNF, TSLP, bFGF, EGF, IGF-1, NGF, PDGF-AA, PDGF-BB e VEGF.

4. Quimiocinas: CCL1 (TCA3/I309), CCL2 (MCP-1), CCL3 (MIP-1-alfa), CCL3L1 (LD78-beta), CCL4 (MIP-1-beta), CCL5 (RANTES), CCL7 (MCP-3), CCL8 (MCP-2), CCL11 (eotaxin), CCL13 (MCP-4), CCL16 (LEC/HCC-4), CCL17 (TARC), CCL20 (LARC), CCL22 (MDC) e CXCL1 (Gro--alfa).
5. Radicais livres: óxido nítrico e superóxido.
6. Outros: fator liberador de corticotropina, urocortina e substância P.

Os mastócitos iniciam o processo de transcrição, translação e secreção de citocinas através da ativação do fator de trascrição AP-1. As citocinas apresentam várias funções críticas para a defesa do hospedeiro contra patógenos e estão ligadas à resposta imune tanto inata quanto específica. As citocinas regulam a magnitude e a natureza da resposta imune por influenciar o crescimento e a diferenciação dos linfócitos. Finalmente, as citocinas apresentam importante papel nos mecanismos de amplificação capazes de ativar pequeno número de linfócitos para eliminar o antígeno. Sua ação ou produção excessiva pode levar à lesão tecidual e, eventualmente, à morte tissular.

Em geral, a ativação dos mastócitos, além da liberação de histamina e heparina, leva à liberação de mediadores derivados do ácido araquidônico (PGD_2, LTC_4, LTD_4, LTE_4), de citocinas e de neurocininas, que alteram a permeabilidade vascular e promovem a vasodilatação, a contração da musculatura lisa brônquica e visceral e a instalação do processo inflamatório local.[15]

Os glicocorticoides atuam suprimindo a indução de respostas pró-inflamatórias e interferindo em várias etapas do processo da inflamação, tanto na imunidade inata quanto na imunidade adquirida, inibindo não somente o recrutamento de macrófagos às áreas inflamadas como também a produção de várias substâncias quimiotáticas (Figura 8). São capazes de inibir manifestações tardias caracterizadas por proliferação de capilares e fibroblastos, ativação de apoptose, mudanças no

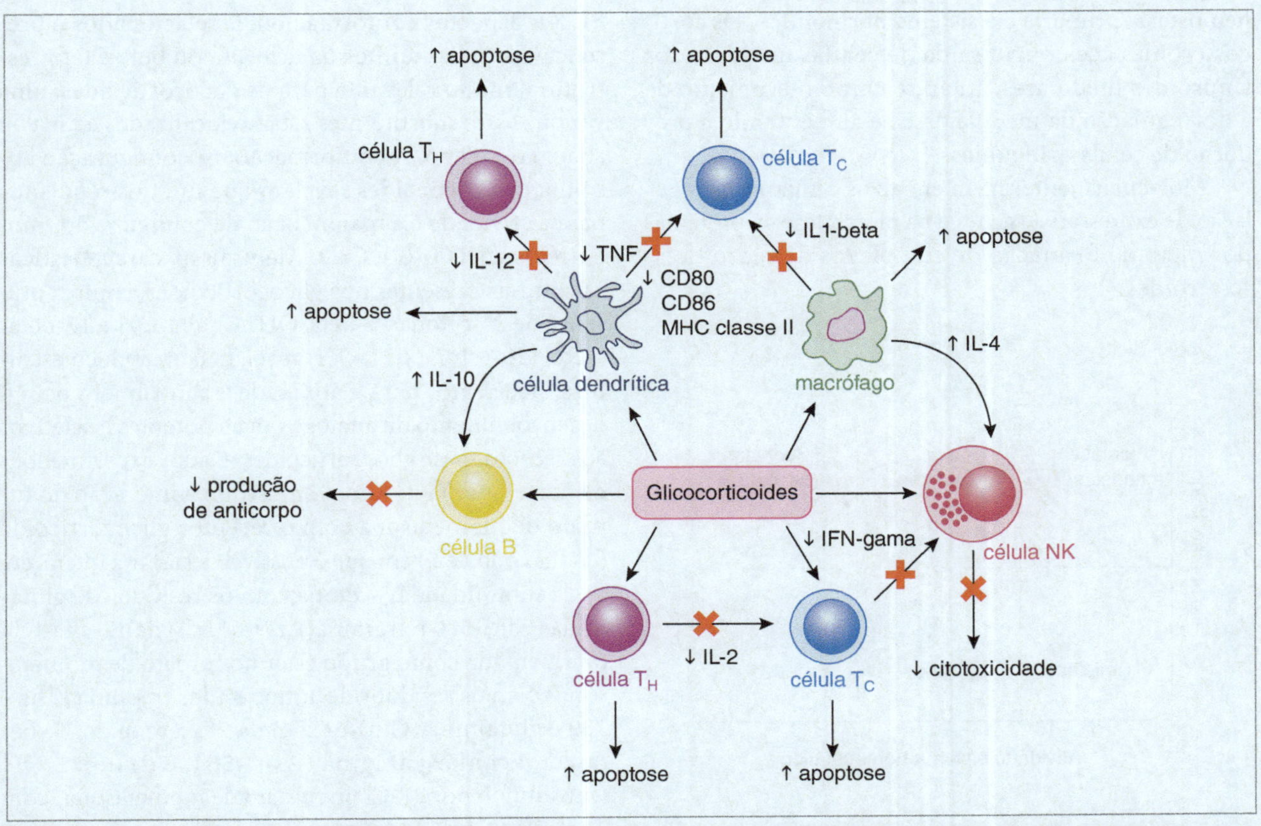

FIGURA 8 Efeito dos glicocorticoides na produção de citocinas pró-inflamatórias. Os glicocorticoides atuam sobre as células imunitárias suprimindo a indução de respostas pró-inflamatórias. Eles inibem a produção de citocinas pró-inflamatórias, como a interleucina-1-beta IL1-beta e o fator de necrose tumoral (TNF), ao promover a produção de citocinas anti-inflamatórias por macrófagos e células dendríticas, como IL-10. Eles também promovem a apoptose de macrófagos, células dendríticas e células T, levando à inibição das respostas imunitárias.[17]

processo de diferenciação celular, inibição de migração, deposição de colágeno e cicatrização.[6]

Um vasto número de genes tem sua expressão deprimida pela ação dos glicocorticoides, tais como: IL1-beta, IL-2, IL-4, IL-5, IL-6, IL-8, IL-12, IL-18, cicloxigenase-2 (COX-2), E-selectina, NO induzível (iNOS), interferon gama (IFN-gama), fator de necrose tumoral alfa (TNF-alfa), molécula de adesão intercelular (ICAM), proteína quimiotáctica para monócitos (MCP-1) e molécula de adesão vascular (VCAM).

De fato, uma vez que os glicocorticoides contribuem substancialmente para a homeostasia do organismo, eles também o auxiliam em situações de estresse.[16] O mecanismo homeostático envolve o eixo hipotálamo-pituitária-adrenal (HPA). Sua dose-resposta apresenta-se como um "U" invertido, no qual a "eustasia" é alcançada no centro da curva, onde se encontra a dose ótima (Figura 9).

Com relação ao tecido hematopoiético, os corticosteroides atuam direta e indiretamente, alterando a produção e o mecanismo de ação dos glóbulos vermelhos, dos glóbulos brancos e das plaquetas, além de alterar a hemostasia primária e o sistema fibrinolítico. Os corticosteroides aceleram a saída de células maduras dos sinusoides medulares, atuando como mecanismo de autorregulação da medula óssea e aumentando a produção de células sanguíneas.

Molecularmente, agem em alvos celulares na regulação de expressão de genes e na biossíntese de proteínas por meio da formação de complexos de receptores-esteroides.

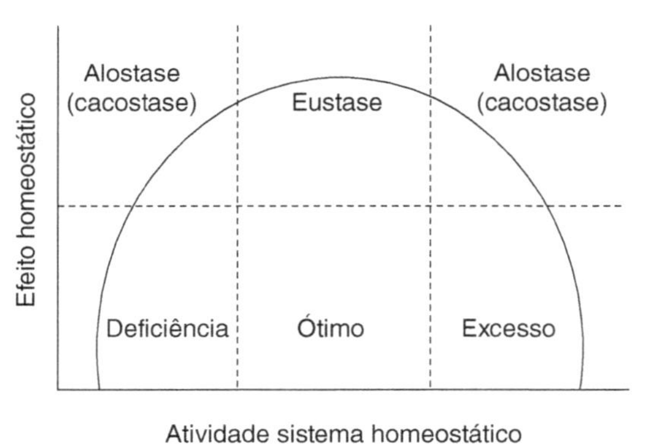

FIGURA 9 Curva "U" invertido dose-resposta. A condição de eustase é atingida no meio da curva do sistema de atividade homeostática. Alostase (ou cacostase) ocorre quando o sistema de atividade homeostática está deficiente ou em excesso.[16]

Os glicocorticoides estimulam a formação de glicose em nível periférico a partir de aminoácidos mobilizados de vários tecidos e, concomitantemente, promovem a redução da utilização periférica de glicose, diminuindo, assim, a captação pelo tecido adiposo e pelos fibroblastos. Em consequência, ocorre armazenamento de glicogênio.

As alterações nas concentrações em subdose ou superdose podem propiciar resistência ou hipersensibilidade aos glicocorticoides.

A resistência primária generalizada aos glicocorticoides é uma rara condição familial ou esporádica na qual muitos órgãos apresentam diferentes graus de insensibilidade aos glicocorticoides. Como consequência, o organismo produz maiores concentrações de glicocorticoides, o que leva à hipersecreção de ACTH, acarretando a hipertrofia do córtex adrenal e aumentos da produção de seus hormônios. Esses pacientes podem ser assintomáticos ou apresentar as características clínicas do excesso desses hormônios.

RELAÇÃO ESTRUTURA-ATIVIDADE[4,18-43]

Os aspectos conformacionais relacionados à presença dos substituintes na face alfa ou beta é fator estrutural muito relevante para os glicocorticoides, uma vez que esses substituintes estarão localizados acima ou abaixo do plano. A conformação e a configuração absoluta dos corticoides revelam que um dos requisitos para a atividade é a manutenção da configuração *trans* entre os anéis B/C e C/D. Além disso, características estruturais presentes nos glicocorticoides, como a presença de Δ^4-cetona,11-beta-OH, 17-alfa-OH e 17-beta-cetol (20-cetona e 21-OH) revelam o arcabouço estrutural necessário para a atividade e contribuem para o desenvolvimento de análogos mais potentes e seletivos aos receptores de glicocorticoides. Dados experimentais de cristalografia de raios X mostram a interação do furoato de mometasona com o receptor glicocorticoide (código pdb 4e2j) em que é possível destacar a interação: a) da subunidade Δ^4-cetona com os resíduos de glutamina (Gln)-570 e arginina(Arg)-611; b) da 17-alfa-OH (apresentada como grupo éster no furoato de mometasona) com os resíduos de aminoácidos treonina (Thr)-739 e glutamina (Gln)-642; c) da 20-cetona do 17-beta-cetol com asparagina (Asn)-564; e d) do 21-OH (substituído por 21-Cl no furoato de mometasona) com Thr-739 e Gln-642 (Figura 10).

A estrutura cristalográfica permitiu a definição de alguns parâmetros importantes relacionados à relação estrutura-atividade dos glicocorticoides semissintéticos.

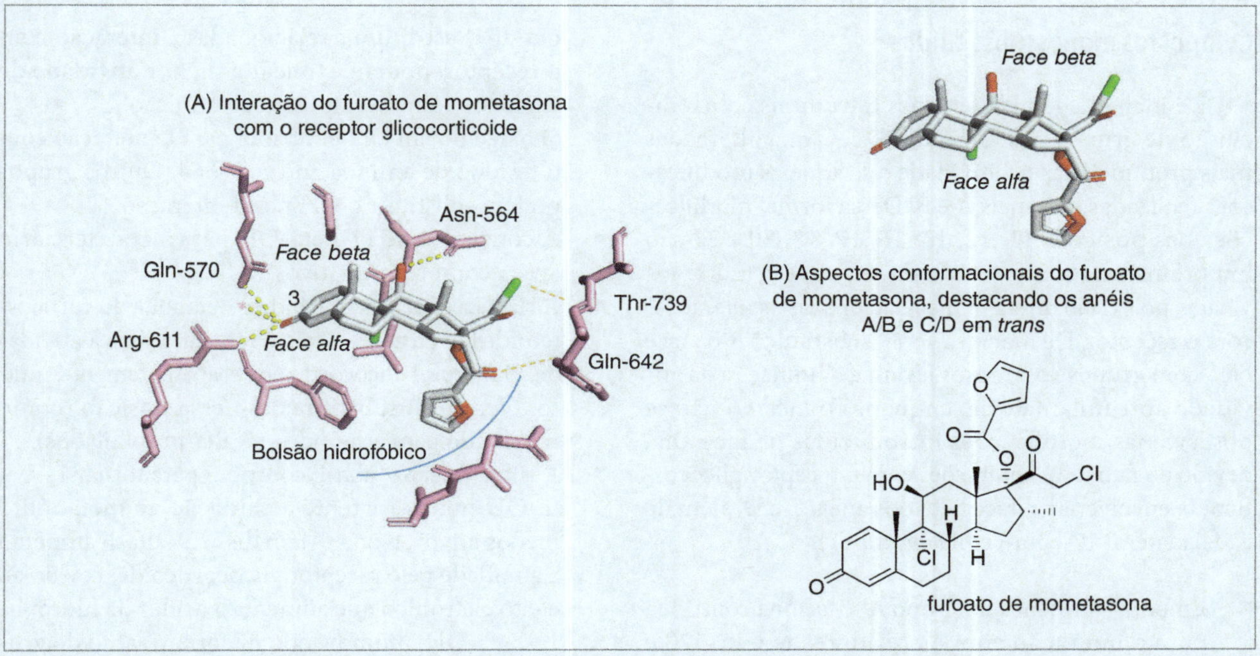

FIGURA 10 (A) Interações moleculares entre o furoato de mometasona e o receptor glicocorticoide. As linhas pontilhadas em amarelo representam as ligações hidrogênio. No modelo de bastões, os átomos de carbono estão representados em cinza, os de oxigênio em vermelho e os de cloro em verde (obtido por meio do software Pymol (Schrödinger®), usando o arquivo pdb 4e2j). (B) A estrutura tridimensional mostra configuração *trans* entre os anéis B/C e C/D e os aspectos conformacionais (faces α e β) do furoato de mometasona.

Por exemplo, a presença de 9-alfa-F/Cl aumenta a acidez do grupo 11-beta-OH, favorecendo a formação da ligação hidrogênio com o receptor. Ademais, a presença de um bolsão hidrofóbico acomoda grupos pequenos, como a metila, na posição 14-alfa presente na dexametasona e grupos mais volumosos presentes nos análogos sintéticos, como 16-alfa-,17-alfa-éteres na estrutura da triancinolona, e 17-alfa-ésteres presentes na estrutura do 17-alfa-propionato de betametasona. Nesse bolsão hidrofóbico, os aminoácidos fenilalanina, isoleucina, cisteína e metionina acomodam a estrutura de grupos volumosos e apolares na posição 16-alfa e 17-alfa, a exemplo do cetal 16-alfa,17-alfa-ciclopentilidenodioxi presente na ancinonida, ou do 16-alfa,17-alfa-acetal do cicloexanocarboxialdeído presente na estrutura química do glicocorticoide sintético ciclesonida. A presença de grupos na posição 16-alfa (p. ex., furoato de mometasona) ou 16-beta (p. ex., betametasona) é bem acomodada e leva ao aumento da atividade anti-inflamatória.

O oxigênio na posição 17-alfa presente em glicocorticoides sintéticos contendo éteres ou ésteres realiza interações por meio de ligações hidrogênio com Gln-642 (Figura 10). Modificações moleculares visando à substituição da hidroxila em C-21 para halogênios (p. ex., cloro) (Figura 10) ou ésteres (p. ex., acetato de dexametasona) mantêm as interações com os resíduos de aminoácidos Thr-739 e Gln-642 presentes no receptor para glicocorticoide.

As bases estruturais para seletividade entre os receptores glicocorticoide e mineralocorticoide são pontos-chave para aumentar a potência e reduzir os efeitos adversos. Muitas interações são comuns em ambos os receptores, por exemplo, a interação polar do oxigênio da carbonila em C-3 e a 17-OH. Nesse aspecto, algumas modificações, como metilação na posição 16-alfa (p. ex., dexametasona) e 16-beta (betametasona), são pouco acomodadas no receptor mineralocorticoide, sugerindo menor capacidade deste em realizar interações hidrofóbicas nesta posição. A ausência de bolso na face alfa pode explicar a seletividade aos receptores glicocorticoides de fármacos como a triancinolona (hidroxilação na posição 16-alfa), a hidrocortisona (hidroxilação na posição 17-alfa) ou a triancinolona acetonida (16-alfa,17-alfa-acetais). Outro ponto estrutural relevante à seletividade glicocorticoide é a 6-alfa-metilação (p. ex., metilprednisolona), que não é bem acomodada nos receptores mineralocorticoides. Curiosamente, a despeito desse efeito da metila, a substituição por halogênios pode permitir a acomodação quando inseridos na posição 6-alfa.

Compostos monossubstituídos

De maneira geral, alterações estruturais com a inclusão de grupos nos anéis C e D levam a alterações mais pronunciadas na atividade que aquelas modificações realizadas nos anéis A e B. Dessa forma, modificações nas posições 11, 12, 13, 16, 17, 18, 20 e 21 são importantes na compreensão da relação estrutura-atividade, pois estão diretamente relacionadas às interações com o receptor. De maneira geral, substituições na face beta com grupos volumosos levam à eliminação da atividade anti-inflamatória, enquanto o mesmo não se observa nas modificações introduzidas na face alfa, devido ao fato de as interações com o receptor glicocorticoide envolverem a face beta dos anéis C e D, além da cadeia lateral 17-beta-cetol (Figura 11).

- Embora a presença do grupo Δ^4-3-cetona contribua para a interação com os resíduos de Gln-570 e Arg-611 no receptor glicocorticoide, tem sido relatado que sua contribuição na atividade é menor que aquelas realizadas nos anéis C/D.
- Na cadeia lateral 17-beta-cetol (-$COCH_2OH$), o grupo 21-OH pode ser substituído por halogênio. Nessa condição, o 21-F aumenta a interação com o receptor glicocorticoide e a retenção de sódio. Já o 21-Cl e o 21-Br diminuem a atividade. A esterificação da hidroxila 21-OH reduz a atividade anti-inflamatória e a afinidade ao receptor glicocorticoide.
- A modificação do grupo hidroxila na posição 17-alfa para éteres ou ésteres aumenta a potência anti-inflamatória e a afinidade aos receptores glicocorticoides.
- A presença da dupla ligação entre C1=C2 aumenta a atividade glicocorticoide. Além disso, a presença da dupla ligação aumenta o tempo de meia-vida por diminuir a metabolização, que passa a ocorrer em outras posições, a exemplo da 6-beta.
- A presença de dupla ligação entre C9=C11 diminui a atividade glicocorticoide.
- A introdução do grupo alfa-metil nas posições 2, 6 e 16 aumenta a atividade glicocorticoide. O grupo alfa-metil na posição 2 previne a redução do sistema Δ^4-3-cetona. A introdução do grupo metil nas posições 4-alfa, 7-alfa, 9-alfa, 11-alfa e 21-alfa diminui a atividade anti-inflamatória.
- A introdução de alfa-OH nas posições (1, 6, 7, 9, 14 e 16), bem como a redução da cetona (C-20), diminui a atividade glicocorticoide. Parâmetros físico-químicos, como aumento da solubilidade, além de questões estruturais relacionadas à interação com o receptor, podem explicar a menor atividade de análogos com esse tipo de substituição.
- O oxigênio em C11 contribui para a interação com o resíduo de aminoácido Asn-564. Outros grupos podem substituir o OH nessa interação.
- A conversão de 11-beta-OH para álcool terciário leva a compostos inativos.
- A clássica cadeia lateral hidroxi-etanona do corticosteroide ligada ao C17 não é requisito para a atividade. O receptor glicocorticoide é, aparentemente, muito tolerante a substituições nessa posição (como observado para esteroides 17-alfa-propinilados).
- A substituição 9-alfa-F contribui para tornar 11-beta-OH mais resistente à oxidação ao metabólito menos ativo 11-ona. Além disso, 9-alfa-F aumenta a afinidade pelo receptor glicocorticoide, devido ao efeito eletrônico que aumenta a acidez da hidroxila 11-beta-OH, promovendo maior interação do grupo 11-beta-OH com o resíduo Ans-564 no receptor glicocorticoide (Figura 10).
- A substituição 6-alfa-F aumenta a atividade glicocorticoide e apresenta menor efeito de retenção de sódio que a substituição 9-alfa-F. A introdução de alfa-F nas posições 2-alfa, 11-alfa ou 21-F também diminui a atividade glicocorticoide. A presença do flúor na posição 12-alfa leva à diminuição da atividade devido à formação de ligação hidrogênio intramolecular, que altera a conformação da estrutura química, diminuindo a capacidade de interação com o receptor glicocorticoide.

Compostos dissubstituídos

A relação estrutura-atividade dos compostos dissubstituídos é apresentada na Figura 12.

1. Átomos de flúor aumentam a potência nas posições 6 e 7 tanto na face alfa quanto na beta.
2. Substituições em 16-alfa-CH_3 são similares a 16-beta-CH_3, e a potência é máxima para 7-alfa-Br. Na ordem dos halogênios, a potência pode ser classificada da seguinte forma: Br > Cl ~ F > I.
3. Quando a série é 16-alfa-metilada, 7-alfa-F possui a mesma potência que o derivado não halogenado. A atividade segue a ordem Br > Cl > I > F para 7-alfa-halogenados. Curiosamente, esse fato contraria a hipótese de que halogênios mais volumosos e menos eletronegativos na posição 7-alfa poderiam levar a compostos menos ativos.

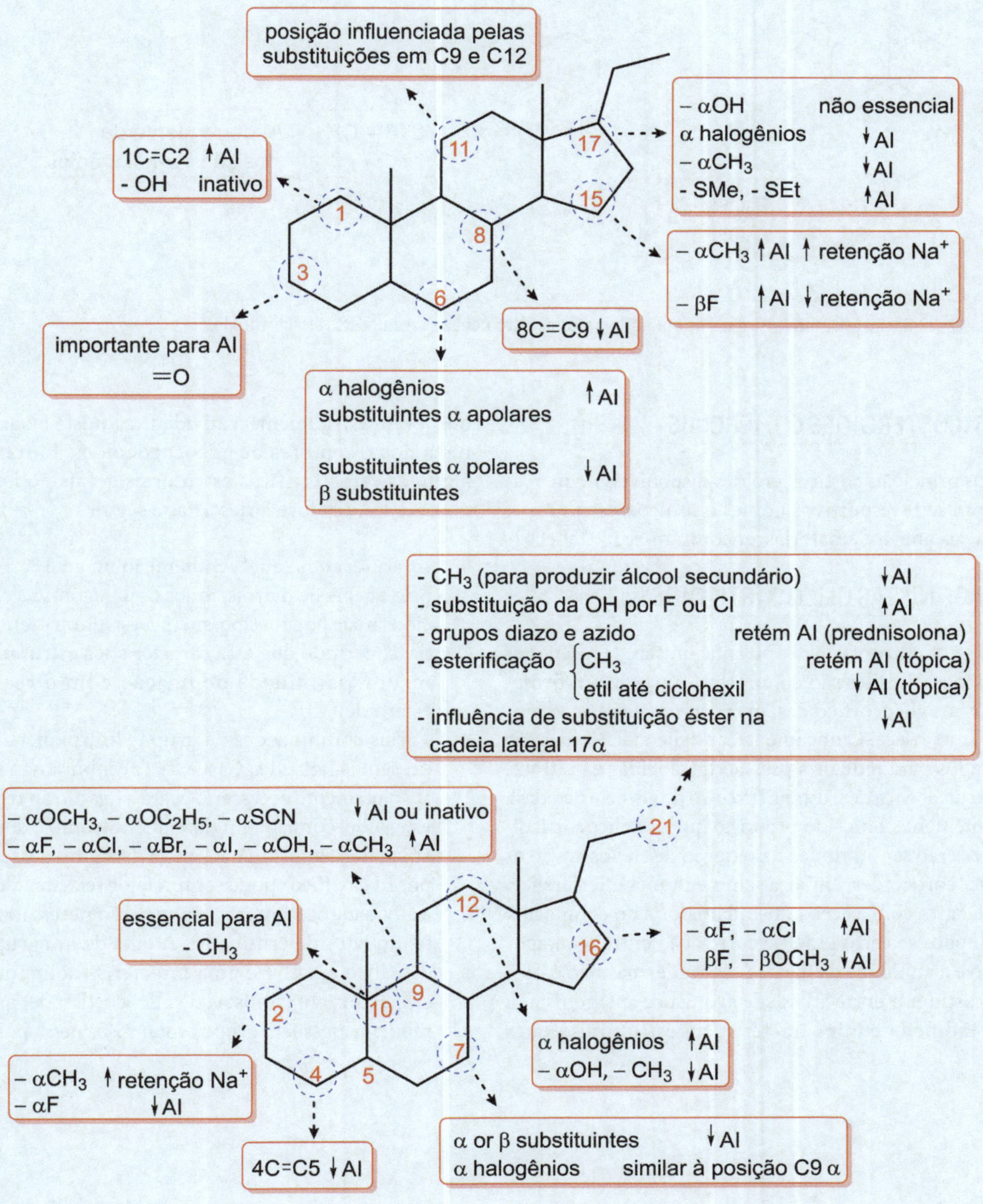

FIGURA 11 Relação estrutura-atividade de anti-inflamatórios esteroides para compostos monossubstituídos.
AI: atividade anti-inflamatória.

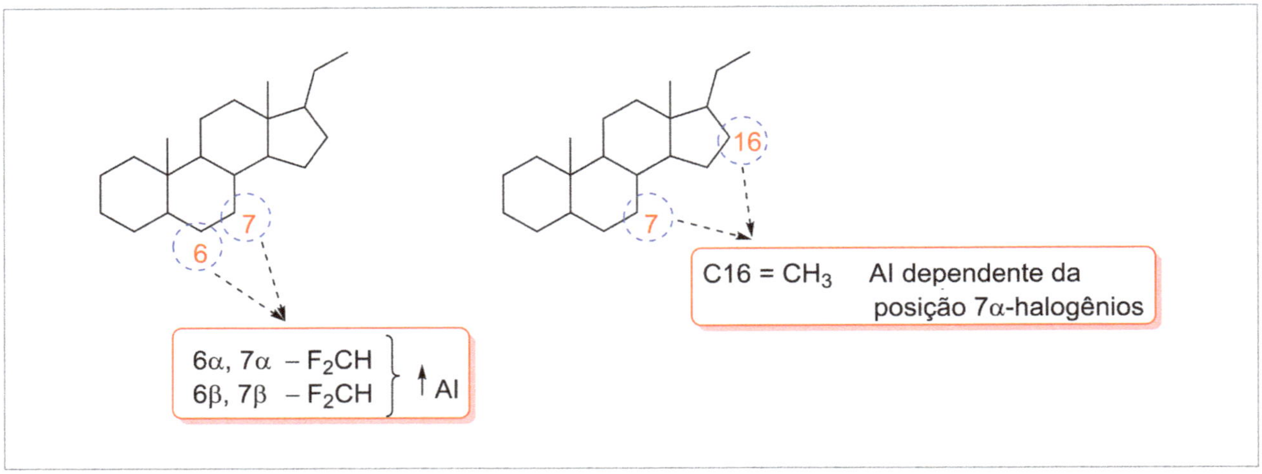

FIGURA 12 Relação estrutura-atividade de anti-inflamatórios esteroides para compostos dissubstituídos.

CORTICOSTEROIDES COMERCIAIS

Os principais corticosteroides disponíveis no mercado, com seus respectivos nomes químicos, estruturas e potências anti-inflamatórias, encontram-se na Tabela 2.

ANTAGONISTAS GLICOCORTICOIDES

Os antiglicocorticoides ou antagonistas de receptores de glicocorticoides são compostos que se ligam firmemente aos glicocorticoides, mas não possuem ação biológica intrínseca. Clinicamente, antiglicocorticoides são utilizados para reduzir a pressão intraocular e no tratamento da doença de Cushing (excesso de glicocorticoides). Recentemente, tem sido proposto que antiglicocorticoides poderão ser utilizados na redução de efeitos adversos de glicocorticoides, embora sem nenhuma interferência significativa com a ação anti-inflamatória do composto.[4]

Sugere-se certo grau de correlação entre o antagonismo e a afinidade de ligação esteroide, mas não é possível distinguir entre atividade agonista e antagonista *in vivo*. É difícil definir características estruturais exatas que levam estritamente à atividade agonista ou antagonista nos receptores de glicocorticoides. Entretanto, algumas características estruturais gerais podem ser observadas, conforme descritas a seguir:

- Insaturação no anel A: alteração no anel A. Exceto pelo anel A de diazóis, todos os antagonistas conhecidos mais potentes possuem a estrutura 4-eno-3-ona, sugerindo que essa característica estrutural aumenta a afinidade de ligação com o receptor esteroide.[4]
- Várias combinações de grupos hidroxílicos estão presentes nos C11, C17 e C21. Embora não sejam absolutamente necessários para a ligação ao receptor esteroide, contribuem de maneira complexa para a atividade agonista. A ausência de algum desses grupos hidroxílicos pode ser um fator relacionado com a atividade antagonista, embora não necessariamente um fator determinante. A falta de um grupo hidroxílico em C11 é uma característica importante em alguns antagonistas de glicocorticoide, que geralmente possuem grupos volumosos nessa posição.[4]

TABELA 2 Principais corticoides comerciais e suas potências anti-inflamatórias

Nome oficial	Nome químico	Potência[a]	Estrutura
cortisona	17-alfa,21-di-idroxipregna-4-eno-3,11,20-triona	0,8	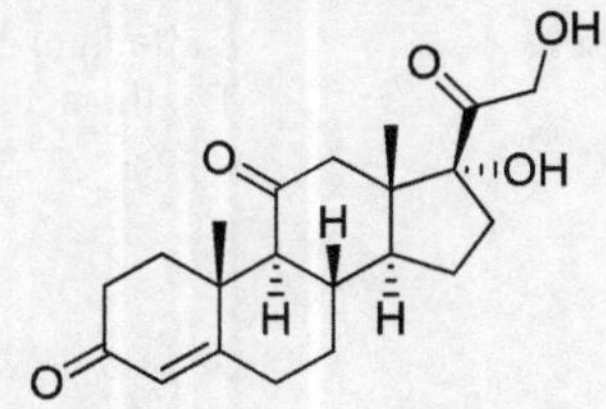
cortisol	11-beta,17,21-tri-idroxipregna-4-eno-3,20-diona	1	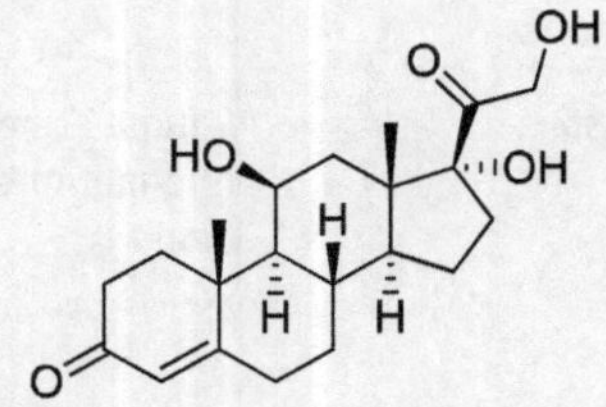
prednisona	17-alfa,21-di-idroxipregna-1,4-dieno-3,11,20-triona	4	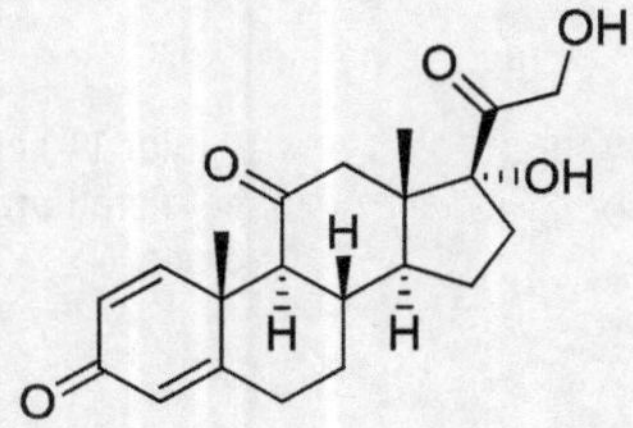
prednisolona	11-beta,17,21-tri-idroxipregna-1,4-dieno-3,20-diona	4	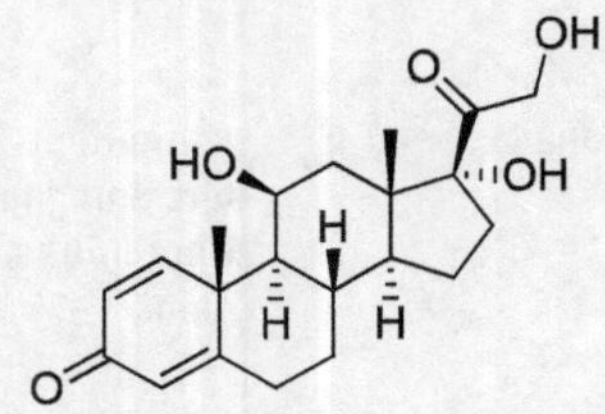
metilprednisolona	11-beta,17,21-tri-idroxi-6-alfa-metilpregna-1,4-dieno-3,20-diona	5	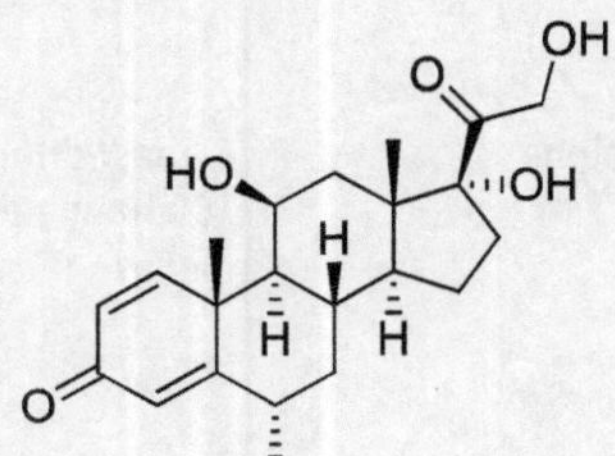
fluocortolona	6-alfa-flúor-11-beta,21-di-idroxi-16-alfa-metilpregna-1,4-dieno-3,20-diona	nd	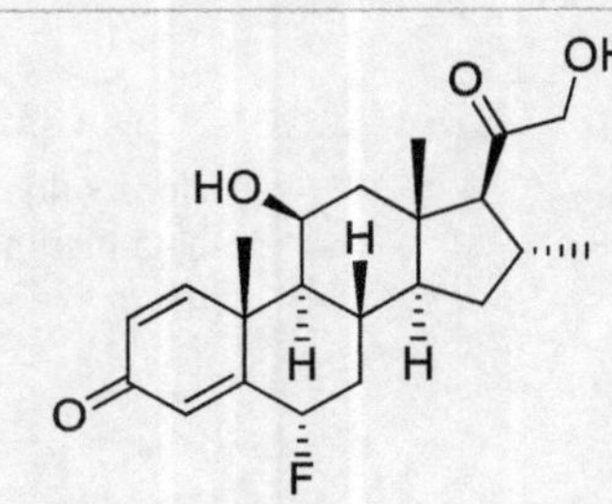

(continua)

TABELA 2 Principais corticoides comerciais e suas potências anti-inflamatórias (*continuação*)

Nome oficial	Nome químico	Potência[a]	Estrutura
parametasona	6-alfa-flúor-11-beta,17,21-tri-idroxi-16-alfa-metilpregna-1,4-dieno-3,20-diona	10	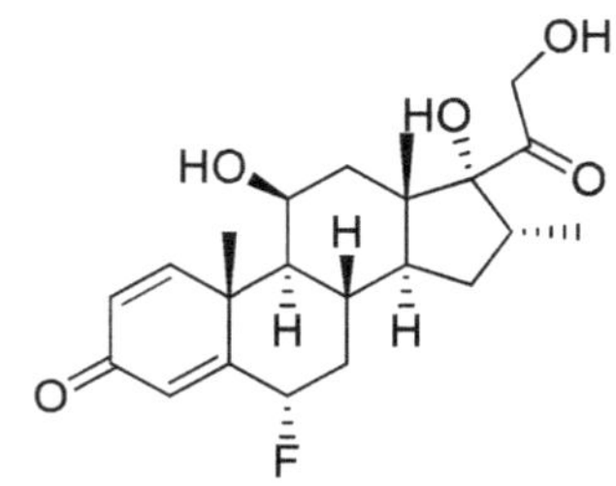
dexametasona	9-flúor-11-beta,17,21-tri-idroxi-16-alfa-metilpregna-1,4-dieno-3,20-diona	25-30	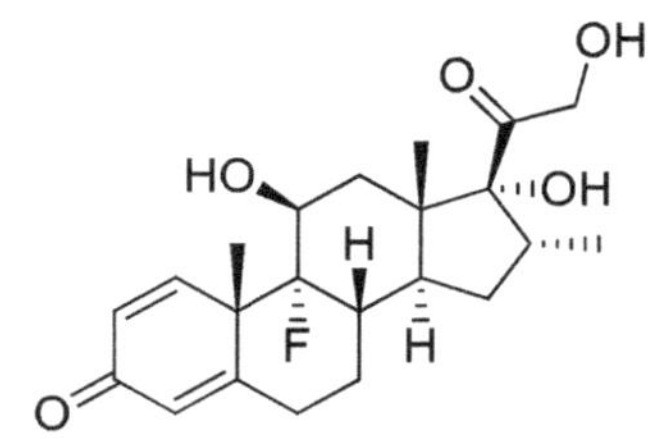
betametasona	9-flúor-11-beta,17,21-tri-idroxi-16-beta-metilpregna-1,4-dieno-3,20-diona	25-30	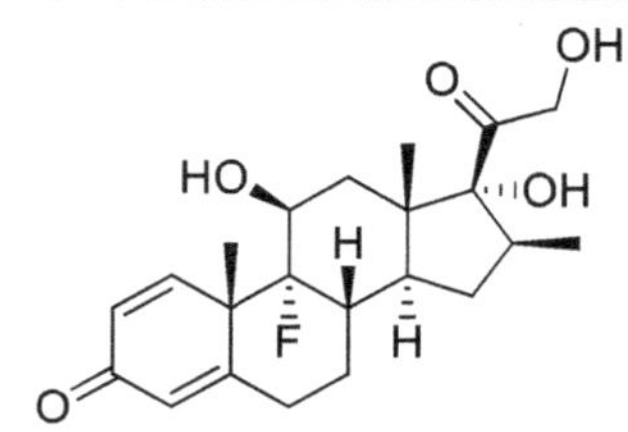
triancinolona	9-alfa-flúor-11-beta,21-di-idroxipregna-16-alfa,17-alfa-isopropilidenodioxi 1,4-dieno-3,20-diona	5	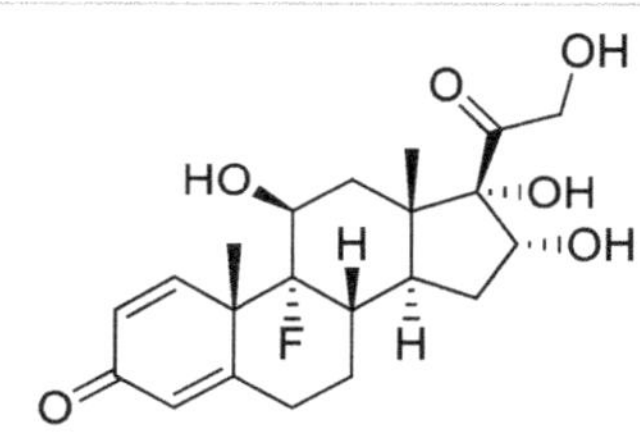
diflucortolona	6-alfa,9-diflúor-11-beta,21-di-idroxi-16-alfa-metilpregna-1,4-dieno-3,20-diona	nd	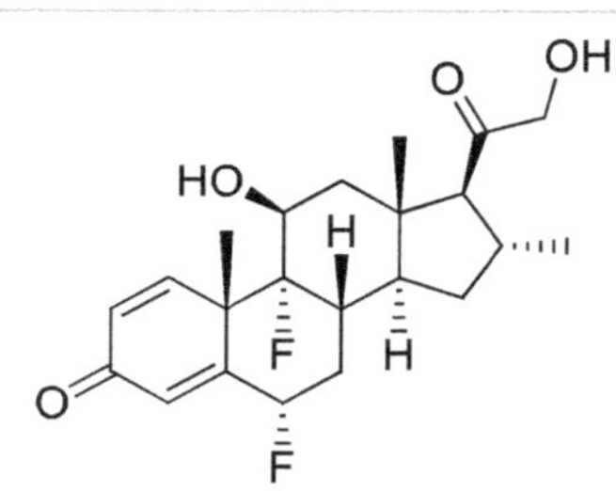
clobetasol	21-cloro-9-flúor-11-beta,17-di-idroxi-16-beta-metilpregna-1,4-dieno-3,20-diona	nd	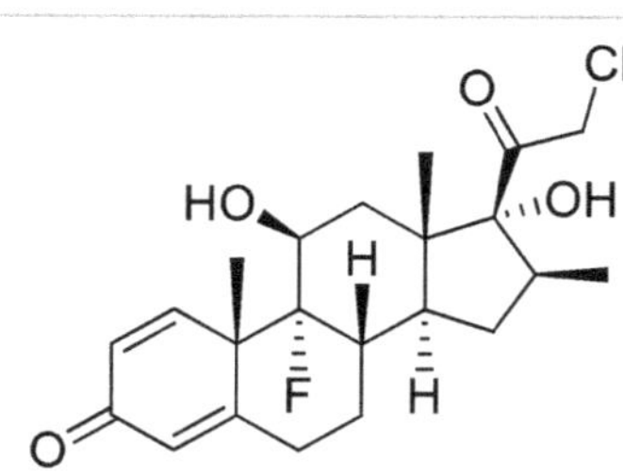

(*continua*)

TABELA 2 Principais corticoides comerciais e suas potências anti-inflamatórias (*continuação*)

Nome oficial	Nome químico	Potência[a]	Estrutura
fludroxicortida[b]	6-alfa-flúor-16-alfa,17-alfa-isopropilidenodioxi-4-pregna-11-beta,21-diol-3,20	1-2	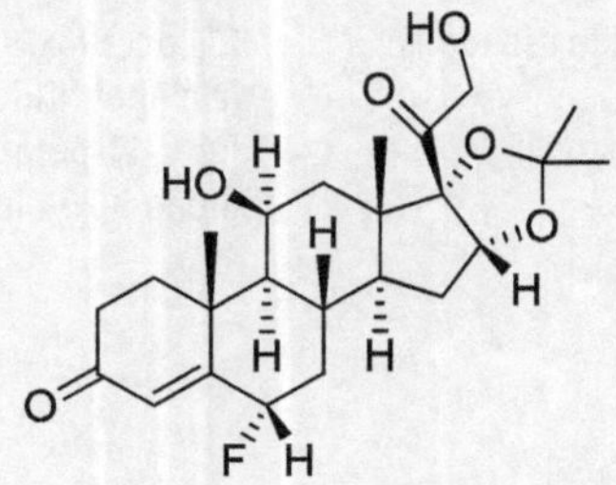
flumetasona	6-alfa,9-alfa-diflúor-11-beta,17,21-tri-idroxi-16-alfa-metilpregna–1,4-dieno-3,20-diona	800[c]	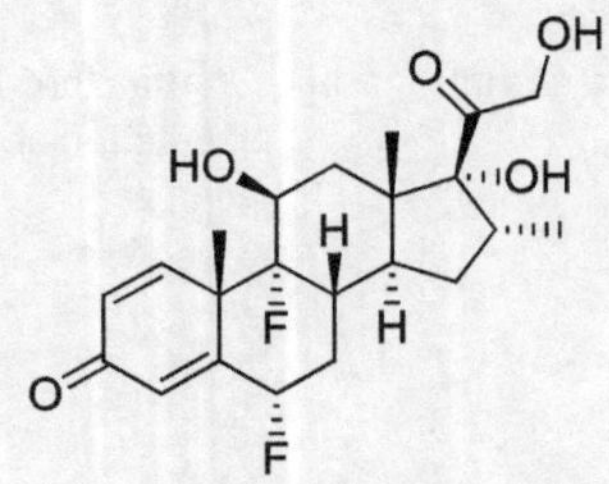
halcinonida	21-cloro-9-alfa-flúor-11-beta-hidroxi-16-alfa,17-alfa-isopropilidenodioxi-4-pregna-3,20-diona	790[c]	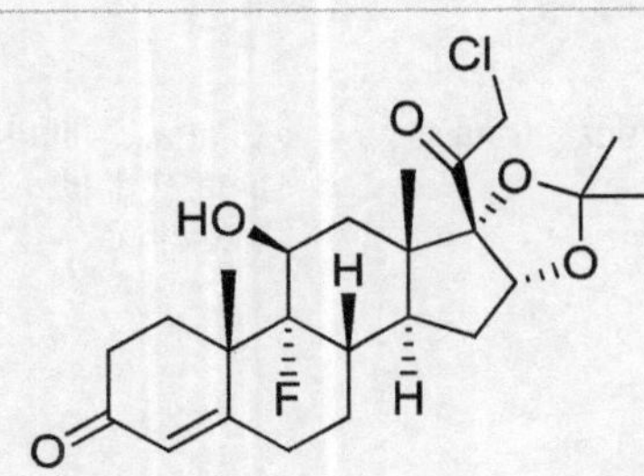
desonida	11-beta,21-di-idroxi-16-alfa,17-isopropilidenodioxi–1,4-pregna-3,20-diona	380[c]	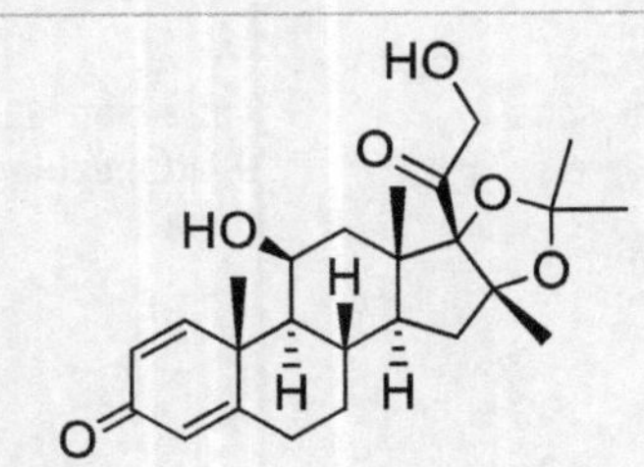
fluocinolona	6-alfa,9-alfa-diflúor-6-alfa,17-alfa-isopropolidenodioxi-1,4-pregnadieno-3,20-diona	100-300[c]	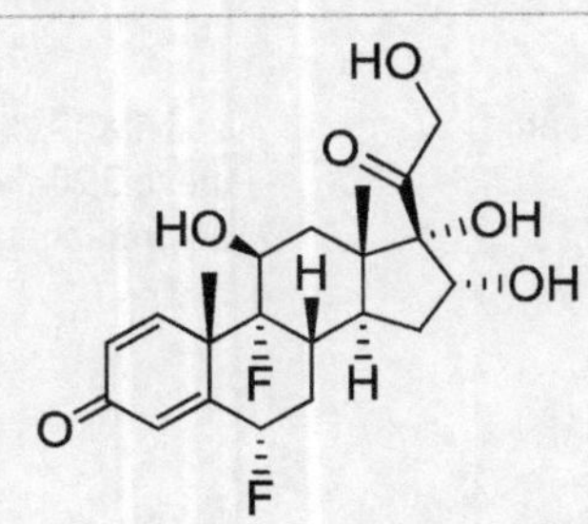
alclometasona	7-alfa-cloro-11-beta,17,21-tri-idroxi-16-alfa-metilpregna-1,4-dieno-3,20-diona	0,05[c]	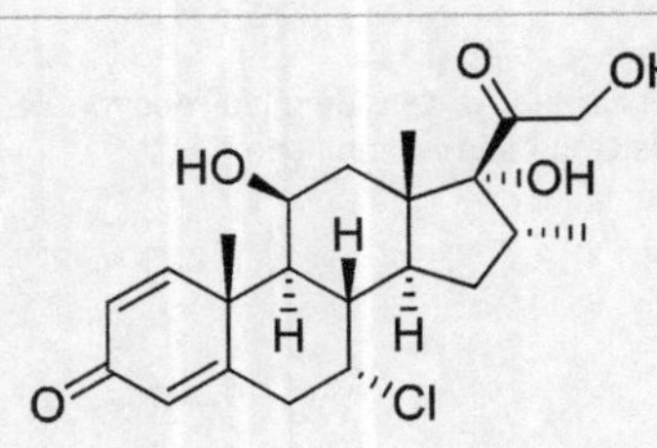

(continua)

TABELA 2 Principais corticoides comerciais e suas potências anti-inflamatórias (*continuação*)

Nome oficial	Nome químico	Potência[a]	Estrutura
ancinonida uso tópico	21-(acetiloxi)-16-alfa,17-[ciclopentilidenobis(oxi)]-9-alfa-flúor-11-beta-hidroxipregna-1,4-dieno-3,20-diona	nd	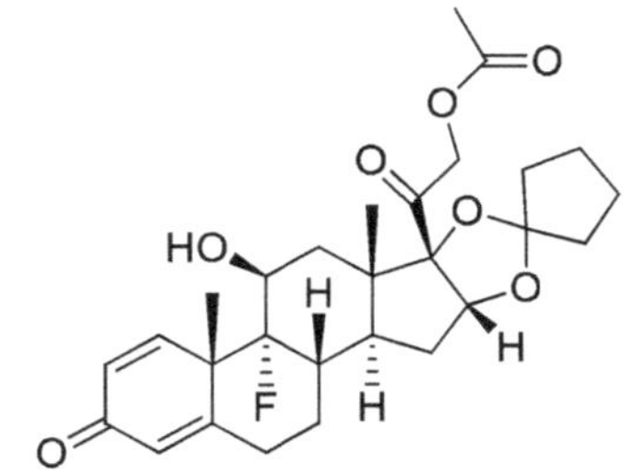
beclometasona intranasal	9-alfa-cloro-11-beta,17,21-tri-idroxi-16-beta-metilpregna-1,4-dieno-3,20-diona	nd	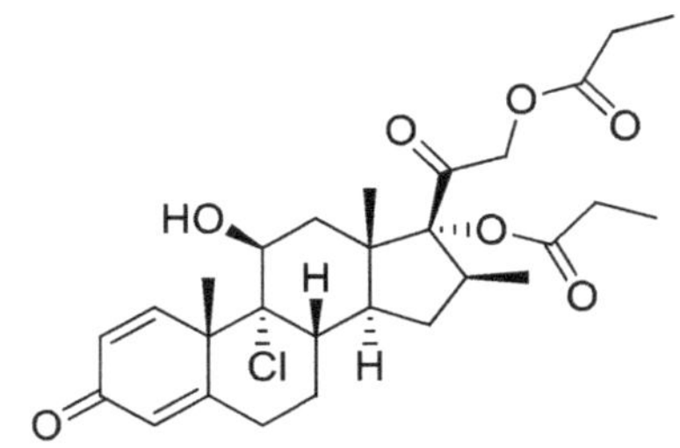
budenosida intranasal	16-alfa,17-[butilidenobis(oxi)]-11-beta,21-di-idroxipregna-1,4-dieno-3,20-diona	nd	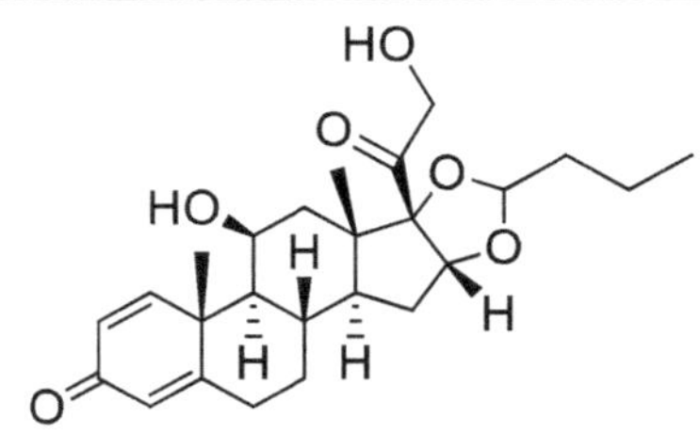
desoximetasona	9-alfa-cloro-11-beta,17,21-tri-idroxi-16-alfa-metilpregna-1,4-dieno-3,20-diona	0,05-0,25[c]	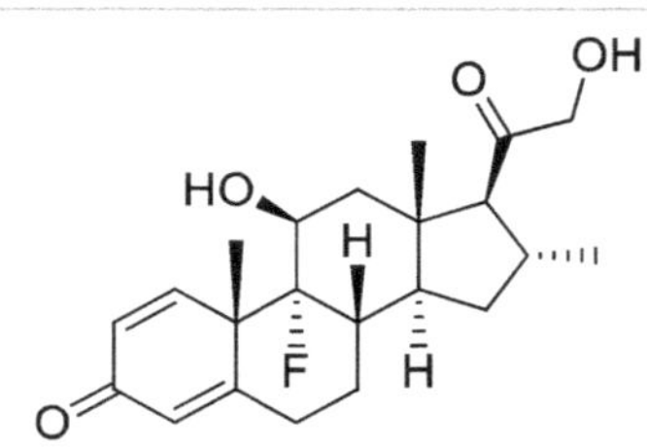
prednicarbato	11-beta,17,21-tri-idroxipregna-1,4-dieno-3,20-diona-17-(etil carbonato)-21-propionato	0,1[c]	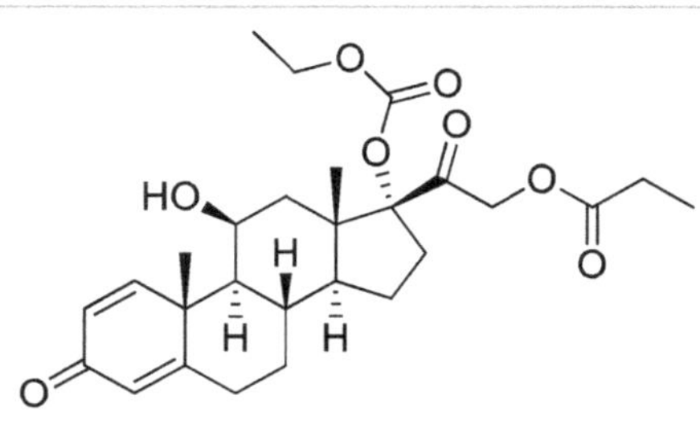

Nota: [a] potência relativa, considerando-se como referência o cortisol ou a hidrocortisona; [b] também conhecido como flurandrenolida ou flurandrenolona; [c] potência tópica; nd: não determinado.

REFERÊNCIAS BIBLIOGRÁFICAS

1. Miller DD, Brueggemeier RW, Dalton JT. Adrenocorticoids. In: Williams DA, Lemke TL. Foye's Principle of Medicinal Chemistry. 5.ed. Philadelphia: Lippincott Williams & Wilkins, 2002. p. 653-81.
2. Valente O, Atallah AN, Sustovich DR. Efeitos metabólicos e manuseio clínico dos corticosteróides. In: Prado FC et al. Atualização terapêutica: manual prático de diagnóstico e tratamento. 20.ed. São Paulo: Artes Médicas, 2001. p. 1521-3.
3. Korolkovas A. Essentials of medicinal chemistry. John Wiley & Sons, 2008.
4. Avery MA, Woolfrey JR. Anti-Inflammatory Steroids. In: Abraham DJ. Burger's Medicinal Chemistry Drug Discovery. Vol 3. 6.ed. Wiley Interscience, 2003. p. 747-845.
5. Schmit JP, Rousseau GG. Structure and conformation of glucocorticoids. Monogr Endocrinol. 1979; 12:79-95.
6. Lin KT, W LH. New dimension of glucocorticoids in cancer treatment. Steroids. 2016; 111:84-8.
7. Rang HP et al. A hipófise e o córtex suprarrenal. In: Rang HP, Dale MM, Ritter JM, Flower RJ, Henderson G. Farmacologia. 7.ed. Rio de Janeiro: Elsevier, 2012. p. 394-408.
8. Amara U et al. Interaction between the coagulation and complement system. Adv Exp Med Biol. 2008; 632:71-9.
9. Dinarello CA. Review: Infection, fever, and exogenous and endogenous pyrogens: some concepts have changed. J Endotoxin Res. 2004; 10(4):201-22.
10. Jain S, Gautam V, Naseem S. Acute-phase proteins: as diagnostic tool. J Pharm Bioallied Sci. 2011; 3(1):118.
11. Kitamura Y. Heterogeneity of mast cells and phenotypic change between subpopulations. Annu Rev Immunol. 1989; 7(1):59-76.
12. Metcalfe DD, Baram D, Mekori YA. Mast cells. Physiol Rev 1997; 77(4):1033-79.
13. Kawakami T, Galli SJ. Regulation of mast-cell and basophil function and survival by IgE. Nat Rev Immunol 2002; 2(10):773-86.
14. Galli SJ, Zsebo KM, Geissler EN. The kit ligand, stem cell factor. Adv Immunol. 1994; 55:1-96.
15. Galli SJ, Nakae S, Tsai M. Mast cells in the development of adaptive immune responses. Nat Immunol. 2005; 6(2):135-42.
16. Nicolaides N, Lamprokostopoulou A, Sertedaki A, Charmandari E. Recent advances in the molecular mechanisms causing primary generalized glucocorticoid resistance. Hormones. 2016; 15(1):23-34.
17. Sternberg EM. Neural regulation of innate immunity: a coordinated nonspecific host response to pathogens. Nat Rev Immunol. 2006; 6(4):318-28.
18. Avery MA et al. Synthesis and antiinflammatory activity of novel 12 beta-substituted analogues of betamethasone. J Med Chem. 1990; 33(7):1852-58.
19. Green MJ et al. Synthesis and structure-activity relationships in a novel series of topically active corticosteroids. J Steroid Biochem. 1979; 11(1):61-6.
20. Green MJ et al. Recent advances in the structure-activity relationships of substituted corticosteroids. J Steroid Biochem. 1975; 6(5):599-605.
21. Harrison IT et al. Methylenation of unsaturated ketones. VI. Synthesis of 6, 7-difluoromethylene corticoids. J Med Chem. 1968; 11(4):868-71.
22. Phillipps GH et al. Synthesis and structure-activity relationships in a series of antiinflammatory corticosteroid analogs, halomethyl androstane-17beta-carbothioates and-17. beta.-carboselenoates. J Med Chem. 1994; 37(22):3717-29.
23. Popper TL et al. Structure-activity relationships of a series of novel topical corticosteroids. J Steroid Biochem. 1987; 27(4-6):837-43.
24. Schmit JP, Rousseau G.G. Structure-activity relationships for glucocorticoids – IV. Effects of substituents on the overall shape of steroids which bind to the glucocorticoid receptor. J Steroid Biochem. 1978; 9(10):921-7.
25. Shapiro EL et al. Synthesis and structure-activity studies of corticosteroid 17-heterocyclic aromatic esters. 1. 9.alpha.,11.beta.--dichloro series. J Med Chem. 1987; 30(6):1068-73.
26. Shue HJ et al. Synthesis and structure-activity studies in a series of 7. alpha.-halogeno corticosteroids. J Med Chem. 1980; 23(4):430-7.
27. Weeks CM, Duax WL, Wolff ME. A comparison of the molecular structures of six corticosteroids. J Am Chem Soc. 1973; 95(9):2865-8.
28. Wojnar RJ et al. Androstene-17-thioketals. 1st communication: glucocorticoid receptor binding, antiproliferative and antiinflammatory activities of some novel 20-thiasteroids (androstene--17-thioketals). Arzneimittelforschung. 1986; 36(12):1782-7.
29. Fox PK et al. The biological properties of Org 6216, a new type of steroid with a selective local anti-inflammatory action. Arzneimittelforschung. 1980; 30(1):55-9.
30. Duax WL et al. The mechanism of action of steroid antagonists: insights from crystallographic studies. J Steroid Biochem. 1988; 31(4):481-92.
31. Simons SS, Thompson EB, Johnson DF. Anti-inflammatory pyrazolo-steroids: potent glucocorticoids containing bulky A-ring substituents and no C3-carbonyl. Biochem Biophys Res Commun. 1979; 86(3):793-800.
32. Sin KS, Lee HJ, Kim HP. Synthesis and pharmacological evaluation of new topical anti-inflammatory steroids. Drugs Exp Clin Res. 1990; 17(8):375-80.
33. Soliman MR, Lee HJ. Local antiinflammatory activity of acid ester derivatives of prednisolone. Res Commun Chem Pathol Pharmacol. 1981; 33(2):357-60.
34. Sugai S et al. Studies on topical antiinflammatory corticosteroids. III Synthesis and vasoconstrictive activity of 11 beta,17 alpha, 21-trihydroxy-2'-phenyl-2'H-2,4-pregnadieno(3,2-c)pyrazol--20-one derivatives. Chem Pharm Bull. 1986; 34(4):1613-8.
35. Toscano L et al. Synthesis and topical antiinflammatory properties of 17, 21-bis (acetyloxy)-6 beta, 9-difluoro-11beta-hydroxypregna-1,4-diene-3,20-dione and related 2-halogenated compounds. J Med Chem. 1977; 20(2):213-20.
36. Vitali R et al. Antiinflammatory activity of 17-esters of 6 alpha, 9 alpha-difluoro-21-deoxyprednisolone. J Med Chem. 1977; 20(6):853-4.
37. Schmidt H, Hjorth N, Holm P. Domoprednate, a new nonhalogenated topical steroid: comparison to hydrocortisone butyrate. Dermatologica .1987; 175(3):145-7.
38. Bodor N. Novel approaches to the design of safer drugs: soft drugs and site-specific chemical delivery systems. Adv Drug Res. 1984; 13:255-331.
39. Hochhaus G, Moellmann HW. Binding affinities of rimexolone (ORG 6216), flunisolide and their putative metabolites for the glucocorticoid receptor of human synovial tissue. Agents Actions. 1990; 30(3-4):377-80.
40. Kwon T et al. New steroidal antiinflammatory antedrugs: steroidal [16 alpha,17 alpha-d]-3'-carbethoxyisoxazolines. J Med Chem. 1995; 38(6):1048-51.
41. Laurent H, Gerhards E, Wiechert R. New biologically active pregnan-21-oic acid esters. J Steroid Biochem. 1975; 6(3-4):185-92.
42. Mclean HM et al. Novel fluorinated antiinflammatory steroid with reduced side effects: Methyl 9α-fluoroprednisolone-16-carboxylate. J Pharm Sci. 1994; 83(4):476-80.
43. Murrill N, Grocela R, Gebert W, Gnoj O, Herzog HL. The solvolysis of 9-alpha, 11-beta-dichlorosteroids. Steroids. 1966; 8(2):233-6.

CAPÍTULO 24

Anti-inflamatórios não esteroidais

Lídia Moreira Lima
Cristiane Aparecida e Silva

INTRODUÇÃO

Os anti-inflamatórios não esteroidais (AINES) compreendem uma ampla família de fármacos, estruturalmente distintos, providos de ação analgésica, antipirética e anti-inflamatória. Os AINES exercem seu mecanismo de ação por meio da inibição da enzima prostaglandina endoperóxido sintase (PGHS) ou prostaglandina H/G sintase (PTGS), comumente conhecida como ciclooxigenase. A descoberta dessa classe terapêutica remonta à teoria das assinaturas, baseada no antigo provérbio "*similia similibus curantur*", ou seja, "o semelhante cura o semelhante". Propagada por Paracelso (1493-1541), defensor do pensamento de que tudo o que é criado pela natureza reproduz a imagem da virtude a que lhe é atribuída, a teoria das assinaturas sugeria que "ervas" que se assemelham a várias partes do corpo poderiam ser usadas para tratar doenças dessas partes do corpo. No final do século XVIII, o relato do capelão inglês Edmund Stone no *Philosophical Transactions of the Royal Society*, publicação científica mais antiga do mundo anglófono, consagrou o uso do extrato da casca de salgueiro-branco (*Salix alba*) no tratamento da febre (*i. e.*, como antipirético). Após várias tentativas de isolar o princípio ativo da casca de salgueiro, a salicina foi obtida em baixos rendimentos. Em 1838 o químico italiano Raffaele Piria descobriu um método para obter uma forma de ácido mais potente a partir do extrato de salgueiro, que ele chamou de ácido salicílico. Anos mais tarde, em 1860, o químico alemão Hermann Kolbe desenvolveu método de síntese do ácido salicílico. Esses trabalhos propiciaram a expansão do uso dos salicilatos e consequentemente de seus efeitos terapêuticos e adversos. Embora as atividades antipirética, analgésica e anti-inflamatória fossem evidentes, a irritação e posterior ulceração gástrica comprometiam o uso dos salicilatos, em especial do ácido salicílico.

No século XX, várias tentativas para obter um substituto menos irritante para o ácido salicílico foram empreendidas pelo químico Felix Hoffmann, capitaneadas pelo grupo farmacêutico Bayer. Dessas tentativas, Hoffman logrou a síntese do ácido acetilsalicílico (ASA), comercializado pela Bayer em 1899 com o nome de Aspirina®. A descoberta do ácido acetilsalicílico (AAS) é um marco inquestionável no tratamento de enfermidades de cunho inflamatório. O AAS é o pioneiro da classe dos anti-inflamatórios não esteroidais (AINES).[1,2]

MECANISMO DE AÇÃO

O mecanismo de ação dos AINES foi elucidado cerca de 70 anos após a introdução da Aspirina® na prática médica e após a chegada no mercado farmacêutico de outros representantes da classe, como a fenilbutazona (anos 1940), os fenamatos (anos 1950) e a indometacina (anos 1960), cuja eficácia anti-inflamatória, analgésica e antipirética havia sido demonstrada em diferentes modelos fenotípicos e comprovada em ensaios clínicos. Em 1971, John Vane contribuiu para a elucidação do enigma descrevendo o mecanismo molecular de ação do AAS como decorrente do bloqueio da síntese de prostanoides, através da inibição da enzima prostaglandina endoperóxido sintase (PGHS).[3,4,5,6]

Prostanoides

Os prostanoides são uma família de autacoides lipídicos que incluem as prostaglandinas (PGD_2, PGE_2 e

$PGF_{2\alpha}$), prostaciclina (PGI_2) e tromboxana (TXA_2). São biossintetizados a partir do ácido araquidônico (AA) – ácido graxo essencial, da família dos ômega-6, formado por uma cadeia de 20 carbonos com quatro duplas ligações nas posições 5, 8, 11 e 14, que é encontrado esterificado em fosfolipídeos de membrana. A primeira etapa na biossíntese dos prostanoides é regulada em resposta a estímulos físicos, químicos e biológicos que levam à ativação da enzima fosfolipase A_2 (PLA_2) e consequente hidrólise do ácido araquidônico (AA) esterificado em fosfolipídeos de membrana. A segunda etapa, considerada etapa limitante da formação de prostanoides, é dependente da concentração de AA livre e da ação enzimática da PGHS, cujas características estruturais serão discutidas adiante (Figura 1). Uma vez formados os prostanoides exercem ações parácrinas ou autócrinas em diferentes tecidos, desempenhando importante papel na hemostasia gástrica, plaquetária, renal e cardiovascular. O envolvimento de prostanoides em quadros fisiopatológicos como aterotrombose, insuficiência renal, gastrite, cefaleias, asma, febre e respostas inflamatórias agudas e crônicas é conhecido (Tabela 1).[7-9]

Prostaglandina endoperóxido sintase (PGHS)

A prostaglandina endoperóxido sintase (PGHS) é a enzima-chave na conversão do ácido araquidônico em prostanoides, também conhecidos como eicosanoides. Três isoenzimas de PGHS foram descritas. A PGHS-1, ou COX-1, expressa constitutivamente em muitos tecidos, é responsável pela produção constitutiva de prostanoides envolvidos na hemóstase plaquetária e gástrica. A PGHS-2, ou COX-2, expressa de forma induzida por vários estímulos inflamatórios e

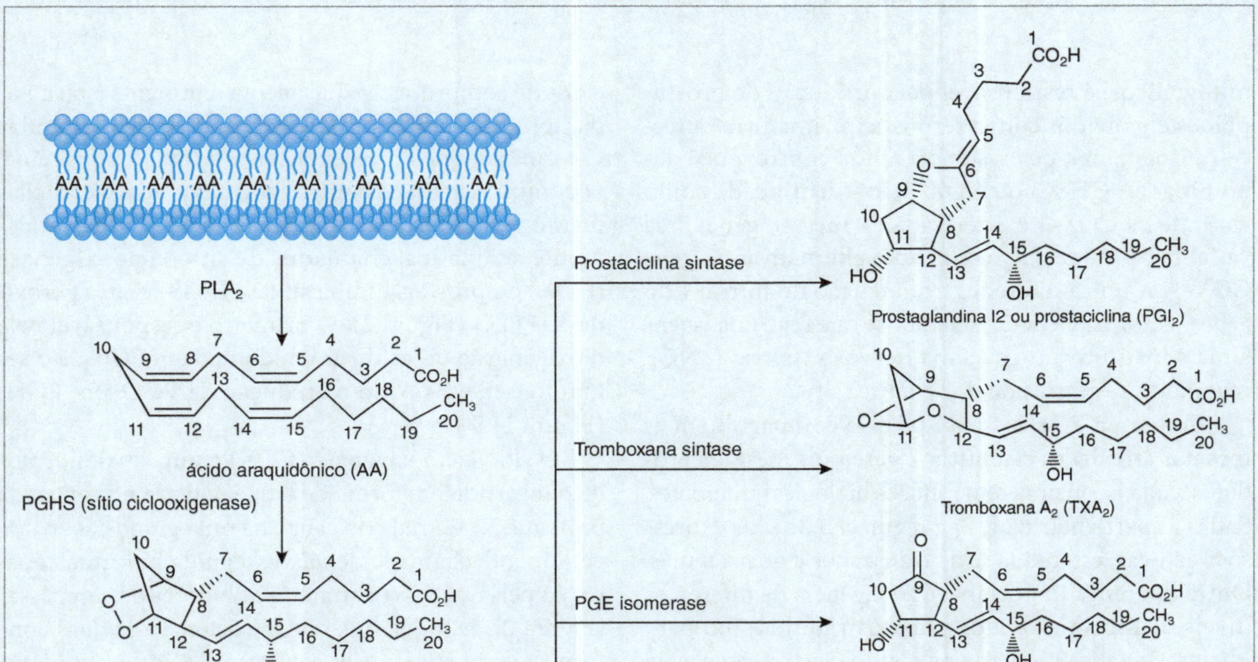

FIGURA 1 Biossíntese dos prostanoides PGD_2, PGE_2, $PGF2\alpha$, PGI_2 e TXA_2.

TABELA 1 Propriedades farmacológicas dos prostanoides PGD_2, PGE_2, $PGF_{2\alpha}$, PGI_2 e TXA_2

	Receptores	Localização	Principais efeitos fisiológicos	Principais processos fisiopatológicos
PGD_2	DP1, DP2	Vias aéreas, cérebro e leucócitos	Vasodilatação, regulação do sono, quimiotaxia	Sensibilização alérgica, asma
PGE_2	EP1, EP2, EP3, EP4	Cérebro, rins, plaquetas, estômago, células do músculo liso vascular, útero	Broncodilatação, vasodilatação, aumento da agregação plaquetária, inibição da liberação autonômica de neurotransmissores, inibição da secreção de ácido gástrico, aumento do muco gástrico, aumento da perfusão medular, redução da retenção de Na^+ medular, dilatação uterina	Dor, febre, edema aterotrombose, gastrite, insuficiência renal
$PGF_{2\alpha}$	FP_α; FP_β	Útero, células do músculo liso vascular, vias aéreas e olhos	Contração uterina, luteólise, broncoconstrição, vasoconstrição, diminuição da pressão intraocular	Glaucoma
PGI_2	IP	Endotélio, fígado, plaquetas, cérebro, rins	Vasodilatação, inibição da agregação plaquetária, aumento da perfusão medular e redução da retenção de Na^+ medular	Dor, aterotrombose, hipertensão pulmonar arterial, insuficiência renal
TXA_2	$TP_{\alpha 1}$, TP_β	Plaquetas, células do músculo liso vascular, rins, macrófagos	Agregação plaquetária, vasoconstrição, broncoconstrição, redução da perfusão renal e da filtração glomerular, proliferação e migração celular	Trombose arterial, aterogenesis, doenças cardiovasculares

mitogênicos, é responsável pela produção de prostanoides envolvidos com a resposta inflamatória. A terceira isoenzima, de existência ainda controversa, denominada PGHS-3 ou COX-3, foi identificada como variante da COX-1 e é derivada do mesmo gene. Essa variante é produzida por emendas alternativas do gene COX-1. A única diferença é a retenção do íntron 1 do gene COX-1 na COX-3. Acredita-se que seja uma isoenzima constitutiva do sistema nervoso central (SNC), regulando respostas de dor e febre.[10,11]

Embora a PGHS-1 e a PGHS-2 compartilhem as mesmas atividades catalíticas e gerem os mesmos produtos, cada isoenzima tem funções biológicas diferentes, dadas as particularidades na regulação de suas expressões gênicas, estabilidade de transcritos e de proteínas. Outra diferença importante é a exigência de diferentes níveis de hidroperóxidos e ácido araquidônico para iniciar a catálise mediada pelo sítio ciclooxigenase da PGHS-1 e da PGHS-2.

As estruturas terciária e quaternária da PGHS-1 e da PGHS-2 são praticamente idênticas. Elas apresentam 60% de identidade na sequência primária de aminoácidos e 85% de identidade no sítio ativo. Trata-se de heme-proteínas homodiméricas de subunidades de 70 kDa. O homodímero é ligado à membrana e localizado no lúmen do retículo endoplasmático, bem como no envelope nuclear. Cada monômero consiste em três domínios estruturais: um domínio *N*-terminal do tipo fator de crescimento epidérmico (EGF), um domínio de ligação à membrana (MBD) de cerca de 48 aminoácidos de comprimento que ancora a proteína à bicamada lipídica e um grande domínio catalítico globular C-terminal, que representa cerca de 80% da proteína. O domínio catalítico contém dois sítios ativos espacialmente separados, mas funcionalmente e mecanisticamente acoplados, chamados de sítio ciclooxigenase (COX) ou prostaglandina sintase (PGS) e sítio peroxidase (POX) (Figura 2). O primeiro é responsável pela dioxigenação do ácido araquidônico em PGG_2, e o segundo está envolvido na redução da PGG_2 em PGH_2 (Figura 1).[12]

O sítio ciclooxigenase (COX) é um canal hidrofóbico invertido em forma de L que penetra no centro da proteína. Na entrada do canal, há uma grande abertura, geralmente chamada de *lobby*, seguida por uma constrição pela qual os substratos e inibidores devem passar (Figura 2). Estudos sugerem a existência de duas conformações possíveis para o substrato ácido araquidônico (AA) no sítio COX. Na primeira, denominada conformação produtiva, o grupo ácido carboxílico do AA forma interações de ligação de hidrogênio com Arg-120 e Tyr-355, situadas no limite de constrição do sítio ativo, propiciando distância ideal entre o hidrogênio bis-alílico do carbono 13 e o resíduo de aminoácido-chave, a Tyr-385. O radical tirosila – gerado a partir da oxidação do resíduo Tyr-385 por um estado de oxidação mais alto do sítio peroxidase – abstrai o átomo de hidrogênio-13-pro-*S* durante a primeira etapa da reação catalisada pelo sítio COX. A segunda conformação, conhecida como conformação improdutiva do AA, resulta na

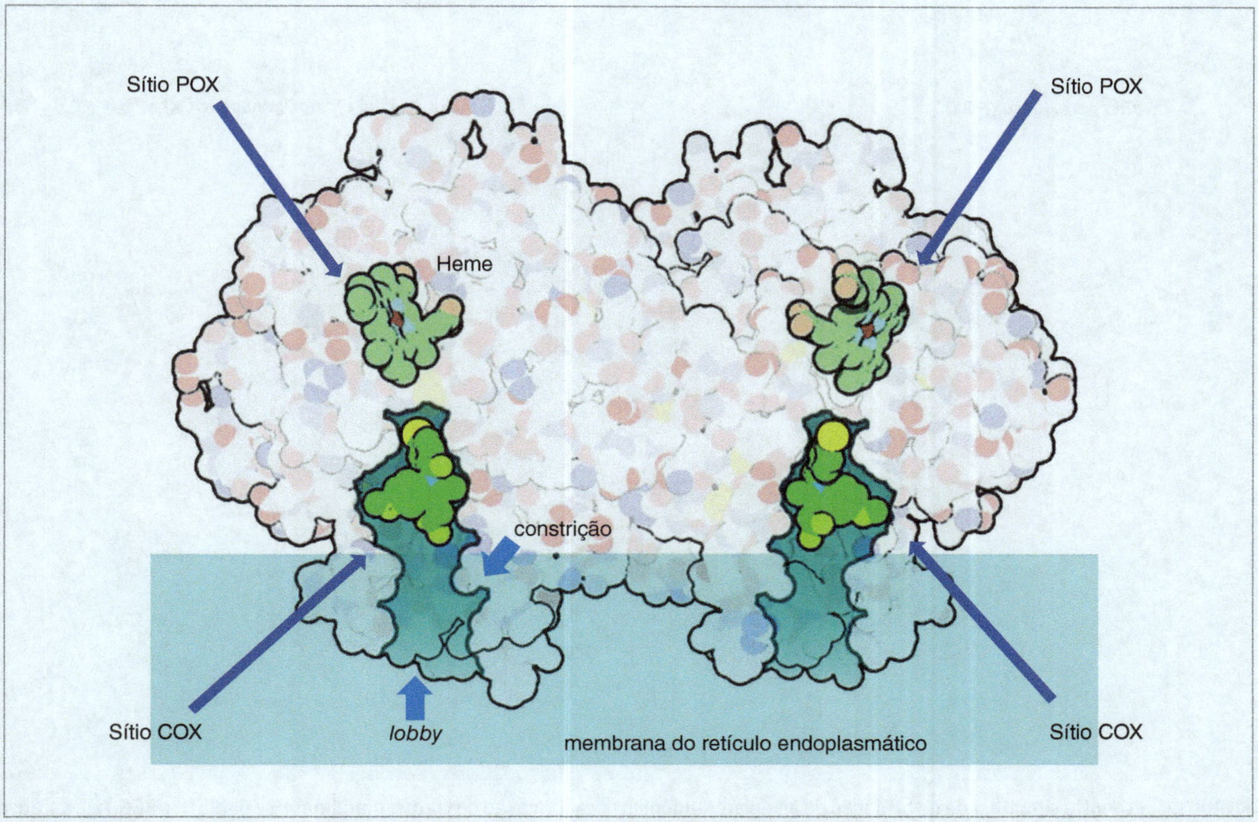

FIGURA 2 Representação da estrutura homodimérica da PGHS-1, destacando o domínio catalítico com seus sítios peroxidase (POX) e ciclooxigenase (COX)
Fonte: adaptada de https://pdb101.rcsb.org/motm/17.

ligação do AA em uma orientação invertida ao sítio COX, com o seu grupo ácido carboxílico realizando ligações de hidrogênio com os resíduos Tyr-385 e Ser-530, situados acima do local da constrição, e o restante da molécula projetando-se em direção ao *lobby*, impedindo a abstração homolítica do hidrogênio alílico pelo radical tirosila do resíduo Tyr-385.

O sítio peroxidase na PGHS é uma heme peroxidase clássica e responsável pela geração do radical tirosila da Tyr-385. A comparação entre uma série de fenóis, aminas aromáticas, compostos beta-dicarbonilados e AINES indicou diferenças na capacidade de atuarem como substratos de redução. Dados mostram que a eficiência na redução de hidroperóxidos pode ser responsável pela estimulação do sítio COX, durante a fase inicial da catálise, bem como na proteção contra a inativação de COX durante a fase sustentada da catálise.

O efeito estimulante de peróxidos (ROOH) sobre a atividade catalítica da PGHS é atribuído à oxidação do grupo heme do sítio peroxidase, levando à oxidação controlada do resíduo Tyr-385 do sítio ciclooxigenase (COX), com subsequente formação do radical tirosila. Uma vez formado, o radical abstrai o hidrogênio-13-pro-*S* do AA, gerando o radical bis-alílico, estabilizado por diferentes formas de ressonância, que, mediante catálise do sítio ciclooxigenase, sofre ciclização oxidativa e adição do grupo hidroperóxido, formando o produto PGG_2. Acredita-se que peróxidos convertam a subunidade heme da PGHS em um complexo cátion-radical ferril-oxo ($Fe(IV^+)=O$) de alto poder oxidante, culminando na formação do radical tirosila e iniciando a catálise enzimática. A PGG_2 é então reduzida, por ação do sítio peroxidase, à PGH_2, com coformação de radical tirosila, realimentando o ciclo catalítico (Figura 3).[13,14]

Dadas as semelhanças entre suas sequências primárias, suas estruturas cristalinas e seus mecanismos catalíticos, a regulação constitutiva da catálise da PGHS-1 e da PGHS-2 é similar, com apenas algumas nuances. Por exemplo, a catálise enzimática promovida pela PGHS-2 pode ocorrer em níveis de hidroperóxido 10 vezes inferiores aos necessários para promoção da catálise pela PHGS-1. Sugere-se que tal diferença possa

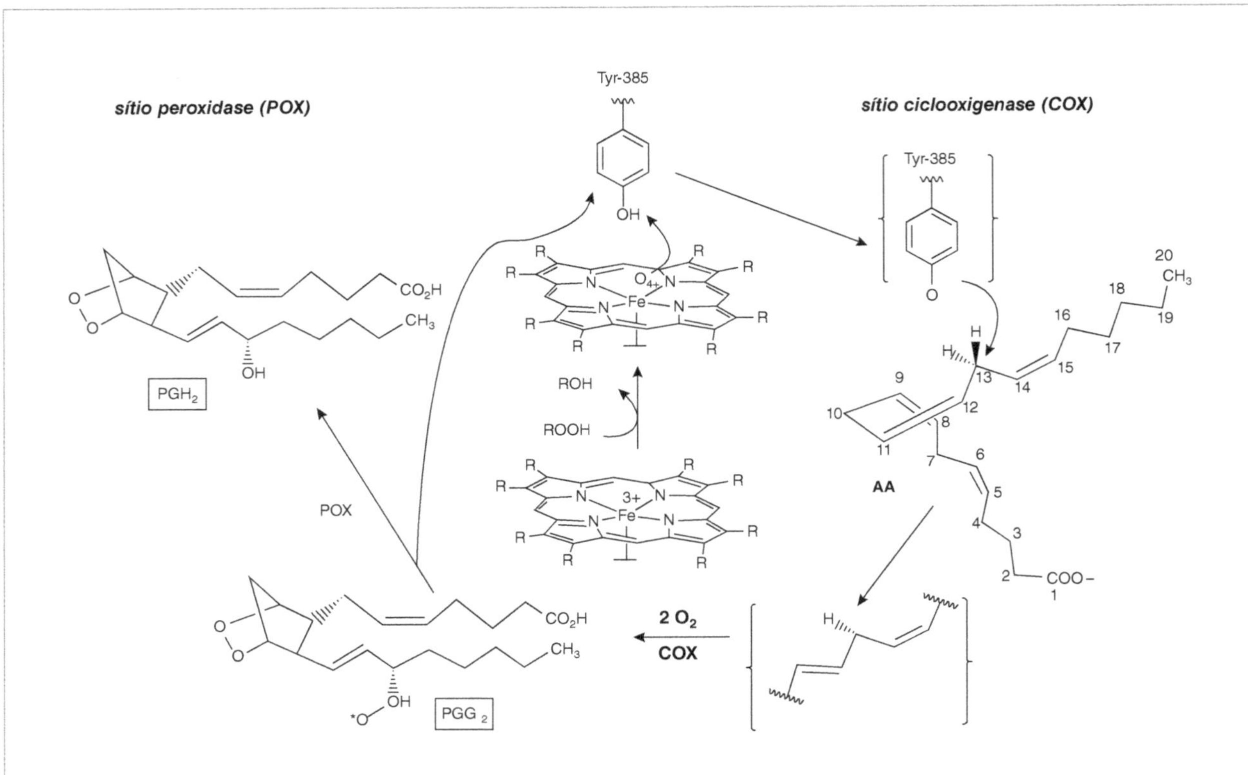

FIGURA 3 Proposta simplificada de oxidação do ácido araquidônico para formação das prostaglandinas H_2 e G_2 (PGH_2 e PGG_2) via catálise dos sítios peroxidase (POX) e ciclooxigenase (COX) da enzima prostaglandina endoperóxido sintase (PGHS).

favorecer a biossíntese de prostaglandinas preferencialmente pela PGHS-2, quando ambas as isoenzimas estiverem presentes num mesmo compartimento intracelular. Outra sútil diferença diz respeito à menor estabilidade da PGHS-2, tanto nas regiões do sítio ativo quanto nas demais subunidades da enzima, quando comparada à PGHS-1. Esse fato poderia estar associado às preferências diferenciadas por substratos e inibidores, além do tamanho/volume maior da bolsa no sítio ativo da PGHS-2. Essa diferença de tamanho resulta da presença do resíduo de valina na posição 509 na PGHS-2, que corresponde ao resíduo de isoleucina na posição 523 em PGHS-1 (Figura 4). Estudos de mutagênese nas proteínas PGHS-1 e PGHS-2 sugerem que a troca de valina e isoleucina na posição 509/523 não explica todas as diferenças na especificidade/seletividade do inibidor pelas isoenzimas.[15]

Anti-inflamatórios não esteroidais (AINES)

Os anti-inflamatórios não esteroidais (AINES) representam uma classe terapêutica estruturalmente diversa, que exerce seu mecanismo de ação anti-inflamatória e/ou analgésica e/ou antipirética atuando através da inibição da PGHS. Do ponto de vista farmacológico, são classificados em AINES não seletivos (também chamados de AINES clássicos) e AINES PGHS-2 seletivos.

AINES não seletivos

Os fármacos classificados como AINES clássicos ou não seletivos apresentam capacidade de inibição das enzimas PGHS-1 e PGHS-2 com graus distintos de seletividade. O protótipo da classe é o ácido acetilsalicílico (ASA, 1), único inibidor irreversível de PGHS-1 e PGHS-2 disponível na terapêutica. Do ponto de vista químico, os AINES clássicos compartilham como principal característica estrutural a presença de um grupo ácido carboxílico ou isóstero, que mimetiza a subunidade ácida do substrato ácido araquidônico, e a presença de um sistema aromático ou heteroaromático, responsável por interações hidrofóbicas complementares com as enzimas-alvo. São agrupados em diferentes classes: salicilatos, ácidos acéticos, ácidos propiônicos, ácidos fenâmicos e ácidos enólicos (Figura 4), cujas características químicas e farmacológicas dos principais representantes serão discutidas ao longo deste capítulo.

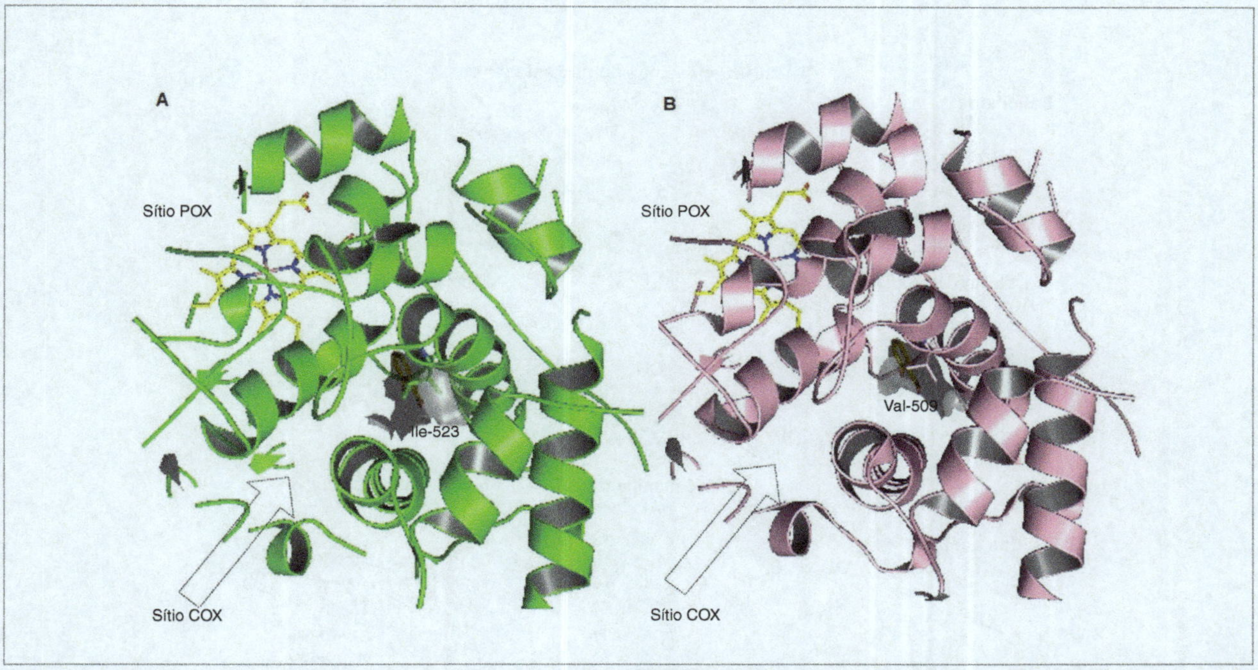

FIGURA 4 Representação 3D da prostaglandina endoperóxido sintase (PGHS). Destaque para a presença do resíduo Ile-523 no sítio COX da PGHS-1 (A) e do resíduo Val-509 na PGHS-2 (B), impactando o tamanho comparativo dos sítios COX.

Salicilatos

Salicilatos são substâncias que contêm o fragmento ácido 2-hidroxi-benzoico (Figura 5). Recebem esse nome devido à obtenção do ácido salicílico a partir da salicilina – extraída da casca de salgueiro, do gênero *Salix* e família *Salicaceae*. Os representantes de principal importância na clínica médica são o ácido acetilsalicílico (AAS, Aspirina®) e o diflunisal (Dorbid®). A despeito da semelhança, o primeiro é um inibidor irreversível das isoenzimas de PGHS, enquanto o segundo é um inibidor reversível. Tal diferença é explicada pela presença do grupo acetila do AAS. Após reconhecimento molecular, o AAS promove a acetilação seletiva do resíduo de Ser-530 na PGHS-1 e da Ser-506 na PGHS-2, resultando na inibição irreversível dessas isoenzimas. Como subproduto da reação é gerado ácido salicílico, que interage com a PGHS envolvendo ligação iônica com o resíduo de Arg-120 e ligação de hidrogênio com a Tyr-355.

O sítio COX na PGHS se situa no final de um canal hidrofóbico que corre da superfície de ligação à membrana da proteína até o interior da molécula (Figura 2). O resíduo de Ser-530 ou Ser-506 fica ao longo da parede desse canal, perto do aminoácido Tyr-385, considerado chave na catálise da COX. Como consequência, a acetilação promovida pelo AAS tem impacto estérico, bloqueando o acesso do substrato (*i. e.*, AA) ao sítio ativo da enzima. Diferentemente da PGHS-1, que tem sua atividade enzimática totalmente abolida pela inibição irreversível do AAS, estudos mostram que a acetilação da Ser-506 na PGHS-2 mantém a capacidade da enzima de reconhecer o AA. Esse fato é explicado pelo maior tamanho do sítio COX da PGHS-2. Entretanto, uma vez acetilada, a atividade catalítica da PGHS-2 é redirecionada para a biossíntese de ácido 15(*R*)-hidroxieicosatetraenoico (15*R*-HETE) a partir do substrato AA. Essa particularidade confere ao AAS característica única entre os AINES, sendo capaz não somente de impedir a formação de eicosanoides pró-inflamatórios (p. ex., PGE_2), como também de contribuir para a síntese de mediador anti-inflamatório denominado 15-epi-lipoxina A4 (Figura 6).[16,17,18,-19]

Ácidos antranílicos

Os ácidos antranílicos são derivados que contêm em sua estrutura o fragmento ácido 2-(fenilamino)benzoico, também conhecido como ácido fenâmico. Embora centenas de fenamatos tenham sido preparados e estudados na década de 1950, apenas dois ganharam notoriedade: o ácido mefenâmico (Ponstan®, 1962) e o ácido meclofenâmico (Figura 5). O primeiro é o único da família dos

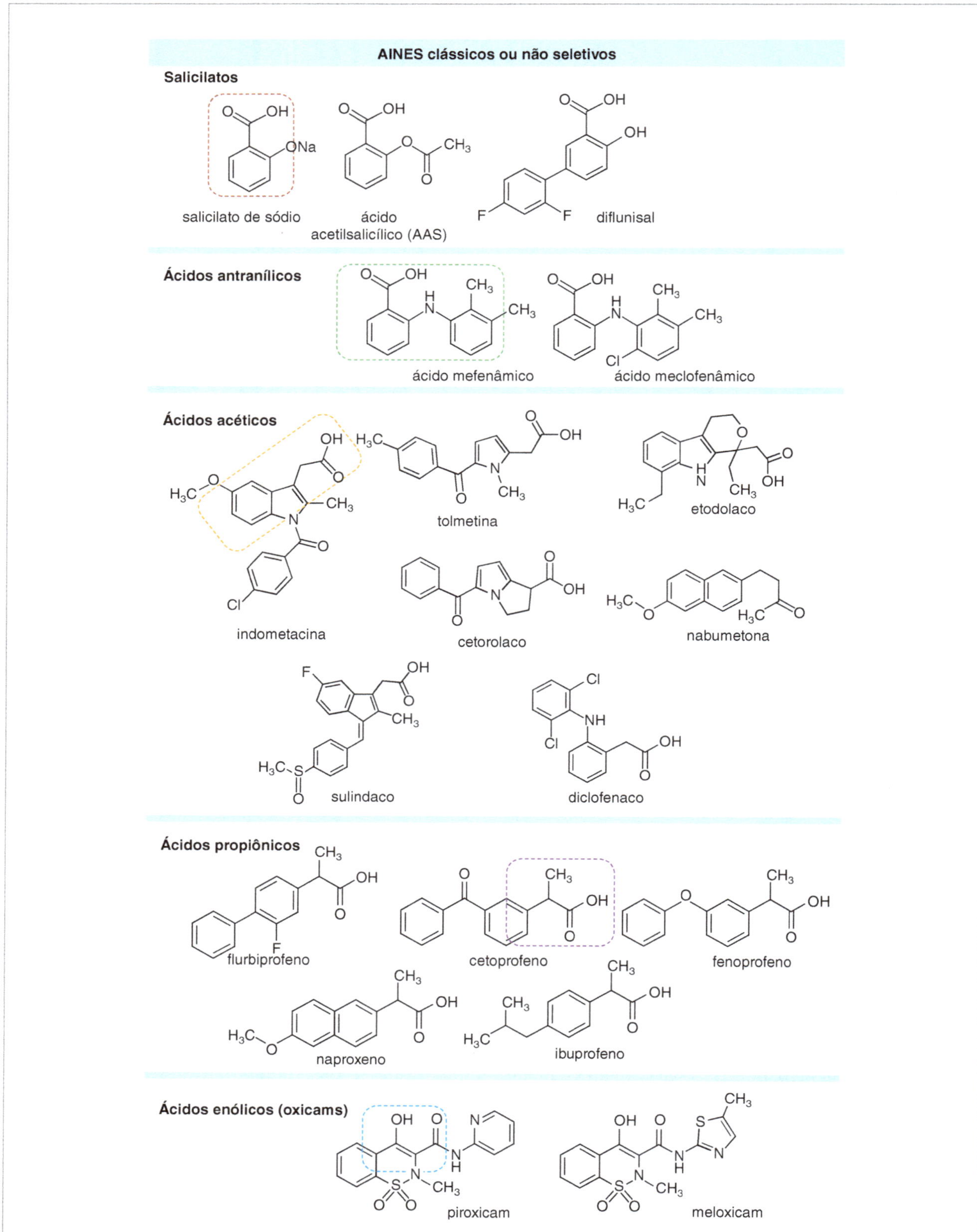

FIGURA 5 Exemplos de AINES clássicos ou não seletivos agrupados por classe química.

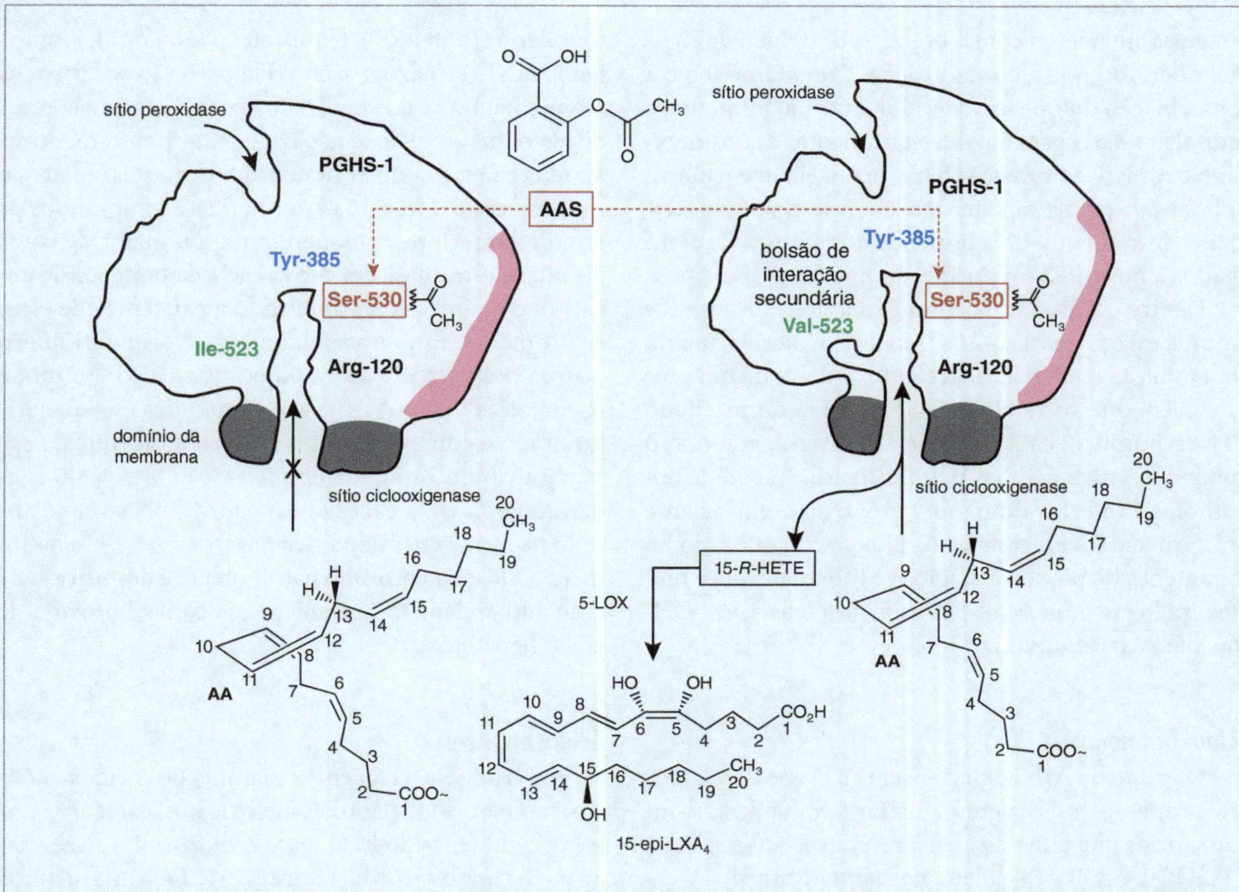

FIGURA 6 Proposta esquemática demonstrando o bloqueio ao acesso do ácido araquidônico (AA) ao sítio ciclooxigenase (COX) da PGHS-1 em decorrência da acetilação do resíduo de Ser-530 pelo ácido acetilsalicílico (AAS). Em contrapartida, a acetilação da Ser-506 na PGHS-2 permite a entrada do AA, devido ao bolsão lateral criado pela presença da Val-523. A acetilação próxima ao resíduo Tyr-385 impede a orientação correta do AA para que ocorra sua oxidação em prostaglandinas, mas permite sua conversão em 15(*R*)-hidroxieicosatetraenoico (15-*R*-HETE), que é posteriormente convertido pela 5-lipoxigenase (5-LOX) em 15-epi-lipoxina A4.

fenamatos comercializados no Estados Unidos e no Brasil, se tornando nos anos 1990 o terceiro anti-inflamatório não esteroidal mais prescrito nos Estados Unidos. É um inibidor reversível competitivo, tempo-dependente, da PGHS-1 e PGHS-2. Uma das indicações terapêuticas mais populares do ácido mefenâmico, o alívio de cólica menstrual, correlaciona-se à sua capacidade de afetar o músculo liso, em particular de diminuir a pressão intrauterina em repouso (*i. e.*, estado não contraído), e também de relaxar a contração uterina tônica. Efeitos sobre o músculo liso traqueal, gástrico e no tempo de trânsito intestinal são igualmente bem relatados.[20]

Ácidos acéticos

Os AINES pertencentes à classe dos ácidos aril-acéticos ou heteroaril-acéticos são inibidores reversíveis de PGHS-1 e PHGS-2 e constituem a família com o maior número de fármacos de importância clínica na terapia de doenças inflamatórias e da dor inflamatória. São exemplos diclofenaco (Cataflam®), sulindaco (Clinoril®), indometacina (Indocid®), cetorolaco (deocil®), etodolaco (Flancox®) e tolmetina (Tolectin®) (Figura 5), este último proscrito em função de sua capacidade de induzir reações anafilactoides.[21,22]

O diclofenaco, que estruturalmente é um homólogo superior do ácido meclofenâmico, é o AINE mais popular no tratamento da dor e do quadro inflamatório associados a uma variedade de distúrbios musculoesqueléticos.

Do ponto de vista molecular, os AINES aril-acéticos ou heteroaril-acéticos possuem como farmacóforo principal o grupo ácido carboxílico. A orientação espacial do segundo anel aromático é requisito importante para assegurar interações com o bolsão hidrofóbico da enzima, de modo que a configuração *Z* do sulindaco e a conformação do tipo-*cis* da indometacina, tolmetina e cetorolaco são espacialmente equivalentes e consideradas bioativas. Conformação bioativa semelhante também é observada para o diclofenaco, em fase do duplo efeito *orto* introduzido pela presença dos átomos de cloro ligados à posição 2 e 6 do anel anilínico.

Dentro da família, a nabumetona (Relafen®) parece ser uma exceção pela ausência do farmacóforo primário para inibição da PGHS. Entretanto, trata-se de um pró-fármaco, que sofre clivagem oxidativa no metileno alfa-carbonílico, catalisada pela CYP1A2, gerando o metabólito ativo ácido 6-metoxi-nafitil-2-acético, um homólogo inferior do naproxeno. Outro importante pró-fármaco é o aceclofenaco (Biofenac®), utilizado no tratamento de processos álgicos e inflamatórios e metabolizado por ação da CYP2C9 em diclofenaco e 4'-OH-diclofenaco (Figura 7).[23-25]

Ácidos propiônicos

O grupo de AINES pertencente à classe dos ácidos aril-propiônicos é a segunda maior família de anti-inflamatórios que inibe de forma reversível e não seletiva a PGHS-1 e a PGHS-2. Flurbiprofeno (Strepsils®), cetoprofeno (Profenid®), fenoprofeno (Nalfon®), ibuprofeno (Advil®) e naxoproxeno (Flanax®) são os fármacos representantes desta família, que normalmente são prescritos como analgésicos para o tratamento de dores agudas causadas por inflamação, dores articulares e musculares e dores pós-traumática. Comparados às famílias anteriores, possuem um grau maior de complexidade estrutural, em decorrência da presença de um carbono assimétrico, conferindo a existência de estereoisômeros. Embora sabidamente o *S*-enantiômero possua propriedade de eutômero *vis-à-vis* o antípoda *R*-enantiômero, os AINES aril-propiônicos são majoritariamente comercializados na forma racêmica. Esse fato é atribuído à rápida epimerização *in vivo* do *R*-enantiômero. Uma exceção é o naproxeno, comercializado na forma enantiomérica pura, como *S*-(+)-enatiômero. O *R*-(-)-naproxeno não somente é desprovido de ação anti-inflamatória e analgésica como é provido de efeito hepatotóxico.[26]

Ácidos enólicos

Os AINES pertencentes à família dos ácidos enólicos, também conhecidos como oxicams, caracterizam-se pela presença do fragmento 4-hidroxi-1,2-benzotiazina-3-carboxamida (Figura 5). Os dois únicos

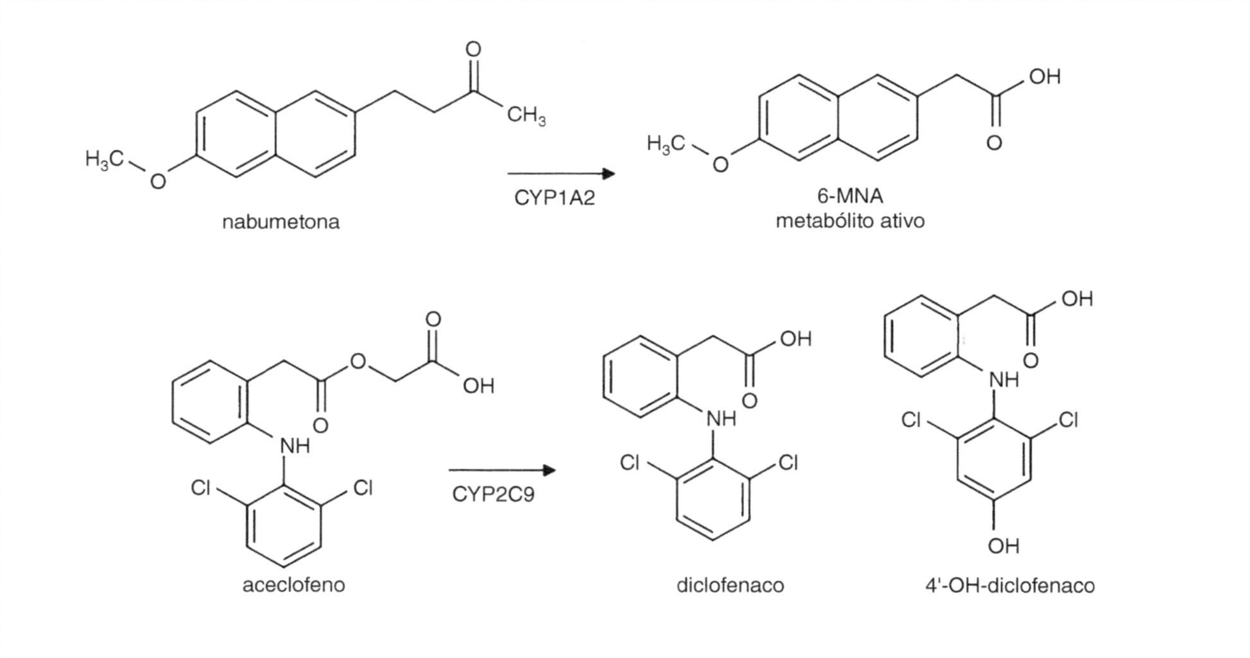

FIGURA 7 Estruturas dos pró-fármacos nabumetona e aceclofeno e de seus metabólitos ativos.

representantes no mercado farmacêutico são o piroxicam (Feldene®) e o meloxicam (Mobic®). A descoberta dessa classe representou uma importante inovação terapêutica, configurando-se como os primeiros AINES desprovidos em suas estruturas do grupo ácido carboxílico, considerado farmacóforo primário para a inibição da PGHS. Como consequência, não são substratos para reações de conjugação com ácido glicurônico, não havendo, portanto, a geração de metabólitos do tipo éster de glicuronídeo, comum às demais famílias de AINES clássicos. Por conseguinte, os oxicams apresentam, comparativamente, maior meia-vida plasmática.

A compreensão sobre o modo de interação dos oxicams com a PHGS permitiu mapear as principais interações intermoleculares e compreender a relação entre a estrutura e a atividade. Embora desprovidos de grupo carboxila, os oxicams são compostos ácidos com pKa entre 4-6. O aumento da acidez parece depender do substituinte ligado ao nitrogênio da carboxamida (subunidade a, Figura 8B). A ligação a heteroaromáticos nitrogenados na posição 2 confere maior acidez (valores de pKa 2-4 vezes mais baixos) quando comparada à substituição com anéis aromáticos. No piroxicam, a presença do substituinte 2-piridina, ligado ao nitrogênio da carboxamida, leva à estabilização do ânion enolato pelo átomo de *N*-piridínico, conforme evidenciado nos tautômeros A e B, exemplificados na Figura 8A. A bis-substituição do nitrogênio da carboxamida não é tolerada, por apresentar impacto negativo na acidez e consequentemente nas interações do fragmento ácido com os resíduos de Arg-120 e Tyr-355. A metila ligada ao anel benzotiazina (subunidade c, Figura 8B) é responsável por interações hidrofóbicas com resíduos de Val-349, Tyr-355 e Leu-359. Sua substituição por grupos alquila maiores resulta na perda da atividade inibitória. A substituição por hidrogênio também é deletéria, face à perda das interações hidrofóbicas supracitadas.[27]

AINES PGHS-2 seletivos

A PGHS-2 é a isoenzima induzida de PGHS descoberta em 1991. Em situações não inflamatórias, é encontrada de forma constitutiva no endotélio vascular, cérebro e rins. Sua expressão é induzida por estímulos e mediadores inflamatórios, como interleucinas, fatores de transcrição, bradicinina, estresse oxidativo, fator de crescimento epidérmico, lipopolissacarídeos etc. A iden-

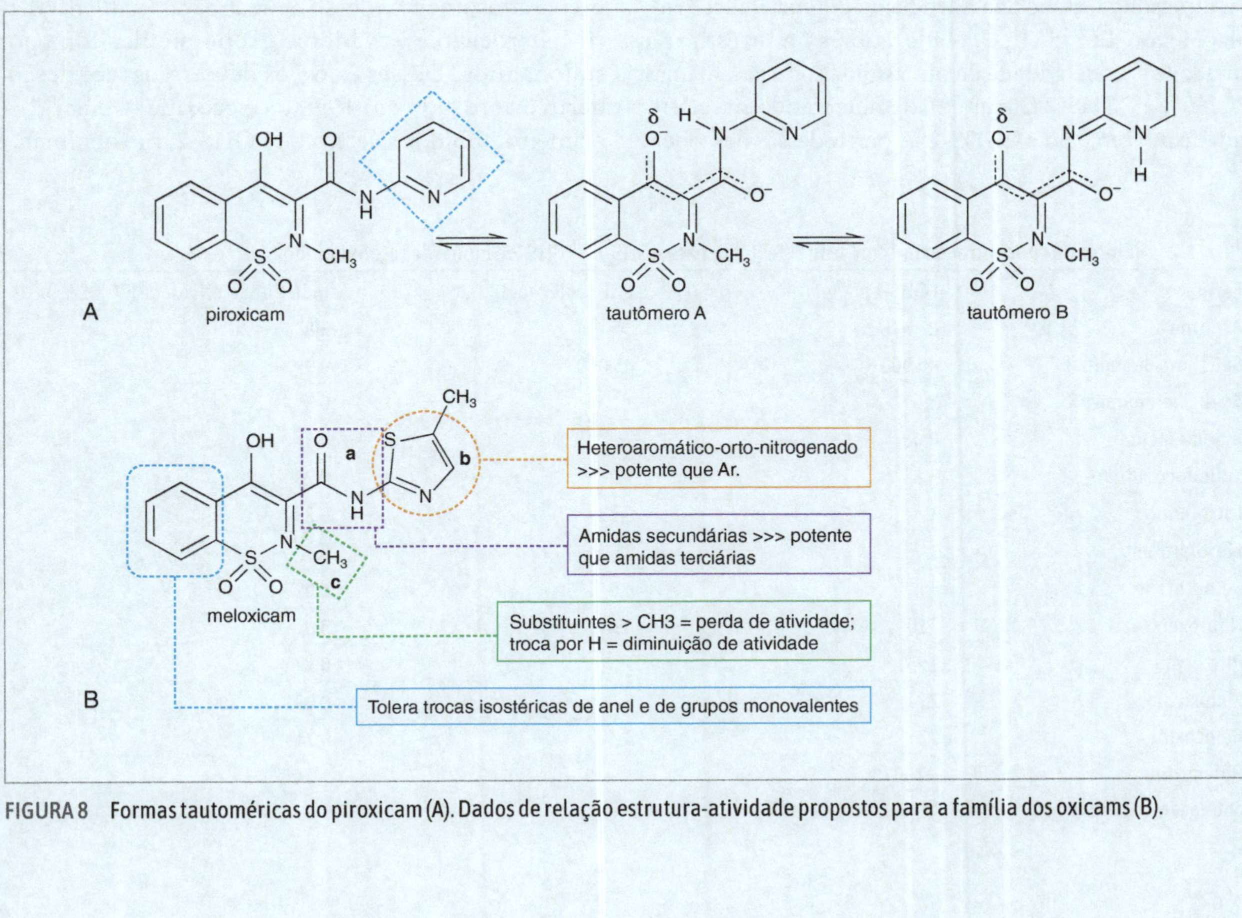

FIGURA 8 Formas tautoméricas do piroxicam (A). Dados de relação estrutura-atividade propostos para a família dos oxicams (B).

tificação da PGHS-2 propiciou, dez décadas após a descoberta do AAS, os primeiros esforços para o planejamento racional de novos AINES baseados na estrutura do alvo molecular, tendo como objetivo reduzir os efeitos adversos gastrointestinais associados ao uso continuado de AINES clássicos e, portanto, possibilitando sua aplicação mais segura no tratamento de doenças inflamatórias crônicas. Desses esforços surgiram os inibidores seletivos de PGHS-2, comumente classificados como "coxibes". Curiosamente, fármacos já disponíveis na terapêutica como anti-inflamatórios, a exemplo da nimesulida, do meloxicam e do diclofenaco, mostraram habilidade de inibir a PGHS-2, com graus diferenciados de seletividade (Tabela 2).[28,29]

Nimesulida

A nimesulida é um derivado 4-nitro-fenil-metanosulfonamida funcionalizado, descoberto em 1985 como analgésico, antipirético e anti-inflamatório. Seu descobrimento como inibidor da PGHS-2 tem como precedente a identificação, por Futaki e colaboradores,[31] da capacidade do protótipo NS-398 de inibir seletivamente a PGHS-2 e de sua ação anti-inflamatória em modelos animais. A evidente semelhança estrutural entre o NS-398 e a nimesulida, associada a seu baixo potencial ulcerogênico, levou Taniguchi e colaboradores[34] a investigar a atividade e a seletividade da nimesulida sobre as enzimas PGHS-1 e PGHS-2 (Figura 9), demonstrando sua seletividade *in vitro* para a PGHS-2. A partir dessas descobertas, vários compostos sulfonamídicos ($ArSO_2NHCH_3$) e seus retroisósteros sulfonilaminos ($ArNHSO_2CH_3$) foram preparados e agrupados na classe conhecida como "sulidos". Dessa classe, a nimesulida (Scaflam®) é o único representante disponível no mercado farmacêutico. A grande contribuição dos sulidos foi permitir constatar a relação bioisostérica entre os grupos $ArNHSO_2CH_3$ e $ArCO_2H$ no que diz respeito ao reconhecimento molecular pelas PGHS-2 e PGHS-1.[31-34]

Coxibes

Na busca por inibidores seletivos da PGHS-2, o composto DuP697 foi descrito por Gans e colaboradores[35] como agente anti-inflamatório, com reduzido efeito ulcerogênico. Os autores demonstraram que o composto apresentava fraca atividade em ensaios *in vitro* usando preparações de vesículas seminais ou rim de rato, conhecidas por conter predominantemente a PGHS-1, enquanto era mais eficaz contra a síntese de prostanoides em preparações de cérebro de ratos. Com a descoberta da PGHS-2 e os resultados divulgados para o NS-398 e a nimesulida, ficou evidente que o DuP697 era um inibidor preferencial de PGHS-2. A partir dessa estrutura-protótipo, vários análogos foram preparados, mantendo-se o arcabouço (*scaffold*) diaril-heterociclo e variando o grupo metilsulfona por sulfonamida. Desses esforços de pesquisa foi descoberto e aprovado em 1998 o celecoxibe (Celebra®) – primeiro inibidor seletivo de PGHS-2, racionalmente

TABELA 2 Valores de concentração inibitória de 80% (IC80) para PGHS-1 e PGHS-2 e índice de seletividade

Fármacos	PGHS-1 IC_{80} (μM)	PGHS-2 IC_{80} (μM)	Índice de seletividade (COX-2/COX-1)
Aspirina	8	30	3,8
Salicilato de sódio	49.000	45.000	0,92
Ácido mefenâmico	3	1	0,3
Indometacina	0,46	2	4,3
Sulindaco sulfeto	3,8	11	0,29
Diclofenaco	1	0,23	0,23
Flurbiprofeno	1	51	51
Cetoprofeno	1	6,0	6,0
Naproxeno	110	330	3,0
Piroxicam	15	7	0,47
Meloxicam	22	2	0,091
Celecoxibe	28	3	0,11
Rofecoxibe	> 100	> 5	> 0,05

Fonte: adaptada de Marnett.[30]

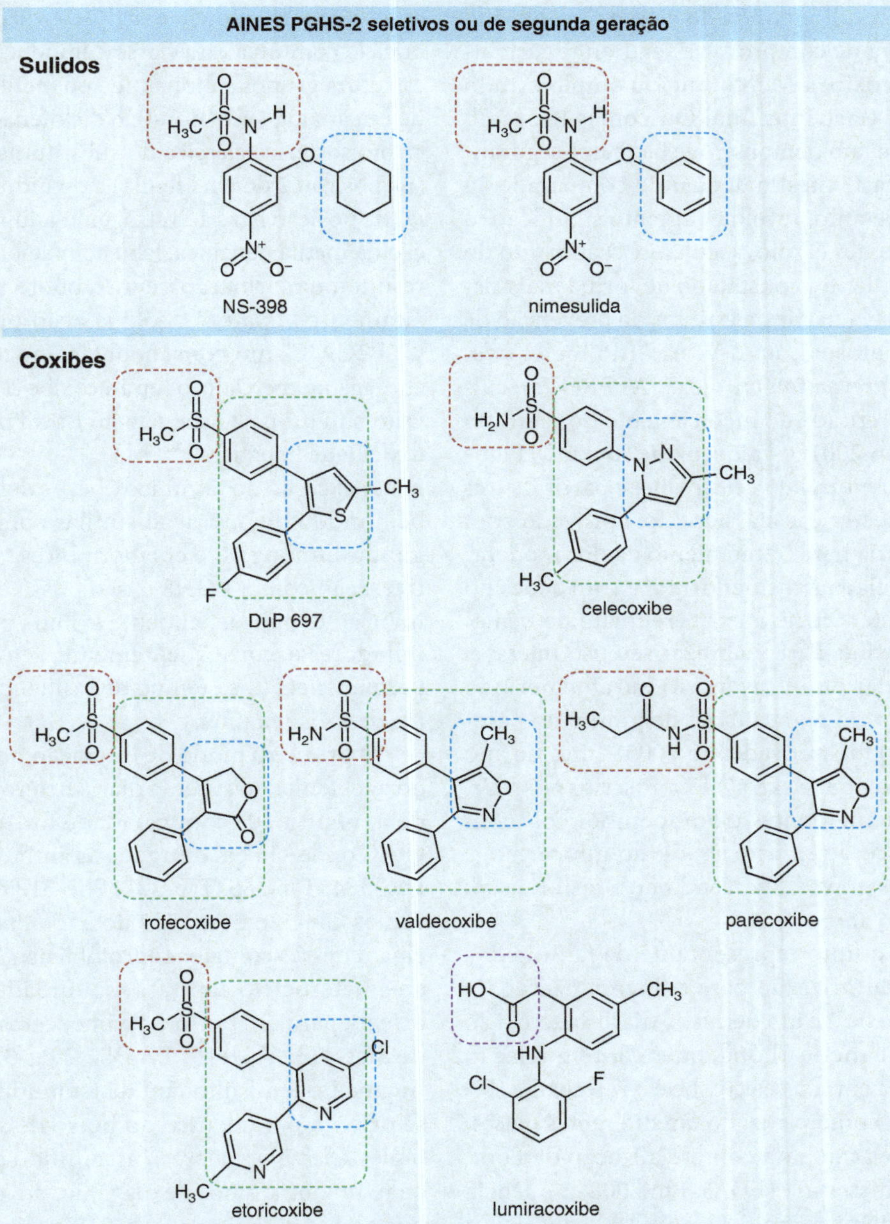

FIGURA 9 Exemplos de AINES PGHS-2 seletivos da família dos sulidos e coxibes.

planejado (Figura 9). No ano seguinte (1999), foi descoberto e comercializado o rofecoxibe (Vioxx®), apresentando sistema diaril-carbociclo, e a metilsulfona em substituição à sulfonamida do celecoxibe. No ano 2000, na tentativa de comprovar a segurança gastrintestinal do rofecoxib, a Merck iniciou amplo estudo chamado Vioxx Gastrintestinal Outcomes Research (VIGOR), que de fato demonstrou sua maior segurança para o trato gastrintestinal, quando comparado ao naproxeno. Entretanto, revelou aumento significativo no risco de acidentes cardiovasculares. O aumento do risco cardiovascular foi constatado de forma mais sistemática em 2004, a partir de estudos de prevenção de pólipos adenomatosos com o Vioxx® (do inglês *adenomatous polyp prevention on Vioxx*, APPROVe), culminando com a retirada do medicamento do mercado farmacêutico. Em 2001, o valdecoxibe (Bextra®, Figura 9), análogo estrutural do celecoxibe, a partir de três estratégias bioisostéricas clássicas, foi aprovado com indicação primária para o tratamento da dor moderada e severa associada à dismenorreia e com ações no tratamento da osteoartrite e artrite reumatoide, semelhante ao celecoxibe. Para viabilizar seu uso injetável (via intramuscular ou intravenosa) durante período perioperatório, seu pró-fármaco (denominado parecoxibe, Figura 9) foi aprovado em 2005 – mesmo ano em que o valdecoxibe (Bextra®) foi proscrito nos EUA por aumento de incidentes tromboembólicos, com consequente risco de enfarte agudo do miocárdio, e reações cutâneas graves. Sua venda no Brasil foi suspensa no mesmo ano.

Em 2002, o quinto representante da família dos coxibes obteve autorização para comercialização. O etoricoxibe (Arcoxia®) é um derivado diaril-heterociclo com substituinte metilsulfona, que mantém relação estrutural híbrida entre o celecoxibe e o rofecoxibe (Figura 9). Embora comercializado em diferentes países, não obteve aprovação para comercialização da Food and Drug Administration (FDA). Em 2008, a Agência Nacional de Vigilância Sanitária (Anvisa) cancelou o registro do etoricoxibe 120 mg (Arcoxia®), com base em evidências científicas que apontavam risco cardiovascular superior aos benefícios anti-inflamatórios. Entretanto, considerando que a toxicidade é diretamente relacionada à dosagem, as formulações de menor dose do Arcoxia® (60 mg e 90 mg) foram mantidas no mercado, com a devida adequação nas respectivas bulas para explicitar advertências de segurança quanto aos riscos de alterações dos níveis pressóricos e distúrbios tromboembólicos e cardiovasculares.

O último representante da família dos coxibes é o lumiracoxibe (Prexige®, Figura 9), aprovado para uso clínico em 2003. Embora classificado como coxibe, não apresenta o arcabouço diaril-heterociclo ou diaril-carbociclo comum a essa classe, tampouco contém em sua estrutura grupos sulfonamida ou metilsulfona. Trata-se de um análogo estrutural do diclofenaco mediante troca bioisostérica clássica do substituinte cloro por flúor (na posição 2 do anel fenila) e do hidrogênio por metila (na posição *para* ao nitrogênio anilínico). A introdução da metila benzílica, lábil ao metabolismo oxidativo, resultou na formação de metabólito metideoquinona altamente hepatotóxico, via ação predominante de CYP2C9. Como consequência, cinco anos após sua chegada no mercado, o lumiracoxibe (Prexige®) foi proscrito na Europa, Oceania e no Brasil por induzir grave toxicidade hepática.[30,35-42]

À exceção do lumiracoxibe, os demais coxibes exibem modo de interação similar com a PGHS-2. Segundo Limongelli e colaboradores,[43] dois modos de interação com a PGHS-2 são possíveis, explicando a inibição tempo-dependente exibida por essa classe de inibidores e, consequentemente, seu longo tempo de permanência (i. e., tempo de residência elevado) dentro dessa isoenzima.

O primeiro modo de interação prevê a disposição do anel fenila do sistema diaril-heterociclo (subunidade a, Figura 10) com cavidade hidrofóbica do sítio COX, onde são encontrados os aminoácidos Phe-381, Leu-384, Tyr-385, Trp-387, Phe-518 e Ser-530. Os resíduos Gly-526 e Ala-527 do *backbone* também participam desses contatos hidrofóbicos. O substituinte do anel heterociclo central (subunidade b, Figura 9) se orienta para um bolso próximo, cercado por resíduos de Met-113, Val-116, Tyr-355, Leu-359 e Leu-531. O fragmento fenilsulfonamida (subunidade c, Figura 9) se orienta para dentro do bolso de seletividade (do inglês *selectivity pocket*), assumindo conformação na qual um dos átomos de oxigênio, do grupo sulfona, se liga ao hidrogênio da Arg-513 e His-90, enquanto o outro oxigênio forma uma ligação H com uma molécula de água. Os hidrogênios da sulfonamida interagem com a espinha dorsal da Phe-518 através de pontes mediadas por duas moléculas de água.

Na conformação alternativa, a fenila do sistema diaril-heterociclo encontra-se numa caixa altamente hidrofóbica, definida pelos resíduos Ile-345, Val-349, Leu-359, Leu-531 e Met-535, enquanto o substituinte do anel heterociclo central ocupa aproximadamente a mesma cavidade, melhorando suas interações com os resíduos vizinhos Leu-352, Phe-518, Val-523, Gly-526 e Ala-527. Outra diferença entre os dois modos de ligação propostos consiste na interação do farmacóforo fenilsulfonamida, que, na conformação alternativa, realiza ligação hidrogênio bifurcada com as cadeias laterais dos resíduos de Tyr-355 e Arg-120. Energia de interação adicional pode ser obtida com a relativa proximidade com o grupo carbonila da Val-116 (Figura 10).[43]

Paracetamol e dipirona

Embora agrupados na classe terapêutica dos anti-inflamatórios não esteroidais, o paracetamol (Tylenol®) e a dipirona (Novalgina®) são desprovidos de ação anti-inflamatória, mantendo os efeitos analgésicos e antipiréticos comuns aos AINES.

A descoberta do paracetamol, também conhecido como acetaminofeno, ocorreu na mesma época da descoberta do AAS. Na década de 1880, a escassez da cinchona, da qual se extraíam alcaloides com ação antimalárica e antifebril, motivou a busca por antipiréticos alternativos, culminando na identificação da acetanilida (1886) e da fenacetina (1887). Em 1893, a presença de paracetamol foi identificada na urina de indivíduos tratados com fenacetina. Seis anos depois, foi identificado como metabólito ativo da acetanilida (Figura 11).

Em 1948, Bernard Brodie e Julius Axelrod foram designados para investigar, em pacientes tratados com analgésicos e antipiréticos diferentes do AAS, o desenvolvimento de metemoglobinemia – síndrome clínica, potencialmente fatal, causada pelo aumento da concentração de metemoglobina (MetHb) no sangue, que resulta na diminuição do transporte de oxigênio e tem como principal característica a cianose central que não responde à oxigenoterapia. Eles associaram o aparecimento da síndrome ao uso da acetanilida. Propuseram que haveria possibilidade de dissociar o efeito tóxico e terapêutico (analgésico e antifebril) da acetanilida mediante utilização de seu metabólito ativo (*i. e.*, paracetamol), tornando-se defensores do uso medicinal do acetaminofeno, comercializado no ano de 1955 sob o nome fantasia de Tylenol®.[44]

Sem ação anti-inflamatória e sem os efeitos gastroirritantes e antiagregantes plaquetários comuns aos AINES clássicos, o real mecanismo de ação molecular do paracetamol foi um enigma por muitas décadas. Conhecido por sua incapacidade de inibir *in vitro* as enzimas PGHS-1 e PGHS-2 (IC_{50} > 1.000 μM), o acetaminofeno foi descrito como inibidor seletivo da PGHS-3 (IC_{50}= 460 μM) após a publicação, na literatura científica, da existência dessa isoenzima. Essa afirmação foi contestada em trabalhos subsequentes, que ponderaram as limitações experimentais empregadas nos estudos e a própria existência de uma terceira isoenzima de PGHS.[45]

Em 2005, Graham e Scott propuseram mecanismo de ação alternativo para o paracetamol, fundamentado

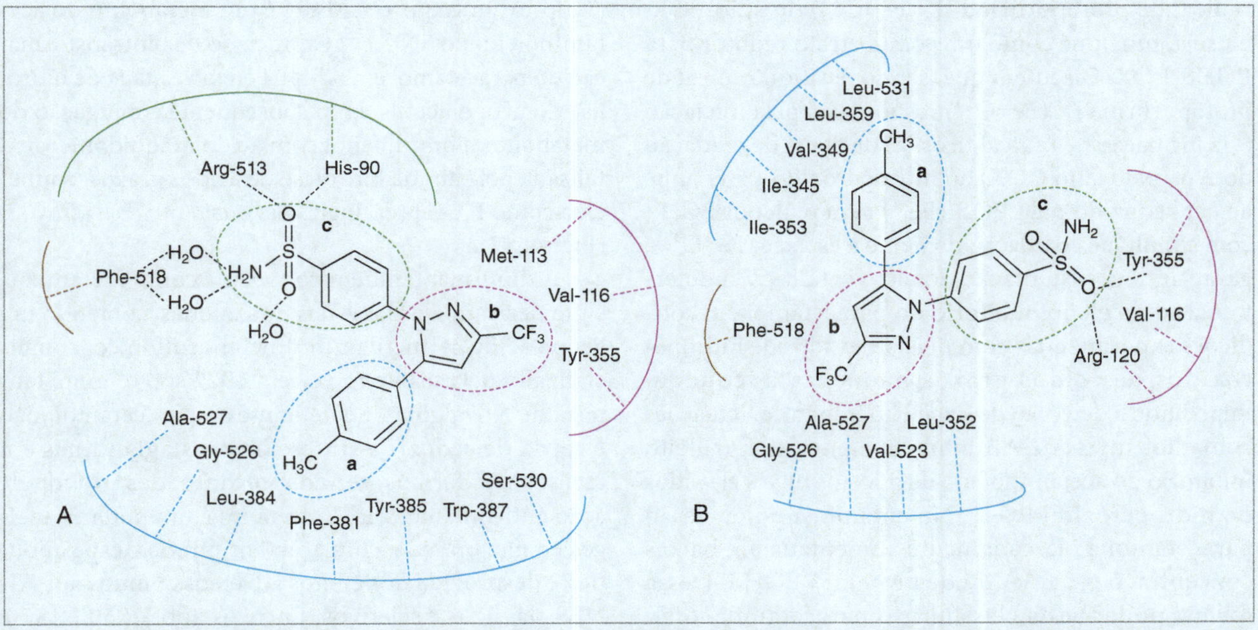

FIGURA 10 Modos de interação dos coxibes com a PGHS-2. (A) Modo de ligação alternativo; (B) modo de interação clássico, envolvendo interações entre o farmacóforo primário e a enzima, semelhantes às observadas para AINES clássicos.

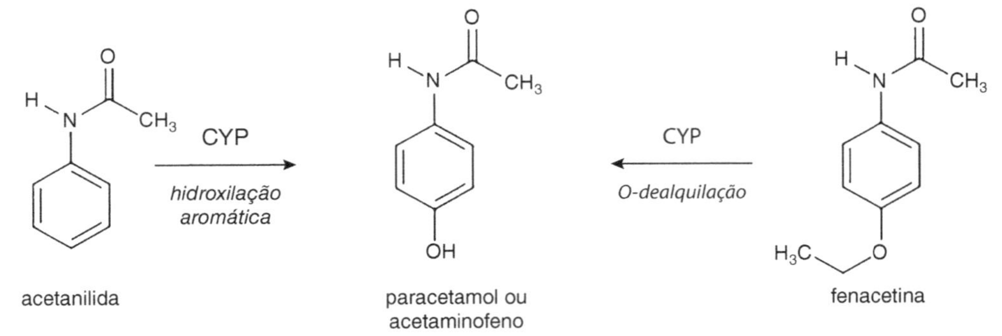

FIGURA 11 Estruturas da acetanilida, fenacetina e paracetamol. Demonstração das vias metabólicas envolvidas na transformação da acetanilida e fenacetina em paracetamol.

em sua ação sobre o sítio POX da PGHS. A fundamentação dos autores foi amparada pela observação de que o paracetamol inibe a síntese de prostaglandinas em células intactas quando a velocidade de síntese e a concentração de peróxidos/hidroperóxidos é baixa. Os autores discutem que os efeitos mais potentes do paracetamol são observados no SNC (inibição da síntese de PG, analgesia e efeito antipirético), o que seria explicado pela presença de níveis mais baixos de peróxido e AA do que aqueles encontrados em tecidos periféricos inflamados. Em 2006, Aronoff e colaboradores[46] reforçaram a hipótese de que o paracetamol, graças à sua função fenol, atua reduzindo o cátion radical de protoporfirina IX ($Fe=O^{4+}$) do sítio POR, ou seja, funcione como um cossubstrato redutor para PGHS-POX. Discutem que, sendo o cátion radical de protoporfirina IX ($Fe=O^{4+}$) responsável pela iniciação (via formação de radical tirosila) da etapa de oxidação do AA (pelo sítio COX) ao hidroperóxido PGG_2, que ao ser reduzido pela POR (Fe^{3+}) gera o álcool PGH_2, com simultânea oxidação do heme à espécie ($Fe=O^{4+}$), garantindo a sustentação do ciclo catalítico, a determinação do efeito inibitório do paracetamol em condições experimentais com níveis elevados de hidroperóxidos de ácidos graxos não seria adequada, impedindo a detecção de seu efeito inibitório. Situações com altos níveis de AA também atenuariam o efeito inibitório do acetaminofeno devido aos níveis elevados do hidroperóxido PGG_2. No entanto, a potência do paracetamol é marcadamente aumentada em baixas concentrações de AA ou de proteínas PGHS. Dessa forma, poder-se-ia classificar o paracetamol como AINE atípico, com efeitos analgésicos e antipiréticos sensíveis à concentração de peróxidos.[46]

Paralelamente, Högestätt e colaboradores [47] formularam outra hipótese para explicar o mecanismo de ação do paracetamol. Os autores estudaram a transformação do paracetamol em *N*-araquidonoilfenolamina (AM404), um potente agonista dos receptores vaniloides transitórios subtipo 1 (TRPV1), com baixa afinidade pelos receptores canabinoides do tipo 1 (CB1) e capacidade de bloquear o transportador membranar de anandamida (AMT), alvos envolvidos em respostas de termorregulação e dor (Figura 12). Demonstraram que 20 minutos após uma injeção intraperitoneal de paracetamol deuterado, foi detectada a presença de AM404 e *p*-aminofenol marcados no cérebro dos animais tratados, comprovando que o AM404 é um metabólito do acetaminofeno no SNC.[47,48] O processo de biotransformação do paracetamol em AM404 envolve etapa de hidrólise do grupo acetila, com subsequente conjugação do metabólito *p*-aminofenol com ácido araquidônico, catalisada pela amida hidrolase de ácidos graxos, conhecida como FAAH (do inglês *fatty acid amide hydrolase*) (Figura 12).

A dipirona, também conhecida como metamizol, é um derivado da classe das pirazolonas, contendo um grupo ácido 4-[metilamino]metanosulfônico, comercializado pela primeira vez em 1922 sob o nome fantasia de Novalgina®. Semelhante ao paracetamol, não é capaz de reduzir a síntese de prostaglandinas em tecidos periféricos, sendo, portanto, desprovida de ação anti-inflamatória. Entretanto é um potente analgésico não opioide, com ação antipirética, espasmolítica e desprovida dos efeitos adversos comuns aos AINES clássicos e seletivos. Entre os anos 1960 e 1970, foi proscrita em diferentes países (Canadá, Estados Unidos, Japão, Austrália, França e Reino Unido), su-

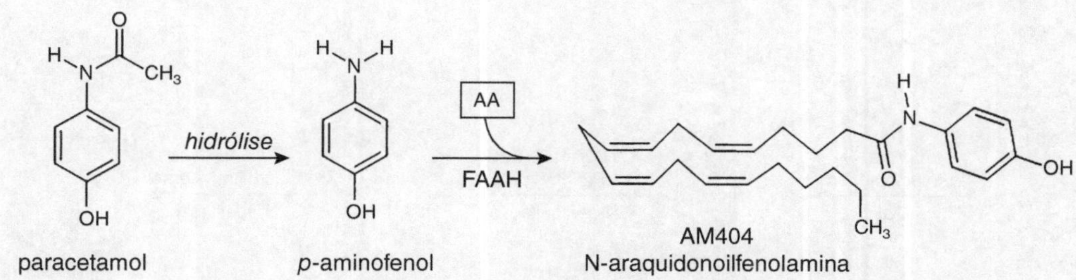

Figura 12 Reações metabólicas envolvidas na transformação do paracetamol em AM-404: hidrólise seguida de amidação catalisada pela amida hidrolase de ácidos graxos (FAAH, do inglês *fatty acid amide hydrolase*), tendo como substratos o *para*-aminofenol e o ácido araquidônico (AA).

postamente devido à sua capacidade de causar agranulocitose, doença aguda do sangue, potencialmente fatal, caracteriza pela diminuição ou desaparecimento dos leucócitos polimorfonucleares. Quase 100 anos após sua comercialização, a relação risco/benefício ainda é controversa. No Brasil, a dipirona é um dos analgésicos de venda livre mais populares. Na Alemanha, Bélgica, Itália, Portugal, Espanha e Suíça, é comercializada sob prescrição médica. Kötter e colaboradores[49] demonstraram que o uso em curto prazo da dipirona em ambiente hospitalar parece ser uma escolha segura quando comparado ao uso de outros analgésicos amplamente utilizados na terapêutica.[49]

O mecanismo molecular de ação da dipirona não é completamente elucidado. Ela inibe preferencialmente a PGHS-3 *in vitro* com IC_{50} = 52 μM (Tabela 3). *In vivo*, a dipirona é rapidamente transformada por hidrólise não enzimática no metabólito ativo 4-metilaminoantipirina (4-MAA), que é substrato de três reações metabólicas subsequentes: *N*-dealquilação, formando o metabólito ativo 4-aminoantipirina (4-AA); oxidação alfa-heteroátomo, formando a 4-formilaminoantipirina (4-FAA); e conjugação com ácido araquidônico, via catálise da amida hidrolase de ácidos graxos (FAAH), formando o araquidonil-4-metilaminoantipirina (ARA-4-MAA, Figura 13).[50]

De forma análoga, a 4-AA é convertida em araquidonil-4-aminoantipirina (ARA-4-AA). A semelhança entre tais metabólitos (Figura 13) e o AM-404 (Figura 12) levou Crunfli e colaboradores[51] a investigarem a participação do sistema canabinoide nos efeitos farmacológicos mediados pela dipirona. Os autores demonstraram a capacidade do antagonista seletivo de receptor canabinoide do tipo 1 (CB_1) AM251 de reverter os efeitos da dipirona na atividade locomotora, na resposta cataléptica e na analgesia térmica. Tanto o AM251 como o antagonista do receptor vaniloide transitório subtipo 1 ($TRPV_1$) capsazepina acentuaram a redução da temperatura corporal causada pela dipirona. No entanto, o antagonista do receptor CB_2 AM630 não alterou a resposta hipotérmica à dipirona. Esses resultados indicam o envolvimento do sistema endocanabinoide, especialmente dos receptores CB1, nos efeitos analgésicos e catalépticos da dipirona, bem como na hipolocomoção, e descartam a participação dos receptores CB_2 nos efeitos hipotérmicos da dipirona.[51]

INDICAÇÕES TERAPÊUTICAS

Os AINES são a classe terapêutica de escolha para o tratamento de quadros inflamatórios agudos e da dor de natureza inflamatória, como dores musculares, traumáticas e dentárias; dores agudas pós-cirúrgicas (pós-episiotomia, pós-extração dentária); dismenorreia primária, periartrite do ombro, reumatismos extra-articulares (transtornos dos tecidos moles). Também é eficaz no tratamento sintomático de processos inflamatórios crônicos como artrite reumatoide, osteoartrite, osteoartrose e espondilite anquilosante. Os AINES atípicos (*i. e.*, paracetamol e dipirona) são prescritos como analgésicos e antitérmicos para o tratamento da dor leve a moderada e da febre.

EFEITOS ADVERSOS

Foge do escopo deste capítulo discutir os efeitos adversos específicos de cada fármaco da classe dos anti-inflamatórios não esteroidais (AINES) ou mesmo ressaltar aqueles de perfil idiossincrático ou promovidos pela geração de metabólitos tóxicos. Entretanto, preten-

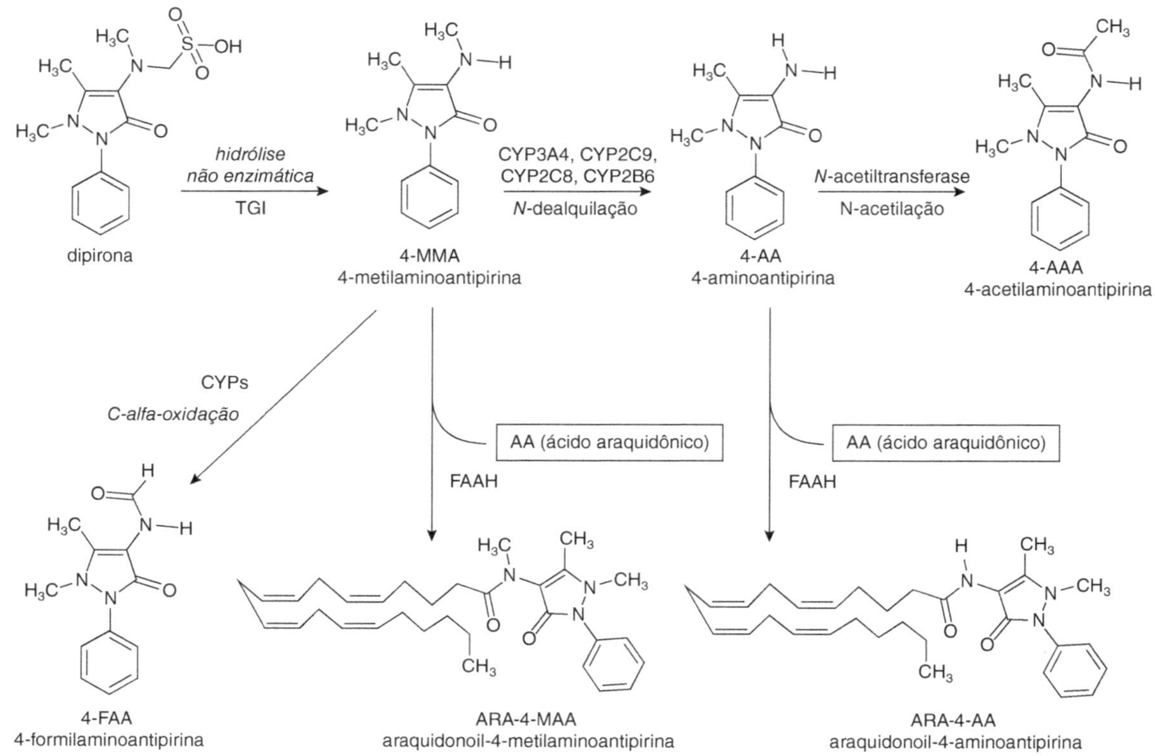

FIGURA 13 Metabolismo hidrolítico e oxidativo da dipirona e amidação dos metabólitos 4-MAA e 4-AA catalisada pela amida hidrolase de ácidos graxos (FAAH, do inglês *fatty acid amide hydrolase*).

TABELA 3 Concentração inibitória média sobre as enzimas PGHS-1, PGHS-2 e PGHS-3 do paracetamol e dipirona, comparada à do ácido acetilsalicílico, do diclofenaco e da indometacina

Fármaco	PGHS-1 (IC_{50}, μM)	PGHS-2 (IC_{50}, μM)	PGHS-3 (IC_{50}, μM)
AAS	10	>1000	3,1
Diclofenaco	0,035	0,041	0,008
Paracetamol	>1000	>1000	460
Dipirona	350	>1000	52

Fonte: adaptada de Kam e So.[52]

de-se abordar os principais efeitos adversos, dependentes do mecanismo de ação, dos AINES clássicos e dos AINES PGHS-2 seletivos.

Como explicado ao longo deste capítulo, as ações anti-inflamatórias, analgésicas e antipiréticas dos AINES decorrem da inibição da síntese de prostaglandinas (PG), prostaciclina (PGI_2) e tromboxana (TXA_2). Esses prostanoides são formados em condições fisiológicas por ação majoritária da enzima PGHS e são vitais para assegurar a hemostasia do sistema gástrico, renal e cardiovascular. Dessa forma, a inibição da PGHS coloca em xeque o equilíbrio fisiológico desses sistemas, resultando em quadros fisiopatológicos cuja gravidade está diretamente ligada à frequência de uso desses inibidores.

Nas células epiteliais gástricas, a ativação da PGHS-1 é uma etapa-chave na produção de PGE_2, que, atuando através dos receptores EP-4, estimula a secreção de muco e íons bicarbonato. A ativação dos receptores EP-1 e EP-3 pela PGE_2 leva à inibição da secreção gástrica pelas células parietais e reduz a motilidade gástrica. Esse efeito sobre a produção de suco gástrico ocorre de forma indireta, através da inibição da liberação de histamina a partir das células enterocromafins. Como consequência, o uso de inibidores da PGHS-1 leva a efeitos gastroirritantes e ulcerogênicos que se agravam com o uso continuado dos AINES clássicos.[53]

A hemostasia vascular é igualmente bastante afetada pelo uso de AINES. A TXA_2 é um poderoso agregante plaquetário e vasoconstritor. É formada predominantemente por ação da PGHS-1 plaquetária, mas também pode ser gerada pelas células endoteliais em menor proporção. Em contrapartida, no endotélio dos vasos sanguíneos a PGI_2 é o principal metabólito do ácido araquidônico, formado majoritariamente (~70%) por ação da PGHS-2, constitutiva na parede vascular. Ela é um potente agente antiagregante plaquetário e vasodilatador. A PGI_2 e a TXA_2 são, portanto, antagonistas fisiológicos. O controle da produção desses prostanoides assegura a hemostasia vascular. Situações que favorecem a biossíntese de TXA_2 são ditas pró-trombóticas, enquanto aquelas que favorecem a produção de PGI_2 são consideradas antitrombóticas. Esse princípio é a base molecular para o emprego do ácido acetilsalicílico (AAS) no tratamento preventivo de acidentes tromboembólicos. A inibição irreversível da PGHS-1 pelo AAS diminui drasticamente a biossíntese de prostaglandinas em todas as células, tecidos e órgãos periféricos nos quais a PGHS-1 é expressa de forma constitutiva. Entretanto, a inibição da PGHS-1 nas plaquetas assume proporções distintas. Por se tratar de células anucleadas, a inibição irreversível de PGHS-1 não pode ser rapidamente regenerada, e, consequentemente, a atividade PHGS-1 só pode ser recuperada por nova biogênese plaquetária (6-10 dias), alterando o equilíbrio entre a concentração de TXA_2 e PGI_2 em favor do segundo. Por conseguinte, o AAS é um importante antitrombótico e, dependendo da dose e da frequência utilizada, aumenta o risco de acidentes hemorrágicos. Situação oposta é observada com o uso de AINES PGHS-2 seletivos, agentes que inibem a produção de PGI_2 sem alterar a produção de TXA_2, logo, desregulam a hemostase plaquetária em favor da produção da TXA_2, precipitando uma condição pró-trombótica.[54]

Enquanto o principal efeito adverso, dependente do mecanismo de ação, dos AINES clássicos reside sobre o sistema gástrico, o sistema cardiovascular é o alvo dos efeitos adversos dos AINES PGHS-2 seletivos. Além do efeito pró-trombótico associado aos inibidores de PGHS-2, outros fatores contribuem para um aumento do risco de acidentes cardiovasculares com o uso de AINES PGHS-2 seletivos, os quais serão comentados de forma sumária a seguir.

Em condições fisiológicas, a produção de prostanoides tem papel importante na homeostase renal. Na medula adrenal, a formação de PGE_2 e PGI_2 – catalisada por ação da PGHS-2 – leva à diminuição do tônus vascular e ao aumento do fluxo sanguíneo medular, da natriurese e diurese, contribuindo para a diminuição da pressão arterial. No córtex adrenal, que contém de modo constitutivo a PGHS-1 e a PGHS-2, enquanto a ativação da PGHS-1 resulta em aumento da pressão arterial (via ações da TXA_2 e PGF_{2a}), a ativação da PHGS-2 resulta em efeito oposto (via produção de PGI_2). Por conseguinte, o uso de AINES PGHS-2 seletivos interfere nesse equilíbrio homeostático, por impedir a formação de prostanoides que regulam a pressão arterial (PA) em nível renal. Como consequência, podem contribuir para o aumento da PA sistêmica. Ademais, por inibirem o relaxamento da arteríola renal e diminuírem o fluxo sanguíneo medular, podem promover insuficiência renal isquêmica aguda e distúrbios hidroeletrolíticos.[55-58]

Os inibidores de PGHS-2 podem, ainda, exercer efeitos deletérios diretos sobre o miocárdio, uma vez que a PGI_2 e a PGE_2 estão implicadas como mediadores de cardioproteção da resposta isquêmica tardia.[59]

Portanto, ambas as classes de AINES (clássicos ou PGHS-2 seletivos) apresentam efeitos adversos e toxicológicos, dependentes do mecanismo de ação, cujo grau de severidade está associado ao uso continuado (crônico), ao grau de seletividade ou preferência pela PGHS-1 ou pela PGHS-2, ao modo de inibição enzimática e ao tempo de residência. Ressalta-se que efeitos adversos ou tóxicos decorrentes de metabólitos eletrofílicos reativos são conhecidos dentro dessa classe terapêutica (a exemplo de metabólitos tóxicos do lumiracoxibe, diclofenaco, dipirona e paracetamol) e estão associados, na maioria das vezes, à hepatotoxicidade. Ademais, se reputa ao uso de AINES a segunda causa mais comum de reações de hipersensibilidade induzida por medicamentos. Esses fatos fazem da automedicação por AINES uma prática de risco à saúde cuja coibição demanda medidas de conscientização e informação.[60,61]

REFERÊNCIAS BIBLIOGRÁFICAS

1. Desborough MJR, Keeling DM. The aspirin story – from willow to wonder drug. British Journal of Haematology 2017; 177:674-83.
2. Sneader W. The discovery of aspirin: a reappraisal. BMJ. 2000; 321(7276):1591-4.
3. Engineer HR, Dinaz M, Piper PJ, Sirois P. et al. The release of prostaglandins and thromboxanes from guinea-pig lung by slow reacting substance of anaphylaxis, and its inhibitionthe release of prostaglandins during anaphylaxis in guinea-pig isolated lungs. British Journal of Pharmacology. 1978, 64, 211-2181969; 15:9.
4. Smith JB, Willis AL. Aspirin selectively inhibits prostaglandin production in human platelets. Nature. 1971;231(25):235-7.
5. Vane JR, Botting RM. The mechanism of action of aspirin. Thromb Res. 2003;110(5-6):255-8.
6. Vane JR. Inhibition of prostaglandin synthesis as a mechanism of action for aspirin-like drugs. Nat New Biol. 1971;231(25):232-5.
7. Engelking, L.R.Textbook of Vveterinary Pphysiological Cchemistry. Academic Press., 2014;. p. 434–43-8.
8. Seta F. Bachschmid M. Cyclooxygenase Pathway of the Arachidonate Cascade. eLS. 2012.

9. Smyth EM, Grosser T, Wang M, Yu Y, FitzGerald GA. Prostanoids in health and disease. J Lipid Res. 2009;50 Suppl(Suppl):S423-8.
10. Chandrasekharan NV, Dai H, Roos KL, Evanson NK, Tomsik J, Elton TS, Simmons DL. COX-3, a cyclooxygenase-1 variant inhibited by acetaminophen and other analgesic/antipyretic drugs: cloning, structure, and expression. Proc Natl Acad Sci U S A. 2002;99(21):13926-31.
11. Schwab JM, Schluesener HJ, Meyermann R, Serhan CN. COX-3 the enzyme and the concept: steps towards highly specialized pathways and precision therapeutics? Prostaglandins Leukot Essent Fatty Acids. 2003;69(5):339-43.
12. Smith WL, DeWitt DL, Garavito RM. Cyclooxygenases: structural, cellular, and molecular biology. Annu Rev Biochem. 2000;69:145-82.
13. Fitzpatrick FA. Cyclooxygenase enzymes: regulation and function. Curr Pharm Des. 2004;10(6):577-88.
14. Rouzer CA, Marnett LJ. Cyclooxygenases: structural and functional insights. J Lipid Res. 2009;50 Suppl(Suppl):S29-34.
15. Garavito RM, Malkowski MG, DeWitt DL. The structures of prostaglandin endoperoxide H synthases-1 and -2. Prostaglandins Other Lipid Mediat. 2002;68-69:129-52.
16. Chiang N, Bermudez EA, Ridker PM, Hurwitz S, Serhan CN. Aspirin triggers antiinflammatory 15-epi-lipoxin A4 and inhibits thromboxane in a randomized human trial. Proc Natl Acad Sci U S A. 2004 101(42):15178-83.
17. Loll PJ, Picot D, Garavito RM. The structural basis of aspirin activity inferred from the crystal structure of inactivated prostaglandin H2 synthase. Nat Struct Biol. 1995;2(8):637-43.
18. Lucido MJ, Orlando BJ, Vecchio AJ, Malkowski MG. Crystal Structure of Aspirin-Acetylated Human Cyclooxygenase-2: Insight into the Formation of Products with Reversed Stereochemistry. Biochemistry. 2016;55(8):1226-38.
19. Ornelas A, Zacharias-Millward N, Menter DG, Davis JS, Lichtenberger L, Hawke D, Hawk E, Vilar E, Bhattacharya P, Millward S. Beyond COX-1: the effects of aspirin on platelet biology and potential mechanisms of chemoprevention. Cancer Metastasis Rev. 2017;36(2):289-303.
20. Cimolai N. The potential and promise of mefenamic acid. Expert Rev Clin Pharmacol. 2013;6(3):289-305.
21. McCall CY, Cooper JW. Tolmetin anaphylactoid reaction. JAMA. 1980;243(12):1263.
22. Restivo C, Paulus HE. Anaphylaxis from tolmeti. JAMA 1978, 248:246.
23. Brogden, R.N.;, Wiseman, L.R. Aceclofenac. A Rreview of Iits Ppharmacodynamic Pproperties and Ttherapeutic Ppotential in the Ttreatment of Rrheumatic Ddisorders and in Ppain Mmanagement. Drugs. 1996.
24. Kim,E.; E, Chunhwa, I.;, Wonku, K. Modeling of aceclofenac metabolism to major metabolites in healthy volunteers. Drug Metabolism and Pharmacokinetics. 2016; 31, :458-463.
25. Turpeinen M, Hofmann U, Klein K, Mürdter T, Schwab M, Zanger UM. A predominate role of CYP1A2 for the metabolism of nabumetone to the active metabolite, 6-methoxy-2-naphthylacetic acid, in human liver microsomes. Drug Metab Dispos. 2009;37(5):1017-24.
26. Sekhon B.S. Exploiting the Ppower of Sstereochemistry in Ddrugs: Aan Ooverview of Rracemic and Eenantiopure Ddrugs. Journal of Modern Medicinal Chemistry. 2013; 1, :10-36.
27. Xu S, Rouzer CA, Marnett LJ. Oxicams, a class of nonsteroidal anti-inflammatory drugs and beyond. IUBMB Life. 2014; 66(12):803-11.
28. Flower, R.J. The Ddevelopment of COX2 Iinhibitors. Nature Reviews Drug Discovery. 2003; 2(3), :179–1-91.
29. Xie WL, Chipman JG, Robertson DL, Erikson RL, Simmons DL. Expression of a mitogen-responsive gene encoding prostaglandin synthase is regulated by mRNA splicing. Proc Natl Acad Sci U S A. 1991;88(7):2692-6.
30. Marnett LJ. The COXIB experience: a look in the rearview mirror. Annu Rev Pharmacol Toxicol. 2009;49:265-90
31. Futaki N, Takahashi S, Yokoyama M, Arai I, Higuchi S, Otomo S. NS-398, a new anti-inflammatory agent, selectively inhibits prostaglandin G/H synthase/cyclooxygenase (COX-2) activity in vitro. Prostaglandins. 1994;47(1):55-9.
32. Nakatsugi S, Terada N, Yoshimura T, Horie Y, Furukawa M. Effects of nimesulide, a preferential cyclooxygenase-2 inhibitor, on carrageenan-induced pleurisy and stress-induced gastric lesions in rats. Prostaglandins Leukot Essent Fatty Acids. 1996;55(6):395-402.
33. Suleyman H, Cadirci E, Albayrak A, Halici Z. Nimesulide is a selective COX-2 inhibitory, atypical non-steroidal anti-inflammatory drug. Curr Med Chem. 2008;15(3):278-83.
34. Taniguchi Y, et al. Selective inhibition by nimesulide, a novel non-steroidal anti-inflammatory drug, with prostaglandin endoperoxide synthase-2 activity in vitro. Pharmacy and Pharmacology Communications. 1995; 1:173-5.
35. Gans KR, Galbraith W, Roman RJ, Haber SB, Kerr JS, Schmidt WK, Smith C, Hewes WE, Ackerman NR. Anti-inflammatory and safety profile of DuP 697, a novel orally effective prostaglandin synthesis inhibitor. J Pharmacol Exp Ther. 1990;254(1):180-7.
36. Araujo LF, et al. Eventos cardiovasculares: um efeito de classe dos inibidores de COX-2. Arquivos Brasileiros de Cardiologia. 2005; 85:222-9.
37. Chavez ML, DeKorte CJ. Valdecoxib: a review. Clin Ther. 2003;25(3):817-51.
38. Correa CM, et al. The Mmolecular Bbasis of COX-2 Vversus COX-1 Sselectivity of Llumiracoxib by Mmolecular Ddocking Sstudies. Letters in Drug Design & Discovery. 2007; 7, :422-425.
39. Fenton C, Keating GM, Wagstaff AJ. Valdecoxib: a review of its use in the management of osteoarthritis, rheumatoid arthritis, dysmenorrhoea and acute pain. Drugs. 2004;64(11):1231-61.
40. Croom KF, Siddiqui MA. Etoricoxib: a review of its use in the symptomatic treatment of osteoarthritis, rheumatoid arthritis, ankylosing spondylitis and acute gouty arthritis. Drugs. 2009;69(11):1513-32.
41. Krumholz HM, Ross JS, Presler AH, Egilman DS. What have we learnt from Vioxx? BMJ. 2007;334(7585):120-3.
42. Penning TD, Talley JJ, Bertenshaw SR, Carter JS, Collins PW, Docter S, Graneto MJ, Lee LF, Malecha JW, Miyashiro JM, Rogers RS, Rogier DJ, Yu SS, AndersonGD, Burton EG, Cogburn JN, Gregory SA, Koboldt CM, Perkins WE, Seibert K, Veenhuizen AW, Zhang YY, Isakson PC. Synthesis and biological evaluation of the 1,5-diarylpyrazole class of cyclooxygenase-2 inhibitors: identification of 4-[5-(4-methylphenyl)-3-(trifluoromethyl)-1H-pyrazol-1-yl]benze nesulfonamide (SC-58635, celecoxib). J Med Chem. 1997;40(9):1347-65.
43. Limongelli V, Bonomi M, Marinelli L, Gervasio FL, Cavalli A, Novellino E, Parrinello M. Molecular basis of cyclooxygenase enzymes (COXs) selective inhibition. Proc Natl Acad Sci U S A. 2010;107(12):5411-6.
44. Brodie BB, Axelrod J. The fate of acetanilide in man. J Pharmacol Exp Ther. 1948;94(1):29-38.
45. Kis B, Snipes JA, Busija DW. Acetaminophen and the cyclooxygenase-3 puzzle: sorting out facts, fictions, and uncertainties. J Pharmacol Exp Ther. 2005;315(1):1-7.

46. Aronoff DM, Oates JA, Boutaud O. New insights into the mechanism of action of acetaminophen: Its clinical pharmacologic characteristics reflect its inhibition of the two prostaglandin H2 synthases.
47. Högestätt ED, Jönsson BA, Ermund A, Andersson DA, Björk H, Alexander JP, Cravatt BF, Basbaum AI, Zygmunt PM. Conversion of acetaminophen to the bioactive N-acylphenolamine AM404 via fatty acid amide hydrolase-dependent arachidonic acid conjugation in the nervous system. J Biol Chem. 2005;280(36):31405-12.
48. Saliba SW, Marcotegui AR, Fortwängler E, Ditrich J, Perazzo JC, Muñoz E, de Oliveira ACP, Fiebich BL. AM404, paracetamol metabolite, prevents prostaglandin synthesis in activated microglia by inhibiting COX activity. J Neuroinflammation. 2017;14(1):246.
49. Kötter T, da Costa BR, Fässler M, Blozik E, Linde K, Jüni P, Reichenbach S, Scherer M. Metamizole-associated adverse events: a systematic review and meta-analysis. PLoS One. 2015;10(4):e0122918.
50. Lutz M. Metamizole (Dipyrone) and the Liver: A Review of the Literature. J Clin Pharmacol. 2019;59(11):1433-1442.
51. Crunfli F, Vilela FC, Giusti-Paiva A. Cannabinoid CB1 receptors mediate the effects of dipyrone. Clin Exp Pharmacol Physiol. 2015;42(3):246-55.
52. Kam, P. C. A.;PCA, So, A. COX-3: Uuncertainties and controversies. Current Anaesthesia & Critical Care. 2009; 20(1), :50–5-3.
53. Takeuchi K, Amagase K. Roles of prostaglandin E and EP receptors in mucosal protection and ulcer healing in the gastrointestinal tract. Arch Dig Disord. 2017;1(2):8-16.
54. Feletou M, Huang Y, Vanhoutte PM. Endothelium-mediated control of vascular tone: COX-1 and COX-2 products. British Journal of Pharmacology. 2011; 164(3):894-912.
55. Grosser T, Fries S, FitzGerald GA. Biological basis for the cardiovascular consequences of COX-2 inhibition: therapeutic challenges and opportunities. J Clin Invest. 2006;116(1):4-15.
56. Hu ZW, Kerb R, Shi XY, Wei-Lavery T, Hoffman BB. Angiotensin II increases expression of cyclooxygenase-2: implications for the function of vascular smooth muscle cells. J Pharmacol Exp Ther. 2002;303(2):563-73
57. Sellers RS, Radi ZA, Khan NK. Pathophysiology of cyclooxygenases in cardiovascular homeostasis. Vet Pathol. 2010;47(4):601-13.
58. Tang SY, Monslow J, Todd L, Lawson J, Puré E, FitzGerald GA. Cyclooxygenase-2 in endothelial and vascular smooth muscle cells restrains atherogenesis in hyperlipidemic mice. Circulation. 2014;129(17):1761-9.
59. Wang D, Patel VV, Ricciotti E, Zhou R, Levin MD, Gao E, Yu Z, Ferrari VA, Lu MM, Xu J, Zhang H, Hui Y, Cheng Y, Petrenko N, Yu Y, FitzGerald GA. Cardiomyocyte cyclooxygenase-2 influences cardiac rhythm and function. Proc Natl Acad Sci U S A. 2009;106(18):7548-52.
60. Kowalski ML, Makowska JS, Blanca M, Bavbek S, Bochenek G, Bousquet J, Bousquet P, Celik G, Demoly P, Gomes ER, Niżankowska-Mogilnicka E, Romano A, Sanchez-Borges M, Sanz M, Torres MJ, De Weck A, Szczeklik A, Brockow K. Hypersensitivity to nonsteroidal anti-inflammatory drugs (NSAIDs) - classification, diagnosis and management: review of the EAACI/ENDA(#) and GA2LEN/HANNA*. Allergy. 2011;66(7):818-29.
61. Meunier L, Larrey D. Recent Advances in Hepatotoxicity of Non Steroidal Anti-Inflammatory Drugs. Ann Hepatol. 2018;17(2):187-191.
62. Litt JZ. Litt's erupções medicamentosas. São Paulo: Manole. 2006.

CAPÍTULO 25

Anti-histamínicos e antiulcerogênicos

João Paulo dos Santos Fernandes

INTRODUÇÃO

A histamina certamente pode ser considerada um dos mais pleiotrópicos mediadores químicos do organismo humano.[1] A própria palavra, histamina, vem do grego *hystos* (tecido), o que indica a relevância desta substância e sua distribuição em praticamente todos os tecidos. Está envolvida em processos imunológicos e inflamatórios (notoriamente nas respostas alérgicas), no controle do trato gastrintestinal, na regulação do sistema cardiovascular, no controle do sono, da fome e outras funções cerebrais como a cognição, entre outros.[2-5] Além disso, a história da histamina praticamente coincide com a história da farmacologia moderna, com os estudos de Sir Henry Dale, laureado em 1936, sobre substâncias encontradas no *ergot*, no qual a histamina foi primeiramente relatada.[1] Outros laureados, como Sir James Black, também participaram de descobertas na farmacologia e química medicinal da histamina.[6] Assim, certamente, a histamina é também uma das mais importantes moléculas na farmacologia.

A histamina é produzida no organismo humano a partir da descarboxilação da L-histidina, um aminoácido essencial que contém o anel imidazólico na cadeia lateral, pela histidina descarboxilase (HDC), por meio de um mecanismo que envolve a participação da vitamina B6 como cofator (Figura 1). O principal local de síntese e armazenamento da histamina é o mastócito, que é amplamente distribuído nos tecidos de revestimento (pele e mucosas); portanto, grandes quantidades

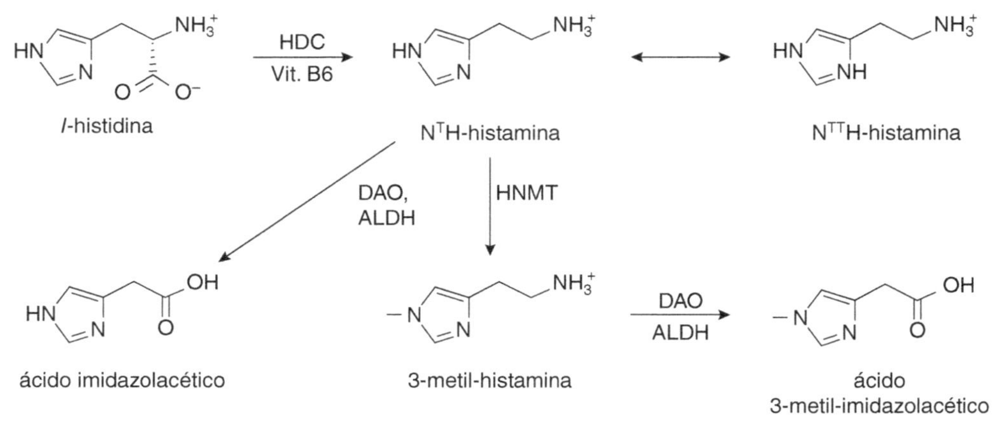

FIGURA 1 Biossíntese e metabolismo da histamina.
ALDH, aldeído desidrogenase; DAO, diamino-oxidase; HDC, l-histidina descarboxilase; HNMT, histamina N-metil-transferase.

de histamina são encontradas na pele, trato gastrintestinal, pulmões e neurônios do sistema nervoso central (SNC).[7] Como a histamina tem caráter básico (amina alifática, pK_a NH_3^+ ~9,4), encontra-se iozinada nos grânulos dos mastócitos e nas vesículas neuronais, o que impede sua livre difusão.[8] Nos mastócitos, geralmente é neutralizada pela heparina, um ácido.

Após sua liberação, a histamina é inativada por duas vias metabólicas (Figura 1): a) pela ação da histamina N-metil-transferase (HMT); b) pela ação da diamino-oxidase (DAO).[7,8] Os metabólitos gerados são inativos, o que indica o papel farmacofórico do grupo amino alifático e do grupo NH na posição 3 (N^{τ}) do imidazol como doador de ligação de hidrogênio. O fato de o anel imidazólico ter dois possíveis tautômeros faz com que as interações intermoleculares com os receptores de histamina dependam da posição em que o hidrogênio se encontra. Como a 3-metil-histamina é praticamente inativa, propõe-se que o tautômero N^{τ}H-histamina seja o responsável pela ativação dos receptores.[9]

Além desses fatores, a liberdade conformacional da cadeia etilênica da histamina é um fator complicador. Vários análogos da histamina foram preparados e avaliados,[9] sugerindo que a histamina liga-se aos receptores H_1 e H_2 em sua conformação estendida (*anti*), enquanto o receptor H_3 prefere a conformação *gauche* (Figura 2). A *R*-alfa-metil-histamina é um agonista padrão farmacológico do receptor H_3, que apresenta restrição conformacional dada pela repulsão da metila e atração eletrostática do grupo amino pelo nitrogênio imidazólico, que favorece essa conformação.[9,10] Essas observações contribuíram significativamente para o desenvolvimento dos anti-histamínicos, como será discutido adiante.

PAPEL FISIOPATOLÓGICO DA HISTAMINA

O principal papel clinicamente relevante da ação da histamina no organismo está nas reações anafiláticas e alérgicas.[11] As reações de hipersensibilidade mediadas pela imunoglobulina E (IgE) são o principal mecanismo de liberação imediata e em grande quantidade de histamina, que atua através da ativação de quatro diferentes receptores de histamina, nomeados sequencialmente de H_1 a H_4. A produção da IgE após o contato com um alérgeno sensibiliza os mastócitos através de sua ligação com os receptores Fcε presentes na superfície, que, ao interagir com o alérgeno em uma segunda exposição, promove influxo de cálcio e desgranulação dos mastócitos. Essa liberação massiva de histamina e outros mediadores (eicosanoides, citocinas, quimiocinas, fator de agregação plaquetária e outros fatores envolvidos na inflamação) são a base da reação conhecida como anafilaxia (Figura 3).

Diversos alérgenos são capazes de induzir a liberação de histamina na resposta anafilática. Pólen, venenos de animais (p. ex., abelhas), alimentos (p. ex., amendoim) e outras substâncias, incluindo fármacos (p. ex., penicilinas), podem induzir reações anafiláticas importantes.[11] Moléculas fortemente básicas (opioides, bloqueadores neuromusculares, entre outros) podem também causar desgranulação dos mastócitos independente de IgE; essa reação é chamada anafilactoide (uma falsa reação alérgica). Nessas situações, o colapso circulatório causado pela vasodilatação persistente, edema, broncoespasmo e diarreia são principalmente causados pela histamina liberada sistemicamente, ativando os receptores H_1 e H_2, principalmente.[7,12] A injeção de histamina na pele (que simula uma reação alérgica local) produz pápula, seguida de eritema e intenso prurido pelos mesmos mecanismos, sinais conhecidos como resposta tripla de Lewis.[3,7] O prurido parece ser consequência da ativação de receptores H_1 e H_4 presentes nos terminais nervosos sensoriais das fibras C.[5,13] A participação da histamina em outras reações inflamatórias é também explicada pela presença de receptores H_4 nas células inflamatórias (células dendríticas, granulócitos, linfócitos, macrófagos, além dos próprios mastócitos), descobertos já no século XXI.[13] A ativação dos receptores H_4 leva a uma série de efeitos imunoinflamatórios, como liberação de citocinas e quimiocinas, que recrutam neutrófilos, macrófagos, linfócitos e ou-

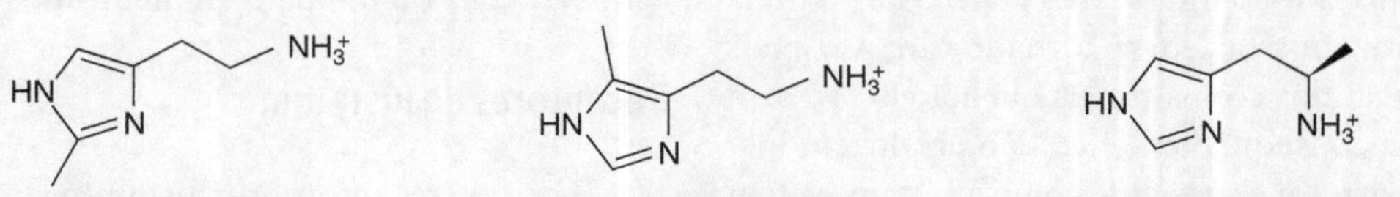

FIGURA 2 Modificações representativas da histamina que são ferramentas farmacológicas para a diferenciação das ações nos receptores.

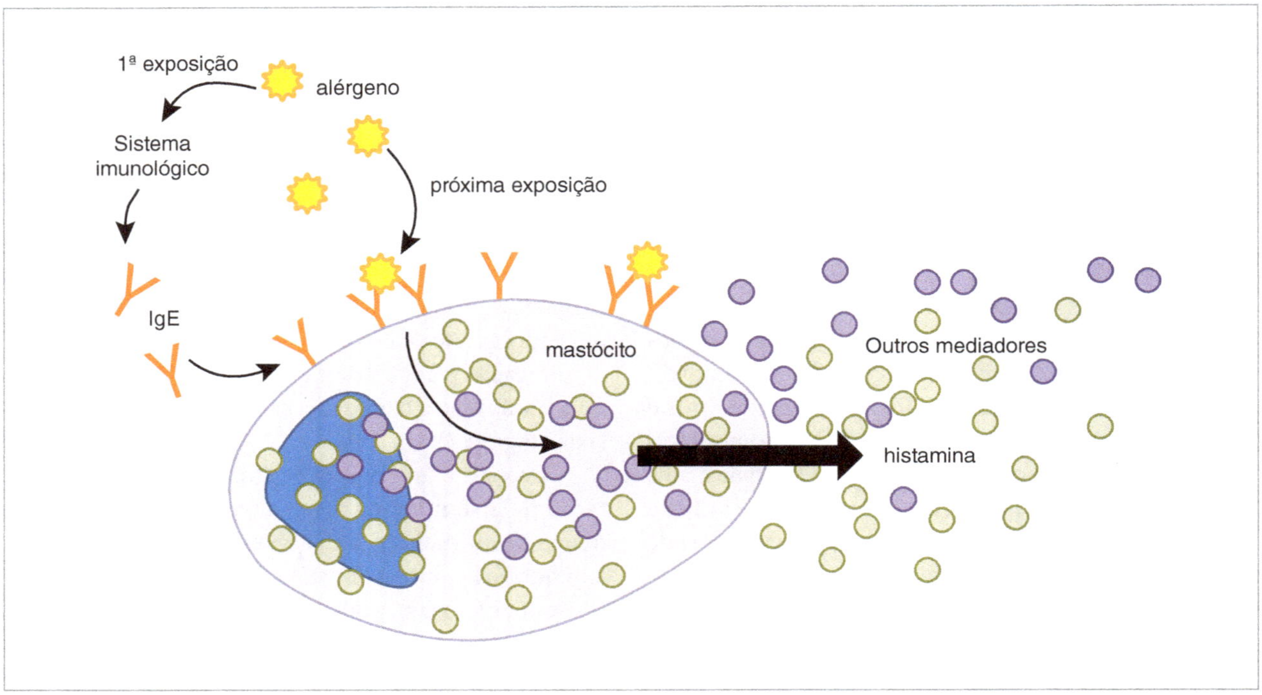

FIGURA 3 Esquema da liberação anafilática de histamina pelos mastócitos.

tras células de defesa para o local da lesão inflamatória. O papel dessas ações é particularmente importante em doenças inflamatórias crônicas e asma, já que a histamina é mais potente agonista de receptores H_4 do que de receptores H_1 ou H_2.

Além das reações alérgicas, a histamina é um importante mediador no trato gastrintestinal. De fato, um dos primeiros efeitos observados da histamina foi o aumento da contratilidade do íleo, sendo esse efeito inclusive muito utilizado como modelo para medir a atividade histaminérgica.[1,5] No estômago, a histamina é produzida pelas células enterocromafim-*like* para estimular a secreção gástrica de HCl nas células parietais, via ativação dos receptores H_2. No intestino, também já foi relatado um canal de cloreto ativado pela histamina, que tem envolvimento com o aparecimento de diarreias secretoras após exposição a algum alimento com potencial alergênico.

Nos últimos anos, o importante papel da histamina como neurotransmissor tem se tornado cada vez mais evidente.[14,15] Estudos com animais que não expressam a HDC (e que, consequentemente, não produzem histamina) demonstram claramente como a histamina tem relação com o controle do sono, da fome, do comportamento e da cognição. Além disso, circuitos neurais histaminérgicos parecem ter um papel importante no desenvolvimento de condições do SNC, como esquizofrenia, epilepsia, neurodegenerações como as doenças de Alzheimer e Parkinson e no abuso de drogas. Essas ações da histamina derivam da ativação de receptores H_1, H_2 e H_3, sendo que os dois primeiros podem ser expressos em neurônios e células da glia, enquanto o último aparentemente apenas em neurônios (Figura 4).[16] Assim, pode-se concluir que modular esses receptores pode ser uma estratégia terapêutica para o tratamento de diversas patologias do SNC, que vem sendo explorada intensamente nos últimos anos para o desenvolvimento de novos fármacos. Além disso, diversos neuropsicofármacos como antipsicóticos e antidepressivos podem ter parte de sua eficácia terapêutica atribuída ao antagonismo dos receptores de histamina (principalmente H_1 e H_3) no cérebro. A expressão de receptores H_4 também já foi relatada no SNC, mas há ainda controvérsias se essa expressão ocorre apenas em células da glia ou também em neurônios (Figura 4).[17]

Receptores de histamina

Todos os receptores de histamina são pertencentes à família de receptores de 7 domínios transmembranares, que classicamente sinalizam através da ativação de proteínas G (embora outras vias de sinalização são possíveis).[2,5] Além disso, os receptores de histamina parecem apresentar alta atividade constitutiva, isto é, apresentam alta taxa de sinalização espontânea, independente da presença do agonista endógeno, a histamina. Por este fato, acredita-se que a maioria dos anti-histamínicos clinicamente disponíveis atua como agonistas inversos em vez de antagonistas, o que vai ao encontro da observação de eficácia terapêutica variável entre vários fármacos, que, apesar de apresentarem afinidade alta pelos alvos, têm eficácias diferentes.

O receptor H_1 é o principal e mais conhecido dos receptores de histamina, e apresenta considerável homologia com os receptores muscarínicos de acetilcolina (~40%).[3,8] É acoplado à proteína $G_{q/11}$, e assim estimula a produção e sinalização através do 1,4,5-trifosfato de inositol (IP_3) e 1,2-diacilglicerol (DAG). É expresso em diversos tecidos, sendo os principais o sistema nervoso, musculatura lisa vascular e brônquica, condrócitos, células endoteliais e células de origem leucocitária. A ativação do receptor H_1 também leva à ativação do fator nuclear κ-beta (NFκ-beta), um importante fator de transcrição em reações inflamatórias e alérgicas.[3]

Assim como o receptor H_1, o receptor H_2 é amplamente distribuído e apresenta padrão de expressão semelhante. Além dos locais já citados, o receptor H_2 pode ser encontrado também nos hepatócitos, e é particularmente importante no tecido gástrico, no qual controla a produção de HCl nas células parietais.[5] Entretanto, produz sinalização celular principalmente pela ativação da proteína G_s, e, consequentemente, estimula a atividade da adenilil ciclase e a produção de monofosfato cíclico de adenosina (AMPc).

O receptor H_3 é expresso principalmente em neurônios, especialmente no SNC, como um autorreceptor (quando presente em neurônios histaminérgicos) e/ou um heterorreceptor (quando presente em neurônios que produzem outros neurotransmissores).[15] Dessa forma, o receptor H_3 é responsável por controlar a produção e liberação não somente de histamina como neurotransmissor, mas também de outros neurotransmissores, como ácido gama-aminobutírico (GABA), glutamato, acetilcolina, norepinefrina, serotonina, dopamina, entre outros (Figura 4). Assim, a ativação ou bloqueio da atividade do receptor H_3 pode produzir modulações em diversos

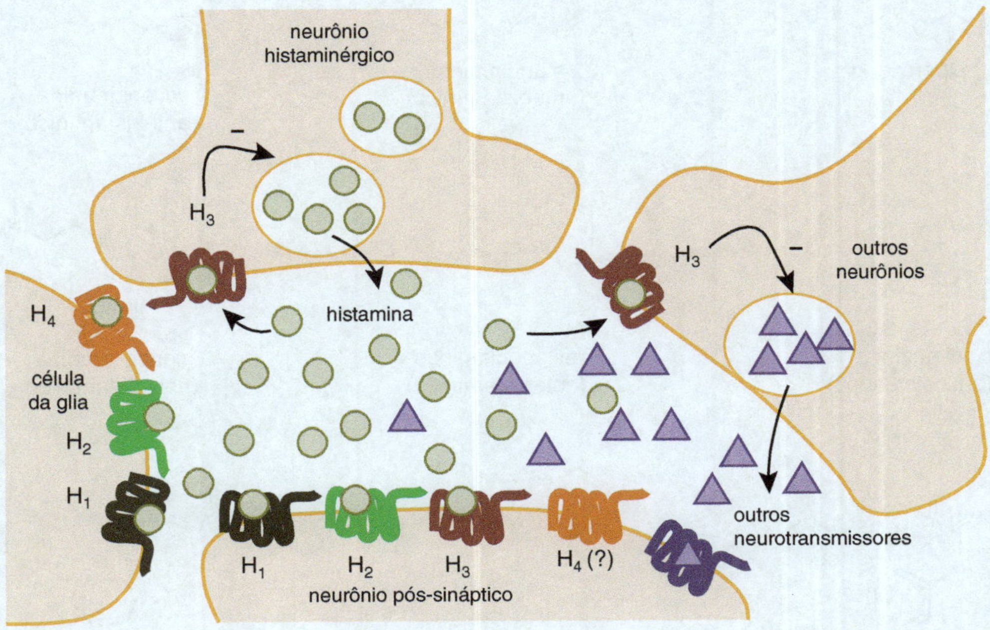

FIGURA 4 Esquema de uma sinapse histaminérgica no SNC. Note que a rede neural proporciona que mais de uma terminação neuronal esteja próxima do neurônio pós-sináptico, e células da glia também participam do processo de neurotransmissão. Os receptores H_3 podem estar nos neurônios pré-sinápticos histaminérgicos (autorreceptor) ou em neurônios pré-sinápticos de outros neurotransmissores (heterorreceptor), e inibem a liberação desses neurotransmissores.

sistemas de neurotransmissão, acarretando uma pletora de efeitos no SNC. O receptor H_3 é acoplado à proteína $G_{i/o}$, assim, quando ativado inibe a atividade da adenilil ciclase. O receptor H_3 tem baixa homologia com os receptores H_1 e H_2.

No início do século XXI, o receptor H_4 foi descrito como uma isoforma do receptor H_3 (homologia de *c.a.* 40%) que apresenta padrão de expressão e atividade diferenciada. O receptor H_4 é expresso principalmente em células de origem hematopoiética (células dendríticas, neutrófilos, basófilos, eosinófilos mastócitos, macrófagos e linfócitos), mas também em terminações nervosas das fibras C e células da glia, e, a exemplo do receptor H_3, é também acoplado à proteína $G_{i/o}$.[13]

Todos os receptores de histamina apresentam no sítio de interação um aminoácido aspartato altamente conservado (Asp3.32), que está envolvido na interação com o grupo amino protonado da histamina através de uma ligação iônica. Isso faz com que os ligantes desses receptores também mantenham ao menos um grupo desse tipo. Essa característica também é encontrada em outros receptores de aminas biogênicas.

ANTI-HISTAMÍNICOS H_1

Histórico

No início do século XX, Forneau e Bovet descobriram que o piperoxano era capaz de bloquear os efeitos da histamina em uma liberação anafilática, embora pudesse também produzir efeitos antiadrenérgicos no receptor α (Figura 5).[8] Diante desse potencial, uma série de modificações moleculares foram realizadas para gerar diversas outras moléculas com estrutura e atividade anti-histamínica H_1 variada. Além disso, pela observação de outros efeitos que essas moléculas causavam, foram obtidos também os primeiros antipsicóticos fenotiazínicos e antidepressivos tricíclicos. Dessa forma, a atividade sedativa desses fármacos deve-se à histórica atividade anti-histamínica que carregam em sua estrutura.

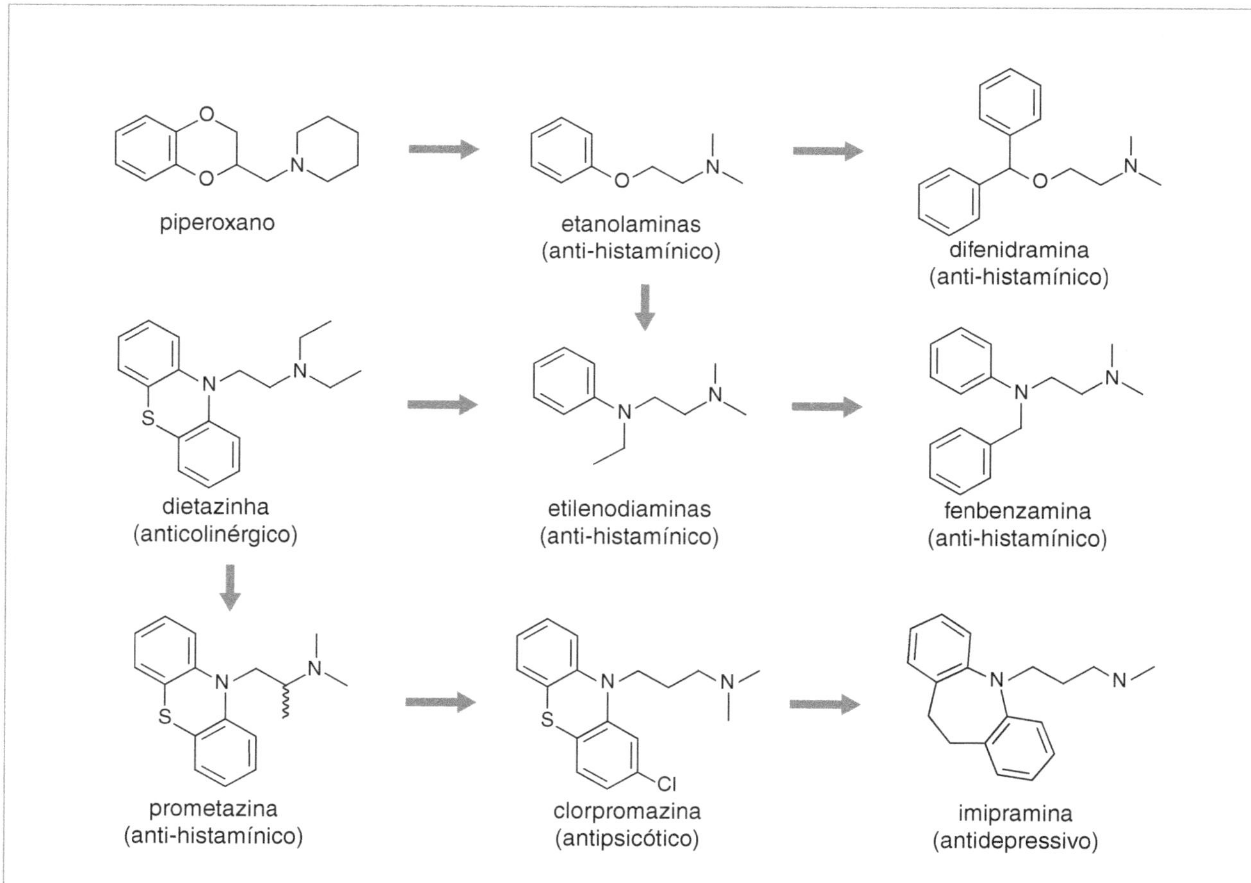

FIGURA 5 Gênese dos anti-histamínicos e outros fármacos análogos.

Propriedades farmacológicas e mecanismo de ação

Os anti-histamínicos H_1 são considerados agonistas inversos do receptor H_1, de maneira que conseguem evitar os efeitos da ativação deste receptor pela histamina. Assim, os anti-histamínicos H_1 reduzem a vasodilatação, a permeabilidade vascular e o prurido causados pela histamina, razão pela qual esses fármacos são usados terapeuticamente como antialérgicos.[3] São eficazes nas respostas alérgicas em geral (p. ex., rinites, urticária, alergia alimentar e outras atopias), no tratamento de respostas anafilactoides (p. ex., após administração de morfina, vancomicina ou outros fármacos) e outras respostas inflamatórias derivadas da ação da histamina.[7,12] Apesar da expressão do receptor H_1 na musculatura brônquica, os anti-histamínicos H_1 não são realmente eficazes no controle ou reversão das crises de asma. Esses fármacos podem ser usados localmente na forma de cremes, pomadas, colírios e outras preparações, ou sistemicamente por via oral ou parenteral.[7]

Os anti-histamínicos H_1 são em geral bem absorvidos oralmente, e muitos podem ser transformados em sais solúveis para administração parenteral (intravenosa ou intramuscular), sendo bem distribuídos pelos tecidos. Costumam ser metabolizados no fígado, especialmente por enzimas do citocromo P450 (CYP450), e seus metabólitos podem ser eliminados principalmente pelos rins e em menor grau pela bile.[18]

Os anti-histamínicos H_1 de primeira geração são fármacos lipofílicos,[19] que atravessam a barreira hematoencefálica (BHE) e podem causar diversos efeitos no SNC, entre os quais efeitos decorrentes do bloqueio do receptor H_1 como sedação, comprometimento psicomotor, aumento do apetite (o uso crônico leva ao ganho de peso) e perda cognitiva,[7] mas também outros que ocorrem devido ao bloqueio de outros receptores, especialmente os colinérgicos muscarínicos.[20] Esses efeitos podem ser considerados indesejáveis e debilitantes especialmente em idosos, como xerostomia (boca seca), cicloplegia (visão turva), retenção urinária e constipação, e podem contribuir para o prejuízo cognitivo. Por outro lado, os efeitos antimuscarínicos podem ser úteis clinicamente, já que a modulação do sistema colinérgico está envolvida no controle do sistema vestibular, que controla o equilíbrio e estimula o centro do vômito no tronco encefálico. Assim, muitos anti-histamínicos H_1, como a meclizina e a difenidramina (e seu sal cloroteofilinato, chamado dimenidrinato), são usados como antieméticos e no tratamento das cinetoses (enjoo do movimento) e labirintites.[12]

Outros efeitos indesejáveis podem decorrer também da capacidade que os anti-histamínicos H_1 têm de bloquear outros receptores de monoaminas, já que são fármacos com alta promiscuidade molecular.[21] O bloqueio de receptores alfa-adrenérgicos pode causar hipotensão postural e taquicardia reflexa, enquanto o bloqueio de receptores dopaminérgicos (especialmente D_2) pode causar reações extrapiramidais (acatisia, rigidez muscular etc.), mas aumenta a atividade antiemética desses fármacos. Muitos anti-histamínicos H_1 são capazes de bloquear canais de potássio cardíacos relacionados com o gene *hERG* (*human ether-a-go-go related gene*), responsáveis pela corrente de repolarização cardíaca, e, portanto, podem causar arritmias com prolongamento do intervalo QT.[22] Esse efeito é particularmente perigoso em pacientes portadores de arritmia com intervalo QT longo, e nesses casos esses medicamentos são contraindicados.

Relação estrutura-atividade geral

Como consequência das modificações muitas vezes empíricas que geraram os fármacos usados atualmente, os anti-histamínicos H_1 apresentam estrutura muito semelhante, que pode ser representada por uma estrutura geral: dois anéis aromáticos originados de um grupamento X, ligados por um espaçante de 2-3 átomos a uma amina terciária terminal (Figura 6). A distância entre a amina terminal e um dos anéis aromáticos deve ser cerca de 5-6 Å.[23] O aumento do volume do substituinte na amina terminal reduz a afinidade por receptores muscarínicos e, consequentemente, a atividade anticolinérgica. A natureza do grupo X define a classificação química dos anti-histamínicos, o que também confere algumas propriedades farmacológicas relacionadas à atividade anticolinérgica, conforme será discutido em cada seção.

Os anéis aromáticos podem ser benzenos substituídos ou bioisósteros, que afetam a potência e a seletividade

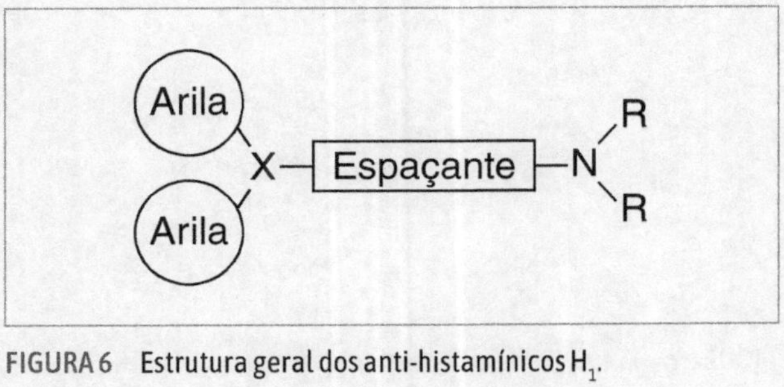

FIGURA 6 Estrutura geral dos anti-histamínicos H_1.

para o receptor H_1. Em geral, a presença de um anel 2-piridila aumenta a potência anti-histamínica, possivelmente porque o nitrogênio *orto* realiza interações semelhantes ao N^{π} da histamina (Figura 1). Além disso, o perfil de substituição do segundo anel aromático pode determinar a seletividade. A introdução de grupos alquila na posição *para* aumenta drasticamente a atividade anti-histamínica e reduz a atividade anticolinérgica desses compostos. A potência é maior quando grupos ou átomos eletronegativos são introduzidos; os mais comumente presentes são cloro ou metoxila. Por outro lado, a substituição em *orto* produz efeito oposto, conferindo maior seletividade para os receptores muscarínicos.[7,8]

Etilenodiaminas

Os primeiros anti-histamínicos H_1 clinicamente disponíveis foram as etilenodiaminas (Figura 7), em que o grupo X é representado por um grupo amino. Essa característica dá a esses fármacos considerável atividade antimuscarínica devido à semelhança estrutural com anticolinérgicos (ver na seção seguinte). Também são moléculas bastante lipofílicas e, consequentemente, têm importante atividade sedativa. A mepiramina (também conhecida como pirilamina) tem amplo uso em preparações antigripais e é uma importante ferramenta farmacológica para pesquisa em anti-histamínicos.

Etanolaminas

As etanolaminas são éteres que apresentam em sua estrutura o grupo CHO na posição X da estrutura geral. Devido ao átomo de oxigênio com distância da amina terminal semelhante aos anticolinérgicos (como ciclopentolato e orfenadrina, Figura 8), os anti-histamínicos H_1 dessa classe estrutural apresentam alta atividade antimuscarínica,[20,21] o que faz com que fármacos como a difenidramina sejam amplamente utilizados como agentes antieméticos e em casos de enjoo do movimento. Por exemplo, a orfenadrina é um anticolinérgico (ver REA) usado como relaxante muscular de ação central, que difere da difenidramina por uma metila na posição *orto* do anel aromático (ver REA). Já o ciclopentolato é um anticolinérgico usado como colírio para cicloplegia e tem evidente semelhança com anti-histamínicos. A capacidade desses fármacos de atravessar a BHE e causar efeitos sedativos é notória, e muitas vezes são usados como fármacos de venda livre para insônia.

Quando os anéis aromáticos são diferentes, um centro assimétrico é gerado na molécula, e diferenças farmacológicas entre os enantiômeros são observadas; o enantiômero *S* é geralmente anti-histamínico mais potente. Entretanto, esses fármacos são em sua maioria comercializados como mistura racêmica, exceto a clemastina, em que a ciclização na amina terminal gerou um segundo centro assimétrico e, consequentemente, pares de diastereoisômeros facilmente obtidos de forma pura; ela é comercializada como *R*,*R*-clemastina, o mais potente desses fármacos.[24]

Alquilaminas

Os fármacos que não apresentam heteroátomo no grupo X são quimicamente classificados como alquilaminas. Esses fármacos são ainda bastante lipofílicos e capazes de atravessar a BHE e, portanto, apresentam im-

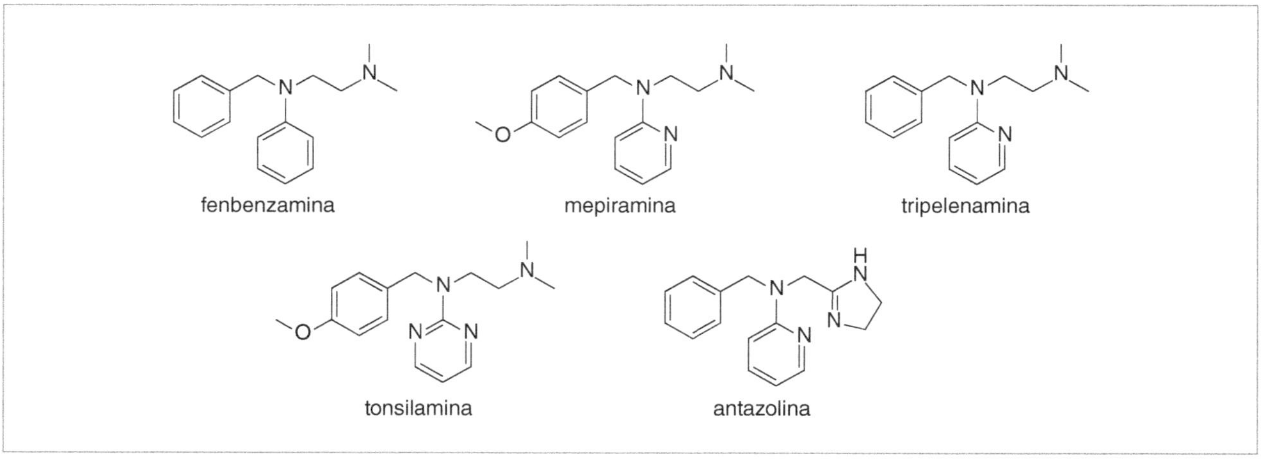

FIGURA 7 Exemplos de etilenodiaminas.

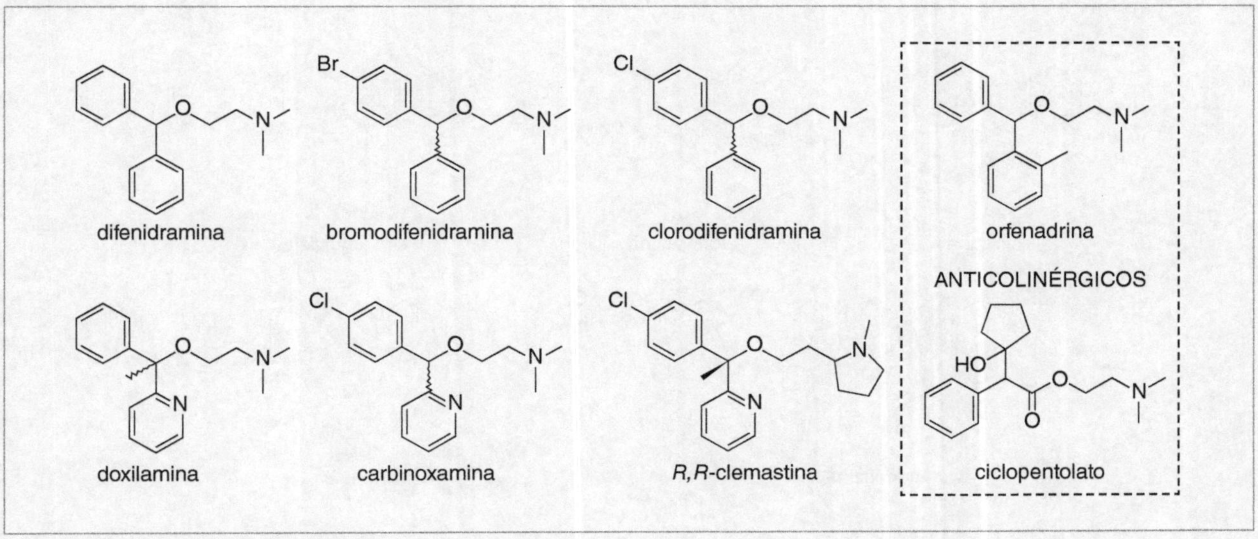

FIGURA 8 Exemplos de derivados éteres de etanolamina.

portante atividade sedativa. Entretanto, devido à ausência de um átomo eletronegativo na posição X, a atividade anticolinérgica é reduzida (mas não ausente) em relação às classes anteriores. Exemplos relevantes são feniramina, clorfeniramina e bronfeniramina (Figura 9). Os *S*-enantiômeros (dextrorrotatórios) desses dois últimos são de 200-1.000 vezes mais potentes que os *R*-enantiômeros correspondentes, e são comercializados também na forma enantiopura como dexclorfeniramina e dexbronfeniramina, respectivamente. Fármacos com instauração como triprolidina e pirrobutamina podem ter pares diastereoisoméricos, sendo o isômero *E* mais potente que o *Z*.[23]

Piperazinas

Alguns fármacos foram desenvolvidos com a substituição do espaçante linear por um grupo piperazina, gerando uma série de anti-histamínicos H_1 com ampla utilização clínica (Figura 10). Esse anel proporciona a mesma distância entre a amina terminal e os anéis aromáticos; além disso, com o átomo X sendo um nitrogênio da piperazina, as propriedades farmacológicas dessa classe são semelhantes àquelas das etilenodiaminas, especialmente em relação à atividade antimuscarínica. A hidroxizina é o exemplo mais

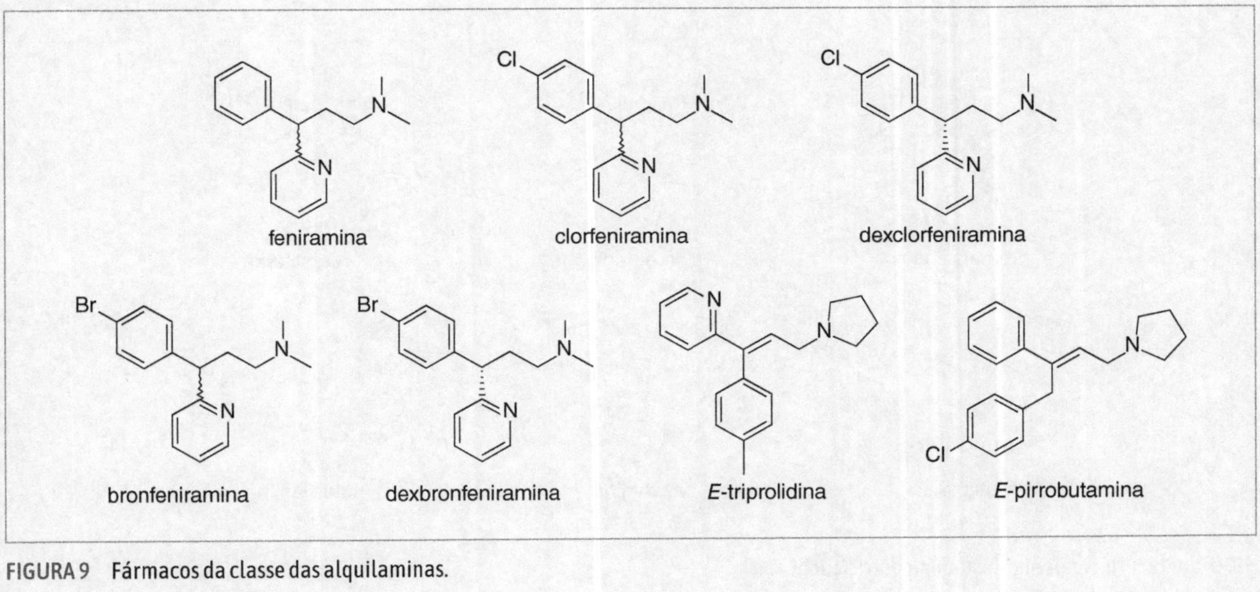

FIGURA 9 Fármacos da classe das alquilaminas.

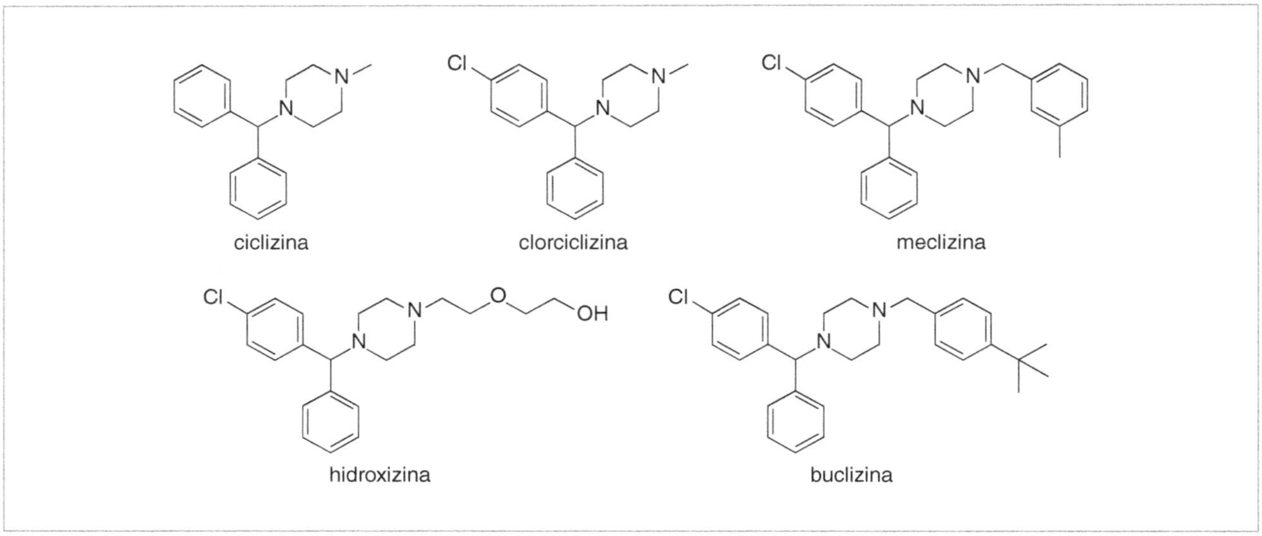

FIGURA 10 Anti-histamínicos da classe das piperazinas.

relevante do ponto de vista clínico, sendo um anti-histamínico H_1 de ação relativamente longa. Assim, muitos desses fármacos também têm aplicação como antieméticos relacionados ao enjoo do movimento (p. ex., meclizina). A buclizina também foi utilizada como estimulante de apetite em crianças.

Tricíclicos

O fechamento de anel entre os dois anéis aromáticos presentes na estrutura geral dos anti-histamínicos H_1 gerou uma série de fármacos com estrutura tricíclica. Embora isso mantenha a atividade anti-histamínica, a estrutura tricíclica comumente aumenta a promiscuidade molecular, possibilitando inibição de forma mais relevante em outros receptores de aminas biogênicas, como os receptores serotoninérgicos, adrenérgicos, dopaminérgicos, além dos muscarínicos.[21] A prometazina (Figura 11) é uma fenotiazina muito usada topicamente como antialérgico para tratar urticária, mas que quando administrada sistemicamente apresenta atividade sedativa acentuada, além de efeitos tranquilizantes relacionados ao bloqueio do receptor D_2. Essa também é a base para seu uso como agente antiemético,[12] e também das reações extrapiramidais que ocorrem com certa frequência. O aumento do comprimento do espaçante

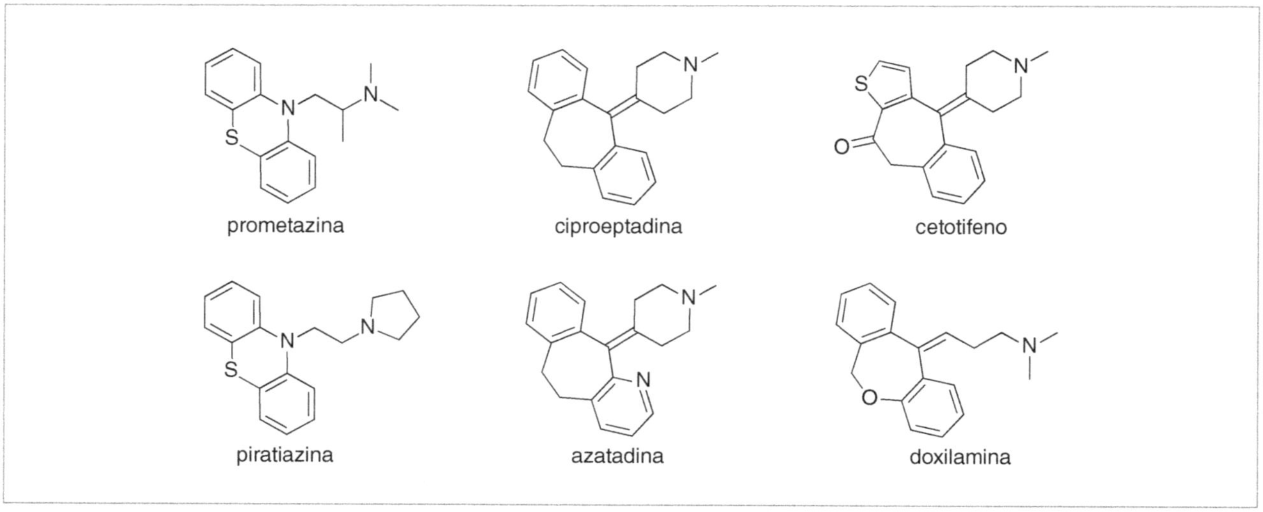

FIGURA 11 Principais anti-histamínicos tricíclicos.

e a retirada da ramificação aumenta a afinidade pelos receptores dopaminérgicos, e gera a clorpromazina e outros antipsicóticos fenotiazínicos (o que exemplifica a promiscuidade desses compostos), que mantêm certa atividade sedativa derivada do bloqueio do receptor H_1.

A substituição do átomo de enxofre por uma ponte etilênica gerou outros compostos, como a ciproeptadina, azatadina e cetotifeno (Figura 11). A ciproeptadina apresenta atividade antimuscarínica tão acentuada que é usualmente administrada em pacientes com doença de Parkinson para tratar os tremores. A introdução do anel piridínico (azatadina) diminui consideravelmente essa atividade. A extensão da cadeia lateral, a exemplo das fenotiazinas, gerou os antidepressivos tricíclicos, como a imipramina (Figura 5) e a doxepina, que ainda retém alta atividade anti-histamínica e, consequentemente, sedativa. A doxepina é frequentemente usada na urticária associada à ansiedade.

Anti-histamínicos de segunda geração

Um efeito comum a todos os agentes anti-histamínicos discutidos até o momento é a capacidade de atravessar a BHE e causar sedação pelo bloqueio do receptor H_1 e outros efeitos no SNC (especialmente anticolinérgicos). Para evitar esses efeitos indesejáveis aos antialérgicos, uma série de anti-histamínicos H_1 com limitada penetração na BHE foi desenvolvida. Isso se deve a três fatores principais: a) são moléculas ionizadas e mais hidrofílicas; b) a presença do grupo ácido as torna substratos da glicoproteína P e dos transportadores de ácidos orgânicos; c) o maior volume na região aromática e/ou na amina terminal diminui a atividade anticolinérgica, inclusive periférica.[3,25] Entretanto, vale ressaltar que isso não significa que esses efeitos estão ausentes, mas sim que são consideravelmente diminuídos.

A principal estratégia utilizada para a obtenção de muitos desses fármacos foi analisar metabólitos ativos de outros anti-histamínicos, uma vez que metabólitos são em geral mais hidrofílicos e por isso apresentam distribuição mais limitada para o SNC (Figura 12).[26] A cetirizina (e seu *R*-enantiômero puro, a levocetirizina) é um metabólito oxidado da hidroxizina; a fexofenadina, metabólito do fármaco proscrito terfenadina; a loratadina e a rupatadina (que apresentam baixa incidência de sedação) geram um metabólito comum, a desloratadina; e a carebastina é um metabólito ativo da ebastina.

Alguns anti-histamínicos H_1 de segunda geração foram também planejados com substituições adicionais na região aromática com grupos mais volumosos, geralmente com um ácido carboxílico presente. Esse aumento de volume dá maior seletividade para o receptor H_1 frente a outros receptores. Além disso, os grupos ionizáveis realizam interações específicas no receptor H_1 que aumentam a afinidade e promovem maior tempo de dissociação (k_{off}) do receptor.[27] Essas características justificam a ação prolongada de fármacos como a bilastina e a olopatadina. O grupo ácido também possibilita a formulação de sais solúveis em água, que permitem o uso oftálmico com baixa irritação ocular (p. ex., olopatadina).

OUTROS AGENTES ANTIALÉRGICOS

Alguns fármacos amplamente usados no tratamento das rinites alérgicas e sazonais, broncoespasmo induzido pelo exercício e conjuntivite alérgica foram desenvolvidos a partir da estrutura de cromonas encontradas em plantas. Entre eles, os mais importantes são o cromoglicato (o sal do ácido cromoglícico) e a nedocromila. A lodoxamida e o pemirolaste são análogos que não apresentam o grupo cromona (Figura 13).

O mecanismo de ação desses compostos é completamente diferente do mecanismo dos outros antialérgicos.[28] Eles não bloqueiam os receptores de histamina; por um mecanismo complexo, atuam como inibidores da desgranulação dos mastócitos, impedindo a liberação de histamina. Aparentemente, isso se deve à ação sobre proteínas reguladoras do citoesqueleto, levando à imobilização dos grânulos e consequente inibição da exocitose. Por essa razão, são eficazes terapeuticamente para prevenir reações alérgicas, mas não para tratar os efeitos causados pela histamina já liberada. Além disso, todos esses fármacos são ácidos carboxílicos ou tetrazólicos (p. ex., pemirolaste, que apresenta pK_a semelhante aos ácidos carboxílicos) que permitem a formulação de sais hidrossolúveis para colírios.

ANTI-HISTAMÍNICOS H_2

A descoberta de um receptor de histamina presente nas glândulas oxínticas capaz de estimular a produção de suco gástrico e que não era antagonizado pelos anti-histamínicos H_1 motivou a pesquisa dos mecanismos da secreção ácida dependentes de histamina no estômago. Estudos farmacológicos subsequentes demonstraram que esse receptor não era relacionado ao receptor H_1, de maneira que ele recebeu a denominação de receptor H_2.[1]

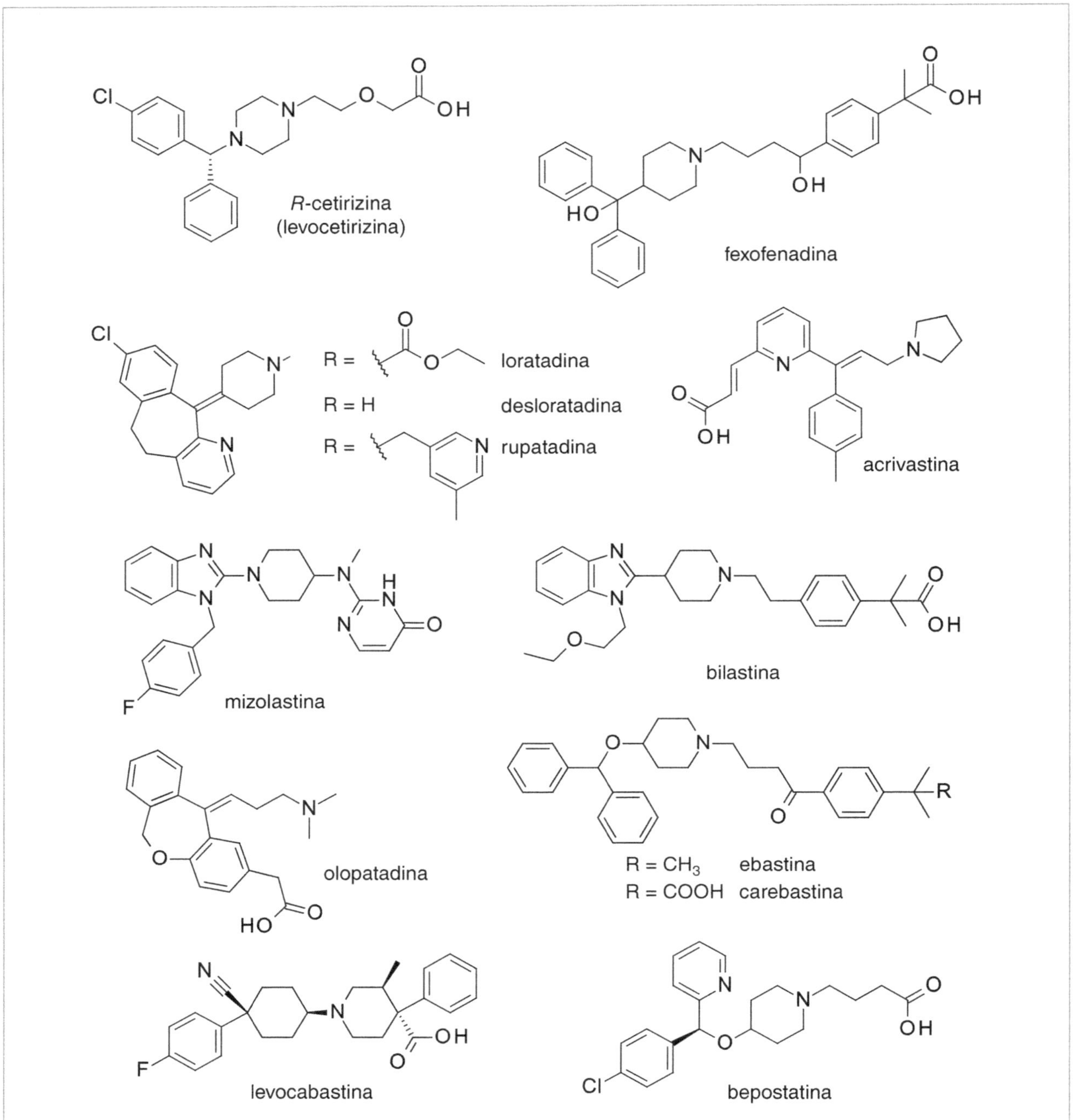

FIGURA 12 Anti-histamínicos H_1 de segunda geração.

Com essa descoberta, verificou-se que a histamina tem papel primordial no controle da secreção gástrica de HCl (Figura 14). É produzida nas células enterocromafim-*like*, e o estímulo colinérgico nos receptores muscarínicos (através da inervação vagal) e/ou da gastrina (um hormônio peptídico produzido pelas células G do estômago) nos receptores CCK_2 leva à liberação da histamina produzida, que ativa os receptores H_2 na célula parietal e, consequentemente, aumenta a atividade da bomba H^+/K^+-ATPase (conhecida também como bomba de prótons) através de um mecanismo dependente de AMPc. A acetilcolina e a gastrina podem também, através da ativação de seus receptores (M_1/M_3 e CCK_2, respectivamente), estimular diretamente a bomba de

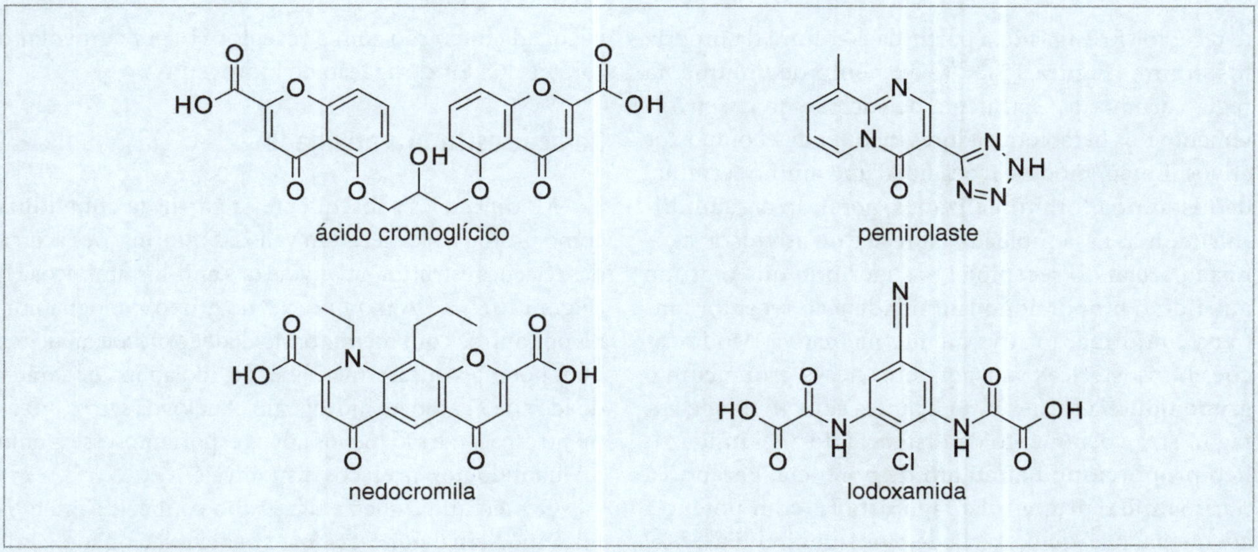

FIGURA 13 Agentes inibidores da desgranulação dos mastócitos.

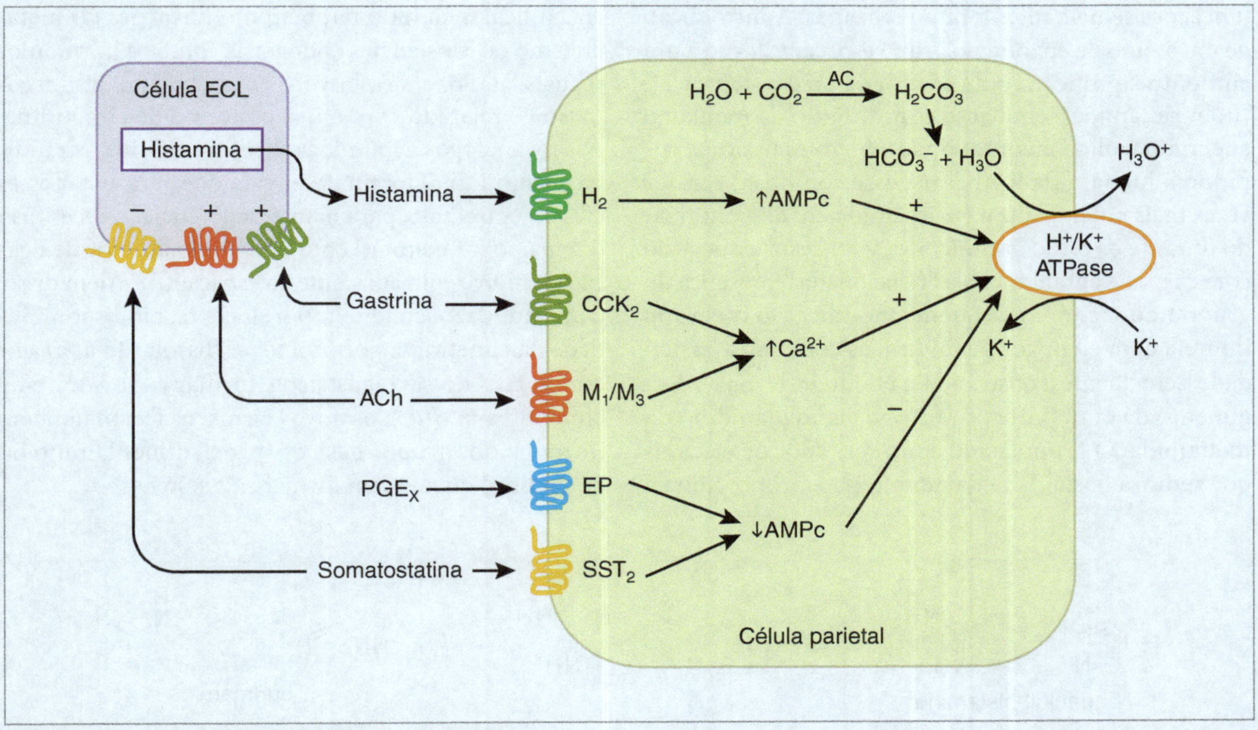

FIGURA 14 Esquema da secreção de HCl pela célula parietal.
ECL: enterocromafin-*like*; ACh: acetilcolina; PGE_x: prostaglandina E_1 ou E_2

prótons por um mecanismo dependente de cálcio, menos eficiente. Os estímulos fisiologicamente antagônicos, ou seja, que reduzem a produção de HCl, são mediados principalmente pelas prostaglandinas e pela somatostatina, mediante ação sobre os receptores prostanoides E (EP) e SST_2, respectivamente.[7]

Planejamento dos anti-histamínicos H_2

Com a descoberta do receptor H_2 no estômago, um projeto liderado pelos renomados cientistas James Black e Robin Ganellin na busca por ligantes capazes de bloquear as ações da histamina seletivamente neste receptor foi iniciado a partir da estrutura da própria histamina (Figura 15).[6,9] O aumento de volume na região aromática, estratégia de sucesso no desenvolvimento dos betabloqueadores, não rendeu compostos ativos. Então, modificações no grupo amino terminal da histamina foram realizadas, gerando a guanidil-histamina. Essa molécula apresentou atividade agonista parcial do receptor H_2, sugerindo que o grupo guanidino proporcionou afinidade pelo receptor tanto na conformação ativa quanto na inativa. Modificações bioisostéricas subsequentes nesse grupo com o grupo tioureia forneceram ligantes com atividade antagonista, e o aumento da distância do anel imidazólico proporcionou aumento de potência, gerando a burimamida, primeiro antagonista H_2 com potência adequada, mas que carecia de biodisponibilidade oral adequada e eficácia *in vivo*.[10]

Revisitando a estrutura da 4-metil-histamina, um ligante com maior seletividade para o receptor H_2,[9] modificações semelhantes foram realizadas. A introdução de um átomo de enxofre no grupo espaçante levou a um aumento significativo da afinidade pelo receptor H_2 (tioburimamida), enquanto a introdução da metila no anel imidazólico favorece o tautômero mais ativo, gerando a metiamida.[10] Apesar desse composto ser dez vezes mais potente que a burimamida, foi descontinuado durante os estudos clínicos devido à sua associação com casos de agranulocitose, relacionada à presença do grupo tioureia. A consequente modificação do grupo tioureia com análogos guanidínicos com baixa basicidade, semelhante à observada na tioureia, levou ao surgimento da cimetidina, o análogo cianoguanidino da metiamida. O grupo ciano é um retirador de elétrons que reduz a basicidade da guanidina e proporciona a adequada interação com o receptor H_2, por aumentar o caráter doador de ligação de hidrogênio.

Relação estrutura-atividade

Modificações subsequentes a partir da cimetidina como protótipo forneceram valiosas informações acerca das relações estrutura-atividade dos anti-histamínicos H_2 (Figura 16).[10,29,30] A modificação do grupo cianoguanidina por outros com menor basicidade forneceu análogos mais potentes que a cimetidina, devido ao maior caráter doador de ligação de hidrogênio. Análogos sem o enxofre no espaçante são menos ativos e, portanto, esse átomo foi mantido nos fármacos disponíveis.

O anel imidazólico é um grupo conhecido em química medicinal por estar fortemente relacionado à inibição de diversas metaloenzimas no organismo, especialmente as enzimas do complexo citocromo P450, e assim causar interações medicamentosas de importância clínica, incluindo também modificações no metabolismo de substâncias endógenas como os hormônios sexuais.[31,32] Por esse motivo, o aparecimento de ginecomastia é relatado com o uso contínuo de cimetidina. Assim, análogos não imidazólicos (ranitidina, nizatidina e famotidina) foram desenvolvidos para evitar esses efeitos; entretanto, para manter a potência, é necessário um grupo 2-heteroaril com um átomo aceptor de ligação de hidrogênio adjacente ao espaçante.[29] Além disso, o anel imidazólico tem importância na biodisponibilidade da cimetidina por promover dissolução ao reagir com o HCl do suco gástrico e formar o cloridrato de cimetidina *in situ*. Nos novos fármacos foram também introduzidos grupos básicos (p. ex., dimetilamino ou guanidino) que podem formar sais solúveis.

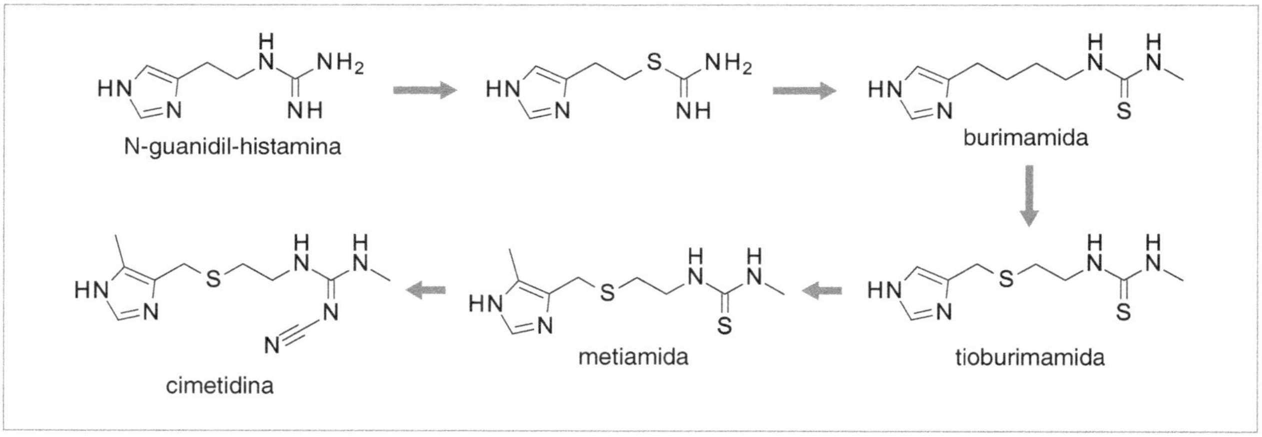

FIGURA 15 Esquema do desenvolvimento da cimetidina.

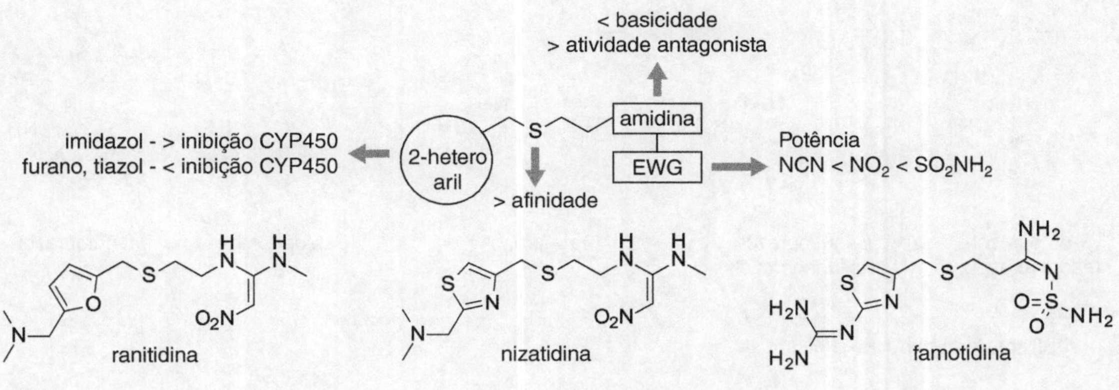

FIGURA 16 Relações estrutura-atividade dos antagonistas H_2 e fármacos não imidazólicos desenvolvidos.

Propriedades farmacológicas e mecanismo de ação

A exemplo dos anti-histamínicos H_1, os anti-histamínicos H_2 são considerados agonistas inversos do receptor, uma vez que o receptor H_2 também parece ter alta atividade constitutiva (isto é, ativação independente de ligante). Os anti-histamínicos H_2 são principalmente usados como agentes antissecretores de HCl em distúrbios associados à hiperacidez gástrica (úlcera péptica, gastrite, refluxo gastroesofágico), e conseguem elevar o pH gástrico de maneira dose-dependente. Doses terapêuticas elevam o pH acima de 4, semelhante ao pH do estômago após alimentação.[30-32]

São fármacos bem absorvidos (50-80%) no intestino após administração oral e exercem efeito sistêmico, com pico plasmático obtido após 1-3 horas da administração. A cimetidina é um importante inibidor das enzimas CYP1A2, CYP2C19, CYP2D6 e CYP3A4, e pode produzir interações clinicamente relevantes.[7,31] Ranitidina, famotidina e nizatidina têm esse efeito muito reduzido e apresentam potência superior, sendo a famotidina o mais potente entre eles (Figura 16).[29] São principalmente eliminados pelos rins de forma inalterada. Os anti-histamínicos H_2 são fármacos bem tolerados, e causam poucos efeitos adversos relevantes. A cimetidina pode causar ginecomastia devido ao seu efeito inibidor das CYP450.

INIBIDORES DA BOMBA DE PRÓTONS

Nos anos 1970, uma molécula protótipo foi identificada como um potente inibidor da secreção gástrica de HCl. Essa molécula foi nomeada timoprazol e, embora nunca tenha chegado à terapêutica, é o esqueleto básico dos fármacos conhecidos como inibidores da bomba de prótons (IBP). Otimizações estruturais do timoprazol levaram, em última instância, ao desenvolvimento do omeprazol, primeiro IBP de uso clínico (Figura 17).[33,34]

Relações estrutura-atividade

O omeprazol e os outros IBP apresentam características estruturais únicas e importantes para garantir sua ação sobre as células parietais e evitar efeitos que poderiam ser biologicamente desastrosos. Primeiramente, os IBP são bases bem fracas (pK_a ~4,0 para a piridina; ~1,5 para o benzimidazol),[33] característica essencial para que sejam protonados no nitrogênio benzimidazólico em pH fortemente ácido (~1,0), que só é encontrado no estômago. Os IBP são formas latentes que dependem dessa protonação para ativação; consequentemente, inibem a bomba de prótons de maneira altamente seletiva, embora o façam por meio de uma ligação covalente com aminoácidos cisteína, presente na bomba de prótons.[34] Por essa mesma razão, os IBP devem ser veiculados em formulações orais resistentes à dissolução no estômago (gastrorresistentes); devem ser dissolvidos e absorvidos no intestino. O mecanismo químico de ação do omeprazol é ilustrado na Figura 18. Apesar de existirem enantiômeros possíveis para esses fármacos (o par de elétrons não ligante do átomo de enxofre gera um centro de assimetria), não existe diferença de atividade entre os enantiômeros *in vitro*, especialmente porque o mecanismo de ativação elimina a assimetria da molécula.[8]

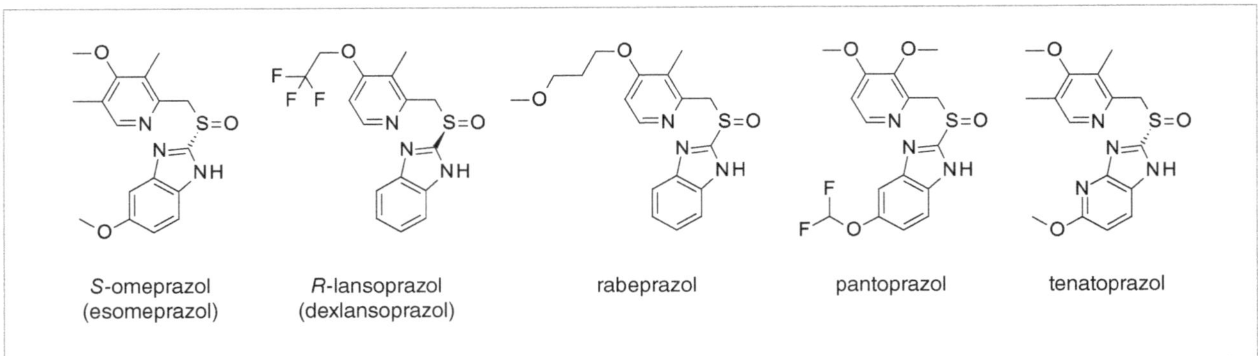

FIGURA 17 IBP aprovados para uso clínico.

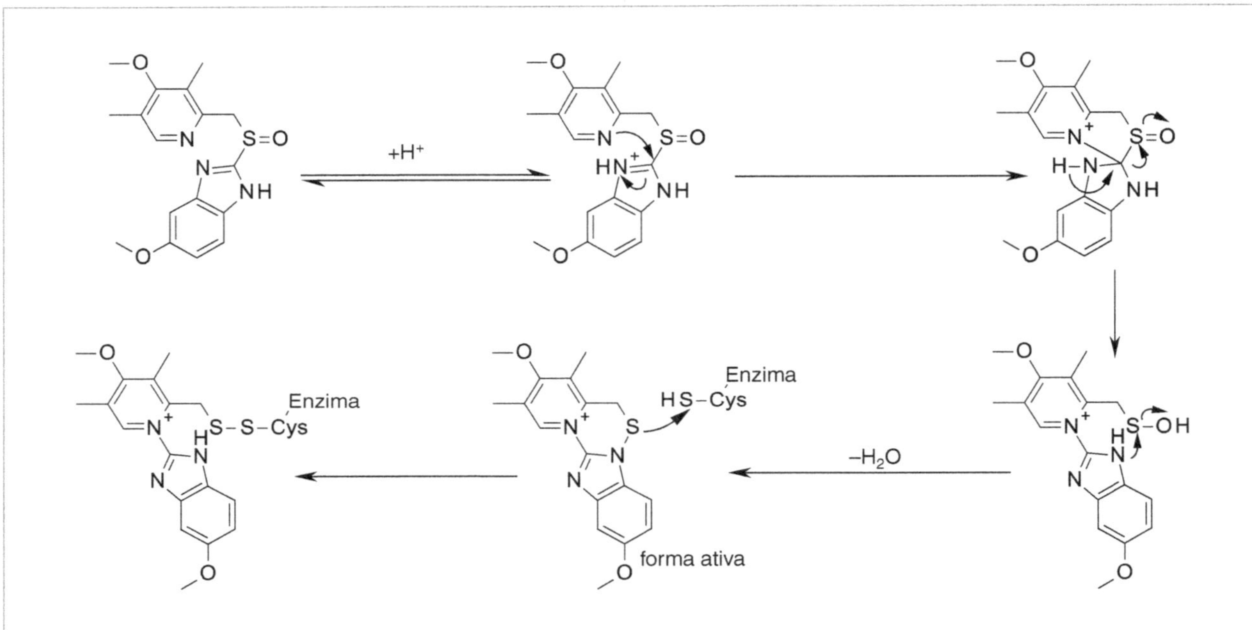

FIGURA 18 Esquema de ativação química do omeprazol em meio ácido e consequente inibição covalente das cisteínas presentes na bomba de prótons.

Os IBP são estruturas que mantêm o esqueleto comum do timoprazol, essencial para a correta atividade inibidora da bomba H^+/K^+-ATPase (Figura 17). A presença de um grupo doador de elétrons por efeito de ressonância na posição 5 do anel benzimidazólico melhora a estabilidade do composto à ativação em pH não ácido; embora não essencial, está presente em muitos dos fármacos.[34] Além disso, grupos doadores de elétrons por efeito de ressonância (4-OR) e por efeito indutivo (nas posições 3 e/ou 5) no anel piridínico são importantes para aumentar a densidade eletrônica no nitrogênio e favorecer o ataque intramolecular ao anel benzimidazólico; portanto, influenciam a eficácia dos fármacos.[10]

Propriedades farmacológicas e mecanismo de ação

Os IBP apresentam biodisponibilidade oral alta (>70%) se liberados no intestino. São fármacos lipofílicos e, por isso, possuem boa distribuição pelos tecidos. São eliminados principalmente por metabolismo hepático pelas CYP450; por serem análogos imidazólicos (benzimidazóis), podem também inibir essas enzimas e promover interações medicamentosas.[31] Alguns fármacos enantiomericamente puros apresentam biodisponibilidade média superior devido ao metabolismo mais regular (esomeprazol e dexlansoprazol).[35]

São fármacos em geral bem tolerados nas doses terapêuticas e considerados superiores terapeuticamente aos anti-histamínicos H_2,[35] razão pela qual são mais utilizados na terapia antissecretora e são os fármacos de escolha no tratamento da síndrome de Zollinger-Ellison (hiperacidez causada por hipergastrinemia). Podem causar acloridria e redução da absorção do fator intrínseco, e é por isso que muitas vezes estão relacionados a anemias. A bomba de prótons também é expressa no tecido ósseo, no qual participa da deposição de cálcio nos ossos, de maneira que relatos de osteopenia também são associados ao uso desses fármacos.

LIGANTES DOS RECEPTORES H_3

Nos anos 1980, um receptor neuronal de histamina que apresentava características diferentes das dos anteriormente conhecidos foi reportado.[36] Após clonagem anos depois, foi denominado H_3 e caracterizado como um receptor pré-sináptico (mas não exclusivamente) capaz de controlar a liberação de histamina e de outros neurotransmissores. Isso significa que a ativação ou bloqueio do receptor H_3 pode causar uma pletora de efeitos no SNC (Figura 4);[37] entretanto, até o presente momento os antagonistas ou agonistas inversos desse receptor se mostraram clinicamente mais úteis que os agonistas.

Antagonistas do receptor H_3 apresentam diversos potenciais terapêuticos. Estudos com animais *knock-out* e com antagonistas seletivos indicam que esses compostos podem ser úteis no tratamento de distúrbios do sono e da fome, dada a relação da histamina com esses efeitos. Além disso, a ação pleiotrópica desses compostos também sugere eficácia no tratamento de epilepsias, esquizofrenia, doenças de Parkinson e Alzheimer, transtorno do déficit de atenção e hiperatividade e abuso de drogas.[38] Vários estudos desses potenciais têm sido relatados, porém nenhum fármaco foi aprovado até o momento para tais finalidades.

O receptor H_3 aceita moléculas de estrutura muito variada (Figura 19). Em geral, ligantes desse receptor caracterizam-se por um núcleo aromático e um grupo básico, ligados através de um espaçante de tamanho variável.[37] Substituições nessas regiões são em geral bem toleradas, e levam a variados graus de afinidade pelo receptor. Exemplos de ligantes do receptor H_3 que foram clinicamente avaliados são apresentados na Figura 19.

O único fármaco com atividade antagonista relativamente seletiva sobre o receptor H_3 disponível na terapêutica é o pitolisanto (Figura 19).[39,40] Esse fármaco, de estrutura bastante simples, recebeu aprovação na Europa e nos Estados Unidos para o tratamento da narcolepsia com ou sem cataplexia. Estudos recentes também demonstraram a eficácia do pitolisanto no tratamento da síndrome de Prader-Willi,[41] uma condição que causa comportamento hiperfágico, hipersonia, instabilidade emocional, deficiência cognitiva entre outras. Os principais efeitos adversos relatados ao uso do pitolisanto são insônia, náusea e efeitos gastrintestinais.[39] Também pode prolongar o intervalo QT no eletrocardiograma, e por essa razão deve ser usado com cautela em pacientes cardiopatas.

ANTI-HISTAMÍNICOS H_4

No início dos anos 2000, o receptor H_4 foi descrito como uma isoforma do receptor H_3 expresso em células envolvidas nos processos imunológicos e inflamatórios.[13] A ativação desse receptor pela histamina leva, de forma simplificada, ao aumento da resposta inflamatória; consequentemente, antagonistas ou agonistas inversos desse receptor apresentam potencial anti-inflamatório e imunomodulador em diversas condições, como asma, dermatite atópica, doença inflamatória intestinal e outras doenças inflamatórias crônicas.[14] A expressão do receptor H_4 em terminações nervosas também faz dele um alvo promissor para fármacos com atividade analgésica e antiprurítica.[17] A relação do H_4 com vestibulopatias (que causam vertigem, *tinnitus* e outras alterações auditivas) já foi estabelecida.[42]

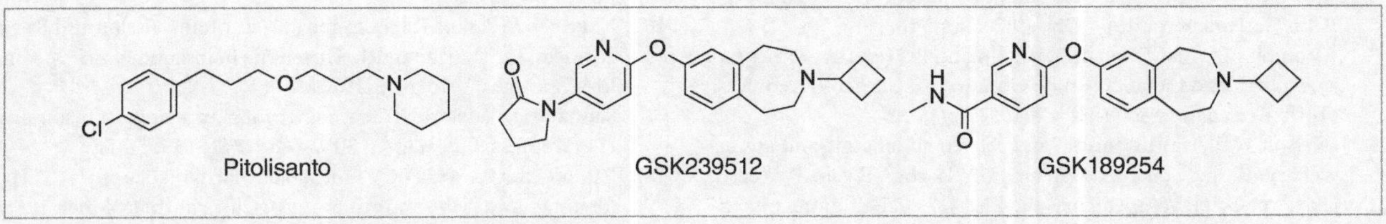

FIGURA 19 Pitolisanto e outros ligantes seletivos do receptor H_3.

Anti-histamínicos H_4 (antagonistas e/ou agonistas inversos) têm sido alvo de muito interesse nos últimos anos.[43] Um dos compostos mais estudados é a indolcarboxamida JNJ-7777120, um potente e seletivo anti-histamínico H_4 que não chegou à terapêutica por características farmacocinéticas inadequadas (Figura 20). O toreforanto tem sido avaliado como potencial agente anti-inflamatório em diversas condições, incluindo doenças reumáticas.[43,44] Outro composto em fase clínica de pesquisa contra doenças inflamatórias é o adriforanto (ZPL389). O seliforanto (SENS-111) é outro candidato clínico que tem mostrado promissor efeito em vestibulopatias.[42,45] Certamente, nos próximos anos esses fármacos poderão ser os novos anti-inflamatórios, com perfil farmacológico totalmente diferente dos AINEs e corticosteroides.

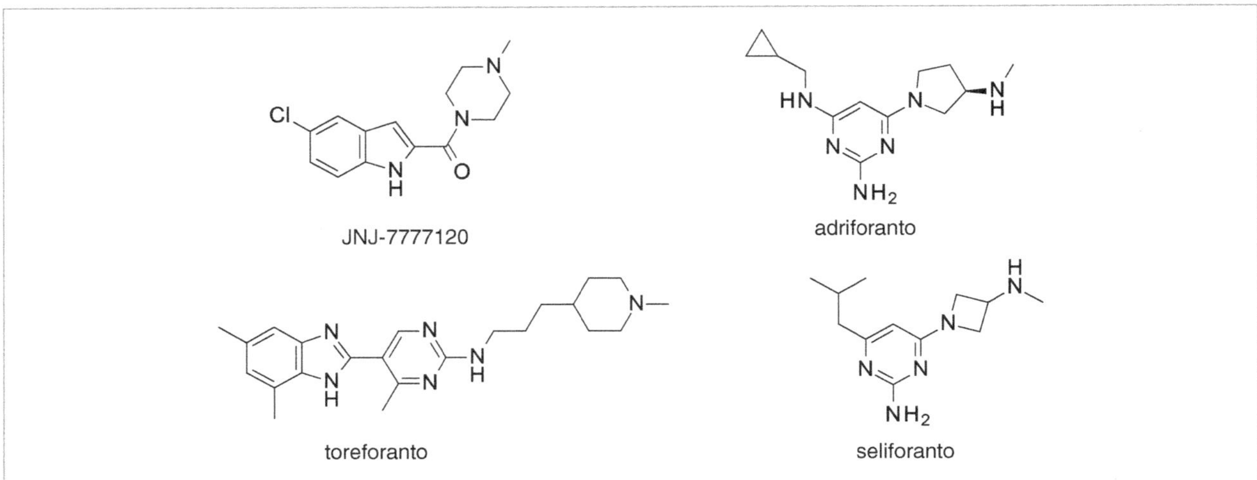

FIGURA 20 Anti-histamínicos H_4.

REFERÊNCIAS BIBLIOGRÁFICAS

1. Tiligada E, Ennis M. Histamine pharmacology: from Sir Henry Dale to the 21st century. Br J Pharmacol. 2020 Feb 2; 177(3):469-89.
2. Hill SJ, Ganellin CR, Timmerman H, Schwartz JC, Shankley NP, Young JM, et al. International Union of Pharmacology. XIII. Classification of histamine receptors. Pharmacol Rev. 1997 Sep; 49(3):253-78.
3. Criado PR, Criado RFJ, Maruta CW, Machado Filho C d'Apparecida. Histamina, receptores de histamina e anti-histamínicos: novos conceitos. An Bras Dermatol. 2010 Apr; 85(2):195-210.
4. Fernandes JPS, Pasqualoto KFM, Ferreira EI, Brandt CA. Molecular modeling and QSAR studies of a set of indole and benzimidazole derivatives as H4 receptor antagonists. J Mol Model. 2011; 17(5):921-8.
5. Parsons ME, Ganellin CR. Histamine and its receptors. Br J Pharmacol. 2009 Feb 2; 147(S1):S127-35.
6. Molinder HKM. The development of cimetidine: 1964-1976. J Clin Gastroenterol. 1994 Oct; 19(3):248-54.
7. Brunton LL, Hilal-Dandan R, Knollmann BC (eds.). As bases farmacológicas da terapêutica de Goodman e Gilman. 13.ed. New York: Artmed McGraw-Hill, 2019. 1760 p.
8. Nelson WL. Antihistamines and related antiallergic and antiulcer agents. In: Lemke TL, Williams DA, Roche VF, Zito SW (eds.). Foye's principles of medicinal chemistry. 7.ed. Baltimore: Lippincott Williams & Wilkins, 2013. p.1045-72.
9. Durant GJ, Emmett JC, Ganellin CR, Roe AM, Slater RA. Potential histamine H2-receptor antagonists. 3. Methylhistamines. J Med Chem. 1976 Jul; 19(7):923-8.
10. Patrick GL. An introduction to medicinal chemistry. 5.ed. Oxford: Oxford University Press, 2013. 814 p.
11. Khan BQ, Kemp SF. Pathophysiology of anaphylaxis. Curr Opin Allergy Clin Immunol. 2011 Aug; 11(4):319-25.
12. DiPiro JT, Talbert RL, Yee GC, Matzke GR, Wells BG, Posey LM. Pharmacotherapy – a pathophysiological approach (eds.). 10.ed. New York: McGraw-Hill, 2016. 2800 p.
13. Correa MF, Fernandes JPS. Targeting the histamine H4 receptor: future drugs for inflammatory diseases. Curr Org Chem. 2018 Oct 15; 22(17):1663-72.
14. Thurmond RL (ed.). Histamine in Inflammation. Boston, MA: Springer US; 2010. 709 p. (Advances in Experimental Medicine and Biology).
15. Panula P, Nuutinen S. The histaminergic network in the brain: basic organization and role in disease. Nat Rev Neurosci. 2013 Jul 20; 14(7):472-87.
16. Nuutinen S, Panula P. Histamine in Neurotransmission and Brain Diseases. In: Thurmond RL. Histamine in inflammation. Boston, MA: Springer, 2010. p.95-107.
17. Sanna MD, Galeotti N. Central neuronal functions of histamine H4 receptors. Oncotarget. 2017 Feb 21; 8(8):12556-7.
18. Paton DM, Webster DR. Clinical pharmacokinetics of H1-receptor antagonists (the antihistamines). Clin Pharmacokinet. 1985; 10(6):477-97.

19. Brzezińska E, Kośka G. A structure-activity relationship study of compounds with antihistamine activity. Biomed Chromatogr. 2006 Oct; 20(10):1004-16.
20. Kubo N, Shirakawa O, Kuno T, Tanaka C. Antimuscarinic effects of antihistamines : quantitative evaluation by receptor-binding assay. Jpn J Pharmacol. 1987; 43(3):277-82.
21. Fernandes JPS. The importance of medicinal chemistry knowledge in the clinical pharmacist's education. Am J Pharm Educ. 2018 Mar; 82(2):6083.
22. Taglialatela M, Castaldo P, Pannaccione A, Giorgio G, Genovese A, Marone G, et al. Cardiac ion channels and antihistamines: possible mechanisms of cardiotoxicity. Clin Exp Allergy. 1999 Jul; 29:182-9.
23. Hanna PE, Ahmed AE. Conformationally restricted analogs of histamine H1 receptor antagonists. trans- and cis-1,5-Diphenyl-3-dimethylaminopyrrolidine. J Med Chem. 1973 Sep; 16(9):963-8.
24. Ebnöther A, Weber H-P. Synthese und absolute Konfiguration von Clemastin und seiner Isomeren. Helv Chim Acta. 1976 Nov 3; 59(7):2462-8.
25. Simons FER. Advances in H1-Antihistamines. N Engl J Med. 2004 Nov 18; 351(21):2203-17.
26. Slater JW, Zechnich AD, Haxby DG. Second-generation antihistamines. Drugs. 1999; 57(1):31-47.
27. Bosma R, Witt G, Vaas LAI, Josimovic I, Gribbon P, Vischer HF, et al. The target residence time of antihistamines determines their antagonism of the G protein-coupled histamine H1 receptor. Front Pharmacol. 2017 Sep 25; 8:667.
28. Zhang T, Finn DF, Barlow JW, Walsh JJ. Mast cell stabilisers. Eur J Pharmacol. 2016 May; 778:158-68.
29. Schunack W. What are the differences between the H2-receptor antagonists? Aliment Pharmacol Ther. 2007 Mar 31; 1:493s-503s.
30. Shim YK, Kim N. The effect of H 2 receptor antagonist in acid inhibition and its clinical efficacy. Korean J Gastroenterol. 2017; 70(1):4.
31. Patel D, Bertz R, Ren S, Boulton DW, Någård M. A systematic review of gastric acid-reducing agent-mediated drug–drug interactions with orally administered medications. Clin Pharmacokinet. 2020 Apr 2; 59(4):447-62.
32. Lin JH. Pharmacokinetic and pharmacodynamic properties of histamine H2-receptor antagonists. Clin Pharmacokinet. 1991 Mar; 20(3):218-36.
33. Lindberg P, Brändström A, Wallmark B, Mattsson H, Rikner L, Hoffmann K-J. Omeprazole: the first proton pump inhibitor. Med Res Rev. 1990 Jan; 10(1):1-54.
34. Olbe L, Carlsson E, Lindberg P. A proton-pump inhibitor expedition: the case histories of omeprazole and esomeprazole. Nat Rev Drug Discov. 2003 Feb; 2(2):132-9.
35. Horn J. The proton-pump inhibitors: similarities and differences. Clin Ther. 2000 Mar; 22(3):266-80.
36. Arrang J-M, Garbarg M, Schwartz J-C. Auto-inhibition of brain histamine release mediated by a novel class (H3) of histamine receptor. Nature. 1983 Apr; 302(5911):832-7.
37. Correa MF, Fernandes JPS. QSAR modeling of histamine H3R antagonists/inverse agonists as future drugs for neurodegenerative diseases. Curr Neuropharmacol. 2018 Jun 8; 16(6):749-57.
38. Nieto-Alamilla G, Márquez-Gómez R, García-Gálvez A-M, Morales-Figueroa G-E, Arias-Montaño J-A. The histamine H 3 receptor: structure, pharmacology, and function. Mol Pharmacol. 2016 Nov; 90(5):649-73.
39. Syed YY. Pitolisant: first global approval. Drugs. 2016 Sep 20; 76(13):1313-8.
40. Li S, Yang J. Pitolisant for treating patients with narcolepsy. Expert Rev Clin Pharmacol. 2020 Feb 1; 13(2):79-84.
41. Pullen LC, Picone M, Tan L, Johnston C, Stark H. Cognitive improvements in children with Prader-Willi syndrome following pitolisant treatment – patient reports. J Pediatr Pharmacol Ther. 2019 Mar; 24(2):166-71.
42. Petremann M, Gueguen C, Delgado Betancourt V, Wersinger E, Dyhrfjeld-Johnsen J. Effect of the novel histamine H 4 receptor antagonist SENS-111 on spontaneous nystagmus in a rat model of acute unilateral vestibular loss. Br J Pharmacol. 2019 Aug 28;bph.14803.
43. Thurmond RL, Venable J, Savall B, La D, Snook S, Dunford PJ, et al. Clinical development of histamine H4 receptor antagonists. Handb Exp Pharmacol. 2017; 241:301-20.
44. Boyle DL, DePrimo SE, Calderon C, Chen D, Dunford PJ, Barchuk W, et al. Toreforant, an orally active histamine H4-receptor antagonist, in patients with active rheumatoid arthritis despite methotrexate: mechanism of action results from a phase 2, multicenter, randomized, double-blind, placebo-controlled synovial biopsy study. Inflamm Res. 2019 Apr 9; 68(4):261-74.
45. Werfel T, Layton G, Yeadon M, Whitlock L, Osterloh I, Jimenez P, et al. Efficacy and safety of the histamine H4 receptor antagonist ZPL-3893787 in patients with atopic dermatitis. J Allergy Clin Immunol. 2019 May; 143(5):1830-7.e4.

CAPÍTULO 26

Antibióticos beta-lactâmicos

Daniela Gonçales Galasse Rando
Thais Fernanda Amorim Pavani

HISTÓRICO

O fenômeno de que um microrganismo é capaz de interferir com a proliferação de outro é conhecido desde o final de 1800.[1] O primeiro relato científico conhecido sobre o fenômeno foi feito por Sir John Burdon-Sanderson, que estudava, em 1871, o efeito do aquecimento sobre meio de cultura simples quando aplicado antes da incubação por cinco dias. Após esse período, os frascos que não haviam sido previamente fervidos apresentavam intensa turbidez, a qual Burdon-Sanderson identificou ser decorrente de crescimento bacteriano. Em contrapartida, os frascos previamente fervidos apresentavam turbidez significativamente menor, embora também houvesse a presença intensa de filamentos do fungo *Penicillium*.[1]

Nos anos seguintes, os pesquisadores Joseph Lister, William Roberts e John Tyndall observaram o mesmo fenômeno, porém, apenas Lister e Roberts atribuíram o fenômeno à presença de um potencial composto químico, produzido pelo fungo, que seria capaz de interferir com o crescimento de organismos de menor complexidade. Desta forma, organismos de maior complexidade, como os fungos, garantiriam maior acesso aos nutrientes do meio. A este fenômeno deu-se o nome, então, de *antibiose*.[2]

Em 1928, o bacteriologista escocês Alexander Fleming, estudando a morfologia de culturas de *Staphylococcus* e sua virulência, deparou-se com resultados similares aos anteriormente descritos por Sanderson, Lister, Tyndall e Roberts. Antes de suas férias, Fleming inoculou placas com colônias de *Staphylococcus* e empilhou-as na bancada de seu laboratório. Ao retornar de seu descanso, ele observou que várias placas apresentavam contaminação por crescimento de bolores. No processo de descarte das placas em líquido antisséptico, Fleming observou que algumas destas apresentavam halos transparentes ao redor das colônias de fungos e que algumas colônias bacterianas apresentavam aspecto de lise celular idênticos aos que ele anteriormente havia observado em seus trabalhos com a lisozima. Por analogia com este seu trabalho anterior, Fleming deduziu que o fungo deveria produzir alguma substância com atividade antagonista microbiana.[3,4]

Suas observações foram, assim, idênticas às dos pesquisadores que o precederam. Fleming e sua história, porém, tornaram-se mundialmente famosos pois, a partir de culturas de *Penicillium notatum*, ele e seus assistentes, o doutor Stuart Craddock e Frederick Ridley, lograram purificar o agente responsável pela lise celular, o qual eles batizaram de "penicilina", em derivação ao gênero do fungo produtor.[3]

Foi apenas 40 anos após a descoberta de Fleming que a penicilina foi, de fato, empregada com sucesso para curar infecções por *S. aureus* em ensaios clínicos com humanos, dado o tempo necessário para desenvolvimento de tecnologia para produção da "penicilina" em quantidades razoáveis para tais estudos, bem como para cumprir as etapas pré-clínicas necessárias.[5]

O termo penicilina, hoje, é utilizado para se referir não a um único composto de origem microbiana, mas a um conjunto de compostos naturais e/ou semissintéticos que derivaram do conhecimento estrutural das penicilinas originais isoladas por Fleming. Devido ao intenso desenvolvimento desta classe de antibióticos ao longo dos últimos 90 anos, o termo penicilina foi substituído por antibióticos beta-lactâmicos, sendo este termo empregado, atualmente, somente para se referir aos primeiros representantes da classe. São classificados também como antibióticos beta-lactâmicos as cefalosporinas, as cefamicinas, as carbapenemas e oxapenemas e as monobactamas.[6]

A ESTRUTURA BETA-LACTÂMICA

Os antibióticos beta-lactâmicos são caracterizados pela presença de um grupo lactama (azetidinona) sob a forma de sistema cíclico de quatro membros composto por três átomos de carbono e um de nitrogênio (Figura 1A). São estruturas relativamente raras na natureza, e não é surpreendente que a atividade antibiótica desses compostos esteja diretamente atrelada à significativa reatividade desse sistema.

Como lactamas, a estrutura dos antibióticos beta-lactâmicos apresenta uma amida em sistema cíclico. Na maioria desses antibióticos, porém, o sistema lactama encontra-se fundido, pelo nitrogênio e pelo carbono tetraédrico adjacente, a uma estrutura anelar secundária (Figura 1B). Essa fusão é determinante para a reatividade dessas moléculas.[7]

Amidas simples apresentam ressonância derivada da planaridade (ângulo de 120°) entre os átomos de oxigênio, carbono e nitrogênio da função, a qual permite a deslocalização do par de elétrons não compartilhado do nitrogênio. Esse efeito é responsável pela baixa suscetibilidade do carbono carbonílico de uma amida em sofrer ataques nucleofílicos (Figuras 1A e 1C). Como mencionado, nos beta-lactâmicos a lactama encontra-se fundida a um anel secundário, levando-os a assumir uma conformação rígida em forma de "V" ou de "borboleta". Nessa configuração os átomos de oxigênio, carbono e nitrogênio assumem um ângulo próximo a 90° entre si, o que interrompe a ressonância na lactama, com consequente aumento de eletrofilicidade do carbono carbonílico (Figuras 1B e 1D). É importante considerar, ainda, o fato de anéis de quatro membros apresentarem energia associada à tensão do ciclo relativamente alta, contribuindo para o aumento de reatividade do carbono carbonílico.[7]

Dessa forma, sistemas beta-lactâmicos apresentam-se muito mais favoráveis a ataques de nucleófilos fracos, como os presentes em organismos vivos, do que amidas planares e lactamas não associadas a outros sistemas cíclicos.

MECANISMO DE AÇÃO DOS BETA-LACTÂMICOS

Antibióticos beta-lactâmicos estão inclusos na classe terapêutica dos quimioterápicos antimicrobianos que atuam sobre a biossíntese da parede celular bacteriana.[8]

Diferente dos eucariotos, os procariotos são organismos que necessitam de estruturas celulares específicas que protejam sua constituição unicelular das agressões do meio em que se encontram. Dentre as mais importantes estruturas envolvidas nesta função, a parede celular merece destaque.

De constituição rígida e complexa, este envoltório funciona como barreira com permeabilidade seletiva às substâncias de interesse do microrganismo, fornecendo resistência às variações osmóticas do ambiente externo, bem como protegendo o organismo da ação de enzimas líticas do hospedeiro.[9]

Sua presença foi primeiramente evidenciada nos estudos de Hans Christian Gram,[10] microbiologista dinamarquês que estudava, com o auxílio da microscopia, tecidos pulmonares de pacientes acometidos de pneumonia.

Empregando cristal violeta, iodo como mordente e removendo excessos com álcool, esse pesquisador notou que algumas bactérias não eram capazes de ser coradas com essa substância. Mesmo considerando seu trabalho defeituoso e imperfeito, Gram publicou-o e, modestamente, declarou que acreditava que "nas mãos de outros pesquisadores, seu trabalho acabaria por ser útil".[11]

Denominações e conceitos importantes

- **Antibiótico** é o nome dado ao composto químico de origem natural que apresenta capacidade de matar ou interferir com o processo de replicação microbiana, ou seja, de bactérias e fungos. Atualmente, também são considerados antibióticos os análogos semissintéticos desses compostos, ou seja, os produtos das modificações moleculares na estrutura química de compostos isolados da natureza que apresentam ação antimicrobiana.
- **Antimicrobianos** é o termo geral empregado para se referir a todo e qualquer composto químico que tenha capacidade de matar ou interferir com o processo de replicação microbiana.
- **Antimicrobianos sintéticos** é o nome específico para denominar antimicrobianos que tenham origem completamente sintética e/ou que não tenham sido inspirados em compostos isolados de produtos naturais.
- **Quimioterápicos antimicrobianos** são fármacos empregados para o tratamento de doenças infecciosas. Diferem dos quimioterápicos antineoplásicos por atuarem exclusiva ou preferencialmente sobre patógenos externos ao organismo humano.

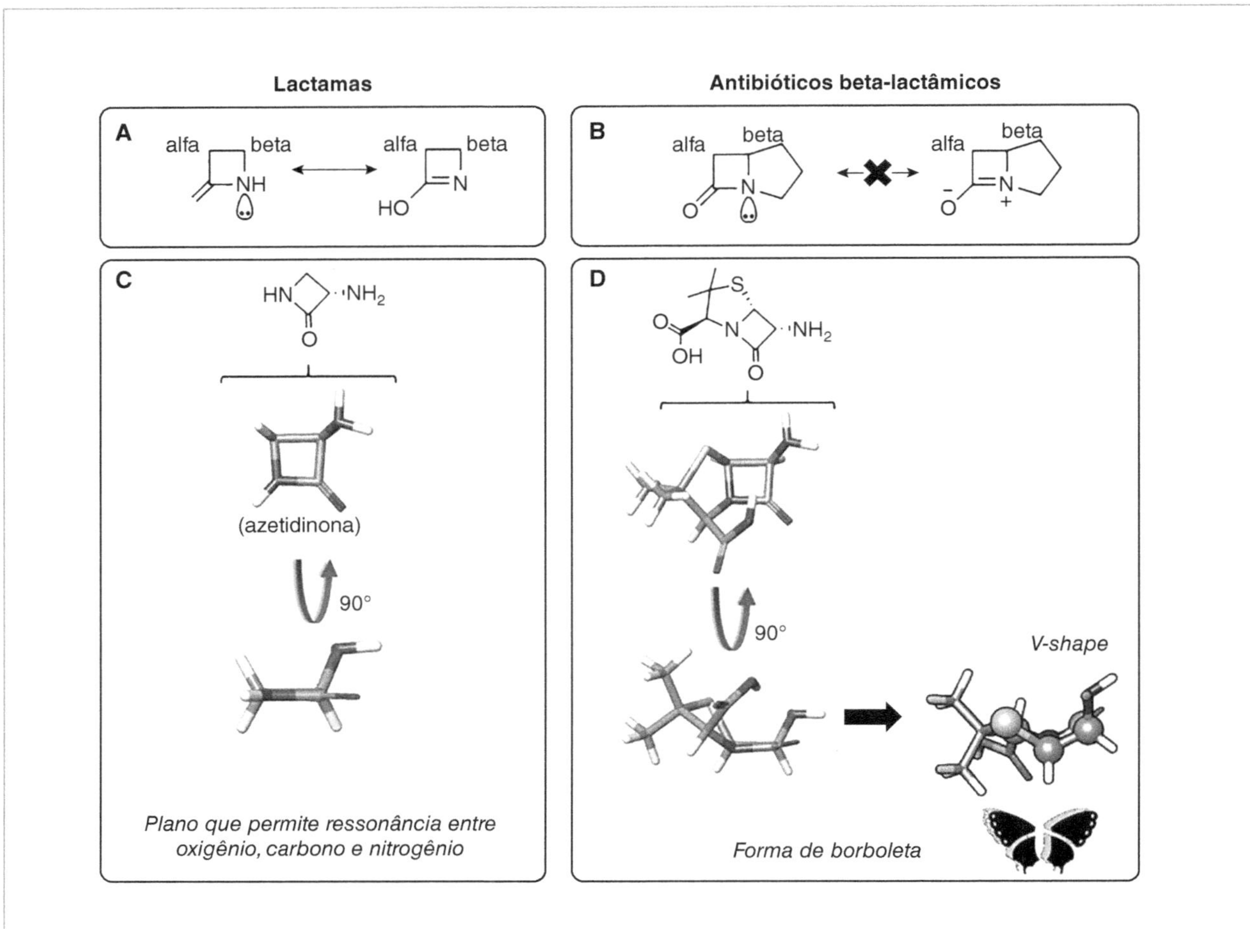

FIGURA 1 Estrutura de sistemas beta-lactâmicos. **(A)** Sistema beta-lactâmico simples, evidenciando a ressonância observada em sua estrutura; **(B)** estrutura de sistemas beta-lactâmicos de penicilinas, evidenciando a impossibilidade de ressonância em sua estrutura; **(C)** representação tridimensional de beta-lactamas simples e do plano que permite a passagem da ressonância; **(D)** representação tridimensional da beta-lactama da estrutura de penicilinas, evidenciando a forma de V ou de borboleta assumida pelos sistema bicíclico.

Alguns anos depois desse trabalho ser publicado, o patologista alemão Carl Weigert empregou a técnica de Gram, associando, ao final do tratamento com álcool, um corante de contraste, a safranina, que é capaz de corar núcleos celulares. Esse pesquisador notou que poderia, então, diferenciar as bactérias pela coloração por meio de um ou de outro corante.[12]

As bactérias aptas a interagir com o cristal violeta, coradas em roxo, foram nomeadas *Gram-positivas*, enquanto as que interagiam apenas com a safranina, coradas em rosa, foram denominadas *Gram-negativas*. Nascia assim a importante técnica de coloração de Gram e a classificação das bactérias em duas categorias de acordo com sua resposta a este tratamento (Figura 2).

Hoje sabe-se que a resposta diferencial dos microrganismos à coloração de Gram está relacionada à constituição molecular da face externa de suas células. Bactérias Gram-positivas apresentam parede celular externa à membrana plasmática, constituída por camada espessa de polímeros conhecidos como pelicanoidídeos, associados ao polissacarídeo fosforado, ácido teicoico. Esses polímeros interagem com o cristal violeta e, dada a espessura dessa camada, acabam por aprisionar o corante (Figura 3).[9,13]

Já os organismos Gram-negativos apresentam uma parede celular pouco espessa e circundada por uma segunda bicamada lipídica, similar à membrana plasmática, denominada membrana externa. Essa membrana apresenta sua face externa constituída de lipopolissacarídeos que, combinados aos fosfolipídeos da face interna, dão a essa estrutura uma característica altamente lipofílica. Por esta razão, o cristal violeta, mesmo penetrando

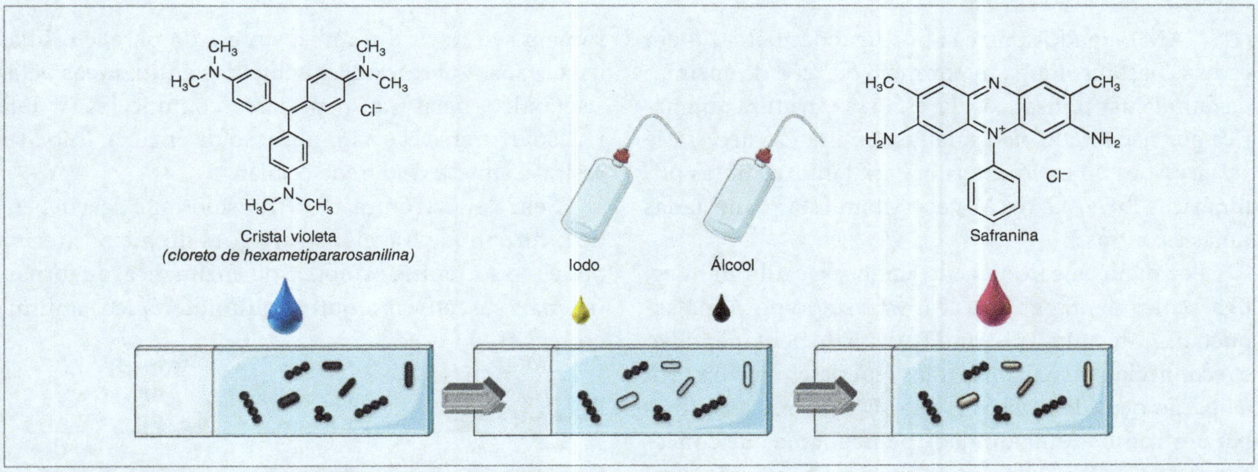

FIGURA 2 Esquema das etapas de coloração desenvolvida por C. J. Gram.

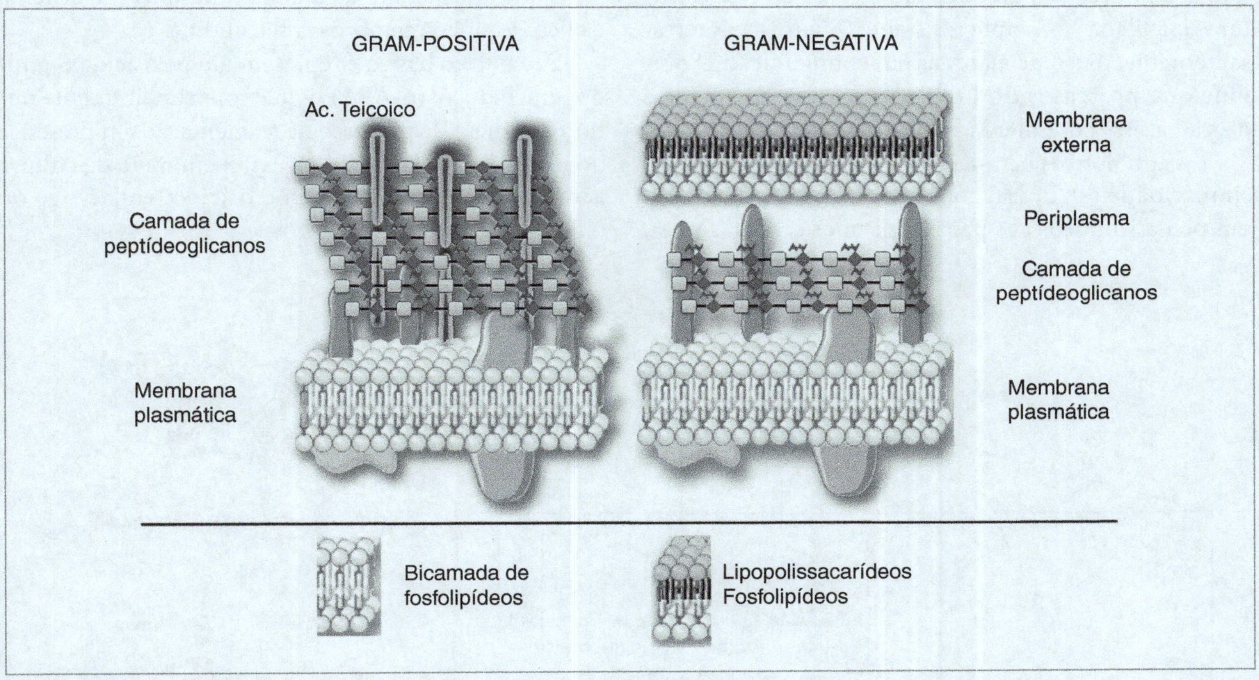

FIGURA 3 Diferenças estruturais das paredes de bactérias Gram-positivas e Gram-negativas.

até o periplasma, encontrará uma camada de peptidoglicanos pouco espessa e, portanto, sua interação com esta é menos intensa. Além disso, a etapa de lavagem com álcool para remoção do excesso de corante desempenha papel crucial. O álcool interage com a bicamada lipídica externa das Gram-negativas, levando ao seu rompimento e perda, o que facilita a remoção do cristal violeta dessas células e, consequentemente, sua descoloração.[10,14]

O uso de safranina ou de qualquer outro corante de contraste acaba por induzir a coloração dos núcleos de todas as células na lâmina. Essa coloração, rósea, será visível, porém, apenas nas Gram-negativas, as quais não retiveram o cristal violeta, de coloração roxa bem mais intensa (Figura 2).

Antibióticos beta-lactâmicos atuam diretamente sobre a síntese dos peptidoglicanos e, por essa razão, microrganismos Gram-positivos e negativos apresentam diferentes respostas ao tratamento com tais antibióticos.

Peptidoglicanos são polímeros de açúcares do tipo *N*-acetilglicosamino (NAG) e de ácido *N*-acetilmurânico (NAM), ligados entre si por ligações beta-1,4 em cadeias bastante longas e por meio da ação de enzimas da família das transglicosidases. Essa estrutura polimérica por si, contudo, não garante a resistência necessária às agressões do meio externo. Para tanto, as fibras poliméricas de NAG-NAM necessitam estar conectadas umas às outras.[13]

Por meio da carboxila do ácido *N*-acetilmurânico, liga-se um pentapeptídeo caracterizado por uma sequência C-terminal *D*-Ala-*D*-Ala. Esse pentapeptídeo é reconhecido por enzimas transpeptidases que rompem a ligação peptídica entre as duas *D*-alaninas terminais para introduzir uma unidade pentaglicina que conectará esta *D*-Ala a uma *D*-Lys presente na porção peptídica de uma segunda fibra de peptideoglicano. Formam-se, assim, ligações cruzadas entre as cadeias polissacarídicas da parede celular, tornando essa estrutura reticulada e bastante resistente (Figura 4). Interessantemente, o uso de alaninas em configuração *D* previne que proteases do hospedeiro possam atacar e degradar esses polímeros.[13,15,16]

Os antibióticos beta-lactâmicos apresentam grande similaridade estrutural com o terminal *D*-Ala-*D*-Ala dos pentapeptídeos dos peptidoglicanos e, dessa forma, tomam seu lugar durante a síntese da parede celular bacteriana.[14] O reconhecimento dos antibióticos beta-lactâmicos pelas transpeptidases, contudo, leva a uma reação irreversível e à inutilização da enzima. Inibe-se, assim, a síntese de parede celular.

Sem essa estrutura, os organismos que dela dependem tornam-se frágeis às variações do meio externo, podendo sofrer lise osmótica ou enzimática, ou tornar-se mais suscetíveis a outros quimioterápicos antimicrobianos.

PENICILINAS

Estrutura química e produção

As penicilinas são antibióticos beta-lactâmicos clássicos que apresentam a lactama fundida a um sistema cíclico de cinco membros, a tiazolidina.

Seu núcleo básico é representado pelo ácido 6-aminopenicilânico, (6-APA) o qual foi primeiramente obtido por meio de processo de fermentação em presença do fungo *Penicillium chrysogenum* em meio de cultura acrescido de adjuvantes, como o ácido fenilacético ou o fenoxiacético (Figura 5).[17,18]

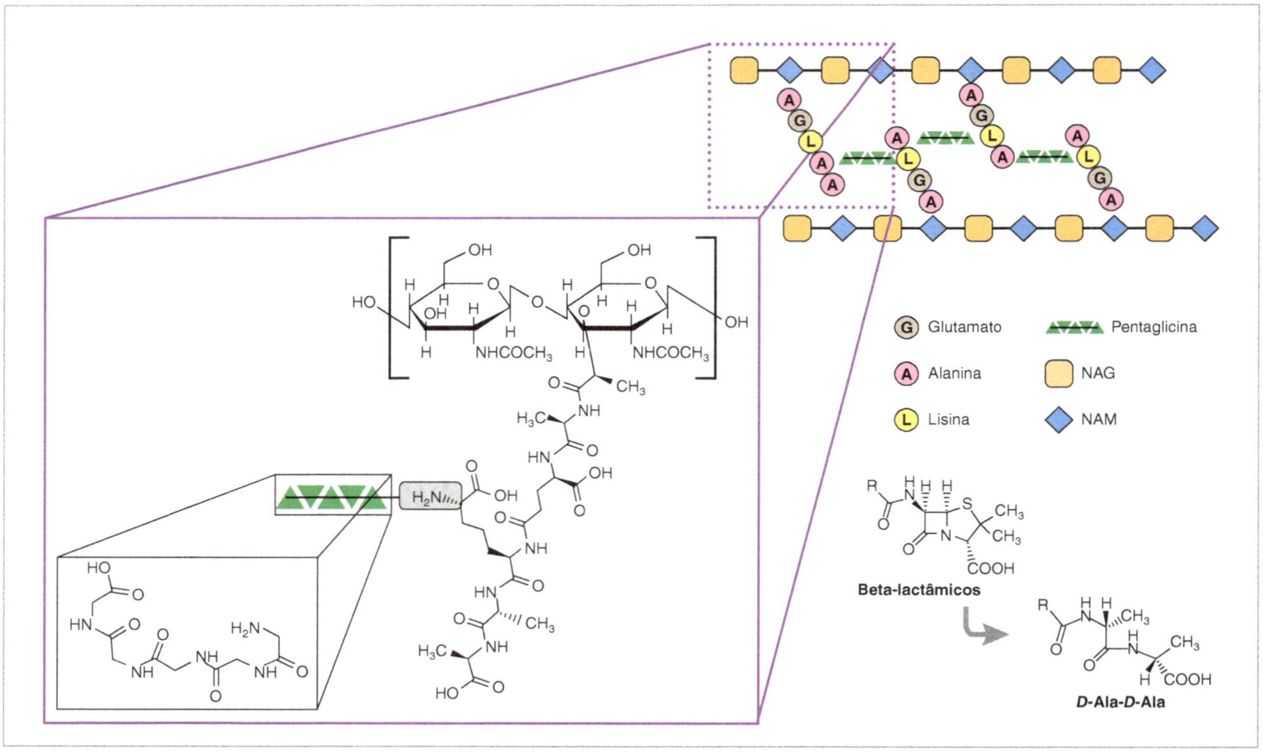

FIGURA 4 Estrutura dos filamentos de NAG-NAM e das ligações cruzadas estabelecidas entre os polímeros para constituir a parede celular bacteriana.

Na presença do ácido fenilacético, o fungo preferencialmente produz a conhecida penicilina G, benzilpenicilina, enquanto na presença do ácido fenoxiacético, produz a penicilina V, ou fenoximetilpenicilina. Tais grupos são os blocos de construção da cadeia lateral R5 derivadas do 6-APA, e podem ser removidos para obtenção do esqueleto básico das penicilinas.

O 6-APA, por si, apresenta baixa atividade antibiótica. A produção de amidas a partir da amina primária desse núcleo, contudo, leva à obtenção de todas as demais penicilinas naturais e semissintéticas, com atividades biológicas e propriedades farmacológicas distintas.[19]

Instabilidades químicas e biológicas

Se, por um lado, a acilação da amina em C_6 leva à atividade biológica antibiótica, por outro, essa modificação molecular é, também, responsável por instabilidades químicas associadas a esta classe de compostos.[20,21]

Essa carbonila exibe capacidade de atuar como nucleófilo, devido à ressonância do par de elétrons do nitrogênio ao qual foi acoplada. Na forma do enol, os elétrons sobre o oxigênio dessa carbonila estão localizados muito próximos ao carbono carbonílico da beta-lactama reativa. Dessa forma, um ataque nucleofílico intramolecular pode ocorrer (Figura 6A).[6]

Outra instabilidade decorrente também da alta reatividade do anel beta-lactâmico é a capacidade de sofrer hidrólise em meio ácido. Devido à protonação do oxigênio da carbonila da lactama, a água, um nucleófilo relativamente fraco, consegue atacar o carbono dessa função, levando à abertura do ciclo, com consequente perda de função antibiótica (Figura 6B).[21]

A instabilidade em meio ácido compromete a administração via oral desses fármacos, dado o baixo pH do estômago. Assim, a aplicabilidade terapêutica dessas penicilinas é restrita.

Com o decorrer da ampla aplicação terapêutica dos antibióticos beta-lactâmicos, como se dá com outros fármacos quimioterápicos, houve a seleção e proliferação de bactérias resistentes a eles.

Estudando-se cuidadosamente os organismos resistentes, descobriu-se que eles eram capazes de produzir enzimas aptas a clivar o sistema cíclico beta-lactâmico.[22] Derivadas de mutações das transpeptidases responsáveis pelas ligações cruzadas entre as fibras de NAG-NAM da parede celular, estas beta-lactamases fazem parte das proteínas ligadoras de penicilinas, normalmente referidas como PBPs, seguindo a sigla em inglês de *penicillin-binding proteins*. Essas constituem uma classe de proteínas capazes de reagir com os antibióticos beta-lactâmicos, cujas funções, porém, são variadas e, por vezes, desconhecidas. A abundância dessa família de proteínas deve-se ao fato de que diferentes espécies e gêneros de bactérias produzem diferentes PBPs, de acordo com as informações genéticas que carregam. Todas essas proteínas, contudo, mantêm a capacidade de clivar o anel beta-lactâmico.[23,34]

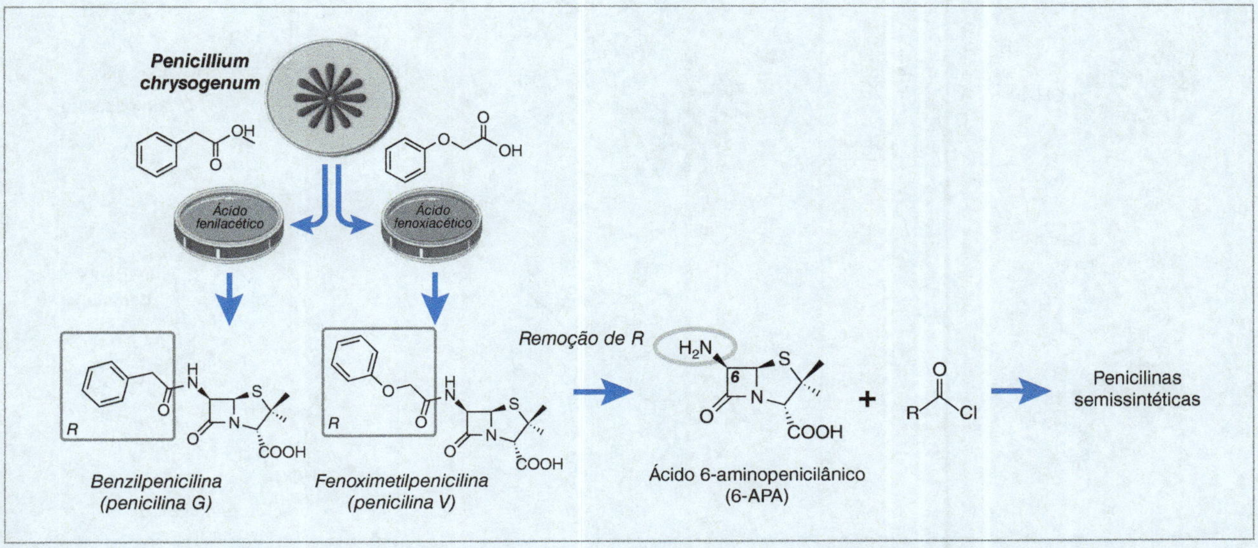

FIGURA 5 Estrutura do ácido 6-aminopenicilânico e produção de penicilinas por fermentação, mostrando variações naturais da cadeia lateral R. Em detalhe circular, grupo "6-amino" a partir do qual se pode variar a estrutura das penicilinas pela reação com diferentes cloretos de acila.

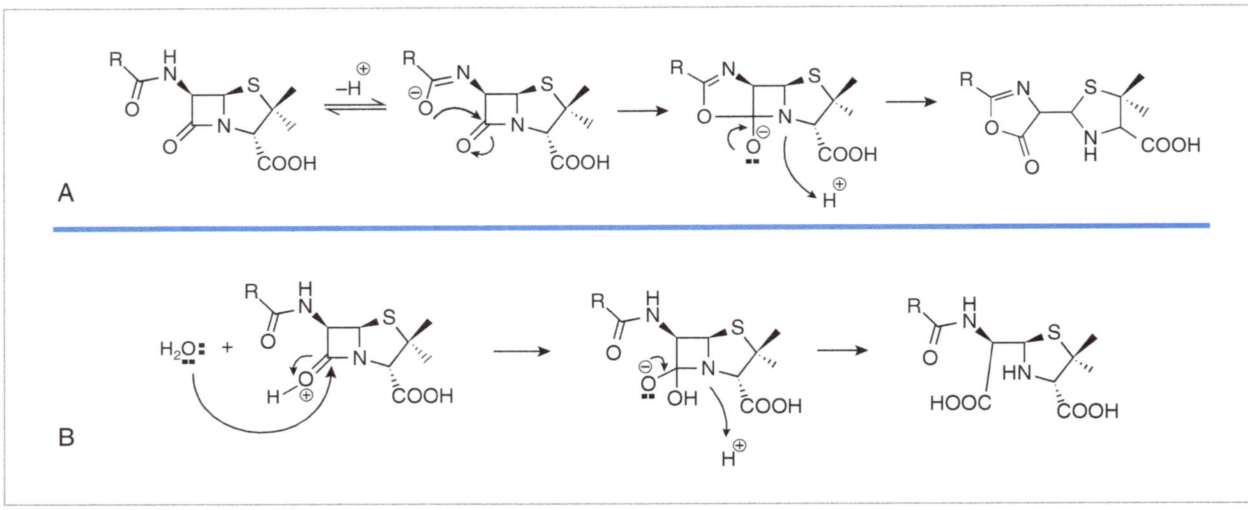

FIGURA 6 Instabilidades químicas associadas às penicilinas.

Como as transpeptidases das quais derivaram por mutação, as beta-lactamases são serino-proteases que atacam o carbono carbonílico da beta-lactama, levando ao rompimento do ciclo e à formação do ácido peniciloico, o qual é decomposto em peniciloaldeído e *D*-penicilamina (Figura 7).[25]

Um comportamento interessante das beta-lactamases é o de serem capazes de sofrer regeneração por hidrólise no organismo, enquanto as transpeptidases, das quais se originam, não apresentam tal capacidade. Assim, novas moléculas de beta-lactamases são liberadas no meio para perpetuação da ação inativadora de beta-lactâmicos, ao passo que as transpeptidases permanecem definitivamente ligadas a estes, perdendo suas funções.

Relações entre a estrutura química e a atividade biológica[26]

Com base na estrutura química do ácido 6-aminopenicilânico, bem como no conhecimento das carac-

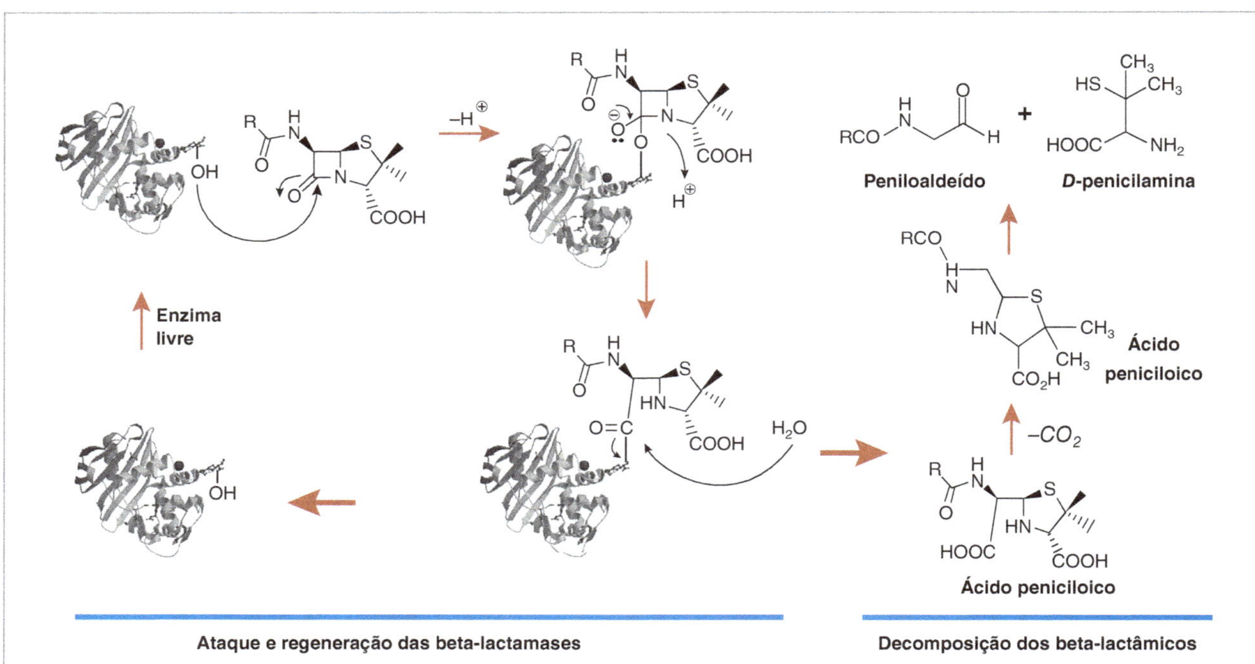

FIGURA 7 Mecanismo de ataque das beta-lactamases às penicilinas e sua regeneração.

terísticas e instabilidades químicas e biológicas do sistema beta-lactâmico, foi possível estabelecer, em detalhes, as relações entre estrutura química e atividade/propriedade da classe (Figura 8).

O farmacóforo dessa classe é basicamente composto pelo anel beta-lactâmico, o qual deve preservar suas características de alta tensão anelar associada à maior eletrofilicidade do carbono carbonílico da estrutura, devido à fusão desta a um segundo heterocíclico de cinco membros, a tiazolidina. Sua forma ativa apresenta os centros assimétricos em configuração 5*R*,6*R*, característica essa essencial, pois, dessa forma, o sistema não permite a angulação adequada para existência de ressonância entre os átomos de carbono, oxigênio e nitrogênio da lactama, tornando a carbonila reativa. É esta configuração que induz a já discutida forma de V ou de borboleta assumida por esses compostos.[6,25]

A carboxila em C_3 também é essencial para a ação desses fármacos, uma vez que estabelece interação com resíduos protonados do sítio de reconhecimento das transpeptidases (p. ex., com lisinas ou argininas). Acilação da amina em C_6 também constitui parte do farmacóforo, visto que compostos não acilados apresentam baixa atividade antibiótica.[25]

Modificações da cadeia lateral em C_6 não constituem parte do farmacóforo, mas são importantes ferramentas para modular as instabilidades químicas e biológicas associadas às beta-lactamas. Fazem parte, assim, das relações entre estrutura química e propriedades biológicas.

Com vista a aumentar a estabilidade em meio ácido e diminuir a capacidade dos ataques intramoleculares da carbonila da amida resultante da acilação, grupos retiradores de elétrons ligados a esta amida deslocam a nuvem eletrônica do oxigênio carbonílico, diminuindo a capacidade nucleofílica deste último. O mesmo deslocamento eletrônico diminui a eletrofilicidade do carbono da carbonila da lactama. É interessante notar que tais grupos não se encontram conjugados diretamente à amida em C_6, pois, se assim estivessem, levariam a uma deslocalização eletrônica por ressonância, a qual, por sua vez, poderia afetar o mecanismo de reação com as transpeptidases, interferindo assim no mecanismo de ação antibiótica.[25]

Por basear-se apenas em efeito indutivo, a modulação é moderada de forma a preservar a capacidade reacional da beta-lactama, porém diminuindo a instabilidade química desses compostos.

Quanto à instabilidade frente às beta-lactamases, esta pode ser contornada pela adição de grupos volumosos nas redondezas do anel beta-lactâmico. A posição C_6, por ser mais passível de modificações moleculares, é a mais comumente empregada na adição desses grupos. Assim, grupos volumosos em R e/ou R_1 dão maior resistência à ação de beta-lactamases.[24]

Por fim, se o grupo volumoso for também retirador de elétrons (ou contiver tais grupos), as penicilinas resultantes apresentam capacidade de resistir tanto ao meio ácido quanto à ação de beta-lactamases.

Classificação

As penicilinas empregadas terapeuticamente podem ser classificadas segundo a resistência ao meio ácido e às enzimas capazes de quebrar o sistema beta-lactâmico (Figura 9).[27]

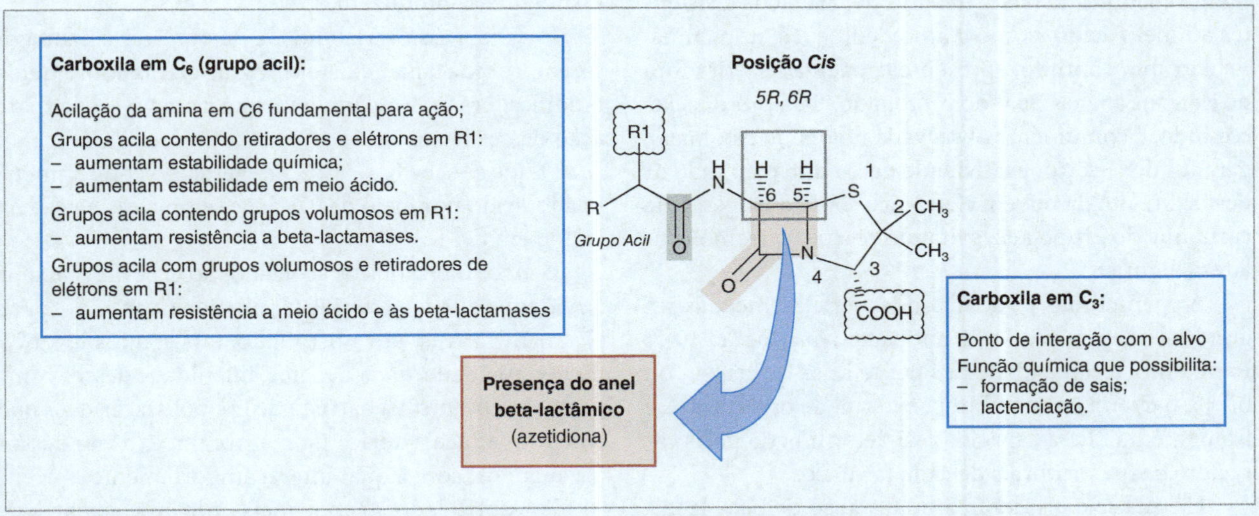

FIGURA 8 Relação entre estrutura química e atividade/propriedade biológica das penicilinas.

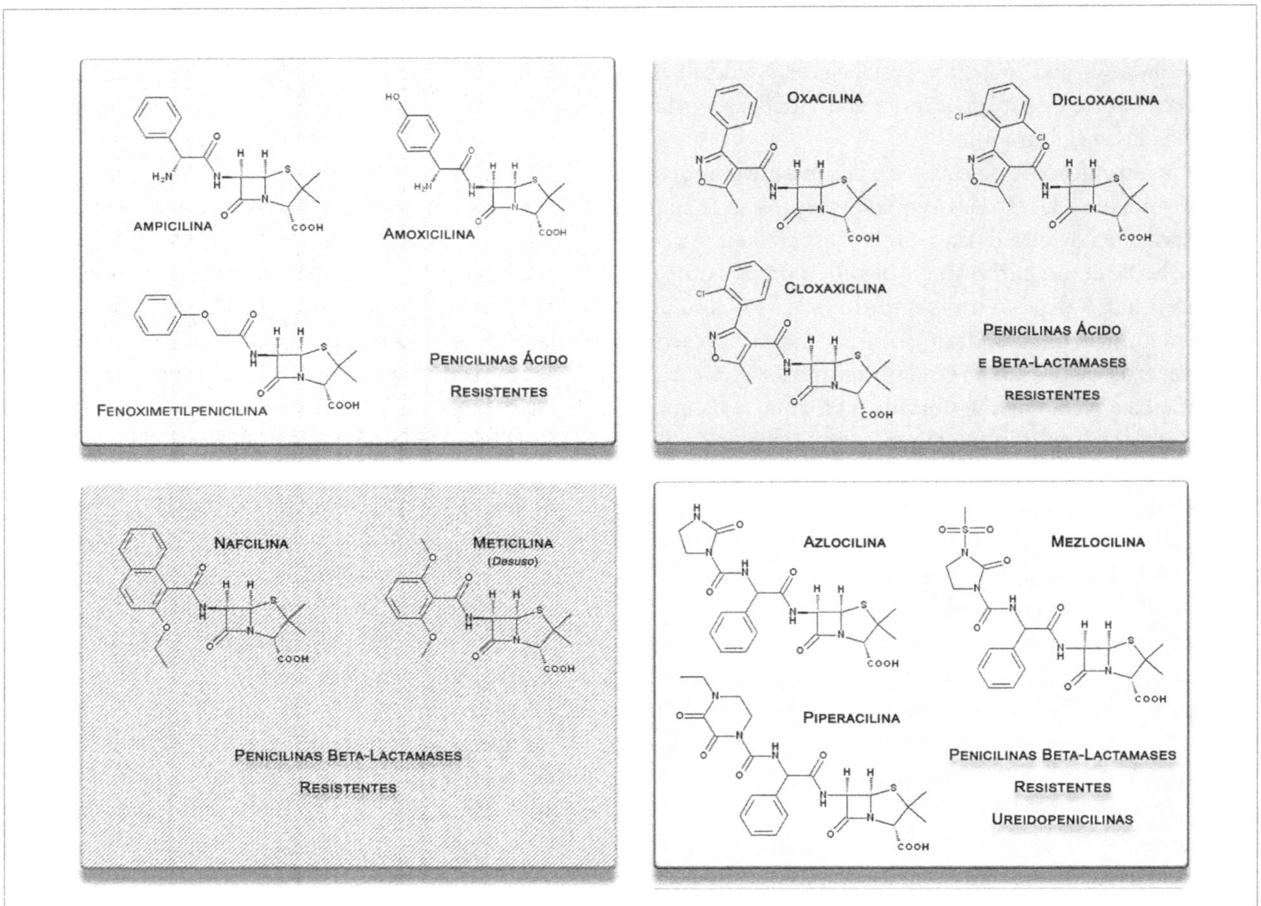

FIGURA 9 Classificação das penicilinas quanto suas resistências.

São comumente empregados como retiradores de elétrons grupos oxigenados e nitrogenados, como as oximas, os éteres e as aminas. O grupo $-NH_2$ é amplamente encontrado nas estruturas de fármacos resistentes ao meio ácido, como a amoxicilina e a ampicilina. Este grupo, contudo, apresenta capacidade retiradora de elétrons apenas quando protonado. Essa protonação, contudo, é comumente observada no pH do estômago, garantindo a eletronegatividade necessária para induzir deslocamento da nuvem eletrônica sobre o oxigênio da carbonila do grupo acil, evitando reações intramoleculares (Figura 8).

As penicilinas podem, ainda, ser classificadas segundo seu espectro de ação antibacteriana (Figura 10).[28] Para tanto, a capacidade das penicilinas de cruzar, ou não, a barreira da membrana externa de organismos é fundamental. Essa capacidade é determinada pelas características estruturais de cada fármaco.

Há que se considerar, ainda, a ação de beta-lactamases produzidas e, muitas vezes, excretadas na região periférica ao redor da membrana externa de microrganismos resistentes. Essas enzimas, ainda, apresentam estruturas proteicas diversas em dependência do organismo que as produzem.[29]

Devido a essa variabilidade de possíveis enzimas a serem inibidas, não existem regras claras sobre quais modificações moleculares levariam a amplo espectro de ação desses fármacos.

O que se sabe baseia-se, em geral, no conhecimento adquirido por meio de variações empíricas na cadeia lateral em C_6.

Grupos hidrofóbicos acoplados ao C_6 levam a maior atividade contra bactérias Gram-positivas. Contra as Gram-negativas, por outro lado, tais grupos levam a menor atividade, dada a maior dificuldade desses compostos em permear a barreira de lipopolissacarídeos que constitui a face exterior da membrana externa desses organismos, com a qual interagem fortemente.

Por outro lado, grupos mais hidrofílicos, particularmente $-NH_2$, -OH e -COOH, quando acoplados ao carbono alfa carbonílico à amida em C_6 levam ao aumento de atividade contra bactérias Gram-negativas, sem, contudo, alterar a ação sobre as Gram-positivas. Sabe-se que esses compostos apresentam capacidade de transpor proteínas formadoras de poros conhecidas como porinas, as quais se encontram dispersas sobre a membrana externa das Gram-negativas.[30]

Por atuarem sobre bactérias tanto Gram-positivas quanto negativas, essa classe é conhecida como penicilinas de amplo espectro de ação e tem grande utilidade terapêutica. Nessa classe, os mais novos representantes são as ureidopenicilinas, que apresentam grupo funcional ureia como substituinte do carbono alfa à amida em C_6 do beta-lactâmico (Figura 10).

Penicilinas latentes

O ácido carboxílico ligado ao C_3 do anel tiazolidina é, também, um ponto da estrutura comumente utilizado em modificações moleculares. Além da possibilidade de formação de sais que auxiliam na solubilização das penicilinas para produção das diversas formas farmacêuticas medicamentosas, este grupo também fornece um ponto ideal para produção de penicilinas latentes.[31]

Tais penicilinas são comumente produzidas com objetivo de prolongamento de ação ou da liberação desses fármacos, como é o caso da benzilpenicilina benzatina. Normalmente empregada para tratamento de infecções leves e moderadas do trato respiratório e da pele bem como para tratamento de infecções venéreas como a sífilis, a benzilpenicilina benzatina é administrada como injeção intramuscular profunda formando um depósito entre as fibras musculares a partir do qual a benzilpenicilina é vagarosamente liberada para sua ação. Outros exemplos incluem a pivampicilina e a bacampicilina, ambas pró-fármacos de maior biodisponibilidade do que a ampicilina (Figura 11).[32]

CEFEMAS

Estrutura química e produção

O termo "cefemas" é empregado para se referir às beta-lactamas conhecidas como cefalosporinas e cefamicinas, as quais, junto das penicilinas, constituem a classe de antibióticos denominada beta-lactâmicos clássicos.

Após a publicação dos achados de Fleming, iniciou-se uma ampla exploração de microrganismos com vistas a se encontrar novos potenciais produtos de seus metabolismos com atividade antibacteriana. Em 1948, Giuseppe Brotzu, trabalhando com uma cultura de *Cephalosporium acremonium* proveniente dos esgotos da Sardenha, isolou a cefalosporina C (Figura 12).[33]

Quimicamente, as cefalosporinas apresentam-se como derivadas do ácido 7-aminocefalosporânico (7-ACA) e são estruturalmente relacionadas às penicilinas por compartilhar a presença do sistema beta-lactâmico associado a um heterocíclico. No caso das cefalosporinas, o sistema heterocíclico é uma diidrotiazina, sistema de seis membros, contendo dois heteroátomos,

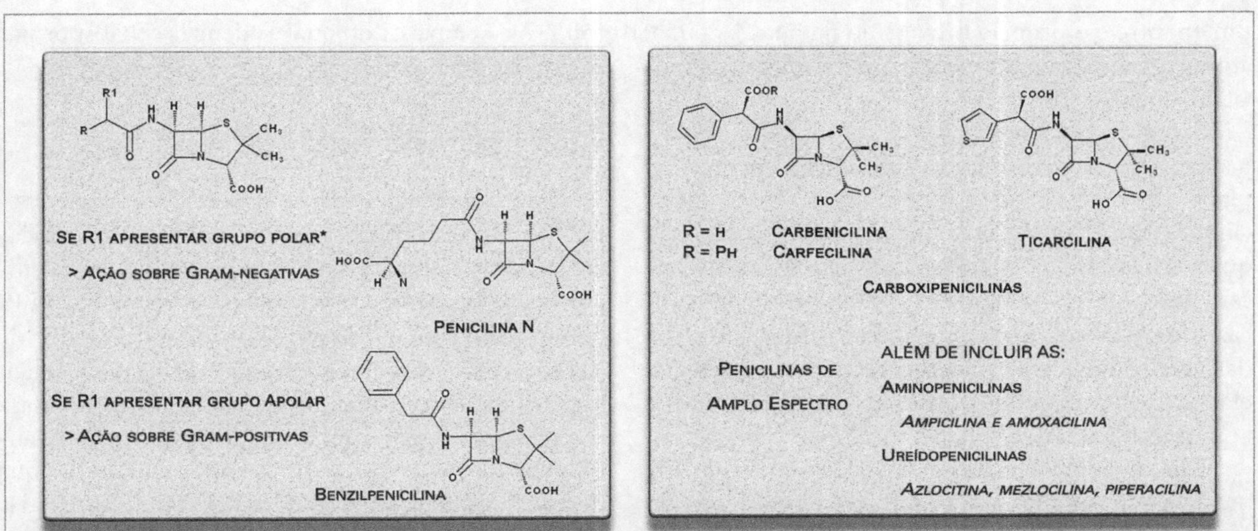

FIGURA 10 Classificação das penicilinas quanto ao espectro de ação.

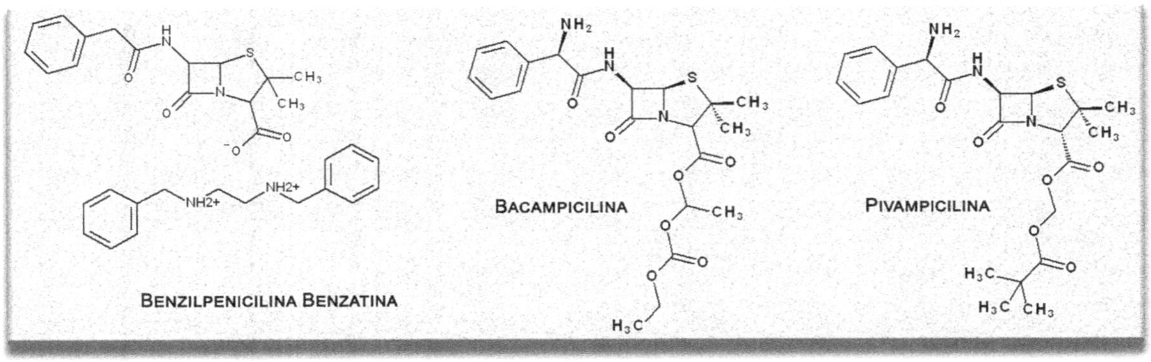

FIGURA 11 Exemplos de pró-fármacos de penicilinas.

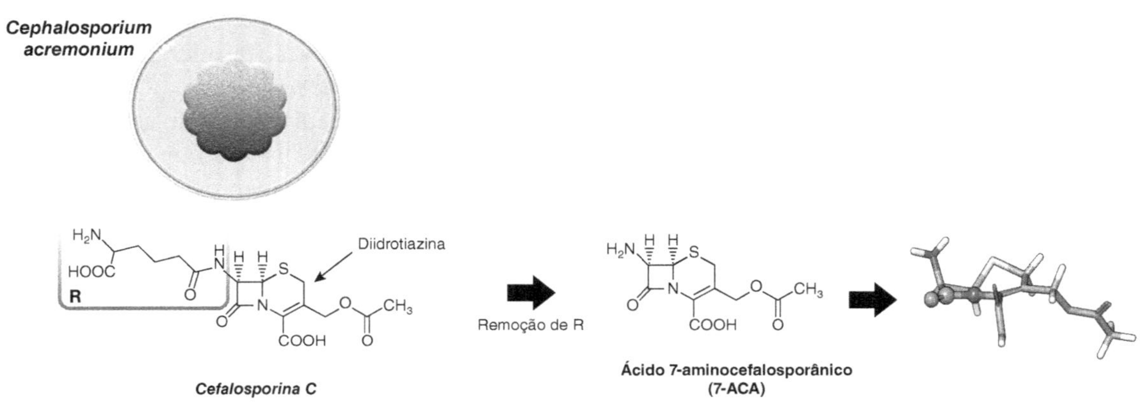

FIGURA 12 Isolamento das cefalosporinas, mostrando a estrutura da cefalosporina C, do 7-ACA e a presença de dois anéis fundidos e em planos diferentes.

um enxofre e o próprio nitrogênio da beta-lactama, átomos pelos quais também ocorre a fusão dos dois ciclos (Figura 12).[34]

A presença desse segundo ciclo também implica uma estrutura de dois anéis fundidos dispostos em planos diferentes e, portanto, em maior tensão anelar (Figura 12). Essa tensão, contudo, é bem menor do que a observada na estrutura das penicilinas, e é por essa razão que tais compostos são também menos eficazes na ação antibiótica.[34] Ainda assim, a estrutura das cefalosporinas despertou atenção, uma vez que elas exibem atividade contra bactérias resistentes à ação de penicilinas.

Tentativas de obtenção das cefalosporinas por fermentação mostraram-se bastante dificultosas, levando os pesquisadores a elaborar uma rota sintética específica que, apesar de envolver sete passos reacionais, constitui a forma mais conveniente de se obter o núcleo central 7-ACA, a partir do qual as demais cefalosporinas são, então, sintetizadas.[35]

Instabilidades químicas e biológicas

Como já mencionado, a reatividade do núcleo beta-lactâmico das cefalosporinas não se equipara à das análogas penicilinas e, consequentemente, esses compostos são também menos reativos tanto frente às PBPs (como as beta-lactamases e a transpeptidases-alvo de sua ação) quanto frente às condições de meio que levam às instabilidades químicas relacionadas às penicilinas.

Essas moléculas, contudo, preservam atividade antibiótica via reação com as transpeptidases-alvo, o que demonstra sua maior reatividade quando comparadas às beta-lactamas planas. Assim, em outras palavras, as cefalosporinas seriam menos reativas que as penicilinas, porém mais reativas que as beta-lactamas planas.[7]

Parte da reatividade das cefalosporina é explicada pela presença de tensão sobre o anel da lactama. A diidrotiazina ligada a este anel se dispõe em um plano diferente, o que acarreta inexistência de ressonância na carbonila da beta-lactama e aumento da eletrofilicidade desta função.

Outro fator estrutural, porém, que atua como determinante da atividade desses compostos é a presença da dupla ligação olefínica entre os carbonos C_2 e C_3 do sistema diidrotiazínico (Figura 13).[6,25,26]

Essa dupla permite que, por ocasião de ataques nucleofílicos ao carbono carbonílico da beta-lactama, o par de elétrons seja conjugado de forma a ser recebido pelo grupo acetoxi (ou equivalente) da cadeia em C_3 do heterocíclico, o qual, por sua vez, atua como bom grupo de partida, levando os elétrons consigo e diminuindo significativamente a energia requerida para a reação.[25]

Assim, o tipo de cadeia acoplada ao carbono C_3 da diidrotiazina determina sua reatividade e, portanto, suas instabilidades e sua atividade antibiótica.

Em meio ácido, ou na presença de água, as cefalosporinas acabam por sofrer ataque à carbonila da beta-lactama, levando à abertura deste anel e à consequente perda de atividade antibiótica.

Relações entre a estrutura química e a atividade biológica[26,34]

Assim como no caso das penicilinas, o conhecimento das características e das instabilidades químicas que envolvem o 7-ACA trouxe luz às possibilidades de modificações estruturais capazes de otimizar os perfis farmacêutico, farmacocinético, toxicológico e/ou farmacodinâmico desses compostos, possibilitando, assim, estabelecer as relações entre a estrutura química e a atividade/propriedade biológica dessa classe (Figura 14).

A presença do sistema bicíclico, assim como nas penicilinas, é essencial para a ação antibiótica. A amina na posição C_7 do núcleo 7-ACA deve apresentar-se acilada para que uma boa atividade antibiótica seja observada. Como no caso das penicilinas, grupos retiradores de elétrons, não conjugados, mas geralmente inseridos logo após a amida, acarretam deslocamento da nuvem

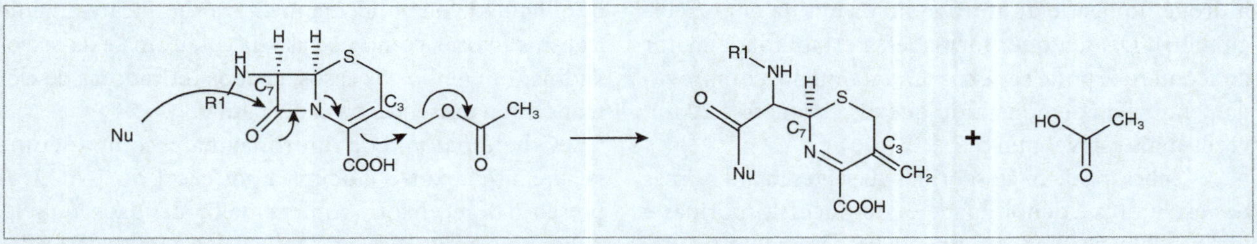

FIGURA 13 Papel da dupla ligação da diidrotiazina na reatividade das cefalosporinas.

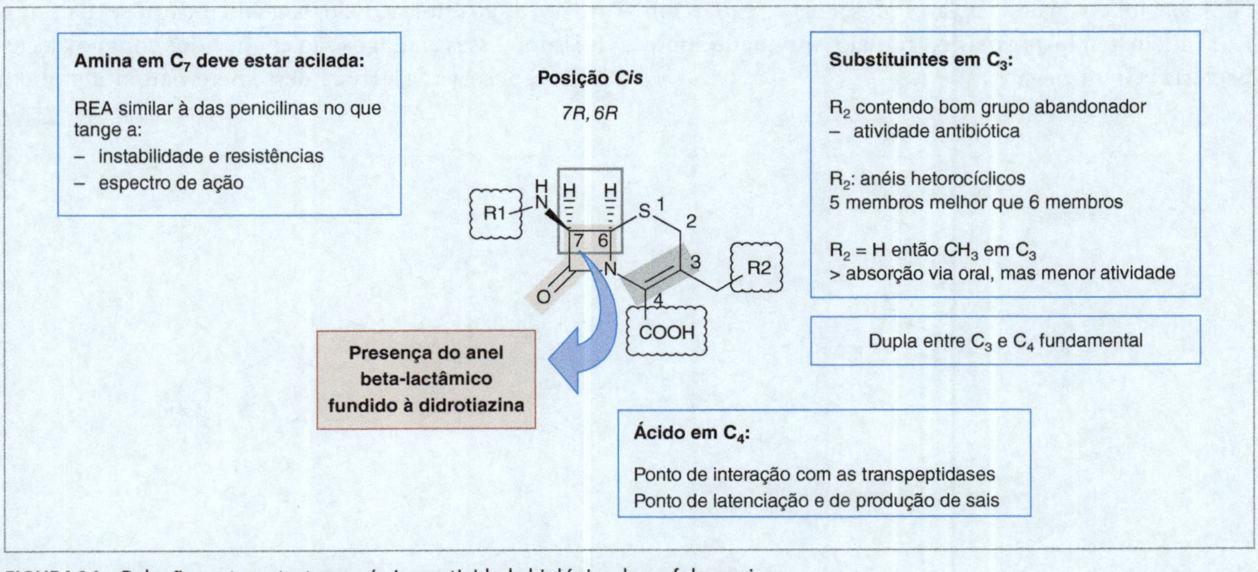

FIGURA 14 Relações entre estrutura química e atividade biológica das cefalosporinas.

eletrônica do oxigênio carboxílico desta função e diminuem a reatividade em meio ácido. Também de forma equivalente às penicilinas, grupos volumosos em C_7 impedem o ataque das beta-lactamases, rendendo cefalosporinas resistentes a estas enzimas.[34]

O emprego de substituintes ao mesmo tempo volumosos e retiradores de elétrons na posição C_7 leva também à resistência tanto às beta-lactamases quanto ao meio ácido estomacal. Uma modificação nesse sentido, muito comumente aplicada às cefalosporinas, é a introdução de um grupo oxima a esta cadeia lateral. A oxima é uma função caracterizada por um átomo de oxigênio ligado a uma imina (N=C) que apresenta boa capacidade retiradora de elétrons. Além disso, esse grupo, quando introduzido no carbono alfa à carbonila da amida em C_7, tende a assumir configurações diferentes em relação à dupla da imina, a saber, *Z* e *E*. Estes isômeros não se encontram igualmente distribuídos, observando-se predominância do isômero *Z* (*cis*). Essa predominância relativa parece estar relacionada à presença de uma ligação de hidrogênio intramolecular, ocorrendo entre o oxigênio da oxima e o hidrogênio ligado ao nitrogênio da amida em C_7 (Figura 15). De qualquer forma, essa estabilidade maior do isômero *Z* pode ser experimentalmente comprovada, tendo sido demonstrado que esse isômero é 20 mil vezes mais estável que o *E*.[34]

A subclasse de cefalosporinas que apresentam oximas nas estruturas é denominada oximinocefalosporinas e inclui cefalosporinas comumente usadas na terapêutica, como a cefuroxima, a ceftazidima e a ceftriazona.[34]

No mesmo contexto de similaridade com as penicilinas, também grupos polares presentes na cadeia em C_7 rendem cefalosporinas com maior atividade sobre bactérias Gram-negativas.

Modificações moleculares na posição C_3, por outro lado, são particularmente importantes apenas para a classe das cefalosporinas. Nessa posição é comum a substituição por grupos com capacidade de funcionar como bons "grupos de partida". Assim, estes devem ser capazes de captar elétrons e estabilizar a carga durante um ataque nucleofílico, como o faz o grupo acetoxi presente nas cefalosporinas originais. Grupos como carbamato e cloro, por exemplo, são alternativas que mantêm essa capacidade e são encontrados nas cefalosporinas cefuroxima e cefaclor, respectivamente.[26]

A substituição do acetoxi por sistemas anelares levou à obtenção de cefalosporinas de maior potência. Anéis heterocíclicos de cinco membros produzem os compostos mais ativos que quando se empregam anéis de seis membros em C_3. O tipo de anel heterocíclico nessa região, ainda, parece interferir com o espectro de ação desses fármacos. Este aspecto será discutido mais adiante, na seção sobre a classificação das cefemas.

A substituição do acetoxi pelos grupos metila e metoxila, por outro lado, leva a cefalosporinas menos ativas, visto que são grupos de partida ruins. Já o aumento de lipofilicidade na molécula melhora significativamente a absorção oral, como no caso da cefalexina e da cefroxadina. Em ambos os casos, grupos retiradores de elétrons estão presentes na cadeia em C_7.

O heteroátomo da diidrotiazina é, como o nome sugere, um enxofre, e ocupa a posição 1 do 7-ACA. A presença deste enxofre confere maior atividade, ou seja, maior ação antibiótica em comparação com os derivados que apresentam um oxigênio nessa posição. Quando se considera, contudo, a estabilidade frente às beta-lactamases, a substituição pelo oxigênio mostra-se mais promissora. Esses análogos são conhecidos como oxacefemas. É observada a troca desse heteroátomo também

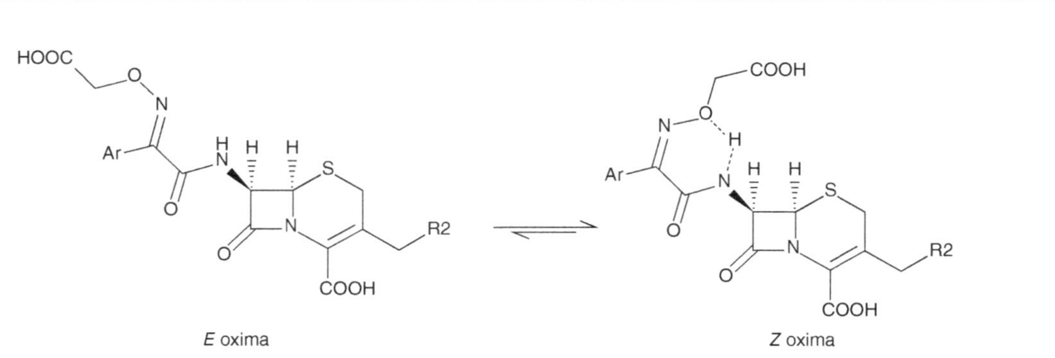

FIGURA 15 *E* e *Z* oxima e interação de hidrogênio estabilizando o isômero *Z*.

por um átomo de carbono, porém, nesses casos, uma nova classe de compostos é gerada e será discutida separadamente, neste texto, na seção "Carbapenemas".

Em C_4, posição em que normalmente se encontra o grupo carboxílico essencial para interação com as transpeptidases, é possível não somente a produção de sais para aumentar a solubilidade aquosa, mas também a produção de pró-fármacos de maior disponibilidade.[6]

Quanto à hidrossolubilidade, esta interfere tanto no processo de manipulação de medicamentos a partir desses fármacos quanto em sua capacidade de absorção via oral e de excreção renal. Cefalosporinas mais hidrossolúveis apresentam melhor perfil de excreção renal.

No início dos anos 1970, foram isoladas, a partir de culturas de diferentes espécies de *Streptomyces*, duas moléculas análogas às cefalosporinas com marcada resistência à ação de beta-lactamases.

Hoje, sabe-se que a diferença estrutural que leva a maior resistência a essas enzimas decorre da presença de uma segunda substituição em C_7, dessa vez por um grupo metoxi. Nas cefalosporinas clássicas, essa posição apresenta apenas a cadeia carbônica, sendo o octeto do C_7 completo pela ligação com um hidrogênio. Quando tal átomo é substituído pelo grupo metoxi, dá-se o nome de cefamicinas à nova classe de cefemas (Figura 16).[36]

Análogos naturais englobam as cefamicinas A, B e C e a sintética cefoxitina. A introdução natural de grupo volumoso próximo ao ponto de ataque das beta-lactamases leva à maior resistência observada contra a ação dessas enzimas.

Classificação

As cefemas, sob a ótica da terapêutica, diferem em termos de espectro de ação antibacteriana, estabilidade frente às beta-lactamases, capacidade de ação via oral e estabilidade em meio aquoso e/ou ácido, além de, como qualquer outro fármaco, quanto a características farmacocinéticas e toxicológicas.

Segundo seu espectro de ação e sua cronologia de introdução no mercado, as cefemas podem ser classificadas em cinco gerações (Figura 17).[37]

As cefemas de primeira geração compartilham como característica comum a atividade antibiótica menor do que a observada com o uso das penicilinas, ainda que com espectro de ação mais amplo. Além disso, apresentam baixa absorção via oral, dada a instabilidade em meio ácido, sendo, portanto, administradas sob a forma injetável. A cefalexina, apesar de apresentar boa absorção via oral, é também classificada como cefalosporina de primeira geração, uma vez que apresenta menor atividade antibacteriana, porém associada a amplo espectro de ação (Gram-positivas e negativas).[38]

Cefemas de segunda geração são caracterizadas por um espectro de ação similar ao das cefemas de primeira geração, mas apresentam maior resistência à ação das beta-lactamases. Incluem as cefamicinas, as quais, como discutido, apresentam naturalmente o grupo metoxi produzindo impedimento estérico à aproximação das enzimas beta-lactamases.[39]

Além disso, o espectro nessa geração inclui organismos não sensíveis às cefalosporinas de primeira geração, como *Klebisiella* e *Proteus*. As oximinocefalosporinas classificadas como cefalosporinas de segunda geração apresentam ação sobre *Haemophilus influenzae*.

As cefemas de terceira geração apresentam menor ação contra organismos Gram-positivos, embora também exibam maior efetividade contra organismos Gram-negativos. Estes últimos são predominantes em infecções hospitalares e, portanto, tal classe de cefemas é

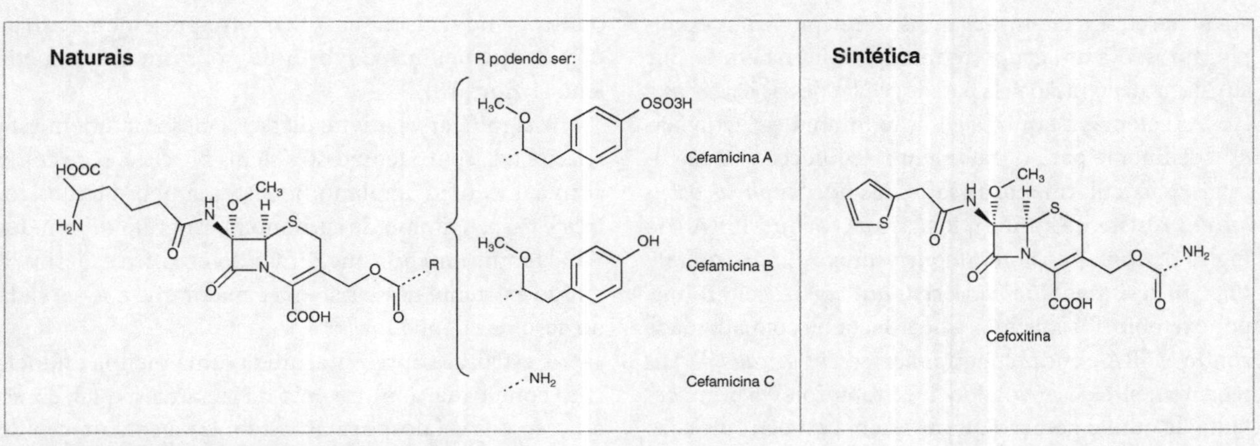

FIGURA 16 Exemplos de cefamicinas naturais e sintéticas.

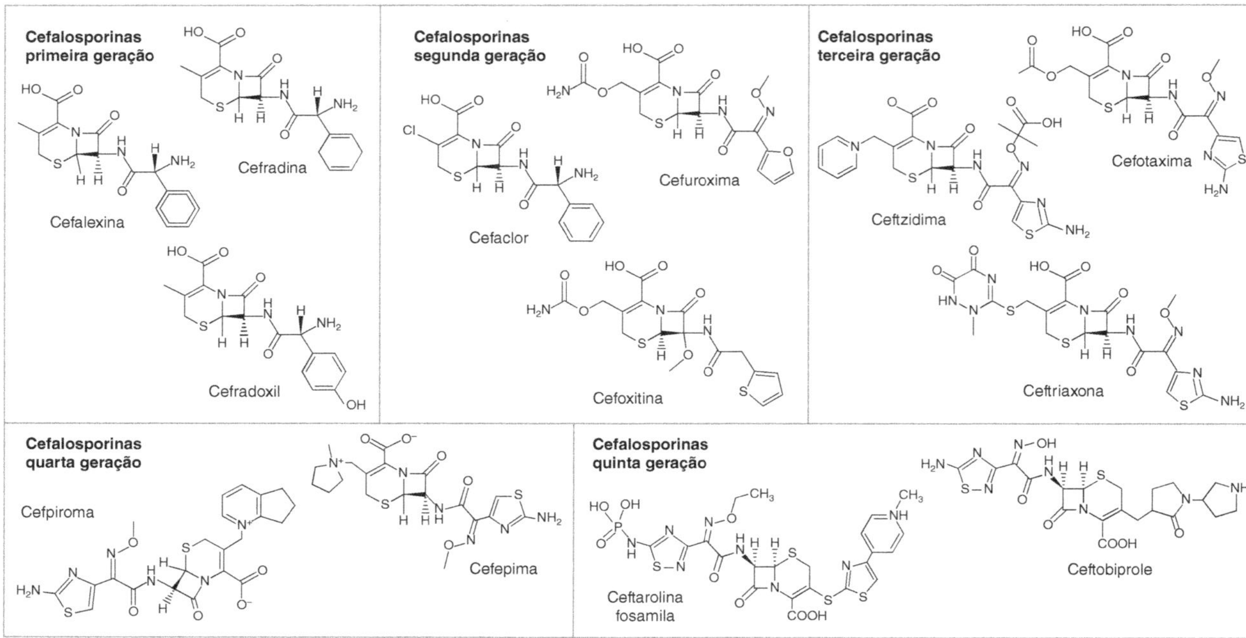

FIGURA 17 Classificação das cefalosporinas.

voltada para o tratamento de infecções nosocomiais. Muitos desses compostos apresentam heterocíclicos de cinco ou seis membros na cadeia C_3. Algumas cefemas apresentam tais sistemas na cadeia C_7, como no caso da cefotaxima, que possui anel 2-aminotiazólico responsável por excelente ação anti-Gram-negativas.[40]

Os análogos de quarta geração são caracterizados por apresentar ação otimizada contra *cocos* Gram-positivos, enterobactérias e contra uma variedade de bactérias Gram-negativas, como a *Pseudomonas aeruginosa*. Apresentam, assim, ação mais ampla que a das cefemas de terceira geração. O grupo aminotiazólico na cadeia C_7 e a presença de carga positiva produzindo nitrogênio quaternário ligado à cadeia C_3 são as características estruturais que parecem estar relacionadas com o aumento da atividade contra Gram-negativas. A cefepima, por exemplo, apresenta um grupo *N*-metilpirrolidina em C_7 que auxilia na penetração pela parede celular dessas bactérias.[41]

As cefemas de quinta geração foram desenvolvidas especialmente para o tratamento de infecções nosocomiais, particularmente as causadas por *Staphylococcus aureus* resistente a múltiplos fármacos, ou MSRA (do inglês *multiple-resistant Staphylococcus aureus,* ou *methicillin-resistant Staphylococcus aureus*). A ceftarolina, por exemplo, foi a primeira beta-lactama com atividade contra MSRA e eficaz contra *Enterococcus faecalis*.[42] Mais recentemente desenvolvido, o ceftobiprole[43] é outra cefema de quinta geração que apresenta espectro de ação similar ao da ceftarolina.

CARBAPENEMAS

Relações entre a estrutura química e a atividade biológica[6]

As carbapenemas são os antibióticos beta-lactâmicos de mais amplo espectro, apresentando atividade bactericida contra Gram-positivas e negativas, bem como contra microrganismos aeróbicos e anaeróbicos.[44]

Obtidas pela primeira vez como metabólito do fungo *Streptomyces cattleya*, as carbapenemas apresentam excelente potência e resistência às beta-lactamases.[45] Quimicamente assemelham-se às penicilinas, apresentando o anel beta-lactâmico associado a heterocíclico de cinco membros, contendo como heteroátomo apenas o nitrogênio da lactama. O enxofre presente na estrutura das penicilinas é substituído por um grupo metileno (Figura 18).

A significativa atividade dessa classe também está relacionada com a tensão do sistema bicíclico, bem como com a ausência de plano no sistema beta-lactâmico. Neste caso, o átomo de carbono possui raio de van der Waals muito menor que o raio do enxofre e, assim, a tensão existente nesse sistema é maior que a observada no caso das penicilinas.[25,44]

A estrutura apresenta, ainda, uma olefina endocíclica conjugada ao nitrogênio da lactama, a qual, como no caso das cefalosporinas, estabiliza a carga recebida durante um ataque nucleofílico e, portanto, diminui a

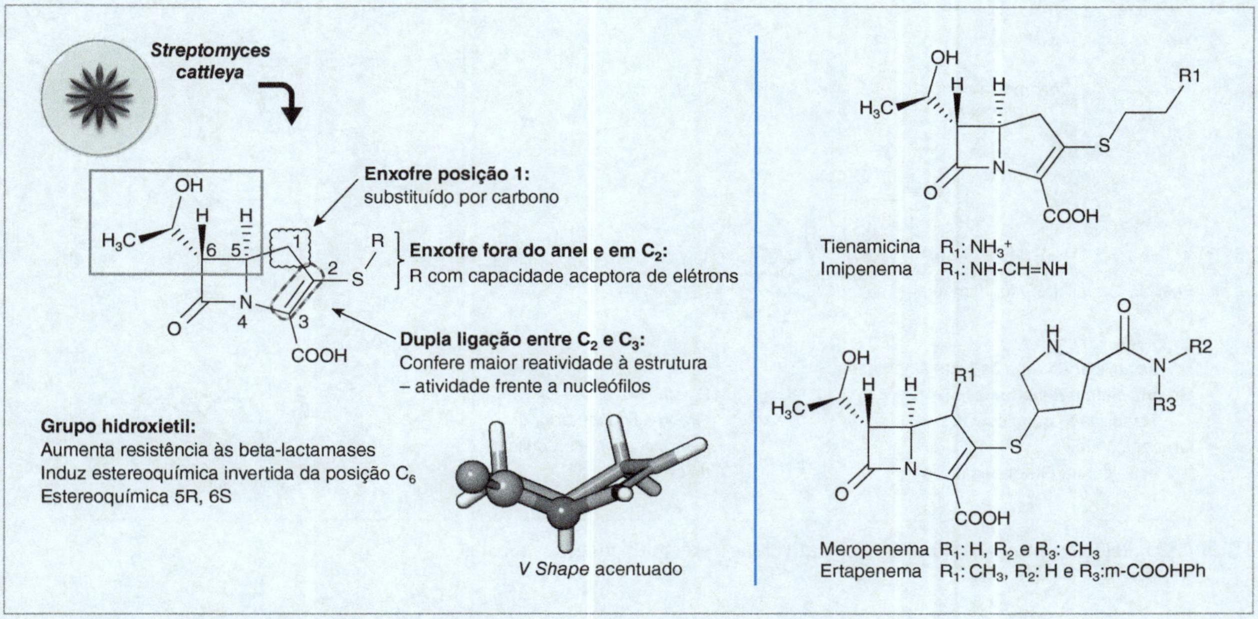

FIGURA 18 Relações entre estrutura química e atividade e exemplos de carbapenemas.

energia necessária para que esta reação ocorra. Essa maior reatividade pode ser traduzida em maior atividade contra as transpeptidases alvo, porém, também em maior instabilidade química e biológica.

Como cadeia em C_6, as carbapenemas apresentam um grupo hidroxietil. Essa característica é inusitada no que concerne às relações entre estrutura química e atividade biológica, em função das quais a amina acilada em C_6 é parte do farmacóforo das penicilinas. Além disso, a isomeria relativa a esse grupo é diversa da dos demais análogos, apresentando as configurações absolutas de seus centros quirais em *5R,6S*. Tanto o posicionamento estérico quanto o volume desse grupo nessa posição são os responsáveis pela maior resistência das carbapenemas à ação das beta-lactamases.[25]

Por fim, um átomo de enxofre encontra-se como átomo de conexão com a cadeia lateral em C_3. Essa cadeia pode carregar grupos amino em suas extremidades, porém, nestes casos, observa-se uma nova instabilidade associada a esses compostos, visto que tal amina pode atuar como nucleófilo em soluções concentradas do fármaco, de forma a atacar o anel beta-lactâmico das moléculas vizinhas e levando à perda de atividade biológica em razão dessas reações intermoleculares. A proteção das aminas é geralmente efetuada com grupos capazes de ajudar este átomo a acomodar carga negativa resultante de um potencial ataque nucleofílico, garantindo a reatividade/atividade desses antibióticos, como nos exemplos da Figura 18.

MONOBACTAMAS

Relações entre a estrutura química e a atividade biológica[46]

As monobactamas foram isoladas, pela primeira vez, em 1979, a partir da fermentação dos cocobacilos Gram-negativos e anaeróbicos facultativos *Chromobacterium violaceum*. Caracterizam-se pela presença de um sistema central monocíclico, ou seja, o anel beta-lactâmico não se encontra fundido a um segundo ciclo, a exemplo do que ocorre nas classes anteriormente discutidas.[47]

As monobactamas de origem natural, como as nocardicinas, apresentam atividade moderada frente a um limitado grupo de bactérias Gram-negativas, como é o caso da *P. aeruginosa*, que possui elevada resistência a antibióticos, porém não apresentaram atividade frente a bactérias Gram-positivas. Apesar das propriedades pouco satisfatórias para aplicação terapêutica, as nocardicinas serviram como inspiração para modificações moleculares que, assim como no caso das penicilinas e cefemas, mostraram-se vantajosas para a obtenção de análogos mais potentes (Figura 19).

O grupo ácido ligado ao nitrogênio do anel beta-lactâmico tem caráter retirador de elétrons. Essa característica é fundamental para explicar a capacidade desses compostos de reagir com as transpeptidases produtoras da parede celular. Isso porque, como sistema monocíclico, as monobactamas carecem da tensão anelar observa-

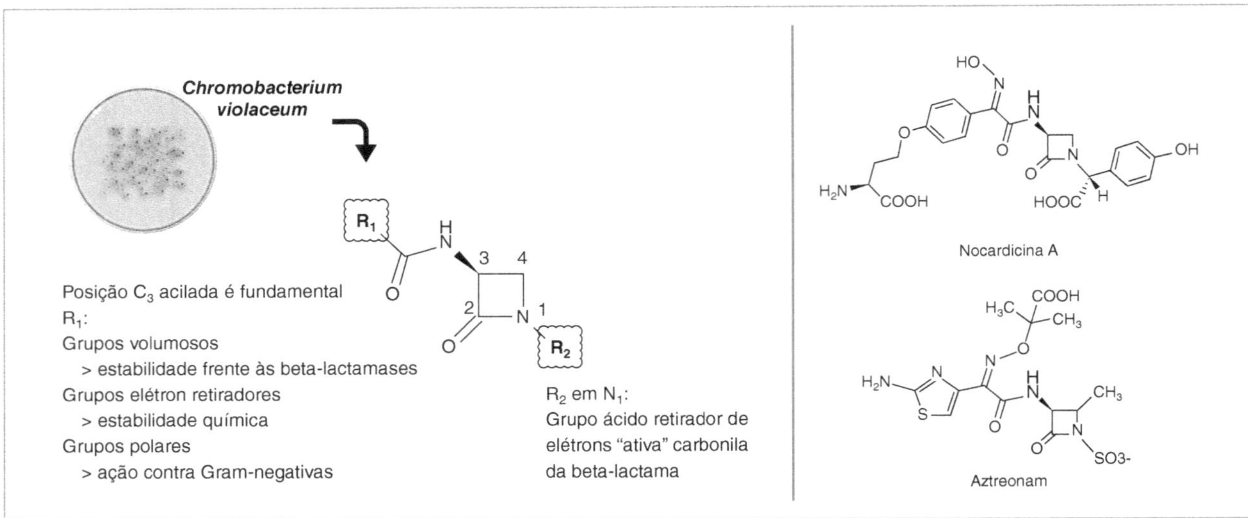

FIGURA 19 Relações entre estrutura química e atividade e exemplos de carbapenemas.

da nas outras classes e que funcionava como força motriz da reatividade desses compostos. No caso das monobactamas, a capacidade do grupo ligado ao nitrogênio N_1 de deslocar a nuvem eletrônica da carbonila para si, desprotegendo o carbono carbonílico, é o que justifica a maior reatividade desses compostos quando comparados às beta-lactamas não substituídas nessa posição.[25]

Substituições na posição C_3 da beta-lactama seguem padrão de relação estrutura química e atividade similar à das penicilinas, tanto no que tange ao espectro de ação quanto com relação às resistências a beta-lactamases e meios ácidos. Grupos polares em C_3 também aumentam a ação antibiótica contra bactérias Gram-negativas aeróbicas.[25]

As monobactamas mostram que o segundo anel fundido ao núcleo beta-lactâmico não é essencial para atividade antibiótica, desde que algum outro fator estrutural ative a reatividade da carbonila da beta-lactama.

O principal fármaco sintético dessa classe é o aztreonam,[48] que é inativo contra Gram-positivas e microrganismos anaeróbicos, mas mostra resistência contra as beta-lactamases de bactérias Gram-negativas, além de excelente atividade contra *Enterobacteriaceae* e *P. aeruginosa*. O anel aminotiazólico, as duas metilas e a função ácido carboxílico ligados à oxima da cadeia lateral em C_3 são as características que conferem atividade melhorada contra espécies de *Pseudomonas*, bem como a resistência à ação das beta-lactamases.

Aplicado por via parenteral, o aztreonam é o fármaco de escolha para o tratamento de infecções graves causadas por esses microrganismos, particularmente em ambientes hospitalares.

ASSOCIAÇÕES ENVOLVENDO ANTIBIÓTICOS BETA-LACTÂMICOS

Associações medicamentosas são estratégias comuns na terapêutica farmacológica e bastante eficientes desde que obedeçam a critérios racionais, como visar ação sinérgica de fármacos, otimização do perfil farmacocinético de um ou dos dois fármacos, diminuição ou eliminação de efeito colateral que prejudique a aceitação do tratamento pelo paciente, entre outros.

Excelente exemplo de associação farmacológica racional amplamente empregada na terapêutica é o uso combinado de antibióticos beta-lactâmicos e de inibidores de beta-lactamases de microrganismos resistentes.[49]

Inibidores de beta-lactamases são, como o nome sugere, classe de compostos capazes de reagir ou de interagir com tais enzimas, de forma a extinguir sua ação metabolizadora dos beta-lactâmicos, permitindo que estes atuem eficazmente sobre a síntese da parede celular que protege as bactérias.

O ácido clavulânico (Figura 20), por exemplo, foi isolado da actinobactéria *Streptomyces clavuligerus*, em 1976. Apresenta atividade antibiótica muito fraca quando comparado aos demais compostos beta-lactâmicos, porém, exibe potente ação inibidora das beta-lactamases por se ligar de forma irreversível a tais enzimas, inativando-as. É frequentemente empregado em associação com a amoxicilina, por via oral, e com a ticarcilina, por via parenteral.[50]

Como as beta-lactamases expressas pelos microrganismos diferem entre si, nem todas as enzimas assim classificadas são sensíveis ao ácido clavulânico.

Quimicamente, este composto se apresenta como sistema bicíclico, contendo o anel beta-lactâmico fundido a um oxazol. Neste, um oxigênio ocupa a mesma localização do enxofre no anel de cinco membros das penicilinas.[25]

Sua estrutura não apresenta a posição C_6 acilada ou com qualquer outro substituinte, mas apresenta uma hidroxila em C_9 que parece estar envolvida nas interações com as beta-lactamases-alvo.[50]

Da síntese e estudo com vários análogos do ácido clavulânico foi possível obter informações essenciais para o conhecimento das interações importantes no mecanismo de inibição exercido por esse composto (Figura 20).

Sulfonas do ácido penicilânico também apresentam ação inibitória de beta-lactamases. Exemplos bem conhecidos dessas sulfonas são o sulbactam e o tazobactam (Figura 20).[51]

Essas sulfonas são resultantes de estudos de oxidação do enxofre do pentaciclo para um grupo sulfona, e observação de aumento da potência de ação antibiótica por parte desses novos análogos.

O sulbactam apresenta espectro de atividade contra beta-lactamases maior do que o observado com o ácido clavulânico e é frequentemente utilizado em combinação com ampicilina por via intravenosa, sendo uma boa combinação contra *cocos* Gram-positivos.[51,52] O tazobactam apresenta ação semelhante à do ácido clavulânico e é normalmente coadministrado com a piperacilina, em preparações parenterais.

Por fim, entre os mais novos compostos inibidores de beta-lactamases conhecidos estão os derivados do ácido olivânico. Esses compostos foram isolados de cepas de *S. olivaceus* e apresentam a estrutura básica das carbapenemas.[45] São compostos ainda em estudos, que apresentam uma estrutura altamente instável, mas responsável pela excelente atividade inibitória das beta-lactamases observada, sendo cerca de 1.000 vezes mais potentes que o próprio ácido clavulânico. Esses compostos, ainda, apresentam interessante ação antibiótica associada, o que faz deles estruturas privilegiadas do ponto de vista da terapêutica.

Na condição de mais nova classe de inibidores de beta-lactamases, há ainda muito por se conhecer sobre as relações entre estrutura química e atividade biológica. Portanto, modificações moleculares futuras de suas estruturas poderão render compostos com perfil terapêutico melhorado e superior aos antibióticos beta-lactâmicos atualmente no mercado.

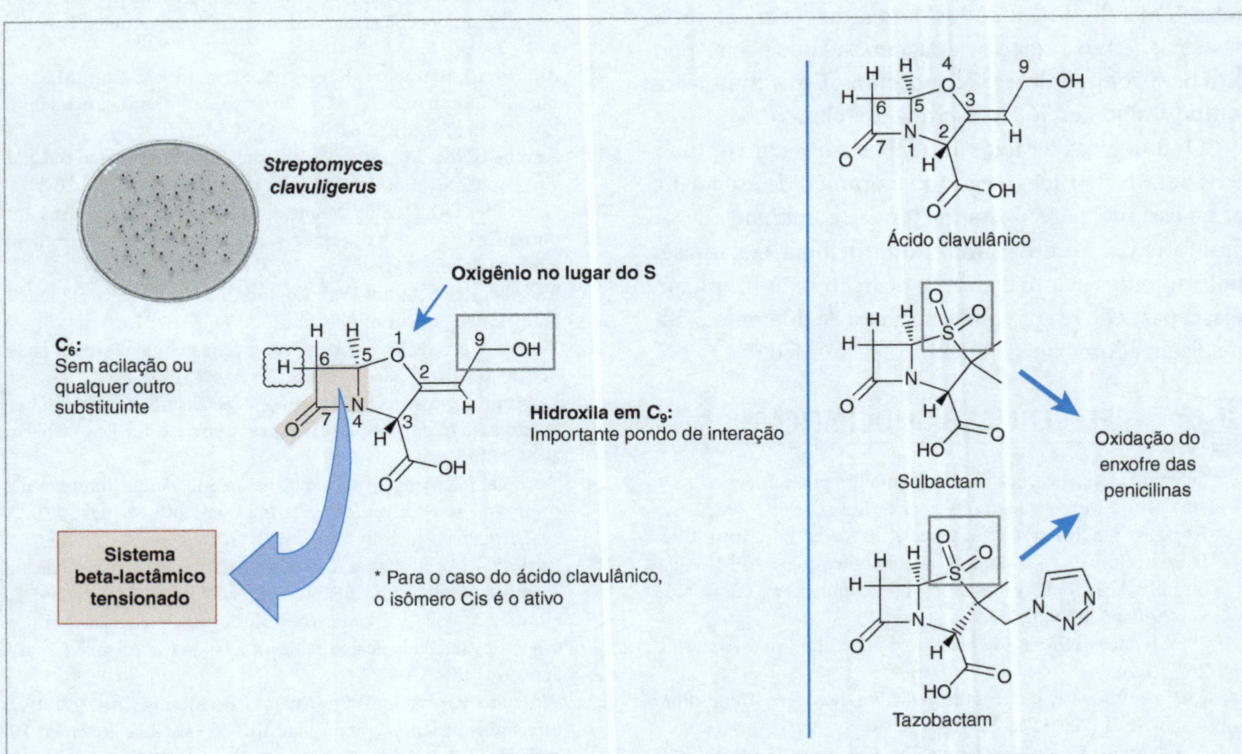

FIGURA 20 Características essenciais para a ação inibitória de beta-lactamases e estruturas do ácido clavulânico, do sulbactam e do tazobactam.

PERSPECTIVAS NO DESENVOLVIMENTO DE ANTIBIÓTICOS BETA-LACTÂMICOS E INIBIDORES DE BETA-LACTAMASES[53]

Nos últimos 40 anos, houve pouca inovação no desenvolvimento de novos antibióticos beta-lactâmicos. Os novos compostos em estudo incluem, geralmente, novas cefalosporinas, carbapenemas e uma nova classe, as carbacefemas, as quais geralmente são modificadas com vistas a melhorar o espectro de ação antibacteriana ou atingir organismos específicos, em particular patógenos resistentes a múltiplos fármacos, como *Staphylococcus* e *Pseudomonas aeroginosa*.[2,24]

Novas monobactamas também têm sido estudadas. Estas apresentam atividade contra bactérias Gram-negativas resistentes a múltiplos fármacos, com capacidade de penetração pelas membranas externas dessas bactérias, uma vez que apresentam um grupo bipirrolinil. Esse grupo químico é chamado de sideróforo, ou seja, capaz de captar ou interagir com íons ferro do organismo. Com essa propriedade, essas novas monobactamas são capazes de utilizar o sistema de transporte de ferro das bactérias para adentrar suas estruturas, levando à ação antibiótica pretendida.[54]

Quanto aos novos inibidores de beta-lactamase, estudos têm sido direcionados para ação contra algumas classes de serino e zinco beta-lactamases que não respondem bem aos inibidores já conhecidos. Esses compostos, contudo, ainda estão em estudos pré-clínicos.

O futuro das terapias antibacterianas com antibióticos beta-lactâmicos, segundo a opinião de especialistas no assunto, parece estar na terapia combinada desses antibióticos com novos inibidores de beta-lactamases, mais potentes e com espectro de ação mais amplo, ou seja, capazes de reagir com uma gama de diferentes PBPs metabolizadoras do sistema beta-lactâmico.[55]

REFERÊNCIAS BIBLIOGRÁFICAS

1. Selwyn S. Pioneer work on the "penicillin phenomenon", 1870-1876. J Antimicrob Chemother. 1979; 5(3):249-55.
2. Kong K-F, Schneper L, Mathee K. Beta-lactam antibiotics: from antibiosis to resistance and bacteriology. APMIS 2010 Jan; 118(1):1-36. Disponível em: http://doi.wiley.com/10.1111/j.1600-0463.2009.02563.x.
3. Hare R. New light on the history of penicillin. Med Hist. 1982; 26(1):1-24.
4. Chain E. The early years of the penicillin discovery. Trends Pharmacol Sci. 1979; 1(1):6-11.
5. Abraham EP, Chain E, Fletcher CM, Gardner AD, Heatley NG, Jennings MA, Florey HW. Further observations on penicillin. The Lancet. 1941 Aug 16; 177-88.
6. Gentry EJ. Antibiotics and antimicrobial agents. In: Lemke TL, Williams DA, Roche VF, Zito SW (eds.). Foye's principles of medicinal chemistry. 7.ed. Baltimore: Wolter Kluwer Lippincott Williams & Wilkins, 2013. p. 1089-106.
7. Neu HC. Structure-activity relationships: biological. Page MI (ed.). The chemistry of β-lactams. Dordrecht: Springer, 1992. p. 101-28.
8. Petre Jr WA. Antimicrobianos: penicilinas, cefalosporinas e outros antibióticos beta-lactâmicos. In: Hardman JG, Lee EL, Goodman GA (ed.). As bases farmacológicas da terapêutica. 10.ed. Rio de Janeiro: McGraw-Hill, 2005. p. 891-912.
9. Rang HP, Ritter, JM, Flower RJ, Henderson G. Fármacos usados no tratamento de infecções e do câncer. In: Rang HP, Ritter, JM, Flower RJ, Henderson G (eds.). Farmacologia. 6.ed. Rio de Janeiro: Elsevier, 2008. p. 661-8.
10. Coico R. Gram staining. Curr Protoc Microbiol. 2006; 0(1):A.3C.1-A.3C.2.
11. Sandle T. Gram's stain: history and explanation of the fundamental technique of determinative bacteriology. IST Sci Technol J. 2004 Apr; 54:3-4.
12. Powell JL. Powell's Pearls: Hans Christian Joachim Gram, MD (1853-1938). Obstet Gynecol Surv. 2006; 61(4):215-6.
13. Vollmer W, Blanot D, De Pedro MA. Peptidoglycan structure and architecture. FEMS Microbiol Rev. 2008; 32(2):149-67.
14. Zeng X, Lin J. Beta-lactamase induction and cell wall metabolism in Gram-negative bacteria. Front Microbiol. 2013; 4(May):1-9.
15. Larry L. Barton. Cell wall structure. In: Structural and Functional Relationships in Prokaryotes. New York: Springer, 2005.
16. Kim SJ, Chang J, Singh M. Peptidoglycan architecture of Gram-positive bacteria by solid-state NMR. Biochim Biophys Acta – Biomembr. 2015; 1848(1):350-62. Disponível em: http://dx.doi.org/10.1016/j.bbamem.2014.05.031.
17. Rolinson GN, Geddes AM. The 50th anniversary of the discovery of 6-aminopenicillanic acid (6-APA). Int J Antimicrob Agents. 2007; 29(1):3-8.
18. Alonso MJ, Bermejo F, Reglero A, Fernández-Cañon JM, González de Buitrago, Luengo JM. Enzymatic synthesis of penicillins. J Antibiot. (Tokyo), 1988; 41(8):1074-84.
19. Stevens GNRS. 6-Aminopenicillanic acid IV. Antibacterial activity. Proc R Soc London Ser B Biol Sci. 1961; 154(957):509-13.
20. Guimarães DO, Da Silva Momesso L, Pupo MT. Antibióticos: Importância terapêutica e perspectivas para a descoberta e desenvolvimento de novos agentes. Quim Nova. 2010; 33(3):667-79.
21. Benedict RG, Schmidt WH, Coghill RD. The stability of penicillin in aqueous solution. J Bacteriol. 1946; 51:291.
22. Bertoncheli C de M, Horner R. A review on metallo-beta-lactamases. Rev Bras Ciencias Farm. 2008; 44(4):577-99.
23. Lakshmi R, Nusrin KS, Georgy SA, Sreelakshmi KS. Role of beta lactamases in antibiotic resistance: a review. Int Res J Pharm. 2014; 5(2):37-40.
24. Docquier JD, Mangani S. An update on β-lactamase inhibitor discovery and development. Drug Resist Updat .2018; 36(June 2017):13-29. Disponível em: https://doi.org/10.1016/j.drup.2017.11.002.
25. Patrick GL. Antibacterial Agents. In: An introduction to medicinal chemistry. 4.ed. Oxford: Oxford University Press, 2009. p.429-54.
26. Hou JP, Poole JW. β-lactam antibiotics: their physicochemical properties and biological activities in relation to structure. J Pharm Sci. 1971; 60(4):503-32.
27. Fernandes R, Amador P, Prudêncio C. β-Lactams: Chemical structure, mode of action and mechanisms of resistance. Rev Med Microbiol. 2013; 24(1):7-17.
28. Miller EL. The penicillins: a review and update. J Midwifery Women's Heal. 2002; 47(6):426-34.

29. Öztürk H, Ozkirimli E, Özgür A. Classification of beta-lactamases and Penicillin Binding Proteins using ligand-centric network models. PLoS One. 2015; 10(2):1-23.
30. Delcour AH. Outer membrane permeability and antibiotic resistance. Biochim Biophys Acta – Proteins Proteomics. 2009 May; 1794(5):808-16. Disponível em: https://linkinghub.elsevier.com/retrieve/pii/S1570963908003592.
31. Larsen EM, Johnson RJ. Microbial esterases and ester prodrugs: an unlikely marriage for combating antibiotic resistance. Drug Dev Res. 2019 Feb; 80(1):33-47. Disponível em: http://doi.wiley.com/10.1002/ddr.21468.
32. Filho RP, Polli MC, Filho SB, Garcia M, Ferreira EI. Prodrugs available on the Brazilian pharmaceutical market and their corresponding bioactivation pathways. Brazilian J Pharm Sci. 2010; 46(3):393-420.
33. Bo G. Giuseppe Brotzu and the discovery of cephalosporins. Clin Microbiol Infect. 2000; 6(S3):6-8.
34. Shahbaz K. Cephalosporins: pharmacology and chemistry. Pharm Biol Eval. 2017; 4(6):234-8.
35. Babu SM, Ranganathan S. The total synthesis of Cephalosporin C. Resonance. 2014; 19(7):649-53.
36. Daoust DR, Onishi HR, Wallick H, Hendlin D, Stapley EO. Cephamycins, a new family of beta-lactam antibiotics: antibacterial activity and resistance to beta-lactamase degradation. Antimicrob Agents Chemother. 1973; 3(2):254-61.
37. Devansh M, Kumar S. Cephalosporins: a review on imperative class of antibiotics. Inven Rapid Mol Pharmacol. 2016; 2016(1):1-6. Disponível em: http://inventi.in/journal/article/rapid/8/17877/molecular-pharmacology/h.
38. Kalman D, Barriere SL. Review of the pharmacology, pharmacokinetics, and clinical use of cephalosporins. Texas Hear Inst J. 1990; 17(3):203-15. Disponível em: https://pubmed.ncbi.nlm.nih.gov/15227172.
39. Tartaglione TA, Polk RE. Review of the new second-generation cephalosporins: Cefonicid, Ceforanide, and Cefuroxime. In: McLeod DC (ed.). Drug Intell Clin Pharm. 1985 Mar 4; 19(3):188-98. Disponível em: http://journals.sagepub.com/doi/10.1177/106002808501900304.
40. Walsh ML, Johnson CC. Review of the pharmacology, and clinical use pharmacokinetics, of cephalosporins. Kalman D, Barriere SL Rev Pharmacol Pharmacokinet Clin use cephalosporins Tex Hear Inst J 1990;17(3)203-15 PMI. 1991; 26(2):341-60.
41. Garau J, Wilson W, Wood M, Carlet J. Fourth-generation cephalosporins: a review of in vitro activity, pharmacokinetics, pharmacodynamics and clinical utility. Clin Microbiol Infect. 1997; 3(Suppl. 1):s87-101.
42. Pani A, Colombo F, Agnelli F, Frantellizzi V, Baratta F, Pastori D, et al. Off-label use of ceftaroline fosamil: a systematic review. Int J Antimicrob Agents. 2019; 54(5):562-71.
43. Giacobbe DR, De Rosa FG, Del Bono V, Grossi PA, Pea F, Petrosillo N, et al. Ceftobiprole: drug evaluation and place in therapy. Expert Rev Anti Infect Ther. 2019; 17(9):689-98. Disponível em: https://doi.org/10.1080/14787210.2019.1667229.
44. Papp-Wallace KM, Endimiani A, Taracila MA, Bonomo RA. Carbapenems: Past, present, and future. Antimicrob Agents Chemother. 2011; 55(11):4943-60.
45. Hood JD, Box SJ, Verrall MS. Olivanic acids, a family of β-lactam antibiotics with β-lactamase inhibitory properties produced: Streptomyces species II. Isolation and characterisation of the olivanic acids Mm 4550, MM 13902 and MM 17880 from streptomyces olivaceus. J Antibiot (Tokyo). 1979; 32(4):295-304.
46. Brewer NS, Hellinger WC. The monobactams. Mayo Clin Proc. 1991; 66(11):1152-7.
47. Sykes RB, Bonner DP. Discovery and development of the monobactams. Rev Infect Dis. 1985 Mar 26; 7:S579-93. Disponível em: http://www.jstor.org/stable/4453765.
48. Neu HC. Aztreonam: the first monobactam. Med Clin North Am. 1988; 72(3):555-66.
49. Papp-Wallace KM. The latest advances in β-lactam/β-lactamase inhibitor combinations for the treatment of Gram-negative bacterial infections. Expert Opin Pharmacother. 2019; 20(17):2169-84. Disponível em: https://doi.org/10.1080/14656566.2019.1660772.
50. Reading C, Cole M. Clavulanic acid: a beta lactamase inhibiting beta lactam from Streptomyces clavuligerus. Antimicrob Agents Chemother. 1977; 11(5):852-7.
51. Payne DJ, Cramp R, Winstanley DJ, Knowles DJC. Comparative activities of clavulanic acid, sulbactam, and tazobactam against clinically important β-lactamases. Antimicrob Agents Chemother 1994. 38(4):767-72.
52. Pfaller M, Barry A, Fuchs P, Gerlach E, Hardy D, McLaughlin J. Relative efficacy of tazobactam, sulbactam and clavulanic acid in enhancing the potency of ampicillin against clinical isolates of Enterobacteriaceae. Eur J Clin Microbiol Infect Dis. 1993; 12(3):200-5.
53. Gould IM, Gunasekera C, Khan A. Antibacterials in the pipeline and perspectives for the near future. Curr Opin Pharmacol. 2019; 48:69-75. Disponível em: http://europepmc.org/abstract/MED/31200170.
54. Tonziello G, Caraffa E, Pinchera B, Granata G, Petrosillo N. Present and future of siderophore-based therapeutic and diagnostic approaches in infectious diseases. Infect Dis Rep. 2019 Oct 1; 11(2). Disponível em: https://www.pagepress.org/journals/index.php/idr/article/view/8208.
55. Bush K, Macielag MJ. New b-lactam antibiotics and b-lactamase inhibitors. Expert Opin Ther Pat. 2010; 20(10):1277-93.

CAPÍTULO 27

Outros antibióticos

João Vitor Silva
Luccas Missfeldt Sanches

ANTIBIÓTICOS MACROLÍDICOS

Antibióticos macrolídicos, ou macrolídeos, compõem um grupo de antibióticos obtidos de fonte natural, produzidos por várias espécies de *Streptomyces*. Encontram-se entre os mais seguros antimicrobianos disponíveis e se diferenciam pelo tamanho da lactona macrocíclica, que é responsável pela atividade biológica. Variando de 12 a 16 membros, esses anéis, ainda, podem apresentar diferentes tipos de amino-açúcares ligados a eles. Os macrolídeos podem ser, portanto, definidos de acordo com o tamanho do anel macrolídico, dos quais os de 14, 15 e 16 membros são os mais importantes já descritos.[1-4] Ademais, podem, também, ser classificados em macrolídeos de primeira geração, segunda geração e terceira geração, que ainda inclui subclassificações como cetolídeos, acilídeos, carbamolídeos, alquilídeos e 4'-derivados de macrolonas.[1-5]

O primeiro macrolídeo introduzido na prática clínica como agente antibacteriano foi a eritromicina A (1) (Figura 1), nos anos 1950.[1-4] A eritromicina tem curto tempo de meia-vida, o que torna necessárias várias doses diárias, além de ser instável em meio ácido. Ademais, a degradação ácida leva à formação de derivado 8,9-anidro-6,9-hemicetal (2) e subsequente derivado 6,9;9,12-espirocetal (3), que geram desconforto gástrico[4] (Figura 1).

Por volta dos anos 1980, planejou-se, a partir da oxima de eritromicina (4), a segunda geração de macrolídeos, que incluem claritromicina (5), roxitromicina (6), diritromicina (7) e azitromicina (8) (Figura 2), para a melhor estabilidade ácida, com menor problema gástrico, maior tempo de meia-vida no sangue e maior espectro de ação.[5] Além disso, claritromicina e azitromicina apresentaram atividade contra *M. avium*, *M. kanassii*, *M. marinum*, *M. xenopi* e outras micobactérias oportunistas.[6-10] A Organização Mundial da Saúde (OMS) recomenda a utilização da claritromicina com outros antimicrobianos para o tratamento de hanseníase, em casos resistentes à rifampicina.[11]

Inevitavelmente, o uso contínuo desses agentes levou ao aumento de resistência bacteriana.[5] Essa resistência

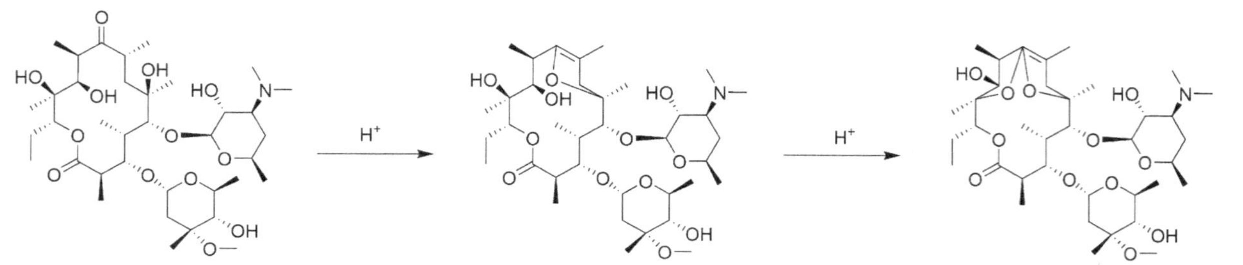

eritromicina (1) — derivado 8,9-anidro-6,9-hemicetal (2) — derivado 6,9;9,12-espirocetal (3)

FIGURA 1 Produtos da degradação da eritromicina em meio ácido.

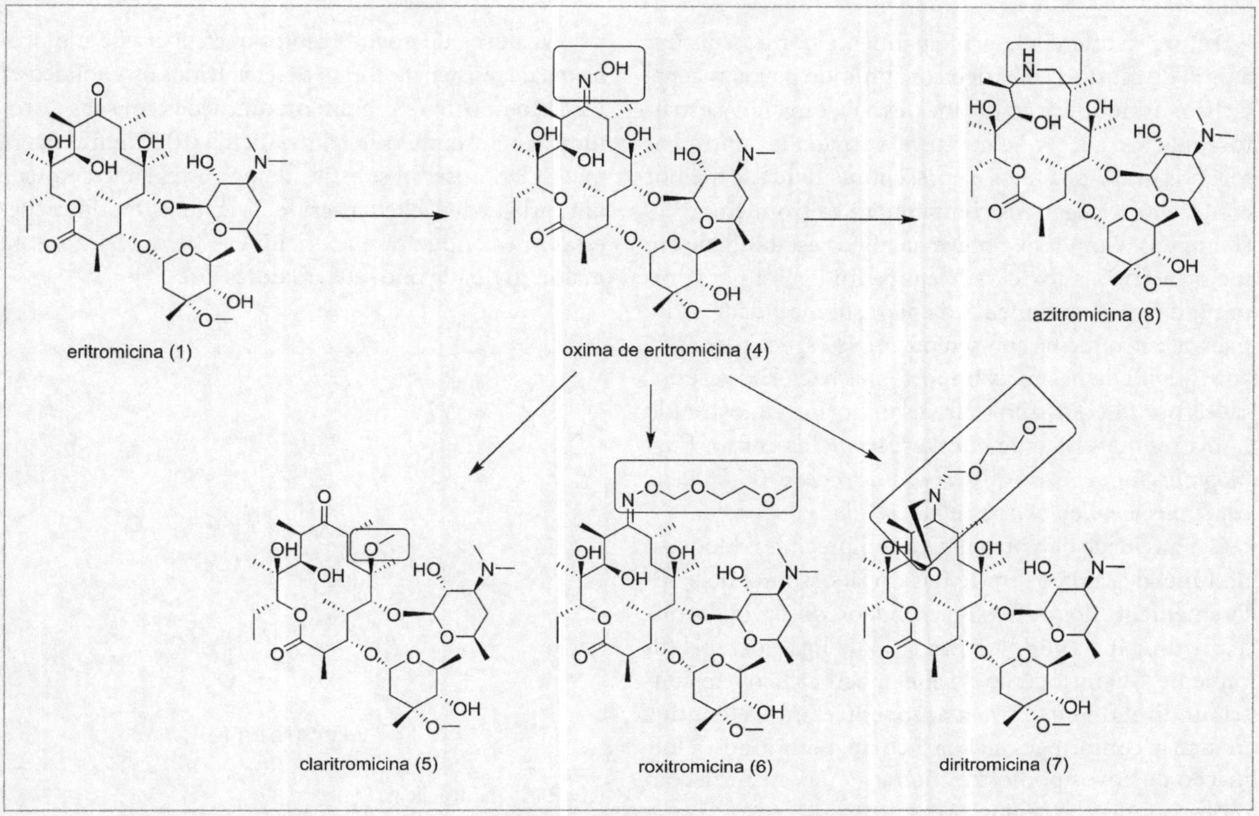

FIGURA 2 Planejamento dos macrolídeos de segunda geração, que resultaram em maior estabilidade ácida.

ocorre devido à modificação do ribossomo, que pode ocorrer pela mutação do RNAr 23S das proteínas ribossômicas ou pela mono ou dimetilação nos resíduos de aminoácidos por meio da ação das metilases ribossômicas. Monometilações resultam em níveis de resistência variáveis aos macrolídeos, lincosamidas e estreptogramina B, mas sem resistência para os cetolídeos. Dimetilações resultam em altos níveis de resistência, o que inclui os cetolídeos.[5,10,12,13] O efluxo e a modificação dos macrolídeos também desempenham papel importante na resistência.[5,10]

A terceira geração dos macrolídeos surgiu com o intuito de superar a resistência que patógenos respiratórios estavam apresentando aos macrolídeos anteriores, principalmente àqueles relacionados à metilação ribossômica.[5,10] Apesar da obtenção de agentes com melhores perfis de ação, os macrolídeos de terceira geração não foram capazes de ser ativos em bactérias gram-negativas. Patógenos gram-negativos possuem a combinação de bomba de efluxo e baixa penetração na membrana como fatores que podem ser a razão da resistência desses microrganismos aos macrolídeos, exceto por *Haemophilus influenzae* e *Moraxella catarrhalis*.[5]

Relação estrutura-atividade

A molécula de eritromicina (1), que possui dez centros quirais e dois açúcares substituintes, *L*-cladinose e *D*-desosamina, foi muito explorada no planejamento de novos agentes com perfil biológico melhorado. Apesar dos macrolídeos de primeira geração terem baixa toxicidade e boa tolerabilidade, eles são instáveis em meio gástrico. Nesse contexto, para melhorar a estabilidade gástrica, observou-se que evitar a formação de cetal era importante, inicialmente pela modificação do grupo cetona ou da hidroxila reativa (Figura 3). O derivado mais importante obtido a partir dessas modificações foi a oxima de eritromicina (4) (Figura 2), utilizada para a elaboração de novos compostos mais ativos, tais como a roxitromicina (6) (Figura 2), com uma cadeia *N*-oxima lateral ligada à macrolactona, e a diritomicina, com o grupo 9-ceto ligado na macrolactona e a claritromicina (5) (Figura 2), com um grupo metila na posição 6-*O*, as quais apresentaram boa estabilidade ácida quando comparadas à eritromicina.[14-17]

A azitromicina (8) (Figura 2) foi o primeiro macrolídeo de 15 membros disponível na terapêutica. Sua estrutura se diferencia principalmente por possuir um átomo de nitrogênio básico constituindo o anel macrocíclico. A modificação do anel levou a uma nova estrutura macrocíclica, que manteve a atividade contra patógenos gram-positivos e apresentou atividade melhor contra gram-negativos comparada à eritromicina[14,18,19] (Figura 3). Com isso, obteve-se maior estabilidade em meio gástrico, a toxicidade aguda foi ligeiramente diminuída e houve aumento da biodisponibilidade. Ademais, a azitromicina apresentou amplo espectro de ação, com atividade nas mais importantes bactérias responsáveis por infecções do trato respiratório, se mostrando 2-4 vezes mais potente que a eritromicina contra *Haemophilus influenzae, Neisseria gonorrhoeae, Brahamella catarralis, Campylobacter* e *Legionella* sp.[14,17-19]

A atividade da azitromicina compreende o bloqueio do túnel de saída de proteínas do ribossomo, mas, diferentemente dos outros macrolídeos, observou-se que a azitromicina se liga a outro sítio de ligação, especificamente.[20] O nitrogênio do anel macrocíclico não contribui diretamente para a ação, entretanto, ele induz mudança conformacional da lactona, permitindo a formação de novos pontos de interação da estrutura com o ribossomo[14,17,20] (Figura 3).

Na busca de novos agentes que superassem o problema de resistência, foram desenvolvidos os cetolídeos.[21] Esses compostos sofreram modificações em suas estruturas. Um exemplo é a telitromicina (9) (Figura 4), em que a cladinose foi substituída por um grupo cetona e um carbamato cíclico inserido na lactona, modificações estas que conduziram ao maior espectro de ação, com maior atividade que seus predecessores.[14,17,21,22]

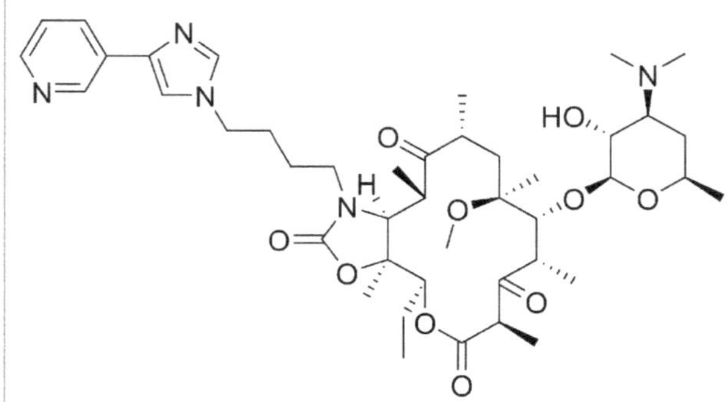

telitromicina (9)

FIGURA 4 Telitromicina (9).

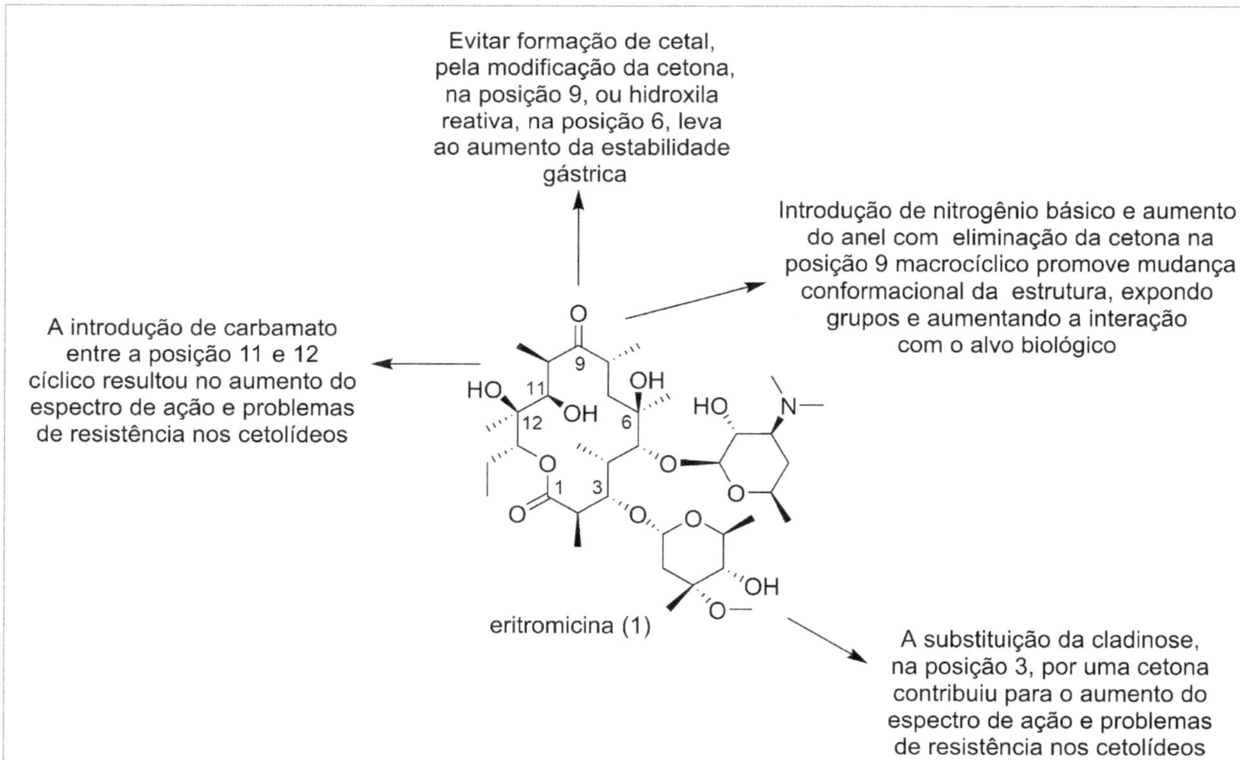

FIGURA 3 Relação estrutura-atividade dos macrolídeos.

Mecanismo de ação

É sabido que os macrolídeos são bacteriostáticos, mas que em altas doses podem apresentar características bactericidas. Os macrolídeos interferem na síntese de proteínas, afetando, principalmente, o grupo de bactérias gram-positivas. Essa ação ocorre graças à capacidade desses antibióticos de inibir a subunidade 50S da unidade 70S ribossômica da bactéria, bloqueando a produção e a saída dos peptídeos pelo túnel de saída.[1-4]

Os macrolídeos têm sido a primeira escolha a ser considerada quando as penicilinas não podem ser utilizadas no tratamento de infecções por pneumococos e estreptococos. Além disso, são indicados, principalmente, para o tratamento de infecções de vias respiratórias superiores e inferiores.[1-4]

AMINOGLICOSÍDEOS

Os aminoglicosídeos são uma classe de antibióticos potentes, com amplo espectro de ação em vários patógenos gram-positivos e gram-negativos, que inibem a síntese de proteínas. A primeira estrutura dessa classe, a estreptomicina (10) (Figura 5), foi isolada do *Streptomyces griseus*, em 1944, e o primeiro aminoglicosídeo utilizado na prática clínica.[4,23]

Nos anos posteriores, novos membros da classe foram introduzidos a partir de diferentes origens, sintética ou natural.[4,23] Esses agentes antimicrobianos podem ter em sua estrutura 3 ou 4 anéis e são amplamente classificados tendo como base a identidade do aminociclitol. São eles: sem desoxiestreptamina, estreptomicina (1); anel desoxiestreptamina 4,5-di-substítuido, neomicina (11) e paromomicina (12) (Figura 6); e anel desoxiestreptamina 4,6-di-substítuido, canamicina A (13), tobramicina (14), amicacina (15), gentamicina C2 (16) e netilmicina (17) (Figuras 7 e 8).[17,23]

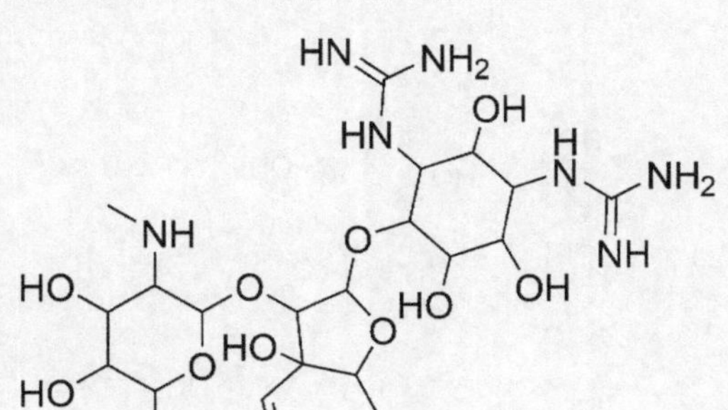

estreptomicina (10)

FIGURA 5 Estreptomicina (10).

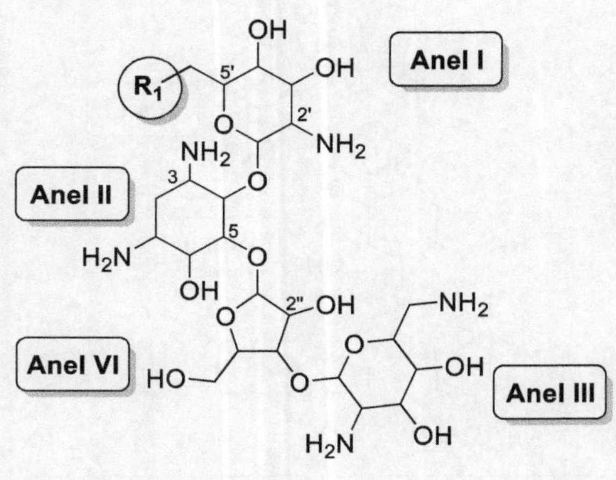

Aminoglicosídeo	R_1
Neomicina (11)	NH_2
Paromomicina (12)	OH

FIGURA 6 Estrutura química dos aminoglicosídeos da classe desoxiestreptamina 4,5-di-substítuidos: neomicina (11) e paromomicina (12).

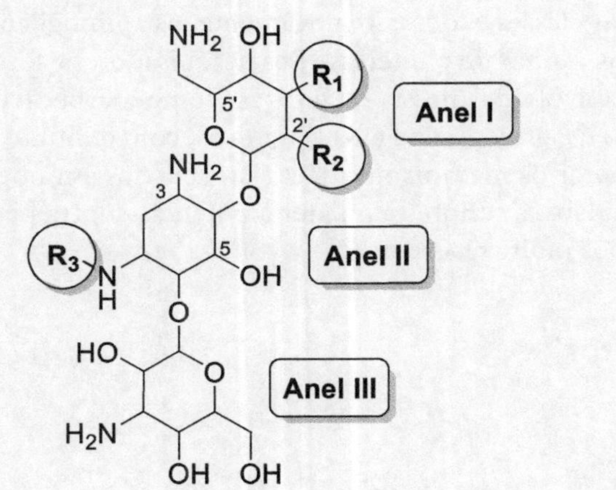

Aminoglicosídeo	R_1	R_2	R_3
Canamicina (13)	OH	OH	H
Tobramicina (14)	H	NH_2	H
Amicacina (15)	OH	OH	$COCOH(CH_2)_2NH_2$

FIGURA 7 Estrutura química dos aminoglicosídeos da classe desoxiestreptamina 4,6-di-substituídos: canamicina A (13), tobramicina (14) e amicacina (15).

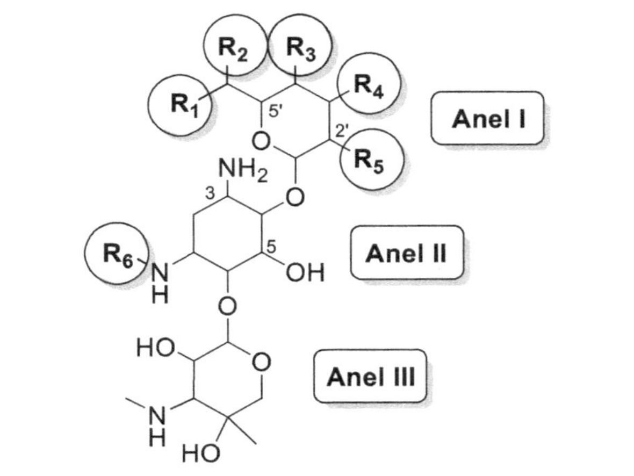

Aminoglicosídeo	R_1	R_2	R_3	R_4	R_5	R_6
Gentamicina (16)	CH_3	NH_2	H	H	NH_2	H
Neltimicina (17)	H	NH_2	H	H	NH_2	CH_2CH_3

FIGURA 8 Estrutura química dos aminoglicosídeos da classe desoxiestreptamina 4,6-di-substítuidos: gentamicina C2 (16) e netilmicina (17).

Apesar da variedade química dos aminoglicosídeos anteriores, a busca incessante por novos antimicrobianos, nos anos de 1980, levou à descoberta de agentes com maior espectro de ação e/ou menor toxicidade, como as cefalosporinas de terceira geração, as carbapenemas e as fluorquinolonas. Entretanto, o amplo uso desses agentes levou ao aumento da resistência para essas classes. Com isso, novamente, os aminoglicosídeos ganharam o interesse dos pesquisadores e foram desenvolvidas novas estruturas, como a arbecacina (18) e a plazomicina (19) (Figura 9), com o intuito de superar os mecanismos de resistência dos aminoglicosídeos anteriores e manter a potência contra patógenos multirresistentes.[4,23]

Muitos aminoglicosídeos possuem boa solubilidade em água em pH diferentes. São básicos e formam sais ácidos, culminando em baixa absorção oral, e, por essa razão, são frequentemente administrados por via endovenosa ou intramuscular. Também podem ser utilizados em formulações tópicas e oftálmicas. Além disso, esses agentes apresentam baixo nível de ligação com proteínas plasmáticas e possuem boa distribuição no organismo, incluindo os pulmões, resultando no uso para o tratamento de pneumonia. Por fim, são rapidamente eliminados na urina, sendo muito utilizados para tratamento de infecções urinárias. O uso dos aminoglicosídeos em dose única diária é um protocolo bem estabelecido, que visa evitar problemas de toxicidade, devido à capacidade desses agentes de causar, principalmente, nefrotoxicidade, neurotoxicidade e ototoxicidade.[4,17,23]

Os aminoglicosídeos são bactericidas e com mecanismos de ação variáveis, que dependem da sua estrutura química.[23] Esses agentes são particularmente potentes contra a família de enterobactérias, incluindo *Escherichia coli*, *Klebsiella pneumoniae* e *K. oxytoca*, *Enterobacter cloacae* e *E. aerogenes*, *Providencia* sp., *Proteus* sp., *Morganella* sp. e *Serratia* sp.[24,25] Além disso, apresentam boa atividade contra *Staphylococcus aureus*, cepas sensíveis e resistentes, e *P. aeruginosa*. Algumas espécies, como *Mycobacterium* sp., também são suscetíveis e, em menor extensão, a *Acinetobacter baumannii*.[24-27] Ademais, a entrada na célula bacteriana acontece por transporte ativo elétron-dependente, portanto, os aminoglicosídeos perdem a atividade em bactérias anaeróbicas.[23]

Relação estrutura-atividade

O grupo farmacofórico dos aminoglicosídeos é constituído pela porção 1,3-diaminoinositol. Esse grupo está

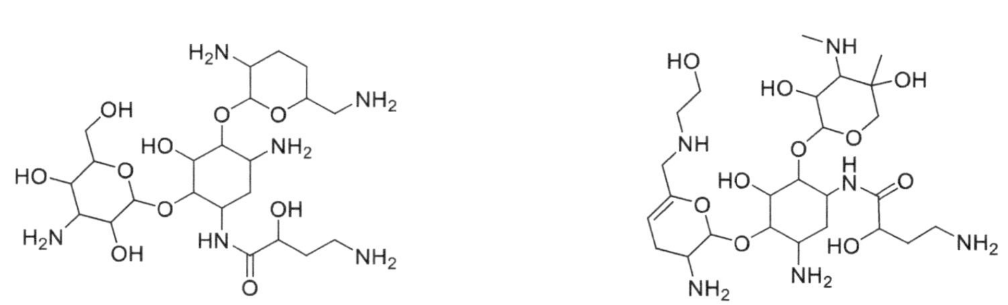

arbecacina (18) plazomicina (19)

FIGURA 9 Estrutura química da arbecacina (18) e da plazomicina (19).

presente nas estruturas da estreptamina (20), 2-desoxiestreptamina (21) e espectinamina (22) (Figura 10), que são aminociclitóis dibásicos. Em geral, as funções alcoólicas desses anéis se encontram unidas por ligações glicosídicas a diferentes aminoaçúcares, caracterizando, portanto, a estrutura base dos aminoglicosídeos.[23,28] Esses agentes, que possuem diferentes valores de pK_a (5,7-8,8), encontram-se predominantemente protonados em pH fisiológico, e sua ação está diretamente relacionada à quantidade de carga apresentada por eles. Portanto, os de maior carga se ligam mais fortemente ao RNAr que os de menor carga.[29,30]

O anel I é fundamental para a atividade biológica de amplo espectro e, também, é o principal ponto da ação de enzimas que inativam esses agentes. Grupos amina no C-2' e C-6' são importantes para a manutenção de atividade e espectro de ação, visto que a canamicina B, com aminas em C-2' e C-6', é mais ativa que a canamicina A (13), com hidroxila em C-2' e amina C-6', e a canamicina C, com amina em C-2' e hidroxila em C-6', por ordem de potência, respectivamente (Figura 11). Nesse sentido, a contribuição dos substituintes do C-2', C-3' e C-4' para realizar ligação de hidrogênio é limitada pela presença da amina no C-6', portanto, quando se tem a hidroxila como substituinte no C-6', o substituinte em C-2' torna-se crítico para atividade biológica (amina *versus* hidroxila)[31] (Figura 11). A metilação dos substituintes no C-2' e C-6' promove resistência à ação das acetiltransferases e não provoca, em larga extensão, diminuição de atividade biológica (Figura 11). Compostos sem hidroxila no C-3', como a tobramicina (14) e a dibecacina, não sofrem ação das fosfotransferases; compostos sem hidroxila no C-4', como a dibecacina, também não sofrem ação das adeniltransferases (Figuras 11 e 13). Ademais, esses agentes sem hidroxilas no C-3' e C-4' não sofrem redução da potência antimicrobiana.[29-31]

Por se tratar do principal grupo envolvido nas interações com o receptor, o anel II não é passível de muitas modificações moleculares. Substituinte amino no C-1 pode ser acilado sem perda de atividade biológica (Figura 11) e pode, também, promover resistência a enzimas bacterianas, como na modificação da canamicina (13) para amicacina (15) e netilmicina com *N*-etil.[29-31]

Modificações moleculares no anel III conduzem a menores mudanças nas propriedades biológicas dos aminoglicosídeos do que as modificações no anel I e anel II. Agentes com substituintes amino no C-2' são mais ativos que os agentes com substituintes hidroxila e sem hidroxila na mesma posição (Figura 11). Por fim, grupo amino no C-3' pode ser primário ou secundário e é responsável pela alta potência[29-31] (Figura 11).

Ademais, sabe-se que a eliminação das hidroxilas vizinhas aos grupos aminas dos aminoglicosídeos promove o aumento da basicidade desses grupos, conduzindo ao aumento de carga total e, assim, resultando em melhor interação com o RNAr. Nesse sentido, acredita-se que as interações eletrostáticas são importantes para interação entre o aminoglicosídeo e o RNAr, portanto, alterações do pK_a dos grupos aminas podem modular a afinidade desses agentes pelo RNAr.[29-31]

Mecanismo de ação

Os aminoglicosídeos promovem a inibição da síntese de proteínas através de uma ligação de alta afinidade desses agentes com o sítio A do RNAr 16S na subunidade 30S ribossômica.[23,28,32,33] O núcleo dos aminoglicosídeos, formado pelos anéis I e II, é responsável por essa interação de alta afinidade com o sítio ativo. O anel I intercala no *loop* interno formado pelas bases A1408, A1492, A1493 e o par de bases C1409-G1491. Isso ocorre porque o anel I faz interação de empilhamento com a G1491 e ligação de hidrogênio com a A1408, formando uma pseudointeração de par de base. Além disso, o oxigênio do anel I faz ligação de hidrogênio, aceptora, com o *N*-6 da adenina, e o grupo hi-

FIGURA 10 Estrutura química dos diferentes núcleos, derivados do 1,3-diaminoinositol, encontrados nos aminoglicosídeos.

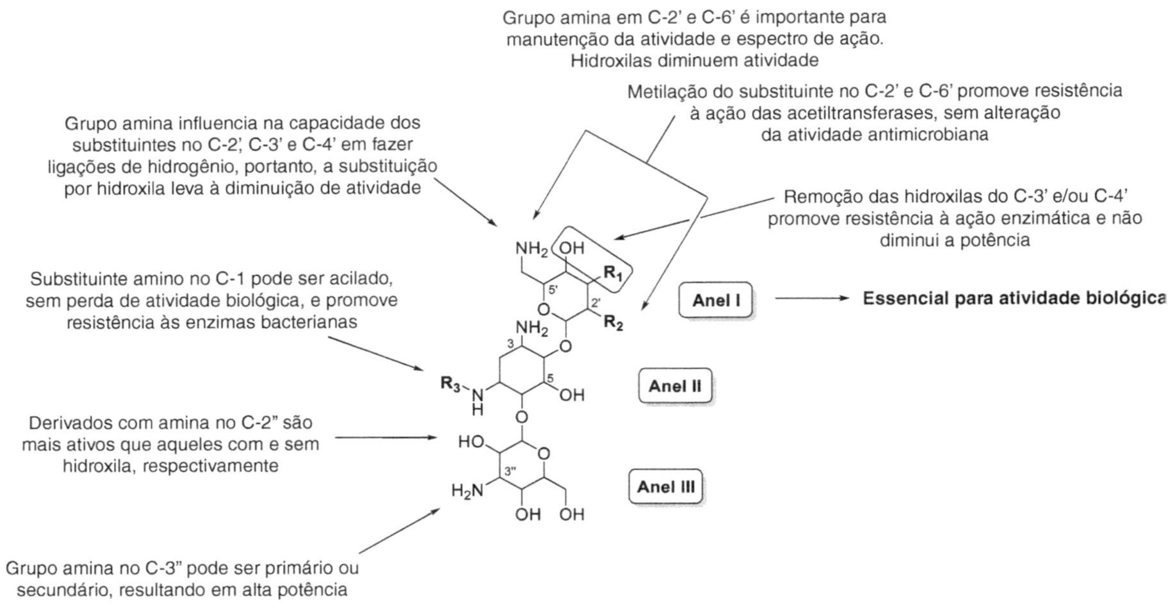

FIGURA 11 Relação estrutura-atividade dos aminoglicosídeos.

droxila ou amina faz ligação de hidrogênio, doadora, com o *N*-1 da adenina (Figura 12). Sabe-se, também, que ligações de hidrogênio formadas entre grupos hidroxilas nas posições 3' e 4' do anel I com os grupos fosfatos das adeninas 1492 e 1493 estabilizam a posição do anel I no sítio de ligação.[23,28,34-36]

Os diferentes membros dessa classe possuem especificidades por diferentes regiões no sítio A, promovendo mudança conformacional. Como resultado, essa mudança leva a uma falha de tradução, induzindo a leitura errônea de códons na entrega do aminoacil pelo RNAt. Portanto, a incorporação de um aminoácido incorreto leva à formação de um polipeptídio errôneo, que conduzirá a danos na membrana celular ou em outro local, pela formação e incorporação de uma proteína fraudulenta na estrutura bacteriana.[32,34] Outros aminoglicosídeos podem atuar bloqueando o elongamento ou diretamente inibindo a inicialização da síntese proteica.[23]

Muitos patógenos que são sensíveis aos aminoglicosídeos podem desenvolver resistência. Isso comumente ocorre devido à ação do plasmídeo em induzir a produção de enzimas que irão modificar as estruturas dos

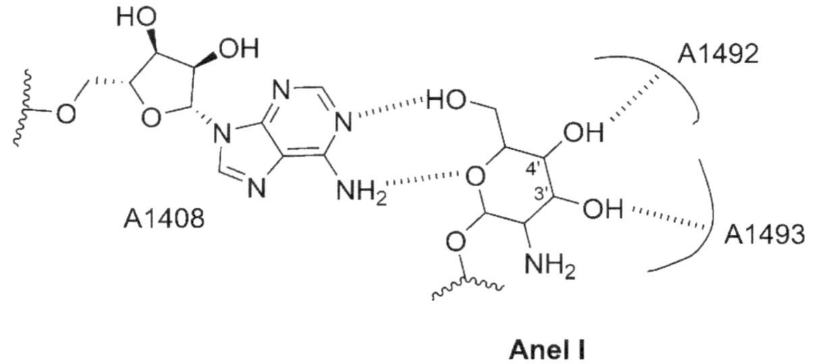

paromomicina (12)

FIGURA 12 Representação 2D da interação do anel I da paromomicina (12) com a base A1408 do RNAr 16S, por ligações de hidrogênio (linha pontilhada), e estabilização do anel I pela formação de ligação de hidrogênio (linha pontilhada) com os grupos fosfatos das bases A1492 e A1493.[34]

aminoglicosídeos. Em geral, pode ocorrer pela ação de três enzimas de classes diferentes e seus variados subtipos: acetiltransferases, fosfotransferases e adeniltransferases. Dessa forma, diminui e/ou há a perda da capacidade desses agentes em se ligarem no sítio ativo (Figura 13). Algumas propriedades estruturais dos aminoglicosídeos são importantes para a interação com o RNAr: o substituinte da posição 6', o número de grupos aminas ionizáveis e os tipos de ligações entre o anel desoxiestreptamina e os aminoaçúcares, e alterações podem levar à perda da atividade.[17,23,37]

Outra possibilidade é o desenvolvimento de resistência do sistema de transporte elétron-dependente, que faz o transporte ativo para o citoplasma bacteriano dos aminoglicosídeos, os quais, assim, não atingem devidamente o local de ação. Mutações do sítio de ligação ribossômica também são descritas, promovendo, então, resistência aos aminoglicosídeos.[4,17,23]

Agentes da classe

Estreptomicina

A estreptomicina (10) (Figura 5) é utilizada no tratamento de tuberculose e de endocardite enterocócica. Ademais, pode ser utilizada para tratar infecções causadas por *Fracisella tularensis* e infecções causadas por *Yersinia pestis*, como a peste bubônica. Apresenta toxicidade vestibular e coclear. Alguns efeitos adversos são característicos da estreptomicina e não são observáveis em outros aminoglicosídeos, tais como bloqueio neuromuscular, neurite periférica, parestesia perioral com rubor, dermatite esfoliativa, escotoma e eosinofilia. Entretanto, a nefrotoxicidade é menor quando comparada à provocada por outros da classe.[23,37]

Neomicina

A neomicina (11) (Figura 6) foi desenvolvida em 1949 e é a mistura de dois isômeros, neomicina B e neomicina C.[4] Tem atividade na maioria dos patógenos gram-negativos, exceto *P. aeruginosa* e bactérias anaeróbicas. Devido ao seu potencial de causar ototoxicidade e nefrotoxicidade, é comumente administrada em formulações tópicas, principalmente para tratamento e prevenção de infecções de pele, olhos e ouvidos.[4,23,37] Em formulações tópicas e em uso combinado com bacitracina, a neomicina é efetiva e segura para tratamento de patógenos gram-positivos.[4,23]

Canamicina

A canamicina, descoberta em 1957, é a mistura de ao menos três compostos (canamicina A, B e C, com

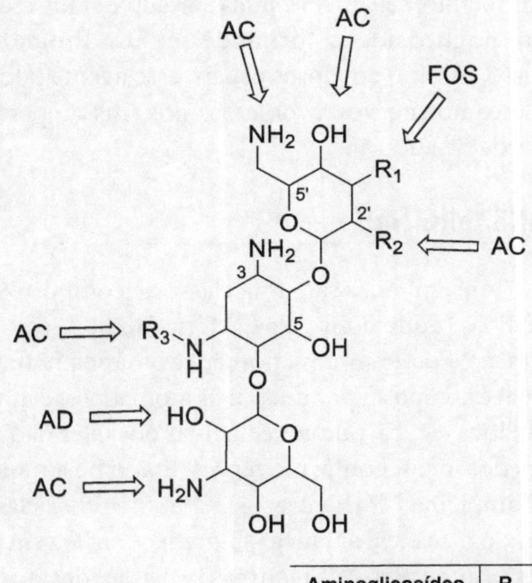

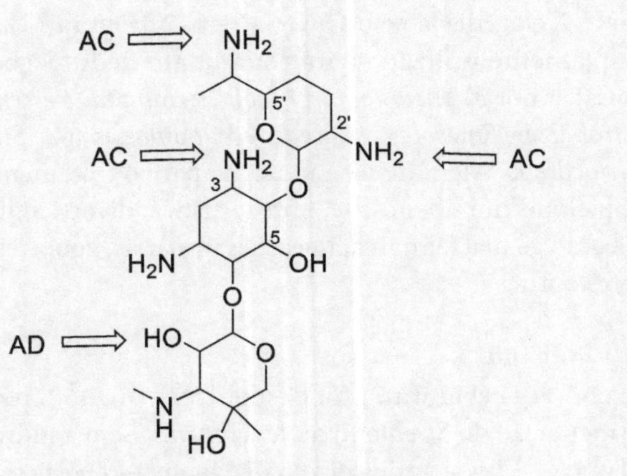

gentamicina C2 (16)

Aminoglicosídeo	R_1	R_2	R_3
Canamicina (13)	OH	OH	H
Tobramicina (14)	H	NH_2	H
Amicacina (15)	OH	OH	$COCOH(CH_2)_2NH_2$

FIGURA 13 Estrutura química dos importantes aminoglicosídeos na prática clínica. Alguns pontos de inativação mediada pela ação enzimática das AC, acetiltransferases; FOS, fosfotransferases e; AD, adeniltransferases.

predominância de A) isolados do *Streptomyces kanamyceticus*. A canamicina A (13) (Figura 7), comumente denominada canamicina, é indicada para tratamentos curtos de infecções graves, causadas por *E. coli*, *Proteus* sp., *E. aerogenes*, *K. pneumoniae*, *S. marcescens* e *Acinetobacter* sp. Esse aminoglicosídeo possui potencial para causar toxicidade auditiva e algumas vezes vestibular, toxicidade renal e bloqueio neuromuscular.[4,17]

Paromomicina

Descoberta em 1959, a paromomicina (12) (Figura 6) possui amplo espectro de ação, tanto para bactérias gram-negativas quanto para algumas bactérias gram-positivas, além de alguns protozoários e cestoides. Em formulação oral é utilizada para o tratamento de giardíase, amebíase e criptosporidiose, e em formulação tópica é utilizada para tratamento de leishmaniose.[4]

Gentamincina

A gentamicina, que foi descoberta em 1963, é produzida por meio da fermentação do *Micromonospora purpurea* e composta, majoritariamente, por várias frações de gentamicina C e de outros componentes. Alguns grupos que são passíveis de metabolismo enzimático não estão presentes na estrutura da gentamicina, como na gentamicina C2 (16) (Figura 8). Portanto, seu espectro de ação é melhorado quando comparado a outros aminoglicosídeos. Entretanto, ainda assim pode sofrer ação das enzimas inativadoras, por exemplo, adenilação em C-2' e acetilação em C-6', C-1 e C-2' (Figura 13). É amplamente utilizada para tratamento de infecções causadas por *K. pneumoniae*, *E. coli*, *Serratia marcescens*, *Citrobacter*, *Enterobacteriaceae*, *Pseudomonas* sp. e *Staphylococcus*. Além disso, é indicada para o tratamento de pielonefrite, apendicite, fibrose cística, diverticulite, infecção genital feminina, infecções urinárias, gonorreia, entre outras.[4,17]

Tobramicina

A (14) (Figura 7) foi descoberta em 1968, pela fermentação do *Streptomyces tenebrarius*. Sem a hidroxila no C-3', esse antibiótico não é inativado pelas fosfotransferases, entretanto, sofre ação das adeniltransferases em C-2' e das acetiltransferases em C-3 e C-2' (Figura 13). Comparada à gentamicina, possui espectro de ação semelhante contra bactérias gram-negativas, porém com maior atividade contra *Pseudomonas* sp., e, além disso, possui potencial menor de causar nefrotoxicidade. O órgão estado-unidense regulador de medicamentos e alimentos, Food and Drug Administration (FDA), aprovou o uso da trobramicina em *spray* para o tratamento de fibrose cística (solução para inalação ou pó para inalação).[4,17]

Amicacina

A amicacina (15) (Figura 7) foi o primeiro aminoglicosídeo semissintético produzido. Ele foi desenvolvido em 1972, a partir da canamicina A, com potência semelhante à da gentamicina. A maior vantagem desse agente é a de ser resistente às enzimas responsáveis por sua inativação. Isso ocorre devido à presença do grupo amídico L-hidroxiaminobutiril no *N*-3, que impede a ação enzimática e a inativação do aminoglicosídeo (Figura 13). Portanto, pode ser utilizada para tratamento de infecções causadas por patógenos resistentes à gentamicina. Além disso, tem potencial de causar nefrotoxicidade e ototoxicidade semelhante aos demais aminoglicosídeos, principalmente em altas doses.[4,17,37]

Netilmicina

A netilmicina (17) (Figura 8), é outro aminoglicosídeo semissintético, derivado da sisomicina, desenvolvido em 1975. É ativo contra diferentes patógenos gram-negativos e alguns gram-positivos, incluindo aqueles resistentes à gentamicina. É eficiente para tratamento de infecções no trato urinário, da pele e infecções por bactérias gram-negativas do trato respiratório inferior. Entretanto, seu custo é mais elevado do que o de outros aminoglicosídeos, tornando seu uso limitado. Além disso, mesmo em doses usuais, esse agente pode causar danos nos nervos, problemas nos rins ou permanente perda de audição.[4]

ANSAMICINAS

Ansamicinas são uma classe de compostos macrocíclicos produzidos pela bactéria *Streptomyces mediterranei*.[38] Possuem uma porção aromática naftalênica, a qual é composta por dois anéis aromáticos, e uma cadeia alifática cíclica, que conecta duas posições não adjacentes dos anéis, conforme representado pela molécula de rifampicina[38-40] (Figura 14). O nome dessa classe é advindo da cadeia alifática – o prefixo "ansa" vem do latim e significa alça.[39,41] Dentro da classe, destacam-se as rifamicinas, como rifampicina, rifapentina, rifamixina e a rifamicina SV, as quais são usadas no tratamento de tuberculose e de outras infecções bacterianas.[38-40]

As ansamicinas são administradas oralmente e possuem caráter lipofílico, sendo capazes de atravessar facilmente membranas celulares. Seu espectro antibiótico

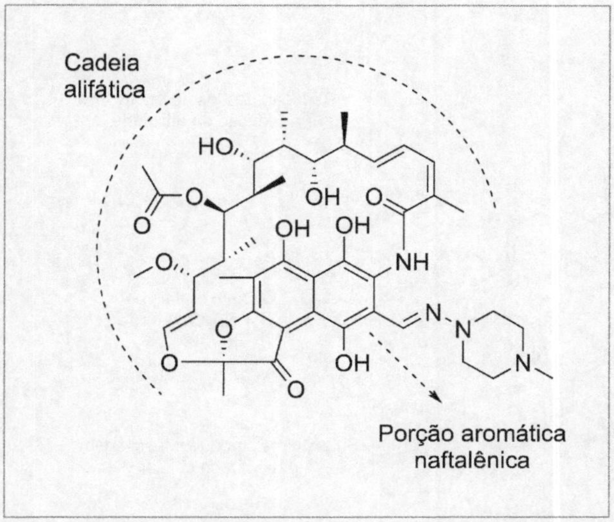

FIGURA 14 Estrutura da rifampicina ilustrando a estrutura geral das ansamicinas.

inclui tanto bactérias gram-positivas quanto gram-negativas. O mecanismo de ação consiste na inibição da RNA-polimerase-DNA-dependente (RNApDNAd), por se ligarem à subunidade beta da enzima, inibindo o processo de transcrição do DNA a RNAm, que acaba por inibir a síntese proteica da bactéria.[38,39] A ligação da rifamicina à RNApDNAd de diferentes espécies de bactérias apresenta poucas variações, o que foi verificado por estudos cristalográficos.[42] O efeito inibitório do fármaco é menos pronunciado em células de mamíferos, uma vez que a estrutura da RNApDNAd é pouco conservada entre eucariotos e procariotos. Isso confere certa seletividade no efeito das ansamicinas para células bacterianas.[39,43]

Relação estrutura-atividade

Os oxigênios presentes em C1, C8, C21 e C23 (indicados na Figura 14) são essenciais para a interação das ansamicinas com a enzima bacteriana.[43] As hidroxilas presentes em C1 e C8 são capazes de quelar átomos metálicos (como magnésio ou zinco) no sítio ativo da RNApDNAd, que é uma metaloproteína. Já as hidroxilas em C21 e C23 são essenciais para a realização de ligações de hidrogênio com a enzima-alvo.[38,43] Mutações que impeçam ligações de hidrogênio entre essas hidroxilas e a enzima geram cepas de bactérias resistentes à rifampicina.[43] Outro fator importante para a ligação do fármaco consiste em interações hidrofóbicas entre os anéis aromáticos das ansamicinas e resíduos hidrofóbicos de aminoácidos da enzima, além de interações do tipo pi–pi dessa mesma região do fármaco com aminoácidos aromáticos da RNApDNAd.[38,43]

Ressalta-se, também, que a cadeia alifática das ansamicinas ("alça") confere rigidez às moléculas, a qual é essencial para a manutenção da respectiva conformação ativa.[38-40] Assim, nota-se que a redução das duplas da alça resulta em diminuição da atividade da molécula, enquanto a abertura do ciclo resulta em perda total da atividade. Além disso, em relação à conformação, as hidroxilas em C1, C8, C21 e C23 devem estar no mesmo plano para realizar suas interações com a RNApDNAd.[38]

Substituintes nas posições 3 e 4 das ansamicinas afetam a passagem das moléculas pela parede celular bacteriana, o que é resultado de alterações das propriedades físico-químicas dos compostos. Essas posições permitem modificações moleculares com o intuito de melhorar a atividade, sendo que heterociclos e grupos de caráter básico são frequentemente empregados.[38,40] Além disso, grupos positivamente carregados (como bases protonadas) em C3 podem aumentar a afinidade da ansamicina com a enzima-alvo por interação eletrostática com carboxilatos enzimáticos.[40] Um resumo da relação estrutura-atividade encontra-se na Figura 14.

TETRACICLINAS

A clortetraciclina (23) (Figura 16), isolada do *Streptomyces aureofaciens*, foi o primeiro composto da classe das tetraciclinas descrito. Esse composto foi descoberto em 1948 por Benjamin Duggar. Posteriormente, Alexander Finlay descobriu a oxitetraciclina (24) (Figura 16), um metabólito secundário do *Streptomyces rimosus*. Apesar do uso desses dois compostos na prática clínica, suas estruturas permaneceram não elucidadas até 1953.[44-48]

O conjunto de anéis naftaceno DCBA (Figura 16), com quatro anéis fundidos, caracteriza a base dessa classe de compostos. Em 1953, foi desenvolvido a partir de modificações moleculares um derivado da clortetraciclina não clorado de alta potência, o qual foi denominado tetraciclina (25) (Figura 16), por sua estrutura ser a mais simples dentre as demais da classe.[44-48]

Poucos anos depois, por volta dos anos 1960, Pfizer e Lederle iniciaram o desenvolvimento da segunda geração das tetraciclinas. Esses novos agentes tiveram atividade antimicrobiana mais potente, com melhores propriedades farmacocinéticas e menor toxicidade. Por semissíntese e a partir de modificações moleculares no anel C, obteve-se a metaciclina (31) (Figura 17), que, posteriormente, foi precursora da síntese da doxiciclina (26) (Figura 16), uma das mais comumente utilizadas

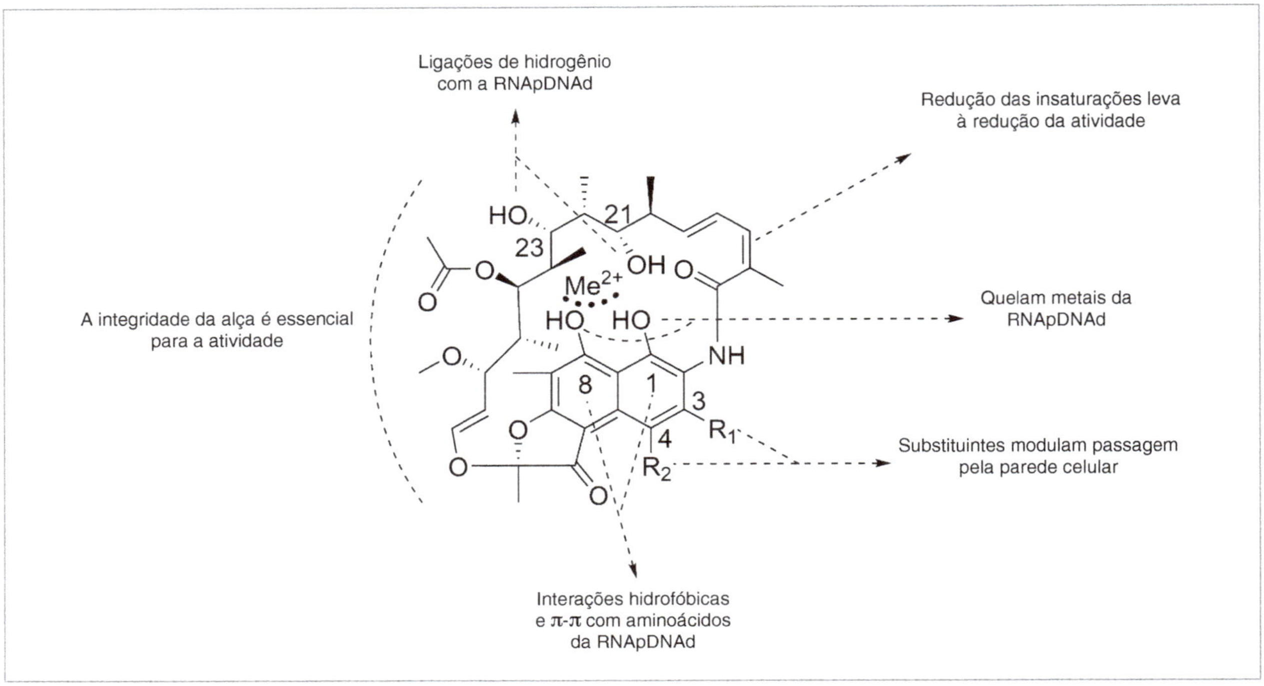

FIGURA 15 Resumo da relação estrutura-atividade das ansamicinas. RNApDNAd corresponde à RNA-polimerase-DNA-dependente, enzima em que as ansamicinas atuam.

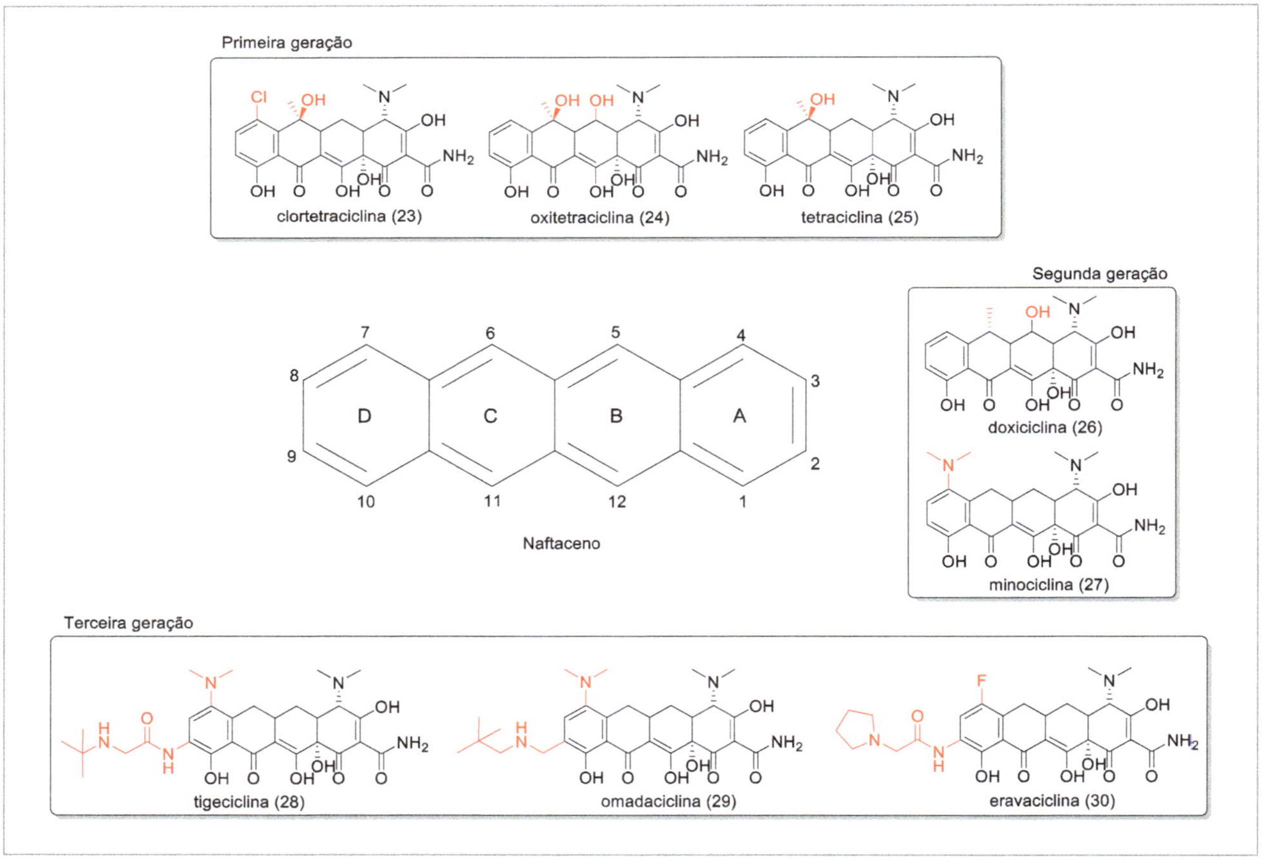

FIGURA 16 Estrutura química das tetraciclinas de acordo com as suas gerações.

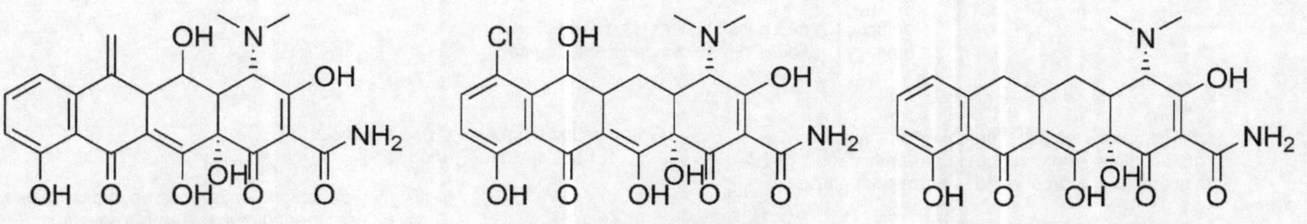

FIGURA 17 Estrutura química das tetraciclinas: metaciclina (31), demeclociclina (32) e sanciclina (33).

na terapêutica. Na busca por agentes mais promissores, Lederle descobriu a demeclociclina (32) (Figura 17), que mais tarde foi reduzida a sanciclina (33) (Figura 17), a tetraciclina com o mínimo de propriedades químicas estruturais que foi capaz de manter a atividade biológica. A partir da introdução de uma amina terciária no C-7 do anel D da sanciclina, foi possível obter a tetraciclina mais potente de todo o período e a última introduzida no século XX, a minociclina (27).[44-48]

Apesar dos avanços, científico e tecnológico, acerca das funções celulares, os mecanismos químicos das tetraciclinas ainda não estão bem elucidados.[44,48,49] Entretanto, é sabido que as tetraciclinas são agentes capazes de inibir o acoplamento do aminoacil-RNAt ao sítio A ribossômico, especificamente no ribossomo da bactéria e não especificamente nos ribossomos de células eucarióticas. Ademais, possuem amplo espectro de ação em bactérias gram-positivas e gram-negativas, como *Rickettsia*, *Clamydia*, *Mycoplasma*, antraz, peste e *Helicobacter*. De modo geral, esses agentes antimicrobianos possuem poucos efeitos adversos, como quelação de cálcio e subsequente intercalação nos dentes e ossos, e, devido à sua fotossensibilidade, são fototóxicas para fibroblastos e queratinócitos.[17,44,49]

Assim como na história de outros agentes antimicrobianos, a resistência, consequência do uso excessivo, foi ponto-chave para a busca de novas estruturas químicas capazes de superar esse problema. Logo, as tetraciclinas foram reavaliadas e suas ações foram extensivamente estudadas para o entendimento e planejamento de estruturas mais promissoras, o que culminou em modificações da sanciclina nos C-7 e C-9 do anel D. A síntese da série com grupo amino-glicil no C-9 do anel D da sanciclina levou ao desenvolvimento da terceira geração das tetraciclinas, conhecidas, também, como glicilciclinas. Derivados amino-glicil e com o grupo amino *t*-butil foram os mais potentes descritos, por exemplo, a tigeciclina (28), a omadaciclina (29) e a eravaciclina (30)[44-48] (Figura 16).

Relação estrutura-atividade

As tetraciclinas são substâncias anfotéricas com três pK_a observados (2,8-3,4, 7,2-7,8 e 9,1-9,7), com ponto isoelétrico próximo de pH 5 e são, em geral, administradas na forma de sais de cloridrato e fosfato. Possuem um sistema rígido de anéis fundidos, com quatro anéis, sistema esse que é comumente analisado de acordo com seus dois lados, superior e inferior[17] (Figura 18).

A partir de diferentes modificações moleculares, diversos compostos com atividade ou sem atividade antimicrobiana foram obtidos. Portanto, foi possível observar as modificações que levaram aos efeitos positivos para atividade antimicrobiana. Uma delas é a importância, para a atividade biológica, do anel nafaceno DCBA e da presença de duas cetonas nos C-1 e C-3 (sistema ceto-enólico) e no C-2 um grupo carbonila exocíclico ou grupo amida, no anel A[44,47-49] (Figura 18). Além disso, esse sistema com três grupos ceto, C-1 a C-3, tem acidez próxima à do ácido acético (pK_a ~3).[17] Todas as tetraciclinas que inibem a síntese de proteína na bactéria possuem um grupo amina básico no C-4, essencial para a atividade biológica, e tautômeros ceto-enólicos no C-1 e C-3 do anel A (Figura 18). O isômero 4(S) do grupo C4-dimetilamino é necessário para a atividade biológica, ao passo que o isômero 4(R) diminui a atividade em patógenos gram-negativos.[44,48,49]

O sistema fenol-enol conjugado se estende do C-10 ao C-12 (Figura 18), com pK_a em cerca de 7,5. Além disso, é necessária a hidroxila no C-10 para constituição do fenol, e no C-11 e C-12 grupos ceto-enol em conjunto com uma hidroxila no C-12a (Figura 18). Devido à tautomeria, todos os substituintes descritos são indispensáveis para o reconhecimento e ligação com a subunidade ribossômica, portanto, modificações levam à perda de atividade biológica. Logo, esta região pode ser denominada como região inferior não passível de modificações.[44,47-49] Ademais, essa região, junto

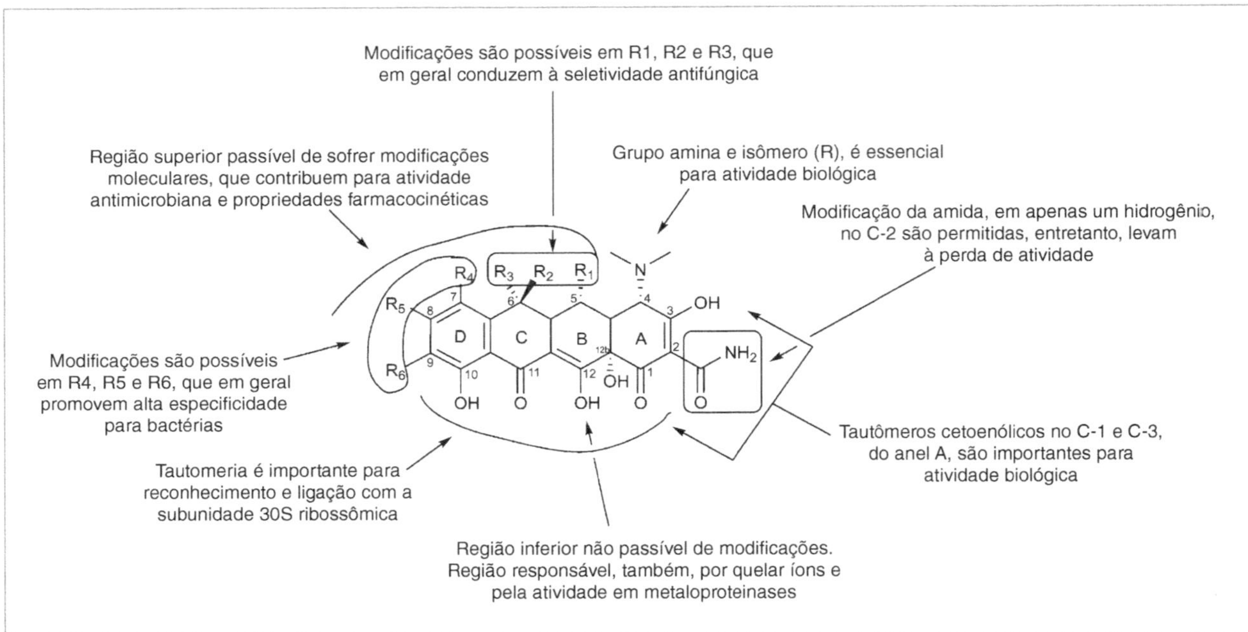

FIGURA 18 Relação estrutura-atividade das tetraciclinas.[48,49]

com o sistema ceto-enol (em C-1 e C-3) e a amida (em C-2), é responsável pela propriedade quelante das tetraciclinas (Figura 18), a partir da formação de sais entre as funções ácidas com íons multivalentes, que, em geral, diminuem muito a solubilidade em pH neutro. Portanto, as tetraciclinas são incompatíveis para o preparo em coadministração com soluções ricas em íons multivalentes.[17,44,47,48]

Modificações na amida do C-2 são possíveis, porém, levam à perda de potência, possivelmente pela diminuição da capacidade de acúmulo na bactéria (Figura 18). No entanto, substituintes no nitrogênio da amida no C-2 podem conferir significativa solubilidade em água, como no caso da rolitetraciclina e da limeciclina. Os C-5 a C-9 podem sofrer modificações, que, em geral, conduzem a alterações na atividade biológica e geram compostos com diversas atividades antimicrobianas (Figura 18). Os grupos R_1, R_2 e R_3 são passíveis de modificações e podem conduzir a maior seletividade para fungos, como antifúngicos, mas não para bactérias (Figura 18). Várias modificações em R_4, R_5 e R_6 são permitidas, as quais em geral, promovem alta especificidade para bactérias e mudanças nas propriedades farmacocinéticas, por exemplo, modificação do LogP (Figura 18). Portanto, essa região pode ser denominada como região superior passível de modificações.[44,47-49]

As tetraciclinas são estruturas sensíveis à catálise ácida e básica, e podem ser inativadas dependendo do meio onde são encontradas. Nesse sentido, ao menos quatro processos químicos estão associados à degradação desses agentes.[17,50]

No primeiro, a epimerização, ocorre a inversão da estereoquímica do grupo dimetilamino no C-4, que leva à formação de um diastereoisômero, 4-epitetraciclina, inativo. Isso acontece devido à presença do sistema ceto-enol no anel A, que permite a enolização envolvendo a perda de hidrogênio no C-4 (Figura 19). Logo, a reprotonação pode acontecer na porção de cima ou porção de baixo do sistema. Se ocorrer em cima, regenera a tetraciclina, entretanto, se ocorrer embaixo, produz a 4-epitetraciclina. O grau de epimerização é pH-dependente, mas em equilíbrio a concentração dos diastereoisômeros é encontrada quase que igualmente. Ademais, a taxa à qual a epimerização acontece é dependente de vários fatores, como temperatura e presença de íons fosfato e citrato.[17,50]

O segundo, a desidratação, ocorre mediante a catálise ácida. A amina terciária e a hidroxila benzílica no C-6 conferem a geometria ideal para que a catálise possa acontecer, devido ao hidrogênio α-orientado no C-5a (antiperiplanar *trans*). Logo, esse processo conduz à formação de C-5a,6-anidrotetraciclina, com cor mais forte que a tetraciclina e inativa. Assim como acontece na epimerização da tetraciclina, o derivado C-5a,6-anidrotetraciclina também pode sofrer epimerização (Figura 20), entretanto, além de ser inativo, promove toxi-

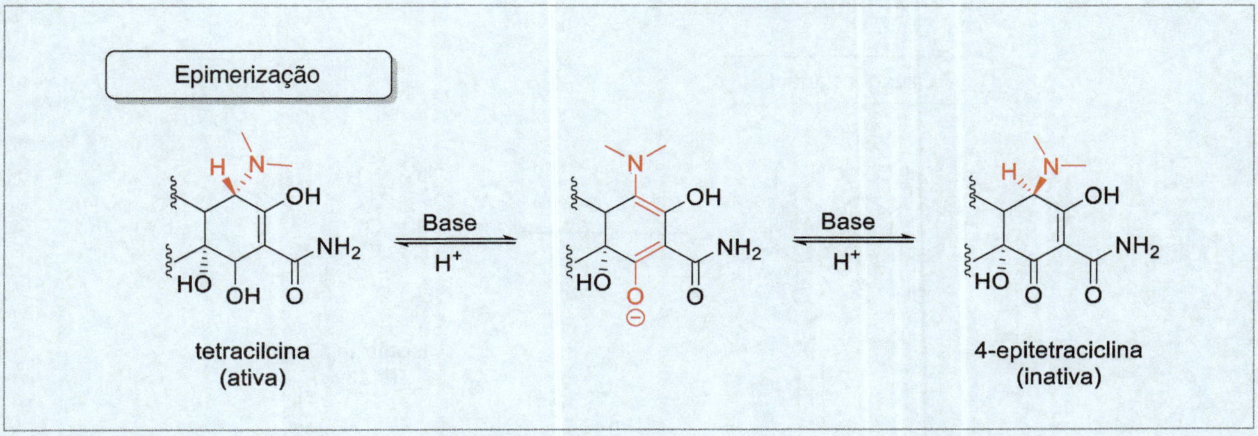

FIGURA 19 Instabilidade das tetraciclinas, processo de epimerização.[17]

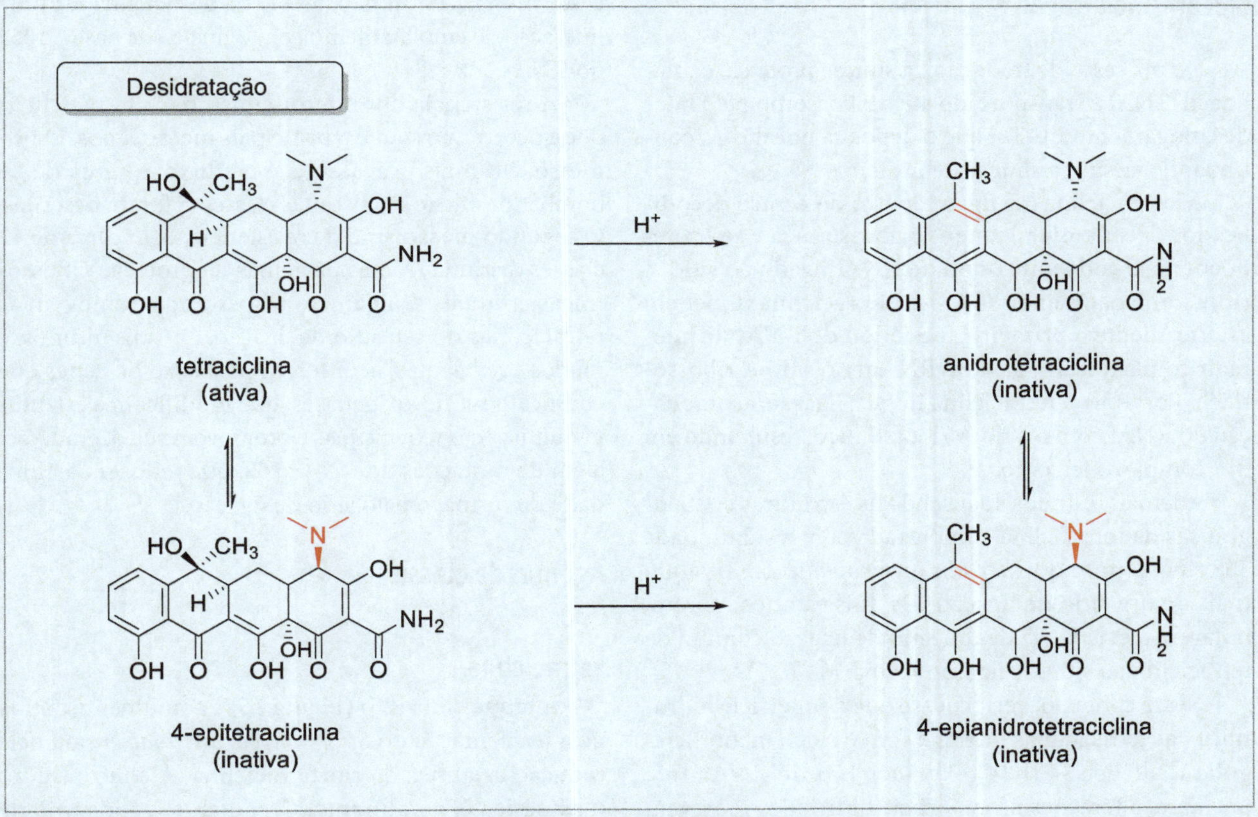

FIGURA 20 Instabilidade das tetraciclinas catalisadas por ácido, processo de desidratação.[17,50]

cidade renal e produz síndrome de Fanconi. Ademais, agentes sem a hidroxila no C-6 não apresentam essas características toxicológicas.[17,50]

O terceiro é a clivagem do anel C, um processo que envolve a quebra do anel C pela ação da hidroxila no C-6. Essa quebra acontece em soluções alcalinas ou soluções com pH acima de 8,5. O produto formado é a isotetraciclina (Figura 21), uma lactona, que é inativa.[17,50]

Por fim, o quarto processo é a fototoxicidade. Algumas tetraciclinas, principalmente agentes com substituinte cloro no C-7, promovem queimaduras em indivíduos sensíveis à exposição solar devido à formação de radicais livres pela própria exposição.[17,50]

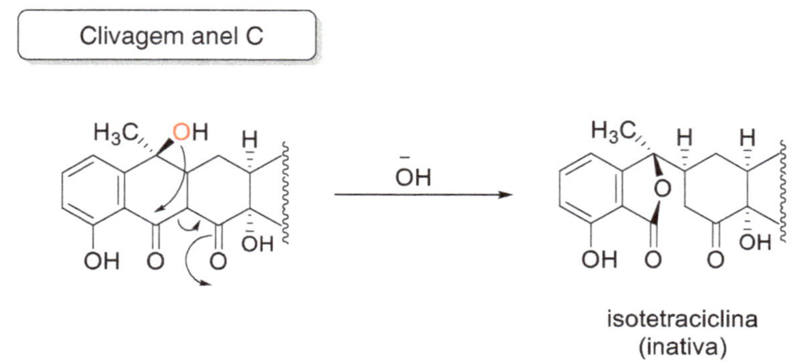

FIGURA 21 Instabilidade das tetraciclinas catalisadas por base.[17,50]

Mecanismo de ação

No processo de tradução da síntese proteica, o aminoacil-RNAt é transportado até o ribossomo pelo fator de enlogamento EF-Tu, que o deposita no sítio A, continuando, assim, a síntese de proteína.[44,45]

As tetraciclinas se ligam dentro do centro decodificador da subunidade menor ribossômica e se sobrepõem na alça do anticódon do RNAt ligado ao sítio A ribossômico. Os anéis C e D da tetraciclina impedem estericamente o primeiro anticódon do RNAt de interagir com a terceira base do RNAm no sítio A ribossômico. Portanto, a tetraciclina inibe a ligação/acomodação do RNAt com o sítio A ribossômico, resultando em um complexo ternário.[44,45,47]

Ademais, estudos analisando as estruturas cristalográficas da tetraciclina complexada com a subunidade 30S ribossômica do *Thermus thermophilus* observaram mais de um sítio de ligação. Os dois estudos, porém, notaram a existência de um sítio de ligação comum da tetraciclina, o sítio de ligação primário (*Tet1*).[45,51,52]

Nesse contexto, verificou-se que a superfície hidrofílica das tetraciclinas interage com o sulco menor irregular da hélice 34 (h34) e do *loop* h31 do RNAr 16S, portanto, alterações na superfície hidrofílica removem a atividade antimicrobiana, ao passo que a superfície hidrofóbica permite maiores modificações sem perda da atividade antimicrobiana. Além disso, a porção hidrofílica da tetraciclina estabelece, diretamente ou por coordenação com íon de magnésio, ligações de hidrogênio com os átomos de oxigênio dos grupos fosfatos dos nucleotídeos C1054, G1197 e G1198 na h34 da RNAr 16S.[44,45,51-53] Outra possibilidade descrita é a da presença de um íon de magnésio adicional, mediando a interação entre o anel A da tetraciclina e esqueleto de fosfato da G966 no h31. Por fim, o anel D da tetraciclina faz uma interação de empilhamento com o núcleo da base C1054 do RNAr 16S.[44,45,54]

A resistência dos microrganismos às tetraciclinas pode ocorrer por quatro principais mecanismos. O primeiro, e o mais prevalente, é o efluxo, e cerca de 28 bombas de efluxo de distintas classes já foram descritas. O segundo mecanismo de resistência, com cerca de 12 classes distintas, são as proteínas de proteção ribossômicas, as quais se ligam ao ribossomo e removem as tetraciclinas do seu sítio de ligação. Os dois últimos, e menos prevalentes, acontecem pela ação de genes que codificam mono-oxigenases, que modificam a estrutura química das tetraciclinas e promovem sua degradação, além de mutações do RNAr 16S, que reduzem a afinidade do fármaco pelo sítio de ligação.[44,45,47]

Agentes da classe

Tetraciclina

A tetraciclina (25) (Figura 16) é comumente obtida pela fermentação do *Streptomyces aureofaciens* ou pela redução catalítica da clortetraciclina. A concentração plasmática é, geralmente, irregular, e o consumo de alimentos e/ou leite concomitantemente à administração oral diminui a absorção em cerca de 50%.[17,48]

Doxiciclina

A doxiciclina (26) (Figura 16) é o antimicrobiano mais comumente utilizado da classe e é produzido, por semissíntese a partir de outras tetraciclinas. Apresenta boa absorção oral, cerca de 90-100%, entretanto, quando administrado com alimentos e/ou leite, esse número cai para cerca de 20%. Pode ser administrada em dose única diária, para o tratamento de infecções moderadas, e sua excreção é via renal e biliar.[17,44,48]

Minociclina

A minociclina (27) (Figura 16) é produzida por semissíntese a partir da demeclociclina. Em relação à tetraciclina, possui atividade antimicrobiana superior contra vários patógenos gram-negativos e gram-positivos, incluindo algumas cepas resistentes.[45,48] Além disso, sua afinidade pelo ribossomo é cerca de 20 vezes maior do que a apresentada pela tetraciclina. Tal fato pode ser justificado pela presença do grupo dimetilamina no C-7 do anel D, que facilita a interação de empilhamento com a base C1054. Devido à sua maior lipofilicidade, comparada ao de seu precursor, apresenta melhor biodisponibilidade para administração oral, cerca de 90-100%, e, portanto, pode ser administrada em dose única diária. Também sofre redução na absorção quando administrada com alimentos e/ou leite de cerca de 20%. Ademais, possui maior espectro de ação e menor dependência de mecanismos de transporte ativo para ser absorvida. Em geral, ao contrário de outras tetraciclinas, apresenta toxicidade vestibular.[17,48]

Demeclociclina

Já a demeclociclina (32) (Figura 17), é produzida pela fermentação de uma cepa de *Streptomyces aureofaciens* geneticamente modificada. Alimentos e/ou leite também diminuem a absorção oral em 50%. É a maior causadora de fototoxicidade dentre as tetraciclinas e pode produzir diabetes reversível por efeito dose-dependente.[17,48]

Tigeciclina

A tigeciclina (28) (Figura 16) foi planejada, principalmente, para superar os problemas de resistência, constituindo a terceira geração das tetraciclinas, ou, na opinião de muitos autores, o agente introdutório de uma nova classe, as glicilciclinas.[17,44,45,48]

Ademais, o grupo *t*-butilglicilamida no C-9 faz interação de empilhamento com o núcleo da base C1054, o que aprimora a interação entre os pares de base C1054 e U1196, adotando uma interação semelhante ao RNAt no sítio de ligação A ribossômico. Portanto, essas interações conduzem à atividade aprimorada apresentada pela tigeciclina.[45] A tigeciclina foi o primeiro agente dessa geração a ser comercializado, indicado para tratamento de infecções intra-abdominais e infecções complicadas de pele. Possui efeitos adversos semelhantes aos das demais tetraciclinas e é administrado por via intravenosa, podendo causar dores no local da aplicação e tromboflebite.[17,48]

GLICOPEPTÍDEOS

Glicopeptídeos são moléculas que foram inicialmente obtidas de fontes naturais e que, atualmente, possuem derivados semissintéticos.[54,55] São estruturas rígidas constituídas por uma cadeia heptapeptídica, contendo aminoácidos aromáticos, à qual se ligam sacarídeos e outros grupos, como halogênios ou lipídeos.[38,55-57] Os resíduos aromáticos dos aminoácidos costumam apresentar ligações entre si, sendo a cadeia peptídica o grupo farmacofórico dessa classe de antibióticos.[38,57] Os sacarídeos atuam modulando a hidrofilicidade da molécula, sendo possível, também, a adição de porções hidrofóbicas na estrutura da molécula, formando lipoglicopeptídeos.[38] O fármaco vancomicina, um dos principais membros da classe,[58] ilustra a estrutura geral dos glicopeptídeos (Figura 22).

São empregados, principalmente, como última opção terapêutica para bactérias gram-positivas resistentes a outros fármacos[59] ou para o tratamento de pessoas alérgicas a beta-lactâmicos.[58,59] Ressalta-se que os fármacos dessa classe não são absorvidos oralmente e devem ser administrados lentamente por via intravenosa, com o intuito de se evitar eventos adversos.[56,59]

Atuam pela inibição da síntese da parede celular bacteriana, impedindo a formação de ligações cruzadas entre as cadeias de polissacarídeos que formam o peptideoglicano.[56,57,60] Isso se dá pela ligação do fármaco ao dipeptídeo terminal (D-Ala-D-Ala) dos oligossacarídeos responsáveis pelas transpeptidações e transglicosilações entre cadeias de polissacarídeos.[56,60] Em função de seu grande tamanho, glicopeptídeos não conseguem ultrapassar a membrana externa de bactérias gram-negativas e, portanto, não conseguem atingir seu alvo, o que os torna ineficazes contra esses microrganismos e resulta em atividade apenas contra bactérias gram-positivas.[38,56,57] Também foi notado que, no caso de lipoglicopeptídeos, como a telavancina, além da interrupção da síntese da parede, os fármacos podem atuar comprometendo a integridade da membrana celular.[38,56-58]

Foi observado que glicopeptídeos estruturalmente semelhantes à vancomicina e com a capacidade de formar dímeros possuem uma maior atividade bactericida, quando comparados a análogos incapazes de se dimerizar.[59] A própria vancomicina é um exemplo de glicopeptídeo que forma dímeros.[57,59] Esse resultado pode ser advindo do aumento da força da ligação fármaco-receptor por

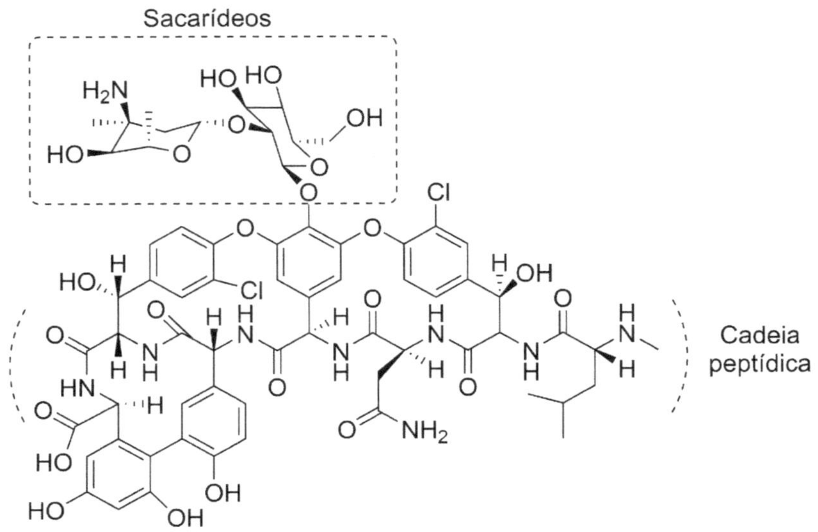

FIGURA 22 Estrutura da vancomicina ilustrando a estrutura geral dos glicopeptídeos.

conta da dimerização, uma vez que um dímero poderia interagir com dois alvos simultaneamente.[58,59]

Além da dimerização, o ancoramento de lipoglicopeptídeos à membrana celular bacteriana pode favorecer a ligação do fármaco ao seu receptor, o que aumenta o efeito bactericida. O ancoramento é obtido a partir de porções hidrofóbicas no antibiótico, as quais podem se inserir na membrana.[56,58,61] Esse fenômeno é observado na teicoplanina, a qual é incapaz de formar dímeros.[61] A teicoplanina é uma mistura de lipoglicopeptídeos em que se varia a estrutura da cadeia lipídica, sendo seu principal componente ilustrado na Figura 23.

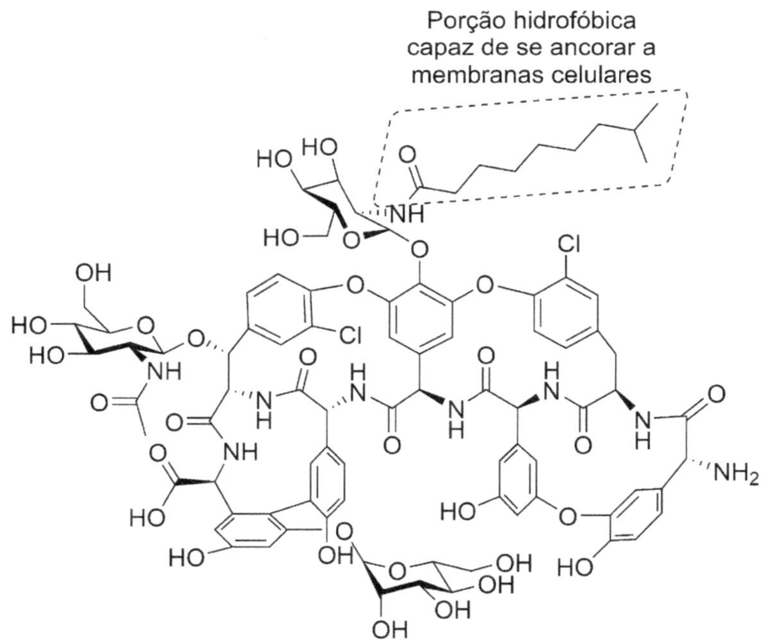

FIGURA 23 Principal componente da mistura que compõe a teicoplanina. A porção destacada na figura corresponde à porção hidrofóbica responsável pelo ancoramento da teicoplanina na membrana celular.

Glicoproteínas não possuem uma relação estrutura-atividade bem definida, porém certas inferências podem ser feitas a partir de estudos da ligação dos fármacos em análogos de substrato (Figura 24).[59,61] A interação fármaco-receptor é determinada por ligações de hidrogênio do carboxilato terminal de D-Ala-D-Ala com os hidrogênios nas amidas dos aminoácidos 1, 2 e 3.[58,61] Para que isso ocorra, a estereometria dos aminoácidos 1-4 deve seguir a sequência R, R, S, R, respectivamente.[61] Ligações de hidrogênio entre as amidas de D-Ala-D-Ala e amidas do heptapeptídeo, além de interações hidrofóbicas entre as metilas do substrato e grupos aromáticos do fármaco, complementam a interação das suas moléculas.[61]

A formação de dímeros também é dependente da estrutura do glicopeptídeo. Sacarídeos ligados à cadeia lateral do aminoácido 4, além de aminossacarídeos na cadeia lateral do aminoácido 6, favorecem a formação de dímeros.[61] Analogamente, a adição de cloro na cadeia lateral do aminoácido 2[61] e grupos hidrofóbicos em outras regiões do glicopeptídeo[58] também favorecem a dimerização, o que pode aumentar o efeito bactericida dos compostos.[59,61]

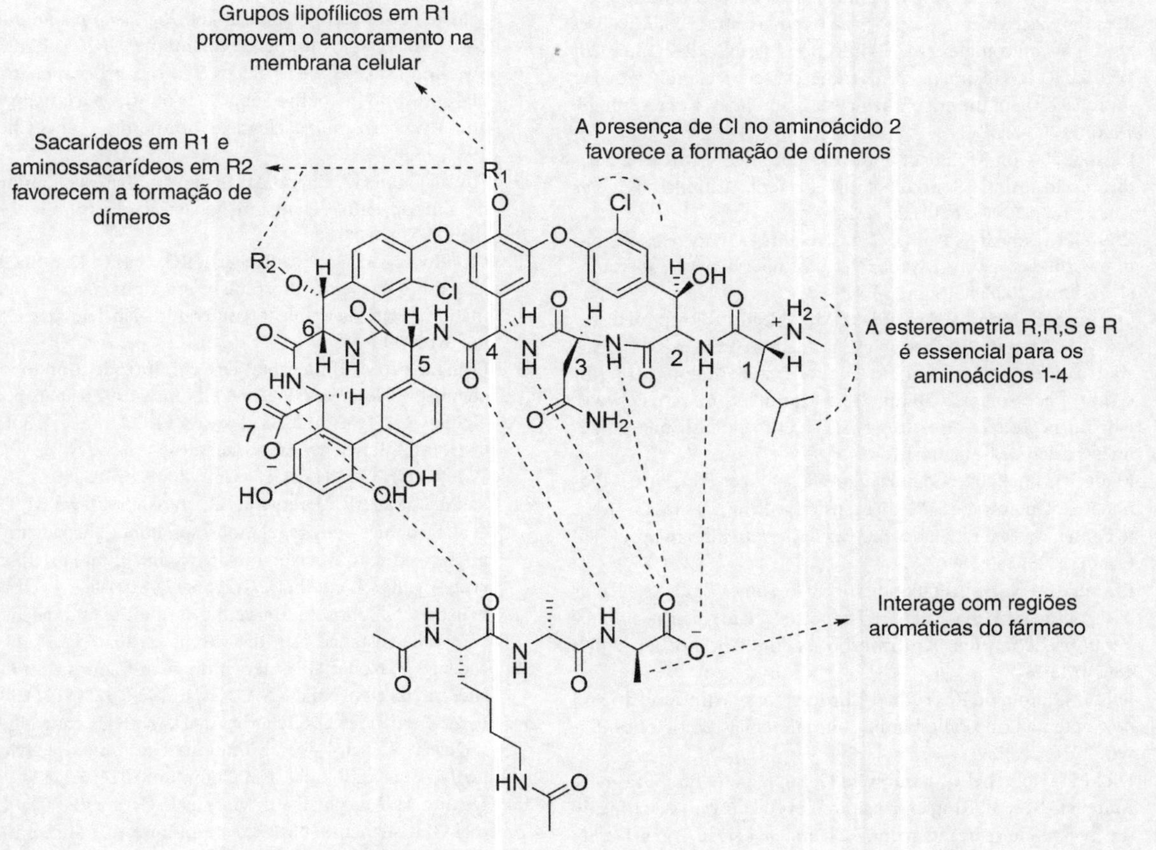

FIGURA 24 Relação estrutura-atividade de glicopeptídeos e sua interação com um análogo de D-Ala-D-Ala.

REFERÊNCIAS BIBLIOGRÁFICAS

1. Bryskier A, Agouridas C. Macrolide antibiotics. Structure-activity relationship and new medical opportunities. Antiinfect Drugs Chemother. 1996; 14(2):147-54.
2. Pechere JC. New perspectives on macrolide antibiotics. Int J Antimicrob Agents. 2001; 18(Suppl. 1):S93-7.
3. Labro MT. Macrolide antibiotics: current and future uses. Expert Opin Pharmacother. 2004; 5(3):541-50.
4. Vardanyan R, Hruby V. Chapter 30 – Antibiotics. In: Synthesis of best-seller drugs. London: Academic Press, 2016.
5. Liang JH, Han X. Structure-activity relationships and mechanism of action of macrolides derived from erythromycin as antibacterial agents. Curr Top Med Chem. 2013;13(24):3131-64.
6. Doucet-Populaire F, Buriankova K, Weiser J, Pernodet JL. Natural and acquired macrolide resistance in mycobacteria. Curr Drug Targets Infect Disord. 2002; 2:355-70.
7. Amsden GW, Peloquin CA, Berning SE. The role of advanced generation macrolides in the prophylaxis and treatment of *Mycobacterium avium* complex (MAC) infections. Drugs. 1997; 54:69-80.
8. Wallace RJ Jr. Treatment of infections caused by rapidly growing mycobacteria in the era of the newer macrolides. Res Microbiol. 1996; 147(1-2):30-5.
9. Rastogi N, Goh KS. Effect of pH on radiometric MICs of clarithromycin against 18 species of mycobacteria. Antimicrob Agents Chemother. 1992; 36(12):2841-2.
10. Zhu ZJ, Krasnykh O, Pan D, et al. Structure-activity relationships of macrolides against Mycobacterium tuberculosis. Tuberculosis (Edinb). 2008; 88(Suppl 1):S49-63.
11. Organização Mundial da Saúde (OMS). Neglected tropical diseases: WHO to publish first official guidelines on leprosy diagnosis, treatment and prevention. Genève: Ashok Moloo, 2018. [internet] [acesso em 2020 jun 24]. Disponível em: https://www.who.int/neglected_diseases/news/WHO-to-publish-first-guidelines-on-leprosy-diagnosis/en/.
12. Madsen CT, Jakobsen L, Buriankova K, Doucet-Populaire F, Pernodet JL, Douthwaite S. Methyltransferase Erm(37) slips on rRNA to confer atypical resistance in *Mycobacterium tuberculosis*. J Biol Chem. 2005; 280:38942-7.
13. Buriánková K, Doucet-Populaire F, Dorson O, et al. Molecular basis of intrinsic macrolide resistance in the *Mycobacterium tuberculosis* complex. Antimicrob Agents Chemother. 2004; 48(1):143-50.
14. Jelić D, Antolović R. From erythromycin to azithromycin and new potential ribosome-binding antimicrobials. Antibiotics (Basel). 2016; 5(3):29.
15. Djokic S, Kobrehel G, Lazarevski G, Lopotar N, Tamburašev Z, Kamenar B, et al. Ring expansion of erythromycin A oxime by the Beckmann rearrangement. J Chem Soc Perkin Trans. I 1986; 1881-90.
16. Yang BV, Goldsmith M, Rizzi A. A novel product from Beckmann rearrangement of erythromycin A 9(E)-oxime. Tetrahedron Lett. 1994; 55:3025-8.
17. Gentry EJ. Antibiotics and antimicrobial agents. In: Lemke TL, Williams DA, Roche VF, Zito SW (eds.). Foye's principles of medicinal chemistry. 7.ed. Philadelphia: Lippincott Williams and Wilkins, 2013. p.1073-124.
18. Mutak S. Azalides from azithromycin to new azalide derivatives. J Antibiot. 2007; 60(2):85-122.
19. Retsema J, Girard A, Schelkly W, Manousos M, Anderson M, Bright G, et al. Spectrum and mode of action of azithromycin (CP-62,993), a new 15-membered-ring macrolide with improved potency against gram-negative organisms. Antimicrob Agents Chemother. 1987; 31(12):1939-47.
20. Schlünzen F, Harms JM, Franceschi F, Hansen HA, Bartels H, et al. Structural basis for the antibiotic activity of ketolides and azalides. Structure. 2003; 11(3):329-38.
21. Scheinfeld N. Telithromycin: a brief review of a new ketolide antibiotic. J Drugs Dermatol. 2004; 3(4):409-13.
22. Kapić S, Čipčić Paljetak H, Palej Jakopović I, Fajdetić A, Ilijaš M, Štimac V, et al. Synthesis of macrolones with central piperazine ring in the linker and its influence on antibacterial activity. Bioorganic Med Chem. 2011; 19:7281-98.
23. Krause KM, Serio AW, Kane TR, Connolly LE. Aminoglycosides: An Overview. Cold Spring Harb Perspect Med 2016; 6(6):a027029.
24. Aggen JB, Armstrong ES, Goldblum AA, Dozzo P, Linsell MS, Gliedt MJ et al. Synthesis and spectrum of the neoglycoside ACHN-490. Antimicrob Agents Chemother. 2010; 54(11):4636-42.
25. Landman D, Babu E, Shah N, Kelly P, Backer M, Bratu S, Quale J. Activity of a novel aminoglycoside, ACHN-490, against clinical isolates of *Escherichia coli* and *Klebsiella pneumoniae* from New York City. J Antimicrob Chemother. 2010; 65:2123-7.
26. Swenson JM, Wallace RJ, Silcox VA, Thornsberry C. Antimicrobial susceptibility of five subgroups of *Mycobacterium fortuitum* and *Mycobacterium chelonae*. Antimicrob Agents Chemother. 1985; 28:807-11.
27. Ho YI, Chan CY, Cheng AF. In-vitro activities of aminoglycoside-aminocyclitols against mycobacteria. J Antimicrob Chemother. 1997; 40:27-32.
28. O'Sullivan ME, Poitevin F, Sierra RG, Gati C, Dao EH, Rao Y, et al. Aminoglycoside ribosome interactions reveal novel conformational states at ambient temperature. Nucleic Acids Res. 2018; 46(18):9793-804.
29. Gringauz A. Antimicrobial Drugs I. Introduction to medicinal chemistry. New York: Wiley-VCH Inc., 1997. cap. 6, p. 191-263.
30. Griffey RH, Hofstadler SA, Swayze EE. Chapter 18. In: Wong C-H. (ed.). Carbohydrate-based drug discovery. v.2. Weinheim: Wiley-VCH GmbH & Cc. KGaA, 2003. p. 483-98.
31. Salian S, Matt T, Akbergenov R, Harish S, Meyer M, Duscha S, et al. Structure-activity relationships among the kanamycin aminoglycosides: role of ring I hydroxyl and amino groups. Antimicrob Agents Chemother. 2012; 56(12):6104-8.
32. Wilson DN. Ribosome-targeting antibiotics and mechanisms of bacterial resistance. Nat Rev Microbiol. 2014; 12:35-48.
33. Moazed D, Noller HF. Interaction of antibiotics with functional sites in 16S ribosomal RNA. Nature 1987; 327(6121):389-94.
34. Perez-Fernandez D, Shcherbakov D, Matt T, Leong NC, Kudyba I, Duscha S, et al. 4'-O-substitutions determine selectivity of aminoglycoside antibiotics. Nat Commun. 2014; 5:3112.
35. Demirci H, Murphy F 4th, Murphy E, Gregory ST, Dahlberg AE, Jogl G. A structural basis for streptomycin-induced misreading of the genetic code. Nat Commun. 2013; 4:1355.
36. Ogle JM, Murphy FV, Tarry MJ, Ramakrishnan V. Selection of tRNA by the ribosome requires a transition from an open to a closed form. Cell. 2002; 111:721-32.
37. Siegenthaler WE, Bonetti A, Luthy R. Aminoglycoside antibiotics in infectious diseases. An overview. Am J Med. 1986; 80(6B):2-14.
38. Lemke TL. Antimycobacterial agents. In: Lemke TL, Williams DA, Roche VF, Zito SW (eds.). Foye's principles of medicinal chemistry. 7.ed. Philadelphia: Lippincott Williams and Wilkins, 2013. p. 1175-98.
39. van Bambeke F, Mingeot-Leclercq MP, Glupczynski Y, Tulkens PM. Mechanism of action. In: Cohen J, Powderly WG, Opal, SM

(eds.). Infectious diseases. 4.ed. Amsterdam: Elsevier, 2017. p. 1162-80.e1.

40. Czerwonka D, Domagalska J, Pyta K, et al. Structure-activity relationship studies of new rifamycins containing l-amino acid esters as inhibitors of bacterial RNA polymerases. Eur J Med Chem. 2016; 116:216-21.
41. Bury-Moné S. Reference module in biomedical sciences. In: Antibacterial therapeutic agents: antibiotics and bacteriophages. Amsterdam: Elsevier; 2014. [internet] [acesso em 2020 jun 24]. Disponível em: https://www.sciencedirect.com/science/article/pii/B9780128012383002440.
42. Lin W, Mandal S, Degen D, et al. Structural basis of *Mycobacterium tuberculosis* transcription and transcription inhibition. Mol Cell. 2017; 66(2):169-79.e8.
43. Campbell EA, Korzheva N, Mustaev A, et al. Structural mechanism for rifampicin inhibition of bacterial rna polymerase. Cell. 2001; 104(6):901-12.
44. Chopra I, Roberts M. Tetracycline antibiotics: mode of action, applications, molecular biology, and epidemiology of bacterial resistance. Microbiol Mol Biol Rev. 2001; 65(2):232-60.
45. Nguyen F, Starosta AL, Arenz S, Sohmen D, Dönhöfer A, Wilson DN. Tetracycline antibiotics and resistance mechanisms. Biol Chem. 2014; 395(5):559-75.
46. Nelson ML, Levy SB. The history of the tetracyclines. Ann N Y Acad Sci. 2011; 1241:17-32.
47. Pereira-Maia EC, Silva PP, De Almeida WB, Dos Santos HF, Marcial BL, Ruggiero R, et al. Tetraciclinas e glicilciclinas: uma visão geral. Quim Nova. 2010; 33:700-6.
48. Tariq S, Rizvi SFA, Anwar U. Tetracycline: classification, structure activity relationship and mechanism of action as a theranostic agent for infectious lesions – a mini review. Biomed J Sci & Tech Res. 2018; 7(2):5787-96.
49. Fuoco D. Classification framework and chemical biology of tetracycline-structure-based drugs. Antibiotics (Basel). 2012; 1(1):1-13.
50. Mohammed-Ali MAJ. Stability study of tetracycline drug in acidic and alkaline solutions by colorimetric method. J Chem Pharm Res. 2012; 4:1319-26.
51. Brodersen DE, Clemons WM Jr, Carter AP, Morgan-Warren RJ, Wimberly BT, Ramakrishnan V. The structural basis for the action of the antibiotics tetracycline, pactamycin, and hygromycin B on the 30S ribosomal subunit. Cell .2000; 103(7):1143-54.
52. Pioletti M, Schlünzen F, Harms J, Zarivach R, Glühmann M, Avila H, et al. Crystal structures of complexes of the small ribosomal subunit with tetracycline, edeine and IF3. EMBO. J 2001; 20(8):1829-39.
53. Jenner L, Starosta AL, Terry DS, Mikolajka A, Filonava L, Yusupov M, et al. Structural basis for potent inhibitory activity of the antibiotic tigecycline during protein synthesis. Proc Natl Acad Sci U S A. 2013; 110(10):3812-6.
54. Ben-Shem A, Garreau de Loubresse N, Melnikov S, Jenner L, Yusupova G, et al. The structure of the eukaryotic ribosome at 3.0 Å resolution. Science. 2011; 334(6062):1524-9.
55. Kinghorn AD. Drug discovery from natural products. In: Lemke TL, Williams DA, Roche VF, Zito SW (eds.). Foye's principles of medicinal chemistry. 7.ed. Philadelphia: Lippincott Williams and Wilkins, 2013. p. 13-28.
56. Thibodeaux CJ, Liu H-W, Thorson JS. Complementary routes to natural product glycodiversification: pathway engineering and glycorandomization. In: Kamerling H (eds.). Comprehensive glycoscience, from chemistry to systems biology. Amsterdam: Elsevier, 2007. p. 373-96.
57. Binda E, Marinelli F, Marcone GL. Old and new glycopeptide antibiotics: action and resistance. Antibiotics (Basel). 2014; 3(4):572-94.
58. James RC, Pierce JG, Okano A, Xie J, Boger DL. Redesign of glycopeptide antibiotics: back to the future. ACS Chem Biol. 2012; 7(5):797-804.
59. Donadio S; Sosio M. Glycopeptides, antimicrobial. In: Schaechter M (ed.). Encyclopedia of microbiology. 3.ed. San Diego: Academic Press, 2009. p. 455-71.
60. Liu Y, Breukink E. The membrane steps of bacterial cell wall synthesis as antibiotic targets. Antibiotics (Basel). 2016; 5(3):28.
61. Williams DH, Bardsley B. The vancomycin group of antibiotics and the fight against resistant bacteria. Angew Chem Int Ed Engl. 1999; 38(9):1172-93.

CAPÍTULO 28

Quinolonas e fluorquinolonas

Daniel Fábio Kawano

INTRODUÇÃO

É incrível pensar que nós, seres humanos, temos uma história estimada em 100 mil anos e que, em apenas um século, entre os anos de 1900 e 2000, a expectativa de vida média da população mundial aumentou de 30 para 65 anos.[1] Ou seja, em apenas 100 anos, nós conseguimos um avanço maior do que em todo o restante da nossa história como seres humanos. O que aconteceu nesse período? É claro que melhorias no abastecimento de água, saneamento básico e na higiene aumentaram consideravelmente os níveis de saúde e a expectativa de vida neste período, principalmente nos países industrializados, mas essa não é a única resposta para a nossa pergunta.

Entre 1900 e 1997, por exemplo, a taxa de mortalidade infantil caiu mais de 90% e a de mortalidade materna, quase 99%.[2] Parece difícil imaginar que, no início do século XX, os partos eram feitos sem a assepsia adequada e que não havia tratamento efetivo para as infecções bacterianas. Contudo, esses dados fazem todo o sentido quando consideramos que as sulfonamidas antimicrobianas foram descobertas na década de 1930, que a penicilina passou a ser produzida em larga escala nos anos de 1940 e que, a partir de então, muitos dos antibióticos que conhecemos foram descobertos: estreptomicina (1944), bacitracina (1945), cloranfenicol (1947), clortetraciclina (1948), eritromicina (1952) e cefalosporina C (1955) são apenas alguns exemplos.[3]

Até o início da década de 1980, não existia uma classe de antibióticos de amplo espectro, cujos fármacos fossem efetivos contra bactérias gram-positivas e gram-negativas. Isso mudou com a chegada das fluoroquinolonas ao mercado, já que fármacos como o ofloxacino (registrado em 1985 como racemato e, mais tarde, na forma de enantiômero puro, levofloxacino, em 1996) demonstravam atividade contra gram-negativas, como *Enterobacteriaceae* e *Pseudomonas aeruginosa*, e também certa atividade contra gram-positivas, como estafilococos e estreptococos.[4]

De fato, a partir do levofloxacino, a atividade contra gram-positivas passou a ser também bastante pronunciada. As fluoroquinolonas, usadas em infecções do trato geniturinário, respiratório, gastrintestinal, de pele e de tecidos moles, apresentam excelente penetração nos tecidos e fluidos corporais, podendo ser administradas por via oral para tratar condições que antes só se resolviam com o uso de antibióticos intravenosos.[4]

No entanto, o desenvolvimento dessa classe fármacos começou muito antes, com a descoberta do ácido nalidíxico em 1962 (Figura 1), um subproduto da síntese do antimalárico cloroquina que apresentava atividade antimicrobiana. Dois anos mais tarde, o mecanismo de ação do fármaco, o qual será analisado em detalhes mais tarde, foi atribuído à inibição das enzimas topoisomerases bacterianas.[5] O ácido nalidíxico passou a ser empregado em 1967 em UTIs para tratamento de infecções causadas pela maioria das bactérias gram-negativas, com exceção de *Pseudomonas aeruginosa*.[6]

Desenvolvimento subsequente de novas quinolonas ocorreu na década de 1970, mas apenas com melhorias marginais na atividade antimicrobiana em relação ao ácido nalidíxico.[6] Contudo, esses compostos serviram para mostrar aos químicos medicinais quais modificações estruturais melhoravam a atividade bacteriana (Figura 1). No ácido oxolínico, por exemplo, notou-se que a substituição da piridina do ácido nalidíxico por

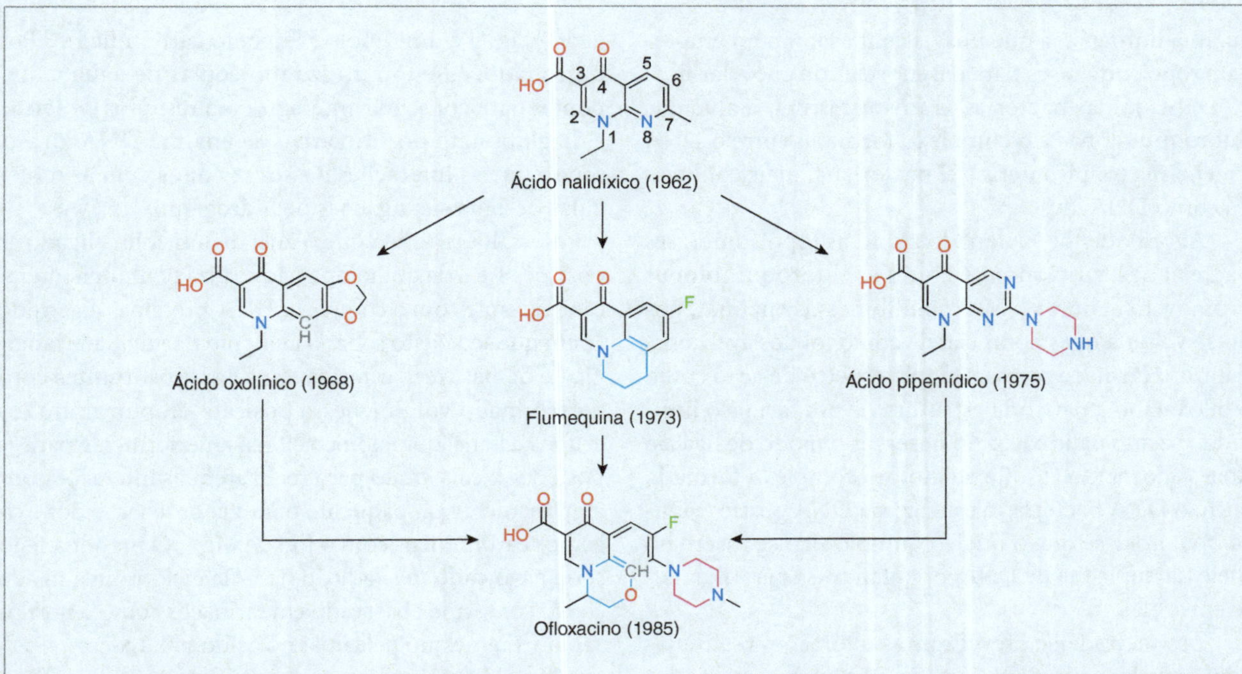

FIGURA 1 Desenvolvimento do ofloxacino a partir do ácido nalidíxico.[7]

um anel benzênico (troca de N_8 por C_8) era favorável à atividade biológica, bem como a introdução de piperazina na posição 7, como ilustrado no ácido pipemídico, a qual, além de melhorar a atividade biológica, também aumentava a hidrossolubilidade das quinolonas. A alteração estrutural mais importante, porém, foi a inserção de um átomo de flúor na posição 6 do núcleo quinolônico, o que fez da flumequina a primeira fluoroquinolona antimicrobiana a ser sintetizada.[6]

Além disso, a inserção de um terceiro anel a partir das posições 1 e 8 da quinolona também se mostrou favorável à atividade antimicrobiana. O ofloxacino, registrado em 1985 na americana Food and Drug Administration (FDA), e o pefloxacino, registrado no mesmo ano na França, foram as primeiras fluoroquinolonas de uso humano, já que as indicações da flumequina eram apenas de uso veterinário. O norfloxacino, patenteado em 1978, só teve seu registro aprovado pela FDA um ano mais tarde, em 1986.[7]

Mas por que essas características estruturais transformaram um fármaco tão limitado como o ácido nalidíxico em um antibiótico de mais amplo espectro? Para responder a esta pergunta, é preciso analisar a interação das fluoroquinolonas com seus alvos, as topoisomerases bacterianas.

Se você já montou uma árvore de Natal, sabe bem o desafio imposto a uma topoisomerase: ao tentar desembaraçar um pisca-pisca que ficou guardado o ano inteiro numa caixa, você pode gastar muito tempo passando a ponta do fio por dentro dos nós, até conseguir que o pisca-pisca fique livre para pendurá-lo na árvore. A função da topoisomerase é semelhante: para que a bactéria possa replicar o seu material genético ao se reproduzir, os cromossomos precisam ser desenovelados antes que o DNA possa ser lido e duplicado. Só que, ao contrário de você, que pacientemente desembaraça o pisca-pisca passando a ponta do fio por dentro dos nós para desfazê-los, as topoisomerases simplesmente cortam as fitas nas regiões enoveladas e as ressoldam numa posição desembaraçada, o que torna o processo muito mais rápido.

As fluoroquinolonas atuam se ligando entre a enzima topoisomerase e a dupla fita de DNA (Figura 2A), formando um complexo estável entre a proteína e o material genético. Elas permitem, então, a clivagem do material genético, que a enzima normalmente promoveria para desenovelar a dupla fita de DNA, mas impedem a ressoldagem subsequente das partes clivadas, causando assim danos irreparáveis ao material genético bacteriano que resultarão na morte do patógeno.[4]

Em bactérias gram-positivas, os complexos estabilizados pelas fluoroquinolonas são formados pelo DNA e pela enzima topoisomerase IV, sendo que os fármacos mostram uma atividade 1.000 vezes maior contra a enzima topoisomerase bacteriana quando comparada à enzima humana, já que nossas células também empregam topoisomerases para desenovelar ou enovelar nosso DNA. Já nas bactérias gram-negativas, o alvo das fluoroquinolonas é o complexo formado entre o DNA e a enzima topoisomerase II bacteriana, mais conhecida como DNA girase.[3]

Agora que foi explanado como as topoisomerases bacterianas funcionam e como as fluoroquinolonas promovem a morte celular ao inibir essas enzimas, pode-se voltar à questão inicial de como foi possível construir um fármaco de mais amplo espetro de ação como o ofloxacino a partir da estrutura de um fármaco limitado, o ácido nalidíxico. Ao observar o modo de ligação do levofloxacino (L-ofloxacino) no complexo formado entre o DNA bacteriano e a enzima DNA girase (Figura 2A), nota-se que o núcleo quinolônico se insere no meio da dupla fita de DNA, orientando-se paralelamente entre elas.

Assim, pode-se prever que as interações realizadas com o núcleo quinolônico envolverão apenas os nucleotídeos que compõem o DNA, já que estes são os únicos que fazem contato com este núcleo. Já a DNA girase (em azul na Figura 2A) faz contato direto apenas com o anel piperidínico do fármaco, visto que um íon de magnésio (Mg^{2+}, esfera verde na Figura 2A), presente no sítio ativo da enzima, serviria como uma ponte entre as interações realizadas pelas duas carbonilas da fluoroquinolona e os aminoácido da DNA girase bacteriana.

Ao analisarmos maiores detalhes as interações que o levofloxacino realiza com o DNA bacteriano e a enzima DNA girase (Figura 2B), percebe-se que as interações entre o núcleo quinolônico e os nucleotídeos são todas do tipo empilhamento pi–pi, que ocorrem entre as regiões ricas em densidade eletrônica (delta-) de um anel, representadas pela nuvem de elétrons, com regiões de baixa densidade eletrônica (delta+) de outro anel, que correspondem aos hidrogênios (Figura 3A).[8]

Se interações por empilhamento pi–pi envolvem os dois anéis do núcleo quinolônico, conforme mostrado na Figura 2B, isso significa que os dois anéis são aromáticos, incluindo aquele que contém o nitrogênio. Isso se torna mais evidente quando analisamos o equilíbrio cetoenólico das quinolonas (Figura 3B), confirmando assim a aromaticidade de ambos os anéis.[9]

Outra característica estrutural presente desde o ácido nalidíxico é a capacidade das carbonilas da quinolona de quelarem um íon de magnésio presente no sítio ativo da topoisomerase, resultando em interações de caráter íon-dipolo, as quais decorrem da atração eletrostática entre o íon metálico positivamente carregado (Mg^{2+}) e um dipolo (oxigênio carbonílico).[10] Por outro lado, esse íon utiliza moléculas de água como pontes para conseguir interagir com resíduos de serina e de glutamato do sítio ativo da enzima DNA girase, sendo que as interações desses resíduos com as moléculas de água são ligações de hidrogênio.[11]

Ressalta-se ainda que o anel de morfolina ligado às posições 1 e 8 da quinolona não realiza nenhuma interação relevante com o complexo DNA-proteína, sugerindo assim que seu efeito sobre o aumento da atividade biológica é de natureza estérica, ou seja, substituintes com determinado volume nessa posição "empurrariam" os grupos do anel quinolônico citado anteriormente para as posições ideais, tanto para realizarem as interações por empilhamento pi–pi quanto para a coordenação dos oxigênios carbonílicos com o íon de Mg^{2+}. O mesmo efeito seria alcançado pela adição de uma ciclopropila ligada ao N_1, conforme observado em fármacos como o norfloxacino, ou mesmo pela etila no ácido nalidíxico.

No pH fisiológico, o nitrogênio terminal da piperazina estará ionizado, assim como o ácido carboxílico da quinolona, o que confere às fluoroquinolonas o caráter de zwitterions,[12] possibilitando que esses fármacos tenham uma excelente penetração em bactérias gram-negativas.[3] Esse nitrogênio terminal, positivamente carregado, também participará de interações iônicas com os carboxilatos negativamente carregados de dois resíduos de glutamato no sítio ativo das topoisomerases bacterianas (Figura 2B).[13]

Por fim, o flúor na posição 6 do anel quinolônico realizará interações intermoleculares chamadas de ligações de halogênio, que são ligações intermoleculares análogas às ligações de hidrogênio. Nesse tipo de interação, um halogênio (doador de ligação de halogênio), que sempre se encontra ligado a um átomo de carbono, receberá a densidade eletrônica dos nitrogênios (aceptores de ligação de halogênio) presentes nos nucleotídeos que compõem o DNA bacteriano.[14]

Agora que já se estudou em detalhes as relações estrutura-atividade para uma fluoroquinolona, o levofloxacino, é possível analisar com maior propriedade os demais fármacos desta classe, de modo a extrapolar os conhecimentos adquiridos até este momento para todas as demais fluoroquinolonas.

FLUOROQUINOLONAS DE SEGUNDA GERAÇÃO

Os fármacos de primeira geração correspondem à flumenaquina e aos ácidos nalidíxico, oxolínico e pipemídico, que, conforme já discutido, são ativos ape-

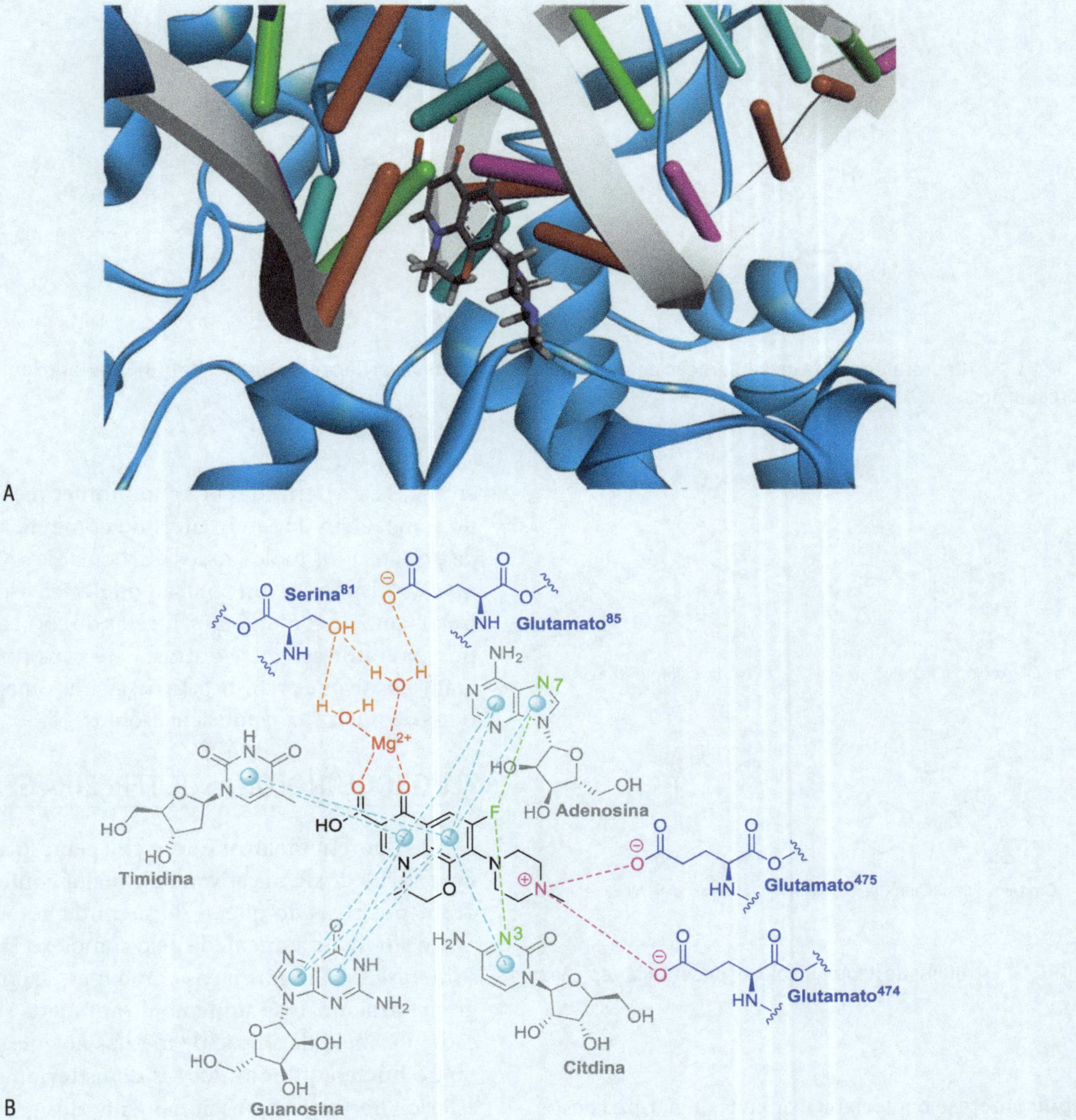

FIGURA 2 (A) Estrutura 3D do complexo formado entre o DNA bacteriano, a enzima DNA girase e (em azul) o levofloxacino (código PDB 4Z2D). (B) Representação 2D das interações realizadas entre o levofloxacino e o complexo DNA-proteína. Em ciano, interações por empilhamento π-π; em vermelho, interações por quelação de metal; em laranja, interações por ligação de hidrogênio; em verde, ligações de halogênio; em magenta, interações iônicas. Nucleotídeos são destacados em cinza, enquanto os resíduos de aminoácidos da DNA girase são mostrados em azul.

nas contra algumas cepas de bactérias gram-negativas e, além disso, apresentam alta ligação às proteínas plasmáticas e tempos de meia-vida muito curtos. Portanto, as fluoroquinolonas de segunda geração (Figura 4) representam os primeiros fármacos da classe altamente relevantes do ponto de vista clínico, já que além de apresentarem um aumento significativo na atividade contra bactérias gram-negativas e passam a atuar contra as gram-positivas. As propriedades farmacocinéticas desses fármacos também foram melhoradas, com uma taxa de ligação às proteínas plasmáticas da ordem de 50% e maior tempo de meia-vida.[15]

Do ponto de vista estrutural, destacam-se os diferentes substituintes ligados ao nitrogênio do núcleo quinolônico. Conforme já mencionado, a ação desse grupo na melhoria da interação com o complexo DNA-

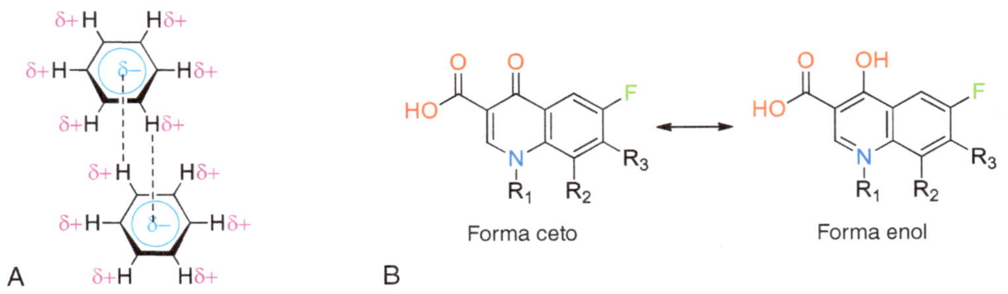

FIGURA 3 (A) Representação de uma interação por tipo de empilhamento pi–pi (face-face deslocada). (B) Equilíbrio tautomérico das fluoroquinolonas.

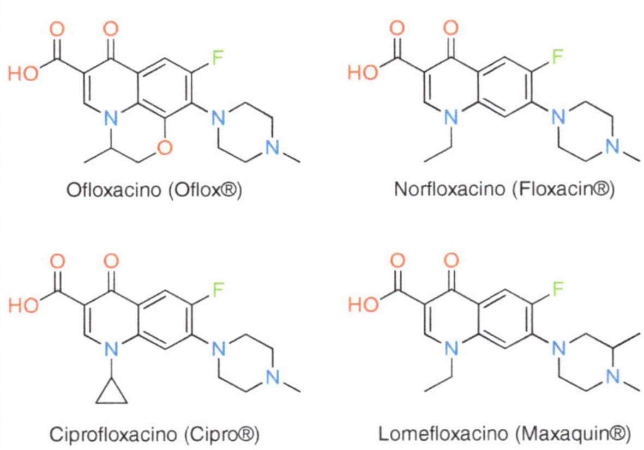

FIGURA 4 Estruturas de fluoroquinolonas de segunda geração.

-topoisomerase bacteriana é apenas de natureza estérica, dado que a etila presente no norfloxacino e em seu análogo próximo, o lomefloxacino, foi herdada da primeira quinolona antibacteriana descoberta, o ácido nalidíxico.[6]

A substituição desse grupo por uma ciclopropila (ciprofloxacino) promove um aumento na potência, embora seja o anel de morfolina presente no ofloxacino o grupo que confere a esse fármaco a atividade antibacteriana mais pronunciada de todos os fármacos da segunda geração, tanto *in vitro* quanto *in vivo*, além de uma excelente biodisponibilidade.[16,17]

Ofloxacino, norfloxacino, ciprofloxacino e lomefloxacino são utilizados no tratamento de infecções causadas por bactérias gram-negativas no trato gastrintestinal, respiratório e urinário, incluindo infecções crônicas caracterizadas por comprometimento do tecido renal, além de serem úteis no combate a infecções da pele, tecidos moles, ossos e articulações. O ofloxacino está disponível em solução oftálmica estéril para o tratamento de conjuntivites, úlceras de córnea, infecções pós-operatórias, entre outras, causados por aeróbios gram-positivos e gram-negativos, assim como por alguns tipos de microrganismos anaeróbios.[18,19]

FLUOROQUINOLONAS DE TERCEIRA GERAÇÃO

As fluoroquinolonas de terceira geração apresentam uma atividade significativamente maior contra bactérias gram-positivas do que as de segunda geração, tendo assim afinidade aumentada pelo complexo DNA-topoisomerase IV. Em fármacos como o esparfloxacino e o grepafloxacino, esse aumento de afinidade seria alcançado por meio da adição de metilas no anel piperazina ou no núcleo quinolônico, as quais teriam um efeito estérico no melhor posicionamento dos grupos para a realização das interações intermoleculares já estudadas.[20]

No pazufloxacino e no balofloxacino, percebe-se que a piperazina pode ser substituída por outros grupos distintos, desde que estes possuam aminas passíveis de ionização no pH fisiológico para a manutenção de interações eletrostáticas com a topoisomerase. Já no temafloxacino, o grupo difluorobenzeno é utilizado em substituição à ciclopropila do cicloprofloxacino, com uma melhoria substancial no espectro de atividade biológica.[21]

A única fluoroquinolona de terceira geração comercializada no Brasil é o levofloxacino (L-ofloxacino), que é substancialmente mais ativo (entre 8-125 vezes, dependendo da cepa bacteriana) do que a mistura racêmica.[18] O levofloxacino é empregado no tratamento de

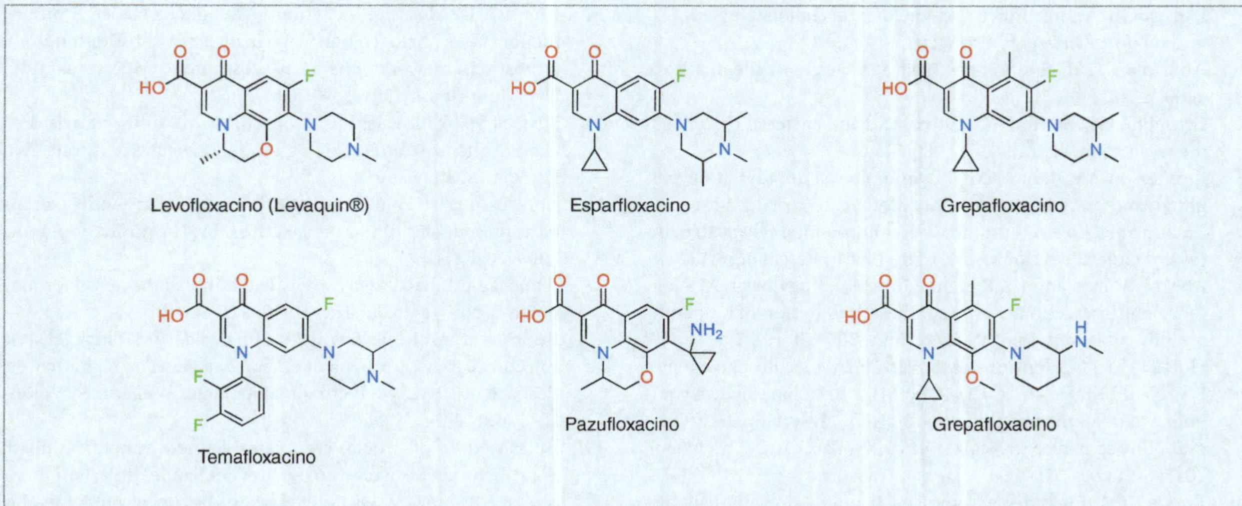

FIGURA 5 Estruturas de fluoroquinolonas de terceira geração.

infecções do trato respiratório superior e inferior, incluindo sinusites, exacerbações agudas de bronquites crônicas e pneumonias, infecções da pele e do tecido subcutâneo, infecções do trato urinário e osteomielites.[19]

FLUOROQUINOLONAS DE QUARTA GERAÇÃO

As fluoroquinolonas de quarta geração comercializadas no Brasil possuem extensa atividade contra bactérias gram-positivas e gram-negativas, além de excelente atividade contra anaeróbios.[15] Os fármacos dessa classe sempre possuem uma metoxila ou cloro ligados à posição 8 do anel quinolônico, os quais possuem apenas função estérica, já que não estão envolvidos em interações intermoleculares relevantes com o alvo.[22] Essa mesma modificação já havia sido empregada na quinolona de terceira geração grepafloxacino. Novamente, a piperazina pode ser substituída por outros grupos semelhantes, desde que aminas ionizáveis sejam mantidas.

O moxifloxacino é usado no tratamento de infecções das vias respiratórias superiores e inferiores, de pele e de tecidos moles, doença inflamatória pélvica (doenças do trato genital superior feminino, inclusive infecção das trompas e do endométrio) e infecções intra-abdominais complicadas, incluindo infecções causadas por vários tipos de bactérias que resultam em abscessos. Já o gatifloxacino e o besifloxacino são empregados como soluções oftálmicas estéreis no tratamento de conjuntivites causadas por uma gama de bactérias gram-positivas e gram-negativas.[19]

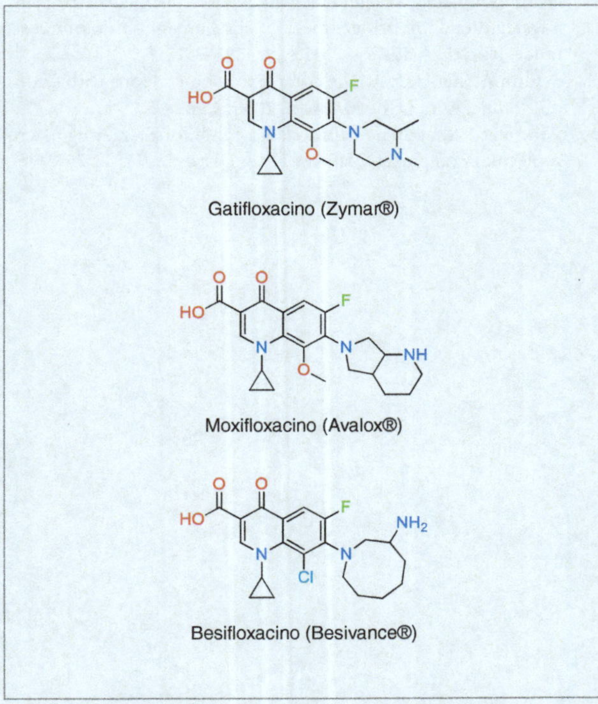

FIGURA 6 Estruturas de fluoroquinolonas de quarta geração.

REFERÊNCIAS BIBLIOGRÁFICAS

1. International Monetary Fund (IMF). World economic outlook. Washington, IMF, 2005. p. 137-80.
2. Centers for Disease Control and Prevention. Achievements in public health, 1900-1999: healthier mothers and babies. MMWR Morb Mortal Wkly Rep. 1999; 48:849-58.

3. Patrick GL. An introduction to medicinal chemistry. 5.ed. Oxford: Oxford University Press, 2013. p. 413-67.
4. Andriole VT. The quinolones. 3.ed. San Diego: Academic Press, 2000. p.2-82.
5. Crumplin GC, Smith JT. Nalidixic acid and bacterial chromosome replication. Nature. 1976; 260:643-5.
6. Emmerson AM, Jones AM. The quinolones: decades of development and use. J Antimicrob Chemother. 2003; 1:13-20.
7. Emami S, Shafiee A, Foroumadi A. Quinolones: recent structural and clinical developments. Iran J Pharm Res. 2005; 3:123-36.
8. Abel M, Maharramov KT, Mahmudov MN, Kopylovich AJ. Non-covalent Interactions in the synthesis and design of new compounds. Hoboken: John Wiley & Sons, 2006. p. 101-14.
9. Horta P, Kuş N, Henriques MS, Paixão JA, Coelho L, Nogueira F, O'Neill PM, Fausto R, Cristiano ML. Quinolone-hydroxyquinoline tautomerism in quinolone 3-esters. preserving the 4-Oxoquinoline structure to retain antimalarial activity. J Org Chem. 2015; 80:12244-57.
10. Roque ACA. Ligand-macromolecular interactions in drug discovery: methods in molecular biology, volume 572. Totowa: Humana Press, 2009. p. 13-30.
11. Aldred KJ, McPherson SA, Turnbough CL Jr, Kerns RJ, Osheroff N. Topoisomerase IV-quinolone interactions are mediated through a water-metal ion bridge: mechanistic basis of quinolone resistance. Nucleic Acids Res. 2013; 41:4628-39.
12. Serafin A, Stańczak A. The complexes of metal ions with fluoroquinolone. Russ J Coord Chem. 2009; 35:81-95.
13. Pommier Y, Marchand C. Interfacial inhibitors: targeting macromolecular complexes. Nat Rev Drug Discov. 2011; 11:25-36.
14. Khavasi HR, Hosseini M, Tehrani AA, Soheila Naderi S. Strengthening N···X halogen bonding via nitrogen substitution in the aromatic framework of halogen-substituted arylpyrazinamides. Cryst Eng Comm. 2014; 16:4546-53.
15. Sharma PC, Jain A, Jain S. Fluoroquinolone antibacterials: a review on chemistry, microbiology and therapeutic prospects. Acta Pol Pharm. 2009; 66:587-604.
16. Appelbaum PC, Hunter PA. The fluoroquinolone antibacterials: past, present and future perspectives. Int J Antimicrob Agents. 2000; 16:5-15.
17. Blondeau JM. Expanded activity and utility of the new fluoroquinolones: a review. Clin Ther. 1999; 21:3-40.
18. Beale Jr JM. Anti-infective agents. In: Beale Jr JM, Block JH. Wilson and Gisvold's textbook of organic medicinal and pharmaceutical chemistry. 12.ed. Baltimore: Lippincott Williams & Wilkins, 2011. p. 179-241.
19. BulasMed – Referências completas de medicamentos. Juiz de Fora: Centralx Sistemas Inteligentes em Saúde. [internet] [acesso em: 2020 mai. 5]. Disponível em: https://www.bulas.med.br.
20. Morris JE, Pan X-S, Fisher LM. Grepafloxacin, a dimethyl derivative of ciprofloxacin, acts preferentially through Gyrase in *Streptococcus pneumoniae*: role of the C-5 group in target specificity. Antimicrob Agents Chemother. 2002; 46:582-5.
21. Symonds WT, Nix DE. Lomefloxacin and temafloxacin: two new fluoroquinolone antimicrobials. Clin Pharm. 1992; 11:753-66.
22. Chan PF, Srikannathasan V, Huang J, Cui H, Fosberry AP, Gu M, et al. Structural basis of DNA gyrase inhibition by antibacterial QPT-1, anticancer drug etoposide and moxifloxacin. Nat Commun. 2015; 6:10048.

CAPÍTULO 29

Tuberculostáticos e tuberculicidas

Kátia Solange Cardoso Rodrigues dos Santos

INTRODUÇÃO

Entre as doenças infecciosas causadas por um agente microbiano, a tuberculose é a que mais causa mortes em todo mundo. É provocada por bactérias do "complexo *Micobacterium tuberculosis*", constituído pelas espécies *M. tuberculosis*, *M. bovis*, *M. africanum* e *M. microti*. O *M. tuberculosis*, espécie mais importante no cotidiano clínico, é transmitido pela inalação de perdigotos infectados advindos da aerolização das secreções respiratórias pela tosse, espirro e fala de pacientes com pulmões acometidos pelo bacilo. O *M. bovis*, agente da tuberculose no gado bovino, é transmitido ao homem por ingestão de carne ou leite contaminados ou, ainda, pelo contato com pessoas ou animais infectados, e desenvolve formas extrapulmonares da doença. Entretanto, com a tecnologia de pasteurização do leite, a ingestão não é mais via comum de contágio ao homem. O *M. africanum* é o agente etiológico da tuberculose humana na África Ocidental, e o *M. microti*, que raramente é encontrado, é capaz de produzir lesões localizadas em cobaias, coelhos e bezerros.[1,2] Nos últimos anos, a incidência global dos casos de tuberculose tem se mantido estável, na faixa dos 10 milhões de pessoas infectadas em todo o mundo. Em 2018, a Organização Mundial da Saúde (OMS) reportou que a região mais acometida pela tuberculose foi o sudeste da Ásia (44%), seguida da África (24%), oeste do Pacífico (18%), leste do Mediterrâneo (8%), Américas (3%) e Europa (3%). Dentre os países com maior incidência, o Brasil figura na 19ª posição, com 0,95% dos casos mundiais. A estimativa da OMS é de que, a cada ano, ocorram 130 novos casos a cada 100 mil habitantes.[3] No Brasil, em 2019, foram diagnosticados 73.864 novos casos de tuberculose, o que corresponde a uma incidência de 35 casos a cada 100 mil habitantes,[4] valor este bem abaixo da média mundial, mas que, ainda assim, consolida um grave problema de saúde pública.

TUBERCULOSE

M. tuberculosis é parasito intracelular obrigatório, e os fatores que determinam a instalação da infecção envolvem inter-relações complexas entre o sistema imune do hospedeiro e os fatores de virulência do bacilo. Após evadir as defesas mecânicas da árvore respiratória superior, *M. tuberculosis* alcança os alvéolos pulmonares e é fagocitado, preferencialmente, pelos macrófagos, mas, também, por células dendríticas e neutrófilos. A fagocitose é mediada por interação com vários tipos possíveis de receptores, incluindo dectina-1, receptor para complemento tipo 3 (CR3), receptores *tool-like* (TLR), receptor de manose (MR), DC-SIGN (do inglês *Dendritic Cell-Specific Intercellular adhesion molecule--3-Grabbing Non-integrin*), receptor Fc, receptores *scavenger* e proteína decodificada pelo gene *CD14*.[5,6] Vários componentes da parede celular da micobactéria são reconhecidos como padrões moleculares associados a patógenos (PAMP, do inglês *pathogen-associated molecular pattern*) na ativação da imunidade inata, como manosídeos de fosfatidil-*mio*-inositol (PIM, do inglês *phosphatidyl*-myo-*inositol mannosides*), lipomanana (LM), lipoarabinomanana com capas manosiladas (ManLAMs) e dimicocerosato de ftiocerol (PDIM). O bacilo também é capaz de infectar células não fagocíticas, como fibroblastos, células-tronco e células do epitélio alveolar (tipo II), que contribuem para a sinalização da resposta inflamatória e recrutamento de células imunológicas ao local da infecção. A internalização do *M. tuberculosis* nessas células também é mediada por interação com receptores, como hemaglutinina de ligação a heparina (HBHA), TLR, proteínas tensoativas, receptores de complemento e receptores *scavenger*.[1,6]

O primeiro estágio da infecção é ditado pela patogenicidade do *M. tuberculosis*, que está relacionada à sua habilidade em se manter viável no interior dos macrófagos e induzir reações de hipersensibilidade retardada. Entre as estratégias de sobrevivência empregadas pelo bacilo, a mais importante é sua capacidade de crescer em vacúolos não acidificados. Acredita-se que ManLAM, assim como o dimicolato de trealose (TDM), um componente micobacteriano liberado pela membrana lipídica externa, seja capaz de se intercalar nas membranas das células do hospedeiro, impedindo a fusão dos lisossomas ao fagossoma,[7,8] esquivando-se, assim, da ação de enzimas proteolíticas e da exposição ao meio ácido, que é prejudicial ao seu desenvolvimento. ManLAM também interfere na maturação dos macrófagos e células dendríticas, modulando negativamente a produção de óxido nítrico e radicais livres de oxigênio (ação anti-inflamatória), que são sequestrados pelas suas capas terminais manosiladas ou com 5-desoxi-5-tiometil-xilofuranose (MTX).[6] Outra hipótese explica que fagossomas micobacterianos não permitem a incorporação da bomba de próton-ATPase à membrana do vacúolo, que é responsável pela acidificação do meio.[9] Quando esses e outros mecanismos garantem a sobrevivência do *M. tuberculosis*, os bacilos se multiplicam em nível moderado no interior dos macrófagos, configurando o primeiro estágio da infecção (Figura 1).

No segundo estágio, a instalação de infecção aguda ou latente vai depender da resposta imunológica do hospedeiro. PIM, LM e ManLAM também são reconhecidos como antígenos na resposta imunológica adaptativa.[7] As linfocinas mais importantes no processo de defesa contra a tuberculose são os linfócitos T CD4+ (T-*helper*), subtipos Th1 e Th2, e linfócitos T CD8+ (T-citotóxico).[10] O recrutamento dos linfócitos desencadeia a formação dos granulomas, que são agregados de células imaturas do sistema fagocitário mononuclear, organizadas ao redor do tecido infectado para conter a disseminação da infecção aos tecidos vizinhos.[5] Em estágio mais avançado, as células T CD8+ provocam a ruptura dos macrófagos infectados, com consequente liberação dos bacilos no meio extracelular, porém, apri-

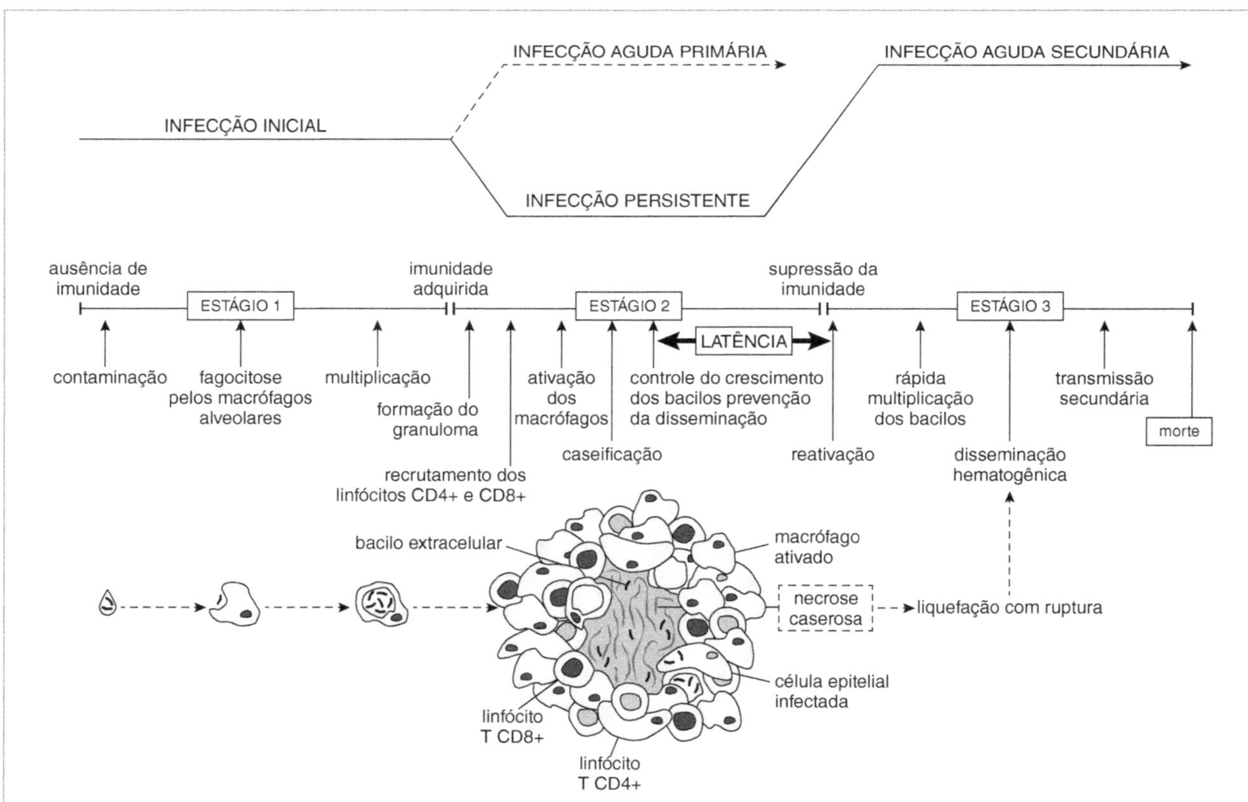

FIGURA 1 Estágios da infecção por *M. tuberculosis*.

sionados no interior dos granulomas, iniciando o processo de necrose tissular conhecido como caseificação. Como o interior das lesões caseosas é ácido e de pobre oxigenação, as micobactérias não encontram condições favoráveis de crescimento e a infecção permanece controlada, sob o estado de latência. Nessa fase, *M. tuberculosis* acumula grande quantidade de lipídeos, como ácidos micólicos, LM, LAM, PDIM e TDM, que são essenciais na proteção contra a resposta imunológica do hospedeiro.[6] A cicatrização se dá por processo fibrótico, e o indivíduo constitui-se em portador do bacilo. Hospedeiros imunocomprometidos desenvolvem a infecção aguda primária. Entretanto, hospedeiros imunocompetentes, que mantêm estável a infecção latente, podem desenvolver a infecção aguda secundária pela reativação da primoinfecção ou pela reinfecção exógena, em decorrência da eventual queda da imunidade.[10]

O terceiro estágio da infecção é marcado pela manifestação clínica da tuberculose e é consequência do avanço das lesões caseosas. Enquanto a infecção preserva-se localizada nos pulmões, o paciente desenvolve a forma pulmonar da doença. Porém, quando ocorre a ruptura dos granulomas pela liquefação de seu interior, as micobactérias podem ser disseminadas para todo o organismo, pelas vias intrabrônquica ou linfo-hematogênica, e causar um ou mais quadros de tuberculose extrapulmonar (Figura 2), além de serem expelidas pela tosse e espirro e infectar outros indivíduos.[4]

M. tuberculosis e seus alvos farmacológicos

Micobactérias são bacilos aeróbios, não esporulados, não móveis e resistentes ao descoloramento por solventes orgânicos acidificados, daí a denominação bacilo álcool-ácido resistente (BAAR). Devido à análise filogenética da sequência de bases do RNAr de 16S, micobactérias vêm sendo classificadas como organismos gram-positivos. Há, porém, fortes semelhanças das micobactérias também com organismos gram-negativos.[6,10] A presença de grande quantidade de moléculas lipídicas na constituição do esqueleto básico da parede celular micobacteriana torna esses microrganismos únicos em complexidade estrutural, principalmente pela presença dos ácidos micólicos, daí a classificação especial de micobactérias. Para permear

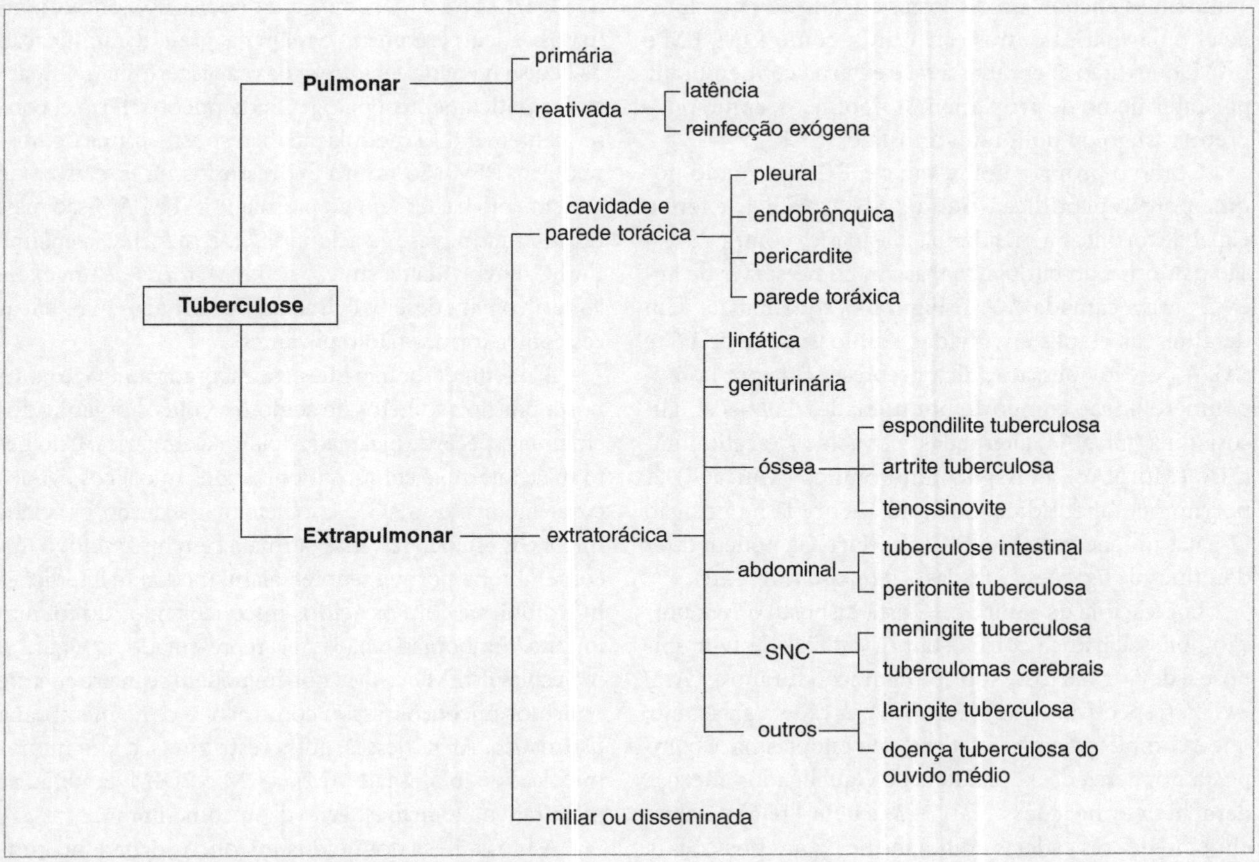

FIGURA 2 Classificação das formas clínicas da tuberculose.

essa barreira lipofílica especializada, os fármacos devem apresentar alta lipofilia, ou, ao contrário, devem ser moléculas pequenas e hidrofílicas, para serem absorvidos através de canais transmembranares aquosos denominados porinas.[11]

O entendimento das rotas biossintéticas envolvidas na construção da parede celular avançou enormemente nas últimas décadas, desvelando grande variedade de alvos promissores para a introdução de fármacos com mecanismo de ação inovador, uma vez que interromper a síntese de componentes estruturais da parede celular compromete não somente a viabilidade celular, mas também reduz os mecanismos de patogenicidade da micobactéria (no caso de PIM, LM, ManLAM, PDIM, TDM, entre outros PAMP).

De fora para dentro, o envelope micobacteriano pode ser dividido em três componentes principais: a membrana externa lipídica ou micomembrana; a camada arabinogalactano (AG) e a camada peptidoglicano (PG) (Figura 3). A membrana plasmática é a bicamada de glicerofosfolipídeos habitual, com grande variedade de proteínas que catalisam a conclusão de várias estruturas do envelope celular no espaço periplasmático. Também se encontram dispostas ao longo da membrana citoplasmática outras estruturas, como PIM, LM e LAM, que estão ancoradas à face externa da membrana por intermédio de grupamentos lipofílicos, como poliprenil fosfato ou poliprenil difosfato.[8]

Como o próprio nome sugere, PG é formado por uma porção peptídica e outra polissacarídica, e tem o papel de fortificar a membrana plasmática contra a pressão osmótica do citoplasma, assim como servir de âncora para a camada AG. A Figura 4 esquematiza, com detalhes, as etapas envolvidas na biossíntese de PG e AG. A porção polissacarídica é representada por homopolímero linear, composto por unidades de *N*-acetilglicosamina (GlcNAc) alternadas com ácido *N*-acetilmurâmico (MurNAc) ou *N*-glicolilmurâmico (MurNGl). A porção pentapeptídica, que está ancorada na posição O-3 das unidades de MurNAc ou MurNGl, podem fazer dois tipos de ligações cruzadas, l-d ou d-d (Figura 3).[7,12,13]

Logo acima da camada PG está disposto o AG, porção polissacarídica composta por cadeias de D-arabinose e de D-galactose, sob configuração furanose (Ara*f* e Gal*f*, respectivamente) (Figura 4). A cadeia galactano, que é completamente sintetizada no citoplasma, é composta por cerca de 32 resíduos de Gal*f*, ligados alternadamente por ligações beta-(1→5) e beta-(1→6). O crescimento de três cadeias arabinano se dá nas posições 8, 10 e 12 do galactano. As cadeias arabinano são altamente ramificadas, e as terminações contendo unidades de Ara*f* não reduzidas, com ligações beta-(1→2), serão pontos de ancoramento dos ácidos micólicos, assim como os resíduos de galactosaminas (GalN) inseridos nas Ara*f* com ligações alfa-(1→3).[12-14]

Há dois tipos de lipídeos no envelope celular: os ácidos micólicos ancorados ao AG por ligação covalente e os glicolipídeos não covalentemente ligados, que são ditos extraíveis por solvente e responsáveis pela patogenicidade do bacilo. A biossíntese dos glicolipídeos livres, como PIM, LM e LAM, detalhada na Figura 5, começa no citoplasma, com a formação dos glicolipídeos mais simples (PIM), que são aqueles nos quais o fosfatidil-*mio*-inositol recebeu até seis unidades de manoses (Man*p*). No espaço periplasmático, o crescimento linear da cadeia manana, com ligações alfa-(1→6), e a inserção de várias Man*p* laterais, com ligação alfa-(1→2), dá origem à LM madura. AraLAM é formada a partir de LM, pelo crescimento de uma cadeia arabinano lateral única, mas ramificada. A adição de unidades de Man*p* às terminações de AraLAM completa a síntese das ManLAM, visto que algumas delas podem ter terminações concluídas com a ligação alfa-(1→4) de MTX.[7,13] A variação nas estruturas de PIM, LM e LAM, como grau de acilação, comprimento das cadeias arabinano e manana, grau de ramificação da cadeia manana e natureza das capas terminais, impacta dramaticamente a patogenia da micobactéria e, consequentemente, a modulação da resposta imune do hospedeiro. PIM são muito expressados na fase ativa de crescimento bacteriano, ao passo que LM e LAM são mais expressadas na fase estacionária.[8] Dessa forma, a enzima EmbC, envolvida na síntese de LAM, torna-se um excelente alvo para desenvolvimento de fármacos mais eficazes contra formas não replicantes.

A micomembrana, que está ancorada ao PG, é composta por dois folhetos de ácidos micólicos organizados em uma espécie de bicamada lipídica assimétrica. O folheto mais interno é composto por ácidos micólicos ligados covalentemente ao AG. No folheto mais externo, os ácidos micólicos estão livres, mas permanecem integrados à micomembrana porque se intercalam, mediante interações hidrofóbicas, com os ácidos micólicos fixos do folheto interno.[1] Embora isso não esteja representado na Figura 3, moléculas de LM e LAM também podem se interpor entre os ácidos micólicos, assim como acontece na membrana plasmática. Além dessas, outras estruturas, como monomicolato de trealose (TMM), TDM e PDIM, também se misturam ao folheto externo da micomembrana.[8]

A biossíntese dos ácidos micólicos ocorre no citoplasma e se inicia na via da ácido graxo sintase I (FAS-I),

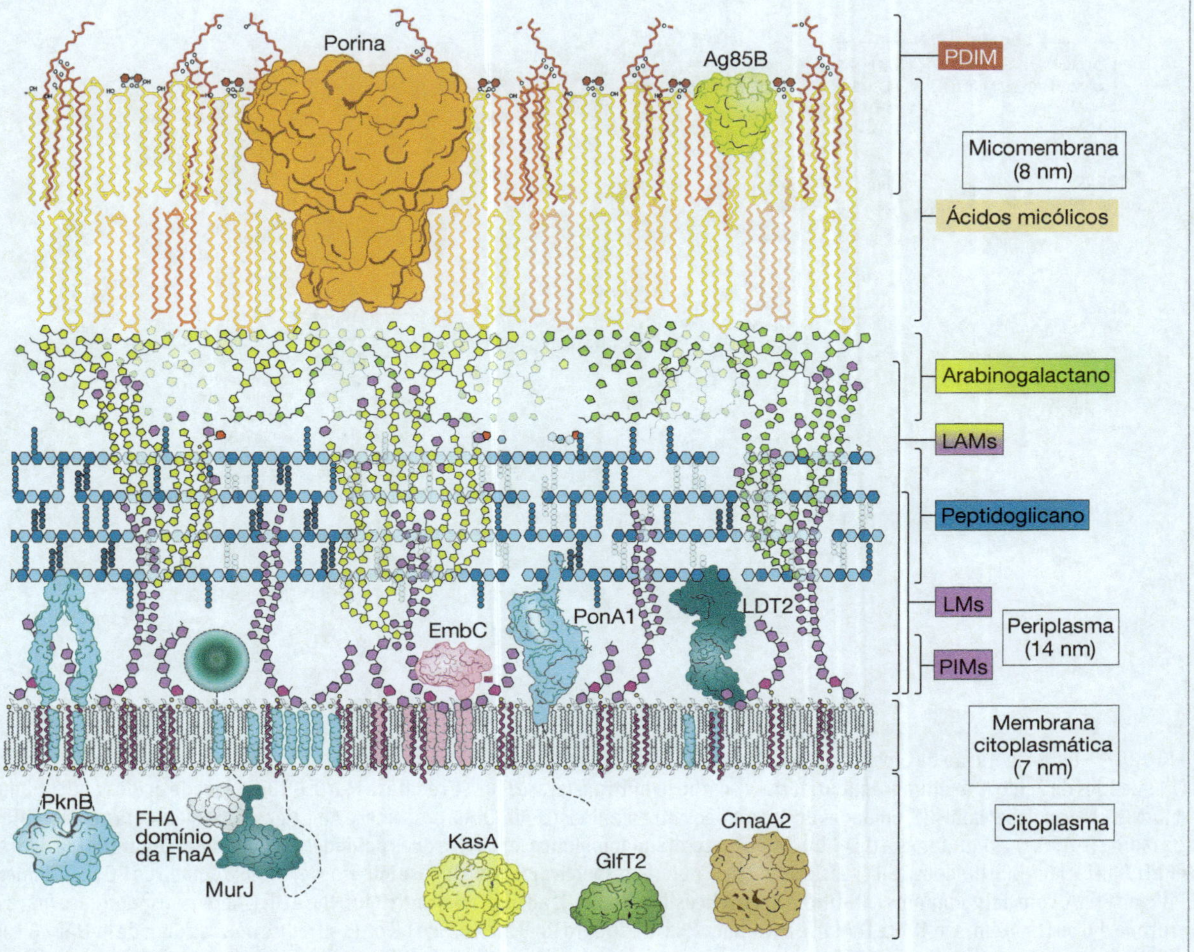

FIGURA 3 Representação das camadas do envelope celular do *M. tuberculosis* e distribuição de seus componentes. (1) PIM, manosídeos de fosfatidil-mio-inositol, composto por inositol (hexágono roxo-escuro) e 4-6 resíduos de manoses (hexágonos – configuração piranose – roxo-claro); (2) LM: lipomanana, resultado do crescimento da cadeia de PIM com mais resíduos de manose em ligações $\alpha(1\rightarrow6)$ e $\alpha(1\rightarrow2)$; (3) LAM: lipoarabinomanana, resultado do enxerto da cadeia de LM com cadeias ramificadas de arabinose (pentágonos – configuração furanose – verde-claro) terminadas por resíduo de manose; (4) peptidoglicano: composto por copolímero linear com unidades intercaladas de *N*-acetilglicosamina (hexágonos – azul-claro) e ácido murâmico *N*-acetilado ou *N*-glicolilado (hexágonos – azul-médio), com cadeias pentapeptídicas laterais (círculos representam os 5 aminoácidos ligados ao ácido *N*-acetilmurâmico) sem ligação cruzada (círculos – azul-médio), com ligação cruzada entre D-alanina e ácido D-diaminopimélico (d-d – círculos azuis-escuros) ou com ligação cruzada entre dois ácidos diaminopimélicos de cadeias paralelas (d-l – círculos brancos); (5) arabinogalactano: composto por uma cadeia de galactose (pentágonos – configuração furanose – verde-escuro) em ligações $\beta(1\rightarrow5)$ e $\beta(1\rightarrow6)$ alternadas, que é enxertada nas posições 8, 10 e 12 com 3 cadeias ramificadas de arabinose (pentágonos – configuração furanose – verde-claro). Arabinogalactano é ancorado ao ácido *N*-acetilmurâmico por intermédio de uma ponte composta por um fosfato (círculo – laranja), um resíduo de *N*-acetilglicosamina (hexágono – azul-claro) e um resíduo de ramnose (hexágono – vermelho); (6) ácidos micólicos com cadeias *cis/cis* (amarelo-claro), ceto *trans* (amarelo-escuro), metoxi *trans* (laranja), ceto *cis* (laranja claro) e metoxi *cis* (laranja-escuro); (7) trealose (dissacarídeo – 2 hexágonos – laranja) ligada aos ácidos micólicos para formar monomicolato de trealose (TMM) e dimicolato de trealose (TDM); (8) PDIM: dimicocerosatos de ftiocerol (cadeias vermelhas); (9) distribuição de algumas das proteínas envolvidas na construção do envelope celular, cujas informações estruturais estão disponíveis no Protein Data Bank (PDB): proteína quinase B (PknB, código PNB 2KUI e 1MRU); micoliltransferase ou antígeno B (Ag85B, também designada por FbpB – código PNB 1F0P); galactosiltransferase 2 (GlfT2 – código PNB 4FIY); β-cetoacil-ACP sintase (KasA – código PNB 4C6X); proteína de ligação à penicilina – PBP (PonA1 – código PNB 5CXW e 5HLD); arabinosiltransferase (EmbC – código PNB 3PTY); proteína MurJ (também designada por MviN) com domínio FhaA destacado em branco (MviN-FhaA – código PNB 3OUN); ciclopropano sintase de ácidos micólicos (CmaA2 – código PNB 1KPI); l,d-transpeptidase 2 (LDT2 – código PNB 3TUR, 5DUJ); porina (MspA – código PNB 1UUN). Linhas pontilhadas representam regiões não resolvidas na cristalização das estruturas proteicas. A camada mais externa, denominada cápsula (composta por polímeros lineares de α-D-glicana e com cerca de 40 nm), não está representada nesta imagem. Fonte: adaptada de Dulberger CL, Rubin EJ, Boutte CC. The mycobacterial cell envelope - a moving target. Nat Rev Microbiol. 2020;18(1):47-59.

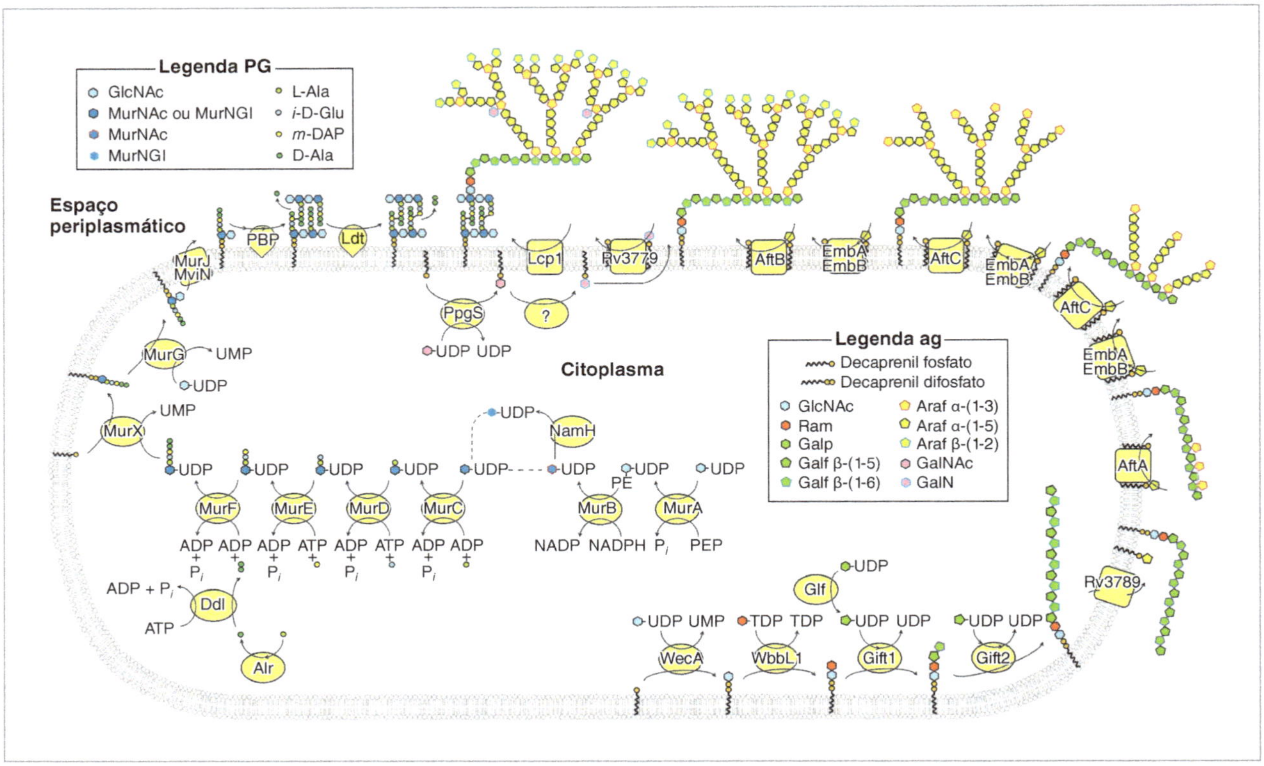

FIGURA 4 Representação da biossíntese das camadas peptidoglicano (PG) e arabinogalactano (AG). Enzimas envolvidas na biossíntese de (1) unidades de ácido N-acetilmurâmico (MurNAc): carboxiviniltransferase MurA e redutase MurB; (2) unidades de ácido N-glicolilmurâmico (MurNGl): hidroxilase NamH; (3) unidades do dipeptídeo entre alaninas (D-Ala-D-Ala): racemase Alr e ligase Ddl; (4) cadeia pentapeptídica com L-alanina (L-Ala), D-iso-glutamina (i-D-Glu), ácido meso-diaminopimélico (m-DAP) e duas unidades de D-alanina (D-Ala-D-Ala): ligases MurC, MurD, MurE e MurF; (5) lipídeos I e II: transferases MurX e MurG, respectivamente, e flipase MurJ (ou MviN); (6) camada do PG propriamente dita: PBP (ou PonA, com dois domínios catalíticos: transglicosilase [para ligação (β1→4) entre MurNAc e GlcNAc] e transpeptidase [para ligação cruzada d-d ou (1→4) entre m-DAP e D-Ala]) e a transpeptidase Ldt (para ligação cruzada l-d ou (3→3) entre dois resíduos de m-DAP); (7) unidades de galactose em furano (Galf) a partir de galactose em pirano (Galp): mutase Glf, descodificada pelo gene Rv3809c; (8) crescimento da cadeia galactano do AG: transferases WecA, Wbbl1, GlfT1 (para a adição dos 2 primeiros resíduos de Galf), GlfT2 (para a adição dos demais Galf) e flipase descodificada pelo gene Rv3789 (essa flipase também é responsável por translocar unidades de arabinose em furano (Araf), cuja biossíntese está demonstrada na Fig. 5); (9) crescimento da cadeia arabinano do AG: transferases AftA e AftC (para ligação Araf α1→3), EmbA e EmbB (Araf α1→5) e AftB (Araf α1→2); (10) unidades de galactosamina (GalN) a partir de N-acetilgalactosamina (GalNAc): sintase PpgS, e desacetilase e flipase ainda não identificadas; (11) glicosilação do AG com GalN: transferase decodificada pelo gene Rv3779; (12) ligação do AG ao PG: fosfotransferase Lcp1. ADP, difosfato de adenosina; ATP, trifosfato de adenosina; NADP, fosfato de dinucleotídeo de adenina e nicotinamida; NADPH, forma reduzida de NADP; PE, substituinte enoilpiruvil; PEP, fosfoenolpiruvato; Pi, fosfato inorgânico; Ram, ramnose; TDP, difosfato de timidina; UDP, difosfato de uridina; UMP, monofosfato de uridina.

que promove o crescimento inicial dos hidrocarbonetos (Figura 6). Cadeias α-laterais terão de 16 a 26 carbonos, e cadeias com 14 a 20 carbonos são desviadas pela transferase FabH para a via da FAS-II (que compreende as enzimas MabA, Had A-C, inhA e Kas A-B), que continua catalisando seu crescimento pela condensação de repetidas unidades de malonil-CoA. A funcionalização dos ácidos micólicos com grupos ceto, metil, metoxi ou ciclopropano também acontece durante o ciclo da FAS-II, porém, é catalisada por outras enzimas (DesA, PcaA, CmaA2 e MmaA 1-4). FadD32, uma acil-AMP ligase, catalisa a formação de meromicolil-AMP, que é ligado à cadeia α pela Pks13, formando um ácido α-alquil-β-ceto micólico, cuja redução pela CmrA dá origem aos ácidos micólicos maduros.[13] Os ácidos micólicos são transportados para o espaço periplasmático na forma de TMM, quando são convertidos pelos Ag85A-B a TDM, ou são ligados covalentemente aos resíduos de MurNAc ou MurNGl do AG pela Ag85C.[7,8]

Durante o processo patogênico, a micobactéria aumenta a produção de compostos que precisam ser eliminados e isso faz com que haja a expressão natural e progressiva de bombas de efluxo na membrana celular. Se o fármaco apresentar afinidade por uma dessas pro-

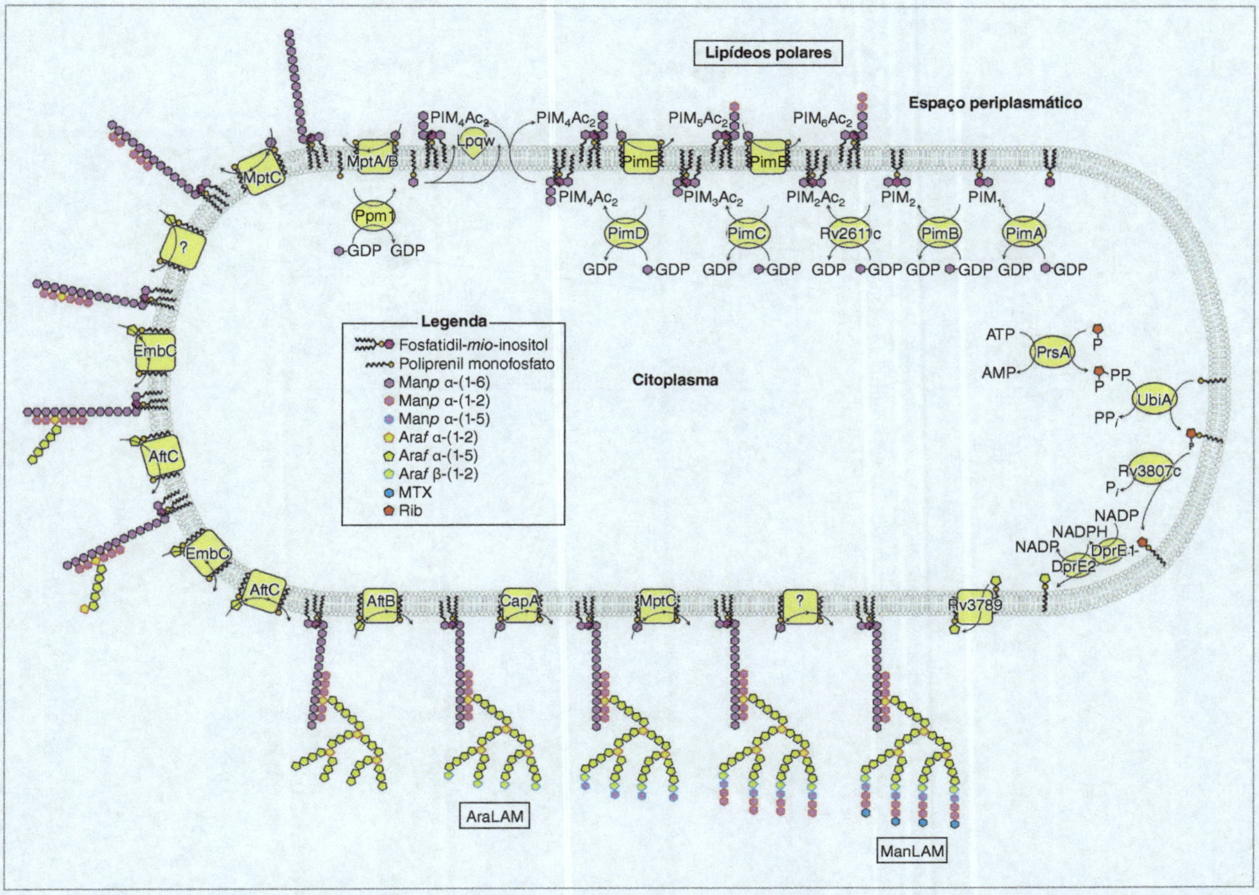

FIGURA 5 Representação das etapas envolvidas na biossíntese de manosídeos de fosfatilinositol (PIM), lipomanana (LM) e lipoarabinomanana (LAM). A biossíntese de LAM pode terminar na formação de LAM desencapada (AraLAM) ou progredir até a formação de LAM com capa manosilada (ManLAM). Lipoproteína LpqW canalisa o sentido da biossíntese, se para formar lipídeos polares ou LM e LAM. Enzimas envolvidas na biossíntese de (1) unidades de manose em pirano (Manp): transferase Ppm1 e flipase ainda não identificada; (2) unidades de arabinose em furano (Araf): sintase PrsA, transferase UbiA, fosfatase do gene Rv3807c, epimerases DprE1 e DprE2, e flipase do gene Rv3789; (3) precursores de PIM: transferases Pim A-D (adição de Manp), proteína do gene Rv 2611c (acilação de PIM) e flipase ainda não identificada; (4) lipídeos polares (PIM5Ac2 e PIM6Ac2): transferase Pim E; (5) lipomanana (LM): transferases MptA e MptB (para ligação Manp α1→6) e MptC (Manpα1→2); (6) lipoarabinomanana (LAM): transferases EmbC (para ligação Araf α1→5), AftC (Araf α1→2), AftB (Araf β1→2), CapA (Manp β1→2), MptC (Manp α1→2), além de outras duas enzimas ainda não identificadas. PIM1, fosfatidilinositol com uma manose; PIM2, fosfatidilinositol com duas manoses; PIM2Ac2, PIM2 com mais 2 cadeias acilas que, somadas às 2 do fosfatidilinositol, totalizam 4 grupos acila; PIM3Ac2, fosfatidilinositol com 3 manoses, tetracilado; PIM4Ac2, fosfatidilinositol com 4 manoses, tetracilado; PIM5Ac2, fosfatidilinositol com 5 manoses, tetracilado; PIM6Ac2, fosfatidilinositol com 6 manoses, tetracilado; Rib, ribose; MTX, 5-desoxi-5-tiometil-xilose; GDP, difosfato de guanosina; ATP, trifosfato de adenosina; AMP, monofosfato de adenosina; Pi, fosfato inorgânico; PPi, pirofosfato inorgânico; NADP, fosfato de dinucleotídeo de adenina e nicotinamida; NADPH, forma reduzida de NADP.

teínas, este acaba sendo carreado para o exterior da célula, e as baixas concentrações de fármaco no meio intracelular aumentam as chances de desenvolvimento de cepas resistentes. A atividade desses transportadores é dependente de energia, que pode ser advinda da hidrólise de ATP (adenosina trifosfato) ou da força próton-motriz no simporte ou antiporte de compostos, junto de íons H^+. Dessa forma, as vias metabólicas envolvidas na produção de energia têm despertado interesse como alvo farmacológico, uma vez que o corte da fonte de energia celular interrompe a função do maquinário de resistência do bacilo, tornando-o novamente suscetível aos fármacos. Além disso, a interrupção da produção de ATP também é eficaz para exterminar as formas não replicantes das micobactérias, pois estas também dependem de energia mínima para abastecer rotas metabólicas vitais e garantir sua viabilidade por prolongados períodos de tempo.[15]

A Figura 7 ilustra as enzimas membranares micobacterianas envolvidas na fosforilação oxidativa, pro-

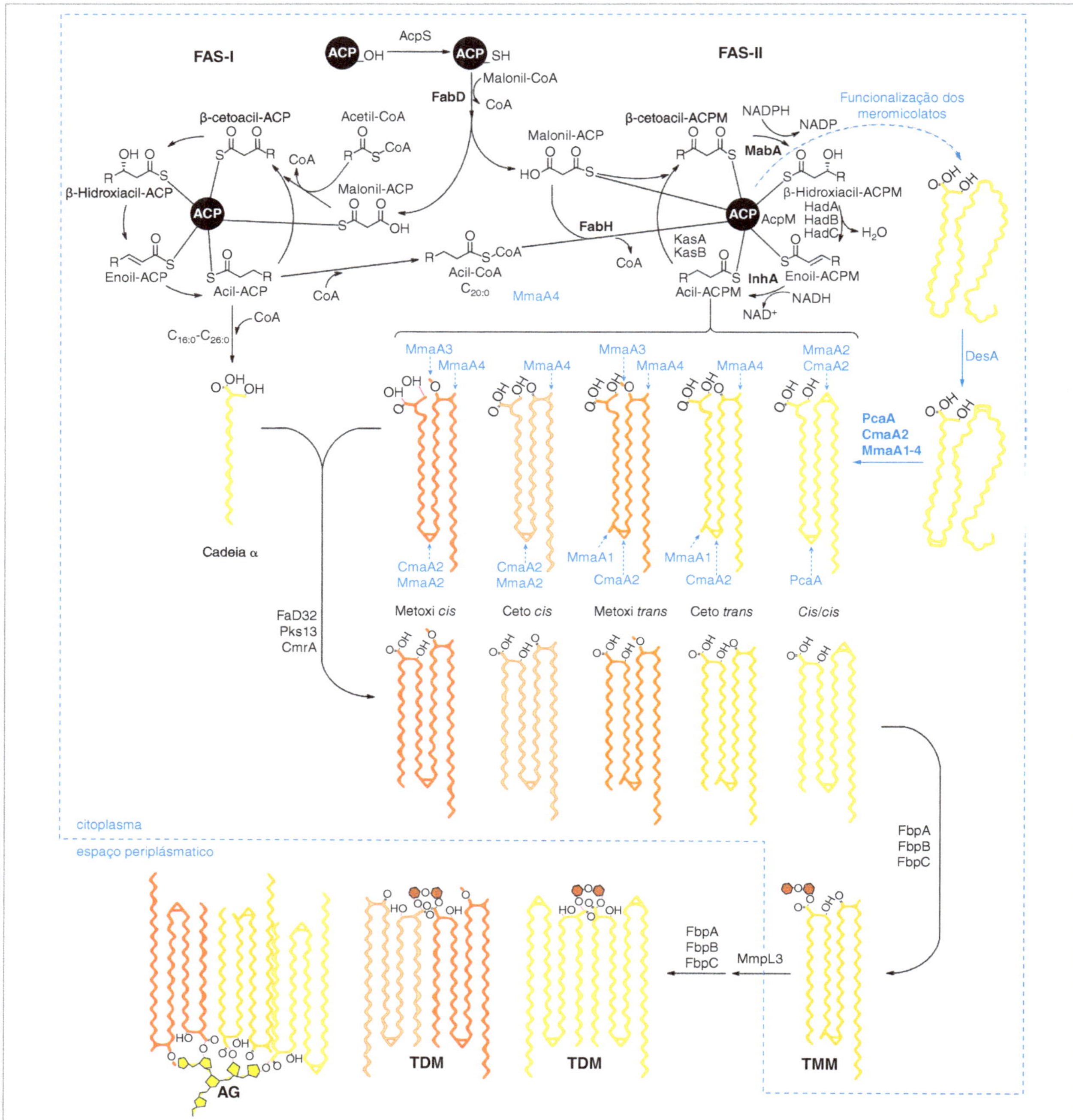

FIGURA 6 Representação das etapas envolvidas na biossíntese de ácidos micólicos, monomicolato de trealose (TMM) e dimicolato de trealose (TDM). Enzimas envolvidas na biossíntese de (1) unidades malonil para extensão da cadeia carbônica: proteína carreadora de acila ACP, transferase AcpS e transacilase FabD; (2) unidades da cadeia α lateral: sintase multifuncional FAS-I, com domínios catalíticos envolvendo aciltransferase, enoil redutase, desidratase, malonil/palmitoil transferase, cetoacil redutase e cetoacil sintase; (3) unidades de meromicolatos: sintase FabH (transfere cadeias carbônicas da FAS-I para FAS-II), complexo da FAS-II (redutase MabA, desidratases HadA/B/C, redutase InhA e sintases KasA/B), dessaturase DesA (inserção das insaturações), ciclopropano sintases PcaA, CmA2 e MmaA2 (transformam as insaturações em ciclopropanos), metiltransferases MmaA1 (introdução da metila vicinal ao ciclopropano) e MmaA4 (redução da insaturação, com adição de uma metila no carbono 2 e uma hidroxila no carbono 1), e metoxilase MmaA3 (promove metoxilação da hidroxila do carbono 1) (obs.: a transformação da hidroxila em cetona se dá mediante reação redox independente de catálise enzimática); (4) ácidos micólicos: ligase FadD32, sintase Pks13 e redutase CmrA; (5) TMM: micoliltransferases do antígeno 85 (Ag85A/B/C, também designadas como FbpA/B/C) e proteína transportadora MmpL3; (6) TDM: micoliltransferases FbpA/B/C; (7) esterificação dos ácidos micólicos aos resíduos de ácido N-acetil ou N-glicolil murâmico da camada arabinogalactano (AG): micoliltransferases FbpA/B/C. Trealose (dissacarídeo – 2 hexágonos – laranja).

Fonte: adaptada de Stehr, Elamin e Singh e Dulberger, Rubin e Boutte.[1,8]

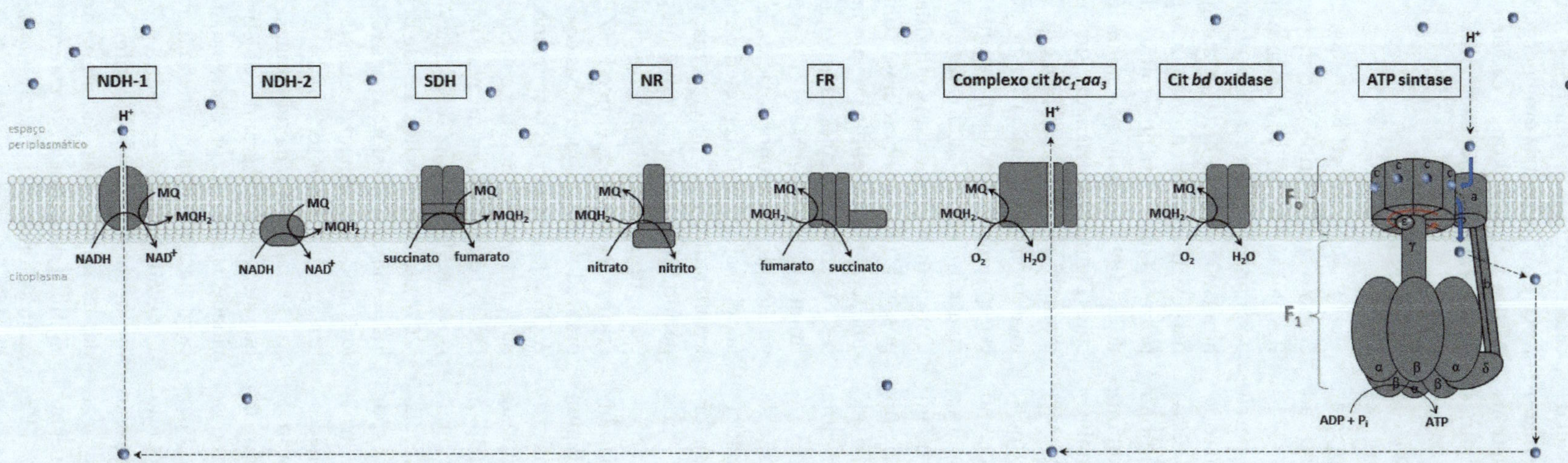

FIGURA 7 Representação das enzimas envolvidas na fosforilação oxidativa e na cadeia de transporte de elétrons (CTE) para geração de energia no *M. tuberculosis*. ADP, difosfato de adenosina; ATP, trifosfato de adenosina; citocromo bd oxidase; complexo cit bc1-aa3, citocromo bc1 redutase com citocromo aa3 oxidase; FR, fumarato redutase; MQ, menaquinona; MQH2, menaquinol, forma reduzida de MQ; NAD+, forma oxidada de NADH; NADH, dinucleotídeo de adenina e nicotinamida; NDH-1 e NDH-2, NADH desidrogenases; NR, nitrato redutase; Pi, fosfato inorgânico; SDH, succinato desidrogenase.

cesso que produz ATP a partir da energia potencial de um gradiente de prótons, que, por sua vez, é formado pelo funcionamento da cadeia de transporte de elétrons (CTE). A oxidação de substratos por essas enzimas gera elétrons, que são mobilizados pela CTE de várias formas, dependendo da fonte doadora de elétrons, da disponibilidade de aceptores terminais de elétrons e dos níveis de oxigênio do meio. NADH desidrogenases (NDH 1-2) e succinato desidrogenase (SDH) são enzimas doadoras de elétrons, que iniciam a CTE. NDH-1 está ativa em condições aeróbicas, ao passo que NDH-2 é mobilizada tanto em condições aeróbicas quanto anaeróbicas. Os elétrons captados por essas enzimas são utilizados na redução da menaquinona (MQ), um carreador redox lipossolúvel que é responsável pelo trânsito dos elétrons ao longo da membrana. A oxidação aeróbica de menaquinol (MQH_2) a MQ transfere os elétrons para duas oxidases terminais, citocromo *bd* oxidase e o supercomplexo citocromo bc_1-aa_3, em que o oxigênio recebe os elétrons para a formação de água e finaliza a CTE. Entretanto, quando o meio é anaeróbico, a CTE é terminada pela nitrato redutase (NR) ou fumarato redutase (FR), o que garante a manutenção da energização da membrana durante a hipóxia.[15,16]

Concomitantemente à CTE, ocorre a extrusão de prótons do citoplasma para o espaço periplasmático, formando o gradiente de prótons responsável pela força próton-motriz, que impulsiona a síntese de ATP pela ATP sintase. Essa enzima possui dois domínios: a região hidrofóbica integrada à membrana (F_0) e a região hidrofílica (F_1) que se expande para o citoplasma (Figura 7). A região F_0 é composta por três subunidades na proporção 1*a*:2*b*:12*c*, ao passo que a região F_1 é composta por cinco subunidades na proporção 1ε:1γ:1δ:3α:3β. A entrada dos íons H^+ ocorre na interface entre as subunidades *a-c*, de forma a ocupar um dos sítios de acoplamento das subunidades *c*, que vão girando para expor sítios vazios para acoplamento de outros prótons. Quando todas as subunidades *c* estão preenchidas, é necessário desocupar um sítio para captar novo próton. É nesse momento que os íons H^+ penetram gradualmente o citoplasma, criando um movimento rotatório constante que é a força próton-motriz do processo. O par ε-γ do domínio F1 também gira em resposta à rotação de *c*, mas $\alpha_3\beta_3$ são imobilizados pela âncora $b_2\delta$. Apesar de terem a rotação impedida, a movimentação do par ε-γ faz com que o sítio catalítico de $\alpha_3\beta_3$ mude constantemente de conformação, o que leva à síntese do ATP a partir de ADP e P_i.[15,17] Dessa forma, a ATP sintase é capaz de converter a energia potencial eletroquímica da força próton-motriz em energia química para formar ATP, e o bloqueio dessa cadeia compromete a viabilidade celular da micobactéria.

Tratamento

Em 1882, Robert Koch identificou o *M. tuberculosis* como o agente etiológico da tuberculose. Durante a Revolução Industrial, a doença ficou conhecida como *peste branca* e, apesar de sempre ter acompanhado o homem através da história, até meados dos anos 1940, não existia tratamento racional para a tuberculose. O primeiro medicamento contra a tuberculose foi utilizado em 1943, quando Waksman descobriu a estreptomicina (Figura 8). Porém, devido à utilização na forma de monoterapia, logo surgiram cepas resistentes. Em 1949, foi demonstrado que o tratamento com a associação de estreptomicina e ácido paraminossalicílico retardava o aparecimento de bacilos resistentes à estreptomicina. Com a introdução da isoniazida em 1952, tornou-se possível tratar a tuberculose com três fármacos orais, cuja terapia se estendia por um período de 18 a 24 meses. O etambutol, colocado no mercado em 1961, substituiu, com vantagens, o ácido paraminossalicílico, em virtude de sua menor toxicidade. A introdução da rifampicina, em 1963, representou não apenas outro agente tuberculostático potente, mas permitiu a redução do período de tratamento em 6 meses. A substituição da estreptomicina pela pirazinamida na década de 1980 criou o regime terapêutico RHZE, que continua sendo praticado como esquema básico (EB) até os dias atuais.[18] A OMS já lançou várias campanhas e estratégias globais na tentativa de diminuir a incidência dos casos, como DOTS (do inglês *directly observed treatment, short course*) (1995), Stop TB (2006), e a WHO End TB Strategy (2014). que aqui é chamada de Brasil Livre da Tuberculose. Apesar dos esforços e investimentos, *M. tuberculosis* ainda é a principal causa de morte provocada por um agente infeccioso.[3,4]

O tratamento da tuberculose, para ser efetivo, tem que atender a três grandes objetivos: (1) apresentar atividade bactericida precoce, para reduzir rapidamente a carga bacilar e interromper a transmissão; (2) prevenir a seleção de cepas resistentes e (3) ter atividade esterilizante sobre as cavidades pulmonares, tanto no interior das lesões caseosas quanto no dos macrófagos, o que significa dizer que deve exterminar formas não replicantes da micobactéria. A Tabela 1 mostra a evolução da classificação racional dos fármacos para tratamento

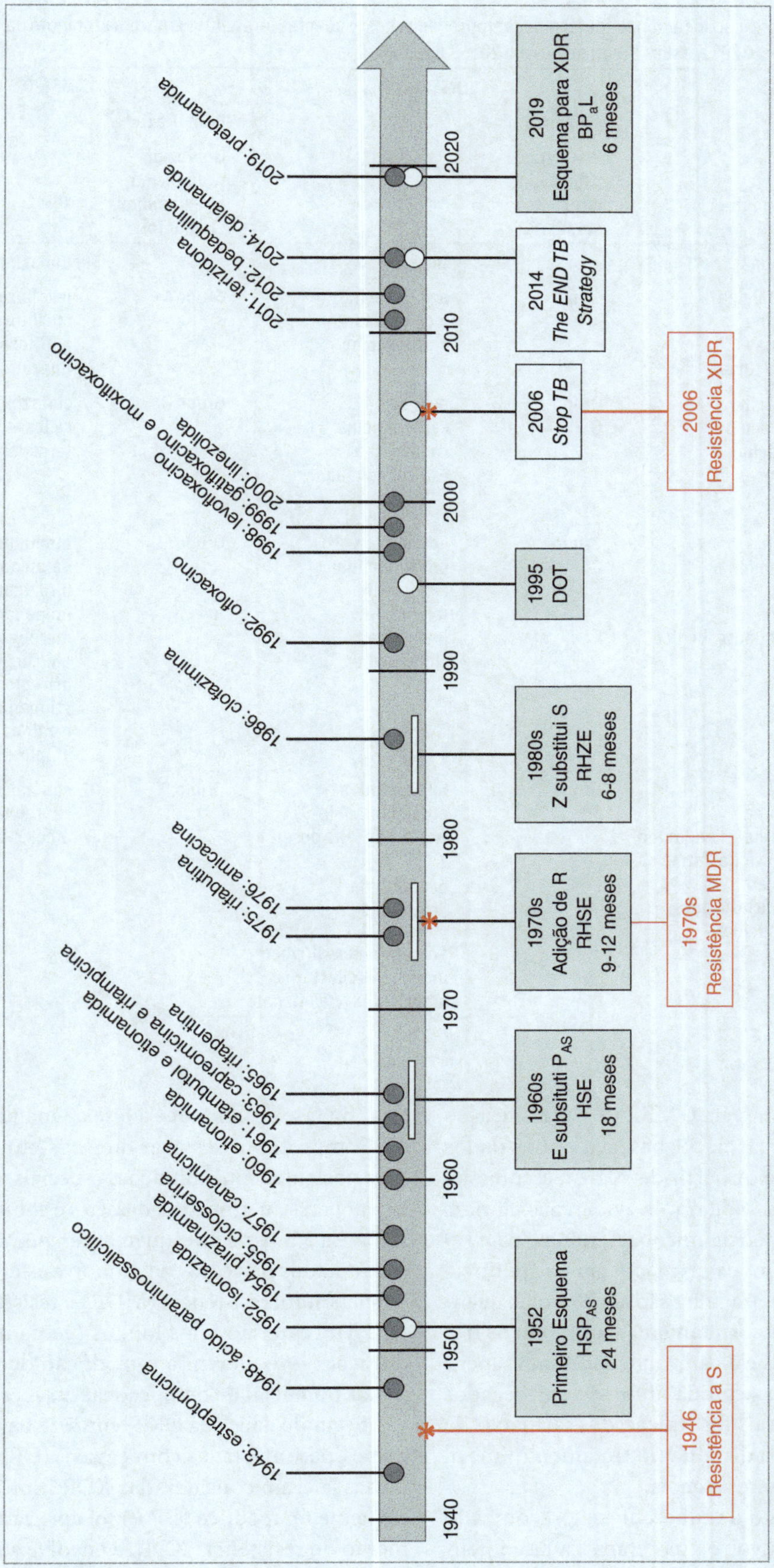

FIGURA 8 Linha cronológica do descobrimento ou introdução dos fármacos no tratamento da tuberculose, a evolução das associações nos esquemas terapêuticos e o surgimento da resistência microbiana.

B, bedaquilina; DOT, *directly observed treatment, short course*; E, etambutol; H, isoniazida; L, linezolida; MDR, cepa multirresistente; Pa, pretonamida; PAS, ácido paraminossalicílico; R, rifampicina; S, estreptomicina; TB, tuberculose; XDR, cepa extensivamente resistente; Z, pirazinamida.

TABELA 1 Evolução da classificação racional dos fármacos empregados nos esquemas terapêuticos para tratamento da tuberculose, segundo protocolos da OMS até 2011, e suas atualizações em 2016[19] e 2019[20]

OMS (2011)		OMS (2016)			OMS (2019)	
Primeira linha		**Primeira linha**			**Primeira linha**	
Grupo 1	isoniazida rifampicina pirazinamida etambutol	isoniazida rifampicina pirazinamida etambutol			isoniazida rifampicina pirazinamida etambutol	
Segunda linha		**Segunda linha**			**Segunda linha**	
Grupo 2	estreptomicina canamicina amicacina capreomicina	Grupo A		levofloxacino moxifloxacino gatifloxacino	Grupo A	levofloxacino moxifloxacino gatifloxacino bedaquilina linezolida
Grupo 3	levofloxacino moxifloxacino gatifloxacino ofloxacino	Grupo B		amicacina capreomicina canamicina estreptomicina	Grupo B	clofazimina ciclosserina terizidona
Grupo 4	etionamida protionamida ciclosserina terizidona ác. paraminossalicílico	Grupo C		etionamida protionamida ciclosserina terizidona linezolida clofazimina	Grupo C	etambutol delamanida pirazinamida imipenem+cilastatina meropenem amicacina estreptomicina etionamida protionamida ác. paraminossalicílico
Grupo 5	linezolida clofazimina amoxicilina+clavulanato imipenem+cilastatina meropenem isoniazida (alta dose) claritromicina	Grupo D	1	pirazinamida etambutol isoniazida (alta dose)	Grupo D	canamicina capreomicina amoxicilina+clavulanato
			2	bedaquilina delamanide		
			3	ác. paraminossalicílico imipenem+cilastatina amoxicilina+clavulanato		

da tuberculose proposta pela OMS. Até a classificação de 2011, a escolha dos fármacos baseava-se nos dados de eficácia e toxicidade. A partir de 2016, a escolha foi alterada pelo surgimento de novas evidências clínicas no tratamento da resistência micobacteriana e pela recente introdução de novos fármacos na terapêutica. Medicamentos de primeira linha são aqueles que, quando associados e usados corretamente, cumprem os três objetivos mencionados e alcançam o sucesso terapêutico. Medicamentos de segunda linha são empregados alternativamente para a substituição dos fármacos de primeira linha, no caso de falha no tratamento inicial ou desenvolvimento de resistência.[19-21]

O EB de tratamento da tuberculose, preconizado pela OMS, é longo e envolve duas etapas: a fase intensiva (ou fase de ataque) e a fase de manutenção (Tabela 2). É importante destacar que existem EB específicos para pacientes com condições especiais, como gestação, hepatopatias, nefropatias, diabetes e coinfecção por HIV. A Tabela 3 mostra os esquemas terapêuticos que devem ser adotados nos casos de monorresistência, polirresistência, multirresistência (MDR) e resistência extensiva (XDR),[21] que são mais longos (cerca de 20 meses de duração) e requerem a introdução de fármacos com maior potencial de desencadear reações adversas.[22]

Segundo dados da OMS, em 2018 havia meio milhão de pessoas infectadas com cepas MDR, sendo que 6% dessas já eram consideradas XDR. Em 2019, um novo esquema terapêutico (BP_aL) foi aprovado para o tratamento de resistência XDR, e envolve a associação dos

TABELA 2 Esquema básico (EB) para o tratamento de novos casos e retratamento (por recidiva ou reingresso após abandono)[21]

Situação		Esquema[a]	
		Fase intensiva	Fase de manutenção
Paciente com até 10 anos	EB	2RHZ	4RH
	EB para tuberculose meningoencefálica e osteoarticular	2RHZ	10RH
Paciente com mais de 10 anos	EB	2RHZE	4RH
	EB para tuberculose meningoencefálica e osteoarticular	2RHZE	10RH

E, etambutol; H, isonizida; R, rifampicina; Z, pirazinamida.

[a] O número à frente das iniciais dos medicamentos indica a duração do tratamento, em meses.

TABELA 3 Esquemas de tratamento para casos resistentes a um ou mais fármacos do EB[19,21]

Situação	Resistência[a]	Esquema[a]	
		Fase intensiva	Fase de manutenção
Monorresistência	H[b]	$2RL_{fx}ZE$	$7RL_{fx}E$
		$9RHZEL_{fx}$ [c]	–
	H[d]	9RHZE [e]	–
	H[f]	–	RH até completar 9 meses[e]
	R (TS)[g]	$2C_{m5}HZL_{fx}EZ$	$10HL_{fx}EZ$ [h]
Polirresistência	H + S***		*Ver* monorresistência a H[b,d,f]
	H + E (± S)	$2RL_{fx}ZC_{m5}$	$7RL_{fx}$
	H + E + Z (± S)	$2RL_{fx}C_{m5}T_{rd}$	$10RL_{fx}T_{rd}$
	H + Z (± S)	$2RL_{fx}C_{m5}E$	$7RL_{fx}E$
	R + E e/ou Z (± S)	$8C_{m3}L_{fx}T_{rd}EZH$	$10L_{fx}T_{rd}EH$
Multirresistência (MDR)	RR (TRM)[i]	$8C_{m3}L_{fx}T_{rd}EZ$	$10L_{fx}T_{rd}E$
	R + H	$8C_{m3}L_{fx}T_{rd}EZ$	$10L_{fx}T_{rd}E$
	R + H + E (± Z)	$8C_{m3}L_{fx}T_{rd}E_tZ$	$10L_{fx}T_{rd}E_t$
Resistência extensiva (XDR)	Falência do MDR[j]	$8A_{m3}M_{fx}L_{zd}C_{lz}P_{AS}H^H$ / $4M_{fx}L_{zd}C_{lz}P_{AS}H^H$ / $6M_{fx}L_{zd}C_{lz}P_{AS}H^{H,k}$	

Monorresistência: micobactéria apresenta resistência a um dos fármacos do esquema terapêutico.

Polirresistência, resistência a um ou mais fármacos, desde que, entre esses, não figurem a rifampicina e a isoniazida juntas.

Multirresistência (MDR): resistência simultânea à rifampicina e isoniazida (pelo menos, pois pode envolver outros fármacos).

Resistência extensiva (XDR): além da resistência à rifampicina e isoniazida, passaram a ser resistentes também a, pelo menos, uma das fluorquinolonas e a um dos injetáveis de segunda linha.

Legenda: A_m, amicacina; C_m, capreomicina; C_{lz}, clofazimina; E, etambutol; E_t, etionamida; H, isonizida; H^H, isonizida em altas doses; L_{fx}, levofloxacino; L_{zd}, linezolida; M_{fx}, moxifloxacino; P_{AS}, ácido paraminossalicílico; R, rifampicina; S, estreptomicina; T_{rd}, terizidona; Z, pirazinamida.

[a] O número à frente das iniciais dos medicamentos indica a duração do tratamento, em meses. O número após as iniciais dos medicamentos, em subscrito, indica quantas vezes por semana o medicamento deve ser usado. A ausência de número indica que este é 7, ou seja, o medicamento deve ser usado todos os dias da semana.

[b] Resistência diagnosticada antes de iniciar EB ou nos primeiros 30 dias do EB.

[c] Indicado para pacientes que terão dificuldade de adesão pela quantidade de comprimidos.

[d] Resistência diagnosticada na fase intensiva do EB, mas paciente apresenta melhora clínica.

[e] Fazer teste rápido molecular (TRM) para avaliar resistência a R. Em caso negativo, seguir com o tratamento indicado. Em caso positivo, passar a tratar como multirresistência RR.

[f] Resistência diagnosticada na fase de manutenção do EB, mas paciente apresenta melhora clínica.

[g] Resistência a R diagnosticada pelo teste de sensibilidade (TS).

[h] Fazer baciloscopia ao final do 2º mês. Em caso negativo, seguir com o tratamento indicado. Em caso positivo, manter Cm^3 na fase de manutenção e avaliar prolongamento da duração até 18 meses.

[H] Isoniazida em altas doses.

[i] Resistência a R diagnosticada pelo teste rápido molecular (TRM). 80% dos casos positivos também apresentam resistência a H, por isso, RR é tratado como multirresistência (R + H)

[j] Falência no MDR corresponde a ausência de conversão bacteriológica e de melhora clínica após 8 meses de tratamento, para pacientes que não tenham usado fármacos de segunda linha previamente.

[k] Avaliar necessidade de prolongamento da duração até 24 meses.

fármacos bedaquilina (B), pretomanida (P_a) e linezolida (L) em terapia oral durante seis meses.[20] O tratamento descrito na Tabela 3 é o esquema que está sendo praticado atualmente no Brasil, ainda segundo diretrizes da OMS de 2016, mas pode ser atualizado a qualquer momento.

Fármacos de primeira linha

Isoniazida

A observação de que a nicotinamida (1) possuía modesta atividade tuberculostática levou à descoberta não somente da isoniazida (2), mas também da pirazinamida (3) e da etionamida (4) e seu análogo, protionamida (5) (Figura 9).[23]

A isoniazida (2) é o fármaco de primeira escolha no tratamento da tuberculose graças à alta seletividade para micobactérias do complexo tuberculoso, baixo custo do tratamento, completa biodisponibilidade por via oral e boa tolerabilidade, produzindo efeitos adversos em apenas 5% dos pacientes. Possui atividade bactericida contra formas replicantes de crescimento rápido, com concentração inibitória mínima (CIM) entre 0,01-0,2 μg/mL, mas é bacteriostática para formas de crescimento lento e formas não replicantes.[24] Por ser molécula pequena com característica hidrofílica (log P = -0,70), penetra a parede celular micobacteriana por difusão através das porinas. A isoniazida é um pró-fármaco que requer ativação oxidativa catalisada pela enzima katG, uma catalase-peroxidase com grupo heme no sítio ativo, que transforma isoniazida no ácido isonicotínico (7) pela formação do intermediário radicalar isonicotínico (6) (Figura 10).[25] Essas espécies radicalares (6) são capazes de acilar a posição 4 do anel nicotinamídico da molécula de NADH, formando uma hemiamida estável (Figura 11), que perde a afinidade pelo seu sítio acessório na enzima inhA, uma redutase responsável pela transferência de hidretos do NADH para as cadeias carbônicas em crescimento no ciclo da FAS-II, que darão origem aos vários tipos de ácidos micólicos da parede celular (Figura 6).[26,27] Estudos recentes sugerem que os radicais isonicotínicos também podem bloquear a atividade de outra enzima da FAS-II, a sintase kasA,[28] porém inhA continua sendo apontada como alvo primário da isoniazida.

Outra teoria explica a atividade antimicobacteriana pela ação do ácido isonicotínico (7). Uma vez dentro da célula, a isoniazida é oxidada enzimaticamente a ácido isonicotínico, que, no pH intracelular próximo a 7, está quase que totalmente sob a forma ionizada e não pode mais atravessar a parede celular, altamente lipofílica (Figura 12). O acúmulo do ácido isonicotínico provoca a competição com ácido nicotínico (8) na síntese do NAD(H). Assim, a incorporação do ácido isonicotínico ao NAD(H) resulta no *meta*-isômero *iso*-NAD(H), molécula fraudulenta que é capaz de interagir com inhA, mas que resulta no bloqueio da atividade catalítica com consequente inibição da síntese dos ácidos micólicos.[29] A isoniazida também é capaz de formar complexo com o piridoxal (forma ativa da vitamina B6), outro possível mecanismo de ação. Sendo o piridoxal fator essencial para a sobrevivência do *M. tuberculosis*, sua depleção provoca falência de vários processos metabólicos, culminando na morte do bacilo. Ao contrário das micobactérias, as células humanas absorvem piridoxina do meio exógeno, e a reposição da vitamina é importante para o paciente tratado com isoniazida, prevenindo o desenvolvimento de neuropatia periférica.[4]

Os mecanismos de resistência do *M. tuberculosis* frente à isoniazida envolvem mutação genética das enzimas KatG (aumento da CIM em 200 vezes) e InhA

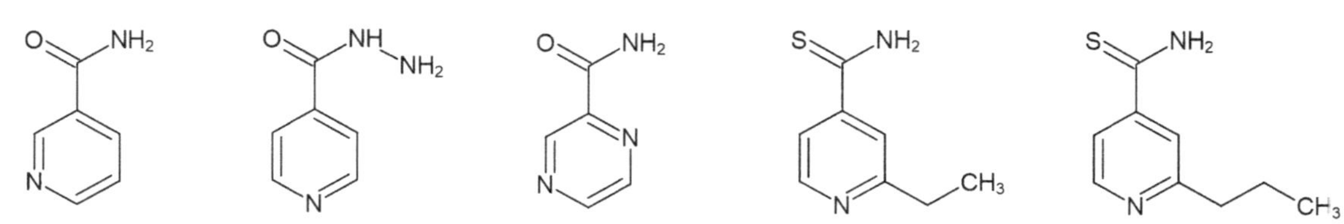

nicotinamida (1) isoniazida (2) pirazinamida (3) etionamida (4) protionamida (5)

FIGURA 9 Moléculas da nicotinamida (1), isoniazida (2), pirazinamida (3), etionamida (4) e protionamida (5).

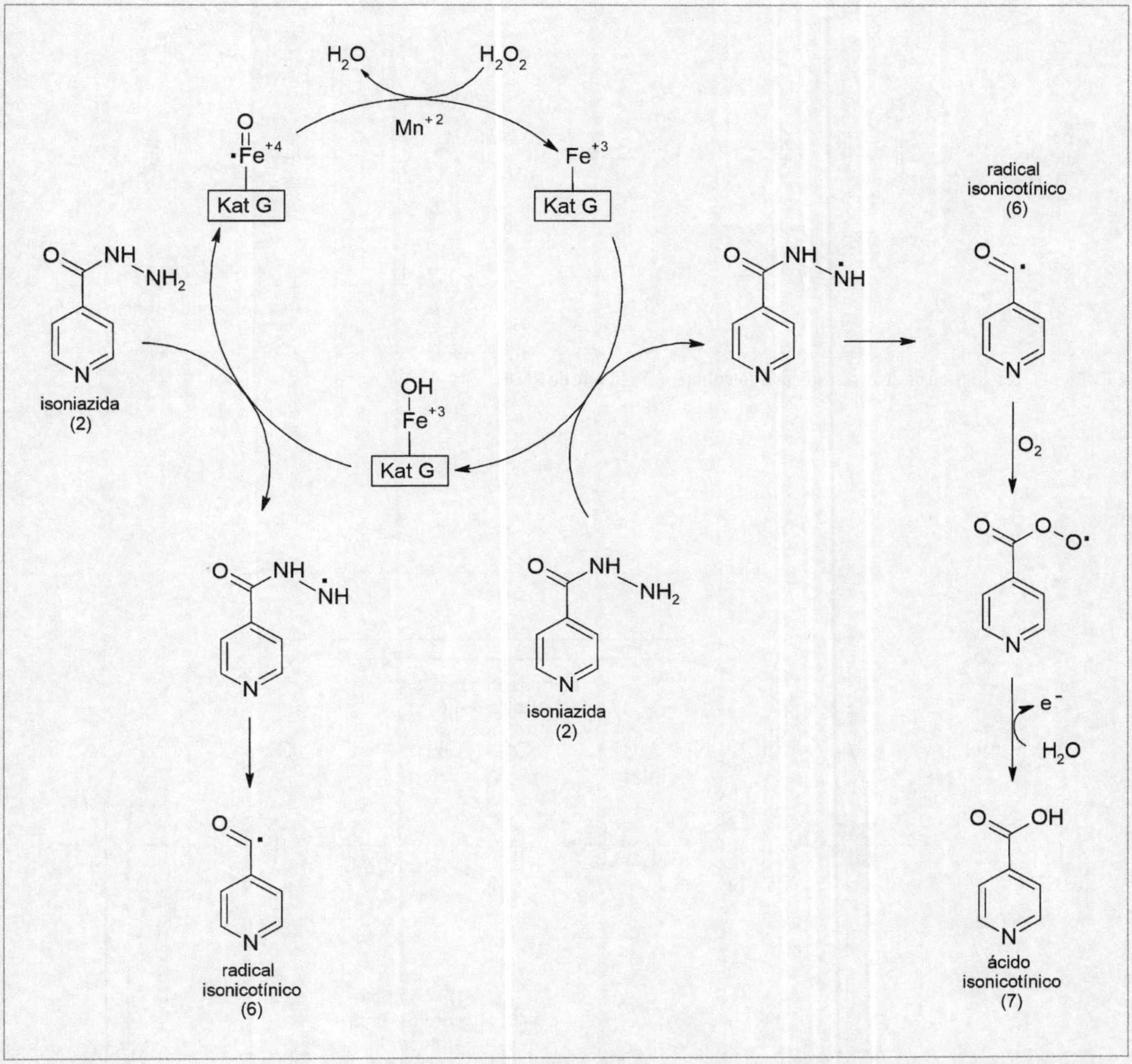

FIGURA 10 Mecanismo de catálise da isoniazida (2) pela enzima katG, para liberação dos compostos ativos, radicais isonicotínicos (6) e ácido isonicotínico (7).

(aumento da CIM em cinco vezes), além da participação de várias bombas de efluxo celular (Tabela 4).[30] O uso da isoniazida também pode interferir no efluxo de outros fármacos, pois induz a expressão das bombas descodificadas pelos genes Rv1258c, *efpA*, *iniA*, *iniB*, *iniC* e *mmr*.[15]

Rifamicinas

As rifamicinas B, O, S e SV, produzidas pelo *Streptomyces mediterranei*, constituem o grupo de antibióticos macrocíclicos complexos, membros da classe das ansamicinas, que são apresentados com maiores detalhes no Capítulo 27. Rifampicina (9), rifapentina (10) e rifabutina (11) (Figura 13), derivados semissintéticos da rifamicina SV, possuem eficácia clínica no tratamento da tuberculose, além de outros microrganismos gram-positivos e gram-negativos. Entretanto, não estão indicadas para tratamento da meningite tuberculosa devido à pobre distribuição para o sistema nervoso central (SNC), decorrente do alto peso molecular, da ionização em pH fisiológico e da alta taxa de ligação às proteínas plasmáticas.[31]

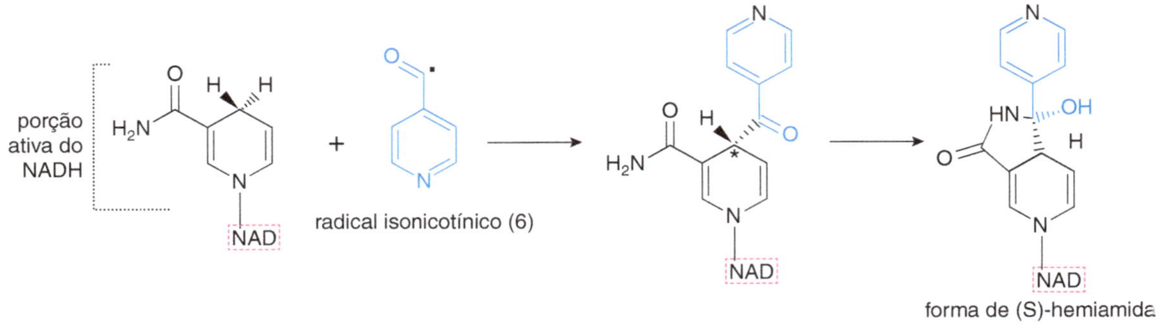

FIGURA 11 Mecanismo de ação do radical isonicotínico (6) acilante de NADH.

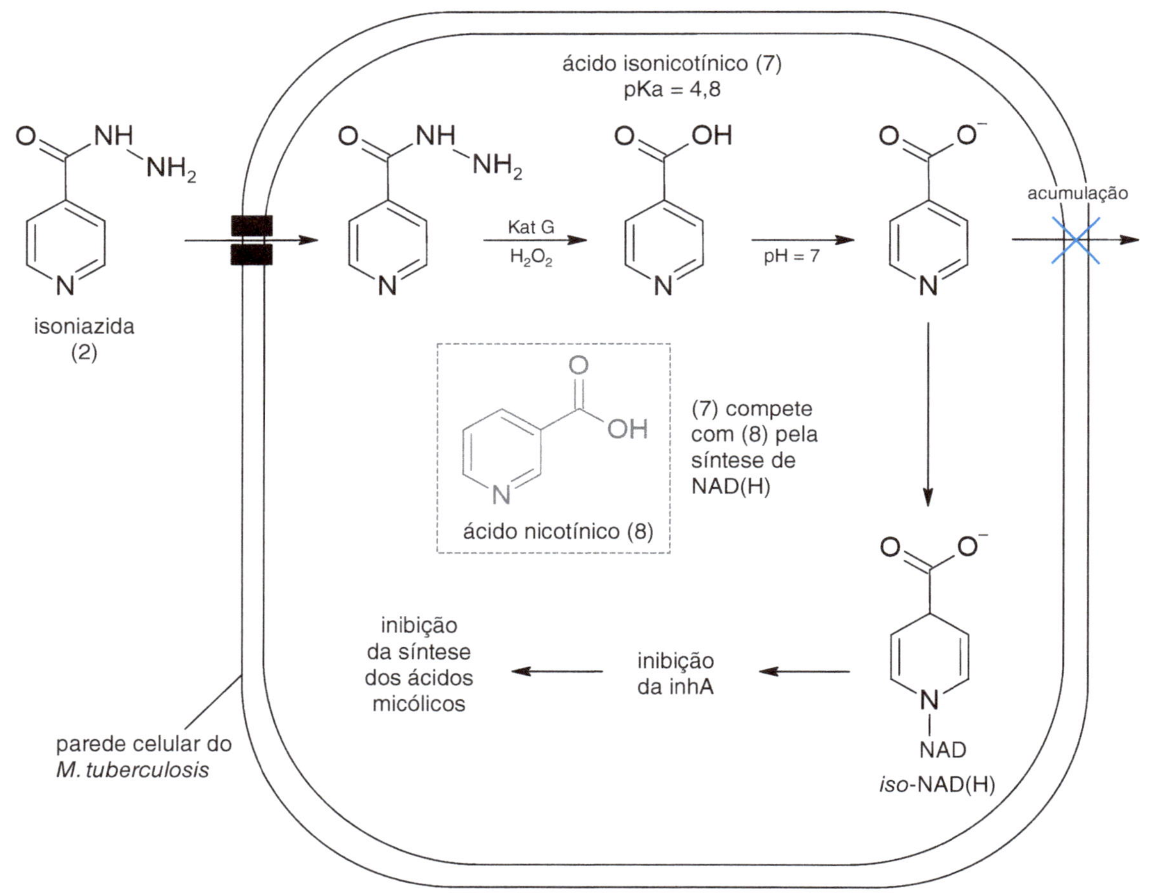

FIGURA 12 Mecanismo de ação do ácido isonicotínico (7) por inibição competitiva da síntese de NAD(H).

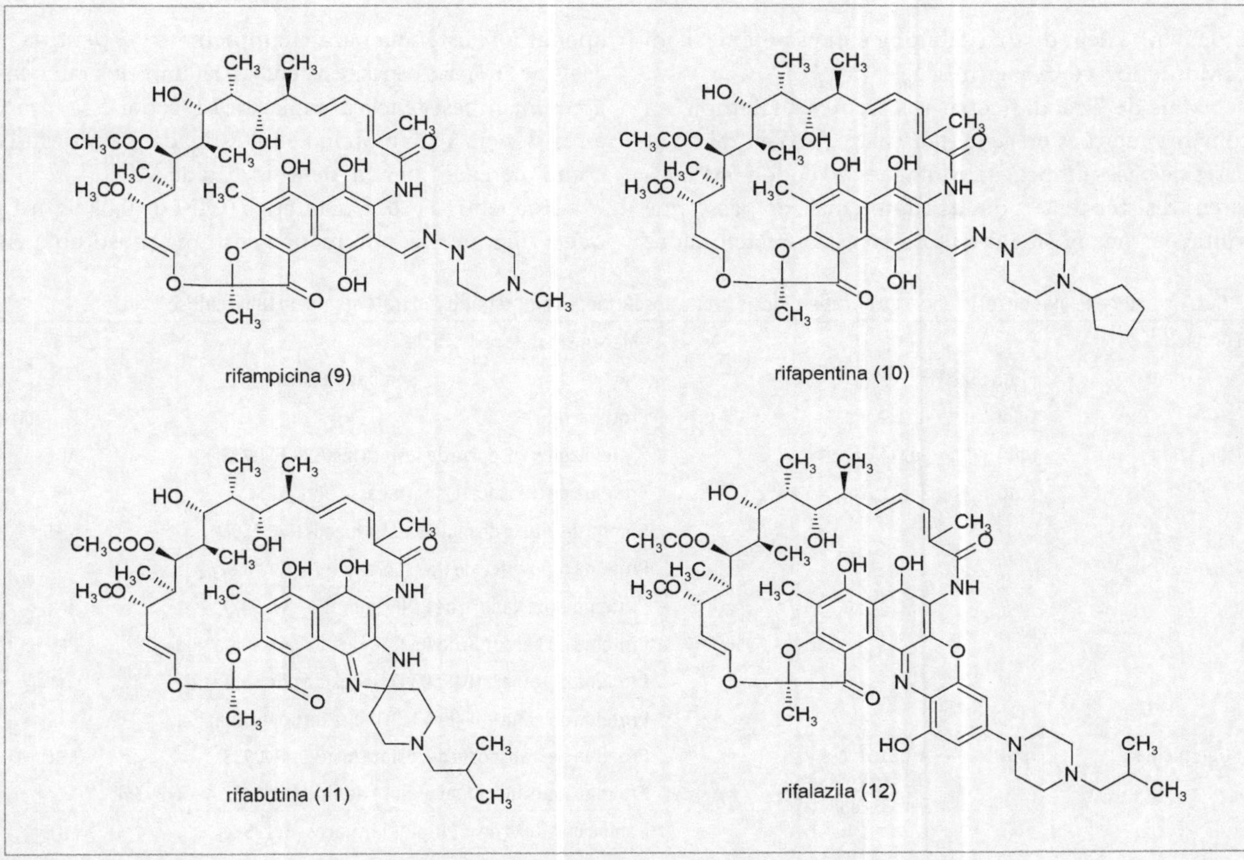

FIGURA 13 Estruturas moleculares da rifampicina (9), rifapentina (10), rifabutina (11) e rifalazila (12).

A característica lipofílica dessas moléculas é importante não somente para a penetração das rifamicinas através da parede celular micobacteriana, mas também para seu mecanismo de ação bactericida. Rifamicinas inibem a RNA-polimerase DNA-dependente (DDRP) procariótica ao se ligarem, de forma estável, à subunidade beta dessa enzima (codificada pelo gene *rpoB*). A formação do complexo fármaco-enzima estável resulta na supressão do início da formação da cadeia de RNA, mas sua atividade na fase de alongamento ainda é controversa. Rifamicinas não se ligam à RNA-polimerase eucariótica, não afetando a síntese de RNA em mamíferos.[27]

Dentre as rifamicinas, apenas a rifampicina (9) figura entre os fármacos de primeira escolha e é o segundo fármaco mais efetivo contra a tuberculose, por ser altamente ativo contra as formas intracelulares e extracelulares de bacilos replicantes e não replicantes (CIM variam entre 0,1-0,4 μg/mL). A rifampicina aumenta a atividade *in vitro* da estreptomicina e da isoniazida (2), mas não a do etambutol (15), contra *M. tuberculosis*. Entretanto, a combinação de rifampicina e isoniazida pode aumentar o risco de hepatotoxicidade em pacientes com problemas hepáticos preexistentes.[30]

Como a rifampicina é potente indutor das enzimas microssômicas CYP450 hepáticas (isoformas CYP3A4 e CYP2C), sua administração aumenta o catabolismo dos fármacos em geral. Atenção especial deve ser dirigida aos pacientes coinfectados com HIV, pois a rifampicina provoca redução da meia-vida dos inibidores de protease (saquinavir, ritonavir, indinavir, nelfinavir, amprenavir, lopinavir e atazanavir) e dos inibidores não nucleosídicos da transcriptase reversa (nevirapina, efavirenz e delavirdina), empregados no combate à Aids. Os inibidores nucleosídicos da transcriptase reversa (zidovudina, didanosina, zalcitabina, estavudina, lamivudina e abacavir), bem como o tenofovir, não são metabolizados pelo CYP450 e, por isso, a associação destes com rifampicina não é contraindicada. Ao contrário da rifampicina e rifapentina, a rifabutina (11) tem menor efeito indutor sobre as enzimas CYP450, motivo pelo qual é recomendada pela OMS para o tratamento de pacientes coinfectados com HIV e que fazem uso de ritonavir.[32] Além disso, rifabutina é mais potente, com CIM inferior a 0,015 μg/mL.[30]

Mais de 97% das cepas resistentes à rifampicina contêm mutações no gene *rpoB*, na região central de 81 pares de bases (Tabela 4). Mutações do códon 531 conferem resistência a todas as rifamicinas, ao passo que mutações nas posições 511 e 516 estão relacionadas apenas à resistência para rifampicina e rifapentina.[30] Mais de 90% das cepas resistentes à rifampicina também apresentam resistência à isoniazida (2) e, por essa razão, a resistência à rifampicina é investigada e empregada como marcador para a identificação de MDR.[26]

Rifapentina (10) é mais ativa (CIM de 0,03 μg/mL) que a rifampicina, porém, não costuma substituir a ri-

TABELA 4 Mecanismos de resistência do *M. tuberculosis* frente aos fármacos empregados no tratamento da tuberculose

Fármaco	Mecanismos de resistência			
	Mutações[18,33]		Bombas de efluxo[15,34]	
	Gene	**Alteração**	**Proteína (gene)**	**Família**
Isoniazida	*inhA*	Ser94Ala	Proteína de transporte de fosfato (pstB2 – Rv0933)	ABC
	katG	Ser315Thr	Proteína de transporte – permeasse (Rv1747)	
			Bomba de efluxo de múltiplos fármacos (Rv1258c)	MFS
			Proteína hipotética de transporte (efpA – Rv2846c)	
			Proteína exportadora de PDIM (mmpL7 – Rv2942)	RND
			Proteína do gene iniA (Rv0342) induzida por isoniazida	PM
			Proteína do gene iniB (Rv0341) induzida por isoniazida	
			Proteína do gene iniC (Rv0343) induzida por isoniazida	
Rifampicina	*rpoB*	Asp516Tyr His526Tyr,Asp Ser531Leu	Proteína de transporte de fosfato (pstB2 – Rv0933)	ABC
			Proteína multifuncional efetora de virulência (drrA – Rv2936)	
			Bomba de efluxo de múltiplos fármacos (Rv1258c)	MFS
			Proteína de resistência a múltiplos fármacos B (emrB – Rv0783c)	
Pirazinamida	*pncA*	Thr135Pro Asp136Tyr His137Arg Cys138Tyr Val139Met	–	–
Etambutol	*embB*	Met306Ile,Val,Leu Gly406Ala Asp1024Thr	Proteína multifuncional efetora de virulência (drrA – Rv2936)	ABC
			Proteína de transporte de fosfato (pstB2 – Rv0933)	
			Permease de resistência à doxorrubicina (drrB)	
			Permease de resistência à doxorrubicina (drrC)	
			Bomba de efluxo de múltiplos fármacos (Rv1258c)	MFS
			Proteína do gene iniA (Rv0342) induzida por isoniazida	PM
Fluorquinolonas	*gyrA*	Ala90Val Asp94Gly,Tyr,His	Proteína de transporte de fosfato (pstB2 – Rv0933)	ABC
	gyrB	Gly88Ala Asn510Asp Ala515Thr Gln549His	Bomba de efluxo de múltiplos fármacos (Rv1258c)	MFS
Bedaquilina	*atpE*	Asp28Asn Ala63Val	–	–
Linelozida	*23S rRNA*	Gly2061Thr Gly2576Thr	–	–
Etionamida	*inhA*	Ser94Ala	–	–
		Ile95Pro		
Ácido paraminossalicílico	*thyA*	Thr202Ala; Arg222Gly	–	–

Proteínas hipotéticas são aquelas que ainda não foram caracterizadas experimentalmente, apesar de serem descodificadas por genes já caracterizados com abertura de leitura (ORF, do inglês *open read frame*) e códon de parada válidos.

ABC, ATP *binding cassette* (superfamília ABC); MFS, *major facilitator superfamily* (superfamília dos principais facilitadores); RND, *resistance/nodulation/cell division family* (família RND); SMR, *small multidrug resistance* (família SMR).

fampicina nos tratamentos porque o desenvolvimento de resistência à rifampicina também recai sobre a rifapentina. Possui meia-vida plasmática mais longa que a rifampicina (13-14 h e 2-3 h, respectivamente) e maior taxa de ligação à proteína plasmática (97% e 85%, respectivamente).[32]

A rifalazila (12) (KRM 1648), obtida pela introdução do grupo isopropila no anel piperidínico, tem potência equiparada à da rifabutina (CIM inferior a 0,015 µg/mL). Em combinação com a isoniazida (2), foi muito mais ativa que a associação rifampicina/isoniazida, pois foi capaz de esterilizar lesões caseosas após 12 semanas de tratamento.[30] Entretanto, a aparição de efeitos adversos já no quarto dia de tratamento interrompeu os estudos clínicos de fase.[35]

Pirazinamida

A pirazinamida (3) (Figura 9) faz parte do seleto grupo de fármacos de primeira escolha no tratamento da tuberculose por ser bactericida para bacilos intracelulares não replicantes, que persistem em ambientes ácidos e anaeróbicos.[36] Entretanto, a atividade da pirazinamida só foi evidenciada porque sua síntese foi seguida por ensaios de atividade *in vivo*. Por esse motivo, alguns autores classificam o advento da pirazinamida na terapêutica como descoberta ao acaso, uma vez que o fármaco não apresenta atividade em ensaios realizados *in vitro*. Cobaias infectadas pelo *M. tuberculosis* possuem lesões tuberculosas ou caseosas acidificadas, enquanto ensaios *in vitro* são realizados em cultura de micobactérias em condições próximas do pH neutro. Assim, a explicação para o aparente paradoxo entre a baixa atividade *in vitro* e a alta atividade *in vivo* é que pirazinamida só é efetiva contra *M. tuberculosis* em pHs ácidos.[37] De fato, a CIM_{90} da pirazinamida é dependente do pH, e varia entre 50, 100 e 200 µg/mL em pHs de 5,50; 5,80 e 5,95, respectivamente.[30] A Figura 14 ilustra o mecanismo pelo qual a atividade da pirazinamida aumenta em pHs mais ácidos.

A captação da pirazinamida pelo *M. tuberculosis* se dá por difusão passiva e por competição com nicotinamida pela proteína de transporte ativo.[26] No citoplasma, o pró-fármaco é ativado pela ação da nicotinamidase

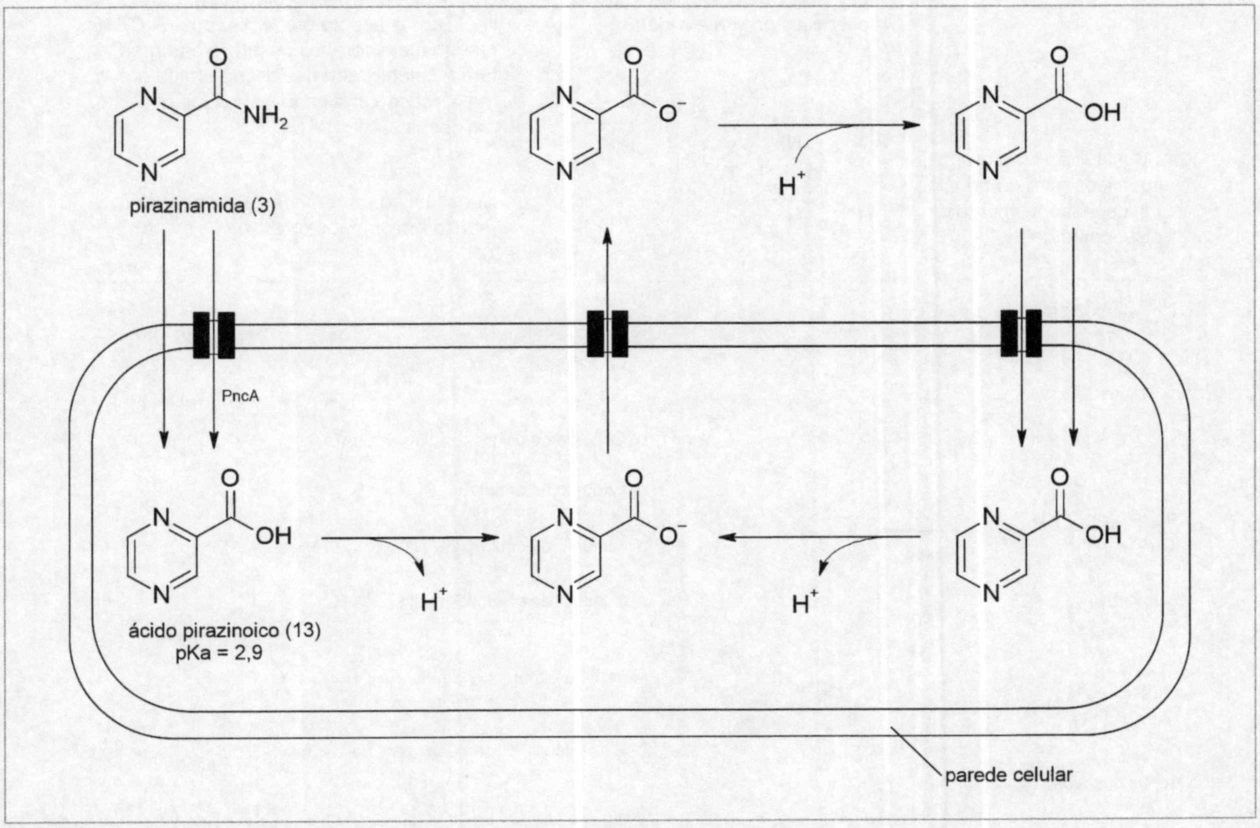

FIGURA 14 Mecanismo de ação da pirazinamida (3) pela acidificação do meio intracelular da micobactéria.

(PncA) ao ácido pirazinoico (13), que assume a forma ionizada (em função do pKa 2,9) e tende a se acumular no citoplasma, uma vez que o mecanismo de efluxo é deficiente. No entanto, quando a molécula ionizada é bombeada para o meio extracelular, encontra o ambiente extremamente ácido dos macrófagos infectados e volta à sua forma molecular, que é reabsorvida pela micobactéria. O movimento cíclico de entrada e saída do ácido pirazinoico e sua forma ionizada carreia prótons do meio extracelular para o citoplasma. Dessa forma, a amplitude do gradiente de hidrogênios ácidos é diminuída, provocando a interrupção da força próton motriz (Figura 7), com consequente paralisação da geração de energia pela ATP sintase.[23]

Assim como a isoniazida (2), o ácido pirazinoico (13) também pode atuar como antimetabólito do ácido nicotínico (8) na biossíntese de NAD e provocar a inibição de inhA (FAS-II) (Figura 6), enzima envolvida na construção dos ácidos micólicos.[37] Uma grande diversidade de mutações no gene *pncA* é o principal mecanismo de resistência à pirazinamida (Tabela 4).

Com relação à relação estrutura-atividade (REA) da pirazinamida, qualquer outra substituição no anel aromático que não o análogo *para*-cloro substituído, ou alteração do anel pirazínico por outro heterociclo aromático, resulta em compostos desprovidos de atividade ou menos eficazes que o protótipo. A molécula 5-cloropirazinamida (14) não é pró-fármaco do ácido pirazinoico, uma vez que apresenta atividade *per se* contra *M. tuberculosis*, mesmo em cepas desprovidas da enzima PncA. Esse análogo atua de maneira distinta sobre a enzima FAS-I, inibindo o acoplamento de NADPH a seu sítio alostérico.[38] A REA representada na Figura 15 aponta as exigências estruturais e modificações possíveis para o alvo da FAS-I. Outras alterações promissoras baseiam-se na obtenção de pró-fármacos lipofílicos dos compostos ativos (Figura 16). Ésteres de cadeia mais longa ou volumosa apresentam boa estabilidade à hi-

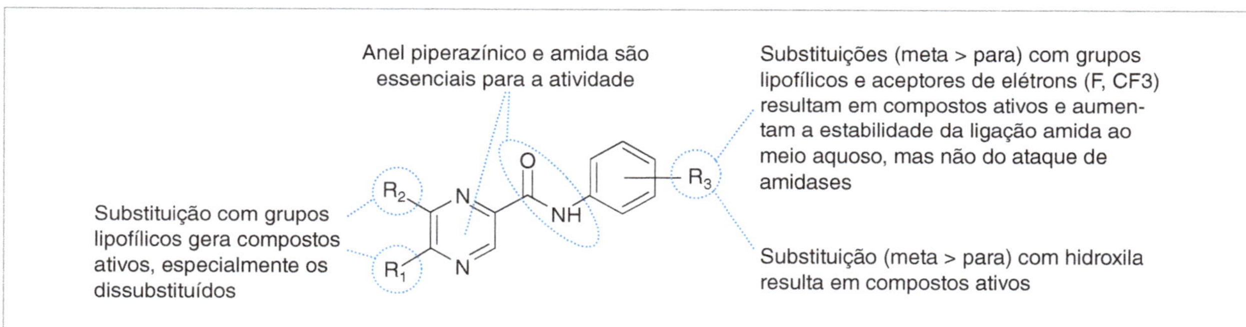

FIGURA 15 REA da pirazinamida (3).[23]

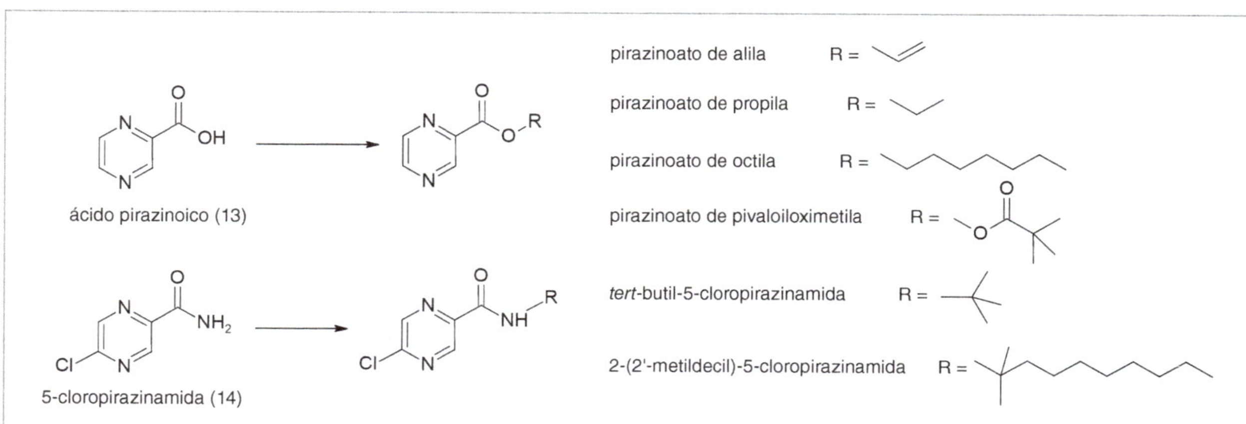

FIGURA 16 Pró-fármacos do ácido pirazinoico (13) e 5-cloropirazinamida (14) ativos contra *M. tuberculosis*.

drólise plasmática e são ativos em concentrações menores que as requeridas para pirazinamida.[23]

A pirazinamida é bem absorvida pelo trato gastrintestinal (biodisponibilidade de 92%) e, apesar da polaridade (log P = -0,60), é bem distribuída para as meninges, o que indica afinidade por algum transportador para permear a barreira hematoencefálica (BHE). Sua metabolização é predominantemente hepática, e seus metabólitos são excretados pelos rins. Seus efeitos adversos mais comuns são hepatotoxicidade e hiperuricemia, por isso está contraindicada para pacientes com doenças hepáticas e artrite gotosa (ou gota).[30]

Etambutol

Entre os fármacos de primeira escolha no tratamento da tuberculose, o etambutol (15) (Figura 17) é o menos ativo e apresenta atividade bacteriostática contra formas replicantes do bacilo (MIC de 0,5 μg/mL). Apesar disso, sua contribuição no EB está na desestabilização da camada AG da parede celular, auxiliando na penetração dos outros fármacos, e, também, na inibição da síntese de LAM, cuja ausência melhora o *clearance* da micobactéria pelo sistema imunológico.[8] Isso acontece porque o etambutol inibe as enzimas EmbB e EmbC, pertencentes à superfamília das glicosiltransferases C, competindo com o substrato natural, beta-D-arabinofuranosil-1-monofosforildecaprenol (16), pela ligação ao sítio catalítico. O complexo heterodimérico (EmbA-EmbB) catalisa a adição de resíduos de Ara*f* na construção do AG (Figura 4), ao passo que o outro complexo homodimérico (EmbC-EmbC) catalisa a inserção de Ara*f* no crescimento da LAM (Figura 5).[39] A hipótese para a inibição dessas enzimas é sustentada por duas observações: primeira, a terapia com etambutol provoca o acúmulo do precursor do arabinano (16); e, segunda, o esteroisômero (*S*,*S*) é 600 vezes mais ativo que o (*R*,*R*), o que sugere que a atividade do etambutol está relacionada a um alvo específico. A Figura 18 descreve a REA para o fármaco.[40] As enzimas arabinofuranosiltransferases (AftA, AftB, AftC e AftD), que também catalisam a adição de Ara*f* para o crescimento da cadeia arabinano, não são inibidas pelo etambutol.[13]

O principal mecanismo de resistência ao etambutol está relacionado às mutações do códon 306 do gene *embB* (Tabela 4), presentes em 30-68% dos isolados clínicos.

A biodisponibilidade de uma dose oral do etambutol é de cerca de 75-80% da dose administrada. Apesar de sofrer metabolização hepática, 50% do fármaco é excretado inalterado na urina, provavelmente em decorrência de sua polaridade (log P = -0,14), e a rifampicina (9) diminui sua excreção renal quando administrados em associação. Os efeitos tóxicos mais comuns e graves envolvem neuropatia óptica e hepatotoxicidade.[30]

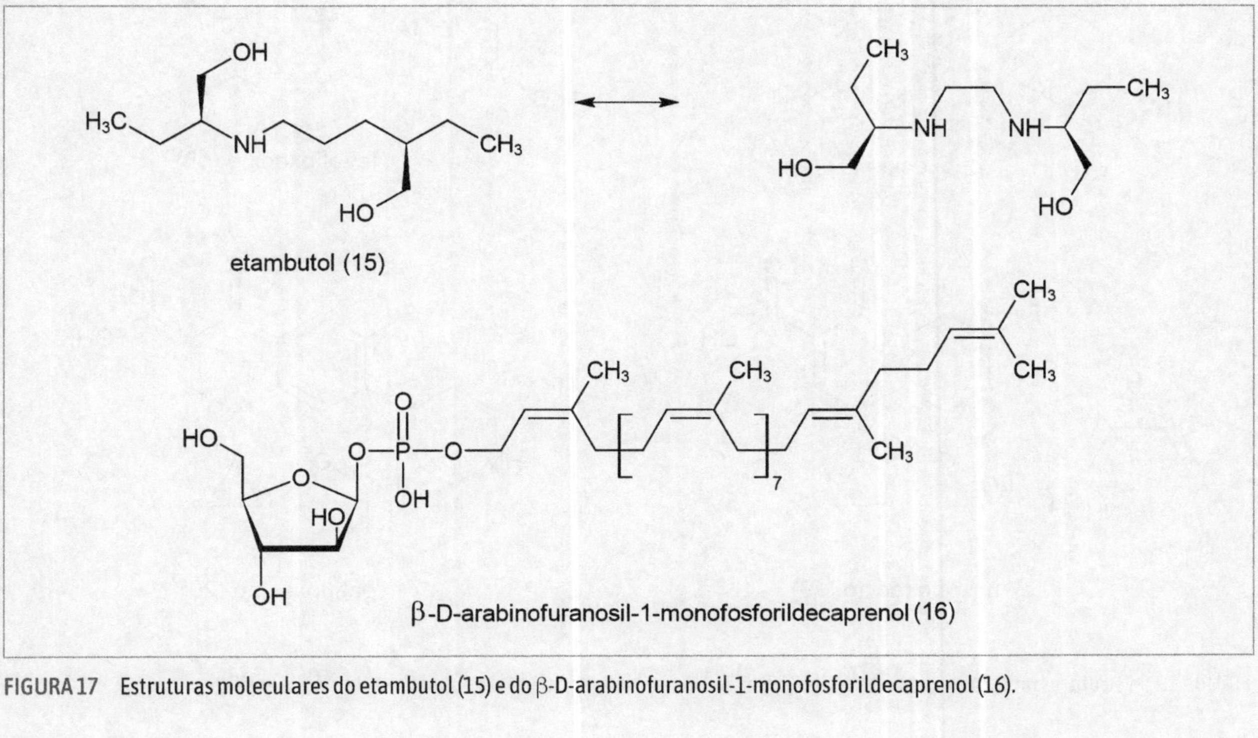

FIGURA 17 Estruturas moleculares do etambutol (15) e do β-D-arabinofuranosil-1-monofosforildecaprenol (16).

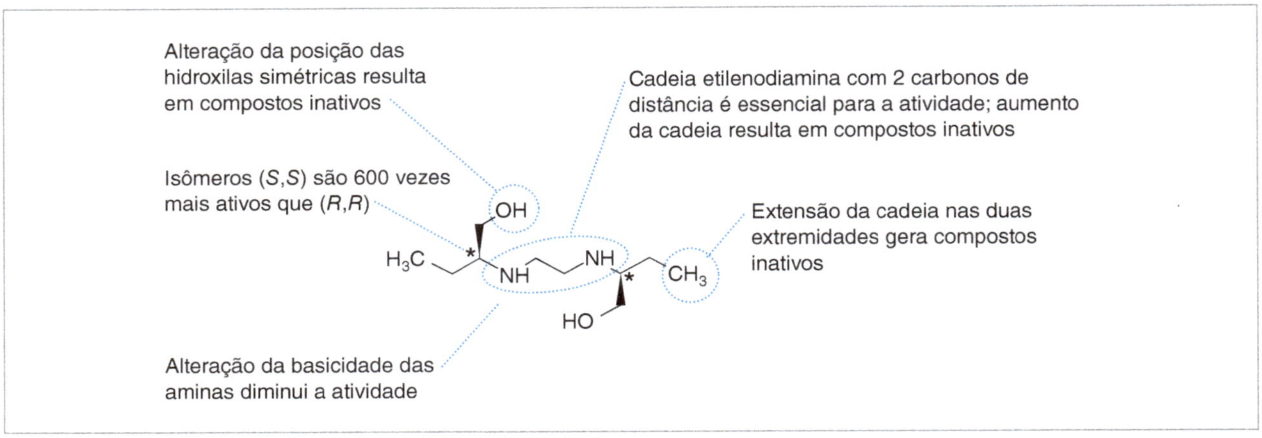

FIGURA 18 Representação da REA para o etambutol (15).[40]

Fármacos de segunda linha

Fluorquinolonas

Fluorquinolonas, que são antimicrobianos de amplo espectro contra patógenos gram-positivos e gram-negativos, têm sido utilizadas desde 1992 (ofloxacino (17)) (Figura 19) como reserva terapêutica no tratamento da tuberculose. Entretanto, com o advento das terceira e quarta gerações, as fluorquinolonas tornaram-se a classe mais importante no tratamento de cepas multirresisten-

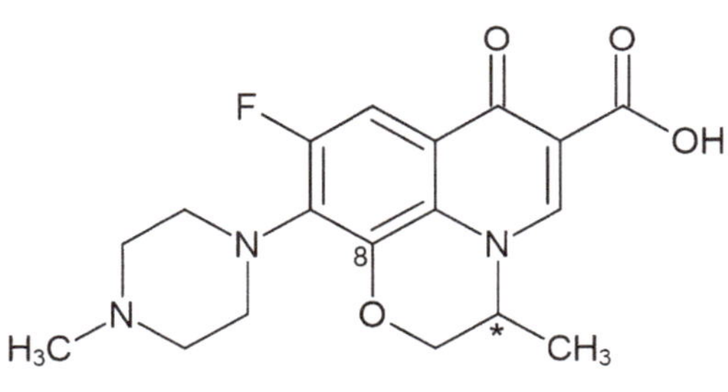

ofloxacino (17)

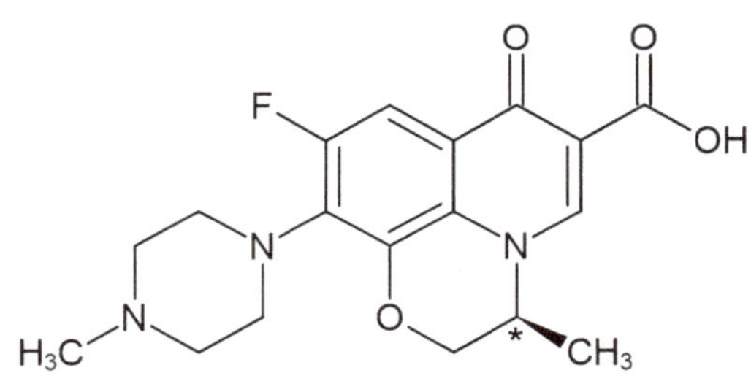

levofloxacino (18)

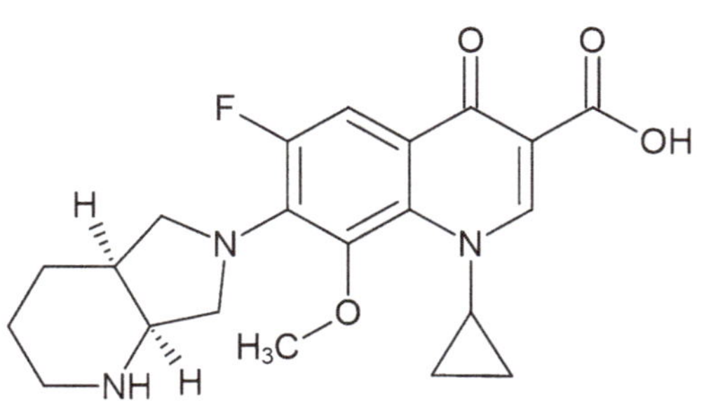

moxifloxacino (19)

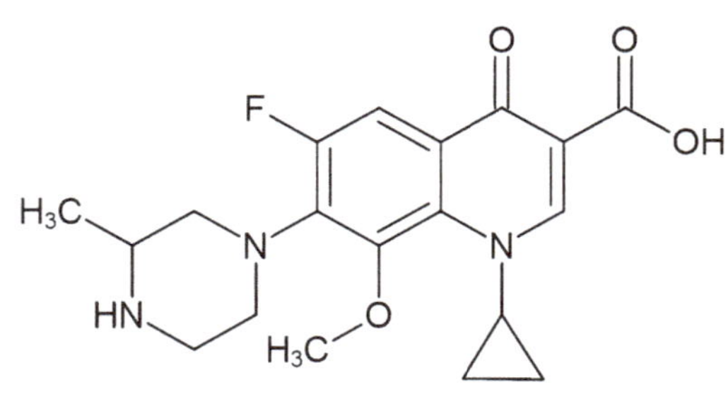

gatifloxacino (20)

FIGURA 19 Estruturas moleculares do ofloxacino (17) e seu isômero levofloxacino (18), moxifloxacino (19) e gatifloxacino (20).

tes, graças à atividade bactericida contra formas não replicantes, baixa incidência de efeitos adversos e ausência de resistência cruzada com outros antimicobacterianos.[32]

O mecanismo de ação da classe envolve a inibição da DNA girase (ou topoisomerase II), o que bloqueia a duplicação do DNA e, consequentemente, a replicação micobacteriana.[30] Mutações no gene *gyrA* são o principal mecanismo de resistência às fluorquinolonas (Tabela 4). No entanto, 42-85% dos isolados clínicos apresentam essa mutação, o que indica que mutações no gene *gyrB* e operação de bombas de efluxo também são importantes.[26] Ofloxacino é comercializado como mistura racêmica dos DL-isômeros e apresenta CIM_{90} de 1 μg/mL para *M. tuberculosis*. A descoberta de que levofloxacino (18), L-isômero isolado, é mais ativo (CIM_{90} de 0,5 μg/mL) que o D-isômero (CIM_{90} de 64 μg/mL) impulsionou a substituição do ofloxacino no tratamento de cepas resistentes.[41] As gerações subsequentes de fluorquinolonas demonstraram que a simplificação do anel morfolina e a inserção de metoxila na posição 8 aumentou a potência contra *M. tuberculosis*.

O moxifloxacino (19) é a fluorquinolona mais ativa contra *M. tuberculosis*, com CIM que varia de 0,25-0,5 μg/mL. Apesar do gatifloxacino (20) apresentar potência equiparada à do moxifloxacino, com CIM de 0,2-0,5 mg/mL, seu fabricante (Bristol Myers Squibb®) descontinuou sua comercialização em 2006 por provocar disglicemia em idosos quando em tratamento de pneumonia.[42]

Diarilquinolinas

Em 2005, a estrutura R207910 (também designada por TMC207) foi triada de uma quimioteca de 70 mil compostos contra *M. smegmatis*, em ensaio com célula inteira (do inglês *whole-cell based assay*), transformando-se no protótipo da nova classe das diarilquinolinas.[27] Testes *in vitro* com *M. tuberculosis* demonstraram que a molécula era ativa tanto em cepas suscetíveis quanto em cepas resistentes à estreptomicina, fluorquinolonas e aos fármacos de primeira linha, com CIM que variam entre 0,03-0,12 μg/mL. Nos ensaios *in vivo* (em modelo murino de infecção), o composto apresentou atividades bactericida e esterilizante superiores às observadas para isoniazida e rifampicina, e isso fez com que o fármaco recebesse rápida aprovação pela Food and Drug Administration (FDA) em 2012, sob o nome de bedaquilina (21) (Figura 20). É considerada bactericida contra formas não replicantes do bacilo, e bacteriostática para formas replicantes.[32,36]

A importância da bedaquilina para a quimioterapia da tuberculose é que a sua descoberta trouxe, além de um novo protótipo, um mecanismo de ação bactericida inédito: provoca paralisação da produção de ATP pela ATP sintase de forma seletiva, pois interage com as subunidades c e epsilon sem provocar reação cruzada com complexo ATP sintase humano. A geração de ATP por esse processo micobacteriano já foi detalhado na Figura 7. Algumas moléculas, chamadas de desacopladoras, são capazes de translocar prótons *per se*, interferindo, assim, tanto no influxo de prótons, força motriz para a rotação da proteína, quanto na geração de ATP. A bedaquilina, por sua vez, é capaz de bloquear a síntese de ATP sem interferir no gradiente de íons H^+. Isso acontece porque a ligação da bedaquilina à subunidade c provoca a paralisação da rotação sem impedir a entrada de prótons pela interface *a-c*, resultando em uma circulação de íons H^+ que não catalisa a formação de ATP (Figura 21).[43]

Bedaquilina é uma molécula altamente lipofílica (clog P = 7,25), o que explica algumas de suas características, como alta taxa de ligação às proteínas plasmáticas (99,9%), volume aparente de distribuição maior que 10.000 L (e cerca de 164 L no cérebro) e meia-vida terminal (considerando o efeito aditivo de seu metabólito ativo (22)) de cerca de 160 dias. Essa tendência de se acumular nos tecidos provoca fosfolipidose.[44,45] Outro efeito adverso grave da bedaquilina é a inibição do canal de potássio cardíaco humano, descodificado pelo gene *hERG*, provocando um prolongamento do intervalo QT, observável em eletrocardiogramas. Esse atraso na repolarização da membrana causa uma arritmia fatal chamada de *torsades de pointes*. Entretanto, estudos de REA. da bedaquilina (Figura 22) demonstram que é possível obter análogos mais ativos e menos lipofílicos, como TBAJ-587 (23) (CIM de 0,006 μg/mL e cLog P de 5,80) e TBAJ-876 (24) (CIM de 0,004 μg/mL e cLog P de 5,15), que estão na fase pré-clínica de estudos de toxicidade.[46,47]

Apesar do pouco tempo da bedaquilina na terapêutica, algumas cepas já demonstram resistência ao fármaco por mutações no gene *atpE* (que decodifica a subunidade c da ATP sintase), especialmente as envolvidas no códon 63 (Tabela 4).[26,44] Foi evidenciado, ainda, que cepas resistentes à clofazimina também são resistentes à bedaquilina, e a hipótese para explicar essa resistência cruzada é a mutação no gene regulador de transcrição Rv0678, que provoca, concomitantemente, a superexpressão da bomba de efluxo MmpL5.[11,45]

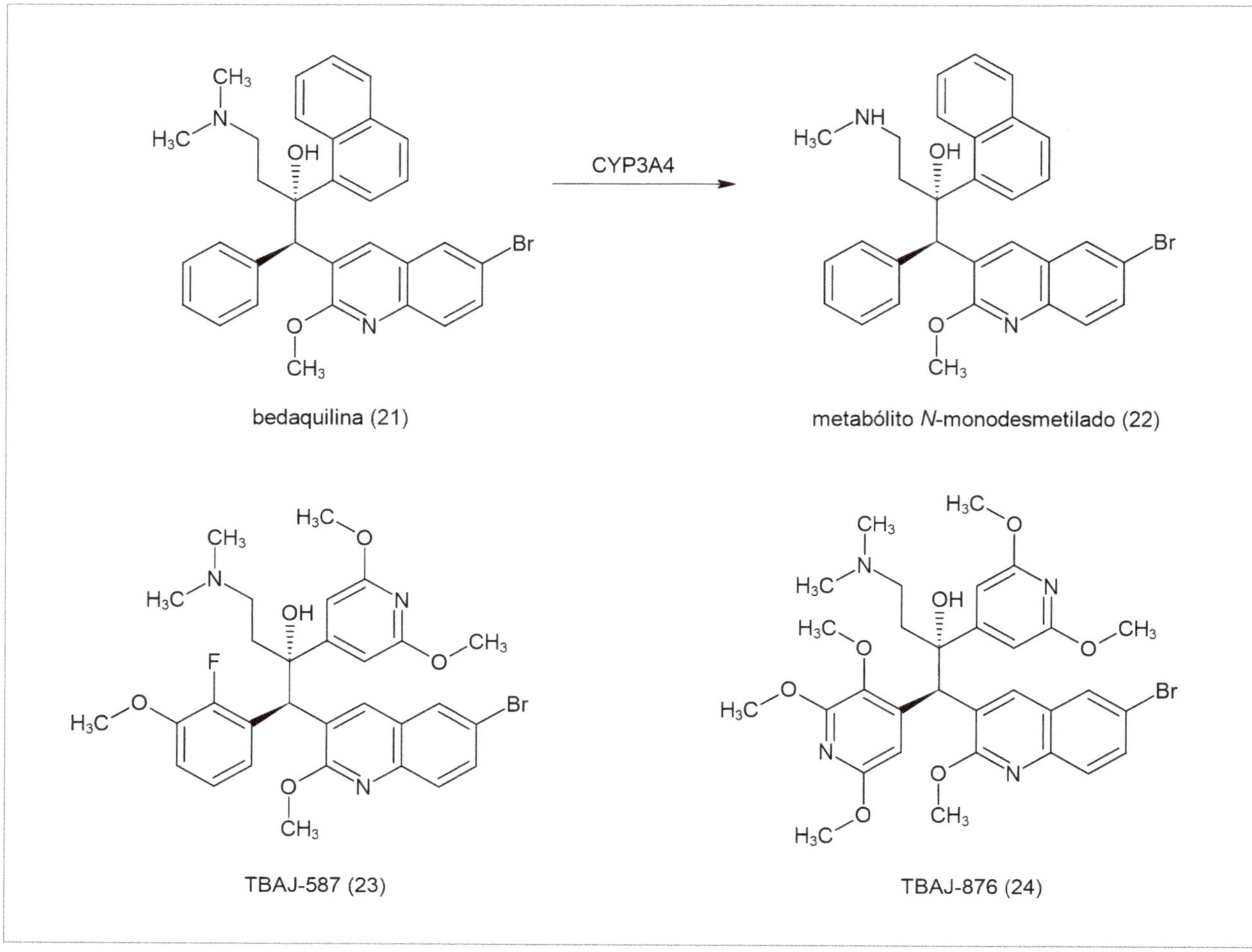

FIGURA 20 Estruturas moleculares da bedaquilina (21), seu metabólito ativo (22) e seus análogos TBAJ-587 (23) e TBAJ-876 (24).

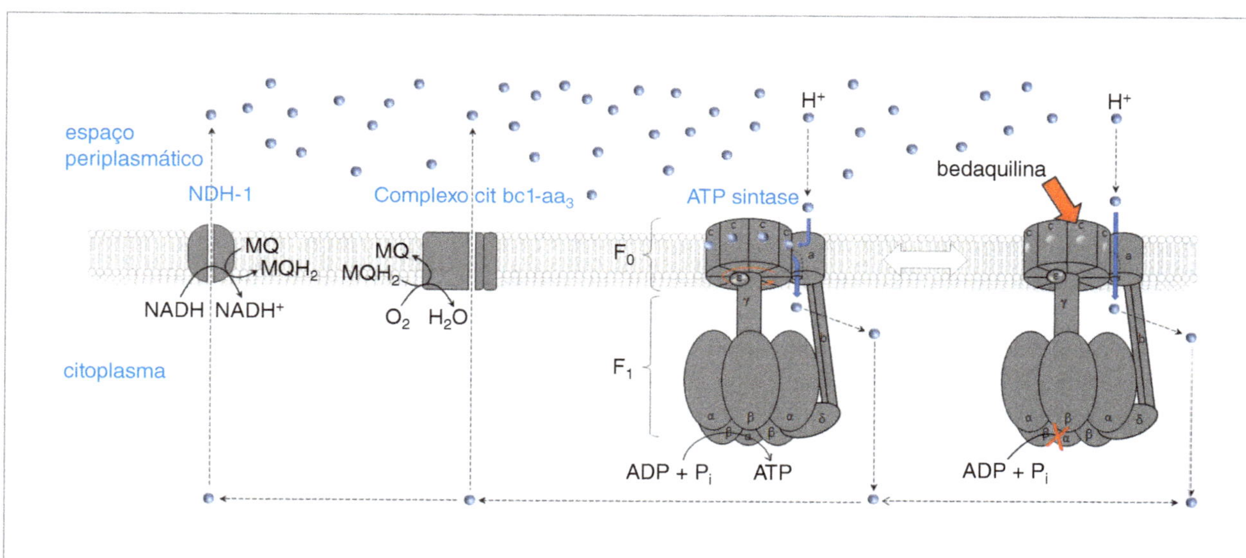

FIGURA 21 Mecanismo de ação da bedaquilina (21) pela inibição do domínio F_0 da ATP sintase.

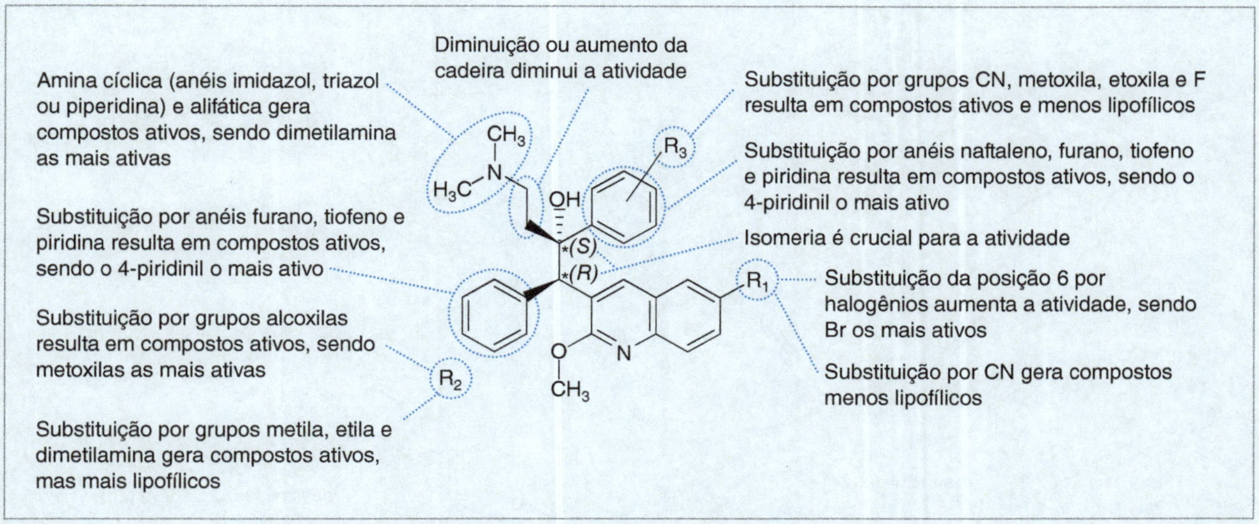

FIGURA 22 Representação da REA das diarilquinolinas.[24,32,46-48]

Oxazolidinonas

A classe das 3-aril-oxazolidinonas surgiu com o desenvolvimento da molécula DuP 721 (25) pela DuPont® (Figura 23), antibacteriano totalmente sintético, com boa biodisponibilidade por via oral e potente atividade contra bactérias gram-positivas e *M. tuberculosis*. Atua inibindo a fase inicial da síntese proteica bacteriana, ligando-se ao RNAr de 23S, que compõe a subunidade 50S do ribossomo.[27] Entretanto, DuP 721 exibiu toxicidade letal nos ensaios em ratos, e os estudos, que já se encontravam na fase clínica I, foram descontinuados.[49] A pesquisa por análogos com melhores perfis toxicológico e farmacológico resultou na linezolida (26), que foi aprovada pela FDA em 2000 para o tratamento de infecções causadas por bactérias gram-positivas, com CIM inferior a 1 mg/mL contra cepas de *M. tuberculosis*, inclusive as resistentes. Seu mecanismo de resistência envolve mutações no gene que descodifica a RNAr de 23S (Tabela 4). Apesar de ser bem distribuída para o tecido brônquico, não pode ser empregada em terapias de longo prazo em virtude da toxicidade, que envolve neuropatias óptica e periférica, mielossupressão e anemia.[32] Entretanto, estudos da REA (Figura 24) da classe têm resultado em compostos com perfil toxicológico melhorado.

Sutezolida (27) é um bioisóstero da linezolida que se encontra nos estudos de fase clínica II.[50] A substituição do anel morfolina por tiomorfolina aumentou a potência (CIM = 0,125 mg/mL) sem acarretar efeitos adversos severos. Apresenta boa biodisponibilidade oral e, apesar de sofrer com o efeito de primeira passagem, seu metabólito sulfóxido (que alcança quatro vezes a concentração plasmática de seu precursor) ainda preserva atividade antimicobacteriana.[32,49]

A posizolida (28), mais conhecida por AZD5847, demonstrou potência intermediária entre linezolida e sutezolida, com CIM_{90} de 1 mg/mL, mas o surgimento de efeitos adversos graves, como neuropatia periférica, anemia e perda de visão,[49] provocaram a descontinuação dos estudos clínicos de fase II em 2016.[50] Todavia, sua descoberta foi importante por revelar que o anel morfolina pode ser substituído por outros anéis, o que foi explorado na pesquisa por novos análogos, como a delpazolida (29), que atualmente está na fase clínica II. Apesar de apresentar o mesmo CIM que a linezolida, sua concentração bactericida mínima para 99% dos isolados (CBM_{99}) é quatro vezes menor que a da linezolida, além de ser bem tolerada, sem desencadear efeitos hematológicos significantes.[51]

Há outras oxazolidinonas em estudo, como TBI-223 (30) (fase clínica I) e OTB-658 (estrutura molecular não divulgada, em fase pré-clínica). TBI-223 é um derivado promissor, pois resultados preliminares mostram CIM semelhante à da linezolida (2 mg/mL), com baixo potencial para desenvolver mielossupressão, visto que a concentração inibitória (IC_{50}) para a síntese proteica mitocondrial é maior que 100 mM.[48,51]

Riminofenazinas

A clofazimina (31) (Figura 25), primeira representante da classe das riminofenazinas, foi descoberta em 1954 por Barry e colaboradores a partir da modificação

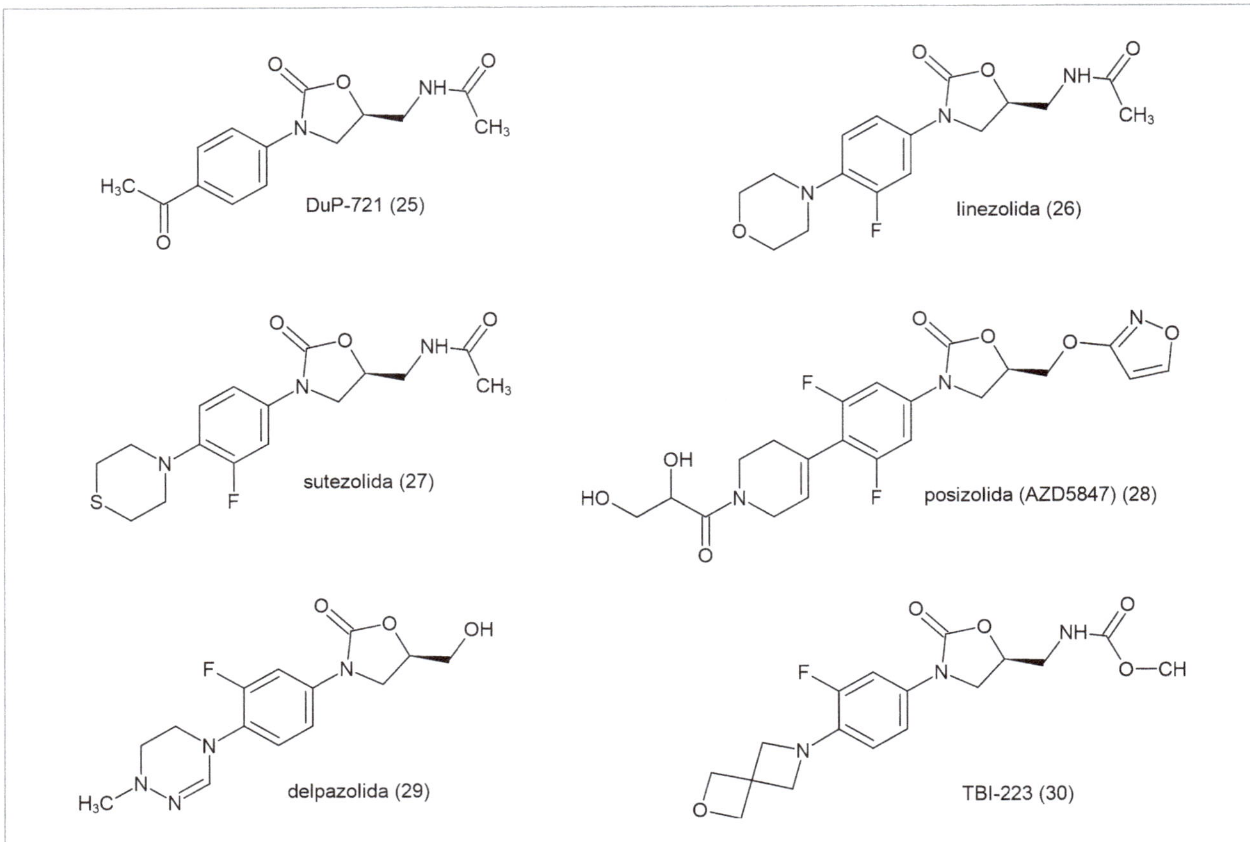

FIGURA 23 Estruturas moleculares do protótipo da classe, DuP-721 (25) seus análogos linezolida (26), sutezolida (27), posizolida (28), delpazolida (29) e TBI-223 (30).

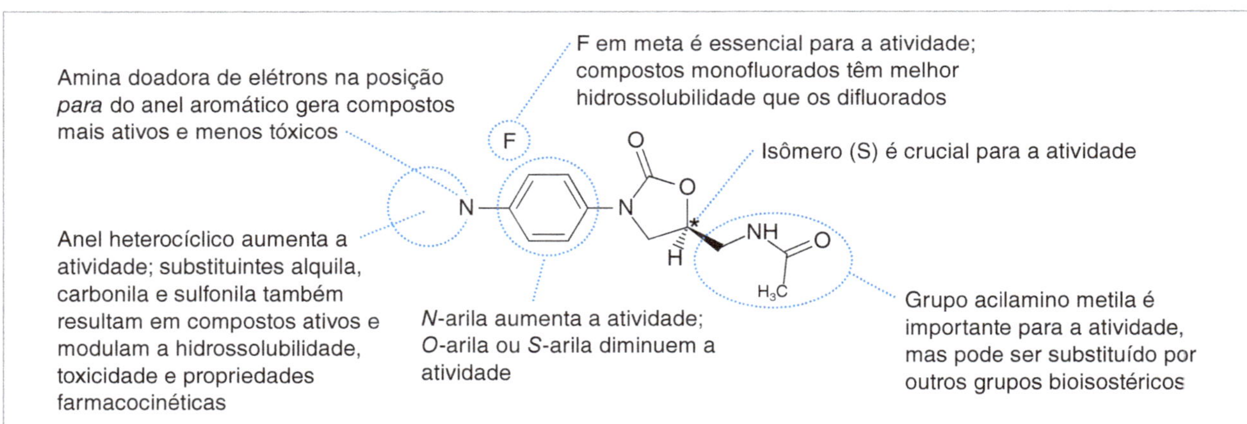

FIGURA 24 Representação da REA das oxazolidinonas.[24,32,49]

estrutural do composto diploicina, uma substância produzida pelo líquen *Buellia canescens* (também chamado de *Diploicia dicks*) que apresentava propriedade antibacteriana. Em 1962, foi introduzida apenas para o tratamento de hanseníase, uma vez que não mostrou atividade contra *M. tuberculosis* em modelos que usavam macaco e *guinea pig* como cobaias. Entretanto, com o surgimento de cepas resistentes, a clofazimina foi ensaiada em camundongos e apresentou CIM de 0,12 μg/mL para cepas sensíveis, e de 0,108-0,240 μg/mL para cepas MDR

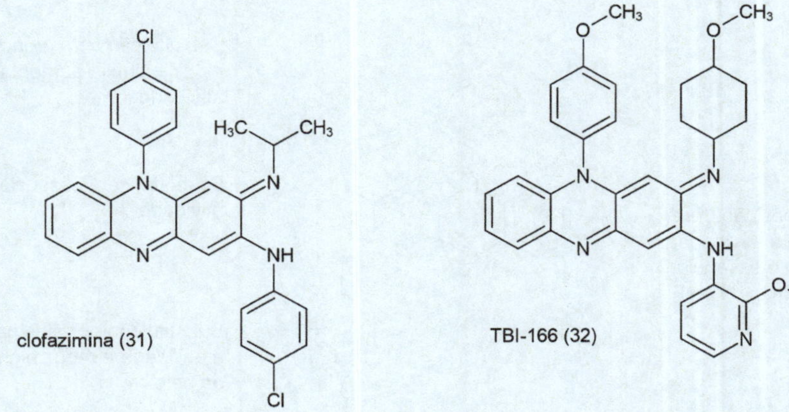

FIGURA 25 Estruturas moleculares da clofazimina (31) e seu análogo TBI-166 (32).

e XDR, respectivamente,[27] sendo atualmente reservada como última opção no tratamento de cepas XDR (Tabela 3) por sua ação bactericida e potencial esterilizante.[52]

Seu mecanismo de ação ainda não foi elucidado, mas há várias teorias para explicar sua ação antibacteriana. A hipótese mais aceita é a de que a oxirredução cíclica da clofazimina produz várias espécies reativas de oxigênio (ROS), que atacam e desnaturam os componentes celulares do bacilo (Figura 26). Isso se dá pela intermediação da enzima micobacteriana NADH-desidrogenase tipo II (NDH-2), que faz parte da CTE (Figura 7) e catalisa a redução dos nitrogênios do anel fenazina e do grupamento imina da clofazimina. Na sequência, esses nitrogênios são reoxidados espontaneamente pelo oxigênio celular, gerando ROS como subproduto da reação.[24,53]

A clofazimina é caracterizada por algumas características desfavoráveis, como acumulação no tecido adiposo e longa meia-vida de eliminação (65,38 h), que são consequência de sua lipofilia elevada (log P = 5,39). Além disso, por ser um corante fenazínico vermelho, seu uso leva à pigmentação marrom-avermelhada da pele, o que limita sua aceitação pelo paciente. Estudos da REA da clofazimina (Figura 27) levaram ao desenvolvimento do TBI-166 (32), que se encontra na fase clínica I e possui maior atividade tanto para cepas sensíveis (CIM entre 0,014-0,085 μg/mL) quanto para MDR e XDR (CIM entre 0,027-0,095 μg/mL).[32] Além disso, esse análogo apresenta outras vantagens em relação ao protótipo, como menor lipofilicidade (log P = 4,52) e meia-vida de eliminação mais rápida (41,25 h), além de não provocar descoloração da pele.[54]

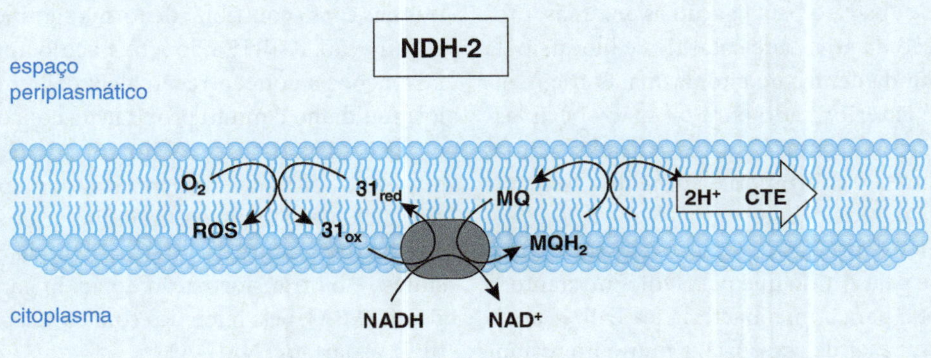

FIGURA 26 Mecanismo de ação da clofazimina (31) na geração de espécies reativas de oxigênio (ROS).

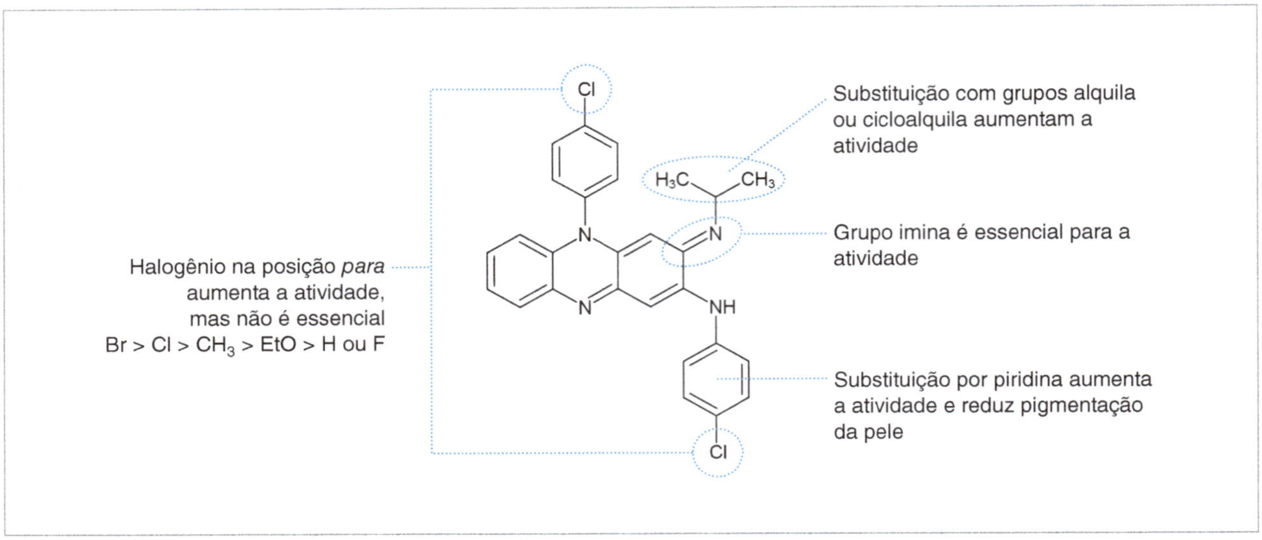

FIGURA 27 Representação da REA das riminofenazinas.[32]

Ciclosserina e terizidona

A ciclosserina (34) (Figura 28), D-4-amino-3-isoxazolidona, produzida por *Streptomyces orchidaceus,* foi isolada pela primeira vez em 1955, por processo fermentativo e, posteriormente, obtida por via sintética. Possui atividade bacteriostática contra *M. tuberculosis* (CIM de 25 μg/mL). Como a maioria dos fármacos de segunda escolha, raramente é empregada no combate à tuberculose, exceto quando a associação entre os agentes de primeira linha não é eficaz, como ocorre para as formas multirresistentes dos bacilos.[30]

Na síntese normal da camada PG, *M. tuberculosis* converte L-alanina, de ocorrência natural, a D-alanina (33), pela ação da D-alanina racemase (Alr). Em seguida, a enzima D-alanil-D-alanina ligase (Ddl) catalisa a construção da porção peptídica terminal, pela ligação entre duas D-alaninas (Figura 4). A ciclosserina, por ser análogo estrutural rígido da D-alanina, compete com o substrato pela ligação às enzimas, provocando inibição da atividade catalítica e bloqueio da síntese do PG ainda dentro do citoplasma. O fragmento de PG que é exteriorizado para o espaço periplasmático é incapaz de formar ligações cruzadas sem as alaninas terminais, fragilizando e aumentando a permeabilidade da parede celular.[27]

Estudos têm demonstrado que a ciclosserina tem maior afinidade pela Alr do que pela Ddl. Entretanto, o sítio de ação letal para a micobactéria é a Ddl. A atividade sobre Alr, apesar de acessória, é muito importante, pois à medida que diminui o *pool* de D-alanina, o metabólito já não antagoniza, competitivamente, a ciclosserina pela ligação à Ddl. Por outro lado, a superexpressão de Alr é o principal mecanismo de resistência da micobactéria, uma vez que o bacilo conta com outras vias para obtenção da D-alanina. A explicação é que a superexpressão do alvo de maior afinidade (Alr), porém dispensável à atividade da ciclosserina, acaba por se ligar preferencialmente ao fármaco, diminuindo a interação da ciclosserina com o alvo letal e de menor afinidade (Ddl). Além disso, a maior expressão de Alr também contribuiria para manter altas quantidades de D-alanina, que antagoniza, competitivamente, a ligação da ciclosserina pelo receptor letal Ddl.[26]

Ciclosserina é rapidamente absorvida quando administrada pela via oral. Somente cerca de 50% de uma dose são excretados inalterados na urina em 12 horas, o que indica a potencialidade do fármaco em se acumular nos tecidos e desenvolver quadros de toxicidade. A biotransformação da ciclosserina ocorre em taxas ínfimas e não contribui, de forma significativa, para sua eliminação. A BHE não é obstáculo apreciável para o fármaco, e a concentração alcançada no líquido cefalorraquidiano é muito próxima da concentração sérica, o que explica o desenvolvimento de reações adversas graves no SNC, que incluem estados psicóticos, tendência suicida e convulsões. Acredita-se que essa toxicidade seja decorrente da interferência da ciclosserina na síntese e biotransformação do ácido gama-aminobutírico (GABA), pela interação com os receptores de N-metil-D-aspartato (NMDA).[30]

A terizidona (35), que consiste em um anel benzênico *para*-substituído por duas moléculas de ciclosse-

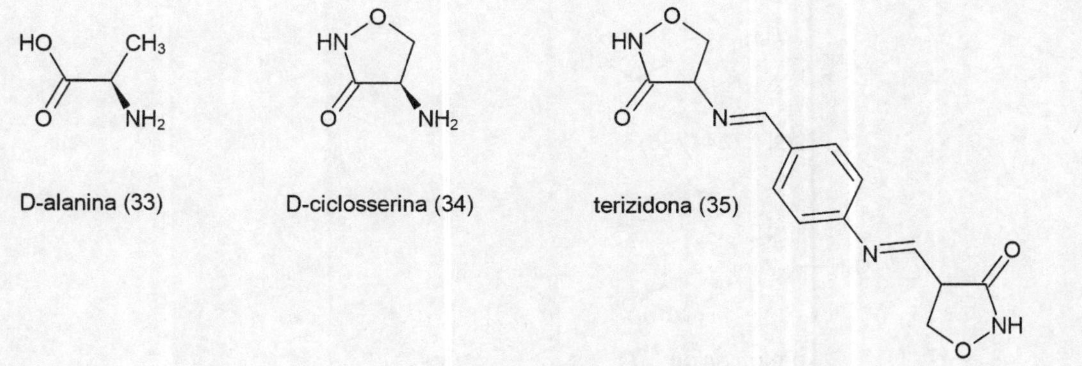

FIGURA 28 Estruturas moleculares da D-alanina (33), D-ciclosserina (34) e terizidona (35).

rina, foi desenvolvida com o intuito de diminuir os efeitos adversos sobre o SNC.[55] De fato, a terizidona é mais bem tolerada e isso se deve à sua conversão lenta à ciclosserina, uma vez que apenas 29% de uma dose oral reconstitui moléculas de ciclosserina nas primeiras 24 horas da administração.[56]

Nitroimidazóis

O composto CGI-17341 (36) (Figura 29), protótipo da classe, foi desenvolvido na busca por agentes radiossensibilizantes para a quimioterapia do câncer, mas demonstrou propriedades mutagênicas acentuadas. Estudos posteriores demonstraram a excelente atividade do protótipo contra *M. tuberculosis*, com CIM de 0,06 μg/mL,[57] redirecionando os esforços para o desenvolvimento de agentes tuberculicidas desprovidos de mutagenicidade. A pretomanida (37), também conhecida por PA-824, demonstrou que a introdução da cadeia lateral na posição 2 do anel oxazolidínico revertia a atividade mutagênica,[11,32] sem diminuir a potência bactericida contra formas replicantes e não replicantes de *M. tuberculosis* (CIM entre 0,015-0,25 μg/mL).[45] A REA da classe está detalhada na Figura 30. O análogo (39) demonstra que é possível substituir a posição 2 com um espaçante de até seis átomos sem comprometer a atividade (CIM de 0,03 μg/mL).[58]

Tem sido proposto que a pretomanida atua por diferentes mecanismos de ação. Em condições aeróbicas de bacilos replicantes, interfere na síntese de ácidos micólicos, impedindo a conversão dos hidroximicolatos a cetomicolatos (Figura 6).[24,26,32] Sob condições anaeróbicas, interrompe a cadeia respiratória, que já é naturalmente deficitária em formas não replicantes pela baixa tensão de oxigênio nas lesões caseosas.[11,32] Nesse caso, a molécula precisa ser bioativada, e acredita-se que as enzimas envolvidas são a nitrorredutase dependente de flavina (ou cofator F420), descodificada pelo gene *ddn*, e a desidrogenase dependente de F420, decodificada pelo gene *fgd1*.[26] Dessa forma, os mecanismos de resistência para a classe envolvem mutações nessas enzimas responsáveis pela ativação dos pró-fármacos, assim como nos genes *fbiA*, *fbiB* e *fbiC*, que descodificam o cofator F420.[45] A catálise da pretomanida em seus metabólitos provoca a formação de espécies reativas de nitrogênio, como óxido nítrico, que são capazes de interferir em muitos alvos bacterianos, como DNA e síntese de proteínas e outros intermediários citoplasmáticos da parede celular.[36] A hipótese mais aceita é a de que o óxido nítrico tenha capacidade de reagir com as citocromo oxidases, assim como interferir no ciclo oxirredutivo MQ/MQH_2, prejudicando a manutenção da CTE e interrompendo a produção de ATP pela micobactéria (Figura 7).[11]

Apesar de ter desenvolvimento posterior à pretomanida, a delamanida (38), com CIM entre 0,006-0,024 μg/mL, foi registrada primeiro, em 2014 (Figura 8), na Agência Europeia de Medicamentos (EMA, em inglês, European Medicines Agency) para o tratamento da tuberculose, mas ainda aguarda aprovação pela FDA.[45] A delamanida é uma excelente opção para o tratamento de pacientes coinfectados com HIV, uma vez que não é substrato, inibidora ou indutora das enzimas CYP450. Entretanto, o potencial para provocar arritmias pelo prolongamento do intervalo QT e neurotoxicidade, esta última especialmente quando administrada em combinação com isoniazida (2) e fluorquinolonas (17-20), limitam a difusão de seu emprego na terapêutica.[11] Como

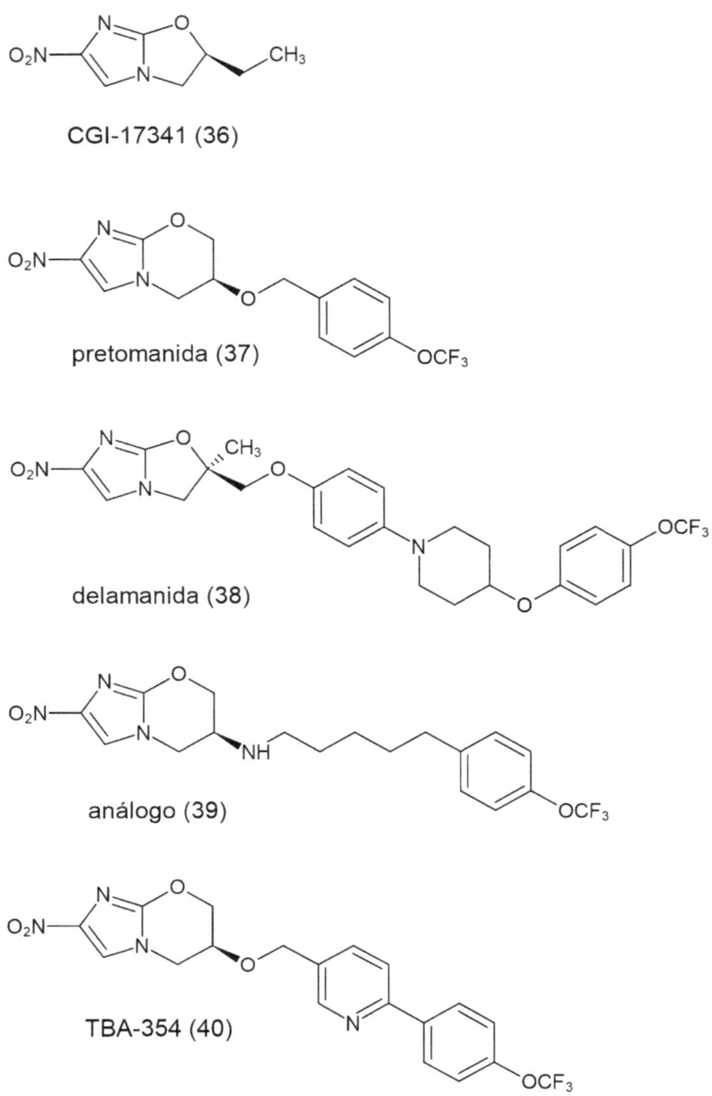

FIGURA 29 Estruturas moleculares do protótipo CGI-17341 (36), pretomanida (37), delamanida (38) e seus análogos (39) e TBA-354 (40).

TBA-354 (40) apresentou neurotoxicidade pronunciada, sua pesquisa teve de ser interrompida na fase clínica.[59]

Etionamida e protionamida

A síntese e o estudo de derivados da tioisonicotinamida deu origem à etionamida (4) e seu análogo propílico, a protionamida (5) (Figura 9), que são fármacos de segunda escolha no tratamento da tuberculose. Exercem ação bacteriostática contra formas replicantes (CIM de 0,25 e 0,50 μg/mL para etionamida e protionamida, respectivamente), mas podem exercer efeito bactericida em doses mais elevadas contra formas intracelulares (CIM entre 6,25-12,5 μg/mL).[30]

Sugere-se que o mecanismo de ação dessas moléculas seja o mesmo descrito para a isoniazida (2) (Figura 11), pois mutações na enzima inhA provocam resistência a ambos os fármacos (Tabela 4). Por necessitar de bioativação, a etionamida também é classificada como pró-fármaco do tipo bioprecursor. Entretanto, foi constatado que mutações na enzima katG conferem resistência à isoniazida, mas não à etionamida. Essa observação indica que a etionamida é ativada por mecanismo independente da atividade catalítica da katG. De fato, a ativação

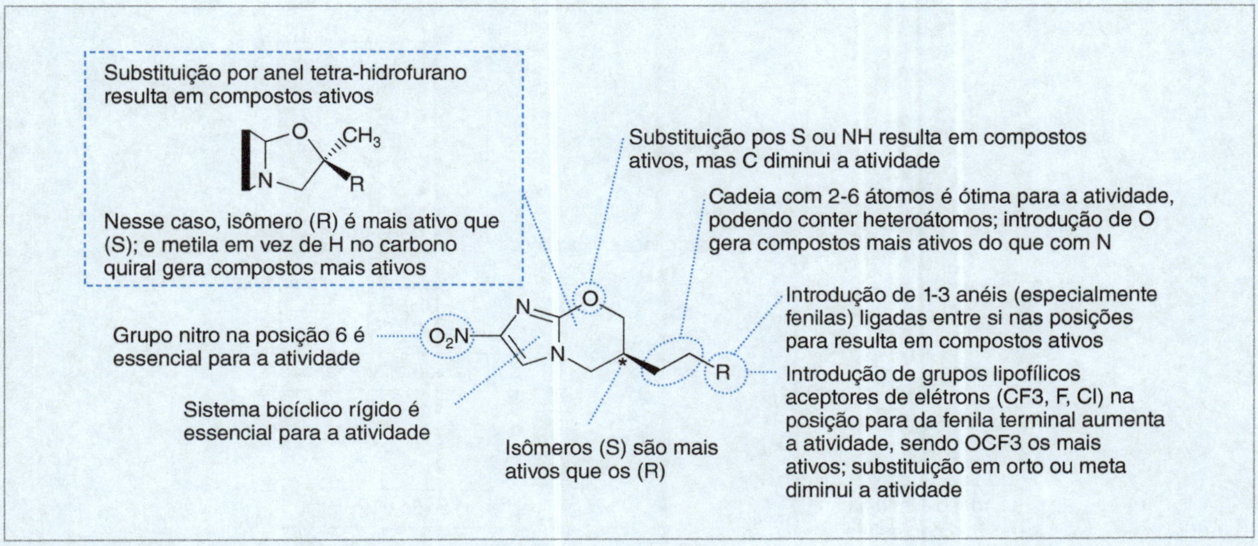

FIGURA 30 Representação da REA dos nitroimidazóis.[24,32,58]

da etionamida se dá pela ação da monoxigenase EthA dependente de NADPH, que converte a tioamida ao sulfóxido acilante da enzima inhA (Figura 31).[60]

Etionamida aumenta os níveis séricos de isoniazida (2) e ciclosserina (34), potencializando seus efeitos. É extensivamente metabolizada no fígado (somente 1% da dose é excretada *in natura* na urina), o que pode explicar seus efeitos hepatotóxicos. A protionamida (5) possui meia-vida ligeiramente mais curta e hepatotoxicidade menor que a etionamida. Entretanto, o risco de toxicidade hepática aumenta quando protionamida é empregada em associação com a rifampicina.[30]

Ácido paraminossalicílico

O ácido paraminossalicílico (41) (Figura 32) foi o segundo fármaco a ser introduzido no tratamento da tuberculose (Figura 8). A grande frequência de episódios de irritação gástrica limitava a obediência dos pacientes ao tratamento e, na década de 1960, foi substituído pelo etambutol (15) no EB contra tuberculose. Apesar de ser bacteriostático (CIM_{90} entre 0,3-1 µg/mL), sua associação se torna importante porque diminui o desenvolvimento de resistência a outros fármacos, especialmente isoniazida (2) e estreptomicina.[30]

O mecanismo de ação do ácido paraminossalicílico ainda não foi completamente elucidado. Sabe-se que o fármaco interfere na biossíntese de folato. A primeira hipótese para explicar esse mecanismo de ação veio da sua similaridade estrutural com o ácido *para*-aminobenzoico (PABA) (42) (Figura 32). Assim como as sulfonamidas, o ácido paraminossalicílico atuaria como antimetabólito do PABA, inibindo a atividade da enzima diidropteroato sintetase (DHPS). Todavia, ao contrário

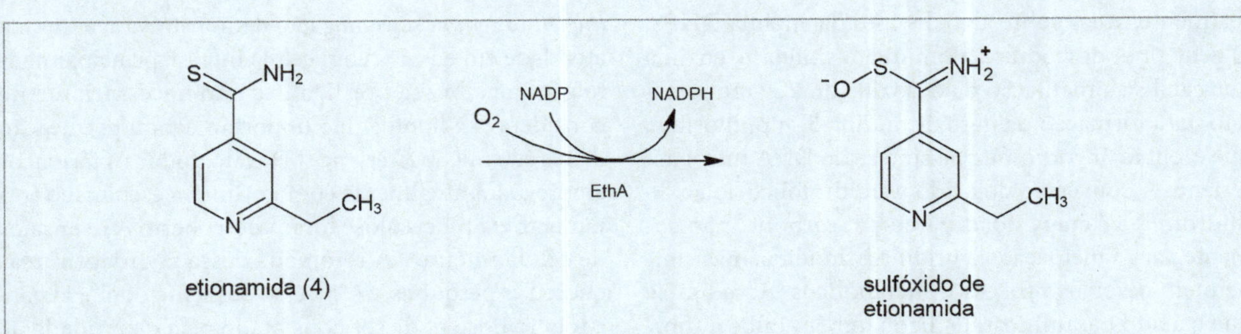

FIGURA 31 Mecanismo de ativação da etionamida (4) pela enzima EthA.

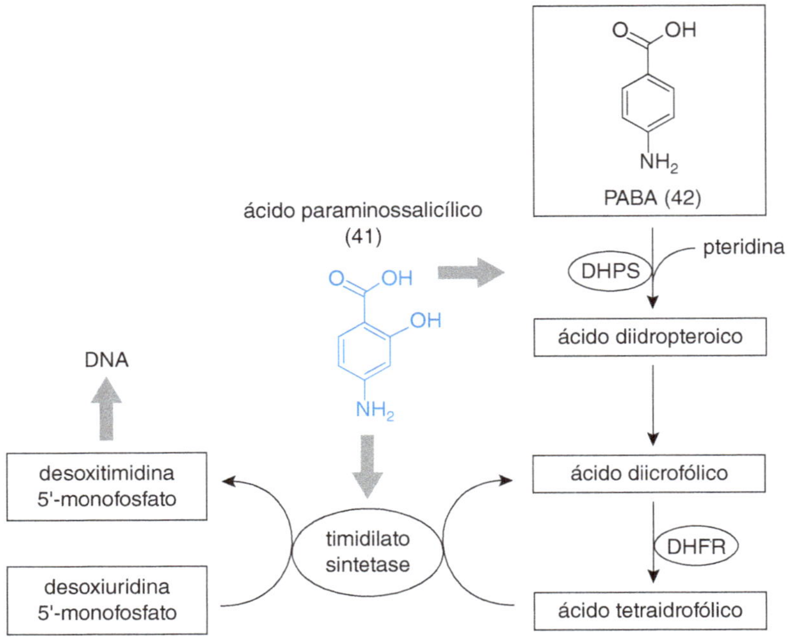

FIGURA 32 Mecanismo de ação do ácido paraminossalicílico (41) como antimetabólito do ácido para-aminobenzoico (PABA) (42) na biossíntese de folato pela micobactéria.

do que foi observado para as sulfonamidas, o ácido paraminossalicílico apresenta pouca atividade inibitória sobre a DHPS em ensaios *in vitro*. Essa incapacidade de inibição não significa, necessariamente, que a DHPS não seja alvo do ácido paraminossalicílico *in vivo*. A pirazinamida (3), por exemplo, apresenta atividade *in vivo*, mas não *in vitro*, sob as condições padrão de ensaio. Aventa-se a hipótese de que o fármaco necessite ser convertido, *in vivo*, à forma ativa, como acontece com a isoniazida (2) e a etionamida (4).[61]

Estudos revelaram que a principal causa de resistência ao ácido paraminossalicílico são mutações do gene *thyA* (Tabela 4) e não do que descodifica a proteína DHPS, o que reforça a possibilidade de o fármaco, realmente, atuar sobre alvo distinto da enzima DHPS. O gene *thyA* descodifica a timidilato sintetase, enzima que catalisa a metilação da desoxiuridina 5'-monofosfato para formação da desoxitimidina 5'-monofosfato, que é, então, incorporada na síntese do DNA micobacteriano. A conversão do ácido tetraidrofólico ao ácido diidrofólico é etapa doadora de um carbono, não somente para a metilação da uridina à timidina, mas também em diversos processos metabólicos. Acredita-se que o ácido paraminossalicílico também inibe a timidilato sintetase, bloqueando mais de um ponto da biossíntese de folato.[26,27]

Outros antibióticos

Os aminoglicosídeos (estreptomicina, canamicina e amicacina), beta-lactâmicos (amoxicilina, imipenem, meropenem e ácido clavulânico) e o peptídeo cíclico capreomicina também são empregados como segunda escolha no tratamento da tuberculose, e já foram apresentados em detalhes nos Capítulos 27 e 28.

Perspectivas futuras

Com o sequenciamento do genoma do *M. tuberculosis* em 1998,[62] as indústrias farmacêuticas dirigiram a busca por novas moléculas candidatas a fármacos empregando abordagem genotípica (*target-based drug design*). Entretanto, a maioria das moléculas triadas por *high-throughput screening* não demonstravam a mesma atividade em ensaios com célula inteira, principalmente porque a busca por ligantes não necessariamente considerava a lipofilia tão importante para permeação da parede micobacteriana.[11] De fato, todos os fármacos empregados atualmente como primeira escolha no tratamento da tuberculose foram descobertos em ensaios de célula inteira.[63] A retomada dessa abordagem reaqueceu as pesquisas, e o sucesso dessa metodologia para a tuberculose pode ser constatado pela quantidade de novos fármacos que estão em fase clínica de estudo (Figura 33), inclusive com mecanismos de ação inova-

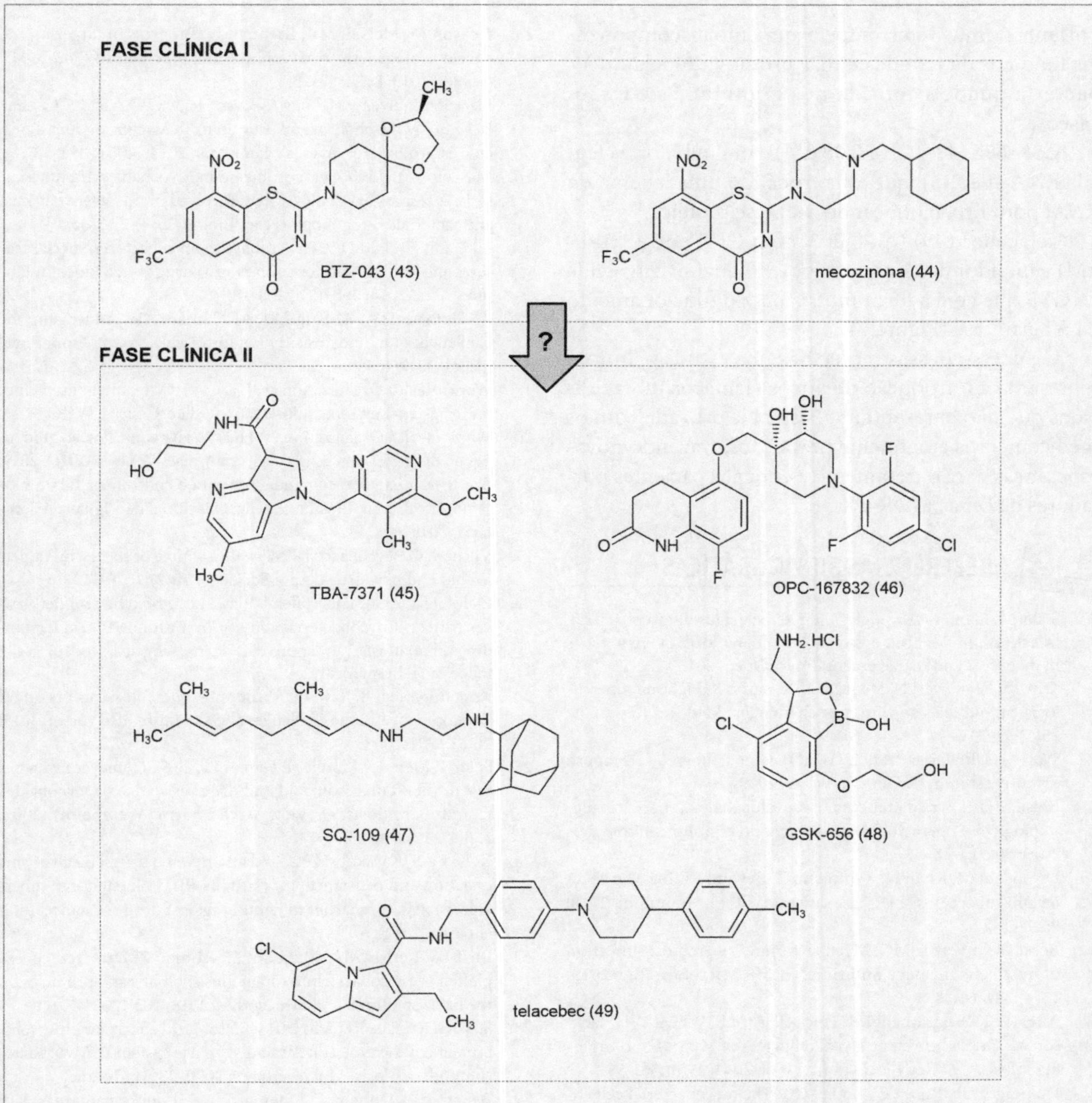

FIGURA 33 Estruturas moleculares dos fármacos em fase clínica I, BTZ-043 (43) e macozinona (44), e fase clínica II, TBA-7371 (45), OPC-167832 (46), SQ-109 (47), GSK-656 (48) e telacebec (49).

dores em alvos essenciais à sobrevivência das micobactérias, especialmente quando na fase estacionária.[64]

BTZ-043 (43) (CIM) e seu análogo macozinona (44) (ou PBTZ169, com CIM entre 0,00019-0,00075 μg/mL), assim como TBA-7371 (45) (CIM entre 0,78-3,12 μM) e OPC-167832 (46) (CIM entre 0,00024-0,002 μg/mL), são inibidores da epimerase DprE1,[24,50] que está envolvida na biossíntese dos monômeros de Ara*f* necessários para a construção e crescimento de todas as cadeias arabinano presentes no AG (Figura 4), AraLAM e ManLAM (Figura 5).

SQ-109 (47) (CIM 0,63-1,56 μM), apesar da semelhança com etambutol, não é considerado seu análogo estrutural e tem mecanismo de ação distinto, que envolve a Mmpl3, proteína que transporta TMM para o espaço periplasmático (Figura 6).[24] Sua inibição é importante porque interrompe o aumento de componentes lipídicos da parede celular promovido pela micobactéria quando contida nos granulomas e lesões caseosas.

GSK-656 (48) (CIM 0,08 μM) é um inibidor da leucil-tRNA (LeuRS), que atua trocando uma leucina do RNAt por boro, bloqueando a síntese proteica.[48]

Telacebec (49) (ou Q203, com CIM entre 1,1-10 nM) é inibidor do citocromo bc1,[32,36] enzima envolvida na CTE que gera a força motriz para o funcionamento da ATP sintase (Figura 7).

O sucesso dessas moléculas nos estudos clínicos representa a introdução de novos fármacos tuberculicidas que não apresentam resistência cruzada com os medicamentos atualmente praticados, trazendo novas esperanças para o tratamento e cura aos pacientes portadores de cepas MDR e XDR.

REFERÊNCIAS BIBLIOGRÁFICAS

1. Stehr M, Elamin AA, Singh M. Lipid inclusions in mycobacterial intections. In: Mahboud B, Vats M. Tuberculosis: current issues in diagnosis and management. IntechOpen, 2013.
2. Tripathi RP, Tewari N, Dwivedi N, Tiwari VK. Fighting tuberculosis: an old disease with new challenges. Med Res Rev. 2005; 25(1):93-131.
3. World Health Organization (WHO). Global tuberculosis report: executive summary. Genève: WHO, 2019.
4. Brasil. Brasil livre da tuberculose: evolução dos cenários epidemiológicos e operacionais da doença. Boletim Epidemiológico. 2019; 50(9):1-18.
5. Divangahi M, Khan N, Kaufmann E. Beyond Killing Mycobacterium tuberculosis: Disease Tolerance. Front Immunol. 2018; 9:2976.
6. Bussi C, Gutierrez MG. Mycobacterium tuberculosis infection of host cells in space and time. FEMS Microbiol Rev. 2019; 43(4):341-61.
7. Angala SK, Belardinelli JM, Huc-Claustre E, Wheat WH, Jackson M. The cell envelope glycoconjugates of Mycobacterium tuberculosis. Crit Rev Biochem Mol Biol. 2014; 49(5):361-99.
8. Dulberger CL, Rubin EJ, Boutte CC. The mycobacterial cell envelope – a moving target. Nat Rev Microbiol. 2020; 18(1):47-59.
9. Sturgill-Koszycki S, Schlesinger PH, Chakraborty P, Haddix PL, Collins HL, Fok AK, et al. Lack of acidification in Mycobacterium phagosomes produced by exclusion of the vesicular proton-ATPase. Science. 1994; 263(5147):678-81.
10. Veatch AV, Kaushal D. Opening Pandora's Box: Mechanisms of Mycobacterium tuberculosis Resuscitation. Trends Microbiol. 2018 Feb; 26(2):145-57.
11. Machado D, Girardini M, Viveiros M, Pieroni M. Challenging the Drug-Likeness Dogma for New Drug Discovery in Tuberculosis. Front Microbiol. 2018; 9:1367.
12. Barry CE, Crick DC, McNeil MR. Targeting the formation of the cell wall core of M. tuberculosis. Infect Disord Drug Targets. 2007; 7(2):182-202.
13. Abrahams KA, Besra GS. Mycobacterial cell wall biosynthesis: a multifaceted antibiotic target. Parasitology. 2016; 145(2):116-33.
14. Jackson M, McNeil MR, Brennan PJ. Progress in targeting cell envelope biogenesis in Mycobacterium tuberculosis. Future Microbiol. 2013; 8(7):855-75.
15. Black PA, Warren RM, Louw GE, van Helden PD, Victor TC, Kana BD. Energy metabolism and drug efflux in Mycobacterium tuberculosis. Antimicrob Agents Chemother. 2014; 58(5):2491-503.
16. Mascolo L, Bald D. Cytochrome bd in Mycobacterium tuberculosis: A respiratory chain protein involved in the defense against antibacterials. Prog Biophys Mol Biol. 2020; 152:55-63.
17. Lu P, Lill H, Bald D. ATP synthase in mycobacteria: special features and implications for a function as drug target. Biochim Biophys Acta. 2014; 1837(7):1208-18.
18. Al-Humadi HW, Al-Saigh RJ, Al-Humadi AW. Addressing the challenges of tuberculosis: a brief historical account. Front Pharmacol. 2017; 8:689.
19. World Health Organization (WHO). WHO treatment guidelines for drug-resistant tuberculosis 2016 update. Genève: WHO, 2016.
20. World Health Organization (WHO). WHO consolidated guidelines on drug-resistant tuberculosis treatment. Genève: WHO, 2019.
21. Brasil. Manual de recomendações para o controle da tuberculose no Brasil. 2.ed. Brasília: Agência Nacional de Vigilância Sanitária, 2019.
22. Vilchèze C. Mycobacterial cell wall: a source of successful targets for old and new drugs. Appl Sci. 2020; 10(7):2278-312.
23. Doležal M, Zitko J, Jampílek J. Pyrazinecarboxylic acid derivatives with antimycobacterial activity. In: Cardona PJ. Understanding tuberculosis: new approaches to fighting against drug resistance. IntechOpen, 2012.
24. Kumar D, Negi B, Rawat DS. The anti-tuberculosis agents under development and the challenges ahead. Future Med Chem. 2015; 7(15):1981-2003.
25. Scior T, Meneses Morales I, Garcés Eisele SJ, Domeyer D, Laufer S. Antitubercular isoniazid and drug resistance of Mycobacterium tuberculosis: a review. Arch Pharm (Weinheim). 2002; 335(11-12):511-25.
26. Kolyva AS, Karakousis PC. Old and new TB drugs: mechanisms of action and resistance. In: Cardona PJ. Understanding tuberculosis: new approaches to fighting against drug resistance. IntechOpen, 2012.
27. Bhat ZS, Rather MA, Maqbool M, Ahmad Z. Drug targets exploited in Mycobacterium tuberculosis: pitfalls and promises on the horizon. Biomed Pharmacother. 2018; 103:1733-47.
28. Slayden RA, Lee RE, Barry III CE. Isoniazid affects multiple components of the type II fatty acid synthase system of Mycobacterium tuberculosis. Mol Microbiol. 2000; 38(3):514-25.
29. Banerjee A, Dubnau E, Quemard A, Balasubramaniam V, Um KS, Wilson T, et al. InhA, a gene encoding a target for isoniazid and ethionamide in Mycobacterium tuberculosis. Science. 1994; 263(5144):227-30.
30. Brennan PJ, Young DB. Tuberculosis. Tuberculosis. 2008; 88(2):85-167.
31. Te Brake LHM, de Knegt GJ, de Steenwinkel JE, van Dam TJP, Burger DM, Russel FGM, et al. The role of efflux pumps in tuberculosis treatment and their promise as a target in drug development: unraveling the Black Box. Annu Rev Pharmacol Toxicol. 2018; 58:271-91.
32. Poce G, Cocozza M, Consalvi S, Biava M. SAR analysis of new anti-TB drugs currently in pre-clinical and clinical development. Eur J Med Chem. 2014; 86:335-351.
33. Ahamad S, Rahman S, Khan FI, et al. QSAR based therapeutic management of M. tuberculosis. Arch Pharm Res. 2017; 40(6):676-694.

34. UniProt Knowledgebase. [internet] [acesso em: 2020 mar. 27]. Disponível em: https://www.uniprot.org/uniprot/?query=tuberculosis&sort=score.
35. Souza MVN. Rifampicina, um importante fármaco no combate à tuberculose. Rev Bras Farm. 2005; 86(3):92-4.
36. Gold B, Nathan C. Targeting phenotypically tolerant mycobacterium tuberculosis. Microbiol Spectr. 2017; 5(1):10.1128/microbiolspec.TBTB2-0031-2016.
37. Zhang Y, Mitchison D. The curious characteristics of pyrazinamide: a review. Int J Tuberc Lung Dis. 2003; 7(1):6-21.
38. Sayahi H, Zimhony O, Jacobs WR Jr, Shekhtman A, Welch JT. Pyrazinamide, but not pyrazinoic acid, is a competitive inhibitor of NADPH binding to Mycobacterium tuberculosis fatty acid synthase I. Bioorg Med Chem Lett. 2011; 21(16):4804-7.
39. Zhang L, Zhao Y, Gao Y, Wu L, Gao R, Zhang Q, et al. Structures of cell wall arabinosyltransferases with the anti-tuberculosis drug ethambutol. Science. 2020; 368(6496):1211-9.
40. Marriner GA, Nayyar A, Uh E, Wong SY, Mukherjee T, Via LE, et al. The medicinal chemistry of tuberculosis chemotherapy. In: Elliott RL. Third world diseases. Heidelberg: Springer, 2011.
41. Rastogi N, Goh KS, Bryskier A, Devallois A. In vitro activities of levofloxacin used alone and in combination with first- and second-line antituberculous drugs against Mycobacterium tuberculosis. Antimicrob Agents Chemother. 1996; 40(7):1610-6.
42. Chiang CY, Trébucq A, Piubello A, Rieder HL, Van Deun A. Should gatifloxacin be included in the model list of essential medicines? Eur Respir J. 2018; 51(2):1702329.
43. Hards K, Robson JR, Berney M, Shaw L, Bald D, Koul A, et al. Bactericidal mode of action of bedaquiline. J Antimicrob Chemother. 2015; 70(7):2028-37.
44. Chahine EB, Karaoui LR, Mansour H. Bedaquiline: a novel diarylquinoline for multidrug-resistant tuberculosis. Ann Pharmacother. 2014; 48(1):107-15.
45. Ignatius EH, Dooley KE. New drugs for the treatment of tuberculosis. Clin Chest Med. 2019; 40:811-27.
46. Sutherland HS, Tong AST, Choi PJ, Conole D, Blaser A, Franzblau SG, et al. Structure-activity relationships for analogs of the tuberculosis drug bedaquiline with the naphthalene unit replaced by bicyclic heterocycles. Bioorg Med Chem. 2018; 26(8):1797-809.
47. Sutherland HS, Tong AST, Choi PJ, Blaser A, Conole D, Franzblau SG, et al. 3,5-Dialkoxypyridine analogues of bedaquiline are potent antituberculosis agents with minimal inhibition of the hERG channel. Bioorg Med Chem. 2019; 27(7):1292-307.
48. Berthel SJ, Cooper CB, Fotouhi N. Tuberculosis. In: Chibale K (ed.). Annual reports in medicinal chemistry: medicinal chemistry approaches to tuberculosis and trypanosomiasis. London: Academic Press, 2019.
49. Jadhavar PS, Vaja MD, Dhameliya TM, Chakraborti AK. Oxazolidinones as anti-tubercular agents: discovery, development and future perspectives. Curr Med Chem. 2015; 22(38):4379-97.
50. Working Group on New TB Drugs. [internet] [acesso em: 2020 mar. 27]. Disponível em: https://www.newtbdrugs.org/pipeline/clinical.
51. Cho YL, Jang J. Development of delpazolid for the treatment of tuberculosis. Appl Sci. 2020; 10(7):2211.
52. Dooley KE, Obuku EA, Durakovic N, Belitsky V, Mitnick C, Nuermberger EL, Efficacy Subgroup, RESIST-TB. World Health Organization group 5 drugs for the treatment of drug-resistant tuberculosis: unclear efficacy or untapped potential? J Infect Dis. 2013; 207(9):1352-8.
53. Yano T, Kassovska-Bratinova S, Teh JS, Winkler J, Sullivan K, Isaacs A, et al. Reduction of clofazimine by mycobacterial type 2 NADH:quinone oxidoreductase: a pathway for the generation of bactericidal levels of reactive oxygen species. J Biol Chem. 2011; 286(12):10276-87.
54. Xu J, Wang B, Fu L, Zhu H, Guo S, Huang H, et al. In vitro and in vivo activities of the riminophenazine TBI-166 against Mycobacterium tuberculosis. Antimicrob Agents Chemother. 2019; 63(5):e02155-18.
55. Alffenaar JWC, Peloquin CA, Migliori GB. Making optimal use of available anti-tuberculosis drugs: first steps to investigate terizidone. Int J Tuberc Lung Dis. 2018; 22(1):2.
56. Mulubwa M, Mugabo P. Amount of cycloserine emanating from terizidone metabolism and relationship with hepatic function in patients with drug-resistant tuberculosis. Drugs R D. 2019; 19(3):289-96.
57. Ashtekar DR, Costa-Perira R, Nagrajan K, Vishvanathan N, Bhatt AD, Rittel W. In vitro and in vivo activities of the nitroimidazole CGI 17341 against Mycobacterium tuberculosis. Antimicrob Agents Chemother. 1993; 37(2):183-6.
58. Fan YL, Jin XH, Huang ZP, Yu HF, Zeng ZG, Gao T, et al. Recent advances of imidazole-containing derivatives as anti-tubercular agents. Eur J Med Chem. 2018; 150:347-65.
59. Ntshangase S, Shobo A, Kruger HG, Asperger A, Niemeyer D, Arvidsson PI, et al. The downfall of TBA-354 – a possible explanation for its neurotoxicity via mass spectrometric imaging. Xenobiotica. 2018; 48(9):938-44.
60. Vannelli TA, Dykman A, Ortiz de Montellano PR. The antituberculosis drug ethionamide is activated by a flavoprotein monooxygenase. J Biol Chem. 2002; 277(15):12824-9.
61. Somoskovi A, Parsons LM, Salfinger M. The molecular basis of resistance to isoniazid, rifampin, and pyrazinamide in Mycobacterium tuberculosis. Respir Res. 2001; 2(3):164-8.
62. Cole ST, Brosch R, Parkhill J, Garnier T, Churcher C, Harris D, et al. Deciphering the biology of Mycobacterium tuberculosis from the complete genome sequence. Nature. 1998; 393(6685):537-44.
63. Pavan FR, Sato DN, Leite CQF. Na approach to the search for new drugs against tuberculosis. In: Cardona PJ. Understanding tuberculosis: new approaches to fighting against drug resistance. IntechOpen, 2012.
64. Fernandes GFS, Ching CM, Santos JL. Potenciais alvos moleculares para o desenvolvimento de novos fármacos antituberculose. Quim Nova. 2017; 40(5):572-85.

CAPÍTULO 30

Antimaláricos

Soraya da Silva Santos

INTRODUÇÃO

A malária é uma das doenças parasitárias mais prevalentes do mundo, presente em 89 países de todos os continentes, com exceção da Antártida.[1,2] Tem maior prevalência na África, na região amazônica na América do Sul e no Sudeste Asiático.[3] De acordo com a Organização Mundial de Saúde (OMS), em 2019 ocorreram cerca de 228 milhões de casos e 405 mil mortes. Além disso, em torno de 3 bilhões de pessoas estão sob risco de infecção, afetando desproporcionalmente os mais pobres, em locais onde a morbimortalidade é maior, pela dificuldade de disponibilidade do tratamento efetivo.[1]

A malária é uma doença infecciosa complexa e potencialmente grave causada por protozoários do gênero *Plasmodium*. A principal forma de transmissão ocorre por meio da picada da fêmea do mosquito *Anopheles*, infectada pelo *Plasmodium*. Existem cerca de 400 espécies de *Anopheles*, das quais 60 podem ser vetoras da doença. No Brasil, a principal espécie responsável pela transmissão é *Anopheles darlingi*.[4-7]

As manifestações clínicas mais características da malária são febre alta e intermitente, que ocorre a cada dois ou três dias, sudorese, calafrios, dores de cabeça e no corpo. Se não for tratada adequadamente, pode evoluir para a forma grave da doença, com febre acima de 41°C, anemia profunda, icterícia, hemorragias, hipotensão arterial, coma e até óbito. Quatro espécies de *Plasmodium* são responsáveis pelo desenvolvimento da doença em humanos: *P. falciparum*, *P. vivax*, *P. malariae* e *P. ovale*. Destas espécies, o *P. falciparum* é o agente etiológico mais perigoso, pois pode desencadear a forma cerebral da doença, levando a comprometimento progressivo do sistema nervoso central (SNC), sendo potencialmente fatal.[4-9]

FISIOPATOLOGIA DA MALÁRIA

O ciclo de vida (Figura 1) deste patógeno é complexo e apresenta duas formas de reprodução: sexuada exógena, também conhecida como esporogonia, que ocorre no inseto vetor, e assexuada endógena ou esquizonte, que acontece no ser humano. A fase assexuada é composta pelo ciclo exoeritrocítico no fígado e pelo ciclo eritrocítico nos eritrócitos.[10,11]

A infecção no homem inicia por meio da picada da fêmea do mosquito *Anopheles* infectada durante a alimentação, inoculando na pele a forma infectante (esporozoíta) do *Plasmodium* por meio da saliva. Na fase exoeritrocítica tecidual, os esporozoítas atingem a corrente sanguínea e, rapidamente, invadem os hepatócitos, no fígado. Nessas células ocorre a multiplicação assexuada, originando milhares de novos parasitas na forma de merozoítas ou esquizontes teciduais; assim os hepatócitos são rompidos e há o desenvolvimento de lesão hepática. Posteriormente, estes merozoítas voltam a infectar novos hepatócitos, o que se caracteriza como o período de incubação da doença. De acordo com a espécie, o tempo de incubação varia: para *P. falciparum* e *P. vivax* é de uma semana; para *P. malariae* e *P. ovale* é de cerca de duas semanas. Durante esse período, o indivíduo não apresenta manifestações clínicas. Nas infecções por *P. vivax* e *P. ovale*, alguns parasitas, denominado hipnozoítas, permanecem em estado de latência no hepatócito. Os hipnozoítas são responsáveis pela reincidência da infecção após longos períodos de incubação, que variam de semanas a anos.[5,10]

No ciclo eritrocítico, alguns merozoítas atingem a corrente sanguínea, invadem os eritrócitos e se transformam na forma trofozoíta, iniciando nova etapa de reprodução assexuada, também conhecida como esquizogonia assexuada. Os trofozoítas se dividirão em mais de 32 novos merozoítas com ruptura das hemácias e liberação parasitária em ciclos que se repetem (a cada 48 horas para infecções causadas por *P. vivax, P. ovale* e *P. falciparum* e a cada 72 horas para *P. malariae*), além da infecção de novos eritrócitos. Durante esse processo de lise dos eritrócitos, surgem os sintomas de febre, calafrios, fadiga e fraqueza muscular.[5]

Ainda no interior das hemácias, alguns merozoítas se diferenciam em formas sexuadas, denominadas gametócitos (macrogameta é a forma feminina e microgameta é a forma masculina). Esses gametócitos não se multiplicam no interior das hemácias, mas são ingeridos pelo mosquito *Anopheles* durante o repasto sanguíneo. No intestino delgado do mosquito ocorrerá a fecundação dos gametócitos femininos e masculinos, desenvolvendo o ciclo sexuado de multiplicação, formando novos esporozoítas, que migrarão para a glândula salivar do vetor, iniciando o ciclo parasitário.[5]

MANIFESTAÇÕES CLÍNICAS E AGENTES CAUSADORES

A malária apresenta quadro clínico variável, que pode ser leve, moderado ou grave. Alguns fatores podem influenciar na evolução da doença, tais como: imunidade adquirida pelo paciente em infecções anteriores, espécie de *Plasmodium*, quantidade de parasitas circulantes, tempo de infecção e uso de medicação profilática.[4,5]

Uma das principais características da infecção é a periodicidade da febre relacionada à duração do ciclo eritrocítico, que é particular para cada espécie de *Plasmodium*. As infecções provocadas pelas espécies *P. ovale* e *P. malariae* são relativamente raras, mas quando a doença acontece, as manifestações clínicas têm menor gravidade. Por outro lado, *P. falciparum* é a espécie mais patogênica, sendo responsável pela maioria dos casos e por quase todas as mortes, enquanto as infecções por *P. vivax* podem induzir malária crônica grave.[12,13] No Brasil, as infecções por *P. vivax* são as mais frequentes, com quadros febris a cada dois ou três dias.[7]

Desta forma, a doença pode ser classificada em malária não complicada e malária grave. Na malária não complicada, a crise aguda é caracterizada por episódios de febre alta intermitente (igual ou superior a 40 °C), calafrios, tremores, sudorese, dor de cabeça, que podem ocorrer de forma cíclica com duração variável de 6-12 horas. Para reduzir a gravidade e a letalidade por malária, são fundamentais o diagnóstico precoce e o tratamento correto e oportuno.[5]

A OMS define a ocorrência de malária grave quando o paciente com parasitemia igual ou superior a 5% apresenta um ou mais dos seguintes parâmetros: prostração, alteração do nível de consciência, edema pulmonar ou síndrome da angústia respiratória aguda, convulsões, choque cardiovascular, hemorragia, icterícia ou anemia grave.[4] A forma cerebral da doença tem alta mortalidade – entre 15-25% –, pode causar déficits neurológicos e alterações mentais e os sobreviventes podem ter sequelas cerebrais.

Os grupos de risco mais suscetíveis ao desenvolvimento da forma grave são gestantes e crianças de áreas endêmicas e indivíduos de regiões não endêmicas, sem imunidade adquirida, especialmente por infecções provocadas por *P. falciparum*, que podem levar à morte.[5]

TRATAMENTO DA MALÁRIA

A quimioterapia adequada e oportuna reduz o desenvolvimento das formas graves da doença. O medicamento escolhido para o tratamento depende da espécie do parasita, da gravidade da doença, da cronicidade da infecção, da idade e do estado geral do paciente (gravidez e outros problemas de saúde). De maneira geral, o tratamento é complexo, longo e muitas vezes ineficaz, devido à reinfecção do paciente, que é comum em áreas endêmicas.[5] A quimioterapia da malária tem diferentes mecanismos de ação, alguns ainda desconhecidos. Os fármacos disponíveis agem na formação de hemozoína,[14,15] estresse oxidativo por meio da geração de radicais livres,[16] proteínas quinases parasitárias[17] e via de biossíntese de ácido fólico.[18]

Existe uma variedade de medicamentos empregados e diversos regimes terapêuticos. Os principais fármacos utilizados são artemisininas; endoperóxidos e derivados, especialmente artesunato; arteméter; diidroartemisinina; primaquina, devido ao efeito gametocitocida e atividade nas formas latentes; derivados de quinina e 4-aminoquinolinas, tais como cloroquina e mefloquina, mas *P. falciparum* já desenvolveu resistência a ambos os fármacos; e os agentes antifolatos sulfadoxina/pirimetamina em associação.[19-21] É crescente a preocupação com o surgimento de cepas resistentes aos

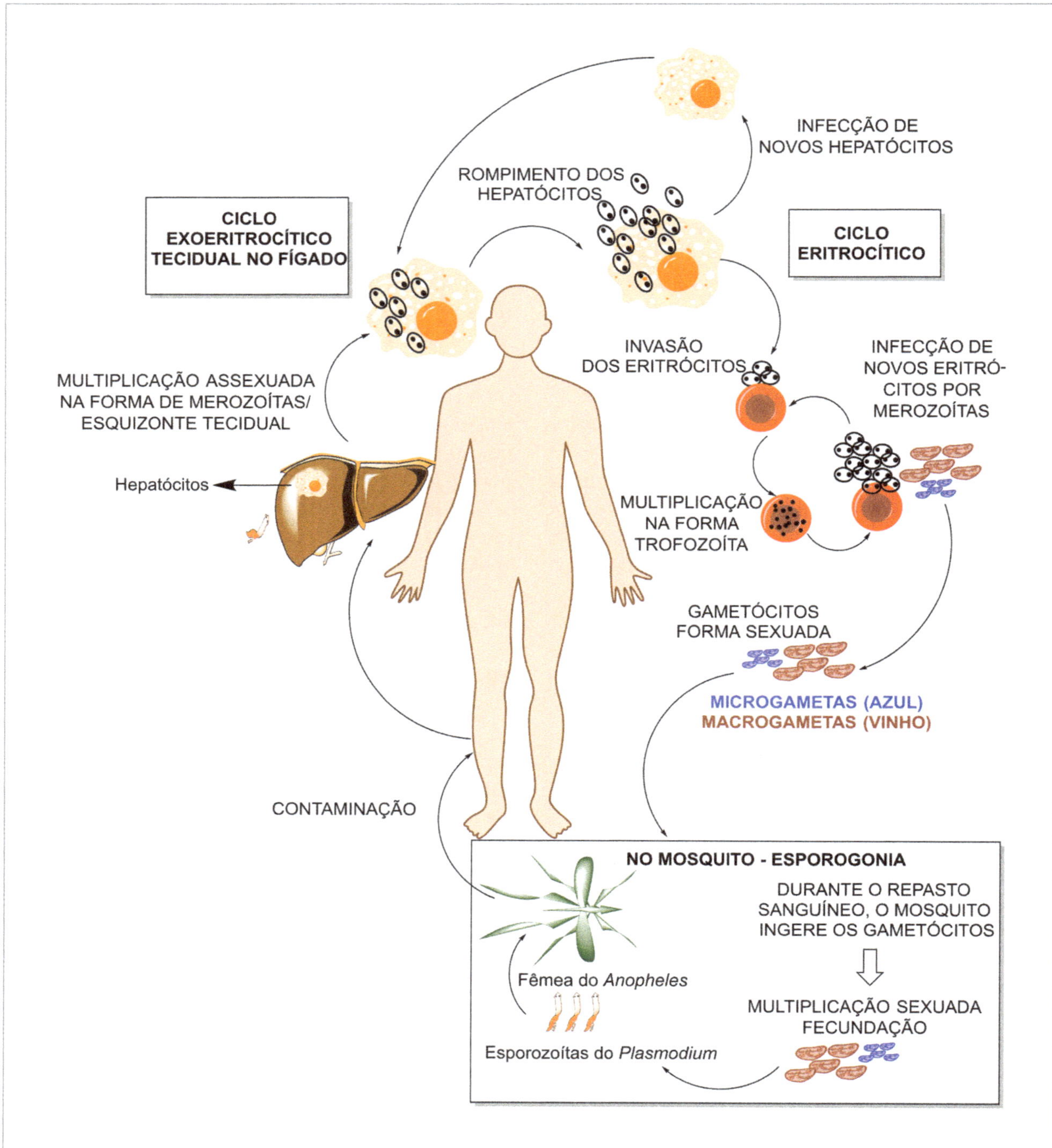

FIGURA 1 Ciclo de vida do Plasmodium.

fármacos disponíveis, problema que tem elevado a mortalidade pela doença.[22,23]

Terapias combinadas à base de artemisinina consistem no uso da artemisinina associada a fármacos com mecanismo de ação diferente e são o tratamento de primeira escolha da malária não complicada provocada por *P. falciparum* e *P. vivax*.[13,20,21,24,25]

Os fármacos antimaláricos podem ser classificados de acordo com a atividade no ciclo de vida do parasita ou conforme a sua classe química.

CLASSIFICAÇÃO BASEADA NA AÇÃO NO CICLO EVOLUTIVO PARASITÁRIO

Conforme a classificação nos estágios de desenvolvimento do parasita, os fármacos podem ser: esquizonticidas sanguíneos, esquizonticidas teciduais, gametociticidas e esporonticidas.[4,5,7,26-29]

Esquizonticidas sanguíneos são fármacos capazes de destruir os parasitas no ciclo eritrocítico, evitando a ruptura dos eritrócitos e o surgimento das manifestações clínicas. Mostram-se capazes de curar casos de malária *falciparum* e suprimir recaídas. A maioria dos antimaláricos age nesse estágio, pois é mais fácil atingir a corrente sanguínea. Os esquizonticidas sanguíneos podem ser divididos conforme o tempo necessário à atividade. Assim, antimaláricos como cloroquina, quinina, mefloquina e halofantrina, bem como endoperóxidos, têm rápido tempo de ação. Em contrapartida, os fármacos antifolatos pirimetamina e trimetoprima, e também os antibióticos doxiciclina, azitromicina e clindamicina, requerem maior tempo para ação, e por esta razão podem ser administrados em associação com os fármacos de ação rápida.

Esquizonticidas teciduais atuam no ciclo exoeritrocítico nos hepatócitos, impedindo que os parasitas atinjam a corrente sanguínea, ou seja, reduzindo a parasitemia. Esses fármacos são usados para profilaxia. Alguns destes fármacos podem atuar sobre as formas hipnozoítas de *P. vivax* e *P. ovale*, prevenindo as recaídas. Primaquina e proguanila são exemplos de fármacos que agem desta forma, visto que a primaquina tem seu uso restrito devido à toxicidade.

Gametociticidas matam os gametócitos, que são as formas sexuadas do plasmódio responsáveis por infectar o vetor *Anopheles*. Assim, esses fármacos previnem a transmissão ao mosquito. Exemplos são cloroquina e primaquina.

Esporonticidas agem contra os esporozoítas (forma infectante) e são capazes de matá-los assim que eles entram na corrente sanguínea, após a picada do vetor ou pela liberação de esquizontes hepáticos ou sanguíneos. Primaquina e proguanila são exemplos de esporonticidas.

Os quimioterápicos antimaláricos podem agir por mais de um mecanismo no ciclo evolutivo do parasita, bem como fármacos podem ser efetivos contra uma espécie e ser ineficazes contra outras cepas do *Plasmodium*.

CLASSIFICAÇÃO BASEADA NA ESTRUTURA QUÍMICA

Os fármacos são classificados quanto à estrutura química em 4-quinolinas substituídas e derivados, 8-aminoquinolinas, 2,4-diaminopirimidinas e sulfonamidas, artemisininas e derivados endoperóxidos, naftoquinonas, biguanidas e antibióticos.

4-quinolinas substituídas e derivados

Os alcaloides da *Cinchona* sp. pertencem a essa classe, sendo a quinina o principal deles. Os povos incas do Peru utilizavam o chá da casca da planta para tratar malária muito antes da chegada dos europeus nas Américas. No início da década de 1820, a quinina foi isolada da casca da quina, e este foi o primeiro fármaco antimalárico conhecido.[26,28,30]

A quinina é um derivado 4-quinolinometanol, que contém um anel quinuclidina substituído. Este alcaloide é difícil de sintetizar, além de sua síntese ter custo elevado. Adicionalmente, na Segunda Guerra Mundial, houve interrupção no suprimento de casca de *Cinchona*, o que impulsionou o desenvolvimento de estudos de relação estrutura-atividade da quinina, com o intuito de se identificar derivados mais fáceis de serem obtidos sinteticamente. Atualmente, a quinina é usada para profilaxia, o que levou ao desenvolvimento de resistência.[31]

Seis fármacos pertencem a esta classificação: (1) quinina; (2) cloroquina, hidroxicloroquina, mefloquina; (3) halofantrina; e (4) lumefantrina. Eles têm similaridades estruturais, e acredita-se que seu mecanismo de ação seja semelhante, pois são ativos nos mesmos estágios do parasita e compartilham os mesmos mecanismos de resistência (Figura 2).[28]

Mecanismo de ação

Vários mecanismos de ação têm sido pesquisados e descritos para explicar a atividade desta classe. Uma das hipóteses consiste no mecanismo de intoxicação do parasita por ferriprotoporfirina, e outra hipótese seria intoxicação por meio da alteração de pH nos vacúolos digestivos do *Plasmodium*.[27,28,32]

Sabe-se que a hemoglobina (Hb) é transportada para dentro de vacúolos digestivos do *Plasmodium*, onde a digestão da Hb fornece aminoácidos para o parasita, sendo um dos produtos da digestão da Hb o grupo heme livre, chamado hematina. A hematina é tóxica para a

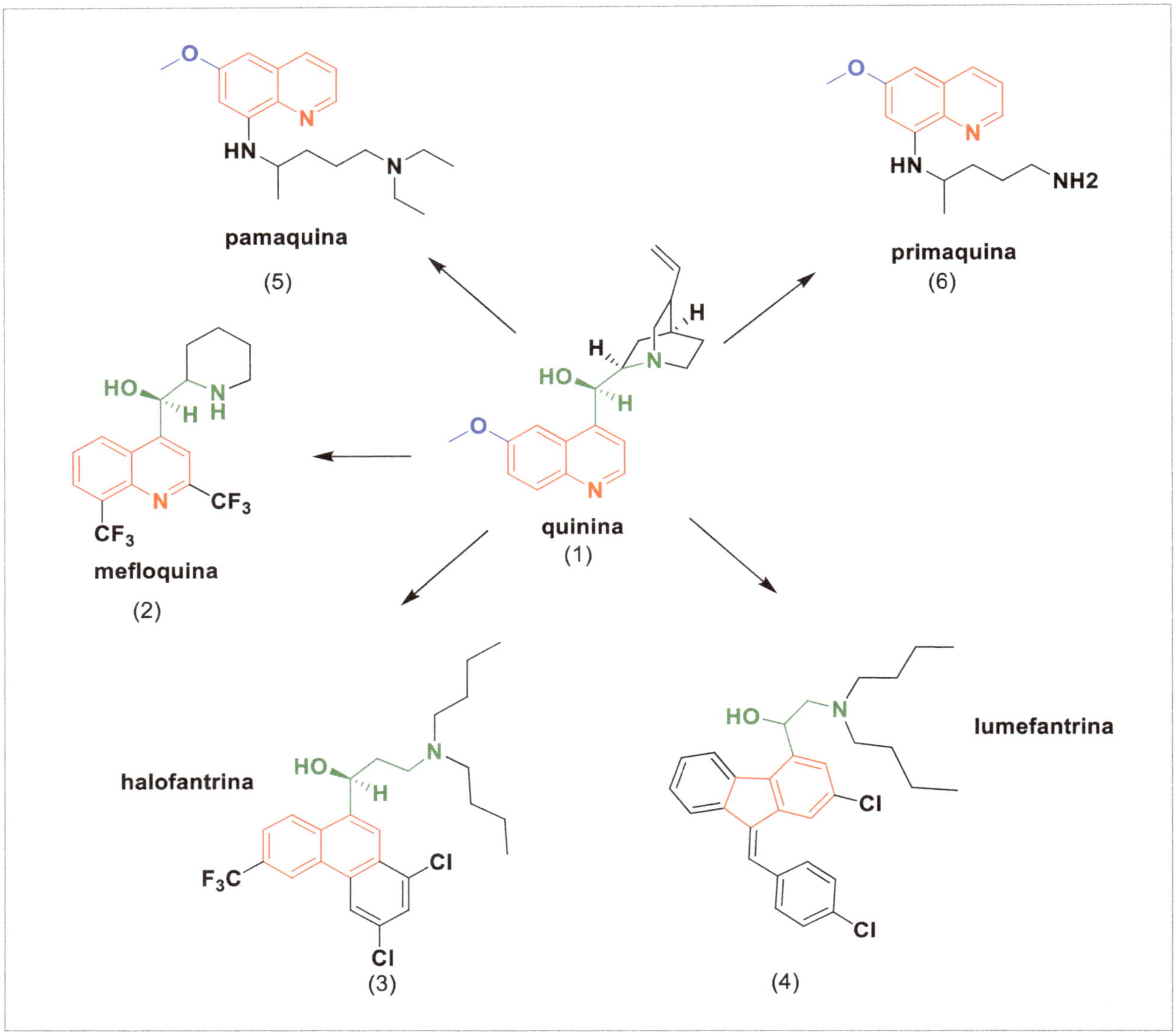

FIGURA 2 Fármacos derivados da (1) quinina, (2) mefloquina, (3) halofantrina, (4) lumefantrina, (5) pamaquina e (6) primaquina.

célula do *Plasmodium*, mas dentro do vacúolo parasitário ocorre a conversão da hematina em hemozoína, que não é tóxica. Acredita-se que a destoxificação da hemozoína ocorra por biocristalização. Assim, o dímero da hemozoína é um biocristal insolúvel e quimicamente inerte, sem efeito biológico sobre o parasita.[28]

As quinolinas ligam-se à hematina por meio de um complexo heme-fármaco, em que a porção aromática da quinolina estabelece interação π com o núcleo porfirina. A complexação do fármaco ao grupo heme bloqueia a formação da hemozoína, assim a hematina tóxica está livre e pode causar a morte do *Plasmodium*. Além disso, como o grupo heme não é um componente do parasita, parece improvável o desenvolvimento de um mecanismo de resistência a essa atividade.[28]

Outro possível mecanismo é o acúmulo de 4-aminoquinolinas substituídas, como a cloroquina, que tem caráter dibásico e alteram o pH de vacúolos digestivos ácidos (pH 4,8-5,2). Em pH 5,5, o fármaco ioniza tornando-se diprotonado, o que o torna impermeável à membrana do vacúolo digestivo, resultando no acúmulo e impedindo a ação das enzimas responsáveis pela digestão da hemácia.[26-28]

Quinina

É o alcaloide em maior concentração nos extratos da casca da *Cinchona* sp., em torno de 5%. Como mencionado anteriormente, a quinina é um derivado 4-quinolinometanol, que tem quatro centros estereoquímicos em *C*-3, *C*-4, *C*-8 e *C*-9, tendo configuração absoluta 3*R*:4*S*:8*S*:9*R*. O estereoisômero quinidina apresenta configuração absoluta 3*R*:4*S*:8*R*:9*S* e demonstra ser duas a três vezes mais ativo que a quinina. Todos os isômeros ópticos têm atividade antimalárica, embora os epímeros *C*-9 com as configurações 3*R*:4*S*:8*R*:9*R* ou 3*R*:4*S*:8*S*:9*S* sejam inativos (Figura 3). A hidroxila na posição *C*-9 deve ser mantida. Modificações neste álcool secundário, como oxidação e esterificação, reduzem a atividade. A porção quinuclidina não é necessária para o efeito biológico, embora uma amina terciária seja importante para a ação.[28] A adição do grupo trifluormetílico em *C*-2 e *C*-8 aumenta o tempo de meia-vida. A manutenção da metoxila em *C*-6 do anel quinolina é fundamental para a atividade biológica (Figura 3).[29,32]

Mefloquina

A mefloquina foi planejada com o intuito de bloquear os pontos de metabolização da quinina, mediante a adição do grupo trifluormetílico. Assim, o fármaco é lentamente metabolizado através da reação de oxidação pela CYP3A4 ao metabólito inativo, carboximefloquina. Além disso, é ativa contra cepas de *Plasmodium* resistentes à cloroquina. Este fármaco tem quatro isômeros ópticos de semelhante atividade biológica. A característica lipofílica da mefloquina provoca extenso acúmulo nos tecidos e baixa depuração. Em adição, esta propriedade é importante por conferir ao fármaco alta afinidade pelas membranas dos eritrócitos.[28]

Cloroquina

Principal representante das 4-aminoquinolinas, foi descoberta durante a Segunda Guerra Mundial como um derivado da simplificação molecular do agente antimalárico mepacrina (7) (Figura 4). A cloroquina (8) é o fármaco mais utilizado contra a malária, graças à sua eficácia e menor toxicidade em relação à quinina.[27,28,32] No entanto, o seu uso indiscriminado induziu a resistência do *Plasmodium* à cloroquina.

As 4-aminoquinolinas apresentam anel quinolina, em que *C*-4 tem uma amina secundária ligada à cadeia lateral com distância de quatro carbonos entre a amina secundária e a amina terciária terminal. A presença do átomo de cloro na posição 7 é essencial para a atividade biológica, bem como o átomo de cloro em *C*-8 aumenta a atividade, enquanto a alquilação em *C*-3 e *C*-8 reduz

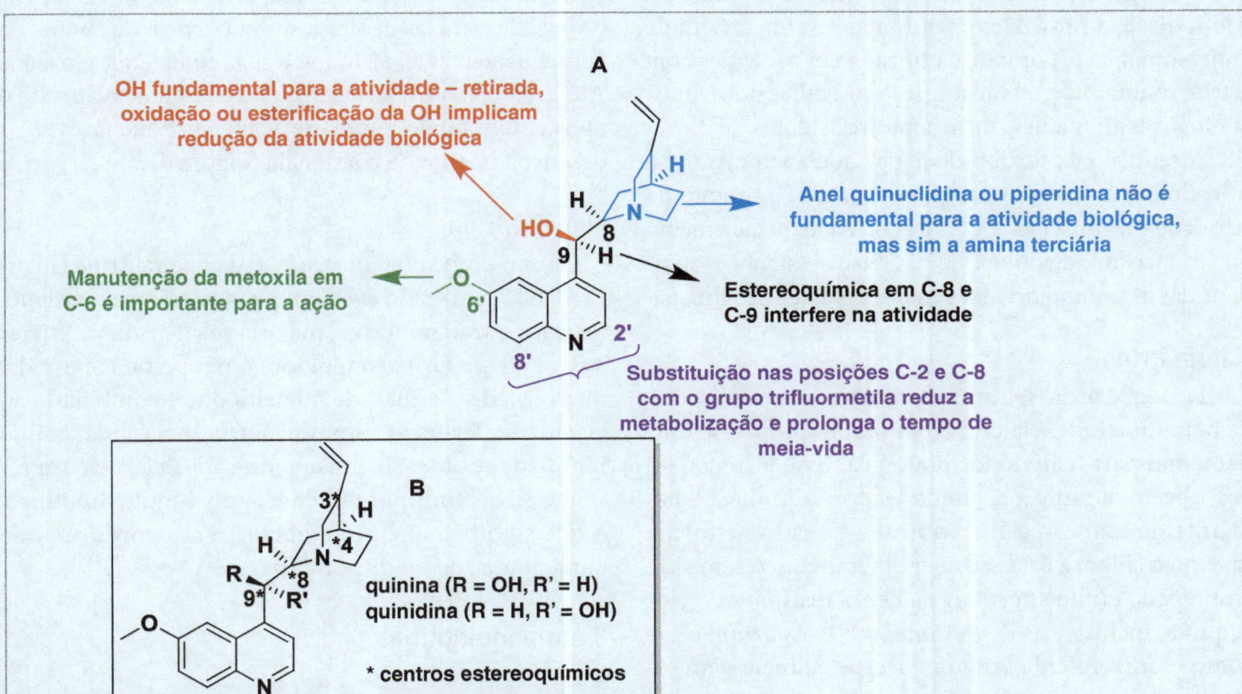

FIGURA 3 (A) Relação estrutura-atividade de quinolinometanóis; (B) alcaloides da Cinchona sp., quinina e quinidina.

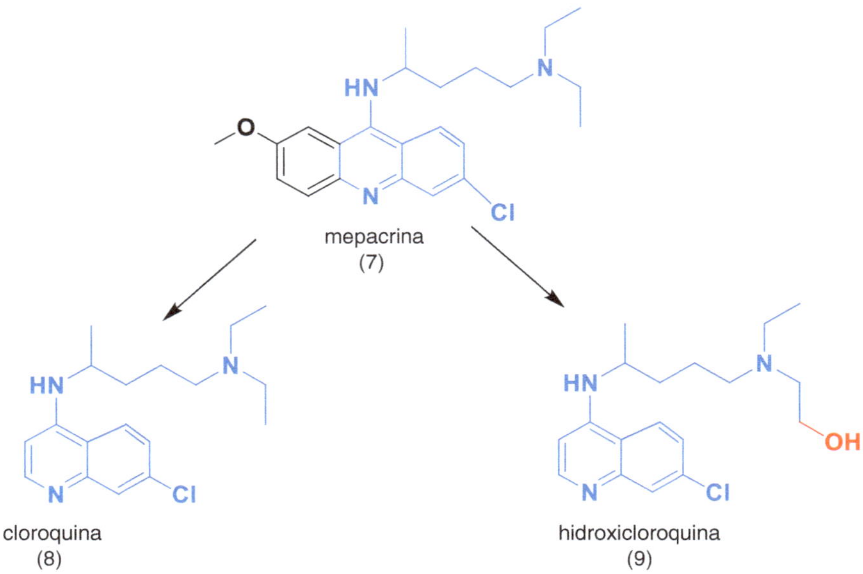

FIGURA 4 Fármacos 4-aminoquinolínicos derivados da mepacrina: (8) cloroquina e (9) hidroxicloroquina.

a ação antimalárica. Na amina terciária, a substituição de um dos grupos etila por hidroxietila resultou na hidroxicloroquina, fármaco com reduzida toxicidade, mas que é raramente usado para o tratamento da malária. Além disso, a hidroxicloroquina apresenta atividade antirreumática e, por isso, é utilizada em pacientes com artrite reumatoide. A substituição das etilas por *t*-butila mostrou atividade contra cepas resistentes.[27-29,32]

A redução da flexibilidade da cadeia lateral com a introdução de anéis aromáticos promove aumento da atividade e da toxicidade, como ocorreu no planejamento do fármaco amodiaquina.[27-29,32] A relação estrutura-atividade das 4-aminoquinolinas é apresentada na Figura 5.

Halofantrina

Pertence à classe dos 9-fenantrenometanóis, que contém uma cadeia lateral dibutilaminopropanol, fundamental para a atividade biológica. Esse fármaco foi descoberto durante a Segunda Guerra Mundial. A halofantrina tem um centro quiral e é usado na forma racêmica (Figura 6). Esse agente terapêutico tem sido empregado como alternativa a cepas resistentes à cloroquina, inclusive as de *Plasmodium falciparum*, e age como esquizonticida sanguíneo, especialmente em estágios mais maduros do parasita.[27,28,32]

Sua metabolização acontece por meio da reação de *N*-desalquilação realizada pela CYP3A4, formando desbutil-halofantrina, visto que este metabólito é muito mais ativo que a halofantrina. Por conta da baixa solubilidade em água, o fármaco apresenta baixa absorção e, consequentemente, reduzida biodisponibilidade. Com o intuito de melhorar a sua solubilidade, a halofantrina foi micronizada para aumentar a sua superfície de contato e, consequentemente, melhorar a sua solubilidade em água. Além disso, tanto o fármaco como o seu metabólito ativo apresentam longo tempo de ação, fator que favorece o desenvolvimento de resistência (Figura 6).[28]

Lumefantrina

É um derivado bioisostérico da halofantrina (Figura 6), que é utilizado apenas em associação com arteméter para o tratamento da malária *falciparum* multirresistente. Esse fármaco tem longo tempo de meia-vida, que varia de 3-6 dias, de maneira que é combinado ao arteméter, fármaco com uma curta meia-vida, com o intuito de se obter sinergismo de ação. O fármaco apresenta baixa biodisponibilidade, pois é muito lipofílico, o que significa que uma dieta rica em gordura pode aumentar a sua biodisponibilidade.[28]

8-aminoquinolinas

O primeiro fármaco das 8-aminoquinolinas foi a pamaquina. Atualmente, a primaquina é o principal fármaco dessa classe e apresenta maior atividade sobre as cepas de *P. vivax*, atuando, principalmente, como esquizonticida

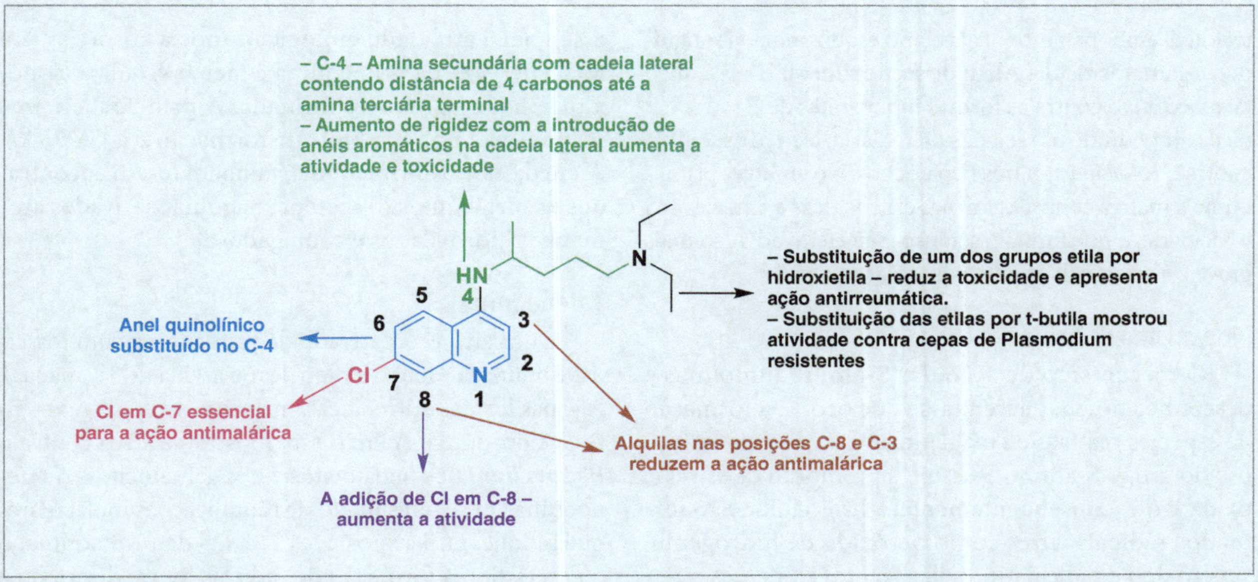

FIGURA 5 Relação estrutura-atividade das 4-aminoquinolinas.

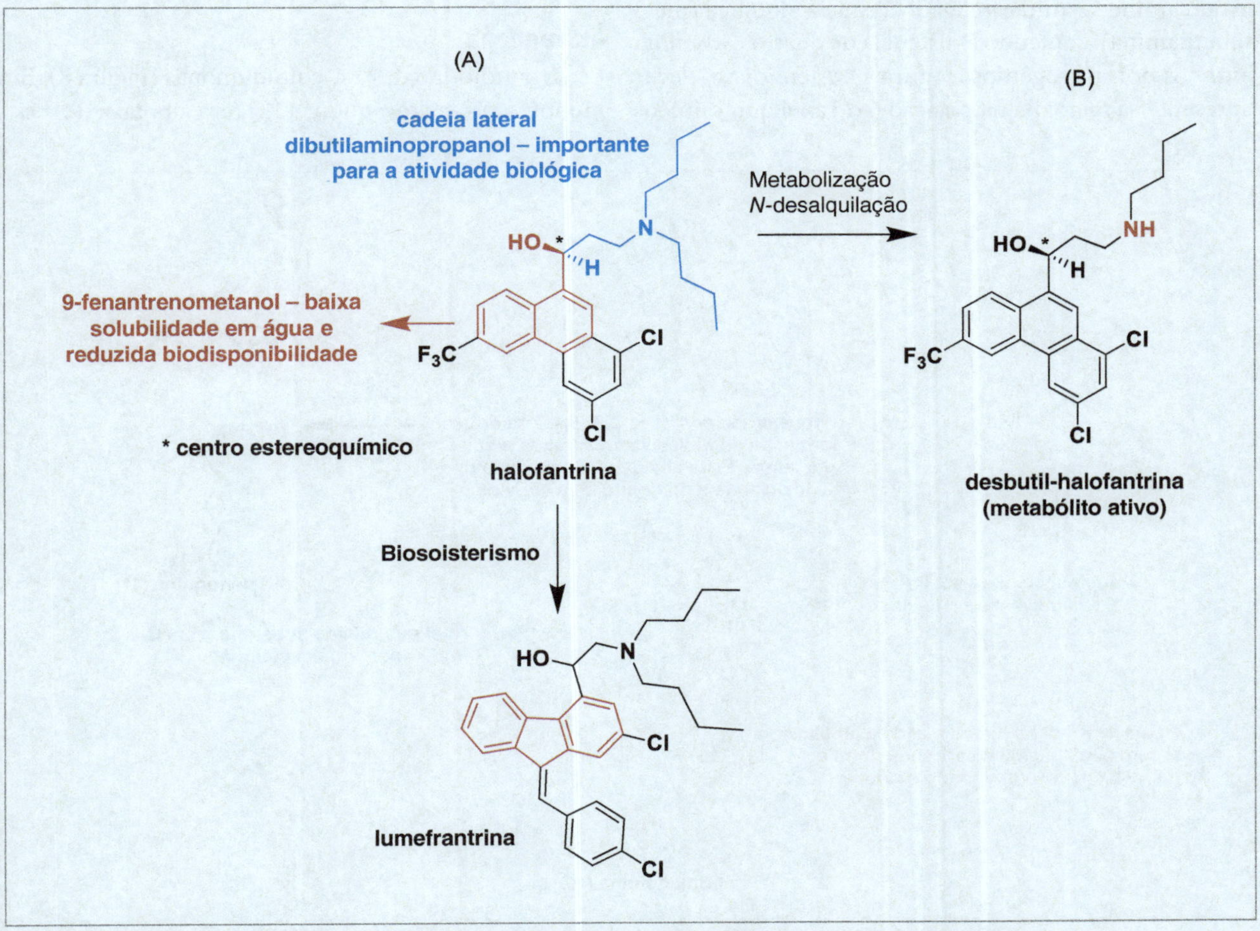

FIGURA 6 (A) Relação estrutura-atividade da halofantrina e da lumefantrina; (B) metabolização da halofantrina.

tecidual, embora também aja como esquizonticida sanguíneo e gametociticida. Além disso, a primaquina é o único fármaco ativo contra as formas hipnozoítas de *P. vivax* e *P. ovale*, impedindo as recaídas da malária, além de ser ativo contra o *P. falciparum* nos hepatócitos. No entanto, primaquina é inativa contra as formas eritrocíticas e tem elevada toxicidade, o que limita o seu uso. Seu efeito adverso mais grave é a anemia hemolítica intravascular.[27,28,32]

Mecanismo de ação

O mecanismo de ação das 8-aminoquinolinas é desconhecido, mas acredita-se que ocorra a formação de espécies reativas de oxigênio através de auto-oxidação do grupo 8-amino e, assim, a promoção de estresse oxidativo e, consequentemente, a lise celular. São formados radicais livres como peróxido de hidrogênio, superóxido e radical hidroxila, agentes oxidantes capazes de provocar destruição celular.[27,32-37]

Primaquina

Tem anel quinolínico substituído na posição 8 por grupo amino secundário ligado a cadeia alquílica (metilbutilamina), contendo a distância de quatro carbonos entre os dois nitrogênios (Figura 7). Além disso, deve apresentar a metoxila na posição 6 do anel quinolínico essencial à atividade biológica. Após a absorção, em torno de 70%, da primaquina é metabolizada a carboxiprimaquina, sendo eliminada. A principal enzima responsável por sua biotransformação é a CYP3A4. Além da carboxiprimaquina, também foram encontrados os metabólitos *N*-acetilprimaquina, derivados aromáticos hidroxilados e conjugados.[28,29,32,36]

Tafenoquina

É um fármaco derivado da primaquina com toxicidade reduzida e longo tempo de meia-vida (2-3 semanas). Age nas formas eritrocíticas, inclusive em cepas resistentes à cloroquina. Além disso, mostra-se ativo contra o *Plasmodium* nos hepatócitos e nos gametócitos. A tafenoquina (11) é o resultado de modificações moleculares que bloquearam as posições 2, 4, e 5 da primaquina, o que retardou a formação de radicais livres, diminuiu a toxicidade, melhorou a atividade biológica e aumentou o tempo de meia-vida plasmática (Figura 7).[28,29,32]

Naftoquinonas e biguanidas

Atovaquona

É o protótipo das 1,4-naftoquinonas (Figura 8). Em monoterapia, a atovaquona (12) tem alta taxa de resis-

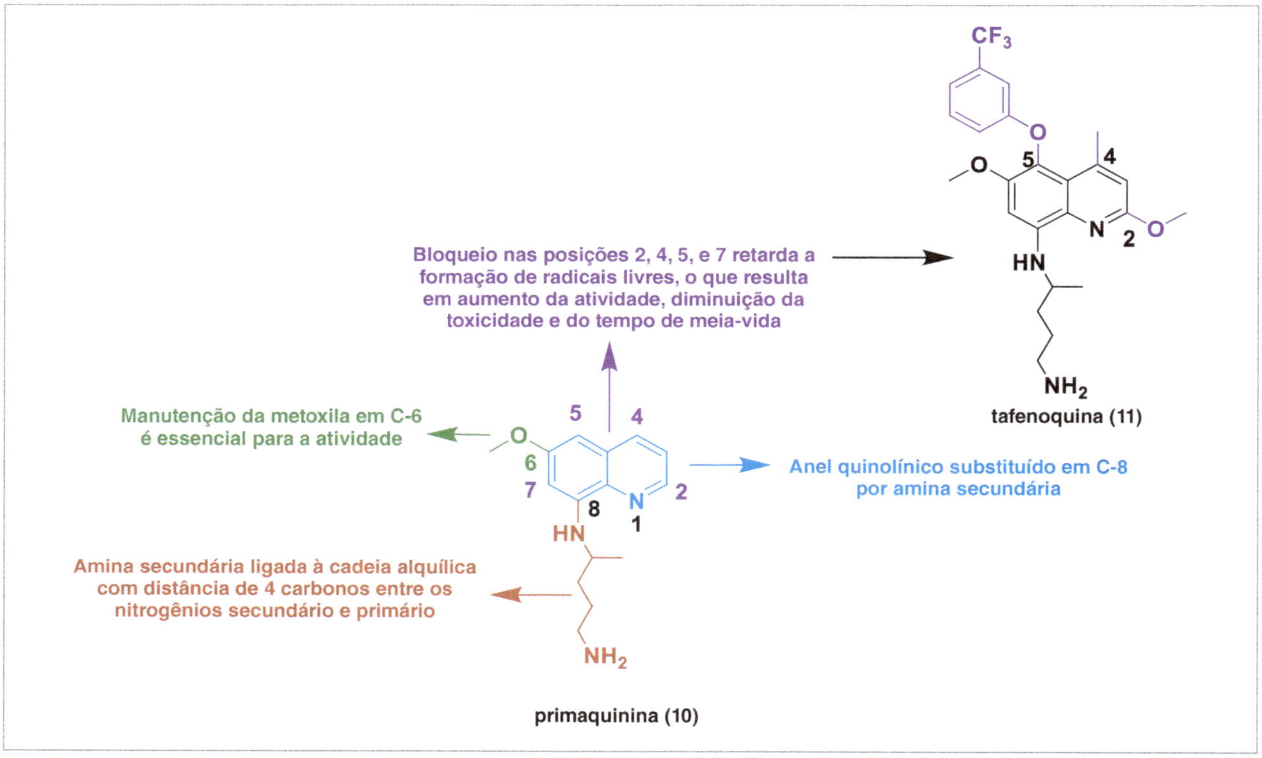

FIGURA 7 Relação estrutura-atividade das 8-aminoquinolinas (10) primaquina e (11) tafenoquina.

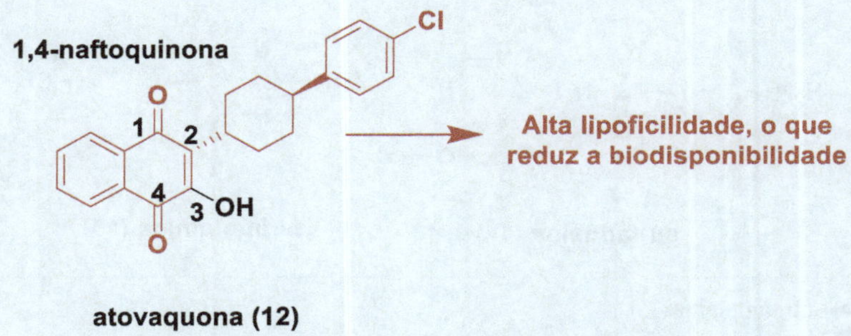

FIGURA 8 Atovaquona (12).

tência (em torno de 30%), mas em associação com proguanil tem altos índices de cura e é também empregada como agente profilático. Acredita-se que o mecanismo de resistência de atovaquona em monoterapia esteja relacionado à farmacocinética, devido à alta lipofilicidade da molécula e à baixa absorção, o que expõe o parasita a baixas concentrações do fármaco por muito tempo. A atovaquona age na cadeia de transporte de elétrons, bloqueando a coenzima Q e, consequentemente, impedindo a biossíntese de timidina.[28, 33]

Proguanil

É o principal fármaco da classe das biguanidas. Apresenta ação esporonticida e esquizonticida tecidual, sendo empregado na profilaxia. Atua pela inibição da diidrofolato redutase, inibindo a síntese de pirimidinas e, consequentemente, a biossíntese de DNA parasitário. O proguanil (13) é um pró-fármaco que, após a biotransformação sofre ativação através de sua ciclização, gerando a forma ativa cicloguanil.[26,38] Posteriormente, a descoberta da forma ativa de proguanil liderou o planejamento que resultou na obtenção do fármaco pirimetamina. Em relação à estrutura química, a presença do átomo de cloro no anel aromático aumenta a atividade antimalárica (Figura 9).[28,32] A terapia combinada de atovaquona e proguanil exibe sinergismo, com o proguanil reduzindo a concentração efetiva de atovaquona necessária para o dano da membrana mitocondrial e a atovaquona aumentando a efetividade do proguanil. Assim, os dois fármacos agem em dois locais diferentes do *Plasmodium*: a atovaquona é ativa na mitocôndria, enquanto o proguanil age como antifolato no citosol.[28]

2,4-diaminopirimidinas e sulfonamidas

Sulfonamidas

A sulfanilamida foi o primeiro fármaco a apresentar atividade antimalárica. Depois dele, outros fármacos foram testados para o tratamento da malária, dentre os quais se destaca a sulfadoxina (14), que é utilizada em associação à pirimetamina (15) (Figura 10). A sulfadoxina inibe a diidropteroato sintase do *Plasmodium*, enzima envolvida na biossíntese de ácido fólico, fundamental para a síntese de DNA parasitário. As sulfonamidas competem com o ácido *p*-aminobenzoico pelo sítio ativo da diidropteroato sintase, de maneira que o fármaco impede a formação de ácido diidropteroico.[27,28,32,39,40]

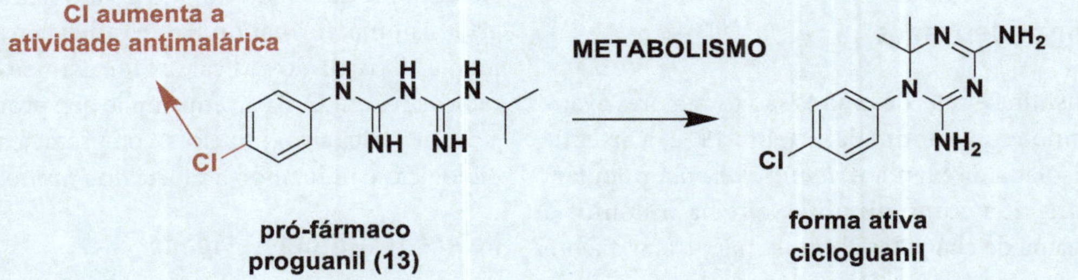

FIGURA 9 Ativação do pró-fármaco proguanil (13).

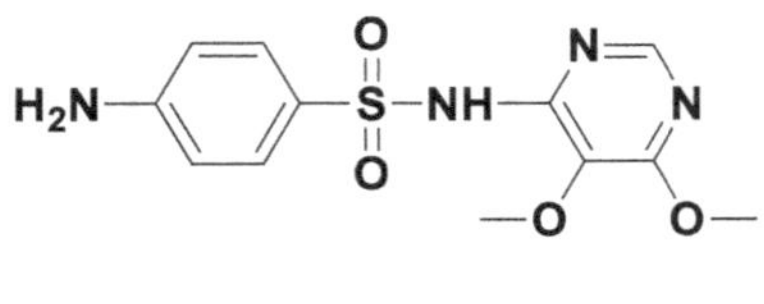

sulfadoxina (14)

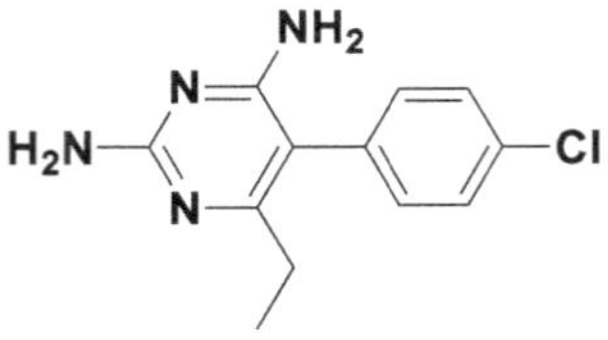

pirimetamina (15)

FIGURA 10 Sulfadoxina (14) e pirimetamina (15).

A próxima etapa na síntese de ácido fólico é realizada pela enzima diidrofolato redutase, que converte o ácido diidropteroico em ácido tetraidrofólico. A pirimetamina inibe a diidrofolato redutase, mostrando sinergismo de ação em associação com a sulfonamida, pois assim há a inibição sequencial da síntese de ácido fólico. Essa combinação tem sido usada com quinina, de forma profilática e para o tratamento de malária cloroquina-resistente (*P. falciparum*, *P. ovale*, *P. vivax* e *P. malariae*).[27,28,32,39,40]

2,4-diaminopirimidinas

A pirimetamina (15) pertence à classe das 2,4-diaminopirimidinas e é um potente inibidor da diidrofolato redutase (Figura 10). Apresenta similaridade estrutural a proguanil, mas é mais potente, provavelmente, por não necessitar de metabolização. Esse fármaco tem alta afinidade à diidrofolato redutase do *Plasmodium*.[29] Como mencionado anteriormente, é usada em associação com a sulfadoxina, mas quando utilizada isoladamente, a pirimetamina é um esquizonticida sanguíneo sem atividade contra as formas teciduais do parasita.[28] Assim, tem sido empregada em terapia combinada com sulfonamidas, como a sulfadoxina, que apresenta longo tempo de ação e sinergismo, devido ao sinergismo de ação por meio do bloqueio da síntese de ácido *p*-aminobenzoico e, consequentemente, biossíntese de DNA do *Plasmodium*.

Artemisinina e derivados

Artemisinina e seus derivados são os maiores avanços da quimioterapia antimalárica. Em 1972, a artemisinina foi isolada da planta *Artemisia annua*, popularmente conhecida como qinghao, que há milênios é usada na forma de chá pelos chineses para tratar a febre provocada pela malária.[26-28,31,32]

A artemisinina e seus derivados semissintéticos e sintéticos, arteméter, artéter, artefleno, artesunato, apresentam alta atividade atimalárica, agindo nas cepas resistentes de *Plasmodium* e em casos de malária grave, que é caracterizada pela forma cerebral da doença. Além disso, a artemisinina e seus derivados apresentam baixa toxicidade e curto tempo de meia-vida plasmática. São gametociticidas e ativos contra as formas assexuadas, usados, especialmente, em terapia combinada para reduzir o desenvolvimento de resistência pelas cepas de *Plasmodium* e obter sinergismo com fármacos que têm longo tempo de ação. Exemplos de terapias combinadas à base de artemisinina (TCAs) são aterméter-lumefantrina, mefloquina-artemisinina, cloroquina-artemisinina e artesunato-sulfadoxina-pirimetamina, que têm apresentado altas taxas de cura, inclusive para cepas resistentes aos outros medicamentos.[20,22,26-28,32,41]

Apesar de ter poucos efeitos adversos, os principais estão relacionados ao sistema nervoso central, como tremores, convulsão e até desmaios, o que muitas vezes pode ser confundido com a forma cerebral da malária.[27,42]

Mecanismo de ação

O mecanismo sugerido para explicar a atividade antimalárica envolve a função endoperóxido que, por meio de mecanismos radicalares, mata os parasitas com a formação do radical livre associado ao endoperóxido, desencadeando estresse oxidativo no *Plasmodium*. A formação de radicais livres ocorre por meio do ataque ao ferro proveniente da digestão das hemácias pelo parasita. Acredita-se que o íon Fe^{2+} do grupo heme reaja com a artemisinina, formando Fe^{3+} e radicais oxi, respectivamente. A partir do radical oxi formam-se duas espécies radicalares em C_4 da artemisinina, que promovem alquilação de vários alvos proteicos, comprometendo as funções biológicas e induzindo a morte do *Plasmodium*.[28,43,44]

Relação estrutura-atividade

A artemisinina (16) tem estrutura tetracíclica complexa, que conta com sete centros quirais e um anel trioxano com um grupo endoperóxido. Desta forma, os fármacos derivados contam com sistemas de anéis 1,2,4-trioxano ou 1,2-dioxano, a "ponte endoperóxido", que consiste no grupo farmacofórico responsável pela atividade antimalárica. Obtiveram-se análogos de origem sintética e semissintética.[28,31]

A artemisinina apresenta baixa solubilidade em água e em solventes orgânicos, bem como baixa biodisponibilidade, problemas que incentivaram a indústria farmacêutica a buscar novos fármacos com propriedades aprimoradas.[45,46]

As principais modificações na estrutura da artemisinina aconteceram nas posições 3, 9 e 10. Modificações na posição 10 resultaram em compostos com maior atividade antimalárica, estabilidade e solubilidade. A diidroartemisinina, o resultado da redução da lactona a álcool, mostrou-se duas vezes mais ativa que o seu protótipo. A partir da diidroartemisinina obtiveram-se éteres e ésteres. O grupo alcóolico da diidroartemisinina (17) foi alquilado, resultando nos fármacos arteméter (18) e artéter (19), que se mostram mais ativos que a artemisinina e, por isso, são mais utilizados na terapêutica. Além disso, observou-se que a ausência da carbonila favorece a atividade antimalárica, como nos fármacos diidroartemisinina, arteméter, artéter e artesunato de sódio (20), que são mais ativos que a artemisinina e não apresentam a lactona.[31,45,47-51] A relação entre a estrutura química e a atividade biológica das artemisininas e dos fármacos derivados está apresentada na Figura 11.

A latenciação foi empregada para aumentar o tempo de meia-vida e a hidrossolubilidade da artemisinina. O artesunato (20) é o pró-fármaco em que se acrescentou o transportador succinil na posição 10 da diidroartemisinina. O artesunato é mais solúvel em água, com maior biodisponibilidade, o que facilita a sua formulação. Além disso, o pró-fármaco está disponível na forma de sal sódico, como o artesunato de sódio. A simplificação molecular da artemisinina gerou o fármaco artefleno (21) (Figura 11).[28,49]

Em relação à posição 3, as modificações basearam-se na introdução de grupos etílicos, propílicos, fenilmetílicos, feniletílicos e fenilpropílicos, resultando em compostos com maior atividade biológica (Figura 11).[45-49]

Na posição 9, a introdução de cadeia alquílica com até 6 carbonos resultou em compostos com maior atividade biológica em relação à artemisinina (Figura 11).[50,52] Análogos semissintéticos com a adição do anel furano mostram-se estáveis, com maior biodisponibilidade e atividade que o protótipo artemisinina.

Antibióticos

Alguns antibióticos têm se mostrado úteis para o tratamento da malária, sendo usados em monoterapia para profilaxia ou em associação com quinina ou artesunato para o tratamento da doença. Os antibióticos mais utilizados são doxiciclina (22), clindamicina (23) e azitromicina (24) (Figura 12).[53] Agem interferindo na síntese proteica do apicoplasto, organela específica e essencial para a sobrevivência de protozoários do filo Apicomplexa, incluindo o *Plasmodium*. A interferência na síntese de proteínas bloqueia a replicação do parasita e, portanto, tem ação profilática.[28]

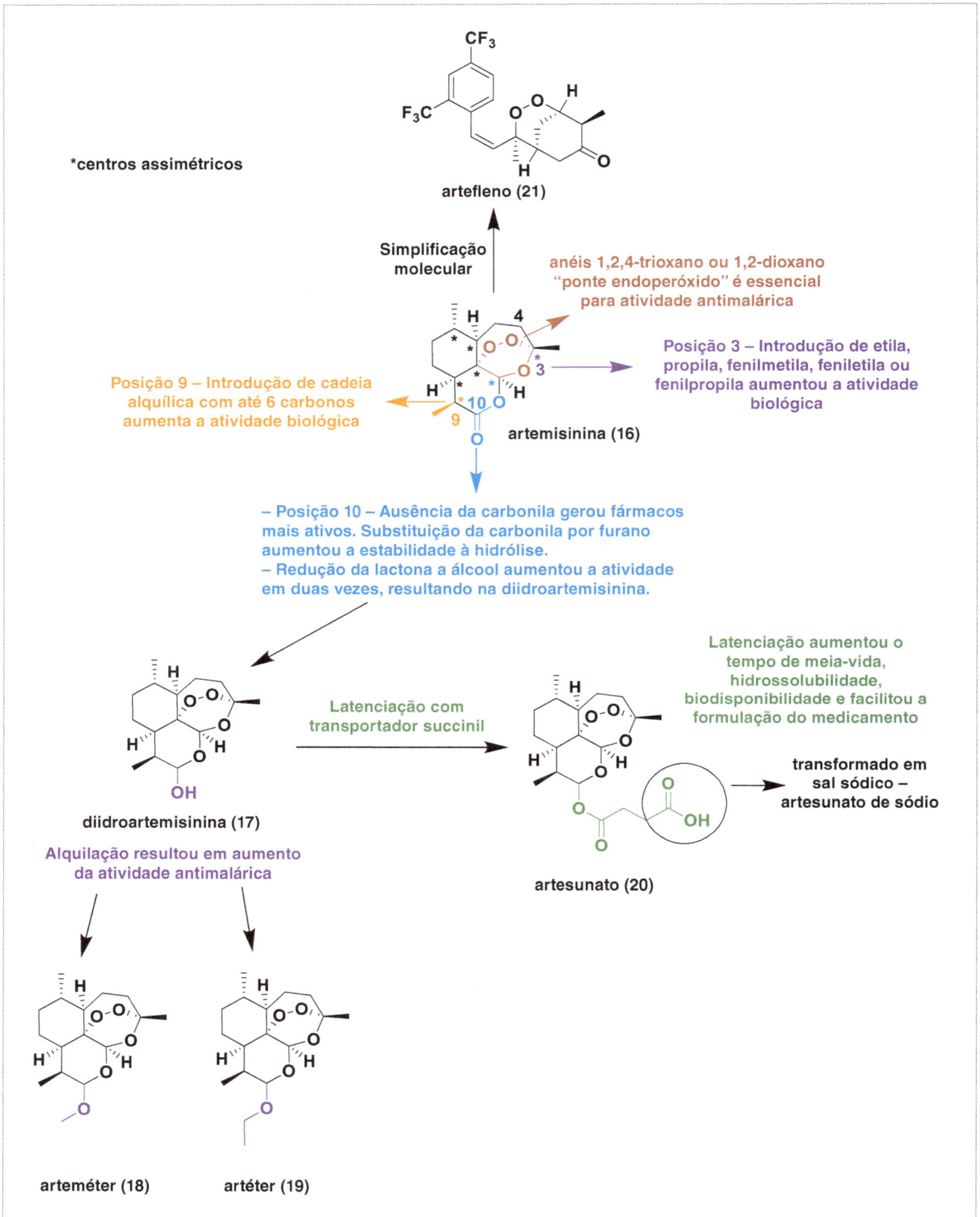

FIGURA 11 Relação estrutura-atividade de artemisinina (16) e seus derivados diidroartemisinina (17), arteméter (18), artéter (19), artesunato (20) e arteflefno (21).

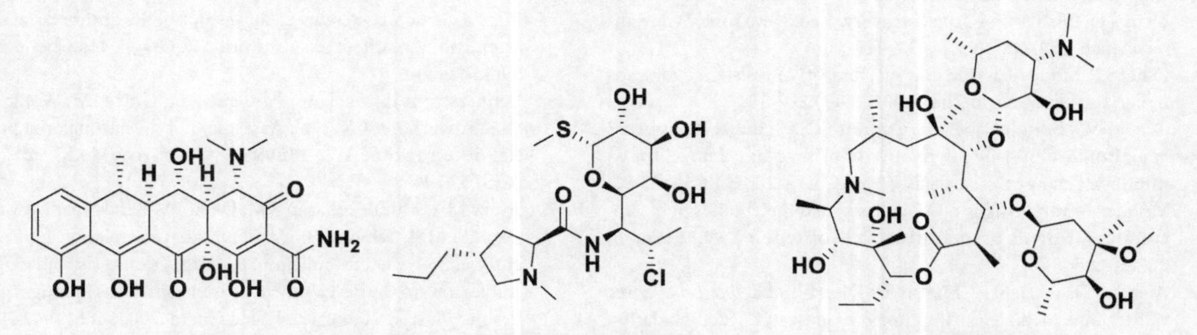

doxiciclina (22) clindamicina (23) azitromicina (24)

FIGURA 12 Antibióticos empregados na malária: doxiciclina (22), clindamicina (23) e azitromicina (24).

REFERÊNCIAS BIBLIOGRÁFICAS

1. World Health Organization (WHO). World malaria report. Genève, 2019. [internet] [acesso em: 2020 mai 16]. Disponível em: https://www.who.int/malaria/publications/world_malaria_report/en/.
2. World Health Organization (WHO). Information for travelers. Genève, 2020. [internet] [acesso em: 2020 mai 16]. Disponível em: https://www.who.int/malaria/travellers/en/.
3. Reiners AAO, Azevedo RCS, Ricci HA, Souza TG. Adesão e reação de usuários ao tratamento da malária: implicações para a educação em saúde. Texto & Contexto Enferm. 2010; 19(3):536-44.
4. Brasil. Ministério da Saúde. Malária: o que é, causas, sintomas, tratamento, diagnóstico e prevenção. Brasília: 2020. [internet] [acesso em: 2020 mai 16]. Disponível em: https://saude.gov.br/saude-de-a-z/malaria.
5. Brasil. Ministério da Saúde. Secretaria de Vigilância em Saúde. Departamento de Vigilância Epidemiológica. Guia prático de tratamento da malária no Brasil. Brasília, 2010.
6. Universidade Federal do Rio de Janeiro. Malária. Rio de Janeiro. [internet] [acesso em: 2020 mai 16]. Disponível em: http://www.cives.ufrj.br/informacao/malaria/mal-iv.html.
7. França TCC, Santos MG, Figueroa-Villar JD. Malária: aspectos históricos e quimioterapia. Quim. Nova. 2008; 31(5):1271-8.
8. World Health Organization (WHO). Malaria fact sheet. Genève, 2020. [internet] [acesso em: 2020 mai 16]. Disponível em: http://www.who.int/mediacentre/factsheets/fs094/en/.
9. Cowman AF, Crabb BS. Invasion of red blood cells by malaria parasites. Cell. 2006; 124(4):755-66.
10. Rey L. Parasitologia: parasitos e doenças parasitárias do homem nas Américas e na África. Rio de Janeiro: Guanabara Koogan, 2001.
11. Tuteja R. Malaria – an overview. FEBS J 2007; 274(18):4670-9.
12. White N, DPhil SP, Hien TT, et al. Malaria. Lancet. 2014; 383(9918):723-35.
13. Ashley EA, Pyae PA, Woodrow CJ. Malaria. Lancet. 2018; 391(10130):1608-21.
14. Egan TJ, Combrinck JM, Egan J. Fate of haem iron in the malaria parasite *Plasmodium falciparum*. Biochem J. 2002; 365(Pt2):343-7.
15. Sigala PA, Goldberg DE. The peculiarities and paradoxes of *Plasmodium* heme metabolism. Annu Rev Microbiol. 2014; 68:259-78.
16. Antoine T, Fisher N, Amewu R. Rapid kill of malaria parasites by artemisinin and semi-synthetic endoperoxides involves ROS-dependent polorization of the membrane potential. J Antimicrob Chemother. 2014. 69(4):1005-16.
17. Lucet IS, Tobin A, Drewry D, et al. *Plasmodium* kinases as targets for new-generation antimalarials. Future Med Chem. 2012; 4(18):2295-310.
18. Nzila A. The past, present and future of antifolates in the treatment of *Plasmodium falciparum* infection. J Antimicrob Chemother. 2006; 57(6):1043-54.
19. Soares IS, Rodrigues MM, Malaria vaccine: roadblocks and possible solutions. Braz J Med Biol Res. 1998; 31(3):317-32.
20. World Health Organization (WHO). Guidelines for the treatment of malaria. Genève, 2015. [internet] [acesso em: 2020 mai 16]. Disponível em: https://www.who.int/malaria/publications/atoz/9789241549127/en/.
21. Visser BJ, van Vugt M, Grobusch MP. Malaria: an update on current chemotherapy. Expert Opin Pharmacother. 2014; 15(15):2219-54.
22. Nosten F, White NJ. Artemisinin-based combination treatment of *falciparum* malaria. Am J Trop Med Hyg. 2007; 77(6):181-92.
23. Antony HA, Parija SC. Antimalarial drug resistance: an overview. Trop Parasitol 2016; 6(1):30-41.
24. World Health Organization (WHO). Malaria statistics. Genève, 2018. [internet] [acesso em: 2020 mai 16]. Disponível em: https://www.who.int/malaria/en/.
25. Centers of Disease Control and Prevention. Drug resistance in them malaria-endemic world. Georgia, 2018. [internet] [acesso em: 2020 mai 15]. Disponível em: https://www.cdc.gov/malaria/malaria_worldwide/reduction/drug_resistance.html.
26. Ferreira EI. Malária: aspectos gerais e quimioterapia. Rio de Janeiro: Atheneu, 2007.
27. Ferreira EI. Antimaláricos. In: Silva P (ed.). Farmacologia. 6.ed. Rio de Janeiro: Guanabara Koogan, 2002. p. 1163-72.
28. Lemke TL. Antiparasitic agents. In: Lemke TL, Williams DA (eds.). Foye's principles of medicinal chemistry. Philadelphia: Lippincott Williams & Wilkins, 2013. p. 1129-31, 1138-45.
29. Korolkovas A. Essentials of medicinal chemistry. 2.ed. New York: Wiley-Interscience, 1988.
30. Miller LH, Baruch D, Marsh K, Doumbo OK. The pathogenic basis of malaria. Nature. 2002; 415(6872):673-9.
31. Patrick GL. An introduction to medicinal chemistry. 5.ed. Oxford: Oxford University, 2013. Case Study 3, Artemisinin and related antimalarial drugs. p. 299-304.

32. Casteel DA. Antimalarial agentes. In: Wolf ME (ed.). Burger's medicinal chemistry and drug discovery. 5.ed. New York: Wiley-Interscience, 1997. p. 3-91.
33. Olliaro P. Mode of action and mechanism of resistance for antimalarial drugs. Pharm Ther. 2001; 89(2):207-19.
34. Araújo MJ, Bom J, Capela R, Casimiro C, Chambel P, Gomes P, et al. Imidazolin-4-one derivative of primaquine a novel transmition-blocking antimalarials. J Med Chem. 2005; 48(3):888-92.
35. Vásquez-Vivar J, Augusto O. Hydroxylated metabolites of the antimalarial drug primaquine. J Biol Chem. 1992 Apr 5; 267(10):6848-54.
36. Augusto O, Schrieber J, Mason RP. Direct ESR detection of a free radical intermediate during the peroxidase-catalyzed oxidation of the antimalarial drug primaquine. Biochem Pharmacol. 1988; 37(14):2791-7.
37. Vale N, Moreira R, Gomes P. Primaquine revisited six decades after its discovery. Eur J Med Chem. 2009; 44(3):937-53.
38. Delfino RT, Santos-Filho AO, Figueroa Villar JD. Type 2 antifolates in the chemotherapy of *falciparum* malaria. J Braz Chem Soc 2002; 13(6):727-41.
39. Peters W. Mefloquine/sulfadoxine/pyrimethamine for malaria. Trans R Soc Trop Med Hyg. 1995; 89(6):699.
40. Panisko DM, Keystone JS. Treatment of malaria – 1990. Drugs. 1990; 39(2):160-89.
41. Gogtay N, Kannan S, Thatte UM, Olliaro PL, Sinclair D. Artemisinin-based combination therapy for treating uncomplicated *Plasmodium vivax* malaria. Cochrane Database Syst Rev. 2013; (10):CD008492.
42. Meshnick SR. Artemisinin: mechanism of action, resistance and toxicity. Int J Parasitol. 2002; 32(13):1655-60.
43. Wang J, Xu C, Wong YK, Li Y, Liao F, Jiang T, Tu Y. Artemisinin, the magic drug discovered from traditional Chinese Medicine. Engineering 2019; 5(1):32-39.
44. Taglialatela-Scafati O, Fattorusso E, Romano A, Scala F, Barone V, Cimino P, et al. Insight into the mechanism of action of plakortins, simple 1,2-dioxane antimalarials. Org Biomol Chem. 2010; 8:846-56.
45. Avery MA, Mehrotra S, Johson TL, Bonk JD, Vroman JA, Goins K, et al. Structure-activity relationships of the antimalarial agent artemisinin. 4. Effect of substitution at *C*-3. J Med Chem. 1996; 39(15):2900-6.
46. Vennerstrom JL, Ager AL, Andersen SL, Grace JM, Wongpanich V, Angerhofer CK, et al. Assesment of the antimalarial potential of tetraoxane WR 1489990. Am J Trop Med Hyg. 2000; 62(5):573-8.
47. Avery MA, Muraleedharan KM, Desai PV, Bandyopadhyaya AK, Furtado MM, Tekwani BL. Structure-activity relationships of the antimalarial agent artemisinin. 8. design, synthesis, and CoMFA studies toward the development of artemisinin-based drugs against leishmaniasis and malaria. J Med Chem. 2003; 46(20):4244-58.
48. Avery MA, Gao F, Chong WK, Mehrotra S, Milhous WK. Structure-activity relationships of the antimalarial agent artemisinin. 1. Synthesis and comparative molecular field analysis of *C*-9 analogs of artemisinin and 10-deoxoartemisinin. J Med Chem. 1993; 36(26):4264-75.
49. Tripathi R, Dutta GP, Vishwakarma RA. Gametocytocidal activity of alpha/beta arteether by the oral rout of administration. Am J Trop Med Hyg. 1996; 54(6):652-4.
50. Avery MA, Alvim-Gaston M, Vroman JA, Wu B, Ager A, Peters W, et al. Structure-activity relationships of the antimalarial agent artemisinin. 7. Direct modification of (+)-artemisinin and *in vivo* antimalarial screening of new, potential preclinical antimalarial candidates. J Med Chem. 2002; 45(19):4321-35.
51. Avery MA, Alvim-Gaston M, Rodrigues CR, Barreiro EJ, Cohen FE, Sabnis YA, et al. Structure-activity relationships of the antimalarial agent artemisinin. 6. The development of predictive *in vitro* potency models using CoMFA and HQSAR methodologies. J Med Chem. 2002; 45(2):292-303.
52. Avery MA, Mehrotra S, Johnson TL, Bonk JD, Vroman JA, Miller R. Structure-activity relationships of the antimalarial agent artemisinin. 5. Analogs of 10-deoxoartemisinin substituted at *C*-3 and *C*-9. J Med Chem. 1996; 39(21):4149-55.
53. Wiesner J, Ortmann R, Jomaa H, Schlitzer M. New antimalarial drugs. Angew Chem Int Ed Engl. 2003; 42(43):5274-93.

CAPÍTULO 31

Antichagásicos

Priscila Longhin Bosquesi
Cauê Benito Scarim
Jean Leandro dos Santos
Chung Man Chin

INTRODUÇÃO

Epidemiologia

Em 1909, portanto há mais de um século, o pesquisador brasileiro Carlos Justiniano Ribeiro Chagas não só identificou o agente etiológico de uma doença que vinha apresentando alta prevalência de sinais e sintomas mal caracterizados como também identificou o seu vetor, os sinais clínicos e seus mecanismos de transmissão. Essas descrições extremamente importantes culminaram em seu reconhecimento nacional e internacional. Entre essas, a mais notável está relacionada com a descoberta da doença que leva o seu nome: a doença de Chagas. Carlos Chagas descreveu todas as etapas dessa nova doença, numa época em que recursos tecnológicos não estavam disponíveis.[1]

A doença de Chagas, ou tripanossomíase americana, é uma parasitose tecidual e hematológica e constitui uma das 17 doenças tropicais negligenciadas listadas pela Organização Mundial da Saúde (OMS). Sua alta prevalência e taxas elevadas de morbidade e mortalidade a caracterizam como um dos maiores problemas de saúde pública. Resultante da infecção pelo protozoário hemoflagelado *Trypanosoma cruzi*, a doença é endêmica nos 21 países da América Latina. A OMS estima que cerca de 8 milhões de pessoas estejam infectadas, e a doença causa a morte de 10 mil indivíduos por ano.[2]

Historicamente, a doença de Chagas no Brasil está relacionada aos movimentos de interiorização de populações colonizadoras a partir do século XVII. Esta fase migratória atingiu o pico de incidência entre os anos de 1850 a 1950, por meio da consolidação de colônias agropastoris no Sul, Sudeste e Nordeste do Brasil. A área endêmica atinge cerca de 3.600.000 km^2, ou seja, 44,5% da área do país, e inclui 2.400 municípios dos estados de Alagoas, Bahia, Ceará, Espírito Santo, Goiás, Maranhão, Mato Grosso do Sul, Minas Gerais, Paraíba, Paraná, Pernambuco, Piauí, Rio de Janeiro, Rio Grande do Norte, Rio Grande do Sul, São Paulo, Sergipe e o Distrito Federal.[3,4]

Com o desenvolvimento industrial, a partir dos anos 1950, a doença passou a ser fortemente urbanizada pela migração contínua de pessoas infectadas para os grandes centros. Além do desenvolvimento rural desordenado, habitações de baixa qualidade e populações de baixa renda proporcionaram a domiciliação do vetor, originariamente silvestre.[3,4]

A doença de Chagas tem se dispersado devido ao processo migratório de indivíduos chagásicos para regiões não endêmicas que antes não possuíam em suas estatísticas doenças tropicais, como a América do Norte (Estados Unidos e Canadá), o oeste do Pacífico (Japão e Austrália) e a Europa. Estima-se o número de indivíduos doentes nessas regiões em torno de 325 mil nos EUA, 4-6 mil no Canadá e Japão, 100 mil na Europa e 1-2 mil na Austrália.[5,6]

Nos últimos 30 anos, a disseminação do vírus HIV associada a mudanças epidemiológicas do *T. cruzi* tem favorecido o surgimento de coinfecções *T. cruzi*/HIV. No paciente vivendo com HIV, quando a doença de Chagas é reativada, comporta-se como uma doença com sintomas agudos não característicos, aumentando a dificuldade no diagnóstico.[2]

Transmissão

A transmissão ocorre por meio do contato com as fezes contaminadas dos triatomíneos. Foram descritas mais de 120 espécies de triatomíneos capazes de albergar e transmitir o *T. cruzi*. No Brasil, conhecem-se cerca de 40 espécies, das quais o *Triatoma infestans*, o *Pastrongylus megistus* e o *Triatoma brasiliensis* são as mais importantes. O *Triatoma sordida* e o *Triatoma pseudomaculata* são espécies secundárias, mais restritas ao peridomicílio e ninhos de aves.[7]

Apesar do controle da transmissão vetorial da doença de Chagas no Brasil por seu principal vetor, o *T. infestans*, desde 2006 a transmissão oral da doença de Chagas para seres humanos e outros mamíferos vem ganhando relevância epidemiológica.[8,9] No ser humano, esta transmissão ocorre de maneira circunstancial, por meio de alimentos (cana-de-açúcar, banana, milho, suco de açaí e feijão) contaminados com o parasita, principalmente a partir de triatomíneos ou de suas dejeções.

Apresentam ainda importância epidemiológica a transmissão transfusional e congênita, ocorrendo, em média, em 5% das crianças nascidas de mães infectadas cronicamente em áreas endêmicas.[9,10]

A interrupção da transmissão vetorial e transfusional já obteve êxito em países endêmicos como Brasil, Chile e Uruguai. No Brasil, atualmente, predominam os casos crônicos decorrentes da infecção por via vetorial ocorrida em décadas passadas.[11]

Ciclo de vida do *Trypanosoma cruzi*

O ciclo de vida do *T. cruzi* é complexo, com diversas etapas de multiplicação no vetor e no hospedeiro vertebrado. No vetor, o parasita encontra-se nas formas epimastigotas e tripomastigotas metacíclicas. Já no hospedeiro vertebrado, o parasita encontra-se na sua forma infectante, a tripomastigota e sua forma intracelular, amastigota. Durante a fase aguda, qualquer célula nucleada pode ser infectada.[12]

O ciclo biológico do *T. cruzi* no vetor tem início após a ingestão de sangue de animais infectados durante o repasto sanguíneo. No estômago, a forma tripomastigota transforma-se gradualmente em formas chamadas esferomastigotas e epimastigotas. Em seguida, os parasitas migram para o intestino e se multiplicam como formas epimastigotas. Posteriormente, migram para a parte mais posterior, atingindo o reto, e se transformam em tripomastigotas metacíclicos, que são eliminados junto com as fezes do triatomíneo.[12]

No ser humano, o ciclo se inicia quando as formas tripomastigostas eliminadas pelo triatomíneo são inoculadas no hospedeiro vertebrado. Essa forma do parasita tem a capacidade de adentrar e se desenvolver em qualquer célula nucleada. Após adesão à membrana celular, o parasita é fagocitado e inicia sua transformação na forma amastigota. Simultaneamente, este destrói a membrana do fagócito. Já no citoplasma, a forma amastigota inicia a divisão celular binária e continua nesse processo por vários dias no interior da célula. Após aproximadamente cinco dias, as formas amastigotas iniciam o processo de transformação na forma tripomastigota. Nesta forma, o parasita movimenta seus flagelos de maneira intensa, levando ao rompimento da célula, liberando os parasitas no meio extracelular. Tanto as formas amastigotas quanto as formas em transição e as formas tripomastigotas têm a capacidade de infectar outras células do ambiente ou atingir a corrente sanguínea e se distribuir por todo o organismo.[12]

Manifestações clínicas

A fase aguda da doença de Chagas é caracterizada por um quadro febril, de curta duração e com muitos parasitas circulantes. Na maioria dos indivíduos essa fase é oligossintomática. A doença transcorre por uma fase indeterminada e, após 15 a 20 anos desde a contaminação, os sintomas da fase crônica podem se manifestar. Cerca de um terço dos casos agudos da doença de Chagas evolui para a fase crônica.

As principais manifestações clínicas da fase crônica se apresentam sob um quadro afebril, com poucos parasitas no sangue e importantes alterações cardíacas e digestivas. As estimativas indicam que cerca de 52% dos indivíduos apresentam doença cardíaca e 14,3% apresentam as formas digestivas de megaesôfago e megacólon (incluindo 6,3% que apresentam ambas as formas, cardíaca e digestiva). Alterações neurológicas e mistas ocorrem em aproximadamente 10% dos pacientes.[2]

Tratamento

Desde a descoberta da doença de Chagas por Carlos Chagas, em 1909, até meados da década de 1940, nenhum composto havia sido testado em humanos para o tratamento da doença. Após este período, alguns compostos bioativos foram relatados pelas indústrias farmacêuticas. Entre eles, é possível destacar os derivados arsenobenzênicos, 8-aminoquinolínicos, fenantridínicos e quinaldínicos. Entretanto, a maioria desses compostos foi pouco tolerado ou não apresentou eficácia em modelos *in vivo*.[13]

Em 1946, Zieing e Buck descobriram o efeito tripanomicida do ácido furoico. Packchanian, em 1952, partindo deste princípio, testou vários derivados nitrofurânicos e observou efeito tripanomicida *in vivo* nesses compostos. Em 1961, Zigmar Brener, pesquisador brasileiro, foi o primeiro a demostrar que o tratamento prolongado com o nitrofural, antigamente chamado de nitrofurazona, era eficaz em modelos de infecções experimentais com *T. cruzi*. Entretanto, devido aos seus efeitos tóxicos quando administrado oralmente, o produto não foi recomendado para o uso clínico.[14,15]

Assim, com base no efeito descrito dos nitro-heteroaromáticos, foram desenvolvidos os fármacos nifurtimox, derivado nitrofurânico, sintetizado por Herlinger e colaboradores da Bayer em 1964, e o benznidazol, derivado nitroimidazol, sintetizado por pesquisadores da Hoffman La Roche-Co em 1969.

O tratamento farmacológico contra a doença de Chagas ainda é um enorme desafio. Os fármacos disponíveis (nitrofuranos e nitroimidazóis) e descobertos aproximadamente há quatro décadas são insatisfatórios, principalmente pelo fato de apresentarem efeitos colaterais tóxicos e serem ineficientes para o tratamento da forma crônica da doença.[13,16]

Algumas tentativas de reposicionamento de fármacos, como no caso do posaconazol em 2014, falharam em estudos clínicos.[13] O único avanço que alcançou a terapêutica antichagásica foi a formulação pediátrica do benznidazol, aprovada em 2011 pela Agência Nacional de Vigilância Sanitária (ANVISA).[17]

Em face desse terrível cenário, as recomendações do Ministério da Saúde (2018), preconizam o benznidazol como fármaco de primeira escolha na fase aguda (em todas as faixas etárias). Como segunda escolha, o Ministério sugere o nifurtimox para as fases indeterminada ou digestiva em crianças e adolescentes. Para a fase aguda em adultos de até 50 anos, usa-se apenas o benznidazol. Para a fase crônica (inicial ou avançada) não há tratamento.[16]

ASPECTOS ESTRUTURAIS RELACIONADOS AOS ANTICHAGÁSICOS

O grupo nitro apresenta enorme versatilidade na química farmacêutica e medicinal. Devido ao seu forte efeito eletroatrator, é capaz de provocar efeitos indutivos, alterar o valor de pKa e contribuir nos aspectos relacionados à interação fármaco-receptor. Esse grupo está presente na estrutura química de diversos fármacos derivados de origem natural (p. ex., cloranfenicol) e sintética (p. ex., clonazepan, nimesulida). Diversos fármacos antimicrobianos e antiparasitários apresentam este grupo funcional, cuja substituição, geralmente, leva à redução ou eliminação do efeito. Desta forma, tem sido atribuído a este grupo um efeito parasitofórico. Após metabolização do grupo nitro, principalmente em compostos nitro (hetero) aromáticos, sofre redução, originando espécies reativas, capazes de induzir danos no material genético ou em outros componentes celulares, culminando na morte celular.[18,19]

A ausência de seletiva bioativação pode contribuir com efeitos tóxicos ao hospedeiro, entre os quais as mais comumente descritas incluem: carcinogenicidade, hepatotoxicidade, mutagenicidade e supressão da atividade hematopoiética medular. Por isso, a utilização do grupo nitro na química farmacêutica e medicinal tem sido realizada com parcimônia, e vislumbram-se nos ensaios possíveis efeitos adversos decorrentes da sua presença. Todavia, os efeitos tóxicos podem não estar completamente restritos à presença do grupo nitro, pois outros componentes presentes na estrutura podem colaborar com efeitos indesejáveis, razão pela qual devem ser analisados. Alguns trabalhos relatam que estratégias de modificação molecular, a exemplo da latenciação de fármacos, pode reduzir os efeitos carcinogênicos e genotóxicos.[18,19]

Neste capítulo, os agentes tripanossomicidas utilizados na terapia antichagásica e contendo o grupo nitro estão classificados como: a) 2-nitroimidazol, representado pelo benznidazol (*N*-benzil-2-nitroimidazol-1-acetamida) e; b) 5-nitrofurano, representado pelo nifurtimox (4-[(5-nitrofurfurilideno)amino]-1,1-dióxido-3-metiltio-morfolina (Figura 1).

Benznidazol

O benznidazol é um derivado nitroimidazólico de nome químico *N*-benzil-2-(2-nitro-1*H*-imidazol-1-il) acetamida. É ativo contra as formas tripomastigotas

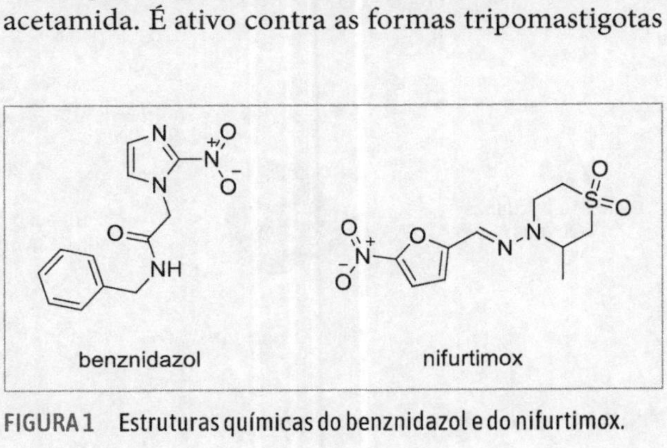

FIGURA 1 Estruturas químicas do benznidazol e do nifurtimox.

circulantes no sangue durante a fase aguda, mas é inefetivo na fase crônica.

Quanto aos aspectos macroscópicos e propriedades organolépticas, é um pó cristalino levemente amarelado, inodoro, insípido e estável ao ar. É muito pouco solúvel em água, levemente solúvel em etanol e em metanol, pouco solúvel em acetona (solúvel a 70 °C).

Após a administração por via oral, o fármaco é rapidamente absorvido pelo trato gastrintestinal, e a ligação às proteínas plasmáticas é da ordem de 44%. A concentração plasmática máxima (2,22 a 2,81 μg/mL) é alcançada em 2-4 horas. A meia-vida de eliminação é de aproximadamente 12 horas. Sofre metabolização hepática, e seus metabólitos são eliminados principalmente na urina.[16]

As reações adversas do benznidazol incluem náuseas, vômito, dor abdominal, graves reações cutâneas, às vezes acompanhada de febre e púrpura, sintomas de polineurites periféricas, cefaleia, vertigem, fadiga, leucopenia e trombocitopenia. É contraindicado em indivíduos com insuficiência renal ou hepática, afecções neurológicas, distúrbios da crase sanguínea e durante a gravidez. Uma importante interação medicamentosa ocorre com etanol, sendo este capaz de potencializar os efeitos adversos.[16]

Do ponto de vista conformacional, estudos demonstram que o oxigênio do grupo nitroimidazol é capaz de realizar ligação hidrogênio intramolecular com o átomo de nitrogênio (N-H) presente na amida, restringindo a conformação do fármaco.[20]

O mecanismo de ação do benznidazol não está completamente elucidado. Estudos sugerem que o fármaco catalisa a formação de espécies reativas de oxigênio por ação da nitrorredutase tipo I, o que culminaria na morte do *T. cruzi*. Outros estudos demonstram ainda que o benznidazol é bioativado pela enzima do parasita prostaglandina F sintase e/ou nitrorredutase tipo I, o que levaria à formação do glioxal, cuja função aldeído contribui com a formação de adutos após reação à base nitrogenada guanosina do DNA, o que causaria danos e morte celular (Figura 2).[21]

Foi demonstrado também que o benznidazol é capaz de inibir a enzima NADH-fumarato redutase do parasito envolvida na via glicolítica. Ademais, estudos mostram que, no hospedeiro, o fármaco promove aumento da fagocitose e causa danos aos parasitos através de um mecanismo sinérgico dependente da ação da interferona-gama (IFN-gama).[22,23] Leve atividade anti-inflama-

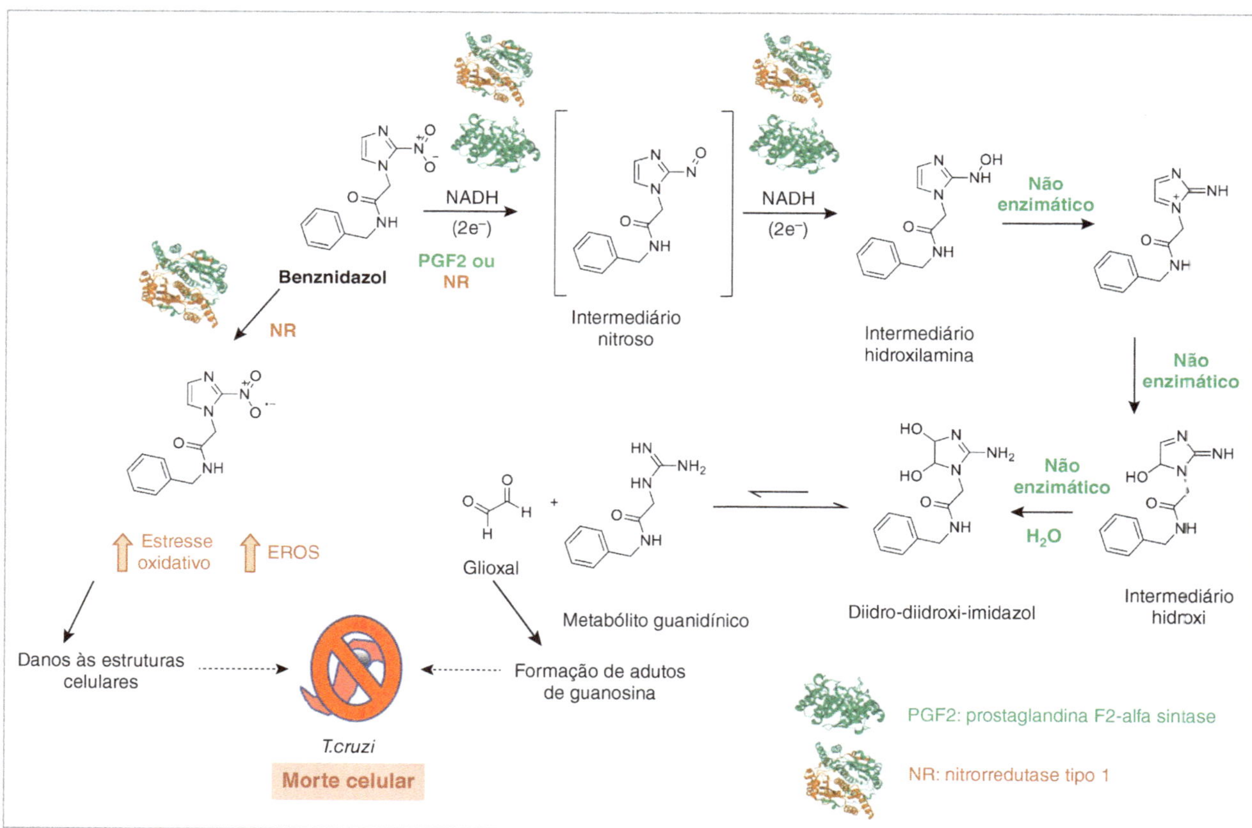

FIGURA 2 Bioativação do benznidazol.

tória tem sido descrita para o benznidazol, em função do aumento dos níveis de IL-10 e sua capacidade de modulação do eixo IL-10/STAT3/SOCS3.[24]

Apesar dos efeitos benéficos múltiplos, cepas resistentes ao fármaco já têm sido descritas. A superexpressão de proteínas envolvidas no reparo do DNA, após exposição ao benznidazol, é um dos possíveis mecanismos que poderiam justificar a resistência de algumas cepas ao fármaco.[25]

Nifurtimox

O nifurtimox, um derivado nitrofurânico, apresenta o nome químico *N*-3-metil-4-((5-nitrofurano-2-il-)metileno)amino)tiomorfolina 1,1-dióxido. Da mesma forma que o benznidazol, é ativo na fase aguda, mas não na fase crônica. Estudos apontam que, na fase aguda, a utilização do fármaco alcança taxas de cura de até 80%. Cepas argentinas e chilenas de *T. cruzi* são mais suscetíveis a este fármaco que cepas brasileiras.[13,16]

Quanto aos aspectos macroscópicos e propriedades organolépticas, o fármaco se apresenta como um sólido amarelo, solúvel em água, acetona e metanol. Após administração oral, o nifurtimox sofre intenso metabolismo pré-sistêmico, apresentando, assim, baixa biodisponibilidade. É observado pico de concentração plasmática máxima após 3,5 horas. A meia-vida de eliminação é de cerca de 3 horas, sendo que menos de 0,5% da dose é excretado de forma inalterada na urina.

As reações adversas que podem ocorrer com o uso de nifurtimox incluem reações cerebrais, como convulsões, vertigens, excitação, distúrbio do equilíbrio, desorientação, psicose, depressão, insônia e vômitos. Entretanto, o efeito adverso mais pronunciado e comumente encontrado nos pacientes é a anorexia.[13,16]

O fármaco apresenta mecanismo de ação pleiotrópico. Os nitrofuranos podem ser reduzidos por flavoproteínas, e a redução desses nitrocompostos pode ocorrer em ambiente aeróbico ou anaeróbico, envolvendo um processo de redução enzimática, como demonstrado na Figura 3. Em ambiente aeróbico, o radical nitroaniônico interage com o oxigênio do meio, formando o radical $O_2^{\cdot-}$. Esse processo é chamado de ciclo fútil. Tal radical reage com enzimas como a superóxido dismutase (SOD) para formar peróxido de hidrogênio (H_2O_2), que pode causar ruptura das membranas ou interagir com a enzima ferrodoxina, liberando espécies reativas tóxicas ($OH^{\cdot}$) para o microrganismo. Em condições anaeróbicas, o grupo nitro é geralmente reduzido ao derivado amino, e os principais intermediários metabólicos incluem os derivados aniônico, nitroso, radical Ar-$NO_2H^{\cdot+}$ e hidroxilamina. As espécies reativas de oxigênio (EROs), como os radicais hidroxil, ânion superóxido e peróxido de hidrogênio, induzem o estresse oxidativo, causando dano ao material genético do parasito e promovendo a peroxidação lipídica da membrana celular e, consequentemente, a morte do *T. cruzi*.[26-30]

Além disso, o nifurtimox é capaz de inibir a enzima tripanotiona redutase presente no parasito, o que diminui os níveis do antioxidante tripanotiona no meio intracelular, tornando o *T. cruzi* mais suscetível ao estresse oxidativo.[31] A tripanotiona redutase de *T. cruzi* (TcTR) é responsável por reduzir o seu substrato dissulfeto de tripanotiona (TS_2) em diidrotripanotiona ($T(SH)_2$), que reduz as EROs.[31,32]

Estudos de relação estrutura-atividade de derivados de nifurtimox demonstram que a subunidade nitrofurano é essencial para a atividade tripanomicida, em especial pela presença do grupo nitro. A substituição desse grupo parasitóforo leva à perda da atividade. O carbono imínico pode atuar como sítio eletrofílico, e sua redução a carbono hibridizado em sp3 leva à redução da atividade tripanomicida. O anel heterociclo pode ser substituído por isósteros, conforme representado na Figura 4. Estes heterociclos podem aumentar a capacidade de gerar o radical nitroaniônico e, consequentemente, o aumento dos níveis de EROs. Ainda em relação a este sistema, a metila em R dá origem ao composto com melhor perfil tripanocida. Quando essa substituição ocorre em outras posições (em mono, di ou tri-substituição em R_1, R_2 e/ou R_3), há redução da atividade.

A Figura 4 destaca ainda os metabólitos formados após biotransformação pela enzima nitrorredutase do tipo I (NTR I). Assim como se dá para o benznidazol, para o nifurtimox há formação dos intermediários nitroso e hidroxilamina. Após a formação deste último, ocorre a eliminação de uma molécula de água e a abertura do anel furano, metabólito inativo.

ALVOS TERAPÊUTICOS E DESENVOLVIMENTO DE NOVOS FÁRMACOS ANTICHAGÁSICOS

Face aos limitados recursos terapêuticos, a busca de novos fármacos para o tratamento da doença de Chagas é urgente. O estudo de fármacos seletivos ao *T. cruzi* e menos tóxicos ao homem tem sido o objetivo principal da investigação de novos agentes quimioterápicos. Nos últimos anos têm sido estudadas rotas metabólicas e alvos terapêuticos para o desenvolvimento de novos fármacos antichagásicos,[34-39] a saber: a) inibidores das

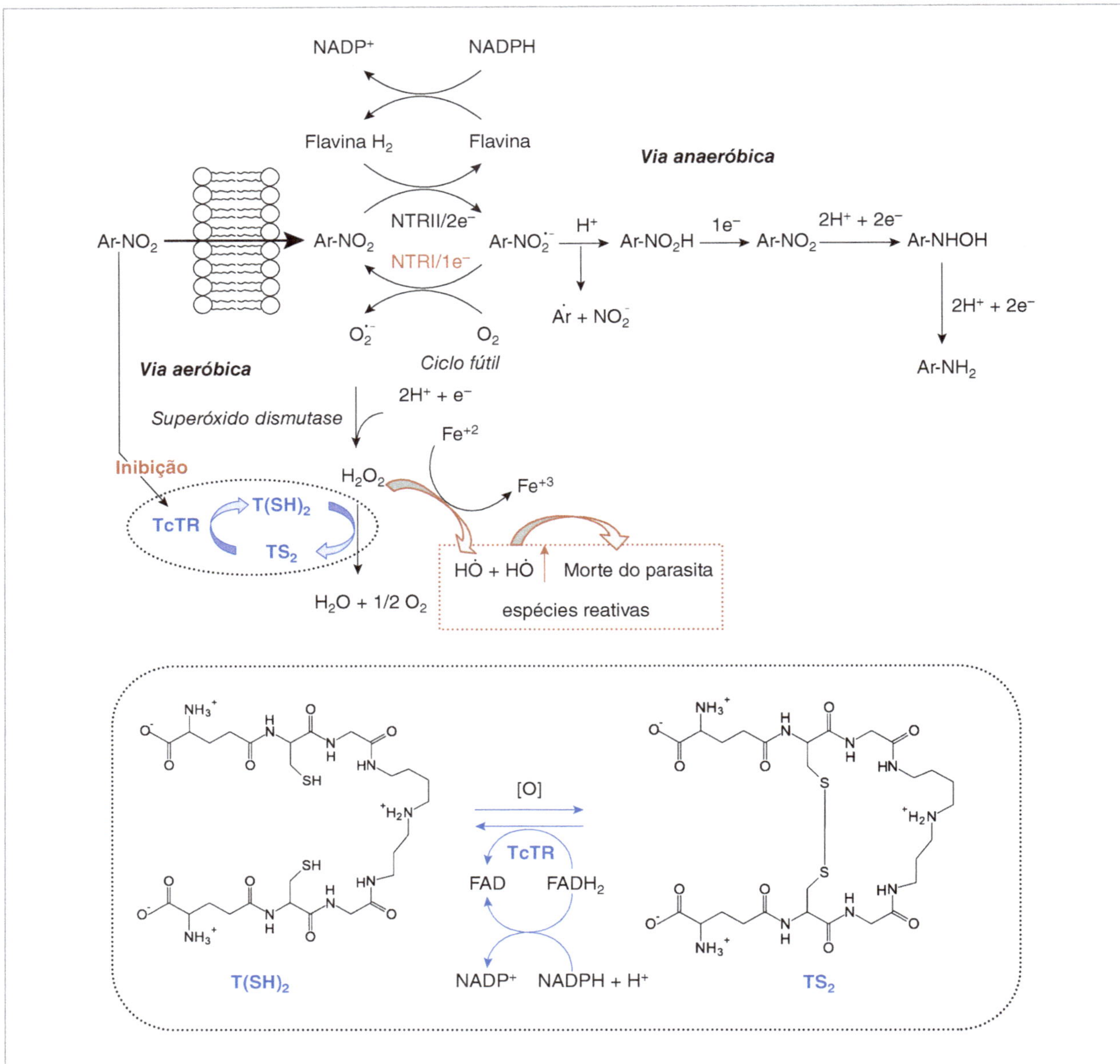

FIGURA 3 Mecanismo de ação de nitrofuranos. Formação de espécies reativas pela via aeróbica e ação de NTR I; e biorredução pela via anaeróbica e ação de NTR II, em compostos inativos amínicos. NTR I e II, nitrorredutases I e II; TcTR, tripanotiona redutase; T(SH)2, tripanotiona reduzida; TS2, tripanotiona oxidada.

diversas etapas da *biossíntese do ergosterol*, essencial para a composição estrutural de membranas, como HMG-CoA redutase, esqualeno sintase, farnesil pirofostafo sintase, CYP51 (C14 alfa-esterol demetilase); b) *via glicolítica* (glicólise), envolvida na produção de energia; c) *proteases*, a exemplo da cisteína protease e da cruzaína, enzimas responsáveis por exercer múltiplas funções que vão desde a invasão celular ao escape do parasita do sistema imune; d) *tripanotiona redutase*, enzima cujo metabolismo é dependente de grupos tióis e atua na defesa do *T. cruzi* contra o estresse oxidativo, o qual tem sido correlacionado como um dos fatores de virulência do parasita; e) *Sir2* (do inglês *silent information regulator 2*), pertencentes a enzimas histonas desacetilases de classe III e envolvidas na regulação de genes do *T. cruzi*; f) ferro superóxido dismutase; g) alterações mitocondriais; h) DNA topoisomerase; i) peroxidação do grupo heme, entre outros.

A discussão de potenciais alvos e os respectivos resultados dos estudos pré-clínicos podem ser encon-

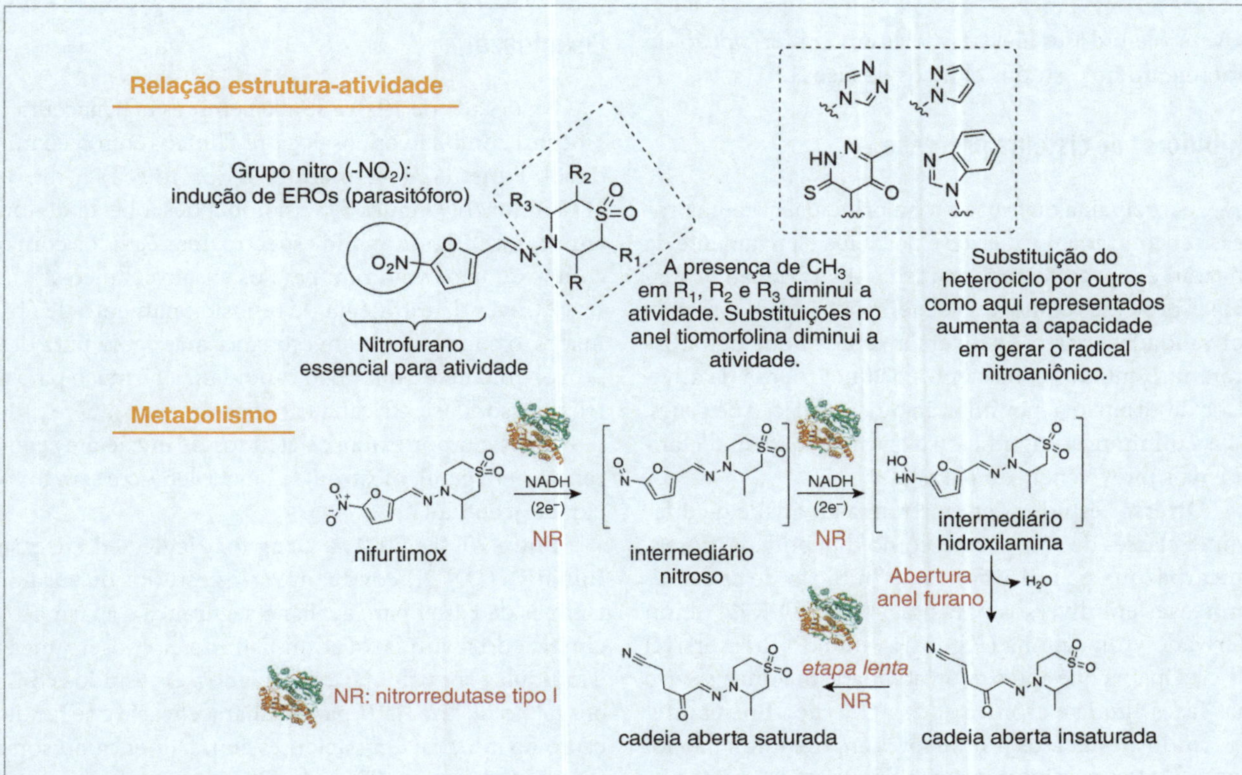

FIGURA 4 Relação estrutura-atividade de derivados nifurtimox.

trados em artigos de revisão da literatura.[34,40,41] Nesta seção serão apresentados e destacados somente os resultados de candidatos a fármacos que evoluíram até os respectivos estudos clínicos em algumas das vias citadas.

Inibidores da biossíntese de ergosterol

Intervenções no processo de biossíntese do ergosterol têm sido alvo de pesquisas que avançaram até a fase clínica, porém sem resultados positivos até meados de 2020. O *T. cruzi* necessita de uma variedade de esteróis para seu desenvolvimento e proliferação. Eles são estruturas essenciais para a formação de membranas, responsáveis por sua estabilização, fluidez e permeabilidade. Além disso, os esteróis modulam a atividade de receptores e canais iônicos.[13,23]

Diversos compostos têm sido investigados para atuar nesta via. Entre eles, os antifúngicos azólicos foram intensamente investigados em estratégias visando ao reposicionamento de fármacos. O posaconazol, por exemplo, avançou até os ensaios clínicos, com o objetivo de buscar um novo fármaco antichagásico (Figura 5).[42-44] Este atua inibindo a enzima esterol 14 alfa-desmetilase (CYP51), monoxigenase que catalisa a remoção do grupo 14-alfametil do lanosterol, reduzindo, dessa forma, os níveis de esteróis no *T. cruzi*.

O posaconazol apresentou atividade contra o *T. cruzi* em estudos *in vivo* em modelo crônico, além de demonstrar atividade em várias cepas de *T. cruzi* resistentes ao benznidazol e ao nifurtimox, como as cepas Y e colombiana. Entretanto, os resultados clínicos demonstraram que o posaconazol foi inferior à terapia padrão, possivelmente devido à baixa biodisponibilidade sistêmica. No mesmo período, ensaios em *T. cruzi* bioluminescente mostrou que o posaconazol não foi eficaz na fase crônica quando comparado ao benznidazol, o que deu maior embasamento à descontinuidade da pesquisa clínica.[42,43]

Outro representante azólico oriundo da estratégia de reposicionamento de fármacos foi o ravuconazol (Figura 5). Tanto ele quanto seu pró-fármaco éster fosfato (denominado E-1224) exibiram potente atividade *in vitro* contra várias cepas de *T. cruzi*, porém o perfil farmacocinético desfavorável em animais, principalmente do ravuconazol, desmotivou futuras investigações. O pró-fármaco E-1224 chegou a avançar para a fase clínica, mas os resultados não foram superiores quando comparados ao benznidazol. Além disso, graves efeitos adversos em doses elevadas levaram à interrupção do tratamento nos estudos clínicos de fase II.[45]

Inibidores de cisteína protease

A cruzipaina ou cruzaina é a principal cisteína protease encontrada no *T. cruzi* e participa efetivamente da invasão e reprodução do parasita. A utilização de cisteínas proteases como alvo da terapia tripanossomicida foi validada a partir de diversos estudos que demonstraram resultados consistentes de que a perda da atividade dessa enzima, por inibição ou por deleção de genes, causa diminuição significativa da capacidade infectante e da sobrevivência do parasita.[46]

Diversos estudos demonstram a atividade de diferentes classes de compostos, como dipeptídeos, tiossemicarbazona e vinilsulfonas na inibição de cisteínas proteases em diversos parasitas.[15,28,34,41] O K777 é um derivado vinil sulfona (Figura 5), inibidor irreversível de cruzipaína que apresentou atividade *in vitro* e *in vivo* nas fases aguda e crônica contra *T. cruzi*. Entretanto, apesar dos resultados promissores em roedores, não foi aprovado nos ensaios de tolerabilidade em primatas não humanos e cães.[47]

Inibidores da tripanotiona redutase

A tripanotiona redutase (TcTR) assume no *T. cruzi* o mesmo papel da glutationa presente em muitos organismos, inclusive o humano. Ela atua em processos regulatórios e de defesa contra agentes oxidantes, metais pesados e outros xenobióticos, sendo um dos alvos dos compostos nitrofuranos, a exemplo do nifurtimox.[33,48,49]

Diversas classes de substâncias têm demonstrado atividade inibitória dessa enzima.[31,33] Em 1988, Henderson e colaboradores constataram a inibição da tripanotiona redutase por naftoquinonas e nitrofuranos. Entre os nitrofuranos, aquele denominado nitrofural (Figura 5), demonstrou atividade tripanomicida decorrente da inibição da enzima TcTR.[33] Brener, em 1969, demonstrou alta atividade antichagásica do nitrofural em humanos, provocando, entretanto, muitos efeitos adversos, como anorexia, perda de peso, parestesias e polineuropatia sensitiva, o que inviabilizou o uso.[13,50]

O hidroximetilnitrofural é um pró-fármaco do nitrofural com melhor perfil farmacocinético e reduzida toxicidade em comparação ao fármaco parental (Figura 5). Estudos têm demonstrado atividade em fase crônica em animais infectados com várias cepas de *T. cruzi*, bem como menor toxicidade que o benznidazol.[51-53]

Fexinidazol

Na década de 1970 e 1980, a empresa farmacêutica Hoechst conduziu os ensaios pré-clínicos com o fexinidazol, 1-metil-2-((4-(metiltio)fenoxi)metil)-5-nitro-1*H*-imidazol (Figura 5), visando à descoberta de um antiprotozoário de amplo espectro, mas estudos com o composto não evoluíram para os ensaios clínicos.[55]

Através da estratégia de reposicionamento de fármacos, o composto foi investigado, mas agora para desenvolvimento de um novo candidato a fármaco para a tripanossomíase africana (doença do sono). O fexinidazol passou por extensos estudos de eficácia e segurança e, em geral, mostrou-se bem tolerado e sem toxicidade acentuada.[55]

Entre 2010 e 2011, a Drug for Neglected Disease Initiative (DNDi) conduziu vários estudos de ensaios clínicos de Fase I para avaliar a segurança e a farmacocinética do fexinidazol administrado em doses únicas e múltiplas em voluntários humanos. Os estudos clínicos piloto de fase II/III para avaliar a eficácia e segurança do fexinidazol em pacientes com a doença do sono foram iniciados em 2012. Até 2016, os resultados obtidos como fármaco demonstravam perfil de segurança e tolerabilidade adequados nos pacientes tratados. Em 2018, a Agência Europeia de Medicamentos aprovou e recomendou o uso do fexinidazol como o primeiro tratamento exclusivamente oral contra a *tripanossomíase africana humana* (TAH), a doença do sono.[56]

Para a doença de Chagas, o fexinidazol foi avaliado em modelos experimentais (camundongos) para o tratamento durante as fases aguda e crônica causadas por diferentes cepas de *T. cruzi*. Esse estudo comparou a eficácia do benznidazol com a do fexinidazol (usado em doses mais elevadas) contra a cepa CL de *T. cruzi* suscetível ao benznidazol. Foi observado efeito superior do fexinidazol em cepas resistentes ao benznidazol (cepas VL-10 e colombiana) e em cepas Y (parcialmente resistentes). Além disso, o fexinidazol também foi capaz de reduzir a miocardite em animais infectados com as cepas VL-10 e colombiana.[55]

Esses resultados estimularam, em 2014, a realização do ensaio clínico de fase II com a finalidade de caracterizar a eficácia do fexinidazol em pacientes portadores da doença (prova de conceito).[57] A pesquisa, finalizada em 2019, aponta resultados promissores de que esse fármaco venha a ser o primeiro para o tratamento da doença de Chagas após um longo período de 50 anos.[58]

O mecanismo de ação do fexinidazol ainda não foi elucidado, mas parece ser ativado por biorredução, atuan-

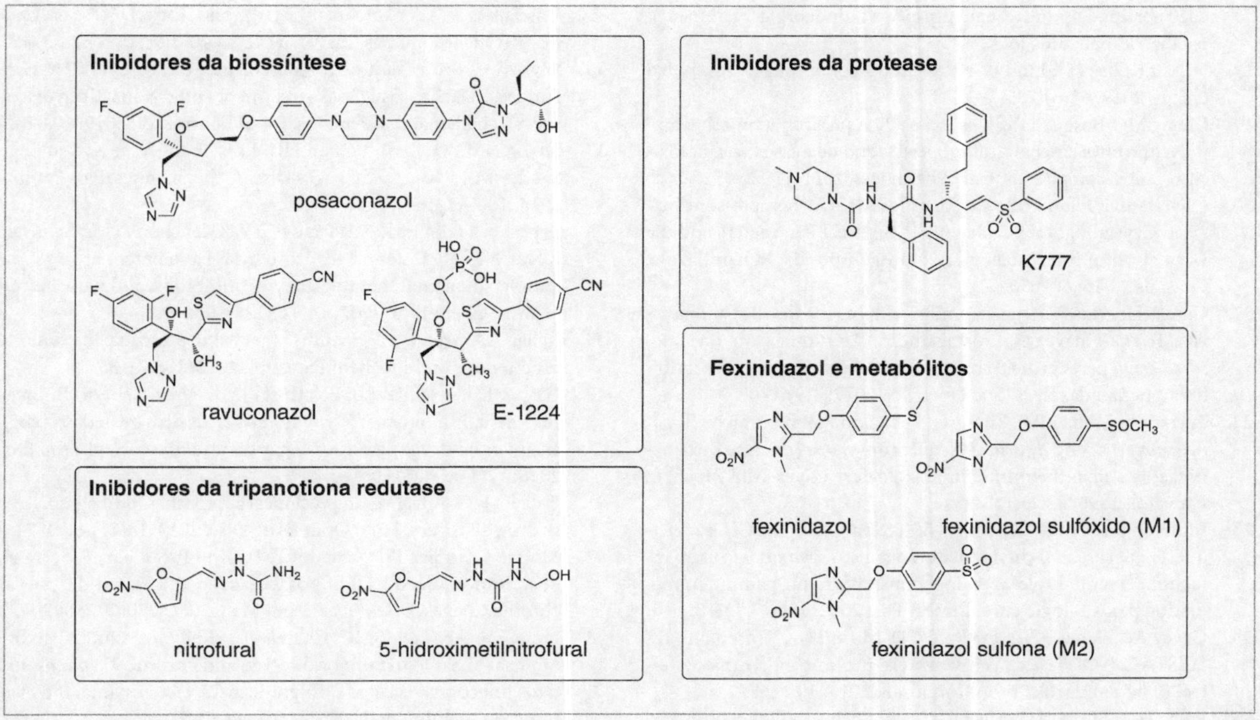

FIGURA 5 Candidatos a fármacos antichagásicos.

do como pró-fármaco que sofre oxidação *in vivo*, gerando os metabólitos sulfóxido (M1) e sulfona (M2) (Figura 5), sendo este último mais ativo. O fexinidazol sulfona (M2) é potente contra uma variedade de cepas *T. cruzi*.[55]

Até a finalização deste capítulo, os dados clínicos do fexinidazol ainda não tinham sido publicados e tampouco o fármaco aprovado pelos órgãos regulatórios para a doença de Chagas.

REFERÊNCIAS BIBLIOGRÁFICAS

1. Goldbaum M, Barreto ML. Commentary: the contribution and example of Carlos Chagas. Internat J Epidemiol. 2008; 37(4):697-8.
2. World Health Organization (WHO). Chagas disease (American trypanosomiasis). What is Chagas disease? [internet] [acesso em: 2020 abr 20]. Disponível em: https://www.who.int/chagas/disease/en/
3. Dias JC, Ramos AN Jr, Gontijo ED, et al. II Consenso Brasileiro em Doença de Chagas, 2015. Epidemiol Serv Saúde. 2016; 25:7-86.
4. Lidani KCF, Andrade FA, Bavia L, Damasceno FS, Beltrame MH, Messias-Reason IJ, et al. Chagas Disease: from discovery to a worldwide health problem. Front Public Health. 2019; 7:166.
5. Cortez J, Ramos E, Valente C, Seixas J, Vieira A. A expressão global da doença de Chagas. Acta Med Port. 2012; 25(5):332-9.
6. Schmunis GA. Epidemiology of Chagas Disease in non-endemic countries: the role of international migration. Mem Inst Oswaldo Cruz. 2007; 102:75-85.
7. Silva-dos-Santos D, Barreto-de-Albuquerque J, Guerra B, Moreira OC, Berbert LR, Ramos MT, et al. Unraveling Chagas disease transmission through the oral route: gateways to Trypanosoma cruzi infection and target tissues. PLoS Negl Trop Dis. 2017; 11(4):e0005507.
8. Nóbrega AA, Garcia MH, Tatto E, Obara MT, Costa E, Sobel J, et al. Oral transmission of Chagas Disease by consumption of açaí palm fruit, Brazil. Emerging Infect Dis. 2009; 15:653-5.
9. Cevallos AM, Hernández R. Chagas' Disease: pregnancy and congenital transmission. Bio Med Res Intern. 2014; 2014:401864.
10. Carlier Y, Sosa-estani S, Luquetti AO, Buekens P. Congenital Chagas disease: an update. Mem Inst Oswaldo Cruz. 2015; 110(3):363-8.
11. Dias JCP. A doença de Chagas e seu controle na América Latina: uma análise de possibilidades. Cad Saúde Pública.1993; 9(2):201-9.
12. Centers for Diseases Control and Prevention (CDC) [página na internet]. Parasites – American Tryoanosomiasis (also known as Chagas Disease). [internet] [acesso em: 2020 abr 20] Disponível em: https://www.cdc.gov/parasites/chagas/biology.html.
13. Coura JR, Cançado JR. A história da terapêutica da doença de Chagas. Portal da Doença de Chagas, Fiocruz. [internet] [acesso em: 2020 abr 20]. Disponível em: http://chagas.fiocruz.br/tratamento/.
14. Brener Z. Recent advances in the chemotherapy of Chagas' Disease. Mem Inst Oswaldo Cruz. 1984; 79:149-56.
15. Coura JR, Castro SL. A critical review on Chagas Disease chemotherapy. Mem Inst Oswaldo Cruz. 2002; 97(1):3-24.
16. Consejo Nacional de Investigaciones Científicas y Técnicas (CONICET). Protocolo clínico e diretrizes terapêuticas da doença de Chagas. Relatório de Recomendações MS. 2018. [internet] [acesso em: 2020 abr 20]. Disponível em: http://conitec.gov.br/images/Relatorios/2018/Recomendacao/Relatorio_PCDT_Doenca_de_Chagas.pdf.
17. Drugs for Neglected Diseases initiative (DNDi). Paediatric benznidazole to treat Chagas disease. 2020. [internet] [acesso em:

2020 abr 20]. Disponível em: https://www.dndi.org/achievements/paediatric-benznidazole/.

18. Nepali K, Lee HY, Liou JP. Nitro-group-containing drugs. J Med Chem. 2019; 62(6):2851-93.
19. Chung MC, Bosquesi PL, Dos Santos JL. A prodrug approach to improve the physico-chemical properties and decrease the genotoxicity of nitro compounds. Curr Pharm Des. 2011; 17(32):3515-26.
20. Oliveira BG, Filho EBA, Vasconcellos MLAA. Comparisons between Crystallography Data and Theoretical Parameters and the Formation of Intramolecular Hydrogen Bonds: Benznidazole. Crystals. 2016; 6(5):56.
21. García-Huertas P, Mejía-Jaramillo AM, Machado CR, Guimarães AC, Triana-Chávez O. Prostaglandin F2α synthase in *Trypanosoma cruzi* plays critical roles in oxidative stress and susceptibility to benznidazole. R Soc Open Sci. 2017; 4(9):170773.
22. Turrens JF, Watts BP Jr, Zhong L, Docampo R. Inhibition of *Trypanosoma cruzi* and *T. brucei* NADH fumarate reductase by benznidazole and anthelmintic imidazole derivatives. Mol Biochem Parasitol. 1996; 82(1):125-9.
23. Romanha AJ, Alves RO, Murta SM, Silva JS, Ropert C, Gazzinelli RT. Experimental chemotherapy against *Trypanosoma cruzi* infection: essential role of endogenous interferon-gamma in mediating parasitologic cure. J Infect Dis. 2002; 186(6):823-8.
24. Cevey ÁC, Penas FN, Alba Soto CD, Mirkin GA, Goren NB. IL-10/STAT3/SOCS3 axis is involved in the anti-inflammatory effect of benznidazole. Front Immunol. 2019; 10:1267.
25. Rajão MA, Furtado C, Alves CL, Passos-Silva DG, de Moura MB, Schamber-Reis BL et al. Unveiling benznidazole's mechanism of action through overexpression of DNA repair proteins in *Trypanosoma cruzi*. Environ Mol Mutagen. 2014; 55(4):309-21.
26. Do campo R, Moreno SNJ, Stoppani AOM, Leon W, Cruz SF, Villalta F, et al. Mechanism of nifurtimox toxicity in different forms of *Trypanosoma cruzi* Biochem Pharmacol. 1981; 30(14):1947-51.
27. Boiani M, Piacenza L, Hernandez, P, Boiani L, Cerecetto H , Gonzalez M, Denicola A. Mode of action of nifurtimox and *N*-oxide-containing heterocycles against *Trypanosoma cruzi*: Is oxidative stress involved? Biochem Pharmacol. 2010; 79:1736-45.
28. Piacenza L, Peluffo G, Alvarez MN, Martinez A, Radi R. *Trypanosoma cruzi* antioxidant enzymes as virulence factors in Chagas Disease. Antiox Redox Signal. 2012; 19(7):1-12.
29. Streeter AJ, Hoener B-A. Evidence for the involvement of a nitrenium ion in the covalent binding of nitrofurazone to DNA. Pharm Res. 1988; 5:434-6.
30. Hall BS, Bot C, Wilkinson SR. Nifurtimox activation by trypanosomal type I nitroreductases generates cytotoxic nitrile metabolites. J Biol Chem. 2011; 286(15):13088-95
31. Paixão VG, Pita SSR. Triagem virtual aplicada na busca de inibidores da tripanotiona redutase de *Trypanosoma cruzi* utilizando a base de dados de produtos naturais do semiárido baiano (NatProDB). Rev Virtual Quim. 2016, 8(5):1289-310.
32. Beig M, Oellien F, Garoff L, Noack S, Krauth-Siegel RL, Selzer PM. Trypanothione Reductase: A Target protein for a combined *in vitro* and *in silico* screening approach. PLoS Negl Trop Dis. 2015; 9(6):e0003773.
33. Henderson GB, Ulrich P, Fairlamb AH, Rosenberg I, Pereira M, Sela M, et al. "Subversive" substrates for the enzyme trypanothione disulfide reductase: alternative approach to chemotherapy of Chagas disease. Proc Natl Acad Sci USA. 1988; 85(15):5374-8.
34. Scarim CB, Jornada DH, Chelucci RC, de Almeida L, Dos Santos JL, Chung MC. Current advances in drug discovery for Chagas disease. Eur J Med Chem. 2018; 155:824-38.
35. Duschak VG. Major kinds of drug targets in Chagas Disease or American Trypanosomiasis. Curr Drug Targets. 2019; 20(11):1203-16.
36. Silva ACC, Brelaz-de-Castro MCA, Leite ACL, Pereira VRA, Hernandes, MZ. Chagas Disease treatment and rational drug discovery: a challenge that remains. Front Pharmacol. 2019; 10:873.
37. Shang N, Li Q, Ko TP, Chan HC, Li J, Zheng Y, et al. Squalene Synthase as a target for Chagas Disease therapeutics. Plos Pathog. 2014; 10(5):1-16.
38. Lepesheva GI, Ott RD, Hargrove TY, Kleshchenko YY, Schuster I, Nes WD, et al. Sterol 14α-demethylase as a potential target for antitrypanosomal therapy: enzyme inhibition and parasite cell growth. Chem Biol. 2007; 14(11):1283-93.
39. Religa AA, Waters AP. Sirtuins of parasitic protozoa: in search of function(s). Mol Biochem Parasitol. 2012; 185:71-88
40. Gaspar L, Coron RP, Lin PK, Costa DM, Perez-Cabezas B, Tavares J, et al. Inhibitors of *Trypanosoma cruzi* Sir2 related protein 1 as potential drugs against Chagas disease. PLoS Negl Trop Dis. 2018; 12(1):e0006180.
41. Villalta F, G. Advances in preclinical approaches to Chagas Disease drug discovery. J Exp Opin Drug Disc. 2019; 14(11):1161-74
42. Molina I, Gomez IPJ, Salvador F, Treviño B, Sulleiro E, Serre N, et al. Randomized trial of posaconazole and benznidazole for chronic Chagas' Disease. N Engl J Med. 2014; 370(20):1899-908.
43. Francisco AF, Taylor MC, Chatelain E, Kelly JM. Limited ability of posaconazole to cure both acute and chronic *Trypanosoma cruzi* infections revealed by highly sensitive *in vivo* imaging. Antimicrob Agents Chem. 2015; 59(8):4653-61.
44. ClinicalTrials. A study of the use of oral posaconazole (POS) in the treatment of asymptomatic chronic Chagas disease (P05267) (STOP CHAGAS). [internet] [acesso em: 2020 mar 27]. Disponível em: http://clinicaltrials.gov/show/NCT01377480.
45. ClinicalTrials. Proof-of-concept study of E1224 to treat adult patients with Chagas disease. [internet] [acesso em: 2020 mar 27]. Disponível em: http://clinicaltrials.gov/show/NCT01489228.
46. Siqueira-Neto JL, Debnath A, McCall L-I, Bernatchez JA, Ndao M, Reed SL, et al. Cysteine proteases in protozoan parasites. PLoS Negl Trop Dis. 2018; 12(8):e0006512.
47. Drugs for Neglected Diseases initiative (DNDi). K777 (Chagas). [internet] [acesso em: 2020 abr 20]. Disponível em: https://www.dndi.org/diseases-projects/portfolio/completed-projects/k777/.
48. Fairlamb AH, Cerami A. Metabolism and functions of trypanothione in the kinetoplastida. Annu Rev Microbiol. 1992; 46:695-29.
49. Flohé L. The trypanothione system and its implications in the therapy of trypanosomatid diseases. Int J Med Microbiol. 2012; 302(4-5):216-20.
50. Andrade ZA, Brenner Z. Ação da nitrofurazona (5-nitro-2-furaldeídos semicarbazona) sobre as formas intracelulares do *Trypanosoma cruzi* na doença de Chagas experimental. Rev Inst Med Trop. 1969; 11(3):222-8.
51. Chung MC, Bosquesi PL, Dos Santos JL. A prodrug approach to improve the physico-chemical properties and decrease the genotoxicity of nitro Compounds. Curr Pharm Des. 2011; 32:3515-26.
52. Davies C, Dey N, Negrette OS, Parada LA, Basombrio MA, Garg NJ. Hepatotoxicity in mice of a novel anti-parasite drug candidate hydroxymethylnitrofurazone: a comparison with benznidazole. PLOS Negl Trop Dis. 2014; 8(10):e3231.
53. Scarim CB. Hidroximetilnitrofural (NFOH): estudo da atividade em fase aguda e crônica da doença de Chagas em modelo animal, infectados com cepas Bolívia (TcI) e CL Brener bioluminescente (TcIV) de *T. cruzi*. [tese de doutorado]. Araraquara: Faculdade de Ciências Farmacêuticas, Universidade Estadual Júlio de Mesquita Filho; 2020. 189 p.

54. Bahia MT, De Andrade IM, Martins TA, Nascimento AF, Diniz LDE, Caldas IS, et al. Fexinidazole: a potential new drug. candidate for Chagas Disease. Plos Negl Trop Dis. 2012; 6(11):1-9.
55. Deeks ED. Fexinidazole: first global approval. Drugs 2019; 79(2):215-20.
56. Drugs for Neglected Diseases initiative (DNDi). Fexinidazole to treat sleeping sickness. [internet] [acesso em: 2020 abr 20]. Disponível em: https://www.dndi.org/achievements/fexinidazole/.
57. ClinicalTrials. Study to evaluate fexinidazole dosing regimens for the treatment of adult patients with Chagas Disease. 2016 [internet] [acesso em: 2020 set 10]. Disponível em: http://clinicaltrials.gov/show/ NCT02498782 .
58. Drugs for Neglected Diseases initiative (DNDi). R&D portfolio in review: Chagas disease. 2019. [internet] [acesso em: 2020 abr 20]. Disponível em: https://www.dndi.org/2020/media-centre/news-views-stories/news/chagas-rnd-portfolio-update/.

CAPÍTULO 32

Leishmanicidas

Soraya da Silva Santos

INTRODUÇÃO

De acordo com a Organização Mundial da Saúde (OMS), a leishmaniose é uma das vinte doenças tropicais negligenciadas que afeta regiões de extrema pobreza. A leishmaniose consiste em um grupo de doenças causadas por 20 espécies diferentes de protozoários flagelados do gênero *Leishmania*. É um grande problema de saúde pública, prevalente na África, América Latina, Ásia, bacia do Mediterrâneo e Oriente Médio. Oitenta e oito países são acometidos por esta enfermidade, dos quais 72 estão em desenvolvimento, com cerca de 350 milhões de pessoas sob o risco de adquirir a doença.[1-7]

A principal forma de transmissão dos parasitas ocorre através da picada de flebotomíneos. Os vetores responsáveis pela transmissão do parasita são mosquitos hematófagos do gênero *Phlebotomus* (na Ásia) e do gênero *Lutzomyia* (nas Américas).[8-13]

O parasita apresenta duas formas evolutivas principais: amastigota e promastigota. O flebotomíneo, por meio da picada, inocula promastigotas, que é a forma infecciosa no mamífero (reservatório). Os promastigotas são fagocitados pelas células fagocitárias, nas quais se transformam em amastigotas, que é a forma intracelular. Assim, sobrevivem e se multiplicam no interior dos vacúolos fagocíticos, promovendo o rompimento celular e a liberação de novos amastigotas no sangue, que serão fagocitados por outras células. Dessa forma, ocorre a disseminação e a contaminação das células do sistema retículo-endotelial em vários tecidos, como baço, medula óssea, fígado e linfonodos. O vetor é infectado por meio da alimentação, quando ingere o parasita do hospedeiro (Figura 1).[6,12-16]

MANIFESTAÇÕES CLÍNICAS E AGENTES CAUSADORES

A leishmaniose apresenta diferentes manifestações clínicas, que variam entre a forma assintomática a até três formas clínicas principais (cutânea, mucocutânea e visceral).[5,6,11,16,17] Cerca de 20 espécies de *Leishmania* foram identificadas como capazes de transmitir e desencadear essas diferentes manifestações clínicas da doença.[5,16-19]

Leishamniose cutânea

É a forma mais comum, caracterizada pelo desenvolvimento de lesões ulcerosas e escamosas na pele (face, braços e pernas), que podem ser localizadas ou difusas, perduram por vários meses e, na maioria dos casos, são resolvidas pela atividade de células T. A cura ocorre por reepitelização, com a formação de cicatrizes, muitas vezes, desfigurantes.[6,17,20-23]

A leishmaniose cutânea é causada por *L. mexicana* (América Central e do Sul), *L. tropicana* (países do Oriente) e *L. major* (África e Ásia). No Brasil, o gênero que provoca este tipo de manifestação é a *L. braziliensis*. Outras espécies que também podem provocar a forma cutânea são: *L. guyanensis*, *L. panamensis*, *L. peruviana*, *L. mexicana*, *L. amazonensis* e *L. venezuelensis*.[6,12,17,19-24]

Leishmaniose mucocutânea

O principal agente etiológico da leishmaniose mucocutânea é a *L. braziliensis*.[24] Essa forma da doença é causada pela reativação de infecção latente, após a lesão

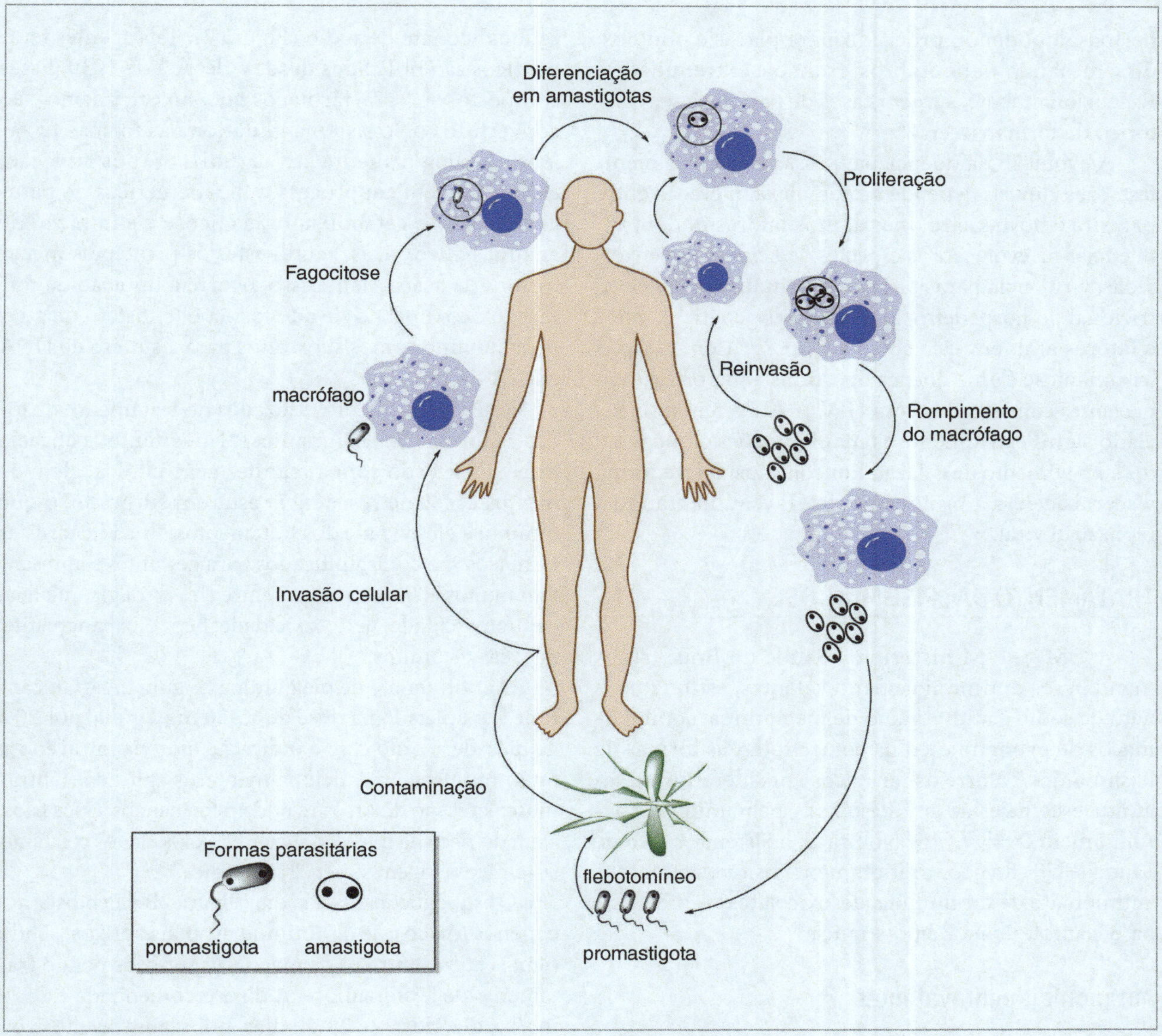

FIGURA 1 Ciclo evolutivo da *Leishmania*.

cutânea primária, embora, em alguns casos, não haja histórico de infecção primária. Os principais locais de acometimento são o septo nasal e a região orofaríngea.[25,26] A leishmaniose mucocutânea pode causar lesões terrivelmente mutilantes das partes moles do nariz, lábios, palato mole, que tendem a se estender para as áreas adjacentes.[6,17,19,27]

Leishmaniose visceral ou calazar

A leishmaniose visceral, também conhecida como calazar, é causada principalmente por *L. donovani*, mas pode ser provocada por *L. infatum* (África e Ásia) e *L. chagasi* (Américas).[6,19,28-30]

Esta é a forma mais grave da doença e, se não tratada, apresenta taxa de mortalidade de quase 100%. É a doença parasitária mais mortal depois da malária. Caracteriza-se clinicamente por febre alta e calafrios por mais de duas semanas, fadiga, perda de apetite, abdômen edemaciado devido à hepatoesplenomegalia, anemia, hemorragias, emagrecimento progressivo evidente, mucosas descoradas, manifestações intestinais (diarreia) e respiratórias (tosse).[6,8,11,15,17,28-32]

A leishmaniose dérmica pós-calazar ocorre devido à persistência dos parasitas após o tratamento da leishmaniose visceral causada pela *L. donovani*. Esta condição clínica é caracterizada por proliferação progressiva, que resulta em erupções cutâneas eritematosas na região perinasal, podendo progredir para placas e nódulos, disseminando para ombros, tronco e extremidades. Excepcionalmente, surgem casos de pacientes sem histórico da forma visceral.[6,32,33]

A evolução da doença para essas diferentes manifestações clínicas depende da complexa interação entre parasita e hospedeiro, mas alguns fatores podem influenciar na evolução: as espécies de *Leishmania* envolvidas, virulência parasitária, estado imunológico e nutricional do hospedeiro, idade, fatores genéticos, vetor e fatores ambientais e sociais.[6,12,15,17,32] Além disso, a leishmaniose é uma doença oportunista importante em pacientes coinfectados com HIV. A AIDS tem influenciado significativamente as manifestações clínicas e o desenvolvimento de calazar. Em contrapartida, a forma visceral acelera a progressão do HIV, aumentando a replicação viral.[6,12,32]

TRATAMENTO DA LEISHMANIOSE

A OMS e o Ministério da Saúde do Brasil recomendam os antimoniais pentavalentes, estibogluconato de sódio e antimoniato de meglumina, como fármacos de primeira escolha contra todas as formas de leishmaniose. Entre os fármacos considerados de segunda escolha estão anfotericina B, pentamidina e paromomicina.[6,16,17,23,32,34,35] No Brasil, o Sistema Único de Saúde (SUS) fornece gratuitamente os medicamentos antimoniato de meglumina, desoxicolato de anfotericina B e anfotericina B lipossômica.[35]

Antimoniais pentavalentes

Existem dois antimoniais em uso clínico, ambos pentavalentes (SbV): o antimoniato de meglumina e o estibogliconato de sódio (Figura 2). Tais agentes terapêuticos são utilizados desde a década de 1930. Esses compostos são pró-fármacos que, no organismo, são convertidos pelo sistema glutationa às formas trivalentes biologicamente ativas (SbIII). Após ativação, eles interferem em processos bioenergéticos do patógeno, como o catabolismo de glicose e a inibição de enzimas glicolíticas, sendo estes os principais mecanismos de ação. Além disso, ocorre a inibição da formação de trifosfato de adenosina e trifosfato de guanosina, importantes substratos para a síntese de DNA e RNA do parasita.[36]

Esses fármacos são utilizados no tratamento de todas as formas de leishmaniose. No entanto, a eficácia difere de acordo com a manifestação clínica, além de muitos casos de resistência estarem surgindo, o que diminui a efetividade dos tratamentos. Em adição, estes fármacos são contraindicados para gestantes e apresentam muitos efeitos adversos, entre eles artralgia, mialgia, cardiotoxicidade, nefrotoxicidade, hepatite, pancreatite, náuseas e vômitos.[6,17,19,32,37]

O antimoniato de meglumina (Figura 2A – Glucantime®) é utilizado na dose de 15-20 mg/kg/dia, por 20 a 40 dias, de acordo com a indicação, por via intravenosa ou intramuscular. Adicionalmente, as aplicações intramusculares são dolorosas e podem formar abscessos frios, além do risco de infecção secundária. Os efeitos colaterais sistêmicos exigem supervisão médica.[6,9,35,38,39]

O estibogliconato de sódio (Figura 2B – Pentostam®) é menos tóxico que os antimoniais mais antigos, sendo o mais eficaz entre os fármacos disponíveis para o tratamento de leishmaniose. A dose recomendada é de 20 mg/kg/dia, durante 28-30 dias, por via intravenosa ou intramuscular. Para ambos os medicamentos, não se recomendam doses superiores a 850 mg/dia.[6,27,37-39]

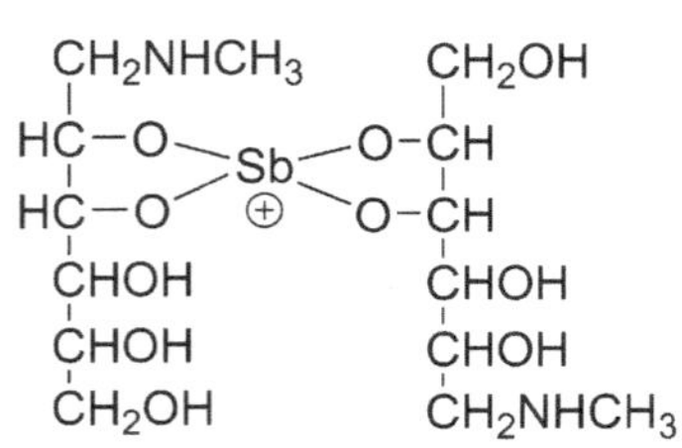

(1)

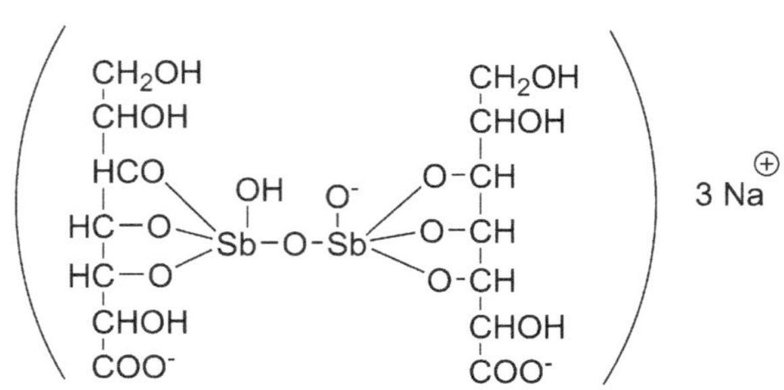

(2)

FIGURA 2 Antimoniais pentavalentes (A) antimoniato de meglumina e (B) estibogliconato de sódio.

Anfotericina B

A anfotericina B (Figura 3) pertence à classe de antibióticos poliênicos, foi isolada de *Streptomyces nodosus*, e introduzida no início dos anos 1960. A atividade leishmanicida de anfotericina B é atribuída à afinidade seletiva pelo ergosterol (esterol que constitui a membrana plasmática da *Leishmania*, homólogo ao colesterol, mas específico do parasita). Na membrana, a anfotericina promove a formação de poros aquosos que, por ação osmótica, provocam a lise celular.[36]

Nos países em que foram observados casos de resistência aos antimoniais pentavalentes, a anfotericina B é utilizada como tratamento de primeira escolha, com taxas de cura entre 90-95%. No entanto, existem relatos de resistência a este fármaco.[6,35,40]

A anfotericina B consiste em uma lactona macrocíclica, que tem uma região hidrofílica e uma porção lipofílica. A região hidrofílica é composta por vários álcoois, um ácido carboxílico e um aminoaçúcar, o que confere caráter anfotérico ao fármaco. Além disso, esta região é responsável pela formação do canal hidrofílico na membrana celular do parasita, que permite a passagem de sais minerais e água. Já a porção lipofílica é composta por sete duplas ligações conjugadas, dado que essa região interage com o presente na membrana do parasita.[36]

As desvantagens da anfotericina B são: baixa solubilidade aquosa, o que resulta na sua baixa biodisponibilidade e alta toxicidade, e a administração parenteral por infusão lenta. Dentre os efeitos adversos, destacam-se febre, calafrios, hipotensão e grave nefrotoxicidade.[6,16,17,41]

Com o intuito de resolver o problema da solubilidade em água, desenvolveram-se diferentes formulações de anfotericina B. Assim, existe o complexo com o ácido desoxicólico, que resultou no desoxicolato de anfotericina B, de administração intravenosa. Mais recentemente, a toxicidade da anfotericina B tem sido reduzida pelo desenvolvimento de formulações de encapsulação lipossômica, complexo lipídico e dispersão coloidal. Não está claro como essas novas formulações diminuem a toxicidade, mas a alteração da distribuição é um fator importante. Os tecidos infectados apresentam maior permeabilidade vascular em relação aos tecidos normais, de maneira que as grandes partículas suspensas das formulações lipídicas podem penetrar mais rapidamente no local da infecção do que no tecido saudável. Com isso, o resultado é o transporte seletivo do medicamento no local da infecção.[36]

A dose de anfotericina B lipossômica recomendada é de 2,5 mg/kg/dia durante 20 dias. As formulações lipídicas podem ser especialmente úteis a pacientes que não respondem ao tratamento com antimoniais. No entanto, o alto custo desta apresentação farmacêutica dificulta o uso em populações carentes, que, em geral, são as mais acometidas por essa doença.[6,16,17,19,32,37,40-46]

Pentamidina

A pentamidina (Figura 4) é uma diamidina aromática, de administração intravenosa, recomendada como fármaco de segunda escolha devido aos efeitos adversos que provoca. É utilizada como alternativa aos pacientes que não respondem ao tratamento com antimoniais ou formulações lipídicas de anfotericina B. É contraindicada para pacientes com nefropatias, diabetes *mellitus*, hipoglicemia e cardiopatias.[6,16,17,25,28,45,47,48]

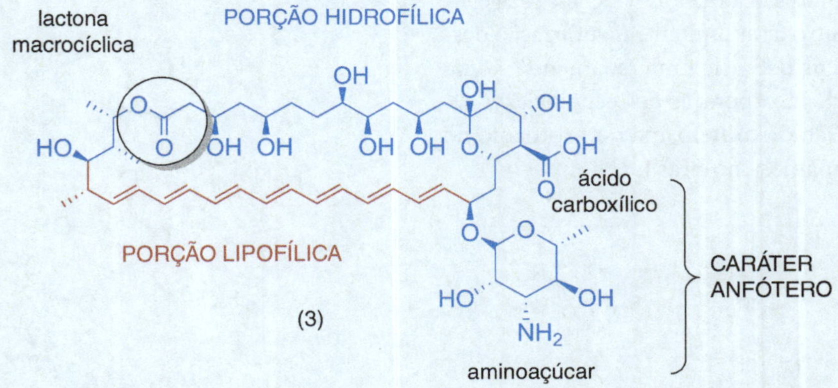

FIGURA 3 Anfotericina B.

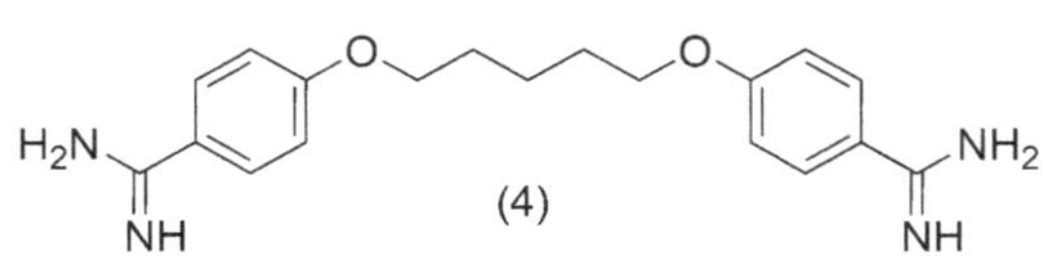

FIGURA 4 Pentamidina.

O mecanismo de ação envolve a interação do fármaco ao DNA por meio de ligação de hidrogênio do grupo amidina presente no fármaco com regiões ricas em adenina e timina do DNA, mais especificamente, a região *N*-3 da adenina, abrangendo quatro a cinco pares de base. Além disso, a pentamidina parece ser um potente inibidor da topoisomerase tipo II, que atua na replicação e organização do DNA. Portanto, este fármaco interfere na síntese proteica.[36]

Miltefosina

A miltefosina (Impavido®), derivado hexadecilfosfocolina (Figura 5), foi originalmente desenvolvida como fármaco antitumoral. Foi por meio de estudos de reposicionamento que se descobriu sua ação leishmanicida contra as formas cutânea e visceral da doença. É o primeiro e único fármaco leishmanicida de uso oral. A dose recomendada em monoterapia é de 2,5 mg/kg/dia durante 28 dias.[2,6,19,32,37,39,45,49]

O fármaco é bem absorvido por via oral e bem distribuído. Destaca-se o longo tempo de meia-vida no organismo de 6 a 8 dias, que pode resultar em um acúmulo do fármaco e no desenvolvimento de resistência. Muitas pesquisas estão analisando diferentes estratégias de terapia combinada. Os efeitos adversos apresentados pela miltefosina incluem distúrbios gastrointestinais como vômitos, diarreia e toxicidade renal. Seu uso não é recomendado para gestantes e lactantes, devido aos seus efeitos teratogênicos. Outro fator limitante na utilização desse fármaco é o alto custo. Existe uma recomendação da Comissão Nacional de Incorporação de Tecnologias (CONITEC) para inclusão da miltefosina no protocolo de tratamento da leishmaniose no Brasil.[15,17,19,40]

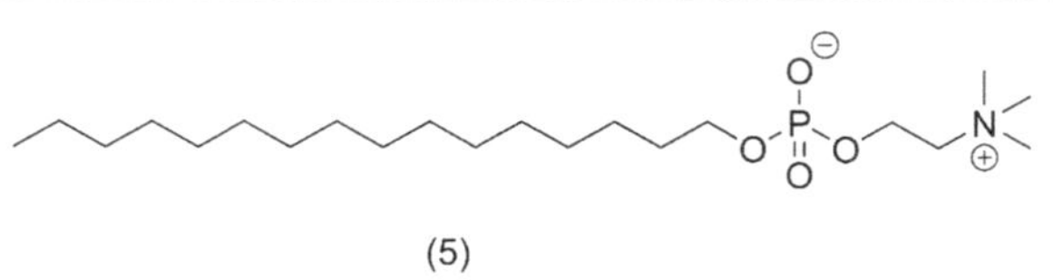

FIGURA 5 Miltefosina.

Esse agente terapêutico mostrou atividade contra diferentes cepas de *Leishmania*, causando a morte delas por apoptose. O mecanismo de ação ainda não é bem definido, mas se sabe que atua nas formas promastigostas e amastigotas, e não através de estimulação do sistema imunológico. Essa característica é importante, especialmente, para pacientes imunocomprometidos, pois a leishmaniose pode ser uma doença oportunista. Assim, a miltefosina vem sendo estudada como alternativa para o tratamento de pacientes coinfectados com HIV.[2,16,19,22,37,44,50]

Paromomicina

A paromomicina (Figura 6), também chamada de aminosidina, é um antibiótico aminoglicosídico, isolado de culturas de *Streptomyces rimosus* na década de 1960. Tem-se mostrado eficaz em alguns casos de leishmaniose visceral e cutânea, em monoterapia e em terapia combinada. É utilizada em casos de resistência a outros tratamentos, apesar da toxicidade ao paciente.[2,6,15,16,26,32,39,40,42,45]

A dose recomendada no tratamento é de 20 mg/kg/dia, por via intramuscular, durante 20 dias consecutivos. Apresenta efeitos adversos como um aumento de transaminases hepáticas, nefrotoxicidade, desconforto gastrointestinal, diarreia e ototoxicidade, podendo causar surdez irreversível. Esse fármaco é contraindicado na gravidez. Seu mecanismo de ação é desconhecido, mas se acredita que atue na síntese proteica e na alteração da fluidez e permeabilidade da membrana do parasita.[2,6,15,16,26,32,39,40,42,45]

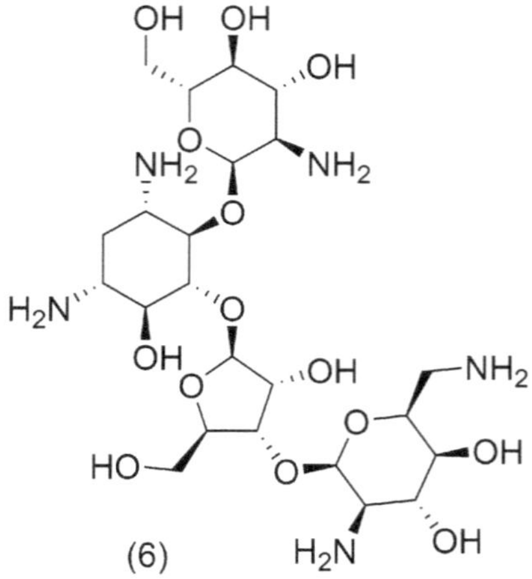

FIGURA 6 Paromomicina.

REFERÊNCIAS BIBLIOGRÁFICAS

1. World Health Organization (WHO). Neglected tropical diseases. Genève. [internet] [acesso em: 2020 abr 24]. Disponível em: https://www.who.int/neglected_diseases/diseases/en/.
2. Santos DO, Coutinho CER, Madeira MF, Bottino CG, Vieira RT, Nascimento SB, et al. Leishmaniasis treatment – a challenge that remains: a review. Parasitol Res. 2008; 103(1):1-10.
3. Amato Neto V, Gryschek RCB, Amato VS, Tuon FF. Parasitologia – uma abordagem clínica. Rio de Janeiro: Elsevier, 2008. p. 104-10, 112-5, 118-26.
4. Machado CM, Martins TC, Colturato I, Leite MS, Simione AJ, Souza MP, et al. Epidemiology of neglected tropical diseases in transplant recipients. Review of the literature and experience of Brazilian HSCT center. Rev Inst Med Trop. Sao Paulo 2009; 51(6):309-24.
5. Ready PD. Epidemiology of visceral leishmaniasis. Clin Epidemiol. 2014; 6:147-54.
6. Elmahallawy EK, Agil A. Treatment of leishmaniasis: a review and assessment of recent research. Curr Pharm Des. 2015; 21(17):2259-75.
7. Rodrigues IA, Mazotto AM, Cardoso V, Alves RL, Amaral ACF, Silva JRA, et al. Natural products: insights into leishmaniasis inflammatory response. Mediators Inflamm. 2015; 2015:835910.
8. Chappuis F, Sundar S, Hailu A, Ghalib H, Rijal S, Peeling RW, et al. Visceral leishmaniasis: What are the needs for diagnosis, treatment and control? Nat Rev Microbiol. 2007; 5(11):873-82.
9. Frézard F, Demicheli C, Ribeiro RR. Pentavalent antimonials: new perspectives for old drugs. Molecules. 2009; 14(7):2317-36.
10. Amora SSA, Bevilaqua CML, Feijó FMC, Alves ND, Maciel MV. Control of phlebotomine (díptera: psychodidae) leishmaniasis vectors. Neotrop Entomol. 2009; 38(3):303-10.
11. Singh B, Sundar S. Leishmaniasis: vaccine candidates and perspectives. Vaccine. 2012; 30(26):3834-42.
12. Esch KJ, Petersen CA. Transmission and epidemiology of zoonotic protozoal diseases of companion animals. Clin Microbiol Rev. 2013; 26(1):58-85.
13. Srivastava S, Shankar P, Mishra J, Singh S. Possibilities and challenges for developing a successful vaccine for leishmaniasis. Parasit Vectors. 2016; 9(1):277-92.
14. World Health Organization (WHO). Leishmaniasis. Genève. [internet] [acesso em: 2020 abr 24]. Disponível em: https://www.who.int/leishmaniasis/en/.
15. Savoia D. Recent updates and perspectives on leishmaniasis. J Infect Dev Ctries. 2015; 9(6):588-96.
16. Gutiérrez V, Seabra AB, Reguera RM, Khandare J, Calderón M. New approaches from nanomedicne for treating leishmaniasis. Chem Soc Rev. 2016; 45(1):152-68.
17. Kobets T, Grekov I, Lipoldová M. Leishmaniasis: prevention, parasite detection and treatment. Curr Med Chem 2012; 19(10):1443-74.
18. Salem MM, Werbovetz KA. Natural products from plants as drug candidates and lead compounds against leishmaniasis and trypanosomiasis. Curr Med Chem. 2006; 13(21):2571-98.
19. Dorlo TPC, Balasegaram M, Beijnen JH, Vries PJ. Miltefosine: a review of its pharmacology and therapeutic efficacy in the treatment of leishmaniasis. J Antimicrob Chemother. 2012; 67(11):2576-97.
20. Sharma U, Singh S. Insect vectors of *Leishmania*: distribution, physiology and their control. J Vector Borne Dis. 2008; 45(4):255-72.
21. Romero EL, Morilla MJ. Drug delivery systems against leishmaniasis? Still an open question. Expert Opin Drug Deliv. 2008; 5(7):805-23.
22. El-On J. Current status and perspectives of the immunotherapy of leishmaniasis. Isr Med Assoc J. 2009 Oct; 11(10):623-8.
23. González U, Pinart M, Reveiz L, Pardo MR, Tweed J, Macaya A, et al. Designing and reporting clinical trials on treatments for cutaneous leishmaniasis. Clin Infect Dis. 2010; 51(4):409-19.
24. Brito MEF, Andrade MS, Torres FD, Rodrigues EHG, Cavalcanti MP, Almeida AMP, et al. Cutaneous leishmaniasis in northeastern Brazil: a critical appraisal of studies conducted in state of Pernambuco. Rev Soc Bras Med Trop. 2012; 45(4): 425-9.
25. Service MW, Ashfor RW, Calisher CH, Eldrige BF, Jones TW, Wyatt G. The encyclopedia of Arthropod transmitted infections. Cambridge: C.A.B. I, 2006. p. 269-79.
26. Amato VS, Tuon FF, Siqueira AM, Nicoderno AC, Amato Neto V. Treatment of mucosal leishmaniasis in Latin America: systematic review. Am J Trop Med Hyg. 2007; 77(2):266-74.
27. Markell EK, John DT, Krotoski WA. Parasitologia médica. Rio de Janeiro: Guanabara Koogan, 2003. p. 136-49.
28. Tempode AG, Perez D, Raht S, Vilarinho AL, Mortara RA, Andrade Júnior, HFA. Targeting *Leishmania* (L.) *chagasi* amastigotes through macrophage scavenger receptors: the use of drugs entrapped in liposomes containing phosphatidylserine. J Antimicrob Chemother. 2004;54(1):60-8.
29. Romero GAS, Boelaert N. Control of visceral leishmaniasis in Latin America – A systematic review. PLoS Negl Trop Dis. 2010 Jan 19; 4(1):e584-e601.
30. Aebischer T. *Leishmania* spp. proteome data sets: a comprehensive resource for vaccine development to target visceral leishmaniasis. Front Immunol. 2014; 5:260-7.
31. Srividya G, Kulshrestha A, Singh R, Salotra P. Diagnosis of visceral leishmaniasis: developments over the last decade. Parasitol Res. 2012;110(3):1065-1078.
32. Griensven JV, Diro E. Visceral leishmaniasis. Infect Dis Clin North Am. 2012;26(2):309-322.
33. Beaumier CM, Gillespie PM, Hotez PJ, Botazzi ME. New vaccines for neglected parasitic diseases and dengue. Transl Res. 2013;162(3):144-155.
34. Mayrink W, Botelho ACC, Magalhães PA, Batista SM, Lima AO, Genaro O, et al. Immunotherapy, immunochemotherapy and chemotherapy for American cutaneous leishmaniasis treatment. Rev Soc Bras Med Trop. 2006;139(1):1-16.
35. Melo EC, Fortaleza CMCB. Challenges in the therapy of visceral leishmaniasis in Brazil: a public health perspective. J Trop Med. 2013;2013:319234-31939.
36. Lemke TL. Antiparasitic agents. In: Lemke TL, Williams DA, editores. Foye´s Principles of Medicinal Chemistry. Philadelphia: Lippincott Williams & Wilkins; 2013. p. 1135-8, 1161-3.
37. Murray HW. Leishmaniasis in the United States: treatment in 2012. Am J Trop Med Hyg. 2012;86(3):434-40.
38. Tavares W. Manual de antibióticos e quimioterápicos antiinfecciosos. São Paulo: Atheneu, 2001. 992 p.
39. Maltezou HC. Drug resistance in visceral leishmaniasis. J Biomed Biotechnol. 2010; 2010:1-8.
40. Sundar S, Singh A, Singh O. Strategies to overcome antileishmanial drugs unresponsiveness. J Trop Med. 2014; 2014:646932-9.
41. Lage PS, Fumagalli MAC, Mesquita JT, Mata LM, Fernandes SOA, Cardoso VN, et al. Antileishmanial activity and evaluation of the mechanism of action of strychnobiflavone flavonoid isolated from *Strychnos pseudoquina* against *Leishmania infantum*. Parasitol Res. 2015; 114(12):4625-35.
42. Tracy JW, Webster LI. Fármacos usados na quimioterapia das infecções por protozoários. In: Gilman AG, Rall TW, Nies AS, Taylor P (eds.). Goodman & Gilman: as bases

farmacológicas da terapêutica. 10.ed. Rio de Janeiro: McGraw-Hill, 2003. p. 825-6, 831-8.

43. Palumbo E. Oral miltefosine treatment in children with visceral leishmaniasis: a brief review. Braz J Infect Dis. 2008; 12(1):2-4.
44. Croft SL, Olliaro P. Leishmaniasis chemotherapy – challenges and opportunities. Clin Microbiol Infect. 2011; 17(10):1478-83.
45. Tiuman TS, Santos AO, Nakamura TU, Dias Filho BP, Nakamura CV. Recent advances in leishmaniasis treatment. Int J Infect Dis. 2011; 15(8):e525-32.
46. Okwor I, Uzonna J. Social and economic burden of human leishmaniasis. Am J Trop Med Hyg. 2016; 94(3):489-93.
47. Coelho AC, Tosi LRO, Cotrim PC. Mapping of a *Leishmania* major gene / lócus that confers pentamidine resistance by deletion and insertion of transposable element. Rev Inst Med Trop S Paulo. 2004; 46(2):1-4.
48. Porcheddu A, Giacomelli G, De Luca L. New pentamidine analogues in medicinal chemistry. Curr Med Chem. 2012; 19(34):5819-36.
49. Tempone AG, Mortara RA, Andrade Júnior HF, Reimão JQ. Therapeutic evaluation of free and liposome-loaded furazolidone in experimental visceral leishmaniasis. Int J Antimicrob Agents. 2010; 36(2):159-63.
50. Alakurtti S, Heishka T, Kiriazis A, Sierra NS, Jaffe CL, Kauhaluoma JY. Synthesis and anti-leishmanial activity of heterocyclic betulin derivatives. Bioorg Med Chem. 2010; 18(4):1573-82.

CAPÍTULO 33

Antifúngicos

Thais Batista Fernandes
Roberto Parise Filho

INTRODUÇÃO

Fungos são microrganismos eucarióticos que não possuem habilidade de realizar fotossíntese e crescem em colônias unicelulares (leveduras) ou em agregados multicelulares (bolores). Alguns fungos exibem dimorfismo, ou seja, podem crescer como levedura em determinada temperatura ou como bolor em outras.[1] Fungos ocupam uma variedade surpreendente de nichos ecológicos, sendo estimada a existência de mais de 5 milhões de espécies de fungos, dos quais cerca de menos de 1/10.000 podem infectar e causar doenças em humanos.[2,3]

As infecções fúngicas invasivas representam uma ameaça contínua e séria à saúde humana e estão associadas a pelo menos 1,5 milhão de mortes por ano em todo o mundo. Estima-se em 30-40% a mortalidade por candidíase invasiva, e em 20-30% por criptococose e aspergilose. Tais infecções são muito comuns em pacientes imunocomprometidos como resultado de terapias agressivas (por exemplo, quimioterapia anticâncer, tratamento prolongado com corticosteroides ou transplante de órgãos) e infecções imunossupressoras, como HIV/AIDS. Gêneros de fungos relevantes no contexto das infecções invasivas incluem *Candida*, *Aspergillus*, *Cryptococcus*, *Pneumocystis*, *Mucor* e *Rhizopus*. Paralelamente, espécies de fungos *Zygomycotas*, *Fusarium* e *Scedosporium* têm ganhado destaque como agentes etiológicos de micoses invasivas.[4]

Os fungos também podem causar infecções superficiais (envolvendo pele, cabelos, unhas e mucosas) que apresentam maior incidência que as infecções invasivas, diminuindo a qualidade de vida dos indivíduos afetados. Micoses superficiais são causadas por *Malasseria globose* e *M. furfur*. Micoses cutâneas e subcutâneas que afetam estruturas queratinizadas são causadas por gêneros de dermatófitos como *Trichophyton*, *Epidermophyton* e *Microsporum*. As infecções nas mucosas são causadas principalmente por leveduras oportunistas, sendo as pertencentes ao gênero *Candida* as mais frequentes.[4]

Ademais, alguns fungos produzem toxinas, denominadas micotoxinas, capazes de causar doenças sanguíneas, distúrbios do sistema nervoso, lesão renal, lesão hepática e mesmo câncer, representando agravantes importantes relacionados a contaminações fúngicas.[5]

Em vista do fato dos fungos serem organismos eucarióticos, assim como os seres humanos, as possibilidades de alvos moleculares que podem ser seletivamente explorados para o desenvolvimento de fármacos que não causem toxicidade tornam-se limitadas. A maioria dos antifúngicos tem como alvo a membrana fúngica, mais especificamente o ergosterol ou sua biossíntese, existindo, ainda, fármacos que atuam na síntese da parede celular fúngica e de ácidos nucleicos, conforme ilustrado na Figura 1.[6]

TERAPIA ANTIFÚNGICA

Griseofulvina

A griseofulvina foi isolada na década de 1930, representando o primeiro agente com atividade antifúngica, embora sua introdução na terapêutica tenha ocorrido somente 20 anos mais tarde. A substância foi extraída de fungos do gênero *Penicillium sp.*, sendo bas-

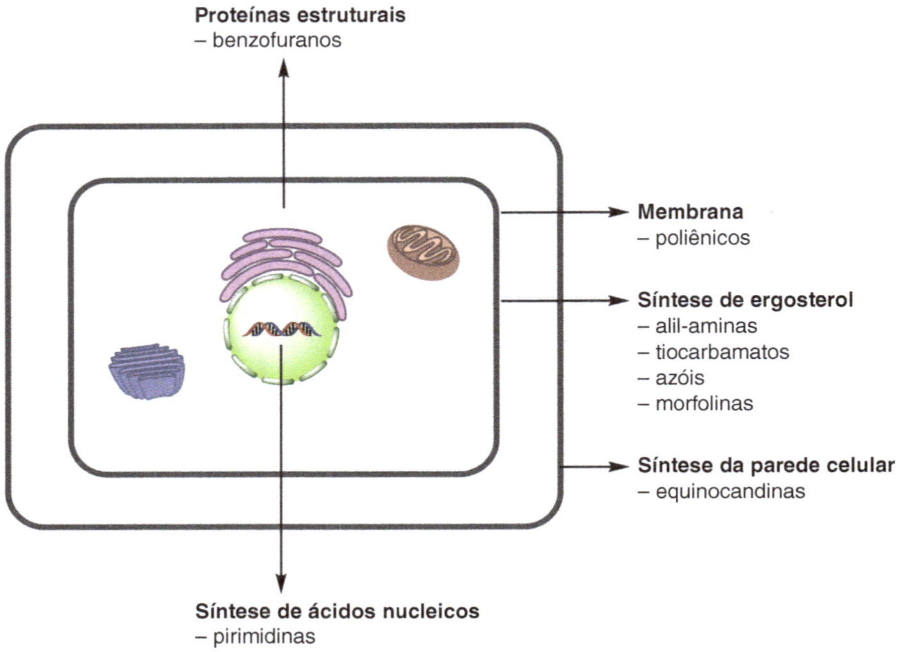

FIGURA 1 Esquema simplificado da célula fúngica, destacando os alvos envolvidos na ação dos fármacos antifúngicos. Antifúngicos poliênicos, como anfotericina B e nistatina, alteram a permeabilidade da membrana ao se ligar ao ergosterol, análogo funcional fúngico do colesterol. O ácido undecilênico também tem seu mecanismo baseado na interação com a membrana celular fúngica. Alil-aminas (ex.: terbinafina), tiocarbamatos (ex.: tolfnaftato), azóis (ex.: fluconazol) e morfolinas (ex.: amorolfina) inibem enzimas envolvidas na biossíntese do ergosterol. Equinocandinas, como a caspofungina, inibem a formação de glicanos na parede celular. A flucitosina é uma pirimidina que atua como um antimetabólito, inibindo a síntese de DNA. A griseofulvina é um benzofurano com ação antimitótica relacionada à inibição da polimerização de tubulina.[7]

tante utilizada na proteção de plantas. Posteriormente, se demonstrou a atividade contra dermatófitos por via oral. Dos quatro estereoisômeros extraídos, apenas a griseofulvina é ativa.[8]

Mecanismo de ação

A griseofulvina atua inibindo, de maneira específica, a formação do fuso mitótico. O fármaco causa interrupção do fuso mitótico por interagir com microtúbulos polimerizados. A inibição da mitose fúngica é comprovada pela produção de células multinucleadas. Embora os efeitos sejam similares aos da colchicina, alcaloides da vinca e taxanos, os sítios de ligação da griseofulvina na proteína microtubular parecem ser distintos. A razão pela qual o fármaco tem atividade contra dermatófitos deve-se ao fato de que a griseofulvina apresenta afinidade pela queratina da pele. Quando administrado por via oral, o fármaco chega rapidamente às camadas mais externas, servindo como um nutriente nocivo àqueles fungos que têm na queratina sua fonte de alimento.[9]

Relação estrutura-atividade

A griseofulvina (Figura 2) é um benzofurano fundido a uma ciclo-hexanona. Embora não se tenha um estudo de relação estrutura-atividade (REA) bastante amplo para a griseofulvina, alguns pontos são notadamente importantes para a atividade. A substituição do átomo de cloro por flúor mantém a atividade, enquanto a substituição do átomo de cloro por bromo ou, até mesmo, hidrogênio resulta em compostos inativos. A substituição das metoxilas nas posições 4, 6 e 2' por grupos propoxil ou butoxil resulta em compostos com significativa atividade *in vitro*.[10]

Esse fármaco, embora utilizado no tratamento de micoses de pele, unha e cabelos, é de administração oral. Devido à sua baixa hidrossolubilidade, as taxas de dissolução e desagregação limitam a biodisponibilidade do fármaco. Dessa maneira, formas cristalinas ultrafinas foram preparadas e apresentam absorção aumentada. Estudos revelam que a administração concomitante do fármaco com alimentos gordurosos melhora a absorção.[9]

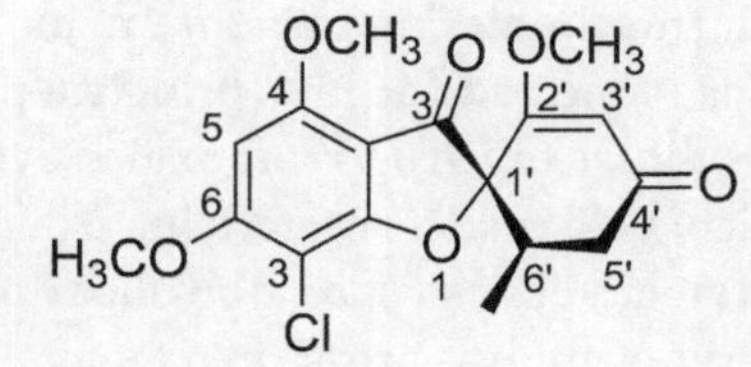

FIGURA 2 Estrutura química da griseofulvina.

Poliênicos

Em 1960, a introdução da griseofulvina foi seguida pela anfotericina B, um dos mais potentes antifúngicos disponíveis na terapêutica. Anfotericina B é um antibiótico poliênico produzido pelo *Streptomyces nodosus* com atividade fungistática e fungicida. O antibiótico, quando descoberto, era uma mistura de dois compostos intimamente relacionados e designados anfotericinas A e B. O composto B mostrou-se mais ativo e, consequentemente, o único empregado na terapêutica.[11]

A anfotericina B foi o primeiro representante da classe dos antifúngicos poliênicos, que compreendem um grupo complexo de compostos que apresentam várias ligações duplas conjugadas, fato que nomeia a classe. São antibióticos extraídos de microrganismos do gênero *Streptomyces sp.*, sendo os principais representantes da classe anfotericina B (via parenteral), nistatina (via oral ou tópica) e natamicina (via tópica, uso oftalmológico).[7,12]

Mecanismo de ação

O mecanismo de ação mais aceito dos antifúngicos poliênicos envolve a formação de poros na membrana celular fúngica, alterando a permeabilidade da membrana, com consequente perda de constituintes celulares essenciais, como íons e pequenas moléculas orgânicas, o que eventualmente causa a morte celular. Acredita-se que moléculas do poliênico se agrupam de tal maneira que a região hidrofóbica do fármaco interage favoravelmente com o centro hidrofóbico das membranas celulares, enquanto os grupos hidroxila, polares, dos poliênicos são localizados no lado oposto às duplas ligações, formando um canal bastante hidrofílico (Figura 4). Dessa maneira, o canal polar resultante dessa junção é alinhado com grupos hidroxila, permitindo que componentes polares da célula escapem.[13-15]

Os antibióticos poliênicos possuem toxicidade humana tolerável, pois apresentam maior seletividade pelo ergosterol, presente no fungo, quando comparado ao colesterol, constituinte da membrana celular humana (Figura 3). Isso parece estar relacionado ao maior número de insaturações no ergosterol, que confere maior rigidez e planaridade à molécula e poderia facilitar contatos intermoleculares com os antifúngicos poliênicos, também planares. De maneira distinta, o colesterol possui uma conformação ligeiramente sigmoide, o que diminuiria consideravelmente a afinidade dos poliênicos, especialmente da anfotericina B.[16]

A anfotericina B é ativa por via sistêmica em quase todas as micoses profundas. Apresenta atividade contra várias espécies de fungos, sendo útil no tratamento de aspergilose, blastomicose, candidíase, coccidioidomicose, criptococose, histoplasmose, mucormicose e esporotricose.[17]

A anfotericina B se liga com uma força aproximadamente 10 vezes maior ao ergosterol das células fúngicas do que ao colesterol das células dos mamíferos. No entanto, a interação com células de mamíferos pode causar graves efeitos adversos, especialmente nefrotoxicidade, anemia hemolítica e anormalidades eletrolíticas.[18,19]

Visando diminuir a toxicidade da anfotericina B, algumas preparações farmacotécnicas foram formuladas com transportadores lipídicos.[19] A natureza anfotérica

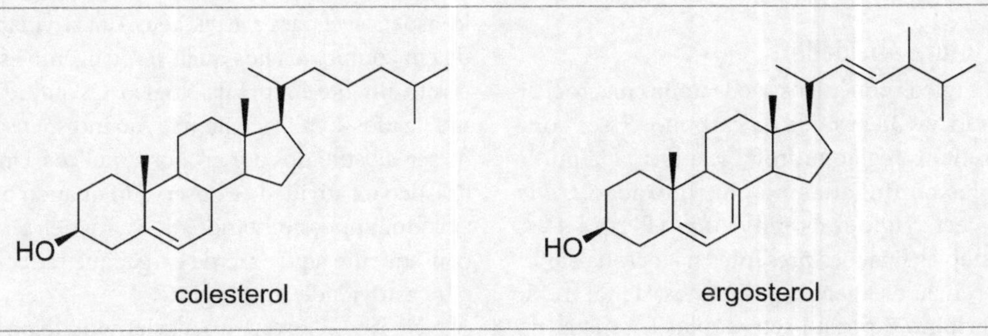

FIGURA 3 Estrutura química dos esteroides colesterol e ergosterol.

do composto tornou possível a criação dessas formulações para infusão intravenosa do fármaco. A razão para o uso de formulações lipídicas baseia-se na ideia de que o fármaco se complexaria mais intensamente com o veículo lipídico do que com colesterol das membranas celulares e, portanto, a toxicidade do fármaco poderia ser reduzida. Adicionalmente, tais formulações poderiam se distribuir pelos tecidos endoteliais, concentrando-se, assim, no sistema linfático, fígado e pulmões, locais mais comuns de serem invadidos por fungos. Lipases fúngicas e humanas poderiam liberar o fármaco do seu veículo lipídico, tornando-o disponível para se ligar ao ergosterol nas membranas celulares fúngicas e exercendo a atividade fungistática ou fungicida. As formulações lipídicas de anfotericina B são menos tóxicas e possuem perfil farmacocinético mais favorável que as formulações convencionais. Existem atualmente quatro formulações de anfotericina B disponíveis: anfotericina B convencional (C-AMB), anfotericina B lipossomal (L-AMB), complexo lipídico de anfotericina B (ABLC) e dispersão coloidal de anfotericina B (ABCD). Adicionalmente, devido à sua insolubilidade em água, a anfotericina B não permeia a barreira hematoencefálica, devendo ser administrada por via intratecal para o tratamento de infecções do sistema nervoso central.[20,21]

A nistatina foi isolada em 1951 de cepas de *Streptomyces noursei* e possui estrutura similar à da anfotericina B. Tem sido valioso agente para o tratamento de infecções locais causadas por várias espécies de *Candida*, incluindo a espécie *C. albicans*. É utilizada de forma tópica, intravaginal e suspensão oral. O fármaco não é absorvido pelo trato gastrintestinal, sendo a suspensão oral, portanto, empregada para infecções da cavidade oral e trato digestório superior. O uso clínico da nistatina por via parenteral é impossibilitado devido a problemas de toxicidade (tromboflebite e febre) quando administrada por via intravenosa. Outro poliênico de interesse é a natamicina, usada como suspensão oftálmica a 5%.[12,22]

Relação estrutura-atividade

Os antifúngicos poliênicos são lactonas macrocíclicas, possuindo até 38 átomos de carbono. Esses compostos apresentam região hidrofóbica, formada por ligações duplas conjugadas na configuração *trans*, conferindo certa rigidez às moléculas (Figura 4). O número de duplas ligações presentes na lactona caracteriza e diferencia os agentes poliênicos, de tal modo que a anfotericina B possui sete duplas e a nistatina, seis.[23] A outra região é constituída por vários grupos hidroxila, conferindo caráter bastante hidrofílico à molécula. Os fármacos ainda possuem um aminoaçúcar (micosamina) conectado ao anel principal por uma ligação glicosídica, e um grupo carboxílico livre. O caráter anfotérico, pelo qual a anfotericina é denominada, deriva da presença deste grupo carboxílico no anel principal e do grupo amínico primário na micosamina. Esses dois grupos conferem hidrossolubilidade apenas em pH extremos.[24]

A maioria dos estudos de REA dos poliênicos é relacionada com as características da anfotericina B. Portanto, a REA aqui apresentada refere-se particularmente à anfotericina B, podendo ser extrapolada para os demais representantes da classe. Existem quatro regiões principais na estrutura da anfotericina B: lactona macrocíclica, região poliênica, região hidroxilada e aminoaçúcar.

A lactona macrocíclica é porção instável cuja hidrólise resulta em perda completa de atividade. A região hidroxilada, porção hidrofílica e mais flexível da molécula, é essencial para atividade. A região poliênica (ligações duplas), porção lipofílica e rígida da molécula, é essencial para a atividade, pois a partir das interações hidrofóbicas formadas com os anéis da molécula do ergosterol é possível estabelecer complexo de transferência de carga entre as duplas ligações do fármaco e as do ergosterol. A substituição da cadeia poliênica por outros espaçantes, de mesmas características e tamanho, resulta em perda significativa de atividade.[25]

A cabeça polar da anfotericina B, contendo a porção aminoaçúcar e o grupo carboxílico, é muito importante para a atividade antifúngica. Essa região fornece o caráter anfotérico do fármaco, sendo região propícia para a formação de sais, com ácido ou base. Modificações químicas, particularmente acilações, (ésteres ou amidas), no grupo carboxílico da anfotericina B, melhoram a permeabilidade em leveduras, consequentemente aumentando a atividade antifúngica. A presença de um átomo de nitrogênio carregado positivamente no resíduo de açúcar é indispensável para a atividade. Alta atividade é observada em compostos nos quais o nitrogênio está carregado positivamente em pH fisiológico. Os átomos de hidrogênio ligados ao nitrogênio não são indispensáveis, podendo ser substituídos por grupos alquílicos. Um decréscimo drástico da atividade é observado quando o nitrogênio é acilado, impossibilitando, dessa maneira, a ionização e consequente aquisição de carga, que parece importante para a atividade antifúngica.[26]

No que diz respeito à seletividade para ergosterol ou colesterol, o papel dos substituintes no grupo carbo-

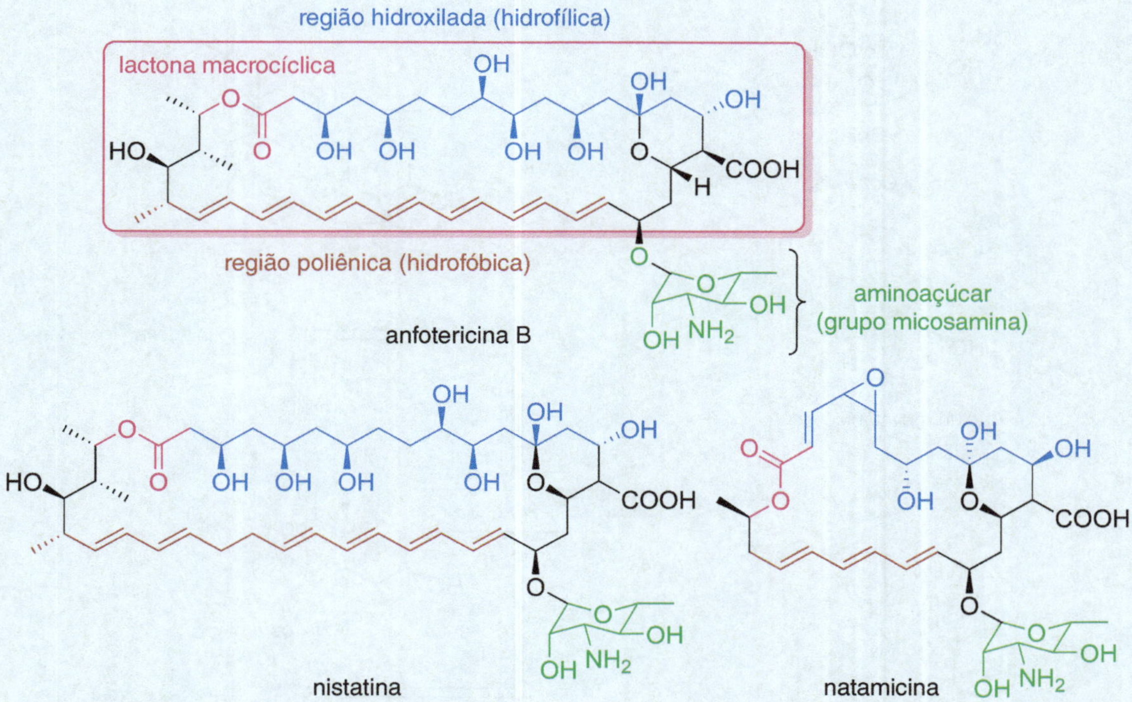

FIGURA 4 Estrutura química de antibióticos poliênicos e relação estrutura-atividade. A lactona, suscetível à hidrólise, é essencial para a atividade biológica. A região poliênica (em vermelho) é lipofílica e confere rigidez à molécula. O ácido carboxílico e o aminoaçúcar também são importantes para a atividade antifúngica e permitem a formação de sais e reações de acilação na carboxila, que alteram a solubilidade do fármaco.

xílico (ésteres e amidas) é bastante importante, enquanto os substituintes no átomo de nitrogênio estão relacionados em menor grau.[27]

Fármacos que atuam na biossíntese do ergosterol

O esteroide predominante em mamíferos é o colesterol, enquanto nos fungos o ergosterol é o principal constituinte. Esta última característica faz com que os fármacos antifúngicos que atuam no ergosterol da membrana ou na biossíntese deste constituinte se tornem agentes seletivos para o microrganismo em relação aos seres humanos.[28]

O esquema da biossíntese de ergosterol fúngico é apresentado na Figura 5. A biossíntese de esteroides se inicia com três moléculas de Acetil-CoA combinando-se para produzir, após algumas etapas, ácido mevalônico. O último precursor não esteroide para ambos, ergosterol e colesterol, é o produto esqualeno. O esqualeno é convertido ao 2,3 óxido de esqualeno pela esqualeno epoxidase, enzima-alvo das alil-aminas e tiocarbamatos. Esse intermediário é ciclizado ao lanosterol, que, por sua vez, por ação da 14-alfa-desmetilase, sofre a remoção oxidativa da metila na posição 14-alfa, formando o desmetil lanosterol. A enzima lanosterol 14-alfa-desmetilase é o alvo para os antifúngicos azóis. Eventualmente, a dupla ligação delta^{14} é reduzida pela delta^{14}-redutase para formar o derivado fecosterol. Várias etapas depois, a dupla ligação entre C8 e C9 é isomerizada, formando uma dupla em delta^{7} pela enzima delta^{8}-delta^{7}–isomerase. Formação de uma dupla ligação adicional é observada em delta^{5}, resultando no ergosterol. As enzimas delta^{14}–redutase e delta^{8}-delta^{7}–isomerase são alvos das morfolinas.[4]

Alil-aminas

Os representantes da classe alil-amina são a butenafina, a terbinafina e a naftifina. São agentes dermatológicos tópicos de amplo espectro. Naftifina foi a primeira alil-amina descoberta e comercializada. Por apresentar problemas de metabolismo de primeira passagem, não é administrada por via oral.[29] A terbinafina é ativa por via tópica e via oral contra infecções derma-

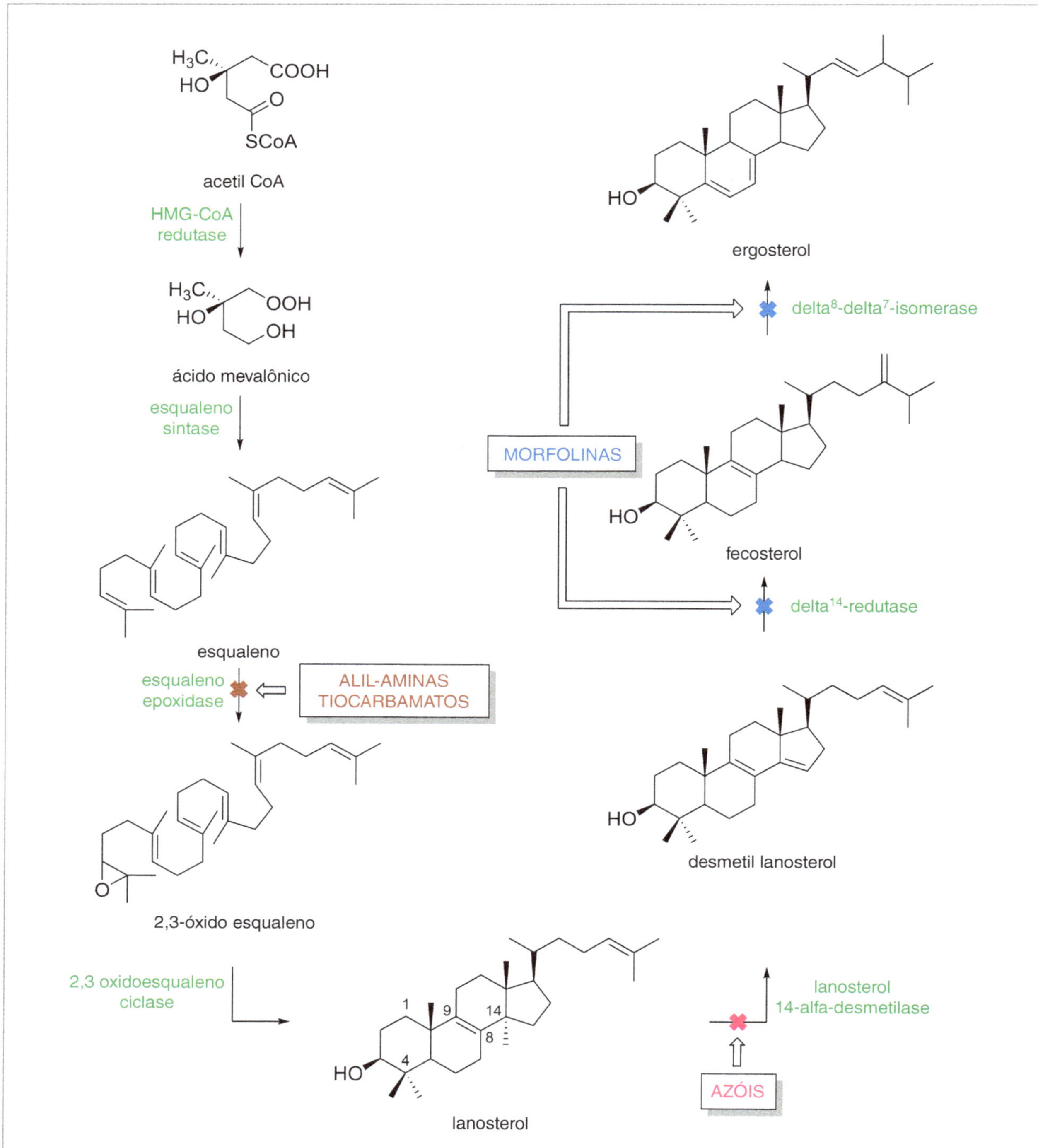

FIGURA 5 Esquema simplificado da biossíntese do ergosterol, destacando as principais enzimas-alvo para os antifúngicos azóis, alil-aminas, tiocarbamatos e morfolinas. Algumas etapas foram omitidas deste esquema por não apresentarem interesse para a ação dos antifúngicos citados neste capítulo.

tofíticas, afetando particularmente unhas. A afinidade da terbinafina pela enzima esqualeno epoxidase humana é baixa, sendo o fármaco bem tolerado. A butenafina é disponível apenas para uso tópico, no tratamento de infecções dermatofíticas.[30,31]

As alil-aminas são inibidoras da esqualeno epoxidase, enzima que catalisa uma etapa crucial na biossíntese de esteroides em fungos. O acúmulo do substrato esqualeno nas células fúngicas e falhas na formação da membrana são fatores responsáveis pela morte celular.[32]

As alil-aminas (Figura 6) apresentam um sistema naftalênico ligado a uma porção alil-amina, que dá nome à classe, por meio de um metileno. Embora a butenafina não seja uma alil-amina, acredita-se que o anel benzílico presente no fármaco seja bioisóstero do grupo alil presente nos representantes clássicos.[33]

Estudos de relação estrutura-atividade demonstraram que o grupo aminometilnaftaleno é essencial para a atividade biológica, bem como a instauração no carbono beta à amina. A alteração da distância do anel naftaleno e da instauração em relação à amina pode gerar compostos com atividade significativamente inferior ou inativos. A introdução da metil-amina na posição 2 do naftaleno em detrimento da posição 1 também causa prejuízos na atividade biológica. Atividade máxima é observada na presença de duas duplas conjugadas na cadeia ligada ao nitrogênio. A presença da ligação tripla na terbinafina aumenta consideravelmente a atividade antifúngica *in vitro* e *in vivo*, especialmente quando administrada oralmente. Para tanto, a configuração *trans* é essencial, uma vez que o isômero *cis* é muito menos ativo.[34]

Tiocarbamatos

Tolnaftato, fármaco bastante antigo, é o principal representante dessa classe. Apresenta boa atividade quando administrado topicamente contra dermatófitos, sendo encontrado em formulações contendo corticoides e antibacterianos. Por causa da baixa permeabilidade, o fármaco é inativo contra outras espécies de fungos.[35]

Os tiocarbamatos também são potentes e seletivos inibidores da esqualeno epoxidase. A inibição dessa enzima resulta em acúmulo de esqualeno e, consequentemente, redução da síntese de ergosterol no fungo, sem qualquer efeito na biossíntese do colesterol em mamíferos. A classificação química, tiocarbamato, é decorrente da presença desta função no fármaco da classe, essencial para a atividade (Figura 7). O fármaco apresenta, ainda, sistemas aromáticos e substituintes metílicos no nitrogênio e grupo fenil.[35]

Azóis

Os derivados azóis, totalmente sintéticos, descobertos no final da década de 1960, são o grupo de compostos antifúngicos que se expandiu. Enquanto o espectro antifúngico e as propriedades físicas e farmacológicas diferem entre as diversas classes de fármacos antifúngicos, azóis são notadamente uma classe de fármacos com amplo espectro, biodisponibilidade oral satisfatória e baixa toxicidade. Alguns são de uso tópico, especialmente para micoses superficiais, e outros estão disponíveis por via oral, para tratamento de infecções sistêmicas ou profundas.[6]

Vários azóis são aplicados na clínica para o tratamento tópico de dermatomicoses e/ou infecções ginecológicas. São eles: bifonazol, butoconazol, cetoconazol, clotrimazol, fenticonazol, flutrimazol, isoconazol, oxiconazol, terconazol e tioconazol. Topicamente, esses azóis são livres de efeitos colaterais, com exceção de irritação ocasional.[36] O miconazol é um antifúngico oral tópico, enquanto cetoconazol, fluconazol, itraconazol, posaconazol e voriconazol são agentes sistêmicos para infecções fúngicas. Destes, o cetoconazol foi o primeiro derivado azol de uso oral introduzido na terapêutica.[4]

Mecanismo de ação

Antifúngicos azóis inibem a lanosterol 14-alfa-desmetilase (CYP51), enzima pertencente à superfamília da citocromo P_{450}, que catalisa a remoção do grupo 14-alfa-metílico do lanosterol, via três reações sucessivas de mono-oxigenação. As duas primeiras reações são hidroxilações convencionais da citocromo P_{450} que produzem derivados 14-hidroximetil e 14-carboxialdeído

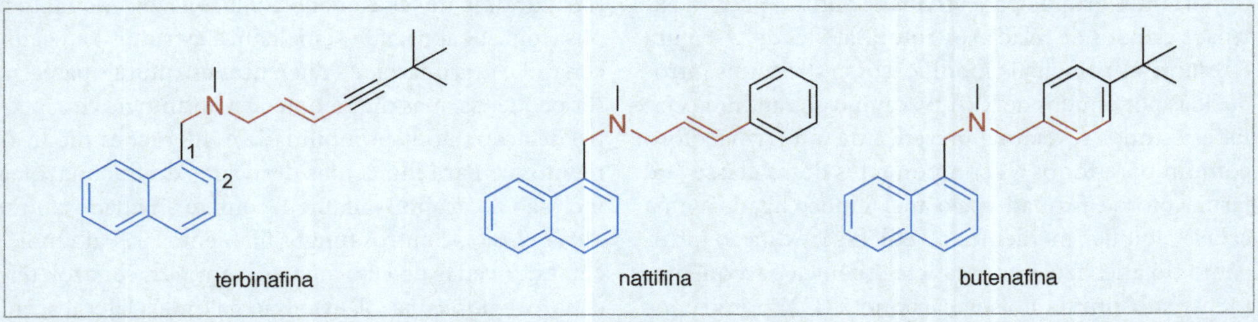

FIGURA 6 Estrutura química das alil-aminas, destacando a porção alil-amina ou respectivo bioisóstero (em vermelho) e o sistema naftaleno (em azul). A distância entre o naftaleno e a insaturação alílica é importante para a atividade antifúngica.

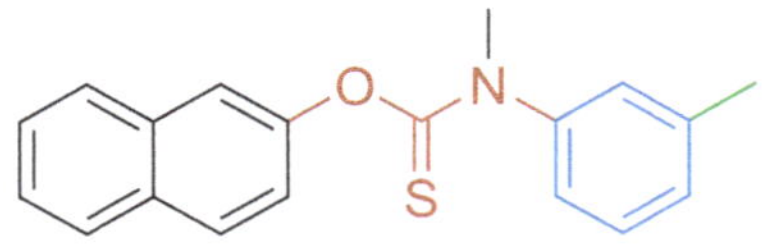

FIGURA 7 Estrutura química do tolnaftato, destacando a função tiocarbamato (em vermelho), o anel aromático (em azul) e seu respectivo grupo substituinte (em verde).

do lanosterol. Na etapa final, o grupo 14-carboxialdeído é eliminado com a concomitante introdução de uma dupla ligação.[37]

Em princípio, a inibição da CYP51 provoca acúmulo de lanosterol e, consequentemente, depleção de ergosterol, interferindo com a função deste esteroide como componente da membrana. Baixos níveis de ergosterol e excesso de lanosterol tornam a membrana celular mais vulnerável, provocando o rompimento dela.[38]

As enzimas do complexo citocromo P_{450} envolvidas no mecanismo de ação dos antifúngicos azóis são responsáveis também pelo metabolismo de vários outros fármacos. Dessarte, o emprego dos azóis necessita de conhecimento sobre possíveis interações fármaco-fármaco, a fim de evitar danos à saúde do paciente.[39]

Relação estrutura-atividade

Os antifúngicos azóis são classificados como imidazóis ou triazóis com base na presença de dois ou três nitrogênios, respectivamente, no anel de cinco membros. Graças à maior seletividade, eficácia superior e menor toxicidade, os triazóis superaram os antigos imidazóis para tratamento de infecções invasivas. Os principais fármacos imidazólicos e triazólicos estão apresentados na Figura 8.[40-41]

O anel azólico foi demonstrado como um dos mais importantes grupos para atividade antifúngica em extensos estudos de relação estrutura-atividade. A Figura 8 resume as principais modificações estruturais introduzidas por estudos de REA no campo dos antifúngicos. Esses estudos revelam a presença de um farmacóforo comum para todos os componentes dessa classe. Tal farmacóforo é formado pelo anel fenílico ligado a uma cadeia alquílica metilênica ou etilênica, e esta ao nitrogênio do anel azólico. A cadeia etilênica é frequentemente substituída no seu carbono 2 (C2) por grupos éteres (fenticonazol, isoconazol e miconazol), por grupos alcóxi-imino (oxiconazol), por anéis 1,3-espirodioxolanas (cetoconazol), por anéis furânicos (posaconazol), por cadeias alquílicas e hidroxilas (fluconazol) ou por cadeias alquílicas ramificadas e hidroxila (voriconazol).[42]

Estudos de REA mostraram que o anel azólico é crucial para o amplo espectro e alta potência antimicótica *in vivo*. O átomo de nitrogênio nas posições 4 (triazol) ou 3 (imidazol) é extremamente importante para a atividade, pois esse átomo se liga covalentemente ao ferro do grupo heme do alvo (Figura 9), bloqueando a remoção oxidativa do grupo 14-alfa-metílico. O composto seria desprovido de atividade se este nitrogênio (4 ou 3) fosse substituído por outro átomo, como carbono.[37]

A quiralidade nos carbonos C2 e C3 é importante para a atividade antifúngica, de maneira que o grupo metílico anexado ao C3 de alguns triazóis como voriconazol, está sendo considerado como parte integrante do grupo farmacofórico. O átomo de oxigênio na forma de éter ligado ao carbono 2 foi sugerido como grupo favorável para atividade antifúngica. Alguns compostos possuem como substituinte hidroxila livre, como fluconazol, triazol de primeira geração, e voriconazol, triazol de segunda geração. Esses agentes são geralmente mais potentes, mais bem tolerados e metabolicamente mais estáveis do que os azóis de primeira geração (imidazóis) que não possuem tal substituição.[42]

Embora as cadeias laterais do itraconazol e análogos sejam bem longas e as cadeias do fluconazol e seus análogos bem curtas, essas características não são determinantes para a atividade. As cadeias laterais cumprem o papel de ajustar as propriedades físico-químicas da molécula como um todo, evitando efeitos adversos e/ou melhorando o comportamento farmacocinético. Assim, a cadeia lateral do itraconazol e seus análogos é muito comprida para ser acomodada no sítio ativo. Elas atravessam o sítio ativo e interagem com resíduos do canal de acesso.[43]

Entre os antifúngicos triazólicos está o voriconazol, estruturalmente relacionado ao fluconazol, enquanto o posaconazol apresenta semelhança estrutural ao cetoconazol e itraconazol. As diferenças estruturais parecem ser pequenas, mas ditam potência antifúngica e espectro de ação, biodisponibilidade e interações medicamentosas. Para moléculas derivadas do fluconazol, a inclusão do grupo 3-alfametil confere atividade contra *Aspergilus sp.* e outros fungos filamentosos. Para moléculas derivadas do cetoconazol, como itraconazol, terconazol e posaconazol, extensão da cadeia lateral acentua a ligação do azol à apoproteína P_{450}, muito provavelmente por diminuir a mobilidade do azol den-

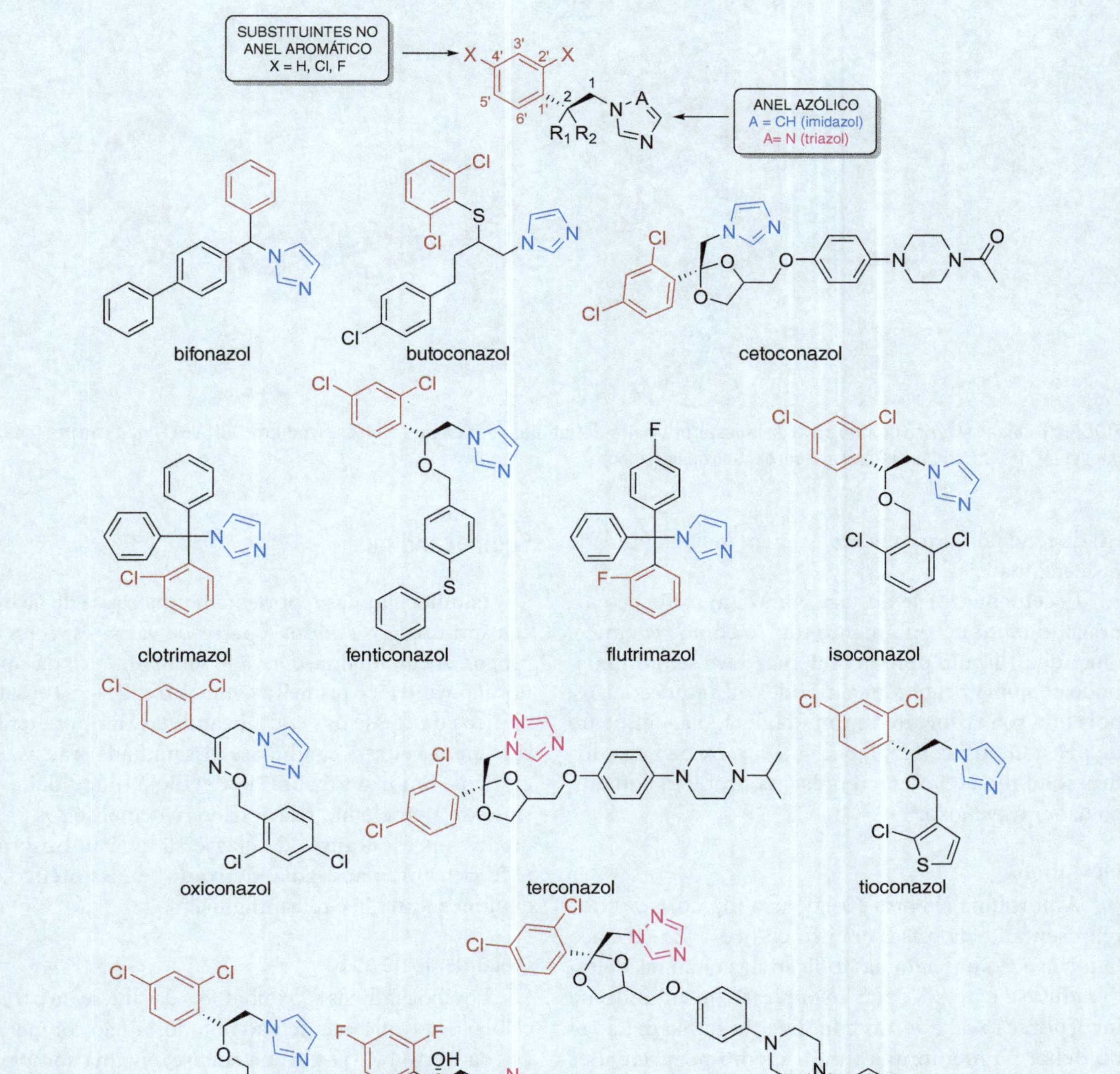

FIGURA 8 Estrutura geral dos antifúngicos azólicos e principais representantes da classe, destacando o anel imidazol (em azul) ou triazol (em magenta) e o anel aromático substituído (em vermelho). Substituintes R1 e R2 podem corresponder a grupos hidroxila, alcoxi-imino, anéis aromáticos, heteroaromáticos ou heterocíclicos. A distância entre o anel azólico e o sistema aromático halogenado pode ser de um (bifonazol, clotrimazol, flutrimazol) ou dois carbonos (butoconazol, cetoconazol, fenticonazol).

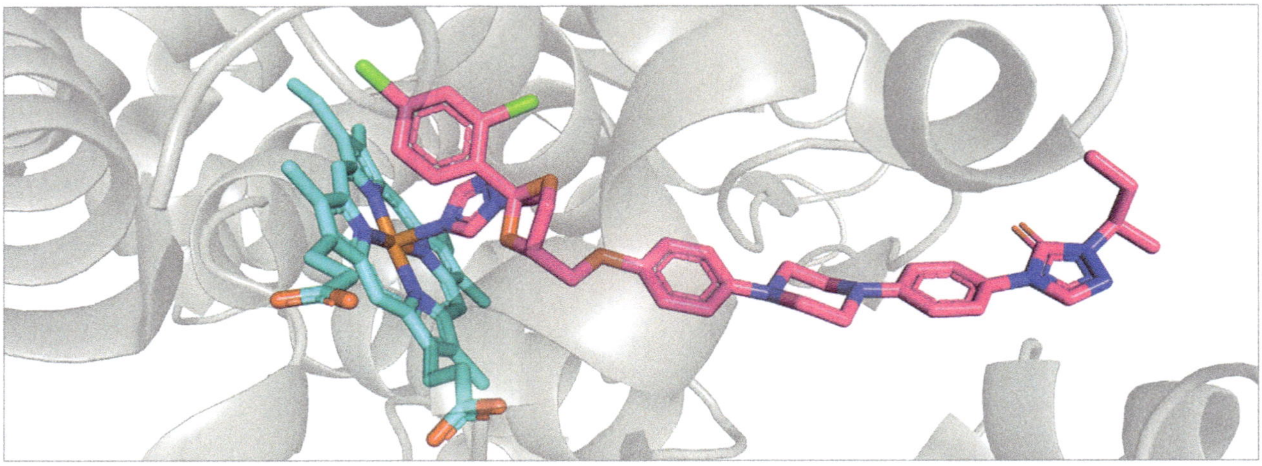

FIGURA 9 Visão estérica do sítio ativo da lanosterol 14-alfa-desmetilase de *Candida albicans* (código PDB: 5V5Z) ligada ao itraconazol (magenta), destacando sua interação com o grupo heme (ciano).

tro da fenda do grupo heme, aumentando a afinidade pela enzima.[44,45]

O cetoconazol se destaca como um fármaco empregado tanto no tratamento tópico como sistêmico. Quando utilizado por via oral, não deve ser administrado conjuntamente com antiácidos ou antiulcerativos, pois tem sua absorção diminuída devido ao aumento de pH.[46] O posaconazol, por sua vez, exibe baixa hidrossolubilidade, o que representa problema quanto ao uso intravenoso.[47]

Morfolinas

Amorolfina (Figura 10), de uso tópico, é o único representante da classe em uso clínico. Esse fármaco tem sua ação baseada na inibição das enzimas delta-^{14}-redutase e delta^{8}-delta^{7}-isomerase, resultando na incorporação de esteróis com ligação dupla delta^{14} e/ou delta^{8} na membrana fúngica, com propriedades físico-químicas distintas do ergosterol, bem como função comprometida. Pode ser usada apenas para o tratamento tópico de micoses superficiais. Efetiva quando administrada como monoterapia, podendo ser associada a outro antifúngico sistêmico.[48-49]

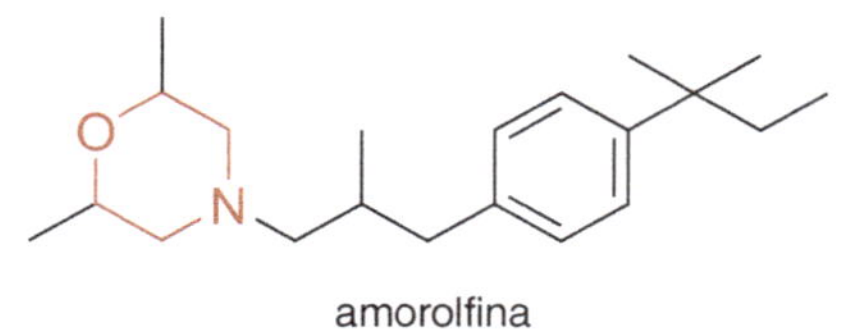

FIGURA 10 Estrutura química da amorolfina, destacando a porção morfolina (em vermelho).

Equinocandinas

Equinocandinas representam uma classe de fármacos antifúngicos obtidos a partir de várias espécies de fungos. A cilofungina, derivado semissintético da equinocandina B, foi o primeiro composto aplicado a ensaios clínicos da classe das equinocandinas. Embora tenha sido efetiva contra candidíase disseminada em ensaios clínicos, seu uso foi abolido devido à dificuldade de síntese e a problemas relacionados à hemólise. Os principais representantes da classe são: caspofungina, (Merck); anidulafungina, derivado semissintético da equinocandina B; e micafungina.[50]

Mecanismo de ação

Equinocandinas são inibidores da síntese de parede celular. Especificamente, são inibidores não competitivos da beta-(1,3)-D-glicana sintase, enzima complexa que forma polímeros de glicana na parede celular fúngica. A parede celular fúngica é uma estrutura rígida que consiste de grandes polissacarídeos como a beta-(1,3)-D-glicana, beta-(1,6)-D-glicana, quitina e vários outros constituintes (Figura 11). A beta-(1,3)-D-glicana é um polímero de carboidratos essencial para a integridade estrutural da parede celular de muitos fungos clinicamente importantes.[51]

As equinocandinas apresentam boa atividade contra fungos que expressam altas quantidades da enzima beta-(1,3)-D-glicana sintase, como *Pneumocystis carinii.* Esses fármacos são também empregados na infecção por *Candida spp.* e *Aspergillus spp.* e *Pneumocystis carinii.* Como um grupo, as equinocandinas são agentes antifúngicos bastante interessantes graças ao seu meca-

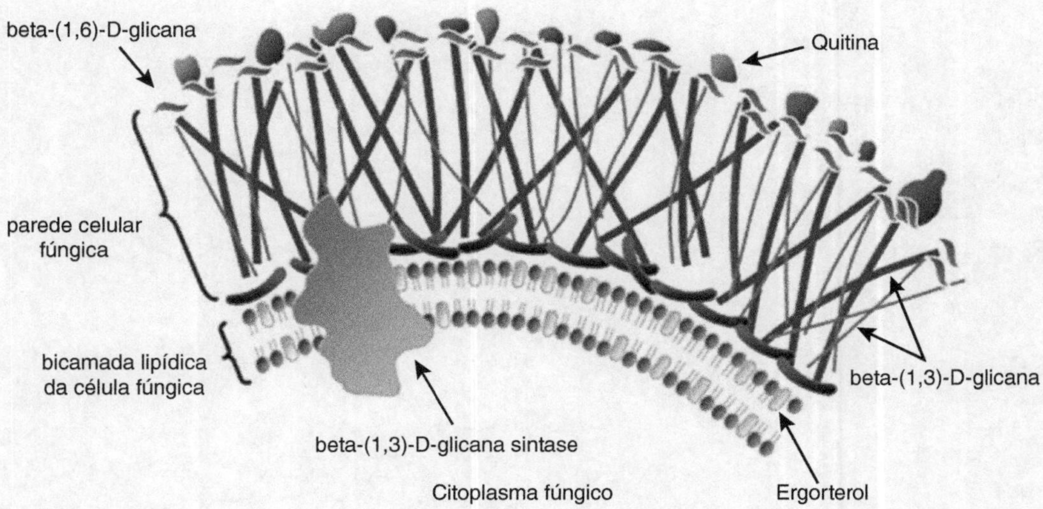

FIGURA 11 Representação esquemática da membrana e da parede celular fúngica.

nismo de ação seletivo para paredes celulares fúngicas, que minimiza a toxicidade para seres humanos. Não se observa atividade das equinocandinas em *Cryptococcus neoformans*, patógeno que possui nenhuma ou pouca quantidade da enzima beta-(1,3)-D-glicana sintase.[39]

Relação estrutura-atividade

Quimicamente, as moléculas dessa classe são hexapeptídeos cíclicos anfifílicos com cadeia lateral lipídica *N*-acilada (Figura 12) e peso molecular de aproximadamente 1.200 kDa. A caspofungina possui cadeia lateral de ácido graxo, a micafungina apresenta cadeia lateral aromática complexa (3,5-difenilisoxazol) e a amidulafungina possui cadeia lateral alcoxitrifenila. Todas as preparações de equinocandinas usadas atualmente são apenas de uso intravenoso e, em função da longa meia-vida (10-12h), podem ser administradas uma vez ao dia.[52]

Estudos de relação estrutura-atividade demonstraram que o fenol livre (*aa4*) e a presença do grupo acil ligado à cadeia lipofílica (R_5) são essenciais para a atividade antifúngica. A cadeia deve conter 12 carbonos ou mais (sendo que a atividade máxima é obtida com 18 carbonos) e deve ser suficientemente lipofílica para uma atividade ótima.[53,54]

A rigidez do hexapeptídeo também é importante, e modificações no núcleo peptídico podem interferir nas ligações de hidrogênio intramoleculares e reduzir a atividade antifúngica. A presença do resíduo 3-hidroxi-4-metilprolina (*aa6*) favorece a atividade, enquanto os dióis vicinais não são essenciais.[51,55]

Pirimidinas

A flucitosina, bem como outros derivados pirimidínicos, foi inicialmente desenvolvida durante pesquisas por novos agentes antineoplásicos. Foi sintetizada como potencial antimetabólito para uso em tratamento de leucemias, no entanto não apresentou atividade antitumoral. Por meio da avaliação de atividade biológica, demonstrou-se que a flucitosina inibia o crescimento de vários fungos e apresentava boa absorção por via oral.[7]

A flucitosina é uma pirimidina fluorada que foi obtida por isosterismo a partir de substituição do hidrogênio na posição 5 da base citosina por átomo de flúor (Figura 13). É um antimetabólito clássico da citosina, e quaisquer outras modificações no anel pirimidínico resultam em perda de atividade.[56,57]

É administrada por via oral, com uso clínico limitado às infecções sistêmicas causadas por cepas sensíveis de *Aspergillus sp., Candida sp., Cladosporium sp.* e meningites causadas por *Cryptococcus sp.* A flucitosina não é utilizada como monoterapia porque seleciona rapidamente cepas resistentes. É, normalmente, associada à anfotericina B, o que resulta em efeitos aditivos ou sinérgicos contra micoses graves. A associação tem a

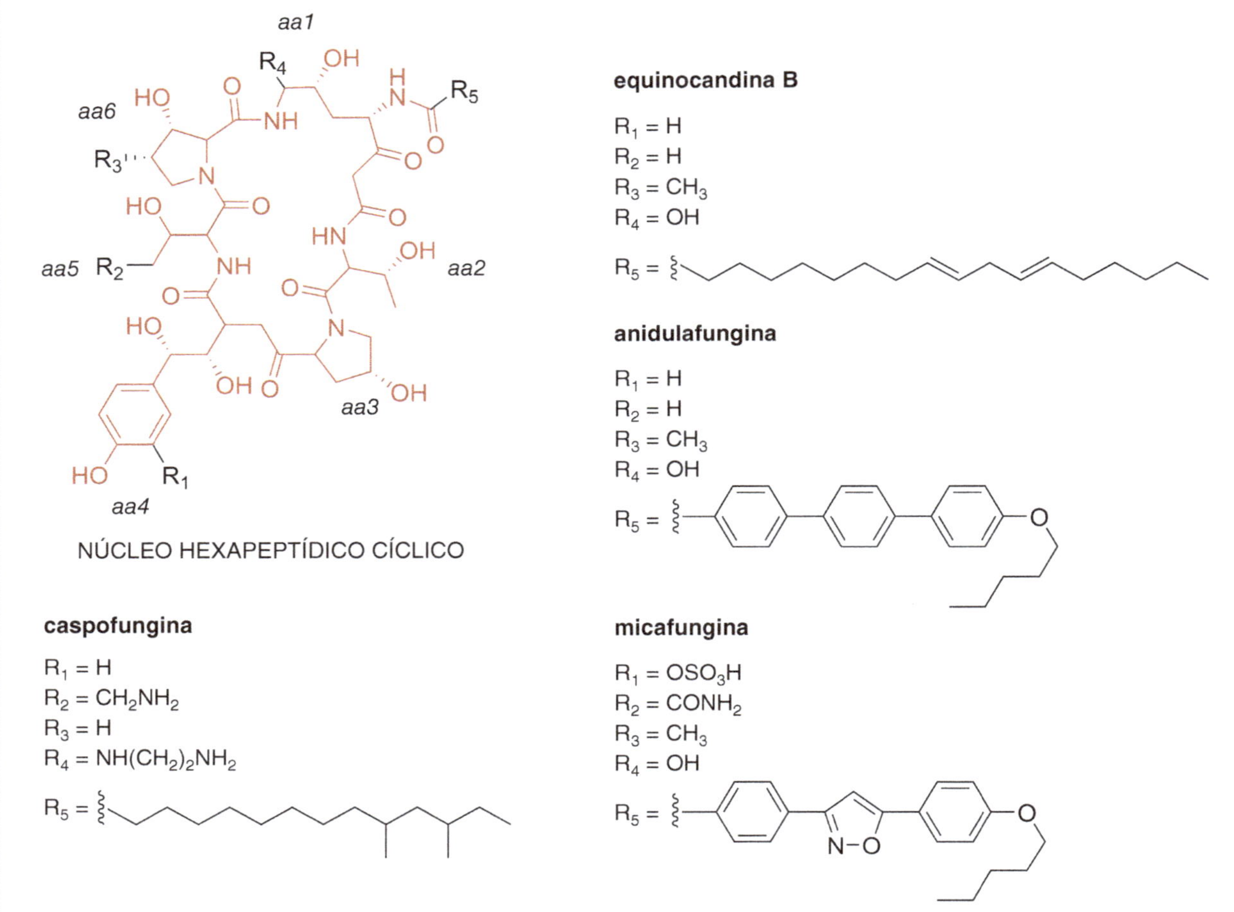

FIGURA 12 Estrutura geral das equinocandinas, destacando o núcleo hexapeptídico cíclico (em vermelho) e as substituintes R1 a R5, que diferenciam os fármacos dessa classe.

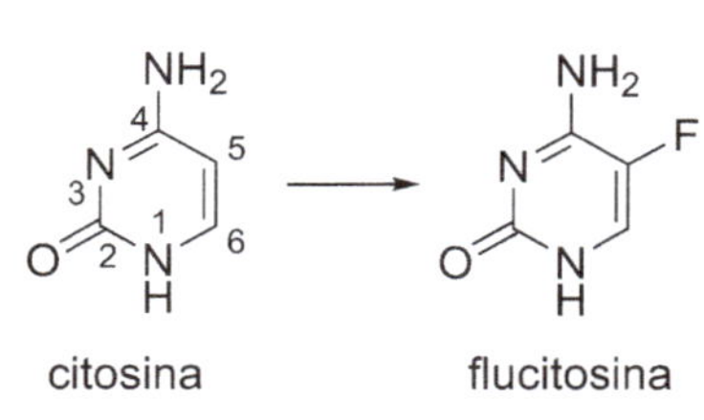

FIGURA 13 Obtenção da flucitosina a partir de substituição bioisostérica na citosina.

finalidade de minimizar a probabilidade de aparecimento de resistência.[58]

Esse fármaco penetra no fungo pela ação de uma permease. Observou-se que a flucitosina, para ter atividade, deve ser convertida ao seu metabólito ativo, 5-fluoruracila (5-FU), pela enzima citosina desaminase. A segurança da flucitosina e a falta de efeito antitumoral em humanos deve-se ao fato de que essa enzima parece não estar presente nos mesmos. A conversão para 5-FU ocorre em taxa insignificante de cerca de 4% em humanos. No fungo, após a captação catalisada por permeases, a citosina desaminase presente converte de maneira efetiva o fármaco ao citotóxico 5-FU (Figura 14). Este, por sua vez, é metabolizado a 5-fluorodesoxiuridina monofosfato (5-FdUMP), que suprime a síntese de DNA pela inibição de timidilato sintase. O derivado trifosforilado pode ser também incorporado ao RNA, causando síntese errônea de proteínas.[59]

Os efeitos adversos da flucitosina resultam de seu metabolismo no agente citotóxico, 5-fluoruracila. A toxicidade de medula óssea, como anemia, leucopenia e trombocitopenia, constitui o efeito adverso mais comum.[60]

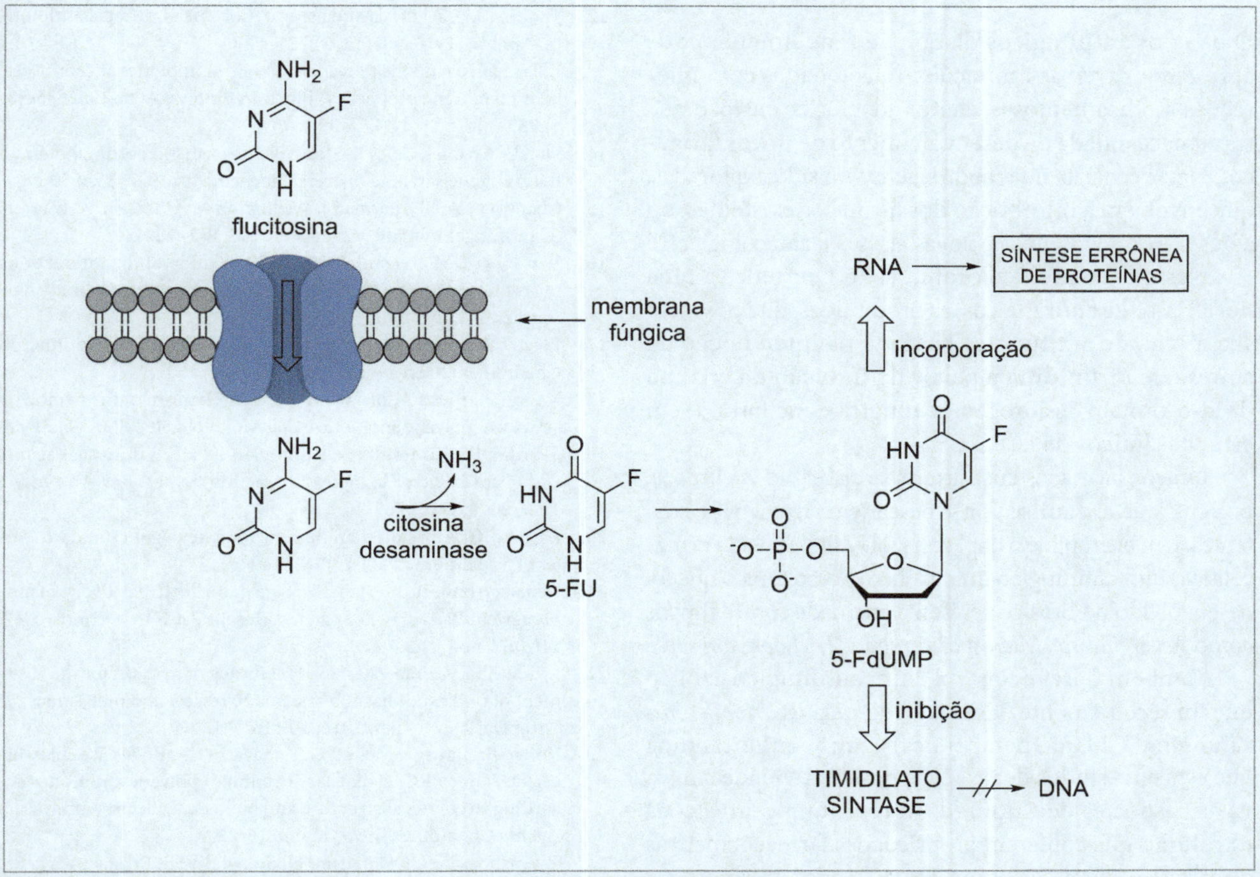

FIGURA 14 Representação esquemática do mecanismo de ação da flucitosina.

Ciclopirox

Ciclopirox (Figura 15) é um antifúngico de uso tópico, utilizado para tratamento de micoses na pele e unhas e de dermatite seborreica no couro cabeludo. Possui atividade contra *C. albicans*, *e. floccosum*, *m. cannis*, *t. mentagrophytes*, *T. rubrum* e *Malassezia furfur*. Seu mecanismo de ação baseia-se na quelação de cátions polivalentes, como Fe^{3+}, de modo a inibir metaloenzimas fúngicas.[61,62]

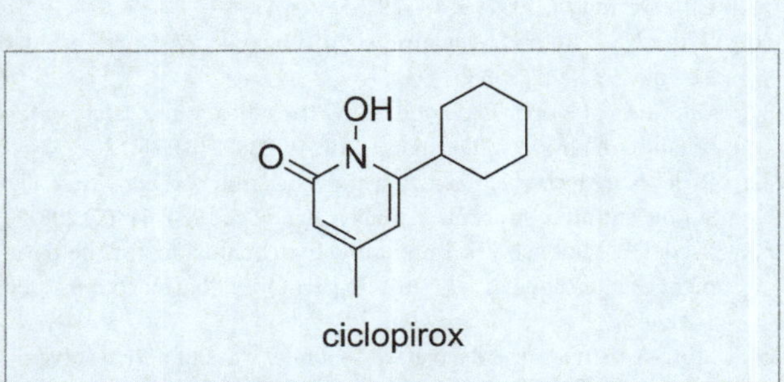

FIGURA 15 Estrutura química do ciclopirox.

Ácido undecilênico

Ácido undecilênico é um agente fungistático que tem sua ação baseada em interação inespecífica com componentes da membrana da célula fúngica. Esse composto se constitui em um ácido 10-undecenoico insaturado (Figura 16), utilizado principalmente no tratamento de *Tinea pedis*, e apresenta atividade frente a diversos fungos. Geralmente é utilizado na forma de sal de zinco.[63]

CONSIDERAÇÕES FINAIS E PERSPECTIVAS

Milhões de pessoas sofrem com infecções fúngicas, o que resulta em substanciais morbidade e mortalidade.

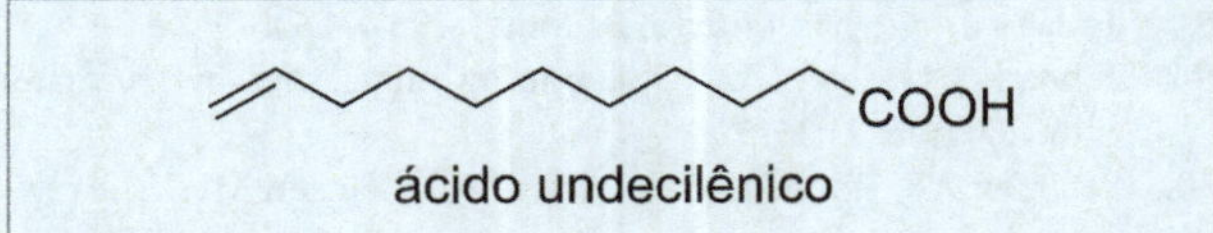

FIGURA 16 Estrutura química do ácido undecilênico.

O uso dos antifúngicos disponíveis atualmente pode apresentar diversas limitações, relacionadas com interações medicamentosas, efeitos adversos e custo, o que traz a necessidade de desenvolvimento de novos fármacos. Nesse cenário, duas abordagens têm sido exploradas, que envolvem a otimização dos fármacos existentes, ou a busca por novos alvos e novas classes farmacológicas.[64]

Nesse contexto, o olorofim (F2G) pertence a uma nova classe de antifúngicos, as orotomidas, que possuem sua atividade antifúngica baseada na interrupção da síntese de pirimidina a partir da inibição da enzima di-idro-orotato desidrogenase fúngica e encontra-se em estudos clínicos de fase III.[65]

Outros fármacos encontram-se em estudos clínicos, porém caracterizam-se por se basear em fármacos já existentes. Um exemplo é o dapaconazol (Zilt®, Biolab Farmacêutica), um antifúngico imidazólico de uso tópico que foi desenvolvido no Brasil e apresenta atividade contra fungos como *Aspergilus sp., Microsporum spp.* e *Trichophyton spp.*[66]

Também o isavuconazol é um antifúngico azólico que foi recentemente desenvolvido pela Roche. Já a rezafungina (Cidara Therapeutics) é uma equinocandina que está em estudos de fase III e possui atividade contra várias espécies de *Candida*. Apresenta modificações estruturais que conferem propriedades farmacocinéticas otimizadas, além de ser mais segura quando comparada a outros fármacos da mesma classe.[65]

REFERÊNCIAS BIBLIOGRÁFICAS

1. Tortora GJ, Funke BR, Case CL. Microbiologia. 12.ed. Porto Alegre: Artmed, 2016. 964 p.
2. Köhler JR, Hube B, Puccia R, Casadevall A, Perfect JR. Fungi that infect humans. Microbiol Spectr. 2017; 5(3):1-29.
3. Blackwell M. The fungi: 1, 2, 3 ... 5.1 million species? Am J Bot. 2011; 98(3):426-38.
4. Campoy S, Adrio JL. Antifungals. Biochem Pharmacol. 2017; 133:86-96.
5. Omotayo OP, Omotayo AO, Mwanza M, Babalola OO. Prevalence of mycotoxins and their consequences on human health. Toxicol Res. 2019; 35(1):1-7.
6. Robbins N, Wright GD, Cowen LE. Antifungal drugs: the current armamentarium and development of new agents. Microbiol Spectr. 2016; 4(5):1-20.
7. Brunton LL, Ilal-Dandan R, Knollmann BC. As bases farmacológicas da terapêutica de goodman e gilman. 13.ed. Porto Alegre: Artmed, 2018. 1760 p.
8. Today's drugs: griseofulvin. Br Med J. 1967; 4:608-9.
9. Taboada J, Grooters AM. Systemic antifungal therapy. Dermatol Clin. 2001; 19(1):35-52.
10. Petersen AB, Rønnest MH, Larsen TO, Clausen MH. The chemistry of griseofulvin. Chem Rev. 2014; 114(24):12088-107.
11. Trejo WH, Bennett RE. Streptomyces nodosus sp. n., the amphotericin-producing organism. J Bacteriol. 1963; 85(2):436-9.
12. Thomas AH. Analysis and assay of polyene antifungal antibiotics. Analyst. 1976; 101(1202):321-40.
13. Bolard J. How do the polyene macrolide antibiotics affect the cellular membrane properties? Biochim Biophys Acta. 1986; 864(3-4):257-304.
14. Fujii G, Chang J, Coley T, Steere B. The formation of amphotericin B ion channels in lipid bilayers. Biochemistry 1997; 36:4959-68.
15. Chang YL, Yu SJ, Heitman J, Wellington M, Chen YL. New facets of antifungal therapy. Virulence. 2017; 8(2):222-36.
16. Kamiński DM. Recent progress in the study of the interactions of amphotericin B with cholesterol and ergosterol in lipid environments. Eur Biophys J. 2014; 43:453-67.
17. Ellis D. Amphotericin B: spectrum and resistance. J Antimicrob Chemother. 2002; 49(S1):7-10.
18. Knopik-Skrocka A, Bielawski J. The mechanism of the hemolytic activity of polyene antibiotics. Cell Mol Biol Lett 2002; 7(1):31-48.
19. Tverdek FP, Kofteridis D, Kontoyiannis DP. Antifungal agents and liver toxicity: a complex interaction. Expert Rev Anti Infect Ther. 2016; 14(8):765-76.
20. Bartlett JG. Amphotericin B: Time for a new "gold standard." Infect Dis Clin Pract. 2004; 12(2):149-50.
21. Kaur L, Abhijeet BSP, Jain SK. Safe and effective delivery of amphotericin B: a survey of patents. Recent Pat Nanotechnol. 2017; 11(3):214-34.
22. Lyu X, Zhao C, Yan ZM, Hua H. Efficacy of nystatin for the treatment of oral candidiasis: a systematic review and meta-analysis. Drug Des Devel Ther. 2016; 10:1161-71.
23. Kotler-Brajtburg J, Medoff G, Kobayashi GS, Boggs S, Schlessinger D, Pandey RC, et al. Classification of polyene antibiotics according to chemical structure and biological effects. Antimicrob Agents Chemother. 1979; 15(5):716-22.
24. Tevyashova AN, Olsufyeva EN, Solovieva SE, Printsevskaya SS, Reznikova MI, Trenin AS, et al. Structure-antifungal activity relationships of polyene antibiotics of the amphotericin B group. Antimicrob Agents Chemother. 2013; 57(8):3815-22.
25. Cybul B, Mazerski JAN, Grzybowska J. Quantitative structure--activity relationships in amphotericin B derivatives. Biochem Pharmacol. 1988; 37(5):827-36.
26. Hervé M, Debouzy JC, Borowski E, Cybulska B, Gary-Bobo CM. The role of the carboxyl and amino groups of polyene macrolides in their interactions with sterols and their selective toxicity. A 31P-NMR study. Biochim Biophys Acta. 1989; 980(3):261-72.
27. Skwarecki AS, Skarbek K, Martynow D, Serocki M, Bylińska I, Milewska MJ, et al. Molecular umbrellas modulate the selective toxicity of polyene macrolide antifungals. Bioconjug Chem. 2018; 29(4):1454-65.
28. Bacher F. Wirkstoffe und wirkprinzipien. Pharm Unserer Zeit. 2003; 32(2):118-23.
29. Mühlbacher JM. Naftifine: a topical allylamine antifungal agent. Clin Dermatol. 1991; 9(4):479-85.
30. Ryder NS, Mieth H. Allylamine antifungal drugs. Curr Top Med Mycol. 1992; 4:158-88.
31. Gupta AK, Cooper EA, Lynde CW. The efficacy and safety of terbinafine in children. Dermatol Clin. 2003; 21(3):511-20.
32. Ryder NS. Mechanism of action and biochemical selectivity of allylamine antimycotic agents. Ann N Y Acad Sci. 1988; 544(1):208-20.
33. Syed TA, Maibach HI. Butenafine hydrochloride: for the treatment of interdigital tinea pedis. Expert Opin Pharmacother. 2000; 1(3):467-73.
34. Stütz A. Allylamine derivatives – a new class of active substances in antifungal chemotherapy. Angew Chemie Int. 1987; 26(4):320-8.

35. Robinson-Jr HM, Raskin J. Tolnaftate, a potent topical antifungal agent. Arch Dermatol. 1965; 91(4):372-6.
36. El-Gohary M, van Zuuren EJ, Fedorowicz Z, Burgess H, Doney L, Stuart B, et al. Topical antifungal treatments for tinea cruris and tinea corporis. Cochrane Database Syst Rev. 2014; 8:CD009992.
37. Monk BC, Sagatova AA, Hosseini P, Ruma YN, Wilson RK, Keniya M V. Fungal lanosterol 14α-demethylase: a target for next-generation antifungal design. Biochim Biophys Acta – Proteins Proteomics. 2020; 1868(3):140206.
38. Bossche H Vanden, Janssen PAJ. Target sites of sterol biosynthesis inhibitors: secondary activities on cytochrome P-450 dependent reactions. In: Target Sites of Fungicide Action. 1st ed. Boca Raton: CRC Press, 1992. p.227-54.
39. Nett JE, Andes DR. Antifungal agents: spectrum of activity, pharmacology, and clinical indications. Infect Dis Clin North Am. 2016; 30(1):51-83.
40. Fromtling RA. Overview of medically important antifungal azole derivatives. Clin Microbiol Rev. 1988; 1(2):187-217.
41. Kathiravan MK, Salake AB, Chothe AS, Dudhe PB, Watode RP, Mukta MS, et al. The biology and chemistry of antifungal agents: a review. Bioorganic Med Chem. 2012; 20(19):5678-98.
42. Heeres J, Meerpoel L, Lewi P. Conazoles. Molecules. 2010; 15(6):4129-88.
43. Sádaba B, García-Quetglas E, Azanza JR. Relación entre estructura y función en los azoles. Rev Esp Quimioter. 2004; 17(1):71-8.
44. Castelli MV, Butassi E, Monteiro MC, Svetaz L a, Vicente F, Zacchino S a. Novel antifungal agents: a patent review (2011 – present). Expert Opin Ther Pat. 2014; 24(3):323-38.
45. Bossche H Vanden, Marichal P, Gorrens J, Coene MC, Willemsens G, Bellens D, et al. Biochemical approaches to selective antifungal activity. afcus on azole antifungals. Mycoses. 1989; 32:35-52.
46. Daneshmend TK, Warnock DW. Clinical pharmacokinetics of ketoconazole. Clin Pharmacokinet. 1988; 14(1):13-34.
47. acinto PL, Chandrasekar P. Safety of posaconazole. Expert Opin Drug Saf. 2013; 12(2):265-74.
48. Zaug M, Bergstraesser M. Amorolfine in the treatment of onychomycoses and dermatomycoses (an overview). Clin Exp Dermatol. 1992; 17(S1):61-70.
49. Polak AM. Preclinical data and mode of action of amorolfine. Dermatology. 1992; 184(S1):3-7.
50. Denning DW. Echinocandin antifungal drugs. Lancet. 2003; 362(9390):1142-51.
51. Emri T, Majoros L, Tóth V, Pócsi I. Echinocandins: production and applications. Appl Microbiol Biotechnol. 2013; 97(8):3267-84.
52. Patil A, Majumdar S. Echinocandins in antifungal pharmacotherapy. J Pharm Pharmacol. 2017; 69(12):1635-60.
53. Mulder MPC, Kruijtzer JAW, Breukink EJ, Kemmink J, Pieters RJ, Liskamp RMJ. Synthesis and evaluation of novel macrocyclic antifungal peptides. Bioorganic Med Chem. 2011; 19(21):6505-17.
54. Yao J, Liu H, Zhou T, Chen H, Miao Z, Sheng C, et al. Total synthesis and structure-activity relationships of new echinocandin-like antifungal cyclolipohexapeptides. Eur J Med Chem. 2012; 50:196-208.
55. Smith L, Lu S-E. Medical claims and current applications of the potent echinocandin antifungals. Recent Pat Antiinfect Drug Discov. 2010; 5(1):58-63.
56. Meanwell NA. Synopsis of some recent tactical application of bioisosteres in drug design. J Med Chem. 2011; 54(8):2529-91.
57. Bennet JE. Flucytosine. Ann Intern Med. 1977; 86(3):319-21.
58. Kontoyiannis DP, Lewis RE. Antifungal drug resistance of pathogenic fungi. Lancet. 2002; 359(9312):1135-44.
59. Francis P, Walsh TJ. Evolving role of flucytosine in immunocompromised patients: New insights into safety, pharmacokinetics, and antifungal therapy. Clin Infect Dis. 1992; 15(6):1003-18.
60. Koldin MH, Medoff G. Antifungal chemotherapy. Pediatr Clin North Am. 1983; 30(1):49-61.
61. Subissi A, Monti D, Togni G, Mailland F. Ciclopirox: recent nonclinical and clinical data relevant to its use as a topical antimycotic agent. Drugs. 2010; 70(16):2133-52.
62. Gupta AK. Ciclopirox: an overview. Int J Dermatol. 2001; 40(5):305-10.
63. Diehl KB. Topical antifungal agents: An update. Am Fam Physician. 1996; 54:1687-92.
64. Fuentefria AM, Pippi B, Dalla Lana DF, Donato KK, de Andrade SF. Antifungals discovery: an insight into new strategies to combat antifungal resistance. Lett Appl Microbiol. 2017; 66(1):2-13.
65. Van Daele R, Spriet I, Wauters J, Maertens J, Mercier T, Van Hecke S, et al. Antifungal drugs: what brings the future? Med Mycol. 2019; 57(S3):S328-43.
66. Gagliano-Jucá T, Arruda AMM, Sampaio MF, Lopes AG, De-Nucci G. Phase I study of the novel antifungal agent dapaconazole (Zilt) in healthy volunteers. Int J Pharmacol. 2014; 10(8):507-12.

CAPÍTULO 34

Antivirais

Thales Kronenberger
Ricardo Augusto Massarico Serafim

INTRODUÇÃO

Vírus são organismos não celulares que obrigatoriamente usam células do hospedeiro para se multiplicar, embora possam sobreviver como cristais em meio extracelular. Em sua forma mais simples, vírus são considerados máquinas de replicação e, segundo Baltimore (1971, Figura 1A), podem ser didaticamente classificados de acordo com seu tipo de material genético e método de replicação.[1] Inicialmente vírus podem ser separados entre vírus de DNA ou RNA. Muitos vírus fazem uso de fitas simples de material genético (do inglês, *single strand*), esse material genético pode então ser diretamente usado na tradução de proteínas, caso esteja na forma de um (+)*ss*RNA, ou usado como molde para transcrição. Alternativamente, também existem vírus com dupla fita (do inglês *double strand*) de *ds*DNA ou mesmo *ds*RNA. Qualquer vírus que use materiais genéticos diferentes de *ds*DNA ou (+)*ss*RNA forçosamente trará consigo as enzimas necessárias para a sua replicação/transcrição.

O material genético de um vírus é envolto e protegido por proteínas que formam o capsídeo viral, ou o chamado nucleocapsídeo quando associado ao material genético. As proteínas do capsídeo são traduzidas usando a maquinaria ribossomal da célula hospedeira e são capazes de associar-se espontaneamente. Em alguns vírus, a forma madura (vírion) carrega consigo proteínas necessárias para o próximo ciclo replicativo na nova célula, por exemplo, DNA/RNA polimerases dependentes de DNA/RNA. Adicionalmente, alguns tipos virais também podem apresentar camadas de membrana celular envolvendo o nucleocapsídeo, oriundas da célula do hospedeiro, mas contendo proteínas virais. O ciclo celular de um vírus envolve passos definidos: adsorção a superfície da célula do hospedeiro, entrada e desnudamento das proteínas do capsídeo, transcrição e tradução de novas proteínas, replicação do genoma viral, montagem de uma nova partícula, que é seguida da liberação (Figura 1B).[2,3]

Vírus são capazes de utilizar a maquinaria celular de células bacterianas, vegetais, fungos e animais, podendo ser transmitidos por contato direto, aerossol, fluidos e por meio de hospedeiros intermediários como artrópodes e humanos. Vírus causadores de zoonoses ou de importância médica são alvos comuns de campanhas para a descoberta de novos fármacos. Infecções virais foram responsáveis pelas maiores epidemias da história da humanidade, como ebola, varíola, dengue, corona e influenza, representando tanto gripes sazonais como também a gripe espanhola.[2,3]

Vacinação e controle vetorial são as melhores formas de proteção e prevenção contra infecções virais. Contudo, vacinação não é uma opção disponível para todas as infecções conhecidas e ainda permanece um desafio para pacientes imunodeprimidos. Nesse sentido, para infecções já estabelecidas, o uso de antivirais ainda é o tratamento padrão. Os primeiros compostos com atividades antivirais sugiram na década de 1960, mas difundiram-se na clínica apenas nos anos 1980, com o uso da idoxuridina e da vidarabina, para infecções por herpes, e da amantadina para o tratamento de influenza A. A pandemia de AIDS, na década de 1980, impulsionou a pesquisa e o desenvolvimento de antirretrovirais.[4]

Atualmente, a facilidade no sequenciamento de genomas virais completos e avanços em engenharia gené-

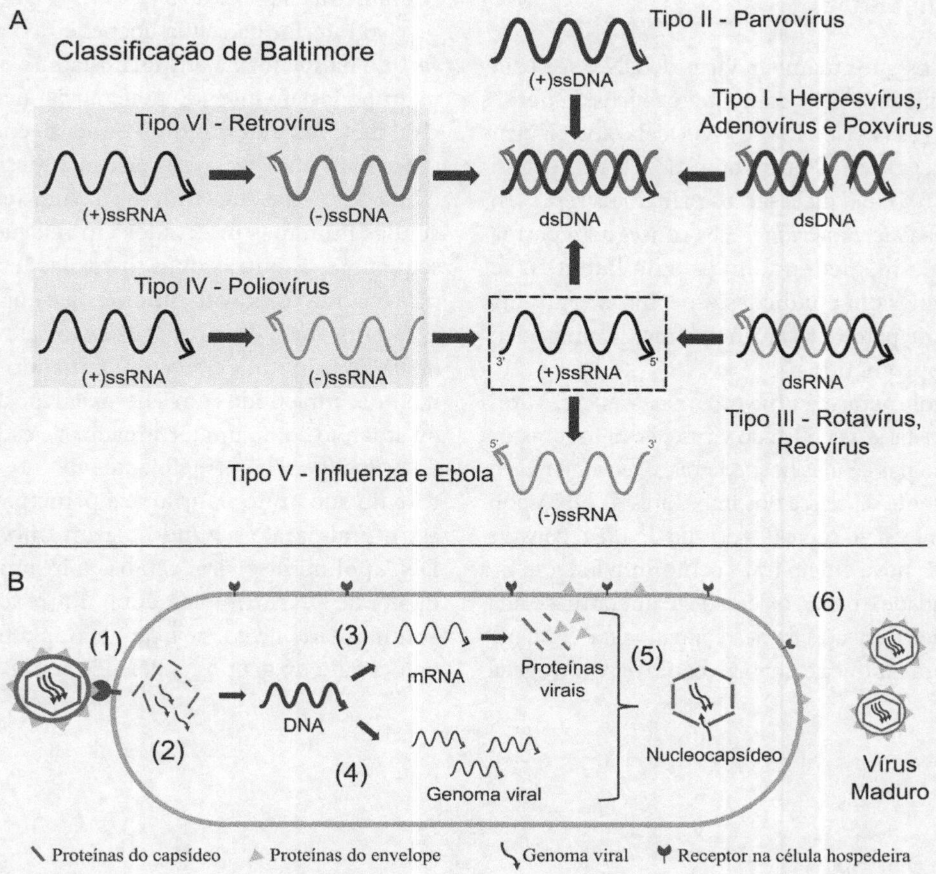

FIGURA 1 (A) A classificação de Baltimore[1] se baseia na importância central que o RNA mensageiro (mRNA) tem para os vírus e os divide em classes de acordo com seu material genético, método de replicação e sua relação com o mRNA. (B) Representação de um ciclo celular para um vírus de DNA genérico, destacando os principais passos: fusão da partícula viral com a membrana do hospedeiro (1), desenvelopamento seguido de desmontagem do nucleocapsídeo (2) e liberação do genoma viral e proteínas acessórias. O genoma, então, segue tanto para transcrição do RNA viral, que é usado para a tradução de novas proteínas virais (3), quanto para a sua própria replicação de novas cópias (4). Novas proteínas do capsídeo e cópias do genoma, junto as cópias de proteínas essenciais para a replicação viral, se montam em um novo capsídeo viral (5). Proteínas que farão parte do envelope viral são transportadas para as membranas da célula do hospedeiro, onde são integradas na partícula viral madura durante sua saída (6).

tica permitem o vasto entendimento do ciclo de replicação viral, além da identificação de proteínas virais e novos alvos terapêuticos. Em função disso, técnicas como triagem de compostos bioativos, cristalografia de proteínas e modelagem molecular contribuíram e avançaram muito para a descoberta e o desenvolvimento de antivirais.[5,6]

Apesar desses avanços, o desenvolvimento de antivirais ainda é desafiador, haja vista que os vírus permanecem majoritariamente intracelulares e usam maquinarias celulares do hospedeiro, limitando o número de alvos terapêuticos disponíveis. Um bom alvo terapêutico para o desenvolvimento de um antiviral deve ser um processo ou proteína essencial para a infecção inicial ou completude do ciclo intracelular, e suficientemente distinto ou dissimilar a algo encontrado no hospedeiro. Adicionalmente, alvos terapêuticos comuns para mais de um tipo viral são atrativos para o desenvolvimento de novos fármacos.[5-7]

VÍRUS DE DNA E INIBIDORES DA DNA POLIMERASE

Os fármacos que atuam em vírus de DNA são principalmente utilizados para combater os vírus da herpes simplex 1 e 2 (HSV-1 e HSV-2), varicela-zoster vírus (VZV), citomegalovírus humano (HCMV) e Epstein-Barr vírus (EBV), os quais são os principais representantes da família *Herpesviridae*. Eles conseguem permanecer na célula hospedeira em estágio latente e ser reativados apenas em condições específicas, causando diversos tipos de patologias, principalmente em pacientes imunocomprometidos.[8,9]

A DNA polimerase é uma enzima essencial para a replicação do material genético do vírus, permitindo, assim, sua proliferação nas células hospedeiras. O aciclovir, principal representante da classe dos inibidores da DNA polimerase viral, entrou no mercado no ano de 1981, considerado como uma nova era no tratamento antiviral graças à sua alta seletividade e baixa toxicidade. É um fármaco análogo nucleosídeo derivado da desoxiguanosina, contendo em sua estrutura química a guanina como base nitrogenada, porém, a pentose está na forma acíclica e não apresenta a hidroxila na posição 3 (3'-OH) (Figura 2A).[10-12]

No interior da célula hospedeira o aciclovir é convertido na sua forma ativa trifosfatada, sendo o primeiro grupo fosfato inserido preferencialmente pela enzima viral denominada timidina quinase, com cerca de 100 vezes mais eficiência em relação à mesma enzima humana, fato esse que confere sua alta seletividade para células humanas infectadas em relação às sadias. Na sequência, as outras duas fosforilações são realizadas pela enzima timidilato quinase da célula hospedeira, e, após a inserção dos três grupos fosfatos, o aciclovir se liga à DNA polimerase viral, podendo inibi-la diretamente (competindo com a desoxiguanosina trifosfatada) ou atuando como um terminador de cadeia. A ausência do grupo 3'-OH, normalmente presente no anel de pentose do substrato natural, é a principal característica estrutural para o segundo mecanismo, uma vez que a DNA polimerase viral catalisa a inserção do aciclovir na fita de DNA complementar. Entretanto, não haverá continuidade na construção da dupla fita de DNA devido à falta do grupo 3'-OH (Figura 2B).[11,12]

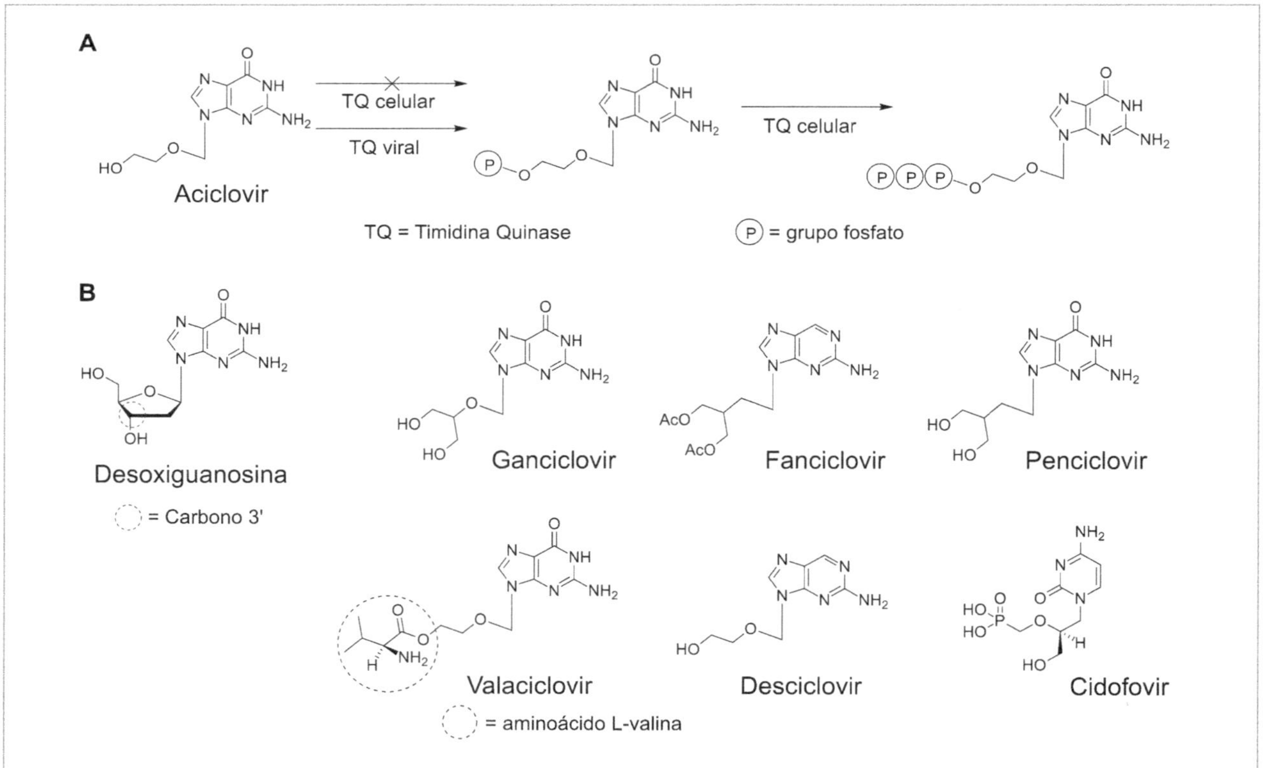

FIGURA 2 (A) Mecanismo de ação dos principais inibidores da DNA polimerase viral (adaptado de Patrick).[11] A figura destaca a seletividade dos inibidores, a despeito da similaridade com o substrato. (B) Estrutura química da desoxiguanosina e exemplos de outros inibidores da DNA polimerase. Fonte: adaptado de Patrick, Graham L. Antiviral agents. In: An introduction to medicinal chemistry. 5.ed. Oxford: Oxford University Press, 2013. p. 468-511.

O aciclovir, por não apresentar grupo transportador e necessitar de uma ativação prévia (fosforilações) para dar origem à sua entidade química bioativa, é, portanto, considerado um pró-fármaco do tipo bioprecursor. Todavia, sua baixa biodisponibilidade pela via oral, cerca de 15-30%, é considerada uma relevante barreira farmacocinética. Para contornar esse problema, a estratégia de latenciação de fármacos foi utilizada no planejamento do valaciclovir. O valaciclovir é um pró-fármaco, do tipo clássico, do aciclovir, no qual este está ligado por ligação covalente (pela função éster) ao aminoácido valina que, nesse caso, é o grupo transportador. A absorção do valaciclovir pelas células intestinais é realizada principalmente através de transporte ativo por proteínas transportadoras de aminoácidos e pequenos peptídeos (p. ex., hPEPT-1 e HPT-1), localizados nas membranas celulares. Esses transportadores reconhecem a valina do valaciclovir e conduzem o fármaco ao interior da corrente sanguínea. Após a absorção, a função éster é clivada pelas esterases, liberando o aciclovir para efetuar sua ação. Essa estratégia faz com que o valaciclovir tenha uma biodisponibilidade de 54% por via oral.[11,12]

Além do valaclovir, outros diferentes derivados do aciclovir também foram planejados e estão disponíveis na terapêutica, como fanciclovir, penciclovir, ganciclovir, desciclovir, além do derivado monofosfatado cidofovir, o qual é utilizado contra vírus que não apresentam a enzima timidina quinase (Figura 2B).[13]

O CICLO CELULAR DO RETROVÍRUS HIV E SEUS PRINCIPAIS ALVOS TERAPÊUTICOS

A síndrome da imunodeficiência adquirida (SIDA) foi descrita pela primeira vez nos anos 1980 pelo Centers for Disease Control and Prevention dos Estados Unidos. A sua transmissão ocorre majoritariamente através do ato sexual ou por contato sanguíneo direto, causado pelo vírus HIV (do inglês *human immunodeficiency virus*, ou vírus da imunodeficiência humana). O estudo do ciclo celular do HIV serve de modelo para diversos retrovírus. O HIV é um vírus com duas fitas idênticas de (+)*ss*RNA dentro de um capsídeo (composto pelas proteínas p6 e p7), contendo as enzimas transcriptase reversa (TR) e integrase. O capsídeo viral é encoberto por um envelope que contém a glicoproteína gp41 e, ancorada a ela, a proteína gp120. Ao entrar em contato com a superfície celular de linfócitos T-auxiliares, a proteína gp120 interage com a proteína CD4 presente na célula humana. Essa interação leva a uma mudança conformacional que então lhe permite interagir com os receptores de quimiocinas (CCRR5 e CXCR4) dos linfócitos. Esse processo de interação entre proteínas leva à fusão entre as membranas do linfócito e do vírus, que consequentemente permite a sua entrada, mediado pela proteína gp41. Uma vez dentro da célula, o nucleocapsídeo se desintegra, liberando o genoma viral no citoplasma. O genoma viral é processado em uma fita dupla de DNA pela transcriptase reversa, uma enzima multifuncional da família das DNA polimerases que utiliza RNA como molde. Inicialmente, a TR gera a fita de (-)DNA complementar ao (+)RNA, produzindo uma fita híbrida, que é então processada por sua segunda função como nuclease. A TR degrada a fita de DNA ao mesmo tempo que sintetiza a fita de (+)DNA complementar, gerando o chamado DNA pró-viral (*ds*DNA) com produto.[14,15]

Nesse momento, a enzima integrase utiliza sua atividade recombinante para integrar o DNA pró-viral no genoma da célula do hospedeiro. O pró-vírus pode permanecer dormente na célula do hospedeiro até o momento de sua ativação, quando se transcreve e traduz-se em três polipeptídios não funcionais: *env*, *gag* e *pol*. Os polipeptídios são processados em enzimas funcionais usando uma combinação de proteases do hospedeiro, as quais produzem as proteínas do envelope que se acumulam na membrana do hospedeiro, com uma protease viral (a HIV protease), que produz as formas maduras da TR, a integrase e as proteínas do capsídeo. A clivagem das proteínas do capsídeo desencadeia a montagem do nucleocapsídeo e o fechamento do ciclo.[14,15]

O entendimento do seu ciclo celular, no fim da década de 1980, permitiu a identificação de diversos alvos terapêuticos para o desenvolvimento de terapias contra o HIV. Muitos dos tratamentos atuais dependem de fármacos contra a TR e a protease. Contudo, o HIV possui uma altíssima taxa de mutação, o que leva à completa ineficiência de qualquer monoterapia em médio e longo prazo, apenas selecionando cepas resistentes. Considerando que um fármaco antiviral contra HIV tem uso vitalício, as exigências para o seu desenvolvimento são específicas e rígidas, como uma alta afinidade do fármaco ao alvo terapêutico, especificidade e baixa toxicidade. Adicionalmente, o fármaco deve preferivelmente estar disponível via oral e ser sinérgico com outros antivirais, pois a administração em coquetel é a indicação mais comum.[16-18]

Inibidores da transcriptase reversa

Inibidores nucleosídeos da transcriptase reversa

A transcriptase reversa é uma enzima estruturalmente única, mas ainda compartilha similaridades funcionais com outras DNA polimerases celulares (Figura 3A). Após sua descoberta, no início da década de 1970, a enzima TR teve seu primeiro inibidor identificado (1975), o derivado polissulfonato suramina, cuja atividade anticâncer estava sendo inicialmente avaliada. Entretanto, na sequência, devido à alta toxicidade para uso terapêutico anti-HIV da suramina, outra molécula mais eficaz e menos tóxica denominada azidotimidina (AZT, também conhecida como zidovudina, ZDV), descoberta por pesquisadores do National Cancer Ins-

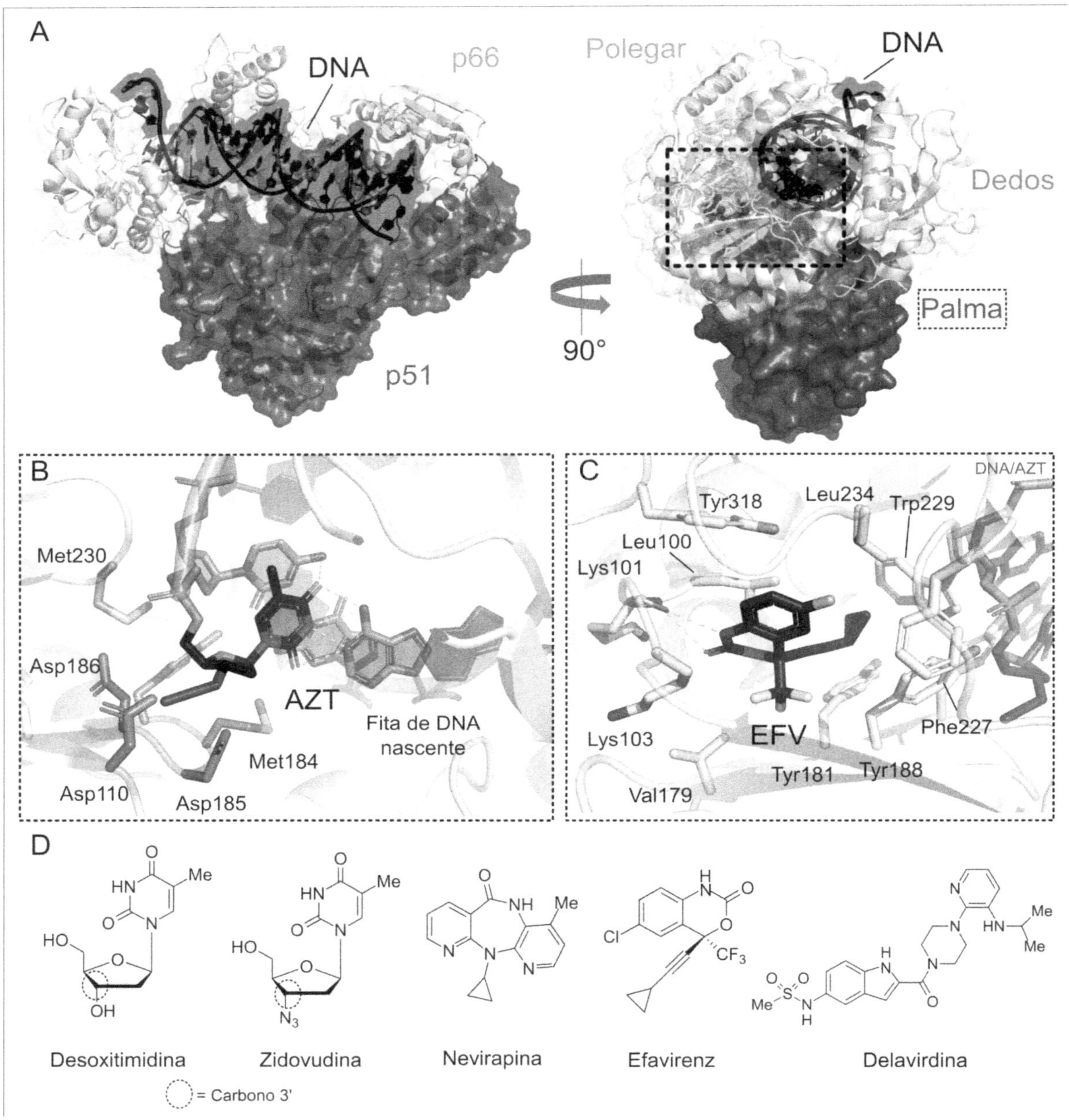

FIGURA 3 (A) Estrutura tridimensional da transcriptase reversa do HIV com a fita de DNA produto (em preto). Sua estrutura se assemelha a uma mão que segura o DNA em sua palma. Inibidores da TR destacados em seus respectivos sítios de interação: (B) azidotimidina (AZT, PDB ID: 3V6D), integrada na fita nascente de DNA bloqueando o progresso da atividade replicativa e (C) efavirenz (EFV, PDB ID: 1IKW), ligado no sítio alostérico da TR, onde induz mudanças conformacionais que levam à sua inativação. (D) Exemplos de fármacos inibidores da TR.

titute dos Estados Unidos, tornou-se em 1987 o primeiro fármaco anti-HIV aprovado pela Food and Drug Administration (FDA, também norte-americana).[7]

O AZT é um análogo nucleosídeo inibidor da TR (ANITR) e atua no sítio ativo da enzima (Figura 3B). É um derivado da desoxitimidina, tendo em sua estrutura química a timidina como base nitrogenada, porém, na posição 3' do anel da pentose, apresenta um grupo azida (3'-N_3) em vez do grupo hidroxila (3'-OH) como no substrato natural (Figura 3D). Seu mecanismo de ação ao nível molecular está intimamente relacionado com essa substituição bioisostérica. Assim como no inibidor de DNA polimerase viral aciclovir (ver seção "Vírus de DNA e inibidores da DNA polimerase"), o AZT também necessita ser convertido na sua forma trifosfatada para exercer sua atividade inibitória, entretanto, nesse caso, as três fosforilações são realizadas por enzimas quinases das células hospedeiras, uma vez que os retrovírus não produzem esse tipo de enzimas. Assim, apenas após essa biotranformação o AZT poderá atuar como um terminador de cadeia, através da presença do grupo 3'-N_3, evitando a transcrição reversa do material genético viral de RNA para DNA.[11,12]

Outros ANITR existentes na terapêutica são: os derivados da desoxicitidina lamivudina e entricitabina (ambos apresentam a substituição do carbono na posição 3' do anel da ribose pelo átomo de enxofre); o derivado de guanosina abacavir; e os pró-fármacos monofosfatados tenofovir disoproxil e adefovir dipivoxil (Figura 4).[19]

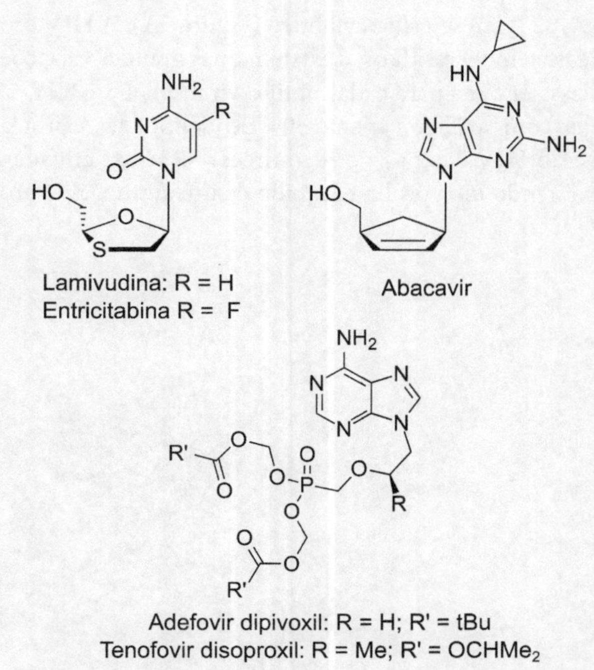

FIGURA 4 Exemplos de fármacos análogos de nucleosídeo inibidores da TR existentes na terapêutica.

Inibidores não nucleosídeos da transcriptase reversa

O estudo da estrutura tridimensional da TR permitiu a descoberta de sítios de regulação alostérica, por meio de um pequena cavidade hidrofóbica entre as superfícies das subunidades que compõem essa enzima e próximo (~15 Å de distância) ao sítio de interação ao substrato (Figura 3A,C). Inibidores não nucleosídeos da transcriptase reversa (INNTR) de primeira geração, nevirapina e delaviridina (Figura 3D), assim como os de segunda geração, sendo o efavirenz o mais conhecido, são capazes de ocupar e interagir com essa cavidade, principalmente por meio de interações hidrofóbicas.[13,20]

Embora a função específica dessa cavidade ainda seja discutida, fármacos INNTR que a ocupam levam à inibição da síntese do DNA, por induzir uma mudança conformacional que diminui a afinidade aos substratos desoxinucleosídeos.[13,20]

A nevirapina foi inicialmente descoberta por meio de triagem em larga escala. Um de seus anéis piridínicos ocupa a cavidade hidrofóbica (Leu100, Val106 e Val179), enquanto o outro interage com os anéis aromáticos das tirosinas 181 e 188 por meio dos elétrons π dos sistemas anelares. De maneira semelhante, delavirdina tem seus grupos piridina e isopropilamina interagindo com a cavidade hidrofóbica, mas, adicionalmente, com um contato polar estável entre o anel indólico e a Pro236, fazendo com que mutações nesse resíduo gerem resistência a esse fármaco.[11,12]

De maneira interessante, fármacos INNTR de segunda geração, como o efavirenz (Figura 3C) possuem menos interações com as tirosinas 181 e 188, visto que o grupo ciclopropila é menos volumoso e não aromático. Consequentemente, o efavirenz é menos afetado pelas mutações que levam a resistência contra INNTR de primeira geração.

INNTR apresentam menos toxicidade quando comparados com inibidores nucleosídicos de TR, graças à maior especificidade contra polimerases virais em relação à humana. Adicionalmente, os tratamentos que combinam ambas as classes reduzem o surgimento de cepas resistentes.[11,12]

Inibidores da HIV protease

O mecanismo catalítico da protease e a primeira geração de inibidores

A protease do HIV é uma aspartil-protease dimérica, ou seja, tem dois aminoácidos ácido aspártico

(Asp25) em seu sítio catalítico (Figura 5A). A HIV protease tem 99 resíduos, e existem duas grandes variações dessa enzima para cada subtipo viral (HIV-1 e HIV-2), que compartilham apenas 50% de identidade. A protease do HIV é capaz de reconhecer sítios de clivagem contendo uma prolina seguido de um aminoácido aromático. A presença de prolinas em sítios de reconhecimento de proteases é incomum e não ocorre em proteases de mamíferos, o que oferece uma oportunidade para o desenho de inibidores específicos.[21-23]

A protease, em sua forma ativa, é um dímero, e seu sítio catalítico é composto pela interface entre as subu-

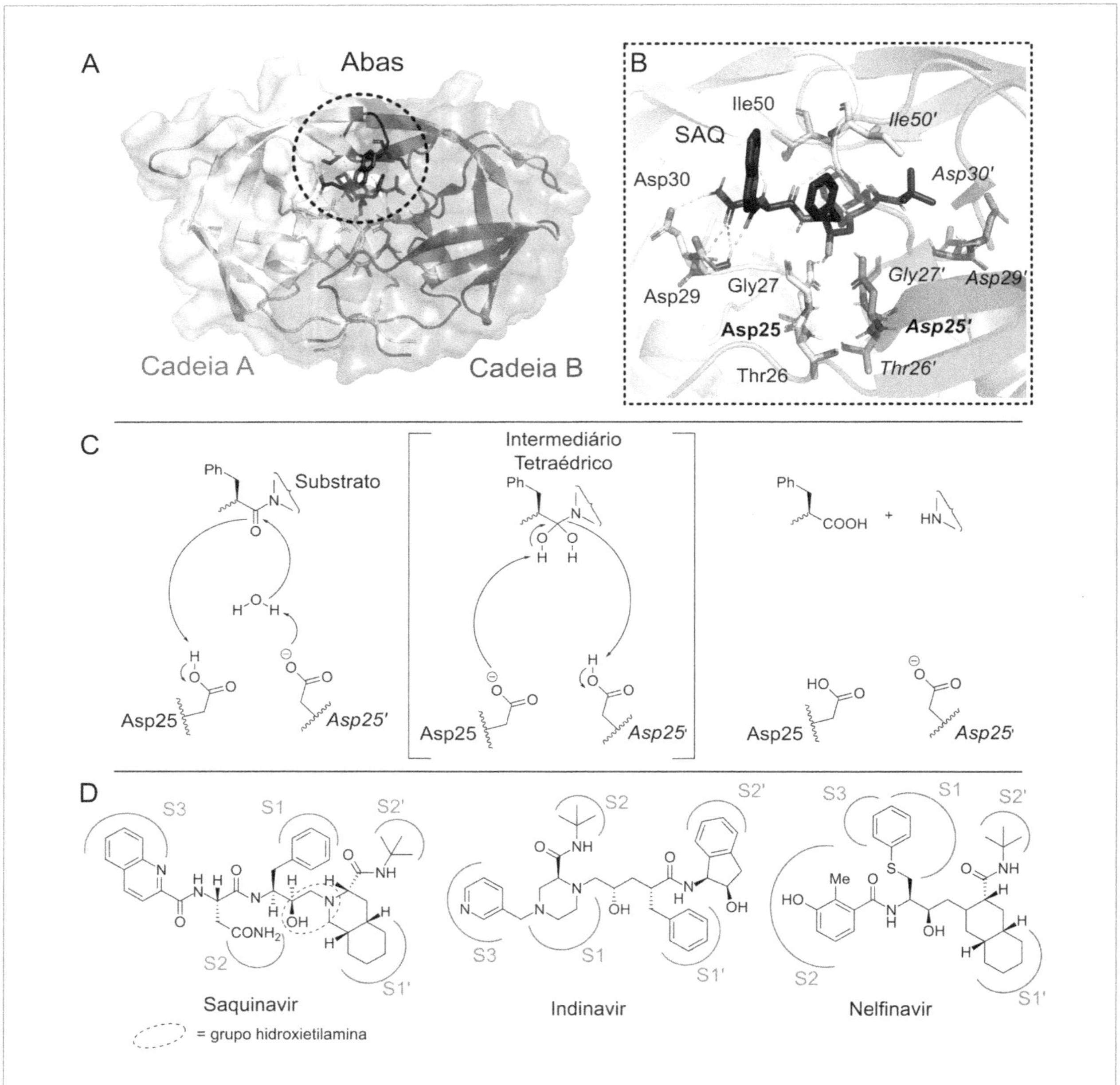

FIGURA 5 (A) Visão geral do dímero da protease do HIV com destaque para as abas cobrindo o sítio catalítico (em preto). (B) Sítio catalítico da HIV protease cocristalizada com o inibidor saquinavir (PDB ID: 3OXC). (C) Mecanismo catalítico da HIV protease em que os ácidos aspárticos, auxiliados por uma molécula de água estrutural, executam o ataque nucleofílico na ligação peptídica do substrato, dando origem a dois polipeptídeos. (D) Exemplos de fármacos inibidores da protease, destacando o grupo químico hidroxietilamina, cuja função é mimetizar o estado de transição tetraédrico, e as cavidades da proteína (S1-S3 e S1'-S3'), nas quais os demais grupos químicos interagem.

Fonte: adaptado de Patrick, Graham L. Antiviral agents. In: An introduction to medicinal chemistry. 5.ed. Oxford: Oxford University Press, 2013. p. 468-511.

nidades (Figura 5B). Seus resíduos catalíticos (Asp25, Thr26 e Gly27) são encontrados na base desta interface, que é então coberta por duas abas regulatórias. As abas quando abertas permitem a entrada do substrato, mas quando fechadas estabilizam uma molécula de água essencial para a catálise, por meio do aminoácido Ile50 (Figuras 5A, B). A protease tem oito sítios de reconhecimento do substrato, quatro em cada subunidade, numeradas S1-S4 (em uma subunidade) e S1'-S4' (na outra subunidade). Os sítios e regiões do substrato são nomeados de acordo com as cavidades que ocupam no sítio catalítico, P1-P4 e P1'-P4', e as modificações em inibidores seguem essa mesma nomenclatura. A interação do substrato com os sítios de reconhecimento implica mudanças conformacionais na protease que levam ao fechamento das abas, permitindo a transição para o estado catalítico.[21-23]

O mecanismo da protease do HIV (Figura 5C) é descrito como o ataque nucleofílico da molécula de água estrutural ao grupo amida da ligação peptídica do substrato. Esse ataque leva à formação de um estado de transição tetraédrico intermediário, o qual é catalisado pelos resíduos de ácidos aspárticos (Asp25 e Asp25').[11,12]

A primeira geração de inibidores de protease (IP) foi planejada mimetizando a conformação tetraédrica desse estado de transição, evitando a instabilidade química com o uso de isósteros resistentes à hidrólise. Muito do conhecimento para o desenvolvimento de IPs veio de outro alvo de alto interesse terapêutico no tratamento de doenças do sistema cardiovascular, a aspartil-protease renina.[11,12]

O grupo químico hidroxietilamina é um dos isósteros análogos do estado de transição mais utilizados como grupo farmacofórico nessa classe de antivirais. Ele mimetiza um dos grupos hidroxila do intermediário tetraédrico e, assim, interage através de ligações de hidrogênio com os ácidos aspárticos do sítio catalítico. Partindo desse centro ativo, outras subunidades da molécula inibidora foram planejadas buscando ocupar as cavidades (S1-S4'), a fim de aumentar a afinidade com o alvo. Em contrapartida, isso levou ao desenvolvimento de fármacos com elevada massa molecular e, por consequência, baixa biodisponibilidade oral. Ilustrando essa estratégia, o saquinavir (Figura 5D), primeiro inibidor da HIV protease, desenvolvido pela Roche, tem cadeias laterais que ocupam até as cavidades S3/S3'. O saquinavir mimetiza a sequência conservada do sítio de clivagem do polipeptídeo viral (Leu-Asn-Phe-Pro-Leu), com mais de 100 vezes de seletividade contra proteases humanas, mas baixa biodisponibilidade. Contudo, compostos líderes sucessores do saquinavir, baseados apenas no sítio de clivagem (Phe-Pro) com a adição de um resíduo asparagina (ocupando o S2), ainda mostraram 40 vezes mais afinidade pela enzima. Apesar da aparente contradição, esse aumento de afinidade foi a primeira evidência da importância do sítio S2 para inibição, permitindo o desenvolvimento de inibidores com massas moleculares menores. Os sítios S2/S2' são compostos não apenas por cadeias laterais de aminoácidos negativamente carregadas (Asp29 e Asp30), mas também possuem um forte caráter hidrofóbico (Val32, Ile50 e Ile84).

A simetria entre as duas metades do sítio catalítico, algo único da protease viral e incomum em proteases de mamíferos, inspirou cientistas da Abbott Pharmaceuticals a desenvolver compostos simétricos. Para isso, um novo centro com um álcool simétrico no carbono 2 (C2) foi estabelecido.[11,12,22,24]

Adicionalmente, visando a uma melhora da biodisponibilidade oral, as gerações seguintes de fármacos IP focaram-se em desenvolver compostos que ocupassem as cavidades S2/S2'. Nesse sentido, os substituintes na posição P2/P2' abrangiam anéis volumosos com capacidade de estabelecer interações de hidrogênio, por exemplo, anéis tiazolila ou dimetil-fenila, em vez da fenila anteriormente presente no saquinavir. A presença de substituintes com bases fracas ionizáveis, como o anel piperazina, presente no fármaco indinavir (Figura 5D), e a hidroisoquinolina, do fármaco nelfinavir (Figura 5D), foi um marco por permitir maior solubilidade em água e administração por via oral.[11,12,22,25]

A segunda geração de inibidores da HIV protease

Outros desafios relacionados ao planejamento de novos inibidores de protease surgiram após alguns anos de tratamento com a primeira geração. Fármacos com baixa biodisponibilidade e, portanto, baixa eficiência, não controlavam a infecção apropriadamente e selecionavam populações resistentes do vírus. Dada a similaridade no mecanismo de ação dos inibidores de primeira geração, o fenômeno de resistência cruzada também era problemático. Isto é, uma vez que um paciente apresentasse resistência a um IP, nenhum outro funcionaria, com exceção do fármaco nelfinavir.[26]

Modificações moleculares direcionadas ao P2/P2', como a inserção do grupo *p*-aminossulfonila (amprenavir, Figura 6) ou 2,6-dimetilfenoxiacetila (lopinavir, Figura 6), geraram fármacos que permaneciam ativos em enzimas mutantes, sem ocupar a região da cavidade S3/S3', o que comprometia sua biodisponibilidade.

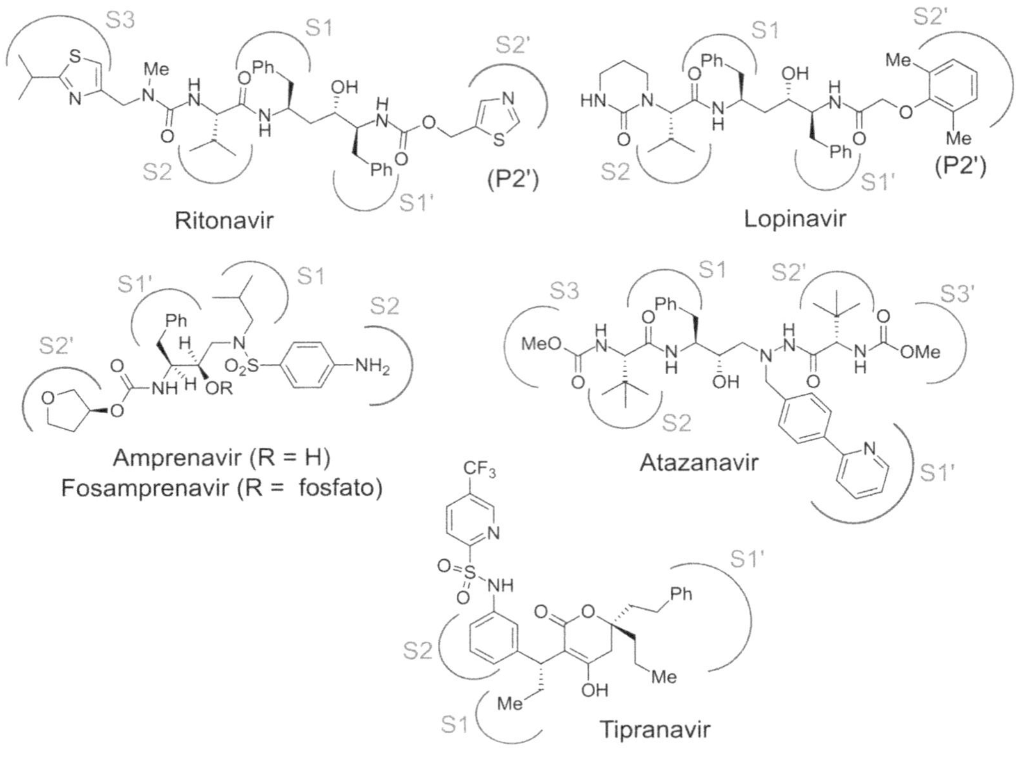

FIGURA 6 Segunda geração de fármacos inibidores da protease do HIV, destacando as principais cavidades de interação (S1-S3 e S1'-S3') por cada grupamento químico.

É importante ressaltar que o desenvolvimento do pró-fármaco monofosfatado fosamprenavir foi essencial para a melhoria da solubilidade do amprenavir.[11,12]

Nos anos 2000, a grande maioria dos tratamentos baseados em IP usavam a combinação de lopinavir/ritonavir. Ritonavir é um potente inibidor de transportadores do tipo glicoproteína-P e de enzimas do citocromo P450 (CYP3A4), o que aumenta a concentração plasmática diária de lopinavir, quando coadministrados, permitindo tratamento por anos antes da resistência se manifestar. Finalmente, o fármaco atazanavir (Figura 6), aprovado em 2003 pelo FDA, foi desenvolvido com o intuito de melhorar aspectos não endereçados por seus predecessores: toxicidade gastrintestinal, desregulação lipídica no plasma e pacientes com resistência ao tratamento com IPs.[26]

Já o fármaco tipranavir (Figura 6) foi o único dessa classe que não foi planejado a partir do substrato peptídico. Sua origem se deu por meio de uma triagem biológica na qual compostos anticoagulantes apresentaram também atividade inibitória perante a protease viral. Após otimização estrutural, o tipranavir foi inserido no mercado pela Boehringer Ingelheim, em 2005, apresentando o grupo 4-OH do anel lactona como grupo farmacofórico para realizar as ligações de hidrogênio com os ácidos aspárticos do sítio catalítico.[11,12,27]

Aspectos clínicos do uso de antirretrovirais e o uso do PrEP

Atualmente, não há um tratamento farmacológico que funcione como uma cura definitiva para o HIV. A combinação da alta taxa de mutação viral com o uso prolongado dos fármacos disponíveis permite o estabelecimento de resistência em média um ano após o início da terapia, quando usados em monoterapia. Portanto, pacientes são tratados com um coquetel de fármacos que atuem em dois ou mais alvos terapêuticos (do inglês *highly active antiretrovrial therapy*, ou HAART), e monitorados ao longo da vida, devido aos efeitos colaterais.[28]

Recentemente se tem aconselhado o uso profilático de antirretrovirais. A chamada profilaxia pré-exposição ao HIV (PrEP) consiste no uso profilático de fármacos anti-HIV para evitar a infecção viral, em caso de exposição em situações de risco. Atualmente, a PrEP no Brasil se baseia no uso diário e contínuo da combinação de fármacos como tenofovir e entricitabina. A PrEP não deve ser confundida com a PEP (profilaxia pós-exposição), que é definida como o uso após uma situação de risco, por apenas 28 dias, e baseada no uso combinado de zidovudina com lamivudina.[2]

A aprovação do raltegravir (em 2007) pelo FDA, um dos primeiros inibidores da integrase, e do maraviroc, inibidor da gp41 e, portanto, da fusão viral, aponta que há ainda diversos alvos terapêuticos a serem explorados para o tratamento farmacológico do HIV.[29-31]

VÍRUS DA GRIPE E INIBIDORES DE CANAIS IÔNICOS

Gripe é uma denominação genérica para um grupo de vírus influenza (A, B e C) que usa (-)*ss*RNA como material genético e é transmitido por via aérea. O vírus influenza afeta pacientes com a imunidade comprometida, infectando células epiteliais do trato respiratório. Contudo, a influenza não se limita a essas populações e é responsável por pandemias de escala mundial, como a da gripe espanhola em 1918, que causou a morte de 20 milhões de pessoas.[32,33]

O nucleocapsídeo desse vírus é coberto por um envelope com duas glicoproteínas permeadas em sua membrana: a neuraminidase (NA) e a hemaglutinina (HA). A neuraminidase é responsável pela digestão das glicoproteínas no muco que protege as células epiteliais no trato respiratório. Uma vez que o vírus ultrapassa essa camada, ele consegue aderir à superfície celular, onde a HA é reconhecida pelo ácido siálico das glicoproteínas do hospedeiro e incorporada por endocitose, levando consigo o vírus.[34]

Forma-se, então, o endossomo, uma partícula celular composta por partes da membrana do hospedeiro e do vírus contendo um vírion dentro. A acidificação do meio endossomal é necessária para induzir mudanças conformacionais nas proteínas do capsídeo. Esse processo leva à dissolução do capsídeo, ao mesmo tempo que o RNA viral é expelido para o meio citoplasmático. É importante mencionar que o vírus possui sua própria RNA polimerase dependente de RNA, que produz ambas as fitas de (+)*ss*RNA, necessárias para produção de proteínas, e outras cópias de (-)*ss*RNA, que constituem o genoma.[35]

Após a tradução, as proteínas do capsídeo, junto de novas cópias do genoma, RNA polimerase, formam um novo nucleocapsídeo. Outras proteínas, como a NA e a HA, permanecem permeadas na membrana após a tradução, e o nucleocapsídeo se utiliza delas para formar seu novo envelope. A enzima NA, então, hidrolisa as interações entre a HA e glicoproteínas na superfície da célula hospedeira, liberando a partícula viral.[34-36]

Inibidores de canais iônicos

Fármacos derivados de adamantanas, amantadina e rimantadina (Figura 7C) foram descobertos por meio de triagens experimentais. Eles são indicados contra o vírus influenza A, atuando através do bloqueio do canal iônico viral (proteína de matriz, M2), mesmo quando administrados em baixas doses (1 < μg/mL). Adicionalmente, em concentrações mais altas (> 50 μg/mL), os seus grupos substituintes amina, de característica básica, permitem que eles atuem como tampões, prevenindo a acidificação do meio endossomal e a dissolução do capsídeo.[11,12,36,37]

Infelizmente, nenhum desses fármacos é eficiente contra o vírus influenza B, que se vale dos canais iônicos do hospedeiro. Além disso, resistência contra adamantanas é comumente adquirida.[38]

Inibidores da neuraminidase

A neuraminidase executa duas funções essenciais para o ciclo viral e possui um sítio catalítico conservado entre os diferentes subtipos, mas distinto de proteínas em mamíferos, o que faz dela um excelente alvo terapêutico para o tratamento de influenza. O desenvolvimento de fármacos contra NA avançou de forma significativa após a determinação de sua estrutura tridimensional complexada com seu substrato, o ácido siálico ligado à glicoproteína lipídica, usando cristalografia.[39,40]

Essa estrutura permitiu a identificação do sítio catalítico e de suas principais interações com seu substrato: o grupo carboxilato e três resíduos arginina; o grupo glicerol (no C6) e dois resíduos glutamatos e, finalmente, o grupo acetamida (no C5), que ocupa uma cavidade hidrofóbica, composto por Trp178 e Ile222 (Figura 8B). Durante seu reconhecimento inicial pelo sítio ativo da NA, o anel piranose do substrato estabelece uma conformação de pseudobote (Figura 8A). Isso permite a interação da Arg371 com o ácido carboxílico, gerando, na sequência, um mecanismo de hidrólise do substrato mediado por reação de S_N1.[11,12,41,42]

Em seguida, a elucidação desse mecanismo e o conhecimento do seu estado de transição permitiu o pla-

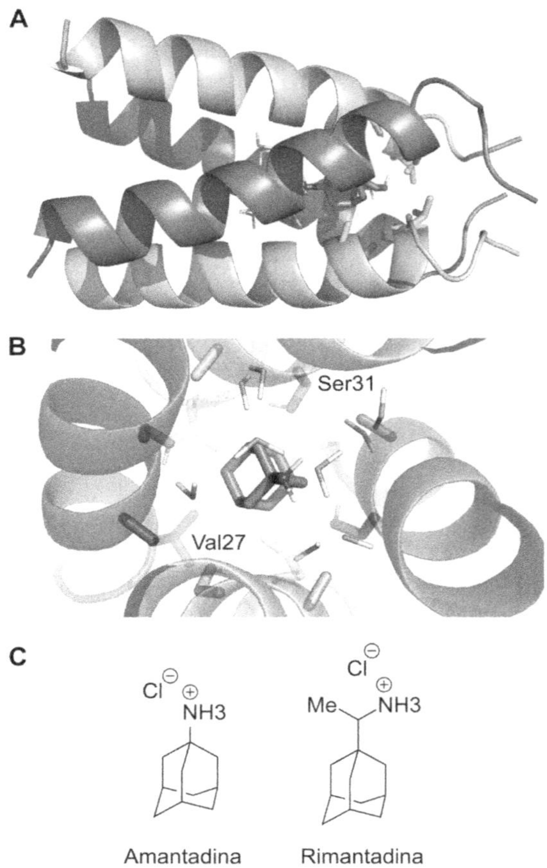

FIGURA 7 (A) Estrutura tridimensional do canal iônico M2 (PDB ID: 6BKK) do vírus influenza A, composta por quatro subunidades idênticas. (B) Destaque para o sítio de ligação da amantadina, circundada por quatro resíduos Ser31, formando a porção hidrofílica e rica em moléculas de água estáveis, e por quatro Val27, que formam uma base hidrofóbica. (C) Exemplos de fármacos inibidores de canais iônicos

nejamento de fármacos contendo sistemas anelares de geometria trigonal plana. Esses fármacos possuem maior estabilidade química, além de manterem as interações com o sítio ativo da NA, sendo, portanto, análogos do estado de transição da reação de hidrólise. Inibidores como o zanamivir (aprovado em 1999, Figura 8C) possuem uma ligação dupla entre os carbonos C2 e C3, que induz essa geometria trigonal. Zanamivir e seu análogo laninamivir (aprovado em 2010) possuem características adicionais, propostas por estudos de modelagem molecular, como o grupo substituinte guanidino no lugar da hidroxila do C4 que interage com o Glu119/Asp151. Ambos inibidores, contudo, são moléculas polares e altamente carregadas, o que leva, também, a baixa biodisponibilidade.[11,12,41-43]

Nesse sentido, novas gerações de inibidores da NA trocaram o grupo glicerol (C6) por 6-carboxamidas substituídas. A presença de substituintes alquila no nitrogênio da amida não apenas aumenta o caráter apolar da molécula como permite interações especificas com uma cavidade lipofílica. Finalmente, o fármaco oseltamivir (Figura 8C) foi desenvolvido em razão da necessidade de fármacos mais lipofílicos que pudessem ser administrados pela via oral. Assim, ocorreram as seguintes modificações moleculares, que contribuíram para o aumento da lipofilicidade: 1) substituição bioisostérica entre o átomo de oxigênio do anel piranose por um grupo metileno, formando um anel ciclohexeno; 2) substituição do grupo glicerol pela cadeia lateral pentiloxila; 3) substituição do grupo guanidino por uma amina. Adicionalmente, o grupo ácido carboxílico foi latenciado, gerando um éster etílico. Em contato com as esterases do trato gastrointestinal, este é clivado, liberando o ácido carboxílico ativo, permitindo o uso por via oral desse pró-fármaco.[11,12,41-43]

NOVAS INICIATIVAS NO PLANEJAMENTO DE FÁRMACOS E REPOSICIONAMENTO

Atualmente, um terço de todas as mortes por infecções é causada por vírus. Viroses (re)emergentes, como os vírus da dengue (DENV), chikungunya e zika, além dos recentes surtos de ebola e influenza, junto de padrões migratórios em uma sociedade globalizada, exemplificam os riscos que as infecções virais impõem à sociedade. Do ponto de vista de saúde pública, no caso de epidemias, o tratamento individual com fármacos é urgente.[44]

Ainda que existam estratégias recentes, como o uso de interferons, que modulam o sistema imune estimulando a defesa antiviral, e da ribavirina, que possui uma ação genérica em vários tipos virais hemorrágicos, o seu uso prolongado leva a efeitos colaterais.[45]

A busca por novos agentes antivirais, ainda que imperativa, se mantém limitada por problemas como biodisponibilidade e toxicidade. Estratégias como o reposicionamento de fármacos conhecidos buscam novos alvos virais para compostos considerados seguros. O reposicionamento evita o custo e o tempo inicial necessários para validações e autorizações.[46-48]

Com o aparecimento da pandemia do coronavírus SARS-Cov-2 (agente causador da COVID-19), no final do ano de 2019, diversas iniciativas de triagens clínicas

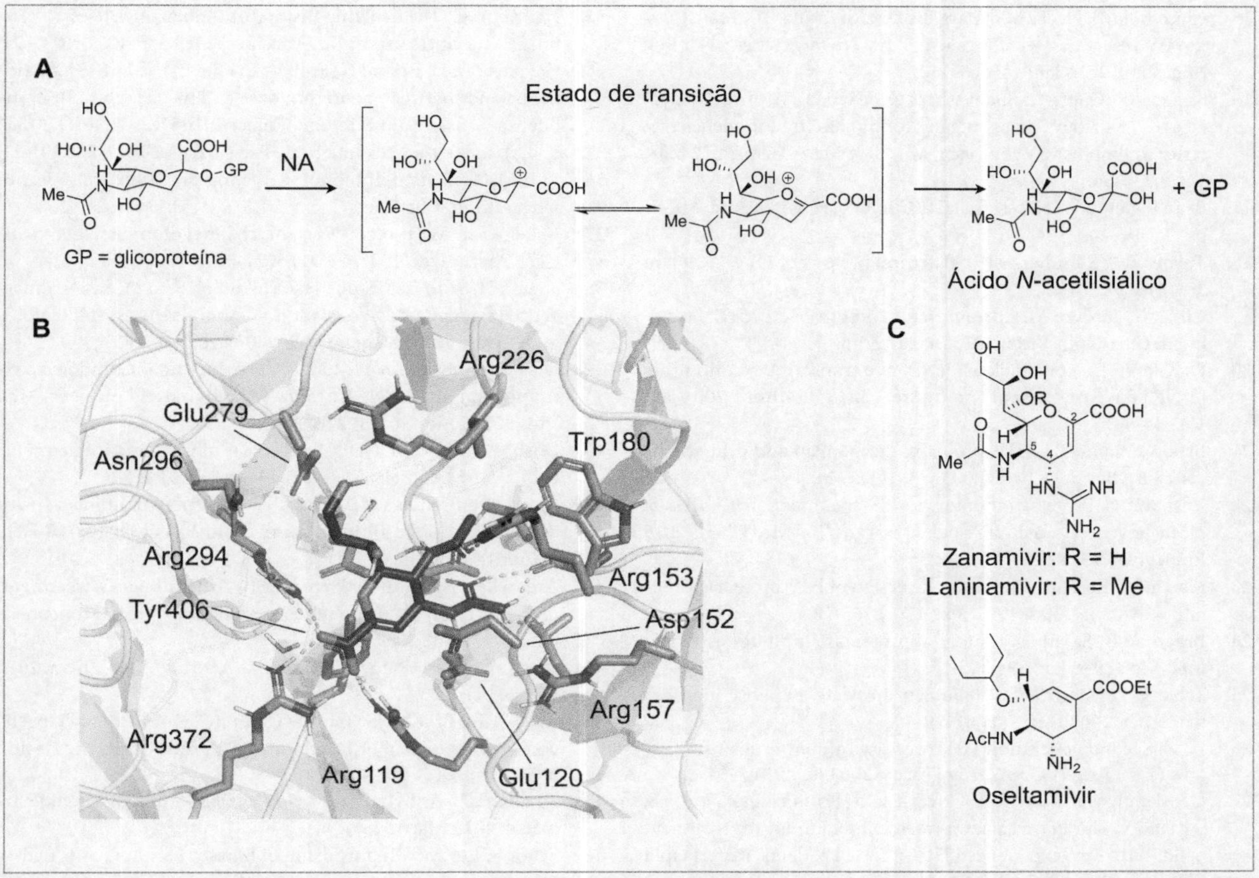

FIGURA 8 (A) Mecanismo catalítico simplificado da NA (adaptada de Woster et al.)12 clivando o ácido N-acetilsiálico das glicoproteínas do hospedeiro. Vale destacar a conformação pseudobote que o estado de transição assume durante a catálise. (B) Estrutura tridimensional da NA cocristalizada com o fármaco zanamivir (PDB ID: 6HCX). (C) Exemplos de fármacos inibidores da NA.

para o reposicionamento de fármacos estão em andamento ao redor do mundo, como os antivirais lopinavir, ritonavir e oseltamivir.[49,50]

Muitas vezes o reposicionamento também oferece compostos líderes iniciais, que podem ser modificados para aumentar a afinidade e a especificidade ao novo alvo, usando uma combinação de técnicas da biologia estrutural e da química medicinal em times multidisciplinares.[46-48]

REFERÊNCIAS BIBLIOGRÁFICAS

1. Baltimore D. Expression of animal virus genomes. Bacteriol Rev. 1971 Sep; 35(3):235-41.
2. Brooks GF, Carroll KC, Butel JS. Section VI. In: Carroll Kc, Butel JS, Morse SA. Jawetz, Melnick & Adelberg's medical microbiology. 24.ed. New York: McGraw Hill; 2007.
3. Cohen FS. How virus invade cells. Biophys J. 2016 Mar; 110(5):1028-32.
4. Rauch S, Jasny E, Schimidt KE, Petsch B. New vaccine technologies to combat outbreak situations. Front Immunol. 2018 Sep; 9:1-24.
5. De Clercq E. Antivirals and antiviral strategies. Nat Rev Microbiol. 2004 Sep; 2(9):704-20.
6. De Clercq E. Strategies in the design of antiviral drugs. Nat Rev Drug Discov. 2002 Jan; 1(1):13-25.
7. De Clercq E. Fifty years in search of selective antiviral drugs. J Med Chem. 2019 Aug; 62(16):7322-39.
8. Nie Y, Wang YY. Innate immune response to DNA viruses. Protein Cell 2013 Jan; 4(1):1-7.
9. De Clercq E, Schinazi RF. Editorial overview: antiviral strategies. Curr Opin Virol. 2016 Jun; 18:v-vi.
10. Zarrouk K, Piret J, Boivin G. Herpesvirus DNA polymerases: structures, functions and inhibitors. Virus Res. 2017 Jan; 15;234:177-92.
11. Patrick, Graham L. Antiviral agents. In: An introduction to medicinal chemistry. 5.ed. Oxford: Oxford University Press, 2013. p. 468-511.
12. Woster PM. Antiviral agents and protease inhibitors. In: Lemke TL, Williams DA, Roche VF, Zito ZW. Foye's principles of medicinal chemistry. 7.ed. Philadelphia: Lippincott Williams & Wilkins, 2013. p. 1267-303.
13. De Clercq E, Li G. Approved antiviral drugs over the past 50 Years. Clin Microbiol Rev. 2016 Jul; 29(3):695-747.
14. Ferguson MR, Rojo DR, Von Lindern JJ, O'Brien WA. HIV-1 replication cycle. Clin Lab Med. 2002 Sep; 22(3):611-35.

15. Churchill MJ, Deeks SG, Margolis DM, Siliciano RF, Swanstrom R. HIV reservoirs: what, where and how to target them. Nat Rev Microbiol. 2016 Jan; 14(1):55-60.
16. Saxena SK, Gupta A, Bhagyashree K, Saxena R, Arora N, Banerjee AK, et al. Targeting strategies for human immunodeficiency virus: a combinatory approach. Mini Rev Med Chem. 2012 Mar; 12(3):236-54.
17. Bean P. New drug targets for HIV. Clin Infect Dis. 2005 Jul; 41(Suppl 1):S96-100.
18. Turner BG, Summers MF. Structural biology of HIV 1999 Jan; 285(1):1-32.
19. Cihlar T, Fordyce M. Current status and prospects of HIV treatment. Curr Opin Virol. 2016 Jun; 18:50-6.
20. De Clercq E. Non-nucleoside reverse transcriptase inhibitors (NNRTIs): past, present and future. Chem Biodivers. 2004 Jan; 1(1):44-64.
21. Brik A, Wong CH. HIV-protease: mechanism and drug discovery. Org Biomol Chem. 2003 Jan; 1(1):5-14.
22. Voshavar C. Protease inhibitors for the treatment of HIV/AIDS: recent advances and future challenges. Curr Top Med Chem. 2019 Jun; 19(18):1571-98.
23. Martin JA. Recent advances in the design of HIV proteinase inhibitors. Antiviral Res. 1992 Apr; 17(4):265-78.
24. Bragman K. Saquinavir: an HIV proteinase inhibitor. Adv Exp Med Biol. 1996 Jan; 394:305-17.
25. Tebas P, Powderly WG. Nelfinavir mesylate. Expert Opin Phamacother. 2000 Dec; 1(17):1429-40.
26. Lu Z. Second generation HIV protease inhibitors against resistant virus. Expert Opin Drug Discov. 2008 Jul; 3(7):775-86.
27. De Mendoza C, Morelló J, Garcia-Gascó P, Rodríguez-Novoa S, Soriano V. Tipranavir: a new protease inhibitor for the treatment of antiretroviral-experienced HIV-infected patients. Expert Opin Pharmacother. 2007 Apr; 8(6):839-50.
28. Lu DY, Wu HY, Yarla NS, Xu B, Ding J, Lu TR. HAART in HIV/AIDS treatments: future trends. Infect Disord Drug Targets. 2018; 18(1):15-22.
29. Pommier Y, Johnson AA, Marchand C. Integrase inhibitors to treat HIV/AIDS. Nat Rev Drug Discov 2005 Mar; 4(3):236-48.
30. Woollard SM, Kanmogne GD. Maraviroc: a review of its use in HIV infection and beyond. Drug Des Devel Ther. 2015 Oct; 9:5447-68.
31. Zhan P, Pannecouque C, De Clercq E, Liu X. Anti-HIV Drug Discovery and Development: Current Innovations and Future Trends. J Med Chem. 2016 Apr; 59(7):2849-78.
32. Kim H, Webster RG, Webby RJ. Influenza virus: dealing with a drifting and shifting pathogen. Viral Immunol. 2018 Mar; 31(2):174-83.
33. Hannoun C. The evolving history of influenza viruses and influenza vaccines. Expert Rev Vaccines. 2013 Sep; 12(9):1085-94.
34. Gaymard A, Le Briand N, Frobert E, Lina B, Escuret V. Functional balance between neuraminidase and haemagglutinin in influenza viruses. Clin Microbiol Infect 2016 Dec; 22(12):975-83.
35. Luo M. Influenza virus entry. Adv Exp Med Biol. 2012; 726:201-21.
36. Li F, Ma C, Wang J. Inhibitors targeting the influenza virus hemagglutinin. Curr Med Chem. 2015; 22(11):1361-82.
37. Betakova T. M2 protein-a proton channel of influenza A virus. Curr Pharm Des. 2007; 13(31):3231-5.
38. Suzuki H, Saito R, Masuda H, Oshitani H, Sato M, Sato I. Emergence of amantadine-resistant influenza A viroses: epidemiological study. J Infect Chemother. 2003 Sep; 9(3):195-200.
39. Jagadesh A, Salam AA, Mudgal PP, Arunkumar G. Influenza vírus neuraminidase (NA): a target for antiviral and vaccines. Arch Virol. 2016 Aug; 161(8):2087-94.
40. Doshi P, Jefferson T. Neuraminidase inhibitors and influenza infection. JAMA Intern Med. 2016 Mar; 176(3):415-6.
41. Beard KR, Brendish NJ, Clark TW. Treatment of influenza with neuraminidase inhibitors. Curr Opin Infect Dis. 2018 Dec; 31(6):514-9.
42. Amarelle L, Lecuona E, Sznajder JI. Anti-Influenza treatment: drugs currently used and under development. Arch Bronconeumol. 2017 Jan; 53(1):19-26.
43. Das K. Antivirals targeting influenza A virus. J Med Chem. 2012 Jul; 55(14):6263-77.
44. Ryu S, Kim BI, Lim JS, Tan CS, Chun BC. One health perspectives on emerging public health threats. J Prev Med Public Health. 2017 Nov; 50(6):411-4.
45. De Clercq E. Antivirals: past, present and future. Biochem Pharmacol. 2013 Mar 15; 85(6):727-44.
46. Schor S, Einav S. Repurposing of kinase inhibitors as broad-spectrum antiviral drugs. DNA Cell Biol. 2018 Feb; 37(2):63-9.
47. Mercorelli B, Palù G, Loregian A. Drug repurposing for viral infections diseases: how far are we? Trends Microbiol. 2018 Oct; 26(10):865-76.
48. García-Serradilla M, Risco C, Pacheco B. Drug repurposing for new, efficient, broad spectrum antivirals. Virus Res. 2019 Apr 15; 264:22-31.
49. Yang P, Wang X. COVID-19: a new challenge for human beings. Cell Mol Immunol. 2020 Mar; 1-3.
50. Harrison C. Coronavirus puts drug repurposing on the fast track. Nat Biotechnol. 2020 Apr; 38(4):379-81.

CAPÍTULO 35

Antineoplásicos

Micael Rodrigues Cunha
Roberto Parise Filho

INTRODUÇÃO

Neoplasias são novas formações anormais de massa tecidual no organismo (tumores), podendo ser classificadas como benignas ou malignas. A neoplasia benigna (ou tumor benigno) tem, geralmente, crescimento lento, ordenado, apresenta bordas e/ou limites bem definidos e a remoção pode levar à cura. A neoplasia maligna (ou tumor maligno), ou câncer, é caracterizada por desvios nos mecanismos de controle de proliferação e diferenciação celular, levando ao crescimento acelerado, descontrolado e autônomo de um dado tecido. Ademais, a neoplasia maligna apresenta bordas irregulares, de difícil remoção, e pode atingir tecidos vizinhos (processo conhecido como metástase).[1,2] Os desvios nos mecanismos normais de controle e proliferação são provocados, essencialmente, por mutações genéticas, infecções virais, exposição à radiação e substâncias químicas, dentre outros fatores.[3,4]

De acordo com o tecido de origem, os tumores podem ser classificados em sólidos ou hematológicos. Os primeiros podem ser denominados de carcinomas (originados no tecido epitelial, ou seja, pele, mucosas ou glândulas), sarcomas (originados no tecido conjuntivo, ou seja, gordura, vasos sanguíneos, nervos, ossos, músculos, tecidos profundos da pele e cartilagem) e blastomas (composto de células indiferenciadas imaturas – blastos – com pouco ou praticamente nenhum estroma). Os tumores hematológicos, por sua vez, são denominados de leucemias (problemas com a produção de células sanguíneas, geralmente, leucócitos) e linfomas (células do sistema imunológico, como os linfócitos).[5]

TRATAMENTO DO CÂNCER

As principais terapias utilizadas no tratamento do câncer consistem na remoção cirúrgica, radioterapia, imunoterapia e quimioterapia, utilizadas isoladamente ou em combinação.[6] A quimioterapia consiste no tratamento de um tumor com compostos químicos de origem natural ou sintética, denominados agentes antineoplásicos ou antitumorais. Geralmente, a quimioterapia é feita de forma combinada, com quimioterápicos que apresentam mecanismos de ação diferentes, uma vez que melhores resultados são alcançados em detrimento à monoterapia. Células sadias, como as células epiteliais, de mucosas e da medula óssea, não são bem distinguíveis das células tumorais, pois ambas se replicam muito rapidamente. Por isso, os quimioterápicos desencadeiam, em sua maioria, efeitos adversos bem característicos, como náuseas, perda de cabelos e descamação da pele, entre outros.[7-9]

Para fins didáticos, os agentes antineoplásicos foram aqui divididos em classes, de acordo com seu mecanismo de ação. Como o assunto é bastante extenso, procurou-se descrever as classes químicas mais representativas (nem todas clinicamente aprovadas) que compõem esses agentes, bem como a relação estrutura-atividade (REA), quando disponível. Caso o leitor necessite de maiores informações, outras obras apresentam detalhamentos e complementam este capítulo.[10-12]

Fármacos que atuam no DNA

Agentes alquilantes

Os agentes alquilantes são compostos químicos altamente eletrofílicos que reagem com grupos nucleofílicos do DNA (nitrogênios das bases do DNA), por meio de ligações covalentes. Compostos alquilantes têm sido utilizados para interromper a replicação ou a transcrição gênica e, consequentemente, levar à morte celular. Sua atividade está relacionada à ligação cruzada com DNA. Entretanto, esses agentes são extremamente reativos, e a ligação a outros substratos (principalmente proteicos) torna-os pouco seletivos e bastante tóxicos. Apesar disso, os agentes alquilantes se mostraram bem efetivos no tratamento do câncer, principalmente contra tumores hematológicos.[13]

Haloalquilaminas (mostardas nitrogenadas)

As mostardas nitrogenadas (derivadas nitrogenadas do gás mostarda) são representadas pela estrutura geral das *bis*-beta-haloalquilaminas, cuja principal característica é a presença de um átomo de nitrogênio (R-substituído) separado de um halogênio (cloro), por meio de uma ponte etilênica (carbonos alfa e beta) (Figura 1A). Como pode ser observado, a estrutura apresenta duas cadeias haloalquilaminas simétricas (sistema bidentado). O grupo haloalquilamina está presente em todos os representantes da classe, sendo o responsável pela capacidade alquilante desses compostos e, consequentemente, pela atividade antitumoral. A reatividade desses compostos está intimamente relacionada ao substituinte R das haloalquilaminas, que pode influenciar uma maior ou menor nucleofilicidade do nitrogênio terciário e, assim, favorecer ou desfavorecer a reação de formação do íon aziridínio e posterior alquilação das bases do DNA (Figura 1B).

A reatividade dos agentes alquilantes pode ser modulada por meio de modificações moleculares no substituinte R das haloalquilaminas (Figura 1A). Por exemplo, a substituição do grupo *N*-metil (mecloretamina) por grupo *N*-aril (p. ex., clorambucil, melfalano etc.) reduz consideravelmente a velocidade de formação do íon aziridínio, originando substâncias menos reativas e, consequentemente, mais estáveis em solução. Isso se deve ao fato de o par de elétrons do nitrogênio entrar em ressonância com o anel aromático, o que contribui para diminuir o seu caráter nucleofílico e, consequentemente, a velocidade de formação do íon aziridínio.

O agente alquilante melfalano (Figura 1A) foi planejado usando essa estratégia e incorporado de maneira a mimetizar a estrutura do aminoácido fenilalanina. Esse composto possui adequada solubilidade e estabilidade, sendo capaz de ser administrado por via oral. Outros exemplos de agente alquilantes incluem a mais recentemente aprovada bendamustina e a estramustina. A bendamustina é o análogo *N*-metil-benzimidazol do clorambucil, e a substituição por um anel aromático purino-*like* foi idealizada para promover efeito antimetabólito, junto da alquilação do DNA. A estramustina possui o grupo alquilante ligado ao hormônio estradiol, visando aumentar sua lipofilicidade e facilitar a passagem do composto através da membrana plasmática.[15] No caso da estramustina, embora tenha sido inicialmente classificada como um agente antineoplásico hormonal, a substância combina os efeitos do estradiol (hormônio) e de um agente alquilante, podendo atuar, adicionalmente, na despolimerização de microtúbulos pela ligação à tubulina.[16,17]

A ciclofosfamida é um agente alquilante administrado na forma de pró-fármaco. Esse composto é oxidado no fígado pelas enzimas do citocromo P450, seguido da abertura do anel (processo não enzimático) e liberação do agente alquilante na forma ativa (mostarda fosforamídica), além de acroleína (Figura 2). A nucleofilicidade do nitrogênio é reduzida, uma vez que este faz parte do grupo fosfamida, tornando a mostarda nitrogenada resultante mais seletiva para nucleófilos fortes, como a guanina. A ifosfamida (também um pró-fármaco) consiste em um isômero de posição da ciclofosfamida que apresenta mecanismo de ativação similar.[18,19]

A acroleína resultante é responsável, pelo menos em parte, pela toxicidade (uro e nefrotoxicidade) observada pelo uso da ciclofosfamida. Em vista disso, desenvolveu-se a 2-mercaptoetanosulfona sódica (do inglês *mesna*), substância polar com elevado poder nucleofílico, que reage com a acroleína originando um produto hidrossolúvel, não tóxico e facilmente eliminado.[20]

Nitrosureias

As nitrosureias são agentes alquilantes constituídos por uma função cloroetilureia ligada a um grupo nitroso (Figura 3A). Dentre as nitrosureias tradicionais podem ser citadas carmustina, lomustina, semustina e estreptozocina. Os derivados mais lipofílicos, por atravessarem mais facilmente a barreira hematoencefálica (BHE), são utilizados em tumores do sistema nervoso central (SNC), embora também tenham uso em tumores hematológicos. Vale ressaltar que produtos naturais também possuem representação nessa classe de fármacos antitumorais, uma vez que a estreptozocina é uma

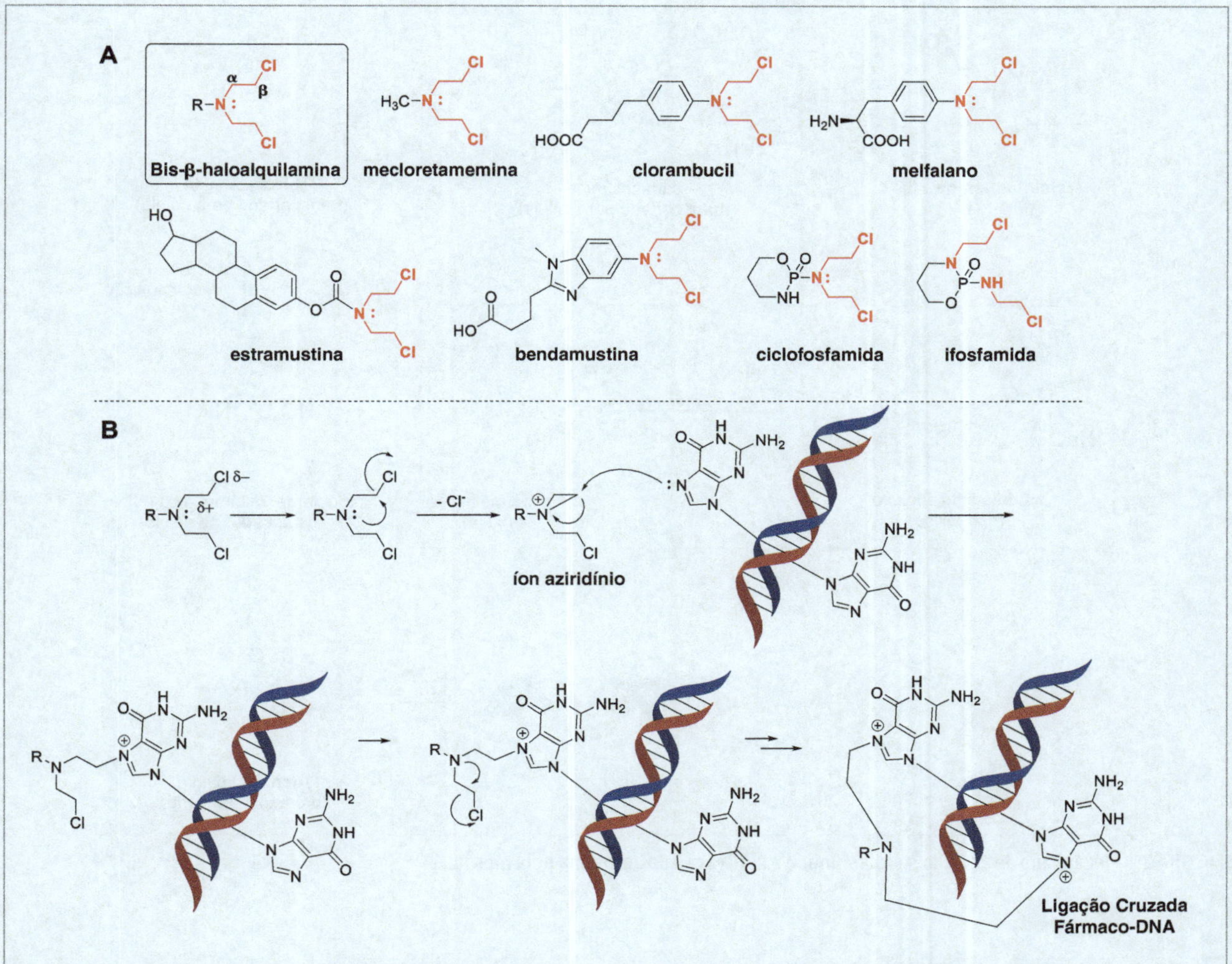

FIGURA 1 (A) Estrutura geral das haloalquilaminas e seus principais representantes. (B) Mecanismo geral de ação das haloalquilaminas envolvendo a formação do íon aziridínio, pelo ataque do par de elétrons livres do átomo de nitrogênio ao átomo de carbono ligado ao cloro. Este íon, extremamente eletrofílico, sofre ataque do nitrogênio da guanina presente no DNA, formando adutos intra (dentro da mesma fita de DNA) e interfitas (fitas diferentes). Devido à instabilidade química e à rápida velocidade de formação do íon aziridínio, alguns desses compostos precisam ser administrados por via intravenosa.[14] Dupla fita de DNA. Base nitrogenada: guanina.

nitrosureia isolada de *Streptomyces achromogenes*.[21-23] Diferentemente dos demais compostos, a estreptozocina não possui o grupo cloroetil, implicando menor reatividade como agente alquilante. Adicionalmente, pela presença da glicopiranose, é molécula altamente hidrossolúvel. Essas características fazem com que ela seja administrada exclusivamente por via intravenosa para o tratamento de tumores pancreáticos.

As nitrosureias sofrem decomposição espontânea no meio biológico, gerando duas espécies responsáveis pelos efeitos antitumorais (Figura 3B). O isocianato formado reage com o nitrogênio da cadeia lateral de resíduos de lisina em proteínas (reação de carbamoilação), podendo inativar proteínas importantes para o reparo de DNA ou para o ciclo celular. O segundo produto formado é o cloroetil-hidroxidiazeno, que culmina na formação de uma espécie altamente reativa (carbocátion), que pode ser atacado por nucleófilos, como as bases nitrogenadas do DNA, alquilando-os.[12]

Complexos organometálicos (derivados de platina)

Os derivados de platina são agentes que contêm um metal (Pt) elétron-deficiente que atrai grupos nucleofílicos ricos em elétrons do DNA (bases nitrogenadas, como a guanina). Os principais representantes, cisplatina e carboplatina, os quais são complexos de Pt(II), apresentam geometria quadrática planar. A cisplatina

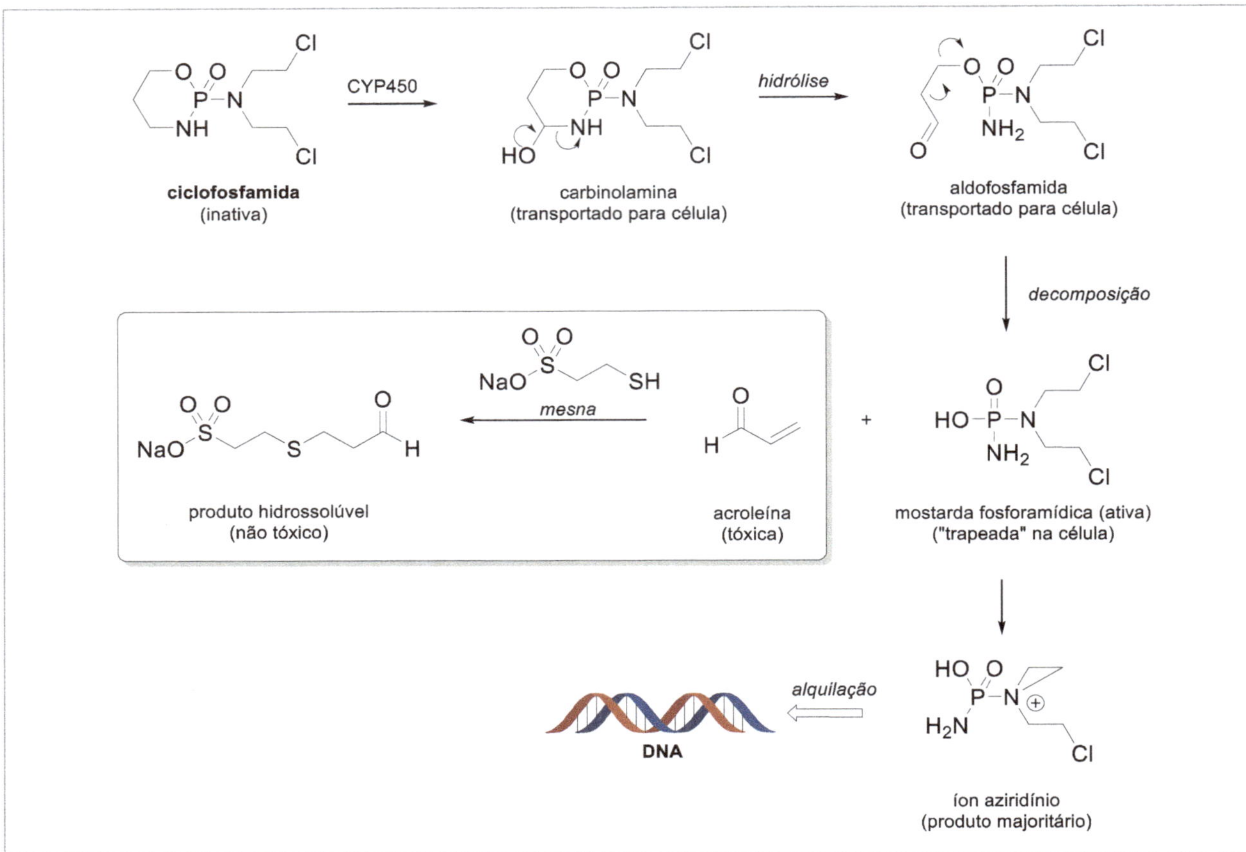

FIGURA 2 Mecanismo de ação da ciclofosfamida e inativação da acroleína pela mesna.

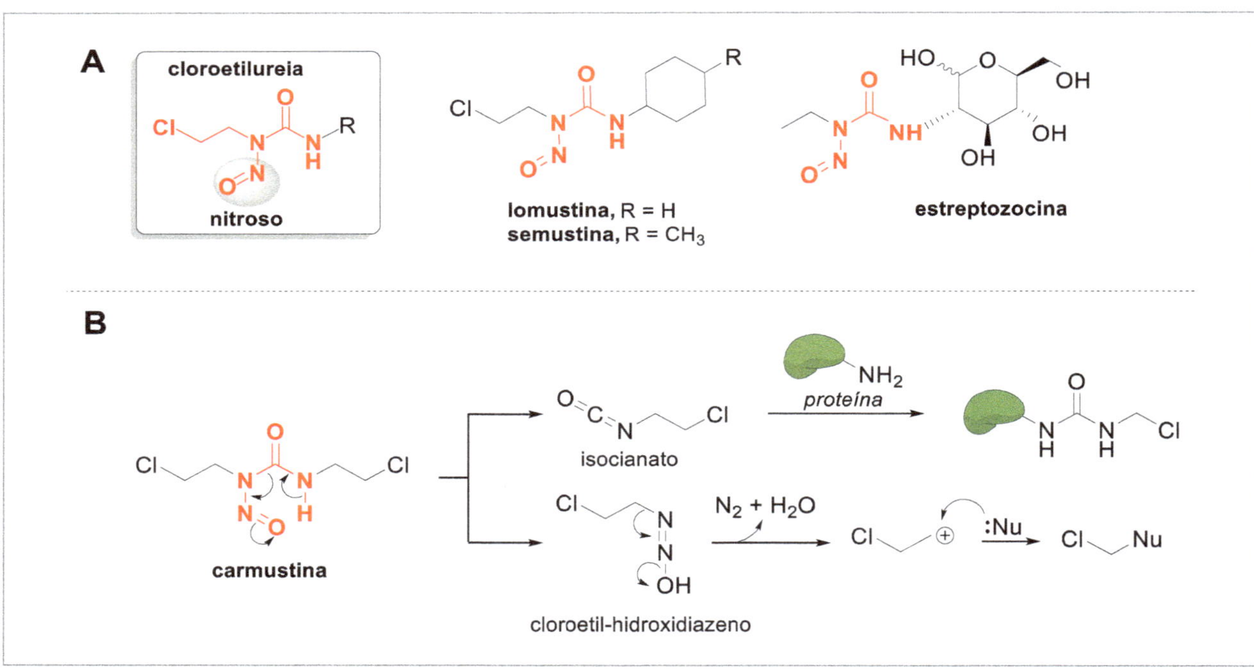

FIGURA 3 (A) Estrutura geral das nitrosureias, principais representantes. (B) Mecanismo de ação (decomposição) da carmustina em compostos que promovem carbamoilação de proteínas e alquilação de bases nitrogenadas. Nu = DNA.

(*cis*-diclorodiaminoplatina II) possui ampla aplicação na quimioterapia antitumoral, usada em combinação em diversos protocolos clínicos.[24] De maneira geral, a cisplatina e seus derivados agem produzindo ligações cruzadas intrafita no DNA, levando à parada do ciclo e morte celular.[25] A cisplatina entra na célula e sofre ataque da água presente no citosol ácido, levando à formação de espécies carregadas e extremamente reativas contra regiões do DNA contendo unidades de guanina adjacentes (Figura 4B). A falta de atividade do isômero *trans* da cisplatina é explicada por questões estéricas, resultantes da formação do aduto intrafita, necessário ao efeito antitumoral do fármaco.[26,27] A carboplatina forma o mesmo intermediário di-hidratado que a cisplatina, mas em uma taxa 10 vezes menor, fazendo com que a substância seja 20-40 vezes menos potente, mas também tenha efeitos adversos mais leves.[24]

Fármacos inibidores de topoisomerases

Topoisomerases são enzimas que controlam o grau de superenovelamento do DNA, relaxando sua estrutu-

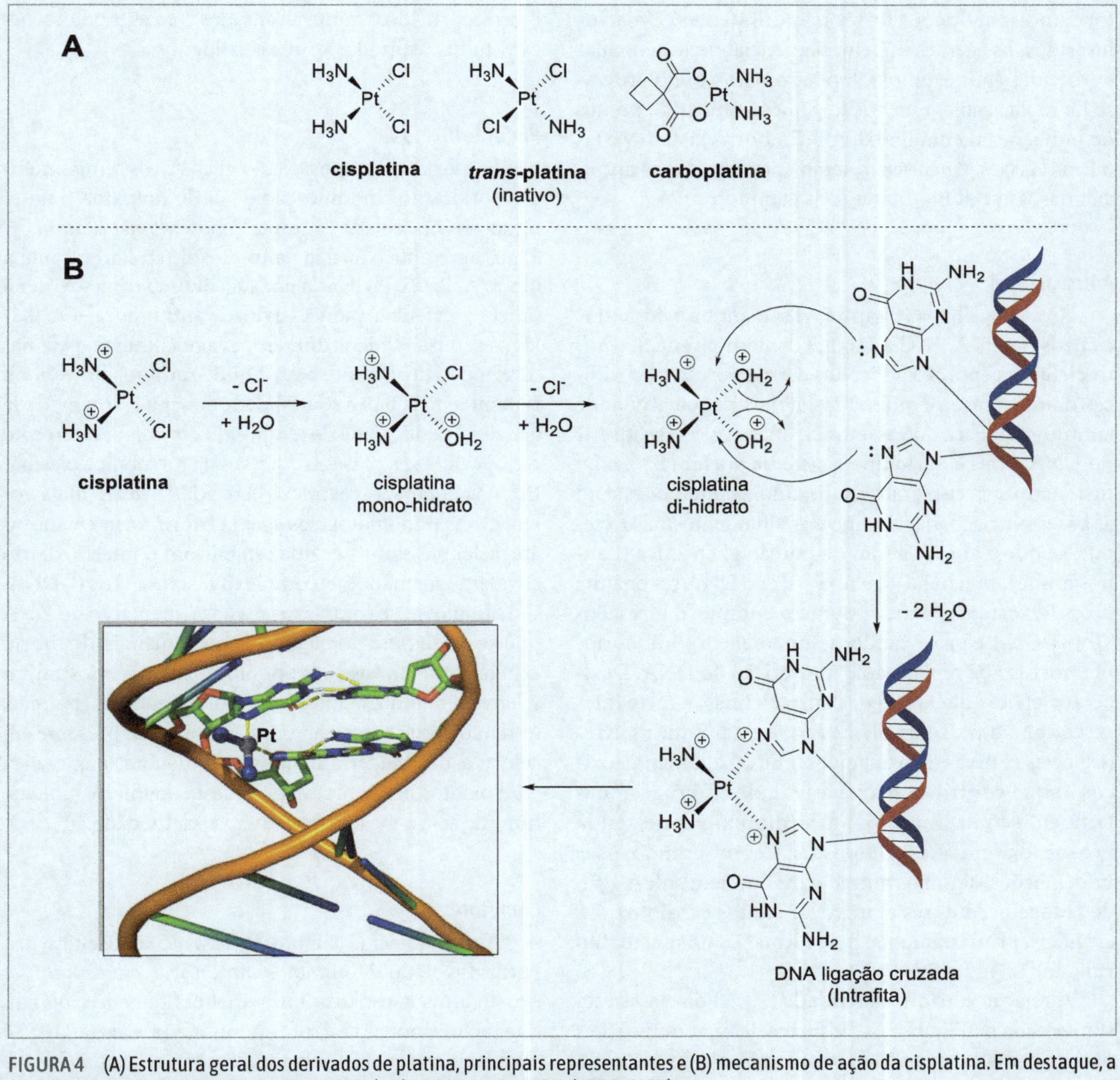

FIGURA 4 (A) Estrutura geral dos derivados de platina, principais representantes e (B) mecanismo de ação da cisplatina. Em destaque, a visualização 3D da ligação da platina ao DNA (código *Protein Data Bank*, PDB: 3LPV).

ra durante a replicação do DNA e a transcrição ao RNA. A topoisomerase II (TopII) quebra a fita dupla de DNA durante a fase de replicação e repara o dano após a replicação completa. A topoisomerase I (TopI) atua essencialmente da mesma forma, mas corta e religa a fita simples de DNA. Agentes antineoplásicos que funcionam como inibidores de topoisomerase estimulam a clivagem do DNA, mas inibem a atividade de conserto do DNA pelas enzimas, deixando-o irreversivelmente danificado e incapaz de se replicar.[11] Esses agentes antineoplásicos geralmente são fármacos com sistemas anelares planares aromáticos ou heteroaromáticos que são capazes de se inserir entre os pares de bases nitrogenadas no DNA, formando interações fortes não covalentes. Uma vez inseridos, os agentes inibem, sequencialmente, enzimas envolvidas (por exemplo, toposisomerases) no processo de replicação e transcrição gênica, induzindo pontos de mutações na fita de DNA.[28] Embora existam várias outras classes, nesta seção serão apresentadas as antraciclinas, as podofilotoxinas e as camptotecinas.

Antraciclinas

As antraciclinas (Figura 5A) são antibióticos tetracíclicos (anéis A, B, C e D) que contêm um núcleo antraciclinona (porção aglicona) e uma porção glicosídica (daunosamina), ambos essenciais para a atividade antitumoral. Para que as antraciclinas possam se inserir no DNA, é necessário que o sistema anelar (B, C e D) fusionado seja coplanar, facilitando as interações com as bases nitrogenadas do tipo empilhamento-pi.[29] Acredita-se que o anel A, junto da porção glicosídica (daunosamina), preencha a lacuna entre o DNA e a enzima (TopII), formando eficazmente o complexo fármaco-TopII-DNA e provocando, assim, os efeitos inibitórios no processo de replicação e transcrição do DNA. Devido aos efeitos quelantes das antraciclinas, a forte interação com íons di e trivalentes pode gerar radicais livres (espécies reativas de oxigênio, ou ERO) altamente tóxicos, o que contribui para a atividade citotóxica, mas também se relaciona com a cardiotoxicidade aguda provocada por esses compostos. Corroborando essas informações, algumas antraciclinas podem sofrer ação de aldocetoredutases e provocar efeitos cardiotóxicos crônicos, primariamente, pela formação do metabólito rubicinol (Figura 5A).[30]

A relação estrutura-atividade (REA) da classe está sumarizada na Figura 5A. De forma geral, modificações que aumentam a planaridade da molécula favorecem a intercalação com o DNA e, consequentemente, aumentam a atividade citotóxica. Alterações na porção glicosídica favorecem a interação com TopII e estabilizam o complexo fármaco-TopII-DNA. Modificações na posição C_{13} podem resultar em alterações farmacocinéticas importantes, reduzindo a formação de metabólitos tóxicos.

A doxorrubicina, antibiótico natural isolado de *Streptomyces peucetius*, é considerada a antraciclina de maior relevância para a terapêutica do câncer (Figura 5B), pois tem uso amplo em tumores hematológicos, tumores sólidos de mama, ovário, estômago, bexiga e tireoide.[31] Além da doxorrubicina, foram desenvolvidas antraciclinas de segunda geração, como é o caso da epirrubicina, da daunorrubicina e da idarrubicina. Ganhos farmacodinâmicos e farmacocinéticos foram alcançados com as modificações estruturais realizadas para os análogos.[11]

Podofilotoxinas

Etoposido e teniposido são glicosídeos semissintéticos obtidos por modificação da podofilotoxina (Figura 6), substância isolada da planta *Podophyllum peltatum*,[32,33] a qual apresenta o núcleo nafto-dioxol-tetraidrofuranona (anéis A, B, C e D) ligado por substituinte trimetoxi-fenil (anel E), essencial para a atividade antitumoral. Os análogos semissintéticos diferem, essencialmente, pela natureza do substituinte beta-D-glicopiranosil (metil ou tiofenil) e pela baixa solubilidade em água. Porém, dada a maior lipofilicidade do teniposido em comparação com o etoposido, sua passagem através da membrana plasmática é facilitada, tornando-o cerca de 10 vezes mais potente.[34] As podofilotoxinas agem de forma semelhante às antraciclinas, uma vez que estabilizam o intermediário covalente formado no complexo fármaco-TopII-DNA. O acúmulo desse complexo leva à fragmentação do DNA que sinaliza para ativação dos mecanismos de morte celular por apoptose. As podofilotoxinas se mostraram seletivas em induzir a morte celular de tumores (pulmão, testículo e leucemias), apesar da TopII estar presente em células sadias, sugerindo que a alta atividade enzimática e/ou os altos níveis plasmáticos desta no microambiente tumoral seja a razão da acentuada seletividade.[35,36]

Camptotecinas

A camptotecina (Figura 7) é um alcaloide citotóxico natural isolado da planta *Camptotheca acuminata*[37] e possui em sua estrutura um anel pentacíclico, planar, que inclui a porção pirrolo-quinolina (anéis A, B e C) e uma lactona (anel E) substituída por um grupo alfa-hidroxi. Nessa molécula, o sistema de anéis pentacíclicos

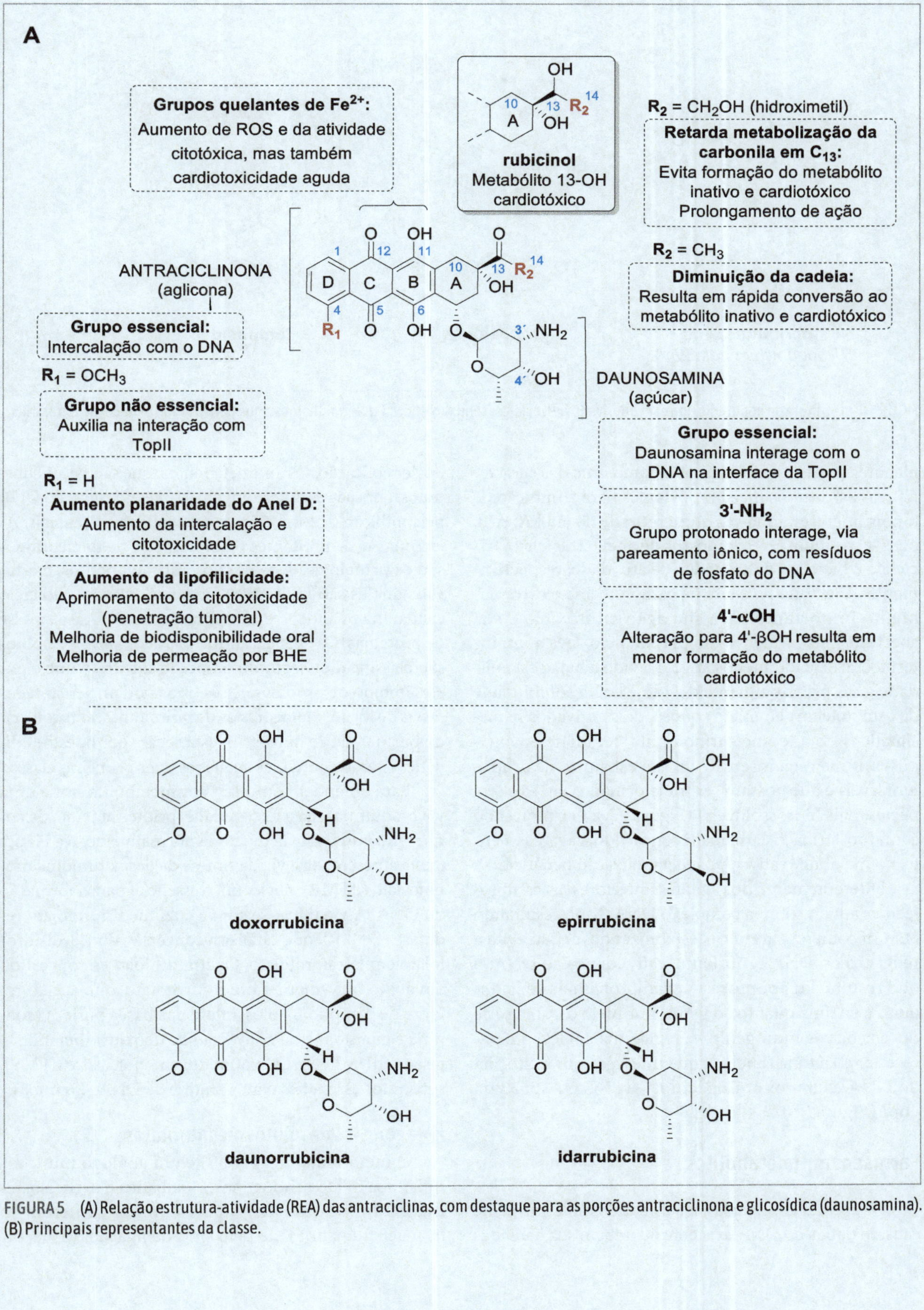

FIGURA 5 (A) Relação estrutura-atividade (REA) das antraciclinas, com destaque para as porções antraciclinona e glicosídica (daunosamina). (B) Principais representantes da classe.

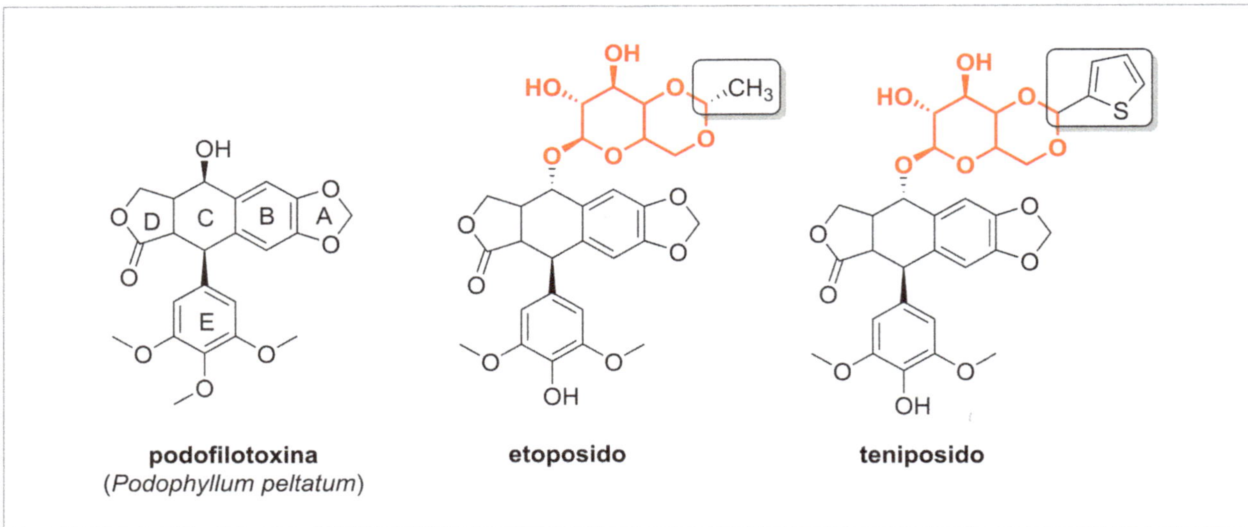

FIGURA 6 Estrutura da podofilotoxina e seus derivados glicosídicos semissintéticos. Em vermelho, destaque para o grupo beta-D-glicopiranosil.

planares (anel A-E) foi sugerido como uma das características estruturais mais importantes para a inibição de topoisomerases, uma vez que a retirada do anel A, A-B, ou A-C resultou em compostos de anel tetracíclico, tricíclico e bicíclico desprovidos de atividade, respectivamente. A lactona presente na camptotecina é extremamente importante para sua ação citotóxica, e sua abertura, pela influência do pH do meio, leva a um intermediário ácido menos ativo. Devido à baixa estabilidade, mas principalmente devido à baixa solubilidade da camptotecina em meio aquoso, dois derivados semissintéticos (topotecano e irinotecano) foram desenvolvidos, por meio da inserção em sua estrutura de grupos ionizáveis e que possam ser transformados em sais (espécies mais hidrossolúveis) (Figura 7A). O irinotecano é um pró-fármaco carbamato convertido, vagarosamente, no metabólito ativo após metabolização hepática.[38-40]

Diferentemente dos agentes anteriores, as camptotecinas atuam sobre o complexo DNA-TopI, resultando em um complexo ternário, estabilizando-o. Isso evita a religação do DNA e, portanto, causa danos ao DNA, o que resulta em apoptose. As camptotecinas se ligam tanto à enzima quanto ao DNA, por meio de uma série de ligações de hidrogênio. A região mais relevante parece ser a lactona (anel E), que interage com a citosina do DNA e com os aminoácidos Arg365 e Asp533 da TopI (Figura 7B).[40]

Fármacos antimetabólitos

Os agentes antineoplásicos discutidos anteriormente causam danos no DNA existente ou inibem sua habilidade de replicação. Os antimetabólitos, que são falsos substratos, por sua vez, interrompem a síntese *de novo* do DNA pela inibição da formação de nucleotídeos essenciais. As enzimas taxa-limitantes da biossíntese de nucleotídeos são os principais alvos para os antimetabólitos, e estas substâncias são mais ativas na fase S (síntese) do ciclo celular, na qual ocorre a duplicação do DNA e a síntese de proteínas. Os agentes antineoplásicos antimetabólitos são classificados segundo o tipo de substrato que é por eles inibido de produzir. Esses tipos podem ser: antagonistas de folatos, antagonistas de pirimidinas, antagonistas de purinas, entre outros.[41] Nesta seção, por questões didáticas, serão abordadas apenas as duas primeiras classes.

Para entender como um antimetabólito inibe uma via bioquímica, há a necessidade, primeiramente, de conhecer como uma via funciona normalmente. Na Figura 8 está apresentada a via da síntese de desoxitimidina monofosfato (dTMP), nucleotídeo essencial para a formação do DNA. A via inicia-se com a enzima di-idrofolato redutase (DHFR), que catalisa a conversão do 7,8-di-idrofolato em tetraidrofolato. O tetraidrofolato é convertido em ácido *N,N*-metilenotetraidrofolato, que age como fonte de carbono na biossíntese das bases púricas (adenina e guanina) e na conversão de deoxiuridina monofosfato (dUMP) em desoxitimidina monofosfato (dTMP), substratos essenciais para a síntese de DNA (Figura 8).

Antagonistas de folatos ou antifolatos

O metotrexato (Figura 9) é um análogo muito similar aos folatos endógenos. A substituição bioisostérica e a introdução de grupo volumoso conferem ao fármaco alta afinidade pelo sítio de ligação do 7,8-di-

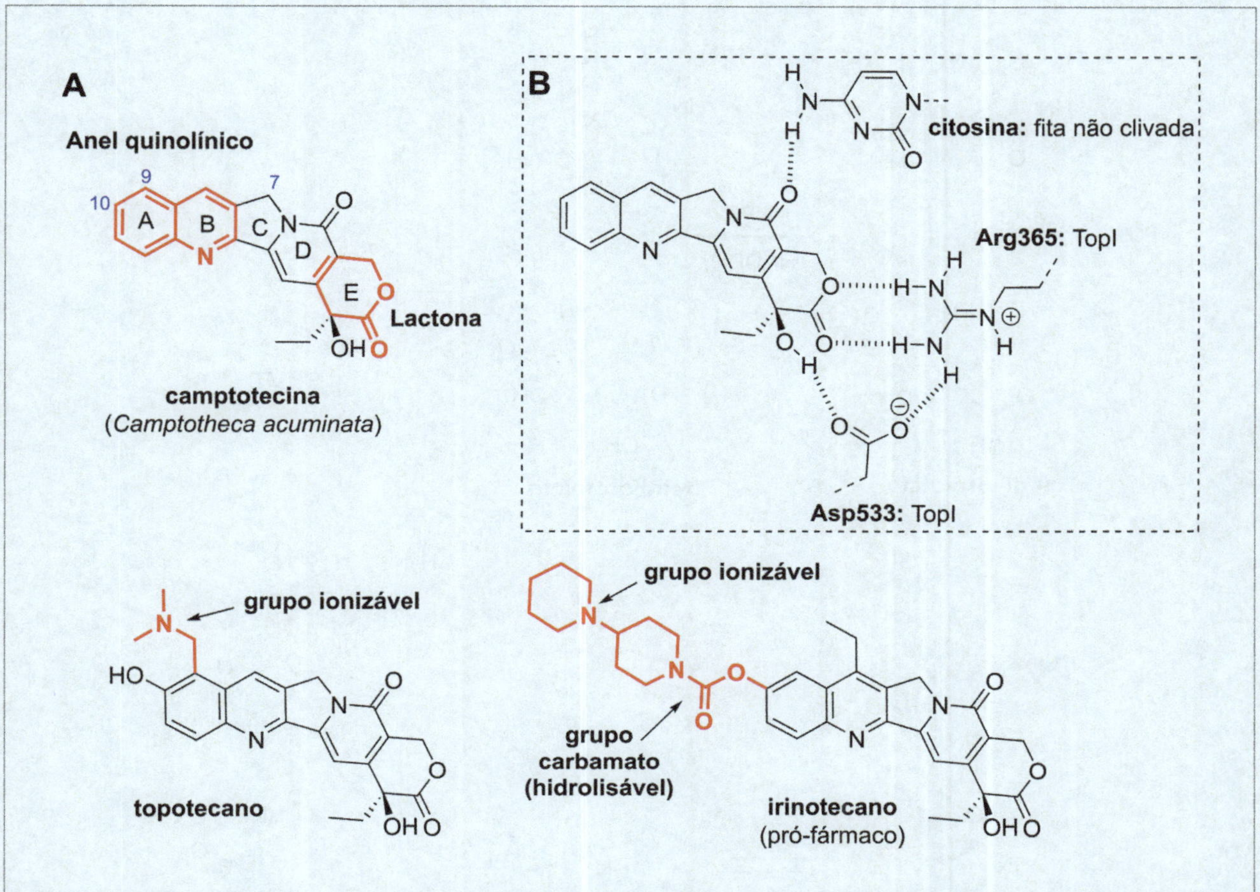

FIGURA 7 (A) Camptotecina e análogos. (B) Principais pontos de interação no complexo fármaco-TopI-DNA.

-idrofolato na DHFR, impedindo, assim, a formação de tetraidrofolato e de *N,N*-metilenotetraidrofolato. Como consequência, a biossíntese das bases púricas e de dTMP é interrompida, prejudicando o processo de síntese de DNA e a replicação celular. Entre os fármacos aprovados, análogos ao metotrexato, podem ser citados ainda o pemetrexede, raltitrexede e o pralatrexato.[43,44] Apesar de pequenas diferenças estruturais, esses fármacos apresentam captação pelas células tumorais significativamente melhorada, via carreadores de folatos reduzidos (RFC1) e por ação da folil-poliglutamato sintase (FPGS), a qual insere várias unidades de glutamato nos fármacos, "trapeando-os", particularmente na célula tumoral. Outra diferença notável é que o pemetrexede e o raltitrexede têm como principal alvo molecular a timidilato sintase,[45] enquanto o pralatrexato atua exclusivamente inibindo a DHFR. A nova geração de fármacos inibidores da timidilato sintase, como o pemetrexede e o raltitrexede, possui a capacidade de interagir com o sítio de ligação do *N,N*-metilenotetraidrofolato, impedindo a transferência da metila ao dUMP (Figura 9).

Antimetabólitos pirimidínicos

Essa classe de antimetabólitos é representada por substâncias análogas às bases pirimidínicas. A 5-fluoruracila (5-FU) (Figura 10), por exemplo, é um bioisóstero não clássico da uracila, e age como um pró-fármaco bioprecursor na síntese de 5-fluorodesoxiuridina monofosfato (5-F-dUMP), metabólito ativo (proveniente de extensas reações metabólicas) que inibe direta e irreversivelmente a timidilato sintase.[46] A presença do átomo de flúor em C_5 gera um ponto altamente eletrofílico no carbono C_5 da 5-F-dUMP e aumenta a facilidade de ataque nucleofílico da Cys195 da timidilato sintase, resultando na rápida formação do complexo ternário timidilato-(5-F-dUMP)-*N,N*-metilenotetraidrofolato. O passo seguinte, que seria a abstração do hidrogênio em C_5, não é mais possível, pois não somente a ligação carbono-flúor é altamente estável como a presença do halogênio, rico em elétrons, repele a aproximação do cofator que retiraria o átomo desta posição. Assim, o complexo formado não pode ser quebrado e a enzima não consegue ser regenerada,

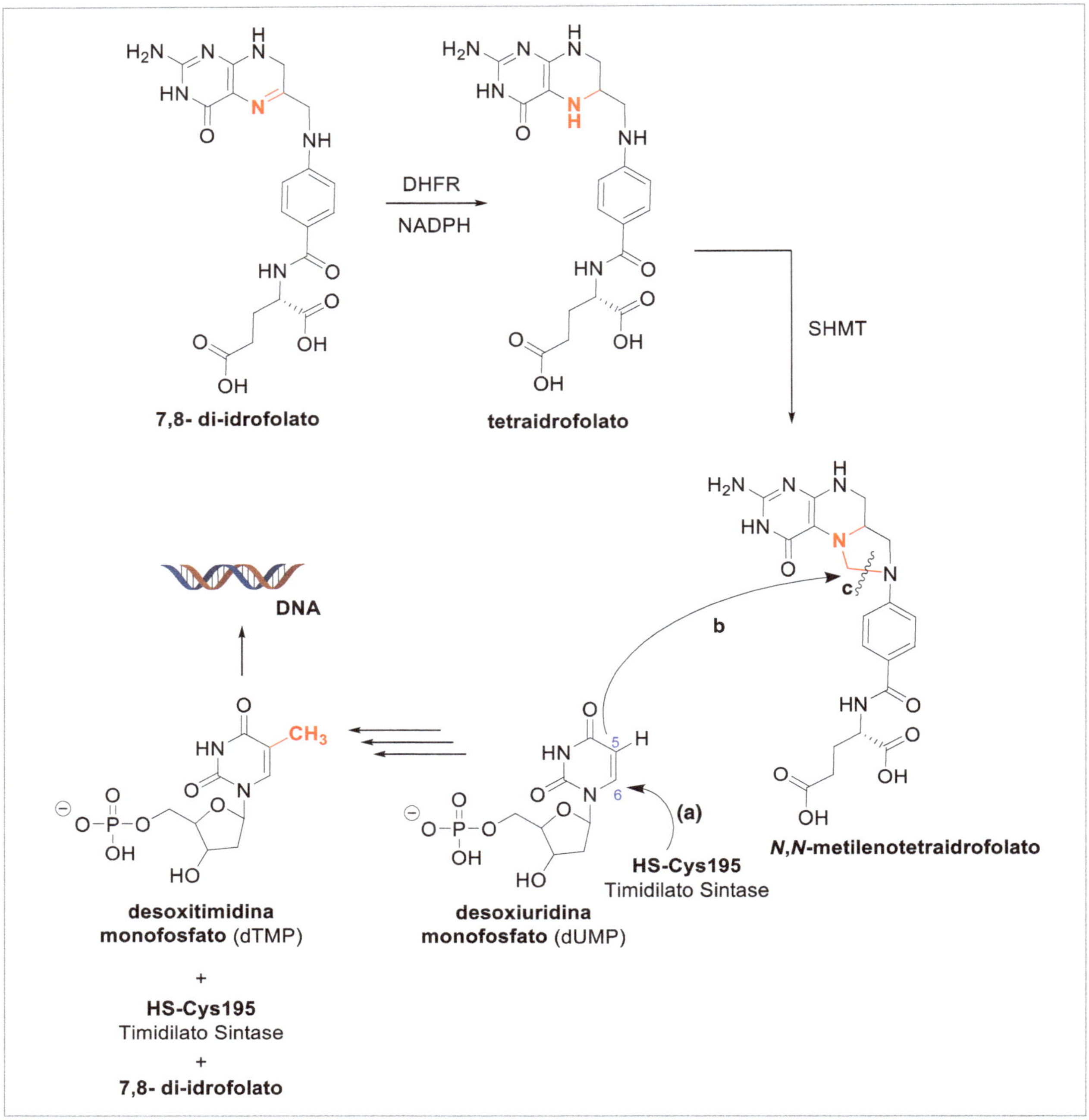

FIGURA 8 Via bioquímica da produção de dTMP. Reações catalisadas pela DHFR e timidilato sintase. Ressalta-se que após o ataque nucleofílico da Cys195 da timidilato sintase à dUMP (a), há um ataque sequencial ao carbono do *N,N*-metilenotetraidrofolato (b), quebra da ligação (c), formação de complexo ternário timidilato-dUMP-*N,N*-metilenotetraidrofolato (não mostrado) e posterior abstração do hidrogênio do carbono C5 da uridina pelo cofator enzimático. Após algumas etapas, há a formação da dTMP, regeneração da enzima timidilato sintase e do substrato 7,8-di-idrofolato, para repetir o ciclo.[11,42] DHFR, di-idrofolato redutase; SHMT, serino-hidroximetil transferase.

prejudicando a síntese de DNA. A capecitabina é um pró-fármaco do 5-FU, administrado por via oral e convertido por várias reações metabólicas (por meio de carboxiesterases e citidina desaminases) ao metabólito ativo 5-F-dUMP, previamente descrito. O fato de a enzima timidilato fosforilase estar muito mais ativa em tecidos tumorais, comparativamente aos não tumorais, faz com que o fármaco seja transformado seletivamente no tumor ao metabólito 5-FU e posteriormente 5-F-dUMP.[47]

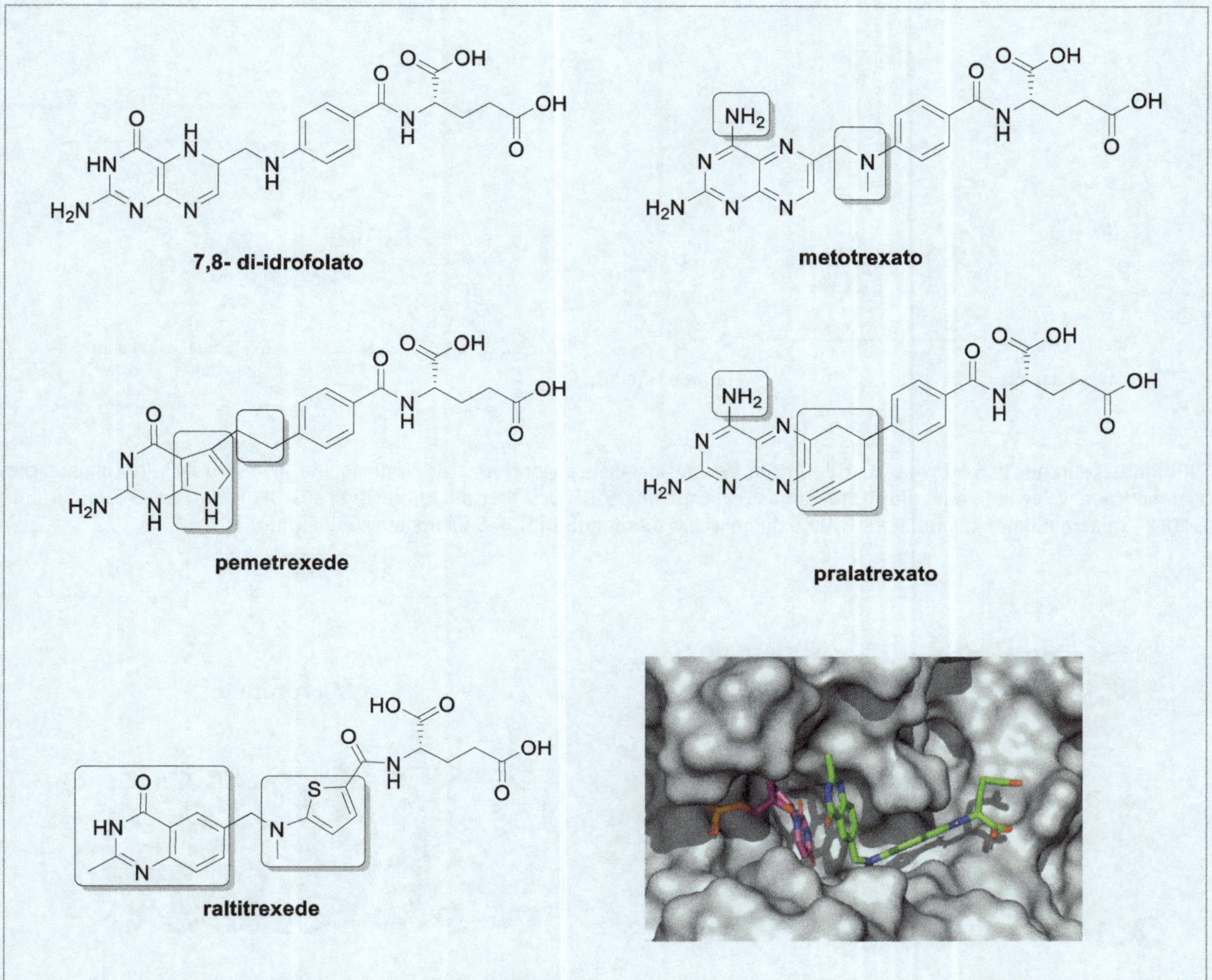

FIGURA 9 Estrutura do 7,8-di-idrofolato e de análogos estruturais. Em destaque, as modificações moleculares realizadas para obtenção dos antimetabólitos. Canto direito inferior: timidilato sintase em complexo com dUMP (em magenta) e raltitrexede (em verde). Átomos de nitrogênio em azul, oxigênio em vermelho e fósforo em laranja (código PDB: 1HVY).

Fármacos inibidores de mitose

A tubulina é uma proteína estrutural envolvida no processo de sustentação estrutural citoplasmática e, em especial, na organização das organelas durante o processo de divisão celular, pela formação de microtúbulos. Durante a divisão celular, α e β-tubulinas sofrem intensos e alternados períodos de crescimento estrutural e erosão, conhecidos como instabilidade dinâmica (Figura 11). Esse fenômeno, de polimerização e despolimerização, acontece por meio de processos dependentes de guanosina trifosfato (GTP) e cálcio. Uma vez que as células tumorigênicas apresentam intensa frequência mitótica, a atuação de fármacos sobre a tubulina e/ou microtúbulos se torna atraente.[11,48]

Inibidores da polimerização da tubulina

Agentes que inibem a polimerização da tubulina permitem que o processo de despolimerização da tubulina formada anteriormente leve à dissolução do fuso mitótico necessário para a divisão celular. Os derivados da vinca (*Cantharantus roseus*) são complexos alcaloides naturais que se ligam à tubulina, solúvel no citoplasma, interferindo no processo de polimerização e formação dos microtúbulos. Esses alcaloides apresentam estrutura química constituída por dois seguimentos conhecidos como catarantina e vindolina, ambos essenciais para a alta afinidade de ligação à tubulina. Pequenas variações estruturais são permitidas e, quando possíveis, regem afinidade e toxicidade. A relação estrutura-atividade (REA) mais detalhada está apresentada na Figura 12A. Os principais represen-

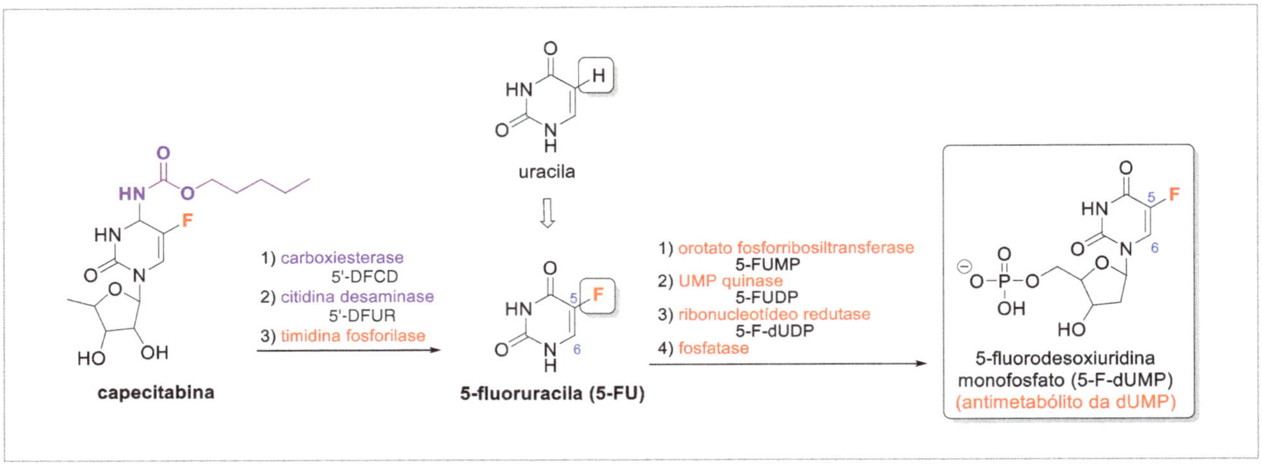

FIGURA 10 Estrutura da 5-FU, bioisóstero da uracila, e etapas metabólicas para formação do metabólito ativo 5-F-dUMP. Principais reações metabólicas envolvendo a ativação do pró-fármaco capecitabina. 5'-DFCD, 5'-desoxi-5-fluorocitidina; 5'-DFUR, 5'-desoxi-5-fluorouridina; 5-FUMP, 5-fluorouridina monofosfato; 5-FUDP, 5-fluorouridina difosfato; 5-F-dUDP, 5-fluorodesoxiuridina difosfato.

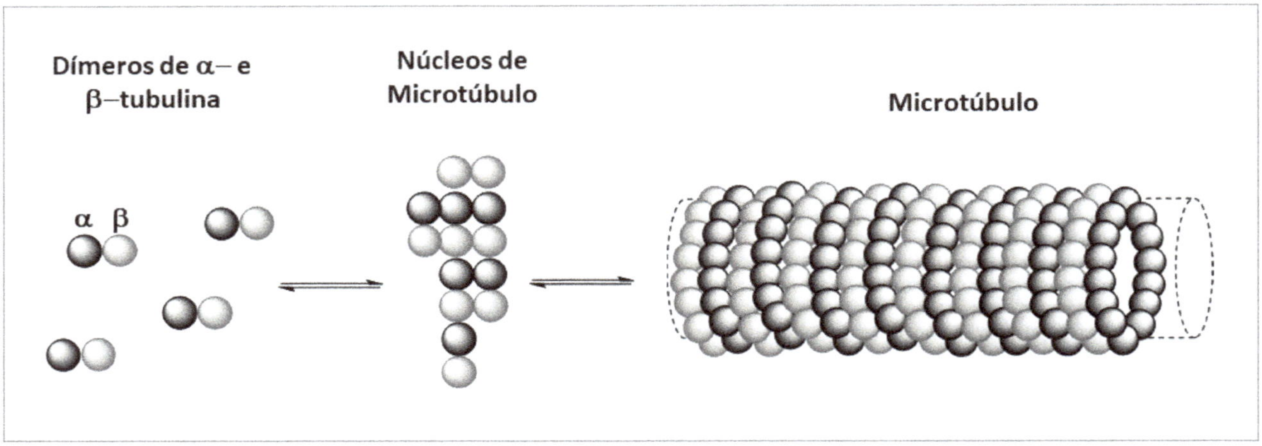

FIGURA 11 Processo que envolve polimerização e despolimerização do microtúbulo.

tantes dessa classe são vincristina, vimblastina e vinorelbina (Figura 12B), que apresentam utilidade terapêutica em tumores sólidos e hematológicos. Comparativamente, dos três fármacos, a vincristina apresenta maior afinidade pela tubulina, seguida pela vinorelbina e pela vimblastina. Estas últimas, por serem mais lipofílicas que a vincristina, apresentam melhor captação pelas células. Entretanto, a vincristina apresenta meia-vida maior, resultando em exposição mais prolongada à célula tumoral.[11,49,50]

Inibidores da despolimerização da tubulina

Os taxanos foram inicialmente isolados da raiz da planta *Taxus brevifolia*, encontrada na região do Pacífico, mas atualmente são produzidos por semissíntese a partir do precursor natural inativo 10-desacetilbacatina III (Figura 13A), encontrado nas folhas de *Taxus baccata*.[11,51] Quimicamente, os taxanos consistem em um sistema tricíclico de 15 membros fundido a um anel oxetano. Extensos estudos de relação estrutura-atividade (REA)[52] revelaram, de forma geral, que o anel oxetano e a cadeia lateral em C_{13} são de extrema importância para a atividade, interagindo profundamente nos bolsos hidrofóbicos da beta-tubulina.[53] Ademais, os grupos benzoíla e acetila, respectivamente em C_2 e C_4, são também importantes para o aprimoramento da atividade. A REA mais detalhada da classe está apresentada na Figura 13A.[52] Os principais representantes da classe são paclitaxel, docetaxel e cabazitaxel (Figura 13B). Embora o paclitaxel tenha sido o fármaco anticâncer mais vendido da história (câncer de pulmão e ovário), docetaxel e cabazitaxel apresentam algumas vantagens sobre o primeiro. O docetaxel apresenta maior hidrossolubi-

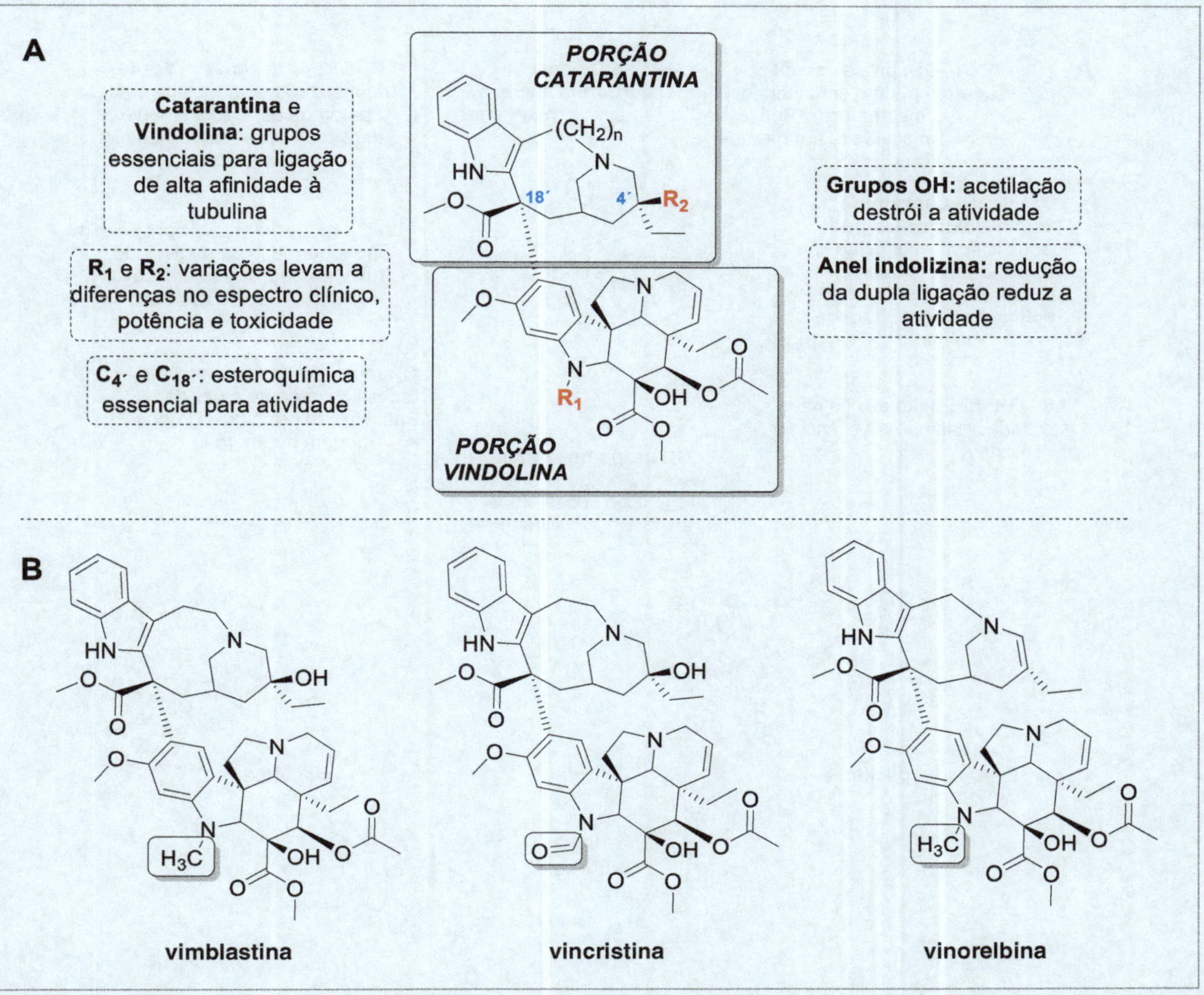

FIGURA 12 (A) Estrutura geral dos alcaloides da vinca e relação estrutura-atividade. (B) Principais fármacos, com destaque para as modificações estruturais.

lidade devido à presença da hidroxila livre em C_{10}, facilitando a formulação em veículos menos alergênicos. O cabazitaxel é um análogo 7,10-dimetoxilado do docetaxel com menor afinidade pela glicoproteína-P (gp-P), resultando em retenção sustentada do fármaco nas células tumorais, assim como uma maior penetração da BHE.[11,54]

Foi demonstrado que os taxanos, em especial o paclitaxel, se ligam à subunidade beta da tubulina (Figura 13C), acelerando o processo de polimerização e estabilizando fortemente a ligação após a formação dos microtúbulos. Como o processo natural de divisão celular envolve a polimerização e, em seguida, a despolimerização da tubulina, os taxanos promovem um ciclo celular defeituoso e a morte celular espontânea, por apoptose.

Fármacos inibidores de proteínas quinases

As proteínas quinases (PQ) são enzimas fundamentalmente envolvidas no controle de praticamente todos os processos biológicos do organismo, por meio de sua atividade catalítica de transferência de um grupo fosfato do ATP para a hidroxila de tirosinas, serinas e treoninas de substratos proteicos.[55,56] Algumas das quinases podem existir na forma de enzimas citoplasmáticas, enquanto outras estão inseridas na membrana plasmática, atuando como receptores extracelulares de fatores de crescimento. A ativação de quinases culmina com a transcrição gênica, que leva à proliferação, diferenciação e sobrevivência celulares.[11] Estudos bioquímicos sugerem que, em diversos tumores, há um excesso de ativação das PQ, levando a uma sustentada sinalização para crescimento tumoral.[57,58]

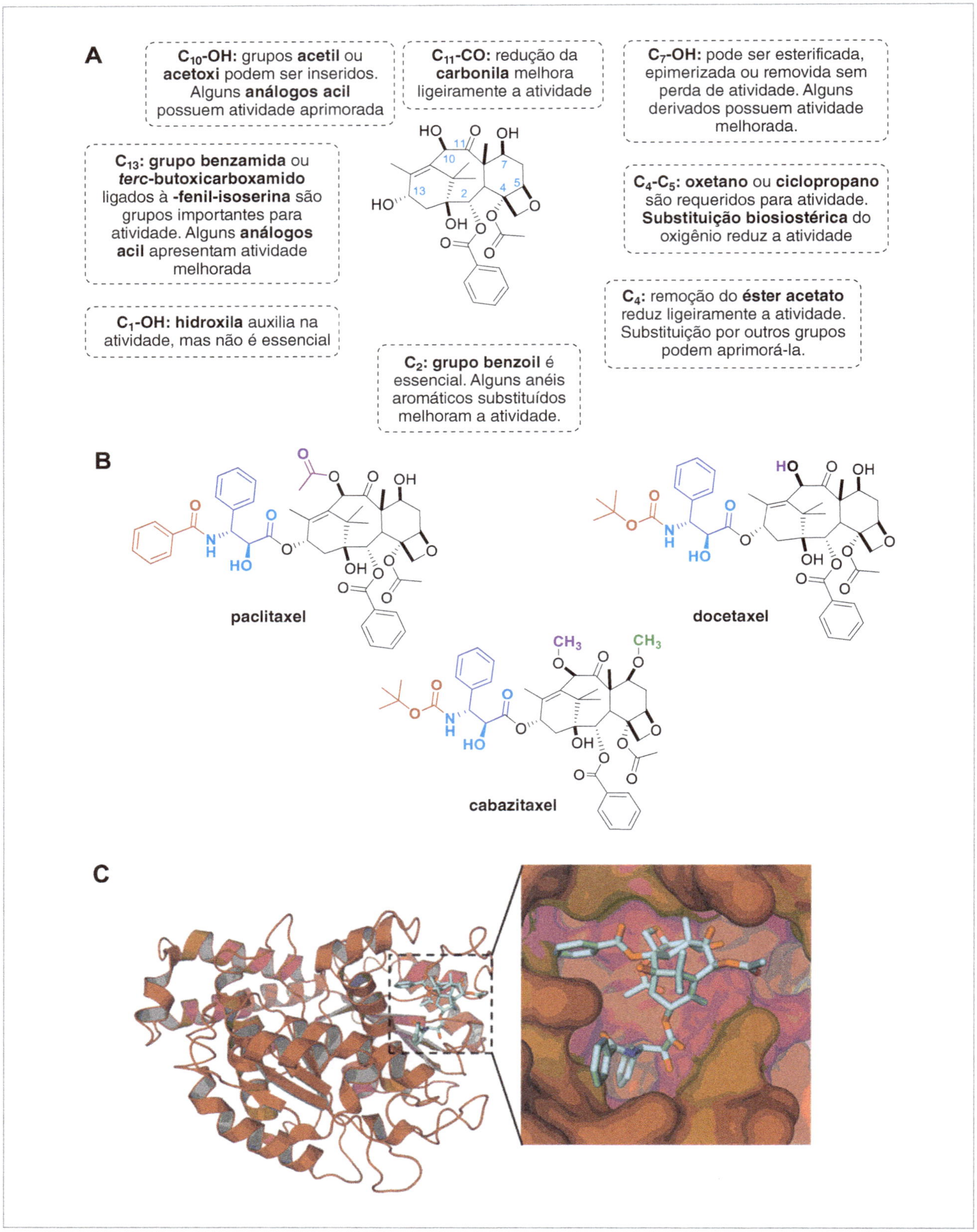

Figura 13 (A) Estrutura geral dos taxanos, representada pela 10-desacetilbacatina III, e a REA proposta para a classe. (B) Principais taxanos, com destaque para as modificações estruturais. (C) Complexo tubulina-paclitaxel, com destaque para a complementariedade no sítio ativo (código PDB: 1JFF).

As PQ possuem um sítio de ligação do ATP altamente conservado, denominado domínio quinase (Figura 14), que assume uma disposição bem específica, com dois grandes lóbulos separados por uma profunda fenda catalítica, na qual se ligam o ATP e o substrato proteico a receber o grupo fosfato. Grande parte dos fármacos utilizados bloqueia o sítio do ATP, por meio de uma rede de ligações de hidrogênio com resíduos catalíticos, mimetizando a ligação do ATP.[59] A adenina do ATP se insere profundamente no sítio de ligação, realizando uma série de ligações de hidrogênio com os aminoácidos na região conhecida como *hinge* ("dobradiça"), conectando duas porções distintas da enzima. A porção ribosídica interage com o chamado bolso da ribose, e a cadeia trifosfato se estende através do bolso em direção à região de ligação do substrato proteico. Na porção superior do *hinge* existe um aminoácido denominado *gatekeeper* ("porteiro"), pois sua cadeia lateral é responsável por garantir ou não o acesso a um bolso hidrofóbico, que muitas vezes confere seletividade sobre as isoformas de quinases. Mutações do aminoácido *gatekeeper* são amplamente relatadas na literatura como as responsáveis pelo surgimento de resistência farmacológica em quadros de recidiva, tornando o tratamento ineficaz.[60]

Além dessas características estruturais, as quinases podem existir em duas conformações distintas, ativa e inativa, determinadas por uma região proteica flexível chamada *loop* de ativação. Esse *loop* apresenta uma sequência de aminoácidos conservada (aspartato, fenilalanina e glicina – DFG) que se move para dentro do sítio catalítico (DFG-*in*) na forma ativa da enzima, e para fora (DFG-*out*) quando inativa.[62] Os inibidores de quinases que estabilizam a conformação ativa da enzima são denominados tipo I, e aqueles que o fazem na forma inativa, tipo II. Mais recentemente, a classificação dos inibidores foi expandida para inibidores alostéricos (III e IV), bivalentes (V) e covalentes (VI).[63,64]

Inibidores de proteínas quinase

Na última década, os inibidores de proteínas quinases foram uma das classes terapêuticas que mais receberam aprovações de agências sanitárias para emprego terapêutico, não apenas para o tratamento de tumores sólidos, mas também para artrite reumatoide e doenças autoimunes.[65] Diversas são as quinases exploradas por fármacos de ação seletiva, ou de amplo espectro de inibição, podendo ser citados os receptores humanos epidermais (HER1-4), o receptor de fator de crescimento do endotélio vascular (VEGFR), a enzima fosfatidilinositol 3-quinase (PI3K), tirosina quinase de Bruton (Btk), entre outras. Em termos estruturais, praticamente todos os fármacos inibidores de quinases aprovados recentemente contêm núcleos heterocíclicos, como quinazolinas, quinolinas, isoquinolinas, pirimidinas, indóis, entre outros (Figura 15A). Esses núcleos, em sua maioria, servem como arcabouços (*scaffolds*) para garantir a ligação dos fármacos na região do ATP. A introdução de grupos acessórios nesses núcleos heterocíclicos pode auxiliar na exploração de sítios adicionais de interação, como a cavidade hidrofóbica localizada nas proximidades da região de ligação do ATP. A cavidade é tipicamente explorada para se conferir seletividade aos inibidores, visto que são observadas variações estruturais nessa região entre as diversas famílias de proteínas quinases e até mesmo entre isoenzimas de uma mesma classe.[59]

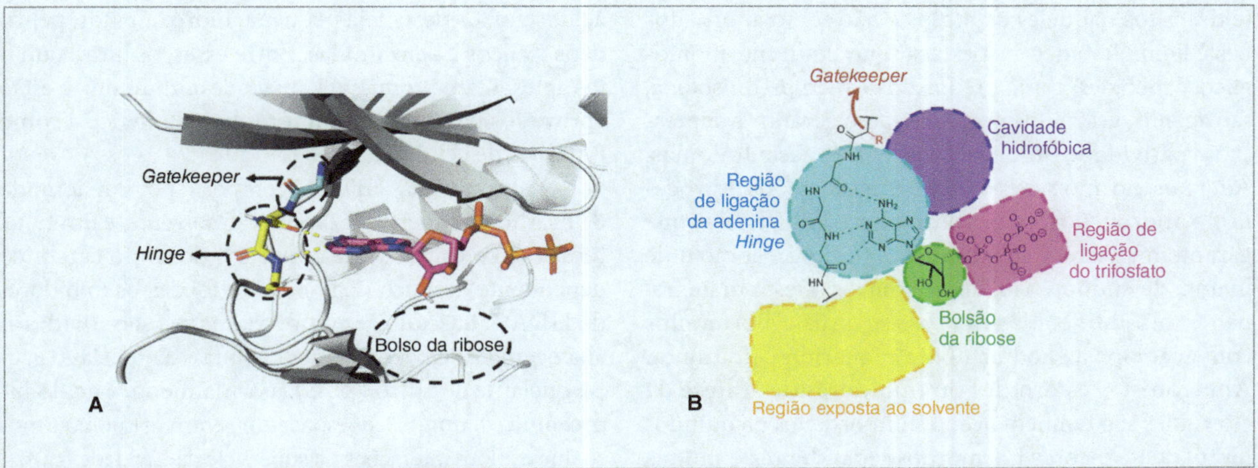

FIGURA 14 (A) Modelo tridimensional do sítio de ligação do ATP à proteína quinase (código PDB: 5LVO). (B) Modelo genérico bidimensional do sítio de ligação do ATP em proteínas quinases.[61]

Dada a natureza hidrofílica dos bolsões da ribose e de ligação do trifosfato, bem como da região das quinases exposta ao solvente, grande parte dos inibidores costuma apresentar grupos polares e volumosos, como anéis morfolínicos, piperidínicos e piperazínicos, além de alquiléteres, que são inseridos às estruturas a fim de modular propriedades físico-químicas, como a solubilidade e, consequentemente, propriedades farmacocinéticas.[66] São exemplos o pazopanibe e o gefitinibe (Figura 15B), que apresentam, respectivamente, o grupo fenilsulfonamídico e 3-morfolinopropoxílico em suas estruturas, conferindo maior hidrossolubilidade aos fármacos.[67] Como pode ser observado, os fármacos sorafenibe, imatinibe, erlotinibe e idelasilibe (Figura 15B) possuem construções estruturais que se encaixam nos requisitos farmacofóricos da classe. Cabe destacar que, na última década, houve forte tendência para a introdução de grupos químicos eletrofílicos capazes de explorar ligações covalentes em pontos específicos das quinases, promovendo, assim, inibição irreversível da atividade proteica. Afatinibe, osimertinibe, pirotinibe e acalabrutinibe[64] são exemplos de fármacos que apresentam grupos altamente eletrofílicos como acrilamida, *N,N*-dimetilamino-acrilamida e butinamida (Figura 15B).

Outros agentes antineoplásicos

Terapias hormonais

Os hormônios esteroides, constituídos pelo núcleo ciclopentanoperidrofentantreno, têm variadas utilidades terapêuticas, anteriormente descritas nos Capítulos 23 e 24 desta obra. A relação estrutura-atividade (REA) e o mecanismo de ação também foram detalhadamente descritos naqueles capítulos e não serão abordados neste item. Porém, cabe destacar que alguns hormônios glicocorticoides, como prednisona e metilprednisolona, são agentes utilizados no câncer para garantir a supressão da atividade linfocítica em leucemias e linfomas. Ademais, hormônios sexuais (progestógenos, estrógenos e andrógenos, por exemplo) são substâncias que garantem a viabilidade de alguns tumores, como o de mama, de endométrio, dentre outros. Desta maneira, na terapia antineoplásica pode-se utilizar hormônios com ação oposta ao hormônio requerido pelo tumor. Antagonistas esteroides ou inibidores da síntese de esteroides são também agentes importantes na quimioterapia de cânceres hormônio-dependentes e muitas vezes utilizados após radioterapia e/ou cirurgias.[11] As principais substâncias utilizadas na terapia antineoplásica são: estrogênios (etinilestradiol, dietilestilbestrol),[68] androgênios (fluoximesterona),[69] antiestrogênicos (tamoxifeno, toremifeno, raloxifeno e fulvestranto),[70] antiandrogênicos (flutamida e ciproterona),[71] progestogênios (medroxiprogesterona e megestrol),[72,73] inibidores de aromatase (exemestano, anastrazol e letrozole),[74] entre outros (Figura 16).[75-79]

Inibidores de histona desacetilases

O conceito de epigenética surgiu visando à investigação de mecanismos celulares que regulam a transcrição gênica.[80] Dentre as modificações pós-translacionais (acetilação, metilação, fosforilação, ubiquitinação, entre outras), a acetilação de lisinas, presentes nas histonas, apresenta papel fundamental na transcrição do material genético e está amplamente envolvida na gênese tumoral.[81] A acetilação de histonas está intimamente relacionada com o balanço entre duas classes de enzimas antagônicas, as histonas acetilases (HAT) e as histonas desacetilases (HDAC). De maneira geral, a acetilação das histonas pelas HAT torna a cromatina mais acessível aos mecanismos de transcrição gênica, enquanto a remoção do grupo acetil pelas HDAC está associada a uma cromatina mais compactada e à supressão do processo transcricional.[82]

Estudos demonstraram que em diversos cânceres as HDAC estão aberrantemente expressas ou mutadas e que seu bloqueio farmacológico leva ao acúmulo de histonas acetiladas, à parada do ciclo celular, seguido de apoptose. As HDAC são organizadas em quatro classes de acordo com a homologia de HDAC de leveduras, sendo as classes I, II e IV (zinco-dependentes) amplamente estudadas.[83,84]

Os inibidores de HDAC podem ser classificados de acordo com o grupo funcional que apresentam, como ácidos graxos de cadeia pequena, hidroxamatos, peptídeos cíclicos e benzamidas. Entre esses, os hidroxamatos apresentam promissora atividade antitumoral e estão aprovados para uso em tumores hematológicos, como linfomas de células T.[85,86]

O sítio ativo das HDAC é composto por um domínio de ligação de superfície, exposto ao solvente, e um túnel hidrofóbico estreito que conecta o domínio catalítico dependente de zinco (Zn^{2+}). Dessa forma, os inibidores de HDAC, baseados em hidroxamatos, são divididos analogamente em três regiões distintas, sendo elas o grupo quelante de zinco (ZBG) (normalmente o ácido hidroxâmico), um *linker* (espaçador) e um grupo volumoso que explora interações na superfície da cavidade (cap).[87] Dentre os fármacos aprovados para uso clínico que pertencem a esta classe podem ser citados vorinostate (tam-

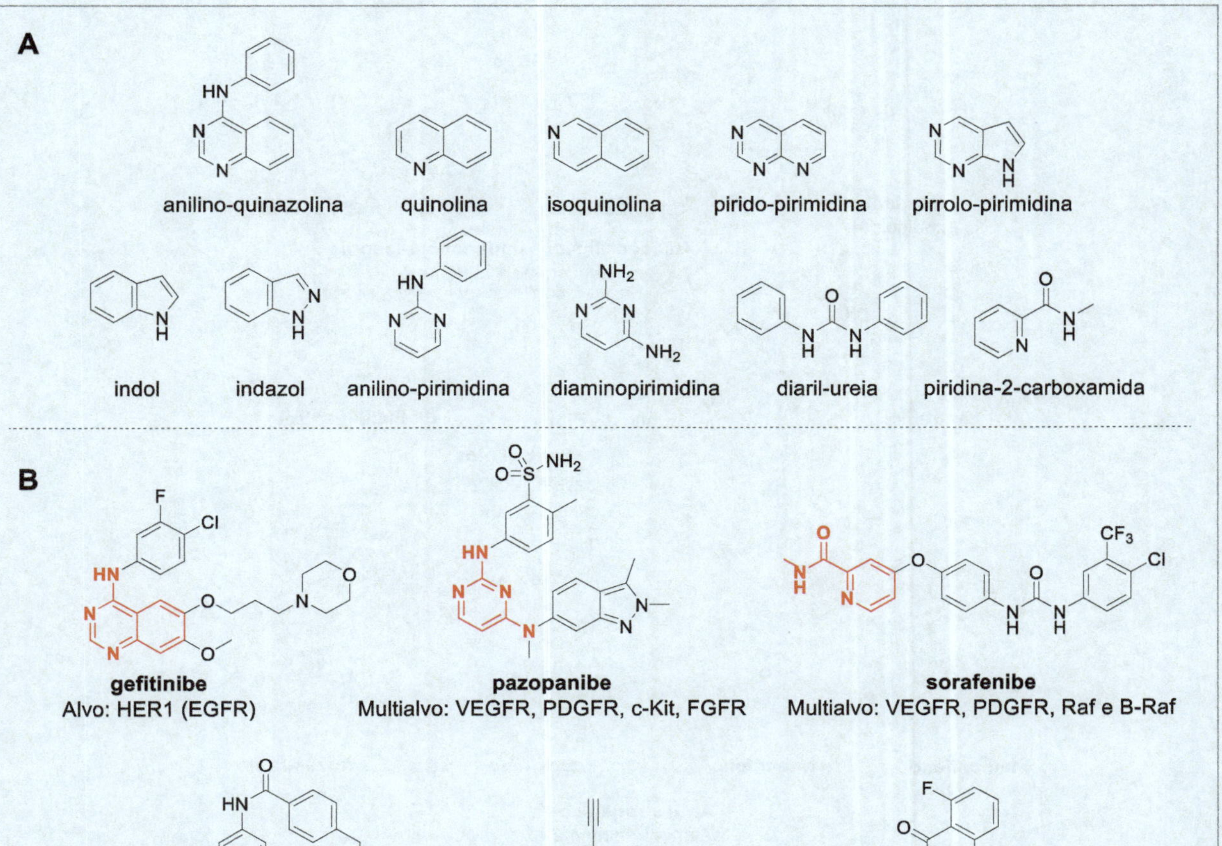

FIGURA 15 (A) Principais núcleos heterocíclicos que compõem as moléculas dos inibidores de quinases atualmente aprovados.[63] (B) Inibidores de quinase aprovados para tratamento do câncer. Os núcleos destacados em vermelho representam a porção das moléculas que explora a região de interação da adenina, no bolsão de ligação do ATP (presente no domínio catalítico das quinases). As regiões destacadas pelos retângulos tracejados indicam os grupos responsáveis pela ação não competitiva desses fármacos (porções que contêm aceptores de Michael suscetíveis a ataques nucleofílicos). BCR-ABL, BCR-ABL quinase; B-Raf, gene B de rápida aceleração de fibrossarcoma; Btk, tirosina quinase de Bruton; c-Kit, proteína tirosina quinase c; EGFR, receptor de fator de crescimento epidermal; FGFR, receptor de fator de crescimento de fibroblasto; PDGFR, receptor de fator de crescimento derivado de plaquetas; PI3K, fosfatidilinositol-3-quinase; Raf, gene de rápida aceleração de fibrossarcoma.

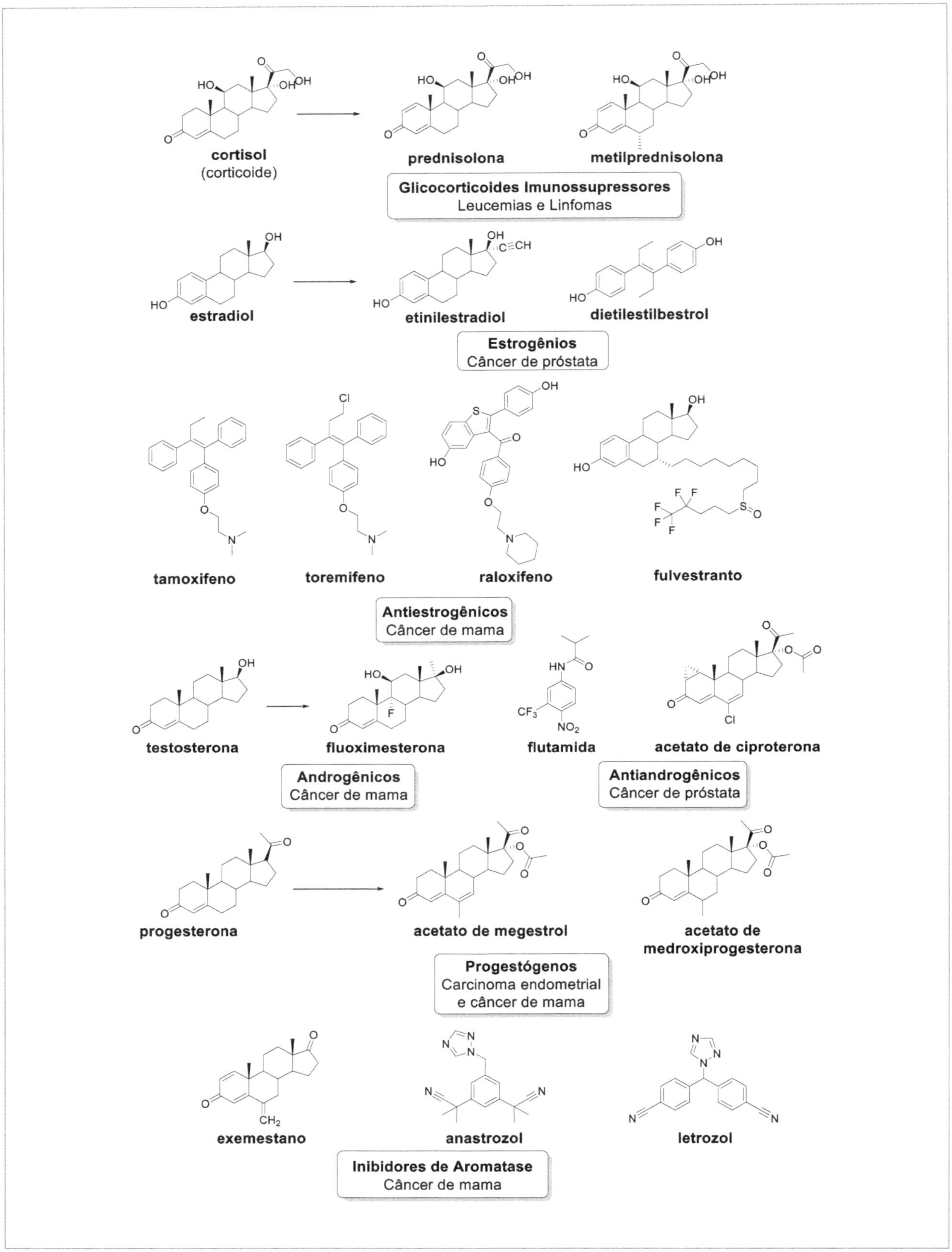

FIGURA 16 Principais fármacos utilizados na terapia de cânceres hormônio-dependentes. Destaque para o núcleo ciclopentanoperidrofenantreno.

bém chamado SAHA, do inglês *suberoylanilide hydroxamic acid*), belinostate, romidepsina (pró-fármaco peptídico cíclico), panobinostate e chidamida (único que possui no lugar do ácido hidroxâmico um grupo benzamida). Entretanto, diversos outros compostos da classe estão em estudos clínicos de fase II/III para tratamento de tumores sólidos e hematológicos, como abexinostate, givinostate e ricolinostate (Figura 17).[84,88]

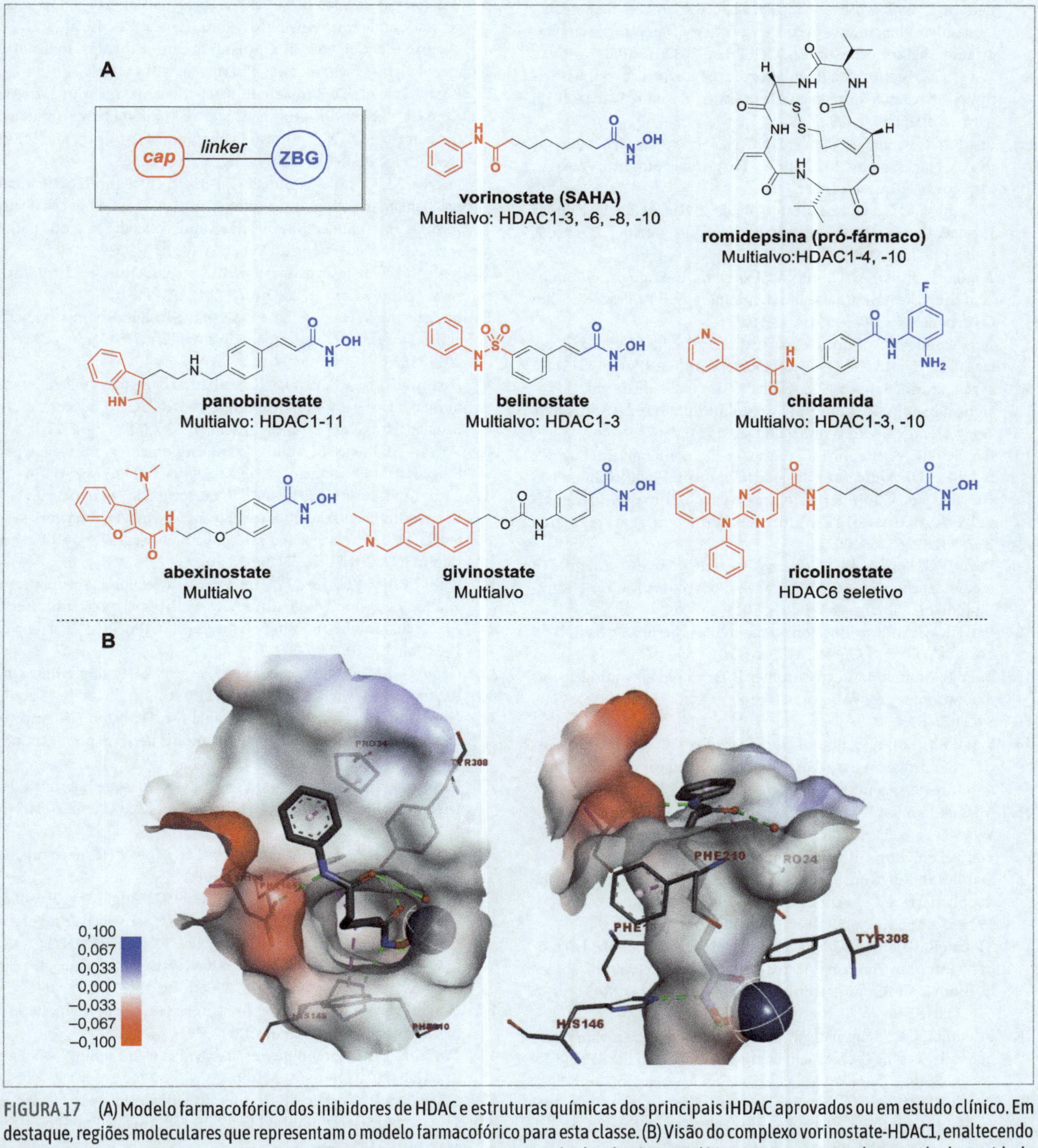

FIGURA 17 (A) Modelo farmacofórico dos inibidores de HDAC e estruturas químicas dos principais iHDAC aprovados ou em estudo clínico. Em destaque, regiões moleculares que representam o modelo farmacofórico para esta classe. (B) Visão do complexo vorinostate-HDAC1, enaltecendo ligações de hidrogênio e interações hidrofóbicas com os principais aminoácidos do sítio catalítico. Visão superior da entrada da cavidade catalítica (esquerda). Visão longitudinal da cavidade catalítica. Destacando a grande esfera que representa o Zn^{+2} da metaloenzima (à direita) (código PDB:4 LXZ). Átomos de nitrogênio em azul, oxigênio em vermelho, carbono em cinza-escuro e zinco em roxo. Mapa de superfície com representação das diferenças de cargas por meio de cores (positiva em azul e negativa em vermelha).

REFERÊNCIAS BIBLIOGRÁFICAS

1. Hanahan D, Weinberg R. Hallmarks of cancer: the next generation. Cell. 2011; 144(5):646-74.
2. Dancey JE, Bedard PL, Onetto N, Hudson TJ. The genetic basis for cancer treatment decisions. Cell. 2012; 148(3):409-20.
3. Ouyang L, Shi Z, Zhao S, Wang FT, Zhou TT, Liu B, et al. Programmed cell death pathways in cancer: a review of apoptosis, autophagy and programmed necrosis. Cell Prolif. 2012; 45(6):487-98.
4. Wu C-CC, Bratton SB. Regulation of the intrinsic apoptosis pathway by reactive oxygen species. Antioxid Redox Signal. 2012; 19(6):121025083704002.
5. Instituto Nacional do Câncer (INCA). O que é câncer? 2020. [internet]#[acesso em: 2022 abr 6]. Disponível em: https://www.inca.gov.br/o-que-e-cancer.
6. DeSantis CE, Lin CC, Mariotto AB, Siegel RL, Stein KD, Kramer JL, et al. Cancer treatment and survivorship statistics, 2014. CA Cancer J Clin. 2014 Jul; 64(4):252-71.
7. Arnold R, Rinke A, Schmidt C, Hofbauer L. Endocrine tumours of the gastrointestinal tract: chemotherapy. Best Pract Res Clin Gastroenterol. 2005; 19(4):649-56.
8. Avall-Lundqvist E. Principles of chemotherapy. Int J Gynaecol Obstet Off Organ Int Fed Gynaecol Obstet. 2012; 119(Suppl):S151-4.
9. Machado SM, Sawada NO. Avaliação da qualidade de vida de pacientes oncológicos em tratamento quimioterápico adjuvante. Texto Contexto – Enferm. 2008 Dec; 17(4):750-7.
10. Baguley BC. A brief history of cancer chemotherapy. In: Baguley BC, Kerr DJ. Anticancer drug development. Philadelphia: Elsevier, 2002. p.1-11. [internet]#[acesso em: 2021 mai 29]. Disponível em: https://linkinghub.elsevier.com/retrieve/pii/B9780120726516500024.
11. Foye WO, Lemke TL, Williams DA (eds.). Foye's principles of medicinal chemistry. 7.ed. Philadelphia: Wolters Kluwer Health/Lippincott Williams & Wilkins, 2013. 1500 p.
12. Patrick G. An introduction to medicinal chemistry. 6.ed. New York, NY: Oxford University Press, 2017. 912 p.
13. Puyo S, Montaudon D, Pourquier P. From old alkylating agents to new minor groove binders. Crit Rev Oncol Hematol. 2014 Jan; 89(1):43-61.
14. Singh RK, Kumar S, Prasad DN, Bhardwaj TR. Therapeutic journery of nitrogen mustard as alkylating anticancer agents: historic to future perspectives. Eur J Med Chem. 2018 May; 151:401-33.
15. Missailidis S (ed.). Anticancer therapeutics. Chichester, UK: John Wiley & Sons, Ltd, 2008. [internet]#[acesso em: 2021 abr 6]. Disponível em: http://doi.wiley.com/10.1002/9780470697047.
16. Dahllöf B, Billström A, Cabral F, Hartley-Asp B. Estramustine depolymerizes microtubules by binding to tubulin. Cancer Res. 1993 Oct 1; 53(19):4573-81.
17. Mohan R, Panda D. Kinetic stabilization of microtubule dynamics by estramustine is associated with tubulin acetylation, spindle abnormalities, and mitotic arrest. Cancer Res. 2008 Aug 1; 68(15):6181-9.
18. Friedman OM, Seligman AM. Preparation of N-phosphorylated derivatives of bis-β-chloroethylamine. J Am Chem Soc. 1954 Feb; 76(3):655-8.
19. Borch RF, Millard JA. The mechanism of activation of 4-hydroxycyclophosphamide. J Med Chem. 1987 Feb; 30(2):427-31.
20. Zon G. 4 Cyclophosphamide Analogues. In: Progress in medicinal chemistry. Elsevier, 1982. p.205-46. [internet]#[acesso em: 2021 abr 6]. Disponível em: https://linkinghub.elsevier.com/retrieve/pii/S0079646808703308.
21. Johnston TP, McCaleb GS, Opliger PS, Montgomery JA. The synthesis of potential anticancer agents. XXXVI. N-Nitrosoureas. II. Haloalkyl Derivatives. J Med Chem. 1966 Nov; 9(6):892-911.
22. Erickson LC, Bradley MO, Ducore JM, Ewig RA, Kohn KW. DNA crosslinking and cytotoxicity in normal and transformed human cells treated with antitumor nitrosoureas. Proc Natl Acad Sci. 1980 Jan 1; 77(1):467-71.
23. Wheeler GP, Bowdon BJ, Struck RF. Carbamoylation of amino acids, peptides, and proteins by nitrosoureas. Cancer Res. 1975; 35:12.
24. Dasari S, Tchounwou PB. Cisplatin in cancer therapy: molecular mechanisms of action. Eur J Pharmacol. 2014 Oct 5; 740:364-78.
25. Bhattacharyya D, Ramachandran S, Sharma S, Pathmasiri W, King CL, Baskerville-Abraham I, et al. Flanking bases influence the nature of DNA distortion by platinum 1,2-Intrastrand (GG) cross-links. PLoS ONE 2011 Aug 10; 6(8):e23582.
26. Fuertes M, Castilla J, Alonso C, Pérez J. Cisplatin biochemical mechanism of action: from cytotoxicity to induction of cell death through interconnections between apoptotic and necrotic pathways. Curr Med Chem. 2003 Feb 1;10(3):257-66.
27. Kelland L. The resurgence of platinum-based cancer chemotherapy. Nat Rev Cancer. 2007 Aug; 7(8):573-84.
28. Bhagavan NV, Ha C-E. Essentials of medical biochemistry: with clinical cases. 1.ed. Amsterdam; Boston: Elsevier/Academic Press, 2011. 581 p.
29. Barthwal R, Raje S, Pandav K. Structural basis for stabilization of human telomeric G-quadruplex $[d\text{-}(TTAGGGT)]_4$ by anticancer drug adriamycin. J Biomol Struct Dyn. 2020 Feb 27; 1-21.
30. Volkova M, Russell R. Anthracycline cardiotoxicity: prevalence, pathogenesis and treatment. Curr Cardiol Rev. 2011 Nov; 7(4):214-20.
31. Tacar O, Sriamornsak P, Dass CR. Doxorubicin: an update on anticancer molecular action, toxicity and novel drug delivery systems: Doxorubicin cell and molecular biological activity. J Pharm Pharmacol. 2013 Feb; 65(2):157-70.
32. Batra JK, Kang GJ, Jurd L, Hamel E. Methylenedioxy-benzopyran analogs of podophyllotoxin, a new synthetic class of antimitotic agents that inhibit tubulin polymerization. Biochem Pharmacol. 1988 Jul; 37(13):2595-602.
33. Canel C, Moraes RM, Dayan FE, Ferreira D. Podophyllotoxin. Phytochemistry. 2000 May; 54(2):115-20.
34. Gordaliza M, Castro MA, del Corral JM, Feliciano AS. Antitumor properties of podophyllotoxin and related compounds. Curr Pharm Des. 2000 Dec; 6(18):1811-39.
35. Meresse P, Dechaux E, Monneret C, Bertounesque E. Etoposide: Discovery and Medicinal Chemistry. Curr Med Chem. 2004 Sep 1; 11(18):2443-66.
36. Montecucco A, Zanetta F, Biamonti G. Molecular mechanisms of etoposide. Excli J. 2015; 14:95-108.
37. Schultz AG. Camptothecin. Chem Rev 1973 Aug; 73(4):385-405.
38. Liu LF, Desai SD, Li T-K, Mao Y, Sun M, Sim S-P. Mechanism of action of camptothecin. Ann N Y Acad Sci. 2006 Jan 25; 922(1):1-10.
39. Li Q-Y, Zu Y-G, Shi R-Z, Yao L-P. Review camptothecin: current perspectives. Curr Med Chem. 2006 Jul 1; 13(17):2021-39.
40. Ulukan H, Swaan PW. Camptothecins: a review of their chemotherapeutic potential. Drugs. 2002; 62(14):2039-57.
41. Tiwari M. Antimetabolites: established cancer therapy. J Cancer Res Ther. 2012 Dec; 8(4):510-9.
42. Schweitzer BI, Dicker AP, Bertino JR. Dihydrofolate reductase as a therapeutic target. FASEB J Off Publ Fed Am Soc Exp Biol. 1990 May; 4(8):2441-52.
43. Huennekens FM. The methotrexate story: A paradigm for development of cancer chemotherapeutic agents. Adv Enzyme Regul. 1994 Jan; 34:397-419.

44. Marchi E, Mangone M, Zullo K, O'Connor OA. Pralatrexate pharmacology and clinical development. Clin Cancer Res. 2013 Dec 15; 19(24):6657-61.
45. Chen D, Jansson A, Sim D, Larsson A, Nordlund P. Structural analyses of human thymidylate synthase reveal a site that may control conformational switching between active and inactive states. J Biol Chem. 2017 Aug 11; 292(32):13449-58.
46. Longley DB, Harkin DP, Johnston PG. 5-Fluorouracil: mechanisms of action and clinical strategies. Nat Rev Cancer. 2003 May; 3(5):330-8.
47. Walko CM, Lindley C. Capecitabine: a review. Clin Ther. 2005 Jan; 27(1):23-44.
48. Jordan MA, Wilson L. Microtubules as a target for anticancer drugs. Nat Rev Cancer. 2004 Apr; 4(4):253-65.
49. Waight AB, Bargsten K, Doronina S, Steinmetz MO, Sussman D, Prota AE. Structural basis of microtubule destabilization by potent auristatin anti-mitotics. PLOS ONE 2016 Aug 12;11(8):e0160890.
50. Gigant B, Wang C, Ravelli RBG, Roussi F, Steinmetz MO, Curmi PA, et al. Structural basis for the regulation of tubulin by vinblastine. Nature 2005 May; 435(7041):519-22.
51. Guenard D, Gueritte-Voegelein F, Potier P. Taxol and taxotere: discovery, chemistry, and structure-activity relationships. Acc Chem Res. 1993 Apr; 26(4):160-7.
52. Kingston DGI. Taxol, a molecule for all seasons. Chem Commun. 2001; (10):867-80.
53. Löwe J, Li H, Downing KH, Nogales E. Refined structure of αβ-tubulin at 3.5 Å resolution. J Mol Biol. 2001 Nov; 313(5):1045-57.
54. Ni Z-Y, Li Y, Wang Y-F, Wang S-M, Dong M, Shi Q-W. Cancer-fighting molecules-taxol and its analogs. Curr Org Chem. 2012 Sep 1; 16(17):2038-52.
55. Grant SK. Therapeutic protein kinase inhibitors. Cell Mol Life Sci. 2009 Apr; 66(7):1163-77.
56. Ferguson FM, Gray NS. Kinase inhibitors: the road ahead. Nat Rev Drug Discov. 2018 May; 17(5):353-77.
57. Noble MEM. Protein kinase inhibitors: insights into drug design from structure. Science. 2004 Mar; 303(5665):1800-5.
58. Müller J, Martins A, Csábi J, Fenyvesi F, Könczöl Á, Hunyadi A, et al. BBB penetration-targeting physicochemical lead selection: Ecdysteroids as chemo-sensitizers against CNS tumors. Eur J Pharm Sci. 2017 Jan; 96:571-7.
59. Vulpetti A, Bosotti R. Sequence and structural analysis of kinase ATP pocket residues. Il Farm. 2004; 59(10):759-65.
60. Nicolini FE, Ibrahim AR, Soverini S, Martinelli G, Müller MC, Hochhaus A, et al. The BCR-ABLT315I mutation compromises survival in chronic phase chronic myelogenous leukemia patients resistant to tyrosine kinase inhibitors, in a matched pair analysis. Haematologica. 2013; 98(10):1510-6.
61. Vulpetti A, Bosotti R. Sequence and structural analysis of kinase ATP pocket residues. Il Farm. 2004 Oct; 59(10):759-65.
62. Treiber DK, Shah NP. Ins and Outs of Kinase DFG Motifs. Chem Biol. 2013 Jun; 20(6):745-6.
63. Roskoski R. Properties of FDA-approved small molecule protein kinase inhibitors: A 2020 update. Pharmacol Res 2020 Feb; 152:104609.
64. Abdeldayem A, Raouf YS, Constantinescu SN, Moriggl R, Gunning PT. Advances in covalent kinase inhibitors. Chem Soc Rev. 2020; 10.1039.C9CS00720B.
65. Mullard A. 2019 FDA drug approvals. Nat Rev Drug Discov. 2020 Feb; 19(2):79-84.
66. Lightfoot HL, Goldberg FW, Sedelmeier J. Evolution of small molecule kinase drugs. ACS Med Chem Lett. 2018. doi: acsmedchemlett.8b00445.
67. Arora A, Scholar EM. Role of tyrosine kinase inhibitors in cancer therapy. J Pharmacol Exp Ther. 2005 Dec 1;315(3):971-9.
68. Pellegrini A, Massidda B, Mascia V, Ionta MT, Lippi MG, Muggiano A, et al. Ethinyl estradiol and medroxyprogesterone treatment in advanced breast cancer: a pilot study. Cancer Treat Rep. 1981 Feb;65(1-2):135-6.
69. Westerberg H. Tamoxifen and fluoxymesterone in advanced breast cancer: a controlled clinical trial. Cancer Treat Rep. 1980 Jan; 64(1):117-21.
70. Waters EA, McNeel TS, Stevens WM, Freedman AN. Use of tamoxifen and raloxifene for breast cancer chemoprevention in 2010. Breast Cancer Res Treat. 2012 Jul; 134(2):875-80.
71. Wirth MP, Hakenberg OW, Froehner M. Antiandrogens in the treatment of prostate cancer. Eur Urol. 2007 Feb; 51(2):306-14.
72. Birrell SN, Roder DM, Horsfall DJ, Bentel JM, Tilley WD. Medroxyprogesterone acetate therapy in advanced breast cancer: the predictive value of androgen receptor expression. J Clin Oncol. 1995 Jul; 13(7):1572-7.
73. Gregory EJ, Cohen SC, Oines DW, Mims CH. Megestrol acetate therapy for advanced breast cancer. J Clin Oncol. 1985 Feb; 3(2):155-60.
74. Dutta U, Pant K. Aromatase inhibitors: past, present and future in breast cancer therapy. Med Oncol. 2008 Jun; 25(2):113-24.
75. Jordan VC. Antiestrogens and selective estrogen receptor modulators as multifunctional medicines. 1. Receptor Interactions. J Med Chem. 2003 Mar; 46(6):883-908.
76. Jordan VC. Tamoxifen as the first targeted long-term adjuvant therapy for breast cancer. Endocr Relat Cancer. 2014 Jun; 21(3):R235-246.
77. Brogden RN, Clissold SP. Flutamide: a preliminary review of its pharmacodynamic and pharmacokinetic properties, and therapeutic efficacy in advanced prostatic cancer. Drugs. 1989 Aug; 38(2):185-203.
78. Bhatnagar AS, Häusler A, Schieweck K, Lang M, Bowman R. Highly selective inhibition of estrogen biosynthesis by CGS 20267, a new non-steroidal aromatase inhibitor. J Steroid Biochem Mol Biol. 1990 Dec; 37(6):1021-7.
79. Séralini G-E, Moslemi S. Aromatase inhibitors: past, present and future. Mol Cell Endocrinol. 2001 Jun;178(1-2):117-31.
80. Egger G, Liang G, Aparicio A, Jones PA. Epigenetics in human disease and prospects for epigenetic therapy. Nature. 2004 May; 429(6990):457-63.
81. Marks P. Histone deacetylases. Curr Opin Pharmacol. 2003 Aug; 3(4):344-51.
82. Ceccacci E, Minucci S. Inhibition of histone deacetylases in cancer therapy: lessons from leukaemia. Br J Cancer. 2016 Mar; 114(6):605-11.
83. Miller TA, Witter DJ, Belvedere S. Histone deacetylase inhibitors. J Med Chem. 2003 Nov;46(24):5097-116.
84. Sun Y, Sun Y, Yue S, Wang Y, Lu F. Histone deacetylase inhibitors in cancer therapy. Curr Top Med Chem. 2019 Feb 12; 18(28):2420-8.
85. Marks PA, Jiang X. Histone deacetylase inhibitors in programmed cell death and cancer therapy. Cell Cycle. 2005 Apr 28; 4(4):549-51.
86. Wagner JM, Hackanson B, Lübbert M, Jung M. Histone deacetylase (HDAC) inhibitors in recent clinical trials for cancer therapy. Clin Epigenetics. 2010 Dec;1(3-4):117-36.
87. Wang X-X, Wan R-Z, Liu Z-P. Recent advances in the discovery of potent and selective HDAC6 inhibitors. Eur J Med Chem. 2018 Jan; 143:1406-18.
88. Cappellacci L, Perinelli DR, Maggi F, Grifantini M, Petrelli R. Recent progress in histone deacetylase inhibitors as anticancer agents. Curr Med Chem. 2018 Oct 16; 25. [internet]#[acesso em: 2021 abr 8]. Disponível em: http://www.eurekaselect.com/166321/article.

CAPÍTULO 36

Antidepressivos

Guilherme Felipe dos Santos Fernandes
Chung Man Chin
Jean Leandro dos Santos

INTRODUÇÃO

A depressão é uma doença de curso crônico e recorrente que promove incapacitação funcional dos indivíduos, compromete o bem-estar biopsicossocial e pode levar ao suicídio. Estudos apontam que a prevalência anual na população pode variar entre 3-11%, com risco aumentado naqueles indivíduos que apresentam comorbidades.

Além do custo econômico, há um imensurável sofrimento humano trazido pela doença. Cerca de 80% dos pacientes tratados terão um segundo episódio de depressão, com duração média de 4-5 meses. Durante a vida, o paciente experimentará pelo menos quatro destes episódios, visto que 12% dos pacientes evoluirão para um quadro crônico e sem remissão dos sintomas.[1,2]

Tipos de desordens depressivas

Transtorno depressivo maior

Denominado clinicamente apenas como depressão, a doença é caracterizada por uma série de sintomas emocionais, físicos, intelectuais e psicomotores. Os sintomas emocionais incluem tristeza, crises de choro, perda de interesse e prazer pelas atividades usuais, pessimismo, sentimento de culpa e desesperança, ansiedade, aspectos psicóticos, entre outros.

Já os sintomas físicos são mais facilmente identificáveis, e incluem: distúrbios de sono e apetite, queixas gastrintestinais, dores (principalmente cefaleia), fadiga, palpitações e perda de interesse sexual. Os distúrbios psicomotores geralmente estão associados a agitação ou retardamento dos movimentos, raciocínio e fala. E, por último, os sintomas intelectuais são caracterizados por dificuldades de concentração, confusão, esquecimento, dificuldade de memorização e indecisão.

O tratamento recomendado nesses casos envolve a utilização dos fármacos antidepressivos, psicoterapia e, em casos refratários, a eletroconvulsoterapia.

Distimia

É considerado um transtorno depressivo crônico, com sintomas menos intensos que o transtorno depressivo maior, mas perdura no paciente por pelo menos dois anos, reduzindo o bem-estar físico e psíquico. Os sintomas comumente presentes são retraimento social, humor depressivo, diminuição da autoconfiança e redução de energia física e mental. É considerado menos debilitante que o transtorno depressivo maior e pode ser tratado com uso de antidepressivos e psicoterapia, associada ou não.

Transtorno afetivo bipolar (maníaco-depressivo)

O transtorno afetivo bipolar é um distúrbio complexo caracterizado por alternâncias entre episódios de euforia (hipomania e mania) e depressão. As variações abruptas e hiper-responsivas do humor dificultam o convívio social do indivíduo.

Outros tipos comuns de depressão identificáveis são: desordens afetivas sazonais (relacionadas às estações de outono/inverno, em que os dias são mais curtos e há menor exposição solar), depressão pós-parto e transtornos pós-traumáticos.

Fisiopatologia

Os mecanismos fisiopatológicos da depressão não são completamente compreendidos. As hipóteses e os modelos propostos não respondem completamente a todos os aspectos relacionados à doença. Além dos fatores biológicos, os componentes biopsicossociais interferem diretamente no início e no curso da doença. Serão apresentados aqui algumas das principais teorias e modelos.

Teoria monoaminérgica

Evidências pré-clínicas e clínicas mostram que na depressão há um desequilíbrio na produção de monoaminas, como serotonina (5-HT), noradrenalina (NE) e dopamina (DA) no sistema nervoso central (SNC). O mecanismo de ação dos antidepressivos (inibição da recaptação de 5-HT, NE e/ou DA) e inibidores de monoamino oxidase (IMAO) suportam essa teoria. Na depressão, a deficiência de NE tem sido relacionada a aspectos clínicos fundamentais às relações sociais, como baixa energia e motivação, diminuição da cognição, falta de atenção e autocuidado. Uma diminuição nos níveis de serotonina está relacionado a alterações de humor, ansiedade, distúrbios de apetite e maior risco de suicídio. Já a redução dos níveis de dopamina tem sido relacionada a sintomas clínicos como falta de motivação e apatia.[3]

A teoria monoaminérgica, entretanto, apresenta algumas limitações, como a incapacidade de explicar por que a ação dos antidepressivos somente causa efeito após 2-4 semanas de uso contínuo e a alta variabilidade na resposta entre os pacientes.[3]

Hipótese hormonal

As modificações induzidas pelo estresse no eixo hipotálamo-pituitária-adrenal (HPA) contribuem para os transtornos de humor. O estresse estimula o hipotálamo a produzir o hormônio denominado fator de liberação de corticotrofina (CRF) que, por sua vez, estimula a glândula pituitária a secretar o hormônio adrenocorticotrófico (ACTH) na corrente sanguínea. Uma vez na circulação, o ACTH estimula as glândulas adrenais a liberar a hidrocortisona (cortisol) em resposta ao estresse. Níveis elevados de cortisol podem causar danos aos neurônios do hipocampo e alterar a funcionalidade da amígdala cerebral.[4]

Alterações no funcionamento do eixo HPA estão associadas com dificuldades cognitivas. As falhas na normalização do seu funcionamento, após tratamento, levam a resposta clínica inadequada e fracasso terapêutico.[4] Adrenalina e NE também são secretadas pelas glândulas adrenais em resposta ao estresse.

Hipótese colinérgica

Algumas observações experimentais sugerem que a hiperatividade do sistema colinérgico pode estar relacionada com alguns sintomas da depressão, devido à ativação de receptores nicotínicos (nAChR). Esses receptores modulam a liberação das monoaminas, ácido gama-aminobutírico, neuropeptídios e glutamato. Atividade inibitória de nAChR tem sido relatada para diversos antidepressivos, por exemplo, bupropiona, imipramina, nortriptilina, amitriptilina, desipramina, fluoxetina, paroxetina, sertralina e citalopram.[5]

ASPECTOS ESTRUTURAIS RELACIONADOS AOS ANTIDEPRESSIVOS

Devido à ampla diversidade estrutural, é comum a classificação baseada no mecanismo de ação, entre os quais podemos destacar: inibidores de recaptação de serotonina e noradrenalina (IRSN), inibidores seletivos de recaptação de serotonina (ISRS), inibidores da recaptação de dopamina e noradrenalina (IRDN), moduladores de receptores serotoninérgicos (MS), e inibidores da monoamina oxidase (IMAO) (Figura 1, Tabela 1).

Propriedades físico-químicas e estereoquímicas gerais dos antidepressivos

Pequenas alterações estruturais nos antidepressivos provocam profundas alterações nas propriedades farmacêuticas, farmacocinéticas e farmacodinâmicas. Exemplo disso é a substituição isostérica clássica de um átomo de carbono aromático (CH), presente na mianserina, pelo nitrogênio no anel piridínico, na mirtazapina, provocando profundas alterações nas propriedades físico-químicas.

A mirtazapina apresenta maior polaridade e menor lipofilicidade (log $D_{7.4}$ = 2,72) e pKa (7,1) em comparação com a mianserina (log $D_{7.4}$ = 3,17; pKa = 7,4) (Figura 2). Essa modificação também promove alterações no mecanismo de ação dos fármacos. Enquanto a mirtazapina aumenta a liberação de 5-HT e NE devido à sua interação com receptores α_2-adrenérgico pré-sinápticos, a mianserina inibe fortemente a recaptação de NE e atua em receptores H_1, α_1 e α_2 adrenérgicos. Com relação aos aspectos estereoquímicos, o enantiômero (*S*) da mianserina é cerca de 200-300 vezes mais ativo que o (*R*). A mirtazapina é comercializada como racemato, entretanto, estudos farmacocinéticos mostram maior

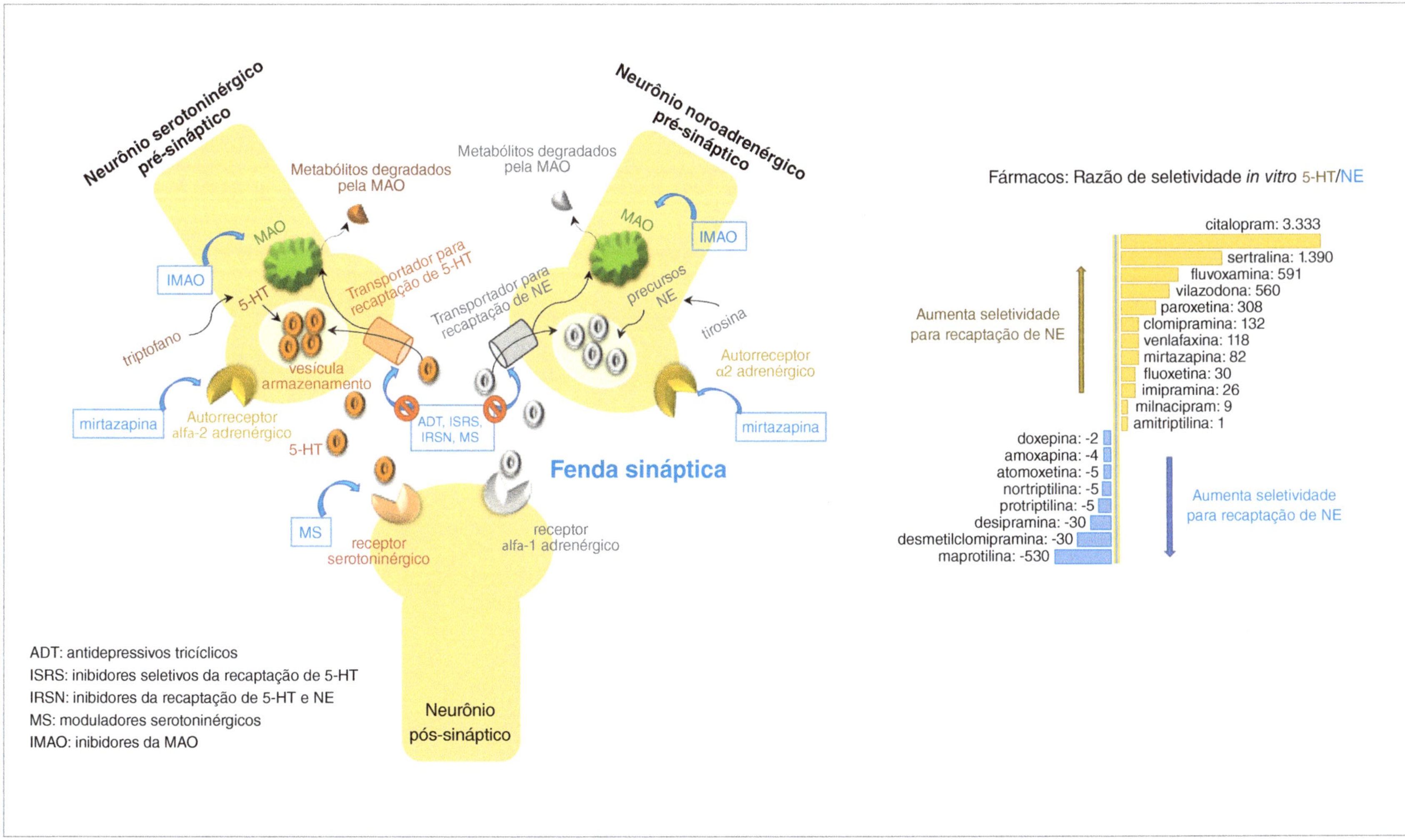

FIGURA 1 Locais de ação dos antidepressivos e razão de seletividade serotonina/noradrenalina dos principais fármacos antidepressivos.

TABELA 1 Fármacos antidepressivos e os principais efeitos adversos.

Nome genérico	Antagonismo da recaptação		Efeitos anticolinérgicos	Hipotensão ortostática	Convulsões	Sedação	Efeitos cardíacos	Efeitos sexuais	Efeitos gastrintestinais
	Noradrenalina	Serotonina							
Antidepressivos tricíclicos apresentando amina terciária									
amitriptilina	2+	4+	4+	3+	3+	4+	3+	3+	+
clomipramina	2+	3+	4+	2+	4+	4+	3+	4+	3+
doxepina	2+	2+	3+	2+	3+	3+	2+	4+	3+
imipramina	3+	3+	4+	4+	3+	4+	3+	3+	+
trimipramina	2+	2+	4+	3+	3+	4+	3+	3+	+
Antidepressivos tricíclicos apresentando amina secundária									
amoxepina	3+	2+	3+	2+	3+	2+	2+	+2	2+
desipramina	4+	+	2+	2+	2+	2+	2+	3+	3+
maprotilina	3+	+	3+	2+	4+	3+	2+	3+	3+
nortriptilina	3+	2+	2+	+	2+	2+	2+	3+	2+
protriptilina	3+	2+	2+	+2	+2	+	3+	3+	3+
Inibidores seletivos da recaptação de serotonina (ISRS)									
(±)-citalopram	0	4+	0	0	2+	+	0	3+	3+
(+)-escitalopram	0	4+	0	0	0	0	0	3+	3+
(±)-fluoxetina	0	3+	0	0	2+	0	0	3+	3+
fluvoxamina	0	4+	0	0	2+	0	0	3+	3+
(-)-paroxetina	0	4+	+	0	2+	+	0	3+	3+
(+)-sertralina	0	4+	0	0	2+	0	0	3+	3+
Inibidores da recaptação de serotonina e noradrenalina (IRSN)									
(-)-atomoxetina	+	+3	0	0	0	0	0	0	0
(+)-duloxetina	+4	+3	0	0/+	0/+	0/+	0/+	0/+	0/+
(±)-mirtazapina	-	-	+	2+	0	4+	+	0	0
(±)-venlafaxina	+3	+4	+	0	2+	+	+	3+	3+
desvenlafaxina	+3	+4	+	0	0	+	0	3+	3+
Moduladores de receptores de serotonina									
trazodona	0	+2	0	3+	2+	4+	+		
vilazodona	0	2+	0	0	0/+	+	+	2+	3+
vortioxetina	0	2+	2+	0	0	0	0	3+	3+
Inibidores da recaptação de dopamina e noradrenalina (IRDN)									
bupropiona									
Inibidores da monoamino oxidase (IMAO)									
fenelzina	2+	2+	+	2+	+	2+		0	3+
tranilcipromina	2+	+	+	2+	+	+	4+	0	2+

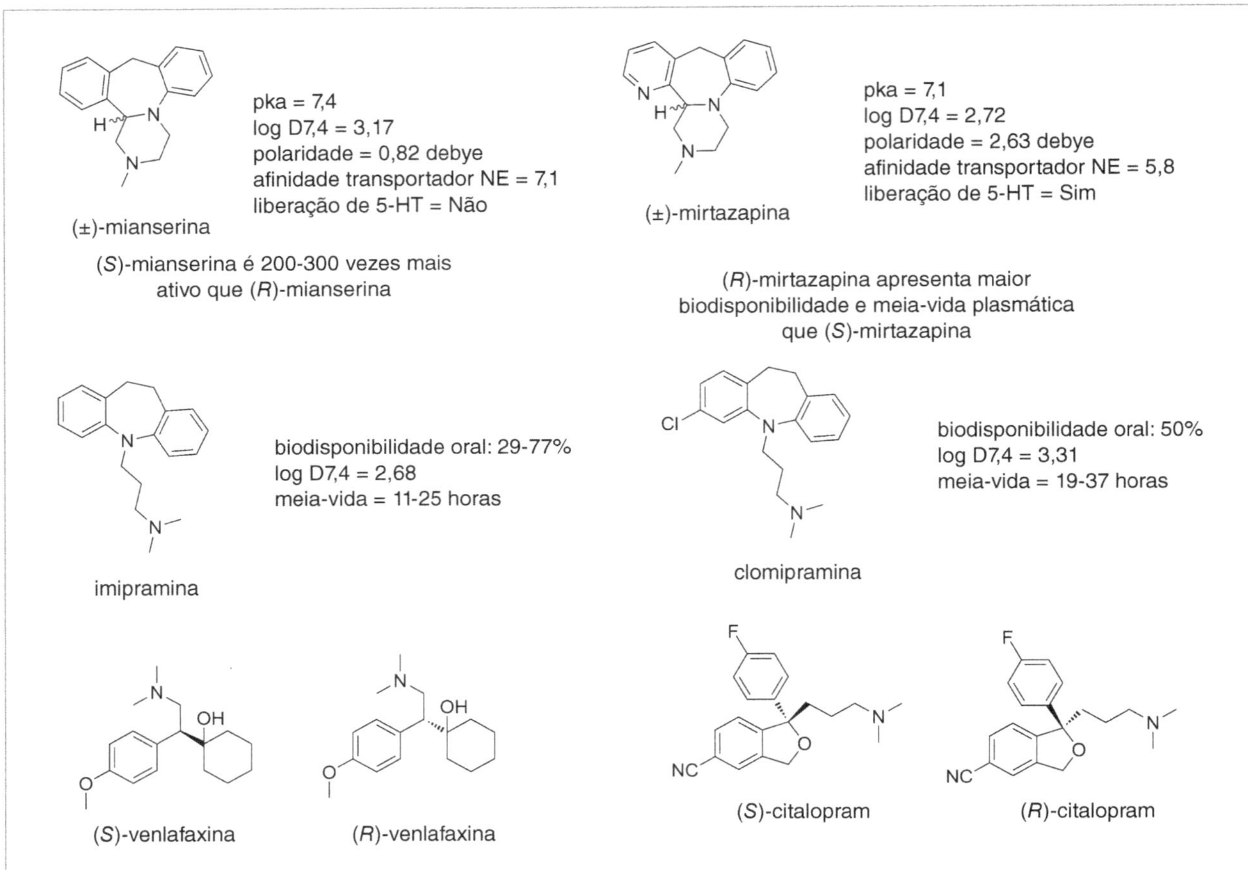

FIGURA 2 Propriedades físico-químicas e estereoquímicas gerais dos antidepressivos.

biodisponibilidade e tempo de meia-vida para o enantiômero (*R*) comparado ao (*S*).[6]

A substituição de um átomo de hidrogênio na imipramina por um átomo de cloro na clomipramina aumenta o coeficiente de partição (log $D_{7,4}$) de 2,54 para 3,31. A alteração dessa propriedade físico-química provoca modificações nos parâmetros farmacocinéticos, aumentando para a clomipramina, a taxa de ligação às proteínas plasmáticas, a meia-vida e promovendo redução na eliminação. Além disso, a presença do cloro na clomipramina aumenta em 10 vezes a inibição da recaptação da serotonina quando comparada à imipramina.[7]

A estereoquímica para os fármacos antidepressivos é um fator importante, pois enantiômeros diferem entre si com relação às propriedades farmacocinéticas e farmacodinâmicas. Nesse caso, é fundamental o uso do eutômero que apresenta vantagens clínicas, tais como melhoria no índice terapêutico, redução na quantidade de fármaco administrado, redução de efeitos adversos e potenciais interações medicamentosas, e diminuição da variabilidade da resposta clínica individual.

A (±)-venlafaxina é usada na clínica como mistura racêmica. O enantiômero (*R*) é um inibidor potente da recaptação de 5-HT e NE, enquanto o (*S*) é mais seletivo na inibição da recaptação de 5-HT. Outro exemplo é o citalopram, comercializado como mistura racêmica e enantiopura. O enantiômero (*S*) (escitalopram) é cerca de 30 vezes mais potente na inibição da recaptação de 5-HT que o isômero (*R*). Estudos clínicos randomizados e duplo-cego mostram maior eficácia, melhor tolerabilidade pelos pacientes e início de ação mais rápido do enantiômero (*S*).[8]

Classes terapêuticas

Inibidores de recaptação de 5-HT e NE: antidepressivos tricíclicos

Os antidepressivos tricíclicos (ADT) são constituídos pela junção de dois sistemas aromáticos cujo anel central (não aromático) pode conter 6 ou 7 átomos saturados, insaturados ou ainda heteroátomos. Do ponto de vista conformacional, o ângulo diédrico presente no sistema tricíclico dos ADT é diferente daquele encontrado em outras classes terapêuticas devido à presença de dois átomos no anel central que promovem torção fora do plano e menor rigidez estrutural. Nos antidepressivos, o ângulo diédrico varia de 55-65°, já nos neurolépticos (*i. e.*, clorpromazina) ele é de 25° (Figura 3).

Dependendo do arranjo e padrão de substituição do anel central, os ADT podem ser subdivididos segundo os anéis em: dihidrodibenzazepina (*i. e.*, imipramina), dibenzocicloheptano (*i. e.*, amitriptilina), dibenzoxepina (*i. e.*, doxepina), dibenzocicloheptatrieno (*i. e.*, protriptilina), tetracíclico (*i. e.*, maprotilina) (Figura 3). Além de alterações nas propriedades físico-químicas, a conformação dos sistemas tricíclicos pode afetar a interação com o receptor, afetando a afinidade e a seletividade. A menor flexibilidade do anel dibenzociclo-hepteno comparado ao dibenzazepínico diminui a potência do ADT.[9]

Os ADT parecem atuar como moduladores na recaptação de monoaminas por indução de modificações conformacionais nos receptores de NE e 5-HT, reduzindo a afinidade pelas monoaminas. Os sítios de ligação dos ADT são diferentes daqueles dos ISRS.[10]

A cadeia alquílica de 2-3 átomos de carbono une o sistema tricíclico à amina secundária ou terciária nos ADT. As ramificações nessa cadeia lateral levam à diminuição da afinidade ao transportador de 5-HT e NE. Na trimipramina, por exemplo, essa ramificação reduz a afinidade para ambos os transportadores em cerca de 100 vezes. Os ADT contendo aminas terciárias são potentes inibidores da recaptação de 5-HT e NE; já os que contêm aminas secundárias são mais potentes em relação à recaptação de NE (Figura 3).

ADT que apresentam aminas terciárias em suas estruturas químicas

Os ADT que apresentam na estrutura química aminas terciárias atuam inibindo a recaptação de 5-HT e NE, promovendo aumento desses neurotransmissores

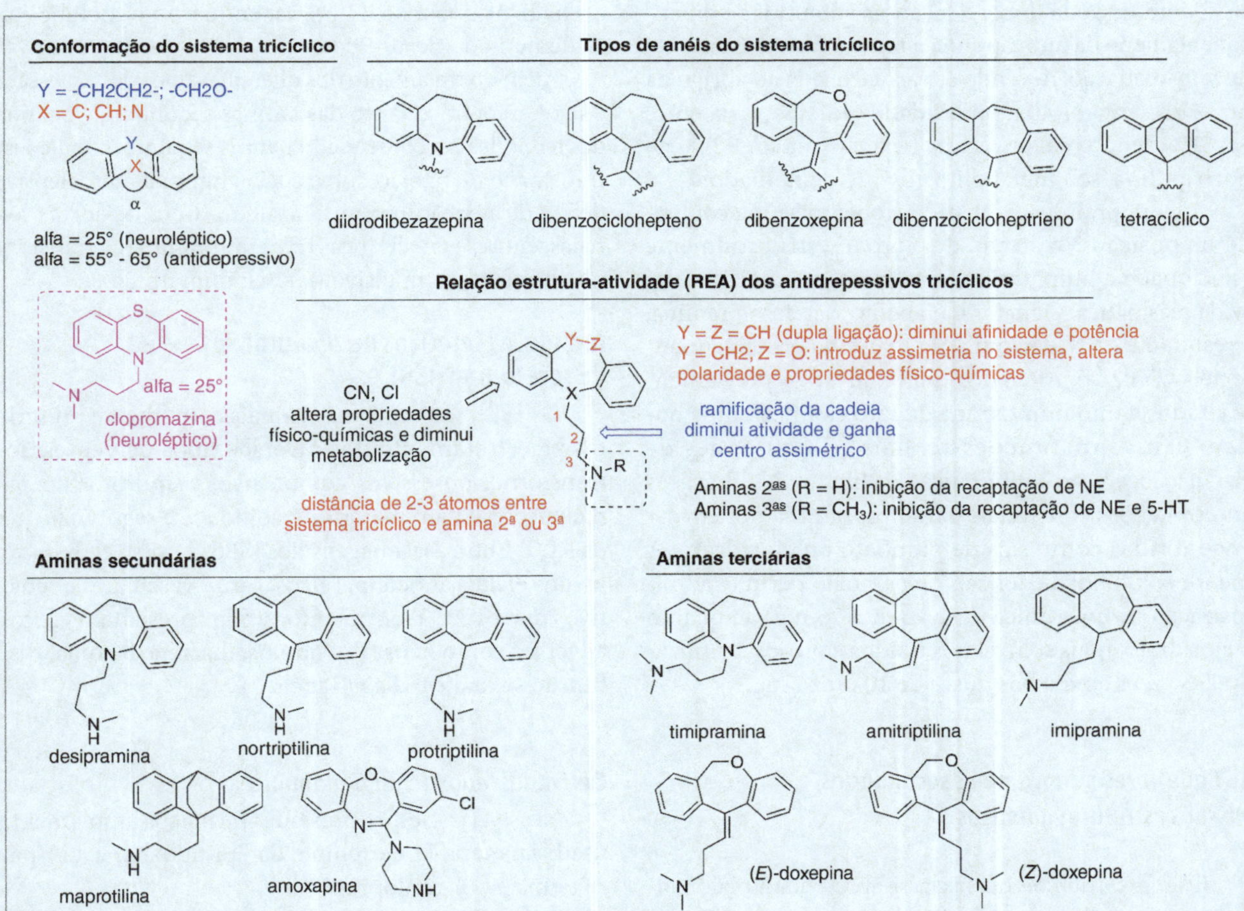

FIGURA 3 Relação estrutura-atividade dos antidepressivos tricíclicos.

na fenda sináptica. A biodisponibilidade oral dos fármacos dessa classe é baixa, podendo variar entre 13-77%. Esse fato decorre do intenso metabolismo pré-sistêmico, levando a metabólitos *N*-demetilados ou oriundos da hidroxilação aromática. Os metabólitos *N*-demetilados apresentam atividade somente na inibição da recaptação de NE, anulando seus efeitos em transportadores serotoninérgicos.

Os efeitos adversos comuns à classe são resultantes da atuação dos ADT em outros receptores, incluindo α_1 adrenérgico, H_1 e muscarínicos. Ademais, cardiotoxicidade e indução de convulsões são efeitos comuns dos ADT contendo aminas terciárias devido à sua capacidade de inibir os canais de sódio-voltagem dependentes. Efeitos cardiotóxicos podem aparecer em concentrações 5-10 vezes superiores ao nível terapêutico, por isso, atenção especial deve ser dada a pacientes idosos ou polimedicados devido à maior probabilidade de interações medicamentosas. Entre os representantes dessa classe, é possível citar: amitriptilina, imipramina e clomipramina.

A presença da dupla ligação na subunidade dibenzoheptadieno da amitriptilina a torna sensível às reações de foto-oxidação, devendo ser armazenada ao abrigo da luz. Apresenta biodisponibilidade oral que varia entre 31-61%, sendo bioconvertida pela enzima CYP2D6 na nortriptilina, seu metabólito ativo *N*-demetilado.

A clomipramina é um diihidrobenzazepina contendo na posição 3 o átomo de cloro. É estruturalmente relacionada à imipramina, mas apresenta maior meia-vida plasmática. O maior metabólito, desclomipramina, é resultante da *N*-dealquilação realizada principalmente pela CYP2D6. Além dos efeitos adversos previamente citados, tanto imipramina quanto clomipramina podem causar disfunções sexuais (dificuldades de ejaculação, ereção e diminuição da libido). No Brasil, as apresentações comerciais para imipramina podem ser encontradas como sais de pamoato ou cloridrato. A menor solubilidade dos sais de pamoato permite administração de uma única dose ao dia (75 mg), enquanto o cloridrato, mais solúvel nos fluídos aquosos, é utilizado 2-3 vezes ao dia nas doses de 10 ou 25 mg.

ADT que apresentam aminas secundárias em suas estruturas químicas

Os representantes dessa classe apresentam maior afinidade para inibir a recaptação de NE que os ADT contendo amina terciária. Nenhum dos fármacos pertencentes a essa classe possui afinidade pelo transportador de DA. No geral, os ADT contendo aminas secundárias na estrutura apresentam maior biodisponibilidade que as terciárias. Após metabolismo, os produtos na *N*-demetilação são inativos. Entre os representantes dessa classe, é possível citar: desipramina, nortriptilina e maprotilina.

A desipramina, metabólito ativo da imipramina, apresenta maior potência e seletividade na inibição da recaptação de NE se comparada às outras aminas secundárias. A nortriptilina, metabólito da amitriptilina, com capacidade de inibir a recaptação de NE, é metabolizada pela CYP2D6 no derivado inativo *E*-10-hidroxi.

A maprotilina é um derivado dibenzobiciclooctadieno que, devido ao anel tetracíclico, apresenta maior restrição conformacional. Ela bloqueia seletivamente a recaptação de NE se comparada a 5-HT. O fármaco atua antagonizando diversos receptores, como 5-HT_2, α_1 adrenérgico e H_1. Possui pouca afinidade por receptores muscarínicos. Após metabolismo por CYP2D6 e CYP2C19 é bioconvertida nos metabólitos ativos *N*-demetilmaprotilina e maprotilina-*N*-óxido. A meia-vida da maprotilina é de 43 horas, enquanto o metabólito *N*-demetilado de 60-90 horas.

Além do tratamento dos diferentes tipos de depressão, o uso terapêutico tanto das aminas secundárias quanto das terciárias é recomendado para as seguintes condições: transtorno de pânico, fobia social, bulimia, narcolepsia, déficit de atenção, enxaqueca, alguns tipos de dores crônicas, enurese em crianças (*i .e.*, imipramina) e transtorno obsessivo-compulsivo (*i. e.*, clomipramina).

Inibidores seletivos da recaptação de serotonina (ISRS)

Os ISRS são os fármacos mais comumente prescritos para tratamento dos diversos tipos de depressão, transtornos obsessivos-compulsivos e síndrome do pânico. Apresentam maior tolerabilidade e segurança que os ADT. Entre as vantagens dos ISRS, é possível destacar menos efeitos anticolinérgicos, cardiovasculares e sedativos que os ADT, entretanto, ainda apresentam efeitos adversos como náuseas, vômitos, diarreia, insônia, disfunção sexual e fadiga (Tabela 1).

Derivados fenoxifenilaquilamínicos

Nessa classe estão presentes fármacos amplamente usados na terapia, a exemplo da (±)-fluoxetina, (±)-paroxetina e (±)-citalopram.

A (±)-fluoxetina é um derivado 3-fenoxi-3-fenilpropilamina que inibe seletivamente o transportador de recaptação de 5-HT, pelo qual possui alta afinidade. É comercializado como mistura racêmica, sendo que ambos os enantiômeros apresentam similar afinidade ao transportador de 5-HT. Em relação à recaptação de NE, a razão de seletividade NE/5-HT mostra que o enantiômero (*S*) é cerca de 100 vezes mais seletivo ao transportador de 5-HT que o enantiômero (*R*). O enantiômero (*S*) do metabólito *N*-demetilado é 7 vezes mais potente como inibidor do transportador de 5-HT que o enantiômero (*R*), com índice de seletividade equivalente à da (*S*)-fluoxetina.[11,12]

Estudos de relação estrutura-atividade mostram que a seletividade para inibição da recaptação de 5-HT depende do padrão de substituição aromática da subunidade 3-fenoxi. A monossubstituição dessa subunidade por grupos retiradores de elétrons na posição 4, a exemplo do 4-CF_3 presente na estrutura da fluoxetina, resulta na inibição seletiva da recaptação de 5-HT. Já a dissubstituição nas posições 2,4 ou 3,4 resulta na diminuição dessa seletividade. Substituições na posição 2 da subunidade 3-fenoxi diminuem a seletividade para 5-HT e aumentam a seletividade na inibição da recaptação de NE, à exceção do 2-CF_3 (Figura 4).

A restrição conformacional da cadeia propilamina, a exemplo do derivado 3*R*,4*S*(+)-femoxetina, mantém a seletividade aos transportadores de 5-HT, mas apresenta reduzida afinidade. O derivado *trans*-(3*R*,4*S*)-(+) da femoxetina apresenta cerca de 10% da afinidade da fluoxetina pelo transportador. Após metabolismo, a *N*-dealquilação da femoxetina origina um derivado com afinidade 10 vezes superior ao transportador de 5-HT comparado à fluoxetina.[11]

A (±)-fluoxetina apresenta meia-vida prolongada (1-4 dias). O principal metabólito (norfluoxetina), oriundo da *N*-demetilação realizada por CYP2D6, tem meia-vida plasmática de 7-15 dias. Devido à longa meia-vida, cuidados em relação ao uso por idosos, pessoas com comorbidades (*i. e.*, insuficiência hepática e renal) e

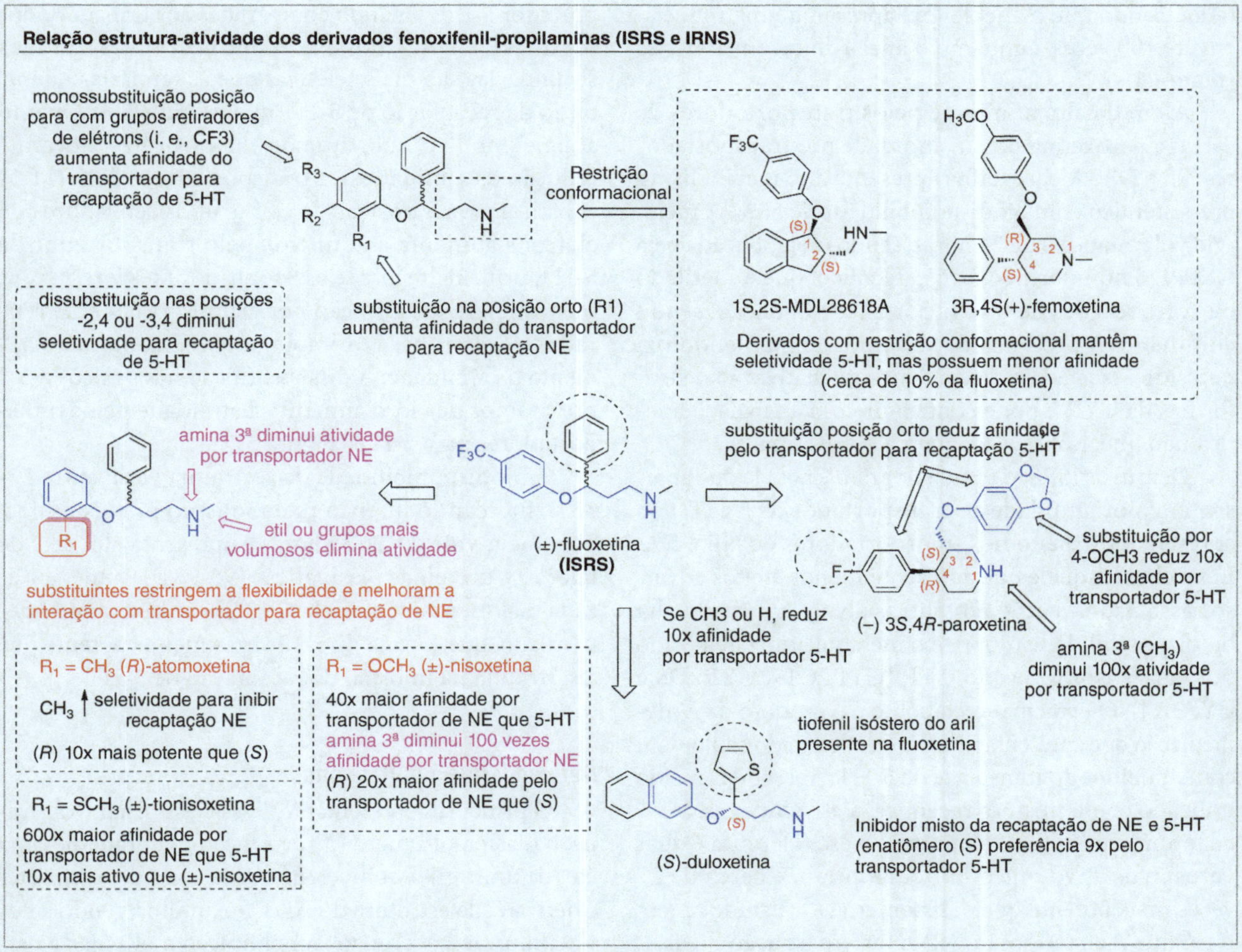

FIGURA 4 Relação estrutura-atividade dos derivados fenoxifenil-propilaminas.

polimedicadas devem ser tomados a fim de evitar reações adversas e interações medicamentosas.

A (±)-paroxetina é um derivado fenilpiperidínico que pode ser considerado um análogo da fluoxetina, pois apresenta restrição conformacional decorrente da substituição da cadeia alquílica linear fenilpropilamina por um sistema piperidínico (Figura 4). O processo de anelação levou à presença de dois centros assimétricos na estrutura, e dos 4 possíveis isômeros, somente o (3*S*, 4*R*) é comercializado. Estudos de relação estrutura-atividade mostram que a substituição do átomo de flúor na posição 4 por hidrogênio ou metila reduz a afinidade aos receptores de 5-HT em até 10 vezes. A introdução de um grupo CH_3 na piperidina, levando a uma amina terciária, reduz a afinidade ao transportador de 5-HT em 100 vezes. A substituição da subunidade benzodioxola (3,4-metilenodioxi) por 4-metoxi no anel fenoxi reduz em 10 vezes a afinidade ao transportador. Ainda, a substituição na posição 2 (*orto*) em ambos os anéis aromáticos leva à redução da afinidade pelo transportador, sendo que o anel fenoxi apresenta uma redução em até 100 vezes, enquanto o anel 4-flúor, em 10 vezes (Figura 4).

Além da alta afinidade pelos transportadores de 5-HT, a paroxetina possui afinidade por transportadores NE e DA. A paroxetina apresenta alto metabolismo pré-sistêmico com biodisponibilidade de 50%. A meia-vida plasmática é de 24 horas, sendo metabolizada pela CYP2D6 no intermediário catecólico, que é metilado ou sofre reações de fase II por glicuronidação, sendo eliminado. A presença da subunidade metilenodioxi tem sido associada a mecanismos de inativação de isoformas da CYP, e pode contribuir com a farmacocinética não linear observada para a paroxetina.[12]

Dentre os ISRS, o (±)-citalopram é aquele que apresenta maior afinidade ao transportador de 5-HT, não apresentando efeito nos transportadores de NE e DA. É, na classe, aquele que apresenta menos efeitos adversos associados à ação em outros alvos. Apresenta alta biodisponibilidade (80%), e o metabolismo é realizado por várias isoformas do CYP (CYP2C19, CYP2D6 e CYP3A4). O principal metabólito é o produto da *N*-demetilação que apresenta metade da eficácia do citalopram como inibidor do transporte de 5-HT. Apesar de ter sido utilizado como mistura racêmica, a atividade reside no enantiômero (*S*) (escitalopram). O escitalopram é duas vezes mais ativo que o (±)-citalopram, e cerca de 27 vezes mais potente que o distômero (*R*). Estudos mostram que o enantiômero (*R*) interfere na ação do escitalopram. Esses dados, associados ao fato de que a depuração renal (*clearance*) do (*R*) é mais lenta que a de (*S*), justifica a utilização da forma enantiopura.[13]

Derivados fenilaquilaminas

A principal representante dessa classe é a sertralina. A restrição conformacional utilizando a anelação do núcleo difenilbutilamina levou ao derivado fenilaminotetralina, denominado sertralina. O fármaco possui dois centros assimétricos, e somente a *S,S*-sertralina é comercializada, uma vez que os demais diastereoisômeros são fracos inibidores da recaptação de 5-HT. A sertralina apresenta fraca atividade nos transportadores para recaptação de NE e DA.

Estudos de relação estrutura-atividade mostram que as aminas primárias apresentam menor afinidade pelo transportador de 5-HT que as secundárias e terciárias. Esses dados podem ser confirmados pelos estudos de metabolismo da sertralina que mostram que o metabólito *N*-demetilado apresenta menor afinidade ao transportador 5-HT. Quando comparadas aos transportadores de NE e DA, é possível identificar que as aminas secundárias são mais seletivas que as terciárias na inibição da recaptação de 5-HT que de NE e DA. Quanto ao anel fenílico, substituições na posição -2 levam à redução da afinidade por transportadores de 5-HT. A substituição na posição -4 por grupos retiradores de elétrons aumenta a afinidade pelo transportador de 5-HT, principalmente se esses substituintes forem cloro ou bromo. A substituição por grupos fortemente retirados de elétrons, a exemplo do CF_3, não leva ao aumento da afinidade. A dissubstituição nas posições -3,4 por átomos de cloro aumenta a afinidade pelos transportadores para 5-HT (Figura 5).[14]

A biodisponibilidade da sertralina varia entre 20-36%, indicando intenso metabolismo pré-sistêmico. Tem meia-vida de 22-35 horas e apresenta alta taxa de ligação a proteínas plasmáticas (96-98%). É metabolizada majoritariamente pela CYP2B6 ao derivado *N*-demetilado, que é cerca de 5-10 vezes menos potente que a sertralina na inibição da recaptação de 5-HT.

Derivados aril-alquil-cetonas

O principal representante dessa classe é a fluvoxamina, o diastereoisômero (*E*) da função 2-aminoetiloxima éter de uma aril-alquil-cetona. A presença da oxima éter é derivada da estrutura do ADT noxiptilina, sendo a fluvoxamina descoberta por simplificação molecular, a partir da abertura do anel do sistema tricíclico da noxiptili-

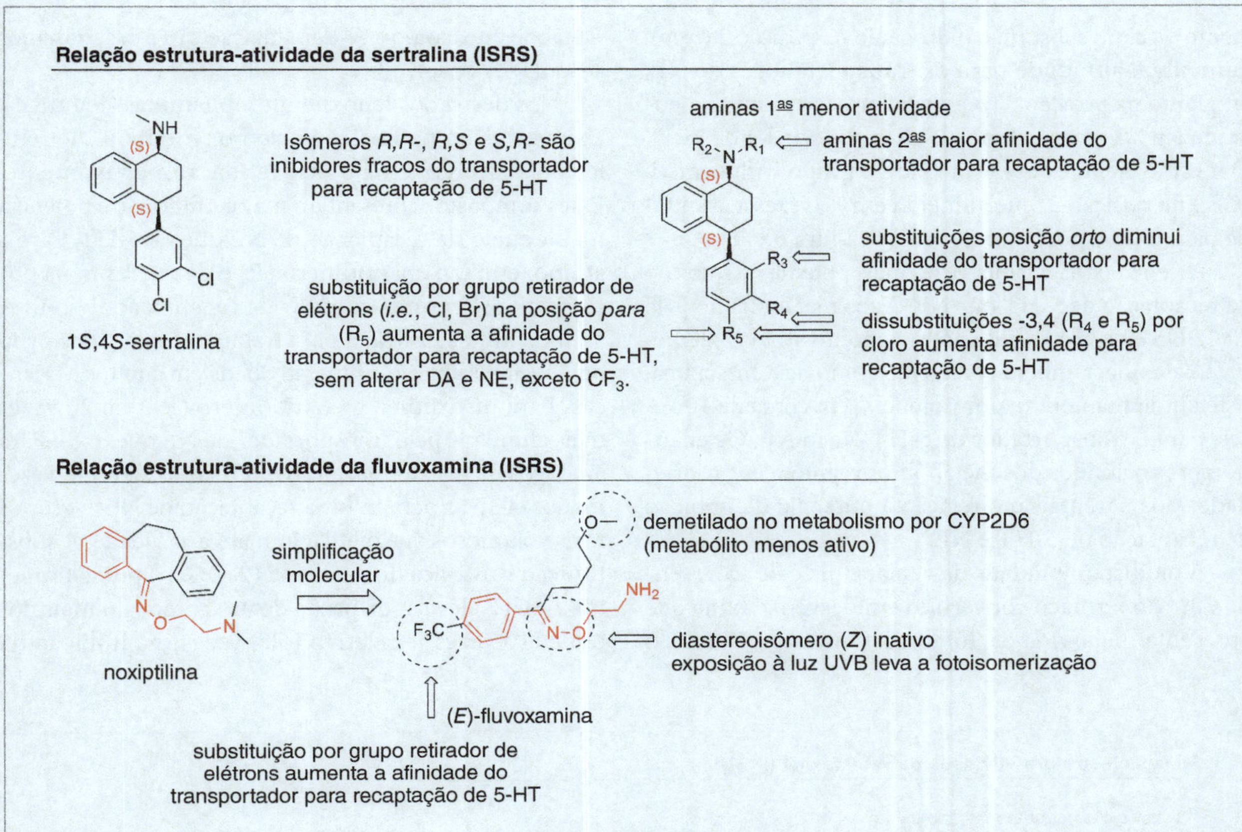

FIGURA 5 Relação estrutura-atividade da sertralina e fluvoxamina.

na (Figura 5). A presença do grupo trifluormetil (CF_3) ou outro com efeito retirador de elétrons aumenta a afinidade pelo transportador de 5-HT. A dupla ligação pode sofrer fotoisomerização ao diastereoisômero (*Z*) inativo quando exposta à luz UVB (290-320 nm) (Figura 5).[15]

A fluvoxamina é menos potente que os outros ISRS. Além de antidepressivo, é indicada para tratamento de transtorno obsessivo-compulsivo. Tem biodisponibilidade de 50% devido ao alto metabolismo pré-sistêmico. É metabolizada pela CYP2D6 no metabólito inativo *O*-demetilado.[15]

Antidepressivos atípicos

Inibidores da recaptação de serotonina e noradrenalina (IRSN)

O efeito misto de inibição da recaptação de 5-HT e NE parece apresentar maior eficácia que o ISRS no tratamento da depressão. Os IRSN apresentam menos efeitos adversos que os ADT, e alguns representantes, como desvenlafaxina, atomoxetina e duloxetina, mostram eficácia terapêutica comparável. As principais diferenças entre os fármacos dessa classe estão nas propriedades farmacocinéticas, presença de metabólitos ativos e capacidade de induzir interações medicamentosas.

A venlafaxina, derivada da cicloalcanoletilamina, foi o primeiro IRSN aprovado pela agência regulatória norte-americana Food and Drug Administration (FDA) para o tratamento da depressão. É usada na clínica como mistura racêmica, e ambos os enantiômeros apresentam propriedades farmacológicas úteis no tratamento da depressão. O enantiômero (*R*) é um inibidor potente da recaptação de 5-HT e NE, enquanto o (*S*) é mais seletivo na inibição da recaptação de 5-HT.[8]

Estudos de relação estrutura-atividade mostram que o grupo metoxila na posição 4 (*para*) do sistema aromático aumenta a afinidade para transportador de 5-HT. Já na posição 3 (*meta*), esse grupo metoxila diminui a afinidade para os transportadores de 5-HT e aumenta para NE. Em geral, a substituição da metoxila por grupos eletroatratores na posição 4 (*para*) aumenta a afinidade dos derivados para os transportadores de NE, exceto para o cloro. Para esse halogênio, a afinidade para os transportadores de 5-HT e NE é similar. Quando o átomo de cloro substitui o hidrogênio na posição 2 (*orto*), aumenta a afinidade para os transportadores de NE, enquanto na posição 3 (*meta*) o cloro contribui aumentando em 2,4 vezes a afinidade ao transportador de 5-HT. O mesmo efeito é observado para o grupo trifluormetil (CF_3) na posição 3, que aumenta em 17 vezes a afinidade para o transportador de 5-HT (Figura 6).[16]

A venlafaxina é trinta vezes mais potente na inibição da recaptação de 5-HT que NE. Após metabolismo pela CYP2D6 é bioconvertida no metabólito ativo *O*-demetilvenlafaxina, também conhecido como desvenlafaxina. Este ainda mantém maior potência, em cerca de 10 vezes, para o transportador de 5-HT que o NE. Os enantiômeros oriundos dos metabólitos mantêm as propriedades dos parentais em relação à potência de inibição da recaptação de 5-HT e NE.[8]

A biodisponibilidade da venlafaxina é de 45%, sendo 70% do fármaco convertido em desvenlafaxina que apresenta meia-vida de 30 horas. Outros produtos do metabolismo, como a *N*-demetilação são formados após ação da CYP3A4.

Nos derivados fenoxifenilpropilaminas (Figura 4), a substituição na posição *orto* por metil ou metoxil, levam à atomoxetina e nisoxetina, respectivamente. Esses compostos apresentam maior afinidade e potência no bloqueio da recaptação de NE que de 5-HT. Para a atomoxetina, o enantiômero (*R*) é dez vezes mais potente que (*S*) como inibidor da receptação de NE. A atomoxetina é utilizada para tratamento do transtorno do déficit de atenção e hiperatividade em adultos e crianças. Para nisoxetina, o enantiômero (*R*) tem 20 vezes mais afinidade pelo transportador de NE que o (*S*). Para análogos da nisoxetina, aminas terciárias são cem vezes menos efetivas para inibir a recaptação de NE, e grupos mais volumosos que metil eliminam a atividade. A substituição isostérica do 2-metoxi (2-OCH_3) por 2-tiometil (2-SCH_3) leva a formação de um composto mais potente (10 vezes) e seletivo (600 vezes) na inibição da

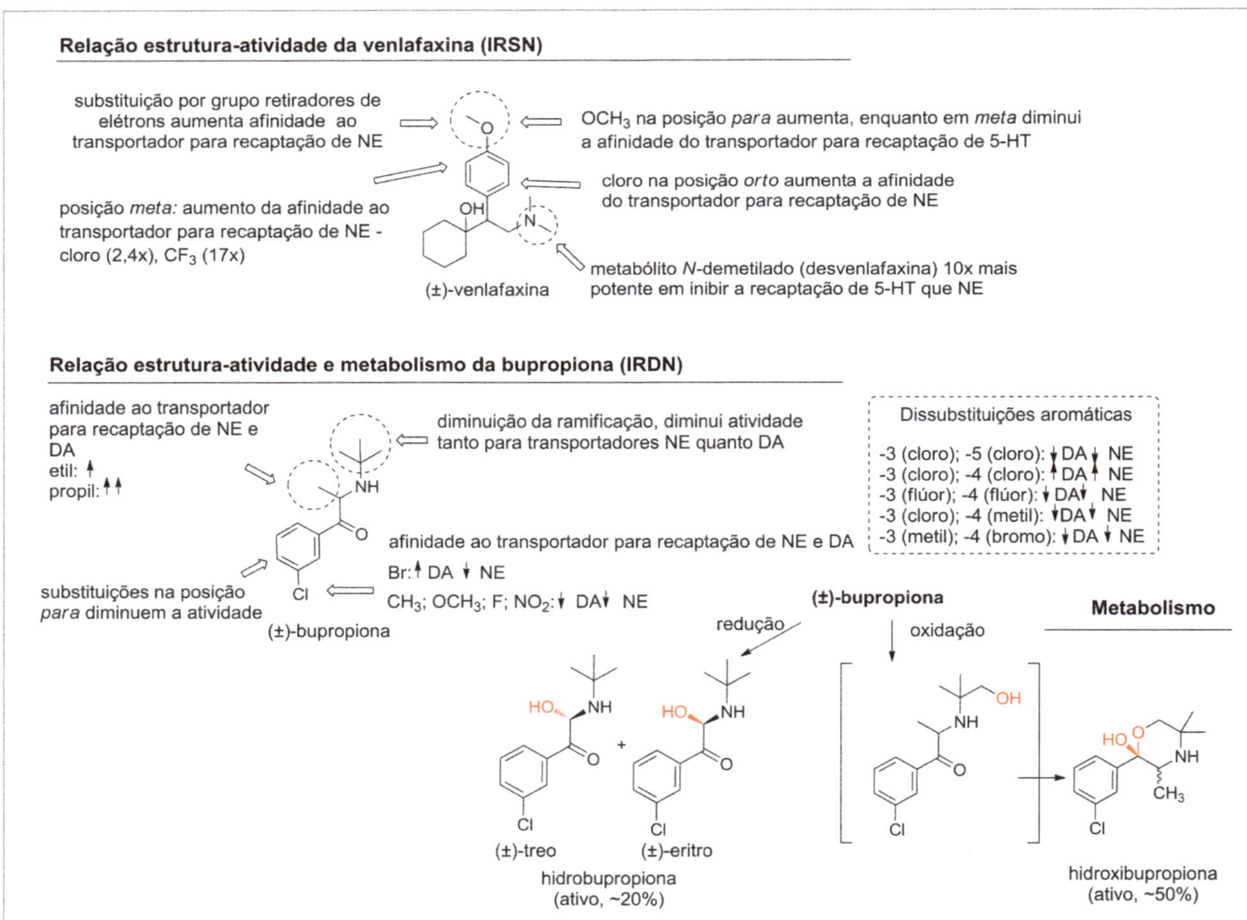

FIGURA 6 Relação estrutura-atividade da venlafaxina e bupropiona.

recaptação de NE. A substituição isostérica do fenil pelo tiofenil e do grupo fenoxi pelo naftiloxi origina a duloxetina, que apresenta atividade mista na inibição da recaptação de NE e 5-HT, com preferência à 5-HT. Além de depressão, a duloxetina é indicada para dor neuropática periférica em pacientes diabéticos (Figura 4).

Outros IRSN incluem o minalciprano e o levominalciprano, sendo este último o eutômero (1*S*, 2*R*) com maior inibição da recaptação de NE (50 vezes) e 5-HT (13 vezes) comparado ao distômero (1*R*, 2*S*).

Inibidores da recaptação de dopamina e noradrenalina (IRDN)

O principal fármaco representante dessa classe é a (±)-bupropiona, desenvolvida como antidepressivo sem as propriedades dos ADT. Além do efeito antidepressivo, o fármaco também é usado no tratamento de cessação de tabagismo.

A (±)-bupropiona é comercializada como mistura racêmica. Estudos de inibição da recaptação de NE e DA mostraram que o eutômero (*R*) é cerca de três vezes mais ativo para recaptação de NE e duas vezes mais para DA comparado ao distômero (*S*). Apesar dessas observações fortuitas, é sabido que a natureza acídica do hidrogênio ligado ao centro assimétrico da bupropiona favorece mecanismos de racemização. Dessa forma, *in vivo*, mesmo com a administração enantiopura do eutômero (*R*), haverá conversão à mistura racêmica, não se justificando a separação quiral.[17]

Estudos de relação estrutura-atividade mostram que a redução da ramificação do grupo butil terciário reduz a recaptação de DA e NE (Figura 6). Esse grupo volumoso previne a *N*-dealquilação durante o metabolismo fase I, que poderia levar a metabólitos com propriedades simpatomiméticas ou anorexígenas. O grupo α-metil, presente no centro assimétrico, quando substituído por etil ou propil apresenta aumento na atividade de inibição da recaptação tanto de DA quanto de NE. A atividade do análogo apresentando o grupo propil é superior à do etil.

As monossubstituições na posição 4 (*para*) do anel aromático levam à diminuição da atividade. O mesmo é observado quando cloro é substituído na posição 3 (*meta*) por outros grupos como CH_3, OCH_3, F, NO_2. A única exceção é a troca do cloro na posição 3 pelo bromo. Nesse caso, há discreto aumento na atividade de inibição e aumento da afinidade pela recaptação de DA. A dissubstituição aromática 3,4 ou 3,5 leva à diminuição na atividade de recaptação tanto de DA quanto NE. A única exceção é a dissubstituição 3,4- em ambas as posições por átomos de cloro, que ocasiona um aumento da atividade em ambos os transportadores (Figura 6).[18]

Para compreender o mecanismo de ação da bupropiona, é importante destacar aspectos relacionados ao metabolismo, uma vez que três metabólitos principais podem ser formados (Figura 6). Considerando a baixa biodisponibilidade (5-20%) devido ao intenso metabolismo pré-sistêmico, os metabólitos ativos desempenham papel importante na inibição da recaptação e aumento da liberação na fenda sináptica de DA e NE. Em altas concentrações, a bupropiona atua como inibidor não competitivo de receptores nicotínicos de acetilcolina, especialmente dos subtipos neuronais alfa-3-beta-2, alfa-4-beta-2 e alfa-7.[17]

Em humanos, a (±)-bupropiona tem uma das metilas do grupo butil terciário oxidado ao metabólito hidroxi-metilado pela enzima CYP2B6. A hidroxila atuando como nucleófilo se adiciona por meio de uma reação intramolecular à carbonila da cetona, em uma etapa de ciclização, levando ao metabólito ativo fenilmorfolinol, que apresenta cerca de 50% da potência da bupropiona (Figura 6). Os outros dois metabólitos formados são oriundos do metabolismo redutivo da cetona aos respectivos álcoois, originando um centro assimétrico adicional e levando à formação dos metabólitos (±)-*treo* e (±)-*eritro* hidrobupropiona, que apresentam 20% da potência da bupropiona. A oxidação da cadeia alquílica lateral da bupropiona pode originar o ácido *meta*-clorobenzoico, que é eliminado na urina após conjugação com a glicina. A *eritro*-hidrobupropiona tem sido correlacionada com efeitos adversos como insônia e boca seca.[17,18]

Moduladores de receptores serotoninérgicos (MS)

Os moduladores de receptores serotoninérgicos representam uma classe de fármacos que atua por mecanismos múltiplos de ação, os quais incluem antagonismo/agonismo de receptores 5-HT e a inibição da recaptação de 5-HT na fenda sináptica. Os receptores serotoninérgicos são constituídos de sete famílias ($5\text{-}HT_1$ - $5\text{-}HT_7$), acopladas à proteína G, exceto $5\text{-}HT_3$, que é um canal iônico voltagem-dependente. Estes se subdividem ainda em 14 subtipos. Desses, os subtipos da família $5\text{-}HT_1$ apresentam um papel importante na modulação do sistema serotoninérgico, porque muitos são autorreceptores localizados no neurônio pré-sináptico, regulando não apenas 5-HT mas também NE, ácido gama-amino butírico e acetilcolina.[19]

Os representantes dessa classe incluem os derivados arilpiperazínicos (*i. e.*, trazodona, vilazodona, vortioxetina) e o derivado pirazinopiridobenazepina (*i. e.*, mirtazapina). Para o tratamento da depressão, fármacos como a vorxetina, que combinam agonismo parcial 5-HT_{1A}, antagonismo 5-HT_{2A} e 5-HT_7, parecem ser mais efetivos que os ISRS.[19]

Os derivados arilpiperazínicos não apresentam ação sedativa ou relaxante muscular, mas geralmente apresentam fraco efeito ansiolítico. A trazodona, derivado fenilpiperazina-triazolopiridina, é um dos primeiros representantes da classe. O fármaco é usado como antidepressivo, mas também apresenta indicações para transtorno do pânico, neuropatia diabética e tratamento de dependência de álcool e benzodiazepínico. Embora seu modo de ação não esteja completamente elucidado, o fármaco atua por mecanismos associados que incluem antagonismo de receptor 5-HT (*i. e.*, 5-HT_{2A}) e fraca inibição da recaptação de serotonina. Também apresenta efeitos em receptores adrenérgicos α_1 e α_2.

Após metabolização pela CYP3A4 é bioconvertida em ácido triazolopiridinona-propiônico e 3-cloro-fenilpiperazina, sendo este último o metabólito ativo que atua como agonista de receptores 5-HT_{2C}. Outro possível metabólito é oriundo da hidroxilação aromática na posição -4 da trazodona, realizada pela CYP3A4. Esse metabólito, após oxidação, origina um intermediário reativo do tipo *para*-iminoquinônico, relacionado ao efeito idiossincrático de hepatotoxicidade (Figura 7).

Estudos de relação estrutura-atividade para trazodona mostram que a substituição isostérica da subunidade triazolopiridinona permite a obtenção de compostos 1,5-15 vezes menos ativos no antagonismo de receptores 5-HT_{2A}, entretanto, melhoram o agonismo parcial de receptores 5-HT_{1A}. Em estudos de afinidade (K_i), a 2-piridona apresentou K_i de 38 nM para receptor 5-HT_{2A} e 52 nM para 5-HT_{1A}, e a caprolactam (epsilon-lactama) apresentou K_i de 57 nM para receptor 5-HT_{2A} e 13 nM para 5-HT_{1A}. Nesse ensaio, a trazodona apresentou K_i de 201 nM para receptor 5-HT_{2A} e 32 nM para 5-HT_{1A}. A simplificação molecular, por abertura do anel piperazínico, bem como qualquer tipo de substituição, leva à eliminação do efeito antagonista do receptor 5-HT_{2A}.

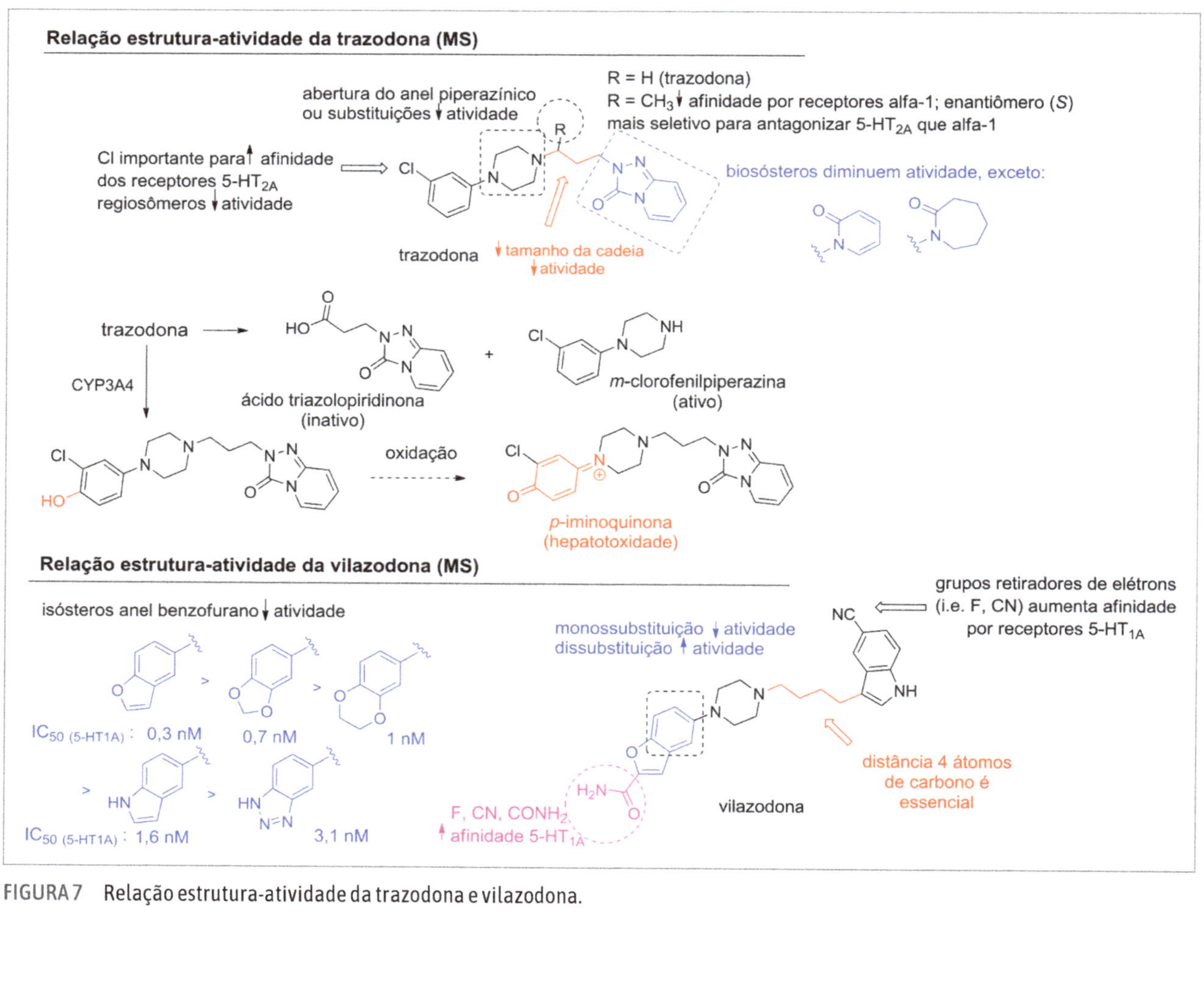

FIGURA 7 Relação estrutura-atividade da trazodona e vilazodona.

A presença do cloro na posição meta é importante para a atividade, e sua retirada leva a compostos 2-7 vezes menos ativos. O tamanho da cadeia alquílica contendo três átomos de carbono é essencial para a atividade. A introdução de um grupo metil na posição alfa ao anel piperazínico reduz em três vezes a afinidade dos compostos pelos receptores α_1. Dos possíveis enantiômeros decorrentes dessa modificação, o (*S*) mostrou nove vezes maior afinidade por antagonizar 5-HT_{2A} que o distômero (*R*). Já em relação à inibição do receptor α_1, o distômero (*R*) apresentou duas vezes mais afinidade que o eutômero (*S*).[20,21]

A vilazodona é estruturalmente relacionada à trazodona. Esse derivado indolilaquilfenilpiperazina também não possui mecanismo de ação completamente elucidado até o momento. É conhecido que a vilazodona inibe a recaptação de 5-HT e atua como agonista parcial de receptores 5-HT_{1A}. O início de ação parece ser mais rápido que o dos outros antidepressivos devido ao mecanismo misto em receptores serotoninérgicos.

Estudos de relação estrutura-atividade para a vilazodona mostram que a introdução de grupos eletroatratores na posição 5 do anel indol aumenta a afinidade ao transportador de 5-HT. A substituição por 5-flúor ou 5-ciano parece ser a melhor para essa posição. A cadeia saturada de quatro átomos de carbono entre o anel indol e o nitrogênio básico da piperazina é essencial para interação com receptor 5-HT_{1A}. Ademais, a aril piperazina é essencial para atividade.

No sistema aromático, a monossusbtituição leva a compostos menos ativos que a dissubstituição. A avaliação da ligação ao receptor 5-HT_{1A} revelou a seguinte ordem de atividade: benzofurano (IC_{50}: 0,3 nM) > benzodioxola (IC_{50}: 0,7 nM) > benzo[1,4]dioxano (IC_{50}: 1 nM) > benzimidazol (IC_{50}: 1,6 nM) > benzotiazol (IC_{50}: 3,1 nM). Para o benzofurano, a substituição na posição 2 tem maior atividade para 5-HT_{1A} se os substituintes forem, em ordem decrescente: 2-fluor-benzofurano, 2-ciano-benzofurano e 2-carboxamida-benzofurano (Figura 7).[22]

Para a vilazodona, a atividade não está relacionada aos metabólitos. Após ação da CYP3A4, o principal metabólito 6-hidroxivilazodona é inativo. A biodisponibilidade do fármaco é de 72%, sendo que a administração com alimento aumenta a absorção. A meia-vida plasmática é de cerca de 25 horas.

A vortioxetina é outro exemplo de arilpiperazina, aprovada em 2013 pela FDA, usada no tratamento da depressão. O mecanismo de ação também não está completamente estabelecido, mas está demonstrado que o fármaco inibe a recaptação de 5-HT e atua como antagonista de receptores 5-HT_3, 5-HT_{1D} e 5-HT_7, agonista parcial de 5-HT_{1B} e agonista de 5-HT_{1A}.

Estudos de relação estrutura-atividade para a vortioxetina mostram que o nitrogênio do anel piperazínico não deve ser substituído. Substituições no anel aromático da arilpiperazina (*i.e.*, grupo metil) levam à redução da afinidade pelos receptores 5-HT_3 e 5-HT_{1A} e diminui a capacidade de transporte para recaptação de 5-HT no neurônio pré-sináptico. Quanto ao sistema aromático do tioéter, a monossubstituição diminui a atividade, principalmente por grupos volumosos, a exemplo do *terc*-butil. Os padrões de dissubstituição são mais apropriados para aumentar a afinidade pelos receptores 5-HT_3 e 5-HT_{1A}, sendo que a dissubstituição nas posições -2,4 é superior aos padrões -2,3 e -3,4. A dissubstituição pelo grupo metil é superior ao cloro e ao metoxi (Figura 8).[23]

A mirtazapina, análogo estrutural da mianserina, atua com mecanismo misto de ação (Figura 2). Antagoniza os receptores pós-sinápticos 5-HT_2 e 5-HT_3 e os receptores pré-sinápticos α_2 em neurônios noradrenérgicos e serotoninérgicos. Assim, promove aumento na liberação desses neurotransmissores. A biodisponibilidade oral é de 50%, e apresenta taxa de ligação à proteína plasmática de 85%. O fármaco é metabolizado por CYP1A2, CYP2D6 e CYP3A4. Os metabólitos *N*-demetilados (desmetilmirtazapina) e hidroxilados (8-hidroximirtazapina) apresentam menor atividade que o fármaco parental. A eliminação do enantiômero (-) é duas vezes superior à do seu antípoda (+). Em mulheres, a meia-vida de eliminação é de 37 horas, enquanto em homens essa meia-vida é de 26 horas.[24]

Inibidores da monoamino oxidase (IMAO)

A monoamino oxidase (MAO) é uma enzima que degrada, por meio de processos de aminação oxidativa, aminas biogênicas primárias e secundárias a aldeído, amônia peróxido de hidrogênio. Não somente a MAO, mas também a enzima catecol-*orto*-metiltransferase (COMT) realiza a degradação das catecolaminas. A enzima é encontrada em diversos tecidos e constituída por diversas isoformas, com preferência de substratos.[25]

No geral, podem ser classificadas segundo os tipos como MAO-A e MAO-B. O substrato preferencial para MAO-A é a 5-HT, enquanto para MAO-B são as feni-

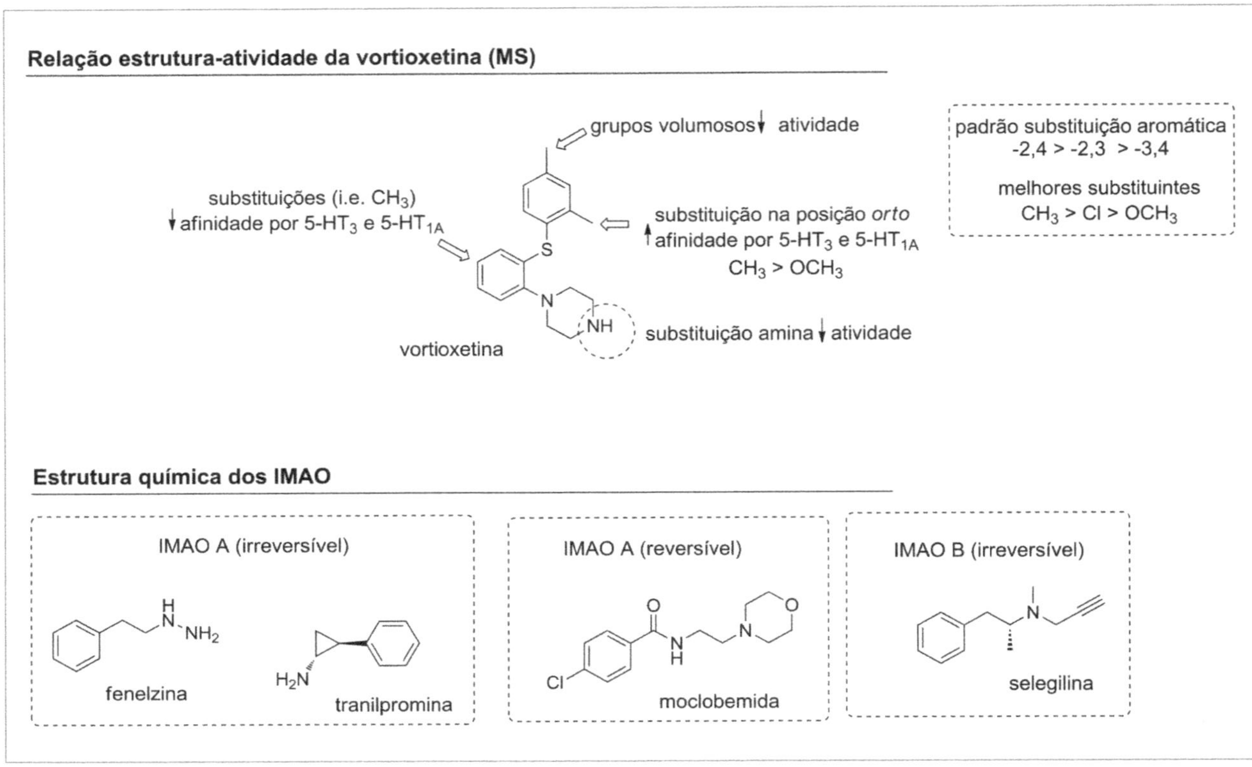

FIGURA 8 Relação estrutura-atividade da vortioxetina e estrutura química dos IMAO.

letilaminas. Aminas biogênicas como DA, NE, adrenalina e tiramina são substratos tanto para MAO-A quanto MAO-B.[25]

Os IMAO não são fármacos de primeira escolha. Geralmente, são usados no tratamento da depressão atípica e em alguns pacientes que não respondem ao tratamento com os antidepressivos usuais. Outras indicações não usuais (*off-label*) incluem: dependência de cocaína (*i. e.*, fenelzina), transtorno estresse pós-traumático, enxaqueca resistente a outras terapias, desordem afetiva sazonal, entre outras. Entre os efeitos adversos mais comuns é possível destacar: dificuldade de sono, agitação, tontura, hipotensão ortostática, boca seca, tremor, palpitações, taquicardia, confusão, fraqueza, constipação, ganho de peso e distúrbios sexuais. A crise hipertensiva é uma reação adversa potencialmente fatal dos IMAO quando administrados com uma dieta contendo alimentos ricos em tiramina (p. ex., queijos maturados, arenque, vagem de feijão, extrato de levedura, coalhada/queijos e produtos lácteos [até 60 g/dia são aceitáveis], vinho, café). Os efeitos dessa interação incluem cefaleia, rigidez na nuca, vômitos, sudorese e elevação da pressão arterial.[26]

Os IMAO podem ser classificados como inibidores seletivos ou não. Ainda, podem ser inibidores reversíveis ou irreversíveis da enzima. Dentre os inibidores irreversíveis, destacam-se fenelzina e tranilcipromina. Já na classe dos reversíveis é possível destacar a moclobemida (Figura 8).[26]

A fenelzina, pertencente à classe das hidrazinas, é um inibidor irreversível de MAO-A e MAO-B. Induz sedação moderada e, sendo inibidor irreversível, demanda vários dias para eliminação. Assim, a substituição por outro fármaco antidepressivo demanda um período de no mínimo 7-14 dias de intervalo. O principal metabólito, oriundo da acetilação da hidrazina, é inativo.[25,26]

A tranilcipromina, derivado da ciclopropilamina, é um inibidor irreversível e não seletivo da MAO. Com início de ação mais rápido que a fenelzina, seu metabolismo origina produtos acetilados e hidroxilados na posição -4 do anel aromático. Apresenta biodisponibilidade oral de 50% e meia-vida de eliminação de 79 horas.[25,26]

A moclobemida é um inibidor reversível da MAO, sendo 5-10 vezes mais seletiva contra a MAO-A. Apresenta maior segurança que os IMAO irreversíveis. É rapidamente absorvida e apresenta meia-vida de eliminação de 12 horas. O principal metabólito oriundo da oxidação do carbono alfa ao nitrogênio da morfolina leva ao derivado inativo lactama. Inibidores seletivos de MAO-B (*i. e.*, selegilina – IMAO-B irreversível) têm sido investigados para tratamento de esquizofrenia e doenças de Alzheimer e Parkinson. Ainda são escassos os estudos mostrando efeito de IMAO-B no tratamento da depressão.[25,26]

Antidepressivos não monoaminérgicos

Estabilizadores de humor

O lítio é um estabilizador de humor que demonstra eficácia no tratamento de mania e depressão, principalmente refratária. Ele reduz a neurotransmição excitatória (glutamato) e aumenta a inibitória (GABA). Ademais, reduz a via de sinalização inositol trifosfato por meio da inibição da inositol monofosfatase, bloqueia a atividade da enzima glicogênio sintase cinase-3 e depleta mio-inositol intracelular. O mio-inositol é um isômero da glicose, usado como segundo mensageiro em uma série de receptores GPCR, por exemplo, serotoninérgico, noradrenérgico e colinérgico.[27]

Pode ser utilizado para pacientes com depressão refratária e que não responderam aos ADT após semanas de tratamento. É rapidamente absorvido, e a meia-vida de eliminação está relacionada à idade dos pacientes, sendo mais prolongada em idosos (39 horas) e adultos (24 horas) que em adolescentes (18 horas). O início de ação é de 1-3 semanas, e é eliminado preferencialmente (95%) por via renal, sendo excretado na urina. Devido à estreita margem terapêutica, necessita de monitoramento e acompanhamento a fim de evitar intoxicações e disfunção renal.[27]

Antagonistas de receptor *N*-metil-*D*-aspartato

A busca por tratamentos de pacientes refratários motivou a investigação de novos alvos terapêuticos. Evidências mostraram o papel de aminoácidos excitatórios, a exemplo do glutamato e seus receptores (mGluR1/5, AMPA e NMDA), na depressão. Os antagonistas desses receptores demonstraram atividade antidepressiva.[28]

Um dos exemplos mais representativos é a cetamina, que atua como antagonista não competitivo de receptores de NMDA. Aprovada pela FDA em 2019 para o tratamento de depressão refratária, é usada como *spray* nasal em associação com outros antidepressivos. (*S*)-cetamina (ou escetamina) é duas vezes mais potente como anestésico que a mistura racêmica. Em animais, o distômero (*S*)-cetamina foi menos ativo como antidepressivo que o eutômero (*R*).[28]

REFERÊNCIAS BIBLIOGRÁFICAS

1. Fleck MP, Berlim MT, Lafer B, Sougey EB, Del Porto JA, Brasil MA, et al. Revisão das diretrizes da Associação Médica Brasileira para o tratamento da depressão. Rev Bras Psiquiatr. 2009; 31:S7-17.
2. Malhi GS, Mann JJ. Depression. Lancet. 2018; 392:2299-312.
3. Perez-Caballero L, Torres-Sanchez S, Romero-López-Alberca C, González-Saiz F, Mico JA, Berrocoso E. Monoaminergic system and depression. Cell Tissue Res. 2019; 377:107-13.
4. Keller J, Gomez R, Williams G, Lembke A, Lazzeroni L, Murphy GM, et al. HPA axis in major depression: cortisol, clinical symptomatology and genetic variation predict cognition. Mol Psychiatry. 2017; 22(4):527-36.
5. Shytle RD, Silver AA, Lukas RJ, Newman MB, Sheehan DV, Sanberg PR. Nicotinic acetylcholine receptors as targets for antidepressants. Mol Psychiatry. 2002; 7(6):525-35.
6. Delbressine LPC, Moonen MEG, Kaspersen FM, Wagenaars GN, Jacobs PL, Timmer CJ, et al. Pharmacokinetics and biotransformation of mirtazapine in human volunteers. Clin Drug Investig. 1998; 15(1):45-55.
7. Gillman PK. Tricyclic antidepressant pharmacology and therapeutic drug interactions updated. Br J Pharmacol. 2007; 151:737-48.
8. Budău M, Hancu G, Rusu A, Cârcu-Dobrin M, Muntean DL. Chirality of modern antidepressants: An overview. Adv Pharm Bull. 2017; 7:495-500.
9. Casarotto MG, Craik DJ. Ring flexibility within tricyclic antidepressant drugs. J Pharm Sci. 2001; 90(6):713-21.
10. Cheng MH, Bahar I. Monoamine transporters: structure, intrinsic dynamics and allosteric regulation. Nat Struct Mol Biol. 2019; 26(7):545-56.
11. Wong DT, Threlkeld PG, Robertson DW. Affinities of fluoxetine, its enantiomers, and other inhibitors of serotonin uptake for subtypes of serotonin receptors. Neuropsychopharmacol. 1991; 5(1):43-7.
12. Murray M. Mechanisms of inhibitory and regulatory effects of methylenedioxyphenyl compounds on cytochrome P450-dependent drug oxidation. Curr Drug Metab. 2000; 1(1):67-84.
13. Sánchez C, Bøgesø KP, Ebert B, Reines EH, Braestrup C. Escitalopram versus citalopram: the surprising role of the R-enantiomer. Psychopharmacol. 2004; 174(2):163-76.
14. Welch WM. Discovery and preclinical development of the serotonin reuptake inhibitor sertraline. Adv Med Chem. 1995; 3(C):113-48.
15. Benfield P, Ward A. Fluvoxamine: a review of its pharmacodynamic and pharmacokinetic properties, and therapeutic efficacy in depressive illness. Drugs. 1986; 32(4):313-34.
16. Mahaney PE, Gavrin LK, Trybulski EJ, Stack GP, Vu AT, Cohn ST, et al. Structure-activity relationships of the cycloalkanol ethylamine scaffold: discovery of selective norepinephrine reuptake inhibitors. J Med Chem. 2008; 51(13):4038-49.
17. Carroll FI, Blough BE, Mascarella SW, Navarro HA, Lukas RJ, Damaj MI. Bupropion and bupropion analogs as treatments for CNS disorders. Adv Pharmacol. 2014; 69:177-216.
18. Carroll FI, Blough BE, Mascarella SW, Navarro HA, Eaton JB, Lukas RJ, et al. Synthesis and biological evaluation of bupropion analogues as potential pharmacotherapies for smoking cessation. J Med Chem. 2010; 53(5):2204-14.
19. Yohn CN, Gergues MM, Samuels BA. The role of 5-HT receptors in depression. Mol Brain. 2017; 10(1):28.
20. Mokrosz JL, Duszynska B, Paluchowska MH, Charakchieva-Minol S, Mokrosz MJ. Structure-activity relationship studies of CNS

agents, part 22: a search for new trazodone-like antidepressants: synthesis and preliminary receptor binding studies. Arch Pharm. 1995; 328(7-8):623-5.

21. Giannangeli M, Cazzolla N, Luparini MR, Magnani M, Mabilia M, Picconi G, et al. Effect of modifications of the alkylpiperazine moiety of trazodone on 5HT(2A) and α1 receptor binding affinity. J Med Chem. 1999; 42(3):336-45.
22. Heinrich T, Böttcher H, Gericke R, Bartoszyk GD, Anzali S, Seyfried CA, et al. Synthesis and structure-activity relationship in a class of indolebutylpiperazines as dual 5-HT1A receptor agonists and serotonin reuptake inhibitors. J Med Chem. 2004; 47(19):4684-92.
23. Bang-Andersen B, Ruhland T, Jørgensen M, Smith G, Frederiksen K, Jensen KG, et al. Discovery of 1-[2-(2,4-Dimethylphenylsulfanyl)phenyl]piperazine (Lu AA21004): a novel multimodal compound for the treatment of major depressive disorder. J Med Chem. 2011; 54(9):3206-21.
24. Timmer CJ, Ad Sitsen JM, Delbressine LP. Clinical pharmacokinetics of mirtazapine. Clin Pharmacok. 2000; 38:461-74.
25. Ramsay RR, Albreht A. Kinetics, mechanism, and inhibition of monoamine oxidase. J Neur Transm. 2018; 125:1659-83.
26. Ramsay R. Monoamine Oxidases: the biochemistry of the proteins as targets in medicinal chemistry and drug discovery. Curr Top Med Chem. 2013; 12(20):2189-209.
27. Bauer M, Döpfmer S. Lithium augmentation in treatment-resistant depression: Meta-analysis of placebo-controlled studies. Prim Care Companion J Clin Psychiatry. 2000;2(1):31.
28. Wei Y, Chang L, Hashimoto K. A historical review of antidepressant effects of ketamine and its enantiomers Pharmacol Biochem Behav. 2020; 190:172870.

CAPÍTULO 37

Antipsicóticos

Grace Gosmann

INTRODUÇÃO

Os transtornos psicóticos fazem parte de duas doenças graves de saúde mental: a esquizofrenia e o transtorno bipolar. O estado psicótico pode ser caracterizado pela presença no paciente de um ou mais sintomas dentre os seguintes (em ordem alfabética): agitação psicomotora; alucinações; comportamento agressivo; desorientação, seja no espaço ou no tempo; embotamento da afetividade; isolamento social; insônia; pensamento bizarro; pensamento delirante; pensamento paranoico; sintomas maníacos; supressão do pensamento.[1,2]

Esse paciente tem pouco entendimento da doença e de seus sintomas, e é alta a incidência de preconceito e discriminação sociais devido à falta de informações corretas sobre a origem e o tratamento da doença. Nesse sentido, grupos de apoio e de terapia são importantes para mostrar ao paciente e sua família que as alterações vivenciadas por eles no meio familiar e social são compartilhadas por outras pessoas do mesmo grupo de doença.[3-5]

A esquizofrenia e o transtorno bipolar

O estado psicótico faz parte dos transtornos conhecidos como "desordens maiores", que se caracterizam pela retenção de orientação e memória na presença de graves transtornos de pensamento, emoção e comportamento. Pode haver desordens de humor, mania (identificada pela insônia e hiperatividade) e transtornos de personalidade. A esquizofrenia é uma desordem maior que se caracteriza por ilusões, alucinações e distúrbios cognitivos e da fala. Ocorre a partir da adolescência, é crônica e afeta 1% da população.[1-4]

É importante diferenciar a esquizofrenia de outras patologias como o delírio e a demência. O delírio se caracteriza pela diminuição da consciência, com desorientação e perda da memória recente, e tem duração de poucos dias. Já a demência é a perda das capacidades intelectuais, especialmente o juízo, a memória, o controle sobre os impulsos e a linguagem. Esta última, em geral, ocorre a partir da terceira idade, tem longa duração e é permanente.[1-4]

O transtorno bipolar é caracterizado por um grave transtorno de humor e, se a doença não for tratada adequadamente, evolui para prejuízo cognitivo, aumento de comorbidades e mortalidade. A gravidade da doença aumenta com a utilização de substâncias que causam dependência química e física, como álcool e drogas ilícitas. A literatura apresenta vários dados clínicos e bioquímicos que demonstram a necessidade de tratamento desses pacientes.[1-5]

Fatores genéticos e situações de estresse físico e emocional contribuem para explicar a origem da esquizofrenia e do transtorno bipolar.[1-5]

Tanto na esquizofrenia quanto no transtorno bipolar, os sintomas variam entre os pacientes, seja em relação ao seu tipo ou intensidade, como também ao longo do tempo. Essas variações são consideradas para o diagnóstico do paciente e no estadiamento da sua doença, que alguns autores denominam de ciclo individual da doença. Essas diferenças individuais vão definir a escolha do tratamento, como o fármaco e suas possíveis associações.[1-5]

O detalhamento nos sintomas e diagnóstico desses transtornos é encontrado nos sistemas internacionais correspondentes, como a Classificação Internacional de

Doenças e Problemas Relacionados à Saúde (CID) e o Manual Diagnóstico e Estatístico de Transtornos Mentais (DSM) atualizados.

Qual é a ação esperada dos antipsicóticos?

No contexto dos sintomas do estado psicótico apresentado anteriormente, os antipsicóticos são importantes na estabilização psicológica do paciente e no controle dos sintomas. Desse modo, é possível a manutenção da sua qualidade de vida, propiciando que consiga realizar atividades cotidianas de modo independente, assim como estudar ou ter uma atividade profissional. É importante lembrar que os antipsicóticos não causam dependência física e química e nem tolerância.[1-5]

DESENVOLVIMENTO DOS FÁRMACOS ANTIPSICÓTICOS

A clorpromazina (Figura 1) foi o primeiro antipsicótico sintetizado e foi descoberta ao acaso no decorrer do desenvolvimento da síntese dos antagonistas dos receptores H_1, ou anti-histamínicos de primeira geração (vide capítulo de anti-histamínicos e antiulcerogênicos). Ela foi sintetizada pela Rhône-Poulenc na França, no início da década de 1950, a partir de modificações na estrutura química da prometazina. Posteriormente, a empresa belga Janssen obteve o haloperidol (Figura 1), em 1958, a partir de modificações em derivado opioide.[1,6]

Esses dois fármacos foram um marco no tratamento do transtorno psicótico, possibilitando que milhares de pacientes que viviam confinados em unidades psiquiátricas pudessem retornar ao convívio da família e da sociedade. O estudo do mecanismo de ação desses compostos levou ao conhecimento de novas vias neuroquímicas importantes, como os receptores dopaminérgicos e, posteriormente, dos receptores serotoninérgicos.[1,6]

Os fármacos clorpromazina e haloperidol são classificados como de primeira geração, também conhecidos como típicos, e são muito utilizados no tratamento desses transtornos psiquiátricos.[1-4]

Na sequência, foram obtidos os antipsicóticos de segunda geração, ou atípicos. Estes incluem a clozapina e a risperidona (Figura 2), que possuem mecanismo de ação diferente daqueles de primeira geração, como discutido a seguir. A clozapina e a risperidona tiveram seu uso como antipsicóticos aprovado pela Food and Drug Administration (FDA), dos Estados Unidos, no início da década de 1990. A história da origem sintética dos antipsicóticos está amplamente detalhada.[1,6-9]

RELAÇÃO ESTRUTURA-ATIVIDADE (REA)

Os antipsicóticos de primeira geração compreendem os seguintes grupos químicos e fármacos principais:[1,6-9]

1. Derivado com anel fenotiazina e cadeia lateral alifática: clorpromazina.
2. Derivado com anel fenotiazina e anel piperazina na cadeia lateral: flufenazina.
3. Derivado tioxanteno: tiotixeno.
4. Derivado butirofenona: haloperidol.

Já os antipsicóticos de segunda geração compreendem os seguintes grupos químicos e fármacos principais:[1,6-9]

1. Derivado benzoisoxazol: risperidona.
2. Derivado dibenzodiazepina: clozapina.
3. Derivado dibenzotiazepina: quetiapina.
4. Derivado tienobenzodiazepina: olanzapina.
5. Derivado indol: ziprasidona.

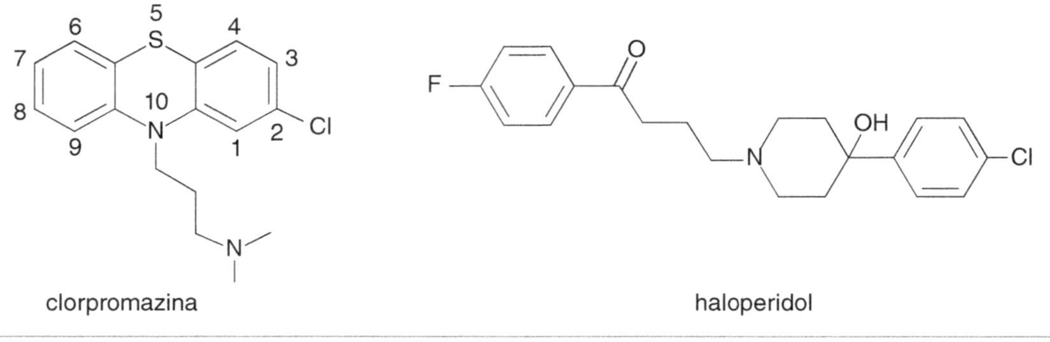

FIGURA 1 Estruturas químicas dos antipsicóticos típicos, clorpromazina e haloperidol.

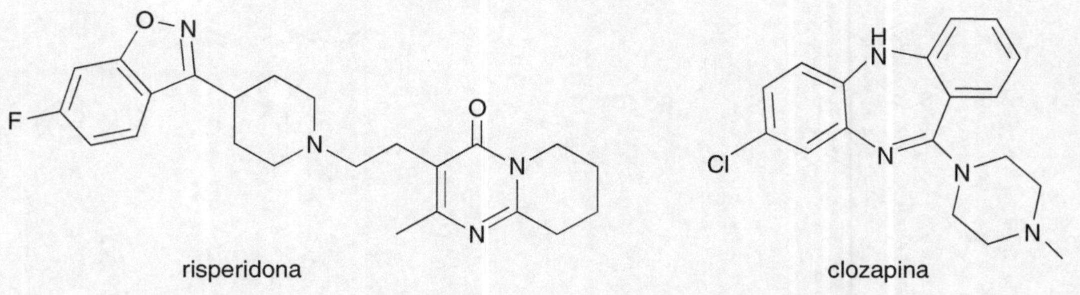

FIGURA 2 Estruturas químicas dos antipsicóticos atípicos, risperidona e clozapina.

Antipsicóticos de primeira geração

O estudo da REA dos fármacos com anel fenotiazina indicou as seguintes características químicas como necessárias para a atividade terapêutica: a presença de um grupo eletronegativo no carbono 2, como Cl, CF_3, SCH_3, $SO_2N(CH_3)_2$; a presença de cadeia lateral linear com três carbonos; e a presença de um sistema tricíclico, como o anel fenotiazina, que adota conformação tipo "borboleta", isto é, os dois anéis laterais encontram-se fora do plano em relação ao anel central heterocíclico (Figura 3).[1,6-9]

Entretanto, a presença de substituintes em C-1, C-3 e C-4 diminui a atividade terapêutica. Uma cadeia lateral menor que três carbonos aumenta a afinidade por receptor de acetilcolina e de histamina tipo H_1; e uma cadeia ramificada ou substituições nessa cadeia diminuem a afinidade pelo receptor de dopamina (DA). O grupo amina terminal, para ter afinidade pelo receptor DA, deve ter as seguintes características: ser básico (protonado) e ser uma amina terciária. Os grupos químicos com maior afinidade pelo receptor DA são N,N-dimetilamina, como a clorpromazina, e nitrogênio terminal substituído com anel piperidina, ou com anel piperazina, como o tiotixeno e a flufenazina (Figuras 4 e 5).[1,6-9]

A importância da configuração e da conformação desses fármacos para a afinidade nos receptores foi demonstrada com o fármaco tiotixeno que possui uma ligação dupla e, portanto, os isômeros *cis* e *trans* (Figura 4). Os estudos de REA do tiotixeno comprovaram que somente o isômero *cis* tem a atividade terapêutica esperada. Desse modo, podemos inferir que para outros fármacos, como a clorpromazina e a flufenazina, a conformação ativa é aquela em que a cadeia lateral da posição 10 está para o mesmo lado que o substituinte em C-2.[1,6-9]

Propriedades físico-químicas e absorção, distribuição, metabolismo e excreção (ADME)

Entre as propriedades físico-químicas dos antipsicóticos, os grupos fenotiazina e tioxanteno são lipofílicos pela presença do anel tricíclico, e são básicos (pKa > 10) devido à presença de um ou mais átomos de nitrogênio. Esses antipsicóticos são fármacos lipofílicos, e suas formas não ionizadas são em geral bem absorvidas

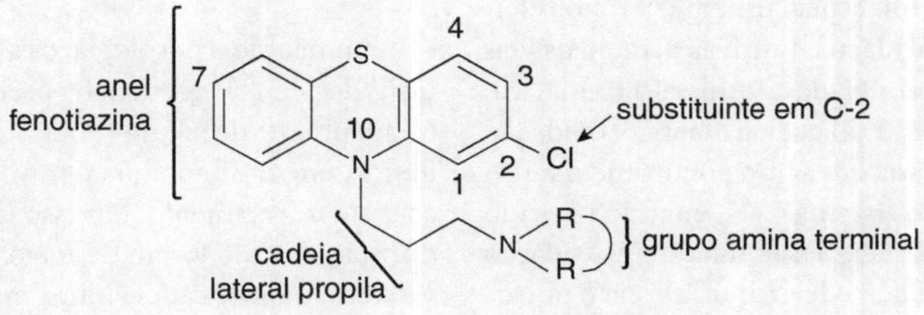

FIGURA 3 Estrutura geral dos antipsicóticos fenotiazínicos.

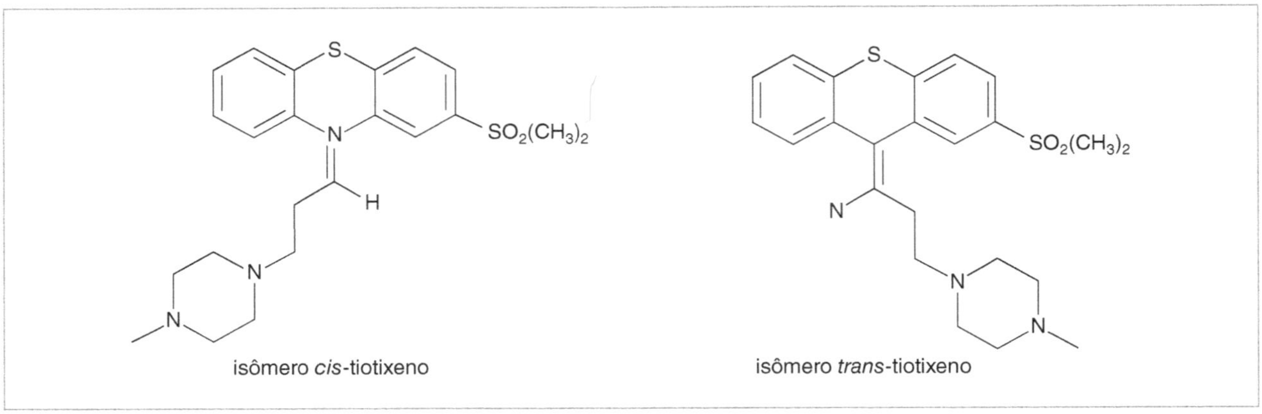

FIGURA 4 Estrutura química do tiotixeno e representação dos isômeros *cis* e *trans*.

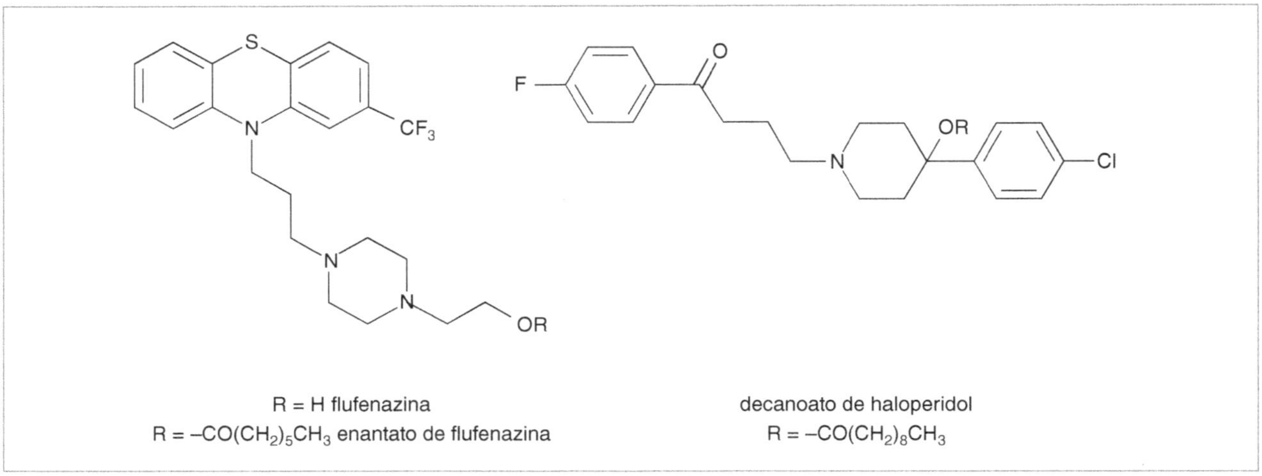

FIGURA 5 Estrutura química de pró-fármacos antipsicóticos.

no intestino. Assim, as formas farmacêuticas líquidas são mais facilmente absorvidas pela via oral, pois o fármaco já está dissolvido.[1,6-9]

A metabolização dos antipsicóticos dos grupos fenotiazina e tioxanteno ocorre majoritariamente no fígado, com a formação de vários metabólitos ativos e inativos que contribuem, especialmente, para os efeitos colaterais desses fármacos. Entre as principais vias de metabolização estão: N-desalquilação oxidativa, N-oxidação, hidroxilação do anel aromático, oxidação do enxofre e conjugação com ácido glicurônico. É importante lembrar que o sistema C-N, quando inserido em um anel, é resistente à N-desalquilação. A oxidação do enxofre gera a formação de grupo sulfona e outros derivados que têm potencial de causar alergias. A hidroxilação do anel aromático ocorre majoritariamente em C-7, e o grupo fenólico originado dessa última reação poderá ser conjugado com ácido glicurônico, ou sofrer sulfonação ou metilação com formação de metabólitos mais hidrofílicos e, assim, passíveis de serem excretados.[1,6-9]

Antipsicóticos de longa duração de ação

Em relação à posologia, os antipsicóticos são administrados de 1-3 vezes ao dia pela via oral. Esse esquema terapêutico é difícil de ser aplicado em pacientes violentos, em crise maníaca grave ou naqueles que não aceitam o tratamento. Por isso, antipsicóticos de longa duração de ação foram desenvolvidos através da inserção de ácidos de cadeia longa mediante uma reação de esterificação, com a obtenção de um pró-fármaco. São compostos disponíveis comercialmente o enantato de flufenazina e o decanoato de haloperidol. Esses substituintes ésteres de cadeia longa aumentam a lipofilia do fármaco original, sendo indicados para administração IM, de cujo local são absorvidos lentamente para o plasma. O grupo éster é, então, hidrolisado, liberando o fármaco para ação nos receptores (Figura 5).[1,6-9]

O enantato de flufenazina é obtido pela inserção de ácido heptanoico, e o decanoato de haloperidol, pela reação com o ácido decanoico. Esses pró-fármacos são, em geral, administrados via IM a cada 15 dias.

Os antipsicóticos de segunda geração possuem estrutura química muito variável e não há estudos suficientes para a definição de um consenso de REA.

MECANISMO DE AÇÃO

Os antipsicóticos fazem parte da classe terapêutica com ação no sistema nervoso central (SNC) cujos fármacos apresentam a maior complexidade de mecanismos de ação, pois agem em vários receptores. Ainda, essa complexidade tem grande variação entre os fármacos. Por isso, o entendimento dos receptores nos quais cada fármaco atua e seu percentual de afinidade ou ocupação no receptor são fundamentais para compreender o seu uso terapêutico, e também para prever seus efeitos colaterais.[1-4]

Os sintomas na esquizofrenia podem ser divididos em cognitivos, agressivos e afetivos. De modo simplificado, podemos dizer que os sintomas positivos estão relacionados com o mau funcionamento da via mesolímbica, enquanto o córtex pré-frontal (especialmente a via mesocortical) está relacionado com os outros sintomas, como os sintomas negativos, os afetivos, os cognitivos e os agressivos.[1-4]

Os sintomas positivos são alucinações, pensamentos de perseguição, desorganização da linguagem, da fala e do comportamento, agitação motora, enquanto os sintomas negativos são apatia, déficit de atenção, falta de espontaneidade, falta de motivação e interesse, baixa interação social, disfunção de comunicação, restrição na expressão de emoção.[1-4]

Se, por um lado, a compreensão dos mecanismos moleculares envolvidos no estado psicótico avança rapidamente, por outro o planejamento de novas moléculas-protótipos não resultou, ainda, em compostos com melhor perfil farmacológico.[1-4,10]

Atualmente, sabe-se que os antipsicóticos de primeira e de segunda gerações têm afinidade por diversos receptores. Para auxiliar no entendimento do mecanismo de ação e do perfil farmacológico dos antipsicóticos, será apresentada sucintamente a seguir a função dos receptores de dopamina, serotonina e glutamato, principais envolvidos no estado psicótico.

Receptor de dopamina (DA) tipo D_2

No cérebro são encontradas cinco vias dopaminérgicas, especialmente a mesolímbica, a mesocortical e a nigroestriatal. A via mesolímbica é a região das emoções, da motivação, do prazer e da recompensa. A hiperatividade de DA nessa via origina os sintomas positivos da psicose. A via mesocortical regula a cognição e, também, as emoções. A hipoatividade de DA nessa via ocasiona os efeitos negativos, cognitivos e afetivos da psicose. Isso nos leva a um dilema no tratamento da psicose: como aumentar DA na via mesocortical e diminuir na via mesolímbica? Por sua vez, a via nigroestriatal é uma parte do sistema extrapiramidal e controla os movimentos motores. A deficiência de DA nessa via leva à síndrome extrapiramidal (SEP) ou parkinsonismo, pelo excesso de acetilcolina proporcionalmente à DA.[1,2,10]

Receptor de serotonina (5-HT)

Em geral, a afinidade dos antipsicóticos de segunda geração é maior para o receptor $5\text{-}HT_{2A}$ que para D_2, sendo que neste último agem mais seletivamente na via mesolímbica. O bloqueio de neurônios DA mesolímbicos explica a melhora dos sintomas positivos. Por outro lado, sabe-se que a serotonina diminui a liberação DA na via nigroestriatal, de modo que o bloqueio de receptor $5\text{-}HT_{2A}$ libera DA nessa via, através da inibição da liberação de glutamato e ácido gama-aminobutírico (GABA). No entanto, a ocupação nos receptores DA na via nigroestriatal é de até 60%, causando menos SEP.[1,2,10,11]

Receptor de glutamato

O glutamato é um neurotransmissor excitatório do SNC, amplamente distribuído no cérebro, razão pela qual o mau funcionamento desse sistema afeta drasticamente as funções cerebrais. Esse sistema utiliza o receptor N-metil-D-aspartato (NMDA) e os aminoácidos cotransmissores: a glicina e a D-serina. No estado psicótico, há uma hipoatividade do receptor NMDA que afeta a modulação do GABA e, por consequência, de DA. Há dois tipos de vias do glutamato no córtex que modulam a liberação DA: uma que age nos neurônios mesolímbicos e outra nos neurônios da via mesocortical. A diminuição da função de glutamato diminui a liberação de GABA, o que aumenta DA nos neurônios mesolímbicos e origina os sintomas positivos da psicose. Por outro lado, a mesma diminuição de glutamato causa diminuição de DA nos neurônios da via mesocortical e origina os sintomas negativos e cognitivos. Desse modo, o receptor glutamato é um importante alvo para o planejamento de novos antipsicóticos.[1,2,10,11]

A afinidade pelos receptores e a janela terapêutica

Com o aprofundamento no conhecimento do mecanismo de ação dos antipsicóticos, em especial daqueles de segunda geração que também têm afinidade pelos receptores D_2, ficou evidente que a denominação de fármacos atípicos só é válida dentro da janela terapêutica do fármaco. Assim, o antipsicótico será atípico quando, numa determinada dose e posologia, a ocupação do receptor DA for de até 60%, apresentando, por isso, redução dos efeitos colaterais como a SEP. Por outro lado, os antipsicóticos típicos ocupam 70-90% dos receptores D_2 na dose terapêutica, e é por essa razão que causam SEP.[1,2,10,11]

As Tabelas 1 e 2 apresentam a ação farmacológica esperada do antipsicótico para os receptores principais e seus valores de afinidade de ligação para receptores humanos, respectivamente. Essas informações facilitam a comparação entre os diversos dados e o entendimento do perfil farmacológico de cada antipsicótico.[1,2,10-14]

A ação esperada do fármaco é dependente do seu percentual de ocupação no receptor.

Efeitos colaterais

Os fármacos antipsicóticos podem causar vários efeitos colaterais, os quais, se não forem minimizados adequadamente, contribuirão no médio e no longo prazo para o aumento da morbidade e mortalidade dos pacientes com desordens psiquiátricas. Esses efeitos colaterais são responsáveis, entre outros, pela não adesão do paciente ao tratamento e pela não ingestão da dose recomendada, com agravamento da doença.[1,2,13-19]

Os efeitos colaterais mais comuns são os anticolinérgicos (boca seca, constipação, visão turva), a sedação (pode auxiliar o sono), a hipotensão postural, e a síndrome extrapiramidal (SEP) (Tabela 3).[1,2,13-19]

Os três principais sintomas da SEP são acatisia (sensação de inquietação física), discinesia (movimentos repetitivos e involuntários de grupos musculares), distonia (repuxamento súbito e persistente de qualquer grupo muscular), parkinsonismo (rigidez dos músculos, lentidão de movimentos, tremor e salivação). Para avaliar a evolução da SEP, realiza-se um teste dos reflexos do paciente para ajustar a dose.[1,2,13-19]

Pode ocorrer um aumento de prolactina (nível sérico acima de 25 ng/mL nas mulheres e acima de 20 ng/mL nos homens) que é dose-dependente, assim, em geral, a diminuição da dose de antipsicótico amenizará esse efeito. Se não for possível diminuir a dose, deve-se substituir o antipsicótico.[1,2,13-19]

Ainda, hiperglicemia, hiperlipidemia e ganho de peso são efeitos colaterais que necessitam de avaliação frequente e do tratamento adequado do paciente.[1,2,13-19]

TABELA 1 Previsão da ação farmacológica do antipsicótico (AP) conforme sua afinidade pelo receptor.[1,2,10-14]

Tipo de ação e receptor	Ação esperada
Antagonista D_2	Há bloqueio dos neurônios DA mesolímbicos, o que explica o controle dos sintomas positivos, e bloqueio de neurônios nigroestriatais, apresentando SEP pela ocupação acima de 80% do receptor DA
Antagonista 5-HT_2/D_2	Em geral, a afinidade de AP de segunda geração é maior para receptor $5HT_{2A}$ que D_2, sendo que neste último agem mais seletivamente na via mesolímbica. Há bloqueio de neurônios DA mesolímbicos, o que explica a melhora dos sintomas positivos, e bloqueio de $5HT_{2A}$ na via nigroestriatal que libera DA. Nesses últimos, porém, a ocupação nos receptores DA é de até 60%, causando menos SEP
Agonista parcial 5-$HT1_A$	Há diminuição da transmissão glutamatérgica cortical, com liberação DA na via nigroestriatal e diminuição de SEP
Receptor α_1-adrenérgico	Efeitos cardiovasculares e hipotensão postural
Receptor M_1	Ação anticolinérgica
Receptor H_1	Sedação
Receptor desconhecido "X"	Há hipótese de que haveria um receptor X responsável pelas alterações metabólicas relacionadas com a resistência à insulina e com o aumento de triglicerídeos

TABELA 2 Afinidade de ligação de antipsicóticos para receptores humanos[12]

Receptor humano Ki (nM)	CLO	CPZ	HAL	OLA	QUE	RIS	ZIP
D_2	431,0	2,0	2,0	72,0	567,0	4,90	4,0
5-HT_{1A}	105,0	3.115,0	1.202,0	2.063,0	403,4	427,0	76,0
5-HT_{2A}	7,88	3,99	76,40	3,70	200,00	0,29	0,75
α_{1A}-adrenérgico	1,60	0,28	12,00	109,00	22,00	5,00	18,00
H_1-histaminérgico	2,00	0,18	3.002,00	4,90	7,50	5,18	130,00
M_1-muscarínico	1,81	ND	1.584,89	4,67	102,32	2.818,38	5.128,61

ND: dado não disponível.
CLO: clozapina; CPZ: clorpromazina; HAL: haloperidol; OLA: olanzapina; QUE: quetiapina; RIS: risperidona; ZIP: ziprasidona.

TABELA 3 Principais efeitos colaterais de antipsicóticos[1,2-13-19]

Efeito colateral	CLO	CPZ	HAL	OLA	QUE	RIS	ZIP
Anticolinérgicos	+++	++	0	++	+/++	0	0
Parkinsonismo agudo	0	+	+++	0/+	0	++	+
Acatisia	+	+	+++	+	+	+	+/++
Discinesia tardia	0	++	++	0/+	0/+	0/+	0/+
Hiperglicemia	+++	+++	0/+	+++	++	+	0/+
Ganho de peso	+++	+++	+	+++	++	++	0/+
Hiperlipidemia	++	+++	0/+	+++	++	+	0/+
Neutropenia	+++	0/+	0/+	0/+	0/+	0/+	0/+
Hipotensão postural	++	++	0	+	++	+	0
Hiperprolactinemia*	+	+	0	+	0	+++	+
Alteração na condução cardíaca**	++	0/+	0+	0/+	+	+	++
Sedação	+++	++	+	+/++	++b	+	+
Convulsão	++	0/+	0/+	0/+	0/+	0/+	0/+

0: nenhum; 0/+: mínimo ou raro; +: leve ou pouco frequente; ++: moderado ou frequente; +++: severo ou muito frequente.
CLO: clozapina; CPZ: clorpromazina; HAL: haloperidol; OLA: olanzapina; QUE: quetiapina; RIS: risperidona; ZIP: ziprasidona.
* Em geral, quando AP administrado por tempo prolongado e em doses elevadas.
** Observada no eletrocardiograma.

Recomenda-se, também, não suspender subitamente o medicamento, pois há alto risco de recidivas. A suspensão súbita de altas doses de antipsicóticos pode produzir gastrite, náuseas, vômitos, diarreias, cefaleias, insônia e pesadelos.[1,2,13-19]

MONITORAMENTO DOS NÍVEIS PLASMÁTICOS

O monitoramento terapêutico de fármacos é uma ferramenta importante para adaptar o uso do fármaco às características individuais do paciente, como a evolução da doença, a presença de comorbidades, a adesão à medicação e o controle dos efeitos colaterais. Isso porque, para alguns fármacos, há nos pacientes uma variação farmacocinética interindividual que influencia as características de absorção, distribuição, metabolização e excreção. Além disso, as formulações farmacêuticas também influenciam essas caraterísticas de ADME, com consequências sobre a eficácia e a toxicidade do fármaco.[1-3,20]

O grupo de pesquisadores denominado Arbeitsgemeinschaft für Neuropsychopharmakologie und Pharmakopsychiatrie (AGNP) vem trabalhando no monitoramento terapêutico de fármacos de uso psiquiátrico visando ao aperfeiçoamento da utilização desses fármacos, especialmente através da correlação entre a posologia, a forma farmacêutica, a farmacocinética e os efeitos colaterais, e na comprovação da influência desses parâmetros na concentração plasmática do fármaco. Desde 2004, esse grupo publica diretrizes definidas em consenso mediante avaliação da confiabilidade dos dados presentes na literatura, e utiliza esses dados para definir concentrações seguras e eficazes de fármacos por meio da correlação entre sua dose e a concentração no soro, plasma ou sangue. O grupo avalia também informações sobre substratos de citocromo (CYP) e respectivos metabólitos, assim como a influência dos fármacos sobre a indução ou inibição de CYP e a ingestão de alimentos que podem ser relevantes para a biodisponibilidade do fármaco.[20]

De acordo com o último *Consensus guidelines for therapeutic drug monitoring in neuropsychopharmacology: update 2017*, entre os fármacos listados na Relação Nacional de Medicamentos Essenciais (Rename) de 2020, clozapina, flufenazina, haloperidol e olanzapina pertencem ao grupo em que o monitoramento terapêutico é fortemente recomendado em função dos benefícios obtidos em estudos clínicos controlados. Já clorpromazina, quetiapina, risperidona e ziprasidona pertencem ao grupo em que o monitoramento terapêutico é recomendado por aumentar a probabilidade de resposta terapêutica em pacientes não responsivos. Dos antipsicóticos aqui citados, somente para a ziprasidona há a recomendação de ingestão com alimentos para haver uma adequada absorção e, logo, sua adequada concentração plasmática.[20]

CONTROLE DO EPISÓDIO MANÍACO AGUDO E EM MANUTENÇÃO

O paciente agudamente maníaco apresenta um estado grave de agitação, e os antipsicóticos são os medicamentos mais indicados nessa situação.[1-4,15-18,21]

O tratamento de manutenção é de longo prazo e terá início após a melhora dos sintomas do episódio agudo, sendo que a continuação desse tratamento visa à prevenção de novos episódios.[1-4,15-18,21]

TRATAMENTO DE ESQUIZOFRENIA REFRATÁRIA

Os antipsicóticos de primeira geração são eficazes no tratamento dos sintomas positivos da esquizofrenia, mas 20-40% dos pacientes não respondem a esses antipsicóticos, mesmo com doses elevadas. Assim, para controlar os sintomas em pacientes não responsivos ou para diminuir os efeitos colaterais e aumentar a adesão do paciente, a risperidona é o fármaco de primeira escolha, seguida pela clozapina. São outras opções a quetiapina, a ziprasidona e a olanzapina.[1-4,15-18,21]

INTERVENÇÃO DOS PROFISSIONAIS DA SAÚDE E IMPORTÂNCIA DO ACOMPANHAMENTO DOS PACIENTES

Considerando todas as especificidades relatadas quanto ao uso de antipsicóticos, como a ocorrência de pacientes não responsivos, de pacientes que não utilizam corretamente o medicamento, dos efeitos colaterais causados pelos fármacos e dos grupos de pacientes que necessitam maior precaução, fica evidente a importância dos profissionais da saúde na orientação do paciente, no esclarecimento de suas dúvidas sobre a doença e na otimização do uso do medicamento. O profissional que obtém a confiança desses pacientes, especialmente frágeis emocionalmente, consegue, mediante a individualização do tratamento e a minimização dos efeitos colaterais, melhorar a qualidade de vida do paciente.[15-18,21]

FÁRMACOS INSERIDOS NA RENAME (2020)

A Tabela 4 apresenta os fármacos e suas respectivas formas farmacêuticas presentes na Rename (2020).[22]

De modo geral, os antipsicóticos devem ser utilizados com precaução em idosos, crianças, adolescentes, na gravidez e na lactação devido aos efeitos colaterais discutidos anteriormente. Ainda, a FDA não recomenda o uso de antipsicóticos em pacientes com demência.[1-4,15-18,21]

Clorpromazina é um fármaco tricíclico com anel fenotiazina e cadeia lateral alifática. Sua ação terapêutica deve-se ao bloqueio de receptor DA nos sistemas mesolímbico e mesofrontal, e a SEP deve-se ao bloqueio DA no sistema nigroestriatal. O bloqueio nos receptores alfa 1-adrenérgico e histaminérgico é responsável por hipotensão postural, taquicardia reflexa, sedação e sonolência. No tratamento da esquizofrenia, é efetiva para o controle dos sintomas positivos sendo que a dose recomendada na terapia de manutenção está entre 300-600 mg/dia. Em comparação com o haloperidol, tem a mesma eficácia, no entanto causa menos SEP e mais hipotensão postural. Para mania aguda é usada como coadjuvante dos estabilizadores de humor.[2,15-18,21]

Clozapina é um fármaco com anel do tipo dibenzodiazepina. É antagonista $5\text{-}HT_{2A}$ e D_2. A dose oral varia de 25-500 mg/dia, com faixa média de 300 mg/dia, sendo que doses acima de 450 mg/dia podem levar a convulsões. É recomendada no tratamento da esquizofrenia refratária. Há risco de agranulocitose, o qual exige a

TABELA 4 Informações de faixa terapêutica plasmática, tempo de meia-vida e formas farmacêuticas dos fármacos presentes na Rename (2020)[22]

Fármaco*	Faixa terapêutica plasmática (ng/mL)**	$t_{1/2}$***	Forma farmacêutica*
Clorpromazina	30-300	15-30 h	Comprimidos de 25 e 100 mg; solução oral de 40 mg/mL
Clozapina	350-600	12-16 h	Comprimidos de 25 e 100 mg
Haloperidol	1-10	12-36 h	Comprimido de 1 e 5 mg, solução oral de 2 mg/mL
Decanoato de haloperidol	–	17 dias	Solução injetável IM de 50 mg/mL
Olanzapina	20-80	30-60 h	Comprimidos de 5 e 10 mg
Quetiapina	100-500	6-11 h	Comprimidos de 25, 100, 200 e 300 mg
Risperidona	20-60	2-4 h	Comprimidos de 1, 2 e 3 mg
Ziprasidona	50-200	4-8 h	Cápsulas de 40 e 80 mg

* Segundo Rename.[22]
, * Segundo Hiemke et al.[20]
*** $t_{1/2}$ = tempo de meia-vida de eliminação.

realização de hemograma semanal nos primeiros seis meses. Podem ser necessários até três meses para o controle adequado dos sintomas.[2,15-18,21]

Haloperidol é um fármaco com anel do tipo butirofenona. É eficaz na esquizofrenia, no transtorno esquizoafetivo e bipolar, especialmente nas fases maníacas, sendo também recomendado em esquemas de tranquilização rápida. No tratamento agudo a dose média é de 10-15 mg/dia. A administração IM é usada em pacientes que não aderem ao tratamento. Causa mais SEP que outros antipsicóticos.[2,15-18,21]

Olanzapina é um fármaco do grupo dos tienobenzodiazepínicos. É antagonista 5-HT_{2A} e D_2. É eficaz na esquizofrenia e no transtorno esquizoafetivo tanto na fase aguda quanto na de manutenção. A dose recomendada está entre 7,5-20 mg/dia. Seu tempo de meia-vida é de 33 horas; portanto, deve ser tomada somente uma vez ao dia. Esses pacientes têm risco aumentado de aumento de peso, dislipidemia, hiperglicemia e aumento de resistência à insulina.[2,15-18,21]

Quetiapina é fármaco com anel dibenzotiazepina. É antagonista 5-HT_{2A} e D_2. Está aprovada na mania e como monoterapia em depressão bipolar. A dose recomendada está entre 300-600 mg/dia. Apesar de ter baixa afinidade com receptores histaminérgicos e α_1-adrenérgicos, isso pode explicar os efeitos de sonolência e hipotensão. Tem baixa incidência de SEP.[2,15-18,21]

Risperidona é um fármaco com anel benzoisoxazol. É antagonista 5-HT_{2A} e D_2. Bloqueia receptores alfa 1 e alfa 2 - adrenérgico e H_1 produzindo sedação e hipotensão postural. É eficaz na esquizofrenia, no transtorno esquizoafetivo e no tratamento da mania aguda. As doses recomendadas são de 3-6 mg/dia. Tem maior potencial para tratar sintomas negativos, afetivos e cognitivos que outros antipsicóticos. Pode provocar o desenvolvimento de hiperglicemia, por isso, deve ser usado com cautela em diabéticos.[2,15-18,21]

Ziprasidona é um fármaco com anel benzisotiazol. É antagonista potente de receptor D_2 e agonista inverso de receptor 5-HT_{2A}. Tem uso recomendado em esquizofrenia, transtorno esquizoafetivo, episódios maníacos e mistos do transtorno bipolar. A dose recomendada de manutenção é de 40 mg/dia, com dose máxima de 160 mg/dia. Deve ser ingerido com alimentação.[2,15-18,21]

REFERÊNCIAS BIBLIOGRÁFICAS

1. Lemke TL, Williams DA. Foye's principles of medicinal chemistry. 7.ed. Philadelphia: Lippincott Williams & Wilkins, 2013.
2. Stahl SM. Stahl's essential psychopharmacology: neuroscientific basis and practical applications. 4 ed. Cambridge: Cambridge University, 2013.
3. Cordioli AV, Gallois CB, Isolan L. Psicofármacos. 5.ed. Porto Alegre: Artmed, 2015. (Série Consulta Rápida)
4. Quevedo J, Izquierdo I. Neurobiologia dos transtornos psiquiátricos. 1.ed. Porto Alegre: Artmed, 2020.
5. Kapczinski F, Vieta E, Magalhães PVS, Berk M. Neuroprogressão e estadiamento no transtorno bipolar. 1.ed. Porto Alegre: Artmed, 2017.
6. Barreiro EJ, Fraga CAM. Química medicinal: as bases moleculares da ação dos fármacos. 3.ed. Porto Alegre: Artmed, 2015.
7. Jafari S, Fernandez-Enright F, Huang X-F. Structural contributions of antipsychotic drugs to their therapeutic profiles and metabolic side effects. Journal of Neurochemistry. 2012; 120:371-84.

8. Li P, Snyder GL, Vanover KE. Dopamine targeting drugs for the treatment of schizophrenia: Past, present and future. Current Topics in Medicinal Chemistry. 2016; 16:3385-403.
9. Owens DC, Johnstone EC. The development of antipsychotic drugs. Brain and Neuroscience Advances. 2018; 2:16.
10. McCutcheon RA, Krystal JH, Howes OD. Dopamine and glutamate in schizophrenia: biology, symptoms and treatment. World Psychiatry. 2020; 19:15-33.
11. Aringhieri S, Carli M, Kolachalam S, Verdesca V, Cini E, Rossi M, et al. Molecular targets of atypical antipsychotics: from mechanism of action to clinical differences. Pharmacology and Therapeutics. 2018; 192:20-41.
12. NIMH Psychoactive Drug Screening Program (PDSP). Database. 2020. [internet] [acesso em: 2020 mai. 18] Disponível em: https://pdsp.unc.edu/databases/pdsp.php.
13. Richtand NM, Welge JA, Logue AD, Keck Jr PE, Strakowski SM, McNamara RK. Dopamine and serotonin receptor binding and antipsychotic efficacy. Neuropsychopharmacology. 2007; 32:1715-26.
14. Kaar SJ, Natesan S, McCutcheon R, Howes OD. Antipsychotics: mechanisms underlying clinical response and side-effects and novel treatment approaches based on pathophysiology. Neuropharmacology. 2020; 172:107704.
15. Brasil. Protocolo Clínico e Diretrizes Terapêuticas (PCDT). Esquizofrenia. Portaria MS n. 364, de 9 de abril de 2013.
16. Brasil. Protocolo Clínico e Diretrizes Terapêuticas (PCDT). Transtorno esquizoafetivo. Portaria MS n. 1.203, de 4 de novembro de 2014.
17. Brasil. Protocolo Clínico e Diretrizes Terapêuticas (PCDT). Transtorno afetivo bipolar do tipo I. Portaria MS n. 315, de 30 de março de 2016.
18. World Health Organization (WHO). mhGAP intervention guide for mental, neurological and substance use disorders in non-specialized health settings: mental health Gap Action Programme (mhGAP) – version 2.0. Genève, 2016. [internet] [acesso em: 2020 mai. 18] Disponível em: WHO intervention Guide 9789241549790-eng.pdf.
19. Ray WA, Stein CM, Murray KT, Fuchs C, Patrick SW, Daugherty J, et al. Association of antipsychotic treatment with risk of unexpected death among children and youths. JAMA Psychiatry. 2019; 76:162-71.
20. Hiemke C, Bergemann N, Clement HW, Conca A, Deckert J, Domschke K, et al. Consensus guidelines for therapeutic drug monitoring in neuropsychopharmacology: update 2017. Pharmacopsychiatry. 2018; 51:9-62.
21. Barnes TR, Drake R, Paton C, Cooper S, Deakin JFW, Ferrier N, et al. Evidence-based guidelines for the pharmacological treatment of schizophrenia: updated recommendations from the British Association for Psychopharmacology. Journal of Psychopharmacology. 2019; 176.
22. Brasil. Ministério da Saúde. Secretaria de Ciência, Tecnologia, Inovação e Insumos Estratégicos em Saúde. Departamento de Assistência Farmacêutica e Insumos Estratégicos. Relação Nacional de Medicamentos Essenciais: Rename 2020. Brasília: Ministério da Saúde, 2020. [internet] [acesso em: 2020 mai. 18] Disponível em: http://portalms.saude.gov.br/assistencia-farmaceutica/medicamentos-rename.

CAPÍTULO 38

Hipnóticos, sedativos e ansiolíticos

João Paulo dos Santos Fernandes
Cecília Maria Simões de Queiróz Aranha
Gustavo Ariel Borges Fernandes
Marina Themoteo Varela
Michelle Fidelis Corrêa

INTRODUÇÃO

Transtornos da ansiedade estão entre os mais frequentes na rotina da prática clínica em psiquiatria.[1] Embora definir ansiedade seja algo não trivial, pode-se generalizá-la como um estado emocional comumente causado por uma percepção de perigo real ou pela expectativa de que algo ruim possa ocorrer ao indivíduo. Dessa forma, a ansiedade é considerada uma resposta natural ao estresse, que ajuda o indivíduo a se adaptar ou se prevenir de uma situação de perigo real. Por outro lado, quando ocorre de maneira crônica ou excessiva, a ansiedade pode trazer uma série de sinais e sintomas que causam desconforto e podem comprometer a vida diária normal de uma pessoa. Nesses casos, deve ser tratada adequadamente. Condições como transtorno de ansiedade generalizada (TAG), transtorno do pânico (TP), transtorno de ansiedade social (TAS), transtorno do estresse pós-traumático (TEPT), transtorno obsessivo-compulsivo (TOC) e fobias específicas são exemplos clássicos de quadros patológicos de ansiedade que devem receber tratamento farmacológico e/ou não farmacológico.[1,2] Esses transtornos causam grande morbidade e afetam significativamente a qualidade de vida dos pacientes. Os fármacos usados no tratamento dessas condições são genericamente chamados de ansiolíticos.

TABELA 1 Fármacos empregados nos distúrbios da ansiedade[2]

Transtorno	Primeira linha	Segunda linha	Alternativa
TAG	Inib. seletivos de recaptura de 5-HT	Benzodiazepínicos	Hidroxizina
TP	Inib. recaptura de NE e 5-HT	Antidepressivos tricíclicos	
TAS		Azapironas	

Os fármacos empregados no tratamento dos transtornos de ansiedade estão indicados na Tabela 1. Conforme será discutido adiante neste capítulo, esses fármacos modificam a transmissão dos principais sistemas relacionados às ansiedades no sistema nervoso central (SNC). Entre eles, a norepinefrina (NE), a serotonina 5-HT e o ácido γ-aminobutírico (GABA) são os principais neurotransmissores que parecem estar envolvidos na fisiopatologia das ansiedades.[3] Como se pode notar na Tabela 1, os antidepressivos são atualmente os principais ansiolíticos na prática clínica; entretanto, as propriedades químico-medicinais desses fármacos serão tratadas no Capítulo 36, sobre antidepressivos.

Além disso, a correlação da ansiedade com alterações do sono é bastante alta.[1,4,5] De fato, a insônia é um dos critérios diagnósticos para transtornos de ansiedade com TAG e TEPT, e muitos pacientes que sofrem de insônia podem apresentar sintomas de ansiedade como consequência de suas noites mal dormidas, ou, ainda, de uma alteração do sono que têm. A narcolepsia, a paralisia do sono ou o terror noturno são distúrbios do sono que têm forte tendência a causar ansiedade crônica, já que o indivíduo pode ter medo da ocorrência em determinadas situações. Além disso, a insônia pode aumentar a ocorrência desses distúrbios. Assim, existem estimativas altas da comorbidade ansiedade-insônia em adultos e outros grupos populacionais, como idosos. Dessa forma, tratamentos que considerem atingir ambas as condições devem ser sempre ponderados.

A importância do sono para a homeostase é bastante evidente. A privação do sono (ou insônia) causa efeitos deletérios a vários sistemas fisiológicos, incluindo o endócrino, cardiovascular, muscular e gastrintestinal, além das alterações nas funções cognitivas e comportamentais.[2] A insônia é definida como a queixa de não conseguir iniciar ou manter o sono, ou ainda de não ter um sono restaurativo por um tempo considerável. Embora os adultos jovens sejam os principais indivíduos que relatam dificuldade em iniciar o sono, os idosos relatam frequentemente dificuldade de manter o sono ou se queixam de acordar muito cedo. Considerando as possíveis consequências de noites mal dormidas, a insônia crônica deve ser tratada e merece atenção. Os fármacos utilizados no tratamento da insônia são chamados de hipnóticos (de *Hipnos*, deus grego do sono), entretanto, vários fármacos podem causar sonolência como efeito adverso, e nesses casos, ou quando utilizados para outro fim que não tratar a insônia, são chamados de sedativos.

Tipicamente, o sono é classificado eletrofisiologicamente por meio de polissonografias, que incluem eletroencefalografia, eletro-oculografia e eletromiografia. Esses dados dividem o sono em duas fases, denominadas REM (do inglês *rapid eye moviment*) e NREM (do inglês *non-rapid eye movement*), assim chamadas devido ao padrão de movimentos oculares observados, associados à atividade cerebral e metabólica.[2] No sono fisiológico, espera-se cerca de 4 a 6 ciclos NREM-REM, sendo que cada ciclo leva de 70-120 minutos, com proporção média aproximada de 75% NREM e 25% REM por ciclo.[3] A privação do sono, bem como a idade, o uso de medicamentos, alterações endócrinas e patologias podem alterar esse ciclo, resultando em um sono não restaurativo, sensação de cansaço, cefaleia e outros efeitos (incluindo psicológicos) conhecidos popularmente como "ressaca", que podem ser debilitantes.

Assim, na tentativa de restaurar o sono fisiológico, os fármacos hipnóticos modificam a atividade de alguns neurotransmissores associados à regulação do ciclo sono-vigília. Além daqueles já associados à atividade ansiolítica (NE, 5-HT e GABA), destacam-se ainda a histamina, a acetilcolina e a adenosina, além do neuro-hormônio melatonina, conhecido como "hormônio do escuro" e que segue um ritmo circadiano de liberação estimulado pela redução da intensidade luminosa.

ÁLCOOIS E ALDEÍDOS

A atividade depressora do etanol no SNC é historicamente conhecida. Desde os primórdios, o etanol tem sido usado como sedativo e hipnótico, além do amplo uso recreativo. Entretanto, devido à sua baixa potência, os efeitos do etanol dependem de altas doses que culminam em alta toxicidade (especialmente hepatotoxicidade, nefrotoxicidade e neurotoxicidade), o que inviabiliza sua utilização terapêutica. O mecanismo de ação do etanol é complexo e não totalmente elucidado, mas estudos mostram que o etanol aumenta a atividade GABAérgica e reduz a atividade glutamatérgica cerebral, resultando em depressão inespecífica do SNC.[3] A interferência do etanol em outros sistemas de neurotransmissores também é frequentemente reportada.

Alguns fármacos derivam quimicamente do etanol, especialmente o cloral (Figura 1), quimicamente o 2,2,2-tricloroetanol. Após absorção pelo trato gastrintestinal, o cloral é rapidamente convertido no fígado em 2,2,2-tricloroetanol, sua forma mais ativa, que se acredita ter o mesmo mecanismo de ação e vias metabólicas do etanol.[3] O cloral é um líquido à temperatura ambiente, e é convertido a seu hidrato (hidrato de cloral), um sólido com melhores características físico-químicas e por isso utilizado nas formas farmacêuticas disponíveis terapeuticamente. Isso é possível devido à natureza nucleofílica da carbonila, dada pelo efeito indutivo forte gerado pelo triclorometano. O cloral ainda é utilizado como sedativo de ação curta, especialmente em crianças, para procedimentos ambulatoriais em que é necessário ficar imóvel (p. ex., ressonância magnética nuclear).[6] O cloral tem a vantagem de não afetar o sono REM, é bastante seguro e tem ação curta.

BENZODIAZEPÍNICOS

Os benzodiazepínicos (BZD) são fármacos depressores do SNC utilizados no tratamento da ansiedade, distúrbios do sono e epilepsia, e também como indutores de anestesia geral e relaxantes musculares de ação central.[7]

Antes dos anos 1950, a farmacoterapia para ansiedade era escassa e focada apenas em alguns poucos fármacos disponíveis. Entre eles estavam os barbitúricos, o álcool, os opioides e os sais de bromo. Entretanto, as ações desses fármacos contra a ansiedade eram limitadas e causavam diversos efeitos de toxicidade. Entre as décadas de 1920 e 1950, os fármacos mais utilizados como tratamento da ansiedade eram os barbitúricos, que têm efeitos sedativos, hipnóticos e, principalmente, anticonvulsivantes. Causam, porém, dependência, e apresentam baixo índice terapêutico.[8]

Devido aos efeitos adversos importantes causados pela terapia farmacológica baseada nos barbitúricos, as pesquisas se concentraram em tentar desenvolver uma nova classe de fármacos. No começo dos anos 1950, Leo

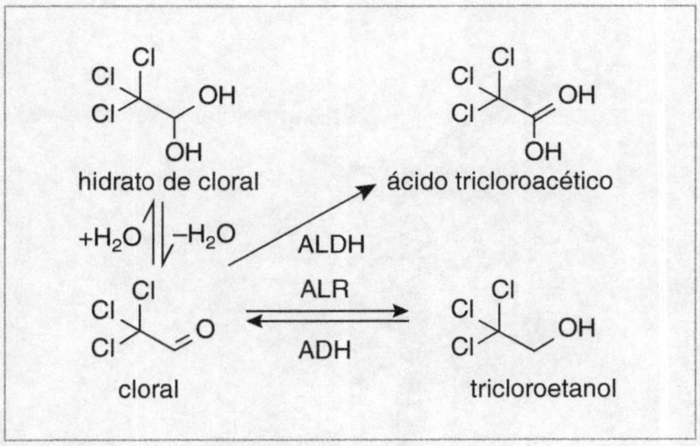

FIGURA 1 Hidrato de cloral e seu metabolismo.
ADH: álcool desidrogenase; ALDH: aldeído desidrogenase; ALR: aldeído redutase.

Henryk Sternbach focou suas pesquisas em modificações moleculares no composto 4,5-benzohepta-1,2,6-oxodiazino. Enquanto trabalhava no laboratório Hoffman La-Roche, produziu 40 derivados dessa estrutura, que não apresentaram a desejada atividade hipnótica ou anticonvulsivante. Entretanto, um composto obtido por uma reação inesperada apresentou ação depressora do SNC e foi patenteado e disponibilizado terapeuticamente como clordiazepóxido.[8]

O clordiazepóxido foi utilizado como protótipo para o desenvolvimento de uma nova classe de fármacos, os BZD. Diferentemente dos barbitúricos, os BZD se mostraram fármacos muito mais seguros para o tratamento dos distúrbios do sono e ansiedade, diminuindo os riscos de morte causada por superdosagem.[8] Isso porque os BZD não são agonistas diretos do receptor $GABA_A$ (GABAmiméticos), mas sim moduladores alostéricos deste receptor (potencializadores da ação do GABA).[9]

Farmacologia da transmissão GABAérgica

O GABA (ácido gama-aminobutírico) é o neurotransmissor mais importante com ações inibitórias sobre o sistema nervoso e é produzido em várias regiões cerebrais. Essa molécula age por meio de três receptores conhecidos: $GABA_A$, $GABA_B$ e $GABA_C$, sendo os receptores $GABA_A$ e $GABA_C$ ionotrópicos e o receptor $GABA_B$, metabotrópico (acoplado à proteína G, GPCR). As alterações na transmissão GABAérgica parecem ter papel importante em condições que afetam a cognição, a memória, a ansiedade, o sono e o humor.[9]

A biossíntese do GABA inicia-se do L-glutamato, produzido a partir da transaminação do alfa-cetoglutarato, que é proveniente do ciclo de Krebs. Quando não utilizado na produção de energia, o alfa-cetoglutarato pode sofrer ação da alfa-oxoglutarato transaminase (uma enzima da família das GABA transaminases, GABA-T), dando origem ao L-glutamato. Esse aminoácido sofre catálise pela enzima ácido glutâmico descarboxilase (GAD), gerando o GABA.[10]

Além da síntese, as GABA-T também estão envolvidas na inativação do GABA, uma vez que a ação da 4-aminobutirato transaminase (outra GABA-T) sobre o neurotransmissor dá origem ao succinato semialdeído. Esse produto intermediário formará posteriormente o succinato, que pode ser reinserido no ciclo de Krebs.[10]

Receptores do GABA

O receptor $GABA_A$ pertence à superfamília *cys-loop* de receptores acoplados a canais iônicos (ionotróprico s), e é o mais abundante dentre os receptores do GABA no SNC. Esses receptores são heteropentaméricos, constituídos por subunidades alfa, beta e gama, cada qual apresentando quatro domínios transmembranares, e com os terminais carbóxi e amino extracelularmente dispostos (Figura 2). Dependendo da constituição das subunidades presentes, várias isoformas do receptor $GABA_A$ podem ser expressas, sendo a isoforma $\alpha_2\beta_2\gamma_1$ a mais abundante no SNC (Figura 2).[11] As 5 subunidades formam um poro capaz de controlar o influxo de íons cloreto nos neurônios. A interação do GABA com seu sítio receptor leva à abertura desse poro, o que causa influxo de carga negativa proveniente do íon cloreto, gerando hiperpolarização da célula e dificultando o surgimento e a propagação dos potenciais de ação neuronais. Assim, o GABA é considerado um agonista desse receptor, mas vários outros ligantes podem controlar a abertura do canal, ou ainda modular a ação do GABA em seu sítio receptor de forma alostérica. Os barbitúricos, o etanol, os BZD e os fármacos-Z são exemplos dessas substâncias moduladoras.[9,12]

Além do SNC, o receptor $GABA_A$ também é encontrado em outros tecidos, como no músculo liso da via respiratória, e já existem estudos para possíveis usos terapêuticos nesse local. Os principais fármacos que atuam terapeuticamente nesse receptor são os BZD.[12]

O receptor $GABA_B$, diferentemente dos outros receptores GABAérgicos, é um receptor metabotrópico. Esse tipo de receptor é acoplado à proteína $G_{i/o}$ (GPCR) e, ao ser ativado pelo GABA, estimula essa proteína, que inibe a adenilil ciclase, reduzindo os níveis intracelulares de AMPc e inibindo os canais de cálcio. Esse mecanismo diminui a condução nervosa. O receptor $GABA_B$

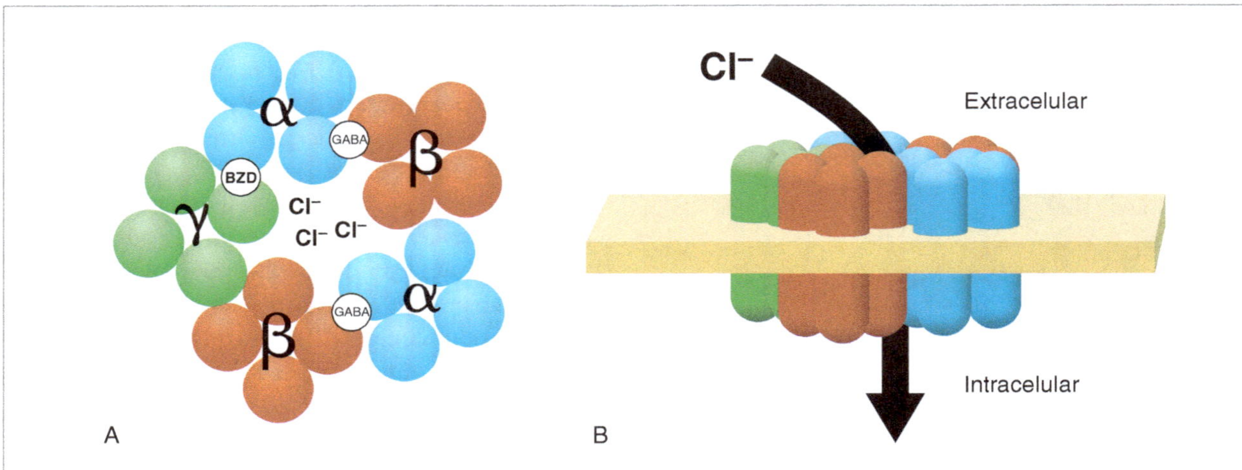

FIGURA 2 Representação esquemática do receptor $GABA_A\alpha_2\beta_2\gamma_1$. (A) Visualização superior. (B) Visualização lateral. Vale notar os sítios de interação do GABA e dos BZD, e que as cinco subunidades formam um poro que permite a passagem do íon cloreto.

é expresso nos neurônios pré e pós-sinápticos e parece estar relacionado com distúrbios de comportamento como a ansiedade e a depressão, já que o $GABA_B$ é expresso no sistema límbico.[13] O receptor $GABA_C$ também é um receptor ionotrópico que controla um canal iônico de cloreto, assim como o $GABA_A$, mas, apesar de ser mais sensível ao estímulo do GABA, tem ativação mais lenta. Esse receptor é mais simples em sua constituição em comparação ao receptor $GABA_A$, pois, apesar de ser pentamérico, é constituído apenas por três tipos de subunidades rô (1-3) nos humanos. O $GABA_C$ é encontrado principalmente na retina, nas células bipolares próximo aos cones e bastonetes, e parece estar envolvido no processo visual por meio da hiperpolarização da membrana neuronal, que dificulta os potenciais de ação em resposta ao estímulo luminoso.[14,15]

Mecanismo de ação dos benzodiazepínicos

Os BZD funcionam como moduladores alostéricos positivos dos receptores $GABA_A$, ligando-se a um sítio receptor específico, conhecido como receptor benzodiazepínico (BZR).[7,12] Esse sítio é encontrado na interface entre as subunidades alfa e gama. A afinidade desses fármacos pelos receptores $GABA_A$ depende de quais subunidades estão presentes em sua constituição, já que determinados tipos de subunidades parecem limitar a eficácia de alguns fármacos da classe dos BZD. A constituição do receptor em relação à subunidade alfa é particularmente importante nesse contexto. Aparentemente, a subunidade α_1 parece ter relação principal com o efeito sedativo, enquanto o efeito ansiolítico parece estar relacionado às subunidades α_2, α_3 e α_5.[12] Além disso, a forma como o BZR pode afetar o receptor $GABA_A$ depende da atividade intrínseca de seus ligantes. A maioria dos BZD é de agonistas totais ou parciais do BZR, ou seja, a potência do GABA frente ao receptor $GABA_A$ é aumentada de forma máxima ou submáxima, respectivamente.[7]

A ligação dos BZD como agonistas BZR leva ao aumento da afinidade do GABA pelo seu sítio de ação, aumentando a taxa de abertura do canal. Por meio desse mecanismo, esses fármacos aumentam a transmissão GABAérgica dependente da ativação do canal iônico pelo GABA. Os barbitúricos também são capazes de aumentar a transmissão inibitória por um mecanismo semelhante. No receptor $GABA_A$, os barbitúricos se ligam a um sítio diferente dos BZD e, por meio dessa ligação, permitem a abertura do canal de cloreto sem a necessidade da ligação do GABA ao receptor. Esses diferentes mecanismos explicam a segurança do uso dos BZD para o tratamento da ansiedade e da insônia, uma vez que, para a abertura do canal iônico, a presença do GABA é necessária e, portanto, não ocorre transmissão inibitória exacerbada no SNC.[9] Os principais BZD disponíveis na terapêutica são apresentados na Tabela 2.

Apesar do mecanismo de ação estar bem consolidado na literatura, as interações moleculares realizadas entre os fármacos e o receptor ainda não foram totalmente elucidadas. Entretanto, já se observou que a ocupação dos sítios alostéricos pode promover diferenças nas conformações do receptor. Fisiologicamente, o $GABA_A$ pode apresentar quatro conformações – pré-ativado, aberto, fechado e dessensibilizado –, e a presença desses modu-

TABELA 2 Exemplos de fármacos da classe dos benzodiazepínicos

BZD bicíclicos	Fármaco	R1	R3	R7	R2′	ClogP
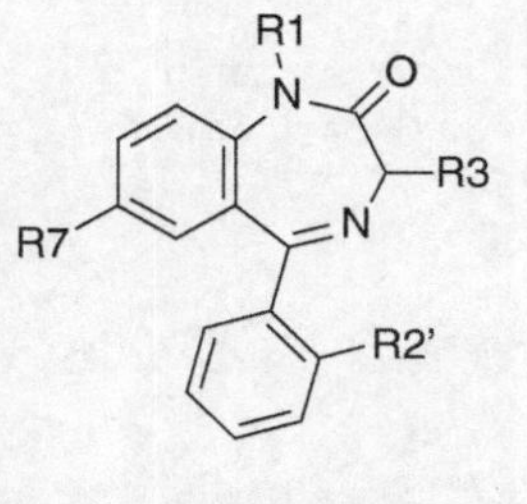	Clonazepam	H	H	NO_2	Cl	3,15
	Clorazepato	H	COO-K+	Cl	H	3,21
	Diazepam	CH_3	H	Cl	H	3,08
	Flurazepam	$(CH_2)_2N(C_2H_5)_2$	H	Cl	F	3,95
	Halazepam	CH_2CF_3	H	Cl	H	4,03
	Lorazepam	H	OH	Cl	Cl	3,53
	Oxazepam	H	OH	Cl	H	2,92
	Temazepam	CH_3	OH	Cl	H	2,79

BZD tricíclicos	Fármaco	R	R2′	Z	ClogP
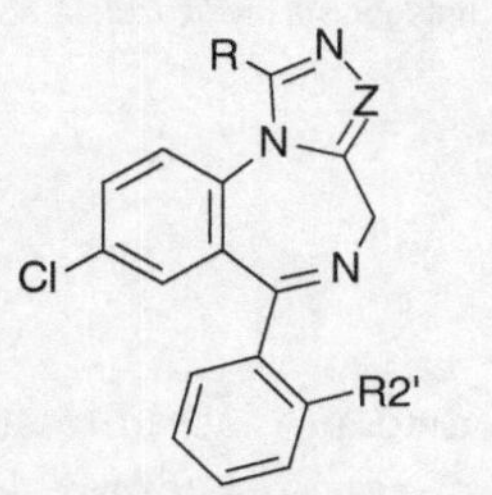	Alprazolam	CH_3	H	N	2,37
	Estazolam	H	H	N	2,09
	Midazolam	CH_3	F	CH	3,33
	Triazolam	CH_3	Cl	N	2,89

Outros BZD

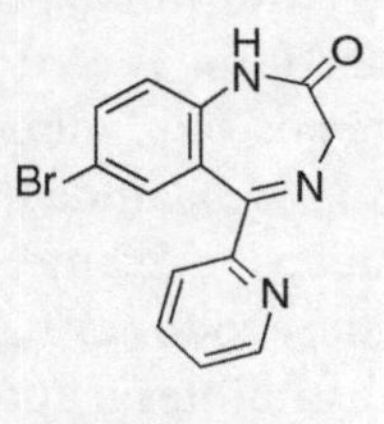

bromazepam
ClogP 2,54

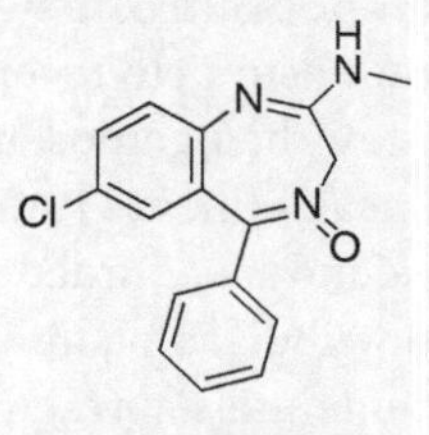

clordiazepóxido
ClogP 0,19

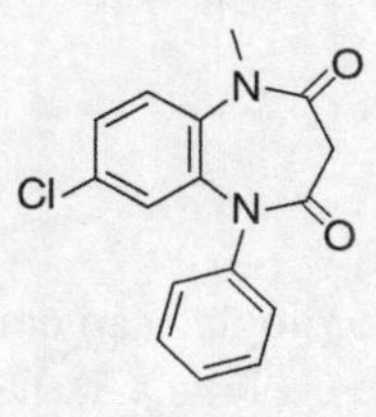

clobazam
ClogP 2,55

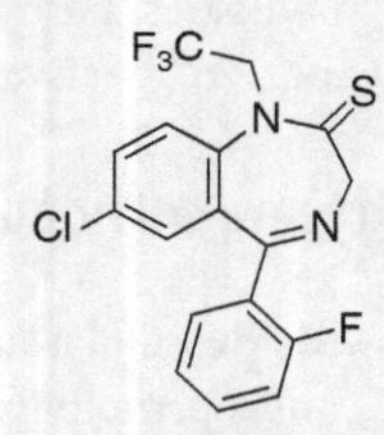

quazepam
ClogP 5,06

ladores causa mudanças significativas nessas conformações. Essas diferenças impedem a caracterização cristalográfica do receptor, pois os complexos formados não correspondem ao receptor em seu estado fisiológico.[12]

Além dos BZD, outros ligantes do BZR já são conhecidos e podem apresentar ação como moduladores alostéricos positivos, negativos e até antagonistas. O primeiro antagonista BZR foi reportado em 1981 e recebeu o nome de flumazenil (Figura 3). Esse fármaco se liga ao receptor com alta afinidade, porém não altera a potência do GABA, bloqueando os efeitos dos BZD clássicos.[16] Os efeitos do flumazenil, quando administrado cronicamente, incluem aumento da ansiedade, agitação, insônia, efeitos pró-convulsivantes e psicoses.[17] Por esse motivo, o flumazenil é utilizado principalmente como antídoto para o tratamento de superdosagens provocadas pelos BZD e para reverter sedação/anestesia induzida por BZD.[17,18]

Vários derivados do flumazenil foram preparados e avaliados, mas não possuem a mesma atividade funcional do protótipo (Figura 3). Em sua maioria, esses compostos possuem atividade agonista inversa total ou parcial, ou seja, modulam a potência do GABA para estimular o receptor $GABA_A$ de forma mínima ou submínima, respectivamente.[7] Um desses derivados, o RO 15-4513, é um agonista inverso parcial e foi originalmente sintetizado para ser um antídoto da sedação induzida pelo álcool.[19] Entretanto, a utilização desse composto é limitada, pois também possui atividade pró-convulsivante.[20] Outros exemplos bem estudados de agonistas inversos do sítio BZR são as betacarbolinas, que foram consideradas um dos ligantes endógenos do BZR (conhecidos como endozepinas), porém atualmente se acredita que a proteína inibidora da ligação do diazepam (*diazepam-binding inhibitor*, DBI) seja o principal ligante endógeno. Propõe-se que a função das endozepinas seja controlar a ativi-

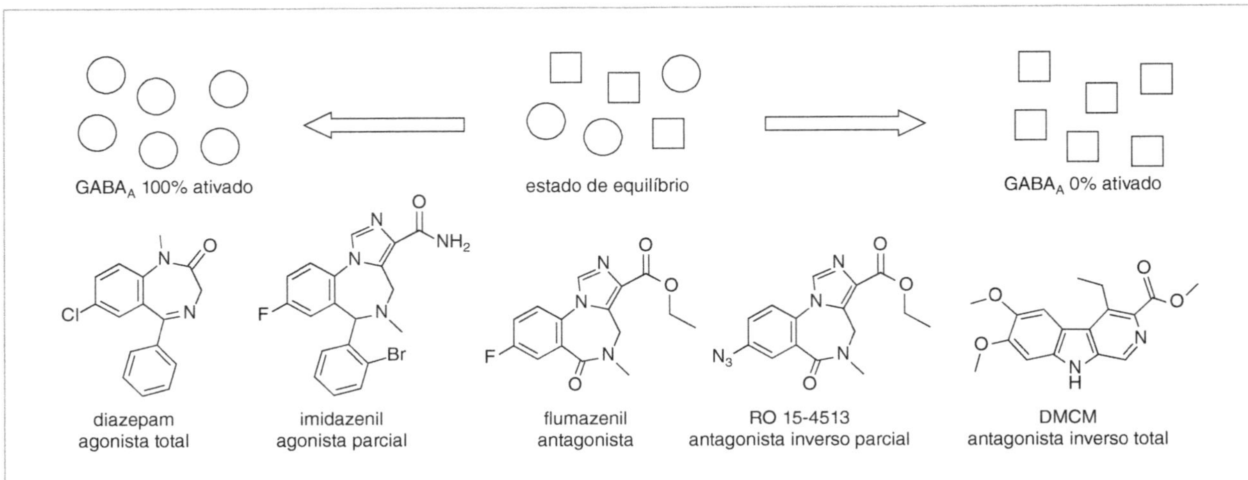

FIGURA 3 Ligantes do BZR e respectivas atividades funcionais sobre o receptor GABA$_A$.

dade excessiva do GABA em diversas situações.[21] O DMCM, agonista inverso total, é utilizado como ferramenta farmacológica em pesquisas como indutor de ansiedade e convulsões, para testar efeitos ansiolíticos e anticonvulsivantes, respectivamente.[22,23]

Relação estrutura-atividade

Os fármacos dessa classe farmacológica são compostos de três anéis principais: A, B e C (Tabela 3). Destes, apenas o anel C não é essencial para a ligação no receptor. Entretanto, ele contribui positivamente com interações hidrofóbicas adicionais.[7,24]

O anel A deve ser aromático, pois acredita-se que ele participa de interações pi-*stacking* com resíduos aromáticos desta região do receptor,[25] e sua substituição por outros heterociclos diminui a afinidade do composto pelo receptor. Substituintes eletronegativos (p. ex., halogênios, nitro) na posição 7 aumentam significativamente a atividade *in vivo*, ainda que *in vitro* o efeito na afinidade seja menos marcante, sugerindo contribuição na lipofilicidade, e todos os BZD clinicamente úteis apresentam substituintes na posição 7. Já substituintes nas posições 6, 8 e 9, em geral, reduzem a atividade do composto, como se vê nos metabólitos 9-hidroxilados.[24]

TABELA 3 Relação estrutura-atividade dos benzodiazepínicos

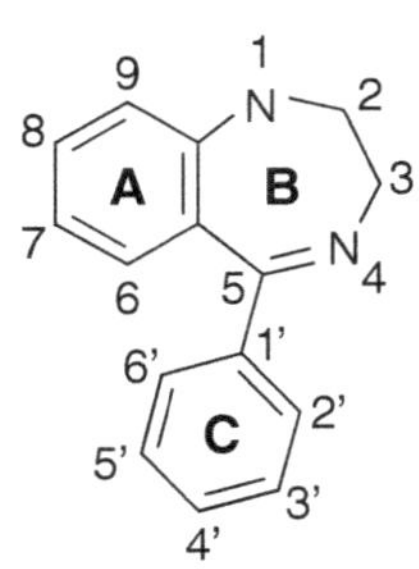

Anel A	
Substituição	**Efeito**
Bioisósteros do anel	↓ atividade
6, 8, 9	↓ atividade
7 (grupos eletronegativos)	↑ atividade
Anel B	
Substituição	**Efeito**
1 (grupos volumosos)	↓ atividade
2 (aceptores de lig. H)	essencial para atividade
3 (hidroxila)	↓ t½
1,2 (anel eletronegativo)	↑ atividade
Anel C (não essencial)	
Substituição	**Efeito**
2' (grupos eletronegativos)	↑ atividade
4'	↓ atividade

Quanto ao anel B, substituintes volumosos (p. ex., *t*-butil) no nitrogênio da posição 1 diminuem a atividade, ainda que cadeias relativamente longas sejam toleradas.[24] Grupos aceptores de ligação de hidrogênio (p. ex., carbonila) na posição 2 parecem ser essenciais, já que interagem, aparentemente, com um resíduo de histidina presente no sítio de ligação do receptor.[7,25] A adição de uma hidroxila na posição 3 não interfere na atividade do derivado, apenas diminui seu tempo de meia-vida. Por exemplo, o oxazepam apresenta meia-vida mais curta que outros BZD não hidroxilados. Tanto substituintes no nitrogênio da posição 4 (p. ex., N-óxido) quanto a dupla ligação entre as posições 4 e 5 não são essenciais para a atividade ansiolítica. Ademais, a anelação das posições 1 e 2 com anéis capazes de aceitar uma ligação de hidrogênio (p. ex., triazol ou imidazol presentes no triazolam ou midazolam, respectivamente) resulta em derivados com alta afinidade pelo BZR e com meia-vida relativamente curta. Vale reforçar que esses heterociclos também proporcionam algum grau de inibição das enzimas do citocromo P450.[7]

Por fim, substituições em *para* (4') no anel C são desfavoráveis para atividade, possivelmente por impedimento estérico.[24,25] Já substituições em *orto* (2') não alteram a atividade agonista[24] (p. ex., bromazepam), reforçando que o papel negativo das substituições em *para* são estéricas, e não eletrônicas.

Propriedades físico-químicas e farmacocinéticas

Em sua maioria, os BZD são moléculas lipofílicas que são rapidamente absorvidas e distribuídas para o SNC e outros tecidos altamente perfundidos. Essa lipofilicidade pode variar consideravelmente, especialmente dependendo da característica dos substituintes. A exceção é o clorazepato, molécula ácida, ionizada em pH intestinal, que é absorvida apenas após rápida descarboxilação a N-desmetildiazepam (nordazepam, Figura 4).[26]

Após absorção, os BZD sofrem metabolismo hepático por oxidação, incluindo reações de N-desalquilação (como no clordiazepóxido e no diazepam), hidroxilação alifática nos fármacos metilados (p. ex., alprazolam) e hidroxilação aromática, comumente nas posições 9' e 4' dos anéis A e C, respectivamente.[7] Nesse último caso, vale ressaltar que substituintes nessas posições são desfavoráveis para a atividade, de maneira que tais metabólitos são considerados inativos (ver Figura 4). Os metabólitos hidroxilados podem sofrer glicuronidação ou outras conjugações a metabólitos inativos que são excretados na urina.[26]

A escolha de um dos BZD para determinadas aplicações terapêuticas deve ser feita levando em consideração a potência e o tempo de ação dos fármacos. Em geral, fármacos com alta potência (BZD tricíclicos), que têm meia-vida curta (3-hidroxilados) e/ou não geram metabólitos ativos, devem ser preferidos para utilização como hipnóticos ou sedativos, uma vez que podem fazer efeito proeminente para induzir o sono e mantê-lo por tempo adequado, causando pouca sedação. Além disso, esses fármacos devem ser preferidos em pacientes com comprometimento hepático. Por outro lado, fármacos de ação prolongada, que geram metabólitos ativos (p. ex., diazepam) devem ser preferidos como ansiolíticos, e devem ser empregados em doses baixas que mantêm eficácia por longo período.[26]

Efeitos indesejáveis e contraindicações

Os principais efeitos indesejáveis do uso de BZD são obviamente associados aos efeitos relacionados à depressão central, como comprometimento cognitivo, tontura, náuseas, incoordenação motora, depressão, depressão respiratória, entre outros. Efeitos paradoxais (isto é, estímulo do SNC) podem ocorrer raramente, mas principalmente em idosos, crianças e em terapias de alta dosagem. Os BZD também causam amnésia anterógrada, a exemplo de outros depressores do SNC. Particularmente, os BZD são associados à dependência, relacionada ao processo de tolerância ao uso. Assim, com o uso prolongado, podem ocorrer insônia, pesadelos e agitação.[2,3]

Os BZD são particularmente contraindicados em condições em que a depressão do SNC pode agravá-las ou aumentar o risco para o paciente, além da evidente contraindicação na gravidez. Assim, pacientes com comprometimentos respiratórios em geral, psicóticos, depressivos e que usam outros depressores centrais não devem receber BZD. O uso concomitante com outros depressores, especialmente opioides, etanol e antidepressivos tricíclicos, é particularmente perigoso e pode causar depressão respiratória grave e coma.[3] Os BZD podem também aumentar o risco de queda e o comprometimento cognitivo em idosos, e devem ser usados com muito critério nessas pessoas.[2,3]

Tolerância aos benzodiazepínicos

A tolerância aos benzodiazepínicos pode ser clinicamente associada ao aparecimento de sinais e sintomas de abstinência com a retirada abrupta após o uso pro-

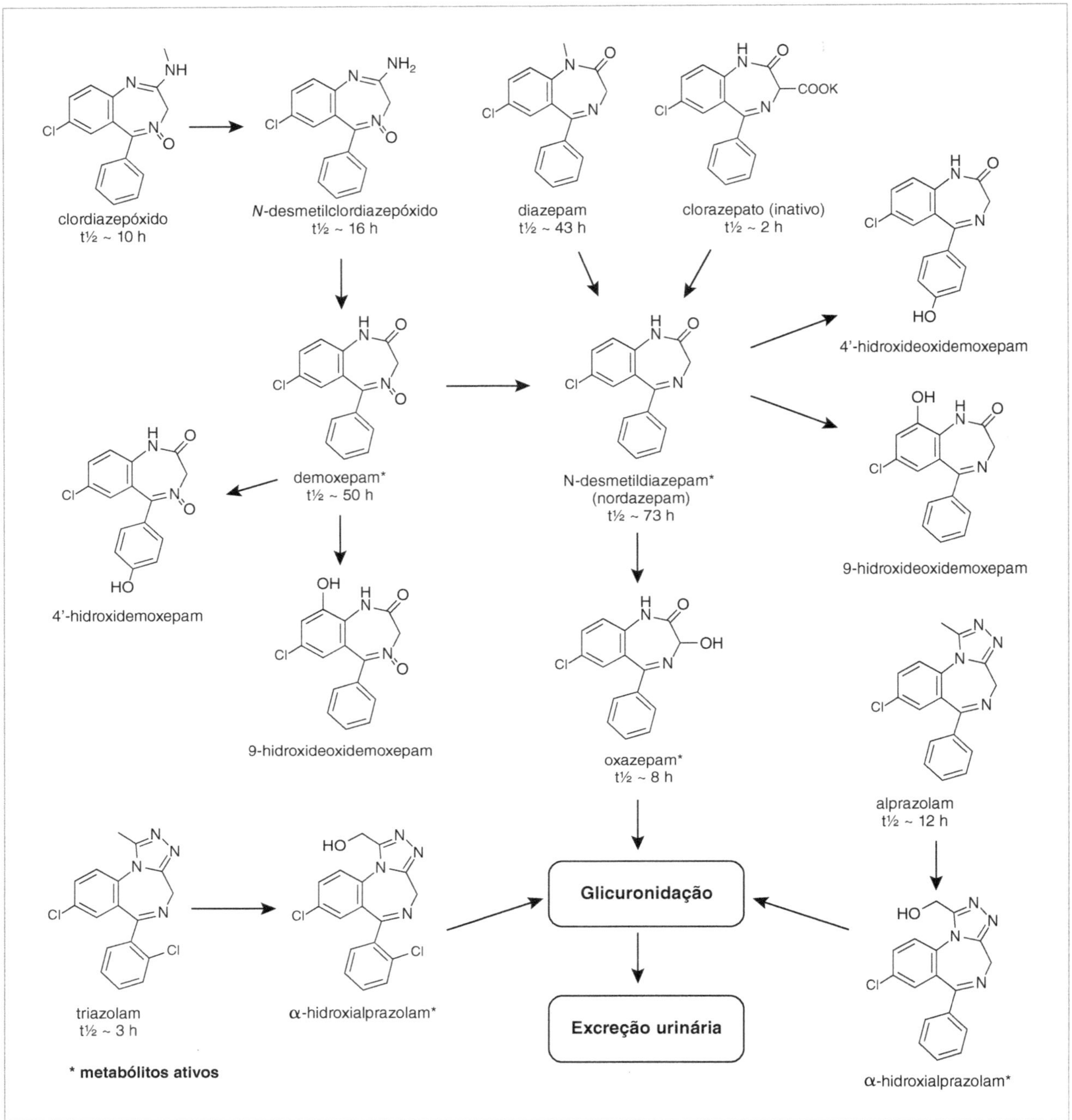

FIGURA 4 Biotransformações dos benzodiazepínicos. As meias-vidas aproximadas estão também apresentadas.[3] Os compostos marcados com asterisco são considerados ativos.

longado. Esses efeitos incluem ansiedade, insônia, pesadelos, agitação, agressividade e hiperventilação. Nos casos mais graves, podem ocorrer convulsões, psicoses e *delirium*.[2,3] Por esses motivos, a retirada gradual ("desmame") é recomendada após o uso prolongado.[2]

Apesar de diversos estudos tentarem explicar qual o mecanismo de tolerância envolvido no uso crônico dos BZD, nenhum ainda conseguiu descrevê-lo categoricamente. Sabe-se que o uso crônico dessa classe de fármacos pode causar mudanças ao nível molecular nos receptores $GABA_A$. Nota-se que a tolerância aos efeitos sedativos e anticonvulsivantes se desenvolve rapidamente; em contrapartida, não ocorre significativamente nos efeitos ansiolíticos e na amnésia. Já foram realizados diversos estudos *in vitro* e *in vivo* para tentar explicar o mecanismo de tolerância, que não parece estar envolvido com a regulação do número total de receptores $GABA_A$, mas sim com mudanças genômicas.[27] Essas alterações seletivas no RNA que codifica o receptor levam à mutação do sítio do BZR e afetam a ligação desses fármacos. Também já foram levantadas hipóteses de alterações em outros sistemas de neurotransmissores que regulam a ação do GABA.[11]

OUTROS AGONISTAS BZR

Apesar dos BZD serem os fármacos mais comumente prescritos para o tratamento da insônia, esses fármacos apresentam efeitos indesejáveis frequentes. Em razão da ação direta no sistema nervoso central, efeitos decorrentes de abuso e dependência são comumente observados. Nas últimas décadas, a psicofarmacologia tem buscado sedativos-hipnóticos mais seguros, principalmente para o tratamento da insônia e para uso em longo prazo.[28,29]

Os agonistas BZR não BZD apresentam eficácia terapêutica similar à dos BZD, mas com menor índice de efeitos adversos, e causam menos dependência por induzirem menor tolerância farmacológica.[29] Assim como os BZD, esses fármacos se ligam ao receptor $GABA_A$, modulando positivamente a afinidade ao GABA. No entanto, esses fármacos apresentam alta seletividade pela subunidade α_1, e consequentemente ação hipnótica mais seletiva. Essa é também a base para se explicar a ausência de efeitos ansiolíticos para esses fármacos. Zolpidem, zopiclona, eszopiclona e zaleplona (fármacos-Z, Figura 5) são agonistas não BZD com relativa seletividade α_1 utilizados na prática clínica e possuem ação em diferentes estágios do sono.[30] Algumas características são comuns entre eles, como rápido início de ação (20-30 minutos) e alta lipofilicidade, com rápida absorção via oral.[31]

Propõe-se que os fármacos-Z compartilham algumas interações com os BZD no sítio BZR. Essas interações estão esquematizadas na Figura 6. Por modelagem farmacofórica, propôs-se que tanto os BZD como os fármacos-Z compartilham interações hidrofóbicas e de hidrogênio, sendo algumas interações especificamente observadas para cada classe. Além disso, a presença de regiões com limitação estérica está alinhada com os dados experimentais de afinidade para compostos inativos, que são substituídos nessas regiões.[25]

Zolpidem

O zolpidem foi o primeiro agonista não BZD desenvolvido e prescrito em todo o mundo, graças a seu perfil de segurança e baixo risco de dependência. Trata-se de uma imidazopiridina com alta seletividade para α_1, cerca de 10 vezes maior em comparação com as subunidades α_2 e α_3, e afinidade desprezível pela subunidade α_5.[28] Utilizado como sedativo-hipnótico

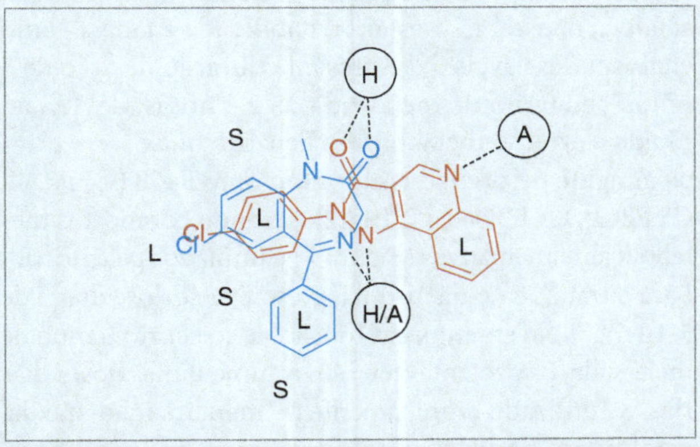

FIGURA 6 Interações sugeridas pelo modelo farmacofórico para o diazepam e o composto CGS9896, um ligante BZR análogo da zopiclona. Fonte: adaptada de Madsen et al.[25]

A: aceptor de ligação de hidrogênio; H: doador de ligação de hidrogênio; L: região hidrofóbica; S: região de repulsão estérica.

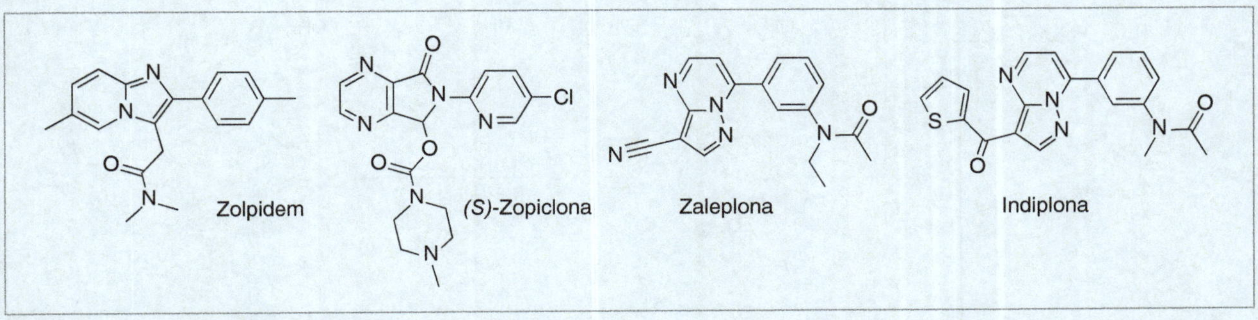

FIGURA 5 Agonistas do receptor $GABA_A$ não BZR.

TABELA 4 Propriedades farmacológicas dos agonistas não BZD

	Zolpidem	(Es)zopiclona	Zaleplona
Alvo	Subunidade α_1	α_1 e α_3	α_1
Biodisponibilidade	70%	80%	30%
Tempo de meia-vida	2,4 h	5-6 h	1 h
Dose terapêutica	5-10 mg	3,75-7,5 mg (1-3 mg)	5-10 mg
Ligação às proteínas	92%	45-59%	60%

para rápida indução do sono, diminui os despertares noturnos e afeta pouco o sono REM, proporcionando melhor consolidação do sono.[31,32] Apresenta bom perfil farmacocinético (Tabela 4), com rápida absorção pelo trato gastrintestinal.

Quando usado em doses hipnóticas, o zolpidem é desprovido de propriedades anticonvulsivantes e ansiolíticas.[33] Como discutido anteriormente, esse efeito pode ser atribuído à alta seletividade α_1. Diferentemente dos BZD, o zolpidem interfere pouco nos estágios do sono em indivíduos normais. Como se espera de outros depressores do SNC, o zolpidem pode causar sonolência, cefaleia, náusea, mal-estar, irritabilidade e fadiga como efeitos indesejáveis.[31,34] Apresenta duração de ação de 3 horas[33] e tempo de meia-vida de 2,4 horas, devido ao rápido e extenso metabolismo hepático que ocorre principalmente pelas enzimas do citocromo P450 (CYP3A4, CYP2C9, CYP2D6 e CYP1A2), gerando compostos metabolicamente inativos (Figura 7) eliminados pela urina.[35] Para o tratamento da insônia, prescreve-se dose diária de 5-10 mg.[31] No entanto, em função de seu curto tempo de meia-vida, os pacientes tendem a aumentar as doses diárias. Se utilizado cronicamente de maneira inadequada, o zolpidem pode levar a efeitos como insônia rebote, efeitos psicomotores e efeitos sobre a memória.[33]

Ciclopirrolonas

A zopiclona é uma ciclopirrolona com alta afinidade pelas subunidades α_1 e α_3 (porém não seletiva) e disponível como uma mistura racêmica.[31,34,36] Seu S-enantiômero puro, eszopiclona, é mais potente e causa menos efeitos cognitivos e sedativos residuais. Apresenta tempo de meia-vida maior em comparação com o zolpidem (5-6 horas), sendo, portanto, indicada para o tratamento de insônia crônica com despertar precoce e manutenção do sono, sem produzir efeitos ansiolíticos e miorrelaxantes importantes.[28,34,35] Os efeitos adversos causados pelas ciclopirrolonas (alterações de paladar, xerostomia, tontura, cefaleia e sonolência residual) são discretos e não causam tolerância apreciável.[29,34] Seu metabolismo ocorre principalmente pelas enzimas CYP3A4, produzindo dois metabólitos principais, o metabólito de baixa afinidade *N*-desmetil-zopiclona e o metabólito inativo *N*-óxido-zopiclona (Figura 8).[37] O metabólito desmetilado, apesar da baixa afinidade, tem sido testado como ansiolítico.

Pirazolpirimidinas

A zaleplona é uma pirazolpirimidina considerada um agonista seletivo α_1 com menor tempo de meia-vida

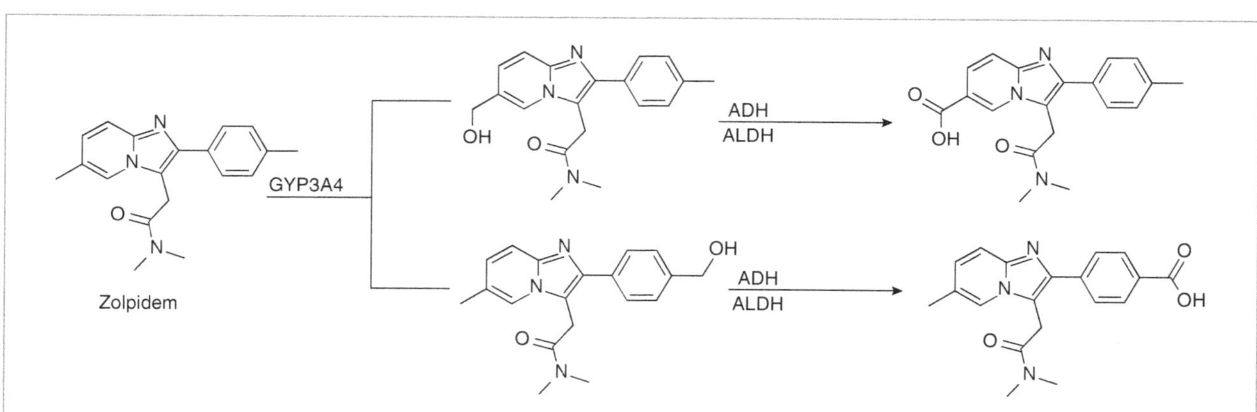

FIGURA 7 Zolpidem e seus metabólitos.

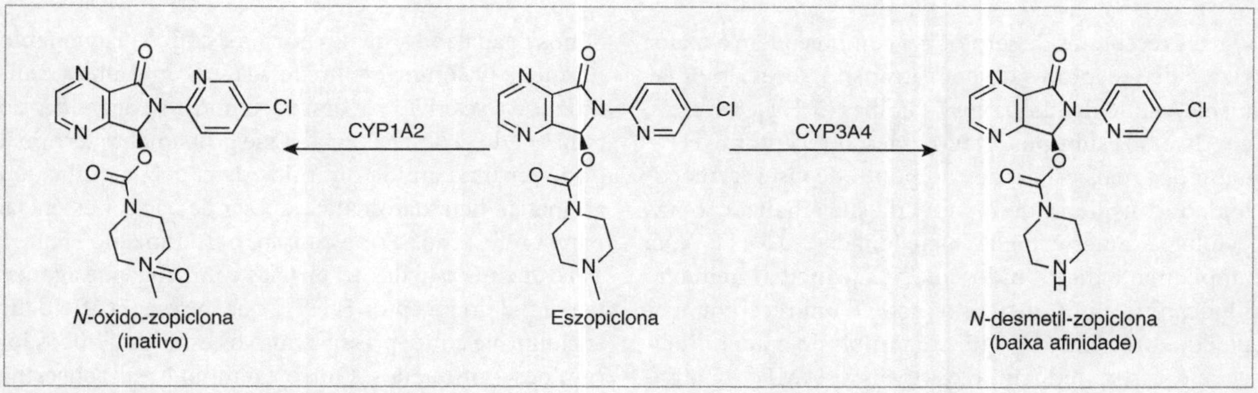

FIGURA 8 S-Zopiclona e seus metabólitos.

(aproximadamente uma hora) e biodisponibilidade (cerca de 30%) dentre os agonistas não BZD (Tabela 4), devido a uma intensa biotransformação pré-sistêmica. Assim como o zolpidem, a zaleplona é segura e apresenta baixo potencial de tolerância e dependência em uso prolongado.[30,38] Como reações adversas, a zaleplona pode causar cefaleia e tontura, mas não prejudica a função psicomotora ou a memória e não possui efeitos de abstinência.[28] Diferentemente dos demais agonistas não BZD, sua metabolização é realizada predominantemente pela enzima aldeído oxidase, produzindo o composto 5-oxo-zaleplona. Secundariamente, a zaleplona também é metabolizada via CYP3A4, gerando a *N*-desetil-zaleplona (Figura 9). Esses metabólitos inativos são posteriormente metabolizados por glicuronidação.[28,39]

A indiplona (Figura 5) é um análogo que contém o grupo tiofeno-2-carbonila no lugar do ciano. Ela apresenta maior potência como agonista do receptor $GABA_A$ (cerca de 100 vezes), porém menor seletividade para os outros subtipos de subunidades alfa.[40] Considerando que tanto a zaleplona quanto a indiplona apresentam grupos retiradores de elétrons, a seletividade parece ser determinada por fatores estéricos. A indiplona foi retirada dos estudos clínicos por decisão dos desenvolvedores após requisição de estudos adicionais de segurança pela Food and Drug Administration (FDA).

ANTI-HISTAMÍNICOS

As ações sedativas dos anti-histamínicos H_1 de primeira geração fazem desses fármacos opções terapêuticas mais convenientes para a insônia, uma vez que muitos anti-histamínicos não requerem prescrição médica para aquisição (p. ex., a difenidramina, a carbinoxamina e outros encontrados em antigripais ou antialérgicos).[3] Entretanto, os anti-histamínicos não parecem prolongar o sono, e seus efeitos anticolinérgicos (xerostomia, cicloplegia, obstipação e retenção urinária) são comuns e limitam seu uso como hipnóticos.[2] Uma discussão mais detalhada sobre essa classe farmacológica pode ser encontrada no Capítulo 25.

AGONISTAS DO RECEPTOR $5\text{-}HT_{1A}$

A serotonina, cuja nomenclatura química é 5-hidroxitriptamina (5-HT), é um neurotransmissor relacionado a diversas funções no sistema nervoso central, incluindo regulação do sono, da temperatura corporal e do apetite, comportamento, cognição, nocicepção, entre outras. Dados experimentais demonstraram que concentrações menores que o normal desse neurotransmissor estão associadas a diversas patologias do sistema nervoso central, como depressão, ansiedade e transtorno do pânico.[41]

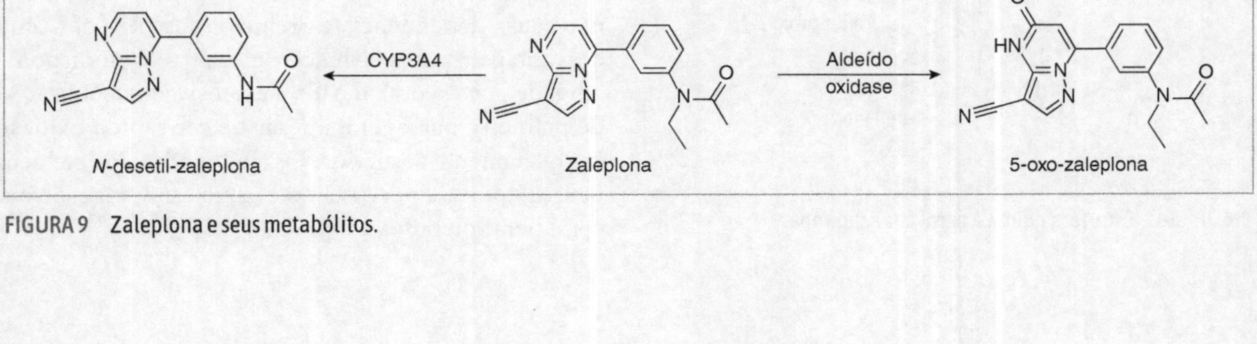

FIGURA 9 Zaleplona e seus metabólitos.

Os receptores de serotonina compreendem a maior classe de receptores de neurotransmissores do organismo, sendo divididos em 7 famílias (5-HT_{1-7}) e, estas, em diversos subtipos. Dentre eles, o receptor 5-HT_{1A} é um dos mais estudados do ponto de vista farmacológico, considerando o papel da sua sinalização nas patologias anteriormente mencionadas. O 5-HT_{1A} está amplamente distribuído no SNC, principalmente no hipocampo e nos núcleos da rafe. É um receptor acoplado à proteína $G_{i/o}$, que atua inibindo a adenilil ciclase e, assim, reduzindo os níveis de AMPc e a atividade da proteína quinase A (pka).[42]

Esse receptor pode atuar como autorreceptor nos neurônios serotoninérgicos pré-sinápticos nos núcleos da rafe e são autorreceptores somatodendritícos, ou seja, diminuem a síntese e a atividade serotoninérgica, ou como heterorreceptor pós-sináptico em neurônios glutamatérgicos ou GABAérgicos no córtex e em outras regiões.[43] Assim, eles podem atuar tanto controlando a síntese e a liberação de serotonina por um sistema de *feedback* negativo como ativando as cascatas de sinalização pós-sinápticas mediadas pela liberação de serotonina na fenda. A ativação do receptor 5-HT_{1A} pode também controlar a liberação de vários neurotransmissores no SNC, como dopamina, norepinefrina e glutamato, entre outros envolvidos na resposta ansiogênica.

Compostos arilpiperazínicos de cadeia curta, como a fenilpiperazina, apresentam moderada a alta afinidade por receptores de serotonina. Entretanto, interagem com diversos receptores de monoaminas, de maneira que apresentam baixa seletividade inserir (Figura 10).[44]

Moléculas com uma cadeia mais longa tendem a ser mais seletivas. As azapironas (Figura 11) constituem uma classe de fármacos arilpiperazínicos de cadeia longa que são agonistas parciais dos receptores 5-HT_{1A}, embora compostos sem o grupamento azapirona possam também exibir essa atividade. Essas moléculas apresentam uma estrutura geral, esquematizada na Figura 10, com um grupo aril ou heteroaril ligado ao N_1 da piperazina, uma cadeia alquílica espaçadora com 2-5 carbonos ligada ao N_4 da piperazina e com o grupamento terminal. O comprimento desse espaçante altera a afinidade e a seletividade desses compostos, dependendo também do grupo terminal. Esse grupamento terminal pode ser uma amida ou imida de cadeia alquílica ou aromática/heteroaromática, apesar de não ser essencial para a interação.[7] Por exemplo, o flesinoxano (Figura 11) é um análogo das azapironas com atividade agonista parcial do receptor 5-HT_{1A} que apresenta atividade ansiolítica e antidepressiva, mas os estudos clínicos foram descontinuados. Outro exemplo é a flibanserina (Figura 11), que demonstrou atividade ansiolítica em diversos estudos e recebeu aprovação da FDA para o tratamento do transtorno do desejo sexual hipoativo em mulheres pós-menopausa, ação atribuída ao agonismo no receptor 5-HT_{1A}.[45] Grupos volumosos são bem tolerados nessa posição. Com relação à piperazina, observa-se que a ausência de substituintes nessa região está associada a melhores atividades, embora isso não seja uma regra.

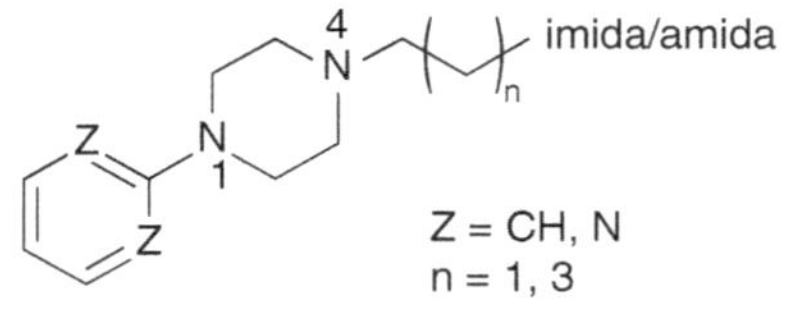

FIGURA 10 Estrutura química geral das azapironas.

De forma geral, o mecanismo de ação desses fármacos agonistas é complexo, uma vez que eles não apresentam seletividade entre os receptores pré-sinápticos e os pós-sinápticos, e dado o potencial do receptor 5-HT_{1A} em modular diversos sistemas de neurotransmissores. Entretanto, foi observado que o efeito ansiolítico está associado ao efeito agonista parcial sobre os receptores pré-sinápticos de forma concentração-dependente, enquanto a ativação de receptores pós-sinápticos está associada a efeitos antidepressivos, devido a sua localização diferencial no sistema nervoso central.[46]

A buspirona foi o primeiro fármaco dessa classe a entrar no mercado para o tratamento de ansiedade generalizada. A gepirona e a ipsapirona são análogos com modificações na porção terminal da cadeia longa (Figura 11). A tandospirona é um análogo mais recente, que tem aprovação como ansiolítico e antidepressivo no Japão e na China.[47] A buspirona apresenta propriedades e eficácia semelhantes às dos BZD como ansiolíticos, porém com a vantagem de não ter efeito sedativo e não atuar nos receptores do GABA. Além disso, não potencializa o efeito depressor do álcool, não causa dependência e prejuízos cognitivos.[48] Uma desvantagem desse fármaco é a sua baixa biodisponibilidade por via oral, devido à extensiva metabolização de primeira passagem, apesar de ser rápida e quase completamente absorvida. Os efeitos adversos incluem náusea, tontura, nervosismo e parestesias, mas são em geral bem tolerados.

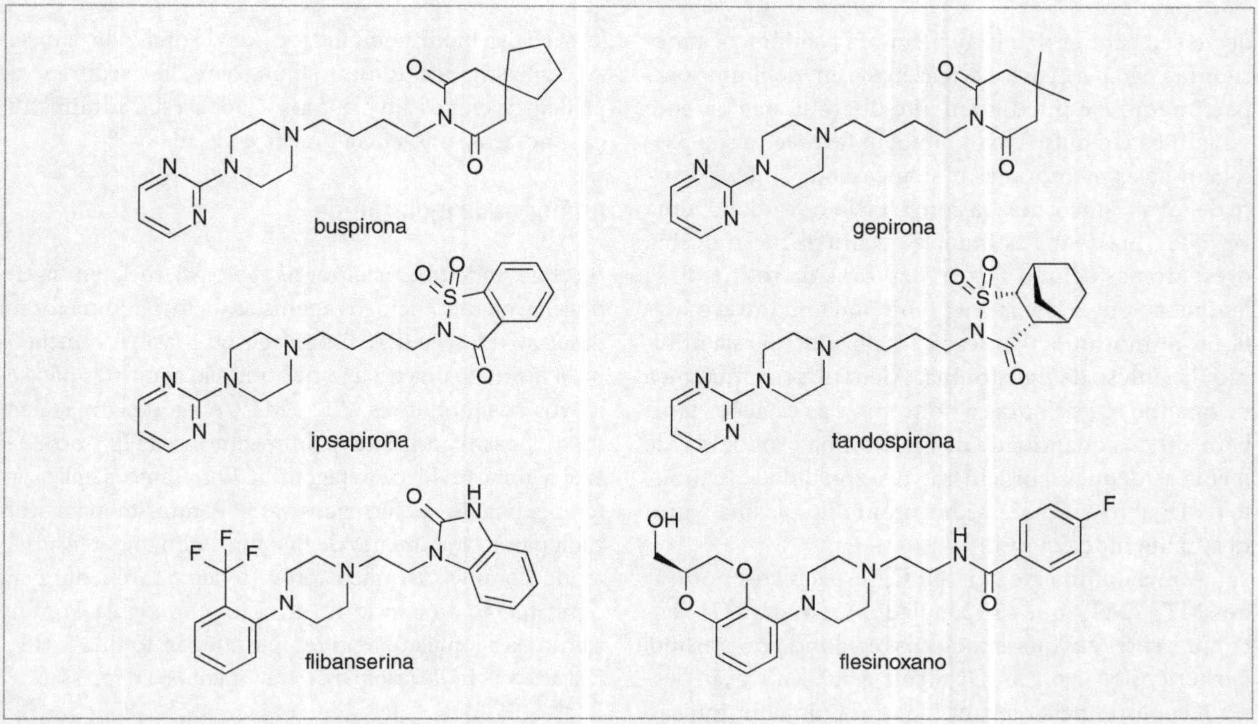

FIGURA 11 Estrutura química dos fármacos da classe das azapironas e análogos relacionados.

OUTROS ANSIOLÍTICOS

Como a recaptura da serotonina representa o fim da sua ação, inibidores seletivos da recaptura de serotonina (ISRS) também são utilizados para o tratamento da ansiedade com algumas vantagens sobre os benzodiazepínicos. Entretanto, como fazem parte do tratamento de depressão, não serão tratados com tantos detalhes neste capítulo. Outros fármacos, como a hidroxizina (anti-histamínico), podem ser utilizados como ansiolíticos, porém com alto índice de sedação. Antiadrenérgicos como propranolol e metaprolol (beta-bloqueadores) são também usados para amenizar os sintomas autônomos da ansiedade, como tremores e transpiração, porém seu uso é limitado pelas ações cardiovasculares e podem causar depressão.

AGENTES MELATONINÉRGICOS

Melatonina

A melatonina é uma molécula produzida em diversos tecidos do organismo e, principalmente, na glândula pineal no SNC.[49] Sua síntese provém da metabolização da 5-HT após sofrer N-acetilação no nitrogênio terminal e O-metilação da hidroxila do anel indólico (Figura 12).

Essa molécula é produzida durante a noite após estímulo da glândula pineal pela norepinefrina. Devi-

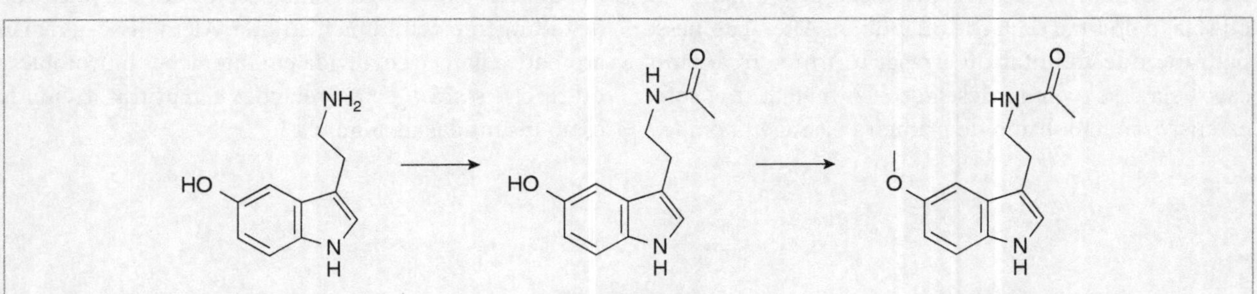

FIGURA 12 Biossíntese da melatonina a partir da serotonina.

do ao seu caráter não iônico em pH fisiológico, a melatonina não permanece armazenada em nenhum compartimento e é imediatamente liberada na corrente sanguínea em pulsos. Isso também favorece a sua passagem pelas membranas biológicas. Sua síntese ocorre de forma sincronizada com o ciclo circadiano, uma vez que a luz do dia estimula a quebra da melanopsina presente nas células fotorreceptoras da retina. Esse fenômeno envia sinais para o hipotálamo (através das fibras retino-hipotalâmicas), sinalizando para a inibição da síntese de melatonina. Além disso, a mudança na quantidade de horas à noite entre as estações também altera a quantidade de melatonina produzida, de forma a adequar o organismo à sazonalidade. Durante o dia, a presença desse hormônio no plasma é praticamente indetectável.[49]

A melatonina atua em GPCR específicos, nomeados MT_1 e MT_2, que são acoplados à proteína $G_{i/o}$. Estão presentes em quase todos os tecidos do organismo, periféricos ou centrais. De forma geral, a ativação desses receptores pela melatonina causa uma diminuição na concentração intracelular de AMPc ou GMPc, modulando essa via de sinalização. Estudos mostram que o sono REM é modulado principalmente pela atividade dos receptores MT_1, enquanto o sono NREM é regulado pela ativação de receptores MT_2.[50] Diversas funções fisiológicas dependem de um fator circadiano e, como mencionado anteriormente, a presença desses receptores em quase todos os tecidos indica a importância desse hormônio na regulação celular e bioquímica do organismo.

A administração de melatonina terapeuticamente é indicada em casos de reposição em indivíduos que não a produzem devido à disfunção da glândula pineal, ou à idade, para tratar os efeitos do *jetlag* (mudança de fuso horário) e também como hipnótico. A diferença entre essas aplicações é principalmente a dosagem de melatonina indicada. A administração da melatonina é feita de forma similar à sua produção pelo organismo, ou seja, pelo final da tarde ou à noite. Alteração nesse padrão pode adiantar ou atrasar o ritmo circadiano, caso seja esse o efeito desejado.[51] A melatonina sofre extensivo metabolismo de primeira passagem, o que a leva à baixa biodisponibilidade por via oral e curta meia-vida plasmática. É muito bem tolerada e segura, e os principais efeitos adversos associados a sua administração incluem sonolência diurna e pesadelos.[52]

Análogos da melatonina

Buscando potencializar os efeitos da melatonina endógena, alguns análogos agonistas da melatonina foram desenvolvidos, e estão disponíveis no Brasil. A ramelteona, a tasimelteona e a agomelatina são agonistas não seletivos dos receptores MT_1 e MT_2. A agomelatina, além disso, possui afinidade pelo receptor 5-HT_{2C}, no qual exerce uma atividade antagonista. Entretanto, a aplicação terapêutica desses fármacos varia. A ramelteona é utilizada para o tratamento de insônia, enquanto a tasimelteona é o único fármaco aprovado até o momento para o tratamento do transtorno do ciclo sono-vigília. Por fim, a ação da agomelatina no receptor de serotonina 5-HT_{2C} justifica sua indicação para o tratamento da depressão.[49,51]

Relação estrutura-atividade

A presença de pelo menos um anel aromático e do grupo amida na mesma posição relativa da melatonina parece essencial para a atividade agonista nos receptores MT_1 e MT_2. A metoxila parece particularmente importante para a alta atividade agonista, embora análogos com outros éteres ou bioisósteros sejam possíveis. Como se pode notar nos análogos da melatonina, o núcleo indólico não é essencial e pode ser substituído por outros grupos, como indano (ralmeteona) ou naftaleno (agomelatina). Por fim, análogos rígidos sugerem que a cadeia etilênica deve ter conformação estendida *anti* para alta atividade (p. ex., tasimelteona).[53]

Estudos de modelagem sugerem que o grupo amida parece estar envolvido com interações de hidrogênio com resíduos de serina ou treonina, enquanto o oxigênio do éter parece atuar como aceptor de uma interação de hidrogênio com uma histidina. Além disso, a região aromática parece envolvida em interações hidrofóbicas ou tipo π-*stacking*.[54] As relações estrutura-atividade estão resumidas na Figura 13.

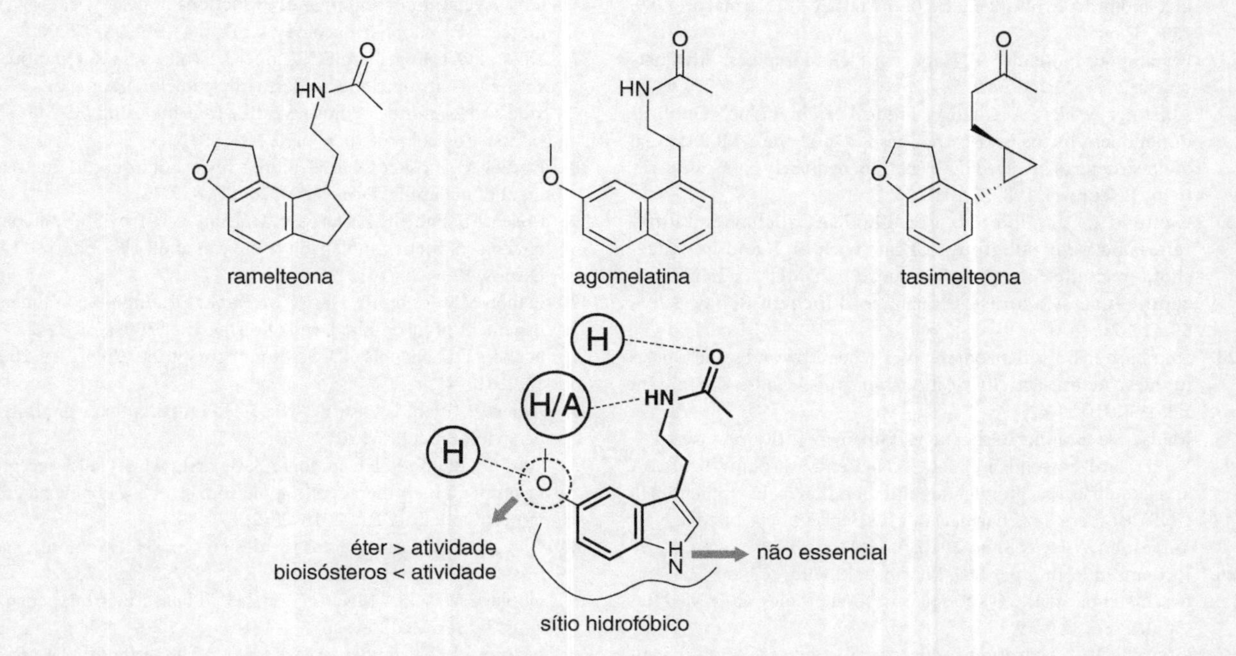

FIGURA 13 Agonistas não seletivos dos receptores MT_1 e MT_2 da melatonina e relações estrutura-atividade sumarizadas. O farmacóforo está destacado.

A: aceptor de ligação de hidrogênio; H: doador de ligação de hidrogênio.

REFERÊNCIAS BIBLIOGRÁFICAS

1. Kim YK (ed.). Anxiety disorders. Rethinking and understanding recent discoveries. Singapore: Springer, 2020.
2. DiPiro JT, Talbert RL, Yees GC, Matzke GR, Wells BG, Posey LM (eds.). Pharmacotherapy. A pathophysiologic approach. 6.ed. New York: McGraw-Hill, 2005.
3. Hilal-Dandan R, Brunton LL (eds.). Manual de farmacologia e terapêutica de Goodman e Gilman. 2.ed. Porto Alegre: Artmed, 2014.
4. Mellman TA. Sleep and anxiety disorders. Psychiatr Clin N Am. 2006; 29:1047-58.
5. Uhde TW, Cortese BM, Vedeniapin A. Anxiety and sleep problems: emerging concepts and theoretical treatment implications. Curr Psychiatry Rep. 2009; 11:269-76.
6. Fong CY, Tay CG, Ong LC, Lai NM. Chloral hydrate as a sedating agent for neurodiagnostic procedures in children. Cochrane Database Syst. Rev. 2017; 11:CD011786.
7. Lemke T, Williams DA, Roche VF, Zito SW (eds.). Foye's principles of medicinal chemistry. 7.ed. Philadelphia: Lippincott Williams & Wilkins, 2012.
8. López-Munoz F, Álamo C, García-García P. The discovery of chlordiazepoxide and the clinical introduction of benzodiazepines: Half a century of anxiolytic drugs. J Anxiety Disord. 2011; 25:554-62.
9. Forman SA, Chou J, Strichartz GR, Lo EH. Farmacologia da neurotransmissão GABAérgica e glutamatérgica. In: Golan DE, Tashjian Jr A H, Armstrong EJ, Armstrong AW (eds.). Princípios de *farmacologia*. 2.ed. Rio de Janeiro: Guanabara Koogan, 2009.
10. Walls, A. B. GABA synthesis and metabolism. In: Stein J (ed.). Reference module in neuroscience and biobehavioral psychology. Oxford, UK: Elsevier, 2017.
11. Vinkers CH, Olivier B. Mechanisms underlying tolerance after long-term benzodiazepine use: a future for subtype-selective receptor modulators? Adv Pharmacol Sci. 2012; 2012:416864.
12. Sigel E, Ernst M. The benzodiazepine binding sites of $GABA_A$ receptors. Trends Pharmacol Sci. 2018; 39:659-71.
13. Terunuma M. Diversity of structure and function of $GABA_B$ receptors: a complexity of $GABA_B$-mediated signaling. Proc Jpn Acad Ser B. 2018; 94:391-411.
14. Chebib M, Hanrahan JR, Kumar RJ, Mewett KN, Morriss G, Wooller, Johnston GAR. (3-Aminocyclopentyl)methylphosphinic acids: Novel $GABA_C$ receptor antagonists. Neuropharmacology. 2007; 52:779-87.
15. Hang D, Pan Z, Awobuluyi M, Lipton SA. Structure and function of GABAC receptors: a comparison of native versus recombinant receptors. Trends Pharmacol Sci. 2001; 22:121-32.
16. Hunkeler W, Möhler H, Pieri L, Polc P, Bonetti EP, Cumin R, Schaffner R, Haefely W. Selective antagonists of benzodiazepines. Nature. 1981; 290:514-6.
17. Whitwam JG, Amrein R. Pharmacology of flumazenil. Acta Anaesthesiol Scand. 1995; 39:3-14.
18. Amrein R, Leishman B, Bentzinger C, Roncari G. Flumazenil in benzodiazepine antagonism. Med. Toxicol. 1987; 2:411-29.
19. Linden AM, Schmitt U, Leppä E, Wulff P, Wisden W, Lüddens H, Korpi ER. Ro 15-4513 antagonizes alcohol-induced sedation in mice through αβγ2-type $GABA_A$ receptors. Front Neurosci. 2011; 5:1-12.
20. Corda MG, Giorgi O, Longoni B, Biggio G. Ro 15-4513, a partial inverse agonist for benzodiazepine recognition sites, has procon-

flict and proconvulsant effects in the rat. Eur J Pharmacol. 1989; 159:233-9.
21. Farzampour Z, Reimer RJ, Huguenard J. Endozepines. Adv Pharmacol. 2015; 72:147-64.
22. Ableitner A, Herz A. Changes in local cerebral glucose utilization induced by the beta-carbolines FG 7142 and DMCM reveal brain structures involved in the control of anxiety and seizure activity. J Neurosci. 1987; 7:1047-55.
23. Contó MB, Carvalho JGB, Benedito MAC. Behavioral differences between subgroups of rats with high and low threshold to clonic convulsions induced by DMCM, a benzodiazepine inverse agonist. Pharmacol Biochem Behav. 2005; 82:417-26.
24. Sternbach LH. 1,4-Benzodiazepines. Chemistry and some aspects of the structure-activity relationship. Angewandte Chemie Int Ed. 1971; 10:34-43.
25. Madsen U, Bräuner-Osborne H, Greenwood JR, Johansen TN, Krogsgaard-Larsen P, Liljefors T, Nielsen M, Frølund B. GABA and glutamate receptor ligands and their therapeutic potential in CNS disorders. In: Pharmaceutical sciences encyclopedia. New York: John Wiley & Sons, 2010. p. 1-111.
26. Jochemsen R, Breimer DD. Pharmacokinetics of benzodiazepines: metabolic pathways and plasma level profiles. Curr Med Res Opin. 1984; 8:60-79.
27. Gravielle MC. Activation-induced regulation of GABAA receptors: is there a link with the molecular basis of benzodiazepine tolerance? Pharmacol Res Commun. 2016; 109:92-100.
28. Becker PM, Somiah M. Non-benzodiazepine receptor agonists for insomnia. Sleep Med Clin. 2015; 10(1):57-76.
29. Wagner J, Wagner ML. Non-benzodiazepines for the treatment of insomnia. Sleep Med Rev. 2000; 4(6)551-81.
30. Tariq SH, Pulisetty S. Pharmacotherapy for insomnia. Clin Geriatr Med. 2008; 24(1):93-105.
31. Azevedo AP, Alóe F, Hasan R. Hipnóticos. Neurociências. 2004; 12(4):198-208.
32. Ebert B, Wafford KA, Deacon S. Treating insomnia: current and investigational pharmacological approaches. Pharmacol Therapeut. 2006; 112(3):612-29.
33. Sabe M, Kashef H, Giron IC, Sentissi O. Zolpidem stimulant effect: induced mania case report and systematic review of cases. Prog Neuropsychopharmacol Biol Psychiatry. 2019; 94.
34. Sukys-Claudino L, Moraes WAS, Tufik S, Poyares D. Novos sedativos hipnóticos. Rev Bras Psiquiatr. 2010; 32(3):288-93.
35. Hesse LM, Moltke LL von, Greenblatt DJ. Clinically important drug interactions with zopiclone, zolpidem and zaleplon. NS Drugs. 2003; 17(7):513-32.
36. Hemmeter U, Müller M, Bischof R, Annen B, Holsboer-Trachsler E. Effect of zopiclone and temazepam on sleep EEG parameters, psychomotor and memory functions in healthy elderly volunteers. Psychopharmacology, v.147, n.4, p. 384-96, 2000.
37. Nilsson GH, Kugelberg FC, Ahlner J, Kronstrand R. Quantitative analysis of zopiclone, N-desmethylzopiclone, zopiclone N-oxide and 2-amino-5-chloropyridine in urine using LC-MS-MS. J. Anal. Toxicol. v.38, n. 6, p. 327-34, 2014.
38. Dooley M, Plosker GL. Zaleplon: a review of its use in the treatment of insomnia. Drugs. 2000; 60(2): 413-45.
39. Rosen AS, Fournié P, Darwish M, Danjou P, Troy SM. Zaleplon pharmacokinetics and absolute bioavailability. Biopharm Drug Dispos. 1999; 20(3):171-5.
40. Lemon MD, Strain JD, Hegg AM, Farver DK. Indiplon in the management of insomnia. Drug Des Dev Ther 2009; 3:131-42.
41. Nichols DE, Nichols CD. Serotonin receptors. Chem Rev. 2008; 108:1614-41.
42. Albert PR Vahid-Ansari F. The 5-HT1A receptor: signaling to behavior. Biochimie. 2019; 161:34-45.
43. Staroń J, Bugno R, Hogendorf AS, Bojarski AJ. 5-HT1A receptor ligands and their therapeutic applications: review of new patents. Expert Opin Ther Pat. 2018; 28(9):679-89.
44. Glennon RA. Concepts for the design of 5=HT, serotonin agonists and antagonists. Drug Dev Res. 1992; 26:251-74.
45. Dooley EM, Miller MK, Clayton AH. Flibanserin: from bench to bedside. Sex Med Rev. 2017; 5:461-9.
46. Akimova E, Lanzenberger R, Kasper S. The serotonin-1A receptor in anxiety disorders. Biol Phychiatry. 2009; 66:627-35.
47. Huang X, Yang J, Yang S, Cao S, Qin D, Zhou Y, Li X, Ye Y, Wu J. Role of tandospirone, a 5-HT1A receptor partial agonist, inthe treatment of central nervous system disorders and the underlying mechanisms. Oncotarget. 2017; 8(60):102705-20.
48. Loane C, Politis M. Buspirone: What is it all about? Brain Res. 2012; 146:111-8.
49. Amaral FG do, Cipolla-Neto J. A brief review about melatonin, a pineal hormone. Arch Endocrinol Metab. 2018; 62(4):472-9.
50. Gobbi G, Comai S. Differential function of melatonin MT1 and MT2 receptors in REM and NREM sleep. Front Endocrinol 2019; 1:10.
51. Emens JS, Burgess HJ. Effect of light and melatonin and other melatonin receptor agonists on human circadian physiology. Sleep Med Clin. 2015; 10(4):435-53.
52. Krystal AD, Prather AA, Ashbrook LH. The assessment and management of insomnia: an update. World Psychiatry. 2019; 18(3):337-52.
53. Alkozi HA, Sanchez Montero JM, Doadrio AL, Pintor J. Docking studies for melatonin receptors. Expert Opin Drug Discov. 2018; 13(3):241-8.
54. Rivara S, Mor M, Bedini A, Spadori G, Tarzia G.Melatonin receptor agonists: SAR and applications to the treatment of sleep--wake disorders. Curr Top Med Chem. 2008; 8(11):954-68.

CAPÍTULO 39

Hipnoanalgésicos

Diogo Teixeira Carvalho

INTRODUÇÃO

Os analgésicos conhecidos por hipnoanalgésicos ou analgésicos opioides, dos quais a morfina (1, Figura 1) é o principal representante, correspondem à principal classe de fármacos empregados no manejo de dores crônicas e agudas, de intensidade moderada ou forte, que não possam ser controladas por analgésicos triviais. Os hipnoanalgésicos são depressores do sistema nervoso central, atuando de maneira inibitória sobre a transmissão nociceptiva e na modulação da resposta emocional à dor. Atualmente, também é reconhecida a ação desses fármacos em nível periférico. Em ambas as situações, sua ação é mediada por alvos moleculares denominados receptores opioides.[1] Os hipnoanalgésicos são extensivamente utilizados em pacientes com câncer terminal, infarto agudo do miocárdio e outros processos acompanhados por quadros dolorosos intensos. Além disso, esses agentes são comumente empregados como fármacos pré-anestésicos.

Com o intuito de evitar confusão ou uso inadequado, é importante a distinção dos termos opioide e opiáceo, muito comuns em textos que tratam dos hipnoanalgésicos. A classificação de uma substância como *opioide* está associada à sua habilidade de interagir com receptores opioides no organismo, independentemente de serem sintéticas, semissintéticas, naturais ou endógenas, ou, ainda, de apresentarem ou não similaridade estrutural com a morfina. Já *opiáceo* é o termo reservado a qualquer substância estruturalmente relacionada à morfina, independente de atuarem ou não em receptores opioides.[2]

ASPECTOS FARMACODINÂMICOS DOS HIPNOANALGÉSICOS

Histórico

Receptores opioides

A existência de receptores com os quais a morfina deveria interagir de modo a resultar em seus efeitos farmacológicos foi postulada pelos pesquisadores Beckett e Casy, em 1954.[3] Não era comum, àquela época, aceitar a existência de sítios receptores no organismo humano com os quais as substâncias exógenas interagiriam. Entretanto, em 1973, três diferentes grupos de pesquisadores estudaram a existência desses receptores utilizando homogeneizados de cérebro de ratos, e conseguiram provar a existência desses alvos envolvidos com a ação analgésica de morfina e seus análogos.[4-6] Esses receptores foram denominados genericamente de receptores opioides.[7]

A observação de que a morfina e seus análogos provocavam múltiplos efeitos farmacológicos levou outros pesquisadores a postularem a existência de mais de um tipo de receptor com os quais esses compostos poderiam interagir.[8-10] Um somatório de esforços resultou, então, na descoberta de três tipos de receptores opioides: mu (μ), delta (δ) e kappa (κ). Esses receptores foram clonados nos anos 1990 e subtipos seus logo foram descobertos.[11] Ainda naquela década, esses receptores foram renomeados como OP1 (receptor δ), OP2 (receptor κ) e OP3 (receptor μ). Essa classificação foi alterada novamente em 2000, quando receptores opioides passaram a ser designados como DOP (receptor δ), KOP (receptor κ) e MOP (receptor μ). Entretanto, tendo em vista o extenso uso dado à primeira nomenclatura, o que se vê atualmente é um uso misto dela e da última classificação.

Opioides endógenos

Em 1975, Hughes e colaboradores isolaram substâncias endógenas do cérebro humano que atuavam como ligantes de receptores opioides.[12] Essas substâncias foram denominadas encefalinas e eram peptídeos de sequência Tyr-Gly-Gly-Phe-Leu e Tyr-Gly-Gly-Phe-Met, denominadas Leu-encefalina e Met-encefalina, respectivamente, em referência aos seus aminoácidos terminais.[7]

Logo após a descoberta das encefalinas, outros opioides endógenos foram descobertos, como a beta-endorfina, as dinorfinas e as endomorfinas. Os opioides endógenos são agrupados sob um mesmo nome, endorfinas, e todos são originados de proteínas inativas de estruturas mais complexas, como pró-encefalina, pró-dinorfina e pró-opiomelanocortina.[13]

É interessante notar que a morfina e alguns de seus análogos possuem uma subunidade estrutural que se assemelha ao resíduo tirosínico presente nas endorfinas e isso provavelmente explica, ao menos em parte, a afinidade daqueles fármacos por receptores opioides (Figura 1).

Ações farmacológicas dos opioides endógenos e hipnoanalgésicos

Os receptores opioides estão distribuídos por todo o sistema nervoso central e no tecido periférico de origem neural e não neural. Os opioides endógenos exercem seus efeitos analgésicos por um somatório de eventos complexos em regiões espinhais e supraespinhais, mas também por mecanismos periféricos associados a processos inflamatórios.[1]

Todos os receptores opioides são acoplados a um sistema de proteína G inibitória. Assim, a ativação desses receptores por agonistas endógenos ou exógenos resulta em importantes e complexas respostas moleculares, como a inibição da adenilato ciclase, a redução da concentração intracelular de monofosfato cíclico de adenosina, o fechamento de canais para entrada de cálcio e o estímulo ao efluxo de íons potássio da célula neuronal. Em última instância, esses efeitos levam à hiperpolarização da célula neuronal pós-sináptica e à inibição de transmissão do impulso nervoso.[14,15]

Centralmente, a ativação de receptores MOP parece ser o principal responsável pelo efeito analgésico associado aos agonistas opioides. Dessa ativação decorre uma ação inibitória em neurônios aferentes sinalizadores da sensação de dor. Infelizmente, os receptores MOP também parecem ser responsáveis pelas principais reações indesejáveis com o uso de opioides. Alguns efeitos colaterais comuns, como depressão respiratória e constipação intestinal, são resultado de sinalizações celulares específicas, causadas pelo estímulo de vias bioquímicas dependentes de beta-arrestina 2, que também é consequência da ativação de receptores opioides.[15-17]

A ativação dos receptores DOP está relacionada à analgesia percebida em tratamentos de dores crônicas e ao efeito antidepressivo associado ao uso de agonistas mais seletivos a esse tipo de receptor. Já a ação agonista sobre os receptores KOP está ligada a um misto de efeitos analgésicos, pró-álgicos e depressores. Na Tabela 1 estão arrolados os principais efeitos observados com a ativação de receptores opioides por agonistas.

Em geral, ligantes se associam a seus receptores de maneiras distintas, e dessas interações resultam alterações na natureza e na intensidade das respostas farmacológicas. No caso dos receptores opioides, isso implica o fato de os opioides exógenos poderem provocar respostas intracelulares muito diferentes, incluindo a potência analgésica e o risco para desenvolvimento de dependência e de efeitos colaterais, como depressão respiratória.[18]

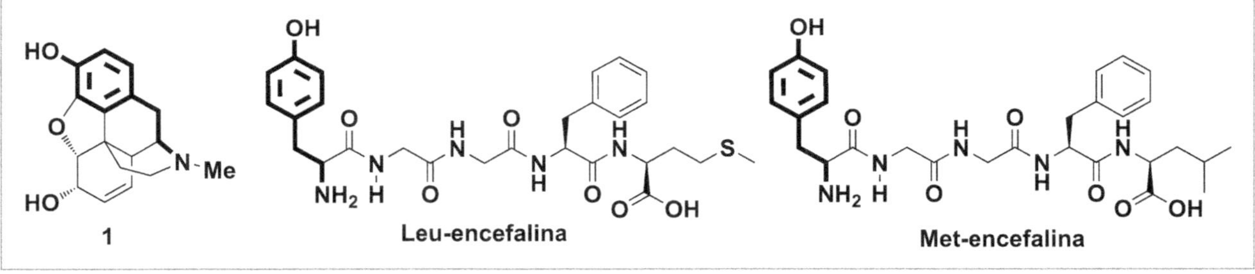

FIGURA 1 Relação estrutural entre a morfina (1) e as encefalinas Leu-encefalina e Met-encefalina.

TABELA 1 Principais efeitos observados como resposta à ligação de agonistas a receptores opioides

Tipo de receptor	Efeito observado
MOP (μ)	Analgesia, euforia, depressão respiratória, sedação, constipação intestinal, náusea, vômito, miose, dependência
DOP (δ)	Analgesia
KOP (κ)	Analgesia, disforia, sedação, miose

Adicionalmente, é importante ressaltar que alguns opioides exercem efeitos de agonistas parciais, agonistas mistos e mesmo de antagonistas.[19] Acredita-se que o fato de uma substância atuar como ativador (agonista) ou bloqueador (antagonista) de uma resposta específica de um receptor esteja relacionado à sua habilidade de interação preferencial com um dos diferentes estados, ativado ou desativado, desse alvo molecular. Assim, por exemplo, a ligação preferencial de um opioide ao receptor enquanto em sua conformação inativa estabilizaria o opioide nesse estado no qual é incapaz de iniciar os eventos bioquímicos que levariam à resposta farmacológica.

MORFINA

A morfina é o protótipo da família dos hipnoanalgésicos e é o opioide clinicamente mais empregado, a despeito dos efeitos adversos associados ao seu uso, como euforia, constipação intestinal, depressão respiratória e dependência.[20,21]

Obtenção e caracterização estrutural

Isolamento

A morfina é o alcaloide mais abundante dentre os cerca de 20 presentes no ópio, nome dado ao exsudato ou látex obtido de cápsulas imaturas da planta popularmente conhecida por papoula (*Papaver somniferum*).[22] Embora haja relatos de que a morfina tenha sido isolada, mesmo que de forma rudimentar, já em meados dos anos 1600, sua obtenção eficaz a partir do ópio é creditada ao alemão Sertürner, em 1805.[23] Ele observou que embora a morfina fosse insolúvel em água pura, essa propriedade era modificada quando tratada com ácido aquoso. Dessa solução ácida, a morfina podia ser precipitada por tratamento com excesso de amônia, uma base fraca (Figura 2).

Por esses achados, ele classificou a morfina como uma substância básica. Inicialmente ignorado, o trabalho de Sertürner, apoiado posteriormente pelo francês Gay-Lussac, só veio a ser publicado em 1817.

Síntese

Por conta de sua grande utilidade farmacológica, bem como por sua estrutura química desafiadora, diversas propostas de síntese para obtenção da morfina têm sido investigadas desde sua primeira síntese total, em 1952, por Gates e Tschudi.[24] Entretanto, nenhuma rota sintética proposta até hoje é realmente viável para a produção de morfina em grande escala, em razão da complexidade das etapas de síntese e o baixo rendimento global.[25] Assim, sua extração de fonte natural ainda é a estratégia mais eficaz.

Em contrapartida, os estudos químicos voltados à sua obtenção continuam a ocorrer, e os seus achados têm sido muito úteis para o progresso da química orgânica sintética, pois novos reagentes e metodologias de síntese foram e ainda são desenvolvidos.[26]

Estrutura

A estrutura complexa da morfina representou um grande desafio para os pesquisadores envolvidos em sua elucidação.[27] Esforços nesse sentido se iniciaram ainda no século XIX, quando, por volta de 1880, foram iden-

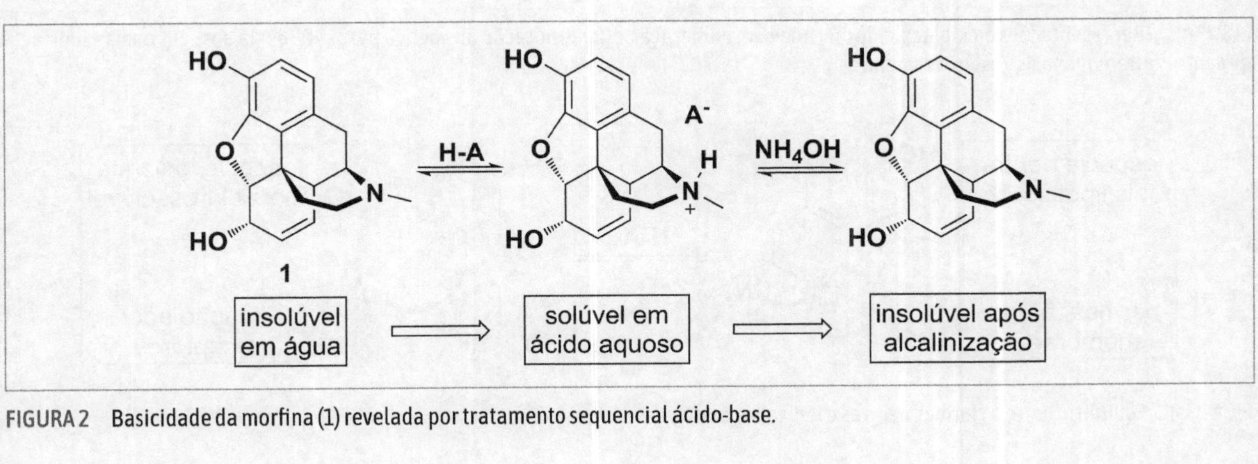

FIGURA 2 Basicidade da morfina (1) revelada por tratamento sequencial ácido-base.

tificados seus grupos funcionais. Entretanto, o arranjo estrutural completo da morfina só foi proposto em 1925 por Sir Robert Robinson, que acertadamente descreveu, com riqueza de detalhes, a estrutura exata desse alcaloide. Vale notar que a contribuição de Robinson ocorreu em uma época em que os recursos para investigação estrutural ainda eram muito escassos em relação ao que se tem atualmente. Em 1968, a proposta de Robinson foi confirmada por estudos de cristalografia de raios X.[21]

A morfina é composta por cinco anéis fundidos entre si, em um arranjo que permite a existência de cinco centros estereogênicos. Seus anéis são usualmente identificados por A, B, C, D e E. Na Figura 3 é possível observar essa notação e a numeração oficial na estrutura da morfina. O isômero natural, (-)-morfina, possui configuração 5*R*, 6*S*, 9*R*, 13*S* e 14*R*. Seu enantiômero é destituído de ação hipnoanalgésica.[2] Os grupos funcionais encontrados na morfina são fenol, álcool, éter e amina terciária, além de um anel aromático e um alceno.

Relações estrutura-propriedade

A morfina é um fármaco relativamente polar (logP 0,89), o que impacta negativamente sua absorção por via oral e permite que apenas uma fração atinja o sistema nervoso central, tendo em vista a função restritiva da barreira hematoencefálica a substâncias pouco lipossolúveis.[2] É considerado um fármaco básico (pka$_H$ 8,21) devido à presença da amina terciária, a qual, em meio fisiológico, permite que se encontre a morfina como um equilíbrio entre as formas neutra e seu ácido conjugado (Figura 4). A forma não ionizada é mais lipofílica, portanto, é a responsável pela difusão por membranas plasmáticas, permitindo os fenômenos de absorção, distribuição e reabsorção renal. Já a forma ionizada está envolvida no reconhecimento fármaco-receptor e na excreção renal.

A despeito do reduzido coeficiente de partição que a morfina apresenta, sua solubilidade em água pura é muito baixa (149 mg L^{-1}). A presença do grupo amino na estrutura da morfina possibilita a preparação de sais, como o cloridrato e o sulfato (Figura 5), os quais são muito mais hidrossolúveis que a base livre. Dessa forma, é possível a formulação de morfina em veículos adequados para uso injetável.

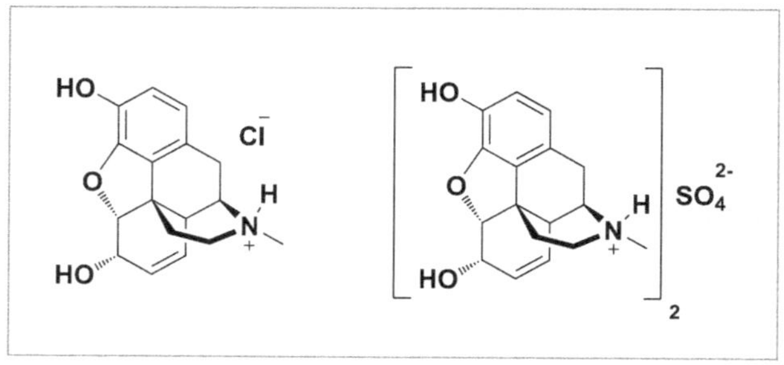

FIGURA 5 Estruturas químicas dos sais cloridrato e sulfato de morfina, respectivamente.

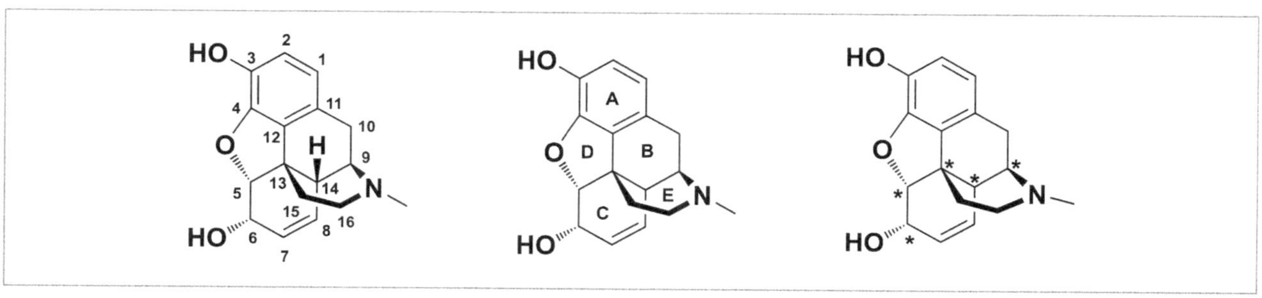

FIGURA 3 Representações da molécula de morfina com numeração oficial, notação alfabética para referência aos seus anéis e indicação de centros estereogênicos, respectivamente.

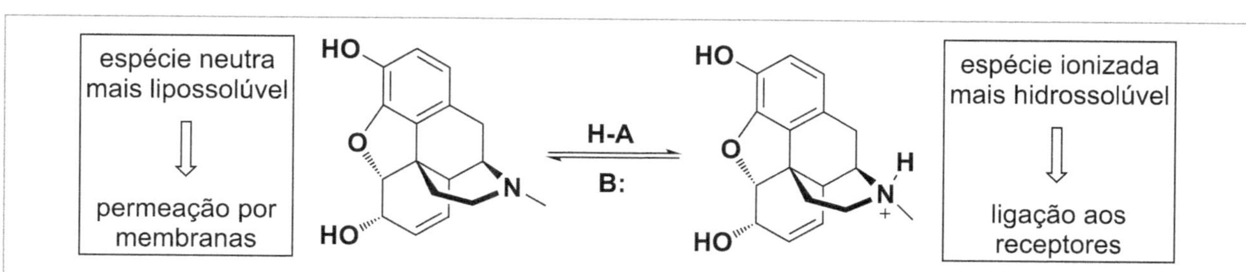

FIGURA 4 Equilíbrio entre as formas neutras e ionizadas da morfina.

Relações estrutura-atividade

Modificações químicas na estrutura da morfina foram realizadas desde muito cedo, em paralelo à evolução das descobertas acerca de sua identidade, propriedades físico-químicas e efeitos farmacológicos. Essas alterações estruturais permitiram entender as exigências para a manutenção de atividade hipnoanalgésica em derivados ou análogos da morfina e também abriram o caminho para a obtenção de hipnoanalgésicos aprimorados. Outros análogos exibiram perfis de agonistas mistos ou de antagonistas, o que os tornam úteis em situações ligadas à sobredosagem com hipnoanalgésicos ou em situações com pacientes sob tratamento de dependência por esses fármacos.[21,28] Nitidamente, o que se pôde perceber nesses estudos de modificação molecular é que os membros de uma mesma classe terapêutica podem se comportar de modos muito distintos.[29]

Manipulações nas hidroxilas de C-3 e C-6

Em estudos *in vitro*, observou-se que a atividade hipnoanalgésica da morfina diminui de maneira expressiva quando a hidroxila fenólica (3-OH) é alterada, como ocorre com os produtos de alquilação ou acetilação denominados codeína (2), 3-etilmorfina (3) e 3-acetilmorfina (4). Por outro lado, a manipulação da hidroxila alcoólica (6-OH) mostrou que ela não é essencial para o efeito analgésico da morfina, já que heterocodeína (5), 6-etilmorfina (6) e 6-acetilmorfina (7) mantêm esse efeito farmacológico. Mesmo o análogo cetônico oximorfina (8) ainda apresenta atividade hipnoanalgésica.[2,22] As estruturas desses análogos estão mostradas na Figura 6.

Manipulações na insaturação de C7-C8 e no grupo amino

A necessidade da presença da insaturação entre C7 e C8 e as modificações no grupo amino também foram avaliadas com uma série de derivado, como aqueles apresentados na Figura 7. A retirada da insaturação, associada ou não à presença da hidroxila 6-OH, não impacta de modo negativo a atividade hipnoanalgésica. Isso pode ser observado com os análogos di-hidromorfina (9) e hidromorfona (10).[18] Outro achado interessante é a necessidade da presença do grupo *N*-metílico para a manutenção da ação hipnoanalgésica em análogos da morfina. A normorfina (11), por exemplo, tem apenas 25% de potência em relação ao fármaco. A ausência do grupo metílico em 11 prejudica sua passagem ao sistema nervoso central e a afinidade pelo sítio de ligação em receptores opioides.[2]

Já a conversão da morfina em um sal de amônio quaternário (12) ou um derivado do tipo *N*-óxido (13) mantém a habilidade de interação com receptores opioides *in vitro*. Entretanto, esses derivados 12 e 13, constantemente ionizados, são destituídos de ação *in vivo*, por limitações na capacidade de permeação de membranas biológicas que levam aos receptores.[30]

Influência da lipossolubilidade na atividade

O impacto da lipossolubilidade no efeito hipnoanalgésico foi bem ilustrado ao se observar a ação da 3,6-di-*O*-acetilmorfina (14), também conhecida por heroína ou diamorfina. Esse derivado foi preparado no século XIX por Wright, em Londres, mediante o tratamento da morfina com anidrido acético em aquecimen-

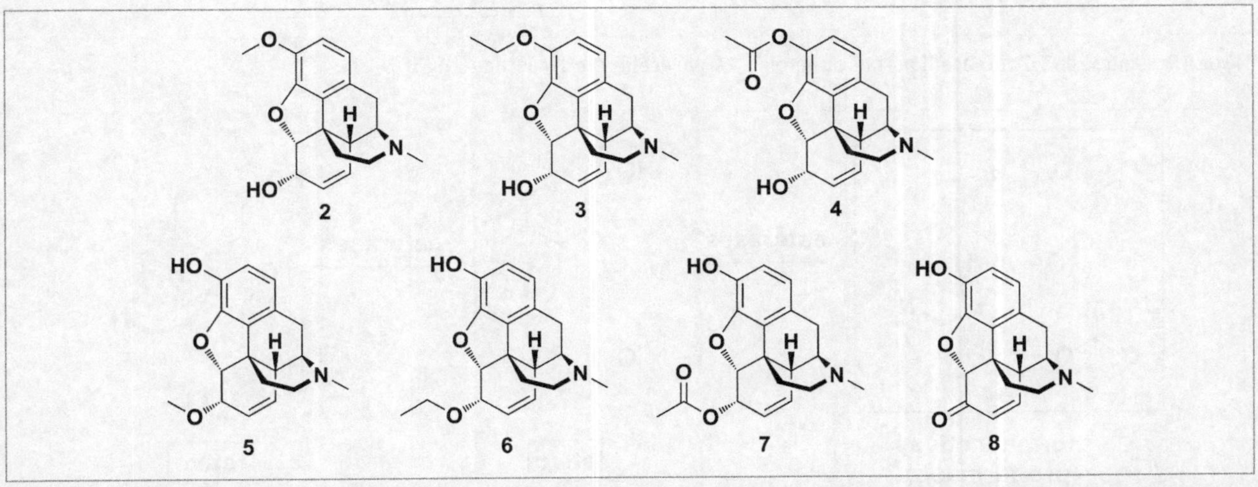

FIGURA 6 Estruturas químicas de análogos da morfina obtidos por variações nos grupos 3-OH e 6-OH (2: codeína; 3: etilmorfina; 4: 3-acetilmorfina; 5: heterocodeína; 6: 6-etilmorfina; 7: 6-acetilmorfina e 8: oximorfina).

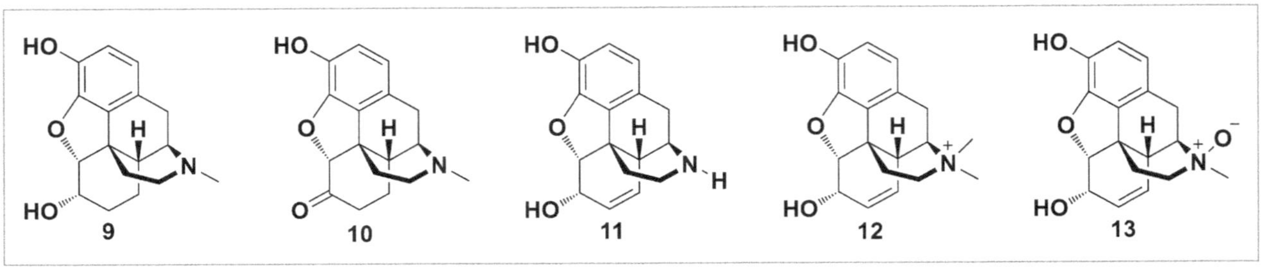

FIGURA 7 Estruturas químicas de análogos da morfina obtidos por retirada do grupo alceno, di-hidromorfina (9) e hidromorfona (10), e por modificações na amina terciária, normorfina (11), N-metilmorfina (12) e morfina N-óxido (13).

to (Figura 8). Seus objetivos eram cooperar com as descobertas referentes a relações estrutura-atividade nessa classe.[22]

A empresa alemã Bayer demonstrou, à época, interesse na produção e comercialização da 3,6-di-*O*-acetilmorfina como antitussígeno e analgésico com finalidades odontológicas. Entretanto, logo foi percebido o potencial de abuso que essa substância possui, pois leva rapidamente a um quadro intenso de euforia, fazendo com que seu uso para essas finalidades fosse descontinuado.[18] Como a 3,6-di-*O*-acetilmorfina tem suas duas hidroxilas bloqueadas (logP 1,58), é mais eficiente em cruzar a barreira hematoencefálica que a morfina e, assim, permite que altas concentrações suas sejam alcançadas em um curto espaço de tempo no sistema nervoso central.[31] A ação de esterases nesse compartimento rapidamente libera a hidroxila fenólica da forma éster, permitindo que estejam biodisponíveis altas concentrações de hipnoanalgésicos (7 e 1) na forma ativa (Figura 9).

Influência da estereoquímica na atividade

Além da importância de seus grupos funcionais, o arranjo espacial resultante dos múltiplos anéis fundidos e dos centros estereogênicos faz com que a morfina adote uma disposição espacial em T, a qual direciona a maneira pela qual esse fármaco interage com receptores opioides.[2] Segundo o modelo proposto nos anos

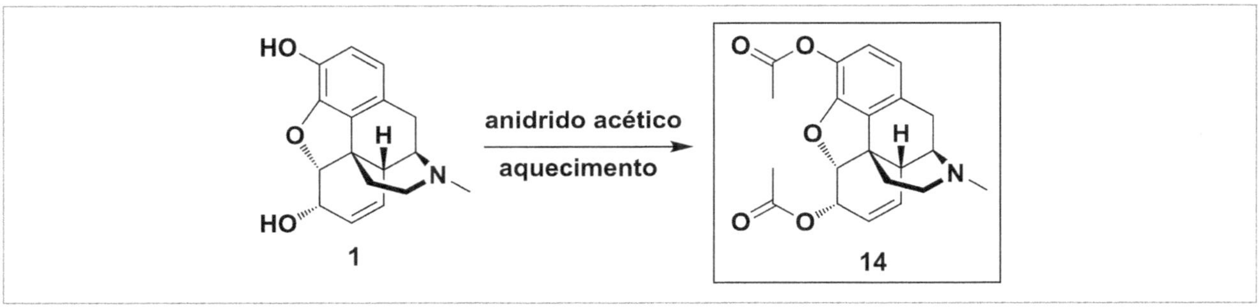

FIGURA 8 Síntese da 3,6-di-O-acetilmorfina ou heroína (14) por acetilação da morfina (1).

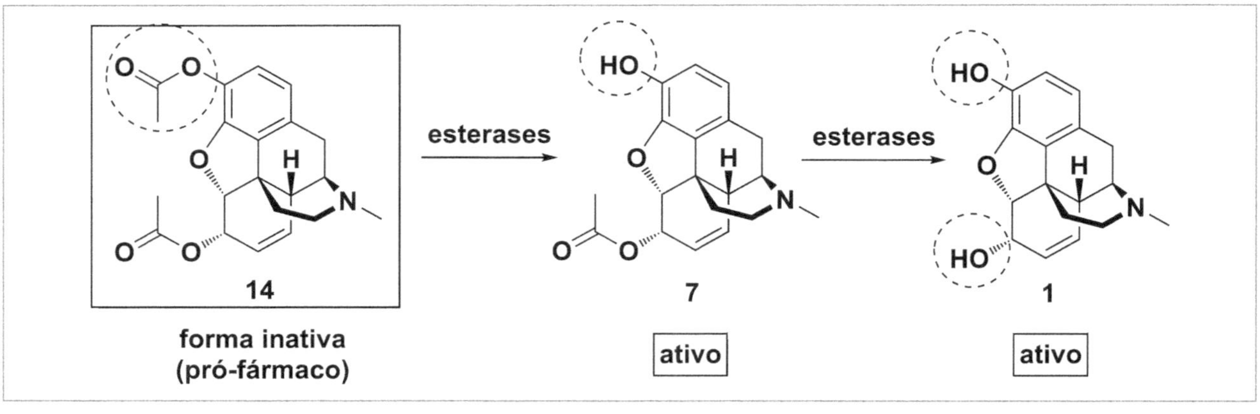

FIGURA 9 Bioativação da 3,6-di-O-acetilmorfina (14) aos metabólitos com ação hipnoanalgésica (7) e (1).

1950 por Beckett e Casy, a morfina interagiria estritamente nessa conformação e configuração com receptores opioides, e essa complementaridade com o receptor seria apoiada por interação eletrostática mediada pela amina protonada, interação de van der Waals com o anel benzênico e ligação de hidrogênio via hidroxila fenólica, constituindo assim o farmacóforo dessa substância (Figura 10).[18]

OUTROS ANÁLOGOS DE MORFINA

Além das alterações estruturais que foram apresentadas até aqui, a estrutura da morfina também foi submetida a modificações mais substanciais, como na posição C-14, na amina terciária e em seus anéis. Adicionalmente, a inserção de elementos de restrição conformacional também resultou em derivados clinicamente importantes, como será apresentado mais adiante.

Análogos por hidroxilação em C-14

Embora muitas das modificações vistas até agora não tenham trazido ganhos importantes na atividade analgésica da morfina, alterações concomitantes nas posições C-6 e C-14 levaram a mudanças expressivas na potência analgésica encontrada nos derivados. Os principais exemplos dessa estratégia são a oximorfona (15) e a oxicodona (16), mostradas na Figura 11.

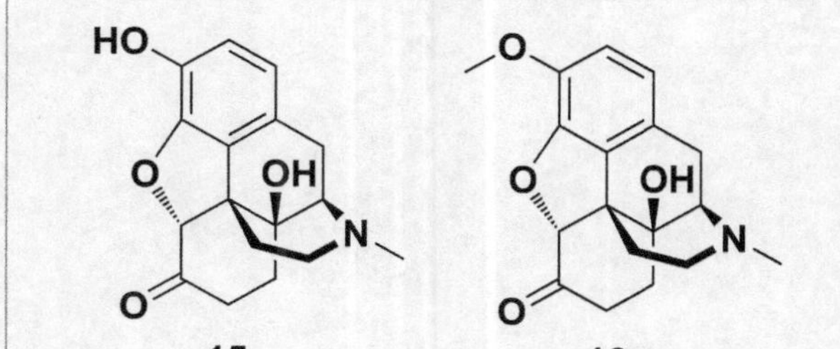

15 16

FIGURA 11 Oximorfona (15) e oxicodona (16), potentes agentes hipnoanalgésicos obtidos de morfina e codeína, respectivamente, por hidroxilação em C-14 e modificação no álcool alílico.

Análogos por alteração do grupo N-alquílico

A troca do grupo *N*-metílico por outros substituintes mais complexos levou à descoberta de agentes opioides com diferentes configurações de atividade. Assim, partindo-se da normorfina (11), foram reveladas substâncias que atuam como agonistas mais potentes, além de outros com características de agonistas mistos e antagonistas.[22]

Na Figura 12 estão mostradas as estruturas de alguns derivados de morfina que tiveram o grupo metílico substituído por grupos alquílicos de maior extensão, associado a alterações no álcool alílico e hidroxilação em C-14.

De forma genérica, observou-se que a troca do grupo metílico por outros que contenham de três a cinco carbonos resulta em produtos que atuam como antagonistas, possivelmente por estabilizarem os receptores opioides em uma conformação inativa, por associação a sítios hidrofóbicos extras no receptor.[2]

Tal observação é particularmente importante se insaturações ou pequenos anéis estiverem inseridos nessas cadeias, como visto com as substâncias 17-20.[32-34] Entre eles, vale destacar que naloxona (18) e naltrexona (20) são antagonistas opioides puros, enquanto nalorfina (17) se comporta como agonista misto. Por outro lado, a substituição por cadeias mais extensas traz de volta o perfil agonista das substâncias. A substância feniletílica 21 é um exemplo dessa constatação, sendo um agonista opioide 14 vezes mais potente que a morfina.

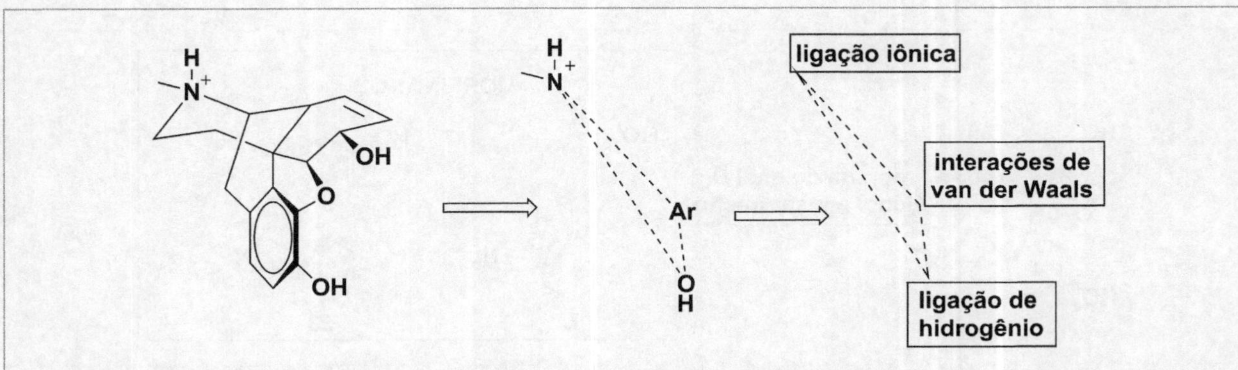

FIGURA 10 Conformação em T para a morfina e diferentes representações de seu triângulo farmacofórico.

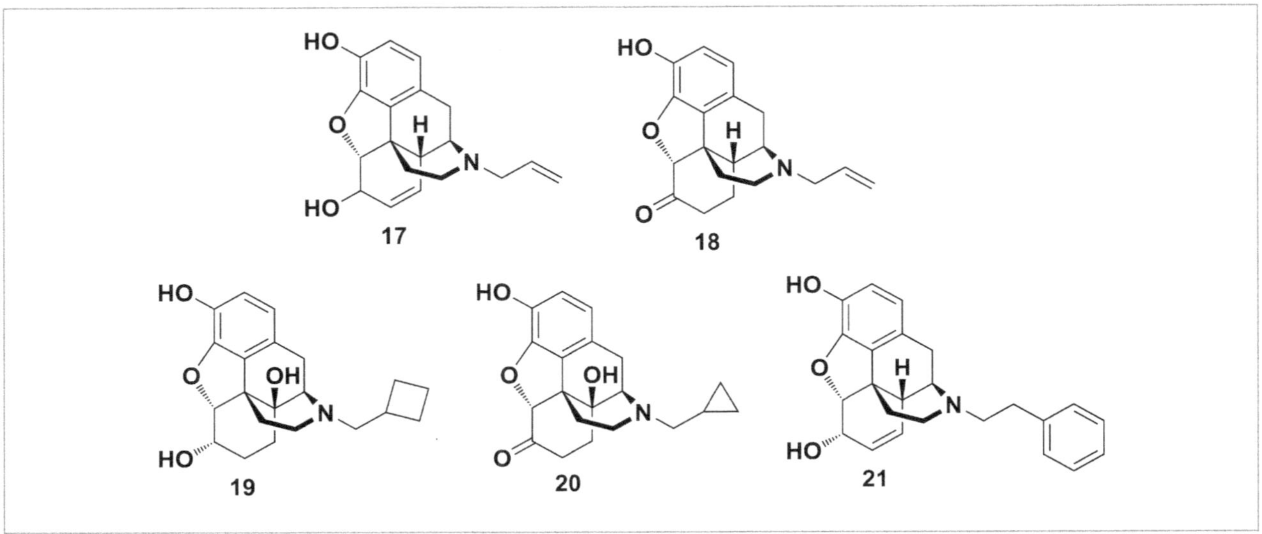

FIGURA 12 Estruturas dos análogos nalorfina (17), naloxona (18), nalbufina (19), naltrexona (20) e N-feniletilmorfina (21), obtidos por extensão da cadeia N-alquílica.

Análogos por simplificação molecular

A simplificação molecular, por meio de manipulação dos anéis, consistiu na retirada gradual destes últimos a fim de se observar o impacto dessas alterações na ação hipnoanalgésica. Os produtos de simplificação molecular obtidos foram denominados como novas classes de hipnoanalgésicos, conforme o(s) ciclo(s) (A, B, C, D e/ou E) eliminado(s) da estrutura.[2] Essas novas classes mostraram perfis distintos de atividade, em geral superiores em potência analgésica quando comparados à morfina ou menos propícios a causarem determinados efeitos colaterais.

Morfinanos

O éter cíclico representado pelo anel D não se mostrou essencial à atividade hipnoanalgésica, pois derivados de morfina sem essa subunidade estrutural mantiveram esse efeito farmacológico. Dois bons exemplos desse novo grupo de derivados da morfina, os morfinanos, são o levorfanol (22) e o levalorfano (23), mostrados na Figura 13. Enquanto o levorfanol é um análogo direto da morfina, o levalorfano se relaciona estruturalmente à nalorfina. O levorfanol é um agonista em receptores MOP com potência seis vezes superior à da morfina.[2]

Benzomorfanos

A classe dos benzomorfanos surgiu de simplificação molecular da morfina por retirada dos anéis C e D e do emprego de estratégias de extensão da cadeia *N*-alquílica em alguns casos.[35] Os principais representantes dessa classe são metazocina (24), fenazocina (25), pentazocina (26) e bremazocina (27), mostrados na Figura 14.

Enquanto a metazocina retém a mesma potência da morfina, a fenazocina é cinco vezes mais potente e tem a vantagem de não apresentar propensão à dependência.

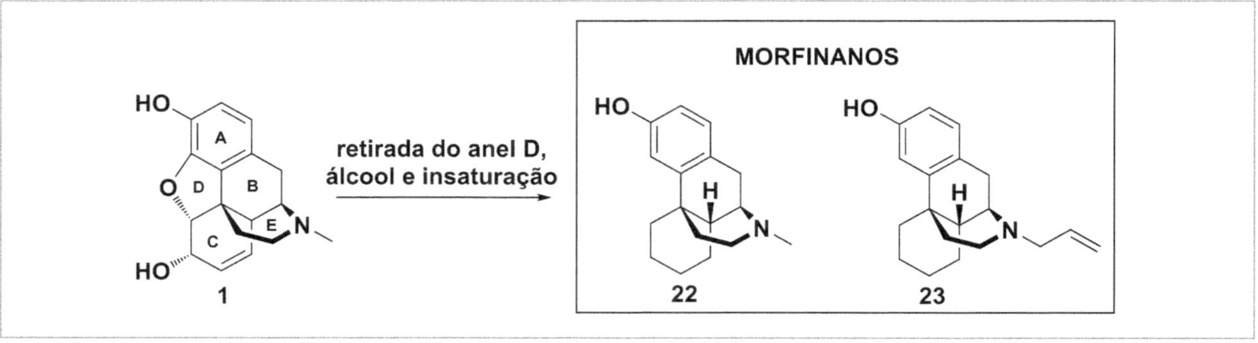

FIGURA 13 Levorfanol (22) e levalorfano (23), morfinanos obtidos de simplificação molecular da morfina.

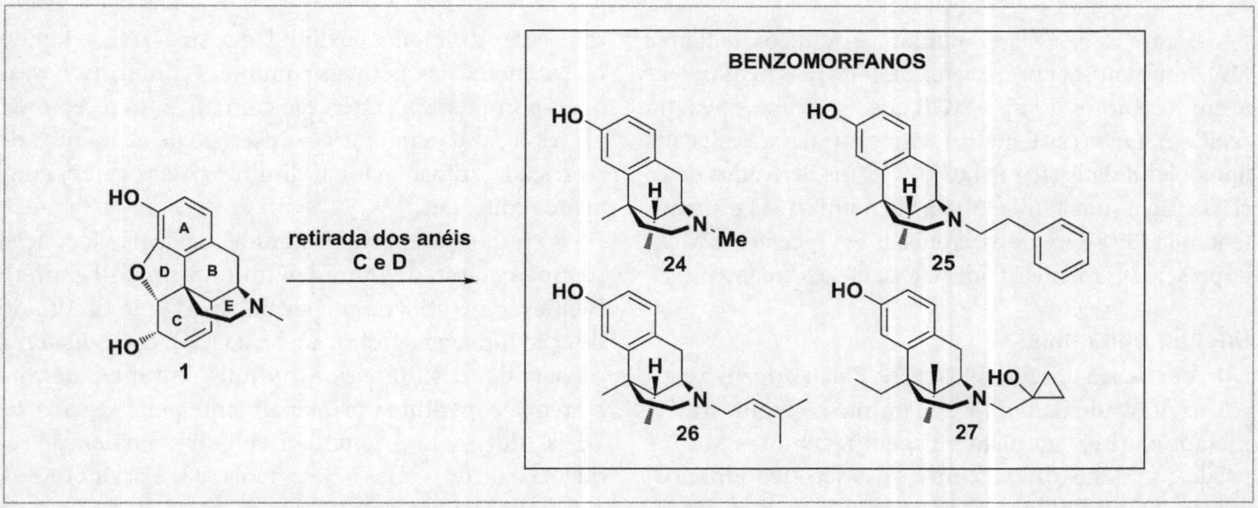

FIGURA 14 Metazocina (24), fenazocina (25), pentazocina (26) e bremazocina (27), benzomorfanos obtidos de simplificação molecular da morfina.

Pentazocina e bremazocina são hipnoanalgésicos de longa duração, porém com ação mais voltada a receptores opioides do tipo KOP.[36] A bremazocina é cerca de 200 vezes mais potente que a morfina e representa um bom exemplo de que analgesia, potencial de causar depressão respiratória e dependência não necessariamente vão coexistir.[37]

Fenilpiperidinas e anilinopiperidinas

Os anéis B, C e D não são essenciais à atividade hipnoanalgésica, como foi percebido com os representantes das classes das 4-fenilpiperidinas e 4-anilinopiperidinas (Figura 15).[2] O reconhecimento da atividade opioide da fenilpiperidina petidina (28), também conhecida como petidina, ocorreu ao acaso. Originalmente, ela veio de estudos voltados à obtenção de agentes espasmolíticos correlatos à atropina. A petidina é menos potente que a morfina e apresenta menor duração de ação, provavelmente devido à sua rápida hidrólise por esterases, sendo empregada para procedimentos médicos de duração mais curta.

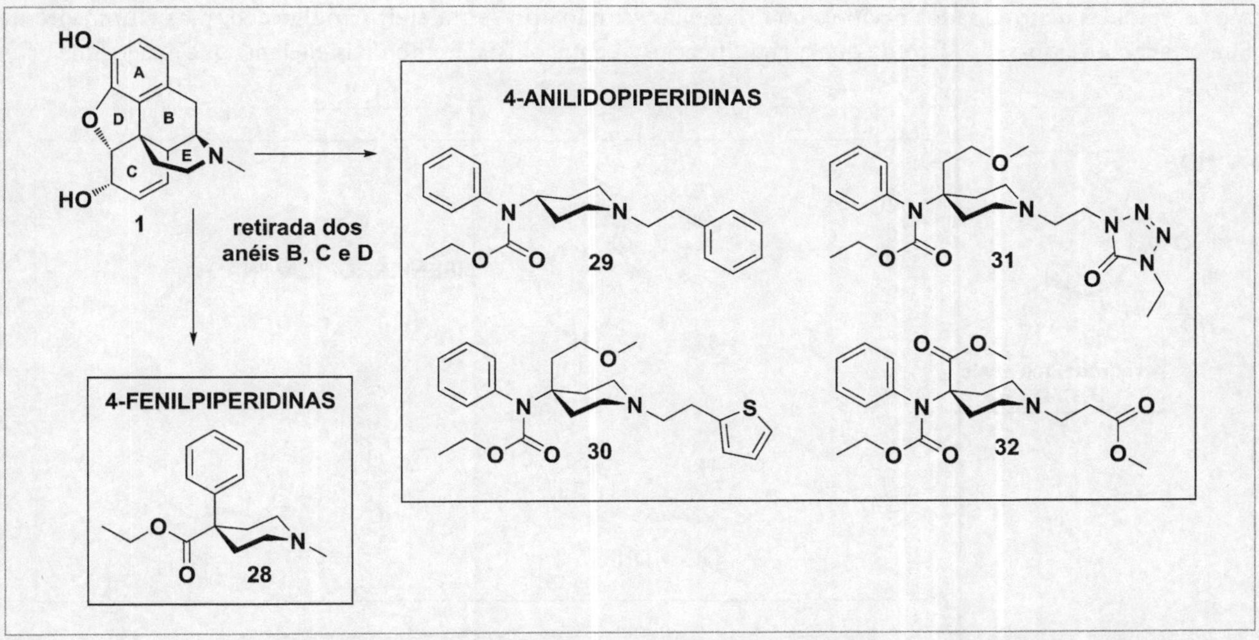

FIGURA 15 Estruturas da petidina (28), fentanila (29), sufentanila (30), alfentanila (31) e remifentanila (32), piperidinas obtidas de simplificação molecular da morfina.

Dentre os derivados anilidopiperidínicos, fentanila (29), um agonista puro, é cerca de 100 vezes mais potente em receptores do tipo MOP que a morfina e penetra rapidamente no sistema nervoso central, dada sua alta lipossolubilidade (log P 4,05).[38] Outros derivados dessa classe são a sufentanila (30), a alfentanila (31) e a remifentanila (32). São todos agonistas em receptores MOP e apresentam menor incidência de efeitos colaterais.[18]

Difenilpropilaminas

A exclusão dos anéis B, C, D e E deu origem à classe dos derivados difenilpropilamínicos (Figura 16). A metadona (33), agonista puro em receptores MOP, é usada como mistura racêmica, mas seu efeito hipnoanalgésico é atribuído majoritariamente ao enantiômero levorrotatório *R*. Embora sua atividade analgésica seja similar à da morfina, tem maior potencial após administração oral e efeito mais prolongado, possivelmente por sua lipossolubilidade superior (log P 3,93).[39]

Os sais cloridrato de loperamida (34) e de difenoxilato (35) são agonistas opioides utilizados como agentes antidiarreicos, tendo em vista a ação dos opioides sobre o peristaltismo intestinal.[18] Podem ser vistos como produtos de simplificação molecular ou como produtos de combinação estrutural entre petidina e metadona.

ANÁLOGOS POR RESTRIÇÃO CONFORMACIONAL

Os principais representantes vindos dessa estratégia são os opioides denominados orvinois ou oripavinas. Sua criação baseou-se no fato de que a rigidificação molecular diminui a flexibilidade estrutural, evitando que as moléculas assumam múltiplas conformações, as quais permitem sua interação com distintos receptores. Por essa razão, em teoria, a inserção de elementos de restrição conformacional diminuiria a incidência de efeitos colaterais.[40]

O responsável pelo uso dessa estratégia na criação da nova classe de opioides foi o químico Kenneth Bentley.[41] Ele utilizou um alcaloide do ópio destituído de ação hipnoanalgésica, a tebaína (36), como material de partida na síntese dos orvinois. Por meio de rota sintética constituída principalmente pelas reações de Diels-Alder e de Grignard, foi possível a obtenção sequencial de tevinona (37), tevinois (38) e orvinois (39), mostrados na Figura 17.

Os orvinois mais conhecidos são a etorfina (40), a diprenorfina (41) e a buprenorfina (42), todos muito lipossolúveis e que se acumulam rapidamente no sistema nervoso central (Figura 18). Esses agentes são bons exemplos de que a restrição conformacional inserida pelo anel extra aumenta a seletividade dessas substâncias por receptores envolvidos em analgesia. O grupo alquílico representado por R na estrutura geral 39 possivelmente acessa sítios hidrofóbicos que garantem o aumento de afinidade. Esse aumento levou, entretanto, a uma maior incidência de graves efeitos adversos.

A etorfina, agonista puro, é cerca de 100 mil vezes mais potente que a morfina e é utilizada para a imobilização de animais de grande porte. A diprenorfina não apresenta efeito analgésico, mas é um potente antagonista, muito mais eficiente que a nalorfina (17).

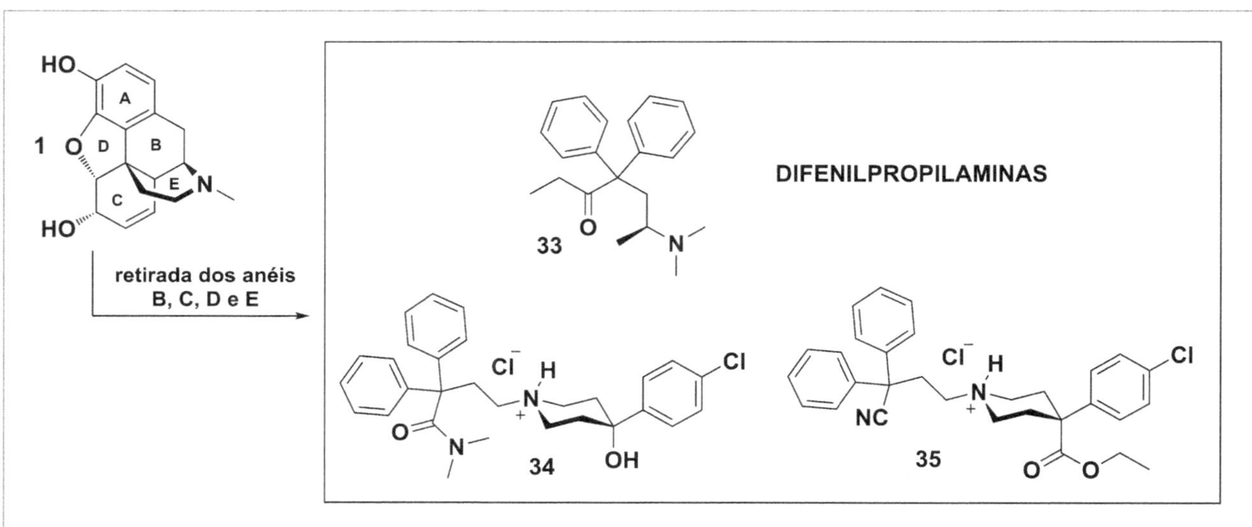

FIGURA 16 Estruturas da metadona (33), cloridrato de loperamida (34) e cloridrato de difenoxilato (35), difenilpropilaminas obtidas de simplificação molecular da morfina.

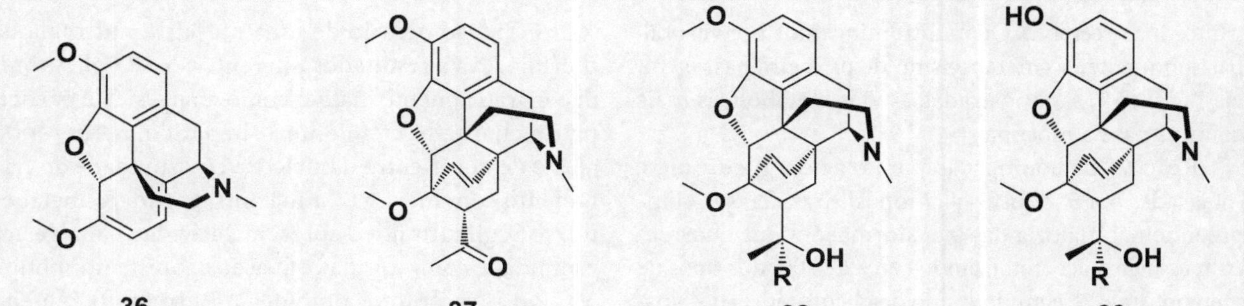

36 37 38 39

FIGURA 17 Estrutura da tebaína (36), alcaloide do qual é formada a tevinona (37) e seus derivados do tipo tevinois (38) e orvinois ou oripavinas (39).

A buprenorfina é o orvinol mais lipofílico em uso humano (logP 4,98), mas atua como agonista parcial, não sendo efetivo como a morfina em dores mais intensas. Por outro lado, tem menor propensão a levar a depressão respiratória e dependência.[18]

METABOLISMO DOS HIPNOANALGÉSICOS

A despeito da importância dos hipnoanalgésicos no manejo de dores crônicas, a incidência de efeitos indesejáveis associados ao seu uso é muito comum, especialmente a toxicidade advinda de concentrações plasmáticas inadequadas, responsáveis muitas vezes por quadros de intoxicação graves e mesmo de morte. O metabolismo tem uma influência direta nos níveis circulantes de fármaco, o que torna seu estudo essencial durante o desenvolvimento de novos fármacos, além de continuar a ser alvo de investigação ao longo de seu uso clínico. Em sua maioria, as reações metabólicas conduzem a produtos mais hidrossolúveis, de modo a facilitar sua excreção pelos rins.

A identificação de metabólitos gerados durante a utilização de fármacos é uma parte muito importante da química medicinal, pois as modificações estruturais resultantes do metabolismo podem afetar sobremaneira, de modo qualitativo e quantitativo, a atividade terapêutica dos fármacos, bem como gerar espécies reativas e tóxicas. Na área dos hipnoanalgésicos, isso tem aplicação direta no monitoramento de pacientes que fazem uso crônico deles, pois esses fármacos e seus metabólitos podem ser detectados e doseados em diversos fluidos biológicos, como no sangue e na urina. Outra implicação de se conhecer os metabólitos resultantes do uso dos hipnoanalgésicos é o emprego deles como biomarcadores de exposição a estas substâncias, bem como de seu uso ilícito em competições esportivas ou como drogas recreativas.[42,43]

Na sequência, a título de ilustração, são apresentadas as reações metabólicas mais comuns com alguns fármacos hipnoanalgésicos e os metabólitos que delas derivam, especialmente os de maior significado clínico. As principais reações metabólicas em hipnoanalgésicos podem ser agrupadas em desalquilações oxidativas e reações de formação de glicuronídeos e sulfatos.

Morfina

O metabolismo da morfina (1) acontece majoritariamente no fígado e em menor extensão no trato gas-

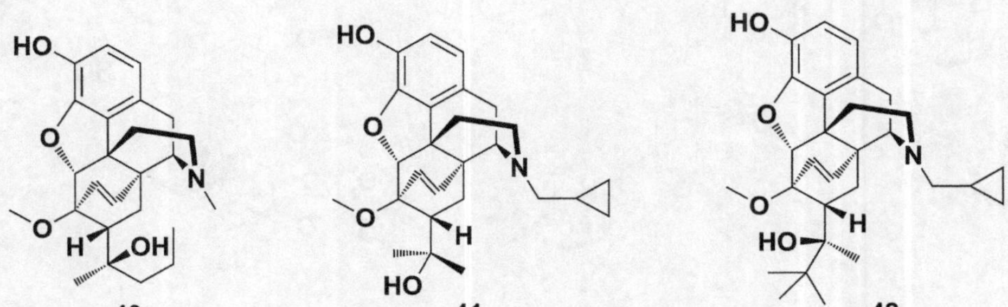

40 41 42

FIGURA 18 Estruturas dos orvinois etorfina (40), diprenorfina (41) e buprenorfina (42).

trintestinal e cérebro. Quando administrada por via oral, passa por extenso metabolismo de primeira passagem. Na Figura 19, são mostradas as vias metabólicas mais comuns para a morfina.

Reações de conjugação com o ácido glicurônico, catalisadas por 5'-difosfo-glicuronosil-transferases, compreendem a maioria das transformações que ocorrem com esse fármaco, totalizando cerca de 70% dos tipos de metabolismo.[44] Segundo o sítio de glicuronidação, é possível ocorrer a formação de metabólitos do tipo 3-*O*-glicuronídeo (43) (~60%), 6-*O*-glicuronídeo (44) (~10%) e 3,6-di-*O*-glicuronídeo (45), em menor extensão.

A glicuronidação de uma ou outra hidroxila da morfina leva a resultados diferentes: o 3-*O*-glicuronídeo é praticamente inativo como analgésico e participa do chamado ciclo êntero-hepático, requerendo ajuste de doses entre o início e a continuidade do tratamento com morfina.[45] Em contrapartida, o metabólito 6-*O*-glicuronídeo apresenta atividade analgésica e afinidade comprovada com ação agonista no subtipo MOP dos receptores opioides.[46] Entretanto, o efeito analgésico desse metabólito parece ocorrer via mecanismo periférico, algo possivelmente não relacionado à sua solubilidade.

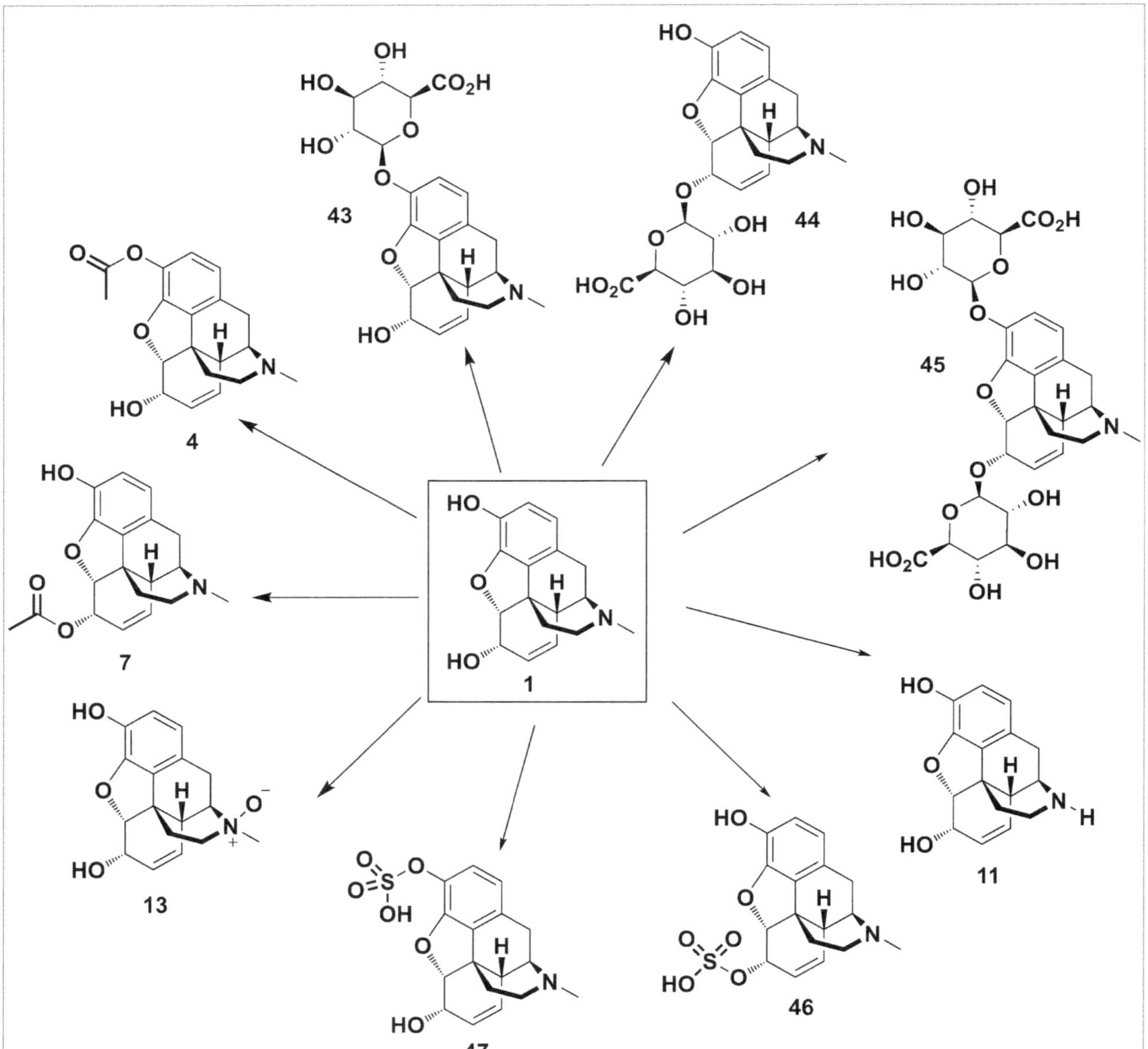

FIGURA 19 Vias metabólicas mais frequentes para a morfina (1).

Embora se espere baixa permeabilidade ao sistema nervoso central, por conta de seus vários grupos polares, cálculos de solubilidade mostram que o metabólito 6-*O*-glicuronídeo de morfina é mais lipossolúvel que o previsto, possivelmente por adoção de uma conformação que oculte a unidade sacarídica.[47,48] Enquanto muito se destaca o potencial desse metabólito como candidato a analgésico, sua instabilidade no trato gastrintestinal, em razão da ligação *O*-glicosídica, é uma limitação ao seu uso. Não obstante, diversos estudos têm procurado investir no potencial analgésico de análogos estruturais mais estáveis do 6-*O*-glicuronídeo de morfina.[49-51]

Outro produto de metabolismo da morfina, proveniente de reação de *N*-desmetilação por enzimas do citocromo P450 (CYP3A4 e CYP2C8), é a normorfina (**11**). Esse metabólito tem atividade hipnoanalgésica muito reduzida em relação à morfina, além de ser pobremente distribuído ao sistema nervoso central. Esta, por sua vez, pode ser substrato de reações de conjugação, formando *O*-glicuronídeos diferentes segundo a hidroxila participante da reação. Reações de conjugação que levam a produtos de *O*-sulfatação (46 e 47), *N*-oxidação (13) e *O*-acetilação (4 e 7), dentre outros, também são observadas, mas respondem por um pequeno percentual do total de metabólitos.[18]

Codeína

No fígado, a codeína está sujeita principalmente à reação oxidativa de *O*-desmetilação pela enzima CYP2D6, conduzindo à formação de morfina (1), o que em parte é essencial para o efeito analgésico associado ao uso de codeína.[18] Assim sendo, indivíduos com variabilidade na expressão de CYP2D6 podem experimentar diferentes respostas com o uso de codeína, o que depende de serem metabolizadores lentos ou rápidos.

Outro metabólito importante da codeína é a norcodeína (48), formado por *N*-desmetilação catalisada pela isoforma CYP3A4. Ambos os metabólitos desmetilados podem estar sujeitos a reações conjugativas com ácido glicurônico, como o metabólito 49.

Na Figura 20, pode-se observar a formação dos principais metabólitos da codeína.

Metadona

Esse hipnoanalgésico sintético é metabolizado principalmente por reações de *N*-desmetilação pelas enzimas CYP2B6 e CYP3A4 (Figura. 21).[52] A atividade da primeira enzima parece ser estereosseletiva para o isômero *S*-metadona, de modo que indivíduos que expressem de maneira limitada essa enzima podem ter complicações ligadas à baixa eliminação do fármaco.[53]

O produto proveniente de monodesmetilação é conhecido por normetadona (50), o qual pode passar por ciclização espontânea para gerar o metabólito inativo 2-etilideno-1,5-dimetil-3,3-difenilpirrolidina (51). Esse derivado pirrolidínico, formado por condensação intramolecular entre a amina secundária e o grupo ce-

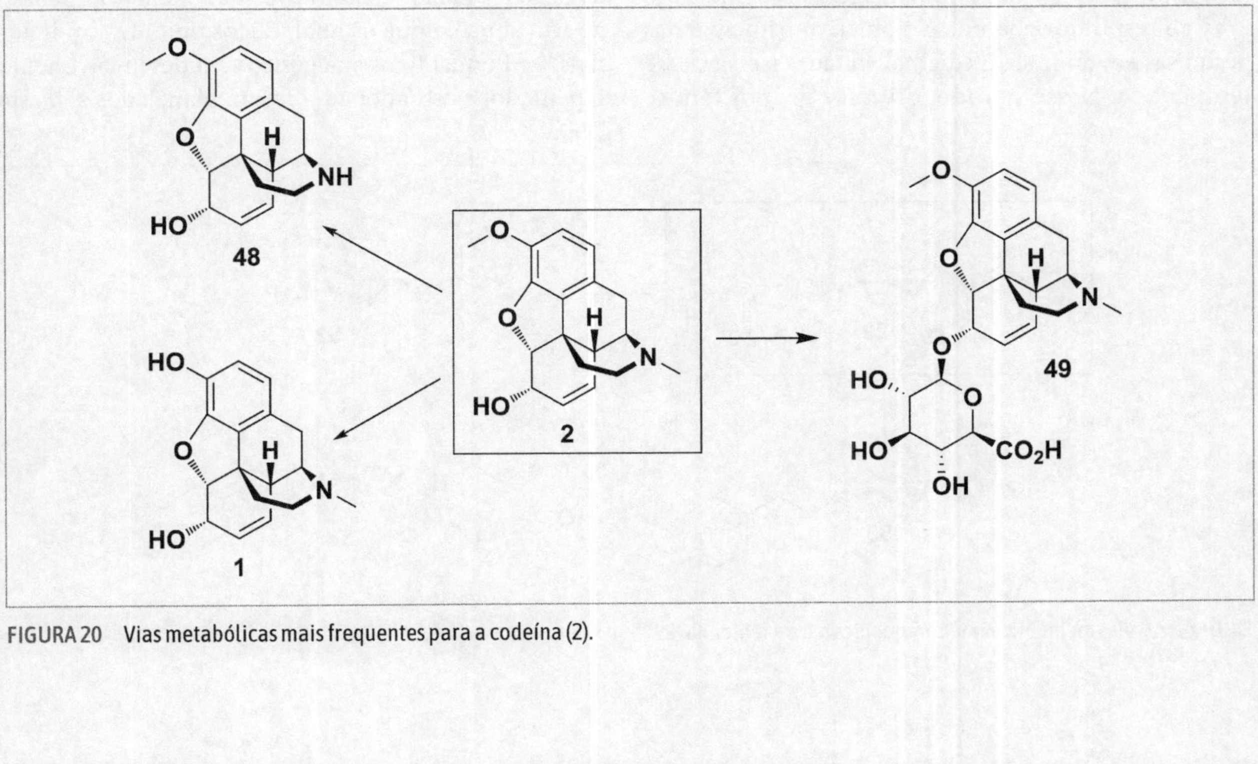

FIGURA 20 Vias metabólicas mais frequentes para a codeína (2).

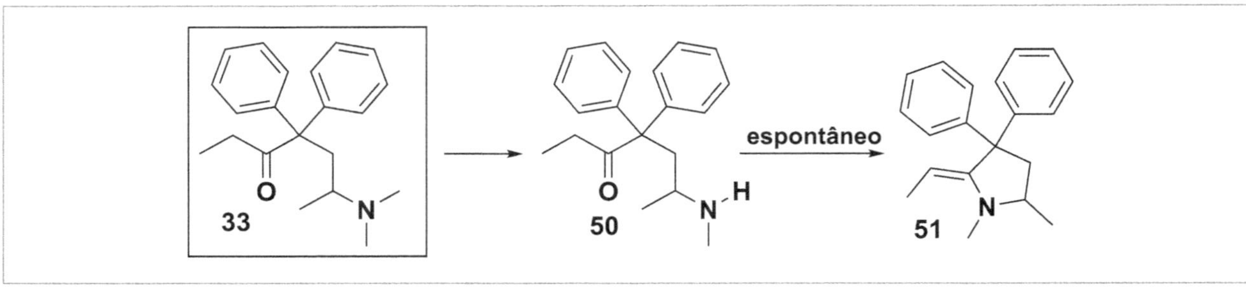

FIGURA 21 Principal via metabólica para a metadona (33).

tona, é habitualmente empregado como biomarcador na monitorização terapêutica de pacientes em uso de metadona, já que é encontrado em alto percentual na urina desses.

Fentanila

Esse hipnoanalgésico é metabolizado majoritariamente por *N*-desmetilação ao produto norfentanila (52), o qual é inativo.[18] Seu metabolismo envolve CYP3A4 e CYP3A5. Outros metabólitos, também inativos, já foram identificados e provêm de reações de hidrólise de amida (despropionilfentanila, 53) e hidroxilação da cadeia alquílica (hidroxifentanila, 54). As estruturas dos principais metabólitos estão mostradas na Figura 22.

PERSPECTIVAS

A distinção do efeito analgésico daqueles que são indesejáveis e letais dos hipnoanalgésicos, como a depressão respiratória, ainda é o objetivo principal das pesquisas em química medicinal voltadas a essa classe terapêutica. Nesse sentido, diversos grupos têm se ocupado do planejamento estrutural de hipnoanalgésicos mais seletivos. Embora o direcionamento de agonistas aos receptores KOP anteriormente parecia ser a solução, por não estar ligado a efeitos de depressão respiratória e dependência, o entendimento de que a ativação desses receptores está relacionada a graves casos de disforia e efeitos psicotomiméticos tem mudado o paradigma.[2]

Uma solução racional para esse problema é o desenvolvimento de hipnoanalgésicos capazes de atuar como agonistas que ativem os receptores MOP sem influenciar as vias bioquímicas comandadas por beta-arrestina 2, sabidamente envolvida no desencadeamento dos efeitos colaterais mais graves.[54,55]

Outra vertente é o planejamento de agentes classificados como analgésicos opioides atípicos, que combinem ação analgésica mediada por receptores MOP e um ou mais mecanismos não opioides. A ação desses produtos conferiria particular utilidade clínica, pois estaria associada a menos efeitos adversos e menor propensão ao uso abusivo que os analgésicos opioides tradicionais.[56,57] Enquanto os analgésicos em desenvolvimento tapentadol e cebranopadol foram planejados sob esta

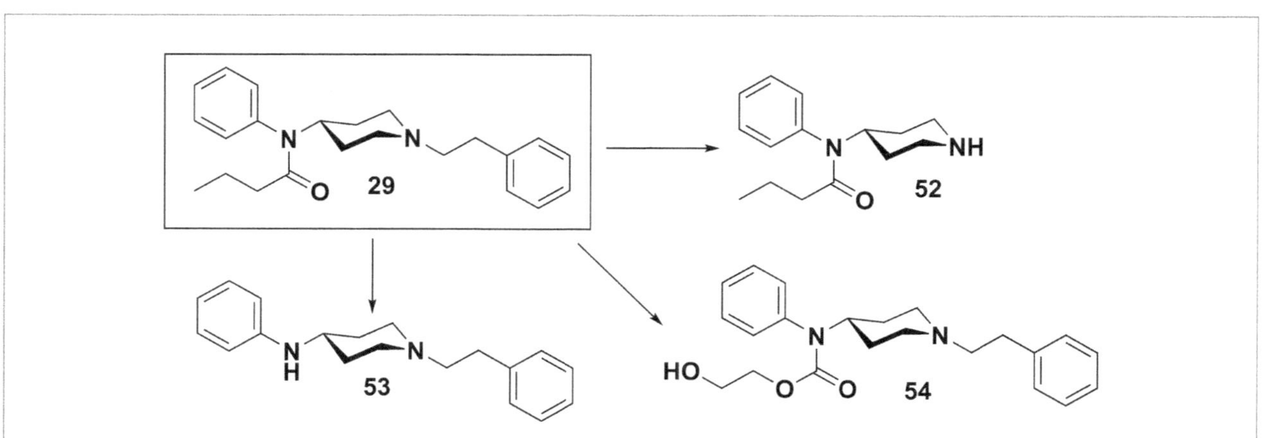

FIGURA 22 Vias metabólicas mais frequentes para a fentanila (29).

filosofia, outros já em uso foram assim classificados após uso já consolidado, como a buprenorfina (42, Figura 18) e o tramadol.[56]

O envolvimento de receptores opioides em processos inflamatórios, em nível periférico, é bem conhecido, especialmente dos tipos MOP e KOP. O planejamento de agonistas voltados a esses receptores na periferia tem sido estudado como solução para evitar os efeitos adversos associados aos hipnoanalgésicos em nível central. As principais estratégias empregadas nesse planejamento são o balanço hidrolipofílico das moléculas, a quaternização do nitrogênio (como observado, por exemplo, com a *N*-metilmorfina (12, Figura 7) e o planejamento de analgésicos que sejam substratos de glicoproteínas-P presentes na barreira hematoencefálica.[58,59]

Esta última estratégia é particularmente interessante, pois tais sistemas de efluxo já estão bem definidos e respondem por queda substancial da concentração de opioides no sistema nervoso central. A difenilpropilamina loperamida (34, Figura 16) é conhecida por ser substrato dessas bombas de efluxo e é estudada como modelo para modificação molecular e desenvolvimento de analgésicos opioides restritos perifericamente.[60]

REFERÊNCIAS BIBLIOGRÁFICAS

1. Pathan H, Williams J. Basic opioid pharmacology: an update. Br J Pain. 2012; 6(1):11-6.
2. Patrick GL. The opioid analgesics. In: An introduction to medicinal chemistry. 6.ed. Oxford: Oxford University Press, 2017. Cap. 24. p. 678-704.
3. Beckett AH, Casy AF. Synthetic analgesics: stereochemical considerations. J Pharm Pharmacol. 1954; 6(1):986-1001.
4. Pert CB, Snyder SH. Opiate receptor: demonstration in nervous tissue. Science. 1973; 179(4077):1011-4.
5. Portoghese PS. A new concept on the mode of interaction of narcotic analgesics with receptors. J Med Chem 1965; 8(5):609-16.
6. Simon EJ, Hiller JM, Edelman, I. Stereospecific binding of the potent narcotic analgesic [3H] etorphine to rat brain homogenate. Proc Natl Acad Sci USA. 1973; 70(7):1947-9.
7. Brownstein MJ. A brief history of opiates, opioid peptides, and opioid receptors. Proc Natl Acad Sci USA. 1993 Jun; 90:5391-3.
8. Terenius L. Characteristics of the "receptor" for narcotic analgesics in synaptic plasma membrane fraction from rat brain. Acta Pharmacol Toxicol. 1973; 33(5-6):377-84.
9. Wang JB, Johnson PS, Persico AM, Hawkins AL, Griffin CA, Uhl GR. Human μ opiate receptor: cDNA and genomic clones, pharmacologic characterization and chromosomal assignment. FEBS Lett. 1994; 338(2):217-22.
10. Zhu J, Chen C, Xue JC, Kunapuli S, DeRiel JK, Liu-Chen LY Cloning of a human k opioid receptor from the brain. Life Sci. 1995; 56(9):201-7.
11. Evans CJ, Keith DE Jr., Morrison H, Magendzo K, Edwards RH. Cloning of a delta opioid receptor by functional expression. Science. 1992; 258(5090):1952-5.
12. Hughes J, Smith TW, Kosterlitz HW, Fothergill LA, Morgan BA, Morris HR. Identification of two related pentapeptides from the brain with potent opiate agonist activity. Nature. 1975; 258(5536):577-9.
13. Lord JAH, Waterfield AA, Hughes J, Kosterlitz HW. Endogenous opioid peptides: multiple agonists and receptors. Nature. 1977; 267:495-9.
14. Al-Hasani R, Bruchas, MR. Molecular mechanisms of opioid receptor-dependent signaling and behavior. Anesthesiology. 2011; 115(6):1363-81.
15. Frölich N, Dees C, Paetz C, Ren X, Lohse MJ, Nikolaev VO, Zenk MH. Distinct pharmacological properties of morphine metabolites at G(i)-protein and β-arrestin signaling pathways activated by the human μ-opioid receptor. Biochem Pharmacol. 2011; 81(10):1248-54.
16. Jordan B, Devi LA. Molecular mechanisms of opioid receptor signal transduction. Br J Anaesth. 1998; 81:12-9.
17. Raehal KM, Walker JK, Bohn LM. Morphine side effects in β-arrestin 2 knockout mice. J Pharmacol Exp Ther. 2005; 314:1195-201.
18. Fries DS. Central Analgesics. In: Williams DA, Lemke TL (eds.). Foye's principles of medicinal chemistry. 7.ed. Philadelphia: Lippincott Williams & Wilkins, 2013. cap. 19. p. 658-99.
19. Azzam AAH, McDonald J, Lambert DG. Hot topics in opioid pharmacology: mixed and biased opioids. Br J Anaesth. 2019; 122(6):136-45.
20. Blakemore PR, White JD. Morphine, the Proteus of organic molecules. Chem Commun. 2002; 38:59-68.
21. Brook K, Bennett J, Desai PD. The chemical history of morphine: an 8000-year journey, from resin to de-novo synthesis. J Anesth Hist. 2017; 3:50-5.
22. Varghese V, Hudlicky T. A short history of the discovery and development of naltrexone and other morphine derivatives. In: Hanessian S. (ed.). Natural products in medicinal chemistry. Weinheim: Wiley-VCH Verlag GmbH & Co. KGaA, 2014. cap. 6. p. 225-50.
23. Jurna I. Sertürner and morphium – a historical vignette. Schmerz. 2003; 17:280-3.
24. Novak BH, Hudlicky T, Reed J, Mulzer J, Trauner D. Morphine synthesis and biosynthesis-an update. Curr Org Chem. 2000; 4:343-62.
25. 25. Chida N. Recent advances in the synthesis of morphine and related alkaloids. Top Curr Chem. 2011; 299:1-28.
26. Szychowski J, Truchon JF, Bennani YL. Natural products in medicine: transformational outcome of synthetic chemistry. J Med Chem. 2014; 57(22):9292-308.
27. Nicolaou KC, Montagnon T. Morphine. In: Nicolaou KCMT (ed.). Molecules that changed the world. New York: Wiley-VCH, 2008.
28. Martin, WR, Jasinsiki, DR, Mansky, PA. Naltrexone, an antagonist for the treatment of heroin dependence effects in man. Arch Gen Psychiatry. 1973; 28(6),784-91.
29. Emery MA, Eitan S. Members of the same pharmacological family are not alike: different opioids, different consequences, hope for the opioid crisis? Prog Neuropsychopharmacol Biol Psychiatry. 2019; 92:428-49.
30. Fennessy MR. The analgesic action of morphine-*N*-oxide. Br J Pharmacol. 1968; 34:337-44.
31. Oldendorf WH, Human, S, Braun, L, Oldendorf SZ. Blood–brain barrier: penetration of morphine, codeine, heroin, and methadone after carotid injection. Science. 1972; 178(4064), 984-6.
32. Foldes FF, Lunn JN, Moore J, Brown IM. *N*-Allylnoroxymorphone: a new potent narcotic antagonist. Am J Med Sci. 1963; 245(1):57-64.

33. Gonzalez JP, Brogden RN. Naltrexone: a review of its pharmacodynamic and pharmacokinetic properties and therapeutic efficacy in the management of opioid dependence. Drugs. 1988; 355(3),192-213.
34. McCawley EL, Hart, ER, Marsh, DF. The preparation of *N*-allylnormorphine. J Am Chem Soc. 1941; 63(1):314.
35. Archer S, Albertson, NF, Harris, LS, Pierson, AK, Bird, JG. Pentazocine: strong analgesics and analgesic antagonists in the benzomorphan series. J Med Chem. 1964; 7(2):123-7.
36. Dortch-Carnes J, Potter DE. Bremazocine: a kappa-opioid agonist with potent analgesic and other pharmacologic properties. CNS Drug Rev 2005; 11:195-212.
37. Burns, SM, Cunningham, C, Mercer, S. DARK Classics in chemical neuroscience: fentanyl. ACS Chem Neurosci. 2018; 9(10):2428-37.
38. Garrido MJ, Trocniz IF. Methadone: A review of its pharmacokinetic/pharmacodynamic properties. J Pharmacol Toxicol Methods. 1999; 42:61.
39. Lewis JW, Husbands SM. The orvinols and related opioids-high affinity ligands with diverse efficacy profiles. Curr Pharm Des. 2004; 10(7):717-32.
40. Bentley KW, Hardy DG. Novel analgesics and molecular rearrangements in the morphine-thebaine group. III. Alcohols of the 6,14-endo-ethenotetrahydrooripavine series and derived analogs of *N*-allylnormorphine and –norcodeine. J Am Chem Soc. 1967; 89:3281-92.
41. DePriest AZ, Puet BL, Holt AC, Roberts A, Cone EJ. Metabolism and disposition of prescription opioids: a review. Forensic Sci Rev. 2015; 27(2):115-45.
42. Lötsch, J. Opioid Metabolites. J Pain Symptom Manag 2005; 29:10-24.
43. Stachulski AV, Meng X. Glucuronides from metabolites to medicines: a survey of the in vivo generation, chemical synthesis and properties of glucuronides. Nat Prod Rep. 2013; 30(6):806-48.
44. Hasselstrom J, Sawe J. Morphine pharmacokinetics and metabolism in humans: enterohepatic cycling and relative contribution of metabolites to active opioid concentrations. Clin Pharmacokinet. 1993; 24:344-54.
45. Frances B, Gout R, Monsarrat B, Cros, J, Zajac, JM. Further evidence that morphine-6 beta-glucuronide is a more potent opioid agonist than morphine. J Pharmacol Exp Ther. 1992; 262:25-31.
46. Carrupt PA, Testa B, Bechalany A, El Tayar N, Descas P, Perrissoud D. Morphine 6-glucuronide and morphine 3-glucuronide as molecular chameleons with unexpected lipophilicity. J Med Chem. 1991; 34:1272-5.
47. Stain-Texier R, Boschi G, Sandouk P, Scherrmann JM. Elevated concentrations of morphine 6-beta-D-glucuronide in brain extracellular fluid despite low blood-brain barrier permeability. Br J Pharmacol. 1999; 128:917-24.
48. Cashman JR, MacDougall JM. Dynamic medicinal chemistry in the elaboration of morphine-6-glucuronide analogs. Curr Top Med Chem. 2005; 5(6):585-94.
49. MacDougall JM, Zhang XD, Polgar WE, Khroyan TV, Toll L, Cashman, JR. Synthesis and biological evaluation of some 6-arylamidomorphines as analogs of morphine-6-glucuronide. Bioorg Med Chem. 2004; 12:5983-90.
50. MacDougall JM, Zhang XD, Polgar WE, Khroyan TV, Toll L, Cashman JR. Synthesis and in vitro biological evaluation of a carbon glycoside analog of morphine-6-glucuronide. Bioorg Med Chem Lett. 2005; 15:1583-6.
51. Foster DJ, Somogyi AA, Bochner F. Methadone *N*-demethylation in human liver microsomes: Lack of stereoselectivity and involvement of CYP3A. Br J Clin. 1999; 47:403.
52. Chang Y, Fang WB, Lin SN, Moody DE. Stereo-selective metabolism of methadone by human liver microsomes and cDNA-expressed cytochrome P450s: a reconciliation. Basic Clin Pharmacol Toxicol. 2011; 108:55.
53. Manglik A, Lin H, Aryal DK, McCorvy JD, Dengler D, Corder G, Levit A, Kling RC, Bernat V, Hübner H, Huang XP, Sassano MF, Giguère PM, Löber S, Da Duan, Scherrer G, Kobilka BK, Gmeiner P, Roth BL, Shoichet BK. Structure-based discovery of opioid analgesics with reduced side effects. Nature. 2016; 537(7619):185-90.
54. Zhu L, Cui Z, Zhu Q, Zha X, Xu Y. Novel opioid receptor agonists with reduced morphine-like side effects. Mini Rev Med Chem. 2018; 18(19):1603-10.
55. Pergolizzi JV Jr, LeQuang JA, Taylor R Jr, Ossipov MH, Colucci D, Raffa RB. Designing safer analgesics: a focus on μ-opioid receptor pathways. Expert Opin Drug Discov. 2018; 13(10):965-72.
56. Turnaturi R, Chiechio S, Salerno L, Rescifina A, Pittalà V, Cantarella G, Tomarchio E, Parenti C, Pasquinucci L. Progress in the development of more effective and safer analgesics for pain management. Eur J Med Chem. 2019; 183:111701.
57. Mercer SL, Coop A. Opioid analgesics and P-glycoprotein efflux transporters: a potential systems-level contribution to analgesic tolerance. Curr Top Med Chem. 2011; 11(9):1157-64.
58. Yang J, Reilly BG, Davis TP, Ronaldson PT. Modulation of opioid transport at the blood-brain barrier by altered ATP-binding cassette (ABC) transporter expression and activity. Pharmaceutics. 2018; 10(4):192.
59. DeHaven-Hudkins DL, Dolle RE. Peripherally restricted opioid agonists as novel analgesic agents. Curr Pharm Des. 2004; 10(7):743-57.

Índice remissivo

D

E

F

G

H

I

L

M